# 中国文化大事典

何晓明 主编

WUHAN UNIVERSITY PRESS
武汉大学出版社

**图书在版编目(CIP)数据**

中国文化大事典/何晓明主编.—武汉:武汉大学出版社,2020.11
国家出版基金项目　湖北省学术著作出版专项资金资助项目
ISBN 978-7-307-20888-9

Ⅰ.中…　Ⅱ.何…　Ⅲ.文化史—中国　Ⅳ.K203

中国版本图书馆 CIP 数据核字(2019)第 080882 号

责任编辑:陈　帆　白绍华　黄金涛　宋丽娜　蒋培卓　胡程立
责任校对:李孟潇　汪欣怡　　整体设计:涂　驰

---

出版发行:**武汉大学出版社**　(430072　武昌　珞珈山)
(电子邮箱:cbs22@whu.edu.cn 网址:www.wdp.com.cn)
印刷:湖北恒泰印务有限公司
开本:889×1194　1/16　印张:114.5　字数:3268 千字　插页:2
版次:2020 年 11 月第 1 版　2020 年 11 月第 1 次印刷
ISBN 978-7-307-20888-9　定价:880.00 元

---

**主　编**　何晓明

**副主编**　张　敏　周春健　雷　平　王艳勤　周德美　万国崔

**撰稿人**　张　敏　祁　俊　刘志玲　江莉莉　杨继刚　许志云
曾育荣　王艳勤　卢文芸　沈　艳　罗献中　郭　娅
雷　平　钱文彬　刘彦波　周德美　周春健　宋　徽
汪　莉　郑维维　陈友乔　周　凯　王小华　童　药
马建强　余　红　李晓溪　陈海波　瞿兆晗　赵红杰
谭本相　万英才　刘　喆　韩　璐　邰淑波　程建丽
丁利荣　罗　成　郭小雨　常晓琼　李佳佳　王丹丹
黄造煌　汪小丽　乐胜奎　王杨名　金　霖　郑俊艺
涂明传　龚元秀　李　祥　田可文　何晓明　汪良平
万国崔　杨依婷　王光玉　王文德　陆大班　谢园园
仝广秀　杜建婷　谢永乐　黄少微　刘婵娟　邹庆超
肖　语　徐慧琳　袁　婷　周之琛　赵　蒙　罗　来
钱　淼　汪梅梅　程太红　张群伟

# 序

冯天瑜

中国史书素重“记事”，也兼及“记言”，“五经”中最具史典性的《尚书》和《春秋》，分别以“记言”和“记事”为重心，所谓“左史记言，右史记事，事为《春秋》，言为《尚书》”（《汉书·艺文志》）。中国史书形成纪传体（以《史记》为端绪，诸正史承袭之）、编年体（以《春秋》为端绪，《资治通鉴》光大之）两种主流体裁，其所载内容兼纳“记言”与“记事”，而又以“记事”为展开部。后来，在编年体的基础上发展出纪事本末体（以《通鉴纪事本末》为端绪，续有《明史纪事本末》等），更突出“记事”，形成一种按照序编排、以陈述事件经纬为使命的史书新体裁，其优长为“文省于纪传，事豁于编年，决断去取，体圆用神”（章学诚：《文史通义·书教下》）。

史书重视记事，并非史家之偏好，而有其深沉的原因：历史本来就是由事件贯穿而成的。所谓“事件”，略指历史上、社会上已经发生的大事情。脱离了事件具体而微的陈述，历史便陷于空泛。如果缺乏关于“九一八事变”“七七事变”“台儿庄之战”“保卫大武汉”“百团大战”“重庆轰炸”诸事件的准确记述，便不能称其为中日战争史。事件的孕育、诞生、发展、演变、消弭，前后事件间的起承转合，构成跌宕起伏的历史进程。一般意义上的历史如此，作为专门史一支的文化史亦是如此——波澜壮阔的文化史，由一系列文化事相的生成演化所构成，正是文字的发明、青铜器的制造、元典的创生、经学的兴起、科举制的推行、李杜诗篇的涌现、永乐大典的编纂、考据学的盛行等事相，方编织成逶迤多致的中国古代文化史。因此，我们可以沿用纪事本末体的体裁，通过娓娓道来地叙述前后递嬗的文化事件，达成色彩璀璨的文化史的呈现。当然，人是文化史的主体，事件由人的活动构成，述事必须见人，要见人的精神，但这人的精神又一定是通过事件的演绎透现出来的，所谓“我欲载之空言，不如见之于行事之深切著明也”（《史记·太史公自序》）。读者诸君案头的这部《中国文化大事典》便是依纪事本末体之例编纂的一部贯通性的文化事相史典。

何晓明教授主持的《中国文化大事典》剪材精要，通过417例事相、事件、事物勾勒自先秦以迄民国的中国文化进程，观物质文化、制度文化、行为文化、观念文化诸层面，纵向层层递进，波澜起伏；横向条分缕析，此呼彼应，并且展示了中国文化由多民族共创，由内外因素互动涵化而成的特点，从而达成一部多维度的，又史迹清晰的中国文化事典。其体例新颖、检索便利、内容丰赡、可读性强都是显著优长，诚为一部不可多得的文化史佳构。由于中国文化的复杂性，试图用四百条目概述之，难度之大，可想而知，故《中国文化大事典》条目的选取还有商榷余地，关于条目阐发的精确性和学术前沿性也有提升空间，以达成“体圆用神”的境界。

撰于武昌珞珈山麓

2018年5月28日

# 前　言

何晓明

中国文化源远流长，博大精深，是中华民族取之不尽、用之不竭的精神宝库。21 世纪以来，这已成为朝野上下的基本共识。2017 年 1 月，中共中央办公厅、国务院办公厅印发了《关于实施中华优秀传统文化传承发展工程的意见》(以下简称《意见》)。《意见》提出，到 2025 年，中华优秀传统文化传承发展体系基本形成，研究阐发、教育普及、传播交流等方面协调推进并取得重要成果。武汉大学出版社因时而动、顺势而行，提出《中国文化大事典》的编撰选题，并邀请我主持其事。我愉快地接受了邀请。

我以为，《中国文化大事典》应当既具有工具书的特质，又具有学术著作的品格。作为工具书，它的内容应当客观、准确、精当、公允、平实；作为学术著作，它在条目遴选、结构安排以及寓褒贬于叙事之中的写作规范内，又要尽量凸显中国文化及文化史研究的新进展、新成绩。如何将两者有机地结合起来，是我在全书编撰过程中首要的着力之处。当然，这是一个很难解决好的课题。实际效果如何，还望读者诸君慧眼犀利，有以教我。

作为学术著作的《中国文化大事典》，实质上是一部以事为纲的中国文化史。对事相、事件、事物的关注，向来是中国史学的强项。从萌芽阶段开始，“记事”就与“记言”并列为中国史家的两大任务。《汉书・艺文志》称“左史记言，右史记事，事为《春秋》，言为《尚书》”。与此相反的记载见《文心雕龙・史传》：“古者，左史记事者，右史记言者。言经则《尚书》，事经则《春秋》。”这与《礼记・玉藻》的“动则左史书之，言则右史书之”正相吻合。无论何者为准，记事在中国史家心目中的地位之重要，是没有丝毫疑问的。这一点的极其强有力的证明是，中国传统史学两大经典的体裁编年体与纪传体，都是着眼于“事”的记叙。刘知幾的《史通・二体》辨析了两者的优劣短长：《春秋》代表的编年体，“系日月而为次，列时岁以相续”，长处是“理尽一言，语无重出”，短处是“论其细也，则纤芥无遗；语其粗也，则丘山是弃”。《史记》代表的纪传体，结构恢弘，纪、传、表、志相互配合，长处是“显隐必该，洪纤靡失”，短处是“同为一事，分在数篇，断续相离，前后屡出”。宋代司马光的《资治通鉴》，是继《春秋》之后编年体的又一代表作。人们在赞叹它鲜明的经世宗旨、严谨的写作态度、精当的剪裁功夫的同时，也对它因体裁内在缺陷而带来的阅读不便表示遗憾。正如杨万里所批评的：“予每读《通鉴》之书，见事之肇于斯，则惜其事之不竟于斯。盖事以年隔，年以事析，遭其初，莫绎其终；揽其终，莫志其初。如山之峨，如海之茫。盖编年系日，其体然也。”(《通鉴纪事本末序》)针对《资治通鉴》的这一内在缺憾，袁枢做了一件在中国史学史上意义重大的工作：他根据《资治通鉴》的材料，将 1360 余年间的历史归纳成从“三家分晋”到“周世宗征淮南”共 239 件“事”，撰成 42 卷的《通鉴纪事本末》。《通鉴纪事本末》开创了中国史学的又一体裁——纪事本末体。史家历来对袁枢的评价不高，但这并不妨碍我们认识并肯定纪事本末体对于中国历史编撰学的重大意义。清人章学诚说得好：“本末之为体也，因事命篇，不为常格，非深知古今大体，天下经纶，不能网罗隐括，无遗无滥。文省于纪传，事豁于编年，决断去取，体圆用神，斯真《尚书》之遗也。”他认为，袁枢是“无心插柳”，“在袁氏初无其意，且其学亦未足与此，书亦不尽合于所称”。章学诚总结道：“书有作者甚浅，而观者甚深，此类是也。”(《文史通义·书教下》)

从体裁上看，《中国文化大事典》依纪事本末体之例，从起于上古神话传说时代，迄于中华人民共和国成立的温长历史中，摘取400余“事”，因事命篇，敷衍成章。这里特别要声明的是，无论是我个人，还是参与写作的数十位青年俊彦，何敢自诩“深知古今大体，天下经纶”，因而更不敢自承“网罗隐括，无遗无滥”。那么，我们是根据什么来确定选事立典的原则呢？这就涉及对“文化”及“文化史”的理解和把握问题。

“文化”的定义向来众说纷纭。“文”在甲骨文中写作纹理交错的形状，由本义到衍生义，可作文字、文章、条文、条纹、装饰等多解。“化”在甲骨文中写作一正一倒的两人之形状，指人的姿态的变动。由此衍生，又有变化、感化、教化等意义。哲学家认为，“文化”是“自然的人化”，而史学家则认为，“文化”是人类主体通过社会实践活动，适应、利用、改造自然界客体，逐步创造、传播、实现自身价值观念的过程。按照这一理解，“文化史”就不应是“文化的历史”，而是“以文化的观点所看到的历史”。“文化的历史”是将“文化史”作为相对于政治史、经济史、军事史的“专史”，是对历史进行条块分割的产物。事实上，仅仅着眼于研究对象和范围的划分而将“文化史”与政治史、经济史、军事史、思想史直至科学史、工艺史清晰地区分开来，不仅意义不大，而且根本就做不到。实际上，“文化史就是以文化的眼光看到的历史”这一认识，并非什么“新观点”。100年前，中国近代“新史学”发端之时，此类说法不仅见诸报刊，而且引领着当时史学革新的潮流。当年，梁启超在《中国历史研究法》中分”今日所须之史“为”专门史“与”普通史“。法制史、文学史、哲学史、美术史等属专门史，一般之文化史属普遍史。关于二者的关系，梁启超认为“普通史并非由专门史丛集而成”。因此，他主张“作普遍史者须别具一种通识，超出各专门事项之外，而贯穴乎其间。夫然后甲部分与乙部分之关系见，而整个的文化，始得而理会也”。《中国文化大事典》正是依据这样的文化观和文化史观来梳理源远流长的中国历史，从中选出切关民族精神之宏旨，体现中国文化之特质，影响国家民族之过去、现在及未来的事相、事件、事物417例，依时序编排，分等级铺陈，不求网罗无遗，巨细赅备，但愿见微知著，取精用宏。

《中国文化大事典》篇帙浩繁，出于众人之手。作为主编，我勉力审读、统稿，但疏漏、差错恐难避免；文字的通贯统一，更多不尽如人意之处。文章千古事，甘苦寸心知。个中艰难，敬希博雅君子海谅。

2018年5月4日于湖北大学教师公寓望湖居

# 凡　例

一、本事典收入中国文化史上切关民族精神之宏旨，体现中国文化之特质，影响国家民族之过去、现在及未来的事相、事件、事物 417 例。

二、本事典收录的时间范围上起神话传说时代，下讫中华人民共和国成立。

三、本事典按先秦时期、秦汉时期、魏晋南北朝时期、隋唐五代时期、宋辽金元时期、明清时期、民国时期排列。各时期内的条目以时序为主，参考类别排列。

四、依据事相、事件、事物的重要程度，各条目的篇幅长短分别为 10000 字左右，7000 字左右，4000 字左右。

五、事典涉及结论性、评价性的内容，一般采用学术界通行观点；对于分歧较大的问题，或诸说并存，或以一说为主，兼列他说。

六、历史纪年采用公元纪年，夹注朝代年号纪年。

七、地名一般采用当时地名，必要时夹注今地名。

# 目　录

# 一·先秦时期

# 1. 中国文化的传说时代

“传说时代”这一名称最早由徐旭生在1943年所著《中国古史的传说时代》中正式使用。1943年第1版范文澜《中国通史简编》(第一编)只是说到炎帝、黄帝、羌族、蛮族、黎族，未使用“中国古史的传说时代”称谓。1976年出版的郭沫若《中国史稿》(第1册)中，以“我国古代传说中的氏族和部落”称之。20世纪80年代后出版的通史，则多采用“古史传说时代”称谓。关于传说时代的上下限，一般认为是从四五千年前至夏朝建立，也有学者认为是从旧石器时代至夏朝。翦伯赞在《先秦史》一书中写道：“大约在今日以前九千年乃至一万年的时代，随着旧石器文化之转化，中国的历史便从蒙昧时代走进了野蛮时代，过去的氏族制以前的社会到现在便发展为氏族社会。这一时代，在中国历史上正是传说中之神农、黄帝、尧、舜、禹以至夏代之全时期。”同时他又将早期旧石器文化与原始采集经济同有巢氏时代对应，将中期旧石器文化与采集狩猎经济同燧人氏时代对应，将晚期旧石器文化与采集、狩猎经济之发展同伏羲氏时代对应，事实上是将传说时代的上限认定为旧石器时代的早期。还有学者将传说时代定于距今8000年至4000年前，即以“三皇”为代表人物的“前仰韶”“仰韶文化”时代和以“五帝”为代表人物的龙山文化时代。田继周在《先秦民族史》一书中指出，“在用文字记录以前，人类的历史文化是靠口耳相传授的，这就是古代传说的由来。任何一个民族，在进入文明时代以前以及进入文明时代以后，都有丰富的传说，内容包括人类起源、历史以及他们生活的各个方面”，这个传说时期的“上限可以根据传说内容追溯到远古”，“下限应断在夏朝建立以前”。刘起釪在《中国大百科全书·中国历史卷》“传说时代”的词条中就明确指出：“传说时期指中国古代夏以前的历史时期。”只是旧石器时代的中国猿人仅仅留下了较少的遗迹和遗物，不可能有当时的神话传说流传下来。大约七八千年前各地先后进入母系氏族社会繁荣时期，各族有了自己的图腾及幼稚的宗教和神话，开始留下一些朦胧的记忆以及结合宗教思想所作的描述。五六千年前，各地进入父系氏族社会时期，关于各民族部落、部落联盟首领的传说逐渐增多，因此有学者将黄帝、尧、舜时代称为传说时代，这可以说是一个狭义的概念。我们这里对中国文化传说时代的叙述，采用刘氏之说，从传说中的远古时代开始，直至夏朝建立。

古史传说中时代最早的神当属盘古，盘古开天辟地是中国最早的创世神话之一。关于创世大神盘古出现的确切时间，历来众说纷纭。有学者认为盘古之说可追溯到西周，太公望作《六韬》时已有盘古的名号。《路史·前纪一》引《六韬·大明》云：“召公对文王曰：……盘古之宗不可动也，动者必凶。”也有学者认为盘古之说始于春秋，如《山海经·大荒北经》记载：“西北海之外，赤水之北，有章尾山。有神，人面蛇身而赤，直目正乘，其瞑乃晦，其视乃明，不食不寝不息，风雨是谒。是烛九阴，是谓烛龙。”烛龙是盘古的另一名号。但不管此前的文献怎样记载，三国时期原吴国太常卿徐整所著《三五历纪》和《五运历年纪》二书，是目前所知记载盘古开天辟地之说最早、最完整的古文典籍。徐整在书中描述，传说最初天地混沌如鸡子，盘古生长在其中。经过一万八千年，天地开辟，清而轻的东西上升为天，浊而重的东西下降为地。天每天升高一丈，地每天加厚一丈，盘古的身子也每天长高一丈。这样过了一万八千年，天就极高，地就极厚，天地的距离就达到九万里，盘古也老了，他临死的时候，身体发生变化：口里呼出的气变为风云，声音变为雷霆，眼睛变为日月，身躯变为山脉，血液变成江河，须发变成星星，皮肤和汗毛变为花草树木，世间的万物都是盘古身躯的各部分变成的。盘古给人类创造了一个丰富而美丽的世界，也成为中国古代神话中开天辟地的创世之神。有学者指出盘古开天辟地的传说可能来自少数民族神话，但不论源自何说，都体现了我国古代先民对天地形成原因的猜想。

不过，从徐整《三五历纪》及其姊妹篇《五运历年纪》的残文看，盘古似乎没有造人的创举。传说中将人类的产生归功于女娲，女娲也因此成为中国神话传说中人类的始祖。

早在先秦就有女娲造人的传说，但女娲是男是女？造人的事是历史还是神话？这些问题一直都有争议。战国诗人屈原在《天问》中就对人类起源的传说有过怀疑："遂古之初，谁传道之？上下未形，何由考之？……女岐无合，夫焉取九子……女娲有体，孰制匠之？"意思是说，远古开初的事，是谁传述下来的？那时天地还没有形成，根据什么去考订呢？……神女女岐没有丈夫，怎么生了九个儿子？……女娲的形体一天有72种变化，到底是谁制造出来的呢？从这些问题我们可以看出，战国时期人们对于人类起源的思考，已经包含相当分量的古史传说内容。

东汉应劭在《风俗通义》中搜集了女娲造人的民间传说："俗说天地开辟，未有人民，女娲抟黄土作人，剧务，力不暇供，乃引绳于絙泥中，举以为人。故富贵贤知者，黄土人也；贫贱凡庸者，引絙人也。"意即天地开辟之初，大地上还没有人类。女娲抟捏黄土创造了人，她整日忙碌，十分疲惫，所捏人数仍然不多，于是她把绳子放入泥浆中，举起绳子时甩出泥浆洒落在地上，变成了一个个的人。后人说，富贵的人是女娲亲手抟黄土造的，而贫贱平庸的人则是泥浆洒落在地上变成的。女娲抟土造人的传说，很可能产生于原始社会母系氏族社会时期，是母性崇拜的产物。至于其中"富贵贤知者"与"贫贱凡庸者"的区别，在无阶级差别的母系氏族社会是不可能产生的，很显然是中国后世的封建文人在整理过程中加入的。

除了抟土造人外，关于女娲的传说，还有两大内容：炼石补天和与伏羲结为夫妻繁衍人类。《淮南子》是最早记载女娲炼石补天的著作。据《览冥》篇记载，传说上古时代，人类突然遭受到一场大灾难：天塌地陷，大火燃烧，洪水泛滥，猛禽恶兽到处残害人类。女娲就炼五色石把天的窟窿补上，又杀了一只大乌龟斩下它的四足，竖立在大地四方，作为天柱，使天再也没有坍塌的危险。河南省西华县、灵宝市和王屋山主峰天坛山等地，还有传说中的女娲城、女娲坟和五色石等遗迹。《天文训》篇则记载共工与颛顼争夺帝位，共工盛怒之下撞击不周山，致使支撑天的柱子折断，天向西北方倾斜，致使日月星辰移位，水灾不断，猛兽食人，于是女娲炼五色石补天，断鳌足以支撑四极，杀黑龙以济冀州，积芦灰治理洪水，驱杀猛兽，使人们得以安居。

女娲与伏羲婚配繁衍人类的传说则出现更晚。《太平御览》卷78引应劭《风俗通义》云："女娲祷祠神，祈而为女媒，因置婚姻。"唐李冗《独异志》载："昔宇宙初开之时，有女娲兄妹二人，在昆仑山，而天下未有人民，议以为夫妻，又自羞耻。兄即与妹上昆仑山咒曰：'天若遣我二人为夫妻，而烟悉合。若不，使烟散。'于是烟合，其妹即来就兄，乃结草为扇，以障其面，仿时娶妇执扇，象其事也。"正是基于这些传说，后世奉女娲为司婚姻生殖之神，专管男女结合之事。文化史家认为她是女性生殖器崇拜时代产生的神，是女阴的象征。

关于远古先民的生活情况，古史传说中有一些正确的揣测。如《礼记·礼运》记载说："昔者先王未有宫室，冬则居营窟，夏则居橧巢。未有火化，食草木之实、鸟兽之肉，饮其血，茹其毛，未有麻丝，衣其羽皮。后圣有作，然后修火之利，范金合土，以为台榭宫室牖户，以炮以燔，以亨以炙，以为醴酪，治其麻丝，以为布帛，以养生送死，以事鬼神上帝，皆从其朔。”意思是说上古时还没有宫殿房屋之类的建筑，人们冬天住在土洞里，夏天住在柴草堆上，还不知道用火来解除腥气，只会生吃草木的果实和鸟兽的肉，吸饮动物的鲜血，吃肉时连毛带骨生吞，也不知道利用苧麻和蚕丝来织布，只把鸟羽兽皮当作衣服。等到圣人出现，利用火的热力，设计模型铸造金属，混合泥土烧成砖瓦，用来建筑台榭宫室，用火来炮制、烧烤、烹煮各种食物，酿制醴酒和乳酪，同时又能用丝麻纺织成麻布和丝绸，用以满足人们日常生活以及料理丧事和祭祀鬼神上帝的需要。原始社会早期的人类用着十分简陋的工具，过着和野兽差不多的生活。

《韩非子・五蠹》对圣人兴起的事情有了更为详细的记载，其中有巢氏、燧人氏的传说与中国旧石器时代的情况基本符合。韩非子说：“上古之世，人民少而禽兽众，人民不胜禽兽虫蛇。有圣人作，构木为巢以避群害，而民悦之，使王天下，号曰有巢氏。民食果蓏蚌蛤，腥臊恶臭而伤害腹胃，民多疾病。有圣人作，钻燧取火以化腥臊，而民悦之，使王天下，号之曰燧人氏。”有巢氏是传说中巢居的发明者，据说他教人们在树上搭建房屋，躲避野兽的侵袭，这反映了中国原始时代修建房屋的情况。燧人氏是我国传说中发明人工取火之人。远古时代人们“茹毛饮血”，燧人氏钻木取火，掌握了用火技术，使人们随时随地可以获取火种，用以烹制熟食，减少疾病，增强体质，这反映了中国原始时代古人从使用自然火发展到人工取火的情况。美国人类学家摩尔根在《古代社会》一书中将人们居住树上的时期称为蒙昧时代的初级阶段，掌握摩擦取火本领的时期为蒙昧时代的中级阶段。正如翦伯赞所说：“把神话人物当作一定历史时代的特征看，则不失为古史的资料之一。”有巢氏、燧人氏的传说在一定程度上体现了我国古代先民发展进程中某个真实的历史阶段。

对于原始社会的组织结构，《吕氏春秋・恃君览》也有过描述：“昔太古尝无君矣，其民聚生群处，知母不知父，无亲戚、兄弟、夫妻、男女之别，无上下长幼之道，无进退揖让之礼。”太古之时没有国家，所以也不会有君主，人和人是平等的关系，不存在所谓伦常、礼教，一夫一妻制家庭尚未出现，人们知其母却无法确认其父，因此世系的计算是从母方的，这在体现母系氏族时期人们生活状况的同时，也显示了人类社会早期社会组织与阶级社会的不同。

“三皇五帝”是传说中夏代以前中国的帝王，也代表了中国最早的古史系统。无论是依照神话传说，还是史书的记载，一般都将“三皇”排在“五帝”之前，认为“三皇”早于“五帝”。但“三皇五帝”具体所指并不明确，有将伏羲、神农列入“五帝”的，也有将“五帝”之首的黄帝升为“三皇”之一的。从战国后期开始，随着五行说的盛行，古文献常排列出“五帝”，但各家各派所列“五帝”的名称又多有不同。

先来看“三皇”。“皇”字本义“大”“美”，不用作名词。战国末，因上帝的“帝”字被用于称呼人主，遂用“皇”字来称上帝，如《楚辞》中的西皇、东皇、上皇等均指天帝。当时已有将天皇、地皇、泰皇称为“三皇”的说法。《周礼》《吕氏春秋》与《庄子》中也开始用“三皇五帝”来指称上古帝王，但都未指实具体人名。汉代学者注疏先秦著作，开始对“三皇”作了具体说明，概括起来大致有五种说法。一、《尚书大传》记为燧人、伏羲、神农；二、《风俗通义》引《春秋运斗枢》记为伏羲、女娲、神农；三、《孝经钩命决》引《礼》记为伏羲、祝融、神农；四、《白虎通》记为伏羲、神农、共工；五、《礼・稽命徵》《帝王世纪》《尚书序》均以伏羲、神农、黄帝为中国历史上最古的三位帝王。因为《尚书》的经书地位，其所主张的伏羲、神农、黄帝三皇说影响也最大。

再来看“五帝”。“帝”原指天帝，人间的“五帝”一词在战国中期孟子时尚未出现，他在书中只提到了

“三王五霸”。战国晚期成书的《荀子·大略》篇中出现了“五帝”一词，并将其排在“三王”之前，但仍未指实人名，只是在《议兵》中称尧、舜、禹、汤为“四帝”。《管子》《周礼》《庄子》及《吕氏春秋》屡称“三皇五帝”，但都未指实人名。其实自西周至春秋战国时记载神话和历史传说的文献典籍中，先后出现了很多古帝或宗神的名号。有人依传说中诸帝所在的地域进行了归类，大抵居于西方的有黄帝、炎帝、伯夷、共工、鲧、禹、四岳、稷(弃)、高圉、太王、玄嚣、蟜极、昌意、青阳等；居于东方的有太皞、少昊挚、颛顼、高阳、高辛、尧、羿、浞、浇、俊(即喾)、契、冥、上甲微等；地区不明的有帝鸿氏、缙云氏、金天氏、烈山氏等；由东而西的有伯翳、非子等；本在东部而后南移的有祝融即重黎，以及其后裔八姓(如季连芈姓为楚祖)，等等。关于各帝的先后顺序，战国末期以前的著作中有些进行了排列，如《庄子·胠箧》篇列举出了一个十二人的古帝系统，先后为：容成氏、大庭氏、伯皇氏、中央氏、栗陆氏、骊畜氏、轩辕氏、赫胥氏、尊卢氏、祝融氏、伏羲氏、神农氏，全书还屡次提到其他古帝。《六韬》列举柏皇、栗陆、黎连、轩辕、共工、宗卢、祝融、庸成、混沌、昊英、有巢、朱襄、葛天、阴康、无怀，共十五氏。《逸周书》所列古帝则多达二十六氏，且名字多罕见者。由于战国后期五行说逐渐建立，凡事都要凑五为成数，于是在上述许多古帝王中，遂有罗列“五帝”的必要，于是出现了下列五种“五帝”说。一、《大戴礼记·五帝德》《吕氏春秋》《史记·五帝本纪》据《帝系》均作黄帝、颛顼、帝喾、尧、舜五人。二、《战国策·赵策》与《易·系辞》提出了宓戏(伏羲)、神农、黄帝、尧、舜五人。《庄子》《淮南子·淑真训》及刘歆《三统历》亦承此说。北宋刘恕著《通鉴外纪》反对“三皇五帝”说，但其所列最早的帝王仍是此五人。三、《吕氏春秋·十二纪》《礼记·月令》均以太昊、炎帝、黄帝、少昊、颛顼为“五帝”。四、刘歆著《世经》按五德相生的顺序编排了一个完备的古史帝王系统，太昊、共工、炎帝、黄帝、少昊、颛顼、帝喾、尧、舜、禹，经商汤、周文王、武王、秦伯至汉高祖。这一系统从此被封建帝统继承，自魏、晋至于清代，一直遵奉不违。汉代纬书《稽命徵》将伏羲、神农、黄帝定为“三皇”，紧接其后的少昊、颛顼、帝喾、尧、舜则成为“五帝”，晋皇甫谧《帝王世纪》、东晋伪《古文尚书·序》从之，形成了“五帝”的第四种说法，也使“三皇五帝”说明确成为中国传说时期亦即最早的古史系统。但事实上这都是后起的伪史，非原有古史传说。五、《通鉴外纪》及《路史发挥》引梁武帝萧衍画像碑述，以黄帝、少昊、颛顼、喾、尧为“五帝”，似是最晚的一说。但梁武帝只有《通史》600余卷，据陈立《白虎通疏证》，以为画像碑述可能是《武梁祠堂画像碑述》之讹，则此说仍出自汉人。

古史传说中的主要人物有：

伏羲，传说中的东方天帝，掌管春天。伏羲又名“太昊”，也写作“太皞”，伏羲或写作包牺、庖牺、宓羲、宓戏等。传说他效法蜘蛛织网而制成打渔捕兽之网，作八卦。《易经·系辞下》记载伏羲氏统治天下时，“仰则观象于天，俯则观法于地，观鸟兽之文与地之宜以通神明之德，近取诸身，远取诸物，于是始作八卦，以通神明之德，以类万物之情。作结绳而为网罟，以佃以渔”。意思是说伏羲抬头就观察天象，低头就观察地形，观察兽蹄鸟迹与地上的植物，近的取自身体，远的取自各物，因此开始创作八卦。结绳来做网，用网来捕鸟兽和捉鱼。晋葛洪《抱朴子·对俗》：“太昊师蜘蛛而织网。”班固《汉书·古今人表》载“太昊帝宓羲氏”，张晏注曰：“太昊，有天下号也，作网罟田渔以备牺牲，故曰宓羲氏。”伏羲还是传说中乐器瑟的发明者。《世本》云：“瑟，庖牺作，五十弦。”传说伏羲与其妹女娲结为夫妻，生衍了后代子孙，因而成为华夏诸族人民的祖先。汉代画像石和帛画中，伏羲与女娲的形象俱为人首蛇身者，腰以上作人形，穿袍戴冠，腰以下蛇身缠绕相交。伏羲的事迹与前文所述有巢氏、燧人氏正反映了人类进化过程中居住、用火、狩猎技术的不断发展。

神农氏，上古传说时代的部落首领。他教民耕作，制作耒耜，使五谷生长，还教人们建立市场，彼此买卖交换，同时他还是医药的始祖。《易经·系辞下》载："包牺氏没，神农氏作，斫木为耜，揉木为耒，耒耨之利，以教天下……日中为市，致天下之民，聚天下之货，交易而退，各得其所。"伏羲氏死后，神农氏兴起，砍木做耜，弯曲木作耒，将使用耒耜的好处教给天下之人……日中时有市集，吸引天下之民，聚集天下的货物，交易后离开，人们都能得到他们所需要的东西。东汉王符《潜夫论·五德志》、班固整理的《白虎通》中也有大致相同的记载。《淮南子·修务训》说神农"尝百草之滋味，水泉之甘苦，令民知所辟就"。也有记载说神农发明制陶术，初制衣裳，对远古文化作出了巨大贡献。

关于神农与炎帝的关系，一说炎帝为其后裔，一说炎帝即是神农。《帝王世纪》就认为炎帝即神农，其载神农氏姜姓，母为有蟜氏女，长大后成为少典氏的妃子，因与神龙有感而生炎帝。炎帝人身牛首，长于姜水(渭水支流，今陕西岐山东)，向东发展。开始在陈建都，后迁徙至鲁。号魁连氏、连山氏、列山氏、厉山氏。《史纪·五帝本纪》说他侵凌诸侯，与黄帝战于阪泉之野，失败后与黄帝结盟。后世将炎、黄并称为华夏族之祖。

炎帝以神农为号，说明他们主要是从事农业活动的氏族部落，其后裔较著名的有烈山氏，以善于烧山种田而闻名。其子名柱，"能殖百谷百蔬……故祀以为稷"，稷被尊奉为谷物之神。炎帝后裔还有共工氏，以善于治水土著称，曾率领众多部落与洪水作斗争，扩大了耕地，其子曰"后土"，后来被尊奉为土地之神——社。考古材料表明，中国从新石器时代开始就普遍兴起农作，神农氏和烈山氏可能是那个时代以善于农耕著称的氏族。

黄帝，中国古史传说中华夏族的始祖，一般将其列为"五帝"之首。《国语·晋语》《世本》《大戴礼记·帝系》都认为黄帝是少典氏之子，《史记·五帝本纪》谓其姓公孙，名轩辕，生下来就显示出神灵之处，出生不久即能说话，幼年时智慧有口才，成年后闻见广博，明辨是非。相传轩辕之时，神农氏后代道德衰薄，各地诸侯相互攻伐，神农氏无力征讨。轩辕时常动用军事力量，征讨诸侯中不来朝享之人。炎帝想侵犯诸侯，四方诸侯都来归附轩辕。轩辕与炎帝战于阪泉之野(今河北涿鹿东南)，经三次大战最终使其归服。后蚩尤作乱，黄帝向各个诸侯征集军队，与之战于涿鹿之野，最终擒杀蚩尤。诸侯遂尊轩辕为天子，称其为黄帝。相传黄帝曾到各地巡视，往东到达了海滨，登过丸山(今山东临朐县东北)，到过泰山；向西到达了空桐山(今宁夏原州区南)，登过鸡头山(空桐山主峰)；往南到达了江水流域，登过熊耳山(在今湖南益阳市西)、湘山(又名君山、洞庭山，在今湖南洞庭湖中)；向北驱逐过少数民族獯鬻(当时的匈奴名)，在釜山(山名，一说在今河北怀来县北，一说在徐水区西，又说在今河南偃师、灵宝等地)与四方诸侯会合验证符节，在涿鹿山下广阔的平地上建筑都邑。正是由于黄帝丰功伟绩，古代的许多发明创造常常归在他的名下。据《易经·系辞》《世本·作篇》等记载，凿井，服牛乘马，制作杵臼、弓矢、舟船等技术，以及衣裳、旃冕、扉履等都是黄帝发明的，作甲子干支、占日月、算数、造律历、制笙竽、造医药、创文字等，也是黄帝之功。这表明上古时期黄帝作为中原诸族的杰出首领，对中国上古历史有着广泛而深远的影响。

蚩尤，古史传说中东方九黎的首领。传说他能呼风唤雨，以金为兵器，有兄弟81人。《史记·五帝本纪》载蚩尤好兵作乱，暴虐天下，曾与炎帝交战，并打败炎帝。后来炎帝与黄帝部落结盟，经过反复较量，以炎、黄为首的诸夏之族在涿鹿之野与蚩尤大战，结果蚩尤被擒杀。后人认为他是南方苗蛮族的祖先。

颛顼，远古传说时代的部落首领。《史记·五帝本纪》记载他是黄帝之孙、昌意之子。颛顼生于若水，居于帝丘(今河南濮阳东南)。因封于高阳，号高阳氏。据说他宁静、渊博，很有智谋，疏旷通达，通晓各种事理，发挥土地的作用，能依照四时决定行动，能敬事鬼神并制定了尊卑义理，他教化民众，使天下依附。他还任命重为南正，掌管祭祀；命黎任北正(一作火正)，掌管民事。

帝喾，又名俊，也是传说时代的部落首领。《史记·五帝本纪》载其为黄帝曾孙、蟜极之子。封于高辛，因以为号。传说他生而神灵，遍施恩德，聪慧知远，明晓事理，能洞察隐微，取财节用，教诲万民，修订历法，天下无不宾服。

尧，传说时代的部落联盟首领。陶唐氏，名放勋，史称唐尧。原居今河北唐县，后徙居太原，任部落联盟首领后再迁至今山西临汾。尧命羲和为天文官，掌管天文、历象，观察日月星辰变化以制定历法、区分时令。命鲧治水，又咨询“四岳”，推选继承人。对舜进行三年考核后，让其摄位行政，尧死后，由舜继位。一说晚年德衰，被舜囚禁，被迫让位。尧勤劳俭朴，非常顾念人民，受到人民的衷心爱戴，是人们心目中的理想圣君。

舜，传说中父系氏族社会后期的部落首领。生于姚墟，故姓姚氏；一说妫姓，名重华，号有虞氏。因居于虞(今河南虞城北)，故史称虞舜。初为庶人，以贤孝受四岳推举，尧晚年命他摄政。舜执政后，翦除共工、驩兜、三苗、鲧“四凶”，举用八元、八恺，设官分职，命禹为司空，负责平定水土；契为司徒，负责掌管教化；弃为后稷，掌管农事，负责组织播种百谷；皋陶做狱官之长，负责刑罚；垂为共工，统领工匠事务；益为虞官，掌管山林川泽；伯夷为秩宗，掌礼施教；夔任典乐，以诗歌舞蹈教导国子；龙为纳言，负责传递王的旨命。明确官吏的职守，分治民事、天事。他杀死了以堵塞之法治水失败的鲧，再派大禹疏导水流，划分全国为九州，命各地部落交纳贡品，确立统治关系。晚年舜禅位于禹，南巡时死于苍梧之野。一说大禹篡位后，被流放于苍梧。

禹，传说中古代部落联盟的领袖。夏朝开国之君，传说为鲧之子，颛顼之孙。姒姓，亦称大禹、夏禹、戎禹。本为夏后氏部落首领。舜摄政时，禹奉命继承父业治理洪水。他吸取鲧堵水失败的教训，采用疏导之法，凿山开道以通九川至海。据说禹治水 13 年，三过家门而不入，最终取得成功。他在治水的基础上，划分天下为九州，相地宜而定贡赋，注意发展生产，使民安居乐业，被舜选为继承人。禹继位后，曾铸象征权力的九鼎，设置官吏，建立军队，制定法律。其子启杀掉有益氏，继承禹的王位，从此建立了家天下的奴隶制王朝。传说时代也就此终结。

尧舜禹所在的时代，我国黄河流域、长江流域的先民大多进入了部落、部落联盟的“英雄时代”，即军事民主制时期。黄帝与炎帝、蚩尤之间的战争，事实上正是部族间为各自利益而进行的斗争。

依照军事民主制的传统，部落联盟最高首领的产生，必须通过一定的民主程序，由众多的部落首领代表氏族成员共同推举才能确立，这就是我国原始社会后期一度相当盛行的民主选举首领的禅让制。禅让制的基本原则是选贤与能。据古代文献记载，尧年老时，召集四方部落酋长“四岳”议事，“四岳”一致推举虞舜，尧采取各种方法对舜进行考验，让舜坐上自己的位置，摄行管理各种事务，主持祭祀上帝、山川诸神的典礼；会见四方诸侯；外出巡狩；赏赐有功之人；制定各种刑罚等。尧去世，舜正式继承权位。舜年老时，见子商均不肖，选禹为继承人，并祭告于天。舜去世后，禹曾让位于舜子商均，但天下诸侯皆朝禹，禹才正式继位。禹去世前，原拟继承人皋陶早逝，便又举益为继承人。禹死后，启继承权位。从尧至舜、舜至禹，禅让制至少表面上还在发生作用。但企图凭借强权和实力，变禅让为世袭的斗争也愈来愈烈。大禹获得诸夏首领的拥戴后，具有了夏后氏的称号，即诸夏之族的最高君长，其子启杀掉与其争夺权位的益，最终世袭制取代了禅让制，我国历史也从此进入了文明时代。

对于我国传说时代的社会发展，古人曾用“大同”“小康”加以比较说明。《礼记·礼运》篇记载传说时代的“大同”之世，“天下为公。选贤与能，讲信修睦。故人不独亲其亲，不独子其子，使老有所终，壮有所用，幼有所长，鳏、寡、孤、独、废疾者皆有所养。男有分，女有归。货恶其弃于地也，不必藏于己；力恶其不出于身也，不必为己。是故谋闭而不兴，盗窃乱贼而不作，故外户而不闭，是谓大同”。“大同”之世是传说中的没有阶级和剥削的时代。其后便进入了“小康”之世，这时，“大道既隐，天下为家。各亲其亲，各子其子，货力为己。大人世及以为礼，城郭沟池以为固，礼义以为纪，以正君臣，以笃父子，以睦兄弟，以和夫妇，以设制度，以立田里，以贤勇知，以功为己。故谋用是作，而兵由此起”。这也正是原始公有制向阶级社会私有制过渡时期社会情况的反映。

如上所述，“三皇五帝”是战国秦汉间人们对于古史系统的一种理解和排列，未必为某些具体的人物，有可能是一个历史时代或某一部落联盟的象征。这些传说对研究我国上古时期社会情况具有极重要的参考价值。后世传说中有将“三皇五帝”神化的情况，已近于神话，和历史实际有了较大距离。唐宋以来已有一些学者对古史传说提出质疑。唐人刘知幾、宋人刘恕至清人崔述，都曾对“三皇”、“五帝”、十纪之说予以澄清。近代以来学者们对古史传说又提出了新的认识，先有康有为作《孔子改制考》，其《上古茫昧无稽考》认为战国诸子借托古改制，臆造古史。被誉为“20世纪新式中国通史的第一部成名作”的《中国古代史》(夏曾佑著，初名《最新中学中国历史教科书》)，共三册，上册出版于1904年，1906年三册出齐，由商务印书馆出版。1933年商务辑印大学教科书，该书被列为《大学丛书》之一，改名为《中国古代史》)第一章，把“三皇五帝”时代称为由“上古神话”构成的“传疑时代”，将三王、“五帝”、九皇及盘古、“三皇”、十纪等说，一律视为抵牾不足信。1923年顾颉刚先生提出了“层累地造成的中国古史”。他在《与钱玄同先生论古史书》一文中指出：“时代愈后，传说的古史期愈长……时代愈后，传说中的中心人物愈放愈大。”他举例说周人心目中最古的人是禹，到孔子时有尧、舜，到战国时有黄帝、神农，到秦有“三皇”，到汉以后有盘古等。又如，舜在孔子时只是一个“无为而治”的圣君，到《尧典》就成了一个“家齐而后国治”的圣人，到孟子时就成了一个孝子的模范了。鉴于传说中古史的这种经历，顾颉刚总结说：“我们在这上，即不能知道某一件事的真确的状况，但可以知道某一件事在传说中的最早的状况。”《与钱玄同先生论古史书》一文发表后，引发了一场关于古史的大讨论，在学术界掀起了一场革命，旧有的古史体系被摧毁。大多数学者把“三皇五帝”时代列入史前史的范围，黄帝、尧、舜为原始神话传说中的人物，也成为大多数人的共识。人们也开始重新认识、深刻反省传统史学，用新科学方法重建中国的古史。

20世纪二三十年代以来，随着现代考古学的不断发展，诸多重要遗址如北京猿人、半坡遗址、安阳殷墟、偃师二里头遗址等的发掘以及仰韶文化、大汶口文化、良渚文化、红山文化等的发现，为我们利用考古材料印证传统文献提供了可能。1925年王国维在关于《古史新证》一书的讲座中提出了用地下之新材料补正纸上之材料的“二重证据法”，建立了古史研究的新方法。郭沫若1929年撰《中国古代社会研究》一书，正确论证了中国古代社会确实存在着由原始公社制转化而来的奴隶社会，认为“商代和商代以前都是原始共产社会”，反对“据古代神话传说以为正史”。1930年郭沫若发表《夏禹的问题》一文，认为“禹是夏族传说中的神人”。1952年写《奴隶制时代》时，改定“夏、殷、周三代的生产方式只能是奴隶制度”，从而将夏以前的原始社会作为传说时代。以顾颉刚为代表的古史辨派之后，在利用文献学、考古学、民族学、人类学等多学科资料进行古史重建方面，学者们进行了不懈的努力，其中以徐旭生、李济、张光直、苏秉琦等人的成就最为突出。

对于活动在黄河、长江流域的这些上古部族，它们相互间是一种怎样的关系？傅斯年、徐旭生、杨宽等学者从民族分布地域差异的角度提出了各自不同的看法。傅斯年在《夷夏东西说》中将古史传说中的诸部族分为西方之夏、东方之夷和南方之苗。他指出，三代及三代以前，古族有东西二系，夷与商属东系，夏与周属西系，认为殷周间的剧烈变革是两个民族之间的交替，“此盖民族代兴之故”。蒙文通在《古史甄微》中将其分为海岱、河洛和江汉三大民族，表现为邹鲁、晋、楚三方各本于民情而传说各异。杨宽《中国上古史导论》则分东系民族和西系民族，各自产生神话传说，它们称美本族神而诋毁对方神。徐旭生《中国古史的传说时代》分为华夏集团、东夷集团、苗蛮集团，三者交互关系构成古史的进程。苏秉琦的《中国文明起源新探》一书根据我国各民族先人文化渊源、特征和发展道路的不同，把已发现的新石器时代的考古文化分为区系，从而提出了中国考古学文化区系类型学说以及“三历程”“三部曲”和“三模式”理论，对推动传说时代历史的重建可谓成效卓著。

20 世纪 80 年代，李学勤提出“走出疑古时代”，这代表着史学研究的新方向。他在《走出疑古时代》一书中写道：“从晚清以来的疑古思想基本上是进步的……可是它……对古书搞了很多的‘冤假错案’……在现在的条件下，走出疑古时代，不但是必要的，而且也是可能的了。”1996 年启动的夏商周断代工程，集合天文学、考古学、人类学和历史学各方面的学者进行研究，于 2000 年公布了《夏商周断代工程 1996—2000 年阶段成果报告·简本》，将夏代始年定在公元前 2070 年。虽然我们还没有夏代的文字证实夏代的存在，但《史记》等古籍中关于商代的记载已被考古学和古文字学证实，而在考古学时代序列上与商代紧密相承的考古遗址又多有发现，我们有理由相信不久的将来夏代的存在终将会被证实。

（刘志玲）

## 2. 华夏、东夷、苗蛮三大文化集团的形成

从远古时代开始，中国境内就居住着文化系统不同、所奉祖先不同的各族，它们各在所居住的土地上与大自然作斗争，发展自己的文化。它们相互间既有冲突，也有交流和融合。目前来看，中国在夏商以前，境内华夏(炎黄)、东夷、苗蛮三大文化集团的界限曾一度十分明显。它们由相争而演进为和平共处，最终完全同化，才形成了后来的汉族。正如近代著名思想家梁启超所指出的："华夏民族，非一族所成。太古以来，诸族错居，接触交通，各去小异而大同，渐化合以成一族之形，后世所谓诸夏是也。"

从民族的形成看，中华民族的血统成分也很复杂。当代学者岑仲勉也指出："世界上没有血统很纯粹的民族。民族既非单元，文化也就不会单元。反过来，文化越灿烂，民族的血统似乎越复杂。"在中华文化的神话传说时代，先民的血统便不相一致。生活在渭河流域到黄河中游地区的是古羌人，相传炎帝即为他们的首领。生活在黄河下游和江淮流域的是古夷人，共有九部，称为"九夷"，相传太皞、少皞是他们的祖先。生活在北方的，有戎人和狄人，他们奉黄帝为自己的始祖。在江、汉之间则居住着古苗人，古籍上称他们为"三苗"。在更南边，则有所谓"南蛮"人，生息于五岭山脉的崇山峻岭之中。羌人、夷人、戎人、狄人、苗人和蛮人都由众多的氏族、部落组成。历史学家郭沫若指出："随着社会生产的发展和人口的增加，氏族部落的不断迁移和相互交往的扩大，各个部落之间在某些时候，某些地方形成相反的利益，而在另一些时候和另一些地方又形成了相同的利益，由此引起了各个部落的分化和组合、战争和联盟，逐渐形成为不同的民族。"羌、夷、戎、狄、苗、蛮的某些氏族、部落先后融合而成汉族，其余的则分别演化成数十个少数民族，它们共同组成了今天的中华民族大家庭。

中华先民的一部分，很早就自称"诸夏"或"华夏"，或单称"华""夏"。华夏集团发祥于黄土高原，后沿黄河东进，散布于中国的中部及北部的部分地区，即仰韶文化、河南龙山文化分布区。华夏集团内又分为两支，一支称黄帝，一支称炎帝。黄帝与炎帝，均既是个人的名字，又是氏族的称号。炎帝，因以火德王，故称炎帝。相传其作耒耜，教人耕种，故又称神农氏，被人们尊为太阳神。《帝王世纪》说，神农氏"始教天下种五谷"。《淮南子·齐俗》说，神农氏"身自耕，妻亲织"。这都说明神农炎帝是中国农业文明的开拓者和奠基者。考古材料证明，炎黄时代，仍属母系氏族时期，实行对偶婚、族外婚，没有稳固的夫妻关系，故《庄子·盗跖》上说："神农之世……民知其母，不知其父。"

对于炎帝、黄帝之间的关系，大体上有两类不同的说法：

一种流行的说法认为黄帝和炎帝是兄弟两个，都是少典氏之子，据《国语·晋语四》载："昔少典娶于有蟜氏，生皇(黄)帝、炎帝。黄帝以姬水成，炎帝以姜水成；成而异德，故黄帝为姬，炎帝为姜。"

另一种说法认为，炎帝早于黄帝好几百年，少典不是一个人，而是一个方国部族的称号，炎帝、黄帝都

是由少典氏部族衍生分化出来的。古史传说从伏羲、神农(炎帝)到黄帝，表现了中华文明萌芽、发展和形成的过程。

后来，炎黄两族各有一部分东移，炎帝族顺渭水、黄河一直发展到今豫南及豫冀鲁三省交界地区。黄帝族顺着北洛水、渭水及黄河北岸，沿中条山、太行山脉直到今北京附近。

东夷，指分布于东方的民族集团。《礼记・王制》曰："东方曰夷。"《说文解字》也说："夷，东方之人也。"东夷集团主要分布在今山东、河南东南和安徽中部一带，以大汶口文化、红山文化、山东龙山文化、青莲岗文化江北类型为代表。

东夷集团的组织比较复杂，先秦古籍常号称为"九夷"。目前一般有以下几种不同的看法。第一种看法认为：东夷可分为隅夷、莱夷、淮夷、徐戎(徐夷)、岛夷(鸟夷)、介夷、根牟夷七种；第二种看法认为：东夷可分为太皞(或太昊)、少皞和蚩尤三部分；第三种看法认为：东夷可分为太皞、少皞、皋陶、伯益、颛顼、帝喾六部。根据古史传说资料分析，太昊氏和少皞氏是分属于东夷的以鸟为图腾的两个部落集团，故古人统称它们为"鸟夷"。后来与黄帝展开恶战的蚩尤也是东夷集团中的重要一支。

远古时代中国南方的另一重要文化集团便是苗蛮。苗蛮在古文献中被称为"苗""三苗""有苗"，或被称为"蛮""南蛮"。苗蛮集团主要活动于今湖北、湖南、江西一带，即大溪文化、屈家岭文化分布区。如若向东延伸，河姆渡文化、良渚文化等也可归于此集团。大名鼎鼎的伏羲、女娲，还有三苗、祝融氏都属于这个集团。

在中国跨入文明时代门槛的前夕，黄河流域出现了一系列部落联盟之间的兼并战争。

首先是华夏集团内部炎黄二帝发生冲突。随着生产力的发展，私有观念的萌生，异姓部落各有自己的利益和崇尚，终于导致炎黄部落的冲突。传说记载，这是一场颇为惨烈的争斗。"黄帝与炎帝战于阪泉之野，师熊、罴、狼、豹、貙、虎为前驱，雕、鹖、鹰、鸢为旗帜。"黄帝有猛兽凶禽助阵，炎帝则举火为兵。双方直战得"血流漂杵"、日月无光，最后炎帝溃败。黄帝后来能独自成为华夏集团的代表，这阪泉一仗是关键。

经过阪泉之战，炎帝部落被迫向东南方转移，渐与东夷和苗蛮集团融合。

后来，蚩尤部落崛起，并成为东夷集团内十分剽悍的一支。蚩尤犯上作乱，驱逐了炎帝，自己取而代之，这还不满足，他还想夺取中央天帝黄帝的宝座。无奈之下，黄帝部落被迫在涿鹿之野布下阵势，与蚩尤决一死战。会战之初，黄帝并不占上风。后来他依靠臣子风后制造的指南车，突破蚩尤布下的弥天大雾阵，又调来女儿旱魃和住在凶犁土丘山上的善于蓄水行雨的天神应龙，制服了蚩尤手下的风伯雨师，最后，又杀死雷神，抽出其骨做成槌，去敲击用夔皮制作的大鼓，"声闻五百里"，吓得对手魂飞魄散，溃不成军。黄帝抓住蚩尤，在黎山之丘将他处死。涿鹿之战中，蚩尤战败了，但这失败的英雄依然威名远播，成为与胜利者黄帝齐名的战神，长期受到军队统帅的祭拜。在民间还有许多关于蚩尤的传说，如黄帝"伏蚩尤后，天下复扰乱，黄帝遂画蚩尤形象以威天下，天下咸谓蚩尤不死，八方万邦皆为弭服"，可见蚩尤虽败，声威却不在黄帝之下。蚩尤作为战败者，却还在广阔的地域受到称颂和纪念，无疑表明涿鹿之战后，蚩尤之族的主体不仅仍居于故地，其文化更是继续广为传播。

从此以后，华夏集团与东夷集团长期相安无事，与苗蛮集团的冲突却尖锐起来。

由于苗蛮集团原始巫术盛行，与华夏集团比较进步、带有浓厚宗教气息的巫教格格不入，双方在交往接触中不免小有摩擦，最后终于发展成为一场旷日持久的战争。先是“尧战于丹水之浦以服南蛮”，其后“舜却苗民，更易其俗”，最后“禹亲把天之瑞令以征有苗”，华夏与苗蛮的冲突才告一段落。冲突的结果，华夏集团取得了最后胜利，中原地区较为先进的巫教风俗，也在“南蛮”之地流行开来。

经过对东夷集团以及稍后对苗蛮集团的征战，华夏集团取得了连续胜利，从而确立了在中华民族形成及其文化多元发展中的主流地位，“华夏”也进而成为中华民族的历史称号，对后世文化发展的格局产生了深远影响。

黄帝显然在华夏集团的演进中颇有分量。传说夏、商、周人的始祖，都与黄帝有联系。夏人的始祖是治水的大禹，而大禹是黄帝的玄孙。商人的始祖契，相传为简狄吞食玄鸟之卵而生，这简狄原是黄帝曾孙帝喾的次妃。相传周人的始祖后稷为姜嫄踏天帝足印感怀而生，这姜嫄却是帝喾的元妃。正因为如此，黄帝便成为中华民族共同祭奠的先祖，华夏集团也成为中华民族的古老代表了。

据说黄帝生于寿丘(今山东省曲阜市)，长于姬水，故姓姬，后来居住于轩辕之丘(一说在今河北省怀来县，一说在今河南省新密市)，故号“轩辕氏”。起初黄帝族居无定地，后来与炎帝族联合，在今河北涿州、怀来、涿鹿一带，打败北方的蚩尤部落，遂以涿鹿为都，不久又南迁有熊(今河南省新郑市)，故又称“有熊氏”。也有说“有熊氏”是狩猎民族的名号，因黄帝之族原先游牧于北方，后来才转为农耕。因黄帝的活动范围主要在中原地带(即中央)，中央属土，土呈黄色，故有“黄帝”的尊称。中华文明史上的许多发明创造，如衣帽、房屋、车船、弓箭、文字、音律、天文、历法、医学等都被说成是黄帝及其亲属、部下首创，黄帝遂有“人文初祖”的美誉，被推尊为中华民族的头号文化英雄。

人们常称中国是“五千年文明古国”，便是从黄帝时代算起的。现在，全国有关黄帝的遗迹很多，分布于河北、山东、陕西、甘肃、湖南等地，连世界闻名的黄山也因黄帝而得名，足见黄帝这个人或者说黄帝这个部落对中华文化的发展有多么重要。

总之，整个黄帝时代的主旋律是各个地区文化的大交流、大融合。后世史籍如《帝王世纪》曾有“五十二战而天下大服”之说，但如果仔细考察这段历史，便可知其所谓“天下大服”应是建立了一种较大范围的联盟关系，而不是军事征服关系的确立，这是由当时特定的历史条件决定的。上古时期各个文化集团冲突所带来的重要成果之一，便是打破了部族集团的界限，促进了文化的融合。正因为这样，产生于各个地区的先进生产力和文明因素才能汇成一股洪流，迎来大发展的文明时代。在中华大地，从炎帝神农氏时代开始的渐进融合的文化，到了黄帝时代又获得了新的推动力，中华文明在这个过程中，强化了它的多源、多根系的特点。而在这期间，黄河流域的中原地区，起了重要的熔炉作用，使得夏、商王朝相继建立，对后来中华文明的发展产生了重大影响。

综上所述，华夏、东夷、苗蛮三大文化集团在中国早期文明的形成中都扮演了重要的角色，只不过在不同阶段它们所处的地位和所起的作用有所不同而已。因此，我们可以说，以华夏、东夷、苗蛮为代表的各族共同孕育了中国早期绚丽多彩的文明。

(沈艳)

# 3. 农牧分野与夷夏之辨

按照劳动对象、劳动产品、操作方式等因素分类，中华先民的物质财富创造活动可分为农耕与游牧两大类型。这种区别产生的根本原因在于中华疆域独特的地理位置及其气候特征：濒临浩瀚的太平洋，由于海陆热力性质不同，加上冬夏行星风带的南北推移，季风现象十分明显。对东亚大陆水汽供应起决定作用的是来自太平洋的东南季风。每到夏季，因大陆气温高于海洋，低层气压相应较低，风由海洋吹向大陆，形成湿热的东南季风。这造成东亚大陆降水量从东南沿海向西北内陆渐次递减。广东、福建、台湾等地区年降水量高达2000毫米以上，而新疆吐鲁番盆地西侧的托克逊年降水量不足10毫米。400毫米等降水线从大兴安岭西坡，沿西辽河上游、燕山山脉，斜穿黄河河套，经黄河、长江上游，直抵雅鲁藏布江河谷。以这条等降水线为界，其东南为受太平洋季风影响的湿润地区，其西北为少受甚至不受此影响的干旱地区。这条400毫米等降水线，成为东亚大陆农耕区与游牧区的大体分界。

中华文化的主要发源地黄河、长江流域，气温适中，雨量充沛，适合于农耕产业的发展，华夏先民从一万年前就逐渐度过狩猎和采集的经济阶段，进入农耕时代，从而形成华夏先民以农耕经济为主体的经济生产方式。

夏商周三代时期，农耕业已经成为中原华夏族社会生活资料的主要来源。其农具是铜石并用，种植业达到新的水平。春秋战国时代，又出现牛耕技术，逐渐采用铁制农具，耕作方式也有进步。秦汉以后，大一统的中央政权更是把“重农固本”定为基本国策。历朝帝王都耕籍田、祀社稷、祈雨水、下劝农令，以“帝亲耕，后亲蚕”之类的仪式和奖励农事的政令鼓励百姓勤于农桑之业。农耕区的范围也随着生产工具和耕作技术的改善以及朝廷移民拓边屯田政策的推行而不断扩展。

东亚大陆400毫米等降水线东南的广大区间，历经千余年，先后辟为农耕经济区。栖息于这一区域的华夏民族，以种植业为物质生活资料的主要来源，同时也圈养家畜、家禽，发展家庭手工业，形成一种自给自足的复合型农业经济。这样一种自给自足的自然经济形态，简言之就是“男耕女织”。

一般来说，游牧民族相对于农耕民族，经济文化发展水平处于较原始阶段，然而他们善骑射，勇猛剽悍，武功十分强盛，先进的中原农耕人往往难以与之争锋。因此，以农耕民族为主体建立起来的诸中原王朝，虽然国力强弱有别，但就总体来说，在军事上抗御游牧民族都是相当吃力的。这和农耕与游牧在经济类型、社会结构上的诸多差异有关。

游牧民族的军事组织和生产组织是合二为一的统一整体，游牧与狩猎活动既是生产实践，又是军事演习。普通的游牧人与骑兵之间差别很小：一个游牧部落只需稍加编组，立即可以成为装备整齐的武装力量。而长期的不安定生活和艰苦自然条件的磨炼之下形成的强健体魄和剽悍性格，更使这种武装具备所向披靡的巨大威力。

农耕民族则不然。为了发展农业生产，它们趋向兵农分工，从春秋后期开始，各诸侯国均将兵农分工作为变法图强的重大决策。战国时李悝在魏国、吴起在楚国、商鞅在秦国，相继使兵农专职，脱离生产的职业军人出现。汉代晁错倡导移民实边，在边境地区实行兵农合一的屯垦制；三国时曹魏实行屯田养兵制；明初实行卫所屯田制，都有兵农合一的倾向。但屯田时日一久，即产生兵不习战的后果。同时，军官变成实际上占有屯田和屯卒的农奴主。这种所有制关系较之当时早已普及全国的自耕农与地主土地所有制远为落后，故而不可能行之久远，收到明显成效。因此，秦汉以后，历代中原王朝均实行兵农相分的政策，以募兵的方式来抵御“全族皆兵”的游牧民族，这就迫使朝廷与民众都要投入大量的财力、物力，巨额的军费开支与有限的农业生产积累形成巨大矛盾。

此外，农耕民族形成了“安家立业”“妻子同堂”的安定生活方式，把躬耕田园的农夫训练成能够驰骋疆场的战士，这种角色的转换需要中原农耕人从生活方式到内在心态进行艰苦调整。“匈奴未灭，何以家为”固然是农耕男儿的壮烈情怀，但它是以牺牲农耕人的常规生活方式为代价的，故被视为少数豪杰的突出行为。

以上诸种因素的综合，决定了农耕民族与游牧民族之间连续不断、时起时伏的冲突的基本态势：经济、文化先进的农耕民族在军事上常常处于防守地位，经济、文化相对落后而武功强盛的游牧民族却掌握着军事的主动权，采取攻势。

为抵御北方游牧民族的南袭，中原地区的华夏一族做过种种努力。当他们相对衰弱时，便退守农耕区边界线；相对强大时，则西出邀击，或远征漠北。然而，游牧人朝发夕至，来去无定，农耕区却固定难移。总之，彼动我静，注定了农耕人在军事上的被动状态。为了确立一种退可守、进可攻的军事凭借，中原农耕人在长达两千多年的时间内，历尽艰辛，耗费巨大财力、物力、人力，修筑万里长城，创造出世界文明史上的奇迹。

明长城是中国最后一道万里长城，也是今日所能见到的万里长城。明代因蒙古和女真先后在北方造成强大军事压力，一再修筑长城。它东起鸭绿江边，沿燕山山脊巍然耸立，屏护北京，然后斜穿黄河河套，直抵甘肃嘉峪关，全长 7300 公里。

明长城的路线走向，几乎与前述 400 毫米等降水线相重合，这恰恰说明，长城是湿润区与干燥区的边界，也是农耕区与游牧区的边界。它是农耕人护卫发达的农业经济、先进的中原文化的防线。在这一意义上，与其说长城是中国古代若干王朝的北部边界，不如说是中华疆域内农耕与游牧两大文明形态的分界线，它的历史作用不仅在于维系中原王朝的统治秩序，而更在于护卫先进的农耕文明，使其不至于在游牧人频繁而惨烈的袭击中归于毁灭。因而无论从中华文明史还是从世界文明史看问题，长城在历史上发挥的作用都是进步的和正义的。正因为如此，孙中山才说：“长城之有功于后世，实与大禹治水等。”

由于长城是农耕区与游牧区的军事分界线，所以，当一个朝代的疆土大大超过塞外，将农耕区与游牧区总括在内，长城便失去效能。如国势强盛的唐代便没有筑造过长城，曾有臣下向唐太宗提出修复长城的建议，而这位被游牧民族推尊为“天可汗”的唐太宗以“安用劳民”一笑置之。清代疆土更远跨塞外，国防线推移到长城以北、以西数千公里之遥，因而有清 200 余年间也无修长城之举，这道昔日的“华夷天堑”已失去军事隔绝功能。

时至近代，中国人面对的“外患”转为由坚船利炮武装起来的西方资本主义殖民者，国防前线的主要段落由西北移往东南沿海。晚清当然也有从西北内陆方向来的压力，例如沙俄的军事威胁，然而却不再是用长城所能抵御的。长城终于失去军事作用，而是作为一个雄伟的历史遗迹，屹立在东亚大陆400毫米等降水线的崇山峻岭间，供人们凭吊。

筑城以居，是人类迈向文明时代的标志之一，把高耸的城墙推广到漫长的边防，修筑成一道绵延不断的长墙，几乎在同一历史发展阶段，地球上的人们都想到了这种军事防御的方式。中国的长城发轫于公元前7世纪战国时期的列国长城。而公元前后罗马帝国称霸欧洲的时候，也在帝国北部边界陆续修建了长达几千公里的边防长城，所以，长城是人类社会发展到某一阶段产生的共同的智慧。但是，西方的长城工程没有延续下来，唯有古代中国，把这一军事工程的修建传承了近两千年。为什么亚欧大陆两端的长城会有不同的结局？主要是因为长期以来在中国疆域内，历代的长城总是修建在自然气候与地理环境的分界带上，始终保持着对于农耕和游牧这两种经营方式在地域上的划分，长城内外始终存在着割舍不断的情结。游牧地区由于产品的单一性和不稳定性，缺少对自身产品进行转化的内部机制，同时也由于维系自身生命的某些必需品依赖于农耕地区，所以，从古至今，游牧地区对农耕地区有很强的依赖性。经常性的对外产品交换是游牧地区人民繁衍发展的必然。这种产品交换可能是有序的定期定点贸易，也可能是无序的抢掠和军事对抗。长城的修建就是要把无序变为有序。长城既可以看作军事对抗的产物和手段，也是国家控制贸易有效的管理方式，兼有御外制内之功效。而欧洲没有这种环境差异如此之大的自然分割，所以，当罗马帝国解体以后，其修筑的长城便失去了意义。

在古代中国的正统观念中，长城更被看作是华夏与夷狄的分界线，或者说是汉、胡分域的象征。因此，凡是表达这一思想的中国古代地图都千篇一律地画出长城，长城在中国古代地图上起着地标的作用，现代地图则将长城作为中华文明和人类文化遗产来弘扬。

“夷夏”对称最早是指地理区位。据考证，“夷”的原始意义是指太阳升起的东方。而“夏”的原始意义，也与特定的区位有关：古史传说中，夏是中国最早的一个阶级国家，而夏族得名源于夏水。

同时，“夷夏”对称也意味着种族的区别。在先秦文献中，“夷”还特指“东方之人”。如《说文·大部》：“夷，从弓从大，东方之人也。”“夏”则特指“中国之人”。如《说文》：“夏，中国之人也。”文字学家段玉裁对“中国之人”的注解是“以别于北方狄、东方貉、南方蛮闽、西方羌、西南焦侥、东方夷也”，所谓“东方之人”与“中国之人”在种族上的区别并非指现代生物学意义上的差异，而是指这些在不同地域上居住的原始部族在外貌和风俗特征以及文明程度上的差异。

后来的周人以夏文化的承继者自居，在周代，国君的姓氏和血缘备受重视。周初分封的前朝后裔国、周王族姬姓国，以及周朝建国时的功臣受封国，均被列为“夏”。而其他姓氏的国君，都被视为异族。《尚书》中有“区夏”“有夏”“时夏”等说法。因为诸侯国众多，所以也称“诸夏”，同时以“夷狄”专指诸夏以外的民族，以示区别，表明两者属于不同的文化系统。“华”字古音“敷”，“夏”字古音“虎”，两音相近，由此而推衍出“华”字来。这样，“华”逐渐成了与“夏”异名同实的称号。有时称“诸华”，有时又与“夏”字合称“华夏”。

春秋时虽已出现了夷、蛮、戎、狄等名称，但就其本义来说，它们最初并无明显的贬义。比如“狄”，从字源上说，它表示一种雄健的鹿，以之作为北方捕猎民族的象征，而“戎”则指兵器，借以指称西方民族生性勇敢，善于使用兵器。而“蛮”在《诗经》中为一种小鸟。在先秦历史文献中我们也可看到这种无歧视的用法。如《礼记·王制》中就有"中国夷蛮戎狄，皆有安居、和味、宜服、利用、备器"的说法，即承认各民族在饮食、服饰、居住等方面各有自己的生活样态。又如楚国的熊渠也声称："我蛮夷也，不与中国之号谥。"至楚武王仍自称"我蛮夷也"。这些所谓"夷族"们乐于自称"蛮夷"，也足以证明当时的"蛮夷"只是表示与"华夏"相对的一种不同的人群与文化，尚无低下、鄙薄之意。

可以说，在相当漫长的先秦时期里，所谓"夏""夷"之间的最主要区别表现在饮食、服制、生活方式等物质层面，简言之，就是农耕与游牧两种不同生活方式的区别。后来随着华夏强势文化中心地位的确立，"夷夏"对称由最初的区别地理和种族的意义，逐渐演变而成含有先进对落后的歧视之意，并用以区别血缘亲疏，尊卑及文明和野蛮。

西周至春秋时期，夏夷之间虽无明确的实际地理界限，但夏夷之别的文化观念已经产生，如《尚书·禹贡》中记载了一种"五服"制：说是除了"王"所在的洛阳一带"中心"以外，环绕着中心"王畿"的，是方方正正的五百里甸服，五百里侯服，五百里绥服，五百里要服，五百里荒服。这就是古代华夏汉人想象中的一个类似"回"字形的大地。根据这样一种统治天下的模式，在"王"居住的京城往外，第一等是甸服(以农业为主的直接统治区)，第二等是侯服(诸侯统治区)，第三等是绥服(必须加以绥抚的地区)，第四等是要服(边远地区)，第五等是荒服(蛮荒地区)。《禹贡》提出的"五服"制依据血缘亲疏、尊卑高下、地理远近，确立了一套以王畿为中心向周边层层扩散的统治结构，将夷狄置于边远地区，处于"要服""荒服"地位。不管所谓"五服"制度在现实中是否推行过，但至少在观念上，夷狄已经被排除在中原中心的地理范围之外了。这种五服制的理想化想象反映了华夏汉人观念里那种从中心向边缘延伸的空间结构，反映了华夏汉人认为从中心到边缘，文明等级逐渐降低的想法。

战国时期，人们开始运用夷夏对称观念作为评判文明的标准。战国时期的邹国，其文化水准与鲁国不相上下，然而，据《左传》记载，鲁人始终称邹为"蛮夷"。即便是拓土广远、人文发达的楚国也被当时的中原人视为"蛮夷"，甚至到战国中叶，孟子还称楚国语言是"蛮夷鴃舌之音"。显然，这里所谓夏夷之别已经不仅仅是种族血缘上的区分了，更多的是文明与野蛮的区分。这说明"夏"在观念上已经逐渐代表着正宗、高尚与中心，"夷"则代表外族、卑下和荒远。

周朝后期，王室衰微，诸侯争立。四周各异族，即东夷、南蛮、西戎、北狄纷纷起兵，并向中原汇聚，由此拉开了华夏与夷狄军事上对峙的序幕。经过春秋"尊王攘夷"血与火的洗礼，夷狄要么被华夏同化，要么被迫迁往边远地区。这样，一方面，"华夏"与"夷狄"同为"天下"；另一方面，在地理上，形成华夏居中，四夷环居四周的大致格局。至秦灭六国、统一天下，夏夷限域的格局最终确立。作为农耕民族的中原华夏汉人虽然多次在军事上被所谓"茹毛饮血"的"夷狄"所征服，但由于中原汉族人拥有高度发达的农耕经济和典章制度，因而在文化上一次又一次演出"征服者被征服"的戏剧。这无疑一再强化了华夏汉人文化上的优越感，他们即使在武功上暂时处于劣势，也仍然有通过自己的声名文物来"光被四表"的信心。

由于中华古代文化始终保持着独立的、一以贯之的发展系统，而且长久以来中华文化发展的总体水平明显高于周边地区，这使得华夏汉族把居于中国中心位置的黄河、长江滋润的那片沃土视为唯一拥有高度文明的"化内之区"，而周边及远方则是荒僻野蛮、教化不及的"化外之地"。随着华夏中心意识的强化，夷夏之辨(夷夏之别)已经上升到理论层面，带有明显的价值判断的意味。不识华夏之礼，不守华夏仁义道德的夷狄，理所当然地被视为"禽兽"。因此，随着华夏文化的传播，"夷夏之辨"的观念具有越来越浓厚的文明与野蛮对立的意蕴，并且凝集着中原华夏族的文化中心意识和文化优越感，这正是中国传统文化心态中的"华夏中心主义”意识的渊源所在。

基于华夏文化优越感而产生的华夷之辨思想具体表现在如下方面：在文化上，华夏文明有礼，而蛮夷狄野蛮不知信义；华夏施行中原礼仪制度，四夷自有本族礼俗；行礼仪者为华夏，不行礼仪者为蛮夷。“非我族类，其心必异”，华夏是“天下”文明的中心，无须向蛮夷学习。在政治上，华夏所居的“中国”是居于天下之中的“天朝”，其皇帝是“天下”的共主。华夏族统治的“中国”负有教化恩典蛮夷的责任，而蛮夷则有向慕中华，定期朝贡的义务。在经济上，中国天子“富有四海”，而四夷若无中国则难以活命。中国与四夷通商，不是互通有无的交换，而是天朝抚恤外夷的一种手段。

华夏汉人提倡华夷之辨，同时又主张“以夏变夷”，所谓“夷狄入中国，则中国之，中国入夷狄，则夷狄之”。既然夏夷之间的文化不同，它们之间也就自然可以相互转化，即可以通过文化的传播达到化“夷”为“夏”的目的，这就是“用夏变夷”思想形成的基础。在先秦时期，夏夷之间的转化多半是双向的，即既有以“夏”变“夷”的，更有“夏”被“夷”所化的情况出现。而与华夷之辨的重心转向文明高下的价值评判上相一致，后来所谓夏夷之间的转化的重心就仅仅落在“用夏变夷”的单项层面上了，故孟子说：“吾闻用夏变夷者，未闻变于夷者也。”(此语见于《孟子·滕文公上》)“用夏变夷”成熟的理论形式体现在东汉何休的《春秋公羊传解诂》中。秦汉以后，“用夏变夷”的意义主要有两层：一是以先进的华夏文化去影响和感化中原以外的文化落后部族；二是华夏和夷狄的划分，不是以族类和地域，而是以是否接受与推行华夏先进的礼治文化为标准。如果施行礼治，“夷狄也进至于爵”，如果脱离礼治，“中国也新夷狄”。

在华夏汉族从事的农耕与夷狄民族从事的游牧这两种经济类型间的交互关系中，冲突、战争只是一个侧面，它的另一个侧面是文化互补、民族融合。而且，从一定意义上讲，战争本身也是文化互补、民族融合的一种特殊形式。应该说，在农耕与游牧这两大经济类型间的相互关系中，互补与融合是主线。

就农耕民族与游牧民族的总体关系而言，兵戎相见毕竟只是部分内容，除此之外，双方更多的是以和平方式发生经济、文化诸多方面的互摄性交流。这种交流大体沿着长城一线展开，进而互向对方更广阔的地域延伸。

一方面，游牧人虽然整个社会发展水平处在较低层次，但他们也有两个明显优势。其一，勇猛善战，精于骑射；其二，习惯流动性的生活，所谓“一件皮袄，一匹良马，一顶帐篷走四方”，这种生活方式成为异域文化的传播载体。在整个古代，中原农耕民族可以从游牧民族那里学习军事技术，吸收异域文化养料，以之作为农耕文化的补强剂。战国时期赵武灵王的“胡服骑射”的政策使赵国迅速强大起来；汉代开辟丝绸之路，广采博纳中亚、西亚游牧文化及绿洲文化的成果；唐代继承魏晋以来汉胡文化融合之势，从而获得蓬勃生机；等等。这些都是农耕民族从游牧民族吸纳文化养分、增强生命活力的生动事例。

另一方面，游牧民族则从农耕民族那里学习先进的生产方式、政治制度乃至改变生活习俗，促使自身的社会形态发生历史性的飞跃。尤其引人注目的是，以征服者姿态进入农耕区的游牧人在先进(高势能)的农耕文化氛围中，往往为被征服者——农耕人所同化，而出现农耕化的倾向。南迁的鲜卑人、北魏孝文帝拓跋宏热爱汉文化，他大刀阔斧地实行汉化改革，使北魏社会迅速发展。元代蒙古人进入中原后，逐渐归依汉文化，元世祖忽必烈将首都从游牧区迁到农耕区的大都(即北京)，便是归依农耕文明的决定性步骤。后金首领努尔哈赤也十分喜欢汉文化，他“好看《三国》《水浒》”，令人将《三国》译成满文，发给部下阅读，他的用兵谋略，颇得《三国演义》之妙。此外，匈奴、鲜卑、突厥、契丹、女真、蒙古等游牧或半农半牧民族在与先进的汉族农耕文明接触的过程中，无一例外地在不同程度上发生了由氏族社会向封建社会过渡的进步。这充分说明，农耕文明作为一种“高势能”文明，对相对后进的游牧文明的巨大诱导、同化作用。

农耕与游牧作为两种基本的经济类型，是古老中华文化的两个彼此不断交流的源泉。在一定意义上可以说，中华文化是华夏农耕人与四夷游牧人共同创造的。以迁徙、聚合、战争、和亲、互市等方式为中介，农耕人与游牧人相互交往融合，不断互摄互补，历经数千年，才汇成今日以农耕为主兼容游牧的气象恢宏的中华文化。

夷夏之辨是一个古老的话题。它的出现与存在，既在于之间环境与经济发展水平的不同与差距，更在于由此所导致的文明层次的不平等。华夏先民在体认夷夏之间的关系时，固然夹有歧视、轻蔑甚至仇恨，但这只是利益冲突使然，其间并无血统偏见，先贤主要是凭借文化来审视夷夏之间的关系。故此，历史上有“修文德以来之”的温和的待夷主张，也肯定“夷”能变成“夏”而与“中国”打成一片。在国家统一和安宁时期，夷夏更被认为是一家。因此，总体来看，中国历史上的华夏与夷狄的交互关系上兵戎相见的局面是短暂的，更多的是和平友好互融。

（沈艳）

# 4. 仰韶文化与龙山文化的发育

仰韶文化是黄河中游地区重要的新石器时代文化。因最早发掘于河南省三门峡市渑池县仰韶村而得名。前后被发现的仰韶文化遗址有1000多处，其中以陕西省为最多，是仰韶文化的中心。经较大规模发掘的典型遗址有10余处。其分布，以渭、汾、洛诸黄河支流汇集的中原地区为中心，北到长城沿线及河套地区，南达鄂西北，东至豫东一带，西到甘、青接壤地带。考古专家通过碳14测年法对遗址文物进行测定，推断其年代约为公元前5000—前3000年。仰韶文化展现了中国母系氏族社会从繁荣转向衰落时期的社会结构和文化成就。

第一个仰韶文化遗址的发现在当时曾引起了不小的轰动，其发现与一个叫安特生（1874—1960年）的瑞典地质学家有很大关系。1914年，北洋政府聘请安特生到中国，担任农商部矿业顾问，希望他帮助中国寻找铁矿和煤矿，以此实现富强之梦。安特生来中国之前，任瑞典地质调查所所长。受邀后，他辞去在瑞典的所有职务，经印度辗转到新疆，沿塔里木河抵达中国内地。

1921年4月安特生在河南渑池县城北9公里处的仰韶村调查矿物时，发现了彩陶片和石器。经中国政府批准，安特生和我国考古学家袁复礼一起进行了首次发掘。结果发现遗址的文化堆积层厚度竟然有2—4米，说明先民们在这里定居、生活的时间很长。特别引人注目的是出土的大量的装饰着精美图案的陶器，其纹饰有宽带纹、网纹、花瓣纹、鱼纹、弦纹和几何图形纹等。按照考古学把首先发现地作为该文化类型名称的惯例，安特生将其命名为“仰韶文化”。这便是举世瞩目的中华文明的重要源头——仰韶文化的发现，它也是在中国发现的第一个史前村落遗址。

仰韶文化的发现，宣布了“中国无石器时代文化”论调的彻底破产，因而仰韶文化遗址被中外考古界誉为“文化圣地”。此前国际史学界所认为的中国文化都是西来的观点不攻自破。

瑞典人安特生的这个发现，给他本人带来了很高的声誉。根据两国协议，中国政府同意安特生把仰韶时期的陶器运回瑞典整理研究，但研究完成之后，要把其中的一半归还给中国。安特生当时在仰韶发掘了大约3万件未经修复的陶片、陶器，并将它们运回瑞典。依托这些中国文物，他建立了瑞典东方博物馆。目前仍在东方博物馆收藏的仰韶陶器有400余件。1936年安特生最后一次到中国，在当时中国地质调查所博物馆中，看到了他归还的中国文物。后来由于局势动荡，这批珍贵的国宝神秘消失，至今下落不明。

仰韶文化遗址从发现至今近100年间，共经过三次有计划的发掘。其主要出土器物有石器、骨器、陶器、蚌器。用于农耕的石器有斧、铲、凿、锛等工具；用于狩猎的有石镞、弹丸、石饼等；用于纺织的有线坠、纺轮、骨针、骨锥等。当时人们的生活用具均为陶质，出土器物中有鼎、罐、碗、盆、钵、杯、瓮、缸等。

仰韶文化陶器以红陶为主，分细泥红陶和夹砂红陶两种。主要原料是黏土，有的也掺杂少量砂粒。在仰韶陶器中，细泥彩陶具有独特造型，表面呈红色，表里磨光，器壁较厚，很结实，还有美丽的图案。细泥彩陶反映了当时制陶工艺的水平，在仰韶文化中具有一定代表性，所以考古上常将仰韶文化称为“彩陶文化”。

仰韶文化陶器中虽以红陶居多，但也存在着棕、橙黄、土黄、灰、白等颜色。如，庙底沟下层和三里桥下层出土的葫芦瓶，其颜色就是橙黄色。这可能是为了表现葫芦经阳光曝晒后所呈现出的颜色而特意烧制出来的。这种色彩在一个遗址中有时能发现好多个，说明仰韶人烧制橙黄色陶器的技术相当稳定。这反映出仰韶文化时期，人们对陶器的色彩已经可以人为控制了，这是仰韶文化陶器的一大特点。

土黄色也是仰韶文化陶器中常见的一种颜色，较为原始，多为一些大型和粗糙的陶器颜色，如小口尖底瓶基本上为土黄色。1957 年河南陕县庙底沟出土了一件仰韶文化时期的小口尖底瓶，距今 7000 年到 5000 年左右，该尖底瓶口小器形却不小，有一米多长，能承重几十斤，为大型盛水器。从其功能上看，尖底瓶是当时人们日常生活中最普通、最常用的生活用具，人们没有必要把它做成其他颜色，所以，就保持了器物烧成时的原色，而这种原色正好是土黄色。从这一点上看，仰韶文化时期的陶器，其色彩与功能的联系是相当密切的。

人类最先烧制出来的是红陶，后来技术进步了才烧制出灰陶，从技术上讲，仰韶文化时期的人们是有能力烧造灰陶的，但实际考古出土的灰陶制品却不多。灰陶基本上都是炊煮器。

仰韶文化时期已经有了白陶，白陶的出现是仰韶文化时期先民们在彩色制陶上的又一大进步，也是陶器烧造技术提高的标志之一。因其烧制时对技术要求很高，所以白陶在仰韶文化时期还是比较少的。

仰韶文化制陶业发达，是因为先民们已经较好地掌握了选用陶土、造型、装饰等工序。其陶器多采用泥条盘筑法成型，用慢轮修整口沿，在器表装饰各种精美的纹饰。陶器种类有钵、盆、碗、细颈壶、小口尖底瓶、罐与粗陶瓮等。其彩陶器造型优美，装饰的人面形纹、鱼纹、鹿纹、蛙纹与鸟纹等形象逼真生动。不少出土的彩陶器为艺术珍品，如水鸟啄鱼纹船形壶、人面纹彩陶盆、鱼蛙纹彩陶盆、鹳衔鱼纹彩陶缸等。陶塑艺术品也很精彩，有附饰在陶器上的各种动物塑像，如隼形饰、羊头器钮、鸟形盖把、人面头像、壁虎及鹰等，都栩栩如生。在西安半坡等地出土的彩陶钵口沿黑宽带纹上，还发现有 50 多种刻画符号，有专家推测它们可能具有原始文字的性质。在濮阳西水坡还发现用蚌壳摆塑的龙虎图案，这是迄今所知中国最完整的原始时代龙虎形象。

仰韶文化是以农业为主的文化，其农耕石器包括石斧、石铲、磨盘等，除此之外还有骨器。除农耕外，仰韶文化时期的先民显然还进行渔猎。在出土的文物中有骨制的鱼钩、鱼叉、箭头等。仰韶文化前期的陶器多是手制的，中期开始出现轮制的。一些陶器上留有布和编织物印下来的纹路，由此可见仰韶文化时期有编织和织布的手工业。在发掘的动物骨头中除猎取的野生动物外还有大量狗和猪的骨骼，羊骨比较少。

仰韶时期的聚落建筑的布局整齐有序。其村落或大或小，比较大的村落的房屋有一定的布局，周围有一条围沟，村落外有墓地和窑场。村落内的房屋主要有圆形和方形两种，早期的房屋以圆形单间为多，后期以方形多间为多。房屋的墙壁是泥做的，有用草混在里面的，也有用木头做支架的。墙的外部多被裹草后点燃烧过，目的是加强其坚固度和耐水性。村落选址一般在河流两岸经长期侵蚀而形成的阶地上，或在两河汇流处较高而平坦的地方，这些地方土地肥美，十分有利于农业、畜牧业发展，取水和交通也很方便。

半坡文化是关中地区仰韶文化的代表，主要包括半坡、北首岭和姜寨三处墓地。半坡墓地共发现有墓葬 174 座。

半坡聚落保存较为完整，居住区在中心，外围绕一周大壕沟，沟外北部为墓葬区，东边设窑场。共发掘出 40 多座房屋遗迹，有一座大房子为公共活动的场所，其他几十座中小型房子面向大房子，形成半月形布局。房子以圆形为主，还有方形和长方形的。圆形房子的墙壁使用密集型插排小木柱编篱，然后涂上泥土用火烤成，房子中心有一个灶坑，有的灶坑后部嵌有保存火种的小陶罐。其居民死后按一定的葬俗埋葬，多长方形土坑墓，墓中有陶器等随葬品，小孩实行瓮棺葬。盛行单人仰身的直肢葬，但合葬墓占一定比例。合葬的人数不等，多的达 80 人。葬制中实行女性厚葬和母子合葬，反映了当时以女性为中心的特点。聚落房子朝向中心广场的统一布局，则表明当时维系氏族团结的血缘纽带根深蒂固。这些与半坡文化母系氏族社会组织的特征是相吻合的。

仰韶文化是黄河流域影响最大的一种原始文化，它纵横两千里，绵延数千年，在世界范围内来说，也是首屈一指的。仰韶文化遗址中诸多考古发现，如陶器制造、纺织做衣、绘画雕塑、文字、历法、宫室营建等等，同文献记载中炎帝、黄帝时代的创造发明相吻合，从而为探讨中国文明的起源提供了重要线索和证据。仰韶文化以无可辩驳的事实证明了华夏文明源远流长。总之，仰韶文化在长达 2000 年的历史进程中，逐渐成为中华民族原始文化的核心之一，它不断吸收周围诸文化的养分，又给周围文化以不同程度的影响，为中华民族文化共同体的形成奠定了基础。

龙山文化泛指中国黄河中下游地区新石器时代晚期的一类文化遗存。因 1928 年首先在山东省章丘市龙山镇城子崖发现而得名。城子崖遗址是中国考古工作者发现和发掘的第一处原始社会文化遗址，在中国近代考古学史上具有开创性的意义。因为龙山文化出土有精美的黑陶，也有人称它为“黑陶文化”。它是晚于仰韶文化的一种新石器时代文化遗存，大约在公元前 2800 年至前 2300 年，是以母系氏族社会解体并最终发展为父系氏族公社为特征的一种文化。

1949 年以后，大量的考古发掘和研究表明，原先几个不同地区的所谓龙山文化，其文化系统和来源并不单一，不能把它视为只是一个考古学文化。对龙山文化的内涵、性质、分布的认识曾几经变化，现已细分为几个具体的考古学文化以资区别。但同时习惯上仍沿用广义的龙山文化这一称谓。

广义的龙山文化具体包括黄河中下游地区多处文化遗址：

(一) 山东龙山文化，又名典型龙山文化，即最初由龙山镇命名的那个文化遗址，年代约在公元前 2500 至前 2000 年。以黑色陶器为文化特征，除石器外有很多精美玉器。遗址中的龙山城址内发现房基、水井、窟穴等房屋遗迹。

(二) 庙底沟文化，1950 年河南省陕县发现的庙底沟遗址，反映了仰韶文化向龙山文化的过渡。遗址中属于仰韶文化遗存（前 3900 年）的有房址 2 座、窟穴 168 座，屋内还发现有火塘。出土的工具以打制砍斫器、刮削器、石刀、石铲为代表。龙山文化遗存（前 2780 年左右）方面，则有房址 1 座、窑址 26 处、窟穴 26 个和墓葬 145 个。出土的生产工具以长方形和半月形单孔石刀、石镰、双齿木耒为代表，陶器以灰陶为主，有少量泥质黑陶和红陶，纹饰多为篮纹。庙底沟文化的发现，很清楚地说明中原地区的龙山文化和仰韶文化有着密切的联系。

(三) 河南龙山文化，分布在豫西、豫北、豫东一带，以泥质夹砂灰陶为主，褐陶、灰陶次之。上承庙底沟二期文化或相当这个时期的遗存，经过放射性碳素断代并经校正，约在公元前 2600 至前 2000 年。

（四）陕西龙山文化，又称客省庄二期文化，主要分布在陕西泾、渭河流域，以泥质灰陶为主，有大量篮纹、绳纹，约在公元前2300至前2000年。

（五）龙山文化陶寺类型，以新发现的山西襄汾陶寺遗址为代表，主要分布在晋西南地区。约在公元前2500至前1900年。遗址上发现红绘和彩绘木器以及中国最早的金属乐器。另外，20世纪30年代所称的杭州湾区龙山文化，已经另行命名为良渚文化。

龙山文化处于中国新石器时代晚期，其时经济生活以农业为主，也有较发达的畜牧业。这个时期的农业和畜牧业较仰韶文化有了很大的发展，生产工具的数量及种类均大为增加，陶器以灰陶和黑陶为主，快轮制陶技术比较普遍，大大提高了生产效率。同时，占卜等巫术活动亦较为盛行。从社会形态看，当时已经进入了父权制社会，私有财产已经出现，开始跨入阶级社会门槛。

龙山文化里发现了不少房子遗迹，它们的形状也常因地区的差别而有所不同，大体可以分为三种：（1）圆形竖穴，底部铺白灰面，有阶梯式的门道，竖穴口部周围及屋基中央均有柱洞，可复原成一种尖锥顶的圆形房屋，如河南陕县庙底沟所发现的。（2）方形竖穴，底部铺有白灰面，中央有灶址，柱洞不清楚，结构还无法复原，如陕西会模陈村所发现的。（3）两个方形或长方形相连的竖穴，也有前方后圆的，中间有窄的通道相连，屋内有灶址或窑穴，甚至个别的还有陶窑。竖穴前后室的北壁较高，柱洞也靠近北壁，可复原成一种单面坡的屋顶，如陕西客省庄所发现的。遗址内常见的窑穴，也大多是贮藏用的。

龙山文化的葬法以长方形的竖穴为主，在山东宁阳堡头的大型墓葬中还出现了棺椁的痕迹。葬式以仰身伸直葬为主，也有俯身葬。早期墓葬的随葬品一般较少，晚期则逐渐增多，除陶器、石器和骨器以外，也曾发现过较精美的玉器。各墓葬随葬品多寡不等，可能说明阶级的分化和私有制的出现，如山东宁阳堡头所发现的120多座墓葬，大型者有木质棺椁的痕迹，随葬品达160件；小型者无墓具的痕迹，随葬品仅一两件或完全没有。

龙山文化遗址出土了许多薄、硬、光、黑的陶器，尤其是一种所谓蛋壳黑陶最具特色，它薄如蛋壳，胎骨紧密，漆黑光亮，在龙山文化陶器中最为精美，代表了这一类型陶器的杰出成就。黑陶工艺主要利用陶轮轮制的方法。它不以装饰取胜，而是以造型见长。黑陶的造型品种除了尖底瓶、罐、盆等外，还出现了鬲、豆、杯、鼎等品种。黑陶在烧制时采用了封窑烟熏的渗炭方法，因而器表呈现出深黑色光泽。它表面磨光，朴素无华，纹饰仅有少数弦纹、画纹或镂孔。

龙山文化遗存中的石器种类也相当多，大体上有以下几类：石斧、石奔、石铲、石枪头、石凿、镰形的石刀，双孔半月式的石刀，各种形式的石箭头和磨制石、骨、蚌等工具所用的砺石。不少砺石上面有磨用时所残存的各式各样的痕迹，这说明当时磨制工具的过程相当精细，因此，石器都磨制得相当精致。

龙山文化中还有许多蚌制的用具。那个时期的先民不但用天然的蚌作为饮水或掘土用具，而且能够以蚌为原料制成各式各样工具。蚌刀、蚌锯、蚌铲和用蚌制作的箭头都是常见的东西。有些蚌刀的样子和现在华北镰刀相似，且刃部还存在着当时使用之后的细微沟壕。这些刀锯非常适合收割禾苗。

龙山文化中的骨器也较为丰富，大略有以下几种：骨凿、骨锥、骨针、骨梭。骨针和骨梭的发现，使我们可以推断龙山文化时期，人们已经懂得纺线和缝纫了。

卜骨在龙山文化中也是颇具代表的，当时使用的材料有牛和鹿的胛骨及其他兽类的胛骨。制作方法非常简单：有完全未经刮制的，有只将背面的骨脊由根以上刮去的，最复杂的也仅将骨脊及与脊对称的一边的外面全部刮去，留下极粗涩的钻灼面，钻痕的大小深浅也不很规则。这说明龙山文化时期，先民们已经有了占卜的习惯。

总的来看，龙山文化反映了由母系氏族社会向父系氏族社会的转化过程。遗址中畜群及其他新财富的出现，象征着男子在家庭中的地位提高了，共同葬地中单人葬的普遍化，或许说明以母系氏族为中心的合葬已逐渐被淘汰了，特别是如山东宁阳堡头墓群中，不仅形制大小悬殊，随葬品也多寡不等，是私有制和阶级萌芽的有力证明。龙山文化生产力的进一步提高，充分说明了由母系氏族向父系氏族的过渡，大约是以这个时期的文化为转折点的，嗣后逐渐向更高阶段发展，终于加速了原始公社的解体。

仰韶文化与龙山文化是黄河中下游文明的重要阶段，代表了中华早期文明的起源，虽然越来越多的考古资料证明黄河流域并不是中华文明唯一的起源地，但从对仰韶文化和龙山文化的发掘和研究中，我们至少可以肯定一点，那就是黄河流域曾是中华文明最重要的摇篮之一。

（沈艳）

## 5. 婚姻制度的嬗变

婚姻是一定社会制度所确认的因男女两性结合而产生的一种社会关系，它随着生产方式的变革和道德观念的变化而不断变化。在人类历史上，婚姻制度及由此产生的家庭制度经历了群婚制、对偶婚制和个体婚制(即一夫一妻制)这三个阶段。虽然世界上各古老民族的婚俗都有其不同的特点，但基本上都经历了这三种婚姻形态。任何一种形态都是与当时的社会历史条件特别是经济基础相联系的。

人类诞生到文明曙光出现之前的数百万年时间，被称为史前时代或原始社会。研究史前时代的资料主要来自各种出土实物，如古人类化石、古人类使用过的工具、住所遗址和生活遗迹等，我们也可以从古籍中记载的远古传说、歌谣和神话中获得许多珍贵的信息。另外一个十分重要的史料来源是民族学的研究成果，由于每个民族发展进程的速度不一，近代时期世界上还有一些民族处于原始社会，或是有着浓重的原始社会残余，以活生生的方式向我们展示那个时代的社会制度和生产、生活方式。总之，只有综合了人类学、考古学、民族学、语言学等许多学科的知识，我们才能对原始社会的两性关系有一个完整的认识。

在史前时代的漫长时间里，生产力水平极其低下，人类的寿命都很短，为了生存下去过着群居生活。当时，两性关系还处于杂交状态，性行为只是性欲的发泄，性爱也不存在排他性，人们没有什么婚姻家庭观念，这个漫长的时期被学者们称为乱婚或杂婚阶段。

乱婚对于人类的繁衍生息，对于人类体质和智力的发展是十分不利的。经过不断的自然选择和淘汰，也由于人们慢慢认识到乱婚的危害，开始出现与原始公有制经济相适应的人类最早的婚姻家庭形态，即血缘群婚制。

血缘群婚制，又称血缘家庭，是人类婚姻产生的最初阶段。不同辈分的人们不能婚配，只允许同辈的男女之间发生性的关系。这叫作同辈婚姻制。又由于这种婚配仍然在一群男女而不是一对男女中进行，所以被称作血缘群婚。这种制度否定了父母和子女之间的婚配，但是兄弟姐妹之间的婚配是被允许的。世界各国的历史记载和传说都有关于族内群婚的反映，中国远古神话传说中就有伏羲和女娲兄妹成婚，《后汉书》记载了盘瓠所生六男六女互为婚配的故事。

血缘群婚制的出现促进了人类的进化，这时的人类开始知道用火，已能用双手打制粗糙的石器，用树枝制造简单的木器，从而开始出现人类真正的劳动生活和人类真正的文化。人们开始摆脱气候和地域的限制，沿着海岸、湖岸或河道向四处分散。

由于生产力的发展和集体生产的扩大，松散而狭小的血缘家族公社已不能与之相适应，人们要求彼此之间有比较巩固的结合，以便互相协作，有组织地进行生产活动。与此同时，在长期的生活实践中，由于自然选择法则的作用，人们逐渐认识到近亲通婚的不良影响，于是开始禁止兄弟姐妹之间通婚，血缘群婚制进一步发展到了亚血缘群婚制。

亚血缘群婚制也被称为“普那路亚家庭”。普那路亚是夏威夷语的音译，意思是“亲密的朋友”或“亲密的伙伴”。普那路亚家庭由19世纪的美国民族学家L. H. 摩尔根命名，他通过考察夏威夷土著居民的婚姻家庭形态，发现若干同胞的、旁系的或血统较远的一群姐妹，与其他集团的一群男子互相集体通婚，丈夫们互称普那路亚；同样，若干同胞的、旁系的或血统较远的一群兄弟与其他集团的一群女子互相集体通婚，妻子们也互称普那路亚。普那路亚家庭是一种族外婚制，族内婚的禁忌一旦确立，血缘家族公社便转化为氏族。氏族制度，在绝大多数场合下，都是从普那路亚家庭中直接发生的。

随着氏族人口的不断发展，分支增多而日益复杂，普那路亚婚逐渐被对偶婚所取代。对偶婚可划分为望门居、妻方居、夫方居三个阶段。

望门居的特点是，男女结为配偶后，并不住在一处，而分别居住在自己母亲的氏族公社里，男子通过拜访女子的方式实行偶居，女子很少去拜访男子。结为配偶的双方无共同经济生活。婚姻关系不稳定，易合易离，偶居中所生子女属于女方。我国云南省宁蒗彝族自治县永宁纳西族在20世纪40年代以前通行的婚姻制度，就是望门居住婚的一种类型。

妻方居由望门居演变而来。男子从过去走访女子，过偶居生活，改为迁往妻方氏族公社居住，由于这时夫妻仍未组成独立的经济单位，因而夫妻间仍然易合易离。中国近代，部分拉祜族地区盛行妻方居住婚，在已基本实行一夫一妻制的汉、布朗、哈尼、景颇、佤、傣、壮、瑶、达斡尔、高山等民族的某些地区，也还保留着短期或长期妻方居住婚的残余。短者住一至三年，长者住十余年。

随着生产的发展，男子在生产中占主导地位，逐渐把妇女排挤到次要地位。妇女主要负责抚育后代和照管家务，在生产劳动中只做一些辅助工作。经济地位的变化，使男子不仅掌握了生产资料，而且取得对劳动产品的支配权。男子手中有了财富，随之就产生了使自己的子女继承这些财富的意图，从而在血统和财产的继承上也由按母系计算改为按父系计算。随着对偶的相对稳定，孩子们逐渐可以确认生父，于是婚姻制度就逐步由从妻居转变为从夫居。妇女处于从属地位，这一点在墓葬中有鲜明的反映。在全国各地出土的新石器时代晚期的墓葬中出现了许多男女合葬墓，并且往往是男性居中，女性侧身曲膝在一旁。

大概在距今5000年前，中国黄河中下游地区的氏族公社形成了一夫一妻制，它的确立是文明时代开始的标志之一，并适应于整个文明时代。一夫一妻制的确立，主要由于私有制的发展。在生产资料私有制的社会里，男子掌握经济大权，女子处于从属地位。父亲的财产只能由出自父亲的子女继承，因此妻子必须严格保持贞操和对丈夫绝对服从。这种一夫一妻制只是对妇女而不是对男子而言的。在中国传统社会里，男尊女卑，女子受男子统治，女子只能嫁给一个丈夫，而男子特别是剥削阶级的男子则可以实行重婚、纳妾的一夫多妻制。

儒家经典记载了距今3000年前西周时期人们的婚姻状况，当时许多部族和地区在不同程度上还保留着氏族时期的一些婚姻习惯。《周礼·媒氏》记载，在仲春时候，青年男女们自由恋爱和私奔，国家并不禁止。《诗经》里也有许多反映民间男女自由恋爱的诗篇。近世有学者指出，一直到汉代以前，在燕、赵、中山、政、卫、齐、楚等地区，还盛行着各种非礼制的婚俗。

西周时期就有了掌管婚姻事务的机构——媒氏。《周礼·地官·媒氏》云：媒氏，“掌万民之判”。判，就是判合，男女相匹配。此后，官府一直都设有管理婚姻的机构，如《管子·入国》记载说，凡是诸侯国都设有掌媒官。丈夫无妻曰鳏，妇人无夫曰寡。掌媒官让鳏夫寡妇结合在一起，分配田地和住宅给他们，使其成家立业，三年之后再征收赋税，这被称为合独。

按照周礼的规定，“娶妻不娶同姓”(《礼记·坊记》)。姓原是古代氏族的标志，同姓则同族，血缘关系较近；反之，不同姓则不同族，血缘关系较远。当时的人们已经认识到族内婚配不利于后代的繁衍，“同姓不婚，惧不殖也”(《左传·僖公二十三年》)。当然，倡导族外婚还有政治目的。“娶于异姓，所以附远厚别也。”(《礼记·郊特牲》)所谓附远，就是通过联姻与血缘关系远的异姓贵族建立姻亲关系。通过族外通婚，可以用甥舅关系将各异姓贵族紧密联合起来。周族之所以能够控制广大地区，与其积极与其他各族联姻有一定关系。所谓厚别，就是严格区别同宗，防止出现近亲结婚，即使血缘关系亲密的男女之间也应当有所回避。七岁之后，男女不同席，不同食，男女不同衣裳，“男女授受不亲”等中国古代关于男女大防的要求就是从那时开始的。

西周礼制规定，男子二十岁行冠礼，女子十五岁“及笄”。所谓冠礼，是将头发全部挽至头顶结为发髻，戴上保护发髻的小帽子——冠，表示成年。及笄就是女孩将头发梳理为垂于脑后的发髻，也表示成年。《周礼》又记载：男子三十而娶，女子二十而嫁。女子因故晚嫁的，最多不超过二十三岁。但是，这只是理想的最低婚龄，从先秦到清朝，人们结婚的年龄大大低于这个标准。其中的原因，从经济关系上看，早婚同小农经济有着密切的关系。对于生活贫困的劳动人民来说，结婚和生儿育女固然是一种沉重的经济负担，但是作为生产单位的家庭对劳动力的需求更加迫切。养儿是为了防老，早结婚，早生子，传宗接代，多子多福等伦理观念对人们的早婚起了引导作用。从政治制度来看，历代官府为了增加赋税和劳役，弥补战争中的消耗，无不竭力鼓励和强制人们早婚以增加人口。《韩非子》提到战国时代的最低婚龄时说：“男子二十而室，女子十五而嫁。”历史学家杨树达先生在《汉代婚丧礼俗考》中指出，汉代结婚年龄是男子十五六岁，女子十三四岁，其后的情况也基本如此。

我国传统的婚聘礼仪，最典型的是“六礼”，即纳采、问名、纳吉、纳征(或称纳币)、请期、亲迎。

六礼是西周时就已确定了的，其内容、仪式都比较复杂。但当时有所谓“礼不下庶人”的原则，并未施行于民间。至汉代，六礼才开始普遍施用。东汉以后，社会动荡，婚姻仪式大为简化。隋唐以后，六礼被人们有意识地增减，如在宋代，常常是并问名于纳采，并请期于纳征，六礼仅存四礼。南宋时，朱熹又将纳吉并入纳征，实际上六礼只剩下纳采、纳征、亲迎三礼。明朝初年，官方命令士庶都要遵守《朱子家礼》行事。后世婚礼大都未脱周代六礼的大框架，而是在这个框架中有所增减。

纳采，是指男方家长请人向女方家长说明缔结婚姻的请求，相当于后世的提亲。我国传统上盛行包办婚姻，青年男女没有自主权。到了当婚当嫁的时候，男方家长便请媒人向早已物色好的女方的家长提亲，表达想和对方联姻的愿望。当然，这种选择是有条件的，原则是门当户对。

纳采时媒人要携带礼品。先秦时用大雁，所以这个步骤也叫“奠雁”。之所以用大雁，一是因为大雁是候鸟，秋天往南飞，春天北归，来去有时，从不失时节，所以用雁来象征男女双方信守不渝。二来，传说大雁是一种忠贞的鸟，丧偶之后不再另择配偶，用大雁也表示象征忠贞和白头偕老。后世纳采的礼物则大大丰富了，而且都具有象征意义，如送羊表示“吉祥”，送鹿表示“福禄”，送胶、漆表示“如胶似漆”等。

女家如果收下了礼物，接下来就是六礼的第二步——问名。问名即双方相互探问男女的姓名、年龄、生辰、籍贯、三代(曾祖父母、祖父母、父母)名号、官职等，以便对方有一个初步的了解。

如果缔结婚姻的意愿是当事的男家或女家提出，再请媒人说合的，他们于对方应该已有一些了解，这个步骤就可有可无。但如果是媒人主动来撮合的，问名则是必需的。但无论如何，纳采既准，双方都要主动将这些情况告知对方。同样，问名也要携带礼物，古礼也用大雁。六礼简化以后，纳采和问名便同时进行。

六礼的第三步是纳吉。问名之后，通过各种各样的方式考察双方缔结婚姻的可能性。这一系列活动就是合婚，后世俗称“批八字”。婚姻能否缔结，这是最为要紧的一关。倘若其他方面的条件都比较相符，八字不合，也只好就此作罢。先秦的纳吉是“归卜于庙”，即用卜筮的方法一锤定音。同时也说明婚姻是承继祖祀的大事，所以要在家庙卜筮。卜得吉兆后，男家便仍以大雁作礼物请媒人通知女家，决定缔结婚姻。

后世所谓“八字”，和我国传统的历法相关。我国古代以干支纪年、纪时，天干和地支相配组成的六十组名目及其顺序分别指代着一定的年、月、日、时。每一个人的出生年、月、日、时由四组干支指代，一共有八个字，这就是“生辰八字”。此外，古人为了便于记忆，又用十二种动物来配十二支，形成了人的十二属相。古人迷信地认为，由属相的合与不合可以判定婚姻是否相宜。关于这方面的合与不合，民间流行有许多说法，相合的如“青兔黄狗古来有，红马黄羊寿命长；黑鼠黄牛两兴旺，青牛黑猪喜洋洋；龙鸡更长久；蛇盘兔，必定富”等。不合的有“白马怕青牛，羊鼠一旦休；蛇虎如刀错，龙兔泪交流；金鸡怕玉犬，猪猴不到头”等。如果把各地的俗谚收集到一起，就可以发现漏洞百出，其意义也就不攻自破。

批八字除涉及属相以外，还涉及阴阳五行。五行指金木水火土，每个人的命运都与此有关。五行也有相生、相克两种关系。与此相应，还有命相，也可以根据生辰八字推算出来，从而判断婚姻的吉凶。合婚得到吉相后，就要派人把结果告诉对方，并继续婚礼的下一步。这也就是纳吉的主要内容。

纳吉以后，婚姻关系确定，双方交换帖子，类似于后世的结婚证书，同时，男方给女方下聘礼，这个步骤被称为纳征。历代纳征的礼物各有定制，一般包括一定数量的礼金、礼饼和礼物。下聘之后，实际上订立了双方的婚姻关系，如果要终止这门亲事，必须经过双方的协商或官府的判决。

纳征之后，接下来就是请期。所谓请期，即男方占卜择定合婚的吉日良辰，让媒人告知女方，征求女方同意。

亲迎，是六礼中的最后一道程序，相当于后世的婚礼大典。古礼中的婚礼仪式，并不是一天之内完成的，而是要持续两三天，除迎娶当日外，前后各要延展一天，程序比较繁杂。一般地说，请期过后，女家要为女儿“开脸”“上头”，临近婚期，男家要给女家送“催妆礼”。

古礼亲迎的第一个程序是由新郎迎接新娘。远自先秦，近至当代，上至品官，下至庶民，无不亲迎，只有皇帝因至尊地位而例外。它是传统社会中一个女子一生中所能享受到的最高礼遇，因此也历来为女性所看重。

古时迎亲在黄昏，婚礼的取义就在于此。《白虎通·嫁娶》记载说：“婚者，昏时行礼，故曰婚。”《说文》亦云：“礼，娶妇以昏时，故曰婚。”

先秦时亲迎的程序比较简单：新郎受父之命迎亲，到了女家，女方的人要出门响应，新郎进门要献出礼品大雁，然后，新郎把新娘接到车上，迎往家中。“妇至，主人揖妇以入。”后世的迎亲之举则要复杂得多，迎亲的队伍往往比较壮观，有多至几十人的。新娘在汉代和唐代都是坐车，宋代以后才流行起人们所熟悉的花轿。在迎亲的队伍里，也包括鼓吹的乐队等。清代北京的婚礼，大多有模仿帝王的仪仗的趋向。迎亲的队伍里有许多挑夫拿着“开道”“回避”的大字木牌和提灯，还举着斧钺等兵器。新郎戴官帽，新娘则凤冠霞帔。

因为婚姻是人生大事，虽然这些举措逾礼，官府一般也不干涉。

娶亲的队伍回到男家，举行婚宴款待亲戚朋友，新郎、新娘还要举行拜堂仪式，俗称“拜天地”。唐代以前就比较流行。一般是“三拜”，即“一拜天地，二拜高堂，夫妻对拜”。拜堂之后，新人送入洞房，成为夫妇。

值得一提的是，六礼已毕，只意味着完成了成妻之礼，还须在次日及三月后完成“谒舅姑”与“庙见”之礼，即成妇之礼，庙见后才能正式承认该女子为丈夫宗族的成员。

所谓谒舅姑，就是在婚后第二天，天未明时，新娘就起床，沐浴，梳洗洁净，戴上笄簪，穿上平时的服装，拜见公婆行礼。所谓庙见，即成婚之后三个月，公婆、新郎率新娘到夫家宗庙祭告祖先，以表示婚姻已取得夫家祖先的同意。从此，才算加入夫家，具有参加祭祀和被祭祀的资格。在封建宗法时代，如新妇未经庙见即不幸死亡，由男家盛殓，归葬女方祖茔，作“未成妇”看待。下葬时，其夫不能执杖及送葬，牌位也不能进入男家宗祠。成妇礼反映了父权制男性家长统治的特点，后世以三月时间太长，宋代《朱子家礼》改为三日庙见。

（张敏）

# 6. 中国人姓氏的产生

姓氏是民族、家族、个人的文化符号。中国人姓氏的产生，经历了漫长的历史过程。

汉人班固《白虎通义》曾这样说明姓的由来："姓所以有百者何？以为古者圣人吹律定姓，以纪其族，人含五常而生，正声有五，宫、商、角、徵、羽，转而相杂，五五二十五，转生四时异气，殊音悉备，故姓有百也。"律，是古代用来校正乐音标准的管状仪器，以管的长短来确定音阶。吹奏音乐，依其声音来确定姓氏，这种说法固然美妙、浪漫，但显然是作者的主观臆断之辞，其距离姓氏由来的事实真相，实在是不可以道里计了。

讨论姓氏由来，首先要明白姓的原始意义。姓是什么？姓是源于同一女性始祖的族属共有的名称。远古之时，男女之间没有严格的性关系规范，更没有明确的对偶婚制度。在亲子关系的认定上，往往是只知其母，不知其父，当然也就不可能随父姓了。这便是"姓"字由女、生二字拼合而成的原因。也正因为如此，我们从西周青铜器上的铭文中所看到最早的古姓，几乎都有一个女字偏旁，如姬、姜、姒、嬴、妊、妃、好、姚等。

从古至今，姓都不属于哪一个人独有，而是属于一群人共有。这"一群"，有时可多至数千万人。如现今中国的李姓、王姓、张姓，人口都在七八千万以上，当然这是后话。在姓出现之初，它仅仅是某一个母系群体的"公名"，而在上古时代人们的心目中，自身群体的公名的最便捷的来源，或者是自己生于斯长于斯的地名，或者是群体崇拜的图腾的名称。关于前者，《国语·晋语》记载的例证是，黄帝的姬姓，源于其氏族居住区内的姬水，而炎帝的姜姓，则源于姜水。关于后者的文化史依据是，在混沌初开的上古时代，人们不了解人类自身的起源，不了解人与自然的关系，认为每个氏族都与某一自然物或自然现象（如鸟兽、林木、土石、雷电等）存在着特殊的亲缘关系，从而将它们认作本氏族的祖先和保护神，奉为自己崇拜的图腾。有学者考证出，《百家姓》中的熊、马、牛、羊、乌、凤、龙、梅、花、李、叶、林、山、水、方、石、毛、皮、冯、风等姓，都与上古氏族图腾有直接关联。

关于姓氏出于图腾的问题，也有研究者提出不同的意见。他们指出，不可简单地认为，姓就是图腾。中国史前的姓，有的并非来自氏族祖先前身的形象，如姬、姜二姓并不涉及这两个氏族祖先所由产生的动物或植物。另一方面，有些已知的氏族始祖前身的形象又与他的姓没有关系，如商人子姓就与其始祖前身玄鸟无关。

作为某一群体的公名，姓的数量起初并不太多。相传黄帝、炎帝之后，黄帝之子共传25人，"其得姓者十四人，为十二姓：姬、酉、祁、己、滕、箴、任、荀、僖、佶、儇、依"（《国语》卷十《晋语四》）。春秋时代的姓，顾栋高统计仅21姓（《春秋大事表》十一《春秋列国姓氏表叙》）。顾炎武则认为，"言姓者，本于五帝，见于《春秋》者得二十有二”，即：妫、姒、子、姬、风、嬴、己、任、姞、祁、芈、曹、妘、董、姜、偃、归、曼、熊、隗、漆、允(《日知录》卷二十三《姓》)。谢维扬统计周代见于文献的姓有 34 种，依其来源，可分为原生姓(如风、姜、姬、嬴、偃等)、分化姓(如姚、姒、妫等)和其他(即不知起源者，如曼、归、熊、隗、怀、允、漆等)三组(《周代家庭形态》，中国社会科学出版社 1990 年版，第 126~131 页)。

无论上述数字哪一个最准确，先秦古姓不过 50 个左右，是没有疑问的。但是，现在我们得知在历史上曾出现过的以及目前还在使用的姓，却多达数千。有人统计，见于文献的姓氏有 5662 个，其中单姓 3484 个，复姓 2032 个，三字姓 146 个。这还不包括四字姓和元、清时代移居中原的蒙古族、满族人译改的姓。边疆少数民族的姓氏也未计算在内。另一种统计则算出，见于文献的姓氏共有 6362 个(徐俊元等：《贵姓何来》，河北科学技术出版社 1985 年版，第 53 页)。这么多的姓，是从哪里来的呢？要弄清楚这一问题，必须先了解少量的姓分化出众多的氏，而众多的氏又与姓相统一这样一段饶有兴味的文化史进程。

有意思的是，从文字学的角度分析姓、氏这两个字的写法，可以帮助我们理解它们的文化学、社会学意义。这是以象形和会意为主要结构方式的汉字系统为我们提供的特殊恩惠。

姓，属于会意字，即利用已有的字，依据一定的逻辑加以组合，表示一个新的概念。在甲骨文、诅楚文(战国时秦国刻石文字)中，姓字即由女、生组合而成。在金文中，姓字由人、生组合而成，许慎《说文解字》解释：“姓，人所生也。古之神圣母，感天而生子，故称天子。从女，从生，生亦声。”

女子所生为姓，生而有姓。从这一点出发，古代“姓”和“生”通用，有时还特指生子。东汉刘熙的《释名》说：“女生为姓，谓子也。”三国魏张揖的《广雅·释亲》说：“姓，子也。”清王念孙进一步疏证：“姓者，生也，子孙之通称也。”一个人生而有姓，同一血统的子孙同姓。这就是文字学告诉我们的“姓”字的意义。

氏，属于象形字。甲骨文和金文中都有这个字，而且写法基本一致。许慎认为，这个字是像山岸崩塌之形，“氏崩声闻数百里”(《说文解字》)。清人朱骏声不赞成此说，认为氏字的本义应为木本，即植物的根，弯曲的根叫氏，直形的根叫氐(《说文通训定声》)。

在现代人眼里，姓与氏似乎是同一的，没有区别。人们司空见惯的以姓氏笔画为序，不就说的是按所姓之字的笔画多少来排列先后吗？可见姓就是氏，氏就是姓。但是，在上古时代，姓与氏却是有严格区别的。关于这一点，宋代学者郑樵说得很清楚：“三代之前，姓氏分而为二：男子称氏，妇人称姓。氏所以别贵贱，贵者有氏，贱者有名无氏。……故有同姓、异姓、庶姓之别。氏同姓不同者，婚姻可通；姓同氏不同者，婚姻不可通。”(郑樵：《通志·氏族略》)

上古时代的姓与氏，既有联系，又有区别。简单地说，一姓可包括若干氏，这就是《通鉴·外纪》所谓“姓者统其祖考之所自出，氏者别其子孙之所自分”。换言之，姓是大宗的族号，氏是由大宗分出去的支系小宗的族号。大约到旧石器时代晚期，人们逐渐察觉了近亲之间性关系给后代人口素质带来的严重后果，认识到“男女同姓，其生不蕃”的规律，并开始有意识地在性关系方面奉行族外婚的原则。“同姓不婚，恶不殖也。”(《国语·晋语》)郑樵说“姓所以别婚姻”，就是对此的总结。

随着社会生活的进化，人口的繁衍，活动区域的扩展，原有的氏族必然要发生分蘖，产生出数量越来越多的新的氏族，一个姓分化出若干个氏。与此同时，由于产业结构的变化，男子在社会生活中地位的上升，特别是对偶婚制的实行，母系社会过渡到父系社会不仅必须，而且可能。原本由母系计算的血缘关系转换为由父系计算。这样一来，由姓分化出的氏，便成为由男性为中心的新的氏族的公名。因此，历史传说中的黄帝称轩辕氏，炎帝称烈山氏，尧称陶唐氏，舜称有虞氏，也就不是氏族领袖人物个人的私名，而是他们所在的氏族的公名。此后的周代，天子分封有德的人为诸侯，根据他们始祖的起源赐姓，再赏赐土地、人民作为封地而命氏，这就是《左传·隐公八年》记载的“天子建德，因生以赐姓，胙之土而命之氏”。周王室本为姬姓，被分封的各国诸侯与周天子同为姬姓后裔，但他们各自封国的名称，如鲁、晋、郑、吴、蔡、魏等，又成为自己及其后裔的氏。这里特别要说明，在周代，只有贵族才有姓氏，平民是没有姓氏的。在当时，“百姓”的含义并非指一般民众，而是指贵族，与我们今天讲的平头百姓不是一回事。郑樵说“氏所以别贵贱”。就是对此而言。

由姓分化出的氏，根据什么来定称呼呢？汉人应劭《风俗通·姓氏》归纳出9种类别：氏于号、氏于居、氏于事、氏于谥、氏于爵、氏于国、氏于官、氏于字、氏于职。郑樵《通志·氏族略序》不厌其烦地细分为32类不同情况。其中比较重要的有：

1. 国名为氏

周文王的儿子管叔鲜封于管国，周武王的儿子唐叔虞封于晋国，于是前者成了管氏的始祖，后者成了晋氏的始祖。与此同类的以周王室同姓(姬姓)封国的国名为氏的还有：鲁、卫、蔡、曹、滕、燕、郑、韩、何、虢、滑、雍、酆、邢、随、胡、巴等48氏。与此不同，以周王室异姓(非姬姓，如姜姓、子姓)封国的国名为氏的有：齐、楚、宋、荆、陈、赵、朱、邾、息、邓、梁、薛、徐、罗、申、章、葛等60氏。

2. 以采邑为氏

与周王室分封诸侯相仿，诸侯又赐给从属于自己的卿、大夫可以世袭的田邑，这些卿、大夫便以田邑之名为氏，如刘、白、京、棠、崔、卢、鲍、费、蒯、范等。

3. 以地为氏

有的氏族迁徙到新的居住地后，便以所居之地为氏。齐国的陈仲子本为世家，后来他辞去爵位，灌园于于陵。他的后裔便以“于陵”为氏。郑大夫子产居住在东里，其子孙于是以“东里”为氏。属于此类的氏有城、池、涂、关、东郭、南宫、西间、北丘、百里等。

4. 以祖父的字或名为氏

周代的制度规定，诸侯国君的玄孙不得再称公孙，而应以其祖父(即国君之子)的字为氏，施、游、孔、颜、董、袁等氏即属此类。如果其祖父没有字，那就用他的名为氏。这一类的氏有金、少、汤、童、展、荀、庆父、高阳等。

5. 以排行次第为氏

古时兄弟姊妹的排行常常以伯(或孟)、仲、叔、季为长幼之序。商代孤竹国的国君姓墨胎，名元。他排行老大，死后得谥为夷，所以又被称作伯夷。伯夷曾与弟弟叔齐一道劝阻武王伐纣。武王灭商，得了天下，兄弟俩耻于吃周朝的粮食，跑到首阳山躲起来，最后饿死在那里。伯夷死后，他的后代便以其排行“伯”作为自己的氏。同样的道理，春秋时卫国大夫仲叔于奚的后代就用了“仲叔”作氏。

6. 以官爵为氏

封官晋爵是很值得引以为荣耀的，所以后人便把官爵的称呼拿来作氏。属于此类的氏有史、帅、宗、军、库、司徒、司马、司空、王、公、霸、侯等。

7. 以技艺为氏

有些从事某一专门技艺的家族，干脆以自己的职业为氏。像算卦的氏卜，杀猪宰羊的氏屠，制作瓶瓶罐罐的氏甄，唱戏的氏优(古时称唱戏艺人为倡优、优伶)，等等。

8. 以德行为氏

晋国赵衰跟随公子重耳(即后来的晋文公)，颠沛流离十九年，终于辅佐他回国登位。赵衰不仅对公子重耳，而且对一般人也像冬天的太阳一样温暖，于是他的后裔就以“冬日”为氏。汉代的淮南王英布，年轻时犯罪，被处以脸上刺字的刑罚，这在当时叫作黥刑。他的后代不仅不忌讳这一点，反而以“黥”为氏。

由于宗法制度的存在，直到春秋末年，姓与氏的区别还是非常严格的。进入战国时代，社会动荡，“礼崩乐坏”，周王室的实力与威望江河日下，宗法社会里封邦建国、世卿世禄的制度再也难以为继。“君子之泽，五世而斩”，昔日的公子王孙，不少已沦落为平民。与此相应，以国、以邑为氏作为“别贵贱”、显门第的标志，也就失去了现实的依据。公元前221年，秦始皇统一中国，推行郡县制，最终以阶级地缘政治取代氏族血缘政治，姓与氏的区别不再有任何意义。到了司马迁生活的时代，姓即氏、氏即姓的观念已经相当普遍。所以，司马迁在《史记》里屡屡说出孔子“姓孔氏”、汉高祖“姓刘氏”这样的话来。

追寻每一个具体的姓氏的由来，是目前社会上流传的许多关于姓名问题的出版物关注的“热点”之一。需要特别强调的是，由于历史演化的漫长，社会变迁的剧烈，以及许多人们无法预料的偶然因素，要想准确地确定今天我们每一个人的姓源于何时、何地，是非常困难的。实际上，在众多的此类出版物中，对同一个姓氏的来由，往往是言人人殊，令人无所适从。所以，读者在阅读这一类书籍时，应抱“尽信书不如无书”的态度，不要盲目信从。

从历史趋势看，中国人的姓与氏．经历了一个由分立到合一的发展变化过程。阎晓君等学者认为：

1. 西周、春秋时代，姓与氏分立

西周时期，姓的数量不超过50个。作为原始氏族之名的姓，此时已不再代表任何实体，而是仅作为人们对自己祖先所出氏族的一种追认。这时天子赐姓的制度，使贵族独占氏族名称使用权的现象合法化，并未增加新的姓。在周代，“同姓不婚”的礼制实行得很严格。因此，确定婚姻关系之前，“男女辨姓”成为必要的程序。为了辨姓的便利，人们常将姓加在女子的称谓里，“妇人称国及姓”。与此形成对比的则是“男人称氏”。氏标志着男子的身份地位，在西周宗法等级社会里，这一点是忽略不得的。

氏出现于史前。“五帝之前无帝号，有国者不称国，惟以名为氏”(郑樵：《通志·氏族略序》)。大约在夏代，表示部落的氏逐渐消亡，而表示贵族宗族组织的氏开始出现。到了西周，表示部落的氏完全绝迹。也正是因为如此，我们今天的姓，大多只能追溯到西周表示家族组织的氏。

西周时代，姓、氏并存。一个姓即表示一个大宗族，表示一个父系继嗣群。这个父系继嗣群的分支，则以氏相称。周天子为姬姓，是当时天下的大宗，下属各个姬姓小宗，分别称鲁氏、卫氏、晋氏等。就此而论，姓与氏的关系，是统属和分支的关系。所以，“姓可以呼氏，氏不可以呼姓”(郑樵：《通志·氏族略序》)，“氏一再传而可变，姓千万年而不变”(顾炎武：《日知录》卷二十三《氏族》)。

西周是氏的数量大发展的时期。西周王室通过分封制度来建立和巩固自己的统治，每一次分封诸侯，既封土授民，又赐爵命氏。于是，新的氏便源源不断地产生出来。例如：武王为“追思先圣王”，封神农之后于焦，黄帝之后于祝，帝尧之后于蓟，帝舜之后于陈，大禹之后于杞。同时，又封尚父于营丘，曰齐；封弟周公旦于曲阜，曰鲁；封召公于燕，封弟叔鲜于管，弟叔度于蔡。(《史记·周本纪》)这些诸侯都以所封之国为氏。

与天子分封诸侯的模式相同，诸侯在自己的管辖范围内，又分立卿大夫，同样是分给他们土地、人民。这就又产生出许多的氏。“诸侯赐卿大夫以氏，若同姓，公之子曰公子，公子之子曰公孙，公子之子其亲已远，不得上连于公，故以王父字为氏。……若异姓，则以父祖官所食邑为氏。”(《礼记大传正义》)而且，从这些氏中，往往又分蘖出新的氏，如鲁国的孟孙氏分出子服氏、南宫氏；叔孙氏分出叔仲氏；季孙氏分出公父氏；东门氏分出子家氏；晋国魏氏分出令狐氏、吕氏；荀氏分出知氏、程氏；知氏分出辅氏等。

卿大夫无权分封其下属，但是随着其所在之氏族规模的不断扩大，“卿置侧室，大夫有贰宗”(《左传·桓公二年》)的现象不可避免。这时，便通过“别族”的方式，让“侧室”和“贰宗”另立为氏。“别族”是家族行为，但是须报告官方，求得认可。

西周时代，姓与氏同时并立，其主要区别是：氏与西周奴隶制宗法制的联系更直接。姓代表早已解体的原始氏族，不再分化，数量有限；氏代表西周现实存在的贵族宗族，并因宗族的不断分封与别族而不断增加。

春秋时期，分封宗法制逐渐崩坏，姓、氏制度也随之发生带有实质意义的变化。在姓方面，宗法制下同姓之间建立在血缘关系上的亲密联系开始发生疏离，各诸侯国处理相互关系时，不再将是否同姓放在考虑的首位。因为政治、经济等利益冲突，同姓相斗甚至相灭的情况多有出现。在处理婚姻关系时，“同姓不婚”的禁忌也被屡屡突破，《左传》里有许多此类记载。当然，这时虽然一般意义上的“同姓不婚”被突破，但是同宗近亲间的婚配仍被严格禁止。“同宗不婚”替代“同姓不婚”，延续着必要的伦理传统，这是姓氏合一的契机之一。

在氏方面，由于各诸侯国人口的繁衍是必然的趋势，“诸侯立家”以及卿大夫的“侧室”“贰宗”的“别族”行为的持续进行，导致氏有增无减，以至到了难以区分的程度。为了避免氏的雷同，春秋中期以后，出现大量的复氏，如孔子弟子中的端木、南宫、漆雕、左人、奚容……《孟子》书中的公明、公输、淳于、咸丘、公仪……甚至《庄子》中的寓言人物也多复氏，如亢仓、庚桑等。氏区别宗族关系亲疏、贵贱的功能大大降低，这是姓氏合一的契机之二。

本来，在严格的宗法制度下，诸侯、卿大夫等贵族等级才有氏，而庶民和奴隶是没有氏的。但是，“礼崩乐坏”的社会大变动下，既非赐命、又非别族的庶民和奴隶“自立氏”的现象屡见不鲜，王室和官府也无可奈何。

2. 战国至西汉，姓、氏逐渐合一，并形成定制

经过春秋时代的世事动荡，姓氏区别的社会依据和心理依据都发生了根本的动摇。姓、氏合流为一以后，为了辨别身份，防止同姓通婚的男称氏、女称姓的习俗自然消亡。而且，同姓大家族无论人口、房头如何发展，都不再在姓内分氏。以楚国屈氏姓氏为例，春秋时代，屈氏十世，从中别出邗、乘两个宗族。而战国时代，屈氏八世，却没有新的“别族”现象出现。姓氏依男性世系为所有子女继承，不再有嫡庶的区别。

秦统一中国，为巩固统治，在全国范围内建立户籍制度。新的姓氏制度因此而得到法律的认可和强化。

许多原本没有姓氏的庶人家庭、家族拥有了自己的姓氏。另一方面，郡县制完全取代了分封制，也就从根本上断绝了因分封而产生新氏的可能。各个宗族日益趋向独立、稳定。尽管小的变动不可避免，但是氏的数量再也不会像以前那样持续增长了。

如前所述，古已有之的姓本来数量很少，秦、汉时代人们使用的姓，绝大多数都是由先前的氏转化而来，所以钱大昕说"以氏为姓，遂为一代之制"。"至于上古沿用下来的姓，此时仍被个别宗族采用成为新型的姓，尽管其得姓的渊源可以追溯到夏殷时代，但实际上已经变成为新姓氏制度中的符号了。"（朱积孝：《论姓氏制度的渊源及其演变过程》，《河北师范大学学报》1988 年第 3 期）这个时期的"百姓"一词，其含义也由春秋时代实指"百官有姓"之义，转化为指代一般民众："百姓，谓天下之人，皆有族姓。言百，举其多也。"（《孝经·天子章》注疏）

中国人的姓氏以一个字的居多，例如《百家姓》开篇的赵、钱、孙、李、周、吴、郑、王，司空见惯，不以为怪。另一方面，两个字的姓也常可遇见。一个字的姓叫单姓，两个字的姓叫复姓（比较宽泛的说法，把三字姓、四字姓也叫作复姓。不过三字姓、四字姓绝大多数是由少数民族姓氏译成汉字而来，情况更特殊，这里不作讨论）。

从历史上看，单姓和复姓共存的时间很长，直到现在仍然如此。不过，基本趋势是两者的数量此消彼长，复姓所占比例越来越小。当年孔子的 72 位弟子的姓中，竟然有 23 个复姓：端木、颛孙、澹台、公冶、南宫、公皙、漆雕、公伯、司马、公西、巫马、公孙、公祖、公良、公夏、壤驷、奚容、公肩、句井、罕父、左人、步叔、叔仲，比例是 32%。东汉时代的《风俗通·姓氏》收录了约 600 个当时常见的姓氏，复姓有 150 多个，占了四分之一。宋代的《百家姓》所收 438 姓中，复姓有 30 个；《续百家姓》所收 596 姓中，复姓有 76 个，两相合计，复姓约占 10%。有人统计，现今汉民族广泛使用的 3000 多个姓氏中，复姓只有 250 多个，约占 8%。

复姓减少的原因，从根本上讲，是复姓毕竟不如单姓简洁明快。为了使用的方便，不少的复姓主动简略成了单姓。如卢蒲简为卢，即墨简为即，毋邱简为毋，马服简为马，钟离简为钟，荣伯简为荣，古成简为古，褚师简为师，欧阳简为欧，司马简为司，澹台简为台，公羊简为公，宗政简为宗，慕容简为慕，等等。其中具体的因由当然各有不同，有的是以官职为复姓者，因为失官而改为单姓。秦灭卫国，卫国的司寇氏于是改寇氏。有的是以邑为复氏的，失邑而改氏，闻丘氏就是因此而改成闻氏。

历史上可以确定的复姓的来历，大致有以下几种情况：

一是以地名为姓。例如，楚庄王的小儿子名子兰，被封为上官大夫。上官，地名，在今河南滑县东南。子兰的后裔世世代代定居在这里，便以上官作了姓氏。又如欧阳姓，本禹王之后。禹的儿子启建立夏朝，到少康时，封庶子无余于今浙江绍兴，建立越国。公元前 306 年，越国被楚国所灭，亡国之君无疆的儿子名蹄，受封于乌程（今浙江吴兴）的欧余山之南。古时称山南水北为阳，山北水南为阴，所以蹄又被称为欧阳亭侯。其后遂以欧阳为姓氏。属于此类的还有贺兰（山名）、羊舌、百里（邑名）、澹台（湖名）等姓。

二是以官爵为姓。公元前 445 年，杞国亡于楚，杞简公之弟佗逃到鲁国。鲁悼公因其本为夏王族之后，予以优待，封爵为侯，世称夏侯。以后，佗的子孙就用夏侯作了姓氏。西周开始，朝廷设有司徒、司空、司马的官职。司徒掌管土地和人口，司空掌管工程建筑，司马掌管军政和军赋。这些职官权重位尊，显赫一时，他们的族人引以为荣，便将官职拿来作了姓氏。属于此类的还有太史、司寇、乐正、少正、宗政等。

三是以方位为姓。东方之姓，出自上古伏羲氏。按《周易》八卦推算，伏羲氏出于“震”卦，位主东方，于是伏羲后裔的一支，就以“东方”为姓。与此同类的还有北宫、东宫、南门、西门等姓。周文王之后姬括，世代袭为卫国上卿，居住在京都北宫门外，于是以北宫为姓。春秋之时，郑国某大夫居于西门，其后人便姓了“西门”。

四是以血缘关系为姓。夏、商、周三代，禄爵之位分公、侯、伯、子、男五等。公爵居五等之首，荣耀至极，他们的后人，纷纷自称“公孙”，以显血统高贵。所以《广韵》记载：“古封公之后，皆自称公孙，故其姓多，非一族也。”

五是以次第为姓。西汉建国后，为翦除地方豪强势力，将齐国田氏诸后迁徙到诸陵，各支依住宅排列次序，分别以第一、第二、第三、第四、第五、第六、第七、第八作了姓氏。

六是以社会影响为姓。春秋时代，鲁国的学者少正卯聚徒授学，使得“孔子之门三盈三虚”，声名鹊起，世称闻人。他的后裔便拿“闻人”作了姓氏。

七是以少数民族的特殊称呼为姓。如赫连、单于、呼延(匈奴族)、拓跋、宇文、慕容、独孤(鲜卑族)等。

据记载，历史上存在过的复姓有1700多个。一份调查显示，源自汉族的复姓，目前还在使用的有58个。58个复姓中，以欧阳姓人数最多，约占全国汉族人口的0.06%。如按汉族人口13亿计算，有78万人。在地域分布上，主要集中在湖南、广东两省。此外，人数较多(约几万人)的复姓还有上官、诸葛、司马、夏侯、端木、司徒、淳于、澹台、轩辕、申屠、令狐等11姓。人数较少(约几千到一万人)的复姓有公冶、亓官、东方、司空、西门、南宫、皇甫、鲜于、颛孙、相里、第五、延陵、闻人等13姓。

源自古代少数民族的复姓，存留至今的有19个，其中人数较多的是尉迟、赫连、慕容、宇文、完颜、万俟(读作“磨其”)、呼延等7姓。这7个姓，分布很广，尉迟，见于冀、豫、苏、沪、晋、鄂、赣；赫连，见于晋、豫；慕容，见于粤、湘、鄂、浙、黔；宇文，见于陕、晋、豫、黑、冀；完颜，见于陕、皖、粤；万俟，见于皖、鲁、甘；呼延，见于陕、豫、晋、苏、鄂。这种现象正说明中华民族大家庭里民族融合的广泛和深入。

(何晓明)

# 7. 夏文化的创生

夏文化是夏王朝时期的夏部族所创造和保存下来的遗物遗迹，它是属于考古学范畴的文化。时代大致在公元前21世纪至公元前17世纪，据夏商周断代工程公布的《夏商周年表》，夏代大致在公元前2070年至公元前1600年间。

夏代是中国古代文明的开端，探明夏代历史是中国历史研究中的重大课题，但有关夏代的文献极为简略，因此从考古学上探索夏文化，为研究夏代历史提供实物资料就具有格外重要的意义。“夏文化”问题的出现，也正是在考古学领域中提出来的。近代考古学传入中国后，中国考古事业开始发展起来。从1921年至1937年，中国考古学者进行了多次发掘，其中安阳殷墟的发掘，使学术界开始注意到，应该从考古学方面追寻商文化的来源。在追寻商文化来源的时候，不可避免地涉及了有关夏文化的问题。

最早提出这方面问题的是梁思永先生。1935年，梁思永发表了《小屯、龙山与仰韶》一文，用确凿的地层关系，证明了这三种文化的年代序列是：小屯晚于龙山，龙山晚于仰韶。同时，他又发现了龙山文化和小屯文化不是衔接的，介于二者之间应当还有一种尚未被发现的文化。现在看来，梁先生所说的就是夏文化和早商文化。当时，问题虽然提出来了，但探索夏文化的任务，并没有被提上日程。

1949年以后，随着考古工作的进一步发展，古代的遗迹、遗物不断发现。除石器时代以外，商、西周、春秋、战国、秦、汉等各个时代的遗物都有出土，唯独未见到夏代的考古资料。因此，寻找夏文化，就成为学术界的一个重要课题。经过长期的调查、讨论和研究，到目前为止，已经有了明确的线索。目前，探索夏文化的目标集中在二里头文化和河南龙山文化晚期。

早在1953年，河南省文化局文物工作队在河南省登封市玉村和郑州洛达庙先后发现了二里头文化的陶器和陶片。1954年，中国科学院考古研究所在洛阳勘察王城时，在涧河东岸的东干沟也发现了这类文化遗址。1956年至1959年，考古工作者先后在洛达庙、东干沟和偃师二里头等地进行了发掘。当时由于对这种文化的认识很不一致，因此给它的命名也各种各样。有人认为这种文化首先在洛达庙发现，因此命名“洛达庙类型文化”，有人认为东干沟遗址与洛达庙文化遗址有区别，因此命名“东干沟文化”，也有人命名为“早商文化”或“夏文化”。北京大学原考古系教授邹衡在编写北京大学考古专业1960年《商周——青铜时代》讲义时，曾将其命名为“先商文化”，后又多次更名，直到1976年，在修改《商周考古》一书时以“二里头文化”命名。原因是在同类遗址中，偃师二里头遗址范围最大，堆积最厚，文化遗迹和文化遗物也最丰富，因此也最具典型性和代表性。二里头文化主要分布在古籍记载的夏人活动的豫西和晋南一带，在考古学系列上又补足了中原龙山文化和商文化二里岗期中间的缺环，因此为探索夏文化提供了丰富的材料。

二里头文化分为四期，其一、二、三、四期分别以二里头遗址的一、二、三、四期为代表。考古研究所二里头工作队，将河南偃师二里头遗址文化分为四期，指出第一、二期由河南龙山文化发展而来，陶器多褐色，器形多平底，纹饰多篮纹、细绳纹及方格纹。第三、四期陶器以灰陶为主，器形圆底增多，纹饰多粗绳纹，与二里岗期类似的因素逐渐增加。学术界对于二里头文化四个时期的性质及其与夏文化的关系，有许多争论。夏商周断代工程1996—2000年阶段性研究成果指出，多数学者认为二里头文化属于夏文化。

不同地区的二里头文化内涵有一定的差异，因此它又分为两个类型：一是以山西省夏县东下冯文化遗址为代表的“东下冯类型”；另一个是以河南省偃师县二里头文化遗址为代表的“二里头类型”。

东下冯类型的分布地区，主要在山西省的西南部。据考古研究所山西工作队的调查结果，在夏县东下冯、闻喜大泽村南、大泽村西、永济东马铺头、运城阎家村、翼城西王村、北木坂、古署村、南石村、感军村、苇沟、张桥、西石桥、河津庄头村、燕掌村、稷山西社村、绛县赵村、新绛泽掌村、祁郭村、曲沃曲村、东白塬、里村东沟、卫村、安吉村、侯马西阳呈村、襄汾南大柴、上鲁村、清储镇、单家庄、陈果村、刘村、南村、下梁、临汾大苏村、小苏村等三十余处，都发现了东下冯类型文化遗址。其中以东下冯遗址面积最大，约25000平方米，文化内容也最丰富，是目前发现的晋南地区最重要的遗址之一。

二里头类型的分布区域，从发掘的情况来看，主要集中在洛阳、偃师、巩县、密县、登封一带。已发现的文化遗址有：洛阳东干沟、孙旗屯、南村、白湾、关林、矬李、东马沟、皂角树、黑王、西高崖，偃师二里头、灰咀、程式沟、高岩、砦湾、夏后寺，巩县稍柴，密县曲梁，登封玉村、石羊关、告成镇、北庄、八方、油坊头、毕家村、程窑、康村，郑州洛达庙、商城、董砦、上街，新郑孟家沟，鄢陵三里侯塚、蝎子岗、塚刘、十室，扶沟罗家砦，禹县吴湾、崔庄、阎砦，孟津小潘沟，洛宁坡头，伊川白元、南砦，嵩县瑶店村，临汝夏店、煤山，陕县七里铺，渑池鹿寺等五十余处。另外，在河南省东南部，向西延及陕西省东部，向南至湖北省东部长江以北，向东至安徽省西边，也都有二里头类型文化遗址的发现。其中以二里头遗址的面积最大，遗址东西长约2公里，南北宽近1.5公里，总面积达9平方公里，发现有宫殿、大墓、铸铜作坊与精美的玉器、青铜器和陶器。古本《竹书纪年》称“太康居斟鄩，羿亦居之，桀亦居之”。另据《逸周书·度邑》《国语·周语上》和《战国策·魏策一》等文献，太康、羿、桀诸王之都斟鄩应在洛水附近。因此有学者认为二里头遗址就是夏都斟鄩。也有学者认为二里头遗址是早期商城。

东下冯类型的起始年代略晚于二里头类型。邹衡分析了东下冯型和二里头型两种类型的文化遗迹和遗物后，认为二者所反映出的文化大体相同，如都发现有圆形、椭圆形窖穴，墓葬葬式都有仰身直肢、俯身直肢葬，使用的生活用具都包括石质、骨质、角质、蚌、陶制等。虽然二者在陶器器类上有些区别，如二里头类型的炊器以夹砂中口罐为主，少鬲而多鼎，几乎不见甗；而东下冯类型的炊器中有鬲、甗、夹砂中口罐，鼎较少。二里头类型的鼎形式较多，唯独不见东下冯类型各期均见的大型敛口蛋形瓮鼎，而常见小型箍状堆纹瓮鼎，东下冯类型中又没有。二里头类型的盛贮器中常见的研磨器、瓦足皿在东下冯类型中较少见到；而东下冯类型中常见的蛋形瓮又不见于二里头类型。但总的来说，两者的陶器群相同的是主要的，区别是次要的。(《试论夏文化》，《夏商周考古论文集》，文物出版社1980年版)

二里头文化分布的这两个地区，正与古代文献中记载的夏人活动地区相吻合。今山西省南部浍水、涑水一带，是古文献中所说的“夏墟”；今河南省西部偃师、登封一带，正属古文献中所说的“有夏之居”的范围。徐旭生从上百条夏史资料中归纳出夏人活动的两个中心区域：“第一是河南中部的洛阳平原及其附近，尤其颍水谷的上游登封、禹县地带；第二是山西南部汾水下游(大约是霍山以南)一带”，也正在这一范围。

河南龙山文化又称王湾三期文化，是分布在豫西地区、在年代上早于二里头文化的一种考古学文化。有学者认为二里头文化的延续时间和文献记载的夏代积年之间尚有差距，二里头文化可能只是夏代中晚期的夏文化，而早期夏文化则要在河南龙山文化晚期中寻找。

河南龙山文化晚期可分为三段：第一段以王城岗一期、煤山一期为代表；第二段以王城岗二、三期，瓦店一、二期，煤山二期为代表；第三段以王城岗四、五期，瓦店三期为代表。

在河南龙山文化晚期和二里头遗址一期之间，从文化传承关系和碳 14 测年结果分析，仍存在缺环。有学者认为河南新密市新砦遗址某些单位为代表的遗存，早于二里头一期，晚于河南龙山文化晚期。1999 年开始对新砦遗址的再次发掘，证实新砦二期上接河南龙山文化晚期(新砦一期)，下连二里头一期，正填补了其间的空白。

河南登封王城岗古城、禹州瓦店都是规模较大的河南龙山文化晚期遗址，发现有大型房基、奠基坑及精美的玉器和陶器。它们的发现为探讨早期夏文化提供了线索。

关于夏代的积年问题，不同文献记载有别，大致可分为两种说法。一为 471 年说。《太平御览》卷八二引《竹书纪年》：“自禹至桀十七世，有王与无王，用岁四百七十一年。”《路史·后纪》卷一三卜注所引《汲冢纪年》则为：“并穷、寒四百七十二年。”两相比较，以年代较早的引文为准。一为 431 年说。《易纬稽览图》：“禹四百三十一年。”(“禹”指整个夏代)这是殷历家的说法。《世经》：“伯禹……天下号曰夏后氏，继世十七王，四三十二岁。”《帝王世纪》继承了《世经》的说法，并明确指出夏代的 432 年是自禹至桀并包括羿、浞在内的十九王。431 年与 432 年之间的一年之差，抑或传抄致误，取年代较早的殷历为是。关于 471 年说与 431 年说相差 40 年的原因，历来有两种解说：一是 471 年包括羿、浞代夏的“无王”阶段，431 年不包括“无王”阶段；二是 471 年自禹代舜事起算，431 年自禹元年起算，断代工程采用前一种解说，以 471 年为夏代积年。

据前所述，夏文化的上限应为夏朝建立的时间。学术界对夏文化上限的考古文化有两种意见，即二里头文化一期和河南龙山文化晚期。新密新砦二期遗存的确认，已将二里头文化一期与河南龙山文化晚期紧密衔接起来。在确定商的始建年代为公元前 1600 年后，上推 471 年，夏代始年就应为公元前 2071 年，这一年代基本落在河南龙山文化晚期第二段(前 2132—前 2030 年)范围之内。因此夏商周断代工程以公元前 2070 年作为夏的始年。

不少学者认为，河南龙山文化晚期和二里头文化即为夏文化。那么夏文化的基本面貌是怎样的呢？我们分别从生产发展的水平、生产工具、贫富分化的程度、文化艺术等方面来说明。这一时期的生产水平有较大的发展，已进入青铜时代。河南临汝煤山龙山文化晚期灰坑中发现炼铜坩埚残块。山西夏县东下冯遗址灰坑中出土了铜镞、铜凿等小件铜兵器和工具，另外还出土了四块铸斧用的石范。登封市告城镇王城岗四期灰坑发现青铜容器残片。河南偃师二里头遗址发现青铜爵、斝、戚(钺)、刀、锥、铃等。二里头遗址发现的几件铜爵，最大的通高 22. 5 厘米，一般的通高 12~13 厘米。经电子探针定量分析，其中一件铜爵的含铜量为 92%，含锡量为 7%，证明是青铜。铜爵的制造工艺，比制造戈、钺、斧、刀等器物复杂，它需要用多块范铸造而成，这表明当时已经掌握了比较进步的冶铸技术。上述出土的青铜器中，一部分是青铜武器。二里头遗址中发现的铜戚，横切面为长椭圆形，形状像一个长条窄身斧。铜戈制作很精良，锋刃也较利。东下冯遗址发现的铜镞，为圆铤双翼，是一种杀伤力较强、比较进步的兵器。武器本身是战争的工具，是镇压劳动人民的工具。因此，武器的进步不仅反映了战争的发展，同时也反映了统治者对人民镇压的加强。

这时期的农业也有较大发展，主要表现为生产工具的进步和专用酒器的增多。二里头文化遗址中发现了石器、蚌器、骨器等多种材质的农业生产工具，其石质工具有石斧、石铲、石刀、石镰等，蚌器有蚌镰、蚌刀、蚌铲，另有骨铲和其他骨制工具。偃师二里头遗址出土正面呈梯形的石刀，两面有对穿圆孔，便于将其牢牢地绑在木棒上，另外还发现弯月形的石镰和蚌镰，这应是收割工具。洛阳矬李、二里头、东下冯等处还都发现了水井。二里头遗址发现的有随葬品的墓葬中，随葬陶器中占比例最大的就是酒器，其次是炊器和食器，其专用的陶酒器有觚、爵、盉、鬶等。河南禹州瓦店也发现磨光黑陶觚、有刻画塑造的凤鸟盖红陶盉等。

生产的发展导致贫富分化的加剧，这一点在龙山文化晚期和二里头文化遗址的墓葬资料和生活居住遗迹中，都可以发现有力的证据。煤山遗址发现弃置灰坑中的人骨，有的身首异处或被肢解，为非正常埋葬。王城岗也发现埋有人骨架的奠基坑，少者二具，多者七具不等。在二里头文化中，至今尚未发现奴隶主贵族的大型墓葬，已发现的最大墓葬也只是中小型墓，且数量不多，主要集中在二里头遗址。1975 年在二里头遗址发掘的一座编号为 K3 的墓，随葬品十分丰富，有铜爵、铜戈、铜钺、陶箅、圆泡形铜器、圆形铜器、石磬、玉钺、玉戈、绿松石片、骨串珠及贝等。遗址中发现更多的是小型墓，墓中一般都有随葬品，但不是很贵重，主要是陶器，多者有二十一件，少者仅一件，随葬品数量的多寡不一，体现了墓主生前贫富的不均。在二里头遗址的一个灰坑中发现一具奇怪的骨架，骨架紧靠灰坑北壁，整个躯体作跪伏状，头向西，面向下，学者推测这是被活埋的奴隶。另一个墓葬中有一具人骨架，俯身，头向西，两手举过头，手腕相交，躯干弯曲，下肢微屈，可能是双手被缚活埋下去的。不仅在二里头灰坑中发现散置人骨三十余具，在宫殿基址中庭还发现了人祭坑。这些墓葬的形制和葬式的差别，反映了死者生前社会地位的悬殊，表明这时已经进入阶级社会。

二里头文化三期发现了大型夯土宫殿基址两座，即一号宫殿遗址和二号宫殿遗址。其中一号宫殿基址东西长 108 米，南北宽 100 米，总面积在 10000 平方米以上，整个台基用夯土筑成，夯层一般在 4.5 厘米左右。现存台面保存较好，高出当时地面约 80 厘米，上面是排列有序的柱洞和大体完整的墙基。在台基中央偏北，有一块东西长 36 米，南北宽 25 米的高起部分，上面的柱洞清晰可见。如果把它复原起来，那是一座面阔八间、进深三间、四坡出檐的大宫殿(或殿堂)。在宫殿前面有平坦的庭院、牌坊式的大门，建筑的四周还建有彼此相连的廊庑。从它的规模和布局来看，这个宫殿建筑不是为劳动者建造的，而是为奴隶主贵族服务的。它有可能是当时大奴隶主贵族进行集会、祭祀、行礼或发布政令的场所。二号宫殿基址的面积比一号宫殿稍小，但布局有很多相似之处，如都以殿堂为主，周围有廊庑，殿前有庭院，大门在殿堂对面的正南方。建筑的方法，如宫殿基址和廊子的筑法以及柱子的立法等基本上是相同的。当然两个宫殿也有不少不同之处，如：二号宫殿在东西北三面有大型夯筑的墙，宫殿内有陶水管等地下水道的设施，二号宫殿的中心殿堂与北墙之间还有一座大墓，墓的时代与宫殿同时，这些都是一号宫殿所没有的。所有这些宫殿及其附属建筑的建造，正是统治阶级权力的象征。二里头出土陶器上出现了二十多种刻画符号，有学者认为是汉字。此外，出土陶蛙、陶龟等艺术品，陶器上的龙纹、蛇纹、饕餮纹和裸体人纹等，表明此时文化发展也达到了较高水平。

也有学者认为河南龙山文化晚期不是夏文化，只有二里头文化一、二、三、四期才是夏文化，邹衡为此说的主要代表。他指出，二里头文化的一、二、三、四期既非先商文化也不是早商文化，而是夏文化。也就是说整个二里头文化都应属于夏文化。其他文化如仰韶文化、龙山文化以及晚于二里头文化的商代前期文化即二里岗文化都不是夏文化。在《试论夏文化》(《夏商周考古学论文集》，文物出版社 1980 年版)和《关于探讨夏文化的几个问题》(《文物》1979年第3期)两篇文章中，邹衡提出了其说的四个主要理由：(1)年代相符。他首先论证了现已发现的郑州商代城址就是商初的汤都亳邑，因此压于商城之下的二里头文化在相对年代上理应属于夏代文化范围。参考碳14测年结果，二里头文化“早期第一段的树轮校正年代或为公元前1915±115年”，“二里头四期灰坑H87出土木炭(ZK286)，其树轮校正年代为公元前1625±130年”。这个年代与文献记载的夏王朝的存在年代是基本符合的。(2)地望相符。他说二里头文化“其分布主要在河南省黄河以南地区；其西延及陕西省东部，其南或已至湖北省东部长江以北地区，最东可能达到安徽省西边，纵横约千里左右，其影响或遍及长江中下游地区，而以伊、洛、颍、汝四流域为其中心”。不过他还认为，以山西夏县东下冯遗址为代表的东下冯类型文化，其时代和文化面貌与二里头文化颇为相近，因此应为二里头文化的一个类型而同属于夏文化，该类型“分布主要在山西省西南部”。所有这些都与文献记载的夏人主要活动于晋南和豫西在地域上是基本符合的。(3)二里头文化有自己独具的文化特征，这种特征在礼器方面与二里岗文化有明显的不同。他说，二里头文化出土礼器以“觚、爵、盉比较常见，而且经常成套出现。早商(即二里岗文化)文化中，很少见到盉，而斝则是常见的，一般随葬铜器或陶器的墓，经常用成套的觚、爵、斝作为随葬品，而且以此表明死者的社会身份。看来，觚、爵、盉与觚、爵、斝这两种不同的组合，应该是代表了夏、商两种文化不同的礼俗”。这里主要不同点在于夏用盉而商多以斝为礼器，盉为什么为夏代的主要礼器呢？邹衡引《礼记·明堂位》云：“灌尊，夏后氏以鸡夷，殷以斝，周以黄目。”“殷以斝”已为商文化中常出斝所证实，而鸡夷又称鸡彝，他认为就是二里头文化中常见的礼器封口盉，因此他说：“灌器中夏器鸡彝的认定，对于在考古学上夏文化的确定自然是一项有力的证据。”(4)社会性质相符。二里头文化遗存中出土有大型宫殿遗迹，出土有成批的青铜礼器和精美的玉器，并出土有丰富随葬品的贵族墓葬，所有这些在龙山文化遗存中迄今未曾发现过，而开始出现于二里头文化遗存中，这恰恰与我国历史上第一个奴隶制政权夏王朝时代的社会性质是相符合的。总之，邹衡认为河南龙山文化是我国原始社会末期的文化，二里岗文化是商代初期文化，而只有介于二者之间的二里头文化才应是夏王朝时期夏族的文化遗存。

当然也有学者认为二里头文化是商文化，或以二里头文化的三、四期为早商文化。该说早在20世纪50年代即有主张者，此后直至21世纪，不断有学者撰文充实此说。较早主张此说的有徐卫民，他在《1959年夏豫西调查“夏墟”的初步报告》(《考古》1959年第11期)一文中，定二里头文化为“商代时期”。中国科学院考古研究所洛阳发掘队发表的《河南偃师二里头遗址发掘简报》，认为“二里头遗址是商汤都城西亳的可能性是很大的，遗址中有早、中、晚三期之分，其早期的堆积，推测当早于商汤的‘迁都时期’”。中国科学院考古研究所二里头工作队发表的《河南偃师二里头早商宫殿遗址发掘简报》认为，一、二、三期是早于二里岗期的商文化，“进一步确定了遗址中部的夯土台基是一座商代早期的宫殿建筑，为汤居西亳说提供了有力的实物证据”。

自20世纪70年代起，中国社会科学院考古研究所研究员殷玮璋先生就将二里头文化第三、四期定为早商文化。他在《二里头文化探讨》一文中指出，二里头第一、二期遗存的器物组合具有自身特点，不能简单地划入河南龙山文化范畴。同时他还提出二里头遗址的文化内涵并不单纯，第三期遗存内“不仅包含了第一、二期中常见的那组陶器，还出现了以鬲、斝、卷沿圜底盆、大口尊等一组新陶器。郑州商代中期遗址发掘的成果证明，这后一组陶器是二里岗期商文化中富有特征的器物。因此，它的出现，表明第三期遗存中包含了两种文化因素”。这两种文化因素“它们不仅同时并存，而且随着时间的推移，这后一种文化因素还表现出替代和融合前者的趋势”。殷玮璋还提到“二里头文化不仅给人以持续发展的概念，在文化面貌上还给人以经历着某种变革的印象”。他认为这是一种文化融合不如政治变革急速的现象，是一种文化滞后现象。

基于这种认识，文章对二里头文化的命名提出“似有把第三、四期遗存与第一、二期遗存为代表的文化加以区分的必要”，“目前一般都把这四期遗存称为二里头文化，或可理解为广义的二里头文化”。这一论点发表后，被学界许多人接受。

作为夏商周断代工程专家组成员之一，在工程结束后，殷玮璋专门撰文对夏文化探索问题进行反思。此前他就曾经指出：“围绕二里头文化是不是夏文化而出现的争论，表面上看是二里头文化是夏文化还是早商文化，抑或部分为夏文化与商文化之争，但实际上是研究思路与研究方法之争。”(《有关夏文化探索的几个问题》，《文物》1984 年第 2 期)“在所用的方法中，运用文化因素分析法与运用都城分析法进行研究，各自得出不同的结果。这是目前夏文化探索中出现分歧的主要方面。”(《夏文化探索中的方法问题——“夏商周断代工程”结题后的反思(二)》，《河北学刊》2006 年第 4 期)近年来，测年专家对河南省新密市新砦遗址出土的含碳样品依分期做了测年的校正，提供了一批年代数据。然后将龙山晚期至商代二里岗期遗存的年代做了整体匹配拟合，给出了一个年代序列。在这个序列中，二里头遗址第一期的年代上限在公元前 1750 年前后，它的第四期遗存的年代则在公元前 1550 年上下。殷玮璋据此对二里头文化四期均为夏文化说提出质疑，他指出：“无论按‘郑亳说’主张的公元前 1620 年为‘最早的商年’(夏年的下限)，还是按‘夏商周断代工程’公布的阶段性成果报告中估定的公元前 1600 年为夏商分界，上述年代与此明显不合。就公元前 1620 年或公元前 1600 年这两个年代而言，已处于二里头文化的第二、三期之际。所以，上述年代数据还表明：二里头遗址的第三、四期文化遗存应在商代纪年之内，不可能进入夏代纪年。”“最新的年代学研究成果表明，二里头文化第一至第四期遗存均是夏文化的假说，已难以成立。”

也有学者认为龙山文化中晚期和二里头一、二期应属于夏文化，安金槐是这一观点的代表。他认为“近年来在豫西地区获得的考古资料，证明具有豫西地方特征的龙山文化类型和与之一脉相承的二里头早期文化都应该属于夏文化的范畴，龙山文化的中晚期有可能已是相当于阶级社会的夏代初期了”。其理由是：(1)豫西“登封告成王城岗龙山文化中晚期城堡遗址的发现与发掘，是近年来探索夏文化的重要收获之一”。它标志着当时的社会已经进入奴隶制时代了。在王城岗城堡内发掘出了几个筑有坚硬夯土的坑，“有些坑的夯层中填埋数具结构完整而姿态很不自然的骨架……坑内死者的身份是奴隶”。又“在王城岗四期的一个灰坑内，发掘出土了一件青铜容器残片”，而青铜容器的使用，也是“由原始社会发展到奴隶社会的又一重要标志”。另外，该城堡“所在的地理位置……与文献记载中的夏代阳城的地望基本相吻合”；其时代也“正相当夏代早期”。因此，他得出结论说：“王城岗龙山中晚期的城堡遗址，目前虽然还不能肯定就是夏代禹都阳城或禹居阳城的城址，但它是夏代初期的重要城址，似无大的问题。”(2)豫西临汝煤山遗址的“煤山类型一期、二期属于豫西龙山文化类型晚期”。该期遗存中也发现有“身首异处，全躯肢解”的人骨架，并发现有炼铜坩埚残片，表明这时也已进入阶级社会，因此该期文化也应属于“豫西夏代文化的范畴”。(3)“豫西地区的龙山文化类型和二里头一期文化是一脉相承的，应属夏文化范畴；而二里头三期文化和商代二里岗期文化之间存在同一类型文化的先后承袭关系，均属商文化范畴。”总之，安金槐主张具有豫西地方特征的龙山文化类型和二里头一期、二期文化都应属于夏代文化遗存(《近年来河南夏商文化考古的新收获》，《文物》1983 年第 3 期)。

还有学者认为陶寺类型文化可能为夏文化遗存。这种意见在 20 世纪 80 年代由高炜等学者提出，现已基本被学界认可。陶寺类型文化墓地发现于山西省襄汾县陶寺遗址的东南隅，现已发掘出墓葬 700 余座，其中大型墓葬内随葬品甚多，重要的如龙盘，鼍鼓、特磬、彩绘陶器等达一二百件。他们认为这些发现对于探索夏文化具有重要意义。其理由是：(1)时代相近。根据碳 14 的测定(树轮校正)，“陶寺遗址和墓地的上限，约当公元前25世纪；下限为公元前20世纪，前后延续五百多年。……根据我们目前的认识，夏代纪年推定为公元前2300年至公元前1700年，较为接近历史实际。对照已知的碳14年代……陶寺中、晚期当已进入夏代纪年范围”。(2)地域相符。“根据目前掌握的勘察、发掘资料，陶寺类型龙山文化主要分布于汾河下游及其支流浍河流域”，而“晋西南虽是夏人活动的主要区域，素有夏墟之称。就陶寺类型的分布地域看，恰与文献记载所称夏墟‘在河、汾之东方百里’(《史记·晋世家》)、大夏‘在汾、浍之间’(《史记·郑世家》集解引服虔说)的地理方位相符合”。(3)文化内涵也值得注意，“陶寺早期大型墓中彩绘蟠龙的陶盘，不仅是中原地区有关龙的图像中迄今所见的最早标本，而且对阐明陶寺遗存的文化性质，也是极有价值的资料”。因为“龙盘在大型墓中的发现，将有助于证明下述推断：陶寺的龙山文化先氏，正是活跃于‘夏墟’，以龙为族徽、名号的部落”。又说：“我国古代关于龙的神话、传说很多……在古史传说中，夏人与龙有关的故事尤多。”由此高炜等学者认为：“从陶寺遗址的年代、古史地望、墓葬类型和出土器物所反映的社会发展阶段等几个方面，再结合龙盘所提供的信息，做一通盘考察，我们有理由认为：陶寺遗址、墓地很可能就是夏人的遗存，当然也不排除这里是与夏人居处邻近的另一个部落。”

以上简单地论述了当前学术界在探讨夏文化时所产生的几种主要不同意见，夏商周断代工程的启动及结题，对夏文化的认识和研究是一个极大的推进。虽然现在上述意见孰是孰非还很难论定，但人们总是在这种百家争鸣中逐步接近和认识真理的。我们相信，随着科学技术的不断发展，研究手段的不断更新，日益丰富的考古资料的积累和学术界同行的辛勤劳动，我们对夏文化的认识肯定会日益清晰。

（刘志玲）

# 8. 文字的发明与演进

人类的语言可能起源于300万年前的早期直立人，成熟于30万年前的早期智人。有关语言历史的最保守估测，在10万到5万年之间。但文字的历史却短得多。无论是两河流域苏美尔人的楔形文字、埃及的圣书，还是中国的象形文字，都没有超过1万年。尽管如此，对于人类文明而言，文字的诞生，仍然具有特别重要的意义，它是人类进入信史时代的根本标志，它适应了社会发展特殊的需要。文明发展到一定的阶段，先民意识到某些活动与事件应该记载下来。他们进行种种尝试，最初可能是将实物保存下来，作为过去历史的见证。语言诞生后，人们不仅用以进行信息交流，同时也通过语言接力来实现文化信息的延续。但是，实物遗存容易损毁丢失，而且难于传播；语言施受具有主观性，在宿主遗忘、死亡等因素影响下还会造成信息链中断，因而都存在种种局限性。所以，先民又开始尝试新的媒介，于是文字就诞生了。

汉字的起源，历史上有各种说法，如仓颉造字说、八卦说、结绳说、图画说、刻符说等。这些说法，各有所据，也各有局限。仓颉造字说实际上是关于汉字创造者的一种传说，见于《世本》《荀子》《吕氏春秋》《淮南子》等典籍。《论衡·骨相》称："仓颉四目。"《淮南子》则说："昔者，仓颉作书而天雨粟，鬼夜哭。"这当然掺杂了神话因素。孔颖达等《尚书正义》卷一说："其仓颉，则说者不同。故《世本》云'仓颉作书'，司马迁、班固、韦诞、宋忠、傅玄皆云：仓颉，黄帝之史官也。"认为文字是某个圣人一次性创造出来的，显然也不符合历史逻辑。单个字符的来源可能非常复杂，有的来自底层劳动者，有的来自上层社会。不过，今人所看到的古文字，规整而成体系，则又必定经过系统化整理工作。现代学者一般都相信仓颉是史官，他很有条件成为汉字史上这种早期整理者。我们知道，在上古，纪事、祭祀、文字等，属于贵族、官吏的特权，普通人根本不可能接触到。从这种意义上说，仓颉造字的传说又有其合理之处。

与仓颉造字说不同，八卦说、结绳说、图画说、刻符说等则是对造字方式与途径所作的种种推测，它们试图追溯汉字的符号学源头，试图解释汉字是由何种初始符号系统发展而来的。八卦说已经被证明是不可靠的。考古发现的殷周数字卦，基本上都是六画卦，而没有三画卦，这说明六画卦并不是像《易大传》所记载的那样是由八卦重叠而成的。八卦可能是战国时期的产物，根本不可能成为汉字的源头。至于"结绳记事"，古代文献不乏记载。如《老子》第八十章说："使民复结绳而用之。"《庄子·胠箧》说得更具体："昔者容成氏、大庭氏、伯皇氏、中央氏、栗陆氏、骊畜氏、轩辕氏、赫胥氏、祝融氏、伏牺氏、神农氏，当是时也，民结绳而用之。"《周易集解》引《虞郑九家易》还述及具体方法："古者无文字，其有约誓之事，事大，大结其绳；事小，小结其绳。结之多少，随物众寡；各执以相考，亦足以相治也。""结绳记事"的习俗，在彝族、高山族、怒族、藏族、独龙族、哈尼族中，在国外像美洲、非洲、澳大利亚原住民中，至今尚有遗存。从现在掌握的材料可知，结绳不仅仅是一种助记方式，同时也具有特定的符码规则，绳结的大小、数量、密度、组合方式等，都有特定的指称意义，它能够相对独立地进行指称表达，可以看成是一种准文字形态。所以它对文字的起源应该有一定的影响。

当然，绳结毕竟是一种实物符号，其变化是相当有限的，它不能用来系统记录词汇和语言，虽然对汉字起源有一定影响，但不可过高估计其作用。越来越多的事实证明，汉字不可能仅仅是单一符号系统的产物，结绳、图画、刻符等，都可能与汉字起源有关。图画说认为，汉字起源于图画。图画远比一切文字的历史久远。迄今为止，我国发现岩画两万余幅。虽然在断代问题上存在很大争议，但大部分远远早于文字的诞生应该是可以肯定的。1989 年，河北兴隆县还发现旧石器时代晚期刻有清晰几何纹样的鹿角化石，已测定距今 13000 年。此外，在前第五千纪仰韶文化、大汶口文化的陶器上，还发现不少具有文字特征的图画。我们知道，汉字是以象形作为基础的，早期文字，像甲骨文、金文，象形的比例非常高。如果将图画线条简化、模式化，并与语言形成对应关系，它就变成了文字。至少，象形字和以象形字作为造字构件的合体字，都是这样产生的。所以我们可以肯定，图画对汉字的诞生具有非常重要的作用。唐兰甚至指出："文字本于图画，最初的文字是可以读出来的图画。但图画却不一定都能读。后来，文字跟图画渐渐分歧，差别逐渐显著，文字不再是图画的，而是书写的。"（唐兰：《中国文字学》，上海古籍出版社 1979 年版）

但是汉字并不都是象形文字，还有不少汉字与实物形态没有关系，图画说很难解释它们的来源，所以历史上又有文字源于刻符的观点。《周易》说："上古结绳而治，后世圣人易之以书契。"刘熙《释名 · 释书契》："契，刻也。"刻，指在竹木等物体刻画记号。契刻记事的风俗，在瑶、壮、苗等少数民族中尚有遗存。清代陆次云《峒溪纤志》载："木契者，刻木为符，以志事也。苗人虽有文字，不能皆习，故每有事，刻木记之，以为约信之验。"刻符说认为文字起源于刻画在器物上的符号，这种观点得到许多考古发现的有力支持。考古学家已在三峡兴隆洞遗址发现距今 12 万到 15 万年左右的剑齿象门齿化石带有人工刻画图形，这是现在所看到的最早的刻符。这说明，早在人类学会绘画之前，刻符就已经诞生。在周口店山顶洞人遗址中，人们也发现鹿角杖上有刻纹。其后，还发现数百个和文字线条近似的符号。在河南舞阳贾湖新石器文化早期遗址里，发现距今 8000 年左右的甲骨刻符、、、等；在甘肃大地湾新石器文化中期仰韶文化遗址里，发现距今 7000 年左右的刻符、、等百余个；在西安半坡遗址则发现距今 6000 年左右的刻符、、、、等。此外还有姜寨陶符、大溪陶符等。对这些刻符，学者们意见不一，有的直接考释为文字，有的认为刻符处于前文字状态，有的则说是私人记号。我们认为，它们至少对文字的起源产生了直接影响。其中许多形体，和后来的字形完全一致，如果中间没有渊源关系，那是不可思议的。郭沫若在《古代文字之辨证的发展》中指出，汉字的起源有象形和指事两个系统，"指事先于象形，也就是随意刻划先于图画"。刻符先于图画，它对文字的影响自然就会比图画更早。但我们不能否认，它们都是汉字的源头。

文字起源经历了漫长的过程，这一过程中的许多链条，由于考古资料的缺乏，还无从解释清楚。时至殷商，人们所看到的，已经是完全成熟的文字系统，这就是甲骨文。甲骨文是刻在龟甲兽骨上的文字，它曾经长期失传。河南省安阳县农民耕地时发现一种坚硬的有图纹的骨片，药材商以为是中药里的龙骨，收购回去用来治病。1898 年，王懿荣发现这是一种失传的文字，并开始收集。此后，私人挖掘、私人收藏成风，不少甲骨流落海外。从 1928 年开始，我国研究机构在安阳小屯村及其附近一带组织发掘 21 次，发现有字甲骨 30547 片。迄今为止，已出土的有字甲骨总数约 13 万片（孙亚冰：《百年来甲骨文材料统计》，《故宫博物院院刊》2006 年第 1 期；陈炜湛在《中国文物报》2003 年 1 月 3 日发表《关于殷墟甲骨文的两个基本数字》一文，认为是 62000 片左右）。关于甲骨文的材料，郭沫若、胡厚宣主编的《甲骨文合集》和彭邦炯等主编的《甲骨文合集补编》著录 55406 片。姚孝遂等编《殷墟甲骨刻辞摹释总集》，汇纂《甲骨文合集》《小屯南地甲骨》《英国所藏甲骨集》《东京大学东洋文化研究所藏甲骨》《怀特氏等所藏甲骨文集》，为 52486 片甲骨提供释文。甲骨文单字，约在 4000 个上下。姚孝遂等编《殷墟甲骨刻辞类纂》的字形总表列字目(含异体字合文)3673 个，于省吾主编的《甲骨文字诂林》收列字头 3691 个，沈建华等编《新编甲骨文字形总表》所列字形共 3986 个。其中，已经辨识且没有争议的，在 1000 字左右。

甲骨文主要用来记录国家举行重大活动(如祭祀、战争、赏赐、惩戒之类)时的占卜内容，广泛涉及商代政治、军事、经济、科技、思想文化等方面的情况。一般用刀刻而成(个别用笔书写)，故又称契文、殷契、殷墟书契。它已是一种相当完善的文字体系，已能完整地记录语言。甲骨文象形程度极高，象形字和以象形为基础的合体字占绝大部分。如“马”作，画的就是马的形状；“鹿”作，画的是鹿的形状；“鼎”作、，画的是鼎的形状；“前”作，上半部分从“止”，画的是脚趾的形状，下半部分从“舟”，脚趾与小舟结合，会意为前进之义。其取象范围很广：有来自人体的，如人、大、女、子、首、目、眉、自、口、耳、又、左、手；有来自动物的，如羊、犬、豕、马、象、虎、隹、鱼、龙、龟；有来自植物的，如中、木、禾、来；有来自器物的，如其、网、力、皿、帚；有来自武器的，如戈、戌、戊、弓、矢；有来自自然景观的，如日、月、土、山、雨、水等。早期汉字的这种特点，充分说明它与图画具有密切的渊源关系。

甲骨文的结构已经具有很强的规律性。不少甲骨学家对甲骨文的构型要素作过系统分析，发现甲骨文基本构件只有 100 多个。如于省吾主编的《甲骨文字诂林》所归纳部首是 149 个(如图)。正是通过这有限的 100 多个字素，甲骨文组合成数千个不同形体。从传统的造字理论分析，甲骨文中“六书”(象形、指事、会意、形声、转注、假借)兼备。不过，和后代文字相比，其造字规范比较宽松，一字多形的频率比较高。如甲骨文“上”作、、，构件可以置换；“人”字写作，也可反书作，“陟”作，也反书作，正反无别；“星”作、、、，“旦”作、，“遘”作，也作，作，构件多少无别；“帝”作，也作，“之”作、、，笔画多少无别。此外，侧书、倒书、合文现象比较普遍。还有的多字一形，如“入”和“下”同作(“下”另作)；“正”“足”同作。甲骨文行文，一般竖行自上而下、自右而左，间而也有自下而上和横行书写的情形。

殷商时期，除甲骨文外，还有金文、陶文等，但发现的材料比较零散。金文是铸刻在青铜器上的文字。商代金文与甲骨文近似，只是比甲骨文的象形程度更高，线条肥厚圆润，似乎更接近于原始文字。出于这个原因，有的学者认为，现存最早的文字不是甲骨文，而是金文。此外，裘锡圭还认为，当时金文使用的是正体字，而甲骨文使用的是俗体字。这种看法似乎还需要进一步论证。金、甲书写条件不同，甲骨文书写难度过大，商代的金文材料太少，少量字形的对应分析，很难说清甲骨文究竟是古朴还是苟简。其实，历史上这一时期存在的文字材料可能远比今天我们所看到的要丰富得多。《周书・多士》说：“惟殷先人有典有册。”殷商甲骨中也有毛笔书写的痕迹。《吕氏春秋・先识览》载，“夏太史令终古出其图法，执而泣之。夏桀迷惑，暴乱愈甚。太史令终古乃出奔如商”，“殷内史向挚见纣之愈乱迷惑也，于是载其图法，出亡之周”。“图法”也应该是典、册一类文献。那就是说，不仅殷商，就是夏代就已经有了图书了。可能是由于这种典册载体的材料易朽，所以后世无从看到。由于这些原因，我们现在观察到的，可能是商代文字发展全貌中极为有限的一部分。

不过到西周时期，甲骨文迅速萎缩，迄今为止在周原发掘到有字甲骨不到 400 片，单字不到 1000 个，而金文则已蔚为大观。由于手工业技术特别是冶炼技术的发展，西周青铜器铸造规模不断扩大，制作工艺也不断提高。官府在举行重大活动时，常常行之于文，铸刻在青铜器上。其工艺流程，通常是先用笔写好，再刻入陶范，最后浇灌出来。战国时代，也有少数是直接在青铜器上雕刻而成的。传世金文的著录材料，《殷周金文集成》收 12113 件(实际收录器铭 11983 件)，钟柏生等编《新收殷周青铜器铭文暨器影汇编》续补《殷周金文集成》未收的青铜器 2005 件。此外，严一萍编《金文总集》收 7996 器，邱德修编《商周金文集成》收 8974 器，徐中舒主编的《殷周金文集录》收 1949—1980 年书刊上著录的铭文摹本 973 件。初步统计，殷周青铜器著录总数在 14000 件左右。释文方面，《殷周金文集成》除自附外，张亚初又另撰，名为《商周金文集成引得》，索引单字 4972 个；李玲璞等所撰的《金文引得》，殷商西周卷包括 9916 器 5758 篇铭文的释文，春秋战国卷包括 2253 器 1692 篇铭文的释文，二书索引单字 5953 个。金文单字方面，另有容庚《金文编》收 18000 余条，其中可识字 1894 个，重文 13950 字；附录存疑 1199 字，重文 985 字。《金文编》四版正文 2420 字，附录 1352 字，共计 3772 字。周法高等《金文诂林》收 1894 字，重文 13950 字；《金文诂林附录》1199 字，重文 985 字。如果不计重文，金文单字应该在 6000 个左右。无论是篇数还是单字字数，都远远超出甲骨文。

周代金文大致上可分为西周春秋期和战国期两个阶段。前期金文，从构型趋势上看，肖似性大为减弱，总体上不再追求逼真，几乎不再像甲骨文那样以双线条勾勒形象，如“其”(箕)，甲骨文作、、、、，金文作；其重点是突出主要特征，如“马”，甲骨文作，金文作、、，突出鬃毛；“犬”，甲骨文作，金文作，突出尾部卷曲。这种趋向，主要是便于书写。不过，也有少数字象形程度反而比甲骨文高，如族徽。还有一些，可能与书写条件有关，如“保”，象大人带小孩之形，甲骨文作、，很难看出来，金文作、，非常逼真。从结构方式上看，稳定程度比甲骨文高。许多异体字被淘汰，如甲骨文中的“牧”字，有从牛、从羊、等同形体，西周金文中则只用从牛一体，作、，淘汰了其他异体。合文、反书、倒书现象大为减少，不过并未完全消失，如“萬(万)年”作、“一人”作、“二人”作。笔画数目有时也不固定，如“册”作，也作、、、。间或还有讹变现象。如“望”，甲骨文作、，从臣(目)从人，为人举目眺望之形，金文误作，从亡从月从壬，郭店楚简承袭金文作、，此后，隶、楷都因此而误。从形、音关系上看，与甲骨文以象形、会意为主不同，金文形声字大量增加。据统计，甲骨文中的形声字只有 20%左右，而金文中的形声字，特别是东周时期的金文，已达到 50%以上。(李恩江：《汉字形声字形成过程初探》，《郑州大学学报》(哲社版)1987 年第 6 期)形声字比例的扩大，增强了文字的表音功能，提高了文字使用的便利性。

西周春秋期间，除金文、甲骨文外，还有陶文、玉石文、玺印文、货币文等，其中最重要的是籀文。籀文出于周宣王时史官史籀所撰字书《史籀篇》，久佚，许慎《说文解字》引用不少，清马国翰等有辑本。王国维《史籀篇疏证》从中辑出223字，其序说：“大抵左右均一，稍涉繁复，象形、象事之意少，而规旋矩折之意多。”这些特征和西周晚期金文比较接近。此外，有些字形已经有分化的迹象。籀文的这些变化，被不少学者看成是殷周金文向小篆发展的一种过渡。

战国时期，随着周王朝的进一步没落，出现“田畴异亩，车涂异轨，律令异法，衣冠异制，言语异声，文字异形”(《说文解字·叙》)的态势。特别是在文字方面，随着王官文化的解体，周室已经失去了固有的垄断地位。除秦国文化比较闭塞，文字上较多延续了周室金文风格外，其他各国的文字分化相当严重，俗体字比例日益扩大，与金文的距离越来越远。文字史上，将秦以外的齐、楚、燕、韩、赵、魏等国文字，称作六国古文。六国古文的载体材料很多，包括金属器皿、陶器、玉石、简帛、货币、玺印、封泥等。先秦古文字中，除篆、隶以外，六国古文是发现最早的。其材料也极其丰富，传世的有西汉古文经、魏三体石经、宋郭忠如《汗简》，此外还有大量新出土的。其著录，除金文如前所述以外，高明《古陶文汇编》著录先秦陶文拓片2602张，汪庆正主编《中国历代货币大系》卷一著录先秦货币(包括钱范)的照片、拓片4343件，初师宾主编的《中国简牍集成》著录先秦两汉简牍6万余枚，罗福颐主编的《古玺汇编》著录古玺5708方。单字方面，高明《古陶文字徵》收1823字，张颔《古币文编》收5722字，罗福颐《古玺文编》收2773字。这些字书中，战国文字只是其收录的一部分。还有不少文字材料，是按照国别或出土地地点整理的，如《楚系简帛文字编》《长沙马王堆帛书》《包山楚简文字编》等。此外，有两部综合性的战国断代字书能帮助我们迅速了解这一时期文字发展的全貌。汤余惠《战国文字编》正编收5618个字头，18288个字形，合文338条，635个字形，附录959条，1113个字形；何琳仪《战国古文字典》以先秦古音分类系字，给予解说，实用价值极高。

由于材料丰富繁杂，缺乏系统性整理，所以这一时期文字还有待深入研究。何琳仪《战国文字通论》将战国文字分为齐系、燕系、晋系、楚系、秦系，前四系就是通常所说的六国古文。六国古文的象形化程度进一步减弱。如“癸”，甲骨文作、，金文作，侯马盟书作，包山楚简作、。“癸”为戣的本字，一种兵器，甲骨文、金文更像原物，春秋末年的侯马盟书已经失去部分象形特征，战国包山楚简则已完全看不出物象特征。同时，“癸”字下部尚有拉长的趋势，和隶、楷的变异方向近似。从构型的整体趋势来看，古文以简化为主。如“宝”，甲骨文作，从宀从玉从贝，金文作，增缶，古文或简作、、、，省玉省贝；“秦”，甲骨文作、、、，金文作，古文作、、或，省収。部分字形也有繁化现象。如“文”，甲骨文作，金文或作，战国玺印作；“羌”，甲骨文作、、，古文增笔画作、、。此外，讹变现象亦常可见。如“囿”，甲骨文作、、，从田(或从口[围])、从茻(或从中)，云梦楚简讹作，郭店楚简讹作，从又从月(肉)，完全失掉本形。

战国时期对后代影响最大的是秦系文字。秦系文字存在正体和俗体两个系统，它们都是商周文字延续与变异的结果。裘锡圭指出：“战国时代秦国的正体后来演变为小篆，俗体字发展成为隶书。”(裘锡圭《古文字学概要》)历史上人们一直以为小篆、隶书为李斯或程邈等人所造，小篆早于隶书，隶书是对小篆的省改。晋代卫恒《篆书》说：“秦始皇帝初兼天下，丞相李斯乃奏益之，罢不合秦文者。斯作《仓颉篇》，中车府令赵高作《爰历篇》，太史令胡毋敬作《博学篇》，皆取史籀大篆，或颇省改，所谓小篆者。或曰下土人程邈为衙狱吏，得罪始皇，幽系云阳十年，从狱中作小篆，少者增益，多者损减，方者使员，员者使方，奏之始皇。

始皇善之，出以为御史，使定书。或曰，邈所定乃隶字也。”（严可均：《全上古三代秦汉三国六朝文·全晋文》卷三〇）东汉许慎、蔡邕也有类似的说法。但秦孝公时的商鞅铜量和秦并天下之前的新郪虎符所使用的已经是标准的小篆，这充分说明李斯等作篆之说是不能成立的，他们只是对小篆做过一定程度的整理并将其作为国家标准用字推行而已。隶书的情形也与此类似。1975 年以来，相继在云梦睡虎地、四川青川、甘肃天水放马滩、云梦龙岗牍、湖北关沮、江陵王家台、湖南里耶等地发现秦国简牍，其中特别是 1980 年四川青川县郝家坪出土的墨书秦隶木牍，一牍首有“二年十一月己酉”，学者推定为秦武王二年（前 309 年），写定时间远在秦始皇以前。这就是说，秦篆与秦隶应该是同时并存于秦统一之前。

现在所见到的最集中的小篆资料保存在许慎《说文解字》一书中。诚如卫恒所言，小篆对前代文字颇有“省改”。特别是对异体字的整理与合并，使汉字形体得到前所未有的稳定。此外，其笔画线条均匀，笔势圆转柔婉，字形轮廓高度方块化。线条和结构形态的改变，导致其象形特征的进一步减弱。如“咸”，甲骨文作、，金文作、，象武器之形，小篆作，象形意味尽失。有的甚至发生讹变。如“鬯”，甲骨文作、，金文作、、，象酒在酒器之形，小篆作，下部讹作“匕”。尽管如此，和同时期其他文字相比较，小篆还是更多地延续了商周文字的特点，因而代表着古文字的终结形态。相形之下，秦隶改变的幅度更大。其字形平扁，笔画平直，笔势已有波磔倾向，如、、等。这种笔法势必造成象形程度的降低。如“鹿”为象形字，甲骨文作、，金文作，观其形即可识其字，睡虎地秦简则作，已经完全失去象形意味；其下部作“比”，是对甲骨文、金文的严重讹变。“比”，甲骨文作、，取二人并排之象，秦隶“鹿”字却用以指鹿脚，这种错误被后来的汉字延续下来了。不过，秦隶中仍有一部分字带有商周文字的遗风。如“有”，金文作，秦隶作，与汉隶的差距反而比晚周《散盘》作之形更大。

到汉代，隶书由俗体地位已经逐渐上升为官方正体，为与此前字体相区别，人们将秦代的称为秦隶或古隶，而将汉代的称为汉隶、今隶、今文、八分等。汉隶在秦隶的基础上，对字形作了更大的调准，将圆转笔画方折化，完全用点、横、掠、波磔等点画结构取代篆书的线条结构，并对不少偏旁部首做了整理。这些变易，文字史上称为隶变或隶定。如“左”，甲、金、篆作、、，“右”，甲、金、篆作、、，隶定后、统一作“𠂇”，颇有些左右不分的味道，这是部首的归并与同化。另一方面，部首调准中也有分化的现象。如从的字，分化为𠂇、又、寸三个部首：作右、又，作友，作寸，、作寺。有的对笔画作了精简。如“香”，甲骨文作（京 2. 15. 1），篆文作，上从黍，隶书，省黍作禾。这种大幅度的调准，势必造成大量字形的讹变。如“莫”，甲、金作、，从日从茻，隶书作，下部艸讹作大。不过，隶变使汉字便于书写，字形结构也更加简单、统一和稳定，它结束了古文字的历史，开创了汉字文化的新时代。

在隶书基础上发展起来的，主要有章草和楷书。章草是隶书的草率速写形式，笔画勾连不断，圆转如环。楷书又叫真书、正书，可能早在隶书尚未完全成熟的西汉末年就已经开始萌芽。宋代的《宣和书谱》说：“西汉之末，隶字刻石间杂正书。”到东汉末年，楷书已初具规模了。早期的楷书，以曹魏钟繇的《贺捷表》为代表。1974—1977 年安徽亳县出土的曹操宗族块墓砖中也有大量楷书用字，今藏南京博物院三国东吴的《葛祚碑》已是标准的楷书。南北朝时期，楷书逐渐取代隶书，成为官方正体。后人将楷书分为两大体系，一是魏碑体，以东晋《爨宝子碑》和北魏《龙门二十品》为代表，还残留部分隶书笔法。一是唐碑，以欧阳询、虞世南、李邕、褚遂良、颜真卿、柳公权六家为代表。唐碑完全剔除隶书笔法，被视为楷书正体。楷书的主要特点是，抛弃隶书波磔笔法，横平竖直，增加了斜勾（乚）、挑（扌）、折（乛㇆乁）等笔形，外部轮廓也由隶书扁平改为方正。此外，楷书对隶书的结构进一步作了调准。淘汰不少异体字，如“善”字，既作（陶文），又作（睡虎地秦简），楷书以后者为基础作了统一。某些字的组合方式也有变化。如“黎”，篆、隶作、

[illegible]、[illegible]等形，左右结构，从黍，右半部为刀或刃。楷书将黍一分为二，改为上下结构。有的字，在归并过程中产生讹变。如“莽”，从茻从犬，楷书将下面的艸误改为廾，形成字形讹误。笔画方面，也以趋简为主。总体来说，比隶书更方便书写。

楷书直到今天，还在使用。不过，目前我国大陆使用的楷书，已经过大规模的简化。1955 年颁布了《第一批异体字整理表》，该表收异体字 810 组，淘汰了 1055 个异体字。1964 年 3 月中国文字改革委员会发布《简化字总表》。1977 年又推出《第二次汉字简化方案》，由于不少人反对，1986 年国务院批准了国家语言文字工作委员会予以废止。同年 10 月，国家语言文字工作委员会重新发布《简化字总表》，并作了个别调整。该表包括三个部分，即“第一表：不作简化偏旁用的简化字”，收简化字 350 个；“第二表：可作简化偏旁用的简化字和简化偏旁”，收简化字 132 个和简化偏旁 14 个；“第三表：应用第二表所列简化字和简化偏旁得出来的简化字”，收简化字 1753 个。由于汉字总量极大，《汉语大字典》收字 54678 个，《中华字海》收汉字 87019 个，如果所有字都类推简化，势必造成大量字形同化。1988 年 3 月，国家语言文字工作委员会和国家新闻出版署发布的《现代汉语通用字表》，收字 7000 个。这是现行用字的规范，在此 7000 字以外的，原则上不再类推。

（周德美）

## 9. 青铜器的制造与使用

不管是陶器时代，还是玉器时代，人类都还只是在文明的门槛外徘徊，真正标志着中华民族进入文明时代的就是青铜器的发明与制造。在经历了漫长的石器时代之后，人类最先认识的金属大概就是自然铜，在距今大约7000年的原始社会时期，古代先民就已发明了冶铜术。考古工作者曾在仰韶文化早期的遗址中发现含有铜和锌等成分的黄铜片，在较后的马家窑文化、龙山文化遗址，又多处发现红铜、黄铜、青铜的简单制品和一些熔铜的遗物。历史上的夏、商、周都属于考古学上的青铜时代。

原始社会高度发展的陶器制造工艺，如在造型设计、装饰花纹、烧制温度等方面，为青铜器的制造提供了直接的借鉴。同时，青铜器的制作也吸取了玉器、牙骨、木器工艺门类的制作经验。由制造简单的铜器物到铸造出青铜容器，经过了一个长达数百年的摸索过程。原始社会后期，生产力的发展、财富的集中、阶级的出现，为青铜器艺术的萌生，创造了重要的物质基础和社会条件。

自然铜有美丽的颜色和光泽，经过锤打，还有延展性，可以制造简单的工具和装饰品。用自然铜制作的小件工具和饰物被称为红铜器。红铜被加热后会熔化，但熔点高达1083℃，在当时的条件下，要达到这样高的温度很困难，加上它又比较软，故用途不大。经过漫长的时间及实验过程，人们发现若在红铜中掺入一些锡或铅，它的性质就改变了，如在铜中加进25%的锡，熔点便会降为800℃，硬度也大为增加了。这种铜材料具有良好的铸造性、很高的耐磨性和化学稳定性，因其颜色为青灰色，所以被称为青铜。

一般来说，青铜器的铸造方法，是首先用泥塑出器物的造型，再用细泥在造型的初胎上翻成模子，而后合范，再做一个内芯。与此同时，将铜与锡按需要的比例调剂好，炼成铜汁，浇铸到合范之中，铜液凝固后，去范，再经磨砺、修整、抛光，器物便制成了。

青铜材料的发现和利用，为人类生活开辟了一个新的天地。人们利用青铜铸造了各种各样的器物。不过，青铜在当时是珍贵的材料，为贵族统治者垄断使用，其主要用途是制作祭祀用的礼器和乐器，以及货币、兵器等。民间一般耕作的农具等主要还是用石器制成。

中国古代青铜器，是夏、商、周时代(约公元前2070—前221年)的先民为人类文化作出的一项伟大贡献。世界各文明古国都经历过青铜时代，唯有古代中国赋予了青铜器以重大的社会意义、深厚的精神内涵，以及高度完美的艺术形式，使之成为杰出的艺术典范。

中国的青铜文化早期以二里头文化为代表，其遗址在今河南偃师县西南，考古发掘获得了大量的陶器、玉石器、青铜器等遗物。二里头文化晚期，青铜器的种类已经较多了，工具类有刀、锛、锥、凿、鱼钩，武器类有戈、戚、镞等，装饰品和乐器类有镶嵌绿松石的牌饰和铃等，礼器类则有爵、斝、盉、鼎等，其中以礼器和绿松石铜牌饰最为引人注目。二里头文化遗址的青铜礼器都是薄胎，一般没有花纹，有的器形也不甚完整，加工也不精细，通常器表都遗留有铸缝，表明当时青铜的冶炼技术水平还不高，但镶嵌绿松石的牌饰却制作精美，其绿松石组成的兽面纹，体现出了熟练的镶嵌技术。

二里头青铜器之后的是郑州属商代前期的商代都城遗址出土的青铜器。这里出土的青铜器有了很大发展和变化，其数量和种类均有了明显增长，出现了尊、盘、觚、鬲、罍、卣等青铜器，冶炼技术更是突飞猛进，已出现了大型青铜器礼器，大多数器物的表面开始饰有饕餮纹和乳钉纹。饕餮，传说中一种凶恶贪食的猛兽，青铜器多刻其头形作装饰。湖北黄陂盘龙城遗址的年代约和郑州商城遗址同时，其出土的青铜器在器表一般也饰有饕餮纹，而且有的器形也很大。其青铜器的器形、花纹和铸造技术与郑州商城遗址的青铜器基本相同。据推测，盘龙城遗址很可能是商朝前期在长江中游的一个重要方国。

商后期的武丁在位期间(前1250—前1192年)，青铜器制造业达到鼎盛时期，青铜器的造型系列和装饰手法已大体完备，并出现了许多精工之作，奠定了青铜器艺术在同时期各工艺美术门类中的主导地位。

商代青铜器文化最繁荣的代表是商代晚期的安阳殷墟遗址，相比以前，不仅器类大为增加，花纹装饰也更为丰富和成熟。青铜器的花纹不仅式样繁多，而且往往布满器身。此时的青铜器大都胎厚体重，显示出庄严、敦厚的风格，如司母戊大方鼎，它是商代王室为祭祀一位名叫戊的母后(有人认为是商王武丁的另一位配偶)而铸造的大鼎，1939年出土于河南安阳武官村商代王陵区贵族墓。鼎高133厘米，重达875公斤，是已知的中国古代体量最大的青铜器。

司母戊大方鼎的鼎腹为长方形，下承四个柱形足，给人以十分庄严、稳重的印象，为了强化其形体厚重的感觉，创作者有意夸张了口沿和双耳等细部的厚度。鼎腹四周饰以饕餮纹、夔龙纹，中心部分留出大面积的空白。鼎耳外侧装饰着两只侧立的虎，虎口大张，共衔一人头。鼎腹内壁有浑厚有力的“司母戊”三字铭文，也有人释“司”为“姤”(后)字。司母戊鼎的造型是商代后期一些大型方鼎如司母辛鼎、牛方鼎、鹿方鼎等所共同采用的造型样式。

商代是一个尊神重鬼的社会，也是追逐财富、崇尚暴力的时代。商人认为冥冥中的天帝和祖先的阴魂主宰着人间的一切，于是贵族统治者便通过占卜的巫术形式，与神鬼沟通。在名目繁多的祭祀活动中，要陈放各种青铜祭器，并杀人和动物来祭神。商人相信人死后有灵魂，因此贵族死后，也要以人和牲畜殉葬或随葬，同时用大量青铜器、玉器等器物陪葬。在这种尊神重鬼的风气之下，形成了商代青铜器严冷、肃杀、具有精神威慑力的内涵和庄严、神秘的特征。

商代青铜器集中地被发现于河南商代都城遗址和山东、河北等地出土的商代贵族大墓。南方的湖南、安徽、江西等地区出土的青铜器，亦表现了其在共同时代风格之下的不同地域特色。1986年，在四川广汉三星堆发现的两个祭祀坑中，出土了相当于商代中晚期的大型立人像、50多件人头像和30多件人或兽的面具，以及高达4米以上的青铜神树。这都是古代蜀族先民创造的青铜艺术精品。三星堆的青铜人像、人头像的发现，证明在商代时期中国已存在大型雕塑作品。

商代晚期青铜器的另一特点是开始出现铭文。开始只有很少的几个字，大都是族徽、人名或父祖名，商末则出现了三四十字的铭文，内容多为记述作器者参与王室的祭祀、征战等活动，受到王的恩赏，于是制作尊彝(青铜器的统称)以示荣宠，并祭祀先祖，夸示后人。

西周早期的青铜器，在继承商代的基础上，逐渐形成自己的时代特色。周族原是西北地区以农业生产为主的氏族部落，在经济上落后于商族。武王克商以后，直接接收了商王室的青铜器和青铜制造业。西周王朝实行分封制和以血缘关系为纽带的宗法制度，并制礼作乐，以规范统治阶级的内部关系。青铜器中的礼乐器，更成为体现宗法制度和礼乐制度的物质载体。

西周社会严厉禁酒，到西周中期以后，酒器逐渐消失，食器和乐器成为主要器类。商代的狞厉、神异色彩逐渐减弱，而趋向于和谐典雅。西周青铜器铭文字数增多，反映了多方面的历史、文化信息。2003 年 1 月，陕西宝鸡眉县 5 位农民在挖土时发现西周青铜器窖藏，有 27 件刻有铭文的青铜器，其中的一件有 372 字长铭文，这些铜器铭文涉及从周文王到周厉王十一代周天子名号与史实，对检验夏商周断代工程有重要的作用。

西周晚期，青铜器发生了很大变化，早期的很多器皿已经很少见甚至消失，原有的器形也改变了，饕餮、夔纹、鸟纹等早期纹饰几近绝迹，而窃曲纹、重环纹、重鳞纹、环带纹、瓦纹等流行起来。

东周包括春秋、战国两个历史阶段，是社会大变动的时期，列国之间不断发生兼并战争，在征战过程中也加强了各地区之间的经济文化交流。随着东周王室统治地位的衰落，经济文化中心转移到各地区，形成东周王室与三晋地区、北方燕赵地区、山东齐鲁地区、长江中游的楚、长江下游的吴越、西北方秦、云南古滇族、西南巴蜀、北方草原游牧民族几个大文化圈的多元文化环境，青铜器的制作也相应地出现了多元景观，具有鲜明的地方特色。

东周时期，人们的思想十分活跃，天命观动摇，出现了“民为神之主”的思想，并形成“诸侯异政、百家异说”的局面。整个社会竞尚奢华，夸示财富，盛行厚葬之风。同时，铁器出现，使生产力有了新的发展。这一时期，青铜器铸造由于镶嵌、焊接技艺的提高，产生出许多精彩绝艳、巧夺天工的艺术品。青铜器走下了神坛，成为贵族们钟鸣鼎食、穷奢极欲生活的点缀品。

商周青铜器发展的主脉到秦汉时发生了断裂，秦汉时代，商周时代那些以神鬼观念或礼制化为其精神内涵的青铜文化，已成明日黄花。许多先秦时代的青铜器物在汉代人眼中已变得陌生，甚至有的还需要加以考证。虽然主要作为祭祀与军事用途的青铜制造业在秦汉时期渐渐失去了往昔的主导地位，但作为生活日用的青铜器的制造还在继续，这也为后人留下了许多艺术珍品。

秦始皇曾收缴天下青铜兵器，铸造了十二个硕大无比的铜人置于宫殿前，一直存留了近 6 个世纪，直到十六国时期才被完全销毁。汉代也曾铸造过一些大型青铜雕塑作品，置于宫殿或皇家园林中，都未能保存下来。但今天我们还能从古代墓葬出土文物中，看到诸如秦始皇陵铜车马、汉代鎏金铜马、长信宫灯、铜奔马、博山炉、铜镜等青铜器的代表作品，以及具有宗教、民俗信仰意义的羽人、摇钱树，还有成为后世篆刻典范的铜玺印等。

青铜器的造型设计不仅仅是为了美观，还要实用。实用的含义包括器物自身的实际功用，以及其在贵族社会生活中的特殊用途。例如鼎是用于烹煮肉类的炊具，簋是盛放食物的盛食器，但同时又是祭祀活动的重要礼器，所以设计时既要符合实用的要求，又要力求做到庄严、美观，特别是那些体量巨大的器物，要在整体上有完美的影像效果，令人一见即有所触动。与此同时，也要求器物各部分之间的比例恰当，令人感到和谐、悦目。商周青铜器中有些非常成功的造型设计，如酒器中的尊、觚、爵，还有作鸟兽形的鸟兽尊，既实用又很生动，充满艺术的想象力。

从用途上看，青铜器的造型大致可以分为以下几类：炊食器、酒器、水器(三者又属于礼器一类)，乐器、兵器、车马器、农具与工具、度量衡器、符节、货币、铜镜、杂器等。

饮食器在青铜器中占有重要地位。主要的炊器有鼎、鬲、甗，盛食器的簋、豆、盨、簠等。

鼎有方鼎、圆鼎两大类，圆鼎之中又有圆腹、鼓腹、分裆的不同，鼎足有锥足、柱足、扁足、鸟形足的区别；方鼎流行于商代和西周早期。有些大型方鼎如司母戊鼎、司母辛鼎，是商王室铸造的重器。西周时期流行大盂鼎一类的圆鼎样式；到西周后期，出现半球腹、兽蹄形足的毛公鼎样式，其审美意趣由庄严趋向于典雅。春秋战国以后，鼎的数量增多，大的深腹鼎用于烹煮牲肉，称为镬鼎；另一类大小相次的列鼎，用以盛放不同肉类，是祭祀活动中的正鼎，数量的多少代表使用者的身份等级。周天子用九鼎，以下为七、五、三鼎，都是奇数。与鼎相配套的是盛食物的簋，都是偶数，最高规格为九鼎八簋。

簋，是盛放煮熟的黍、稷、稻、粱等饭食的器具，相当于现在的碗。商代的簋大多是圆形的，无耳或是两耳，大口，无盖，下承圈足。到了周代，流行的式样是方座簋，即在簋的圈足下连铸一个方座。

甗：大型蒸煮器，是由上部的鼎(去掉鼎足)和下部的鬲合成，中间隔着有孔眼的箅(平而有孔隙的竹器，垫在锅底，以便蒸食物之用)。在鬲内装水，下面烧火，水蒸气透过箅孔，把鼎内的食物蒸熟，是蒸煮的炊具，原理就像今日使用的蒸笼一样。豆是盛菹醢的，上部是个盘子，下部以称为“校”的长柄，与圈足相接。

豆，是盛菹(咸菜、酸菜一类食品)、醢(肉酱)之类调味食品的器皿。西周的豆，容器部分如圜底的浅碗，称为盘，盘下有可以握手的柄，下连圈足。春秋以后，豆盘较深，有盖，盖上有支撑物可以仰置。

簠是西周后期出现的盛黍、稷、稻、粱的容器。其造型是扁长方形，四框为斜壁，平底，有圈足，器和盖上下对称，可以分开使用。流行时间较长，一直沿用到战国末叶。

酒器盛行于商代和西周初期，种类很多，在林林总总的造型样式中，可归纳为三足器与圈足器两大类。

三足器有爵、角、斝、盉等，爵是饮酒器，有流、尾与柱，三足支开，有一种挺拔向上的感觉，造型很美。角与爵相似而无柱，前后都是尖形的尾。斝是温酒器，形体较大，无流与尾，口沿上有双柱。盉为调酒器，有一个管状的流。

圈足器有觚、尊、罍、卣、壶、兕觥等。觚是数量很多的饮酒器，有一个喇叭形的口。尊与罍都是大型盛酒器，尊为敞口，罍为敛口，有盖。壶有方、圆、扁等多种形式。卣似壶而有提梁，为调制名为“秬鬯”(祭祀时用来降神的酒，以香草与黑黍酿制而成，色黄而芳香)的香酒之容器。兕觥形如现代的大口杯，有盖，为装饰特别华美的大型盛酒器。与之同类的还有作鸟或兽形的鸟兽尊。

水器有盘、匜、盂、鉴等。盘与匜共用，为礼仪活动中沃盥的浇水与盛水之器，用匜来浇水，用盘来接水。有的盘很大，可用于盛冰。匜形如瓢，前有流，后有鋬(器物上的把手)。盂和鉴都是大型的盛水器。鉴可以盛水鉴容，和镜子的功能一样。大的鉴可供沐浴用。

乐器在祭祀宴享等礼仪活动中与礼器共用，所以后人常以钟鼎并称，商周金文也称作“钟鼎文”。

青铜乐器主要有铙、钟、镈、錞于、鼓等。铙有多种名称，大铙主要出土于湖南、江西等南方地区，体量很大，植柄(甬)于地，口朝上，敲击器身发音。钟是由铙发展而来的，使用时大小相次将甬部悬挂在钟架之上，以木槌敲击发音，称为编钟。钟流行于两周时期，并形成适用于造型特点的纹饰和装饰手法，铭文常多件相续，连缀成篇。钟的顶部作伏兽形钮，口部齐平的钟称为镈。錞于流行于南方地区，年代也较晚。铜鼓发现不多，其造型完全仿自木腔鼍皮鼓。鼍，亦称“扬子鳄”，长约 2 米，背部暗褐色，有六横列角质鳞，具黄斑和黄条；腹面灰色，有黄灰色小斑和横条；尾部有灰黑相间的环纹；四足，前肢五指无蹼，后肢四趾具蹼。穴居于池沼底部，以鱼、蛙、鸟、鼠为食。为中国特产动物，分布于长江下游、太湖流域一带，皮可制鼓。

古代的连年征战，促进了兵器制造的发达。青铜兵器种类很多，有勾、刺、砍杀等不同功用的戈、戟、矛、殳、钺等，还有刀、剑等短兵器；镞、弩机等远射兵器。其中钺是代表贵族统治者军事权威的砍杀兵器，多发现于贵族大墓，有的上面铸有狞厉的图像。春秋时吴越工匠制作的剑、矛等，更达到极高的工艺水平。虽然兵器的制作主要由于实战的需要，但其设计精到的对称或流线型结构，也相当具有观赏性。

青铜器的纹饰是形成青铜器精神内容的重要元素。青铜器造型对人的感官起的作用是形式因素，而纹饰则表现了神话与现实交织的具体形象。

早期的青铜器纹饰很简单，还保留着由陶器因袭而来的印迹。青铜器的主导纹饰饕餮、夔龙等形象，最初出现于商代前期，当时是单层的线刻花纹。到商代后期，形成了浮雕与线刻相结合的所谓“三层花”纹饰，即在凸起的主纹上加刻阴纹装饰线，主纹之下再刻出细密的地纹，构成多层次的视觉效果。这些图形在结构上具有方中寓圆、圆中寓方的特点，既柔和又方正挺拔，富于变化。表现出很强的创造性，能适应造型的各种位置。

青铜器纹饰取材广泛，因时代而异。有饕餮、夔龙等神异形象，也有象、鹿、鸟等写实的生活形象，后来又衍化出窃曲纹等抽象纹饰及云雷纹、方格纹等几何图像。东周以后，出现了以贵族生活为题材的镶嵌或刻纹的绘画性图像。

动物纹一直是中国青铜器纹饰的主体，其动物形象，既有真实的动物，如犀牛、象、虎、马、猪、兔、鸱鸮、鸡等，也有想象的动物，即把不同的动物具有的特征合于一体，在想象中赋予其超凡的神力，如夔龙、夔凤、鸱枭等种种变异了的、并不存在于世间的动物形象。它们既不同于彩陶纹饰中花草虫鱼的生动写实，更不同于抽象的点、画、三角几何图案。它们作为某种象征符号，其背后隐藏着人们心中确乎存在的超世间的权威神力观念。它们与坚实、厚重的造型相配合，体现出一种尚难以用概念语言表达的原始宗教情感、观念和理想。

综观古代青铜器的动物造型，有的是把器物制成独立的鸟兽之形，有的以两鸟或两兽相背结合为一件器物，有的把动物做成器物盖子上的把手，有的则作为器身的小型附加饰物。它们充分表现出古代匠师在被限定的题材内所发挥出的艺术想象力和高超的创造才能。这些作品亦反映出不同的时代精神：如商代作品偏于神秘，西周作品重写实，东周作品倾向活泼生动、华美。

古代的各式青铜器纹饰中，给人印象最深的是那非牛非羊、非虎非豹的饕餮纹饰。饕餮纹，这个名称是宋代人依据《吕氏春秋・先识览》“周鼎著饕餮，有首无身，食人未咽，害及其身，以言报更也”中的说法定下来的。从宋代开始，人们将青铜器上表现兽的头部或以兽的头部为主的纹饰都称为饕餮纹。饕餮纹应该是牺牲品牛、羊等动物的正面形象加以艺术夸张变形而成。其特征是：以浮雕与线刻相结合构成的怪兽头部，有耳及角，双目圆突，齿牙巉巉，具有一种精神上的威慑力量。角的变化很多，有的像牛角，有的像羊角，有的似虎耳，从中可以看出其原型。饕餮纹主要应用于器物造型最突出的部位，有时与侧立的夔龙纹相互配合，构成装饰面，其形象变化非常丰富。

人们面对这龇牙咧嘴、怒目圆瞪的狰狞面孔，本能地感受到一种神秘、恐怖、威吓的力量。凌驾、超越于世间存在的种种具体动物形象之上的抽象的饕餮图案，正象征着奴隶主阶级雄踞社会之上的威严、权势和暴力。

总之，青铜这种当时最先进的金属材料，不是首先用于发展社会生产力，而是优先制造礼器和兵器，充作国家政权要件。礼器是沟通神人的工具，又是政治权力的象征，如作为礼器的鼎，其轻重象征权力大小；兵器则是暴力手段，是国家强制力量的物质保证。

青铜器的造型与纹饰的完美结合，是构成青铜器情感内容的主要因素，体现出不同时代的文化精神。青铜器的造型、纹饰和铭文，既是人们研究和欣赏青铜文化的主要内容，也是对地下出土的青铜器作品进行分期断代的依据。

中国古代青铜器的发现和研究，使长久处于朦胧状态的商周历史面貌变得清晰起来，也令后人为先民的杰出创造而感到自豪。

（沈艳）

# 10. 铁器的制造和使用

铁在自然界中分布极为广泛。从世界范围来看，铁矿石是地球地壳的主要组成部分之一。铁元素虽然大量存在，但人类发现与使用铁器却经历了一个长期的过程，人类发现和使用铁器的时间却比黄金和铜器都要晚，从青铜器时代过渡到铁器时代大约在公元前一千年初期。这是因为天然的纯铁在地球上几乎找不到，铁大多存在于铁矿之中，只有经过高温锻炼才能得以提取使用，不像自然界中的金和铜比较容易发现和冶炼，所以人类更早使用的是铜器，较早掌握的也是炼铜的技术。从炼青铜的基础上发展到炼出铁块，在古代社会并不是一件容易的事情，因为铁的熔点比铜的熔点高得多，铜的熔点是 1084℃，铁的熔点则高达 1535℃。根据现存的古籍和金文材料，来说明中国最早具体开始冶铁和使用铁器的时间是很困难的。不管是技术发明的原理，还是起源时间地域都没有形成定论，还需要进一步分析研究。通过考古发现并结合冶金学研究成果与文献记载，我国古代冶铁最早的起源，分别大约在公元前 10 世纪的新疆地区和公元前 9 世纪的中原地区。

由于自然界很难找到自然的铁，所以人类最早发现纯粹的铁并不是冶炼的铁，而是从天上掉下来的陨铁，也就是天空中落下的陨星。在后来考古发掘的古墓葬中发现了运用陨石铁做成的珠子，也有利用陨铁制作的小刀和其他器具。陨铁在古代社会中也是非常稀少，它能够得到使用的程度也就可想而知了，因而对社会生活和社会生产所发挥的作用是极其有限的。不过陨铁器具的铁不是冶炼生产出来的，而是天空中落下的陨星的碎片，陨铁制品的出现并不能作为铁器开始的标志。铁器以铁矿石冶炼加工制成的器物，最初使用铁矿石的年代尚没有一致的看法，多数研究者认为是在公元前 14 世纪。人类使用铁器的时代大致是这样的：世界上最早使用铁器的是居住在小亚细亚中部、黑海南岸的赫梯人，他们在大约公元前 1400 年左右使用铁器。公元前 1300 年到公元前 1100 年，冶铁工艺与技术开始传入两河流域和古埃及，欧洲是在公元前 1000 年左右开始使用铁器。铁器的出现使人类历史产生了划时代的进步，但当时冶炼的都是块炼铁，只有到中世纪末(1400 年左右)欧洲发明水力鼓风炉以后，才开始冶炼生铁。

考古学研究中所谓的铁器时代，主要是指铁器使用的初期阶段和一些民族史前文化中的铁器文化阶段，故称早期铁器时代。目前考古发现的人工冶炼的最早铁器属于春秋时期，与铭刻文字有关的手工具有：锛、凿、锥、锤、刮刀、削、钩、针、锯、斧等。战国时期，人们开始逐渐掌握了块炼渗碳钢及其淬火工艺与技术，从而实现了铁器在实用性能方面的提升，战国中期以后铁器大量运用于战争与农业生产之中，推动了军事实力与农业生产的发展。就我国的情况而言，商代和周初的铁器，仅有钺和戈，都属于兵器，尤其是钺在当时更是权力的象征，而不是主要运用于农业生产的工具。到战国中期以后，出土的铁器遍及当时的七国地区，说明铁器已经运用到社会生产与生活的方方面面，并在农业、手工业和军事领域中占据了重要的地位。在人类使用生产工具发展史上，经历了石器、青铜器、铁器三个阶段，由石器发展到铁器阶段是人类劳动不断创造与发展的过程。只有到了东汉时期，铁器才最终实现取代青铜器的时代。

随着中国与周边国家和地区的不断交流，铁器及冶铁术向周边地区以及周边国家和地区不断传播。在战国时期开始先是向东传播到我国的邻国朝鲜半岛及日本，西汉时期向西传播到西域等地区，铁器及其冶铁技术对西域、朝鲜半岛、日本等地区的社会发展产生了极大的推动作用。到东汉时期，我国古代的铁器工业已全面成熟，铁器普及到社会生活的各个领域，包括边远地区在内的全国各地基本实现了铁器化。魏晋以后，我国古代铁器及铁器工业进入平缓、稳定的发展时期。

铁元素尽管在地球上分布广泛，但要从铁矿石中冶炼出可以制造铁器的成铁来却并非易事，因为铁矿石中的铁以诸如氧化铁( $Fe_2O_3$ )、磁铁矿( $Fe_3O_4$ )和菱铁矿( $FeCO_3$ )等氧化物状态存在，这些矿石只有加热到1000℃经过还原反应才能炼出铁，在古代由于技术的限制下冶炼铁还并非易事。古代冶炼的熔炉构造简单以及温度很难达到需要的温度，所炼出的铁中含大量碳氧杂质，使铁器的性能和质量并不高，使用的范围也是极其有限的。

在制造和使用铁制农具方面，《国语·齐语》上说，管仲曾建议“美金以铸剑戟，试诸狗马；恶金以铸锄、斤，试诸壤土。”据专家们考证，恶金就是色泽暗恶、质地坚硬的铁；“美金”则是稍加琢磨便光亮照人的铜。考古发掘资料也证实了古文献上关于我国春秋战国时期使用铁器的记载。春秋时期，铁器已经在农业、手工业生产中使用，农业生产中使用铁锄、铁斧等。随着冶铁技术的不断发展，战国时期我国各地铁农具的使用已相当普遍。同时，也出现了一些著名的冶铁中心：楚国的宛(现在的河南南阳)、赵国的邯郸。其在铁器冶铸工艺方面已经达到相当高超的地步。

自古以来，冶炼的铁可以分为熟铁(或称块炼铁)、生铁和钢三种，它们之间的区分主要是铁中的含碳和杂质量的不同。含碳和杂质量少的铁称为低碳铁，含碳和杂质量高的称为高碳铁，居于低碳铁和高碳铁之间的称为中碳铁。铁分为生铁和熟铁。熟铁、钢和生铁都是铁碳合金，以碳的含量多少来区别。熟铁经过各种加热后自身的含碳量减少，使得硬度增加。含碳量超过2%的铁，叫生铁；含碳量低于0.05%的铁，叫熟铁；含碳量在0.05%~2%当中的铁，称为钢。熟铁软，塑性好，容易变形，强度和硬度均较低，用途不广；生铁含碳很多，硬而脆，几乎没有塑性；钢具有生铁和熟铁两种优点，为人类广泛利用。用碳钢制造的刀，虽然比较锋利，但仍然达不到能够“斩金断玉，削铁如泥”的程度。

根据生铁里碳存在的形态不同，又可分为炼钢生铁、铸造生铁和球墨铸铁等几种。炼钢生铁里的碳主要以碳化铁的形态存在，其断面呈白色，通常又叫白口铁。这种生铁性能坚硬而脆，一般都用作炼钢的原料。铸造生铁中的碳以片状的石墨形态存在，它的断口为灰色，通常又叫灰口铁。由于石墨质软，具有润滑作用，因而铸造生铁具有良好的切削、耐磨和铸造性能。但它的抗拉强度不够，故不能锻轧，只能用于制造各种铸件。

冶炼出的铁还要进行捶打。这是由于冶炼出的铁块表面有很多空隙和杂质，只有经过不断锻打，才能挤出其中的杂质和空隙，使铁器的品质更好。生铁的含碳量比钢的含碳量高，炼钢就是设法降低生铁中的含碳量，把烧红的生铁放在铁砧上反复捶打，可以使生铁中的碳和氧气反应生成二氧化碳，从而降低含碳量。反复锻打可排除杂质，均匀成分、致密组织，有时亦可细化晶粒，从而极大地提高铁的质量。

春秋以前，中国的冶炼技术处于比较原始的阶段，当时使用的冶炼方法称为“块炼法”。当时炼铁使用木炭作燃料，热量少，加上炉体小、鼓风设备差，因此炉温比较低，不能达到铁的熔炼温度，所以炼出的铁是海绵状的固体块，称为“块炼铁”。块炼铁冶炼比较费时，质地比较软，含杂质多，经过锻打成为可以使用的熟铁。春秋末期到战国初期，是我国冶铁史上的一个重要发展阶段。吴、楚等国的冶炼技术已经达到一定的水平，能够炼出生铁和熟铁，还能够打造出诸如“干将”“莫邪”这样的钢剑，说明我国铁的冶炼技术达到一定的程度。此时的块炼铁已提高到块炼渗碳钢，白口生铁已发展为展性铸铁。到西汉中叶，灰口铁、铸铁脱碳钢兴起，随后又出现生铁炒钢(包括熟铁)的新工艺。东汉时期，炒钢、百炼钢继续发展，到南北朝时杂炼生鍒的灌钢工艺问世。至此，具有中国特色的古代冶炼技术体系已经基本建立起来。

在金属冶炼方面，为了使燃料充分燃烧以提高炉温，一般都装设有鼓风机械。在中国，最早的鼓风器称为橐，是一种皮囊。把多个橐排在一起称排橐，用马力、人力、水力推动就称马排、人排、水排。橐的使用有利于促进冶炼技术的进步，提高了铁的质量，使铁器在坚牢锐利方面远远超过青铜器，促使铁器大量运用，推动生产工具的进步，使社会生产力水平得到进一步提升。

铁是人类社会发展史上产生过革命性作用的一种重要金属，恩格斯曾经指出，“铁是在历史上起过革命作用的各种原料中最后的和最重要的一种原料”，人类野蛮期的高级阶段是“从铁矿的冶炼时开始”。铁的使用也是经历一个历史的发展过程，石器—青铜器—铁器。新石器时期使用的是磨制石器，石器时代之后则是青铜时期，只有到了春秋时期生产工具才开始出现由青铜向铁器的过渡时代。铁器大量的使用，对农业和手工业等生产方式的改变具有划时代意义。铁器时代是指青铜器时代之后，以铁的生产工具和武器为主的时代。当人们发现从铁矿提炼铁的时候，由于铁在强度、韧性和硬度的优越性使其很快就代替了其他金属，成为当时主要生产工具。铁器的现实运用既有锄铲等农业生产工具，也有斧凿锤等手工业工具，还有剑戟等兵器。随着铁器的大量使用，使社会很快逼近进入真正的铁器时代。铁可以制造人类的生产工具，也可以制造出战争武器和战车，最终铁器实现代替石器并取代了青铜器，呈现出生产力更加高效的结果，开创了人类社会历史的全新的时代。铁的重要作用，在于制造生产工具与推进社会的变革。在农业生产过程中生产工具无疑是具有决定的意义，它是判别不同时代的农业发展水平高低的主要标志。自开始农业生产的那天起，我们祖先就积极致力于发展生产工具、提高农业生产效率，其结果不仅导致了农具种类的不断多样化和专门化，而且导致了农具质地逐渐朝坚硬耐用的方向发展，还导致了农具牵引动力由完全依靠人力到愈来愈多地利用畜力的转变。其中，对于中国农业文化发展最具深远历史意义的，莫过于铁器农具的使用和畜力，主要表现为牛耕的出现。

铁器由于其质地坚硬、矿藏分布广泛、价格低廉，因此在世界各民族的古代文化中，铁器一旦产生后随即普及于生产的各个领域，在人类历史上起了划时代的作用。一些民族在早期铁器时代由史前阶段跨入文明时代，一些民族则在早期铁器时代由奴隶制社会进入封建制社会。铁器的制造和使用对于各文明古国的边缘地区的各少数民族的政治、经济和文化的发展起了很大的推进作用，铁器的传入使原来比较后进的民族迅速跨入文明时代，并创造了自己的铁器时代文化。

在兵器方面，铁器的优越性更为突出。“干将”“莫邪”雌雄宝剑，即是以铁铸就的。恩格斯讲：“弓箭对于蒙昧时代，正如铁剑对于野蛮时代，和火器对于文明时代一样，乃是决定性的武器。”以铁为兵，应在春秋之末。楚、燕等地区的军队，装备基本上也以铁制武器为主。西汉时期，应用铁器的地域更为辽阔，器类、数量显著增加，质量又有提高。到西汉时，铁在武器生产上取得了支配地位。铁制的长剑在西汉前期就取代了战国以来较短的青铜剑。柄首成环状的大铁刀，在西汉时出现，是一种新兴的武器。商周以来长期流行的铜戈，也在西汉中后期被铁制的矛和戟所代替。由于冶炼铁的技术发展，铠甲的质量和性能有显著的提高。河北省满城汉墓出土的一件铠甲，是由2800多片细小的铁片编成的鱼鳞甲，制作精致、完善。在防守上也出现大量使用铁蒺藜——一种中国最原始的防御型武器，设计灵感来源于一种低矮的蔓生草本植物。由于汉朝掌握了各种先进的铁兵器，所以能对付北方民族强大的骑兵的侵扰。景帝时，晁错分析汉朝与匈奴作战的军事形势，就指出优越的铁制武器是克敌制胜的有利条件之一。

铁制生活用具有鼎、炉、釜等容器和炊器，还有带钩、镊子、火钳、剪刀、厨刀，以及钓鱼钩和缝衣针等。铁釜的广泛使用，为炊事提供了方便。厨刀从别的各种刀类中分化出来，专门按厨房的需要而进行制造。汉代的剪刀，和世界各地初期的剪刀一样，是用一根两端具有锋刃的铁条弯曲而成，利用钢铁的弹性而操作。铁制的缝衣针，不仅用于缝制衣物，而且在刺绣方面显示了优越性。度量用的尺子，也有许多是铁制的，其上有刻度和花纹。汉代盛行铜灯，但到东汉时铁灯则很流行，洛阳等地汉墓中出土的“十二枝灯”等制作得相当精致。到了东汉中后期和魏晋南北朝时期，镜子也有许多是铁制的，花纹多是“夔凤纹”。

铁器文化是指和铁器有关的一切文化现象。铁器的出现，使铜兵、铜耕具、铜制手工工具渐渐退出历史舞台，铁器承担起推动文明的主力。中国古代劳动人民在铁矿采掘、生铁冶炼、铸造、以铁制钢等诸多方面都有天才的创造，为后世瞩目。铁矿的挖掘、冶炼，铁器的制作，使社会生产力水平提升到前所未有的高度。

（汪良平）

# 11. 玉文化的源流

玉，是一种质地细密、色泽淡雅、温润光洁的矿石，以玉制成的物品称为玉器。玉文化则是指在玉器制造、收藏和使用过程中，经历史沉积形成的观念意识、信仰习俗、社会道德、规章制度、艺术风格等文化现象的总和。中国玉器制作的历史由来已久，中国玉文化更是源远流长，在中国文明的起源和形成中占据着十分重要的地位，并且以博大精深的政治、文化内涵贯穿于中华民族形成和发展的全过程，直至现代社会仍具有巨大影响。

我国先民最早使用玉石材料的时间不会晚于60万年前的旧石器时代中期。距今50万年至40万年前的北京直立人就会用水晶质石料打制石器。距今1.8万年前的北京山顶洞人则使用白色石灰岩和黄绿色岩浆岩制成穿孔的石珠和石坠。距今1.2万年的辽宁海城市小孤山仙人洞古人类洞穴遗址出土有绿色蛇纹石制作的玉石器。这些考古发现都表明早在旧石器时代，原始人类就曾经接触和制作过玉石。不过，原始先民并没有将玉石和普通石料区分开来，而是与其他石料一样，通过打制，将其制作成为工具或武器。也就是说，真正意义上的玉器此时并没有形成。

中国玉器诞生于原始社会新石器时代的早期。玉玦是中国最早出现、分布范围比较广泛的一种器形。玉有缺则为玦，玉玦为环形，有一缺口，主要被用作耳饰和佩饰。玉玦常成双成对地出土于死者耳部，类似今日的耳环，较大体积的玦则是佩戴的装饰品和符节器。内蒙古自治区敖汉旗兴隆洼文化遗存中出土的一对白玉玦距今已经有8200年的历史，被认为是中国最古老的玉器。良渚文化是长江中下游地区新石器时代的重要文化遗存，是我国出土玉器数量最多、墓葬规模最大的新石器时代文化。当时的居民已具备了相当的鉴定玉质的水平，出土玉器的遗址和墓葬60余处，玉器数量以单件计算有6000多件。如果算上私挖盗掘、流散国外的，估计玉器总数有上万件。特别是上海青浦福泉山、江苏武进寺墩、浙江余杭反山、瑶山良渚文化墓地中有大量的精美玉器出土。可以说，良渚文化玉器的数量之多、品种之丰富、雕琢之精美，都达到了中国古代玉器发展史上的一个高峰。

玉器生产脱胎于石器生产，玉文化也脱胎于新石器文化。最早，人们生产装饰性的小件玉器和作为实用工具的玉器。器形主要包括玉玦、玉璜、玉匕、玉管、珠玉斧、玉刀、玉锛和玉凿。史前玉器遍布中国的东、北、西、南各地，组成相对独立发展的史前玉文化板块，历经玉兵器、玉美器、玉神器、王室玉、民玉等若干阶段的演进和积淀，最终形成统一的中华玉文化。

人们在社会生产、生活中广泛使用的玉器种类主要有玉器工具、装饰类玉器、玉礼器、实用器（主要是日常生活用器）、观赏陈设类玉器（主要是室内的陈设器物）五大类。

玉器最早是以玉器工具的形式出现的，具有生产功能。由于玉器与石器的制作技术大致相同，在玉文化起源阶段，玉石曾被制成生产工具，用于社会生产。当时的玉器生产工具主要有玉质砍斫器、玉斧、玉铲、玉刀、玉凿等。

玉礼器主要分为五种，即祭祀和礼神用玉器、象征权力的玉器、象征财富的玉器、礼乐器、殓葬玉器。在史前社会，使用较多的玉礼器主要有玉圭、玉璧、玉龙、玉凤等。夏商时期，人们使用的玉礼器有玉圭、玉璧、玉龙、玉凤、玉钺等。周代，玉礼器主要包括玉圭、玉璧、玉琥、玉璜、玉龙、玉凤、玉戈、玉幎目、玉塞、玉琀、玉印、玉册、玉具剑、玉辂等。在汉唐时期，人们使用的玉礼器主要有玉圭、玉璧、玉琥、玉璜、玉龙、玉凤、玉戈、玉琀、玉印、玉册、玉具剑、玉辂、玉衣等。在宋元明清时期，玉圭、玉璧、玉龙、玉凤、玉印、玉册、玉带、玉辂、玉刚卯、玉严卯等玉礼器仍然被广泛使用。

装饰类玉器，可细分为三类，即身饰品、服饰品和镶饰品。玉器有色泽和质地之美，人们采用琢玉工艺使玉器呈现出各种不同的造型或纹饰，以符合当时社会的审美需求。用于装饰的玉器主要有佩玉、镶玉两种。佩玉包括身饰品和服饰品，《红楼梦》里面贾宝玉佩戴的“通灵宝玉”就是一种佩玉。身饰品是指贴身佩戴的玉器，服饰品指挂佩于衣服上的玉器或玉饰，如玉璜、玉环、玉璧、玉珠、玉管等。镶玉是指镶嵌在器物上的玉器或玉饰，如镶嵌绿松石、镶嵌玉环、镶嵌玉玦、镶嵌宝石等。

日常生活玉器，有玉梳、玉枕、玉杯、玉碗和玉盘等。在新石器时代，山西襄汾陶寺遗址、东北红山文化遗址、浙江的良渚文化遗址中都出土过一些玉梳。

观赏陈设玉器，主要有玉山、玉鼎、玉炉、各式动物型玉雕等。

古语说“玉不琢，不成器”。任何一块好的玉石，必须经过人工雕琢，才能赋予其新的价值和魅力。玉器的制作与石器的制作方法有着很多不同，特别是旋转性砣具出现后，砣具便成为玉器工艺的核心设备，人们用它来打磨玉料和穿孔。这样既保留了原有的实用价值，又具有美观的效果。新石器时代玉器打孔方法多用两面对钻法，两面孔口开启大，进入深处则较小，即外大内小。孔壁常见钻孔的痕迹，相接处多微有偏斜，俗称“有台阶”，也称“台阶孔”。长江下游地区的良渚文化玉器表现手法以阴线刻为主，辅之以浅浮雕，并出现了半圆雕、圆雕等难度很大的手法，素面、洼面、平凸、隐起、起突、镂空等技艺样样具备，全面发展。

旧石器时代和新石器时代早期，人们在将玉制成一般的生产工具、武器和生活用品的同时，由于意识到了玉与众不同的色泽和光彩，于是就慢慢用它来做装饰品，这是先人们原始审美观念的体现。玉器发展到新石器时代中晚期，其精神性的意义占据了首要地位。人们把玉当作吉祥的象征，是在玉能避邪这一文化含义的基础上演变而来的。此外，红山文化玉器除装饰功能外，还具有表示社会地位尊卑的等级标志功能，而且出现了普遍的玉殓葬。其所独有的玉龙，神秘莫测，是红山文化先民幻想的神灵崇拜物，此时玉器发展进入了神灵崇拜期。

普遍存在于良渚文化玉器中的神人兽面纹繁密细致而又严谨规范，是良渚部落的“神徽”，神灵崇拜期进入了神人崇拜期。良渚文化时期，已形成了明显的用玉等级差别。玉器主要出土于建筑在人工营建的土筑高台之上的大型墓葬中，而随葬少量玉器或没有玉器随葬的中小型墓葬却埋葬在平地上，体现了墓葬规格上的等级差别。这反映出阶级社会的来临。

传说中的夏代，是中国第一个阶级社会。夏代玉器的风格，应是良渚文化、龙山文化、红山文化玉器向殷商玉器的过渡形态，这可从河南偃师二里头遗址出土的玉器窥其一斑。据发掘简报统计，二里头遗址墓葬出土的玉器总数有1000余件，工具类有斧、铲、多孔玉刀等；仪仗器类有戈、钺、戚、矛、镞等；礼器类有牙璋、圭、琮等；饰玉类有柄形器、锥形饰、镯、坠等，此外还有绿松石镶嵌的各种器类饰物。其中以柄形器、多孔玉刀等较为常见，以绿松石镶嵌的龙、虎纹牌饰最精美。

商周时期，玉雕工艺又有了新的进展，琢磨精细，纹饰优美，并新出现有鱼、龟、鸟、兽面、兔、蚕等形象的玉雕佩饰。常见的纹饰有夔龙纹、蟠螭纹、云雷纹、窃曲纹、方格纹等，特别是当时玉雕阳文线条的出现，是技法处理上的一大飞跃。古人精湛的玉雕技法使玉文化得以充分体现。

商代早期玉器发现不多，琢制也较粗糙。商代晚期玉器以安阳殷墟妇好墓出土玉器为代表。妇好既是商王武丁的妻子，也是为一员女将，生前地位显赫，死后安葬也隆重豪华。妇好墓一共出玉器755件，按用途可分为礼器、仪仗、工具、生活用具、装饰品和杂器六大类，不仅在种类上大体包括了商代玉器的全部，在工艺上代表了商代的最高水平，而且经鉴定大部分是新疆和田玉，从而结束了中国古代长达二三千年用彩石玉器的时代。

殷商玉器的形制，以大而薄为多见。如常见的玉戈，一般长达30厘米，长达40、50厘米的玉戈也屡见不鲜，厚度仅0.5厘米，脊线笔直，刃部平整，通体打磨光滑，充分显示了玉匠精湛娴熟的技艺。在武汉盘龙城出土的一件的大玉戈长达94厘米，被称为“玉戈之王”。商代还出现了大量仿青铜彝器的碧玉簋、青玉簋等实用器皿。动物、人物玉器大大超过几何形玉器，玉龙凤、玉鹦鹉，神态各异，形神毕肖。玉人，或站，或跪，或坐，姿态多样。在装饰玉雕中，对玉料色泽的选择很是讲究。工匠们从审美的要求出发，有意识地利用玉石的天然色泽纹理，依色就势，创作出形色天然一体、形神皆备的作品，情趣盎然，这种工艺被称作“俏色”。商代的“俏色玉”，是形与色相统一的玉器的典范之一。

西周玉器较夏商时期最大的变化表现在玉器品种上。玉制工具逐渐消失，玉刀、玉戈、玉戚等不仅数量不多，且器形向小型化发展，主要用于收藏，玉璧也趋向小型化。玉琮、玉璜、玉琥突然增多，还出现了玉圭。玉圭是广泛用作“朝觐礼见”标明等级身份的瑞玉及祭祀盟誓的祭器。西周玉器在继承殷商玉器双线勾勒技艺的同时，独创一面坡粗线或细阴线镂刻的琢玉技艺，这在鸟形玉刀和兽面纹玉饰上大放异彩。

西周时期的玉器不仅用于装饰美化人们的生活，同时也为西周的神权、王权以及等级制度服务，赋予了玉人格化、理性化的内涵。

春秋战国时期，政治上诸侯争霸，学术上百家争鸣，文化艺术上百花齐放，玉雕艺术光辉灿烂。东周王室和各路诸侯，为了各自的利益，都把玉当作自己(君子)的化身。他们佩挂玉饰，以标榜自己是有“德”的仁人君子。“君子无故，玉不去身。”每一位士大夫，从头到脚，都有一系列的玉佩饰，尤其腰下的玉佩系列更加复杂，所以当时佩玉文化特别发达。能体现时代精神的是大量龙、凤、虎形玉佩，造型呈富有动态美的S形，具有浓厚的中国玉龙文化特色和民族特色。饰纹出现了隐起的谷纹，附以镂空技法，地子上施以单阴线勾连纹或双勾阴线叶纹，显得饱和而又和谐。人首蛇身玉饰、鹦鹉首拱形玉饰，反映了春秋诸侯国琢玉水平和佩玉情形。湖北曾侯乙墓出土的多节玉佩，河南辉县固围村出土的大玉璜佩，都用若干节玉片组成一完整玉佩，是战国玉佩中工艺难度最大的。玉带钩和玉剑饰，是这时新出现的玉器。

春秋战国时期，和田玉大量输入中原，王室诸侯竞相选用和田玉。此时儒生们把礼学与和田玉结合起来研究，用和田玉来体现礼学思想。为适应统治者喜爱和田玉的心理，便以儒家的仁、智、义、礼、乐、忠、信、天、地、德等传统观念，比附于和田玉物理化学性能上的各种特点，随之“君子比德于玉”，玉有五德、九德、十一德等学说应运而生。这是中国玉雕艺术经久不衰的理论依据，是中国人七千年爱玉风尚的精神支柱。

秦代出土秦玉寥寥可数。秦玉艺术面貌还有赖于地下考古的新发现。汉代玉器继承战国玉雕的精华，继续有所发展，并奠定了中国玉文化的基本格局。汉代玉器可分为礼玉、葬玉、饰玉、陈设玉四大类，最能体现汉代玉器特色和雕琢工艺水平的，是葬玉和陈设玉。

汉代葬玉很多，但工艺水平不高。反映汉代玉器工艺水平的是陈设玉。这些写实主义的陈设玉有玉奔马、玉熊、玉鹰、玉辟邪等，多为圆雕或高浮雕作品，凝聚着汉代浑厚豪放的艺术风格。汉皇室装饰玉有衰落的趋势，多见小型的心形玉佩、玉刚卯、玉觿等。近年，偏居岭南的汉代南越王国出土大批装饰玉，以龙虎并体玉带钩、镂空龙凤纹玉套环最为精美，堪称稀世珍宝。东汉时，阴线刻纹又复苏盛行，绘画趣味有所加强。

在中国玉器工艺史上，魏晋南北朝是高度发达的汉唐玉雕间的低潮。当时不再盛行佩带或陈设玉器，玉器也较少用作礼器。由于连绵战乱，局势动荡，玉材的来源少，玉艺不兴，制作数量不多。魏晋南北朝玉器的琢工、形制与纹饰，与汉代没有多少变化。玉辟邪是魏晋时期最常见的玉器，不但作为陈设品，而且作为佩饰，有“辟邪厌胜”意思。此外，魏晋南北朝盛行吃玉。东晋道士葛洪《抱朴子》一书，专设了《仙药篇》，论述玉石有起死回生的惊人的医疗效果，称“玉亦仙药，但难得耳”。“服玉者，寿如玉”，人只要服了玉石，就可以长生不老。在神仙思想和道教炼丹术的影响下，人们觅玉、吃玉达到了疯狂的程度。

隋代著名的玉器有李静训墓出土的金扣白玉盏。这件玉器由上等的和田玉雕琢而成，敞口，口沿镶金带一周，深腹，假留足，平底，通体光洁无纹饰。其柔和的玉质、凝练的造型使得这件玉器虽小巧，却显得高贵典雅、气宇不凡。

唐代玉器数量虽不多，但所见玉器件件都是珍品，碾琢工艺极佳。唐代玉匠从绘画、雕塑及西域艺术中汲取艺术营养，琢磨出具有盛唐风格的玉器。陕西省西安市南郊何家村唐代窖藏出土八瓣花纹玉杯，既是唐代玉雕艺术的真实写照，又是中西文化交流的实物见证。唐代国势强盛，对外来文化采取兼容并蓄的姿态。这件白玉杯从造型到纹饰皆源于中亚，而又能不失中国气派，实在是唐代吸收外来文明精华的范例之一。白玉杯的制作加工是先成型，后掏心，最后打磨抛光，因而器壁轻薄，能隐约透光。其花瓣形折棱棱角分明，曲线流畅。腹外以入刀较宽的斜阴线刻画的卷草纹，给人以浅浮雕的感觉。这种似凸实凹的表现手法，是唐代玉雕的重要特征之一，被普遍地应用于刻画花鸟、人物等纹饰。值得注意的是，它与汉代玉雕细若游丝的阴线刻大相径庭。这一工艺上的新发展，为后代多层浮雕、立雕花草技法奠定了基础。

宋代在中国玉文化史上是一个重要时期。宋徽宗赵佶嗜玉成瘾，加之金石学、工笔绘画的发展，城市经济的繁荣，写实主义和世俗化的倾向，都促进了宋代玉器的空前发展。实用装饰玉占重要地位，“礼”性大减，“玩”味大增，玉器更接近现实生活。表现吉祥含义的玉器，如神龟、仙鹤、龙凤等为题材的玉雕较多，以龙凤呈祥图案为最多。北宋的花形镂雕玉佩、南宋的玉荷叶杯，是代表这一时期琢玉水平的佳作。

与两宋同时并存有辽、金和西夏等国。他们在受汉族文化影响的同时，形成了自己独有的风格，是中国文化的重要组成部分。由于南北割据，民族文化不同，玉器上反映出民族和地方特色。如金国的春水玉表现女真族豢鹰打猎活动。通常采用镂雕来体现水禽和花草，有鹘攫天鹅、大雁、荷叶、芦苇等。常见的为镂雕海东青攫天鹅饰。金国秋山玉则表现了贵族射虎杀鹿的狩猎活动，是以山石、柞树、猛虎、群鹿组合为主题图案的狩猎场面。

元代玉器承延宋、金时期的艺术风格，采取起凸手法，其典型器物是元世祖忽必烈在至元二年(1265年)下令制作的渎山大玉海。它是中国现存的最早的特大型玉雕，其雕琢装饰继承和发展了宋金以来的起凸手法，随形施艺；俏色处，也颇具匠心。海神兽畅游于惊涛骇浪之中，则颇具元人雄健豪迈之气魄。

明清时期是中国玉器的鼎盛时期，其玉质之美，琢工之精，器形之丰，作品之多，使用之广，都是前所未有的。明清皇室都爱玉成风，乾隆皇帝更是不遗余力地加以提倡，并试图从理论上为他爱玉如命寻找依据。定陵出土的明代玉玺、清代的菊瓣形玉盘、桐荫仕女图玉雕，都是皇室用玉。其时民间玉肆十分兴隆，苏州专诸巷是明代的琢玉中心，“良玉虽集京师，工巧则推苏郡”。

明清玉器借鉴绘画、雕刻、工艺的表现手法，汲取传统的阳线、阴线、平凸、隐起、起凸、镂空、立体、俏色、烧古等多种琢玉工艺，融会贯通，综合应用，使其作品达到了炉火纯青的艺术境界。

中国玉器经过8000年的持续发展，经过无数能工巧匠的精雕细琢，经过历代统治者和鉴赏家的使用赏玩，经过学者们的诠释美化，最后成为一种具有超自然力的物品，玉成了中国人不可缺少的精神寄托。玉已深深地融合在中国传统文化与礼俗之中，充当着特殊的角色，发挥着其他工艺美术品不能替代的作用。

(张敏)

# 12. 井田制的产生与瓦解

井田制是存在于中国上古社会的一种土地制度，至迟于夏朝初期形成，从春秋末年开始走向瓦解。20世纪20年代，疑古派代表人物胡适以一封寄给廖仲恺的书信开启了近现代学界关于井田制有无的争论。纵观近百年讨论历程，以吕思勉、郭沫若、金景芳为代表的大多数学者皆持肯定立场。本着先秦史料珍稀、不轻易舍弃的态度，这里一一分析并总结出井田制的特征并勾勒井田制产生、发展、消亡的历史轨迹。

“井田”一词最早见于《春秋穀梁传》，据《穀梁传·宣公十五年》载：“古者三百步为里，名曰井田。井田者，九百亩，公田居一。”为何将这种土地制度命名为井田？《周礼·地官·小司徒》载：“九夫为井，四井为邑，四邑为丘，四丘为甸，四甸为县，四县为都。”汉儒郑玄注称：“立其五沟、五途之界，其制似井之字，因取名焉。”清人程瑶田在《沟洫疆理小记·井田沟洫名义记》中亦称“屋三为井，井之名命于疆别九夫，二纵二横，如井字也。”二说略有差别，但大体上都认为因井田制下农田被沟渠和阡陌纵横分割成块，形似汉字“井”而获“井田”之名。

井田制的最大特点在于统治者将土地分给单个家庭使用并定期进行重新分配。《周礼·地官·遂人》称：“以岁时稽其人民，而授之田野，简其兵器，教之稼穑”，即按照具体情况将土地分配给人民使用。这里的具体情况主要指土地状况、人口状况以及社会阶层的差异。

《周礼·地官·遂人》称：“辨其野之土：上地、中地、下地，以颁田里。上地，夫一廛，田百亩，莱五十亩，余夫亦如之。中地，夫一廛，田百亩，莱百亩，余夫亦如之。下地，夫一廛，田百亩，莱二百亩，余夫亦如之。”“莱”指草地，根据土壤肥力、水分等状况将可耕地分为上、中、下三等，获得耕地的等级越低，获得的草地越多，以此达到分配的相对公平。这里的“余夫”与“正夫”相对，“正夫”是一家的户主，而“余夫”指家庭剩余劳动力，如“正夫”已婚但未分家的兄弟。可见，家庭劳动力的多寡也是土地分配的重要参考条件。《小司徒》载：“乃均土地以稽其人民而周知其数。上地，家七人，可任也者家三人。中地，家六人，可任也者二家五人。下地，家五人，可任也者家二人。”据郑玄注可知，统治者在分配土地时，事先调查每家每户人口数量、性别，然后进行分配。“可任者”指可以从事劳役的成年男丁。人口总数在七人以上的家庭获得上等田地，人口总数为六人的家庭获得中等田地，而人口总数在五人以下的家庭获得下等田地。

又据《大司徒》载：“不易之地，家百亩。一易之地，家二百亩。再易之地，家三百亩。”汉儒郑众注曰：“不易之地岁种之，地美，故家百亩。一易之地休一年乃复种，地薄，故家二百亩。再易之地休二岁乃复种，故家三百亩。”也就是说，在当时施肥技术不发达的情况下，肥力不高的中下等地需要休耕，故统治者在分配土地时进行相应调整。《公羊传·宣公十五年》鲁国“初税亩”一段下载汉儒何休注称：“司空谨别田之高下善恶，分为三品。上田一岁一垦，中田两岁一垦，下田三岁一垦。肥饶不得独乐，硗确不得独苦，故三年一换土易居。”汉儒赵岐注《孟子·滕文公上》“死徙无出乡下”一语亦称：“徙，谓爰土易居，平肥硗也。”这说明井田制下统治者对土地定期重新分配。

先秦典籍中关于井田制下土地具体分配方法的说法多互有出入，即便是上述同出自《周礼》的《遂人》《小司徒》《大司徒》三篇亦不甚一致。这可能是根据不同地区、不同社会阶层作出的调整。结合三篇文章的上下文可知，《遂人》所载适用于郊野地区专事稼穑的民众，而《小司徒》和《大司徒》所载适用于都邑的民众。通常前一种民众被称为小人(野人)，后一种民众被称为君子(国人)。

《孟子·滕文公上》篇载有孟子对先秦井田制的详细论述，其中涉及井田制下土地分配方法以及赋税征收方法，这段文字也是论述井田制的最详细、最完整的先秦材料。孟子曰：“夫仁政，必自经界始。经界不正，井地不均，谷禄不平。是故暴君污吏必漫其经界。经界既正，分田制禄可坐而定也。夫滕壤地褊小，将为君子焉，将为野人焉。无君子莫治野人，无野人莫养君子。请野九一而助，国中什一使自赋。卿以下必有圭田，圭田五十亩。余夫二十五亩。死徙无出乡，乡田同井。出入相友，守望相助，疾病相扶持，则百姓亲睦。方里而井，井九百亩，其中为公田。八家皆私百亩，同养公田。公事毕，然后敢治私事，所以别野人也。此其大略也。若夫润泽之，则在君与子矣。”

按孟子所述，居住于郊门之内的一部分“君子”也会耕种田地，但在田地分配和赋税征收上与郊门外的“野人”不同。郊门之外“九一而助”，郑玄《周礼·匠人》注称：“助者，借民之力以治公田，又使收敛焉。”《孟子》此段也有“井九百亩，其中为公田。八家皆私田，同养公田，公事毕然后敢治私事”。也就是说，郊门之外的土地分为公田与私田，九块地中有一块公田，八家“野人”共同耕作公田，收成上缴。相对应的，郊门之内则一律为私田，上缴十分之一收成作为赋税。公田与私田并存是井田制的又一重要特征。

作为历史事物的井田制有其产生、发展、瓦解的过程。井田制产生于衡量和分配土地的需求。原始社会末期，氏族共同耕种土地的方式开始转变为以家庭为基本单位经营，这需要对土地进行较为精确的衡量和分配。由于当时认识水平有限，故采用了最基本的计算方式，即将土地分为等长等宽的四方形以便于分配。最初，人们使用实物地标来划分田地，随着农业技术的发展，沟途成为井田的新地标。《尚书·皋陶谟》中禹称“予决九川距四海，浚畎浍距川”即是对农业水利工程的重视。《论语·泰伯》称禹“卑宫室，而尽力乎沟洫”，同样是重视农田水利，以调节旱涝、划分地界。出土殷墟甲骨文卜辞中“田”字的“口”中有更多的纵横交叉，这也是对井田沟洫、阡陌纵横将土地划分为若干小方块的象形。

殷墟甲骨文卜辞中又载殷王对众人说“协田，其受年”，这反映了当时集体耕作公田的生产活动。周朝的井田制相关情况如前文《礼记》三篇所载。《孟子·滕文公上》还曾对三代井田制的赋税制度进行总结，孟子称：“夏后氏五十而贡，殷人七十而助，周人百亩而彻，其实皆什一也。彻者，彻也；助者，藉也。”夏后氏采用贡法，即下文孟子所引古贤人龙子所说的“技数岁之中以为常”。也就是说，不问旱涝丰歉，按照土地多年平均产量的十分之一收取定额作物。殷商采用助法，即《孟子·滕文公上》同篇所载的八家同养公田，收取公田作物以为赋税的方式。周人实行彻法，即兼用贡法和助法，亦如《孟子·滕文公上》同篇所言，于国中实行贡法，于郊野实行助法。

按学界主流说法，在春秋战国时期，井田制在社会的动荡与发展中逐步走向瓦解。如前所述，“换土易居”也，即将土地分配给单个家庭使用并定期重新分配是井田制的最大特点。这个特点存在的前提在于社群人口和土地的相对稳定性，即社群成员流动性较小，土地规模及所有权相对稳定。在春秋以前，“普天之下，莫非王土”，社会为“周天子—诸侯国君—卿大夫—士—庶人、奴隶”这般相对稳定的金字塔结构，土地层层分封，基本不作买卖。但到了春秋战国时期，战乱频繁、社会动荡，各阶层的土地兼并现象愈演愈烈。土地经常更换主人、村社人口流动性增大无疑给土地定期重新分配带来巨大冲击，井田制也遭到相应破坏。除此之外，一些诸侯国的政策也可起到同样的效果。如《左传·僖公十五年》载晋国作“爰田”，晋惠公以“爰田”政策激励将士，以土地封赏有功者。如此一来，便是改变传统井田制下的分田定额，也会破坏长期形成的井田疆界。《左传·襄公十三年》载：“子产使都鄙有章，上下有服，田有封洫，庐井有伍。”即子产修复了田地的经界，这说明井田制遭受到较为严重的破坏。

与土地分配制度变革相应的是税赋制度的变革。《春秋·宣公十五年》载鲁国“初税亩”，《春秋公羊传》称：“初者何？始也。税亩者何？履亩而税也。初税亩何以书？讥。何讥尔？讥始履亩而税也。何讥乎始履亩而税？古者什一而藉。古者曷为什一而藉？什一者，天下之中正也。多乎什一，大桀小桀。寡乎什一，大貉小貉。什一者，天下之中正也，什一行而颂声作矣。”同样《春秋穀梁传》称：“初者，始也。古者什一，藉而不税。初税亩，非正也。古者三百步为里，名曰井田。井田者，九百亩，公田居一。私田稼不善则非吏，公田稼不善则非民。初税亩者，非公之去公田，而履亩十取一也。以公之与民为已悉矣。”如前所述，春秋以前八家同养公田，公田收成作为贡赋，而八家的私田不再收税，现在鲁国除公田劳役外另在私田上向民众征收十分之一作物。鲁国的“初税亩”虽然仅仅是加税，但它反映了在当时战乱的情形下，传统井田制中公田贡税已经不能满足统治者需求，则井田制的变革势在必行。

《春秋·成公元年》又载鲁国“三月，作丘甲”，《春秋公羊传》称：“三月作丘甲何以书？讥始丘使也。”《春秋穀梁传》称：“作，为也，丘为甲也。丘甲，国之事也。丘作甲，非正也。丘作甲之为非正何也？古者，立国家，百官具，农工皆有职以事上。古者，有四民，有士民，有商民，有农民，有工民。夫甲，非人人之所能为也。丘作甲，非正也。”《公羊传》强调“作丘甲”的“始作俑者”性质，而《穀梁传》道出这个创始性的具体内容。如前所述，春秋以前，参军入伍是身份地位的象征，亦是一种家族荣耀。国人(君子)才能当兵，野人(小人)没有当兵的权力。而现在鲁国为了扩充兵力，不惜征用国人以外的社会阶层入伍，其中当然包括人数众多的野人(小人)。

总而言之，传统井田制中的税赋制度也被改变。土地分配制度和税赋制度变革的背后是公田与私田、国人与野人之间界限的松动和鸿沟的弥合。

战国时期，秦孝公重用商鞅进行变法，《史记·商君列传》载商鞅“为田开阡陌封疆”，《史记·范睢蔡泽列传》称商鞅“决裂阡陌”，《汉书·食货志》又载董仲舒语：“除井田，民得买卖。”可见，在战国时期，一些诸侯国开始自上而下统一废除井田制，允许土地买卖。再到前述滕文公所在时期，滕文公欲恢复井田制，但已不知道井田制的具体内容，只得派遣大臣询问孟子。这说明，井田制已经基本瓦解了。先秦儒者，如孟子、荀子多希望稳固或恢复井田制，孟子观点见诸答滕文公语，荀子观点如《荀子·大略》所载：“故家五亩宅，百亩田，务其业而勿夺其时，所以富之也。”又于《王霸》一篇言：“匹夫则无所移之。百亩一守，事业穷，无所移之也。”从生产力发展、社会进步的角度来看，井田制退出历史舞台符合历史大势，孟、荀诸儒则看到井田制变革过程中给民众带来的沉重赋税乃至于使他们流离失所，故而有上述复兴井田的言论。

（谢永乐）

# 13. 盘庚迁殷

盘庚，殷墟卜辞及熹平石经作“般庚”。商王，名旬，商汤的第九代孙，祖丁之子，阳甲之弟。般庚是其庙号。继阳甲即位，将国都从奄(今山东曲阜)迁到殷(河南安阳市西北五里的小屯村)，商因此又称为殷。盘庚迁殷是历史上的一个著名事件，它标志着商王朝前期的终结和后期的开端。

盘庚迁殷的记载见于多种文献。《尚书・盘庚》开篇说“盘庚迁于殷”。《尚书・书序》载：“盘庚五迁，将治亳殷，民咨胥怨，作《盘庚》三篇。”古本《竹书纪年》曰：“盘庚旬自奄迁于北蒙，曰殷。”《史记・殷本纪》记载盘庚迁都之事十分详细，但与上述诸书有别，司马迁说：“帝盘庚之时，殷已都河北，盘庚渡河南，复居成汤之故居，乃五迁，无定处。……乃遂涉河南，治亳，行汤之政，然后百姓由宁，殷道复兴。”学术界对《殷本纪》这段话的理解争议较大，这里不作详细论述。

关于殷墟地望，《史记・项羽本纪》有“项羽乃与(章邯)期洹水南殷墟上”的记载。刘宋裴骃《史记集解》引《汲冢古文》说殷墟“南去邺三十里”。近五十年来的考古发掘证明，盘庚迁都之地位于今河南安阳市西北五里的小屯村。考古所见第一至四期(第七组的年代已经与西周早期衔接)的殷墟文化，一直连续不断，这表明直到商代末年，殷墟仍为商都。由此联系古本《竹书纪年》“自盘庚徙殷，至纣之灭，七(二)百七十三年，更不徙都”的记载，应当真实可信。

盘庚在位时，正处于商朝发展的中期。据说在盘庚以前，商朝已经先后五次迁都。如此频繁迁都的原因，学界众说纷纭，归结起来大致有六种说法：

一是汉代学者提出的“去奢行俭”(《后汉书・杜笃传》引《奏论都赋》)说。即在旧都住久了，养成了奢侈之风，为行节俭，故另搬新都。汉以后历代均有采信。

二是水患所迫说。商都多近河水之滨，《书序》有“祖乙圮于耿”的记载，《尚书》孔安国传以及孔颖达的《尚书正义》将其解释为“河水所毁曰圮”，“圮，毁也”。又《盘庚》篇有“今我民用荡析离居，罔有定极”之语，认为盘庚迁殷也是因为水患，故此推断历次迁都均与水患有关。

三是综合一、二两说，认为社会风俗与水患两个方面的原因都有。魏源在《书古微》中指出，汉以后把两者分开的说法与《书经》中所讲的原意不合，迁都的原因应是：一方面旧地水利不修，另一方面统治者贪欲、奢侈，使人民不能安居乐业，故不得不另迁新邑。顾颉刚、刘起釪也认为水害和剥削阶级两方面的原因造成人民大众无法生活，因而不能继续在原地方住下去的事实是促成迁都的重要原因。

四是认为这是游牧民族无定居的反映，郭沫若在20世纪30年代即持此说。傅筑夫则从经济原因进行探讨，认为商人尚处于渔猎游牧经济向农业定居经济过渡的阶段，即“游农”或“游耕”阶段。这个阶段的农业是落后的原始农业，土地经过一段时间的开垦后，生产力便逐渐衰退，收获年复一年地递减，最终人民不得不易地而居。

五是战争需要说。此说认为在奴隶社会，战争是经常发生的，通过战争来掠夺人口、牛羊等牲畜，为奴隶主补充财富。在当时的交通运输条件下，跋涉远征比较困难，故选择王都不能不从军事角度上考虑到作战的方便。

六是统治阶级内部矛盾说，即所谓“比九世之乱”是殷都屡迁的客观原因，而“恪谨天命”是主观原因。

以上诸说虽各有一定的道理，但都不完全符合五迁的实际情况。如“去奢行俭”之说，奢侈享乐是剥削阶级的本性，迁都并不能改变这一本性。游牧经济说，则对商代的生产力发展水平估计过低，并且土地生产力减退，是商周时期普遍存在的问题，当时人们采取轮作的方法加以解决，不构成迁都的必要原因。另外，水患、征伐之便以及统治阶级内部诸原因，如果具体到每一次迁都，也不可能都完全适用。那么具体到盘庚迁殷事件，究竟是什么原因呢？

盘庚即位后，王室内乱，国力削弱的政治局面，是迁都的直接原因，避免自然灾害的侵袭则是次要因素。

认识盘庚即位后面临的政治局势，还要从商朝前期的王位继承制度讲起。成汤灭夏后，建立了商王朝。成汤死后，王位本应由长子太丁继承，但太丁早死，王位由太丁之弟外丙继承，由此确立了兄终弟及的王位继承制度。据《史记·殷本纪》载，仲丁至阳甲之间，先后有九位商王，他们是：仲丁、外壬、河亶甲、祖乙、祖辛、沃甲、祖丁、南庚和阳甲。而正是在这段时期，商王朝内部出现了“诸弟子争相代立”的局面，形成了九世之乱。上述九王中祖乙和南庚的即位与成汤后的嫡长孙太甲即位相同，但与他们的前两辈不同。太甲之后的王位以兄终弟及的方式传承，但太甲最小的弟弟太庚死后，王位没有还给太甲之子，而是由太庚之子小甲继承。小甲最小的弟弟太戊去世后，王位也没有再还给小甲之子，而是由太戊之子仲丁继承。仲丁、外壬、河亶甲三兄弟依次继承王位，按前两代的惯例，河亶甲去世后，其子当继承王位。但仲丁之子祖乙却一反其曾祖、祖父之例，以长兄之子继承王位，一如太甲即位的情形。沃甲死后，按照太庚、太戊之例，当立自己的儿子南庚，但南庚尚未立起，便由沃甲之兄祖辛之子祖丁继承了王位。可是南庚并没有死心，祖丁死后，照例应由祖丁的亲兄弟即位，如无亲兄弟，则当直接传给儿子阳甲，可结果却是南庚继了位，这是商代王位继承中独一无二的变例，即堂兄弟继位的特例。南庚死后，祖丁之子阳甲再次夺得王权。王位不能按规定程序继承，造成了王室的内乱，也削弱了商王朝的统治力量。《史记·殷本纪》说“帝阳甲之时，殷衰”，诸侯也不肯再来朝贡商王。

据说阳甲在位仅 7 年，而南庚在位有 30 年之久。盘庚接替其兄阳甲王位之后，为了摆脱南庚势力的影响和阳甲之世的衰象，故开始考虑迁都。

《尚书·盘庚》篇记载迁殷之后盘庚说的一段话，大意是：过去我的先王和你们的前辈，大家在一起过着安乐和勤劳的生活，我怎敢对你们动用非分的刑罚呢？如果你们能够把你们祖先世代的勤劳传统继承下来，我决不会掩盖你们的美德。现在我要大祭先王，你们的祖先也将一同跟着受祭，你们作善受福，作恶受灾，都由先王和你们的祖先来处置，我也不敢动用非分的刑罚和赏赐。盘庚讲这段话的对象应该是商朝的贵族及王室成员，国都迁至殷后，南庚势力及反对盘庚的王室成员的实力受到削弱，所以盘庚用先王以及宗室、贵族的先人来笼络、约束他们，这与盘庚对一般百姓的态度形成了鲜明对比，同时也在一定程度上反映了盘庚即位后商王室内部的矛盾和纠纷，而这也正是盘庚迁殷的直接原因。

除此之外，我们还可以从《尚书·盘庚》篇窥见与迁都有关的一些具体事宜。盘庚说："兹予有乱政同位，具仍贝玉。"意思是现在那些乱政的大臣，执掌权柄，只知道聚敛财货。又说："失于政，陈于兹，高后丕乃崇降罪疾。"意思是既然在这里不能把我们的国家治理好，长久地住在这里，先王便要降下罪责。他还说："古我先王，将多于前功，适于山。用降我凶德嘉绩于朕邦。今我民用荡析离居，罔有定极。尔谓朕：'曷震动万民以迁？'肆上帝将复我高祖之德，乱越我家。朕及笃敬，恭承民命，用永地于新邑。"意思是古时我的先王成汤，他的功劳大大超过前人，他把人民迁到亳这样的山谷地带，因此得到上天的嘉美，使我们的国家繁荣昌盛。而现在我们居住的国都，地势凹陷，因此上天把大祸降给我们，使我们的臣民由于水灾的关系而流离失所，没有稳定的住处。有人问我："为什么要惊动万民来迁都呢？"我告诉你们，这是因为现在上帝要恢复我们祖先的大业，把我们的国家治理好。所以我当然要急迫地、恭谨地根据上天的意见拯救臣民，要永久地居住在新邑。

由上可见，旧都地区的水患、执政大臣聚敛财货的行为，也是盘庚迁都的原因之一。正因为此，盘庚告诫迁至新都的人们，假如你们行为不善，不按正道办事，猖狂放肆，违反法纪，不尊敬国王，曲巧诈伪，胡作非为，我就要把你们杀掉，并且还要杀掉你们的后代，不让你们的后代在新邑里繁衍。

事实证明，盘庚迁殷，确实防止了"九世之乱"一类事情的重新发生，保证了王位由一个家族的父子世袭，因此直到商末，没再出现因争夺王位而引起的斗争。王室内部政治纠纷得以解决，阶级矛盾得以缓和，社会生产得到显著发展，军事实力也进一步强大，为后来武丁时期强盛局面的出现奠定了基础。

（刘志玲）

# 14. 武王伐纣与周公东征

武王伐纣和周公东征是西周建国史上两件重要的史事。纣，商朝的最后一位商王，庙号帝辛，公元前1075—前1046年在位。武王，西周王朝的建立者。姓姬，名发，周文王姬昌之子。周人经历了季历、文王、武王等几代人的艰苦努力，通过武王伐纣最终实现了翦商的大业，建立了周王朝。周公东征稳固了周人在东方的统治，确立了周代的基本典章制度，奠定了周王朝强盛的基础。

周人的始祖后稷兴于邰(今陕西武功县西南)。周族自公刘迁豳(今陕西旬邑、彬州市一带)以后开始兴起。《诗经·大雅·公刘》《史记·周本纪》记载公刘率领周人，带着干粮、工具和武器迁到豳，在那里修筑茅舍，整治耕地，种植粮食。周人生产有了发展，周围百姓纷纷来归附。

周族在豳地居住了300余年，因受戎狄逼迫，在古公亶父的率领下，翻过梁山，渡过漆水，来到岐山之下的周原(今陕西岐山县北岐山下)。恢复公刘的事业，从事农业生产。迁到周原后，周与商发生了直接的关系。文王的父亲季历时，抵御西方戎狄的共同需要使殷周联合起来。《竹书纪年》记载季历曾朝见武乙，得到赐地30里，季历还被任命为“殷牧师”。但周族的强大引起了殷人的不安，开始征伐周人。甲骨文中有多处殷王讨伐周人及其与国的记载。《晋书·束皙传》引《竹书纪年》说殷王文丁杀了季历。

文王姬昌继位后，国力不足以与殷对抗，继续臣服于殷，为殷西伯。但周与殷的矛盾仍然存在。商王纣一度将周文王囚禁在羑里，周人用美女、宝马贿赂商纣，又因商王朝要全力对付东夷，才释放了文王。文王即位之初，他大力发展农业生产，注意关心百姓、爱护鳏寡孤独之人，受到多数人的支持和拥护。勤于政事的同时，他还四处搜罗人才，礼贤下士，许多士人归附文王。在古公太王和季历奠定的基础上，他进一步联合各方国和部族，将周族的势力向东扩展。北逐猃狁，西攘混夷，灭掉泾水上游密(今甘肃灵台西)、阮(今甘肃泾川东南)、共(今甘肃泾川北)等小国，扩大了西边的疆土。后方巩固之后，文王开始全力向东方发展。在沣水西岸建立了丰邑(今西安市西南)，由周原(今陕西岐山县北岐山下)迁都于此，整个关中平原成为周人的领地。占据关中平原后，周人势力很快向河东扩展，包括虞(今山西平陆东北)、芮(今山西芮城西)在内的河东小国纷纷归附。文王享国50年，这段时期周的社会经济有了很大进步，军事实力大增，基本完成了翦商的各项准备。

文王在位的后30年，正是商纣王在位时期。武丁统治的59年，是商王朝最强盛的时期。武丁以后，商王朝的社会矛盾日趋尖锐，逐渐出现了衰败的迹象。至公元前1075年纣王即位时，商朝统治者内部、统治者与被统治者之间的矛盾更为激化，商王朝与周边各族的关系进一步恶化。

《史记·殷本纪》说纣王不仅能言善辩，见多识广，是个非常聪明的人，而且还力大无穷，能赤手空拳与猛兽搏斗。但他拒绝纳谏，文过饰非，好酒淫乐。商纣以酒为池，以肉为林，令男女裸身追逐以供他取乐，又使师涓作靡靡之音。为了满足贪欲，他加重贡赋，搜刮来的钱财填满了鹿台的仓库，粟装满了钜桥的粮仓。还大修离宫别馆，将殷都扩大至沫邑，称为朝歌。为了防止人民的反抗，商纣施以酷刑，设炮烙之法，肆意屠杀。

在统治集团内部，纣王重用谀臣费仲、蜚廉、恶来，对提出不同意见的大臣给以不同的打击。九侯之女入侍纣王，因其不喜淫逸，纣王醢九侯。鄂侯为九侯争辩，遭受脯刑。西伯姬昌听后慨叹，被囚禁于羑里(今河南汤阴北)。商容、祖伊、微子、箕子、比干等大臣先后劝谏，他们或被杀、被囚，或被迫出走。在商纣王的严酷统治下，许多人叛逃他处，最后连掌管文献典籍和乐器的大师、少师之类官员也逃跑了。商王室与贵族之间的矛盾，使得统治机构涣散，大大削弱了商的统治力量，这也是商朝灭亡的一个重要原因。

在统治危机日益严重的形势下，各地诸侯也纷纷叛乱，周边各族乘机内侵。为转移人民群众和部分贵族的视线，商王决定对周边各族用兵。他先集中大量的兵力在殷西太行山区的黎(今山西黎城县东南)，向黄土高原上的西北各部展开进攻。接着由于东夷各部发生叛乱，纣王回师东方，全力平定东夷之乱，俘获了大批东夷人，但同时也损耗了大量的人力物力，加剧了人民群众的反抗斗争。商纣攻打有苏氏获得妲己，对其百般宠爱，言听计从。纣王的穷兵黩武，进一步加速了商的灭亡。

武王继位后，以太公望为师，周公旦、召公、毕公辅佐王政。进一步扩建都邑，在沣水东岸新建镐京(今陕西西安市长安区)，积极准备伐商。经过几年的准备，武王九年，向东展示兵力，渡过黄河来到盟津(今河南孟津，古代重要的渡口)，前来参加大会的诸侯和部落首领据说有八百之多。大会上武王举行了誓师仪式，这就是历史上有名的“盟津之誓”。这次会盟，未曾事先规划，几百家诸侯的不期而会，显示了周的号召力。从此之后，众多诸侯都听从周的指挥。

盟津之会后两年，武王遍告诸侯，兴兵伐商。他亲自率领戎车三百乘，猛士 3000 人，士兵 4.5 万人，还有各地来会的诸侯军旅和庸、蜀、羌、髳、微、纑、彭、濮等众多南方的部族军队。大军从盟津渡河，沿河向东进军，于武王十一年正月甲子日清晨到达朝歌郊外的牧野(今河南汲县境)，周武王在此举行大战前的誓师动员。《尚书·牧誓》记载了武王誓师的内容，在誓词中武王列举了商纣王的几大罪状：听信妇人的话，遗弃“王父母弟”，弃贤臣，用奸佞，以此激励士兵斗志。誓师完毕，来参与伐商的各诸侯国兵车达四千乘。商纣听说武王率兵已到牧野，慌忙派兵迎战。虽然商王士兵有 70 万人，但军无斗志，阵前纣师倒戈，引导武王军队攻入朝歌。纣王无路可走，最后登上鹿台，取来天智玉琰，缝在身上以后，自焚而死，商朝灭亡。

武王灭商，是商周史上的一件大事，但记载此事的文献资料很少。1976 年出土于陕西临潼，现藏于中国历史博物馆的利簋，腹内底部铸有铭文 4 行 32 字，其中有“武王征商，唯甲子朝，岁鼎，克，昏夙有商”的内容。大意是：武王伐商的甲子日这天的早晨，岁星当空，战争很快取得了胜利，用了一天的时间占有了商。利簋铭文记载武王伐纣的日期为“甲子朝”，这正好与《尚书·牧誓》“时甲子昧爽”和《逸周书·世俘解》“甲子朝”的记载相合。而甲子日早晨，岁星当前的天文现象，又为我们今天利用天象的变化规律推断武王伐纣的确切纪年提供了切实的依据。夏商周断代工程专家于 2000 年 11 月公布的《夏商周年表》，据此将该年确定为公元前 1046 年。

牧野之战的第二天，周武王在商王的宫殿里举行了隆重仪式。以后的几天里，他在商都朝歌办了几件大事：一是封纣王之子武庚禄父以续殷祀。二是命令释放被囚禁的箕子和百姓，表彰殷贤人商容和被纣杀死的诤臣比干。三是将商王朝囤积在鹿台和巨桥仓廪里的钱财和粮食散发给民众。四是命人将九鼎宝玉收归周所有，以象征主宰天下的权力递嬗至周。上述事宜完成后，武王派人征伐商王畿及其附近的地区，此为灭商之战的余绪。《逸周书·世俘解》记载了征伐的具体情况：姜太公受命狙击来方；吕他受命征伐戏方；侯来受命伐靡、陈二邑；伯弇率虎贲勇士誓师，受命伐卫；陈本受命伐磨；百韦伐宣方；新荒伐蜀。武王遍征殷都四方，共灭掉99个方国，杀死并割下敌人左耳17.7779万个，俘虏31.023万人，征服652个方国。据古史专家许倬云估计，周人克商之役，征服了百万东部平原上的人口。

在殷都停留了几天后，武王回师镐京，途经伊洛地区，他考察了这里的地理形势，开始有了营建洛邑的想法。《逸周书·度邑》篇的"度邑"即量度规划洛邑之意。篇中记载武王说："自洛汭延于伊汭，居阳无固，其有夏之居。我南望过于三涂，我北望过于有岳，丕愿瞻过于河，宛瞻于伊、洛，无远天室。其名兹曰度邑。"意即：从洛水以北一直到伊水以北，地势高阳，没有屏障，那里曾是夏人居住的地方。我从那里向南望望过三涂，向北望望过太岳，回头向后望望过黄河，顺着向前望望过伊水、洛水，而且离天室嵩山不远。就叫这儿为度邑吧。不过，终武王之世，营建洛邑的愿望都未能实现。

灭商当年四月，武王回到丰镐，祭告于周庙。这样，从出师到凯旋大约用了78天，就迅速完成了灭商的大业，当然这也是周族几代人自强不息奋斗的结果。

武王克商后两年病逝，政权由周公执掌。对于周公执政的问题，多数学者认为是成王即王位，周公辅政。顾颉刚、晁福林等先生则认为周公当政时是称王的。主要依据如下：《尚书·太诰》："王曰：呜呼！肆哉尔庶邦君，越尔御事……肆朕诞以尔东征。"东征为周公之事，此称"王曰"，那么这里的王应当是周公。《康诰》："王若曰：孟侯，朕其弟，小子封。"该篇记平定三监之乱以后分封文王之子康叔于卫之事，此"王"称康叔为弟，则王必非成王，而当是周公。另在《酒诰》《梓材》《多士》《多方》等篇中都有周公称王的记载。周初铸造的青铜器《沫司徒疑簋》铭文曰："王来伐商邑，延令康侯图(鄙)于卫。"这是周公称王的直接证据。其他古文献如《荀子·儒效》《韩非子·难二》《礼记·明堂位》等也都有周公称王的记载。这里我们遵从旧说，采用周公辅政说。

武王灭商后，并没有把殷都据为己有，而是将其分为三个部分，设三监来治理。关于三监有两种说法：一是据《汉书·地理志》记载，认为周灭商后，将其畿内分为三国，即纣子武庚禄父的邶国，管叔的鄘国和蔡叔的卫国。武王命他们监视殷人，称为三监。另一种说法据自晋皇甫谧的《帝王世纪》，认为三监分别指监管殷都以东卫国的管叔、殷都以西鄘国的蔡叔和殷都以北邶国的霍叔。监，最初是莅临、观察的意思，后来才引申为监察、监督。此处"三监"之"监"，当是莅临治理之意，而非监督、监管(晁福林《夏商西周的社会变迁》，北京师范大学出版社1996年版，第133页)。《史记·殷本纪》明确记载武王"封纣子禄父以续殷祀"，那么武庚为三监之一当有所据，也正因为此，晁福林先生认为三监应指武庚、管叔和蔡叔。

三监之乱的发动者是管叔和蔡叔。武王去世之后，周公为防止天下闻武王崩而叛，一方面立武王幼子诵为成王，一方面自己亲自摄政，结果引起了统治集团内部的争权斗争。管叔、蔡叔乘机散布流言，说周公将对年幼的成王不利，结果引起了成王对周公的怀疑。最后成王开启金滕之箱，看见周公请求代武王病的策文，最终信任了周公。管叔、蔡叔公然勾结武庚发动叛乱。武庚则利用战机，联络庸、奄、薄姑、徐戎、淮夷、熊、盈诸部准备共图复国大业，其声势远比刚刚建国而内部分裂的周强大。三监之乱对周王朝的震动很大。《尚书·大诰》记载周王对当时情况的描述：不幸得很，上天在我家降下灾祸，并且没有做哪怕稍微的迟延，让我们有喘息之机。居于西方的我们周国就要大难临头。三监叛乱发生后，周公相当镇静和果断。他向官吏及友邦讲明形势虽然严峻，但剿平叛乱，取得胜利还是有把握的。为了得到王室贵族的支持，他不厌其烦地劝说德高望重的召公支持他东征平叛，这些工作为平叛的胜利奠定了基础。

周公东征确定了两大战略方针：一是平定三监之乱，二是征服殷商在东方的残余势力。这一战略方针对周王朝的巩固具有重大意义。整个东征历时三年，周公用两年的时间诛灭了武庚，杀死管叔，流放蔡叔。之后，周公继续挥兵东进，征服了商王朝的与国徐、奄、熊、盈、薄姑、淮夷以及东夷诸国等。《尚书大传》记载周公“一年救乱，二年克殷，三年践奄”，表明翦灭奄国是东征的最后战役。奄是殷的旧都，在今山东曲阜旧城东，占领奄地是对殷商残余势力的重大打击。为了消弭殷商残余势力叛周的隐患，周王命令诸侯在伊洛地区合力营建新邑，即周朝的东都洛邑，又称成周。东都建成后，迁曾反对周朝的“殷顽民”于此，借以加强监控。同时封降周的商贵族微子启于商朝故都宋(今河南商丘)，以代殷商之后；封武王少弟康叔于纣都朝歌，建立卫国，赐其殷民七族；封周公子伯禽以奄国旧地，成立鲁国，赐殷民六族。于是殷商全民被分割至各地，逐渐服从于周朝的统治。

周公东征是殷周两大势力的又一次较量，这次战争的规模远远超过了牧野之战，也给民众生活带来了很大影响。长期战争不仅使被征服地区蒙受重大损失，而且使周本土的生产也受到了影响。《诗经·豳风·东山》中“町畽鹿场，熠耀宵行”的诗句，描写了东征士卒回到家乡后见到的一片凄凉景象：田地被野兽践踏成了鹿场，入夜萤光点点闪烁不定。可以说正是民众的卓绝奋斗和巨大牺牲才换来了周王朝的巩固。周公东征的胜利，标志着周的灭商事业最终完成。

（刘志玲）

# 15. “成康之治”与平王东迁

成王，姬姓，名诵，周武王姬发之子。康王，名钊，成王之子。周成王、康王执政时期是继武王伐纣、周公东征之后的一个太平盛世时期，也是周朝的黄金时代。历史上歌颂“成康之治”的记载很多。《诗经·周颂·执竞》称颂说：“不(丕)显成康，上帝是皇(嘉美)。自彼成康，奄有四方，斤斤其明。”赞美成康的业绩，四方一片光明，取得空前成功。《史记·周本纪》记载说：“成康之际，天下安宁，刑错四十余年不用。”这种说法虽然不乏溢美成分，但还是在一定程度上反映了历史实际。

1976年陕西扶风出土西周铜器史墙盘，其上铭文曰：“宪圣成王，左右受任纲系，用肇彻周邦；渊哲康王，遂尹亿疆。”这件西周铜器对成王和康王的文治武功用“宪圣”“渊哲”等词进行褒扬，极尽赞颂。2003年1月陕西宝鸡市眉县杨家村出土西周宣王时铜器逨盘，其上铭文称成王“方逖不享”“奠四国万邦”，康王“方怀不廷”，说成王、康王对远方不来朝的少数族采取怀柔政策，使之顺服。由此可见“成康之治”在西周人们心目中的美好形象。

“成康之治”主要表现在国家政局稳定、社会安宁、百姓生活安定等方面。

反映成康时期人民生产、生活状况的记载主要见于《诗经》。有学者猜测《周颂·噫嘻》篇是成王春天祈谷、祭祀上帝、告诫农官的诗。诗中写道“噫嘻成王，既昭假尔。率时农夫，播厥百谷。骏发尔私，终三十里。亦服尔耕，十千维耦。”叙述成王祭祀上帝后，命令田官带领农夫播耕百谷，勉励农夫努力耕种公田和私田，这些体现了统治者和百姓之间一种和谐的生产关系。《周颂·良耜》篇是周王在秋收以后祭祀土神、谷神的乐歌，诗中写道：“其镈斯赵，以薅荼蓼。荼蓼朽止，黍稷茂止。获之挃挃，积之栗栗。其崇如墉，其比如栉，以开百室。百室盈止，妇子宁止。”意思是说人们用锄头除去杂草，杂草腐烂在田里，庄稼长得更加茂密，人们挥舞的镰刀霍霍作响，收获的粮食密密地堆在一起，粮垛高得像城墙一样。大大小小的仓库都装满了，女人和孩子们都心满意足。从诗中生气勃勃的景象来看，这很可能是成康时期的作品。这些诗篇反映了成康时期经济的繁荣和人们生活的安定。

成康时期重大的政治事件，除周公东征外，就是东都洛邑的营建和分封制的推行，这反映了成康时期政治统治的稳固。西周建立之初，国都丰、镐远在黄河以西，远离东方诸国，不利于周王朝对东方地区的统治和管理。早在武王灭商之初就计划将政治中心东移，在伊洛地区修建洛邑，但未及施行，武王便病死。周公东征平叛胜利后，为了更好地实现周人对全国的统治，开始着手营建东都洛邑。《尚书·召诰》对洛邑营建的具体过程作了详细记载。周公执政的第五年二月乙未日这一天，召公从镐京出发赴伊洛选址，一直走了十三天，三月戊申日这一天才到达，之后立即“卜宅”，然后在洛河北岸开始经营。这个月的乙卯日，周公亲自到洛视察，并举行祭典。洛邑历时两年建成。《逸周书·作雒解》记载洛邑城方720丈，外城方70里，南面靠近洛水，北依郏山。事实上洛邑共有两城：一为在瀍水西岸的王城（今洛阳市王城公园一带），主要是宗庙宫寝，是朝会东方诸侯的东都，周军八师驻扎于此。一是位于瀍水以东的成周城（战国时的雒阳城，即今洛阳市白马寺东的汉、魏洛阳故城），主要安置殷遗民。大约在营建成周的前后，周公将许多殷遗民迁到成周一带以及丰镐地区居住。这样，既可以利用这批劳力修筑城邑宫室，又使殷遗势力失去了根基，将其置于周王朝的直接监视之下。事实表明，迁殷遗民到成周的政策，对于中原地区形势的巩固起到了积极作用。

洛邑建成后，周公迎成王至洛邑，并将国政归还给成王。镐京是周人兴起的根据地，周人祖宗宗庙均居于此，故称“宗周”。成周洛邑与宗周镐京一样，是周王朝发布命令的重要场所，也建有宫室、宗庙，在成周驻扎的八师与宗周的六师一样，也是周王朝的主要军事力量。这样，西起岐山之阳，东到圃田，所有渭、泾、河、洛地带，都成为周的王畿。东、西长达千里以上的王畿，成为周人控制全国的基地，也使周的政治、经济和军事力量显著增强。

早在武王灭纣之初，周武王就已分封了一批古圣王之后，如：封神农氏之后于焦（今河南陕县南），黄帝之后于祝（今山东宁阳西北），帝尧之后于蓟（今北京市西南），帝舜之后于陈（今河南淮阳），大禹之后于杞（今河南杞县）。同时，他对功臣谋士也进行了分封，其中包括师尚父的齐国、周公旦的鲁国、召公奭的燕国、叔鲜的管国、叔度的蔡国等。周公东征后，为实现对新占领区的更好统治，达到藩屏周王室的目的，周公继承武王的这一制度，在新占领区内进行了大规模分封。据《荀子·儒效》载周公“兼制天下，立七十一国，姬姓独居五十三人”。这些同姓的诸侯国，大多是文王、武王、周公的后裔，如：封武王最小的弟弟康叔于卫，封成王弟叔虞于唐。除姬姓诸侯外，还有不少异姓诸侯，纣王庶兄微子启受封的宋就是其中之一。

康叔受封的卫国，都于朝歌（今河南汲县北）。这里原是商王国的中心地区，又是周初东方叛乱的策源地，殷商的残余势力很大。康叔受封时，王室举行了“授土”“授民”的仪式，分给了他大片土地，同时还有陶氏、施氏、繁氏、锜氏、樊氏、饥氏、终葵氏等“殷民七族”。康叔初封时，周公反复告诫他，要实行文王“明德慎罚”的方针，广求“殷先哲王”的“保民”办法。在“商政”的基础上，加强周法的统治，以保障这一地区的政局稳定。1931 年在河南浚县淇水附近发现西周贵族墓出土康侯簋一件，上有“康疾”“卫”等铭文，涉及康侯封卫的史事，说明淇水一带正是卫国的统治中心。

叔虞受封的唐国，都于唐（今山西翼城西）。这里本是周初唐国故地，叔虞封于此，袭用唐的国号，其子燮父改唐为晋。晋国位于防御群翟部落内侵的前哨，居民成分比较复杂，既有夏朝的遗民，又有众多的戎狄之族。针对这一状况，叔虞“启以夏政，疆以戎索”（《左传·定公四年》），在适应诸夏之族政令的基础上，适当照顾诸戎的传统习惯，加强戎法的统治，取得了较好的效果。

微子启受封的宋国，都于商丘（今河南商丘）。这里是商族的老根据地。殷商末年，纣王暴虐无道，微子启数谏不从，于是隐退而去。周灭殷后，微子启降周，受到礼遇。成王将其封于宋，使其延续商人的宗祀。

武王时期分封的齐、鲁、燕等国，至成王时得到了更大发展。东方的鲁国，本是周公受封之国，因周公要留在洛邑辅佐成王，故遣其长子伯禽前往治理。鲁建都于曲阜（今山东曲阜），这里原系商的盟国——奄国故地，周初奄人曾参与武庚叛乱。伯禽到鲁国，不仅带去了王室分给他的“殷民六族”和许多宝器，而且带去了记述周礼的典籍和精通礼制的人，历时三年变革当地的风俗、礼仪，鲁国成为西周各诸侯国中周礼最完备的国家。

师尚父受封的齐国，都于营丘(今山东淄博)，这里曾是殷商的盟邦——薄姑的居地。薄姑人也是联合武庚起兵的反叛部族之一，除此之外齐国周围还有不少的东夷部族，早在姜太公受封齐国之初，就有莱侯与其争夺营丘。太公到齐之后，因袭当地的风俗，简化礼仪制度，利用当地盛产鱼、盐的优势，发展工商业，使齐国很快成为东方的大国。周成王将东到大海，西至黄河，南至穆陵(今山东沂水县北有穆陵关)，北至无棣(今山东无棣县北)的区域，作为齐国征伐的区域范围，齐国成为夹辅周王室、控制渤海沿岸和莱夷地区的重要力量。

召公奭受封的燕国，都于蓟(今北京市西南)。这里是西周北土的重要屏障，燕国受封后，周朝加强了对燕山南北和辽西一带的戎翟的控制，影响及于少数民族地区如肃慎诸部，一直达到白山黑水之间。

康王在位时期，封国的势力进一步向长江以南扩展。20世纪50年代在江苏丹徒烟墩山出土《宜侯夨簋》，上有铭文记载康王封虞侯于宜，研究者多认为“宜”地当在丹徒，处于西周的东南前线，位置十分重要。

成康时期采取的营建东都、分封诸侯、安定社会、扩展周王朝影响等措施都取得了相当的成效。周王朝的政治格局基本形成，实现了对东方、北方、南方地区的有效控制。在拓展疆土的同时，周人也将自己的制度、礼仪带到了分封之国，促进了地区文化的融合和发展。

周与四方少数民族、诸侯国间频繁的贡献往来，也是成康之治一个重要内容。成康时期，四方少数民族来贺的记载不断。《尚书序》云：“成王既伐东夷，肃慎来贺。王俾荣伯作《贿肃慎之命》。”《史记·周本纪》也记载了这件事。肃慎是一个居住在东北长白山的少数民族，武王克殷后就曾向周进贡当地的特产，成王平定东夷叛乱后，肃慎又来祝贺。这表明周初至成王时，东北的肃慎与周王朝的关系一直比较友好。《尚书大传》记载：“交喭之南，有越裳国。周公居摄六年，制礼作乐，天下和平。越裳以三象，重译而献白雉。”越裳国远在今越南北部，成王初年远道来献白雉，更说明当时周朝声威远扬。

周王还多次大会诸侯。《国语·晋语八》载“成王盟诸侯于岐阳”，《左传》昭公四年载康王时有“丰宫之朝”。《逸周书·王会解》记载成王建成王城后，在成周大会诸侯及四方少数民族，盛况空前。《诗·大雅·下武》歌颂成康时期“受天之祜，四方来贺”。成王时铸造的青铜器保卣铭文记载：乙卯日这一天，成王命令“保”参与会见东方五位诸侯的典礼，并赠给他们六种礼品。事后，成王叙勋于“保”，将侯伯宾贡之物赏赐给他。“保”以此事为荣，就为他的父亲铸造了这件铜卣以志纪念。这段记载表明，成王时东方诸侯与周王朝的关系比较融洽，所以才会有诸侯朝见和周王赐赠礼品之事。以上这些都体现出成康时期周朝政局的稳定，实力的强盛。

成康时期，周朝南方势力强大的部族主要是楚，楚人主要分布在汉水到长江中游的两岸。当时楚西边的庸、卢、彭、濮等部落和北边的邓国，都已臣服于周。为了加强对南方的控制，周王朝在淮水到汉水沿岸，建立了一些姬姓国，如淮河上游的息国(今河南息县)，汉水东北的随(今湖北随县)、郧(今湖北安陆)等“汉阳诸姬”。成王封熊绎之国为子爵，令其每年向周王室进贡苞茅，但楚被周王朝视为蛮夷，不能参加中原的会盟。西周的北部和西北部分布着一些游牧部落，最强大的是鬼方和猃狁，他们曾是商王朝的强敌。西周建立后，这两个部族继续向东南推进。小盂鼎铭文记载，康王二十五年，鬼方与周人发生一场大规模的战争。这次战争中，周人大败鬼方，俘虏鬼方酋长4人，士兵13000多人，另有战利品车、马、牛、羊等，战后周朝西北方出现了比较稳定的局面。

据杨善群教授研究，“成康之治”的出现，是西周初年以礼治国、崇尚道德教育、实施惠民政策和严格执行法制的结果(《论“成康之治”》，《社会科学》2005年第6期)。周公“制礼作乐”，以礼的形式建立起一种制度，将道德教育制度化，约束和规范周人的行为，以维护国家的长治久安。周初统治者目睹了商王朝的覆灭，为了巩固周朝统治，不使其重蹈殷商的覆辙，周初统治者大力加强道德教育，要求上层统治者、中层官吏和下层民众都来遵守道德规范，避免道德沦丧。从周公开始，周朝统治者就为抑制奢侈之风而戒酒，《尚书·酒诰》就是一篇著名的戒酒诰令。周公谆谆告诫臣民说，不要淫逸于游玩、田猎，不要像商王、商民那样沉迷享乐，酗酒乱政。直到康王时，统治者还念念不忘此事。清道光年间陕西眉县礼村出土康王时期的大盂鼎，鼎上铭文记载了康王所说的一段话，大意是说：我听说殷商灭亡，因为商的边侯、田官以及殷商的百官，都沉溺于饮酒之事，所以在战斗中大败。康王还主张俭，反对奢侈浮华之风。据古本《竹书纪年》载，晋侯修筑了华丽的宫殿，康王派人去责备晋侯过于奢侈。

对民众实行惠民政策，是“成康之治”形成的又一重要原因。武王攻占朝歌后，下令“发巨桥之粟，赋(布施之意)鹿台之钱，以示民无私；出挽救罪，分财弃责(债)，以振(赈)穷困”(《吕氏春秋·慎大览》)，得到民众的拥戴。周公在许多诰文中，多次提出要“明德慎罚”，对民众减少用刑，以教化为主。周公归政成王，仍时时叮嘱成王不要耽误对百姓狱讼的处理，要对民众采取宽厚的政策。成王即位后，不仅在政事上兢兢业业，对农事也十分关心，成王时可能已有籍田制，即在每年春天耕作之前由周王亲自举行耕田礼以诰谕臣民。周朝统治者对殷贵族中的贤顺者任以官职，顽固者给以出路。《周书·毕命》中有一段康王对周人改造殷贵族工作的总结，他说：“惟周公左右先王，绥定厥家，毖殷顽民，迁于洛邑，密迩王室，式化厥训。既历三纪，世变风移，四方无虞，予一人以宁。”显然，对殷贵族和平改造工作的成功，为“成康之治”增添了厚重的一笔。

“成康之治”还是严明法治的结果。严明法治，不仅仅是指重视刑法的执行，同时还包括重视官吏的选拔、任用和罢免。在周初制定的官吏之法中，选拔品德高尚的人出任官吏是一条重要的原则。《左传·定公四年》载：“武王之母弟八人，周公为太宰，康叔为司寇，聃季为司空，五叔无官。”其他“五叔”之所以不能在朝廷为官，就是因为他们的品德不如周公等三人。在《尚书·立政》中，周公一再告诫成王，选官要“克俊有德”“惟成德之彦”，即能够选拔有德的贤人，加以任用，要发挥贤士的作用；“勿以憸人，其惟吉士”，千万不要任用那些贪利的小人，应当任用那些贤明的人。周公的这些告诫，成为西周初年选拔官吏的一贯方针。对统治集团内部的腐败分子，周初统治者严加清除。发动三监之乱的管叔鲜、蔡叔度本是武王的亲弟弟，被封为诸侯，二人发动叛乱后，周公“杀管叔而放蔡叔”(《史记·管蔡世家》)，坚决清除这些败类。武王诸弟中还有一丰侯，封国在今陕西西安市鄠邑区东。今本《竹书纪年》载成王十九年“黜丰侯”。陈谌《三礼图》谓：“丰，国名也，坐酒亡国。”由此可知，丰侯是因为沉湎于酒，腐败无能而被成王罢免、撤职的。正是严明的刑法和官吏之法的执行，保证了“成康之治”太平盛世的出现。

综上所述，“成康之治”是我国历史上记载最早的太平盛世，在这段时间里，农业生产蓬勃向上，人民安居乐业，生活相对改善，周与四方少数民族的关系也相对融洽。周朝统治者通过礼乐教育、惠民政策和严明法制，使政局稳定，人民和睦，颂声四起。

关于“成康之治”的年代，大致有40余年。1996年启动，联合天文、地质、考古和历史等学科专家历时五年完成的夏商周断代工程，根据历史记载和天文历法的测算，确定成王在位22年，康王在位25年。“成康之治”的时间共计47年，绝对年代为公元前1042年—前996年。除去成王初周公平定东方叛乱的征伐，康王后期对北方、东北少数民族的战争，大致当有40年。

西周王朝从昭(前995—前977年)、穆(前976—前922年)两代开始，各种矛盾尤其是与国内各族的矛盾、统治阶级内部的矛盾以及统治阶级与被统治阶级之间的矛盾日趋尖锐，这不但削弱了西周王朝的统治力量，也使西周王朝从此走向衰落。

昭穆时期，周天子至高无上的地位受到动摇，南方、北方各族不断反抗周朝的统治。成康以后，楚国的势力日趋强大，与周王室的冲突不断加剧。公元前980年(昭王十六年)，昭王亲自领兵南征荆楚，虽然战争取得了胜利，但楚人并没有就此臣服。公元前977年，昭王再次南征，由于骄傲轻敌，在渡汉水时，昭王坐上了楚人用胶粘的船只，船至中流解体，昭王落水淹死，周军大部丧亡。经过这次挫折后，周人对南方的统治力量削弱。穆王时，西北地区的犬戎部强大起来，有时还侵扰到宗周附近。穆王亲自领兵西征，祭公谋父劝阻他，他没有听。西征的结果，仅得四白狼、四白鹿而归(可能是犬戎的八个部落的名称)。自此之后，荒服地区部族与周王朝断绝了来往。西周王朝与周边各族的矛盾进一步加剧，周王室的声威也大受损害。

周懿王时，周王朝开始走上了衰微的道路。经孝王、夷王，至厉王继位时，社会的各种矛盾逐渐汇合起来。周厉王是一个贪婪残暴的统治者。在社会矛盾日益激化，统治危机日益严重的情况下，他重用好利专权的荣夷公为卿士，将全国的山林川泽之利都收归王室，不许国人利用，断绝了他们的生计。他还兴师动众，如命虢仲征伐淮夷，多次南征荆楚，征伐的结果都以失败告终，这些也给一般平民带来了沉重的负担。厉王的暴政，激起了广大国人的愤慨，出现了“国人谤王”的情况。周厉王不仅没有反思自己的失误，反而派出卫巫监视人们的言行，结果造成镐京内外一片恐慌，国人敢怒不敢言，“道路以目”。周厉王十分得意，自以为能够止谤，继续倒行逆施。不到三年，广大的国人群众再也无法忍受了，终于在公元前841年(共和元年)，爆发了我国历史上第一次群众暴动——国人暴动。愤怒的国人冲进王宫，四方四国的人民也纷纷起义，向国都进攻。周厉王仓皇逃出王宫，在国人的追逐下，渡过黄河，一直逃奔到彘(今山西霍县东北)。国人暴动发生后，宗周一片混乱。政权由周定公、召穆公临时共同执掌，史称“共和行政”(一说由国人共推诸侯共伯和执掌王政)。共和元年，即公元前841年，是我国现存史料中有确切纪年的开始。

公元前828年(共和十四年)，厉王死于彘，太子静即位，是为周宣王。宣王时期，西周王朝和整个奴隶制度都呈现出江河日下的形势。西周奴隶制赖以存在的经济基础井田遭到破坏，随着昭、穆王以来公卿大夫之间的纷争日益增多，田地不均、疆界不正、赋税不均的现象日益严重，耕作公田的劳动力大量逃亡，加上连年战争，周宣王即位以后，根本无暇顾及农事，甚至连周天子每年举行的籍田礼也不愿意举行了。公元前789年(宣王三十九年)，周军与姜氏之戎战于千亩(地名，周王室公田所在地)，周军大败，丧失了全部的“南国之师”。为扩充军队，宣王下令“料民于太原”。料，即登记人口，以便作为对民众征派赋税和力役的依据。“料民”可能是周宣王为了扩充军队而采取的临时性措施，但它体现出王室力量的衰微。此后，诸侯国叛离周王室的事件不断增加。

公元前782年(宣王四十六年)，周宣王死。其子宫涅继立，是为幽王。幽王承宣王丧败之后，又逢三川(泾、渭、洛)连续发生强烈地震，高岸变成山谷，深谷变为山陵。天灾不断，又遇人祸连连。周幽王任用阿谀逢迎的虢石父为卿士，国人纷纷抱怨，百姓离心，政治昏暗。幽王宠爱褒姒，为博取褒姒一笑，不惜数次举烽火戏弄诸侯，诸侯由此不再信任周王。幽王继而废掉申后和太子宜臼，改立褒姒为后，立褒姒之子伯服为太子。宜臼逃到母家申侯之国，幽王穷追不舍，派兵讨伐申侯之国，欲杀宜臼，最终激起了申侯的叛乱。申侯联合缯与犬戎等部，于公元前771年(幽王十一年)攻入镐京。幽王慌忙点燃烽火向诸侯求救，但诸侯已不再相信他，自然也没有救兵赶来，犬戎将镐京抢劫一空，周幽王也被杀死在骊山之下，西周灭亡。

幽王死后，诸侯共立太子宜臼为王，是为平王。鉴于宗周镐京残破败落，又偏居西部，处于犬戎的威胁之下，公元前770年，周平王在郑武公、秦襄公、晋文公等诸侯的护卫下，东迁洛邑，成周自此成为周王朝的政治、军事、经济中心。平王东迁标志着周王朝的历史进入了一个新阶段。

（刘志玲）

# 16. 商周时期的天神与祖先崇拜

随着社会生活的演进，中国先民产生了对自然神灵和祖先的崇拜观念。商周时期的崇拜对象多种多样，主要包括鬼神崇拜、上帝崇拜、自然崇拜和祖先崇拜。

鬼神崇拜，即崇拜各种鬼魂。鬼魂观念是中国祖先崇拜的前提，祖先崇拜便是在这一基础上演变而来的。先民以为，天地万物皆有抽象的魂魄、精灵，这些魂灵有超凡的能力，它们能决定人们的生死祸福。

鬼神崇拜起源于灵魂不灭的观念。古代人认为人的生命全过程(即生老病死)都是灵魂的某种活动的结果。原始人的生存本能自发地促使他们总是追求更好地生存，避免令人不快的老病死，他们试图想象与“灵魂”打交道，形成了当时人类的神灵崇拜活动。古代人们认为，人的肉体是和灵魂分开的，人死后肉体即使腐烂但灵魂不灭，人的灵魂是在另一个世界过着类似于现实世界的生活。他们认为人死后便具有了某种超人的力量，能够在冥冥之中给世人降灾难或赐福于世人，因此对祖先的祭拜能够得到祖先的庇佑，保佑家人平安。由于灵魂被认为是生、老、病、死等生命过程的操纵者或者主持者，所以便产生对灵魂的崇拜活动，灵魂崇拜的全部表现形式主要是丧葬之礼。达官贵人死后把尸体火化后将骨灰与泥土交合成塑像，然后再镀上金或银，安放在寺庙里。其属民们送来的葬礼礼物，如马、牛、羊及其他祭品，用来保佑人死后的灵魂得到鬼神的庇护，让人死后的灵魂升到天上。

上帝是商周人宗教崇拜中的至上神。商周人的上帝自有朝臣，在卜辞中多处可见“帝臣”“帝五臣”“帝五丰臣”“帝五丰”等上帝的属臣。商周人的上帝具有至高无上的特性，他已超出狭隘的商周民族神的范畴而上升为多民族的共同信仰，他有超凡脱俗、不食人间烟火、不为人的意志所左右的特点。商周人认为上帝有5种权力，即：令下雨；降以饥馑；授以福佑；降以吉祥；降以灾祸。主宰大自然是至上帝神的重要权能，得到上帝的赐福是人们坚定对上帝的信仰的结果，祸患降临则是对人类违背上帝意志的惩罚。在人们的传统观念中，祭祀河、岳、山、雨等，是由于它们具有超凡的力量，祈求其不带来灾害，而并不是因为其是“神”，上帝不能直接给人们带来如河、岳、山、雨等可以实现的效果。

天神又称天帝、上帝、皇天、昊天等，简称天。普通神灵威力巨大，作为百神之至上神的天神，更是威力无比。它不仅掌控百神、掌控神灵的世界，而且掌控人间；不仅掌控普通人的生死存亡，而且控制着人间王朝的承袭更替和兴亡替代。周以后的整个封建社会，天神都被视为至高无上的权威，皇帝圣旨首句都以诸如“昊天有命”“上天眷命”“奉天承运”一类的话语，以示权力来源于天授、按照天命来行事。天神崇拜固然存在着统治阶级利用天命观来论证统治合法性，并树立统治者权威的政治考虑，但也的确存在着古人对于自然现象尤其是干旱洪涝、地震海啸等自然灾害的困惑、恐惧。天神崇拜观念是由多神崇拜观念发展而来的。夏商周时代，多神崇拜演变为统一至上神即天神崇拜。

商周人对祖先崇拜的重视，一步一步冲淡了对上帝信仰的程度，最后导致祖先崇拜终于压倒了上帝崇拜。从商周时的文化性质来看，神本文化居统治地位，人本意识尚未产生，人只是神灵的附属，因此在祭祀上图腾神和自然神受到隆重的祭拜，死去的祖先只能处于相对附属的地位。到了周末，生产力发展和王权强化促使人本意识产生，人开始敢于挑战神的权威，周人祭祀制度开始建立，祖先崇拜逐渐兴盛并逐渐代替上帝成为祭祀的主要对象。

自然神就是自然物、自然现象和自然力的神灵化。它包括天体、自然力和自然物三个方面。如日月星辰、山川石木、鸟兽鱼虫、风雨雷电等。在商周人的眼里，强大的自然物如日月星辰、山川河流等，神秘的自然力如风雨雷电、霓虹云雾等，都具有至高无上的灵性，往往能主宰人的命运，改变人们的生活。人们将自然现象的变化，尤其是那些直接影响人类生存的变化，看成了带有人性的有意识的物体，从而激起人们对自然的崇拜。这种原始的宗教信仰与活动，就称为自然崇拜。把自然物和自然力视作具有生命、意志和伟大能力的对象而加以崇拜，是最原始的宗教形式。在人们既不认识更不能改造自然力的时候，就对它们神化，认为它们具有灵性，把它们当作有生命力的神灵加以顶礼膜拜，甚至赋予自然力以形体，于是便出现了雨师、风伯、雷公、云君等自然神。这种对自然力的崇拜，直接表现为对自然物体本身的崇拜。

在商周人的宗教观念中，上帝是超越人世的自然主宰，他有权利命令各自然神(日、月、风、雨、河、岳、山等)，可以降祸或降福给人世，但是人类是不能直接与上帝沟通的，必须要通过自然神向上帝祈雨、祈年或祷告，实现人类与上帝的沟通。

对太阳的崇拜。在以上这些形形色色的自然崇拜中，对太阳的崇拜是最突出的。太阳崇拜是以天体为对象的自然崇拜中的一种。太阳既能给农作物带来旺盛的生机，同时也能给人们带来温暖。人类诞生以后，太阳作为一种自然物体，与人类朝夕相处。但在人类社会的早期，即原始采集、狩猎时代，尚没有发生太阳崇拜，因为尽管太阳对人的影响较为显著，但毕竟未对人的生活和生命安全产生直接影响。只有进入新石器时代以后，即人类能够进行生产性的生产(农业和畜牧业)以后，太阳与人类有了直接的利害关系，人们才感觉到自己的劳动成果受到太阳的制约，从而促使人们较多地思考太阳、猜测太阳。原始人不理解太阳的奥秘，以为太阳具有能使万物复苏、生长的超自然力量，甚至视其为丰产的主要赐予者。原始人还认为，太阳也像人一样，有灵魂，有喜怒哀乐，这便形成太阳有灵观念。后来，人们又逐渐把太阳人格化，同时视之为神而加以礼敬或祭祀。我国考古发现出土商周甲骨文中也有许多关于“宾日”“出日”“入日”的记载，反映了商周人在日出、日落时都加以礼拜的现象。火神，是许多民族普遍崇拜的自然神之一。因为有了火才使人类与动物界彻底分开，从而让人类吃上了熟食，火在促进人类的发展上起到了重要作用，对人类的社会生产活动有着重大的影响。所以在原始的神话中，就有很多以太阳为中心内容的故事。如羲和生日、浴日、驭日、羿射九日、夸父逐日等，都直接反映了当时人们对太阳崇拜的心理。天体中最引人注意和最能影响人们生活的就是太阳，升起以后，光芒四射，既能给寒冷中的人们带来温暖，又会给人以酷暑的折磨；既会使禾稼苗壮成长，又会使庄稼枯萎。基于太阳对人类生活的巨大影响，原始人把天体(特别是太阳、月亮)作为自然神加以崇拜，也是情理之中的事。在原始文化中，留在彩陶纹饰上的天文图案也有比较突出的例证。

对月神的崇拜。月神崇拜，在中国古代也是一种常见的自然崇拜。漫漫长夜的皓月，会给人类带来光明。它阴晴圆缺，周期变化，容易作为人们判断日期的根据。所以，原始人很早就注意观察月亮，通过月亮的阴晴圆缺是最早的占月的兆相，产生了月神崇拜。但是，与日神崇拜相比，月神的神格要低得多，往往处于次要和从属的地位。我国早期对月的崇拜主要反映在与嫦娥有关的神话传说中。在原始神话中，中国有太阳女神名叫羲和，有把日神羲和当作月神的传说。由于嫦娥奔月神话的广泛流传，嫦娥便成了月神。我国原始社会对月亮的崇拜、祭祀并不发达，但通过长期的观测天象，通过观察月的运行，根据月亮圆缺变化，进行月占则相对发达，甲骨文中就有以月食为占的记载。

对风雨雷电诸神的崇拜。在原始人的头脑中，人们对风雨雷电等自然现象感到不可理解，认为冥冥中必有神灵主宰着这一切。特别是雷电，当一道道闪电划破长空、隆隆雷声震撼大地之际，即使现在的人也不由胆战心惊，更何况是古人。所以，人们认为雷电的“神力”是神秘不可测的。

最早的风神被称为箕星或箕伯，掌握着八方消息，通五运之气候，配合雷神、雨神帮助万物生长。风伯的搭档雨师就是雨神。中国古代的风神和雨神起源比较早。《风俗通》中称：“风师者箕星也。箕主簸扬，能致风气，故称箕伯。”飞廉是中国古代神话传说中的神怪，相貌奇特，长着鹿一样的身体，布满了豹子一样的花纹。头像孔雀的头，头上的角奇异古怪，有一条蛇一样的尾巴。《水经注》称飞廉以善于行走而为纣王效力，周武王击败了纣王，飞廉殉国自杀，天帝为他的忠诚感动，用石棺掩埋他，并使他成为风神。然而风伯也常以飓风过境毁坏屋舍伤害人的生命，形成自然灾害，因此被视为凶神。民间传说中常以女性形象出现的风神“封姨”，就主要体现了风对植物生长的危害。

雨神是商周代气象诸神中最受重视的神灵。关于卜雨、求雨的卜辞相当多。求雨的祭礼可能因求雨时的客观情况不同而有所不同。卜辞中最常见的有两种祭法。一是舞(或呼舞、奏舞)，用奏乐、唱歌、跳舞来祭神。二是字像投人于火之形。上古时代遇到严重旱灾时常焚人祭神以求雨，这种祭祀方法是原始宗教祭礼迷信中的一种方式。人们要求得到祈求对象宽恕与同情时，常用自我惩罚为祭礼的内容，以祈求神灵免去人类的灾难。焚人求雨的古俗在甲骨卜辞里有充分的反映。商周人认为诸多自然神和一些祖先神是有降雨和止雨的神力。在商周人的观念里，雨神已不具有决定下不下雨的权力，下不下雨要仰求于其他神灵的共同决定，或经其允许雨神才下雨或不下雨。雨神崇拜的信仰观念是认为水能够给万物生命力、生长力。以这种观念为核心，又衍生出有关水的种种神秘力量的观念。如关于水具有驱邪功能的观念，便是由水的生命观念引申而来。而水具有驱邪功能的观念，又直接为道教所承袭，成为道士符水施咒、喷水驱邪法术的内在根据。据考古证明，安阳商周墟的甲骨卜辞中就有许多关于祈雨活动的记载。在围绕着农事而进行的祭祀活动中，古文献记述最多的是雩祭。雩祭是古老的传统民俗文化，是中国古人为求雨而举行的祭典。到了周代，雩祭被定为雩礼，作为国家例行的祭典，每年仲夏五月举行，由天子主祭，称为大雩帝。除常规的雩礼以外，遇到天旱，又举行临时性的雩礼。在古人的观念中，雨的主宰之神主要为雨师(后为龙王)，因此，每当遇到干旱的时候，就去祭拜雨师、龙王及其他人们认为可以呼风唤雨的神灵，并逐渐创造出一套完整的拜神祈雨祭祀仪式。

雷神俗称雷公，是古代汉族神话中主管打雷的神。雷神信仰起源于中国古代先民对于雷电的自然崇拜，因为远古时代，气候变化异常，晴朗的天空会突然乌云密布，雷声隆隆，电光闪闪，雷电有时会击毁树木，击丧人畜，使人们认为天上有神在发怒，进而产生恐惧之感，对之加以膜拜。雷神的形象进而慢慢地形成，并从单纯的自然神逐渐转变成具有复杂社会职能的神。最初，人们把它塑造成人头龙身的怪物，敲打它的肚子就发出雷声。这种形象是半人半兽形，人们认为雷声在天，而龙亦飞腾于天，将二者结合在一起，便会有雷雨；又想象其腰间有一鼓，鼓发雷声。在古代中国，雷神的形象是不断演变的。我国古代神话里的雷神不止一个，最有名的出自《山海经·海内东经》：“雷泽中有雷神，龙身人头，鼓其腹则雷。”后来渐渐变成尖嘴猴脸的形象，并逐渐定型。道教神话编造出了数量众多、级别各异的雷神，最基层的是“雷公”，上一层的是普通的“雷神”，再上层是“雷王”。中国人对雷神的崇拜由来已久。在雷神形象演变历程的背后所彰显出的古人原始思维模式有着深刻的意味，体现着中国人独特的心理特征。在中国人的理念中，雷神是惩罚罪恶之神，人如果做了坏事或违背誓言，就有可能遭五雷轰顶。中国民间把雷神的生日定在农历六月二十四日，这一天要举行祭祀仪式，以寄托人们祛邪、避灾、祈福的美好愿望。

山神，是人们山体崇拜的产物，古人往往将巨大山岳神秘山川神化而加以崇拜。山神有无与伦比的法力，可以摧毁岩石，引发洪水，甚至可以化身为人。从山神的称谓上看，山神崇拜极为复杂，各种鬼怪精灵都依附于山。商周人祭山，多为祈雨，商周人认为山神有降雨的能力。山神崇拜中，被隆重祭祀的不是主要作为自然物的一般的山神，而是被人格化的岳神。因此，岳神的地位较一般山神高，相当于社、河神的地位。对岳神之祭，祭法繁多，祭品丰富，礼仪隆重，特别是商周人还以人牲祭之，岳神还与先王一起享祭，可见岳神地位之高。山在中国人心目中有着十分重要的地位，所以在古代中国，山也受到特别崇拜。山在中国先民的宇宙观中，具有类似于皇帝在人间所具有的那种统治地位，它们保持着宇宙的秩序与持久性。历代天子封禅祭天地，也要对山神进行大祭。对五岳的崇拜，一直延续到现在。

河神常指黄河水神，即常说的河伯。殷王朝建立以后，对河神的祭祀极为重视，建立河神庙。周代由天子祭祀，以后更正式与五岳祭祀并列，设立了专门的祭祀制度，并不断加封。河神名冯夷(或作冰夷，无夷)，据说河伯是位风流潇洒的花花公子。他一次蹚水过河，到了河中间，河水突然涨了，他一慌脚下打滑，跌倒在黄河中，被活活淹死。玉帝听说黄河没人管教，到处横流撒野，危害百姓，就任命河伯管理黄河及其他大小河流，以防止其对人畜的伤害。中国民间传说中，大禹治理黄河时有三件宝，一是河图；二是开山斧；三是避水剑。传说河图是黄河水神河伯送给大禹的。

中国的祖先崇拜源自生殖崇拜，最初是把孕育生命的器官作为生命来源的象征而加以推崇。对于祖先的祭祀从氏族社会就已经开始了，最早的祖先祭祀可以追溯到对女性祖先祭祀的新石器时代，其特征就是对各种象征繁衍功能的女性生殖器，具有女性特征的物品、符号、图画及多产动植物的崇拜。至新石器时代晚期，随着男性地位的上升，出现了对男性生殖器——祖的崇拜。

祖先崇拜，或敬祖，是指一种宗教习惯，基于死去的祖先的灵魂仍然存在，仍然会影响到现世，并且对子孙的生存状态有影响的信仰。一般崇拜的目的是相信去世的祖先会继续保佑自己的后代。祖先崇拜和神灵崇拜不太一样，对神灵崇拜是希望祈求一些好处，但对祖先的崇拜一般只是表达亲情。自古以来，中国人的家族观念是十分浓厚的，祖先崇拜的表现也十分突出。因为有祖先才有子孙，有天地，子孙才能享用万物而生存，祖先和天地在“生殖”方面的功劳一样大，所以要祭祖。在神州大地，祠堂、祖宗牌位随处可见，人们在危难时刻，常常祈求“列祖列宗”在天之灵保佑。祖先神崇拜是商周人宗教信仰的核心内容。商周墟发掘出的甲骨残片，绝大部分是祭祀祖先神的内容，这表明祖先神在商代所扮演的角色，是与人世之事息息相关的。

祖先崇拜的对象是血缘亲族集团的已故家长或族长，这些已故的家长或族长是现在血缘亲族集团成员的遥远的或新近的血缘祖先，他们被认为已成为神灵。俗人对这些祖先神祇进行祭祀，奉献美酒牺牲，祖先神祇则给其后代以福佑。祖先崇拜活动表现为祖先神灵频繁的名目以及对其繁多的祭祀。具有同一祖先的血缘集团内的男性成员按与祖先的直、旁系血缘关系的远近在一定的位置以一定的程序对祖先进行祭祀。与祖先血缘关系的远近决定宗族成员享有献祭不同数量的祭品的权力。祭祀祖先权力的大小又决定了各人所享受的宗法政治权力的大小和社会地位的高低。在中国历史上，祖先崇拜成为人们生活中一种强烈信仰，也是宗族团结的精神体现。

（汪良平）

# 17. 巫史的文化活动

说到“巫”，人们往往会将它同装神弄鬼、愚昧迷信活动联系在一起。其实，“巫”在历史上曾经对人类的精神文化产生巨大的正面影响，这一点往往被现代人所忽视。

大凡一个民族的原始精神文化，多和巫术有关系，如原始时代流行的神话、宗教、图腾、雕绘、歌谣、舞蹈、习俗、禁忌等，经常渗入大量的巫术因子，主要表现为对超自然力量的信仰与祈求。这种文化现象的出现绝非偶然。一方面，它同原始社会生产力低下，人们智力的发达程度尚不能合理地解释各种事物和现象有关。而从另一方面看，它又反映着人类的主体意识的最初萌动和觉醒，显示出人类的巨大进步。之所以这么说，是因为人类在其刚诞生时相当一段时期内，并没有完全摆脱动物的状态，原始人类在环境的支配下更多地凭本能生活，他们是谈不上有什么主体意识和追求的。经过漫长时间的变革现实的实践，人类才把自己从周围的环境中分离出来，开始意识到自身的存在与需求。这样一种生存的意志和愿望，在没有能找到现实的活动途径，或者现实途径尚不足以充分满足其实现条件时，必然要通过超自然的形式表现出来，于是就产生了原始的巫术。

因此，巫术在其初始阶段，并非纯属于人类愚昧落后的表征，恰恰相反，它体现了人的主体性的空前发扬，是人类自觉地组织、运用自身力量去认识和改造客观世界的重要精神凭借，尽管它还带有十分幼稚甚至荒诞的色彩。这就不难理解，为什么巫术对于人类早期的精神活动有着如此广泛而深入的影响，它实际上将原始思维中相当一部分的哲学、科学、艺术、宗教、道德、习俗乃至社会组织、制度的成分，都包摄于内，合成了一个文化系统，亦即我们所说的巫文化，尽管这种文化并不等于原始文化的全部，但却是最有特色的一部分。

考古学资料和古文献资料是考察中国上古巫史文化的两条基本线索。从红山文化及仰韶时代晚期大地湾等宗教性遗迹的发现与研究来看，当时已出现了较复杂的宗教礼仪和某种形式的巫师，而瑶山良渚文化的墓葬资料，不仅显示了男觋地位一般高于女巫，而且也反映了神权与军权集于一人的事实。依据考古实践的证据，我们可以推定，公元前的3000年中期，巫术已经成为中华先民的普遍信仰，专业巫师已经出现。而且，文献资料显示，五帝时代乃至三代社会的重大变革，往往首先从宗教领域开端。颛顼时代的“绝地天通”，可以说正是发生在巫师专业化过程中的第一次“原始宗教改革”。相传蚩尤作乱，祸及平民百姓。皇帝颛顼哀怜那些被杀戮的无辜百姓，用威刑处罚施行暴虐的人。并且，颛顼命令他的孙子重来管理地上之人与天上之神往来交通的事，又命令他的另一个孙子黎负责治理百姓，禁止普通老百姓与天神相通。于是，天与地、神与普通平民之间，再也不能私自沟通了。颛顼命重、黎二人分理天地与神民之事，以重整因蚩尤而大乱的天地和神人秩序，把通天的权利和巫术手段变成了仅限于个别专业巫师的事业，这一次“宗教改革”背后，暗示着原始巫师的一部分人从生产中脱离出来，走上专业巫师的道路，因此，重与黎可以看作文献记载中的专业巫师的先驱，重、黎的时代是上古巫觋演变的第一阶段，开启了中国巫史文化的先河。

随着阶级分野的明朗化、统治秩序的制度化，以及文字的创制和普遍使用，巫的职责也由单一的占卜扩大为参与政治文化管理。可以说，巫是中华民族的第一代知识分子，他们从事着多方面的文化活动。

殷商西周时期，巫与史通常是二任而一身，“巫”在甲骨文中又被称为“作册”“史”“尹”，所以后世也就以“巫史”合称。著名史学家范文澜指出：“中国古代文化，包括文学、音乐、艺术、医药、天文、历法、历史等学科，在商朝都奠定了初基……这个文化的代表人主要是巫和史。”故此，巫史文化传统是中华文化的源头，巫史在上古先秦时期的社会宗教、政治生活、文化生活中占有崇高的地位，其影响十分深远。

从宗教方面说，他们是神人交通的媒介，因而是神的意志的唯一的权威阐释者和神权的实际掌握者。

从政治方面说，巫史是礼制的始作俑者。“礼，履也，所以事神致福也。”在事神的过程中产生了礼仪和秩序，巫史通过神的力量来规范氏族成员的行为，维系氏族或部落内部的团结，而且在这个过程中逐步产生了贫富、贵贱的分化，巫史在司职的过程中，将生产资料和社会财富据为己有，同时又紧紧地把握着精神财富的支配权。巫在履行“绝地天通”职责的过程中成为举足轻重的人物，他们当中的某些人因此而攫取到最高权力，甚至最终成为酋长或国王。巫史以上天意志的代表自居，甚至有权训御君主的言行，在政治统治机构内居于显赫地位。

从文化方面说，巫史掌握着各种专门知识，是文化的传播者。其文化活动具体表现在如下方面：

一、占卜祭祀

占卜实质上是以某些方法来求得崇拜物用超自然的能力给人们以“昭示”。殷商西周时代，人们向天神人鬼卜问吉凶祸福的方法主要有两种：龟卜和占筮。巫史便是从事这些活动的专职人员。

龟卜，是将龟腹骨和兽骨钻孔火烤出裂纹，巫史们依据裂纹的形状来断定人间事务的吉凶祸福。据说龟卜裂纹有玉纹、瓦纹、田纹三大类，每一类又可分为120种基本形状，由此可见其复杂程度。

用龟骨占卜的活动在我国商代最为盛行。商代的龟卜活动包括从取材到占验一系列复杂的程序，具体说来有三大环节：

第一是收取活龟和整治龟甲。据《周礼》等文献记载，一般是秋天取龟，春天杀龟并整治龟甲，包括锯削、刮磨等工序。整治好的龟甲要存入专门的“龟室”里面。每年开春，还要举行用血液涂抹龟甲的“衅龟”仪式，目的是让龟甲在以后的占卜活动中更加灵异。这一环节是龟卜的准备阶段。

第二个环节是钻凿和灼兆。钻是在龟甲上钻些圆形的窝，凿是凿出梭形的槽。窝和槽一般挨在一起。钻窝和凿槽是为了让龟甲经火灼烤后更容易裂纹。窝、槽形成后，用烧着的柴草或者是烧红的木炭块灼烤已经钻成的圆窝(没有钻窝的就灼烤槽的旁边)，龟甲就自然发生裂纹，这种裂纹就是“兆”。钻凿和灼兆可以说是龟卜的操作阶段。“卜”这个字的造型和读音也是以灼兆活动为依据的。“卜”字的造型是模仿了龟甲上的裂纹：“卜”字的那一竖画代表粗的裂纹，被称为“墨”或“身”；“卜”字右边的那一点在甲骨文里写作一小横，代表龟甲上的细裂纹，被称为“坼”或“枝”。至于“卜”字的读音，更是直接来源于龟甲受火灼烤时发出的爆裂声，我们现在还形容这种声音为“‘噗’的一声”。

第三个环节是占验阶段，即根据龟甲上裂纹(兆)的形状、气色来推断未来的吉凶。商代人认为，占卜的结果是否灵验，除了乌龟壳本身的灵异特性以外，还与巫官的技术和才能有密切关系。为了检验巫官预测的“命中率”以决定对他们赏罚，就有必要把每次占卜的过程包括卜问的问题、谁具体操作了这次占卜、所得结论如何、后来的结果是否与巫官的预言相符等内容契刻在用于占卜的龟甲兽骨上。这些契刻在龟甲兽骨上的文字就是我们通常所说的“甲骨文”，因为它记录的内容与占卜有关，所以又被称为“卜辞”。

占筮，就是计算蓍草茎变化的数目，得出八卦依据之象，依卦象推测吉凶。在古代传说中，蓍草这种植物和老龟一样也被当成一种灵物。占筮法和龟卜法的最大不同，在于它要依靠演算得出的数字组成“卦”，然后再根据卦象预测吉凶。如《左传·僖公十五年》提到“龟，象也；筮，数也”，就正好揭示了占筮法与数字的密切关系。龟卜法主要看龟甲上裂纹的形状和气色，它基本上不涉及数字运算。后来人们将预测吉凶的方法统称为“数术”或“术数”，就与占筮讲究推算数字有关。

占筮之法，据传说有三种：“一曰连山，二曰归藏，三曰周易。其经卦皆八，其别卦六十有四。”所谓“连山”“归藏”之法，今已失传，今天我们所知的，唯有“周易”一种。

据《周易》以及后人的研究，我们可知古代占筮的过程大致包括如下几个阶段：

“一变”：将 49 根蓍草随意分成左、右两部分；任意从某部分中抽取 1 根挂于右手指间；将其余左、右共 48 根蓍草按 4 根一组来数(即左、右蓍草数分别除以 4)；数到最后，左、右两部分蓍草的余数加起来一定是 4 或 8(如果两部分都被 4 除尽，就以最后 4 根为余数)；将这个数字(4 或 8)与已经抽取出来的那根蓍草相加，得数便是 5 或 9。

“二变”：将减去 5 或 9 之后剩余的 44 根或 40 根蓍草再按“一变”的步骤(包括分两部分、挂取 1 根、分别除 4、余数加 1)演算一遍，最后的得数将是 4 或 8，这次演算称为“二变”。

“三变”：剩余的蓍草数将是 40 或 36 或 32，再按这原先的步骤演算一遍，最后得数仍将是 4 或 8。

“三变”之后，用蓍草总数 49 减去三次演算得数的和(即 5 或 9、4 或 8、4 或 8 相加)，然后用 4 来除，最后就会得到 6、7、8、9 中的一个数。如果得数是 7，就记为阳爻；得 8，就记为阴爻；得 6 或 9，则要根据具体情况决定其属阳属阴。三变才能确定一爻，而每卦是由六爻组成的，所以要得到完整的一卦，需要经过 6 个“三变”，共计 18 变，这就是《周易·系辞》中所说的“十有八变而成卦”。

从以上介绍的复杂的卜筮过程再加上纷繁的阐释工作来看，当然只有专门的神职人员——巫史方能胜任了。

考古资料以及文献记载均表明，商代奴隶主贵族已形成强烈的宗教意识。《礼记·表记》里说：“殷人尊神，率民以事神，先鬼而后礼。”敬事鬼神，为的是求福免祸。商人极端崇拜祖先，认为祖先就是至高无上的上帝，主宰着自然界和人间的祸福，在上天保佑着子孙。因此，事无大小，都要占卜，乞求神的旨意。与鬼神打交道是商代贵族政治生活中一项极为重要的事，主持这项活动非“巫”莫属了。

从上古先秦时期到明清时代，祭祀都是历朝历代社会生活中的重要内容。《尚书·洪范》将其列为八政第三，仅次于食、货。“夫祀，国之大节也。”古代中国人祭祀的对象非常广泛，天神、地祇、人鬼均在祭祀之列。在所有的祭祀活动中，巫史都是权威的组织指挥者。通过这些活动，人们的愿望、祈求、心愿与自然神、祖先神的旨意得以交通，而巫史就充当了这种交通的桥梁。

二、造字书史

巫史的另一重要职责就是书写历史。巫史记载下来的史实，是我国史学的源头。因此，我们可以说，巫史是我国史学的先驱，他们为后人留下了宝贵的历史资料。

据古籍记载，上古先秦时期，史官陪侍于首领身边，备以咨询，记录言行，制作策命，管理策令典册，是文化知识的掌管者与垄断者。举凡先公先王的世系，当代君王的言行，军国要务，祸福灾祥，都在巫史的记载之列。中国最早的历史文献汇编《尚书》中，《尧典》《舜典》是记载尧舜言行的，《皋陶谟》是记录皋陶和禹告于舜的言论的，《甘誓》是记载夏启讨伐有扈氏檄文的，《胤征》记载了夏王仲康命胤侯带兵征伐沉湎于酒乐的掌管天时历象的官员羲和之事，这些篇章均出自巫史的手笔。在《周礼·春官·宗伯》中，就有对当时史官分工的详细记载，计分为大史、小史、内史、外史、御史等职，各有执掌。内史侧重于神事、占卜、预言等事，《礼记·玉藻》曰："动则左史书之，言则右史书之。"《说文解字》云："史，记事者也，从又持中。中，正也。"《史记·殷本纪》脉络清晰地记载了殷王诸世系，据王国维《殷卜辞中所见先公先王考》等考证，此世系基本符合史实。由此可见，汉代史家司马迁一定参考利用了殷商时代巫史记录的资料。

据古籍记载，黄帝时就设有史官，如仓颉、沮诵、孔甲、大挠、隶首、宾成等即是。据《书史会要》等书记载，仓颉实际也是"通于神明"的巫史。又根据《左传》等记载，当时史的职责尚有"国之将兴，明神降之，监其德也；将亡，神又降之，观其恶也"，或作出各种重大预卜占测。可见，直到西周时期，巫史合一的本色仍十分明显。

虽说仓颉造字的传说不完全可靠，但它也说明：在迫切需要以文字来弥补语言不足的社会发展形势下，以仓颉为代表的掌握文字的这批文化官员对各种原始文字做了一次搜集、整理、划一的工作，使之能在全部落联盟内通用。上古先秦时期的文字为巫史所掌握，如殷商西周的甲骨文就可以说是巫史专用文字。而文字是文明的重要标志之一，因此，巫史不仅是我国史学的前驱，而且还是推动中国文字发展的先锋。

三、观象历法

《史记·太史公自序》曰："文史星历近乎卜祝之间。"巫史们卜筮、祭祀、书史，都免不了涉及许多天象、历法方面的知识。

传说中黄帝命史官大挠作甲子以记时日，命容成制历法以定农时，命隶首作算数，而史官羲和则从黄帝至夏代执掌天文历法。《小戴礼·月令》云："乃命太史守曲奉法，司天日月星辰之行。"从西周以至明清时期，太史一直是记载编写史书，保管国家典籍，掌管天文星历祭祀的朝廷大臣。中国古代的天文台称灵（靈）台，靈从巫，便是巫史掌握天文学的佐证。自从农业生产与天气物候联系起来后，天文学这门古老的学问就诞生了，观象授时、制定历法便成为农业生产中的大事。由于古人对变幻莫测天象的敬畏，形成了对上天的祭祀崇拜以及天人感应的观念，这自然就使文化官员巫史又成为专门掌管天文的学者，同时，巫史又发展了根据天象来预卜人间事务的占星术。

《史记·天官书》记载了先秦时期著名的天文学家："昔之传天数者，高辛之前，重、黎；于唐、虞，羲和；有夏，昆吾；殷商，巫咸；周室，史佚、苌弘；于宋，子韦；郑则裨灶；在齐，甘公；楚，唐昧；赵，尹皋；魏，石申。"他们其实都是巫史。相传夏代的历书《夏时》《夏小正》，将每年分为12个月，记载了每月的星象、动植物变化和应从事的农活，以及其他史书中所载的黄帝历、颛顼历、夏历、殷历、周历、鲁历等，都应该是巫史搜集整理的天文历法知识的结晶。《尚书》《诗经》里也有许多关于星宿的叙述和丰富的天象记载，如"七月流火""三星在户""月离于毕"等。

而且有关出土资料也证明了巫史所从事的天文活动。我们在出土的甲骨卜辞中，已经看到某些星名和日食、月食的记录。巫史们还依据天象，创造出六十干支记日法。出土的殷商武乙时期的一块牛胛骨上就刻着完整的六十甲子。甲骨卜辞中还有一年的十二月名，以及多次的“十三月”记载，证明当时已经以设置闰月的办法来调整朔望月和回归年的吻合关系。到了周代，巫史们还发明了用圭表测日影以确定冬至、夏至等节气的方法。

四、文化教育

巫史是最早的知识分子，他们还在文化教育方面发挥着重要作用。

甲骨卜辞中有不少内容是与当时的文化教育活动有关的，从中我们可以了解商代巫史教育的情况。商代的奴隶主贵族为了维护其统治地位，对其子弟的教育很重视。有一条甲骨卜辞记载：“壬子卜，弗，酒小求学?”意思是，壬子这一天举行占卜，弗求问上帝，为了王子入学，要设酒祭祖以求赐福，这样办是否可行?这表明商代奴隶主贵族把教育下一代当作大事看待，连入学都要占卜，设酒祭祖。甲骨卜辞中还曾列举了一些巫史进行祭祀的场所，除了有祖丁神坛、宗庙中庭神坛，还有作为教育机构的大学，从而不仅证实商代确已建立大学，而且大学还是祭祀场所之一。

甲骨文的发现和研究，证实古籍中关于商代学校教育的记载是可信的。《礼记・明堂位》：“殷人设右学为大学，左学为小学，而作乐于瞽宗。”《礼记・王制》：“殷人养国老于右学，养庶老于左学。”郑玄注曰：“右学，大学，在西郊；左学，小学，在国中王宫之东。”这些记载提到有大学、小学、瞽宗。大学的设立已被甲骨卜辞证实，大学与小学相对而言，有大学，也就必然有小学。右学和瞽宗，都是属于大学性质，其实是同一机构的不同名称。古人以西为右，殷人尚右尚西，将大学设在西郊，也叫右学。瞽宗是商代大学特有的名称。当时大学的教育以乐教为重，乐教的教师也就是乐师。乐师在学中祀其先师为乐祖，学也就成为乐师的宗庙，故称瞽宗。瞽宗是当时奴隶主贵族子弟学习礼乐的学校。

在文化教育上，我们通常认为殷商西周时代的特征就是“学在官府”。奴隶主贵族建立国家机构，设官分职，从事管理。为了管理的需要，制定法纪规章，并以文字记录，汇集成专书，由当朝专职官员来掌握，这种现象，历史上称之为“学术官守”，并由此而形成“学在官府”的特色。而当时掌管这些专门知识的官员就是由巫史担任的，所以我们也可以说是“学在巫史”。

巫史是上古时代掌握文化、文字、宗教占卜事宜的主要集团，他们所从事的每一项职业，都需要有严格的专业训练。比如在龟甲上刻字，便是一个对技术水平要求很高的工作。就目前所见的甲骨文字而言，其刻画均工整而遒劲，其笔致有小似发纹者，且甲骨为坚硬之物，在其表层刻画字符，绝非易事，须经大量的加工程序才能完成。这一点，没有严格的专业训练是很难达到要求的。

由于学术官守，典籍文献以及天文历法、医药学、历史、预卜等专门知识都由巫史这样一批专门文化官员世袭掌管，秘不示众，不传他人，只教其子，外人无法染指。

五、治病祈福

中国古代的医字写成“毉”，从巫，说明古时巫、医是一体的。

何休所注的《春秋公羊传・隐公四年》，曾对“巫”作了如下解释：“巫者，事鬼神祷解，以治病、请福者也。”可见治病是“巫”的职责之一。殷商时期，人们普遍认为生病的原因一是天帝、祖先所降祸，二是鬼神祟祸，三是妖邪之蛊，四是气候影响。因此，治病的方法，或者祭祀祈祷，祈望神的饶恕，或者用药物治疗。不管哪种方法，均由巫来施行。相传有巫咸和巫彭等十巫，与神灵相通，所以巫咸、巫彭的名字屡见于卜辞，可见在当时已颇有名气。殷墟甲骨文中涉及人体患病的部位，有头、耳、眼、口、牙、喉、腹、鼻、足、趾等，病名有“风疾”(头痛)、“痛疾”(喉病)和传染性疟疾等，可见当时巫史的医术已达相当水平。

而且巫术在中医千余年的发展历史中一直是存在的。其中最典型的例子是“祝由术”的运用一直没有停止过。“祝由”又称“咒禁”，古代曾作为医术的一科，如果用现代的语言来解释祝由，可以说这种技艺就是利用病人的信仰或崇拜对象、恐惧对象，用语言和行为诱导病人进入特定的心理状态(或催眠状态)，以达到治疗目的的一种医术。自马王堆出土帛书中的“祝由术”，到隋唐时巢元方《诸病源候论》、孙思邈《千金要方》和《千金翼方》、王焘《外台秘要》，再到宋、元、明的大量方书中，“祝由”一直作为一科与各种医疗技术并列。只是到了清代，才由政府发布行政命令，逐步废除祝由、针灸、按摩等科，祝由才逐渐在医学著作中消失，但民间仍然一直流行。由此可见，巫史对中医的深远影响。

我们可以看出，在上古时期，巫术在疾病治疗中占据了重要地位，随着生产力和人类认识水平的提高，它逐渐由“盛行”转变为医学的“辅佐”，在这个过程中，它在病因解释方面的迷信成分逐渐被排除，而在治疗方面的具有深层科学价值的某些方法(如祝由术)成了医疗的手段。

所以说，巫史也是我国医学家的先驱。

六、文学艺术

上古先秦时期，巫史的文化活动对中国文学的起源和发展也有重要影响。

中国古代的盘古开天地、女娲补天、后羿射日、夸父逐日、精卫填海等神话，与巫史对神的祭祀和崇拜是有直接联系的，其中既充满对古代英雄的敬仰膜拜，又反映了先民们以巨大的想象力去征服自然的愿望。《诗经》分为风、雅、颂三种形式，其中“颂”就是祭神歌曲的汇编，这些歌曲以琴、磬、钟、钹等乐器伴奏，在祭祀鬼神时诵唱。屈原《九歌》共11篇，均为巫师敬神、祭神曲，其中，《卜居》一诗还记录了卜筮。先秦时期的名著《山海经》向来被认为是一部“巫书”，它不仅保存了先民们通过神话思维对外界事物的认知，而且描绘了许多巫国、巫史的活动。

《说文解字》云：“巫，祝也。女能事无形，以舞降神者也。象人袞，舞形，也工同意。”《尚书·伊训》言：“歌有恒舞于宫，酣歌于室，时谓巫风。”郑玄解释说：“古代之巫，实以歌舞为职。”由此可见，歌舞也与巫史的活动有关。巫史歌舞是为了取悦于神，它既是表达感情的手段，又是神力的象征。巫史用生动的歌舞形式来表现人类丰富的思想感情，以显示自己是人神沟通的媒介、桥梁。舞蹈与音乐是一对孪生姐妹，舞蹈形体伴随着音乐节奏抑扬顿挫的不断变化，能对巫术活动起到推波助澜的作用，使其具有强烈的感染力。所以，我们可以说，巫史也是历史上最早的舞蹈家、音乐家。

先秦时期巫史的勃兴，是中华文化史上的独特现象。巫史垄断神坛，把持政坛，执掌学坛，不仅奠定了中国文化黎明时期的繁荣格局，而且对后世文化的发展产生了深远影响，引发出中国传统文化的一系列特点。

第一，巫教信仰成为古代中国社会政治文化的重要传统。如《明实录》128卷就记载了明朝仍设有卜筮之官，朱元璋曾说过：“卜筮者，所以决疑，国之大事，必命卜筮……龟筮者，所以通神明之意，断国家之事也。”历朝历代，祭神祀灵、敬祖孝宗、占天卜地、记史传谱的精神传统，都是肇始于先秦巫史文化。

第二，学术与政治纠缠。巫史们占天卜地，祭神祀鬼，记史传文，都有一个共同的政治目的：维护现存制度。中国的文化阶层对学术的探究与对政治的关注高度一致的传统，正是由殷商西周时代的巫史开其先河的。

第三，神学与科学交织。巫史们在其宗教文化活动中既有满脑袋的荒诞迷信，又自觉不自觉地接触到天文、地理、人体等方面的科学真理。在他们身上，神学的幽灵和科学的睿智始终形影相随。后世中华文化的许多精彩思想，几乎很少不被思想家们编排进天命、天道、天志之类的神学框架之中，这正是上古先秦时期巫史文化之风的长久遗传。

第四，自然科学与社会科学混杂，而且前者往往被笼罩在后者的庞大身影之中。巫史们观天文，测地象，研究人体，积累了丰富的自然科学知识，培育了中国古代天文学、历算学、医药学的萌芽。但是在他们心目中这一切并非真正的目的，而不过是论证天人关系、社会等级制度、伦理道德学说等一系列社会问题的手段和依据。自然科学相对于社会科学的奴婢身份，极大地限制了中华文化中自然科学，尤其是理论形态的自然科学的独立发展，这一畸形现象的胚胎正是由上古先秦时期巫史文化所孕育的。

第五，文、史、哲会通。巫史们书史传古，是最早的历史学家；载文记言，是最早的文学家；经天纬地，是最早的哲学家。从学术流变上看，中华文化中被冠以"国学"尊号的文、史、哲三家，其学术源头最早在巫史那里便相互会通。这种会通被中国读书人——士人作为优良传统继承下来并且发扬光大。直到今天，"文、史、哲不分家"的会通观念，仍然是人文学者开拓视野、触类旁通、取精用宏、攀登学术高峰的重要思想基础；而"文、史、哲不分家"又正是中国文化学科分工不细密的一种表现。

总而言之，上古先秦时期的"巫史"，是中国最早运用知识为社会服务的人物，相对他们所处的时代而言，他们具有丰富的学问，得到上自帝王下至百姓的普遍信服，他们确实对古代中国的文化起到了积极的推动作用。但从另一方面来看，巫史思想中闪烁光辉的理性内容，毕竟是被置于非理性的宗教崇拜形式之中，因此，他们的文化活动也受到极大的限制，影响了他们观察自然、观察社会的视野。

（沈艳）

# 18. 制礼作乐与宗周文明

制礼作乐，是周王朝得以建立并稳定了政治局势以后，由周公主导，对国家制度层面所进行的全面而深刻的大规模建设。制礼作乐的重点在于“礼”，其范围十分广泛，举凡典章法度、礼节仪式、伦理秩序等几乎无所不包，涵盖了政治、经济、军事、宗教、家庭、伦理等各个方面。周代的制度建设既有对前代的继承和沿革，也在很大程度上进行了转化与原创，造就了成熟而灿烂的宗周文明，即孔子所谓“周监于二代，郁郁乎文哉”。制礼作乐这一伟大创举的影响极其深远，可谓奠定了华夏文明的基调，开启了延绵不绝的政教传统。时至今日，中国仍留存着周公制礼作乐的流风遗泽，以“礼乐文明”“礼仪之邦”自居。

殷、周鼎革是中国历史上的重要转折，王国维先生称“中国政治与文化之变革，莫剧于殷周之际”(《殷周制度论》)。周王朝的建立是制礼作乐的前提和准备，因此有必要对周人的创业史有一基本了解。周人奉姜嫄为先妣，后稷为始祖。后稷名弃，姬姓，为尧舜时期的典农官，封地在邰(今陕西武功)。姬姓的周族与姜姓之族世代联姻，姜姓源出羌族，后来在西周政治格局中充当重要角色。后稷之子不窋的时代，夏王太康无道，罢免了不窋世袭的农官之职，并引发了东夷有穷氏的入侵。不窋只好举族北徙避乱，移居今甘肃一带，与戎狄杂处。至不窋之孙公刘，又率族人迁回故土，居于漆水、沮水流域的豳地(今陕西彬县)，过着半农半牧的生活。公刘是周代先王中第一位称“公”的人物，说明周族此时已创建了早期的国家形态，公刘兼具国君和宗子族长的身份。《诗经・大雅・公刘》描绘了公刘的迁徙和在豳地的一系列创业之举，“君之宗之”，指的就是建立族长与国君的双重权威。

作为族名和国名的“周”在豳地时就已存在，很可能出于商王武丁的赐名(杨宽：《西周史》)。20世纪以来，在陕西境内泾渭、漆沮流域发现多处先周文化遗址，如宝鸡斗鸡台遗址、武功郑家坡遗址、扶风刘家村“姜戎墓”遗址等，往往被认为是周人的早期活动遗存。这也为传世文献记载的周人起源提供了佐证，即周人确系在陕西关中西部渭河流域土生土长的族群。然而学界尚有另一种意见，认为周人起源于今山西南部的新绛、闻喜一带，理由是“豳”古字作“邠”，得名于晋南的汾水，古豳地实际上在汾河流域。20世纪50年代在山西太原光社村发掘出的先周文化遗址，被视为此说的考古证据。无论是陕西还是晋南，其地皆为平坦开阔、水源充足的黄土平原，可见周人从一开始就是一个农耕民族。

公刘之后，九世而至古公亶父(太王)，因豳地遭到戎狄侵掠，遂再次举族前往陕西岐山南面的周原，“贬戎狄之俗”，恢复了农耕制度，营建城邑并初步建立职官制度，周人从此开始了真正的定居，《诗经・大雅・绵》赞颂的便是古公亶父在周原的大规模建设。至古公亶父之子季历(王季)、季历之子文王的时代，岐周得到进一步巩固和发展，成为商王朝西部的重要邦国。20世纪70年代起对周原遗址的考古工作，发掘出规模宏大的建筑遗迹、墓葬群和大量珍贵文物，证实了高度发达的先周文化的存在。季历被商王朝任命为“牧师”，征伐戎狄、开疆拓土，有大功于商朝，却被商王文丁拘执而死。周文王即位后，虽然也被商朝任命为“西伯”，成为西方霸主，但商周之间的矛盾冲突已不可避免。《尚书·西伯勘黎》和《诗经·大雅·荡》都记载了商纣王的种种劣迹：聚敛、凶暴、酗酒、不善用人等。于是，“周虽旧邦，其命维新”，周之代商就成了势所必然。周文王在季历的基础上继续团结诸侯、向东部和中原扩展势力。周武王即位后，准备工作已经成熟，遂在孟津（今河南孟津）进行军事集结，发表灭商宣言，次年即率军攻克商都朝歌（今河南鹤壁市南），商朝灭亡。

周武王顺利取代了商王朝，并取得了各诸侯国的认可。后世之所以习惯称周代为“宗周”，即取周室为“天下宗主”之意。周人从一个西陲小邦一举夺取全国性政权之后，如何对广阔的疆域实行有效治理，就成了亟待解决的问题，制礼作乐未尝不是这一现实问题的客观需要。要吸取商亡的教训、克服商王朝固有的弊病，就不能对原有体制加以简单继承，而是要有所损益，发展出一套新的礼乐制度。此外，制礼作乐还有许多精神文化层面的前提。与商末诸帝的凶暴荒淫不同，周朝的先公先王率皆克勤克俭、笃仁秉礼，“德治”“礼治”是周人一直以来的政治传统。以小邦而居“中国”，使得周人对“天命靡常”“惟德是依”的观念一直深以为戒，并以之为自身正统性的论证。周人的宗教信仰也与殷人有着根本上的不同，殷人崇拜的“帝”是一专有的、人格化的祖宗神，周人信仰的“天”则是一普遍的、自然化的、公正不偏的最高主宰。由“帝”到“天”的信仰转换使得周代政治体制具备了更多的理性精神和人道主义色彩。总之，周人对“天命”和“德性”的强调，无疑是制礼作乐的思想准备。

武王克商后不久即去世，制礼作乐主要由摄政的周公主导并完成。《左传·文公十八年》曰：“先君周公制周礼。”《国语·鲁语下》曰：“若子季孙欲其法也，则有周公之籍矣。”“周公”本是一封衔，相当于宰相；历史上提到“周公”，一般指第一代周公姬旦。后世对“周公摄政”颇有争议，焦点在于周公到底有没有即位称王。无论情况如何，当周成王年幼之时，周公充当了实际上的国家领导人，对国内局势的稳定发挥了巨大作用，也为礼乐的制作提供了保障。制礼作乐并非一蹴而就，而是有一个长期的准备过程。《尚书·洛诰》称：“周公曰：‘王肇称殷礼，祀于新邑，咸秩无文。’”可见营建成周洛邑时还未遑制礼，用的还是“殷礼”。《尚书大传》称：“周公摄政，一年救乱，二年克殷，三年践奄，四年建侯卫，五年营成周，六年制礼作乐，七年致政成王。”反映了周公在制礼作乐前为巩固新生政权而开展的一系列工作，如平定殷遗民和族内的管叔、蔡叔的叛乱，讨伐参与叛乱的奄地，将可靠亲族封到要害地区以建立侯卫，营建成周洛邑为新都等。到新都建成并大合诸侯、迁殷遗民之后，制礼作乐的时机也就成熟了。

传世的《周礼》《仪礼》二书，往往被视为周公制礼的记录。西汉刘歆、东汉郑玄都认为《周礼》是周公“致太平”之法，这其实是古人的“政治修辞”，所述并非事实。后世对《周礼》的撰作年代，有春秋说、战国说、周秦之际说、汉代说等，总之其非周公所作甚明。《仪礼》内容周密详赡，断非一人一时之作，反映的应当是西周末年礼仪越来越细碎烦琐时的状况。然而，《周礼》《仪礼》又并非与周公全无关系，二书总不能向壁虚造，其中必然保留了周公制作的部分内容。《周礼》《仪礼》是西周礼乐精神的体现，是对周公制礼的扩充、完善和发挥。因此，将二书同《诗经》《尚书》《逸周书》等文献相结合，推求周公制礼作乐的具体内容，就不失为一条可靠途径。

与“文胜于质”“周文疲敝”的西周晚期不同，周公所制礼乐没有那么细密的种类，也没有那么繁奢的内容，更像是一份宏观纲领，对周王朝的各项大政方针作了规定，由一整套长期实践、神圣不可变的“常宪”“典常”“常职”“常法”构成，所谓“民不废时务，官不易朝常”（《国语·楚语上》）。宗法制、封建制和两寮制，是西周最具代表性的三大制度，分别代表了伦理秩序、国家形态和中央政制，共同构成了宗周文明的基本格局，对后世均有深远影响。除此之外，以冠礼、婚礼、丧礼等为代表的生活礼仪，也是周代礼制不可缺少的环节。

一、以宗法制为代表的伦理秩序

宗法制是西周最为独特的社会制度，它与嫡长子继承制和封建制相配合，成为理解周代政治的基本出发点。王国维先生指出："周人制度之大异于商者，一曰立子立嫡之制，由是而生宗法及丧服之制，并由是而有封建子弟之制……商人无嫡庶之制，故不能有宗法。"(《殷周制度论》)"宗法"这一形式起源甚早，人类自从有了家庭和集体，就自然地按照血缘的亲疏远近来安排生活。然而"宗法"正式定型为一种特定制度并作为政治秩序的组织原则，却是从周代开始。周代宗法制的最大特点，就是改商代的兄终弟及制为嫡长子继承制，并派生出丧服、封建、世卿、昭穆等制。尽管有学者认为，商代事实上已存在父子相继的继承制度(裘锡圭《关于商代的宗族组织与贵族和平民两个阶级的初步研究》)，但嫡庶制却应为周代首创，并成为宗法制的起点与核心。

那么如何来区别嫡庶呢？众所周知，凡同宗同族之人都要供奉同一个祖先，全体周人都奉后稷为始祖。但上古社会是多妻多子的社会，于是始祖正妻所生长子，就是"嫡长子"，若正妻无子，则以身份高贵的妃妾之子为合法继承人，世代承继祖世、奉祀祖宗。这一支被称为"大宗宗子"，一脉相承、百世不迁。始祖嫡长子以外的庶子，就是"别子"，各自开枝散叶、别立门户。每个"别子"独立生成一宗，各以他们的嫡长子传宗接代、百世不迁，这叫作"小宗"。各"小宗"的始祖，也就是第一代"别子"，他们的别子也各自传宗，以同样的方式世代继承，叫作"小宗之小宗"。"小宗"对于"小宗之小宗"而言，也就成了相应的"大宗"。

小宗的第一代继承者，叫作"继祢小宗"，第二代叫"继祖小宗"，第三代叫"继曾祖小宗"，第四代叫"继高祖小宗"。界定"小宗"的标准是众昆弟之间是否有同一个高祖，如果有同一个高祖，那么大家就是同一小宗。而小宗传到第五代时，已不再是同一个高祖，这时就要再分出几个小宗，这就是小宗"五世则迁"的原则，也即"别子为祖，继别为宗，继祢者为小宗"(《礼记·丧服小记》)。小宗要侍奉大宗，大宗要照拂小宗，以此巩固整个宗族的关系。

对应到政治体制上来看，周天子就是"大宗宗子"，为全族之长，世代由嫡长子继承。天子的别子封为诸侯国君，对天子则为"小宗"，对本国而言也是由嫡长子继承、百世不迁，为本国的"大宗"。诸侯的别子亦称公子，不得继承诸侯，而被命为卿大夫，对诸侯则为"小宗"。这个诸侯的别子成为本家族卿大夫爵位的始祖，故曰"别子为祖"。卿大夫也由嫡长子继承，也是百世不迁，为本家族的"大宗"。对于卿大夫的嫡长子来说，他实际上继承的是诸侯别子，故曰"继别为宗"。卿大夫已到分封的最底层，其别子对卿大夫则为"小宗"，也由嫡长子继承，但不能继承卿大夫的爵位，只能为小宗的宗主。这个卿大夫别子的嫡长子继承的并不是作为始祖的"诸侯别子"，而是继承了自己的父亲也即"卿大夫别子"，故曰"继祢(父)者为小宗"。这个小宗宗主统领本家族内属同一高祖的兄弟，不再是同一高祖的兄弟，就要从该"小宗"中分出去，别立一小宗。

这一层层分裂的树形图式的宗法制，将宗族与国家结合起来，试图构造一套稳定的政治结构。可二者一旦结合，就势必引出"君统"与"宗统"的矛盾。"君统"凭靠的是天子、诸侯的政治权力，而"宗统"则着眼于宗族内的血亲关系。如果诸侯为天子之叔伯，那就必然削弱天子的权威。而且周代宗法制还有"诸侯不敢祖天子，大夫不敢祖诸侯"的特点，也就是说，诸侯、卿大夫只能宗祀自己这一"大宗"的始祖。例如鲁为诸侯，不得立文王庙；仲孙等三家为大夫，不得立桓公庙。天子与诸侯、卿大夫既然是君臣尊卑关系，就不宜再论宗亲关系。这一矛盾成为周代宗法制的隐患，也为晚周的礼崩乐坏、诸侯异政埋下了伏笔。

二、以封建制为代表的国家形态

封建，是指分封王室子弟及功臣，建立侯国，以拱卫王室。封建制建基于宗法制之上，主要处理的是中央与地方的权力关系。“宗法制”对应“宗统”，“封建制”对应“君统”，周天子与诸侯在宗族内是“元子”与“别子”的关系，在政治体制上则是君臣关系。分封诸侯之事，在商代就有，周人本就是商王朝的一个邦国。但商代的分封与血亲宗法的关系并没有那么紧密。周文王时代已开始重视分封制，通过分封来扩展土地。武王克商后，在原来的商王畿内分封邶、鄘、卫而设置“三监”，以监视殷遗民，同时分封同姓亲属，如召公、毕公、荣伯等重臣。周公稳定了国内局势以后，开始了大规模的分封，既封同姓也封异姓，布局上主要以姬姓贵族为主，联合异姓贵族加强对东、北、南三方面的统治，形成一个包括黄河、淮河和长江北岸在内的广阔的统治区域。可见封建制的直接目的就是重新分配土地，把中央和地方之间自上而下的统属关系确立起来。周公在分封侯国时，充分考虑到了各地的民风民俗，没有采取整齐划一的政策。如燕国是“因时百蛮”(《诗经·大雅·韩奕》)，鲁国是“因商奄之民”(《左传·定公四年》)，申国是“因是谢人”(《诗经·大雅·崧高》)，采用入乡随俗、因地制宜的方法来治理。

封建制以血统嫡庶及亲疏长幼来确定尊卑贵贱，让每个人的爵位和权力与其身份相称，这被称作“定分”制度。正如《左传·庄公十七年》所说：“王命诸侯。名位不同，礼亦异数。”诸侯爵位分为五等，即公、侯、伯、子、男；诸侯以下有三等，即卿、大夫、士。分封以土地大小决定爵位大小，《孟子·万章下》说：“天子制地方千里，公、侯皆方百里，伯七十里，子、男五十里，凡四等。”这里的千里、百里等并非实际丈量的准确面积，而是管辖的范围，分别对应于不同的爵位，超过了应有的管辖范围，即是不合于礼法。分封的实质是授土授民，王室与诸侯国由此而显得像是集权与分权的关系：王室将某一土地上的民众授予诸侯，也就相应地授予诸侯以统治权。同样道理，诸侯把土地上的农民分给卿大夫作为食邑，也相当于让渡了统治权。诸侯、卿大夫事实上成了对外可以独立的经济和政治实体，这就导致了中央对地方权力缺乏羁縻，为东周的分裂埋下了隐患。

与授土授民相关联的，是周代“策命礼”，即天子命人向分封的诸侯宣读诰命并颁赐信物。这是一项与封建制相配合的重要政治仪式，是对天子权威与君臣关系的彰显。据《左传·定公四年》记载，周公分封鲁国，“因商奄之民，命以《伯禽》，而封于少皞之虚”；分封卫国，“聃季授土，陶叔授民，命以《康诰》，而封于殷墟”；分封唐国(即晋国)，“命以《唐诰》，而封于夏虚”。所讲的就是举行策命礼的情况。策命礼通常在王宫或宗庙的正殿(大室)举行，周王在天未亮即到达典礼场所，天一亮就接见受赐的诸侯。行礼时，受命的诸侯由其傧相导引入门，立于中庭，周王则南面立于东西两阶之间。策命是预先书就的简册，由秉册的史官宣读，有时秉册与宣读也分为两人。策命往往以“王若曰”开篇，表明是王的敕令，内容详简不一，主要包括褒奖功劳、追叙先王德业及训诫劝勉等。今存《尚书·康诰》，就是周公策封康叔于卫国时的文辞。至于所颁赐的信物，主要有赤市、朱黄、玄衣、赤舄等服饰和车马、玉器、旂章、弓矢等器物。成王、康王之世，周王还会亲自举行策命礼，成康以后，就由近臣内史或尹代为宣命了，可见策命礼最终也渐渐走向了形式化。

三、以两寮制为代表的中央政制

按照《周礼》的设计，周代最高官职为“三公”：太师、太保、太傅。“三公”只是荣衔，对政治事务提出意见和建议，具体行政工作由“三公”之下的“六卿”负责。“六卿”的官衔和主要职责分别是：天官冢宰，总揽各项工作并掌管宫廷事务；地官司徒，掌管文教事业；春官宗伯，掌管祭祀与典礼；夏官司马，管理军政事务；秋官司寇，掌管律令刑法；冬官司空，掌管国家工程建设。“六卿”以下又有众多承担具体工作的属吏胥徒等，加起来有2672人，再加上诸侯的各类官职，总数达61000人。《周礼》中的职官体系实际上是出于后世儒生之手的一份理想蓝图，很难说与史实相符，但其中也不乏周公制作的遗存，部分地反映了西周早期的官制。结合《尚书》《诗经》等传世文献和西周金文等出土材料，尤其是一些西周早期的青铜器铭文中所反映的职官，大体上可以反映周公对中央政权的官制设计。

自武王克商以后，周王朝就开始着手建立中央政权。周公东征胜利并营建成周洛邑以后，为了有效治理广阔的疆域、加强对四方诸侯的统治，更是进一步完善了中央政府的架构，形成了一套职能完备的官僚体系。西周能够维持政治稳定，与其成熟健全的中央行政机构有着莫大关系。西周初期的中央政权，以“太保”和“太师”为首脑，掌握军政大权，并充当年少国君的监护者。“保”原本为宗族内部对贵族子弟的保育监护人员，通常由族内长老充任；“师”原本为高级军官，同时也承担守卫宫廷的职责，并负责对贵族子弟的军事教育。“保”和“师”的性质相同，只是一主内而一主外。对应到政治体制中，二者就成了具有监国性质的行政首脑。西周初年，太公望、周公旦和召公奭都曾担任太保、太师之职而辅佐成王。

从西周早期至中期的青铜器铭文来看，西周中央官制以“两寮”为框架，即卿事寮与大史寮。周成王时的“令方彝”铭文称：“王令周公子明保尹三事四方，受卿事寮。”周厉王时的“番生簋”铭文称：“王令兼司公族、卿事、大史寮。”“事”与“士”通，“寮”亦作“僚”，意即机构、僚属。二者为中央政权的两大官署，属于王室的执政机关。这在传世文献中也有记载，如虢仲、虢叔为文王卿士(《左传·僖公五年》)，荣夷公为厉王卿士(《国语·周语上》)，南仲为宣王卿士(《诗经·大雅·常武》)，虢石父为幽王卿士(《国语·郑语》)等。可见卿事寮的权力很大，相当于后世的宰相府，其职守则如令方彝铭文所言，“尹三事四方”，即总理三大政事和四方诸侯。寮既然指的是官署、机构，那么寮中的卿士当非一人，卿士也并非官职名，而是秩位名，是该机构官员的统称。

卿事寮所掌管的“三事”，指三项重要政务：行政、司法与监管地方。西周金文及文献中经常出现的“三事大夫”“三吏大夫”等名称，则是负责这三项政务的卿事寮官员之统称。如周康王时的小盂鼎铭文称：“粤若翼乙酉，三事大夫入，服酒。”传世文献则有《诗经·小雅·雨无正》“三事大夫，莫有夙夜”，又《十月之交》“作都于向，择三有事”，《逸周书·大匡解》“三吏大夫”等。《尚书·立政》载周公之言称：“立政：任人、准夫、牧，作三事。”此处的“作三事”即“三事大夫”的职责，“任人”指任事之官，“准夫”指平法之官，“牧”指养民之官，这三类官员统称为“三事大夫”。金文中另有“三有司”这一名号，如周宣王时的毛公鼎铭文称：“彶兹卿事寮、大史寮，于父即尹，命女兼司公族，雩(与)参(三)有司。”周穆王时的盠方尊铭文称：“王行，参(三)有司：司土、司马、司工。”周恭王时的卫盉铭文称：“乃令参(三)有司：司土微邑，司马单旟，司工邑人。”可见“三有司”指司土、司马、司工，也即《尚书·周书·梓材》所谓“我有师师，司徒、司马、司空、尹旅”。三有司是卿事寮的属官，负责处理农业、军事、工程等具体政务。

大史寮负责祭祀、策命、图籍、天象、占卜等事务，其属官为太保、太史、太宗。《尚书·顾命》称：“卿士、邦君麻冕蚁裳，入即位。太保、太史、太宗皆麻冕彤裳，太保承介圭，上宗(太宗)奉同瑁，由阼阶隮。太史秉书，由宾阶隮，御王册命。”其中卿士为卿事寮属官，太保等则为大史寮之属。太保的职能已如前述，为周室重臣；太史在金文及文献中屡见，主管策命之职；太宗即“大宗伯”，主管典礼、宗庙、祭祀等。也有学者认为，大史寮的属官还包括太宰、太祝、太卜等，而太宗地位极高、几与太保、太师相当，应当是独立于两寮之外的职位(杨宽:《西周史》)。无论如何，大史寮的职权鲜少涉及国家行政事务，而是主要负责意识形态工作，其与卿事寮可谓一事天、一事人，体现了“天官”与“地官”两大系统的分立。

两寮既为中央两大机关，就应各有最高长官。有学者认为，作为封衔的“周公”是卿事寮之长，“太保”是大史寮之长(钱玄:《三礼通论》);有学者则以“太师”为卿事寮之长，以“太史”为大史寮之长(杨宽:《西周史》)。周公建成洛邑后，在洛邑和旧都镐京都设有卿事寮，由召公以太保之职执掌镐京卿事寮，周公则以太师之职掌管洛邑卿事寮，实行“分陕而治”。这一举措主要是为了对东西方诸侯进行更有效的治理，也从另一方面说明卿事寮作为权力集中的行政机关之意义所在。以两寮为架构的中央政权，体现了周王朝在政治事务和精神文化上的不偏不倚，对后世有重要影响。

四、以婚丧礼为代表的生活礼仪

周公的制礼作乐不仅关乎伦理关系、典章制度等宏观层面，也关切到了个体生命，针对个人生活中的某些重要阶段或场合，作出了步骤和仪节上的规范，贯穿了从出生到死亡的全过程。这类生活礼仪最初只为贵族阶层所尊奉，忙碌而贫贱的平民是没有财力和精力让自己的行为处处合于礼的。但礼仪在历史上呈现出不断普及和下移的过程，慢慢浸润和影响到了民间，塑造了全社会的公序良俗，培养了国人重秩序、守规矩的集体意识。周公时代的生活礼仪并不像后世那样繁文缛节，整体上较为质实俭朴，但基本的要求和轨范已经确立，成为宗周文明的重要面相。

冠礼是人生中第一项重要礼仪，意味着一名男子从此步入成年。冠礼通常在二十岁时举行，先卜筮吉日、择定日期，冠者的父兄即邀请嘉宾作为仪式的见证。行礼时要加冠三次，一次是爵弁，一次是皮弁，一次是玄端，分别是男子参加祭祀、视朔、朝会等重大政治仪式的首服。三种冠冕都由请来的嘉宾为青年所加，并进行一番勉励教诲。礼成之后，冠者先见父兄，再入见母姊诸姑，然后挚见于国君、乡大夫、乡先生，从此获得了贵族社会中的政治身份，可以参与宗庙朝会等场合。冠礼时还有“命字”仪式，以伯仲叔季的长幼次序为冠者取字，这也是确立其在宗族中之位置的手段。

婚礼是另一项重要仪式，第一步是纳采，由男方家族向女方家族提出求婚。纳采之后是问名，征得家族同意后，方可询问女子的私名。这一先后顺序表现，婚姻不仅是两个人的结合，首先是“结两姓之好”。问名之后是纳吉、纳征与请期，主要是两家确定婚姻的聘礼和敲定典礼日期。婚礼在黄昏举行，由男方至女方家亲迎。新妇离家时，母亲对其要有一番告诫劝勉。婚礼次日，新妇要拜见舅姑，并在祢庙举行“庙见”。婚姻对于宗族来说意义重大，具有加强家族联系、顺利延续宗嗣的目的。

丧礼是极为重要和复杂的礼仪，手续繁多、等级森严。简而言之，丧礼时先要行“招魂复魄”的仪式，还要接受亲人和同宗兄弟的吊唁，再由神职人员(商祝、夏祝)举行专门的法事，接下来小敛，为亡者备衣物，最后大敛入棺。丧礼的每个环节都要哭诵尽哀，还要时时献祭食物，事死如事生，葬日则由族人宗亲聚集占卜。丧礼的关键在于“丧服”，即按照血缘上的亲疏远近划分等级，处在不同等级的吊唁者，在服色、行为和哀毁之情的表达上都要有所不同。丧服制度是最能体现亲属关系与社会关系的制度，其社会和礼法的意义远大于个人情感的意义，一方面表现了纵向的伦理等级，一方面也体现了横向的宗族联系。

各类生活礼仪的具体要求要落实在个人身上，但其出发点和着眼点却在整个宗族，由宗族成员共同参与。冠礼的意义在于赋予一个成年男子以宗族中的位置，婚礼的意义在于繁衍宗嗣、结好二姓，丧礼的意义则在于慎终追远、重叙宗族中的伦理等级。对集体、国族和人伦的重视成了宗周文明的本质特征，并在后来的历史进程中不断得到强化。

我国古代一直将“礼乐”并举，可见“乐”是礼制的组成部分，与“礼”相辅相成，“作乐”也是周公制作的重要方面。礼的作用主要在于节制和规范，乐的作用则在于调和与教化。音乐在宗周文明中占据了很大篇幅，在正式场合使用的音乐被称为“雅乐”“正声”，凡举政治仪式、宗庙祭祀、外交场合、婚丧宴饮等，无不奏乐，这也导致周代音乐种类繁多、功能各异，不同等级、不同场所、不同爵位，所用乐舞绝不能混淆。一代有一代之礼乐，殷周鼎革后，周王朝除了损益改革前代礼制之外，还重新创作了本朝适用的音乐。《诗经·周颂》即为周王朝创制的雅乐，可惜乐谱已经失传，只有歌词存世。

《周颂》中包含了两部组乐，一为《大武》，一为《三象》，也简称《武》和《象》。在周初创制的乐舞当中，以《大武》和《三象》保存最为系统，极大地体现了周人在开国之初的精神气质。由于二者原本的顺序已经散乱，因此后代学者根据《周颂》做了许多重建和复原工作。《大武》以歌颂武王克商为创作目的，宗旨是凸显“禁暴、戢兵、保大、定功、安民、和众、丰财”的德业，并“使子孙无忘其章”(《左传·宣公十二年》)。其作者历来说法不一，或谓武王自作(《左传·宣公十二年》)，或谓武王、周公合作(《庄子·天下篇》)，或谓武王命周公作(《吕氏春秋·古乐》)。武王自作的可能性不大，最可信的说法还是将作者断为周公，应当是周公制礼作乐的成果。

《礼记·乐记》引用了孔子的话，指明了《大武》的结构与内容。全乐共分六部分，每部分称作一“成”。第一成象“北出”，讲述周人由孟津渡河向朝歌进军的情景；第二成象“灭商”，描绘“发扬蹈厉”的战争场面；第三成象“南”，即向南面用兵；第四成象“南国是疆”，即对南方诸国重新划定疆界；第五成象“周公左，召公右”，表现周召二公分陕而治的文治政策；第六成象“复缀以崇天子”，即全部表演者回到原来位置，以表现天下大定，向天子致敬。后人皆据孔子的说法立论，认为《大武》共六章，分别对应于《周颂》中的六篇，只是在篇目和顺序上存在争讼。如最早作出复原的王国维先生认为，《大武》的篇章次序当是《周颂》之《昊天有成命》《武》《酌》《桓》《赉》《般》(《周大武乐章考》)；杨向奎先生则考订为《武》《时迈》《赉》《酌》《般》《桓》(《宗周社会与礼乐文化》)。但有学者提出不同意见，认为“成”不应作“章次”解，而是“遍”的意思，六成就是表演了六遍，并据前引《左传·宣公十二年》“禁暴、戢兵”等七个主题，断定《大武》事实上包含着《周颂》中的七篇：《时迈》《我将》《赉》《酌》《般》《桓》《武》(姚小鸥《诗经三颂与先秦礼乐文化》)。

《大武》的篇章次序虽然存在争议，却并不妨碍我们理解周公作乐的思想内涵。西汉毛亨这样解释《周颂·酌》的宗旨：“《酌》，告成《大武》也。言能酌先王之道以养天下也。”这一解释可谓点出了《大武》的立意，那就是对“王道”的尊崇和对德政的强调，这也正是宗周文明的基本精神。《三象》是与《大武》相提并论的一部周初组乐，其篇章也散见于《周颂》。《礼记·明堂位》称：“成王以周公有勋劳于天下……命鲁公世世祀周公以天子之礼乐……升歌《清庙》，下管《象》，朱干玉戚，冕而舞《大武》。”《三象》与《大武》的使用规格相同，皆为天子之乐，其创作时间也庶几近之，都是周公作乐的成果。王国维先生曾取消了《三象》的独立性，认为它是《大武》六成之后三成的别称(《说勺舞象舞》)，后人对此多不认同。“象”当为“效仿”“法象”之意，意为效法先王之道，其内涵与《大武》是一致的。至于《三象》的篇章次序，《毛诗序》已经指出《周颂·维清》是其中一篇：“《维清》，奏象舞也。”有学者以此为线索复原了《三象》的篇次：《周颂·天作》《维清》《昊天有成命》。因为《天作》祀太王，兼言文王赓续太王之德；《维清》祀文王，特言及“文王之典”；《昊天有成命》祀文武，兼言成王追摹先王之德。这样一来，就与“象”的内在含义相吻合(姚小鸥《诗经三颂与先秦礼乐文化》)。

通过《大武》《三象》的精神内涵可知，二者皆为深具教化意义的“德音”。周公作乐与制礼的目标是一致的，都是要发扬先王之道、开辟周王朝的宏大规模。《礼记·乐记》说：“王者功成作乐，治定制礼。”周公正是在功成治定之后才制礼作乐，不仅开创了“郁郁乎文”的宗周文明，也为中国历史的未来走向奠定了基本风格。嗣后的历代帝王莫不以“制礼作乐”为政治上的最高荣耀，并充分重视礼乐在政治生活和社会风俗方面的规范引导作用。更为关键的是，周公制礼作乐所贯彻的理性精神和人文精神，让华夏文明早早摆脱了蒙昧，朝着健康、成熟的方向发展。

（全广秀）

# 19. 工商食官与学在官府

西周和春秋时期，是我国国家制度形成并逐渐完善的阶段。在农业生产领域，实行井田制，在手工业和商业领域实行工商食官制度，在文化教育领域实行学在官府制度。其共同特征是服务于家国同构的宗法制和分封制，贵族控制国家和社会生活的各个领域。

工商食官是西周和春秋时期的官营手工业制度，指当时的手工业者和商贾都是官府管的奴仆，他们必须按照官府的规定和要求从事生产和贸易。在这种制度下，周王室和诸侯都设有由官府管理的各种手工业作坊，这些手工业作坊的各类生产者称为百工，他们既是具有一定技艺水平的工匠，又是从事手工业生产的管理者。

司空，是周代及春秋战国时期掌管手工部门的最高长官。工师则是官府工业中各种工业制造的具体主管人。在金文中，司空皆作司工。当时比较重要的手工业都是由王室和诸侯贵族所控制，而由百工直接掌管。百工就是百官，他们统辖着各种行业的生产。当时的商人，不仅不能自主经营其业，那些手工业者所生产的产品也主要是为了奴隶主贵族的享用，而不是为了交换而进行的商品生产。所以，《礼记·王制》说："凡执技以事上者：祝、史、射、御、医、卜及百官。凡执技以上市者：不二市，不移官。"也就是说，以技术为奴隶主贵族服务的，既不可兼做他事，也不能改变行业。西周时期的手工业，除了上述的官府手工业外，还有属于公社农民家庭副业的民间手工业，但都是为了自给自足而生产，只有少数手工业品用于交换。

成书于战国时代的《考工记》记述了官营手工业各工种规范和制造工艺，以及生产管理和营建制度。《考工记》开宗明义就说："国有六职，百工与居一焉。"这一方面是说"百工"的重要性，另一方面也说明"百工"属于官府手工业。郑玄注说，"百工司空事官之属"，"监百工者，唐虞已上曰共工"。《考工记》还记载说，凡治理木材的工匠有七种，治理金属的工匠有六种，治理皮革的工匠有五种，染色的工匠有五种，刮摩的工匠有五种，用黏土制作器物的工匠有两种。治理木材的工匠有：轮人、舆人、弓人、庐人、匠人、车人、梓人。治理金属的工匠有：筑氏、冶氏、凫氏、栗氏、段氏、桃氏。治理皮革的工匠有：函人、鲍人、韗人、韦人、裘人。染色的工匠有：画人、缋人、钟氏、筐人。刮摩的工匠有：玉人、楖人、雕人、矢人、磬氏。用泥制作器物的工匠有：陶人、瓬人。有虞氏尊尚制作陶器之工，夏后氏尊尚建造宫室、开挖沟渠之工，殷人尊尚制作青铜及木器之工，周人尊尚制作车舆之工。制作一种器物而需要聚集数个工种的，以制作车聚集的工种为最多。

虽然《考工记》所记都是官工，但也提到有些诸侯国对于有些产品，并没有设官工制造。书中指出：越地没有制作镈的工匠，燕地没有制作铠甲的工匠，秦地没有制作矛、戟等长柄武器的工匠，匈奴没有制作弓、车的工匠。越地没有制作镈的工匠，不是说没有能够制作镈的人，而是说那里人人都能制作镈。燕地没有制作铠甲的工匠，不是说没有能够制作铠甲的人，而是说那里人人都能制作铠甲。秦地没有制作矛、戟等长柄武器的工匠，不是说没有能够制作长柄武器的人，而是说那里人人都能制作长柄武器。匈奴没有制作弓、车的工匠，不是说没有能够制作弓、车的人，而是说那里人人都能制作弓、车。智慧的人创造器物，心灵手巧的人循其法式，守此职业世代相传，叫作工。

在西周官府手工业中，最为重要的是青铜工业。早期铜器的分布地点，除了丰京、镐京和洛阳之外，各地的诸侯国大概也都有铸造。已经发现的西周早期最大铜器如大盂鼎，虽然没有商代司母戊鼎大，但这时发现的青铜器总量却超过了商代晚期。可见，西周早期的青铜工业有了一定程度的发展。西周中期以后的铜器出土数量则超过了早期，例如在长安、扶风、岐山等地历年来发现了多批窖藏铜器，一窖少则四五十件，多则百余件，其中大部分是属于这一时期的。又如，河南三门峡虢国墓地，出土铜器竟达 181 件，其他大宗的工具、武器、车马等器物，多达 5000 余件。

西周时期的玉器使用更加普遍。它不仅用于奴隶贵族服饰或其他佩戴物上，而且又是他们用以区别尊卑的礼器，如璧、环、瑗、璜、圭、璋、琮以及戈、斧、刀之类的仿兵器仪仗用品，等等。这些玉器都很精细，并有专门的作坊进行制作。在西周沣西遗址中，曾经发现有大量的纺陶轮和少量的石、骨纺轮以及骨、角、铜制的锥、针之类的工具，说明纺织业是当时的一种重要的手工业。

车，除了用于战争外，也是当时重要交通工具。西周时期的车，形制更加精巧，种类增多。制造一辆车，要有木工、金工、漆工和皮革工等多种工匠的合作，构成了一种综合性手工业链。

西周的商贾和当时的百工一样，隶属于贵族，主要是替贵族经营，为其需要服务。在贵族之间的交换中，充当货币的主要是“贝”，以“朋”为计算单位。西周铜器卫盉铭文中说，矩伯庶人在裘卫那里取了朝觐用的玉璋，价值贝八十朋，可以付给“十田”；矩伯又取了两张赤色的虎皮、两件鹿皮披肩、一件杂色围裙，共值二十朋，可以付给“三田”。说明当时的“贝”已经成为交换媒介。西周墓中，殉贝的情况比商代更为普遍。这些贝、玉石贝、骨贝和陶贝，除了部分作为装饰品外，其他都是作为货币或货币的象征来殉葬的。

至于民间的一些交易活动，范围小，数量少，大多是以物易物，相互交换一些日用物品。

春秋时期，随着铁制工具的使用，公社及其所有制即井田制度的内部量变，农业经济的发达，各国的手工生产有了进一步的发展。大凡礼器、兵器、车器之属的生产，国家设有工正、工师、工尹等官吏管理，各种手工业仍由官府控制，而一些日常生活用品，则由民间手工业者自产自销。

当时的官府手工业，基本上与西周时期相同，但其制度更为完整，种类更为繁多，对工匠的技术要求和对他们的各种管制办法也更为严格了。官府手工业是直接为贵族服务的，由于统治阶级的消费欲望愈来愈强烈，所以官府手工业的经营范围和手工产品的质量标准也相应扩大和提高。因此，一切具有专业技术的农民都被官府网罗在官府工业的有关部门中，而成为“在官之工”。所有在官府手工业中服役的工匠，不但具有专门技能，世代相传，而且各自具有由于长期经验积累而成为家传的秘方绝技。

《管子・小匡》记载说，要使工匠居处相聚而集中，察看好的木材，考虑四时活路，分辨质量优劣，安排各种用具。在评定等级、考计规格、裁断器物的时候，要注意齐全和精致。这样，互相谈论工事，展示成品，比赛技巧，提高智慧。他们整天从事于此，来教育子弟，从小时就习惯了，思想安定，不会见异思迁。因此，其父兄的教导，不严也能教好；其子弟的本领，不劳苦也能学会。所以，工匠的子弟常为工匠。要使商人居处相聚而集中，他们观察年景凶饥，了解国内情况，观察四时，注意本乡货物，而预知市场物价。他们负任担荷，赶牛驾马，以周游四方；料定物资多寡，估计商品贵贱，以其所有，易其所无，贱买贵卖。所以，雉羽一类的珍品，不必远集而自至；竹箭之类的产品，国内就有浮余。奇怪的商品经常到来，珍异的东西也有聚集。他们整天从事这些，来教育子弟。他们互相谈论赢利，互告买卖时机：互相陈说物价知识。从少年就习惯于此，思想安定，不会见异思迁。因此，其父兄的教导，不严也能教好；其子弟的本领，不劳苦也能学会。所以，商人的子弟常为商人。

西周时期，官府垄断了学校教育和一切学术文化。那时，只有贵族男子才有机会接受教育，平民百姓不能进入校门。这种官学合一的现象，被称为“学在官府”。

周初通过大规模的分封诸侯国以及各诸侯国内部的再分封，形成了贵族统治阶层内部的森严等级，《礼记·王制篇》记载：“王者之制禄爵，公、侯、伯、子、男，凡五等。诸侯之上大夫卿、下大夫、上士、中士、下士，凡五等。”

西周时期的学校大致分两类，即国学和乡学。国学为上层贵族而设，设于王城及诸侯国都，按学生的年龄与程度又分为大学和小学。小学为蒙童之学，大学比小学高一层次，规模较大，有“五学”之称，即辟雍、成均、上庠、东序、瞽宗。其中辟雍是中心，四面环水。诸侯所设的大学，规模比较简单，仅有一学，半面临水，称“泮宫”。乡学就是地方学校，又称塾、庠、序、校等，是为低级贵族子弟和士而设。

学校均由国家开设，并且是国家机关的一个组成部分。西周学校既是从事教育活动的地方，又是政治活动的重要场所，学校还未从政治机构中分离出来，学校的教育职能与政治职能密切联结，形成了学政合一，政教一体的机制。根据《周礼》记载，教育行政和学校由太宰、大司乐、大司徒等直接领导。学校既是从事教育的地方，又是政治活动的重要场所之一，常在学校举行祭祀和献俘等隆重仪式。

教师又是官吏，师官不分。帝王之师——太师、太保、太傅，是人所共知的重臣。国学、乡学中的教师也是由官吏兼任，例如大司乐，既掌管国学，从事礼乐之教，又在政府中掌邦国之礼典。西周时期，老师的地位很高，得到国君的尊重。《礼记·学记》记载：“是故君之所不臣于其君者二：当其为尸也，则弗臣也；当其为师，则弗臣也。大学之礼，虽诏于天子，无北面，所以尊师也。”

学校中的行政管理与政治管理合而为一，师生关系表现为政治上的上下级关系。学生犯过，教师不仅可施体罚，而且还可用刑罚，称之为“教训”。严重的可以施行流放，终身不得叙用。

官学的教育内容由官府规定，以礼、乐、射、御、书、数等六艺为主。六艺之中，又有大艺和小艺之分，礼、乐、射、御作为大艺，是大学的课程，书、数作为小艺，主要是小学的课程。

礼的教育在西周六艺教育中占有核心的地位。西周的礼教除了规范祭神祭祖等宗教观念和礼节之外，还在于灌输尊卑上下的等级观念和宗法王观念，以强化西周王权的政治地位。西周国学教礼包括吉、凶、军、宾、嘉五个方面，吉礼体现通过祭祀，敬事邦国鬼神的内容；凶礼体现丧葬凶荒，救患分灾，哀悼死亡的内容；宾礼体现朝会过从，使诸侯亲附的内容；军礼体现兴师动众，征讨不服的内容；嘉礼体现举行宴饮婚冠等喜庆活动的内容。文献记载中的乡学，则有冠、婚、丧、祭、飨、相见等“六礼”。学校也是举行各种礼的地方，礼的学习很多时候就是实践课，即在典礼的过程中，士子们学习动静周旋的仪态，并按照礼官的要求演习当时所实行的各种具体仪式，并以诗、乐辅之。这些系统的礼仪学习是为了使贵族子弟在日后的各类社会政治活动中，都能做到合乎规范，体现贵族的威仪和地位。

诗是用来表达思想感情的，歌则是唱出这些思想感情的语言。《诗经》中“雅”“颂”部分就保留了不少西周贵族的诗歌，可以配乐歌唱，组成一定的乐章。这些乐章成为国家制定的礼乐的重要组成部分，不仅国家祭祀、朝会等重大典礼需要舞乐齐鸣，而且一般贵族社会交往的宴享也要演奏一定的乐章。乐教主要是学习有关宗教祭祀乐舞的知识，具体包括乐德、乐语和乐舞教育。

乐德之教，是政治宗教和人伦道德的综合教育，其核心也是张扬等级名分的观念，所谓声音之道，与政相通，西周各种重要的国事活动，如：尝大祭，宗庙朝觐、会同、乡饮酒礼等都配以乐，并通过不同的乐舞表达现实世界的尊卑名分观念。

乐语之教，包括兴、导、讽、诵、言、语六个方面。“兴”即兴发感动，让学生体会诗歌作者内心深处感发的感情。“导”就是由老师引导学生正确地理解诗歌的意思。“讽”就是把诗歌都背下来。“诵”就是有节奏、有声调地吟诵诗歌。发端曰言，答述曰语。“言”和“语”是引用诗句以为酬应对答的一种练习。例如春秋时，晋国公子重耳被其父宠爱的一个姬妾迫害，遂出亡在外，周游列国，见到秦国穆公。秦穆公吟《诗经》中的一段诗，重耳也对答一段诗，两个人就此结成盟友。秦穆公送公子重耳回国做国君，还把女儿嫁给他。这种以诗对答便是“言、语”。将诗歌吟诵用于外交，即“言”；用诗回答，即“语”。

乐舞之教又分作大舞和小舞，其中“大舞”有“六乐”之称，分别为《云门大卷》《大咸》《大韶》《大夏》《大濩》《大武》，相传是黄帝、唐尧、虞舜，禹、汤、文武六代史诗性配乐舞蹈，分别颂扬了上述历史人物的丰功伟绩。通过乐舞教育，使学生了解到先祖创业历程，增强敬天法祖的情感，通过舞的动作和韵律，使学生活动血脉，陶冶性情，提高艺术审美的能力。

乐和礼，紧密相连、互为表里，其教育作用也各有侧重：“乐所以修内也，礼所以修外也。”意思是说：礼的作用在于约束人们的外部行为，具有一定的强制性；乐则重在陶冶人们内心的情感，使人们潜移默化。

射，指射箭，御，指驾车，西周时文武尚未分家，贵族子弟都有从军作战的责任。除了战时必用之外，平时有些典礼活动中也要表演射术和御术，而且有一定的技术标准要求。士子要习“五射”：白矢、参连、剡注、襄尺、井仪。先在陆上学射，一般都用固定的靶子，后在水中学射，则用禽鸟等活动靶子，难度较大。如能通过水中射击这一关，就算学射成功。

士子要习“五御”：鸣和鸾、逐水曲、过君表、舞交衢、逐禽左。即在驾车奔驰时，铃声共鸣而有节奏；沿着曲折的水边驰驱而不颠坠；车入辕门时，能顺利通过设置在辕门中间的障碍物；在交叉的道路上纵横驰骋，像舞蹈一般轻盈而有节奏；驰车将野兽朝左边赶，以便君主能按礼的要求从左边进行射击。

射御教育不仅是一种体力或技艺的练习，而且是一种综合性的教育，其中包括道德情操和内心志向的培养。在射御二教中，以射最受重视，在西周铭文中屡有王室贵族子弟在辟雍、学宫习射的记载。射艺的高下常作为士子被奖励、提升的标准，诸侯贡士也要经过射礼的考核，以定优劣。

书指写字，数指算术。读写算是学习一切文化的基础。西周已有供小学文字教学的字书。《汉书 · 艺文志》载：“《史籀》十五篇。”注曰：“《史籀篇》者，周时史官教学童书也。”这是中国教育史上记载最早的儿童识字课本(今已失传)。据史书记载，西周识字教学是按字的构成方法分类施教的。《汉书 · 艺文志》载：“古者八岁入小学……教之六书，谓：象形、象事、象意、象声、转注、假借，造字之本也。”这里的“六书”即“象形、指事、会意、形声、转注、假借”的造字之法。

数的教育，在西周有很大发展，西周时6岁儿童开始学数数，从1至10的数目。9岁儿童学数日，指学习记日法，先学甲子纪日，然后再逐渐加深。10岁儿童开始学计，即计算能力的培养包括学习十进制元的文字记数方法和计算的方法。后者包括学会使用筹算和九数的方法。所谓九数是指方田、粟米、衰分、少广、商功，均输、盈不足、方程、勾股。方田主要是关于平面几何图形面积的计算方法。粟米，是谷物粮食的按比例折换与分配方法。衰分，也是比例分配问题。少广，是指已知面积、体积，反求其一边长和径长等要素。商功，是土石工程、体积计算问题。均输，是关于合理摊派赋税方法。盈不足，即双设法问题，包括盈不足、盈适足和不足适足、两盈和两不足三种类型的盈亏问题。方程，就是现代数学的一次方程组问题。勾股定理，今天小学生都耳熟能详，是一个基本的几何定理，指直角三角形的两条直角边的平方和等于斜边的平方。勾股定理是用代数思想解决几何问题的最重要的工具之一，也是数形结合的纽带之一。西周的士人可能熟知这个定理。

既然有学校，就会有考试。战国后期思孟学派的作品《学记》所记述的大学之道、大学之教、大学之法和大学之礼，就是西周的大学制度。在考试方面，当时规定："比年入学，中年考校：一年视离经辨志，三年视敬业乐群，五年视博习亲师，七年视论学取友，谓之小成。九年知类通达，强立而不反，谓之大成。夫然后足以化民易俗，近者说服而远者怀之。此大学之道也。"意思是说，第一学年考查学生阅读的能力，看他们能否分章析句，辨明文意。第三学年考查学生对学业是否专心，与同学相处是否和睦。第五学年考查学生学识是否广博，对教师是否尊敬。第七学年考查学生在学术上的见解和对交友的选择是否符合规范。七年结束，考查合格者谓之"小成"。第九学年要求学生在学识上触类旁通，在志操上坚定不移，考查合格者，谓之"大成"。这种考试制度按学年提出考试的要求和顺序，使得教学过程符合学生的认知发展规律。对德育和智育的考察并重，对德育的考试侧重于意志和信念方面的内容，对智育的考试侧重于推理、判断能力的发展。而对考试的内容、时间、规格都有明确规定，则表明西周大学的教学体制相当完备。

根据《礼记·内则篇》记载：贵族男子 10 岁的时候，就要离开家跟着官学的老师学习，在学校里住宿，学习识字和算术。这时候穿的衣裤都不用帛来做，以防止产生奢侈之心，小时候在家里教的规矩，仍然要遵循勿怠。早晚学习洒扫进退的礼节，勤习简策，学习以诚待人。到了 13 岁，开始学习乐器，诵读诗歌，学习舞《勺》。到了 15 岁，要学习舞《象》，学习射箭和驾车。到了 20 岁，举行加冠礼，表示已是成人了，就要开始学习五礼。这时候可以穿皮衣，穿帛制之衣，舞《大夏》之舞。要笃行孝悌，广泛地学习各种知识，但尚不足以教育他人，要努力地积累德行，但尚不足以为人师表。到了三十岁，娶妻成家，开始受田服役，要广泛讨教，学无常师，对朋友谦逊，其志尚远大者始与之交往。到了 40 岁，开始做官，出谋划策都要斟酌再三，如果君臣道合则就职任事，否则就离开。到了 50 岁，受命为大夫，参与邦国大事。到了 70 岁，年老体衰，就该告老退休了。

值得一提的是，西周贵族男子出外就学后，贵族女子却没有享受学校教育的机会，她们仍要继续留在家中听从教导，为以后成为贤妻良母，执掌家事做准备。《礼记·内则篇》记载，贵族女子在 10 岁时就要在"姆"的教导下接受专门的教育：在家中要温婉柔顺、听从尊长的教诲，学习纺麻织布，煮茧缫丝等女工，并要观察祭祀，学习捧入酒、浆、笾、豆、菹、醢等祭品和祭器，按照祭礼的要求帮助大人放置祭品和祭器等。这些是贵族女子的基础教育，待到她们即将出嫁还要接受特定的强化教育。《礼记·昏义篇》云："教以妇德、妇言、妇容、妇功。教成祭之，牲用鱼，芼之以蘋藻，所以成妇顺也。""德、言、容、功"就是所谓的"四德"教育，目的是教导女子习礼，培养女性柔顺的德性、言语的应对、容貌的修饰及家务的管理。

西周是官学发展的鼎盛时期，到了春秋，官学开始衰落。《诗经·郑风·子衿篇》记述了学校衰落景况，其文曰："青青子衿，悠悠我心。纵我不往，子宁不嗣音？青青子佩，悠悠我思。纵我不往，子宁不来？挑兮达兮，在城阙兮。一日不见，如三月兮。”现代学者一般认为这是一首情歌。但《毛诗·序》评论说：“《子衿》，刺学校废也，乱世则学校不修焉。”唐人孔颖达疏云：“郑国衰乱不修学校，学者分散，或去或留，故陈其留者恨责去者之辞，以刺学校之废也。经三章皆陈留者责去者之辞也。”

此外，《左传·襄公三十一年》记载，子产“不毁乡校”。这说明当时毁乡校的现象已经比较常见。《左传·昭公十七年》记载，精通历史和礼仪，后来二十四孝“鹿乳奉亲”故事主人公郯子到鲁国朝拜，“仲尼闻之，见于郯子而学之。既而告人曰：‘吾闻之，天子失官，官学在四夷，犹信。’”从孔子的话中可以看到，官学衰落的重要原因在于“天子失官”。“天子失官”无疑与西周的灭亡和春秋时期诸侯纷争有着密切的关系。

（张敏）

# 20. 敬天保民的民本思想

民本思想是中国古代最重要的政治思想，在中国传统政治哲学中居中心地位，贯穿于整个中国古代社会，已经内化于中华民族的文化心理结构之中，成为一种思维模式和行为方式，时至今日在当代中国仍有广泛的社会基础。

敬天保民是民本思想的理论渊薮和实践开端，是商周之际特定的历史条件下的产物，体现了周初统治者的新认识："上天"只把统治人间的"天命"交给那些有"德"者，一旦统治者"失德"，也就会失去上天的庇护，新的有德者即可以应运而生，取而代之，作为君临天下的统治者应该"以德配天"。这不仅从理论上为"武王伐纣，以周代商"的历史提出了合理的解释，而且也成为周王朝的基本治国方针。

发生在公元前1046年的牧野之战，周人一举克商，但是商朝的统治并没有彻底结束，商故地仍由纣王之子武庚统治。虽然武庚已经向周称臣，但周武王仍不放心，为了防止武庚作乱，就派他的三个弟弟去监视他，称为"三监"。周武王回镐京后，第二年就去世了。继位的周成王年幼，由周武王的弟弟周公旦辅政。"三监"认为周公心怀叵测，要取代为王，就联合武庚叛乱。周公率兵东征，经过三年的浴血奋战，消灭叛军，才彻底巩固了对东方的统治。

经历了这样的沧桑巨变，周公不得不对历史进行了深入的反思：三代兴替的经验教训是什么？原来是小邦的周，如何来统治这样一个大国？如何巩固"赫赫宗周"的统治呢？周公在一系列的诰命中做出了很有见地的回答。《周书》中的《大诰》《康诰》《酒诰》《梓材》《召诰》《多士》《多方》《无逸》《立政》诸篇，都同周公有很大的联系，很多学者认为是周公所作。这些不仅仅是诰命，同时也是周公对历史的总结。这些文献充分阐释了"敬天保民"的民本思想，具有十分重要的历史意义。

首先，周公用"民情可见"的观点解释天命，把天命理解为可以认识的客体。

"敬天"一语由周人提出，然其萌芽则在殷代。"敬"是尊崇、畏惧，"敬天"就是崇拜、顺从以上帝为中心的鬼神世界。殷代"敬天"思想的萌芽，《盘庚篇》中有反映。商王盘庚在诰命中反复强调"先王有服，恪谨天命"，不仅要照先祖遗训办事，更要按上帝指示办事。殷人迷信上帝、鬼神，殷王事无大小，无不占卜，这在甲骨卜辞里表现得非常明显，也就是殷人是笃信天命的。《尚书·西伯戡黎》记载，西伯灭黎后，形势对殷商不利，国内又不安定，大臣祖伊害怕了，问纣王怎么办。纣王却不以为然，称："呜呼！我生不有命在天。"他认为，殷商的统治受命于天，商王的意志就等于天的意志，而天命是不可改变的，商朝的统治肯定也能千秋万代。但事实表明，"小邦周"取代了"大邑商"，商纣王身死而国灭。

作为殷人祖先的上帝却抛弃了殷，转而眷顾周，周人必须对此做出合理的解释。为此，周公创造出了"天"这一观念，来代替殷人的"帝"，并赋予"天"更为丰富的内容。

天，是全职万能的造物主，主宰一切的至上神。天不再喜怒无常，风雨无定，而是带有强烈的伦理色彩和理性原则，其好恶取舍有着明确的标准。她俯视着大地，以“德”作为评判的标准。天与民不是对立的，而是关怀、保护民的，上天对下界洞然明察，时刻都在关心和了解民的疾苦。“皇天无亲，惟德是辅。”（《尚书·蔡仲之命》）“德”是决定天命转移的主要依据。上天所授予的大命是不固定的，上天并不永远保佑某一个王朝的统治。那么，为什么天命不常呢？周公解释说：我听说古时候殷代那些圣王们，敬奉天命，爱护小民，勤于政事，因此，得到了上天的保佑，但是，后来殷的嗣王却“酣身厥命，罔显于民，”放纵使酒，引起了民众的怨恨，殷王的荒政被上天知道了，所以天降丧于殷，商王朝的统治者受到了天的惩罚。总之，周人之所以能够代商而立，就是因为殷人失“德”，周人有“德”，因此天命才转移到周人的手中。

《诗经·大明》云：“维此文王，小心翼翼，昭事上帝，聿怀多福。厥德不回，以受方国。”就是说，周文王有美好的德行，能够诚心敬天，服侍上帝，所以老天爷就把国家交给了文王管理。文王不仅能够敬天，更加重要的是，他能够保民，“惟乃丕显考文王，克明德慎罚，不敢侮鳏寡。庸庸、祗祗，威威，显民。用肇造我区夏”（《康诰》）。就是说，只有我们伟大英明的文王，能够明德慎罚，不敢欺侮那些无依无靠的老人。用可用的人，敬可敬的人，畏可畏的事，使人民都能明白事理。因此上天让我们“小邦周”开辟疆土，统治中国。

周公认为，不仅周灭商的历史是这样，历史上的商人灭夏也是如此，夏王朝的灭亡，就是因为“有夏不适逸”（《尚书·多士》），即夏人不节制自己的放纵行为，天便废除了夏朝的大命，命令商朝的先祖成汤消灭了夏朝。

周人虽然得到了天命，但要永保天命，同样不能掉以轻心。正如周公所反复告诫的“天降丧于殷，殷既坠厥命，我有周既受，我不敢知曰：厥基永孚于休。”（《尚书·召诰》）“聿修厥德，永言配命，自求多福。”（《诗经·大雅·文王》）“肆王惟德用，和怿先后迷民，用怿先王受命。”（《尚书·梓材》）就是说今王只有施行德政，来和谐教导殷商那些执迷不悟的遗民，才能完成先王从上帝那里接受的大命！对于已获得天命的周王朝来说，我们只有夙夜不懈、畏人敬德、恪尽职守、无逸无怠，天命才可以长久保持。

在对待天命的态度上，虽主张要敬从天命，但又不盲目地依赖天命，周公甚至明确指出：“天不可信，我道惟宁。”（《尚书·君奭》）这在很大程度上决定了中国传统政治思想的人文主义的发展路向。另外，周公强调从民情知天命的观点，也表明他对于民众的力量以及民众在社会政治生活上的作用予以高度的重视，这一思想实际上开启了后代重民思想的先河。在那样一个鬼神信仰浓烈的历史氛围中，完全地抛弃天命是不可能的，也是没有必要的，周公既保存了“上帝”，争取人民特别是殷商遗民的情感认同，又解释了天命转移的历史现实，而更加具有现代意义的是，他把目光投向了现实世界，提升了人的理性精神，并且拓展了人格修养的无限可能。

其次，周公要求子孙牢记商王朝灭亡的历史教训，不能贪图安逸，荒怠政事。“天命靡常”（《诗经·大雅·文王》）的深刻洞见，正是周人有意识地总结前代历史兴亡的重要成果，是周人对“天命”转移深层的忧患。

周公一再告诫人们，殷商王朝之所以丧国，就是因为“荒湎于酒”，作为继商而立的周王朝的统治者，应该时刻牢记这一历史教训，“勿辩乃司民湎于酒”（《尚书·酒诰》）。

周公认为，周人虽然推翻了商王朝的统治，但并非从此就一劳永逸了，周王朝一旦失德，仍然要受到天的惩罚。“天降丧于殷，殷既坠厥命，我有周既受。我不敢知曰：厥基永孚于休。若天棐忱，我亦不敢知曰：其终出于不祥。”(《尚书·君奭》)这段话的大意是，我们周人虽然承受了原来为殷人所有的天命，但是我却不敢说我们的基业永远这样牢固。

周公时刻担心周王朝后继的统治者忘记商王朝灭亡的历史教训，“不知天命不易”，丢却前人的光荣传统。为了避免这样的事情发生，周公要求周成王“无淫于观、于逸、于游、于田，以万民惟正之供”(《尚书·无逸》)，就是说不能沉湎于游玩、田猎、享乐之中，一定要勤于国事。

再次，敬天保民思想的核心是保民，统治者一定要保民，“欲至于万年，惟王子子孙孙永保民”(《尚书·梓材》)。

保民，是周公认为可以天命永固的基本条件。在《尚书》中，他反复讲到“永保乂民”“用康保民”“惠康小民”“保殷民”“裕民”“恤民”。周公认为，治理民众是十分严肃的事情，统治者应该谨慎小心，一刻也不能荒怠。“治民祇惧，不敢荒宁。”(《尚书·无逸》)要使周王朝的政治统治得以巩固，就必须使民众安乐，而能否使民众安乐，则在于统治者能否体察民情。他还进一步提出了民近而天远，不知民情就不要妄论天命的思想。“弗造哲，迪民康，矧曰其有能格知天命!”(《尚书·大诰》)就是说，如果还没有使人民通达明白，引导民众达到安康之境，怎么能说知天命呢！他还提出，把民众作为天命的镜子，“人无于水监，当于民监”(《尚书·酒诰》)。把天命系于人事，主张从人事中去体察天命。周公并没有否认天命的存在，但又不人为地把天命神秘化，实际上是虚于天命，重于人事。这种观点在天命至上的时代是极有见识的，也是中国古代天命观的一个长足的进步。

周公还政于成王以后，告诫他说：“君子所其无逸，先知稼穑之艰难，乃逸，则知小人之依(隐)。”(《尚书·无逸》)只有“知小人之隐”，深切体察民情，才能制定正确的政策。体察民情，不能局限于了解民众的疾苦，更重要的是要体察民众的心理。周公认为，小人的怨詈，往往产生于为政者的失政，如果为政者相率欺诈，小人则人怨詈，明哲的统治者就是要善于从小人的怨詈中闻知已过，不断地修正自己的过错。“自殷王中宗及高宗及祖甲及我周文王，兹四人迪哲。厥或告之曰：‘小人怨汝詈汝。’则皇自敬德。”(《尚书·康诰》)在周公看来，每一个君主都应该像商汤、周文王那样，每当体察到民众有不满情绪的时候，都不迁怒于民众，反而求诸己，修明自己的品德，只有这样，民众才能安居乐业，专制国家的政治秩序才能安定。

保民，还需要选贤用能。《君奭》中记录的周公对召公说的关于贤臣匡扶社稷的言辞，说明了他对贤臣能人的重视。“在昔上帝割申劝宁王之德，其集大命于厥躬？惟文王尚克修和我有夏；亦惟有若虢叔，有若闳夭，有若散宜生，有若泰颠，有若南宫括。”“无能往来，兹迪彝教，文王蔑德降于国人。亦惟纯佑秉德，迪知天威，乃惟时昭文王迪见冒，闻于上帝。惟时受有殷命哉。武王惟兹四人尚迪有禄。后暨武王诞将天威，咸刘厥敌。惟兹四人昭武王惟冒，丕单称德。”周文王当年就是有虢叔、闳夭、散宜生、泰颠、南宫括等治国贤才辅佐，其德行才得以普及万民，使得文王圣道显赫，感动上天，承受天命。然而像夏桀，任用小人如赵梁、乌曹之辈，远贤臣如关龙逢、费昌，其桀骜不驯的性格导致了夏朝的覆灭。成汤用贤臣伊尹和仲虺，讨伐夏桀，获取天命。商纣王陷害比干、逼死商容。逼反黄飞虎，而任用佞臣、宠爱妲己，而佞臣们大多投其所好，助纣为虐者可活下去，贤臣多被逼死。因此，周公要求，只任用和尊敬那些能够养育百姓、为百姓谋安居的人。

最后，君主要明德慎罚，即德刑并用，崇尚德政，谨慎地使用刑罚。

所谓“明德”，就是要求统治者加强自我克制，实行德治，不可贪图安逸，要严于律己，勤政修德，绝不可骄奢淫逸。周公把道德教育视为关乎社稷千秋大业的事情。他曾著《君奭》一文，规劝召公应当和他一起，同心协力辅佐成王，完成好师保之责。当时周公为成王太师，召公为成王太保。周公首先指出，社稷大业的延续关键在于后嗣，“我亦不敢宁于上帝命，弗永远念天威，越我民罔尤违，惟人，在我后嗣子孙”。意思是说：我不敢安于天命，也不对人民有所违反与怨恨。关键在于“人”，尤其是在于“后嗣子孙”。他特别指出后嗣子孙德行不好的严重危害，“大弗克恭上下，遏佚前人光在家，不知天命不易，天难谌，乃其坠命，弗克经历”。周公认为，如果后嗣子孙既不能兢兢于上天，又不能勤王事于下民，丧失了先祖的遗德之光，不懂得天命难保、天意难信的道理，势必坠失天命而亡国。周公还列举了古代贤帝师教导、辅佐君王的例子：“我闻在昔成汤既受命，时则有若伊尹，格于皇天。在太甲，时则有若保衡。在太戊，时则有若伊陟、臣扈，格于上帝，巫咸乂王家。在祖乙，时则有若巫贤。在武丁，时则有若甘盘。率惟兹有陈，保乂有殷，故殷礼陟配天，多历年所。”意思是说，我听说从前成汤既已接受天命，当时就有伊尹得到上天的嘉许。在太甲时有保衡。在太戊时有伊陟和臣扈，得到上天的嘉许。又有巫咸治理王国。在祖乙时有巫贤。在武丁时有甘盘。这些有道的人，安定治理殷国。君王死后，他们的神灵也都配天称帝，流芳后世。所以周公告诫召公，应当认识到国家的隐忧不在目前，而在后嗣。而要防微杜渐，就必须加强师保对帝王的德行教导。

为使教育更有成效，周公运用比喻的方法，引用历史上的典型实例，从正反两个方面进行启发诱导。《无逸》指出：“厥父母勤劳稼穑，厥子乃不知稼穑之艰难，乃逸乃谚。既诞，否则侮厥父母曰：‘昔之人无闻知。’”意思是说，有些做父母的人终生勤劳耕作，结果孩子们却居处安逸，不知劳作之苦，一味追求享乐，结果变得傲慢无礼，不接受父母的教诲，甚至反唇相讥道：“你们这些跟不上社会发展的人，懂得什么呀?”这是从反面进行晓谕。

周公善于运用史实告诫、引导成王。他以商代贤王祖甲和武丁为例，说祖甲“旧为小人”，即位之后“爰知小人之依，能保惠于庶民，不敢侮鳏寡”，因而享国很长久；武丁由于小时曾有劳于外，和庶民共过事，深知他们生活的艰辛，即位为政，以谨言慎行著称，上下没有怨声，造就殷商盛世。而后世的殷士就不行了，“自时厥后，立土生则逸，生则逸，不知稼穑之艰难，不闻小人之劳，惟耽乐之从。自时厥后，亦罔或克寿”。由于后世殷王生于安逸，不识创业之艰，不懂守成之难，不闻小人之劳，一味沉溺于逸乐之中，结果享国都不能长久。周公从正反两个方面深刻指出后世国君是否不忘先王创业和守成的艰难，是否悉心体察民隐和具备不图安逸的品德，直接关系到国之存亡。

所谓“慎罚”，是指统治者要谨慎用刑，不得滥杀无辜。周公认为，刑罚是国家用来维持秩序的手段，但是，如果用刑不当，则将招致民怨。商王朝后期滥用刑罚，导致民怨沸腾，是应该汲取的历史教训。因此，周公主张统治者应该修明自己的道德，慎用刑罚。

随着奴隶制国家的发展，王权专制的色彩逐渐加强，个人专断作风无限膨胀，当国君的权力缺乏有效的监督，而且缺乏对上帝的最基本敬畏的时候，暴君就出现了。据说商代有“刑三百”(《吕氏春秋》)，可知道的墨刑、劓刑、宫刑、刖刑、大辟(即砍头)、殉葬在商代都已出现。卜辞中的“唯王又作辟(法)”，说明商代没有严格的刑法制度，遇事以统治者的意志而决定。据说商纣王发明炮烙之刑、醢刑、脯刑、烹刑等惨无人道的刑罚，这些暴行加速了商王朝的灭亡。有鉴于此，周公提出了“慎罚”的政治主张。

所谓“慎罚”，就是刑罚适中，不乱罚无罪，不乱杀无辜，在运用法律与实施刑罚时，保持克制与审慎。当年，卫康叔刚要走马上任去管理“河、淇间故商墟”“殷余民”(《史记·卫世家》)的时候，周公谆谆教诲，作《康诰》《酒诰》《梓材》诸篇，教导他如何管理封地。周公的话，概括起来就是“明德慎罚”，他告诫康叔，不仅要向文王等先王学习，还要向殷商故老讨教，要“往敷求于殷先哲王用保乂民”。接着周公又费了大量的口舌讲述“敬明乃罚”的问题，要康叔尽量宽恕罪人，他说，看待臣民犯罪，好像自己生了病一样，臣民就会抛弃罪恶；保护臣民，好像爱护自己的孩子一样，臣民就会康乐安定。而且，不仅仅要刑罚，更重要的是要教导百姓，“汝亦罔不克敬典，乃由裕民”，由裕，即猷裕，就是教导的意思。“慎罚”并不是“不罚”。周公告诫康叔：对于那些杀人越货、“寇攘奸宄”、“暋不畏死”而“自得罪”之人，你就要顺从人民群众的意愿去惩罚他们。而对于“不孝不友”的“元恶大憝”就要“刑兹无赦”。有些诸侯不能教育好自己的家人和官员，作威肆虐，违背王命，这些人不能用德去统治，他们应当受到惩罚。

周公一方面主张统治者应该根据国家的法典使用刑罚，另一方面也主张统治者应该根据罪人的认罪态度，对于刑罚的轻重程度加以调整：“人有小罪，非眚，乃惟终，自作不典，式尔，有厥罪小，乃不可不杀。乃有大罪，非终，乃惟眚灾，适尔，既道极厥辜，时乃不可杀。”(《尚书·康诰》)如果一个人犯了比较轻的罪过，但却不思改悔，不反省，不认罪，这样的人即使罪行并不严重，也非杀不可。如果一个人犯了重罪，但却有认罪悔改的表现，并且罪有缘由，则不可杀。《吕刑》中更是具体说明“天齐于民，俾我一日。非终惟终，在人”，即人犯有大罪的，但属于“非终”之列，可酌情减免；人犯有小罪的，但蓄意为之，则属于“惟终”之列，不可酌情减免，应当区别对待。同时，《吕刑》曰：“罚惩非死，人极于病。”对于罚金赎罪的情况，虽然可以使罪者免死，但是活罪之痛也是相当痛苦的。因此，“其刑其罚，其审克之，狱成而孚”。所判的刑罚，都必须详加审查再加定论，判足狱讼才能使人信服。“五刑之疑有赦，五罚之疑有赦，其审克之！简孚有众，惟貌有稽。无简不听，具严天威。”即发现所判之刑罚情有可原，可以直接赦免，这都必须详加审。罪状经审核，多人证实，还要对细微处稽查，此时方可定刑罚。刑狱之事要慎重再慎重，天威可畏，民心可敬，也是慎重处罚的重要体现。此外，“刑罚世轻世重，惟齐非齐，有伦有要”。刑罚也要因时制宜，或轻或重，要有纲要、有条理地根据实际情况进行调整。这样才会使民心服顺，安分守己，勤劳耕作，不触法网。

与此同时，周公也主张在量罪定刑时，凡是自取罪行的人如抢劫、盗窃、奸邪之徒，他们杀人劫货，强悍而不怕死，民愤极大，都要重罚。另外，不尊、不孝、不友、不忠、不义之人要严罚，对违纪的官员更是罪加几等，处而决之，对不尊天命者，不顺天意者严惩不贷，使刑罚能够充分反映统治者的意志，起到稳定社会秩序的作用。

总而言之，周公认为，国家动用刑罚的目的在于惩恶劝善，因此，在使用刑罚时应该以善为怀。要设法使民众心悦诚服，就像医治自己的疾病一样对待犯罪者的过错，从而使犯罪的臣民能够改过自新。

“敬天保民”的政治理念，在西周初期取得了非凡的成效。在周公的辅佐下，营建东都，分封诸侯，制礼作乐，周王朝国势蒸蒸向上。《竹书纪年》说：“成康之际，天下安宁，刑措四十余年不用。”“敬天保民”的民本思想后来又经由孔子、孟子等儒家圣人的总结提炼，通过文景之治、贞观之治、开元盛世时期的帝王实践发扬光大，成为体现中华传统智慧的政治思想。

（张敏）

# 21. 周代宗法制的建立及瓦解

宗法制是以宗族血缘关系为纽带，与国家制度相结合，维护贵族世袭统治的制度，其基本原则是“立嫡以长不以贤，立子以贵不以长”，即正妻所生的长子为法定的王位继承人。严嫡庶之辨，实行嫡长子继承制，目的在于稳固贵族阶级的内部秩序。这一制度依靠自然形成的血缘亲疏关系以划定贵族的等级地位，从而防止贵族间对于权位和财产的争夺，是分封制和井田制的基础，也是调整统治阶级内部权力、财产继承与分配秩序的原则。

早在原始氏族时期，按照血统远近以区别亲疏的宗法制就有所萌芽，但作为一种维系贵族间关系的完整制度的形成和出现，则是周代的事情。

夏、商、周被史籍称作“三代”。夏、商两代的国家最高元首称“帝”。夏朝的帝位由儿子接任，偶尔也有传给兄弟接任的。商朝的帝位大多传给弟弟，最后由最年幼的弟弟再传给长兄的长子，或以行传给自己的儿子。公元前 8 世纪，周武王灭商建周，都于镐京，并改“帝”为“王”。周王朝的王位明确规定只传长子，而且是“传嫡不传庶，传长不传贤”。周王朝的这一制度就是“宗法制”。

宗法制源于父权家长制家庭。随着社会发展，漫长的原始母系氏族社会逐渐被父系氏族社会取代，并最终确立了父权在家庭中的统治地位，太古先民“知母不知父”的历史终于画上了句号。父权家长制家庭普遍实行“一夫多妻制”，并在诸妻中分别嫡庶。据史籍记载，三代的“一夫多妻制”情况是这样的：“天子娶十二，夏制也，二十七世妇。殷人又增三九二十七，合三十九人，八十一部御女。周人上法帝喾正妃，又九九为八十一，增之合百二十人也。天子一娶十二女，象十二月，三天人九嫔。诸侯一娶九女，象九州，一妻八妾。卿大夫一妻二妾。士一妻一妾。”众多嫔妃、妻妾所生的一大堆子女如果不划分个先后次序，不立定个章法规矩，那就会乱套。这个章法就是依母亲的身份，把所有的子女划分为“嫡”和“庶”两类。嫡，正妻为嫡，正妻所生的儿子谓嫡生、嫡子，即正宗之意。庶，旁支也，妾所生的儿子谓庶子、庶出。嫡为大宗，庶为小宗。

据《史记·殷本纪》载，“自中丁以来，废嫡而更立诸弟子，弟子或争相代立”，从而造成“比九世乱”“诸侯莫朝”的局面。殷商后期，兄终弟及制为父子相承制代替。如帝乙的长子微子启生在“微”，封为子爵，名启；因启的母亲身份卑微，非正妻，因此启虽为长子却不能承袭帝位。帝乙的小儿子辛(即纣王)，因其母是正宫，嫡出，故继承了殷商的帝位。正是这位辛使殷商走向灭亡。这说明殷商末期，嫡长子继承制已经确立。

占据黄河流域周原(今陕西岐山)生活的周部落，在古公亶父时，嫡长子继承制还没完全确立。古公少子季历继承了王位，而长子泰伯、次子仲雍出奔长江三角洲，后来建立了吴国。季历传位于长子姬昌，姬昌又传位于长子姬发。姬发灭商后，大力推行嫡长子继承制。自此宗法制度被作为立国的原则世世代代延续了下来。

文献和彝铭记载中屡有“宗周”的记载，《诗经》载：“食之饮之，君之宗之。”从宗法系统看，周天子乃是地位最高的宗子。周初，宗法制首先在周天子和诸侯间实施，以后逐渐及于中、小贵族，以至士与庶民之间，具有了普遍性质。在宗法制度下，“天子建国，诸侯立家，卿置侧室，大夫有贰宗，士有隶子弟”(《左传》桓公二年)，形成了系统而完整的制度。周王为周族之王，自称天子，奉祀周族的始祖，称大宗，由嫡长子继承王位。其余庶子和庶兄弟大多分封为诸侯，与天子相比是小宗，在其本国则是大宗。诸侯也由嫡长子继位，其余庶子和庶兄弟大多被分封为卿大夫，与诸侯相比是小宗，在本家则为大宗，其职位也由嫡长子继承。从卿大夫到士，其大宗、小宗的关系与上同。世袭的嫡长子即是宗子，地位最尊。如此层层分封，大宗率小宗，小宗率群弟。大宗、小宗的宗法关系，同时也是政治隶属关系。对于异姓有功的贵族，则通过联姻，成为甥舅，分封为诸侯，也纳入宗法关系。于是，在全体贵族内部，举国上下形成了以周天子为核心，由血缘亲疏不同的众诸侯国竞相拱卫的等级森严的体制，使政权不但得到族权而且得到神权的配合。“亲亲”“尊尊”在这里获得完备的、严格的体现，成了宗法制的精神支柱，从而也是周礼的根本原则。

根据宗法制“传嫡不传庶，传长不传贤”的精神，周王朝规定：只有嫡长子才是继承王位或爵位的唯一合法者，庶子即使比嫡长子年长或更有才能，也无权继承，这就使弟统于兄，小宗统于大宗。庶子虽然不能继承王位，但他们可以得到次于王位的其他爵位。为此，周王朝依据宗法制度的基本原则，又创设了分封制。

分封制的具体办法是：

(1)周王朝的国王以都城镐京为中心，沿着渭水下游和黄河中游，划出一大片地区，建立由周王直接统治的中央特别行政区，此谓之“王畿”。

(2)王畿以外的全国所有土地，划分为大小不等的许多块，分封给各路诸侯。但这些封国面积很小，实质上都是一个个城堡式的军事据点，以此为中心对四周地方加以控制，这就保证了中央对封国的绝对控制权。

诸侯国的分封有两种情况：

(1)同姓封国。凡是姬姓的周王室亲族，每人都可分到一块土地，在那里建立封国，此即同姓诸侯国。周初，先后分封了71个诸侯国，其中周武王封其兄弟立国者15人，姬姓立国者40人。如，周武王封其弟振铎于曹(今山东定陶)，成王封其弟叔虞于唐(山西翼城)。周公平定武庚叛乱后，又分封周朝王室子弟26国。

(2)异姓诸侯。这又可分为两种情况：一是分封少数有功之臣，如封姜子牙于齐；二是分封一些既不能征服又要防止其作乱的部落，如封夏王朝的后裔东楼公(姒姓)于杞国，封伏羲氏的后裔(风雄)于宿国。周武王又封已灭国商纣王之子武庚(子姓)于宋国，以示政治安抚。后武庚与管叔、蔡叔作乱，被周公平息，改封纣王庶兄微子启于宋国。

周王朝分封诸侯国之后，上古长期存在的“部落”自此逐渐消失，为封国所代替。周初封国地位平等，直属中央管辖，但国君的爵位各有高低，故封国的面积也大小不一。周王朝将封国国君的爵位分为“公、侯、伯、子、男”五级，五级以下还有第六级“附庸”。附庸国的面积更小，附属于附近较大的封国。这五级爵位的产生，系根据宗法制的嫡、庶关系而定。

西周初期的诸侯国领土很小，不少封国只是一个城。东周开始，各诸侯互相吞并，疆域才逐渐膨胀，各诸侯大国才建都，并成为和周王室分庭抗礼的独立王国。

在西周时代，除了中央直接分封各路诸侯外，各诸侯在自己的领地内再分封。诸侯一般将中心地区留给自己直接统治，其余土地再分封给他嫡长子以外的亲属——卿大夫，此类封地称为“采邑”。卿大夫也将自己分得的采邑再分割给他嫡长子以外的亲属——士，称作禄田。于是，全国就形成了一个以周王室为中心，向四周辐射、由四周拱卫的统一而又等级分明的宗法分封政治结构。

概言之，宗法制规定嫡长子继承王位、国君位，其余的庶子一律分封出去；诸侯之分封为公、侯、伯、子、男五等之爵；诸侯再将部分国土分封给卿大夫作为采邑，卿大夫又将部分采邑分给士作为禄田。这样，周王朝与分封诸侯国就保证了它们世世代代的血族统治，万里江山遂成一家。如下所示：

嫡长子(大宗)——承袭王位

周天子嫡长子(大宗)——承袭国君

众庶子(小宗)——分封诸侯　嫡长子(大宗)——卿大夫

众庶子(小宗)——分封卿大夫

众庶子(小宗)——分封士

周的宗法制与分封制是统一和互为补充的，只有分封才能推行其宗法，也只有推行宗法，才能达到分封的目的，理顺统治秩序，从而构成天子—诸侯—大夫—士的宗法等级。所以，“周公兼制天下，立七十一国，姬姓独居五十三人”，“武王克商，光有天下，其兄弟之国者十有五人，姬姓之国四十人，皆举亲也”。周王朝大量分封姬姓诸侯及姻亲，他们和周王关系密切，自然接受周的管辖，忠心拥戴周王室，那些随武王东征的“友邦冢君”也开始受命于周，这些部族首领开始由其首领身份向统治一方的诸侯身份转变，周就在这个基础上推行宗法。在推行宗法的过程中，各地诸侯要对周王绝对地服从，树立周天子无上的威信，不能再将其等同于以前的军事首领，其继承制度也固定为父子相传，而不能有别的形式。另外，诸侯们要建立宗庙制度，将周的信仰、观念带到各地，使之成为普天之下人民共同的信仰，所以周灭商以后，商自身的宗教及神的体系统统被打碎，而代之以周的“上帝”及鬼神信仰。

这样，经过周初几十年的苦心经营，大致到成王中期，全国基本上已置于周天子统治之下，周已成为一个统一的古代国家，宗法制开始在各地确立了其统治地位。周天子以大宗、小宗为血缘纽带，对各地诸侯实施有效的控制，对全国进行有效的统治，西周开始出现了“成康盛世”的局面。

周代宗法制度形成的标志有三：

1. 嫡长子继承制

嫡长子继承制是宗法制度的核心。如果不规定嫡长子继承王位的特权，不严格区分嫡长子与非嫡长子(即“别子”)，那么大、小宗关系便无由确定，全部宗法制度便无从谈起。

前面谈到，夏、商两代，社会组织结构上的血缘联系基本保持，但在政治权力尤其是国家最高权力的承递上，并没有一定之规。以商为例，从汤至纣，共三十一王，王位递嬗三十次，其中兄终弟及者十四，父死子继者十六，几乎各占一半。依商朝“兄终弟及”的继承制度，兄死，王权由弟继承，直至少弟死后，再由长兄之子继王位，重行“兄终弟及”。但是，自第十一王仲丁之后，这一制度发生危机。继位之弟死，弟之子却不肯还王位于兄之子，王室一片混乱，“废嫡而更立诸弟子，弟子或争相代立”。

就血亲关系而言，兄弟当然不如父子亲密。周人一改“兄终弟及”为“父死子继”，主要是为了利用家族父子血亲情感来维系王权的秩序性，以避免王位继承的纠纷。但是，君王们后妃成群，儿子有嫡、庶之分，嫡子又有长幼之别，为了防止诸子争位，于是又立下“立子以贵不以长”(嫡子先于庶子)、“立嫡以长不以贤”(嫡长子先于嫡次子)的王位继承制度。

2. 分封制

宗法与封建相辅，宗法制直接导致分封制，这种由宗法制衍化而成的分封制，直接与强化王权政治的努力相关。

嫡长子继承王位，也就意味着继承天下的全部土地、人民和财富。为了处理好与诸弟的关系，嫡长子又分别将若干土地连同居民分封给诸弟，并允许诸弟享有对这一部分土地、居民的统治特权和宗主地位。这在政治上是“授土授民”，在宗法上是“别子为祖”。

二者合一，便是分封制度。分封制“建母弟以屏藩周”，处理好嫡长子与别子的关系，对于巩固嫡长子的最高统治权力和天下宗主地位，大有裨益。就此而言，“宗法即兄弟之法”的意蕴，在分封制中表现最为充分。

3. 严格的宗庙祭祀制度

宗法之“宗’，“宀”为房顶，“示”为神主，合指供奉神主之位的庙宇，其原始义为“尊祖庙也”。宗法制度以血缘亲疏来辨别同宗子孙的尊卑等级关系，以维系宗族的团结，故十分强调“尊祖敬宗”。而实现这一目的的极好形式，是隆重庄严的宗庙祭祀制度。商人也有繁复的祭祀典仪，但不像西周人那样具有严格的宗法意义。西周时代，祭祖是大宗的特权，小宗则无此权力，所谓“支子不祭，祭必告于宗子”，又所谓“庶子不祭祖者，明其宗也”。大宗的尊贵地位以及重大责任，通过隆重庄严的宗庙祭祀制度鲜明地体现出来，这就是所谓“大宗者，尊之统也；大宗者，收族也”。“收族”，就是“别亲疏，序昭穆”，组织、团结族人。

在宗法制度下，君王是天下大宗，故君王主持的宗庙祭祀，意义极为重大，制度也极为严密。周朝以前，天子的宗庙为“五庙”，即：

考庙——父庙；

王考庙——祖父庙；

皇考庙——曾祖父庙；

显考庙——高祖父庙；

太祖庙——又称太庙，供奉始祖以及始祖以下、高祖以上各代祖先的神主。

到了周代中期，尽管文王、武王功业辉煌，但按周人世系的排列，他们已不复属于考、王考、皇考、显考辈，按制不当单独立庙受祀。周人追念文、武功业，“有德之王，则为宜宗，其庙不可毁”，故增设文武二世室庙，将文武以下、显考以上诸神主供奉于其中，这样便成为“七庙”，即《礼记·王制》所载：“天子七庙，三昭三穆，与太祖之庙而七。”其排列严格有序。太祖庙居中，以下逐代分列左右，昭辈居左，穆辈居右。三昭为武世室、显考庙、王考庙，三穆为文世室、皇考庙、考庙。

周代严格的宗庙祭祀制度，对于维系以家族为中心的宗法制度和巩固政权，发挥过显著作用。这一传统被后世统治者承袭，以至于后来“七庙”成为王室或国家的代称，贾谊《过秦论》称“一夫作难而七庙隳”，便以宗庙的毁灭喻示秦王朝的覆亡。正因为如此，历代君王都十分重视宗庙的营建，将其与社稷并重，共同作为国家权力的象征。王宫之前，左宗右社的制度一直沿袭至明清。今北京故宫前居于左的劳动人民文化宫便是明清的太庙，居于右的中山公园则是明清的社稷坛，也即“左祖右社”格局。“左祖”是宗法的标志，“右社”是国土的象征，它们分别喻示王室的血缘统系和其对全国土地、臣民的毋庸置疑的占有。

宗法制度兼备政治权力统治和血亲道德制约的双重功能。这种优长奠定了中国传统社会结构的定势。正如王国维所说：“周人制度之大异于商者，一曰立子立嫡之制；由是而生宗法及丧服之制，并由是而有封建子弟之制，君天子臣诸侯之制，二曰庙数之制；三曰同姓不婚之制。此数者，皆周之所以纲纪天下，其旨则在纳上下于道德，而合天子诸侯卿大夫士庶民以成一道德之团体。”

从总体上看，宗法制的影响突出地表现在以下几个方面：

1. 父系单系世系原则的广泛实行

西周宗法制在公共职务和私有财产的继承方面，根据的是严格的父系单系世系原则。所谓父系单系世系，是指在血缘集团世系排列上，完全排斥女性成员的地位。西周时代，父系单系世系原则的奉行极为严格。王位、君位、卿大夫爵位的继承，绝不超出父系亲范围，而且规定嫡长子为第一继承人，允许几个儿子共同享有继承权，但不允许女性后裔和配偶继承财产。

严格的父系单系世系原则，在西周以后的悠悠岁月中得到广泛实行。就政治权力继承而言，不仅绝不允许母系成员染指，而且绝不传给本系女性后裔。“牝鸡之晨，惟家之索”的成语，便是对政治权力旁落于女性之手的严厉警告。中国除武则天(624—705 年)一例之外，从未有女性称帝者，偶有女后专权，则被视作异常，遭到朝野非议和史家抨击。在家庭财产继承方面，也没有女性地位。“嫁出的女儿泼出的水”，女儿嫁出，连姓氏都要随夫，当然无权继承父系遗产。甚至在某些专业特种技艺的传授方面，也有“传媳不传女”的家规，传媳可以为本家族增创财富，传女则意味着技艺财富流入异姓他族。

2. 家族制度的长盛不衰

周代以降，直至民国，中国社会历经动乱，社会经济形态、国家政权形式多有变迁，但构成中国社会基石的，始终是由血缘纽带维系的宗法性组织——家族。《白虎通・宗族篇》称：“族者何也，族者凑也，聚也，谓恩爱相流凑也。上凑高祖，下至玄孙，一家有吉，百家聚之，合而为亲。生相亲爱，死相哀痛，有会聚之道，故谓之族。”由一个男性先祖的子孙团聚而成的家族，因其经济利益和文化心态的一致，形成稳固的、往往超越朝代的社会实体，成为社会机体生生不息的细胞。这种家族制度虽几度起伏，却贯穿于西周以下数千年间。

家族制度得以维系，往往仰赖祠堂、家谱和族田三要素。祠堂供奉祖先的神主牌位，每逢春秋祭祀，全族成员在此隆重祭祀先祖，这是祠堂的首要功能。祠堂还是向族众灌输族规家法的场所，“其族长朔望读祖训于祠”，“每月朔望，子弟肃衣冠先谒家庙，行四拜礼，读家训”。对于违反族规家法的不肖子孙实行的惩处，也在祠堂内进行，“合族中设有以卑凌尊，以下犯上，甚至辱骂殴斗，恃暴横行者，须当投明族长及各房宗正，在祠堂责罚示戒”。祠堂之设，在强化家族意识、延续家族血脉、维系家族团结方面发挥的巨大作用，正如清人全祖望(1705—1755年)所言：“而宗祠之礼，则所以维四世之服之穷，五世之姓之杀，六世之属之竭，昭穆虽远，犹不至视若路人者，宗祠之力也。”

家谱是家族的档案、经典、法规。“族各有谱，凡支派必分列以序昭穆，故皆比户可稽，奸伪无托。”家谱详细记载全族的世系源流、子嗣系统、婚配关系、祖宗墓地、族产公田、族规家法。家谱的首要作用是防止因年代久远或居处异动而发生血缘关系的混乱，从而导致家族的瓦解，其次它还是解决族内纠纷、惩治不肖子孙的文字依据。

族田是家族公共的田产，又分为祭田、义田、学田几类。族田主要用于招佃收租，但为防止族众对其侵蚀，一般规定本族中人不得承租，亦不得做租佃的中人。学田收入供族内儿童作学费，义田收入用以赈济贫困灾病，祭田收入用于开支祭祀的牺牲、礼仪、宴席。此外，有关族众公益的费用，也都从族田收入内支付。族田是家族制度的物质基础。如果说祠堂、家谱主要用于从精神上训导族众“尊祖敬宗”，那么族田则主要通过物质利益关系来达到“收族”的目的。所以清人倪元祖说：“亲亲故尊祖，尊祖故敬宗，敬宗故收族。凡宗族离散，皆由不设义田宗祠之故。”

中国家族制度长盛不衰的显著标志，是族权在社会生活中的强大影响。族权是以血缘关系为纽带而形成的一种特殊的社会权力，它是从氏族社会家庭公社的父权中引申出来的，随着家族制度的完善而膨胀起来，终于成为与政权、神权、夫权比立而四的强劲的社会维系力量。

在西周宗法制度下，族权与政权完全合一。秦汉以后，随着郡县制取代分封制，国家权力以下的政权与族权渐趋分离。这一变动，给予族权以双重影响。一方面，国家政治权力从诸多方面制约着族权，不让它直接干涉、损害政权，迫使它从属于政权，例如宗族首领的官僚化，便是国家政权逼迫宗族为在封建政体下生存所付出的必要代价；另一方面，又因为族权与政权的分离，促使族权以独立形态获得长足发展，在社会生活中发生强大的影响。最明显的例证，便是东汉末年至南北朝时期出现的以宗族为核心、俨然与政权分庭抗礼的“壁主”“宗部”“宗主”等族权组织形式。宋明以后，随家族制度的日趋完善，族权在社会生活中的作用也愈益加大。

宋人张载提出“立宗子法”，“以管摄天下人心，收宗族，厚风俗”。程颐进而指出：“若宗子法立，则人知尊祖重本，人既重本，则朝廷之势自尊。”朱熹设计了更为具体的宗子法方案。理学家的这些努力，是宋以后族权不断完善和发展的社会现实的理论概括，而家族族权的膨胀又因这些理学家们谋划的“管摄天下人心”的宗法伦理的理论指导，朝着自觉巩固封建制度的方向发展。

其一，族权有严密的、固定的组织形式。据清人刘献廷(1648—1695年)《广阳杂记》卷四记载，镇江赵氏宗族有二万余丁，其族有总祠一人，族长八人佐之。祠有祠长，房有房长。族人有讼，不鸣之官而鸣之祠，评事议之，族长判之，行杖者决之。

其二，族权与地方绅权结合。族权的人格化代表是祠长、族长、房长。一般这些职务均被“岁入五百元以上者”“罢官在籍者”“生员”等绅衿土豪把持，而并非严格依宗法血缘秩序由“宗子”担任。这也是后世家族制有别于西周宗法制的特点之一。

其三，族权与国家政权结合。这是宋明以后族权大膨胀的主要原因和表现形式。应该指出，宋明以后族权与国家政权的结合并非恢复到西周宗法制下二者的完全合一，而是表现为族权在宣扬封建伦理、执行封建礼法、维护封建秩序、巩固封建统治方面与国家政权的目标完全一致，并以自己的特殊功能来弥补国家政权在这些方面的缺陷。

在宣扬封建伦理、执行封建礼法方面，族权凭借自己的血缘宗法特性，较之政权赤裸裸的灌输，更易收到“管摄天下人心”的功效。族规在强制执行封建礼法方面，其威力往往在地方官员和家长之上，因为族长与族众有血缘关系，比官吏更贴近族众；族长又不必像父兄那样碍于亲情，可对族众无所顾虑地施加教化，所谓“牧令所不能治者，宗子能治之，牧令远而宗子近也；父兄所不能教者，宗子能教之，父兄可从宽而宗子可从严也”。对于违反族规家法，也即叛逆封建礼教者，族权毫不手软地施以重惩，从鞭挞、刑杖直至“缚而沉之江中”。在维护封建秩序、巩固封建统治方面，族权在很大程度上承担了地方政权的职能，而它在以血缘亲属关系掩盖阶级关系方面的“优长”，又有效地粉饰了封建政权阶级压迫的本质。

3.“家国同构”

“家国同构”是宗法社会的最鲜明的结构特征。严格的宗法制虽然在周代以后不复存在，但“家国同构”精神却始终贯彻于数千年中国封建社会。“家国同构”，即家庭—家族与国家在组织结构方面的共同性。这种共同性，从根本上讲是源于氏族社会血缘纽带解体不充分而遗留下来的血亲关系对于人们社会关系的深刻影响。无论家与国，其组织系统和权力配置都是严格的父家长制。

中国传袭久远的宗法制度基于同族的血缘关系与同乡的地缘关系二者的结合，中国的社会伦理、国家伦理都是由家族伦理演绎而来。孝亲是中国道德的本位，又由孝亲推及为忠君，宗法家族成为“国”与“民”之间的中介，“国”与“家”因而彼此沟通，君权与父权也就互为表里，社会等级、地缘政治始终被笼罩在宗法关系的血亲面纱之下。社会赖以运转的轴心，是宗法原则指导下确立的以父子—君臣关系为人格化体现的伦理—政治系统。这种伦理—政治系统的结构特征，便是中国社会独具的“家国同构”格局。

从结构相似性方面，家是小国，国是大家。在家庭、家族内，父家长地位至尊，权力至大；在国内，君王地位至尊，权力至大。父家长因其血统上的正宗地位，理所当然地统率其族众家人，而且这一正宗地位并不因其生命的中止而停辍，而是通过血脉遗传代代相继。同样，君王自命“天子”，龙种高贵，君王驾崩，君统不辍，由其嫡长子自然承袭，如是者不绝。父家长在家庭内君临一切，“家人有严君焉，父母之谓也”。君王是全国子民的“严父”，“夫君者，民众父母也”。而且，“就像皇帝通常被尊为全国的君父一样，皇帝的每一个官吏也都在他所管辖的地区内被看作是这种父权的代表”。各级地方政权的行政首脑亦被视为百姓的“父母官”。简而言之，父为“家君”，君为“国父”。正因为君与父互为表里，所以治国与齐家也相互为用。所谓“治国必先齐其家者，其家不可教而能教人者无之。故君子不出家而成教于国”。君父同伦，家国同构，宗法关系因之而渗透于社会整体，甚至掩盖了阶级关系、等级关系。

作为中华文化原典的《周易》，曾画龙点睛地指明国家制度与家庭的相互关系：有天地然后有万物，有万物然后有男女，有男女然后有夫妇，有夫妇然后有父子，有父子然后有君臣，有君臣然后有上下，有上下然后礼义有所错(施行)。毫不含糊地把家庭关系作为国家关系的先导和基石，从而揭示出中华文化“家国同构”的精义。

“家国同构”的结构性同一，导致了对于家庭成员和国家子民品质要求的同一，即“忠孝相通”。所谓“求忠臣于孝子之门”，因为忠的内容与孝一样，是对于权力的绝对顺从，所不同的仅在于顺从对象一为君主，一为家长。正因为如此，《孝经》才说：“君子之事亲孝，故忠可移于君。”又说：“故以孝事君则忠。”《礼记》

甚至将忠君视作“孝”的题中应有之义：“事君不忠非孝也。”从这个意义上看，尊重、服侍长辈成了“孝”的次要内容：“孝有大小，有偏全。扬名显亲，上也；克家干蛊，不坠先人之志，次也；服劳奉养，又其次也。”

社会组织的“家国同构”以及由此而来的“忠孝同义”，都是宗法制的遗留征象，故而梁启超说：“吾中国社会之组织，以家族为单位，不以个人为单位，所谓家齐而后国治是也。周代宗法之制，在今日其形式虽废，其精神犹存也。”

我们说周代宗法制度奠定了中国传统社会结构的定势，并非意味着后世承袭了周代宗法制的全部内容。事实上，严格意义上的宗法制度在西周末年已开始瓦解，反映周幽王时期生活的《诗·大雅·板》说：“宗子维城，无俾城坏。”透露出宗法制崩坏的音讯。春秋战国以后，西周时代由氏族贵族血缘纽带攀联而成的统治体系更呈瓦解之势，周初“兼制天下，立七十一国，姬姓独居五十三人”，而历经春秋兼并，到战国时，七雄中仅燕国王室为姬姓，其余六国均由异姓掌权。秦汉以降，分封制被郡县制取代，除帝王继统仍由皇族血缘确定之外，行政官员的选拔、任用，实行荐举、考试制，即以“贤贤”取代“亲亲”。

如果把宗法制的结构理解为一个不断演变的动态系统，就不难看出，它由最初的完备、严密、有效最终走向失控、崩溃，人口的增长是其内在的致命伤。即是说，土地、等级是有限的、一定的；而人口的增长则是无限的，虽然宗法系统可以用不断分出支庶小宗的方法适应人口的增长，但土地和等级却不能如此。于是，随着时间的推移，人口与土地等级的关系必然会逐步地由适应走向不适应，最终导致该制度机制内出现不可调和的矛盾。此时宗法制度衰亡的客观条件已臻成熟，再加上人的欲望、道德等主体因素的作用，而在春秋时期接连出现了王室衰微、诸侯争霸、大夫专权、陪臣执命，乃至鲁四分公室，韩赵魏三家分晋等所谓“僭越”现象，该制度的崩溃瓦解成为现实。经过几百年的演变，到春秋晚期，宗法等级制的崩坏已达到相当严重的程度，这是历史发展的必然结果。

综上所述，周代宗法制是伴随着周灭商以后，城邦奴隶制向统一的封建国家转化过程中产生的。它的重要基础是周王对全国的有效统治，是天子权威的树立。宗法制是周王为统治天下而采取的一项有力措施，而这统治基础最不可缺少的是土地及土地上的人，因而宗法同周的封土建国又是互为补充的，同时它又是周的父权家长制的扩大。宗法制在西周初年确立下来，至春秋时期则走向瓦解，它的形成及确立对后世产生了深远影响。

（刘喆）

# 22. 国人暴动与共和行政

国人暴动是指发生在公元前841年(周厉王十七年，共和元年)，周都镐京(今陕西西安长安区)城内国人反对周室残暴统治的斗争。

夏商时期，有关平民斗争的记载极少，只有几条内容不详的史料。如《尚书·汤誓》记载，民众对夏桀的残暴统治，只会消极怠工——“有众率怠勿协”和咒骂“时日曷时丧，予及汝偕亡”。商代甲骨中有“邑人震”“邑亡震”等卜辞，似乎是邑人骚动的记载，但具体情况根本不清楚。商代末年，由于纣王的残暴统治，阶级矛盾激化，而《尚书·微子》只说：“小民方兴，相为敌仇。”也是含糊其辞。西周春秋时期有关平民参与政治斗争的记载，以国人暴动的事迹最为引人注目。

国人，系国都中(包括近郊)士、农、工、商四种人，大致为下层贵族及上层庶民。童书业先生曾指出：“国人(主要为士)在西周后期及春秋时地位极为重要。国之盛衰、胜败，国君及执政之安否，贵族之能否保其宗族及兴盛，几悉决定于国人。”在《左传》中我们还可以找到君主或贵族大臣“朝国人”“询国人”“盟国人”的一些事例。国人作为宗族中的基本力量，往往在战事或夺权等斗争中显示出其不可小视的分量，所以，统治者在执行重大事项前会对其进行一些咨询。然而这种咨询并没有形成一种制度，国人也只是处在被动的地位。谢维扬先生指出：“商周时期的‘询万民’和‘朝国人’只是君主和诸侯为形成自己的意见从而做出决断而采取的一种咨询方式，有时甚至只是向下属和臣民贯彻自己的决策的一种布政方式。在商周历史上，从未出现过使‘国人’或‘万民’成为社会的一个权力点的任何制度。”

西周初年，在周成王、周康王统治的时期，周朝政局比较安定。后来，由于贵族加重剥削，加上不断发动战争，平民和奴隶的不满情绪也随之增长。周朝的统治者为了镇压人民，采用十分严酷的刑罚。周穆王的时候，制定了三千条刑法。西周中后期，国力日益衰退。周厉王即位，为增加收入，任用虢公长父和荣夷公实行“专利”，把山林川泽收归国有，不许平民利用谋生。周都镐京的国人不满厉王的暴虐措施，怨声载道。在当时就流传着这样一首歌谣：“硕鼠硕鼠，无食我黍。三岁贯汝，莫我肯顾。逝将去汝，适彼乐土。”意思是说：“大老鼠啊大老鼠，不要再吃我的黍(指粮食)。多年来我纵惯着你，而你却对我们毫不照顾。我们发誓要离开你，到那欢乐的乐园去。”百姓们对周厉王的强烈不满情绪溢于言表。

厉王不想听到这些反对的声音，于是，命卫巫监视国人活动，严禁国人谈论国事，违者杀戮。国人在高压政策下，敢怒不敢言。厉王见卫巫报告批评朝政的人渐渐少了下来，十分满意。有一次，大臣召公虎去见厉王，厉王洋洋得意地说：“这回不是已经没有人议论了吗?”召公虎进谏道：“防民之口，甚于防川(堵住老百姓的嘴，不让人说话，比堵住河流还要危险)！治水必须疏通河道，让水流到大海；治国家也是一样，必须引导百姓说话。硬堵住河流，就要决口；硬堵住人的嘴，是要闯大祸的！”但周厉王没有采纳他的建议，相反监谤更甚，国人忍无可忍，于公元前841年举行暴动，攻入王宫。

据现代学者考证，此次反对厉王的暴动，并非国人单独行动。近代出土的周宣王时期的铜器铭文记载表明，参与这场斗争的有“师氏人”“正人”等贵族官员，可以说这场政治斗争是国人在一些贵族官员率领之下的行动。还有学者认为，此次暴动是共伯和、召公虎、固定公、芮伯、凡伯等王室大臣利用民众愤怒情绪精心策划的结果。

起初厉王还想把民众镇压下去，可调来的军队中的兵士全是平民出身，他们见国人造反，很多人也参加进去了。周厉王眼看大势已去，于是仓皇出逃，一直逃过黄河，到彘（音 zhì，今山西霍县东北）才停下来。国人打进王宫，没有搜到厉王。有人探知厉王的太子姬静逃到召公虎家躲了起来，又围住召公虎家，要召公虎交出太子。召公虎无可奈何，只好把自己的儿子冒充太子送出去，才算把太子保护了下来。

厉王出走后，朝廷里没有国王，经大臣们商议，由召公虎和另一个大臣周公主持贵族会议，暂时代替周天子行使职权，一说由共国国君共伯和执政，历史上称为“共和行政”。从共和元年，也就是公元前841年起，中国历史才有了确切的纪年。执政者废除了厉王时的专利法，减少了名目繁多的赋税，人民得以安生，社会又趋于稳定。共和行政维持了14年之后，公元前828年，厉王死于彘。大臣们立太子姬静即位，是为周宣王。宣王在政治上比较开明，得到诸侯的支持，西周迎来了所谓“宣王中兴”。

近来，有学者考证，西周国人暴动，在京城以外的诸侯国中似也有所发生。《诗经·雅·桑柔篇》是周厉王、宣王时代芮国诸侯芮良夫所作。诗中说：“乱生夷（平），靡国不泯（乱）。民靡有黎（黎民），具（俱）祸以烬。于乎哀，国步斯频（危险）！”可见各地都在暴动。就是在芮良夫国内也有起义：“忧心殷殷，念我土宇。我生不辰，逢天僤（大）怒！自西徂东，靡所定处！多我觏痻，孔棘我圉！”原来芮良夫也像周厉王一样，“自西徂东”，向东方逃难。所以，这次国人暴动，有可能首先在京城爆发，后来扩展到了整个关中地区，因而，暴动沉重地打击了周朝的统治体系，王室继续衰微，以至连王位也难以维持下去。

（张敏）

# 23. 西门豹治邺

战国时期，魏国的邺城(今河北临漳县西南)土地肥沃，气候温和，是个战略要地。漳河流经邺城，从太行山进入平原，因河道突然变得平缓，常常泛滥成灾，给当地人民的生命财产造成很大损失，人们深受水患之苦。

公元前422年(魏文侯二十五年)，魏王派西门豹治理邺城。西门豹上任后，找来乡民打听邺城凋敝的原因。人们告诉他，这都是因为每年为“河伯娶妇”造成的。原来邺地的三老、廷掾等地方官吏，非但不治理河患，反而与巫婆勾结，把漳河泛滥说成是河伯显灵，谎称只要每年挑选美女，送给河伯做妻，便可避免水患。于是，他们便以为“河伯娶妇”的名义横征暴敛，每年搜刮民财数百万，只用二三十万为河伯娶妇，其余私分。到了为河伯娶妇的日子，巫祝们便把选中的美女化妆一番，然后强行抛入汹涌的河中，惨不忍睹。多年来，邺地的百姓在天灾人祸的双重压迫下，贫困交加。人们纷纷逃亡外乡，流离失所，生产遭到严重破坏。

巫风在中国从先秦时代开始就已成为一种文化现象，遍及社会各阶层。鲁迅先生在《中国小说史略》中提出：“中国本信巫，秦汉以来，神仙之说盛行，汉末又大畅巫风，而鬼道愈炽；会小乘佛教亦入中土，渐见流传。凡此，皆张皇鬼神，称道灵异，故自晋讫隋，特多鬼神志怪之书。”

巫的历史久远，甲骨文中已有巫字，说明在殷商以前就已出现了。最早的巫字是两个工字的交叉，大概是行法术时所用器物的象形；以后加上两个人在跳舞，是巫用形体动作请神灵降临。巫起着沟通人神的作用，以舞通神和娱神。甲骨文时代的巫，是男巫女巫的统称，后世女巫称为巫，男巫叫觋，《说文解字》中对巫的解释是：“女能事无形以舞降神者。”据说他们能使鬼神附体，或用其他方式见到鬼神，总之是具有与鬼神沟通的功能而不同于常人。因此，巫的地位是很高的，因为他们是那时最有文化的人，又能将人间事向鬼神报告并把鬼神的指示带回来。

从西周开始，社会上就盛行巫术救灾。《周礼·春官宗伯》说：遇到自然灾害要以祭祀社稷之法消除灾害。而大祝和司巫是祭祀活动的总管。若国中大旱，司巫要率领群巫在祭祀中起舞。国中发生水灾、火灾等其他灾害时，司巫也要带着手下去查看，作出行巫的安排。除了大祝、司巫之外，还设有女巫、小祝和舞师等执事，协同合作。

实际上，巫觋们在掌管如此重要职权时，也承担着重大的责任。一旦祈求上苍不灵，有时候国君会转怒于他们，甚至招来杀身之祸。例如《左传》记载，公元前639年夏天，鲁国发生大旱灾，国君鲁僖公命巫觋们祈祷，结果还是没有效果。一怒之下，鲁僖公打算把他们活活烧死来祭天求雨。大夫臧文仲进谏说：“您把巫觋们烧死并不是解救旱灾的好办法。维修城郭、省吃节用、劝课农桑、互助互济才是您应该做的。”这才救了巫觋们的性命。

但长期以来，巫觋一直具有强大的势力和影响，尤其是在地方上，他们和豪强结合，地方官员都不敢得罪他们。那些存心不良的官吏甚至和巫觋们一起装神弄鬼，借机勒索百姓。

西门豹知道了百姓贫苦的原因，便决心铲除这一恶俗，改变邺地的贫穷面貌。他亲自参加一年一度为河伯娶媳妇的仪式，以其人之道还治其人之身，把害人的女巫扔进漳水。

仪式一开始，西门豹当着众百姓的面，大声对三老和巫婆说，所选的姑娘不漂亮，劳驾巫婆到河伯那里走一趟，告诉河伯，等找到更美的姑娘，过两天再送去。说罢，命人将老巫婆扔进河里。

过了一会儿，西门豹又说，巫婆这么久还不回来，让巫婆的徒弟再去催一下，又把三个徒弟扔到河里。等了一会儿，西门豹又说，老巫婆和她的徒弟都是女的，不会办事，让三老亲自下河跑一趟。于是，又把三老扔进河中。

等了很久，西门豹说，他们都不会办事，只好请廷掾与豪长下河催问。这帮贪官个个惊恐万状，纷纷跪倒叩头，额血流地，色如死灰。从此以后，他们再也不敢提为河伯娶妇的事了。

揭穿了巫婆神怪的种种骗局以后，西门豹就请来魏国的名工巧匠一起察看漳水地形，进行规划设计，随即“发民凿十二渠，引河水灌民田”。具体做法是：“二十里中作十二磴，磴相去三百步，令互相灌注。一源分为十二流，皆悬水门。”就是在二十里的漳河段上建筑了十二道低溢流堰，每堰上游都开一个引水口，设闸门控制。每口开凿一条渠道，共十二条渠道，使境内农田都能得到灌溉。这就是著名的“引漳十二渠”，我国最早的多首制大型引水渠系。据历史记载和对工程遗址的考察，引漳十二渠的渠首是在漳水出山口处，即冲积扇上部，引水口都在漳水南岸。这里地势很高，土质坚硬，河床稳定，引水方便。加之河水含泥沙量大，设计采取多水口方式，能够获得良好的灌溉效益。这说明当时的水利工程技术已达到了相当高的水平。

引漳十二渠在大水时可以分泄漳河洪水，干旱时可以用来灌田十来万亩。漳水含有大量的细颗粒泥沙，有机质肥料丰富，引水灌田不仅可以补充作物需水，而且能够落淤肥田，遍布于十二渠两岸的盐碱地也因此得到了改良，使邺的田地“成为膏腴”。据《论衡》记载，当时邺地粮食亩产量增加到一钟(约合现在的120斤)，较修渠前提高了八倍以上。水利的开发加速了经济的发展，魏国也随之富强起来。这些水利工程，从魏文侯时起至西汉的一千多年间一直在发挥作用。邺地流传着这样的诗句：“持酒登堂酬西门，邺城千载甘棠芬。”西门豹时所修的水渠和后世所修的西门豹祠，至今遗迹犹存。

(张敏)

# 24. 士阶层的崛起

士，在西周以前就有。当时的社会等级序列为：天子、诸侯、大夫、士和庶人，前三类都是贵族，而士介于贵族与平民之间，很难升到统治集团上层。

公元前771年，西周王朝灭亡，公元前770年，太子宜臼继位，迁都洛邑，东周王朝开始。经过了天灾人祸的震荡，周朝天子的权力变小，靠着强大的诸侯国，勉强在表面上维持着天下共主的局面。随着周王朝实力和威望的下降，过去被周王朝垄断的思想开始向兴盛的诸侯国分散。知识分子出现了上下的流动，一方面，本属王官的知识分子流入诸侯国，一些贵族知识分子家族身份下降；另一方面，随着教育的相对普及，下层平民中大量受过良好教育的人进入诸侯大夫的权力阶层，或者通过乡校这样私人办学的场所，形成不拥有政治权力却拥有文化权力的知识分子阶层。孔子就曾经感叹过：天子失官，学在四夷。知识权力和政治权力的拥有者出现了分化，当他们无须为了王室的权力巩固而被动地接受研究任务的时候，就可以完全自由地通过自己的表达和阐述方式解释世界，对原有的思想和知识进行批判和重构。于是，这些介于下层贵族和庶民之间的，从事知识研究并以此谋业的士阶层逐渐壮大和崛起，他们开始为自己曾经所属的阶层发言，或者对原来本是天经地义的道理提出怀疑和追问，原有的知识系统开始崩溃、分裂、重组，他们各执一端，开始了自己学说的完善和传播。

春秋战国时期社会的开放性，为士阶层的交流提供了土壤。这使得拥有知识和信息的各种士人冲破樊篱，频繁地在各国、各政治集团甚至各社会阶层之间交换信息，讲学和争辩之风遍及各国，形成了百家争鸣的局面，此时的士阶层甚至可以左右一个国家的政治前途。同时，士阶层作为百家争鸣的重要载体，为那时中国文化的繁荣注入了鲜活元素。

自春秋时期起，随着社会生产力的发展，奴隶主贵族赖以生存的井田制崩溃瓦解，宗法制动摇，阶级关系发生升降变化。奴隶主贵族日益衰落，士阶层的地位则上升，力量迅速壮大。社会转型时期的动荡不安，内部冲突的解决、争霸战争、政权巩固等都急需网罗各种人才，社会上普遍兴起礼贤下士之风。具有政治经济军事才能的士人为统治者赏识提拔重用。得士者昌，失士者亡已成为政治常识，士成了诸侯、卿大夫、私门搜罗的重要对象，这是士阶层崛起的政治原因。

战国文献中，以士为中心组成的称谓和专用名词，据粗略统计就有一百余种。这不仅说明士阶层的复杂，也说明他们的行迹遍及社会各个角落。为了区分不同的士，当时的人便开始对士进行分类。《墨子·杂守》把士分为谋士、勇士、巧士、使士。《商君书·算地》把士分为谈说之士、处士、勇士、技艺之士、商贾之士。《庄子·徐无鬼》把士分为知士、辩士、察士、招世之士、中民之士、筋力之士、勇敢之士、兵革之士、枯槁之士、法律之士、礼教之士、仁义之士等。

范文澜先生把战国时代的士分为四类：一类是学士，如儒、墨、道、名、法、农等专门家，著书立说，提出各种政治主张，在文化上有巨大贡献。一类是策士，即所谓纵横家，长于政论，凭口舌辩说猎取富贵。一类是方士或术士，可分两等，一等是天文、历算、地理、医药、农业、技艺等学科的专家，在文化上也有巨大的贡献；一等是阴阳、卜筮、占梦、神仙、房中术等骗取衣食的游客。最下一类是食客，数量最大，流品最杂，其中包括任侠刺客、赌徒屠夫和市井无赖等。

上述分类比较全面地概括了战国时代士的职业分途和社会属性，为我们理解士阶层的构成和整合提供了一个比较符合历史实际的切入点，颇具参考价值。根据士的特点、社会地位等情况，大体可分成三部分：

首先是武士。其中又分不同类别。第一类是国家的武装力量。由于技能、职掌、兵种以及国别等不同情况，又有各式各样的称谓：选士、练士、锐士、精士、良士、持戟之士、射御之士、材伎之士、虎贲之士、剑士、死士、甲士、爪牙之士、教士、庶士、吏士等。第二类是侠士。典籍中称之为侠、节侠士、游侠。这些人的特点是见义勇为，为知己者死。第三类是力士，指力气大而勇悍之士。

其次是文士。包括道德之士、智能之士和隐士。

道德之士把道德修养作为奋斗目标。如孔子说："士志于道。"道德之士的称呼计有：通士、公士、直士、志士、修士、善士、信士、廉士、劲士、正士。

智能之士重在知识和学以致用，有如下称谓：文学之士、游学者、法术之士、智术之士、有方之士、法律之士、弘辩之士、游说之士、游宦之士、察士、巧士、博士、智士、贤能之士、策士、任举之士、倾危之士等。

隐士因种种原因不为官。不出仕并不是都不关心国计民生、社会政治大事；相反，有些隐士发表了许多评论时政得失的言论，甚至提出系统的理论，成为一家之言。有些隐士在社会上具有很高的声望，君主贵人派使臣再三延聘，却拒不受命。也有些隐士是一时的，隐居只不过是静观待机之术。与隐士相同或相近的，还有如下称呼：居士、处士、山谷之士、江海之士、岩穴之士、贵生之士、高士、闲居之士等。

第三类可称之为技能之士。这部分人又可分技艺之士、商贾之士、方术之士三部分。

技艺之士指有一技之长和专门技能的人，即孟尝君门下所谓鸡鸣狗盗之徒。

商贾之士指经营工商业之士。例如管仲、鲍叔早年就曾经商，范蠡是士人经商致富的典型，子贡既是士，又是大商人。

方术之士指卜、巫、相面、看风水、求仙药之类的士人。战国时期这一类的士人颇为活跃，有的能参与国政。秦始皇统一中国之后，还悉召方士炼药以求长生不老。

士的组成既然十分庞杂，其社会地位也就不可能相同。春秋时期，士基本上是等级制中的一个层次。到了战国，等级制发生了重大变化，更加繁杂周密。在战国的等级制中，士不全是等级概念，但又与等级有关。许多先秦著作在论述婚、丧、衣、食等礼俗时，把士作为介于大夫与庶人之间的一个特定等级。孟子葬其母与其父不一样，为母亲办丧事以三鼎，为父亲办丧事以五鼎，其原因就在前以士之礼，后以大夫之礼。《墨子·节葬下》载：上士之操葬也。所谓上士，显然是别于下士而讲的。《荀子·正论》中把士分为元士与庶士两等。

士大夫则是战国出现的一个新概念。在此之前，士均排在大夫之后。战国典籍中表示等级序列仍用大夫、士等。《吕氏春秋・上农》载：“是故天子亲率诸侯耕帝籍田，大夫士皆有功业。”大夫士与士大夫表面看去只是前后颠倒了一下，实际上反映了一个重大变化：大夫士强调的是等级，士大夫指的是阶层，它的特点是知识分子和官僚的混合体。无论在春秋以前或战国，大夫都指有一定官职和爵位的人，社会地位比士高。从战国开始，士却常常冠在大夫之前。一些出身士的人，靠着自己的才能，平步青云，出现了一批布衣卿相。另一方面，战国时期的大夫与春秋时期也不大一样。春秋时期的大夫，大部分是靠宗亲分封而来的，并且是世袭的。战国时期的大夫正演变为官僚体系中的一个职位和爵位，大夫中多数不再是靠宗亲分封，一般的也不再世袭，他们中的多数是由士升上来的。士大夫是上述情况在观念上的反映。士大夫从此时起在中国历史上形成一个特殊的集团。他们是知识分子与官僚相结合的产物。

士是上与下的交会处。上下的对流量越大，士的队伍就越大。战国时期，上下的对流量比较大，因此士的队伍发展迅速。另外，士的发展与官僚队伍的发展成正比。士是官僚的候补者，官僚队伍的扩大，势必引起士队伍的扩大。战国时期是官僚制度普遍推行时期，它是推动士队伍发展的一个强大动力。

战国是一个争战不已的时代。各国内政、外交、军事上的矛盾重重。在应付复杂的矛盾斗争中，实力固然有着举足轻重的作用，然而实力必须依赖于人的智慧。于是，人的智能和才干便受到特殊重视。《韩非子・难二》记载赵简子一句话：“与吾得革车千乘，不如闻行人烛过之一言也。”烛过是赵简子贴身谋士。在赵简子看来，烛过的计谋比千军万马还有力量。

在激烈竞争的形势下，各国有眼光的统治者都大开招贤纳士之门。早期的齐桓公用管仲，秦穆公用百里奚，乃至后来的商鞅、孙膑、吴起、苏秦、张仪，都是由士出身的显赫一时的权臣。

智能的竞争为士的活跃与发展提供了强大推动力和活动场所。智能的发展必须有两个条件：一是教育；二是要有一批专门从事智能劳动的人。士正是这样的角色。社会的政治军事斗争迫切需求智能，而智能主要蕴藏在士这个阶层。于是尊士、争士、养士成为上层社会的一种风尚。

在战国时期，许多有眼光的君主和权贵，他们不以权势骄人，主动或自觉地与士人交朋友，拜士人为师，待以上宾。在各国争夺人才的竞争中，这是一种可以得到有利回报的政治投资。当然，对于列国的统治者来说，他们最感兴趣的是能够令其富国强兵，成就霸业之士。商鞅初见秦孝公，说以三代帝王之道，秦孝公直打瞌睡，第三次谒见说以强国之术，才得到孝公重用，就是一个典型的例子。总之，不管这些人的动机和目的如何，他们的行动造成了尊士的空气。具体而言，尊士的方式主要有如下几种：

第一，礼贤下士。有些君主对士人免去君臣之礼而行宾主之礼。如秦王对范雎，敬执宾主之礼。邹衍适梁，惠王亲自到郊外迎接，执宾主之礼。虽然当时能得到免去君臣礼待遇的，肯定只有少数有名望的士人，但这种行动却产生了广泛的社会影响。

第二，以师相待。有些君主拜名士为师，执弟子之礼。孟子说：“将大有为之君，必有所不召之臣；欲有谋焉，则就之。”在谋略、道德面前，君臣的关系降到次要地位，君主应该到臣子门上讨教。《吕氏春秋・劝学》讲：“圣人之所在，则天下理焉。在右则右重，在左则左重，是故古之圣王，未有不尊师者也。”君主尊士为师的举动和以士为师的理论，反映了一部分士的社会地位是很高的。

第三，平等以待。齐孟尝君是一位典型人物，《战国策・齐策四》记载：“孟尝君好士，饮食、衣服与之共。”由于社会上形成了尊士之风，一些士常常高傲自处，甚至不把君主放在眼里。孟子就曾公开批评：“不仁哉，梁惠王也。”齐人王斗见齐宣王时公然声称：“斗趋见王为好势，王趋见斗为好士。”宣王为了获得好士之名，因趋而迎之于门。

为了把士吸引到自己周围，君主和权贵开展了争取士人的活动。授予爵位、厚禄、政令是招纳贤士的主要手段。齐国设稷下学宫，招纳天下之士，给予优厚的待遇。齐宣王对70多位有名之士皆赐列第，为上大夫，赐高门大屋，尊宠之。

养士之风起于春秋，至战国发展到登峰造极。所养之士又称门客、宾客、门人、食客等。赵简主、魏文侯、齐缗王、齐宣王、燕昭王是诸侯中争养士人的突出代表，养士的数目成百上千。除诸侯之外，高官贵人也普遍养士，四公子是其荦荦大者，每人养士数千人。秦国的吕不韦养士也多达3000人。

所养之士，有的任智囊，有的为武卒，有的当侍卫。养士之多少，与其势力大小成正比。在法律上，这些门客保有自由的身份，虽有主从关系，但人身是自由的，和者留，不和者去，在主人的提拔下还能做高官。《史记·廉颇蔺相如列传》记载：“廉颇之免长平归也，失势之时，故客尽去。及复用为将，客又复至。廉颇曰：‘客退矣！’客曰：‘吁！君何见之晚也？夫天下以市道交，君有势，我则从君，君无势则去，此固其理也，有何怨乎？’”可见，当时门客来去自由，其来为“君有势”，其去因“君无势”。“此固其理也”一语固然显露了廉颇之客的小人嘴脸，但多少也反映了社会对于主客关系的价值观。

从政治上说，这种主客关系实际上反映了分裂割据时期诸侯和官僚贵族对人才的渴求与依赖。李斯上给秦王嬴政的《谏逐客书》，列举了秦国历史上的人物，充分地证明了门客对于秦国由弱变强的重大贡献以及在实现“跨海内、制诸侯”目标过程中的不可替代性。在这种情况下，才华出众的门客不仅要求主人给予较高的物质待遇，甚至追求与主人建立精神上的“知己”关系，这才肯为之效忠卖命。著名的“士为知己者死”一语出自《史记·刺客列传》：豫让是赵国权臣智伯的宾客，甚得尊宠。赵襄子灭智伯后，豫让逃到山中，发誓说：“士为知己者死，女为悦己者容。今智伯知我，我必为报仇而死，以报智伯，则吾魂魄不愧矣。”后来，他变易姓名，漆身吞炭，使人认不出自己，几次刺赵襄子，都告败，赵襄子因为他是义士而没有杀他。最后一次刺杀，赵襄子责备他说：“子不尝事范、中行氏乎？智伯尽灭之，而子不为报仇，而反委质臣于智伯。智伯亦已死矣，而子独何以为之报仇之深也？”豫让回答：“臣事范、中行氏，范、中行氏皆众人遇我，我故众人报之。至于智伯，国士遇我，我故国士报之。”最终伏剑自杀。可见，原来范、中行氏并不是豫让的知己，只有智伯把他看作国士，才是他真正的知己，所以豫让用死来报答智伯的知遇之恩。

养士之风促进了春秋战国时期私学的进一步繁荣。养士的公室或私门，都像是一所私学或一些私学的集合体，而影响巨大的当属齐国的稷下学宫。

稷下学宫建于战国时齐国的都城临淄的稷门之下，它是齐国统治者设立的国家养士机构，凭借国家的财力、物力养士，绵延达一个半世纪之久，几乎集中了当时各家各派的学者。稷下学宫虽系齐国官办，但它实际上又是许多私学的集合体。

其特色主要有：

其一，“不治而议论”，即士人并不担任具体的官职，一般不承担行政事务，以备统治者咨询，日常则从事自己的学术研究和讲学活动。因此，稷下学宫实际上起到的是智囊团的作用。

其二，自由辩论。稷下学宫采取的是学术自由、兼容并包的政策，各家学派在稷下学宫都占据了一定地位，他们要使自己的学说得到公认，不得不通过公开的辩论，以理服人，这就活跃了思想，繁荣了学术。在学宫所召开的“期会”中，不仅全体教师和四方游士可自由参加，学生也可参加驳难辩论，这种在学术上师生之间的民主平等，有助于开阔学生的眼界，也有利于人才的成长，并对活跃学生思想起了极大的作用。

其三，学无常师。稷下学宫的教学方式十分特殊，在教学中实行游学自由的方针，学生们可以自由听讲。当时前来稷下学宫的，既有个别游学，也有集团游学的情况。可以随时请求加入，也随时可以告退，不受任何限制。学生来到稷下学宫后，则不限于跟一个先生，其他先生讲学也可以听讲请教，这种灵活的教学制度，使学生有机会接触各种学说，打破了学术流派的局限，各家各派在稷下学宫相互批评，又相互吸收，促进了学术发展。

春秋战国时代士的成员既有没落的贵族子弟，也有掌握了文化知识的平民乃至奴隶。这个在社会转型时期来自不同阶级的士阶层，就是中国传统社会新兴知识阶层的原型。新型的士具有开放性和流动性，他们的群体品格定位既不同于统治者，也不同于被统治者。针对前者，他们表现出博大的胸怀与开放的心态，有着强烈的政治参与意识；针对后者，他们表现出先知者的社会责任感和道德修养上的自觉意识，因而成为当时整个社会中最为活跃的一个群体。在严格的律己自省之中，凭借自身的知识和才干，参与社会政治，同时张扬他们的个性，在社会转型过程中创造出伟大的功业。

（张敏）

## 25. 百家争鸣

春秋战国时期，中国历史出现重大转折，整个社会出现前所未有的剧烈震荡。文化上，这一时期最重要的事件是思想解放，百家争鸣。百家争鸣的全称应该是诸子百家争鸣。诸子本为周代官名。《周礼·夏官·诸子》：“诸子，掌国子之倅，掌其戒令与其教治，辨其等，正其位。”这就是说，最初的诸子，是教授公卿大夫子弟的学官。后来，人们用以指先秦至汉初的著名学者及其著作。班固《汉书·艺文志》所著录的诸子有189家，其中先秦时期主要有管子、老子、关尹、庄子、列子、孔子、孟子、荀子、墨子、禽滑厘、杨朱、许行、李悝、商鞅、申不害、慎到、韩非子、惠施、公孙龙、田骈、宋钘、淳于髡、邹衍、张仪、苏秦、孙武、吴起、孙膑、尉缭、吕不韦等。百家则是指学术上的流派，汉代司马谈《论六家要旨》列举了阴阳、儒、墨、法、名、道六家，刘歆的《七略》和班固《汉书》认为主要有儒、道、阴阳、法、名、墨、纵横、杂、农、小说十家。这种划分，反映了汉代对先秦学术的一种认识，并不一定完全代表历史上的实际状况。春秋末期到战国之间，不同学者、学派对相关问题纷纷发表不同看法，相互辩难，史称百家争鸣。

百家争鸣的出现，有其特定的历史过程。我们知道，周代是官师合一的社会。西周官学，分别由中央和地方管理。属于中央的叫“国学”，包括天子所设的辟雍、诸侯所设的頖宫等。《礼记·王制》载：“王子命之教，然后为学。小学在公宫南之左，大学在郊，天子曰辟雍，诸侯曰頖宫。”《大戴记·保傅》也说：“帝入东学，上亲而贵仁，则亲疏有序，如恩相及矣。帝入南学，上齿而贵信，则长幼有差，如民不诬矣。帝入西学，上贤而贵德，则圣智在位，而功不匮矣。帝入北学，上贵而尊爵，则贵贱有等，而下不逾矣。帝入太学，承师问道。”这就是历史上所谓的“四学”。此外，地方上还有“乡学”，乡有校、州有序、党有庠、闾有塾。各级官吏既负责行政，也负责教学。因此形成学在官府的格局。《荀子·荣辱》指出：“循法则、度量、刑辟、图籍，不知其义，谨守其数，慎不敢损益也；父子相传，以持王公，是故三代虽亡，治法犹存，是官人百吏之所以取禄职也。”“父子相传，以持王公”，是对周代官学特征的一种准确概括。

春秋时期，周室的实际控制范围日益缩减。平王东迁之初，周室王畿方圆还在六百里左右。后来，有的分封给功臣、卿大夫，有的被侵占，至春秋末期，王畿仅剩下一二百里，比普通的诸侯国还小。与此同时，旧有的井田制不断遭到破坏，公田与私田的比例发生巨大变化，并且所剩无几的公田又没得到很好的耕种。即使耕种出来，也没有保障。《左传》隐公三年记载：“四月，郑祭足帅师取温之麦；秋，又取成周之禾。”一年之内，两次被抢，周王威信扫地。同时，“比年一小聘，三年一大聘，五年一朝”（《礼记·王制》）的聘问制度也被破坏，贡赋不入已是司空见惯的事情。这样，这个奴隶制王朝的经济基础发生根本动摇。《左传》记载，极度穷困的王室甚至不惜违背“天子不私求财”（《桓公十五年》）的惯例，多次派人到鲁国“求赙”“求金”“求车”。《左传·隐公六年》还说：“京师来告饥，公为之请籴于宋、卫、齐、郑。”“告饥”的行径，已经是近乎乞讨了。

财源的匮乏势必影响周室的实际控制能力。不仅诸侯多不听调遣，而且王畿内部的维持也难以为继。官学系统的运转同样出现了问题，学官离职时有发生。如《史记·太史公自序》说："当周宣王时，失其守而为司马氏。司马氏世典周史。惠襄之间，司马氏去周适晋。"那些留守的学官，学术素质也日益下降。《左传·昭公十二年》载："王谓籍谈曰：'昔而高祖孙伯黡司晋之典籍，以为大政，故曰籍氏。及辛有之二子董之晋，于是乎有董史。女，司典之后也，何故忘之？'籍谈不能对。宾出，王曰：'籍父其无后乎！数典而忘其祖。'"数典忘祖的故事，是当时王官文化急剧衰落的真实写照。与此同时，周室典籍流失也非常严重。公元前520年周景王去世，王子朝与王子丐(周敬王)争夺王位。前516年，王子朝出逃，"及召氏之族、毛伯得、尹氏固、南宫嚚，奉周之典籍以奔楚"(《左传·昭公二十六年》)。这次内乱，可能使周室文献丧失殆尽。《吕氏春秋·先识》载："夏太史终古见桀迷惑，载其图法奔商；商内史向挚见纣迷惑，载其图法奔周。"这就是说，不仅是有周一朝，可能整个三代的文献都因此而流失，周王朝的官学已经失去了最基本的文献保障。

实际上，在此之前，孔子就已经发出"天子失官，学在四夷"(《左传》昭公十七年)的慨叹。所谓"学在四夷"，意思是说学术活动中心已经从王畿分散到各诸侯国。时至战国，这种态势更为突出。《庄子·天下》说："其明而在数度者，旧法世传之史尚多有之。其在于《诗》《书》《礼》《乐》者，邹鲁之士缙绅先生多能明之。《诗》以道志，《书》以道事，《礼》以道行，《乐》以道和，《易》以道阴阳，《春秋》以道名分。其数散于天下而设于中国者，百家之学时或称而道之。"不必说，邹鲁之士、百家之学，已经不属于周室官学体系，而是四夷之学。这种变化，具体而言，包括两个层次：一是诸侯官学，一是新兴私学。诸侯官学最初可能在一定程度上延续西周体制，不过后来却发生很大变化。如鲁国，虽然韩宣子有"周礼尽在鲁"之说，但官学的衰落仍然十分严重。《论语·微子》载："大师挚适齐，亚饭干适楚，三饭缭适蔡，四饭缺适秦。鼓方叔入于河，播鼗武入于汉，少师阳、击磬襄，入于海。"这仅仅是乐师离散的情形，其他方面可想而知。一些诸侯无力维持旧的体制，一些诸侯的兴趣则发生转移，重士、养士、用士之风日盛。如越王勾践为了灭吴，所养"君子"高达6000人。战国时期，魏文侯延请子夏为师，当时著名学者，如公羊高、穀梁赤、段干木、田子方、禽滑厘、吴起、李悝，都在身边，形成所谓的"西河之学"。这些虽然属于官方养士，但士的来源是灵活机动的，其与西周官方的"父子相传，以持王公"的世传之学差别很大。

诸侯养士规模最大的还是齐国。《国语·齐语》记载，齐桓公养游士80人，"奉之以车马衣裘，多其资币，使周游于四方，以号召天下之贤士"。《左传·文公十四年》则说："公子商人骤施于国，而多聚士，尽其家，贷于公，有司以继之。"这位公子就是后来的齐懿公。齐王的这些养士活动，导致学院式的官学机构——稷下学宫的诞生。稷下先生"不任职而论国事""不治而议论""无官守，无言责"，学派林立，享有高度的学术自由。齐威王时，稷下学宫得到进一步扩建。齐宣王以后，学宫的规模空前。《史记·田敬仲完世家》载："邹衍、淳于髡、田骈、接子、慎到、环渊之徒七十六人，皆赐列第为上大夫。"儒、道、名、法、阴阳、小说、兵家各家学者纷至沓来，人数最多的时候在万人以上，从而发展成为全国的学术文化中心。

新兴私学是"学在四夷"的另一种表征。一方面是私人养士之风大兴。如齐国孟尝君，"招致诸侯宾客及亡人有罪者，皆归孟尝君。孟尝君舍业厚遇之，以故倾天下之士，食客数千人，无贵贱一与文等"(《史记·孟尝君列传》)；魏国信陵君，"为人仁而下士，士无贤不肖皆谦而礼交之，不敢以其富贵骄士。士以此方数千里争往归之，致食客三千人"(《史记·魏公子列传》)；赵国平原君，"喜宾客，宾客盖至者数千人"(《史记·平原君虞卿列传》)；楚国春申君，"客三千余人，其上客皆蹑珠履以见赵使，赵使大惭"《史记·春申君列传》；秦国吕不韦，"以秦之强，羞不如，亦招致士，厚遇之，至食客三千人"(《史记·吕不韦列传》)。私人养士给大批知识分子提供了可靠的生存基础，促进了知识阶层的发展。另一方面，私门著述、私人讲学之风的兴起则代表着私学发展的根本特征。此前的三代官学，正如荀子所言，学官“不知其义，谨守其数，慎不敢损益”。春秋末期，王室逐渐失去学术垄断地位，不受控制的文士开始有条件进行私门著述。首开此风的，当是老子或孔子。他们的著作，能够独立表达个人的观点。孔子还聚徒讲学，史称其弟子三千，贤人七十二。这些人才，成为私学发展的核心力量。《史记·儒林列传》说：“自孔子卒后，七十子之徒散游诸侯，大者为师傅卿相，小者友教士大夫，或隐而不见。故子路居卫，子张居陈，澹台子羽居楚，子夏居西河，子贡终于齐。如田子方、段干木、吴起、禽滑厘之属，皆受业于子夏之伦，为王者师。”

西周官学的瓦解，私学的兴起，学者如云，学派林立，其目标、立场、观点各异，相与辩难，于是形成百家争鸣的局面。《庄子·天下》对这种局势作过非常精到的描述：“天下大乱，贤圣不明，道德不一，天下多得一察焉以自好。譬如耳目鼻口，皆有所明，不能相通。犹百家众技也，皆有所长，时有所用。虽然，不该不遍，一曲之士也。判天地之美，析万物之理，察古人之全，寡能备于天地之美，称神明之容。是故内圣外王之道，暗而不明，郁而不发，天下之人各为其所欲焉以自为方。悲夫，百家往而不反，必不合矣！后世之学者，不幸不见天地之纯、古人之大体，道术将为天下裂。”《天下》对“古人之大体”的消逝黯然神伤，这正是当时西周官学瓦解的最好见证，实际上那不是“道术将为天下裂”，而是“道术已为天下裂”。它对“多得一察焉以自好”“各为其所欲焉以自为方”的新学争鸣形态的描述，既形象又生动准确。这种争鸣，既有直接的临场辩论，也有间接的笔墨官司。其范围，广泛涉及当时的政治、经济、军事、思想文化、伦理道德等各个方面。争鸣的初期，主要在诸子之间展开。随着学术文化的发展，新学派不断形成，学派之争就表现得更为突出，稷下学宫时期则达到前所未有的高潮。学派争鸣中最为重要的，有儒家与墨、道、农、法、名之争，名家与墨、道、阴阳之争等。

儒、墨为当时的显学，最初的争论也是在它们之间展开的。实际上墨家源出儒家，因不满儒家观点，后来才自立门户。《韩非子·显学》说：“墨者之葬也，冬日冬服，夏日夏服，桐棺三寸，服丧三月，世主以为俭而礼之。儒者破家而葬，服丧三年，大毁扶杖，世主以为孝而礼之。夫是墨子之俭，将非孔子之侈也；是孔子之孝，将非墨子之戾也。今孝、戾、侈、俭俱在儒、墨，而上兼礼之。漆雕之议，不色挠，不目逃，行曲则违于臧获，行直则怒于诸侯，世主以为廉而礼之。宋荣子之议，设不斗争，取不随仇，不羞囹圄，见侮不辱，世主以为宽而礼之。夫是漆雕之廉，将非宋荣之恕也；是宋荣之宽，将非漆雕之暴也。”韩非分析了墨、儒间所形成的孝戾、侈俭、廉暴、宽恕的对抗及其所产生的政治效应，鲜明地展现出二家争鸣的具体形态。这种争鸣表现在许多方面，而最根本的差别是“孔子贵仁，墨翟贵廉”(《吕氏春秋·不二》，孙诒让曰：“廉，疑即兼之借字”)。以此为核心，儒家主张隆礼，墨家主张节用；儒家敬天命，墨家非天命，等等。对于墨家的种种批判，孟子曾作过激烈的回应。《孟子·滕文公章句下》说：“圣王不作，诸侯放恣，处士横议，杨朱、墨翟之言盈天下，天下之言不归杨则归墨。杨氏为我，是无君也；墨氏兼爱，是无父也。无父无君。是禽兽也。”“杨墨之道不息，孔子之道不着，是邪说诬民，充塞仁义也。仁义充塞，则率兽食人，人将相食。吾为此惧。闲先圣之道，距杨墨，放淫辞，邪说者不得作。作于其心，害于其事；作于其事，害于其政。圣人复起，不易吾言矣。”“无父无君，是周公所膺也。我亦欲正人心，息邪说，距詖行，放淫辞，以承三圣者，岂好辩哉？予不得已也。能言距杨墨者，圣人之徒也。”这里，孟子不仅批判墨家，也批判了杨朱学派，因为为我无君、兼爱无父是相关联的。儒墨之争过程中，墨家的局限及其与统治阶层的距离日趋明显，这是墨家后来消亡的重要原因之一。

儒道之间同样是你来我往，唇枪舌剑。儒家重礼，道家重道；儒家宣扬礼、仁、忠、孝、义、智、信等观念，主张“君君、臣臣、父父、子子”，道家主张清静无为，两家形成鲜明对立。老子的《道德经》说：“上德不德，是以有德；下德不失德，是以无德。上德无为而无以为；下德无为而有以为。上仁为之而无以为；上义为之而有以为。上礼为之而莫之应，则攘臂而扔之。故失道而后德，失德而后仁，失仁而后义，失义而后礼。夫礼者，忠信之薄而乱之首也。”在此，几乎儒家所有的核心观念都被抛弃，而孔子最为崇尚的“礼”甚至被指斥为祸乱之首。在道家后期，这种否定倾向更为突出。《庄子·外篇·胠箧》说：“盗跖之徒问于跖曰：‘盗亦有道乎？’跖曰：‘何适而无有道邪？夫妄意室中之藏，圣也；入先，勇也；出后，义也；知可否，知也；分均，仁也。五者不备而能成大盗者，天下未之有也。’”这里，道家给圣、勇、义、知、仁等儒家所倡导的规范贴上“大盗之道”的标签，以此全盘否定儒家所谓的“圣人之道”。篇中还说：“善人不得圣人之道不立，跖不得圣人之道不行；天下之善人少而不善人多，则圣人之利天下也少而害天下也多。……圣人已死，则大盗不起，天下平而无故矣。圣人不死，大盗不止。”在此，道家似乎不愿给儒家学说留下任何生存的空间。

儒农之间争论主要表现在对社会分工的认识上。儒家认为有劳力、劳心之别，而以许行为代表的农家则主张与民并耕。《孟子·滕文公上》具体记载了两家争论的情景：“陈相见孟子，道许行之言曰：‘滕君，则诚贤君也。虽然，未闻道也。贤者与民并耕而食，饔飧而治。今也滕有仓廪府库，则是厉民而以自养也。恶得贤！’孟子曰：‘许子必种粟而后食乎？’曰：‘然。’‘许子必织布而后衣乎？’曰：‘否，许子衣褐。’‘许子冠乎？’曰：‘冠。’曰：‘奚冠？’曰：‘冠素。’曰：‘自织之与？’曰：‘否，以粟易之。’曰：‘许子奚为不自织？’曰：‘害于耕。’曰：‘许子以釜甑爨，以铁耕乎？’曰：‘然。’‘自为之与？’曰：‘否，以粟易之。’‘以粟易械器者，不为厉陶冶；陶冶亦以其械器易粟者，岂为厉农夫哉！且许子何不为陶冶，舍皆取诸其宫中而用之；何为纷纷然与百工交易，何许子之不惮烦！’曰：‘百工之事，固不可耕且为也。’‘然则治天下独可耕且为与？有大人之事，有小人之事。且一人之身，而百工之所为备。如必自为而后用之，是率天下而路也！故曰：或劳心，或劳力；劳心者治人，劳力者治于人；治于人者食人，治人者食于人，天下之通义也。”孟子用归谬的方法，驳斥农家的观点，致使信奉农家教条的陈相也承认“百工之事，固不可耕且为也”，从而得出“劳心者治人，劳力者治于人”的结论。看来这场较量，以儒家胜利告终。

儒法之间在许多方面形成鲜明对立。儒家主张师古，法家主张师吏；儒家主张仁政礼治，法家主张严刑峻法；儒家思孟学派有性善说，法家有性恶论，等等。如孔子提倡复古，主张法先王。他说：“大哉，尧之为君也！巍巍乎！唯天为大，唯尧则之。”（《论语·泰伯》）他也推崇舜，说：“无为而治者，其舜也与？夫何为哉，恭己正南面而已矣。”（《论语·宪问》）他更欣赏西周，他曾表示：“周监于二代，郁郁乎文哉！吾从周。”（《论语·八佾》）当颜渊请教治国方略时，他毫不犹豫地说：“行夏之时，乘殷之辂，服周之冕，乐则韶舞。”（《论语·卫灵公》）法家对此十分反感。商鞅说：“民道弊而所重易也，世事变而行道异也。”（《商君书·开塞》）商鞅认为政策必须随时代的变化而变化。韩非的反驳更加痛快，他说：“今世儒者之说人主，不善今之所以为治，而语已治之功；不审官法之事，不察奸邪之情，而皆道上古之传，誉先王之成功。儒者饰辞曰：‘听吾言则可以霸王。’此说者之巫祝，有度之主不受也。”（《韩非子·显学》）又说：“今欲以先王之政，治当世之民，皆守株之类也。”“圣人不期修古，不法常可，论世之事，因为之备。”（《韩非子·五蠹》）一方要师古为治，一方则要律今以法，两家各骋其说，冰炭不容。战国晚期，这种争论达到白热化程度，以致在秦始皇统一中国后，法家借助政权优势，强行焚书坑儒，酿成一场惨烈的文化灾难。

百家争鸣既表现在不同学派之间，也表现在同一学派之内。《韩非子·显学》指出：“世之显学，儒、墨也。儒之所至，孔丘也。墨之所至，墨翟也。自孔子之死也，有子张之儒，有子思之儒，有颜氏之儒，有孟氏之儒，有漆雕氏之儒，有仲良氏之儒，有孙氏之儒，有乐正氏之儒。自墨子之死也，有相里氏之墨，有相夫氏之墨，有邓陵氏之墨。故孔、墨之后，儒分为八，墨离为三，取舍相反不同，而皆自谓真孔、墨，孔、墨不可复生，将谁使定后世之学乎？孔子、墨子俱道尧、舜，而取舍不同，皆自谓真尧、舜，尧、舜不复生，将谁使定儒、墨之诚乎？殷、周七百余岁，虞、夏二千余岁，而不能定儒、墨之真。今乃欲审尧、舜之道于三千岁之前，意者其不可必乎！”由此看来，儒、墨两派内部也存在严重的分歧与激烈的争鸣。其中，儒家思孟学派与荀卿学派的分歧现在尚可考案。前者认为人性善，后者认为人性恶；前者重仁，主内圣之学，后者重礼，倡外王之论；前者主张法先王，后者主张法后王等。由于存在这些差别，所以在《荀子·非十二子》中，荀子对子思、孟轲也以“罪”相斥。

百家争鸣的根源在于政治思想与价值观的差异。《尸子·广泽》说：“墨子贵兼，孔子贵公，皇子贵衷，田子贵均，列子贵虚，料子贵别囿。其学之相非也数世矣而已，皆弇于私也。”《吕氏春秋·不二》也说：“老耽贵柔，孔子贵仁，墨翟贵廉，关尹贵清，子列子贵虚，陈骈贵齐，阳生贵己，孙膑贵势，王廖贵先，儿良贵后。”诸家各有所贵，在价值尺度上产生了重大分歧，所以导致争论的产生。不过，百家争鸣是学术之争，也是政治之争。诸子的学术，主要表现在治世之术的争鸣上。《荀子·解蔽》：“今诸侯异政，百家异说，则必或是或非，或治或乱。”司马谈《论六家要旨》说：“阴阳、儒、墨、名、法、道德，此务为治者也。”百家的治世之术，通常是通过影响人主、影响人主的决策来实现的。司马迁指出：“自驺衍与齐之稷下先生，淳于髡、慎到、环渊、接子、田骈、驺爽之徒，各著书言治乱之事，以干世主。”(《史记·孟子荀卿列传》)这说明即使像稷下学宫那样学术气氛浓厚的机构，仍然以“干世主”为能事。班固《汉书·艺文志》也说：“诸子十家，其可观者九家而已。皆起于王道既微，诸侯力政，时君世主，好恶殊方，是以九家之术蜂出并作，各引一端，崇其所善，以此驰说，取合诸侯。”诸侯有限，而学说纷纭，所以必须压倒异说，才能实现自己的政治主张。这种治国方略之争，在纵横家那里的表现最为淋漓尽致。他们朝秦暮楚，王霸兼取，以产生实际的政治效应作为最终的目标。

百家争鸣以辩难为长，争胜为高，为达到目标，有时甚至有不择手段之嫌。关于这一点，《庄子·天下》指出：“桓团、公孙龙，辩者之徒，饰人之心，易人之意；能胜人之口，不能服人之心。”“能胜人之口，不能服人之心”，这是诸子作为一种论辩策略的典型特征。《荀子·非十二子》分析得更为详尽，荀子说：“假今之世，饰邪说，文奸言，以枭乱天下，矞宇嵬琐，使天下混然不知是非治乱之所存者有人矣。纵情性，安恣睢，禽兽行，不足以合文通治，然而其持之有故，其言之成理，足以欺惑愚众，是它嚣、魏牟也。忍情性，綦谿利跂，苟以分异人为高，不足以合大众，明大分，然而其持之有故，其言之成理，足以欺惑愚众，是陈仲、史䲡也。不知壹天下、建国家之权称，上功用，大俭约而僈差等，曾不足以容辨异、县君臣，然而其持之有故，其言之成理，足以欺惑愚众，是墨翟、宋钘也。尚法而无法，下修而好作，上则取听于上，下则取从于俗，终日言成文典，反紃察之，则倜然无所归宿，不可以经国定分，然而其持之有故，其言之成理，足以欺惑愚众，是慎到、田骈也。不法先王，不是礼义，而好治怪说，玩琦辞，甚察而不惠，辩而无用，多事而寡功，不可以为治纲纪，然而其持之有故，其言之成理，足以欺惑愚众，是惠施、邓析也。略法先王而不知其统，犹然而材剧志大，闻见杂博。案往旧造说，谓之五行，甚僻违而无类，幽隐而无说，闭约而无解。案饰其辞而只敬之曰：此真先君子之言也。子思唱之，孟轲和之。世俗之沟犹瞀儒，嚾嚾然不知其所非也，遂受而传之，以为仲尼、子游为兹厚于后世，是则子思、孟轲之罪也。”这里对它嚣、魏牟等十二子的批评虽然是荀子一家的看法，带有一定的片面性，但在相当大的程度上客观地显示了诸子百家相互争鸣、各有偏颇的实际状态。从某种意义上说，“其持之有故，其言之成理，足以欺惑愚众”这种现象，在先秦诸子中，确实广泛存在。《鲁仲连子》也说：“齐辩士田巴，服狙丘，议稷下，毁五帝，罪三王，服五伯，离坚白，合同异，一日服千人。”（唐张守节：《史记正义》引）不过这种现象，与其说是“欺惑愚众”“日服千人”，不如说是竭智巧取。它是一种智慧形态，它是对旧官学“不知其义，谨守其数，慎不敢损益”的规范形态的一种超脱与发展，它不是靠硬性规范服人，而是以逻辑论证取胜，所以无论在思想上还是学术上，都具有进步意义。

百家争鸣是中国古代第一次思想大解放运动，它打破了西周旧学体系的禁锢，以丰富多元的格局顺应和推动了社会政治和文化的发展。此外，百家争鸣有相争的一面，也有趋同和相互融合的一面。如孔子的“仁者爱人”“泛爱众”之说，孟子的“民为贵，社稷次之，君为轻”之说，墨子的兼爱学说，农家的并耕之论等，都蕴含着平等的思想。诸子之学虽然经历了秦代的焚书坑儒、汉代的罢黜百家等政治活动的抑制，但其影响极为深远，成为中国思想文化中最重要、最有活力的源头之一。

（周德美）

# 26. 春秋五霸与战国七雄

公元前770年到公元前476年这段时期，历史上称为春秋时代。在这290多年间，烽烟四起，战火连天。仅据《春秋》所记载的军事行动就有480余次。司马迁说：春秋之中，“弑君三十六，亡国五十二，诸侯奔走不得保其社稷者，不可胜数”。相传春秋初期诸侯列国140多个，经过连年兼并，到后来只剩较大的几个。这些大国之间还互相攻伐，争夺霸权。历史上把先后称霸的五个诸侯叫作“春秋五霸”。

在历史上，对春秋五霸有两种不同的说法：一说“五霸”是指齐桓公、宋襄公、晋文公、秦穆公和楚庄王；另一说“五霸”是指齐桓公、晋文公、楚庄王、吴王阖闾和越王勾践。

齐桓公是最早称霸的诸侯，他在公元前685年即位后，任用管仲为相，选贤任能，加强武备，发展生产。在政治、经济上做了一系列改革，使齐国强大起来，并提出“尊王攘夷”的口号来号召和控制其他诸侯。由于齐桓公率兵击退戎族、狄族的进攻，又率齐、鲁、宋等八国之师破蔡伐楚，阻止楚军北进，他的威信由此大增。公元前651年，齐桓公大会诸侯于葵丘，与会者有鲁、宋、郑、卫、许、曹等，订立盟约，周天子也派人前往，齐桓公成为中原第一个霸主。齐桓公在位43年，纠合诸侯凡26次。管仲对齐桓公霸业贡献良多，孔子尤其对他提出的“尊王攘夷”称赞不已：“管仲相桓公，霸诸侯，一匡天下，民到于今受其赐。微管仲，吾其被发左衽矣！”就是说，管仲做齐桓公的相国，帮助齐国称霸诸侯，匡扶天下，抵御夷狄的进攻，至今人民还受其恩泽，如果没有管仲的话，我们都会生活在少数民族的统治之下，而被迫遵循他们的习俗了。齐桓公死后，齐国发生内乱，国力大减。

接着称霸的是晋文公。晋文公，生于公元前697年(周桓王二十三年)，公元前636年即位，卒于前628年(周襄王二十四年)，姓姬名重耳，因其父献公立幼子为嗣，曾流亡国外19年，在秦国的援助下回国继位。他实行“通商宽农”“明贤良”“赏功劳”等政策，整顿内政，任用赵衰、狐偃等人，发展农业、手工业，加强军队，国力大增，出现“政平民阜，财用不匮”的局面。因平定周室内乱，接襄王复位，获“尊王”美名。公元前633年，楚成王率领楚、郑、陈等国军队围攻宋国都城商丘(今河南商丘县南)。宋国派人到晋国求救。晋文公采纳了部下的正确意见，争取了齐国和秦国参战，壮大了自己的力量。而后，又改善了晋同曹、卫的关系，孤立了楚国。这时，楚国令尹(官名，相当于宰相)子玉大怒，发兵进攻晋军。

晋文公为了避开楚军的锋芒，以便选择战机，命令部队向后撤退九十里。古代军队行军三十里叫作一舍，九十里就是三舍。晋军“退避三舍”，后撤到卫国的城濮。城濮离晋国比较近，补给供应很方便，又便于会合齐、秦、宋等盟国军队，集中兵力。公元前632年4月，晋楚两军开始决战。晋军诱敌深入，楚军陷入重围，全部被歼。城濮之战创造了在军事上先退让一步，后发制人的著名战例。此后，晋文公请来周襄王，在践土(今河南广武)和诸侯会盟。周天子册封晋文公为“侯伯”(诸侯之长)，并赏赐他黑红两色弓箭，表示允许他有权自由征伐。晋文公成了中原霸主。

在齐国称霸时，楚国因受齐国抑制停止北进，转而向东吞并了一些小国，国力强盛。齐国衰落后，楚国便向北扩张与晋国争霸。楚庄王，姓芈，名旅，又称熊侣，在位期间(前613—前591年)非常重视选择人才，先后得到伍参、苏从、孙叔敖、子重等有才能的文臣武将的辅佐。庄王初年，楚国发生贵族暴乱，邻近的群蛮等也乘机骚扰。庄王平息乱事，在内政方面做了一些改革，赏罚分明，群臣和睦，百姓安居乐业，国力日益强盛，为取得霸业奠定了基础。公元前611年，楚庄王攻灭庸国。公元前606年，庄王伐陆浑之戎(今河南伊川一带)，陈兵问鼎于周郊，以示有吞周之意。接着又破陈围郑。晋出兵救郑时，两军大战于邲(今河南郑州北)，晋军败绩。此后鲁、郑、陈、宋等中原国家先后归附楚国，楚庄王遂称霸中原。

晋国称霸的时候，西部的秦国也强大起来。秦穆公在位39年，在部分史料中被认定为春秋五霸之一。秦穆公非常重视人才，其任内获得了百里奚、蹇叔、丕豹、公孙支等贤臣的辅佐，曾协助晋文公回到晋国夺取王位。周襄王时出兵攻打蜀国和其他位于函谷关以西的国家，开地千里，因而周襄王任命他为西方诸侯之伯。秦穆公企图向东争霸中原，但由于向东的通路为晋所阻而未果，便向西吞并十几个小国，在函谷关以西一带称霸。

以后，吴国、越国相继强大，争霸于东南。吴王阖闾姓姬，名光，吴王诸樊之子，故又称“公子光”。春秋末期吴国国君，公元前514年至前496年在位，著名军事家，也是“春秋五霸”之一。

公元前515年，因王位继承问题，公子光以庆贺吴王僚伐楚班师为名设宴招待。勇士专诸将剑藏在鱼腹中，趁上菜之机刺杀了吴王僚，这就是历史上著名的“专诸刺王僚”故事，公子光夺得吴国王位。阖闾上台后即开始实施强国富民振兴计划。他广泛搜罗人才，重用伍子胥、孙武等人，并在全国推行了一系列行之有效的鼓励政策，施恩行惠，大力发展农业生产，使吴国的政治、经济和军事力量逐渐得到加强。

公元前506年，吴王阖闾率师会蔡、唐之师伐楚，柏举之战，五战五捷，大败楚军，仅10天即进入楚国国都郢(今湖北省江陵西北)，创造了春秋时期攻占大国都城的先例。翌年，越国君主允常率师进攻吴国，阖闾亲自出征，大败越军。公元前504年，吴师再次伐楚，迫使楚国迁都于鄀(今湖北省宜城东南)。从此，吴国威震中华。公元前496年，吴王阖闾兴师伐越，两军在槜李(今浙江嘉兴西南)交战。越大夫灵姑浮以戈击阖闾，斩落阖闾大趾。阖闾被迫还师，死于陉，后葬苏州虎丘山。

公元前494年，吴王夫差继承阖闾的遗志，继续进攻越国，围困越王勾践于会稽(今浙江绍兴)，迫使越国屈服。接着又打败齐军。公元前482年，在黄池(今河南封丘附近)与诸侯会盟，争得了霸权。越王勾践自被吴国打败后，为了保存力量，用大臣范蠡的计策，向吴称臣乞和。勾践归国后，卧薪尝胆，时时不忘灭吴雪耻。他任用范蠡、文种等人，改革内政，休养生息。后来勾践利用夫差北上争霸、国内空虚之机，一举攻入吴国并杀死了吴太子。夫差返国后只得言和。勾践不断举兵伐吴，吴都被围三年后城破，夫差自杀，吴亡。随后，勾践又乘船进军北方，宋、郑、鲁、卫等国归附，并迁都琅琊(今山东胶南南)，与齐、晋诸侯会盟，周元王正式承认其为霸主。

诸侯大国争霸，说明了周朝王权的削弱。自公元前770年平王东迁洛邑(今河南洛阳)以后，周朝王室更加衰微。从前是天子统帅诸侯，“礼乐征伐自天子出”，现在这些权力都落到诸侯手里，“礼乐征伐自诸侯出”，“礼乐征伐自大夫出”，甚至于“陪臣执国命”，周朝处于“礼坏乐崩”的境地。

春秋时期，在中原地区争夺霸权的主要是晋、楚两个大国。双方实力相当，互有胜负，到春秋末，两国国内矛盾尖锐，都有停止争霸、弭兵(休兵)之愿。宋国执政华元、向戌倡导诸侯弭兵，晋、楚都表示同意。公元前579年，华元约合晋、楚在宋国西门外相会订盟，约定：晋楚互不交兵，互通聘使，互救灾害，互相援助抗击侵略者。

晋、楚第一次弭兵之盟非常不稳定。晋楚两国长达半个世纪所积的仇隙并非一个盟约所能化解，晋楚双方在形势对自己不利时，都希望通过暂时的休战而得以调整，而当形势好转时，就会撕毁盟约，发起新的进攻。盟约订立之后不久就爆发了鄢陵之战，楚国失败。

鄢陵之战后，战败国楚处在非常困难的境地，然而胜利的一方晋国也陷入危机之中。晋厉公欲乘胜消灭晋国之大族，而立其左右近臣，杀掉郤氏之族。但晋厉公杀掉郤氏后，反被栾书、中行偃所杀，晋国一片混乱。秦国又乘晋之内乱，频频出击晋国。晋国内部有大族与国君的斗争，外部强敌压境，陷入内忧外患。

公元前546年，向戌因与晋赵武、楚屈建皆友善，再次倡议弭兵之盟，得到晋、楚、齐等国响应。该年夏天，晋、楚、齐、鲁、卫、陈、郑、蔡、许、曹、邾、滕和宋，又在宋之蒙门(东北门)外相会订盟。盟约规定晋、楚公为霸主，余国分别向晋、楚进纳贡赋。秦、齐和晋、楚为对等大国，不向晋、楚纳贡，也不受贡赋。第二次弭兵之会后，中原诸侯间的战争得以减少，中原小国承受的战争苦难有所减轻。然而这些小国从此以后受到晋、楚的双重剥削，负担同样是很沉重的。

春秋末年，经列国兼并，剩下的大国主要有西方的秦，中原以北的晋，东方的齐、燕，南方的楚、吴、越。战国早期，上述大国，除吴于公元前473年被越所灭，全都保存了下来。秦、燕国实力较弱。比较强大的是晋、齐、楚、越四国。公元前453年，出现赵、魏、韩"三家分晋"的局面。"三晋"在战国初期最强大，常常联合兵力进攻其他国家。公元前403年，周天子正式策命"三晋"为诸侯。齐国自公元前481年田氏子杀齐简公，专齐政，形成"田氏代齐"的局面。但战国初期，齐实力暂时弱于"三晋"。楚国虽向东方略地扩展，但其北上与"三晋"争夺郑却遭受失败。越国灭吴后曾强盛一时，进入战国后因长期内乱，势力衰落下去。

到战国中期，秦、齐、楚、赵、魏、韩、燕七国争雄的格局逐渐形成。

首先是魏国独占中原。公元前445年，魏文侯任用李悝实行变法，较早地实行了社会改革，使魏国成为最先强盛的国家。公元前354年，魏惠王派大将庞涓率兵进攻赵国。魏军横冲直闯，如入无人之境，很快逼近赵都邯郸。在这形势危急的情况下，赵成侯忙派使者前往齐国求救。齐威王派田忌为主将，孙膑为军帅，出兵救赵。孙膑说：要想解开纷乱的丝线，不能用手强拉硬扯；要劝解两个打架的人，不能直接参加进去打。派兵解围，应出其不意，攻其不备，采取避实击虚的策略，造成敌人的后顾之忧。田忌接受孙膑的意见，领兵杀向魏国都城大梁。庞涓听说大梁吃紧，领兵回救，星夜赶路。孙膑、田忌将齐军埋伏在桂陵(今山东菏泽东北)，静等魏军前来决战。魏军长途行军，疲于奔命，人困马乏。双方一经交战，魏军全线崩溃，齐军获得全胜。这就是以"围魏救赵"的战法著称于世的桂陵之战。

事隔不久，魏国联合韩国打败齐国，挽回了败局。魏国在中原又成为第一强国。公元前342年，魏国进攻韩国。韩国向齐国求救。齐国仍派田忌、孙膑率军解救韩国。孙膑采取退兵减灶、诱敌深入的战术。齐军佯败后退，第一天留下了10万人做饭的锅灶，第二天减少到5万人的锅灶，第三天减少到3万人的锅灶。庞涓以为齐军逃亡严重，穷追不舍。这时，孙膑在马陵设下埋伏，等庞涓带兵追到马陵，孙膑一声令下，齐军金鼓齐鸣，万箭齐发，大败魏军，庞涓自杀，魏太子申被俘。这就是著名的马陵之战。此后，魏惠王和齐威王会盟徐州，双方妥协，均分东方的霸权地位。

后来，魏国逐渐衰弱，齐国和秦国成为东西对峙的两个霸主，进入了齐、秦争强时期。

秦国在商鞅变法之后，一跃成为七国中实力最强的国家。这时，东方的齐国与秦国旗鼓相当，双方在不断兼并周围弱国、扩大势力范围的同时，又进行着所谓“合纵”“连横”的外交斗争。

合纵连横的实质是战国时期的各大国为拉拢他国而进行的外交、军事斗争。合纵就是南北纵列的国家联合起来，共同对付强国，阻止齐、秦两国兼并弱国；连横就是秦或齐拉拢一些国家，共同进攻另外一些国家。合纵的目的在于联合许多弱国抵抗一个强国，以防止强国的兼并。连横的目的在于事奉一个强国以为靠山从而进攻另外一些弱国，以达到兼并和扩展土地的目的。当时的最著名的纵横家除了苏秦、张仪之外，还有公孙衍。

对纵横家的具体要求，首先要对现实有最明确的认识，确定合纵连横的对象，然后知其诸侯为人而定说辞及游说之法，或抑或扬，或抑扬相合，或先抑后扬，或先扬后抑。在游说过程中，又必须观察对方的反应，是同或是非，若同则继续，若非则当补遗误，一切见机行事。而后或以利诱，或以害说，探其实情，再以揣摩之术深察其内心，并快速正确以权谋之术决断。

最初，合纵与连横变化无常。公孙衍、张仪、苏秦等人游说于各个国家，合纵既可以对齐，又可以对秦；连横既可以联秦，也可以联齐，这就是所谓“朝秦暮楚”。后来，因为秦国的势力不断强大起来，成为东方六国的共同威胁，于是合纵成为六国合力抵抗强秦，连横则是六国分别与秦国联盟，以求苟安。秦国的连横活动，是为了破坏六国间的合纵，以便孤立各国，各个击破。

公孙衍曾于前 318 年联合魏、赵、韩、燕、楚五国攻秦。时人说：“公孙衍、张仪岂不诚大丈夫哉！一怒而诸侯惧，安居而天下熄。”(《孟子·滕文公下》)后来苏秦和赵国奉阳君李兑也曾于前 287 年联合五国攻秦，使秦被迫废除帝号，产生了很大影响。然而，张仪在秦推行的连横策略取得了更大的成功，使秦惠王“拔三川之地，西并巴蜀，北收上郡，南取汉中”，“散六国之从(纵)，使之西面事秦”(《史记·李斯列传》)，真正通过连横政策的推行而达到了兼并土地的目的。

张仪，生年不详，卒于公元前 310 年，一说公元前 309 年。乃魏国贵族后裔，曾随鬼谷子学习纵横之术。公元前 329 年，张仪由赵国西入秦国，凭借出众的才智，被秦惠王任为客卿，筹划谋略攻伐之事。次年，秦国仿效三晋的官僚机构开始设置相位，称相邦或相国，张仪出任此职。他是秦国置相后的第一任相国，位居百官之首，参与军政要务及外交活动。从此开始了他的政治、外交和军事生涯。

张仪拜相后，积极为秦国谋划。他采用连横术迫使韩、魏太子来秦朝拜，并攻取魏国蒲阳(今山西隰县)。又游说魏惠王，不用一兵一卒，使得魏国把上郡 15 县一起献给秦国。公元前 325 年，张仪率军攻取魏国的陕县(今河南陕县)。这样，黄河天险为秦所占有。随着秦国威势的不断增长，张仪辅佐秦惠文君于同年称王，秦国国势日益强盛。

公元前 316 年，张仪与司马错等人率兵伐蜀，取得胜利，旋即又灭巴、苴两国。这样秦国占据了富饶的天府之国，有了巩固的大后方，为秦国的经济发展和军事战争提供了有利条件。

齐秦争强时期的焦点在于争取楚国。战国初期，楚悼王任用吴起为令尹，实行变法，国势富强，一举打败了魏国并出兵伐秦。公元前 381 年，楚悼王死，吴起的新法被废除，楚国一天天走下坡路。楚怀王在位时，秦国派张仪入楚鼓吹“连横”，劝楚绝齐从秦。公元前 313 年，张仪来到楚国，对楚怀王说：“秦王愿意和大王结成兄弟之国。大王如果能同齐国断交，秦国愿献地六百里，两国永远和好。”楚怀王听了非常高兴，便一口答应下来，并派使者同张仪一起来到秦国，打算接收土地。可是刚入秦国境内，张仪就假装从车上摔下来，称病不出，拒绝会见楚国的使者。楚怀王见秦王迟迟不肯献地，以为秦王担心楚与齐的断交不够彻底，于是又派人北上大骂齐王。齐王被惹怒了，坚决和楚国绝交，并且与秦国建立了联盟关系。当楚使再次向张仪索讨献地时，张仪却说："哪有六百里地献给你们，一定是听错了，只有六里宽嘛。"楚怀王发觉上了当，决定发兵攻秦，结果受到秦、齐两国夹攻，楚国大败而归。接着，在蓝田交战中，楚国又被秦国打败，割给秦国两个城市。从此，楚国就一蹶不振。

这时，秦、齐斗争趋于白热化。公元前298年，齐、韩、魏、赵、中山等五国联军攻入函谷关。秦国被迫退还夺去韩、魏的一些地方，五国才退了兵。齐国成为关东各国的盟主。公元前288年，秦昭王自称西帝，尊齐愍王为东帝，用远交近攻的策略拉拢齐国，破坏了关东的"合纵"联盟。

公元前286年，齐国灭掉宋国，一时威势很盛，引起各国的不安。秦国联合了燕、楚、韩、赵、魏等国共同伐齐，于公元前284年，在济西(今山东聊城南)大败齐军。燕国自昭王即位后，招纳贤能，任用乐毅为将，决心报齐国入侵之仇。这时，趁势攻下齐的国都临淄，连下七十余城，并入燕国版图。后来，齐将田单利用燕国内部矛盾，驱逐燕军，收复了失地。然而，齐国已经丧失了与秦国抗衡的能力。

秦国在"合纵"斗争中削弱了齐国，开始向东方发展。公元前278年，秦将白起率军攻破楚国都城郢(今湖北江陵西北)，楚迁国都于陈(河南淮阳)，秦国夺得巫郡和黔中郡。楚又迁都到寿春。楚国进一步被削弱。

公元前260年，秦将白起率军进攻韩国的上党郡，郡守投降赵国。赵国派著名大将廉颇率大军镇守长平(山西高平)，筑垒坚守，以逸待劳，与秦军相持三年，不分胜负。秦国丞相范雎派人到赵国行施"反间计"，散布廉颇坏话。赵王信以为真，就派那个只会"纸上谈兵"的赵括替换廉颇。赵括骄傲轻敌，一到前线，下令倾巢出击。秦将白起采取了诱敌深入、迂回包抄的战术，迫使赵军在极为不利的情况下作战。在一次突围中，赵括被秦军乱箭射死，赵国40万大军被俘，白起把他们全部活埋。这就是中国历史上著名的长平之战。

秦军乘胜前进，包围了赵都邯郸。赵向魏求救，魏派晋鄙率兵救赵。因怕秦军，半路上逗留观望。公元前257年，魏国公子信陵君无忌盗出魏王的虎符，假传军令，挑选八万精兵援救赵国。同时，楚国援军赶到，联合打败秦军，解除邯郸之围。这就是"信陵君窃符救赵"的历史事件。

秦国虽然暂受挫败，但实力雄厚，六国没有一个能单独抗秦。在秦的威胁下，东方六国又结成暂时的联盟。公元前247年，魏信陵君合五国兵攻秦，败秦于河外。公元前241年，赵将庞暖联合赵、楚、魏、燕、韩五国兵攻秦，但为秦所败。从此，东方六国联盟不复存在，秦国统一六国的形势完全成熟了。

从公元前231年开始，秦国开始统一全国的战争，至公元前221年，消灭六国，统一了中国。从此，中国结束了诸侯割据称雄的局面，转变为一个专制主义中央集权国家。

（张敏）

## 27.《诗经》的编集

《诗经》是我国最早的一部诗歌总集，它产生于西周初年到春秋中叶约五六百年漫长的时期。产生的地域主要是黄河流域，也远及于长江、汉水和汝水一带，大致包括今天的甘肃、陕西、山西、河北、河南、山东、安徽、湖北、四川等地区。《诗经》是我国古代先民对自己社会生活的歌唱，是我国古代文化辉煌灿烂的篇章。《诗经》原来称《诗》或《诗三百》，战国时期庄子的著作中把《诗》视为“六经”之一。到了汉代，汉武帝为了加强思想统治，巩固中央政权，采取“罢黜百家，独尊儒术”的政策，原来经孔子整理的几部经书正式被官方确认为“经”。由是，“诗”作为“经”，又被官方确立起权威的地位。保存到现在的《诗经》作品有305篇。另外，《诗经·小雅》中尚有《南陔》《白华》《华黍》《由庚》《崇丘》《由仪》6篇诗虽有篇目，但无歌词，后人称为“笙诗”。

《诗经》有三百多篇，有众多的无名作者，又产生于漫长的年代和广阔的地区，显然是经过有目的的搜集整理才成书的。《诗经》的编集，在先秦古籍中没有明确记载。历史上有广泛影响的“献诗”“采诗”“删诗”之说，透露了《诗经》作品来源和编定的一些信息。贵族文人作品的汇集是通过“献诗”的渠道，这在先秦史籍里有明确的记载。《国语·周语上》说，周厉王“得卫巫，使监谤者。邵公谏曰：为川者决之使导，为民者宣之使言。故天子听政，使公卿至于列士献诗，瞽献曲，史献书……”看来，周代很早就有让公卿列士献诗的制度。关于歌谣的采集，先秦书中没有明确的记载。据汉人推测，周有太师、行人之官，其目的是让王者观民俗，知得失。这虽然只是汉人根据汉乐府采诗情况的推测，但基本上还是可信的。因此可以说，《诗经》包括了公卿列士所献之诗，采集于各地的民间之诗，以及周王朝乐官保存下来的宗教和宴飨中的乐歌等。这些作品的编集成书，汉人认为经过了孔子的删订。事实上，早在孔子的时代，已有与今本《诗经》相近的“诗三百篇”的存在。孔子对“诗”做过“正乐”的工作，甚至也可能对“诗”的内容和文字有些加工整理，但说《诗经》最初由他删选而成，则不可信。整理编订《诗经》的过程中，周王朝的乐官起了相当重要的作用。大约公卿列士所献之诗以及采集来的民间之诗，最后都集中到王朝乐官手中，乐官掌管的诗一定很多，整理编选其中的一部分为演唱和教诗的底本，是完全有可能的。

秦汉之际，先秦典籍屡遭厄运。在秦始皇实行“焚禁”政策和楚汉战争的破坏之后，官府所藏与民间保存的秘籍散失极为严重。《诗经》由于是诗歌，便于传诵记忆，所以才能比较完整地保存下来。西汉时期，传授《诗经》的主要有四家，即鲁人申培所传的“鲁诗”，齐人辕固生所传的“齐诗”，燕人韩婴所传的“韩诗”，鲁人毛亨与赵人毛苌共传的“毛诗”。“鲁诗”“齐诗”“韩诗”合称“三家诗”，他们的传本经文都用汉代通行的隶书写成，同属今文诗学。毛诗的传本经文原用先秦古文写成，属古文诗学。四家释义多有不同。传至东汉，郑玄为《毛传》作笺，此后毛传郑笺广为流传，“三家诗”则逐渐衰废，以致亡佚。由于毛亨与郑玄对诗的解释亦时有异同，是此非彼者争论多年，衍生出许多有关诗经研究的著作。至唐贞观年间，孔颖达奉命编纂《五经正义》，在以毛传、郑笺为基础的诸多著述中，选用刘焯的《毛诗义疏》与刘玄的《毛诗述义》为稿本，为之作疏，统一了争论。至清朝乾隆四年，阮元等奉命校勘《十三经注疏》，他们依据宋刻版《十三经注疏》本，其中的《诗经》部分为《毛诗正义七十卷》，汉毛公传、郑玄笺、孔颖达等正义，参照其他经本及诸家对《诗经》的研究，最终整理出《毛诗正义》二十卷。这个校勘本为后来的经学界所公认，并成为后人研究《诗经》的主要依据。世界书局曾将阮元主持校刻的《十三经注疏》影印出版，1979 年中华书局又翻印了世界书局的影印本。

《诗经》305 篇按照风、雅、颂分为三类。这种分类，最初只是一种音乐分类，因为“诗”最初都是乐歌，只是由于古乐失传，后人已无法了解风、雅、颂各自在音乐上的特色了。以后《诗经》在流传过程中，这三类又有了内容上的区别。风即音乐曲调，国风即各地区的乐调。《诗经》中有十五国风，即周南、召南、陈风、秦风、豳风、魏风、唐风、郑风、卫风、邶风、鄘风、王风、桧风、曹风、齐风。十五国风共收 160 篇作品，除少数作品外，大都是流传在民间的口头创作，它是劳动人民集体智慧的结晶。由于它是“饥者歌其食，劳者歌其事”，所以能够真实地反映当时的社会现实生活，不同程度地表达了人民的思想感情、愿望要求；又由于它在口头流传过程中得到不断的提炼加工，所以表现集中，语言生动，描写形象，韵律和谐，充分体现了刚健清新的艺术风格。因此，具有高度的思想性和艺术性，是全书的精华所在。

雅即正，指朝廷正乐，西周王畿的乐调。雅包括小雅和大雅，小雅 74 篇，大雅 31 篇，共收诗 105 篇。编排以 10 篇为一组，并以这一组的第一篇诗命名，如小雅“鹿鸣之什”，大雅“文王之什”等。零数的诗，包含在最后的“什”里边，这是为了检阅的方便。大雅是西周的作品，大部分作于西周初期，小部分作于西周末期。小雅除少数篇目可能是东周作品外，其余都是西周晚期的作品。大雅的作者，主要是上层贵族；小雅的作者，既有上层贵族，也有下层贵族和地位低微者。“二雅”中的诗歌涉及的内容很广泛，其中有叙述周民族发展历程的史诗，有为统治阶级歌功颂德的赞美诗，有反映种族冲突的战争诗，也有揭露统治阶级内部矛盾的政治讽喻诗，反映人民疾苦的怨愤诗，叙写男女爱情和婚姻问题的爱情诗等。它既有别于国风中真实地反映现实生活而具有高度现实主义精神的民歌，也有不少思想与艺术都较为优秀的作品。

颂是宗庙祭祀之乐，许多都是舞曲，音乐可能比较舒缓。颂包括《周颂》《鲁颂》《商颂》，合称“三颂”。《周颂》31 篇，《鲁颂》4 篇，《商颂》5 篇，共收诗 40 篇。《周颂》是西周统治者用于祭祀的乐歌，多数作于昭王、穆王以前。《周颂》不同于其他诗的体例，不是由数章构成，每篇只有一章。《鲁颂》产生于春秋中叶鲁僖公时，都是赞美鲁僖公之作。《商颂》大约是殷商中后期的作品，从内容上可分为两类：《那》《烈祖》《玄鸟》明显是祭歌，主要是写歌舞娱神和对祖先的赞颂；《长发》和《殷武》的祭祀意味不浓，可能是一种祝颂诗，只是写商部族的历史传说和神话。前三篇不分章，后二篇分章，风格近于雅，可能比前三篇晚出。“三颂”中的诗歌，都是歌功颂德，粉饰太平的庙堂文学，思想性和艺术性都不高，不过它们对于研究古代社会发展，却有重要的史料价值。

《诗经》中的作品，内容十分广泛，深刻反映了殷周时期，尤其是西周初至春秋中叶社会生活的各个方面：

第一，关于生产劳动方面的。比较全面地反映当时农事和劳动生活的诗篇是《豳风・七月》。该诗以“七月流火，九月授衣”开端，按季节生活，逐季逐月地描述了当时从事农桑生产的全过程。诗中写正月开始修整农具，寒冬未退的二月就下田劳动，接着是采桑养蚕、纺织、染帛、筑场、收获、打猎、修屋、造酒、凿冰，然后杀羊祭祀，准备过年，这些劳动都是按照季节农时依次进行的。诗中写“九月筑场圃，十月纳禾稼”，收获的粮食有黄米、高粱，早种晚熟的谷物，晚种早熟的谷物以及大米、麻、豆、麦等，收获的瓜果菜蔬也有十数种，可知当时种植的品种和农艺技术已是相当可观了。全诗在艺术上也富有特点，如诗中以一系列的物候特征来表现节令的演变，使全诗充满了自然风光和强烈的乡土气息。《七月》长诗无疑是一幅描摹古代农桑生产和民间社会习俗的生动画卷，艺术地再现了农业社会中人们热爱自然、依恋土地、勤劳朴实的性格和淳朴的民风。当然，也表现了当时劳动者的艰辛和遭受压迫的痛苦。另外，还有许多反映当时各种劳动生产活动的诗篇，如《周南·芣苢》写妇女们田野采集，《魏风·十亩之间》写采桑女集体在桑园采桑，《伐檀》写伐木造车，《郑风·大叔于田》写田猎，《小雅·无羊》写放牧。这些诗如此真实而生动地记录了两千多年前生产劳动的情景和劳动者的心态，在中外文学史上是罕见的。

第二，关于爱情婚姻方面的。国风里的诗篇，多为男女咏歌各言其情之作。或写单相思的心态，或写幽期密约的迷恋，或写新婚嫁娶的欢乐，或写室家忠贞笃厚的幸福，都不同程度地具有健康的、纯洁的、真诚的、明快的气息。然而男女恋爱婚姻之路也并非坦途，中间也有坎坷曲折，如失恋的烦恼、久别的相思、礼教的压迫、一方的背弃等，这也使有些作品不同程度地带有悲哀怨恨的色彩。关于单相思的，如《周南·关雎》，前三章表现了一个贵族青年对淑女的追求和他“求之不得”的痛苦心情，末二章想象若能和她在一起，将要“琴瑟友之”“钟鼓乐之”。又如《邶风·静女》是写情人相约密会的诗篇，诗之首章先写男子以愉快的心情去赴约，但到了约会的地点却不见心上人的踪影，急得抓耳挠腮，不知如何是好。接下两章具体写出会面的情景，姑娘要逗他玩，故意藏了起来。当看到他焦急不安的情景后，才出来会面，并把亲自采摘的管状红草作为礼物送给他。他高兴地赞美红草，并深情地讨好说：“非女之为美，美人之贻。”虽是一首小诗，却把情人密会的欢乐，写得十分生动而富有情趣。又如《鄘风·柏舟》，是一首写要求婚姻自由、反抗礼教压迫的诗。全诗两章，反复咏唱，把青年女子热烈追求婚姻自由与坚决反抗礼教压迫的反抗精神表现得集中而突出，它实际上是对不合理的父母包办婚姻制度的大胆揭露与控诉。而《卫风·氓》，则是女主人公自述其被欺骗、被虐待、被遗弃的经过和内心悔恨不平的诗篇。全诗六章，章各十句，全诗通过女主人公婚姻悲剧的具体描写与叙述，不仅深刻揭露了男女不平等的不合理的社会制度，而且有力地控诉了礼教吃人的罪恶。

第三，关于徭役战争方面的。在风、雅中，也散见一些写战争徭役的诗篇。反映战争徭役之苦，给人民带来灾难和不幸的诗篇，多带有强烈的反战倾向。如《唐风·鸨羽》，全诗三章，沉痛地控诉没完没了的徭役给人民带来的深重苦难。诗以“肃肃鸨羽，集于苞栩”起兴，用鸨鸟没有稳定的栖息之处比喻人民服役在外不得休息的苦况。描写战士戍边的诗篇，往往带有既爱国又想家的矛盾的情绪，《小雅·采薇》就是这种题材的名篇。也有与上述思想和风格迥异的诗篇，如《秦风·无衣》，描写了战士不怕牺牲、团结御侮的爱国思想。《诗经》中有些战争诗，从正面描写了天子、诸侯的武功，多为歌颂之声，如大雅中的《江汉》《常武》，小雅中的《出车》等。《诗经》战争诗中多强调道德感化和军事力量的震慑，不具体写战争的厮杀格斗，这是我国古代崇德尚义，注重文德教化，使敌人不战而服的政治理想的体现，表现出与世界其他民族古代战争诗不同的风格。

第四，关于政治讽刺方面的。西周中叶以后，特别是西周末期，周室衰微，社会动荡，政治黑暗，大量反映丧乱、针砭时政的政治讽刺诗出现了。政治讽刺诗主要保存在“二雅”和国风中，如大雅中的《民劳》《板》《荡》《桑柔》等，小雅中的《节南山》《正月》《十月之交》《雨无正》等，反映了厉王、幽王时赋税苛重、政治黑暗腐朽的现实。国风中的《魏风·硕鼠》《魏风·伐檀》《邶风·新台》《鄘风·相鼠》等，或讽刺不劳而获、贪得无厌者，或揭露统治者的无耻与丑恶。这些作品被后人称为“变风”“变雅”。大雅中的政治讽刺诗，大多出自身份和社会地位较高的作者，所以诗篇的讽刺有一定的节制，更多地带有规谏之意。小雅中政治讽刺诗的作者，没有大雅作者身份地位高，他们虽然也是统治阶级中的一员，在等级社会中却处于较低的甚至受压抑的地位，因此，小雅中的政治讽刺诗，不仅指斥政治的黑暗，悲悼周王朝国运已尽，忧国哀民，而且感叹自身遭遇，讽刺意味更浓。国风中也有一些与“二雅”性质相同的作品，但与“二雅”中对宗朝倾覆，朝政日非，世衰人乱，充满哀怨悲愤的情感不同，而是辛辣犀利地对统治者加以揭露和嘲讽。政治讽刺诗所反映出的这种关心国家命运的强烈责任感，忧国忧民的忧患意识，一直影响到后世，被无数进步诗人和民族志士所继承，成为我国诗文优良传统的重要组成部分。

第五，关于史诗。《诗经》中有部分史诗，简明如实地描述先民的智慧及其领袖英勇艰难创业的历史。如被认为是周族史诗的《生民》《公刘》《绵》《皇矣》《大明》五篇作品，赞颂了后稷、公刘、太王、王季、文王、武王的业绩，反映了西周开国的历史。《生民》写始祖后稷的神异诞生和他对农业的贡献。《公刘》写公刘率领周人由邰(今陕西武功)迁徙到豳(今陕西彬县、旬邑一带)，开始了定居生活，在周部族发展史上有重大意义。《绵》写古公亶父率周部族再次由豳迁至岐(今陕西岐山县)之周原，划定土地疆界，开沟筑垄，设置官司、宗庙，建立城郭，创业立国，并叙及文王的事迹。《皇矣》先写太王、王季的德业，然后写文王伐崇伐密胜利的经过。《大明》先叙王季娶大任生文王，文王娶大姒生武王，然后写武王在牧野大战。从《生民》到《大明》，周人由产生到逐步强大，最后灭商，建立统一王朝的历史过程，得到了完整的表现。五篇史诗，反映了周人征服大自然的伟大业绩，反映了社会制度由原始公社向奴隶制国家的转化，以及推翻商人统治的斗争历程。

《诗经》的艺术成就，主要表现在四个方面：首先是现实主义精神。诗歌的创作，要抒情言志。这情与志，必须真实地反映现实生活，大胆地揭露社会现实中的主要矛盾，突出地表达人民的思想感情，充分地体现时代精神，才能成为优秀的作品。国风中的诗歌，作者大都是劳动人民，他们对生活有深切的感受，所创作的诗歌真实而深刻地反映当时的社会现实，勇敢而大胆地揭露了被压迫者与统治阶级之间各方面的矛盾，突出地表达了他们的抗争精神。这些出自心底的诗歌，揭示了阶级社会的本质，道出了人民的心声，因而奠定了我国古代诗歌中现实主义的基础，成为我国两千多年来文学遗产中的优良传统。其次是赋、比、兴的表现手法，这是古人对《诗经》基本艺术表现手法的总结。赋就是平铺直叙，即诗人把思想感情及与其有关的事物平铺直叙地表达出来。比就是比方，以彼物比此物，诗人有本事或情感，借一个事物来作比喻。兴则是触物兴词，客观事物触发了诗人的情感，引起诗人歌唱，所以大多在诗歌的发端。赋、比、兴三种手法，在诗歌创作中往往交相使用，共同创造了诗歌的艺术形象，抒发了诗人的情感。在赋、比、兴三者中，赋是基础。赋是一种基本的表现手法，赋中用比，或者起兴后再用赋，在《诗经》中是很常见的。《诗经》中赋、比、兴手法运用得最为圆熟的作品，已达到了情景交融、物我相谐的艺术境界，对后世诗歌意境的创造有直接的启发。再次是精练生动的语言。劳动人民的语言最为丰富生动，他们的歌谣在流传过程中，又不断地经过加工和提炼，所以表现在诗歌中的语言也极为精练而又丰富多彩。据统计，《诗经》中仅表示手的不同动作的动词，就有采、掇、拔、折等50多个。各种动词、形容词，也异常丰富。此外，双声、叠韵、联绵词的巧妙运用，对形声、状物与增强诗歌的节奏感和音乐美，也发挥了积极的作用。最后是重章叠唱与和谐的音韵。重章叠唱，是指由若干章节组成的一首诗，每章字句基本相同，只对应地更换少数关键性的词语，反复咏唱。运用这种回环咏唱的方法，可以加强抒情的效果，可以表示事物进展的程序，也可以逐步深化主题思想，同时便于传诵和记忆。《诗经》民歌中这一篇章结构的特点，形成了它独特的艺术风格。《诗经》中大部分诗歌，都具有显明的韵脚和有规律组成和谐音韵这一特点，不仅便于吟咏朗诵和记忆，而且对于理解诗歌的内容和体会诗人的思想感情也有很大的帮助。

《诗经》在国外也产生了一定影响。它在中世纪传入日本、朝鲜和越南等国。18 世纪以后，英、法、德、俄等国也有《诗经》的译本或选译本。这些国家的学者和诗人，不仅喜爱其诗歌，有的还有研究专著出版。

（江莉莉）

# 28.《尚书》的编订与流传

《尚书》是中国最早的政治文件的汇编，其中保存了大量弥足珍贵的先秦政治、思想、历史、文化诸方面的资料，是研究我国上古三代历史最基本的文献材料。《尚书》又是重要的儒家经典，称《书经》，是中国传统社会官方的政治书籍，在国家政治生活中占有崇高的地位。

《尚书》最早单称《书》。“书”最初是简策的泛称，在简帛时代，用于书写、记言、记事的简策都可以称作“书”，后来泛指书籍。我国很早就有了史官，君王的一言一行都由史官记录，《汉书·艺文志》称“左史记言，右史记事”“事为春秋，言为尚书”。“书”逐渐用来指称专门记载帝王言论及活动的政事性书籍。《尚书》的名称，直到汉代才确定下来。司马迁最早把“尚书”二字连说，《史记·五帝本纪》云：“学者多称五帝，尚矣。然尚书独载尧以来。”《尚书》作为书名的最早命名，刘歆《七略》称：“尚书，直言也，欧阳氏先名之。”伪孔安国《古文尚书·序》云：“伏生以其上古之书，谓之《尚书》。”伏生是秦朝博士，是传《尚书》于汉代的始祖，欧阳氏则为伏生所传今文三家中的重要一家。由此可知，最早确定《尚书》书名的是汉代今文学家。

关于《尚书》书名，大致有三种解释：第一种说法认为“尚”是上古的意思，表示是远古以前的书。《史记索隐》称：“尚，上也，言久远也。”“尚书”就是“上古之书”；唐孔颖达《尚书正义》亦称：“尚者，上也。言此上代以来之书，故曰《尚书》。”第二种说法认为“尚书”是人们所尊崇的书。《史记·六通》引《尚书璇玑钤》：“尚者上也，上天垂文，以布节度，如天行也。”把尚书说成是天书，神圣中包含尊崇的意思。第三种说法认为“尚”代表“君上”，“尚书”就是帝王言谈的记录。王充《论衡·正说》称：“《尚书》者，上古帝王之书，或以为上所为，下所书，故谓之《尚书》。”现在学者大多支持第一种观点，古人“尚”与“上”通用，“书”原来就是史，上古时，史为记事之官，书为史官所记之史，由于这部书所记载的是上古史事，所以叫作《尚书》。简言之，“尚书”即“上古的史书”。

《尚书》所记内容，上起尧舜，下讫春秋之际秦穆公时代，主要内容是上古君王的文告和君臣的谈话记录。现通行本按时代先后，分为《虞书》《夏书》《商书》《周书》四个部分，其体式可分为典、谟、训、诰、誓、命六种，其中“典”是对可为常道的君王政绩的记载，“谟”是大臣进献的良谋善策，“训”是臣下对君王的劝谏，“诰”是君主对臣下的告诫，“誓”是出征前对将士的告诫，“命”是君王所发的命令。

相传《尚书》曾经孔子编订。孔子对《尚书》相当熟悉重视，将其作为教授弟子的重要教材，《论语》的《为政》《述而》《宪问》篇也都涉及《书》。故汉代学者认为《尚书》曾由孔子编订，且选出百篇作定本。《史记·孔子世家》云：“孔子之时，周室微而礼乐废，《诗》《书》缺。追迹三代之礼，序《书》传，上记唐虞之际，下至秦穆，编次其事。”《汉书·艺文志》载：“《书》之所起远矣，至孔子纂焉，上断于尧，下讫于秦，凡百篇，而为之序，言其作意。"汉代之后，孔子编订《尚书》之说几成定论。这一说法虽不尽可信，但孔子对《书》做过某种整理修订工作则是可以肯定的。《尚书》的成书年代难以确考，但在战国时期已广泛流传。《国语》《左传》以及《论语》《墨子》等先秦典籍中已见称引，或直称《书》，或称《虞书》《夏书》《殷书》《周书》，或只引篇名。可见，此书在先秦时以多种形式广为流传，不止一种，其文字也不尽一致。可以说《尚书》一书既不是成于一时，也非出于一人之手，而是长期汇集流传后，到春秋战国时期才最后定型成书的。

在所有的先秦典籍中，《尚书》的流传是最为复杂的。该书在春秋战国时代一度影响很大，不仅被孔子用作学校的教材，学者们在著作中广泛征引，而且在政治上被各国用作治国为政的法度与准则。但秦始皇统一中国之后，把《尚书》列为禁书，经过秦火焚书后，原本《尚书》严重受损，甚至几近失传。至汉代，其地位又空前提高，不过又因此而引发出《尚书》的今、古文之争和真、伪《尚书》之讼的公案。所谓"今文"，是指济南伏生所传的《尚书》，是由秦博士伏生秘密藏在宅壁间，躲过了秦的焚书和楚汉战乱才传下来的。汉初局势稳定之后，他从壁中取出藏书时，书已散乱不堪，只有28篇，其篇名是：《尧典》《皋陶谟》《禹贡》《甘誓》《汤誓》《盘庚》《高宗肜日》《西伯戡黎》《微子》《牧誓》《洪范》《金縢》《大诰》《康诰》《酒诰》《梓材》《召诰》《洛诰》《多士》《无逸》《君奭》《多方》《立政》《顾命》《吕刑》《文侯之命》《费誓》《秦誓》。伏生用这28篇的不全《尚书》，讲学于齐鲁之间。门徒中经过数传后，形成了西汉《尚书》学三家：欧阳家、大夏侯家、小夏侯家。在汉武帝和汉宣帝时，先后列于学官所教的是伏生28篇和武帝时民间所献伪《泰誓》，共29篇。这些书籍都是用汉代通行的隶书写成的，相对于其后发现的古文《尚书》称今文《尚书》。这是原本《尚书》失传以后，《尚书》残本的第一次出现，而且成了汉代今文《尚书》的祖本，被汉朝政府列于学官，在经学史上影响极大。据学者考证，它被认为是可信的史料。

汉武帝时，鲁共王刘余为了扩大自己的宫殿范围，拆毁了孔子的旧宅，并从孔壁中发现了一部用蝌蚪文(即汉以前的大篆或籀文)写成的《尚书》，与今文《尚书》相对而称为古文《尚书》。孔子第十一世孙孔安国拿它与伏生传今文《尚书》对照考校，发现29篇基本相同，多出16篇不见于今文，据《尚书·尧典》孔颖达正义引，其篇目如下：《舜典》《汩作》《九共》《大禹谟》《益稷》《五子之歌》《胤征》《汤诰》《咸有一德》《典宝》《伊训》《肆命》《原命》《武成》《旅獒》《冏命》。这多出来的16篇被称为逸书或逸篇，被孔安国献给皇帝，入藏皇家书库，学者极少见到，在汉末魏晋的战乱中亦散佚了。因是从孔子宅壁中发现的，故而该本称为孔壁本或壁中本。此书在王莽时始立于学官，东汉时逐渐盛行，有郑玄注本传世。《后汉书·儒林传》说："扶风杜林传《古文尚书》，贾逵作训，马融作传，郑玄注解。"郑玄把同于今文的29篇分为34篇，把逸书16篇分为24篇，共58篇46卷。西汉中期先后传闻出现的古文《尚书》，还有刘向用以校书的中秘本、张霸的百篇本(此书被废，但其中的百篇《书序》流传下来)、河间献王刘德所得本以及东汉流行的杜林的漆书本古文《尚书》，在西晋永嘉之乱中均散失殆尽，现只有《汉书》中残存篇目和少量佚文。

今古文《尚书》都在朝廷争立学官，但在西汉一代只有今文《尚书》得立学官，直到东汉，古文《尚书》才得立为学官。至西晋末的"永嘉之乱"，今文《尚书》彻底失传。古文《尚书》经过东汉末年的董卓之乱和"永嘉之乱"两次战祸也几乎灭绝，尤其那十六篇"逸书"完全失传。在晋代，《尚书》的流传又出现了新的情况，东晋元帝时，豫章内史梅赜向朝廷又献上一部自称是孔安国作传的古文《尚书》。此书把汉初的今文《尚书》29篇分为33篇，又从一些古籍中搜集文句缀成22篇，另新撰《泰誓》3篇，凑成了刘向、郑玄所称的古文《尚书》58篇之数。东晋政府把它立于学官，影响较大，在社会上流传了很长时间。到唐朝贞观五年，唐太宗命令修撰群经正义，孔颖达作《尚书正义》，就是根据梅赜所献的这个本子。从此，《尚书》就以这部《孔传》作正注，孔颖达撰的《正义》作疏，成为官定本颁行全国，其经文并刻入《唐石经》中。宋代把《孔传》和

《正义》合刻成《尚书注疏》，明清时汇刻在《十三经注疏》中。

到了南宋初年，朱熹等学者开始怀疑梅赜这部书，宋代吴棫作《书稗传》，对梅本提出怀疑，理由是文字平易易晓，不像周秦文词。明梅鷟作《尚书考异》，从内容上考证其为伪作。清阎若璩用30年时间写成《古文尚书疏证》，列举128条证据论证考辨。清惠栋作《古文尚书考》作补充，说明梅赜本乃魏晋人伪造，于是梅本作伪之说遂成定案。因此之故，后人称这部《尚书》为伪古文《尚书》。

由于汉朝时从孔府壁中取出的蝌蚪文《尚书》早已散佚，东晋梅赜所献古文《尚书》虽被认为是伪书，但它被收入《十三经注疏》中，广为流行，也就弄假成真了。所以我们今天通行的《十三经注流》本《尚书》，即今文《尚书》与梅氏古文《尚书》的合编本，也就是一个真的今文《尚书》和仿古文《尚书》的合编本，真伪参半。共58篇，其篇目如下：

《虞书》5篇：《尧典》《舜典》《大禹谟》《皋陶谟》《益稷》。

《夏书》4篇：《禹贡》《甘誓》《五子之歌》《胤征》。

《商书》17篇：《汤誓》《仲虺之诰》《汤诰》《伊训》《太甲上》《太甲中》《太甲下》《咸有一德》《盘庚上》《盘庚中》《盘庚下》《说命上》《说命中》《说命下》《高宗肜日》《西伯戡黎》《微子》。

《周书》32篇：《泰誓上》《泰誓中》《泰誓下》《牧誓》《武成》《洪范》《旅獒》《金滕》《大诰》《微子之命》《康诰》《酒诰》《梓材》《召诰》《洛诰》《多士》《无逸》《君奭》《蔡仲之命》《多方》《立政》《周官》《君陈》《顾命》《康正之诰》《毕命》《君牙》《冏命》《吕刑》《文侯之命》《费誓》《秦誓》。

这部书虽为伪书，但集中了历代人们所引的《尚书》和今文大师的解说，集古今之大成，其中保存的今文28篇，是商周文献，为研究古史之珍贵文献，所以也具有重要的学术价值。

《尚书》具有重要的文献价值和历史价值，是研究我国上古史和古代文化史的宝贵史料。如《尧典》记载着尧、舜、禹的"禅让"故事，反映了原始公社制度权位和平继承的情况。《盘庚》记述商王朝迁都的经过，《禹贡》记载了九州的地理情况，对古代九州的划分、制度、山川、物产、土壤等都有记载。《尚书》在研究我国古代的经济、地理及社会性质方面也有重要价值。《顾命》记载了成王临终时的遗命以及成王去世后的丧礼、康王即位的仪节，《吕刑》记载了周代刑律的条目及审理案件的方法。《秦誓》是秦穆公派军偷袭郑国遭到惨败以后，沉痛总结失败教训之作，对于研究春秋史有一定的价值。《尚书》作为我国现存最古老的一部历史文献，是对我国原始社会、奴隶社会和封建社会初期历史最原始最真实的记录，其中保存了若干殷周时代的历史文件和原始材料，内容涉及虞、夏、商、周的天文、地理、管制、礼仪、教育、刑法、典章制度等范围的广泛领域，而且对于甲骨学、金文学、古器物学和考古学等研究，亦有重要参考价值，是研究上古时代极为珍贵的史料。

就文学方面而言，《尚书》作为我国文学史上第一部散文集，是中国古代散文已经形成的标志，其本身就具有奠基的意义。书中文章，结构渐趋完整，有一定的层次，已注意在命意谋篇上下功夫。后来春秋战国时期散文的勃兴，是对它的继承和发展。秦汉以后，各个朝代的制诰、诏令、章奏之文，都明显地受它的影响。同时，《尚书》的文章已具有记叙、描写、议论、抒情等表达方式，虽为"记言"之作，却并不显得单调。在一些篇章中还适当地使用了比喻、排比等修辞手段，增强了文章的形象性和感染力。此外，它古朴质实的文章风格，也是独具特色的。而文字古奥艰涩，语句拗口难读，即所谓"佶屈聱牙"，是《尚书》文章语言上的突出特点。词汇的古僻，句法的别扭以及不用或少用虚词和关联词，乃是形成这一特点的主要标志。《尚书》在文体发展史上，亦有其特殊的地位。文体自成一家，所谓典、谟、训、诰、誓、命之文，实为我国古代散文体式的最早形态。这种文体自春秋末年以后，虽已不在社会上流行，但它对汉代以后的官方文告撰制显然还有影响。

《尚书》在政治思想方面具有明显的特点，即敬天事神，尊君保民，明德慎罚，无偏无党，用人唯贤，勤劳治国，重视农业，等等。同时重视总结和借鉴历史的经验教训。《尚书》中所提倡的统治思想和政治经验被中国古代社会的统治者奉为经典，成为儒家政治思想的重要渊源，对中国传统社会政治思想文化的发展具有重大影响。自汉以来，《尚书》一直被视为中国封建社会的政治哲学经典，既是帝王统治者的政教书，又是贵族、官僚及士大夫必遵的“大经大法”，在中国政治文化内蕴的形成上占有主导地位。

历代注释和研究《尚书》的著作很多，主要有：唐孔颖达《尚书正义》，十三经注疏本；清阎若璩《古文尚书疏证》，清刻本；清惠栋《古文尚书疏证》，清刻本；清孙星衍《尚书今古文注疏》，清刻《丛书集成》本；清简朝亮《尚书集注述疏》，清刻本。

（许志云）

# 29.《周易》的问世

《周易》是一部奇书，数千年来，雄踞“六经之首”“三玄之冠”，被尊为“大道之源”“宇宙的图式，科学的灯塔”。作为一部古老的典籍，《周易》最初是用于占卜的书籍。相传上古占筮书除《周易》外，还有夏《连山》、商《归藏》，即所谓“三易”，但后两易均已亡佚。后来由于《易传》的出现，使《周易》由一部占卜书上升为一部特殊的哲学著作。《周易》名称的意义，历来众说纷纭。关于“周”字，主要有三种解释：一说“周”是朝代名，指周朝；二说“周”是地名，指周地；三说“周”是“周普”“普遍”之意。关于“易”字，主要有四种解释：一说“易”是“三易”的统一；二说“易”为“日月”之意；三说“易”是生生不息之意；四说“易”是“蜴”的本字，是“蜥蜴”的意思。汉代人所说的《周易》，包括《易经》和《易传》两个部分，传是对经所做的解释。

关于《周易》的作者问题，因时代久远，至今仍无定论。《汉书·艺文志》提出“人更三圣，世历三古”之说，认为伏羲开始画八卦；周文王演为六十四卦，作卦爻辞；孔子作传以解经。伏羲，是中国神话传说中的人物，被称为我国的人文始祖。伏羲的形象，在传说中大多是人头蛇身。根据学者的研究，伏羲可能是原始社会中的一个部落首领。在《易传》中就已经说他创造了八卦，后世学者就认为八卦的符号是由他创立的。在他统治的时代，《周易》只有八个符号，没有任何文字，有人把他创立的这种《周易》称为“先天易学”。周文王是周族的首领，姬姓名昌。他因为反对纣王而被囚禁在羑里（今河南汤阴县内），传说在被囚禁时，把伏羲的八卦演化为六十四卦并加上卦爻辞，因此《史记》等史书称文王作《周易》。孔子是我国著名的思想家和教育家，同时又是儒家学派的创始人。司马迁《史记》及班固《汉书》都认为《易传》为孔子所作。后来，东汉的马融和三国的陆绩相继提出不同观点，以爻辞中有“王用享于岐山”“箕子之明夷”二事，提出这不是文王的语言，因而说文王作卦辞、周公作爻辞。魏王弼、唐孔颖达均赞成这种说法。关于重叠八卦而演化出六十四卦，历来也有不同意见，如王弼认为是伏羲，郑玄认为是神农，孙盛则认为是大禹。至于孔子作《易传》，学术界也有分歧。北宋时代欧阳修撰《易童子问》，第一次对孔子作《易传》提出质疑，欧阳修考辨了《易传》七种十篇的内容，指出文章内部有些地方相互矛盾，所以《易传》不是出自一人之手，不可视为一人所作。到了清代，姚际恒、康有为等均认为《易传》绝非孔子所作。现代一般认为，《周易》的六十四卦经文形成于殷末周初，反映了殷末周初周文王与殷纣王时期的事情，六十四卦出自文王之手，而卦爻辞是周公所作。大多数学者认为《易传》成书于春秋战国时期，它的作者不是孔子，可能是孔子的后学。

《周易》包括两部分，即《易经》和《易传》。《易经》包括六十四卦及其爻辞和卦辞，分为上、下两篇，上篇三十卦，下篇三十四卦。其最基本的卦画符号是“阴”（--）和“阳”（—）两个符号。“阴”“阳”概念的形成，是古代人们通过对宇宙万物矛盾现象的直接观察得出的。在古人心目中，几乎生活环境中的一切现象都体现着普遍的、相互对立的矛盾。根据这种直感朴素的观察，前人把宇宙间变化万端、纷纭复杂的事物分为阴阳两大类。至于为什么用这两种符号来象征阴阳，人们曾作过各种猜测，或以为是男女生殖器的象征，或以为是龟卜兆纹所演化，或以为是古代用于占筮的两种竹节的象形，或以为是取用上古“结绳”时代“有结”“无结”的形态等。有一点是公认的：阴阳爻象的形成，本于古人对自然万物的直接观察，象征着相互对立的种种事物现象。由阴、阳这两个符号，连叠三层，组成八卦。八卦各有一定的卦形、卦名、象征物。八卦卦名为乾、坤、坎、震、巽、离、艮、兑，它们分别象征天、地、水、雷、风、火、山、泽。在后来的《易》理演绎和《易》筮运用的过程中，八卦的卦象又不断扩展增益，可以分别象征八种类型的物象。八卦与阴阳二爻的创立一样，均是古人通过观察自然物象所得，然后又作为喻示种种物情、事理的象征符号。八卦互相重叠，又组成六十四卦。六十四卦两两相对，共三十二对，如乾、坤为一对，屯、蒙为一对，按顺序依次相对。六十四卦卦序排列有两种情况：其一是相邻两卦卦象互为颠倒，即把前面的一卦倒置来看，就变成了后面的一卦。六十四卦中有五十六卦(二十八对)是这种关系。其二是卦象颠倒而没有变化，这种情况有八个卦。

六十四卦中，每卦六爻。每卦有卦辞，每爻有爻辞。卦辞每卦一则，喻示全卦主题思想，而爻辞每爻一则，喻示该爻之意义。《周易·易经》共有六十四卦，三百八十四则爻辞，因此相应亦系有六十四则卦辞和三百八十四则爻辞。但因乾、坤两卦分别多出“用九”“用六”文辞，故谓之爻辞三百八十六则。整部《易经》集卦辞、爻辞共四百五十条，从形式上进行分析，可依李镜池《周易探源》分为六个类型：第一，纯粹定吉凶的辞。例如《乾》：“元、亨、利、贞。”第二，单纯叙事而不示吉凶，例如《坤》初六：“履霜，坚冰至。”第三，先叙述而后吉凶，例如《乾》九三：“君子终日乾乾，夕惕若厉，无咎。”第四，先凶吉而后叙述，例如《小畜》：“亨。密云不雨，自我西郊。”第五，叙事，吉凶；又叙事，吉凶。例如《讼》六三：“食旧德，贞厉，终吉。或从王事，无成。”第六，混合的：或先吉凶，叙事，又吉凶；或先叙事，吉凶，又叙事。例如《复》：“亨。出入无疾，朋来无咎。反复其道，七日来复。利有攸往。”卦辞、爻辞叙说哲理，多用“假象寓意”比喻方式，使隐含在“卦形”背后的《易经》义理较为具体、生动地显示出来。

《易传》有七个部分，十篇，所以叫作“十翼”，意思是说这十篇文字是“经”的羽翼。《十翼》七种十篇是：一、《彖辞传》，简称《彖》，或称《彖传》《彖辞》，也与《经》一样分为上、下两篇，六十四条，每一条解释一个卦的卦名、卦义和卦辞。彖者，断也。据说“彖”是一种动物，能将铁质咬断，所以才借用了这个名词。断定一爻之义，就是下断语的意思。二、《象辞传》，简称《象》，或称《象传》《象辞》，也与《经》一样分为上、下两篇，共四百五十条，分别解释六十四卦的卦名与卦义，解释三百八十六条爻辞。其中，解释卦名卦义者叫“大象”，解释爻辞者又叫“小象”。《象辞传》全文，旨在分析卦爻的象征意义。三、《文言传》，只是解释《乾》卦和《坤》卦的卦辞和爻辞，即只有《乾文言》和《坤文言》两条。“文言”两字之义，即文饰《乾》《坤》两卦之言。孔颖达《周易正义》即云：“以乾坤德大，故文饰之为文言。”以上三种，本来是和《经》分离各自单独为篇的，后人因为它们与《经》文关系极为密切，便附加在各有关《经》文之下。《经》分为上、下，因此《彖传》《象传》也分为上、下。《文言》只各附于《乾》《坤》两卦《象传》之后，这两卦都在上篇，所以就不再分上、下了。四、《系辞传》，它是整部《易经》的通论，内容比较庞杂，篇幅也较长，因而也分为上、下两篇。它阐述了《乾》《坤》两卦在《周易》中的地位以及内在的根据，探讨了《周易》的起源、形成、作者、成书年代等问题，揭示了《周易》在认识事物规律、预知未来、道德修养、安邦治国、观象制器等方面的作用。它还保留了古代原始的占筮方法——大衍筮法，并对其哲学意义作了说明。此外，它还解说了某些卦爻的品格，提出了一套哲学思想及观点，诸如“一阴一阳之谓道”“天尊地卑”“易穷则变，变则通，通则久”“生生之谓易”“刚柔相推而生变化”等。这些思想观念及术语，成为中国哲学文化的重要资源。五、《说卦传》，它是阐述八卦象例的专论，所以名为“说卦”。全文说明了《周易》创作、运用的渊源及经文中的阴阳大义，三画卦与六画卦所象征的三才之道，述说了八卦的两种方位，并集中论述八卦的取相特点，述说八卦的基本象例。六、《序卦传》，解说《周易》六十四卦之顺序，及诸卦前后相承的意义，故名“序卦”。全文分为两段，上段叙上经卦次，下段叙下经卦次。其解说自成体系，具有朴素辩证法观点。七、《杂卦传》，这是《易传》的最后一篇，之所以叫《杂卦》，是因为它打乱了六十四卦的顺序，错综杂糅六十四卦，把它们分为三十二对，两两相对，简要地说明卦义。它对六十四卦的排列也是井然有序的，因此，这里的“杂”并不是杂乱无章，而是一种“错综复杂”的关系。以上四种各自独立为篇，列于“经”文之后。本来“经”自“经”，“传”自“传”，现在的《周易》都把《彖传》《象传》《文言》各附于相关的“经”文之下，而把《系辞》以下四篇列在“经”后。

研究《周易》的学问，称之为“易学”，易学是对《易经》所作的种种解释。《易传》是对《易经》的较早的系统的解释和研究，它使这部用于占筮的迷信之书成为一部讲哲理的哲学著述。因此，广义的“易学”是包括《易传》在内的。后来《易传》由解经的文字上升到了经典的地位，成为《周易》的有机组成部分，狭义的“易学”就专指《易传》之外对《易经》的解释。关于《周易》经传的传本，据《汉书・艺文志》载，汉代施雠、孟喜、梁丘三家讲解《周易》的本子都是十二篇。《周易》的经和传，是由经师分别传授的。又据《汉书・儒林传》和《三国志・魏志・高贵乡公纪》，汉代经师费直和郑玄为了使人便于查阅，开始以传附经，后传至王弼。现在通行本《周易》经分上下篇，《彖》《象》及《文言》分系各卦经文之后，即是王弼的传本。孔颖达将王弼和韩康伯《易》注收集在一起，并为之作疏，称为《周易正义》，收入《十三经注疏》中，这是《周易》流传下来影响最大的版本。南宋朱熹撰《周易本义》，是宋代以后通行本。1973 年，湖南长沙马王堆三号汉墓出土的帛书《周易》，与通行本《周易》大不相同，是现存《周易》中最早的别本。

《周易》在中国文化史上占据特殊的地位。在性质上，它本来是一部占卜的书籍，由于《易传》的出现，使它上升为一部特殊的哲学著作，后来又成为儒家的五经之首；而在道教的《道藏》中，也收有大量的《周易》类著作，所以在中国土生土长的儒道文化中，《周易》都被尊奉为经典。佛教传入中国后，一些高僧也开始研究《周易》，他们用佛教的道理来注解发挥《周易》的义理和象数，丰富了原有的易学文化。《周易》的哲学思想无所不包，像天文地理、音乐律吕、军事兵法、数学算术、占卜数术、语言方面的音韵学，甚至于道教的炼丹养生术，都可以从《周易》中汲取营养。《周易》为中国文化的思想体系提供了一个基本框架。这个体系的要素包括五个方面：刚健有为，中和思想，神道设教，崇德利用，天人谐调。其中天人谐调思想主要解决人与自然的关系；崇德利用思想主要解决人类自身的关系，即精神生活和物质生活的关系；神道设教思想主要解决人与鬼神的关系，即人道教化同宗教活动的关系；中和思想主要解决人与人的关系，包括民族关系、君臣、父子、夫妇、兄弟、朋友等人伦关系；刚健有为思想则是处理各种关系的人生总原则。这五个方面，以刚健有为思想为纲，形成了中华文化的基本思想体系。

《周易》是我国传统文化宝库中的一部珍贵文献，3000 多年来一直被奉为神圣的经典。它对中国的哲学、史学、文学、宗教、政治、经济以及天文、历法、数学、军事、医学等的发展，一直产生着重大的影响。17 世纪以来，陆续被译成英、法、德、日等多国文字而流向世界，引起国际学术界的浓厚兴趣。《周易》不仅是中国文化的瑰宝，也是世界文化的瑰宝。

（江莉莉）

## 30.《三礼》的编撰

《周礼》《仪礼》《礼记》三部经学典籍，通称“三礼”。但这三部书的性质并不相同，所以汉人并未将它们并提，当时也没有“三礼”之名。东汉末年，郑玄为《周礼》《仪礼》《礼记》作注，在自序中说“凡著《三礼》七十二篇”，从此才有了“三礼”这一名称。《周礼》通过记述三百多种职官的职务，从而展开对社会政治制度的设想；《仪礼》记的是冠、婚、丧、祭、饮、射、燕、聘、觐等的具体仪式；《礼记》的内容侧重于阐明礼的作用和意义。西汉时只有《仪礼》取得了经的地位，而有关礼的一些“记”，仅是《仪礼》的从属性的资料。王莽执政，《周礼》列为官学，被视为经典，东汉时期虽排之于官学之外，而已传习于世。汉末《礼记》独立成书，此后讲习《礼记》的渐多，到了唐代，开始取得了经典的地位。

“礼”是古代最重要的文化范畴之一，举凡哲学、宗教、典制、职官、兵刑、财赋、祭祀、婚丧、聘迎、宫室、服饰等，无所不包，具有很高的研究价值。“三礼”之学以礼法、礼义为主要内容，是礼乐文化的理论形态。

1.《周礼》

《周礼》，初名《周官》《周官经》。《汉书·艺文志》六艺类有“《周官经》六篇”。班固注：“王莽时，刘歆置博士。”荀悦《汉纪》云：“刘歆奏请《周官》六篇列之于经，为《周礼》。”陆德明《经典释文叙录》云：“王莽时，刘歆为国师，始建立《周官经》，以为《周礼》。”可见，刘歆奏《七略》时还沿用《周官》旧名。王莽时将其奉为经典，立于官学，才更名为《周礼》，从此《周礼》开始受到人们的重视。在《三礼》中，《周礼》的出现最晚。关于《周礼》的发现经过，据《汉书·景十三王传》记载，为汉武帝时河间献王刘德所献。但是，《史记·五宗世家》中并没有献王得《周礼》的记载。陆德明在《经典释文叙录》中认为《周礼》是献王从一个姓李的人手中得到的，《隋书·经籍志》也认同这种说法。马融在《周礼传》中记载《周礼》为汉武帝时民间所献，出于山岩屋壁，其后便被收藏于秘府。到东汉孝成帝时，刘向、刘歆父子奉诏进入秘府校理群书，发现了《周礼》，将《周礼》列入所编的书目《七略》，并用《考工记》替补《周礼》所缺的一章《冬官》。孔颖达在为《礼记·礼器》作疏时又生新说，将《周礼》发现的年代提前到文帝，而且认为《考工记》为博士所作。《后汉书·儒林传》说孔安国献“《礼古经》五十六篇及《周官经》六篇”，但是，《汉书》的《艺文志》《楚元王传》及许慎《说文解字序》列举孔壁所得古文，都没有提到《周官》。现当代的《周礼》研究者比较一致的看法是：《周礼》在秦始皇焚书之后便不知所踪，文帝时出现了《周礼》的某些残篇。到汉武帝时，河间献王刘德好古，在民间访得《周礼》，将其奉献朝廷，被收入汉朝的皇家藏书馆——秘府。自此，很长一段时间，《周礼》未在社会上流传，时人多不知《周礼》。至孝成帝时，刘向、刘歆父子进入秘府校理群书，意外发现了《周礼》，才将其著入《七略》，公之于世。

关于《周礼》的作者及成书年代，由于其是民间所献的古文经，又受有篡汉劣迹的王莽的大力支持，因而也是众说纷纭，甚至《周礼》一书的真实性也备受怀疑。归纳历史上诸家关于《周礼》作者及成书年代的看法，主要有以下几种意见：第一，《周礼》为周公所作，成书于西周。此说为刘歆所创。历代研究《周礼》的著作堪称浩繁，持此说者最多。第二，《周礼》作于西周。当代学者蒙文通曾撰《从社会制度及政治制度论〈周官〉成书年代》一文，认为《周礼》“虽未必即周公之书，然必为西周主要制度，而非东迁以下之治”。日本学者林泰辅认为《周礼》作于西周末的厉王、宣王、幽王时期。第三，《周礼》作于春秋。近人刘起钎的《洪范成书时代考》认为，《周礼》一书所载官制材料，都不出春秋之世周、鲁、卫、郑四国官制范围，没有受战国官制的影响。第四，《周礼》作于周室东迁之后，战国之前。训诂学家洪诚从语法角度探讨《周礼》的成书年代，认为《周礼》“成书最晚不在东周惠王后”。第五，《周礼》成书于春秋战国之际，写定者可能是孔子及其弟子。谢祥皓、刘宗贤在《中国儒学》中提出了这一见解。第六，《周礼》成书于战国，东汉何休首倡此说。这是近代以来比较流行的说法。第七，《周礼》成书于汉初，由专人完成。这是今人彭林在《〈周礼〉的主体思想与成书年代研究》一书中提出的观点。第八，《周礼》成书于西汉末年，系刘歆伪造之作。此说始倡于宋儒胡安国、胡宏父子。以上诸种说法，前后相差1000余年，到底孰是孰非，至今难下定论。

《周礼》全书45000多字，原为6篇，即《天官》《地官》《春官》《夏官》《秋官》《冬官》，因第六篇《冬官》亡佚，汉儒用《考工记》补其缺。《周礼》全书除《考工记》外，其余5篇都有着整齐的布局和统一的体例。五篇的每篇开头都有一段“序官”。每篇序官开始的文词，是完全相同的五句话，即“惟王建国，辨方正位，体国经野，设官分职，以为民极”。意思是“王者建立都城，要辨别方向，选择和确立国都与宫室的方位，划定国都与郊野的界限和疆域，设官分职，治理天下的人民，使他们都能成为善良高尚的人”。这是全书的总纲，也是每篇的总纲，开宗明义，强调了王在政治权力中至高无上的地位。在开头一段序官之后，再分述各大官的属官的职权范围及其下官员的名称、爵等、人数。如天官冢宰为治官，其为六卿之首、百官之长，负责掌理天下政务，以辅佐王者统治天下，其下官员有大宰、小宰、宰夫、宫正、宫伯、膳夫等63种；地官司徒为教官，其主要职掌教典，还主管土地和户口，负责分配土地，收取赋税，其下官员有大司徒、小司徒、乡师、乡大夫、州长等79种；春官宗伯为礼官，主要掌管吉、凶、宾、军、嘉五礼，其下官员有大宗伯、小宗伯、肆师、郁人等70种；夏官司马为政官，其主要职掌军政，统领军队，其下官员有大司马、小司马、军司马、舆司马、行司马等70种；秋官司寇为刑官，其主要抵掌狱讼刑罚等司法政务，其下官员有大司寇、小司寇、士师、乡士、遂士、县士、方士等66种。由于《周礼·冬官》原文早已亡佚，所以冬官的具体职掌不甚清楚。相传西汉河间献王刘德因《周官》六官缺《冬官》篇，遂以《考工记》补入。《考工记》的内容是叙述百工及土木建筑之事的，因此以《考工记》替补的冬官相当于后世的工部。

《周礼》在书中构置了一个庞大的官制体系，六官是整个官制体系的中枢。六官之外，书中列出的官职有360多个。这360多个官职既有六官的属官，也有地方官和职事官。六官与360多个属官及地方职事官，构成了由中央到地方基层组织以及各个行政机构之间既互相联系又相互制约的井然有序的一整套国家政权模式。总之，《周礼》涉及范围广泛，举凡城乡建制、礼乐兵刑、天文历法、宫室车服、农商医卜、工艺制作等几乎无所不包，它是我们认识了解和研究我国古代官制、政治史、文化史的一把钥匙。

### 2.《仪礼》

《仪礼》有《礼》《礼经》《士礼》《礼记》《仪礼》等名称。《礼》是《仪礼》一书的原称，从战国时代的文献记载看，当时的人们都称《仪礼》为“礼”。在汉代，《仪礼》一书有《礼经》《士礼》《礼记》三种不同称呼。之所以被称为《礼经》，是因为汉武帝独尊儒术，为儒家设立“五经”博士，《仪礼》一书就在“五经”之列，故而被人称为《礼经》。《仪礼》被称为《士礼》，则可能因为书中所言多为士人应遵循的礼仪。《礼记》是《仪礼》在汉代的又一称呼，如《史记·孔子世家》云：“故《书传》《礼记》自孔氏。”司马迁在这里所指的《礼记》就是《仪礼》，而非今传世本之小戴《礼记》。东晋元帝时，荀崧奏请置《仪礼》博士，始有《仪礼》之名，但未成为通称，张参《五经文字》引《仪礼》处很多，都只说“见《礼经》”。唐文宗开成年间石刻《九经》，采用《仪礼》之名，遂成为通称，沿用至今。

《仪礼》的作者及撰作时代在学界争议较大，大致有以下四种说法：其一，《仪礼》为周公所作；其二，《仪礼》为孔子编著；其三，《仪礼》为孔子之后的儒者所作；其四，《仪礼》的编作权主要应归属孔子，其后有七十子后学的续编与增益。在汉代，《仪礼》有今文与古文之分。古文是用先秦古文字书写的，今文是用汉代通行的隶书书写的。汉初所传的《仪礼》是今文《仪礼》，就是现在所传的17篇。据文献记载，汉武帝时还有河间献王以及鲁恭王从孔壁中发现的古文《仪礼》。鲁恭王从孔壁中得到的古文《仪礼》有56篇，其中17篇与汉初儒生所传习的今文《仪礼》相同，但多出了39篇，这39篇的真伪在汉代今古文学者中引起了争论。由于郑玄在为《礼记》作注时没有为这39篇作注，因此逐渐失传，被称为“逸礼”。“逸礼”的原貌，今已不可知，甚至连篇名也无从考见。在《周礼》《礼记》的郑玄注以及其他一些古书的注疏中，曾经提到《天子巡狩礼》《朝贡礼》《王居明堂礼》《古大明堂礼》等篇名，王应麟认为就是“逸礼”。元儒吴澄将上述篇名下的有关文字分类汇辑，附于《仪礼》各篇之后。

《仪礼》共17篇：《士冠礼》《士昏礼》《士相见礼》《乡饮酒礼》《乡射礼》《燕礼》《大射仪》《聘礼》《公食大夫礼》《觐礼》《丧服》《士丧礼》《既夕礼》《士虞礼》《特牲馈食礼》《少牢馈食礼》《有司彻》。汉代《仪礼》的传本有大戴本、小戴本、庆普本和刘向《别录》本四种。其共同之处是，都将17篇分为冠婚、朝聘、丧祭、射乡四类，但其顺序只有《士冠礼》《士昏礼》《士相见礼》三篇相同，其余则不尽一致。四种传本的篇次，以大戴本最为合理，以冠、婚、丧、祭、乡、射、朝、聘为八条大纲，排列各篇。《丧服》一篇相传为子夏所作，故列在最后。刘向《别录》本则以有关冠、婚、乡、射、朝、聘的10篇居先，有关丧、祭的7篇列后，可能是因为前10篇属吉礼，后7篇属凶礼，是依吉凶人神为序。小戴本篇次最为淆乱，似无条理可循。现存《仪礼》的篇次，是郑玄采用刘向《别录》本所定的次序。20世纪50年代在甘肃武威磨嘴子六号汉墓出土一批《仪礼》竹木简，有专家认为，可能是亡佚已久的庆普本。

《士冠礼》记述了贵族男子20岁时举行的加冠礼仪式。《士昏礼》记述了贵族青年男女在家长的主持下缔结婚姻的一系列礼节仪式。《士相见礼》记述了贵族之间初次交往的礼节仪式，包括初次相见时的绍见、礼物、应对、复见等内容。《乡饮酒礼》记载了古代乡一级的行政组织定期举行的以尊老敬老为中心的宴饮活动。《乡射礼》记载了古代以乡为范围的射箭比赛大会的礼节仪式。《燕礼》记述了诸侯宴饮的礼节仪式。《大射礼》记述了诸侯国君主持的贵族参加的射箭比赛大会的具体礼仪。《聘礼》记述了国君派遣大臣到其他诸侯国进行礼节性访问的礼节仪式。《公食大夫礼》记述了国君招待大夫的礼仪。《觐礼》记述了秋天诸侯觐见天子的礼节仪式。《丧服》记述了死者亲属在丧服、服期等礼仪上的差别。《士丧礼》和《既夕礼》本为一篇，因为简册繁重而分为两篇，通常视《既夕礼》为《士丧礼》的下篇，它们记述了士阶层的丧葬礼仪。《士虞礼》记述了士埋葬父母后返回家中举行的安魂礼。《特牲馈食礼》记述了士在家庙中祭祀祖祢的礼仪。《少牢馈食礼》与《有司彻》两者本为一篇，也因简册繁重分而为二，它们记述了卿大夫在家庙祭祀祖祢的礼仪。总之，《仪礼》为我们今天了解中国上古社会的民俗民风、政治经济、宗教文化、伦理道德、语言状况等保存了珍贵的历史材料，具有重要的文化价值。

3.《礼记》

先秦礼学家传习《仪礼》的同时，都附带传习一些参考资料，这种资料叫作“记”。所谓“记”，就是对经文的解释、说明和补充。这种“记”累世相传，原是很多的，不是一人一时之作。到了西汉时期，礼家传抄的“记”就不多了，东汉班固在《汉书·艺文志》礼家项目中说：“《记》百三十一篇，七十子后学所记也。”经过长时间的流传删益，到东汉中期大多数“记”的选辑本先后被淘汰，而形成和保留了85篇本和49篇本。前者为戴德所纂辑，称为《大戴礼记》；后者为戴圣所纂辑，称为《小戴礼记》。戴圣，字次君，西汉梁人，是戴德兄长之子，世称小戴，西汉宣帝时为博士，官至九江太守，曾以博士身份讲论《五经》于石渠阁，为当时著名儒臣。戴德，字延君，世称大戴，为信都太傅。相传《小戴礼记》49篇是删《大戴礼记》85篇而成。东汉学者郑玄给《小戴礼记》49篇(即今本《礼记》)作注，这样一来，使它摆脱了从属《仪礼》的地位而独立成书，渐渐得到一般士人的尊信和传习，魏晋南北朝时期出现了不少有关《礼记》的著作。到了唐朝，国家设科取士，把近10万字的《礼记》列为大经，5万字的《仪礼》和45000多字的《周礼》等列为中经。到了明清两朝，《礼记》的地位则更高。

《礼记》由郑玄作注而能够传世的49篇文章的目录是：《曲礼上》第一，《曲礼下》第二，《檀弓上》第三，《檀弓下》第四，《王制》第五，《月令》第六，《曾子问》第七，《文王世子》第八，《礼运》第九，《礼器》第十，《郊特牲》第十一，《内则》第十二，《玉藻》第十三，《明堂位》第十四，《丧服小记》第十五，《大传》第十六，《少仪》第十七，《学记》第十八，《乐记》第十九，《杂记上》第二十，《杂记下》第二十一，《丧大记》第二十二，《祭法》第二十三，《祭义》第二十四，《祭统》第二十五，《经解》第二十六，《哀公问》第二十七，《仲尼燕居》第二十八，《孔子闲居》第二十九，《坊记》第三十，《中庸》第三十一，《表记》第三十二，《缁衣》第三十三，《奔丧》第三十四，《问丧》第三十五，《服问》第三十六，《间传》第三十七，《三年问》第三十八，《深衣》第三十九，《投壶》第四十，《儒行》第四十一，《大学》第四十二，《冠义》第四十三，《昏义》第四十四，《乡饮酒义》第四十五，《射义》第四十六，《燕义》第四十七，《聘义》第四十八，《丧服四制》第四十九。

《礼记》49篇，记载了夏、商、周三代特别是周王朝的典章制度以及冠婚丧祭燕射朝聘等礼仪，当然也夹杂了汉代初期的礼仪制度，它广泛地阐述了儒家关于礼制的精神以及构建礼制的意义，集中地反映了儒家礼治的思想和主张。《礼记》的内容非常庞杂，大体上可分为以下几个方面：有专记某项礼节的，体裁跟《仪礼》相近，如《奔丧》《投壶》；有专说明《仪礼》的，如《冠义》《昏义》《乡饮酒义》《射义》《燕义》《聘义》《奔服四制》，它们是分别解释《仪礼》中《士冠礼》《昏礼》《乡饮酒礼》《乡射礼》《大射礼》《燕礼》《丧服》各篇的；有杂记丧服丧事的，如《檀弓》《曾子问》《丧服小记》《杂记》等；有记述各种礼制的，如《王制》《礼器》《郊特牲》等；有侧重记日常生活礼节和守则的，如《曲礼》《内则》《少仪》等；有记孔子言论的，如《坊记》《表记》《缁衣》《仲尼燕居》等，这些篇大都是托名孔子的儒家言论；有结构比较完整的儒家论文，如《礼运》《学记》《祭义》《经解》《大学》《中庸》；此外还有授时颁政的《月令》，意在为王子示范的《文王世子》。总之，《礼记》是“三礼”中对后世产生影响较为重大的一部儒家关于礼学的代表著作，对于研究中国两千多年以来的礼仪制度、礼学思想、礼教学说、礼法道德乃至人们的行为规范等方面都具有重要意义。

《三礼》对中国古代文化产生了重大的影响。《周礼》一书，体大思精，治术、学术无所不包，历来受到学者和统治者的重视。所谓“治术”，指的是此书所载治国制度，宏博详密，为上古原典所仅见。《周礼》对古代中国的官制产生的影响，罕有其匹。自南北朝时期开始萌生的吏、户、礼、兵、刑、工“六部”之制，就脱胎于《周礼》六官，其后沿用千年。此外，《周礼》的许多规制，也为后世所遵奉，最典型的例子莫过于王宫“面朝后市，左祖右社”的格局，我们在今天的故宫还能看到。历史上试图援《周礼》典制和建国思想推行变法的也不乏其人，如西汉末的王莽、北宋的王安石等就是典型的代表。近代学者孙诒让在内忧外患交迫之际，作《周官政要》，试图借用《周礼》重振国政。《周礼》的声教甚至到达了海外，朝鲜近代著名学者丁若镛的代表作《经世遗表》，就是以《周礼》为依据提出的革除弊政的方案。《仪礼》所记的各种礼仪，是中华古礼的正宗和源头，因而为历代统治者所重视。古代一些最重要的礼典，如唐朝的《开元六典》等，均以《仪礼》为主要依据进行编撰。宋徽宗时重修礼典，徽宗亲撰《冠礼沿革》十一卷，交议礼局，作为重修五礼的标准，要求以《三礼》为本，考镜源流，而又结合时势今俗。明代的《大明集礼》采用《仪礼》之处也触目皆是。明儒黄佐的《泰泉乡礼》七卷，以冠婚丧祭四礼以及士相见礼、投壶、乡射礼等，配以乡约、乡校、社仓、乡社、保甲等事，在社会上有较大影响。《仪礼》中的各种礼仪，原本通行于上古社会，在宋代一些人对《仪礼》删繁就简，进行加工改造，使之成为冠、婚、丧、祭四礼的仪轨，简约易行，并托名朱熹，称为《朱子家礼》。以儒教为国教的朝鲜王朝，曾在国中推行《朱子家礼》，以敦民化俗，取得相当显著的成绩。时至今日，这种情况在韩国依然可以见到。《礼记》文字比《仪礼》简明，便于记诵，很受知识分子欢迎。从唐代起，《礼记》取代了作为礼经的《仪礼》的地位，成为科举考试的主要科目之一。《礼记》的文字看似浅近，但所讨论的却是深藏于礼经之中的奥旨大义，如宗法制度、明堂制度、封国制度、巡狩制度、丧祭制度等，礼经或语焉不详，或不能确解者，凡此种种，《礼记》都有进一步的论述，对于研究《仪礼》有重要的参考作用，因此，《礼记》成为历代学者必须熟读的书。此外，《礼记》中还有不少有关儿童和妇女之礼的规定，由于这些内容不见于礼经，因而就有了特别重要的意义，成为妇女、儿童必须熟知的内容。另外，《礼记》一书多寓言、格言、警句，许多人尽管没有通读过《礼记》，或者根本不识字，却能脱口说出《礼记》中的文句，说明《礼记》不仅广为流传，而且对民族性格的形成起了重要的作用。

（江莉莉）

# 31. 孔子周游列国

孔子(前551年—前479年)，名丘，字仲尼，春秋时期鲁国昌平乡陬邑(今山东曲阜)人。孔子是我国古代著名的思想家、政治家、教育家、儒家学派的创始人，也是世界文化名人。

孔子先祖为宋国贵族，后因避战乱，举家迁到鲁国而成为鲁人。据《史记·孔子世家》记载，孔子生来头顶凹陷，因而取名孔丘。3岁时，孔子的父亲叔梁纥过世，其后母亲颜徵在携孔子移居曲阜阙里。孔子小时候家境贫穷，曾经做过多种卑贱的工作：20岁时做过鲁国权臣季氏家的“委吏”，负责管理仓库，后来还做过“乘田”，负责管理公家的牲畜。

鲁定公在位时期，孔子曾担任鲁国中都宰(注：中都县长)一职，后来又先后升任司空(注：掌管水利、营建工程的长官)、大司寇(注：掌管司法、纠察事宜的长官)两职，任职期间，孔子兼采礼治教化与刑罚两种手段处理刑事案件，鲁国的社会风气为之大变。后因鲁昭公讨伐三桓之一的季平子(鲁桓公的子孙)而败逃齐国，三桓篡权阻碍了孔子施展政治抱负，孔子遂率弟子颜回、子路、子贡等离开鲁国，奔走列国达14年之久，却终不见用，未能施展自己的政治抱负。

作为儒家学派的创始人，孔子身处社会转型的动乱时期，极力主张恢复周礼，创立儒家思想体系。孔子死后，儒家思想经过后世思想家的继承与改造，逐渐发展为中国历代统治阶级的主导思想，因而孔子被尊奉为“至圣先师”。

孔子推崇建立一个“天下为公”的大同社会，主张挽救“礼治”，恢复周礼，并要求统治者用周礼约束自己。面对春秋动乱的社会秩序，孔子大力推崇德治与教化，还主张“正名”，要求君臣父子各适其位，反对造成社会动荡的苛政与暴力。

孔子30多岁时开始聚徒讲学，首创私人讲学，主张“有教无类”，重视德育，试图打破由贵族垄断知识的局面，是我国古代平民教育的倡导者。相传孔子有弟子3000人，其中原宪、子路、子贡、曾子、颜回等72人比较出名。

除了授徒讲学外，孔子晚年还从事校勘、整理图书典籍等工作。相传孔子晚年修订“六经”，不仅收集、研究、删改《诗经》，而且汇总三代历史政治文献而编成《尚书》，整理校勘《礼》《乐》，为《易经》作序，还编写《春秋》。他打破了贵族垄断文化的局面，开创了私人著书的学术风气，对保存、传播春秋以前的文化遗产，做出了巨大的贡献。

孔子之所以周游列国，不仅与当时鲁国的政局与社会环境相关，也与周边各国形势发展以及孔子个人的政治理想有较大关系。

孔子及其所办私学团体在当时属于边缘群体，与以家族宗法制为基础，以世卿世禄制为重要特征的鲁国政权体系格格不入。私学与公学两种截然相反的文化体系是逼迫孔子离开鲁国的基本原因。

从鲁国国内政局的角度来看，孔子为改变鲁国公室衰微、“三桓”专权、陪臣横行的现状，着力推行“堕三都”计划(“三都”指鲁国贵族季孙氏的“费”邑、叔孙氏的“郈”邑以及孟孙氏的“成”邑)，希望废除季孙氏、叔孙氏、孟孙氏三家的采邑(城池、根据地)。因触犯三家利益而最终失去季孙氏的支持。

加之，鲁国郊祭后并未依从礼仪将“膰肉”赐予士大夫，使孔子大失所望，遂率弟子一行人被迫离开鲁国，开始了“周游列国”的生涯。

从周边形势的演变来看，齐国人认为“孔子为政必霸”，所以通过向鲁定公赠送美女、骏马，以离间当政者与孔子的关系。季桓子与鲁国君主遂怠于政事，疏远了孔子。

从孔子的政治主张来看，身处“王纲解纽，天子衰微，诸侯争霸，礼坏乐崩”的时代，孔子渴望恢复西周的礼乐文明以实现王道。周游列国增加入仕的机会，也是为了更好地施展自己的政治抱负。

从公元前497年到公元前484年(鲁定公十三年到鲁哀公十一年)，孔子周游列国，主要去了卫、曹、宋、郑、陈、蔡、楚七国，即现今的曲阜—濮阳—长垣—商丘—夏邑—淮阳—周口—上蔡—罗山一线，再原路返回。孔子出走列国，希望得到国君的重用，以便推行他的政治主张，结果四处碰壁，曾经在匡邑、宋国、蒲邑等地多次被困遇险。

孔子离开鲁国后先到了卫国。当时卫国的弥子瑕有宠于卫灵公，就向灵公谏言应该礼遇、重用孔子，卫灵公虽致粟礼遇孔子，却并未让他参与卫国政事。后来卫国有人诬陷孔子是鲁国派来的奸细，卫灵公渐渐疏远孔子，还派武士监视他，孔子被迫匆匆离开卫国，打算赶往陈国。

途中路过匡邑(河南长垣县附近)，因孔子长得像阳虎，而被当地人围困。鲁国的阳虎曾施暴于匡人，匡人以为阳虎又来了，便把孔子师徒围困了五日。为摆脱困局，孔子派学生求助于卫国大夫宁俞(宁武子)才得以解除围困，离开匡地。孔子一行离开匡邑，途经蒲邑，因此地刚发生过公叔戌背叛卫国占据蒲邑的叛乱，蒲人便把孔子围困了一个多月，孔子被迫与蒲人立下盟约不再前往卫国，脱险后才得以返回卫国。

卫灵公得知孔子事迹后，虽对孔子礼遇有加，但未重用孔子。灵公夫人南子把持国政，想通过会见孔子给自己挣点好名声，便派人利诱孔子上门拜见她，这样才能获得灵公的赏识。孔子本想洁身自好，不愿前往，却拗不过南子手下的力劝，亲往会见南子并向她跪拜行礼。事后子路批评老师违背了一贯的原则，孔子表明自己只是礼节性的拜访，希望能够得君行道。此后，孔子的弟子高柴被任命为士师，子路也被委以重任管理叛乱后的蒲邑，孔子虽仍被赐予丰厚的待遇，也常被召见陪伴灵公左右，却从未被器重。

灵公与南子乘车出宫闲逛闹市，并要求孔子乘车紧随其后。孔子对灵公贪恋美色的行为厌恶至极，想离开卫国。后来又目睹灵公的世子蒯聩借助晋国扶持，回国与自己的儿子卫出公争夺王位，混乱不堪，遂决定离开卫国。

孔子师徒到了宋国，受到了宋君的赏识，却引起了宋国司马桓魋的嫉妒，私下派兵暗杀孔子。孔子在学生的护送下离开了宋国，去了陈国。在路过郑国去陈国的路上，孔子与弟子走散了，独自站在东郭门外，遭到郑人的嘲笑，极言孔子失意的样子，像是丧家之犬。孔子到了陈国，得到了惠公的礼遇。陈国因晋楚两国争强而被波及，加上吴国也时常侵扰陈国，孔子一行便离开陈国，往返于卫国、陈国、蔡国之间。

楚昭王听说孔子往返于卫国和蔡国之间，便派人去请孔子。孔子打算接受楚国的聘请，途经上蔡时被吴国的游兵袭击，粮食几乎被抢光了，一行人忍饥挨饿游走于陈蔡旷野中，却又被陈国、蔡国两国大夫派人围困住，他们担心孔子受聘楚国会对自己的政权产生威胁。

孔子一行被困绝粮，依靠野菜野果充饥。孔子仍坚持讲习诵读、弹琴唱歌，向弟子传授诗书礼乐。为解除困境，孔子派子贡到楚国求助，在被困的第七天，楚国大夫叶公率军前来救援，并护送他们离开蔡国赶往楚国。楚昭王本打算重用孔子，将七百里土地封给孔子，楚国令尹子西向昭王进谗言，孔子一旦被封地后必会取代昭王为君主。昭王于是改变了主意，待孔子十分冷淡，孔子一行便离开了楚国。

孔子一行自叶返回蔡国的途中，寻找前往楚国负函(河南信阳市)的渡口，向在远处耕田的隐士长沮和桀溺问路。他们认为，孔子奔走于乱世，想扭转时势只是徒劳，便示意孔子，应该追随隐士，逃避乱世。孔子则认为，君子应该知天命、忧天下：正因为天下无道，自己才要周游列国以求得明君改变世道，为百姓谋取幸福；逃避社会、隐居山林，无异于与鸟兽同群生活。

孔子离开鲁国十四年，最终以68岁高龄返回鲁国。鲁哀公虽欢迎孔子回国，尊孔子为国老，却并未重用孔子。晚年的孔子，面对周王室衰微，礼乐废，诗书缺的时局，不再追求仕途，而是在杏坛为弟子讲学，并专心删订群经，为万世立教。

周游列国期间，孔子在卫国和陈国停留的时间相对较长，曾多次出入卫国，先后在卫国居住近十年。后南下入陈国，在陈国居住近四年。

孔子周游列国，居卫较久。孔子离开鲁国后，首先去了卫国，在卫国住了将近五年后才南下陈、楚两国，而从南方回来后又回到卫国，一住又是近五年。

相较于其他国家，卫国对孔子有着较大的吸引力。卫国的生活习俗与鲁国有很多相同之处：两国皆为与周天子同姓的姬姓国，且都尊周礼与周公，起初也都推行“启以商政，疆以周索”的国策；再者，两国的国都前身皆为商都所在之地，也流行“同姓不婚”的婚俗，因而孔子比较适应卫国的生活环境。此外，相较鲁国，卫国因饱受戎狄的侵害，不得不频繁移民、迁都，并逐渐形成了新的治国策略，重视选贤任能，为姬姓贵族以外的中下阶层受到重用开辟了道路。

此外，孔子居陈时间也相对较长。与卫国相比，作为一个小国，陈国吸引孔子的地方在于其较早跳脱出周文化的范围，呈现出与周、卫、郑、齐等国不一样的文化类型。作为虞舜后代受封的异姓小国，春秋末年陈国内部争权夺利、混乱不堪，又常受楚、晋等国的侵扰。然而对于孔子来说，结合实际调查探求古国历史轨迹的意义重大，陈国不仅是孔子理想圣君后裔所建之国，更是“九夷”(即“淮夷”)所在地之一，离淮、汉流域的南方方国、部族较近，符合孔子“欲居九夷”的愿望。

总的来看，孔子周游列国，成为他一生中最具传奇色彩的一段经历。从孔子55岁弃官离开鲁国到68岁离开卫国返回鲁国，前后周游列国14年。这一时期既是孔子一生中生活变化最大，奔走地方最多，观察社会最广泛、最深刻的时期，也是孔子与各国君主接触频繁，宣传、推行儒家学说的关键时期。

周游列国期间，孔子及其弟子收获颇丰，具体体现在以下几个方面：

首先，在求仕和传道方面，收到了一些成果。

在求仕方面，孔子在周游过程中本人虽未担任任何实际官职，但是他的弟子却担任了很多职务。《史记·孔子世家》和《史记·仲尼弟子列传》记载了孔子弟子在卫国做官的情况，比如子路曾担任卫国的“蒲大夫”，高柴任过卫国的“士师”(刑狱之宫)，子夏任过卫灵公的“行人”(外交官)一职。

在传道方面，孔子不仅得到了卫国掌权者的优待，也积极向当政者及其新收弟子传授自己的仁政主张。卫灵公使孔子享受到了像之前在鲁国一样“奉粟六万”的待遇。与此同时，孔子积极宣传自己的学说。据《史记·孔子世家》记载，孔子经常在卫灵公、陈湣公等当权者问答时宣扬仁政理念。此外，孔子在行走列国期间也收了很多弟子，如卫国的子贡、子夏，陈国的子张、公良孺，蔡国的漆雕开、曹恤等。

其次，开阔了眼界，汲取了新知识，丰富了儒家学说。

孔子在卫国收获了很多与鲁国不同的知识，南下陈、楚等淮、汉流域“夷狄”方国后，眼界更为开阔。孔子入鄙野之地，考察耕者、渔夫、猎手等下层民众的生活世界，改变了对南国“夷狄”君民的偏见。同时，孔子也萌发了将各个区域合而为一，一起走向“大同小康”社会的理想。颠沛流离的经历也使孔子开始重视“中庸之道”，大大丰富了有关“仁”的学说。

再者，通过长期的游历，大大充实、发展了孔子教学的内容和方法。

孔子早年创办私学时，主要教授“六艺”(初级的“六艺”指礼、乐、射、御、书、数；高级“六艺”指诗、书、礼、乐、易、春秋)，另有德行、政事、言语、文学等内容。教学方法有集体讲解、分散辅导、共同讨论、个别问答等。

周游列国期间，孔子逐渐改变了教学的内容与方法，在采用之前的教学内容与方法的同时，更注重研究他们所游历的社会。通过践行教育的方法，孔子带领弟子通过游历的方式边走边学，进而实现教学相长的目的。孔子一行人多次被围困的遭遇，大大磨炼了他们的意志，深化了弟子对社会生活的认识，督促他们掌握更多的本领。这种新式教学实践使子贡、颜回、子路等弟子成为优秀的人才。这种游学方式对后世教育的发展也具有重要的启发意义。

(赵蒙)

# 32. 孔子删订《六经》

“六经”本称为“六艺”。“六艺”古有两种含义：一是指贵族必须学的初级的礼、乐、射、御、书、数六种技艺，一是指贵族必须学的高级的《诗》《书》《礼》《乐》《易》《春秋》六种典籍。周代贵族教育，是随着人的年龄的增长而循序渐进的。在孔子之前，已有大学“六艺”课本，但那些基本上属于“官府之学”，而且随着时代变迁与学术下移，旧课本大多散乱或者残缺。孔子兴办私学，就把“六艺”编订成定型的六本教材，以适应新形势下课程的需要。后来所称“六艺”，一般即指上述高级的“六艺”。“六艺”被尊称为“六经”，约在战国后期，此时“六艺”与“六经”还是并称的。直到汉武帝罢黜百家，独尊儒术，“六经”之名才彻底取代“六艺”之名。孔子加工后的“六经”，各具有一定的性质和作用，《庄子·天下》所谓“《诗》以道志，《书》以道事，《礼》以道行，《乐》以道和，《易》以道阴阳，《春秋》以道名分”，说得极简练中肯。

孔子整理删订《六经》有三个基本原则：一是“述而不作”，表明孔子只是一个传道者，述先王之旧，而无自己的创作，这在很大程度上保留了原有文献的内容以及风格；一是“不语怪、力、乱、神”，删去芜杂妄诞的篇章；一是“攻乎异端，斯害也已”，排斥一切反中庸之道的议论。兹将孔子整理删订《六经》的情况分述如下：

第一，删《诗》。周代统治者为了体察民情，就通过让公卿列士献诗以及采诗的制度，收集到大量诗篇，后来可能经过乐官的整理而成《诗经》一书。《诗》具有很高的文学价值，反映了古代贵族的生活、思想和政治状况，以及各诸侯国人民的风俗人情、生产生活、政治情绪等许多方面，蕴含有丰富的自然、社会常识，是我国最早的一部诗歌总集。《诗》在孔子之前就早已存在，据《左传·襄公二十九年》记载，季札在鲁国观周乐，各篇内容已与今天流行本的《诗》相似，那时孔子才 8 岁。《论语·为政》曾记载孔子之语，说“《诗》三百”，《子路》篇中又说“诵《诗》三百”，可见“《诗》三百”之说在孔子以前就已经有了。《史记·孔子世家》云：“古者《诗》三千余篇，及至孔子，去其重……三百五篇，孔子皆弦歌之，以求合《韶》《武》《雅》《颂》之音。”对于这一说法，唐代的孔颖达、宋代的朱熹、清代的崔述等都曾表示过怀疑。千百年来，围绕着“古者《诗》三千余篇”与孔子“去其重”的问题，众说纷纭，莫衷一是。《论语·子罕》云：“子曰：吾自卫反鲁，然后乐正，《雅》《颂》各得其所。”这番话虽是论“乐”，但也是论《诗》，因为在古代乐与诗是相配的。孔子说“《雅》《颂》各得其所”，既是指正乐，也意味着选诗，选取配有乐曲的诗歌，而对能诵不能歌以及不符合政治标准的篇章，则不得不割爱。因此，孔子应该是整理过《诗》的，甚至也删汰了一些篇章，但不像司马迁所说的那样删去十分之九那么多。在孔子以前，《诗》的选本似已比较完整了，已按“风”“雅”“颂”编次。孔子搜集了各种不同的本子，经过整理删订，作为教科书中便于诵读记忆的一部，供弟子们学习之用。

第二，编《书》。《尚书》是中国上古虞、夏、商、周四代历史文献的一部选集，今传连序共59篇。但其中只有29篇可以认定是先秦留存下来的著作，它们是由西汉初年伏生传授出来的，因为用西汉通行的隶书抄写，所以叫今文《尚书》。另外包括序在内的25篇，为东晋梅赜所献，说是汉代用古文字抄写的另一个传本，叫作古文《尚书》，然而经过后世学者的反复研究，已断定它们都是伪造的先秦古书，所以称为伪古文《尚书》。我们这里所说的《书》是指今文《尚书》。司马迁曾说，孔子“追迹三代之礼，序《书传》，上纪唐虞之际，下至秦缪，编次其事”。《汉书·艺文志》也说：“故《书》之所起远矣，至孔子纂焉。上断于尧，下讫于秦，凡百篇，而为之序，言其作意。”《史记》《汉书》所说孔子编次《尚书》，应该不是无根之谈。《论语》中三次提及《书》，证明孔子不仅引《书》、读《书》，而且把《书》作为教本向学生传授。然而，由于秦始皇焚书后《书》的散佚，就使得问题变得复杂化了，如《论语》中所引的《书》语，就不见于现存的今文《尚书》；今文《尚书》中《尧典》《皋陶谟》《禹贡》《甘誓》四篇，从思想到文字显然都是后人的拟作，拟作的时代大约在战国间，即在孔子死后。因此，近代有些学者就开始对孔子编《书》产生怀疑，这显然是疑古太甚了。《论语》所引的《书》语不见于今文《尚书》，只能表明汉时所传的《书》已非旧貌，传世本中有孔子以后的托古之作，也只能说明它经过了后世儒家的增订补充，不能成为孔子未尝编次《尚书》的理由。从先秦古籍来看，墨家、道家都称引过《书》，说明《书》在战国时已流传颇广。既然孔子那时有集录的《书》，孔子还将它作为教本，那么孔子完全有可能对它进行过筛选，所以《史记》《汉书》说孔子编次《书》，是有一定根据的。

第三，订《礼》。现存的礼书，经过东汉郑玄融合今、古两派之后，定型为三种，即《周礼》《仪礼》《礼记》，统称“三礼”。“三礼”内容各有侧重，《周礼》通过记述三百多种职官的职务，从而展开对社会政治制度的设想，《仪礼》记的是冠、婚、丧、祭、饮、射、燕、聘、觐等的具体仪式，而《礼记》的内容则侧重于阐明礼的作用和意义。现在还找不到确切的证据来证明孔子是否对“三礼”都进行了整理、删定。然而《礼记·杂记》云：“恤由之丧，哀公使孺悲之孔子，学《士丧礼》，《士丧礼》于是乎书。”《士丧礼》是《仪礼》中的一篇，孺悲向孔子学《士丧礼》是以应急需的。从这段文字起码可以推断出以下三点：第一，孔子只教孺悲一篇《士丧礼》，不等于孔子只知道《士丧礼》，他应该知道全部《仪礼》；第二，孔子既然能教孺悲《士丧礼》，当然也就可能教别人另外各篇的《礼》；第三，既然孺悲能够记录孔子传授的《士丧礼》，当然别人也可以记录他传授的其余各篇。《汉书·艺文志》中记载：“《礼古经》五十六卷，《经》十七篇。《礼古经》者，出于鲁淹中及孔氏，与十七篇文相似。”这个记载说明，十七篇《礼经》(即《仪礼》)是经过孔子整理传授的，至少是在前人基础上再加整理传授的。《史记·孔子世家》也说：“《书传》《礼记》自孔氏。”这里的《礼记》即《仪礼》。因此，《仪礼》应该是孔子整理、传授过的。

第四，正《乐》。孔子是一位造诣很深的大音乐家。他既是音乐的实践家，自己能唱歌，能和唱，又对音乐有极高的欣赏水平。《论语·子罕》所谓：“子曰：吾自卫返鲁，然后乐正，《雅》《颂》各得其所。”这既是论《诗》，也是论乐。司马迁也曾说：“三百五篇，孔子皆弦歌之，以求合《韶》《武》《雅》《颂》之音。”就“乐”而言，“雅”指朝廷乐歌，“颂”即郊庙祭祀的歌舞乐章。孔子为了恢复古乐，尤其是朝廷庙堂音乐的本来面貌，对“乐”做过一番审定和整理，这历来没有争议。问题在于“乐”有没有经，孔子是否编写过《乐经》，后世对此却有很大的争论。

第五，论《易》。《易》即今传世的《周易》，《周易》包括经文和传文两部分。传文部分是汉代人称为《易大传》或“十翼”的《彖传》上下、《象传》上下、《系辞传》上下、《文言传》、《说卦传》、《序卦传》、《杂卦传》，我们现在统称为《易传》。《史记·孔子世家》记载：“孔子晚而喜《易》，序《彖》《系》《象》《说卦》《文言》。读《易》，韦编三绝。曰：‘假我数年，若是，我于《易》则彬彬矣。’”这里不仅说明孔子晚年喜欢研究《易》，而且认定《易传》为孔子所作。《史记·仲尼弟子列传》还记载了孔子传授《易》及《易》在后代的传承经过。应该说，孔子与《易》的关系是非常密切的。但是，这个说法却颇遭后人的怀疑，宋人欧阳修认为《易传》不是出自一人之手，不可视为一人所作；清人姚际恒、康有为等均认为《易传》绝非孔子所作。现代学者一般认为：《易传》通过孔子流传是可信的，但是它的作者不是孔子，可能是孔子的后学，《易传》中的一些话反映的是儒家的思想，可能是孔子的学生根据其师所讲，记录整理而成。

第六，修《春秋》。《春秋》是我国现存的最早的一部编年史，它以鲁国为中心，起自鲁隐公元年(前722年)，迄于鲁哀公十四年(前481年)，记载了春秋时代242年的历史。由于《春秋》记事简略，言辞晦涩，所以后来有许多人对它进行了阐释和补充，称为《传》。现在我们所能看到的只有三部《传》书，即《春秋公羊传》《春秋穀梁传》和《春秋左氏传》，合称“春秋三传”。《春秋》本为各国史书的通称，《国语》便提到晋国有人“习于《春秋》”，楚国对太子“教之以《春秋》”，墨子也曾说“吾见百国《春秋》”，而鲁国的史书向来叫作《春秋》。这就表明，在孔子以前，早有《春秋》之名，体例也应该相近。认为现存的《春秋》为孔子所作，首先见于《孟子·滕文公下》：“世道衰微，邪说暴行有作，臣弑其君者有之，子弑其父者有之。孔子惧，作《春秋》。《春秋》，天子之事也。是故孔子曰：‘知我者，其惟《春秋》乎？罪我者，其惟《春秋》乎？’”《史记·孔子世家》亦云：“子曰：‘……吾道不行矣，吾何以自见于后世哉？’乃因史记作《春秋》。”孔子与《春秋》有着密切的关系，但不能因此说孔子自己创作了《春秋》。孔子只是对鲁国《春秋》进行了整理、删订，用他自己的话说就是“述而不作”。当然，经过孔子笔削而成的《春秋》不同于先前的鲁国《春秋》，其中加进了孟子所说的“义”，即后来《春秋》学家们所谓的“微言大义”和“《春秋》笔法”。孔子晚年修成的《春秋》，文字简约古朴，与《易》一样是供高才生学习的。

孔子的新“六艺”，比之以前的大学“六艺”完善而丰富，在我国古代学术文化史上具有重大而深远的意义。首先，孔子把“六艺”加以定型化、凝固化，很好地保存了殷周的历史文献，包括政治史方面的《书》《礼》，宗教史方面的《易》，文学史方面的《诗》等。应该指出，在春秋末期社会动荡、政治混乱的时代背景下，周王室和各国保存的古文献大量散佚，只有鲁国还比较齐备。所以公元前540年(鲁昭公二年)，韩宣子在鲁国史官处观书，便有“周礼尽在鲁矣”的慨叹。这时，孔子以私人身份，搜求整理和编纂“六艺”，使得“六艺”能够比较完整地保存，使上古文化具备了继续发展的条件。其次，孔子把传统“王官之学”的“六艺”，一变而成为“私学”的新“六艺”，让文化知识为更多人所掌握。原先大学完全属于贵族子弟才能接受到的教育，春秋时期官学虽日渐崩溃，但“六艺”传播范围还是非常有限。及至孔子，正式创办“私学”，施行“有教无类”，弟子三千，贤者七十，使“六艺”传播更广，影响更深。再次，孔子的新“六艺”作为儒家学派的标准课程，直接影响着后世文化的发展方向。“六艺”本身属于孔子以前的文学、历史、政治和哲学文献，但经过孔子的整理、删节与编纂，更多地具有了“教科书”的性质，所谓“兴于诗，立于礼，成于乐”，这样，“六艺”就具有了特定的时代意义和历史意义。换言之，孔子做了一番文献价值转换的大事。因此，“六艺”是孔子在教育方面的一套完整课程，其中教本也就成了孔子阐述自己儒家思想体系的重要典籍。当然，孔子时的“六艺”，还只是教学课程与课本而已，尚未被赋予特殊的意义。至于后世把“六艺”视为“为万世垂法”

的神圣经典，却是孔子所始料不及的。

总之，经过孔子整理的“六经”，不同程度上反映了夏、商、周特别是春秋时期的政治、经济、文化、思想等方面的状况，不仅是研究中国古代思想文化史、政治社会史的珍贵史料，也是世界文明史上不可多得的极富学术价值的瑰宝。

（江莉莉）

# 33.《春秋》及其“三传”的问世

《春秋》是儒家经典著作之一，也是我国现存最早的一部编年体史书。《春秋》本是周王朝和各诸侯国国史的通称，《墨子》中有“吾见百国《春秋》”之语。在古代农业社会中，人们尤重春秋两季，所以用“春秋”二字代表四季，古代史书无非记载一年四季中的大事，所以使用这二字作为史书的名字。但也有的不叫《春秋》而另有名称，如《孟子·离娄下》提到晋国的史书称《乘》，楚国的史书称《梼杌》。据说后来孔子在参考“百国《春秋》”的基础上，对鲁国的《春秋》进行了修订，当作他那个时代的“近现代史教材”传授给学生，也就是现在流传下来的儒家经书《春秋》。而其余各国《春秋》由于无人整理和传授而渐次亡佚了。据《汉书·艺文志》的记载，《春秋》曾有五家解经传承，其中《邹氏传》和《夹氏传》早已失传，只有《左传》《公羊传》《穀梁传》流传至今，这就是通常所说的“春秋三传”。

关于孔子和《春秋》的关系，历来有两种对立的观点。一种认为《春秋》是孔子根据鲁史修成，另一种认为《春秋》非孔子所修，而是鲁国的旧史。孔子所修说见于《孟子》、《左传》、《公羊传》、《史记》、司马迁《报任安书》、杜预《春秋左传集解》等文献。由于这些文献具有一定的影响力和权威地位，孔子修《春秋》说为历代多数学者所信从。今人范文澜的《中国通史》、白寿彝的《中国史学史》、卫聚贤的《古史研究》、苏渊雷的《读春秋及三传札记》及沈玉成的《春秋左传学史稿》等均持此说。从唐代开始，就有经学家开始疑古，中唐以后，学者不仅非议传注，最大胆的还怀疑经文。第一个对孔子和《春秋》的关系提出疑问的是唐代前期的刘知幾，说见《史通·惑经》。今人钱玄同的《春秋左氏考证书后》、顾颉刚的《春秋三传及国语之综合研究》、杨伯峻的《春秋左传注·前言》都认为《春秋》非孔子所修。但总体来说，持这种观点的学者无论在古代还是今天都是少数。

《春秋》一书相当于大事年表，记载了自公元前722年(鲁隐公元年)至公元前481年(鲁哀公十四年)间发生在鲁国及其他各国的重要事件。这个时期恰为春秋时期，当时中国社会正由奴隶制向封建制转化，新兴地主阶级与贵族阶级进行着反复的激烈较量，周王室衰微，诸侯争霸，各国内部政治斗争和经济斗争尖锐而复杂。《春秋》这本书的记事体例为编年体，即以鲁国隐、桓、庄、闵、僖、文、宣、成、襄、昭、定、哀十二位君主在位的先后序次记事，年分季、季分月、月分日、日系事，秩然有序，一年之中可见各国之大事。历来的经学家和史学家，谈到《春秋》，总离不开所谓“义法”。义，指大义，也就是所包含的深刻内容；法，指“书法”，也称“书例”，就是记事的体例都有严格的方法和规格。《春秋》大义包含三方面的内容：一是“正名”。《春秋》大义以正名为本，正是定正，名是名分，是确立封建等级制度的政治伦理学说。正名的要求是“君君、臣臣、父父、子子”，《春秋》通过正名寄寓褒贬，褒忠孝仁义，贬乱臣贼子，从而维护封建纲常。二是“尊王攘夷”。在正名的基础上，明确地突出尊崇周王，承认周王是中国的共主，有统治各诸侯国之权。只有尊王，才能使中国有巩固统一的中央政府，才能对全国实行有效的统治。三是“大一统”。所谓大一统，指全国法度和思想的统一。《公羊传》，尤其是汉代的公羊学，对“大一统”思想曾着重发挥，鼓吹建立统一的中央集权的封建专制国家。《春秋》书法，前人多以为是孔子修订《春秋》时制定并使用，旨在体现圣人的微言大义。最早指出《春秋》书法的学者是东汉人何休。西晋杜预著《春秋释例》对《春秋》书法进行了系统的总结，他认为《春秋》的书法多被《左传》所发明，《左传》中以“凡”字起头的语句均属对《春秋》书法的揭示。根据杜预的统计，《左传》中用“凡”的语句共50处，即所谓“五十凡”。以后的学者研究《春秋》书法，也并不把它看成单纯的记事的体例，而是注意在体例之中存在着的褒贬。最奇特的是“日月褒贬说”，较常见的是“爵号名氏褒贬说”。汉代及汉代以后的学者多数都坚信《春秋》书法的存在，他们往往把探讨《春秋》书法、阐释圣人微言大义作为研究《春秋》的最高目标。但也有不少学者对《春秋》书法表示了不同程度的怀疑或否定，这些学者如唐孔颖达，宋苏轼、郑樵、朱熹，元吴澄、程端学，清朱鹤龄、顾炎武、顾栋高等人。

在文字写作技巧上，《春秋》有两个突出的特点：一是简要。《春秋》记事都很简略，长的不过40多字，短的仅1字。如隐公元年载：“夏，五月，郑伯克段于鄢。”时间、地点、人物、事件都有，但事件的因果、过程，人物的行为、性格，读者都无从知道，仿佛一则新闻标题，而不像一篇文章。二是谨严。《春秋》遣词用字不苟，常以一字寓褒贬，在谨严的措辞中表现出作者的爱憎。比如杀有罪为“诛”，杀无罪为“杀”，下杀上曰“弑”等。用字如此，用句也如此。所以欧阳修《论尹师鲁墓志》中认为在孔子《六经》中，只有《春秋》可称为“简而有法”。

前人对《春秋》的评价极高，认为它是一部具有重要史学价值的著作。第一，它是我国第一部编年体的历史典籍，开创了编年体的史书体例。第二，它记载了春秋时期发生在我国的自然现象，是研究古代自然、地理的宝贵资料。第三，它记载了春秋时期各国的政治、军事、经济状况，在一定程度上为我们研究春秋时期的历史提供了重要依据。第四，它记载了春秋时期的盟会、外交、礼仪、通婚等方面的重要事件、重要规范，使我们从中了解到当时社会生活中占主导地位的重要活动。第五，它制定了一套相对严密系统的记事原则，这些原则和精神在一定程度上对后代史学家产生了积极的影响。下面对“春秋三传”依次分述之：

1.《左传》

《左传》是《春秋左氏传》的简称，它是“春秋”三传的第一部。《左传》原名《左氏春秋》，原来与《春秋》各自成书，是单独流传的一部史书。因为它叙事比较详细明晰，在流传过程中，人们先是把二书一前一后编在一起，先是全经，后是全传，后来又把内容分拆开，一段经、一段传合编，于是，《左传》便成了释经之传。关于《左传》的作者、宗旨及成书年代历来存在着较大的分歧，概括起来主要有四种观点：第一种观点认为《左传》成书于春秋晚期，为传《春秋》而作，作者是左丘明。《史记》、《汉书》、《后汉书》、杜预《春秋左氏传序》基本上代表了这种观点。第二种观点认为《左传》成书于战国初期，作者不是左丘明，而是孔子学生子夏的再传弟子，或是吴起(以其居地左氏为名)，或是另外的人。持这种观点的学者主要有近人章太炎、钱穆、卫聚贤、徐中舒、杨伯峻等人。第三种观点认为《左传》成书于战国中期以前，是一部由历代学者相继完成的集体性著作，始于春秋末的左丘明。持这种观点的学者主要有清人顾炎武、姚鼐及今人沈玉成等人。第四种观点认为《左传》撰成于东汉，是一部由古文学家刘歆改编的伪书。持这一观点的学者主要有清人刘逢禄、康有为，近人顾颉刚、钱玄同及今人徐仁甫等人。目前多数学者认为，左丘明作《左氏春秋》的传统说法，还没有充分的根据予以推翻，这部书当产生在春秋末年或春秋战国之交时期。

左丘明，春秋时史学家，鲁国人，大约与孔子是同时代的人。一说左丘为复姓。传说左丘明双目失明。

春秋时有称为瞽阇的盲史官，记诵、讲述有关古代历史和传说，口耳相传，以补充和丰富文字的记载，左丘明即为瞽阇之一。《论语·公冶长》说："巧言令色，足恭，左丘明耻之，丘亦耻之。匿怨而友其人，左丘明耻之，丘亦耻之。"看来，左丘明可能是一个以正直而出名的人。相传《国语》亦出于左氏之手，记录了不少西周、春秋的重要史事，保存了具有很高价值的原始资料。在战国时候，《左传》就开始流传。《荀子》《战国策》《吕氏春秋》《韩非子》等文献对《左传》都有不同程度的引用。先秦儒家很重视这部书，据说是由荀子传授给门人而传下来的。在西汉前期，这部书并未广泛流传。一直到西汉后期，负责整理国家图书的刘歆才从秘府书库里发现它。这部书怎样到了秘府书库，则其说不一：有人说是荀子传给张苍，张苍传给贾谊(《释文·叙录》)；有人说是鲁恭王于孔子旧宅夹壁中发现的(王充《论衡》)，这都无从稽考。在西汉时期，《公羊传》和《穀梁传》相继立于学官，处于正统地位。其中《公羊传》立于学官是在汉武帝时期，《穀梁传》立于学官是在汉宣帝时期。《左传》虽有人相继传习，但由于属于古文经，未立于学官，地位远不如《公羊传》《穀梁传》显赫。直到汉哀帝时，重视《左传》的问题才由刘歆向朝廷提出。汉平帝时，《左传》始被正式立于学官，设博士传授，后废。东汉光武帝刘秀时，《左传》再次被立于学官，不久又因博士李封死而废。古文学派为了使这部书与《春秋》经相合，不惜对它的文字进行某些修改，又窜入了二百余条释经的"义例"和一些讨汉代统治者欢心的内容。晋代杜预把它和《春秋》经合在一起。杜预最早为《左传》作注。唐孔颖达的《春秋左传正义》是影响广泛的注本。

《左传》历来被当作一本释《春秋》经的书，《左传》之传《春秋》，有经简而传详、经无而传有、经有而传无、经误而传正的特征。一、"经简而传详"，即《左传》以详而博的史事来阐明《春秋》经文，增加了大量的历史事实和传说，叙述了丰富多彩的历史事件，描写了形形色色的历史人物。这种文例在《左传》中俯拾皆是。如在《春秋·隐公元年》中只有"夏，五月，郑伯克段于鄢"9个字，而《左传》则把此事的来龙去脉交代得清清楚楚，有人物，有情节，有前因，有后果，有评论，共写了522字，内容丰富而完整。这类叙述性文字，其作用和意义在客观上已不限于单纯地传《春秋》，而可以作为优秀的历史散文独立成篇。在传《春秋》的方式上，这是《左传》区别于《公羊传》和《穀梁传》的最为明显的特征。二、"经无而传有"，包括无经之传和经后之传。无经之传是指《春秋》经所没有记载的，《左传》却有记载，而且对经"不书"的原因也作了解释。例如《左传·隐公元年》："夏四月，费伯帅师城郎。不书，非公命也。"杨伯峻注解这段文字说道，《左传》认为《春秋》之所以没有记载"夏四月，费伯帅师城郎"这件事，是因为费伯没有奉隐公的命令。《左传》解释《春秋》"不书"的原因，实质上也是在阐发《春秋》的一种"书法"，其所补记，是自觉地专对《春秋》所作的补充。《春秋》经原来从公元前722年(鲁隐公元年)记到公元前481年(鲁哀公十四年)，共242年之事；《左传》则从鲁隐公元年，记到鲁哀公十六年孔子卒，又延续到公元前468年(鲁哀公二十七年)，共255年之事，多13年。这些则属于经后之传。三、"经有而传无"，是指《春秋》的一些经文没有相应的《左传》传文。例如《春秋·隐公二年》："十有二月乙卯，夫人子氏薨。"此条在《左传》中就没有相应的传文。四、"经误而传正"，最典型的是襄公二十七年，《春秋》记载："冬十有二月乙亥朔，日有食之。"《左传》记载："十一月乙亥朔，日有食之。辰在申，司历过也，再失闰矣。"两者记载日食的日期不一致。《左传》作者认为当时主管历法者有失误，两次应置闰而未置闰，所以导致《春秋》记载错误。《左传》以《春秋》为纲，比较详细地记叙了春秋时期周天子以及各诸侯国之间的政治、军事、文化等方面的活动，反映了当时王室衰微、诸侯争霸以及诸侯衰落、卿大夫专权的历史过程，表现了新旧政治势力的消长，揭示了社会变革的趋势。全书在记叙的过程中，对事物事件有分析、有评价。另外，《左传》还创立了一种新形式，即在叙事中或叙事结束后直接引入议论，以"君子曰""君子是以知""孔子曰"等来对事件或人物做出道德伦理评价。通过这些评价，表现了《左传》作者重民和重礼的思想倾向。

《左传》是史书，又是一部文学著作，它的出现，标志着我国叙事散文的成熟。《左传》的文学成就，主要表现在四个方面。第一，叙事详密完整，故事性强，情节曲折生动，穿插巧妙。《左传》是史传，它却不枯燥地叙述史实、机械地罗列材料，而是以史事的发展过程为纲，一个一个事件来写，把众多的人物活动以及政治、经济、外交、历史渊源、社会关系各方面有机地组成一个整体，虽然事件冗杂，头绪纷繁，却又井然有序。同时，作者把事件叙述得颇具戏剧性，大量生动的戏剧性情节使这部作品充满故事性。第二，刻画人物，个性鲜明。由于《左传》是编年体，所以人物的言行事迹大多分散记录在事件发生的各个年代，只有把同一个人物在不同年代的事迹联系起来，才能得到一个完整的人物形象。用这种方法，《左传》刻画了许多性格鲜明的历史人物形象，如雄才大略的晋文公、迂腐可笑的宋襄公、伪善诡诈的郑庄公等。《左传》中还有些人物，并不是反复出现而形成的一个完整形象，而是仅在某一时、某一事中出现，表现的仅仅是其一生中的某一片断，反映的是其性格中的某一方面。这些形象往往非常生动传神，能给读者留下极深刻的印象。如“晋灵公不君”中的钼麑、提弥明、灵辄三位武士（宣公二年），齐晋鞌之战中代君就俘的逢丑父等（成公二年）。第三，善于描写复杂的战争。《左传》记载的战争有400余次，具体记述的战争100余次，其中大规模的战争有10余次。《左传》的作者能够找出事件的特征，随事赋形，使各次大战的面目在总体上各不相同，即使有局部的相同，也能在同中见异。第四，文辞简练涵蕴，辞令精美。《左传》的语言艺术成就，为历代学者所称道。它最大的特点就是语言简练涵蕴，词约义丰。如宣公十二年晋楚邲之战中，写晋师溃败时的狼狈之状：“中军、下军争舟，舟中之指可掬也。”为争渡船逃命，先上船者以乱刀砍争攀船舷者手，落入船中的手指竟然“可掬”。简练的一句话，写尽晋师争先恐后、仓皇逃命的紧张混乱场面。《左传》还记述了许多“行人辞令”和谏说之辞，这是对原始记载作润饰加工，或委婉，或激切，或典雅，或风趣，显出不同的风格。另外，《左传》中还引用了一些歌谣谚语和人民群众的口语，增强了文章的生动性。《左传》对后世的文学创作产生了深远的影响。

2.《公羊传》

《春秋》三传中的《春秋公羊传》，简称《公羊传》，又称《公羊春秋》。《公羊传》旧题作者是公羊高，“公羊”是复姓，据说公羊高是孔子门人子夏的弟子。徐彦《春秋公羊传疏》引戴宏序说：“子夏传与公羊高，高传与其子平，平传与其子地，地传与其子敢，敢传与其子寿。至汉景帝时寿乃与齐人胡毋子都著于竹帛，与董仲舒皆见于图谶。”这是说，通过口耳相传，《公羊传》由子夏传给公羊高，公羊高再传给他的儿子公羊平，以后代代口耳相传，到第五代公羊寿，才和胡毋子都一同写成书，时间是在汉景帝时。所以，《四库全书总目》著录又称“汉公羊寿传”。然而，从子夏至汉景帝仅五六代似乎不合情理，所以学者们认为在这公羊氏父子相传的过程中，必有不姓公羊的公羊学人承担着主要的传授工作。这些不姓公羊的公羊学传授者就是《公羊传》中提到的子沈子、子司马子、子女子、子北宫子，他们在公羊氏父子相传的过程中起了承上启下的传授作用。至于《公羊传》中提到的鲁子、高子，盖非此一脉中之公羊学家。而子公羊子，可能是公羊氏的某一传人，也可能是胡毋子都对公羊寿的尊称。

《春秋》三传中，《左传》传事不传义，《公羊传》《穀梁传》传义不传事。也就是说，《左传》重在对《春秋》中史事的补充和记录，而《公羊传》和《穀梁传》重在发挥《春秋》经文的书法义例，借经文的只言片语，通过对答体的方式阐发自己主观的思想观点。例如对于《春秋》经文的第一句“隐公元年，春，王正月”，《公羊传》通过对其措辞的分析，来阐发它的“微言大义”。它先从“王正月”三字，阐明了“大一统”思想。接着又从经文只记“隐公元年，春，王正月”而不写明“即位”，宣扬了要自觉维护世袭制的思想。而《左传》只是详细记载了这件史事的前因后果，在文辞上没有过多引申发挥。《公羊传》虽然不重于记事，但有时也有例外。例如《春秋·隐公元年》“冬十有二月，蔡伯来”，《左传》仅记“蔡伯来，非王命也”，既不知蔡伯为何许人，又不知他为什么要来到鲁国。《公羊传》对这则解释得很详细：“蔡伯者何？天子之大夫也。何以不称使？奔也。奔则曷为不言奔？王者无外，言奔则有外之辞也。”这是说蔡伯是天子的大夫，《春秋》之所以没有称其为使，是因为他是从别国投奔到鲁国来的；《春秋》之所以没有记载他投奔这件事，是因为统治者没有排外的思想。这些解释补充了《左传》记载的不足之处。《公羊传》还保存了一些为其他二传所不载的史实，例如《春秋·昭公三十一年》“冬，黑弓以滥来奔”，记述了一段关于邾娄颜的史实，很有价值。再如《春秋·庄公十三年》“冬，公会齐侯，盟于柯”，讲了一段关于曹刿的史实，为《史记》所取材。

《公羊传》是汉代的今文经，汉武帝时即被立为学官。汉武帝采纳了董仲舒“独尊儒术”的建议，赋予了儒经以崇高的地位，而这些儒家经典都是今文经。《公羊传》在这时也受到了统治者极大的重视，每逢重大政治问题，都要以《公羊传》的见解作为理论指导和决策依据。这时关于《公羊传》的著述也很多，具有代表性的有董仲舒的《春秋繁露》。东汉后期的何休，是董仲舒的四传弟子，著名的今文学家。他合《春秋》经与《公羊传》为一编，按条例为《公羊传》作注，撰成《春秋公羊解诂》。后来唐代的徐彦为其作疏，即今《十三经注疏》中的《公羊传注疏》。清今文学家孔广森认为何休的《解诂》有讹误和臆断之处，因而他以公羊学说为主，兼采他说，撰成《春秋公羊通义》。另一位今文学家刘逢禄著《春秋公羊经何氏释例》《公羊春秋何氏解诂笺》，都是阐述何休《解诂》学说的重要著作。由于统治者的大力提倡，《公羊传》成为汉代的显学，并出现公羊学这一学派。公羊学的最大代表是董仲舒，他是公羊学大师，又是今文学派的创始人。董仲舒以孔孟原始儒学为基础，吸取法家、黄老学说，创立了以公羊学为主要内容的西汉今文经学。后代的公羊学家大多遵循并发展董仲舒《春秋繁露》、何休《春秋公羊解诂》的路径研究《公羊传》，深入开掘《春秋》经以及《公羊传》中蕴含的隐微内容及深奥意旨，不断阐发和推进《春秋》经的微言大义。

公羊学的主要内容有：一、君权神授。认为皇帝的权力是上帝授给的，所以如果不服从皇帝，就是逆天而行。这样，公羊学就把君权和神权结合起来了。二、天人感应，即上天可以通过祥瑞或灾异表示对皇帝政治得失的意见。三、更化。公羊学主张政治上应该德刑并用，其以德政为主。四、天不变，道亦不变。道和天一样是至高无上的，是永恒的。而公羊学所谓的道，就是指“三纲五常”。三纲，指君为臣纲，父为子纲，夫为妻纲；五常，指仁、义、礼、智、信。五、性三品。董仲舒将人性分为善、恶、中三等，这就是所谓的“性三品”。“性三品说”后来又经过东汉的王充、荀悦和唐代的韩愈作了进一步发挥。六、大一统。即尊奉王室，维护一统之制的观点。七、张三世。董仲舒首倡“三世说”，他把《春秋》所记十二公的历史分为“有传闻、有闻、有见”三世。何休对此说进行引申，明确提出自《春秋》以来的三个历史阶段是由乱到治，不断进化。清代康有为又把这三世简称为“据乱世”“升平世”“太平世”。清代今文经学复兴，主要是复兴公羊学的“张三世”和“更化”思想，加以新的引申发挥，作为变法维新的理论根据。

3.《穀梁传》

《春秋穀梁传》简称《穀梁传》，又称《穀梁春秋》，也是汉代的今文经学。和《公羊传》一样，它也是以传经者的姓氏作为书名的。关于《穀梁传》的作者，据《汉书·艺文志》记载：“《穀梁传》十一卷。”颜师古注：“梁子，鲁人。师古曰：名喜。”其实，梁子之名，一直是个悬案。有作“寘”（王充《论衡·案书》），有作“赤”（桓谭《新论》、应劭《风俗通义》），有作“俶”，字“元始”（阮孝绪《七录》），有作“嘉”（钱大昭《汉书辨疑》)，有作“名淑(当作俶)，字元始，一名赤”(杨士勋《穀梁传序疏》)。梁子之名究竟应该是哪一个字，已经无法考定，后人习惯上多写作“穀梁赤”。至于《穀梁传》的授受源流，唐初人杨士勋《春秋穀梁传序疏》记载：“受经于子夏，为经作传，故曰《穀梁传》。传孙卿，孙卿传鲁人申公，申公传博士江翁，其后鲁人荣广大善《穀梁》，又传蔡千秋。汉宣帝好《穀梁》，擢千秋为郎，由是《穀梁》之传大行于世。”可见，《穀梁传》与《公羊传》同出于子夏的传授，两传解经相同处有十之二三。但是两者也有众多不同及矛盾之处，这可能是因为子夏传经给公羊、穀梁之后，此二人及其后学者又各自建立和发展了自己的学说，各成一派。

《穀梁传》在战国时期就已经流传，大约在《左传》传世后百余年，与秦孝公同时，但那时都是口耳相传，到西汉时才成书。《穀梁传》成书的时间可能在汉景帝以后，比《公羊传》稍晚。《公羊传》在汉景帝时就立为学官，而《穀梁传》则长期处于民间地位，不受官方重视，直到汉宣帝时才立于学官。在“三传”当中，《穀梁传》的文字最为简约，约是《公羊传》的二分之一、《左传》的五分之一。这是因为《左传》和《公羊传》都想通过传《春秋》来分别阐发“礼”和“天人”的思想，所以不免脱离经文而另行阐述。而《穀梁传》解经，则以阐明经义为目的，很少离经而为文，所以文字简约。《穀梁传》解经，也有《左传》和《公羊传》中没有的史料，这些史料对后两者的内容进行了补充。例如《春秋・僖公元年》“冬，十月壬午，公子友帅师败莒师于丽，获莒挐”，《穀梁传》的解释有一段为：“公子友谓莒挐曰：‘吾二人不相说，士卒何罪?’屏左右而相搏，公子友处下。左右曰：‘孟劳!’孟劳者，鲁之宝刀也。公子友以杀之。”这一段细节是《左传》和《公羊传》中所没有的，此事赖《穀梁传》得以保存并流传下来。武士单独进行搏斗，必须讲究信义，而公子友却以欺诈行为杀死了对手，《穀梁传》对此表示厌恶。《穀梁传》的评论，透露了古人对武士精神的观念，即必须光明正大，遵守信义。这一为千百年来武林人士所奉行的信条，最早见于记载的也许就是这段小故事。《公羊》与《穀梁》二传虽同是重于释义，却又有不同：《公羊传》释“微言大义”；《穀梁传》只释大义，不释微言。《公羊传》的行文方式是自问自答，《穀梁传》也多采取这种方式，但《穀梁传》往往直陈其解而免去了一问一答的形式。

《穀梁传》的思想内容主要包括：一、提倡礼制，严守等级。《穀梁传》认为，君臣、父子、兄弟、夫妇之间都有一定的行为道德规范，超越自己的身份等级行事，就是违背礼仪，必须严守等级。二、维护宗法，尊尊亲亲。尊尊，就是要尊敬尊者，诸侯忠于天子，大夫忠于诸侯；亲亲，就是要敬爱亲者，儿子敬爱父亲，弟弟敬爱兄长。三、悯农轻赋，喜雨爱民。《穀梁传》认为，民众是君王的根本，君王应该关心农耕，满足民众生活资料的基本需求。四、崇尚道义，慎用武力。《穀梁传》认为战争要符合道义。五、尊夏攘夷，礼仪为本。《穀梁传》站在中原华夏的立场上，维护中原华夏礼仪文化，蔑视贬斥周边夷狄之国，强烈谴责夷狄的入侵扩张行为。六、重视婚姻，轻视妇女。《穀梁传》认为婚姻对于宗族延续具有重要意义，因而非常重视，且对婚姻制定了严格的礼仪规定。但是，《穀梁传》很轻视妇女，认为女性只能从属依附于男性。

无论在汉代还是以后，《穀梁传》在三传中的影响都属最小。但是，作为一部成书于汉代的儒家经典，它具有重要的文献价值。首先，《穀梁传》阐发的《春秋》大义和记述的古代礼制，是中国古代经学史、思想史、伦理史、教育史、妇女史、文化史的重要内容和宝贵资料，对中国古代政治思想、道德观念、文化学术的形成和发展产生了不可低估的作用。其次，《穀梁传》作为正统儒家学说的组成部分，已经成为古人的思想观念和论事标准，许多古代注疏家视为圭臬，引以为据，成为典籍注疏的重要组成部分。最后，《穀梁传》对于《春秋》字词语言的分析解释，是研究训诂学、词义学、语法学、汉语史的宝贵资料。

《穀梁传》先后注讲者有十余家。据《汉书・艺文志》记载，曾有尹更始注《穀梁章句》三十三篇，现已亡佚。但是这些章句注释多引用《左传》及《公羊传》的解释，且被认为是“肤浮末学”，所以《穀梁传》的传授与习者逐渐减少。东晋范宁集众家解说为《穀梁传》重新作注，成《春秋穀梁传集解》，开始将传文与《春秋》经文合编在一起。唐初杨士勋又为《春秋穀梁传集解》作疏，今传宋本《十三经注疏》所收《春秋穀梁传注疏》即题晋范宁注、唐杨士勋疏，它引证广博，是一个较好的注本。清代研究《穀梁传》较著名的著作有柳兴恩的《穀梁春秋大义述》、许桂林的《穀梁释例》和钟文烝的《穀梁补注》。其中《穀梁补注》引证详尽，多有创见，代表了清人研究《穀梁传》的最高水平。今人研究《穀梁传》的著作主要有傅隶朴的《春秋三传比义》、刘世南的《春秋穀梁传直解》、承载的《春秋穀梁传译注》等。

综上所述，《春秋》是儒家经典之一，由于其文字简约难明，出现了对其进行解说的“三传”，即《左传》《公羊传》及《穀梁传》。“三传”解说《春秋》各有其特点，因此，研究《春秋》，必须兼及“三传”，这样对《春秋》才会有一个深入而全面的了解。

（江莉莉）

# 34. 孔、孟、荀与儒家学说的创立

儒家是先秦时期由孔子创立的一个学术派别，孔子以自己的礼制、六艺知识，传授弟子，创立了以仁、义、礼、智为基本范畴的思想体系，教人做有道德修养的君子。他的学说在春秋时代，发展成为一个强大的学派，被称为“儒家学派”。孔子以后，继承并发扬儒家思想中的代表人物是孟子和荀子。

孔子(前551—前479年)，名丘，字仲尼，春秋末期鲁国(今山东曲阜人)。其学说记载于由其弟子及再传弟子整理的言论集《论语》中。《论语》基本采用问答体裁，共20篇，每篇取篇首二、三字为篇名，前10篇称为《上论》，后10篇称为《下论》。每篇分为若干段，每段为一章，共计492章，12700余字。

《论语》一书并非严格意义上的哲学著作，它主要记载了孔子的言论与一些小的故事，比较生动、全面地记录了孔子的学、行、思与其人格形象。其中，孔子与其弟子的教与学的问答占了很大的一部分，而正是从这些内容中我们可以看到孔子的哲学思考，比如他对于“仁”“礼”“乐”“诗”及生死的种种看法。同时《论语》比较生动地反映了孔子因材施教、因势诱导的教育方法。孔子与时人的问答也占有较大的比例，主要是他与执政者及隐士的探讨与争执，这些内容比较真实地反映了当时的社会政治情况以及孔子的社会地位，同时也彰显了孔子特立独行、以天命为己任的高尚人格。

《论语》从东汉起被列入儒家经典之列，公元1190年，南宋的理学大师朱熹把《论语》和《大学》《中庸》《孟子》合为《四书》，使《论语》在儒家思想的地位大为提升。元朝开始以《四书》作为政府开科取士的官方教科书，是读书人必读的典籍。从汉代至今，《论语》的注本已有3000余种。

孔子50多岁后周游列国14年，到处宣扬周礼。据说，周礼是西周初年大思想家、大政治家周公所制定的典章制度。周公姓姬，名旦，是周文王之子、周武王之弟。因他住在周室先祖所居的周地，所以历史上称他为周公。文王在世时，周公在众儿子中以仁孝著称。武王即位后，周公辅助武王建立西周王朝。武王死后，武王的儿子成王年幼继位，周公于是当仁不让，主持政务。他依据周人的原有制度，参考殷商的礼仪，制定了田制、官制、禄制、乐制、法制、谥制、嫡长子继承制等政治、法律及文教制度，并配以相应的各种仪式和音乐，形成了一套完备的社会典章制度，称为“周公之典”或“周礼”。周礼实际是中国古代家族、宗法等级制度的基本规范。

春秋时代，周王室的力量和权威日渐衰落，周礼的法制不再受到诸侯贵族的尊重，他们公然违反周礼，不仅以下犯上篡权、弑君弑父夺位，甚至大兴干戈，互相攻伐，社会秩序混乱不堪。孔子看见这种情况，十分痛心，于是决心提倡周礼，力求恢复西周初期的太平盛世。

孔子晚年专门收徒讲学，一生教过3000多名学生，其中有70多名成就了自己的事业。孔子在教学的同时，也专心著书立说，编修及整理了《诗》《书》《礼》《乐》《周易》《春秋》等书。直至73岁逝世。后人为了纪念他，为他修建了孔庙、孔府、孔林建筑群。

虽然孔子是儒家学派的创始人，但“儒”的名称却并非孔子所首创。汉代学者许慎的《说文解字》对“儒”的解释是：“儒，柔也，术士之称。从人，需声。”中国人历来重视死的观念与丧葬礼仪，这种广泛的社会需求促成了一个特殊社会阶层“儒”的产生。在中国古代社会，最晚到商代有了专门负责办理丧葬事务的神职人员。这些人就是早期的儒，或者称为术士。他们精通当地的丧葬礼仪习惯，时间一长，便形成了一种相对独立的职业。但是，由于这种职业地位低微，收入也少，既没有固定的财产和收入，做事时还要仰人鼻息，所以形成“儒”比较柔弱的性格。

“儒”这一名词的最早记载可能出于《论语·雍也》，其中记载了孔子告诫他最得意的学生子夏说，要当就当“君子儒”，千万不要当“小人儒”。可见，“儒”名的起源应该在孔子之前，而且到了孔子时，“儒”这一阶层已经有了很大变化，形成了“君子儒”与“小人儒”的区别。

人们把孔子的学派称为“仁学”是有一定道理的。因为，孔子把“仁”作为君子最根本的道德规范加以要求。如在《论语·里仁》篇，孔子说：“君子去仁，恶乎成名？君子无终食之间违仁，造次必于是，颠沛必于是。”因此，“仁”是孔子儒家学说的核心，它是天地之间的大道理、圣人的德行。如果简单地说，“仁”就是爱人。

“仁”字在字形上看从“人”从“二”，表示人与人之间的一种社会关系。社会由家庭组合而成，家里有父母、子女，互相之间产生慈孝友悌等伦理关系。家庭里的伦理关系，扩展为社会中君臣的政治等级关系。于是，“仁”既是家庭的道德关系，又是社会的政治关系。“仁”强调在保持社会等级的基础上，人们要发自内心地爱人，而不是靠外力的强迫。要做到“仁”，行为上就必须遵守礼的规范。

孔子“仁”的范畴包罗从德的最高观念到一般的道德规范，几乎包含了一切优秀的道德品质。可以说，每一种美德都是“仁”的必要条件，全部美德的总和构成“仁”。如果一个人能称得上“仁”，那就是完美无缺的了。所以，一个人违背了任何一项道德要求，都可以被指责为“不仁”。仁的最终目的是治国安民。

孔子认为，人获得“仁”之后，其内心也就具备了是非价值标准，临事时“仁”心便会作出当为或不当为的判断，“仁”心作出的这种判断，就是“义”。一个人由“义”做出的行为就是道德的，这个人就是君子。所以孔子说：“君子喻于义，小人喻于利。”

在为政之道上，孔子明确地将政治道德化了，即所谓“为政以德”。他认为，所谓为政，就是将孝悌等道德“施于有政”。因此统治者要“为政以德”，对民众的治理要以道德教化为主，政令刑罚只能是治民的辅助手段，即所谓：“道(导)之以政，齐之以刑，民免而无耻；道之以德，齐之以礼，有耻且格。”孔子反对统治者统治百姓单纯用刑罚，认为那是残民的暴政，“不教而杀谓之虐”。

孔子“为政以德”的思想，在经济上体现为“富民”主张。他认为，让百姓丰衣足食是统治者的责任。为此统治者应减轻人民的负担。他主张统治者要“使民以时”“使民也义”，不能为满足自己的穷奢极欲的生活而无限制地征用民力。

“正名”是孔子为政之道的重要组成部分。它是针对春秋时期政治伦理秩序遭到严重破坏，“君不君，臣不臣，父不父，子不子”的现象而提出的。“正名”的实质是要求社会的每个成员都要严格遵守周礼的规定，做到实际拥有的权力和财富以及所尽的义务与其名分相符。孔子想以此重建社会政治伦理秩序。

孔子思想方法的核心是“中庸”。“中”是“不偏”，“庸”是“不改”，而“中庸”就是“中和恒常”的意思，也就是适度、合乎中道的方法。虽然《论语》对中庸的直接论述不多，但也有许多地方都间接地体现了中庸的思想方法。例如“君子和而不同，小人同而不和”等。“仁”就在这种思想方法中孕育，“礼”的规范就在这种思想方法中表现。中庸也讲“位”的问题，“在其位谋其政”，而不在其位谋其政则是犯上作乱。当然，中庸也不是主张无原则的调和，中庸必须符合“礼”的规范和体现“仁”的精神。

孔子开创了先秦儒学学说，而孟子、荀子则在不同方向上对孔子的学说作了进一步的阐发。

孟子(前372—前289年)，名轲，字子舆，战国时期邹(今山东邹城)人，是孔子的第四代弟子。他的学说同样被认为“迂阔”而得不到当政者采纳。晚年，他与弟子埋头著述，有《孟子》一书传世。孟子被后世尊为“亚圣”，是儒家学派中地位仅次于孔子的思想家。

《孟子》是一部语录体著作，全书今存七篇。每篇取篇首的二三字作为篇名，分为上、下两部分，共计261章，约34600字。其记录的内容多为孟子游说诸侯时论政及与弟子、时人问答之词。它是研究孟子思想的非常可靠的资料。历代注疏《孟子》的较多，重要的有汉代赵岐的《孟子注》、宋代朱熹的《孟子集注》、清代戴震的《孟子字义疏证》以及焦循的《孟子正义》。另外今人杨伯峻的《孟子译注》是较好的《孟子》现代读本。

孟子受业于孔门，以孔子的继承人自居。孟子除了继承孔子以“仁”修身的思想外，更以其进一步发展的“仁政”学说而著称于世。

在孟子的时代，人性善恶的问题是人们热烈讨论的焦点。当时主要有几种有关人性论的观点，分别是性无善恶、性本善、性本恶等。“性善论”则是孟子仁政学说的基础。

孟子认为人与动物的根本区别，就是人的本性是善良的。人的性善就如水向下流一样，是绝无例外的。人们的恻隐、羞恶、恭敬、是非“四心”与生俱来，并已包含着仁、义、礼、智“四端”的萌芽。即：“恻隐之心，人皆有之；羞恶之心，人皆有之；恭敬之心，人皆有之；是非之心，人皆有之。恻隐之心，仁也；羞恶之心，义也；恭敬之心，礼也；是非之心，智也。仁、义、礼、智，非由外铄我，我固有之也，弗思耳矣。”(《孟子・告子上》)也就是说，仁、义、礼、智等各种善德在人身上皆有根芽，只要人们竭力求善就能拥有这些善德，否则便会失去，带来现实中的各种恶行。故此，在人性本善的前提下，孟子认为，人们经过后天的努力，将“四端”发扬光大，仁义礼智的品德就会像火一样燃烧起来，甚至人人都可以通过修心求善，成为圣人。

仁义礼智这“四端”是孟子伦理思想的主要范畴，是处理所谓“五伦”关系的规范。“五伦”是指君臣、父子、兄弟、夫妇、朋友这五种主要的社会关系。“五伦”不是平列的，主要指君臣、父子关系；“四端”也不是平列的，主要是仁义。

孟子认为每一个人都应该恰如其分地扮演好自己的角色。例如作为臣下的，要尽忠为君主效力；作为儿子的，要孝顺父母；身为君主或父亲的，要爱护臣民、子女。如果所有人都按自己的本分去做事，合乎忠、孝、悌等道德标准，社会自然会井然有序，人人互相友爱，春秋战国时代篡权、弑君夺位的情况也就会没有了。

在孟子看来，追求仁义礼智“四端”，必须以义为荣，以利为耻。孟子特别强调仁、义，原因是他认为“未有仁而遗其亲者也，未有义而后其君者也”(《孟子・梁惠王上》)。可见，其着眼点主要还是政治关系。

从“性本善”出发，孟子把孔子的“为政以德”思想发展成为仁政学说。孟子的“仁政”学说，在经济关系方面主张“制民之产”，反对横征暴敛，使老百姓能够生活下去，以保持小生产的相对稳定性。在为政之道上，他主张“王道”即道德政治，与之对立的暴力政治就是“霸道”。孟子反对“以力服人”的霸道，倡导“以德服人”的王道，并劝诸侯君主要“以德王天下”。在政治学说上，孟子在总结前人的基础上提出其“民本论”。他说：“民为贵，社稷次之，君为轻。是故得乎丘民而为天子，得乎天子为诸侯，得乎诸侯为大夫。”(《孟子·尽心下》)他认为民众是一切政权的根本和关键，如果国君要令国家强大，就必须能够保民，让人民拥有丰足的物质生活，在施政时处处优先考虑民生利害，从而达到“保民而王”的目的。而保民的具体方法，就是要满足人民的生活需要，为百姓提供安居乐业和遵礼守义的物质基础。如果人民生活安定，拥有固定的财产，他们就上可以侍奉父母，下可以养活妻儿。因此，国君必须把人民的利益放在首要地位，这才是民本思想的核心。

生逢战国的孟子，他所面临的不仅是一个百家争鸣的思想界，而且是一个七雄争权、诈伪并起、民不聊生的乱世。为此，他不仅要对人性的善恶问题作出回答，更迫切的是要在性善论的基础上推广仁政学说和王道思想，以便救治霸道横行、陷民于水火的时弊。孟子的仁政学说，并不是从书斋里虚构出来的，而是与各国统治者辩难、游说的产物。

在人格修养方面，孟子认为君子立身处世，要有人格尊严，堂堂正正地做人。这就是天赋尊严的人格论。而怜悯之心、羞耻之心则是尊严人格的心理基础。人不能没有怜悯之心，有怜悯之心，才知道什么事情是善，什么事情是恶；人不能不知羞耻，有羞耻之心，才知道什么事情应该做，什么事情不应该做。有了这种基本的心理基础，才会有仁义之心，有仁义之心才会表现出尊严人格。

在孟子心目中，具有尊严人格的君子应该要成人之美、与人为善，以一种宽容的态度对人对事，并且善于看到别人的长处，学习别人的优点。此外，君子应当言行一致，不说假话和空话，真诚待人；个性要正直、坚持原则，不投机取巧，不走歪门邪道，同时对自己要有正确的认识，面对别人的赞赏或诽谤，除了要保持清醒的头脑外，还应有坦荡的心胸，不为鸡毛蒜皮的小事而患得患失。

孟子的性善说是对孔子儒学的重大发展，诚如朱熹所评价的：“孟子有大功于世，以其言性善也。”孟子的性善论，第一次从人性论的高度为人类的普遍平等提供了哲学依据。从性善说出发，孟子提出的道德修养方法和仁政学说，都大大地深化了孔子的学说。

孔子、孟子在修身与治国方面提出的实践规范和原则，虽然都是很具体的，但同时又带有浓厚的理想主义成分，也就是说孔孟更多地寄希望于人的本性的自觉。所以，孔子竭力强调“克己”“修身”“为仁由己”等思想，而孟子则以“性善”为根据，认为只要不断扩充其“恻隐之心”“羞恶之心”“辞让之心”“是非之心”，“求其放心”，即可恢复人的“良知”“良能”，即可实现“仁政”理想。

孔子之后，儒家后学逐渐形成了许多各具特色的派别，韩非子认为儒分为八：“有子张之儒，有子思之儒，有颜氏之儒，有孟氏之儒，有漆雕氏之儒，有仲良氏之儒，有孙氏之儒，有乐正氏之儒。”其中，“孟氏之儒”即孟子学派，“孙氏之儒”即荀子学派。孟氏之儒与荀氏之儒并称显学。与孔孟的学说比起来，后起的荀子对儒家有了较大的改造。荀子是百家争鸣的总结者，其学以儒家为主，而兼采道、法、名、经、阴阳家诸说，后儒有归荀子为杂家者。尤其是荀学有显而易见的法家霸道思想，这就使荀子成为后儒争议颇多的人物。荀子一度还被视为儒家的异端。

荀子(约前298—前238年)，名况，字卿，战国末年赵国人。荀子跟孔子和孟子一样，周游列国，游说诸侯推行王道学说。为了达到这个目的，他甚至打破“儒者不入秦”的传统，以“远交近攻”之说游说秦昭襄王。荀子还企图说服齐君实行王道，以争取天下统一。根据《史记》和《汉书》等典籍的记载，荀子曾三次担任齐国稷下学宫“祭酒”(主持人)。该学宫设置在齐国首都临淄(今山东淄博)稷门(西边南首门)附近，是中国古代最早的学术活动中心和政治咨询中心。该中心名家荟萃，人才济济，各种观点相互交锋，充分显示了“百家争鸣”的风采。荀子既然三为“祭酒”，其影响力由此可见一斑。

其著作由后人辑为《荀子》。《荀子》原有300余篇，经刘向校阅整理，编定为32篇。取名《孙卿新书》。到了唐代中叶，一个叫杨倞的人把《孙卿新书》分为三卷，重新编排，加以注释，定名为《荀子》。今天我们所见到的《荀子》，就是杨倞所编定的。《荀子》一书，大部分为荀子亲笔所著，少部分为他的弟子记录整理，各篇独立成章，主题明确，论述清晰，有理有据，是我们研究荀子思想的主要依据。

对于荀子的思想，著名历史学家郭沫若曾评价说：“他不仅集了儒家的大成，而且可以说是集了百家的大成。”荀子是战国晚期的思想家，秦一统天下的趋势已日渐明朗，百家争鸣也接近尾声。所以，荀子能够站在时代的高度，对百家之学进行评判，并能够在此基础上，融会诸家学说，以适应统一的时代要求。

荀子综合百家、充实儒学，首先表现在他吸收道家的天道自然无为思想，建立了儒家的自然主义天道观。他认为：“天行有常，不为尧存，不为桀亡。”“不为而成，不求而得，夫是之谓大职。”孔、孟思想中都多少保留了殷周时期的天命观即主宰之天的观念，荀子则为儒家注入了一种新的天的观念：天即自然，天没有意志。荀子的自然主义天道观虽然吸收了道家思想，但并未背离儒家的基本立场。荀子认为，虽然“天”是客观存在的自然界，自然界有其运行的规律，人们应该尊重规律，顺应规律，但人也可以利用规律改造自然，使自然更好地为人类服务。像道家那样采取抱朴归真和无为而治的态度，则是忘记了做人的职分。

荀子继承了孔孟强调人为的传统，提出“天人相分”和“制天命而用之”的人学思想，突出了人的主观能动性和至高无上性。他认为，“天有其时，地有其财，人有其治”，天地的运行有一定的规律，只要人们善于利用，就可以充分展示自己的主体性，战胜自然灾害。“强本而节用，则天不能贫；养备而动时，则天不能病；循道而不贰，则天不能祸。故水旱不能使之饥，寒暑不能使之疾，妖怪不能使之凶。”所以，与其“从天而颂之”，还不如“制天命而用之”，这种“人定胜天”的刚健思想是对孔孟仁学精神的重大发展。荀子对人的力量如此充满信心，是与他对天地自然的深入研究分不开的。他认为：“水火有气而无生，草木有生而无知，禽兽有知而无义，人有气，有知，亦且有义，故最为天下贵也。”人“力不若牛，走不若马，而牛马为用”，其原因在于“人能群，彼不能群也”。人有义所以能分，能分也就能群，“故义以分则和，和则一，一则多力，多力则强，强则胜物，故宫室可得而居也。故序四时，裁万物，兼利天下，无它故焉，得之分义也”。结成社会的人类俨然就是自然界的主宰者。正是基于这样的认识，荀子提出了一系列治理社会的政治方案。

荀子对儒家的重要贡献也表现在其人性论上。与孟子的性善论主张不同，荀子主张性恶论，提出了“人之性恶，其善者伪也”(《荀子·性恶》)的著名观点。荀子说，人饿了便要吃，冷了便要穿，疲劳了便要休息；粗饭不愿吃，破衣不爱穿，辛苦的事不乐意干；爱听好听的声音，爱看好看的颜色。顺着这些天性，人就不会循规蹈矩，因此人性本是恶的。荀子性恶论包括三个方面的内容：一是把人性规定为先天的自然性；二是认为人性与社会道德规范不相协调；三是主张“化性起伪”，即通过人为努力转化所谓“恶”的人性，获得所谓“善”的品质，使之符合封建道德规范。从“性本恶”出发，荀子认为经过学习和教化，“人皆可以为尧舜”，从而实现矛盾的转化。

荀子的“性恶”论和孟子的“性善”论是战国时代的两种代表性人性论学说，其差异在于：性恶论强调“性伪之分”，是以“天人相分”思想为基础的；性善论强调天赋“四端”，是以“天人合一”思想为基础的。性恶论否认天赋道德观点的存在；而性善论承认天赋道德观点的存在。性恶论以人类物质生活作为研究人性的出发点，认为社会纷争动乱是人们追求物质利益的必然结果；性善论以先天道德观念作为研究人性的出发点，把社会纷争动乱的原因归结于道德观念的丧失。由此可见，性恶论较之性善论，包含了更深刻的内容。当然这两种人性论学说也有共同点：两者所说的人性都是先天具有的人类本性，而不是现实社会关系中的具体的人性，因而都是抽象的人性。两者都把人性问题的研究局限在“善”“恶”评价上，而且把“善”“恶”看成超历史的范畴。

荀子既主张“隆礼”，又要求“重法”，与孟子为代表的儒家派别有着明显的区别。在如何为政上，荀子坚持儒家的基本立场，主张统治者实行王道，对内要“仁政爱民”，对外要“以德兼人”，主张统治者对民众要实行礼乐教化。但是他不像孟子那样强调统治者要启发民众的道德自觉，他强调的是要以社会行为规范——“礼”约束民众，而他所谓的“礼”，具有“法”的成分，故他经常礼、法连用，或礼、法不分。与孟子更为不同的是，荀子不排斥在治民中使用刑罚，他已把法家的法治思想融入了儒家的礼治思想之中。如果了解了这一点，荀子的两位弟子李斯和韩非后来都成为法家代表人物，就不值得奇怪了。

与孔、孟相比，荀子的礼法思想具有更多的现实主义倾向。他在重视礼义道德教育的同时，也强调了政法制度的惩罚作用。他认为，人的本性并不是那么美好的，顺着人性的自然发展，必然造成社会的争乱。因此，必须用礼义法度等去化导人的自然本性，即所谓的“化性起伪”，然后才能使之合乎群体社会的公共原则和要求。所以，荀子在强调自我修养、道德自觉的重要性的同时，更为强调“师”与“法”的教育与规范作用。

荀子还提出了著名的“君舟民水”的观点：“君者，舟也；庶人者，水也。水则载舟，水亦覆舟。”这一观点对后世的政治思想影响很大，为后来历代有见识的帝王所采纳，对古代中国社会“治世”局面的出现起了一定的促进作用。

同样，荀子设计的治国原则，包括理想的“王制”与具体的“富国”“强国”之策，乃至他的“礼论”“乐论”“君道”等，可以说都是非常富于现实主义的。其学说都是在肯定当时已经形成的社会等级和职业分工的基础上，来规定社会每一个成员的名分和位置，并要求各尽其职，从而达到整个社会的和谐一致。

当然，这并不是说在荀子提出的治国原则中没有一点理想主义的成分。如果他的学说中一点理想主义成分都没有，他的学说就不会有什么感染力，而他也就不能称为思想家。只不过，跟孔孟思想浓厚的理想色彩相比，荀子学说的现实主义色彩更为浓厚而已。

荀子纳百川之流，汇成汪洋博大的学说，对后儒乃至整个中国的影响是多方面的。近代思想家梁启超评说：“自秦汉以后，政治学术，皆出于荀子。”谭嗣同说：“二千年来之政，秦政也，皆大盗也；二千年来之学，荀学也，皆乡愿也。惟大盗利用乡愿，惟乡愿工媚大盗。二者交相资，而罔不托之于孔。”荀子的学说对后世的影响由此可见。

从孔子创立儒家学派起，到战国末年，儒学经历了渐次发展的过程。从孔子的“仁”，到孟子的性善论，再到荀子的性恶论，其中的每一步，都给儒学增添了新的内容。孟荀之间，一主性善，一主性恶，看来似乎互相对立，然而在异中又有同。在整个发展过程中，儒学的基本精神贯穿始终。性善性恶，天人合一和天人相分，这些对立的观点，从不同的方面阐发了孔子奠定的儒学的基本思想。正是因为有这些争鸣，才使儒学不断丰富和不断深化，也正因为在不同之中贯穿着共同的基本精神，才使儒学能够作为一个有别于其他学派的独立学派在几百年的百家争鸣中存在和发展。

孔子、孟子、荀子创立的儒家学说在先秦时期，是社会上具有广泛影响的"显学"之一。他们提倡的道德修养学说在"士"阶层中有着深远的影响，而他们设计的理想政治制度和治国原则，则因其主要精神，即一统天下和礼义王道为上等，脱离了当时诸侯称霸、群雄割据的社会现实，因而始终没有能得到当权者的赏识和采用。孔、孟、荀时代的儒学只是作为一个民间的学派存在和发展。所以，孔、孟、荀的儒家学说与以后成为实际社会制度依据的儒学不同，它还只是一种关于道德修养和政治理想的一般性学说。

（沈艳）

# 35. 老、庄与道家学说的创立

道家是创始于我国先秦时期的一个重要学术派别，千百年来，它与儒家思想相互对立、相互补充，成为中国传统思想文化的重要组成部分。道家思想以其深刻的理论思维，在中国传统思想文化的历史发展中，发挥着独特作用，具有重要的地位。

道家思想的发展和演变，在先秦约可分为三个阶段。太公、姜齐要算是道家思想的先驱，但他们的思想并未形成系统，迄老子才蔚为大观，独成一家。老子将形而下之道上升到形而上的哲学的高度，并将其贯穿于自然、社会和人生的各个层面，从而形成一个完整而系统的道学思想体系。

老子是道家的创始人。老子，姓李，名耳，字伯阳，谥曰聃。聃的原意是耳朵很大，所以后来就有"老聃耳长七寸"的传说。老子是春秋时代楚国苦县(今河南鹿邑)厉乡曲仁里人。具体生卒年月已无从详考。老子曾经做过周朝的"守藏室之史"，即相当于我们今天的图书馆馆长。由于工作之便，老子得以遍览当时的各种文献典籍。

老子以他的深邃思考和批判意识审视人生、社会、天地、人物之"道"，形成了以"道论"为核心内容的哲学体系，后世也称之为"老学"。

道家思想在先秦发展和演变的第二阶段是关尹、列御寇、杨朱及稷下道家田骈、慎到等人的思想。关尹生当春秋末期。据载老子出关时，关尹正做守关之令，不过较老子要年轻得多。据《吕氏春秋》所载："关尹贵清"，"贵清"与老子的清静无为显然是一脉相承的。列御寇即列子，生当战国初年，相传为关尹弟子。《吕氏春秋・不二》和《尸子・广泽》将列御寇的思想倾向概括为"贵虚"。而"贵虚"与老子的清虚自守、清静无为亦是相通的。杨朱亦称阳子居、杨子等，相传他曾受过老子的训示，为老子的弟子。杨朱的思想主要有两点：一是为我；二是全性保真。杨学在先秦是显学之一，影响很大。稷下道家指战国中期齐国稷下学宫中崇尚黄老思想的学者所形成的派别，主要由宋钘、尹文、田骈、慎到及《管子》四篇的作者构成。宋钘即宋荣子，宋国人；尹文系齐国人。宋钘、尹文乃是介于墨、道之间的学者，而齐国人田骈、赵国人慎到乃系介于道、法家之间的学者，他们都还不能算是纯粹意义上的道家人物。

老子道家思想在先秦发展演变的第三阶段是庄子或庄子学派的思想。如果说稷下道家还只是对老学部分地吸纳和发挥的话，庄子或庄子学派则是对老学全面地、创造性地继承和发扬。庄子以其形象生动的文学语言将老学和道家思想引领到一个新的方向、新的高度、新的境界。庄子对老学及道家发展之贡献，在历史上无有出其右者，故人们习惯以老庄并举来指称整个道家学派。

老、庄生活于春秋(老子)战国(庄子)社会大变革、大动乱的时代，旧的社会制度、意识形态开始崩溃、动摇，新的社会制度、意识形态开始萌芽，却并未形成。各诸侯国之间众暴寡，强凌弱，"君不君，臣不臣，父不父，子不子”。面对此种严酷的社会现实，任何一位有点良知的知识分子(士)都不可能无动于衷，儒家的思路是要用仁义礼智来匡正天下人之心，而将社会纳入礼治的轨道；法家的思路是要用严刑峻法来约束人们的行为，而将社会纳入法治的轨道。然则礼教也好，法令也好，往往被势利小人所利用，从而成为欺世盗名、贻害天下的手段和工具。在老庄看来，仁义礼教和制度法令非但不足以济世，反而成为一切祸乱的根源，因此他们主张废除各种虚伪的礼教法令，消灭人们为恶的手段和工具，以恢复人类天真淳朴的本来面貌。

老子和庄子都是世界级的哲学大师，《老子》和《庄子》是他们贡献于人类的两部经典性哲学著作。

《老子》一书是研究老子思想最直接、最可靠的材料。全书为警句格言形式，蕴含哲理。目前流传的通行本分为上、下篇，有 81 章，共 5000 余言。上篇第一章以“道可道，非常道”开首，下篇第三十八章以“上德不德”为始。书中言“道”字达 73 处，言“德”字 40 余处，并多在第三十八章之后，故《老子》亦被尊称为《道德经》。

在文体方面，《老子》文句整齐，错落有致，自然成韵，气势磅礴，具有诗的风格，有人把它看作为先秦诗歌中的鸿篇巨制。在修辞方面，《老子》言简意赅，语句对称，排比连用，比喻形象，寓哲理于具体的物象之中，既说理深透又深入浅出。

《庄子》一书，现在仅存西晋玄学家郭象编辑注释的 33 篇，分别为内篇 7 篇，外篇 15 篇，杂篇 11 篇。一般认为内篇为庄子本人所作，外、杂篇的思想与内篇不尽一致，可能掺杂了庄子门人、后学以及道家其他派别的作品，但外、杂篇的某些篇章也可反映出庄子的思想。《庄子》在后世也被称为《南华经》或《南华真经》。

在文体方面，《庄子》常常将寓言、重言、卮言并用，尤其擅长运用寓言故事说明深奥哲理。寓言就是不直接说明理由，将自己的观点寄寓于奇特的故事之中，以表达其精辟哲理的方法。重言就是借助前人、名家的言论或历史故事，证明自己所表达的思想，以加强说服力的方法。卮言就是出乎自然的由衷之言，以达引人入胜、令人留下难忘印象的方法。在修辞方面，有大量虚构夸张的幻想、形象生动的比喻，极富浪漫主义色彩，意境深远，为诗化哲学的杰作，散文艺术的鼻祖。

老子的思想主要通过具有丰富含义的“道”这样一个最基本的范畴表达出来。

《老子》一书首先对“道”这个范畴进行了充分的论述和彻底的表达。《老子》第一章就说：“道可道，非常道；名可名，非常名。无名，天地之始；有名，万物之母。”第二十五章说：“有物混成，先天地生。寂兮寥兮，独立而不改，周行而不殆，可以为天下母。吾不知其名，字之曰道。”这就是说，天地万物都由道而产生，道是天地万物的始祖，一切事物都依赖于道而生。

老子认为“道”是宇宙万物的本原，是产生世界万物的最后根源，大道浩瀚广大，包容、贯通了宇宙万物。老子说它是“天地根”“万物之宗”“天下母”。“道”还会生长、培育和畜养万物，发挥着生长万物而不占有，畜养万物而不自恃，导引万物而不主宰的潜在作用。“道”无形无象，但却是一种实实在在的存在。人们的感官不能感觉到它，一般的言辞也无法描述它。在极其虚静的状态下，才可直观地体察它。

在老子之前，人们以为宇宙间的万物都有神在统治着，最高的神就是天，又称天帝。这种观念，到了社会大变革的春秋时期才开始变化。老子就是较早地从哲学方面有意识地、明确地否认天帝的思想家。他在《周易》的基础上，进一步阐明“道”是天地万物的本原。老子“道论”的中心思想是“道即自然，自然即道”。

他说，作为宇宙的本原就是道，它是永远存在的。道的运行是自由的、必然的，即按其自身的规律而运行。天地万物都是由它产生的，它是宇宙的母体。老子认为，道产生了天地，德是道的性能，天地生养着万物，万物各成其形，各备其用。所以万物必须尊道重德，以恢复人类朴素无华的道德状态。他还认为，世人刻意讲求仁义道德，无异于说明人类的道德水准和状况比之远古大道盛行是一种堕落和倒退，所以应该废弃。

老子要人们抛弃虚伪的“仁义”，认为礼制法令是致乱的根源，故提倡无伪真朴，提出“绝仁弃义，民复孝慈”，只要抛弃伪诈的仁义，人民就可恢复孝慈的天性。老子不反对正面意义上的“智能”，不是要人人都变成愚者，他只反对妄用“私智”和“巧伪”之“智”来治理社会，故老子有言：“大道废，有仁义；智能出，有大伪”，“以智治国，国之贼”。

老子主张“为无为，则无不治”，以无为的态度处理世务，社会就可走上正轨。还主张“我无为而民自化”，只要做到无为，人民就会自我化育，故反对繁苛政举的“有为”措施。所以，老子提倡“以正治国”，以清静无为之“道”治理国家。认为“治大国，若烹小鲜”，煎小鱼时，不能翻来翻去，否则小鱼容易被煎烂。正如治国时，不应以苛政扰民，使百姓无所适从。理应以清静无扰为治国原则，顺随自然，辅民为生而不扰其素朴本性，不需统治者的专断强治，让百姓自由自在地生活，从而达到太平盛世。

基于以上观点，老子提出了他的理想世界：小国寡民的原始社会。老子这一设想，在一定程度上反映了当时人民迫切要求休养生息和减轻剥削的愿望。老子说，人民之所以过着贫苦的生活，是因为他们的君主取赋税多，“民之饥，以其上食税之多”。又说：“民不畏死，奈何以死惧之？”这反映了老子政治思想中的进步因素。但是，小国寡民的理想只是幻想，它是违反社会历史发展规律的。但我们应当看到，老子的这一举动是抨击奴隶社会制度的不合理，它对后世的进步思想家、空想的社会改革家却有着深远的影响。

老子学说的精髓，是他的辩证法思想。老子观察了自然界的变化，生与死、新与旧的相互关系；观察了社会历史与政治的成与败、福与祸等对立的双方的相互关系，发现了事物内部所具有的一些辩证规律。《老子》一书，还深刻地论证了相反相成和物极必反的道理。老子说，有和无是彼此相生的，难和易是彼此相成的，长和短只有彼此比较才能显现出来，不同的声音产生谐和，前后互相对立而有了顺序。总之，老子承认事物是在矛盾中发展的，并且，事物在变化中向它相反的方向过渡，到了一定时候就完全成为相反的东西，即物极必反。因此，老子一再告诫统治者，必须去掉那些极端的、过分的措施，否则，就会使事物走向另一个极端，结果就会丧失天下。他认为，高明的统治者必须懂得以柔弱胜刚强的道理。

但老子把弱能胜强，柔能胜刚，当作绝对的规律，没能认识到这种互相转化不是无条件的，而是有条件的。尽管如此，老子认为在发展过程中柔弱的是不可战胜的，这对于促使人们认识新生的力量是不可战胜的道理是有着积极意义的。

老子还初步意识到量的积累可以引起质的变化。他说，大树是由细小的萌芽生长而成；九层的高台，是由一堆泥土筑起的；千里之行，必须从脚下的第一步开始。

当然，老子的自然辩证观是直观的、原始的、朴素的，还缺乏进一步的科学的论证。

老子的人生观也体现了其自然无为的道家精神。

欲望是人的自然本性，属自然之欲，所以老子并不主张去欲、无欲、绝欲。但除了自然之欲外，还有人为之欲，即对权势、名望、地位、财货、声色犬马等的欲求。而老子认为这些人为之欲是对人生有害的，故主张要减损和绝弃。老子提出“去甚、去奢、去泰”，主张去除对声色、服饰、饮食、宫室等物欲的过分追求，认为若能知足去欲，才能达到永远的富贵。

由于人们容易被外物所蒙蔽，远离本性，使社会混乱，所以老子主张返璞归真，不受外界世俗影响，社会便能安定和平。他认为善于为“道”的人，其修养如婴儿般天纯未散，元气充足，形全精和，外表呈现出单纯本色，内心保持朴质状态。

老子的处世方法是以退为进，以柔制刚。柔与刚、弱与强互相依存及转化，当事物处于柔弱时，当中包括了无限生机，预示快要转化成刚强。相对而言，老子认为“物壮则老”，凡是刚强的事物，最终都会转化成衰老而死亡。故为人不应逞强好胜，锋芒毕露，这样才可免灾避祸。柔弱的具体表现就是“不争”，老子认为江海之所以能成为百川之王，是由于它处在低于百川的卑下之地。谦下不是永远处下，不争也不是消极退守，而是通过它以达至居前居上，最终获胜之目的。

老子认为“道”无声无息地畜养万物，功成而不居功、不主宰、不自恃，任由万物自化自生。所以人们更不应矜功，若功成名就时仍锋芒太露，贪慕成果，要求更大的名利，最终只会招致失败。

庄子是道家学说的继承者。庄子处于社会大乱、道德沦丧的战国时期，眼见自己无力改变社会，便寻找精神上的解脱，因此，庄子的避世思想较老子更为明显。庄子厌恶人间世务，否定世俗道德，他清高孤傲，视显贵的宰相之位如腐鼠，轻视尧舜之功业。他认为人在乱世之中，应不求闻达，潜隐于人世，隐居山林，与时俱化，返归万物本然状态，才能避祸，保存自己生命的本真才是最重要的，进而追求“道”的高远境界。

庄子姓庄名周，字子休，宋国蒙城(今河南商丘)人。庄子的生卒年月也无法确考，据史家推算，庄子约生于公元前369年，卒于公元前286年，与孟子同时而稍晚。庄子在世时只做过蒙城的漆园吏，但为时不久就归隐，过起了逍遥自在的隐士生活。

庄子继承老子的“道”，认为“道”是宇宙万物的最后根源以及人的精神或道德的最高境界。“道”是无所不在的实在，在天地未有之前已经存在，是永恒存在，超越感官和理性，虽看不见，但可被体悟。“道”与万物是没有界限的，万物齐一，它寄托于万物之中，与万物不可分离。天地形成后，天地之间都是一气，所谓“通天下一气耳”，元气是弥漫宇宙的普遍的存在，其本质是无形无象的，所以能与具体事物互相贯通。而气的表现形态分别为“阴”和“阳”。当二气相交成和，就化生万物(包括人类)，所以人类的生死，便是气的聚散。

庄子继承了老子的“无为”思想，主张“无为而治”。他反对用任何手段治理百姓，其政治原则是纯任自然，返璞归真，顺乎民情，行不言之教，使教化普及，人民无欲而天下足，无为而万物化。庄子又认为：“先存诸己而后存诸人”，即自己应先安立己道，然后才去扶助别人建立道德。治理天下时应心境淡泊，顺应本性，无所偏私，天下自然太平。同时，由于古今情势不同，礼义法度随时会变，所以仁义是先王暂时的治理工具，不可执守久居。

其实，老庄所谓的“无为”并不是说人在自然面前什么事也不干，而是主张“顺其自然”而为，也就是“不采取反自然的行为”。庄子讲“命”，但他所说的“命”，不是“帝令”也不是“天命”，而是人力无可奈何的自然必然性。庄子说：“不知吾所以然而然，命也。”即不知道为什么会这样而这样生活着，这就叫作“命”。庄子主张人在自然面前应持“安时而处顺”(安于天命，顺从自然)的态度，反对人对自然进行改造。

庄子心目中的理想社会，是“至德之世”。人和自然和谐共处，人与人之间关系淳朴，“不尚贤，不使能”，不标榜任用贤能，人民不知不觉地按照自然本性行事，行为端正，诚实无诈，朴素无欲，保持本色真性。

庄子心目中的理想人格，是至人、神人、圣人，其名称虽有不同，但其实是同一种人，即庄子理想中逍遥无待的人。庄子提出“至人无己，神人无功，圣人无名”，“无己”即忘我，破除自我的偏执；“无功”即不求建功立业；“无名”即不求显赫的名声。庄子认为若能达至“无己”“无功”“无名”，即可达到“无待”“逍遥”的境界。这些所谓至人、神人、圣人，其心智经过洗练，超脱世间的名利，将内在自我的本真天性，与外在事物的自然本性互相配合融合，天人合一，并具有超脱和神异的特征，他们可以“不食五谷，吸风饮露，乘云气，御飞龙，而游乎四海之外”，达到一种超脱世俗、无所依靠、无任何负累的绝对逍遥、自由的境界。

老子的朴素辩证观忽视矛盾转化的前提条件，这一思想因子被庄子所继承，并发展为相对主义。庄子说：“方生方死，方死方生；方可方不可，方不可方可；因是因非，因非因是。”“是亦彼也，彼亦是也，彼亦一是非，此亦一是非，果且有彼是乎哉？果且无彼是乎哉？彼是莫得其偶，谓之道枢，枢始得其环中，以应无穷。是亦一无穷，非亦一无穷也，故曰：莫若以明。”意即是非、生死、可与不可，其性质、差异都是相对的。以“道”观之，它们的性质、差异、矛盾关系都是不断变幻的，都处在循环无尽的圆圈运动之中。

庄子认为人类与其他物类相比，价值标准是相对的，他说：“毛嫱丽姬，人之所美也；鱼见之深入，鸟见之高飞。”即，在世人眼中，毛嫱和丽姬是倾国倾城、人人称道的绝色美人。不过，世人所谓的“美”，相对于鱼鸟兽而言，它们未必认同，当它们见到美人时，鱼儿深深潜入水底，鸟儿则高高飞向天空。可见美丑、是非等价值观是相对的。庄子认为人的生命时空存在是有限的、局部的，认识内容必是部分的，就如“井蛙不可以语于海”“夏虫不可以语于冰”“朝菌不知晦朔，蟪蛄不知春秋”一般。以上即是说，一直居于井底的青蛙，受到地域的局限，若告诉它们关于大海的事情，它们一定不会相信，因为它们从未见过大海，所以不能对它们谈论大海的事。夏虫只在夏天生存，至秋天便死，受到时间的限制，若告诉它们冬天时会结冰，它们一定不会相信，因为它们从未见过冰，故不可以和它们谈论冰冻之事。朝菌是朝生夕死，所以不知道阴历的月初(朔)和月底(晦)。蟪蛄(即是蝉科的昆虫)过不了冬天，所以根本不知春秋。朝菌与蟪蛄的生命是短促的，其认知均受时间所限。而在人类的社会中，当时代和立场不同时，贵贱、大小、有无、是非、利义等具体事物的存在状态和价值判断也会变化。

庄子认为宇宙的时间和空间是无限的、无始终的。物与物、物与人之间无界限、无条件地自由转化，庄子称之为“物化”。所谓“臭腐复化为神奇，神奇复化为臭腐”，神奇和臭腐都是随着人们自己的喜好而转化，循环不息。如甲认为某事物是美好、神奇的，但对乙而言，则是厌恶、臭腐的，可见万物并没有固定的价值标准。万物从无开始，经历一系列阶段后，又返回到虚无，这是一个自然而然的演化过程。

庄子主张以绝对至高的“道”去观物，从此角度观物，世间万物都是齐一，彼此没有分别。他认为一切事物的性质、差别等都可泯灭，万物都是“道”所生。由以上的观点推论，世间便没有古今、大小、强弱、高低、长短、是非、先后之分。庄子认为若能了解到这一点，就可达到“天地与我并生，万物与我齐一”的境界。也就是说，当万物与“我”的界限消除后，天地与“我”并存，万物和“我”合为一体，精神和宇宙万物一体化了。此即庄子著名的“齐物”论。

庄子视名利、巧智会破坏人的自然之性，使人失去天真，更会招致祸患，所谓“其嗜欲深者，其天机浅”。也就是说，凡是嗜欲深强的人，他先天的性格、资质、体魄和气质就会很浅薄，故庄子提倡断绝一切物欲巧智，保持自己的本来天性，养神全精，超越本能的存在，以达到“天地与我并生，万物与我为一”的最高境界。庄子认为若要体悟不可闻、不可见、不可言的大道，就需要无思无虑、忘形、忘利、忘心，才能体悟得到。

庄子认为宇宙万物皆有生死，生死只是一种形相上的变化，故人死不用太过悲伤。相传庄子的妻子死了，朋友惠施去吊唁的时候，听到的不是悲号之声，而是以盆子伴奏的歌声。惠施很奇怪，走近一看，庄子正盘着两腿，敲着盆子唱歌呢。惠施不觉有些气愤，指责他太过分了。而庄子并不气恼，反而慢条斯理地说，妻子刚死的时候，也伤心悲痛，但冷静一想，人死了就像春夏秋冬四时的运行，春去夏至，秋尽冬来，是很自然的事。妻子现在静静地躺在墓穴里，我如果在这里哇哇哭泣，岂不是违背了自然，所以我不哭泣反而要歌唱。因此，庄子视生死如旦暮，存亡为物化，看破生死，超越生死，与造化相游。

老庄作为哲学家、思想家，他们看破红尘，超然于世外，并没有从政的愿望。不过，他们也并没有离开政治、离开社会人生孤立地去谈玄，他们也有自己的政治立场和政治态度，有自己的政治理想。他们的政治理想，对于老子来说就是所谓"小国寡民"的理想国，对于庄子来说就是所谓"至德之世"的乌托邦。老庄幻想他们的理想国和乌托邦能为世人所接受，并在"人间世"得以实现。当然，他们并不打算亲身直接去参与政治，而只是想以自己对理想政治的设计去应世或"应帝王"。老庄的理想政治和乌托邦构想的精髓就是"无为而治"或"无为政治"。"无为而治"或"无为政治"的观念一方面是其道论在社会政治层面的推广和延伸，另一方面它又是针对当时的"有为政治"而提出的，是对"有为政治"的否定和反动。就其思想实质而言，如果说有为政治可以归结为人治主义的话，那么无为政治就可以归结为无治主义或天治主义。"有为政治"具体表现为以德治国、以智治国、以法治国、以力治国。老庄认为这些不但不足以治理天下，反而是使天下陷入混乱不可收拾的根源。因此，老庄站在无为政治的立场，对有为政治进行了强烈的抨击和批判。有些学者指出，老庄是中国历史上最伟大最深邃的批判思想家，开了中国古代批判哲学的先河。

清代著名学者纪晓岚说，道家思想"综罗百代，广博精微"。现代著名文学家鲁迅先生说："中国文化的根底全在道家。"英国著名汉学家李约瑟博士指出："中国如果没有道家，就像大树没有根一样。"道家学说在中国文化史上的影响由此可见一斑。

道家思想的重要历史地位，道家对中国文化特别是对中国哲学的贡献，体现在他们将"道"从形而下的层面上升到形而上的层面，赋予"道"以本体论和宇宙论的含义，并以"道"为中心提出了一系列重要的哲学范畴，建立了道学理论体系——道论。老子是道论的创立者，庄子则是先秦道论的集大成者，他们都有着关于道论的丰富论述。应当说，道论的提出标志着中国哲学已开始克服和超越经验哲学的局限，而提升和进入一个崭新的阶段和层面。老庄以后的哲学家无不对老庄的道论有所继承和吸收，他们对道的理解和认识虽存在这样或那样的差异，但就将道视为中国哲学的最高范畴这一点而言，却是一致的。因此，道家在中国哲学史上的重要地位无疑是不可动摇的。

总之，老庄的道家学说是博大精深的。它充满了朴素的辩证法思想、自由意识及批判精神。由老子开创、庄子继承并发扬光大的道家学派，对中国文化产生了重大影响。

（沈艳）

## 36. 墨子与墨家显学地位的形成

墨子，名翟，鲁国人，具体生卒年月不详，大致生活于公元前5世纪，大约在孔子以后，孟子之前。墨子不仅是中国历史上著名的思想家，而且是著名的科学家，有“北方圣人”之称。春秋战国时期，他的学说被称为“墨学”，与儒学并驾齐驱，被并称为“显学”，意思是两者都是当时声名显赫的两大学派。唐代韩愈尊崇孔子，但也不得不称道：“儒墨同是尧舜。”墨学与儒学的对立开创了先秦时期百家争鸣的学术繁荣局面。

春秋战国是中国历史上一个社会剧烈变动的时期。传统的社会制度瓦解，新生的社会秩序尚未成型，因而形成列国争雄的局面。由于战乱不止，政变频繁，国无宁日，最终这些苦难都要由下层民众来承担。同时，社会上也存在着严重的贫富悬殊现象。于是，摆脱这种不平等、不安定的社会环境，进入和平、安宁、平等、互助、富裕的理想世界，就成为当时中国百姓的共同愿望。墨子的学说正是要为百姓提供一个治世的方案。

《墨子》这部古典名著集中反映了墨子学派的思想主张，据《汉书·艺文志》记载，《墨子》一书原有71篇。到宋代还有61篇，而现存的《墨子》只剩下53篇。

墨子在著作中并没有详细记载自己的出身，但他在著作中自称为“贱人”。他出身贫苦，长期生活在社会的下层。墨子早年曾在孔子弟子门下学习崇尚周礼的儒家学说，后来他发觉儒家礼教烦琐、厚葬靡财，于是背弃了儒家礼教学说，主张采用夏代政体，因为夏代没有严格的等级宗法秩序。墨子最终创立了墨家学派。墨子死后，墨家学派分裂为三派，即相里氏之墨、相夫氏之墨、邓陵氏之墨。

墨子的思想主张涉及面很广，可谓博大精深。

一、“兼爱”“非攻”

提倡人与人之间无差别的“兼爱”是墨家思想的核心内容，而且这一核心观点贯穿了墨家学说的各个部分。墨子从平民阶层的立场出发，提倡“兼爱”学说，反对人与人之间的欺诈、偷盗、掠夺，他将这些行为视为反对兼爱的“不义”行为。其中，最大的“不义”就是国与国之间的战争。

当时有人认为，墨子“爱无差等”的“兼爱”主张是很难实现的，墨子则认为“兼爱”能否实现，关键在于一国之主。他分析说，君上喜欢的事情，臣民就会照做，从前晋文公喜欢臣下穿戴简朴，其臣下无论上朝还是日常起居，都穿粗衣粗鞋；从前楚灵王好细腰，宫女多饿死。因此，只要君主能推行“兼爱”的原则，“爱无差等”的“兼爱”主张就能够实现。

“非攻”就是反对不正义的战争。墨子分析说，战争对于作战双方来说都不是好事，首先，胜败双方的战士都会大量伤亡。战败的一方经过战祸的摧残，家园被毁，宗庙被焚，农作物被盗，森林被砍伐，人民死伤或流离失所。对于战胜的一方，他们同样要付出极大的代价。为了进行战争，要打破正常的生产、生活秩序，延误耕作，使农田荒废。在战争中，也会浪费大量的物资器材，使人民的生活受到影响，结果，仍是得不偿失。

墨子还用一些强大的诸侯因好战而败亡的例子，来说明战争的危害。例如吴王夫差不断进行扩张战争，使越王屈膝，甚至当上了春秋霸主。但最后招致越国报复，身死国亡。由此证明，好战者是没有好下场的。

墨子认为，不义之战是一种罪恶，他曾说，杀一个人，就要判处死刑，而强国以强凌弱，侵略别国，比杀人的罪恶更大，大家却不以为不义，这实在是黑白颠倒。因此，墨子总是最大限度地去制止战争。

墨子认为，非正义战争的根源是人与人之间"交相恶""交相贼"。如果广泛提倡"兼相爱""交相利"(无差等地相亲相爱，互致利益)的"兼爱"原则，就可以消除不正义的战争，而且天下一切的祸乱、争夺、仇怨也都可以根除了。

墨子"兼爱""非攻"的主张，反映了以农民和手工业者为主的小生产者阶层要求生活安定、主张社会平等、反对等级制度的愿望。他的这种主张虽有进步意义，但是他把"兼爱""非攻"原则的实现寄希望于君主与臣民的上行下效，这只能是一厢情愿的善良愿望和不切实际的幻想罢了。

二、"尚同""尚贤"

西周末年，犬戎攻陷西周首都镐京(今陕西西安)，周王室东迁，丧失了领导全国的政治权威。于是，诸侯争霸，战争连绵，政变频繁，民不聊生。针对这种混乱现实，墨子提出了自己的解决之道——"尚同"与"尚贤"。

为了论证自己"尚同"的政治主张，墨子建构了一套独特的国家起源学说。他认为远古之时没有政治，人们意见常有分歧，一人有一个意见，十人有十个意见，而且各人都坚持己见而非议他人的想法，导致父子互相怨恶，百姓互相毒害，彼此争斗。为了结束天下的混乱，人们于是选了一位贤士，立为天子，对民众实行统治。百姓将自己的思想上同于官吏，官吏将自己的思想上同于天子，天子又将自己的思想上同于天，国家因而形成。

墨子认为，既然天下混乱的原因是政治混乱，那么解决的方法就是选择贤士为天子，重建政治的权威。他认为，政治上的尚同制度的实现，关键在于保持思想上的统一。在他看来，思想的不统一导致了政治的分裂。所以恢复国家政治统一，最重要的是使人民的思想高度统一。百姓无论听到好的或不好的事情，都必须向上级报告。天子认为是对的，大家都要认为是对的；天子认为是错的，大家必须认为是错的，从而形成全国由上而下的统一意志，社会上的分歧、争执、混乱、战争自然也就不存在了。全国的百姓、官吏将自己的思想与天子的一致化，绝对服从天子，这就是"尚同"的基本含义。这种由贤人统治，士人、百姓对上层都没有异议的社会，就是墨子心目中的理想国。

另一方面，墨子又倡导"尚贤"。墨子认为，古代圣王，尊崇贤德之士，即使是农民或工匠，只要确有能力，一定要加以提拔，委以重任。墨子的尚贤论，把个人的智慧与能力当成能否上升到社会上层的依据，而出身或职业的贵贱都不重要。

墨子认为，仅天子是贤士还不能对全国实行有效的管理，所以天子还要选择贤士担任三公、诸侯，由他们辅助天子管理中央政府及地方。在各诸侯国内，诸侯又选择贤士担任卿相、乡长、里长，管理百姓万民。这样，就形成了一个自上而下的分层控制网络。在这个分层控制系统中，如果下级遇到爱天下、有利于天下的人，就要告诉上级，上级就会对这人作出嘉奖，同时这人也会受到他人的称赞和尊重。相反，有害于天下的人，下级知道了也要告诉上级，上级就会对他进行惩罚，他也会受到众人的谴责。正是由于有了这样一个系统，“尚同”的政治理想才能落实下来。

墨子的思想体系内，尚同论与尚贤论是不矛盾的。尚同是为了树立贤君的权威，而上天并不是无条件地把治国权力授予君主的，只有勤政爱民，励精图治，执行天所喜好的“兼爱”“非攻”“尚贤”“尚同”等原则的贤君，才能得到天赐的权力和权威。那些贪图享乐，用人唯亲的暴君，只会失去天的保佑，最终丢失江山。所以“尚贤”是得到“尚同”的前提，“尚同”与“尚贤”两者是不矛盾的。

然而，墨子的“尚同”思想又有很强的专制主义色彩。为了实现国家的统一和社会的安定，他要求人民放弃自己的思想、自己的权利、自己的人格，一切听从天子及官员的安排。当人们的一切自由和权利都被剥夺之后，个人只不过是一种执行专制政府意志的工具而已。

三、“天志”“鬼神”

墨子提出“尚同”思想的本意，并不是要鼓吹专制君权，而是为了化解因天下失去政治统治中心而造成的混乱。从他的整个学说体系来看，虽然天下百姓的思想要上同于天子，但是天子也是不能肆意妄为的。如果天子的思想不能跟天相同，旱灾、水灾及疫症等天灾便会不断出现，这就是天对不能上同于天的天子及国家的惩罚。为了防止君王的乱政，墨子构想了一套“天志”“鬼神”的理论来劝说、警戒君王。

墨子认为春秋战国社会混乱的根本原因是古代传统宗教崩溃，人们心中对天神的崇敬和畏惧淡薄了，所以犯上作乱，弑父弑君，攻城略地，偷盗抢劫的事情层出不穷。为了从根本上恢复社会秩序，他主张首先要恢复天和鬼神的权威。

墨子的天是无所不在，无所不知，无所不能的，可以对人间的一切善恶是非给予赏罚。墨子认为，天让人们互相亲爱，互致利益，反对人们互相仇恨，互相残害。兼爱他人，帮助他人的人会得到天的赏赐；仇恨他人，侵害他人的人会遭到天的惩罚。所以，夏、商、周三代的圣王如大禹、商汤、周文王、周武王，都谦恭地敬事上天，用大量的牛羊、酒水祭祀上帝，求他保佑自己的人民，保佑自己的国家。

在先秦诸子中，墨子是比较明确地肯定天神的存在的。他所说的“天”不同于儒家学说中代表社会义理的“天”，也不同于道家学说中代表自然规律的“天”，而是传统宗教中具有人格性的天神。“天”有意志，有作为，是人类社会的主宰，而“天”的意志，就是“天志”。鬼神则是“天”的使者，替“天”执行“赏善罚恶”的使命。

在墨子的宗教思想内，鬼神是执行天意的使者。他说鬼神具有日夜不分、无所不在的神奇能力，可以在冥冥中监督着人们的一切言行。官府中的官吏是否廉洁，民间的百姓是否偷盗奸淫，天子也许看不到，百姓更无法知晓，但却逃不过鬼神的眼睛。即使躲在深山密林之中，鬼神也能发觉。即使富贵强盛，勇武有力，坚甲利兵，也逃脱不了鬼神的惩罚。甚至天子行为的善恶，天地鬼神也是能够知道的。

墨子还讲过许多鬼神替天行道、赏善罚恶的故事。如周宣王错杀了无辜的大臣杜伯，三年之后，周宣王与其他诸侯在田野中打猎时，见到杜伯的灵魂身穿红衣，坐在白马白车中，手持红弓，然后用红箭将周宣王射死。据说当时许多人都看到了此事，并把它记载于《春秋》中，所以墨子深信此事是真的。

墨子相信，只要宣扬鬼神之道，人人相信鬼神之道，也就没有人敢为非作歹了，社会必将恢复和平与秩序。

四、“强力从事”“节用”“非乐”

从平民阶层的立场来看，墨子十分崇尚劳动，认为人与动物的根本差别就在于人能劳动，而且人必须劳动。动物有皮毛作衣服，以草木为食物，因此，雄性不用耕作，雌性不用纺织，也能衣食充足。但人却不同，如果要生存下去，就必须自食其力，这便是“赖其力者生，不赖其力者不生”的意思。

墨子进而提出了“强力从事”的思想，他认为只有农夫早出晚归，辛勤耕耘；妇女早起晚睡，纺纱织布，一个家庭才能富裕。同样，国君治国，大夫从政，也需要这种兢兢业业的精神。因为“强必富，不强必贫”。至于治国生财的方法，墨子提出了增加人口、“以时生财”（把握时间进行生产）、“各尽分事”等主张。

墨子不仅注重生产，也很重视节约。墨子反对贵族统治者腐化奢侈的生活，主张“节用”（节俭）；反对社会上的“厚葬久丧”习俗，主张“节葬”（节制丧葬）；反对统治者的歌舞升平，主张“非乐”（反对音乐造成的浪费）。

墨子认为，使一个国家走向富裕只有两条途径：一是增加生产，二是节约费用。在这两者中间，墨子更加重视后者。他说：圣人治理一个国家，可以使这个国家财富成倍增长；圣人治理天下，可以使天下的财富也成倍增长。财富增长的办法不是通过侵略战争掠夺别国，而是去掉不必要的耗费，所以，他把“节用”看成治国的根本方针。

墨子的“节用”论，主要是针对当时的王公贵族。他们剥削百姓，搜刮民众的财产，建筑豪华的宫殿和亭台楼阁。君主们吃饭时的食物，多得遍布桌上而不能尽食，造成了极大的浪费。可是广大民众则终日要为衣食担忧，不得温饱。这样的国家，要想不乱是不可能的。因此墨子呼吁各国的统治者，放弃奢侈浪费的生活，将钱财用于国家开支。

春秋战国时期，人们非常重视对死去先人的丧葬仪式：棺椁要重，埋葬要深，随葬的物品要多，坟墓要宏大，守孝时间要长。一般百姓的长辈去世后，也需倾家荡产来办葬礼，天子诸侯死了还要杀人殉葬，对社会的生产造成了极大的破坏。所以，墨子十分反感厚葬习俗。

墨子认为厚葬习俗有五大弊端：一是把大量钱财用于丧葬，对社会的财富是一种巨大的浪费，不利于国家经济的发展。二是民众在丧葬期间必须服丧三年或一年，期间要禁绝夫妻生活，不利于人口的繁衍。三是统治者花费很长时间去从事丧葬礼仪，会忽视对国家的管理。四是要防止敌国进攻，必须多积储，修城墙。但厚葬久丧会将国家财力用尽，哪有经济条件来巩固防务呢？五是祭祀鬼神需要洁净的祭品和定时动员广大民众参与。但厚葬导致国家贫穷、人口减少、刑政错乱，如此便无法提供洁净丰盛的祭品，也无法让广大的民众按时祭祀鬼神了。因此厚葬习俗对社会各方面都是一种浪费。

春秋战国时期贵族们的生活奢侈，这可以从他们的歌舞娱乐中表现出来。当代出土的战国编钟和编磬，大都规模宏大，制作精美，间接反映出当时宫廷歌舞的豪华场面。墨子长期生活在社会下层，接触的都是整日为衣食担忧的平民百姓，所以他对贵族们的歌舞娱乐享受有强烈的愤慨，是完全可以理解的。

墨子列举了许多贵族喜爱豪华乐舞对社会造成的害处：一是制造大钟、鸣鼓、琴、瑟、竽、笙等大量乐器，必然会加重人民的负担。二是在演奏音乐时，又要征用大量年轻力壮的人作为乐师，这样会令男子错失耕作的农时，使妇女耽误纺织的家务。三是在欣赏音乐时，王公大臣不会自己一个人听，他还要拉上一群人陪着他听。如要官员陪听，必然会浪费他们行政的时间；如要百姓陪听，必会耽误他们从事生计。墨子说：我并不是不知道音乐的美妙，但为了“兴天下之利”的国家大计，还是要禁止音乐，使国家和人民都把主要精力放在生产上。

五、“言必立仪”“三表法”“墨辩”

所谓“言必立仪”，就是凡发表言谈，都必须先订立一个确定言论真伪的标准。否则，就好比是在制陶器的转盘上安置一个测量时间的仪器一样，即使有早晚的分别，最后也不能得到一个确定的时间。墨子认为这个检验认识的标准就是“三表法”。所谓“三表”就是三个标准：

第一，“上本于古者圣王之事”：就是要以前人的历史经验作为依据，即以史为鉴。

第二，“下原察百姓耳目之实”：就是要以广大民众的亲身经验作为依据。

第三，“发以为刑政，观其中国百姓人民之利”：就是要把言论变成具体的刑法或政治措施，看它是否符合国家和人民的利益。即以实际社会功效为依据。

例如在论证非命论时，墨子先以古代圣王为例，指出商汤、周武王励精图治，爱护百姓，天下因而大治。相反，夏桀、商纣骄奢淫逸，暴政虐民，天下自然会混乱。可见治乱事出有因，并不是由命运安排的。然后再去问一问老百姓，有谁见过“命”长什么样，“命”有什么声音呢？可见命运是不存在的。最后，他将命运论运用于实际的政治上，如果统治者相信了命运论，他会认为反正自己有命运的保佑，并且安于享乐，不努力治理国家，最终必然导致财用不足，国家混乱。民众如果相信了命运论，安于现状，不努力生产，就会使自己的家庭陷入贫困。通过这三个方面的论证，墨子彻底否定了命运论。

墨子“言必立仪”的“三表法”从总体上看，是一种朴素唯物主义真理观，它把认识的正确与否与这种认识是否符合人民群众的利益联系起来，并提高到检验认识真理性的标准的高度，从认识论上看有着可贵的理论贡献。

但是，墨子的“三表法”也有狭隘经验论的倾向，即过分夸大感性直观经验和历史经验的作用。古代圣王行得通的经验，在今天不一定行得通，因为时代发展变化了。多数人亲眼见到、亲耳听到的直接经验，也可能是错觉，不能作为判断真理的依据。至于某项政令的推行，是否得到国家、百姓一致的赞成，也是很难判断的。

由于“三表法”有一些局限性，所以墨子用“三表法”也论证了一些错误的命题。例如他以古书上记载过圣王祭祀鬼神，百姓中许多人自称看到、听到过鬼神，以及宗教理论对政治统治有用处为理由，就肯定鬼神的存在，从而写出了《明鬼》，这难免使墨子的学说流于庸俗浅薄。

墨子是中国逻辑学的奠基者。墨家所谓的“辩”学即我们现在所谓的逻辑学，墨家将其视为“别同异，明是非”的思维法则。墨子还专设“谈辩”一科教育弟子，所以墨家也是先秦“名辩”思潮中重要的一家。墨家的逻辑学著作主要集中在《经》上、下，《经说》上、下，《大取》和《小取》六篇中，后人统称为《墨辩》。

墨家认为，人们运用思维，认识现实，作出的判断无非是“同”或“异”，“是”或“非”。为此，首先就必须建立判别同异、是非的法则，以之作为衡量、判断的标准，合者为“是”，不合者为“非”。这种判断是“不可两不可”的，人们运用思维以认识事物，对同一事物作出的判断，或为“是”，或为“非”，二者必居其一，没有第三种可能存在，不可能二者都为“是”，或二者都为“非”，也不可能既“是”又“非”，或既“非”又“是”。用现代的逻辑学名词来说，这就是排中律和毋矛盾律。

由这一思维法则出发，墨子进而建立了一系列的思维方法。他把思维的基本方法概括为：“摹略万物之然，论求群言之比。以名举实，以辞抒意，以说出故。以类取，以类予。”也就是说，思维的目的是要探求客观事物之间的必然联系，以及探求反映这种必然联系的形式，并用“名”“辞”“说”表达出来。

何谓“以名举实”？“名”即“概念”，即所运用的名词概念必须正确地反映客观的事物。概念正确与否，要看它是否准确反映了事物的真实面貌，否则就是“过名”。

何谓“以辞抒意”？“辞”即“判断”，即要求语言清楚正确地表明判断的内容。墨家研究了多种形式的判断，如“尽，莫不然也”，是全称判断；“或也者，不尽也”，是选言判断；“假也者，今不然也”，是假言判断；“必，不已也”，是必然判断。

何谓“以说出故”？“说”即“推理”，即把判断联系起来，就形成了推理。推理的方法是：“夫辞以故生，以理长，以类行。”其中，“故”是推理的前提，“理”是推理的规则，“类”是推理的基础，按此推理，才能达到预期的目的，也就是说作出判断时，要有一定的推理规则和理据。

何谓“以类取，以类予”？即现代逻辑学的类比，是一种重要的推理方法。

墨子以及后期墨家对辩学的研究形成了一个有条不紊、系统分明的体系，在古代世界三大逻辑体系中别树一帜，与古希腊亚里士多德逻辑、古印度因明逻辑并立。

六、科学成就

墨子不仅是战国时期著名的思想家，而且也是著名的科学家。墨子和他的弟子大都是手工业工匠，他们手巧心慧，能够制造出许多精巧的产品。如负载 50 石的大车、能够在天空飞翔的木鸢(一种俗称“老鹰”的猛禽)、能够起重的桔槔(一种取水的工具)等。同时，墨子和他的弟子还以手工业的经验为基础，进行了科学理论的研究，并在物理学、几何学、光学等方面有很多建树。墨学提出的某些科学概念更是在世界上最早出现的。西方科学界称其为东方的德谟克利特。

在几何学方面，墨家学者探讨了许多重要的概念，如方和圆的概念。“方，柱隅四欢也。”其中“柱”指边，“隅”指角，“欢”是相等的意思，就是说，正方形的四个边与四个角都相等。“圆，一中同长也。”也就是说，圆从圆心到圆周的每一个点，长度都是一样的。这些科学概念是精确而严谨的。

在光学方面，墨家在两千多年前就已经注意到针孔成像时的倒影现象。墨子指出通过针孔而形成的影像，是上下倒转的，原因是光线是直线前进的，犹如箭射，“足敝下光，故成景于上；首敝上光，成景于下”。也就是说，从下面进入小孔的光线，被人的脚挡住了，于是脚部的影子就投影到上面；从上面进入小孔的光线，则被头挡住了，于是头部的影子却投影到下面。这种光学现象正是现在照相机的倒影原理。

在物理学方面，墨家提出了时间和空间的概念，并阐述了杠杆、滑轮等机械的原理。他说：“久，弥异时也”，包括“古今旦暮”。久是时间的概念，涵盖古今旦暮所有时间。关于空间，“宇，弥异所也”，包括“东西南北”，宇是空间概念，囊括东西南北所有空间。

墨子及他的弟子不但注重科学观察，更致力将这些科学知识运用于实际生活，来提高人民的生活水平，减轻人民的劳动量。

《韩非子》记载："墨子为木鸢，三年而成，飞一日而败。"像鸟儿一样在天空中飞翔，是人类自古以来就孜孜以求的理想，墨子是其中最早进行尝试的科学家之一。据说他用三年时间制作的木鸢，能够在天空飞翔一天。虽然这只木鸢最后掉了下来，但其成果还是相当惊人的。

比起当时尚无具体功用的木鸢，墨子更重视实用的生产工具。有人问墨子："公输班(鲁班)制造的木鸢可以在天上飞三天，是不是比你更高明呢?"墨子不以为然地说："我制作的木鸢虽不如他，但我用3寸的木材制成的车辖(车轴上的关键部件)，可以载重50石。所以我在制作对人有用的东西方面，要比他更巧。"

《墨子》书中有十几篇文章都是专门研究军事战术与军事装备的，是中国古代重要的军事学著作，其中一些军事装备的制造，充分显示出墨子的巧手慧心。

桔槔是利用杠杆原理制造的一种起重机械，墨子不但研究了桔槔的科学原理，而且将它应用于战争之中。他说："城上之备，桔槔。"桔槔不但可以用来提水，而且可以用来打击从城外坑道进攻的敌人，"穴且遇，以桔槔冲之"，就是利用桔槔可以提起重物的特点，命令几名大力士提起重物来冲击从地道里爬出来的敌人。

利用滑轮原理制造的辘轳也可以用来守城，方法有两种：

其一，用辘轳牵引弩车的弦，一次可射出60支箭，同时射击多个目标。

其二，在城头每隔二十步设置一台辘轳，敌人密集时更可每隔十步设置一台。兵士用辘轳牵引木制的舱，木舱可上下升降，内藏手持长矛的战士，以刺杀攀爬城墙的敌人。

这些军事装备在古代都是很灵活又很实用的，墨子希望这些设备能加强防御能力，阻止战争的发生。

由于墨子拥有崇高的学术声望，所以他的身边逐渐聚集了许多门徒，并形成了一个庞大的学术团体，这个团体被人称为"墨者"。墨者的首领称为"巨子"。出生平民的墨子反对富贵人家的骄奢淫逸，所以他在自己的团体内提倡一种清贫简朴的生活。墨子的弟子曹公子自述在老师的门下时，穿的是粗布衣，吃的是野菜粥，而且经常吃了早餐就没有晚餐。谁不能忍受这样的生活，谁就会被团体清除。

综上所述，墨子学说的流行，主要是由于其思想反映了下层民众的愿望。墨家主张"饥者得食，寒者得衣，劳者得息"，在城市手工业者和农民中很有号召力。墨家思想反对社会有阶级差别，抨击贫富悬殊，因此不为当权者所青睐。此外，墨者团体凝聚力强大，纪律严明，经常发起社会行动，动摇王权，更引起了统治者的不安。秦始皇统一中国之后，墨家遭受秦始皇"焚书"和汉代"禁游侠"的打击，终于从"显学"变成了"绝学"。清中叶以来，《墨子》中的自然科学和逻辑学引起了学者们的注意，墨学开始复兴。

(沈艳)

# 37. 法家的崛起

法家是中国先秦时期的重要学派之一，是代表新兴地主阶级利益，力主“变法”“以法治国”和“法治”的一个学派。法家的思想最早可上溯到春秋末期的管仲、子产、邓析。法家的代表人物大多是战国时期的政治家、军事家、思想家，主要代表有战国初期的李悝、吴起；中期的商鞅、慎到、申不害；末期的韩非、李斯等。我们一般将战国初期和中期的法家称为前期法家，将战国末期的法家称为后期法家。前期法家强调变法，后期法家更注重定法。法家的法治思想在不同的法家思想家那里，法治、术治、重势思想各有侧重：商鞅重法治，申不害重术治，慎到重势，韩非则将“法、术、势”三者统一起来，成为法家思想的集大成者。法家的代表著作是《管子》《商君书》及《韩非子》等，其中，《管子》一书系战国至汉代间人假托管仲之名编撰，共 86 篇，今存 76 篇。

法家在整个先秦时期虽然是一个思想流派，但其内部成员之间并没有明显的学术师承关系或积极的学术交往与探讨。“法家”作为学术派别意义上的概念，最早是由西汉初期的史学家、思想家司马谈在其《论六家之要旨》一文中概括的：“法家不别亲疏，不殊贵贱，一断于法”，“法家严而少恩，然其正君臣上下之分，不可改也”。后人谈论法家，都由司马谈的说法展开。

法家的出现和最终形成有着特定的学术渊源和社会政治背景。从学术渊源上看，法家最早起源于主管刑狱的“理官”，理官之职，春秋时期开始常设，是专职的司法官，他们专职研究刑律并运用于实践，为后来法家学说的产生创造了学理上的前提条件。从社会政治背景看，法家产生于春秋战国时期特定的社会历史中。西周以来，中国实行的一直是井田制，这种农业经济的生产方式是周朝统治者推行宗法分封制度的经济基础和保证。但是，到了春秋中后期，随着铁制农具在农业生产中的使用，牛耕开始普遍推广，社会生产力有了显著提高，大量荒田被开垦出来，在井田(即公田)之外出现了大量“私田”，井田制逐渐趋于瓦解。到了战国时期，以一家一户为单位的个体耕作方式最终替代了原来井田制下的集体协作方式，个体经济逐渐占据了农业生产的主导地位。随着生产关系的改变，社会结构和政治制度必然也相应地发生变化。井田制的瓦解导致了宗法分封制不能继续施行，周王室失去了节制天下的力量，王权旁落，诸侯异政，大夫擅权，形成了孔子所谓的“礼崩乐坏”的混乱局面。

新兴地主阶级走上了历史的前台，他们要巩固自己的统治，就必须寻找新的统治方式。因而，从春秋后期开始，为了满足新兴经济、政治力量的要求，解决新的社会背景下的诸种问题，诸侯国中纷纷出现改革变法的热潮，在这股改革的热潮中，依法治国成了当时主政者的重要选择。一大批有经验、有理想的政治改革家，例如最早的子产、管仲以及稍后的吴起、商鞅等，通过变法来富国强兵，使其效忠的诸侯国在诸侯混战中得以保存国体并发展壮大。在这股变法改革运动中，制定成文法是各位改革家首先而且是必然的一步。因此，随着变法热潮的展开，在当时形成了一场轰轰烈烈的成文法运动：公元前 536 年，郑国“铸刑书于鼎”

(刑即为法)，后来，晋国也“作刑书”。郑国与晋国先后采取了把刑法铸在鼎上的方法，制定刑法，公布刑法，推行法治。赵国也颁布了《国律》，魏国有《大府之宪》，楚国则有《宪令》，秦国有《秦律》。这些成文法在当时有着划时代的意义。这些成文法和变法者的许多具体施政措施一起，成为法家早期思想观念的体现，并成为法家思想后来能够在学理上进行总结、提炼的基础，也是韩非子这样的集大成者能够出现的前提条件。

春秋战国时期，新的生产关系、新的社会矛盾，刺激着当时大批有识之士以满腔的热忱深入思考，有抱负的士人纷纷提出自己治国平天下的政治思想主张，形成了当时“百家争鸣”的局面，但是，当时“百家争鸣”的学术争论大多局限于思想文化领域，真正对当时社会政治变革形成最大而又最切实际影响的还是法家思想。其他的学派的主张或道德理想色彩浓厚，或过于激愤，或过于消极，他们的领袖人物或弟子都没能真正进入当时的权力中枢，而早期法家人物都是手握权柄的执政者，对社会与政治有合乎实际的认识，能够真正地将自己的观点运用到实际的政治改革中去。

法家作为春秋战国时期诸家学派之一，有一个较长时间的发展形成过程，在每一阶段都有一些代表性人物。首先是春秋时期先驱代表人物，如齐国的管仲，郑国的子产、邓析，晋国的赵盾、赵鞅、范武子，宋国的子罕等。他们都是一些有政治远见的执政者，主张通过变法或立法的途径来缓和、解决当时的社会矛盾。他们在各自的立法或司法实践中，为后来法家学说的形成奠定了基础。管仲(？—前645年)就是这批人物中的代表。

管仲，名夷吾，仲是他的字，又名敬仲。管仲曾是春秋霸主齐桓公的宰相，他辅佐齐桓公完成了霸业，齐桓公之所以能“九合诸侯，一匡天下”，成为春秋时期第一个霸主，管仲相齐进行改革是主要原因，孔子也曾对管仲“九合诸侯，不以兵车”赞誉有加。管仲的思想和成就在当时就有很大的影响，战国后期的齐国法家尊管仲为宗师，《管子》一书即为齐国法家托名管仲所作，但该书也反映了管仲的主要观点和思想，书伪而材料不伪，该书仍然是我们研究管仲思想的主要资料。

管仲的思想归纳起来，主要表现在如下几点：第一，主张改良旧礼、创立新法，以法统政、礼法并用，以法律手段推行经济、军事等政策，以达到富国强兵的目的。管仲所谓“旧礼”是一个广泛的概念，包括了西周的礼制和刑罚制度。他重视“礼”在治国中的作用和地位，把“礼、义、廉、耻”视为“国之四维”。不过，管仲虽然重视礼义，但他重视的不是礼义的教化作用而是礼义的强制作用，这是他与后来的孔、孟、荀思想的不同之处。第二，管仲认为法令是人们的行为准则，应该公之于众。管仲之所以有如此主张，是因为在管仲之前，法令通常都是秘藏官府之中的。他主张运用赏赐和刑罚两重手段来维护尊卑上下的社会政治秩序和治理民众。后来法家主张公布法令和运用刑罚二柄，就是源于管仲。第三，管仲强调法律对于统治者治理军政和百姓的作用，他说：“法者，所以兴功惧暴也；律者，所以定分止争也；令者，所以令人知事也；法律政令者，吏民规矩绳墨也。”可以说，管仲开了后世法家加强君主集权的先河。第四，管仲认为，“民之情，莫不欲生恶死，莫不欲利恶害”。也就说，老百姓都是欲生恶死、趋利避害的，这就是所谓“好利恶害”的人性论，它后来发展成为战国时期法家变法的理论依据之一。管仲认为，君主要体察民众的“好恶”，并且因势利导加以利用，这样，立法才能符合民众的愿望，才能得到民众的拥护，这就是后来法家所谓的“因人情”。

以管仲为代表的法家先驱人物，一般只有具体的立法或司法实践，并没有提出系统的理论主张，还不能算是真正的法家理论的代表。一般人认为，法家的真正形成还是在战国时代。到战国初期和中期，李悝、吴起、申不害、商鞅、慎到等法家前期代表人物相继出现，他们一致主张以变法来富国强兵，并提出了明确的变法措施。这一时期，李悝等人在主要吸收法家先驱管仲等人法学观点的基础上，又借鉴了墨家、道家及儒家的相关概念与理论，最终形成了法家学派，并一直延续到战国末年。虽说韩非以儒、墨为战国时期“百家争鸣”学派中的显学，但其实法家在当时也居于显学地位。

李悝(约前455—前395年)是战国初期魏国人，曾在魏文侯手下任相。在魏文侯的支持下，他在政治、经济、法制方面进行了一系列的变法改革。他总结了春秋以来各国的立法经验，并对当时的成文法运动进行了理论概括，完成了中国古代第一部系统的法典《法经》，《法经》共有6篇，规定了各种律条，以规范社会。这些法律基本条文后来为秦、汉所沿用。

商鞅(约前390—前338年)是前期法家的又一个典型，他出生于卫国，本姓公孙氏，名鞅，因为是卫国国君的同族，也叫卫鞅；后来因为他的封地在商，号称商君，历史上就称他为商鞅。他提出“事异则治变”的思想，并确立了法治的合理性。早年在魏相公叔痤手下做事，公叔痤死前向魏惠王推举商鞅，未被任用。公叔痤死后，商鞅投奔秦国被起用。在秦孝公的支持下，商鞅先后两次变法。在经济方面，商鞅废井田，授田于民，承认土地私有，允许土地买卖，鼓励农民的生产积极性。重视农业、抑制商业。在政治方面，商鞅废除了世卿世禄，奖励军功。明文规定旧贵族没有军功的，不许再列入宗室名册。推行郡县制，建立君主集权的行政制度。经过商鞅的变法，秦国后来一跃而上成为诸侯畏惧的强国，为秦国最终统一天下打下了基础。但商鞅因变法损害了秦国贵族阶层的利益，为他们所忌恨。在秦孝公死后，他遭人陷害而被迫反抗，最后遭车裂之刑(即五马分尸)而死，和历史上其他许多变法人物一样，成为一个悲剧性的人物。

商鞅著有《商君书》，现存24篇，它实际上是商鞅及其后学观点的合编。《商君书》主要包含以下主要内容：第一，法律起源论。商鞅认为法是社会发展到一定阶段的产物。第二，变法论。商鞅把社会分为上世、中世、下世和今世“四世”进行研究，认为社会是动态发展的。因此，治世之礼法，应随社会历史变化而相应地变化，这样才能有效治理国家。他还从人性皆好利恶害的角度，为变法提供理论依据，认为统治者只有根据人们的这种本性来制定赏罚办法才能统治人民。第三，统治者要巩固政权进而成就霸业，唯一的办法就是摒弃礼治，实行法治。第四，治国要赏罚并用，最好是“重刑少赏”，最终达到“以刑去刑”的目的。第五，要统一人民的思想言行，反对儒术，这种文化专制主义主张成为秦始皇“焚书坑儒”的思想先导。这些思想对后来的韩非产生直接影响，韩非在战国前期法家中最推崇商鞅。

吴起(？—前381年)是战国初期卫国人。先期曾与李悝有交，在魏文侯处一起搞改革，晚年则到楚国在楚悼王手下进行变法。其一是废除世卿世禄制度，这与李悝的做法相一致。他认为旧贵族过了三世就应取消他们的爵位和俸禄。他将一些旧贵族迁移到边远地区去垦荒，发展生产，减轻民众的负担。其二废除不必要的官吏，精简机构。其三建立精干强悍的官吏体制。这些思想都影响了韩非。楚国当时是比较落后的国家，吴起主要从政治体制、官僚制度方面施行改革，这样从乱到治必然触犯旧贵族的经济、政治利益，他们对吴起都怀有深仇大恨。吴起在经济体制改革未见成效，新的经济秩序还未稳定的时候，就对政治体制、官僚体制动大手术，显然是把改革想得过于简单而操之过急。楚悼王死后，贵族反攻倒算，将吴起乱箭射死，其下场和商鞅一样悲惨。

慎到(约前395—前315年)是赵国人，曾在齐国的稷下学宫讲学。齐国稷下是当时各学派争论学术思想的地方，慎到在那里名噪一时。据《汉书·艺文志》所载，慎到著有《慎子》一书，共42篇，《崇文总目》作37篇，现大部分已散佚，仅存7篇，收入《守山阁丛书》和《百子全书》。

慎到提出“去知去己”的法治思想，就是说只要确立了严明的法制系统，君主可以法律的律条为凭，无须事事过问，一切即可依法而治。慎到特别强调抱法处势，强调势的重要性。他指出“势位”之治，远胜于贤智。在慎到看来，君主有了“势位”才能有效地运用“法”的工具，“法”与“势”必须互相发挥作用，这就是他的“抱法处势”“无为而治”的思想。

申不害(约前385—前337年)是郑国人，曾在韩国任韩昭侯相15年。著作有《申子》，主要讲法家刑名之术。《史记·老庄申韩列传》称有两篇，《汉书·艺文志》称有6篇。现仅存《大体》一篇传世，辑录于《群书治要》第三十六卷，《玉函山房辑佚书》辑录其中片段。他的法治思想特点在于强调“术治”，认为君主要根据各官吏能力的大小授予官位，根据所任官位的职责、要求来考核其是否称职，又根据官吏的业绩情况给予奖惩。君主要掌握擢黜乃至生杀之权，以加强中央集权。

先秦法家思想由战国后期的韩非集大成，他将法治与自然之道联系起来，强调君权至上，提出一整套法、术、势相结合的君主专制治术。韩非的思想在秦统一六国后得到贯彻，但专制暴政急速激化了那个时期的社会矛盾，秦二世速亡。

韩非(约前280—前233年)是战国七雄韩国王室的公子，祖籍今河南境内，出生于新郑。韩国辖今河南中部、陕西东部、河北南部地方，西有强秦，东有齐国，北有赵、魏，南有楚国，生存于强敌缝隙中，是七雄中较弱者。韩非“为人口吃”，不善言辞，所以不能像战国时代其他许多士人那样，以自己的学说到处游说。但他富于卓越的社会洞察力和分析问题的能力，遂潜心著述，对之前的法家学说进行了总结，成为先秦时代最重要的法家理论家。

韩非虽然具有非凡的政治见识和理想抱负，却没有得到韩王的重视。后来，韩非的著作流传到了秦国，秦王嬴政读到书中的《孤愤》《说难》后，十分佩服，曾慨叹，如果能够见到这个人并与他一起畅谈，可以死而无憾了！后来，丞相李斯告诉秦王，这是他的同学韩非的著作。于是，秦王发兵攻韩，强索韩非，不受重用的韩非就被韩王派遣出使秦国。韩非来到秦国，秦王甚是高兴，与其促膝畅谈天下大事。但是，韩非向秦王铺陈利弊，力谏秦王不要攻打韩国，并且要秦王先灭掉赵国。秦王以为韩非存有私心，对韩非有所猜忌，置之而不重用。曾同窗于荀况的李斯，妒忌韩非的才华，担心其取代自己的地位，遂向秦王进谗言，陷害韩非，将他定罪下狱，李斯派人赐韩非毒药，韩非欲见秦王而不能，被迫自杀。此前秦王似有所察，欲赦免韩非，但悔之晚矣。

《韩非子》中的一些文章，在做荀子学生时，韩非就已写出，并且李斯是已经读过了的。他的才识早为李斯所知，他的深谋大略又使李斯自叹不如，这为其日后在秦同门相煎埋下祸根。韩非的才华、与世独立的学问，不为韩安王、秦王嬴政所容。

韩非的著作全部收录在《韩非子》一书中，共有55篇。各篇大凡涉及法治和用法、用术、用势等内容。其中关于自然之道与法治的关系、法治思想的论述，见《解老》《喻老》《主道》《大体》《心度》《人主》《定法》《二柄》等；《孤愤》《难言》《说难》等论述当时有志于改革者，无以进言国君、无法推行改革的问题；《五蠹》《显学》《问田》《饬令》《难势》等篇，批判儒、墨的思想脱离实际以及其他种种有害于推行法治的行为者。其他大部分篇目阐述法治思想及法、术、势等治术思想，包括《扬权》《制分》《八奸》《十过》《奸劫弑臣》《饰邪》《难一》《难二》《难三》《难四》《说疑》等篇目。《说林上》《说林下》《内储说上七术》《内储说下六微》《外储说左上》《外储说左下》《外储说右上》《外储说右下》，则是为写政论准备的古今各种史实材料、寓言的汇集，其中的许多寓言故事，譬如自相矛盾、守株待兔、滥竽充数、老马识途等，我们都耳熟能详。这些材料、故事对韩非表达自己的政治观点十分有用。《韩非子》一书不但是出色的政治哲学、历史哲学著作，且所记各种史实具有很高的史学价值，其文也具有很高的文学价值。

韩非的思想以黄老之学为依据，但又不同于老子，而成为典型的“刑名法术之学”。他专门著有《解老》《喻老》，从“道”“理”及其相互关系上，建立其法治思想的依据。他在《解老》《喻老》《主道》中，通过阐发黄老之“道”来为自己的法治思想寻找理论根据。他认为“道”是万事万物必然如此、一定不变的法则。他说：“道者，万物之所然也，万理之所稽也。”(《解老》)万事万物各有其“理”，它们都因循“道”而成为它们自身，又都受“道”的“稽”合。人文社会作为万事万物之一，其“理”也要合乎“道”的必然性，这就是“法”。他说：“道者，万物之始，是非之纪也。是以明君守始以知万物之源，治纪以知善败之端。”韩非在以自己的方式阐释黄老之“道”“理”的体系建构中，证明了关于法治的“道”。

韩非的法家思想不是一般的治术之学，而是以天人之数、历史哲学、社会政治思想、理想社会主张的庞大逻辑建构来支撑的政治哲学思想。

他的法治思想多受战国前期李悝、吴起、慎到、商鞅、申不害等人的启迪。他一般地吸收了上述前期法家的奖励耕战，富国强兵的思想，希冀以前期法家思想为鉴，结合韩国的实际，推行强权经济政治思想，打造一个兵强国富的新韩国。在法治思想方面，他直接吸收和改造了商鞅的重“法”思想，申不害的重“术”思想，慎到的重“势”思想，形成了韩非法、术、势集一身的治术思想。他说商鞅在秦国重“法”，赏赐丰厚，刑罚也同样严酷，秦国很快富强起来。但是商鞅不注意“术”，以至于不能明辨“忠”“奸”，不利于中央集权。他还认为申不害重“术”，但对“法”的重要性缺乏认识，结果韩国的新旧法令自相矛盾，造成社会混乱。韩非在《韩非子》各篇中，多处表达了对商鞅的崇敬之情。

韩非以法治为中心，法、术、势相结合的政治思想体系可以从以下几个方面来理解。

“法”就是统治者公布的政策、法令、制度。韩非子强调治国要有法治，赏罚都要以“法”为标准。法是整个社会的行为准则和规范，任何人都不能独立于法外。也就是说，在“法”面前，不存在贵族和平民之分。他反对用仁义说教来治国，而主张用严刑重罚来治国。他说统治者要治理好臣民，只要掌握赏和罚就可以了。其中，他尤其强调要重刑重罚。臣民做事必须完全符合君主的命令、要求，有任何差错，都要严加处罚。韩非认为只有君主充分地掌握了刑罚大权，国才能治。

“术”就是国君驾驭群臣的权术，由国君秘密掌握，使得大臣们摸不清国君的心理，不敢轻举妄动，背后搞鬼。韩非主张“法”和“术”必须结合，二者缺一不可。

“势”就是国君占据的地位和掌握的权力，也是统治者实行统治的必要手段之一。“势”为君主专有，至高无上。韩非将慎到重“势”思想发展到极致。他认为虎豹其威，在于它的尖爪利牙，如果没有尖爪利牙，就很容易被人制服。“势”就是君主的爪牙，君主之所以能够统治臣民，在于他所处的地位。他还说，桀能统治天下，不在于他有高尚的品德与超人的才能，而是因为他有重权在手。尧很有德行和才能，但如果不在主位，连三户人家都管理不好。韩非认为君与势的关系是鱼水关系，一刻也不能相离。他认为，要推行法令和使用权术，必须依靠权势，没有权势，即使是尧这样的贤明君主，连三户人家也管理不了。因此，韩非子提出“抱法而处势”的主张，认为只有稳固地掌握了权势，才能有效地推行法和术。韩非认为道是唯一的，君主的权势是至高无上的，也是唯一的，明君必然是独裁的。在韩非看来，君主的权威不能被分，只能集中，这是从他的势道里得出的必然结论。

总的来看，韩非的理想社会是法治社会，但其法治的载体则是君主集权，法令、治术、权势，都为君主所专用，而维护君主绝对权威的目的在于有效地推行法治。

韩非无疑是先秦法家思想的集大成者，同时，他也吸收了儒家、道家的一些思想观点。

首先，韩非总结先秦法家的思想，将其系统化、理论化。他把子产、管仲到商鞅、吴起、慎到、申不害、李悝的思想仔细整理，对法、术、势关系进行比较，将法家思想发展到新的高度。

其次，韩非又吸收了先秦各学派的思想，扩大了法家思想的视野。他从同儒家思想的比较中，强调法治的必要性；在与墨家的比较中，阐述了法治的务实精神。他还吸收了名家的思想，阐明法治的名实关系，强调了法的正当性。韩非通过比较诸家，提升了法家思想的理论内涵。

此外，韩非也吸收了道家的道体思想和商鞅关于法治思想的历史哲学思考，从根本上建构了法家思想的理论体系。他的法家思想成为秦统一中国的指导思想和直接推动力。当然，他思想的片面性也迅速地暴露出来。

总的来说，在法家的发展历程中，前期法家思想有比较多的实践色彩，在重法的同时并不排斥道德教育的作用；后期法家思想则更具理论色彩，从性恶论角度出发，完全否认道德教化的作用，强调法的绝对性。而且，法家学派又有明显的地域性区别，可以分为晋法家和齐法家两类，晋法家或者说秦晋法家，是以三晋文化和秦文化为基础而产生的派系，大多数有名的法家人物都属于晋法家。其中，影响最大的商鞅、韩非分别是晋法家“法治”理论的初创者和集大成者。晋法家是先秦法家的主体，是战国法家思想的主流和代表，其特征是：重农抑商，严刑峻法，否认道德教化的作用，极端夸大刑罚的作用。齐法家是以齐国文化为基础而产生的法家派系，其思想主要体现在托名管仲写的《管子》一书中，其思想特点是：重农而不抑商，重法而不全盘否认道德教化的作用。

法家思想主要是关于治国方略的实践和理论构建，涉及政治、经济、军事、文化等诸多领域。从其学说的出发点看，法家代表的是当时新兴地主阶级的利益，在当时具有明显的进步性。从其对后世的影响来看，客观地说，既有积极的一面，也有消极的一面。

从积极面来看，首先，法家思想具有朴素唯物主义辩证法和唯物论的色彩，在鬼神天命思想浓厚的先秦时代，法家学说凸显了人的主观能动性，强调了人类掌握主宰自我命运的能力；其次，法家主张统一的中央集权制度，迎合了战国时代人们厌倦战争、渴望安宁的历史大趋势，并为后世两千余年大一统的政治格局做了理论上的准备；再次，法家强调依法治国，反对人治或礼治，认为社会的治乱兴衰不在于君主的贤明与否，而在于法律制度的有无及好坏。法家所主张的法治，是将法律公之于天下，“使天下之吏民无不知法者”，又别置“法官”作为主管吏民法律的顾问，以使天下吏民知法不犯，从而增进国家的安定和统治秩序的稳定。这种法律观念，实际上一直为后来历朝历代所承袭，对于巩固国家的统一，维护社会的稳定，起到了积极的作用。这种法治观念不仅在当时及后世具有进步意义，对于当今社会也具有积极的启示。

从消极面来看，法家主张极端君主专制以及文化专制，为后世两千多年专制社会的建立与延续提供了理论支持，钳制了中国人的活力与创造性。同时，法家过分强调刑罚的作用，这种极端重刑主义往往会导致暴政，对古代社会的民生产生了很大的危害。

（沈艳）

# 38. 名家的逻辑思辨

春秋战国时期，中国出现闻名于世的百家争鸣，“名家”为百家争鸣中的一家，以正名辨义为主。关于名家的起源，《汉书·艺文志》记载说：“名家者流，盖出于礼官。”就现存文献考察，可以追溯到春秋时期管子的名实论、孔子的正名说，而主要代表，则为邓析、惠施、公孙龙等。

邓析（约前560—前501年）为春秋郑国末年人，因反对子产被杀。《汉书·艺文志》著录《邓析子》二篇。今传《邓析子》，有《无厚》《转辞》两篇，晁公武《郡斋读书志》、纪昀等《四库全书总目》以为真，钱穆《先秦诸子系年》（1935）、张心澂《伪书通考》（1939）以为伪，郑良树《续伪书通考》（1984）、刘建国《先秦伪书辨正》（2004）等又以为真，屈万里《先秦文史资料考辨》（1983）以为邓析是战国时人，或《邓析子》为战国时人所托。《邓析子》传本有晚于邓析的人物和内容，且其观点有与《荀子》《吕氏春秋》所引不一致之处，故钱穆等以为伪，而晁公武等认为这些属于后人追加，故以为真。

《吕氏春秋·离谓》载：“洧水甚大，郑之富人有溺者。人得其死者。富人请赎之，其人求金甚多，以告邓析。邓析曰：‘安之。人必莫之卖矣。’得死者患之，以告邓析。邓析又答之曰：‘安之。此必无所更买矣。’”

邓析分别给买、卖双方出主意：“安之。”如果站在不同立场去看，自然无足为奇，那是各自的策略。但是，如果仅从邓析自己角度看，则陷入逻辑上的悖论；既等待卖方降低高价，又等待让买方维持高价。这样，在同一逻辑过程中，既肯定原命题，又肯定逆命题。这就是后世所称的邓析的“两可之说”。

关于“两可之说”，《吕氏春秋·离谓》还有一段文字：“郑国多相县以书者，子产令无县书，邓析致之；子产令无致书，邓析倚之。令无穷，则邓析应之亦无穷矣，是可、不可无辨也。”

还见于《墨子·叙》：“自邓析至秦时，名家者世有篇籍。是有不是，可有不可，是名两可。”

《列子·立命》：“邓析操两可之说，设无穷之辞。”

侯外庐指出：“如果引申其说，就是不承认事物在一定条件之下必然是某种事物，事物本身没有客观上的固有性质，因而人类也不能对之有确定的判断，其是非然否，完全依主观为转移，也就是将各种事物的共同之点与差异之点同等看待，甚至将差异之点加以夸大，抹杀在一定条件之下共同之点有其支配意义。”（《中国思想通史》第一卷，人民出版社，1967，第429页）

惠施（约前390—前317年），战国中期宋国人。曾担任魏国宰相长达十二年，主张合纵抗秦，尊齐为王。惠施和庄子是至交，经常一起辩论。《庄子·天下》载：“惠施多方，其书五车。”其著述，《汉书·艺文志》著录《惠子》一篇，并说：“名施，与庄子并时。”但其书早佚，《隋书·经籍志》已不见著录。清代马国翰

《玉函山房辑佚书》从《庄子》《荀子》《韩非子》《战国策》《吕氏春秋》《说苑》辑录《惠子》一篇。近人胡怀琛著有《惠施诡辩新解》。

惠施学说，最著名的《庄子·天下篇》所载的“历物十事”：“惠施多方，其书五车，其道舛驳，其言也不中。历物之意，曰：‘至大无外，谓之大一；至小无内，谓之小一。无厚，不可积也，其大千里。天与地卑，山与泽平。日，方中方睨；物，方生方死。大同而与小同异，此之谓小同异；万物毕同毕异，此之谓大同异。南方无穷而有穷，今日适越而昔来。连环可解也。我知天下之中央，燕之北越之南是也。泛爱万物，天地一体也。’”

“历物十事”，也就是惠施提出的十个命题。

所谓“历物”，就是对天地万物进行辨析。这些命题，源于对自然界的观察，近人章太炎、胡适、顾实、钱穆、钱基博、杨宽、侯外庐等人均有所释。钱穆《惠施历物》将“历物十事”分为“物之本体”“论物之变相”“应物正道”三个部分，最后一事为“立论正旨”。

其实，“历物十事”中，第五事当为核心。第五事主张“合同异”，认为万事万物有同也有异，有同异都是相对的，无同异是绝对的。其“大同”即大类，大类之中同而有异，“小同”即小类，小类之中异而有同，大类与小类同而异，异而同，这叫“小同异”。“毕同”是说万物都有共同点，都绝对相同；“毕异”是说万物都有相异点，都绝对不同，这叫“大同异”。所谓“大同异”，其实是否认万物有同与异的差别。从“大同异”的观点出发，“至大无外，谓之大一；至小无内，谓之小一”“天与地卑，山与泽平。日，方中方睨；物，方生方死”“天地一体”等命题，就很容易理解了。

“合同异”还与对时间与空间边际性认识有关，如第一、二、六、八、九诸事。第一事，是说大到极点就没有外部，小到极点就没有内部，大有内而无外，小有外而无内。“南方无穷而有穷”，就是说南方尽管是无穷的，但仍然还是有终极的地方。这些都涉及空间的无限性与有限性的认识。而第四事、第七事则涉及时间的边际性问题。

与惠施相关的，还有学术史上盛传与名家有关“辩者二十一事”。《庄子·天下篇》载：“惠施以此为大，观于天下而晓辩者，天下之辩者相与乐之。卵有毛；鸡三足；郢有天下；犬可以为羊；马有卵；丁子有尾；火不热；山出口；轮不蹍地；目不见；指不至，物不绝；龟长于蛇；矩不方，规不可以为圆；凿不围枘；飞鸟之景未尝动也；镞矢之疾，而有不行不止之时；狗非犬；黄马、骊牛三；白狗黑；孤驹未尝有母；一尺之捶，日取其半，万世不竭。辩者以此与惠施相应，终身无穷。”

“辩者二十一事”，也就是二十一命题。其中第二十一事，“一尺之捶，日取其半，万世不竭”，揭示了数学上等比数列原理，也反映先民已认识到物质的无限可分性。

公孙龙（约前325—前250年），赵国人。早年在魏，与魏公子牟交好，亦曾在魏王左右活动。后回赵国，为平原君门客。其书，《汉书·艺文志》著录《公孙龙子》十四篇，《旧唐书·经籍志》《新唐书·艺文志》著录为四卷，《宋史·艺文志》著录为一卷，亡佚两卷八篇，存《迹府》《白马论》《指物论》《通变论》《坚白论》《名实论》六篇。除《迹府》篇为其弟子后学辑录生平事迹而外，其他五篇当为其亲手著。宋代谢希深的《公孙龙子》注、清代陈澧的《公孙龙子注》、孙诒让的《公孙龙子札记》、近人王琯的《公孙龙子悬解》、陈柱的《公孙龙子集解》、谭戒甫的《公孙龙子形名发微》、胡道静的《公孙龙子考》等，可供参考。

公孙龙为名家最重要的代表人物。学术史上，他以“离坚白”名家。“离坚白”，是以“石”为例，论述

“坚”与“白”这两种属性不能同时存在，有“坚”无“白”，有“白”无“坚”，“坚”和“白”是相分离的。如《公孙龙子·坚白论》载：“坚、白、石、三，可乎？”曰：“不可。”曰：“二可乎？”曰：“可。”曰：“何哉？”曰：“无坚得白，其举也二；无白得坚，其举也二。”曰：“得其所白，不可谓无白。得其所坚，不可谓无坚。而之石也，之于然，非三也？”曰：“得其所白，不可谓无白。得其所坚，不可谓无坚。而之石也，之于然，非三也？”曰：“视不得其所坚，而得其所白者，无坚也。拊不得其所白，而得其所坚。得其坚也，无白。”“其举也二”，就是举起来，要么只见“石”与“白”、要么只见“石”与“坚”。看，可以看到“白”，但看不到“坚”；摸，可以摸到“坚”，但摸不到“白”。原因是什么？公孙龙解释说：“得其白，得其坚，见与不见离。不见离，一一不相盈，故离。离也者，藏也。”(《公孙龙子·坚白论》)“见与不见离”，就是通过看(视觉)感到的属性(白)，与不是通过看感到的而是通过摸(触觉)感到的属性(坚)是分离的，它们不会同时存在，因为“坚”，或者“白”自己把自己藏起来了(“有自藏也，非藏而藏也”)。当你看的时候，就是白石，“坚”自己藏起来了；当你摸的时候，就是坚石，“白”自己藏起来了。“坚”“白”可以脱离“石”而独立存在，亦即物质的属性可以脱离物质本体而独立存在。这就是“离坚白”的内在逻辑。

《白马论》中，公孙龙又提出“白马非马”命题：“白马非马，可乎？”曰：“可。”曰：“何哉？”曰：“马者，所以命形也。白者，所以命色也。命色者，非命形也，故曰白马非马。”

在公孙龙看来，“马”为形，“白”为色，“白马”包括色与形两个元素，而“马”却只能指形，色+形≠形，所以“白马”不是“马”。“马”是物体，“白马”是属性加物体，属性+物体≠物体。所以，这个命题和“离坚白”之说仍然是相通的，都属于割裂物质和物质的属性。不过，从逻辑学角度看，“马”与“白马”属于种属关系，属概念与种概念不能等同，因而“白马非马”。所以《白马论》还论述说：“求马，黄、黑马皆可致。求白马，黄、黑马不可致。使白马乃马也，是所求一也，所求一者，白者不异马也。所求不异，如黄、黑马有可有不可，何也？可与不可其相非明。故黄、黑马一也，而可以应有马，而不可以应有白马，是白马之非马审矣。”

马包括白马、黄马、黑马……如果说白马是马，公孙龙认为就会将黄马、黑马排斥在外。从这个意义上说，“白马非马”有其合理性。

但是，公孙龙的论证在逻辑上存在问题。按他的说法：

| | |
|---|---|
| 马包含黄马、黑马 | 条件① |
| 黄马、黑马不是白马 | 条件② |
| 所以，白马非马 | 结论 |

这勉强可以看成一个混合关系推理。条件①“马包含黄马、黑马”的“马”外延上是不周延的，“白马非马”的“马”却是周延的。混合关系推理的要求，在前提中不周延的概念在结论中也不得周延，所以这个推理不成立。从概念使用层面上看，“马包含黄马、黑马”只是说马的一部分是黄马、黑马，“白马非马”的“马”却是指马的全部，公孙龙以部分换整体，用偷换概念来支撑自己的论证。

公孙龙还对“辩者二十一事”一些命题做过论述。如《通变论》论“鸡三足”等：“牛羊有毛，鸡有羽。谓鸡足，一。数鸡足，二。二而一，故三。谓牛羊足，一。数足，四。四而一，故五。牛、羊足五，鸡足三。故曰：牛合羊非鸡。非有以非鸡也。”

“谓鸡足，一”，是从鸡足的抽象概念层面说，“数鸡足，二”是就鸡足的具体数目而言，抽象的一足加上具体的二足，就是三足了。“牛、羊足五”，与此类同。公孙龙将概念不同层面的内涵拼接到同一层面叠加起来，当然是荒唐的。

以公孙龙为代表的名家，确实存在诡辩的一面。正如《庄子·天下》所言："饰人之心，易人之意，能胜人之口，不能服人之心。"但这可能另有某种历史因由。《迹府》载："公孙龙，六国时辩士也。疾名实之散乱，因资材之所长，为'守白之论。假物取譬，以'守白'辩，谓白马为非马也。"按照这里的记载，"疾名实之散乱"，当为其初衷，其《名实论》《指物论》《通变论》诸篇也可印证。如《名实论》说："其正者，正其所实也。正其所实者，正其名也。"司马谈《论六家要旨》说："名家使人俭而善失真。然其正名实，不可不察也。"百家争鸣的空前活跃，来源不同的思想相互碰撞，必然携带着许多问题。公孙龙对名与名、名与实关系的思辨，涉及语言学、逻辑学的许多问题，如词与词组、概念的内涵与外延、概念的定义、概念的种属，指称理论等，这对于思维和表达的精密化，无疑有着积极意义。

（周德美）

# 39. 阴阳家与五行学说

阴阳五行理论对中国历史文化影响至大至深，是中国传统文化的核心内容之一。阴阳消长、五行生克，弥漫于中国古代社会的各个领域，深嵌到生活的方方面面，对当代中国人也具有十分重大的影响。

阴阳、五行思想历史十分悠久，至少可以上溯至商代，但一开始是各自独立出现的，二者结合起来并成为中国文化的基本骨架，是从战国后期到西汉中期陆续形成的。在此过程中，作为先秦诸子百家的阴阳家做出了巨大的贡献，将数术思想与阴阳五行学说相结合，并进一步发展，建构了规模宏大的宇宙图式，尝试解说自然现象的成因及其变化法则。

《汉书·艺文志》记载说："阴阳家者流，盖出于羲和之官，敬顺昊天，历象日月星辰，敬授民时，此其所长也。"据说羲和是尧时专门负责观察天象以确定季节的天文官员，远古先民很早就注意到阳光照耀万物，会形成影子。日光的向背，被称为阴阳。向阳为"阳"，背阳为"阴"。后又自此引申出凡向阳、背阳的地理位置均可以"阴阳"来表述，山之南、水之北为"阳"，水之南、山之北为"阴"，气候温暖为"阳"，气候寒冷为"阴"等。这些含义都还是经验层面的认知。

西周时，随着《周易》占法的广泛应用，阴阳成为人们用以说明事物变化的基本概念之一。从春秋后期到邹衍学说形成之前，阴阳观念已经被纳入以"道"为核心的宇宙生成学说体系，阴阳二气被视为世界本原，成为推动世界万物不断衍生发展的根本力量。这一时期人们用"道""阴阳"说明世界的运行时，常常表现出将事物的发展理解为循环往复式运动的思想倾向。这表明到了春秋战国时期，"阴阳"超越了经验层面，一跃而成为形而上的哲学范畴。当时的思想家们看到一切现象都有正反两方面，事物都是两两相对而生。这种二元对立的原则贯彻之下，任何事物都可以被分作两组，一边属阴，一边属阳，互相对立，互相转化。如天属阳，地属阴；日属阳，月属阴；上属阳、下属阴；春夏属阳，秋冬属阴；东南属阳，西北属阴；左属阳，右属阴；奇数属阳，偶数属阴；禽兽之雄牡者属阳，雌牝者属阴；男人属阳，女人属阴等。较早集中反映中国人固有的二元对立观点的是《老子》一书，其中二元对立的概念相当丰富。如牡牝、雌雄、天地、有无、长短、高下、重轻、直曲、前后、生死、祸福、吉凶、难易、宠辱、盈虚、静躁、巧拙、辩讷、弱强、废兴、夺与、进退、柔刚、明昧、损益、阴阳等。

春秋后期，五行成为人们对于物质世界基本构成要素的共同认识，出现了五行之官的祭祀，同时出现了"尚五"的现象，社会生活的各个领域几乎都与数字五相关。《左传》中称五的有五正、五谷、五稔、五善、五献、五章、五色、五侯、五声、五教、五霸、五恶、五美、五牲、五大、五细、五典、五难、五利、五鸠、五雉、五材、五味、五节、五成、五行、五官、五祀、五甲、五兵、五岁、五军、五命、五叔、五卜、五降、五乘、五家、五族、五卿、五会、五辞、五工正、五不韪等四十余种。

邹衍，亦作驺衍，是阴阳家的创始人，战国时期齐国人，活动年代比孟子稍晚。由于文献缺略，邹衍的生平行事，只能从《史记》的《孟子荀卿列传》《平原君列传》《封禅书》，《吕氏春秋》，刘向《别录》等书的引述中去探寻。他著有《邹子》一书，《永乐大典》等将其列入道家部。根据《史记·孟子荀卿列传》的记载，齐宣王时，邹衍就学于稷下学宫。因为他目睹了诸侯们越来越荒淫奢侈，所以深入观察万物的阴阳消长，记述怪异变化，撰写《终始》《大圣》之篇十余万字，可惜这些著作现均已散佚。邹衍跟儒家的关系密切，《史记·孟子荀卿列传》说："然要其归，必止乎仁义节俭，君臣上下六亲之施，始也滥耳。"这些是符合儒家宗旨的。《盐铁论·论儒》引御史的话说："邹子以儒术干世主，不用，即以变化始终之论，卒以显名。"这是说，他先是儒家，以后才成为阴阳五行家的。他的五德终始说，也可能是由儒家思孟学派的五行说进一步演化而来。

邹衍曾经游历魏、赵、燕等国，受到诸侯的礼遇。据说燕昭王为了迎接他，亲自拿着扫帚扫地，防止灰尘落到他的身上。燕昭王还筑碣石宫安顿邹衍，以师礼待之。

公元前 284 年，燕昭王联合了秦、楚、韩、赵、魏一同攻打齐国，邹衍心怀故国，拒绝参与这场战争。不久，燕昭王去世，燕惠王继位，他不信任昭王旧臣，再加上邹衍齐国人的身份，在奸佞之人的挑唆之下，燕惠王下令将邹衍逮捕入狱。《后汉书·刘瑜传》引《淮南子》说：邹衍蒙冤，"仰天而哭，五月为之下霜"。后来，邹衍被释放出狱，回到故乡著书立说。其后他曾作为使者在赵国见到平原君，并为其绌善为坚白之辩的公孙龙。

邹衍的学说包括天文、地理、历史、政治、音律等多个部分，构成一个庞大而驳杂的体系。"相关性"是其阴阳五行理论中最关键的一环，有了这一环，宇宙与人事才具有了紧密的联系，自然运行的规律才转化为社会人事必须遵循的规律，因为自然是无言自明的，所以建立在自然规律基础上的阴阳五行理论也便有了其合理性，这便是阴阳五行学说有别于其他学说的最本质特点。邹衍将天象的变化、四季的更替与世间人类的农业活动、日常生活相对应，由人类所能见的事物推及不可见的宇宙中的其他事物，将观察到的天象的变化与人世间的兴衰相联系，形成天人相感应的系统，将东西南北与日月星辰、四季变化、阴阳和五行相联系。于是，世间自然物质之间无不相连，它们的变更和轮替也是遵循五行规律运行的。

邹衍的五行说有五行相生说和五行相胜说两种说法。五行是指金、木、水、火、土。宇宙万物就是由这五种基本物质构成的。它也是关于宇宙社会属性及其变化规律的范畴系统。五行的"行"字，有"运行"之意，故五行中包含着一个非常重要的观念，便是变动运转的观念，也就是相生与相克。五行相胜说是木克土，金克木、火克金、水克火、土克水，五行相生说是木生火、火生土、土生金、金生水、水生木。相生相克是密不可分的，没有生，事物就无法发生和生长；没有克，事物无所约束，就无法维持正常的协调关系。只有保持相生相克的动态平衡，才能使事物正常地发生与发展。自然界就是按照五行相生和五行相胜的规律不断地演变着。

邹衍的历史观是五德终始说。这一学说是在阴阳五行学说的基础上发展起来的。邹衍将解释自然现象的五行，拿来解释社会现象，称之为"五德"。他认为，人世间的政权兴替，也和自然现象一样符合一定的规律，那就是按照五行相胜即土、木、金、火、水的顺序循环运动的，即德有盛衰，前一德必定会被后一德所代替。邹衍把五德依次与自黄帝以来的朝代相匹配，认为每一朝代都有自己当属的一德，黄帝为土得，夏为木德，商为金德，周为火德，将来代周而立的朝代为水德，水德之后的朝代为土德，又开始新的一轮的循环。

有关邹衍的五德终始说，在《吕氏春秋·有始览·应同》中记载很详细，大致的意思是说，凡是古代称帝称王的将要兴起，上天必定先向人们显示出征兆来。黄帝的时候，上天先显现出大蚯蚓大蝼蛄。黄帝说：这表现土气旺盛。土气旺盛，所以黄帝时的服色崇尚黄色，做事情取法土的颜色。到夏禹的时候，上天先显现出草木秋冬时节不凋零的景象。夏禹说：这表明木气旺盛。木气旺盛，所以夏朝的服色崇尚青色，做事情取法木的颜色。到汤的时候，上天先显现水中出现刀剑的事。商汤说：这表明金气旺盛。金气旺盛，所以商朝的服色崇尚白色，做事情取法金的颜色。到周文王的时候，上天先显现由火幻化的红色乌鸦衔着丹书停在周的社庙上。周文王说：这表明火气旺盛。火气旺盛，所以周朝的服色崇尚红色，做事情取法火的颜色。代替火的必将是水，上天将先显现水气旺盛的景象。水气旺盛，所以新王朝的服色应该崇尚黑色，做事情应该取法水的颜色。

每一个朝代的建立，都是五行中一个“德”的兴起。每一个旧的“德”衰落时，按顺序的新的“德”就会代替前一个“德”。邹衍将历史发展的规律，纳入自己的学说体系内，通过特定的方式来预测历史未来的发展方向。战国时代，群雄纷争，谁都有可能成为霸主，每个诸侯都希望自己是符合新“德”的君主，因此，邹衍的五德终始说在当时就很受各国诸侯的重视。《史记・封禅书》记载：“及秦帝而齐人奏之，故始皇采用之。”也就是说，秦始皇采用了这种理论，作为秦朝的意识形态。《史记・秦始皇本纪》记载说，秦始皇按照水、火、木、金、土五行相生相克、终始循环的原理进行推求，认为周朝占有火德的属性，秦朝要取代周朝，就必须取周朝的火德所抵不过的水德。现在是水德开始之年，为顺天意，要更改一年的开始。群臣朝见拜贺都在十月初一这一天。衣服、符节和旗帜的装饰，都崇尚黑色。因为水德属阴，而《易》卦中表示阴的符号阴爻叫作“元”，就把数目以十为终极改成以六为终极，所以符节和御史所戴的法冠都规定为六寸，车宽为六尺，六尺为一步，一辆车驾六匹马。把黄河改名为“德水”，以此来表示水德的开始。刚毅严厉，一切事情都依法律决定，刻薄而不讲仁爱、恩惠、和善、情义，这样才符合五德中水主阴的命数。于是把法令搞得极为严酷，犯了法久久不能得到宽赦。总之，就是按照五行的配列，规定政令、服色、符法、冠舆等制度，这是五行学说影响政治的具体表现。

当然，从另外一个角度来说，五德终始说也警醒统治者——你的一举一动，老天都看在眼里，记在心上，只有崇尚道德，否则会遭报应的。这种理论就带有了“天人感应”的“神道设教”的成分，既是对孔子“中庸之道”的继承，也是汉代董仲舒“天人感应”学说的萌芽。五德终始说注重探寻历史的变易和规律。所谓“五德转移，治各有宜”，也就是强调历史变易。邹衍肯定黄帝以来朝代不是固定不变的，各代统治者必须依据自身所禀受的德属进行变易，这叫“治各有宜”。在他看来，一个王朝如果固守前朝政教而不知变易，它的政治就不稳定。因此，变易是朝代得以治理的必然之举。邹衍不仅强调历史变易，而且认为历史变易是有规律可循的。他认为，黄帝以来的历史，大到朝代变更，小到各朝文物制度的变易，都是按照土、木、金、火、水五行相胜的原理进行的。而且这种变易终始不已，不断循环。他的认识虽然并不科学，但承认历史变动，否认历史以人的意志为转移，这又是其合理的地方。

邹衍十分擅长音律，五音十二律——宫、商、角、徵、羽，就来自阴阳五行学说。汉代学者王充在《论衡・寒温》中说：“燕有寒谷，不生五谷，邹衍吹律，寒谷可种。燕人种黍其中。号曰黍谷。”唐代类书《北堂书钞》卷 112 据此演绎了一个“邹衍吹律”的奇妙故事。

有一年的春天，邹衍来到渔阳郡，当时的气候已经开始转暖，可是邹衍发现此地却还是冬天，天气非常寒冷，植物都无法生长，所以百姓的生活很苦。于是邹衍上了一座小山，这座小山就在郡城南边不远的地方。站在山上，邹衍吹起了律管，这是一种用竹管或金属管制成的定音器具，邹衍用它演奏了春之曲。之后，令人惊奇的景象发生了，随着邹衍律管飘扬的曲音，从这座小山上飘来了阵阵的暖风，一时间渔阳郡阳光明媚，冰消雪化，树叶绿了，花都开了，渔阳郡的春天真的来了，人们终于感受到了春意，也摆脱了寒冷的困苦，过上了幸福快乐的生活。后来，后人把邹衍当时吹律的小山命名为黍谷山，除此之外，后人还在山上建了邹夫子祠，并且还为“邹衍吹律”立了碑。

在地理学领域，邹衍借助想象描绘出世界整体轮廓，提出了大小九州说。《史记》记载邹衍大小九州说的主要内容：“儒者所谓中国者，于天下乃八十一分居其一分耳。中国名曰赤县神州。赤县神州内自有九州，禹之序九州是也，不得为州数，中国外如赤县神州者九，乃所谓九州也。于是有裨海环之，人民禽兽莫能相通者，如一区中者，乃为州。如此者九，乃有大瀛海环其外，天地之际焉。”意思是说，儒家所称的中国或者天下，不过是称之为“赤县神州”的小九州，只占天下实际面积的八十一分之一。在这个赤县神州之外，还有九个像赤县神州的州，即所谓的大九州。大九州被大瀛海环绕，与赤县神州相隔绝，人民与禽兽互相之间不相往来，海的尽头就是天边。

邹衍的大九州理论含有世界无限的思想，打破了儒家封闭的思想，扩大了人们的眼界。这种思想的产生跟齐国处于海滨的地理位置和便利的海上交通密切相关。邹衍以所能见到的自己所居住的地区，“推而远之”，推想海外那些自己所不能见到的区域，是一种进步。

阴阳家学说的立论方式是始于论天而终于论人，从自然法则中引申出人事的法则，从自然关系中总结出人类社会的伦理道德，从自然的历史中推论出人类社会的历史规律。这就是阴阳家学说最显著和最基本的特点。这个特点决定了阴阳家学说的结构必定是以自然法则为基质、以人事法则为归宿的系统。

（张敏）

# 40. 兵家的兴起

兵家，诸子百家之一，是中国先秦、汉初研究军事理论、从事军事活动的学派。兵家的智谋之士通过总结军事方面的经验教训，研究战争制胜的规律，满足各国统治者相互征伐的现实需求。

据《汉书·艺文志》记载，兵家分为兵权谋家、兵形势家、兵阴阳家和兵技巧家四类，兵权谋家侧重于研究军事思想、战略策略；兵形势家专论用兵之形势；兵阴阳家主要以阴阳五行论兵，且杂以鬼神助战之说；兵技巧家主要钻研兵器和用兵技巧。

先秦兵家形成于春秋末期，高度发展于兼并战争激烈的战国中后期。激剧动荡的社会变革是先秦兵家产生的社会背景，各诸侯国的兼并战争是先秦兵家产生的实践基础。春秋后期军事形势变化剧烈，各国亟须招揽优秀的军事人才，新的战争特点为兵家群体的诞生提供了重要的条件。

伴随各国政治、经济、军事力量的增强，通过战争一统天下的目标越来越明确，开疆拓土逐渐成为列国发动战争的直接目标，战争规模不断扩大，战场也不再局限于两国边界。在作战形式上，除了步兵、车兵等常规兵种外，水战、海战开始出现；在战法上，纵深发展、各个击破的阶段性战法逐步取代列阵决斗的古典战法，军事形势进入新的阶段。

士阶层的崛起是先秦兵家产生的基础。春秋后期作为新兴地主阶级的卿大夫实力上升，旧世袭贵族趋于衰亡，军政官僚政体初步形成。新兴地主阶级掌权后，对内厉行富国强兵之策，对外务于吞并扩张。作为布衣的兵家群体通过施展才华得到君主重用，跃身为卿相或良将。

发达的周文化和诸子百家争鸣是先秦兵家产生的思想基础。春秋战国时期，周王室衰微，诸侯纷争不断，军事混战引起思想学术领域的大变革，官学衰微，学术下移，诸子百家作为私学兴起，学派林立，兵家在各学派争鸣中适应时代需要迅速崛起。

兵家的代表人物有春秋时孙武、司马穰苴，战国时孙膑、吴起、尉缭、白起，汉初张良、韩信等。

孙武，即孙子，齐国乐安(山东惠民县)人，春秋末年吴国将军，先秦最杰出的兵家，我国古代兵学的奠基人之一，被后世誉为“武圣”，所著《孙子兵法》被世界公认为现存最早的“兵学圣典”。

孙武为齐国田氏家族后裔，祖父因立功而被齐景公赐予孙氏姓，孙武因田、鲍四族谋乱而出奔吴国。经伍子胥的推荐，孙武以兵法十三篇见吴王阖闾，得到重用而被任命为将军，曾率吴军西向伐楚，在柏举(今湖北江陵西北)大破楚军，史称“柏举大战”，其后孙武的事迹未见于史册。

在备战观念上，孙武强调国君应慎重对待战争，将帅应随时提高警惕，主张通过修明政治、确保法度不乱，做到“安国全军”，为我方取胜营造良好的国内环境。在战略原则上，孙武主张“不战而屈人之兵”和速战进攻的原则，制定战略目标时以不战而胜为上策，战而胜次之。在战术指导原则上，孙武强调战术应趋利避害、变寡为众，在两军对阵时强调“奇”“正”相生的原则，以正兵与敌人交战，出奇兵从侧翼攻其不备。在治军原则上，为了更好地管理士兵，将帅须对士兵恩威并施，以使士兵与国君意愿保持一致。

孙武的军事思想充满了朴素的辩证法色彩，关于奇与正、利与害、乱与治、寡与众等相互转化的观点，对当时与后世有着较大的启发意义。

司马穰苴，春秋末期齐国人，姓田名穰苴，曾官至齐国大司马，而被后人尊称为司马穰苴，是春秋时期著名的军事家理论家，所著《司马法》为中国古代著名兵书之一。

司马穰苴，是陈国贵族陈完的后代，陈国内乱后，陈完逃到齐国而改名田完。田穰苴经晏婴推荐，而被齐景公重用，曾奉命率军击退晋燕联军，收复失地。司马穰苴及其家族地位上升后，遭到齐国大夫鲍氏、高子等人的陷害而被齐景公罢黜，尔后一心撰写兵书战策，后病发而逝。

《司马法》一书从理论上高度概括了我国古代战争的实践经验，历来为兵家所重视。全书详细论述了军赋制度、军队编制、军事装备保障、指挥联络方式、阵法与垒法、军队礼仪与奖惩措施等军事学各方面的内容。

在治军观上，司马穰苴提出“国容不入军，军容不入国”，强调要区分治军与治国的不同之处，这一主张确实符合军队建设与管理的规律和特点，因此受到后人的高度重视。在战术观上，司马穰苴具有机动灵活的战术意识，主张平时练兵要从严，战时用兵要从宽、要有节制。在军事指挥上，他主张将领应讲究策略，分清轻重，做到“轻”“重”有节，才能掌握战争的主动权，确保战争胜利。在战术原则上，司马穰苴主张互相对立与渗透的军事方法(“战参”)，进攻与防御是相互补充的，前进与后退应该各有限度，队伍序列应保持前后秩序，车兵、步兵应互相倚重。唯有这样，才能使军队行动有度、强弱互补，从而立于不败之地。

吴起，卫国左氏(山东定陶西)人，战国初期著名的军事家、政治家，所著《吴子》(《吴起兵法》)一书，位列《武经七书》之一，因继承发展《孙子兵法》，后世将其与《孙子兵法》齐名，并称“孙吴兵法”。

吴起曾拜师于曾子、子夏门下，好研习兵法，先后担任鲁、魏、楚三国的将军，屡立战功。初为鲁将，后遭人诽谤而见疑，遂投奔魏国，经李克定推荐，被魏文侯任命为将军，统兵驻守西河(今途经陕西、山西的黄河)以抗拒秦、韩两国，功绩卓著。后被魏相离间，而为魏武侯所疑，吴起被迫奔往楚国。楚悼王任吴起为令尹，命其主持变法，推行富国强兵之策，楚国逐渐强盛起来而向南平定百越之地，向北兼并陈、蔡两国，击退韩、赵、魏三国进攻，向西攻伐秦国。楚悼王去世后，吴起被楚国宗室大臣杀害。

《吴子》一书集中体现了吴起的军事思想，全书强调要富国强兵，国家富强是强兵的基础，强兵是富国的保证。在战争观上，吴起从战争诱因分类出发将战争分为正义与非正义两种，并强调进行战争应以国内政局、军队的“和”为前提，主张对待战争应采取慎重的态度，反对穷兵黩武。在军队建设上，吴起认为兵不在多，贵在于治，因而不仅要提高将领和士卒的素质，也要赏罚分明，使将帅与士卒同甘共苦，还要招募良材，建设先锋突击队。在战略战术上，吴起强调应根据不同国家不同的民情、经济、政治、军队等情况，分别制定不同的战略战术。

孙膑，出生于齐国阿(山东东阳谷东北)、鄄(山东鄄城北)之间，为战国时期著名的军事家、兵法家，所著《孙膑兵法》(《齐孙子》)为中国古代著名的兵书之一。

孙膑为孙武的后代，大致与商鞅、孟轲同时，曾与庞涓一同学习兵法，学成后庞涓被魏惠王任命为将军，因忌孙膑之才，而把他骗到魏国，处以膑刑(即去膝盖骨)，史称“孙膑”。孙膑通过齐国使者的帮助而逃往齐国，成为齐国将军田忌的门客，曾用计帮助田忌赛马获胜，经田忌推荐，而得到齐威王重用，被任命为军师，协助齐将田忌，设计大败魏军于桂陵、马陵。

《孙膑兵法》一书大约于三国时佚失，1972 年银雀山汉墓发现其竹简，整理出上下编共计三十篇。全书继承和发展了孙武的军事理论和辩证思想，孙膑论述了取得战争胜利的七个重要条件：选卒、国家富强、赏罚分明、得众、对敌用间、度量敌情和防范危险，利用敌人的弱点。在战法上，孙膑将道看作是战争演变的客观规律，提出以寡胜众、以弱胜强的战法，主张以进攻为主的战略，根据不同地形，创造有利的进攻形势，重视对城邑的进攻和对阵法的运用。在作战观上，孙膑重视灵活机动的作战原则，强调“因地之利，用八阵之宜”，分全军为八个部分，主将居中，作战室根据地势和敌方状况变幻八部的分合进退。在治军观上，孙膑强调将领要用多种方式鼓舞士气，还主张建设精干部队，通过选贤取良以提高作战能力。

尉缭，魏国人，战国后期著名的军事家，所著《尉缭子》，为《武经七书》之一，是中国古代著名的兵书著作。

相传尉缭曾与魏惠王答对，于公元前 237 年(秦王政十年)入秦而任国尉。

《尉缭子》一书是尉缭及其弟子根据其言论行事于不同时期合编而成，全书共三十一篇，今存二十四篇，集中体现了尉缭的军事思想，主要涵盖战争观、战略、战术、治军等方面。

在战争观上，尉缭继承吴起“挟义而战”的义兵观念，不该攻杀“无过之城”，并主张战争中每占领一地应迅速恢复当地安定局面，坚决反对在战争中为一己私欲而杀人抢财的恶行。在制胜战略上，主张战争取胜有“道胜”“威胜”“力胜”三类：“道胜”发展了孙武“不战而屈人之兵”的战略思想，主张在充分分析敌情的前提下设法促使敌人士气低落、军心涣散，使其丧失作战能力；“威胜”是依靠法制健全、赏罚分明、器用便利等内部条件坚定战斗决心；“力胜”，依靠破敌夺土作战取胜。三者相辅相成，需因时因势而施行不同的策略。战略原则上，在继承孙武军事思想的基础上，尉缭创造性地提出了战前、临战、战时“形”(军事力量)与“势”(军事力量的发挥)相统一的阶段性战略原则。在战术指导上，尉缭强调灵活用兵的指导原则，强调将帅在战场上要随时保持清醒的头脑，权衡战局，灵活用兵。在治军理论上，尉缭强调以法治军，同时须依靠素质良好的将领和士兵执行军令。

白起，又名公孙起，郿县(今陕西省眉县常兴镇白家村)人，战国后期著名军事家，是秦国的“常胜将军”。

白起是楚国白公胜的后代，因善用兵，在秦昭襄王时期屡建奇功，先后担任左庶长、左更、国尉、大良造等，长期担任秦国的将军，因军功受封武安君。在近 40 年的军旅生涯中，白起身经百战，所指挥的伊阙(今河南洛阳龙门)之战、鄢(今湖北宜城东南)郢(今湖北江陵西北)之战、长平(今山西高平西北)之战是战国时期著名的战例，秦军得以重创韩、魏、楚等国主力部队。其后白起因长平之战秦军死者过半，反对秦王再次攻伐，并两次称病拒绝出任将军，被免为士伍。公元前 257 年(秦昭襄王五十年)，被秦王赐剑自杀。

白起的军事战略与用兵思想主要体现在他的作战生涯和作战实践中，对当时及后世产生了深刻的影响。在战略思想上，白起重视通过审视全局进而确定战争策略；在用兵思想上，白起不仅善于从心理层面打击敌人，而且在作战时善于各个击破，用兵更以迅猛凶狠著称。

与过去相比，秦汉之际的王朝战争，主要表现为对周边部族和内部反抗王朝统治的武装作战。战争规模往往用兵数十万，兵分多路联合作战，战线绵延数百里；骑兵在作战中的地位越来越重要；战事进程表现出多战役、多阶段的特点。这些特点成就了韩信等出色的军事家。

韩信，淮阴(江苏淮阴西南)人，秦末汉初著名的军事家。韩信，少时家贫，曾乞食受辱于屠夫，始从项梁，不久为项羽郎中，屡屡献计而不得用。归汉后为治粟都尉，得萧何赏识、力荐而得刘邦重用，被拜为大将，曾协助刘邦制定以三秦属地为基，通过东征夺取天下的方略。韩信还率军开辟了北方战场，先后击破魏、赵、齐、楚，指挥了著名的破魏之战、破赵之战、潍水(今山东潍河)之战，为汉军由劣势变优势、由被动变主动立下头功，为汉王朝的创建作出了重要贡献。自潍水之战后，韩信自请为齐王，垓下之战后，因功高盖主而被刘邦褫夺兵权改封楚王，后被诬告谋反而被贬为淮阴侯，终被吕后、萧何诱杀。

韩信的用兵之道为后世兵家所推崇。作为文武兼备的军事天才，韩信不仅注重研习兵书，为刘邦申明军法，著有兵法三篇，与张良一起整理了先秦以来的兵书，而且还善于作战指导，精于战略策划与部署，不仅对刘、项双方形势作出精辟的分析，为刘邦制定了正确的战略，还善于运用出奇制胜的战法，曾在破魏战役中利用魏王豹判断汉军必从临晋渡河的心理，暗中布兵从东向突袭其后方重镇大破魏军；在破赵之战中灵活运用置之死地而后生的战法大破敌军。

作为诸子百家之一的兵家，其兴起与繁荣离不开春秋战国动乱的大背景，随着天下一统局面的到来，中央集权的政治环境不再利于诸子多元文化的发展，秦汉以后虽因战争频仍也产生了很多军事家，却与春秋战国时期的兵家群体不可同日而语。

先秦时期，兵家思想具有较强的实用功能，可直接运用于军事、政治斗争中。汉代以后，儒家学说逐渐成为君主专制的主导思想，兵家向外扩张的思想特质逐渐消亡，作为诸子学的兵家也逐渐被儒化兵学所取代，兵家之学作为用于政治、军事斗争的理论，历代统治者在控制、利用它的同时也严格控制其传播渠道，汉代以后更是屡遭禁废。

总的来看，先秦兵家是中国军事科学的源头，为中国军事理论史的发展奠定了重要基础。《孙子兵法》《孙膑兵法》《吴子》《尉缭子》等书全面总结了当时的战争和治兵经验，富含军事辩证法的思想，对当时及后世影响重大，是我国古代宝贵的军事思想遗产。

（赵蒙）

# 41.《孙子兵法》的创作

《孙子兵法》，又名《孙子》《孙武兵法》《吴孙子兵法》，是中国古代最负盛名的一部兵书，也是现存最古老、流传最广泛的一部军事经典著作，历来被列为中国古代兵书之首，被奉为“兵经”或“兵学圣典”。作者是春秋末期著名的军事家孙武。

孙武，字长卿，生卒年不详，大约与孔子同时而略晚，齐国乐安(今山东惠民)人，是齐国新兴势力代表田氏的后裔。孙武的祖先本为陈国的公子陈完。公元前672年，陈国发生内乱，陈完逃到齐国避难，得到齐桓公的器重，被委以“工正”之职，管理齐国的手工业。后来陈完改姓田，称田完。田氏几代以后发展为齐国的新兴势力，实力强大。田氏家族多武将，善谋略。孙武的曾祖父田桓子，兼有军事和政治之才，《史记》称他“有力，事齐庄公，甚有宠”。祖父田书善战，因伐莒有功，被齐景公封于乐安，并被赐姓为孙。公元前530年前后，齐国发生包括田姓在内的四大贵族争斗的内乱，孙武避让，辗转流亡到吴国。经名将伍子胥的推荐，被吴王阖闾重用为将，辅佐吴王练军图霸，战功显赫。《史记·孙子吴起列传》称：“(吴王)西破强楚，入郢，北威齐晋，显名诸侯，孙子与有力焉。”孙武治军素以严明著称，即使演练也不例外。据《史记》记载，吴王初次召见孙武时，为考察他的带兵才能，令他当即操练宫女180人，并演示其兵法。宫女们在列队操练时嬉笑戏耍，不听指挥。孙武在三令五申仍不能制止后，便按军法当场杀了其中两名担任队长的吴王的宠姬，从而立即整肃了纪律。这就是有名的“吴宫教战”的故事。孙武显示了其卓越的治军才能，取得了吴王的信任。

《孙子兵法》的产生有一定的历史背景和家学渊源。孙武生活的春秋末期，是中国历史上一个大动荡和大变革的时代，战争频繁，礼崩乐坏，奴隶社会行将崩溃。新兴地主阶级迫切需要用系统而深刻的军事理论指导战争，夺取政权，建立新的社会制度。这就为各种兵书的诞生提供了时代的契机。孙武出生的齐国，历来有知兵善战、崇尚权谋的传统；孙武出生于著名的军事世家，其曾祖父和祖父都是军事家；孙武又曾多次亲身参加重要的战争战役，积累了丰富的军事经验。这些都为他撰写这部不朽的兵书奠定了基础。然而令人遗憾的是，《孙子兵法》的著作权问题在历史上曾长期存在争议。因为据《史记·孙子吴起列传》记载，历史上曾有两位军事家“孙子”。一位是春秋末期客居吴国、为吴王阖闾名将的齐人孙武，又称“吴孙子”，另一位是孙武的后世孙、为齐威王军师的孙膑，又称“齐孙子”。他们都有兵法传世，就是通常说的《孙子兵法》和《孙膑兵法》，《汉书·艺文志》分别称之为《吴孙子兵法》和《齐孙子》。东汉末年，《齐孙子》与大批其他兵书一起散佚，不再被此后的史籍著录。《齐孙子》的长期失传，使历史真相逐渐模糊，加之传世的《孙子兵法》具有战国色彩，《左传》又未载孙武事迹，《史记》所载的“吴宫教战”之事颇似传奇小说，所以从宋代起，人们便怀疑甚至否定孙武其人的存在，到了近代，又有“两孙合一”论，认为《孙子兵法》实为孙膑所作。1972年4月，山东临沂银雀山西汉墓中同时出土了《孙子兵法》和《孙膑兵法》两种竹书，解开了千古之谜，证明了孙武其人的存在以及他和孙膑并非一人、各有兵书的事实，《孙子兵法》的著作权也终于还归孙武。

今本《孙子兵法》共13篇，仅5000多字，与《史记》记载的篇数相同。关于《孙子兵法》的成书时间，司马迁认为著于孙武见吴王前，曾作为晋见之礼呈送吴王，并受到吴王的欣赏。但由于《孙子兵法》的行文有战国色彩，而且每篇皆以“孙子曰”开头，不符合孙武的口气，又因为先秦诸子著作大都是一家之说、众人所作，所以现代学者一般认为，《孙子兵法》草于春秋，成于战国，可能是孙武门徒或后人根据他的底稿或谈话记录整理加工而成。因此也可以看作是孙武及其门徒共同完成的，其中也不排除孙膑参与的可能性。至于《汉书·艺文志》记载为82篇的问题，学者一般认为，82篇中只有13篇是孙武所作，其他篇目可能是孙子后学对这13篇的解读、引申，以及后人的假托之作，其学术价值当然很低，所以三国曹操为《孙子兵法》作注时就弃而不用，致力于维持13篇的原貌。

《孙子兵法》13篇的篇目为：《计篇》《作战篇》《谋攻篇》《形篇》《势篇》《虚实篇》《军争篇》《九变篇》《行军篇》《地形篇》《九地篇》《火攻篇》《用间篇》。全书主要论述战争谋略问题，涉及作战原则、制胜条件和取胜技巧等各种具体问题。其中前6篇主要论述战略问题，后7篇主要论述战术问题。从另一个角度看，《形篇》及其以上3篇论述的是关于战争环境背景和战争准备的理论，《势篇》及其以下8篇论述的是关于战争实施的具体方法和策略问题。全书结构严谨，逻辑严密，体系完整。书中包含的军事思想非常丰富和深刻，对战争、战略、战术及治军等问题均有精辟的阐述。

在战争问题上，《孙子兵法》鲜明地表现了整体思维的战争论特点。孙武认为，战争总是与政治、经济、文化等社会因素密切关联。他注意研究战争的起因、发展变化和最终结局，认为这并不仅仅是战争本身的问题，而是政治、经济、文化等各种因素共同作用的结果。基于这种思想，《孙子》提出了“仁战”“慎战”和“备战”的主张，反对轻举妄动和穷兵黩武。全书反复强调战争的目的就是和平，是为了达到“安国全军之道”。《谋攻篇》系统论述了这一思想，即“必以全争于天下，故兵不顿而利可全”。它开宗明义地告诫人们要对战争持慎重的态度：“兵者，国之大事，死生之地，存亡之道，不可不察也。”并且强调“主不可以怒而兴师，将不可以愠而致战”，要做到“非利不动，非得不用，非危不战”，“合于利而动，不合于利而止”。同时要求加强战备，努力做到有备无患，强调“无恃其不来，恃吾有以待也；无恃其不攻，恃吾有所不可攻也”。认为既要慎战又要备战，才能达到“安国全军”的目的，在激烈的兼并战争中立于不败之地。这些观点也反映了孙武具有政治家的头脑和眼光。

在战略问题上，《孙子兵法》提倡“不战而屈人之兵”的战略思想，认为不通过战争而降服敌军取得胜利，才是用兵的最高境界。他说：“百战百胜，非善之善者也；不战而屈人之兵，善之善者也。”为达此目的，他主张在战略谋划上要胜敌一筹，系统全面地考察敌我双方的情况：“知彼知己，百战不殆”，“不知彼不知己，每战必殆”；在战争准备上，要周到细致，有备无患，“先为不可胜，以待敌之可胜”，“立于不败之地，而不失敌之败也”；在作战行动上，主张实行突然袭击和速战速决，要“攻其无备，出其不意”，认为“兵贵胜而不贵久”，要以最短的时间和最小的代价取得最大的胜利。

在战术问题上，《孙子兵法》提出了一系列精辟而卓越的见解，其作战指导思想在全书中最具特色，也是作者军事思想的精髓。例如，争取作战主动权，“致人而不致于人”；集中优势兵力，实施进攻性的歼灭战，“顺详敌之意，并敌一向，千里杀将”；正确选择作战方向，避开敌军锋芒，“避实而击虚”；实施军事欺诈，声东击西，“兵以诈立，以立动”“能而示之不能，用而示之不用；近而示之远，远而示之近”“形兵之极，至于无形”；机动灵活，出奇制胜，“践墨随敌，以决战事”“以正合，以奇胜”；注意天象地理，巧妙利用地形，“知天知地，胜乃可全”“夫地形者，兵之助也。料敌制胜，计险厄远近”。如此等等，都反映了《孙子兵法》在具体战术上的杰出智慧，闪烁着智慧的光芒。

在治军问题上，《孙子兵法》也有很多重要思想。例如，主张号令统一，军纪严明，明法审令，令行禁止；提倡“令之以文，齐之以武”的治军原则，主张赏罚分明，恩威并用；提倡人文关怀，主张爱护士卒，善待俘虏；重视对将帅队伍的建设，重视对士卒的训练和管理；主张将帅应拥有战场机动指挥权，即所谓“将在外，君命有所不受”。

《孙子兵法》全书贯穿着宝贵的唯物主义精神和朴素的辩证法思想。孙武站在尊重史实、尊重战争规律的立场上，以唯物辩证法的思想方法研究军事战略与战术。他认为，战争的胜败取决于人事，而不取决于天意、鬼神、星辰运行等。人事中主要有五个因素：一是“道”，即道义；二是“天”，即天时；三是“地”，即地利；四是“将”，即将帅的素质和能力；五是“法”，即法令和制度。其中最重要的是“道”，认为它是决定战争胜负的首要因素，主张以有道伐无道，以正义制不义，国家至上，生民至上。这说明作者对战争的性质非常重视，体现了作者进步的战争观。孙武又深刻地认识到战争是由多种因素形成的矛盾体，因而对战争各方面对立的矛盾因素，也作了精辟的分析。他认为主客、利害、强弱、攻守、进退、虚实等对立面之间，不仅互相依存，而且可以转化。书中提出的许多军事范畴和矛盾概念，如“形势”“主客”“奇正”“虚实”“攻守”“迂直”等，成为后世兵家建立军事学说的思想来源和理论指导。作者还强调战场形势变化无穷，要因地制宜，灵活运用战略战术。《孙子兵法》虽然讲的是军事学，但其中的辩证法同时也具有方法论意义，所以也为后世政治、哲学、外交、商业等各界所重视。

《孙子兵法》在军事史上具有极其重要的地位，被尊奉为“兵经”“兵学圣典”“兵典之首”“百世谈兵之祖”“世界第一兵书”等，孙武也被尊为“武圣”“百世兵家之师”“东方兵学鼻祖”等。《孙子兵法》揭示了人类战争的许多共同特点，闪耀着真理的光芒，不仅对中国传统军事理论的发展产生了重大影响，对现代军事理论的建设和发展也具有重大的借鉴意义。历代兵学家和军事家无不从中汲取营养，用于指导战争实践和发展军事理论。早在西汉时期，《孙子兵法》就成了兵家经典，司马迁曾说：“世俗所称师旅，皆道《孙子》十三篇。”三国时魏主曹操率先为《孙子兵法》作了系统的注解。北宋时期，宋神宗重视兵典，下诏校订《孙子》《吴子》《司马法》《尉缭子》《六韬》《三略》《李卫公问对》等七部古代兵书，作为武学经书，《孙子兵法》居其首。明代军事家刘伯温撰写了《百战奇略》一书，其中包含着《孙子兵法》的用兵策略。当代无产阶级革命家毛泽东的军事思想，也融会着《孙子兵法》的思想和策略。另外，《孙子兵法》中提出的许多精辟的命题，如“知彼知己，百战不殆”“攻其无备，出其不意”“避实击虚”“有备无患”“不战而屈人之兵”等，已经成了人们非常熟悉和喜爱的名言警句，并被赋予了新的含义，时常活跃在人们的语言中。

《孙子兵法》不仅是中国的谋略宝库，在世界上也久负盛名，早已成为全世界人民共同拥有的财富。《孙子兵法》早在公元8世纪开始传入日本、朝鲜，渐次传遍世界，很早就被翻译成国外多种文字，在世界上广泛流传。据统计，国外现今已有近30种文字的译本。一些国家的军队掀起了学习和研究《孙子兵法》的热潮，其中尤其以美、俄、英、法、日、德等国为盛。《孙子兵法》中的许多原则和谋略还被广泛应用于其他领域，尤其是市场竞争和企业管理等领域。早在战国时期，大商人白圭就在商业活动中运用了孙子兵法，发了大财。西汉司马迁也认为《孙子兵法》“内可以治身，外可以应变”。近现代以来，人们意识到“商场如战场”，更自觉地将《孙子兵法》运用于企业管理和商业经营中。西方的一些著名大学把《孙子兵法》列入商学院学生的必读书，日本的一些企业把《孙子兵法》作为培训企业管理人员的教科书之一。我国商业界近年来也开始了对《孙子兵法》的研究和运用。“兵书商用”，使充满智慧的《孙子兵法》在军事领域以外发挥了神奇的作用。现在，对《孙子兵法》的运用又发展到外交方面和竞技体育等方面。从发展趋势上看，未来对这部兵学著作的应用将会更加广泛和深入。

《孙子兵法》同时也是一部优美的散文著作，有着很高的文学价值。与其他兵书相比，《孙子兵法》在文辞上更为精练，更有韵味。宋代黄震评论说：“若孙子之书，岂特兵家之祖，亦庶几乎立言之君子矣。诸子自荀、扬外，其余浮词横议者莫与比。”具体而言，《孙子兵法》的艺术特色主要有以下几点：(1)采用了一些诗歌似的韵语，便于指挥员诵读记忆。如：“微乎，微乎，至于无形；神乎，神乎，至于无声。”“利而诱之，乱而取之，实而备之，强而避之，怒而挠之，卑而骄之，佚而劳之，来而离之，攻其无备，出其不意。”(2)句式在散体的基础上趋向整齐，注重排比句的运用。如：“凡用兵之法，全国为上，破国次之；全军为上，破军次之；全旅为上，破旅次之；全卒为上，破卒次之；全伍为上，破伍次之。是故百战百胜，非善之善者也；不战而屈人之兵，善之善者也。”“声不过五，五声之变，不可胜听也；色不过五，五色之变，不可胜观也；味不过五，五味之变，不可胜尝也；战不过奇正，奇正之变，不可穷也。”(3)较多地采用比喻的形式，生动形象，既能化抽象玄奥为通俗易懂，又具有一定的艺术感染力。如：“故善用兵，譬如率然。率然者，恒山之蛇也，击其首则尾至，击其尾则首至，击其中则首尾俱至。”“其疾如风，其徐如林，侵掠如火，不动如山，难知如阴，动如雷霆。”(4)作为说理文字，在结构上讲究布局谋篇、纲目结合，论述时力求条分缕析、细密完整。如《军争篇》：“故三军可夺气，将军可夺心。是故朝气锐，昼气惰，暮气归。故善于用兵者，避其锐气，击其惰归，此治气者也。以治待乱，以静待变，此治心者也。以近待远，以逸待劳，以饱待饥，此治力者也。无邀正正之旗，无击堂堂之阵，此治变者也。”明代苏睿评论说：“治气、治心、治力、治变，此四样眼目分晓有体。”

古代为《孙子兵法》作注者很多，据不完全统计，不下200家，有注本存世者也有70家左右。现存最早的《孙子》注本，是曹操的《孙子注》，至今仍有单本流传。曹操之后，著名的注家有南朝梁的孟氏，唐朝的李筌、杜牧、陈皋、贾林，宋代的梅尧臣、王晳、何延锡、张预等。宋人辑录以上十家注为《孙子十家注》，相当于集解体，目前流行很广。同样很流行的还有《孙子十一家注》，是宋人在“十家注”的基础上，将唐代杜佑《通典》中的相关文字也辑入其中汇合而成的。宋元以后较为著名的注本，有明代刘寅的《武经七书直解》和赵本学的《孙子书校解引类》等。《孙子兵法》的版本更多，各种版本大约有400种，可谓繁富。各种版本归纳起来共有三大系统：汉墓竹简本、武经七书本和十一家注本。

综上所述，《孙子兵法》是杰出的军事理论家孙武的兵法理论经典著作，是他的杰出战略战术思想的深刻总结。《孙子兵法》以其博大精深的内容、深邃富赡的思想、缜密严谨的逻辑以及典雅绚丽的文采，成为中国古典军事文化遗产中的璀璨瑰宝，至今仍然光彩夺目。它对中国军事文化传统的形成和发展产生了深远的影响，在中国乃至世界军事学术史上赢得了崇高的地位。

（罗献中）

# 42.《孙膑兵法》的创作

《孙膑兵法》，也称《齐孙子》，是战国时期兵家的代表作之一。《史记》称孙子膑脚著兵法而得“世传”，《汉书·艺文志》亦把《齐孙子》列于仅次于《孙子兵法》，又远在吴起兵法、范蠡兵法以及其他兵法之上的位置。《孙膑兵法》继承了《孙子兵法》的军事思想，是继孙武后“孙子学派”的另一大作，对当时与后世的战争实践发挥着重要的指导作用。作者是战国中期齐国著名的军事家孙膑。

孙膑，生卒年不详，山东东阿鄄城人，相传是孙武的后世孙，起先曾与庞涓一起拜鬼谷子为师研习兵法。庞涓出任魏将后，引荐孙膑入魏国，后忌妒孙膑的才能，对其施以膑刑（割去膝盖骨）并黥（一种在额头、脸颊刺字涂墨的刑罚）之，“孙膑”之名由此而来。为伺机逃离魏国，孙膑不惜装疯卖傻避祸，后借助淳于髡来魏国的齐国使者而逃往齐国，成了田忌的门客。

为施展抱负，孙膑充分利用临淄赛马的机会，鼓励田忌下千金赌注与齐威王赛马，并建议田忌调整赛马策略，打乱原本参赛的上、中、下三等马的顺序，田忌依计赢得了比赛，并趁机向威王举荐孙膑，这就是著名的“田忌赛马”。经田忌引荐，孙膑获得齐威王重用而成为军师。

使孙膑名扬天下的两次战役是桂陵之战和马陵之战。桂陵之战起因于魏军进攻赵国邯郸城，赵国向齐国求救，田忌、孙膑临危受命率军援赵，孙膑建议田忌采用避实击虚之策，一方面率军攻打魏国首都大梁，诱使魏军回救，另一方面将主力埋伏于桂陵，出其不意，大败魏军，是为“围魏救赵”之计。其后的马陵之战起因于魏、赵两国联合攻打韩国，韩国转而向齐国求援，田忌、孙膑再度受命出师。孙膑为一举歼灭魏军主力，遂建言采取减灶诱敌之计，故意减少营地灶头，制造齐军逃亡严重的假象，利用庞涓自大轻敌的心理，诱使其抛弃步兵辎重，昼夜兼程追赶齐军，然后在马陵道命令弓箭手夹道设伏，一举歼灭魏军主力，逼得庞涓拔剑自刎。马陵战后不久，齐国统治上层矛盾重重，田忌受排挤被迫流亡楚国，孙膑也辞官归隐，随田忌入楚，自此以后，孙膑的行踪未见于史册。

孙膑与孙武同为古代著名的军事家，后世将二者皆称作“孙子”，但因二者所居诸侯国不同，而将孙膑称为“齐孙子”，《齐孙子》也就成了《孙膑兵法》的别名。《汉书·艺文志》中记载《孙膑兵法》全书共有八十九篇，外加四卷图，但东汉后一度失传，直到1972年山东临沂银雀山同时出土了《孙子兵法》和《孙膑兵法》竹简残片，才消除了后人将两书及作者混为一谈的讹传。

据银雀山汉墓竹简整理小组的鉴定，竹书《孙膑兵法》应是汉武帝初年的随葬品，大约是文、景至武帝初期抄写而成。因为年代久远散佚所致，1985年文物出版社所出版的《银雀山汉墓竹简》（一）一书包含整理出来的《孙膑兵法》16篇，与《汉书·艺文志》所记载的89篇篇幅悬殊。出土竹简残断严重，因此《孙膑兵法》整理本暂无法复原全貌。

关于《孙膑兵法》具体的成书年代，大多学者认为《兵法》创作于战国中晚期，而且大部分都是孙膑在齐国做军师时所总结的战争经验，也有一部分是其学生对老师言行的记录，所以包括孙膑死后的一些史事。

关于《孙膑兵法》成书的具体背景，孙膑在书中明确提出以战争解决问题的军事思想，主张“战胜而强立”“举兵绳之”。这种观念不仅把战争看作是政治的继续，更视战争为阶级斗争的最高形式。作为齐威王的军师，孙膑处于内有奴隶主势力残存，外有各大封建强国威胁的时代。当时的齐国虽是强国，但国内外复辟与反复辟、割据与统一的混乱局面，使新兴地主阶级如芒在背。这也是孙膑提出“举兵绳之”、以兵“禁争夺”、“战胜而强立”等政治主张的历史背景。为了巩固、发展封建制度，为了确保齐国新兴地主阶级政权的强大和稳定，必须依靠战争手段终止国内外面临的失序与乱局。

今通行本《孙膑兵法》分上、下两编，共计 30 篇，11000 余字，不仅包括 1972 年银雀山出土的 16 篇汉简，还包括《史记》《汉书》《战国策》《通典》《武经总要》等古籍内散落的相关史料。《兵法》上编 15 篇，包括《擒庞涓》《见威王》等问对形式的文章，主要记载孙膑的事迹和言论；下编 15 篇，包括十阵、十问等主要阐述孙膑军事思想的论兵之作。

银雀山出土的《孙膑兵法》竹简共计二百四十多枚，有六千余字。后经整理小组整理、注释出版的《孙膑兵法》，共 16 篇，主要由上编 15 篇和下篇的《五教法》组成，篇目依次是《擒庞涓》《见威王》《威王问》《陈忌问垒》《篡卒》《月战》《八阵》《地葆》《势备》《兵情》《行篡》《杀士》《延气》《官一》《五教法》和《强兵》。从全书行文结构来看，“《月战》开头即总述天时、地利、人和，是全书的首篇，上篇 15 篇有关兵情的论断应并入《势备》，《兵情》《篡卒》《延气》等篇目则主要讨论人和的问题。”

《孙膑兵法》继承了《孙子兵法》《吴子兵法》等书的军事思想，总结了战国中期及其以前的战争经验，在战争观、军队建设和作战指导等方面都提出了有价值的军事理论。

首先，《孙膑兵法》对待战争的态度。孙膑认为解决战争的方法是不能依靠和平手段的，要想制止战争，就必须通过战争的手段，只有在取得胜利的情况下，才能获得“和平”。孙膑不仅深刻地意识到战争势不可免，丰富的作战经验亦使孙膑强调须谨慎处理战事，尤其重视“事备而后动”。孙膑继承了《孙子兵法》的“慎战”思想，“战胜，则所以存亡国而继绝世也。战不胜，则所以削地而危社稷也。是故兵不可不察”。因而，唯有做好充分的战事准备，方可实现“兵出而有功，入而不伤”的目标。

其次，《孙膑兵法》对军事将领的要求。孙膑认为指导战争的将领必须明“道”，须洞悉战争规律。《兵法》竹简中经常提到“道”，《兵法・八阵》中即提到“全万乘之民命者，唯知道。知道者，上知天之道，下知地之理，内得其民之心，外知敌之情，阵则知八阵之经，见胜而战，弗见而静，此王者之将也”。其中的“道”关乎胜败存亡。在“知道”的基础上，孙膑总结了关于君主和将帅“恒胜”与“恒不胜”五条规律。

再次，《孙膑兵法》对作战的具体指导。全书关于作战指导方面的论述占了很大的篇幅，孙膑针对齐国国富兵弱的现状，试图打破春秋时期以硬碰硬的主要作战形式，强调顺势而为，以弱胜强，以智取胜，通过桂陵、马陵两次战例，为新的军事价值观奠定了地位。具体如下：

一、强调以寡胜众。孙膑不仅在同齐威王和田忌的问对中经常提到寡可胜众、弱可胜强的思想，而且还列举了以弱胜强的战法，如“让威”(避敌锋芒，不与硬抗)、“挚垒广志(筑低垒以激励士气)、严正辑众(严明法令，团结士卒)以及避实击虚、攻其必救等战法。

二、强调“必攻不守”的进攻战略。此战略不是为了指导具体的作战行动，而是要求将帅表现出积极进攻的战略。这一主张不仅反映了齐国新兴地主阶级扩大统治范围的要求，同时也符合当时社会分久必合的统一趋势。

三、重视创造有利态势。《孙膑兵法·势备》集中论述了利用和创造有利于己、不利于敌的作战态势。孙膑认为，指导战争应该“便势利地”，掌握主动权。这种追求主动权的作战思想，一定程度上反映了新兴地主阶级革新图强的精神和要求实现封建统一的愿望。

四、主张“胜不可一”的灵活作战手法。孙膑在《十问》《十阵》等篇章中强调，在作战过程中应具体分析敌情、地形，根据不同的情况灵活采取不同的战法，并集中自己的兵力，用计谋调动、牵制、分散敌军，切忌“以一形之胜万形”。

第四，《孙膑兵法》的治军思想。为适应新兴地主阶级建军和作战的需要，孙膑不仅提出了以法治军的思想，主张赏罚分明，还强调要重视人的作用，重视士卒民心对于胜负的重要影响。此外，将帅要严格挑选士卒，并坚持不懈地训练他们，有利于提高军队的战斗力。再者，孙膑对如何选用将帅提出了严格的标准，不仅要求将帅必须具备“义、仁、德、信、智”的品格，还要求他们具备“上知天之道、下知地之理”，内得民心，外知敌情，精通阵法，善于指挥的才能。这一标准不仅体现了孙膑任人唯贤的思想，而且否定了奴隶主贵族“世卿世禄”垄断军权的制度，具有明显的进步意义。

与《孙子兵法》相比，孙膑一方面继承了孙武的军事思想，同时也进一步发展了军事思想和实践，反映出从春秋到战国时期先进兵器的广泛使用，骑兵等兵种的变化，战术、阵法、战争规模、持续时间等方面随时代发展的不断变化，战争形式从野战到攻城战的变化等，这一切揭示了春秋战国期间社会经济和军事思想发展的状况，并为研究孙子学派的形成创造了条件。

古代为《孙膑兵法》作注者不多，这实际上与此兵法较早失传有关。自《隋书·经籍志》开始，《孙膑兵法》便不见于历代著录。此书大概在东汉末年便已失传，直至 1972 年，临沂银雀山汉墓竹简出土后，《孙膑兵法》方重见天日。

总的来看，《孙膑兵法》的面世，为研究中国军事史提供了新资料，在研究辨伪和古籍源流上具有重大意义，彻底否定了孙膑其人、其书不存在的历史疑案，也为国内外学者研究战国时期的军事、哲学思想奠定了重要基础。

（赵蒙）

## 43. 稷下学派的活动与稷下学宫的兴衰

稷下学派是战国中晚期在齐地稷下诸子聚集、百家争鸣所形成的一股学术力量，它是对稷下学宫中诸家学术的统称，包括黄老学派、名家学派、纵横家学派、阴阳五行学派、法家学派、儒家学派等。稷下学宫为齐国统治者在齐国都城临淄稷门之外设立的一所高等学府，是国家培养人才、制造舆论、谋划策略的学术中心。历史上极负盛名的百家争鸣主要就是在稷下学宫中发生的。稷下学宫具有包容开放、独立自由的学术氛围，诸子百家在此自由论辩、开放交流，中国古代学术思想在稷下学宫中得到了极大的发展，诸子百家在此造就了古代学术思想的黄金时代。

春秋以降，随着铁制农具的使用和牛耕技术的广泛推广，大量荒地得到开垦，精耕细作的农业种植方式逐渐发展起来，农业得到极大发展。井田制遭到破坏，私田开始增多。诸侯列国开始收取租税，这种新的经营方式为一批新兴地主阶层的出现提供了可能。农业迅速发展的同时，手工业、商业也逐渐繁荣，一些中下层人通过土地兼并和财富积累等方式迅速成长壮大起来。贵族政治逐渐解体，官僚政治开始出现。血缘亲疏程度不再是个人社会地位和权力的决定性因素，社会上的中下层人物有机会凭借知识、才能、德行等晋升到官僚体制之中。“学在王官”的局面逐渐被打破，私学兴起，新的“阶层流动”机会也促使更多的社会中下层人士努力学习知识文化，提升自己的学识、能力和德行。私学的兴起和官僚政治的出现，为具有一定学识、能力和德行的新兴知识分子的出现提供了可能。

在春秋以前，“士”在贵族阶级政治中等级最低，依附于宗法关系中的贵族政治。“士”并不是一个独立的社会阶层，甚至有些“士”的境况等同于庶民，只是空挂“士”这一头衔。春秋以降，政局动荡，战乱频繁，礼崩乐坏，宗法关系瓦解，使许多“士”流落于社会之中。他们往往具有一定的学识才智，这得以使他们可以投靠新的主人，担任家政或采邑等职事。天子式微，诸侯主政，列国之间竞争激烈。各诸侯国为了使自己在列国竞争中自保或占据主动权，纷纷变革，寻找富国强兵的治国方略，因而迫切需要社会上的人才为其出谋划策，制定行之有效的治国方案。诸侯列国求贤若渴，新兴知识分子和从贵族政治中“散落”到社会中的“士”成了诸侯所求取的贤人智士，他们构成了一个独立的社会阶层——士阶层。他们奔走于列侯贵族之间，并且往往选择待遇优厚者，安身立命，为其尽忠效力，以实现自己的理想和抱负。

春秋战国时期，社会的变革使士阶层逐渐登上历史的舞台，他们在国家政治竞争中发挥着越来越重要的作用。司马迁《史记·仲尼弟子列传》：“故子贡一出，存鲁，乱齐，破吴，强晋而霸越。子贡一使，使势相破，十年之中，五国各有变。”王充《论衡·效力》：“刘国之时，贤才之臣，入楚楚重，出齐齐轻，为赵赵完，畔(叛)魏魏伤。”可见士阶层成为列国竞争中一股重要的政治力量。“得士则昌，失士则亡”，列侯往往礼贤下士，以招徕更多的“智囊团”。士阶层从而受到各种优厚的待遇，其政治地位得以提高。《孟子·滕文公下》就记载了孟子周游列国之时，“后车数十乘，从者数百人，以传食于诸侯”的盛况。士阶层甚至可以

"怠慢"诸侯，《韩诗外传·卷九》："田子方之魏，魏太子从车百乘而迎之郊。太子再拜，谒田子方，田子方不下车。太子不悦，曰：'敢问何如可以骄人矣？'田子方曰：'吾闻以天下骄人而亡者有矣，以一国骄人而亡者有矣。由此观之，则贫贱可以骄人矣。夫志不得，则授履而适秦、楚耳。安往而不得贫贱乎？'于是太子再拜而后退，田子方遂不下车。"士阶层由地位低下到受到统治者尊重和优待，促使了社会上更多的人发愤图强、刻苦用功。统治者对人才的大量需求促进了士阶层的兴起与活跃，这一阶层的兴起与活跃也为稷下学宫的创建准备了大量人才。

关于稷下学宫的创立时间，历来说法不一。《太平寰宇记》引刘向《别录》"齐有稷门，齐之城西门也，外有学堂，即齐宣王所立学宫也"，有人据此认为稷下学宫创立于齐宣王时期；刘向《新序·杂事》"邹忌既为齐相，稷下先生淳于髡之属七十二人皆轻忌"，有人据此认为稷下学宫创立于齐威王时期；东汉末徐干著《中论·亡国》"乃有远求而不用之者，昔者齐桓公立稷下之宫，设大夫之号，招致贤人而尊宠之，自孟轲之徒，皆游于齐"，有人据此认为稷下学宫创立于齐桓公田午时期，目前学术界多从此观点，认为其创立于齐桓公田午时期。关于稷下学宫的发展脉络，主要有两种意见。一种认为稷下学宫分为三个发展阶段。公元前374—前320年(齐桓公、威王时期)为第一阶段，此时期稷下学宫开始创建；公元前319—前284年(齐宣王、闵王时期)为第二阶段，这段时期稷下学宫逐渐发展并兴盛起来；公元前283—前221年(齐襄王、王建时期)为第三阶段，稷下学宫逐渐走向衰落。另一种意见认为稷下学宫的发展分为两个阶段。齐桓公田午开始创建到威王、宣王的兴盛时期为第一阶段，闵王、襄王、王建时期为稷下学宫的第二阶段，此时学宫逐渐走向衰落直到结束。

齐国统治者为稷下学宫诸子"开第康庄之衢，高门大屋尊崇之"，用高爵厚禄招徕贤才。齐宣王时为稷下学宫的兴盛时期，列国的军事政治大权逐渐掌握在个别政权之中，面对险峻的政治竞争局势，齐宣王大力发展稷下学宫，为富国强兵做准备。《史记·田敬仲完世家》记载："宣王喜文学游说之士，自如驺衍、淳于髡、田骈、接予、慎到、环渊之徒七十六人，皆赐列第，为上大夫，不治而议论。是以齐稷下学士复盛，且数百千人。"又《史记·孟子荀卿列传》记载："自驺衍与齐之稷下先生，如淳于髡、慎到、环渊、接子、田骈、驺奭之徒，各著书言乱治之事，以干世主，岂可胜道哉！……于是齐王嘉之，自如淳于髡以下，皆命曰列大夫，为开第康庄之道，高门大屋尊崇之。揽天下诸侯宾客，言齐能致天下贤才也。"

后期稷下学宫呈衰落之势。《盐铁论·论儒》记载："矜功不休，百姓不堪，诸儒谏不从，各分散。慎到、捷子亡去，田骈如薛，而孙卿适楚。"君主骄纵专横，穷兵黩武，稷下诸子的劝谏不被采纳，诸子不再被礼遇，且生存情况窘迫，许多著名学者纷纷离开稷下另寻出路。君主"矜功不休"，贤才相继离去，齐国被燕军占领，稷下学宫走向衰落。据《史记·燕世家》记载，燕攻取齐国后，"尽取其宝，烧其宗庙"。齐都城临淄被燕军占领达五年之久，后齐襄王复国，虽重振稷下学宫，但正如《史记·孟子荀卿列传》所载，此时"田骈之属皆已死，齐襄王时，而荀卿最为老师。齐尚修列大夫之缺，而荀卿三为祭酒焉"。田骈等老一辈的稷下先生已经离世，人员稀少。虽然经过了一番努力，学宫出现中兴，但是收效甚微，稷下学宫已今非昔比。齐王建时，荀卿受小人谗言，被迫离开学宫，稷下学宫已名存实亡。至齐被秦所灭，稷下学宫也走向终结。

战国时期，七雄争霸，稷下学宫这一学术文化中心之所以在齐国出现并兴盛而非其他诸国，与齐国的政治、经济、文化传统等都有密切关系。齐国山海环绕，自然条件得天独厚，地理位置优越。《战国策·齐策一》记载了苏秦到齐国游说时，他口中的齐国盛况："齐南有太山，东有琅琊，西有清河，北有渤海，此所谓四塞之国也。齐地方二千里，带甲数十万，粟如丘山……临淄甚富而实，无民不吹竽、鼓瑟、击筑、弹琴、斗鸡、走犬、六博、蹹踘者。临淄之途，车毂击，人肩摩，连衽成帷，举袂成幕，挥汗成雨，家殷人足，志高气扬。”齐国的农业、手工业、商业皆比较发达，经济实力雄厚，为稷下学宫的创立准备了优越的物质条件。

齐国统治者为了在与列国的政治斗争占据优势地位，需要更多的贤能之士为其服务。为了吸引人才，稷下学宫为各类贤才准备了高爵丰禄。另外，齐国历史悠久，文化传统深厚，统治者广开言路，政治风气开明，这也吸引了大批人才的到来。《战国策·齐策一》记齐威王向国人公开宣布：“能面刺寡人之过者，受上赏；上书谏寡人者，受中赏；能谤讥于市朝，闻寡人之耳者，受下赏。”深厚的文化传统和开明的政治风气为稷下学宫的建立奠定了良好的基础。齐国养士重士的传统由来已久，早在春秋齐桓公小白时就已开创养士事业。《说苑·尊贤》记：“齐桓公设庭燎，为士之欲造见者，期年而士不至。于是东野鄙人有以九九之术见者，……乃因礼之。期月，四方之士相携而并至矣。”齐桓公小白用“庭燎”这种隆重的礼节迎接士，可见其对士的重视及尊重。为吸引更多的人才，齐桓公小白采取了更为主动的措施，设立游士到天下招徕贤才，《国语·齐语》记齐桓公小白“为游士八十人，奉之以车马、衣裘，多其资币，使周游于四方，以号召天下贤士”。他还设立了专门的机构——“啧室之议”，为国家政治提供咨询。与其他诸侯列国相比，齐国在自然条件、经济实力、政治风气、文化传统等方面均占优势，可以说稷下学宫在齐国产生有其必然性。

稷下学宫有“稷下先生”和“稷下学士”之分，“稷下先生”是一批学识渊博、地位显赫、德高望重的知名学者，这些知名学者膝下又有众多的门徒弟子，称为“稷下学士”。这些学士学有所成之后，就可以通过其先生的推荐踏上仕途，从而成为齐国的官吏。诸子百家在稷下学宫中享受优厚待遇，“列大夫”只是个头衔和称号，并不是正式的官职。诸子百家并没有专门的官僚职事，“不治而议论”“各著书言乱治之事，以干世主”。具体说来，他们负责著书立说，教授学徒，自由辩论，议论政事，直言进谏，为国家的政治军事提供治国方案。他们通过学术来参议政治，起到“智囊团”的作用。

稷下学宫的政治功能主要有以下几个方面：第一，议政和咨询，这是稷下学宫的主要政治功能之一，主要有进说、进谏、咨询、演讲、辩论、著书等形式。第二，培养人才，推荐官吏，稷下先生的学徒“稷下学士”学成之后，可以通过其先生的推荐进入官僚体制。第三，出使他国，稷下先生们往往具有较好的口才，擅长外交活动，齐国统治者常派遣他们出使列国进行游说等外交活动，担任重大的外交使命。第四，制造政治舆论，稷下先生在著书立说时，为了维护统治者的统治，往往在其著作学说中为统治者造势，为他们的各种政治活动和举动等提供理论上的合理性，在社会中制造舆论，这使齐国在诸侯列国政治斗争中处于十分有利的局势。第五，为齐国的政治发展设计蓝图，制定规章制度。第六，为齐国整理大批的文献典籍。关于稷下学宫的性质，主要有三种意见。一种意见认为其带有明显的政治性质；一种意见认为其主要是学术机构，诸子学派在此相互交流和互相影响，出现了诸多教育家；还有一种意见认为其具有政治和学术的双重性质。

稷下学宫允许学术自由，无论是齐国还是来自其他诸侯列国的各个学派，在稷下学宫中都有自由论辩和平等竞争的机会。“高门大屋”等优越的生活条件和“尊崇”的政治地位使齐国及其他列国的众多贤人智士纷纷被吸引到稷下学宫中，齐宣王时“齐稷下学士复盛，且数百千人”。稷下学宫历时一个半世纪，几乎所有重要学派的代表人物都曾游过稷下。齐国本地的学者有淳于髡、尹文、邹衍、邹奭、彭蒙、田骈、接子、鲁仲连、颜斶、田巴等，诸侯列国的有楚国的环渊，邹国的孟子，赵国的慎到和荀子，宋国的宋钘、兒说等。知名于世的稷下先生有七十六人，有文献可考的稷下先生共有十几人，即：淳于髡、孟轲、告子、彭蒙、宋钘、尹文、田骈、慎到、接子、季真、环渊、王斗、兒说、田巴、徐劫、邹衍、邹奭、鲁仲连、荀况。稷下学术卷帙浩繁，见于《汉书·艺文志》著录的稷下著作有：《管子》86篇，《慎子》42篇，《田子》25篇，《捷子》2篇，《邹子》49篇，《邹子终始》56篇，《邹奭子》12篇，《宋子》18篇，《尹文子》1篇，《孙卿子》33篇，《鲁仲连子》14篇、《蜎子》13篇等，1973年出土的马王堆帛书《黄帝四经》4篇也是出自稷下。

稷下学宫为诸家学派相互了解、交流、融会贯通搭建了一个平台，因而形成了百家争鸣、百花齐放的盛况。这也吸引了齐国和其他列国的诸子学派选择在稷下学宫安身立命。在学术独立、思想自由的良好风气之下，儒、墨、道三大学派以及法家、阴阳家、纵横家、小说家、名家等学派得到了极大的发展。主要的学派还在交流发展之中出现了分化，比如“儒分为八”“墨离为三”。诸多新的学术理论和学派流派也得以产生，譬如精气理论、黄老思想、荀子之学等。

稷下学派主要有黄老学派、名家学派、纵横家学派、阴阳五行学派、法家学派、儒家学派等。关于稷下学派是否包含墨家，一些学者认为没有，另一些学者则认为稷下有墨家人物或至少有墨家思想，认为宋钘、尹文即属于墨家学派。

稷下黄老学派“培植于齐，发育于齐，而昌盛于齐”，是稷下学宫中的主流学派。黄老之学并非黄帝和老子提出的学说主张，而是当时稷下学宫中一批热衷于道家理论的学者，托“黄帝”之名提出的与道家思想相结合的政治学说理论。齐国本来是姜姓之国，后为田氏所取代。黄帝为姬姓，田氏本为陈国公族，为姬姓之后。黄帝曾战胜炎帝，而炎帝为姜姓。黄老之学就是借黄帝战胜炎帝这一历史传说来制造社会舆论，向天下昭示其取代姜姓齐国之合理性。稷下黄老学派的代表人物有彭蒙、季真、慎到、田骈、接子、环渊等。《黄帝四经》包括《经法》《十大经》《称》《道原》四篇，为稷下黄老学派的著作，它将道法结合，广泛吸收了稷下诸子学说，其中包含了儒家、法家、阴阳家等学派的观点主张。黄老学派道法结合、兼采百家的学术主张，适应了当时的政治需要，后来一度成为占统治地位的学术思想。汉初实行的“清静无为”“行德相辅”的政治主张即源于稷下黄老之学。文帝、景帝时期进一步推行黄老之术，实行“无为而治”“省苛事，薄赋敛、勿夺民时”等政治主张，最终形成了“文景之治”的盛世局面。

稷下名家学派的代表人物有兒说、田巴等，兒说的“白马非马”论，以及田巴的“离间白，合同论”皆为稷下名家的重要理论主张，后来的惠施、公孙龙的名家思想即直接从稷下名家的理论中吸收并加以发展而来。稷下纵横家学派的代表人物有齐国的鬼谷，他也是该学派的源头，《史记·苏秦列传》载：“苏秦者，东周雒阳人也。东事师于齐，而习之于鬼谷先生。”《史记·张仪列传》载：“张仪者，魏人也。始尝与苏秦俱事鬼谷先生，学术，苏秦自以不及张仪。”稷下阴阳家学派将阴阳和五行结合起来形成了阴阳五行学说，这是当时学术上的理论创新。阴阳五行学派的代表人物有邹衍、邹奭等。秦始皇建立秦帝国后，即大力提倡邹衍所提出的“五德终始”说，为其王朝的建立提供理论支撑。“五德终始”也成为汉代谶纬学说的重要来源。

稷下儒家学派以孟子和荀子为代表，此外，鲁仲连、颜斶等都属于稷下儒家学派。孟子曾经两度游于齐，并且长期居住在齐国。关于孟子是否为“稷下先生”，学术界有不同的意见。有学者据《盐铁论·论儒》“齐宣王褒儒尊学，孟子、淳于髡之徒受上大夫之禄，不任职而论国事，盖齐稷下先生千有余人”，认为孟子和淳于髡同为稷下先生。钱穆先生在其著作《孟子不列稷下考》中提出质疑，认为孟子非稷下先生。这一观点得到后来学者的认同，认为孟子可能为齐国的客卿，即战国时期各诸侯国为了招徕和选用异国人才而设立的一种官职。“孟子之不同于稷下先生，还在于孟子与稷下先生们有着不同的风骨和气象，他们不是同一类型的人。稷下先生们满足于学宫中高门大屋、禄养千钟的优裕生活和既无烦劳又无风险的‘不治而议论’，而孟子却胸怀‘如欲平治天下，当今之世舍我其谁也’的雄心壮志。”(白奚《稷下学研究》)无论孟子是否为稷下先生，由于他久居于齐，游历过稷下学宫，其思想主张难免会受到稷下学术的影响。比如孟子的心性学说“养浩然之气”“存夜气”之说等，与《管子》中道家学派的心气理论有很多相通之处，其“民为本、社稷次之、君为轻”的民本和富民思想即是对稷下思想的吸收和发展。

荀子年少时就游学于齐国。荀子曾两度离开齐国：齐闵王矜功不休、穷兵黩武，荀子劝谏无果，便离开齐国去楚国；齐襄王复齐重振稷下学宫，荀子回到齐国，此时“荀卿最为老师”且“三为祭酒焉”。齐王建时，荀卿直言进谏，受小人谗言，又被迫离开齐国。荀卿对稷下学术进行了全面的吸收和批判，建立了自己的思想体系。例如荀子的礼根源于欲与物的供求矛盾的理论即是对稷下宋钘“情欲寡浅”理论的吸收与修正；荀子的天人关系理论也是直接吸收了稷下关于天人关系的理论主张；稷下黄老学派的《黄帝四经》中主张刑德并用，慎到、尹文等也主张礼法并用，荀子礼治与法治相结合的政治模式理论正是在吸收稷下礼法并用理论的基础之上加以完善和深化的结果。礼治和法治相结合的政治模式理论开始于稷下并成熟于稷下，这一理论适应了大一统思想的政治需要，成为中国古代社会长期坚持的指导思想。

稷下诸子在稷下学宫中相互交流，相互影响，学术主张往往互相渗透，兼采诸家，这也使一些稷下学者的学派归属产生争议，很难说清他们到底属于哪一个学派。譬如，宋钘、尹文学派是稷下学宫中的一个重要派别，关于宋钘、尹文的学派归属，一般将宋、尹并提，主要有墨家、黄老学派、杂家等几种意见。有学者认为宋钘为墨家学派，尹文属黄老学派(白奚《稷下学研究》)，还有学者主张尹文属名家等，兹不赘述。淳于髡是稷下一位元老学者，《史记·荀卿列传》载：“淳于髡，齐人也。博闻强识，学无所主，慕晏婴之为人也，然而承意观色为务。”其本“齐之赘婿”，凭借其卓越的学识才智为统治者所重用。司马迁评论其“博闻强识”，“学无所主”，学术界有学者主张其为道家学者。不仅一些稷下学者的学术派别难以做出清楚的归属分类，一些稷下著作也兼采诸家之说，将诸子百家的学术主张融会贯通，很难说它们属于哪一派别，如《管子》一书为稷下学术的著作，托管仲之名，兼采儒、道、法、阴阳家学说。宋叶适《习学记言》卷四十五称其为“非一人之笔，亦非一时之书”。学术界对《管子》一书的学派归属主要有三种观点，一种认为其为论文总集和丛书的性质，一种认为其为道家著作，还有认为其属法家著作。

稷下学宫不仅是战国百家争鸣的讲学场所，也是我国最早的政治咨询和学术交流中心，对后世影响甚大。

第一，从创办性质来看，稷下学宫不仅是一个兼容并包的学术研究机构，也是齐国君主的智囊团，更是一个高层次的教育机构。作为战国时期齐国的一所著名学府，稷下学宫虽由官方举办却由私家主持，是一所集讲学、著述、育才活动为一体并兼有咨议作用的高等学府。齐国统治者采取学术自由和待遇优厚的办学方针，使学宫独立于政府各部门之外，又制定了组织、聘任、俸禄制度。稷下先生被赋予优厚的待遇及很高的荣誉，依学问、资历、成就、贡献的差异，分别被授予“客卿”“上大夫”“列大夫”等不同的荣誉称号。稷下先生主要从事学术研究工作，注重解决现实社会问题，虽无实际的政治权力，却能为齐王提供重要的战略参考。

第二，从创办背景来看，稷下学宫创设于齐桓公田午当政之时，其发展与齐国境内的政治、经济发展状况和齐国当政者在文化教育上所采取的宽松政策密切相关。

经济条件上，春秋时期，齐国很快便步入了强国之列。齐桓公时任用管仲为相，推行了一系列经济改革，使齐国成为富国之首，也使齐桓公取得春秋第一霸主的地位。其后田氏代齐后，齐国国势强大，成为与西方秦国并列的东西两大强国。齐国都城临淄作为当时人口众多的大都市，城内农工商业并驾齐驱，呈现出繁荣发展的态势，为稷下学宫优越的学术交流环境和稷下先生丰厚的待遇奠定了坚实的物质基础。

政治环境上，春秋战国时期，诸侯争霸。齐国统治者掌权后，为实现在天下称王的雄心壮志，富国强兵，推行改革变法。政治上的迫切要求，急需通过办学等方式为其储备人才，极大地促进了诸子百家学说的争鸣。齐威王即位初年，为扭转内忧外患的困局，威王重用淳于髡和邹忌，积极在国内推行政治改革，选贤任能，严惩奸臣。与此同时，为加强中央集权，齐威王听取邹忌广开言路的建议，在文化教育方面推行兼容并蓄、百家争鸣的开放政策，创办了稷下学宫。齐威王豁达大度、虚心求治的治国理念，吸引着各国名士纷纷前来，为稷下学宫培养人才、交流政治和学术思想营造了宽松的政治环境和自由的学术氛围。

社会阶层上，春秋战国以降，文化教育逐渐打破被官府垄断的局面，文化、学术逐渐走向民间，掌握知识的“士”人阶层越来越活跃，开始步入政治舞台宣扬自己的政治主张。与此同时，各国诸侯也重视礼贤下士，以为自己奔走效劳。诸侯与士人相互依存的关系，推动了稷下学宫的兴盛。

第三，从兴衰历程来看，稷下学宫基本上与田齐政权国力的强弱相始终。

学宫大约创建于齐桓公(田午)在位时期(前375—前357年)。齐桓公在位期间于稷下设立学馆，并修建了一些房屋，然后广邀天下文学游说之士前来讲学，这便是稷下学宫的起源。

齐威王即位后，为了选贤任能与革新政治，扩大了学宫的建设。齐威王初创稷下学宫时，规模宏大，“为开第康庄之衢，高门大屋”，广招天下贤士荟萃于此，“自如邹衍、淳于髡、田骈、接子、慎到、环渊之徒七十六人，皆赐列第，为上大夫，不治(参政)而议论”，这是稷下学宫的初盛之时。

学宫兴盛于齐宣王时期。齐宣王在位(前320—前302年)期间，是齐国政治经济发展的鼎盛之时，齐宣王曾大败魏国于马陵，威震诸侯，以至于三晋朝齐。齐宣王喜好文学之士，重视优待稷下先生，来此游学者达“且数百千人”，稷下学宫发展迅速。据《盐铁论·论儒》称：“齐宣王褒儒尊学，孟轲、淳于髡之徒，上大夫之禄，不任职而论国事。盖齐稷下先生，千有余人。”齐宣王当政时期是稷下学宫发展的极盛时期。

齐湣王当政时期(前301—前284年)，齐国由盛转衰，稷下学宫的发展态势也急剧逆转。齐湣王当政后专横跋扈，好大喜功，穷兵黩武，使国力日衰，民怨沸腾。齐湣王前期是稷下学宫发展的最高峰，“稷下学士更盛，多至数万人”。然而齐湣王刚愎自用，不肯接受稷下师生的劝谏，由于“智囊团”的作用不能充分发挥，所以许多稷下先生纷纷离开稷下学宫，另谋他就，使得稷下学宫出现了人才外流的倾向。《盐铁论·论儒》说：“诸儒谏不从，各分散，慎到、接子亡去，田骈如薛，而孙卿适楚。”稷下学宫由盛转衰，这是齐国败亡的征兆和前奏，公元前284年，齐湣王被燕国、赵国、魏国、韩国、楚国和秦国的六国联军所败，燕将乐毅率五国联军攻陷齐国都城临淄，殃及稷下学宫停办了五、六年之久。

齐襄王当政期间(前283—前263年)励志复国，齐国的失地虽然得以全部收复，但国力已然大伤，失去了昔日强国的地位。齐襄王虽然重建了稷下学宫，招揽荀子等稷下先生携弟子回到稷下，但是齐襄王虽广揽贤才，却叶公好龙，稷下先生仍处于“智者不得虑，能者不得治，贤者不得使”的境地，稷下学宫因齐国元气大伤而不复盛况。鉴于齐襄王尽力恢复被中断的稷下学宫，后人称这一时期为学宫中兴时期。

学宫在齐王建时期(前264—前221年)趋于衰弱。襄王卒，幼子齐王建当政(前264—前221年)，权柄落于外戚，齐国政治混乱。面对强秦的兼并战争，齐王建与君王后等人庸碌无能，不修攻战，而且放弃与其他五国合纵抗秦的机会，坐视秦国先后灭掉其他五国。此时的稷下学宫虽然能勉强支撑，但却大势已去，就连“好奇伟之划策”的鲁仲连都束手无策，不得不“逃隐于海上”。公元前221年，齐国终于被暴秦所灭，稷下学宫亦也惨遭焚毁而走向衰亡。

从稷下学宫的盛衰历程可以看出，学校教育的发展，不仅与政治、经济、文化、社会的发展休戚相关，也与统治者个人的才能和喜好紧密相连。

第四，从各代表性学派与学人的角度来看，稷下学宫作为战国时期的学术交流中心，呈现出诸子百家争鸣的盛况。云集稷下的主要学者有孟子、荀子、宋钘、尹文、慎到、环渊、邹衍，田骈、彭蒙、淳于髡、接子、鲁仲连、田巴等，汇集道、儒、墨、法、名、兵、农、阴阳、黄老等诸子百家之学，各学者在学术上各有所属，借助稷下学宫聚徒授学、自由议论时政、寻求治国安邦之策。

黄老之学不仅生于齐长于齐，稷下黄老学派也是稷下学宫中影响较大的学派之一。黄老之学以“因道全法”为统治之术，主张道、法互补，既讲求道的自然性，也讲求法的严肃性。主要代表人物有慎到、田骈、环渊、接子等，他们大力为田氏政权欲统一中国奔走辩说，也受到了齐国特别的礼遇。

慎到，战国时期赵国人，稷下黄老学派的主要代表人物之一，是齐宣王、齐湣王时期的稷下先生。经过慎到等人的开拓，“因道全法”逐渐成为战国时期法治主义的理论基础。《汉书・艺文志》著录《慎子》四十二篇，然而大部分已佚失，明代仅存五篇，清人钱熙祚据《群书治要》增补两篇，故今存《慎子》有七篇。

田骈，战国时期齐国人，是稷下先生彭蒙的弟子。齐宣王时被赐为“上大夫，不治而议论”，是著名的稷下先生，主张贵齐、贵均、尚法、因性任物。齐湣王时，田骈离开稷下学宫，来到薛邑，寄于孟尝君篱下。由于田骈善辩说，论辩时每每广征博引，被人赞为“天口骈”。田骈长期活动于稷下学宫，著有《田子》一书。此书已亡佚，清人马国翰《玉函山房辑佚书》有其佚文辑本。因田骈的书大多亡佚，后人推测《管子》书中的《心术》《内业》《白心》诸篇或出自田骈、慎到之手，也有人将《黄老帛书》视为田骈的遗著。

环渊，战国时期楚国人，是黄老学派的重要代表人物，著《上下篇》。齐宣王时环渊从楚国来到齐国，活跃于稷下学宫，成了著名的稷下先生。环渊所著《上下篇》，实则整理的是其宗师老子的《道德经》，而《蜎子》十三篇则是他自己的作品。班固在《汉书・艺文志》中将环渊视为老子的弟子，环渊实际上应是老子的数传弟子。刘蔚华等学者推断《黄老帛书》很可能是环渊的言论，书内以楚言、楚韵改铸老子之学，发挥“黄学”，并以道法为主而兼采儒、墨、名、阴阳诸家之说。

接子，亦称接予或捷子，战国时期齐国人，是齐宣王、湣王时期著名的稷下先生，与慎到、田骈皆习黄老，是黄老学派的重要代表人物之一。《汉书・艺文志》于道家下著录《捷子》2篇。接子在齐宣王时就已成为著名的稷下先生，与邹衍、淳于髡等76人，“皆赐列第，为上大夫，不治而议论”。齐湣王末年，稷下先生受到冷遇，接子随慎到等人离开了稷下学宫。

彭蒙、季真是稷下黄老学派的早期代表人物。彭蒙，齐国人，主张“不言之教”而“漠之是非”，并以此教授其学生田骈。虽有著书数篇的记载，但所著书无存。季真，主张“莫为”，即无为，曾出游魏国，先后与魏惠王、魏襄王言经国之事。彭蒙、季真虽不及慎到、田骈等稷下先生有名气，却为开创稷下黄老学派作出了重要贡献。

阴阳学派，也称为阴阳五行学派或阴阳家，主要探究宇宙运行的根本规律和世界万物的起源。稷下阴阳五行学派将阴阳与五行学说结合了起来，主要代表人物有邹衍、邹奭。

邹衍，战国时期齐国人，既是稷下阴阳五行学派的创始人，也是我国古代阴阳五行说的集大成者。邹衍长于雄辩，被人称之为“谈天衍”。邹衍起先钻研儒术而未得重用，遂转而倡导阴阳五行说，并将之与王朝更替相联系，因而受到列国诸侯重用。

邹衍的主要思想是大九州说和五德终始说。大九州说是邹衍关于世界地理的学说，主要见于《论衡·谈天》和《史记·孟荀列传》。据《七略》记载，邹衍的五德终始说以五行相胜为基础，主要用来解释新政权取代旧政权的合法性。邹衍著述颇丰，《史记》称其著有“《终始》《大圣》篇十余万言”，《汉书·艺文志》载其著《邹子》49篇，《邹子始终》56篇，刘向《别录》称其著《主运篇》，但这些著作均已亡佚，清人马国翰的《玉函山房辑佚书》中载有邹衍的辑本。

邹奭，战国时期齐国人，稷下晚期阴阳五行学派的著名学者。《史记》将邹奭与邹忌、邹衍并称为齐国三邹。邹奭虽继承了邹衍的学说，著作文采兼备，被人称为“雕龙奭”“谈天邹”，但其思想迂阔不切实际，“文具难胜”。《汉书·艺文志》载邹奭著有《邹爽子》12篇，现已亡佚。

稷下墨家也是稷下学宫的重要学派之一，主要代表人物是宋钘。

宋钘，战国时期宋国人，齐威王、齐宣王时期著名的稷下先生，主张治理社会应坚持“以禁攻寝兵为外，以清欲寡浅为内”的理念，反映了社会下层渴望和平、厌恶战争的愿望。

据《荀子》《庄子》《韩非子》三书记载，宋钘的学术思想与墨子紧密相连，《汉书·艺文志》记载宋钘著《宋子》18篇(亡佚)，清人马国翰《玉函山房辑佚书》内有《宋子》辑本。学界关于《管子》中《心术》《白心》《内业》等篇是否为宋钘、尹文的遗著暂未有定论。

名家是先秦时期主要辩论名实问题的思想流派，稷下学宫则是战国时期名辨思潮的学术中心。先秦名家中有事迹可考的共6人，其中有一半出自稷下学宫。稷下名家的主要代表人物有尹文、兒说、田巴。

尹文，战国时期齐国人，与宋钘、田骈等同游于稷下，是齐宣王、齐湣王时期著名的稷下先生。从尹文的思想源流来看，主要是以名家的思想学说著称于世，《尹文子》中的《大道上》详细论证了形与名的关系，认为必须在准确把握万事万物的基础上，方能做到“名副其实”，反对社会实践中名不副实的行为。

《汉书·艺文志》载尹文著有《尹文子》1篇，高诱注《吕氏春秋·先识览·正名》称尹文曾著《名书》1篇。《隋书·经籍志》《旧唐书·经籍志》皆著录《尹文子》二卷，《宋史·艺文志》著录《尹文子》一卷。现今传世的《尹文子》一书是否为尹文遗著存在较大争议。郭沫若经过考证，认为《管子》中的《白心》为尹文的遗著，而《枢言》应为尹文子后人的抄本。

兒说，战国时期宋国人，战国名家的早期学者，齐威王、宣王时期稷下名家学派的代表人物之一。《韩非子·外储说左上》记载兒说善辩，首先提出“白马非马”论题的正是兒说，名家代表公孙龙则是在兒说观点的基础上进行了充分的阐发。兒说虽认识到事物的差异性与对立性，常以“白马非马”论与稷下辩士坐而论道，却在现实生活中无法说服守关者。

田巴，战国时期齐国人，主要活动在齐宣王、齐湣王时期，是稷下名家的代表人物。田巴在稷下学宫中以雄辩著称，较早就提出了“坚白”“同异”之辩，被称为“齐之辩士”。史册并未记载田巴的具体著述，或许是“鲁连一说，使终身杜口”的缘故。

战国时期各国之间的争斗与兼并乱局，不仅为纵横家施展外交才能，宣传合纵连横主张提供了舞台，也使纵横学派逐渐为列国君王所爱重，成为百家争鸣的重要学派之一。开创纵横家理论的鼻祖，是战国时期隐居齐国的鬼谷先生，苏秦、张仪都曾入齐随鬼谷学习纵横之术，齐国由此成为纵横家学派的策源地。

淳于髡，战国时期齐国人，为稷下纵横家的代表人物，主要活动于齐威王、宣王时期，被称为"稷下博士"。淳于髡虽相貌不扬，却能言善辩，多次被齐王派出使他国，有"炙毂过髡"的美称。

淳于髡善于观察万事万物，其主要思想和事功主要见于《史记》《战国策》《吕氏春秋》《淮南子》《孟子》等书。在处理局部与整体的关系上，他主张做事要把握全局，做到"全而勿失"；在观察事物发展规律上，他认识到凡事盛极而衰，为避免事物向不利的方向发展，要注意"不可极"；在处理现象与本质的关系上，他认为任何事物"有诸内，必形诸外"，因而要善于透过事物或人的外表洞察其本质。

儒学是春秋战国时期的一大显学，稷下儒学也是稷下学宫的重要学派之一，主要代表人物孟子、荀子久居于齐，深受齐文化的熏陶。

孟子，名轲，战国时期邹城人。齐宣王时期，孟子作为稷下先生而"仕于齐，位至卿"，不仅希望齐国治国施行仁政，还通过与墨家、纵横家等学派论辩，大力宣扬自己的政治理想。孟子在管仲重民思想的基础上提出民本思想，认为君主应争取民众、顺应民心，制民之产，方能实现王道，成就霸业。鉴于孟子曾"仕于齐"且《史记》并未将其与邹衍等稷下先生并列等史实，学界对孟子是否为稷下先生的问题，存在一定的争议。

荀子，名况，字卿，战国时期赵国人，由稷下学士而"最为老师""三为祭酒"。齐宣王在位时，荀子入齐与诸子论辩，于齐湣王时劝谏不得志而赴楚国，后齐襄王重整稷下学宫而返齐，齐王建时遭谗害，再次离齐入楚任兰陵令，后潜心著述。

与孔子、孟子等儒家思想不同，荀子因久居齐国而深受齐国管仲等人思想的影响，提出以礼为主、以法为辅的礼法并用思想。同时，荀子强调要顺应自然界的客观发展规律，发挥人的主观能动性，制天命而用之。

再者，古代对于稷下学的论述，尤以汉代学人所爱重，主要见于司马迁《史记》、桓宽《盐铁论》、刘向《新序》《别录》、应劭《风俗通》、徐干《中论》和记录郑玄师徒问答的《郑志》。汉代以后稷下学受到冷遇，直至1920年代以后才重新受到学界的关注。总的来看，作为我国最早的政治咨询和学术交流中心，稷下学宫是中华文化史上的一座丰碑。稷下之学不仅总结了我国先秦时期的文化成就，更开启了我国历史上第一次思想大解放、学术大繁荣的新时代，对中国古代的教育、学术、思想和文化的发展产生了深远的影响。稷下学宫不但为齐国的强盛打下了良好的基础，也带来了整个社会学术的繁荣。稷下先生积极参与齐国政事，不仅促进了齐国的腾飞，使齐国成为当时的文化教育中心，也提升了稷下学人的社会地位，开创了先秦文化教育官私合办的新局面，为后世教育的发展提供了典范。

（杜建婷　赵蒙）

# 44. 先秦子学的兴起与衰落

先秦子学是中国历史上第一个大规模学术思潮，于春秋时期逐步形成，在战国末期走向衰落，前后历经三百余年。“先秦”一词有两种含义：其一指公元前221年以前，也即秦朝建立之前；其二指公元前770年至前221年，即自周天子赐封秦国至秦朝建立，也即春秋战国时期。将“先秦”与“诸子”或“子学”连用，则为后一种含义。“子”本为周代官爵，后引申为弟子对师傅的尊称。先秦著名学者多数出身贵族或曾在朝为官，因此弟子多尊称师傅为“某子”，如孔子、孟子、墨子等。同时，先秦学者之书多为弟子记述或编纂，弟子多将其著作直接命名为“《某子》”，如《孔子》《孟子》《墨子》等。因当时学者与著作众多，形成百家争鸣盛景，后人称这个群体为“诸子百家”，称其学说和学派为“先秦子学”。

公元前1000年至公元元年的这一千年，被一些西方学者称为人类历史的“轴心时代”。这一时期古希腊人、古印度人、犹太人和中国人都创造出了璀璨夺目的精神成果，具体到中国则主要表现为百家争鸣的时代风潮。论述先秦子学兴起的原因当围绕诸子这个群体的形成展开。自武王开始，周人将王畿以外的土地赐予先代遗胄、开国功臣以及王室成员。分封制与宗法制相结合，西周形成了“周天子—诸侯国君—卿大夫—士”这种层层分封的稳定社会体系。在这一体系下，上级对下级的监管相对严格，思想文化相对统一，阶层之间乃至于阶层内部的思想交流都不甚活跃，居于社会底层的庶人和奴隶更是难以参与思想文化交流活动。据《周礼·秋官·司寇》载：“禁暴氏掌禁庶民之乱暴力正者。挢诬犯禁者，作言语而不信者，以告而诛之。凡国聚众庶，则戮其犯禁者以徇。凡奚、隶聚而出入者，则司牧之，戮其犯禁者。”统治者专门设立监控民间言论的官员，造谣者会被斩首示众，奴隶不得聚集在一起。这些举措固然是为了防止造谣和暴乱，但也反映了当时政策对于思想文化交流的严格限制。

百家争鸣意味着思想的多元化，思想的多元化常产生于相对宽松的政治环境。据《史记·周本记》载，西周自昭王时期便有王道衰微端倪。昭王的继任者穆王不听大臣劝说，执意起兵攻打犬戎，铩羽而归后，周边蛮族便不再朝见。穆王还放弃周先王一贯以德服人的王道，制定严刑峻法《甫刑》。这套法律中，有墨、劓、刖、宫、大辟这五种刑法共计三千条，可见政策之严苛。到了懿王继任之时，王室的势力已经十分衰微了，民间出现许多讽刺诗歌。厉王横征暴敛以满足自己骄奢淫逸地生活，引发了民众的不满和议论。厉王不仅不自我反省，反而派专人监视并处决议论朝政的人。这样的结果是，虽然压制住非议，但却在臣民中失去了威信，诸侯开始不来朝见，并于三年后联合发起叛乱。幽王为博得褒姒一笑而烽火戏诸侯，最终身死于骊山之下，西周灭亡。

周平王虽于洛邑重建周室，但不得不承受数代周王暴政的恶果。平王将岐西王畿赏给赶走犬戎的秦襄公，王室势力衰败。诸侯不再服从周天子命令，肆意发动战争以兼并弱小扩大自己的实力，政治权力实际上旁落到了齐、楚、秦等大诸侯国君手中。此后，诸侯叛乱、弑君、废君改立之事也屡见不鲜了。当初由分封制和宗法制维系起来的稳固的社会结构自上而下崩塌，进一步地表现为诸侯国君权力的衰败。在晋国，魏文侯所设立的六卿权势日益膨胀。晋出公十七年，知氏、韩氏、赵氏、魏氏四家联合灭掉了范氏与中行氏，想要瓜分二家的土地。晋出公大怒，欲联合齐、鲁两国讨伐四家，没想到却为四家所败而客死他乡。晋哀公四年，韩氏、赵氏、魏氏不满知氏独吞范氏与中行氏的土地又杀死知伯，瓜分了他的土地。晋静公二年，已经获得周天子册封为诸侯的韩、赵、魏三家终于灭掉了晋国瓜分其土地。在齐国，齐简公四年，田成子杀掉简公，掌控齐国政权。齐康公十九年，田氏获得周天子封侯后，把康公迁到海滨。康公死后，田氏开始自称齐王。在鲁国，三桓长期把持朝政、威胁公室，历代国君多有灭三桓之意，但都未成功，有些甚至被三桓弑杀或者出逃别国。凡此种种，反映了周人传统社会结构的进一步崩塌。

由周王室腐化所带来的这一系列崩塌对于国家的影响是正反两方面的。一方面，传统政治、经济体系被破坏，政乱和战争频发，给社会各阶层带来巨大的苦难。另外一方面，这种变故也促使着新制度的产生和新思想的出现。大动荡、大变革、大发展的形势催生了一个壮大起来的、十分活跃的士阶层。传统体制下，士处于统治阶级最底层，和庶人一样耕种土地，但享有包括受教育和服兵役在内的特权，这一阶层中的大多数人为卿大夫子嗣。到了春秋战国时期，士阶层的流动性增大。一方面，自鲁国“作丘甲”之后，许多诸侯国为了扩充军力，允许郊野农民、工商业者参军入伍，底层人士乃至于奴隶阶层中有才能者亦可以通过军功和政绩跻身士大夫行列。这一时期，允许土地买卖，对工商业者的政策也相对宽松，许多庶人也靠经济实力提高了社会地位，如陶范蠡、子贡、吕不韦等。另一方面，频繁的战乱和政变加剧了上层阶级的没落，许多王室或卿大夫后裔沦为士人乃至于庶民或奴隶。这一正一反的两个方面扩充了士阶层。这时的士，既有机会接触传统经典、接受“礼、乐、射、御、书、数”等贵族式的全面教育，又有具体事务，如参军入伍、就任基层官吏或从事农工商业。士阶层成了文化传播的使者，他们将长期为官方所垄断的几千年的文化积淀传播到民间，以士阶层为核心、其他阶层广泛参与的文化交流活动日渐兴盛。

宗法制与分封制的衰败造成中央对地方、官方对民间思想控制的削弱。一方面，王室、诸侯乃至于卿大夫本身就自顾不暇，更无太多精力去压制民间集会和议论。另一方面，在当时混乱政局的压力下，统治者越发重视起用有主见、有才能的士或庶民。如此，便有了相对宽松的政治环境。据《左传·襄公三十一年》载，郑国人可以聚集在乡校中议论朝政，执政大臣子产不仅没有以严刑峻法惩处非议者，反而根据民众意见调整政策。相比于西周时对于民众聚会的严苛管制，春秋战国时期的文化政策无疑是更加宽容的。养士之风兴盛，最具代表性的战国四君子网罗天下贤士，仅孟尝君门下就有三千余人，自饱学之人到鸡鸣狗盗之徒无不欣然接纳。讲学之风蔚然，官学的代表为齐国的稷下学宫，各门各派学者云集于这所官方设立的学宫，其中包括孟轲、淳于髡、邹衍、慎到、申不害、荀况等对当时及后世皆有深远影响的思想大家。民间私学当以孔子办学为代表。孔子是殷商后裔，祖上为宋国贵族，后来宋国内乱，孔氏举家避难于鲁国。孔子的父亲曾做陬邑大夫，但父亲病逝后，孔氏家道中落，孔子由其母携往曲阜，这时孔子实际的物质生活与庶人十分接近了。可以说，孔子便是春秋战国乱世中没落贵族的典型代表。不过，有贵族血统的孔子仍可以接受贵族教育、研习传统典籍，学成后的他以“有教无类”为准则广收门徒，三千弟子中既有上层贵族、下层士人，亦有从事农工商的普通庶人，后者如颜回、子贡等。

总而言之，周王室衰败引发的社会“蝴蝶效应”使得稳固的社会体制崩塌，造成了政变、战争频发的混乱局面。同时，也提供了相对宽松的政治环境、壮大了士阶层，催生了诸子百家争鸣的盛景。

诸子百家，人员众多、著述丰富、观点各异，如何对其分门别派一直是学界的重要问题。最早试图分派评述诸子观点的当是《庄子·天下》篇。此篇作者先于总论中提及明晰《诗》《书》《礼》《乐》的“邹鲁之士、缙绅先生”，次而，将墨翟、禽滑釐并列，宋钘、尹文并列，彭蒙、田骈、慎到三人并列，惠施单列，关尹、老聃并列，庄周单列，并展开评述。其所列众人，大概不出后人所说的儒、道、墨、法、名五家。但《天下》篇的作者无意于全面、清晰地区分各家各派，因此分类随意、也未一一命名。《庄子·天下》篇外，又见《荀子·非十二子》篇。如篇名所言，作者将当时及稍前的十二位学者分为六派一一非难。其中，它嚣、魏牟为一派，陈仲、史鳝为一派，墨翟、宋钘为一派，慎到、田骈为一派，惠施、邓析为一派，子思、孟轲为一派。《非十二子》所列均为当时或稍早的显学，未对更早时代的学者进行尽可能全面的综述，也未给各家各派命名。各家各派中，最早有专用名称者当为儒家和墨家。《孟子·尽心下》篇载“逃墨必归于杨，逃杨必归于儒”，可见战国时期已有儒家和墨家的说法。又《韩非子·显学》篇载“今之显学，儒、墨也”，则说明当时儒家和墨家不仅仅各成一派，而且十分兴盛。

汉朝时期，学者司马谈和刘歆对先秦诸子重新进行分门别派。司马谈为司马迁之父，曾任汉武帝时太史令，其《论六家要旨》载于《史记·太史公自序》中。司马谈称：“夫阴阳、儒、墨、名、法、道德，此务为治者也，直所从言之异路，有省不省耳。”相比于《天下》《非十二子》两篇，司马谈另外注意到了阴阳家。司马谈明确称呼各家，则说明时人已开始使用这些代称。其后，刘歆于司马谈六家基础上再增四家，分别是纵横家、杂家、农家、小说家。刘歆的说法在其著作《七略》的《诸子略》中，此书于唐末失传，今人通过东汉学者班固所著《汉书·艺文志》得见刘说。《汉书·艺文志》总序称：“歆于是总群书而奏其七略，故有辑略，有六艺略，有诸子略，有诗赋略，有兵书略，有术数略，有方技略。今删其要，以备篇籍。”可见，班固大体保留了刘歆的原文原意。刘歆认为小说家浅陋，故又称：“诸子十家，其可观者九家而已。”九流十家自此成为学界通用说法，一直沿用至今。与前人相比，刘歆持论相对公允。这在于他虽有学术偏好，但没有像《天下》《非十二子》《论六家要旨》的作者那般将某一学术立场设立为排他性的绝对权威，也没有与同时期学者争辩的强烈需求。刘歆将九流十家视作六经之支与流裔，各有长短且能相互补充，他说：“若能修六艺之术，而观此九家之言，舍短取长，则可以通万方之略矣。”

在此，对九家名称来源、代表人物、代表作品和基本观点作一大致介绍。《说文解字》称：“儒，柔也，术士之称。”《论语·雍也》载子谓子夏曰：“汝为君子儒，无为小人儒。”最初，“儒”是学者的通称。后来，引申为有学识道术又能传授与人的学者。孔子开创了私人办学风气，因此孔子及其门人所创立的学派也获得了儒家的称谓。先秦时期，儒家的代表人物为孔子、孟子、荀子，代表作品为《论语》《孟子》《荀子》。按照刘歆的说法，儒者“游文于六经之中，留意于仁义之际，祖述尧舜，宪章文武，宗师仲尼，以重其言，于道最为高”。即大体上说，儒家学者以六经为经典、以孔子为祖师，讲求仁义、王道。

道家，为道德家的简称。“道”与“德”是道家学者经常提及的概念，也是其基本概念。先秦时期，道家的代表人物为老子、庄子，代表作品为《老子》《庄子》《管子》。《老子》上篇有言：“孔德之容，惟道是从。”《老子》下篇亦曰：“道生之，德蓄之，物形之，势成之，是以万物莫不尊道而贵德。”《庄子·天地》篇曰：“德兼于道，道兼于天。”又曰：“泰初有无，无有无名，一之所起，有一而未形。物得以生，谓之德。”《管子·心术上》曰：“虚无无形谓之道，化育万物谓之德。”又曰：“德者，道之舍，物得以生生，知得以职道之精。故德者得也。得也者，其谓所得以然也。以无为之谓道，舍之之谓德。故道之与德无间，故言之者不别也。”概括地说，道家之道，即天地自然之道，生化万物的总原理。德，指万物所获得的，也是指道。道与德没有分别，是相同的。刘歆称道家：“历记成败存亡祸福古今之道，然后知秉要执本，清虚以自守，卑弱以自持。”这里的秉要执本，即尊道贵德，又因尊道贵德，所以为人虚怀若谷、清虚自守。

墨家之名，取自其祖师墨翟姓氏。代表人物为墨翟，代表作品为《墨子》。《墨子》一书，既有弟子记述墨子言行篇章，亦有后期墨者增添部分，后者如《墨经》诸篇，即《经上》《经下》《经说上》《经说下》《大取》《小取》六篇。刘歆称墨家："茅屋采椽，是以贵俭。养三老五更，是以兼爱。选士大射，是以上贤。宗祀严父，是以右鬼。顺四时而行，是以非命。以孝视天下，是以上同。"后人又以"兼爱""非攻""尚贤""尚同""天志""明鬼""非命""非乐""节葬""节用"为墨家十大主张。

与道家相似，名家之称亦源于名实之辩在其学说理论中的重要地位。其代表人物为公孙龙与惠施，代表作品为《公孙龙子》。惠施作品失传，《庄子·天下》篇载有惠子部分观点。无论是惠子"历物十事"、还是公孙龙子"指物论""坚白论""白马非马论"都是围绕名与实的关系展开的。

法家之名亦取自其对法律和政令的倚重。法家代表人物为商鞅、韩非，主要作品为《商君书》《韩非子》。法家集大成者韩非子集商鞅、申不害、慎到学说，主张君主将"法、术、势"相结合使用，这是法家最鲜明的主张。

纵横家之称取合纵连横之意。东方六国南北联合，西抗强秦称作合纵，这是苏秦的策略。强秦与东方国家联合讨伐他国，被称作连横。这是张仪和公孙衍的策略。纵横家代表人物为鬼谷子及其两个门人苏秦和张仪，代表作为《鬼谷子》。据《汉书·艺文志》载，包括苏、张二人在内的许多纵横家本有著述，但悉数失传。

阴阳家之名，取自其学派核心概念"阴阳"。阴阳家代表人物为邹衍，其著作《邹子》失传，今人仅能从《史记》等书中窥探一斑。《史记·封禅书》称"邹衍以阴阳主运显于诸侯"，又称："齐威、宣之时，邹子之徒论著终始五德之运。"五德终始即金、木、水、火、土五德相生相克，而阴阳则是五德运行的主宰。

杂家之称取杂采众说之义，以吕不韦及其所编《吕氏春秋》为代表，博采众长、为其所用。农家托于神农氏之名，关注农耕。主张"君臣并耕"。其代表人物为许行，作品失传，《孟子·滕文公上》载有许行的部分言论。九流十家中，儒、道、法三家对后世的影响最为深远。

诸子之学，兴起于春秋，极盛于战国，衰落于秦汉。论诸子学衰退，首先当归因于秦汉大一统局面下较为严苛的文化政策。当初，百家争鸣之时，学派之间、学派内部多有不同意见。按常理，面对不同意见，可以求同存异、相互学习，亦可以坚守己见、党同伐异。不幸的是，学术大家之间的分歧往往在于其学术根基，如于人性论、宇宙论上的分歧。如此，自然难以求同存异。《庄子·天下》篇虽能在一定程度上肯定其他学派之观点，但无非以老庄哲学作为标杆，与其哲学大方向相符的给予肯定，与之不符的加以摒弃。逮到《荀子·非十二子》，对异己学说之痛恨溢于言表。《非十二子》开篇直呼："假今之世，饰邪说，文奸言，以枭乱天下，矞宇嵬琐，使天下混然不知是非治乱之所存者有人矣。"此篇作者所推崇的是孔子和子弓之学，以之为标杆，将其他学说(包括儒学以外的各家、更包括儒学内部分化出来的其他学派)斥为邪说奸言，认为其一旦立论，必将妖言惑众。因此，可以推知，如荀子为统治者所重用，一样会借政治权力使邪说奸言湮灭。

荀子在世之时郁郁不得志，待其死后，弟子李斯终于实现了老师"遗愿"。秦丞相李斯谏言始皇帝说："五帝不相复，三代不相袭，各以治，非其相反，时变异也。今陛下创大业，建万世之功，固非愚儒所知。且越言乃三代之事，何足法也？异时诸侯并争，厚招游学。今天下已定，法令出一，百姓当家则力农工，士则学习法令辟禁。今诸生不师今而学古，以非当世，惑乱黔首。丞相臣斯昧死言：古者天下散乱，莫之能一，是以诸侯并作，语皆道古以害今，饰虚言以乱实，人善其所私学，以非上之所建立。今皇帝并有天下，别黑白而定一尊。私学而相与非法教……臣请史官非秦记皆烧之。非博士官所职，天下敢有藏诗、书、百家语者，悉诣守、尉杂烧之。有敢偶语诗书者弃市。以古非今者族。”秦自商鞅以来以耕战立国，以法家学说为理论指导。身为丞相的李斯此时未必着意于文人之间的党同伐异，而是真实感受到思想文化大一统的必要性。李斯以百家之言皆为惑众谣言、以天下百姓皆为乌合之众，于是决定毁灭民间典籍、关闭私学、禁止游学、辩论等学术活动。

幸而诸多经典以官方保留、博士口述或民间私藏的方式得以重见天日。汉初，鉴于长期战乱所致民生凋敝，统治者奉行黄老道家之学，实行与民休息的无为政策。惠帝废除《挟书令》，民间学术缓慢复苏。武帝时，经济恢复、国力强盛，但帝国面临着内忧外患，思想文化大一统再次提上议程。在与道家的几番较量之后，儒学登上政治舞台，成为官方学问。同样，以董仲舒为代表的儒者借助政治权力贬抑他家。据《汉书·董仲舒传》载，董仲舒对武帝称：“《春秋》大一统者，天地之常经，古今之通谊也。今师异道，人异论，百家殊方，指意不同，是以上亡以持一统。法制数变，下不知所守。臣愚以为诸不在六艺之科孔子之术者，皆绝其道，勿使并进。邪辟之说灭息，然后统纪可一而法度可明，民知所从矣。”而后，不治五经的太常博士一一遭到罢黜，儒学成为选贤举能的最重要参考标准，中国进入两汉经学时代。

总而言之，天下大势往往在分分合合间交替变换，而学术思潮往往受其影响而呈现相似规律。三代时期，官方垄断文化资源，民众既不受教育、也不得交流。逮到春秋战国时期，传统社会体系崩塌、统治阶层于动荡政局中自顾不暇，壮大起来的士阶层与庶民一同分享历史文化积淀，各抒己见以应对时代需求。而后秦汉之际，法、道、儒依次取得大一统政权的信任，轮流位居官学。三家于是借助官学教育制度和人才选拔制度垄断了社会资源，阴阳家、墨家、名家、纵横家、农家等各家或是在文化禁令中失传，或是被纳入三家，或是流于无用而很少被人研习。

当然，也不能完全将先秦子学思潮的衰退归罪于李斯、董仲舒等学者或是秦始皇、汉武帝等当权者。综观中华五千年历史，在分裂之世，战乱频发、民不聊生，总有各方势力相互竞争以消灭敌人、统一天下，亦有诸多学人各抒己见以针砭时弊、匡救时局。等到时机成熟，某一势力一统中华、掌握政权后，便需要以一家学说为主导，统一民众思想意见。这一家便通过官学制度和人才选拔制度垄断官方和民间学术，获得独尊地位与深远发展。等到一定时间后，大一统政权往往又因内部腐化而无力应对内忧外患，上级对下级、中央对地方逐步失去控制力，国家又走向分裂。分裂之世，某一两家失去独尊地位，归复于各类思想之中。

另外，学术思想的发展并非匀速直线上升，往往是长时间的积淀与短时间的飞跃相更替。譬如儒学，三代给后世留下《易》《书》《诗》《礼》《乐》等著作为代表的文化积淀，孔、孟、荀等儒者得以形成早期儒家理论体系。汉唐学者多专心字词章句，而一时不能实现理论突破，构筑更加宏大或精深的理论体系。宋明时期，学者终于更进一步，使得以二程、朱熹为代表的理学与以二陆和王阳明为代表的心学交相辉映。而后，清人朴学又专注于考据而于理论上少有创见。因此，子学在秦汉之际的衰微虽有其所处时代政治、经济、文化各方面的特殊原因，但也是思想史和学术史发展规律的一般性表现。

（谢永乐）

# 45. 屈原与《离骚》

屈原是中国文学史上第一个伟大的爱国诗人，他的璀璨诗篇在中国文学的天空中光芒四射，辉耀千古。他的代表作《离骚》，是现存第一篇宏伟壮丽的抒情长诗，是文学史上的不朽杰作。屈原及其诗作，在中国文学史上具有非常重要的地位和影响。

屈原（约前340—约前278年），名平，字原，出生于楚国贵族家庭，与楚王同姓。其祖先屈瑕，为楚武王熊通之子，受封于“屈”地，即以“屈”为氏。屈原的生卒年问题，迄今尚无定论。由于人们对屈原自述“摄提贞于孟陬兮，惟庚寅吾以降”的理解有别，推算方法各异，因而得出了不同的结论。屈原的生平事迹，主要见于《史记》以及屈原作品中的自叙。据这些史料记载，屈原才高学博，明于治乱，善于应对，并具有远大的政治抱负。他主要生活在楚怀王、顷襄王时代，曾任“左徒”和“三闾大夫”之职。初得楚怀王高度的信任，“入则与王图议国事，以出号令；出则接遇宾客，应对诸侯”，是楚国政治舞台上的核心人物，在内政和外交方面都曾大显身手。但不久遭小人诽谤攻击，被怀王疏远，并曾一度流放于汉北。屈原既疏，群小得势，楚国政治日趋腐败，国势日趋倾颓。怀王昏庸贪婪，刚愎自用，因受秦使张仪之欺，愤而两度伐秦，均遭惨败，并丧师失地，后竟被骗入秦，被囚于秦而死。屈原曾力阻楚王入秦而未果。顷襄王继位，谄谀用事，屈原遭到更大的打击，又被放逐于江南。此时，楚国政治更加黑暗，内外交困，国运危殆。公元前278年，秦军攻破郢都。目睹祖国沦亡，人民遭难，屈原悲愤绝望，自沉汨罗江而死。传说其时为农历五月初五，后人为纪念屈原，每年就在这一天举行各种活动，后来逐渐演变为民间节日端午节。

屈原的政治主张与楚国最高统治集团有着尖锐的矛盾冲突。在内政方面，屈原主张“修明法度”，“举贤授能”，实行使国家富强的“美政”。他崇尚儒家传说中的圣君贤臣，对政治怀有理想主义的态度。他的改革主张和措施触犯了贵族保守势力的利益，遭到了他们的极力反对和攻击。在外交方面，屈原主张联齐抗秦，具有远见卓识，而怀王贪利昏庸，顷襄王畏怯妥协，都不能接受他的正确主张，反而对他进行打击。屈原在政治上的理想主义态度和耿直坦荡的性格，同楚国衰败时期的黑暗政治是难以协调的，注定要造成人生悲剧。屈原一生的悲剧，也是楚国的悲剧和时代的悲剧。

屈原在人生的艰难困顿中展现出震撼人心的人格力量。首先，屈原在深沉的爱国情怀中始终保持着对美政理想坚定执著的追求精神。屈原一生为了挽救祖国命运，为了实现政治理想，奔走呼号，坚持奋斗，顽强不息。虽然他一再受到贵族群小的排挤和迫害，但仍然义无反顾地为变法图强而不懈努力，奋不顾身地同腐朽势力进行斗争，虽九死而不悔。屈原一生的历史是同腐朽贵族势力作斗争的历史，是为了祖国的强大而英勇奋斗的历史。他的悲愤的歌唱倾注了深沉的爱国主义思想感情和坚定顽强的追求精神。其次，屈原始终不渝地进行道德的自我完善，修成了一腔浩然正气和特立独行、高洁脱俗的节操。屈原时刻把人格的高洁作为修养的追求，十分重视立身的道德准则与人格精神。他把忠诚守信、正直无私作为立身的道德标准，并躬身实践，持之以恒，从不懈怠。虽然长期身处逆境，备受迫害，但决不向权贵低头屈服，决不与奸佞小人同流合污，始终坚持自己的政治立场，始终保持自己的独立人格。

屈原的精神和人格在中国历史上产生了非常重要而积极的影响。屈原作为一个伟大的爱国者备受世人敬仰。他以爱国爱民的崇高品质，以顽强追求的精神和高尚纯洁的人格，以其创作的光辉灿烂的诗篇，对历代人民的精神面貌，对我国优秀文学传统的形成都产生了极大的影响，在我国文学史上有着崇高的地位。千百年来，屈原一直活在人们的心中。在历代人民反抗强暴、维护正义的英勇斗争中，可以清晰地看到屈原精神的再现。屈原的崇高人格和用心血凝成的爱国诗篇，也滋育了后代的进步作家。许多作家都曾不同程度地受到过屈原爱国思想的影响，并且从他坚持理想、顽强不屈的精神中汲取了力量。汉代青年政论家贾谊作《吊屈原赋》，表达了对屈原的崇敬。卓越的史学家司马迁不仅在《史记》中为屈原立传，极力颂扬屈原，并且以屈原精神来鞭策自己，终于完成了《史记》这部巨著的撰写。汉代以后，屈原精神在许多作家身上得到进一步发扬。李白、杜甫都景慕屈原之人格。李白一生傲岸不羁，蔑视权贵，却深深敬佩屈原。他说："屈平词赋悬日月，楚王台榭空山丘。"赞颂了屈原精神的不朽。杜甫忧国忧民的思想也是对屈原精神的继承，曾言："窃攀屈宋宜方驾，恐与齐梁作后尘。"后来还有很多诗人如辛弃疾、文天祥等，在民族危亡年代写下了激昂慷慨的爱国诗篇，其中也映射出屈原精神的光芒。屈原崇高的人格力量感召了后世无数的仁人志士，他的斗争精神得到了广大士人的广泛认同，培养了中国士人主动承担历史责任的勇气。

与屈原的精神力量和人格力量一起光耀千古的，是他在坎坷的人生遭遇中抒写的华美诗章。屈原的作品，在《史记》中提到的有《离骚》《天问》《招魂》《哀郢》《怀沙》5 篇。西汉刘向曾辑录屈原、宋玉等人的作品，编成《楚辞》一书。东汉班固《汉书・艺文志》记载是 25 篇，但未列篇目。东汉王逸《楚辞章句》认为屈原作品为《离骚》、《九歌》(11 篇)、《天问》、《九章》(9 篇)、《远游》、《卜居》，共 24 篇，而把《招魂》列于宋玉名下。另有《渔父》《大招》，王逸不能断定。现代学者一般认为，屈原所作的诗篇共计 23 篇，即《离骚》《九歌》《天问》《九章》《招魂》。这些作品奠定了屈原在文学史上的崇高地位，并作为主体标志着"楚辞"这种新诗体的形成。"楚辞"的本义是泛指楚地歌辞，后来逐渐用来专指以屈原创作为代表的新诗体。由于《离骚》是楚辞的代表作，所以楚辞又被称为"骚"或"骚体"。《楚辞》和《诗经》成为中国文学史上早期的两座高峰，也分别成为文学史上浪漫主义和现实主义的源头，后人以"风骚"并称，影响极为深远。另外，汉代曾将楚辞称为"赋"，所以屈原的作品又有"屈赋"之称。

《离骚》是一篇卓绝古今的长篇政治抒情诗。王逸《楚辞章句》题作《离骚经》，宋代洪兴祖在《楚辞补注》中指出："盖后世之士祖述其词，尊之为经耳。"也有人称之为《离骚赋》或简称《骚》。全诗 370 多句，2400 多字。其篇幅的宏阔巨大，是我国古典诗歌中少有的。这篇不朽之作，震古烁今，千百年来一直深深地震撼着世人的心灵，成为我国诗歌史上乃至世界诗史上，最为激动人心且具有永久魅力的瑰丽篇章之一。

关于诗题"离骚"的含义，历来解释不一。司马迁在《史记・屈原列传》中说："离骚者，犹离忧也。"班固在《离骚赞序》中说："离，犹遭也；骚，忧也，明己遭忧作辞也。"王逸在《楚辞章句・离骚序》中说："离，别也；骚，愁也。"认为离骚即别离的忧愁之意。将"离"解作"离别"，与司马迁同。《离骚》原文中有"余既不难夫离别兮，伤灵修之数化"，是说离别朝廷被疏远，失去楚王的信任而愁苦忧伤。可知释"离骚"为"别忧"或"别愁"，较为符合全诗的思想内容。还有另外两种解释，一种认为"离骚"一词用的是古楚语，意思是离愁别绪；另一种认为"离骚"是楚地曲调悲伤的古乐曲名。关于《离骚》的写作年代，司马迁在《太史公自序》中说："屈原放逐，乃著《离骚》。"认定作于放逐以后。具体创作时间，今人对此说法不一，一般认为是在屈原第二次被放逐以后。

关于《离骚》的创作缘由，司马迁在《史记·屈原列传》中引刘安《离骚传》说："屈平疾王听之不聪也，谗谄之蔽明也，邪曲之害公也，方正之不容也，故忧愁幽思而作《离骚》。"又说："屈原正道直行，竭忠尽智以事其君，谗人间之，可谓穷矣。信而见疑，忠而被谤，能无怨乎？屈平之作《离骚》，盖自怨生也。"司马迁的这个推断应该是比较正确的，因为屈原的"忧愁幽思"和痛苦怨恨，是和楚国的政治现实紧密联系在一起的。

屈原写作《离骚》时已经处于人生最窘迫的时期。他为了实现政治理想而不懈努力，坚持奋斗，不断遭到腐朽的贵族集团的排挤和打击，此时再被放逐，可谓报国无门，救国无路，而楚国也由充满希望变成了濒临危亡。屈原思前想后，愤慨万端，把坚持奋斗而不能实现强国理想的沉痛感情，熔铸成了这篇激动人心的诗歌，成为其崇高而痛苦的灵魂的自白。《离骚》是屈原根据楚国的现实和自己的遭遇，以现实的政治斗争为背景，以对过去和未来的思考为主体而创作的政治抒情诗。诗中叙述了自己的身世境遇、思想感情和理想抱负，反映了自己与楚国贵族腐朽势力之间不可调和的矛盾冲突，抒写了屈原在严酷的斗争和考验中如何战胜自我的心路历程，展现了屈原崇高人格和鲜明个性的文学形象。

《离骚》作为一篇抒情长诗，感情强烈缠绵，节奏回旋复沓，所表现的思想内容也是极其丰富的。关于它的内容层次，历来也有各种各样的分法。根据诗人抒情的节奏，全诗大致可分为两大部分和一个乱辞。

从篇首到"岂余心之可惩"为第一部分。这一部分是诗人对人生历史的回溯和对自我操守的展示。他叙述了自己的家世出身、品性修养、理想抱负以及辅佐楚王进行变法革新的经过。诗人自豪地说，他出身高贵，禀赋不凡，从早年起就汲汲自修，锻炼才能，并决心献身祖国的富强事业。他渴望能施展抱负，报效祖国。这种深深的爱国情感，成为诗人一生前进的动力，也奠定了他坚强不屈的战斗性格的基础。诗人的高度自信和对国家的责任感溢于言表。诗人这一热爱祖国和人民的愿望，自然要归结到为强国而变法图新。但因为此举触犯了贵族集团的利益，诗人受到迫害和打击。贵族群小极尽诬蔑诽谤之能事；楚王听信谗言，不仅不再信任他，反而放逐了他；他为支持变革事业而培养的人才也变质了。当诗人回顾这些时，想到自己的理想破灭，国家的命运危在旦夕，便抑制不住满腔的愤怒，向腐朽的反动势力进行了猛烈的抨击。他痛斥贵族官僚集团蝇营狗苟，徇私枉法，投机钻营，打击进步势力，把国家引向绝境。他怨恨楚王昏庸无能，不辨忠奸；大胆地批评楚王反复无常，立场不坚；对人才的变质，也表示了深深的惋惜。但是诗人并没有被严重的挫折所压倒，决不屈服动摇，决不变志从俗。他要永远坚持原则，忠于理想，与没落腐朽的势力斗争到底。

从"女媭之婵媛兮"到"蜷局顾而不行"为第二部分。这一部分是描写诗人对未来的探索以及面临的痛苦抉择。诗人被排斥在现实的政治生活之外，报国无门，苦闷彷徨。"路漫漫其修远兮，吾将上下而求索。"究竟应该选择什么样的道路呢？女媭劝他不要过于耿直固执，应该随波逐流，明哲保身。但诗人通过向重华陈辞，分析了往古历史的治乱兴亡，再次表达了自己的政治见解，证明了自己信念的正确，否定了消极逃避的想法。为了追求理想的实现，他升腾飞翔，驰骋天宇，漫游大地，先后叩求帝阍，央求佚女，却都遭到拒绝，终无所遇。天上和人间同样黑暗，象征着再度得到楚王的信任是不可能的。但诗人仍不甘心，决不愿理想随着生命一起消失。于是，诗人又去找灵氛占卜，巫咸降神，请他们指明出路。灵氛劝他远走高飞，另寻他处安身立命。巫咸则进一步劝他弃暗投明，择君而事。诗人也感到时不待人，留楚无益，于是决心出走，但是这种行动又与他的爱国情感产生了尖锐的矛盾。当他准备飞腾远去时，再次放眼故国大地，顿时思绪万千，无限眷恋，终于不忍离开。诗人通过描写这一系列虚幻境界中的活动，否定了与他的爱国情感和心中理想格格不入的各种念头。诗人最终的选择表现了他热爱祖国、坚持真理、忠于理想的崇高精神。

乱辞是最后一部分，是对全诗的总结。该部分表现了诗人在理想无法实现、无法离开故国时的无奈，表达了诗人内心的无比痛苦和准备身殉理想的坚定决心。

《离骚》是屈原用自己的理想、遭遇、痛苦、热情乃至整个生命铸成的壮丽诗篇。全篇以诗人与贵族腐朽势力之间不可调和的矛盾冲突以及自己内心世界的矛盾斗争为核心，逐层深入，渐次展开，表现了诗人在现实斗争中曲折复杂的心理活动，创造了具有崇高人格和鲜明个性的形象，揭示了具有现实政治斗争意义的主题。

《离骚》通过叙述诗人一生不懈的斗争和身殉理想的坚贞行动，表现了诗人为崇高理想而战斗的不屈精神；表现了诗人与祖国同休戚、共命运的深挚的爱国主义感情；显示了诗人追求光明、憎恶黑暗的光辉峻洁的人格。同时通过描述诗人战斗的历程和悲剧的结局，反映了楚国政治舞台上进步与反动两种势力的尖锐斗争，揭露了楚国政治的黑暗腐朽和反动势力的猖狂嚣张。《离骚》虽是一首浪漫主义的抒情诗，却反映了丰富的社会现实内容，具有深刻的现实性，不愧为我国文学史上伟大的诗篇。司马迁评论《离骚》说："屈原虽流放，眷顾楚国，系心怀王，不忘欲反，冀幸君之一悟、俗之一改也。其存君兴国，而欲反覆之，一篇之中，三致志焉。"又引刘安《离骚传》说："《国风》好色而不淫，《小雅》怨诽而不乱，若《离骚》者，可谓兼之矣！上称帝喾，下道齐桓，中述汤武，以刺世事。明道德之广崇，治乱之条贯，靡不毕见。其辞微，其志洁，其行廉。其称文小而其指极大，举类迩而见义远。其志洁，故其称物芳；其行廉，故死而不容。自疏濯淖污泥之中，蝉蜕于浊秽，以浮游尘埃之外，不获世之滋垢，皭然泥而不滓者也。推此志也，虽与日月争光可也。"这些话，准确道出了《离骚》作为政治抒情诗的精神实质和不朽价值。

全诗既立足现实，又充满幻想，两者交错融合，相得益彰。诗人先从现实的叙述开始，接着对现实问题进行详尽的说明和反复的剖析，可是精神上仍然迷惘。继而，对丑恶现实的痛恨和对光明未来的憧憬，使他在迷离恍惚中进入到缥缈空灵的幻想境界；随着幻想的拓展，加大了诗人忧愤的深度和广度，突出了诗人对人生与理想的热爱与追求；随着幻想在严酷的现实面前的破灭，终于又回到了现实中来。诗人以这样的构思形式来布局谋篇，使诗中产生了波澜壮阔、气象万千的意境，使诗人丰富而复杂的斗争生活得到了真实反映。现实和幻想在精神实质上具有密切的内在联系，两者在诗中实现了高度而完美的统一，使全诗结构紧密而完整，浑然而不可分割。

《离骚》在艺术上取得了非凡的造诣。简言之，首先，《离骚》塑造了抒情主人公的纯洁高大的形象。由于人格的异常峻洁，感情的异常强烈，使这个形象具有了浪漫主义的性质，远远超出于流俗和现实。他那傲岸的人格和不屈的斗争精神，成为我们民族精神的一个重要象征。其次，《离骚》大量采用浪漫主义的表现手法，突出地表现在诗人驰骋丰富奇特的想象，大量运用并糅合各种神话传说、历史人物和自然现象编织幻想的奇特境界中。再次，《离骚》广泛运用比兴手法。如诗人以种花植木比人才培养，以饮露餐菊比坚持操守、不与腐朽贵族同流合污，等等。诗中的比兴又与所表现的内容合而为一，具有象征的性质，如以香草象征诗人的高洁。另外，《离骚》将抒情和叙事完美地结合在一起，把诗人长期的斗争经历和复杂的思想感情表现得淋漓尽致。

以《离骚》为代表的屈原作品在文学艺术上的成就和影响是巨大的。概括说来，表现在如下方面：第一，继《诗经》的现实主义之后，屈原以积极浪漫主义的创作方法，为我国文学开辟了另一影响深远的传统，从而丰富了我国文学的艺术表现力。《诗经》和屈赋成为我国古代文学史上最早的两座高峰。《诗经》以民歌的风格和现实主义手法成为后人学习的榜样；屈原的作品却更多地是以奇特的想象和夸张的手法，即浪漫主义的手法“衣被词人”。屈原作品是古代文学史上积极浪漫主义的开端，对我国古代诗歌的发展具有特殊的重要意义。第二，屈原发展了《诗经》开创的比兴手法，对我国诗歌民族艺术特色的形成作出了贡献。屈原使比兴手法得到了变化发展，把物与我、情与景交融起来，扩大了诗歌的境界和表现力，进而把比兴手法发展为“寄情于物”“托物以讽”的象征手法，对我国古代文学特别是诗歌创作有着极大的影响。第三，屈原作为我国文学史上第一位伟大的诗人，以他全部的热情为其创作打上了鲜明的个性烙印。屈原的创作比《诗经》的集体创作更具有鲜明的个性特色，开创了中国古典文学的新时代。屈原的创作标志着一种新的诗歌形式——骚体的诞生，这种诗歌形式在句式和结构上都比《诗经》更为自由且富于变化，更能有效地塑造艺术形象和抒发复杂的感情。屈原为了表达情感的需要，又大量借用神话材料和绮丽的幻想，使诗歌的境界恢宏瑰丽，为中国古典诗歌的创作开辟了一条新路。

鲁迅在《汉文学史纲要》中高度评价以《离骚》为代表的屈原作品“逸响伟辞，卓绝一世”，“其影响于后世之文章，乃甚或在三百篇以上”，这一评价是恰切的。屈原的创作开创了楚辞新诗体，体现了伟大的文学创新精神，对后世文学具有重大的启发和借鉴意义，对中国文学史产生了极为深远而重大的影响。屈原和《离骚》，堪称中国文学史上的巍峨丰碑。

（罗献中）

# 46.《楚辞》的创作

楚辞在汉代被称为“赋”。由于《离骚》是楚辞的代表作品，于是人们又把这种新兴的诗体称为“骚”或“骚体”。故而，在文学史上便有了“屈赋”“骚赋”“楚赋”“楚骚”等名目。

首先开创诗歌从集体歌唱转变为个人独立创作新纪元的人是屈原，他是中国浪漫主义诗歌的奠基人，是中国第一位伟大的爱国主义诗人。1953 年世界和平理事会通过决议确定屈原为世界四大文化名人之一。战国后期，在南方的楚地，楚辞的创作大放光彩，成为战国时代诗歌的主流。楚辞是屈原在楚地民歌基础上改造而成的一种新诗体，其名称最早见于西汉武、宣帝时期，人们用它来称指屈原、宋玉等人的作品以及汉代作家的模仿之作。

当时这种文体又简称“辞”，或与赋连称为“辞赋”，由于它以屈原的《离骚》为代表，所以有“骚”之名。“楚辞”一名，首见于《史记·张汤传》。《汉书·朱买臣传》《汉书·王褒传》《汉书·地理志》中亦有“楚词”“楚辞”之称。至汉成帝时，刘向整理群书，合屈原、宋玉等人的作品辑为 16 卷，定名为《楚辞》。自此，“楚辞”有了专书。

“楚辞”体的辞赋是继《诗经》以后中国诗歌史上的第二个重要发展阶段。楚辞，这个名称最早见于西汉武帝、宣帝时期。《汉书》中常有汉帝召见有学问的人说楚辞的记载，不过这时的“楚辞”还不是专书的名称。到西汉末的刘向，收集了屈原、宋玉、东方朔、庄忌、淮南小山、王褒等人的作品，加上拟《九章》而写的《九叹》合为一集，名为《楚辞》。从此“楚辞”这名字便成了一本诗歌专集的名称，用来专指以屈原创作为代表的新诗体。之所以称为“楚辞”，是因为他的代表作家屈原是楚国人。

屈原(约前 340—约前 278 年)，名正则，字灵均，一名平，字原，楚武王熊通之子屈瑕的后代。屈原出生于战国末期的楚国丹阳(今湖北宜昌市秭归县)的贵族世家。据屈原所写《离骚》“帝高阳之苗裔”一句，可以推测出屈原与楚王室是同一个祖先所繁衍而来的。屈这个姓氏在楚国属于三大家族姓氏之一。

因出身贵族世家，又明于治乱，娴于辞令，屈原早年深受楚怀王的宠信，位居左徒、三闾大夫之职。《史记·屈原贾生列传》中记载：“入则与王图议国事，以出号令；出则接遇宾客，应对诸侯。”可见，屈原是楚国内政外交的核心人物。当时仅 20 多岁，可谓少年得志。当时，声名远播的他被楚威王派人接到了楚王宫，担任王太子熊槐的侍读。虽然屈原与熊槐地位悬殊，但是屈原学识渊博、才华过人，加上屈原与王太子熊槐年龄相当，两个人很快就混熟了。在屈原的悉心教导下，熊槐的功课进步很大，屈原很快得到了楚威王的赏识。公元前 328 年，楚威王去世，王太子熊槐即位，是为楚怀王。

楚怀王在屈原的劝说下，决定在楚国进行改革，然而，变法改革触动到了楚国贵族们的利益，与楚国腐朽的贵族集团发生了尖锐的矛盾。在反对之余，楚国的贵族们频频向楚怀王上进谗言，诉说屈原的不是。刚开始，楚怀王还对他们的谗言表示不相信，然而，越来越多的人向楚怀王进言以后，楚怀王动摇了，他当面质问屈原。然而清高的屈原却不屑于辩解，这反而让多疑的楚怀王对楚国贵族们的话更加深信不疑。上官大夫由于嫉妒而屡次诬陷屈原，终致其被疏远。

楚怀王利令智昏，任用佞臣，深信小人，最后死于秦国。即位的楚襄王非但没有惩罚奸臣贼子，反而重用这些人，令屈原心中怨愤且痛苦。但是，他仍劝襄王要重用贤才、远离小人，要鼓励将士、操练兵马，只有国家强大后才能为先王报仇。屈原的劝诫更加遭到了上官大夫等人的仇视。楚襄王听信了谗言，将屈原革职放逐。

屈原抱着救国救民的志向、一腔爱国热情和忠主之心，反被小人排挤。他心痛之极，披头散发，一面在水泽边奔走，一面狂呼着发泄心中的悲愤。屈原忧愁幽思而作《离骚》。离骚，犹离忧也。《渔父》中有这样一个故事：渔父见而问之曰："子非三闾大夫欤？何故至于斯？"屈原曰："举世皆浊我独清，众人皆醉我独醒，是以见放。"渔父曰："圣人不凝滞于物，而能与世推移。世人皆浊，何不淈其泥而扬其波？众人皆醉，何不哺其糟而歠其醨？何故深思高举，自令放为？"屈原曰："吾闻之，新沐者必弹冠，新浴者必振衣。安能以身之察察，受物之汶汶者乎？宁赴湘流，葬于江鱼之腹中，安能以皓皓之白，而蒙世俗之尘埃乎？"渔父莞尔而笑，鼓枻而去。乃歌曰："沧浪之水清兮，可以濯吾缨；沧浪之水浊兮，可以濯吾足。"遂去，不复与言。不愿意与小人同流合污的屈原，写了《怀沙》赋后，抱石投汨罗江而死。

在政治失意、理想破灭的情况下，屈原把他所有的愁绪、忧虑、失落、失望统统宣泄在字里行间，为世人留下了《离骚》等诸多文学作品，开创了楚辞体。这正如有人所说：文人的不幸，正是文化史之大幸。

一种文体的产生，绝不是偶然的，大凡一种文学样式或文化思潮的出现，必然受其时代的影响。西周时期，楚国的政治经济文化还比较落后，以至于连记载了十五国的民歌的《诗经》中都没有关于楚风的内容。甚至，在当时北方儒家眼里，楚国就是一个未开化的南蛮之地。春秋战国时期，天子已无力控制各诸侯国。此时，为夺得土地和人民，各诸侯国互相征伐。熊绎被成王封于楚后，楚人开始了同中原诸侯各国在政治上、军事上的角逐。从春秋到战国，楚国日益强大，兼小并大，东扩西拓，其势力东至大海之滨，西抵汉中之地，幅员辽阔，地饶物丰，一度有"横则秦帝，纵则楚王"之说。在此期间，楚国逐渐发展起来，成了春秋五霸和战国七雄之一，一度可与秦国、齐国相抗衡。强大后的楚国不仅疆域更宽阔了，与北方的文化交往也变得日益频繁起来。当时，北方文化典籍如《诗》《书》《礼》《乐》等，已成为楚国贵族诵习的主要内容。而屈原曾经当过太子熊槐的老师，在楚国宫室待过很长一段时间，所以屈原在很大程度上也受到了北方文化的影响。同时，自小在楚地长大的屈原，必然也深受楚文化的影响。

"楚辞"体是由屈原在楚地民歌基础上改造而成的一种新诗体，据汉初到现在，人们用它来称指屈原、宋玉等人的作品以及汉代作家的模仿之作。当时这种文体又简称"辞"，或与赋连称为"辞赋"，由于它以屈原的《离骚》为代表，所以又有"骚"之名。因为屈原、宋玉等人自小在楚地长大，因此，他们所创作的诗歌(尤其是屈原、宋玉)在语言、形式、风格以及其中的神话传说、历史人物、风俗习尚、山川物产等方面，都带有鲜明的楚国地方色彩。到汉代时，楚辞体的作家并非都是楚地人，但他们的写作风格都与屈原、宋玉相似，所以，就被西汉末的刘向归入楚辞。可见，从楚辞体形成的渊源、内容、形式和所依存的文化背景来看，楚辞是完全不同于《诗经》的一种独特文体。它是屈原在楚歌的基础上创作出来的带有楚国地方特色的新的文学样式。楚歌较为简短，思想较为单纯，所表达的感情也不复杂。而楚辞则不然，篇幅巨大，内容广泛，描写的思想较为复杂曲折。

在《楚辞》初本的16卷中，屈原的作品占绝大部分，共8卷20余篇。这包括《离骚》、《九歌》(11篇)、《天问》、《九章》(9篇)，以及《远游》《卜居》《渔父》《招魂》等。其他8卷是宋玉的《九辩》，景差的《大招》，及汉代贾谊的《惜誓》、刘向的《九叹》等。屈原的作品大致可分两类：一类是《离骚》《九章》等在流放生活中写的政治抒怀诗；一类是以《九歌》为代表的祭歌和反映诗人世界观、人生观的《天问》。

《离骚》是屈原的代表作。这篇宏伟的政治抒情诗表现了作者的理想，为实现理想而进行的不懈斗争，和斗争中所遇到的挫折及自己的苦闷。屈原常常征引历史以抒发情怀，从中寻找经验教训，例如《离骚》云："启九辩与九歌兮，夏康娱以自纵。不顾难以图后兮，五子用失乎家巷。羿淫游以佚畋兮，又好射天封狐。固乱流其鲜终兮，浞又贪夫厥家。浇身被服强圉兮，纵欲而不忍。日康娱而自忘兮，厥首用夫颠陨。夏桀之常违兮，乃遂焉而逢殃。"此段所述夏代历史相当完整，可与《左传》互相参看，而补《史记·夏本纪》不言羿、浞之事的疏漏。

《九歌》原为汉族神话传说中的一种远古歌曲的名称，后经屈原据汉族民间祭神乐歌改作或加工而成。屈原在民间祀神乐歌基础上创作的《九歌》，袭用了古代乐歌的名称，共11篇。其中保存了关于云神、山神、湘水神、河神、太阳神等的神话故事，是研究上古民俗和楚文化的珍贵资料。《九歌》是屈赋中最精、最美、最富魅力的诗篇。它以楚国宗祖的功德和英雄业绩为诗，以山川神祇和自然风物为诗，以神话故事和历史传说为诗，淋漓尽致地抒发了诗人晚年放逐南楚沅湘之间忠君爱国、忧世伤时的愁苦心情和"荡志而愉乐""聊以舒吾忧心""寓情草木，托意男女""吟咏情性，以风其上"的心旨。《九歌》包括11章：《东皇太一》《云中君》《湘君》《湘夫人》《大司命》《少司命》《东君》《河伯》《山鬼》《国殇》《礼魂》。

《天问》全诗373句，共1560字，是一首以四字句为基本格式的长诗。它对自然宇宙和社会历史提出的一百七十多个问题中，包含了许多神话传说和古史资料。它是屈原对于天地、自然和人世等一切事物现象的发问。诗篇从天地离分、阴阳变化、日月星辰等自然现象，一直问到神话传说乃至圣贤凶顽和战乱兴衰等历史故事，表现了屈原对某些传统观念的大胆怀疑，以及他追求真理的探索精神。题目为何不叫"问天"？天尊贵，因此不能向其发问，故而成为"天问"。屈原被逐，心中忧愁憔悴。他彷徨于川泽之间，游荡在平原丘陵之上，向苍穹发出呼号，仰面叹息。见到楚国先王的宗庙以及王室公卿的祠堂，墙壁上描绘着主宰天地山川的神灵，画面瑰奇美丽，形象神奇怪异，又有描绘古代圣君贤王行事的图画。四下游览之后，身体疲惫，于壁画下修养精神，抬头正看到所绘图案，于是在墙壁上书写了文字，以抒发心中的愤懑之情。

从内容结构来看，《天问》大致可以分为五部分：第一部分主要探讨了宇宙以及天地生成的问题；第二部分主要探讨了大禹父子治水和一些地理问题；第三部分主要探讨了夏代的历史和神话传说中的一些问题；第四部分主要探讨了商代的历史和神话传说中的一些问题；第五部分主要探讨了周代以及春秋时期的历史和神话传说以及有关楚国的话题。基本上，按照时间顺序将一个个疑问排列下来，但是偶尔也穿插着一些不按时间顺序罗列的历史事件，如关于舜帝和吴国的传说等。

（万国崔）

# 47. 李冰父子修筑都江堰

都江堰水利枢纽工程始建于公元前256年，迄今已有2200多年的历史。世界上古老的大型水利工程很多，但是随着时光的流逝，或者完全湮灭，难觅踪影，或者早已失效，仅存遗迹，唯独都江堰独树一帜，至今仍充满活力，安全运行造福一方，成为世界水利史上的一大奇迹。

岷江是长江上游的一条较大的支流，发源于四川北部高山地区。每当春夏山洪暴发之时，江水奔腾而下，非常急速，到了灌县附近，岷江则逐渐开阔，进入一马平川的水道，这时由上游积累而下的江水声势浩大，一泻千里，经常冲垮堤岸，造成洪涝灾害。而且从上游夹带的大量泥沙也因这里水面开阔而大量淤积，结果使河床升高，水位上涨，造成更大的水灾。在灌县城西南面，有一座玉垒山，正好挡住江水东流的去路，使得两边的江水在这里积聚，流路不畅。因此每年洪水季节，玉垒山的东边和西边形成鲜明对比，西边江水滔滔，冲击堤岸，造成水患，而东边却常常缺水，发生旱灾。

秦昭襄王五十一年(前256年)，李冰出任蜀郡太守。他为民造福，排除洪灾之患，主持修建了著名的都江堰水利工程。整个工程是由分水堰、飞沙堰和宝瓶口三个主要工程组成的。它的规模宏大，地点适宜，布局合理，兼有防洪、灌溉、航行三种作用，在世界水利工程史上也是罕见的奇迹。

都江堰的主体工程是将岷江水流分成两条，其中一条水流引入成都平原，这样既可以分洪减灾，又能够引水灌田、变害为利。为了使岷江的水能够东流，李冰首先把玉垒山凿开口子，这是整个工程的关键。在没有炸药和现代工具的战国时代，要凿开坚硬的岩石，打穿玉垒山，并不是容易的事。李冰集思广益，想出了好办法。他让民工们把许多木柴堆积在岩石上，放火点燃。熊熊的烈火把岩石烧得滚烫，趁热浇淋冷水，顽石便在冷热的急骤变化中炸裂开了，在玉垒山凿出了一个宽20米、高40米、长80米的山口，因形状酷似瓶口，故取名“宝瓶口”。被分开的玉垒山末端，状如大石堆，称为“离堆”。此外，还采取了在江中心构筑分水堰的办法，把江水分做两支，逼使其中一支流进宝瓶口。

在修筑分水堰的过程中，采用江心抛石筑堰失败后，李冰另辟新路，让工人编成长3丈、宽2尺的大竹笼，装满鹅卵石，一个一个地沉入江底，终于战胜了急流的江水，筑成了分水大堤。大堤前端开头犹如鱼头，所以取名叫“鱼嘴”。它迎向岷江上游，把汹涌而来的江水分成东西两股。西股的叫外江，是岷江的正流；东股的叫内江，是灌溉渠系的总干渠，渠首就是宝瓶口，流经宝瓶口再分成许多大小沟渠河道，组成一个纵横交错的扇形水网，灌溉成都平原的千里农田。分水堰两侧垒砌大卵石护堤，靠内江一侧的叫内金刚堤，外江一侧叫外金刚堤，也称“金堤”。分水堰建成以后，内江灌溉的成都平原就很少有水旱灾了。

后来，为了进一步控制流入宝瓶口的水量，防止灌溉区的水量忽大忽小，不能保持稳定，李冰又在鱼嘴分水堤的尾部，靠着宝瓶口的地方，修建了分洪用的平水槽和“飞沙堰”溢洪道。飞沙堰同样采用竹笼装鹅卵石的办法堆筑。堰顶做到比较合适的高度，起调节水量的作用。当内江水位过高的时候，洪水就经由平水槽漫过飞沙堰流入外江，使得进入宝瓶口的水量不致太大，保障内江灌区免遭水灾。同时，由于漫过飞沙堰流入外江的水流产生了漩涡，可以有效地减少泥沙在宝瓶口周围的沉积。

为了观测和控制内江水量，李冰命人雕刻了三个石桩人像，放于水中，让人们知道“枯水不淹足，洪水不过肩”，还凿制一匹石马置于江心，以此作为每年最小水量时淘滩的标准。至此，都江堰工程基本完成。

为了充分发挥都江堰的功效，李冰还建立了维修制度，每年进行维修，以除掉江中淤积的泥沙，并对工程的薄弱环节和损坏部位进行修筑。他们一般选择每年的十月底霜降时节进行维修，因为这时岷江的流水量最小，最容易控制。首先在鱼嘴西侧用一种称为“杩搓”的截流装置，将外江水截流，使江水全部注入内江，然后掏空外江和外江各灌溉渠道里淤积的泥沙。杩搓是一种简单、有效的临时性截流装置，是由三根大木桩用竹索绑成的三脚架，中设平台，平台上用竹笼装卵石压稳。把适当数量的杩搓横列在江中，迎水面加系横、竖木头，围上竹席，外面再培上黏土，就可以挡住水流，不致渗漏。一般到第二年立春前后，外江维修完毕，再把杩搓移到内江，让江水流入外江，然后再掏空内江河槽，进行平水槽和飞沙堰的维修工程。

在维修过程中，李冰总结经验，提出了维修的六字口诀，这就是“深淘滩，低作堰”。意思是说在淘空淤积在江底的泥沙时要尽量淘深些，以免河谷比较浅，流水量太小，难以满足灌溉的需要；修筑飞沙堰时，堰顶则尽量要修筑得低一些，以便在洪水季节能够泄出比较多的水量。为了便于操作，李冰还做了一个石犀，埋在内江中，作为维修时淘空泥沙的深度标准界限，使民工易于掌握。清明节前后，整个都江堰维修完成，就可以拆除杩搓，开始放水灌溉。由于每年都要维修、放水，天长日久，清明节前后的放水日就成为当地人民一个盛大的节日，每年这一天都要举行盛大的放水仪式。人们敲锣打鼓，表达对李冰治水的感激之情。

都江堰设计严密，考虑周详，它按照灌溉、防洪、航运等方面的要求，合理控制内、外江水量，构成一个非常完善的水利工程体系。天旱和少水季节，岷江大部分江水引入内江，满足灌区人民生活、灌溉用水的需要；洪水季节，岷江的大部分江水又可以从飞沙堰分洪到外江泄走，使内江水量保持在一定水平，从而免除内江灌区的洪水威胁，真可谓一举两得。一年四季无论旱涝，灌区用水都基本上能得到保证而不出现水灾。

除都江堰外，李冰在蜀郡还主持兴办了其他一些水利工程。如在沫水(又名青衣水)，他组织百姓开凿河心中的山岩，整理水道，便利了航行。李冰还对管江、汶井江、洛水进行过疏导。在广都主持开凿了盐井。这些都为开发成都平原、发展农业生产作出了重要的贡献。从此，沃野千里的成都平原，成为“不知饥馑，时无荒年”的天府之国。

(张敏)

# 48.《考工记》的成书

《考工记》是中国目前所见年代最早的手工业技术文献，全书共7100余字。该书在中国科技史、工艺美术史和文化史上都占有重要地位，在当时世界上也是独一无二的。这部著作不仅记述了春秋战国时期齐国关于手工业各个工种的设计规范和制造工艺，保留了大量先秦时代的手工业生产技术、工艺美术资料，还详细记录了工匠行业管理体系，包括管理制度、工匠的社会价值、工匠的生产特征、造物流程、评价考核标准等。此外，《考工记》还有数学、地理学、力学、声学、建筑学等多方面的知识和经验总结，堪称一部奇书。

关于《考工记》的作者和成书年代，长期以来学术界有不同看法。多数学者认为，《考工记》是齐国官书，即齐国制定的指导、监督和考核官府手工业、工匠劳动制度的书，作者为齐稷下学宫的学者。从时间上来说，该书主体内容编纂于春秋末至战国初，部分内容补于战国中晚期。今天所见《考工记》，是作为《周礼》的一部分。《周礼》原名《周官》，由《天官》《地官》《春官》《夏官》《秋官》《冬官》六篇组成。西汉时，《冬官》篇佚缺，河间献王刘德便取《考工记》补入。刘歆校书编排时改《周官》为《周礼》，故《考工记》又称《周礼·考工记》或《周礼·冬官考工记》。从此，《考工记》便成为儒家的经典著作流传下来。

《考工记》篇幅并不长，但信息含量却相当丰富，内容涉及先秦时代的制车、兵器、礼器、钟磬、练染、建筑、水利等手工业技术，还涉及天文、生物、数学、物理、化学等自然科学知识。正因为此，历代有关《考工记》的注释和研究层出不穷，其中成绩卓著的学者，早期有汉代的郑玄，中期有唐代的贾公彦，晚期有清代的戴震、程瑶田、孙诒让等。进入20世纪，西方科学技术的传入，科学考古的开展，使对《考工记》的研究进入了一个新阶段。研究者利用科学的手段和思维方法，利用考古实物和模拟实验资料，对《考工记》所涉及的古代技术、科学知识以及社会科学中的问题进行专题研究，发表了许多论文，在整体上把《考工记》研究提升到了一个新水平。

《考工记》开宗明义，在其上篇绪论中说道："智者创物，巧者述之，守之世，谓百工。百工之事，皆圣人之作也。"这种圣人造物的器物观，既反映了古代人们固有的对器物的敬重心理，也反映出中国古代现实而又昌明的观物理念。体现了古代中国素有的朴素唯物意识。首先，它强调了器物的本源来自人，人是器物产生的根本。离开了人，器物就无以存在。与此同时，它还指明：器物的制造者是智者，是圣人。这表明器物有别于任何自然之物，它是人类智慧的产物，是智慧人类劳作的结晶。

"天时地气"是器物原始形制的本源。农耕时代，人们对天时、地气和动物、植物的性能品质之间的关系有着深刻了解。气候和土壤对动物和植物的物种分布有着决定性的影响，一年四季的春夏秋冬和物种的生长地域以及地势地貌都会对物种的采集起到决定性的作用，并且对其品质也有直接的影响。由于当时的手工艺受到农耕生活及生产环境的影响，《考工记》中的"材美"就是强调适应天时、地气。这里说的材包括"干、苛、角、金锡”等。这些优质材料不断从大自然中汲取养料。阳光、温度、湿度、土壤条件以及四季轮回的季节变化都会对它们的生长产生质的影响，从本源上决定它们的品质，成为它们成器的决定因素。这些因素都是客观存在。“美”建立在“材”和“材质”的前提下。有了“材”，才有美。美即善也，“功能”至上至美也。“燕之角，荆之干，始胡之苛，吴粤金锡”即所谓的“材之美者”。这些美材具有特殊的物理性能及功效，其性能和功效优质于其他地域的同类物质材料。这种优质的性能使得它们成为造物的最佳选择，凸显出它们的“功能”之美。这就是先秦人造物选材的精细态度。

《考工记》提出“天时地气”“材美工巧”，还反映并契合了农耕时代的生产环境。那时候，物质材料多来自大自然。出于节约成本的考虑，“物尽其用”成为基本的社会准则。体现在设计过程中，就要求优选优用，使材料的物理特性能在设计制作中发挥到极致。“工巧”，就是要求设计过程中有巧妙的构思，在规范意识的指导下，最大限度地实现器物的可用功能和实效功能，并且不断改进和完善功能。天时、地气、材美、工巧还反映对器物制造过程中的具体条件、关键因素的综合考虑和整合利用，其目的就是使器物达到尽善尽美的功能效用。

《考工记》记述了木工、金工、皮革工、染色工、玉工、陶工六大类、30 个工种，其中 6 种已失传，后又衍生出 1 种，实存 25 个工种的内容。《考工记》十分重视生产工具的制造和改进，体现了它重视发展生产力的思想。镈是锄田器，是春秋时期一种重要的农具。斧、斤、凿、曲刀、量器等则是手工业生产不可少的工具。《考工记》从青铜手工业的冶铸技术角度对这类器具的制作工艺进行了总结，“攻金之工，筑氏执下齐，冶氏执上齐，凫氏为声，栗氏为量，段氏为镈器，桃氏为刃”。“五分其金，而锡居一，谓之斧斤之齐。”也就是说，包括镈器在内的生产工具所需铜和锡的比例是五比一。

车辆在春秋时期不仅是重要的战争工具，也是常见的交通运输工具。《考工记》对车的制作甚为重视，记述车制内容的篇幅最多，对车制的设计思想理念的叙述也最为详尽、周密。《考工记》强调“天有时”的概念，指出：在制车的过程中，要考虑季节的变化，制车的材料会受到一年四季温度和湿度变化的影响，即热胀冷缩的热学效应以及空气干湿度对材料的影响。它提出只有把车轮制成正圆，才能使轮与地面的接触面“微至”，从而减小阻力以保证车辆行驶“戚速”。所谓“戚速”，是指车轮迅速地转动。它还规定制造行平地的“大车”和行山地的“柏车”的毂长(两轮间横木长度)和辐长(连接轴心和轮圈的木条长度)，各有一定尺寸，说“行泽者欲短毂，行山者欲长毂。短毂则利，长毂则安”。这种工艺也是按照不同地势条件以求达到较大的行驶效率。

中国自古就有衣冠礼仪之邦之称，衣冠服饰构成了华夏文化不可缺少的组成部分。先民们从“衣皮带菱”开始，在长期的实践中，又逐渐发现了麻、葛、丝等材料并用于制作服饰，同时也发现了各种各样的染料和颜料，并用于对服饰材料进行染色，从而创造了灿烂的服饰文化。《考工记》记录了“攻皮之工”和“设色之工”两种技术门类，主要描述服饰材料的染色工艺、皮革工艺、练丝练帛工艺等，内容涉及服饰色彩以及皮、裘、丝、帛等服饰材料。《考工记》中记载的“画、缋、钟、筐、㡛”等五个工种，分别对手绘、刺绣、染色、练丝练帛工艺以及对织物色彩和纹样进行分工管理，可见在《考工记》时代，丝绸生产已经实现专门化、职业化、系统化，纺、织、染全套工艺的分工逐步形成，我国的丝织业渐趋成熟。

在《考工记》的时代，由于织锦工艺还不够发达，不能织造出带有花纹图样的织物。为了达到装饰的目的，人们就用描绘和刺绣的手段来加工织物，色彩则成为重要的装饰媒介。青、黄、赤、白、黑“五色”通过不同的穿插组合方法并置在一起，组成丰富多彩的纹样图式，达到了一定的装饰效果，同时也丰富了服饰的象征寓意。

《考工记·画缋之事》记载："画缋之事，杂五色。东方谓之青，南方谓之赤，西方谓之白，北方谓之黑，天谓之玄，地谓之黄。"缋通绘，就是绘画。给织品绘画时，青色与白色相互呼应，赤色与黑色相互呼应，玄色与黄色相互呼应。青色与赤色相互之间的纹饰叫作文，赤色与白色相互之间的纹饰就叫作章，白色与黑色相互之间的纹饰则为黼，黑色与青色相互之间的纹饰叫作黻；当五种色彩配齐时，即：五彩齐备，就叫作绣。在谈及具体绘画时，《考工记》指出，画土用黄色，因为它代表着土地的颜色，用几何方形的图形作为地的象征；画天空随节气变化时，要使用不同的色彩；画火星则以半圆弧形为象征；画山川就用獐的犬齿为象征；画水的时候则以龙为象征；而画鸟，兽，蛇时，则应按四时五色的位置灵活处置。但凡做完画缋的事情，必须首先上彩色，然后再加以施白粉之装饰，从而衬托整个画面的色彩光鲜。上述描写简单、具体、生动，体现出画工高超的技艺水平和清晰的画缋流程意识。这种色彩搭配浑然天成，配色原理自然清新，表现出尊崇自然、感悟自然、享受自然的自然之美、对称之美。此外，这种配色深浅有致，明暗错落，体现出一种立体美，赋予了画作以鲜活灵动之态。

皮革鞣制工艺是人类最古老的技艺之一。皮革的基本组成部分是真皮，真皮经加工后保留的主要成分是蛋白质纤维，它可以汲取大量的鞣剂、染料及助剂。皮革经过鞣制，才能柔软、坚韧，不易腐朽。生皮在鞣制加工后形成的熟皮有质量好坏的差别，为了鉴别皮革的质量优劣，《考工记》提出了一套行之有效的皮革检验法。质量好的皮革，远看像茅草花一样洁白，近握手感柔滑。把皮革卷紧，两端齐整不斜，若将其伸展开，则非常平直。

皮甲是古代战争中用来保护身体的防御性服装，它的设计制作工艺既要考虑到人体工学的要求，又要突出保护身体的需要，十分复杂。皮革是制作皮甲的重要材料，皮甲制作过程中，首先需要将皮革加工成多种形状的小块，表面涂漆制成甲片，再在甲片上钻孔，最后用绳线穿孔将甲片连缀成皮甲。《考工记·函人为甲》中详细记述了皮甲的制作工艺以及甲胄的形制、尺寸、结构和各部位的比例，充分反映了当时社会对皮甲胄的高度重视。

《考工记》还十分重视水利灌溉工程的规划和兴修，它记述了包括"浍"(大沟)、"洫"(中沟)、"遂"(小沟)和"畎"(田间小沟)在内的当时的沟渠系统，并指出要因地势水势修筑沟渠堤防，或使水畅流，或使水蓄积以便利用。对于堤防的工程要求和建筑堤防的施工经验，它也作了详细的记述。

《考工记》将制作精工产品规定为手工业生产的目标，而将天时、地气、材美和工巧以及四者的结合，看作必备的条件和重要的生产方法。它认为天时节令的变化会影响原材料的质量，进而影响制成品的质量，所以强调"弓人为弓，取六材必以其时"。它重视地气，是由于某些地方生产的某种原材料质量较优，或者有制造某种工艺的优良传统。它说，"郑之刀，宋之斤，鲁之削，吴粤(越)之剑，迁乎其地而不能为良，地气然也"。

《考工记》所记述的手工业，分工细密，攻木之工有7种，攻金之工有6种，攻皮之工有5种，设色之工有5种，刮摩之工(玉石之工)有5种，抟埴之工(陶工)有2种。分工细密，人尽其能，则有助于工匠技艺专精。它对"工"的见解非常卓越。它说，"知者创物，巧者述之，守之，世谓之工"，这是对不断创新，提高工效，保持优良传统工艺的歌颂。

《考工记》特别重视产品的质量检验，对此作出很多详细的规定。在生产经营上，为了使制成品合乎规格，保证良好的效益，需设工师专管。《考工记》质量检验的标准主要有两个，一是量化的标准，二是经验性的标准。所谓量化的检验标准是指使用特定的工具，使用可量化分析的方法对产品进行检验的标准。前者是一种绝对的标准，而经验性的标准则是指更多地依靠经验性的、感官的判断标准，这是一种相对的判断标准。《考工记》对此也作了记述，“凡试梓饮器，乡衡而实不尽，梓师罪之”，这是说工师检验梓人所制的饮器，如平爵向口，爵中还留有余沥，便不合标准，梓人就要受到处罚。《考工记》还指出在市场上用于交换的手工业制品，必须符合规格，让买者乐于接受，残次品不能上市。

为了提高效益，必须精于算计。《考工记》以修筑沟防为例，提出“凡沟防，必一日先深之以为式，里为式，然后可以傅众力”。就是说，在沟防修筑中，应以劳工一天完成的进度作标准，以完成一里地的劳力和日数来计算整个工程所需的人力。

《考工记》开宗明义就说，“国有六职，百工与居一焉”。这一方面是说“百工”的重要性，另一方面也说明“百工”属于官府手工业。郑玄注说，“百工司空事官之属”，“监百工者，唐虞已上曰共工”。

虽然《考工记》所记都是官工，但它说有些诸侯国对于有些产品，并没有设官工制造。它指出其原因是：“粤(越)之无镈也，非无镈也，夫人而能为镈也。燕之无函也，非无函也，夫人而能为函也。秦之无庐也，非无庐也，夫人而能为庐也。胡之无弓车也，非无弓车也，夫人而能为弓车也”。这是说，这些诸侯国和有的地区，或由于山出铜锡，或由于地处边区，所以民间都能制造这些产品，而不必专门设官制造。《考工记》对于民间手工业的肯定态度是与春秋时期的社会改革相一致的，也与它认为“工”是“知者创物”等的见解相符合。

（张敏）

# 49. 足球的起源——蹴鞠

2004年7月15日，国际足联主席布拉特先生向世界正式宣布——足球起源于中国的临淄（淄博）。足球，在我国古代的史籍上称为蹴鞠或蹋鞠，关于蹴鞠的渊源，传说是黄帝擒蚩尤"充其胃以为鞠，使人执之，多中者赏"。西汉刘向《别录》称："蹴鞠，传言黄帝所造，或云其于战国。"但真正有文字记载则最早见于《战国策》和《史记》之中。据《战国策・齐策一》载："临淄甚富而实，其民无不吹竽、鼓瑟、击筑、弹琴、斗鸡、走犬、六博、蹋鞠者。"可见早在2300年前，在齐国临淄就已经广泛地开展了蹴鞠运动。此外，《史记・扁鹊仓公列传》载："太仓公者，齐太仓长，临淄人也，姓淳于氏，名意。……安陵阪里公乘项处病，臣意诊脉，曰：'牡疝。'臣意谓之：'慎毋为劳力事，为劳力事则必呕血死。'处后蹴鞠，要蹶寒，汗出多，即呕血。臣意复诊之，曰：'当旦日日夕死。'"由此可见齐国名医淳于意的医术之高超，同时也说明蹴鞠运动之剧烈。项处迷恋蹴鞠，患"牡疝"之疾，是不宜从事蹴鞠运动的，他因不听淳于意之医嘱而丧生。这可以说是历史上最早的一例典型的足球致死案例。从这一史料记载中，我们可体悟当时蹴鞠运动是何等的普及。

在战国时期，蹴鞠是城市下层人民喜爱的娱乐活动，到了西汉初年，蹴鞠也得到贵族阶级的喜爱。西汉刘歆的《西京杂记》中记载："太上皇徙长安，居深宫，凄怆不乐。高祖窃因左右问其故，以平生好所，皆屠贩少年，酤酒、卖饼、斗鸡、蹴鞠，以此为欢。今皆无此，故以不乐。高祖乃作新丰，移诸故人实之，太上皇乃悦。故新丰多无赖、无衣冠子弟故也。"刘邦的父亲从沛县到皇宫，无鞠可蹴，十分不痛快。刘邦了解到这一情况后，专门为其父建设了新丰城，并将过去与其一起踢球的相关人等召来，与其父一起踢球和休闲娱乐，太上皇才高兴起来。《西京杂记》还说："成帝好蹴鞠，群臣以蹴鞠劳体，非至尊所宜。"在汉代的皇帝中，武帝、元帝、成帝最爱蹴鞠。就是东汉末年的曹操，在南征北战之余，仍然不忘蹴鞠活动。汉代的蹴鞠运动，从民间到贵族阶层都受到了普遍的欢迎。桓宽的《盐铁论》中说，西汉社会承平日久，"贵人之家，蹴鞠斗鸡"为乐，一般的人们也是在"康庄驰逐，穷巷蹴鞠"。而到汉代末期，蹴鞠就已成为家家丰富休闲生活的重要内容。《会稽典录》说："三国鼎峙，年兴金革，士以弓马为务，家以蹴鞠为学。"说明在汉代家家可以随时随地练习蹴鞠。

此外，人们认识到蹴鞠活动可以增强体力，培养勇敢耐劳的精神，是军事训练的一种很好的手段，因此这种活动又广泛地流行于军队中。《史记・集解》引刘向《别录》曰："蹋鞠，兵势也，所以练武士，知有材也，皆因嬉戏而讲练之。"汉武帝时，骠骑将军霍去病远征塞外，在缺粮的情况下，仍"穿域蹋鞠"，以此鼓舞士气。汉代的军士一旦无事，便以蹴鞠为乐，并作为训练士卒、提高战士军事素质的一种方法。《汉书・霍去病传》说："其在塞外，卒乏粮，或不能自振，而(霍)去病尚穿域蹋鞠也。"特别是在无作战任务的休闲时间里，无论是远征军还是戍边的部队，均以蹴鞠练兵或休闲娱乐。

由于蹴鞠运动的兴盛，汉代还出现了研究这项运动的专著，汉代曾有人写了一部《蹴鞠二十五篇》，这是我国最早的一部体育专业书籍，也是世界上第一部体育专业书籍。班固在写《汉书 · 艺文志》时，把《蹴鞠二十五篇》列为兵书，属于军事训练的兵技巧类，可惜后来失传了。汉代有专门供蹴鞠竞赛活动的场地，双方以直接对抗的竞赛方式进行，并有简单的规则和由裁判员参加评判。当时所用的球，外部用皮革制成，内部填满了毛发之物。早在东汉，我国就有了女子踢蹴鞠游戏了。如在河南嵩山上建造的中岳三阙建筑中，就绘有清晰的女子踢蹴鞠的各种壁画。

由三国延至隋唐，蹴鞠游戏得到广泛开展，并有重要发展。在经济繁荣的唐代，在皮革做的球里填充毛发而成的实心鞠，发展出了充气的鞠。据唐代徐坚《初学记》的记载："鞠即毬字，今蹴鞠曰毬戏。古用毛纠结为之，今用皮。以胞为里，嘘气闭而蹴之。"这种鞠是用动物的膀胱充足气作为球胆，再在外面包上用八片皮革做成的球皮而成的，已经类似于现代足球的制作方法，用灌气的球代替了过去用毛发之物充填的球，这在世界上也是第一个发明。据世界体育史记载，英国发明吹气的球是在 11 世纪，较我国唐代晚了三四百年时间。唐代的仲无颜在《气毬赋》里还对这种"气球"作了具体说明，赋是这样写的："气之为毬，含而成质，俾腾跃而悠利，在吹嘘而取实。"可见这种"气球"是有利于腾跃的。这样一来，蹴鞠开始向高空发展，并出现了多种多样、趣味横生的踢球方法。

唐代的球体轻了，可以踢高。球门就设在两根 3 丈高的竹竿上，称为"络网为门以度球"。在踢球方法上，汉代是直接对抗分队比赛，"僻脱承便，盖象兵戌"。双方队员身体接触就像打仗一样。唐代分队比赛，已不是直接对抗，而是中间隔着球门，双方各在一侧，以射门"数多者胜"。从足球技术来说，这是一种发展；而从体力训练来说，却是足球运动的一个退步。蹴鞠的军事意义逐渐地退居次要地位，而娱乐作用则更为突出。

由于球体轻了，又无激烈的奔跑和争夺，唐代女子蹴鞠非常盛行。女子蹴鞠的踢法是不用球门的，以踢高、踢出花样为能事，称为"白打"。唐代诗人王建有一首《宫词》，写在寒食节这一天，宜春院的伎女以踢蹴鞠为乐。唐太宗、玄宗都爱看踢蹴鞠，当时球门是"树两修竹，络网于上，以门为度球。球又分左右朋，以角胜负"。唐代不仅有了女子蹴鞠，而且有的女子踢蹴鞠技术还很高超。

不仅皇帝宫中有这样的习俗活动，民间也有。诗人王维《寒食城东即事》诗中说，"蹴鞠屡过飞鸟上，秋千竞出垂杨里"，可见踢球之高。杜甫《清明》诗中也说，"十年蹴鞠将雏远，万里秋千习俗同"，也说明了踢球习俗的普遍。这种习俗一直延续到南宋时期。诗人陆游在《春晚感亭》诗中描写过这个情景："寒食梁州十万家，秋千蹴鞠尚豪华。"又《感旧末章盖思有以自广》诗中有"路入梁州似掌平，秋千蹴鞠趁清明"的诗句。蹴鞠运动在唐朝还流传到国外，据当时日本一部足球书籍《游庭密抄》中记述："献鞠者，起于沧海万里之异域，遍于赤县九陌之皇城。"书中前一句是指唐朝，后一句是指日本。

到了宋朝，足球运动又有进一步的发展，宋人用气筒为球充气，代替了唐人用嘴吹气的原始方法。宋代制球工艺比唐代又有提高，球壳从八片尖皮发展为"十二片香皮砌成"。原料是"熟硝黄革，实料轻裁"，工艺是"密砌缝成，不露线角"。做成的球重量要"正重十二两"，足球规格要"碎凑十分圆"。这样做成的球质量很高。当时手工业作坊制作的球，已有 40 个不同的品种，每个品种各有自己的优缺点。制球工艺的改进，促进了踢球技术的发展，而制球手工业的发展又反映了社会需要量的增加。

宋代的足球和唐代的踢法一样，有用球门的间接比赛和不用球门的"白打"。当时，主要盛行在场地中央设一个球门的形式，与唐代的单球门形式基本一致。球门是在竖起的两根高约 3 丈多的木杆上结一网，网之上部留一直径为 1 尺左右的洞，称为风流眼。比赛时，双方各有六七人或 12 人，按照一定的位置分工列于球门两边，将球踢过风流眼。除了设有球门的形式外，宋代还盛行以表现个人技巧的踢法，称为“白打”。可以单人表演，亦可二三人以至十余人共同表演。表演中除足踢外，头、肩、臂、胸、膝等部位均可接鞠，以踢出花样多少作为评判和取胜依据，其花样繁多，灵活方便，因而得到较广泛的推广。

这一时期，爱好蹴鞠的帝王和大臣也不乏其人。宋太祖赵匡胤、太宗赵光义及大臣赵普等就以善蹴鞠而闻名。《宋太祖蹴鞠图》(原画已佚，元代临摹品现藏北京故宫博物院)，画面描绘的便是宋太祖与其弟赵光义、宰相赵普等六人用白打方式蹴鞠嬉戏的场景。宋徽宗赵佶是个足球迷，他看了宫女踢足球后写诗道：“韶光婉媚属清明，敞宴斯辰到穆清。近密被宣争蹴鞠，两朋庭际再输赢。”《文献通考》介绍：“宋女弟子队 153 人，衣四色，绣罗宽衫，系锦带，踢绣球，球不离足，足不离球，华庭观赏，万人瞻仰。”尤其是施耐庵的《水浒全传》里写的那个高俅，就是因为踢得一脚好球，得到宋徽宗的赏识，而被提拔做了高官。显然，这与当时的统治者对蹴鞠活动的钟爱是分不开的。小说虽然在人物事迹和性格上作了夸张，但基本上是宋代的事实。

由于蹴鞠活动的普及，宋代社会上还有了专门靠踢球技艺维持生活的足球艺人。为了维护自身利益，在民间还出现了蹴鞠艺人的球会组织——“齐云社”，这是专门的蹴鞠组织，专事负责蹴鞠活动的比赛组织和宣传推广，这是我国最早的单项运动协会，类似于今天的足球俱乐部。也可以说，它大概就是世界上最早的足球俱乐部。此时，足球理论水平有了提高，如南宋人陈元靓所著的《事林广记・戊集》和汪云程的《蹴鞠图谱》等专讲足球的书被广泛流传。

元代蹴鞠继宋代传统。不过，这时的蹴鞠活动已逐渐走向纯娱乐的游戏形式。在元人散曲、杂剧及宋元南戏等文学艺术作品中有着广泛的反映，如大戏曲家关汉卿的散曲中有两首《女校尉》套曲，校尉是园社中艺人的最高等级，元代有了女校尉，“蹴鞠场上，鸣珂巷里，南北驰名，寰中刻意”。“关白打、官场小踢，竿网下，世无双，全场儿占了第一。”女蹴鞠艺人表演在消闲娱乐中有重要地位。“茶余饭饱邀故友，谢馆秦楼，散闷消愁，唯蹴鞠最风流，演习得踢打温柔。”邓玉宾《仕女园社气球双关》更道：“似这般女校尉从来较少，随园社常将蹴鞠抱抛，占场儿陪伴了英豪。”这说明，继宋之后，元代蹴鞠仍非常流行。但这种蹴鞠，已不是双方寻求自身的娱乐，而是以妇女踢球作为一种伎艺供他人欣赏。萨都剌《妓女蹴鞠红》散曲中说：“毕罢了歌舞花前宴，习学成齐云天下圆。”可见踢球和歌舞一样，都是宴会上的伎艺。“占场儿陪伴了英豪”的妇女，大多是“谢馆秦楼”“鸣珂巷里”的“绝色婵娟”，可见踢球成了妓女娱客的手段。踢球娱乐的社会性已大大缩小，它不再是节日里民众的活动内容，而是和达官贵人放荡行为相联系的娱乐。

明代的蹴鞠活动是各种球戏活动中的一种，蹴鞠运动进一步成为宫廷的娱乐项目。明代宫廷蹴鞠活动还见于当时的绘画作品中，故宫博物院藏明人绘《明宣宗行乐图》长卷中，就绘有朱元璋的重孙明宣宗朱瞻基观赏侍臣蹴鞠的情景。《明通鉴》卷四十三《武宗正德元年》有明武宗朱厚煦踢球的记载：文安县的大盗张茂，因“家与太监张忠邻，结为兄弟”，并经常出入禁中，侍奉武宗帝“蹴鞠”。王誉昌作的“崇祯宫词”里有一首诗写道：“锦罽平铺界紫庭，裙衫风度压娉婷，天边自结齐云社，一簇彩云飞便停。”这首宫词，描写的是宫女们陪伴着皇帝的宠妃进行蹴鞠的情景。在《明通鉴》前编卷二中，还对拥兵三吴、称兵割据的吴王张士诚的弟弟张士信喜爱蹴鞠之事作了记载：“每出师，不问军事，辄携樗蒲(一种赌具)、蹴鞠，拥妇女酣宴。”说明踢球和淫乐连在了一起。所以，朱元璋称帝之后，传下圣旨，严令禁止军人踢球。但朱元璋的圣旨只能禁止军人踢球，并不能改变蹴鞠的娱乐性质。

在被称为明代社会百科大全的小说《金瓶梅》中，有一段是描写西门庆在丽春院看妓女李桂姐踢球的事，从中可以了解到明代蹴鞠在社会上流行的情况。小说中这样写道："西门庆正喝在热闹处，见三个园社向前来打个半跪，西门庆平昔认的，一个唤白秃子，一个唤小张闲，一个是罗回子。因说道：'你们且外边侍候。待俺们吃过酒踢三跑。'西门庆吃了一回酒，出来外面院子里先踢了一跑，次教桂姐上来与两个园社踢。一个梢头，一个对障，拗踢拐打之间，无不假喝彩奉承，就有些不到之处，都快取过去了，反来西门庆面前讨赏钱，说：'桂姐行头，比旧时越发踢熟了，撇来的丢拐，教小人凑手脚不迭。再过一二年，这院中似李桂姐这行头，就数一数二，强如两条巷董官女儿数十倍。'"上述描写，也很能表明这一时期踢球的娱乐性质。宋代的足球艺人，可以在皇宫的宴会中表演，也可以在城市的瓦子里卖艺，而明代的园社却只能在妓院中娱客了。

清代，在史籍上有关足球活动的记载，已经寥寥无几了。像《红楼梦》这样一部封建社会的百科全书，只有一次提到蹴鞠，而且也只有一句，即"可巧门上小厮，在甬路底下踢球"。只有蒲松龄所写的《聊斋志异》中，有多处故事涉及蹴鞠活动，如《汪士秀》《小翠》等，其中《汪士秀》中有较长的关于蹴鞠活动的描写。在民间，由于单人踢球技艺表演形式兴盛以及向着要杂技方向发展，再加上清王朝统治者严禁民间结社活动，因此，以群聚竞技为特征的蹴鞠球戏的发展便受到了很大的限制，有关蹴鞠活动的记录也较为少见。尽管如此，蹴鞠之戏在清代并未绝迹，有清人袁启旭歌咏蹴鞠之戏的诗句为证："如蚁游人拦不住，纷纷挤过蹴鞠场。"(《燕九竹枝词》)此外，爱好溜冰的满族人曾将蹴鞠与滑冰结合起来，出现了"冰上蹴鞠"的运动形式。据《满洲老档秘录》记载，后金天命十年(1625年)，清太祖努尔哈赤还曾在盛京城南的浑河冰面上，举行过盛大的"冰上蹴鞠"比赛。

清代中叶以后，在社会因素的限制下，随着西方近代足球的渐次传入，中国传统的蹴鞠活动终于被取代。蒲松龄在写球被踢破下落时，用了这样一句来形容："中有漏光，下射如虹，蚩然疾落，犹如经天之彗，直投水中，滚滚作沸泡声而灭。"如果把这一句话移来形容我国古代蹴鞠发展的过程，是再恰当不过了。我国古代的蹴鞠活动，经历了几千年，在汉、唐、宋时代，曾经像彗星一样，发出闪亮的光辉，后来，投入清代社会的水中，只留下一点泡沫，终于灭绝了。

（周凯）

# 50. 十二律吕

“十二律吕”是中国古代律学上的概念，是有一定音高标准和相应名称的中国乐律体系。“十二律吕”即一种用“三分损益法”将一个八度分为十二个半音的律制，各律从低到高依次为：黄钟、大吕、太簇、夹钟、姑洗(或洗)、仲吕、蕤宾、林钟、夷则、南吕、无射、应钟。“十二律吕”又分阴、阳两类：属奇数的六种律称“律”(又称“阳律”)，属偶数的六种律称“吕”或“同”(又称“阴律”)，故“十二律吕”又称“十二律”。

《吕氏春秋·音律》篇中就有“三分损益法”关于“十二律吕”长度的计算。按“三分损益法”生律的次序，求上方五度音之律，古代称为“下生”，求下方四度音之律，古代称为“上生”。从一律出发，下生5次，上生6次，便可得出十二律吕。在《吕氏春秋·音律》中记载了“十二律吕”的计算方法，从黄钟开始，以五度向下再向上反复相生而得。

设黄钟等为 $C^1$，各律音高和各律间的音程与生律次序如下：

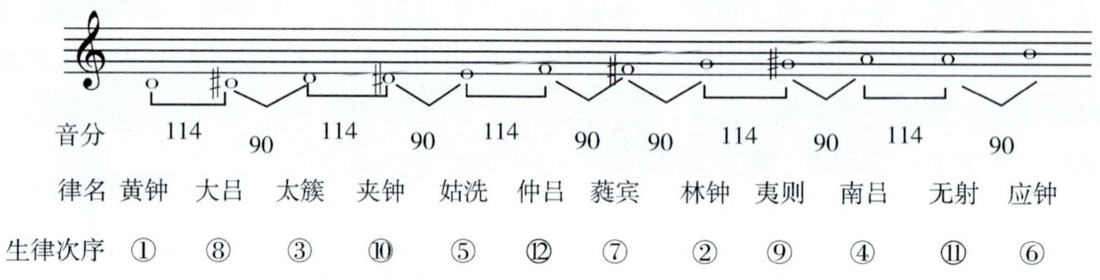


上图“生律次序”所标数字是各律产生的先后次序。

由于“三分损益法”的律制不像“十二平均律”那样等分其音分，故而如上图所示，有大半音(114 音分)与小半音(90 音分)之别。

我们简单地对应西方乐理来解释中国的“十二律吕”，即：

| C | #C | D | #D | E | F | #F | G | #G | A | #A | B |
|---|---|---|---|---|---|---|---|---|---|---|---|
| 黄钟 | 大吕 | 太簇 | 夹钟 | 姑洗 | 仲吕 | 蕤宾 | 林钟 | 夷则 | 南吕 | 无射 | 应钟 |

在中国，音乐中使用的“律”最重要的是“黄钟”。黄钟为元声，余声则依十二律的次序循环计算，每隔八位，依照黄钟管之长或加或减三分之一以得之。如自黄钟算到第八位为林钟，黄钟管长九寸；三分损一，得六寸，即为林钟管之长；自林钟算到第八位为太簇，林钟管长六寸，三分益一得八寸，即为太簇管之长；自太簇算到第八位为南吕，太簇管长八寸，三分损一得五寸三分点三强，即为南吕管之长，如此类推。这就

叫“隔八相生法”。

关于律吕的起源，《尚书·尧典》载：“帝曰：‘夔，命汝典乐，教胄子……诗言志，歌永言，声依永，律和声。八音克谐，无相夺伦，神人以和。’”又说：“予欲闻六律、五声、八音……”班固《汉书·律历志》说：“黄帝使泠纶自大夏之西，昆仑之阴，取竹之解谷生，其窍厚均者，断两节间而吹之，以为黄钟之宫。制十二筒以听凤之鸣，其雄鸣为六，雌鸣亦六，比黄钟之宫，而皆可以生之，是为律本。”（泠纶，《吕氏春秋·古乐》《风俗通义·声音》均作“伶伦”）南宋蔡元定在《律吕新书》中引刘昭《汉后志》的话：“伏羲作易，纪阳气之初，以为律法，建日冬至之声。以黄钟为宫，太簇为商，姑洗为角……”从以上文献记载看，刘昭以为律吕起自伏羲氏，班固认为始自黄帝。关于伏羲氏、黄帝，《周易》《史记》等典籍都有明载，至于他们是否确定律制，因为只是班固、刘昭等人在史书中论及，缺少更多资料相互参证，因而，尚不能断定。

春秋时期管仲的《管子·地员》中，将五音和各种不同的土地与作物的耕作特征以及将律吕与月令建立起“严格对应”的逻辑关系。在《国语·周语·下》中，周景王姬贵（？—前 520 年）执政时期（前 544 年—前 521 年在位）的宫廷乐官司伶州鸠说：“律所以立均出度也。古之神瞽考中声而量之以制，度律均钟，百官轨仪，纪之以三，平之以六，成于十二，天之道也。”并认为黄钟等律的作用，是“宣养六气、九德”“赞阳出滞”“述时气，效节物”。班固《汉书·律历志·上》也说：“阴阳之施化，万物之终始，既类旅于律吕，又经历于日辰，而变化之情可见矣。”

在上古时代，人们把乐律和历法联系起来，依照《礼记·月令》，一年十二月正好和十二律吕相适应：孟春之月，律中太簇；仲春之月，律中夹钟；季春之月，律中姑洗；孟夏之月，律中仲吕；仲夏之月，律中蕤宾；季夏之月，律中林钟；孟秋之月，律中夷则；仲秋之月，律中南吕；季秋之月，律中无射；孟冬之月，律中应钟；仲冬之月，律中黄钟；季冬之月，律中大吕。所谓“律中”，据《礼记·月令》（郑玄注）就是“律应”，“律应”的征验则凭“吹灰”。“吹灰”是古人候气的方法，据说是用葭莩的灰塞在律管里，某个月份到了，相应律管里的葭灰就飞动起来。

根据以黄钟之管候冬至一阳初生之气的原理，在《汉书·律历志·上》中，古人也将十二律与十二月联系在一起。

黄钟：阳气施种于黄泉，孳萌万物，为六气元也。始于子，在十一月。

大吕：吕，旅也，言阴大，旅助黄钟宣气而牙物也。位于丑，在十二月。

太簇：簇，奏也，言阳气大，奏地而达物也。位于寅，在正月。

夹钟：言阴夹助太簇宣四方之气而出种物也。位于卯，在二月。

姑洗：洗，洁也，言阳气洗物辜浩之也。位于辰，在三月。

仲吕：言微阴始起未成，著于其中旅助姑洗宣气齐物也。位于巳，在四月。

蕤宾：蕤，继也；宾，导也，言阳始导阴气使继养物也。位于午，在五月。

林钟：林，君也，言阴气受任，助蕤宾君主种物使长大茂盛也。位于未，在六月。

夷则：则，法也，言阳气正法度，而使阴气夷当伤之物也。位于申，在七月。

南吕：南，任也，言阴气旅助夷则任成万物也。位于酉，在八月。

无射：射，厌也，言阳气究物，而使阴气毕剥落之，终而复始，亡厌已也。位于戌，在九月。

应钟：言阴气应无射，该臧万物而杂阳阂种也。位于亥，在十月。

**其对应关系**

| 十二律吕 | 黄钟 | 大吕 | 太簇 | 夹钟 | 姑洗 | 仲吕 | 蕤宾 | 林钟 | 夷则 | 南吕 | 无射 | 应钟 |
|---|---|---|---|---|---|---|---|---|---|---|---|---|
| 斗柄所指 | 子 | 丑 | 寅 | 卯 | 辰 | 巳 | 午 | 未 | 申 | 酉 | 戌 | 亥 |
| 月　　份 | 十一月 | 十二月 | 正月 | 二月 | 三月 | 四月 | 五月 | 六月 | 七月 | 八月 | 九月 | 十月 |

（注：斗柄—— 北斗七星中玉衡、开阳、摇光三星。）

这样，就把“十二律吕”与在天文历法上有特殊意义的“十二”这个数字系统化地对应和联系起来了。

根据可靠史料记载，中国的乐律学到周代已经很发达，在周景王时期已由“五声音阶”发展到“七声音阶”和“十二律”的产生，且可以“旋相为宫”（简称“旋宫”，即当今音乐的“转调”）。从周代起，“五声音阶”“十二律”“旋相为宫”一直流传至今。春秋时期管仲提出了“三分损益法”，计算出“五声音阶”“七声音阶”和“十二律吕”。至战国后期出现了《乐记》这样的音乐美学著作，反映了中国古代音乐日趋成熟，建立起乐律学理论体系。

总体上说，中国的音乐理论体系具有下列三个特征：一、认为音乐来自自然；二、乐律离不开“易”，强调阴阳二气相错、相和；三、音乐必须为人和社会服务，具有较强的功利观念。由于古人把十二律吕和十二月相配，后世学者常喜欢用十二律吕的名称代表时令月份，因此，中国古代正史中有《乐志》或《律历志》记述乐律学的发展变化，以及音乐与天文、历算、人事之间的关系。在中国古代，人们把“律学思想”与“阴阳思想”及“月令理论”“度量衡”联系在一起，并以此作为其理论的基础，建构了一个较为完善的对政治运作与社会教化发挥指导作用的理论体系。

（田可文）

# 51. 中国的五声与七声音阶

“五声音阶”，古代常称为“五声”“五音”等。中国古代五声音阶即“宫”“商”“角”“徵”“羽”，相当于当今音乐简谱的“1”“2”“3”“5”“6”五个音阶。

在春秋时期管仲的《管子·地员》中就有用“三分损益法”计算“五声音阶”的记载：“凡将起五音凡首，先主一而三之，四开以合九九，以是生黄钟小素之首，以成宫。三分而益之以一，为百有八，为徵。不无有三分而去其乘，适足，以是生商。有三分，而复于其所，以是成羽。有三分，去其乘，适足，以是成角”。“三分损益法”包含“三分损一”“三分益一”两层含义：“三分损一”是指将原有长度作三等分而减去其一份，即原有长度×(3-1)/3=生得长度；“三分益一”则是指将原有长度作三等分而增添其一份，即原有长度×(3+1)/3=生得长度。这两种方法可以交替运用、连续运用，各音律就得以辗转相生。

三分损益法以现代模式表示如下：

| 计算次序 | 所得的音 |
|---|---|
| (1) 1×(3)4= 81 | 宫 |
| (2) 81×4/3=108 | 徵 |
| (3) 108×2/3=72 | 商 |
| (4) 72×4/3=96 | 羽 |
| (5) 96×2/3=64 | 角 |

将所得的五个音阶按由低到高顺序排列，即

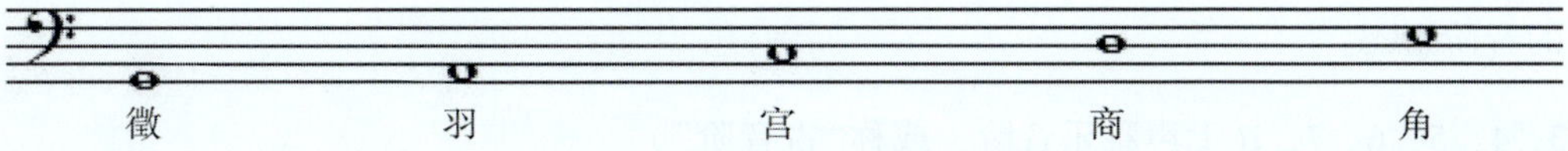


中国五声音阶的特色在于没有半音阶(小二度)。

《管子》中有的篇章为后人羼入，但《地员》篇应是管仲所作，因其“三分损益法”只计算了“五声音阶”。而后的《吕氏春秋》计算了“十二律吕”，较《管子》详细，应该说是在《管子·地员》篇基础上的发展。因此，可以说“三分损益法”在公元前七世纪管仲生活的时期就产生了，“五声音阶”在这时就已使用是当然的了。而且，中国古人当时就有对“五声音阶”听觉感受的描述：“凡听徵，如负猪豕觉而骇；凡听羽，如鸣马在

野；凡听宫，如牛鸣窌中；凡听商，如离群羊；凡听角，如雉登木以鸣，音疾以清。”(《管子·地员》)

在“五声音阶”中，当分别以不同的各音作为主音时，可构成不同的调式。调式名称是以阶名命名的，比如以第一级音“宫”作为主音时，就称为宫调式，以第二级音“商”作为主音时，就称为商调式，以第三级音“角”作为主音时，就称为角调式。余类推。

其音阶中的每一个音都可以当作主音，因而，可形成五种不同的调式：

| | | | | | |
|---|---|---|---|---|---|
| 1 | 2 | 3 | 5 | 6 | （宫调式） |
| 2 | 3 | 5 | 6 | $\dot{1}$ | （商调式） |
| 3 | 5 | 6 | $\dot{1}$ | $\dot{2}$ | （角调式） |
| 5 | 6 | $\dot{1}$ | $\dot{2}$ | $\dot{3}$ | （徵调式） |
| 6 | $\dot{1}$ | $\dot{2}$ | $\dot{3}$ | $\dot{5}$ | （羽调式） |

这五种调式由于主音相同(即同主音)，因此，是“同宫系统”的不同调式，分别称为五声宫调式、五声商调式、五声角调式、五声徵调式、五声羽调式。

有人常常以为中国音乐的特征就是“五声音阶”，其实不然，中国音阶有多样形式。中国的“五声音阶”主要流行在南方地区，北方地区主要使用“七声音阶”。

“五声音阶”的“角”再五度相生两次，就得到“7(变宫)”和“#4(变徵)”两音。于是，周代就已使用“变徵”和“变宫”的以五声为正声的“七声音阶”：

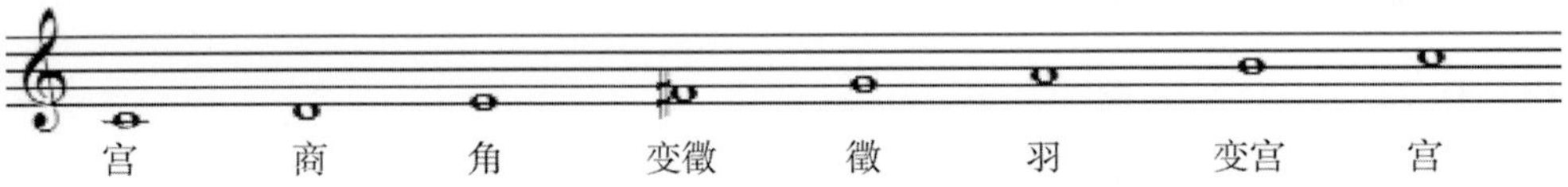


这种七声音阶称为“古音阶”(因为它是最早采用的七声音阶)，如今的乐理教科书也称之为“雅乐音阶”。

在中国，“五声音阶”的“宫、商、角、徵、羽”被认为是“正声”，在此基础上所加的4(古代称为“清角”)、#4(“变徵”)、♭7(“闰”)、7(“变宫”)则都被认为是“偏音”，不被重视。由于插入的偏音不同，又形成三种不同的音阶形态：

1、2、3、#4、5、6、7、$\dot{1}$(七声雅乐音阶，或称“古音阶”)

1、2、3、4、5、6、7、$\dot{1}$(七声清乐音阶，或称“新音阶”)

1、2、3、4、5、6、♭7、$\dot{1}$(七声燕乐音阶，或称“俗乐音阶”)

这三种音阶形态可以各自转换成“同宫系统”、不同主音的五种调式形式(近世只有五个“正音”可以做主音，“偏音”不能做主音)，如七声雅乐宫调式、七声雅乐商调式、七声雅乐角调式、七声雅乐徵调式、七声雅乐羽调式；七声清乐宫调式、七声清乐商调式、七声清乐角调式、七声清乐徵调式、七声清乐羽调式；七声燕乐宫调式、七声燕乐商调式、七声燕乐角调式、七声燕乐徵调式、七声燕乐羽调式等。

与“七声音阶”相比，“五声音阶”的结构有如下特点：相邻音级间没有小二度关系；相邻音级的距离是大二度或小三度；宫音和角音之间为大三度。

中国古代文化认识论认为，五声与五行、五方、四时关系密切。在《汉书·律历志》中把“宫、商、角、徵、羽”与“土、金、木、火、水”“东、南、西、北、中”“四时、春、夏、秋、冬”联系起来，所谓宫为土声，居中央，与四方、四时相应；角为木声，居东方，时序为春；徵为火声，居南方，时序为夏；商为金声，居西方，时序为秋；羽为水声，居北方，时序为冬。

“五声音阶”并非只有中国才有，还广泛流行于亚洲、非洲、中太平洋的一些群岛、匈牙利、苏格兰民间音乐，以及在欧洲人到达美洲之前的美洲本土部族中。但是，因为“律制”不同、旋律的“旋法”(即旋律按其韵律的发展方法)不同、歌唱韵腔风格与乐器演奏技法不同，所以，中国的“五声音阶”与“七声音阶”和世界各地的音阶相比，显示出不同的音乐风格。

（田可文）

# 52. 先秦区域文化的发育

春秋战国时期，邦国林立，区域文化的格局已大体形成。而我国地域辽阔，地理环境差异显著，导致各地区人们的生活方式不同，民风、民俗也各异，由此创造出的文化也表现出很大的差异。文化的生态环境不同使诸子思想的产生和传播地区也不同，这又进一步突出了文化的区域特色。所以荀子说："越人安越，楚人安楚，君子安雅，是非知能材性然也，是注错习俗之节异也。"(《荀子·荣辱》)春秋战国时期形成的地域文化主要有齐鲁文化、楚文化、吴越文化、巴蜀文化、秦文化和三晋文化。

一、齐鲁文化

齐鲁文化的区域范围与今山东省大致相当。周王朝建立以后，姜太公因其功高被封为诸侯，"封尚父于营丘，曰齐"(《史记·周本纪》)。周公之子伯禽被分封到曲阜，称鲁国。齐鲁文化由此得名。

齐鲁地区有泰山拔地而起，有黄河在这里入海，同时也具有很好的文化基础。齐鲁文化的渊源可追至新石器时代的后李文化、东夷文化(包括北辛文化、大汶口文化和龙山文化)和夏朝的岳石文化。

春秋战国时期，齐鲁地区经济发达，为齐鲁文化的产生和发展提供了坚实的经济基础。在土地王有制、井田制遭到破坏之后，齐、鲁两国逐步实行"授田制"。齐国首先采用按土地的多寡肥瘠征收贡税的办法，鲁国率先实行"初税亩"制，这些顺应历史发展趋势的做法解放了农业生产力，提高了农业生产水平。《史记·货殖列传》记载齐国"则人物归之，繦至而辐凑。故齐冠带衣履天下，海岱之间敛袂而往朝焉"。《战国策·齐策一》记载苏秦语："齐地方二千里，带甲数十万，粟如丘山……临淄甚富而实，其民无不吹竽、鼓瑟、击筑、弹琴、斗鸡、走犬、六博、蹹踘者；临淄之途，车毂击，人肩摩，连衽成帷，举袂成幕，挥汗成雨，家敦而富，志高而扬。"苏秦此语虽有夸大的成分，但也基本上反映了齐国经济发达、人民富裕的情形，同时也反映了都城临淄已经成为一个繁华的商业大都会。鲁国虽不及齐国经济发达，但由于其浓厚的农耕文化氛围，虽"亡林泽之饶"，但"颇有桑麻之业"(《史记·货殖列传》)。其都城曲阜也有冶铁、铸铜、制陶等手工业作坊。"齐纨鲁缟"这一成语现泛指名贵的丝织品，古指齐国和鲁国出产的白色绢，这反映了齐、鲁丝织品技艺的高超。

齐、鲁在分封之初备受周王室重视，在春秋时期更是成为全国的政治文化中心。齐国在列国中有着举足轻重的地位，对于违抗王室的诸侯国，齐国具有征伐特权。鲁国受封之初在礼仪层次上比其他同姓高，分有"祝、宗、卜、史，备物典策，官司彝器"，具备周王室的各种文物制度，成为周王室在东方的代表。齐鲁地区在石器时代是东夷人的居住地，是中国文明发展最早的地区之一，商周时期仍为经济文化发达地区。至春秋时期，周王室衰微，四方诸侯蜂拥而起，致使礼崩而乐坏，社会秩序陷入紊乱。以周礼为代表的文化典章制度在齐、鲁保存最完整，"周礼尽在鲁矣"(《左传·昭公二年》)，因此华夏文化中心东移至齐、鲁，成为正统性的文化。正如《中国文化史》中指出：“稷下多辩士，邹鲁产圣人。齐文化兼有阴阳家的空灵和儒家、法家的注重功利，鲁文化则呈现周孔之学肃穆、理智的风范，以后弥盖中原，披及百代，成为中华文化的正宗。”在这一大文化背景下，齐鲁大地诞生了孔丘、孟轲、邹衍等思想文化界巨匠，吸引了儒、墨、道、法、名、兵、阴阳、纵横等诸多学派的学者在此讲学。

齐鲁文化由两个相对独立的主体——齐文化和鲁文化构成，两者既有联系又相互区别。姜太公在被封为齐侯时得到的仅是齐地及其土地上的百姓，均为东夷人。姜太公对东夷的文化礼俗有相当的了解，所以运用灵活方针，采取“因俗简礼”的政策，在依循周礼制度的基础上较多地保留了东夷的文化传统，这种灵活变通的做法使齐文化有了新的发展变化。姜太公之后的齐国历代统治者因袭其做法，使齐国产生了“国未可量也”(《左传·襄公二十九年》)的态势。与齐文化善于变通的特点相比，鲁文化则表现出严格尊重传统、重视礼仪的保守特点。《史记·鲁周公世家》记载：“鲁公伯禽之初受封于鲁，三年而后报政周公。周公曰：‘何迟也?’伯禽曰：‘变其俗，革其礼，丧三年然后除之，故迟。’”伯禽严格按照周公制定的礼乐制度治理鲁国，同时，鲁国在分封之初就保存了仅次于周天子的礼器法物和典籍史册。所以，鲁国很好地保存与发展了周礼所代表的礼乐文化，这也成为儒家学派诞生的温床。

齐、鲁两国不同的治国方略使齐、鲁文化在诸多方面都体现出各自的鲜明特色。在经济发展模式上，齐国重工商业，鲁国重农业。在齐开国之初，姜太公“乃劝以女工之业，通渔盐之利”；而鲁国有着浓厚的重农传统，所以“颇有桑麻之业，亡林泽之饶”(《史记·货殖列传》)。考古发现，齐国有金属货币流通，而鲁国尚无确切证据证明有金属货币流通，这也充分说明齐重工商而鲁重农业的不同经济发展模式。经济结构的不同，导致社会风尚也迥异，齐文化注重事功、物利，司马迁就指出：“其俗宽缓阔达，而足智，好议论，地重，难动摇，怯于众斗，勇于持刺，故多劫人者，大国之风也。”鲁文化则崇尚礼义、重视传统，《史记·儒林列传》载：“鲁中诸儒尚讲诵习礼乐，弦歌之音不绝，岂非圣人之遗化，好礼乐之国哉?”这种社会风尚反映在政治上，齐国表现为政治上尊贤尚功。姜太公始封时回答周公的“何以治齐?”就说“举贤而上功”。“尊贤尚功”主要表现为不计出身，唯才是举；以功为尚，不重名分。鲁国则表现为政治上“尊尊亲亲”的原则，严格区分贵族宗法分封的等级秩序和伦理道德规范。因此，在婚俗上，鲁国实行严格的“同姓不婚”；齐国则无此规定。在学术风气上，齐国能够“兼容并包”，所以齐集诸家文化，形成“百花齐放”的局面，其稷下学宫更是熔百家于一炉，成为学术争鸣的中心。而鲁国尚一统，在学术上只有儒学“一枝独秀”，但同时也大家辈出，孔丘、孟轲等都诞生在这里。

齐鲁文化虽在诸多方面都体现出各自的鲜明特色，但也存在诸多联系。齐、鲁两国为近邻，在政治、经济、文化上难免有许多交往，并相互影响产生出许多共同点。齐鲁文化有着共同的文化源流，均以东夷文化为基础，并都受到夏商文化和周文化的影响。在西周分封之初，两国均为东方大国，且都承担“股肱周室”“镇抚诸侯”(《淮南子·要略》)的重任。在多次战争与会盟中，齐、鲁两国更是增进了联系。由于“同姓不婚”制度，两国长期结为姻亲关系，这也促进了文化的交流。稷下之学的繁盛，更使儒学对齐国产生了深厚的影响。《史记·货殖列传》说：“及其(鲁国)衰，好贾趋利，甚于周人。”这说明齐国重商、趋利风尚对鲁国影响之大。而鲁国重礼仪的传统也对齐国产生了影响，齐有妇人在战争中先问国君安危，再问父亲安危，这体现了齐国对鲁国宗族等级制度的趋同。在长期交流与融会中，齐、鲁两国文化日益显现合流的趋向，共同构筑了灿烂辉煌的中华文化。

## 二、楚文化

楚国的建立是楚文化形成的标志，先秦时期楚文化的覆盖范围包括今湖北全省，湖南及河南、安徽、江西的部分地区。

商末周初，祝融荆人残部季连的芈姓后人西迁至丹水一带，以丹阳为中心，拥戴鬻熊为酋长。由于鬻熊归顺并支持周文王的“剪商”行动而得到文王对其统治荆楚的认可。其曾孙熊绎在周成王时被封于楚蛮之地，从此，楚作为一个正式的国号和族名始载入史册，楚文化也因此而得名。

楚文化是祝融部落的原始农业文化、中原地区的华夏文化和南方的蛮夷文化三者相互融合的产物，这使得楚文化具有兼容多元性的特征。楚初封时土地狭小而荒僻，《左传·昭公十二年》记载：“昔我先王熊绎，辟在荆山，筚路蓝缕，以处草莽。”再加上周人及其王室对楚国不重视，激发了楚人积极进取的精神，因此楚文化也具有积极进取的特征。春秋中期以后，楚文化异军突起，达到鼎盛时期。楚文化有几个要素：青铜器的冶铸工艺、丝织工艺、髹漆工艺、老子和庄子的哲学、屈原的诗歌和庄子的散文。

楚国矿产丰富，其青铜冶铸工艺有相当大的发展。我国发现最早的古铜矿遗址是湖北大冶的铜绿山遗址。考古发掘表明，铜绿山古铜矿在西周时期已开始采掘，矿井既深且复杂，井巷的排水、通风、提升等技术问题均已解决，采掘工艺达到相当的水平。根据遗址的炉渣估算，每炉日产粗铜不低于300千克，其冶炼水平相当于欧洲19世纪末冶炼同类矿石的水平。楚人制造铜器采用多种方法，还发明了较先进的熔模工艺，铸造出各种精美绝伦的铜器，包括礼器、乐器、兵器、车马器、生产工具、构件、生活工具、货币、度量衡等各种类型。1978年，湖北随州出土了一套青铜编钟，形制相当精美，不仅反映了楚人精湛的青铜工艺，也表明楚人具有完备的乐理知识，其音乐达到相当高的水平。

春秋战国时期，中原地区的丝织业非常发达，有“齐纨鲁缟”。在南方，楚国的丝织业可与齐、鲁相媲美。考古发现的楚国丝织品足以证明，楚国的丝织刺绣工艺已经达到当时丝织刺绣工艺的最高水平。1982年，湖北江陵马山1号楚墓出土了大量保存完好的丝织品，按织法和结构可分为纱、绢、绨、罗、绮、锦、绦、组八大类，几乎囊括了我国先秦时期丝织品的全部种类，锦的织机提花技术也达到相当发达的程度。

丰富多彩的漆器是楚文化的特色，现已出土漆器最多的当属楚国。楚人将漆涂在木、竹、皮、夹纻、藤、积竹等制作的胎骨上，制造出各色各样的漆器。当时的髹漆工艺适应社会上各方面的需要，应用到生活用具、工艺品、娱乐用具、丧葬用品、兵器等多方面，楚人髹漆工艺高度发达可见一斑。

春秋战国时期，思想学术界“百家争鸣”，在楚地发祥的是“使人精神专一，动合无形，赡足万物”(《史记·太史公自序》)的道家。老子是道家学派的创始人，他冲破传统宗教思想，提出一个超绝一切的虚无本体，即“道”，他认为“道”是万物的始基，“道生一，一生二，二生三，三生万物”。“道”是老子哲学思想的核心，并由此生发出一整套哲理体系。《庄子·天下》篇认为“道”即“太一”，“太一”即楚辞《九歌》中所称“东皇太一”，是楚人尊崇的神灵。庄子继承了老子的思想，成为战国时期道家的代表人物。庄子对老子所讲的“道”做了进一步补充，在承认“道”是世界万物本源的同时，认为人通过修养可以得“道”，并由此得到解脱。这与老子的观点有所不同，老子认为的“道”是一个独立的精神性的东西，而庄子所说的“道”是一种主观精神的产物。老子之学的另一支为稷下道学，代表人物为屈原。屈原哲学的本体论是“精气说”，精气是最细微的气，在人身上就是精神，也就是“道”。屈原《离骚》云：“跪敷衽以陈辞兮，耿吾既得此中正；驷玉虬以乘鹥兮，溘埃风余上征。”“中正”即精气，也即“道”。

楚文化奇瑰的文学，主要成就是庄子的散文和屈原的诗歌。庄子和屈原均受到楚文化浪漫主义气息的熏陶，他们的作品都充满了浪漫主义色彩。

司马迁曾指出，《庄子》最主要的内容和特点就是“洸洋自恣以适己”。清人刘凤苞评论说，《逍遥游》“一路笔势蜿蜒，如神龙夭娇空中，灵气往来，不可方物……亦极恣肆汪洋”；《骈拇》“行文节节相生，层层变换……极汪洋恣肆之奇”；“《秋水》一篇，体大思精，文情恣肆”。《庄子》33 篇莫不如此，显示了浪漫主义文学的最高成就。鲁迅曾说：“其文则汪洋辟阖，仪态万方，晚周诸子之作，莫能先也。”

屈原是我国历史上第一位伟大的爱国诗人，也是新体诗“楚辞”的创始人和代表作家。《离骚》是屈原的代表作，是我国古代最宏大的一篇抒情诗，为后人所推崇。鲁迅曾称赞说：“被谗放逐，乃作《离骚》。逸响伟辞，卓绝一世。”屈原运用比兴手法，将自然现象、历史人物、神话传说融为一体，塑造了瑰丽神奇的浪漫主义艺术形象，并将思想和艺术高度结合，表达了他忧国忧民的热烈情怀和坚持真理、敢于同黑暗势力作斗争的精神，展示了他高尚的志行和峻洁的品格。屈原的其他作品如《九章》《九歌》《天问》《招魂》等都想象优美丰富，洋溢着浓烈的浪漫主义气息，达到了先秦诗歌创造的顶峰。

除此之外，楚人还具有独特的风俗。楚人先祖初封之时条件艰苦，自然环境恶劣，同时又受南方少数民族的影响，所以楚国百姓骁勇善战，尚勇武之风。又因土地狭小，楚国较崇尚功利，表现在楚国国君无不以开疆扩土为己任。楚人以左为尊，“君子居则贵左”就是这种风俗的反映；楚人还认为自己是日神和火神的后裔，所以服色尚赤、方位尚左。信巫鬼、重祭祀是楚人最重要的风俗之一，《汉书·地理志》说：“楚地……信巫鬼、重淫祀。”这种风俗在楚国发展到极致，甚至连音乐都充满巫音。

三、吴越文化

吴、越是春秋战国时期太湖流域两个毗邻的国家，同属于我国一个古老的民族——百越族。吴在今江苏南部，建都于姑苏(今江苏苏州)，越在今浙江北部，建都于会稽(今浙江绍兴)。吴文化源于北阴阳营文化和湖熟文化。据《史记·吴太伯世家》记载，周初，太伯让位于其弟后奔吴，开创了“句吴”。越文化源于河姆渡文化、马家浜文化、良渚文化、马桥文化。据《吴越春秋·越王无余外传》记载，大禹之后，夏少康为了不使祭禹中断，封庶子无余到会稽，建国“于越”。吴、越两国的文化风俗共同点很多，“吴与越，同音共律，上合星宿，下共一理”(《吴越春秋·夫差内传》)。春秋晚期两国的争霸战争，使得具有近亲关系的吴文化和越文化进一步融合，形成独具特色的吴越区域文化。

吴越处于今太湖钱塘江流域，该地区气候湿润，土地肥沃，水网密布，得天独厚的自然环境为古吴越族的物质文化创造提供了理想的舞台。与中原地区以旱粮作物为主的农业不同，春秋战国时期，吴越地区的水稻种植已达到相当发达的水平，产量非常大，即使“十年不收于国，民俱有三年之食”(《国语·越语上·勾践灭吴》)。

吴越农业文化发达，为手工业的发展提供了条件。吴越的轮制陶器、玉石相当精美，且已出现专业作坊性质的手工业窑场。早在良渚文化时期，家蚕已驯化成功，蚕丝与麻、葛均成为纺织原料。吴越制造的葛布产量非常高，《吴越春秋·勾践归国外传》记载，勾践归国后，“使国中男女入山采葛”，“使女织制葛布”贡送给吴王，一次就达十万匹。越葛质量非常好，具有轻、软、薄、细的特点，甚至胜过当时中原的丝织品，左思《吴都赋》有云：“焦葛升越，弱于罗纨。”春秋战国时期，吴越地区的铜矿采冶和青铜铸造技术独具特色，其中某些技艺为列国之首，青铜戈、剑铸造术堪称绝技。青铜戈、剑的铸造技术采用不同部位使用不同的合金比例和特殊的防锈处理，因而锋利无比，“肉试则断牛马，金试则截盘匜”(《战国策·赵策三》)。考古发掘出土多把吴王、越王的剑或戈(如吴王光剑、越王勾践剑)，在地下埋藏了两千多年，至今仍寒光闪烁，锋利依旧，是为其铸造技术高超的实物。

吴越文化的风俗习惯与中原文化有相当大的差异。吴越之人非常崇奉鬼神，其祖先崇拜已经形成传统。根据民间风俗，吴越之人对祖先的祭祀形式多种多样，有祭祀、房祭、岁祭、家祭、墓祭等；祭祀的时间有逢节日、逢生卒日等。日常生活中祭祀相当多，逢做寿、分家、出门、建房、造船、迁居、庆丰收、龙灯出发和结束时都要参拜祖先。

“断发文身”是吴越之地奇特的习俗，是吴越人的象征和标志，从君王到平民，莫不如此。有关吴越人“断发文身”的记载很多，《墨子·公孟》曰：“越王勾践，剪发文身。”《庄子·逍遥游》记载：“宋人资章甫适诸越，越人断发文身，无所用之。”《论衡·四讳》记述太伯之言：“吾之吴越，吴越之俗，断发文身。”这与中原华夏文化中“身体发肤，受之父母，不敢毁伤，孝之始也”的文化观念大相径庭。究其“断发文身”的原因，后人认为有两个方面：一方面，与远古氏族时代的图腾崇拜有关，“越人以箴刺皮为龙文，所以为尊荣也”(《淮南子》高诱注)；另一方面，出于现实的功利目的，吴越之地濒临大海，且多江河湖泊，居民“常在水中，故断其发，文其身，以象龙子，故不见伤害也”(《汉书·地理志》应劭注)。

除了“断发文身”，吴越人还有“雕题黑齿”的习俗。“雕题”是以丹青在额上绘刻花纹；“黑齿”是用草将牙齿染黑或将牙齿拔掉，形成黑洞。《管子》中记载：“南至吴越，黑齿雕题。”《战国策·赵策》中也有记载：“雕题黑齿，鳀冠秫缝，大吴之国也。”黑齿的习俗，考古发掘也已证明。这种习俗可能与吴越人的审美观念有关。

在语言上，吴越形成了自己的方言——吴语。《说苑·善说》记载：“鄂君子皙(楚王母弟)泛舟于新波之中，会钟鼓之音毕，榜枻越人拥楫而歌。……鄂君子皙曰：‘吾不知越歌，予试为我楚说之。’于是乃召越译。”这说明吴越方言已自成体系。在文字上，吴越之人虽使用中原华夏文字，但在笔画上附加鸟形纹饰，形成所谓“鸟虫书”，这种文字在吴越的青铜器、石器上常能见到。

四、巴蜀文化

春秋战国时期，巴蜀是地名、族名，也是国名。巴蜀以今四川为中心，包括今陕西、甘肃、云南、贵州、湖南、湖北的部分地区。在今川东地区，是以古巴族为中心建立的巴国，其疆域以嘉陵江流域为中心，北至今陕西南部，东至今湖北、湖南西部，南至今贵州北部。其都城大部分时期在江州(今重庆)。境内有多个民族，《华阳国志·巴志》记载：“其属有濮、賨、苴、共、奴、獽、夷、蜑之蛮。”在今川西地区，是以古蜀族为中心建立的蜀国，其疆域以岷江流域为中心，北至今陕、甘两省的南部，南至今云南南部。其都城几经迁徙后定在成都(今四川成都)，境内有僰、邛都、筰、徙、冉等几个少数民族。

巴人最早居住在武落钟离山(今湖北长阳县境内)，后迁徙至川东地区。在商代后期，巴一度成为臣服于商的“方国”，这就是甲骨文中所见的“巴方”。后来巴人又参加了武王伐纣的战争，《华阳国志·巴志》记载：“周武王伐纣，实得巴蜀之师，著乎《尚书》。”周王朝建立之后，开始“封邦建国”，“武王既克殷，以其宗姬封于巴，爵之以子”(《华阳国志·巴志》)。成为周的属国之后，巴与周王朝从此保持着密切的关系。

在远古时代，氐族的一支从川西高原进入成都平原，是为蜀族的祖先。商代后期，蜀已成为殷商一个较大的部族集团，臣服于商，承担劳役的义务。蜀也参加了武王伐纣的战争，并一直与周保持联系。从西周至春秋中期，蜀已具备国家的规模。此时由杜宇治蜀，《华阳国志·蜀志》记载："后有王曰杜宇，教民务农，一曰杜主。自以功德高诸王……乃以褒斜为前门，熊耳、灵关为后户，玉垒、峨嵋为城郭，江、潜、绵、洛为池泽。以汶山为畜牧，南中为园苑。"在劳动人民的努力下，蜀国为把成都平原发展为"天府之国"打下了基础。

巴蜀地区农业的发展有着悠久的历史，特别是水稻的栽培较早，所产大米的质量非常好。在三峡地区，巴人还种植粟、稷和燕麦，并进行手工业品的加工。《华阳国志·巴志》记载："土植五谷，牲具六畜，桑蚕、麻纻、鱼盐、铜铁、丹漆、茶蜜、灵龟、巨犀、山鸡、白雉、黄润鲜粉，皆纳贡之。其果实之珍者，树有荔支，蔓有辛蒟，园有芳蒻、香茗、给客橙、葵；其药物之异者，有巴戟、天椒；竹木之贵者，有桃支、灵寿。"巴人所产粮食除食用外，还用以酿酒。这说明巴人所产粮食不仅有剩余，而且质量较好。蜀国的农业较巴国更为发达，在战国时期，蜀国已以富饶而闻名。《华阳国志·蜀志》记载蜀国有"桑、漆、麻、纻之饶"，"其山林、泽渔、园囿、瓜果，四节成熟，靡不有焉"。岷江自上游夹带大量泥沙而下，形成了肥沃的成都平原，但同时也造成河道淤塞，水灾不断。从杜宇统治后期开始，蜀人大规模地兴修水利，水患得到彻底治理则是在李冰完成宏大的都江堰水利工程之后，从此蜀国的农业有了更大的发展。在手工业方面，蜀国最有名的莫过于蜀锦。蜀锦质地较厚，表面光滑，实际上是一种缎。到战国时期，蜀锦的生产已有相当大的规模，《华阳国志·蜀志》记载，秦灭巴蜀以后，张仪、张若修成都城，"于彝里桥南立锦官"，由此可见蜀锦的兴盛，成都的别称"锦官城"也由此而来。

在交通方面，蜀人修建了千里栈道。李白有诗云："蜀道难，难于上青天。"这是对蜀道自然环境恶劣的概括。但实际上，重峦叠嶂的秦岭并没有阻隔蜀国人民与中原地区人民的经济文化交流。早在春秋时期，蜀人已经以惊人的毅力和智慧开凿出千里栈道，即褒斜道和石牛道。褒斜道从眉县入斜谷，翻分水岭后沿褒谷至褒城。《史记·货殖列传》记载："栈道千里，无所不通，唯褒斜绾毂其口，以所多易所鲜。"蜀道南段为石牛道，又称"金牛道"，由陕西沔县西南行，越七盘岭进入四川境内，至广元县朝天驿进入嘉陵江河谷。栈道分土栈、石栈两种。土栈修于森林茂密的山地，砍伐原始森林，铺木为路，或杂以土石。石栈是于悬崖绝壁上凿孔，孔中插入木梁，上面再铺上木板。

巴蜀习俗中较为独特的是船棺葬仪。船棺为独木舟形，遗体、随葬品放置在中部"舱"(长方形凹槽)中，上有木盖。巴蜀船棺葬无疑是巴蜀先民"送魂观念"支配下的产物，与古代巴蜀先民的生产方式与生活环境有密切关系。在川东的巴人中还流行崖葬，或称"悬棺葬"，即将木棺悬置于插入悬崖绝壁的木桩上，或置于崖洞中、崖缝内，或半悬于崖外。唐张鷟《朝野佥载》卷十四记载："五溪蛮父母死……尽产为棺，于临江高山半肋凿龛以葬之。自山上悬索下柩，弥高者以为孝。"至今三峡地区还可以看见一些崖葬遗柩。

巴人能歌善舞。在春秋战国时期，巴族的民歌相当有名，不仅流行于巴国，在楚国也相当受欢迎，《文选·宋玉对楚王问》记载："客有歌于郢中者，其始曰《下里》《巴人》，国中属而和者数千人。"巴人在唱歌时，往往配有即兴的舞蹈。由于战争频繁，巴族的歌舞主要向战舞方向发展。《华阳国志·巴志》记载，武王伐纣时，"巴师勇锐，歌舞以凌殷人"。

巴蜀的远古文化留下的资料极少。据蒙文通先生的考证，《山海经》中的四篇《海内经》可能是蜀人的作品。五篇《大荒经》则为巴人的作品。

## 五、秦文化

秦统一以前，秦人的活动区域以今陕西关中、汉中一带为中心，东起函谷关，西达陇中，南至秦岭，北抵贺兰山。秦文化形成的标志是秦襄公被封为诸侯并最终取得领地。《史记·秦本纪》记载："平王封襄公为诸侯，赐之岐以西之地。曰：'戎无道，侵夺我岐、丰之地，秦能攻逐戎，即有其地。'"岐山以西虽赐给秦国作为封地，但实际上这块地还在西戎手中，所以秦国必须靠武力去取得自己的封地。经过襄公、文公两代国君的努力，秦终于收复岐山以西的地方，有了自己的封地。

秦人的祖先是黄河下游的东夷人，其嬴秦氏族这一支被迁徙至甘陕地区，后被西周王朝封为秦人。所以秦文化的渊源有东夷文化，也有甘陕地区的土著文化，即西戎文化，当然还有殷商文化和周文化的影响。

在物质文化的许多方面，秦国并不比山东六国差。秦国境内平原沃野千里，为秦国经济的繁荣尤其是农业的发展提供了很好的条件。岐地原是周人的发祥地，是古代农业最发达的地区，这也为秦国经济的发展打下了坚实的基础。春秋时期，铁制工具已经较多地使用，秦襄公时代的《诗·秦风·驷驖》有"驷驖孔阜"之句，"驖"言马色黑如铁。这说明铁有了广泛的应用，已为人所熟知，考古发掘也已证实了这一点。铁制工具的使用，大大提高了生产力，再加上牛耕的使用和水利事业的发展，粮食产量大增，《战国策·秦策》就有记载："秦以牛田，水通粮。"据《史记·河渠书》记载，秦凡受郑国渠水灌溉的土地，每亩可收一钟粮食。在当时的条件下，这个产量是很高的。秦祖先原为游牧民族，有悠久的畜牧传统，再加上秦国西北部的黄土高原以及四川盆地的一部分均山原广阔、水草丰美，为畜牧业发展提供了得天独厚的条件，所以秦国畜牧业也非常发达，尤其是马的饲养。《史记·秦本纪》载："非子居犬丘，好马及畜，善养息之。"养马作为秦国的一种传统，历久而不衰。一些善相马的名家，大多出自秦国，如有名的能识千里马的伯乐，就是"秦穆公之臣"；相马名家九方皋，也是秦国穆公时人。

秦国建筑业发达。秦都咸阳规模宏大，布局合理。有宫城、大城、小城之分，还有手工业作坊区。考古挖掘表明其宫殿高大，有排水、排风系统。台阶所用长砖均为空心，走上去会发出共鸣音，能防止皇帝被刺杀。其陵墓建筑让人叹为观止。秦始皇陵区总面积为56.25平方公里，是世界上最大的地下陵墓。雍城的姚家岗凌阴建筑遗址设计缜密、构造合理，有良好的遮光、隔热、防水、防风功能。

在精神文化上，秦文化注重实用，有鲜明的功利主义特点。秦人对农战、攻伐非常重视，但不讲究礼乐，所以其物质文明发达，精神文明方面则较为逊色。春秋战国时期，百家争鸣，但是在秦国并没有产生真正的思想家和独立的学派。秦国虽以法治国，但法家却出自三晋，所以秦被称为"虎狼之国"，秦人被认为"贪狼强力，寡义而趋利"。秦文化注重实用，讲求功利的表现之一就是在立国君时不论嫡庶，而是"择勇猛者立之"(《公羊传·昭公五年》)，如襄公是庄公的次子，穆公是成公之弟(成公有七个儿子)，灵公死后，不立其子献公，而立灵公的叔父简公。这表明秦国没有严格的宗法制，所以秦国在重用人才上也以实用、功利为标准。秦国坚持接纳、使用宾客的政策，如百里奚、商鞅、张仪、公孙衍、范雎、吕不韦、尉缭、王翦、李斯、蒙恬等几乎均非秦国人，但他们都为秦国一统天下立下汗马功劳。商鞅变法以后，秦国有了明确的按军功确定爵位的官僚制度。对于有军功者有相应的经济待遇，使"宗室非有军功者不得为属籍"。立军功者则"各以差次名田宅"，同时规定"有功者显荣，无功者虽富无所芬华"(《史记·商君列传》)。秦被认为是"上首功之国"，做到"功赏相长"，其军队因此骁勇善战。这为秦国统一六国打下了基础。

秦文化的功利性还表现在秦人的鬼神观和生育观上。从1974年出土于湖北云梦睡虎地的秦简《日书》可知，秦人虽迷信鬼神，但其鬼神观念却与其他文化不同。秦人行多神崇拜，在秦人心目中，人与鬼是可以相通的，人可以战胜鬼神。秦人还认为，神、妖、鬼造福或降灾于人，与人间的道德没有关系。遭遇鬼神的人们祈求赐福消灾也毫无道德伦理色彩，带有明显的功利主义色彩。在教育和培养孩子上，秦人也是从功利角度出发，希望孩子有一定的社会地位，经济富裕，身体健康，武艺高强，英勇善战。

在科学文化方面，秦人也有一定的发展。春秋时期的名医医缓和医和都是秦国人。“病入膏肓”这一成语就是由医缓为晋景公诊断病情而来。医和的六气调和观点也发展为后来《黄帝内经》中“六气失和”而致病的中医学理论。

在文字的使用上，秦人在继承周人文字的基础上又有所创新。周人所用文字为大篆，秦人将其改造为笔画简单、排列整齐、风格庄重典雅的小篆。不同于商周人将文字刻于甲骨、铜器的记载方式，秦人更喜欢将文字刻于坚固的石体之上，以流传久远。现已出土的石鼓文是我国保存至今最为古老的刻石文字，成为我们研究秦文化的珍贵资料。

秦人在丧葬上具有其特有风俗的，是屈肢葬的葬势。屈肢葬有侧身屈肢和仰身屈肢两种。屈肢指死者下肢肱骨和胫骨夹角不大于 90 度。1974—1975 年在大荔朝邑发掘的 26 座战国墓都是单人蜷曲特甚的屈肢葬。2005 年，陕西省考古所考古工作者在西北农林科技大学南校区基建工地上的秦人墓葬群内发现 66 座排列密集的墓葬，墓葬内保存有较完整的人骨架 50 多具，均为屈肢葬。

六、三晋文化

先秦时期三晋文化的分布区大致在今山西省全境、河北省大部、河南省大部和陕西省一部分。三晋文化因春秋时期的晋国及战国时期被瓜分后的韩、赵、魏三国而得名。

西周王朝建立之始，王室“封建亲戚，以藩屏周”（《左传・僖公二十四年》）。周武王少子、成王之弟叔虞被封到今山西地区的古唐国，所以叔虞的封国最初称“唐”。叔虞死后，其子燮父继位，因其所居之地临近晋水，故改国号为“晋”，称晋侯，晋文化由此形成。春秋时期，晋国渐渐强大起来，成为霸主。春秋末年，晋国国君权势衰弱，六个卿大夫的势力强大起来，公元前 453 年，六家中的韩、赵、魏三家瓜分晋国，建立了韩国、赵国、魏国三个诸侯国，即三晋。公元前 3 世纪，韩、赵、魏先后为秦所灭。

晋国是商的故地，晋北地区又分布着戎狄民族，所以三晋文化的渊源应该包括殷商文化、戎狄文化和西周文化。

三晋地处中原，拥有广阔的平原，土地肥沃且靠近河流，为农业的发展提供了很好的条件。晋国又继承了周代的重农传统，所以农业相当发达。春秋时期，晋国已经使用铁农具，种类相当多，耕作技术也有所提高。农产品的品种有谷、麦、豆、冬小麦等。农业的发展是晋文公能够称霸的重要条件之一。

晋国的商业也很发达。晋文公改革内政的措施之一就是“轻关易道，通商宽农”（《国语・晋语四》），由此晋国的商业发展起来，晋都城绛逐渐成为中原地区的经济、政治、文化中心。三家分晋之后，赵国的商业经济尤为发达。《史记・货殖列传》载：“齐、赵设智巧，仰机利。”这说明赵人有着浓厚的经商意识。赵国都城邯郸是当时有名的商业中心。在三晋地区，考古发掘出大量春秋战国时期的金属货币，这也是商业发达的一个证明。

春秋战国时期，诸子百家竞相兴起，三晋地区成为法家的主要发源地。中国最早的成文法产生于郑、晋两国，又以晋成文法的影响最大。春秋晚期，法家先驱人物郑子产在郑国“铸刑书”，这是中国历史上第一部成文法。后郑国为韩国所灭，但这一重法传统为三晋所继承。公元前 513 年，晋赵鞅、荀寅“遂赋晋国一鼓铁，以铸刑鼎，著范宣子所为刑书焉”(《左传·昭公二十九年》)，晋国成文法由此诞生。战国时期，一大批著名的法家人物出生或活动在三晋地区。李悝辅佐魏文侯实行变法，实行“平籴法”，“尽地力之教”，使魏国经济得以迅速发展，成为战国初年的强国。李悝还集各国法律之大成，编成保护封建制度的法典《法经》。这是我国古代第一部较完整的法典，李悝也因此被列为战国时代法家的始祖。申不害相韩 15 年，“修术行道，国内以治，诸侯不来侵伐”(《史记·韩世家》)。韩国大思想家韩非则集前代法家思想之大成，将法、术、势结合起来，构成了诸子百家中最切实有效的政治学说。赵国也有著名的法家慎到和援法入儒的荀况。吴起、商鞅等人原籍均为三晋，他们在楚、秦等国推行的变法也卓有成效，促进了各国经济的发展。

战国时，三晋居天下之中，成为七雄谋取霸主地位的必争之地。各国为求生存、求发展，在依靠实力的同时还必须依靠“游说权谋之徒”，即纵横家，由此，纵横家也应运而生。司马迁在《史记·张仪列传》中说：“三晋多权变之士，夫言纵横强秦者，大抵皆三晋之人也。”其中为人所熟知的是苏秦、公孙衍、张仪。公孙衍、张仪是魏国人，苏秦为东周洛阳人，洛阳地处韩、魏之间，后为韩所吞并，也可以说苏秦是三晋之人。苏秦、公孙衍主张山东六国合纵抗秦，张仪则策动秦国连横，瓦解了六国合纵阵营，各个击破，最后一统六国。

除法家、纵横家产生于三晋之地外，还有其他诸多学派的代表人物也在三晋这块土地上诞生。如名家代表人物赵人公孙龙；兵家代表人物魏人吴起、尉缭，赵人廉颇、赵奢等。诸子百家的众多代表人物诞生于三晋，除了百家争鸣的大文化背景外，与三晋文化的多元性有很大的联系。战国时期，“礼崩乐坏”，传统宗法制的约束减轻，戎狄文化在民族交流与融合中得到进一步加强。要在战乱中求生存、争霸权，各国就不得不摆脱宗法制的约束，起用诸多异姓的改革家、外交家来促进国家的发展。

（王小华）

# 53. 先秦术数与方技

术数，最初称为“数术”，与术算的意思基本相同。术数较早出现自《黄帝内经》，可以说是道家较早使用，《黄帝内经・素问》中有“上古之人，其知道者，法于阴阳，和于术数”。这句话说的是术数。术，指方术(方式方法)。数，为理数、气数(运用方法时的规律)，即阴阳五行生克制化的运动规律。史书中“数术”连称，最早见于《墨子・节用上》。术数最初指权术、策略、治国的方法。后来，术数一是指权术、策略，二是指阴阳五行、神秘文化、封建迷信等来推测社会变化和发展趋势。到秦汉时，术数逐渐成为一门学问。术数的内涵在学术界并没有确切的划分。一般认为，狭义的术数专指预测吉凶的法术；广义的术数包括天文、历法等。通常所指的术数是狭义的术数。术数通常是指以种种方术观察自然界可注意的现象，以阴阳五行相生相克来推测人和国家的气数和命运。术数的发展经历了起源期(石器时代至先秦)、形成期(秦汉至魏晋)、鼎盛期(唐宋)、衰落期(明清至现代)。

方技，亦名“方伎”。“方技”一词最早见于《墨子・迎敌祠》。《墨子》之后“方技”一词不见于先秦的其他典籍中，至司马迁《史记・仓公列传》中“方伎所长”一句，才又见于史籍。所谓方技，《汉书・艺文志》认为：“方伎者，皆生生之具，王官之一守也。”《辞源》中指出，方技在古代指医、卜、星、相之术。方技是指通过医药学、养生学、修炼求仙等有关生命科学技术知识及迷信巫术的知识内容，使人达到祛病延年、健康长寿、长生不死的目的，是古代帝王设立的一种官职。作为一个独特的文化阶层，方技很早就引起古代史学家的重视，《史记》中有《扁鹊仓公列传》《日者列传》《龟策列传》，这实际上就是给方伎者所立的传记。

中国古代研究“天道”或“天地之道”的学问叫“数术之学”，而研究“生命”的学问叫“方技之学”。方术是方技和术数的合称，方技多指先秦期间以中医医经、经方养生和修真的神仙术等，也就是道家的神仙方士和黄老的术士修道的方法，可是，术数的术并不是方术，或者不只是方术，阴阳五行相生相克的数理是术数的主要原理，但是并不只用于占卜算卦，阴阳五行相生相克的数理几乎运用于所有文明领域，术数是中华文明和中国文化知识架构体系的一个组成部分。

术数有著名的三式——太乙、六壬和遁甲，传说都在春秋战国时产生，其中太乙和六壬在文献中均有记载。太乙神数为天，主要管军国大事；奇门遁甲属地，主要谈行军打仗；大六壬称人，主管百姓人事。《汉书・艺文志》，是当时国家藏书的总目，是我国第一部史志图书目录，也是现存最早的一部文献目录专著，是班固以刘向父子的《别录》和《七略》为依据编写而成。《汉书・艺文志》将所用图书分为天文、历谱、五行、蓍龟、杂占、形法六类，这里既有天文、历法、数学、物理方面的科学知识，也有荒诞不经的迷信，如占卜吉凶、相宅看风水之类。其内容大致可以分为三大部分：

(1)占卜术，是用各种非理性的、神秘的方法来获得世间事情的情报或预测未来吉凶福祸之术，它的哲学基础反映了古代人们对自然界和人类的最基本的认识，表达了人们对神的敬畏及期望获得神示的迫切心情。现存可考的最早占卜术为甲骨卜，在新石器时期已普遍使用卜骨，至商代到达极盛时期。它主要通过火烧灼兽骨、龟甲，其被烧灼后在反面会出现一些裂纹，巫师便根据这些纹路来判断祸福。

(2)星相术，分析的是天体的运行和其相互影响的关系，包括星命术、相人术和相地术。星命术是根据星占术或人出生的时辰八字推算个人命运之术，相人术是观察人的形体、相貌以判断其贵贱、寿命和吉凶福祸之术，相地术是通过观察宅舍、坟墓的地形、环境推测吉凶之术。

(3)杂术，包括内容庞杂的各种方术，如巫术、禁忌等，它们多与鬼神观念有关。

《汉志·方技略》收录了医经、经方、房中和神仙四类著作。医经主要是论述医学理论，共7部(家)，216卷；经方是包括方书、本草、内外妇儿各科及食禁在内的医书，共11部(家)，274卷；房中是含有封建色彩的性医学书籍，共8部(家)，186卷；神仙是记录封建迷信但也掺杂有医学内容和涉及医药的资料，共10部(家)，205卷。

方技家是先秦至汉初研究医药及养生的学术派别。《汉书·艺文志》将方技家分为“医经”“经方”“神仙”“房中”四大派。“医经”和“经方”主要属于实用医学的范畴，“房中”是与房事有关的养生术，而“神仙”则是与求仙有关的服食、行气、导引等术。后世“方技”一词则泛指医、卜、星、相之术。根据《汉志》中《方技略》的分类，方技可以分为四类：

(1)医经。属于医学理论，其中尤以脉学最重要。医经是探求人体血脉、经络、骨髓、阴阳、表里等生理特征，用来阐明各种疾病的根源，区别死生的界限，又用来揣度针刺、砭石、汤药、艾灸等施治的方法，调配成适合临证需要的各种药剂。

(2)经方。经方是根据药物的寒温，衡量疾病的轻重，凭借药物的功用，依照气候感应的适宜用药情况，辨别五脏六腑所适用的各种性味的药物，制成寒凉与温热的药剂，用来疏通郁闭，解除蕴结，使身体恢复正常。中国古代医方所收的药物以天然植物、动物和矿物为主，但也包含一些化学制剂。

(3)房中。也叫“房内”。其起源于远古时期先民的生殖崇拜，后成为古代道家和神仙家研究房事和祛病延年的方法。道教讲少私寡欲，但不主张禁欲，而是反对淫欲。它主要与性学的内容有关，并包含求子、优生和房中禁忌等内容。房中术是人的情性的极点，男女最高之道的会合。因此，圣王制定室外的礼乐，而禁止房中放纵的情欲，并以此来进行节制。

(4)神仙。是房中以外的其他养生术。古代所说的“神仙”是一种养生境界，专指却老延年达到不死的人。它包括服食、导引、行气等多种方法。神仙家养生术是为了实现延年益寿，向大自然寻求养生长寿的方法。

术数学的包容最为广泛，《汉书》把术数分为天文、历谱、五行、蓍龟、杂占、形法六类，后来逐渐演变成为天干、地支、阴阳、五行等数理，用来推测社会与人事的变化和发展趋向。方术是术数和方技的统称，方技则主要指那些入海求仙、寻珍猎奇的本领，或者可以说，“古人关心宇宙，乃有‘数术’之学；关心生命，乃有‘方技’之学”。阴阳学则往往特指战国时期邹衍开创的以术数五行为基础的理论学派。古代医学家借用阴阳五行学说来解释人体生理、病理的各种现象。命理学是推测个人未来命运的学问，命理学有广义和狭义之分，广义的命理学就是指命理理论，而狭义的命理学则指命理预测术中的“四柱八字”学说。命理师以各式各样的天文、地理、人文等方面的特征来推论人的性格特性与各项运势。在许多比较宽泛的语境中，人们常把命理理论与术数、方术、命理学、阴阳学等相混称。

术数是中国传统文化的一部分，凝结了先民的智慧，对中国古代社会生活产生了极其深刻的影响，要了解中国的政治、经济、科学文化，就必须了解中国古代的术数。

《四库全书总目·术数类》称“术数之兴，多在秦汉以后，要其旨，不出乎阴阳五行生克制化，实皆易之支派，传以论述”。术数具有悠久的历史，如《连山》《归藏》即托始于伏羲、神农，又相传伏羲画八卦、神农重卦。

术数与迷信不能完全画等号，术数中包括科学与迷信，反映了朴素的民俗。它以阴阳五行学说、天人学说为基本理论，有卜筮、占星、占候、堪舆等分支，是个庞大深奥的体系。现代人大多认为那些星象占卜、择时测字、相面术、风水术等封建迷信就是术数。实际上，这只是对术数不全面的认识。

在中国传统的术数文化之中，也蕴藏着一些科学的成分，它是先民们在漫长的农耕文明时代对宇宙、自然、社会、人生经验及其规律等方面的全面总结。在古代，古人对一些自然异象很难做出科学合理的解释，只能寻找虚无缥缈的上天作为自己的心灵寄托，认为所有的事物与现象都是上天创造的，不是凭空产生的，有其来源。大到国家大事，小到百姓生活中的琐事，似乎都与数术文化分割不开。比如说，军队出征打仗，必须找占卜者占测吉凶，选择吉日作为出征的日子。古代墓葬的陵墓，往往要寻找一个风水极佳的地方作为修建地址，尤其是帝王的陵寝，更是不惜耗费巨大的人力、财力去寻找一个风水宝地。中国古代术数文化是伴随着中华五千年文明不断发展的，由简单到复杂，进而成为一门完善的古代神秘文化。

当人们从神话学的角度来观测和解释自然天象时，显然是把星象当作神灵来看待的，浩瀚的苍穹就成了人们心目中的万神殿：太阳有太阳神，月亮有月亮神，还有风神、雨神、云神、虹神。天空中有多少星相，就活跃着多少神灵。人类的想象自然不会总是漫无目的的，人类的想象总是和人类自身的命运联系在一起，星辰就是人死去后的神灵。商代甲骨文中，已有大量星相记录，其中包括日食、大火星和鸟星等；并且出现了专职的占星家。在周代，出现了专门的皇家占星官——保章正，据《周礼·春官宗伯》记载，他掌管天上的众星，记录日月星辰的运动和变化，以考察人世的变迁，预测国家和人生的吉凶。所有的封地和君权分别与不同的星相关联，根据这些星相便可以确定各国的繁荣或灾难。

论及中医学，有些人时常将医、卜、星、象并列，以“方技”称之，这其实并非“方技”一词的本义，在《汉书·艺文志》中图书被分为六类：六艺、诸子、诗赋、兵书、数术、方技。医学书籍被归于方技类，而卜、星、象的知识实际上属于“数术略”，该部分图书包括天文、历谱、五行、蓍龟、杂占、形法等，其中并不包括医学。当然，这并不是说医学中没有吸收借鉴其他门类的知识，但在汉代人的眼中，它们确实分属不同的门类。

虽然方技本意与术数并无关系，但也并非就与医学完全画上等号。从《汉志·方技略》中的内容来看，也并非全然是医学书籍，而是包括了四方面的内容：医经、经方、房中、神仙。医经主要是有关医学理论的内容，《黄帝内经》便名列其中。该部分主要探求人体血脉、经络、骨髓、阴阳、表里等生理特征，阐明各种疾病的根源，揣度治疗原则，并选取针刺、砭石、汤药、艾灸等施治方法。为了阐述医理的奥秘，《汉书·艺文志》中还用了一个很形象的比喻：如果医理运用得当，药剂调配适宜，便如磁石吸铁，可谓药到病除。而技术拙劣的医生如果违背医理，则会把轻病治成重病，使本来能救活的病人致死。

从上述的阐述中可以看出，方技中包含的内容确实与常规理解的医学有所不同。医经和经方当然属于医学范围，但是房中和神仙则内容驳杂，其中当然有涉及医学的内容，像神仙类中的《黄帝杂子步引》《黄帝岐伯按摩》《黄帝杂子芝菌》便能推测当与导引、按摩、服食有关，但要将其完全划入医学，恐怕并不妥当。虽然《汉志·方技略》中所记载的书籍除了《内经》之外，都已散佚，但结合近些年出土的医术文献来看，这样的分类确实符合秦汉的实际情况。

方技家以医学为理论基础，但研究范围宽于医学，包括后世的医家与方士。方技家的代表人物，远古有岐伯、俞拊，战国有扁鹊、秦和，汉初有仓公，其中以扁鹊最为知名。《汉书·艺文志》录有“方技三十六家，八百六十八卷”，今大多亡佚，只有《黄帝内经》流传下来，现分为《素问》《灵枢》二书。方技家甚至还由治身及治国，《汉书·艺文志》指出其有“论病以及国，原诊以知政”的特点。后世“方技”一词则泛指医、卜、星、相之术。

方仙道或神仙家是在春秋战国时期形成的一类专门从事方术、方技等道术的人，时称方士。包括天文、医学、神仙、占卜、相术、堪舆等技艺并宣传服食、祭祀可以长生成仙的人。这个后来也归为方技家，方仙道常利用邹衍的五德终始说和五行阴阳学说来解释他们的方术，但方技家不归为阴阳家，应该归为医家的范围。

医经家注重医学理论研究，善于推究人体的生理特征，阐明各种疾病的根源，提出各种治疗手段，调制临床所需的各种药剂；经方家注重药物学研究，探讨各种方药性能、用途及配伍之法；房中家注重性医学研究，探讨房中节欲、保健防病；神仙家注重长生之道的研究，以摄生炼养、保性命之真为主，幻想长生不死，带有迷信色彩；方技家以医学为理论基础，但研究范围远宽于医学，包括后世之医家与方士。房中、神仙二家多被后世归入道家。

（汪良平）

## 54.《世本》与《竹书纪年》的修撰

《世本》是战国时期赵国史官所修的史书，是我国古代出现的第一部以人物为中心的记载上古以来帝王、诸侯以至卿大夫世系的家谱史籍。

“世”，指代、世系；“本”，指根基、起源；“世本”一词最初见于《周礼·春官·小史》：“掌邦国之志，奠系世，辨昭穆。”“系”为天子帝系，诸侯的世系是为世本。《世本》直到西汉末年才经刘向校理后定名，后来在唐朝时为避唐太宗李世民讳，又一度改名为《系本》《代本》。

《竹书纪年》，相传为战国时期魏国史官所作的史书，本已失传，西晋初年，《竹书》等竹简被盗墓者从汲郡汲县(今河南省卫辉市)的战国古墓中挖出。原书并无题名，被整理成书后因其所记史事属于编年体，且因原书是出土于汲冢古墓的竹简，因而被称作《纪年》《竹书》《竹书纪年》，或《汲冢纪年》《汲冢古文》《汲冢书》，后世一般称其为《竹书纪年》。

战国晚期，政治形势趋向统一，史家酝酿着对以往历史的总结，这成为《世本》和《竹书纪年》两书成书的社会背景。

《世本》应是西周时期宗法制度和分封制度的产物。周王朝建立后，面临着统治上的巨大难题——统治疆域的增加，少数商朝旧部的反抗，周边少数民族的觊觎。因而周王室采用以血缘亲情为基础的宗法制度和分封制度来巩固统治。

《世本》的成书年代约为公元前 234 年—前 228 年(秦王政十三年至十九年)。原书虽已亡佚，然而据清人秦嘉谟《世本辑补》记载，《世本》共计十五篇，主要篇目有记载五帝世系的帝系篇；记载列国诸侯世系，分鲁、齐、晋、秦、楚等国别的王侯篇；记载列国卿大夫家谱的卿大夫篇；记载诸姓起源的氏姓篇；依据国别记载帝王诸侯都会所在地的居篇；记载各类事物、制度制作者的作篇；记载帝王、诸侯谥号的谥法篇。其中，《帝系篇》《王侯谱》《卿大夫谱》《氏姓篇》也称作《纪》或《本纪》。

具体来看，《帝系篇》主要记载五帝及夏商周三代的帝王宗室谱系，其内容起于黄帝，迄于东周最末一朝天子——赧王。《史记》的《五帝本纪》及夏商周三代本纪所记载的人物及关系基本上与《世本》相同。

《王侯谱》中的年代因各诸侯国的封立时间而异，其间有的又追溯到开国君王的祖先，所载的诸侯国有鲁、齐、晋、秦、楚、宋、卫、陈、蔡、曹、郑、吴、杞、燕、滕、韩、赵、魏等，其内容与《史记》的《十二诸侯年表》《六国年表》较为接近。

《卿大夫谱》分国别记载各诸侯国中一些主要的公卿大夫的族系家谱，这一部分记载的内容在年代上很不一致，记载的世系代数也各不相等，而所包括的国别与《王侯谱》却大致相同。

《氏姓篇》主要记载一些氏姓的起源，一般只记载某一姓氏的最早一些人名或来历。由于“氏”在古代为贵族所专有，因而《氏族篇》也是贵族宗谱的一部分，只是在政治地位上与前面的诸侯公卿大夫谱不同。

《居篇》中的“居”指居处。《居篇》主要记载黄帝以来天子及诸侯的都会封邑所在地，记录了原始社会时期各部落和夏商周时期各族的起源与迁移情况，从地理角度上梳理了各族的发展沿革史，是我国古代的地理文献之一，在某种程度上可视为方志的源头之一。

《作篇》以传说为主，记载的是上古以来圣人关于各种器物技术的发明、礼乐图文法制的创制，主要包括先秦时期的物质生产、衣食住行、文化制度等社会生活的方方面面。其中的“蚩尤作兵”“祝融作市”“伯夷作井”等传说，相当于古代文化的记录。

《居篇》《作篇》的内容虽不太多，但仍有一定的史料价值，其记载方式是以人系事，文字简约，多少带有一点专史的性质；而《史记》中的诸书，是有关经济、政治、文化制度的专篇，也是一种专史，其性质是相近的。

《世本》所记载的年代虽长，人物虽多，但内容却十分简约，在先秦的种种史籍中具有独特的体裁，即以帝王、诸侯等贵族人物为主要对象，以人物的宗室谱系关系为内容，以宗法制度为核心，以宗法国家的等级制度为排列方式，记录祖先、帝王、诸侯、卿大夫的世系，这些内容恰与西周时期“天子建国，诸侯立家，卿至侧室”的分级立宗的分封制度相对应，而且内容的编排呈现多层次的特点。除世系外，《世本》还记载了贵族阶层的姓氏、都邑等方面的情况，可知分封制度还与土地制度、姓氏制度有密切的关系。

《竹书纪年》的成书时间则比《世本》早六七十年，在当时政治统一的背景下，是对黄帝到战国末史事的通史性总结。

现存的《竹书纪年》可分为“古本”和“今本”两大体系。“古本”《竹书纪年》为辑佚本，纪事起于夏代，终于公元前299年，并无完整的体例；而“今本”《竹书纪年》的纪事起于黄帝，终于周隐王二十年(前296)，有着较为完整的体例。

根据《晋书》的记载，《竹书纪年》全书共计13篇，以89位君主，1847年的纪年为纲，主要记载了黄帝、夏、商、西周以及春秋时期晋国、战国时期魏国的历史，详细记载了各时期所发生的血腥政变与军事冲突。周平王东迁后用晋国纪年，三家分晋后用魏国纪年，至“今王”(注：战国末年的赵王迁)二十年为止。

由于竹简被挖出后散乱，以及战国时期的文字不能为后世悉数识别，因而历代对《竹书纪年》的整理存在较大的争议。

这批竹简被官府收缴后，晋武帝命中书监荀勖、中书令和峤负责整理、考正。竹简长度为古尺二尺四寸，以墨书写(墨书即为“漆书”)，每简40字，是一种较为规范的战国文字。整理工作首先是排比竹简的次第，其次是用当时的文字写出释文，最后是撰写提要。

晋惠帝时，秘书监挚虞请秘书丞卫恒“考正”这批竹简，卫恒却在政治斗争中遇害而未能完成任务，他的好友束皙便接替他继续考正工作，对这批竹书“随疑分释，皆有义证”，使《竹书纪年》最终成书。

在后来的八王之乱、永嘉之乱等长期战乱中，包括《竹书纪年》等古书在内的众多书籍遭到战火亡佚，与此同时，荀、束等人整理的初释本和考正本仍在继续传抄流行。于是《竹书纪年》当时有了初释本(荀和本)和考正本(卫束本)两种，后来通行的一般是荀和本。直到唐玄宗开元以前，《竹书纪年》的初释本和考正本仍存于世，但是宋代的目录著作未著录此书，由此推断，这两个整理本可能在安史之乱后也亡佚了。

到了宋代，《竹书纪年》传抄本也散佚殆尽。元末明初以及明朝中期又出现了《竹书纪年》的二卷刻本(即范钦刊刻的天一阁《范氏奇书》本)，因来路不明，而且其全书体例与历来所引《竹书纪年》差别较大，春秋战国部分均以周王纪年记事，一般称为"今本"(即"今本"《竹书纪年》)。清代钱大昕等人认为"今本"为明人伪造，姚振宗在《隋书经籍志考证》中更推断此书为明嘉靖年间天一阁主人范钦伪作，也有学者认为"今本"《竹书纪年》最迟在南宋初即已出现，并非明人作伪。

现存的《竹书纪年》是后人依据古书、类书的注释、佚文重新编成的。清代学者从史书中辑录《竹书纪年》的各种引文，重新组合成了一份复原版的"竹书纪年"，是为"古本"《竹书纪年》。清代嘉庆年间朱右开始辑录晋以后类书和古注中所引的《竹书纪年》佚文，并加以考证，称为"古本"(即"古本"《竹书纪年》)，撰成《汲冢纪年存真》。近代以来，王国维在《汲冢纪年存真》的基础上重新整理校对而辑成《古本竹书纪年辑校》，范祥雍又辑成《古本竹书纪年辑校订补》。方诗铭、王修龄等当代学者重新辑录的《古本竹书纪年辑证》，在内容上有了新的考证与补充，是现今较为完备的版本。

"古本"《竹书纪年》的真实性和客观性存在较大的争议。

全书有不少地方与传统正史的记载大不相同，或许较为接近史实。《竹书纪年》中的部分记载与甲骨文、金文符合。在"太甲杀伊尹""文丁杀季历""共伯和干王位"等史实记载上，《竹书纪年》所记"(殷)祖乙胜即位，是为中宗"，虽与《史记·殷本纪》等以中宗为太戊大不相同，却与甲骨文"中宗祖乙"的称谓基本吻合，有助于改正《史记·殷本纪》以中宗为太戊的错误。

而且，《史记》所记载的战国史事基本上是依据秦国的官修史书和纵横家的相关著作，司马迁本人也觉得战国史事难以理清。《竹书纪年》的出土，使战国史事有了新的史料可资依据，可以修正《史记》中的很多错误，尤其是关于六国纪年错乱的史实错误。

《竹书纪年》还将许多已被传统文献抹去或隐晦的事实予以恢复。如"益干启位，启杀之""文丁杀季历""共伯和干王位"等，在刻意塑造"三代之治"形象的儒家那里，都被讳饰，而《竹书纪年》则揭开了上述从夏朝到战国屡屡发生的血腥政变的历史真相，引起了学界的巨大震动。

《竹书纪年》的记载也有不准确的地方。比如《竹书纪年》所记载的"太甲杀伊尹"一事，根据《史记》所载，商王太甲被伊尹囚禁三年后，伊尹见太甲已有悔改，便将政权交还给他。太甲复位后，洗心革面，励精图治，变成一个勤政爱民的圣明君主，而《竹书纪年》却记载了伊尹放逐太甲后，自立为王，七年后，太甲潜回国都，杀掉篡位的伊尹，并改立伊尹的儿子伊陟和伊奋延续伊家宗祀。到底这两种记载哪种更接近历史真相，据近年来陆续出土的甲骨文文献得知，商朝末年仍对伊尹进行祭祀，这说明伊尹应该没有篡位，司马迁的观点可信度较高，《竹书纪年》的记载可能并不真实。

总的来看，《世本》与《竹书纪年》尝试综合远古的传说与文字记载，写出了先秦史官撰述从黄帝到作者所处时代的通史性质的史书，为中国史学的发展奠定了重要的基础。

《世本》的史料价值十分宝贵，它保存了先秦时期帝王、诸侯、卿大夫的世系、姓氏、居所、发明创造等方面的重要史料，填补了不少史籍中人物世系及地理上之空白，又能与《史记》《左传》互为补充参证，对后世研究中国上古政治史、社会史、文化史的相关问题有着重要的参考价值。其中的《作篇》《居篇》收录了颇多文化、地理上的演化历史，为《考工记》以外少有的"系统"之作，因而梁启超称《世本》"已颇具其文化史的特质”。

《世本》在体裁上把各种各样的宗谱、家谱归于“史部·谱系类”，是《史记》乃至纪传体史籍以及谱牒、姓氏之书的源头，为先秦历史编纂学的发展奠定了重要基础。司马迁曾采《世本》等书以撰《史记》，而且《史记》的编写体例，世家、表等部分也受《世本》所“开创”的纪传体体裁的重要影响。

《竹书纪年》在编年体记事通史中开了先河，是中国史学史上的开创性著作之一；而且，此书对于补正在其出土前问世的相关古史著作有着重要的史料价值。

作为中国古代唯一留存的未经秦火焚烧以及汉儒篡改的编年体通史，《竹书纪年》具有特殊的历史价值和社会价值。

《竹书纪年》对研究先秦史有着较高的史料价值。它不仅对研究夏代的年代问题有十分重要的意义，确立了目前所知的最早的一套年代学系统，而且后世史家在整理战国年表时，大多会参考《竹书纪年》的记载。

“今本”《竹书纪年》虽为后世伪作，但其史料价值不可完全否认，其中的某些材料仍可以与不同来源的数据多方印证，只不过因其真假杂糅而难以辨别，因而学界关于“今本”《竹书纪年》的辨伪研究一直持续不断。

（赵蒙）

## 55.《逸周书》与《穆天子传》的成书

《逸周书》，本名《周书》(先秦的“书”主要为册命的文件)，具有《尚书·周书》的逸篇性质，为我国先秦时期的一部重要典籍。《穆天子传》，又名《周王游行记》，为先秦时期的一部历史神话典籍，是西晋汲冢所出竹书中唯一流传至今的一部奇书。

今本《逸周书》正文70篇(实存59篇)及《序》1篇，其中42篇是西晋五经博士孔晁校注的，17篇无注，11篇仅存篇目。颜师古所记载的“今存者(《逸周书》)四十五篇”，实为孔晁注本45篇，只是其后又散佚了3篇。唐代流传的《逸周书》有两种版本，除孔晁注本以外，还有一种无注本，曾被误传为出土于晋代汲郡魏墓中，因而有《汲冢周书》之称。今本《逸周书》有孔晁注本和无注本两种版本，应是唐代以后学者将两种残本合编而成。

全书基本上按所记事之时代早晚编次，历记周文王、周武王、周公、成王、康王、穆王、厉王及景王时事，绵亘五百多年，保存了很多有关西周历史的真实记载，很多篇章的史料价值甚至超过《尚书·周书》，也反映了周人治国治民的重要思想。

从《逸周书》的序文来看，全书的主旨在于阐明文王、武王、周公克殷建国的历程，而且强调西周初期的文治与武功。

在全书的71篇文献中，记载周王朝开国史的有50篇，且撰者是按文王、武王、成王史事的先后顺序排列开来。从首篇《度训》到《文传》，共有25篇是以周文王为中心展开的，详细阐述了周文王施行德政、讲求天命的治国思想，反映了周王朝开国之初思想观念的演变；《祭公》《史记》《职方》系于穆王；从《柔武》到《五权》共21篇详细记载了周武王伐纣事；《成开》《作雒》《皇门》《大戒》四篇是关于成王及周公摄政的文献记载。

同时，需要注意的是，全书文章来源不一，内容驳杂，真赝参半。从各篇具体内容来看，《逸周书》各篇有的记言，有的记事，有诰命，也有论文和杂记，体例不一，是一部史书和子书的合编。如前三篇《度训》《命训》《常训》，皆以王者师的口吻，讲为政牧民之道。第五篇《籴匡》和第十一篇《大匡》，讲救助灾荒的措施与制度。第六篇至第十篇《武称》《允文》《大武》《大明武》《小明武》及第三十二篇《武顺》、第三十三篇《武穆》和第六十八篇《武纪》，均类兵家言。而自第十一篇以下，各篇又多以“维(王)某祀(或某月)”的形式开头，记事或言。第三十篇至第五十篇，主要记载伐商前后事，如《酆谋》记伐商前的准备；《和寤》记伐商途中事；《克殷》记克殷的经过及善后；《世俘解》主要叙述武王克殷，还记载了在牧野举行的杀人献祭的告捷礼与杀人献俘礼；《商誓解》是武王克商以后对殷贵族的一篇讲话，主要记载了武王克商后自称伐商是奉了上帝之命，劝导殷商旧臣诸侯顺从天命；《度邑解》记周公规拟伊洛而定“天室”以安定大局，并传位于周公之事；《作雒解》记述了武王克殷后营建成周为东都之缘起以及待周公东征胜利后将致政于成王之事。第五十一篇《月令》是有关天文历法的文字。第五十二篇《时训》记一年中二十四节气及七十二时之物候。第五十四篇《谥法》言给谥的法则。第五十八篇《官人》与《大戴礼记·文王官人》文同而人异(《大戴礼》为文王与太公望，此为文王与周公旦)。第五十九篇《王会》，记成周之会的盛况以及边区各部族向周成王的贡献，所附《伊尹朝献》记载我国边区各部族向商汤进献的故事。第六十篇《史记》，记历史上诸王国灭亡的原因与教训。第六十二篇《职方》，即《周礼·夏官·职方氏》文。第六十三篇《芮良夫》，记芮良夫训诫厉王之辞。第六十四篇《太子晋》，记周景王太子晋行事。第六十七篇《周祝》，则又为韵语，纯系说教。

后人对《逸周书》史料的来源看法不一，《逸周书》长期为“伪书”之名所累。《汉书·艺文志》将《逸周书》著录于六艺的书九家之中；《隋书·经籍志》以及刘知幾的《史通》也都认为《逸周书》是孔子删削《尚书》而成的余篇，实际上孔子删书之说出自西汉纬书作者的编造。隋唐以后，有人认为今本《逸周书》可能是后人将旧本与西晋泰康年间出土于汲冢的周书合并而成的，因而也被称作《汲冢周书》。宋代以来，陈振孙、李焘等学者认为《逸周书》是战国时人的仿作，假托于周为名；唐大沛断言此书真假混淆，纯杂不一。

杨宽等学者认为，今本《周书》与《汲冢周书》并无关联，认为此书应为战国人所编，且各篇写作时代或可早至西周，或晚至战国，另有个别篇章可能还经汉人改易或增附。《逸周书》很可能出于战国时代兵家所编，编者以文王、武王、周公的文治与武功作为兵家思想的渊源，因而广为搜辑材料编成此书。书中既收辑有真实的《周书》逸篇，包括《克殷》《世俘》等宣扬武王的武功的篇章，《商誓》《度邑》《作雒》《皇门》等说明武王、周公文治的篇章，同时又辑录战国时人伪托的篇章，还辑入了一些战国时代的论著，并附会为文王、武王、周公所作，以说明西周初期的文治武功，还直接编入了不少战国时代兵家的著作。

西晋初年，在今河南汲县发现了一座战国时期魏王墓葬，出土了《周易》《纪年》《周王游行》等一大批竹简，均为重要文化典籍，通称“汲冢竹书”，其中有《穆天子传》《周穆王美人盛姬死事》，后合并为今本《穆天子传》，前五卷主要记载周穆王西游的故事，后一卷记载的是周穆王美人盛姬之死及其葬仪之事。

《穆天子传》自汲冢出土后，初为五卷本蝌蚪文，且残缺不全，经荀勖、和峤等人整理校订后，藏之祕府，后经东晋郭璞作注，其后经传抄整理，原汲冢《杂书十九篇》之一《周穆王美人盛姬死事》亦被并入其中，而成六卷本，共计八千余字，渐渐流传开来，《隋书·经籍志》等历代史志目录和官私书目也多著录有《穆天子传》。

《穆天子传》全书文辞质朴，周穆王西巡天下的故事主要讲述周穆王率领七萃之士，驾赤骥、盗骊、白义、踰轮、山子、渠黄、骅骝、绿耳等八骏之乘，由造父赶车，河宗伯夭作向导，从宗周(洛邑，今河南洛阳)出发征伐犬戎，越过漳水(今河北井陉东南)，经由河宗(今内蒙古河套一带)、阳纡之山、群玉山等地祭祀河伯，西至西王母之邦昆仑山，与西王母宴饮酬酢，然后返回宗周的神话故事。

穆王的西行路线，当是从洛邑出发，北行越太行山，经由河套，然后折而向西，穿越今甘肃、青海、新疆，到达帕米尔地区(西王母之邦)，行程一万三千多里，途中巡视犬戎等20多个邦国与部族，均受到了热情的接待。

《穆天子传》的史料价值多视其真伪而定，学界关于《穆天子传》的成书年代和史料价值争议较大。有学者认为《穆天子传》为真史书，相信此书为西周时期史官所记，反映了西周穆王时的社会状况，因而极具史料价值；也有学者认为《穆天子传》为伪书，怀疑《穆天子传》是战国或者战国以后的人附会伪造而成，因而所记周王游行之事不能信以为实。

《穆天子传》出土后，很长一段时间内，多数学者把它看作西周史官的实录。《隋书·经籍志》《旧唐书·经籍志》《新唐书·艺文志》以及宋陈振孙的《直斋书录解题》，均将《穆天子传》列在"起居注"类中；《宋史·艺文志》将他列于"别史"类；宋代晁公武的《郡斋读书志》、宋代王应麟的《玉海》和宋代王尧臣的《崇文总目》将它列于"传记"类。可见，元明以前的很多学者将《穆天子传》视为史书。

明清以来，学界开始怀疑《穆天子传》作为史书的真实可靠性，因而将《穆天子传》视为伪书、小说一类。清初学者姚际恒在《古今伪书考》中将《穆天子传》判为伪书；乾隆时期，纪昀等四库馆臣在编定《四库全书》时认为《穆天子传》"类小说传记"，书中内容"多夸言寡实"，因而将它归于"小说"类。

除此之外，也有说法认为《穆天子传》是西周的重要文献。从荀勖等人的言论可知，自此书出土之日，便有成书于西周的说法，其后元人王渐、明人胡应麟以及近代学者刘师培、顾实、岑仲勉、于省吾等学者都认为《穆天子传》成书于西周，其中尤以顾实的《〈穆天子传〉西征讲疏》《黄荛圃手校〈穆天子传〉跋》为代表。还有说法认为《穆天子传》成书于战国时期，其中以清人王谟的《〈穆天子传〉后识》、顾颉刚的《〈穆天子传〉及其著作年代》两篇文章为代表，顾颉刚认为《穆天子传》成书于赵武灵王西北略地的战国时期。

总的来看，《逸周书》是先秦时代的一部重要史学著作，不仅保存了较多真实的西周历史文件，而且开启了先秦时代述事明理的一代史学著作风尚。

《逸周书》中保存了好多篇《周书》逸篇，而且有些篇章的史料价值超过《尚书·周书》。其中《商誓》《度邑》《皇门》《尝麦》《祭公》《芮良夫》等训告书与《克殷》《世俘》《作雒》等纪事书应为真古书，而且这些训告书与《今文尚书》二十八篇神似，史料价值尤为可信。

《逸周书》也是研究兵家不可或缺的资料。其编者以兵家的标准选取《周书》，因而所保存的西周历史文件内容不同于儒家所传的今文经《尚书》。其中不少以"武"作为篇名的，如《武称》《大武》《大明武》《小明武》《柔武》《武顺》《武穆》《武纪》等篇(类兵家言)，是研究先秦兵家的重要资料。

除此之外，《度训》等篇对于研究孟子、荀子等人的思想渊源，《程典》等篇对于研究古代伦理思想，《王会》对于研究古代少数民族的分布及民族关系，均有特殊意义。

《穆天子传》的史料价值极为宝贵，是研究先秦史的重要参考资料。《穆天子传》中虽有很多神话与夸张的成分，却丰富了人们关于西北地理知识的认识，保存了西周时期东西方民族彼此友好交往的史料，反映了先秦时期的中西交通路线以及沿途的风俗人情、物产气候以及各部族分布、迁徙的史迹，展示了当时东西方经济文化交流的壮观景象，对于佐证张骞通西域以前中国内地和中亚各民族之间的友好交往提供了可资证明的史料；而且围绕周穆王的活动所记述的一系列相关礼仪，也有助于深入研究西周社会生活的方方面面。

从文学价值来看，《穆天子传》对后世小说、诗文、戏曲影响较大。《汉武故事》等文学作品直接受其影响，唐代文人写作玄宗与贵妃事，也暗用了《穆天子传》中穆天子会西王母的故事，宋元明戏曲《王母蟠桃会》《西王母祝寿瑶池会》《群仙庆寿蟠桃会》等故事用典也都深受《穆天子传》神话传说的影响。

（罗来）

# 56. 中国古代历法之“三正论”

三正论，又名“岁首异建”，是我国古代历法中的一种特殊理论。该理论认为，夏、商、周三代使用的是岁首不同的历法，周代以冬至所在的建子之月为正月，商代以建丑之月为正月，夏代以建寅之月为正月。自汉武帝时代至今的农历，一直采用夏历，因此周之正月就是现在的农历十一月，商之正月就是现在的农历十二月，也即《史记·历书》所谓“夏正以正月，殷正以十二月，周正以十一月”。三正论不仅是历法理论，也是一套政治理论，在我国传统政治文化中具有重要作用。想要知晓三正论的来龙去脉，首先要了解我国古代历法的基本知识，明白古人的纪年、纪月之法。

年、月、日是历法的基本单位，对年、月、日的测量和划分方法不同，所推出的历法体系也不同。人类历史上的历法不外乎三种：太阳历、太阴历和阴阳合历。太阳历只考虑太阳的视运动，以“回归年”为制定标准。我国古代对回归年的判定是太阳从冬至点再到冬至点的时间周期，长度为 365.25 天。一个回归年可以设 12 个月，也可以设 10 个月、18 个月，这里的月只是一个人为创造的计量单位，我们现在使用的公历就是太阳历。太阴历只考虑月亮的视运动，以“朔望月”为制定标准，也就是将月亮从消失到最圆的周期设定为一个月。12 个朔望月合成一年，每月以 29 天或 30 天交错安排，共计 354 日。太阴历的年与回归年是不同的，伊斯兰教的历法就是太阴历。阴阳合历则是兼采“回归年”和“朔望月”这两个周期，让每个月符合月相盈亏的变化，让每一年符合寒来暑往的变化。由于要使二者的长度相协调，阴阳合历的编制比前二者更为复杂。

我国古代有史以来的历法，包括我们今天的农历，一直是阴阳合历。古汉语中常以“年岁”并称，其实“年”和“岁”的确切含义并不相同：“岁”指一个回归年，“年”指 12 个朔望月。由于“岁”比“年”多 11 天，累计三年就会多出一个月，这就涉及“置闰”的问题，每隔三“年”就要增加一个闰月，使其平均长度与“岁”相同。《尚书·尧典》说：“期三百有六旬有六日，以闰月定四时成岁。”“三百有六旬有六日”就是 366 天，大致相当于一“岁”的长度；以“闰月定四时”就是通过置闰来调节时令，使四季不致混乱。《周礼·春官·大史》所谓“正岁年以序事”，表明太史的职责之一就是要调整“岁”和“年”的关系，使二者协调一致。

了解古人对年月的判定，是我们理解三正论的基础。接下来还应了解古代历法中独特的干支纪月法。干支即人们所熟知的十天干(甲、乙、丙、丁、戊、己、庚、辛、壬、癸)和十二地支(子、丑、寅、卯、辰、巳、午、未、申、酉、戌、亥)，然而“干支”这一名称迟至东汉时才出现，甲乙、子丑等名词倒是起源甚早，殷墟甲骨文中已有二者配合纪日的记录，只是最早并不被统称为“干支”。《周礼·春官·冯相氏》称：“冯相氏掌十有二岁，十有二辰，十日，二十有八星之位。”这里的“十日”即是十干的古称，“十二辰”则是十二支的古称。“十日”为一旬，三旬为一月，这是古代另一种计量月份的方法；“十二辰”是观测天象时对天空区域的划分，古人将天赤道、黄道附近的区域分为 12 等分，以正北为子，由东向西依次为丑、寅等。

晚周阴阳五行学说兴起后，日辰遂与五行相配，开始有了阴阳之分。《史记·律书》将甲乙、子丑等称为“十母十二子”，后来由母子关系演变为天地关系、干枝(“枝”与“支”通)关系，这就是“天干”和“地支”得名的由来。

一年分为十二个朔望月，十二支便被用来指称各个月份，这种纪月方法与北斗星有关。如前所述，十二支古称“十二辰”，是对天区的十二等分。北斗星不断旋转，其斗柄所指，叫作“斗建”，斗柄指向十二辰的哪个区域，就用该区域的辰名来为该月命名。这类似于钟表上指针和读数的关系，例如斗柄指向子辰区域，就叫建子之月，指向丑辰区域，就叫建丑之月等，这种纪月法被称为“月建”。建子之月也是冬至所在的月份，即《淮南子·周月解》所谓“惟一月既南至……是月，斗柄建子”，“一月”为周历，“南至”指太阳运行到最南面，也就是冬至日。古人认为“气始于冬至”(《史记·律书》)，故以建子之月为“月建”的起始。干支相配合纪月时，地支在月序上是固定不变的，天干则由当年的纪年天干所决定，如某年的天干为甲或乙时，该年正月天干就是丙，二月天干为丁，三月为戊，余皆类推。以我们今天的农历为例，公元2017年是丁酉年，那么本年正月是壬寅，二月是癸卯，三月是甲辰，四月是乙巳，等等。年天干与月天干的关系可由下图表示：

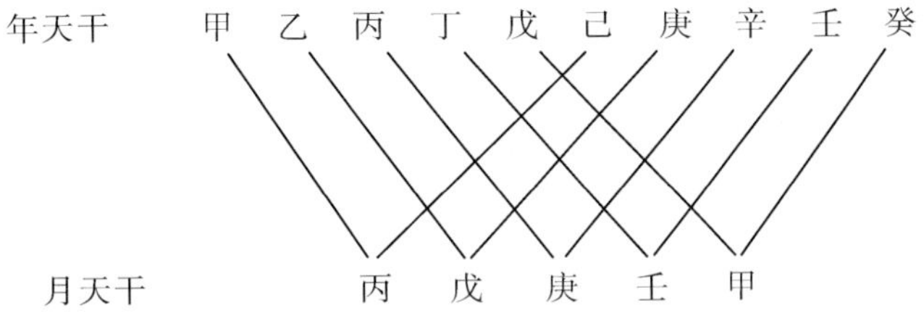


“月建”的起止顺序和我们用序数来纪月的顺序并不必然保持一致，如果以建子之月为正月，那么十二支和十二月之序数的顺序就是相吻合的；如果以建丑之月为正月，那么二者的顺序便错开了一个月。正是这种顺序上的不一致，才导致了三正论的产生，即夏正建寅、殷正建丑、周正建子。下面列一表格，以比较三正的不同：

| 月建 | 寅 | 卯 | 辰 | 巳 | 午 | 未 | 申 | 酉 | 戌 | 亥 | 子 | 丑 |
|---|---|---|---|---|---|---|---|---|---|---|---|---|
| 夏历 | 正月 | 二月 | 三月 | 四月 | 五月 | 六月 | 七月 | 八月 | 九月 | 十月 | 十一月 | 十二月 |
| 季节 | 春 | | | 夏 | | | 秋 | | | 冬 | | |
| 殷历 | 二月 | 三月 | 四月 | 五月 | 六月 | 七月 | 八月 | 九月 | 十月 | 十一月 | 十二月 | 正月 |
| 季节 | 春 | | 夏 | | | 秋 | | | 冬 | | | 春 |
| 周历 | 三月 | 四月 | 五月 | 六月 | 七月 | 八月 | 九月 | 十月 | 十一月 | 十二月 | 正月 | 二月 |
| 季节 | 春 | 夏 | | | 秋 | | | 冬 | | | 春 | |

虽然建正不同，但夏、殷、周三历对四季的划分却是一致的，都以正月、二月、三月为春季，四月、五月、六月为夏季，七月、八月、九月为秋季，十月、十一月、十二月为冬季。于是，三种历法中四季所对应的确切时间并不完全一致，季节的冷暖自然也各不相同。三正不同还导致纪年不同，如殷历和夏历的岁尾正是周历下一年的岁首，而夏历的岁尾又成了殷历的岁首。

必须注意的是，虽然冠以夏、商、周三代之名，但三正论所反映的却并不一定是三代的真实情况。夏代的真实状况已不可考，而根据殷商甲骨文和西周金文等出土材料所反映的信息，有学者认为，殷历的实际岁首在秋分后的第一个月，即夏历九月至十月，此时殷人主祀的大火星(古称“荧惑”)重新从东方升起；周历的实际岁首似为丑月，但有时又会前后移动(冯时《天文学史话》)。因此，三正论应当是一种产生于春秋战国时期的知识建构，当时周王室威权已失，诸侯各自为政，某些诸侯国便不奉行周历，而是自行采用其他历法，并托以夏、殷之名。《史记·历书》所谓“幽厉之后，周室微，陪臣执政，史不记时，君不告朔”，指的就是当时在历法使用上的混乱情况。

春秋战国时期历法的不统一往往在先秦古籍中有所反映。《春秋》和《孟子》用周历，《楚辞》《左传》和《吕氏春秋》则用夏历。如《楚辞·九章》“望孟夏之短夜”“滔滔孟夏兮，草木莽莽”，描绘的都是夏历四月(孟夏)时的情景；《九歌》“袅袅兮秋风，洞庭波兮木叶下”，也是夏历秋季才有的景色。《诗经》由于采自各国，其所反映的历法要看具体诗篇，《小雅·四月》用夏历，诗中“四月维夏，六月徂暑”“秋日萋萋，百卉俱腓”“冬日烈烈，飘风发发”等句，与夏历各季节的气候正相吻合。而《豳风·七月》则夏历、周历并用：“七月流火，九月授衣。一之日觱发，二之日栗烈……三之日于耜，四之日举趾。”诗中七月、九月都用夏历，后面的一、二、三、四则用周历，也即夏历的十一月、十二月等。如果对三正论缺乏了解，有时会给阅读古籍带来一定困惑，如《春秋》用周历，解释《春秋》的《左传》却用夏历，《隐公六年》“冬，宋人取长葛”，《左传》则称“秋，宋人取长葛”。又《僖公五年》“春，晋侯杀其世子申生”，《左传》则记此事于僖公四年十二月，因为周历的正月、二月正是夏历的岁末。《春秋·成公八年》中的“二月无冰”，在今天自然不足为奇，但周历二月相当于夏历也就是现在的十二月，十二月还不结冰，足称罕见，故《春秋》以为灾异。又《庄公七年》“秋，大水，无麦苗”，今天看来秋天当然不会有大水和麦苗，而周历的秋天相当于夏历五月，是说五月间突发大水，使未熟的麦子遭遇涝灾。《孟子·滕文公上》说“江汉以濯之，秋阳以暴之”，今天看来颇为难解，秋阳如何会暴晒？事实上《孟子》用周历，“秋阳”正是我们今天的夏日骄阳。

春秋战国时的诸侯异政是三正论产生的时代背景，这也表明该理论的政治属性。中国古代政治最重“天人关系”，历法与人事活动有直接关联。我国很早就进入了农耕时代，岁首的设置对农业生产有关键作用，因此“建正”也就相应地具备了政治上的重大意义。一月之所以称“正月”，正是为了表达端正、正当之义，因此古代君主莫不重视“建正”，以之为政治正当性的宣告。春秋战国时期的岁首异建，未尝不是诸侯国对周王室的分庭抗礼。秦汉帝国建立以后，三正论又被用来为王者受命和政治大一统提供论证。《史记·历书》称：“王者易姓受命，必慎始初，改正朔，易服色，推本天元，顺承厥意……盖三王之正若循环，穷则反本。”此时的三正论糅合了晚周“终始五德说”，呈现一种循环往复的动态。朱熹《论语集注》称：“天开于子，地辟于丑，人生于寅，故斗柄建此三辰之月，皆可以为岁首，而三代迭用之。夏以寅为人正，商以丑为地正，周以子为天正也。”清晰地将三正论解释为“人正”“地正”“天正”三统循环的政治理论。

在这一理论的指导下，便有了历史上种种“改正朔”之举。秦代独创了一种新的岁首异建，以建亥为正。《史记·律书》称：“秦灭六国……而自以为获水德之瑞……而正以十月。”秦代之所以以夏历十月为正月，是因为以五德中的水德自居，而十二支中亥、子、丑三者属水。汉代早期沿用秦历，仍以建亥为正，因此《史记》汉诸帝本纪和《汉书》武帝以前诸帝纪中，用编年纪事时，往往某年一开始即称“冬十月”，盖因夏历十月就是当时的正月。汉武帝于公元108年(太初元年)改正朔、定历数，以建寅为正，重新接续夏正的传统。后来王莽篡汉时，为了宣示自己是“王者受命”，也要改正朔，以建丑为正，顺承殷历。王莽败亡后，东汉重新用回夏历。魏明帝曹叡认为本朝“得地统”，便于公元237年(青龙五年)改以殷历建丑为正，“改青龙五年三月为景初元年四月”。这次改正朔仅持续两年多，齐王曹芳即位后即恢复夏正。唐代武则天即位后，改国号为周，因用周历，于公元689年(永昌元年)改建子为正，至700年(圣历三年)恢复夏正。唐肃宗于761年(上元二年)亦改用周历建子为正，次年就改回夏正。

以上历史事件充分表明，“三正论”不仅代表了不同的历法体系，同时与现实政治有着密切关系。然而历法的使用毕竟应当具有稳定性，否则只会对农业活动和民众生活造成不良影响。自汉武帝太初改历以来，夏历在我国历史上基本得到了一以贯之地使用，一直延续到今天，深刻塑造了我们的生活方式和民俗习惯。

(全广秀)

# 57. 各国变法运动

随着生产力的发展，水利的兴修，铁器的使用和牛耕的推广，春秋中后期，各诸侯国的经济得到不同程度的发展，政治形势也产生了相应的变化。到战国(前475—前221年)前期，周王室的领土已变得很小，只领有王都洛邑及附近一小块地方，而诸侯国、卿大夫的势力逐渐发展起来，利用经济实力来控制和瓜分公室，并互相展开兼并争斗。公元前403年(周威烈王二十三年)韩、赵、魏三家分晋，公元前392年(周安王十年)，田和废黜了齐康公，被周天子封为齐侯。随后，三晋、齐和秦、楚、燕一起，被称为战国七雄，形成战国前期基本政治格局。就地理形势看，战国七雄的具体位置大致如下。

齐国在东边，约占有今山东北部，河北南部、西部和山西东南部，国都在临淄(今山东淄博市)，东临大海，南与鲁、宋两国为邻，西与赵国为邻，北与燕国为邻。

楚国在南方，约占有今湖北全省，河南、安徽、湖南、江苏和浙江的一部分。战国前期国都在郢(今湖北江陵纪南城)，后迁于陈(今河南淮阳)，公元前241年(楚考烈王二十二年)再迁都于寿春(今安徽寿县)，仍称为郢。楚国东到大海，南与百越为邻，西有巴、黔，西北与秦为邻，北达中原与韩、魏、宋、齐接界。

秦国在西边，约占有今陕西关中和甘肃东南部。战国前期国都在雍(今陕西凤翔县南)，秦灵公时期迁于泾阳(今陕西泾阳县西北)，公元前383年(秦献公二年)迁于栎阳(今陕西富平县东南)，公元前350年(秦孝公十二年)再东迁于咸阳(今陕西咸阳市)。秦国东与三晋为邻，南与楚国相接，西及西北与西戎和匈奴诸部为邻。秦国在商鞅变法以后逐渐兼并他国土地，最后灭六国，统一中国。

燕国在北方，约占有今河北北部，辽宁、吉林的一部分，国都为蓟(今北京市西南)。燕昭王时，在今河北易县建立别都，称为“燕下都”。燕国东与朝鲜为邻，南与齐国接壤，西与赵国为邻，北有东胡、胡林、楼烦诸部。

原晋国分裂的韩、赵、魏三国，赵国在原晋国的北部、韩国在中部、魏国在南部。

赵国约占有今山西北部、中部和河北中部、西南部及今内蒙古自治区的一部分。赵国都城初在晋阳(今山西太原西南)，赵襄子于公元前425年迁于中牟(今河南鹤壁)，赵敬侯(约前410年—前375年)即位时，将国都迁于邯郸(今河北邯郸)。赵国东与齐国为邻，南与魏国为邻，西与秦国相接，东北同燕国以易水为界，北与匈奴相邻。

韩国约占有今河南中部、西部和山西东南部。韩国初都平阳(今山西临汾)，公元前416年(韩武子九年)迁都宜阳(今河南宜阳)，韩景侯(？—前400年)时迁于阳翟(今河南禹县)，公元前375年(韩哀侯二年)迁于新郑(今河南新郑)。韩夹在魏与秦、楚之间，西边与秦、魏相接，南与楚国为邻，东北与赵国接壤，在七国中属地域最小、力量最弱。

魏国约占有今山西南部，河南北部、中部和东部。魏国初都安邑(今山西夏县)，公元前361年(魏惠王九年)迁都大梁(今河南开封)。魏国东与宋国相邻，南与楚国为邻，西与秦国为邻，西南与韩国为邻，北与赵国为邻。

战国前期，七国之间长期混战。为了富国强兵、巩固政权，各国相继对本国的政治、经济、军事等方面进行了不同程度的变法改革。变法从公元前5世纪中叶魏文侯任用李悝变法开始，到公元前4世纪中叶秦孝公任用商鞅变法结束，持续了一个世纪左右，主要有李悝在魏文侯时的变法，公仲连在赵国的改革，吴起在楚国的变法，申不害在韩国的改革，齐威王任用邹忌的改革以及商鞅在秦国的两次变法等，尽管变革时间和程度不尽相同，但各国内部都发生了深刻的变化。其中商鞅变法是最为重要、影响最大的，为秦国最后统一六国奠定了基础。

最早进行变法改革的是魏国。李悝是战国前期著名的法家人物。公元前445年，魏文侯(前424—前396年)即位后，求贤若渴，任用李悝为相国，进行变法，主要内容有四个方面：

第一，尽地力，鼓励发展农业生产。李悝主张重新划分土地，正式承认土地私有，巩固政权的经济基础。他还为魏文侯作《尽地力之教》，说“治田勤谨，则亩益三升；不勤，则损益如之”，要求农夫努力耕作，充分发挥土地的潜力，以提高粮食产量，增加收入，使国家富强。

第二，实行“平籴法”，由国家调剂粮食价格，防止谷价大起大落，维持经济秩序。“平籴法”是“尽地力”的补充，具体做法是丰收之年由国家以平价购进余粮，蓄积于常平仓，防止粮价暴跌而伤害农民种粮的积极性；灾荒之年国家则将常平仓丰年蓄积的粮食平价出售，防止粮价暴涨而影响城市居民的生活。这样既可防止商人抬高粮价，又能做到“取有余以补不足”，从而保障了农业经济的不断发展和物价的稳定。“平籴法”取得了很好的效果，“行之魏国，国以富强”。

第三，废除传统的世卿世禄制，选贤任能，赏罚严明。新法规定，“食有劳而禄有功”，即把优厚俸禄赐给有功于国家的人，根据功劳和才能选拔任用官吏。对于那些于国无功的“淫民”，则剥夺其爵位，用任人唯贤的官僚制度取代任人唯亲的世卿世禄制，打击了旧贵族，维护了新兴地主阶级的政治利益。

第四，制定《法经》，建立法律制度。为了确定封建法制，进一步巩固封建政权，李悝提倡法制，并作《法经》六篇，即“盗法、贼法、囚法、捕法、杂法、具法”，其中以《盗法》《贼法》为首。“盗”指窃取财货，“贼”指对人身的侵犯，也包括犯上作乱。可见，《法经》的宗旨就在于维护剥削阶级的政治、经济利益，防止和镇压人民群众的反抗斗争，是一部加强地主阶级专政的法典。

李悝在魏文侯时主持全国大政10年，他的变法取得了成功，使魏国在战国初期成为最强盛的国家。

继魏国改革的是赵国。在三家分晋的过程中，原本赵国是最强的，但改革后的魏国，国力超过了赵国，对赵国君臣影响很大。公元前403年，赵烈侯(前408—前387年)任命公仲连为相国，进行改革。公仲连实行“选练举贤、任官使能”的用人政策，推荐了牛畜、荀欣、徐越等三位有才之士。牛畜劝说赵烈侯行“以仁义，约以王道”，荀欣和徐越具有法家思想，荀欣向赵烈侯建议整顿官制，“选练举贤，任官使能”，徐越则建议“节财俭用，察度功德”，在选官制度和财政制度方面对赵烈侯提出了改革方案。经过改革，赵国的国力增强。

当时的楚国地域在七国中最大，国力却不强，并且于公元前404年(楚声王四年)和公元前391年(楚悼王十一年)，两次受到三晋的进攻。在内外交困的情况下，楚悼王(前401—前381年)即位后励精图治、奋发图强，任命吴起为令尹，主持变法，以图振兴楚国。吴起是卫国左氏(今山东定陶西)人，善于用兵，是当时著名的军事家，曾在魏国参与李悝变法，但是魏文侯死后受到政敌的排挤，于是自魏入楚。吴起变法的主要内容是：

第一，废除贵族特权，"使封君子孙三世而收爵禄"。封君指贵族受封一定面积的土地，子孙世代相传享其爵受其禄。吴起主张限制封君，凡是封君传到第三代的就收回其爵禄，并把一些旧贵族迁移到荒凉地区，从政治和经济上削弱了旧贵族的势力。《淮南子·泰族训》说："吴起为楚减爵禄之令。"对于无功劳的贵族及其后代实行均其爵、平其禄的政策；对于有军功和其他有功的人员则授予爵禄，提高将士和新兴地主阶级的积极性。

第二，整顿吏治，"损不急之枝官，以奉选练之士"。针对楚国官员冗滥、官俸过高的弊病，吴起认为"大臣太重"是其政治的弊端之一，他主张实行"损不急之枝官，以奉选练之士"，削弱大臣威权，裁汰官员，削减官俸，并将节省的经费用以训练军队，增强楚国的军事力量。

第三，强兵。吴起在魏国时就曾改革军事制度，并建立武卒制。到楚国后，他加强对军队的训练，强调军事行动的一致性，认为只有全军整齐行动，才能取得胜利。在战争中，他宣传"进有重赏，退有严刑，行之以信"的观念。

吴起的上述改革沉重地打击了楚国的旧贵族，加速了楚国封建化的进程，使楚国由弱转强，迅速发展起来，在对外战争中屡屡获胜，出现了"南平百越，北并陈蔡，却三晋，西伐秦，诸侯患楚之强"的强盛局面，各诸侯国均为之震惊。吴起改革也对后世产生了深远影响。1958年安徽寿县发现的《鄂君启节》是楚怀王时封君鄂君启的通行证，上面记载有对封君的各种限制，如车船的大小、载重、行程等，是吴起变法的直接结果。

但是，正当楚国改革处于高潮时，支持改革的楚悼王病死，早就对吴起变法怀有仇恨的旧贵族势力乘机作乱，群起围攻吴起。吴起无处躲藏，便伏在楚悼王尸体下，结果被贵族乱箭射死，随后又被车裂肢解。变法的成果并未完全巩固下来，吴起死后，变法随之失败，楚国的社会矛盾日益加深，国势日衰。

齐威王(前356—前320年)即位后，虽然已离田和正式列为齐侯三十年，但是齐国国内的政治情况仍然十分混乱，一些官吏拉帮结伙，一度出现了"诸侯并伐，国人不治"的严重局面。同时外敌也不断来侵，齐国处于内忧外患的境地，国力十分微弱。针对这种局面，齐威王任用邹忌为相，大力整顿吏治，广开言路，鼓励臣民书谏谤议。他接受邹忌的建议，下令："群臣吏民能面刺寡人者，受上赏；上书谏寡人者，受中赏；能谤议于市朝，闻寡人之耳者，受下赏。"据说，命令下达后，众官进言规过，门庭若市。齐威王还制定了法律，招抚流亡，并在国都临淄设立稷下学宫，招揽各国人才，给予优厚的俸禄和舒适的生活待遇，让他们著书立说，为齐国所用，促进了学术的进步和繁荣。齐威王又任用军事家孙膑改革军事，训练军队。从此，齐国的面貌焕然一新，政治开明，经济迅速发展，国力也随之强盛起来，成为实力仅次于魏国的大国。在公元前353年(齐威王四年)的桂陵之战和公元前341年(齐威王十六年)的马陵之战中，齐国以田忌为将军，孙膑为军师，打败了魏军，并打败了赵、卫等国，收复了被侵占的土地，成为中原最强的国家。据《史记》记载，"诸侯闻之，莫敢致兵于齐二十余年"。

在三家分晋中，韩国所得土地较小。战国前期，韩国统治阶层内部矛盾尖锐，虽然进行过政治改革，但由于不够彻底，使群臣吏民无所适从，内政十分混乱。公元前355年(韩昭侯八年)，韩昭侯(前362—前333年)起用申不害为相，进一步实行改革。申不害提倡中央集权的君主专制体制，认为君主治国，务要集权，要求国君“独视”“独听”“独断”，“为人臣(君)者，操契以责其名”，即君主委任官吏，要考察他们是否名副其实。申不害还提倡用“法”来治理国家、检验官吏的行为，用“术”来考验、驾驭臣下。所谓“法”，就是法治；所谓“术”，就是用来贯彻执行“法”的手段和方式。

申不害的改革取得了一定的成效，史称“申不害相韩，修术行道，国内以治，诸侯不来侵伐”；“终申子之身，国治兵强，无侵韩者”。但在实践过程中，韩国的改革成效并不如其他国家显著。

燕国是北方的一个大国，但国势并不强大，在战国前期几乎无声无息。战国中期，六国改革早已完成，而燕国尚未改革，国弱民贫，处境险恶。燕王哙即位后，任子之为相，开始进行改革。但是燕王哙轻信奸人进言，竟仿效传说中的尧舜禅让的故事，将国家交给子之，引起国内旧贵族的反对。此时齐国乘机出兵干涉燕国，子之被杀，燕国也几乎亡国。经过这次动乱，燕国更加虚弱。燕昭王(前311—前279年)即位后，“卑身厚币以招贤者”，得到乐毅、邹衍、剧辛等人的辅佐，几十年后燕国国势又逐渐强大起来，走上富国强兵之路。

商鞅在秦国的变法是战国时期各国进行的变法中最彻底的一次，一举奠定了秦国对东方六国胜利的基础。战国初期，秦国长期偏居西方，是一个文化比较落后的部落，社会经济发展迟缓。公元前408年，秦简公为摆脱被动挨打的局面，效法中原各国，进行了一些改革，实行“初租禾”以推行实物地租，承认土地的私人占有合法化。公元前384年(秦献公元年)，秦献公即位后也进行了一些改革，如“为户籍相伍”，加强了封建国家对劳动人民的控制，使得秦国国力逐渐增强。秦简公、献公的改革为秦孝公时期任用商鞅变法打下了良好的基础。秦献公死后，公元前361年(秦孝公元年)，秦孝公即位，继承了秦献公的事业。秦孝公下令“求贤”，就在这时，商鞅从魏国来到秦国。

商鞅本名卫鞅、公孙鞅，因后来在秦国受封于商，故称“商鞅”。商鞅“少好刑名之学”，曾为魏相公孙座的家臣，对法家学说尤感兴趣。到秦国后，他曾先后三次求见秦孝公。前两次分别以“帝道”(尧舜之道)、“王道”(夏商周之道)说秦孝公，均未引起秦孝公的重视。第三次，他以“霸道”(齐桓晋文之道)之说赢得了秦孝公的赞赏。正当秦孝公准备任用商鞅进行变法时，秦国的旧贵族甘龙、杜挚提出反对意见，因此在公元前359年(秦孝公三年)，秦孝公召集群臣于朝廷，就是否变法进行辩论。辩论中，商鞅对阻碍变法的言论给予了坚决的反驳，坚定了秦孝公变法的信心。于是，秦孝公任命商鞅为“左庶长”，主持变法。公元前356年(秦孝公六年)和公元前350年(秦孝公十二年)，商鞅先后进行了两次变法。

第一次变法开始于公元前356年(秦孝公六年)，主要是为了加强对人民的统治，发展农业生产，削弱贵族特权，加强中央集权。主要内容有：

第一，颁布法律，建立什伍连坐制。“令民为什伍，而相牧司连坐。不告奸者腰斩，告奸者与斩敌首同赏，匿奸者与降敌者同罚。”即把农民编入民籍，规定五家为伍，十家为什，彼此相互监督，奖励告密，不告发“奸人”的要处以腰斩的刑罚，告发“奸人”的可与斩得敌人首级一样受赏。这种连坐法，主要目的在于防范人民群众的反抗，加强了地主阶级的统治。

第二，奖励军功，禁止私斗，建立军功爵制度。“有军功者，各以率受上爵；为私斗者，各以轻重被刑大小。”为鼓励军队勇猛作战，商鞅还规定，宗室贵族凡没有军功的，不得列入宗室的属籍；一般百姓，立有军功，也可授爵。当时的“爵”分为二十级，根据军功的大小，授予不同的爵位、官位和田地。军功爵制的推行，使得宗族旧家中没有军功的被废除族籍，给士兵以建功授爵的希望，提高了士兵作战的积极性，加强了秦国的军事力量，打击了旧贵族势力，也培植了大批军功地主。

第三，重农抑商，鼓励耕织。秦国地广人稀，商鞅将男耕女织的农桑业视为“本业”，是国家富强的基础，而把商业和手工业称为“末业”。他规定，凡是努力经营农业生产，多缴纳租税的，给予奖赏，免去其本身的徭役；凡是弃农经商或怠惰以致贫穷而交不起租税者，没入官府为奴。商鞅还采取了加重关市的商品税、不许商人贩卖粮食、商人的奴仆必须服徭役等措施，迫使商人弃商归农，有利于农业经济的发展。

商鞅第一次变法获得了很大成效，当时太子违反了法令，商鞅还严惩了太子的师傅以服众，从此无人敢公开反对。据史籍载：“行之十年，秦民大悦，道不拾遗，山无盗贼，家给人足。民勇于公战，怯于私斗，乡邑大治。”公元前 352 年(秦孝公十年)，商鞅被提升为大良造，全面主持秦国的军政事务。

公元前 350 年(秦孝公十二年)，秦将国都从栎阳(今陕西富平)迁到咸阳后，商鞅开始进行第二次变法，进一步深化改革，加快富国强兵的进程，其措施有：

第一，废除井田制度，“开阡陌封疆”，实行土地私有。“阡陌”是一种田界，“封疆”是田界上的封土堆。“开阡陌封疆”，也就是打破旧田界，重新设置新田界，以 240 步为 1 亩。另外，允许买卖，承认土地私有。由国家授田于民，再按土地亩数向土地的所有者征收土地税，有利于地主经济的发展。

第二，废封建，普遍推行县制。秦孝公以前存在县一级行政机构，但不普遍。为加强中央对地方的控制，商鞅“集小乡邑聚为县，置令、丞，凡三十一县”，即将全国划分为 31 个县，万户以上县设令，不满万户的设长，县令、长以下设县丞、县尉等。县令是一县之长，县丞掌管民政，县尉掌管军事和治安，都由国君直接任免。这一套机构有利于中央集权，县成为直属于国君的地方组织，正式确立了我国县一级的地方政权。

第三，统一度量衡。为了便于征收赋税和给官吏发俸禄，商鞅于公元前 344 年(秦孝公十八年)下令“平斗、桶、权、衡、丈、尺”，在全国范围内颁布了标准的度量衡器。现在存世的“商鞅铜方升”，就是当时颁布的一升标准量器，据此可知秦时 1 升的容积为 202. 15 立方厘米，1 寸长为 2. 32 厘米，1 尺长为 23. 2 厘米。

第四，鼓励个体小农经济发展。“民有二男以上不分异者，倍其赋”，男子成年而不分家立户的，要加倍征收户赋。此举鼓励一家一户的小农生产，有助于拆散家长制的大家庭，在客观上促使一家一户个体小农私有制经济的发展。

第五，革除戎狄旧习，“令民父子兄弟同室内息者为禁”。秦国居于我国西部，长期与戎狄等较为落后的部族杂居，保留了很多民族习俗，因此商鞅试图用华夏族的风尚教化秦人。

商鞅的第二次变法进一步强化了秦国的统治力量。公元前 340 年(秦孝公二十二年)，商鞅大破魏军，生擒魏将公子昂，迫使魏国交还部分过去掠夺的西河地。由于这个大功，商鞅受封于(今河南内乡县东)、商(今陕西商县东南)之地十五邑，号为商君。

应该说，在秦孝公的支持下，商鞅变法得到了较彻底的推行，是相当成功的。商鞅吸取了其他国家变法的经验，结合秦国的实际情况，在政治、经济、军事、思想文化乃至风俗习惯等各个领域进行了改革，范围之广、内容之多、时间之长、力度之强、收效之巨和影响之大，是其他任何一个国家的变法或改革都无法比拟的，对秦国产生了巨大的影响，使秦国从一个落后的、被东方各国看不起的国家，变成七雄中最强的国家。然而，商鞅变法也不可避免地损害了一些旧贵族的既得利益，到公元前338年(秦孝公二十四年)秦孝公死后，秦惠文王即位，公子虔等人告发商鞅“欲反”，商鞅被处以车裂之刑。虽然商鞅已死，但是新法已深入人心，不可动摇，以至“秦妇人婴儿皆言商君之法”，变法措施仍被后继者贯彻推行下去，促使秦国政治、经济、军事各方面走上了日益强大的道路，从根本上改变了秦国的面貌，后来居上成为战国七雄之首，为最终吞并关东六国创造了条件。

各国变法措施的推行，不同程度上打击了奴隶制政治经济制度，带动了生产关系变革，促进了新型社会体制的建立，使社会经济呈现繁荣的景象，在中国历史上出现了一个蓬勃发展的新局面。

首先，各国先后建立了中央集权的官僚政治体制。

在中央机构中，“王”成为诸侯国的最高权力所有者。楚国国君首先称王，随后各国君主竞相仿效。“王”不再是周天子的专称，而成为拥有实权的一国之主的称号，具有十分明显的专制含义。“王”以下是以文、武分职为特点的中央集权官僚。其中“相”是百官之长，又称为“相国”“宰相”或“令尹”，协助王处理各种政务，特别是战国晚期以后，成为政府文官的首脑。“将”为武官之长，又称为“将军”或“柱国”，各大国经常保持有几十万的兵力，还建立了常备兵，如魏之“武卒”和齐之“技击”。文武分职是战国时期中央官制的重要特征，有效地将中央权力集中到王的手中，形成了一种以王为首的中央集权体制。此外，各国还设有尉和御史，分别是次一级的武官和负责起草文书的文官。相、将、尉以及御史发展成为后来的“三公九卿制”中的“三公”，是中央机构中的最高层官员。

在地方上，郡县两级行政管理体制取代分封采邑制，开始在各国普遍推行。郡的设置是为了巩固边防。春秋初期，秦、晋、楚等国在新兼并的地区立县，由国君直接管辖；春秋末年，晋在边地设立郡，但最初郡比县地位低；战国时期各国都开始在边地设郡。郡的长官称“守”或“太守”，都由武官担任，有征发一郡壮丁出征的权力。虽然齐国没有设郡，但是它设有都，除首都临淄外，其他四都与郡的功能是一样的。郡下分设若干县，但县范围更加普遍，除边地外，有城的地方往往都设有县。县的最高长官为“令”或“长”，县丞主管民事，县尉主管军事，都由中央直接任免，不能世袭。县下还有乡、里等基层行政区划，乡设“三老”，里设“里正”。乡、里以下还设有“什伍”组织，把个体农民编制在土地上。郡县两级制度有效地加强了君主专制的中央集权，使得地方的行政及军事权力都控制在国君的手中。

战国时期，官员的选拔制度和官僚管理体制也都出现变化。随着世卿制的破坏，各国在变法过程中大胆创新，确立了任贤用能、因功授爵的选官原则，任人唯贤。一些人通过建立军功获得爵位，还有人通过上书博得功名，臣下推荐、上级任命等也是战国时期官员选拔的重要方式。另外，在新的官僚管理制度中，国君不再封赐采邑，而是改为用粮食作为官吏的俸禄，建立了俸禄制。这种君臣关系已带有雇佣的性质，国君集权于一身，可以对各级官吏进行考核，随时决定其升迁任免，初步形成了中央集权政治。

其次，各国都建立了新型的军事体制。

在军事领导体制方面，突出特点是中央集权和将相分职。春秋时期，由于卿大夫分割权力，导致君权旁落。到战国时，各诸侯国废除了贵族私属武装，将君权集中于国君手中，并普遍建立了将相分职的官僚制度。相、将分别统管政务和军事，由国君任免，享受国家规定的俸禄，但军将只有带兵之权，国君则控制军事决策和军队调动大权。随着将军的设置，各国已有独立的军事领导系统，最高军职称将军、上将军、大将军，或上柱国、大司马，次一级的军职称尉、中尉或都尉。

在兵役制度方面，战国时期主要实行郡县普遍征兵制，即在各国中央统一掌管下，以郡县为单位，征集农民为兵。春秋时期国人当兵，而野人不当兵。为了适应战争规模扩大的新形势，各诸侯国在建立编户齐民制度的基础上规定，凡是适龄的男子都在可征兵之列，形成募兵制度。征兵年龄一般以15~55岁为限，也有17岁起役，60岁而止的规定，有时候女子也被征发。《商君书》曾提出“三军：壮男为一军，壮女为一军，男女之老弱者为一军”，即将丁男、丁女、老弱分别编组成军。普遍征兵制使战国时期的军队总数大大增加。当时秦、楚两国的军队人数都在百万以上，齐、赵、魏的兵力也都在50万以上。此外，战国时期还形成募兵制度，即国家雇佣勇武士卒，组成精锐军队，如魏国的“武卒”、齐国的“技击”等。这些军队，待遇优厚，平时习武，守卫国家，战时则为扩编的基础和作战的主力。

在兵种构成方面，步兵占据主要地位。在七大国中，齐、赵、韩、魏、燕均有“带甲数十万”，秦、楚各有步兵百万，说明步兵已成为作战的主力。战国时期，由于战争规模扩大，作战方式改变，骑兵作为独立兵种出现了，兼具快速、灵活和突击能力强等特点，开始代替车兵，成为当时最有战斗力的一支新型兵种。

再次，各国都颁布了新型的成文法典，确立了封建法制。

随着变法的深入，法律制度也逐步完善，各国都积极制定了系统的法律，如魏国李悝制定的《法经》，是我国第一部国家法典，秦国商鞅参照《法经》制定了《秦律》。湖北云梦出土的《秦律》竹简中，有《田律》《仓律》《工律》《均工》《工人程》等律文，对各种生产及管理部门制定了严格的规章制度。这些虽然是战国晚期秦国所使用的法律，但为我们了解战国时期法律的基本形势提供了最直接的参考。

战国时期七国的变法运动是各诸侯国为适应新形势的需要而进行的政治、经济、军事等各方面的综合改革。各国进行改革的主观目的，是出于发展本国的需要，积蓄实力以谋图兼并他国，争夺土地和人口。但是在改革的过程中，各国纷纷建立了新型社会体制，可以说在客观上达到了加强君主权力、富国强兵的正面作用，发展了各国的农业经济，完善了法制，繁荣了学术文化，使变法思想和法制教化深入人心，具有十分重要的进步意义。战国时期各国变法还对后来社会产生了很大影响，如中央集权的官僚政治体制的建立，为秦朝“三公九卿制”的官僚政治体制改革提供了历史借鉴。

（汪莉）

# 58. 赵武灵王“胡服骑射”

赵武灵王，约生于公元前340年(赵肃侯十年)，卒于公元前295年(赵惠文王四年)，名雍，三家分晋后赵国的第六代国君(前325—前299年在位，执政27年)。公元前299年，他将王位传给了次子赵何，即赵惠文王，自称“主父”，史家又称他为“赵主父”。他是我国古代社会一位杰出的政治家、军事家。他所推行的“胡服骑射”政策对当时和后世中国社会的服饰文化产生了积极的影响。

赵武灵王在位期间正处在战国中后期，列国兼并战争频仍，各诸侯国均在发愤图强，以图立于不败之地。赵国四面强敌环视，周围被齐、中山、燕、林胡、楼烦、东胡、秦、韩、魏等国包围，时人称赵为“四战之国”。赵武灵王即位后，认识到中原各国的争霸战争尚处于纠缠状态，很难在短时间内决出胜负。虽然各诸侯国君相继称王，但赵武灵王却不图虚名，令赵国人称他为君，而且他还一改其父赵肃侯逐鹿中原的南向战略，把赵国的战略调整为北向进军胡地。

赵武灵王北向战略的首要障碍便是横插在赵国国土中间的中山国。一直以来，中山国就是赵国的心腹大患，严重威胁着赵国的领土完整。中山国原为白狄族，在春秋时被称为鲜虞(也作“鲜于”)。公元前406年，魏文侯派大将乐羊率领魏赵联军经过赵国攻灭中山国。后来赵、魏交恶，中山国成了远离魏国本土的飞地，魏国对中山国很难形成实质有力的控制。魏国占领中山国不到30年，中山国就摆脱了魏国的控制，得以复国。

中山国虽然不是一流强国，但由于处于赵国的心脏地带，给赵国的国家安全和统一带来了极大的威胁。而且邻近的齐国、燕国与中山国相勾结，共同对付赵国。齐、燕把中山国作为牵制赵国的最佳搭档，对中山国的资助很多。由于齐、燕的阻挠，赵国一直没有铲除这个心腹大患。中山国的牵制使赵国的图强大业受到很大的限制。赵武灵王的父亲赵肃侯虽然英武有为，一再击败齐、魏、燕等强国，但却在解决中山国的问题上没有取得实质性的进展。赵武灵王即位后，秉承先王遗志，在大臣肥义的帮助下对中山国展开进攻。肥义是肥人的后裔，肥人也属白狄族，与中山人属同一游牧民族。

公元前307年，赵武灵王亲率军队进攻中山国，开始还算顺利，但不久便遭反击，赵国的车兵和步兵被中山国军队的骑兵打败，不但很快退回国境，连边境重镇郡邑也被中山国攻占。乘机攻打的燕人也被中山国的骑兵打败。中山国的骑兵出没无常、流动迅速，相形之下，赵国的步兵、兵车不但速度慢，而且在复杂的地形条件下无法施展。

因此，要从根本上改变赵国被动挨打的局面，铲除中山国这个“心腹之患”，靠中原传统的步兵和战车配合作战的方式是不能成功的，因为笨重的战车只宜在较为平坦的地方作战，在复杂的地形中运转十分不便；而且再多的步卒也无力对抗奔驰迅猛、机动灵活的骑兵。赵武灵王痛定思痛，认为必须学习胡族骑兵的长处，壮大自己，才能免于被动挨打的局面；只有以骑兵对抗骑兵，才是增强赵国军事力量的唯一出路。同时，赵武灵王认识到，只有将中原地区适于车战的宽袖长袍的服饰相应地改变为适于骑兵作战的胡服，才能真正达到骑兵战术的效果。所谓“胡服”，即短衣齐膝、左衽(即左边开襟)、紧身窄袖、腰束皮带、下着裤装、足上穿靴。华夏汉族的服制是以右衽(右边开襟)为正宗，左衽则被华夏汉族人认为是游牧民族落后文化的代表，而这种左衽的衣着却十分适于弯弓射箭的骑兵作战方式。

赵武灵王实行胡服骑射的直接原因是适应同周边游牧民族的军事竞争，而实际上胡服骑射背后还隐藏着更深层的文化、政治冲突。

西周以来，北方戎狄胡人一直被华夏汉族人认为是蒙昧不开化的落后民族，其文化也是落后的。春秋战国时期，“夷夏之防”在中原华夏汉族人中已经成为主流观念，也就是说，在中原汉族人的正统观念中，华夏汉族的农耕文化都是先进的，只有用中原华夏汉族的文化风俗去教化夷族等落后民族，而没有用夷族的风俗去改变中原华夏汉族文化的道理。

虽然从传统观念来看，赵国也属于华夏汉族农耕文化圈，但是，由于与北方的林胡、楼烦、东胡、义渠、空同、中山等游牧民族国家接壤，赵国国民中有大量的胡人和胡人后裔，胡人游牧文化在赵国有着很深的影响。赵国是华夏农耕文化系统中与北方戎狄各游牧民族交流最全面、最深刻的国家，其公室与戎狄的通婚程度也远远高于秦国和燕国。秦国和燕国公室的通婚对象主要指向中原各王国。赵国公室的戎狄化程度比秦国更为深厚。赵武灵王在位时期，中原农耕文明与北方游牧文明在赵国的冲突与交融的态势日益突出，尤其是赵武灵王即位后，重用的大臣大多出身于北方游牧民族，如出身于楼烦的楼缓、出身于匈奴的仇液，以及出身于白狄的托孤重臣肥义，这批戎狄外族之臣成了赵武灵王改革最重要的助手。

因此，赵国的内政矛盾主要体现为华夏族大臣与有戎狄背景的外族大臣之间的矛盾。虽然赵国采用大臣异地就任制，即有戎狄背景的大臣到农耕文明的中心邯郸任官，华夏族大臣则到游牧文明重镇代郡为官，以便加强两种文化的交流，同时这也是国君控制两派大臣的一个重要手段。但这种办法显然功效不大，在过去的一百多年里，代郡与邯郸成为赵国政变的两个牢固据点。而且，代郡的势力不断渗入游牧文明的另一个重镇太原郡，邯郸则控制了地近中原的上党郡，致使赵国的南北分裂局势不断扩大。

两派之间的矛盾往往是由华夏族的大臣蔑视、排挤戎狄族大臣而引起的。赵武灵王即位之前，赵国曾发生多起争立国君的政变，其频繁程度为当时各国之最。在争立国君的两派中，往往一派由有戎狄背景的大臣支持、以代郡为根据地，一派由华夏族大臣支持、以邯郸为根据地。邯郸与代郡分居赵国的南北，分别是赵国向南进军中原的基地和向北制约戎狄的据点。邯郸与代郡之间隔着一个中山国，因而，邯郸与代郡交往要绕很大的圈子，需要经过太行山西侧的上党郡和太原郡才能进入本来处于邯郸北面的代郡，很不方便。两个重镇本来在民族和文化上就存在很大的差异，交通的不便利更加大了这种差别。邯郸对代郡的控制本来就一直很不力，而代郡出于同北方戎狄国家军事斗争的需要又有便宜行事的巨大自治权力，邯郸与代郡实际上是赵国执行南北不同攻略的两个国都。赵国有很多公室贵族就是在控制了代郡后才有了向赵国中央政府挑战的实力。因此，赵国国君喜欢重用没有复杂背景、出身于戎狄的大臣，他们能力出众而易于控制，远较能力平平却野心不小的宗室成员为强。

赵国这两种文化、两大政治势力不断争斗的状态也需要赵武灵王的铁腕来整合，而胡服骑射就是一个很好的突破口。赵武灵王用他有限的骑兵在对中山国的战争中取得了一系列的胜利，他率领的赵国骑兵与游牧民族骑兵发生多次战斗，无一败绩。胡服骑射的强兵效果极大地增强了赵国国民对胡服骑射的信心和向往。

在一系列先声夺人的胜利后，赵武灵王开始着手统一两派代表人物的意见。有戎狄背景的肥义、楼缓、仇液等人当然全力赞同，并且还从赵国的国情、地形、人文等现实情况出发，有力地论证了实行胡服骑射对结束国家分裂、增强国家竞争力、促成国家统一的好处。以赵武灵王的叔叔公子成和赵文、赵造、赵俊等人为代表的赵国宗室贵族，一方面不愿因改革失去手中的权力，另一方面也秉承着华夏文化发达的“夷夏之防”的正统观念，反对胡服骑射的改革，他们以胡服骑射必将引起全国范围内的不安定为由，阻止赵武灵王的胡服骑射。面对来自宗室的非议和抵制，赵武灵王进行了耐心细致的说服动员。他首先不厌其烦地对宗室贵族集团的首领公子成进行劝说，向他表明自己改革的决心和实行胡服骑射来保家卫国、洗雪耻辱、建立强国的深意。公子成最后被赵武灵王说服，并和赵武灵王一起穿着胡服上朝。赵武灵王遂向全国下达“胡服令”，自上而下地改易服装，教民骑射，推行尚武之风。大批出身低贱和有戎狄背景的人得到重用。

经过几番劝说工作，大部分反对的大臣都想通了，众大臣也纷纷着胡服上朝。对于好言相劝而仍不识大体的个别宗室大臣如赵燕，赵武灵王认为不能姑息，就派人严重警告，赵燕这下慌了神，连忙改穿胡服。

赵武灵王主动打破华夏贵、戎狄卑的传统观念的勇气在中原各国中是十分罕见的。而且，赵武灵王改革的决心也坚如磐石，为了不使胡服骑射的改革虎头蛇尾、昙花一现，他先后多次重申胡服令，强调各级官吏必须穿着胡服。

赵武灵王实行胡服骑射的效果是立竿见影的，在冷兵器时代，弓箭是最厉害的远距离杀伤武器，而骑兵配以弓箭的作战方式在野战中的攻击力更是锐不可当。从公元前 305 年第一次进攻中山国至公元前 296 年灭中山国，赵国前后四次用兵，都得益于新建的骑兵之力。赵国对中山国四次用兵都是与北征交叉进行。北上拓地，进攻中山国，几乎成为胡服骑射改革的检验场。灭掉中山国，铲除了心腹大患，赵国疆土南北连成一片，拥有了方圆五百里的膏腴之地，终于为祖先报了仇，为国家雪了耻。

胡服骑射的影响不仅仅局限于当时，它对以后中国社会的发展也产生了十分积极的影响。

赵武灵王改穿胡服首先是出于骑射作战的军事要求，但事实上，胡服不仅适宜作战的需要，比起中原华夏汉族上衣下裳和上下相连缠绕全身的深衣样式，它更便于人们的生产劳作与其他社会活动，从而在历史上产生了深远的影响。胡服日益被中原汉族人民所接受和喜爱。

赵武灵王倡导的胡服骑射对于此后中国的战争与交通也有很大的影响。春秋以前，中原地区的战争与交通皆用马车。赵武灵王推行的骑射，推动了整个中原骑兵的发展，标志着从战车时代进入骑兵时代，这在中国军事史上有着划时代的意义。随着骑射的发展，马便逐渐用于骑乘，大大加强了各地区间的交往与联系，促进了各地，尤其是中原汉族与边地各少数民族间的经济、文化交流，从而对中华民族文化的发展起了积极的推动作用。

赵武灵王在以绝对优势稳定了北方局势后，便把主攻目标移到中原，以期完成统一大业。他意识到，当时具有较强实力的国家只有秦、赵两国，秦国是他真正的对手。为了能有更多精力用在对付秦国的功业上，年富力强的赵武灵王于公元前 299 年，主动将王位让给自己钟爱的幼子赵何，史称“赵惠文王”，而自己号称“主父”，地位相当于后世的太上皇。

他从烦琐的政务中解脱出来，统率骑兵，准备从河套一带南下袭秦。为了稳中求胜，赵武灵王冒着很大的危险化装成使者入秦窥探秦王态势，侦察关中地形，认真研究袭秦战略。

正当赵主父雄心勃勃之时，赵国内部发生了政变。赵主父为了安抚没有继承王位的长子章，封赵章为安阳君，赐封地于代。公子章血气方刚，又是长子，对弟弟即位为王心中很不服气，而主父感情用事，优柔寡断，助长了公子章的气焰，最后公子章发动叛乱，兵败逃往主父住处，以致主父的寝宫被围，后来公子章死，主父也被活活饿死在沙丘(今河北平乡县东北)的宫内。

赵武灵王的改革侧重军事，淡化了政治和经济方面的改革，而且他在处理王位问题上感情用事，优柔寡断，最终酿成了内讧，削弱了国力。尽管如此，他仍不失为一代英王。梁启超评价赵武灵王为黄帝以后的第一人。郭沫若 1961 年秋曾赋诗称赞“骑射胡服思雄才”，表达了对赵武灵王改革史绩的钦佩之情。

(沈艳)

# 二·秦汉时期

# 1. 秦始皇统一中国

秦始皇嬴政(前 259—前 210 年)，秦庄襄王异人之子，亲政后统一六国，结束了兼并战争，是中国历史上第一个大一统王朝的建立者，开创了中国历史的新纪元。

战国初期，秦与齐、楚、燕、韩、赵、魏并列为“战国七雄”，当时的秦国处于偏僻的雍州地区，是一个经济、文化十分落后的小诸侯国，处于被动挨打的局面，内部矛盾斗争尖锐。直到秦孝公时期(前 361—前 338 年)，依靠商鞅进行了一系列较为彻底的封建变法改革，如奖励耕战、编造户籍等，适应了新兴地主阶级的要求，建立了比较先进、巩固的政权，使秦国的经济实力和军事力量迅速发展，逐渐改变了落后、衰弱的状况，一步步强大起来。商鞅变法是秦国历史的转折点。之后，秦孝公的后继者们经过不懈努力，凭借雄厚的军事力量，屡屡举兵东向进行兼并战争，以“连横”之策对抗六国“合纵”抗秦的力量，平定汉中和巴蜀，屡败山东诸国，势力由西方深入东方，成为七国中最为强大的国家。

祖辈为秦始皇的统一大业留下了一份丰厚的“遗产”，到秦始皇亲政前，秦的统治区域已据有西至今甘肃、四川，南至今湖北、湖南，东至今河南中部、河北南部，北至今山西、陕西的广大地区，已具备了统一东方的条件。公元前 247 年(秦庄襄王三年)，秦庄襄王异人去世，13 岁的嬴政即位。按照秦国的法律，国君到 22 岁举行冠礼，然后才可以亲理政务，因此秦王政初期，朝政由赵太后和相国吕不韦掌管。

吕不韦原是阳翟(今河南禹县)的大商人，家有千金。他在赵国邯郸经商时遇到了作为人质留在这里的秦孝文王的儿子异人。异人是秦孝文王的庶子，其母夏姬得不到宠爱，所以异人幼时就不被父亲喜爱，作为“质子”使往赵国，在邯郸受尽寄人篱下之苦。吕不韦见到异人后，认为他“奇货可居”，便刻意结交，缓解了异人的困窘境况，还用全部家财帮助异人到秦国进行活动，重金收买了秦孝文王宠妃华阳夫人，帮异人争到了王位继承权。异人对此自然感激万分，许吕不韦秦国土地以为报答。其时秦、赵关系紧张，赵王曾一度试图杀掉异人，但在吕不韦的帮助下，异人安全逃离赵国并回到秦国，从而结束了他颠沛流离的生活。秦孝文王在位不足一年而卒，公元前 249 年(秦庄襄王元年)异人继立为庄襄王，吕不韦也由于其对异人的特殊恩遇一跃而为秦国的丞相，被封为文信侯，以洛阳十万户为其食邑。不过秦庄襄王也是个短命皇帝，在位不过三年就去世了。秦王嬴政继位后，吕不韦被尊奉为“仲父”，继续任丞相，执掌秦国的大权，权势盛极一时。

嬴政于公元前 259 年(秦昭王四十八年)正月出生在赵国邯郸，故又名“赵政”。据《史记·秦始皇本纪》载，异人见到吕不韦的宠姬美貌善舞，“悦而取之”，生子嬴政。传说此女名赵姬，乃先有孕而后入于异人，故嬴政是否为吕不韦之子至今仍是一个众说纷纭的话题，无从考证。异人逃离赵国之后，嬴政和赵姬却迫于形势留了下来，辗转流落到邯郸乡下以躲避赵王的残害。这样在异人继秦王位以前，直到 8 岁，嬴政都生活在一个到处充满敌对氛围的国家，承受了没有国、没有家的心理负担和世俗的轻侮眼光。这段经历对童年乃至成年后的他都有很大影响。在过早品尝世态炎凉和人情冷暖的同时，也练就了他坚忍不拔的意志，在他的性格上烙下了深刻的印记，如孤独、冷僻、专断骄横等。《史记·秦始皇本纪》载尉缭语曰："秦王为人，蜂准，长目，挚鸟膺，豺声，少恩而虎狼心，居约易出人下，得志易轻食人。我布衣，然见我常身自下我。诚使秦王志得于天下，天下皆为虏矣。"可以说嬴政幼时的成长经历对秦王朝的发展乃至整个中国社会的历史进程都产生了很大影响。

吕不韦以"仲父"身份执掌政权的12年间，秦国国力取得了重要发展，在对赵、魏、韩、楚、燕五国的战役中，取得了15个郡，占统一以后全国总郡数近二分之一，东方诸国的力量变得更加衰弱，等着被秦军的铁骑一个个地消灭。吕不韦的势力此时也达到了无以复加的地步。

然而随着嬴政的慢慢长大，他专权独断的性格日益表现出来，不愿再受吕不韦的控制，想要独自掌控国家，从而在他和吕不韦的关系中埋下了矛盾的种子。此时，赵姬成了太后，据文献记载，吕不韦与太后私通，重温旧好。嬴政年龄日渐增长，吕不韦因害怕被他发觉与太后的私情而惹下大祸，于是把自己的舍人嫪毐伪装为宦官，送入太后宫中代替自己。嫪毐受到太后的宠幸之后，势力渐渐膨胀起来，不再仅仅满足于宦官的地位，在政治方面很有野心，甚至与太后密谋，将来立他们的儿子为太子，准备夺取秦国的王位。可见，吕不韦与嫪毐是当时朝廷的两股主要政治势力集团，对嬴政的亲政形成了极大的威胁。

嬴政首先和嫪毐集团发生了冲突。公元前238年(秦王政九年)，嬴政22岁，按照秦制应当加冕亲政，于雍蕲年宫举行加冕礼。这沉重地打击了嫪毐的夺位计划。迫于形势，他不得不窃取了秦王玺和太后玺，调发门客与军士谋反。然而嬴政得到消息，先发制人，嫪毐战局不利，为嬴政所击败，被车裂处死，灭三族。第二年，秦王政又发现嫪毐之乱与吕不韦有关，他觉得这是一个绝好的解决吕不韦集团的机会，借此可以收回政权并除掉政敌。于是嬴政抓住机会免除了吕不韦的相位，令他迁居到蜀郡(今四川成都附近)。吕不韦到蜀郡后，终日惶惶，恐遭杀身之祸，于是饮毒酒自杀了。至此，年轻的嬴政一举消灭了以嫪毐、吕不韦为首的政治势力，收回了朝政大权，实现了"独制其民"。

秦王政亲政之后，重用王翦父子等著名将领，任用贤能、有才智的尉缭、李斯等客卿，开始了统一全国的战争。

王翦是频阳东乡(今陕西富平县)人，秦国著名的军事家，少年时就喜爱军事，后随秦始皇征战，有突出的军事指挥才能，是秦始皇出击六国的一把利剑，立下战功无数。王翦与其子王贲在秦灭六国的战役中贡献很大，六国中除韩国以外，其他五国之亡均有王翦父子之功。特别是在秦60万大军对楚国的大战中，王翦"以逸待劳"，以不变应万变，为后人所称道。

尉缭是大梁(今河南开封)人，著有兵书《尉缭子》，主张"并兼广大，以一其制度"，于公元前237年(秦王政十年)来到秦国，被任命为秦国的国尉，是著名的军事理论家。他向秦始皇献出一个统一六国的计策："愿大王毋爱财物，赂其豪臣，以乱其谋，不过亡三十万金，则诸侯可尽。"即用财物贿赂各国身居显职的高官，造成其国内部的分裂，然后再进行武力征服。这一计策受到秦王政的赏识，对尉缭十分礼遇。

李斯是楚国上蔡(今河南上蔡县)人，我国历史上著名的政治家。李斯年轻时曾拜荀子为师，学习帝王之术和治国之道，由尉缭向秦王政推荐入秦。秦国宗室要求秦王下令逐客卿以肃清六国派来的间谍，李斯也在被逐之列。为此，李斯上《谏逐客书》，被秦王政采纳，取消了逐客令，李斯也因此而受到秦王政的重用。

李斯延续了尉缭的统一思想，并针对当时各诸侯国的情况，具体制定了实现统一的策略和部署，即选择弱国、正面突击的进军方式，“先取韩，以恐他国”，再攻两翼，最后灭齐。这一方针被秦王政采纳，就此拉开了统一战争的帷幕。

公元前230年(秦王政十七年)到公元前221年(秦王政二十六年)，秦国为实现统一进行了为期10年的兼并战争。

公元前234年(秦王政十三年)，秦军对韩国发动攻势。韩王长期以来奉行割地求和的政策，为避免灭亡，便派战国末期著名的法家学派代表韩非使秦劝说秦王。韩非到秦国后，嫉贤的李斯却在秦王政面前诋毁他，将韩非杀害。公元前230年(秦王政十七年)，秦内史腾率军南下黄河，韩国毫无准备，秦军破韩首都郑，俘获韩王安，将韩国并为颍川郡。至此韩国灭亡。

公元前225年(秦王政二十二年)，秦将王贲攻魏国，魏国无力抵抗，放弃了国都大梁(今河南开封)之外的全部地区。秦军包围大梁，但城防坚固，一时不得攻入。于是秦军掘开黄河堤岸，引黄河水灌城，在三个月的围困之后，大梁城陷。魏王假与诸公子在向秦军投降后被杀。魏国灭亡。

公元前226年(秦王政二十一年)，秦派大将蒙恬率军20万向南方大国楚国发动进攻，楚将项燕顽强抵抗，大败秦军。两年后，王翦率60万秦军再次攻楚，趁楚军不备之时迅速出击，大破楚军，杀楚将项燕，并乘胜攻取楚国大部地区。次年，王翦攻占楚都寿春(今安徽寿县)，生俘楚王。楚国灭亡。

公元前227年(秦王政二十年)，王翦兵临燕境，燕国无计可施，国内恐慌，燕太子丹走投无路之下派刺客荆轲刺杀秦王，但不幸没有成功，秦王大怒，下令王翦攻燕。第二年王翦攻占燕都蓟(今北京市)，燕王喜和太子丹逃至辽东，燕王不得不杀太子丹以向秦谢罪求和，请求停止进攻。四年之后，公元前222年(秦王政二十五年)秦将王贲一举攻下辽东，生俘燕王喜。燕国灭亡。

公元前236年(秦王政十一年)及随后的四年之中，秦军先后四次攻赵，但由于赵国名将赵牧和司马尚率精锐英勇抵抗，秦军并没有达到灭赵的军事目的。公元前229年(秦王政十八年)，秦国利用间谍收买了赵王迁的宠臣，赵王听信谗言，以谋反罪杀害了大将李牧，罢免司马尚，严重削弱了军事指挥力量。次年，秦将王翦对赵进行猛烈攻击，占领了赵国首都邯郸，赵王迁成为秦军的俘虏。赵公子嘉率宗族数百人逃到代郡，自立为王，于六年后被秦军俘获。赵国灭亡。

公元前221年(秦王政二十六年)，秦将王贲、蒙恬等从燕国边境南下进攻东方大国齐国，避开齐集结在西部边境的主力军队，南下直奔齐都临淄(今山东淄博北)，很快占领了临淄。齐军措手不及，几乎没有抵抗。秦王派人引诱齐王建投降秦国，齐王投降后，被秦囚禁于共(今河南辉县)的一片松柏林中，活活饿死。齐国灭亡。

自公元前230年至前221年，秦国先后消灭了韩、魏、楚、燕、赵、齐六国，初步建立了中国历史上空前统一的封建王朝——秦王朝。

秦虽然统一了六国，然而在边境地区仍有一些少数民族对秦王朝构成一定的威胁。秦始皇或对这些地区用兵，或与之互通有无，将边境地区都统一在秦王朝政权之下，这也是巩固和扩大统一成果的必要步骤。

在我国古代的东方和东南方，今天的浙江、福建、江西、广东、广西一带，居住着一支古老民族——越人。他们分布很广，支系众多，又被称为“百越”，有东越、闽越、南越和西瓯等部分。秦统一六国后，秦始皇发动了“百越”之战，目的在于统一百越的土族部落。公元前219年(秦始皇二十八年)，秦始皇命令屠睢率领50万大军南下攻击百越，但是由于越人的抵抗，秦军始终不能南下，长期受阻。为了解决供给问题，秦始皇派史禄负责开凿渠道，这就是灵渠。灵渠打通了南方的水上交通，秦军得以南下。但是在越人的突袭之下，秦军伤亡惨重，连屠睢也被越人杀害了。直到公元前214年(秦始皇三十三年)，秦军在任嚣和赵佗的率领下再次出击，一举平定了南越，统一岭南，设置了南海、桂林、象郡三郡，把分散的越族基本上统一起来。同时征发几十万刑徒罪犯到岭南戍守，和越族人民杂处。他们带去了中原地区先进的生产工具、生产技术和文化，对于开发珠江流域作出了贡献。

西南地区的少数民族按照分布地域的不同分为西夷和南夷两部，主要在今天的贵州西部，云南的东部、中部、西部，四川的西部和西北部，西藏的东部。这些民族的族属复杂，部落与部落之间语言和风俗都不相同。早在战国时期就有西南各族人民与内地交往的记录。秦灭六国后，派将军常頞征调巴、蜀地区的士卒，加强与西、南夷的交流。因为交通受阻，常頞自今四川宜宾至云南昭通一线开凿了5尺宽的道路，名曰“五尺道”，与西、南夷互通，并在一些民族地区设置了行政机构。这对促进中原和西、南夷地区的民族间的往来和经济文化交流，起了重大的作用，从此西南少数民族成为统一多民族国家的一部分。

对秦威胁最大的少数民族莫过于北方的游牧民族——匈奴。匈奴族过着逐水草而居的游牧生活，于战国时强大起来，不断向南侵扰，对中原地区进行掠夺。由于秦、赵、燕三国地处北方，所受威胁最大，三国均在北部修筑长城以备侵犯。战国后期，各诸侯国忙于战争，无暇北顾，匈奴头曼单于乘赵、燕的北部边防松弛，占领了河套地区。秦统一六国以后，消除匈奴的威胁、维护北方地区安全便被提上日程。公元前215年(秦始皇三十二年)，秦派将军蒙恬率士卒30万北击匈奴，把匈奴势力赶到阴山以北，收复了河南地区，第二年又夺回河套以北阴山一带地区。秦在这一地区设置了34个县，重设九原郡，又从内地大规模移民到这里戍守、垦荒，不仅起到了阻止匈奴南下掠夺的作用，也有利于边境地区的开发和民族融合。

为防止匈奴的侵扰，秦始皇还下令修筑了举世闻名的伟大工程——长城。战国时秦、赵、燕三国都有北边长城，公元前213年(秦始皇三十四年)，秦始皇征调大量的人力、物力资源，把过去秦、赵、燕三国的长城连接起来，修葺并扩展延伸，筑成了一条从临洮(今甘肃岷县)一直到辽东郡碣石的长城，号称“万里长城”。嬴政还派大军在长城沿线驻守，并在这一线设立10余个郡，徙大量移民前往开垦，以保证边防的供应。举世闻名的万里长城是中国乃至世界建筑史上的奇迹，也一直是我们中华民族古老悠久文明的象征。它对保护北部边疆地区的人民生活和农业生产有很大的好处，但同时也耗费了巨大的人力、物力，给人民带来了极大的痛苦。

至此，秦王朝从消灭六国到统一边境，前后历经10余年，秦始皇嬴政最终建立了一个真正意义上的空前统一的多民族的封建国家。秦王朝的统治地区包括“东至海暨朝鲜，西至临洮、羌中，南至北向户，北据河为寒，并阴山至辽东”(《史记·秦始皇本纪》)的广阔地区，对于促进境内各民族人民之间的经济文化交流，加速民族融合，推动社会经济的发展起到了积极的作用。

秦始皇统一中国之后，采取了一系列重大的措施，在秦国原来政权机构的基础上调整和完善了统一的中央集权的封建国家机器，创建了一套从中央到地方的严密统治机构和封建专制主义制度。

过去六国的统治者都称王，而秦始皇认为自己平定六国，取得了空前的霸业，六国国君都已成为阶下囚，如果不更改名号就无法显扬自己的功业，于是令群臣商议帝号。丞相王绾、御史大夫冯劫、廷尉李斯等都提议“泰皇”的称号，因为三皇中“泰皇”最为尊贵。然而他自以为自己的功业前无古人，要兼取三皇五帝的尊称，于是去掉“泰”字，留下“皇”字，再加上上古“帝”号，称为“皇帝”。从此，“皇帝”便取代“王”，为以后历代封建统治者所沿用。为了表示皇帝与众人的不同，秦始皇又规定皇帝发的教令称为“制书”，下的命令称为“诏书”，天子自称为“朕”，确立玉玺制度，并追尊秦庄襄王为太上皇。又废除谥法，不准下一代皇帝给上一代皇帝起谥号，以维护皇帝的权威。他自称始皇帝，子孙以下称二世、三世直到万世，妄想永世相传，没有穷尽。这样，秦始皇给自己披上了一层神圣的外衣，确立了至高无上的皇权，在专制集权的道路上迈出了重要一步，实现了他长久以来专制其民的梦想。

秦始皇在总结战国以来各国官僚制度的基础上，建立了一套从中央到地方严密的统治机构和封建官僚制度。中央政府机构主要是“三公九卿”。“三公”，即丞相、太尉、御史大夫，其职责分别为：丞相辅佐皇帝处理全国政务；太尉协助皇帝主管全国军事；御史大夫监察百官，是皇帝的耳目。他们互不相属，互相牵制，直接隶属皇帝，从而保证权力集中在皇帝的手中。“九卿”，即廷尉、治粟内史、奉常、典客、郎中令、少府、卫尉、太仆、宗正，他们都是分管具体事务的中央高级官吏。“三公九卿”制对后代封建王朝的建立有着重要的影响。

在地方行政机构方面，秦始皇与大臣们就地方统治形式的问题进行了激烈的讨论，发生了著名的分封制与郡县制之争。丞相王绾等人认为西周以来的分封制是国家稳定的根本，是国家长治久安之策，建议承袭分封制，而李斯则认为分封制是周亡的重要原因之一，也落后于现在的实际状况，时代不同了，统治方法自有不同，建议普遍推行郡县制。秦始皇采纳了李斯的建议，废分封，置郡县，将全国分为三十六郡，后又增至四十多郡，设郡守负责政务，郡尉辅佐郡守掌管军事，郡监掌监察。郡下设县或道，县设县令(长)负责政事，县尉掌军事，县丞掌司法。县以下还有乡、亭、里等基层机构，负责教化、治安、征收赋税和组织生产等。

秦王朝建立了一套官吏任免制度以适应专制主义中央集权制度。与分封制下的贵族世袭制不同，秦从中央到地方的官员都由皇帝任免，对皇帝负责，保证国家的军政大权集中在皇帝手中，同时，郡县也直接接受皇帝的命令，保障了君主的绝对权力。秦始皇所创立的这套从中央到地方的庞大统治机构对以后几千年的中国封建社会产生了极为深远的影响，成为秦之后历代封建王朝统治机制演变和发展的基础。

除了完备国家机器之外，秦始皇还注重对人民的思想控制，以“五德终始说”作为加强统治的思想武器，为自己的统治寻找“合法”依据。

“五行”指的是金、木、土、水、火，根据五行相克的原理，金克木，木克土，土克水，水克火，火克金，相生相克，终而复始。战国时期阴阳家邹衍运用这种原理来附会人事，阐释宇宙演变和历史兴衰，创立了“五德终始说”。“五德”就是五行的属性，即金德、木德、土德、水德、火德，“五德终始说”原理指宇宙万物都要得到五德之一，一德到一定时期就衰落，五德中的另一德就将起而代之，而天道的运行、人世的变迁、王朝的更替莫不是“五德”转移的结果。这种学说宣扬的“君权天授”为取得政权的统治阶级找到了一个合法的理由。秦始皇统一中国后，为了争取民心，采用“五德终始说”进行舆论宣传，将秦代周说成是“天意”，是水德代替火德，并根据“水德”进行改制。“水德”尚黑色与“六”之数，于是秦代衣服、旌旗均尚黑色，以黑色为主，符节、法冠、舆乘等制度都以“六”为基数，还有分天下“三十六”郡等，是“六”的倍数。改黄河名为“德水”，以冬十月为岁首。“五德终始说”渗透到秦朝政治制度与社会生活的方方面面。世俗的专制政权被神圣化，“五德终始”的迷信学说是周人“天命观”的体现，成为秦代统治阶级对人民进行思想控制的重要工具。

秦王朝利用“五德终始说”的另外一层深意在于，“水德”主阴，阴代表刑法，要以严刑酷法治国，于是“水德”改制的内容不可缺少的就是制定一套全国统一而又相对完善的法律，这恰与秦始皇的法治思想吻合。于是在秦律的基础上，对商鞅变法以来的法律条文进行修改和补充，秦始皇制定了通行全境的法律制度，颁布全国。湖北云梦睡虎地出土的秦律竹简中就有商鞅变法以后修订的律令数十种，大部分是秦的法律条文以及解释律文的问答与有关判决程序的规定和文件，涵盖了政治、军事、司法、农业、手工业、商业和家庭婚姻等各个方面。秦律是封建地主阶级为了维护自己的政治经济利益而制定的对劳动人民进行压榨的手段，是地主阶级意识的集中体现，其突出特点就是残暴性，对广大农民造成了极大的迫害。

秦始皇初步建立了专制主义的国家政权机构，然而秦统治集团与原六国贵族地主之间的斗争并没有结束。原六国贵族地主都有着强烈的反秦意识，时刻企图伺机东山再起，同时秦国内部也存在着地主阶级与农民阶级的矛盾，农民的反抗此起彼伏。为了维护政治统一，秦始皇又实行了一系列巩固统治的措施。

首先，消除全国反秦势力。秦始皇下令迁徙豪富，并禁止民间收藏武器。秦王朝将原六国贵族豪富迁至关中、巴蜀地区，以防他们的分裂复辟活动。仅公元前221年(秦始皇二十六年)，全国各地的豪富迁至咸阳的就有12万户，通过悬赏缉拿亡逃和削弱豪富经济实力的方法达到国家政治的稳定，有利于打击地方割据因素。秦灭六国后，许多兵器散落民间，为了防止这批兵器为反秦势力所得，对国家形成威胁，同年，秦始皇下令收天下之兵器，将缴获的六国武器和没收的民间所藏兵器运到咸阳，加以销毁，铸成12个各重24万斤的铜人，陈列在宫殿之前。这些措施对于进一步削弱地方割据势力有一定作用。

其次，实行“上农除末”，即重农抑商政策，打击不法商人，鼓励从事农业、手工业生产，用免除徭役作为奖励，不断把农民迁到农业劳动力不足的地方，充实边地郡县的户籍，开垦新徙地区，发展农业生产，移民多达几十万户，还有很多农民被迁移到边境长期戍守，防卫并开拓边疆。公元前216年(秦始皇三十一年)，秦政府颁布了“使黔首自实田”的律令，扶植封建土地私有制的发展。即占有土地的地主和自耕农根据自己所占土地的数目，向国家汇报，在全国范围内进行土地登记，作为交纳赋税的依据。这意味着国家承认现实土地的私有制以稳定赋税收入，保护封建土地所有制。

再次，统一文字、货币、度量衡，将战国时期的多元文化纳入秦王朝统一帝国的文化体系，这是秦始皇加强统治的重要措施。

战国时期，割据纷争，各自为政，各国文字异形，非常混乱，同一个字在不同的国家往往有不同的写法，甚至在一国之内写法也可能不同。秦统一之后，这些流行全国的不同文字便妨碍了国家政令的通行，影响了经济文化的发展。文化差异的客观存在使得统一六国文化成为秦朝迫切的要求，于是秦始皇进行了“书同文”的统一和规范化工作，以秦国的字体为规范，对六国文字加以整理，将笔画繁多的大篆改为小篆，作为全国的统一文字，其他字体皆废弃不用。李斯、赵高、胡毋敬还分别用小篆书体撰写了《仓颉篇》《爰历篇》《博学篇》以推广小篆。与此同时，秦朝社会上还有一种比小篆更为简化的新书体，这就是“隶书”，书写更为简便。隶书是中国文字发展史上由古体转为今体的重要里程碑，汉字的结构由此基本定型。统一文字后，小篆和隶书成为全国通用的规范化文字，有利于政令的通行和执行，适应了当时社会经济、政治、文化发展的需要，对于传承、发展中国古典文化和巩固封建国家的统一有着重大的意义。

战国时由于商品交换的增多，货币流通扩大，货币品种非常复杂，各诸侯国货币制度不同，因而货币的形状、大小、轻重都不相同，计算单位也不一致，不利于商品交换和国家的财政收入。考古发现出土的战国货币主要为铜质币，齐、燕、赵等国主要使用刀形的刀币，韩、赵、魏、周等地区主要流通铲形的布币，秦、东周、西周以及赵、魏的沿河地区使用圆形的圆钱，分圆孔、方孔两种，以上均为铜质。金币主要有楚国的“郢爯”“陈爯”。秦始皇下令废除六国旧币，以秦国货币为标准，统一使用两种货币。上等为黄金，以“镒”为单位，下等为铜币，圆形方孔，重半两，上有“半两”二字。同时严禁地方和私人铸钱，由国家统一管理铸币。货币的统一有利于商品交换和流通，促进了统一的秦帝国商品经济的发展。

统一度量衡制度是秦始皇发展经济的重要措施。战国时，各国度量衡制度各不相同，造成经济混乱，给不同地区人民的交往带来了很大的障碍，不利于手工业的发展和政府赋税的征收。秦统一后，秦始皇在统一货币的同时也实行了统一度量衡的措施，废除六国旧制，下令“一法度衡石长尺”，即以秦国原有度量衡器为标准，统一制造标准的度量衡器，并推行全国施行。新的度和量都以 10 进位，度的单位有寸、尺、丈、引等，量的单位有合、升、斗、桶(斛)等，1 寸约为今 2. 32 厘米，1 尺约为今 23. 2 厘米，1 升约为今 201 毫升，1 斗约为今 2010 毫升。衡制规定了铢、两、斤、钧、石等单位。秦始皇还采取定期检查和大力宣传的措施，并惩之以刑，有力地将这一制度推行全国并作为规范固定下来。自此以后中国有了标准的度量准则，为人们从事经济文化交流活动提供了便利的条件。

此外，为发展全国水陆交通，加强对全国各地的控制，秦始皇下令拆除战国时期各诸侯国之间阻碍交通的关塞、堡垒和长城，修筑了以咸阳为中心的，向东达今山东、河北和辽宁，南达今湖北、湖南，东南至今安徽、江苏和浙江的“驰道”；以及由云阳(今陕西淳化西北)起，经过今旬邑县石门关和陕、甘交界的五里墩，达秦九原郡九原县(今内蒙古包头)的“直道”。此外，还在西南地区修筑了“五尺道”，在今湖南、江西、广东、广西之间修筑了“新道”，构成了以咸阳为中心的四通八达的交通网。同时实行“车同轨”“舆六尺”，将全国道路和车轨的宽度统一起来。这些措施，便利了全国的交通往来，对于消除分裂割据，巩固国家统一，促进全国社会经济和文化的发展，加强各民族之间的联系，都起着重要的作用。

最后，在文化方面秦实行专制政策，以暴力手段对人民进行思想控制。秦统一以后，推行了一系列政令措施，引起朝廷内部的分歧，特别是围绕政治体制方面的争论一直没有结束。公元前 213 年(秦始皇三十四年)，博士淳于越向秦始皇建议分封诸子，因为中央权力集中之后，应当防止权臣专政对皇权形成威胁，要分封子弟作为皇权的支撑，必要时可以起到保护皇室的作用。李斯坚决反对，认为这是愚儒的复古思想，如不禁止，会对皇帝的权威产生不好的影响，建议实行文化专制的政策。秦始皇于是下令禁私学，将《诗》、《书》、诸子百家书一律交官府焚毁，只留下《秦记》、医药、占卜、种树之类的书籍，下令 30 日后不交的，处以黥刑并罚苦役 4 年；谈论《诗》《书》的弃市，以古非今的灭族，官吏知情不举的同罪。“焚书”引起了诸多士人的不满。第二年，秦始皇招引卢生等方士为他求不死“仙药”，卢生怕骗术败露，便指责秦始皇残暴，亡逸偷生。秦始皇于是以妖言为罪名，下命追查，坑杀受牵连诸生达 460 余人，这就是“坑儒”事件。“焚书坑儒”的主要目的，在于用暴力专制手段钳制人们的思想，打击一切异端邪说。这种残暴的做法给民族文化造成了不可弥补的损失，许多古代典籍付之一炬，损失很大，各种学派的言论被禁止，百家思想受到禁锢，束缚了学术思想的发展，对我国古代思想文化遗产造成了极大的破坏。

秦始皇建立了中国历史上大统一的、中央专制集权空前强化的秦帝国，完成了由政治上的绝对统治到土地的最高占有权，以及思想意识形态领域专制主义的整个大一统的政治、经济和文化体系的建设。强大的秦帝国却并没有像它的开创者秦始皇所设计的那样世代相传，仅二世而亡。秦始皇不顾长期战乱以后人民对休养生息的需求，大兴土木，修建宫殿和骊山墓，劳民伤财，人民不得不承担无休止的徭役、戍役，给人民造成了沉重的负担和灾难，这种残暴统治激发了各种潜在的社会矛盾。在统一后的十余年中，秦始皇还先后五次巡行全国，以图加强对全国的控制，最后却病死在巡行的途中。秦始皇死后，秦二世残忍昏暴，其统治之残酷，较秦始皇有过之而无不及，阶级矛盾空前激化。秦二世即位后不久后就爆发了陈胜、吴广起义，曾经强大的秦帝国在农民起义的烈火中很快灭亡。

梁启超曾将中国历史分为三大段：一是“中国之中国”，二是“亚洲之中国”，三是“世界之中国”，认为“从黄帝时代到秦始皇统一中国，完成了中国的自我确认”，即“中国之中国”。秦始皇完成统一大业，结束了长达几百年的群雄割据局面，有利于社会经济的恢复和发展，促进了民族融合，奠定了我国统一的多民族国家的基础，也符合历史的趋向和广大民众的心愿，是中国古代历史发展的重大转折点。关于秦始皇个人在统一中国中的作用，学术界有分歧。有学者认为秦始皇是“千古一帝”，虽然其残暴统治给人民带来了负担，导致了秦王朝二世而亡，但他在统一战争和巩固政权中的个人功绩是占主要方面的，是推进中国历史进程的人物，应给予充分肯定。也有另外一些学者认为，对秦始皇在统一中的作用不宜推崇过高，秦灭六国实现统一是时代的产物，秦始皇不过是促成而已，他所实现的统一也不是巩固的，政权很快就被推翻了。在这里，我们应当看到，要恰当地评论秦始皇在统一中所起的作用，应联系时代背景。秦始皇或为人传颂，或引人非议，都和他的实际经历有很大的关系。我们一方面要认识到统一是大势所趋，是历史发展的必然结果，不可能由一人之力改变，也不以人的意志为转移；另一方面也要看到，虽然秦始皇之前的很多历史人物都为统一六国作出了贡献，而秦始皇是最终集大成者，他顺应时代潮流，取得了非凡的历史功绩，这些都是应当充分肯定的。

（汪莉）

## 2. 长城的修筑

长城是我国古代一项伟大的军事工程，也是我国建筑工程史上的一大创举，它横贯我国北方的崇山峻岭，对保障中原地区农业民族生命财产安全起到了一定的积极作用。秦、明两代修筑的长城总长度都超过了5000公里，故而人们又称其为“万里长城”。今天，长城已经成为中华民族的象征。

早在公元前6世纪的春秋时期，为了保卫本国边境的安全，各诸侯国开始在与他国相邻的边境地区修建互防长城。进入战国时期，各国之间战争不断，互防长城的修筑越来越多：齐国在其北部修“巨防”；楚环北境的中心城市宛筑“方城”；魏国为防秦在今陕西境内修筑“河右长城”，即魏西长城，在今河南境内修筑“卷长城”，即魏南长城；赵、燕两国均在其南境修筑长城。这些都是诸侯国为了防御相互间的侵伐而修筑的互防长城。公元前4世纪前后，位于北方的燕、赵、秦等国不断受到毗邻的北方游牧部族匈奴、东胡、林胡、楼烦等的侵扰。这些游牧部族擅长骑兵作战，来去自由，机动灵活，非当时诸国的步兵、车兵所能抵御。因此北方各诸侯国依据山势地形修筑沿边要塞长城，以资防御。秦国北长城筑于秦昭王时，据《史记·匈奴列传》记载，这条长城在陇西郡（甘肃中部）、北地郡（甘肃东北部和宁夏东南部）、上郡（陕西北部）三郡的北部边地。赵国的北长城筑于赵武灵王破林胡、楼烦之后。赵长城的东端起于代郡所辖的今河北省张北县南，向西沿阴山山脉直至高阙。高阙可能在今内蒙古乌拉山西段。燕国的北长城筑于燕将秦开破东胡后，它西起造阳（位于当时的上谷郡，在今河北宣化北独石口到内蒙古正蓝旗滦河源一带），东至襄平（今辽宁辽阳）。

春秋战国时期，各国修筑的互防长城虽然在一定时期一定程度上保护了本国的安全，但还起着加强分裂局面、阻隔交通运输和妨碍各地经济、文化交流的消极作用。秦统一六国后，为适应统一国家发展的要求，下令拆毁各国的互防长城，决通六国各自为政的水利工程，从此内地的长城不复存在。而战国时期北方诸侯国在北边修筑的边防长城，在秦统一之后仍然起着防御游牧部族的侵扰，保卫中原地区经济、文化发展的积极作用。

秦统一六国后，匈奴对秦的威胁仍然很大。为解除这一威胁，秦始皇于公元前215年（秦始皇三十二年）派大将蒙恬率30万大军征伐河套，于次年收复了河套南北广大地区，并在这个地区设置了34个县，重设九原郡。在与匈奴进行军事战争的同时，为了保护内地人民生产、生活的安全，秦朝修筑了举世闻名的伟大工程——长城。公元前213年（秦始皇三十四年），秦始皇将秦、赵、燕三国原来在北边修筑的长城连接起来，建起了一条西起临洮（今甘肃岷县），北傍阴山，东到辽东碣石的万里长城。秦长城比现存的明长城位置偏北，因此也远较今天的万里长城为长。

秦始皇所筑的万里长城，虽然是在秦、赵、燕旧长城的基础上修筑而成，但其修缮、改建和增筑的工程规模仍然非常巨大。《史记·蒙恬列传》载，蒙恬率30万军队打败匈奴，开始修筑长城，时间长达10余年。除数十万士兵之外，参加秦长城修筑的还有征调来服役的戍卒，人数几倍于军士，另有犯罪后被罚去修长城的，与在伍士兵、戍卒等加在一起，人数不下数百万。而为支援长城的修建，从事粮饷物资运输等的后勤工作人员尚未计算在内。由此可见，万里长城是我国古代劳动人民用血汗和智慧筑成的历史丰碑。

秦代长城大多凭依山岭、河川等险要地形建筑，如《史记·蒙恬列传》所言："因地形，用制险塞。"《汉书·匈奴传》："因边山险，堑溪谷，可缮者缮之。"秦长城的构造因地而异，山上用石垒，平地用土夯，在特别险要的地方，则用石垒、林木为城堡设置障塞。沿长城内外，在视野宽广的山巅上，用石块垒成供传递军情用的烽火台，即"烽燧"或"亭燧"。

秦长城的遗迹，有些地方至今还历历可见。早在20世纪30年代，著名史学家顾颉刚在甘肃临洮城东30里及渭源城北10里的丛山中就发现了秦长城的遗址。他在《浪口村随笔》"秦长城"条指出，长城基址宽约3丈多，有的高约二三丈，也有的仅残存二三尺，版筑的遗痕还依稀可见。北京大学环境学院教授唐晓峰等人在20世纪70年代调查了内蒙古地区的长城，发现了狼山、大青山崇山峻岭之间的秦长城遗迹。其中位于乌拉特前旗的石垒秦长城遗迹，城基宽约1.2丈，高约1.2~1.5丈。这些现存的长城遗迹表明，秦代长城的工程十分浩大，它充分体现了我国劳动人民高度的智慧和无限的创造力，成为中华文明悠久的象征。

西汉王朝建立后，重新修缮并增筑了北方的万里长城。秦汉之际，匈奴的势力又强盛起来，冒顿单于在位时不仅夺取了秦时蒙恬收回的河南地，还连年入塞，不断侵扰沿边郡县，夺取人畜财物，破坏生产。汉高祖刘邦占领关中后，为加强陇西地区的防务，防止河南匈奴、河西月氏和洮水以西的羌人为患，在陇西、北地二郡，据秦代沿河所置的关塞重新加以修缮，"治河上塞"(《史记·高祖本纪》)。由于河套地区当时已被匈奴占据，西汉王朝的势力不能到达，所以修缮的长城只能到今宁夏以南的地方。

到汉武帝时，经过长期休养生息，社会经济得到恢复和发展，西汉国威大振。自公元前133年(元光二年)起，汉武帝发起了大规模反击匈奴的战争。公元前127年(元朔二年)，卫青出云中，打败匈奴楼烦、白羊王，夺回河南地，在云中以西秦九原郡地置五原郡(郡治在今内蒙古五原)，在五原郡西置朔方郡(治所在今内蒙古乌拉特前旗东南)。河套以北的秦河上故塞也得以修缮。

随着军事活动的胜利推进，汉长城修建到了河西地区。公元前121年(元狩二年)，霍去病率军出陇西，过居延海，进军至祁连山一带。匈奴浑邪王杀掉休屠王，率众来降。汉武帝在河西走廊先后设置武威、张掖、酒泉、敦煌四郡，开始在令居县以西修筑长城，直至酒泉郡，这是河西长城的东段。公元前110年(元封元年)，武帝派赵破奴率军进攻姑师，俘虏了楼兰国王，"于是酒泉列障至玉门矣"(《史记·大宛列传》)，河西长城由酒泉向西延伸到敦煌东面的玉门，这是河西长城的中段。公元前104年(太初元年)，汉武帝派贰师将军李广利征伐大宛，后又多次派兵出征，西域与汉朝之间的联系愈多，"自敦煌西至盐泽，往往有亭"(《汉书·西域传》)，从今敦煌以北，沿疏勒河南向西，越过白龙堆到达罗布泊附近，成为河西长城的西段。公元前102年(太初三年)，强弩都尉路博德在居延泽(古居延海，在今甘肃额济纳旗东)一带筑长城。汉宣帝时，在乌垒城(今新疆轮台东北)置西域都护，于盐泽以西筑亭障数百里。这样，西汉一代的河西长城西起新疆罗布泊，越白龙堆入玉门关，经敦煌、酒泉、张掖、武威止于黄河之滨，另有长城自酒泉沿弱水东北行，达于居延海。在阴山以北，汉朝新建"塞外列城"，西与居延塞相连接；阴山以南西起高阙、东至辽东的长城基本上仍沿袭秦代的长城。汉长城向西延伸到河西地区，再加上罗布泊以西的亭障，其总长度超过了两万华里，远非秦万里长城所能及。

东汉建立之初，匈奴、乌桓不断侵扰南下，进入塞内，汉长城失去了原有的边防作用，东汉王朝的北疆已经远远退到长城以南地区。公元46年(建武二十二年)，匈奴分裂为南、北两部，南匈奴归附汉朝，乌桓也相继臣服，东汉政府使其居住在缘边各郡，助守边防，以对付北匈奴和鲜卑的侵扰。东汉以匈奴、乌桓为外藩，长城失去了屏障边疆的作用。光武帝下诏“罢诸边郡亭候吏卒”(《后汉书·光武帝纪》)，从此，东汉对长城没有再作多大的修缮。

三国至西晋时期，由于北方匈奴、鲜卑等少数民族内迁到今河北、山西、陕西境内，北方长城已经失去了国防上的意义，除西晋武帝时为防御鲜卑曾对秦汉长城的东段进行过一次修缮外，再没有修筑长城的活动。晋室南渡后，北方十六国相继割据。这些主要由塞外入侵中原的各族上层分子建立的政权，自无修建长城的必要。

北魏迁都平城(今山西大同)后，在它的北部兴起了柔然族(即蠕蠕)。为解除北方的威胁，建立稳固的后方基地，以便于早日实现北方的统一，魏明元帝时开始修筑长城。423年(泰常八年)，北魏修筑了东起赤城(今河北赤城)，西至五原(今内蒙古包头西北)，长达2000余里的长城。北魏统一北方后，柔然征服了突厥，势力又逐渐强盛起来。《魏书·世祖纪》载，公元446年(太平真君七年)，太武帝征发十万人“筑畿上塞围。起上谷，西至于河，广袤皆千里”。“畿上塞围”就是围绕京城地方修筑的防御工程。当时北魏都于平城，魏上谷郡治居庸县，在今北京延庆。这条障塞东起今北京延庆，沿河北、山西北部西行，经今山西天镇附近及大同北，然后折向西南，直达黄河东岸的偏关一带。这条障塞位于423年魏明元帝所筑长城之南，是北魏在北部地区建立的第二道防线。

公元534—535年，北魏分裂为东、西二魏。东魏及其后继的北齐以及北周均曾有修筑长城的活动。在隋朝的38年间，曾先后七次修筑长城，前六次都修筑在北方，而且基本上是在魏、齐长城的基础上加以修缮和增补的，工程规模不是很大，主要目的在于防御突厥的入侵。第七次起于今青海西宁的长城则是新建用来防御吐谷浑的。

唐初，突厥势力强盛，屡次侵扰边郡，但唐朝并没有修筑长城。这主要是因为唐太宗李世民对突厥采取了以攻为守的策略，在军事上，他亲自训练士兵，奖励骑射，积极充实国防力量；在政治上，他利用突厥连年用兵，资财匮乏，向所属诸部索取重税，铁勒诸部内部矛盾尖锐的形势，进行离间。在突厥实力大为削弱的形势下，629年(贞观三年)，唐太宗派李靖、李勣率十万大军出击，大败颉利可汗兵，并于次年攻灭东突厥。

唐玄宗时期，北方契丹族崛起，边患频仍，开始有了长城的修筑。《新唐书·地理志》“妫州怀戎县”条：“北九十里有长城，开元中(713—741年)张说筑。东南五十里有居庸塞，东连卢龙、碣石，西属太行、常山，实天下之险。”唐怀戎县在今河北省怀来东，居庸塞即今北京昌平西北的居庸关。张说所筑长城在居庸关以西为齐故“重城”，以东为魏、齐所筑长城外城的东段。

公元1115年，发源于我国东北地区的少数民族女真族取代辽，建立了金政权。随后，我国北方的另一支少数民族逐渐强大起来，经常发动对金的进攻。金朝统治者为了解除来自西北方的威胁，开始在西北边界兴建界壕和边堡，进而连堡戍而筑长城，构成了一道严密的防御工事。

早在金太宗天会年间(1123—1137年)，金朝已有界壕的修筑，世宗在位时又多次下诏修建边壕堡戍。1181年(世宗大定二十一年)，金朝开始大规模修筑长城，至1198年(金章宗承安三年)前后竣工，历时70

余年。金长城位于大兴安岭南麓，东起嫩江西岸，西至内蒙古大青山，包括东北路、临潢路、西北路和西南路四段长城，其直线长度达 2500 公里。

金长城多建于风沙草原地带，包括壕堑、界堤、壕堡、边堡等设施。壕堑宽 8～10 米，深 4～5 米。界堤分为主堤和副堤，主堤高 6～8 米，宽 8～10 米。筑堤材料均就地取材，平地挖取土方夯筑，山地用石料垒砌。主堤顶部构筑有雉堞，每隔 150 米左右建一个马面，上有铺房供守军休息。主堤上还设有小城门，便于军民出入。城门外修有瓮城，外观与马面相近，增加了小城门的隐蔽性和防御能力。从壕堑底部到主堤顶部，金长城往往高达 10～13 米，形成一道近似城墙功能的防御墙。为增强主堤的防御能力，金长城在主堤和壕堑前还修筑有副堤和副壕。副堤一般高约 4 米，宽约 5 米；副壕深、长、宽都是 4～5 米。壕堡的构造为方形，壕堡每边的墙长约 100 米，高度和宽度与主堤大致相同。壕堡建于主堤内侧，设有房舍和营库，可以屯驻少数守军和储备兵器。壕堡与主堤之间有门和梯道连接。每座壕堡之间的距离通常是 3～7 公里，位置多选在利于观察敌情和地形条件优越之处。边堡是具有一定规模和设施的边防小城，建于壕堑、界堤和壕堡后面的险要处。边堡内军事设施齐备，外有护城河环绕，形成一个可以独立作战的城堡。边堡与壕堑、界堤和壕堡结成一体，军队进可以出击，退可以据守，坚固程度和规模都超过壕堡。

金长城保存至今有遗址可查的长度近 5000 公里，它在抵御北方游牧民族入侵方面曾发挥过积极作用，在军事上有一定价值。但壕堑易为风沙所填平，失去效用，故不能从根本上解决问题。

元朝由蒙古贵族建立，他们本来是生活在长城以北的游牧民族，后来先后灭掉了北方的金政权、偏安于江南的南宋，建立了包括大漠以北地区在内的统一的封建王朝，自然没有在北方修建长城的必要。明朝推翻了元朝统治后，蒙古贵族重新退回漠北草原，蒙古贵族的后裔鞑靼和瓦剌不断南下骚扰，企图卷土重来，接着，明朝的东北方又有女真族兴起，也威胁着边境的安全。为了巩固北方的边防，明朝特别重视对长城的修筑和加强长城的防务。明朝统治的 270 余年间，从未停止过修筑长城和经营长城防御体系。

明长城东起鸭绿江，西至嘉峪关，东西绵延 12700 多里。为了加强这条长城的防御作用，明王朝将长城沿线划分为九个防御区，分设总兵官，驻扎重兵把守，称为“九边”或“九镇”。初设辽东、宣府、大同、延绥（榆林）四镇，继设宁夏、甘肃、蓟州三镇，又太原与固原因近边，也称“二镇”，合称为“九边”。

最东一镇为辽东镇，镇守总兵官初治广宁（今辽宁北镇），1567 年（隆庆元年）后，冬季移驻辽阳（今辽宁辽阳），管辖东起鸭绿江，西至山海关，长 1950 余里的辽东边墙。

次东为蓟州镇，总兵官驻三屯营（今河北迁西西北），管辖东起山海关，西达居庸关的灰岭口，长 1200 余里的城段。蓟州镇沿边设有许多重要的关隘，自东向西有山海关、喜峰口、古北口等。

再西为宣府镇，总兵官治宣府卫（今河北宣化），管辖东起居庸关东的四海治，西达今山西、河北交界的西阳河，全长 1023 里的城段。该镇地处北京的西北，形势十分重要，因此边墙十分坚固，相对于蓟州镇的三重城墙，宣府镇有内外九重城墙，重要的隘口远多于蓟州镇，自东向西有四海治、独石、张家口、西阳河等处。

再向西为大同镇，总兵官治大同（今山西大同），管辖西起今山西偏关西北的鸦角山（一名“丫角山”），东至山西天镇东北的镇口台，全长 647 里的城段。

大同镇西南为山西镇，又名“太原镇”，总兵官初治今山西省偏关东北，后移治山西宁武。太原镇管辖的长城分三段：西段西起山西保德黄河岸边，向东北经偏关，再向北转东至鸦角山旁的老营堡，称“极边”；

中段从老营堡转南而东，历宁武、雁门关，到达平型关，称为“次边”，这段长城位于大同镇的南缘；东段从平型关折向南，经龙泉关、固关，到达山西和顺东的黄榆岭，这段长城已经深入内地，位于今山西和河北省交界地带。三段长城总长1600余里。

延绥镇位于太原镇西，初治陕西绥德，1471年(成化七年)移治榆林卫，故延绥镇又称“榆林镇”。管辖东起清水营(今陕西府谷北清水川畔)，西至花马池(今宁夏盐池)，全长1770里的城段。

宁夏镇、固原镇位于延绥镇西。宁夏镇治甘肃宁夏卫(今宁夏银川)，管辖东起大盐类池(今宁夏盐池境内)，西到兰靖(今甘肃皋兰、靖远)以北，全长2000余里的城段。固原镇又称“陕西镇”，治固原州(今宁夏固原)，管辖东起陕西定边，西至金城(今甘肃兰州)的内长城防御，长度1000余里。

甘肃镇位于整个明代长城的最西端，治甘州卫(今甘肃张掖)，负责东起甘肃金城，北到镇番卫(今甘肃民勤)，再折而向西，直达嘉峪关，总长达1600余里城段的安全防御。

明长城除辽东部分外，山海关至嘉峪关一段至今仍大部保存完好。这一横跨辽宁、河北、北京、山西、内蒙古、陕西、宁夏、甘肃八个省市自治区的长城，建筑规模之大是继秦皇、汉武之后任何一个朝代都不能与之比拟的，其防御工程技术也远远超过了以前历代所筑长城，建筑结构更加完善坚固。明长城主要由城堡、城墙、城台和烟墩四部分组成。其城堡按照等级又分为镇城、路城、卫城、关城和堡城。九边重镇所在地的城堡叫“镇城”。镇以下所分路的城堡叫“路城”。要害地区设立卫，卫所在的城堡称“卫城”。关城设在高山峡谷之处，扼守要冲。堡城筑于沿边险要地带。不同级别、位于不同地势的城堡构成了明长城的层层堡垒，防护着边地的安全。长城的城墙自明代开始大多改用砖、石砌筑。以居庸关、八达岭为例，城墙的外层就是用整齐的条石砌成的，内部填以泥土石块，非常坚固。城墙上每隔半里左右有一个凸出墙外的城台，供士兵巡逻放哨、守望射击使用。烟墩又称“墩堠”“烽堠”“烽火台”“狼烟台”，多建于长城内外的高山顶上或平地转折处。遇有敌情，夜间点干柴，放出火光作为信号，称为“烽”；白天燃烟作为信号，称为“燧”。明代点烽时加用硫黄、硝石助燃，燃烟的同时还放炮，按1466年(成化二年)的规定，敌人在100人左右时，举放一烟一炮，500人时举放二烟二炮，千人以上举放三烟三炮，5000人以上举放四烟四炮，万人以上举放五烟五炮。这样，不仅使后方迅速获悉了敌人来犯的消息，而且能从烟炮燃放的多少得知敌人的数量，在当时来说是一种非常迅速、准确的传递军情的办法。

总之，明代长城在建筑工程技术和防御设备上有了许多改进和发展，它不再是单独的城墙和孤立的城堡，而是由一系列不同形式、不同用途的建筑设施相互配合而连接成的一套完整的防御工程体系，它们构成了一道城堡相连、烽火相望的万里防线。明代是长城建筑史上最后一个朝代，也是长城防御工程技术发展的最高阶段。

(刘志玲)

## 3. 焚书坑儒，以吏为师

公元前221年(始皇二十六年)，秦统一全国之后，在选用何种政体的问题上朝廷内存在着不同的意见，有主张仿效西周实行分封制的，以丞相王绾为代表；有主张实行郡县制的，以廷尉李斯为代表。《史记·秦始皇本纪》记载："始皇二十六年，丞相绾等言：'诸侯初破，燕、齐、荆地远，不为置王，毋以填之。请立诸子，唯上幸许。'始皇下其议于群臣，群臣皆以为便。廷尉李斯议曰：'周文、武所封同姓子弟甚众，然，后属疏远，相攻击如仇雠，诸侯更相诛伐，周天子弗能止。今海内赖陛下神灵一统，皆为郡县，诸子功臣以公赋税重赏赐之，甚足易制。天下无异意，则安宁之术也。置诸侯不便。'"秦始皇嬴政也认为"天下共苦，战斗不休，以有诸侯"《史记·秦始皇本纪》。于是，廷尉李斯主张郡县制的建议被采纳。但是，这种不同政治主张的分歧并没有随着郡县制的确立而消除，反而愈演愈烈，最后发展成公开的斗争。

公元前213年(始皇三十四年)，"始皇置酒咸阳宫，博士七十人前为寿"《史记·秦始皇本纪》。仆射周青臣进颂赞扬郡县制，颂扬秦始皇威德前无古人。他说："以诸侯为郡县，人人自安乐，无战争之患，传之万世。自上古不及陛下威德。"秦始皇听了相当高兴。但是，博士淳于越指责周青臣为"面谀"，"非忠臣"，他认为"殷周之王千余岁"是因为"封子弟功臣，自为枝辅"，并且提出恢复分封制的主张，说"事不师古而能长久者，非所闻也"(《史记·秦始皇本纪》)。

针对淳于越的言论，李斯进行了反驳，他认为，时代不同，治理的方法也应该不同。他说："五帝不相复，三代不相袭，各以治，非其相反，时变异也。"同时，他还指责儒生"不师今而学古，以非当世，祸乱黔首"。同时，私学的盛行也遭到李斯的反对。他说："私学而相与非法教，人闻令下，则各以其学议之，入则心非，出则巷议，夸主以为名，异取以为高，率群下以造谤。"(《史记·秦始皇本纪》)他认为，儒生以"私学"毁抵"法教"，指责朝政法令，甚至造谣诽谤，这种现象若不禁止，则必将削弱皇帝的权威，使臣下结成反对的派别，有碍于国家的大一统。如何禁，李斯提出了主张："臣请史官非秦记皆烧之。非博士官所职，天下敢有藏诗书百家语者，悉诣守、尉杂烧之。有敢偶语诗书者弃市。以古非今者族。吏见知不举者与同罪。令下三十日不烧，黥为城旦。所不去者，医药卜筮种树之书。若欲有学法令，以吏为师。"意即除了《秦记》、医药、卜筮、种树之类的书籍外，其余的史书和民间所藏《诗》、《书》、百家语等，一律烧毁，逾期不烧即处以黥刑，并罚做苦役；凡议论《诗》《书》的弃市，以古非今的灭族；官吏知情不报的，与犯禁同罪；禁止私学，愿意学习法令的，以吏为师。李斯认为，政治上的统一是不够的，必须还有思想上的统一与之相配合，否则异说横行，会危及并瓦解政治的统一。他指出，今天下已定于一尊，但各私家学派仍以自己的学说相传授，以标新立异为高，这是绝对不能容忍的。于是，李斯主张"禁私学"。私学是传播思想的途径，书籍则是其载体，禁绝私学就必然要取缔在民间收藏流传的各种文献典籍。最后，秦始皇批准了李斯的建议，下令焚书，并查禁私学，"以吏为师"。

实际上，秦朝焚书早有先例，禁私学、“以吏为师”也早有其理论依据。秦孝公时期，“商鞅教秦孝公以连什伍，设告坐之过，燔诗书而明法令”(《韩非子·和氏篇》)。商鞅还明确提出：以官吏“为天下师”，“使学读法令”，主张以法家思想作为“一教”。韩非更是明确提出“故明主之国，无书简之文，以法为教；无先王之语，以吏为师”(《韩非子·五蠹篇》)的思想。韩非把私学称为“二心私学”，私学同国家政府不是一条心，不遵守法令而自作主张，有碍法令的推动，必须禁绝。韩非要求对私学者“禁其行”“破其群”“散其党”(《韩非子·诡使》)。他认为，私学被禁以后，各个学派的宣讲活动自然也就无法进行，这样一来，“以法为教，以吏为师”的法治教育就能建立起来。虽然韩非这种禁私学、“以吏为师”的主张在当时并未得到实施，却为秦统一后采取禁私学、以吏为师的政策提供了理论依据。

秦始皇下令焚书以后，大批珍贵的文化典籍，包括儒家经典被付之一炬，化为灰烬，造成了文化上的巨大损失，其中以六国史籍损失最大。但实际上，并不是所有的书都被烧毁了，博士官所藏之书就未被焚毁，这说明秦始皇焚书的重点并不在“焚”，而是在“禁”，焚书是为了禁止各种学派的言论，禁锢百家思想。禁绝一切异端思想，才是秦始皇焚书的实质。钱穆先生就曾指出：“藏诗、书、百家语者，仅令其悉诣守、尉杂烧之，而有偶语诗、书者，弃市。”

焚书引起许多士人的不满，他们纷纷发表言论讥讽、议论秦始皇。这使得焚书不久又发生了坑儒事件。公元前212年(始皇三十五年)，秦始皇“乃自除犯禁者四百六十余人，皆坑之咸阳”(《史记·秦始皇本纪》)。

坑儒事件的导火线是为秦始皇寻找仙人、求长生不死之药的方士卢生、侯生讥议始皇并逃跑。战国后期，神仙崇拜广泛传播，在当时的燕、齐地区活动着许多方士，他们大肆鼓吹求仙、炼丹可使人长生不老。以法家之论立国的秦始皇也接受了宗教迷信思想，相信有仙人和不死之药的存在。因此，一些各怀目的的方士聚拢在秦始皇身边，鼓动他寻仙求药。于是，秦始皇投入了大量的金钱和物资，让方士寻仙求药。卢生、侯生极力诳称自己与神相通，可得奇药妙方。但时间一长，他们的许诺和种种奇谈总是毫无效验，骗局即将被戳穿。而秦法规定：“不得兼方，不验，辄死。”公元前212年(始皇三十五年)，卢生、侯生唯恐骗术败露反遭杀身之祸，便私下攻击秦始皇，然后逃亡。《史记·秦始皇本纪》记载，卢生议论秦始皇道：“始皇为人，天性刚戾自用，起诸侯，并天下，意得欲从，以为自古莫及己……博士虽七十人，特备员弗用……上乐以刑杀为威，天下畏罪除持禄，莫敢尽忠……贪权势至如此，未可为求仙药。”卢生、侯生对秦始皇评价的出发点虽是为自己开脱，但是他们也准确地揭露了秦始皇及当时政治的专制和黑暗。

秦始皇得到这一消息后大怒，说：“悉召文学方术士甚众，欲以兴太平，方士欲练以求奇药。今闻韩众去不报，徐市等费以巨万计，终不得药，徒奸利相告日闻。卢生等吾尊赐之甚厚，今乃诽谤我，以重吾不德也。诸生在咸阳者，吾使人廉问，或为妖言以乱黔首。”(《史记·秦始皇本纪》)秦始皇恼怒方士行骗诽谤，为求仙药又耗费巨万，最后又愿望落空，而此时咸阳诸生又妖言惑众，于是让御史严厉地审问诸生，最后亲自判处犯禁者460余人，全部活埋于咸阳，并且告之天下，以惩戒后人。

焚书坑儒是秦始皇加强思想统治、巩固统一的必然措施，是秦始皇在文化教育领域推行文化专制主义的产物。究其深层次的文化背景，则是秦统一之初，儒、法两家思想斗争的大爆发。

秦统一前后，儒法之争是思想文化领域的主旋律。儒学发展到秦代，已成为人们所普遍认可的一种思想传统。但是，自秦孝公任用商鞅变法以来，秦一直崇尚法家学说，并将其作为统治思想。秦国也正是因为商鞅变法以来推行奖励耕战、重农抑商、严刑峻法的统治政策才国富兵强、雄吞六国的。因此，秦始皇受传统的法家思想影响很深，对儒家思想不很认同。而此时法家学派又对儒家思想进行了猛烈抨击，认为儒家所讲仁义孝悌等伦理道德与尚法的精神是相违背的。战国末期，儒、法思想在学术上相抗衡，法家思想的集大成者韩非把批判的矛头直指儒家，将儒和纵横家、侠、逃兵者、工商之民等并指称为“五蠹”。他在《五蠹》《显学》诸篇中比较集中地抨击了儒家的仁义教化学说，指斥儒家学说是造成社会混乱的主要因素，是实行法治的最大障碍。而此时，儒生们坚守着“克己复礼”的传统，还没有及时适应专制大一统，没有从帝王师的惯性中转变过来。同时，在文化上，儒家一直是比较鄙视秦人的，于是一再对秦始皇的政策说三道四，而实际上，秦始皇又以自己的赫赫战功鄙视关东之人。所以，儒生的言行最终触怒了秦始皇。

实际上，“百家争鸣”的各派均以匡时救世为自己的理论目标，都有可能成为一统天下的指导思想。在战国后期，各派思想趋于合流，典型的代表为吕不韦及其《吕氏春秋》。《吕氏春秋》历来被看成是杂家，后世学者们又或把它归入儒家，或把它归入道家、阴阳家等。实际上，《吕氏春秋》是荟萃百家思想之作，具有思想大一统的理论意图，为统一的封建国家设计了理想的政治蓝图。但是，秦始皇担心吕不韦功高震主，对他及《吕氏春秋》予以排斥，选择了法家思想作为秦国的统治思想。然而在秦帝国建立以后，在空前的政治大胜利前，秦始皇并没有正确运用法家思想及其他诸家思想中合理的成分，而是对法家思想的理论选择发生明显偏向，走向了极端，丢弃了法家所力倡的“刑德二柄”，单纯依杖严刑酷法治理国家，把法家的尊君卑臣在实践中变成了君主意志决定一切。与此相应，在思想文化领域内，则是将韩非的“以法为教”“以吏为师”的理论构想付诸实践，进而上演了“焚书坑儒”的悲剧。

在教育方面，禁止私学、以吏为师虽在某种层面推动了官学的发展，但禁私学仍可以说是我国文化教育史上的一次大浩劫。私学作为中国教育发展史上的一支重要力量，对社会发展起着传播知识、传衍文化、开启民智、承上启下、继往开来的重要作用。但当时，在法家思想的影响下，秦在教育方面禁止私学，完全采用了“以吏为师”“以法为教”的教育主张，形成了一套“学吏制度”，并最终成为秦代教育的基本模式，使秦代学术文化垄断于官府，平民子弟则被剥夺了受教育的权利。秦统一六国之前，在政府机构就设有专门训练吏员的“学室”。秦律规定：“非史子也，毋敢学学室，犯令者有罪。”(《秦律十八种·内史杂》)对于有幸进入学室的贵族子弟，也严格限制其思想自由和学习内容，仅以法为限。这样，教育者必然就是执法的官吏。秦还专门制定《除弟子律》，就学吏弟子的管理、任用办法作了具体规定。湖北云梦县睡虎地出土的秦简中尚有一篇《为吏之道》。据有关学者推测，这可能是学室中供吏师弟子学习的文化课本和政治课本。李斯的“若有欲学法令，以吏为师”(《史记·秦始皇本纪》)的主张成为秦王朝的一项基本文化教育政策。这种只要法律教育，只要官吏，不要其他教师的做法，必然导致“以法代教”“以吏代师”，从而否定了一般教育的作用，成为一种文化专制主义。

“焚书坑儒，以吏为师”最直接的影响就是先秦许多重要的文献典籍被焚书的大火付之一炬，造成了文化上的重大损失，同时也使秦朝教育遭到很大的破坏。另外，“焚书坑儒，以吏为师”还对秦朝社会其他方面产生了影响。

首先，导致秦朝上下言路闭塞，人才尽失。贾谊在分析秦朝灭亡时曾论及，言路闭塞，不能任用贤士，人才尽失是秦亡的一个重要原因。战国时期，秦国能够迅速发展，与秦国国君重视人才，坚持“任人唯贤”方针以吸引一大批谋臣、武将为秦国的发展作出了重要的贡献是分不开的。“焚书坑儒，以吏为师”使儒家不仅在精神、学说上遭到禁毁，而且肉体也遭到直接消灭。这导致贤智之士多归隐山野，即使为官也不肯多说一句，犯颜直谏的更是没有。秦二世时，赵高指鹿为马，左右群臣竟然“或默，或言马以阿顺赵高”(《史记·秦始皇本纪》)。言路的闭塞，成为秦灭亡的一个重要原因。

其次，就儒学本身的发展而言，“焚书坑儒，以吏为师”既造成了儒学在秦朝的中衰，同时也刺激了儒学在汉初的转型，并成为天下独尊的正统思想。

焚书坑儒的实质是文化专制，它表明秦朝不仅要取缔与当局政策相抵触的不同政见，在政治上不准“以古非今”，而且要在学术上严禁产生不同政见的思想渊源——“私学”，即严禁以儒家为主的诸子学说在民间的流行，进一步确立法家学说的官学地位，实现学术思想的统一，以巩固秦政权。焚书坑儒不但沉重打击了儒家学派，更是中国文化史上的一场大浩劫。先秦许多重要的文献典籍被焚书的大火付之一炬，造成了文化上的重大损失。更为严重的影响是它造成了中国思想领域内第一次“万马齐喑”的局面，使得战国时代蓬勃的自由学术空气被窒息。诚如郭沫若所言：“书籍被烧残，其实还在其次，春秋末叶以来，蓬蓬勃勃的自由思索的那种精神，事实上因此而遭受一次致命的打击。”(《十批判书·吕不韦与秦王政的批判》)“焚书坑儒，以吏为师”，尽管其目的是巩固秦王朝的君主专制中央集权，对巩固统一的封建集权有一定的积极作用，但同时也造成了当权者与知识阶层的严重对立，加深了社会矛盾，开创了封建皇权摧残文化、迫害知识阶层的先例，给我国古代文化造成了巨大损失。焚书的结果，除了造成对中国古代文化典籍的空前浩劫外，并没有起到统一思想的作用。“以吏为师”只能是导致秦文化教育的失败。坑儒的结果，加剧了社会矛盾，削弱了秦王朝的统治基础，成为加速秦王朝灭亡的一个重要原因。

(郑维维)

## 4. 郡县制取代分封制

分封制是中国古代君王为实现统治，以“封邦建国”的方式来划分区域、分封诸侯、组织社会的制度。郡县制取代分封制是我国古代地方行政区划的一大变革，也是我国政治制度史上的一大变革。

夏商时代，我国就已经出现了分封制的萌芽。《史记·殷本纪》记载，商代子孙分封，以国为姓。殷氏、宋氏、空桐氏既是姓氏，也是国名。传世文献和甲骨卜辞中都显示，商代封爵有侯、伯、子、男等名称，体现了等级的划分。只是分封的规模和系统性还远不能与周相比。西周确立了较系统的等级分封制，它以建立在血缘宗族关系基础上的嫡长子继承制为核心的宗法制度为基础。周王称天子，王位由嫡长子继承，同时也继承其天下大宗的地位，成为同姓贵族的最高家长。周天子是政治上的最高统治者，掌握着国家的最高权力，世代保持天下大宗的地位。嫡长子之外的别子受封为诸侯，他们从天子那里接受土地和人民，建立诸侯国，诸侯王亦由嫡长子继承，世代相袭。诸侯王相对于周天子是小宗，但在诸侯国内是姬姓宗族的大宗，他在诸侯国内设立采邑分封给诸子弟，受封者称卿大夫。卿大夫爵位亦由嫡长子继承，他在采邑内又可将土地封给诸子，受封者称士。士、卿大夫、诸侯均为贵族。姬姓宗族的分封构成了分封的主体。除姬姓宗族外，周代还分封了异姓功臣和先圣王之后。异姓诸侯国内同样奉行宗法制度。王室与异姓诸侯贵族间多以婚姻关系为纽带。《荀子·儒效》说，周公先后分封七十一国，姬姓独居五十三。《吕氏春秋·先识览·观世》记载，周之封国四百余，服国八百余，足见数量之巨。分封的诸侯根据其地位的高低以及与周王室的血缘亲疏，大致可分为公、侯、伯、子、男五等，又称“五等爵制”。

通过层层分封形成的周朝的行政区划大体可以分为三个层次。第一层称畿内，由周天子直接控制的王城及其周围地区构成。畿内的王城之外有国家重臣以及王室庶子受封的采邑，还有一些被称为公、伯爵位的附庸小国。第二层称畿外，由周王分封的诸侯国构成。西周初年实行分封的目的之一即为“屏藩”周室。被封诸侯在享有各种权利和义务的同时，还可以将土地层层分授给子弟作为采邑。卿大夫接受采邑后同样可以将其分封给士。畿外连同王畿内的诸侯，形成所谓的“五服”或“九服”，服者，服王事也。据《尚书·禹贡》记载，五服的名称是甸、侯、绥、要、荒。每服五百里，由内向外层层展开，形成一个向心的圈层结构，又称“畿服制”。各诸侯国具有相当的独立性，诸侯王可以世袭，诸侯王在其境内有生杀予夺的大权。这与后世的行政区是完全不同的。畿服制根据不同的地区进行分工治理，各诸侯在名义上仍服从周王室的统治，相邻的诸侯具有同盟关系而相互协作，则具有后期政区的特质。第三层称侯外，是与周王保持臣属关系的诸侯国以外的地区，它基本上由与周为敌的蛮夷占领。

在天子王畿和各诸侯国内，其国土结构又可分为国(都、城)和野(鄙)两部分。天子和封国之君所居的国都为国，又称为“都”；国之外围是郊，郊外则为野，又称为“鄙”。国与野是对立的，表现为贵族与平民、城市与乡村、中心与边缘的对立。

春秋战国时代，随着世卿世禄制被官僚制取代，地方行政区划也逐渐由采邑制变为县、郡制。县与郡的出现同春秋时政治形势的发展有密切的关系。春秋初期，诸侯国内普遍实行采邑制度。到了中后期，由于土地私有制的发展和按亩征收赋税，原有的采邑制度已不能适应新的形势，这时，一些国家在新占领的地方推行由国君直接管理的县、郡管理体制。开始时，县和郡都是由国君派官驻守，后来，为了扩大兼并和抵御外敌的需要，就成了固定的地方政权组织，有权应变边境的突然事变。

据周振鹤先生研究，县制的起源大约经历了三个阶段。第一阶段的县为县鄙之县。如上所述，西周时期国以外的地域称鄙、野，县与鄙、野同义。西周封建之初形成的国野、都鄙间的地域差异，至春秋时仍然存在。古书有县鄙连称者，如《左传》昭公十九年记载，子产说郑国将沦为“晋之县鄙，何国之为?”，这里的“县”是指与“国”对立的郊野乡聚地区，是一大片地域，不是指一个个的聚落。

第二阶段的县是县邑之县。春秋时期，县的性质开始有所变化，成为与邑一样的行政单位。楚、晋、齐等国春秋初期都有类似邑的单个行政单位的设置。《左传》记载，公元前688年楚文王伐申，公元前680年灭息，以彭仲爽为令尹，“实县申、息”；公元前598年楚庄工伐陈，以之为县；公元前531年楚灵王灭蔡，以之为县。这些楚县主要设在边地，由灭国而来，范围比一般的邑要大。齐县则要小得多。《齐侯钟》铭文载齐灵公赐叔夷“其县三百”。晋国之县则在边地和内地都有设置，甚至国都也可称县。总之，邑是春秋初年行政单位的通称，但这时有了县的称呼，县、邑同义。直到春秋中期，县作为行政单位，与邑并没什么大的差别，县的基层组织尚未经过改造，仍是原来的氏族组织。不过，晋、楚在边境所设的县，作为国君直属地的性质与分封的采邑有了不同。

第三阶段的县才是郡县之县。从县邑之县到郡县之县的转化，春秋后期的晋国比较明显。公元前514年(晋顷公十二年)，晋国大夫韩、赵、魏、知、范、中行六家联合来祁氏、羊居氏，分两家之田为十县，任命十人为县大夫，其中四人为掌权四家大夫之余子，二人可能因功而受封，其余四人则是因贤明而被推举，与一般宗法制下的任命无关。从官吏任命的角度看，这种举贤不举亲的行为体现了后世官僚制的特征。从行政区域划分来看，十县是由大夫的封建采邑重新疆理后设置的，这些都标志着县作为地方行政制度的萌芽。

郡县之县与县邑之县相比，有几个重要区别：首先，郡县之县的长官不得世袭，可随时或定期撤换；其次，郡县之县完全是国君的属地，不再是采邑，县的幅员、范围一般人为划定，而不是纯天然形成；最后，县以下还有乡、里等更为基层的组织。

郡字从君从邑，原意为国君之随从或耳目。春秋末年，为满足军事防卫和治理边地的需要，各国开始在偏远地区设置郡的建制，由国君的亲信、重臣率军驻守，形同君从，故称“郡”。清人姚鼐在《郡县考》一文中指出：“吾意郡之称，盖始于秦晋，以所得戎翟地远，使人守之，为戎翟民君长，故名曰郡。”可见，郡最初是设于边远之地的一种军事混合区。

文献记载，春秋晚期设置郡的国家有晋、秦、吴。最初的县与郡之间并没有隶属关系，郡大抵建于边境地区，区域虽大，但地位却比县低。

据《左传》记载，公元前493年(鲁哀公二年)，晋国的赵简子宣布：“克敌者，上大夫受县，下大夫受郡。”这是我国历史上推行县、郡两级制的开端。这个时候县的建制高于郡。杜预注引《周书·作雒》说：“千里百县，县有四郡。”这里的受县、受郡不是旧式的分封，而是赏给一个县或郡的赋税。春秋末期的郡建制小于县，姚鼐在《郡县考》中分析原因：“郡远而县近，县成聚富庶而郡荒陋，故以美恶异等，而非郡与县相统属也。”

战国时代，各诸侯国都极力在自己的辖地内增设郡县，削减封邑。随着边郡的日益扩展和逐步开发，各国之间战争与交往频繁，边境地区也逐渐繁荣起来，郡内人口不断增加，开发面积逐步扩大，生产水平日趋提高。于是在范围较大的郡中开始分设若干县，形成郡辖县的格局。另一方面，为了加强地方的管理，各国在内地也纷纷仿效边远地区，在县上设郡。战国中叶，郡大县小已成定制。县统于郡的制度最初行于三晋，如魏国上郡领15县，赵国上党郡领24县、代郡领36县，韩国上党郡领17县。之后，秦、楚、燕等国先后效法，例如，燕昭王时设上谷郡领36县，秦太原郡领37城。

这样归纳起来，战国时代的郡大致有两种基本形式。一种是沿春秋后期在边地设郡而来，为军事边郡，用于巩固边防。如魏国在魏文侯时设西河上郡，用于防秦；赵设置云中、雁门、代郡，用于防林胡、楼烦；燕设置上谷、渔阳、右北平、辽西、辽东等郡防东胡。

另一种形式则以中心城市为核心形成的郡。随着战国时代相互兼并战争的激烈开展，各国在中原地区的边境也陆续设郡。这类郡多以中心城市为中心，在县以上置郡。如楚国的宛郡、魏国的方与郡等。《战国策・秦策二》：“宜阳，大县也；上党、南阳，积之久矣；名为县，其实郡也。”据陈伟研究，这类郡产生的途径是，春秋晚期若干位于边境的县出于军事目的，为了便于联合指挥，协调作战，而将若干县联合起来组成更大的行政单位——郡，其中的主县如楚宛、魏方与，便成为郡的治所，也是郡的名称。

郡担负着防卫边境的责任，郡的长官称“守”或“太守”，既是行政长官，又是军事长官，各国常任命由武将出任。

战国时代，只有齐国始终没有设郡，而设有都。齐国共设有五都，五都的具体方位名称，学界说法不一。杨宽在《战国史》一书中以临淄、高唐、平陆、莒和即墨为五都。钱林书《战国齐五都考》一文以临淄、高唐（今山东禹城西南）、平陆（今山东汶上县北）、博（今山东泰安东南）、邶殿（又作“都昌”，今山东昌邑县西）为五都。五都除临淄外，其余四都都具有边防重镇的性质。五都均驻有数量可观的、训练有素的常备兵，全国“带甲数十万”的军队大都驻防在五都之中。五都的长官就是带兵的主将，称大夫。一有军事行动，大夫即领兵出征，以抵御入侵之敌。

战国时代的郡县制已具备后世行政区划的基础，郡县土地直属国王，郡县长官（郡称守，县称公、令、尹或大夫）由国王任命，不再世袭；选用地方长官不再看血缘，而是依据能力和经历；郡县长官成为职业官僚，领取俸禄而不据有土地，从而有效地保证了中央对地方的行政管理，促进了中央集权的建立，其意义是深远的。

不过，战国时代的地方行政区划除了新兴的郡县外，依然保存了许多旧有的封君采邑，有的国家甚至十分严重，吴起在楚国变法，其理由之一便是“大臣太重，封君太众”。战国时代各国变法，其中很重要的一条便是废除封君的特权，将权力收归诸侯国君所有，形成中央集权。在这方面，秦国的商鞅变法最为彻底，因而秦在中央集权方面也最成功。此外，零星的附庸国也是存在的（如随国）。这样就构成了君王之下郡（封君、附庸国）—县（封君、采邑）的行政区划层级。

公元前221年秦灭六国，在全国范围内推行郡县制，废除分封制的残余，除关中地区由中央内史直接治理外，分全国为36郡，此后随着疆土的扩张，又陆续增加。王国维认为秦有42郡，谭其骧先生认为秦末增至48郡。2002年湖南湘西里耶秦简的出土使这一问题的讨论进一步升温，但秦郡的数量仍无定论。

秦郡的最高长官是郡守，郡守之下设丞，辅佐郡守管理郡中的行政及刑狱工作。郡的军事和治安则由郡尉负责。郡尉不干预民事，与郡守的职责有明确分工。守、尉为秦国旧制。统一后，秦在郡一级增置监御史，负责监督百姓和官吏。郡下设县。秦制满万户以上的县设县令，不满万户的县设县长，为一县之首。县令(长)下设丞、尉。县令、丞均可称为"县啬夫""大啬夫"。县尉负责一县军事和治安。与县平级的行政单位还有道。《汉旧仪》载"内郡为县，三边为道"，《汉书·地理志》载"县有蛮夷曰道"，意即秦在内地设县，在边地少数民族地区设道。其管理方式、官吏设置与内地的县大体相同。县以下还设有乡里和亭两种不同的政权系统。乡设三老、有秩、啬夫、游徼，三老负责乡里的教化，啬夫听诉讼、收赋税，游徼负责治安、抓捕盗贼。乡下设里，里设里正或里典，职能大体与乡政权相同。亭与乡、里无隶属关系，是属于治安系统的基层组织，为郡尉、县尉的派出机构，亭设亭长。

县级以下基层组织的完善，使县一级政权成为秦代统治机构中关键的一级组织。它是秦王朝从中央到地方基层一整套国家机器中具有相对独立性的一个单位，如人民的户籍、征收的粮食都以县为单位保管，地方的武装也以县为单位编制，徭役也以县为单位征发，等等。实际上县政权成为代表秦王朝执行统治人民全部职能的机构。这一职能在秦代确立后，对此后两千余年都有影响。

秦代郡县制虽然取代了分封制，但分封制并未就此结束其历史。西周的分封制度对后世的影响直到明清时仍然存在，只是历代制度不尽相同。秦短祚而亡，随之建立的西汉王朝重行分封，确立了郡国并行的地方行政管理体制，一方面继承秦制推行郡县制，另一方面大规模分封同姓王，在诸侯国内设郡(为与汉郡相区别，称支郡)，郡下辖县。诸侯王享有王国内的政治、经济、军事权力，对汉中央集权构成严重威胁，以至于景帝时酿成了"吴楚七国之乱"。经过文、景、武帝诸代帝王的努力，汉最终剥夺和削弱了诸侯王的权力，仅能"衣食租税"，不再对中央政府构成威胁。武帝之后，西汉虽然仍有王国、侯国之名，但诸侯不能治民，其王国大小与郡相类，侯国与县相类，事实上重新恢复了秦代的郡县制地方行政管理体制。西汉之后的东汉、魏晋亦曾行分封，但其所封的王国、侯国多类似郡县一级地方政区。隋唐至明清时分封的王国，主要是皇帝把自己的子孙分封于内地重镇与边防要塞，主持军务，以保卫边疆，防止臣僚叛乱，避免诸王割据，巩固自己的统治。因此它与早期的分封制，特别是以诸侯国为地方政区实体的制度完全不同。

(刘志玲)

# 5. 察举与征辟制度的实行

察举与征辟制度是中国历史上自两汉至魏晋南北朝时期中央朝廷实施的选官制度。察举和征辟在两汉时期的建立标志着中国古代选士制度进入了一个新的时代。

所谓察举，即经考察后予以举荐之意。它是一种由公卿及郡国守相对其所管辖的地方的“贤士”进行考察，并向朝廷举荐的自下而上的选官制度。

察举制度肇基于汉高祖刘邦时期。早在汉王朝建立之前，刘邦就承袭了战国、秦代以来实行的政府奖励军功的政策，实行“爵授有德，禄与有功”的选士原则，据军士的战功大小而授予相应爵位，爵位仿秦制，分二十等，受封人数相当可观。及刘邦建立大一统中央集权制国家时，由于长年的战争，整个华夏大地经济凋敝，人才流失，而大一统的中央集权统治亟待征举、吸收优秀人才参加国家的治理，以确保国家官僚机器的正常运转。汉高祖一方面设“三老”以掌教化，另一方面，积极着手吸纳社会下层优秀人才，以弥补由于长期战乱而造成的人才匮乏的危机。公元前196年(汉高祖十一年)刘邦下求贤诏，力陈“贤士大夫”对朝廷长治久安的重要作用，表达了他求贤若渴的诚意和愿望，并要求“御史大夫昌下相国，相国酂侯下诸侯王，御史中执法下郡守，其有意称明德者，必身劝，为之驾，遣诣相国府，署行、义、年。有而弗言，觉，免。年老癃病，勿遣”(《汉书·高帝纪下》)。这一规定不仅明确了各地郡守有为朝廷举荐贤士的责任和义务，同时规定了郡守对贤士考察的主要内容，即“行(品行)、义(仪表)、年(年龄)”。这一逐级察访、上报的选士方法可以看作汉代察举制的端倪。

汉惠帝刘盈、高后吕雉时期是察举制度的形成时期。惠帝即位后，由于刘邦晚年已将异姓诸侯王剪除殆尽，威胁国家安全、统一的隐患逐步消除，通过休养生息，发展生产，社会经济得到恢复和发展，这时，稳定社会秩序就成了统治者迫切关心的问题。为加速新局面的出现，公元前191年(惠帝四年)春正月，惠帝发布命令：“举民孝悌力田者复其身。”这道诏令中所提出的“孝悌力田”后来成为察举制的一个重要科目。

惠帝之后的高后时期，为了使地方官能将“举孝悌力田”的工作真正落到实处，发挥出实效，公元前187年(高后元年)，朝廷又明确规定，“初置孝悌力田二千石者一人”。王炳照在《中国科举制度研究》一书中认为，这一诏令已经包含了察举制最核心的几个要素：察举科目(孝悌力田)、察举者(二千石，即郡守)、察举名额(各一名)。这一诏令的颁布是对惠帝诏令的进一步完善，标志着察举制度的正式形成。

汉文帝刘恒即位后，出于对统一的中央集权国家治理的需要，于公元前178年(文帝二年)11月，再次下诏曰：“举贤良方正能直言极谏者，以匡朕之不逮。”文帝求贤若渴的原因，除了想要通过求得“贤士”来巩固刚刚建立起来的汉王朝以外，更重要的是想通过争取“贤能之士”来与豪族地主争权。到公元前165年(文帝十五年)9月，又“诏诸侯王、公卿、郡守举贤良能直言极谏者，上亲策之，傅纳以言”。在这次举贤良中，以“朕之不得、吏之不平、政之不宣、民之不宁，四者之阙，悉陈其志，毋有所隐”为题策问，“对策者百余人，唯错为高第，于是迁中大夫”(《汉书·晁错传》)，至此，由皇帝下诏指定举荐科目，由中央至地方官吏按科目要求荐举人才，再由皇帝进行策问，并依据对策情况评定等第高下，酌授官职的察举制度得到进一步发展。同时，这时期的察举也被一些学者看作后世科举考试的滥觞。

察举制度最终完备和制度化在汉武帝刘彻时期。尽管汉武帝之前已经有汉文帝贤良对策的实施，但从当时整个社会的情况来看，士子入仕的途径主要有三：“一是以世胄承袭，即凭门荫做官；二是纳赀输财为官；三是在本郡做小官吏，靠由郡国每年上报吏卒贤者时超升”，或大官府指名征召做官。(见毛礼锐主编《中国教育史简编》，教育科学出版社 1984 年版)通过这些途径招揽来的官吏多数出身高级官吏和豪门地主之家，其中无统治能力而又骄纵者居多。汉武帝执政以后，随着汉王朝经济的恢复、发展，以及政治上的逐渐稳定，统一的中央集权制的国家需要更多有能力的官吏来执行朝廷的命令和政策。为此，公元前 140 年(建元元年)冬，汉武帝“诏丞相、御史、列侯、中二千石、二千石、诸侯相，举贤良方正直言极谏之士”(《汉书·武帝纪》)。在这次策问中，享有“汉代孔子”雅号的董仲舒力陈“任子”“纳赀”“积久以至官”的弊端，提出了由诸侯、郡守、二千石每年从其所属的吏民子弟中选送二人，务期遍得天下之贤人，量材授官的建议(《汉书·董仲舒传》)。董仲舒的这一建议不仅被汉武帝所接受，而且因为他在这次贤良对策中连对三策而被列为上第当选，即被任命为江都王之相。在董仲舒贤良《对策》的影响下，汉武帝吸收了秦王朝迅速灭亡的经验教训，于公元前 134 年(汉武帝元光元年)11 月“初令郡国举孝廉各一人”(《汉书·武帝纪》)。使各地方政府察求贤才，允许吏民子弟甚至平民子弟被举为官，至此，察举制度最终确立并成为直至隋朝都生生不息的选士制度，甚至到宋元时期还曾被启用。

汉代察举制度在数百年的实行过程中，经过不断调整、充实，逐渐建立起了包括常科和特科在内的察举科目。所谓常科，指经常性举行的察举科目，因其每年定时由各州郡长官按规定名额向朝廷举荐人才，故又被称为“岁举”，主要包括孝廉、茂才两科。所谓特科，指皇帝根据需要临时指定的特别选士科目，主要包括：常见特科，即贤良方正或贤良文学；一般特科，即明经、明法、至孝、尤异、治剧、童子、有道、明阴阳灾异和勇猛知兵法。

所谓孝廉，“孝”指孝道，“善事父母”之谓也；廉，指廉德，“清洁有廉隅者”谓之廉。孝廉是汉代察举的主要科目之一。公元前 134 年(元光元年)，汉武帝正式下令，命“郡国岁举孝廉各一人”，至此，孝廉开始作为察举的正式科目被固定下来。实际上，汉惠帝和高后执政之时都曾将“孝悌力田”作为察举的主要科目，由此可见，“孝廉”实际上是对传统的“孝悌力田”科目的变更。汉代统治者之所以要以“孝廉”作为察举人才的主要内容，其目的主要有二：一是为了维护以血缘关系为基础的家国同构的中央集权统治；二是为了保证其官吏在执行政令时能做到处事公正，不徇私枉法；敢作敢为，不优柔寡断；临财廉洁，不多吃多占，从而保证汉代统治能够永世延绵。

孝道和廉德作为考察的标准，在察举制度正式确立以后，被统一在“孝廉”这一专门的科目里。这一科目在察举人才时的具体标准主要包括四个方面：“一曰德行高妙，志节清白；二曰学通行修，经中博士；三曰明达法令，足以决疑，能案章覆问，文中御史；四曰刚毅多略，遭事不惑，明足以决，才任三辅令。”(《后汉书》卷 24《百官志》注引《汉官仪》)这“四科”既有道德的要求，又有学养的要求，还有行政能力的要求，充分体现了汉武帝“儒表法里”的用人路线。察举孝廉虽有一些综合性的标准，但孝与廉毕竟属于两个类型，具体的内涵与标准应有一定的差异，具体的标准也会有一些偏重，或偏于孝，或偏于廉。

汉代察举孝廉在资历、员额、考试和任用方面都有一些具体的规定。就资格而言，作为察举人，一般要求必须是任职满一年的官吏才有察举资格。东汉顺帝刘保即位，曾诏令任职不满一年的可以破例察举孝廉吏，此为恩诏特许。作为被察举人而言，要么是博通经书的儒生，要么是秩禄比较低的州郡县吏，也有以处士被举为孝廉的。汉顺帝时，曾采纳左雄的建议，令郡国荐举孝廉必须在40岁以上，并要进行考试。这一规定直到汉桓帝刘志时才有所松动，规定确实才行过人者，也可以不受年龄限制。于是，才有了曹操年20即举孝廉为郎的历史记载。除了年龄限制以外，在汉顺帝和汉桓帝时，曾规定：侍中尚书中臣子弟不得为吏察孝廉。秩满百石，10岁以上，有殊才异行，乃得参选。臧吏子孙，不得察举。

在察举员额上，公元前134年(汉武帝元光元年)初次诏令郡国举孝廉各1人时，并没有得到各郡国的积极响应，到公元前128年(汉武帝元朔元年)再次诏令时，即严令各郡国必须举人，否则治罪。此后直到东汉和帝之时，各郡国岁举孝廉2人。公元92、93年，汉和帝刘肇采纳了司徒丁鸿和司空刘方德建议，按每20万人口举孝廉1人，以后遂成定制。公元102年(永元十三年)，又对人口数量少的边远地区给出了10万以上岁举孝廉1人的优惠政策。

西汉时期的察举孝廉不需要经过考试就可以委以官职。到了东汉时期，随着察举流弊的不断出现和官吏腐败状况的日益严重，汉顺帝接受左雄“孝廉不满四十，不得察举，皆先诣公府，诸生试家法，文吏课笺奏，副之端门，练其虚实，以观异能，以美风俗”的建议，开始对察举的孝廉进行考试。这一举措在察举流弊相当严重的情况下，具有“澄洗清浊，覆实虚滥”的作用。同时也确实为朝廷选拔了一批优秀人才。

就察举孝廉的出路而言，一般察举孝廉或被委以郎官，再迁为尚书、侍御史、侍中、中郎将等官职；或为令、长、丞、尉，再迁为太守、刺史。特别在东汉时，名公巨卿大多出于孝廉。

孝廉作为汉代选举的重要科目，通过对博通经书的儒生和秩禄较低的州郡县吏的荐举，为汉代推举了大量的人才，成为汉代统治人才的主要渠道。正如马端临所言：“汉世诸科，虽以贤良方正为至重，而得人之盛，则莫如孝廉，斯亦后世所不能及。”(马端临《文献通考》卷34《选举考七》)

茂材，西汉时称为“秀才”。按颜师古的解释是“有美材之人也”。东汉时，为避光武帝刘秀讳改为“茂材”，也写作“茂才”。作为西汉察举的主要科目之一，茂材主要选拔奇才异能之士。因此，茂材又常被称为“茂材异等”或“茂才特立之士”等。公元前106年(元封五年)，汉武帝下诏曰：“盖有非常之功，必待非常之人，故马或奔踶而致千里，士或有负俗之累而立功名。夫泛驾之马，跅驰之士，亦在驭之而已。其令州郡察吏民有茂材异等可为将相及使绝国者。”(《汉书・武帝纪》)汉武帝之所以在这一年下此诏，是因为大司马大将军卫青已去世，其他开国的文武名臣也大多逝去，传统“以德取人”的原则已经不能满足国家对人才的需要了，因此，必须开辟新的人才选举渠道。茂材科目正是在这样的历史背景下实施的。

西汉时，茂材作为察举特科，或单独举行，或与贤良并举。直到东汉光武帝时，才将其改为岁举，明令“三公举茂才各一人，廉吏各二人……光禄岁举茂才、四行(淳厚、质朴、谦逊、节俭)各一人，察廉吏三人。……监察御史、司隶、州牧岁举茂才各一人”(《后汉书・百官志一》注引《汉官目录》)。自此以后，茂材与孝廉皆为岁举。

汉代茂材人选的来源较孝廉广泛得多，有的来源于朝廷、州郡官吏或县令，如陈汤、冯逡、师丹即是朝廷官吏，也是被举之人；而赵广汉、薛宣、辛庆忌等人，本来就是州郡官吏，后又被举为茂材。有的来自公府掾属，如萧咸、周举、陈禅、王畅都是公府掾属之人；还有的来自名儒。由此可见，汉代茂材被举之人真正出于“民”的人数很少。

汉代茂材的举主与孝廉的举主有所不同，孝廉为郡举，茂材多为州举。此外，西汉还间有郡举，另有派员如博士官专举，有列侯、丞相、光禄勋、御史、中二千石察举等。东汉时，茂才的举主有三公、将军、光禄、司隶、州刺史等，举主不固定且多档次。被举为茂材资格的人，西汉时必须是能竞非常之功的奇才异能之士，若无相当才识与经验者很难应选，因此，这时所举茂才多为已仕而有特殊功业之人，或是已被举为孝廉之人。然而，自东汉茂才为岁举之后，所举之人也就多为无能之辈了。

汉代茂才一般为州以上察举。西汉时下诏特举，没有时限和人数的规定，员额不会很多。东汉时，茂材虽然和孝廉一样为岁举，但是与每年200~250人的察举孝廉相比，察举茂材的人数非常有限。如公元36年(建武十二年)诏书中对岁举茂才员额的规定为：三公举3人，光禄勋举1人，十三部司隶、州牧举13人，总计17人，再加上监察御史、将军所举，每年也不过20人左右，只相当于察举孝廉的十分之一。

汉代茂才，员额虽较孝廉为少，但任用较孝廉为重。一般被荐举为茂材的人往往被授以县令官职，或相当于县令级的官衔。个别情况，如陈禅被举茂才时，正逢中蛮夷反叛，即被任为汉中太守(秩二千石)。相对于孝廉的任用而言，茂材的任用远比孝廉便捷，由此可见，茂才是比孝廉高一个层次的科目。

汉代除了有孝廉和茂材这样的常科外。还有包括贤良方正、贤良文学、明经、明法、至孝、有道、治剧、童子、勇猛知兵法和明阴阳灾异等在内的特科。

贤良方正与贤良文学均为汉代察举特科。贤良方正主要察举那些所谓“贤良明于古今王事之体”之人，即深明封建政体，正直而有一定的威望，敢于直言极谏，善于帮助皇帝治理国家的人才。贤良文学，与贤良方正类似，这里的文学，在汉代一般指经学，贤良文学就是要荐举那些“习先圣之术者”。

贤良方正最早实行于公元前178年(汉文帝二年)。由于这一年十一月发生了日食，文帝认为“灾孰大焉”，于是下诏要求全体臣民“悉思朕之过失，及知见之所不及，匄以启告朕。及举贤良方正能直言极谏者，以匡朕之不逮”(《汉书·文帝纪》)。汉文帝察举贤良方正是为了应付日食这种当时非常可怕的灾异，因此，两汉各帝凡遇日食、地震之类的重大灾异，都要察举贤良方正。举贤良方正渐成非常重要的察举科目。察举贤良方正主要依据皇帝诏令的规定，由诸侯、列侯、三公、将军、诸卿、中二千石、二千石、司隶校慰、州牧、郡国首相等高级官吏举荐，被举荐者大多为现任官吏及州郡属吏。

贤良文学的实施，从晁错“以文学为太子掌故”的记载来看，可能出现于汉文帝时期。到汉武帝时才正式作为察举的一个科目。这一察举科目的出现一方面是汉武帝“罢黜百家，独尊儒术”政策影响的结果，另一方面也是董仲舒“天人感应”思想影响的结果。它与贤良方正一样，通常也会在灾异之后举行。与贤良方正相比，贤良文学选择的对象更广泛些。

从汉文帝开始，察举出的贤良都要送到朝廷，由皇帝亲自主持对策。这一制度到汉武帝时普遍应用。汉武帝曾于诏书中云：“贤良明于古今王事之体，受策察问，咸以书对，著之于篇，朕亲览焉。”(《汉书·武帝纪》)皇帝主要以治国之道、历代兴衰之变或儒学经义等方面的内容策问被举者，根据应举者的对答，品第高下后授以官职。据《文献通考·选举》载：“贤良一科，文帝与武帝时，每对辄百余人。”有时皇帝还要“两策”“三策”，反复进行策试。晁错、董仲舒、公孙弘等都是通过对策而被授予官职的。汉代所有察举科目中，贤良察举中举者地位最为尊贵，有的甚至起家官即为九卿。

明经是汉代专为察举通晓经学(儒术)人才而设立的科目。自汉武帝接受董仲舒“罢黜百家，独尊儒术”

的建议后，察举选士皆重经学。西汉武帝虽在公元前130年(元光五年)下过举“明当世之务，习先圣之术者”的诏令，也的确有不少人以明经被举为高官，如孔安国、贡禹、夏侯胜等鸿儒，以明经举为博士；龚遂以明经举为昌邑郎中令；翟方进以射策甲科为郎，举明经，迁仪郎；包信臣以明经甲科为郎；韦贤、韦玄成父子更以明经先后官至丞相，但这时的明经科并未作为正式的察举科目。明经科明确见于史书是在东汉时。当时由于统治者的提倡，对《五经》研究和解释甚多，而且出现了今文经和古文经的激烈争论。在这种情况下，东汉章帝刘炟为了使《五经》不失古义，于公元83年(建初八年)下诏称：“《五经》剖判，去圣弥远，章句遗辞，乖疑难正，恐先师微言将遂废绝，非所以重稽古，求道真也。其令群儒选高才生，受学《左氏》《穀梁春秋》《古文尚书》《毛诗》，以扶微学，广异义焉。”公元85年，章帝再次下诏，对察举明经科的员额作了规定：“令郡国上明经者，口十万以上五人，不满十万三人。”(《后汉书·章帝纪》)自此以后，明经科从原博士弟子射策经学及贤良策试经义中分离出来，成为专设察举科目。公元132年(阳嘉元年)，汉顺帝明确规定：“试明经下第者，补弟子。”由此沟通了察举与学校之间的关系，进而为科举时代的“科举必由学校”奠定了基础。到东汉质帝刘缵时，又对察举明经科对象的年龄作了限制，规定“本初元年令郡国举明经，年五十以上、七十以下，诣太学”。而后由太学“课试”“其高第者上名牒，当义赏进”(《后汉书·质帝纪》)。公元180年(灵帝光和三年)，“诏公卿举能通《古文尚书》《毛诗》《左氏》《穀梁春秋》各一人，悉除议郎”(《后汉书·灵帝纪》)。至此，明经科与孝廉、茂材、贤良方正等科目一起成为汉代察举选士的主要科目。但由于汉代察举的主要科目——贤良方正、孝廉、童子科，还有博士、博士弟子之选都要考试经义，而且上述科目选出的人被授予的官阶较高，因此，汉代的明经科虽受重视，却不发达。而统治阶级对儒学的重视和倡导，致使明经选士经久不衰，尤其到了隋唐时期，成为科举取士的重要科目。

明法，即指通晓法律之义。明法作为汉代察举科目之一，主要是为中央朝廷举荐通晓法律的人才。汉代继承战国以来的法治传统，采用儒法并用的治国战略，因此将明律令文法作为任用官吏的重要条件。在汉代统治者看来，“儒生不晓簿书，置于下第。法令比例，吏断决焉。文史治事，必问法家。县官事务，莫大法令。”因此，“法令，汉家之经，吏议决焉。法令之家宜最为上”。由此看来，尽管汉代以儒术为治理国家的根本指导思想，但是汉代统治者对立法、司法及法律教育诸环节都非常重视。汉代各级政府机构中，很多职务都要求明习法律的人来担任。因此，汉武帝时期将明法科作为察举的主要科目之一。汉代以“四科”辟官，其中第三科就是“明晓法律，足以决疑，能案章覆问，文中御史”。正因为如此，汉代的士人与吏员在重视经学的同时，也非常重视律学，“经律双修”成为当时一个引人注目的现象。

治剧是汉代察举具有治理难理郡县能力人才的制度和科目。这里的“剧”有艰难的意思。所谓治剧，即要求被举荐之人必须具备治理“老大难”郡县的能力。汉代的一些郡县，因种种原因，形成“剧”与“平”的差别。如五方杂处、权贵云集的三辅(指京兆尹、左冯煦、右扶风所辖地)与诸陵县就是朝廷深感头疼的“老大难”郡县，面对这种情况，西汉开始设立治剧科，希望通过治剧科选拔出一些具有治理难理郡县能力的人才来担任县令、侯相或郡守。西汉“四科”辟官标准中，第四科即提到“才任三辅县”。到了东汉时期，由于内外矛盾不断尖锐化，在许多情况下，选用治剧是用以平定反逆和战乱。两汉应治剧科目之选者，多由二公从三府掾属中选拔而来，地方守相似无权推选。

童子是汉代选士的特别科目之一，旨在选拔和延揽聪慧早发之才。汉代童子科规定，凡年龄在12~17岁之间，能“博通经典”者才有资格被举荐。此科最早开设于汉初萧何辅政时期，据《汉书·艺文志》载：“汉兴，萧何草律，亦著其法，曰：‘太史试学僮，能讽书九千字以上，乃得为吏。’”汉代童子科试的主要内容是诵经和六书或八书。许慎《说文·叙》引汉《尉律》云：“学僮十七以上，始试，讽籀书九千字，乃得为吏。

又以八体(1. 大篆；2. 小篆；3. 刻符；4. 虫书；5. 摹印；6 署书；7. 殳书；8. 隶书)试之郡，移太史并课最者以为尚书史。”此科一开，为汉朝廷招揽了一批少年才俊。

勇猛知兵法乃汉代荐举军事人才的一个综合性特举科目，主要察举明习兵法、勇猛善战的军事人才。西汉立国之后，一方面，北方匈奴不断南侵，使得汉朝廷与北匈奴之间的战争时有发生；另一方面，由于地主阶级和农民阶级的矛盾不断激化，使得内地农民不断揭竿而起。在这种情况下，汉王朝急需能征善战方面的人才。西汉成帝刘骜于公元前 12 年(元延元年)下诏，“北边二十二郡，举勇猛士知兵法者各一人”。这里的“勇猛士”，更多地侧重取其勇猛善战，所向无敌之人；而“知兵法”，则更多侧重明习兵法之人。公元 118 年(东汉安帝元初五年)，举“列将子孙明晓战阵任将帅者”；公元 121 年(建光元年)，诏举“武猛堪将帅者”；公元 128 年(顺帝永建三年)，“令大将军，三公各举故刺史，二千石及允令、长、郎、谒者，四府掾属刚毅武猛有谋谟任将帅者”；此后，东汉顺帝刘保、桓帝刘志、灵帝刘宏等均下过荐举“武猛”“明战”“知兵法”人才的诏令。尽管各帝诏书中使用的名称不一，但均为军事方面的人才。这为唐以后武举的设立奠定了基础。此类科目的确立在一定程度上保证了军事人才的选拔和任用。

明阴阳灾异、有道是汉代察举特科之一，主要荐举明阴阳灾异和有道术的人才。两汉时期，统治者深受“天人感应”学说的影响，深信“王道得则阴阳和穆，政化乖则崩震为灾”，“天之所与必先赐以符瑞，天之所遣必先降以灾异，此神明之征应，自然之与验也”(《后汉书 · 刘辅传》)。加上两汉之际，因天灾频繁，每当天灾与社会危机同时出现时，统治阶级在“天人感应”思想的影响下，往往只能乞灵于上天、神术。为此，两汉皇帝诏举明阴阳灾异之士，以调和阴阳，稳定民心。公元前 46 年(汉元帝初元三年)，汉元帝下诏：“盖闻安民之道，本由阴阳，问者阴阳错缪，风雨不时……有司勉之，毋犯四时之禁。巫相御史举天下明阴阳灾异者各三人。”(《汉书 · 元帝纪》)

公元 107 年(东汉安帝永初元年)，天灾不断，人祸不止，面对不断袭来的地震、大雨、大风、冰雹等自然灾害，以汉安帝为首的统治者感到无能为力，于是下诏曰：“朕以不德，遵奉大业，而阴阳差越，变异并见，万民饥流，羌貊叛戾，夙夜克己，忧心京京……其百僚及郡国吏人有道术，明习灾异阴阳之度、璇机之数者，各使指变以闻。二千石长吏明以诏书，博衍幽隐，朕将亲览，待以不次，冀获嘉谋，以承天诫。”(《后汉书 · 孝安帝纪》)这里的所谓有道，即“有道述之士”或“有道之士”，主要指掌握占星术、占候术、巫医、神仙术、相术、占卜术等方面知识和技能的人才，或能附会“天人感应”，谶纬之学的人才。“有道”与明阴阳灾异相近，每当天灾四起，社会危机之时，皇帝总要特举人才，以调和阴阳，消除灾异，使天地俱宁，神人偕乐。

除察举以外，汉代还实行一种不通过推荐试用而直接授予官职的选官方式，称为征辟制，具体包括征和辟两方面的内容。由朝廷直接聘请而做官的称作“征”，通常也称“征聘”或“征召”。由公卿或州郡官府直接聘请而任职或作为僚属的称作“辟”，也叫“辟召”或“辟除”。“征”“辟”合称征辟。征辟制度是汉代任用社会名流和贤达之士的基本方式。

汉代征召或征聘制度是由皇帝下诏直接吸收一些在社会上有较高名望的俊彦之士，或备顾问，或委以政事的用人制度。这一制度最早起源于周代。《吕氏春秋》就有“周天子，勉诸侯，聘名士，礼贤士”的记载。汉代的征召始于汉高祖刘邦的《求贤诏》。公元前 196 年(汉高祖十一年)，刘邦下诏书说：“贤大夫有肯从我游者，吾能尊显之……其有意称明德者，必身劝，为之驾，遣诣相国府，署行、义、年。有而弗言，觉，免。年老癃病，勿遣。”(《汉书 · 高帝纪下》)这份诏书开了征辟制的蹊径。公元前 130 年(元光五年)，汉武帝下诏“征吏民有明当时之务，习先圣之术者”。此后开始了较大规模的征召，并相沿成例，遂成定制。

据史书记载，秦末，有园公、绮里季、夏黄公、角里先生，逃避秦朝暴政隐居商洛深山中，人称“商山四皓”。汉初高祖听说此事后，即征召之，但商山四皓未应征。后吕后为太子废立之事，采用张良的计谋，派人携带太子书信，卑辞束帛致礼，安车迎来了四皓，太子地位也因此而得以稳固。这就是历史上最早的征聘。

汉武帝刘彻时，皇帝征聘日渐兴盛。因当时被皇帝直接征召到朝廷上来做官的人，大多是一些德高望重、学识渊博的人，而且往往年事已高，因此，征召时常有较为敬重和优待的礼仪，如“束帛加璧”“安车蒲轮”等，即先送上一份厚礼：成束的锦帛和玉璧。为了减少车子的颠簸，一般用以征召的车子都用蒲草捆扎车轮，使被征召之人坐得安稳。据《汉书·枚乘传》记载：“武帝自为太子，闻乘名，及即位，乘年老，乃以安车蒲轮征乘。”此次征召，因枚乘在途中病死，未能应召，但历史上却留下了“安车蒲轮”的佳话。《申公传》载：公元前140年(武帝建元元年)，御史大夫卫绾、郎中令王臧“请立明堂以朝诸侯，不能就其事，乃言师申公。于是上使使束帛加璧，安车以蒲裹轮，驾驷迎申公，弟子二人乘轺传从”。申公至，武帝召见，问以治乱之事。时申公年事已高，八十余，回答说：“为治者不在多言，顾力行何如耳。”当时武帝方好文辞，见申公如此回答，默然无话。然而已经召来了，便任命为太中大夫，参议明堂事。不久事废，申公也病免归乡。

汉代能享受安车蒲轮优厚待遇的为年事已高并德高望重的名士。对于一般士人，皇帝则采用公车特征或特赐车马费的办法进行征聘。《后汉书·郑均传》就有郑均“不应州郡辟召……建初六年，公车特征”的记载。《后汉书·陈忠传》也有“邓太后崩，安帝始亲政事，忠以为临政之初，宜征聘好才，以宣助风化，数上书荐隐逸及直道之士冯良、周燮、杜根、成世之徒。于是公车礼聘良、樊等”的记载。东汉张衡不接受官府的察举和辟除，但是当安帝刘祜特征时，张衡却接受了征召，被“公车特征拜郎中，再迁为太史令”。由此可见，皇帝的这种“征”在当时读书人心目中的地位了。有时皇帝还可以以赐车马费的方式征召官吏。汉明帝刘庄时，尚书仆射钟离意上书荐刘平、王望、王扶，都年已70，有诏征刘平等，皇帝特赐置办行装的费用。刘平等被拜受议郎。

汉代皇帝下诏征聘贤士，如果主事者不遵奉诏令派被征者去应聘，便要受到处罚。但被征者(征君)的个人意愿是受到尊重的，去就自由，即使坚不应命，也不能强制。征聘之风，到东汉时尤盛，但是由于当时政治日趋腐败，贤能之士对于入仕从政已经冷漠无望，因此，皇帝征聘之士多不应召。

辟除，亦称“辟署”或“辟召”，是各级主官聘请任用属员的一种制度。这种制度秦已有之，到汉代，尤其是东汉时，成为选用人才的主要方式之一。汉代中央公卿诸府和地方州牧、郡守以至县令长，都可以自行辟除僚属。汉代辟除制主要分为公府辟除、州部辟除、郡守辟除和县廷辟除几种。

公府辟除主要指由汉代丞相(司徒)、太尉(司马)、御史大夫(司空)、大将军、太傅为代表的公府都可以自辟掾属，随事为员的制度。据《百官志》载，“掾、史、属二十四人”，而以千石长史“署诸曹事”。诸公府并有西曹“主府史署用”。至于辟除的标准主要有：“第一科曰德行高妙，志节贞白；二科曰学通行修，经中博士；三科曰明晓法令，足以决疑，能案章覆问，文中御史；四科曰刚毅多略，遭事不惑，明足以照奸，勇足以决断，才任三辅剧令，皆试以能信，然后官之。”(孙星衍辑本卫宏《汉旧仪》)到东汉光武帝时又重申了四科辟除的诏书。

除了上述辟除标准外，汉代公府辟除有一些具体规定。《百官志一》本注曰："汉初掾史辟，皆上言之，故有秩比命士。其所不言，则为百石属。其后皆自辟除，故通为百石云。"公府辟除，有时要有皇帝敕令，有时则需要奏请朝廷。

州部辟除开始于西汉末年，这一制度的实施是地方刺史逐渐干预地方行政、扩大组织的结果。到东汉时，刺史、州牧成为地方高级行政长官，辟除掾属的权力随之加大。

郡守辟除主要指秦汉时期由中央朝廷任命的郡守及其佐吏丞、尉可以自行选拔其僚属的制度。据《汉旧仪》曰："旧制：令六百石以上，尚书调拜迁，四百石长相至二百石，丞相调除……郡国百石，二千石调（选）。"郡国"皆置诸曹掾史。本注曰：诸曹略如公府曹，无东西曹。有公曹史，主选署功劳。有五官掾，署功曹及诸曹事。其监属县，有吾部督邮，曹掾一人。正门有亭长一人。主记室史，主录记书，催期会。无令史。阁下及诸曹各有书佐，干主文书"。汉代郡守辟除权较大，既可以选用掾属，又可以置属县守令长。

县廷辟除是指县令长"各署诸曹掾史"的制度，具体指"诸曹略如郡员，五官为廷掾，监乡五部，春夏为劝农掾，秋冬为制度掾"。此外，"乡又秩，郡所署，秩百石，其乡小者，县置啬夫一人"。

与皇帝的征聘相比，官府的辟除在数量上要大得多。西汉时期，官府中一般的低级官员都可由长官自行聘请。东汉时，一些朝廷显贵多以能够辟除到贤才名士相标榜，一些所谓的贤人和名士也以能被官府辟除为荣。西汉时期，由于察举和征辟措施的运用，朝廷一时人才辈出。但到了东汉之后，这种选官制度的弊端逐渐显露了出来。地方上的察举往往为本地的望族大姓所把持，他们操纵了乡间评议，望族子弟往往处于有利地位。一些好名之徒也利用乡间评议虚造声势，为自己博取名誉。至此，作为选官制度的察举和征辟，此时已是名存实亡了。

尽管如此，西汉作为统一的中央集权制国家建立后，为适应大一统的集权统治需要而产生的一种选官制度，察举与征辟制度，结束了春秋战国以来散漫无章的选士方式，适应了大一统的封建大帝国对人才的需求，同时也为科举制度的产生奠定了基础。察举与征辟制度作为主要选官程序，在中国历史上存在了七八百年之久，是中国古代选士方式制度化的过程中重要的一环。

（郭娅）

# 6. 徐福东渡

徐福，又作“徐市”，秦代齐地的方士。秦始皇统一天下后，企盼自己长生不老。一些方士投其所好，编造神仙传说，声称海上有神人、仙药，吃了仙药便可长生不老。于是，始皇多次派遣方士出海寻找仙药，徐福就是当时众多方士中较著名的一位，徐福东渡也是在这种情况下进行的。

《史记·秦始皇本纪》记载，公元前219年(始皇二十八年)，秦始皇东巡，在泰山举行完封禅大典后，率领群臣经历下(今山东省济南市)和齐故都临淄(今山东省淄博市临淄区)，沿着渤海南岸向东经过黄县(今山东省龙口市)、腄县(今山东省烟台市福山区)，到达山东半岛最东端的成山头(今山东省荣成市境内)。返回的路上，秦始皇等人登上了芝罘岛(今山东省烟台市芝罘区境内)，然后南行前往琅邪郡，并在那里住了三个月。就在秦始皇畅游琅邪的时候，徐福等人上书说，渤海中有三神山，名叫蓬莱、方丈、瀛洲。山上宫中住着许多仙人，还珍藏着一种人吃了可以长生不老的奇药，他愿求取献给始皇帝。秦始皇正盼望着能吃上长生不老药，于是很高兴地批准了徐福的请求，命他入海求取仙药。

据说徐福第一次出海求仙，因风大浪急失败而归。他回来对秦始皇说：“臣在海中遇到海神，告知他来此求取延年益寿药，海神嫌礼薄，只准参观不许取药。臣在蓬莱山见到灵芝生成的宫阙，宫中住着许多仙人，个个健康长寿，光彩照人，于是臣再拜道：‘用什么样的礼品来奉献才能得到仙药？’海神说：‘以美貌的童男童女和各种工匠用具作为献礼，就可以得到仙药了。’”秦始皇听后，遂命徐福征发童男童女、工匠用具前往求取仙药。

公元前210年(始皇三十七年)，秦始皇再次来到琅邪，此时距徐福第一次入海求仙已有10年之久。求仙的花费超过了百万，可徐福始终都没有求得仙药。为了逃避惩罚，他只好向秦始皇说，长生不老药本来可以在蓬莱仙山求得，只是水神派大蛟鱼守护，无法近前取药，请皇帝增派一些射箭能手同去。秦始皇求药心切，当即批准了徐福的请求，命他选拔童男童女、各种工匠和弓箭手等入海求取仙药。秦始皇为了给徐福求仙扫清道路，一面派人带着捕鱼工具入海捕捉大蛟鱼，一面自己也带上连发的弓弩准备与大蛟鱼搏斗。秦始皇一行乘船从琅邪港出发，经荣成成山头前往芝罘。一路上没有什么发现，直到临近芝罘才看见一条大鱼。秦始皇将大鱼射杀以后，沿海岸向西航行登陆，后在返回咸阳的路上，病死于沙丘平台(今河北省平乡县境内)，至死也没吃上长生不老药。徐福送走秦始皇以后，带领着童男童女和五谷百工入海求仙，到了平原广泽之地，居住在那里，并独自称王，不再回来。

《史记》是最早记载徐福史事的著作，但书中只说徐福出海后“得平原广泽，止王不来”，并没有讲明徐福究竟到了哪里，留在了何处。《后汉书·东夷传》认为，徐福最终的目的地为澶洲，并将此事系于《倭传》之后，从而使澶洲与日本产生了某种关联。西晋初年，陈寿撰写《三国志》，在《孙权传》中也记载徐福到了亶洲(即澶洲)，并说“亶洲在海中，长老传言秦始皇遣方士徐福将童男女数千人入海，求蓬莱神山及仙药，止此洲不还”。不过，《三国志》也没有说亶洲就是日本。南朝末年，开始有人将徐福东渡的目的地与日本列岛联系起来。梁武帝天监年间，谱官王僧儒撰写的官谱《百家谱》记载：“议，字彦福，一名市，秦始皇使往蓬莱，居东海，今日本国。”这是目前已知有关徐福记述的最早的谱牒资料，明确说明徐福所居之地即今天的日本。又据《鉴汀谱》载：“秦始皇时，议领童男童女三千，往蓬莱采药，因阻风不还，居东海，号徐福国，今日本是也。”不过，由于当时中日之间交往并不密切，这两条记载没有受到人们应有的注意和重视。随着唐代中日交往日益频繁，人们逐渐接受了徐福到达日本的观点。

五代后周的义楚和尚在他撰写的《义楚六帖》中说：“日本国亦名倭国。东海中。秦时，徐福将五百童男童女止此国。今人物一如长安……又东北千余里，有山名‘富士’，亦名‘蓬莱’……徐福止此，谓蓬莱，至今子孙皆曰秦氏。”据称，此说得自其日本朋友弘顺和尚。中国旧有的徐福东渡日本的说法经义楚和尚得以进一步传播，而日本国内也早已出现此说。自此之后，承认徐福在日本安居的人越来越多。

北宋文学家、史学家欧阳修在《日本刀歌》一诗中写道“传闻其国居大岛，土壤沃饶风俗好。其先徐福诈秦民，采药淹留丱童老。百工五种与之居，至今器玩皆精巧”，认为徐福不仅东渡到了日本，而且是日本的祖先，带去了农作物种子和各种手工业技术。明初，日本和尚空海到南京，向明太祖朱元璋献诗，提到“熊野峰前徐福祠”，明代陈仁锡和刘仲达在其所撰《皇明世法录・日本考》和《刘氏鸿书・地理部》中也都有徐福东渡日本的说法。清末驻日公使黎庶昌、黄遵宪驻节日本，他们参观了徐福墓，并作诗题记。

进入20世纪后，中日学者对徐福东渡事件进行了大量研究，涉及徐福是否真有其人、徐福故里、徐福东渡原因、东渡起点、东渡路线、东渡目的地等诸多问题。

关于徐福是否真有其人，大多数学者持肯定意见。中国秦史专家马非百在《秦集史》一书中专门为徐福作传，成为国内第一个为徐福作传的学者。马先生说：“文献上关于徐福东渡事，虽不免有辗转抄袭传闻失实之处，而否定徐福之有力反证，则至今尚未之见。”徐松石在《日本民族的渊源》中说，战国先秦时期，中国东南沿海民众大量往日本移民，徐福率领的童男童女是其中一队，“徐福入海东行，必定真有其事”。翦伯赞在《秦汉史》、范文澜在《中国通史》中也都肯定徐福确有其人，东渡确有其事。

徐福故里究竟在何处？学术界存在多种说法。一种观点认为在江苏省赣榆区金山镇徐福村，简称“赣榆说”。此说根据赣榆区历代的地方志和散存于各地的宗谱认为，徐福村一名古已有之，至今这里还流传着徐福率童男童女浮海东渡之事，徐福村一带的古代文化遗存也表明，战国秦汉时代，这里的经济、交通已具相当发达的水平。另一种观点认为，徐福故里在今山东省龙口市，简称“龙口说”。反对者对上述两种观点提出质疑，认为《史记》是研究徐福最权威的信史，而《史记》中司马迁只说徐福为齐人，未能确指其为何郡何县人。以上三种说法中，以“赣榆说”影响最大。

关于徐福东渡的原因，从最早见于《史记》的《秦始皇本纪》《封禅书》《淮南衡山列传》三传来看，徐福出海的目的是为秦始皇求取仙药。自此以后，历代史书、诗文均承此说。20世纪80年代以后，随着徐福研究的日渐深入，逐渐有学者提出异议。马非百在《秦集史》一书中指出：“徐福之入海，其意初不在求仙，而实欲利用始皇求仙之私心，而借其力以自殖民于海外。”王金林先生认为，徐福对始皇的上书“实际上是以求长生不老药为名，取得正当出境的权利”(《汉唐文化与古代日本文化》，天津人民出版社1996年版)，也就是说，徐福东渡是一种有组织、有计划的避秦行动。

《史记》记载，徐福第一次出海在公元前 219 年，最后一次出海在公元前 210 年。这 10 年期间，很可能徐福多次出海寻仙，则其东渡启航点也就不会只有一地了，故而关于徐福船队出海启航点的传说也就更多。1982 年徐福故里发现以后，对这一问题的研究成果相对有所集中。一种观点认为，徐福东渡的启航点之一在古游水口的纪鄣城。该城在海州湾北的游水口。当时的游水口是水深湾阔的一个天然良港，江淮与华北沿海等南北船只过往的重要枢纽。该古城遗址位于今赣榆区东北柘汪口东北的海中。距纪鄣城二三里地的大王坊村地下出土大量两千多年前的木材，也为徐福由此东渡及造船提供了佐证。第二种观点认为，启航地在琅邪台附近的古琅邪港。持此说者认为，《史记》记载的所谓秦始皇所至之琅邪，并非琅邪郡的整个属地，而只是与航海相关的琅邪台附近的琅邪郡治所在，即应在秦始皇徙民并亲自督造的琅邪台一带的海岸。有学者认为，浙江慈溪东北的达蓬山也是徐福的启航点之一。今达蓬山上还留有后人为纪念当年徐福受秦始皇派遣入海东渡而修建的“秦渡庵”(亦名“东渡庵”)，虽然遗址已毁，但在遗址附近刻有“秦渡庵”摩崖画石，上有人物鸟兽、山海行船，至今仍依稀可辨。这是目前我国有据可查的、唯一保存下来的徐福东渡的启航地遗迹，弥足珍贵。

徐渡东渡是否到达了日本，持否定意见的学者认为，在当时的技术条件下，徐福不可能率领几千人的船队到达千里之外的日本。持肯定意见的学者则认为，借助浙东沿海和舟山群岛独特的航海地理位置，依赖海洋和季风两方面的有利条件是可以到达日本的。《三国志 · 吴志 · 吴主传》载，徐福率童男童女数千人至亶洲后，“世相承有数万家，其上人民，时有至会稽货布，会稽东县人海行，亦有遭风流移至亶洲者”。三国时会稽人到达亶洲就是利用了海流和季风。1996—2003 年，三次中、日、韩跨海竹筏漂流实验取得成功，验证了以海流和信风为主要驱动力，以帆橹为辅助驱动力东流日本的可行性。三次漂流的载体均采用最原始的竹筏样式，使用大毛竹捆扎而成，每只竹筏配有风帆、两支橹和一个舵，筏上盖有小竹棚，既可睡人，又能存放物品，可携带一个月的食物和淡水。三次漂流均从舟山出发，分别到达韩国的仁川港和日本。据此，有学者认为，徐福东渡有两条可行的航路。一是“沿岸航路”。船队穿过杭州湾、长江口，沿海岸线北上，经山东半岛成山头，绕道庙岛群岛，横渡渤海湾，再由辽东沿海岸驶向朝鲜半岛西海岸，渡过朝鲜海峡，进入日本的对马岛，最后到达九州。这条航线靠近大陆沿岸，随时可以靠岸停泊，是中日交往的最古老航线，也是趁太平洋海流单向自然漂流的一条成功航线。二是“东海航路”。就是每年 3—8 月，利用舟山群岛附近海域的黑潮和信风的有利条件，碰上好天气，直接向北偏东方向漂流，横渡东海，到达琉球群岛或九州本岛。

日本有不少记载徐福东渡日本的史籍文献。诸如松下见林的《异称日本传》、林罗山的《林罗山文集》、新井白石的《同文通考》以及《孝灵通鉴》《纪伊风土记》《宽文杂志》和《日本名胜地志》等。《日本通鉴》也称“孝灵七十二年(前 219 年，始皇二十八年)秦人徐福来”。据彭双松先生统计，日本各地与徐福姓名联系在一起的墓、祠、碑、宫、庙、神庄等遗址有 50 余处，登陆点 20 余处，传说故事 30 余个。这些遗迹与传说虽不全是真实的，但也与史实有所关联。

日本人民不仅把徐福作为他们的先圣崇拜，尊之为农耕之神、纺织之神、医药之神，而且不少人自认是徐福及其一行的后裔，其理由之一是，在日语中，秦与羽田的发音相同。1950 年，日本有关学者在文部省的资助下组织“日本民族头骨指数测定会”，动员全国各大学的解剖学教授对在校男女学生的头骨进行测量，五年后搜集了六七万人的数据。经日本最著名的人类学和体质学权威长谷部言人博士整理研究，并将有关数据与日本周围的民族进行比较分析，认定这些头骨指数大多数与中国江苏一带人的头骨指数相同，而徐福正是江苏地区人民。1975 年“香港徐福会”成立时，日本昭和天皇的御弟三笠宫在贺词中动情地说：“徐福是我们日本人的国父。”日本前首相羽田孜曾于2002年专程到连云港市赣榆区徐福村祭奠，并多次表示，羽田家族来自中国，祖先是徐福。

徐福率领东渡船队经朝鲜半岛到达日本，开创了中、日、韩三国友好往来和文化交流的历史，并成为日本古代文明的开拓者。徐福东渡具有伟大深远的历史意义，它不仅是中国航海史上的伟大创举，还成为中、日、韩三国人民世代友好的象征。

（刘志玲）

## 7.《吕氏春秋》《淮南子》的编撰

《吕氏春秋》和《淮南子》是秦汉时期先后问世的两部杂家著作，它们在百家争鸣的余波中出现具备一些共同的特点，对后世产生了很大影响。杂家是战国至汉初以博采各派观点为特征的一个综合学派，《汉书·艺文志》将其列为“九流”之一，并认为其特点是“兼儒墨，合名法”“于百家之道无不贯综”。杂家的出现是各派观点趋向融合的表现。杂家的代表作就是《吕氏春秋》和《淮南子》。

《吕氏春秋》又名《吕览》，是战国末年秦国丞相吕不韦组织属下门客集体编撰的，成书大约在公元前241年，时值秦统一天下前夕。吕不韦(？—前235年)，卫国濮阳人，阳翟大富商，经商期间，结识了在赵国做人质的秦国公子子楚，认为其“奇货可居”，于是用金钱资助子楚获得了王位继承权。子楚即位后(是为庄襄王)，吕被封为丞相和文信侯。子楚死后，其子嬴政即位(是为秦始皇)，吕辅政，被尊为相国和仲父，实际掌握着秦国最高权力。始皇亲政后，吕被免职，继而迁蜀，在赴蜀途中忧惧自杀。吕不韦前后掌权13年，为秦国强大和统一中国作出了贡献。吕执政后期组织编撰《吕氏春秋》，书成之后，将其公布于咸阳市门，声称诸侯游士宾客有能增损一字者即赏赐千金，表现出对此书的高度自信。关于吕不韦编书的缘起和目的，司马迁说：“当是时，魏有信陵君，楚有春申君，赵有平原君，齐有孟尝君，皆下士，喜宾客，以相倾。吕不韦以秦之强，羞不如，亦招致士，厚遇之，致食客三千人。是时诸侯多辩士，如荀卿之徒，著书布天下。吕不韦乃使其客人人著所闻，集论以为八览六论十二纪，二十余万言。”另外，联系时代背景，从政治角度看，吕不韦此举也许还有为即将建立的封建帝国提供治国的理论方案，为将来的中央集权制寻找理论根据的目的。

《吕氏春秋》共分为十二纪、八览、六论三大部分，共26卷，160篇，现存173000多字。《吕氏春秋》内容十分丰富，涉及哲学、政治、历史、科学、文化、艺术等各个方面，将天地万物古今之事融于一书，是一部百科全书式的著作。由于具有佐政的目的和作用，因而被有些学者称为“王政全书”或先秦时代的“资治通鉴”。全书思想观点非常庞杂，包含儒、道、墨、法、兵、农、纵横、阴阳等多家思想，所以《汉书·艺文志》等将其列入杂家。汉代高诱在《吕氏春秋序》中指出：“此书所尚，以道德为标的，以无为为纲纪，以忠义为品式，以公方为检格，与孟轲、孙卿、淮南、扬雄相表里也。”他认为，此书的指导思想以儒、道两家为主，兼及数家。此书虽然内容驳杂，但在材料组织上却有较为严密的体系，结构上有纲有目，整齐划一。

所谓“十二纪”，就是按春夏秋冬四季的顺序来编排内容，每一季又分为孟、仲、季三纪，每纪有5篇文章，共60篇(另有《序意》一文附于季冬纪，作为全书序言)。该部分文章的思想内容以季节相配，各有侧重。春纪论生，夏纪谈乐，秋纪讲兵，冬纪言死。纪体以十二月为纲，分类论理，在生、死、乐、兵的大范围内提出杂家多方面的哲学思想和政治主张。尽管季节与事理之间本无必然的联系，但这种构思和组材方式体现了朴素而可贵的“天人合一”的意识，也表现了编者力图为芜杂的思想内容设计齐整的架构体系的匠心。

所谓“八览”，就是八组专题论文，每览又有8篇文章，共64篇(现存63篇)。内容从开天辟地谈起，一直谈到做人治国之道以及如何认识事物等道理。所谓“六论”，就是六组专题论文，每组又有6篇文章，共36篇，杂论各家学说。

《吕氏春秋》在安排学说体系、陈述自己的学说时对各家观点虽然兼收并蓄，但并非一视同仁，而是有侧重点和选择性的，其中最重视的是道、儒、法、墨、兵、农诸家。道家思想贯穿全书始终，尤其是“春纪”里的文章，几乎都以道家思想为主旨。《本生》《重己》《贵生》等篇，论全性之道、贵生之术、养生之道以及无为、归朴、重生等道家观念。有些文章中甚至直录了老庄的一些语言，如《制乐》篇有“祸兮福之所倚，福兮祸之所伏”，《君守》篇有“不出户而知天下”“其出弥远其知弥少”等，反映了战国末期道家思想的广泛影响。儒家思想在书中占有较大分量，特别是“夏纪”的文章，具有强烈的儒家意识。《劝学》《尊师》《诬徒》等篇以儒家师道观论述忠孝、理义、尊师的道理；《大乐》《适音》《音初》等篇阐发儒家的礼乐思想；《精通》《务本》《孝行》等篇论述事亲、交友、贵德、敬长及民本思想，表现了儒家的等级伦理观。这些篇章体现了对儒家学说中富有社会政治意义成分的吸收。法家思想在书中也多有反映，主要是关于实施法制和刑赏等问题。《去私》《义赏》《禁塞》等篇主张重视刑赏和律法；《察今》篇强调改革和变法，具有强烈的变革意识，文中指出：“世易时移，变法宜矣。”这个结论反映了当时改革热潮的方兴未艾。墨家思想在书中也有所反映，《侈乐》篇阐发了墨子“非乐”的思想，批评统治阶级奢侈享乐的行为；《节葬》《安死》等篇阐述了墨家主张节葬、节用的思想；《当染》篇直接套用《墨子·所染》之文，说明了社会环境对人的重要影响。此外，如名家的“名正则治，名丧则乱”的“正名”观，兵家的战略战术，纵横家的善辩，农家的重农等思想，在书中也时有体现。各家学说虽然各不相同，甚至相互矛盾，却能在一书之中“和平共处”，形成了兼容并包的集合体，真正体现了杂家的风格。

《吕氏春秋》不仅对先秦诸子学说兼收并蓄，同时也对各家思想进行了批判性的总结。书中称：“老耽贵柔，孔子贵仁，墨翟贵廉，关尹贵清，子列子贵虚，陈骈贵齐，阳生贵己，孙膑贵势，王廖贵先，倪良贵后。”它认为，社会思想应当统一起来，因为“一则治，异则乱，一则安，异则危”(《不二》)。统一的过程其实就是一个批判吸收的过程，所以《吕氏春秋》对各家思想都进行了扬弃。例如，它赞同儒家维护君权的主张，但同时主张应当拥护新天子，建立封建集权国家。它说：“今周室既灭，而天子已绝，乱莫大于无天子。”(《谨听》)“天下必有天子，所以一之也；天子必执一，所以抟之也。一则治，两则乱。”(《执一》)儒家主张维护一统天下，但并未强调专制问题，而《吕氏春秋》却主张实行专制，它提出的“执一”和“抟”就是表示中央集权。这是对先秦儒家思想的发展。又如对墨家思想，《吕氏春秋》赞同墨子提倡的节葬观念，对当时的厚葬风气进行了批评，但是它并不同意墨子“非攻”(即反对战争)的主张，反驳说：“夫攻伐之事，未有不攻无道而伐不义也。攻无道而伐不义，则福莫大焉，黔首利莫厚焉。禁之者，是息有道而伐有义也，是穷汤武之事而逐桀纣之过也。”(《振乱》)它主张兴义兵，认为可以除暴安良，这实际上是为秦国发动的兼并战争进行辩护。

从总体上看，《吕氏春秋》在思想上有许多进步因素：首先，它主张统一，反对分裂，认为从学术思想到政治都应当统一，这种认识是符合时代潮流的；其次，具有民本意识，主张尊重民意，实行仁政和德治，“忧民之利，除民之害”，治民以信，不与民争利；再次，赞扬禅让制，反对家天下，提倡修齐治平的哲人政治，主张帝王修身养性，任人唯贤，尊贤重士，等等。

《吕氏春秋》具有很高的文化史价值。它保存了很多为《左传》《国语》《战国策》等书所未载的史料，保存了古代艺术、医学和农学等方面的许多知识，有较完整的音乐、养生和耕作理论，许多观点都有重要的参考价值。《吕氏春秋》又有不菲的文学价值，书中保存了大量的神话传说和寓言故事，成为后世文学创作取之不尽的源泉。《吕氏春秋》以大量的寓言和神话作为说理的例证，尤其在作类比推理时，故事和寓言层出不穷，交错融合，使文章说理充分又趣味盎然。在数量上，全书收录的故事达到近400个。从来源上看，《吕氏春秋》的故事也有杂家的特点，它杂取诸家，摘引各书，特色有别，风格各异。不同的故事用来论证不同学派的观点，表现儒家思想的故事主要用来论证儒家宣扬的礼乐主张、等级观念、民本意识等；表现法家思想的故事主要反映法家赏罚分明、诚实守信、尊重现实和变法革新的主张，如《察今》篇中著名的"刻舟求剑"的寓言，提倡对法令进行适时的变革，不能墨守成规；反映道家的故事，多是为了论证"无为""无名""贵生""归朴"等主张，如《贵生》篇中"得道之士"颜阖用计逃脱国君的仕请，宣扬了道家的安贫重生、鄙弃富贵的思想。还有一些故事反映了墨家、名家、兵家、纵横家的意识和学说。书中还有很多故事的思想倾向不明朗，不能简单归入某一学派，但都富于理趣和韵味，富有生活的哲理，能给人以启迪和教益。如《去尤》篇中"人有亡鈇者"的故事就是如此，故事本身看似荒唐，却意味深长，深刻批判了主观主义者的荒谬与可笑。《吕氏春秋》中记录的上古历史传说和神话也具有珍贵的史料价值，可以据此推测上古先民的生活情状和思想动态，从中可以发现历史发展的轨迹。

《吕氏春秋》在思想史和文学史上占据重要的地位，历来受到很高的评价。西汉司马迁撰写《史记》就曾"取式《吕览》，通号曰纪"(《文心雕龙·史传》)，称它"备天地万物古今之事"，在《报任安书》中，甚至把它与《周易》《春秋》《国语》《离骚》等相提并论。东汉高诱说它"大出诸子之右"，明代方孝孺认为"其书诚有足取者"，清代章学诚指出"吕氏将为一代之典要"，汪中认为它是后世类书之祖，"为后世《修文》《御览》《华林》《编略》之所托始"。《四库全书总目》也认为该书"较诸子之言独为醇正""其持论颇为不苟"。

《吕氏春秋》的整理研究本主要有东汉高诱的《吕氏春秋》注本，清代毕沅的《吕氏春秋新校正》，今人许维遹的《吕氏春秋集释》、陈奇猷的《吕氏春秋校释》等。

《吕氏春秋》问世之后100年左右，又出现了一部有名的杂家著作，且与《吕氏春秋》有很多相似之处，它就是西汉前期淮南王刘安主持属下门客编写的《淮南子》。《淮南子》又名《淮南鸿烈》。关于书名的含义，高诱《淮南子注·叙目》云："鸿，大也；烈，明也，以为大明道之言也。"意思是包含了光明宏大之理。其成书年代大约在景帝、武帝之间。

刘安(约公元前179—前122年)，汉高祖刘邦之孙，刘邦少子淮南厉王刘长之子。刘长在文帝时骄纵不法，企图叛乱，被降爵发配四川，绝食而死。其后文帝三分其国，刘安袭父爵为淮南王，年方16岁左右。武帝时严防天下大乱，诸侯纷争，刘安暗中准备武器以应时变。公元前122年(元狩元年)，刘安被告谋反，下狱自杀。刘安"为人好读书鼓琴"，喜爱文学，擅长文辞，曾奉武帝之命作《离骚传》。又求贤若渴，招致宾客方术之士数千人。于是在他的封地内形成了一个人才与学术中心，为刘安组织撰述提供了便利的条件。作为朝廷分封的君王，刘安著书的目的既有其个人的学术旨趣，更有深刻的政治意图。他要以此书向皇帝"献策"，希望用一套较为系统的治国方案来影响最高统治者，甚至以此作为汉代的治国法典。

据《汉书·艺文志》记载，《淮南子》原书有《内书》21篇，《外书》33篇。今只存《内书》21篇，共十几万字。全书内容博奥深宏，繁富丰赡，博采众家，以道家思想为主导，融道家、儒家、墨家、法家、阴阳家等各派思想于一体，《汉书·艺文志》因而将其放在《吕氏春秋》之后列为杂家。高诱最先指出书中的道家思想因素："其旨近《老子》，淡泊无为，蹈虚守静，出入经道。"从内容上看，全书大致可以分为三大部分。第一部分是全书的理论总纲，主要论“道”，包括《原道训》《道应训》《说山训》《说林训》四篇。第二部分是全书的宇宙论，主要论自然和人性，包括《俶真训》《天文训》《地形训》《时则训》《精神训》《览冥训》六篇。第三部分是全书的政治论，包括君主论和臣子论。君主论主要论述君主之道、统治之术，包括《本经训》《主术训》《缪称训》《齐俗训》《氾论训》《诠言训》《兵略训》七篇；臣子论主要论述如何处理社会矛盾及如何进行人格修养，包括《人间训》《修务训》两篇。《泰族训》是全书政治思想的综述，也是政治论的总结。另有《要略训》一篇，是全书的序言，介绍写作目的和各篇的内容提要。

《淮南子》对先秦各家学说都进行了糅合与吸收，《要略训》云：“玄眇之中，精摇靡览，弃其畛挈，斟其淑静，以统天下，理万物，应变化，通殊类，非循一迹之路，守一隅之指，拘系牵连之物，而不与世推移也。”这说明，在编撰之初，已有融会各家学说之长的自觉性。全书对各家思想借鉴吸收的情况大致如下。1. 道家。全书对老子思想最为推崇，采取最多。书中多次提及的概念“道”“太一”“虚无”“无为”“自然”等直接来自《老子》。“不为物先”“以无为用”等理论主张也来自老子的思想。书中对庄子的观点也大量吸收，如《俶真训》的宇宙论是对《庄子·齐物论》的化用，《齐俗训》中也较多地采用了《齐物论》的观点。2. 儒家。书中多次引用《诗经》《易经》，也几次提到《尚书》《乐经》《春秋》，并颂扬尧、舜、禹、汤、文、武等帝王。对“仁”“义”“礼”等儒家思想也予以一定重视。3. 法家。书中赞同法家的历史观和变法主张，接受法家的“法”“术”“势”等学说。4. 墨家。书中对墨子有高度评价，赞同墨家的“尚贤”“节用”“节葬”等观点，也继承了墨家认识论方面的思想。5. 阴阳家。书中接受阴阳家的宇宙论，提倡“天人合一”“天人感应”学说。6. 兵家。书中对孙武、吴起的兵法和战术作了较多的吸收，同时也重视荀子的战略观。与《吕氏春秋》相似，《淮南子》对诸子百家的学说也不是简单地沿袭和照搬，而是有所取舍和改造，是为了适应自己立论的需要而进行吸纳的。《淮南子》思想内容的积极因素也很多，备帝王之道，作治国之鉴是它的根本宗旨。全书以道家学说为出发点，吸收融化法家、儒家等学说，力图提出一整套强国安民的治国方案。它主张利民的社会变革，认为“苟利民不必法古”；提倡重视民众利益，强调治国之本在于安民，提出“防民之所害，开民之所利”；主张君主“宽大”“慈厚”，抨击“不爱民力”“赋敛无度”的行为等。

在编撰的立意、内容和体例上，《淮南子》仿效《吕氏春秋》，又有所超越，更为严谨和精密。关于写作意图，《要略训》称：“夫作为书论者，所以纪纲道德，经纬人事，上考之天，下揆之地，中通诸理。”《吕氏春秋·序意》亦云“上揆之天，下验之地，中审之人”，二者意图相同，都是要建立一个贯通天地人的理论体系，为国家提供一套系统的治理方案和理论根据。在内容上，《淮南子》的很多概念、观点和材料等都直接或间接采自《吕氏春秋》，例如，《淮南子》的《时则训》采自《吕氏春秋》十二纪的纪首，只是略加归纳和补充；《天文训》中关于节气与吕律的对应关系和关于星宿的分野，分别采自《吕氏春秋》的《音律》和《有始览》；《淮南子》中“法天地”“君道无为，臣道有为”“道德高于仁义”等重要观点，也都直接来自《吕氏春秋》。《淮南子》的体例也显然是对《吕氏春秋》的效仿，两者都是各篇结构一致、篇目整齐划一，形式上都力求做到规范和统一。

《淮南子》对后世的影响很大，西汉末年，扬雄在《法言·君子》中说：“淮南说之用，不如太史公之用也。太史公，圣人将有取焉，淮南鲜取焉尔，必也儒乎。乍出乍入，淮南也。”高诱在《淮南子注·叙目》中说：“故夫学者不论《淮南》，则不知大道之深也。是以先贤通儒述作之士，莫不援采以验经传。”西汉中期，董仲舒借鉴《淮南子》作《春秋繁露》，采纳了《淮南子》的许多思想观点，在句式和内容上与《淮南子》非常接近。西汉后期，刘向著《说苑》，有近40处采用了《淮南子》中的古代史料。东汉班固在《白虎通义》中也引用了《淮南子·天文训》中的许多内容。两汉以后直到唐宋时期，《淮南子》继续被广泛引用，有大量书籍，特别是史书、史注、类书、字书等引用过《淮南子》。唐刘知幾对《淮南子》内容的宏富给予了赞赏："其书牢笼天地，博极古今，上自太公，下至商鞅。其错综经纬，自谓兼于数家，无遗力矣。"清刘熙载对《淮南子》的文学艺术成就作了高度评价："《淮南子》连类喻义，本诸《易》与《庄子》，而奇伟宏富，又能自用其才，虽使与先秦诸子同时，亦足成一家之作。"章学诚对《淮南子》的学术价值作了很高评价："古人著《原道》者三家，淮南托于空蒙，刘勰专言文旨，韩昌黎特为佛老塞源，皆足以发明立言之本。"近代梁启超也称《淮南子》"其书博大而有条贯，汉人著述中第一流也"。

有趣的是，除了学术界以外，《淮南子》对民间的影响也很大。这主要是因为《淮南子》中蕴含了十分丰富的神仙、方术成分。如《原道训》描写得道的真人具有超自然的神力，"入火不焦，入水不濡"；《精神训》又称得道者能"抱素守精，蝉蜕蛇解，游于太清"。书中多次宣称神仙的存在，如《览冥训》记述"嫦娥奔月"，《道应训》《天文训》多次描绘仙人的形象和行为。另外，《淮南子》又基于阴阳五行、"气类相感"的理论，记述、解释了鬼神、吉凶等现象，确立了一些禁忌观念，对民间产生了深远的影响。刘安本人身后也成了民间崇拜的神仙，东晋葛洪编著的《神仙传》中，将刘安列为神仙之一，并详述了他"成仙"的经过，成语"一人得道，鸡犬升天"即来源于此。《水经注·肥水》记载，安徽寿县的八公山上有刘安庙，庙中有刘安和八公的像。民间还流传豆腐为刘安所发明，后人也将一些农书如《淮南养蚕经》《淮南草木谱》及饮食著作如《淮南王食经》等伪托刘安所作。

《淮南子》流传下来的版本较多，主要有西汉刘向本、东汉许慎和高诱注本、北宋本、道藏本、明清本等。为其做注的人也很多，尤其在汉代，有许慎、马融、延笃、卢植、高诱等多家。清代对其研究再度高涨，研究者很多，其中成就较大的有惠栋、黄丕烈、顾广圻、王念孙、钱大昕、俞樾等。同时，各种校本、集解纷纷问世，其中乾嘉学者王念孙的考校成就最大。民国时期刘文典的《淮南子集解》则是目前较为通行的本子。

《吕氏春秋》和《淮南子》作为两部著名的杂家著作，在中国古代思想史上具有承上启下的重要地位，具有重要的思想研究价值。除此之外，由于两者都涉及了自然科学和社会科学的许多领域，汇集了丰富多彩的科技和文史材料，所以还具有宝贵的史料价值。同时，两书都有文笔优美的特点，而且都收录保存了大量的神话传说、历史故事、成语典故、至理名言等，因而又具有很高的文学价值。

（罗献中）

## 8.《黄帝内经》的问世

《黄帝内经》是我国现存医学文献中最早的一部典籍，它汲取和融会了古代哲学和自然科学的成就，从宏观角度论述了天、地、人三者之间的关系，探讨和分析了生命规律，创建了相应的理论体系和防治疾病的应用技术。《黄帝内经》系统反映了我国古代的医学成就和医疗经验，创立了中医学的理论体系，奠定了中医学的发展基础。历代医家非常重视《黄帝内经》，尊之为“医家之宗”。

关于《黄帝内经》的作者和成书年代，历来存在争议。现代一般认为，这部著作非一人一时之作，主要部分形成于战国时期，秦汉以来有所补充，其汇编成书约在西汉中后期。该书假托黄帝所作，是为了迎合当时的崇古之风，以取重于世。现存文献中最早记载《黄帝内经》的是东汉班固的《汉书・艺文志》。

《黄帝内经》包括《素问》和《灵枢》两部分，各9卷81篇，共18卷162篇。《素问》和《灵枢》在内容上各有侧重：《素问》以论天地阴阳、脏腑诊治、病因病证、运气摄生等见长，《灵枢》以论经络灸刺、谈天象论人事等为胜。《黄帝内经》的内容十分丰富，书中从脏腑、经络、病因、病机、诊法、治则、针灸、方药等方面，对人体的生理、病理及疾病的诊断治疗作了较为系统的论述。除了医学知识外，还涉及天文、历法、气象、地理、心理、生物等多种相关学科的内容，形成了庞大的医学理论体系，其中包括基本理论和医疗技术两大类。《黄帝内经》注重整体观念，既强调人体本身是一整体，又强调人与自然密切相关，运用阴阳五行学说解释生理病理现象，指导诊断与治疗，认为阴阳的对立统一是世间万物产生发展和变化的根本原因。基于这种理论，《黄帝内经》认为，人体在正常情况下阴阳平衡，一旦破坏了这种平衡，就会生病。《黄帝内经》同时强调精神与社会因素对人体健康的影响，提倡对疾病的预防，反对鬼神迷信。

《黄帝内经》的主要内容包括以下各个方面。

一、养生学说，阐述防病强身、延年益寿的理论和方法。养生，即保养生命，又称“摄生”“卫生”。《黄帝内经》认为，养生是为了维护人与自然的和谐、形与神的和谐、脏腑气血与阴阳的和谐，借以达到维护健康的目的。该理论特别重视内因的作用，即保养人体的正气在养生和防病中的重要作用。《黄帝内经》在对疾病和衰老深入认识的基础上，以“渴而穿井，斗而铸锥”为比喻，说明“病已成而后药之……不亦晚乎”的道理，提出了“不治已病治未病”的养生和预防思想，并提出外以避邪、内以养正的原则和多种养生方法，建立了中医养生学说，具体包括两方面的内容：一是无病之摄养，延缓衰老与防病；二是残邪未尽与因病致残的康复。《黄帝内经》的养生学说对研究预防医学和康复医学具有重要价值。

二、藏象学说（包括经络学说），这是专门研究人体“藏”与“象”相互关系的理论。“藏”是指藏于体内的有形或无形的脏腑、经络、精气神及其活动，“象”是指体内生理机能活动变化反映出的外在的生命现象。藏象学说以五脏为主体，将人体的组织器官分成五大系统，认为它们之间相互联系，形成统一的整体。《黄帝内经》对人体生理活动的认识以藏象学说为核心内容，从整体上揭示人体的内部器官、结构和机能之间密切而复杂的联系及其活动规律，以及自然和社会因素对人体生理机能活动的影响，体现了“藏气法时”“四时五藏阴阳”的整体思想。藏象学说在《黄帝内经》中占有特殊而重要的地位，成为全书理论体系的核心，也是临床辨证论治的理论基础。经络学说本为藏象学说的内容之一，但具有相对独立性。它研究人体经络系统的组成部分、生理机能、病理变化及其与脏腑、气血等的相互关系。《黄帝内经》认为，经络各个组成部分之间相互沟通，联系复杂，对人体健康具有关键作用，强调“经脉者，所以能决死生，处百病，调虚实，不可不通”。经络学说的建立不仅为针刺技术的推行奠定了理论基础，而且对中医理论和临床医学的发展也具有重要的学术意义。

三、疾病学说，包括病因病机和病证学说两部分。病因病机学说探讨和阐释了疾病的起因及其发生发展和转归的规律。《黄帝内经》认为，内在情志的刺激和外在自然气候的变化是导致疾病发生的两大因素，其中前者包括喜、怒、忧、思、悲、恐、惊七种情志，称为“七情”；后者包括风、寒、暑、湿、燥、火六种外感病邪，称为“六淫”。《黄帝内经》根据这些病因的来源不同，将其分为阴、阳两大类。七情导致病由内生，故属阴；六淫导致邪从外入，故属阳。《黄帝内经》关于病因的阴阳分类是我国医学史上最早的病因分类法，成为后世“三因论”分类法的基础。在病机理论方面，《黄帝内经》以邪正盛衰、阴阳失调、升降失调等阐释病变的机理，提出著名的“邪气盛则实，精气夺则虚”“百病生于气”的学术论断，又相应地提出“病机十九条”作为审察分析病机的示范。对于疾病的转归，《黄帝内经》也提出了表里相传、循经传变、脏腑相移等多种方式。病证学说论述了多种病症的病因、病机、症状和治法。《黄帝内经》中有关病症的记载，内容十分丰富，所载病症名称达 300 多个，所论病证 180 余种。对其中许多病症的病因病机、证候分类、疾病转归、治疗原则和护理保健等都作了系统的阐述。《黄帝内经》论疾病重视整体机能异常和阶段变化的性质，后世概括为“证候”，体现了中医疾病学理论的特色。

四、诊法理论，论述疾病的诊断方法，包括疾病的诊断原理、诊察方法和诊断法则。《黄帝内经》深刻阐述了中医的诊疗原理，如以表知里、以我知彼、先别阴阳、过与不及之理等，同时，创造性地提出了直观而便利地诊察疾病的方法，即“望、闻、问、切”四诊法。书中对其中的望色和切脉的论述尤为详细，有很大的实用价值。望色就是通过观察面部色泽的变化，推断五脏疾病及其发展，通过观察形体姿态，推断体质的强弱和疾病的轻重。切脉就是通过探测脉象的变化来测知脏腑气血的病变，方法有遍诊脉法、三部九候诊法、人迎寸口脉诊法等。《黄帝内经》强调诊察疾病必须遵循“四诊合参”的原则，指出“善诊者，察色按脉，先别阴阳。审清浊而知部分，视喘息、听音声而知所苦，观权衡规矩而知病所主，按尺寸、观浮沉滑涩而知病所生。以治无过，以诊则不失矣”，认为只有四诊综合应用，才能作出正确的诊断，所谓“能合色脉，可以万全”。《黄帝内经》提出的四诊法是中医治疗疾病的主要特色，一直为后世遵循和沿用。

五、论治理论，阐述治疗原则和治疗方法。治疗原则是指导治法和疗法的准绳法则。《黄帝内经》提出了一整套极有价值的治疗原则，如因势利导、治病求本、标本缓急、同病异治、异病同治、阴阳调节、补虚泻实、寒热温清、预防与早治等。此外，还强调人体内外的整体统一，提出了因时、因地、因人制宜的治疗原则，认为治疗的根本目的是“谨察阴阳所在而调之，以平为期”“疏其血气，令其调达，而致和平”。关于治疗方法，又分为有形的处理措施和无形的方略技巧，前者称为疗法，如药物疗法、针灸疗法、饮食疗法、精神疗法等；后者称为治法，如解表清里、理气活血、利湿化痰等。《黄帝内经》记载了多种疗法，如砭石、针灸、药物、熏洗、药熨、敷贴、按摩、导引、饮食和精神疗法等，并论述了它们的治病原理、施行方法与宜忌事项等。上述治疗原则和方法，仍然是今天医学临床实践所遵循的准则。

《黄帝内经》在理论体系方面具有鲜明的学术特点。第一，从整体角度探索生命规律。《黄帝内经》在探究人体生命活动规律的过程中并不是孤立地分析人体的各个部分，而是从人体内部之间的相互联系、从人体与自然界的相互联系中加以认识，认为人体是一个有机整体(即五脏一体、形神合一)、人与自然是一个统一整体(即天人合一)，进而主张在诊治疾病中不仅着眼于病变局部的情况，更要重视整体对局部的影响；不仅要注意人体本身的变化，更要联系自然和社会因素对人体的影响。第二，从辩证角度认识生命活动。《黄帝内经》十分注意用辩证的目光看待生命活动，认为一切事物都不是一成不变的，生命、健康和疾病是相互联系、相互制约和运动变化的。它借助古代阴阳学说的观点，阐释了人体生命活动中存在的对立统一规律，分析解释了人体的生理病理现象，进而把协调阴阳作为治病的基本准则，把恢复阴阳的动态平衡作为治疗的最终目的。第三，从功能角度总结生命本质。《黄帝内经》的基本医学概念和医学规范是生命活动中各种功能相互联系的方式、机制和过程的概括。《黄帝内经》主张从人体病理性功能状态上进行宏观的综合调节的论治原则与方法，赋予中医诊治理论和方法以功能化的内涵，对于多系统、多脏器、多组织的复杂病变，均显示出非凡的疗效，不但具有使用价值，更具有深刻的学术意义。

《黄帝内经》具有多方面的学术价值。第一，创建了世界特有的诊疗体系，孕育了独特的医学发明。《黄帝内经》在特有的疾病观和诊治观的基础上，在没有医疗仪器可资利用的情况下，创建了特有的疾病诊疗体系，创造性地发明了望、闻、问、切“四诊法”。这种诊法在全面、系统、特异性地获取疾病综合信息方面，是现代科技方法所不能取代的。在治疗方法上，使用天然药物组成方剂，又以针灸、推拿、气功、精神、饮食等多种疗法相配合，形成了一套独特的诊疗体系，丰富了世界医学宝库。第二，运用多学科研究医学，确立了天、地、人“三才”的医学模式。全书广泛吸收天文、历法、地理、气象、生物、心理、哲学等多学科的研究成果，运用众多学科的知识研究医学。同时强调人与自然、社会是一个不可分割的统一整体，都遵循着同一规律，因而建构了天、地、人“三才”的医学模式。这种医学模式重视人与自然、社会的和谐，将人与环境的和谐、人体身心的和谐作为健康的标准，并贯穿医疗理论和实践。第三，揭示了生命本质及其活动规律，对于生命科学研究具有重要价值。《黄帝内经》创立的中医学注重研究生命体的机能结构，强调机能整体的和动态的和谐，并概括为各种具体理论和学说，其中蕴涵着中医学特有的医学发现，其临床应用已达两千余年，已被证明具有一定的科学内涵。它所揭示的生命本质及其活动规律表明，研究生命规律，除了运用近代科学和西医学的方法，从生命体的解剖形态及其生理物质变化的角度探索外，还可以从各种生理机能之间的关系以及它们与生存环境相互作用的关系等途径来探索。这对生命科学的研究具有重要的启迪意义。

《黄帝内经》在中国医学史上具有很高的地位，历代有所成就的医家无不重视《黄帝内经》，将其奉为圭臬，视为中医四大经典之首和中医理论体系的源泉。两千多年来，中医学术代有发展，其理论渊源无不来自《黄帝内经》。时至今日，《黄帝内经》对中医的临床实践和学术研究仍有重要的指导作用。《黄帝内经》的部分内容已被译成日、英、德、法等多种文字，中医学也正在走向世界。《黄帝内经》对世界医学的发展产生了一定影响，对世界医学的贡献不可低估。

《黄帝内经》自问世以来备受历代医家关注，对其演绎发挥、考校编次、注释研究者达200余家，著作达400余部。南朝齐梁间全元起注《素问》，是《黄帝内经》最早的注本。唐代王冰整理注释《素问》成就很大，影响深远。明代马莳、张介宾，清代张志聪等通注《内经》，各有特点和成就。更有多人单注《素问》或《灵枢》，均有一定优点。《素问》和《灵枢》历代大多单行流传而独立成书。《素问》之名始见于东汉末年张仲景

《伤寒杂病论序》，现在通行的《素问》本是唐代王冰编注，又经宋代林亿等人校正的，全称为《增广补注黄帝内经素问》。《灵枢》最早称《九卷》，晋代又曾称《针经》，唐代王冰改称《灵枢》，现在通行的是宋代史崧校刊本。

（罗献中）

# 9.《山海经》的问世

《山海经》是先秦古籍，是一部包含大量神话传说的古老的地理书。这是一部内容丰富、风格奇特的作品，内容不仅包括地理和神话，还涉及民族、民俗、宗教、巫术、历史、物产、水利、科技乃至天文、气象、海洋、森林、地质等许多领域，有学者因而称它是上古时代的一部“百科全书”。

《山海经》今传本18卷，39篇，约31000字，包括《山经》(又称《五藏山经》)5卷，《海经》8卷，《大荒经》4卷，《海内经》1卷。全书的编排很有条理，共分为三组，每组的结构自具首尾，前后贯穿，有纲有目。《山海经》的内容十分丰富而庞杂，书中记载了大约100个国家、550座山、300条河流，以及这些地方的地理、历史、民族、风土、物产、宗教、神话传说等各方面情况，可谓面面俱到，应有尽有。《山海经》从四个方向依次介绍了远古时代中华大地的山川宝藏，所记内容十分奇特，特别是一些异鸟怪兽、奇花异石，见所未见，闻所未闻。其中《海外经》又记载了传说中的海外异国，那里要么人形奇特，要么风俗奇异，真是奇中有奇，使人在猎奇的同时又能增长关于上古社会的知识。中国古代也一直有人把《山海经》当历史书看，历代史家也将它作为必备的参考书。但由于时代久远，书中有很多具体内容无法理解，很多谜团无法破解，所以《山海经》又被誉为中国古代第一大奇书。就连司马迁撰写《史记》时也认为：“至《禹本纪》《山海经》所有怪物，余不敢言之也。”这种情况给后人留下了无尽的难题和纷争，但这也许正是这部书至今仍然具有巨大魅力的原因所在。

《山海经》的作者是谁，成书在什么时间，这些问题目前尚无定论。过去一直认为是禹、益所作，例如西汉刘歆《上山海经表》称：“《山海经》者，出于唐虞之际。……禹别九州，任土作贡，而益等类物善恶，著《山海经》。”《尔雅》《论衡》《吴越春秋》等书持说亦同。此说出现最早，影响最大。随着考古学和辨伪学的发展，禹、益所作说渐被否定。现在学术界较为一致的看法是《山海经》由几个部分荟萃而成，并非出自一人一时。根据现代学者的研究，《山经》和《海经》各成系统，成书时代也有别。一般认为，《山经》是战国初期或中期的作品，《海经》稍晚，但也应在秦统一之前。《山海经》各部分在西汉刘向、刘歆父子校书时才合编在一起，成为一部完整的书。《山海经》在成书前有图画，书中有许多语言有明显解说图画的特征。古图后来亡佚，今人所见之图是明清时代补绘的。

《山海经》的内容异常丰富庞杂，所以对于此书究竟属于何种性质的著作，过去的认识也很不一致。西汉刘歆认为《山海经》是一部地理博物著作；东汉班固认为《山海经》属于术数之书；晋代郭璞认为《山海经》是一部可信的地理文献，批评世人“及谈《山海经》所载而咸怪之”；明代胡应麟认为《山海经》为“古今语怪之祖”，将该书列入“语怪”之书；清代《四库全书总目》将其列入“小说类”；今人鲁迅则把《山海经》归于巫术之书(《中国小说史略》)。这些观点概括起来大致是两种截然相反的看法，一种认为《山海经》的内容真实可信，另一种认为荒诞不经。目前，大多数研究者在认识上趋向一致，即认为《山海经》总体上是一部蕴含多方面信息的上古时代的地理书。

作为一部独具特色的古代典籍，《山海经》内容丰富，信息量大，具有多方面的价值。

首先，作为一部地理著作，《山海经》具有很大的地学研究价值。《山海经》中的《山经》部分最富于地学价值。清代毕沅认为，《山经》是古代土地之图，是《周礼》大司徒用来了解各地情形的，征实的内容较多。今人谭其骧认为，《山经》从形式到内容都以叙述各地山川物产为主，尽管也杂有神话传说，但基本上是一部真实的地理书。据其研究，《山经》共写了440多座山，这些山中，见于汉晋以来的记载、可以指认确切的约为140座，占总数的三分之一。其中对晋南、陕中、豫西地区的记述最为翔实，这应该是研究我国古代地理的宝贵资料。《山海经》的地学价值主要表现在：一、记载山川的内容比最古的地理专著《禹贡》丰富，其中《山经》记载山岳共15000余字，篇幅相当于《禹贡》同类内容的14倍；二、叙述的陆地地理范围比《禹贡》广阔，比如在东方，《禹贡》记述扬州东南境仅及三江、震泽，而《山经》提到了句余、浮玉、会稽、漆吴等山，对东南地区山川的介绍胜于《禹贡》；三、记载了许多原始地理现象，如关于南方岩溶洞穴的记载，关于北方河水季节变化的记载，关于不同气候带的地理景观和动植物特点的记载等，都具有一定的历史地理学价值。

其次，《山海经》具有民族、宗教、历史、科技等方面的研究价值。《山海经》的结构是纲目结合，以纲带目，这种结构在《山经》部分尤其突出。《山经》在记述时，一般以山为纲，从首山记起，依次记山名、水名、村落、民族、风俗、物产、祭祀、巫医等，把众多信息资料附丽其上，这些材料成为后来研究相关学科的宝贵材料。《海经》虽然看起来“荒诞不经”，但对后人也有一定的启发意义和参考价值。比如《海经》中记载了诸如羽民国、厌火国、不死民、君子国等许多奇异的国家和民族，虽然这些记载并非真实，只存在于传说中，但也有一定的民族学价值。尤其值得称道的是，《山海经》中保存的大量的神话传说蕴含着多方面的信息，是研究上古社会的资料库。因为在这些神话中不仅可以看到巫师的活动，还可以看到古代民族的信仰、崇拜等。书中又有大量的神奇动物的记载，它们往往具有神奇的力量。这些动物很可能就是远古之人的图腾崇拜。研究中国古代的宗教信仰，《山海经》是必不可少的参考材料。

《山海经》中的神话传说在一定程度上又是历史的反映。特别是把几条类似的材料加以比较，有时可以据此推断历史的真实面貌。例如“黄帝战蚩尤”“禹杀相柳”等记载，剔除神话色彩，从中可以看到一场场古代部落之间的残酷战争。又如《大荒西经》《海内经》中记载了黄帝的谱系，这个谱系虽然具有传奇色彩和神谱性质，但是它与《大戴礼记·帝系篇》《史记·五帝本纪》等相关内容基本相同。《山海经》所载的神话传说总体上反映了上古劳动人民的生产斗争和社会斗争的情况，可以看作上古历史曲折而又形象的反映。例如“精卫填海”(《北山经》)、“夸父追日”(《大荒北经》)、“鲧窃息壤堙洪水”(《海内经》)、“大禹治水”(《大荒北经》)等神话，就是先民跟自然作斗争的生动反映。又如“刑天争神”(《大荒北经》)等神话，则反映了上古人民的反抗行为和不屈不挠的战斗精神。

《山海经》又可以看作是一部科技史，它记载了古代科学家的发明创造，记载了他们的科学实践，还反映了当时的科学思想以及科技水准。例如关于农业生产，《大荒海内经》载：“后稷是始播百谷”“叔均是始作牛耕”。《大荒北经》载：“叔均乃为田祖。”关于手工业，《大荒海内经》载：“义均是始为巧倕，是始作下民百巧。”关于天文、历法，《大荒海内经》载：“噎鸣生岁有十二。”《大荒西经》载：“帝令重献上天，令黎邛下地。下地是生噎，处于西极，以行日月星辰之次。”此外，还有一些自然现象，比如极地现象和太阳黑子的记载，虽然用的是神话形式，但仍然极其珍贵，在其他书中难以见到。

再次，《山海经》具有很高的文学价值，主要体现在神话对文学的影响方面。神话是文学之母，神话常常催生文学并转化为文学的其他样式。神话转换为文学其他形式以后，虽然往往本身的神话意义消失了，却作为文学中艺术性的冲击力量辐射开来，融进后世的作品中而永葆生机和活力。《山海经》中的神话就是如此。比如，早期具有小说意味的作品《穆天子传》，其中部分人物和故事即由《山海经》神话演绎而成。南北朝的《神异经》《十洲记》等雏形小说，记述山川田园，描写奇人异物，显然在模仿《山海经》。在以干宝《搜神记》为代表的魏晋志怪小说里，有不少《山海经》神话中的人物，其中部分故事甚至基本利用《山海经》的记载，而只略作增删。《柳毅传》等唐传奇作品，也有对《山海经》神话化用的内容。明清小说创作也受到了很大影响，神话小说《西游记》里孙悟空形象的塑造，似乎可以看作《山海经》里夔神话的翻造，书中人、神、兽杂糅的形象即是《山海经》神话的直接化用；《封神演义》《聊斋志异》等神魔狐怪小说的某些描写，与《山海经》的神话描写一脉相承；神游小说《镜花缘》前四十回写主人公游历海外各国，更是几乎全取材于《山海经》。

《山海经》的神话描写在寓言和诗歌方面也产生了很大的影响。比如《庄子》寓言利用《山海经》里的神话材料，把自然及动植物拟人化。先秦两座文学高峰《诗经》与《楚辞》都有《山海经》神话影响的痕迹，而《楚辞》尤甚，如屈原的《离骚》《天问》等长诗中就经常出现《山海经》中的神话形象。陶渊明《读山海经》组诗赞颂夸父、精卫、刑天等英雄的斗争精神，也是直接取材于《山海经》神话。浪漫主义诗人李白创作的具有游仙思想的名篇《梦游天姥吟留别》《蜀道难》等，亦深得《山海经》神话的神韵。李贺对《山海经》神话多有运用，李商隐诗歌中更是大量运用《山海经》神话进行象征和隐喻。近代戏剧也有很多取材甚至脱胎于《山海经》神话的，《牛郎织女》《白蛇传》《嫦娥奔月》等就是例证。现代诗文中也不乏取材于《山海经》神话者，郭沫若、余光中、杨牧等人的作品就是代表。如此等等，不一而足。

另外，《山海经》在民俗、物产、水利、天文、气象、地质、植被等方面也可以为后人提供珍贵的研究资料，具有特殊的价值。

关于《山海经》的研究，两汉之际，受经学的冲击，几乎无人研究《山海经》，至东晋郭璞始为之作注，此后则长期无人响应。明清时期，情形大变，研究者猛增。明代有刘会孟、王崇庆、杨慎等人作释义或补注，清代吴任臣、汪绂、毕沅、郝懿行等均为研究《山海经》的名家。其中，毕沅的《山海经新校正》和郝懿行的《山海经笺疏》颇负盛名。现代研究《山海经》的学者中，影响较大的有顾颉刚、谭其骧、袁珂等人。

（罗献中）

# 10. 汉初布衣将相之局

布衣原指穿麻布衣服的人，后来成为一般平民的代称。公元前202年，楚汉战争结束，刘邦在定陶登基称帝，开创了中国历史上第二个统一的封建王朝——西汉。刘邦便因此成为中国历史上第一个布衣皇帝，而西汉初年被授官将相的开国诸臣也大多来自社会下层。这些人中属张良的出身最为显贵，为韩国丞相之子；其次属张苍和叔孙通，分别为秦朝御史和待诏博士；再次则有萧何为沛县吏掾、曹参为沛县狱掾、任敖为狱吏、周苛为泗水卒吏、傅宽为魏骑将、申屠嘉为材官；而陈平、王陵、陆贾、郦商、郦食其、夏侯婴等人则都是没有官职的普通百姓，樊哙则是屠夫，周勃是替人办理丧事的吹鼓手，灌婴是小商贩，娄敬是戍卒。他们中的绝大部分都是追随刘邦参加过农民起义的成员，从农民战争中脱颖而出，最终成为布衣将相。这种上从天子下至王公大臣都出身布衣的政治格局在中国历史上是十分罕见的，清代著名学者赵翼最早注意到了这一现象，并把它称为“汉初布衣将相之局”。

汉初布衣将相之局的形成并不是历史发展的偶然，其产生的背后有着诸多方面的原因。就历史原因而言，汉初布衣将相之局的出现是春秋战国以来世卿世禄制度被逐渐破坏的必然结果。春秋战国时期，随着生产技术的进步，生产力得到了长足发展，奴隶制度作为一种落后的生产关系已经不再适应生产力发展的要求，而封建制度却作为一种新兴的生产关系正得到蓬勃发展，并显示出了强大的生命力。地主阶级通过各种方式与奴隶主阶级展开了激烈的斗争，他们要求打破等级束缚，变革社会制度，参与国家政权。整个社会从经济基础到上层建筑都发生着剧烈的变化。激烈的社会动荡，一方面使无数出身贫寒的优秀人才凭借着自身的贤能跻身社会上层，成为历史的弄潮儿；另一方面，也使大量依靠家族、身世而取得荣耀的没落贵族被遗忘到历史的角落。世卿世禄制度在此过程中遭到严重破坏。

春秋战国时期也是我国历史由分裂走向统一的重要时期。长期的诸侯割据严重阻碍了历史前进的步伐，结束分裂、实现统一成为历史发展不可抗拒的潮流。历史的使命有待英雄来完成，而时代对于英雄的选择却是偶然的。各诸侯国的统治者都认为自己是这一历史使命的唯一完成者，他们竭力地扮演着统一全国的历史角色。为了完成这一使命，各国诸侯都想尽一切办法来网罗豪杰、招揽人才。这样，大批平民政治家、军事家和外交家被推到时代的风口浪尖，他们在各国的政治舞台上施展着自己的才华，甚至那些引车卖浆之辈、鸡鸣狗盗之流也凭借着一技之长博取了一时的富贵。这种只论贤能、才学，不讲门第、出身的用人方式，不仅冲击着世卿世禄制度，而且影响着人们的思想观念。“朝为田舍郎，暮登天子堂”的戏剧人生对人们来说已不再是一种梦想，张仪、苏秦似的人物成为普通百姓争相模仿的对象。这样一种社会转型过渡时期特有的等级混乱、壁垒松弛的现象一直持续到秦朝统一中国。秦朝统一中国之后，封建制度无论是在经济基础还是在上层建筑的各个领域都确立了自己的优势。封建官僚制度得到普遍推行，人才选拔的范围更加广泛。虽然秦朝制定了严格的爵位等级制度，但是它把爵位与军功劳绩联系在一起，这便使众多社会下层人民可以通过耕战来改变自己的政治、经济地位。西汉初年的布衣将相之局就是在世卿世禄制度的门第、血统、等级、观念遭受持续冲击的时代背景下产生的。可以说，如果没有春秋战国时期阶级关系的重大变化，没有社会观念的不断更新，也就没有西汉初年的布衣将相之局。

除了历史原因之外，汉初布衣将相之局的形成还有着深刻的社会原因。秦末的农民起义是汉初布衣将相之局形成的社会原因。秦始皇统一中国之后，继续把法家思想作为治国的指导思想，秦朝严酷的法律和繁重的赋税使人民不堪重负。当秦王朝传至秦二世时，国家的阶级矛盾和社会矛盾已经发展到了不可调和的程度，农民起义一触即发。公元前 209 年(秦二世元年)7 月，一场大雨延误了一批从大泽乡赶往渔阳的农民的服役期限，从而引发了中国历史上的第一次农民起义——大泽乡农民起义。自此以后，秦末的农民起义便一发不可收拾，各地的农民起义像雨后春笋般纷纷爆发，起义军的队伍遍及全国。他们以摧枯拉朽之势，用短短三年多的时间便结束了秦朝的统治。在此过程中，大批地位卑贱的下层劳动人民通过农民起义所提供的广阔舞台显示了自己创造历史的巨大力量和卓越才干。在起义队伍中，除广大下层人民外，也有不少六国贵族的后裔，他们带着对秦王朝的国耻家恨参加到起义队伍中，把推翻秦朝统治、光复祖业作为自己的使命。他们同样通过农民起义而声名显赫，项羽就是其中的代表。秦王朝灭亡后，项羽的武装成为各路起义军中最强大的一支，他以起义军“大哥”的身份自居，并对其他各路起义军的首领及其部下实行了大分封。全国顿时封国林立，诸侯遍布。项羽的志向似乎并不在于统一全国，而只在于充当天下英雄拥戴的霸主。他试图使中国回归到诸侯割据的时代，这无疑是历史的倒退。随之而来的四年楚汉战争证明了这种逆历史发展方向而动的行为是不会成功的。历史最终选择了刘邦作为天下的共主，使之成为大汉王朝的缔造者。随着刘邦在楚汉战争中的胜利，那些跟随他打天下的平民成员们也就顺理成章地成为新帝国的布衣将相。因此，可以说秦末农民战争为社会下层的贤能之士提供了一个崭露头角的广阔舞台，使他们能够有机会在历史发展的潮流中一显身手。

最后，汉初布衣将相之局的形成是刘邦及其布衣集团能够审时度势、顺应历史发展潮流的结果。刘邦与他的布衣贤者们虽然出身卑贱，多数缺少文化涵养，性格、气质、才能、禀赋千差万别，但是他们又都足智多谋，并少于繁文缛节的束缚。他们在秦末农民战争中组成了一个彼此需要、相互利用，并符合历史需要的军事政治集团。正因为这一集团的不断进取，才使他们能不失时机地把握历史发展的脉搏，逐渐从各种势力中脱颖而出，并最终夺取天下。汉初布衣将相之局的形成与刘邦布衣集团的努力是分不开的。

综上所述，深刻的历史原因、社会原因和刘邦集团自身把握机遇的能力共同促进了汉初布衣将相之局的形成。

汉初布衣将相之局给西汉初期的政治经济和社会生活都造成了深刻而巨大的影响。首先，刘邦布衣集团的当政，打破了人们的种族血统观念。其次，一方面，由于这一布衣将相群体大都出身贫寒，他们对百姓的疾苦有着亲身的体会，所以在制定各项政策时会或多或少地考虑到人民群众的利益和要求，这样就有意无意地减轻了对劳动人民的剥削；另一方面，因为布衣将相都是通过农民起义成长起来的执政者，他们目睹了秦王朝的灭亡，深刻感受到人民群众力量的强大，所以为了避免重蹈前秦的覆辙，政治相对清平。这样一种休养生息的政策和清平的政治局面对汉初 60 多年间生产的恢复和发展起了促进作用，直接为“文景之治”奠定了基础。再次，由于汉初的布衣将相大都出身下层，他们身上不可避免地带有浓厚的乡土气息，这就造成了汉初君臣之间的尊卑等级关系远不如后来那么森严。

（万英才）

## 11. 汉初黄老之学与“无为而治”

汉初，黄老之学鼎盛，成为国家的意识形态，在政治实践中发挥理论指导作用。在汉初的六七十年里，统治者贯彻“无为而治”的原则，推行休养生息的政策，而黄老之学正是这种政治实践的理论来源。

汉初推行休养生息政策有深刻的政治、经济背景。首先，秦朝的灭亡引起汉初统治者关于治术的反思。秦朝“其兴也勃，其亡也忽”的结局，使统治者意识到，严刑峻法的极端专制主义暴力统治是靠不住的；必须改弦更张，采取宽厚政策，减省刑法，约减政令，轻徭薄赋，才能缓和社会矛盾，安定民心，避免亡秦的覆辙。其次，“无为而治”是出于汉初社会经济凋敝的现实考虑。灭秦战争结束以后，又经过长达四年的楚汉战争，人民死亡过半，流离失所，土地抛荒，人烟断绝，整个社会经济遭到严重破坏。据史书记载，汉朝建立之初，皇帝乘坐的马车找不到四匹纯一色的马，将相只能乘牛车。可以想见，当时社会经济被破坏的程度。因此，采取措施以恢复生产、发展经济成了当务之急。

黄老之学，也称为“黄老之术”，黄指黄帝，老指老子，它是战国时新道家改造老子学说、综合吸收先秦各家学说并依托黄帝之名的一种学术思想或学术派别。黄老之学开始于战国时期，虽然战国时还没有黄老之名，但已有其实。因此，黄老之学分为两个阶段：战国黄老之学、秦汉黄老之学，秦汉黄老之学又可以进一步分为秦汉之际黄老之学和汉初黄老之学。战国黄老之学的代表作有《黄老帛书》《鹖冠子》《吕氏春秋》等，代表人物是以慎到、田骈、接子、环渊、申不害等一批属于黄老道家或受黄老之学影响的稷下先生、稷下学士；秦汉黄老之学的代表作有《淮南子》《论六家要旨》等，代表人物是以曹参为首的一批黄老政术家以及以刘安、司马谈等为代表的黄老道家思想家。战国黄老之学借助道家人物的推扬和代表著作的传播，使得它向秦汉黄老之学继续发展。秦统一六国、建立专制主义中央集权国家后，推行文化专制主义政策，把法家确立为指导思想。秦汉之际，黄老之学处于潜藏期。到了汉初，黄老之学处于鼎盛时期，大行其道，成为不折不扣的“君人南面之术”。

黄老之学兼采百家，因而思想内容极为丰富。关于道论，黄老之学主要强调作为最高本体和基本法则的“道”在自然、社会、人生的决定意义和指导作用，因此，主张法道因天来开展活动。关于人性理论，黄老之学强调人的自私自利、趋乐避苦的自然本性。基于人的这种特性，其主张因顺人情来施治。关于治论，它是黄老之学的主体内容。其理论特点是道法结合，用道家哲学理论来论说法治主张。黄老治道的核心思想是无为而治，即无为而无不为。所谓无为，就是等待时机，不违背事物的本性盲目行动；所谓“无不为”，是指顺应事物的本性而恰当地活动。无为而无不为，就是遵循客观规律，发挥主观能动性，待机而动，从而获得成功。无为而治作为一种治术，主要包括以下内容。第一，循名责实。循名责实，也就是通过进行一系列的“正名”和“名正”的制度、体制建设，根据官吏的职责和职位之“名”来考核他们的实际作为之“实”，从而判定他们的政绩优劣，据以进行奖惩。第二，君逸臣劳。人君掌握“循名责实”之权，督促臣下各遵其名、各守其位、各行其是、各尽其职，不必过问具体事务性的工作。第三，刑德并施。在管理活动中，施德与用刑相辅而行，二者不可偏废，既不能严刑峻法，又不可放任自流。通过刑、赏两柄，把各项活动纳入秩序的轨道，人民在秩序许可的范围内从心所欲。

黄老之学的无为主张正好契合汉初基于实际需求而作出的政治选择，它可以为统治者的政治选择提供理论依据。在汉初，由于陆贾、贾谊等人的传播，曹参、陈平、文景二帝、窦太后的大力提倡，黄老之学走上了与政治实践相结合的道路。在秦帝国的废墟上建立起来的西汉政权，把黄老之学作为治国的指导思想，采取一系列措施和策略以稳定政权，恢复和发展社会经济。

一、轻徭薄赋

汉初统治者为了避免人民负担过重，采取措施减免赋税和徭役。高祖即位后，减轻赋税，实行什五税一，比原来的什一之税减少了三分之一。公元前202年(高祖五年)颁布政令，鼓励农业生产，规定：诸侯子弟愿意留在关中的，免徭役十二年，回关东的免徭役六年；所有军吏卒无罪的，一律免除本人及全家的徭役。公元前196年下诏，对从丰县迁徙到关中的人，终身免除徭役；愿意到蜀、汉、关中定居为民的士卒，终身免除徭役。公元前195年下达诏令，命令诸侯王等每年十月朝献，并规定数额，避免各郡国向朝廷贡献过多，向民众征收赋敛过重。可能田租在高祖后期出现了反弹，所以，惠帝即位后又恢复什五税一。公元前178年(文帝二年)，下诏要求各级官员“省徭费以便民”，并减去当年全国田租的一半。公元前168年又宣布免去当年田租之半，也就是三十税一。公元前167年，文帝下诏免收天下田租，一直到景帝时才又恢复三十税一的政策。除了减免田租外，文帝还减轻算赋。汉初以来的定制是算赋为一百二十钱，文帝时减为四十钱。文帝爱惜民力，在位期间，既没有大兴土木，又没有大的战事，百姓几乎没有徭役之苦。按汉初以来的制度，成年男子每年都要服徭役，而文帝时“丁男三年而一事”，应该说这种徭役负担是比较轻的。景帝继续推行薄赋劝农政策，公元前156年(景帝元年)，下令实行三十税一，从此成为汉朝的定制。公元前150年，景帝下令对诸侯王征发封国内的民力加以限制，为他们修筑坟墓不得超过三百人。公元前142年(景帝后元二年)，下诏不受郡国贡献锦绣等奢侈物品，以省徭赋。

二、不夺农时

为了恢复和发展生产，汉初统治者采取各种措施，保证足够的劳动力稳定地从事农业生产。为此，一方面，保证劳动力不被侵夺，努力增加劳动力来源。公元前202年(高祖五年)，裁遣军队，让他们复员从事农业生产。同年下诏，劝说因战乱而逃散的人口回到原籍，恢复他们的爵位和田宅，使他们安心从事农业生产；对因为饥饿而被迫卖身为奴婢者，一律恢复庶民的身份。此外，鼓励人口增殖。公元前200年(高祖七年)春规定，对增添丁口者免除两年徭役。公元前188年(惠帝六年)下诏，规定女子15岁至30岁不出嫁，分五等罚钱。这是运用经济强制，让育龄妇女繁衍人口，增加劳动力。另一方面，尽量不烦扰老百姓，保证他们的劳动时间，使他们安心从事农业生产。战争危害尤为突出，它不仅消耗大量的社会财富，增加人民的负担，而且侵占人民的劳动时间和劳动力。因为在军队中服兵役的基本上是成年男丁，而他们是农业生产最主要的参与者。为此，汉初统治者在处理对外关系时特别慎重，避免大规模的对外战争。白登之围后，为了巩固政权，换取边境的安宁，公元前198年(高祖九年)冬，刘邦派人与匈奴和亲，这是汉和亲安边的开始。吕后时，冒顿单于自恃武力强盛，对汉进行挑衅。吕后采纳季布的意见，继续与匈奴和亲修好。文帝时，一面在边境积极防御，一面与匈奴通使和亲修好，保持和匈奴的关系，尽最大可能避免战争。景帝时，又连续三次与匈奴和亲通好。此外，汉对南方边境进行安抚。秦时龙川令赵佗在秦亡后自立为南粤武王。高祖派陆贾通使南粤，立赵佗为南粤王。吕后时，赵佗因对汉发生误会自立为帝，与汉分庭抗礼。文帝时，以诚意消除误会，赵佗重新盟誓永远当汉的藩属。景帝时，南粤仍称臣，遣使来朝。终文景之世，南方边境长期保持和平与安宁。

三、废除苛政

秦朝的严刑峻法使它被人民所抛弃，貌似强大的帝国在农民起义的冲击下迅速土崩瓦解。汉初统治者吸取了秦亡的教训，宽刑简政，颁布了一系列废除严刑酷法的政令。刘邦入关之后，宣布废除秦法，实行约法三章。公元前191年(惠帝四年)，废除挟书律。公元前187年，继续减轻刑罚，废除妖言令、三族罪。文帝在轻刑薄罚上跨出的步伐最大。即位之初，也就是公元前179年，他就不顾臣下的反对，废除了沿用秦律而来的收律、连坐法。连坐法与专制社会相始终，两者的关系牢不可破。所以，这一残酷法律的废除意义重大，它成为文帝轻刑罚的重要标志。公元前178年(文帝二年)，又下诏废除诽谤、妖言令。公元前173年(文帝七年)，诏令列侯、太夫人、夫人、诸侯、王子及两千石以上官吏，不得擅自征捕。尤其值得称道的是，公元前167年，文帝下令废除肉刑。这一废除肉刑的法令意义重大，它正式以法律的形式废除了自周秦以来延续了一千多年的黥、劓、刖等酷刑，是中国政治史、法制史上的一大进步。公元前156年(景帝前元元年)，下令减笞刑，规定，减笞五百为三百，笞三百为两百。公元前144年(景帝中元六年)，下诏减笞法，定棰令。按照重新制定的笞法，减三百为两百，减两百为一百；并对刑具棰的长短、材质以及施刑的身体部位都作了细致规定，其目的在于让犯人仅受皮肉之苦，起到惩戒的作用，不至于因笞致死、致残。公元前143年(景帝后元元年)，景帝下诏，刑事判案中如有疑问可以送有司重新审理定刑，然后再交政府主管刑事案件的廷尉；受命审理定刑的关员，如量刑不当，也不算过失。这样做的目的在于，让管理刑狱的官员从宽量刑。总之，这个时期的许多官吏判案从轻，所以有“刑罚大省，至于断狱四百，有刑错之风”的说法。

四、节俭安民

汉初的几代帝王厉行节俭，思安百姓。刘邦出身社会下层，深知民生艰难，比较重视节俭，爱惜民力。公元前200年(高祖七年)，他到长安后，看到萧何为自己修建的华丽的未央宫，非常生气，责备萧何不应该大兴土木，劳民伤财。崇尚节俭，以德化民，文帝在汉初统治者中最为突出。文帝不仅谆谆告诫君臣要节俭便民，而且率先垂范。他在位的23年里，不增加在宫室苑囿、车骑服御等方面的享受；宠幸的姬妃衣服不能拖到地下，帷帐无文秀；为自己建坟陵因陋就简，都用瓦器，不用贵重的金银铜锡装饰；为节省军费开支，裁减护卫亲兵；对太仆所掌管的舆马，按需留用，多余的分给驿站，供各地往来传乘。他准备修筑一座露台，用来登临观察天象。他召来工匠计算工程造价，听说花费相当于十家中等人家的家产，就取消了这一计划。公元前158年(文帝后元六年)，天下大旱，蝗虫成灾，农业歉收。文帝采取措施，一方面开源，开放山林池泽之禁；另一方面节流，诏令诸侯免予朝贡，削减宫中各项用度，裁减郎官的员额，压缩行政费用支出。文帝把节俭安民的政策贯彻始终，他临终前留下遗言，丧事一律从简，避免惊扰百姓、伤害民力。景帝谨遵文帝的遗业，继续推行节俭化民的方针。公元前142年，为了倡导节俭勤劳的风气，使老百姓勤勉地从事农桑，积蓄粮食、布帛，以备不时之需，他诏告天下，不接受诸侯的朝献，减少宫廷的郎官，以削减行政开支。

五、宽律弛禁

汉初统治者不与民争利，推行比较宽松的经济政策。虽然从刘邦开始推行重农抑商的政策，把足食足兵作为基本国策，但是在社会经济全面恢复的大背景下，在农本商末的前提下，统治者对工商业政策也有所宽弛。惠帝、吕后时，放松对商贾的管制。公元前175年(文帝五年)，废除盗铸钱令，允许私人铸造钱币。公元前158年，弛山泽之禁，允许百姓进山采矿，下泽捕鱼，煮海水为盐。煮盐、冶铁、铸钱等大利所在的行业或部门，自从武帝以后一直被政府垄断，成为国家财政收入的重要来源。文帝让利于民，有利于经济的恢复和发展。周秦以来，在四方要塞处设立关卡，屯兵把守，出入时必须得到官府的批准，并领取过关凭证，也就是“传”，过关时验证放行，持传而过。这些关卡的设立，妨碍了各地之间的自由往来。公元前168年(文帝十二年)，为了顺应经济发展形势，宣布“除关，无用传”，允许商人自由往来，而不须持官方发给的符信。显然，此举放宽了对商人自由往来的限制，有利于商业的发展。

六、萧规曹随

按既定方针办，保持政策的连续性、稳定性，是汉初统治者在施政方针上的一大特色。萧何是西汉的开国丞相，他尽心竭力辅佐刘邦，攻取天下，巩固后方，制定律令，对汉世基业有开创之功。他死后，曹参继任丞相。曹参实践清静无为、因循而之的方针，即官不扰民，民自宁静。他完全遵循萧何制定的各项规章制度，整天什么也不做。惠帝见了很奇怪，忍不住问他。他回答说，论才干，你不如高祖，我不如萧何；他们平定天下，制定的各项法律制度已经很完善齐备了，你、我只需要各守其职就可以了。曹参死后，陈平为相，继续推行黄老政治。吕后的妹妹，也就是樊哙的妻子吕媭，多次在吕后面前进谗言，说陈平身为丞相不理政事，整天饮酒作乐。陈平根本不理会，继续我行我素。这固然是陈平韬光养晦的政治谋略，避免吕后的猜忌，但也反映出他的清静无为的政治倾向。文帝时，周勃为右相，陈平为左相。一次在朝堂上，文帝问周勃，全国一年审理的刑事案件有多少，国家一年的钱谷收入有多少，周勃回答不出来，汗流浃背，显得狼狈不堪。文帝又问陈平，陈平坦然地说，这不是我的事，有专人管。文帝问，谁专门负责？陈平回答，案件审理的事情由廷尉负责，钱粮的事情由治粟内史负责。文帝就问，既然职有专司，那你们左右相的职责是什么？陈平回答，宰相的职责是辅佐皇帝，对外镇抚四夷诸侯，对内安定百姓，使朝廷大臣各安其位，各尽其职。文帝听了大为赞叹。“文景之治”盛世局面的形成离不开政策的连续性、稳定性。刘邦规定与民休息的政治方针于前，惠帝、吕后因循于后，文帝进一步发展，景帝继续推行。景帝是典型的因循守成之君。他谨遵父祖的既定治国之道，继续推行黄老政治，与民休息，轻徭薄赋，简省刑法，修好匈奴等。因此，《汉书·景帝纪》称之为“孝景遵业”。

汉初的几代帝王推行休养生息的政策，把“无为而治”的理论付诸实践，收到了显著的效果。社会经济得到了恢复、发展，社会秩序稳定，人民安居乐业，从而创造了“文景之治”的盛世局面。汉初统治者对匈奴采取和亲，对南粤实行安抚，汉初的几十年里，基本上没有发生大规模的战争，为民众赢得了一个相对和平安宁的社会环境；加之，田租较轻，徭役较少，极大地提高了农民的生产积极性。在上述两方面的推动下，社会经济出现了前所未有的繁荣景象。到武帝初年，各级官府的仓里装满了粮食，库里积满了铜钱。朝廷所藏的粮食，新旧堆积，一直堆到露天地上，任由腐烂。朝廷所藏的钱，不计其数，堆积在府库里，由于长期不动用，以至于钱串子都腐烂了。民间几乎家家养马，田野间马匹成群，骑母马出门会让人瞧不起。掌管里门的小卒都可以吃到精米肥肉。由于汉初推行不扰民的让步政策，促进了商业的发展。关中地区的繁荣正是商业发展的表现和结果。关中地区有天下中心的地利之便，加上汉初几代统治者的推动，经济发达，出现了许多从事工商业的富户。按司马迁的说法，关中以占全国三分之一的面积、十分之一的人口，却拥有天下十分之六的财富。关中可以与四方进行贸易：西边可以买到羌中的畜牧毛皮，南边可以与盛产漆木的巴蜀交易，北边可与戎狄交易，东边可与魏、赵富商互惠互利。到文帝时，商业的从业人数越来越多，成为一个庞大的群体，他们男不耕，女不织，但凭借商业的可观收益，穿的是华丽的衣服，吃的是精米肥肉，而且规模也越来越大，社会上出现了为数不少的富商巨贾，也称为“素封”。他们虽然不像王公贵族一样有官爵，但同样广有财势，同样过着奢靡的生活。

黄老之学适应了汉初的社会实际，随着社会的发展，它逐渐不适应新的社会实际。汉初统治者受无为政治的消极影响，安于现状，不思进取，对于社会潜滋暗长的各种矛盾不是积极克服，而是采取回避和放任自流的态度。由于统治阶级的因循苟且，整个王朝缺乏一种昂扬振奋的精神，显得暮气沉沉；更为重要的是，极大地削弱了王朝对内、对外的控制力，新的社会危机正在酝酿。首先，不干预政策助长了商贾、豪强的横行不法。由于黄老政治的不干预政策，商贾、豪强趁机巧取豪夺，势力大增。《史记·货殖列传》中指出，在各地形成为数众多的“素封”，他们大富霸一郡，中富霸一县，小富霸一乡一里。他们凭借政治特权和经济实力横行不法，兼并土地，广聚徒党，为非作歹，危害一方，使趋于和缓的社会矛盾又开始激化，成为社会不稳定的主要因素之一。其次，随着实力的增强，诸侯国与中央分庭抗礼。刘邦在楚汉战争期间和建国后相继分封了一批异姓、同姓诸侯王，裂土封王的失当举措留下了无尽的后患。刘邦好不容易消灭异姓王，又陆续分封宗室子弟为王。这些同姓诸侯王的封地跨州连郡，可以自行征税，拥有军队，俨然一个个独立的王国。他们在无为政治的掩护下明目张胆地扩充势力。随着实力的增强，他们徇私枉法，甚至公然对抗朝廷，形成尾大不掉之势，构成对中央的严重威胁。文帝时，淮南王刘长割据一方，骄横不法，发展到叛乱谋反；景帝时，吴王刘濞长期扩充实力，蓄谋发动“七国之乱”。虽然这两次叛乱都失败了，但是，国家和人民为此付出了血的代价。从某种意义上讲，这种分裂割据的危险是黄老政治纵容的结果。再次，匈奴时有入侵，成为心腹之患。如何对付匈奴的侵扰一直是困扰汉初统治者的一个令人头痛的问题。自从刘邦开创与匈奴和亲政策之后，虽然与匈奴的紧张局势有所缓解，但仍然烽烟时起，边患不断。匈奴骑兵不时南下侵扰，烧杀抢掠，造成边郡汉民众巨大的生命、财产损失，干扰了他们正常的生产、生活。

黄老之学的“无为而治”，对汉初政权的稳定、经济的恢复和发展、社会的安定起了积极的推动作用。在无为而治的推行过程中，随着统治阶级力量的日益强大和社会阶级矛盾的日益尖锐，统治者要求强化和集中权力，决不会安于长期“清静无为”的自由放任状态。因此，经过汉初几十年的休养生息，时代要求对国家的指导思想、施政方针进行适时调整，由寡欲的无为政治转向多欲的有为政治，清静无为的黄老之学已经不能满足好大喜功的统治者的胃口。武帝的“罢黜百家，独尊儒术”标志着黄老之学从巅峰下跌，从此不再作为治国方略，而是作为诸派学说之一存在于人们的社会生活之中。

（陈友乔）

# 12. 汉武帝“罢黜百家，独尊儒术”

汉武帝刘彻，生于公元前156年(景帝元年)，卒于公元前87年(武帝后元二年)，是西汉历史上继文帝、景帝之后颇多建树的帝王。汉武帝对内实行多欲的进取政治，提倡儒家学说，加强皇权，巩固统一；对外开疆拓土，宣扬国威，确立了中国的版图。武帝在父祖开创的繁荣局面的基础上，凭借着他个人的雄才大略，经过半个多世纪的经营，大大提高了汉朝的国力，使汉朝成为当时世界上最强大的国家。服务于大一统政治的需要，为了加强思想上的统一，武帝采纳儒生董仲舒的建议，“罢黜百家，独尊儒术”，使儒家学说定于一尊，成为专制统治的理论根据。自从武帝首开“独尊儒术”之举，儒学走上了与政权相结合的道路，跃居中国专制帝国的政治指导思想的宝座，成为中国传统政治思想的主流，对中国传统社会的政治、经济、文化等方面的发展产生了深刻、广泛、持续的影响。

武帝的“罢黜百家，独尊儒术”有其深刻的社会背景。汉初，由于秦朝的速亡，给继起的新王朝的统治者以深刻的教训。他们在“反秦之弊，与民休息”的口号下，以黄老思想作为治国的指导思想推行无为的黄老政治。汉初的黄老思想有利于缓和阶级矛盾，医治战争创伤，对汉初政权的稳定、经济的恢复和发展、社会的安定起了积极的推动作用。西汉王朝经过六七十年的休养生息，经济繁荣，府库充盈，到武帝即位前后进入全面繁荣时期。黄老之学适应了汉初的社会实际，但是，随着社会的发展，它明显地显示出不适应新的社会实际。在汉初繁荣局面的背后，存在着诸多的社会隐患。首先，不干预政策助长了商贾、豪强的横行不法，成为社会不稳定的主要因素之一。其次，随着实力的增强，诸侯国与中央分庭抗礼，形成尾大不掉之势，构成对中央的严重威胁。再次，匈奴时有入侵，东越、南越不断制造事端，边患不断。这就要求统治者进一步加强专制主义中央集权，以适应统一国家的需要。公元前140年武帝即位后，为了提高皇权统治，先后采取了一系列措施加强中央集权。鉴于丞相权势过重，武帝逐步采取措施削弱丞相权力：他亲自过问一切政务，指令九卿不必通过丞相，可直接向皇帝上书言事；他还从贤良文学、现任职官中选拔一批人，担任皇帝的侍从和助手，形成宫中的决策机构——内朝，抗衡以丞相为首的政务机构——外朝，使专制制度进一步加强。武帝还加强中央对地方的控制，进一步削弱诸侯国势力。公元前127年，武帝颁布“推恩令”，规定诸侯王除了嫡长子继承王位外，可以推“私恩”把王国土地的一部分给子弟为列侯，使王国的辖地缩小。公元前112年，武帝以诸侯王所献祭助宗庙的酎金成色或斤两不足为借口，夺爵削地者百余人。此后，诸侯王只能衣食租税，不能参与政事。这样，汉初以来的诸侯王割据的局面得以基本结束。在时代要求加强专制主义中央集权的背景下，汉初占统治地位的黄老思想已经不能适应政治上的需要。为了汉王朝的长治久安，建立适应大一统政治的思想体系，武帝有保留地采纳董仲舒“罢黜百家，独尊儒术”的建议，把经董仲舒改造过的儒家思想作为统治思想，使之成为此后一系列兴革举措的先声。

“罢黜百家，独尊儒术”，是中国历史上的大事，其意义不仅限于经学史和学术史。在呈给武帝的《对策》(即“天人三策”)中，董仲舒提出“罢黜百家，独尊儒术”的主张：“今师异道，人异论，百家殊方，指意不同，是以上亡(无)以持一统；法制数变，下不知所守。臣愚以为诸不在六艺之科、孔子之术者，皆绝其道，勿使并进。邪辟之说息，然后统纪可一而法度可明，民知所从矣。”这一主张的提出，使得“罢黜百家，独尊儒术”与汉武帝、董仲舒成了三位一体的政治、学术话语。按照流行的说法，武帝接受董仲舒的建议，只允许儒学一枝独秀，其他的百家之学都在禁绝之列。这种看法实际上是对“罢黜百家，独尊儒术”的误解。武帝的确是接受了董仲舒的建议，董仲舒对于武帝推行“罢黜百家，独尊儒术”的文教政策毋庸置疑地发挥了至关重要的作用。但是，武帝或董仲舒并没有禁绝百家一类的极端言论。对于“罢黜百家，独尊儒术”的表述，要完整地理解。“独尊儒术”，是强调儒学作为官方学术和国家指导思想的地位，在这一点上，他们旗帜鲜明，没有半点含糊；“罢黜百家”，是相对学宫独奉经学而言，百家之学从学宫黜退。虽然百家之学再也不可能享有与儒学同样的尊荣，但仍然有其存在的空间，更不会像秦始皇那样对于“异端邪说”赶尽杀绝。尽管董仲舒这位设计师为武帝提供了政治大一统实践的理论蓝本，但武帝的想法和董仲舒的理论并非契合无间，武帝对董仲舒的理论是有所保留的。在“罢黜百家，独尊儒术”的具体施行过程中，武帝把儒术和百家之学的关系定位为主体和辅翼：一方面，尊儒兴学；另一方面，延揽百家之学。

武帝通过设策求道，从而确定了“罢黜百家，独尊儒术”的治国指导思想。为了网罗人才，巩固统治，汉初诸帝有征召贤能的传统。这一传统始于高祖，文帝时有了较为具体的选举法，即举孝察廉的察举制度，武帝时依然很重视贤良和孝廉二科。按汉代的察举制度，先由皇帝制定察举科目，再由中央官、地方官依此科目进行察举。察举的对象为公卿或郡县的属吏，或是精通经学的儒生或有德行的处士。凡察举出来的贤良或孝廉送到京师，通过课试才可为官。尤其是贤良一科，必要时皇帝还要亲自举行“策试”。“策试”由皇帝定一个有关时政的题目，使被“策试”的贤良写成文字对答。如果对答“合适宜”，就可以获得显位。晁错、董仲舒、公孙弘等人就是在“策试”中被皇帝发现的。武帝即位后不久，为了找到治国的重大理论和方法，召开了举贤良对策会议，会上连发三制，希望得到满意的回答。在这次会议上，董仲舒作为参加会议的贤良之一，受到武帝的亲自召见。针对武帝的发问，他三上对策，史称“天人三策”。董仲舒对策的要点如下。其一，强调“大一统”。为了适应当时已经形成的中央集权专制统治局面，董仲舒认为“大一统”是天经地义的，“春秋大一统者，天地之常经，古今之通义也”。要巩固“大一统”，就必须强化君主专制统治，就要“尊君”。为了“尊君”，他提出“君权神授”论，“唯天子受命于天，天下受命于天子”，“春秋之法以人随君，以君随天”。天具有至高无上的地位，天子是天在人间的代言人，那么，天子的权威当然就无可置疑了。其二，主张更化、改制。董仲舒的所谓“更化”，即某种制度形式上的调节。他根据自己的历史观，为变与不变设定了范围，道是不可变的，在坚持道的前提下，根据政治运行的实际情况进行适当的局部调整，这是允许而且是应该的。所谓道，就是指治理国家的大经大法，其内核是君主政治基本原则和君主制度万世一系，这是决不能动摇的。“道原之大原出于天，天不变，道亦不变。”就董仲舒的历史观而言，道是变与不变的统一。道不可变，但道的外在形式是可变的。“受命之君”为了表示承受天命，必须“徙居处”“更称号”“改正朔”“易服色”，这些都属于更化的范畴。他还从秦亡的历史教训出发，指出现实政治的缺失——统治者株守黄老道家的无为政治，这属于“当更化而不更化”。其三，提出天人感应的神学目的论。董仲舒吸收、继承了先秦的天道、天命观，并加以改塑。他把汉代的专制统治说成是“天道”“天意”的体现，帝王是按照天的旨意来治理国家和人民的，这就为专制中央集权找到宗教神学依据。董仲舒发展了先秦以来关于天是有意志的人格神的观念，通过对阴阳五行学说的歪曲以及对自然界现象的随意比附、解释来论证天有意志，他把阴阳五行和自然季节的变化都说成是天的有意志有目的的活动。董仲舒还从物类的机械感应推出“天人感应”。

事物之间存在着彼此的相互联系，董仲舒利用并曲解这些现象，创造出他的“天人感应”论，认为，帝王的兴衰都有祥瑞或灾异的先兆出现。他还提出“人副天数”的命题，认为人是天的副本，人和天一样有相同的生理和道德本质，天和人可以互相交感，天创造人是要认识先天的意志。因此，人的行为符合天意，天就高兴；违背天意，天就会发怒。在这一基础上，他提出“天谴”说：灾异是天对王者的谴告，阴阳错乱是由王者的错误或罪恶引起的。王者失道，这是《春秋》所讥刺的，天就降下自然灾害来谴责、告诫王者；王者无道，这是《春秋》所憎恶的，天就显示怪异来警告、恐吓他。董仲舒的天人感应思想为汉代以后的谶纬迷信的兴起开了先河，以后历代统治者都利用这一思想作为神道设教、君权神授的理论根据。其四，提出历史循环论。为了论证汉王朝统治的合理性、合法性，他提出“三统”“三正”说。所谓三统，就是黑统、白统、赤统。夏、商、周三代分别与黑、白、赤三统对应，周以后的朝代，也要依次循环下去。“三正”就是夏以寅月（农历正月）为正月，商以丑月（农历十二月）为正月，周以子月（农历十一月）为正月。历史的变化就是三统的轮回。汉代继周而起，应以寅月为正月。其五，强调为治以“德化为本”。董仲舒鉴于暴秦二世而亡的教训，认为秦朝实行刻毒冷酷的法家政治、刑罚苛繁、赋敛过重，是其覆灭的重要原因。为此，他主张，王者承天意而治政，任德不任刑，用道德教化民众。在他看来，天道最大的就是阴阳，阳为德，阴为刑；天是博爱无私的，所以天道的最高原则是任德不任刑，具体的恒久不变的原则就是仁、义、礼、智、信。而教化、德治不过是天道任德表现为治道的根本原则，它是先王之道。也就是说，王者应先正心，法天立道，博爱无私，布德施仁来厚待人民，设立礼义来教化人民，那就能达到阴阳调和，风调雨顺，百姓和乐，五谷丰登，四海称臣，祥瑞普降，从而完成王道。其六，强调以儒家学说统一思想。董仲舒在吸收先秦各家思想的基础上，对传统儒家思想进行了创造性的改造，着意发挥《春秋公羊传》的微言大义，在“天人三策”中提出“罢黜百家，独尊儒术”的主张。董仲舒认为，如果听任各家各行其是，这是很危险的，势必造成全国上下的思想混乱。为了统治阶级的整体利益和长远利益，必须把儒家思想上升为国家统治思想，以此来代表全民的整体意志。为此，他要独尊“六艺之科、孔子之术者”的儒术，实现学术上、思想上的统一，从而实现大一统目标。其七，主张教化兴学。他认为，性是天生的资质，情是人的欲望，人的夭寿仁鄙都是由于社会动乱不同而陶冶养成的。例如，尧舜行德教而人民仁爱、长寿，桀纣行暴虐而人民贪鄙、夭亡。而追求物质的欲望是可以用教化提防的。因此，是否施行教化，事关社会的治乱，关乎人民的性情和社会的风俗，它是君王治理天下不可或缺的统治术。而要推行教化，就必须兴学。具体而言，就是要在中央设立太学，在地方广设庠、序等教育机构。只有这样，才能化民成俗。董仲舒的“天人三策”独尊儒术，正中武帝的下怀：它满足了武帝在父祖六七十年休养生息所奠定的雄厚经济基础之上，变垂拱而治的寡欲政治为扩张皇权的多欲政治，变约法省禁为王霸齐下，变轻徭薄赋为“赋敛繁多，律外而取”的理论需求。尽管武帝对董仲舒格外垂青，但他对董仲舒的对策并不是全盘照搬照抄，而是有所保留的。武帝认可董仲舒对策的部分观点：董仲舒把早期儒家的“汤武革命”改为“改弦更张”，以及“大一统”、“阳德阴刑”、兴太学等论说；对于法先王、用周政、天谴等观点则不甚赞同。比如，公元前135年，辽东高庙、长陵高园便殿相继发生火灾，董仲舒就用灾异说推论阴阳，解释这两次火灾，写成《灾异记》。稿子来不及上奏，就被人偷去呈给武帝御览。武帝召集诸儒，命他们审议。董仲舒的弟子吕步舒也在其中，他不知道是董所作，批评稿子的作者胡说八道。因此，武帝把董仲舒投入监狱，定成死罪，后来又赦免了他。此后，董仲舒再也不敢妄议灾异了。这表明，武帝需要的是董仲舒的“君权神授”的神圣光圈，而不是有损天子至高无上威权的“谴告”说。不管怎样，武帝和董仲舒尊儒术，两千年来已成定论。由于董仲舒适应形势的需要发展了儒学，所以人们称他的儒学为新儒学。武帝的尊儒学与董仲舒的新儒学有密切关系。董仲舒重建了天的权威，吸收阴阳五行家邹衍的学说，给儒学，也给皇权涂上了神圣的油彩。这符合了准备大事兴革的武帝的需要，因此，在武帝的尊儒活动中，董仲舒起了至关重要的作用。

武帝“罢黜百家，独尊儒术”的主体在于尊儒兴学。武帝于公元前140年(建元元年)登基，这位少年天子不满朝廷黄老政治笼罩下的因循守旧气息。为此，他就有尊儒之举，显示出锐意进取的凌厉之气。这年六月，他首先拿守旧派官僚的代表人物——丞相卫绾、御史大夫直不疑开刀，罢免了二人的职务。武帝恢复了汉初推行过的察举制度，并诏举贤良方正。此后，武帝决定建明堂、改制度、易服色、兴礼乐，任用赵绾、王臧等儒者，准备举行封禅大典。后来，在窦太后的大力打压下，赵绾、王臧被迫自杀，武帝着意兴革的诸事被废，召至京师的儒者遣返乡里，喧嚣一时的尊儒封禅活动沉寂下来。由于守旧势力过于强大，武帝最初的小试锋芒归于失败。摆脱了窦太后的掣肘后，武帝在尊儒的道路上阔步向前。公元前136年，窦太后病重，顾不上外朝的事情。武帝恢复博士官，召回建元初被罢黜的儒者。这一年，在接受董仲舒建议兴太学的基础上，武帝又置五经博士，五经即《诗》《书》《礼》《易》《春秋》。这一举措是尊儒的一大改革，把博士制度和太学制度结合起来，进而确立以经术造士的教育制度。以经师为博士的太学制度的建立，使博士的性质和构成同秦与汉初发生了很大的变化。首先，博士由侍从顾问之官变为主掌教五经的国家学术教育机构的学官，成为“天下宗室”。其次，置五经博士提升了儒家的地位，使尊儒制度化。在这一制度下，治五经之外的学者被排斥在学官之外，博士一职由经学家垄断。学者想跻身学官之列，除了研治儒家经典，别无他途。儒学在太学学科设置中统治地位的确立是武帝尊崇儒术的鲜明标志。公元前124年，武帝下《劝学诏》，表示要把天下方正博闻之士都延揽到朝廷来，又命礼官劝学，把举遗文、兴礼学作为天下的急务。太常议定为博士置弟子员，以风化乡里，奖励贤才。公孙弘受命后，详细拟订了太学制度：确定博士官教授弟子员数为五十人，五经每经平均有弟子十人；博士弟子有俸禄，并免去本人赋役；由太常专门负责博士弟子的选举；博士弟子的年龄在18岁以上。选试办法为由太常在民间选取年貌相宜、品学兼优的生徒充任，以及从郡国县官的属员中学行卓异者选送，修业年限为一年，卒业后按考试成绩的等次，分别予以任用。博士制度、太学制度保障了儒学的尊崇地位，推动了经学的繁盛。武帝推行并完善察举制度。继公元前140年察举“孝弟、廉吏”并纳入取士制度之后，武帝于公元前128年颁布《议不举孝廉者罪诏》，把察举作为考核地方官政绩的一项重要指标。自武帝始，察孝、举廉入仕成为常制。在这一制度下，大批经明行修之士被识拔。武帝还征召贤良文学，设策取士。建元初，武帝建明堂，特别征召了一批名士。公元前134年，武帝颁布《征贤良文学诏》说，要亲自阅览贤良文学的对策，表明他求贤若渴的姿态。此后，贤良文学制度进一步完备，武帝根据需要设有明经、明法等科目。至元光、元朔之后，西汉的文官制度逐步建立、完善起来。武帝接受董仲舒的建议，在中央建太学的同时，在地方普遍地建立学校。在这一背景下，为了贯彻武帝的指示，蜀郡太守文翁率先在郡国办学校，武帝把文翁的经验推广到全国。公元前124年，武帝颁布《劝学诏》，旨在教化乡里，培养贤才。由于武帝的好尚，经学内部的纷争，引起讲论经义之风。太学里唯有经学才能列于学官，而经学内部由于经师传承的不同而划分畛域。帝王表现出对于某家师说的倾向性，就意味着该学派走红行时。为此，各派为了自身的发展，经师之间往往一争高下。武帝为太子刘据选择经师，他让董仲舒和江公辩论经义。董仲舒讲《公羊传》，江公讲《穀梁传》，结果董仲舒胜出，武帝指定以《公羊春秋》教授太子，公羊学大盛。董仲舒、江公“公羊—穀梁”之争，标志着中国思想史由“子学时代”进入“经学时代”。讲论经义之风对于经学的发展具有巨大的推动作用。武帝广集图书，并置专职写书之官。秦火之后，虽经汉初几十年的努力，书籍奇缺的状况并无根本性的改观。有鉴于此，武帝萌生搜集天下图书的念头，并颁布《献书令》，号召天下郡国百姓献书。此前，朝廷虽有“石室金匮”藏书，由兰台令、史掌管，但规模有限，藏书不多，专供御用和史馆著作，且并无专职收书、藏书、校书、写书之官。公元前124年，武帝颁布《藏书诏》，对书卷缺脱的现状表示忧虑，并采取积极应对之策。对于武帝搜书、藏书之举，刘歆高度赞扬。他说，武帝敕丞相公孙弘广开献书之路，百年之间，书积如山。建藏书之策，立写书之官，行之百年后成绩斐然。不仅官方建写书之官，民间读书成风，家有藏书，抄书成为一种职业，坊间“佣书”竟如“佣耕”之多。中国的先秦典籍大多赖这次献书运动得以保存、整理、研究和传播。

悉延百端之学是武帝“罢黜百家，独尊儒术”的辅翼。武帝对董仲舒“罢黜百家”的建议，在确保儒学官方学术、政治主导思想的前提下，“悉延百端之学”。武帝的文教政策是儒术独尊不独存，百家罢黜不禁绝。正如《史记·龟策列传》中所说的，广开艺能之路，延揽百家之学，只要有一技之长的士人，都可为朝廷效力，决不偏私。也就是说，儒、法、道、纵横、阴阳、术数、方士各家之士，不分畛域，一概延聘，量才录用。黄老之学是汉初国家的指导思想，武帝大权独揽后尊奉儒学，但并没有对黄老学者一概排斥，而是重用了他们中的一批人。汲黯“学黄老言”，“治务在无为而已”，是典型的黄老派，武帝仍然信用他，先后担任荥阳令、中大夫、东海太守、主爵都尉等职。武帝对他的无为的治理方法和直言的性格极为欣赏，赞誉他为“社稷之臣”。郑当时也是一位黄老人物，“好黄老之言”。他在景帝时为太子舍人，武帝时历迁济南太守、江都王相，至九卿为右内史、大司农。汉室宗亲刘德也习黄老之术，武帝在甘泉宫召见他，称其为“千里驹”。司马谈、司马迁都尊黄老之学，父子俩都担任过太史令，司马迁还被任用为中书令。武帝对习法家学说的士人也加以任用，其中一些人担任要职。韩安国，字长孺，学习过法家韩非和杂家学说。武帝时，他先后担任北地都尉、大司农、御史大夫、代丞相等职。张欧习刑名之术，景帝时位列九卿，武帝元朔年间曾代韩安国为御史大夫。张汤更是习刑名法术的刀笔吏出身，他以法治国的才干深受武帝器重，以致丞相形同虚设，出现“天下事皆决于汤”的局面。张汤生病，武帝亲自登门探视，足见武帝对他的倚重。与张汤同定律令的赵禹和杜周，在武帝时都担任过要职。其中，赵禹历任御史、中大夫、廷尉、少府等职。杜周则担任过廷尉史、廷尉、执金吾、御史大夫等。崇尚法家、信奉管商的法家桑弘羊，是武帝所重用的理财专家，是筦盐铁、均输、平准等措施的有力推行者，后为御史大夫。对于治苏秦、张仪之言的纵横家，也得到武帝的重用。主父偃是学纵横术起家。公元前134年，主父偃上书武帝，早上上书，晚上就被召见，所言九事，其中八事被著为律令。主父偃也深受武帝的赏识，一年四次升迁，至中大夫，最后为齐王相。元光元年，与主父偃一同上书的纵横家还有徐乐、严安，武帝召见他们时，感叹相见恨晚，这足以说明，武帝对主父偃等纵横家的器重。对于兼习儒术、百家之学的学者，武帝也加以识拔。武帝时的名儒夏侯始昌，既是一位通五经的儒者，又是善于推言灾异的阴阳五行家。在董仲舒、韩婴去世后，武帝很器重他，任命他为昌邑王太傅。公孙弘是一位兼治儒法的学者，是武帝在贤良对策中提拔的儒者，他又研习文法吏事。儒法兼宗的公孙弘似乎格外受武帝的青睐，他后为御史大夫、丞相，封平津侯。武帝还搜罗文学之士，俳优蓄之。武帝从小接触经子之学，受到文学的熏陶，养成重视文学、喜爱文学和喜接近文学之士的性格。当武帝还是太子时就慕枚乘的文名，即位之后征召他，枚乘死在路上。武帝又征召他的儿子枚皋，并拜他为郎。武帝好辞赋，枚皋以辞赋得官，司马相如、东方朔等也因善辞赋得官。此外，严助、朱买臣、庄葱奇、吾丘寿王、婴齐等人也是以文学得官。武帝搜罗、蓄养这批文人学士，命他们随从外出巡游，作辞献赋。对待这些文人学士，武帝也量才录用，让他们参与政治，或在朝廷供职，或放为外任，或出使方外。如朱买臣曾为丞相长史、会稽太守，吾丘寿王曾为东郡都尉，司马相如出使西南。武帝让他们随从左右，有事时，与闻朝议，诘难公卿；平时则“俳优蓄之”，作为专职的文学侍从、文学弄臣蓄养起来。总之，武帝用人不拘一格，各取所长，为我所用。“悉延百端之学”是武帝实施的学术文化政策。正因为他在学术、思想、文化领域中实施这一政策，百家之学尽管不被列于学官，仍有不少人专治或兼职百家之学，无论在朝廷公卿侍从，还是在民间，他们都能优游论著。子学并没有销声匿迹，只是没有取得经学的地位而以私家面目出现罢了。这一学术文化政策是比较开明的。它表明，武帝不是凭借至上皇权来驱逐、压制儒学之外的百家学说，强制推行学术思想的大一统；他是在确定儒家为主流思想后，按实际需要吸取诸子百家为辅导，诸子百家学是其治国指导思想的补充。

汉武帝“罢黜百家，独尊儒术”是适应汉初政治、思想、社会转型需要的重大举措，此举对后世产生了重大影响。一方面，就学术思想政策而言，它使儒家经学得到重大发展，此后成为历代的正统思想。秦始皇独任法家，焚毁“诗、书、百家语”；汉初崇奉黄老道家，各家并进充博士官；武帝尊儒术，把百家学士排斥在学官之外，国家在太学只设五经博士，儒学高踞金字塔的顶端，的确获得了独尊的地位。同时，又延揽百家之学。儒学独尊，并不意味着儒学独存。百家之学不能、也不应中绝，相反，百家之学是儒学有益的、必要的补充，儒学广泛吸收各家学说的有益成分。这一点，奠定了中国两千多年的学说思想格局，即以儒家思想为统治思想，兼用百家之学。就政治制度而言，开创了德刑兼施的治国方略。周代尚德治，儒家的仁政、王道政治理想是对周代德治思想的总结和发挥；秦朝专任刑法，蔑弃仁义礼治，实行严刑峻法；武帝采纳董仲舒的阴阳刑德思想，既施仁义，又重法治，恩威并举，宽猛相济。此后历代的专制帝国基本上都使用这两手来治国驭民。另一方面，儒术的独尊成为学术自由的桎梏，中华民族为此付出了沉重的代价。由于武帝尊儒兴学，制度教化，逐步形成教育、考试、选官三者结合的文官制度。这虽是一大创举，有利于专制帝国政治的稳健运行，但是，学术被笼罩在政治的阴影之下，受到政治的强烈干预，难以自由发展。

（陈友乔）

# 13. 古文经的发现

公元前213年，秦始皇同意李斯的提议："史官非秦记皆烧之。非博士官所职，天下敢有藏《诗》、《书》、百家语者，悉诣守、尉杂烧之。"这就是秦代大规模的禁书焚书事件。不过，从《史记》的记载来看，当时秦博士机构("博士官所职")的藏书可能并未烧毁。但西楚霸王项羽灭秦后，火烧咸阳宫，大火绵延三月不熄，博士机构劫余的典籍终究未能幸免。

西汉初期经学的传播状况，《史记·儒林列传》有所记载："及今上即位，赵绾、王臧之属明儒学，而上亦乡之，于是招方正贤良文学之士。自是之后，言《诗》于鲁则申培公，于齐则辕固生，于燕则韩太傅。言《尚书》自济南伏生。言《礼》自鲁高堂生。言《易》自菑川田生。言《春秋》于齐鲁自胡毋生，于赵自董仲舒。"

汉初博士所用经书，或为秦博士记诵，或为秦博士私藏，或为民间流传，均以汉代通行的隶书写定。为了区别后来发现的古文经，历史上将这些经书称为今文经。

汉代最早发现古文经，文献中有明确记载的，当为汉景帝之子鲁恭王刘余。刘歆《移让太常博士书》(《汉书·刘歆传》引)说："及鲁恭王坏孔子宅，欲以为宫，而得古文于坏壁之中，逸《礼》有三十九，《书》十六篇。天汉之后，孔安国献之，遭巫蛊仓卒之难，未及施行。"其后，《汉书·景十三王传》也记载说："恭王初好治宫室，坏孔子旧宅，以广其宫。闻钟磬琴瑟之声，遂不敢复坏，于其壁中得古文经传。"

"恭王初"到底是指什么时候，史载不一。《汉书·艺文志》载："武帝末，鲁共王坏孔子宅，欲以广其宫，而得古文《尚书》及《礼记》《论语》《孝经》，凡数十篇，皆古字也。共王往入其宅，闻鼓琴瑟钟磬之音，于是惧，乃止不坏。孔安国者，孔子后也，悉得其书(《古文尚书》)，以考二十九篇，得多十六篇。安国献之。遭巫蛊事，未列于学官。"《汉书·艺文志》记载为"武帝末"，而王充《论衡》却记载为"孝景帝时"。其《正说篇》说："孝景帝时，鲁共王坏孔子教授堂以为殿，得百篇尚书于墙壁中。武帝使使者取视，莫能读者，遂秘于中，外不得见。"清人阎若璩肯定《论衡》的记载："'孝景时鲁共王坏孔子宅'，较《汉志》'武帝末'三字则确甚。何也？鲁恭王以孝景前三年丁亥徙王鲁。徙二十七年薨，则薨当于武帝元朔元年癸丑，武帝方即位十三年，安得云'武帝末'乎？且恭王初好治宫室，季年好音，则其坏孔子宅以广其宫正初王鲁之事，当作'孝景时'三字为是。"(《尚书古文疏证》卷一)王先谦《汉书补注》也持同样看法。按照阎、王的分析，汉武帝在位长达54年，鲁恭王刘余在武帝元朔元年(前128年)就已去世，那时武帝才即位13年，属于武帝初年；刘余在武帝初年就已经去世，怎么可能在武帝末年坏孔宅？更何况拆孔宅的时间在"恭王初"，应该远比刘余去世的时间早得多。近人刘汝霖《汉晋学术编年》径系于景帝后元三年(前141年)，孟楚表示赞同(《鲁恭王坏孔壁得古文经时在景帝末》，载《史林》1986年第2期)。但近人刘盼遂《论衡集解》却说："孝景皇帝为孝武皇帝之误。"黄晖《论衡校释》(中华书局1990年版，第1125页)也支持刘盼遂的观点："《佚文篇》《案书篇》并谓武帝时，则此作‘孝景’，盖传写之误。《汉志》亦本作‘武帝初’，‘末’字讹也。”黄晖说“《汉志》亦本作‘武帝初’，‘末’字讹也”，实为臆必之词而已，没有版本依据。所以，仍当从阎若璩、王先谦等人所考，以《论衡》的记载为准。

这就是说，西汉景帝末年，鲁恭王刘余拆除孔府时在墙体中发现数十篇儒家经书，包括《尚书》《礼记》《论语》《孝经》，都是用不同于汉代隶书的古字写成的，所以称为“古文经”。其中，古文经《尚书》比今文经《尚书》多16篇，共45篇；古文经《礼记》多39篇，共56篇；古文经《论语》多出《知道篇》和《问王篇》，共22篇。

此外，《汉书·艺文志》还载：“《礼古经》者，出于鲁淹中及孔氏，与十七篇文相似，多三十九篇。”声称《礼古经》“出于鲁淹中及孔氏”，意味着古文经《礼记》有两个不同的出处，一是鲁淹中，一是孔氏(孔府)。所谓“淹中”，《汉志》颜师古注引苏林曰：“里名也。”亦即鲁(曲阜)一处里名叫“淹中”，这与刘歆《移让太常博士书》称古文经《礼》三十九“得古文于坏壁之中”一说明显不同。

众所周知，《汉书·艺文志》基本上是移录刘歆的《七略》而成的，如果古文经《礼》有两个出处，刘歆的《七略》和刘歆的《移让太常博士书》应该会有一致的记载。况且，《移让太常博士书》是刘歆向今文经学家宣战的檄文，如果古文经《礼》分别在两个不同的地点发现，那对揭穿今文经学家攻击古文经为伪造的谣言更有利，刘歆怎么会放过这条有利的证据？晚近有学者认为“出于鲁淹中及孔氏”的“及”字属于“误增”(王保玹《今古文经学新论》，中国社会科学出版社1997年版，第308页)，这一看法值得采信。鲁为古淹(或作“郁”“奄”)国故地，商代淹国的地域甚至比周代鲁国大得多，后世常以指曲阜。所以这里的“淹中”并非苏林所解释的“里名”，而当解释为“淹国中”，指曲阜。“鲁淹中孔氏”，就是指鲁国曲阜孔府。因此，古文经《礼》的出处另有异于孔府的鲁淹中之论，当属《汉书·艺文志》文字舛误所致，未可置信。

西汉古文经的发现还与河间献王刘德有着密切关系。《汉书·景十三王传》载：“河间献王德，以孝景前二年(前155年)立，修学好古，实事求是。从民得善书，必为好写与之，留其真，加金帛赐以招之。繇是四方道术之人不远千里，或有先祖旧书，多奉以奏献王者，故得书多，与汉朝等。是时，淮南王安亦好书，所招致率多浮辩。献王所得书，皆古文先秦旧书，《周官》《尚书》《礼》《礼记》《孟子》《老子》之属，皆经传说记，七十子之徒所论。其学举六艺，立《毛氏诗》《左氏春秋》博士。”河间献王通过各种途径搜集“古文先秦旧书”，除却《周官》《尚书》《礼》《礼记》《孟子》等儒家经籍以外，还包括《老子》等儒家以外的文献。其藏量异常之丰富，甚至与朝廷相当。

除此而外，还有一些零星的发现。刘向《别录》、刘歆《七略》、郑玄《书论》都有发现古文经《尚书·泰誓》的记载。刘向《别录》说：“武帝末，民有得《泰誓》书于壁内者，献之，与博士，使读说之，数月皆起，传以教人。”(孔颖达《尚书正义》卷一引)这次发现，王充《论衡》的记载更为详细。《论衡·正说篇》载：“至孝宣皇帝之时，河内女子发老屋，得逸《易》《礼》《尚书》各一篇，奏之。宣帝下示博士，然后《易》《礼》《尚书》各益一篇，而《尚书》二十九篇始定矣。”《论衡》的记载表明，这次古文经是河内女子在其老屋发现的，而且除《尚书》(《泰誓》)一篇以外，另有《易》《礼》各一篇。不过，《论衡》称，发现的时间是汉宣帝时，与《别录》《七略》所称“武帝末”不同。近人蒋善国认为，“宣帝”是“武帝”的误写(《尚书综述》第49页)。

这类零星的发现在东汉也可见到。如《后汉书·杜林传》记载杜林有漆书《古文尚书》一卷：“林前于西州得漆书《古文尚书》一卷，常宝爱之，虽遭难困，握持不离身。出以示宏等曰：‘林流离兵乱，常恐斯经将绝。何意东海卫子、济南徐生复能传之，是道竟不坠于地也。古文虽不合时务，然愿诸生无悔所学。’宏、巡益重之，于是古文遂行。”不过，杜林漆书《古文尚书》仅为一卷之制，而非全本。

古文经的发现与传播在汉代经学史上具有重要意义，它为汉代经学格局的改变奠定了必要的文献基础。

（周德美）

# 14. 汉代经学的今古文之争

汉代经学的今古文之争，是指在汉代古文经出现及古文经学形成后，与居于官方地位的今文经学之间，由于政治、学术等原因而发生的论争。数次论争结果各异，导致两派学术在政府统治和社会中所处地位沉浮不定，最后由于郑学的兴起，二者在汉代末年获得了一定程度的融合与统一。

今文经与古文经最直接的区别在于字体的不同。汉武帝采纳董仲舒的建议，罢黜百家，独尊儒术。但当时经历过战乱兵燹后，先秦的儒家典籍大多已经散佚，只是在民间通过师徒父子口授相传。如田何传《易经》，伏生传《书经》，申培传《诗经》，高堂生传《礼经》，公羊、穀梁两家传《春秋》，都是这样的方式。朝廷为了便于经学流播，下令搜集散于民间、口头流传的儒家著作，用当时流行的文字隶书记录整理，写为定本，作为传述的依据。这就是所谓的“今文经”。武帝末年，鲁共王刘余因扩建宫室而坏孔子旧宅，从其壁中发现了先秦《尚书》《礼记》《孝经》《论语》的原本，系用古籀文写成。其中《尚书》与当时流行的用隶书写成的《尚书》相比，文字迥异，这就是所谓的“古文经”。属于古文经的，还有北平侯张苍所献的《春秋左氏传》，河间献王挖掘出土的《周官》《礼经》，鲁三老所献的《古孝经》，鲁国淹中发现的《礼》古经，河内女子屋中得到的逸《易》《礼》《尚书》等。

今文经与古文经不仅书写字体不同，经文的篇目和一篇之中文字的多少和用字也不同。比如《尚书》，伏生所授今文经《尚书》共二十九篇，而古文经《尚书》多出十六篇，外加孔子序一篇，共四十六篇。刘向校以中秘古文经《尚书》和欧阳、大小夏侯经文，发现今文经《尚书》之《酒诰》篇脱一简，共二十五字，《召诰》篇脱两简，共四十四字，文字不同计七百多处，脱字数十。再如《礼经》，高堂生所传今文经《礼经》为十七篇，孔壁中得古文经《礼记》五十六篇，其中十七篇与今文经同，但字多不同，剩下三十九篇古文经《逸礼》，为今文经所没有。古文经《礼记》还有一部《周礼》(或称《周官》)，亦是今文经所无。《春秋》今古文经的异同即是《左传》与《公羊》《穀梁》二传之间的区别，它们的区别主要包括以下几点。第一，《春秋》记鲁国十二国君事，但鲁闵公仅在位两年便去世，所以《公羊》《穀梁》二传将闵公附于鲁庄公之后，仅得十一卷，而《左传》则以庄公独立一卷，为十二卷。第二，《公羊》《穀梁》二传起于鲁隐公元年，止于鲁哀公十四年。《左传》续经文至鲁哀公十六年孔子逝世，比《春秋》本经多两年；续传文至鲁悼公四年，较《春秋》本经多十七年。第三，《左传》与《春秋》经文相比，有缺文，与《公羊》《穀梁》二传比，多古文古字。最后看《论语》，有《古论》《鲁论》《齐论》三种版本，《古论》出于孔壁，与《鲁论》《齐论》篇次不同。

正如著名经学史专家周予同先生在《经今古文学》中所言：“它们(今文经与古文经)的不同，不仅在于所书写的字，而且字句有不同，篇章有不同，书籍有不同，书籍中的意义有大不同，因之，学统不同，宗派不同，对于古代制度以及人物批评各各不同，而且对于经书的中心人物，孔子，各具完全不同的观念。”今古文经学的分歧主要表现在如下几个方面。

一、对孔子和《六经》的看法不同。今文经学家视孔子为政治家、教育家，尊孔子为“素王”，即不在位之帝王。今文经学家认为，孔子手定《六经》寄托着自己的政治理想，《六经》乃治国之道，所以今文经学家特别强调探发《六经》经文的“微言大义”以治国安邦。古文经学家则视孔子为史学家，尊孔子为先师。在他们眼里，孔子“信而好古”“述而不作”，《六经》也只是他记录下来的历史资料。既有以上分歧，所以今文经学家以专讲“微言大义”的《春秋公羊传》为学说的核心，而古文经学家则以《春秋左氏传》和记载古代礼仪的《周礼》为学说的核心。

二、治学方法不同。由于对孔子和《六经》看法颇异，导致其治学方法也各异其趣。今文经学家注重微言大义和言外之意，发展为章句义理之学；古文经家重视文字、音韵、制度、史料研究，注重文本的疏通理解和典章制度的阐释，发展为名物训诂之学。古文经学家大都博学，羞为章句之学，遍习《五经》，不像今文经学家专守一经，主张“言尽意”，认为可以通过对经书字词的理解得到其中的古帝王之道。

三、学术思想实质不同。今文经学是西汉整个宗法等级社会的统治思想，是先秦诸子学和王官之学的融合；而古文经学则针对西汉末年的社会现实问题，通过回归三代官学的形式，对今文经学的学术思想作出修正，使其适应社会的要求。

四、学风不同。今文经学迎合统治者好尚，大讲阴阳五行、符瑞灾异、谶纬迷信，学风流于空疏荒诞；古文经学学风则较为朴实平易，但往往流于繁琐。

五、政治地位不同。今文经学是朝廷正式承认的官学，置博士，设弟子员。博士官俸六百石，可参与议政，可内迁为奉常、侍中，可外迁为郡国守相及诸侯王太傅等。弟子员则年考一次，通一经即可补文学、掌故之缺，优秀者可为郎中。而古文经学晚出，为民间流传之私学，未能立于学官、置博士、设弟子员，利禄之路完全被今文经学家控制。所以今古文经学之争实质暗含利禄与政治地位之争。

六、师法与家法不同。在学术源流上，今文经学讲求“师法”。所谓师法，即说经者传先师之言，非从己出，法异者各令自说师法，博观其义。他们斥责古文经学家不溯学术之源，古文经传均为刘歆伪造。古文经学则讲求“家法”。所谓家法，即是专相传祖，莫或杂讹，繁其章条，以合一家之说，他们斥责今文经学家抱守秦火之残缺。

汉代今古文经学之争的发生有着特定的历史文化背景。西汉时，国家进行了大规模的图书整理活动，政府将收集到的图书典籍皆充秘府。但是这些书籍杂乱无章，不成系统。汉成帝时，“悯学残文缺，稍离其真”，乃“诏光禄大夫刘向校经传、诸子、诗赋，步兵校尉任宏校兵书，太史令尹咸校数术，侍医李柱国校方技”，并令刘向总领其事。刘向死后，其子刘歆继承父业，继续对书籍进行系统整理，在整理图书的过程中发现了《春秋左氏传》《毛诗》《逸礼》《古文尚书》等古文经传。他对《左传》尤其钟爱，《汉书·楚元王传》载：“及歆校秘书，见古文《春秋左氏传》，歆大好之……及歆治《左氏》，引传文以解经，转相发明，由是章句义理备焉……歆以为左丘明好恶与圣人同，亲见夫子，而公羊、穀梁在七十子后。传闻之与亲见之，其详略不同。”刘歆以为左丘明与孔子同时，并亲见夫子，比七十子后学所传《公羊传》《穀梁传》更得圣人真意。他甚至因此而与推崇《春秋穀梁传》的父亲刘向展开争论。在当时，社会流行的今文经学由于经师的解释和传授不同，变得日趋繁琐，解一经可达数十万或数百万言，再加上与阴阳五行相结合，附会政治，与谶纬迷信纠缠在一起，趋向虚妄，离儒家经典原意越来越远。随着西汉末年社会危机的日益严重，今文经学已经越来越不能解决现实社会问题，渐失其学术生命力。刘歆认为，校书时新发现的古文经更接近儒经原意，于是力争将《春秋左氏传》《毛诗》《古文尚书》等古文经立于学官，以广传播，服务于现实政治和礼制建设。汉哀帝令他和五经博士争论，结果遭到了今文经学代表人物的强烈反对，由此爆发了汉代经学史上的第一次今古文经学之争。

汉代今古文经学的论争，规模较大的共有四次。第一次论争发生在西汉末年，古文经学以刘歆为代表，今文经学以光禄大夫龚胜、大司空师丹等当朝权臣为代表。此次争论重点在古文经的来源问题，今文经学家认为古文经是刘歆改乱旧章，且无师承，从而坚决反对将古文经列于学官。刘歆与王莽年轻时同为黄门侍郎，交情甚好。汉哀帝时，王莽主政，王莽举荐刘歆任侍中太中大夫，迁骑都尉、奉车光禄大夫，得哀帝宠幸。刘歆得哀帝令，与今文经学代表人物讨论古文经设博士一事，却遭拒绝，他们根本不屑与之讨论。刘歆因此十分气愤，遂联名五官中郎将房凤、光禄勋王龚撰写了《移让太常博士书》，对固守今文经学的博士大臣进行严厉指斥："专己守残，党同门，妒道真，违明诏，失圣意，以陷于文吏之议。"这也拉开了两汉今古文经学论争的序幕。刘歆《移让太常博士书》的核心观点如下：一是，认为古圣王地位高于孔子，因为《诗》《书》《礼》《易》虽经孔子修订，但只是记述，即使如《春秋》为孔子所作，也只是记载古帝王之道；二是，认为古文经书文本比较全面准确，今文经书文本是经秦火后留下的残本；三是，解经方式上认为今文经学是支离破碎的章句之学，形式繁琐，内容单薄；四是，认为今文经学只信师法，不研究古帝王之道，于国家礼制无所建树。刘歆还进一步批评今文经学家抱残守缺，党同伐异，打压古文经学。此信一出，在当时引起巨大反响，今文经学派群起反对，"诸儒皆怨恨"，一些博士大臣采用各种方式反对、抵制。名儒、大司空师丹"亦大怒，奏歆改乱旧章，非毁先帝所立"。光禄大夫龚胜更是以退为守，"上书深自罪责，愿乞骸骨罢"，借辞职向朝廷施压。汉哀帝认为，刘歆奏立古文经学只不过是"欲广道术"，没必要治罪，但刘歆自己却因触犯众怒而不敢在朝廷立脚。据《汉书・刘歆传》记载："歆由是忤执政大臣，为众儒所讪，惧诛，求出补吏。"最后，刘歆出为河内太守，离开了朝廷。第一次今古文经学之争，由于刘歆势单力薄，敌不过掌权的今文经学家，结果以刘歆为代表的古文经学的失败而告终。表面上看，首次今古文经之争是以古文经学失败而告平息，但古文经学是先秦儒学转向汉代儒学过程中不可或缺的一个环节，许多古文经传是对先秦儒学的学术探索总结，因而具有了今文经学所无法取代的学术价值，因此它强盛的生命力也没因一次论争的失败而衰微。刘歆离开朝廷五年后，哀帝病逝，汉平帝刘衎即位，王莽专政。王莽本人喜好古文经学，又与刘歆关系密切，执政后召回刘歆任右曹太中大夫、中垒校尉等职。王莽实行托古改制，从经学中寻理论依据，选中古文经，也因此倍加信用刘歆，支持刘歆立《毛诗》《左传》《古文尚书》《逸礼》等古文经于学官，使古文经首次成为官学。这段时期，古文经学在与今文经学的斗争中取得政治上的优势，并对社会产生巨大影响，且由于其自身优势，古文经在短短的十多年时间内迅速发展。但随着王莽新朝的灭亡，他所立的古文经学博士也随之取消。

第二次论争发生在东汉初年。汉光武帝刘秀建立东汉后，一方面立今文经学博士，设置五经十四博士，包括《易》施、孟、梁丘、京氏四家，《书》欧阳、大小夏侯氏三家，《诗》鲁、齐、韩三家，《礼》大、小戴两家，《春秋》严、颜氏二家，全部是今文经；另一方面，以"扶微学，广异义"自标，任古文经学自行发展。后来由于古文经学派不断发展壮大，不甘心重归"私学"，古文经学便又重新借机提出立古文经为官学，引发了今古文经学的第二次大论争，代表今文经学的是博士范升，代表古文经学的是韩歆和陈元。这次争论重点在古文经的内容上，今文经学家认为古文经"各有所执，乖戾分争"，并主要攻击《左传》，批评其违背孔教的事实，古文家则针对批评进行反驳。公元28年(建武四年)，古文经学家尚书令韩歆首先上书，要求为《费氏易》《左传》立博士。光武帝未置可否，召集公卿大夫、博士于云台讨论，令今文经学家《易》博士范升"平说"，范升上奏文一篇，对韩歆的要求表示强烈反对。范升奏文的主要观点是：古文经缺乏明确的传承体系，其真实性存在问题，作为经学依据的经文文本具有权威性，不能开随意增加的先例，如《左传》《费氏易》立博士，则《高氏易》、邹氏、夹氏《春秋》等各种五经奇异者均会争立博士，重申《五经》本于孔子，以违反孔子思想来批评古文经书；另外，天下草创，《诗》《书》未讲，礼乐不修，立《左传》《费氏易》非当务之急。他还胪举《左传》谬误十四条进行批驳。韩歆和太中大夫许淑等加以反对，双方"互相辩难，日中乃罢"。罢朝后，范升又上奏议，陈述《费氏易》《左传》不可立博士的理由，光武帝依然未作裁决，下诏让博士们继续讨论。曾经教授过王莽《左传》的古文经学家陈元，对范升批评《左传》浅谬不能立为博士的观点进行了针锋相对的反击。他认为，范升所提前后矛盾，小题大做，无限上纲，以"掩其弘美"。他在给皇帝的上书中说："丘明至贤，亲受孔子，而《公羊》《穀梁》传闻于后世，故诏立《左氏》，博询可否，示不专己，尽之群下也。今论者沈溺所习，玩守旧闻，固执虚言传受之辞，以非亲见实事之道。"他认为，左丘明为孔子嫡传，在学术传承上可靠，而《公羊》《穀梁》出于后儒传闻，并不可靠；学术与政治一样，不必因循前人无所作为，反对今文经学不改先人之制的保守观点。后来，陈元和范升经历了十余次辩难，光武帝最终决定立《左传》博士，太常提供博士人选四人，陈元名列第一，但光武帝考虑到陈元与范升的"新忿争"，就没有任用参与讨论的陈元，而另外选任司隶从事李封为博士。这样，既可安抚古文经学家，又不至于过分刺激今文经学家。即便如此，《左传》被立为官学还是引起了今文经学家们的不满，朝中大臣也屡屡表示反对。巧的是，李封不久即病死，光武帝也借机取消了《左传》博士，《春秋》古文经学又被逐出学官。第二次今古文经学的论争，仍以古文经学的失败而告终。

第三次论争发生在东汉章帝时。《左传》博士立而复废，古文经学家不肯就此作罢，而当时民众研习古文经的热情也日益高涨，今古文经学派之间纷争日趋激烈，从而爆发了第三次论争。此次论争，古文经学家以贾逵、郑众为代表，今文经学家以博士李育为代表。双方就《左传》和《公羊传》的经义问题进行的这次论争，是两汉针对《左传》展开的最大规模的辩论。贾逵作《长义》四十一条，说《公羊传》理短，《左传》理长；郑众也作《长义》十九条十七事，专论《左传》之长，《公羊传》之短。这引起了今文经学家李育的强烈不满，与贾、郑展开了长时间的争辩。李育年轻时便习《公羊传》，沉思专精，博览书传，知名太学，为同郡班固所极重视。李育于公元76年(建初元年)被拜为《春秋》今文经学博士，他不仅精通公羊之学，对古文经学亦有涉猎，他认为，《左传》不得圣人深意，于是作《难左氏义》四十一事。在白虎观会议上，李育"以《公羊》义难贾逵，往返皆有理证，最为通儒"。这次争论的结果是《左传》仍未列于学官，但这次争论使《左传》等古文经书在朝野扩大了影响。后来，朝廷给予古文经学较高地位，允许贾逵选《公羊传》中严、颜诸生中高材者二十人，授以《左传》。公元83年(建初八年)，又诏诸儒选取高材受《左传》，并拜贾逵弟子及门生为千乘王国师，朝夕受业于黄门署。第三次论争，古文经学虽然失败，却逐渐获得了一定的认可和政治地位。

第四次论争，也是最后一次论争，发生在东汉桓、灵之际。古文经学派的代表人物是郑玄，今文经学派的代表人物是何休。当时今文经学由于迷信谶纬，附会政治，逐步走向虚妄和衰落。公羊学派大师何休为"补敝起废"，重振公羊之学，撰著了《春秋公羊解诂》，并作《公羊墨守》《左氏膏肓》《穀梁废疾》以贬斥《左传》和《穀梁传》，认为公羊之学如墨翟守城，牢不可破，而《左传》则病入膏肓，《穀梁传》亦已如人残疾之躯。何休此番言论招致古文经学家的强烈不满，郑玄、服虔等古文经学大师纷纷奋起反抗。郑玄作《发墨守》《针膏肓》《起废疾》，与何休针锋相对。结果何休读完郑玄所论，哀叹说："康成(玄字康成)入我室，操我戈，可乎!"这次争论使古文经学的影响进一步扩大，使得"郑玄党徒遍天下"。这说明，在最后一次论争中，古文经学大获全胜。但郑玄本人虽然站在古文经学派的立场，亦吸收今文经学派的观点，不拘泥于师承门户和学派壁垒，并努力消除门户之见。

郑玄集汉代经学之大成，兼采今古文经学之说，遍注群经，他“括囊大典，网罗众家，删裁繁芜，刊改漏失，自是学者略知所归”，由此，两汉今古文经学之争暂告平息。汉代经学今古文之争的最初动因是争立学官，后来，由于入仕途径主要通过征辟，使得争立学官的意义渐失，而如何利用经学为封建等级和门阀统治服务开始变得重要。有了这一共同目的，他们在辩论异同中得出了不少双方都接受的观点，这为经学统一准备了条件，《白虎通义》便是初步成果。此后，双方开始吸收对方长处，古文经学家开始注重向义理发展，今文经学家也打破师法，不再墨守一经，而是兼习今、古文数经。这种学风的改变为后来郑玄融合今、古文经，最后统一经学创造了条件。郑玄师从马融，但在学术成就上超过马融，他先学今文经，再学古文经，转益多师，贯通今古文经之学，自成一家之言。郑学以其闳通博大，简明义精，消除门户的特点深受学者欢迎。他出入今古文学，打破门户之见，用考据方法整理校勘文字，删裁今文经学繁杂诬妄之章句，训诂简明精省，不囿于文字形体，因声求义，且于《三礼》之学用力最深，注释尤其精湛。郑学兴盛，“于是郑《易注》行而施、孟、梁丘、京之《易》不行矣；郑《书注》行而欧阳、大小夏侯之《书》不行矣；郑《诗笺》行而鲁、齐、韩之《诗》不行矣；郑《礼注》行而大、小戴之《礼》不行矣：郑《论语注》而齐、鲁《论语》不行矣”。总之，郑学的出现与兴盛标志着汉代今古文经学之争的终结，经学达到统一，汉代经学也随之衰亡。正如皮锡瑞所言：“郑君党徒遍天下，即经学论，可谓小一统时代。”

汉代的今古文经学之争是中国学术史上影响深远的一件大事。今古文经学之争由单纯的对待书籍本身的不同看法，扩大成为学术思想、学派体系、政治观念诸方面的学术论争，几乎贯穿了整个社会，不仅对经学的发展产生了重要影响，也对中国历史的发展产生了重要影响。从时限上讲，这种影响一直延续到清末。需要特别强调的是，汉代今古文经学之争绝非单纯的学术论争，而是包含着浓重的政治意味。简言之，乃“禄利之路”使然，因为这直接牵涉学者的切身利益，故都竭力争立学官，争占主导地位，即如《汉书·儒林传》所言：“自武帝立五经博士，开弟子员，设科射策，劝以官禄，迄于元始百有余年，传业者浸盛，支叶蕃滋，一经说至百余万言，大师众至千余人，盖禄利之路然也。”

（李祥）

# 15. 谶纬之学的盛衰

谶纬之学，由谶和纬两部分构成，两者均起源于先秦时期，西汉哀平之际逐渐合流，其后经过王莽、刘秀的大力宣扬和推广，东汉明帝、章帝的倡导，成为两汉之际主流的社会思潮，在经学和政治思想领域产生的影响极为深远。谶纬内容驳杂，主要包括天官星历、灾异感应、谶语符命，间有解经的成分，也涉及天文地理、风土人情、自然知识、文字训诂，兼及驱鬼镇邪、神仙方术和神话幻想等，充斥着浓厚的神秘色彩。从思想文化学术发展的脉络看，谶纬之学实际上是西汉以来今文经学政治化、庸俗化并与神学迷信相结合的产物。

谶，一般称作谶语、谶记，通常指巫师、方士、儒生制作的昭示吉凶祸福和治乱兴亡的神秘性隐语。由于谶的宣传者都力图证明这种预言是现实人事活动的征兆，在事后可以应验，并与神意相符合，因此又有“符”的称呼。“符”无一例外来自“天命”，于是就有“符命”的得名。谶有时专指《河图》《洛书》，故被称为“图谶”。由于普及宣传的需要，这类书籍往往有图有字，遂称“图书”。而为区分这类著作的神秘性与众不同，又故意将它染成绿色，所以也称作“箓”“绿”或“录”。方士利用谶书占星，则称为“候”。尽管“谶”的名称不一而足，内容上却均指上帝用语言、文字或图画形式所发出的指示，并且这种指示往往都是上帝对人将来之事或前途所发出的预言。确切地说，谶的核心内容就是上帝关于人间帝王易姓受命的指令，即预示将有一个新天子出来接受天命，“谶”实际上成为王者膺受“天命”征兆的代称。

谶言的出现由来甚久。据《墨子·非攻》载：商纣王失德的时候，就有赤乌口衔玉圭降落到周人岐山的社庙，并宣谕周文王伐殷建国的“天命”。“天命”也就是谶言。春秋时期，秦穆公曾说自己到过上帝之宫，上帝对晋国未来的国运走势作出了明确的判断，大夫公孙支将这些话记录下来，形成“秦谶”。赵简子也说曾经在梦中接受过上帝的指示，上帝的这番言语被记载收藏起来，成为“赵谶”。秦王朝时期，谶言的出现更加频繁，“祖龙死而地分”“亡秦者胡也”“陈胜王”等，都是上帝对人间将来事务的预言，其中不乏显而易见的作伪成分。

图谶的最早记载见于现存文献中的《尚书·顾命》篇。周成王死，康王继位，陈列于即位大典上的就有玉宝、天球和河图等。河图作为一种国宝，被保留到何时已经无从考证。孔子认为，河图和凤鸟是天命帝王的象征，而这两种祥瑞却都未在孔子晚年出现，《论语·子罕》篇即有“凤鸟不至，河不出图”之语。《墨子·非攻》中提到周代的录图，也就是河图，被视为有利于伐纣的宝物，也与帝王受命有关。按照《隋书·经籍志》的说法，从黄帝到周文王的受命天子都曾接受过《河图》《洛书》。先秦时期的其他文献中也有关于河图的记载，其实质仍然是天命的载体之一，这种观念在汉代儒者心目中依然根深蒂固。

西汉后期，灾荒连年，五谷歉收，经济凋敝，民不聊生，流离失散的难民道路相属，并引发一波又一波农民起义的浪潮。与社会危机相应的是统治集团内部的政治危机也极为严重，权力斗争异常尖锐复杂，豪强、宗室以及后党、外戚竞相角逐国政的柄持。各种势力为谋求政治利益和目的的实现，迫切需要理论上的支持，图谶作为一种政治工具日益广泛和深入地渗透于政治生活领域，并扮演着重要的角色，制造图谶活动的规模日益扩大。汉成帝时，齐人甘忠可造《天官历》《包元太平经》两部谶书，宣扬汉家“当更受命于天”的论调，甘忠可本人虽以妖言惑众治罪下狱，死于狱中，但他的弟子夏贺良不畏牵连，仍在私下传授上述主张，谶书中改元易号的建议最终得到汉哀帝刘欣的重视。自此以后，图谶制作日趋繁盛，“图谶成于哀平之际”的说法也正是当时图谶大量兴起这一历史事实的反映。

两汉之际的儒生大肆制作图谶，或依托儒经，如《春秋谶》《孝经谶》《论语谶》等；或另为书名，如《包元太平经》等。而在众多的图谶书目中，至为重要的莫过于《河图》《洛书》。《河图》和《洛书》也简称《河》《洛》，尽管两书的记载形式稍有不同，《河图》一说就是八卦，或是据以作八卦的瑞物；一说是地图。《洛书》则是用文字写成的书，以刘歆为代表的儒生对此并无异议。但两者都是谶，并且是最主要的谶，其内容就是上帝关于世间易代受命的直接指示。王莽时代被时人普遍认为是胜似周公的太平时代，《河图》也大约在此时重现人间。根据《汉书·王莽传》的记载，这时的《河图》中已出现说明性文字。东汉时，《河图》的篇数大致确定。张衡《请禁绝谶纬疏》道：“且河、洛、六艺，篇录已定。”依此来看，《河图》和《洛书》均有一定篇数，其地位甚至超越六艺。

纬，相对于经而得名，是对经书的注解。始见于《汉书·李寻传》的“纬”在其时尚未具备后来假托圣人、妄称天命的纬书之意，仍指西汉经学大师对经的注释和解说，即有师承传授的正统经学。王莽建明堂、兴辟雍，延揽人才，内中不乏图谶制作者，而“通知”《礼》《书》等经义的人才也不在少数。两相汇合，大约在此时，纬书大量出现。依据纬书的说法，孔子作《诗》《书》《礼》《乐》《易》《春秋》等六经，又作《易纬》《诗纬》《春秋纬》《乐纬》等。纬书的基本特点就是假托孔子所作，既然托名孔子，注解者就不必为书中种种闻所未闻的光怪陆离的说法寻求师承源流，纬的神圣性也由此有所增强。纬书和传统经解的最大差别在于纬书毫无根据、无所顾忌的发挥，其间又颇多虚无不实之词。然而纬书毕竟也是经解的一种形式，解经必须以经书为出发点，所以纬书多少又与经学存在一定的关联，两汉经学中的若干成分正是凭借纬书作者的创造性劳动而得以流传后世。由此可见，纬书的学术传承固然来自经学，仍应当视为汉代经学发展历程中的一个独特阶段，但治经路数的核心要义则集中于尽力发挥天人之学，并将其推向极致，原有的关于三纲、五常、天文、地理的说明和解释的内容已越来越淡薄。纬书的主要内容是反映上古帝王事迹和记载帝王受命的预言，而关于帝王承运天命，接受《河图》《洛书》的文字更是任何一部纬书所着力渲染的主干成分。纬书中的孔子被汉代儒者尊为“素王”，即理应做天子却未能做天子的天子，人生事迹也如同黄帝、尧、舜、周文王一样充满神异。纬书创作的时代正值图谶的兴盛期，进入纬书制作者视野的大量图谶符命顺理成章地被纳入对经书的发挥，援谶入纬的趋势最终促成了谶纬的合流，经学在走向神学圣坛的同时也迎合了现实统治者企图神化自己的政治需求。

王莽借助“告安汉公莽为皇帝”和“摄皇帝当为真”的符命，先后做了代理皇帝和真皇帝，并最终实现了长期以来一直处于酝酿当中的汉家当易姓受命的谶言。依赖符命而篡汉的王莽对进献符命者予以封赏和晋爵。而一些制造谶语的人在他们所进献的符命中不仅编织王莽宜当皇帝的谶语，而且添上一些臣子和普通人的姓名，王莽接受符命后，也将其中提到的这些人物安排进官僚队伍。这种做法刺激着越来越多的人竞相制作符命，争取封官拜爵。谶纬的大肆泛滥终于使王莽感到厌倦，也使他认识到谶纬对于安定政权的潜在隐患，于是命人整理五威将军所颁发的符命，共计42篇，其中心思想就是主张王莽做天子。对于新谶纬的出现和流行，王莽则采取严厉的禁止措施，但事与愿违，在王莽统治末年爆发的农民起义风暴中借图谶而自称天子的人仍然比比皆是，如公孙述就引据符命，自认当为天子。

光武帝刘秀原是王莽时代的一介儒生，在反抗王莽的大潮中随兄刘伯升起兵，不久成为一方首领，麾下劝他即位做天子，刘秀不敢应允。同舍儒生强华以《赤伏符》进献，称："刘秀发兵捕不道，四夷云集龙斗野，四七之际火为主。"刘秀这才设坛祭天，祝文中引谶记说："刘秀发兵捕不道，卯金修德为天子。"刘秀做天子、重建汉朝的天命根据也是图谶。图谶既是天命所示，对于人事无疑具有至高无上的决定作用，对于东汉政治生活的影响无与伦比。天下安定后，谶纬直接促成了刘秀的封禅泰山。于是，他也照搬王莽的做法，"宣布图谶于天下"。被尊为天宪的谶纬，享有高不可攀的神圣地位。其后，章帝、明帝又极力倡导谶纬之学，遂使谶纬成为风靡一时的学问，谶纬之学发展到极盛。

从学术思想的发展来看，谶纬的盛行客观上又与力主天人之学的今文经学者的推波助澜大有干系。今文经学大师董仲舒擅长《公羊春秋》学，着力阐发儒家经典的微言大义，并从阴阳家、黄老、法家等学术派别中吸纳思想，建构了一个以阴阳五行为基本框架，以三纲五常为内核的天人感应神学体系。这种理论与大一统王朝的政治需要高度契合，因此而成为正统思想。在董仲舒的神学体系中，作为谶纬迷信核心思想的符瑞和灾异已有充分体现，两者又分别具有不同的政治效用，它们的根本目的就是为君主的统治提供神学根据，并在一定程度上对无限君权给予限制和约束。今文经学的政治隐喻性自此形成。在西汉末年现实社会充满危机、政治矛盾不断激化的形势下，奉天人感应学说为圭臬的今文经学家借助阴阳灾异的谈论，在解经中有意穿凿附会，并假托上天权威和圣人阐发自身对现实政治的种种见解，这些内容其实就是经学家个人对神意的理解，其神学预言性质不言而喻。伴随谶纬被极端推崇，谶纬思想也相应大量融入经书的注解。今文经学与谶纬互为因果，彼此交接，两相激荡，谶纬在东汉时期迎来了大盛的局面。谶纬之学的盛行也使笃信谶纬成为东汉儒者的思想时尚，善解图谶、精于谶纬是经学的重要内容。与今文经学派对立的古文经学派的兴起大致与谶纬的勃兴同步，在谶纬之风大炽的王莽时代，古文经被立于学官，古文经学者也无可避免地卷入这种时代风气，即使如刘歆、贾逵、郑玄等出类拔萃的古文经学大师也鲜能置身其外。所以，在崇奉谶纬上，当时的古文经学者与今文经学者并无太大差别，两者都是在博通五经的基础上，兼习谶纬。东汉时期的儒者很少有人不染习谶纬。就此而言，谶纬之学是汉代儒者天人之学的极端发展，是汉代儒学的有机组成部分。

就在谶纬之学走向极盛的时代，反对谶纬的声音也不绝于耳。两汉之际学者郑兴不信谶纬，光武帝曾经试图根据谶纬来决定郊祀大典，征求郑兴的意见，郑兴"不为谶"的回答令光武帝大为光火，最后，郑兴虽以"未学"而免祸，但终因"不善谶"终身不被重任。桓谭和郑兴同时，"尤好古学"，喜欢"非毁俗儒"，王莽做摄皇帝时，据《后汉书·桓谭传》载："天下之士，莫不竞褒称德美，作符命以求容媚。谭独自守，默然无言。"后桓谭又上书规劝光武帝不信谶纬，光武帝极为不满。光武帝晚年，拟以谶决定在何处建灵台，桓谭以"臣不读谶"回应，并"复极言谶之非经"，光武帝大怒，将桓谭视为"非圣无法"之人，罪当处斩。桓谭叩头流血，才得免于极刑，而其本人很快就在郁郁寡欢的愤懑中死去。光武帝时，担任整理、校订谶纬工作的尹敏也认为"谶书非圣人所作"。三起反对谶纬的事件都发生在谶纬大盛的光武帝时期，在此之后，谶纬的地位更加巩固，反对谶纬的呼声渐致沉寂。张衡《请禁绝谶纬疏》的出现，则又一次对谶纬的妖妄展开了更为激烈的抨击。张衡力证谶纬不是圣人之书，而且谶语中与经相违背的内容不胜枚举，谶与谶相抵触的现象也屡见不鲜，谶纬中的上帝之言犹如六经，同样是后世圣人加以整理的，所以不仅不足凭信，而且应该加以禁绝。汉代末年，荀爽、荀葛二人继续坚持谶纬"非仲尼之作"的观点。尽管上述人物反对谶纬的言论，张衡禁绝谶纬的主张在当时仍然无法阻挠谶纬的大肆流传，但在思想领域毕竟已显现出质疑、否定谶纬的端倪，这种思想元素当然有裨于人们对谶纬之学进行理性的深度思索与探求，积极意义弥足珍贵。东汉末年，曹操把持权柄，开始出台禁绝谶纬之书的举措，谶纬自此逐渐衰落。曹魏以后，历代王朝的皇帝在上台之前，照样往往利用谶言，假托天命，搬弄君权神授的把戏，为新王朝与新天子罩上神圣的合法性外衣，以牢固确立其正统地位；上台之后，则严令禁绝，以防他人照方抓药，危害自身统治。隋炀帝时，下令焚毁全部谶纬书籍，谶纬的地位与影响力更是日薄西山，东汉时期盛况空前的景象已一去不复返。

谶纬之学在两汉之际的合流，既有社会危机和政治危机因素的刺激，也有今文经学天人感应学说的理论支撑，这就为宣扬天命神意预言的谶纬提供了适宜的气候与土壤。经学与谶纬两相攀缘，密切互动，目的在于为神化现实政治中的帝王服务，政治指向性极其鲜明，从而极大地顺应了政治发展的潮流。谶纬、经学与政治三者之间互为依存的关系最终造就了东汉时期谶纬之学的兴盛。谶纬之学是儒学发展的一个阶段，虽说谶纬存在荒诞不经的虚妄之词固然是不争的事实，但在某些方面，它又揭示出儒经所未能彰显的内容，仍旧是对儒经的补充，其间蕴含的学术价值不应一概否定。

（曾育荣）

# 16. 汉代文吏与儒生的融合

文吏，又称“文法吏”“刀笔吏”，是官僚体制中的行政人员，以刀笔文法为工作方式的吏员专掌司法刑狱的狱吏、法吏。实际上，文吏是处于官僚体系基层序列的官吏，他们虽然接受了相关的文化和行政技能的培训，但在文化素质和思想意识，尤其对儒学的掌握等方面则处于较低层次。法家及秦国的为吏之道需要的是没有自己的创建甚至是没有独立思想和独立人格的技术性官吏队伍，官吏的思想和行事原则都统一到国家法律条文及行政技术规范，其结果就是形成文吏政治。

儒生是与文吏相对而称的。一般认为，儒生也就是儒士，是一个群体名词，是指中国古代社会中以儒学为知识背景，有着“效法孔子、祖述周公”的理想追求的儒家学人所构成的社会知识群体，在汉代是士阶层的主要组成部分。儒生这一群体更多地表现出知识分子的特征，高举儒家旗帜，坚守士道高于政道的信念，在政治文化及官僚队伍建设上要求的是以仁道为根本目的、具有独立意志与人格的官员，扮演着官员、学者、乡绅等多种角色，发挥着不同的社会作用。他们不仅是文人，而且还是知识分子。孔子曾将儒生分为君子儒和小人儒两类，荀子根据品行、学识和才能将儒士分为俗儒、雅儒和大儒三类。

秦代的官僚体制大致以文吏为骨干。汉人对此颇多批评，认为“秦任刀笔小吏，陵迟至于二世，而天下土崩”。文吏是吏员，儒生却不一定是吏员，只有儒吏才会经常与文吏打交道，才有可能与文吏相对而称。汉代儒生开明经入仕之途，大量参政，但文吏与儒生间存在着信念不同的矛盾。

汉朝初实行的是无为而治的黄老思想。曹参继萧何为相，在全国范围内推行黄老政治，君臣俱欲无为，但黄老政治对如何革除秦朝文吏存在的弊端并没有提出从根本上解决问题的办法。无为的黄老政治虽取得了一时的社会安定与经济繁荣，但许多深层次社会矛盾只是被暂时地掩盖了。一部分有远见的儒士已开始预感到日益积累的各种矛盾的严重性，贾谊、贾山等都是其中的杰出代表。汉武帝亲政以后，为了彻底扭转汉初以来的无为政策，重用了一大批文法之吏。文吏政治再次显示出其优势与现实功用，完全突破了汉初文吏政治仅限于低级官吏的局面，甚至在国家政治文化中一度占据主导地位。汉武帝在推行文吏政治的同时，接受了董仲舒“罢黜百家，独尊儒术”的建议。作为圣人门徒的儒生们也随着太学、征辟、察举等政策的稳步实施越来越走进政治权力的中心，逐渐成为当时最有影响的社会势力——士大夫。士大夫开始更加自觉地坚守和发扬儒家提倡的士人精神。士人作为社会思想与社会风气的代言人，其社会价值和个人价值皆受到儒家思想的全面教化，其价值的实现经历了一个由内向外、内外兼修的过程，即“内求诸己，外推及人”。

汉代官僚出现世族化的社会趋势。西汉后期正是一个吏治败坏、贿赂公行的时代，社会危机日趋深重是有目共睹的事实，儒生们无法按正常途径进入仕途，绝大多数儒生被排斥在国家权力集团之外。在西汉时代，通经入仕而飞黄腾达的儒生只是儒生群体的一少部分。就儒生群体而言，相当一部分是难以进入太学或郡国学的，他们入仕的途径就更加狭窄了。儒生通经是为了入仕，而能正常入仕者只能是少数，那么大部分儒生势必对现实持失望的态度，谁能为他们带来功名利禄他们就拥戴谁。王莽虽然是外戚，但对儒生的追求和现实的矛盾均有深刻的理解。他秉政之后遂向儒生开放仕途，“起明堂、辟雍、灵台，为学者筑舍万区，作市、常满仓，制度甚胜”。古文经也好，今文经也好，能到太学学习、效力朝廷就意味着有机会进入上层权力圈，早已不顾什么门派之见，莫不蜂拥而至王莽门下。但这些儒生是想借王莽之手去实现自己的理想，而不是要通过王莽去实现孔子、孟子所憧憬的“大同小康”社会。

知识分子即令入仕，他们与技能官吏仍然有重大不同。第一，他们追求独立人格。君臣或尊卑有别，但人格上二者至少应该平等。他们以政治的旁观者出现，批评政治弊端，议论得失，提供社会改革的方案。第二，他们坚守理想信念。体现在行为上，儒生们批评现实，从道不从君，虽处人臣之位，却以人君的师友自居，人格的尊严高于一切。在汉武帝独尊儒术之后，儒学成为政治的工具，治学不是为了探索真理、获取真知，而是为了论证现实等级秩序的合理性。作为知识分子，儒士又对自身思想的自由与超越极为重视，他们既是君权的维护者与制约者，又是社会平民的代言人，同时还是个体精神思想的守护者。第三，他们富于文化热情。儒士作为一个承担着文化使命的特殊阶层，自始便在中国史上发挥着知识分子的功用。更重要的是，士人阶层，尤其是儒士潜心学术的另一目的，是针对当时统治阶层粗鄙少文的状况，提出重建社会和政治的文化理性、拓展统治阶层的文明视野的要求。陆贾、贾谊在这方面贡献尤大。传统的文化态度和入世精神依然在现代知识分子的血脉中延续，传统的政治情结仍然笼罩着知识分子的心灵，对古代知识分子的精神和命运的叩问，不是为了过去，而是为了将来。

汉代知识分子群体及文化活动的兴盛，一方面，是由于社会对文化的生产与消费存在着固有的渴求。君主亦难例外。汉初楚、吴、梁、淮南、河间诸王的藩国中聚集了大批学者。武帝爱诗赋，设乐府，召集了司马相如等一大批最有才气的文学家。民间文化活动亦趋兴旺。另一方面，是汉统治者认识到秦式的文吏体制存在不足，转而向知识分子求助。朝廷设立五经博士，通过察举向朝廷推荐各方面人才，于是知识分子以不同方式进入朝廷，儒家是权力的需要和儒家的追求结合的产物。

春秋战国之际，私学大兴，学术下移，形成独立的知识分子群体。同时，各诸侯国通过变法运动逐渐确立了中央集权的官僚政治体制，造就了大批训练有素、专事行政管理与社会管理的新型官僚队伍。士与官僚两个新的社会群体各有其“道”，“士道”与“为吏之道”的对立亦随之产生。

坚持士道的知识分子群体并不绝对排斥为吏之道，各派代表人物始终没有放弃与统治者合作的机会，纷纷游说各国诸侯，冀求为其所用。然而这些士人即使入仕，亦与一般官僚体制下的官吏有很大不同，其核心的一点就在于他们始终坚守自己的“道”。士道与官僚体制对为吏之道的现实要求的冲突始终存在，孔子就坚守“邦有道则仕，无道则隐”的信念，孟子进一步强化了这种信念，把士人最重要的特征归结为尚志，要求士人绝不能因仕而变志。

在先秦各家学说中，法家独树一帜，他们从实用的功利主义出发，设计出一套以富国强兵为目的的专制集权的官僚体制方案。法家的最高原则就是法，官僚体制下的大小官吏一切以法令为准则，既不能有自己的思想，更无从保持人格之独立，只是执行法令和君主意志的工具，这就是法家。为吏之道的实质内容也是文吏政治的基本思想。

西汉初期的统治思想以黄老之学为中心，此时的黄老之学有显著的法家化特征，其本质是秦代法家思想在汉代特定时期与环境中的延续，因而汉初统治思想名为黄老，实为法家。汉初的文吏，除了精于文书法律，还表现出对统治者高度服从的特性。随着社会矛盾的日益复杂和深化，法家思想在国家治理问题上的不适应性逐渐显现。汉武帝便顺应时代发展需要，采纳了董仲舒“罢黜百家，独尊儒术”的建议，儒家思想开始受到重视。随着儒家思想地位的提升，西汉中期的官僚选拔制度发生了相应的改变，国家对儒生的吸纳逐步实现体制化。在儒生的强大影响下，政府逐渐呈现不同于秦政的新气象，儒生逐步参与朝政。在董仲舒等人的努力下，汉廷确定儒学为正统官学，置博士弟子，行察举，开明经入仕之途，自此“天下之学士靡然向风”。

虽然武帝时提出“独尊儒术”，但儒学却主要被用于装扮王道政治，解决大一统的政治秩序问题。宣帝时，多重用能臣。只有到了元帝以后，帝王才空前崇奉儒学，宰相多经术之士，历史发展到了实现儒家文治的理想时机。

汉初至武帝，大致可看成儒生发展儒学理论的阶段。此期儒生多担任博士、文学、师傅等官。自公孙弘为相封侯始，公卿大夫士吏斌斌多文学之士，此期儒生力图使理论与政务结合。在两汉四百年的漫长过程中，儒生与文吏既有对立，又在交融之中。

西汉武帝以后，尽管儒学渐居统治地位，但儒生并没有成为官僚体系的主体。汉武帝阳儒阴法，为学界所通识，掌权者多为功臣和由法入儒之士，儒术不过是治事的“缘饰”而已。汉元帝即位是西汉政治发展的一大转折，儒学确实取得了“独尊”的地位，朝中公卿多为名儒，儒生在社会政治中发挥的作用也日益体现。儒生这一群体不但因明经入仕而数量上不断增加，而且素质上逐渐发生了变化。首先，一批能够深刻理解现实政治的儒生不断增多。从陆贾、叔孙通、贾谊、贾山、董仲舒，直到盐铁会议上的贤良文学，他们对刑德、治乱、藩国、匈奴、选官、赋税等一系列重大政治问题都根据儒家学说作了系统的论述，使儒家经典与现实政治达到了精密的结合。他们多是既通儒术，又有别家之长，通达能干的所谓“通儒”。如陆贾，既善“称说诗书”，又“名为有口辩士”，投刘邦后去儒服着楚服以迎合之，常出使诸侯。叔孙通降汉，先进“诸盗壮士”而后其弟子，人称其“达世变”。特别是治春秋的公孙弘，“恢奇多闻”“外宽内忌”“习文法吏事，而又缘饰以儒术”。他兼长文法，又精官场倾轧之术，成为历史上第一个官僚化的儒生。

汉代官僚呈现身份化追求趋势，士人欲借助于君权实现个人的政治理想。汉代政治强化大一统，儒生作为儒学的代表必然会维护这个政治大一统。天下统一之后，儒生的理想主义价值观则日渐消息，入仕不再是为了实现其所学，而是为了个人的利禄。六经不再是个人操守的圭臬，不再是为之奋斗的理想，更不是批评现实的武器，而是通过入仕进而实现利禄的敲门砖。这是从“仕”而行其学，到“仕”而求其禄的转变，这一转变完成于汉武帝时期。当儒生视经义为仕进的手段时，在价值观上已经开始发生“吏化”的过程。当儒生仕进的梦想成真，成为官僚的一分子，其“吏化”就进入了实践阶段。

在汉初社会形势趋于明朗化后，在对待士人问题上“汉与秦迥异”。时异势变之后，许多士人最终以不同的入仕方式进入政府官僚体系。从以前恣肆任性、清高自傲、游离于体制之外的士人，变成为专制政治下的官僚。他们承担着行政文官与知识分子的双重角色，士人也就士大夫化了。汉武帝之后，儒家思想通过宫廷教育进入皇亲贵族和上流社会，至西汉末年时已经在统治阶层中产生了普遍深刻的影响。元帝、成帝自皇子时期便开始接受儒学思想教育，从内心喜好儒学，儒学精神的痕迹在其治国方略中便有着广泛体现。及至东汉，皇帝对儒术的推崇热情不减，光武帝曾亲自主持儒学活动，章帝更是以儒家思想为行为指导准则身体力行。帝王的个人喜好对社会价值具有引导与示范作用，西汉末期的帝王好儒促成了儒法合流在东汉的实现。

儒法合流进程中的文吏群体发生了两点重要变化。首先是循吏更为普及，从中央到地方，循吏在文吏结构中所占比例逐渐增多。《后汉书·循吏传》序中记载的循吏覆盖了大至郡县，小至亭乡等行政机构。随着儒学思想的崛起和循吏优势的增加，原本占主导地位的文吏群体开始萎缩。其次是文吏修养的提升。西汉早期，文吏习儒术者较少，故大多精于法律文书的表达，而不擅儒学的经典。可见，接触儒学有利于提高文吏个人的文学修养。汉代儒生与文吏相互冲突，形成了党派政争这种冲突。冲突中又发生了儒生的文吏化和文吏的儒生化。文吏群体在儒法合流进程中的转变意味着汉代官吏群体儒学化的初步完成，标志着对中国历史有深刻影响的士大夫阶层的正式产生，同时它也代表中国古代以法令为中心的政治秩序和以教化为中心的文化秩序的交融汇合。儒生们掌握了权力，自然就要实现儒家的王道理想。儒生们提出了教化礼乐的方略：帝王不仅应当是最高政治权力的掌握者，更应成为汲汲于教化之圣主，应当仁慈、节俭，品德高尚，循礼行事，示民以义而非利，化导民众遵循道德约束，培养良好的风俗习惯。君主能做到这些，则大臣、民众自然也会仿效向善。于是“三王可侔，五帝可及”，人类社会实现太平王道理想。贤良对策，下诏求言，吏民上书以及臣吏的廷争面折都成了经常性活动。武帝时董仲舒对策，导致了儒术之兴，吏民令狐茂、田千秋上书讼卫太子冤，成为好大喜功政治转变的契机。自贾谊以来，汉儒就强烈呼吁为政者以教化礼乐代替袭秦而来的严刑酷法，但因生不逢时，一直没有被当政者认真实施。元帝以后，儒生们终于迎来了礼乐教化的良机，发起了一场轰轰烈烈的礼乐改制运动。

（汪良平）

# 17. 博士制度沿革

博士制度，主要指汉魏时朝廷中以传授经学及参议朝廷仪典为主职的知识分子官员的组织制度。汉魏博士制度的发展变化也与官方学术的变化密切相关。但魏晋之后，博士制度的内容有所延伸，也指拥有特定技能的朝廷官员的组织制度，如太常博士、司乐博士等。

作为一种与官职有关的制度，博士制度最早出现在战国时期。《史记·循吏列传》中说："公仪休者，鲁博士也。以高弟为鲁相。"公仪休即《孟子》之公仪子，缪公时担任鲁相，这是在战国之初。不过，王国维先生在《汉魏博士考》中提出，《史记》所说的博士有时也指儒生，因而战国初期未必已有博士。因而，他认为博士一官的设立应在战国之末。如《汉书·贾山传》所说："祖祛，故魏王时博士弟子也。"贾祛是战国末魏王博士的弟子。而从贾祛来看，当时博士已能教授弟子，"故魏王时博士弟子也"，则博士制度至少在战国末时应已是比较成熟的。而一项制度从创建到完善需经历一段时期的发展，因而，若从《史记》公仪休之例，认为博士制度成立于战国初年也是无可厚非的。

秦朝的博士制度则应是源于齐国的稷下学宫，如王葆玹先生所言，当时齐国稷下学宫体制高度发达，为战国时代各国士人瞩目的文化中心，秦人也羡慕之。钟肇鹏在《秦汉博士制度源出稷下考》中也指出，虽然鲁、宋、魏、齐等国当时均已设有博士，但齐国的博士人数最多且时间最长。秦始皇兼并六国，而齐又是最后亡的一个国家。而秦的统治只维持了十四年，时间短促，使得秦朝的制度大抵沿用秦国旧制外，也兼采齐国制度，包括博士制度。这从秦所设置的博士制度的人数、职责等均可见出。如《史记·田敬仲完世家》所言："宣王喜文学游说之士，自如驺衍、淳于髡、田骈、接子、慎到、环渊之徒七十六人，皆赐列第，为上大夫，不治而议论。是以齐稷下学士复盛，且数百千人。"稷下先生的地位与上大夫相当，位尊，有七十六人，秦始皇所设置的博士员数正好也是七十余人，《史记·封禅书》说秦始皇"征从齐鲁之儒生博士七十人，至乎泰山下"，这说明秦始皇时的博士大多来自齐鲁，而齐便来自稷下学宫，此是其一。其二，齐宣王称稷下先生"不治而论"，即稷下先生的主要职责是参议国事，为君主提供建议。孟子也曾出任稷下客卿，也说"我无官守，我无言责"。而秦时博士的职责也是为君主纳言建议，如《史记·秦始皇本纪》所言"臣等与博士议曰""上问博士曰"及"始皇置酒咸阳宫，博士七十人前为寿"等。因此，从秦朝博士制度的人数与职责可见齐国稷下学宫的遗风。

汉承秦制，也继承了秦的博士制度。秦始皇始置博士七十余人，后焚书坑儒，博士减为三十余人。由于焚书坑儒被后人认为是暴政，因而汉初未沿袭秦朝博士三十余人的体制，而模仿博士七十余人的制度，如《艺文类聚》卷四十六引东汉卫宏《汉旧仪》说："孝文皇帝时，博士七十余人，朝服玄端，章甫冠。"《唐六典》卷二十一引《汉仪》说："文帝博士七十余人，为待诏博士。"关于博士所代表的派别，汉初立博士时也沿袭了秦制。秦设置博士时，不仅包含五经博士，也有诸子百家的博士。如《史记·秦始皇本纪》所载，秦始皇三十四年采纳李斯奏议："臣请史官非秦记皆烧之。非博士官所职，天下敢有藏《诗》、《书》、百家语者，悉诣守、尉杂烧之……所不去者，医药、卜筮、种树之书。""《诗》、《书》、百家语"在民间私藏则烧之，在博士官所藏则不烧，可见这些书即是秦朝"博士官所职"。其中的"百家语"即诸子，这些书在秦代已立于学官，在汉初废除挟书律以后也未遭冷遇。如刘歆《移书让太常博士》说，汉文帝时，"天下众书往往颇出，皆诸子传说，犹广立于学官，为置博士"，赵岐《孟子题辞》："孝文皇帝欲广游学之路，《论语》《孝经》《孟子》《尔雅》皆置博士。后罢传记博士，独立五经而已。"这表明，汉文帝时，博士七十余人兼有经学博士与传记博士。

据王葆玹先生在《今古文经学新论》的推论，西汉初期，由于经书残缺不全，因而文景时期的经书博士并未达到"五经博士"的规模。公元前136年(汉武帝建元五年)的"置五经博士"遂有增置的意义，这也是汉宣帝诏书所谓的"广道术之路"。过去的成说以为汉武帝罢黜了传记博士，仅置五经博士，其实现存史料并没有关于汉武帝减少博士员数的记载。事实上，传记博士的罢废是在汉成帝时，汉武帝时尚未罢黜传记博士。如《汉书·东方朔传》引朔著论云："传曰：'天不为人之恶寒而辍其冬，地不为人之恶险而辍其广，君子不为小人之匈匈而易其行。''天有常度，地有常形，君子有常行，君子道其常，小人计其功。'"东方朔是汉武帝时人，他所引述的"传"的文字来自《荀子·天论》和《荣辱》篇，可见《荀子》在汉武帝时还可泛称为"传"。刘向《孙卿书录》说《荀子》"其书比于记传，可以为法"。这便明确地将《荀子》纳入传、记的范围。在汉武帝至元帝时期，诸子书当中的非儒家的著作也可称为"传"，例如《汉书·贾山传》指出，贾山"所言涉猎书、记，不能为醇儒"。所谓"书记"亦即"传记"，"涉猎书记"便不能算纯粹的儒者，可见贾山所读的传、记多是与儒家无关的。贾山是汉武帝时的人，班固称他所读的书为"书记"，当是以汉武帝时的成见来进行概括。这也说明，在汉武帝时的传记博士也包含了儒家之外的诸子。据王葆玹先生所论，传记博士的删减当在当汉成帝时。《汉书·百官公卿表序》有言："奉常，秦官，掌宗庙礼仪，有丞。景帝中六年更名太常……又博士及诸陵县皆属焉。"则从汉初至成帝，博士为太常所管辖，职责在太常的"掌宗庙礼仪"的职权范围之内。到汉成帝时，匡衡等儒臣发动礼制的革新，将汉成帝以前的宗教祭祀制度几乎全部推翻，建立了简单的南北郊的宗教体制，于是那些为旧制负责的博士全被罢黜，使博士员数由过去的"数十人"减为十三家，这十三家是《诗》鲁、齐、韩三家，《书》欧阳、大小夏侯三家，《礼》后氏一家，《易》施、孟、梁丘、京氏四家，《春秋》公羊、穀梁二家。汉成帝时博士人数的变化，标志着西汉官方学术由尊今文经学并兼容诸子学的时期，过渡到独尊今文经学的时期。

在王莽摄政的汉平帝时期以及新莽时期，经学博士有所增加。《汉书·王莽传》记载，公元4年(汉平帝元始四年)"立《乐经》，益博士员，经各五人"。共设置六经三十博士，其中有一部分是古文经博士。王葆玹先生认为，这是今、古文经学并立于学官的时期，也是古文经学的势力急剧膨胀的时期。由于早期的古文经学提倡兼通，对今文经学并非绝对地、完全地敌视，故对今、古文经博士并立的局面并未提出反对的意见。(《今古文经学新论》)

东汉力图恢复西汉旧制，设置了十四博士。《后汉书·儒林传序》："及光武中兴，爱好经术，未及下车，而先访儒雅，采求阙文，补缀漏逸。先是四方学士多怀协图书，遁逃林薮。自是莫不抱负坟策，云会京师，范升、陈元、郑兴、杜林、卫宏、刘昆、桓荣之徒，继踵而集。于是立五经博士，各以家法教授，《易》有施、孟、梁丘、京氏，《尚书》欧阳、大小夏侯，《诗》齐、鲁、韩，《礼》大小戴，《春秋》严、颜，凡十四博士，大常差次总领焉。"据《后汉书·章帝纪》建初四年诏，西汉《礼》博士仅后氏一家，由小戴氏学一派垄断，大戴氏学博士是由汉光武帝增置的。至于东汉时期活跃的《礼》庆氏学派，则一直处于私学的地位。

《春秋》严氏与颜氏两家都属公羊学派，左氏、穀梁也曾欲立于学官，但未几而废。《后汉书·陈元传》载，建武初年，习左氏学的陈元与桓谭、郑兴等人为学者所宗，上奏欲立《左氏传》为博士，范升上奏认为左氏学为浅显末流，不当立为博士。陈元于是上疏与其辩难，最后，《左氏传》终立于博士。但后因左氏、穀梁均不通识图谶，因而两家博士也中道而废。从此至东汉末，博士制度人数再无增损。

魏时博士人数增益于东汉。《魏志·文帝纪》载，公元224年(黄初五年)，“夏四月，立太学，制五经课试之法，置《春秋穀梁》博士”。《王肃传》：“初，肃善贾、马之学，而不好郑氏，采会同异，为《尚书》《诗》《论语》《三礼》《左氏解》，及撰定父朗所作《易传》，皆列于学官。”则不仅《穀梁春秋》及《礼记》已立于博士之官，古文经如费易古文《尚书》《毛诗》《周礼》《左氏春秋》也并立学官。据《晋书·荀崧传》及《宋书·百官志》所载，魏时博士是十九家：《易》郑、王氏两家，《书》贾、马、郑、王氏四家，《诗》郑、王氏两家，《三礼》各有郑、王氏两家，《春秋左氏传》服、王氏两家，《春秋公羊传》颜氏、何氏两家，《穀梁》尹氏一家。在这当中，只有颜氏、何氏及尹氏三家为今文经学，其余均为古文经学，如王国维先生所言：“然则魏时所列诸经，已非汉代之今文学，而为贾、马、郑、王之古文学矣。”“于是西京施、孟、梁邱、京氏之《易》，欧阳、大小夏侯之《书》，齐、鲁、韩之《诗》，庆氏、大戴之《礼》，严氏之《春秋》，皆废于此数十年之间，不待永嘉之乱而其亡可决矣。”(《汉魏博士考》)

据《宋书·百官志》，西晋博士也是十九家，变化仅在于增置了孔安国《论语注》，并将《春秋左氏传》王氏改为杜氏，杜预一家。东晋之初，元帝简省博士，员数减为九人，据《晋书·荀崧传》所言：“时方修学校，简省博士，置《周易》王氏、《尚书》郑氏、《古文尚书》孔氏、《毛诗》郑氏、《周官》郑氏、《礼记》郑氏、《春秋左传》杜氏和服氏、《论语》《孝经》郑氏博士各一人，凡九人。”荀崧并不认同此博士构成的设置，因“博士旧置十九人，今五经合九人，准古计今，犹未能半，宜及节省之制，以时施行。今九人以外，犹宜增四。愿陛下万机余暇，时垂省览。宜为郑《易》置博士一人，郑《仪礼》博士一人，《春秋公羊》博士一人，《穀梁》博士一人”。后晋元帝采纳了荀崧的建议，《宋书·百官志》：“(晋元帝)后又增为十六人，不复分掌五经，而谓之太学博士也。”“不复分掌五经”，说明晋朝时的博士制度已不再严格区分今古经文，经学臻于融合，学者不仅要兼习各经，也要融通各家。

关于博士的一般职责，战国末魏王时的博士已在教授弟子，汉魏间的博士职责之一也在于教授弟子。汉武帝曾特为博士置弟子五十人，《汉书·武帝纪》载，公元前124年(元朔五年)“夏六月，诏曰：‘盖闻导民以礼，风之以乐，今礼坏乐崩，朕甚闵焉。故详延天下方闻之士，咸荐诸朝。其令礼官劝学，讲议洽闻，举遗兴礼，以为天下先。太常其议予博士弟子，崇乡党之化，以厉贤材焉。’丞相弘请为博士置弟子员，学者益广”。《汉书·儒林传》载：“为博士官置弟子五十人，复其身。太常择民年十八以上仪状端正者，补博士弟子。”其后，博士弟子人数又大增，“昭帝时举贤良文学，增博士弟子员满百人，宣帝末增培之。元帝好儒，能通一经者皆复。数年，以用度不足，更为设员千人，郡国置五经百石卒史。成帝末，或言孔子布衣养徒三千人，今天子太学弟子少，于是增弟子员三千人。岁余，复如故”(《汉书·儒林传》)。据王国维先生所言，汉博士以专经教授弟子，魏则兼授五经。

除教授弟子外，汉初博士还参议朝政，这也是对六国时博士“不治而议论”之职的继承。如《汉书·贾谊传》载：“每诏令议下，诸老先生未能言，谊尽为之封，从各如其意所出。”但汉中兴之后，博士不再参议朝政，只参与朝廷礼制的设定。如《后汉书·光武纪》载：“博士丁恭曰：‘古帝王封诸侯不过百里，故利以建侯，取法于雷，强干弱枝，所以为治也。今封诸侯四县，不合法制。’”《晋书·荀崧传》载：“元帝践阼，征拜尚书仆射，使崧与协共定中兴礼仪。”汉中兴之后，其余有关的博士的记载多为博士参议典礼之事。

据王国维先生所载，博士的任用主要通过五种渠道。或是通过朝廷之征召，如《汉书·张苍传》载：“文帝召公孙臣以为博士。”或是通过他人推荐举用，如《汉书·孟喜传》载：“博士缺，众人荐喜。上闻喜改师法，遂不用喜。”或是通过朝廷举行的选试，如《后汉书·儒林列传·张玄传》载：“会颜氏博士缺，玄试策第一，拜为博士。”或凭借贤良文学的身份，因为通晓经学诸科而被推举，如《汉书·公孙弘传》载：“武帝初即位，招贤良文学士，是时弘年六十，以贤良征为博士。”或是由其他官职转迁为博士之官，如《汉书·晁错传》载：“太常遣错受《尚书》伏生所，还，因上书称说。诏以为太子舍人门大夫，迁博士。”

魏晋之后，博士制度的内容发生较大延伸，博士不再指专门传授经学的官员，而指因为具备特定的专门技能的民众市坊间的人群或因此项专业技能而担任相关职位的朝廷官员。如唐代封演在《封氏闻见记》的记载：“命奴子取钱三十文，酬煎茶博士。”宋孟元老《东京梦华录》也提及：“凡店内卖下酒厨子，谓之茶饭量酒博士。”这里茶博士、酒博士自然不是指汉魏时专治经学的知识分子，而是指具备某项专业技能的人群。又如《新唐书》也屡屡提及太常博士之外，还有诸如漏刻博士、天文博士、司乐博士等。其中，太常博士指擅长礼仪、专掌宫廷典礼的官员；司乐博士精通音律，掌管宫廷祭祀宴飨之乐舞。博士制度的这种发展趋势说明政治体制的发展越来越需要各种具备专业技能的人才，也从另一侧面反映了中国古代官僚体制的高度发达与成熟。

（黄少微）

# 18. 司马迁作《史记》

司马迁(前145年—?)，字子长，西汉时期著名史学家、文学家，生于夏阳龙门(今陕西韩城)。司马氏历代为史官，汉武帝时，司马迁之父司马谈(?—前110年)任太史令，主要掌管天文星历和占卜祭祀，同时兼管文书和记载朝廷大事。在汉代人眼里，这是一个卑微低贱的职位，近于倡优和巫师之间，地位低下。但是司马谈始终都抱着崇高的理想，他一直希望能够写出一部像《春秋》一样的伟大史书，可以表彰“明主贤君忠臣死义之士”。他也希望儿子司马迁能坚守司马氏的世业，因此在司马迁小时候就特别重视对史学方面的培养。在这种环境下，司马迁10岁时就可以熟读《春秋》《国语》《世本》等古代历史书籍了。在司马谈担任太史令迁居长安以后，司马迁更是得以直接受业于当时的古文经学大家孔安国和今文经学大师董仲舒，分别学习《古文尚书》和《公羊春秋》，这些都为他以后入仕和著书打下了深厚的知识基础。

公元前126年(汉武帝元朔三年)，20岁的司马迁暂时停止了对经传古籍的阅读，开始了他的漫游经历，到各处去实地考察，了解和搜集遗留下来的各种史料。他从长安出发，到长沙汨罗江边凭吊屈原，“想见其为人”，又重走贾谊遗迹，对两人的遭际十分同情。在湘江上游的零陵郡营道县(今湖南宁远县)，他考察了传说中舜的墓葬所在地九嶷山，然后到庐山实地考察“舜疏九江”的传说，接着顺江而下到达会稽山。通过实地考察访问，司马迁获得了许多关于夏禹的故事和资料，同时为越王勾践卧薪尝胆，报仇复国的精神所感动。在这里，司马迁还听到有关陶朱公范蠡、伍子胥和专诸刺吴王僚的故事。此后，司马迁又游历了吴县，参观了战国四公子之一春申君黄歇的故城和宫室；又游历淮阴，得到了关于韩信的许多生动的故事。接着，他渡过淮水，沿泗水北上，来到了鲁国的都城曲阜。这里是孔子的故乡，也是古代的文化中心之一。司马迁在这里停留的时间比较长，仔细搜求了有关孔子的逸闻轶事。为了搜集更多史料，司马迁又来到了齐国都城临淄、孟尝君田文的封邑薛县(今山东滕州市东南)等地。从薛县再往南，他又来到彭城(今江苏省徐州市)，此为秦楚、楚汉战争的必争之地，也是楚霸王项羽的都城。在彭城以西的丰郡(今江苏丰县)、沛郡(今江苏沛县东)，司马迁参观了刘邦、萧何、曹参、樊哙、夏侯婴等人的故居，还从当地听到了许多关于他们的闻所未闻的故事。在游历了魏国都城大梁(今河南开封)后，司马迁结束游历，回到长安，做了郎中，开始了他的为官生涯。郎中是一个小官，却得以随侍皇帝左右。汉武帝频繁出巡，他自然也要跟着四处巡游。他跟从汉武帝东到碣石见到大海，西至空峒(今甘肃平凉)听到了许多关于黄帝的传说，北至边塞登临秦时所筑长城，也曾受命出使西南，远至昆明，目睹了汉武帝带领群臣负薪塞河的活动。

在漫长的游历过程中，司马迁不仅游览了祖国的广阔山河，接触了广大的劳动人民，还考察了许多历史遗迹，了解了许多历史人物的逸闻逸事和各地的风俗人情。这些都是古书史籍上了解不到的，因此极大地开阔了他的视野，增长了他的见识，为他以后的创作奠定了坚实的基础。除了实地考察外，司马迁还从他所接触的各阶层人物那里得到了许多生动的历史故事。周霸向他讲述过有关项羽的传说，公孙秀向他讲述过荆轲刺秦王的具体细节，朱建的儿子和他评议过陆贾，苏武的父亲苏建跟他讲过卫青不肯招贤纳士的故事，樊哙的孙子樊他广和他谈论过汉初几位开国功臣的发迹史，贾谊的孙子贾嘉和司马迁有书信往来，冯唐的儿子冯遂和他是至交。司马迁也亲眼见过“飞将军”李广、“大侠”郭解，还和李广的孙子李陵同朝为官。这些都为他的《史记》写作提供了更为丰富的材料，加深了他对一些历史人物的认识，使得他们在《史记》中的形象更加惟妙惟肖，富于生活气息。

公元前110年(元封元年)冬，武帝统率大军10万，北游朔方，东巡海上，嵩山拜礼，然后东上泰山，准备举行封禅仪式。像这种千载难逢的重大典礼，作为太史令的司马谈原本是应该寸步不离的，但是他在这次巡行途中却病倒了，只好留在洛阳。因为不能参加大典，又急又恨，病情越来越重。司马迁从西南游历归来探望时，司马谈已经生命垂危了。他拉着儿子的手，声泪俱下，向儿子诉说自己的遗愿。司马谈希望儿子能够继承司马氏的传统，仍然做一个史官，并且时刻不要忘记他想要修史的决心，完成他的夙愿。司马迁流泪答应了父亲的遗命，不敢耽搁，赶往泰山向武帝复命去了。武帝的这次巡行东至海上，北至碣石(今河北昌黎县北)，从辽西(治所阳乐，今辽宁义县西)北巡至九原(今内蒙古包头市西)，行程一万八千里。司马迁一路随行，对中国北方的情况更加熟悉了。

公元前108年(元封三年)，司马迁遵从父命，正式成为太史令。这可以看作是他从事著述工作的正式准备阶段。作为太史令，司马迁有机会阅读和整理汉代宫廷收藏的所有典籍文献和重要史料，这无疑为写作《史记》提供了很大的方便。不过，司马迁的工作并不只是整理史料的文字工作，他还需要不时地侍从武帝四处巡行。公元前104年(武帝太初元年)，司马迁倡议主持了改历的任务，改历的重要性并不亚于封禅，它是汉统治者改朝换代以后更换旧制度的一个重要部分。司马迁等受命以后，召集了20多人共同进行制定新历的工作。这个新历就是著名的《太初历》，汉武帝也因此改年号“元封”为“太初”。此时距司马谈去世已经6年了。封禅和改制工作都已经完成，汉朝社会呈现一片繁荣的局面。父亲的遗志加上自身的强烈愿望，司马迁在42岁的时候开始了修史的工作。

公元前99年(武帝天汉二年)发生的“李陵案”给了著述中的司马迁几乎毁灭性的打击。司马迁曾经和李陵同朝共事，虽然并没有很深的交情，但是通过平时的观察，他觉得李陵素有国士之风，能够以五千步兵和单于几万人马连战十余日，所杀敌人也已经超过他所能做的极限。因此，当武帝向司马迁询问对李陵事件的看法时，司马迁坦率地表达了自己的观点，认为李陵不属投降派。此举深深地触怒了武帝，司马迁因此被投进监狱，最终获得诬罔主上的罪名，被判死罪。汉武帝时代，被判死刑的人有两种办法可以免死：一种是用钱赎罪，另外一种就是受“腐刑”。司马迁官小家贫，又没有朋友出来资助，因此想要活下去，受“腐刑”是唯一的办法。司马迁也想到过死，但是“死有重于泰山，或轻于鸿毛”，如果这样死去是毫无价值、毫无意义的。但是不死，就要选择“腐刑”。“腐刑”又称“宫刑”，因为受这种刑罚的人下体会腐烂。在司马迁看来，“诟莫大于宫刑”，这是一种比死还要可怕的奇耻大辱。然而，司马迁想到他还没有完成父亲交给他的遗命，于是在“西伯拘而演《周易》；仲尼厄而作《春秋》；屈原放逐，乃赋《离骚》；左丘失明，厥有《国语》”等精神的感召下，觉得自己还是应该忍辱负重地活下去。公元前98年(天汉三年)，司马迁接受了腐刑，“就极刑而无愠色”。

司马迁出狱后，修史动机发生了重要的转变。最初接受父亲司马谈修史的遗命时，他的动机和父亲一样，都是为了继承《春秋》传统，为了记载“明圣盛德”，叙述“功臣世家贤大夫之业”。但在经历了李陵之祸以后，司马迁的身体和精神都受到极大摧残，他认为自己也要和历史上的周文王、孔子、屈原等人一样，用著书立说来抒发心中的抑郁不平之气。从此,《史记》的著述工作成为他的精神寄托,著述工作也获得了更大的动力。就《史记》这部作品来说,由于司马迁在对以往历史的总结、对当前盛世的赞扬之中融入了个人的身世之叹,寄寓了自身的怨刺感慨,《史记》的内涵变得更加丰富,它不仅是一部通史,更是作者带着精神、肉体双重创伤所作的倾诉。

司马迁出狱以后,在公元前96年(武帝太始元年)左右做了中书令。这个职位比太史令要高,主要任务是把皇帝的命令下到尚书,把尚书的奏折等转呈给皇帝,是一个和皇帝很亲近的职位。但司马迁对这一切已经毫无兴趣,完成著述工作是他隐忍苟活的唯一精神支柱。他的内心充满了痛苦的煎熬和无尽的愤恨,在公元前93年(太始四年)写给朋友任安的回信中,司马迁详尽地诉说了自己的遭遇和心情。在信里,司马迁也提到他已完成《史记》130篇,此时的司马迁已53岁。在这篇文章中,司马迁还提到了《史记》编撰的宗旨,即所谓"究天人之际,通古今之变,成一家之言"。"究天人之际",即探究天道和人事的关系,作者批判了原来的"神意天命论",提出了"帝王中心论";"通古今之变",即探究历史的发展实况及其规律;"成一家之言",即通过《史记》撰著,形成一家学说。在这之后,关于司马迁的事迹已经无迹可考,而他的卒年也难有确切的答案,据王国维的推断当是"与武帝相终始",大约在公元前87年前后。

《史记》在汉代被称为"太史公书""太史公记",或者直称"太史公"。司马迁在综合前代史书各种体例的基础上创立了纪传体的通史。全书包括十二本纪、十表、八书、三十世家、七十列传,共130篇,526500字。上自黄帝,下讫汉武帝太初年间,包含了上下三千年的发展历史。五种体例,互相区别又互相补充,组成一个不可分割的整体。十二本纪按照帝王世代顺序记叙各朝兴衰和政治大事,十表按照世代年月分别记载帝国王侯之间的大事,八书是关于经济、文化、风俗、天文历法方面的论述,世家主要是贵族之家的历史,其中也有历史上一些著名人物的事迹记载,列传则是不同阶层、不同类型的人物的传记。《史记》的五种体例并不完全出自司马迁的创造,但是把这五种体例加以改造,互相补充,形成一个完整的体系却是司马迁的独创。

《史记》作为一部历史著作,比较全面客观地反映了历史面貌,一直有"实录"的美誉,"不虚美,不隐恶"。更为可贵的是,作者在写作的过程中寄托了自己的理想,表达了自己对于历史清醒的认识和强烈的爱憎,塑造了一系列栩栩如生的历史人物,将历史和文学巧妙地结合。鲁迅即称赞《史记》为"史家之绝唱,无韵之《离骚》",肯定了《史记》在史学和文学方面的高超价值。司马迁特殊的生活经历使他能够比较清醒地认识到封建统治的残暴,这更加深了他对统治阶层的反叛和对人民的同情心理,这也是构成《史记》进步思想的根源,是《史记》独放异彩的重要原因。

《史记》思想的进步性首先表现在对封建统治阶级,特别是汉代最高统治阶层的讽刺和揭露上。《高祖本纪》中不仅表现了刘邦作为人主的豁达大度、坚忍不拔、善于用人等诸多优点,也侧面表现了他"不事家人生产作业"和"好酒及色"的一面。在《项羽本纪》中,通过与项羽的对比,刘邦更是显得怯懦、卑鄙和无能。司马迁通过各种手法揭露了汉代开国之君虚伪的一面,还原了历史上一个相对真实的刘邦。对于汉武帝,司马迁也是抱着批判的态度的。据《太史公自序》,司马迁写有《今上本纪》,不过现存的《史记》中的《孝武本纪》却是后人补撰的,因此无法得知他到底是怎样描写武帝的。但是,我们仍然可以通过其他篇章看出司马迁对于汉武帝所持的态度。《封禅书》中,司马迁写汉武帝迷信方士,乞求长生不老之术,屡屡被骗却始终不觉悟;《平准书》写汉武帝滥用武力和奢侈浪费,消耗了汉兴百年来积累的大量社会财富,并把这些负担转嫁到人民身上;《循吏列传》和《酷吏列传》中,司马迁通过对比的手法表现了武帝统治的残暴无情。除此之外，《吕后本纪》《魏其武安侯列传》则表现了汉代统治集团内部争权夺利的矛盾和斗争，从侧面表现了他们凶残暴虐的一面。《史记》还歌颂了农民起义，颂扬了历史上反抗封建暴政的英雄人物。他把陈涉、项羽分别置于“世家”“本纪”之中，足以看出在司马迁心中他们是可以和诸侯、帝王平起平坐的。《史记》中还有一系列下层人物，司马迁都给予了充分的肯定和赞扬。如《游侠列传》中的郭解、《刺客列传》中的荆轲。《史记》中表现了一系列爱国人物，如《屈原贾生列传》中的屈原、《廉颇蔺相如列传》中的蔺相如、《李将军列传》中的李广等。

《史记》具有巨大的文学价值，这主要体现在它的叙事艺术和人物刻画方面。在叙事方面，司马迁在人物传记的编排上显示出高超的技巧，将历史和逻辑统一在一起，形成了自己独特的叙事风格。本纪、世家基本上都是记载传说或者历史上真实存在的皇帝和诸侯贵族，根据他们在历史上的政治地位决定是进入本纪还是世家。这里面有一些特殊情况，比如西汉惠帝，虽然当了几年皇帝，但是有职无权，没有实际作用，所以不入本纪。项羽在秦汉战争之时曾经一度主宰天下，呼风唤雨，吕后则是惠帝朝的实际统治者，他们虽然没有皇帝的称号，但是也被列入本纪。孔子没有侯爵，陈胜是农民起义领袖，二人都列入世家，因为他们的历史地位堪比王侯。司马迁的这种安排体现了他对历史事实的充分认识和合乎逻辑的归纳。在人物传记的排列上，《史记》基本上是以时间为序，同时兼顾各传记人物之间的内在联系，采用以类相从的原则。比如，孙武、吴起、伍子胥都是军事家，他们的传记就前后相次；韩长儒、李广、卫青、霍去病都是西汉时期抗击匈奴的名将，《史记》中韩长儒、李广传记在前，中间插入《匈奴列传》，然后是卫青、霍去病的传记；公孙弘、主父偃都曾经上书阻止讨匈奴、通西南，他们的传记安排在卫青、霍去病之后；接着是《西南夷列传》，司马相如曾经出使西南，他的传记就安排在《西南夷列传》之后。这样的安排使得相关的人物传记都以类相从，前后相接，显示出清晰的发展轮廓。在叙事时，《史记》追根溯源，揭示出隐藏在表象下深层次的起决定作用的因素。例如，在分析项羽失败的原因时，他批判了项羽自认为“天之亡我，非战之罪”的说法，认为真正的原因是“自矜功伐，奋其私志”“欲以力征经营天下”。在分析吴起乱箭穿身而死的悲惨结局时，司马迁认为是由于他的“刻暴少恩”，这些分析都是很精辟的。

《史记》的叙事注重详略之分，往往详细叙述事情发展的起因，对于由这种原因所引发的结果一般都略写。《李斯列传》的开头写了李斯年少时做郡县小官时候的一件小事：李斯看见厕所中的老鼠吃着肮脏的食物，生活在人和犬的阴影之中，整日惶恐不安；而生活在仓库中的老鼠则吃着累积的粮食，居住在大庑之下，没有人和犬的惊扰。这件事给了李斯以触动，让他觉得人的贤与不肖就和老鼠一样，在于自身所处的位置。为了摆脱厕鼠的命运，李斯向荀子学习帝王之术。学成之后，李斯决定前往秦国，临别时对荀子说，最大的耻辱莫过于卑贱，最大的悲哀莫过于穷困。这句话坦诚地表现了他的人生观和价值观，这是他人生理想得以实现的动力，也是最后葬送他身家性命的祸根。《史记》的人物传记中多有生活琐事的记载，司马迁就是通过这些琐事的记载表现了某些人物活动的原始动因和许多事件得以发生的本源。《史记》每篇都有贯穿全文的主线，对于和主线相关的时间往往都会详写。《商君列传》中以法为线，司马迁认为这是决定商鞅命运的主要原因，他的成功、失败乃至死亡皆缘于此，因此详写与这根主线相关的事件，其他的则都略写。

此外，在各种材料的运用上，司马迁都得心应手。无论是纷繁复杂的历史事件，还是人物众多的大场面，他叙述起来都条理清晰、游刃有余。《陈涉世家》中将秦末农民起义风起云涌的态势、千头万绪的事件都非常清晰地表现了出来。对西汉前期发生的两件大事——诸吕之乱和七国之乱，司马迁在叙述这两个事件的起因及其经过时，天下大势了然于胸，轻重缓急处理得当，又成功运用了顺叙、倒叙、侧叙等多种表现手法，读起来令人目不暇接但又无不清晰了然。《史记》的场面描写也相当精彩。荆轲刺秦王写得险象环生、惊心动魄；鸿门宴则是剑拔弩张、一触即发；灌夫骂座和东廷辩论或冷或热，形成鲜明对比；长乐宫诸侯君臣朝仪秩序井然，庄严肃穆。对于不同的场面，司马迁都表现出了不同的气氛，并且运用白描、铺陈、渲染等不同的手法传达出各种场面的实况和自己的独特感受。《史记》中虽不乏生活琐事的描写，但是司马迁更擅长的还是表现复杂事件和重大场面，这也是《史记》一书的厚实之处。

在人物刻画方面，本纪、世家、列传中的人物上自帝王将相，下至市井平民，应有尽有，覆盖面极广，体现了司马迁进步的历史观和开阔的视野。司马迁本人希望借助《史记》扬名后世，实现立言不朽的人生目标。因此，他非常同情那些在历史上有卓越表现但却无人奖掖致使被历史淹没的布衣平民，为他们鸣不平。司马迁清楚地认识到，一个人能否青史留名，一方面固然和他的功绩有关，同时也和是否有人宣扬提携密不可分。因此，《史记》中也收录了许多下层人物，如刺客、游侠、商人、方士等，并且都刻画得栩栩如生。在具体刻画人物时，司马迁非常注重表现人物独特的性格，因此《史记》中的人物形象都是形态各异的，不同类型的人物形象迥然不同，就是同一类型的人物也各具特色。比如同是战国时期以好士闻名的四公子，司马迁表现了信陵君在人格上与其他三公子的高下之别，其他三公子也各有各的特色风貌；同样是战国策士，苏秦主要是发愤图强的形象，而张仪更多的是狡诈权谋；同是刘邦身边的重要谋士，张良令人觉得高深莫测，有几分神秘的仙风道气，而陈平则比较有人情味。同一类型的人物形象之间尚且各有不同，不同类型的人物形象更是反差巨大，人物的个性特征在对比中得到充分的展现。《史记》中的人物之所以都个性鲜明，是因为司马迁能够准确把握住人物的基本特征，然后再进行渲染，在表现人物个性特征的时候，能充分留意到他们的家庭背景、文化教养、社会经历等多方面的因素，给予恰当的表现，为人物的性格发展形成铺垫。萧何出身刀笔吏，所以能因势奉法；陈平年轻时家贫好学，因此始终有书生气质；周勃最初从事杂艺，没有什么学问，因此在掌权以后就显露出知识的不足；樊哙是屠户出身，成为将军之后依然不改莽撞豪爽之气，在刘邦、项羽面前也敢于直言直语、大声大气。总之，影响人物个性的诸多重要因素，司马迁都考虑到了。因此，《史记》中的人物说话行事都符合各自的年龄、身份和教养，显得真实可信。在表现人物个性的同时，司马迁也注重表现人物形象的多面性、复杂性。他运用多种方法、多种视角来充分塑造人物形象。比如对汉高祖刘邦的刻画，《高祖本纪》主要展示他具有神秘色彩的发家史，以及他的雄才伟略、知人善任；然后又在《项羽本纪》中利用范增之口说出他的贪财好色；在《萧相国世家》《刘侯列传》中表现出他猜忌功臣等。总而言之，司马迁笔下的人物形象不仅个性鲜明，而且丰富饱满，无不有血有肉，跃然纸上。

《史记》是我国纪传体史学的开山之作，它开创了以人物为中心的纪传体，是我国古代史传文学的巅峰之作。《史记》的影响是极其深远的，其体例冲破了以往史书体例的局限，能够容纳更丰富的内容，全面地反映社会生活的整体风貌，这是司马迁对中国历史学作出的伟大贡献。司马迁之后，《史记》成为古代各朝编纂历史的范本，现在被称为二十四史的“正史”都是依照《史记》的纪传体体例来编写的。

（祁俊）

# 19. 班固作《汉书》

班固（32—92年），字孟坚，扶风安陵（今陕西咸阳东）人，东汉著名史学家、文学家，一生著述颇丰。其所撰《汉书》，是继《史记》之后中国的又一部重要史书；所作《两都赋》，奠定了京都赋之范例；所纂《白虎通义》，集经学之大成，对宋明理学产生了深远影响。

班固出身儒学世家，尤其在史学领域独领风骚。班固和父亲班彪、妹妹班昭都参与了《汉书》的编写，而弟弟班超为汉朝控制西域地区立下了不世之功。班固从小便是闻名遐迩的天才，更重要的是，班固并不因为门第优越而放纵，反而努力学习。在父亲的教导下，九岁的时候，班固就能够吟诵诗赋、撰写文章。因为父亲班彪有意为《史记》作后传，班固也受到影响，开始广泛地阅读史籍，关注汉代的历史。

十六岁的时候，班固来到了都城洛阳，进入太学学习。洛阳太学是东汉时期朝廷官方创办的专门教授儒学的最高学府。在这里，他用功苦学，不论儒家或其他百家学说，都能深入钻研，同时注重融会贯通，并不拘守一家之说，也不停留在字音字义、枝枝节节的注解上。

公元54年（东汉建武三十年），班彪病逝，班固回到家乡，于弱冠之年承父亲之遗命，立志完成父亲未尽之史。去世之前，班彪留下了撰写一部堪与《史记》媲美的史学名著的遗愿。班固仔细阅读了班彪所著的《史记后传》。显然，班彪去世较早，他的后传并没有完成，内容还有欠缺，体例也不够详备。究竟继续完成父亲的遗稿，还是以这个遗稿为基础，重新编著新的著作呢？经过仔细考虑，班固决定既不续写《史记》，也不续写父亲的遗稿，而是在参考《史记》、父亲遗稿的基础上，利用家里已有的丰富藏书，重新撰写一部新的史书，这就是后来的《汉书》。

公元58年，班固着手编写《汉书》。修史对二十岁的年轻人来说，并非易事。班固从历代典籍中寻求到了安慰。在他看来，"盖惴惴之临深兮，乃二雅之所祗"。只有秉持"如履薄冰"的写作态度，精心布局，谨慎构思，才能收获佳作。同时，从京城迁回家乡的窘境促使班固在贫瘠的生活中形成了对"福祸相依"的看法。班固用一个个生动鲜明的例子详细阐述了"祸兮福之所倚，福兮祸之所伏"的内涵所在，意以告诸世人正确面对得失。

《汉书》的写作历经坎坷。62年（永平五年），正当班固潜心《汉书》写作之时，有人向朝廷上书，告发班固"私修国史"，明帝命人查抄班固的全部书稿，班固本人被关进了京兆监狱，等候发落。"私修国史"的罪名十分严重，事发之前，就有班固同乡因图谶之事下狱致死。危急之时，班固之弟班超赶赴洛阳，几经周折，得汉明帝召见。明帝听了班超的讲述，又看了刚刚解送到京的《汉书》书稿，连连称奇，感动不已，当即下诏调班固回京城洛阳，拜为"兰台令史"。兰台是汉代一个特殊的机构，皇家藏书可以说尽集于此。历来在兰台任职的官员都是学术造诣较高的学者。皇帝也会经常召见这些学问渊博的人，为他处理国家大事提供意见。到兰台任职实际上为班固提供了一个更有利于撰写《汉书》的条件，而且此时，他对《汉书》的撰写已经获得了皇帝和朝廷的首肯，再也没有后顾之忧。

《汉书》的写作“自永平中始受召”，“至建初中”基本完成，前后历经二十余年。创作期间，班固潜心学问，鲜有其他著述问世，加之人微官小，渐渐地便有好事之人冷嘲热讽，认为班固空有才华，舍本逐末，不识时务。面对质疑，班固拟就一篇戏谑之作，名《答宾客》，通过对一批历史人物的际遇分析，表达了班固之志。在班固看来，急功近利不可取，巧立虚名不可为，只有通过踏实的努力，才能换取人生的成功、后世的显名。正是在这样的坚守之下，才有了《汉书》中精彩绝伦的论断。

《汉书》是我国第一部纪传体断代史，也是中国第一部“官修”史书，位列“二十四史”之一，与《史记》《后汉书》《三国志》并称“前四史”。《汉书》共100篇，囊括了汉高祖刘邦元年至王莽地皇四年之事。从体例结构看，包括本纪12篇，表8篇，志10篇，列传70篇，析分为120卷，共80万字。因与《后汉书》相对，故亦称《前汉书》。

《汉书》的创作深受《史记》的影响，无论是在创作动机上，抑或内容体例方面，都明显呈现出对《史记》的继承。在体例上，《史记》包括本纪、表、书、世家、列传5种体裁，《汉书》有纪、表、志、传，改“书”为“志”，没有世家。凡《史记》列入世家的汉代人物，《汉书》均写入“传”。《汉书》这种体裁上的改动是符合历史时势变化的，是合理的。

同时，《汉书》的体例较《史记》有了一些创新。在纪的部分，《汉书》不称“本纪”，而改称为“纪”。在《史记》的基础上，《汉书》共写了十二帝纪。增立《惠帝纪》，以补《史记》的缺略；在《武帝纪》之后，又续写了昭、宣、元、成、哀、平等6篇帝纪，叙写了从汉高祖刘邦到汉平帝之间的历史，保存了西汉政治经济文化大一统的历史过程。例如，在《高帝纪》中，班固记载了汉高祖刘邦从乡野之中崛起的经过，这是西汉政治史上的一个重大事件，因为制定政治制度的过程实际上正是确立中国封建政治的模式。汉武帝是另一个具有雄才大略的皇帝，班固在《汉书》中记载了他采纳董仲舒“罢黜百家，独尊儒术”的过程，保留了重要历史的一部分面貌。由于《汉书》始记汉高祖立国元年，故将本在《史记·本纪》的人物，如项羽等，改置于“传”中；又由于东汉不承认王莽建立的新朝，故将王莽置于“传”中，贬于传末。

在表的部分，《汉书》立8种表，多依《史记》旧表，而新增汉武帝以后的沿革，其中6种王侯表包括记载汉初同姓诸侯王的《诸侯王表》，记载异姓诸侯王的《异姓诸侯王表》，记载汉高祖至汉成帝的《功臣年表》等，借由记录统治阶级来达到尊汉的目的。另有《古今人表》和《百官公卿表》是《汉书》新增设的两种表。《古今人表》专议汉代以前的古代人物，以儒家思想为标准分为四类九等，表现了班固评论人物的论事标准，暗示出他对汉代人物褒贬的立意，且网罗甚富，亦不无裨益。而《百官公卿表》记述了秦汉官制和西汉将相大臣的升迁、罢免、死亡，是研究古代官制史、政治制度史的重要资料，有重要的学术价值。

在志的部分，《汉书》改《史记》的“书”为“志”，而又予以丰富和发展，形成我国史学上的书志体。《汉书》十志包括律历、礼乐、刑法、食货、郊祀、天文、五行、地理、沟洫、艺文等10种。比较《史记》八书，《汉书》十志在先后次序和内容上也有所不同，《汉书》将《史记》的《律书》《历书》并为《律历志》，《礼书》《乐书》并为《礼乐志》，增写《史记·平准书》为《食货志》，改《史记·封禅书》为《郊祀志》《天文志》，《河渠书》为《沟洫志》，还创设了刑法、五行、地理、艺文四志。各志内容多贯通古今，而不专叙西汉一朝的历史，如《刑法志》概述了上古至西汉时期的刑法，并且点出汉文帝、汉景帝用刑之重，更指出汉武帝重用酷吏而导致的恶果，叙述刑法典首尾备举，论其变化正本清源，第一次较为完整地叙述了封建王朝法律制度的沿革与发展；《地理志》先叙古之九州说，而进至秦的郡县变迁，是中国地理最为详尽的记载，为考察西汉人口分布、郡县设置提供了宝贵的文献材料；《食货志》在继承了《平准书》部分材料的同时，又增加新的内容，分为上、下两卷，上卷记“食”，叙述农业经济情况，下卷载“货”，介绍工商及货币情况，系统地记述了自西周以至王莽时期的农政和钱法，反映了一千多年社会经济发展的基本规律，特别是对于研究西汉经济制度、阶级关系和社会生产力的发展，具有重要的参考价值。

《汉书》中的列传共70篇，仍依《史记》之法，以公卿将相为列传。《史记》列传篇题的定名，或以姓，或以名，或以官，或以爵，多不齐一，且排列顺序难为论析。《汉书》则一律以姓名题篇，排列顺序是先专传，次类传，后四夷和域外传，最后是外戚和王莽传，整齐划一。列传中有关文学之士的部分多记载其人有关学术、政治的内容，如《贾谊传》记有《治安策》，《公孙弘传》记有《贤良策》等，这些都是《史记》没有收录的。而列传中的类传有《儒林传》《循吏传》《游侠传》《酷吏传》等，又新增《外戚传》《元后传》《宗室传》，也都是《史记》没有的。《汉书》将《史记·大宛传》扩充为《西域传》，详细记述了西域几十个地区和邻国的历史，是研究古代中国各兄弟民族和亚洲有关各国历史的珍贵资料。此外，《汉书》又仿《太史公自序》之意，在列传最后一篇作《叙传》，述写其写作动机、编纂凡例等。

在语言方面，班固有意以汉赋入文，语言典雅凝重，整散结合，时有偶句骈语，行文十分紧凑。班固深受汉大赋的影响，且他本身就是大赋家，所以这种影响必然会被运用到《汉书》的创作中，这是班固个人的艺术修养和东汉的时代风气共同作用的结果。

概括说来，《汉书》有以下几个特点。第一，《汉书》较真实地记述和评论了西汉一代的政绩及其盛衰变化，从一统功业的角度，对于各时期所取得的成就进行了热情的称颂。在评述西汉政治时，用“时”“势”或“天时”变异来表达历史是发展的看法。第二，广泛地评价了各种人物在西汉政治中的作用。书中记述到汉代的兴盛是由于有众多文臣武将和智谋极谏之士在中央和地方的各方事务中竭其忠诚，作出贡献。第三，以很多笔墨记录了王室及大臣聚敛财富，奢侈淫逸，皇权的争夺、外戚的专横，以及封建统治阶级的淫奢，反映了人民的痛苦生活和反抗斗争。第四，详细记述了古代，尤其是汉代的政治典制，表现了西汉文化的发展规模及其重要价值。

《汉书》是史书体例上的一个重大飞跃，继《汉书》之后，断代史为后来历代正史所效仿，因此《汉书》在我国史书体例的发展上具有重要意义。

此外，班固还在《汉书》中透露了自己的“功利观”：人需有为之奋斗一生的功名利禄，但“功不可以虚成，名不可以伪利”。班固一直在等待时机，渴望建功立业。永元元年(89年)，班固随将军窦宪攻伐匈奴，窦宪任命其为中护军，参与谋政。后窦宪大败匈奴，班师回朝。从此，班固与窦宪的关系更为密切，班固由此进入窦宪幕府。永元四年(92年)，窦宪密谋叛乱，失败后被迫自杀。班固因与窦宪过从甚密而受到牵连，被罢黜官职，后又因谗言入狱，同年死于狱中，享年六十一岁。

班固去世时，《汉书》已基本成形，尚有《八表》和《天文志》未完。其妹班昭颇有文才，奉和帝之命继续编修，最终将《汉书》全部完成。整部《汉书》开创了“包举一代”的断代史体例，呈现了一幅西汉时期社会生活的丰富画卷，具有很高的史料价值，班固也因著《汉书》而彪炳史册。

（王艳勤）

## 20. 刘向、刘歆父子的校书活动

西汉时期，鉴于秦火和秦末战乱后图书的散失和损毁，中央政府开展了几次图书的搜集整理工作。西汉末年成帝、哀帝时期，由刘向、刘歆父子总领的校书活动是其中规模最大、成果最为突出的一次图书整理运动，也是中国历史上第一次大规模的文献整理活动，在中国古代文献整理史上影响深远，意义重大。

刘向(约前77—前6年)，原名更生，字子政，沛县人，汉高祖弟楚元王四世孙，传附《汉书·楚元王传》中。宣帝时，刘向被征讲授《穀梁春秋》，拜为郎中、给事黄门，迁散骑谏大夫、给事中。元帝即位，擢为散骑宗正、给事中，其间因反对中书宦官弘恭、石显弄权而被诬下狱。成帝即位，复进用，拜为中郎，迁光禄大夫，更名为向。公元前26年(成帝河平三年)，刘向受诏领校中五经秘书于天禄阁，官终中垒校尉。传称刘向“为人简易，无威仪，廉靖乐道，不交接世俗，专积思于经术，昼诵书传，夜观星宿，或不寐达旦”。刘向博览旁通，能文善赋，多联系政治，借古喻今，以为鉴戒，在学术上属今文经学派，但亦不排斥古文经，著有《洪范无行传》《五经通义》《五经要义》《春秋穀梁传说》等，皆佚，后人有辑本，今传《列女传》《说苑》《新序》，另有赋颂、奏疏等数十篇。刘歆(？—23年)，字子骏，曾改名秀，字颖叔。刘向少子，刘歆传附向传之后，事迹又见《汉书·王莽传》。刘歆精通诗书，擅长作文，成帝时任黄门郎，河平三年，受诏与父领校秘书，讲六艺传记。父死后，刘歆继任中垒校尉，哀帝初任黄门郎，迁都骑尉、奉车都尉、光禄大夫等，继续领校《五经》，完成父业，其后因建议立古文经传，遭到当政的今文经学大儒的强烈反对和诽谤，被迫离京徙守河内、五原、涿郡。数年后，刘歆被起用为右曹太中大夫，迁中垒校尉、京兆尹等职，封红休侯，典儒林史卜之官，考定律历，著《三统历谱》。王莽篡位后，封其为国师。因王莽杀其子，遂谋诛王莽，事泄自杀。刘歆的文学作品以述行言志之作《遂初赋》为代表。

西汉建国后，十分重视图书的搜集工作。据《汉书·艺文志》载，西汉政府曾“大收篇籍，广开献书之路”，又“建藏书之策，置写书之官，下及诸子传说，皆充秘府”。经过几朝的努力，收到了很好的效果。特别是到成帝时，朝廷更为重视，终于形成了“书积如丘山”的局面。但各类图书的错乱现象非常严重，影响了图书的正常利用。于是精通诗书、喜观古文的成帝就开展了大规模的图书整理工作。公元前26年(成帝河平三年)，刘向、刘歆父子同时受诏领校群籍。《汉书·艺文志》序记载此事说：“至成帝时，以书颇散亡，使谒者陈农求遗书于天下。诏光禄大夫刘向校经传、诸子、诗赋，步兵校尉任宏校兵书，太史令尹咸校数术，侍医李柱国校方技。每一书已，向辄条其篇目，撮其指意，录而奏之。会向卒，哀帝复使向子侍中奉车都尉歆卒父业。歆于是总群书而奏其七略，故有辑略、有六艺略、有诸子略、有诗赋略、有兵书略、有术数略、有方技略。”南朝梁阮孝绪《七录序》亦称：“昔刘向校书，辄为一录，论其指归，辨其讹谬，随竟奏上，皆载在本书。时又别集众录，谓之《别录》。子歆撮其指要，著为《七略》。”

当时的校书工作由“名儒俊材”刘向总领，刘向在总领全部工作的同时，还分校经传、诸子、诗赋三大类书，为所有图书编目，并撰写叙录，上奏朝廷。刘向在图书整理事业上辛勤工作了19年，在即将完成全部宏伟工程时与世长辞。未竟事业由他的儿子也是主要助手刘歆奉命继承。刘氏父子执着专一，前仆后继，在众人的分工合作、共同努力下，经过前后长达20多年的奋斗，终于完成了工程浩大、任务艰巨的校理工作。他们做的具体工作繁多复杂，包括校勘文字讹误、分析文章内容、介绍作者生平、考辨学术源流、鉴定内容真伪、分类编排目录等。现代学者孙德谦著有《刘向校雠学纂微》一书，全面系统地总结了刘向父子的校雠工作，列举了23项内容，条分缕析，甚为详备。这些内容是备众本、订脱误、删复重、条篇目、定书名、谨编次、析内外、待刊改、分部类、辨异同、通学术、叙源流、究得失、撮指意、撰序录、述疑似、准经义、徵史传、辟旧说、增佚文、考师承、纪图卷、存别义。

刘向父子在群书校理工作中有两项开创性的发明，即撰写叙录和分类编目。他们首创了图书叙录体目录（又称"书录""解题""提要"等），树立了提要目录体例的典范；又首创了分类目录学，创立了图书的正式分类法，在我国目录学史上产生了深远的影响。刘向撰写的图书叙录代表了他们校理群书的巨大成果，内容涉及广泛，大体包括作者生平、思想内容、学术源流、学术价值、真伪考辨、校勘说明等。这些叙录除了上奏朝廷，还另外汇编成册，名为《别录》。刘歆又对《别录》进行摘要提炼，编成《七略》。《别录》和《七略》是我国最早的综合性分类目录学著作，对后世影响极大。

关于《七略》对图书的分类情况，班固《汉书·艺文志》和阮孝绪《古今书最》《七录序》等均有记载。从这些记载可知，《七略》全目共分六略，包括38种、603家，收录图书13219卷。所谓"七略"，是指六艺略、诸子略、诗赋略、兵书略、数术略、方技略六略，加上六略前的辑略。辑略是全书的总目录，包括总序和各略分序，介绍各类图书的内容和学术流派。其他六略以类著录图书，并对各书作简要说明。六略的结构是，每略之下设种，种下设家，家下列书。《七略》具体所分的图书类目依次为：一、六艺略，分《易》、《书》、《诗》、《礼》、《乐》、《春秋》、《论语》、《孝经》、小学九种（种即小类，每小类中包括单书若干部）；二、诸子略，分儒、道、阴阳、法、名、墨、纵横、杂、农、小说十家；三、诗赋略，分屈原赋等二十家、陆贾赋等二十一家、孙卿赋等二十五家、杂赋、歌诗五种；四、兵书略，分兵权谋、兵形势、兵阴阳、兵技巧四种；五、数术略，分天文、历谱、五行、蓍龟、杂占、形法六种；六、方技略，分医经、经方、房中、神仙四种。刘向父子根据当时学术发展和图书积存的状况使用了六分法，这是我国最早的图书分类法，在四分法出现之前居于主导地位，在四分法之后也时有采用。每略先后顺序的排列也以学术发展和图书积存的状况为依据，反映了各类书籍在当时社会中的地位和重要程度。例如，"六艺略"居首，就是学术上以经学为中心的社会思想的体现。而"六艺略"中除《六经》外，还有《论语》、《孝经》和小学三类，是因为《论语》记载圣人孔子的言行，《孝经》为曾子述孔子思想之作，小学是经学之附庸，解经之工具。这三种书是当时学生诵习的基础课本，是学习经书的预备课程，所以也列入"六艺略"。

刘向、刘歆父子通过校理群书，编撰《别录》《七略》，在校勘学、目录学和辨伪学上都取得了很大的成就，留下了丰富的经验，后人对此屡有总结，如清人章学诚著《校雠通义》，深入总结了刘向父子的经验，提出了校雠应该"宗刘"的主张。归纳起来，刘向父子校书的成就主要有以下几方面。

一、校勘学方面。第一，广备异本，互相参校。刘向主要采用对校法校书，搜集了很多版本，包括中书、太史书、太常书和私人藏书等，作为校勘的依据。如《管子叙录》云："所校雠中《管子书》三百八十九篇，大中大夫卜圭书二十七篇，臣富参书四十一篇，射声校尉立书十一篇，太史书九十六篇，凡中外书五百六十四篇，以校。"第二，校正字句，修订脱误。校脱文，如《汉书·艺文志》云："刘向以中古文校欧阳、大小夏三家经文，《酒诰》脱简一、《召诰》脱简二。率简二十五字者，脱亦二十五字；简二十二字者，脱亦二十二字。文字异者七百有余，脱字数十。"订讹误，如《晏子叙录》云："中书以夭为芳，又为备，先为牛，章为长，如此类者多。”第三，去重补缺，定著篇目。当时由于古书多篇卷单行，各本篇目存在差异，刘向就合校众本，去重补缺，编定篇目。如《孙卿子叙录》云：“所校雠中《孙卿》书，凡三百二十二篇，以相校，除复重二百九十篇，定著三十二篇。”《战国策叙录》云：“所校中《战国策》书，中书余卷错乱相糅莒。又有国别者八篇，少不足。臣向因国别者，略以时次之；分别不以序者，以相补。除复重，得三十三篇。”第四，编定目次，确定书名。对于各本互异的目次进行调整，重新编定目次。如《礼经》十七篇，定著《士冠礼》第一，直至《少牢》第十七；《晏子》八篇，定著《内篇谏(上)》第一，直至外篇《不合经术者》第八。对于一书多名现象，也进行统一和确定。如关于《战国策》，《叙录》云：“中书本号，或曰《国策》，或曰《国事》，或曰《短长》，或曰《事语》，或曰《长书》，或曰《修书》。臣向以为战国时游士辅所用之国，为之策谋，宜为《战国策》。”

二、目录学方面。第一，撰写叙录。刘向对所校各书都撰写叙录，介绍相关情况，内容十分丰富。刘向首开解题目录之先河，对后世影响深远，使重视解题成为我国目录学史上的一个优良传统。第二，分类编目。刘向父子校理群书的同时，给书籍进行分类编目，把我国古代的分类思想应用于图书整理工作，在我国目录学史上首创了分类目录，影响也极为深远。章学诚《校雠通义》说：“刘《略》班《志》，乃千古著录之渊源”，“乃后世目录之鼻祖”。他们首创的分类目录最大的特点是“辨章学术，考镜源流”，开创了我国目录学史上另一个优良传统，也便于“即类求书，因书究学”，发挥目录作为治学门径的实际效用。

三、辨伪学方面。刘向父子校理群书时把鉴别古书的真伪作为校书工作的重要组成部分。刘向撰写的群书叙录中也包括辨伪的内容，指出了一些古书内容中的可疑成分。如《晏子叙录》云：“又有颇不合经术、似非晏子言、疑后世辩士所为者，故亦不敢失，复以为一篇。”又如《列子叙录》云：“至于《力命》篇一推分命，《杨子》之篇唯贵放逸，二义乖背，不似一家之书。”

刘向父子的校书活动对中国古代学术也产生了深远的影响。首先，刘向父子的校书是大规模、全方位校书的首创，以后历朝深受启示和影响。校书之风历代因袭借鉴，校书成为历朝常制。据姚明达《中国目录学史》统计，刘向父子校书之后，东汉校书四次，魏晋校书六次，南北朝校书十余次，唐代校书四次，宋代校书五次，至明清发展为在校理群籍的基础上分别编撰大型类书《永乐大典》和大型丛书《四库全书》。而且，刘向父子撰著的《别录》和《七略》也成为后世仿照的范本。在校书方面，三国韦昭、西晋荀勖、北齐樊逊都遵循刘向父子的遗规。在编目方面，东汉的东观和仁寿阁藏书均“依《七略》而为书部”，班固的《汉书·艺文志》也是由改编《七略》而成的。这些校书活动对整理保存中国古代文化典籍发挥了重要作用。其次，刘向父子校书时撰写书目和叙录的创举启发了历代对图籍整理情况的记载，促成了后世正史中《艺文志》或《经籍志》的出现。《艺文志》的首创者班固就曾把撰写的缘由归于刘向：“刘向司籍，九流以别。爰著目录，略序洪烈。”自东汉起，校书和修史往往合为一体，并逐渐成为惯例。历代修史时一般都要反映校书的成果，并撰写叙录，正如《隋志序》所说：“史官既立，经籍于是兴焉。”另外，刘向父子通过整理古籍，传播发展了古文经，揭露打击了当时附会着迷信色彩的今文经，推动了汉代郑学的形成。他们撰写的《别录》和《七略》不仅是目录学的开创名著，也是极具价值的学术著作，成为后人引用的重要资料。班固在《汉书》中写董仲舒、贾谊、司马迁各传的论赞时多引用《别录》的观点。唐代学者颜师古、徐坚等在史注或编著中也引录了《别录》《七略》的许多资料。

正因为《别录》《七略》在学术史、文化史上具有的重要意义，所以范文澜曾拿《七略》与《史记》并举，称誉它们是西汉的“两大著作”，认为这“在史学史上是辉煌的成就”。《别录》和《七略》均已亡佚，据考证，大约亡于唐末五代之乱，宋初人已经没有见到。清代学者做了大量的辑佚工作，辑本众多，现存约有六七种，较著名者如马国翰《玉函山房辑佚书》本、严可均《全汉文编》本、姚振宗《快阁师石山房丛书》本等。刘向所撰叙录，现存完整的有《战国策叙录》《晏子叙录》《荀卿子叙录》《管子叙录》《列子叙录》《韩非子叙录》《邓析子叙录》《说苑叙录》等。

总之，刘向、刘歆父子的校书活动在学术领域取得了多方面的成就，尤其在目录学方面，更是具有开创之功，影响深远。

（罗献中）

# 21. 王充撰《论衡》

东汉时期，在谶纬神学盛行、迷信思想泛滥之时，出现了一位杰出的思想家，他以战斗的精神，猛烈地批判了谶纬神学和迷信思想，在我国古代哲学史上产生了深刻的影响。他就是东汉初年著名的无神论者王充，他撰写的无神论著作《论衡》是我国思想史上的杰作。

王充(27—96年)，字仲任，会稽上虞(今浙江上虞)人，《后汉书》载其事迹，《论衡》中的《自纪》篇便是他的自传。王充出生于"细族孤门"，"未尝履墨途，出儒门"，自幼聪明嗜学，不好嬉戏，青年时代，到洛阳入太学，师事著名学者班彪。《后汉书·王充传》说他"好博览而不守章句。家贫无书，常游洛阳市肆，阅所卖书，一见辄能诵记，遂博通众流百家之言"。不久，王充回到故乡，以教学为生。他好论说，而能成一家言，曾做过功曹一类的州县小吏，因"数谏争"得罪上司，被迫去职，晚年贫无供养，处境悲惨。王充一生不戚戚于贫贱，奋力从事著述。他"以为俗儒守文，多失其真，乃闭门潜思，绝庆吊之礼，户牖墙壁各置刀笔"，曾写过《讥俗》《节义》《政务》《养性》等书，可惜都失传了。其著作流传至今的，只有《论衡》一书。《论衡》是王充的发愤之作，30多岁起开始着笔，直到60多岁才最后完成。

《论衡》原文共85篇，现存84篇(《招致》一篇有目无文)，20余万字。王充自言，《论衡》旨在对古往今来一切学说和思想加以衡量，评论是非，铨定轻重，批判虚妄之说。他坦言："《诗》三百篇，一言以蔽之，曰'思无邪'；《论衡》篇以百数，亦一言也，曰'疾虚妄'。"命名为"论衡"的用意就是要在书中"铨轻重之言，立真伪之平"。《后汉书》也认为，王充撰《论衡》是为了"释物类同异，正时俗嫌疑"。《论衡》的内容十分丰富，包括天论、气论、形神论、性命论、适偶论、贤佞论、政论、儒论、知论、文论等，论及天地自然、家居、人性、贫富、贤佞、朝政、吏治、谶纬、卜筮、鬼神以及认知、作文等。《论衡》的主要内容是讨论社会上出现的热点问题，批判当时盛行的天人感应学说和谶纬迷信思想等唯心主义。书中各篇都具有强烈的批判性，洋溢着战斗的精神。

东汉是谶纬迷信思想和天人感应论泛滥的时代，光武帝刘秀用人、施政都以谶纬为依据，士人对经典的解释也都以谶纬为落脚点。《后汉书·张衡传》记载："初光武善谶，及显宗肃宗因祖述焉。自中兴之后，儒者争学图谶，兼复附以妖言。"谶纬被奉为官方"内学"，朝政和学术都笼罩在谶纬的迷雾之中。与此同时，汉代今文经学家多言阴阳灾异和天人感应，宣扬神秘主义。随着谶纬的兴起，他们把这些迷信邪说发展到极端。在《论衡》中，王充集中笔力尖锐地批判天人感应论和谶纬迷信说的虚妄之处。他指出，天是"含气之自然"，"无口目之欲，于物无所求"，没有什么意志和目的可言，因此也不可能授君权、施谴告或降符瑞。他以很多篇章来揭露"天人感应"的虚妄性，批判"天人感应"的神学目的论，尤以《谴告》《自然》《福虚》《祸虚》《变动》《明雩》《寒温》《感类》等篇为突出。王充在《明雩》《变动》两篇中明确指出："夫人不能以行感天，天亦不能随行而应人"，"人不能动地，而亦不能动天"。因此，他以辛辣的笔调驳斥"谴告"之论的荒谬：

“天能谴告人君，则亦能故命圣君。择才若尧舜，授以王命，委以王事，勿复与知。今则不然，生庸庸之君，失道废德，随谴告之，何不惮劳也！”对于今文经说和纬书所说的种种瑞应现象，王充认为如同灾异一样，祥瑞也是人事与自然现象的偶然巧合，并非出于天意。他用“天道自然”的观点批判“瑞应”的虚言妄说，指出：“天道自然，厥应偶合”“天道自然，吉凶偶会”。他强调以人事本身为验符，如《宣汉》篇云：“夫太平以治定为效，百姓以安乐为符”“王道立事以实，不必具验；圣主治世，期于平安，不须符瑞”。

王充的大无畏的批判精神还体现在《问孔》《刺孟》等篇中。他敢于反对今文经学家和谶纬学家别有用心地把儒家学说神化为儒教、把儒家圣贤幻化为神人，更敢于挑战已经居于独尊地位的儒家经典，揭露今文经学的僵化和虚妄。他说：“世儒学者，好信师而是古，以为圣贤所言皆无非，专精讲习，不知难问。”“案贤圣之言，上下多相违，其文前后多相伐者，世之学者，不能知也。”他在文中列举了圣贤之言自相矛盾的很多例证，揭穿了儒家学说的神圣性。他认为经传皆不足凭信，“经之传不可从，五经皆多失实之说”，还进一步对经传的真伪进行考辨，考辨出很多伪事、伪说，如称：“儒者说五经多失其实。前儒不见本末，空生虚说；后儒信前师之言，随旧述故，滑习辞语。苟名一师之学，趋为师教授，及时蚤仕，汲汲竞进，不暇留精用心，考实根核。故虚说传而不绝，实事没而不见。”王充进而批评世人对经传的真伪不分和迷信盲从：“世信虚妄之书，以为载于竹帛上者，皆贤圣所传，无不然之事，故信而是之，讽而读之。睹真是之传与虚妄之书相违，则并谓短书，不可信用。”

王充反正统、反迷信、“疾虚妄”的精神是以其唯物主义哲学思想作为基石的。他的唯物论主要体现在《谈天》和《自然》两篇中，提出了“天地合气，万物自生”“万物之生，皆禀于气”的观点。王充认为“气”是世界最基本的元素，人与万物都是“因气而生，种类相产”，由气是万物基础的原理出发，王充论及了长生不老的神仙方术的荒诞和人死为鬼的迷信，《论死》篇云：“凡有生者必有死。”“阴阳之气，凝而为人，年终寿尽，死还为气。”“人之所生者，精气也，死而精气灭。能为精气者，血脉也。人死血脉竭，竭而精气灭，灭而形体朽，朽而成灰土，何用为鬼。”王充在《订鬼》篇中又用归谬法否定了鬼魂的存在：“天地开辟，人皇以来，随寿而死，若中年夭亡，以亿万数计，今之人数不若死者多。如人死辄为鬼，则道路之上一步一鬼也。人且死见鬼，宜见数百千万，满堂盈庭，填塞巷路，不宜徒见一两人也。”他沿用另一无神论者桓谭的烛火之喻，把人的形体、精神和知觉的关系比作蜡烛、烛火与烛光的关系：“人之死，犹火之灭也。火灭而耀不照，人死而知不慧，二者宜同一实。”“火灭光消而烛在，人死精亡而形存。谓人死有知，是谓火灭复有光也。”这一说理形象生动而深刻，令人信服。在认识论方面，王充认为感觉经验是认识的源泉，强调实践对人的认识和技能的作用。这种观点集中在《实知》篇关于认识论的总述中，他说：“不学自知，不问自晓，古今行事，未之有也。”他认为，要认识事物“须任耳目以定情实”，同时要“案兆察迹，推原事类”“原始见终”“由微见校”“方比物类”，这样才能避免“失实”。

《论衡》不仅是哲学思想史上的名著，而且在文学理论批评史上也有十分重要的地位。它虽不是文论专著，书中却有许多重要的文学观点。王充的文学观与《论衡》全书“疾虚妄”的基本精神是一致的，二者可以相互印证。首先，他强调文学的实用价值，主张“为世用”，他说：“为世用者百篇无害，不为世用者一章无补。”他认为，文学创作的目的同史家著述一样，也是“劝善惩恶”“匡济薄俗”，故云：“夫文人文章，岂徒调墨弄笔，为美丽之观哉？载人之名，传人之行也。善人愿载，思勉为善；邪人恶载，力自禁载。”从这一实用目的出发，王充强调文章的内容和形式的统一，称：“定意于笔，笔集成文，文具情显。”其中“文”是形式，“意”“情”都是内容，二者之间要“外内表里，自相称副”。他特别强调内容对形式的决定作用，说：“人之有文也，犹禽之有毛也。毛有五色，皆生于体。苟有文无实，是则五色之毛妄生也。”但他并不忽视形式的作用，认为形式也是不可缺少的，因为“情见乎辞”，“文辞美恶”又“足以观才”。其次，王充主张言文一致，通俗易懂，以便发挥文章的实用功能。《自纪》云：“口言以明志，言恐灭遗，故著之文字。文字与言同趋，何为犹当隐闭指意?”又云：“夫笔著者，欲其易晓而难为，不贵难知而易造。”再次，王充主张独创标新，反对因袭前人。这是他反对崇古卑今精神的进一步体现。《自纪》篇称：“文士之务，各有所从”，文辞不可“相袭”，不必与前人相合，又称：“饰貌以强类者失形，调辞以务似者失情。”王充的很多进步文学主张对魏晋以后的文学理论产生了很大的影响。

《论衡》是一部论辩性著作。作者用事实与逻辑相结合的方法详细分析当时社会关注的各种问题，特别是哲学问题，批驳各种虚妄之说。在说理论证中，或同类相证，或运用比喻；或从生活实际出发，或从必然性、偶然性、可然性等逻辑角度进行推理，多方面展开论述，具有很强的说服力。为了使论证充分透彻，各篇文章都反复诘难，多方发挥，富有雄辩色彩。

《论衡》全书以唯物观为哲学的出发点，贯穿着反儒教、反谶纬、反迷信的精神，是一部古典唯物论的不朽之作。由于它对正统、对世俗进行了猛烈的批判，因而在当时被视为“诡异”，成为禁书，埋没将近百年，直到东汉末年灵帝时，才由著名学者蔡邕发现，带至洛阳，但密藏书库，未敢公开。王充也被视为离经叛道的异端，始终沉沦下僚。当然，由于时代和认识的原因，王充思想中也有一些局限性和矛盾之处，他的唯物论还不够彻底。例如王充对神学目的论持否定态度，否认意志上帝的存在，但承认“时数”对人、对国家的支配作用；他否定方士宣扬的长生不死的谬论，却相信荒唐的相面术等。但是，这些并无损王充对中国古代哲学的重大建树，他的哲学思想中的进步因素仍然是主要的。

王充的无神论思想驳斥了谶纬神学和迷信思想的虚妄和荒谬，推进了中国古代哲学思想的发展，他勇于求真的科学态度和大无畏的战斗精神也赢得了人们的称颂。

（罗献中）

# 22.《四民月令》的编撰

《四民月令》是东汉时期一部有代表性的农学著作，也是月令类农书的开创之作，它在一定程度上反映了东汉时期农业生产和地主庄园经济的状况。

撰者崔寔(？—170年)，字子真，又名台，字元始，东汉中晚期涿郡安平(今河北安平县)人，出生于当地一个"清门望族"之家，先祖从西汉开始就世代做官，以涿郡崔氏闻名于世。祖父崔骃，父亲崔瑗，虽未居显位，但均有文名。崔骃少游太学，与班固、傅毅齐名。崔瑗文才横溢，与马融、张衡友善，有五十多篇赋颂传世。崔寔中年以后出仕，在桓帝和灵帝时期做过议郎、五原太守、尚书等职，为官清廉，体恤民情。任地方官期间，他曾劝导帮助当地百姓学习植麻纺织，改变无衣蔽体的窘况。卒时家徒四壁，无以殡殓。崔寔又是当时著名的学者，与蔡邕齐名，创作过多种文体的作品，两任议郎期间均参与撰修《汉纪》、审定《五经》等工作，另著有《政论》一书。

《四民月令》是崔寔仿照古代月令形式撰写的一部农家月令，因为内容侧重农事，所以在《隋书·经籍志》中被列入农家类。"月令"一词源于《礼记·月令》，本指先秦时代政府根据节令气候按月安排各种事务的指令，其中以关系国计民生的农事为中心。《礼记·月令》是政府安排政务，特别是农事的指令性文书，《四民月令》乃参照《礼记·月令》的形式写成，并赋予月令新的内涵。书名中的"四民"一词始见于《国语·齐语》，指"士、农、工、商"，其中的"士"当初是脱离生产的武士集团，战国以后发生巨大变化，有一部分从事农业，成为地主或农民。后来，"士、农、工、商"就逐渐泛指四种不同职业的编户齐民。所谓"四民月令"，顾名思义，就是对四种编户齐民都普遍适用的月令农书。关于《四民月令》写作的时间和地点，史籍没有明确记载。从崔寔的经历和该书内容推测，《四民月令》的写作应该是在崔寔中年出仕以后居住于洛阳之时。

《四民月令》主要记述了北方大地主田庄在一年之中每月需要例行的农事活动，相应地记述了各种谷物、蔬菜和经济作物的种植时间以及生产、加工要领等。书中所反映的田庄虽然是基本上采取农业与手工业相结合的自给自足的自然经济，但农业是田庄经济的主要产业，手工业是辅助产业，所以书中内容以农事活动为重点。书中叙述的农事活动的范围很广，从大田作物和园圃作物的种植栽培，到畜牧、蚕桑、养殖、采集、果木和林木的培植等，都包含在内。其中大田作物的种类很多，包括粮食类的谷子、小麦、大麦、水稻、黍、大豆、小豆等，以及纤维类的大麻，油料类的胡麻等。园圃作物的种类更多，主要为蔬菜、药物和染料，包括葵、芥、芜菁、瓜、瓠、薤、芋、韭、生姜、大小蒜、大小葱、蓝、地黄等。另外，还有与生产相关的各种辅助活动，如农田水利建设、生产工具的检修和保管等。其中最重要的是种植业，尤其是粮食作物的生产在书中占据主导地位。书中对各种农事的安排十分细致周全，记叙颇为详细，如："正月，百卉萌动，蛰虫启户。雨水中，地气上腾，土长冒橛，陈根可拔……可种春麦、豍豆，尽二月止。粪田畴。可种瓜、瓠、芥、葵、大小葱、蓼、苏、苜蓿及杂蒜、芋。可种韭。可别芥。自朔至晦，可移诸树：竹、漆、桐、梓、松、柏杂木；唯有果实者，及望而止……”各月的叙述模式大体均如此，都既讲述本月农事的具体项目和时间，又介绍物候特点。崔寔也注意到农业生产的安排具有地区性差别，提醒人们不可盲目照搬。如对正月“陈根可拔”作注曰：“此周洛京师之法。其冀州远郡，各以其寒暑早晏，不拘于此也。”崔寔不仅逐月对各种农作物的栽培作了仔细介绍，还不失时机地对农人进行提醒和劝勉，关切之情溢于言表，如“三月桃花盛，农人候时而种也”“(六月，大暑)趣耘锄，毋失时”“(十月)趣纳禾稼，毋或在野”等。

因为田庄经济是自然经济，所以书中内容也兼及手工业等活动，在农事中间也穿插记载了多种手工业生产，主要是纺绩、织染、制药、酿酒、食品加工等，如正月“令女红促织布，令典馈酿春酒，作诸酱”，三月“茧既入簇，趣缫，剖绵，具机杼，敬经络”，八月“趣练缣帛，染采色”等。这些手工业活动一般也与农业有关，如桑蚕纺织是与农业相结合的特殊的手工业项目，食品加工及酿造也是以农产品为原料的，同时也是农产品从生产转向消费的重要环节。交换活动主要也是局限于农产品和家庭副业产品，《四民月令》陈述的生产和交换活动是以整个田庄为基础，以家庭为单位的。如果从家庭经济的角度来看，《四民月令》的主题就是将一个家庭，特别是地主家庭中全年的农业、手工业等事务按照月份的顺序进行有计划的安排，作为家庭经济的经营指导。除此之外，《四民月令》还用很多文字叙述了各月生产活动以外应做的事项，主要是家庭生活和社会事务，涉及面也很广，包括祭祀、家礼、医药养生、子女教育、社会交往等，内容丰富、细致。其中一些要求体现了崔寔的人文关怀思想，如要求田庄里的地主九月“存问九族孤寡老病和不自存者，分厚彻重，以救其寒”，十二月“讲好和礼，以笃恩纪；休农息役，惠必下洽”等。

在农学史上，《四民月令》和西汉的《氾胜之书》是汉代最重要的两部农书。比较而言，《四民月令》在农学水平上明显比《氾胜之书》逊色，没有像《氾胜之书》那样总结秦汉以来农业生产和农业科技的新成就和新经验，也没有阐述耕作栽培技术的原则和原理，更没有形成一个比较完整的农学体系，只是交代什么时令应该从事什么农事活动，故而缺乏理论深度。但是《四民月令》在中国农学史上仍然具有不可替代的重要地位。第一，它是我国第一部“农家月令”，是月令体裁农书的开创之作和代表之作，影响很大。《礼记·月令》属于官方月令，具有官方农学的性质，而《四民月令》对《礼记·月令》进行了改造和推陈出新，实现了从“官方月令”到“农家月令”的转换，使“月令”的实施由强制性变成了指导性。该书之后相继出现了很多月令类农书，如南北朝宗懔的《荆楚岁时记》、唐末韩鄂的《四时纂要》、元代鲁明善的《农桑衣食撮要》、明代邝璠的《便民图纂》、清代丁宜的《农圃便览》和沈氏的《沈氏农书》等，皆宗其体例。月令也逐渐成了农书的一种文体，主要阐述每月应进行的农事活动。第二，《四民月令》所反映的农事活动比《礼记·月令》更为丰富和具体。在《四民月令》中，每月的农业生产从大田生产到苗圃生产，从粮食作物、经济作物到蔬菜和药物，各个生产环节包括耕地、播种、施肥、分栽、耘锄、收割、采集、储藏等，都安排得细致而周到。第三，书中首次记载了某些农业生产技术，如“别稻”(水稻移栽)和“掩树枝”(树木的压条繁殖)等，在农书中属于首见，具有重要的文献价值。第四，具有唯物主义和实事求是的科学态度。书中在有关生产活动的安排上一般只以节令和物候为客观标准，基本上摆脱了《礼记·月令》中天人感应的阴阳学色彩，排除了当时盛行的谶纬神学之风的影响，而没有迷信和禁忌的成分，这较《礼记·月令》有明显的进步。

《四民月令》对研究东汉社会的政治和经济状况也有重要的参考价值。例如在政治方面，《四民月令》也记载了田庄中人和人之间的关系，反映了其中的阶级关系。根据书中的材料可以看出，在田庄里，大地主是聚族而居的，表面上以血缘为纽带维系整个宗族的关系，但在宗族内部包括很多家庭，他们之间有主仆之分，有贫富之别，政治地位和经济地位并不平等。宗族的首脑实际上就是地主，普通的宗族成员实际上就是做佃户的农民。地主掌握着田庄里的生产资料，剥削和役使农民。这种阶级剥削和对立却被以血缘为纽带的宗族关系所掩盖。又如在经济方面，《四民月令》十分具体地反映了东汉时期以田庄经济为代表的社会经济状态，生动地反映了自给自足的自然经济在当时社会经济中的主导地位。书中也较为全面地反映了东汉时期中国北方农业、商业和手工业的发展情况。因此，《四民月令》为研究东汉时代的社会状况，特别是田庄情况，提供了较为客观真实的参考资料。

《四民月令》自成书以后直到唐宋时期，一直在社会上流传。北魏著名农学家贾思勰在撰著《齐民要术》时曾对《四民月令》的资料进行了大量引用，并以《四民月令》每月对家庭经济和社会活动的安排为主要材料，写成《杂说》一篇。北周杜台卿撰写的《玉烛宝典》中也逐月引录一段《四民月令》的材料，唐代韩鄂的《四时纂要》也引述过《四月民令》。《隋书·经籍志》《旧唐书·经籍志》和《新唐书·艺文志》的书目中都著录有《四民月令》，只是为避唐太宗李世民的名讳，都把书名中的“民”改为“人”，写作“四人月令”。唐宋时的很多类书，如《北堂书钞》《艺文类聚》《太平御览》《白氏六帖》《岁华纪丽》《初学记》等，都摘录有《四民月令》的材料。南宋王应麟则在《困学纪闻》中说：“崔寔《四民月令》，朱文公谓其见当时风俗。”

《四民月令》后来亡佚，元代编撰的《宋书·艺文志》中已经未见收录，可能亡于南宋末年的战乱中。清代学者开始了对《四民月令》的辑佚工作。乾隆时出现了任兆麟和王谟两种辑佚本，但错误很多。嘉庆时，严可均辑录一卷，收入《全上古三代秦汉六朝文》中，比前两种有很大进步，但仍不够完备。近人唐鸿学以《玉烛宝典》中的材料为基础辑集，收入《古逸丛书》中，比严本完善。现代学者又开始了对《四民月令》的校勘和注释工作。特别是中华人民共和国建立后，《四民月令》的整理研究工作进入了一个新阶段，出现了一些新成果。1965 年，中华书局出版了石声汉的《四民月令校注》，1981 年农业出版社出版了缪启瑜的《四民月令辑释》，内容较为完善。国外也有学者整理研究《四民月令》，并取得了一定成果。德国学者克里斯廷赫尔孜于 1963 年把《四民月令》译成德文，在汉堡出版，书名为《崔寔〈四民月令〉，后汉的农家历》。日本学者渡部武根据石声汉的《四民月令校注》，参照《玉烛宝典》作了通释和译注，1987 年在日本出版，副题是“汉代的岁时与农事”。

总之，《四民月令》是我国古代农业文化遗产的重要组成部分，为研究东汉末年的农业生产、田庄经济以及社会生活提供了珍贵资料和重要线索，在中国农学史上占有独特的地位。

（罗献中）

# 23. 白虎观会议

白虎观会议是公元79年(东汉建初四年)汉章帝在京师洛阳白虎观召集诸儒讨论五经同异的会议，目的是制订朝廷对经书的统一解释。会议连月而罢，汉章帝亲临裁决各种论难，形成关于经义的最终理解，会议的记录则由班固整理编辑成书，著为《白虎通义》。

东汉初年，政治思想和学术领域呈现出极其复杂的矛盾，具体表现为谶纬与经学，以及今古文经学间的纠纷与斗争。谶纬是神学和经学的混合物，往往借助诡秘性的隐语，假托圣人之言预示人间帝王的易姓受命，对现实政治具有至高无上的指导作用。两汉之际，谶纬大肆泛滥，使经学笼罩在神学的迷雾之下，服务政治的社会功用被进一步放大。经师在解经、注经的过程中也尽力神化帝王，并把孔子尊为神，将六艺奉为神书，赤裸裸的神学色彩尽显无遗。然而，谶纬化的经学所具有的这种神学倾向，不仅日益背离原始儒学尊王道、重人事的传统，也与今文经学说明和解释三纲、五常、天文、地理的解经路线相去甚远。因此，尽管谶纬在东汉初年盛极一时，乃至被光武帝刘秀宣布为“国宪”，但在这种风光无限的背后蕴藏的却是与正统经学不断凸显的巨大分歧。也正是在谶纬之学独领风骚的这段时期，大儒郑兴、桓谭、卫宏、尹敏等都对谶纬敬而远之，或采取较为冷淡的态度，或明确予以反对。如《后汉书·郑兴传》称，郑兴“数言政事，依经守义，不为谶”。桓谭在《新论》中指出：“谶出《河图》《洛书》，但有朕兆而不可知，后人复妄依托，称自孔子，误之甚也!”尹敏受命承担整理、校订谶纬的工作，但《后汉书·儒林列传》所载的这样一段话明确显示出他对谶纬的质疑：“谶非圣人所作，其中多近鄙别字，颇类世俗之辞，恐疑误后生也。”而经学家胆敢置君临天下的皇威于不顾，蔑视“国宪”，公开向谶纬之学发难，根本原因就在于，历经数百年发展的正统经学所积淀的优良治学传统与所享有的崇高社会声望，立足于厚实和广阔的社会根基，在思想学术文化领域内所具有的影响力远较谶纬持久和深入。此后一直至明帝、章帝时期，经学的发展始终呈现出强劲的生命力和蓬勃的上升势头，并迎来学术思想发展历程中的黄金阶段。故而，对于皇权而言，经学和谶纬未可偏废其一，两者实质上都是构建皇权理论基石须臾不可缺少的核心部件。伴随着经学与谶纬各自迈向顶峰，两者的差异也在无形中拉大。

自汉武帝创立五经博士，今文经学被列入官学以来，今文经学的发展突飞猛进。大约与两汉之际谶纬的泛滥相同步，古文经学也迅速崛起，并始终以今文经学的对立面而存在，皇权对今文经学的极力扶持也始终无法阻止古文经学争立官学的运动。经过长期的斗争，东汉时期古文经学逐渐取得与今文经学分庭抗礼的地位。其实，早在西汉末年，刘歆即提出立《左氏春秋》《毛诗》《古文尚书》为官学，因博士们群起而攻之，未能成功。王莽主政，将《古文尚书》《礼》《春秋》等立为官学，不久因王莽的失败，古文经学的官学地位也被废止，但古文经学的辐射力与影响力却并未因此而减弱。光武帝时，一度在官学中设立《左氏春秋》，后来又由于儒生的反对而被迫取消，然而古文经学力量的壮大已成不可阻遏之势。到汉章帝时，在经学大师贾逵的极力倡导下，《左氏春秋》《穀梁春秋》《古文尚书》《毛诗》终于立于学官。但古文经学与今文经学间的斗争仍然在延续。从政治上进行考量，经学派别中今古经文辩论的中心议题无非是谁为经学正统和以谁统一经学思想的问题。如《后汉书・贾逵传》载，古文经学者贾逵认为："臣谨摘出左氏三十事尤著明者，斯皆君臣之正义，父子之纪纲。其余同公羊者什有七八，或文简小异，无害大体。至于祭仲、纪季、伍子胥、叔术之属，左氏义深于君父，公羊多任于权变。"又说："臣以永平中上言左氏与图谶合者，先帝不遗刍荛，省纳臣言，写其传诂，藏之秘书。""今《左氏》崇君父，卑臣子，强干弱枝，劝善戒恶，至明至切，至道至顺。""五经家皆无以证图谶明刘氏为尧者，而左氏独有明文。五经家皆言颛顼代黄帝，而尧不得为火德。左氏以为少昊代黄帝，即图谶所谓帝宣也。如令尧不得为火，则汉不得为赤，其所发明，补益实多。"在贾逵看来，古文经《左传》既"深于君父"，是维护三纲五常伦理道德秩序的法宝；又合于谶纬，是刘氏政权膺受天命的依据。据《后汉书・范升传》载，范升反对将《左氏古文》和《费氏易》立为博士，曾对汉武帝说："陛下愍学微缺，劳心经艺，情存博闻，故异端竞进。"但"学而不约，必叛道也"。"如今《左氏》《费氏》得置博士，《高氏》《驺》《夹》，《五经》奇异，并复求立，各有所执，乖戾分争。从之则失道，不从则失人。"故而，今文经学者普遍认为，统一学术思想的重任只能由今文经学完成，否则经学的统治地位将被动摇。由此可见，今古文经学的学术倾向和观点的差别并非两派间的最大隔阂，争取政治上的正统地位以统一经义才是争论的症结所在。

东汉初年，谶纬、今文经学和古文经学三足鼎立，三者既相互排斥，又有妥协和吸收。白虎观会议就是针对这种情况而召开的。据《后汉书・杨终传》载，建初四年，杨终建议统一经义，并上奏章帝说："宣帝博征群儒，论定《五经》于石渠阁。方今天下少事，学者得成其业，而章句之徒，破坏大体。宜如石渠故事，永为后世则。"经学在经历两百余年的发展后，代表官方经学的今文经学已日益烦琐、支离破碎。实际上，自西汉以来，经学在发展过程中所出现的这种弊端就屡屡为人诟病，甚至有所纠正。《汉书・儒林传》称，经师解经"一经说至百余万言，大师众者千余人"。对于经学的繁芜、严重脱离实际，《汉书・楚元王传》也有指陈，经学"因陋就寡，分文析字，烦言碎辞，学者罢老且不能究其一艺。信口说而背传记，是末师而非往古，至于国家将有大事，若立辟雍、封禅、巡狩之仪则幽冥而莫知其原"。针对这种情况，光武帝在位期间就曾下诏简省章句。白虎观会议前，已有学者着手删节章句，如《尚书》朱普学《章句》多达 40 万言，桓荣减至 23 万言，桓郁进一步删削为 12 万言。伏恭，习齐诗，也将原有章句削减至 20 万言。汉明帝也有自制《五家要说章句》的举动。简省章句、整齐经义已经成为经学发展进程中亟待解决的重大课题。于是，汉章帝采纳杨终的建议，并下诏说明召开这次会议的目的与意图，《后汉书・章帝纪》记载了这份诏书的内容："盖三代导人，教学为本。汉承暴秦，褒显儒术，建立《五经》，为置博士。其后学者精进，虽曰承师，亦别名家。孝宣皇帝以为去圣久远，学不厌博，故遂立大、小夏侯《尚书》，后又立京氏《易》。至建武中，复置颜氏、严氏《春秋》，大、小戴《礼》博士。此皆所以扶进微学，尊广道艺也。中元元年诏书，《五经》章句繁多，议欲减省。至永平元年，长水校尉儵奏言，先帝大业，当以时施行。欲使诸儒共正经义，颇令学者得以自助。"所以，白虎观会议的召开，就是试图通过讨论五经同异，将经学发展过程中充满分歧的各种解释加以统一，并作出各派都能接受的规范性结论。

白虎观会议的参加者有魏应、淳于恭、丁鸿、杨终、楼望、成封、桓郁、召训、李育、张酺、班固、贾逵、鲁恭等。这些参加者有较为广泛的代表性，不仅有今文经学家，也有古文经学家，并基本涵盖了当时的经学各派。会议由魏应恪守皇帝旨意提问，淳于恭代表诸儒作答，在意见无法取得一致时，交由汉章帝亲自裁决，立为定论。记录会议结果的《白虎通义》尽管综合反映了各家各派的意见，但因为章帝爱好古文经，所以其中古文经学者的观点有更为明显的体现。而据清代学者庄述祖《白虎通义考序》的考订，则以今文经学的观点居多。

对《白虎通义》内容与性质的分析有助于全面深入认识白虎观会议。《白虎通义》又称《白虎通》，或《白虎通德论》，全书共分43篇，贯通五经大义，几乎囊括了那个时代从制度到思想文化的全部内容，是一部实至名归的经学通义著作。但与一般经学著作不同的是，它的重点并不是解释特定经书的章句，而是一部经学名词汇编，内容主要是就经学所涉及的各种概念和重要问题予以阐释和理论上的揭示、总结。具体来说，《白虎通义》中清除了谶纬之学中诸多简单粗糙的神学说教成分，着意渲染了宗法制度的三纲五常原则，尤其是"君臣父子之义"。《白虎通义·三纲六纪》篇引《礼纬·含文嘉》说："君为臣纲，父为子纲，夫为妻纲。"又说："何为纲纪？纲者张也，纪者理也，大者为纲，小者为纪，所以纲纪上下，整齐人道也。"在错综复杂的人际关系网络中，君臣、父子、夫妻犹如网络之纲，是至为基本的关系，其中的君权和父权无疑又是维护统治秩序至为根本的力量，这也是宗法制的本质特征。《白虎通义》对天命、制度、礼仪等详加解说，旨在进一步确立君权至高无上的地位。《白虎通义·爵》中说："天子者，爵称也。爵所以称天子何？王者，父天母地为天之子也。"《白虎通义·三纲六纪》称："君，群也，下之所归心。"天子受命于天，以事天为职责，天下之人则必须"归心"天子。礼仪也被赋予宗法等级意义，用以论证君权的神圣。而为了巩固君权、父权，《白虎通义》十分重视仁、义、礼、智、信五种伦理规范，也就是"五常"。按照《白虎通义》的规定，"五常"是人性所固有的，所以又称为"五性"。它们以礼为中心，礼是人们立身行事、处世接物的基本准则；仁是依礼行事的等级名分标准；智是对礼的正确理解；信是据礼行事时的忠诚专一。五经的实质就是以五常之道进行教化，五常能得以实施，君权、父权就能巩固，贵贱、长幼、亲疏关系也不至于错乱，王道就会不期而至。所以说，《白虎通义》的中心主题就是君父之义，并以此为基础而将诸儒之议熔为一炉，并将各家各派所发挥的纲常宗法思想提炼为一部简明扼要的经学法典。因此，它是今文经学、古文经学、谶纬神学由分歧斗争走向统一融合的产物，适应了东汉时期加强君父统治的需要。由于《白虎通义》的内容由皇帝钦定，这使得它具有官方经学和权威法典的性质，在一定程度上起着制度的作用。《白虎通义》的问世标志着儒学的法典化。但它在形式上仍然体现了鲜明的学术性，谶纬神学方面的内容较之以往已有极大削弱。

白虎观会议是汉代思想史上的一次重要会议，其要着力解决的是谶纬神学、今文经学、古文经学之间的纷争。随着《白虎通义》的成书，统一解释经义的任务表面上已经完成，但经学思想的统一远未实现。直到兼通诸家的马融、郑玄遍注群经，古文经学、今文经学和谶纬神学遂得融为一体，经学才得以实现阶段性的统一。

（曾育荣）

# 24. 石渠阁会议

石渠阁会议，又称“石渠故事”，指西汉孝宣帝甘露年间在皇家图书馆石渠阁主导召开的一系列讨论五经同异问题的会议，萧望之、刘向、韦玄成等五经诸儒均有参与。会议之后，《穀梁春秋》学的地位上升，并立梁丘《易》、大小夏侯《尚书》和《穀梁春秋》为博士。会议过程的记录称为“石渠论”“石渠议”，大部分内容均已散佚，仅在唐代杜佑《通典・礼典》和清人马国翰《玉函山房辑佚书》中保存了数十条。它与盐铁会议、白虎观会议并称为汉代历史上的三次著名会议。

石渠阁会议的前奏始于公元前53年(甘露元年)汉宣帝在大殿中召开的对《公羊》《穀梁》二家异同的论辩。《汉书・儒林传》对此有详细记载：“自元康中始讲，至甘露元年，积十余岁，皆明习。乃召《五经》名儒太子太傅萧望之等大议殿中，平《公羊》《穀梁》同异，各以经处是非。时《公羊》博士严彭祖、侍郎申挽、伊推、宋显，《穀梁》议郎尹更始、待诏刘向、周庆、丁姓并论。《公羊》家多不见从，愿请内侍郎许广，使者亦并内穀梁家中郎王亥，各五人，议三十余事。望之等十一人各以经义对，多从《穀梁》，由是《穀梁》之学大盛，庆、姓皆为博士。”此次会议中，《公羊》与《穀梁》的论争最为激烈，分两阶段进行。第一阶段论战后，《公羊》家并未信服，于是要求增加辩论人数，再行较量。第二阶段，在“议三十余事”之后，仍以《穀梁》胜。因汉宣帝为这次会议筹备了十年之久，“积十余岁，皆明习”，《穀梁》学诸儒有备而来，《穀梁》学顺利从中胜出，而《穀梁》学也由此大盛。

汉宣帝对《穀梁》学的重视与推崇，一方面是为缅怀祖父卫太子。武帝时，传《穀梁》的江公与传《公羊》的董仲舒辩论，因江公讷于言，而董仲舒“通五经，能持论，善属文”，同时“丞相公孙弘本为公羊学，比辑其议”，故最终汉武帝采用董仲舒的《公羊》学，“于是上因尊公羊家，诏太子受《公羊春秋》，由是《公羊》大兴。太子既通，复私问《穀梁》而善之。”卫太子虽学《公羊》，亦好《穀梁》。而宣帝又凭卫太子嫡长孙的身份即位，因而“宣帝即位，闻卫太子好《穀梁春秋》，以问丞相韦贤、长信少府夏侯胜及侍中乐陵侯史高，皆鲁人也，言《穀梁》子本鲁学，公羊氏乃齐学也，宜与《穀梁》。”(《汉书・儒林传》)。

另一方面，也是最根本的原因在于，《公羊》学的三统说不再适合汉王朝的持续发展。有学者认为，武帝时期《公羊》学者运用三统说成功地解决了汉家政权的历史合法性问题，以董仲舒为代表的《公羊》学者向汉武帝提出了“更化”的主张，包括改正朔、易服色等内容，从而确立了汉家在三统循环中的位置。不过《公羊》学者所论证的汉家政权的合法性是建立在儒家所倡导的王道社会理想上。但现实中的汉家制度并不符合儒家的王道理想，武帝尊崇儒术，只是“以儒术缘饰吏治”而已。而面对《公羊》儒生们的批评，汉家的政治并未做根本性的改变，后儒生们的批评更激烈了，甚至出现了依据《公羊》三统学说要求汉帝退位的声音。如《公羊》学者眭弘根据当时一些怪异现象认为汉家天数已终，于是上书要求汉帝退位：“先师董仲舒有言：虽有继体守文之君，不害圣人之受命。汉家尧后，有传国之运。汉帝宜谁差天下，求索贤人，禅以帝位，而

退自封百里，如殷周二王后，以承顺天命。”(《汉书·眭两夏侯翼奉传》)

汉宣帝的政治统治是在延续汉武帝所确定的框架下进行的。同时，从汉宣帝自身的成长经历来看，他也推崇吏治，《宣帝纪》载：“(宣帝)受诗于东海澓中翁，高材好学，然亦喜游侠，斗鸡走马，具知闾里奸邪，吏治得失。”儒生宽饶也曾在封事中激烈批评汉宣帝的吏治：“方今圣道寖废，儒术不行，以刑余为周召，以法律为《诗》《书》。”(《汉书·盖诸葛刘郑孙毋将何传》)汉宣帝的现实施政与《公羊》学派的理想相悖，招致大批儒生的批评，而《穀梁》的思想恰与汉宣帝的施政理念相符。如同样提倡尊王，《公羊》尊的是理想的王，所以“上无天子，下无方伯”是《公羊》常说的话；《穀梁》所尊的是时王，僖公八年《春秋经》：“春王正月公会王人、齐侯、宋公、卫侯、许男、曹伯、陈世子款盟于洮。”《穀梁传》：“王人之先诸侯何也？贵王命也。朝服虽敝，必加于上；弁冕虽旧，必加于首。周室虽衰，必先诸侯。”尊时王，这就有力地从理论上制止了来自《公羊》家的批评。另外，《公羊》家依其三统说认为，当天子不能履行其职责时就失去了居其位和合法性，而《穀梁》家则认为，天子的王位就应该一直传递下去，《穀梁·僖公五年传》：“天子世子，世天下。”在君臣关系上，《穀梁》家强调君臣关系的绝对性。庄公二十四年，曹羁出奔。《公羊》：“曹羁者何？曹大夫也。曹无大夫，此何以书？贤也。何贤乎曹羁？戎将侵曹，曹羁谏曰：‘戎众以无义，君请勿自敌也。’曹伯曰：‘不可。’三谏不从，遂去之。故君子以为得君臣之义也。”而《穀梁》对此没有发传，从而否定了人臣有去君之义。相比《公羊》，《穀梁》学更强调君主的威权，君主对臣下的绝对统治，以及天子的世代统治地位。因而推《穀梁》与《公羊》并立为博士，一方面，能够有效减少来自《公羊》家的批评，另一方面，也更有利于汉帝国持续长久地实施汉家的政治统治(吴涛《“霸王道杂之”：汉宣帝时期〈穀梁传〉的上升》)。

此次论辩以《穀梁》学的胜利开启了汉宣帝甘露元年至三年期间对五经同异的辩论。公元前 51 年(甘露三年)，汉宣帝又召集五经诸儒二十余人在石渠阁中论辩五经同异，并亲临阁中决断，石渠阁会议也多因此得名。据《汉书·宣帝纪》载：“甘露三年，诏诸儒讲五经同异，太子太傅萧望之等平奏其议，上亲称制临决焉。乃立梁丘《易》、大小夏侯《尚书》、穀梁《春秋》博士。”从《汉书·儒林传》的记载来看，参加此次石渠阁会议的《易》学代表有施雠和梁丘临，《儒林传》载施雠“甘露中与五经诸儒杂论同异于石渠阁”。载梁丘临与会“传子临，亦入说，为黄门郎。甘露中，奉使问诸儒于石渠”。会议之后，梁丘《易》立为博士。

《尚书》学代表有欧阳地余、林尊、周堪、张山拊、假仓。欧阳地余是《尚书》学大师欧阳高的孙子，按《儒林传》载：“高孙地余长宾以太子中庶子授太子，后为博士，论石渠。”林尊是欧阳高的学生，《儒林传》载：“(林尊)事欧阳高，为博士，论石渠。”周堪是大夏侯胜的学生，《儒林传》载：“周堪字少卿，齐人也。与孔霸俱事大夏侯胜。霸为博士，堪译官令，论于石渠，经为最高，后为太子少傅。”张山拊是夏侯建的学生，《儒林传》载：“事小夏侯建，为博士，论石渠，至少府。”在石渠阁会议之前，《尚书》学博士原有欧阳一家，在石渠阁会议之后，立大、小夏侯为博士。

《礼》学代表有戴圣和闻人通汉。《儒林传》载：“圣号小戴，以博士论石渠。”对于闻人通汉与会的记载：“通汉以太子舍人论石渠，至中山中尉。”《诗》学与会的有韦玄成、张长安、薛广德，加上主持石渠阁会议的萧望之，一共四位学者。《儒林传》对韦玄成的记载：“韦贤治《诗》，事大江公及许生，又治《礼》，至丞相。传子玄成，以淮阳中尉论石渠，后亦至丞相。”对张长安的记载：“张生论石渠，至淮阳中尉。”对薛广德的记载：“以《鲁诗》教授楚国……为博士，论石渠。”韦玄成、张长安、薛广德三位传的是《鲁诗》，而萧望之传的是《齐诗》，会议并没有产生《诗》学奏议，《诗》学博士官也未有变化。

《春秋》学代表只有刘向一人。但有学者指出，根据《汉书·儒林传》所载与会儒士们的学术背景，甘露三年的石渠阁会议中并没有讨论《春秋》的条件，因参加者只有刘向一人精通《穀梁春秋》，“刘向以故谏大夫通达待诏，受《穀梁》，欲令助之”(《汉书·儒林传》)。《汉书·刘向传》则称：“会初立《穀梁春秋》，征更生受《穀梁》，讲论五经于石渠。”而《公羊》学者并无一人参加。因而他认为“为石渠论而《穀梁》氏兴”，应该指甘露元年的那次论辩。而史传所载立“《穀梁春秋》博士”则可视为宣帝对这一系列会议的总决断(丁凌华《石渠阁会议考论》)。

石渠阁会议诸儒辩论的成文文献辑成《石渠议奏》一书，又名《石渠论》，据《汉书·艺文志·六艺略》所载，《尚书》有《议奏》四十二篇，《礼》有《议奏》三十八篇，《春秋》有《议奏》三十九篇，《论语》有《议奏》十八篇，《五经杂议》有《议奏》十八篇，总计155篇。由此也可见石渠会议的场次很多，规模颇大，非一时之事。但《石渠议奏》现已散佚，仅在其他经典文献中保存一小部分，如《毛诗正义》与《礼记正义》唐代孔颖达疏中各保存有一条。《石渠论》云：“周公祭天，用太公为尸。”这一条来自《毛诗正义·既醉》唐孔颖达的疏文。《石渠论》《白虎通义》云：“周以后稷、文武特七庙。”这一条来自《礼记正义·王制》的疏。唐杜佑《通典·礼典》也保存有12条《礼议奏》的内容，每一条起始都称“汉石渠礼议”，并提到宣帝、萧太傅(望之)、闻人通汉、戴圣、韦玄成等人名，称为“石渠论”“石渠议”“石渠礼”或“石渠礼议”。

现保存下来的《礼议奏》的12条奏议中，9条与丧服礼制相关。如《通典·卷八十一》所载，《石渠礼》：“曰：‘诸侯之大夫为天子、大夫之臣为国君服何?’戴圣对曰：‘诸侯之大夫为天子当穗缞，既葬除之，以时接见于天子，故既葬除之；大夫之臣无接见之义，不当为国君也。’闻人通汉对曰：‘大夫之臣，陪臣也，未闻其为国君也。’又问：‘庶人尚有服，大夫臣食禄反无服，何也?’闻人通汉对曰：‘《记》云，仕于家，出乡不与士齿。是庶人在官也，当从庶人之为国君三月服。制曰，从庶人服是也。’又问曰：‘诸侯大夫以时接见天子，故服；今诸侯大夫臣亦有时接见于诸侯不?’圣对曰：‘诸侯大夫臣无接见诸侯义。诸侯有时使臣奉贺，乃非常也，不得为接见；至于大夫有年献于君，君不见，亦非接见也。’侍郎臣临、待诏闻人通汉等皆以为有接见义。”这一条是讨论诸侯之大夫和大夫之臣是否为天子服丧的问题。《通典·卷八十九》载，《石渠议》：“问：‘父卒母嫁，为之何服?’萧太傅云：‘当服周，为父后则不服。’韦玄成以为，父殁则母无出义，王者不为无义制礼，若服周，则是子贬母也，故不制服也。宣帝诏曰：‘妇人不养舅姑，不奉祭祀，下不慈子，是自绝也，故圣人不为制服，明子无出母之义，元成议是也。’”《通典·卷九十》载《石渠礼议》：“戴圣曰：‘大夫在外者，三谏不从而去，君不绝其禄位，使其嫡子奉其宗庙。言长子者，重长子也，承宗庙宜以长子为文。’萧太傅曰：‘长子者，先祖之遗体也，大夫在外，不得亲祭，故以重者为文。’宣帝制曰：‘以在，故曰长子。’”《通典·卷九十六》载《石渠议》：“‘大宗无后，族无庶子，已有一嫡子，当绝父祀以后大宗不?’戴圣云：‘大宗不可绝，言嫡子不为后者，不得先庶耳。族无庶子，则当绝父祀以后大宗。’闻人通汉云：‘大宗有绝，子不绝其父。’宣帝制曰：‘圣议是也。’”这四条均是讨论为父后者为出母服丧、大夫在外长子承重、绝父祀以继大宗等嫡子继承时与丧服相关的问题。由存留的《议奏》文献来看，汉宣帝对此类议题均亲自做出了决断。

汉宣帝对此类问题的重视与讨论其实也与宣帝自身的即位经历相关。宣帝出身民间，却能即帝位，本身即与丧服制度有密切关联。公元前74年(元平元年)昭帝刘弗陵崩，年仅二十二岁，无子。昭帝本为武帝幼子，上有五兄，其死时武帝六子中仅余广陵王刘胥，本可继昭帝为帝，但刘胥除力能扛鼎外一无是处，“胥壮大，好倡乐逸游，力扛鼎，空手搏熊彘猛兽。动作无法度，故终不得为汉嗣”(《汉书·武五子传》)。霍光等只能放弃刘胥而改迎昌邑王刘贺，刘贺为昭帝之侄，即昭帝兄昌邑哀王刘髆之子，但其年龄却大昭帝三四岁。大将军霍光以太后名义发玺书，令刘贺速赴长安为昭帝丧主，主持丧礼。但刘贺居丧不哀，从昌邑赶往长安的路途中，沿途掠劫女子，“使大奴善以衣车载女子”，又“即位二十日，行淫乱”（《汉书·武五子传》），所以即位不到一月即被霍光、田延年等奏请太后废黜，“大将军光与群臣议，白孝昭皇后，废贺归故国”（《汉书·武五子传》）。由于昌邑王被废及丙吉的推荐，十八岁长于民间的刘病已，即汉宣帝便登上皇位。在年龄上仅小昭帝四岁；但在辈分上，他是昭帝的长兄之孙，即侄孙，亦即卫太子的嫡孙。通过丧服礼制对嫡长子承重的论辩与强调，无疑可以更有力地证明刘贺被废与自己即位登基的双重合法性。而石渠阁会议便可达到这样的目的。

石渠阁会议后，除了以上所提及的博士官的增设之外，西汉的整体经学形态也发生了转变。有学者将石渠阁会议后的西汉经学转变归结为两点。其一，从章句之学向通儒之学的转变。西汉董仲舒等人建议武帝立五经博士，意在实现政治与教化的融合，但汉博士除教授经学，还须掌管课试弟子，将合格者输送到官僚系统中，因此强调师法与家法不仅能保持自己学派的学官地位，还能掌握决定仕进的特权，所以在课试弟子时往往要考家法章句，以至“世俗学问者，不肯竟明经学，深知古今，急欲成一家之学”（《论衡·程材》），沦为破碎大道的章句小儒、破坏大体的章句之徒，博士经学完全成了“禄利之路”（《汉书·儒林传赞》）和仕进工具。但汉初的经师及初立五经时的博士与弟子之间的关系并非如此，如施雠为童子时，在家乡从田王孙受业，徙长陵后中断学业。至田王孙入朝为博士，复从卒业，这种自发的授受关系致使学生能够不限门户，转益多师。而宣帝时期的博士官多为通儒，如石渠阁会议后被立为《易》学的博士官梁丘贺，《儒林传》载：“（梁丘贺）从太中大夫京房受《易》……房出为齐郡太守，贺更事田王孙。”如王吉：“琅邪王吉通五经，闻临说，善之。时宣帝选高材郎十人从临讲，吉乃使子郎中骏上疏从临受《易》。”（《汉书·儒林传》）

其二，郎官经学的形成与发展。为对抗《公羊》学群体，宣帝训练郎官，与外廷博士辩论争立博士。《儒林传》曾记载了汉宣帝甘露元年令《公羊》与《穀梁》二家于殿中辩论之前，曾有十年的精心准备。汉宣帝令通《穀梁春秋》的郎中户将蔡千秋教授郎官十人，“时千秋为郎，召见，与《公羊》家并说，上善《穀梁》说，擢千秋为谏大夫给事中，后有过，左迁平陵令。复求能为《穀梁》者，莫及千秋。上愍其学且绝，乃以千秋为郎中户将，选郎十人从受。汝南尹更始翁君本自千秋，能说矣，会千秋病死，征江公孙为博士。刘向以故谏大夫通达待诏，受《穀梁》，欲令助之。江博士复死，乃征周庆、丁姓待诏保宫，使卒授十人。自元康中始讲，至甘露元年，积十余岁，皆明习”。郎官是一个庞大的以青年为主体的内庭近侍系统，也是官僚储备。郎官系统中，转益多师者也不乏其人，如《儒林传》载议郎尹更始受《穀梁》又受《左传》，刘向父子也成长于郎官系统，其经学风格最能说明郎官经学通儒之学的特征。石渠阁会议之后，郎官经学传统成为与博士章句之学对峙的力量（徐兴无《石渠阁会议与汉代经学的变局》）。

总之，石渠阁会议是西汉政治史和学术史上的关键事件，既是对过往经学成就的统整，也促成了西汉经学形态的转变，对后世经学的传播和发展具有重要影响。

（黄少微）

# 25. 盐铁专卖与贤良文学会议

专卖政策是我国古代统治阶级长期实行的一项重要的经济政策。它肇始于春秋时期齐国管仲实行的“官山海”，即主要由国家控制山海收入，以确保政府的财政收入，汉武帝时期采取的专卖政策就是在这一基础上的继续发展和深入。盐、铁专卖是专卖政策的一项重要内容，它由国家控制盐、铁等大宗商品的生产、运输和销售，利用垄断价格获取高额利润。

汉武帝即位之初，西汉经过了60余年的休养生息，国家无事，府库余财，呈现一片太平景象。《史记·平准书》载：“京师之钱累巨万，贯朽而不可校。太仓之粟陈陈相因，充溢露积于外，至腐败不可食。”这看似殷实的积累，在武帝即位十几年后，由于对匈奴旷日持久的战争、大规模修造离宫别馆、建筑宫室、举行封禅大典等一系列活动，西汉政府即陷入严重的财政危机。为巩固中央集权，解决政府的经济、财政困难，汉武帝采取了一系列财政改革措施，盐铁专卖即是其中的一项重要内容。

西汉初年，盐铁任由私人经营，国家仅设官收税而已，特别是汉文帝时，对盐铁经营采取放任政策，“纵民铸钱、冶铁，煮盐”，于是富商大贾、豪强地主往往占有山海，或采矿冶铁、或煮海制盐，他们“专山泽之饶”，垄断了对国计民生有重要影响的产业部门。他们有的家赀巨万，外出时车马成排，与诸侯交结，这不仅影响了中央财政的收入，而且成为割据势力的社会基础。文帝时，宗室宠臣中出现了吴王专擅海泽之利、邓通专有西山之饶的情况。武帝在位时期，大盐铁商不绝于书，蜀卓氏、程郑氏、宛孔氏均因冶铁而家富，有僮仆千人，富足拟于人君。另有鲁人曹邴氏、齐人刀间经营盐铁，家财富至千万，累巨万。为解决财政危机，西汉政府决定从大商人手中夺回利源。

公元前119年(武帝元狩四年)，汉武帝起用当时大司农属下的两位大农丞东郭咸阳和孔仅“领盐铁事”，让他们与当时担任侍中的桑弘羊共同筹划盐铁专卖事宜。东郭咸阳和孔仅都是大盐铁商出身，桑弘羊也是商人之子，并且善于“以心计”，不需要借助计算工具——筹就能得知计算结果，13岁就官至侍中。三人均精于营利之事，故得以受命负责盐铁之事。任命次年，即公元前118年，他们通过大司农颜异向武帝提出了一个盐铁官营的建议：即将山海川泽之入由原来收归少府，改归大司农，用以补充国家赋税。由官府招募盐户，主要费用由盐户自己负担，政府给他们煮盐的器具和一定的生活费用，煮成的盐由政府垄断。有敢私自铸铁、煮盐者，施以钛刑(在左腿下载一个重6斤的铁钳)，并没收经营工具。郡不出铁的，设置小铁官管理铁器的专卖事宜。东郭咸阳和孔仅等人预料到，盐铁专卖计划提出后，必然会遭到那些依靠盐铁发家的“浮食之民”的反对，因此他们在建议中提出，对这些人的话不要理睬。汉武帝最终采纳此议。

公元前117年，武帝派大农丞孔仅和东郭咸阳到全国各产盐铁之地，选用家产富裕又对盐铁之事有经验的商人担任盐铁官，从而保证了盐铁专卖政策的上令下行。大司农属下管理盐铁专卖的官员先是大农丞，后不再设此官，只在大司农之下设立“斡官”(其长官称长，副长官为丞，统称长丞)来管理盐铁专卖收入之事。《汉书·食货志》载，国家设“大农部丞数十人，分部主郡国”，这些“大农部丞”作为中央派往各地的专使，分别管理所辖地包括盐、铁在内的各种专卖商业。各地的盐铁官分属于大农丞直接领导，其正副长官令、丞的级别相当于县令长和县丞。

实施盐铁专卖后，盐铁官的职能由原来负责商税的征收转为管理盐铁的生产、分配和禁私，任务十分繁重。那些不产铁的地方设置小铁官，以熔化废铁做农具或用具，并负责所在县的铁器销售，以保证当地的生产者能买到铁器进行农业生产。西汉时期的铁矿开采冶炼是在战国基础上发展起来的，在战国七雄原辖境内，西汉设置了多处铁官，长沙以南广大地区只有桂阳郡设有铁官，这表明这个地区进入广泛使用铁器的时代较中原为晚。但总的来说，西汉中期以后，铁器的使用已经较为广泛。汉代井盐、海盐、池盐已普遍开发，因此盐官的设置遍及东到大海、西至甘肃临洮、北起辽宁、南至广东的中国大地。据马非白先生《桑弘羊传》一书考证，盐铁专卖政策颁布后，先后有 27 个郡设立盐官，共计 36 处；有 40 个郡设立铁官，全国总计 48 处。郡国没有朝廷的允许，不能随便鼓铸、冶铁、煮盐。武帝元鼎年间(前 116—前 111 年)，博士徐偃就因“矫制使胶东，鲁国鼓铸盐铁”被问罪。设置盐铁官的郡县，其产品不仅要供给本地郡县，还要供给不产盐铁的邻近郡县。盐铁官的职能也仅限于执行中央鼓铸盐铁的命令和产品的销售。以食盐为例，食盐的分配和大规模转运由产区中转官负责，按照销盐地区的人口数和田亩数决定应供应食盐的数量，煮盐地区必须按照数量多少从产盐郡调入食盐，不能自己擅自制造，冲击国家专卖制度的统一安排。

盐铁专卖是在政府的控制下进行的一项组织严密的经济政策。它的执行基本上堵塞了私营盐铁的富商大贾的获利之途，把当时获利最大、同时也是对国计民生影响最大、商品化最深的两种商品收归专卖，为国家开辟了新的财源，增强了政府对经济的控制和干预，有利于解决长期困扰政府的经费问题。正是由于孔仅、桑弘羊等人领导、实施此项政策有功，他们颇得汉武帝的青睐。孔仅三年之中官拜大农，位列九卿。桑弘羊初为大农丞，管理会计之事，公元前 110 年(元封元年)，为治粟都尉，领大农事，尽管天下盐铁之事，成为当时最高的财政长官，汉武帝最信任和信赖的大臣之一。

对于汉武帝时的盐铁专卖政策以及它对西汉时期整个社会所造成的影响，不少学者持否定态度，如傅筑夫先生认为，盐铁专卖是在抑制商业和手工业，阻碍了工商业的正常发展，它不仅中断了生产物的商品过程，而且把已经商品化的生产也窒息了，这就注定了封建社会经济发展迟滞的命运。李殿元先生甚至指出，我们不能因为盐铁专卖对某个政权的某一特定时期表面上产生过一些“功劳”，就否定它对整个社会的反动性。持否定意见的学者都认为，盐铁专卖对中国古代商品经济的发展是致命的打击。

考察一项制度的好坏，应该将其放到具体的历史环境中去评判。首先，汉武帝是在当时内忧外患的情况下推行盐铁专卖政策的，因而有其合理性的一面。从实施的结果来看，盐铁专卖最直接的影响就是增加了国家财政收入。在昭帝时举行的盐铁会议上，以桑弘羊为代表的士大夫指出，面对匈奴屡次进犯、国库空虚的现状，“笼天下盐、铁诸利，以排富商大贾”，其结果是“县官用饶足，民不困乏，本末并利，上下俱足”，“当此之时，四方征暴乱，车甲之费，克获之赏，以亿万计，皆赡大司农。此……盐、铁之福也”(《盐铁论·轻重》)。可以说，汉武帝时期的财政危机很大程度上是依靠盐铁专卖制度度过的。

其次，汉武帝推行的盐铁专卖政策直接打击了地方豪强的势力，加强了中央集权，巩固了汉王朝的统治。汉初“驰山泽之禁”，吴王刘濞得以“专山泽之饶”，势力日增，最终爆发了七国之乱，严重威胁了汉中央的统治。盐铁的专卖断绝了豪强大贾对盐铁的专擅，“排富商大贾”大大削弱了地方势力的经济实力，使他们再无力与国家政权抗衡，从而巩固了汉朝统治。

再次，盐铁官营使盐铁的生产规模空前扩大。如在河南巩义发现的西汉冶铁遗址，面积有21000多平方米，有18座冶铁炉，又有1座熔炉，1座锻炉，据推算，这一铁官冶炼的铁，累计产量达到2600多吨。西汉的冶铁技术也有空前提高。杨宽在《中国古代冶铁技术发展史》中断定“西汉的冶炼生铁技术，这是我国封建社会前期冶铁技术发展的一个高峰”，这些当与冶铁官营有密切关系。

武帝推行的包括盐铁专卖在内的一系列新经济政策，在充裕国家财政的同时也出现了许多弊端。首先，官营盐铁、酒榷、均输等政策的实行，使一部分财富逐步集中于大官僚、大地主及大商人手中，在剥夺了中小地主的利益的同时，也使盐铁经营者官僚化。大农丞东郭咸阳、孔仅选用各地富商担任盐铁官员，他们乘公家之车，谋私人之利，上下勾结，穷奢极欲。盐铁会议中，桑弘羊在谈到这个问题时是轻描淡写的，他说：“吏或不良，禁令不行，故民烦苦之。”(《盐铁论·复古》)贤良文学们揭露的情况却远非如此，他们说：“自利害之设，三业之起，贵人之家，云行于涂，毂击于道，攘公法，申私利，跨山泽，擅官市……执国家之柄，以行海内……威重于六卿，富累于陶、卫，舆服僭于王公，宫室溢于制度……”(《盐铁论·刺权》)盐铁经营者官僚化更加重了官僚集团的腐败，造成官吏“行奸卖平”，而“农民重苦，女工再税”“豪吏富商积货储物以待其急，轻贾奸吏收贱以取贵”(《盐铁论·本议》)的局面，使得中小地主和一般百姓日趋贫困。

其次，由盐铁官员经营盐铁，缺乏监督，又无权力制衡，结果使官吏发财，广大农民得到的却是价高质差的恶铁、苦盐，最终使农夫耕作不便，生产大受影响。

再次，工人情绪涣散，消极怠工，引发了激烈的社会矛盾。冶铁的工人主要是刑徒和士卒。他们背井离乡，在穷山深林中过着艰苦的生活。《盐铁论·水旱》载：“今县官作铁器，多苦恶，用费不省，卒徒烦而力作不尽。”铁官们为保证生产进度，按期完成生产定额，不得不扩大征调郡县徭役的名额，同在《水旱》篇记贤良说：“卒徒作不中呈，时命助之。发征无限，更繇以均剧，故百姓疾苦之。”铁官奴役下的这些刑徒，在西汉中后期成为一个很不稳定的社会因素。公元前22年(成帝阳朔三年)，颍川(今河南禹县)铁官徒申屠圣等180人起义，捕杀地方官吏，夺取兵库武器，自称将军，转战9个郡。公元前14年(永始三年)，山阳(今山东金乡)铁官徒苏令等228人起义，杀东郡太守和汝南都尉，转战19郡。他们成为西汉中后期农民起义的一支重要同盟军。

汉武帝统治后期，新经济政策，特别是盐铁官营等政策的弊端不断显现，随着农业生产的发展，土地兼并现象也日益严重。汉武帝推行的严刑酷法，大辟之刑便有千余条，律令更有百万余言，这一切使得农民与封建国家之间的矛盾越来越尖锐。连年出击匈奴，虽使边患有所缓和，但国家财政已无法维持战争的长期消耗，面对“海内虚耗，户口减半”及农民暴动的客观现实，汉武帝于公元前89年(征和四年)颁发罪己诏说：“朕即位以来，所为狂悖，使天下愁苦，不可追悔。自今有事伤害百姓、靡费天下者，悉罢之。”指明“当今急务在禁苛暴，止擅役，力本农，修马复令以补缺，毋乏武备而已……”，由此不再出兵，封田千秋为富民侯，以示休息，思富养民，这在一定程度上恢复了汉初“与民休息”的政策。

汉武帝政策上的转变对于稳定汉王朝的统治是必要的，但统治集团内部对此却意见不一。汉武帝在弥留之际确定了四位辅政大臣，他们分别是大司马、大将军霍光，车骑将军金日磾，左将军上官桀和御史大夫桑弘羊。车骑将军金日磾死于武帝去世次年，对国家大政方针未有太多影响。其他几位辅政大臣的政治主张并不完全一致，尤其是霍光与桑弘羊，对于武帝死后应当执行何种政策存在着严重的分歧。霍光主张继续执行武帝死前在“轮台诏”中所宣布的致力于“禁苛暴，止擅役，力本农”的政策。但御史大夫桑弘羊则主张推行武帝前期的那种加重赋税、严刑峻法、兴师动众、好大喜功的政策。

公元前86年(昭帝始元元年)，霍光派遣曾经担任廷尉一职的王平等五人出行郡国，察举贤良，访问民间疾苦、冤难以及失去职业的人。公元前82年，霍光采纳谏议大夫杜延年之议，以昭帝名义发布推举贤良、文学的诏书，为召开盐铁会议作准备。次年二月，即汉武帝去世后的第六年，昭帝下诏令丞相田千秋、御史大夫桑弘羊召集郡国所举贤良文学60余人，就现行的经济政策、时事广开言论，进行公开辩论。由于辩论的中心与政府是否应该实行盐铁专卖有关，所以历来把这次关于政策的大辩论称为“盐铁会议”，也因为参加会议的一方是地方推举的贤良文学之士，也有人将其称为“贤良文学会议”。会议留下了详细的记录，汉宣帝时由桓宽整理成书，即现存的《盐铁论》，共60篇，它是研究西汉政治、经济、思想的重要文献，也为我们了解当时会议的内容提供了宝贵资料。

盐铁会议辩论主要由两方组成。一方为贤良和文学之士，共有60余人。他们原为平民或担任过小官吏的知识分子，被官府举为贤良，并由朝廷授予了官职。贤良文学大都来自民间，熟悉社会底层的情况，对下层社会的贫苦生活有切身的体会，而且还得到大司马、大将军霍光的暗中支持，因此大多直言无忌。另一方是以丞相田千秋和御史大夫桑弘羊为代表的封建官僚。丞相田千秋作为“敦厚有智”的长者，在关键问题上始终不肯表态，因此该方的辩论者主要是桑弘羊。

辩论的双方都对当前的国家形势作了一番估计。贤良文学指出了自汉武帝以来由于内兴功作、外攘夷狄，耗费了大量的人力物力，致使田地荒芜，国库空虚，百姓饥寒、流离失所的现实。虽然国家利用经济强制政策暂时解决了财政困难，但百姓却无力蓄养六畜，田野不殖五谷，人们连糟糠之食都不能保障。贤良文学们用了大量实例证明了民生的疾苦。《盐铁论·执务》篇丞相首先提出，当前社会的首要任务在于“使百姓咸足于衣食，无困乏之忧……天下安乐，盗贼不起，流人还归，各反其田里”，这说明双方都认为现实情况十分严峻，需要加以注意和改进。但对于究竟什么原因造成了这种状况，采用何种方式予以解决，双方进行了激烈的辩论，主要内容可归纳为以下三个方面。

一、盐铁官营存废的辩论

贤良文学认为，民间疾苦的根源在于官营盐铁等经济事业，要求取消平准、均输、酒榷制度，罢盐铁官营，主张致力于农业生产。

贤良文学之士指出了专卖政策带来的各种社会弊端。首先，专卖政策造成了官商不分，吏治腐败。许多官商利用专卖政策假公济私，官吏不奉公守法安抚百姓，而是运用手中职权满足个人私欲，以至家财累至万金。贤良文学认为，专卖政策实行后，“因权势以求利者，入不可胜数也。食湖池，管山海，刍荛者不能与之争泽，商贾不能与之争论”(《盐铁论·贫富》)。

其次，实行盐铁专卖后，官府制作的铁器要么过于笨重不合民用，要么规格统一难以适应不同地区的农民使用，官府制作铁器时只顾完成上级下达的生产任务，生产的器物往往质量低劣。《盐铁论·水旱》篇所载：“县官鼓铸铁器，大抵多为大器，务应员程，不给民用。民用钝弊，割草不痛。是以农夫作剧，得获者少，百姓苦之矣。”即是这一弊病的集中反映。

再次，盐铁在销售过程中定价不合理，销售点的设置也不科学，具体负责管理和销售的官员常消极怠工。百姓去买用器时，“吏数不在，器难得”。结果是农民“弃膏腴之日，远市田器，则后良时”(《盐铁论·水旱》)，耽搁了农时，影响了生产。由于官府的盐铁定价昂贵，经常出现“盐铁贾贵，百姓不便”，这也加重了消费者的负担。

以桑弘羊为首的封建官僚则坚持推行盐铁官营，认为兴盐铁，设酒榷，置均输，扩大了财源，可以缓解国家财政困难，特别是解决军费开支的紧张状况。《盐铁论·本议》载："边用度不足，故兴盐、铁，设酒榷，置均输，蕃货长财，以佐助边费。今议者欲罢之，内空府库之藏，外乏执备之用，使备塞乘城之士饥寒于边，将何以赡之？罢之，不便也。"事实上，在盐铁官营一年后，西汉财政确实有了明显好转。司马迁在《史记·平准书》中写道："一岁之中，太仓、甘泉仓满。边余谷诸物均输帛五百万匹。民不益赋而天下用饶。""县官有盐铁缗钱之故，用益饶矣。"桑弘羊还指出："今大夫君修太公、桓、管之术，总一盐、铁，通山川之利而万物殖。是以县官用饶足，民不困乏，本末并利，上下俱足。"(《盐铁论·轻重》)。虽然桑弘羊等人对盐铁专卖的实际成绩有些夸大，但的确取得了成效，这也是政府实行盐铁官营的主要目的。

桑弘羊等人还认为，国家实行专卖政策可以削弱地方割据势力，防止吴王刘濞那样的割据势力再次出现，还有助于打击富商大贾，制止他们囤积居奇、操纵市场，牟取暴利，从而起到调剂物资、保障人们生活必需品供给的作用，也便于堵塞豪强大家的兼并之路。他们指出"大夫君运筹策，建国用，笼天下盐、铁诸利，以排富商大贾"(《盐铁论·轻重》)，"盐铁、均输，所以通委财而调缓急"，"万民所戴仰而取给者，罢之，不便也"。如果罢黜专卖政策，就会出现"豪民擅其用而夺其利。决市闾巷，高下在口吻，贵贱无常，端坐而民豪"(《盐铁论·禁耕》)的情况；不实行专卖就会"罢盐铁以资暴强，遂其贪心，众邪群聚，私门成党，则强御日以不制，而并兼之徒形成也"(《盐铁论·本议》)。

二、对匈奴和、战政策的辩论

汉匈关系是西汉建立以来的一个重要问题。汉武帝之前，汉对匈奴一直采取妥协、退让的态度，武帝在位时，经过大规模的反击战争，匈奴势力已经大大削弱，不再构成对汉王朝和中原地区的严重威胁，形势有了根本改变。

盐铁会议上，贤良文学主张与匈奴讲和，"偃兵休士，厚币结和亲"(《盐铁论·击之》)。他们认为"武力不如文德"，主张"罢关梁，除障塞，以仁义导之"(《盐铁论·世务》)，这样就可以感化匈奴，维持和平。贤良文学的主张符合当时的社会现实，但其依据理论则显得迂腐、不符合实际。

桑弘羊等人则坚持继续对匈奴用兵，崇尚武备。他认为，匈奴人反复而没有信用，多次约降又多次反叛，只有通过战争才能使其降服。他还指出，匈奴虽然受挫远遁大漠，但并未最终降服，原因在于武帝死后群臣不能同心协力，君臣上下不和谐所致。与贤良文学的主张相比，桑弘羊等人依据的理由更充足，但其主战的观点未能考虑到武帝后期形势的变化以及百姓急需休养生息的实际，因此也是不合时宜的。

三、行"德治"还是"法治"的辩论

西汉初年，由于秦的暴政和连年战争，经济凋敝，统治者采用黄老无为的思想指导统治，政治上采用宽松简约的法律，经济上少事工程，只收少量税收，使社会经济繁荣的同时，也带来了一系列的弊端：政治上作奸犯科之徒屡禁不止，诸侯王聚敛了大量财富，骄奢淫逸，权势日重；经济上社会财富集中在豪强地主和商人手中，他们兼并土地，恃财凌弱，与官吏勾结，霸道乡里。汉武帝即位后，面对这样的社会现实，一反过去的政策，加强中央集权，在指导思想上改用董仲舒提出的"罢黜百家，独尊儒术"，将法家主张的严刑峻法与儒家的德治教化相结合，任用酷吏张汤等人，采取严律峻法，进行经济管治，对外大举用兵，这些政策赢得了汉的繁荣昌盛，国富民强，但不可避免地带来了一些问题，特别是任用严刑酷法产生的负面效应。

汉武帝在位时，董仲舒、主父偃、严安、徐乐等人的上书中以及东方朔的言论中已经指出暴力法治给社会带来的不良影响。贤良文学在会议上以孔孟学说为理论依据，主张放弃法治，实行教化。贤良文学说："上自黄帝下及三王，莫不明德教，谨庠序，崇仁义，立教化。此百世不易之道也。"(《盐铁论·遵循》)"君子进必以道，退不失义。高而勿矜，劳而不伐，位尊而行恭，功大而理顺。"(《盐铁论·非鞅》)"故君子急于教，缓于刑。"(《盐铁论·疾贪》)他们指出，株连酷刑使"一人有罪，州里惊骇，十家奔亡"，这不仅使百姓深受其害，更动摇了封建统治的基础。

桑弘羊等人则认为，严刑峻法的威力无穷，"令严而民慎，法设而奸禁"(《盐铁论·刑德》)，反对德治。

由上述辩论内容可知，盐铁会议是统治阶级内部对当前政策、方针和指导思想的一场辩论。辩论双方针锋相对，各自提出了对武帝晚年以来经济、政治形势的不同认识，并由此提出了不同的治国策略。可以看出，来自社会底层的贤良文学们所揭露的一些问题确实是武帝时期阶级矛盾尖锐化的原因，虽然他们提出的一些主张脱离实际，但也有适应形势之处。桑弘羊等人对社会形势的变化未能充分考虑，一味坚持武帝下轮台诏之前的主张，这与坚决执行武帝遗诏的霍光产生了严重冲突。

表面上看，丞相田千秋主持会议未对双方观点给出明确的结论，双方在会议上未能分出高低胜负，但这次辩论对西汉后期大政方针的确定和执行仍然产生了不小的影响。贤良文学们提出的一些主张在揭露武帝前期所采取政策的一些流弊及对社会的危害的同时，为昭帝时期实行"与民休息"的政策作了舆论上的宣传，也促进了轮台诏令中提出的"明休息，思富养民"方针的实施。

贤良文学在盐铁会议上的辩论符合霍光等人的意图，从而使这批贤良文学之士受到统治者的重视，成为当时一股活跃的政治力量。会议结束后，霍光曾专门召集贤良文学咨询国政得失。宣帝即位后更加接近这股势力，西汉许多著名的循吏即产生于此时，而贤良文学们在会上提出的部分措施，如将公田赋予贫民耕种，贷给他们种子、口粮，免除赋税徭役，降低盐价，整顿吏治等也陆续付诸实行。盐铁会议结束后，西汉政府虽然没有废止盐铁官营和平准均输法，但停止了酒类专卖，取消了关内铁官。事实证明，昭宣时期政府实行的种种措施，基本方面均是"安民"，即把农民固定在土地上，鼓励发展生产，与匈奴保持和亲友好。这在缓和阶级矛盾的同时，客观上促进了社会进步和生产发展。以桑弘羊为代表的"深酷用法者"官僚集团受到沉重打击，桑弘羊本人虽未因这场辩论退出政治舞台，但因政见与当权者霍光对立，最终因参与皇室贵族内部的谋反活动而被处死。

关于盐铁会议的性质，从表面上看是桑弘羊与霍光之间的权力之争，是一场政策论争；深一层看则是西汉后期对外对内政策的一次调整，即政治上终止武帝的战争政策，转入新的休养生息的和平状态，思想上终止汉初儒、法合流，重新恢复先秦孔孟思想传统的历史契机。盐铁会议上，一些饱学诗书、满腹经纶的儒生公然议论时政，表明儒学开始参与政府决策。经过盐铁会议，儒家思想重新崛起，在宣帝时期进一步得势，至成帝时则完全居于统治地位。

（刘志玲）

# 26. 汉赋蔚为大观

赋是两汉四百年间最盛行的文体，两汉文人把赋当作体物写志的最重要方式，纷纷致力于赋的写作。赋因此而成为两汉文学的代表样式，以至于在中国文学史上出现了“汉赋”的专名。汉赋具有散韵结合、专事铺叙的特点，形式上擅长“铺采摛文”，内容上侧重于“体物写志”，是一种介于诗词和散文之间的文学体裁。

汉赋作为汉代文学的主流，同唐诗、宋词、元曲、明清小说等文学样式一起成为时代文化的标志物，被公认为汉代最具代表性的“一代之文学”。近人王国维即在《宋元戏曲史序》中说：“凡一代有一代之文学，楚之骚，汉之赋，六朝之骈语，唐之诗，宋之词，元之曲，皆所谓一代之文学，而后世莫能继焉者。”据班固《两都赋序》记载，单是西汉已有赋家七十八人，成帝之世，“论而录之，盖奏御者千有余篇”。《后汉书》中记载的东汉赋家也有几十人之多。在汉武帝、汉宣帝、汉元帝、汉成帝统治时期，汉赋达到全盛，出现了一大批优秀的辞赋家，如司马相如、扬雄、班固、张衡、贾谊、枚乘、董仲舒、东方朔、司马迁、王褒、赵壹等人，他们创作了以《上林赋》《子虚赋》《甘泉赋》《长杨赋》《两都赋》《二京赋》等为代表的许多脍炙人口的作品。

赋，最初是指《诗经》所运用的一种直白的表现手法，是“铺陈其事而直言之”。《周礼 · 大师》中记载，《诗》有“六义”，“一曰风，二曰赋，三曰比，四曰兴，五曰雅，六曰颂”。《文心雕龙 · 诠赋》称：“诗有六义，其二曰赋。赋者，铺也。铺采摛文，体物写志也。”与“比”的比喻象征和“兴”的托物起兴不同，“赋”直接铺陈事实或景物。也有学者认为，赋最初就是一种诗体，如章太炎在其《国学演讲录 · 经学略说》中提出：“六诗者，一曰风，二曰赋，三曰比，四曰兴，五曰雅，六曰颂。今《诗》但存风、雅、颂，而无赋、比、兴。”由于赋和《诗》的渊源，班固认为汉赋源自《诗经》，他说：“赋者，古诗之流也。”20 世纪末期，赵敏俐著《汉代诗歌史说》，亦把汉赋直接归纳入汉诗进行考究。

赋作为一种“不歌而诵”的文学体裁，早在战国时代后期便已出现。最早写作真正意义上的赋体作品，并且直接以“赋”名篇的是战国的荀子。据《汉书 · 艺文志》记载，荀子有赋十篇(现存《礼》《知》《云》《蚕》《箴》五篇)，用通俗“隐语”分别铺叙了礼、知、云、蚕、箴五种事物。旧传战国后期楚国的宋玉也有赋体作品，如《风赋》《高唐赋》《神女赋》等。南朝任昉认为，汉赋应该源于楚辞，称：“赋，楚大夫宋玉之所作。”南朝刘勰综合前人之说，指出“然赋也者，受命于诗人，拓宇于楚辞也”，认为汉赋是由《诗经》与《楚辞》演变而来的，《诗经》是赋的远源，《楚辞》是赋的近源。汉代人把屈原、宋玉等人的作品集合在一起，称之为《楚辞》。西汉初年兴起的“骚体赋”，大量模仿屈原、宋玉等人的作品，和《楚辞》非常接近，铺陈写物，“不歌而诵”，辞藻华丽，手法夸张。在汉代人看来，辞和赋是同一体裁，所以统称为“辞赋”。辞因为产生于战国楚地，故被称作“楚辞”，又因为辞以屈原的《离骚》为代表，所以又被称作“骚体”，后世还有人把屈原的作品直接称作“屈赋”。可见，辞、赋的区别非常小。事实上，汉赋作为文学体制，深受《诗经》、屈宋楚辞和战国恣肆之风的影响。

汉帝国自高祖刘邦统一全国后，国力日渐强盛，社会逐渐安定，为汉赋的兴盛发展提供了坚实的经济基础和政治基础。汉代君王为了宣扬帝国的恢宏气象，往往鼓励文人创作铺张扬厉、歌功颂德的辞赋来描述富丽堂皇的宫观园苑和奢侈显赫的帝王生活。汉代辞赋不但获得君主的提倡，并且获得以淮南王刘安为代表的贵族们的喜爱。司马相如、东方朔、王褒等人相继凭借辞赋担任官职，汉武帝甚至以“安车蒲轮”的礼仪迎接枚乘，足见他对辞赋的喜爱。在汉代上层统治集团的喜爱和提倡之下，文人士大夫争相写赋，汉赋的创作盛极一时，蔚为大观。

汉赋在结构上一般都有三个部分：开头有序，中间是正文或本文，后面是被称作“乱”或“讯”的结尾。正文多颂扬“盛世”“润色鸿业”，结尾处略带几笔，微露讽喻劝谏之意，形成所谓“劝百讽一”的传统。在扬雄看来，汉大赋一般都可分作“劝”与“讽”两个部分，劝为称颂赞扬，讽为讽喻批评。但实际上，汉大赋中“劝”的篇幅远远超过“讽”的篇幅。赋家们在描摹物象时一般会调动自己全部的艺术才能，感情意向求全求美，而到“讽”的部分便运用儒家思想进行抽象的说教，往往意兴索然，草草收场。在客观效果上，不但从思想意义方面出现了“欲讽反劝”的现象，而且在艺术效果上也使得两部分内容处于彼此游离的不和谐状态。

在形式上，汉赋继承先秦诸子问答体散文的传统，在虚构的框架中多采用《文心雕龙·诠赋》中概括的“述客主以首引”的方式展开内容。如班固《两都赋》的上篇《西都赋》，以西都宾和东都主人的对话引出洋洋洒洒两千多言描述西都长安的富丽繁华。汉赋韵散夹杂，具有形式华丽淫靡的特点，句式主要是四、六言，间杂五、七言或更长的句子，喜堆砌词语，好用难字，讲求声韵，极尽铺陈排比之能事。著名赋家司马相如在《子虚赋》中即刻意追求物象和语言的华丽，如“曳明月之珠旗，建干将之雄戟；左乌号之雕弓，右夏服之劲箭”等。《史记·太史公自序》评司马相如赋云：“《子虚》之事，《大人》赋说，靡丽多夸。”扬雄也认为，赋“将以风也，必推类而言，极丽靡之辞，闳侈钜衍，竞于使人不能加也”。后人推扬这种靡丽的文风，把汉赋认作赋体正宗，因此，汉赋也称“古赋”。

从体制上划分，汉赋可以分为骚体赋、散体大赋和抒情小赋三种。初期的汉赋，如贾谊的《吊屈原赋》、淮南小山的《招隐士》等，抒写情志，情感真挚，形式上与楚辞大体相同，大量继承楚辞和楚民歌的余绪，被称作“骚体赋”。景帝时，枚乘创作《七发》，开创了铺叙描摹、夸饰渲染的新赋体，具有鲜明特征的散体大赋，也就是汉赋的主体正式出现，汉赋进入最兴盛的阶段。

散体大赋句式三、四言至九、十言均有，韵散结合，以体物为主，一般直书其事，铺采摛文，排比铺陈，多以问答体形式展开描写，华美恢宏，气势磅礴，炫博争奇，文采斐然，动辄是成千上万言的鸿篇巨制。汉散体大赋主要由诸子问答体、战国纵横游说之文和楚辞体演化而来，代表作品有司马相如的《子虚赋》《上林赋》，扬雄的《甘泉赋》《河东赋》《长杨赋》《羽猎赋》，班固的《两都赋》，张衡的《东京赋》《西京赋》等。这些大赋唱出了汉帝国的盛世声威和发扬蹈厉的上升风貌，司马相如、扬雄、班固、张衡四人被后世誉为汉赋四大家(一说，指司马相如、枚乘、贾谊、淮南小山)。汉赋四大家的出现标志着汉大赋文体风格的成熟。

东汉中叶以后，散体大赋逐渐衰微，抒情言志的小赋开始兴起。小赋篇幅较小，文采清丽，或讥讽时事，或抒情咏物，或借物寓志，内容比较广泛，风格比较清新，主要流行于东汉，代表作品有张衡的《归田赋》、赵壹的《刺世疾邪赋》、蔡邕的《述行赋》、祢衡的《鹦鹉赋》等。

汉赋在流传过程中多有散佚，现存作品包括某些残篇在内共约二百多篇，分别收录在《史记》《汉书》《后汉书》《文选》等书中。

汉赋的发展变化，大致可以分为三个时期。

一、汉赋的形成阶段(汉高祖初年至武帝初年)

西汉前期，“大汉初定，日不暇给”，儒家思想在思想文化上的统治地位尚未确立，各家文化思想还比较活跃。这一时期的辞赋主要从屈宋楚辞脱胎而来，故称“骚体赋”，内容上侧重抒发作者的政治见解和身世感慨，而且抒发的多是抑郁之情；形式上句式整齐，通篇押韵，句尾多缀有“兮”“些”等楚地方言调节音韵，实际是楚辞的发展和变种。因此，汉代人常把它的产生、发展同楚辞紧密相连，称为辞赋。这时较有代表性的作家是贾谊、淮南小山和枚乘等人。

文帝时，贾谊被贬长沙王太傅，途经湘江这一屈原放逐所经之地，哀悼屈原的不幸遭遇，用骚体写成《吊屈原赋》。《吊屈原赋》表现出对屈原深深的同情和对自己无辜遭贬的愤懑，艺术上激昂感愤，风格近似屈原的《离骚》和《九章》。贾谊的《鹏鸟赋》则是假设与鹏鸟对话而敷衍出的寓志遣怀的作品，这篇赋一方面采用人禽问答的结构方式，另一方面大量使用铺陈手法，抒情色彩浓郁，预示着新的赋体即将产生。

汉初骚体赋的另一位代表作家是淮南小山，他在《招隐士》中以丰富的想象、夸张的手法铺叙山中景物，表达出召唤隐士早日回归山林的急切心情。

在贾谊和淮南小山之后，骚体赋继续发展，代表作是董仲舒的《士不遇赋》以及司马迁的《悲士不遇赋》。但骚体赋的趋势日渐由强到弱，真正初步奠定汉赋体制的是枚乘结构宏大、文辞富丽的《七发》。

枚乘主要生活于汉文帝、景帝时期，逝于武帝初年。他的《七发》写楚太子有病，吴客去问病，通过主客的问答，以七事来启发太子，为他治病。吴客首先指出，贵族的腐化享乐生活是太子痼疾的根源，一切药石针灸都无能为力，唯有用“要言妙道”改变他们的志趣。接下来，分别以音乐的美妙、饮食的甘美、车马的名贵、游览的欢乐、田猎的盛况和江涛的壮观来启发太子，由近及远，由静而动，多角度描摹七事的形状情态。太子有感于江涛“天下怪异诡观”的景象而面露喜色，吴客又与太子“论天下之精微，理万物之是非”。听完吴客的“要言妙道”，太子深受刺激，出了一身大汗，病就完全好了。《七发》采用主客问答的方式，结构宏阔，辞藻富丽，叙事铺陈，状物夸张。刘勰《文心雕龙·杂文》称：“枚乘摛艳，首制《七发》，腴辞云构，夸丽风骇。”

《七发》是一篇承前启后的重要作品，是汉代散体大赋正式形成的标志性作品。此后二百年间，以司马相如、班固、张衡为代表的六十多名辞赋家，沿着《七发》铺陈夸张的新倾向创作了九百余篇作品，把汉赋发展到了极致。《七发》的主客问答形式也被司马相如等汉赋作家所继承发展而形成固定的所谓“七体”的格局。

二、汉赋的兴盛阶段(武帝初年至东汉中叶)

武、宣、元、成帝时代是汉赋的全盛期，据《汉书·艺文志》记载，这一时期有赋九百余篇，作者六十余人。出于“兴废继绝，润色鸿业”的考虑，统治阶级大力提倡汉代散体大赋，一大批著名的赋作家们涌现出来，如司马相如、虞丘寿王、司马迁、东方朔、枚皋、王褒、刘向，以及御史大夫倪宽、太常孔臧、太中大夫董仲舒、宗正刘德、太子太傅萧望之等。

汉武帝时期，汉赋发展到鼎盛阶段，最杰出的作家是被誉为“赋圣”的司马相如，鲁迅在《汉文学史纲要》中指出：“武帝时文人，赋莫若司马相如。”司马相如的作品仅存《子虚》《上林》《大人》《长门》《美人》《哀二世》六赋。《文选》所载《子虚》《上林》两篇博大壮阔的散体大赋，虽非一时一地之作，但内容上相互衔接，因此，司马迁在《史记》中将它们视为一篇，称之为《天子游猎赋》，代表了汉大赋的最高成就，后世大赋在规模气势上始终难以超越它。所以，扬雄在《法言·吾子》中指出：“如孔氏之门用赋也，则贾谊升堂，相如入室矣。”高度赞扬司马相如的赋作水平。

《子虚》《上林》这两篇赋以游猎为题材，对诸侯、天子的游猎盛况，宫苑的华丽和陈设的繁奢极力铺排夸饰，特别讲究声音美和字形的排列美，具有完美的文学审美特征。如《子虚赋》写楚国的子虚和齐国的乌有先生互相夸耀，子虚盛赞楚国云梦泽之大之美和楚王的田猎盛况，乌有先生批评子虚“奢言淫乐”，并夸赞齐国。赋中穷形尽相地描绘出云梦泽的壮美图景。写云梦泽的山，从山势、土色、玉石写起，接着，仰察俯观，从东南西北上下高低各个角度进行描摹，竭力突出山势的迂回曲折，高峻错落，其间详细列举山上的土色、矿物、玉石，蕙圃的各类香草，林间的树木鸟兽。《上林赋》写亡是公大肆铺陈汉天子上林苑的壮丽：“左苍梧，右西极，丹水更其南，紫渊径其北。终始灞、浐，出入泾、渭；酆、镐、潦、潏，纡余委蛇，经营乎其内；荡荡乎八川分流，相背而异态。东西南北，驰骛往来：出乎椒丘之阙，行乎洲淤之浦；经乎桂林之中，过乎泱漭之壄；汩乎混流，顺阿而下，赴隘陋之口。”文章以宏大的规模、丰富的词汇，淋漓尽致地铺陈出帝王的游猎盛况，以表明“诸侯游猎之事，不足观”。最后，以讽谏作为结尾：“若夫终日驰骋，劳神苦形，罢车马之用，玩士卒之精，费府库之财，而无德厚之恩。”委婉地表达了作者惩奢劝俭的用意，确定了汉赋“劝百讽一”的传统。据史书记载，武帝读相如《子虚赋》发出“恨不得与此人同时哉”的感叹，读完《大人赋》则“飘飘有凌云之气”。

汉武帝时著名的赋作家还有东方朔、枚皋等人。《汉书·艺文志》记载，枚皋有赋一百二十篇，今大都亡佚。东方朔留存下来的两篇散体赋《答客难》和《非有先生论》对述志赋的发展有一定影响。宣帝时重要的赋作家是王褒，留存下来有影响的作品是《洞箫赋》和骚体赋《九怀》。

西汉末年至东汉中叶一百多年间，模拟之风大盛，汉赋进入模拟期。只有扬雄和班固在模拟中还有自己的特点，成为这一时期的代表作家。扬雄是西汉后期成帝时的主要作家，早年曾模仿司马相如的《子虚赋》《上林赋》作《甘泉》《河东》《羽猎》《长杨》四赋，部分段落的描写和铺陈相当精彩，后世常以“扬、马”并称。扬雄晚年称赋为“童子雕虫篆刻”“壮夫不为”，并认为自己的四赋和司马相如一样，“讽一而劝百”。班固是东汉前期新体赋的主要作家，萧统编纂《文选》，将他的代表作《两都赋》列于卷首。《两都赋》是西汉散体大赋的继续，对东汉中叶张衡以至左思的所谓“京都大赋”的出现产生了重大的影响。

三、汉赋的衰微阶段(东汉中叶至汉末)

东汉中期至末年，国势衰微，汉赋进入转变期，出现了具有现实性、讥讽性的抒情咏物的短篇小赋。抒情小赋的代表作家有张衡、赵壹和蔡邕。

张衡早年有感于“天下承平日久，自王侯以下莫不逾侈”，模拟司马相如的《子虚》《上林》和班固的《两都赋》，创作《二京赋》，赋中谱写了帝都的形势、宫室、物产以及当时的民情风俗，作者借赋作警告统治者要懂得荀子所说的“水所以载舟亦所以覆舟”的道理，表现了当时文人对汉朝末世的危机感。张衡的《归田赋》进一步抒发了自己对于时局的不满情绪，汉赋开始具有作者的个性，由雕琢堆砌的供统治阶级赏玩的宫廷文学，转变为平易流畅地表现个人情感的作品。

继张衡而起的赋家是赵壹和蔡邕。赵壹的《刺世嫉邪赋》揭露和抨击了东汉末年“情伪万方”的黑暗现象，表现了作者不与世俗同流合污的反抗精神。蔡邕在桓帝时被当权宦官强征赴都，途中创作《述行赋》，冷峻深刻地揭示了当时宦官专权、政治黑暗、贵族荒淫的黑暗现实，具有相当的艺术魅力。稍后的祢衡借写鹦鹉，在《鹦鹉赋》中抒发了自己生不逢时的愤慨。这些抒情小赋完全突破了散体大赋歌功颂德的传统，具有鲜明的个性色彩。

汉代以降，虽然汉赋已不再作为一种流行性文学样式存在，但在各个时代依然有其发展。魏晋南北朝时期，抒情小赋继续发展，代表作品有曹植的《洛神赋》、王粲的《登楼赋》、陆机的《文赋》、左思的《三都赋》、向秀的《思旧赋》以及陶渊明的《归去来兮辞》。齐梁时，受当时骈俪文风的影响，赋体由抒情小赋演变为骈赋，骈赋讲究平仄，通篇押韵，又称“俳赋”，代表作品有庾信的《哀江南赋》和《小园赋》、鲍照的《芜城赋》、江淹的《别赋》等。到了唐代，律诗出现了，为适应科举考试的需要，赋体转变为注重音韵协调、对偶工整的律赋。中唐以后，在唐宋古文运动的影响下，逐渐出现了句式错落自由的散文化的文赋，如杜牧的《阿房宫赋》、欧阳修的《秋声赋》、苏轼的《赤壁赋》等。元、明、清三代，亦涌现出少数名家名作，如元代马祖常的《伤己赋》、朱德润的《幽怀赋》、明代何景明的《忧旱赋》、清代袁枚的《秋兰赋》等。

汉赋在文学史上具有重要的地位。汉赋多角度地描写了汉帝国河山的壮美辽阔，城市的繁荣昌盛，客观上反映了隆盛时代的壮美以及贵族阶级特有的审美情趣。汉赋作家一直坚持对于不公平现状或委婉进谏，或大胆抨击，表现出强烈的社会责任感。格局庄严、气势宏伟、文采绚丽的汉赋以其特有的艺术形式表现了那个强大富足的时代，构成了一道独特、亮丽的文化景观。

《西京杂记》记载，盛览问司马相如作赋秘诀，相如说：“赋家之心，苞括宇宙，总览人物，斯乃得之于内，不可得而传。”其实这“赋家之心”与这空前统一、繁荣的汉帝国的出现有着莫大的关联，上升期的汉帝国大大开拓了文人学士的胸襟与眼界，使他们有可能在赋里反映这个强大的汉帝国的面貌以及当时统治者发扬蹈厉的精神。然而汉大赋形式上的凝重、堆砌、艰涩，注定了它只能在汉代繁盛一时。不过汉赋在丰富语言、锻炼辞句、提高技巧等方面还是给予后世诗文不少启发。

中国传统文学的体裁向来诗、词、曲、赋并称。汉赋继《诗经》《楚辞》之后，脱离了音乐演唱的束缚独立发展，成为中国韵文史上重要的文学样式。东汉班固所著的《汉书·艺文志》设《诸子略》和《诗赋略》，在儒术、经学以外开始出现“文章”的概念，初步把文学和学术区分开来。魏晋时期出现了“诗赋欲丽”（曹丕《典论·论文》），“诗缘情而绮靡，赋体物而浏亮”（陆机《文赋》）等文学观念。汉赋的出现对于中国文学观念的形成，对于促使文学日渐独立、发展和壮大都起到了十分重要的作用。

（龚元秀）

# 27. 张骞通西域

张骞，汉中(今陕西城固)人，公元前138年和公元前119年先后两次出使西域，开辟了中原与西域的交通，密切了汉族和西域各族人民之间的友好往来。

西域之名，始见于《汉书・西域传》，是汉以后对玉门关(今甘肃敦煌西北)以西地区的总称，有狭义和广义之分：狭义的西域指今天甘肃玉门关以西，帕米尔高原以东的地区；广义的西域则指凡通过狭义西域所能到达的地区，包括亚洲中西部、印度半岛、欧洲东部和非洲北部地区在内。秦汉之际，这里居住着月氏、乌孙等许多少数民族，分为36个小的国家，它们各有自己的君长，兵力分散，互不统属，大的国家有几十万人，小的只有几千人。乌孙、且弥、蒲类等国家位于阿尔泰山以南，天山以北的准噶尔盆地。这里水草丰美，人们多半从事游牧业。疏勒、龟兹(今新疆库车)、焉耆(今新疆焉耆)、车师(今新疆吐鲁番)等国位于塔里木河以北，称"北道诸国"；莎车(今新疆莎车)、于阗(今新疆和田)、楼兰(今新疆罗布泊西)等国位于昆仑山北边大沙漠的南缘，称"南道诸国"。南道诸国和北道诸国都在天山以南，昆仑山以北的塔里木盆地之内。

秦末汉初，匈奴族首领冒顿单于夺取政权，建立起强大的奴隶制军事政权，开始大规模掠夺其他民族的战争。匈奴贵族倚仗强大的骑兵，东攻东胡，西击月氏，控制了楼兰、乌孙等西域诸国，北败丁零，南并匈奴的另一支楼烦王和白羊王。接着，匈奴骑兵进一步控制了河套地区，南下长城，虎视中原，对西汉政权形成了严重威胁。公元前200年(汉高祖六年)，刘邦亲率32万大军征伐匈奴，结果被匈奴骑兵包围在平城白登山(今山西大同东南)，经过七天七夜才得以解围。白登山之围一方面显示了匈奴强大的军事实力，另一方面，也反映了经过秦末动乱后刚刚建立起来的西汉政权还无法依靠军事力量阻止匈奴的入侵。刘邦只好采纳大臣娄敬(即刘敬)的建议，对匈奴实行"和亲"政策，把汉朝宗室的女儿嫁给单于，每年送给匈奴大量的金银、丝绸、粮食和酒以缓和双方矛盾。

"和亲政策"在汉初具有一定的积极意义，它在一定程度上保证了中原地区经济的恢复和发展。但另一方面，和亲、送财物没能满足匈奴贵族的贪欲，也不可能从根本上制止匈奴的侵扰。汉文帝、景帝时期，在采取和亲政策的同时，也开始为抵御匈奴的侵扰做一些防备工作。

公元前140年(武帝建元元年)汉武帝刘彻即位，此时西汉王朝已经历了60余年的恢复和发展，国家经济实力空前雄厚。汉武帝即位后采取了一系列加强中央集权的措施，颁布"推恩令"、行"附益法"，削弱诸侯王势力，实行盐铁官营、算缗告缗等新财经政策，思想上"罢黜百家，独尊儒术"，国家内部的矛盾得以解除，反击匈奴的条件成熟。

公元前138年(建元三年)，汉武帝从投降的匈奴人那里获得一个重要信息：原来居住在甘肃河西走廊一带的月氏族，西汉初年曾遭到匈奴冒顿单于的袭击、掠夺。至冒顿单于之子老上单于时，月氏族再次被打败，月氏王被杀，匈奴将他的头颅做成了酒器。面对匈奴骑兵的强大攻击，月氏人不得不含恨西迁，在妫水流域(今锡尔河和阿姆河流域)定居，建立了大月氏。他们时刻想报仇雪耻，但由于力量薄弱，又苦于没有可以联合的盟友，无法夺回失去的土地。

汉武帝对这个情报极为重视。他认为，和大月氏建立联盟就在匈奴的右翼得到了一支同盟军，可以砍断匈奴的右臂。这样，汉军就能够集中力量从正面打击匈奴，使其陷入左右受敌的被动局面。但从中原到达大月氏必须经过匈奴管辖的地区，为了联合大月氏人共同抵抗匈奴，汉武帝决定招募有才干的人出使西域。

公元前138年，时任郎官的张骞应募出使大月氏，和他一起应召的还有一位匈奴族人堂邑父(又称“甘父”)。张骞率领一百多名随从人员从长安出发，但使团离开陇西进入匈奴控制地区后就被匈奴军队发现并抓获，张骞等人被作为俘虏押送至单于王庭。单于对张骞说：“月氏在我们匈奴的北方，汉朝凭什么派使者去那里？如果我们匈奴想派遣使者到南越去，你们汉朝能够允许吗?”于是，单于下令把张骞等人扣押起来，并将匈奴的女子嫁给张骞，后来还生了儿子。十几年过去了，张骞始终没有忘记汉王朝给予他的使命。公元前127年(元朔二年)，张骞乘匈奴看守不备，带领他的随从人员向着大月氏居住的方向逃跑了。他们向西一直走了几十天，终于到达了大宛国(今中亚费尔干纳盆地)。

大宛国王早就听说汉朝是一个物产丰饶、国力强盛的东方大国，很想与之建立经济文化联系。但由于匈奴贵族集团的阻挠，想与汉朝沟通也没有办法，现在居然见到了汉朝的使者，大宛国王非常高兴，问张骞他们想到哪儿去，张骞回答说：“我要去大月氏国，但是被匈奴挡住了去路，现在逃了出来，请大王派人做我们的向导。如果能够到达大月氏，我们返回汉朝后，一定送很多的礼物报答大王。”大宛国王听后很满意，派遣向导为张骞他们带路。张骞一行人到达了康居国(古西域国名，东界乌孙，西达奄蔡，南接大月氏，东南邻大宛，在今巴尔喀什湖和咸海之间)，康居国又为他们派遣向导、翻译，张骞一行终于到达了大月氏国。

但是，此时的大月氏已经发生了很大变化。原来的月氏王被杀后，月氏人拥立月氏王的夫人为王。他们从河西走廊西迁来到这里，赶走了原来的主人大夏人，建立了大月氏国。这里土地肥沃，生活安定，而且远离匈奴，大月氏人已不再想回到原来的地方。另外，大月氏距离汉朝遥远，对汉朝的具体情况也不太了解，因而不愿意与汉朝共同攻击匈奴。张骞从月氏国的原居地河西走廊一带不远万里来到他们的现居地大夏，但最终未能实现联合大月氏抵抗匈奴的预想。

在大月氏居留的一年多时间里，张骞对大月氏及其周围各国的情况进行了实地考察，获得了许多有关西域的第一手材料。在返回汉朝的路途中，张骞避开了原来的路线，沿着塔里木盆地和柴达木盆地的南部边缘，经羌人地区绕道而行。但此时匈奴的势力已经扩展到羌族居住地区，当张骞等人沿昆仑山、祁连山羌族地区行进时，再一次落入匈奴军队手中，重新被送到了单于王庭。他们在匈奴被扣押了一年之后，公元前126年，匈奴单于去世，匈奴统治集团内部争权夺利的斗争迅速激化，国内局势一片混乱，张骞乘机带着他的匈奴妻、子和随从堂邑父一起逃离了单于王庭，回到汉都长安。

张骞从公元前138年率使团出使西域，到公元前126年回到长安，历时13年，去时共有随从100多人，回来时只剩下他和堂邑父两个人了。张骞第一次出使西域虽然没有实现联合大月氏的目标，但他将自己在西域的所见所闻一一汇报给汉武帝，为中原地区了解西域提供了珍贵的一手资料。为了表彰张骞等人的功劳，汉武帝封张骞为太中大夫，堂邑父为奉使君。

公元前123年(元朔六年)，张骞以校尉的身份跟随大将军卫青攻打匈奴。因为曾经在匈奴生活了十几年，张骞对匈奴地区水、草的分布情况十分熟悉，汉朝军队在匈奴地区的水、草供应得以保证，张骞也因此被封为博望侯。第二年，张骞被任命为卫尉，和将军李广一起从右北平出兵攻打匈奴。匈奴军队包围了李广，汉军损失惨重。张骞在这次战役中未能准时到达指定地点，依照汉朝的法律应当处斩，后交纳赎金，得以免去死罪，但张骞失去了所有的官爵变为庶人。同年夏天，骠骑将军霍去病第二次西征，越过居延泽(今内蒙古居延海)，一直攻到祁连山，大败匈奴军，杀死匈奴以及依附于匈奴的西域人数万，河西的匈奴贵族损失惨重。匈奴西部地区在公元前121年(元狩二年)连遭两次打击，浑邪王、休屠王在西方的统治无法维持，匈奴单于又怪罪他们无能，要惩罚他们。于是，匈奴贵族内部发生分裂，浑邪王率4万人降汉。汉朝政府把他们安置在陇西、北地、上郡、朔方、云中五郡，称为“五属国”。之后，又在这里设置武威、张掖、酒泉、敦煌四郡，史称“河西四郡”。此后，“金城、河西并南山(指祁连山)至盐泽(今罗布泊)”不再有匈奴士兵活动，汉朝通往西域的道路打开了，便利了中国与西域各国的经济、文化交流。

公元前119年，汉武帝集中10万骑兵，由大将军卫青和骠骑将军霍去病率领，分东、西两路进军漠北，匈奴战败，向漠北退却，依靠阿尔泰山以南各国的人力、物力继续与汉朝对抗。为彻底消除匈奴在西部的帮手，汉武帝多次向张骞询问西域大夏国的情况。大夏，地处兴都库什山和阿姆河流域之间(今阿富汗北部)。曾为波斯帝国的一个行省，后隶属亚历山大帝国及塞琉西王国。公元前3世纪中叶独立，公元前3世纪末至2世纪初即秦末汉初时国势强盛，领有北起阿姆河流域上游、南达印度河流域的广大地区。后国土分裂势衰，臣服于大月氏。此时，张骞已失去侯爵，他建议再次出使西域，联络乌孙。张骞对汉武帝说：“臣居匈奴中，闻乌孙王号昆莫。昆莫父难兜靡本与大月氏俱在祁连、敦煌间，小国也。大月氏攻杀难兜靡，夺其地，人民亡走匈奴。子昆莫新生，傅父布就翎侯抱亡置草中，为求食，还，见狼乳之，又乌衔肉翔其旁，以为神，遂持归匈奴，单于爱养之。及壮，以其父民众与昆莫，使将兵，数有功。时，月氏已为匈奴所破，西击塞王。塞王南走远徙，月氏居其地。昆莫既健，自请单于报父怨，遂西攻破大月氏。大月氏复西走，徙大夏地。昆莫略其众，因留居，兵稍强，会单于死，不肯复朝事匈奴。匈奴遣兵击之，不胜，益以为神而远之。今单于新困于汉，而昆莫地空。蛮夷恋故地，又贪汉物，诚以此时厚赂乌孙，招以东居故地，汉遣公主为夫人，结昆弟，其势宜听，则是断匈奴右臂也。既连乌孙，自其西大夏之属皆可招来而为外臣。”汉武帝非常赞成这个建议，于是任命张骞为中郎将，再次派他出使西域。这次汉武帝不仅派给张骞随从300人，而且给每个人配备了2匹马，还带着上万头牛羊、价值上千万的黄金布帛。同时，汉武帝特别任命了多名持节副使作为张骞的副手，以备在前往西域途中派遣出使周边的国家。

一切准备就绪，公元前119年(元狩四年)，张骞率领着几百人的使团从长安出发，此时汉朝通往西域的路途已不再有匈奴的威胁，他们很顺利地到达了乌孙国。张骞将天子恩赐的礼物送给乌孙王昆莫，并表明了汉朝皇帝的意图：“厚赂招，令东居故地，妻以公主，与为昆弟。”然而，此时的乌孙国表面上是一个统一的国家，昆莫为最高统治者，但实际上却由国王昆莫与太子岑娶、王子大禄三人共掌大权。昆莫很想回到故乡，但考虑到乌孙国的现状，于是召开大臣会议讨论决定是否东迁。

在昆莫召开的大臣会议上，所有大臣都坚决反对东迁。他们认为，乌孙国实际上已经形成分治的局面，昆莫年龄已大，而且乌孙远离汉王朝，乌孙人从未去过那里，不知道它的真实情况。近邻匈奴的势力又那样强大，一旦出现问题，后果不堪设想。最终，昆莫婉言谢绝了张骞的要求。张骞于是分派持节副使访问大宛、康居、大月氏、大夏、安息、身毒、于寘(今新疆和田一带，寘音田)、扜罙(在今吉尔吉斯斯坦，扜罙音迂深)及其周边的国家。之后张骞自己着手准备回国，乌孙国王不仅派向导送张骞回国，同时还派出了数十名乌孙使者，带着几十匹乌孙的良马，跟随张骞一起回到汉王朝。他们一方面向汉王朝表达谢意，一方面借机窥视汉王朝，了解汉王朝的情况。

张骞第二次出使西域，虽然没有实现联合乌孙攻打匈奴的计划，但他的这次出使建立了西汉和乌孙国之间的正式交往。昆莫从乌孙使者那里了解到西汉人口众多，国土宽广，物产丰富，国力强盛，于是更加重视同西汉的交往。

张骞回到汉朝一年后去世，但他派遣出使大夏等国的副使中有许多人与他们所到国的使者一起回到了长安，从此，西域各国与西汉建立了友好关系。正是由于张骞开通了中原与西域的通道，张骞又曾被封为博望侯，所以后来被派遣出使西域诸国的人也都被称为博望侯，以此见信于西域各国。

张骞死后，匈奴知道了乌孙与汉朝的来往，十分恼怒，欲攻打乌孙。乌孙于是派遣使者带着上千匹宝马来到汉朝，表示愿意迎娶汉室公主，与汉朝结为兄弟。汉武帝将江都王刘建之女细君公主嫁至乌孙，昆莫以其为右夫人。细君死后，汉将楚王刘戊的孙女解忧公主嫁至乌孙，解忧公主与乌孙王翁归靡生三男二女，次男万年长大后为莎车王，长女弟史后来嫁与龟兹王绛宾为妻，并与龟兹一起入长安朝贺。汉与乌孙的和亲不仅巩固了汉与乌孙的联盟，也使汉与西域各国的关系日益密切。从此以后，汉朝多次派遣使者到达安息、奄蔡、黎轩、条枝、身毒等国，出使外国的使团规模大的一批有数百人，小的有百余人，使者携带的物品与博望侯张骞出使时所带大体相似。汉朝每年派出的使者多的有十几批，少的五六批，路途远的历时八九年始还，近的几年即归。天山南北成为中西交通的桥梁，西域各地和中原的政治、经济联系日趋紧密。

汉朝不断派人出使西域，这些使者中多有犯法的吏卒，他们与西域诸国常发生矛盾，当时西域通道上的楼兰、车师等小国劫掠汉朝使者最甚，匈奴的骑兵也常常截断汉和西域各地的交通，攻杀汉使。公元前108年(元封三年)，汉武帝命赵破奴率领属国骑兵以及诸郡兵数万人俘虏了楼兰王，打败了车师军队，进而围困乌孙、大宛诸国，宣扬汉朝军威，在酒泉(今甘肃酒泉)至玉门关一带设立亭障，作为供应粮草的驿站和防守的哨所。

公元前104年(太初元年)，汉武帝派贰师将军李广利出征大宛，击败大宛后，西域的交通更加畅通，西域各国和西汉的政治、经济往来更加频繁。西汉政府把亭障从玉门关一直向西延伸至盐泽(今新疆罗布泊)一带，又在楼兰、渠黎(新疆塔里木河北)、轮台(新疆库车县东)等地设校尉管理屯田，这是汉在西域最早设置的军事和行政机构，为后来设西域都护创造了条件。公元前60年(宣帝神爵二年)，匈奴发生内乱，日逐王比降汉，匈奴失去右臂，势力更加衰弱，不能再靠近西域。汉宣帝于是任命郑吉为西域都护，都护府设在乌垒城(今新疆轮台)。都护是西汉王朝设在西域的最高长官，都护以下设有副校尉、丞、司马、侯、千人等属官。从此以后，西汉在西域的统治完全确立，汉对西域有权册封国王，颁赐官吏印绶，调遣军队，征发粮草，巴尔喀什湖以东、以南的新疆地区从此成为我国不可分割的一部分。

张骞通西域以后，汉族人民与西域各族人民的经济文化联系日益密切，中原地区的先进技术不断传入西域，如中原的井渠法和穿井技术对西域的影响十分广泛。井渠法通过地面上井井相排，地面下水流相通，在地下水出口处引水灌溉的办法解决了西域地区的引水问题，这对土质多沙的西域非常适用，后来人们对“井渠法”加以改造发展，成为有名的“坎儿井”，在西北一带十分盛行。另外，内地的丝织品、漆器等精品工艺品通过贸易或汉朝皇帝赏赐的方式大量进入西域，对西域的经济发展具有重要意义。汉族经济、文化传入西域的同时，西域人民也把繁殖和饲养牲畜的方法、种植瓜果蔬菜和豆类作物的技术、西域的乐器传入汉族人民居住区。张骞通西域以后，将葡萄、苜蓿、石榴的种子带回汉朝。胡麻、胡瓜、胡豆、胡蒜、胡荽、胡桃等，因为从西域胡人那里传来，所以在这些作物名称的前面都加一个“胡”字。这些植物品种的传入对发展内地的农业、畜牧业、工艺制造以及丰富汉族人民的日常生活起到了一定的作用。西域地区的良马如大宛的“汗血马”（又称“天马”）、乌孙良马（又称“西极马”）的引入，大大增强了内地马匹的体质，改良了马的品种。汉民族在秦汉以前的乐器除了笙、簧、琴、瑟等少数几种，几乎都是打击乐器。西域地区的琵琶、箜篌、觱篥、笳、笛、角等乐器的传入大大丰富了中原地区的乐器种类，扩展了音域的广度。西域乐曲、舞蹈的传入大大丰富了汉族人民的文化生活。

（刘志玲）

# 28. 汉匈关系与昭君出塞

匈奴族是我国北方的一个古老民族。商周时期，我国北方生活着被称为“戎”“狄”的少数民族，后来这些民族实现了局部的联合，到战国后期，形成了匈奴和东胡两个族系。匈奴人长期生活在蒙古高原一带，活动范围南至阴山，北到贝加尔湖，他们逐水草而居，也从事农业生产，大体进入奴隶社会阶段。奴隶主贵族利用骑兵行动迅速的优势，不断侵扰掠夺以农业为主的内地各族人民。秦、赵、燕各国纷纷修筑长城，以阻挡匈奴骑兵的南下。秦统一六国后，连接北边三国长城，建起了西起临洮、东到辽东的万里长城，并派军队在长城边境戍守。为解除匈奴的威胁，秦始皇于公元前 215 年派大将蒙恬率 30 万大军征伐匈奴，收复了河套南北的广大地区，并在此设置了 34 县，恢复设置九原郡。秦朝政府迁移内地百姓在此开垦土地，发展生产，河套地区的经济得到迅速发展，时人称其为“新秦中”。

秦末汉初，匈奴势力迅速发展，冒顿单于杀父自立，统一了匈奴各部，建立了强大的奴隶主贵族的政权。匈奴贵族凭借强大的骑兵，向东打败了东胡，向西赶走了大月氏，占据了他们的领地，向北征伐丁零、坚昆等部，控制了蒙古至西伯利亚一带，向南灭掉了楼烦、白羊，占领了今内蒙古南部，河套地区重新被匈奴占领。这样，中国北部、东北和西北的广大地区都在匈奴的控制之下，西域各国成为匈奴的附属国，匈奴族骑兵人数达到 30 万之多。西汉政权建立后，一直把处理与匈奴的关系当作国家大政。西汉与匈奴的关系大致经历了三个阶段，即汉初屈辱的“和亲”阶段、汉武帝时期大规模的战争阶段和“昭君出塞”以后的和睦相处阶段。

西汉建立之初的六七十年间，一直对匈奴采取妥协、退让的政策。公元前 201 年(高祖六年)，匈奴冒顿单于率兵围攻马邑(今山西朔县)，驻守在马邑的韩王信投降匈奴，并领兵攻打太原。公元前 200 年，汉高祖亲自领兵迎敌，晋阳(今山西太原)一战大败匈奴。当时高祖在晋阳，听说冒顿单于驻扎在代,，于是亲自率兵到达平城(今山西大同西北)，但当高祖登上平城旁边的高地白登山时，匈奴骑兵突然到达，将高祖刘邦等人围困其中，七天七夜不能突围。后来，高祖采纳陈平的建议，派人用重金贿赂单于阏氏。阏氏接受贿赂后劝冒顿说：匈奴不能久居汉地，而且汉天子有神助。恰好当时投降匈奴的汉将王黄、赵利未能按单于约定的时间会师，引起冒顿的怀疑，于是解开包围圈的一角，刘邦才得以突出重围，回到平城，历史上称这一事件为“白登山之围”。白登山之围使刘邦认识到，西汉王朝暂时还无力与匈奴较量，因此改变了武力攻打匈奴的策略。

为了缓和汉、匈之间的关系，汉高祖采纳了大臣刘敬提出的“和亲”政策。刘敬，本名娄敬，因劝高祖定都关中有功而赐姓刘。公元前 198 年(高祖九年)，将一庶人家的女儿冒充汉室公主远嫁匈奴，并派刘敬为使者前往缔结和约。与匈奴和亲后，汉、匈双方互称兄弟，西汉政府除将汉宗室女子嫁给匈奴为阏氏外，每年还要送给匈奴大量的粮食、布帛等，这些沉重的负担，换取了汉初的边境安宁。在暂时缓和了北部边境问题的同时，刘邦也在着手解决国内的强宗大族问题。他采纳了刘敬提出的“强本弱末之术”，将齐国的大姓田氏以及楚国的屈、景、昭三氏和燕、赵、韩、魏的豪族大姓和平民迁徙到关中，一方面，可以防止他们叛乱；另一方面，也可借其防备匈奴，增强关中的实力。和亲政策施行后至刘邦去世这段时间，两国关系得以缓和，匈奴的入侵暂时中止，即使偶有匈奴军队骚扰，也没有大举入侵中原的行动。

刘邦死后，匈奴冒顿单于对汉朝的态度日益骄横。公元前 192 年(惠帝三年)，冒顿派人送来了羞辱汉朝的国书，信中指出，愿与当时汉王朝的最高主宰吕后结婚，显示了对西汉王朝的极大嘲弄和侮辱。鉴于当时汉王朝的实力根本无法与匈奴对抗，吕后听从季布的建议，卑言虚辞回复说：吕后年老色衰，牙齿、头发脱落，行走不便，不足与单于相配。汉匈双方重新恢复了和亲关系，汉朝再次将宗室女子嫁给匈奴单于。

汉文帝即位以后，匈奴在边地的骚扰加剧。公元前 174 年(文帝六年)，冒顿死去，其子稽粥继位，为老上单于。西汉王朝依惯例将宗室女翁主嫁与老上单于为阏氏。翁主的随行人员中有一宦者名中行，他不愿意远涉大漠，扬言说如果一定要他去，他就会联合匈奴与汉为敌。最终中行被迫随翁主至匈奴，之后，他果真投降了匈奴。中行熟悉汉、匈双方的情况，又有较高的文化，因此得到了匈奴的信任和赏识。他为匈奴出谋划策，对抗汉朝，使汉政府和边地人民遭受的损失愈来愈大。公元前 169 年(文帝十一年)、前 166 年(文帝十四年)，匈奴连续入侵，其前锋深入甘泉(今陕西淳化)和雍(今陕西凤翔)，火烧回中宫。老上单于死后，其子军臣单于(前 161—前 126 年在位)继位，匈奴再次大举南侵，虽未攻入长安，但在汉境内掠夺数月之久才被击退。当时任太子家令的晁错多次上疏，提出了“募民徙塞下”(《汉书·晁错传》)以抵御匈奴的策略，即改变过去每年征发士兵戍守边塞的办法，改由迁徙奴婢、罪人和平民到边塞屯戍，政府赐给他们高爵的同时，还免除全家的赋税徭役，甚至还给他们修建住宅、购置家用器物等。这些屯戍的百姓以什伍编制组织起来，平时进行训练、耕种田地，遇有战事即可应敌。汉文帝在一定程度上采纳了晁错的建议。为加强与匈奴的战斗实力，文帝特别实行鼓励养马的政策，规定百姓有战马一匹者，可以免除三个人的兵役，在西北边境设立了三十个牧马所，用官奴婢三万人从事牧养，繁殖战马。以上措施对防备匈奴大规模入侵起到了一定作用，特别对后来武帝反击匈奴奠定了基础。汉景帝即位后，汉、匈双方的力量对比逐渐发生了变化。

汉武帝刘彻登上皇位的时候，匈奴族正是军臣单于统治时代，匈奴奴隶制国家还处于强盛时期。西汉王朝每年向匈奴纳贡进妃，不仅负担沉重，而且是一件非常屈辱的事情，汉武帝对高帝时发生的平城之围、吕后时的单于国书都怀着强烈的仇恨。西汉经历了高帝、惠帝、吕后、文帝、景帝五朝的休养生息之后，经济已经获得较大的恢复和发展。史书记载，太仓中储存的粮食一年积压一年，以至于腐烂不能食用，府库中的钱币因为多年不用，穿钱的绳子都朽烂了，散落的铜钱到处都是。经济的强盛为改变汉朝对匈奴的屈从态度提供了物质前提。

公元前 138 年(建元三年)，汉武帝派张骞出使西域，希望联合大月氏围困匈奴，以断其右臂。公元前 135 年(建元六年)，匈奴派人向汉请求和亲，实际上就是勒索财物和女子。武帝一方面允许与匈奴和亲，另一方面积极准备同匈奴交战。在答应和亲的第二年，武帝便任命卫尉李广为骁骑将军，驻守云中；任命中尉程不识为车骑将军，驻守雁门，边郡前线的军事准备工作基本就绪。

从公元前 133 年(元光二年)开始，汉武帝下诏反击匈奴，从此拉开了汉、匈之间数十年长期战争的序幕。公元前 133 年，雁门马邑人聂壹通过大行王恢向汉武帝献策：假装将马邑赠给匈奴，待匈奴主力来此，汉军出兵围攻，必能获胜。武帝采纳了聂壹的计策，派韩安国为护军将军，李广为骁骑将军，王恢为将屯将军，太仆公孙贺为轻车将军，太中大夫李息为材官将军，率领车骑、步兵30余万埋伏在马邑附近的山谷之中。由聂壹假装逃入匈奴，引诱匈奴大军前来攻占马邑，但匈奴单于率十万骑兵尚未进入马邑，发现牛羊牲畜布满原野，却不见放牧之人，由此产生了怀疑。于是攻打城外的一个亭障，捉住了雁门尉史，由此得知了汉朝的计谋，单于大惊，急忙率兵退回。汉朝30万大军空埋伏一阵，无功而返。历史上称这一事件为“马邑之谋”。事后，谋划此计的大行王恢被迫自杀。马邑之谋失败，汉匈关系彻底决裂，双方虽然仍进行关市贸易，但匈奴拒绝和亲，不断派兵攻打汉朝边境，汉朝也公开宣布与匈奴交战。汉、匈之间屈辱的“和亲”阶段至此结束，汉、匈关系进入大规模作战的第二个阶段。

公元前129年（元光六年）春，汉武帝派公孙贺、公孙敖、李广、卫青等各率万骑出兵攻打匈奴。几路大军中只有卫青一路首建战功，他率兵出上谷，一直攻至龙城（匈奴祭天，大会诸部处，其地在今蒙古人民共和国鄂尔浑河西侧的和硕柴达木湖附近），斩虏敌人700名，这次战役是汉武帝决定反击匈奴侵掠后的第一次胜利。随后，匈奴骑兵多次侵扰上谷、渔阳（今北京市怀来县与密云区附近）、辽西（今河北卢龙至山海关一带）地区。汉武帝多次派兵反击匈奴，其中具有决定性的大规模战役有三次。

第一次战役发生在公元前127年（元朔二年）。这一年，匈奴再次入侵上谷、渔阳一带，杀掠吏民千余人。卫青率兵由云中出击，沿黄河北岸西进，至高阙，又沿黄河南下，打败了匈奴白羊王和楼烦王的军队，收复了河套地区的“河南地”，解除了匈奴对长安的威胁。西汉在这里设置了朔方郡（治所在今内蒙古杭锦旗）和五原郡（治所在今内蒙古五原），从而改变了西汉王朝对匈奴战争的不利形势，为长驱深入反击匈奴准备了条件。

第二次决定性的战役发生在公元前121年（元狩二年）。这年春，霍去病率兵出陇西，过焉耆山（亦名焉支山，在今甘肃山丹县境），进入匈奴境内千余里，杀死了匈奴二王，俘虏了浑邪王子及相国、都尉等大小首领，获虏首8900余级，还缴获了休屠王祭天的两个金人。同年夏天，霍去病再次带兵从北地出发，进攻匈奴右贤王。他率领的骑兵迅速越过居延泽（今内蒙古居延海），在祁连山一带与匈奴展开激战。结果匈奴大败，战死士兵达3万之多，河西匈奴贵族损失惨重。

由于匈奴在西部地区屡遭重创，单于打算严惩其首领浑邪王和休屠王。于是，二王商议投降汉王朝，并得到霍去病的应允。后来，休屠王反悔，浑邪王杀掉了休屠王，率领4万余人投降汉朝。西汉政府将他们安置在陇西、北地、上郡、朔方、云中五郡，称为“五属国”。公元前121年对匈战争取胜后，汉朝先后在河西地区设置武威、酒泉、张掖、敦煌四郡，历史上称为“河西四郡”。从此以后，汉朝通往西域的道路畅通无阻，中国与西域各国的文化、经济交流进一步加强。

第三次战役发生在公元前119年（元狩四年）。匈奴贵族并没有因前两次的失败而停止南下侵扰。公元前120年，匈奴又从右北平（河北平泉一带）、定襄（内蒙古和林格尔）侵入，掠走了千余人。次年，汉武帝派大将军卫青和骠骑将军霍去病率10万骑兵反击匈奴，因为此时匈奴的根据地已经迁至漠北，所以汉武帝针对匈奴贵族认为汉军不能远征的错误判断，采取了深入漠北、奔袭追出的战术。

卫青率西路军从定襄出发，穿过戈壁沙漠，北行千余里，与匈奴单于伊稚斜主力相遇，双方在茫茫大漠中展开激战，当时正值黄昏时分，突然狂风大作，沙石扑面，卫青乘机将匈奴军队团团包围，战争持续一天之后，伊稚斜单于率领数百名亲信卫士突围远逃，汉兵一直追到赵信城（今蒙古杭爱山下）下，虽未能抓获单于，但得到了匈奴储存在那里的粮食。汉军在这里停留一日，食其积粟后，将余粮全部烧毁。卫青所率西路军在这次战役中俘虏、斩首匈奴主力部队 19000 余人。

霍去病率东路军从代郡(今河北蔚县一带)出发，北行 2000 余里，穿过沙漠，在狼居胥山(今蒙古人民共和国首都乌兰巴托一带)大败匈奴左贤王，俘虏匈奴 7 万余人。霍去病亲自到狼居胥山和姑衍山封禅，祭告天地，表示将此地收归汉朝，然后班师回朝。

公元前 119 年的这次战役，是汉武帝时期——也是西汉王朝对匈奴打击最沉重的一次，它从根本上改变了自秦以来匈奴同中原王朝的力量对比。从此以后，匈奴力量大大削弱，其势力范围也不得不大幅度向西、向北紧缩。据《汉书·匈奴传》记载：西汉初，匈奴“诸左王将居东方，直上谷以东，接秽貉、朝鲜。右王将居西方，直上郡以西，接氐、羌；而单于庭直代、云中”。意思是说，匈奴左贤王辖地东以秽貉、朝鲜为界，西至上谷(今张家口市以北的蒙古高原地区)；右贤王辖地自东起上郡，向西与氐、羌居地相接；单于的王庭在代郡、云中地区。但经过河西、漠北战役后，“匈奴远遁，幕南无王庭”(《史记·匈奴列传》)。公元前 105 年(元封六年)，“单于益西北。左方兵直云中，右方兵直酒泉、敦煌”(《汉书·匈奴传》)。匈奴的势力范围向西移到了云中(今内蒙古呼和浩特市至包头以北的蒙古高原地区)，单于王庭更退至遥远的北方，大幕以南不再有匈奴王庭出现。至此，百余年的匈奴忧患基本得到解决。

长期大规模用兵消耗了大量的人力、物力，致使汉朝国库空虚，国家财政不足以支付军事开支。随着匈奴势力的西移，汉朝的军事战略部署也随之转到西方，即联络西域诸国以割断匈奴右臂。早在河西战役后，西汉政府就在河西设置了四郡，并有计划地向河西移民，屯田垦荒，修筑防御工事。据《汉书·地理志》记载，到西汉末年，河西四郡的人口达到 28 万之多。而据学者研究，连同戍卒在内，西汉末年河西人口则达到了 50 万。河西人口的增加、生产的发展、防御体系的建设和完善对保障中原与西域的交通具有直接作用。汉与西域联系的加强使匈奴在西域的军事力量大大削弱。漠北战役后，匈奴不仅有意回避汉军，无意作战，而且主动提出了重新和亲的要求。但由于双方力量的变化，匈奴想回到大战以前的汉匈关系，这一点汉朝统治者当然不会答应，所以在公元前 116—前 104 年的 10 余年时间里，双方虽有过多次和亲的试探，但最终未能达成一致。

武帝末年，汉、匈之间重新开战，此时汉军已不能保持前一时期的优势，而且不断失利。公元前 100 年(天汉元年)，贰师将军李广利出征大宛，取得大胜，对匈奴形成了极大震慑。匈奴放回了此前扣押的汉朝使者，汉武帝派中郎将苏武出使匈奴，也送回了汉朝此前扣留的匈奴使臣。但苏武等人到达匈奴后，单于反目，强迫苏武投降未成，将其流放北海(今俄罗斯贝加尔湖)，约定公羊生子始能归还。苏武在匈奴被扣 19 年，至昭帝时才得以返回。苏武在极其艰苦的环境下能够保守汉节，不辱使命，为后世所称颂。

公元前 99 年(天汉二年)，汉武帝再次派李广利率 3 万骑出征匈奴，李广利先在天山击败匈奴右贤王，获虏首万余级。但随后被匈奴大军围困，汉军死伤十分之六七。李陵率五千步兵孤军深入，与单于兵相遇。李陵率军英勇激战，杀伤匈奴兵万余人，最后，汉军粮草食尽，李陵投降。匈奴单于非常器重李陵，将女儿嫁给他为妻。

公元前 90 年(征和三年)，李广利率 7 万人出五原，在羊句山大破匈奴，汉军乘胜追至范夫人城。这时传来李广利的妻子被汉朝政府逮捕的消息，李广利在随后的战斗中被匈奴单于打败，遂投降匈奴。李陵、李广利相继投降匈奴，标志着汉王朝同匈奴的战争处于失利时期，虽然这一阶段汉王朝也有一些小的胜利，但总的趋势是失败。

李广利投降匈奴后，汉武帝面对国家财政紧张，社会矛盾激化，各地起义不断的形势，后悔大规模远距离征伐，觉得无限制地对匈战争得不偿失，于是颁布了著名的轮台“罪己诏”，表示从此以后不再主动向匈奴进攻，转而提倡农耕、恢复生产。公元前89年(征和四年)，武帝封丞相田千秋为“富民侯”，表示要休养生息，思富养民。罪己诏的颁布标志着汉武帝的国家政策发生了根本性的改变：由崇尚武功转向重视农耕，对匈战争至此告一段落。

昭帝、宣帝时期，匈奴的政治、经济、军事实力进入衰弱阶段。匈奴失去了富饶的阴山牧区，不敢再大规模侵犯内地，转而在西域扩展势力。昭帝末年，乌孙受到匈奴攻击，向汉王朝求援。公元前72年(本始二年)，汉宣帝派田广明、范明友、赵充国等五将军率10万余骑出征匈奴，加上乌孙、西域的士兵共计20余万，匈奴闻风逃走，损失的牲畜达八九十万头，实力大大削弱。同年冬天，匈奴再次攻击乌孙，遭丁零、乌桓和乌孙三面夹击，结果匈奴数万人被杀，损失马匹上万，被匈奴奴役的各属国纷纷瓦解。

面对一连串的失败，匈奴统治集团内部的纷争进一步加剧。公元前60年(宣帝神爵二年)，握衍朐鞮被立为单于，他一方面对汉王朝表示和亲修好，一方面大肆杀戮前任单于时代的贵人以及单于子弟。匈奴贵族或投降汉朝，或自立为王，匈奴内部出现四分五裂的局面。公元前58年(神爵四年)，呼韩邪单于立，发兵西击握衍朐鞮单于，握衍朐鞮战败自杀，匈奴民众尽归呼韩邪单于。

呼韩邪单于即位后，匈奴分裂的局面仍在继续，出现了五单于争立。他们相互之间混战不休，结果或败降，或自杀，匈奴人民死者上万，畜产损失十有八九。最后，郅支单于击败了呼韩邪单于，占领王庭和漠北广大地区，匈奴分裂为南、北两部。公元前51年(甘露三年)，南匈奴呼韩邪单于亲自到长安，向汉宣帝拜谒称臣，汉朝对他礼尚有加，使其位在诸侯之上，并赐予“匈奴单于玺”。从此，匈奴呼韩邪政权正式成为西汉王朝的藩属。汉元帝时，西域都尉甘延寿、副校尉陈汤出使西域，率兵打败了郅支单于，郅支单于的人头也被不远千里送至长安，西域地区的匈奴危害终于解除。

公元前33年(竟宁元年)，呼韩邪单于再次来到长安拜见汉朝皇帝，表示愿意与汉和亲，当时的汉元帝也愿意用婚姻的形式巩固汉、匈之间的友好关系，于是决定将宫女王嫱嫁与呼韩邪为妻。王嫱，字昭君，是一个被选入掖庭的良家女子，她自告奋勇愿意扮演一个“和番使者”的角色，以实现汉、匈之间的和平联姻。昭君到匈奴后，成为呼韩邪单于的妻子，匈奴称她为“宁胡阏氏”。公元前31年，呼韩邪单于死，昭君上书成帝，要求归汉，汉成帝命她遵从胡人“父死妻其后母”的习俗，下嫁呼韩邪大阏氏的长子复株累单于。昭君在匈奴共生有一男二女：男为呼韩邪之子，名伊屠智牙师，后为匈奴右日逐王；二女系与复株累所生，长女名云，后嫁与右骨都侯须卜当，故称须卜居次(居次即公主之意)，小女后嫁给当于氏，故名当于居次。

昭君出塞，无论在汉朝还是匈奴都对此事极为重视，从呼韩邪单于称其为“宁胡阏氏”、20世纪50年代在内蒙古包头附近的汉墓中出土的属于西汉后期的“单于和亲”“千秋万岁”“长乐未央”等瓦当残片来看，都证明了这一点。昭君出塞在汉匈关系史上具有重要意义，昭君去世后，他的女儿须卜居次、女婿须卜当为汉匈关系的友好发展也做出了贡献。此后半个世纪，汉朝北部出现了边塞城门不闭，牛马遍布原野，三代不起战火，黎民百姓生活安定的和平景象。

西汉一代，尽管匈奴贵族和西汉中央政府之间经常发生大规模的军事冲突，但汉、匈两族人民之间一直保持着友好往来和经济文化交流。汉初匈奴人居住在阴山以南到黄河之间一带，同汉族人民杂居，在经常的接触中，双方建立了亲密的关系，互通关市。匈奴的马匹等牲畜大量运到内地，先进的养马技术也传到中原；汉族人民穿井、筑城的先进经验和统计人口、牲畜的方法也传入匈奴。频繁的经济文化交流不仅丰富了以汉族为主体的内地各族人民的经济文化生活，同时也促进了匈奴族社会经济的发展，匈奴部分地区出现了农业和定居生活，建筑了城郭。从匈奴人的文化遗址中发现的房屋、砖瓦以及各种丝织品说明匈奴人在与汉人接触后，经济文化水平有了很大的进步。

（刘志玲）

# 29. 丝绸之路的开辟

丝绸之路一般指自古以来从东亚经中亚通往南亚、西亚以及欧洲、北非的陆上贸易通道。因大量的中国丝绸和丝织品经此路运往西方，故而称为“丝绸之路”，简称“丝路”。“丝绸之路”的名称最早由 19 世纪 70 年代德国地理学家、东方学家李希霍芬(F. Von Richthofen)提出。他在 5 卷本巨著《中国》(又名《中国亲程旅行记》)(1877 年初版)一书中首次将“自公元前 114 年至公元 127 年间连接中国与河中以及印度的丝绸贸易的西域道路”称为 Seidenstrassen。Silk Road(即“丝绸之路”)是其英文译名。

丝绸之路的概念随着东西方关系史研究的进展逐步扩大。1910 年，德国东方学家阿尔伯特·赫尔曼(A. Herrmann)将李希霍芬所说的自中国至河中地区的丝绸之路进一步向西延伸，直至地中海西岸的叙利亚。他在《中国与叙利亚间的古代丝绸之路》(1910 年出版)一书中说：“我们应把该名称(丝绸之路)的含义进而一直延长到通向遥远西方的叙利亚。”因为“尽管叙利亚不是中国生丝的最大市场，但也是较大的市场之一。而叙利亚主要就是依靠通过内陆亚洲及伊朗的这条道路获得生丝的”。1915 年，赫尔曼在《从中国到罗马帝国的丝绸之路》一文中进一步指出，丝绸之路应当是中国经西域与希腊—罗马社会的交通路线。从此以后，丝绸之路的名称和范围基本确定，被当时诸多的中亚探险家使用。今天这一名称已经十分普遍地用于形象地表述古代亚欧大陆上的东西交通干道。

丝绸之路的正式开辟，始于张骞通西域之后。西域有广义和狭义之分：狭义的西域指玉门关以西，葱岭(今帕米尔高原)以东；广义的西域则包括葱岭以西，亚洲西部和欧洲东部一带。据《山海经》《左传》《吕氏春秋》《淮南子》《逸周书》《穆天子传》等文献记载，早在先秦时期，内地便与西域地区有了物质文化交流。考古工作者在阿尔泰山北麓公元前 5 世纪的巴泽雷克古墓群中发现了保存完好的中国丝织品，证实了文献中有关内地与西域地区的物质文化交流的记载真实可信。公元前 4 世纪印度孔雀王朝时期的历史著作中记载支那(即中国)产丝，其丝货有贩卖至印度者。公元前 4 世纪的希腊人克泰斯在其著作《史地书》中提到了印度人和赛里斯人，赛里斯即源于希腊文“赛尔”(即蚕丝)一词，意指我国为“丝绸之国”。这些都表明，公元前 4 世纪以前我国的丝绸就已经由西域西传，并远销至印度和希腊。

公元前 2 世纪左右，西域分为 36 国，它们各有自己的君长，大的国家有几十万人，小的只有几千人。乌孙、疏勒、龟兹、焉耆、车师、莎车、于阗、楼兰等就是其中较著名的国家。公元前 2 世纪初，匈奴冒顿单于征服了西域，设立僮仆都尉，掠夺人口，索取贡税，并以此为据点向西汉进攻，西域成为匈奴军事上的据点和经济上的后盾。

公元前 138 年(汉武帝建元三年)，汉朝从匈奴降人的口供中获悉，在今甘肃敦煌一带原来居住着一个月氏部落，西汉初年，他们遭到匈奴冒顿单于的袭击、掠夺。至冒顿单于之子老上单于时，月氏族再次被打败，月氏王被杀，匈奴将他的头颅做成了酒器。面对匈奴骑兵的强大攻击，月氏人不得不含恨西迁，在妫水流域（今锡尔河和阿姆河流域）定居，建立了大月氏国。他们时刻想报仇雪耻，但由于力量薄弱，又苦于没有可以联合的盟友，无法夺回失去的土地。汉武帝为反击匈奴，截断匈奴的右臂，于是招募出使大月氏的人选，以联合大月氏夹击匈奴。汉中（今陕西城固）人张骞应募出使。他在中途经过匈奴时被扣留，13年后才逃回长安。他与随行人员一起越过葱岭到达中亚，先后访问了大宛（今费尔干纳盆地）、康居（古西域国名。东界乌孙，西达奄蔡，南接大月氏，东南邻大宛，位于今巴尔喀什湖与咸海之间），最后来到大月氏。此时的大月氏已迁移到了富庶的阿姆河流域，过着安逸的生活，不想再报仇了。张骞在大月氏居留了一年多，虽然没有实现联合大月氏攻打匈奴的目的，但他对月氏国及其周围各国的情况进行了实地考察，获得了许多有关西域的第一手资料，并将这些资料带回了汉朝，为汉朝了解西域提供了珍贵资料。

公元前119年（元狩四年），为联合乌孙共同攻打匈奴，张骞第二次出使西域。这次他携带了大量的丝绸布帛、黄金、牛羊等作为礼物，送给途经的西域诸国。虽然张骞第二次出使西域没有实现联合乌孙的目标，但他的这次出使建立了西汉和乌孙国之间的正式交往。乌孙国王派遣数十名使者，带着乌孙国的几十匹良马，与张骞一起回到了汉王朝。这些使者回到乌孙国，将他们了解到的西汉王朝的具体情况汇报给乌孙王，加深了乌孙国对中原地区的了解。这次出使，除张骞亲自到达的楼兰、乌孙等国外，他还派副使访问了大宛、康居、大月氏、安息、身毒等国，这些国家也纷纷遣使回访，建立了与西汉王朝的直接联系。此后，汉朝与西域各国不断互派使者，来往于丝路两端，中国的丝绸也随着官方、民间的相互往来源源不断地运往西方，西域的珍奇异物也输入内地。

张骞两次出使西域，打开了中国通向中亚以西的广阔地域的通道，中国同西亚、欧洲的贸易变得频繁起来。公元前60年，汉宣帝在乌垒城（今新疆轮台）设置西域都护，保护西域通道的安全畅通，丝路上的东西交往更加频繁。

丝绸之路的主要路线东端起自长安（也有学者主张丝路的东端应向东延至洛阳），向西经过河西走廊，首先到达西域的门户敦煌。据《汉书·西域传》记载，西汉时，在西域已经形成了南北两道，其南道指通过今新疆境内塔里木河的南面的通道，它“从鄯善傍南山北，波河西行至莎车”，“西逾葱岭，则出大月氏、安息”。即从鄯善（今新疆若羌东北）沿着南山（今昆仑山脉）北麓西行，经且末（今新疆且末西南）、精绝（今新疆民丰北）、扜弥（今新疆于田西）、于阗（今新疆和田南）、皮山（今新疆皮山）、莎车（今莎车县），然后向西越过葱岭，直到大月氏（国都蓝氏城，在今阿富汗北部的瓦齐拉巴德）、安息（今伊朗）。北道指经过今新疆境内塔里木河北面的通道，它“自车师前王廷随北山，波河西行至疏勒”，“西逾葱岭则出大宛、康居、奄蔡焉”，即从车师前国（今吐鲁番）沿北山（今天山山脉）南麓，顺着塔里木河向西经焉耆、尉黎（今库尔勒市）、乌垒（今轮台东）、龟兹（今库车）、姑墨（今阿克苏）至疏勒（今喀什），然后翻越葱岭，最终到达大宛、康居、奄蔡（今哈萨克斯坦共和国西部）。南、北两道西行的路线交汇于木鹿城（今马里），然后向西经和椟（今里海东南达姆甘附近）、阿蛮（今哈马丹）、斯宾（今巴格达东南）等地抵达地中海东岸，再转至各地。

为保证西域通道的安全，便利各国使节和商旅的交通往来，公元前100年（天汉元年），汉武帝派贰师将军李广利征伐大宛，取得大胜。汉朝在敦煌玉门关、阳关以西至盐泽（今罗布泊）一线筑起亭障，设置田卒、使者保护田地粮食，供给路过的外国使节。大批的中国丝绸通过南、北两道，源源运往中亚、西亚，并由安息商人转运到欧洲。

东汉初年，匈奴利用中原混战之际重新控制了西域地区。东汉政府在公元73年（明帝永平十六年）至公元90年(永元二年)间，与匈奴进行了长达17年的战争。公元73年，窦固率部在天山击败匈奴，占领了伊吾城(今哈密)，置宜禾都尉。次年，车师后部和车师前部先后降汉，匈奴势力开始退出天山东麓，东汉政府重新设置西域都护及戊己校尉，戊校尉屯驻车师后王部金蒲城，己校尉屯驻前王部柳中城，他们各率数百人屯田，负责镇抚西域，抵御北匈奴。这样，东汉时在西域地区又开辟了一条新北道，即由敦煌向北至伊吾卢，然后西经柳中、高昌壁、车师前部交河城(吐鲁番)，史称“大海道”，再经焉耆越天山至龟兹，循原北道西至疏勒。

东汉武力征服北匈奴的过程中，派班超出使西域，联络西域各地的君长，使其脱离匈奴，亲附东汉。公元73年，班超带领随从吏卒36人到达鄯善，面对突然到来的匈奴使者，他果断决定攻杀匈奴使者，迫使动摇不定的鄯善王归附东汉。随后，班超率随行人员先后降服了于阗、疏勒、莎车等国。匈奴主力西迁后，班超被任命为西域都护，重新使西域归属于东汉统治。公元97年(永元九年)，班超派甘英出使大秦(即罗马帝国)。甘英向西经过条支(今伊拉克)等国，最后到达安息西界(今波斯湾沿岸)，未能渡海而还。甘英是继张骞的副使之后又一次到达西亚的中国使者，为打通欧亚交通做出了贡献。自公元73年出使西域至102年(永元十四年)因年老返回洛阳，班超在西域活动、居住长达30年。在班超的努力之下，东汉朝廷恢复了对西域的统治和中西交通，使东汉和西域的经济文化交流得以继续发展，丝绸之路也因此得以畅通无阻，重现辉煌。

三国时期，中原与西域的往来通道据《魏略·西戎传》记载有三条：“从玉门关西出，经婼羌转西，越葱岭，经悬度，入大月氏，为南道。从玉门关西出，发都护井，回三陇沙北头，经居庐仓，从沙西井转西北，过龙堆，到故楼兰，转西诣龟兹，至葱岭，为中道。从玉门关西北出，经横坑，辟三陇沙及龙堆，出五船北，到车师界戊己校尉所治高昌，转西与中道合龟兹，为新道。”西域的交通扩展至天山北麓。

南北朝时期，河西地区先后为几个少数民族所据有，各民族间的战争不断，丝路河西干道交通常被阻塞，于是形成了一条经由祁连山南的青海道。据王育民研究，该道或自青海乐都，北出祁连山隘口至张掖与河西相接，或由巴蜀取道青海境内的吐谷浑，经柴达木盆地至鄯善与西域南道相通。青海道基本上取代河西干道成为丝路的主道。

隋、唐两代是丝绸之路的鼎盛时期。隋代裴矩《西域图记》记载，当时的丝绸之路有北、中、南三道。北道出玉门关经伊吾(今哈密)、天山北麓的蒲类海(今巴里坤湖)、铁勒部(位于哈密以西，吐鲁番、焉耆以北)，最后经碎叶城(今吉尔吉斯斯坦托克马克附近)向西，又称“碎叶路”。这条路的东段与汉北道、北新道大不相同，西段则与后者一致。隋唐时期的中道在国内基本沿用了汉代的北道，其南道基本与汉代南道的国内段相重合。

从9世纪末到11世纪，由于中国政治、经济、文化中心向东南沿海转移，以及阿拉伯世界的兴起，东西海上往来逐渐频繁起来；同时，中国西北地区各民族政权的分裂、对立，使丝绸之路上的安全难以保障，这就降低了这条陆上通道的重要性。到了元代，由于蒙古人的西征和对中亚、西亚广大地区的直接统治，东西驿路通畅，许多欧洲使者、教士和商人，都沿此路东来中国，丝路又繁荣一时。明朝建立后，采取闭关政策，虽然出嘉峪关经哈密去中亚的道路未断，但陆上丝绸之路作为中西交通路线已远不如海路重要了。

以上所述仅是丝绸之路的主干线，除此之外还有许多支路。如取道今新疆天山北面的通道及伊犁河流域西行者；也有取道海上的，或自中国南部直接西航，或经由滇、缅通道再自今缅甸南部利用海道西运，或经由中亚转达印度半岛各港再由海道西运。随着时代变迁，政治、宗教形势的演变，上述各条路线在不同时期的重要性不同。一些学者更扩大了丝绸之路的概念，认为上述道路中通过沙漠绿洲的道路称为“绿洲道”，将通过中国北方游牧民族地区的道路称为“草原道”，经中国南方海上西行的道路称为“海上丝绸之路”或“南海道”等。这些提法虽然对研究东西交通有意义，但已非原来意义上的丝绸之路了。

丝绸之路的开辟对中国乃至世界文明的发展具有重要的影响和贡献。作为贯通亚欧大陆的一条主动脉，它沟通了中西文化间的交流，中国文明沿着丝路的方向向西传播，同时中国也从西方国家吸收了外来的文明，中、西文化通过这一交通动脉实现了交汇融合。首先是东、西物产的交换。中国的丝绸通过这条道路运往西亚、欧洲，改善和美化了当地人民的生活。欧洲人对绮丽柔滑的丝织品十分珍爱，罗马共和国晚期，贵族、富人都崇尚穿丝绸，政治家恺撒也曾以穿绸袍为荣。在丝绸传布世界各地的同时，中国的养蚕技术也随之外传，目前世界上有50多个国家养蚕，最初饲养家蚕的生产技术几乎都是直接或间接从我国传入的。中国从西域引进了许多动植物品种及特产，如从大宛、乌孙传入的汗血马、葡萄、苜蓿、石榴、胡桃、胡瓜(黄瓜)、胡荽(香荽)、胡萝卜等植物。长安的市场上陈列有从西域和欧洲输入的玻璃及其制品，各种宝石、玛瑙、香料、化妆品、毛织毡毯等，这些在当时都是贵重的奢侈品。

中国的生产技术和工具传到西域，改善了各族人民的生活。中原的冶铁技术和井渠法传入西域，对西域的农田水利灌溉和开垦起到了促进作用，从而改善了各族人民的生活条件。中原铁器，特别是铁制农具，以及漆器、陶瓷制品、铜镜等工艺也传了过去，这些改进了西域地区的劳动生产条件，便利了西域人民的日常生活。西域的各种乐器，琵琶、箜篌、觱篥、笳、笛、角等传入中原，大大丰富了中原地区的乐器种类，扩展了音域的广度。西域乐曲、舞蹈的传入，在丰富中原乐队、促进中原歌舞的同时，也大大丰富了汉族人民的文化生活，丰富了汉族绘画、歌舞的形式和内容。

丝绸之路开辟后，佛教、伊斯兰教、基督教等宗教相继通过它向东传播。中国的伟大发明造纸术、印刷术、火药等也传播到西方，这对促进西方文明的发展、传播起到了至关重要的作用。往来于中国和西方的商旅共同推进了东西文化的交流。元朝时意大利人马可·波罗正是通过丝绸之路来到中国，并将其在中国的所见所闻写成了《马可·波罗游记》一书，对传播东方文化起了极其重要的作用。

（刘志玲）

# 30. 马王堆汉墓帛画

1972—1974 年，湖南省博物馆和中国科学院考古研究所先后在长沙市东郊马王堆发掘了三座西汉早期墓。湖南长沙马王堆一号汉墓，是第一代轪侯利苍夫人辛氏之墓，葬于公元前 171 年(汉文帝九年)。二号墓是轪侯利苍之墓。三号墓从骨骸看，死者是 30 岁左右的男子，墓内发掘出记有“十二年二月乙巳朔戊辰”的木牍，可以断定葬于公元前 168 年(汉文帝十二年)，墓主人是利苍的儿子，第二代轪侯利豨的兄弟。从地层关系看，二、三号墓早于一号墓，说明利苍的妻子比利苍死得晚。

汉代，厚葬之风盛行，随葬品丰富多样。除出土丝织品及大批明光琦玮的漆器外，一号墓和三号墓各出土了一幅非衣帛画，内容形式相近，因墓主性别不同而略有差异。马王堆汉墓的随葬帛画都是覆盖在内棺上的彩绘帛画。帛画共 5 幅，其中一号墓一幅，三号墓四幅，创作时间(前 179—前 163 年)为西汉文帝时期，是迄今发现的汉代美术的重要遗物。

一号墓所出帛画，有人称之为“非衣”画。墓中“遣策”里有一简写着“非衣一，长丈二尺”。按这件帛画，正作衣服形状，因此，极可能即是“遣策”里所记的“非衣”。“非衣”，应读作“飞衣”，在汉代，常有以“非”作“飞”使用的例证。

这种非衣帛画是从人的衣服发展而来的。战国时期，民间存在用死者生前上衣为死者招魂的习俗。在当时人们的观念中，认为人之所以死亡，是由于魂魄离开了人的肉体。因为死者生前所着衣物有招附魂魄的功能，为了不使魂魄远离死者的肉体，在为死者送葬时，由死者之子举着死者生前所着上衣，与死者棺柩一起送入墓室，并将上衣置于棺盖之上。

一号汉墓出土的非衣画是我国已知的画面最大、保存最完整、艺术性最强的彩绘帛画。这幅画是西汉前期的作品，以细绢作地，因年长日久，出土时呈棕色。画面呈“T”字形，长 205 厘米，上部宽 92 厘米，下部宽 47.7 厘米，就像一件短袖长衣。顶端横裹一根竹竿，上系丝带，可以张举。中部、下部的四角各缀一条长约 20 厘米穗状的青黑色麻质绦带。非衣画出土时覆盖在内棺盖板上，画面向下，上端系带处置一玳瑁璧，璧上系着麻质的骷子。

帛画描绘了墓主人升仙的情节，以繁复严谨的构图把全画分为上、中、下三段。上段分为上、中、下三部分。上部为幻想中天上的景象。右上方画太阳，中立金乌一只，太阳下的铁桑树上，又有 8 个小太阳。左上方画新月，中有蟾蜍、玉兔，一女子乘龙奔向弯月，她可能是嫦娥。中间绘人首蛇身像。下方，两只飞鸟相对，悬着铃铎。再往下，两扇天门内两名守门人拱手对坐。

中段为人间景象，中段又分为上、下两部分，上半部华盖下面的正中部位描绘着一个体态肥硕身披锦绣的站立着的贵妇人。在她的前面有两人跪迎，并捧进盛食物的案，后面有三个侍女随从。老妇人的形体画得远比其他人物高大，用以显示其身份的高贵。她身穿云纹绣花长裾袍，发上饰有贵妇特有的白珠，拄杖缓缓而行。根据其体态、服装、发饰等，并对照出土女尸，完全可以肯定所画即是利苍的妻子。中段下部以帏帐玉磬象征屋顶，屋内案上陈设鼎壶等饮食用具，两旁有7人对坐，应当是描绘向死者致祭或者是死者生前宴饮的场面。这幅画，从形状和所绘内容看，当属旌旗画幡一类的东西，一般认为它是用以“引魂升天”，出丧时作为灵车前导张举的仪仗，带有招魂及引导死者升仙的意味。

下段为地下景观。一裸体巨人双手托举着可能象征大地的白色扁平物站立在两龙之上，横跨一条大蛇，两旁又各有一只背上站着猫头鹰的大龟，巨人可能就是大地之神。

各段还有羽人、怪兽、华盖幔帐、谷璧交龙等穿插、点缀其间，整个画面形式生动饱满，所展示的内容十分丰富。帛画的主题是“引魂升天”，表达的是人追求永生的愿望。这类“升天”的题材始于春秋，兴于西汉。帛画精心绘制的墓主人形象与墓中保存完好的女尸极其相似。这使我们看到西汉肖像画的水平，显示了古代画家观察、概括和写实的功力。另一方面，帛画中再现的神话传说显示了作者丰富的想象力，生机勃勃，充满流动畅快的浪漫气息。整幅画的线描匀细有力，这可能就是后人所说的“十八描”中的“高古游丝描”。该画构图严谨、完整，对称中有变化，主次分明，疏密有致。如果将其与战国帛画相比，显然更进了一步。它更强调了色彩的表现力，颜料以石色为主。朱砂、石青、粉白等矿物颜料至今仍鲜艳明亮，把整幅画面点染得富丽厚重，光彩夺目。

发现于三号墓棺室西壁的《车马仪仗图》，呈长方形，长219厘米，宽99厘米，出土时保存相对完整，仅有局部残缺，经复原拼合，可以看出整幅图像的横式构图与车马人物布局，是一幅写实性的图画。帛画除了墓主人及其侍从为全画人物中心外，还包括士兵、战车、军阵、军乐与社坛等几个重要内容，它们共同构成这幅图画完整的内容主题，反映了汉代军阵形式、重大军事活动中的军乐与人物活动场景。

三号墓东壁出土的《车马游乐图》因画幅中可见车骑、奔马骑射、划船等场面，被称为“轺游乐图”，也有学者称其为“行乐图”。画面左方有一辆轺车，车驾四马，独辕，方形车舆，黑色绘车轮与车舆，朱色绘辕和辐条，上有朱色华盖。车舆内坐着两个女子，身着朱色服装。车后有几个骑士，身穿黑色朱领长袍，一手拉辔，一手执朱色带缨的矛，作飞奔状。其后有两个梳髻的妇女，黄袍黑领，手执长柄旌节。妇女正面，仅剩上半身。画面右方为数个骑士策马奔腾，棕色马四蹄腾空。

同出土于三号墓东壁的《划船游乐图》稍可看清画面，船呈黑色，头部已残缺，侧面用朱色绘有纹饰。船内伫立着六个女子，两个在船尾划桨，三个在前方举目张望，手中似执有棍棒之物，中间一人手持弓箭，似作准备猎物的姿态。船的左上侧仅存一鱼尾，右侧用墨勾画一条仅见前半身、张口吐舌的龙，正中上方绘一鱼，鱼下有一作奔走状偶蹄动物(似狗)。船的下方有两条水中游动的鱼。鱼都是用白色涂地，墨线勾画轮廓外形，可见白色鳞片。

人物图像残片有好几块。残片一，在其中部上方，涂朱红色地，右边绘一身着白色长袍的女子，拱手裹袖，徐步向前，身后有穿黑色和白色长袍的随从。足下是一平台，台下用朱色绘立柱，柱间涂褐色地，用白粉和青色满涂云纹，勾画仔细，可能是栏杆，因残缺，无法窥其全貌。残片二，为一侧身人物形象，墨线勾勒，头部稍缺，下身部分残缺，仅剩头颈及上身部分，可以看出人物的基本轮廓。残片三，有几个不同的人物形象。左侧两幅图为人头像，均为侧脸，冠式为长冠，属于身份地位比较高的人；中间人物图像则无法确定冠式，但冠缨飘逸，较为清楚；右侧上部为一侧身着黑袍服、手持旌节之人，右侧下部为身着白色袍服、侧身向左的人头像。残片四，人物为抄手站立的正面形象，脸部仅剩轮廓，衣裳较为清晰，墨线勾勒，为黑色深衣，交领处点缀红色。残片五，只剩上半身，一袭黑衣，身为正面，脸向右侧，头戴长冠。从残存的人物图像来看，有男有女，女子有侍从跟随，身份地位较高；男子头戴长冠，也属于身份地位较高者，这些人物当与墓主人有一定的关系，或为亲朋的化身，或为部将的形象。

另有两片人物图像残片疑属于巫术或神话性质。残片一，为一夸张变形的侧身人物形象，脸大而圆，简笔画眉与眼，头顶直立一椎状发髻，看似偶人。这种人物造型与一号墓出土的木俑形象有几分相似，木俑头上竖直插着一根木签。从残片来看，还有残剩衣角残片，同样造型的人物可能不止一个。关于偶人形象，与帛画人物的风格完全不同，这是与帛画残片装加在一起的残片，疑为术数类帛书中的插图。残片二为一毛人形象，毛人脸部残，仅剩后脑勺，伞身长满长毛，作行走状。另有一残片似与毛人有几分相似，线条约隐约现，应为帛画残损叠压所致的反印纹。毛人画法简单，又有叠印痕迹，既可能是帛画残损于椁底板堆积叠压所致，也可能是帛书插图因折叠所致。

残片中还有带麟片的图像，可看出是龙身的线条画法，但无法拼接出来。另外还有一残片，有一蜿蜒曲身之物，身躯瘦长，四足伸张，作爬行状，似为龙纹。

疑似建筑物的残片基本无法判断为某种建筑物。虽然看不出是房屋还是桥梁之类，但画粗犷的平行线后，再连接短线，应是建筑物的线条组合。还有一幅残片较为特殊，构图为弧形，似桥，弧形上为墨绘的粗弧线，下为朱绘的粗弧线，中间墨绘两两平行竖线，每两竖线之间等距离间隔较宽，看似桥梁。

这些残片与车骑、划船画面同属《车骑游乐图》的一部分，可惜无法拼接成形。但从这些残存的线条可知，图中有建筑物、有桥、有车马、有人物、有神化的人物与动物，与画面较为完整的“划船图”“车骑出行图”等组成共同的画面。从残存的图像来看，虽然无法形成某个具体情节，但零星的图像透露给我们的信息既有写实的生活场景，如划船、车骑，又有神话意味的图像，如龙、毛人，还有建筑物。这种内容构成显然不同于西壁帛画《车马仪仗图》的纯写实性，而是一幅现实与神话图像交织而成的画面。

三号墓出土的另一幅帛画长约100厘米，高约50厘米，描绘了4排共44人。人物有男女老幼之别，衣饰简朴，有的上身裸体，所有的人物动态均是当时称为“导引”的健身动作，屈体、伸肢、跳跃、回旋，姿态各异，十分生动。根据人物动作与旁边的题字可知是一幅运动范围式的画作，定名为《导引图》。

还有一幅覆盖在内棺板上的帛画，其内容、构图以及形制都和一号墓出土的帛画所绘大同小异。帛画全长233厘米，上宽141厘米，下宽48厘米，内容布局与一号墓出土的帛画近似，唯画面顶部主神由女娲变为伏羲，人间部分的女主人变为男性。在线条勾勒上，三号墓帛画也更富于变化。

马王堆帛画的出土填补了汉代早期织物绘画实例的空白，也表明吸收先秦，主要是楚国的艺术内涵、风格和形象模式是此期绘画的特点。T字形帛画中不少神话图像与《楚辞》的记述相符，与楚国美术的造型有源流关系。同时，一种新的注意观察现实的创作方法也在发展，三号墓西壁帛画对社会活动场面作了纪实性描绘。

观念和想象中的景物融入理性的构成在T字形帛画上尤其明显。复杂的个体形象经整体安排，既灵活舒散，又循序合理。画上段两条翼龙的向内动态紧凑地牵领着这一华彩部分；中段两条穿璧长龙呈H状，龙首部分为墓主及其随从在这个画面中心间隔出疏朗的空间，使墓主形象在以密为主的画面上突出醒目，龙尾部分将下段众多形象合拢，并促成境界的自然过渡。以4条龙为构图取势，全画上下呈“开合”节奏，左右呈均衡变化，形象相互以动静对照，达到二维平面绘画风格的高度水平。三号墓棺室西壁帛画通过分区布局，使基本处于静态的人物、车骑因队列的方向性变化隐含有动的趋势，右下方的乘骑作朝内的造型是新的表现手法。

帛画中数量可观的人物提供了早期绘画人物造型的特点，头部在人体比例中较大，对墓主全、侧面的刻画有助于显现其形象特征，带有肖像画的性质。线条是全部画作的基本造型手段，粗细变化之中流畅致韵。着色方法主要是勾线后平涂，部分使用了渲染，少量形象直接用色彩画成。画面以朱红、土红、暖褐为基调，石青、藤黄、白粉等丰富色彩的运用服从于统一的色调，产生了诡异、华丽、热烈的效果。

马王堆汉墓的随葬帛画内容丰富，极富想象力，人物造型带有风俗画的性质，写实和装饰相结合，线描规整洒脱，色彩绚烂协调，显示了当时已相当高的艺术水平和织绣工艺的高超技术。这是我国绘画现实主义传统的发轫。

（王艳勤）

# 31. 王莽改制

王莽改制是指西汉末年外戚王莽对政治、经济制度以及思想文化进行的改革。西汉末年，皇族、贵戚、官僚和豪强地主依仗政治、经济特权，疯狂兼并土地，强占民田，大批农民破产流亡，阶级矛盾日益尖锐，各地起义不断。为了缓和土地兼并和大批农民沦为奴隶的严重情况，汉哀帝时，以大司马师丹为代表的官僚虽然提出了“限田限奴”的主张，但未能真正执行，哀帝听信方士夏贺良的说教，认为汉朝气运中衰，可以通过“易姓受命”的方式解决社会危机，于是在公元前5年(建平二年)改元太初，自己改称“陈圣刘太平皇帝”，但改号之后，社会危机依然如故，农民起义不断爆发，重新受命的丑剧不得不草草收场。哀帝死后，出身于外戚世家的王莽趁机夺取政权，为解决西汉社会遗留下来的各种矛盾，王莽颁发诏令进行改制。

王莽夺取政权之初，修改并补充“五德”系统作为其政权建设的理论依据。他将古帝王依五德终始的顺序进行排列，在木德和火德之间增加了闰水，并以秦为闰统。王莽新嘉量铭文记载“黄帝初祖，德帀于虞；虞帝始祖，德帀于新……据土受德……改正建丑”，说明了新莽政权在五德关系上的继承顺序，并确定了新朝为土德。王莽废弃了自秦汉以来使用的五行相胜说，改用五行相生说，将汉说成是火德，新莽政权由汉帝让位而得，依照五行“火生土”之说，故为土德，服色尚黄。

王莽建立新朝后，根据《周礼》《尚书》大规模易官名、改官制，主要表现为两种情况。一种是增加新官职，如在中央置大司马司允、大司徒司直、大司空司若，列于九卿，依《尚书·洪范》“敬用五事”置五司之官；地方上州置牧副、部置监副。另一种情况是改变汉朝原来的官名，如在中央朝廷内改大司农为羲和，后改为纳言，改太常曰秩宗，大理曰作士，少府曰共工，大鸿胪曰典乐，水衡都尉为予虞，改光禄勋为司中，太仆为太御，卫尉为太卫，执金吾为奋武，中尉为军正；地方上改太守为大尹(或卒正、连率)，都尉为太尉，县令长为宰等。

王莽根据《礼记·王制》及《周官》等典籍，改秩禄之号。三公之下秩禄之号有卿、大夫和士。大夫分为上、中、下三等；士分为元士、命士、中士、下士等十等。王莽还根据周制确定了公、侯、伯、子、男五等爵制，并规定其食邑、户数及里数。公元16年(天凤三年)，明确规定了上至公卿、下至小吏的俸禄要按照当年农业生产的情况进行浮动。如果每年上计时统计天下无灾，皇帝就按定制享用全额生活费，如受灾则依照减产率削减其生活费。大小官员也要按照各人所负责区域的丰歉情况，领取全额俸禄或按减产率削减其俸禄。通过这种办法促使官员们奖励、扶植农业生产，关心百姓生活。这个制度设想得很好，但按当时的生产体制和经济管理水平根本不可能及时作出精确统计，俸禄也就无从计算发放官员。于是，官员们各自利用职权营私舞弊，自谋收入，百姓深受其害。

新莽政权建立后面临的两个最重要的问题就是土地兼并和奴婢问题，公元9年(始建国元年)，王莽根据《周礼》的井田制度，实行"王田""私属"，主要内容包括以下几个方面：天下的所有田地收归封建国家所有，改称"王田"，不许买卖；一家有八个男丁，可以占有田地一井，即九百亩，男丁不满八人之家，占田超过九百亩的，要将超额的田地分给宗族和乡邻无田而应受田者，原来没有田地的，按一夫一妇受田百亩的制度受田；奴婢改称"私属"，不得买卖；有敢攻击井田制度、违抗命令的，流放边疆。

公元10年(始建国二年)春，王莽又下令实行五均、赊贷和六筦(管)。五均、赊贷也是根据儒家经典提出的。五均即平抑物价，具体办法是在长安以及当时的五都设立五均官，将长安东、西市令及洛阳、邯郸、临淄、宛、成都的市长改称五均司市师。各城市设置交易丞五人，钱府丞一人。工商各业按其经营项目向市中申报，钱府按时向他们征税。各地五均官在每季度的第二个月规定出各种货物的法定物价，称作"市平"。如果某种物品市价高于"市平"，政府就把库存物资出售，以平抑物价，如果市价低于"市平"，则任其人民自由交易。五谷布帛等物，如果百姓有卖不出去的，五均司市师可以按规定价格收买。

赊贷即向民众贷款，具体的实行办法是：人民遇有丧葬、祭祀等事无钱者，可向政府贷款，不收利息，但不能超过国家限定的还款日期，因祭祀贷款者不得超过10天，因丧事者不得超过三个月，有因生产而需要借贷的，年利息为十分之一。

在实行五均赊贷的同时，王莽还颁布了"六筦"的命令。"筦"即"管"，就是由朝廷管理六种经济事业，包括酒、盐、铁专卖，铜冶钱布由官家铸造，名山大泽由官家管理，加上五均赊贷，共六种。这些有关国计民生的重要经济事业全由国家统制，或课以重税，或由国家专卖，防止商人把持，投机牟利。

公元7年至14年，王莽进行了三次币制改革。第一次是在公元7年(居摄二年)，王莽下令在五铢钱之外另铸大钱，重十二铢，钱文"大钱五十"。又造契刀、错刀，契刀值五百，错刀值五千，四种钱币同时流通。公元9年(始建国元年)，进行第二次改革，废除错刀和五铢钱，另外发行"宝货"，计有五物(金、银、龟、贝、铜)六名(钱货、黄金、银货、龟货、贝货、布货)共28品。由于货币种类过多，换算困难，流通不便，仅一年就被迫废除，只留下小钱值一和大钱五十两种货币继续使用。公元14年(天凤元年)，王莽又废除大、小钱，另作货布、货泉，两种并行。货泉重五铢，货布重二十五铢，但一个货布却值25个货泉，价值比例很不合理。王莽未来得及进行第四次货币改革就被推翻了。

公元9年，王莽实行统一的度量衡制度，制造标准的度量衡器颁行天下。新莽的度量衡器物传世较多，尤以原藏故宫现存台湾的王莽铜斛为珍宝，它已具备了龠、合、升、斗、斛五种量器，构成了完整的度量衡总体，东汉以后的各代多承袭莽制。

王莽在对官制、官名进行改易的同时，对地名和行政区划也屡有变更。早在公元4年(平帝元始四年)王莽摄政时就依据《尚书·尧典》将武帝设置的十三州改为十二州。他称帝后，又重划全国为九州，改首都长安为"常安"，依照周代的制度把洛阳改为新室东都，常安改为新室西都，将汉代的宫殿、城门名称几乎全部改变，如将"长乐宫"改名"常乐宫"，"未央宫"改"寿成堂"，前殿改为"王路堂"等，这些改变的名称在今天存留的文物中仍能见到。王莽时，郡县之名因符瑞而改变的有数百个，如将"安汉"改为"安新"，"汉阳"改为"新通"，"杜阳"改为"通杜"，"曲逆"改为"顺平"，"东昏"改为"东明"等，有些郡的名称改易次数多达五次，不仅不便于吏民记忆，就是大臣上奏的奏疏中也不得不注明该郡县先前的名称。"新"朝的国号也有过多次变更，或称"新家"，或称"新室""黄室""新城""薪世""薪"等。上述地名以及官名名称的改变并没有多少实际的意义，相反，频繁地更名给国家政令的传达、吏民的生活带来了诸多不便。

王莽执政后，为显示自己的威德，改封诸侯王为“公”，把原来汉朝所封的边疆少数民族诸王改封为侯，并收回汉朝印绶，重新颁发新室印绶。宣帝时，发给呼韩邪单于的印文为“匈奴单于玺”，但王莽新发给匈奴的印文为“新匈奴单于章”，在匈奴之前冠以“新”字，又以“章”代“玺”引起了匈奴的极大不满。东北地区的高句丽，汉武帝时即臣服于汉。王莽建立新朝后，准备与匈奴作战，在公元 10 年下令征发高句丽兵攻打匈奴。高句丽人民不愿为王莽卖命，纷纷逃出关外，于是王莽杀死高句丽侯驺，下令将“高句丽”改为“下句丽”。王莽的这些措施破坏了自汉宣帝建立起来的与周边少数民族特别是匈奴的友好关系，最终引发了大规模的民族战争。

王莽的改制触及了当时社会面临的一些重大问题，如针对土地高度集中和奴婢问题而实行的“王田”“私属”制，目的在于缓和土地兼并和农民奴隶化的过程；施行五均、赊贷、六筦，用以平抑制价，杜绝奸商投机居奇、垄断物价，限制地主富商的高利贷盘剥，实现由封建政府对经济的有效控制。但在当时中央集权衰落的朝代，企图以国家强力取代私有经济，完全用政府统治的办法取代民间的自由贸易和商品生产，根本无法办到。这些措施的执行或多或少地触及了大地主、大商人的利益，“王田”“私属”制施行后，地主官僚因买卖田宅、奴婢获罪者不可胜数，这样使得原来拥护王莽的人也转而反对改制。王莽推行五均、赊贷、六筦，依靠的都是一些富商大贾，他们乘机加紧对人民的搜刮，结果新政策不仅没有解决豪富、地主、商人、高利贷者鱼肉百姓的问题，反而成为他们用以掠夺财富的新手段。币制改革的目的本欲打击货币持有者，增加政府财政收入，但由于制度本身存在诸多弊病，违反了社会经济规律，造成了社会的空前混乱，也给经济发展带来了严重后果。王莽末年，农民起义和西汉宗室旧臣反对新朝的斗争不断发生，公元 23 年(更始元年)，新莽政权在农民起义的打击下最终灭亡。

（刘志玲）

# 32. 许慎作《说文解字》

《说文解字》是我国古代第一部字典，也是世界上最早的字书之一。它是我国语言学史上第一部分析字形、解释字义、辨识读音的字书，是第一部系统展示汉字形、音、义必然联系的文字学巨著，后世简称为《说文》，编撰者是东汉著名学者许慎。

许慎(约58—约147年)，字叔重，汝南召陵(今河南省漯河市郾城区)人，曾任郡功曹、洨县长等职，官至太尉南阁祭酒，《后汉书·儒林传》中有极为简短的传记，其子许冲《上说文解字表》中叙及其生平事迹。许慎是东汉著名的古文经学家和文字学家，性淳笃，少博学经籍，从著名经学家贾逵学习古文经学，公元110年(安帝永初四年)，与刘珍、马融等50余人校书东观。他博通经籍，为经学大师马融所推敬，“时人为之语曰：五经无双许叔重”。许慎既通古文经学，又通今文经学，所著《五经异义》10卷是一部比较论断今古文经说的重要著作，此外还著有《淮南鸿烈解》(已佚)。

《说文解字》是许慎投入一生主要精力撰著的一部文字学巨著。公元83年(汉章帝建初八年)，许慎从贾逵学习古文经学，并请教文字之学，开始撰写《说文解字》，公元100年(和帝永元十二年)脱稿。公元121年(安帝建光元年)，许慎在病中遣其子许冲进呈皇帝。全书从脱稿到定稿，历时达20多年。许慎撰写《说文解字》的目的并非仅仅为了文字本身，而是主要为了纠正时人特别是今文经学家根据隶书形体穿凿字义、附会义理的风气，力求准确解释字形、字义，以正确理解古代文献的思想内容。

《说文解字》中的“文”和“字”的含义有所不同。“文”指的是独体字，“字”指的是合体字，“字”是“文”派生出来的。《说文解字·叙》即云：“仓颉之初作书，盖依类象形，故谓之文。其后形声相益，即谓之字。文者物象之本，字者言孳乳而寖多也。”“说”和“解”的含义也有差别，“说”是“释”的意思，“说文”就是“释文”，所以对于“文”(即独体字，非派生字)，许慎只偏重释义；“解”是“判”的意思，“解字”就是分析字，所以对于“字”(即合体字，派生字)，许慎既释义，又分析形体结构，并说明读音。

全书共15卷，每卷分上、下。第一卷到第十四卷是正文，第十五卷上是叙和部首，卷下是后叙。《说文解字》全书内容分为文字和解说两部分，文字包括字体和部首，解说是对文字形、音、义的解释。据《说文解字·后叙》载，全书收字9353个，重文(古文、籀文及其他各种异体字)1163字，解说133441字，所收字数较之以前各种字书都有明显增加，《说文解字·叙》云：“凡《仓颉》已下十四篇(指李斯《仓颉篇》、赵高《爰历篇》、史游《急就篇》、司马相如《凡将篇》、扬雄《训纂篇》等)，凡五千三百四十字，群书所载，略存之矣。”

《说文解字》收录字体的原则是以小篆为主，并列异体，把不同于小篆的古文、籀文等异体字列为重文，也就是《说文解字·叙》所说的“今叙篆文，合以古、籀”。小篆是秦朝统一全国文字使用的字体，也是古文字演变史上最后一个阶段的形体，处于承上启下的地位，因而《说文解字》以其作为全书的解说对象，作为分析汉字形义的主要依据(中间也有少数变例，先据古文解说，后举篆文形体)。“古文”是战国时期东方六国使用的文字，主要见于古文经书。“籀文”就是大篆，是西周晚期使用的文字。《说文解字》在每部末注明“文若干”“重若干”，“文若干”指的是本部正字的字数，“重若干”指的是本部中异体字的字数。

《说文解字》对文字的解说一般是形、音、义三方面兼顾。由于作者抓住了汉字是衍形表意文字这个特点，所以在《说文解字》全书中以形为主，主要是通过字形的分析来判定字的性质和类型，阐明文字义、形、音三种要素及三者之间的密切关系。具体顺序是按义、形、音的次序，即先解释字义，接着分析字形，然后说明读音，有时还要在最后引证经文，每个字头下面，都是“合三者以完一篆”，“三者”指的就是形、音、义。清代著名文字学家段玉裁所谓“一字必兼三者，三者必互相求；万字皆兼三者，万字必以三者彼此交错互求”，准确地指出了《说文解字》解说汉字形、音、义所遵循的原则和表现的特点。

全书在编排体例上采用“分别部居”的方式，按照部首编排，即所有汉字按照字形分部排列，创造了部首分类法。全书共分540部，设立540部首，由它们统领当时所有汉字。部次的顺序是“始一终亥”，即根据汉代阴阳家“万物生于一，毕终于亥”的传统说法，以“一”部开始，以“亥”部结束。部次的原则是“据形系联”，即总体上把形体相近的部首排列在一起。所立部首绝大多数是形旁，只有少数是声旁。同部的字一般又是把意义相近、类别相同的放在一起，做到“以类相从，不相杂越”。这种“分别部居”“以类相从”的编制法，不但便于查检，而且便于考查字义及其源流，是一个重大创举，具有重要意义，正如《说文解字·后叙》所言：“同条牵属，共理相贯。杂而不越，据形系联。引而申之，以究万原。”《说文解字》之前没有从形体角度进行分类、编排的字书，虽然《说文解字·叙》中“分别部居，不相杂厕”之语袭自史游《急就篇》，但所指不同，另有新意，《说文解字》并未因袭《急就篇》所用的物类编排法，而是新创了更为合宜的部首编排法。正因为此，段玉裁评价说：“五百四十字可以统摄天下古今之字，此前古未有之书，许君之所独创。若网在纲，如裘挈领，讨原以纳流，执要以说详，与《史籀篇》《仓颉篇》《凡将篇》乱杂无章之体例不可以道里计。”

《说文解字》在分析汉字结构、探讨造字方法时，继承并发展了先秦的“六书”理论，并赋予“六书”以具体含义。六书始见于《周礼》，原只是一个总名，至《汉书·艺文志》始列具体名称，但没有具体解释。而《说文解字》不仅解释了“六书”理论的具体内容，而且用来具体分析众多汉字，把“六书”理论具体化、实用化了。《说文解字》对“六书”含义的解释是：“象形者，画成其物，随体诘诎。指事者，视而可识，察而见意。会意者，比类合谊，以见指伪。形声者，以事为名，取譬相成。转注者，建类一首，同意相受。假借者，本无其字，依声托事。”《说文解字》在运用“六书”理论分析字形、解释字义时，采用的具体方式是注明诸如“象形”“象某形”“从某”“从某某”“从某从某”“从某、某声”之类的术语，这样就使“六书”理论渗透到每个具体的汉字分析中。

《说文解字》在汉语文字学史上具有非常重要的价值和影响。首先，《说文解字》开创了字典按部首编排的体例。《说文解字》是我国按部首编排的字典的始祖，它的“分别部居，不相杂厕”，以偏旁分部的编制方法对后代字书有极大影响，成为后世编撰字典的一种主要体例。西晋吕忱依据《说文解字》的偏旁部次编写了《字林》，南朝陈顾野王用《说文解字》的体例编写了《玉篇》。近代以后编制的用部首检字的各种字典，虽然部首的建类有所变更，编次有所改易，但用偏旁立部汇集汉字的方法仍然是在沿用《说文解字》所创设的体例。其次，《说文解字》运用“六书”理论分析解释汉字，阐明了汉字的构造规律，同时也保存了汉字发展历史和规律的研究资料。虽然“六书”说的名称、概念和理论并不是《说文解字》一书首先提出来的，但《说文解字》第一次阐明了“六书”的具体内容，并运用“六书”理论具体分析众多的汉字，进而牢固地建立了汉字结构理论体系。《说文解字》根据汉字的构造规律和结构特点，把9000多汉字的构成方式具体归纳为象形、指事、会意、形声四大类，通过形、声、义三结合来分析汉字、探索字源，也是一个重大创举。虽然此后近两千年来不断有人对“六书”理论提出批评修正和补充，但“六书”说作为一个完整的理论体系，从来没有被整体上改变过。再次，《说文解字》保存了古文、籀文和小篆的原始面貌，是后人借以辨识更古老的甲骨文和金文不可或缺的桥梁，也是整理古籍必备的工具。《说文解字》收录了9000多个小篆，是保存小篆最多的字书。《说文解字》还收集了当时所传的“古文”和仅存的籀文，注明的“古文”约500字，而其他文献保存的“古文”极其有限；《说文解字》保存的籀文约有200字，它们唯赖《说文解字》流传至今。另外，《说文解字》通过分析字形，说明造字的本义，不但保存了古汉语语音和词汇，而且保存了大量有关古代自然、文化、政治和经济等方面的原始资料，成为研究古代社会历史面貌的资料宝库。《说文解字》的内容包罗万象，十分丰富，正如许冲《上说文解字表》所说：“慎博问通人，考之于逵(贾逵)，作《说文解字》，六艺群书之诂皆训其意，而天地、鬼神、山川、草木、鸟兽、昆虫、杂物、奇怪、王制、礼仪，世间人事，莫不毕载。”由于《说文解字》体例上的创新、完备，内容上的宏富、精深，因而对于后世语言学的影响可谓巨大。我国传统语言学门类众多，著作浩繁，像《尔雅》对于汉字的训诂，《方言》对于汉语方言的研究，以及《释名》的音训，《切韵》《广韵》的声韵，无不大体在《说文解字》的范围之内。历代对《说文解字》的研究也绵延形成一个专门的学科，称为“说文学”。

《说文解字》成书不久，就流行于世，为当世注释家所重视。郑玄注《周礼》《仪礼》，应劭著《风俗通义》，晋灼注《汉书》，都曾援引其书以解词义。但自魏晋以后，由于隶书和真书通行，很少有人研习小篆，《说文解字》曾一度受到冷落。直到唐代用《说文解字》《字林》《石经》取士，《说文解字》才重新受到重视。唐代开元以后，国子监置“书学博士”，把《说文解字》与《字林》《石经》并重。据《唐六典》记载，试士时试《说文解字》六帖、《字林》六帖。《新唐书·选举志》记载：“凡学馆诸生，九经外，读《说文解字》《字林》《三苍》。凡书学《石经》三体，限三岁，《说文解字》二岁、《字林》一岁。”唐大历年间，李阳冰刊定《说文解字》为20卷，对原著臆改较多。《开成石经》刊立后，世人多重之，而对《说文解字》和《字林》有所轻视。晚唐时李阳冰的《说文解字》刊本较流行，其侄李腾集《说文解字》目录500余字作《说文字原》。五代时林罕据李阳冰重订本作集释，又取偏旁541字作《说文字原偏旁小说》。南唐徐锴重订《说文解字》，作《说文解字系传》40卷，其中有《祛妄篇》，驳李氏臆说50余条，又据《唐韵》，作《说文解字篆韵谱》5卷，按《切韵》部次。徐锴死后，其兄徐铉于宋太宗雍熙年间奉诏领校《说文解字》，详参众本，正误补阙，又将每卷篇幅分成上、下，共计30卷，雕版印行。此后《说文解字》“定于一尊”，而《字林》遂于宋元间亡佚。明清以后，《说文解字》最流行的版本就是二徐本。现在通行的是其中徐铉整理的本子，俗称“大徐本”。不过今本《说文解字》在唐宋时经过两次改动，已非许氏原貌。就字数而言，大徐本正文9431字，增多78字；重文1279字，增多116字；而解说为122699字，比《说文解字·后叙》记载的133441字减少10742字。至于语句的改易，当不在少数。对《说文解字》的整理研究，清代的成就巨大，学者、著述很多，其中成果最为突出的是所谓“《说文解字》四大家”：居首是段玉裁，著有《说文解字注》，影响最大，其余三家分别是著《说文义证》的桂馥、著《说文释例》与《说文句读》的王筠、著《说文通训定声》的朱骏声。他们从文字的形、音、义三方面入手，对《说文解字》进行了全方位的研究，做了大量的注释和修订工作。

当然，《说文解字》也存在一些缺弊，如分部过于琐碎，并非完全精当；用六书分析字形、字义，并非处处严谨精密；解说也有穿凿和不当之处等。但它仍然是中国语言文字学史上的不朽名著，在语言研究史上具有极为重要的地位和深远的影响，对研究古文字和古汉语已经并将继续发挥不可替代的重要作用。

（罗献中）

# 33. 汉代医学的成就

张仲景和华佗两位名医为汉代的医学发展做出了巨大的贡献。

张仲景是东汉南阳郡(今河南安阳)人，被后世尊为"医圣"。他认真学习和总结前人的理论经验，并结合自己的医疗实践，写成了光耀千古的《伤寒杂病论》。《伤寒杂病论》是人类医药史上第一部"理、法、方、药"完备的医学典籍，系统且完整地阐述了流行病和各种内科杂症的病因、病理以及治疗原则和治疗方法，奠定了我国中医治疗学的基础。

此书由于三国战乱而残缺不全，其残本经过西晋医学家王叔和的整理加工后分为《伤寒论》和《金匮要略》二书。《伤寒论》共22篇，是一部专论伤寒的系统性著作；《金匮要略》共25篇，论述了内、外、妇各科的四十多种疾病及病因。

《伤寒杂病论》大大充实和发展了《黄帝内经》的热病学说，热病泛指由于外感而引起的以发热为主要症状的一类疾病，基本上包括现在的各种急性传染病。《内经》认为，热病的原因是伤寒，张仲景就把这类疾病直接叫作"伤寒"。他认真研究前人的"辨证论治"的治病原则，提出了"六经论伤寒"的新见解。他系统地分析了伤寒的原因、症状、发展阶段和处理方法，创造性地确立了对伤寒病的"六经分类"的辨证施治原则，奠定了理、法、方、药的理论基础。张仲景基本上采取了六经传变的总原则，并根据病邪侵害脉络、脏腑的程度，把外感热病发展过程中各个阶段的综合症状概括为"六经"：太阳、阳明、少阳、太阴、少阴、厥阴。在每一经中，又概括出某些能反映病理机制的基本症状作为辨识本经病的主要依据，这是主症。例如，太阳病的主症是恶寒、发热、头项强痛、脉浮等；阳明病的主症是高热、谵语、口渴、咽干、大便燥结、脉象洪滑有力等；少阳病却以口苦、咽干、目眩、往来寒热、胸胁苦痛、心烦喜呕、脉象弦细等作为主症。

张仲景以朴素的辩证观点看待疾病的发展，认为"六经"病的任何一个类型都不是一个独立的病，而是外感热病在整个发展过程中的某个阶段所呈现的综合症状。"六经"之间有一定的有机联系，并且能互相转变。例如，一般伤寒初起多呈表症，属太阳病。但是往往由于感受的病邪不同，病人体质强弱不同，或因医疗失误，就可能由太阳病转变为阳明病、少阳病或太阴病三病。一般来说，从三阳病转成三阴病表明病势加重，相反，由三阴病转成三阳病却预示好转。张仲景把这种按"六经"次序演变的病情变化叫作"传经"，不按"六经"次序演变的叫"越经"。更重要的是，张仲景在指出"六经"的特点后，紧接着就提出不同的处理方法。如太阳病同属表症，有的用麻黄汤发汗，有的则用桂枝汤调和营卫。阳明病同属里症，有的用白虎汤清热，有的用承气汤泻实。而泻实的办法又有大承气汤、小承气汤、调胃承气汤的不同。这样，不但使临床医生便于具体掌握运用，而且使《内经》的基本病变学说和临床实践紧密地联系起来了。

《伤寒杂病论》奠定了中医对病机病变进行治疗的一种临床基本理论"辨证论治"，即根据病变的表、里、阴、阳、虚、实、寒、热等不同情况决定治疗原则，这种辨证论治方法被后人称为“八纲”。张仲景把那些病势沉伏而难以发现，恶寒、厥冷、脉象沉迟细弱无力的称为阴症，而把那些兴奋、充血、发热等症候和脉象洪大有力浮滑的称为阳症；病症发生在体表的称为表症，在内部的称为里症；凡病毒滞留体内，而精气已经虚弱的称为虚症；有热性倾向的称为热症。在“八纲”之中，又以阴阳作为总纲，凡寒症、虚症、里症一般都是阴病，凡热症、实证、表症一般都是阳病，运用“八纲”来辨识疾病属性(属阴、属阳)，确定病变部位(在表、在里)，区分邪正消长(是虚、是实)，弄清病态表现(发寒、发热)，就可以全面认识疾病，有的放矢，以便采取合理的疗法。他把治疗原则分作驱邪和扶正两大方面，针对一些发病急剧、人体还消耗不大的疾病的“三阳病”，宜以驱邪为主，迅速消除病灶；而对于一些发病缓慢或病程长久、体力消耗比较大的疾病的“三阴病”，则以扶正为主，恢复病人的抗病能力，调动人体本身的积极因素。除此之外，他还提出了“随症治疗”的原则，主张“缓则治其本，急则治其标”，把严格的规律性同必要的灵活性结合起来。他把秦汉以前的诊断技术提高到了一个新水平。《内经》里已经基本形成一些治疗原则，如表症用汗法、里症用下法、虚症用补、实证用泻、热症用清、寒症用温等。但由于各种病变的指证还不够明确和具体，特别是药物治疗方法还比较简单，不能完全按这些原则进行治疗，因此在临床实践上很难充分运用，只有在有了上述各方面的进步和发展后，才能使这些原则具体实行，使这种理论能够确立。所以，这也是张仲景的一个重大贡献。

张仲景很重视疾病的预防，认为人和自然界息息相关，发病与否和人体是否能适应外界的气候变化和环境有密切关系。因为疾病的来由都是人体抗病能力的正气同致病因素的邪气作斗争的表现，其结果不是邪盛正衰，就是正胜邪退。如果一个人能够保持体内正气旺盛畅达，外邪就不容易侵入体内，不致发病。所以他指出，只要劳逸适当，注意锻炼，讲究卫生，内养正气，外慎风邪，就可以预防疾病，保持身体健康。

《伤寒杂病论》还保留了大量的方剂，这些方剂的药物配伍比较精当，主治明确。它共选收了 375 个药方，使用药物 214 种，它们大多具有用药灵活和疗效显著的特点。对每一味药的应用都比较明确、谨慎，并指出药物相互配合及增减的原则。对药物的煎法、服法也做了详细的规定，例如服法就分温服、冷服、分服、顿服等；在所用剂型上，有汤、丸、酒、软膏、醋、洗、浴、熏、滴耳、灌鼻、吹鼻、肛门栓、灌肠、阴道栓等；在制药工艺上，也多有创造，如再煎浓缩和入蜜矫味的方法，散剂中的研磨法、搅拌法和筛法等。由于张仲景保存了民间治病的丰富经验，汇集了不少药方，如麻黄汤、桂枝汤、柴胡汤、白虎汤、青龙汤这些著名方剂，经过千百年临床实践的检验，都证实有较高的疗效，并为中医方剂学提供了发展的依据，所以后人又称他为“方剂学之祖”，把他创制的方剂称作“经方”。这些方剂至今还是中医处方用药的基础，其中大部分经过长期的临床实践证明其有确实效果，这不但是临床实用上的宝贵遗产，而且也是研究祖国医学的重要资料。

《金匮要略》开篇首先论述预防疾病和治病求本的重要意义，认为高明的医生治病首先要考虑预防疾病，其次要懂得脏腑疾病的变化。以脾为例，要求医生必须在掌握病性的基础上灵活用药。最后各篇对外科、妇科、杂疗进行了简单的论述。此篇包括科别较广，所述疾病类别也比较精详，诸如中风、虚劳病、肺痿、肺痈、咳嗽、上气、胸痹、心痛、短气、腹满、寒疝、惊悸、吐哕、下利和疮痈、蚘虫等，其中有属于六淫之邪所致的疾病，也有属于脏腑不调所致的疾病。其中用方极精，如治疗肠痈的薏苡附子败酱散；治疗妊娠下血的芎归胶艾汤；治疗带下的温经汤等，都是名方。针对食物中毒现象，此书记述了各种食物禁忌和解毒方法，指出不可食用病死的兽肉、中毒箭死去的鸟兽肉，以及有毒菌类等，这些都是我国古代医书中最早的记述。

由于张仲景对疾病的发生有正确的认识，因此他对一些变化无常、发展迅速的疾病能够作出科学的解释。例如癔症是妇女易患的一种病，发病的时候感情冲动，喜怒无常，有人以为鬼神附体作怪，张仲景在《妇人杂病》部分分析了这种病，指出癔症是由妇女带脉病所致，只要仔细判断，用针、药医治，是可以治好的。

《金匮要略》首次记载了人工呼吸这一急救措施的具体应用。所谓人工呼吸，就是抢救者通过用手按压胸部与牵引肢体活动，使被抢救者的胸腔被动地运动，实现气体交换，并促进血液循环的进行。如抢救自缢，《金匮要略》上记载："以手按胸上，数动之。"这实际是类似人工呼吸的生动描述。这种方法与现今所使用的人工呼吸法基本相同。而国外直到1897年才开始把人工呼吸应用于临床。此书还记述了许多别的急救内容，如治疗溺死、自缢、尸厥、马坠及一切筋骨损伤等，有的记述相当详细，如治疗假死，应该用菖蒲末吹鼻，通窍取嚏，并把肉桂末放在舌下。

《伤寒杂病论》从辨证到立法，从立法到拟方，从拟方到用药，环环相扣，联系紧密，建立了一整套辨证论治的医疗原则，奠定了我国中医治疗学的基础，标志着我国中医理论走向成熟。严密选择疗效可靠的方药对掌握疾病的防治以及推动医学的发展具有一定的承先启后作用。但有必要指出的是，《伤寒杂病论》是一部条文式的临床札记性著作，而且是经过别人重新整理编定的。它既没有系统而专门的论述，每条条文也不是都加以明确说明，而且条文本身也有散佚和倒置，所以一般人很难具体掌握。如本书第一条说"太阳之为病，脉浮、头项强痛而恶寒"，并没有指示虚实寒热等何种病变，也没有治法。第十三条又说"太阳病，头痛、发热、身痛、腰痛、骨节疼痛、恶风、无汗而喘者，麻黄汤主之"。再加上第九十五条"太阳病发热汗出者，此为荣弱卫强，故使汗出……宜桂枝汤"，第十六条"桂枝本为解肌，若其人脉浮紧，发热、汗不出者，不可与之也"，第五十一条"脉浮者，病在表可发汗，宜麻黄汤"。根据这些条文以及其他的条文才能归纳出：太阳病是表症，出汗的用桂枝汤调和营卫以解肌，无汗的用麻黄汤发汗以解表；前者是表虚症，后者是表实症；前者脉浮缓，后者脉浮紧等原则。因此，这些原则虽然基本上确立，但还很难普遍推广，直到宋代经过很多学者的整理研究，才得到普遍推广，所谓的"辨证论治"理论才最后完成。不过张仲景的奠基之功是不容忽视的。

华佗，沛国谯(今安徽亳州)人，以精到的外科手术和麻醉术著名。华佗对中医药的发展有多方面的重要贡献，是我国医学史上为数不多的杰出外科医生之一。他行医的足迹遍及今江苏、山东、河南、安徽的若干地区，因此民间流传着许多华佗治病救人的故事。

在华佗之前，就有人利用某些具有麻醉性能的药品作为麻醉剂，但他们都把麻醉剂应用于战争或者暗杀，而不是动手术治病。华佗总结了前人的经验，仔细观察了人醉酒时的沉睡状态，发明了酒服"麻沸散"的麻醉术，并正式用于医学。他发明了"麻沸散"之后，熟练地掌握了麻醉术，成功地完成了很多高难度的外科手术。从《后汉书》所记载的病例来看，当时他已经能够成功地进行诸如肿瘤切除、胃肠吻合等大手术。他治病碰到那些用针灸、汤药不能治愈的腹疾病，就让病人先用酒冲服麻沸散，等到病人麻醉后没知觉了，再施以外科手术：剖开腹腔、割除溃疡，洗涤腐秽，然后用桑皮线缝合，敷上药膏。病人的伤口四五天后就会愈合，一个月左右就能康复。根据这些记载来看，当时的解剖诊断术和止血术已有较大进步。如果没有生理解剖的足够知识，没有判断发病部位和性质的能力，没有防止手术大出血的必要方法，要成功施行手术是不可能的。麻沸散的应用大大提高了外科手术的技术和疗效，也扩大了手术治疗的范围。我国麻沸散的发明比西欧麻醉剂的发明要早一千多年，用酒和药物作临床麻醉是麻醉史上的创举，这在世界外科麻醉史上占有重要的地位。虽然“麻沸散”的药方已经失传，但对后世医学有着深远的影响。

华佗还精于针灸，用穴少，疗效高。据《三国志》记载，他“若当灸，不过一二处，每处不过七八壮，病亦应除。若当针，亦不过一两处”。概括说来是取穴精简，扎针深，注意针感传导，因此收到显著的疗效。并且预先告诉病人会引起什么样的针感，沿什么方向传导，得气后及时起针，病就好了。据说，一次华佗碰到一个不能走路的病人，他便让病人脱下衣服，在脊柱两侧点了几十个穴位，每穴灸十壮，灸后这个人就能行走了。华佗还根据自己的临床经验，创用“夹背法”。据现代解剖生理来看，华佗的取穴接近于脊椎两旁的交感链，如在这个部位扎针，不仅确保安全，又能取得较好的针刺效果。现在临床上仍常应用，被称作“华佗穴”。

华佗不仅精于外科，而且对妇科、儿科等也很有研究，而且在内科诊断方面的医术也很高明。他对脉象有专门的研究，还善于察声观色，根据病人的面目、形色、病状来判断疾病的轻重以及能否治疗。《后汉书》和《三国志》都记载了不少这方面的事例。一次在盐渎(今江苏盐城)一家酒店里，有几个人正在喝酒。华佗仔细查看了其中一个叫严昕的男子，告诉他说：“你有急病，从脸上看得出来，最好不要多饮酒，快回家去。”果然严昕在回家的路上从车上跌下，到家不久就死了。又有一次，一个叫徐毅的人得了病，华佗去看他，徐毅告诉他说：“昨天请人针刺胃管后，便咳嗽不已，不能躺卧。”华佗看了他的病说：“没有刺中胃管，反而误伤了肝。此后饮食还要减少，恐怕五天以后就不能救了。”后果如华佗所说，过了四五天，徐毅就死去了。华佗还善于透过现象抓住本质，根据不同情况辨证施治，对症下药。在内科方面，华佗巧妙地运用“同病异治”和“异病同治”的原则，治愈了许多疑难病症。例如，有两个人都患头痛、发烧，一块儿来找华佗医治。华佗经过仔细诊断，给一个人开了泻下药，给另一个人开了发汗药。在一旁的人迷惑不解，请教华佗。华佗解释说：“他们二人虽然病症相同，都属实症，但是一个人患的是外实(感冒)，另一个患的是内实(伤食)。得病的原因不同，所以开的药也不同。”结果那两人服了药后，病很快就好了。

华佗精于方药，在处方上力求简便精当。他对民间治疗经验十分重视，常吸取后加以提炼，以治疗一些常见病。当时黄疸病流传较广，他花了三年时间对茵陈蒿的药效作了反复试验，决定用春三月的茵陈蒿嫩叶施治，救治了许多病人。华佗还以温汤热敷，治疗蝎子蜇痛；用青苔炼膏，治疗马蜂蜇后的肿痛；用醋和蒜治蛔虫；用紫苏治食鱼蟹中毒。这些疗法既简便易行，又收效神速。他一生游历了不少地方，到处采集草药，向群众学习医药知识。在民间寻药的同时，还搜集了不少单方来治病。他很注意下功夫研究民间常见的疾病，比如寄生虫病，他认为，寄生虫病是因为吃了带有寄生虫的生鱼或生肉而感染的，这经现代医学证明是非常正确的。

华佗还是一名能运用心理疗法治疗疾病的专家。一次，一位太守请他看病，华佗认为，经过一次大怒之后他的病就会好。于是他接受了许多财物，却不给他好好看病，不久又弃他而去，并留下了一封书信骂他。太守大怒，让人去追，他的儿子知道事情的真相，便悄悄拦住了去追赶他的人。太守在极度愤恨之下吐出了几升黑血，病很快就好了。

华佗提倡用医疗体育锻炼的方法防治疾病，以达到延年益寿的目的。他吸取先秦以来导引术的精华，编创了一套使全身肌肉和关节都能得到舒展的医疗体操“五禽戏”。五禽戏的动作是模仿虎的扑动前肢、鹿的伸转头颈、熊的伏倒站起、猿的脚尖纵跳、鸟的展翅飞翔等。常做五禽戏可以使头、身、腰、背、四肢等各部位及关节得到活动，使手足灵活，血脉通畅，还能防病祛病。据说他的弟子吴晋经常按照五禽戏锻炼，过了 90 岁仍然很健康，耳聪目明，牙齿完整而坚固。

经过数十年的医疗实践，华佗的医术已达到炉火纯青的地步。他熟练地掌握了养生、方药、针灸和手术等治疗手段，精通内、外、妇、儿各科，诊断精确，方法简捷，疗效神速，被誉为“神医”。

华佗不仅有高明的医术，还有高贵的品德。他不求高官厚禄，曾多次谢绝朝廷命他做官的征诏，长期坚持在民间行医，深受群众的尊敬和爱戴。大丞相曹操多次要求华佗留在身边做侍医，都被他以妻子生病的理由拒绝了。后来，曹操多次派人到他家里，催促他早日返回许昌。华佗迟迟不从命，最后被曹操以虚诈为名而逮捕治罪。华佗虽身陷牢狱，仍不忘广大群众的疾苦，将随身携带的医书一卷交给狱卒，希望他能保存下来以留传后世。狱卒怕受牵累不敢接收。华佗非常失望，一怒之下将医书付之一炬，最后，华佗不幸被曹操杀害了。

华佗的著作被焚是我国医学史上的一大损失。不过，据记载，华佗的著作在当时还没有全部烧毁，留传下来的还有《观形察声并三部脉经》《枕中灸刺经》《华佗方》《五禽六气诀》等在汉以后的医书中还能见到。后来，这些著作逐渐佚散了。至今留传的《中藏经》以及《玄门脉诀内照图》《华佗方》等都是后人借托华佗之名而撰成的。

华佗的著作虽然佚散了，可是华佗的名字以及他对医学的贡献却永世长存。《后汉书》《三国志》都为他写下了传记。后世为了纪念他，在他游学的地方扬州和徐州设立了墓地和华祖庙，这都是广大人民群众对他的崇敬和怀念。

《神农本草经》是我国现存最早的药物学专著，是我国早期临床用药经验的第一次系统总结，历代被誉为中药学经典著作。汉代托古之风盛行，为了提高该书的地位，增强人们的信任感，它借用神农遍尝百草发现药物这妇孺皆知的传说，将神农冠于书名之首，定名为《神农本草经》。“本草经”是我国传统医药中药物著作的专称，因为在古代大部分药物都是植物药，所以“本草”成了它们的代名词。《神农本草经》是我国药学史上对药物第一次进行比较全面、系统地分类著录的著作。它成书于东汉，是秦汉时期众多医学家总结、搜集、整理当时药物学经验成果的专著，对后世药物学的发展有很大影响。

此书共收药物 365 种，其中植物药 252 种，动物药 67 种，矿物药 46 种。根据药物的性能和使用目的分为上、中、下三品。上品 120 种，无毒，大多属于滋补强壮之品，如人参、阿胶、甘草、地黄、大枣等，多服久服不伤人。中品 120 种，无毒或有毒，其中有的能补虚扶弱，如百合、当归、龙眼、鹿茸等；有的能祛邪抗病，如黄连、麻黄、白芷、黄芩等。下品 125 种，大部分都有毒，多为除寒热、破积聚的药物，如大黄、附子、乌头、甘遂、巴豆等，不可久服。书中有 200 多种药物至今仍常用，其中有 158 种被收入 1977 年版的《中华人民共和国药典》。这是我国药物学的最早分类法，以后历代本草著作均相沿引用此法。但从每一品的细目看，仍是按药物的自然属性分为玉石、草、木、兽、禽、虫、鱼、果、米谷、菜等部排列的，这是科学的。

书中明确提出了药物七情（单行、相须、相使、相畏、相恶、相反、相杀）理论，阐明了药物配伍的原则。由于药物的性味功用不同，配合必须得当。有些药物合用后，或可加强药效，或可抑制它药的毒性，因而适宜配合使用。而有些药物合用，反会产生很大的副作用，或减弱甚至抵消另一药的药效，这自然应避免同用。

书中还提出“药有酸、咸、甘、苦、辛五味，又有寒、热、温、凉四气”的“四气五味”说。此书还指出了剂型对药物疗效的影响，丸、散、汤、膏适用于不同的药物或病症，违背了这些就会影响药物的疗效。为了保证药物质量，书中还指出，要注意药物的产地以及采集药物的时间和方法。制成各种剂型，要随药性而定。用毒药应从小剂量开始，随病情的发展而递增。此书对不同部位的疾病与服药时间的关系也很注意，认为生病部位在胸膈以上的应该在饭后服药，生病部位在心腹以下的就在饭前服药，四肢血脉生病则应该在早上空腹服药，骨髓生病的在晚上吃饱了饭后服药。这对临床用药都有一定的指导意义。

书中叙述了各种药物的名称、性味、有毒无毒、功效主治、别名、生长环境、采集时节以及部分药物的质量标准、真伪鉴别等，认为为医者必须掌握药物的四气五味，阴干与晒干之分，还要了解地理环境对药物生长的影响。所载主治症包括内、外、妇、儿、五官等各科疾病170多种。如书中有60多种药明确记载了主治妇人、女子的各种疾病，包括通乳、阴蚀痛、崩漏、不孕、堕胎、闭经、白带、乳瘕、安胎、痛经等。经过长期临床实践和现代科学研究，证明所载药物的药效绝大部分是正确的。如利用水银治疗疥疮，麻黄平喘，常山截疟，黄连止痢，瓜蒂催吐，猪苓利尿，黄芩清热，雷丸杀虫，大黄通便，水蛭破淤血，牛膝堕胎，莨菪治癫，海藻疗瘿瘤等，这些都已用现代科学分析的方法得到证实，至今仍具有一定的实用价值。

《神农本草经》将东汉以前零散的药学知识进行了系统总结，其中许多具有科学价值的内容都被历代医家所珍视，作为我国第一部药物学专著，其影响极为深远。《神农本草经》的问世对我国医药学起了很大的促进作用。其作为药物学著作的编撰体例被长期沿用，历代医家多以此为基础修撰本草经，所列举的药物越来越多，解释也越来越详细。

《神农本草经》也存在明显缺陷。为了附会一年365日，书中收载的药物仅365种，而当时人们认识和使用的药物已远远不止这些。这365种药物被分为上、中、下三品，以应天、地、人三界，既不能反映药性，又不便于临床使用。三品分类法明显受到当时服石成仙、天人合一思想的影响，在神仙不死观念的主导下，收入了服石、炼丹、修仙等内容，并把一些剧毒的矿物药，如雄黄、水银等列为上品之首，认为长期服用有延年益寿的功效，这显然是荒谬的。

（童药）

# 34. 张衡制作地动仪

张衡(78—139年)，字平子，汉族，南阳西鄂(今河南南阳市石桥镇)人，南阳五圣之一，与司马相如、扬雄、班固并称汉赋四大家，中国东汉时期伟大的天文学家、数学家、发明家、地理学家、文学家，在东汉历任郎中、太史令、侍中、河间相等职，晚年因病入朝任尚书，于139年(永和四年)逝世，享年62岁。

张衡17岁时离开家乡，到西汉故都长安和洛阳等地区考察历史古迹，调查民情风俗及社会经济状况。后来，又到洛阳参观太学，求师访友。

102年(永元十四年)，张衡由洛阳回到南阳，担任南阳太守鲍德的主簿。在此期间，他写了《东京赋》和《西京赋》，一直流传后世。鲍德调离南阳后，张衡去职留在家乡，用了3年时间钻研哲学、数学、天文，积累了不少知识，声誉大振。

111年(永初五年)，张衡再次到京城，担任郎中与尚书侍郎。后来曾两度担任太史令，前后14年。在这期间，他一直致力于天文学研究，并取得了卓越的成就。

经过观察分析，张衡认定地球是圆的，月亮本身并不发光，而是借太阳光的照射才反射出光来。他还认为，天好像鸡蛋壳，包在地的外面；地好像鸡蛋黄，在天的中间。

汉章帝在位的时期，东汉的政治比较稳定。汉章帝驾崩后，继承皇位的汉和帝才10岁，由窦太后临朝执政。当时经常发生地震，有时候一年一次，也有时一年两次。每发生一次大地震，就影响到好几十个郡，城墙、房屋发生倒坍，还死伤了许多人畜。

当时的人们都把地震看作不吉利的征兆。但张衡不信神，不信邪，对记录下来的地震现象进行细心考察和试验。132年(顺帝阳嘉元年)，张衡发明制造了候风地动仪。这是世界上第一架可测地震方位的仪器，它是利用倒立惯性震摆的原理制成的，其基本构造符合物理学原理，能探测到地震波的首先主冲方向，是现代地震仪的先驱，也是当时世界上遥遥领先的发明。在国外，过了1000多年，直到13世纪，在波斯马拉哈天文台才有类似仪器出现。到18世纪，欧洲才出现利用水银溢流来记录地震的仪器。

关于张衡地动仪的历史资料，最著名的是范晔《后汉书·张衡传》中的记载，只有196个字，后世的复原工作都是据此开展的。据载，该仪器系青铜铸造，整体造型宛若汉代的酒樽。仪体圆形鼓腹，直径八尺(汉建初尺，1尺=0.2368米)，下附圈足，上面有可以启闭的圆盖，通高约一丈一尺五寸。在仪器体外按八方附设八条垂龙，龙口各衔一铜丸，地上并设八只向上张口铜蟾蜍，与龙头一一对应，龙头下部仪器表面雕刻四灵图案，八龙方位下书刻卦文。

地动仪内部结构精巧。仪器内底部中央立有一根“都柱”，即倒立惯性震摆(相当于现代地震仪的重锤)，围绕都柱设有八组与仪体相连接的杠杆机械，即“八道”，“八道”与仪器外面设置的八条垂龙龙头上颌接合，代表着东、西、南、北、东南、东北、西北、西南八个方位。遇有地震，震波传来，“都柱”偏侧触动龙头的杠杆，使该方位的龙嘴张开，铜球落入蟾蜍口中，发出声响，用以报警，即谓“一龙发机，而七首不动。寻其方向，乃知震之所在”。

张衡设计的地动仪是唯物主义自然学说的体现。仪体似酒樽(卵形)，直径和浑象一样大，象征浑天说的天；立有都柱的平底，表示大地，笼罩在天内；仪体表面雕刻的四灵图案象征二十八宿，所刻卦文为乾、坎、艮、震、巽、离、坤、兑，表示八方之气；八龙在上象征阳，蟾蜍居下象征阴，构成阴阳上下的动静的辩证关系；都柱象征天柱，居于顶天立地的地位。

候风地动仪的灵敏度很高，最低可测地震烈度为 3 度左右(据 12 度地震烈度表)的地震。据记载，候风地动仪制成以后安置在洛阳。138 年(永和三年)，距洛阳约 700 公里的陇西发生了一次 6 级以上的地震，当时洛阳没有震感，而候风地动仪做出了反应。此次陇西地震的实测成功开创了人类使用科学仪器观测地震的历史。

约在 4 世纪初，候风地动仪在动乱中失落。近百年来，由于地震学的发展，张衡的这项发明引起了地震学界的重视和研究，日本和英国的科学家都曾先后进行过研究。中国的王振铎经过对历史资料的整理和研究，并总结了一些地震学家的研究成果，于 1959 年将张衡的候风地动仪重新复原，陈列在中国历史博物馆内。由于张衡的贡献卓越，被后人称为“科圣”。

(王艳勤)

# 35. 蔡伦造纸

造纸术是中国古代科学技术的四大发明之一。关于造纸术的起源，它的发明者究竟是谁，目前学术界尚有争论。长期以来，人们一直认为纸是东汉蔡伦发明的。但在新疆罗布淖尔、陕西西安的灞桥、甘肃金关、陕西扶风、甘肃天水的放马滩等地的出土文物中，先后发现了西汉古纸，这说明至迟在我国西汉就已经发明了造纸术。可能是因为蔡伦以前的植物纤维纸比较粗糙，不便于书写，而且造纸的原料也受到很大的限制，致使当时书写用纸数量很小，没有广泛流行，所以在历史上为人们所忽视。

东汉初期，汉光武帝刘秀非常重视文化事业。《后汉书·儒林列传》说："光武中兴，爱好经术，未及下车，而先访儒雅，采求阙文，补缀漏逸。""建武五年，乃修起大学……中元元年，初建三雍。明帝即位，亲行其礼。"(《后汉书》卷七十九上《儒林列传》)这说明光武帝设立了一些教育机构，从而在上层社会的皇族及重臣与官僚子弟中形成了读书、存书、写书的风气，所以对书籍的需求量大大增加。但当时的书籍基本上是由简牍、缣帛构成的，竹简太笨重，字迹容易脱落，很不方便；缣帛又很昂贵，不可能大量生产，社会供需矛盾日趋严重，人们迫切地需要比简帛更方便、更廉价的书写材料。为了适应社会的需求，东汉和帝刘肇时期，监制宫廷器物的太监蔡伦于公元 105 年(元兴元年)改进了造纸术。蔡伦以树皮、麻屑、破布、废渔网等为原料，造出了廉价的、质地优良可用作书写的植物纤维纸，并在全国广泛流行，作为贵重物品的纸进入了人们的日常生活。

蔡伦，字敬仲，桂阳(今湖南郴州市)人。蔡伦幼年时即应征入皇宫当了小太监，由于聪明灵巧，知礼守法，言语谦和有礼，做事认真负责，很快得到了皇太子与后妃们的信任。建初年间，他当上了小黄门。根据皇宫制度，小太监除了完成自己的应有工作外，还必须学习诗、书、礼、乐等课程，而且要求非常严格。蔡伦学习十分刻苦，除了日常学习外，还借了许多经籍简册，每天晚上在灯下攻读。他特别讲求"学以致用"，对《考工记》等一类的工艺技术典籍尤其感兴趣，认真钻研各个工种的工艺流程，如纺织、建筑、炼铜、陶瓷、舟车、酿造等，这为他后来监制宫廷御用器物积累了丰厚的文化知识。东汉章帝刘炟时，大会诸学者于白虎观，考查五经，撰写《白虎通义》。学者们常来宫中讲学，或讨论各自的见解，或从事著书工作。蔡伦负责辟雍、东观、白虎观等国家图书馆简册的翻找、搬运工作。在此期间，蔡伦的学识丰富了不少。然而他对搬运笨重的简册之苦深有体会。正是这种切身感受促使蔡伦开动脑筋，认真思考，希望能够造出一种方便易得的新型书写材料。

于是，蔡伦产生了造纸的念头，并着手调查研究。蔡伦在宫中当差，有机会看到各地的新奇东西，他特别注意缣绢以外的纺织物，如楮皮布、麻葛布、羊毛毡等，还从书写要求的角度来加以考察研究。蔡伦发现，楮皮价格低廉，楮皮布表面又容易受墨，那么能不能利用楮皮制造出像缣帛那样平滑的书写材料呢？这个设想在他的脑海中萌生了。东汉宫廷有规定，太监们每隔五天可以休息一天，称为"休沐"。每当"休沐"

日，蔡伦或闭门谢客刻苦钻研，或亲历田野进行考察。他外出时，看到各种带有小毛毛(纤维)的东西，如树皮、麻屑、烂渔网、破碎麻布等，都要收集起来带回去研究。他还参观了一些织棉、织麻布、制作羊毛毡、制作楮皮布的手工业作坊，经常到河边，观察妇女洗蚕丝和抽蚕丝的“漂絮”过程。这些收集和观察所得对蔡伦后来改进造纸术有很大的启示。

公元87年(章和元年)，宫中增设了一个专门制造御用器物的综合工场，后来由蔡伦兼职主持管理工作，任“尚方令”。工场里有很多经验丰富和技术熟练的工匠，并且工种非常齐全，锻造、炼铜、雕刻、油漆等都有。充足的人力和物力资源为蔡伦试验造纸提供了十分便利的条件。自从兼任“尚方令”后，蔡伦把全部精力投入各种宫廷御用器物的生产管理和造纸研究的工作。他为工场增添了许多设备，并且仔细查看各个工种的生产过程，还特别注意技术改进，所以他监制的各种器物异常精美、坚固，工场生产秩序有条不紊，从而促进了蔡伦研制造纸的工作进程。

蔡伦根据楮皮布的制作方法，先将楮皮刮去外皮，放在缸中浸泡数天，等到它发酵腐烂了，再取出来清洗后晒干，梳成楮皮丝。再参照制作羊毛毡的方法，将楮皮丝切得很短后铺在木板上压紧，就会变成一片松软的东西，不过表面粗糙不平，不适宜写字。蔡伦发觉，只有设法把楮皮丝切得更加细碎，才有利于表面平滑。于是他把楮皮丝剁碎了再试，试了多次，表面仍然很粗糙。后来，他发现用舂米的方法，将剁碎的树皮放在石臼中，用杵上下反复舂捣，渐渐地就看不出树皮的痕迹了，变成了纸浆，不过这样的制作方法仍然十分费力。经过一段时间，蔡伦又发明了一种较为简便的脚踏舂捣方法。楮皮制浆成功以后，蔡伦又试验用麻屑、破麻布、废渔网等作为原料舂捣制纸浆，并且制成的纸浆与树皮制成的纸浆基本上是一样的。

然而，怎么才能制成一张张均匀的薄页呢？这个问题一直困扰着蔡伦。他试着用羊毛毡成形的方法制纸，失败了。一次，他去后宫给后妃们请安，路过宫女们的住所，看到宫女们绣花时把绸缎平整地绷在圆形的竹架上，绣花针上下穿梭。这一偶然的发现给了蔡伦灵感。回到工场后，他立即依法仿做，把麻布的四边缝在四根竹竿上，形成一个麻布帘框子，再用细绳穿过四周绕在竹框上拉紧，在上面浇一层纸浆，稍微摇动竹框，纸浆就流到四边，布满在麻布帘框上，晒干以后小心地揭下来。这样，植物纤维纸就造出来了。蔡伦把纸样拿给邓妃看，邓妃觉得还是有很多缺点，如厚薄不匀、纸页太小等。在邓妃的鼓励和支持下，蔡伦继续做进一步的研究。

这样，蔡伦把精力集中到了研究麻布帘上。他意识到，要使湿纸完整地脱落麻布，必须使麻布帘能向下翻转脱离湿纸，可麻布绷在架子上不容易翻转。鉴于麻布帘的缺陷，蔡伦又继续研究摸索新的纸帘。他尝试着用精细而结实的竹帘来抄捞纸浆，但是竹帘轻而薄，两手不便握持，竹帘遇到纸浆就会漂浮起来，很难抄捞出湿纸。蔡伦经过反复试验，最后用木材制作成精细的方形帘床，木帘床四周的上口呈三角形，以利于过滤水分，还容易使湿纸与竹帘分离。经过一系列的研究试验和不断改进，蔡伦研制成一套可以灵活使用的竹帘，它能在抄捞纸浆后立即使湿纸与竹帘脱离，接着再行抄纸。使用竹帘抄纸，不仅提高了纸的质量，而且加快了生产的速度。

但是因为湿纸含有大量的水分，所以很难把很多张湿纸揭分开来。蔡伦经过分析琢磨，想到油的润滑特性也许可以使纸页不粘。他试着把油加在纸浆槽中用力搅，可油又悬浮起来，油和水不能混合。虽然试验失败了，但这让他更充分地认识到，只要添加一种既能与水相溶，又滑而不粘的物质，揭分纸张的难题就能被攻克。后来，他在庭院里踱步的时候，顺手从地下拾起一朵梧桐花在手指上揉捻，花被捻碎后，他惊奇地发觉手指上有种黏黏的、滑滑的感觉。他又拾起几朵梧桐花揉捻，手指上黏滑的感觉相同。他连忙把捻碎的梧桐花放到水槽里，搅动以后发现梧桐花的汁液很快就溶入水中了。于是他让工匠们采集了很多梧桐花、茎、梗加水捣出滑汁来加到纸浆槽里，用木棍反复搅动，最后抄出的纸都很均匀，并且一张张含有水分的纸也都被完整地揭分开来了。可见，能否造出优质的纸，滑汁起了关键作用。所以，工匠们为滑汁取名为“纸药”。“纸药”的发现与应用终于成功圆满地改进了造纸术。

公元 105 年(元兴元年)，也就是蔡伦发明“纸药”的这一年，蔡伦用树皮、麻屑、破布、废渔网等为原材料成功地造出了纸。1965 年，中国科学院自然科学史研究室的研究人员根据在陕西凤翔纸坊村实地考察所恢复的《汉代造纸工艺流程图》形象地再现了蔡伦的造纸流程，除漂洗、碎切、浸沤、舂捣、打浆外，他还采用了利用石灰碱液进行烹煮的化学处理方法，以便于植物纤维更容易分解。

《后汉书·宦者列传》中说：“元兴元年奏上之，帝善其能，自是莫不从用焉，故天下咸称‘蔡侯纸’。”蔡伦改进造纸术得到和帝的称赞，被通令推广，以利天下。和帝传令三公行文天下郡国州县，派人来京师学习造纸，并令少府在京城内外设立造纸作坊，选派工师，培训前来学习的工匠，以便把蔡伦的造纸术普及推广到全国各地。当时，“蔡侯纸”非常受人欢迎。

蔡伦在总结西汉以来造纸经验的基础上，对造纸术的改革和推广，为中国造纸技术的继续提高奠定了坚实的基础，并且促进了中国的造纸术向世界各地的传播。公元 7 世纪时，中国的造纸术就已传到朝鲜和日本，8 世纪传入西亚，后又传入欧洲，逐步在全世界得到推广，成为全人类的共同财富。据学者研究，中国的造纸术先后传至日本(610 年)、印度(710 年)、撒马尔罕(约 751 年)、巴格达(约 793 年)、埃及(约 900 年)、西班牙(约 1100 年)、法国(约 1189 年)、德国(约 1391 年)、英国(约 1494 年)、俄国(约 1586 年)、美国(约 1690 年)等地区和国家。西方人一直误以为造纸术是阿拉伯人发明的，直至 20 世纪初英国人斯坦因在我国西北古长城的一座烽燧中找到一些写有粟特文的信纸，并断定这些用破布制成的纸是中国古代劳动人民的发明，至此纸的发明权属于中国才被世界上大多数人承认。中国造纸术的发明促进了世界科学文化的传播和交流，对人类历史文明的发展有着深远的影响。

蔡伦虽不是纸的最初发明者，但他却是造纸技术史上伟大的革新者。他的伟大之处就在于他在造纸原料上和方法上都有革命性的改进，使得纸的大量生产成为可能，为纸的推广和普及开辟了广阔的道路。蔡伦造纸的基本原理一直沿用至今，他的功绩不仅在中国文化史而且在世界文化史上都留下了光辉的一页。

（程建丽）

# 36. 东汉太学清议与党锢之祸

东汉时期，朝廷招纳官吏的办法是采用察举、辟召制度。以儒家思想为意识形态支柱的东汉政权，在其察举及辟召的标准上，儒家的“德”是作为非常主要的一个方面。在当时，德行高洁之人是被看作可以弘扬圣教、敦睦民风的政治人才的，然而，“德”这个标准很难用一种严格的考试或者考核方法来判定，而且，察举、辟召所参考的实际上是社会上的舆论。因此，在察举、辟召制度实行之后不久，就开始出现弊端。这种缺陷在东汉前期政治的上升时期危害还不大，但随着东汉政权日趋腐败，流弊日盛，以致出现了“举秀才，不知书；察孝廉，父别居；寒素清白浊如泥，高第良将怯如鸡”的状况。就是说，所谓凭借才学优秀被举荐当官的人却没有文化，因品德高尚而被举荐当官的人竟不供养父母，号称清贫纯洁的反比污泥还秽浊，门第很高的良将帅才竟胆小如鸡。在这种情况下，如何能够辨别出真正值得察举、辟召的人才，成为一个社会问题。

东汉中期的人物评论，其目的主要是服务于当时的察举与辟召制度，用于推荐与选拔人才。而到了东汉后期，尤其桓帝、灵帝时期，士人们的评论就不单单是为推举与选拔人才服务了。这个时期，揭露抨击奸邪恶行的评论开始多了起来。

东汉的皇帝除明帝、章帝外，几乎都在幼年继位，由皇太后临朝称制。这些年轻的皇太后要掌握专制权力，只能依靠她的娘家人，即外戚来协助处理政事，这就为外戚窃取大权提供了机会。外戚自恃亲贵，骄横擅权，无视幼主，朝中大臣均仰承其鼻息行事。他们为所欲为，简直不把皇帝放在眼里。皇帝生活在深宫中，接触的只有那些侍奉日常起居的宦官。皇帝年长之后，为了从外戚手中夺取大权，必然依靠那些在自己身边服务多年、和朝臣关系并不密切的宦官，发动政变，除掉外戚。皇帝亲政后，自然重用夺权有功的宦官，于是又形成宦官专权的局面。可是，皇帝死后，宦官身份卑贱，不能辅政，立新皇帝后，接着又有新的外戚上台。这种围绕皇权的争夺而出现的外戚、宦官的起伏交替专政便成为东汉后期封建政权的一个特点。

外戚、宦官交替专权是封建统治集团的内部矛盾在专制制度下的尖锐表现。专制制度的完备使权力高度集中于皇帝之手，皇帝成为一切权力的化身，无论外戚或宦官专权，都力图控制皇帝，或拥立幼主，以便自己继续操纵。从封建士大夫看来，宦官是身份卑贱的暴发户，所以，在外戚、宦官的争斗中，外戚较多地得到士大夫的支持。

宦官与外戚之间互相倾轧和轮番专权使得朝政越来越败坏。他们一方面大肆搜刮民脂民膏，强取豪夺；同时又把持官吏选拔大权，滥用亲朋，颠倒是非，混淆黑白，堵塞了一大批有品行、有学识的知识分子的仕途。政治的黑暗，社会的动荡，国家命运和个人前途的渺茫促使一部分官僚和知识分子对时政提出议论和尖锐的批评，贬抑篡权窃国的外戚、宦官，褒扬不畏权势、忧国忧民的清官廉吏，逐渐形成了所谓的“清议”。

东汉初年，光武帝刘秀注意整顿吏治，他利用兴办学校和乡堂里选等方式，培养和选拔地主阶级的子弟进入各级政权机构。这样，就为儒生的入仕大开方便之门。到质帝时，太学生已增至3万多人。各地儒生数量更多，在郡国和私人精舍中就学的至少也有七八万人。这些儒生中有豪家世族的子弟，更多的是中小地主阶级的子弟，他们是官僚的后备军。为数众多的太学生是官僚士大夫政治集团中的重要组成部分，他们有感于政治前途的暗淡，也对宦官当政感到怨恨，于是，以郭泰、贾彪等为首的一批学生领袖一方面在太学中进行反宦官政治的组织和宣传；另一方面，又吸收社会上有识有才能者入太学，以扩大自己的阵容。儒生们还利用风谣大造舆论。汉代风谣，其中包含着对某个人德行学业所作的一种评价，它采用简短的韵语，上口易记。朝廷每年派人到各地采集风谣，以此作为选拔官吏的一个标准。官僚和儒生利用风谣品评人物，同宦官进行斗争。因此，太学成为当时的一个政治活动中心。

官僚同宦官的矛盾更大。官僚大都是世族地主，他们世代为官，经济基础雄厚，政治力量强大。如杨震家族四代人当过三公的高官，袁安家族四代人五人做过三公，他们的门生故吏遍布全国，权势倾天下。这些官僚集团以“清流”标榜自己，视宦官为“浊流”。所谓“清流”是指以儒学为正宗，凭着孝廉、征辟、策对等正途做官的人。在这一点上，官僚和儒生的看法和利益是一致的，这是他们联合反对宦官的基础。

一些比较正直的官吏频频向皇帝上书，指斥宦官擅权的弊端。官僚集团中的头面人物杨秉、陈蕃、李膺等多次搬出“高祖之约”和汉家“旧典”苦谏，希望桓帝罢斥权倾海内，贵宠无极的宦官集团。但是，这时桓帝已是宦官手中的傀儡，官僚的上书苦谏不仅没有效果，而且还会招来杀身之祸。

153年（桓帝永兴元年），朱穆担任冀州（今河北中南部）刺史，他刚正不阿，惩除贪官污吏和权贵。宦官赵忠的父亲去世，安葬时葬礼隆重超出常规，朱穆令手下挖掘坟墓，亲自检查，发现有玉匣、木偶等违规葬品。朱穆下令逮捕赵忠家属，赵忠向桓帝告状，诬陷朱穆。桓帝听信谗言，将朱穆免职下狱。此事引发了历史上第一次大规模的太学生请愿运动。太学生刘陶等数千人到宫廷向桓帝上书请愿，为朱穆喊冤。他们指责宦官蒙蔽皇帝，颠倒是非，滥用职权，认为朱穆忠心忧国，深谋远虑，是难得的贤臣，如一定要判刑，则愿代他受刑服苦役。

迫于太学生们的强大压力，加上朱穆的做法也无违法之处，桓帝只好赦免了朱穆。第一次请愿算是胜利结束了。

162年（桓帝延熹五年），由于宦官集团合谋陷害对羌人作战有功的皇甫规，又激起了一次政潮。皇甫规作战有谋略，又采取了正确的政策，取信羌人，羌人数十万人来降，基本上解除了为患多年的羌人进扰问题。但是，由于他惩办的贪赃枉法的边吏多系宦官集团的爪牙，本人又痛恨宦官，不与他们来往，甚至大宦官徐璜、左悺亲自出马向他勒索并表示亲热拉拢的时候，皇甫规始终不答应，硬顶回去，结果徐璜等人大怒，反诬皇甫规贿买羌人降汉，把他下狱。这种颠倒是非的事激起太学生和正直官吏的愤慨，于是，太学生张凤等300余人又发起第二次请愿运动，诣宫廷上书为皇甫规鸣冤，皇甫规又因而得以赦免。

士人的清议与太学生的请愿运动给一大批中下级正直官吏在精神上和舆论上以极大鼓舞，他们秉公执法，制裁宦官及其亲朋。河东太守刘祐的下属县令大半为宦官子弟，平时欺压百姓，民愤很大。刘祐到任后，将这些人一一罢免。南阳太守成瑨与功曹岑晊合谋诛杀了与宦官勾结的商人地主张讯。山阳太守翟超与督邮张俭籍没了宦官侯览老家的财产。太原太守刘瓆诛杀了贪横放恣的小黄门赵津。

在野处士、在朝中下级官吏和太学生三股力量平行发展，交相呼应，形成了反宦官斗争的政治高潮。而这场斗争的首领人物就是太尉陈蕃和司隶校尉李膺。

桓帝初年，李膺担任司隶校尉，宦官张让的弟弟张朔在其属下任县令，贪残暴虐，被人告发。李膺要查办张朔，于是，张朔逃到洛阳，躲进他哥哥家里。李膺亲自带领公差到张让家搜查，在张家的夹墙里搜出张朔，把他逮走。张让赶快托人去求情，李膺已经把案子审理清楚，把张朔杀了。张让十分气愤，马上向汉桓帝哭诉。桓帝知道张朔确实有罪，也没有难为李膺。这一来，李膺的名气就更大了。一些读书人都希望能见见李膺，要是受到李膺的接见，就被看作很光彩的事，称为“登龙门”。

然而，宦官总在伺机反扑。正好后来发生了张成事件，成为宦官发动第一次党锢事件的借口。

史载河内一位豪强张成善观天文星相，占卜吉凶。他刻意结交宦官，连桓帝也曾向他请教过。166 年(延熹九年)，张成算准近期将要大赦，竟然指使儿子杀死自己的仇家。李膺收捕张成之子，欲将其处以极刑，却碰上大赦，应当免罪。李膺十分愤恨，便不顾大赦令而击杀之。于是，怀恨已久的宦官侯览趁机指使张成的弟子牢修上书，诬告李膺等人豢养不法太学生，交结地方上的歹人，诽谤朝廷，惑乱、败坏风俗。桓帝闻听大怒，下令逮捕党人。除了李膺之外，还有杜密、陈寔和范滂等 200 多人，都被写进党人的黑名单。朝廷悬赏通缉，非要把这些人抓到不可。杜密像李膺一样，也是敢于跟专权宦官作对的官员。两个人的名望差不多，人们把他们联在一起，称为“李、杜”。陈寔本来是个太学生，因为有名望，也被划到党人名单里去。有人劝他逃走。陈寔并不害怕，说：“我逃了，别人怎么办？我进了狱，也可以壮壮别人的胆。”于是，他自己投案，进了监狱。

捉拿党人的诏书到了各郡，追捕党人的使者遍布各地，相望于道路。太尉陈蕃力谏桓帝，指出这种做法实际上是想堵塞天下人之口，这与秦始皇焚书坑儒有什么区别？并拒绝审理李膺等人，坚决不在判处李膺的公文上签字，因而被桓帝罢免。

由于当时被捕的都是有名望的人士，很多人以不在党人名单为耻。皇甫规上书：“我举荐过已故党人前大司农张奂，所以，我是附党之人。”太学生张凤等也上书自称是附党，应该连坐。桓帝感到难办，只好置之不理。

被捕的党人在监狱里，宦官对他们进行残酷的折磨。他们的头颈、手、脚都被上了刑具，叫作“三木”，然后被蒙住头一个挨一个地拷打，就这样关了一年多。

李膺等在狱中受审时，故意牵扯部分宦官子弟，使宦官害怕受到牵连。窦皇后的父亲窦武不满宦官专权，同情太学生反宦官运动。太学生贾彪来京谒见窦武，请他主持正义。窦武便上书请求桓帝赦免党人，不要治罪，否则，将天下寒心，海内失望。167 年(永康元年)，桓帝下诏赦免党人 200 余人。这批党人虽然被释放，但是宦官不许他们留在京城，打发他们一律回老家，并且把他们的名字通报各地，罚他们一辈子不得做官。这就是第一次党锢之祸。

第一次党锢之祸后，党人的声望在全国空前高涨，许多人把改变社会的希望寄托到党人身上，并且以和党人结交为荣。像窦武那样的贵族也要装出朴素生活的样子来接近党人。党人虽然被罢官归田，禁锢而不得为官，但他们却得到了比当官更为荣耀的社会敬仰。范滂出狱归乡，家乡人迎接他的车多达数千辆。全国各地给党人贯以各种称号加以表彰，有“三君”“八俊”“八顾”“八友”等。以窦武、陈蕃等为三君，“君”指受世人共同崇敬。以李膺、王畅等为八俊，“俊”指人中英雄。以郭泰、范滂等为八顾，“顾”指品德高尚而及于人。以张俭、刘表等为八及，“及”指能引导人追行受崇者。以度尚、张邈等为八厨，“厨”指能以财富救助他人。这些人互相激励，反抗宦官的呼声再度高涨。

桓帝死后，灵帝即位，宦官气焰更盛。曹节、王甫、张让、赵忠等把持朝廷。灵帝常说：“张常侍(张让)是我公，赵常侍(赵忠)是我母。”168年(建宁元年)，陈蕃、窦武再次上书窦太后，要求立即诛除专横的宦官，但是窦太后仍然犹豫不决，延误了动手的时机。结果，他们的计划泄露，被宦官曹节等人发觉，立刻挟持灵帝，下诏拘捕窦武，窦武兵败自杀，窦太后被软禁。陈蕃带领属官及诸生抵抗，失败被捕，不久被杀害。他的家属被流放，门生、故吏也都被免官或禁锢。从此，宦官们更加肆无忌惮，又演出了第二次党锢之祸。

169年(建宁二年)，宦官侯览指使人诬告山阳郡东部督邮张俭结党营私，图谋造反。宦官曹节趁机示意有关治狱部门将上次的党锢者也牵扯进去。灵帝昏庸，批准了其奏议。

逮捕党人的诏书一下来，天下大乱。颍川襄城的一些士人得到了这个消息，慌忙跑到李膺家里，催他赶快逃走。李膺回答说：“事不辞难，罪不逃刑，臣之节也。吾年已六十，死生有命，去将安之?”于是就自动投狱，被拷打而死。

逮捕名士范滂的汝南督邮不忍心加害范滂。范滂知道后亲自去县里投案。县令也不愿逮捕他，要弃去官印同范滂一起逃跑。他对范滂说：“天下大矣，子何为在此?”范滂不愿连累别人，情愿入监。县令只好派人去请范滂的母亲来跟儿子见上一面。范滂的母亲勉励儿子说：“汝今得与李、杜(李膺、杜密)齐名，死亦何恨?”后来范滂死在监狱里，时年33岁。

张俭逃往塞外才得以幸免，但他在外逃途中曾得到过许多人的冒死掩护，官府沿途追查，因此成百人受牵累而家破人亡。

第二次党锢延续的时间长达16年之久，在这16年中，发生了两次大规模的宦官捕杀党人的行动。

172年(熹平元年)，窦太后死，有人在洛阳朱雀阙上书写反对宦官专权的文字，宦官集团又一次四处搜捕党人及太学生千余人。

176年，永昌太守曹鸾上书灵帝，为党人鸣冤，希望解除党禁。奏章写道：“夫党人者，或耆年渊德，或衣冠英贤，皆宜股肱王室，左右大猷者也；而久被禁锢，辱在涂泥……所以灾异屡见，水旱荐臻，皆由于斯。宜加沛然，以副天心。”曹鸾的上书没有起到任何效果，反而激怒了灵帝，除将曹鸾拷打致死，还下令全国，党人五服以内的亲属及门生、故吏，凡有官职者，全部免官禁锢，进一步扩大了迫害士人的范围。在这次党狱中，一下子杀了100多名士人，被禁锢者六七百人，太学生被捕1000多人，士人力量受到惨重打击，宦官的疯狂反扑取得绝对胜利。

东汉的党锢之祸是中国封建社会历史上第一次党锢事件。它不同于秦始皇的焚书坑儒只坑杀儒生，禁锢百家思想而独崇法家，也不同于后来的文字狱。它是擅政宦官假借皇帝名义而对朝野反对士人及年轻学生的全面打击。这种倒行逆施不仅不能挽救统治，更加速了其灭亡。就在党锢事件发生后不久，东汉就爆发了黄巾大起义，给统治者以沉重的打击，使汉灵帝意识到，如不解决党锢问题，党人与起义军结合则后果不堪设想，于是，在184年(中平元年)宣布大赦党人，流放者准许返回故里。至此，党锢问题才算最后解决。

东汉末年党人反对宦官的斗争是一次政治改良行动。面临宦官擅权的黑暗统治，一些正直的官僚、儒生为了挽救社会危机，缓和阶级矛盾，提出了改革主张，在政治上，主张将宦官赶出政治舞台，选拔清贤奉公之人；在经济上也提出一些改革主张。尽管收效甚微，但党人不畏强暴的精神激励着后人，并对后世产生了很大影响，例如明末东林党人反对宦官的斗争就是受东汉党人斗争精神的鼓舞和影响的。

（张敏）

# 37. 诸葛亮《隆中对》与三国鼎立局面的形成

东汉中叶以后，皇权式微，中央集权的政治格局发生动摇，地方豪强势力日益坐大。各地郡守、侯相利用皇权空虚的缝隙，不断扩充自己的实力，相互兼并，弱肉强食，借助宗族血缘的纽带，拉队伍，占地盘，征赋税，实际形成独立于中央朝廷的军阀割据局面。

公元189年（昭宁元年），久怀野心的并州牧董卓见京师动乱，以为时机成熟，率兵至洛阳，“奉迎”少帝刘辩，企图控制朝政。董卓扩充自己的军事实力，废少帝为弘农王，另立本族董太后所养的九岁陈留王刘协为献帝，玩弄其于股掌之中。他自任太尉、相国，“入朝不趋，剑履上殿”，完全不把小皇帝放在眼里。董卓强行迁都长安，将洛阳宫室、宗庙及官民住宅全部烧毁，“二百里内无复孑遗”。

董卓的横蛮霸道、倒行逆施激怒了天下豪杰，各地纷纷举兵讨伐董卓。朝廷内部，耿直刚毅之士也积极谋划针对董卓的刺杀行动。公元192年（初平三年）春，司徒王允策反了董卓最信任的爱将吕布，制定了周密的诛杀计划，将其斩杀。

东汉末年，黄巾起义遍及青、徐、幽、冀、荆、扬、兖、豫八州。讨伐董卓的各地豪杰也拥兵自重。在持续多年的动荡时局下，曹操、刘备、孙权三股地方势力逐渐强盛，最终形成魏、蜀、吴三国鼎立的政治格局。

曹操，沛国谯（今安徽亳县）人，出身官宦世家。相传为西汉名相曹参之后。董卓当政，天下汹汹，讨伐之声四起，曹操也愤然起兵，一方面抗击董卓，一方面镇压黄巾。其时群雄并起，山头林立，曹操的力量单薄，只得依附他人，徐图发展。公元192年（初平三年）秋，青州黄巾军进入兖州，势如破竹。济北相鲍信、州吏万潜迎请曹操领兖州牧。曹操大破黄巾于寿张（今山东东平）以东，穷追败寇，迫使其投降。此次大捷获人口百余万，降卒30万。曹操从中挑选精锐，号“青州兵”，军事实力大增，又因占有了固定的地盘，一举成为天下瞩目的一方豪强。

公元196年（建安元年），曹操派遣曹洪迎汉献帝东归洛阳，准备“挟天子以令诸侯”，但是受到董承、袁术的阻击，未能如愿。不久，曹操率军进入洛阳，实际上控制了朝政。谋士荀彧向曹操建议，洛阳历经战乱，已残破不堪，不宜作为都城，不如迁都到许昌。许昌完全在我们的势力范围之内，更有利于“挟天子以令诸侯”。献帝倚重曹操，只有听从摆布。

迁都许昌后，曹操虽然占据了“挟天子以令诸侯”的有利政治地位，但是诸侯并不服气。袁绍占冀州、青州、并州，刘表占荆州，刘焉占益州，公孙瓒占幽州，袁术、吕布、刘备争夺徐州，各自为政，并不完全屈从曹操的旨意。尤其是袁绍，兵多将广，地盘广阔，实力雄厚，成为曹操一匡天下的头号劲敌。公元199年（建安四年），袁绍消灭了公孙瓒，将幽州也纳入自己的势力范围，愈加牛气冲天，起心消灭曹操集团，取代汉祚，自立帝业。

公元200年(建安五年)春，袁绍发布檄文，出兵攻伐曹操。曹操并不慌乱，举兵迎敌。他采纳荀攸的建议，布置疑兵，声东击西，各个击破，连斩袁绍两员大将颜良、文丑，遏制了袁军的凶焰。八月，袁军主力进逼，与曹军对垒于官渡(今河南中牟东北)。袁军兵多将广，全力围攻，曹军据险固守，形势被动。为扭转战局，曹操派遣徐晃、史涣偷袭袁军运输车队，尽焚其军粮，动摇其军心。正当两军殊死搏杀之际，袁绍的谋臣许攸叛逃曹营，并提供了袁绍派大将淳于琼去乌巢护卫粮草辎重的机密情报。曹操当机立断，亲自率领五千精锐，伪装成袁军，夜袭乌巢，尽毁其辎重无数，全歼淳于琼部。

袁绍得知曹操出击乌巢，急派张郃、高览攻击曹洪留守的官渡曹营，试图断曹操的归路。张郃、高览见淳于琼部被歼，粮草尽失，无心恋战，率部投降曹操。袁军至此已是兵败如山倒，全线溃退。袁绍、袁谭父子仅带八百骑狼狈逃生，曹操缴获军械财物、图书珍宝不计其数。官渡之战后，袁绍集团一蹶不振，再也不是曹操的对手。公元202年(建安七年)夏，袁绍病死，其子袁谭、袁尚兄弟阋墙，内斗不已，被曹操消灭，青州、冀州、幽州、并州全部平定。之后，曹操又降伏了屡屡南侵幽燕之地的辽东乌桓，最终完成了统一北方的大业。

刘备，涿郡(今河北涿州)人，西汉景帝之子、中山靖王刘胜后裔。刘备早年家贫，贩履织席为业。他“好交结豪侠，年少争附之”。黄巾事起，刘备率部属参与剿灭有功，当了县尉、县令级别的小官。后来，他投奔公孙瓒，与袁绍抗争，后改投徐州牧陶谦。陶谦器重刘备，给他四千人马，临死前又交代部属拥戴刘备为徐州牧，刘备这才有了基本的队伍和地盘。不过，在群雄争强的汉末，刘备的力量依然单薄，屡屡面临被消灭的险境，不得已之下又投靠了曹操。这时，献帝的岳父董承嫉恨曹操架空了皇权，正密谋发动政变，杀死曹操。刘备与之暗通消息。谋士程昱劝曹操除掉刘备，曹操却认为：“方今收影响时也，杀一人而失天下之心，不可。”曹操请刘备喝酒，还说：“今天下英雄，唯使君与操耳”，袁绍之辈，“不足数也”。刘备并不因为曹操的抬举而得意，反而担心曹操窥探自己的真心，决意离去。公元199年(建安四年)冬，曹操派刘备率部阻击袁术，刘备乘机脱离了曹操的控制。不久，董承等人的密谋泄露被杀，刘备干脆以汉室后胄的名义拥戴献帝，与袁绍联络，公开反曹。

曹操追击刘备，虏其妻、子，刘备的结拜兄弟关羽也暂时归顺曹操。走投无路的刘备南奔荆州，投靠刘表，总算有了栖身之地。刘表给了他一支队伍，驻防新野(今河南新野)。八年间，刘备广交豪杰，引起刘表的怀疑，暗中对刘备有了防备。

刘备访襄阳名士、号称“水镜先生”的司马徽。司马徽向他推荐“卧龙”与“凤雏”两大人才。“卧龙”是诸葛亮，“凤雏”是庞统。与此同时，徐庶也郑重地向刘备推荐了诸葛亮。

诸葛亮，字孔明，琅琊阳都(今山东沂南)人，东汉末年，随叔父诸葛玄前往荆州，依附刘表，后隐居南阳隆中(今湖北襄樊西)，自比管仲、乐毅，有经纬天下之才。

公元207年冬，刘备三顾茅庐，以诚心打动了在隆中之地“躬耕陇亩，好为《梁父吟》”的诸葛亮。

刘备虚心地问计天下，诸葛亮发表名垂千古的“隆中对”：

> 自董卓已来，豪杰并起，跨州连郡者不可胜数。曹操比于袁绍，则名微而众寡，然操遂能克绍，以弱为强者，非惟天时，抑亦人谋也。今操已拥百万之众，挟天子而令诸侯，此诚不可与争锋。孙权据有

江东，已历三世，国险而民附，贤能为之用，此可以为援而不可图也。荆州北据汉、沔，利尽南海，东连吴会，西通巴、蜀，此用武之国，而其主不能守，此殆天所以资将军，将军岂有意乎？益州险塞，沃野千里，天府之土，高祖因之以成帝业。刘璋暗弱，张鲁在北，民殷国富而不知存恤，智能之士思得明君。将军既帝室之胄，信义著于四海，总揽英雄，思贤如渴，若跨有荆、益，保其岩阻，西和诸戎，南抚夷越，外结好孙权，内修政理；天下有变，则命一上将将荆州之军以向宛、洛，将军身率益州之众出于秦川，百姓孰敢不箪食壶浆以迎将军者乎？诚如是，则霸业可成，汉室可兴矣。

诸葛亮一番话，为刘备于群雄并立的争斗局面中求生存、谋发展制定了明确的计划表、路线图。刘备心悦诚服，从此视诸葛亮为头号军师，"情好日密"，言听计从。结拜兄弟关羽、张飞不高兴了，刘备解释道："孤有孔明，犹鱼之有水也，愿诸君勿复言。"

公元208年（建安十三年）秋，曹操亲率大军南下，兵锋直指荆州。这时，刘表病死，其子刘琮继任荆州牧。刘琮慑于曹军声威，很快投降。驻扎在樊城的刘备力不能支，匆忙向江陵撤退。原属刘琮的部属以及百姓十余万人、车数千乘随刘备南撤，行动迟缓，一天只能走十几里。有人劝刘备撇下拖累，赶紧脱离曹军的威胁，刘备回答："夫济大事必以人为本，今人归吾，吾何忍弃去！"曹操担心江陵的军备辎重为刘备占有，亲率精骑五千，夜以继日，一天飞驰三百里，在长坂（今湖北当阳东北）追赶上刘备的队伍。刘备令张飞断后，抛妻离子，好不容易才脱身，与诸葛亮、赵云等逃到夏口（今湖北武汉南），与江夏太守、刘表长子刘琦合兵一处。

正当此时，孙权派鲁肃前来联络。诸葛亮对刘备说："事急矣，请奉命求救于孙将军。"诸葛亮与鲁肃一道，来到柴桑（今江西九江西南），会见孙权，商讨对付曹操的办法。针对孙权的迟疑、观望态度，诸葛亮分析道：曹军长途奔袭，已成强弩之末，且北兵不习水战，并不可怕。只要将军命猛将率兵数万，与刘备"协规同力，破操军必矣。操军破，必北还，如此则荆、吴之势强，鼎足之形成矣。成败之机，在于今日。"在鲁肃、周瑜的支持下，孙权决定与刘备联手抗曹。孙、刘联军于赤壁（今湖北蒲圻）大败曹军，曹操败走华容道，撤回北方。公元220年（建安二十五年）正月，曹操逝世于洛阳，享年六十六岁，追谥武王。

曹操死后，太子曹丕继承了魏王爵位。公元220年冬月，曹丕逼迫汉献帝仿尧舜"禅让"的故事，退出帝位，交出皇权。献帝刘协早已是曹氏父子手中的傀儡，只得乖乖照办。曹丕封刘协为山阳公，保留天子待遇，上书不称臣。东汉195年的历史就此完结。

曹丕名正言顺地当了魏国的开国皇帝，改元黄初。追尊魏王曹操为武皇帝，王太后为皇太后。中国历史上的三国时期由此拉开序幕。

赤壁战后，来自北方的威胁基本解除，刘备得以经营荆州、江南之地。他任命诸葛亮为军师中郎将，督零陵、桂阳、长沙三郡，调其赋税，以充军实。公元211年（建安十六年），受刘璋之邀，刘备率部进入益州，攻击张鲁。一年后，刘备与刘璋反目。公元214年（建安十九年），刘备包围了益州首府成都，诸葛亮、张飞、赵云、马超纷纷领兵增援。刘璋见大势已去，开城投降。

刘备占领了号称"天府之国"的益州，获得了进可攻、退可守的战略基地，更加雄心万丈。他让诸葛亮镇守成都，足食足兵，自己亲自率军北伐，出阳平关，占据汉中（今陕西南部、湖北西北部）。公元218年（建安二十三年）七月，刘备自称汉中王，立子刘禅为太子。

公元221年(黄初二年)，众部属力劝刘备称尊号，即帝位，但被拒绝。诸葛亮再次恳切劝进，刘备再也不好拒绝，于这一年四月丙午日即皇帝位于成都武擔之南，国号仍为“汉”，因都城在蜀，史称“蜀汉”“蜀”，改年号章武，以诸葛亮为丞相，许靖为司徒，置百官，祭宗庙，立吴氏为皇后，立刘禅为太子。

刘备当了皇帝，不听群臣劝阻，立即挥兵东向，力报孙权偷袭荆州、杀死关羽之仇。结果被东吴大将陆逊火烧连营七百里，损兵折将，大败而归，退驻白帝城(今重庆奉节)。公元223年(章武三年)春，刘备病危，诸葛亮自成都赶到白帝城。病榻之上，刘备托孤于诸葛亮：“君才十倍曹丕，必能安国，终定大事。若嗣子可辅，辅之；如其不才，君可自取。”诸葛亮辅佐刘备十余年，深得信任倚重。听了这番肺腑之言，泣不成声：“臣敢竭股肱之力，效忠贞之节，继之以死！”刘备又交代刘禅：“汝与丞相从事，事之如父。”

公元223年(章武三年)4月，刘备死于白帝城永安宫。刘禅继位，是为后主，改元建兴，封诸葛亮武乡侯，领益州牧，“政事无巨细，咸决于亮”。

诸葛亮尽心尽力辅佐刘禅，稳定蜀汉，东方结好孙吴，又多次兵出祁山，攻魏以图中原，可惜均功亏一篑。公元234年(建兴十二年)8月，诸葛亮病逝于武功五丈原(今陕西岐山斜谷口)军中，时年54岁，鞠躬尽瘁，死而后已。

诸葛亮死后，蜀汉皇权在刘禅之手乏善可陈。公元262年(景耀五年)，魏国大兵压境。蜀军或退或降，防卫土崩瓦解。邓艾兵临成都，后主刘禅将自己捆绑起来，拉着棺材，到邓艾军门投降。延续42年的蜀汉皇权，黯然终结。

再说东吴孙权。孙权继承了父、兄开创的基业，延揽各方人才，征服割据势力，西联刘备，北抗曹操。赤壁大捷后，孙权巩固了江东地盘，其后，又进一步扩大势力，占领荆州，受封骠骑将军，领荆州牧，封南昌侯，依然奉贡于汉。

公元220年(黄初元年)，曹丕称魏帝，废汉祚。公元221年(章武元年)，刘备称帝于成都，立国蜀汉。见此情形，孙权移驻鄂(今湖北鄂城)，改名武昌，准备立国称王。公元222年(黄初二年)，曹丕策命孙权为吴王。公元229年(黄龙元年)，吴王不再甘居魏臣，夏四月丙申，孙权于武昌南郊即皇帝位，国号吴，追尊父亲孙坚为武烈皇帝，兄长孙策为长沙桓王。蜀国对孙权称帝表示祝贺，孙权于是与蜀结盟，划分豫、青、徐、幽州属吴，兖、冀、并、凉州属蜀，双方“戮力一心，同讨魏贼”。秋九月，孙权迁都建业(今江苏南京)。

公元265年，魏国发生了皇权转移的绝大事变，这就是司马炎代曹而立，建立晋朝。魏国五帝45年的历史完结，司马炎成为晋国(史称西晋)的开国皇帝，史称晋武帝。他追尊其祖父司马懿为宣帝，其伯父司马师为景帝，其父司马昭为文帝。公元280年3月，晋武帝挥师灭吴，最终结束了三国时代。

(何晓明)

# 38. 门阀士族与九品中正制

门阀士族是中国东汉后期至南朝末年在社会上有特殊地位的官僚士大夫结成的政治集团，他们在政治、经济和文化上都享有特权。而曹魏创行的九品中正制对门阀制度的形成影响甚大。

东汉时期，士人主要通过察举、征辟出仕。东汉沿袭西汉，在任官制度上实行察举制、征辟制和任子制。察举制注重孝廉一科，从公元前134年(西汉武帝元光元年)起，郡国每年都要向上推举孝廉，除郡守外，三公九卿和列侯们也都有权向皇帝推举人才。察举的对象多为公卿或郡县的属吏，或是精通经学的儒生和有德行的处士。察举是汉代低级官吏或儒生向上攀登的一个重要阶梯。但到了东汉时期，随着政治的腐败，察举不实的现象渐趋严重。

东汉的察举制度是门阀产生的催化剂。西汉的察举只造成少数世禄之家，东汉的察举却造成了一批门阀世族。这是因为东汉选士是"论族姓阀阅"，察举权实际上落入名姓大族手中。东汉后期，世族地主互相吹捧，自我标榜，盛行一时，形成统治阶级的一种"公论"。"公论"好坏决定了被品评者的前途，于是主持"公论"的高门世族拥有极大的权威。所谓品评人物，实际上是世家大族按经济与政治的实力，将被品评者划分成不同的等级，依次分享做官的权利。由于东汉世族地主控制了诏举、岁举等所有入仕之路，所以权力相对地集中到少数世家大族手中，从而产生了统治阶级中的特殊阶层——门阀。被举、被辟的人成为举主、府主的门生、故吏。门生、故吏为了利禄甚至不惜谄附、贿赂以求固结。大官僚与自己的门生、故吏结成集团，以增加自己的政治力量。

两汉时，公府与州郡长官除奉令征辟之外，还可自行辟除。公府与州郡辟除即为选官与入仕的重要途径，而公卿牧守自行辟除，为发展个人势力开了方便之门，士人为了做官，也投靠依托权门。这样便发展成为一种私恩的结合。

私人传经讲学之风也促进了官吏集团的形成。自西汉武帝尊崇儒术以来，做官必须精通儒家经典。西汉元帝以后，经学更加兴盛，著名儒者世以传经为业。西汉时，有孔氏、伏氏。东汉时，也出现了一些累世专攻一经的家族，如桓氏、司马氏等。有些大官也以传经相标榜，以提高门第威望。他们授业的范围十分广泛，上自皇室、京师太学，下至地方州郡，许多官吏都出自其门，受业者以弟子自居，弟子的弟子则为门生。这样，就在大小官吏上下级关系之上又涂上一层师生色彩。授业经师同弟子、门生往往也是荐主与故吏，兼有双重关系。他们的弟子动辄数百人，甚至数千人。通过经学入仕又形成了一些累世公卿的家族。这些人都是最大的地主，而且世居高位，门生、故吏遍于天下，因而又是士大夫的领袖。如弘农大族杨宝，于西汉传授欧阳《尚书》，杨宝之子杨震于东汉时官至太尉，杨震之子杨秉亦官至太尉，杨秉之子杨赐位至司徒、司空，杨赐之子杨彪亦至司空、司徒、太尉，录尚书事，四世均以传"家学"为三公官。世传孟氏《易》

学的汝南袁氏，自袁良以后，至其孙袁安官至司空、司徒，袁安之子袁敞和袁京皆为司空，袁京之子袁汤为司空、太尉，袁汤之子袁逢亦至司空，袁逢之弟袁隗亦至三公、太傅。四世中居三公之位者多至五人。所谓门阀大族，就是在经济、政治、意识形态上具有这些特征的家族。

曹操由于其宦官家族的身世，一般说来不为名士所尊重，故而一再发布“唯才是举”令，选用那些不齿于名教但有治国用兵之术的人。但曹操不仅没有笼统地否定世家大族历来所强调的德行标准，还很重视对名士的争取。曹操死后，曹丕在尚未代汉称帝之前，即220年(延康元年)，采纳了吏部尚书陈群的建议，实施九品官人之法，即九品中正制。门阀制度的形成最初始于中正评定人品。中正评定和吏部铨选依据人品、门品，构成门阀制度不可或缺的部分与特点。可以说，门阀制度在形式方面是渊源于九品中正制的。

九品中正制至西晋渐趋完备，南北朝时又有所变化。以魏晋之制为例，其主要内容为：先在各郡设置中正，稍后又在各州设置大中正。州郡中正只能由本地人充当，且多由现任中央官员兼任。任中正者本身一般是九品中的二品，即上品。郡中正初由各郡长官推选，晋时改由州中正荐举，中正的任命权掌握在司徒府。州郡中正都设有属员，称为“访问”。一般人物可由属员评议，重要人物则由中正亲自评议。

中正的职权主要是评议人物，其标准有三：家世、道德、才能。家世又称“簿阀”“簿世”，指被评者的族望和父祖官爵。中正对人物的道德、才能只作概括性的评语，称为“状”。如曹魏时，中正王嘉“状”吉茂为“德优能少”；西晋时，中正王济“状”孙楚为“天材英博，亮拔不群”。中正根据家世、才德的评论对人物作出高下的品定，称为“品”。品共分为九等，即上上、上中、上下、中上、中中、中下、下上、下中、下下。但类别却只有二，即上品和下品。一品无人能得，形同虚设，故二品实为最高品。西晋初三品尚可算高品(上品)，以后降为卑品(下品)。

中正评议结果上交司徒府复核批准，然后送吏部作为选官的根据。中正评定的品第又称“乡品”，和被评者的仕途密切相关。任官者其官品必须与其乡品相适应，乡品高者，做官的起点(又称“起家官”)往往为“清官”，升迁也较快，受人尊重；乡品卑者，做官的起点往往为“浊官”，升迁也慢，并受人轻视。

中正评议人物照例三年调整一次，但中正对所评议人物也可随时予以升品或降品。一个人的乡品升降后，官品及居官之清浊也往往随之变动。由于中正品第皆用黄纸写定并藏于司徒府，称“黄籍”，故降品或复品都须去司徒府改正黄纸。为了提高中正的权威，政府还禁止被评者诉讼枉曲。但中正如定品违法，朝廷也要追查其责任。

九品中正制度是继承东汉官吏选拔制度又加以改革的结果。东汉选拔官吏主要是依据儒家的道德行为标准，宗族乡党的评定成为政府选拔官吏主要的甚至唯一的依据。汉末大乱造成人士流移，给乡闾评议带来困难，用人不可能一一核之乡闾。曹操当政的20多年中，提倡“唯才是举”，以反对虚伪道德和名实不符，同时压制朋党浮华和私人操纵选举，力图将选官权控制在中央手中。九品中正制的许多特点在曹操当政时期已有萌芽，曹丕、陈群进一步加以制度化。

九品中正制创立之初，评议人物的标准是家世、道德、才能三者并重。但是，由于魏晋时充当中正官的几乎全部是门阀士族，家族中有人官居高品，子弟便容易获得人品上品，取得较快升迁官品高品之资格；等这批子弟达到官品高品后，下一批子弟又容易获得人品上品。反之，官居下品者，子弟往往得到人品卑品，便形成向官品下品之恶性循环。于是，在中正品第过程中，才德标准逐渐被忽视，家世则越来越重要，甚至成为唯一的标准，到西晋时终于形成了“上品无寒门，下品无势族”的局面。九品中正制不仅成为维护和巩固门阀统治的重要工具，而且本身就是构成门阀制度的重要组成部分。到南朝时期，在中正的评议中，甚至父祖官爵的高低也无关紧要，所重视的只是魏晋间远祖的名位，而辨别血统和姓族只需查谱牒，中正的品第反成无足轻重的例行公事。

东晋时，士族制度得到充分发展，进入鼎盛阶段。原因是东晋王朝依靠南北士族的支持才得以存在。东晋政权是司马氏皇权和以王、庾、桓、谢诸大姓为代表的北方士族以及处于非主流地位的江南吴姓士族的联合专政，这种政治格局一直延续到东晋末年，长达一个世纪之久。那时士族门阀的势力足以与皇权并立，甚至超越皇权，皇帝都要依赖士族的支持，门阀政治达到鼎盛。这一时期，士族在政治上高官厚禄，垄断政权；经济上封固山泽，拥有田庄，占有大量土地、人口，还经常与官府争夺劳动力人口；文化上崇尚清谈玄学，擅长书法、绘画等艺术。为维护这种制度，东晋南朝时，士族非常重视编撰家谱，讲究士族世系源流，作为自己享有特权的凭证，于是谱学勃兴，谱学专著成为吏部选官、维持士族特权地位的工具。

南朝时期，士庶之别非常严格，宋、齐时已达到僵化的程度。南朝刘宋时，寒门出身的中书舍人狄当、周赳并管要务，有一次去拜访士族张敷，张敷自恃门第，竟然命人移座远客，不与接触。士家大族为了表示自己门第族望的特别优越，不使混淆所谓“士庶天隔”的界限，还必须不与寒门庶族通婚。所以，世家大族对婚姻的选择特别重视门第，高门望族一定和高门望族结亲，吴郡顾、陆、朱、张四姓也一定在他们内部选择配偶，或者和会稽孔、魏、虞、谢四姓结亲。如果“婚宦失类”，就会受到本阶层人士的排斥和非难，他们金字招牌的门第就会变得不光彩，他们以后的政治前途就会黯然失色。越到后来，门阀士族就越坚决反对把新兴的或假冒的士人处于自己的同一等级，他们认为，必须保持原来独占的统治轨道。强调士庶之别并不表示门阀势力的强大，相反，倒是由于他们害怕这种新形势足以削弱甚至消除他们长期以来引以自傲的优越地位。

南朝宋武帝刘裕从东晋门阀专政、王权弱小、方镇割据的积弊中吸取教训，努力加强皇权，因而南朝世家大族虽然在社会上、经济上的优越地位未变，不仅拥有大量田地，而且封山占水，实行庄园经济，占有广大田庄山泽和附属于土地上的大量人口，但实际军政实权大为削弱，主要政治权力已不在他们手中。

南北朝时期的宋、齐、梁、陈诸朝的最高统治者们积极推行寒人掌机要和任典签的制度。东晋南朝的机要官是指中书监下的中书通事舍人。东晋时期，杂用士庶，但自南朝以来，则专用寒人，且权力大增，成了实际上的宰相。典签亦称“签帅”，是刘宋时创设的一个官职，开始的职权是代替出任州郡重镇的宗室诸王批阅公事和照管诸王的饮食起居。后来，诸王的年龄日长，权势渐盛，争权夺利和骨肉相残的事件史不绝书。于是，典签的权力大增，以致诸州官员只知道有典签，不知道有刺史。总之，随着门阀士族的盛极而衰，寒门庶族乘机崛起，逐渐掌握了从中央到地方的军政大权。

南北朝后期，士族本身的腐化堕落也是其走向衰落的重要原因。门阀士族，特别是高级士族，凭借门第就可做官，世代控制高级官职。特殊的社会环境使许多士族不思进取，不关心社会事务，沉溺于清闲放荡的生活，不屑于政务军务，虽然名义上还保持很高的政治地位，实际上正在逐渐脱离政治舞台。在经济上，南朝的门阀士族不善经营，庄园经济开始衰落，其经济特权也在逐渐缩小。

侯景之乱使南朝门阀士族遭受沉重打击。侯景原为东魏大将，于547年(梁武帝太清元年)率部投降梁朝，驻守寿阳，不久起兵反叛，于549年(梁武帝太清三年)攻破京师建康，梁武帝被困饿死。侯景进入建康后，纵兵杀掠，又陆续派军在三吴地区大肆烧杀抢掠，直到552年(天正元年)，才被陈霸先、王僧辩所击败。长期的腐朽寄生生活造成了士族的极端脆弱和无能。他们身体孱弱，连路都不能走，不耐寒暑，侯景军兵杀来，只能坐而等死。侯景之乱使南朝士族遭到沉重打击，在建康城内的百余家士族覆灭殆尽。

554年(梁元帝承圣三年)，西魏军队攻占江陵，把当地士族驱入长安为奴婢，这是对南方门阀士族的又一次沉重打击。在陈朝，无论侨姓士族或江南士族，不仅政治上早已无所作为，社会声望和经济地位也都一落千丈，门阀制度已经徒具躯壳了。

门阀士族制度基础的彻底动摇是在隋朝。隋朝创行科举制度取代九品中正制，士族地位发生了根本转化，失去了世袭为官的特权。接着，隋王朝从士族豪强手里收回了大量土地、人口，实行均田制。从此，士族制度完全失去了存在的经济基础。到了唐朝，门阀士族作为一种残存的社会传统政治势力的地位和作用逐渐丧失，到唐末又受到黄巢起义的猛烈冲击，终于完全退出了历史舞台。

(张敏)

# 39. 佛教传入中国

关于佛教传入中国的时间有多种传说。有说周时已有传入，有说是先秦传入，亦有说是两汉传入。有道士王浮伪造《老子化胡经》，说老子在周幽王时西渡流沙，入印度为佛。古代僧侣为了体现佛教的历史悠久，也刻意编造了一些说法，如有人声称佛教在西周已传入中国。梁僧祐《弘明集后序》说："《列子》称：'周穆王时，西极有化人来，入水火，贯金石，反山川，移城邑，乘虚不坠，触实不碍，千变万化，不可穷根，既能变人之形，又且易人之患。穆王敬之若神，事之若君。'观其灵迹，乃开士（菩萨）之化；大法萌兆，已见周初，感应之渐，非起汉世。"也有人说孔子就已知道有佛，或云战国时即有佛教传入，王嘉《拾遗记》中说：燕昭王七年（前305年）"沐胥（即印度）之国来朝……有道术人名尸罗……荷锡持瓶，云'发其国五年乃至燕都'"。确实，中印之间的交流，公元前4世纪就开始了。季羡林说：恄坻厘耶（Kautilīya）著的《治国安邦术》（Arthasāstra）中就出现了 cīnaPattag 一词，意为中国的成捆的丝，而作者据说是生于公元前4世纪。而在公元前2世纪至公元2世纪编纂成的《摩诃婆罗多》（Mahābhārata）和《摩奴法典》（Manu-smrti）中已经多次提到"丝"，但是否此时就有佛教传入，尚无证据。还有人说，在春秋末年，阿育王分佛舍利为四万八千份，"役诸鬼神"于世界各处起塔供养，也包括在中国建造了多处佛塔。但这只是传说。

又有佛教于秦时传入之说。张星烺在《中西交通史料汇编》中说："佛祖历代通载卷五，又记秦始皇癸未年，公元二一八年，'沙门室利防等一十八人来自西域，帝恶其俗，以付狱。俄有金刚神，碎狱门而出之，帝惧，即厚礼遣之'。室利防为普通印度人名 sribandbu 之译音，其来自印度，可无疑。印度史上阿育王与秦始皇同时，是时遣僧人至四邻诸国传布佛教，远如埃及马其顿皆有踪迹。"但这个说法也未得到学界承认。

再往后，有汉武帝时中国已知有佛教之说。《梁高僧传》卷一《汉洛阳白马寺竺法兰》记曰："昔汉武穿昆明池底得黑灰。问东方朔，朔云不知，可问西域人。后法兰既至，众人追以问之，兰云：世界终尽劫火洞烧，此灰是也。"《魏书·释老志》说："及开西域，遣张骞使大夏还，传其旁有身毒国，一名天竺，始闻有浮屠之教。"又说："汉武元狩中，遣霍去病讨匈奴，至皋兰，过居延，斩首大获。昆邪王杀休屠王，将其众五万来降。获其神人，帝以为大神，列于甘泉宫。金人率长丈余，不祭祠，但烧香礼拜而已。此则佛道流通之渐也。"《史纪》卷六《秦始皇本纪》、楚人宋玉的《高唐赋》、东汉张衡的《西京赋》都提到"羡门"，近代亦或有人认为就是"沙门"译音。

传说虽多，但从现有的史实根据来推断，印度佛教传入中国的大致年代应该是在西汉末年和东汉初年之间，公元1世纪初叶前后。此时，经汉武帝开辟了西域的交通，西域各国与汉内地的政治往来和经济、文化交流已十分频繁。而自阿育王时期起，佛教逐渐传播到印度西北地区、大夏、安息，并沿着丝绸之路向西域各国流传，西汉末年又从西域各国传到了我国于阗、龟兹、疏勒、莎车、高昌等地区。佛教因而得以通过西域传到中国。

佛教传入我国内地的最早的可信记载，是三国时魏国鱼豢《魏略·西戎传》(《三国志·魏志·东夷传》注引)中所记西汉时期，“昔汉哀帝元寿元年，博士弟子景卢受大月氏王使伊存口授《浮屠经》，曰复立(《世说新语·文学》篇注引文作‘复豆’)者，其人也。《浮屠》所载临蒲塞、桑门、伯闻、疏问、白疏闻、比丘、晨门，皆弟子号也”。这里所言的复立(复豆)即浮屠、佛陀的音译。而“临蒲塞”“桑门”等则应是“尤婆塞”“沙门”等佛弟子名号古音译语。汤用彤先生《汉魏两晋南北朝佛教史》认为：“最初佛教传入中国之记载，其无可疑者，即为大月氏王使伊存授《浮屠经》事。”公元前2年，印度佛教已北传进入大夏，月氏人的贵霜王朝已成为中亚地区的一个佛教中心，佛教通过大月氏的使者传进中国内地是完全可能的。所以，佛教初传当在两汉之际，即公元1世纪前后。

至东汉初年，在统治阶级上层已有信奉佛教者，只是当时他们把佛教也看作中国流行的各种神仙方术的一种，把佛陀依附于黄老进行祭祀祈福。《后汉书·楚王英传》记载，汉明帝的异母弟楚王刘英“少时好游侠，交通宾客。晚节更喜黄老，学为浮屠，斋戒祭祀”。楚王英于公元41年(建武十七年)封王，公元52年就国赴任。公元65年，汉明帝诏令天下有死罪者可用缣(细绢)赎罪。当时，楚王英遣郎户令奉呈黄缣、白纨30匹，说“托在藩辅，过恶累积，欢喜大恩，奉送缣帛，以赎愆罪”。明帝为之感动，认为楚王英之所以态度如此开明是基于佛教的信仰，从而下诏说：“楚王诵黄老之微言，尚浮屠之仁祠，洁斋三月，与神为誓，何嫌何疑，当有悔吝，其还赎以助伊蒲塞(即优婆塞，男居士)、桑门(即沙门)之盛馔。”并把这个诏书下达各封国的国傅(代表朝廷训导封王)。这里，楚王英奉行的“洁斋三月”是指按照佛教的规定，居士在一年的正月、五月、九月这三个月的初一到十五要严守五戒或八戒，不杀生，奉行素食等，称为“三长斋月”。

而在关于佛教传入中国的故事中，最为著名的是汉明帝感梦见佛，遂遣使西行求法说。这个故事被历代视为佛教传入中国的正式开始，记载有很多，但其中最早的记载见著于东汉的《四十二章经》序：“昔汉孝明皇帝，夜梦见神人，身体有金色，项有日光，飞在殿前，意中欣然，甚悦之。明日问群臣，此为何神也？有通人傅毅曰：‘臣闻天竺，有得道者，号曰佛，轻举能飞，殆将其神也。’于是上悟，乃遣使者张骞、羽林中郎将秦景、博士弟子王遵等十二人，至大月支国，写取佛经四十二章，在十四石函中，登起立塔寺。于是道法流布，处处修立佛寺。远人伏化，愿为臣妾者不可称数。国内清宁，含识之类，蒙恩受赖，于今不绝也。”

明帝所遣使者各版本记述不一，有的亦说蔡愔、秦景为使者。使者行至大月氏国，遇到天竺高僧摄摩腾、竺法兰，便用白马驮载佛经、佛像，一起回到洛阳。汉明帝礼请二位高僧下榻于负责外交事务的官署鸿胪寺，翌年，又敕命于洛阳城西修建僧院，这就是著名的白马寺。白马寺因而是我国最早的一座佛寺，被尊誉为中国佛教的“祖庭”和“释源”。

目前，学界对明帝感梦求法的传说也仍有疑点，但在明帝时佛教已经传入中国确是史实，而且已经有了较为广泛的传播。汤用彤认为，“明帝时楚王英已为桑门伊蒲塞设盛馔。其时已有奉佛者在，且即就此传说本身言之，傅毅已知天竺有佛陀之教，即可证当时朝堂已闻有佛法……至若佛教之流传，自不始于东汉初叶”。大多数学者都认可佛教在东汉初年已传入中国。

明帝求法，循的是经西域的北部陆路。季羡林从梵文Buddha这个字的汉文音译来推断，佛教从印度向中国传布共有两条途径：(1)印度—大夏—中国，音译过程是“Buddha—Bodo，Boddo，Boudo—浮屠”；(2)印度—中亚新疆小国—中国，音译过程是“Buddha—But等—佛”。总之，印度佛教不是直接传入中国的，途径有两条，时间有先后，最早的是通过大夏，以后是通过中亚某些古代民族，吐火罗人最有可能。不过除此之外，佛教传入还有南线的海路、陆路传播路线。伯希和1920年发表在河内《通报》上的《牟子考》就提出，在公元初，云南与缅甸之通道，2世纪时交州南海的通道，大概也应当是佛教传来的途径。三国、东晋以后，有史料记载的遵循海道或南路陆道来中国弘法的高僧已多，只是哪条路线传入时间更早，尚存争议。

总的说来，南线传播路线有海路说，有陆路说。海路说认为，佛教是经海路由印度至交州、广州、江苏或山东半岛南部传入。当时交州是东西交通海上的门户，“海南诸国大抵在交州南及西南大海洲上……徼外诸国自武帝以来皆朝贡。后汉桓帝时，大秦、天竺皆由此道遣使贡献。及吴孙权时，遣宣化从事朱应、中郎康泰通焉”。到了汉末、三国时，很多印度僧侣和商人都是由海上经扶南(今柬埔寨)达交趾、合浦港，再经交广通道入苍梧，过桂林，抵长安。东汉末年，交趾佛教已比其他地区兴盛，写《牟子理惑论》的牟子将母避世交趾之时接触了佛教。三国时期吴国高僧康僧会也是来自交趾。《高僧传》卷一《康僧会传》载，“康僧会，其先康居人，世居印度。其父因商贾移于交趾。十余岁，两亲并亡，以至性奉养，孝服毕出家。……以赤乌二年(247年)初进建业(今南京)，营立茅茨，设像行道”。中国佛教史上第一个翻译家安世高(Parthamasiris)于后汉桓帝初年，即147年，来到中国，慧皎《高僧传》只记“以汉桓之初，始到中夏”，其他安世高所译的经序也没有触及来华路线，一般都认为安世高是从西域来的，但近来有人提出异议，学者吴焯说：“或由海路至广州也未可知。”

除交州、广州之外，山东半岛也是一个佛教海路传输的重要地点。在连云港的孔望山，有中国最早的大规模东汉佛教摩崖石刻，其中的石像或头上有肉髻，右手呈施无畏印状，或两手放在胸前的结跏趺坐，或全身有身光，有明显的佛教特征。而山东临沂、沂南、滕县的有关佛教考古发现也说明沿海地区佛教流传很早。1954年，华东文物工作队和山东省文物管理委员会在山东沂南发掘了一个画像石墓，据考证是东汉墓。在墓中室八角柱上线雕的神仙、奇禽异兽中刻有一个童子，绕头有一个圆圈，如佛光之状；山东滕县出土的东汉画像石中也有六牙白象图像，是佛教传说中的吉祥物形象。有学者指出：佛教可能从朐县附近的港口输入我国北方滨海地区以后，以徐州为中心向周围扩散，山东滕县和苏北沂南画像石墓才有可能出现佛教艺术的图像。

学者吴焯认为，佛教传入西域的时间较内地为晚，即佛教先入内地，然后传入西域。又认为海路迟于陆路：“印度佛教由海路传入中国，最早亦当在桓帝末世，此时中原地区已流行佛教，并有译经的胡僧。”但也有人认为，佛教由海路传入中国比陆路早，至迟在后汉初年，即汉光武帝之子楚王英信佛之前，就由海路传入江淮。如梁启超在《佛教之初输入》中就说：“向来史家，为汉明求法所束缚，总以佛教先盛于北，谓自康僧会入吴，乃为江南有佛教之始。其北方输入所取途，则西域陆路也。以汉代与月支、罽宾交通之迹考之，吾固不敢谓此方面之灌输，绝无影响。但举要言之，则佛教之来，非由陆而由海，其最初根据地，不在京洛而在江淮。”他认为，西方人把印度佛教分为南、北两宗。南宗指锡兰(斯里兰卡)所传的小乘佛教，北宗指迦湿弥罗、犍陀罗地方所传的大乘佛教。而中国南方佛教(长江下流教派)传承南宗，北方佛教(洛阳教派)传承北宗，两宗兼承。海道传南宗，陆道传北宗，海道在先，陆道在后，故中国佛教的传播是自南而北。他还举例说：“(明帝感梦求法说中)明帝所梦为‘金人’，然以近世学者所考证，北印度佛像无涂金者，‘金人’说殆因笮融造金像而起，此南印度案达罗派之雕涂也。又言蔡愔赍来之佛像为‘倚像’。倚像明属西印度系统。若北方犍陀罗所造，则皆立像也。又言‘西雍门外之佛寺，千乘万骑，群象绕塔’。此明属西印度之图案也。以上区别，今世印度美术专家多能言之，吾因此益信汉魏间佛教，皆欧人所谓南宗也。”胡适也认为，“我深信佛教入中国远在汉明帝之前，我也深信佛教之来，不止陆路一条路，更重要的是海道，交州在后汉晚年已是佛教区域，所以佛教大概先由海道来，由交广到长江流域及东海滨，先流行于南方”。

虽然梁启超的说法遭到汤用彤的否定："梁任公谓汉代佛法传入，先由海道，似不可信也……(楚王)英之信佛，非即可证明自海道移植……其所推论，案之事实，失之远矣!"但是汉代与印度的确已有海上交通，《汉书·地理志》就明确记载，印度南部的黄支国自武帝以来皆献见。据《史记·西南夷列传》记载："及元狩元年(前122年)，博望侯张骞使大夏来，言居大夏时见蜀布、邛竹杖，使问所从来，曰：'从东南身毒国，可数千里，得蜀贾人市。'或闻邛西可二千里有身毒国(印度)。"也是汉代与印度除在北部经西域交通之外，已有南线交通途径的明证。《后汉书·南蛮西南夷列传》及《西域传》亦记载有："逮王莽辅政，元始二年(2年)，日南之南黄支国来献犀牛。""天竺国一名身毒……和帝时数遣使贡献，后西域反畔，乃绝。桓帝延熹二年(159年)、四年(161年)，频从日南徼外来献。"东汉期间有佛教经海道传入，也非不可能。

南线陆路说认为，佛教传入是经滇缅道(云南和缅甸)传入，直至四川。在汉代称"蜀—身毒道"，即古蜀通往印度的道路。有学者认为，滇缅道在中国境内由灵关道、五尺道、永昌道组成。灵关道"由成都经临邛(邛崃)、灵关(芦山)、笮都(汉源)、邛都(西昌)、青岭(大姚)至大脖弄(祥云)、叶榆(大理)"；五尺道"由成都经僰道(宜宾)、朱提(昭通)、味县(曲靖)、谷昌(昆明)、安宁、楚雄到叶榆(大理)"；"灵关道与五尺道在大理会合后一路往西，称为永昌道，永昌道出大理，翻博南山，经永昌(保山)、滇越(腾冲)到缅甸、印度等地。从20世纪40年代起，四川就发现了大量东汉晚期、蜀汉之交的佛教雕像。例如，1942年，彭山崖墓M166出土了一件陶佛像插座，高21厘米，中间为一佛，高髻长衣，作手印，左右各有一侍者，也作手印。原发掘报告认为，这是佛教中"一佛二胁侍"的造型，后有专家考察认为，两侧为胡人侍立者，而非菩萨。20世纪50年代，乐山麻浩1号崖墓后室享堂门楣上发现1尊石刻佛像。乐山柿子湾1号崖墓左室和后室门楣上发现2尊石刻佛像。美国学者艾瑞慈认为，麻浩佛像具有明显的犍陀罗艺术风格。1986年，乐山西湖塘出土施无畏陶俑，着汉式衣冠，作侍立状，右手举至胸前，五指平伸，掌心向外，作施无畏印，左手动作不甚明朗，头冠正中可见莲瓣形装饰。该俑现藏乐山市崖墓博物馆。1972年，什邡县皂角乡白果村发现东汉佛塔画像砖。此外，四川还发现了许多塑在摇钱树上的佛像。我国最早的佛像当推2001年底重庆丰都东汉砖室墓出土的摇钱树佛像，与此年代相当的还有四川绵阳、安县一带出土的摇钱树干和枝叶佛像以及城固枝叶佛像。此外，属于东汉晚期的佛像还有绵阳何家山1号墓，双碑19号墓、49号墓等出土的摇钱树佛像。关于这些东汉晚期、蜀汉之交的佛教雕像，20世纪末，又由中国南京艺术学院、北京大学、南京博物院和日本龙谷大学联合组成的佛教初传南方之路课题研究组沿长江流域对四川、湖南、湖北、江苏、广东等十个省市地区展开了实地考察和调查，在此基础上共同编著出版了《佛教初传南方之路》图录。图录中的佛像造型只能说是一些有佛教含义的形象，绝大部分发现于长江流域，时期以2—4世纪为限，同一时期北方同类艺术品很少发现，因而这批艺术品成为佛教传入中国之南路路线，尤其是滇缅道路线的重要证据。阮荣春力主此说，说滇缅道为"早期佛教初传中国南方之路"，意为早期佛教初传中国时，由印度经缅甸传入中国云南，再北上四川，然后沿着长江向东"波动"，先至湖北，次及江浙。任继愈主编的《中国佛教史》也认为，四川的佛教"更大的可能是通过云南输入的"。四川省文史研究馆王家先生认为，如果说连云港汉代摩崖佛造像是由海道传去，秦地佛祠由西域传入，那么，乐山、彭山的佛造像则当由滇、缅传入。

有学者认为，汉魏时期的佛教在中国的传播可能存在两个系统，即中原官方佛教传经系统和南方民间佛教传播系统。最早的佛教传入记载和佛教译经记载都在中原地区，可称为官方译经系统；另一个就是民间佛教图像系统，其主要分布于长江流域，有供奉佛像、具有某些佛教仪轨特征的人像和佛教象征图案三类。它们的载体在长江上游地区主要是摇钱树，在长江中游地区主要是佛兽镜，在长江下游地区主要是神瓶、魂瓶。佛教向中国传播的方式和途径是多元的，陆路和海路在早期佛教传入中国的过程中，其地位和作用是同等的，似不必分出孰先孰后。

佛教传入中国不可避免地会与中国文化产生冲突，在冲突中诞生了与中国传统文化相调和的第一部佛学专著《牟子理惑论》。据唐神清《北山录》称，其原名《治惑论》，唐人避高宗李治讳改今名。牟子（生卒年不详），汉末佛学家，名融，字子博，广信人，号苍梧隐士。牟子幼年博览群书，其母病故，长守墓庐为之尽孝，于三国吴初在交州著《牟子理惑论》二卷。他因感"方世扰攘，非显己之秋"，执意不仕，而致志于佛教，兼研《老子》。"世俗之徒多非之者，以为背五经而向异道。"当时一些儒家人士称佛教为夷狄之术，沙门剃度出家毁容，不合儒家身体发肤不可毁伤和儒家继嗣延续香火之义，不合孝道伦常。牟子以问答体写《牟子理惑论》答辩，针对佛教传入中国后所引起的种种议论和疑难，分别给以辩解，糅合儒、道各家，广引儒典和老子学说来论证解释佛教学说，将当时争论的许多问题包括进去，试图解决佛教与中国文化之间的矛盾。

佛教虽在两汉之际已传入中国内地，但发展极为缓慢。从现存可靠资料来看，在东汉末年以前，除传说西汉哀帝时大月氏使者口授的《浮屠经》和东汉明帝时摄摩腾、竺法兰翻译的《四十二章经》外，没有其他佛经传译。而且早期翻译佛经的译师都是西域人或印度人，他们不娴汉语，有些人对于佛教义理的了解也有限，于是请中国人担任"笔受"，实际上是他们根据记诵，口述大意，然后由中国人写成文字。据说《四十二章经》就是这样译成的。

到东汉末年桓、灵二帝时，才有安世高、支娄迦谶等胡僧纷纷到洛阳，开展佛经的翻译。桓帝去楚王英已百余年，但仍然把浮屠和黄老一起祭祀，《后汉书·桓帝纪》说桓帝"设华盖以祠浮图、老子"。东汉桓帝时，洛阳已成为汉地翻译佛经的中心。东汉佛经的大部分是于汉桓帝以后译出的。另外，此时来汉地的译经僧，译经的同时注意配合讲解。他们为了传教方便，还从大量佛经中摘出要点，做成"经抄"本。例如安世高"以广译为难"，抄译出《大道地经》二卷。还有的外国沙门按佛经大意作成"义指"，"欲广学视听"，增强传教效果。

安世高，安息国人，名清，字世高，为印度西北、波斯地方（今伊朗）之古王国（安息）王子，博晓经藏，尤精通阿毗昙学与禅，于148年至洛阳从事翻译工作，至170年，共20余年，其间先后译有《安般守意经》《阴持入经》《阿毗昙五法四谛》《十二因缘》《转法轮》《八正道》《禅行法想》《修行道地经》等约34部，40卷（一说35部，41卷）。其所译之经，义理明晰，文字允正，辩而不华，质而不野，主要传播小乘佛教说一切有部之毗昙学和禅定理论。安世高奠定了我国早期佛学流布的基础，且为将禅观带入我国之第一人。

支娄迦谶，又称"支谶"，大月氏（中亚古国）人，汉桓帝末年至洛阳，从事译经。至灵帝光和、中平年间（178—189年），其共译出《道行般若经》《般舟三昧经》《阿阇世王经》《杂譬喻经》《首楞严经》《无量清净平等觉经》《宝积经》等20余部，然现存者仅12部，为第一位在我国翻译及传布大乘佛教般若学理论之僧人。其所译诸经中，以《道行般若经》最为重要，乃般若经系各种经典中最早之译本，此类般若系经典促进了魏晋时代玄学清谈之风的形成。又《般舟三昧经》系以西方阿弥陀佛为对象之重要经典，为我国佛教史初期弥陀净土信仰，如慧远之庐山东林寺等念佛结社之主要依用经典。此外，《首楞严经》之传译则带动4—5世纪中国佛教之大乘化。

三国时期，又有天竺、安息、康居的沙门，如昙柯迦罗、昙谛、康僧铠等，先后来到魏都洛阳从事译经。当时，佛教传入中原已有几百年。洛阳中外僧徒、寺院已多，译经事业持续进行。但是，前此译出的经籍都属于经部和论部，律部未有人翻译。因此，当时中国的僧人尚未知有戒法，更未能按照佛教的规定禀受"比丘"大戒，设斋忏悔也并不懂得佛教斋忏的仪规，仍是沿袭汉代以来的传统做法，仿效中国固有的祠祭天地、祖宗、山川、鬼神的形式。昙柯迦罗、昙谛精于律学，译出摩诃僧祇部的戒本《僧祇戒心》一卷，主张僧众应遵佛制，禀受归戒，又请梵僧和胡僧，即印度僧和西域僧人担任戒师，一一为洛阳的中国僧徒受戒，是为汉地佛教有戒律、受戒之始。自此，魏国境内的僧人开始按戒律规定受戒度僧，僧人们日常诵习、礼忏等行事也依了佛教正轨。昙谛也在白马寺译出《昙无德羯磨》1 卷。此外，康僧铠还译出《郁伽长者所问经》和《无量寿经》等 4 部。支谦所译典籍，更广涉大小科经律，共 88 部，118 卷，现存 51 部，69 卷；康僧会译出《六度集经》9 卷等。

昙柯迦罗在白马寺建立戒坛，首创戒度僧制度。据说当时朱士行正在洛阳，立志学佛，首先登坛受戒，成为汉土第一个出家之僧。他出家受戒以后，以弘法为己任，致力于经典研究，曾于公元 257 年（魏甘露二年）在洛阳讲说《道行般若经》，又为我国最早之讲经说法者。朱士行也是我国最早往西域求法之僧。他讲解《小品般若》，感到经中译理未尽，听说西域有完备的《大品般若经》，就决心西行去寻找原本。公元 260 年，他从雍州（今西安市长安区西北）出发，越过流沙到于阗国（今新疆和田一带），果然得到《大品般若经》梵本。因于阗王的阻挠，公元 282 年，朱士行只得派弟子弗如檀等，把抄写的经本送回洛阳，自己仍留在于阗，后来在那里去世，年 80 岁。公元 291 年，陈留仓垣水南寺印度籍僧人竺叔兰等开始翻译、校订朱士行抄写的《大品般若经》。朱士行开辟了中国佛教按照本土传播情况和社会风尚的需要而主动西行求法的风尚，是法显、玄奘等人的先驱。

（卢文芸）

# 40. 早期的佛经翻译

佛教传入中国的时间，有三代以前、西周、春秋末、战国末、秦朝、汉武帝、汉成帝、东汉初等不同说法。但佛教直到公元前6世纪至前5世纪才产生，因而春秋末及以前的说法显然是错误的。传说印度孔雀王朝时阿育王(前269—前236年)支持佛教典籍的编纂，派遣僧侣四处传教。佛教传入中土应该在此以后。季羡林认为："印度佛教不是直接传入中国的，途径有两条，时间有先后，最早的是通过大夏，以后是通过中亚某些古代民族，吐火罗人最有可能。"现在大致可以确认的是，至迟在西汉末年，佛教已经正式传入中土，其标志是当时已有佛经的翻译。

有关西汉末年佛经汉译的记载，先后见于西汉末刘向的《列仙传》序和曹魏时期鱼豢的《魏略》。《世说新语·文学》篇载："殷中军见佛经云：'理亦应阿堵上。'"注："刘子政《列仙传》曰：'历观百家之中，以相检验，得仙者百四十六人，其七十四人已在佛经，故撰得七十。可以多闻博识者遐观焉。'如此，即汉成、哀之间，已有经矣。"而鱼豢的《魏略》则更明确记载译经的细节。《三国志·魏书·东夷传》注引鱼豢《魏略·西戎传》说："昔汉哀帝元寿元年，博士弟子景卢受大月氏王使伊存口授《浮屠经》。"口授，即以口译来传授。大月氏王的使者伊存口译《浮屠经》，传授给西汉博士景卢。伊存口译，景卢大概笔录成文，否则仅仅耳听一遍，转瞬即忘，没有意义。《浮屠经》是一部有关释迦牟尼生平的经书，今已不存，大约亡佚于西晋末、东晋初。这些记载表明，西汉末年佛教已经正式传入中土，佛经的口译也已出现。

时至东汉初明帝时，《四十二章经》就已经被翻译成汉文。《四十二章经》序载："昔汉孝明皇帝，夜梦见神人，身体有金色，项有日光，飞在殿前，意中欣然，甚悦之。明日问群臣，此为何神也？有通人傅毅曰：'臣闻天竺，有得道者，号曰佛，轻举能飞，殆将其神也。'于是上悟，乃遣使者张骞、羽林中郎将秦景、博士弟子王遵等十二人，至大月支国，写取佛经四十二章，在十四石函中，登起立塔寺。于是道法流布，处处修立佛寺。远人伏化，愿为臣妾者不可称数。国内清宁，含识之类，蒙恩受赖，于今不绝也。"

汉献帝时牟子所作的《牟子理惑论》也有近似的记载。这篇序言与《牟子理惑论》的先后关系，前人有两种相反的看法。此外，尚有人怀疑《牟子理惑论》是伪书，进而怀疑这段记载的真实性。汤用彤指出："所言求法故事，虽有可疑，然不能因此即斥《牟子》《经序》所传说，毫无根据。至若果何所据，而加以附会，杂以误传，则书阙有间，非二千年后人所应妄度。"其实，汉明帝夜梦见神人，解梦者以为与佛有关，所以就有了取经之旅，于是《四十二章经》就传到中国。这一过程，从宗教的角度去看，是顺理成章的。《四十二章经》的译者，中印度僧人迦叶摩腾和竺法兰，也是随这次取经之旅，于永平十年(67年)来到中国的。经文的汉译，应该是他们来华以后完成的。《四十二章经》一直流传至今，它是迄今所见汉译佛经的最早传世本。竺法兰所译，另有《十地断结》《佛本行》等5部。

汉明帝以后一个多世纪，佛经翻译并没有多大进展。直到桓帝、灵帝时期，佛经翻译才进入第一个高潮。南朝梁僧祐《出三藏记集》所载译经目录，汉代共译54部，74卷，而汉桓帝时即高达35部，41卷；汉灵帝时17部，30卷；汉献帝时1部，2卷。其中，译经最多的是安息(波斯)人安世高。安世高自幼信奉佛教，本为安息国太子，当父王去世其将即位时，出家修道，将王位让给叔父，专心佛教传播，游历西域各地。汉桓帝建和二年(148年)，安世高来到洛阳。《安世高传》载："世高才悟机敏，一闻能达，至止未久，即通习华语。于是宣译众经，改胡为汉。"他用长达20多年的时间翻译佛经，桓帝时所译35部中，有34部出自他之手，至今尚有22部流传于世。著名的如《五十校计经》《安般守意经》《阴持入经》《大道地经》等。其时知名的译经人还有来自安息的安玄，来自大月氏的支娄迦谶(支谶)、支曜，来自康居的康孟祥，来自印度的竺佛朔。他们的译事没有朝廷的组织和支持，主要得力于民间信徒的资助。参与译事的另有少数汉族文人，他们是汉族最早的佛经翻译家，如严佛调等。

早期的佛经翻译，译者大多不是来自印度，经文大多也不是梵文。任继愈说："东汉及三国时期汉译佛经都是由来自天竺、大月氏、安息、康居等地以及我国西部地区的僧人介绍过来的。当时所根据的是天竺文字还是西域文字，现在不甚清楚，其中可能有不少是西域当地的语言。到南北朝时，中国人讲到佛经的翻译时还常说'译胡为秦'(秦指苻秦、姚秦)。"(《任继愈自选集》，重庆出版社2000年版，第300~301页)所谓胡语，即为西域文字，如龟兹文、安息文、于阗文等。此外，还有不少翻译不是依据写定的文本，而是凭借僧侣的背诵。经文的选择也比较随意，而且由于多为民间行为，经文的篇幅短小，大部分是一卷之制，至多不超过两卷。正如释道安所说："此土众经，出不一时，自孝灵光和以来，迄今晋宁二年，近二百载，值残出残，遇全出全，非是一人，卒难综理。"虽然缺乏精心选择，但初期如安世高等所译，都属于小乘佛教经书，至支娄迦谶翻译《道行般若经》《般舟三昧经》《首楞严经》，才开始将大乘佛教经书介绍到中国来。从此，大乘佛教逐渐成为中国佛教的主流。

译事或为译者一人独立完成，或为多人合作。合作翻译的流程大抵是先由外国僧人("译主")口译("传言""度语")，再由汉人根据口译笔录("笔受")，最后润饰成篇。由于文化与语言的障碍，译文的质量往往很难保证。赞宁《宋高僧传》谈论这一时期的翻译时说："初则梵客华僧，听言揣意，方圆共凿，金石难和。椀配世间，摆名三昧，咫尺千里，觌面难通。"类似的看法，在更早的《出三藏记集》中也可见到。《出三藏记集·安世高传》载称："天竺国自称书为天书，语为天语，音训诡蹇，与汉殊异，先后传译，多致谬滥。唯世高出经，为群译之首。"初期传译的"谬滥"委实是客观存在的。安世高多采用直译的方法，翻译质量大有提高，但晦涩之处仍然在所难免。东晋开始，随着来华梵僧、胡僧越来越多，佛教势力不断壮大，相继出现国立译场，佛经翻译条件大幅度改善，翻译流程的设置更加严密，翻译质量相较于初期有了大幅度提高。

(周德美)

# 41. 本土宗教道教的兴起

道教是我国古代民族宗教发展的产物，是在汉代黄老道家理论基础上吸收古代神仙家的方术和民间巫术、鬼神信仰而形成的一种宗教实体。道教是以“道”为中心，企图通过精神和形体的修炼而“成仙得道”的宗教。神仙信仰是道教最核心的内容。作为一种宗教实体，道教不仅有其独特的经典教义、神仙信仰和仪式活动，还有其宗派传承、教团组织、科戒制度、宗教活动场所。

道教起源很早，形成期很长。道教从孕育到最后形成经历了一个较长时间逐步衍化的过程。从先秦道家发展为汉代道教经历了数百年之久，这是道教的前史。战国末期和西汉末年，方仙道的兴起和黄老道的出现是道教兴起的重要一环，但因为没有系统的教义和宗教理论，没有形成正式的宗教组织，可视为道教的萌芽期。汉魏时期是道教初创的阶段。东汉中后期，《周易参同契》和《太平经》两部道书的出现以及五斗米道和太平道教团的产生是道教最初形成的标志。东晋南北朝时期是道教分化和发展的时期。道教在这一时期创作了大量的经典，建立了完整的宗教体系，并得到统治者的承认，日益成为官方宗教。刘宋以后，道教在一千多年间一直受到官方的尊崇，这促进了道教在全国的传播和发展。

道教是我国土生土长的传统宗教，其形成与传统文化关系密切。从道教的形成和发展看，它既吸收了先秦道家、儒家、墨家、阴阳五行家等思想学说，又杂糅了古代民间巫术、神仙传说和仙道方术等，后又吸收了佛教的思想，经过南北朝时期和宋元时期两次大的发展演变，遂形成了一个庞大的道教文化体系。

道教的教理教义主要来自道家、儒家、墨家思想以及阴阳五行家等的观点学说，其理论基础是中华本土文化中流行的思想观念的综合反映，主要表现为：

其一，道教与先秦道家思想。

道家学派产生于春秋战国时代，是当时“诸子百家”中的一个重要学派，以老庄的思想为主要代表。《老子》的核心思想是“道”。道可从两方面来理解。一方面，在宇宙生成论上，道被视为超时空的天地万物的根源，“道生一，一生二，二生三，三生万物”(《老子》第四十二章)。道既有本体的意义，也含有规律的意义。道是万物的本性，也是一切事物运行的法则和规律。“万物恃之而生而不辞，功成不名有，衣养万物而不为主。常无欲，可名于小。万物归焉而不为主，可名为大。以其终不自为大，故能成其大。”(《老子》第三十四章)道无为而无不为。另一方面，在人生哲学上，道家也主张“无为”，主张“绝圣弃智”，虚静守默，无欲无为。其后庄子继承并发展了老子的道家学说，他接受了老子对宇宙本体的见解，以宇宙本体为寂寞无形，而现象界则变化无常，故以万物等齐，生死如一为立论根据，而提出“不谴是非，以与世俗处”的全性保真的处世哲学，而达到逍遥游的境界。老庄的顺任自然，与世无争，无为而治的修身治国思想虽不乏消极因素，但也包含着深刻的智慧，对后世产生了深远的影响。

道教吸收了道家关于"道"的思想，以"道"为最高信仰，并从宗教神学的角度把"道"说成是"神异之物，灵而有信"(《坐忘论·得道》)，"为一切之祖先，万物之父母"(《妙门由起序》)。以此为基点，道教建立了道生万物和长生不死的宗教理论。为了利用道家思想，道教竭力神化老庄形象，抬高老庄著作，封老子为教主，以庄子为尊神，奉《老子》和《庄子》为道教经典，称《道德真经》和《南华真经》，致使道家与道教难舍难分、混淆不清。正因为道教的形成和发展与道家老子有不解之缘，所以人们习惯上把道教也称为道家。

道家与道教既相互联系，又有重要的区别。先秦道家思想主要为道教提供了思想基础。道教创立的时候，奉老子为教主，以老子《道德经》为其主要经典，规定为教徒必须习诵的功课，后来道教的世界观和人生观的形成正是建立在先秦道家的思想基础之上的。但二者又有本质的不同。先秦道家是以老、庄为代表的哲学派别，是一种思想学说，而道教乃是一种宗教信仰，追求长生不老，跻身神仙世界。

其二，道教与两汉的黄老思想。

战国晚期至秦汉之际，建立统一的中央集权的专制王朝已成为历史发展的潮流，与此相应，在思想文化方面也出现了"百家合流"的趋势。"黄老道家"便是在时代的潮流影响之下，假托黄帝、老子的名义，在早期道家思想理论基础之上，吸收了阴阳、儒、墨、名、法诸子学说的某些观点而形成的新道家学派。汉初黄老学在政治上主张"无为而治"。由于适应了历史的需要，使人民休养生息，社会稳定，得到了汉初统治者的大力提倡，实现了"文景之治"的安定局面。但汉武帝亲政后，重新起用儒生，采纳董仲舒"罢黜百家，独尊儒术"的建议，以儒学作为治国的指导思想，使得黄老之学从此失去了官方政治学说的地位。

虽然黄老政治学说不再时兴，但以个人养生为宗旨的黄老养生术却继续发展。由于汉武帝迷信神仙方术，汉代社会追求长生成仙风气盛行，方士们更以黄帝附会神仙学说，逐渐将黄老养生学与神仙方术结合起来，终至结合发展为黄老道。到了东汉，黄老学已演变为个人养生成仙的学说，东汉统治者中也有不少人喜好黄老养生术。老子本人也被完全神化，成为化生天地万物并经常降世传教的最高神灵。

其三，道教与两汉经学。

董仲舒以"天人感应"为核心的宗天神学和随之而起的谶纬神学都被道教所吸收。西汉武帝时期，为适应统治阶级利用神权维护皇权的需要，董仲舒的宗天神学应运而生。他援引阴阳五行学说，重新解释儒家经典，建立了一套以"天人感应"为核心的神学体系，把"天"说成是有意志、有目的、能支配一切的最高主宰，具有无上的权威。他认为自然界日月星辰的运行，春夏秋冬四季的更替，人类社会的治乱兴衰、吉凶祸福，都是由这个"大君"的意志所决定的，而帝王则是"承天意以从事"。这种"天人感应"思想实际上是一种"善恶报应"思想的表现，是宗教思想的核心内容。

董仲舒不仅是一个宣扬"天人感应"、阴阳灾异的宗天神学家，还是神仙方术的鼓吹者。他在《春秋繁露》这一著作中，不仅以神秘的阴阳五行学说附会儒家经义，而且还创造求雨、止雨仪式，登坛祈祷作法，集儒生、巫师、方士于一身。他将儒学加以宗教化，促使儒生与方士合流。

其四，道教与墨家思想。

儒、道以外，道教还吸收了墨家思想。章太炎在《检论》中指出，道家(即道教)思想"本诸墨氏，源远流长"。墨家本有"尊天明鬼"的思想，这对道教无疑是有吸引力的。装神弄鬼、施法降魔是道士的基本法术。他们为了装饰其法术，遂以墨家"尊天明鬼"的思想为理论依据，甚至把墨子神化为地仙。同时，墨家的思想还代表了民间小生产者的利益，墨子提倡"兼相爱，交相利"，主张劳动、互助。这些思想对道教也产生了影响，道教早期经典《太平经》里表现的“反对剥削，攻击私有财产，主张自食其力和救穷周急思想”，就深受墨家影响。

其五，道教与阴阳五行和易学思想。

阴阳五行思想对道教的影响也很大。阴阳、五行观念早在《周易》和《尚书》中就有记载。战国末期，以邹衍为代表的阴阳五行家认为，万物的变化都受阴阳五行性质的支配。这种思想在秦汉之际广为流传，阴阳五行的消长生克现象成了思想家解释自然和社会现象的理论模式。早期道教经典也吸收了阴阳五行观念，如作为道教形成标志的两部道书《周易参同契》和《太平经》都深受易学和阴阳五行观念的影响。

《周易参同契》是道教关于炼丹术最早的理论著作，被后人称为“丹经王”。它是用汉代易学的理论说明炼丹过程，是易学和炼丹术结合的产物，认为在《周易》六十四卦中，乾、坤、坎、离四个基本卦是丹药形成的根据。其中“参同契”即是指将易学、黄老、炉火三者综合为一。《太平经》作为最早的道经之一，也深受阴阳五行思想的影响。“三一为宗”是《太平经》论述社会政治和修道成仙的准则。“三一”即是三者合一。“三”是指阴、阳、中和。它又具体表现为天地人、君臣民、精气神等。阴、阳、中和三气相合是最理想的状态，叫作“太和”，此时即出现太平气。太平气是政治升平的条件，也是个人修身的条件。

另外，道教的神仙世界建立在古代原始宗教、神仙传说和成仙方术的基础之上，道教的仙学体系是对中华本土文化中民间信仰和民间风俗的综合改造。道教的世界是神仙的世界，神仙信仰是道教信仰的核心，羽化成仙、长生不死是道教徒修炼的最高目标，这是道教不同于世界上其他宗教的最显著的特点。为了支撑神仙信仰，刺激更多的人信奉成仙的教旨，道教竭力从古代原始宗教和神仙传说中撷取素材，对一些原始神灵和神仙传说加以改造利用，构造出一个五彩斑斓、井然有序的神仙世界。

中国古代的原始宗教盛行自然崇拜和鬼神崇拜，各种自然神灵，如日神、月神、星辰之神、山神、河神、风神、雷神、户神、灶神、天地之神等，最初都是民间信奉的对象。道教对民间信仰的神灵进行吸收和改造，使其成为道教尊神，例如，天帝之神演变为道教的玉皇大帝，天、地、水三神演变为早期五斗米道的天、地、水三官，道教著名的“四御”神中有两个来自星辰之神，还有道教供奉的雷电之神、风雨之神、山岳之神也都来自原始宗教的自然崇拜对象。

道教诸神的另一个来源是中国古代的神话传说，如盘古开天辟地的神话被改造为道教最高天神——元始天尊。此外，黄帝本是古代神话中显赫的“神国之王”，道教却让他飞升成仙，成为五方五帝之一；西王母本是古代神话中半人半兽、不男不女的怪神，道教则把她美化为女仙之首。而玄女、赤松子、彭祖、广成子、鬼谷子等道教诸神也都是古代神话传说中的人物。道教的神仙来源广泛，为数众多，据道经《列仙传》《神仙传》《续仙传》《集仙录》记载，道教诸神共有四百多。众仙熙攘的神仙世界经过道教学者的精心安排，秩序井然、等级分明。东晋葛洪仿魏晋官制，分神仙为九品。南朝陶弘景又撰《真灵位业图》，将道教诸神排定座次，分为七个层次，其中每个层次的首座分别是元始天尊、玄黄大道君、太极金阙帝君、太上老君、张奉、中茅君、酆都北阴大帝，建构起了道教神仙世界庞大而有序的神仙谱系。

此外，道教还吸收了战国和秦汉时期社会上广泛流行的各种成仙方术。战国时，北方燕齐一带的神仙方士特别活跃，他们掌握了服食、行气、房中等方术，自称能够通神仙，炼成不死之丹，吃后飞升成仙。秦汉时，由于统治者的热衷和提倡，神仙方术得到了进一步的发展，社会上形成了专门以神仙方术谋生的职业集团——方仙道。他们利用手中的方术在上层社会活动，影响很大。后来，这些方士大都演变为道士，魏晋时期兴盛的神仙道教就是在方仙道的基础上发展起来的。

由此可见，道教的教理系统和行为系统与我国传统文化中许多领域都有血肉相连的密切关系。它的产生是中国传统文化直接孕育的结果。当然，道教在后来的发展中也受到佛教等外来思想的影响，但其基本的精神仍具有本民族独特的文化特征。

道教作为一种宗教实体形成于东汉中后期。它的产生并非偶然，而是有其客观的社会历史条件和思想背景，是经过长期酝酿和积累而形成的。

其产生首先与汉末混乱的政治局面有关。从东汉和帝刘肇开始，世家大族和地方豪强势力迅速膨胀，在政治上逐步形成外戚与宦官两大集团，彼此争夺政治权力，把持朝政；地方官吏则贪残专恣，不奉法令，侵冤小民。东汉王朝的统治日益腐朽和黑暗，整个社会一直动荡不安，给广大劳动人民带来莫大的痛苦。特别是在外戚、宦官两大集团激烈争夺政权的过程中，豪强地主大量兼并土地。广大农民丧失土地后，一部分沦为依附豪强地主的佃农或雇农，受着极其残酷的剥削，更多的农民则变成无家可归、辗转道路的流民，处境尤其悲惨，被迫起为“盗贼”。加以当时自然灾害频仍，疫病流行，广大人民陷入水深火热之中。苦难深重的现实世界是宗教赖以滋生的气候和土壤。

在这种环境之下，一方面，当时广大农民受自然经济的局限，生产规模小，生产力水平低下，科学知识十分贫乏，人民群众既无法避免封建压迫和自然灾害所造成的社会不平与人世苦难，也无法理解其根源。他们渴望摆脱苦难，而又找不到出路，因此往往幻想有一种超人间的力量来伸张正义，并帮助他们改善处境，于是就把希望寄托在神灵的护佑上，这构成宗教产生的内在条件。另一方面，统治阶级在面临严重的社会危机的时候，也极力企图利用宗教来麻痹人民反抗的意志，宣扬君权神授，借以消弭随时可能发生的人民抗争的风暴，同时也希望宗教成为他们统治的后盾。在上述两种条件下，宗教的产生就成了客观的社会需要。

其次，汉代统治思想的宗教化也直接为道教的产生提供了有利的社会条件。

汉初奉行的黄老之术，虽缓解了社会矛盾，却未能防止封建社会固有矛盾的发展，以致到汉武帝时，又面临“盗贼群起”、农民以暴力反抗官府事件等严重社会问题。为巩固自己的统治地位，统治者们企图借助鬼神的威力使百姓顺从。如汉武帝即位后，重用神仙方士，大搞祠神求仙活动。以“天人感应”为核心的宗天神学和其后的谶纬神学随之而起，并成为封建专制中央集权统治的理论依据。西汉末年，这种谶纬之学极为盛行，在东汉，更是成为占统治地位的官方之学，于是整个社会都笼罩在浓厚的宗教神秘主义气氛之中。这种气氛显然是孕育道教极为重要的气候和土壤。

严重的社会危机，浓厚的宗教氛围，使得借用神道以反抗汉朝统治的农民起义应运而生。东汉末年，河北巨鹿(今河北平乡西南)人张角便利用《太平经》传播道教，组织民众反抗汉朝的统治。张角创立的教团即被称作“太平道”。

“太平道”因《太平经》而得名。《太平经》即《太平清领书》，是早期道教奉持的重要经典。此书在东汉桓帝、灵帝时期在社会上广泛流行。《太平经》的主要内容有四个方面：在思想体系上，继承老子之道和传统的天神信仰，重新构筑了早期道教的神学思想体系，即天人合一的神学思想，提出神仙不死、身中神、求长生等观念；在政治理想上，以阴阳五行学说为理论基础，以“无为而无不为”的老子学说为治国方针，大力提倡帝王统治术和封建道德观念，以实现封建的“太平世道”为理想目标；关于教徒的修养方法，提出守一之道，认为守一即久，可使形化神，并提出辟谷、食气、服药、养性、返神、房中、针灸、占卜、堪舆、禁忌等方术，同时，还重视符咒，宣扬服符能驱邪求福，治病长生，要求信徒坚持斋戒、首过、祈禳、叩拜及诵经等活动；进一步提出善恶报应观念的承负说，认为天地人三统共生，如人类作恶太多，则天地必降灾异，殃及后人，由此，示人以行善积德，信修正道，断除承负而得度成仙。《太平经》的思想体系为神学唯心主义，但也包含不少朴素辩证法思想，它在根本上维护封建统治利益，但在一定程度上反映了劳苦大众的愿望。

公元172—184年(汉灵帝刘宏熹平、光和年间)，张角自称“大贤良师”，奉事黄老道，以“跪拜首过，符水咒说”为人治病的方式传教，取得百姓信赖。张角又遣弟子出使四方，以“善道”教化天下，十余年间，信徒多至数十万。张角依军事形式组织教徒，设置三十六“方”(即地方教团)，“大方万余人，小方六七千”人，每方设渠帅统领。太平道还信奉“中黄太乙”为最高神，以实现“黄天太平”为纲领。公元184年(汉灵帝中平元年，甲子年)，张角驰令三十六万部帅同时发动起义，起义者皆以头戴黄巾为标志，故史称“黄巾起义”。张角自称“天公将军”，其弟张宝称“地公将军”，张梁称“人公将军”。张角宣称“苍天已死，黄天当立，岁在甲子，天下大吉”，号召太平道教徒起义，推翻汉朝统治。黄巾军在各地燔烧官府，攻占州郡，声势浩大。官军望风披靡，“长吏多逃亡。旬日之间，天下响应，京师震动”(《后汉书·皇甫嵩朱儁列传》)。东汉王朝立即派军前往镇压。经过十多个月激战，张角病死，张宝、张梁阵亡，起义军遭到镇压。太平道的教团组织到后来也渐渐散亡了。

黄巾起义是利用道教组织发动的第一次大规模农民起义，也是道教开始登上历史舞台的一件大事。太平道虽在黄巾起义后瓦解，但对后世仍有相当的影响。如太平道三十六方的术数观念，为后世道教所继承，后世道士持九节杖、着黄衣、戴黄冠，用符水、咒说等道术为人治病消灾，等等，也都承袭太平道的规制。

五斗米道是早期道教派别之一，是东汉时在西南巴蜀汉中地区(今四川重庆及陕西南部)形成的另一个民间道教组织，创始人张陵，沛国(今江苏沛县)人，又名张道陵，字辅汉，崇信黄老之学，顺帝时进入四川鹤鸣山修炼，并作“道书”，共24篇，以教百姓。传说公元142年(东汉顺帝汉安元年)，有天神太上老君(即老子)下降，授以“正一盟威之道”，始为人治病，并传教。张陵自称教首，下设“祭酒”，统领民户。因入道者需交纳信米五斗，故俗称“五斗米道”。又因创教之初曾受巴蜀少数民族原始宗教的影响，巫术色彩浓厚，时人或称“米巫”。张陵自称天师，其子张衡称嗣天师，衡子张鲁称系天师，故三张所创的教团，又被称为“天师道”。

到了汉末，张鲁成为割据巴、汉的地方军阀，建立了政教合一的地方政权。张鲁不设官吏，而以五斗米道各级首领管理政务和教务。它的教区称为“治”。入道者初名“鬼卒”；入道已久并笃信其教者号“祭酒”，为各治的宗教领袖，任统辖教民之职；统领教民多者称“治头大祭酒”。张鲁则自号“师君”，为五斗米道的最高首领。这样，在巴、汉地区内，五斗米道建立起由鬼卒—祭酒—治头大祭酒—师君组成的组织系统，其组织制度渐趋完备。治所是道民宗教活动和其他社会活动的中心。所有道民都要编入户籍，称为“宅录”。道民家中生死婚嫁都要注册或削籍。这个宅录不仅有行政意义，也有宗教意义。在每年的三会日（最初是正月七日、七月七日、十月五日），道民都要到本治所聚会。教民诚信不欺诈，有病自首其过，为此设“静室”，作为病者思过修善之所，并设“鬼史”，为病人祈祷，又设奸令祭酒，向教民宣讲《老子》，张鲁为之作注，名《老子想尔注》。

《老子想尔注》一书以道教的教义注解《老子》思想，阐述了五斗米道的信仰与教义。书中对老子所说的“道”加以神化，变成能发号施令的神灵。道的化身即老子，称作“太上老君”。其劝导民众应奉道守戒，施惠散财，竞行忠孝，修善积德，又教人习长生术，积精服气，保养精神，如此便可获得仙寿天福。所以书中说："奉道诫，积善成功，积精成神，神成仙寿。"这些思想都是道家原来没有的宗教信条。张鲁统治汉中的近30年，是五斗米道在政教合一的特殊组织形式下兴旺发达的时期。

公元215年(汉献帝建安二十年)，曹操率大军征讨汉中，张鲁率家属及部下投降。张鲁投降之后，曹操一方面对张鲁及其五子和他的臣僚都拜官封侯，利用他们的影响来笼络群众；另一方面又采用调虎离山之计，把张鲁及其子女和臣僚以及汉中人民大量北迁，瓦解了五斗米道的根据地。此后，天师道便逐渐产生分化现象。天师道的发展虽面临若干严重问题，但却继续向民间且向上层社会发展，并从巴蜀的狭小范围传播到北方和江南广大地区，后在南北朝时期形成南、北天师道。

与天师道同时，汉魏之际在中国其他地区也有一些方士小集团的活动，如李家道、帛家道、于君道等。他们以某些道书的传承或以炼丹服食为主传播道教信仰。

两晋南北朝时期，道教的分化现象日益加剧。一方面，统治者对道教采取两手政策，一手限制或镇压，一手改造或利用。同时，道教内部也出现了分化，一部分从民间走向官方，演变为官方宗教，一部分则继续活动于民间，组织起事，另外一些士族知识分子道徒则隐居山林。随着道教发展的上层化和官方化，道教内部在思想和组织上也必然发生相应的变化。新的道派，如上清派、灵宝派，也先后出现。到南北朝时期，南北道教都经过改造，成为官方宗教，完成了道教从民间走向官方的进程。

在道教被改造为官方宗教的过程中，东晋道士葛洪起了非常重要的作用。葛洪(约281—341年)是历史上第一个对道教的教义体系作出理论总结的思想家。葛洪在《抱朴子·内篇》中对战国以来的神仙方术思想做了系统的总结，继承并改造了早期道教的神仙理论。提出以神仙养生为内、儒术应世为外的主张，建立了一套长生成仙的理论体系，使道教的神仙信仰理论化，并将道教的神仙方术与儒家的纲常名教相结合，使儒家的纲常名教与道教的戒律融为一体，丰富了道教的思想内容，为上层化的官方道教奠定了理论基础，对后世道教的发展有较大的影响。

南北朝时期，寇谦之改造五斗米道为新天师道。新天师道被称为北天师道，是对民间早期道教的成功改造。寇谦之(365—448年)，字辅真，上谷昌平(今属北京)人，出身世家大族，早年信仰天师道，修张鲁之术。公元415年(北魏明元帝神瑞二年)，寇自称太上老君降临，授给他天师之位，并赐《云中音诵新科之诫》20卷，令其改造教义，建立"新科"。他废除传统五斗米道的交纳租米钱税的制度和男女合气的方术，建立了符合统治者需求的儒家礼教制度和神仙道教的服药内炼方术。新道教"专以礼度为首"，即采取儒家礼教为道教的第一要义，这是寇谦之改革道教的总纲，明确其目的是要求教徒严守封建礼法，杜绝农民利用道教号召起义，以维持统治秩序，实现天下太平。

公元423年(北魏明元帝泰常八年)，寇谦之又假托太上老君玄孙李谱文降临，授给他《录图真经》60卷，让他"辅佐北方泰平真君"。次年，寇谦之前往北魏首都平城(今山西大同)，献上《录图真经》，得到北魏太武帝拓跋焘的赏识。太武帝亲自去天师道坛接受道教符箓，成为道教正式信徒。此后，北魏历代君主即位后都要去道坛接受符箓。寇谦之亦被太武帝尊为国师。这样，太武帝既是国君，又是"泰平真君"，寇谦之既是天师，又是国师，几乎使北魏政权变成了政教合一的道教王国。新天师道在北魏兴盛了100多年，直至公元548年，才被北齐文襄王废除。从寇谦之开始，道教获得了最高统治者的正式承认，成为官方宗教。

与此同时，南方的道教也出现了分化，形成一些新的教派，主要有茅山上清派和灵宝派。上清派是早期道教派别之一，从天师道分化而来。其创始人为东晋中期杨羲、许谧及许翙父子等，均系高门士族出身。东晋哀帝兴宁二年(364年)，杨羲托称天师道女祭酒魏夫人及众仙真下降，传授《上清真经》，告知修道秘诀。由杨羲先用隶书写出，然后传给二许父子另行抄写。到东晋末年，杨、许均已先后去世。后由许翙之子携带经文至浙江剡县。从此，《上清真经》开始在社会上广为传播。

《上清真经》的问世与传播在道教中形成了一个新的派别，即上清派。该派以魏夫人或杨羲为开派祖师，信奉元始天王(后改称元始天尊)、太上大道君等神灵，主要习传《上清真经》《黄庭经》等经典。在修行方术上特别重视诵经、思神、服气、咽液等，也兼习金丹、符咒等方术，但反对天师道的房中术。在这些经典著作中，排除了早期道书中反映农民群众的愿望和要求的思想，在修炼方法上强调存思之法，着重个人修炼，因而为封建统治阶级所乐于接受和赞赏，这正是他们不断壮大和发展的重要原因。上清派的出现是民间道教向士族道教转化的表现。

上清派虽由杨、许首创，但教派的发扬光大者却是南朝著名道士陆修静和陶弘景。陆修静(406—477年)是南朝受到官方礼遇的著名道士。南朝初期的天师道组织涣散，科律松弛。在此情况下，陆修静对天师道进行了改革。他整顿了道教的组织形式，进一步健全了三会日制度，并加强了宅录制，健全了道官按级晋升制度。与此同时，他完善了道教的科仪规诫，制定道教斋仪，形成了一套比较完整的斋醮规仪，使道教的斋醮仪式初具体系。他还是第一个对道教经典进行系统整理并对后世产生深远影响的人。他相继编撰了《三洞经书目录》和《灵宝经目》。《三洞经书目录》是中国道教史上第一部道经目录。自他开始，"三洞"正式成为道经的分类标准，后逐渐形成"三洞四辅十二类"的分类法。陆修静对道教的整顿改革使道教在南方获得了进一步发展。通常，把经陆修静改革后的南方道教称为南天师道。

陶弘景(456—536年)，字通明，丹阳秣陵(今南京)人，是陆修静的再传弟子，出身江南士族家庭，居住茅山修道40年，自号为"华阳隐居"，人称山中宰相，是南朝道教著名学者，对道教的发展作出了重要的贡献。他建立了道教的神仙理论系统，所撰写的《真灵位业图》一书将道教信奉的众多神灵排定座次，编成图谱，使道教的信仰体系更加完备。他又编写了《真诰》《登真隐诀》《养性延命录》等著作，整理弘扬上清经法，编撰斋戒仪范，发展了道教的修炼理论。自陶弘景之后，上清派得到广泛传播，但始终以茅山为其中心，所以上清派又称为"茅山宗"。隋唐时期，上清派成为道教第一大宗派。

东晋南朝时期，江南新兴的道派还有奉持《灵宝经》的灵宝派。关于《灵宝经》的问世和传播，在道书中有许多神奇的记述。早在东汉人袁康所作的《越绝书》中，已记载有神人传授夏禹《灵宝五符经》，制伏蛟龙水豹的神话故事。此故事在葛洪的书中也有记载，从《抱朴子·内篇》中屡次引用《灵宝五符经》来看，这篇经文至迟在东晋之前就已问世。

东晋末年，葛洪的族孙葛巢甫根据有关神话引申附会，造出了更多标名"灵宝经"的道教经书，并且编造了葛氏家族世代传授经书的谱系。在葛巢甫等大量造作"灵宝经"的基础上，逐渐形成了以此经书名命名的灵宝派。灵宝派由葛巢甫创始，而其教义由南朝刘宋著名道士陆修静发扬光大。陆修静搜集经书，辨别真伪，并对灵宝经书进行系统整理和阐释，编撰《灵宝经目》，撰订斋醮科仪，为道教斋醮仪式的完备做出了卓越贡献。此后，灵宝派大行于世。灵宝派奉元始天尊、太上大道君和太上老君为最高神。这三位尊神后来演变为道教各派公认的"三清"，即玉清元始天尊、上清灵宝天尊、太清道德天尊。

"灵宝经"的道法因问世年代的早晚有所不同。较早的经文有《灵宝五符经》《灵宝赤书五篇真文》等书，其内容多是魏晋方士养生修仙之术及符箓法术等。出世较晚的经文，如《灵宝度人经》《灵宝智慧上品大诫》

《灵宝真一劝诫法轮妙经》《灵宝三元品戒经》《太极左仙公请问经》等，多为南朝人所作。这些经文多受佛教经典和戒律的影响，宣讲三世轮回、善恶因果报应思想。其中《灵宝度人经》强调劝善度人，标示出该派立教的主旨，故被后世灵宝派道士所特别重视，并被《正统道藏》收作第一部经书，因此后来《灵宝度人经》就成了灵宝派的祖经，许多道士皆为之作注。劝善度人确是灵宝派教义的重要内容，也是区别于其他道派的重要特点。后出的不少"灵宝经"不断对此主旨进行阐发。这样，道教的教义发生较大变化，从追求肉体不死，即世成仙，变为积累功德，死后成仙或来世成仙；从注重个人修道养生变为强调行善济世，救度他人。个人养生和济世度人相结合，这就是"仙道贵生，无量度人"。可见，道教的成仙思想被染上浓重的佛学色彩。

灵宝派教义在江南地区颇为盛行。但隋唐时期，灵宝派的传承不明。北宋以后，在江西清江县阁皂山出现了传授"灵宝经"的道派，被称为阁皂宗，使灵宝派再次显名于世。

自从民间道教演变为官方宗教后，道教就一直受到历代统治者的崇奉和扶植，自隋唐到北宋，道教进入兴盛时期。隋唐朝廷的崇道政策进一步促进了道教思想的研究和传播。唐代出现了一大批道士注解道家经典的著作，促进了道教教义的哲理化，道教的养生术、炼丹术、科仪规章也更为完善。晚唐北宋以后，道教内部出现了一些新的变化，主要表现为兼融儒、佛、道三教思想，以修持内丹术为主的金丹道派开始兴起。道教进入新的发展阶段。

道教是源于中国本土文化的宗教，长久地作用于民族心理、风俗习惯、文艺科技以及社会政治经济等广阔领域。道教的信仰、教义和法术为许多中国人所接纳、信奉，对中国文化产生了深远的影响。鲁迅曾说"中国根柢全在道教……以此读史，有多种问题可以迎刃而解"。可见，道教是我们认识中国社会，了解中国文化特别是中国民众文化的关键。

（丁利荣）

# 42. 王弼的本体论思想

自汉武帝以来，儒家经典一直是封建统治者的工具。但随着历史的变革、时代的发展，儒学实际已走到非要变革不可的地步。汉儒烦琐注经的旧习只能引起人们的厌恶。如何结合当时的社会政治，找出一个符合当时时代需要的政治理想，是其时代要求。随着东汉大一统王朝的分崩离析，主导思想界近四百年的儒学开始失去其地位，士大夫对两汉经学的烦琐学风、谶纬神学的怪诞浅薄，以及三纲五常的陈词滥调普遍感到厌倦，于是转而寻找新的"安身立命"之地，醉心于形而上的哲学论辩。以嵇康、阮籍为代表的"竹林七贤"等风雅名士常聚在一起谈论玄道，当时人称之为"清谈"或"玄谈"。

魏晋时期，群雄逐鹿，战乱纷争，是中国历史上纷乱时间最长的一个时期。此时，佛学蓬勃发展起来，玄学与佛学互相影响，佛学者谈玄，玄学者论佛，成为一时风尚。一批知识精英跳出传统的思维方式(修齐治平)，重新对宇宙、社会、人生进行哲学反思，以求在正统的儒家信仰发生严重危机后，为士大夫寻找新的精神家园。

王弼(226—249年)，字辅嗣，三国曹魏山阳郡高平(今山东省微山县，一说今山东金乡县)人，著名经学家、哲学家，魏晋玄学的主要代表人物之一。

王弼出身官僚世家，其六世祖王龚名高天下，东汉顺帝时官至太尉，位列"三公"；其五世祖王畅为汉末"八俊"之一，官至司空，亦列"三公"；其外曾祖父是东汉末年号称"八俊"之一、身为荆州牧的刘表；王粲是王弼的继祖父；其父王业官至谒者仆射。王粲是著名文学家，"建安七子"之一，其才学出众，少年成名，十四岁到长安，受到著名文学家、大学者蔡邕礼遇，即将家藏书籍文章万卷送给了他。此装载数车的书籍后来全为王业所有。王弼生长在这世代书香之家，自幼就受到知识的熏陶。万卷图书使他拥有良好的读书条件，家庭祖风为王弼的成长提供了极为有利的条件。

王弼的外曾祖父刘表所占据的荆州是一个人才荟萃的地方。"关西、兖、豫学士归者盖有千数"(《后汉书·刘表传》)。这里有包括著名学者宋忠在内的荆州学派，宋忠重视易学和扬雄的《太玄》。王肃18岁曾向宋忠学《太玄》，后来以儒道兼容的思想注经，成为魏晋玄学的先导。而王弼的祖父王凯和继祖父王粲也到了荆州。王弼祖述王肃之说，所以，王弼后来研究《周易》《老子》无疑也受到宋忠、王肃思想的影响。

据何劭《王弼传》载，王弼"幼而察慧，年十余，好老氏，通辩能言"。王弼任尚书郎时曾与当时许多清谈名士辩论各种问题，以"当其所得，莫能夺也"深得当时名士的赏识，其少年有文名，其作品主要包括解读《老子》的《老子注》《老子指略》，及解读《周易》思想的《周易注》《周易略例》四部。其中《老子指略》《周易略例》是王弼对《老子》《周易》所做的总体性分析的文章。由于《道德经》的原文散逸已久，王弼的《道德经注》曾是原文的唯一留传本，直到1973年中国政府在马王堆发现《道德经》的原文为止。

王弼为人高傲，“颇以所长笑人，故时为士君子所疾”。王弼与何晏、夏侯玄等同倡玄学清谈，与钟会、何晏等人为友。正始中，大将军曹爽擅权，王弼补台郎。正始十年(249年)，曹爽被杀，王弼受案件牵连丢职。同年秋天，其遭疠疾亡故，年仅二十四岁，遗下一妻一女。

何晏曾叹称：“仲尼称后生可畏，若斯人者，可与言天人之际乎!”(《三国志·魏志·钟会传》裴注引何劭《王弼传》)当是时，曹操以刑名之学治国，造成了上下离心，政局不稳的局面。王肃以今古文经学再引进道家思想进行设计的努力也只是在学术界吹进了一股清新之风，一些重大的理论问题并未得到解决。决心献身哲学事业的王弼一扫汉儒烦琐、迂腐、无用的弊端，融合儒、道两家有用的学说，从汉儒的注重传注训诂，转向义理的诠释；从汉儒的注重《春秋》，转向重视《周易》，摒弃汉儒治《易》中的象数传统和迷信色彩，而用义理解释《易》经；把传统的重天思想，转变到注重人事。借鉴《老子》的“无为”思想，提出了“以无为本”的哲学命题。这就给病危的儒学注进了新鲜的血液，建立了以道为主、儒道结合的新思想。王弼成了魏晋玄学理论体系的奠基人，其思想也代表了魏晋时期哲学领域的最高水平。

玄学之“玄”字，源于《老子》“玄之又玄，众妙之门”。王弼在《老子指略》中说：“玄，谓之深者也。”玄就是总天地万物一般规律的“道”，它体现了万物无穷奥妙的变化作用。玄学是研究幽深玄远问题的学说，是指魏晋时期出现的一种以《老子》为研究核心，以老庄(或三玄)思想为骨架，从两汉烦琐的经学解放出来，企图调和“自然”与“名教”的一种特定的哲学思潮。它以“祖述老庄”立论，把《老子》《庄子》《周易》称作“三玄”，对三玄进行研究和解说。而《老子》《庄子》则被视为“玄宗”，这种崇尚老庄的思潮，一直持续到宋朝中叶。玄学是对道家的表达，是道家的一种分支或改进，是道家学说的一种新的表现方式，又称“新道家”，成为魏晋时期取代两汉经学思潮的思想主流。玄学是在汉代儒学(经学)衰落的基础上，由汉代道家思想、黄老之学演变发展而来的，是汉末魏初的清谈直接演化的产物。

魏晋之际，玄学是指立言与行事两个方面，并多以立言玄妙，行事雅远为玄远旷达。“玄远”，指远离具体事物，专门讨论“超言绝象”的本体论问题。因此，玄学具有浮虚、玄虚、玄远的特色。玄学家大多是当时的名士，如有何晏、王弼、阮籍、嵇康、向秀、郭象等。

玄学讨论的中心问题是“本末有无”问题，即用思辨的方法讨论关于天地万物存在根据的问题。也就是说，以一种远离“事物”与“事务”的形式，来讨论事物存在根据的本体论或形而上学的问题。玄学是中国哲学史上第一次企图使中国哲学建构在老庄思想基础上，把儒、道两大家学说结合起来的极有意义的哲学尝试。在哲学上，玄学主要以“有”“无”问题为中心，形成“贵无”与“崇有”两派。

玄学家们还用他们的老庄思想来注解儒家的《论语》《周易》，对已经失去维系人心作用的两汉经学作了改造，建立起了“以无为本”的哲学本体论。儒家的“礼法”“名教”“人道”等思想虽然也是玄学所讨论的内容，但其主旨却是道家的，即强调和崇尚的是“无”“自然”和“无为”。

何晏、王弼主张“贵无”论，说“天地万物皆以无为本”(《晋书·王衍传》)，又提出“名教出于自然”说。其后阮籍、嵇康主张“越名教而任自然”(《与山巨源绝交书》)。且嵇康宣扬“以六经为芜秽，以仁义为臭腐”(《难自然好学论》)，“非汤武而薄周孔”。其后郭象作《庄子注》，此书一出，玄学大畅，“儒墨之迹见鄙，道家之言遂盛焉”(《晋书·郭象传》)。

玄学所探讨的中心问题尽管仍可归结为天人关系问题，但在形式上，它已经摆脱了两汉经学章句笺注的烦琐破碎；在内容上，则抛弃了经学思潮里“天人感应”的目的论之论证。玄学所探讨的中心问题是本体论。

本体论思想是指把“无”当作万物的本体的哲学思想。把“无”当作万物的本体是正始玄学最重要的特征。据《晋书·王衍传》载称：“魏正始中，何晏、王弼等祖述《老》《庄》，立论以为‘天地万物皆以无为本。无也者，开物成务，无往而不存者也。阴阳恃以化生，万物恃以成形，贤者恃以成德，不肖恃以免身。故无之为用，无爵而贵矣’。”正始玄学家们提出的“以无为本”这个命题具有划时代的重要意义。

王弼认为，世界的本体是“无”，世界的现象，即各种具体事物都是“有”，“无”是“本”，“有”是“末”。“无”是“万物之宗”，“无”能生“有”。他的“无”有时又称为“道”。他认为：“天下之物，皆以有为生。有之所始，以无为本。将欲全有，必反于无也。”（《老子》第四十章注）“天地虽大，富有万物，雷动风行，运化万变，寂然至无，是其本矣。”（《周易·复卦》注）他把“无”看成是万事万物的本原，所以“天地万物皆以无为本”（《晋书·王行传》引王弼语）。他把老子的“道”也用“无”来解释。他说：“道者，无之称也，无不通也，无不由也，况之曰道。”（《论语·述而》邢昺疏引王弼《论语释疑》）这就是说，“道”就是“无”，所以“万物皆由道而生，既生而不知其所由”（《老子》第三十四章注）。

“无”，或者说“道”，是生成宇宙万物的本体，是万物之宗。王弼说：“无形无名者，万物之宗也。不温不凉，不宫不商。听之不可得而闻，视之不可得而彰，体之不可得而知，味之不可得而尝。”（《老子指略》）叫不出名称，看不见形体的某种东西是世界万物的宗主，它不是人们的眼耳口体等感官所能感知的。它“无状无象，无声无响，故能无所不通，无所不往，不可得而知”（《老子》第十四章注）。它是一种无处不在的东西，“无之为物，水火不能害，金石不能残”（《老子》第十六章注）。人们感知的只是现象，而“在象则为大象，而大象无形；在音则为大音，而大音希声。物以之成，而不见其形，故隐而无名也”（《老子》第四十一章注）。大象、大音这种本原的东西是看不见、听不到的，而各种事物、现象却是由它形成。正因为它“无形”，所以就只好称它作“无”，也可以叫“道”。“道，无形不系，常不可名。”（《老子》第三十二章注）“寂然无体，不可为象。道不可体，故志之而已。”（《论语·述而》邢昺疏引王弼《论语释疑》）“道”和“无”能生成万物，又存在于万物之中，谁也不能叫出它具体的名称来，只能意会而已。王弼又借用古代“五行”的学说赋予它新的意义。他说：“天生五物，无物为用。”（《老子指略》）五物，又称“五材”，即金、木、水、火、土。它是自然界中存在的五种基本物质，是“有形”的东西，与生成万物的“无”是矛盾的，所以，有形的五物依靠“无”才能发挥作用，产生万物。“五物之母，不炎不寒，不柔不刚”（《老子指略》）。仍然是没有寒热刚柔、不能感知的“无”。他借用老子的“无”来表达对生成万物的原始物质的认识。这个“无”才是本，而一切的表象都是末，是由“本”产生出来的。

这种不能感知的细微物质又是怎样生成万物的呢？王弼说：“中和备质，五材无名也。”（《论语·述而》皇侃疏引王弼《论语释疑》）无名，即无形。以无形的“五材”，即细微物质，以“中和”的形式而生成万物。他的“中和”不是指有形物的掺和，也不是指保持物质原有特性的物理过程，而是通过化学的过程“中和”出有新特性的新物。他说：“其为物也混成。”（《老子指略》）“混成无形，不可得而定。”“混然不可得而知，而万物由之以成，故曰‘混成’也。”（《老子》第二十五章注）“混成”的过程是看不见的，“物以之成，而不见其形……成之不如机匠之裁”（《老子》第四十一章注）。它不像机匠剪裁那样，用有形物来拼合。人们最能感受也最能反映这一过程的是“五味”的“混合”。“至和之调，五味不形”（《论语·述而》皇侃疏引王弼《论语释疑》），这完全是形成新物的化合过程。产生新物的这个过程也不是“天”有意志、有目的的行为结果，因为这些细微物质是“先天地生”（《老子》第二十五章注）而为“天下母”，所以“天地任自然，无为无造，万物自相治理”（《老子》第五章注）。这种“万物自然生成”的思想自然就摒弃了神化的天命论。

"无"能生"有"，"无"是万物之本，而一切具体事物都只是"有"，是"末"。所以要"以无为本""崇本息末"。王弼认为，自然界是这个规律，人类社会也应当遵循之，治理国家应"无为而治"。王弼并未陷于空谈哲学理论，而是从社会政治入手研究，把社会现象也提到哲学的高度来认识。实际上，他是想用高层次的哲学理论来指导社会政治。

王弼以老庄思想为主，建立了体系完备、抽象思辨的玄学哲学；以言简意赅的论证代替前人的烦琐注释，以抽象思维和义理分析，摈弃象数之学与谶纬迷信，在经学上开创了一代新风。

曹魏正始时期，我国的北方虽然取得了局部的统一和相对的安定，但全国尚未实现统一，曹魏政权的内部矛盾也日益尖锐。面对复杂多变的政治局势，王弼进行了认真的观察和深刻的思考，提出了如何理顺各种关系，以达到大治的政治谋略思想。这是本体论思想在治国理政方面运用的尝试。

王弼多次提到"崇本息末""崇本举末""举本统末"几个说法。"息"与"举""统"似乎矛盾而令人不解。实际上，"统""举"，是就"本"与"末"的关系而言的。本，是本原、根本，在社会政治中起主导作用，它统摄各种表象，所以，应当"崇"或"举"。"举本统末，而示物于极者也"(《论语·阳货》皇侃疏引王弼《论语释疑》)抓住了"本"，即"无"这个纲，对具体问题就能处理恰当。"以其无能受物之故，故能以寡统众也。"(《老子》第十一章注)"息"是就对"本""末"的具体处理而言。把握住了"本"，对各种具体现象可以采取不同办法，有的要掌握，所以要"举"；有的则应取消或限制，所以要"息"。了解它们之间相互依存、相互转化的关系，抓住问题的关键、根本，才能治理好国家。他说："崇本以息末，守母以存子。"(《老子指略》)"守母以存其子，崇本以举其末。"(《老子》第三十八章注)以母子的关系来比喻本与末。所以，他在《老子》第五十二章注道："母，本也；子，末也。得本以知末，不舍本以逐末也。"不能抓住问题的根本，治标不治本，舍本逐末，"皆舍本以治末"(《老子》第五十七章注)，就只能导致国家的混乱和衰败。他认为，抓住"本"这个治国根本，就能最终实现"无为而治"。

(万国崔)

# 43.《熹平石经》的刊刻

《熹平石经》，又称《一字石经》《今字石经》《太学石经》《鸿都石经》，175 年（汉灵帝熹平四年）始刻，183 年（光和六年）竣工，是中国最早的石刻儒经。

《熹平石经》镌刻的缘由，要从汉代经学背景说起。汉代立五经于学官，置十四博士。各家经文皆凭所见，并无供传习的官定经本。其时，今文经学与古文经学激烈斗争，给汉代的经学带来繁荣，但同时也产生了种种分歧，特别是经文和经义，不仅今、古文经学派之间有分歧，今文经学派内部、古文经学派内部也分歧重重，这就是所谓的“师法”与“家法”。这些分歧，即使在东汉后期古文经学取得压倒性胜利以后，依然扰攘纷繁。如《后汉书》载：“经籍去圣久远，文字多谬，俗儒穿凿，疑误后学。”（《后汉书》卷六十下）经生修习，常或无所适从；而经师置气斗勇，以致不择手段。《后汉书》载：“诸博士试甲乙科，争第高下，更相告言，至有行赂定兰台漆书经字，以合其私文者。”（《后汉书》卷七八）这种行径，甚或也延续了当时的党争余习。如《后汉书・儒林列传》也载：“党人既诛，其高名善士多坐流废，后遂至忿争，更相言告，亦有私行金货，定兰台漆书经字，以合其私文。”（《后汉书》卷七九）

于是议郎蔡邕（133—192 年）、宦官李巡等建议刻立石经，试图统一经文。《后汉书・蔡邕列传》载：“熹平四年，乃与五官中郎将堂谿典，光禄大夫杨赐，谏议大夫马日磾，议郎张驯、韩说，太史令单扬等，奏求正定《六经》文字。灵帝许之，邕乃自书丹于碑，使工镌刻立于太学门外。”（《后汉书》卷六十下）参与其事的，除蔡邕及上述六人外，据《后汉书》所载，还有李巡（《吕强传》）、卢植、杨彪。《卢植传》载：“时始立太学《石经》，以正《五经》文字，植乃上书曰：‘臣少从通儒故南郡太守马融受古学，颇知今之《礼记》特多回冗。臣前以《周礼》诸经，发起秕谬，敢率愚浅，为之解诂，而家乏，无力供缮写上。愿得将能书生二人，共诣东观，就官财粮，专心研精，合《尚书》章句，考《礼记》失得，庶裁定圣典，刊正碑文。’”（《后汉书》卷六四）不过，《后汉书》所载，应该只限于主要纂修成员，一般参与者不可能一一列举。近人马衡依据残存的《论语》碑，《公羊传》碑尾款及后记甲、乙碑，又稽考出刘宽等 16 人。

《熹平石经》所收经书包括《周易》《尚书》《鲁诗》《仪礼》《春秋》和《公羊传》《论语》。《论语》当时未立学官，尚未取得经书地位，所以后世提及收录范围有“七经”“六经”“五经”之别。称“七经”，包含《论语》；称“六经”，不含《论语》；称“五经”，不含《论语》，并将《春秋》和《公羊传》两经传视为一种。此外，开封关益斋出示的两块“三重编钟残碑”残石，与石经同时出土，上有“编钟小羽均”等与音律乐器相关的遗文 75 字，或以为是《熹平石经》中《乐经》的附刻，或以为就是《乐经》。长期以来，“六经”中的《乐经》是否存在一直有争论，如果此为《乐经》逸文，则可解决中国学术史上一大悬案。《熹平石经》的总体字数已无法确知，研究者有各种推测，部分学者按 46 碑，碑 80 行，行 73 字推算，认为将近 27 万字。

《熹平石经》的修纂流程大略由校经、书丹、镌刻等环节构成。校经以一家经文为底本，参校各家，附列校记于后。如《诗》用鲁诗本，有齐、韩两家异字；《公羊传》用严氏本，有颜氏异字；《论语》用某本，有盍、毛、包、周诸家异字。书丹，即用朱笔在石上书写所要镌刻的文字。《后汉书》载称“邕乃自书丹于碑”，书丹似乎是蔡邕一人独立完成的，但唐宋以来不少人对此表示怀疑。《熹平石经》共46碑，碑阴、碑阳两面刻字，以蔡邕一人之力恐难完成。而且蔡邕在光和元年因诏陈灾变获罪离京，在外二十多年，参与石经纂修不过三四年，无法始终其事。实际上，碑文字迹也可证明。宋董逌《蔡邕石经》篇也说：“贞观初，魏征始收聚之，十不一存。其相承传拓之本，犹在秘府。当时考验至详，谓不尽为邕书，如马日磾数辈相与成之。”宋洪适《隶释》说：“史称邕自书丹，使工镌刻。今所存诸经字体各不同，虽邕能分善隶，兼备众体，但文字之多，恐非一人可办。”“窃意其间必有同时挥毫者，予详玩遗字，《公羊》《诗》《书》《仪礼》，又在《论语》上。”所以，书丹一事，以蔡邕为主，同时又当另有助手。

《熹平石经》所用字体，范晔认为有古文、篆文、隶书三种。如《后汉书·儒林传》叙记载：“熹平四年，灵帝乃诏诸儒正定《五经》，刊于石碑，为古文、篆、隶三体书法以相参检，树之学门，使天下咸取则焉。”但经历代学者考证，此记载有误，魏正始才是三体石经，《熹平石经》只用隶书，所以又叫《一字石经》。

《熹平石经》初立于洛阳城南开阳门外的太学讲堂。陆机《洛阳记》载：“太学在洛阳城南开阳门外，去宫八里，讲堂长十丈，广三丈，灵帝召诸儒正定五经，刊石于是。”原碑早已损毁，保存下来的迄今未见整碑，仅存残石。其残碑，唐宋以来陆续有所发现。近人马衡《汉石经集存》收录民国时期所出汉石经502石，约8000字。其后，偶见零星发布。其规模体制、历代记载多有分歧。其碑幅，朱超石《与兄书》载，为“高一丈许，广四尺，骈罗相接”。若按东汉建初尺折合，一尺约23.5厘米，其高约2.35米，宽约0.94米。不过，研究者在折合方面取值差别很大。

《熹平石经》全碑总数有46碑、52碑、73碑等不同说法。唐李贤《后汉书》注引《洛阳记》称：“本碑凡四十六枚。”但宋张演《石经跋》则说：“高澄迁此经于邺，《通鉴》所书为五十二碑。自东汉历魏、晋、宋数百年间，洛阳数被兵，此碑当有毁者。其迁于邺，乃视《洛阳记》多六焉，疑《洛阳记》未详也。碑制高一丈，广四尺，六经文多，必非四十六碑所能尽者。宋常山公《河南志》称：‘《石经》凡七十三碑。’常山公博物洽闻，欧阳文忠每以古今疑事咨之，《河南志》所书，必有据依矣。”虽然《熹平石经》收书范围确定，但另有校记、后记、尾款等，确切字数难明，加之行款不一，所以无法据以推断哪一种碑数的说法更接近实际。不过，碑数的记载愈晚愈多，统计时有可能混入《正始石经》的数目。如延昌三年(514年)江式上表说：“魏初，……又建《三字石经》于汉碑西，其文蔚焕，三体复宣。”(《北史》卷三四)《正始石经》在西，《熹平石经》在东，都在太学内。后魏武定四年(546年)，“八月，移洛阳汉魏《石经》于邺”(《孝静帝纪》，《魏书》卷一二)。《隋书》也记载：“后魏之末，齐神武执政，自洛阳徙于邺都，行至河阳，值岸崩，遂没于水。其得至邺者，不盈太半。”两经搬迁，石碑繁多笨重，没水之余，或至错乱混杂。范晔《后汉书》误记《熹平石经》“为古文、篆、隶三体”，当亦与此相关。其后，北周大象元年(579年)，又从邺城将《熹平石经》搬回洛阳，隋开皇六年(586年)，复自洛阳搬至长安，“寻属隋乱，事遂寝废，营造之司，因用为柱础”(《隋书·经籍志》)，如此反复搬迁破坏，错乱必然难免。

《熹平石经》对经文文本的统一无疑具有重要贡献。《后汉书》说：“后儒晚学，咸取正焉。及碑始立，其观视及摹写者，车乘日千余两，填塞街陌。”(《后汉书》卷六十下)“自后《五经》一定，争者用息。赵祐博学多览，著作校书，诸儒称之。”(《后汉书》卷七八)同时，《熹平石经》笔法遒劲，气势磅礴，是汉隶标本，书法价值极高，对后世隶书影响极大。《熹平石经》还开创了经书石刻的先河，此后的《正始石经》《开成石经》《蜀石经》《北宋石经》《南宋石经》《清石经》等，均为其流亚。

（周德美）

# 44. 郑玄遍注群经

郑玄(127—200年)，字康成，北海高密(今山东高密)人。郑玄年轻时为乡啬夫，但不愿为吏，辞官归里，勤奋好学，常诣学官，博极群书，后至太学受业，拜京兆第五元为师，始通《京氏易》《公羊春秋》《三统历》《九章算术》，又从东郡张恭祖学习《周官》《礼记》《左氏春秋》《韩诗》《古文尚书》，学问精进，认为山东再也没有值得师事问学的人，于是西入长安，经过涿郡卢植引荐，投奔扶风经学大家马融门下。马融平素骄贵，门徒400余人，升堂入室者50余人，仅让高业弟子传授学问，郑玄在门下三年竟未得与师谋面。郑玄日夜诵读，未尝怠倦。有一次，马融召集诸生讨论图纬之学，听说郑玄善算，便在楼上亲自召见。郑玄因此有机会向马融请教经义，问毕辞归。这次质询让马融发现了郑玄学问扎实之程度，所以他对门生感叹说："郑生今去，吾道东矣。"郑玄回乡后，客耕东莱，追随的门徒多达数百上千人。党锢祸起，郑玄与同郡40余人俱被禁锢，于是闭门不出，专修经业。灵帝末年，党禁解除，弟子自远方慕名至者数千。国相孔融也深怀敬意，屣履造门。198年(建安三年)，郑玄被征为大司农，以病请归。200年(建安五年)袁绍与曹操相拒于官渡，遣使相逼随军，郑玄携病至元城，病笃而卒，终年74岁。郑玄所著有《周易》《尚书》《毛诗》《周礼》《仪礼》《礼记》《论语》《孝经》《尚书大传》《中候》《乾象历》诸注，又著有《天文七政论》《鲁礼禘祫义》《六艺论》《毛诗谱》《驳许慎五经异义》《答临孝存周礼难》，凡百余万言。门人辑录郑玄答诸弟子问"五经"言论，仿效《论语》之例作《郑志》8篇。

郑玄一生，累受官府延揽，但鄙弃仕途，专心治学，学问渊博。其经学研究，早年修习今文经学家说，后又从张恭祖、马融等研习古文经学家说，淹贯今、古文经学，而以古文经学名家。任城何休好《公羊》学，著《公羊墨守》《左氏膏肓》《穀梁废疾》。郑玄乃发《墨守》，针《膏肓》，起《废疾》。何休见而感叹："康成入吾室，操吾矛，以伐我乎?"郑玄答何休，义据渊通，与东汉初范升、陈元、李育、贾逵之徒争论古今经学，马融答北地太守刘环，并为汉代古文经学发展史上重大事件，成为古文经学走向强盛的三大标志。

汉代经学师法家法林立，歧义纷纭，朝廷先后组织石渠阁、白虎观会议，试图统一经说，《石渠五经杂义》《白虎通义》为这两次会议的总结性文献。《白虎通义》节取各家言论，隐没诸家姓名，以致淆乱家法。东汉许慎认为传说臧否不同，撰《五经异义》，每论证一事，明辨今、古文经家法，并且站在古文经学家立场上断以己意。郑玄则作《驳五经异义》，不为门户所囿，立足于古文经而兼采今文经家说，务求择善而从。

郑玄撰《六艺论》《毛诗笺》《三礼注》等，综考经学源流，厘清洪纲大旨，又遍注《易》《书》《诗》《礼》《论语》和《孝经》，其立场与方法与《驳五经异义》近似，统以古文经为本，兼取今文经之长。如郑玄《毛诗笺》多从毛本毛说，但间有取今文经诗说者。《毛诗·豳风·七月》："同我妇子，馌彼南亩，田畯至喜。""喜"，毛传如字。郑玄笺："喜，读为饎；饎，酒食也。"《尔雅·释训》："饎，酒食也。"《释文》引舍人本作"喜"，释云："古作饎。"王先谦指出："据此，知《鲁诗》本亦作'喜'而读为'饎'，故《笺》从鲁义改毛也。"

其注经，以校经为先，兼备众本，审定真伪，清理错简误字。如《论语》“曾子曰：‘吾日三省吾身：为人谋而不忠乎？与朋友交而不信乎？传不习乎？’”“传不习乎”，郑注：“言凡所传之事，得无素不讲习而传之。”“传”，陆德明《音义》：“直专反。注同。郑注云：‘鲁读传为专，今从古。’案郑校周之本，以齐、古读正凡五十事。郑本或无此注者，然《皇览》引鲁读六事，则无者非也。后皆放此。”

凡所为注，或博采通人，或揆测语境，或推求假借，或依声求义，务求言之有据而不失简明。如《周礼·春官宗伯·占梦》：“乃舍萌于四方，以赠恶梦。”郑注：“玄谓‘舍’读为‘释’，“舍萌”犹“释采”也。古书释采、释奠多作‘舍’字。萌，菜始生也，赠送也，欲以新善去故恶。”释、舍同属审母，双声，释在铎部，舍在鱼部，铎、鱼音近，可对转，加上其他文献旁证，所以郑玄判定二字音近义通。

东汉一代，古文经学大师辈出，如杜林、郑兴、郑众、卫宏、贾逵、许慎、马融、服虔、卢植、郑玄等。郑玄晚出而集其大成，又兼取今文经学之长，理据确凿而又简明扼要，所以很快产生压倒性影响。清人指出，“郑君博学多师，今古文道通为一，见当时两家相攻击，意欲参合其学，自成一家之言，虽以古学为宗，亦兼采今学以附益其义。学者苦其时家法繁杂，见郑君闳通博大，无所不包，众论翕然归之，不复舍此趋彼。于是郑《易注》行而施、孟、梁丘、京之《易》不行矣；郑《书注》行而欧阳、大小夏侯之《书》不行矣；郑《诗笺》行而鲁、齐、韩之《诗》不行矣；郑《礼注》行而大小戴之《礼》不行矣；郑《论语注》行而齐、鲁《论语》不行矣”，“故经学至郑君一变”。所以，郑玄的经学研究成就在中国经学史上具有划时代的意义。

郑玄没有严守门户，今、古文经兼采，也遭到汉唐以来部分经学家的指责，认为这是变乱家法。这些指责，有来自今文经学家的，也有来自古文经学家的，甚至一直延续到近现代。如皮锡瑞一方面说“重以鼎足分争，经籍道息。汉学衰废，不能尽咎郑君”，另一方面又说“郑采今古文，不复分别，使两汉家法亡不可考，则亦不能无失”。近人周予同也说：“郑玄是从古文学发展而来的通学派，以古文学为主，杂以今文学，企图统一经义，但他却把经义混淆了。留存下来的许多经书，如《诗》《三礼》《论语》注本，往往是今文学、古文学、郑玄注等三种说法混在一起的。经义就是史料。经义混淆了，夏、商、周三代史就很难弄清楚。问题就出在郑玄身上。”这些指责其实有苛责之嫌。经义就是经义，经义可以作为史料，但是史料的主体是史籍，史料的匮乏不应该归咎于经义，更不应该仅仅归咎于郑玄的经注。

（周德美）

# 45. 反切注音法的出现

中国古代的汉字注音方式主要有4种：一是譬况法，用打比方和说明发音部位、发音方法来辨析字音；二是读若法，是用音近(或音同)的字解释字义，比拟读音；三是直音法，用同音字注音；四是反切法。

反切法是用两个字给一个字注音，上字与所注字的声纽(声母)相同，下字与所注字的韵母和声调相同，上字注声纽，下字注韵母和声调，上、下字拼合起来以得出一个字的完整读音。如：嫂，苏老切。“苏”与“嫂”声纽(声母)相同，“老”与“嫂”韵母和声调相同，所以“嫂”的读音，取“苏”的声纽，取“老”的韵母和声调。

关于反切法的起源，前人的看法一直存在分歧，或以为起于中土，或以为源于西域。起源的时间又有先秦、西汉初、东汉初、东汉末、三国曹魏等不同的说法。

北齐颜之推的《颜氏家训》是迄今所见最早记载反切起源问题的史料。《颜氏家训·音辞篇》说：“孙叔然创《尔雅音义》，是汉末人独知反语。至于魏世，此事大行。高贵乡公不解反语，以为怪异。自兹厥后，音韵锋出，各有土风，递相非笑。”根据这段材料，后人或以为反切是孙炎(字叔然)发明的，或以为孙炎仅仅是著《尔雅音义》采用了反切注音，而反切的发明始自魏孙炎之前的汉末。

隋唐之际，多以反切为魏孙炎发明。如陆德明说：“古人音书，止为譬况之说。孙炎始为反语，魏朝以降渐繁。”(《经典释文·序录》)张守节也说：“然则先儒音字，比方为音。至魏秘书孙炎始作反音，又未甚切。今并依孙反音，以传后学。”(《史记正义》)孙炎活动在汉、魏之际，历史上多把他看成魏人。《三国志》本传称：“时乐安孙叔然，受学郑玄之门，人称东州大儒。征为秘书监，不就。肃集《圣证论》以讥短玄，叔然驳而释之，及作《周易》《春秋》例，《毛诗》《礼记》《春秋三传》《国语》《尔雅》诸注，又注书十余篇。”孙炎是魏人，但既为东汉郑玄门人，说他是汉末人也未尝不可。那么，在《颜氏家训》中，“汉末人独知反语”究竟是根据“孙叔然创《尔雅音义》”例证的，还是根据“孙叔然创《尔雅音义》”前推的？下文“至于魏世，此事大行”中“魏世”显然是与“汉末”对举的，孙炎显然是前一个阶段的代表，否则，这段文字应该是：“汉末人独知反语，至于魏世，孙叔然创《尔雅音义》，此事大行。”所以《颜氏家训》认为，从孙炎著《尔雅音义》可知，汉末已经有了反切。

《颜氏家训》仅仅是以孙炎《尔雅音义》为例推断汉末有了反切，并没有说反切就是孙炎发明的。实际上，现在仍然可以找到稍早于孙炎反切的例证。像东汉灵帝时服虔、应劭等人音注中的反切资料，通过后代著述的引用被零星保存了下来。如《史记·张耳传》：“吾王孱王也。”“孱”，司马贞《史记索隐》案：“服虔音锄闲反。”《汉书·张良传》：“鲰生说我距关毋内诸侯。”“鲰”，颜师古《汉书注》：“服虔曰：‘鲰音七垢反。鲰，小人也。’”《汉书·扬雄传》：“河灵矍踢，爪华蹈衰。”“踢”，颜师古《汉书注》：“服虔曰：‘踢音石臭反。’”

《汉书·扬雄传》："朐臑私疏字过失。"颜师古《汉书注》："服虔曰：'臑音奴沟反，又音奴皋反。'"《史记·陈涉世家》："涉之为王沉沉者。"裴骃《史记集解》："应劭曰：'沉沉，宫室深邃之貌也。沉音长含反。'"《汉书·刘向传》："五大夫争权，三君更立，莫能正理。"颜师古《汉书注》："应劭曰：'更，音工衡反。'"《汉书·地理志下》"沓氏"，颜师古《汉书注》："应劭曰：'氏，水也。音长答反。'"这些早于孙炎音切的材料足以证明，反切不是孙炎发明的。

唐代另有记载，称服虔为反切的发明者。日本睿山沙门安然(841—?)所撰《悉昙藏》，两引唐武元之《韵铨·反音例》："服虔始作反音，亦不诘定；臣谨以口声为证。"唐元和年间景审的《一切经音义序》也说："古来音反，多以旁纽而为双声，始自服虔，元无定旨。"

但近代以来，有人否认汉末说，认为反切早在东汉初即已发明。人们发现，汉代卫宏的《古文官书》、杜林的《仓颉训诂》、郭显卿的《字旨》、许慎的《说文解字》、高诱的《淮南鸿烈注》、郑玄群经注释等，后人引用时间亦包含反切。刘盼遂认为，这些材料说明"反切之兴也，上不出于丰、镐之间，下不迟于典午之世，而在光武、明、章之际"(《反切不始于孙叔然辨》，载《实学》1926年第6期)。但这类反切多见于后人的引用。像许慎的《说文解字》，传世的无论是大徐本还是小徐本，均无反切。徐锴《说文解字系传》还明确指出："当许慎时未有反切，故言读若。此反切皆后人之所加，甚为疏朴，又多脱误，今皆新易之。"(徐锴《说文解字系传·通释》卷一"一"字下注)

而按照刘师培的看法，则至迟在西汉初期就有了反切。他说："彼一字而有二字之名者，即古人之反切，只取其音，不取其义；岂可谓此二字之名，即彼一字之名，而谓二义不甚相远哉？晓然于古代一物皆一名，并证反切不始于汉末。(试举其证，如孔安国尚书音云：畴，直留反，见《毛诗释文》。毛公诗音云：施，以豉反；殄，徒典反；祝，之六反，均见《毛诗释文》。而马融注《易》，郑众注《周官》，均有反切之音。皆其证也)"

实际上，刘师培认为，反切的出现远比西汉要早。这种看法其实是沿袭了北宋沈括、清代顾炎武的观点。顾炎武认为，反切源于先秦。他的《音论·反切之始》说："按：反切之语，自汉以上即已有之。宋沈括谓：'古语已有二声合为一字者，如不可为叵、何不为盍、如是为尔、而已为耳、之乎为诸。'郑樵谓：'慢声为二，急声为一'，'慢声为者焉，急声为旃，慢声为者欤，急声为诸'。"顾炎武这是将合音词作为反切存在的证据。此外，顾炎武还提及另一种与反切起源有关的"自反"现象。《音论·南北朝反语》说："北齐济南王立为皇太子，初学反语，于'跡'字下注云：'自反'。侍者未达其故。太子曰：'"跡"字，"足"旁"亦"，岂非自反邪?'以足、亦反为'跡'也。如矢、引为'矧'，女、良为'娘'，舍、予为'舒'，手、延为'挻'，目、亡为'盲'，目、少为'眇'，侃、言为'諐'，欠、金为'钦'之类，皆自反也。"若将合音词、自反字作为反切现象，则反切的起源要追溯到语言和文字诞生的时期，也就像沈括所说的那样，"与声具生，莫知从来"(《梦溪笔谈》卷一五，四部丛刊续编本)。但合音词、自反字是否与反切的语言属性相关，论者看法不尽相同，或视作反切，或视作反切之源，或视作与反切无关的语言现象。

在学术界影响最大的还是认为反切源于西域。西汉武帝时期，中土与西域交往日益密切，至西汉末，佛教开始传入中土。初期的佛经是口耳相传的。《三国志·魏书·东夷传》注引鱼豢《魏略·西戎传》称："昔汉哀帝元寿元年，博士弟子景卢受大月氏王使伊存口授《浮屠经》。"而到东汉初明帝时，《四十二章经》就已经被翻译成汉文。初期的佛经翻译，先由外国僧人"传言"(口译)，后由汉人"笔受"(笔录)成汉文。那时的佛经原文虽不尽为梵文，多为西域文字，如龟兹文、安息文、于阗文等，但都属于拼音文字，与作为表意文字的汉字迥异。初期的翻译常常因为缺乏对应的词汇表达而采用音译方式，更容易凸显这种差别。拼音文字以极为有限的音素表达语音，应该有助于分析汉字字形所掩盖的字音结构，进而采用有限的音素去表达汉字的字音，于是就有了反切。《隋书·经籍志》说："后汉佛法行于中国，又得西域胡书，能以十四字贯一切音，文省而义广，谓之婆罗门书。与八体六文之义殊别。"沈括则明确记载时人的看法："切韵之学，本出于西域。汉人训字，止曰读如某字，未用反切。"(《梦溪笔谈》卷一五，四部丛刊续编本)南宋郑樵也说："华人苦不别音，如切韵之学，自汉以前，人皆不识，实自西域流入中土。"(《通志·七音略》)但是，受梵汉、胡汉翻译影响而产生反切的具体过程与音理机制，历史文献中缺乏明确的记载。俞敏说："梵文输入影响汉人的审音技能，随后反切就出现了，这个假设极近情理，可是始终没法儿证明。"尽管如此，反切源于西域之说仍为现当代重要的音韵学家如赵荫棠、张世禄、王力、唐作藩等所接受。

可以肯定，孙炎不是反切的发明者，但对反切发展与成熟仍然作出过特定贡献。王力《中国语言学史》采用36字母分析陆德明《经典释文》引用的孙炎《尔雅音义》反切，发现反切"上下字并不是统一的"，但"有些常用的上下字是各家一致的"。这说明，孙炎反切有汇聚、整理旧切的特点。孙炎以后，正如《颜氏家训》所言，反切注音开始风行。

(周德美)

# 46. 裴秀制《禹贡地域图》

地图是人类在生产生活中因自身需要而产生的，在人类文明发展史中堪称一项伟大的发明创造。我国的地图绘制历史悠久，早在公元前770年，周平王将都城迁往洛阳之前，为了使洛阳城址的选建更加精确，曾绘制过洛阳一带的地图。此后，中国历史上也涌现出不少著名的地理学家，他们在制图学上都作出过重要的贡献，裴秀就是其中的佼佼者。

裴秀(224—271年)，字季彦，河东闻喜(今山西省闻喜县)人。他出身高门望族河东裴氏，其祖父是东汉尚书令裴茂。裴秀少年时被曹魏大将军曹爽辟为掾属，世袭父爵清阳亭侯，迁黄门侍郎。司马懿父子发动高平陵之变，诛曹爽，裴秀受到牵连，被免职。此后，他改换门庭，追随司马氏，不断加官晋爵。西晋建立后，裴秀升任三公之一的司空，封钜鹿郡公。泰始七年(271年)，裴秀因服食寒食散后饮冷酒而逝世。

在政治方面，裴秀谈不上很有作为，他最大的历史贡献是作《禹贡地域图》，开创了中国古代地图绘制学。著名的英国科技史学家李约瑟称其为“中国科学制图学之父”，与古希腊著名地图学家托勒密齐名，他们是世界古代地图学史上东西辉映的两颗灿烂明星。

裴秀在任司空时，因为自己的职位是地官，又认为《禹贡》中的山川地名沿用久远，后世多有改变，解说者或牵强附会，渐渐混淆不清。于是采集甄别旧文，有疑的地方缺而不论，古代有其名而当今不用的地方也都作出注解，作成《禹贡地域图》十八篇，上奏武帝，被收藏于秘府。图上古今地名相互对照，它不仅是当时最完备、最精详的地图，而且更重要的是它采用了科学的绘制方法。裴秀在图的前面写了序言，详细谈到了他绘制地图所运用的方法。这是一篇很有科学价值的珍贵文献，它体现了裴秀在制图理论上的卓越见解。这篇序言后来被保存在《晋书·裴秀传》及《艺文类聚》《初学记》等文献里。其白话文翻译大致如下，绘制地图的法则有六条：第一条叫分率，就是比例尺，是用来区别地域面积的大小；第二条称准望，是用以确定地物之间的方位；第三条为道里，是用以确定路迹的里程；第四条叫高下(地势起伏)；第五条为方斜；第六条叫迂直(迂回曲直)。后三条用起来要因地制宜，用来校正由于地形起伏、方向偏差和迂回弯曲而引起的误差。地图上如果只有图形而没有比例尺，就不能判定其远近；有比例尺而无方位，虽然在某一处正确了，但在其他地方必然会产生差错；有了方位而没有道路里程之数，就不知道地图上各地物要素之间的远近，城池村邑就如同山海阻隔，不能相通；有了道路里程而没有经过高下(地势起伏)、方斜(道路与河流等地物要素的方向偏差)、迂直(随实地曲直绘制)的校正，那么图上道路的里程数必然和实地距离产生误差，使方位也不正确了。所以，这六条制图法则在运用时要互为参照。最后，实地上的远近问题决定于比例尺；彼此间的位置关系取决于方位；人迹经由之路程由道路的里程来表示，实际上的路径里程数换算到图上距离要依赖测量高下、方斜、迂直的度数。所以地物虽受高山大海的阻隔，难以到达的绝险之地以及高低曲折等因素，都可以在图上正确地标示出来。只要用准望这种方法订正了地物彼此间的方位，那么，地物的曲直与远近，其位置都可以在图上正确地显示出来。

所谓“制图六体”，就是绘制地图时必须遵守的六项原则，即分率（比例尺）、准望（方位）、道里（距离）、高下（地势起伏）、方斜（方向偏差）、迂直（河流、道路的迂回曲直），前三条讲的是比例尺、方位和路程距离，是最主要的普遍的绘图原则；后三条是因地形起伏变化而须考虑的问题。这六项原则是互相联系，互相制约的，它把制图学中的主要问题都接触到了，并且是我国古代唯一一个系统的地图理论。这一理论奠定了我国平面地图绘制与科学地图编制的基础，为我国地理学、地图学的发展作出了重要理论贡献，对清代之前的我国传统制图学产生了重要的影响。今日的地图理论，除了投影和经纬度之外，在裴秀的地图理论中几乎都能找到理论渊源。

《禹贡地域图》流传的时间不长，《隋书·经籍志》已不见记载，因此，我们无法看到实图进行研究。但从一些文字记载可以推测裴秀制作《禹贡地域图》的情况。

在资料来源上，《禹贡地域图》依据汉魏中央政府所藏旧图，同时又收集新的地理资料。裴秀在《禹贡地域图·序》中讲，当时旧图资料“惟有汉代舆地及括地杂图”，“今上考《禹贡》山海川流，原隰陂泽，古之九州，及今之十六郡国，县邑疆界乡陬，及古国盟会旧名，水陆径路，为图十八篇”。这说明裴秀在绘制《禹贡地域图》时参考了汉代遗留的旧图，还依据《禹贡》对旧图上的地名、道路、山川、水域进行了考证。为了使地图准确，不受旧图错误所惑，“文皇帝乃命有司。撰访吴、蜀地图”。所谓“撰访”，包含三层意思，第一，在灭吴国和蜀国时要收集吴、蜀国的地图，太康元年（280 年）3 月，西晋将军王浑攻克吴国建业城，吴主孙皓投降，王浑“收其图籍”；第二，对收集到的吴、蜀国地图要实地校验地物要素绘制的准确性；第三，图上凡是遗漏或错误的地方及时予以补正。这三层意思从《晋书·裴秀传》中得以证明，“蜀土既定，六军所经，地域远近，山川险易，征路迂直，校验图记，罔或有差。”此外，由于《禹贡地域图》不仅绘制有新的郡国、府县的行政划分，居民地的位置，而且把古代的九州、历史上各王朝曾经举行会议的会址、签订条约的地点，古地名，皆一一标示在图上。因此，在成图内容方面，裴秀的《禹贡地域图》还具有历史沿革地图的性质。

“制图六体”的前三条阐述了比例尺、方位和距离三个测绘地图的基本条件。这三条仍然是现代地图上不可缺少的数学元素。后三条是论述如何正确确定实地两点之间距离的方法，即要把实地高低不平、迂回曲折、方向变化的距离变成图上“飞鸟直达”的距离，必须要进行斜距到水平距离、方向偏差的改正。在《禹贡地域图·序》中没有介绍“制图六体”如何计算、改正斜距、方向偏差、比例尺换算等方法，但是当时的制图工作中可能已经使用了。

裴秀在《禹贡地域图·序》中只提到绘制地图要设“分率”，但并没有讲《禹贡地域图》的比例尺是多少。隋代建筑工匠宇文恺在叙述建明堂的规划图时提到了裴秀制地图的比例尺问题。他说：“裴秀舆地，以二寸为一千里，臣之此图，以一分为一尺。”如果以“二寸为一千里”来确定裴秀《禹贡地域图》的比例尺，那么折合今比例尺约为 1∶750 万。

“制图六体”是裴秀对汉魏制图实践的理论总结，奠定了我国古代制图的理论基础，使古老的地图学有了科学的数学基础，开创了我国地图编制理论之先河，在世界地图学史上也是重大的理论贡献。

裴秀在提出“制图六体”理论后又进一步探究这“六体”之间的相互辩证关系，以勘正以往重要的地图资料。由此，他便领导和主持将《天下大图》按比例缩绘。原来的《天下大图》由 80 匹绢拼接绘制而成，使用起来十分不便。裴秀根据“制图六体”中的比例尺原理，将一分定为十里、一寸定为百里，制成了《地形方丈图》。该图虽然缩小了原来《天下大图》的篇幅，但并没有省略都邑名山的标示，让统治者即便不走出宫廷也能知四方地形。在缩绘过程中，裴秀还查证了原来《天下大图》上所标地域名称的历史演变。正如他在《禹贡地域图》的序言里所说：这部以十八篇地图合成的地图集，上面所标地域名称从山海川流到古之九州、从十六州的郡国县邑到乡镇疆界、从水陆径路到古国会盟之旧名，均一一做过考证。这部地图集具体践行了“制图六体”原则，以对比古今的方法，采用新资料勘正以往老旧地图的错漏，并且增补了新的内容，极大提升了地图的真实性与实用价值。

裴秀的制图实践贡献还表现在他对后世的影响方面。例如唐代的著名地理学家贾耽编绘的《山南陇右图》和《海内华夷图》就是依据裴秀在制图实践中提出的“制图六体”原则创造出来的。其中《海内华夷图》就是照用裴秀以一寸为百里的比例方法制作的。贾耽在《海内华夷图》的文字说明版《古今郡国县道四夷述》中就深切表达了对裴秀在制图实践上的开创性贡献的肯定。至宋代，诗人谢庄根据裴秀的《地形方丈图》制作成了一个木质地形模型，取名为“木方丈图”。后来，南宋的王应麟同样以裴秀绘制的地图为基础制作了石刻版的《海内华夷图》和《禹贡地域图》。它们都被收藏在西安市博物馆的碑林之中。由此可见，裴秀在西晋时期的制图实践对古代中国地图事业发展影响深远。

（张敏）

# 47. 汉代画像石艺术

秦汉时期，国家统一强盛，经济繁荣发达，艺术也随之进入了一个丰富灿烂的时期，呈现雄大深沉、热烈浪漫的宏伟气魄。“天人感应”思想的传播、儒学与阴阳五行学说的交融、神学的兴起以及厚葬之风的盛行，使得汉代艺术异常丰富，或是神奇诡异，或是亲切自然，形态的夸张和气势的凝聚构成了汉代艺术的总体装饰特征。

汉代绘画是汉代艺术的一个重要组成部分，绘画的载体多种多样，有丝绸、陶器、木头、石块等。刻有画像的石头被考古人士称为画像石。它们的大量出现与秦汉贵族崇尚厚葬、事死如生的社会风尚密不可分。

画像石多见于墓室和祠堂，雕刻手法有阴线刻、浅浮雕和凹雕等，构图简练，线条明快，形象鲜明。著名画家吴冠中称汉墓、汉兵马俑和汉画像石为“汉代三绝”，也有历史学家称汉画像石为“无字的汉书”，这主要是因为画像石广泛表现了当时汉代方方面面的社会生活，真实地记载了当时的历史。

工匠们以刀代笔，在坚硬的石面上创作了众多精美的图像用作建筑构件，构筑和装饰墓室、石阙等。画像石萌发于西汉昭、宣时期，新莽时有所发展，到东汉时进一步扩大，主要分布于以下四个区域：一是山东、苏北、皖北地区；二是河南南阳、鄂北地区；三是四川地区；四是陕北、晋西北地区。其他地区亦有零星发现。前三个区域都是当时经济、文化发达地区。陕北、晋西北地区在东汉顺帝以前是北方边防重地，其中心绥德又位于通往西方的贸易通道上，据资料称，发现汉画像石 1 万块左右，数量之多令人惊叹。

画像石题材多样，内容丰富，有神话故事、历史故事，有反映庄园、车行、聚会、宴饮、战争、乐舞、杂戏、作坊、狩猎、手工劳作等现实生活场面的图像，还有描绘禽、兽、鱼、虫、日、月、星、辰、山川、草木等自然景物以及各种建筑的图形与装饰图案。无论是狩猎图、车马图，还是歌舞图，无论是大的战斗场面，还是小的生活场景，统统没有细节，没有修饰，突出的是高度夸张的形体姿态，是手舞足蹈的大动作。这是一种粗线条粗轮廓的图景形象，整个汉画像石的生命也就在这里，就在这不事细节修饰的夸张姿态和大型动作中，就在这粗轮廓的整体形象的飞扬流动中，表现出力量、运动、速度以及由此而形成的气势美。著名的《轺车卫从》《荆轲刺秦王》及激烈紧张的各种战斗、戏剧性的场面都是在一种快速运动和力量中展现出磅礴的“气势”。在这里，动物具有更多的野性，它们狂奔乱跑，活泼跳跃，远不是那么安静驯良。在这里，神话传说、历史故事或人物形象，虽然表面上也是静止形态，却仍然包含着内在的运动、力量的气势感。汉画像石的构图不讲求虚实变化和黑、白、灰的层次关系，构图满密无间，几乎不留空白，然而却有着空灵精致的艺术所不能替代的丰满朴实的意境，更使人感到饱满和实在。它不华丽却单纯，无细部而洗练。它以简化的轮廓、朴实的构图，使粗犷的气势不受束缚，而表现出了古拙的气势美。所以，无论是大场面的汉画像石作品，还是小的掌玩之作，总能给人以强烈的视觉冲击，给人以力量、气势以及由此产生的浪漫情趣。

汉画像石多为经济上富有的墓主及其家属与画工、石匠集体创作的艺术作品。墓主和家属提出自己的追求目标和理想，画工和石匠则围绕这个目标和理想进行创作。画像石的基本制作工艺流程是：首先，由画师在打制好的石板平面上绘出线勾的图画底稿；然后，由石工按画稿加以雕镂刻画；最后，还要由画工再加彩绘。汉画像石艺术雕刻手法复杂多变，综合地看，主要可分为 4 类：一为单阳线刻，图像视觉效果似于白描；二为阴线刻，图像视觉效果接近剪纸；三为减地浮雕，为浮雕效果，刻法是在磨制好的石面上先将画像凸出，然后将画像轮廓外减地，即将画像外的空白部分全部剔掉磨平，使图像呈平面凸起状；四为沉雕，是与减地浮雕法相反的刻法，所刻之形低于石面。

汉代画像石采用几何形线块，大刀阔斧，不雕不琢，很有气势，装饰味道很浓。刀法方圆兼济，有时遒劲有力，锋芒毕露，有时圆润流畅，行云流水，有时充满了阳刚之气，有时又表现了阴柔之美。汉代工匠们采用恰当的表现手法，生动地表现了图像的个性特点，官僚的高傲矜持，仆从的谦卑顺从，杂技演员的灵活敏捷，战士的英勇顽强等都被刻画得栩栩如生，具有一种朴拙而流畅的美。

汉代画像石在山东为数甚多。从有铭文纪年的画像石看，东汉画像石多于西汉。汉代山东画像石的造型手法经过了由单线阳刻发展到减地浮雕兼阴线刻、沉雕，题材呈现由少而多的发展变化，风格呈现由拙到工的变化。在大量的山东画像石中，孝堂山郭氏祠、嘉祥武梁祠以及沂南汉墓的画像石最具典型性。这些祠堂用立体的建筑及绘画形式重现汉代的精神与物质世界，是后人认识当时人们思想活动最形象的个案实例。它们用石料仿造木结构建成这类家族祭祀用的享祠，营造了小型的家庭历史博物馆。单就这一点来看，已经说明它们在中国文化史上的重要性。北宋起，像武梁祠等刻石图像及文字就被作为实物文献，引起金石考古学家的重视，不但对书画艺术界产生了直接的影响，而且在社会历史研究中也发挥了积极的作用。

孝堂山郭氏祠为公元 129 年(永建四年)以前所建，祠内有东、西、北三面石壁，石壁及石梁上分布着画像，画像多以阳线刻画，其题材以反映上层社会的现实生活为主，以神话内容和历史故事为次，表现了车马出行、殿阁人物、伏羲、女娲、西王母、雷神、乐舞、庖厨、巡猎攻战、狩猎以及天象图等内容。工匠巧妙地运用了以大观小的方法把 60 个人物表现出来，组成首尾相连的故事情节，注重画面的整体效果。

汉代最享盛名的画像石集中在武梁祠。它建于公元 151 年(元嘉元年)，位于山东嘉祥县武宅山村西北。早在宋代即为金石学家所重视，其中的武梁祠画像石最初著录于北宋赵明诚的《金石录》中，清代金石学家黄易在 1786 年发现了武氏祠的各个组成部分，加上他以后的零星发现，武氏家族共有四个石祠，画像石 45 块。武梁祠构成其中一个石祠的五块画像石，分别位于石祠的左、右、后三面以及屋顶向前、向后的两坡。武梁祠画像石造型质朴工整而不呆板，题材上大致可概括为历史故事、怪神异兽、现实生活三大类：历史故事表现“成教化、助人伦”的帝王圣贤、孝子烈女、义士刺客；怪神异兽类的画像石主要有西王母、东王公、雷神、雨师、八头人面兽、龙、朱雀、仙人骑鱼等内容，反映了汉代驱鬼避邪、得道升仙等神怪观念；现实生活类画像石主要表现了社会上层阶级的生活场景。

以武梁祠西壁画像为例，共分为五层：第一层，为山墙部分，刻有西王母与奇禽瑞兽，西王母做篷发戴胜状，画面右方有玉兔捣药的场面；第二层，自右至左刻有伏羲、女娲、祝融、神农、黄帝、尧、舜、禹、桀等古代传说中的始祖及帝王图像；第三层，刻有曾母投杼、闵子骞失锤、丁兰刻木等孝子故事；第四层，刻有曹沫劫齐桓公、荆轲刺秦王等义士故事；第五层，刻有车骑、人物。武梁祠石刻在整体构图上均采用了平行分割形式，以分层排列、平面展开的处理方式朴素明了地展开人物和叙事，是一种具有时代特色的图式和时空表现手法。从总体印象上看，武氏墓群主要是利用整体的“图”与“地”的体面对比，来凸显各类图像的特征和大的体态动势。所刻的众多人物都是单线勾勒剪影般的人像，即面部没有任何细致的表情刻画，而宽袍博带又使人物内部结构不易显现于外，但仍能成功地表现人物的性格和感情，这主要靠人物外形的整体气势。如《荆轲刺秦王》，表现荆轲向秦王投掷匕首的戏剧性冲突，壮怀激烈，虽然是剪影似的人像，但却呼之欲出，有很强的艺术穿透力。其他如《泗水捞鼎》《车战骑战·死战》等，无不神采飞扬，气势恢宏。因此，可以说，武梁祠画像石刻艺术给人以统一、概括、细致而又大气、壮观的视觉感受，具有很高的艺术水平和独到的艺术表现力。武梁祠通过小小的石室，包括了汉画的绝大部分题材，按照汉代具体人物在特定的时间和地点所形成的世界观，把这么多画面有机组合在一起，其中有不少大的场面经过了情节化的处理，表现得比较完整，即便是直接的排列关系，也借用了汉赋的手法，“铺陈”出整体的效果。

河南画像石以南阳为最多。从出土情况看，南阳汉代画像石多属东汉时期，而且多用于横额、门楣、门扇和立柱上，较少置于墓室。其题材甚为丰富，既表现了骑射、斗兽、蹴鞠、六博、乐舞百戏等现世生活，又有伯乐相马、狗咬赵盾、二桃杀三士等历史故事，还表现了日月星辰和东王公、西王母、伏羲、女娲、羽人、朱雀、后羿等神怪灵异。就造型手法而言，南阳画像石主要采用浮雕兼以阴线刻的表现形式，所塑造的形象具有剪影式的视觉效果，呈现粗犷浑厚、极具活力的艺术风格。

陕北画像石的年代多属东汉中期，数量以绥德最多，米脂、榆林为其次。其题材主要为农作、牧业和狩猎，而富贵生活题材和神话题材较少，历史题材则仅见荆轲刺秦王一例。在大量以生产劳作为题材的画像石中流露了浓厚的民间审美趣味。陕西画像石的造型手法主要为减地平雕，凸面无阴线，画像石料因细砂岩的天然特性而能够直接雕刻，因而具有质朴的自然之美。这种因材施艺的造型方法体现了中国古代艺术的基本意趣。

此外，汉画还用题榜文字来说明画像内容，这种形式使画面易于理解，所以在后来的绘画中也不断被沿用，最后演化为中国画上的落款题跋。

从汉代画像石中我们还可以了解汉代的建筑风格。宫殿、楼阁、寺庙、桥梁、亭台等画像石上各式各样的建筑图像给我们提供了丰富而真实的建筑历史资料。我国古代的建筑样式在汉代已经趋于成熟，因此，汉代建筑风格对后世的建筑影响深远。西汉初年的未央宫修建得十分雄伟豪华，汉高祖刘邦因此而动怒，他的谋士萧何却说：“天子以四海为家，非令(宫室)壮丽，无以重威。”意思是，天子占有四海之地，不把宫殿建造得壮丽一些，无法体现天子的威严。因此，规模宏大的宫殿建筑在汉代建筑中占据了重要的一席之地。出土的汉代画像石不仅展现了这些宫殿建筑的雄伟气势，同时还表现了普通建筑的风貌。

在厚葬的风气下产生的画像石、画像砖反映了汉代艺术的开阔心胸与雄沉气派，那种蓬勃旺盛的生命力，那种整体性的力量和气势是后代艺术难以企及的。它们所具有的史料性质不仅在艺术史上有重要意义，而且对研究汉代社会的经济生活、典章制度、风俗习惯、艺术思想等都是不可多得的图像资料。

（王艳勤）

# 48. 十二生肖的产生

十二生肖是华夏先民对人类生命纪年的一种极富神奇色彩的解答，体现出人与自然和谐相处、天人合一的思想观念，成为由中国远古图腾文化延伸而来的一种民俗现象。

十二生肖又称为“十二属相”“十二属”或“十二相属”，比较完整的说法是将这12种动物与十二地支相配合，一般表述为：子鼠、丑牛、寅虎、卯兔、辰龙、巳蛇、午马、未羊、申猴、酉鸡、戌狗、亥猪。

以上子、丑、寅、卯、辰、巳、午、未、申、酉、戌、亥12个特殊的记时符号合称“十二地支”，简称“十二支”或“地支”。

仅仅了解地支还不够，还需要知道“天干”。天干是指10个特殊的记时符号：甲、乙、丙、丁、戊、己、庚、辛、壬、癸，合称“十天干”，今称“十干”或“天干”。

我国古代数千年内一直用天干、地支记年、记月、记日、记时。并将十天干与十二地支两两相配，组成六十个复合性的记时符号，循环运用，称为“干支”或“甲子”。依次排列为：甲子、乙丑、丙寅、丁卯、戊辰、己巳、庚午、辛未、壬申、癸酉、甲戌、乙亥、丙子、丁丑、戊寅、己卯、庚辰、辛巳、壬午、癸未、甲申、乙酉、丙戌、丁亥、戊子、己丑、庚寅、辛卯、壬辰、癸巳、甲午、乙未、丙申、丁酉、戊戌、己亥、庚子、辛丑、壬寅、癸卯、甲辰、乙巳、丙午、丁未、戊申、己酉、庚戌、辛亥、壬子、癸丑、甲寅、乙卯、丙辰、丁巳、戊午、己未、庚申、辛酉、壬戌、癸亥。

这些干支符号我们并不陌生，例如“辛亥革命”的“辛亥”，就是其中的一个。只是实行公元纪年之后，人们倒有些隔膜了。

生肖的识别，在我国民间原本家喻户晓。按照传统农历(阴历)，如某人生于“龙年”(辰年)，“龙”就是他的“生肖”，习惯上说他“属龙”。依此类推，在一个甲子周期，即60年中，每种生肖出现5次。

十二生肖是中国特有的一种民俗文化现象，是一种内涵深广的文化符号，其中保存着中国先民认识大自然的远古信息，含有中国人根深蒂固的性格原型和源远流长的文化基因，对我们的人生具有积极的启示意义。

每一种生肖自有其存在的理由。它们本是人们熟悉的、可利用的或者敬畏的动物，经过漫长的将自然物人化的过程，逐步消解了那些和人异己的成分，注入了丰富的人类社会性。因此，十二生肖动物已不是纯粹的自然物，在人们心目中，生肖的“本相”已经充分地人化了。试看这些流行语：

“龙”：高瞻远瞩，超凡脱俗。

“蛇”：灵活自如，爱憎分明。

“马”：热忱奔放，一往无前。

“羊”：善良随和，吉祥如意。

“猴”：聪明机智，活泼快乐。

“鸡”：锐意进取，向往光明。

“狗”：忠实可信，诚挚勇敢。

“猪”：憨厚实在，随遇而安。

“鼠”：机警应变，善处逆境。

“牛”：勤劳俭朴，倔强任性。

“虎”：威武果敢，器宇轩昂。

“兔”：温良文静，潇洒敏捷。

这些生肖话语与其说是描述动物的习性，不如说是指出人的性格特征，并且带着良好的期望与祝福。

据史料记载，我国生肖属相产生于西汉初年，至今已有两千多年历史，周而复始，生生不息。每个炎黄子孙都有自己的一个属相，并逐渐形成富有特色的中国生肖文化。有这样一则谜语：世界上唯中国独有，全国只有12个，每家都有几个，每人只有一个。这是什么呀？告诉你，这就是十二生肖。在浙江省莫干山生肖公园大门石牌坊上有这样一副对联，抄录于此，以作佐证。上联：子丑寅卯辰巳午未申酉戌亥；下联：鼠牛虎兔龙蛇马羊猴鸡狗猪；横批：生生不息。

不可否认，经过民间的长期流传，十二生肖凝聚了丰富的文化意蕴，也染上了几分神异的色彩。作为中国民俗文化的代表，十二生肖被誉为世界上的一大奇迹，受到国际人士的关注，成为一种阐释不尽的话题。至今侨居海外的中国人也都以自己的生肖为认祖归宗的象征。

生肖是如何产生的？这一直是困扰世人的一个难以回答的问题。有关研究者各自从不同的角度企图对生肖的产生加以阐释，于是就有了以下几种说法。

1929年，郭沫若有《释干支》一文，他认为中国的十二生肖源于巴比伦人的黄道十二宫，具体途径就是我国汉代西域诸国仿照十二宫而造十二生肖，并向四方广泛传播，大约在汉武帝时代，也就是张骞通西域以后传入中原。这一假说只回答了“流”的问题，而没有探究“源”的问题，从而缺乏来龙去脉的直接证据。郭沫若的假说可称为“舶来说”，赞同者寥寥，随着我国湖北云梦睡虎地秦简《日书》的出土，这一说法也就不攻自破了。

郑文光在其《中国天文学源流》一书中肯定了郭沫若认定十二支是从古人观察天象而诞生的思路，并进一步加以论证道：“十二生肖来自十二支。午为马，有天上众星命名为证。前面的辰为龙，也是如此：辰位的角宿一（室女座α）和大角（牧夫座α）这两颗亮星，正是象征着东方苍龙这条龙的两角，因而得名。寅为虎，前述寅位众星属轩辕，形象十分像一只蹲踞的猛兽的头部，希腊以之为狮子座；我国不产狮，以之肖虎。当然，十二生肖不能完全从星象中找出根源，恐怕只有一部分符合，另一部分是拼凑上去的——这也不完全是题外话。”这种说法的根据也不够充分，因而难以以理服人。

另外一些学者则认为，十二生肖是我国不同民族文化相互融合的产物。这一说法的根据是，华夏民族以农业为主，早在虞舜时代就有了天干与地支，然而在长时期内并没有出现用动物配地支的记载；我国西北少数民族在古代是以游牧业为主的，以动物指事或纪年当是顺理成章的。于是在华夏(汉)族与少数民族的不断交往中就导致了两种文化的交融，汉族的干支纪年与少数民族的动物纪年两相结合，逐渐形成了子鼠、丑牛、寅虎、卯兔等十二生肖。这一说法的武断之处在于，何以断定以农业为主的民族就不可能产生以动物指事或纪年的条件？古希腊、古埃及、古巴比伦等古国也属于农业文明，但早有十二兽历。因而民族融合说的基础并不牢固，也缺乏说服力。从世界上一些不同的古老民族都曾有过“兽历”的历史来看，恰可印证这一“不约而同”的现象与原始先民的图腾信仰密切相关，尽管这一假说目前尚难以找出确切直接的证据。

十二生肖的来源，还有一种说法，与佛教有关。据说，佛教始祖释迦牟尼涅槃时，要以12种动物作为供品，于是这12种被选中的动物就成为后世的十二生肖。佛教传入我国在东汉明帝永平十年(67年)左右，如上所述，我国在先秦已出现了十二生肖的说法，佛教说自然不攻自破，可以休矣。

中国土生土长的道教似乎也不甘寂寞，一些传说认为是玉皇大帝选择了12种动物与地支相配，于是就有了十二生肖。玉皇大帝本身就是一位虚构的人物，所谓选择动物说也可以休矣。

还有一种说法，大约也是凭空虚构的臆说，据说十二生肖为中华民族的祖先黄帝所选择，并有一段排列生肖前后顺序的生动故事。这当然也属于无稽之谈，可以不论。

以上几种说法，包括佛教说、道教说与黄帝说等，全属于民间传说，学术价值不高，作为茶余饭后的谈资自无不可，如果作为研究的根据就毫无意义了。我国一些少数民族(如柯尔克孜族)也有类似的传说，这里就不赘言了。

关于生肖的起源，图腾说尽管也属于假说的性质，却有着相当的优势。图腾是英语Totem的音译，其语源自北美印第安阿尔衮琴部落奥吉布瓦的方言，意为“他的亲族”。在原始社会中，先民常用某种动物、植物、无生物或某一自然现象的图形作为本氏族的保护神和标志，即称之为图腾。有学者认为，我国古代典籍《山海经》中所记述的诸如人面马身、人面牛身、羊身人面等神祇形象，就是远古时代各个地区的图腾神。各种动物是先民选用最早也最多的图腾标志，一般认为，夏族的图腾是熊或鱼，商族的图腾是玄鸟，周族的图腾则有龙、鸟、龟、犬、虎诸说，不一而足。至于我国北方民族中的犬戎、北狄，就有可能是以犬或狼为图腾的民族。我国西南地区各少数民族至今仍遗留有图腾崇拜的痕迹，如纳西族的图腾有虎、豹、猴、蛇、母羊、猫头鹰、猪等，傈僳族的图腾有虎、熊、羊、鱼、蛇、蜂、猴、鼠、竹、火等数十种，彝族的图腾也有虎、葫芦、獐子、水牛、龙、蛇、鼠、猴等数十种之多。

十二生肖都是动物，除龙为虚幻之物外，其他11种皆是人们日常所不难见到的。那么生肖是否由上古先民图腾崇拜演化而来呢？由于文献无征，实在难以遽下结论。我国民族学学者刘尧汉先生长期致力于彝族民族学的研究，他从彝族的原始图腾遗迹反推所谓“十二兽”历法的来源。由于刘先生立足田野考察研究之基础上，结论极有说服力，对于我们探讨十二生肖的来龙去脉无疑是大有助益的。他的有关观点集中反映于他与卢央先生合著的《文明中国的彝族十月历》一书中。

该书认为："中国十二兽历法并非由外国传入，而是中华民族的原始先民的独立创造。这种独立发明的观点，也适用于印度、巴比伦、埃及等国十二兽历法的起源。因为，历法基于生产的需要，而十二兽的形式又渊源于原始氏族图腾。这些文明古国都有可能在各自的原始生产和图腾崇拜的基础上独立地创造出各自的十二兽历法来。"这一认识对于我们探讨十二生肖的起源是颇有启发的。该书作者在考察中国彝、黎、傣、维、汉各族及巴比伦、印度、埃及、希腊的纪历十二兽，连同与之相关的汉族十二支、十干和巴比伦的十二宫后注意到，桂西彝和毛道彝的十二兽历法不约而同地皆将人与纪历十二兽同列，认为"它是原始人的思想意识里人兽不分的反映在现实生活中的遗留"，这是"人类原始自然观的具体表现形式之一，由此反映了十二兽历法是起源于原始时代"。

由上可见，十二生肖起源于原始先民的图腾崇拜，酝酿并逐渐定型于民间，这一生态特点削弱了其自身融入历代雅文化中的资格，缺乏有关的记述势所必然。这无疑给我们的研究工作带来了诸多的困难与不便，然而若细心梳理，寻幽探赜，我们仍可以于"披沙拣金"中找到我们需要的"宝藏"。

在先秦典籍中，我们可以找到有关生肖文化的蛛丝马迹。《诗经·小雅·吉日》有云："吉日庚午，既差我马。"将庚午之日与选择出猎的马匹联系在一起，引人注目，在较为迷信的古人生活中恐非偶然或巧合。地支"午"与马的配对证明，至少在周宣王时代(前827—前781年)，生肖已有了民俗学上的地位，只不过因为证据太少而无法定论罢了。

《诗经》之外，《左传》也有有关生肖文化的记录。《左传·僖公五年》记述有"丙之晨，龙尾伏辰"的童谣。鲁僖公五年，即公元前655年，"辰"为日月之会的术语。童谣之意即丙子日的早晨，尾宿(苍龙七宿之第六宿)为日所掩，伏而不见。故事的本身在这里并不重要，龙与辰的相并出现恰恰可以引起我们对于生肖与地支关系的想象。

东汉时期，除较早记述十二生肖并且与今所传完全相同的典籍《论衡》而外，与该书作者王充生活时代大约同时的赵晔写有《吴越春秋》一书，其中《阖闾内传第四》有云："吴在辰，其位龙也，故小城南门上反羽为两鲵绕，以象龙角。越在巳地，其位蛇也，故南大门上有木蛇，北向首内，示越属于吴也。"这是古代阴阳五行家将十二地支与十二生肖以及四面八方相配以后的结果。

春秋时代，陈国的执政大夫有庆虎、庆寅二人，于《左传》一书中凡三见(分别为鲁襄公七年、二十年、二十三年)都是一同出现，故有"二庆"之称，他们的亲属关系显而易见，取名以虎、寅为偶，也可证生肖文化至少在先秦时代已经滥觞。

总之，先秦至两汉的文献典籍中有关生肖文化的文字虽仅仅是一鳞半爪，但对于我们廓清这一文化的渊源很有价值，因而论述生肖文化一般都离不开对上述文献的征引。

史书而外，文学典籍中有关生肖的作品不乏其例，产生于南朝的"十二属诗"则是专门的生肖诗。十二属诗，又称"十二辰诗"，在古代诗歌分类中属于"杂名体诗"。这类诗兴起于我国南朝的宋齐时期，作者有意将某些事物的名称按一定规律嵌入诗中，于是就有了各种名目的作品，如建除诗、六甲诗、县名诗、鸟名诗、树名诗、卦名诗、八音诗、数名诗、古人名诗等。今录南朝梁陈间的文学家沈炯的十二属诗一首，如下：

鼠迹生尘案，牛羊暮下来。

虎啸坐山谷，兔月向窗开。

龙隰远青翠，蛇柳近徘徊。

马兰方远摘，羊负始春栽。

猴栗羞芳果，鸡砧引清杯。

狗其怀物外，猪蠡窅悠哉。

全诗共十二句，将十二生肖依次排列于每句之首，又可称之为“藏头诗”。全诗没有连贯内容，但也并非信手拈来，如“牛羊暮下来”一句看似轻易，实则语本《诗经·王风·君子于役》“日之夕矣，羊牛下来”一句。

文人以十二生肖入诗证明生肖文化至迟在东晋时已经深入人心，并在社会上广泛流传，否则以之入诗就缺乏社会基础了。沈炯以后，历代写十二属诗者不绝如缕。

让我们以开放的心态朝国外看看。原来十二生肖早已走出国门，流行于亚洲的日本、朝鲜和东南亚，成为东方文化甚至“亚太文化圈”的人文基因之一。例如，日本人对十二生肖相当熟悉，日本前首相田中角荣访问中国时，曾在谈笑中问周恩来总理：“贵国每人都有一个，全国只有十二个。请问是什么?”阅历丰富又机敏过人的周总理听了哈哈大笑，当即答道：“十二生肖。”可见，作为中国文化的代表，十二生肖受到国外人士的关注，成为一种特别话题。

如果我们的目光看得再远一些，就会发现世界文明古国都有类似中国十二生肖的动物形象崇拜。例如，古巴比伦的十二“生肖”动物为：猫、犬、蛇、蜣螂、驴、狮、公羊、公牛、鹰隼、猴、鳄鱼、红鹤。古埃及与古希腊的十二“生肖”动物为：牡牛、山羊、狮子、驴、螃蟹、蛇、犬、鼠(或者猫)、鳄鱼、红鹤、猿猴、鹰。古印度的十二“生肖”动物与中国十分接近，为：鼠、牛、狮子、兔、龙、蛇、马、羊、猴、金翅鸟、狗、猪。

世界上的四大文明古国：古代中国、古印度、古埃及和古巴比伦，有着大致相同而又相互区别的十二“生肖”，这的确是一种很有意思的现象。究竟是谁影响谁，或者是互相影响，又怎样影响，足以令学者们考证不绝。

可惜的是，古埃及和古巴比伦早已悲壮地衰落了，像中国的十二生肖这样源远流长的民俗文化，在世界上绝无仅有。

（王艳勤）

# 三·魏晋南北朝时期

## 1. 王学与郑学之争

汉高祖刘邦推翻了秦王朝，建立了西汉王朝。经历长期的战乱，百姓流离失所，民不聊生，百废待兴，所以汉初的统治者大多信仰黄老学说，推行“无为之治”，施行“休养生息”的政策。经过几代的发展到了汉武帝刘彻的时候汉朝已经日渐强大。为了给大一统局面寻求理论上的依据，汉武帝决定以儒家学说作为治国的指导思想，他采纳了董仲舒“罢黜百家，独尊儒术”的建议，设置《书》《诗》《礼》《易》《春秋》五经博士。到汉元帝刘奭时，一共设置了十四博士。这使儒家经典之学上升为官学，儒生可以步入仕途，参与政治。国家需要儒学作为统治思想，所以需要儒生，而儒生也需要攻读儒家经典，并以此作为干禄的手段。在这样的时代背景之下就出现了一种研究、注解儒家经典的学术氛围。这就是儒学在汉朝发展的特点，由于这种特点的核心是儒家的经典，所以称之为“经学”。如果说先秦的儒学是以“百家争鸣”中的一个学派的形式存在的，那么与之相比较汉代儒学的突出标志就是经学化。

秦代“焚书坑儒”之后，儒家经典散佚很多。汉代在整理经典的过程中出现了两个不同的学派：今文经学派、古文经学派。为了服务于汉代大一统的统治，恢复“绝学”，公元前191年(西汉惠帝四年)放开民间挟书的禁令并且广泛征召天下遗书。彼时儒家的经典主要靠儒生博士口授笔录整理成文，用当时已经通用的字体隶书写成，所以称之为“今文经”。它源于汉初，盛行于西汉。在西汉末年又出现了古文经学派，古文经的来源主要是三个：第一，汉武帝时，鲁恭王刘余毁孔府旧宅时在墙壁里得到了《逸礼》《古文尚书》；第二，成帝时，在官府的秘藏里面得到了《左氏春秋》；第三，鲁国柏公、赵国贯公、胶东庸生速收藏的古文经典。古文经是用秦以前流行的古籀文写成的，而且它与今文经还有篇章上的差异。在西汉末年今文学家和古文学家为了争正统、争博士地位、争入仕的厚禄各执一词展开了激烈的“今古文之争”。汉学繁荣得益于“罢黜百家，独尊儒术”，得益于今古文之争，汉朝经学的发展始终伴随着这两点。东汉时期的党锢之祸给经学带来的沉重的打击，此时经学发展到了极端顶点，难以继续向前发展，必须寻找新出路，这种新出路的代表就是郑玄。郑玄兼通今古文，遍注群经，成为经学的集大成者，融古今于一体，开创了一种新经学——“郑学”。“郑学”的兴起，标志着今古文经学的统一，今古文经学之争的偃旗息鼓也标志着汉代经学的由盛转衰。

郑玄(127—200年)，字康成，北海高密(今山东省高密县)人。郑玄的家世本来比较显赫，但是到了郑玄出生时，郑氏家族已经败落了，他的祖父、父亲都没有出仕，只在乡间务农，家中生活比较贫寒。郑玄自幼天资聪颖，勤奋好学。郑玄16岁的时候，不但精通儒家经典，详熟古代典制，而且通晓谶纬方术之学，又写得一手好文章，在当地声名远播，被大家称为神童。

青年时代的郑玄不愿为吏以谋生，而一心向往研究学术。浮萍南北，“游学周秦之都，往来幽、并、兖、豫之域(相当于今山东、河北、河南一带)”，十余年间，凡“在位通人，处逸大儒，得以者咸从捧手，有所授焉”(《后汉书·郑玄传》)。他跟随当时京兆平陵(今陕西长安)一位很有学问的经学博士，先后学了《京氏易》《公羊春秋》《三统历》《九章算术》等，都达到了通晓的程度。其中《京氏易》是西汉京房写的，《公羊春秋》是战国公羊高传述、西汉初成书的，这两部书都是今文经学的重要典籍。《三统历》是西汉刘歆写的历法，《九章算术》则传说是西周周公著的，这两部书都属历数之学的重要著述。后来又从东郡张恭祖学习了《周官》《礼记》《左氏春秋》《韩诗》《古文尚书》等书，其中除《礼记》和《韩诗》外，其他均为古文经学的重要典籍。到了而立之年后，郑玄已经成了一名有着较深造诣的经学家。他的学问在山东、河南、河北一带已经可以说首屈一指、无出其右者了。

33岁时，郑玄离开故国，千里迢迢西入关中，拜扶风马融为师，以求进一步深造。马融是扶风茂陵(今属陕西兴平)人，为当时全国最著名的经学大师，学问十分渊博。他遍注儒家经典，使古文经学达到了成熟的境地。郑玄拜在马融门下达三年之久，最终成为马融众多弟子中最为出名的一位。郑玄博学而多师，今、古经文皆通晓，百家之学无所不通，所以“郑学”又可称之为“通学”。

由于政治黑暗，又遭遇党锢之祸，所以郑玄对入仕失去兴趣，而选择了隐修经业，集中全部精力来进行遍注群经的工作。他综合多年所学，博采百家之长将今文古文融为一体。先后注了《周易》《尚书》《毛诗》《周礼》《礼记》《论语》《孝经》《尚书大传》《中候》《乾象历》等，并且著有《天文七政论》《鲁礼禘祫义》《六艺论》《毛诗谱》《驳许慎五经异义》《答临孝存周礼难》等书。

郑玄打破了今文古文的门户之见，以古学为宗，也兼采今文附益其义，造诣精深，自成一家。《后汉书》作者范晔评价他：“郑玄括囊大典，网罗众家。删裁繁诬，刊改漏失，自是学者略知所归。”(《后汉书·郑玄传》)郑玄之后，经学内部的今古之争消止，取而代之的是一个新的综合学派——“郑学”。

“郑学”一经形成之后地位就不断上升，东汉末年时已经极具影响力了。清朝经学家皮锡瑞也说：郑玄博学而且多师，学通古今无所不包，“郑学”一出其他学术观点都归附，不再舍此趋彼。郑玄的《易注》代替了施雠、孟喜、梁丘贺、京房的《易》；《书注》代替了欧阳、大小夏侯(夏侯胜、夏侯建)的《书》；《诗笺》代替了齐、鲁、韩的《诗》(齐诗出自齐人辕固、鲁诗出自鲁人申培、韩诗出自燕人韩婴)；《礼注》代替了大小戴的《礼》(戴德、戴圣并称大小戴)；《论语注》代替了齐、鲁《论语》，经学到了郑玄这里获得了一次大改革。由此可以看出“郑学”在东汉末年可谓风靡一时，达到了它的鼎盛时期。

郑学达到鼎盛时，就已经有学者对其质疑。虞翻批判郑玄的研究“未得其门难以示世”，他还具体指出郑玄所注五经违反经义的重大错误达157处之多。在众多反“郑学”的学者中，以王肃最为出名。

王肃(195—256年)，字子雍，三国东海郡郯县(今山东郯城西南)人。历任散骑黄门侍郎、散骑常侍、以常侍领秘书监兼崇文馆祭酒、侍中、河南尹、太常、中领军等职。魏高贵乡公甘露元年卒，赠卫将军，谥景侯。其父王朗“以通经，拜郎中。除菑丘长，师太尉杨赐”(《王国志·魏书·王朗传》)，是当时颇有名气的学者。王朗对《易》《春秋》《孝经》《周官》等经典作传，来表达他的学术思想。王朗渊博的学识、严谨的学风、积极入世的态度，都对王肃产生了重大的影响。王朗师从杨赐(杨赐所传乃今文经学)，聪颖好学的王肃，在其父王朗的训导下，遍读家中的典籍。所以，王肃的幼年阶段就已经打下了今文经学的良好基础。同时王肃很崇拜古文经学家贾逵、马融，并且深入钻研他们的学说，汲取了古文经学的营养。

到了18岁，王肃并未满足于今古文两派学说的知识，又向当时有名的学者宋忠学习《太玄》。以儒家经典为根本的王肃，一涉足到《太玄》这种儒、道、阴阳兼采的书籍，犹如从狭谷走到了广阔的平原，顿时豁然开朗，思想也活跃起来了。他深刻认识到学术研究要扫除门第之见，要有自己的见解，不能拘泥于旧说，要勇于创新。因此他力排众说，兼采今古文经学两派的学说，为己所用，先后为《尚书》《诗经》《论语》《三礼》《左传》等经典作注，又整理了其父王朗所作的《易传》，其把道家无为而治的思想融入到儒家经典的解释中去，并结合当时的社会实际，逐步形成具有一家特点的学术和治国思想——“王学”。

王肃思想的一个特点是儒道思想的融合，这也符合魏晋时期儒学面对众多社会问题无能为力的客观现实。他在《孔子家语》中，多次描写孔子师从老子，目的是为儒道合流寻找理论依据。进而用道家的无为而治的学说来改造儒家的天道观，提出“无为”的治国主张。他在《孔子家语・观周》一篇中，具体形象地记述了孔子受教于老子的情况。儒家圣人孔子尚且受教于道家老子，这就为儒学与道家在学术上的相互融合找到了根据。之后王肃就用道家的无为学说来改造儒家的天道观。他在《孔子家语・大昏解》中，借孔子之口说：“如日月东西相从而不已也，是天道也；不闭而能久，是天道也；无为而物成，是天道也；已成而明之，是天道也。”这就是说，天道像日月一样按照一定的规律运行，永无止境，万物的形成正是无为的结果，体现了自然而然的作用。但是这里的道已经明显不是孔子的道德、学术、出世、为政之道了，而是老子的道。它体现的是宇宙规律，是绝对永恒的常道，是“道法自然”，无为而无不为的道。既然天道无为，那么人类社会中出现的一切现象就不是天道强加给人们的，而是历史发展的结果，所以对于国家要采用无为而治的策略。人在治理国家时要效法天道的无为，这正是老子所主张的。他从统治阶级的利益出发，为维护传统的儒家学说，把道家的天道观和无为而治的政治思想融合到儒家中来。这恰恰反映出汉魏之际的儒学向道家学说靠拢，成为正始年间玄学以道家思想为本的重要过渡，也可以说是学术风气转变的先导。

王肃的女儿在公元231年(太和五年)嫁给了司马昭，凭借这种势力，王肃所注的儒家经典，都被列为官学。“王学”官学地位的确立，一方面在于统治者的支持，但更重要的是王肃的学说已经系统化，自成一体，而且适应了当时的形势需要，成为其时代与思想的融合体，这也是王肃在学术上压倒郑玄，能够列于官学的重要原因之一。

“郑氏学行五十载矣。自肃成童，始志于学而学郑氏学矣。然寻文责实，考其上下，义理不安，违错者多，是以夺而易之。”(《孔子家语・自序》)王肃在经典的注释上与郑学针锋相对。王肃对他夺郑学而易之的行为有着自己的解释：“世未明其款情，而谓其苟驳前师以见异于人。乃慨然而叹曰：岂好难哉，予不得已也。圣人之门，方拥不通。孔氏之路，枳棘充焉。岂得不开而辟之哉？若无由之者，亦非予之罪也。”但是由于其做过曹魏的高官，又支持过司马氏，所以后代的经学家多有对王肃这种做法所不齿。清代学者几乎都认为其伪造《孔子家语》《孔从子》等书攻击郑学，连学术品格都遭到了质疑，称其为“经学大蠹”。但事实上一系列珍贵文献的出土证实了他的许多学术著作并非伪造。

郑玄是东汉末年的学术泰斗，而王肃却在这时候与之分庭抗礼，使得“郑王之争”成为经学发展史上不可忽视的一段历史。对于这场学术之争，后人甚至有这样的评价：“郑玄出而汉学衰，王肃出而郑学衰。”

郑玄的学说是今古兼通，王肃同样也是古今皆通。他对郑玄的反驳很大程度上就是以今文反对古文，以古文反对今文。例如：《诗・小雅・车舝》：“以慰我心。”郑玄按照古文《毛传》把“慰”解释为“安”；而王肃却根据《韩诗》今文说，把“慰”改为“愠”(恚)。又如《诗・大雅・生民》：“厥初生民，时维姜嫄。生民如何，克禋克祀，以弗无子。履帝武敏，歆，攸介攸止，载震载夙，载生载育，时维后稷。”郑玄采三家诗之今文说，说姜嫄“履帝武敏”而有身孕，后生稷。王肃却根据《毛诗》古文说，说姜嫄是帝喾的妃子，后稷是姜嫄的遗腹子。

清代学者皮锡瑞认为郑玄经学中最为精华的部分是三礼之学，也正是基于这个原因，王肃反驳郑学也基本是以礼学为主的。从《晋书》来看，在魏晋时期，学者们分歧较大最难定夺的礼学问题主要有以下几点：明堂五帝、二社六宗、吉凶之礼和王公制度等。《晋书·礼仪志》于其他几点记叙较少，而对于郑、王两人在丧礼方面的争议叙说比较详细："三年之丧，郑云二十七月，王云二十五月；改葬之服，郑云服缌三月，王云葬讫而除；继母出嫁，郑云皆服，王云从乎继寄育乃为之服；无服之殇，郑云子生一月哭之一日，王云以哭之日易服之月。如此者甚众。"

其他比较明显的分歧还有：关于禘祭，郑玄认为"禘谓祭昊天于圜丘也，祭上帝于南郊曰郊"。《礼记注疏·祭法》认为"圜丘"是祭祀天场地，而"郊"则是祭名。但是在王肃看来这二者并没有什么本质的区别。关于庙制，郑玄认为"天子七庙"是三昭三穆加太祖之庙而成七。王肃则认为高祖之父与高祖之祖庙为二祧，合始祖及新庙四而成七庙。

除此之外"郑王之争"的另一著名的话题是所谓的"禋六宗"。关于这个问题，郑玄在其《尚书大传注》《驳许慎五经异义》等著作中曾有过多次论述。郑玄认为六宗是指天神，他说："六宗近谓天神也。以《周礼》差之，则为星、辰、司中、司命、风师、雨师也。"(《郑氏佚书·尚书大传注》)王肃则在《尚书注》中，提出了反驳意见，他说："禋，挈祀也。六宗者，所宗者六，皆挈祀之。埋少牢于太昭，祭时也。相近于坎坛，祭寒暑也。王宫，祭日也。夜明，祭月也。幽，祭星也。雩，祭水旱也。禋于六宗，此之谓也。"

其实"郑王之争"不仅仅是表现在传统经学层面上，还表现在他们对于一些重要的观念的理解上面。表现突出的就是两人对变化、改易的理解以及忠孝观念的不同。郑玄在《易》注里是这样解释"乾道变化"的："先有旧形渐渐改者谓之变。虽有旧形，忽改者谓之化，及本无旧形，非类而改亦谓之化。"(《郑氏佚书·易注·乾》)在《礼记》注中，他解释"有百世不迁之宗，有五世则迁之宗"的"迁"字时说："迁，犹变易也。"(《礼记正义·大传》)对"明则动，动则变，变则化"的"变"字的解释则是："变，改恶为善也，变之久则化而性善也。"(《礼记正义·中庸》)和"变"相对应的概念是"常"，在《周礼》注中，对"大宰之职，掌建邦之六典"的"典"字，郑玄解释说："典，常也，经也，常所守以为法式也。"(《周礼注疏·天官冢宰》)正是在这种观念的影响下，郑玄对社会发展的态度趋于保守。但是王肃在《谏征蜀疏》中主张统治者在政治、军事措置中应该做到"顺天知时，通于权变"；在《已迁主讳议》中又说："魏国于汉礼有所损益，质文随时，亦合尊之大义也。"(见严可均《全三国文》)类似的说法在《孔子家语》注中也屡见不鲜。

对于"忠""孝"的理解双方也存在较大的争议。郑玄的解释较为传统，他认为"人之行莫大于孝，故为德本"(《郑氏佚书·孝经注》)，"不孝之罪，五刑莫大焉"(《郑氏佚书·易注·离》)。在解释"孝始于事亲，中于事君"时说："父母生之，是事亲为始，四十强而仕，是事君为忠"；并认为"移事父孝以事于君则为忠矣"。(《郑氏佚书·孝经注》)所以在魏晋时期，曹操、司马氏以下凌上、以臣欺主的行为是持这种忠孝观的郑玄不能容忍的。但是王肃由于是曹魏和司马氏政权的拥护者，他的忠孝观自然不会保守。这些都表明王肃已经看到了时代的变迁，并且主张要顺应时代的要求。相比郑玄的保守思想，王肃的观点确实较符合时代的发展趋势。

郑玄注《易》，沿用的是汉代象数易学的方法，爻辰、卦变、互体兼采，而王肃则采用费氏古文易学重义理的方法，以传解经，扫落爻辰、卦变、互体，加之以义理推演。王肃这种学术研究方法也是其开魏晋玄学发展之先河的表现。

由此可见，郑玄、王肃的学术观点出现如此之多的分歧的原因是众多的。师道不一，郑学与王学的思想来源存在着差异，所以二者虽都兼通古今但难免还会在学术的立论根据上出现严重的差别。总的看来，“郑学”毕竟没有超出经学自身的范围。而王肃则不同，他不仅参加了汉末魏初注《太玄》，治《易》《老》的学术活动，还有过向宋忠学习《太玄经》并且为《太玄经》作注解的经历。所以王肃既崇信儒家名教，又接受了道家黄老之学的影响，进而形成了“王学”与“郑学”的差异。

毋庸置疑，这些差异源于诸多社会的、政治的原因。他们的争论涉及宗庙祭祀等礼学问题以及对忠孝的不同观点，这看似一般的学术争议，但是在汉魏更迭、魏晋禅代的背景下，却有着重要的意义。很多时候他们的思想都是有意或者无意地为统治者服务，这也是导致“郑王之争”的一个重要原因。郑学和王学彼此为了争夺官方的学术地位，也加剧了“郑王之争”。在王学以前的经学界，清人皮锡瑞称之为经学的“小统一时代”。及至王学初出，因郑玄弟子众多，朝廷论讲也还是引用郑玄经注。司马氏掌握实权后，王学的学术地位则一跃而起，独占鳌头。正像经学史家所指出的那样，魏晋之际“王学几欲夺郑学之席”。

郑玄贯通古今，学成一体，可谓一代经学大师，学术成就卓然可视。自郑玄以来，所谓的师法家法被弃置一边，人们以“唯义是从”为原则，使学术研究摒弃了门户之见开始出现新的气象。但郑学毕竟属于训诂经学，因而缺乏哲学高度的思辨。王肃不迷信权威、敢于怀疑权威、独立思考的精神代表了汉末以来理性思潮的发展趋势，学术研究开始向义理化方向发展。他在经学衰微的时代，引进了道家思想，把儒家的名教与道家的无为相互融合，建立了一种新的思想体系的雏形，为玄学的发生打下了基础，有“玄学之宗”的称号。

“郑王之争”推进了今文古文的进一步融合，为后世玄学的发展打下了基础，是儒学发展史上的一个重要阶段。

（马建强）

## 2. 魏晋玄学的发展

玄学形成于曹魏正始时期，是魏晋时代一股崇尚老庄道家的哲学思潮，是魏晋时代精神的表现。“玄”这一概念，最早见于《老子》：“玄之又玄，众妙之门。”玄学即是研究幽深玄远问题的学说。魏晋玄学以“三玄”，即《老子》《庄子》和《易经》，为主要研究对象，以老庄思想为骨架，是汉末清议演进而来的清谈直接演化的产物。玄学对当时社会产生了深刻的影响。

玄学兴起并非偶然，它的出现，原因甚为复杂，只归结于任何一方面因素都是不全面的。

从思想发展的角度说，经学发展到玄学，自有其内在的联系。汉代董仲舒神化儒学、独尊儒术后，儒家经典成为人们进入仕途的敲门砖，围绕着儒家经义人们做了大量的释经注经工作。繁琐的汉代经学，泛滥的注经解读和粗糙的神学化思想，使得儒学日渐显得荒谬而浅薄，受到世人越来越多的批判。汉魏之际，随着社会的大混乱，思想界也出现大混乱局面。随着正统观念的逐渐淡化与崩溃，儒家经学出现衰微，传统的儒家学说受到质疑与打击，为人的精神世界的开拓和思想领域的繁荣提供了条件；与之同时进行的是黄老思想的延续和进一步发展，在儒学逐步走向衰落的时期，道家学说简约朴素的“自然”“无为”思想，为新的思想玄学提供了一种理论基础。而原有的儒学并未被世士文人所抛弃，它和道学互为补充调和，各取其所需后，促成了杂糅道家和儒学思想学说为主的哲学流派——玄学的产生。

政局的变化也为玄学的产生和发展提供了现实的土壤。一方面，东汉末年，政局动荡，统治集团分裂。魏晋时期频繁的皇位更迭，几乎都充满着丑恶和血腥，儒家的“忠”“义”等名教思想被践踏殆尽，迫切需要建立一种新的理论来为政权统治服务，玄学应运而生。它兼容儒道，以道为主，糅合儒家经义以代替繁琐的两汉经学。它保留了儒家所倡导的维护纲常伦理等名教思想，又主张道家的自然无为思想。而这正是统治阶级所需要的，既为维护封建政权统治作了理论基础，又号召人们安分守己，对现实问题视而不见，避而不谈。另一方面，在频繁更迭的政权斗争中，大臣贵族之间争权夺利，拉帮结派，互相倾轧利用，士族阶层的知识分子随时都会招来杀身之祸。在复杂的政治形势下，玄学为统治阶层和知识分子提供了明哲保身、慰藉仕途失意的精神空间。一方面，借由玄学的淡远虚无思想表明自己无意于仕途和争权夺利的态度，以减轻外界敌意，脱身于各派政治斗争；另一方面，在失意或者对现实不满时，又可以从玄学中寻求精神安慰，得到精神的解脱。

玄学的产生，是儒道等多种文化因素蓬勃生长的交汇，是当时社会各种危机矛盾发展导致的必然结果，是中国哲学发展的一个新阶段。

魏晋玄学的核心内容涉及各个领域，包括本体论、伦理学、美学等各个方面，从世界观、方法论、认识论到人性论以及政治论等一系列问题，涉及的命题有本末、体用、才性、言意，以至养生、声无哀乐等，无疑是最具其时代特色的哲学思想。按照玄学家对“有无”这一核心理论问题的不同看法，魏晋玄学自何晏、王弼、裴頠、嵇康、阮籍至郭象，经历了从“贵无”的本体论到“崇有”的存有论的一个发展过程。主要分为三个派别：贵无、崇有、独化。

王弼、何晏的“贵无”说秉承《老子》的哲学思想，崇尚玄远。他们抛弃两汉的正统外衣，重新解释天道自然。认为“无”便是作为宇宙本体的“道”，具有主宰天地万物的作用，是天地阴阳万物赖以化生成形的始基，因此把“无”视为玄学追求的最高哲学境界，形成了以无为本的唯心主义的本体论，并提出了一系列关于本末有无、动与静的本体论思想和言不尽意、得意忘象的认识论观点。他们所开创的玄学，不仅为儒道融合开辟了道路，而且为中国传统文化与外来的佛教文化的融合开辟了道路。通过探讨宇宙本体的问题，研究各种事物、现象之间的本质联系，形成了王弼一派的“贵无”哲学，在形式、内容上都突破并超越了两汉经学，在中国哲学史上产生了很重要的影响。然其最终结论却是精神本体论，即认为“无”才是事物的本质所在，而否认客观存在的现实事物的真实性，这种客观唯心主义思想遭到后世学者的批判。

而裴頠则反对王弼、何晏一派的“贵无”说，提出与之相反的“崇有”思想，并著《崇有》之论。裴頠著《崇有论》的目的是因深患世俗放荡、行为荒诞之流，遂以儒家思想调和道学，纠正玄学盛行带来的浮华流弊。在《崇有论》中，裴頠对王弼的以无为本思想明确提出反对，认为万物的产生和存在，都是自生自长的，“无”并不能生出万有、产生万物。他提出作为宇宙间最高境界的“道”的实质本身，乃是万物的综合，是实实在在存在着的“有”，并且万物并不是孤立存在，而是相互联系，有一定的规律可循。只有“有”才能哺育万物，“有”才是事物的本体，“无”只是“有”的一种表现而已。同时，裴頠并不否定老子学说，而是调和儒道，认为“无”并非毫无意义，并把其哲学思想与社会政治生活紧密联系在一起，匡救时弊，借此批评当时的门阀士族在“贵无”论的掩护下腐朽放荡的生活风气，维护封建制度的长远利益。总之，“崇有”论在关于宇宙本源的问题上，提出了无不能生有的正确命题，基本上是唯物主义路线。

向秀、郭象又在“崇有”的基础上，提出“玄冥”“独化”论，以不可知论看待世间一切，表现出神秘主义思想倾向。向秀、郭象所著的《庄子注》的问世，是魏晋玄学发展的又一个重要标志，形成了一个新的学术流派。向秀先作《庄子注》一书，而郭象又在其基础上增补、发展和完善，通过对《庄子》一书的注解，发挥，反映其玄学思想。其核心思想“独化”学说，即是《庄子序》中所说的“神器独化于玄冥之境”。按照“独化”论的理解，“冥”是指不分彼此，玄同彼我，“玄冥”是道的存在状态，万物皆处于这样一种状态之中，在“玄冥之境”中独立形成、存在，相互之间没有联系，即“独化”。根据这一思想，同时还提出了关于足性逍遥说、不可知论、名教即自然等一系列命题结论。“独化”论虽然也提出了“崇有”，承认物质现象世界的存在，但它否认了物质世界的关联性和统一性。总体说来，“独化”论否定了“贵无”论的作为宇宙本源的无，以天地万物的群有为“综极指导”，又承认了“贵无”论的“无名之域”即“玄冥之境”作为一种精神境界。它对于“贵无”论和“崇有”论都有所扬弃，形成了一个自身相对完整的理论体系，达到了魏晋玄学发展的高峰。

同为玄学之士，皆欲求幽探远，不同时代或同一时代不同的人物在思想上却各有相异甚至相对立的主张，但是，他们都或轻或重地用老庄之学否定汉儒的天命观，从认识论上把汉儒的宇宙万物构成论推进到宇宙万物的本源上，希望能从某种具体事物形态之外寻找世界统一性的原理，从而提出关于本末、有无关系的本体论哲学问题。

玄学的发展可分为四个阶段：正始玄学、竹林玄学、西晋玄学和东晋玄学。

(一)正始玄学

对玄学理论化、系统化作出贡献的学者当首推王弼、何晏。

何晏，字叔平，南阳宛县(今河南南阳)人。其父早亡，曹操为司空行车骑将军时，其母改嫁曹操，何晏被曹操收作养子。240年，曹爽秉政，启用何晏为散骑侍郎，迁侍中尚书，主选举。后来因劝曹爽黜司马懿，曹爽失败后，何晏也被司马懿处死。

何晏于正始年间倡导玄学，他为吏部尚书时，延客纳友，清谈高论，一时间谈客盈门，何晏成为清谈领袖，当时的贵族多对何晏等人的谈玄充满崇敬之情。何晏撰有《论语集解》，他曾计划注《老子》，后见王弼的《老子注》见解比自己之注更为高明、独到，遂放弃了自己原来的计划，而改写《道德二论》。此二论现已佚失，只在张湛注《列子·天瑞篇》所引的《道论》中有出现，可略见其皮毛片断，而相传《列子·仲尼篇》所引的《无名论》，可能就是何晏的《德论》。

王弼，字辅嗣，山阳高平(今山东邹县西南)人。何晏为吏部尚书时，极为欣赏王弼的才气，曾经将王弼推荐给曹爽，但没有受到曹爽的重用。正因如此，王弼在后来司马懿诛夷曹爽、何晏的篡权政变中得福，他并未被司马懿所诛杀，仅是免了职。然而不久，王弼因病而亡，年仅24岁。

王弼先后著有《老子注》《老子指略》《周易注》《周易略例》《周易大演论》《论语释疑》等，其中《周易大演论》和《论语释疑》现已佚失。王弼出生晚于何晏而学问则过之，他的玄学造诣精深，令当时的玄学之士折服。论学养，正始玄学的奠基者实应首推王弼，但是因为何晏首先倡导，并且无论在清谈还是理论著书上都十分赞同、推崇王弼的观点，因此，在论及玄学形成时，都以王弼、何晏并称。

正始年间的玄学之士，除了王弼、何晏之外，还有一大批士人，如夏侯玄、钟会、裴徽、傅瑕、荀灿等，均是正始玄学名士圈子中的重要人物。他们祖述老庄，以《老子》《庄子》和《周易》这"三玄"为经典加以研究，借以发挥他们的哲学思想。涉及的主要命题有以无为本、圣人无情、言意之辩、名教出于自然等，通过问难诘辩，究清义理。

(二)竹林玄学

正始年间正是曹魏集团与司马氏集团斗争最为激烈的时候。249年(正始十年)，司马懿发动兵变，将曹爽兄弟以及何晏、李胜等支党全部诛杀，夷及三族，政权实际已经落入司马氏之手。251年(嘉平三年)，司马懿死，其子司马师秉政，255年，司马昭代政，265年，司马昭死，其子司马炎在三个月后篡魏建晋。在这短短的十几年中，司马氏一方面大开杀戒，极力镇压拥戴曹魏政权的官僚士大夫，夏侯玄、李丰、张缉、诸葛诞等人也相继遭到了诛杀，整个社会处于腥风血雨的动荡之中。另一方面，司马氏集团为儒学世家，提倡名教，标榜"以孝治天下"，而行篡夺政权之实，其名教的虚伪性和丑恶的政治嘴脸为当时一些正直的士人和知识分子所不齿。于是，当时的抗节之士，政治上不愿意与司马氏同流合污，进不欲苟合，退不能自保，于是转而称述老庄，继承王、何的玄学之风。典型代表便是竹林七贤。

《三国志·魏志·王粲传》裴注引《魏氏春秋》对竹林七贤之名有所描述："(嵇)康寓居河内之山阳县，与之游者，未尝见其喜愠之色。与陈留阮籍、河内山涛、河内向秀、籍兄子咸、琅玡王戎、沛人刘伶相与友善，游于竹林，号为七贤。""七贤"中，又以嵇康和阮籍为代表。

嵇康，字叔夜，谯国铚县(今安徽宿州西南)人。他与魏宗室通婚，官至郎中，拜中散大人。景元二年，因为答山涛书有"每非汤武而薄周孔"的话，司马昭以为他是含有讥讽之意，借吕安的事，处之以言论放荡罪而下狱，不久就把他给处死了。

在社会政治观点上，嵇康主张“越名教而任自然”，他是“七贤”中反对名教最激烈、体认自然最坚决的一个，也是“七贤”中最具魅力、形象最为鲜明的一个。他在玄学理论上最有影响的是《养生论》和《声无哀乐论》，主张清心寡欲、淡泊人生、废智用而求意足的养生态度。嵇康在音乐上也有很高的造诣，临刑前所赋的绝代古曲《广陵散》于今已经绝世，传世的只有他探讨音乐理论的文章《声无哀乐论》，认为声音和人的感情是两种不相干的事物，音乐所发出的只是客观的音调，它并不能左右人哀乐的感情，而哀乐则出于人的内心，完全是主观的。嵇康强烈地反对名教的言行，作为玄学人生观的典型代表，表现着当时崇尚玄风的激进士人的情绪倾向。他以自身人格的高洁、迕俗和认真，与以名教伪饰的司马氏集团相抵触，终于导致杀身之祸，以悲剧告终。然而，这正是他为千古士人崇敬感慨之所在。

阮籍字嗣宗，陈留尉氏(今河南尉氏)人。其父阮瑀为建安七子之一。他曾做过司马懿的从中侍郎，两年后，被封为关内侯，徙散骑常侍，后又请为步兵校尉。阮籍在生活上为人放达，任诞不羁，但在政治上却又极为谨慎，因此不易为人所攻讦，最后得以善终。

与嵇康不同，阮籍的一生，不是处于与名教完全对立的状态，始终在高洁与世俗中徘徊。阮籍反对虚伪的名教而崇尚自然，对司马氏表现出消极不合作，而不似嵇康那般激进。在其所著《大人先生传》和《达庄论》中，他对那些拘泥立法的虚伪之事进行了辛辣的讽刺和猛烈的抨击。然而在其内心，他并不主张真正废弃名教，在《通易论》和《乐论》中，可以看出他是承认上下、君臣、贵贱之别，推崇圣王制礼作乐之功的。

总之，竹林玄学在继承正始玄学的基础上，从行为和理论两个层面发展了玄学，成为魏晋玄学的一个重要发展阶段。正始名士谈玄的内容基本以老子学说为核心，与政治现实息息相关；而竹林名士由于生活在正始后期黑暗的政局环境中，其理论探索完全转向了释放人的本性和理想人格的塑造中，与现实社会格格不入。他们明确提出“越名教而任自然”，强调不遵礼法，摆脱礼法的羁绊，追求个体自由，具有明显的反传统、反社会的特征，开魏晋名士旷达放任、不拘礼法之自由风气。

(三)西晋玄学

西晋时期，确立了以士族门阀制度为核心的统治特权。门阀制度等级森严，互不交往，士族与士族也有高下之别，存在严重歧视，更别说士族与庶族之间的对立和斗争了。下层读书人很难通过某种途径进入士族阶层，也无法进入更高的统治阶层。晋武帝司马炎死后，继位的惠帝昏庸无能，一时统治阶级内部动乱纷争，先后出现后党专权，政治环境险恶。士子文人仕途无望，朝不保夕。从孔孟之道中找不到出路的读书人纷纷把眼光转向了老庄之学。谈玄说理。玄学因此在西晋时期有了更进一步的发展。

这一时期，按照玄学之士的行迹，玄学的发展分为两个方向：一类是继承了嵇、阮“越名教而任自然”的思想，受竹林七贤不拘礼法行为的影响，由贵无派发展到极端，这些人偏重于行为上的放荡不羁，嗜酒无度，借玄学过着纵恣荒诞的生活。这种效仿而来的旷达几近轻薄，追求表面形迹上的放浪形骸，徒有旷达之名，而无玄学之心。而这种行为由于没有相对应的更深一步的成熟理论发展作支撑，自然扼杀了玄学贵无派在思想上的创造力，使它走向没落。这方面的玄学名士主要有王澄、谢鲲、胡毋辅之等人。第二类则是以裴頠、郭象为代表，继承了正始以来的辩难诘问，注重义理之辨，在谈玄说理中阐发玄学理论沿着向秀的思想发展为裴頠和郭象的崇有论哲学。这类玄学名士还有王衍、乐广、裴楷等人。

裴頠，字逸民，河东闻喜(今山西闻喜)人，裴秀之子。裴頠博学多闻，不仅熟读儒家经典，而且精于老庄之学。作有《崇有论》，指斥时弊，批评不尊儒术的虚浮风气，重新肯定名教的作用。提出了有为万物之本的哲学命题，从而完成了从贵无向崇有的过渡。

郭象，字子玄，河南洛阳人。对玄学理论做出的重要贡献是他的《庄子注》，他进一步发展了裴頠的崇有论思想，否认王弼"有生于无"的思想，还提出"独化于玄冥之境"的主张，并成为其玄学思想的基础，自成一派，把玄学理论推向高峰。

西晋玄学的一个核心命题是名教即自然，将儒家礼教与道家思想统一起来，既使玄学更适合西晋世家大族的需要，又为标榜超然的玄学精神提供了理论支撑。西晋玄学在进一步发展后，谈玄说理的内容也大为丰富，从名理、历史、人物等各个方面入手，阐述义理，发人深省。玄学从产生到盛行，终于成为时代精神。

（四）东晋玄学

司马氏用阴谋篡夺而来的政权，延续不到二世。公元291年爆发了八王之乱，西晋政权的瓦解从内部权力的争夺开始，发展为五胡之乱。公元317年，司马睿带领晋室渡江南迁，来到建康（今江苏南京），建立了东晋政权。大批中原士族纷纷南下，使得玄学在东晋获得了空前的发展。

玄学在东晋时期的发展体现在谈玄队伍的扩大，谈玄说理不再仅仅局限于名士，上至王公大臣，下至平民百姓黄口小儿，都津津乐道于玄学。另外，其形式和内容更加丰富多样，一时之间，玄学之士的精神风貌和生活方式成为时尚，流行于整个社会。

东晋玄学围绕的仍然是以三玄和义理为中心的内容，但同时又出现了调和儒道的思想。一方面，东晋时期，上层社会人物皆注重谈玄，出现了一大批"身在庙堂之上，心在山林之中"的玄学家。诸如王导、谢安、庾亮等著名人物，居宰辅之任而又是玄学的领袖，使得玄学与现实政治文化生活密切结合，名教即自然的思想在东晋不仅得到了理论上的提倡与发展，而且得到了现实的证明和有机结合；另一方面，"永嘉之乱"和"五胡之乱"的惨痛后果，使得东晋的一些知识分子开始对之前纵欲任恣的社会风气和玄学理论作反思和批判，出现了一批儒玄兼修的玄学家，主张名教与自然的结合。玄学从正始年间王弼、何晏调和儒道，到竹林七贤主张越名教而任自然，发展到东晋，又回归到了名教即自然，实现了文化发展的螺旋上升，成为东晋玄学发展的一大特点。

而佛理进入玄学，则成为东晋玄学发展的又一重要特点。玄学作为一种注重思辨的哲学，其理论高度在发展至郭象时已经达到顶峰。这时，兼具思辨性和超越性的般若佛学的出现，为玄学之士提供了一种耳目一新的思维方法和内容。名士和名僧间的相互交游和相互影响，直接促进了玄学和佛教间的交流与融合，玄学引入佛理，佛教玄学化，相映成趣。在这方面的佛教代表人物便是般若学的集大成者僧肇，在他的一系列佛理论著中，融会了老庄思想，既使得玄学更好地认识了佛教，也促进了佛教的玄学化。

东晋玄学的理论著作甚少，能代表东晋玄学理论成就的，只有张湛的《列子注》。他综合崇有、贵无学说，承继郭象，返归庄子，又接受了佛理的影响，把这些不同的思想杂糅在一起，存在着不可解决的混乱与矛盾，体现了这个时期玄学末流的杂乱面貌。

东晋以后，玄佛合流，讨论非有非无的佛学取代了讨论本末有无的玄学，中国哲学的发展进入了一个新阶段。

（汪小丽）

## 3. 率性自然的魏晋风度

魏晋风度指的是魏晋时期名士们所具有的那种率直任诞、清俊通脱的行为风格。饮酒、服药、清谈和纵情山水是魏晋时期名士所普遍崇尚的生活方式。一部《世说新语》可以说是魏晋风度的集中记录。魏晋风度作为当时的士族意识形态的一种人格表现，成为当时的审美理想。风流名士们崇尚自然、超然物外，率真任诞而风流自赏。

提到魏晋风度，就不能不与当时兴起的士族阶层相联系。士族，或者叫做世族，是东汉末年兴起的世家大族，他们垄断做官的权力，有着自己的政治特权与庄园经济，可以与皇权平分秋色，比如东晋时就有“王与马，共天下”之说。在中国历史上，唯一可以与皇权分庭抗礼的，就是魏晋南北朝年代的士族阶层。魏晋风度的名士大部分出身世家大族，比如王谢家族，他们既是政治与经济上的大族，也是文化的大族，谢氏是诗歌家族，王氏是书法大族。所以魏晋风度既是名士的精神贵族的产物，也是凭借经济与政治上的特权而形成的。

魏晋文人放浪形骸的生活方式和谈尚玄远的清谈风气的形成，既和当时道家崇尚自然的思想影响有关，也和当时战乱频仍特别是门阀氏族之间倾轧争夺的形势有关。知识分子一旦卷入门阀氏族斗争的旋涡，就很难自拔。所以，当时的知识分子有一种逃避现实的心态，远离政治，避实就虚，探究玄理，乃至隐逸，就是其表现。这种情况不但赋予魏晋文化以特有的色彩，而且给整个六朝的精神生活打上了深深的印记。这些门阀贵族们就经常生活在这种既富贵安乐而又满怀忧虑的境地中，处在身不由己的政治争夺之中。正是由于残酷的政治清洗和身家毁灭，使他们的人生慨叹夹杂无边的忧惧和深重的哀伤。他们的“忧生之嗟”由于这种现实政治内容而更为严肃。从而，无论是顺应环境、保全性命，或者是寻求山水、安息精神，其中由于总藏存这种人生的忧恐、惊惧，情感实际是处在一种异常矛盾复杂的状态中。外表尽管装饰得如何轻视世事，洒脱不凡，内心却更强烈地执着人生，非常痛苦。这构成了魏晋风度内在矛盾的一面。

东汉末年，社会陷入了空前的战乱之中，南北分裂，生灵涂炭，老庄人生无常，企求解脱的学说走进人们的心灵之中。王瑶先生在《中古文学史论集》中曾指出，感叹人生无常是汉魏以来文学的主旋律。这种时代情绪又因了当时文化的主体士族的崛起形成的特定思想体系。当时，对人生苦难的解脱，对逍遥境界的寻求，成了魏晋以来人生哲学的重大课题。当时，围绕着这一主题，各种人生哲学观点纷纷出现。比较有代表性的，有这么几种：第一，以阮籍为代表的逍遥论。第二，以嵇康为代表的养生论。第三，以《列子·杨朱篇》为代表的纵欲论。此外，还有何晏、王弼的无为论，向秀、郭象的安命论等。

至于形成原因，大致是自从东汉以来朝廷内部外戚和宦官轮流掌权导致社会风气每况愈下，而后期的党锢之祸，黄巾军之乱和随之而来的三国时代则是大大打击了知识分子的报国之心。对战乱的恐惧、对社会的失望导致一些文人撰文予以批判，而朝廷则采用“九品中正制”开始对官员采取一定的控制，这些因素导致当时的名士们逐渐脱离了公共生活，摒弃了儒家的准则，纷纷转向追求道家的自由意志，形成清谈之风。

魏晋风度的出现起与汉末延至魏晋之际的政治局面的混乱有着密切关系。当时的许多名士或为当权者所杀或被杀于乱军之中，士人们没有一个安定有序的生存环境可以依托，进而转向放诞；将精神寄之于老庄，流连山水，肆意酒乡，一方面是为了全身避害，一方面也是为了麻痹自己的思想。

魏晋时士人越名教而任自然，蔑视、攻击礼法，狂放肆意，亦庄亦谐，开一代人文新风气。放在汉以后儒家礼治漫长、沉闷的岁月中，魏晋士风如长夜里灵光一闪，虽短暂却光彩夺目。那段时间，中国士人似突然觉醒，大彻大悟，纷纷要挣脱羁绊，重新评估一切，追求个性自由，于是给历史写下一段活泼可爱的篇章。

随着士人群体意识的自觉以及三国魏时曹氏父子政治方略的转变，清谈玄虚之风勃然而起。老庄之学特别是庄子学说开始在文化领域乃至名士生活中扮演主角。玄学清谈大抵经历了“正始名士”“竹林名士”“中朝名士”和“江左名士”四段历程。形成了独具特色的“魏晋风度”。“中朝名士”的代表王衍、乐广、郭象等转向自然与名教的合一，乃至推崇名教而否定自然，从而形成对正始精神特别是竹林精神的背离；而此期谈风，更具有脱离现实而虚无玄远的特点。东晋偏安的“江左名士”代表王导、庾亮、谢安等，身居高位，推波助澜，使得正始之音绵延不绝，庄老之学日趋转盛。他们向慕自然，追求自由散漫的人格境界，心性情怀与庄子非常接近。

魏晋玄学的发展实际上也是魏晋风度的发展过程，庄子哲学成为玄学演进的直接推动力，使得此期哲学思辨得以迅速上升；东晋名士之玄释合流、以佛解庄，则为传统庄学注入了新质。庄学也养育了自由开放、热爱自然，以颖悟、旷达、真率、放浪为特点的名士精神，拓展和提升了魏晋名士的审美天地和审美情操。

魏晋名士以其超然物外的言行，在中国历史上建立了独一无二的风度，这种风度的形成，其实也有一个发展的历程，也是与魏晋间的思想发展相适应的。东汉时期的名士品格，多与社会现实有关，东汉名士以砥砺名节树立了名士风范，魏晋以降，则随着玄学的发生发展，魏晋名士往往讨论更多的是与玄学相关的玄理，因此，魏晋名士风度，往往与玄谈有关。魏晋初期的人物品评，往往与人物的外貌相结合，所以这个时候的对外貌俊朗的人物，好评甚多。大家熟悉的故事如曹操因为对自己的外貌没有信心，于是便在见匈奴使者时，请崔琰来扮充自己，自己则扮捉刀的人。当然，这故事的可信性有待质疑，但的确反映了时代的风气。比如王粲，因其貌不扬，就受到刘表的轻视。何晏是美男子，他为了更显美丽，专门在夏天的时候吃热汤饼，大汗出，然后再用红衣拭汗，于是“色转皎然”。再如潘岳，姿容甚美，常与另一美男子夏侯湛并出，时人谓之连璧。但到西晋以后，对人物赏评，已不仅止于外貌，还有人物的内在精神和气度。因此，我们看魏晋早期的评语，多是风貌、风格、风姿等，至于后期，除了这些外貌的评语外，如风神、风气、风骨、风韵等评语，用得就比较多了。这也反映出魏晋名士风流的逐渐成熟，人物的外在与内在并重，因此，魏晋风度最迷人的，应是东晋时期，由东晋名士表现出的旷达自然、物我合一的境界。

王衍，他是西晋末年的宰相，竟然以从不过问国家大事为荣，而是天天跟人清谈老庄哲学。最有名的典故就是：他嘴里从来不会出现“钱”这个字，因为他觉得钱这种东西太庸俗了。有一天他的妻子跟他开玩笑，趁他睡着的时候在床上床下都堆满了铜钱，心想他起床看到了肯定会说“钱”字。结果他起来以后就说：除却阿堵物！也就是“把这个添堵的玩意儿给我挪开”。后来就有很多文人骚客喜欢向王衍学习，把钱称之为“阿堵物”以显示自己的清高。

魏晋时期的服饰，大体上沿袭秦汉旧制。中原地区的服饰吸纳了北方民族的服饰特点，衣服更加紧身，更加合体。传统的服饰样式逐渐消失。而被称为胡服的西北民族服饰，逐渐成为社会上的普遍装束。男子首服，以幅巾为主，其风气始于汉末，王公名士以礼冠为累赘，纷纷摘冠戴巾，以幅巾扎发，头部的紧坠感一扫而空。这一风气沿袭到魏晋，也可以视为魏晋“越名教而任自然”的名士风度的表现。

魏晋南北朝时期，男子服装有衫、袄、襦、裤、袍，其中长衫最具时代性。夏天为了凉快，喜穿半袖衫。文人雅士最喜欢穿衫，宽大的衫子成为魏晋时期最具个性化的服饰，以嵇康、阮籍为代表的竹林七贤就常穿宽大的衫子。竹林七贤基本上都做过官，但是他们“越名教而任自然”，放弃官职，甘做山野之人，抚琴长啸，寄情山林。

由于不受礼教束缚，魏晋时期的人们服饰日趋宽大，不仅在朝的官员褒衣博带，裙子曳地，形制宽广；文人、庶民的服饰同样追求宽大、飘逸之风。《宋书·周朗传》云：“凡一袖之大，足断为两，一裾之长，可分为二。”衣裳的宽大程度是原来衣裳的一倍。上有喜好，下必效仿，魏晋社会追求飘逸之美，宽衣大袖成了社会风尚。

魏晋何以会出现服饰趋向宽大的风格？这一时期玄学盛行，重清谈，人们吃药成风，服用五石散。服了药物，体内热量散发不出去，皮肤干燥．与衣服相摩擦，容易溃烂。因此必须穿着宽大的衣裳，以避免皮肤的溃烂。鲁迅先生曾经指出，服了五石散后，“全身发烧，发烧之后又发冷。普通发冷宜多穿衣，吃热的东西。但吃药后的发冷刚刚要相反：衣少，冷食，以冷水浇身。倘穿衣多而食热物，那就非死不可。因此五石散一名寒食散。只有一样不必冷吃的，就是酒。吃了散之后，衣服要脱掉，用冷水浇身；吃冷东西；饮热酒。这样看起来，五石散吃的人多，穿厚衣的人就少。现在有许多人以为晋人轻裘缓带，宽衣，在当时是人们高逸的表现，其实不知他们是吃药的缘故。一般名人都吃药，穿的衣都宽大，于是不吃药的也跟着名人，把衣服宽大起来了。”换言之，客观因素主要是身体方面的原因，使之必须“褒衣博带”。魏晋人服饰的飘逸，并非仅仅为了表现仙风道骨，而是不得已而为之，歪打正着，形成了飘逸洒脱的服饰风尚。

雅量指宽宏的气量。

魏晋时代的士风，史称“魏晋风度”，其中有种最令人推崇备至的品行，《世说新语》称之为“雅量”。魏晋时代讲究名士风度，这就要求注意举止、姿势的旷达、潇洒，强调七情六欲都不能在神情态度上流露出来。不管内心活动如何，只能深藏不露，表现出来的应是宽容、平和、若无其事，就是说，见喜不喜，临危不惧，处变不惊，遇事不改常态，这才不失名士风流。它不仅代表今人所谓的气度与胸怀，更蕴含着名士贤达们身处乱世的从容心态和自我情感的宣导与收放。魏晋名士的“雅量”，就《世说新语》观之，则是风流名士们处乱而不惊的从容笃定和个人情绪的喜怒哀乐从不形于色。

所谓“处乱不惊”，字面上讲就是“乱”而不惊，几至泰山压顶而不变色。在魏晋南北朝，这种“乱”可分为大乱和小乱。

“大乱”面前的不惊，是以不变应万变的从容，是危难面前的镇定，是视死如归的坦然。它源于对时局冷静而果敢的分析，源于对现实社会深刻且睿智的判断，源于自我人格精神的完善与升华。“小乱”而不惊，是时代风气下的自信，是人与人间真诚的信任，是相互间的大度与宽容，是对自我无心之失的坦然与洒脱，是自由个性的张扬，是“越名教而任自然”的文豪的任性。

魏晋名士的“雅量”，还表现在他们对感情的雕琢和对情绪的宣导与隐忍。喜怒哀乐不形于色，也是他们的“雅量”。所以谢安得知小儿辈大破贼，要强忍内心的喜悦而不变声色；所以顾雍得知爱子的死讯，却宁把手掌掐出血也不露悲哀之情于面色。所以喜怒不形于色的“雅量”，非不真也，是顾全大局也。其实，魏晋名士多任性自由，率真质朴，多情多义。

（王文德）

## 4. 玄言诗与山水诗的兴起

玄言诗，是最早起源于西晋之末而流行于东晋的诗歌流派之一，历史悠远。该流派以阐述老庄和佛教哲理为主，力求表达玄学要义和佛家义理，托意高远，超脱现实。嵇康、阮籍、孙绰、许询、王羲之等人为玄言诗的代表人物。

玄言诗的兴起有其独特历史背景。魏晋南北朝(222—589年)作为中国政治史上政权更迭最频繁的时期，其特殊的政治经济背景为玄言诗的诞生和盛行提供了条件。在这一时期，长期的封建割据和连绵不断的战争，对中国文化的发展产生了深远影响。主要表现为玄学的兴起、道教的勃兴及波斯、希腊文化的传入，从而造成诸多新的文化因素互相影响、交相渗透的结果，使得文化发展和历史地位等问题也趋于复杂化。在政治、经济和文化等多方面因素作用下，就引起士人心理结构上的变化，也直接影响到了他们的诗歌创作，从而产生了玄言诗。而玄言诗在魏晋南北朝的兴盛，究其因有以下几点：

第一，魏晋南北朝时期的政治政策和时事形势对玄学思想的影响。晋政权建立之初积极推行曹魏所创立的“九品中正”用人制度，从而形成“上品无寒门，下品无势族”(《晋书·刘毅传》)的政治局面，导致了寒门与士族的对立。同时，晋王室内部的权力倾轧，更酿成了历史上有名的“八王之乱”，使晋朝自陷于倾覆，以及各地少数民族入据中原后的长期战乱。但长期战乱也在客观上促进了南北文化交流，晋室南迁之后，避乱到江南的士大夫把崇尚老庄和清谈之风带到江南并加以发展，由此风气日盛，影响到诗歌创作，便催生了中国历史上盛极一时的玄言诗。

第二，魏晋玄学及清谈之风的盛行，对玄言诗的创作产生了巨大影响。从魏晋学术思想的整体发展趋势来看，玄言之风发端于曹魏，兴盛于西晋，及至东晋南朝，陈陈相袭，渐成风气。魏末开始流行的玄学思想，在西晋已是“虚无放诞之论，盈于朝野”(《晋书·傅玄传》)。到了东晋，更是“中朝贵玄，江左愈盛，因谈余气，流成文体”(《文心雕龙·时序》)。由于清谈玄理风气的盛行，玄理化的诗歌快速发展，成就了玄言诗的大兴，并且占据了文坛的统治地位。

何晏、王弼活跃的时期，是玄言诗的孕育阶段，以“天地万物皆以无为本”为主要观点。此后出现的是以嵇康、阮籍为代表的正始时期的玄言诗。刘勰《文心雕龙·名诗》写道：“正始明道，诗杂仙心，何晏之徒，率多浮浅。唯嵇志清峻，阮旨遥深，故能标焉。”何晏的玄言诗创作，可以看作正始诗风的滥觞；何晏、王弼之后，所谓“竹林名士”开始兴起。阮籍、嵇康是竹林七贤中具有代表性的两位，主张“越名教而任自然”“审贵贱而通物情”，提倡玄学新风，玄言诗风转向注重个人的自我价值和纯粹的自我意识。玄言诗歌的题材也主要表现现实与理想的张力、对生死的思考以及对长生之道的追求等。魏晋南北朝时期的士人们沉浸在玄思的精神世界里，在论道谈玄中得逍遥，在自然山水中得人生妙趣，在任情放纵中高扬个性，诗歌创作也表现出“清虚”和“恬淡”的追求。在这种背景下，玄言诗便呈现出其独特的艺术风格，但此时无论写文作诗皆言及玄远，却都未曾评议时事、臧否人物。

向秀、郭象等人为玄言诗的发展奠定了一定的思想基础。西晋末年至东晋时期，向秀作《庄子注》，郭象主张“发明奇趣，振起玄风”，此时玄学思想逐渐浸入文学领域，出现了盛行一时的“理过其词，淡乎寡味”（钟嵘《诗品》）的玄言诗。这时清谈老庄玄理已经进一步从政治生活影响到文学，隐逸之风遂盛，虚无意识束缚一切，挥麈谈玄成为风气，士大夫托意玄虚以求全身远祸。这种心态对文人影响很大，清谈之风影响到诗歌，玄言诗便是在这种心态下老庄玄理与山水之美相混合的产物。

第三，玄释交融。东晋时期，佛教的般若思想逐渐影响到玄言诗，在当时掀起一阵名士学佛的风气，也有很多僧人在创作玄言诗时直接以佛语入诗，佛教僧侣有的也加入了清谈的行列，佛经也成了名士们的清谈之资。曾著《圣不辩之论》《道行旨归》《学道戒》等论书，精通老庄之说的支遁是这种风气的代表人物。玄佛交融的僧诗，最典型的就是支遁的《五月长斋诗》，从此中国诗歌有了赞佛咏怀的新题材，中国佛教文学也由此而兴。支遁咏怀、述怀诗，直接阮籍《咏怀》，但一反阮籍侧重的“忧生之嗟”，改写求佛向玄的淡泊情怀。自支遁始，援佛入玄，促成玄学新变，孙绰、许询等人的玄言诗创作也深受支遁影响。玄言诗中也有形象性较强的作品，大多借山水以抒情。

第四，山水玄言的勃兴。东晋时期山水玄言已然开始兴盛，最典型的山水玄言诗就是流传千古的《兰亭诗》。《兰亭集序》中“仰观宇宙之大，俯察品类之盛，所以游目骋怀，足以极视听之娱”等耳熟能详的名句，代表了兰亭诗玄理与自然相结合的特点。在《兰亭集》37 首诗中，有的诗写景成分很大，洋溢着一种自然山水流淌的气息，标志着诗人们已经开始留意山水之美并从山水中体悟玄理。这对诗歌的流变也有一定的推动作用，也预示着山水诗的兴起。这一时期，无论是诗人还是诗歌，在数量上都多于以往任何一个时期，而且无论思想内容还是艺术手法，都体现出与之前玄言诗的创作不同的风貌。

玄言诗最鲜明的特点就是“平典似《道德论》”或“淡乎寡味”。钟嵘《诗品序》说：“永嘉时，贵黄老，稍尚虚谈，于时篇什，理过其辞，淡乎寡味。爰及江表，微波尚传，孙绰、许询、桓、庾诸公，诗皆平典似道德论，建安风力尽矣。”孙绰、许询并称“孙许”，其中孙绰的作品除了《答许询》《赠谢安》《兰亭》等少数篇什比较清新淡泊，有一定真情实感，其他以老庄思想为旨归的玄言诗句多枯淡寡味，无形象感。许询风情简素，自有才藻，其五言诗声誉颇大，但历史上对许询作品的评价多是，玄言哲理敷衍成篇，尚少情致。

玄言诗的创作曾经盛极一时，一扫具有现实底蕴的建安风力，在魏晋几百年里始终占据诗坛的主导地位。从嵇康、阮籍的诗歌中所描绘的自由旷达、潇洒无拘的境界，再到东晋时期的穷究义理、山水悟道，玄言诗在其自身的发展过程中不断探索，对后世产生了巨大影响。以嵇、阮二人为代表的魏晋风度，则是后世许多文人孜孜以求的理想楷模。而东晋时期诗歌中所探索出的玄妙义理，则为后世的说理诗的兴起直接开辟了道路，并且在玄言诗的基础上开拓了山水诗的境界，使哲学的感悟方式和山水的审美意识进入了诗人们的视野。无论在内容、思想还是在境界上，都对后世的诗歌有着莫大的开拓之功。如谢灵运的山水诗，白居易诸人的说理诗，宋明理学家之诗，都或多或少受其熏染。

山水诗代替玄言诗，是一个重要的文化现象，但凡谈到从玄言诗到山水诗的流变，无不征引刘勰《文心雕龙·明诗》所谓“宋初文咏，体有因革；庄老告退，而山水方滋；俪采百字之偶，争价一句之奇。情必极貌以写物，辞必穷力而追新。此近世之所竞也”。其中的“庄老告退”“山水方滋”，足以显示出玄言诗和山水诗之间的甚深渊源。

山水诗是继玄言诗之后盛行的文学体裁，以山河湖海、鸟兽虫鱼等自然事物为题材，通过描绘它们的生动形象，表达作者审美情趣。山水诗最早可以追溯到先秦两汉时期，直至魏晋南北朝时期形成正式的文体，并随着中国古代社会的诗歌发展与社会变迁而不断演变。作为与玄言诗同时期的文学体裁，二者之间关系颇为紧密。山水诗与玄言诗一样，都产生于魏晋南北朝时期，但山水诗稍晚于玄言诗，并逐渐取代玄言诗在魏晋文坛的地位。

山水诗在魏晋南北朝时期大量出现有其独特的历史文化背景。晋室南迁之后，士人面对纷乱的国情，发出"风景不殊，正自有山河之异"的慨叹，诗人的失落感愈来愈沉重；只能沉浸在清丽无比的江南山水中，寻找心灵的解脱和慰藉；山水诗的写作便也蔚然成风。另外，在玄学思想的冲击下，汉朝以来"罢黜百家，独尊儒术"的思想控制日趋软弱松弛，于是出现嵇康"越名教而任自然"、阮籍"法自然而为化"之类的主张。这里的"自然"是指宇宙自然规律，而岿然不动的山和变动不居的水则最充分、最完美地体现了这种规律，"自然"也就成了山水诗师法的对象，成了精神力量不竭的泉源。

山水诗的兴起大体上经历了以下几个阶段：

第一，酝酿阶段。最早在《诗经》和《楚辞》中，就有一些描写山水风景的诗句，如"昔我往矣，杨柳依依；今我来归，雨雪霏霏"，可以说是山水诗的起源。直到汉末建安时期，才出现了中国诗歌史上最早的一首完整的山水诗，这就是曹操所写的四言诗《观沧海》："东临碣石，以观沧海。水何澹澹，山岛竦峙。树木丛生，百草丰茂。秋风萧瑟，洪波涌起。日月之行，若出其中；星汉灿烂，若出其里。幸甚至哉，歌以咏志。"诗歌中描写这些壮阔气势的自然景物，都是为了寄托作者豪迈宏伟的胸襟气度，说明这个时期的诗歌还没有完全脱离"诗言志"的传统。

此后曹丕、曹植的诗已经带有由言志向自然审美过渡的痕迹，但是人和自然山水的关系还没有直接表现出来。曹氏父子之后，人们"乐山水"的事迹逐渐多了起来，像阮籍、嵇康等人所进行一些活动，引领了文人以登高临水为乐事的风气，也促进了当时诗歌中对自然山水的描写。西晋太康前后的诗人张华、陆机、潘岳、张协等人的诗作中，陆续出现了一些刻画景物繁密细致的句子。到西晋后期，《招隐诗》《游仙诗》等题材的诗歌也增多了对自然景色描写的成分。像郭璞的《游仙诗》，超出了传统的羽化成仙的内容，以高人隐士为赞美对象，以大自然景物为蓝本，比较细致地描绘了真实的山林景色。及至东晋陶渊明进一步将山水诗发扬光大，"一语天然万古新，豪华落尽见真醇"（元好问《论诗三十首》）的语言、清新自然的风格、悠然见南山的情调显示了魏晋风流的独特。

东晋后期，江南的农业已有较好的发展，优渥的物质条件和清幽的自然环境，为士人们提供了清谈玄理和登临山水的悠闲生活。在他们的清谈中，常常出现一些发挥老庄自然哲学来赞美江南山水的名言隽语，并作为玄学名理的印证或点缀。直到谢混《游西池》等为数不多的专门刻画山水景物的诗，开始给诗坛带来新鲜气息。到刘宋初期，谢灵运大量创作山水诗，在艺术上又有新的创造，终于确立了山水诗的优势地位。于山水诗而言，虽然这基本上只是题材和艺术上的革新，但在其自身的发展史上还是前进了一大步。

第二，形成阶段。晋室南渡，秀丽的江南风光、清丽的自然山水深深吸引士人们。当时盛行的玄风把儒家的"名教"与道家的"自然"结合起来，引导士人们从自然山水中寻找人生的哲理与意趣。玄言诗中也出现很多描写山水的佳句。经过长期的多方面的酝酿，终于产生出第一位山水诗人——谢灵运。

谢灵运（385—433年），陈郡阳夏（今河南太康）人，世称谢康乐。谢灵运把自然之美景绘入诗中，使山水诗成为独立的审美对象，不仅一改先前“淡乎寡味”的风气，而且加强了对诗歌的艺术技巧的表现，开创了一代诗风之先河。谢灵运于公元422年(永初三年)被排挤为永嘉(今浙江温州)太守，此后长年游于名山胜境，创作了大量的山水诗，诗里描绘了很多断江、彭蠡湖等地的自然景色。

谢灵运诗主要特点是清新流丽，尤其“自然”浑成。唐释皎然在《诗式》中说，谢诗的“自然”，既不同于李陵、苏武那种“天与真性，发言自高，未有作用”的“自然”，也不同于曹植等人那种“语与兴驱，势逐情起，不由作意，气格自高”的“自然”，而是“为文真于情性，尚于作用，不顾词彩而风流自然”。所谓“作用”，就是经营安排、琢磨锻炼。以此而能达于自然，这正是谢诗胜人之处，也是他开启新诗风的关键所在。谢灵运的那些垂范后世的佳句，无不显示着高超的描摹技巧，其语言工整精练，境界清新自然，犹如一幅幅鲜明的图画，从不同的角度向人们展示着大自然的美。

历代文人对谢灵运的诗评价极高，有“出水芙蓉”之比。如《南史·颜延之传》记载：“延之尝问鲍照，己与灵运优劣，照曰：‘谢五言如初发芙蓉，自然可爱；君诗若铺锦列绣，亦雕缋满眼。’”此外，汤惠休说“谢诗如芙蓉出水，颜如错彩镂金”；钟嵘说谢诗“名章迥句，处处间起；典丽新声，络绎奔会”；萧纲也说“谢客吐语天拔，出于自然”。当人们读厌了那些“淡乎寡味”的玄言诗，接触到谢诗中那些山姿水态与典丽新声时，反而会感到鲜丽清新、自然可爱。由此可说，谢灵运另辟蹊径，开创了山水诗的一代新风。

以谢灵运诗为代表的初期山水诗，已然从玄言诗中脱胎而出，但是玄言之风对山水诗的影响还是很大。受时代特点和社会风尚的制约，诗歌中虽然有了大量生动的自然山水形象的描写，但还没有脱出“用形象谈玄论道”的范畴。人们还是把对形象的审美和对哲学的追求融合起来，“时遇理趣”地表现了玄远幽深的哲学意味。典型的像谢灵运的山水诗，其诗语言富丽精工，喜爱雕琢，追求形似，诗的结构往往是纪游式，末后总留有玄言诗的尾巴。先对山水作生动的描写，然后再进行玄理的阐发，把流连山水时那种陶醉满足的愉悦状态，在诗的结尾化成了具有玄远理趣的哲学言论。如其著名的《登池上楼》中“池塘生春草，园柳变鸣禽。祁祁伤豳歌，萋萋感楚吟。索居易永久，离群难处心。持操岂独古，无闷征在今”等句。而这种山水兼顾哲理的描绘方法，妨碍了欣赏山水时的主观情感，最终难同自然山水实现融汇交流，因而谢灵运的诗作往往有佳句而无完篇。山水诗开始形成时所存在的这种不足，反映出它在当时还不够纯粹和完善。

第三，成熟阶段。以谢朓为代表的齐梁诗人使山水诗摆脱了玄言以及佛理的影响而日益完善并逐渐趋向成熟，在南朝发展成为一个强大的诗派。

这一阶段最著名的诗人就是南齐谢朓。谢朓(464—499年)，字玄晖，与谢灵运并称“二谢”。谢朓诗歌创作的主要成就是发展了山水诗，其诗重于抒发思想感情，在题材范围及情景关系方面有所创新，使得山水诗完善并趋向成熟，而玄言诗对山水诗的影响已逐渐褪去，留有一些清新流丽的山水佳句如：“余霞散成绮，澄江静如练”“大江流日夜，客心悲未央”“天际识归舟，云中辨江树”等。谢朓解决了谢灵运诗中存在的问题，把情与景相结合来进行山水描写，从而使早期山水诗得以正常地发展，开拓了山水诗的新境界。

在后来何逊、阴铿的诗作中山水诗得到了进一步发展，通过婉丽而精巧的景物描写，着重抒发主体的羁愁离绪，如南朝梁代诗人何逊的写景名句“露湿寒塘草，月映清淮流”“野岸平沙合，连山远雾浮”“岸花临水发，江燕绕樯飞”“江暗雨欲来，浪白风初起”“夜雨滴空阶，晓灯暗离室”等。这些诗作都为魏晋南北朝时期山水诗的发展画下了完整的句号，也为后来唐代写景诗的高度成熟和繁荣打下了基础。

山水诗的产生，不仅使山水成为独立的审美对象，为中国诗歌增加了一种题材，而且开启了一代新的诗歌风貌。魏晋南北朝时期山水诗的嬗变过程，反映了自然审美的发展和社会历史发展进程之间的密切联系，也反映了文学沿着独立化进程趋向自身完善的情况，标志着人们对自然美的认识加深，大自然已经从作为陪衬的生活环境或作为比兴的媒介物变成具有独立的美学价值的欣赏对象。在山水诗的启发下，人们开始发现和理解大自然的美，并从一个新的角度——美学的角度亲近大自然，这在中国文化史上具有特别意义。

（刘婵娟）

# 5. 曹魏兴屯田

东汉末年的黄巾起义和董卓之乱后，东汉王朝已经名存实亡。群雄割据一方，相互争战，连年的战争导致大量土地荒芜，老百姓流离失所，或举家投靠有实力自保的地方豪族并为其“部曲”，或整个宗族聚居自保。

此时曹操在兖州，任命毛玠为治中从事。毛玠对曹操说：天下大乱，老百姓没有办法耕种土地，沦为饥民到外流亡。政府几乎没有粮食储备，老百姓也没有办法作长远打算，这样的状况怎么能够长期持续下去呢？建议应该挟天子以令诸侯，蓄军资，只有这样，统一全国的大业才能成功。

曹操采纳了毛玠的建议，于公元196年(建安元年)在许昌周围招募老百姓屯田，这一年获得上万斛的粮食。于是曹操命令在州郡设立田官，其职责就是于所在州郡积蓄粮食以供给军队。田官所积之粮无疑是屯田的收获，而军队在各地征战都有充足的粮食供应，应该说这是曹操军队战斗力颇强的重要原因。

随后几年，曹操在各个州郡大规模募民屯田，年收达千万斛谷。

根据《三国志·邓艾传》的记载，邓艾建议开河渠以灌溉良田，可以大积军粮。当时战事集中在淮南地区。每次战事吃紧需要调动军队，粮草、辎重、人员的运输实在是沉重的负担。而陈、蔡之间，土地很肥沃，应该在淮北屯二万人，在淮南屯三万人，十二分休，保持四万人的常额。其任务有二，一是防卫淮南之乱，二是耕种驻地的土地，每年可得粮食500万斛作为军资，六七年间就可积累粮食3000万斛，这能保证十万大军五年的粮食供应。邓艾的这个建议得到实施。这就是军屯的开始。

曹魏屯田制下的土地本为无主荒地，由政府收归国有，称为官田，政府再将这些官田强迫配给农民耕种，并对这些耕种官田的农民采取“屯”的军事管理方式，故谓之屯田。这种国有土地的管理制度在西汉时期就已经得到了发展。

从历史上看，屯田制始于西汉文帝时期。《汉书·晁错传》记载，晁错给汉文帝上书建议改变当时的戍边制度。晁错认为秦朝的谪戍制已经被陈胜、吴广的起义证明是不合适的；现在戍守边塞的士卒是一年轮换一次，这样频繁的换防并不利于边境的安定；而且国家每年要为戍边将士提供大量军资并承担相应沉重的运输费用；因此，选派一些愿意长期戍守的士卒，在戍守地分配一些国有土地给他们，并将其家庭也迁至当地，利用这样的常居者戍边才能确保边境安全，且减轻国家的物资供给和运输费用。汉文帝采纳了晁错的建议，屯田制开始登上历史舞台。

最初的屯田都发生于边境地区，但在汉宣帝时期开始向内地推广。当时名将赵充国在镇压武都羌人的起义后，建议朝廷在当地募人屯田，“内有亡费之利，外存守御之备”。汉宣帝采纳了他的建议并令他在当地负责屯田事宜。由此。屯田制度成为一种经常被统治者加以利用的土地制度。

曹魏屯田制的内容主要包括以下几个方面。

第一，屯田的管理机构。由于屯田分军屯和民屯两种类型。相应地有军屯和民屯两套管理机构，而且它们都直属中央政府。对于军屯而言，最基本的管理机构是“屯营”，每营六十人；屯营之上则是曹魏军队的固有等级；中央政府则设置“司农校尉”作为军屯的最高负责人。对于民屯而言，最基层的管理机构是“屯”，每屯五十人，“屯”的管理者是“屯司马”；“屯”之上设立典农都尉，再上面设典农校尉或典农中郎将，中央政府则由大司农总理民屯事宜。这样的两套系统与郡县地方政权是互相平行的机构，便于中央政府的管理。《三国志·贾逵传》则记载了这样一件事：贾逵为弘农郡太守时，怀疑当地管理民屯的屯田都尉藏匿流民，那个都尉认为自己不属郡太守管理，所以言辞傲慢，贾逵一怒下将之逮捕并打折了他的双腿。贾逵也因为此事而丢掉了乌纱帽。十分明显，贾逵被罢免主要是因为他越权管理了一个不隶属于他的官员所致，套用一句俗话就是狗拿耗子，多管闲事。

第二，关于屯田的佃租问题。就军屯而言，收获的粮食必须全部上交。因为军屯的士兵拥存军队供给的口粮。就民屯而言则有两种情况，如果屯田客是自家拥有耕牛者，则收获的粮食一半归自己，一半上交官府；如果是使用官府的耕牛者，则收获的粮食四成归自己，六成上交官府。这样的佃租分成方式在汉代早已存在。汉代拥有土地的地主一方面向官府缴纳税，份额是收获的三十分之一，即三十税一；另一方面向租佃农民征收地租是实十税五，即对半分成，而曹魏民屯的分成就是参照汉代私人租佃分成比例而来，只不过屯田的土地所有者是国家，佃户是流民而已。

第三，徭役负担。对于军屯而言，从事军屯的士卒人身没有自由，而且世代相袭，既不能迁徙，更不许逃亡，主要承担佃役和兵役。对于民屯而言，屯田客除耕种屯田并按规定缴纳收获物外，还要承担一定的徭役和兵役负担，甚至要缴纳赋税。根据《三国·武帝纪》载：建安二十三年(219 年)春正月，曹操正在邺地，留其长史王必镇守许都，有人图趁曹操不在许都之机起兵谋反，王必率领军队在颍川典农中郎将严匡的支援下平定了此次谋反，这里严匡所率领的无疑是由正在服兵役的屯田客组成的军队。表明屯田客是必须承担一定兵役的。另外，根据《三国志·司马芝传》的记载，魏明帝时，司马芝担任管理屯田事务的最高长官，大司农的职务，他向魏明帝反映当时的屯田客除从事屯田的劳役外，还必须承担修建仓库、修理道路、搭造桥梁和转运租赋等杂役。一些屯田客还要替典农校尉等官吏从事商业活动，而且应耕之田则由留屯者代其完成耕种任务。司马芝认为屯田客承担的杂役过多过重，他们应该以农桑为第一要务，故希望魏明帝能够采取一些措施，明帝最后同意了他的建议，从这几则史料可以明显发现屯田客承担的劳役除佃役外，还要承担兵役、杂役等。

曹魏屯田制的发展经历了以下几个阶段：

第一阶段从公元 194 年(兴平元年)到公元 196 年(建安元年)是曹魏屯田制的草创时期，这个时期的民屯组织系统还没有建立起来，而军屯则可能如汉代军屯那样借助军队的组织系统有一些存在。

第二阶段是 196 年开始的屯田制的发展时期。这个时期，主管民屯的屯田都尉和典农中郎将两级主要机构都建立起来了，且几年之间，各州郡的民屯组织系统都建立起来。这个时期是以民屯为主、军屯为辅的表现形式，而且一直持续到建安末年。

第三阶段是从建安末年开始到曹魏末期的时期。这一时期，军屯逐渐成为与民屯一样重要的屯田组织形式，这一时期是民屯和军屯最兴盛的时期。

魏晋之际是屯田制度的终结期。这一时期，民屯组织逐渐被废除。最后只剩下一些军屯而已。

曹魏屯田对当时社会的作用表现为以下几个方面。

第一，它解决了大量无主荒地和无地流民的问题，向失地流民提供无主荒地，使二者结合起来，减少了战争时期人民的痛苦和死亡。

第二，曹魏政权以无主荒地所有者的身份向屯田农民征收粮食作为军资，保证了曹魏军队的战斗力，为其最后统一中国北方奠定了一定基础。

第三，军屯的实施既巩固了边境地区的边防工作，又提供了一定的军粮，从而在客观上减轻了老百姓对军队的粮食供给和运输负担。

第四，随着屯田制的不断发展，曹魏政权对屯田者的剥削越来越重，屯田者不仅要承担耕种土地、缴纳收获物的劳役，还必须承担一定的兵役和杂役，导致屯田者不堪重负，纷纷逃亡，这也就是民屯组织最后土崩瓦解的重要原因之一；另一方面，军屯组织中的士家由于身份卑微也大量逃亡，其结局与民屯也相差无几。

第五，屯田制导致自由农民的身份发生重大改变。屯田制是以军事组织形式管理屯田者，实际上是生产组织形式的军事化。采取这种形式可以有效地防止劳动者的逃亡，因为保证足够的劳动力是一个政权赖以存在的基础。但随着屯田制尤其是民屯组织形式的迅速推广，屯田客很快就失去了自己原先的自由民身份而沦为农奴式的依附者。他们既不能随意迁徙，也不能从事其他职业，甚至人身自由也受到限制。这些身份低下的屯田客实际上是后来大量存在的身份卑贱的佃客、部曲的前身。

（乐胜奎）

# 6. 曹操父子的文学活动

作为建安时期的文学领袖，曹操、曹丕、曹植父子三人在文学领域各施所能，不仅开创了建安文学的新局面，也开启了中国文学史上质朴爽朗、刚健有力、慷慨悲凉的诗文风格，后世称之为“建安风骨”（注：“建安”为东汉汉献帝最后的年号）。

曹操（155—220 年），沛国谯郡人，字孟德，为东汉末年著名的政治家、军事家、文学家，也是建安文学新局面的开创者。

曹操所作的乐府诗现存二十余首，语言质朴简约，注重记述时事，也善于运用传统的比兴手法再现事物，进而表达自己的政治理想和抱负。

每次大的政治行动后，曹操都会创作诗文。《薤露行》《蒿里行》等诗歌慷慨悲凉，反映了汉代末期社会动乱下人民流离失所的深重苦难，抒写了曹操对人们的苦难的深切同情，以及对民不聊生的社会现实充满愤慨；《对酒》《步出夏门行·观沧海》等诗歌则展现出曹操对理想社会的追求，以及渴望统一天下的雄心壮志。还有表达曹操对贤才强烈渴求的诗歌，如《短歌行·对酒当歌》，有关切将士疾苦的《苦寒行》，以及充分肯定个人主观能动性的《步出夏门行·龟虽寿》。

除诗歌外，曹操还写过很多诸如表奏、令教、书信这样的实用文体，为倡导刑名峻法，所写的文章也表现出清峻、通脱（随便）、简约严明、气势强劲的风格。

曹丕（187—226 年），沛国谯郡人，字子桓，曹操次子，三国时魏国开国皇帝（魏文帝），文学家。

曹丕曾任五官中郎将，建安二十二年被立为魏太子，曹操死后，他继位为丞相、魏王，不久代汉称帝，为大魏皇帝，在位五年多，曾两次亲征孙吴，皆无功而返。

作为建安诗坛的实际领袖，曹丕在诗歌、散文创作、文学批评等方面成就卓越。

曹丕的诗文创作主要集中在他担任五官中郎将到成为魏太子期间，他著有四言、五言、六言、七言、杂言等多种句式的诗歌，除散佚的作品外，现存的四十多首诗歌主要收录在辑本《魏文帝集》中；散文代表作为《与吴质书》，感情深沉，为人所称道。曹丕还命令刘劭、王象、缪袭等人编纂中国第一部类书《皇览》，开创了官方组织编纂类书的先河。

曹丕的诗歌细腻清越、缠绵悱恻，多抒写离情别绪，深刻反映了乱世下百姓遭受的惨境，代表作为《燕歌行》。《燕歌行》则是中国文学史上第一首完整的七言诗，创作于建安十二年曹操北征三郡乌桓期间，曹丕采用乐府民歌的体裁，开创性地以句句用韵的七言诗形式写作，用词不加雕琢，音节婉约，情致流转。全诗反映了东汉末年战乱流离的现状，塑造了一个独守空房的妇女思念远人的形象，表达出被迫分离的男女内心的怨愤和惆怅。

曹丕所著《典论·论文》是中国最早的文学理论与批评著作，他的文学理论、文学批评观点对后世影响很大。曹丕不仅批评了“文人相轻”和“贵远贱近”的风气，而且对孔融、陈琳、王粲、徐干、阮瑀、应玚、刘桢的文风和得失评价较为中肯，“建安七子”的说法亦来源于此；曹丕还明确将文体分为奏议、书论(无韵之笔)、铭诔、诗赋(有韵之文)四大类，提出了“文以气为主，气之清浊有体，不可力强而致”的观点，认为作家的气质决定作品的风格；在此基础上，曹丕高度肯定了文学的历史价值，认为文章是“经国之大业，不朽之盛事”，开启了“文学的自觉时代”。

曹植(192—232年)，沛国谯县人，字子建，魏武帝曹操之子，魏文帝曹丕之弟，在“三曹”中文学成绩最为显著，是建安时期文名最大的才士。

曹植“年十余岁，诵读诗、论及辞赋数十万言”，出色的才华使其得到了曹操的厚爱，几次想要立他为太子，但他“任性而行，不自雕饰，饮酒不节”，曹操后来便改变了主意。曹操死后，曹丕及其子曹叡相继为帝，对他百般猜忌，曹植“抱利器(才能)而无所施”，终含恨而死。生前被曹操封为陈王，去世后谥号“思”，故世称陈思王。

曹植“文才富艳”，一生著述浩繁，他的诗歌感情真挚强烈，雄健刚劲，文采斐然，被谢灵运赞为“才高八斗”，被钟嵘称为“建安之杰”，被王士祯称为与李白、苏轼并列的“仙才”。

作为建安时代产量最多的作家，曹植现存的作品不仅数量较多，而且形式多样，除了诗、赋、章、表、书、论之外，还有颂、碑、赞、铭、咏、哀辞等各类文体，现存诗八十余首，辞赋、散文四十余篇，主要收录在宋人所辑的《曹子建集》中；代表作有《七哀诗》《白马篇》《野田黄雀行》《洛神赋》等，文学理论性文章有《与吴质书》《与杨德祖书》等。

曹植的诗歌在强烈抒发个人情感的基础上，也受汉乐府诗现实主义的表现手法的深刻影响。曹植曾为曹操歌颂功德而著《登台赋》，因同情劳动人民而作《大暑赋》，以《美女篇》抒写美女盛年未嫁的苦恼比喻壮志怀才不遇的心境，为抒发兄弟分离的悲闷之情而作《赠白马王彪》，为游仙以求解脱而作《五游》。

复杂的生活经历对曹植的写诗风格影响较大。曹植的作品以公元220年(建安二十五年，魏文帝黄初元年)曹操逝世曹丕继位为界，分为前后两期，统一天下的雄心和积极进取的精神贯穿其一生。曹植前期的作品充满对生活的激情，对理想、前程满怀信心，格调明朗、豪迈、乐观、浪漫，以《白马篇》为代表作，全文朴实简洁，笔调刚健明快，塑造了一个“捐躯赴国难，视死忽如归”的壮士形象，抒发了他一生的壮志与憧憬。曹植后期的作品则呈现出受文帝曹丕和明帝曹叡百般压制下壮志受挫，满怀抑郁苦闷，渴求自由的风格。《求自试表》《与杨德祖书》，仍充满了“捐躯赴国难”的雄心壮志，也深入探讨了自己对于文学的看法。曹植所作《洛神赋》一诗，通过运用象征手法，将神话人物引入作品，以神女故事抒发自己才华无可施展的抑郁之情，创造性地扬弃了辞赋传统的征实倾向，表现了内心真挚、复杂的情感，使全诗笼罩在一片浓重的“盛年莫当”的哀怨感伤之中。

关于建安文学产生的时代背景是，东汉末期，政治黑暗，危机四伏。政治上，宦官与外戚之间矛盾重重，朝纲混乱，清流名士多因党锢之祸流亡异处。经济上，地主兼并土地日趋激烈，百姓遭受政治与经济上的层层剥削。再加上北方少数民族集团频频南下入侵，残酷的剥削也引发农民纷纷揭竿起义，东汉政权统治地位一落千丈，陷入军阀割据、长期混战的局面。

频繁的战乱不仅造成家破人亡、社会动荡的惨相，更冲垮了旧的社会秩序和旧的思想意识。深处新旧杂糅的乱世，以曹操父子为代表的建安文人敢于突破儒家名教束缚，改革用人制度，珍惜生命，重视把握人生的价值，积极主动致力于文学创作，有力地推进了建安文学繁荣局面的到来。

建安文学能够在长期战乱、社会残破的背景下勃兴，离不开曹操父子的重视与倡导。随着三国鼎立之势的形成，社会步入一个相对稳定的时期。这一时期的社会经济有所复苏，政治动荡局面也有所缓和。建安时期的“邺下文人集团”在文学上取得的重大成就，离不开曹操父子在物质与文化层面上的荫护。

曹操父子文学活动的主要特色是，作为建安文学的领导者，曹操父子不仅积极推陈出新，投入诗文创作，而且广纳贤才，为建安文学的发展树立了一面旗帜。

与前一时期文人主要创作辞赋相比，诗歌在建安文学中占据主导地位。曹操父子在五言诗、七言诗的创作上较大程度地突破了汉乐府等旧题。

作为邺下文人集团的领导者与缔造者，位高权重的政治地位使曹操较早跳出《诗经》和汉乐府诗旧题的束缚，随心所欲地书写他对所处时代的感知，这种真实、率性、极度自信的精神状态，正是曹操诗歌的根本魅力所在。

曹操的诗歌虽然在内容与写作方法上继承了汉乐府“感于哀乐，缘事而发”的写实精神，但在具体内容和形式上突破了乐府音律多重沓、文风骈偶化(讲求对偶，注重用典)的限制，不注重精雕细琢，变换重沓的句法，句式自由，以散句为主，且多用白描和俗言俚语。

曹丕不仅是邺下文人集团的实际组织者，也积极投入文学创作，在诗歌和文学理论等方面的成果卓著。

曹丕所作《燕歌行》是我国诗歌史上最早出现的完整的七言诗；他所作的《与吴质书》两札书信，将抒情写景笔墨引入书信，一开文人将书信当作文学来写的新风气；他还开始自觉探讨文学创作的问题，所著《典论·论文》是我国文学史上第一部文学理论专著，对当时文学风气的形成和文学的发展产生了积极的影响。

曹植在三曹中文学成就最高，是建安时代最杰出的，也是对后世影响最大的一位作家。曹植的诗文作品不仅数量较大，而且有自己鲜明独特的风格，完成了从乐府民歌向文人诗的转变。在诗歌体裁上，曹植善于在汉乐府民歌的基础上创作五言诗，倾向写作新体诗歌，并将汉乐府主叙事的风格变为强烈抒发个人的情感；在题材上，曹植涉猎十分广泛，且形式自由灵活；在修辞手法上，曹植写诗不仅工于起调，善用比兴，借助其他事物类比内心不得志的感情，而且继承发展了乐府古辞句与句之间“顶真”的手法，更将其延展到章与章之间，不仅使全诗音节更为合拍、匀称，也使各章节间层层递进，结构融为一个整体，引起读者的阅读兴趣；在语言风格上，曹植重视对诗歌文字进行加工、提炼，因而钟嵘赞其诗“骨气奇高，辞采华茂，粲溢今古，卓尔不群”，同时又呈现出笔力雄健、词藻华丽之态。

除了投身文学创作之外，作为政治领导者的曹操父子，还高度重视发展文学事业，广纳贤才，重用文士。

曹操父子为招揽人才设置了大量文学官职。建安九年，陈琳被曹操任命为司空军谋祭酒，管记室，徙门下督；阮瑀亦为司空军谋祭酒，后徙仓曹掾属；路粹为军谋祭酒，典记室；徐干为司空军谋祭酒掾属。建安十年，仲长统为尚书郎。建安十三年，王粲为丞相掾，后迁军谋祭酒；刘祯为丞相掾属；繁钦为丞相主簿；杨修亦为主簿，同时期的丁仪、邯郸淳、荀纬、应璩、吴质等，都得到曹操父子的喜爱而被委以官职，成为曹操父子的幕僚，促进了文学创作与建安文学风气的形成。

曹操父子还经常鼓励文士幕僚参加政治军事行动，戎马经历不仅改变了他们的精神面貌，也改变了他们文学创作的趋向、趣尚。陈琳、徐干、刘祯、繁钦、王粲等文士先后从征，频繁的戎马生活使诸子更多体验了世态炎凉和百姓生活困厄，丰富了他们创作文学的题材。

曹操父子还积极参加文人雅士的文学笔会，通过与文人雅士吟诗作赋、互为赠答，增进了与文士之间的感情交流。时任五官中郎将的曹丕，经常以平等姿态与大批文士交游，成为邺下文人集团的真正领袖。

总的来看，在魏晋南北朝文学史上，曹操父子是曹魏邺下文人集团的政治与文学领袖，对建安文学的影响广泛而深刻，开创了一个繁荣发展的文学时代。

曹操父子凭借特殊的政治地位和极高的文学修养，开创了建安文学的新风气。他们不仅积极地进行文学创作，编纂文学典籍，而且广纳贤才，对发展壮大建安文坛，对推进建安文学的繁荣与发展发挥了十分重要的作用。

影响曹操父子文学创作的历史因素，不仅与三人不同的身份地位、个人经历、个性特点、文学思想等内在因素有着重要的关联，而且与汉乐府等前人的作品、同时期建安文人的创作活动、文学思想等外在因素有关。

《魏志》称赞曹操"外定武功，内兴文学"，鲁迅先生则称曹操为"改革文章的祖师爷"，意在称赞曹操善于运用汉乐府的旧形式，抒写反映时代特色的新内容，同时在句法、语法上又不刻意模仿汉乐府旧式，在文学史上起到了"收束汉音，振发魏响"的衔接作用。

曹丕不仅重视网罗文士，积极参与邺下文坛的各种交游活动，增进与文士之间的友谊，而且重视文学批评，自觉探讨文学的价值，所著《典论·论文》一书在文学批评史上开风气之先，对建安文学的精神架构起到了关键作用，由此形成的"建安风骨"对后世文学产生了深远影响。

作为建安文学的集大成者，曹植不仅具有非凡的文学才能，而且创作了大量的文学作品，且各体皆工，骨气奇高，对当时及后世文学创作与文学风气的形成具有示范作用。

曹操父子的政治观点、文学主张和创作实践，还有与文人较为密切的联系，对当时文人的文学创作产生了积极的影响，同时也带来了一些不良的影响。

因为曹操父子特殊的政治地位，他们往往会根据个人喜好和审美趣味操纵文风乃至左右文坛，这在很大程度上消解了邺下文士的创作个性，造成了文人们的郁闷、失落。

曹丕、曹植兄弟因争夺继位权而反目，致使以两人为中心的文学活动开展得并不顺利；瘟疫肆虐等自然原因给邺下文人集团带来了致命的一击，以建安七子为代表的文坛精英相继去世。曹操去世后，曹丕迁都洛阳并自立为帝，无暇重振文坛，以曹操父子为主导的邺下文坛趋于衰亡。

（赵蒙）

## 7. 建安七子的文学成就

建安时期是汉王朝大一统分崩离析的大动荡时代，也是文学逐渐走向“自觉”的时代，建安七子与曹操父子构成了建安作家的主力军，推动了建安文学的繁荣与发展。

建安为汉献帝刘协的年号(196—220年)，“建安文学”主要指汉末魏初从公元190年曹操写作《薤露行》到232年曹植去世四十余年间的主流文学。

关于“建安七子”的表述，最早见于曹丕《典论·论文》：“今之文人，鲁国孔融文举、广陵陈琳孔璋、山阳王粲仲宣、北海徐干伟长、陈留阮瑀元瑜、汝南应玚德琏、东平刘桢公干，斯七子者，于学无所遗，于辞无所假，咸以自骋骥騄于千里，仰齐足而并驰。”因建安七子都曾居于魏都邺城(今河北临漳县西)，也被称为“邺中七子”。

孔融(153—208年)，字文举，鲁国(今山东曲阜)人，孔子二十世孙，东汉文学家，为建安七子之首。

作为圣人的后裔，孔融幼有异才，孔融让梨、独诣李膺的典故可见其机智聪颖，为人重视义气与节操，刚正不阿，非同常人。孔融曾任侍御史、虎贲中郎将等职。汉献帝时，孔融曾任青州北海(今山东寿光)相一职，世称“孔北海”，后又任青州刺史、太中大夫等职。孔融后因对曹操雄诈专权颇为不满，时而讥嘲乖忤，终触怒曹操而被杀害。

孔融著文多发议论，词藻华丽，笔锋犀利，气势跌宕，以才气取胜。刘勰称赞他“气盛于笔”“诗文豪气直上”。孔融的代表书作是《与曹公论盛孝章书》《荐祢衡表》等，代表诗作为《临终诗》，后人辑有《孔北海集》《孔少府集》。

《与曹公论盛孝章书》全文以气运文，文辞畅达，层次分明地叙述了孔融为解盛孝章为孙吴政权所忌惮的危局，而从交友之道、为国求贤才的角度劝说曹操重用盛孝章。《临终诗》则作于建安十三年孔融临刑前，全诗质朴无华，表达了他对汉室穷途末路的感伤，对自身维护汉室却事业未竟的遗憾和即将赴死的凛然、洒脱。

陈琳(生年不详—217年)，字孔璋，广陵射阳(今江苏淮安县东南)人，汉魏间文学家。

陈琳初为大将军何进主簿，后何进被杀，陈琳避乱至冀州而依附袁绍，曾作《为袁绍檄豫州文》，全文重气势、讲铺张，句法讲究排比、对偶，大骂曹操。官渡一战，陈琳被曹军俘获。曹操爱其才，不咎既往，命他作司空军谋祭酒，负责军国文书的起草工作，后任门下督(大将军的属官)一职。217年(建安二十二年)，陈琳染疾疫而亡。

陈琳以文章见长，写文多用对偶排比，笔力强劲，风格雄放。诗作大多散佚，所作《饮马长城窟行》一诗，以乐府旧题反映现实，全篇多用民歌对话的方式，借秦代筑长城这一历史题材，隐喻当时繁重徭役的残酷现实带给无数家庭的悲剧，强烈控诉了封建徭役的罪恶，颇为感人；所著《陈记室集》原集已散佚，今本为明代张溥所辑。

王粲（177—217 年），字仲宣，山阳高平（今山东邹县）人，汉魏间文学家、著名诗人，在七子中成就最高，刘勰称赞他为“七子之冠冕”，与曹植并称“曹王”。

王粲出身高贵，曾祖父龚，祖父畅，皆为汉代三公，父谦，为大将军何进长史，家世显赫。王粲自幼天资聪颖，博闻多识，曾受到文学泰斗蔡邕的赏识，拥有良好的文学素养。汉末动荡的政局彻底改变了他的生活，十七岁时被辟为黄门侍郎，董卓扰乱西京时，被迫赴荆州依附刘表，但刘表并不重视他，王粲虽郁郁不得志，却一心想在荆州创出一番事业。其后王粲入魏，因劝说刘琮归降曹操立下功劳，被辟为丞相掾，赐爵关内侯，官至侍中。

王粲的文学成就主要在诗、赋方面，以抒情见长，前期多写汉末动乱的社会现实以及自己怀才不遇之苦，抒发个人忧患，后期多为颂扬之作，还写过一些四言赠诗。王粲《七哀诗》的第一首，作于公元 192 年自关中向荆州逃难的途中，用白描的手法，深刻反映了汉末战乱带给百姓苦难的残酷现实，控诉制造祸乱的军阀是“豺虎”，表现了作者对人民的深切同情，使读者触目惊心。王粲也善写赋，他所写的《登楼赋》为建安时期抒情短赋中具有代表性的作品，全诗用铺叙手法，以“忧”字统贯全篇，融情于景，情景交融，表达了内心眷恋故乡、怀才不遇的复杂情感，感人至深，有魏晋“赋首”之称；明人将其作品辑于《王侍中集》。

徐干（幹）（170—217 年），字伟长，北海郡（今山东昌乐附近）人，汉魏间文学家、思想家。

少年时发愤读书，文思敏捷；董卓之乱后，隐居不仕，博览群书；建安初，应曹操之命出任司空军谋祭酒掾属；晚年拖病居家，217 年，染疾疫而死。

徐干为人恬淡寡欲，以诗、赋、散文著称。所作诗文主要叙述闺情，所作五言诗《室思》6 首，抒写妻子思念远行的丈夫，感情深挚，为人称道。其赋保存下来的有《齐都赋》等不足 10 篇。他的哲学著作《中论》一书，对时弊有所针砭，而又辞义典雅，见重于时。著作大多散佚，后人辑有《徐伟长集》。

阮瑀（生年不详—212 年），字元瑜，陈留尉氏（今属河南）人，汉魏间文学家。

阮瑀，为阮籍之父，少时受学于大儒学家蔡邕。公元 199 年，阮瑀入魏，曾被曹操任命为司空军谋祭酒，掌书记，草拟书檄公文。208 年（建安十三年），曹操自立为丞相，阮瑀担任丞相仓曹掾属，负责起草文书，212 年（建安十七年），阮瑀去世，是七子中除孔融之外最早谢世者。

阮瑀以擅长表、章、书牍等军政文书著称，与陈琳齐名，为曹操草拟了大量的军国书檄公文。所作《为曹公作书与孙权》，文中排句很多，句的字数也很整齐，有骈文特色。阮瑀也能写诗，所作《驾出北郭门行》一诗，描写一个孤儿受后母虐待的情状，内容和形式都明显受到乐府民歌的影响，所著诗文集《阮元瑜集》原集已散佚，今本为明代张溥所辑。

应玚（177—217 年），字德琏，汝南南顿（今河南省项城市南顿镇）人。东汉末年文学家。

应玚初被曹操任命为丞相掾属，后转为平原侯庶子。曹丕任五官中郎将后，应玚任将军府文学一职。217 年，应玚卒于疫疾。

应玚擅长作赋，也以诗歌见长，有数十篇文赋存世，原有诗集已散佚，明人辑有《应德琏集》。曹丕在

《与吴质书》中称应玚“常斐然有述作之意，其才学足以著书，美志不遂，良可痛惜”。

应玚的代表性诗文是《侍五官中郎将建章台集诗》，音调悲节，多写离居飘零之感，所著《灵河赋》《愍骥赋》《征赋》和《公宴赋》等作品也表现出慷慨悲凉的创作风格，深刻反映了应玚对战乱环境下人民流离失所的苦难生活的同情，也体现了应玚企盼国家统一的强烈愿望。

刘祯（生年不详—217年），字公干，山东东平人，汉魏间文学家。

刘祯曾被曹操任命为丞相掾属，禀性刚强，因与曹丕等人饮酒，敢于注目平视曹丕妻甄夫人之尊容，遂被治以不敬之罪而服劳役。217年死于时疫，生前为曹丕的“文学”，因而被后世称为“魏文学刘祯”。

刘祯的代表作是《赠从弟》三首，通过蘋藻、青松、凤凰三种事物，以物喻人，勉励从弟应胸怀远大的志向，不屈不挠坚守本性，保持自身高尚的品格；明代张溥辑有《刘公干集》。

刘祯以五言诗见长，文风刚健遒劲，气势挺拔，被钟嵘赞为“贞骨凌霜，高风跨俗”，钟嵘将他与曹植并列，遂有“曹刘”并称的说法。

“七子”的创作风格深受建安文学时代背景的影响，如刘勰所言，“观其时文，雅好慷慨，良由世积乱离”。

从时局背景来看，自汉和帝在位起，外戚与宦官集团互相倾轧，争权夺利，交替控制政治中枢；社会大乱，刘汉政权逐步衰落，曹魏势力渐趋崛起，处于由衰乱到将治的历史大变局中。

七子身处汉桓帝、灵帝、献帝在位时期，当时的儒学呈现式微态势，政局混乱不堪，社会动荡此起彼伏。面临宦官肆意胡为、弄权作恶，年龄较长、入仕较早的孔融、陈琳自觉参与反对宦官集团的斗争；面临残暴军阀董卓掌握国家权力肆意滥杀的乱局，七子或走出朝廷，投奔别处（陈琳、王粲），或乐于外任，经营一方（孔融）；或四处游走，期遇知己（应玚）；或明哲保身，隐居求志（徐干）；或修己洁行，待时以动（刘祯）；或远身避乱，不求闻达（阮瑀）；他们最后都归顺于曹魏政权。

从个人阅历的背景来看，建安七子大多出身于士大夫家庭，自幼受到较好的家庭教育与家风的熏染，然而政局动荡深刻改变了七子的生活轨迹，他们大多经历了一个由四处漂泊到基本安定的过程，此为建安文学时代特征与七子个性特征的塑造奠定了基础。

从思想变迁的背景来看，面对政治、社会环境发生的剧烈变化，时人的思想文化形态也呈现出复杂变化的态势，主流的经学意识形态趋向衰微，处于边缘的道家思想逐渐抬头。

东汉末年以来，士人的思想逐渐从经学束缚中解放出来，他们的个性意识渐趋觉醒，文学作为表现“人”自身的艺术逐步挣脱了经学束缚，而呈现出自由发展的态势。以建安七子为代表的文人遭逢乱世，对生活的感知日益复杂，他们的文学精神随之复苏，汉末魏初这一特殊的时代对他们的人生观念、政治态度、言辞特色等方面的演变产生了重要的影响，使他们在追求建功立业以外，建立起认识“自我”、安置“自我”的心灵世界。

从士人风尚变迁的背景来看，腐朽黑暗的政局改变了汉末浮华交会的社会风气，士人渐渐从颓靡浮艳中解脱出来，走上求功立名的道路。曹氏父子与建安七子都志向高远，希望通过建立功勋，以立德扬名、拯救乱世。

从文学发展的背景来看，七子的文学创作离不开前人的成果。建安诗歌起源于汉乐府民歌和汉末文人古诗，体现了由乐府诗转向文人诗的过程。

七子的作品虽然不再受音乐格律限制，但仍有很多作品是用乐府旧题写成的。通过乐府诗对话的形式与现实主义的写作风格，他们的诗文内容充实，形式质朴，体现了对现实社会的关注与愤慨，对人民疾苦的感同身受。

作为建安文学的主要代表人物，七子不仅在文学创作风格上呈现出很多相似之处，他们的创作也各有千秋，风格多样。

七子的文学作品饱含着建安时期刚健爽朗、慷慨悲凉的文风。他们的作品以诗、赋、散文三种文体为多，除孔融因与曹操的政见不同而被处死以外，其余六人都亲历汉末颠沛流离之苦，尔后投奔、依附于曹操，因而他们的作品前期多反映社会动乱下百姓所遭受的重重苦难，后期多反映他们对曹氏政权的拥护和建功立业的抱负。

从诗文文体变化的角度来看，七子身处由民歌到文人诗、由四言诗到五言诗的诗史过渡时期，他们不仅顺应了这一创作潮流，并作出了突出的贡献。

七子的诗文创作题材十分丰富，涵盖公宴、咏史、哀伤、赠答、军戎、杂诗、游览、行旅、咏物、写景、情诗、临终、挽歌、离合、郊庙等各种类型。

七子的五言诗突破传统乐府“民歌”的写作风格，表现形式变化多样，注重抒发个人的情感，转向了较为纯粹的文人诗。虽然他们的作品在内容与形式上与汉乐府都有着密切联系，却逐渐脱离了乐府“民歌”的表达形式，不仅叙事性的对话方式不再成为主要的诗歌表达形式，而且五言句式也已取代长短不齐的乐府诗句式，表现手法渐趋细腻优美，在词法、句法、修辞手法、表现手法、谋篇布局等方面较为讲究，深刻表达了各自内心的情感。

从赋文创作变化的角度来看，建安七子的赋文创作在继承前代赋文创作的基础上，反映出由散体大赋向抒情小赋发展的新风貌，在体制、题材、主旨、笔法、语言等方面均有较大的突破。

在赋文形式上，在张衡、蔡邕等人倡导短小、赋予批判精神的抒情小赋的基础上，七子的赋文一改两汉时期以大赋为主的文学样式，创作了大量小赋，为魏晋时期小赋的进一步发展作出了突出贡献。

两汉赋多鸿篇巨制，而且注重描写外部物象，表现颂圣颂美的主题；相比之下，建安赋的创作题材更加多样化，审美情趣丰富多彩，而且在都邑、田猎、纪行、物色、情志、哀伤、咏物等题材上也呈现出不同的风貌。

七子的赋文篇幅短小，不仅大大拓展了取材范围，而且冲淡了以往大赋创作的贵族性质；描写政治事件的作品有所增多，不仅逐渐强化了反映社会现实的功能，而且在题材上呈现出普通化、日常化的趋势；建安赋的抒情色彩也愈益浓厚，多表达思念故土、悼念故人、渴慕爱情、感伤离乱、悲愤不遇等个人情感与胸怀天下安危的政治理想，体现了建安文人丰富的情感世界。

从散文创作变化的角度来看，七子的散文不仅呈现出“文以气为主”的独特气质，而且在形式上呈现出逐步骈化的趋向，尤以孔融、陈琳比较显著。他们的一些作品对偶整饬，又多用典故，成为从汉末到西晋散文骈化过程中的一个不能忽略的环节。

虽然七子的散文作品有一些名篇名作，但不及他们的诗赋成就突出。他们所作的书、檄、论、难、上书、颂、赞、铭、碑文、吊文、对问、设论，以及章、奏、表、议、疏、对、笺、教、令、诛、哀辞、连珠等文体，建安之前已经出现了一些名篇，因而他们的作品基本上仍是沿袭前人的步履，虽涉猎了不少文体，但开创性较为有限，而且他们在不同文体上的创作成就也不均衡。

除了共性以外，七子每个人的创作又各有千秋，作品多抒写个人情怀，个性鲜明。

孔融的章表，陈琳、阮瑀的书记，徐干、王粲的论说文，在当时独树一帜。具体来说，孔融较其余六子年长，且长于奏议散文，作品呈现出体气高妙、奋笔直书的风格。王粲在诗、赋、散文方面皆有所长，号称“兼善”，且作品的抒情性较强。刘桢擅长写诗歌，作品呈现出气势高峻、格调苍凉的风格。陈琳、阮瑀因职务关系，多表章书檄之类的作品，在诗歌方面也都有一定成就，不同之处在于陈琳刚劲有力，阮瑀则自然畅达。徐干诗、赋皆能，文笔细腻，体气舒缓。应玚以诗、赋见长，作品风格和谐而多文采。

总的来看，建安时期的各种文体与题材得到了较为充分的发展，成就了建安文学在中国文学史上的黄金时代，也为其后文学作品的发展奠定了坚实基础。具体来说，七子与曹操父子的文学创作在精神层面上开一代创作之风气，在创作风格上呈现出从“汉音”向“魏响”的巨大转变。

（赵蒙）

# 8. 北朝的诗歌创作

南北朝时期，南北政权长期对峙，民族风俗习惯亦不相同，导致了南北文化发展的不平衡。反映到文学上，南北朝的文风产生了较大差别。《隋书·文学传》曾论述，南朝“贵于清绮”，北朝“重乎气质”，近人刘师培《南北文学不同论》也认为“北朝文人，舍文尚质”。除了南北诗歌文风上的不同，单就北朝诗歌而言，北朝文人诗与北朝民歌也各有其特点。北朝文人诗的整体水平是不如南朝的，在艺术技法上有着明显的模仿南朝的痕迹，但在内容上相对南朝有更多的社会题材表现。北朝民歌则因北方民族独特的风俗习惯和性格气质，与南朝民歌相比数量虽少，但风格迥异且毫不逊色，取得了很高的艺术成就。

对应于整个北朝文学的发展，北朝文人诗也大致可以分为三个发展时期：从北魏道武帝灭燕进兵中原到孝文帝元宏即位是第一个时期；从孝文帝即位逐步推行汉化到北魏政权更替、分裂为东魏与西魏是第二个时期；从东魏与西魏对峙到北周灭北齐，隋文帝杨坚自立代周，又灭陈统一中国为止是第三个时期。

第一个时期即为北魏初年。北魏初年的文化本来就落后于南朝，统治阶级鲜卑拓跋氏受汉文化的影响远不如十六国时代的匈奴、羯、氐、羌和鲜卑慕容等部，对于汉文化不够重视，这一时期北朝的诗歌创作已渐式微，远不如南朝繁荣，流传下来的作品也较少。

高允、宗钦和段承根等人所作的四言诗有所流传，但大多属枯燥无味的说教。高允还曾有《罗敷衍》《王子乔》等拟汉乐府之作，但亦无多少文采。如他的《罗敷衍》：“邑中有好女，姓秦字罗敷。巧笑美回盼，鬓发复凝肤。脚着花文履，耳穿明月珠。头作堕马髻，倒枕象牙梳。妠妠善趋步，襜襜曳长裾。王侯为之顾，驷马自踟蹰。”基本上就是简述《陌上桑》的上半首的梗概，着力描述了罗敷的打扮，却失去了原作的神韵。

第二个时期即孝文帝元宏即位到北魏政权更替这一阶段。由于孝文帝大力推行汉化，北朝文人诗的创作开始有所起色，但与南朝相比，数量仍然少得多。这一时期有诗作流传的文人有郑道昭、祖莹、元勰、常景等人，他们在艺术手法上大抵开始效仿南朝，但和南朝同时期的诗作仍有差距。这些诗人虽然不大受人重视，却是北朝文学开始兴起的标志。

郑道昭的诗今存三首，见于《山左金石志》，形式和情调上比较接近谢灵运和郭璞。常景的《赞四君诗》受颜延之《五君咏》及鲍照《蜀四贤咏》的影响较为明显。如其咏司马相如的一首：“长卿有艳才，直致不群性。郁若春烟举，皎如秋月映。游梁虽好仁，仕汉常称病。清贞非我事，穷达委天命。”这首诗和梁中叶后的不少诗在形式上已十分相似，接近后来的律体。常景还曾响应沈约的“四声八病说”作《四声赞》，明显表现出向南朝文人学习的倾向。

第三个时期则是从东西魏对峙到隋文帝统一中国这一阶段，是北朝诗歌的繁荣时期。其最具代表性的文人当属北魏末至北齐时期，史称“北地三才”的温子升、邢邵、魏收，以及北周时期由南入北的庾信、王褒等。这一时期北朝文人诗虽仍受南朝影响颇大，但其自身的特点也愈加鲜明。同时由于“侯景之乱”的影响，一批南方文人流居北方，促进了南北诗风的融合，使北朝诗歌得到了进一步发展。随着南朝诗歌创作的衰落，逐渐繁盛的北朝文人诗已不逊于南朝。

温子升乐府文辞简明，虽稍显粗糙，但画面感很强。如《白鼻䯄》：“少年多好事，揽辔向西都。相逢狭斜路，驻马诣当垆。”又如其代表作《捣衣》：“长安城中秋夜长，佳人锦石捣流黄。香杵纹砧知近远，传声递响何凄凉。七夕长河烂，中秋明月光。蠮螉塞边绝候雁，鸳鸯楼上望天狼。”这首诗的风格已接近初唐歌行，情调尤与沈佺期的《独不见》等诗相近，可算作开唐人闺怨诗先河之作。

邢邵的诗仅存八首。其中《思公子》接近齐梁文人从南朝民歌中蜕化出的绝句体：“绮罗日减带，桃李无颜色。思君君未归，归来岂相识。”但他的《冬日伤志篇》又保留了魏晋余风：“昔日堕游士，任性少矜裁，朝驱玛瑙勒，夕衔熊耳杯。折花步淇水，抚瑟望丛台。繁华夙昔改，衰病一时来。重以三冬月，愁云聚复开。天高日色浅，林劲鸟声哀。终风激檐宇，余雪满条枚。遨游昔宛洛，踟蹰今草莱。时事方去矣，抚己独伤怀。”这首诗寄寓深远，表现出北朝诗文“重于气质”的特点。

魏收主要以骈文著称，诗歌多华采美艳。《挟琴歌》是其比较好的作品之一：“春风宛转入曲房，兼送小苑百花香。白马金鞍去未返，红妆玉箸下成行。”另有“滴下如珠落，波回类璧成”（《喜雨》），“凌寒翠不夺，迎暄绿更浓”（《庭柏》）等诗句也较佳。

庾信一生创作颇多，入周以后，由于生活经历的变化，其诗歌的风格亦变得刚健。庾信在南朝时的诗作多有清绮柔靡之色，没有脱出“宫体诗”的范畴。但在后期创作中，则多有沉郁悲凉之辞，充满了故国忧思、国破家亡之痛，《代人伤往》《拟连珠》其十九、《望渭水》《忽见槟榔》《寄王琳》《拟咏怀》27首、《哀江南赋》均是此类佳作。

王褒的情况也与庾信类似，后期创作风格转向刚劲。《渡河北》《送别裴仪同》是其名篇，其中《渡河北》写道：“秋风吹木叶，还似洞庭波。常山临代郡，亭障绕黄河。心悲异方乐，肠断《陇头歌》。薄暮临征马，失道北山阿。”这首诗表达了对故国的思念和对人生失路的悲叹，风格慷慨悲凉，质朴雄健。

北朝民歌现存60多首，大多收录于《乐府诗集·梁鼓角横吹曲》中，另有几篇收录于《杂曲歌辞》和《杂歌谣辞》中。北朝民歌是北方各民族共同创造的文化成果，其中大部分原是北方少数民族的歌唱，后歌辞被翻译为汉语，也有一部分是北人直接用汉语创作，其中也包括一些北方汉人的作品，还有一些是经过南方乐工加工润色而成。正是由于北朝民歌创作背景复杂多样，其反映的生活内容也比南方民歌广泛，包括了社会的各个方面：

北地辽阔壮美，北朝民歌中有很多反映北地风光、游牧生活的歌。最著名的当属《敕勒歌》：“敕勒川，阴山下。天似穹庐，笼盖四野。天苍苍，野茫茫，风吹草低见牛羊。”寥寥27字，却将草原风光的苍茫浩瀚、恢弘壮阔描绘得淋漓尽致。另有像《折杨柳歌辞》中“上马不捉鞭，反折杨柳枝。蹀坐吹长笛，愁杀行客儿”，“放马两泉泽，忘不着连羁”的诗句，也都是北方游牧生活的真实写照。

北方民族以畜牧为业，善骑射，雄健尚武，对此精神北朝民歌多有歌颂。“男儿欲作健，结伴不须多。鹞子经天飞，群雀两向波。”（《企喻歌辞》）“新买五尺刀，悬著中梁柱。一日三摩挲，剧于十五女。”（《琅琊王歌辞》）北朝民歌中不仅有对男儿英雄气概的表现，也有对女子不让须眉的赞颂。《木兰诗》作为北朝民歌中最杰出的作品，成功塑造了木兰这个不朽的形象。

北朝民歌中，还有不少反映羁旅行役、怀土思乡以及人民疾苦之作。例如《陇头歌辞》中“陇头流水，流离西下。念吾一身，飘然旷野”的慨叹，《琅琊王歌辞》中“琅琊复琅琊，琅琊大道王。鹿鸣思长草，愁人思故乡”的苦楚，以及《紫骝马歌辞》中“高高山头树，风吹叶落去。一去数千里，何当还故乡”的忧思都深刻反映了他们颠沛流离的苦况和思念家乡的心情。与此同时，人民的疾苦也得到大量表现，“雨雪霏霏雀劳利，长嘴饱满短嘴饥”(《雀劳利歌辞》)，“快马常苦瘦，剿儿常苦贫。黄禾起羸马，有钱始作人。”(《幽州马客吟歌辞》)

关于爱情和婚姻题材的诗歌，在北朝民歌中也占有很大的比重。但是不同于南朝的婉转缠绵，北朝民歌更加直接坦率。例如《地驱乐歌辞》中“侧侧力力，念君无极。枕郎左臂，随郎转侧。”“月明光光星欲堕，欲来不来早语我!”，还有《捉搦歌》中“谁家女子能行步，反著裌禅后裙露。天生男女共一处，愿得两个成翁妪!”，都可以看出北朝民歌在情感生活表达上的热烈和粗犷。

概括来说，北朝民歌感情表现上直率粗犷，语言风格上质朴刚健，内容上对于社会生活反映更加深刻；形式上以五言四句为主，兼有七言、四言诗，杂言体较少。

（王杨名）

## 9. 五胡内迁与胡汉文化的碰撞

东汉末年以来，中国西部和北部周边的各少数民族开始不断地向内地迁徙。造成这一状况的原因，主要是由于汉王朝的军事征服以及他们为弥补中原兵力和劳力不足而对各少数民族的招诱。与此同时，周边各少数民族势力的消长变化也引起一些民族迁徙。魏晋之际，在北方汉族人口锐减的情况下，胡族内迁形成高潮。这个过程中，内迁的民族主要包括匈奴、羯、鲜卑、氐、羌等，历史上泛称为“五胡”。五胡加上南方的巴人，合称“六夷”。匈奴迁往晋北，鲜卑迁于代郡及云中一带，羯人被称作匈奴别部，居上党及太行山一带。氐、羌大部迁至关中。至于巴人则迁于汉中、略阳等地。

西晋统治时期，中国北部、东部和西部，尤其是并州和关中一带，居住着许多处于不同社会发展阶段的少数民族，“西北诸郡皆为戎居”，关中百万余口，“戎狄居半”。在汉族的影响下，这些内迁的外族逐渐由游牧转向农业定居，胡汉文化相互影响渗透。但在交融的同时，胡汉亦存在一定的矛盾，例如并州的匈奴人成了汉人的奴婢，而不少汉人也相继沦为胡人奴婢。这些奴婢常常被迫服役，当军作战，更有甚者被地方官员押往他乡出卖，因而激起了境内各民族的反抗；而各族上层人物亦往往利用本族人民，实行割据。西晋以后之“五胡乱华”、永嘉之乱亦肇基于此。

五胡内迁的原因是多方面的：

其一，气候变冷。气候学家们的研究证明了，在中国古代北方的广大地区气候的寒冷和干燥、潮湿和温暖往往交织在一起，从而形成冷干与温湿气候的交替性的脉动式变化。而在北方气候的冷干期往往会出现酷寒、春寒、夏寒、霜冻、干旱等天气的异常变化(即天灾)。这些异常的天气变化不仅会直接使人畜冻毙或旱死，更严重的是冷干气候会使北方脆弱的生态环境变得异常恶劣。如使游牧民族所处的草原由水草丰美之地变成稀草干旱之处，从而使所能承载的畜牧量急剧下降，甚至草原变成荒漠。而在农耕地区寒冷和干旱则会使农作物严重减产甚至绝产。加之在我国古代无论是游牧经济还是农耕经济的生产力水平都十分低下，社会对气候的变迁、天灾的出现几乎没有什么抵抗力。这就进一步扩大了气候变迁的影响，逼迫民众迁徙，并引起社会的急剧动荡。农牧分界线应该是由现在的长城一线推进到了黄河一线甚至更南。即是说当时黄河以北大部分原农耕地区已不适应农耕方式的生产，而有利于畜牧生产，而原来少数民族从事游牧的地区也可能已不能再像以前那样水草丰美适于放牧了。那里的草原畜牧区已不能再承载原来那样多的人口了。所以他们必须顺从天意向南或向西南内迁到长城与黄河之间，甚至往更南去寻找水草丰美适于游牧之地。而据史料记载在魏晋南北朝时期北方各民族内迁的范围也正是在长江以北的广大地区。而原来在该地区的大部分汉族人迁移到长江流域。

其二，胡汉势力的消长。魏晋时期汉族统治者为强化对各少数民族的控制，补充内地劳动力，加强其军事力量，经常招引和强制他们入居内地。八王之乱以后，西晋王朝受到严重削弱。黄河流域大部分地区已不再适于农耕生产。从而使这些地区的汉族人口因饥荒而大量死亡或迁徙。而天灾又往往会引起人心不稳，从而引发农民起义，加上人祸从而使东汉至魏晋南北朝一直处于政局动荡、军阀势力混战的局面。从而使北方人口骤减。第一，由于人口锐减，特别是在边疆地区从事农耕生产的汉族人口的骤减，给中原王朝极大破坏。而从内地派兵一是战斗力弱，二是当时一般人只有家而没有国的概念，从而这些兵不是誓死保卫边地。再加上从内地调集大量军力，耗资甚重。这是处在不稳定时期的中原王朝所承担不起的。所以这时就不能够有效阻挡西、北等地区的少数民族内迁了。第二，因为北方地区人口大量流亡，而少数民族的人民战斗力又强悍，所以汉族统治者往往会主动招引这些少数民族的人作为其佣兵，如在袁绍的军队中就有乌桓鲜卑骑兵，而曹操也有一支乌桓骑兵劲旅，为其争霸天下。第三，因为人口流失，北方劳动力大减，所以无论是统治者，还是地主豪强都会大量招引或强制少数民族内迁成为他们所剥削的劳动力。

魏晋南北朝是一个民族关系复杂动荡的历史时期。在此阶段，大规模的民族迁移和民族融合进入高潮，北方的匈奴、鲜卑、羯、氐、羌等“胡”族先后进入中原，纷纷建立政权，南方的越、蛮、奚、俚、僚等族也与汉族发生交互关系，使游牧或半农半牧民族的“胡”文化与中原农业社会的“汉”文化发生长时间交会，并在冲突中走向融合，也使得这一时期的文化趋于多元化走向。

胡文化“汉化”主要有两个渠道。一是由胡人统治者采用汉族统治的组织形式并推广儒学，这为胡文化的整体性汉化创造了前提条件，实际上也是以强力推进胡文化发生质的变化；二是胡人在长期的胡汉杂居中，潜移默化地受到汉文化观念意识的影响，从而对胡人心理深层产生了巨大而绵长的影响。

胡文化在融入汉文化系统的同时，其固有特质对汉文化系统也产生了较大的冲击、改造。蛮野但充满生气的北族精神，给高雅温文却因束缚于礼教而冷淡僵硬的汉文化带来了新鲜空气。随着诸多民族整合为新汉族的进程日益深化，汉胡交会的效应逐渐充分释放，终于在公元8世纪推出空前繁荣璀璨的隋唐文化。

这一时期，与汉族及其前身华夏族有着密切联系的各族，骤然间加快了民族融合的过程。不论南方还是北方，民族之间双向或多向的迁徙、对流，是这一时期民族融合的特点。即一部分汉族往周边去，周边的少数民族往内地来。

在北方，史称“五胡”的匈奴、鲜卑、羯、氐、羌等塞外民族纷纷南移，在黄河流域建立了许多政权。这些民族政权，一般都与汉族世族阶级相联合；同时，在政权的组合上又往往采取多种形式的联合。北方民族徙居中原并建立政权的直接后果是：在中原地区形成了胡汉杂居的局面，为各民族的融合提供了便利条件。这些民族在与汉族的长期杂居相处与通婚中，互相依存、互相吸收，建立了千丝万缕的联系。渐渐地，他们与汉族在经济、文化、语言、服饰、姓氏、习俗乃至宗教信仰上的差异逐渐缩小，与汉族逐渐融为一体。至北魏后期，匈奴、羯、氐、羌等少数民族已不见于史乘，柔然、吐谷浑、敕勒等也与汉族逐渐融合。到隋朝统一黄河流域，从北方迁入中原的少数民族差不多都被汉族融合了，连鲜卑族也最终完成了汉化。

（陈海波）

# 10. 十六国时期的胡汉融合

西晋灭亡以后，司马氏在江南重建政权，史称东晋(317—420年)。在北方，从刘渊建国到北魏统一北方的130多年时间内，各少数民族的上层分子和汉族官僚地主，在混战割据纷争中纷纷建立政权，历史上叫做十六国时期。十六国时期的历史，以秦、晋淝水之战为界，可划分为前后两个时期。

十六国(301—460年)是指以匈奴、羯、鲜卑、羌及氐为主的五胡在中国北方范围内相继建立的国家，而北魏史学家崔鸿以其中十六个国家撰写《十六国春秋》(五凉、四燕、三秦、二赵、一成、一夏)，于是后世史学家称这时期为"五胡十六国"。

自东汉以来，中国西部和北部周边的各少数民族开始不断地向内地迁徙。到了魏晋时期，在北方汉族人口锐减的情况下，胡族内迁形成高潮。在这过程中，内迁的民族主要包括匈奴、羯、鲜卑、氐、羌等，历史上泛称为"五胡"。

各族内迁以后，与汉人杂处，过着定居的农业生活。同时也受到魏晋统治者的歧视、压迫和奴役。残酷的民族压迫，使各少数民族人民对汉族统治者恨之入骨，因而反抗不断地发生。而少数民族的内迁和反抗，使统治阶级感到忧虑和恐惧。因此提出了"徙戎"主张，要求把内迁的各族迁出塞外。已经由畜牧业改变为农业的那些少数民族，根本不想离开内地；一些汉族的地主阶级需要劳动力，也不愿让劳动力迁走。这样一来，问题没有成功解决，反而激化了民族矛盾。

而此时的西晋内乱不断，如八王之乱(战乱参与者主要有汝南王司马亮、楚王司马玮、赵王司马伦、齐王司马冏、长沙王司马乂(yì)、成都王司马颖、河间王司马颙(yóng)、东海王司马越等八王，因此史称"八王之乱")。290年，晋武帝司马炎病死，惠帝即位。惠帝之妻贾后想独揽大权，与辅政的外戚杨骏发生矛盾。291年贾后设计谋杀死杨骏，统治阶级内部开始发生一连串政治残杀和战争，先后有八个分封为王的皇族，为了争夺中央政权，进行了大规模的混战，历时十六年之久。八王之乱使统治者自顾不暇，无力再控制内迁的各族。因此，在各地流民起义的同时，各族上层分子也抓住时机，起兵反晋。其中刘渊、石勒起兵最早。

刘渊认为鲜卑、乌恒可以作为同盟者，又担心汉人不愿随他一起起兵，于是打起"尊汉"的旗帜，建国号为汉，自称汉王。石勒、王弥等人起兵后又先后投奔了刘渊，使刘渊势力迅速壮大，发展到山东、河北等地。308年，刘渊称帝，迁都平阳。310年，刘渊死，其子刘聪杀兄后自立为帝。316年，起义军围攻长安，晋愍帝投降，西晋灭亡。

在西晋灭亡之后，华北地区战火纷飞，掠夺与屠杀不断。经济受到了严重摧毁，影响了中国的社会、经济、民族、文化、政治、军事等发展走向。永嘉之祸(308年刘渊正式称帝。刘渊死后，其子刘聪继位。次年，刘聪遣石勒、王弥、刘曜等率军攻晋，在平城歼灭十万晋军，又杀太尉王衍及诸王公。311年，匈奴兵攻陷西晋京师洛阳，俘虏了晋怀帝。纵兵烧掠，杀王公士民三万余人，史称“永嘉之乱”。永嘉之乱后不久，怀帝被匈奴人所杀，其侄愍帝被拥立于长安。但这时皇室、世族已纷纷迁至江南，西晋王朝名存实亡。到了316年，匈奴兵攻入长安，俘虏了愍帝，西晋至此宣告灭亡。永嘉以后，北方士族大量南迁江左，它使以黄河流域为中心的中国文化第一次移向长江流域，改变了以前重北轻南的文化格局）带给了人民巨大痛苦，大多逃难到凉州、辽东以及江南地区，使这些地区的经济文化渐渐繁荣。

西晋灭亡之后，司马氏在江南重新建立了政权，史称东晋。而在北方，各少数民族的上层分子和汉族官僚地主纷纷建立了自己的政权。比如鲜卑族慕容氏建立的前燕，张轨建立的前凉，苻坚建立的前秦。

在诸国混战期间，前秦皇帝苻坚一度统一北方，但在南征东晋时，于淝水之战惨败。其后各族于关东及空虚的关中叛变，加上东晋北伐，前秦全面崩溃，北方再度混乱。北魏立国后，经过拓跋圭、拓跋嗣及拓跋焘的经营，最后于439年统一北方，进入南北朝时期。司马氏在曹魏统一北方和王浚渡江灭孙吴一统天下的基础上，本可以继续秦汉统一之格局，但是司马王朝走的是门阀政体制度（封建等级制中的一种特殊形式。形成于东汉，魏晋南北朝时盛行。中国古代官宦人家的大门外有两根柱子，左边的称“阀”，右边的叫“阅”，用来张贴功状。后人就把世代为官的人家称为阀阅、门阀世族、士族。西汉武帝以后，崇尚儒学，官僚多以经术起家。他们授徒讲学，门生故吏遍天下，形成一种社会力量，其子孙承家学，继续为官。久而久之，到东汉中叶出现了世代为官的大姓豪族。东汉后期，农民大量破产，土地兼并严重，造成了一大批的大地主。三国时期，由于战乱，农民大量破产，土地兼并进一步加剧，虽然统治者采取了一些措施来缓解，但是实质上的问题没有解决。魏的军屯和民屯制度，也只是暂时缓解了这种矛盾。东汉末年和三国时期是门阀制度发展时期，这个时期的门阀制度发展的另一个体现，就是魏的选拔人才制度，九品中正制度。这就造成了一个现象：统治阶级完全被大地主、大豪强所控制。到了南北朝时期，是门阀制度发展的顶峰。大地主、大豪强控制了一个国家的大部分。他们在国家的经济、政治中都占据着统治地位，这也造成了上品无寒门，下品无世族。森严的等级制度、特殊的地位，造就了一大批的奢侈淫逸之徒。到了隋唐时期，为了巩固国家政权，当政者大力打击门阀士族，提拔寒门之士，门阀制度就此没落）。由此造成社会各个阶级的矛盾和对立，动摇了晋王室统治的基础。

自汉代以来，众多少数民族出于自愿或被征服的原因，纷纷内迁，接受中原王朝的管理。在相对较长的时间里，大部分少数民族虽聚族而居，但与曾经“华在中原，夷守四方”的关系不同，崭新的格局使少数民族与汉族在政治、经济生活、文化等方面有密切的接触，使得十六国时代虽然充斥着民族分裂与战争，但民族融合才是真正的发展方向。

在民族融合过程中，虽也有汉人夷化的现象，但少数民族汉化仍是主流。这个时期的内迁民族在政治、经济、文化方面进行了全方位的汉化。在政治上具有与以往不同的称霸中原之心，重用汉人并模仿汉制建立了中枢机构制度、地方管理制度和选官制度。在经济上大力发展农业，设置专门掌管农业的官职，劝课农桑、奖惩结合，模仿汉人农业礼仪，大力屯田并提供农业救济政策，建立相应的赋税制度。在文化方面，这个时期的内迁民族高层汉化程度较高，执掌政权后通过各种措施发扬汉人文化，如建立学校，重视儒家文化，模仿汉人风俗礼仪，并且其国号的设立均是参照了汉文化。可见十六国时期少数民族汉化程度之深、范围之广。但内迁民族的汉化却伴随着“夷夏之防”的思想，始终坚持“胡汉有别”，比如，他们虽然大量任用汉人士大夫，但是却并没有给予汉人士大夫足够的信任，一些重要官职还是牢牢把握在自己民族的手里，并且实行胡汉分治政策。

由于坚持“胡汉有别”，其政权不可避免地保留了许多胡人原有的作风，这可以通过胡汉分治、残暴行为的显现以及原有风俗的残留表现出来。因此内迁民族的政权仍具有很强的民族性。

自东汉时期开始，北部和西部的游牧民族匈奴、鲜卑、渴、氏、羌等陆续内迁，居住于今甘肃、陕西、山西以至河北、辽宁长城以南的广大地区。在汉族和少数民族之间，存在着经济、文化等方面的明显差异。由于东汉和西晋统治者对内迁各少数民族实行民族歧视和民族压迫政策，造成尖锐的民族矛盾，这是形成东晋十六国和南北朝时期国家大分裂的重要原因。而北魏统一黄河流域后，北方出现了民族大融合局面，各族人民共同生活，相互影响。北方各少数民族逐渐改变原来的游牧生活，学会先进的农业生产技术，成为农业居民。汉族人民也学到各兄弟民族的畜牧业经验，丰富和提高了生产知识。他们还在反抗各族统治者的斗争中，加强了联系和友谊。北魏孝文帝改革就是在北方民族融合的背景下，为巩固统治，发展经济，增强国力而进行的。其中最重要的措施是均田制，它使北方经济逐渐恢复和发展，有利于少数民族由游牧生活向农耕生活的转化，对民族融合产生了有力的促进作用。其余措施如迁都洛阳、接受汉族先进文化等，都加速了民族融合，成为国家统一不可或缺的条件。

汉人的胡化和胡人的汉化，是魏晋南北朝时期汉族文化与外来胡族文化相互融合的过程。

永嘉之乱以来，匈奴、羯、氐、羌、鲜卑等族相继入主中原，在战祸绵延的情况下，人民除了逃亡，似乎没有更好的选择，东晋司马氏在南方以汉族正统自居，造成士庶南渡的局面。不过，在南渡受阻的情况下，西逃仍有相当规模。尤其是三国时魏国仓慈任敦煌太守，“抑挫权右，抚恤贫羸，甚得其理”。又与西域诸胡“共交市，使吏民护送道路，由是民夷翕然称其德惠”。西晋时张轨任凉州刺史，“威著西州，化行河右，立学校，始置崇文祭酒，位视别驾，春秋行乡射之礼”。形势较内地较为安定，于是大量流民涌入河西。汉族文化与胡族文化有了交融的机会，如敦煌佛爷庙晋墓墓砖画、酒泉丁家闸墓画、嘉峪关墓砖画，反映出大量内地农耕生活的内容。其中屯垦、畜牧、蚕桑、营垒、坞壁，以及杀猪、宰鸡、椎牛、烹饪、歌舞、伎乐、驿使等许多题材，尽管不乏胡族意味，但从总体上说，仍是完整的汉晋文化风貌。

汉晋文化虽然在中国北方占有主体地位，却不可忽视自丝绸之路开辟后胡族文化的不断输入。例如汉以前中国人均以跪下来坐在自己腿上而“坐床”，到了三国时如今天的“马扎儿”一类“胡床”已经深入到中国民间。曹操在潼关与马超交战，“公(曹操)将过河，前队适渡，超等奄至，公犹坐胡床不起。”既然曹操也坐胡床，可知北方对于胡族文化很早便有理解，而且可以大量吸收引进。这样酒泉丁家闸墓画中的《音乐》图，乐伎既可以操中国传统古琴，洞箫，也可以使用胡族的琵琶和鸡娄鼓。嘉峪关六号墓室壁画中还出现了着汉装服装之人拉骆驼的画面。当然胡族文化也同样向“汉化”发展，如西安碑林博物馆所藏大夏匈奴统治者赫连勃勃墓前石马，用整块巨石圆雕，刀法粗豪，马的身姿挺拔，与汉武帝茂陵陪葬霍去病墓前“马踏匈奴”石刻中的马有许多相似之处。胡汉文化合流，形成当时艺术绚丽多彩的基础。

胡族文化进入中国内地，又以佛教东传为媒介。佛教滋生在与中国远隔万里的古印度，那里长期分裂割据，遭受外来入侵，缺乏对外扩张的武力，然而佛教并不凭借古印度的国家力量而在中国获得强大地位，在很大程度上，便是依靠从西域向中国内迁的胡族为载体。

西北胡族内迁可以上溯至汉武帝时在河西走廊与西域屯防戍边。东汉时“羌胡被发左衽而与汉人杂处”，形成胡族内迁的条件。三国时各军事集团均用内迁胡族从军，以组织骑兵，形成胡族内迁的绝好机会。到了西晋时，原华夏文化的重心陕西关中，几乎成为胡族的聚居地。江统在反思齐万年之乱教训时报告西晋统治者说："四夷之中，戎狄为甚。关中之人百余万口，率其少多，戎狄居半。"西北胡族先于内地汉族接受了佛教，他们内迁，自然成为佛教东传的载体。恰好永嘉之乱后中原地区成为民族纷争之所，用汉族传统信仰(主要是儒家思想)不能满足各少数民族的要求，为寻求一个统一的思想准则，各族人民选择了佛教。这一方面与当时少数民族贵族反汉化心理较为一致，另一方面佛教的调和矛盾宗旨与汉人所信奉的儒家思想也容易找到共同的基础。佛教在由民族纷争走向民族融合的时代异军突起，与佛教密切联系的石刻、绘画、建筑等艺术也有了发展的天机。

三国两晋时期的绘画与书法，是魏晋南北朝艺术的开篇，其成就已经预示这一个特殊的历史时期，在艺术上将会有丰收的结果。

十六国北朝艺术，实际上是西晋永嘉之乱后至隋统一全国时期的中国北方艺术。虽然历代史家受到华夷之辨传统观念的束缚，只以东晋、南朝的艺术理论为正统，将中国北方这一时期的艺术与五胡纷争的政治局势相联系，从而有所挑剔与贬抑，却又不能不承认有着远胜前代的伟大成就。尤其是佛教沿丝绸之路东来，犍陀罗艺术不但遍布大汉南北山麓与河西走廊，而且直入华夏文明的重心之地——长安与洛阳，确实给中国处于未死方生的汉晋艺术注入强大的生力，产生了区别于东晋、南朝的雄伟、豪放的作风。

淝水大战后，在河套以北游牧的鲜卑部族里的拓跋氏强大起来。公元386年，拓跋珪改国号为魏，自称魏王。史称"北魏"或者"后魏""拓跋魏"，孝文帝改汉姓后也称"元魏"。

公元439年，北魏太武帝(拓跋焘)统一了中原北部，结束了五胡十六国的分裂局面，使北方的分裂割据局面复归统一。至此，北魏统一了北方，继前秦苻坚后再度使北方归为一统。从而与南方的刘宋政权并立，形成南北朝对峙的格局。我国出现了民族大融合的趋势，北魏政权进入中原以后，面临着如何对待不同民族文化冲突的问题。统治者深知在保持强悍、进取的民族精神的同时，必须突破"以胡治汉""胡汉分治"的保守框架，向"胡汉融合"的目标迈进。孝文帝改革起到了总结历史经验和加速"胡汉融合"历史进程的作用。

孝文帝进行改革主要做了两件大事：第一件是把都城从平城迁到洛阳。为保证迁都顺利进行，孝文帝进行了周密的部署和安排，以"南伐"之名行迁都之实。第二件是改官制、禁胡服、断北语、改姓氏、通婚姻、改籍贯。迁都洛阳后，孝文帝改革的重点是改变鲜卑族原有的风俗习惯，进一步学习和采纳汉族的典章制度和生活方式，促使鲜卑族接受汉族文化。孝文帝顺应历史发展的趋势，放弃了自己民族的旧俗，冲破重重阻碍，毅然进行改革，有利于我国的民族大融合，有利于我国少数民族经济的发展，有利于我国少数民族从奴隶制向封建制的过渡，有利于我国民族的团结。对我国历史的发展作出了重要的贡献，促进了中华民族的发展。

十六国时期，出现了中国历史上第三次民族大融合。北魏孝文帝在民族融合的基础上，推行一系列的汉化政策，使汉晋以来北方民族的融合得以完成。

促成北方民族大融合的因素有：第一，战乱频繁，各族聚居。十六国时期，战乱频频爆发，促使各族人民为了躲避战乱而迁徙。而长期频繁的迁徙，自然而然地破坏了秦汉以来南北地区的各族部落，促成北方各族人民进一步聚居和广泛接触，加速了民族融合。

第二，胡人定居。内迁的胡人与汉人进一步杂居，逐渐过上定居的安定生活；而各族的统治者劝课农桑，促进了农业生产，又逐步地改变了胡人的生活方式，推动了民族融合。

第三，利益一致，感情相通。各族人民居住在一起，没有根本的利害冲突。互通婚姻，更使得胡汉民族有了血缘关系。

第四，政治需要。各族的上层分子在创建和维持少数民族特权时，总是以本族上层分子为主要官职，融合其他民族的上层分子或才智之士，组成胡汉融合的君臣机构。北方的汉人士族，为了求生存，也愿意和胡人合作，参与政治，以求建立功绩，反而又推动了民族融合，如前秦苻壁用汉人王猛。

第五，少数民族的统治者注重对汉文化的学习。通常来讲，各民族文化中属汉文化发展最快，因而是否通读儒家经典就成为衡量各族上层分子文化程度的标准，也是他们升官加爵的重要依据。办置学校，扩大了汉族文化的影响，促进了语言文化的统一。

第六，北魏孝文帝改制，完成民族融合。北魏中期孝文帝进行了改革，推行汉化措施，是在此前北方民族融合的基础上进行的，但又加速了民族融合的进程。使北魏孝文帝以后，北方政权一般不带有民族压迫的性质。

北方民族大融合的意义是：扩大了中华民族的内涵。北方胡汉融合，血缘文化合一，又一次扩大了中华民族的内涵，对我国统一多民族国家的形成具有重大意义。奠定了隋唐盛世的基础。南北朝时期，各族人民的大融合，为隋唐时期的文化的高度发展奠定了一定的基础。

（杨依婷）

## 11. 荀勖编《中经新簿》，经史始分

《中经新簿》是西晋目录学家荀勖以四部分类法编撰的一部新型的图书目录。该目录首创史部，促成了经史分离，在中国古典目录学史上具有开创意义。

荀勖(？—289年)，字公曾，颍川颍阴(今河南许昌市)人。早慧好学，博学多才。初仕于魏，为大将军曹爽掾属。曹爽遭诛后，迁安阳令、骠骑从事中郎、廷尉正。继而为大将军司马昭记室，数进策谋，深得信任，与裴秀、羊祜共掌机密。入晋后，封济北郡公，拜中书监、秘书监，累迁光禄大夫、仪同三司，至尚书令。荀勖有治理之才，入晋后曾与贾充一起修订法令，任尚书令时，曾下令罢免官吏中的不称职者。在文学、音乐、目录学等方面均有造诣，为时人所推重。曾掌管宫廷乐事，研制笛律十二支，以修正律吕。《晋书》有其传记。

《中经新簿》是荀勖在图书整理和目录学研究方面的重要成果。据南朝梁阮孝绪《古今书最》记载，《中经新簿》共16卷，著录图书1885部，20935卷(《隋志序》作14卷，著录29945卷)，卷末另附录佛经目录。《中经新簿》的编撰有一定的历史背景：魏晋时期虽然战乱频繁，政局动荡，但文化发展并未停滞，图书事业也随之发展。魏晋政权都很重视图书的搜集整理工作，各种书籍此时不仅在数量上有很大增加，种类上也迅速增多，如文史方面就出现了五言诗、乐府诗、文学批评、起居注、地方志和氏族谱等新文体图书，此外还有佛经译书等，大量书籍需要搜集整理和分类编次。从西汉刘向父子的“六分法”产生到魏晋之时，时间过去了200多年，学术和图书的状况发生了很大变化。这种变化最突出的表现是，文学著作大量涌现，史学作品也日益增多，而子书、兵书、数术之书等却大幅度减少。这种情形使传统的六部分类体制不再适用，因而对目录学提出了如何更恰当地进行分类编目的要求。荀勖就是在这种背景下开展图籍整理工作的，新的图书分类法就在此时应运而生了。

公元274年(晋武帝泰始十年)，荀勖领秘书监，奉诏与当时的尚书令、著名学者和文学家张华一起，“依刘向《别录》，整理记籍”。他们继承古代校书的传统，依照西汉刘向整理图书的规则和方法，整理国家藏书。这项工作规模很大，任务很重，为了集中精力，保证质量，防止出现差错失误和半途而废，荀勖还专门上书辞去了兼任的乐事之职。他在《让乐事表》中说，“臣掌著作，又知秘书。今复校错误十万余卷书，不可仓卒。复兼他职，必有废顿者也”，这反映了他对图书整理事业具有的专注精神和严谨态度。他们用了大约六年时间，对十万余卷图书进行了校勘整理，并作了编次，编制了一部综合性的国家图书目录，是为《中经新簿》。因该书是荀勖仿照三国时期魏国秘书郎郑默的《中经》编制而成的，故名《中经新簿》(又称《晋中经簿》)。郑默任魏国秘书郎时，主管图书工作，“考核旧文，删省浮秽”，对图书进行整理，编撰了《中经》这部书目。这部目录久佚，史书中也缺乏对它的具体记载，但可以推断，郑默采用的分类法应当是当时比较先进的方法，可能与传统的六分法不同，而与后来的四分法有一定的联系。荀勖编制的新目录是对郑默《中

经》的参考和继承，更是对《中经》的改进和完善，所以称为《中经新簿》。

关于《中经新簿》的体制和各部所收图书的内容等方面的情况，《隋志序》中作了很具体的叙述：“魏秘书郎郑默始制《中经》。荀勖又因《中经》更著《新簿》。分为四部，总括群书。一曰甲部，纪六艺及小学等书；二曰乙部，有古诸子家、近世子家、兵书、兵家、术数；三曰景(丙)部，有史记、旧事、皇览簿、杂事；四曰丁部，有诗赋、图赞、汲冢书。大凡四部。合二万九千九百四十五卷。但录题及言。盛以缥囊，书用细素。至于作者之意，无所论辨。”《中经新簿》对图书的分类方式，与以前的书目《七略》《汉志》相比，有了很大的变化。具体地说，《新簿》的“甲部”，收录经传类书籍(小学是解经之工具，经学之附庸)，相当于《七略》《汉志》中居于首位的六艺略，是后世目录的经部。历代经学著述繁富，未尝中辍，又最受统治者重视，所以该部古今无大变动。“乙部”则综合《七略》《汉志》中的诸子略、兵书略、数术略、方技略等为一部，较为庞杂，是后世的子部。晋时这几类学术已经衰微，著述稀少，旧籍又大量亡佚，所以将它们合而为一。“丙部”主要收录史书，是后世的史部，为分类法中的新创。在此之前，史部隶属于经部，史书在《七略》《汉志》中附属于六艺略中的“春秋”类，《新簿》始将其从经传类中析出。自此，图书编目时经史始分。魏晋之时，史籍文献日趋繁多，独立成类是势所必然；荀勖此举抓住了图书业发展的新特点，适应了图籍分类的大趋势。“丁部”主要收录诗赋作品等，相当于《七略》《汉志》的诗赋略，是后世的集部。其中的汲冢书指荀勖等所整理的晋武帝咸宁五年(279年)在汲郡(今河南汲县)古墓中发现的古文简牍文献。总之，从各部所收图书的主要内容来看，《中经新簿》所分的甲、乙、丙、丁四部，实际上就是后世分别所称的经、子、史、集四部。换言之，《中经新簿》将古今图书分成经、子、史、集四类，按甲、乙、丙、丁的顺序编排。这就是后世流行的按经、史、子、集四部进行分类的四分法的创始和开端。不同之处只是，《中经新簿》尚未用经、子、史、集这种名称来概括各部书籍的内容，而且子类尚在史类之前，这也是它的不足之处。但它毕竟已经突破了《七略》和《汉志》中六分法的图书分类格局，勾画出四分法的雏形，是对图书传统分类体制的创新。

对于这种四部分类法的发明，后世学者多有肯定和赞许。清代王鸣盛《十七史商榷》说：“隋《经籍志》分经史子集四部。案四部之名，起晋荀勖《中经簿》。寻前后著录皆分为七，如刘歆《七略》、王俭《七志》、阮孝绪《七录》，皆杂乱繁碎。惟荀勖稍近理。”钱大昕《元史艺文志》说：“自刘子骏校理秘文，分群书为六略。是时固无四部之名，而史家亦未别为一类也。晋荀勖撰《中经簿》，始分甲乙丙丁四部，而子犹先于史。至李充重分四部，五经为甲部，史记为乙部，诸子为丙部，诗赋为丁部，而经史子集之次始定。厥后王亮、谢朏、任昉、殷钧撰书目，皆循四部之名。”《中经新簿》对图书的分类最突出的一个特点，就是将史籍从经部中离析出来，独立成类。这一点意义重大，影响深远。《中经新簿》对史部进行单列，改变了以往图书分类中经史不分的做法，实现了经史分离，具有开创性。此外，又将兵书、兵家、术数等并入子部，也为后世的四分法奠定了基础，开辟了道路。

对于荀勖的四部分类法，后世学者在总体上给予肯定外，也对其中的一些具体做法和细枝末节表示了不解和不满。例如赵翼在《陔余丛考》中说：“古书分类以四部分者，自晋荀勖始。其中编次，子先于史，汲书又杂诗赋内，位置俱未免失当。”王鸣盛在《十七史商榷》中肯定了《中经新簿》宏观上的合理性后说：“然子不当先史，诗赋等下忽有《汲冢》，亦不可解。且甲乙丙丁，亦不如直名经史子集。故《隋志》依荀而改移之。”赵、王二人的观点在学术界颇有代表性，也有一定的道理。对于汲冢书为何入于集部，以及其他学者提出的皇览簿为何列于史部、兵书与兵家有何不同等问题，学界有一种解释似较合理：汲冢书中四部之书皆有，本来应当各归其类，但其书发现和目录编撰晚于《新簿》，是荀勖在《新簿》成书之后奉命单编的，当时未能及时编入《新簿》，后来只好附在《新簿》之后，而后人又将它误入了丁部。《皇览》是类书之祖，当时尚难归类，根据其编撰的目的是供皇帝观览作为史鉴，于是便列入史部。兵书与兵家之分，可能和古诸子家与近世子家之分相似，兵书是指古代军事家的著作，而兵家是指近世军事家的著作。

《中经新簿》对单部书著录的方式是“但录题及言”，“至于作者之意，无所论辩”，即只登记书名、卷数和字数，对撰者的意旨未作说明分析。在这点上荀勖没有继承刘向写书录的传统，缺乏对图书内容的介绍评论，著录方法比较简单，不利于“辨章学术，考镜源流”。

《中经新簿》编成几十年之后，西晋政权覆灭，图书和目录事业也在战乱中遭到严重破坏。东晋初年重新开始搜集整理图书，大著作郎李充编制了《晋元帝四部书目》。关于李充的编目方式，《七录序》说：“(李充)因荀勖旧簿四部之法，而换其乙丙之书，没略众篇之名，总以甲乙为次。自时厥后，世相祖述。”李充沿用荀勖的四部分类法，但互换了乙部和丙部，将史部调到子部之前，使甲乙丙丁四部，依次成为后世的经史子集四部，分别收录五经、史籍、诸子、诗赋。此种做法，“秘阁以为永制”(《晋书·李充传》)，“自尔因循，无所变更”(《隋志序》)。唐初修《隋志》，就继承和发展了荀勖、李充的四部分类法，并正式用经、史、子、集的类目名称。从此，四部分类法成为我国古代图书目录分类法的主流，沿用了一千多年。

《中经新簿》现已亡佚。虽然它在分类、解题等方面尚存在不足之处，但它划分经史，勾画四部分类法的雏形，奠定了中国古代传统的四部分类法的基础，对中国目录学的发展起了重要的推动作用。

（罗献中）

# 12. 葛洪著《抱朴子》

葛洪(约 284—364 年)，字稚川，号抱朴子，是两晋时代著名的炼丹家，金丹道教始祖。家世仕宦，后家道中落。少年时勤奋好学，因家中贫穷买不起纸笔，只好上山砍柴卖钱买纸墨。书籍也从别处借来，连夜抄录，供以后阅读。长期的刻苦攻读，使青年时期的葛洪就已博览群书，以儒学知名。在深受儒学影响的同时，他也受到神仙道教思想的影响。葛洪爱好“神仙导养之法”，不辞辛劳，遍访名师，不断提高自己的道术，学习了炼丹秘术。公元 303 年(晋惠帝太安二年)，义阳人张昌、石冰在荆州地区发动了一次大规模的流民起义，吴兴太守顾秘都督扬州九郡军力，发动江南地主共同起兵围剿石冰。葛洪也募集了一支数百人的队伍与各路大军共同进击，屡立战功。公元 304 年，石冰被杀，起义失败。时局动荡，人心惶惶，葛洪南下避祸，留居南方十多年，直到公元 317 年司马睿在建康称帝，才返回故乡。东晋王朝建立后，统治者极力笼络江南的士族，葛洪因征讨石冰有功，赐爵关内侯，不久又升迁为咨议参军。后来葛洪听说交趾(古地区名，相当于今广东、广西的大部和越南的北部)出产丹砂，希望能炼出仙丹妙药，于是自愿出任广州句尸县令，得到了晋成帝的许可。但是在途经广州时，被刺史邓岳强留，在罗浮山(位于广东省东江北岸，道教称为“第七洞天”)修道炼丹，著书立说，直至去世。葛洪一生著述颇丰，除《抱朴子》外，还有医学著作《肘后备急方》一部，托名刘歆的《西京杂记》《神仙传》两部小说集。《西京杂记》文笔简洁，篇幅短小；《神仙传》情节复杂，描写细腻，两部集子对后世小说的发展都产生了很大影响。

《抱朴子》是葛洪早年的代表作品，以其自号为书名，是他借以展示自己“文儒”身份的鸿篇巨制，集中体现了葛洪的思想理论体系。有关写作动机，书中多有提及。葛洪生逢乱世，深感人生无常，苟全性命，不求闻达，这也是当时一般士人最现实、最普遍的人生理想。然而出身仕宦之家，身为“大臣之子孙”，如果默默无闻死去，丧生于草野之间，岂不辱没先人，枉度一生？在这样的思想动机下，古人立言以不朽的传统观念和司马迁、扬雄等人著书扬名的现实范例，给葛洪以极大的影响和启示。因此，他在该书《自叙》中说：“洪少有定志，决不出身……念精治五经，著一部子书，令后世知其为文儒而已。”正是在这样的思想主导下，葛洪写成了他借以不朽的杰出著作《抱朴子》。

关于《抱朴子》的成书过程，《外篇 · 自叙》也有详细的记述：“洪年二十余，乃计作细碎小文，妨弃功日，未若立一家之言，乃草创子书。会遇兵乱，流离播越，有所亡失，连在道路，不复投笔十余年，至建武中乃定。”从中不难看出，葛洪在《抱朴子》一书上倾注了大量精力，经过十多年坚持不懈的写作，至晋元帝建武元年才大体写定，此后又陆续有所订补才最终成书。全书体大思精，内容丰富。共分为内外两篇，其中内篇 20 卷，外篇 50 卷，内外篇的内容迥然不同。葛洪在《抱朴子外篇 · 自叙》中概括道：“其内篇言神仙、方药、鬼怪、变化、养生、延年、禳邪、却祸之事，属道家；其外篇言人间得失，世事臧否，属儒家。”实际上，他本人既不是真正的道家，也不是真正的儒家。他的道学是金丹道教，他的儒学是道教化的儒学。

葛洪虽然以“文儒”自许，但真正使他扬名后世的，却是他在道教领域的不凡成就，《抱朴子·内篇》一直备受世人重视。《内篇》二十卷主要宣扬了以炼丹成仙、符箓消灾为核心的道教思想。葛洪作为道教学者，其哲学基础更多地继承了先秦老庄的哲学和两汉的“元气论”，并进一步把“元气”神秘化，提出“道”(或“玄”)的概念，作为最高范畴。同时给以宗教化的解释，从而建立起一套彻底宗教化的神秘的道教神学，并与炼丹术相结合，称为金丹道教。《老子》对“道”的解释是：“有物混成，先天地而生……可以为天下母。吾不知其名，字之曰道。”在老聃的哲学中道是指奥妙的宇宙本体，万物的本原，到了葛洪的笔下，道已进一步发展为“涵乾括坤”的神物，演化成了一个万能的创始主：“玄者，自然之始祖，而万殊之大宗也”，“胞胎元一，范铸两仪，吐纳大始，鼓冶亿类，回旋四七，匠成草昧”(《畅玄》)。玄不仅与客观宇宙相联系，日月星辰因之而行，天地云雨因之而成，也和万物的长生联系在一起。《畅玄》云：“玄之所在，其乐不穷；玄之所去，器弊神逝”，“夫玄道者，得之乎内，守之者外，用之者神，忘之者器，此思玄道之要言也”。得玄道者“咽九华于云端，咀云气于丹霞。徘徊茫昧，翱翔希微，履略蜿虹，践跚旋玑”，此即为逍遥于天上的成仙得道之士。事实上，葛洪的金丹道教只是那些享尽人间荣华而又奢望长生不死的达官贵族的梦想，是永远无法实现的。《老子》认为：“道生一，一生二，二生三，三生万物”，而葛洪认为：“道起于一，其贵无偶，各居一处，以象天地人，故曰三一也。”而且将“一”人格化，提倡“守一”之法。《地真》说：“一有姓字，服色，男长九分，女长六分。”“一”藏于人的“丹田”之中，神通广大，法力无边。“子欲长生，守一当明；思一至饥，一与之粮；思一至渴，一与之浆!”除了论述道教理论以外，《内篇》二十卷对丹方药术也有所论述。炼丹术也称“点金术”或“黄白术”，是古代人企图把普通金属变为黄金、白银或“长生丹”的一种方法。从主观上讲，葛洪烧炼丹药的行动是迷信的；从客观上讲，葛洪在炼治丹药的过程中，也发现了许多物质变化的规律，包含有自然科学研究的因素，成为近代化学研究的先驱。比如在炼制水银的过程中，也炼出了密陀僧(氧化铅)、三仙丹(氧化汞)等外伤用的药物，这些都为后世的化学研究打开了门径。炼丹术作为一种具有实验性的活动，不管炼丹家的本意如何，他们用实验方法探索物质转化关系，从而获得物质性的正确理解，增加人类科学知识的积累，这是应该肯定的。

相对于《内篇》而言，《外篇》的研究却显得十分冷落。事实上《外篇》不仅思想内容丰富，而且具有较高的文学价值，日本学者福井康顺早就指出：“就世俗人情所作的尖锐评论，亦自成一家之说，可以窥见其人不寻常的识见。”《抱朴子·外篇》共五十篇，笔锋所及，儒学、吏治、人才、人心、世风等等无所不包。纵观全书，“言人间得失，世事臧否”为其主要目的，内容大概分为如下三个方面：第一，揭示社会现实，总结历史教训。西晋王朝自司马炎建国以来，曾出现过短暂的繁荣局面，即所谓“太康盛世”，但不久便陷入了内忧外患的动荡泥沼，难以自拔。“八王之乱”“五胡乱华”使百姓不堪其苦，承受着无尽的灾难。葛洪所生活的东晋，也是一个君道衰微，权臣乱政的时期。尽管生逢乱世，旦夕便有性命之忧，葛洪却未苟且偷生，以求自保，而是出于强烈的社会责任感，秉承《抱朴子·外篇》所说的“不忍违情曲笔、错滥真伪”的实录精神，大胆地揭示黑暗腐朽的社会现实。葛洪从青年时代就开始思索治乱之因，并对汉末以来的政治、思想等进行反思，吸取东吴、西晋灭亡的历史教训，为东晋王朝提供历史借鉴，《外篇》中的《汉过》《吴失》等篇就是他思考的结果。《汉过》的写法颇受贾谊的《过秦论》影响，托言汉末，指斥时事，其末尾云：“微烟起于萧墙，而飙焚遍于宇宙；浅隙发于肤寸，而波涛漂乎四极。金城屠于庶寇，汤池航于一苇。劲锐望尘而冰泮，征人倒戈而奔北……夫何哉？失人故也。”联系写作时间，文中所述显然是西晋乱亡的真实写照。在总结历史经验教训的基础上，葛洪还积极为晋室的中兴建言献策。《外篇》中《君道》《臣节》《任能》《用刑》《审举》《擢才》《省烦》等篇，广泛涉及帝王的御民之术，臣子的为臣之道，以及选贤任能、仁礼并用、严格举试等治国方略，提出了不少有价值的见解。第二，尖锐批评是古非今、贵古贱今的社会风气。葛洪指出，这种风气由来已久，实质是一种传统积习，那些不懂得社会发展变化的“俗士”，“多云今山不及古山之高，今海不及古海之广，今日不及古日之热，今月不及古月之朗，何肯许今之才士，不减古之朽骨”，因此，“重所闻，轻所见，非一世之所患矣”。这种思维定势严重地禁锢着人们的思想，阻碍了人们对事物形成正确的认识。在葛洪看来，远古并非盛世，其物质生活极为简单，精神生活非常贫乏，人们没有必要肯定它，更不值得赞美它。社会要不断发展进步，治理国家应该因时立制，不能拘泥于古制。他提出“时移世改，理自然也”的重要观点，把社会的进步看成是自然的过程。这对于廓清是古非今的思想迷雾有着重要的意义。第三，书中还提出了许多美学与艺术的新见解。从反对重德轻文，贵古贱今的文学价值观出发，葛洪推崇历史上的子书著作，而轻视诗赋等作品。在今胜于古的史学观基础上，又提出了今胜于古的文学观，并在《钧世》中举出具体作品来进行今古对比。葛洪还认为文章内容、文辞诸方面优劣悬殊，主要取决于作者的禀赋才气。如《辞义》云：“夫才有清浊，思有修短，虽并属文，参差万品。或浩瀁而不渊潭，或得事情而辞钝，违物理而文工，盖偏长之一致，非兼通之才也。”葛洪认为作者的才气有清浊之分，强微之别，因此作品的风格必然千差万别，而这一切都根源于人的先天之气。这里的“气”是指人禀受天地阴阳之气而充于体内和精神中的精气，它赋予人以形体和生命，决定着生命力的盛衰，同时也赋予人以气质、个性、禀赋等心理精神方面的特征。葛洪认识到作家个性是形成文章风格的内在本质，文章风格是作家个性的外在表现，两者具有一致性。这种认识指出了文学创作中风格与才性的关系问题，反映了在人性觉醒和文学自觉的时代背景下，晋代文人开始了对文学创作个性化、多样化的自觉追求。

总之，葛洪的思想体系道、儒相融，间杂墨、法，相辅相成。这既是他思想多元化的真实反映，也是魏晋时期诸子之学复兴的必然结果。《抱朴子》一书，在自然、社会、文艺等诸多方面，都提出了独到的见解。虽然不可避免地存在一定的局限性，某些观点甚至有些武断，但仍不失为一部在道教史乃至中国文化史上有着深远影响的著作。它具有比较完整的理论体系，包罗多种方术，有着重要的文献学价值和科学价值，是文化史研究的珍贵资料。

（杨继刚）

## 13. 梁武帝佞佛

梁武帝萧衍(464—579年)，字叔达，南兰陵中都里人(今江苏省武进县西北)，南北朝梁开国君主，是中国历史上一位极富传奇色彩也极富争议的帝王。他与南齐同族，仕齐，齐末大乱之际任雍州刺史，遂乘齐乱，篡而自立，在位48年，是南朝在位最长的皇帝。他是罕有的学者型帝王，“少时习周孔，弱冠穷六经”，即位之后，政事之外，“虽万机多务，犹卷不辍手，燃烛侧光，常至午夜”，著述很多；又多才多艺，史称：“六艺备闲，棋登逸品，阴阳纬候，卜筮占诀，并悉称善。……草隶尺牍，骑射弓马，莫不奇妙。”早年他亦勤政爱民，文治武功，皆有成就。晚年他信奉佛教，以帝王之尊倾力推崇，有“皇帝菩萨”之称，“几可谓以佛法治国”(汤用彤《汉魏两晋南北朝佛教史》)，为中国佛教的发展与规范化做出了重大贡献。然而他佞佛过度，荒政害民，造成经济上的破坏和政治上的腐败，以致百姓穷饿，“肌肉略尽”，“骨髓俱罄”，侯景起兵反叛，攻陷建康，于太清三年将他饿死于台城。可谓身死国灭，为天下笑。

梁武帝原本受的是儒家教育，也曾是道教信徒。他在朝廷置五经博士，开馆授徒，于州郡立学，又制定礼乐，认为：“建国君民，立教为首，砥身砺行，由乎经术。”(《梁书》卷四十八《儒林传·序》)《隋书·经籍志》又载：“武帝弱年好事，先受道法，及即位，犹自上章，朝士受道者众。”但梁武帝在齐代已接触过佛教，与齐竟陵王萧子良等佛教信奉者及和僧人的交游也对他有很大影响，使他最终接受了佛教思想。梁武帝的《述三教诗》也自述了他的这种思想轨迹：“少时学周孔，弱冠穷六经，孝义连方册，仁恕满丹青，践言贵去伐，为善在好生。中复观道书，有名与无名，妙术镂金版真言隐上清，密行贵阴德，显证表长龄。晚年开释卷，犹月映众星，苦集始觉知，因果方昭明，示教唯平等，至理归无生。”于是，504年(天监三年)四月，梁武帝终于下诏“舍事道法”，皈依佛教。其诏书说：“弟子经值迷荒，耽事老子，历叶相承，染此邪法。习因善发，弃迷知返。今舍旧医，归凭正觉。愿使未来世中童男出家，广弘经教，化度含识，同共成佛。宁在正法之中长论恶道，不乐依老子教，暂得生天。”至四月十一日，梁武帝又敕门下，说唯有佛教是“正道”，其他都是“邪道”，表示自己要“舍邪、外，以事正、内”，并且要求其他公卿百官、侯王宗族，也“宜反伪就真，舍邪入正”(《广弘明集》卷四)。

舍道归佛之后，梁武帝非常虔诚地按照在家佛教信徒的戒律修行，礼佛诵经，持守各项斋戒。他还修造了大量佛寺佛像，使梁代佛教最兴盛时佛寺多达2846所；据清代刘世珩的《南朝寺考》卷五所载，梁武帝敕建的寺有智度寺、新林法王寺、仙窟寺、光宅寺、萧帝寺、解脱寺、同行寺、劝善寺、开善寺、大爱敬寺、同泰寺等。其中的同泰寺，据说有“浮图(塔)九层，大殿六所，小殿及堂十余所”，山林之内有禅窟、禅房，东西般若台各三层，于西北筑山构陇，柏殿在其中，东南有璇玑殿，殿外积石，种树为山，有盖天仪随水激流而转，可谓极尽奢华。(唐许嵩《建康实录》卷十七)527年起，梁武帝曾四次舍身同泰寺(据《梁书·武帝纪》记载为三次。据《南史》卷七之《梁本纪中》以及《建康实录》卷十七记载则为四次)，然后由大臣“以钱亿万奉赎”，再由“众僧默许”后还宫，总计“前后用赎身钱至三亿万”(《佛祖统纪》卷三十八)。

梁武帝不仅自己奉佛至诚，而且也鼓励、引导王室、官员皈依佛教。519年(天监十八年)，他从高僧慧约受菩萨戒。此后，“皇储以下爰至王姬”，从慧约受戒为弟子者达四万八千人。(《续高僧传》卷六《慧约传》。)《梁书·江革传》载：“时高祖盛于佛教，朝贤多启求受戒。”《魏书·萧衍传》又说：梁武帝“令其王侯子弟皆受佛诫，有事佛精苦者，辄加以菩萨之号”。梁武帝以帝王之力，极大地促进了佛教的传播和兴盛。

但是，梁武帝并没有只限于这些对佛教表面的崇信行为，亦着力于对佛教典籍的整理、佛教义理的深入研究和推动佛教的中国化，对汉传佛教的发展做出了贡献。他组织高僧译编佛教典籍。扶南(今柬埔寨)僧伽婆罗、曼陀罗受命译经，由宝唱、慧超、僧智、法云等中国僧人协助，译出了《阿育王经》《解脱道论》等经十一部三十八卷。(续《高僧传》卷一、《大唐内典录》卷四)梁武帝还命高僧整理、编撰佛教著作。宝唱等人因而将佛教书籍整理出书目，将繁杂的佛教知识进行梳理，摘抄要点，汇集专题，以方便学习和查找，因而有《众经要抄》并目录八十八卷，《华林佛殿众经目录》四卷，《经律异相》并目录五十五卷，《众经饭供圣僧法》五卷，《众经护国鬼神名录》三卷，《众经诸佛名》三卷，《众经拥护国土诣龙王名录》，《众经忏悔灭罪法》三卷，《出要律仪》二十卷等，《名僧传》三十一卷、《众经目录》四卷等，不胜枚举。一些僧侣也受命撰写经典注疏和研究著作，如《般若抄》十二卷(释慧令撰)、《涅槃义疏》(释宝亮撰)、《大般涅槃子注经》七十二卷(释僧朗撰)等。对当时著名的佛教学僧，梁武帝都十分崇敬，给予很好的待遇，法云、慧超等人还被梁武帝请为“资给优厚”的“家僧”。

梁武帝自己也有大量佛教著作，除去只余篇目，今已不存者，现存的仍有《立神明成佛义记》(有沈绩的序注，载《弘明集》(卷九)、《敕答臣下神灭论》(载《弘明集》卷十)、《为亮法师制涅槃经疏序》(载《广弘明集》卷二十、《大般涅槃经集解》卷一)、《断酒肉文四首》(载《广弘明集》)、《摩诃般若忏文》、《金刚般若忏文》(载《广弘明集》)、《净业赋》、《孝思赋》、《述三教诗》等。梁武帝还常常设无遮大会，并亲自讲经说法。史上有明确记载的讲经，有梁武帝在531年(中大通三年)十月在同泰寺为僧俗信徒讲《大般涅槃经》，十一月又讲《摩诃般若波罗蜜经》，533年在同泰寺讲《金字摩诃般若经》，546年(中大同元年)在同泰寺讲《金字三慧经》等。

在推动佛教中国化的方面，梁武帝贡献甚多。《隋书》卷十三《音乐志上》载：“帝既笃敬佛法，又制《善哉》《大乐》《大欢》《天道》《仙道》《神王》《龙王》《灭过恶》《除爱水》《断苦轮》等十篇，名为正乐，皆述佛法。”中国民间流传最久，内容最长的一部的忏悔法门，就是《梁皇宝忏》，传说是梁武帝为救拔死后化为蟒蛇的郗氏皇后创设。今天寺院中最重要最盛大的佛事“水陆法会”，全名是“法界圣凡水陆普度大斋胜会”，也相传是梁武帝因梦中得到神僧的启示，醒后受宝志禅师的指教，再亲自披阅藏经三年所创制的，并于505年(天监四年)第一次在金山寺依仪修设。此外，小乘佛教僧尼并不绝对禁止肉食，主张可吃所谓“三净肉”。佛教传入中国，僧人通行小乘戒，亦允许吃肉。但一些大乘佛典如《大般涅槃经》《楞伽经》等都主张禁止食一切肉，认为“夫食肉者断大慈种”。梁武帝故此要求出家僧尼不仅应禁酒，而且禁食一切肉(包括“自死者”)，否则将以国法、僧法处治。甚至命令朝廷郊庙不以牲畜为牺牲，只能以面捏牛羊的形状代之，太医也不得以虫畜入药，织锦不许加仙人鸟兽之形。《广弘明集》卷二十六就有一篇梁武帝文《断杀、绝庙牺牲诏》，“下诏去宗庙牺牲，修行佛戒，蔬食断欲”。自此禁肉食成为汉传佛教的特色。

不过虽然强调佛教为正，余者为邪，但梁武帝在现实政治中，仍是三教并用，互相会通，对推动儒道释三家走向三教合流，做出了一定的贡献。梁武帝认为，老子和周、孔都是佛陀弟子，其学说发源于佛教，只是他们的思想仅是世间之善，缺乏宗教的超越性："老子、周公、孔子等，虽是如来弟子，而化迹既邪，止是世间之善，不能革凡成圣。"但他仍然重视儒道的作用，所以有时梁武帝称老子、孔子和佛陀为"三圣"(《敕答臣下神灭论》，载《弘明集》卷十)。他还著有大量儒学著作，如《制旨孝经义》《周易讲疏》《周易大义》《礼记大义》《中庸讲疏》《乐论》《乐社大义》《春秋答问》《孔子正言》等，甚至亲临国子学讲经策试。《梁书·武帝纪》称梁武帝："正先儒之迷，开古圣之旨，王侯朝臣皆奉表质疑，高祖皆为解释。"而且梁武帝在阐述佛教教义时，往往也会借用儒家思想。他在《敕答臣下神灭论》中，就引《礼记·祭文》"惟孝子为能飨亲"和《礼记·礼运》"三日齐，必见所祭"，来说明有神灵的存在。他也仍崇道教，常为臣下讲《老子》《庄子》，还与道士陶弘景联系密切。

梁武帝佞佛的影响巨大而深远。有人认为，梁武帝的佛教是掺杂了大量的以功利主义为核心的儒家教义的佛教，目的是用以巩固统治，麻痹人民。但无论是功利还是虔信，梁武帝为佛教靡费无度，佞佛滥施，穷其民力，不顾民生疾苦，最终毁掉了国家根基，是值得后世记取的教训。

（卢文芸）

## 14. 常璩著《华阳国志》

《华阳国志》是一部关于古代西南巴蜀地区历史、地理和人物的地方史志，是现存最早研究我国西南少数民族地区的一部重要古籍。作者为东晋史学家常璩。

常璩(约291—361年)，字道将，蜀郡江原(今四川崇庆县)人。常璩出身于世家大族，少年时遍读先世藏书，颇负才名。十六国时期在蜀地李氏成汉政权中任散骑常侍，兼掌修史，获读宫中图籍档案，曾著有一部成汉史《汉之书》(又名《蜀李书》，已佚)，又曾撰《梁益二州地志》《巴汉志》《蜀志》《南中志》等书。公元347年(东晋穆帝永和三年)，晋朝大将桓温伐蜀，常璩与中书监王嘏等力劝成汉国主李势降晋。后随李势入晋，在永和四年至永和十年之间，裒削旧作，著成《华阳国志》一书。

《华阳国志》原名《华阳国记》，《华阳国志・序志》称："肇自开辟，终乎永和三年，凡十二篇，号曰《华阳国记》。"故《水经注》引此书常称《华阳国记》，或简称《华阳记》。关于著书宗旨，作者在《序志》中说："博考行故，总厥旧闻；班序州郡，区别山川；宪章成败，旌昭仁贤；抑绌虚妄，纠正谬言；显善惩恶，已杜未然。"原书到宋时已有残缺，南宋嘉泰年间经李埾采《汉书》《后汉书》及陈寿《益郡耆旧传》等书，补足而成，故《隋书・经籍志》记为十二卷。

全书约十一万字，记载了从远古巴蜀二国传说时期到晋穆帝永和三年之间，今四川、云南、贵州三省以及湖北、陕西、甘肃部分地区的历史、地理状况。涉及地区在晋代为梁州、宁州、益州，位于华山之南，因古以山南为阳，故取名为《华阳国志》。全书大致可分为三个部分：第一卷至第四卷为《巴志》《汉中志》《蜀志》《南中志》，叙述巴、蜀、汉中、南中四个地区的历史变化和郡县建置沿革，包括历史地理、经济地理和人文地理等各方面，相当于正史中的地理志，只不过范围仅为巴蜀及其周边地区；第五至第九卷为《公孙述、刘二牧志》《刘先主志》《刘后主志》《大同志》《李特、雄、期、寿、势志》，以编年体的形式记载西汉末年至东晋初年公孙述、刘焉父子、刘备父子和李氏成汉四个割据政权以及西晋先后统治此地的历史，类似于正史中的本纪，但记述更为详审；第十至十一卷为《先贤士女总赞》和《后贤志》，记述梁、益、宁三州自汉以来的贤士列女，相当于正史中的列传，但写法不同，先列各人物的赞语，再用其事迹加以说明。第十二卷为《序志》，是全书的总序。

《华阳国志》的著述体例在古代史籍中别具一格。从体裁上说，它是地理志、编年史、人物传的三结合；从内容上说，它是历史、地理、人物的三结合。正因为有这样的显著特点，所以关于《华阳国志》一书的性质，历来存在不同观点。古代有人认为它是历史著作，例如在书目著录上，《隋书・经籍志》《通志》《文献通考》将其列入"霸史类"，《旧唐书・经籍志》《新唐书・艺文志》和《郡斋读书志》将其列入"伪史类"，《直斋书录解题》将其列入"杂史类"，《四库全书总目》将其列入"载记类"，都是把它作为史书；刘知幾《史通》和杜佑的《通典》则认为它是地理书。今人的分歧仍很大，谭其骧、王仲荦等学者认为它是地方史，朱士嘉、张舜徽等学者认为它是我国现存最早的地方志，还有人认为它既是地方史又是地方志。各种观点都有一定的道理。这种现象也许说明了《华阳国志》尚处在方志的形成阶段，没有严格反映出方志与史书的区别，兼有方志与史书的特点。

《华阳国志》在内容上体现了作者常璩高远深邃的史识和进步的史学思想：第一，大一统思想。中华民族历来就有维护国家统一，反对分裂割据的传统。常璩继承了这种传统，在《华阳国志》中旗帜鲜明地宣扬大一统的思想。《华阳国志·序志》即称："天工人代，万邦是望。明不二日，地不重皇"，认为分裂割据必然遭致败亡，只有统一才是人心所向、大势所趋。他用事实告诫妄图凭借险要进行割据的分裂者："是以四岳、三涂、太室，九州之险，而不一姓；冀之北土，马之所产，古无兴国。夫恃险凭危，不阶历数，而能传国垂世，所未有也。故公孙、刘氏以败于前，而诸李踵之覆亡于后。天人之际，存亡之术，可以为永鉴也；干运犯历，破家丧国，可以为京观也。"他还揭露了成汉李氏集团割据分裂所导致的灾难："李氏据蜀，兵连战结，三州倾坠，生民歼尽。"常璩还特别详述了巴蜀自古以来与中原密不可分的血肉关系，表明了巴蜀与中原统一是自古由然和历史必然。他在《巴志》中指出："华阳之壤，梁岷之域，是其(指华夏)一囿。囿中之国，则巴、蜀矣。……五帝以来，黄帝、高阳之支庶，世为侯伯。及禹治水，命州巴、蜀，以属梁州。……周武王伐纣，实得巴、蜀之师，著乎《尚书》。"在《蜀志》中也有巴蜀与中原关系密切的记载。他还充分肯定了秦汉对西南统一和开发的功业，也记述了巴蜀对秦汉统一中国的贡献，并反复强调巴蜀和中原是不能分割的统一整体。第二，民本思想。民本思想是古代儒家思想的重要组成部分，也是中国传统文化的基础。常璩从民本主义出发，在书中表达了对民生疾苦的忧思和关心。他叹息割据战乱给百姓带来的灾祸："嗟乎三州，近为荒裔，桑梓之域，旷为长野。反侧惟之，心若焚灼"；他感伤平民百姓的苦难："牧守颠摧，黔首辛尝。三州毁旷，悠然以荒。络结王网，民亦流亡"，"哀哀黎元，顾瞻靡望"。他特意通过百姓之口，特别是民间歌谣来褒扬为民谋利的官吏，如："建武以来，有第五伦、廉范叔度特垂惠爱。百姓歌之曰：'廉叔度，来何暮，来时我单衣，去时重五绔'"，"汉时县民朱辰字元燕为巴郡太守，甚著德惠。迄今蜀人莫不叹辰之德，灵为之感应"，"孝明帝初，广汉郑纯独尚清廉，毫毛不犯。夷汉歌咏，表荐无数，上自三司，下及卿士，莫不叹赏"。他还记载并鞭挞了侵犯百姓利益的官吏，如："太守建宁孟才以骄暴无恩，郡民王清、范朗逐出之。"也记载并赞扬了循吏对横行霸道的不法大姓的惩治，如："后有广汉刘宠为令。大姓恣纵，诸赵倚公，故多犯法。濮阳太守赵子真父子强横，宠治其罪，莫不震肃。宠复为成都，豪右敬服。"第三，尚贤任能思想。常璩认为安民惠民的关键在于尚贤任能，他在《序志》中指出："柔远能迩，实须才良"，又说："选贤与能，人远乎哉?"他明言撰写该书的一个重要意图就是"旌昭仁贤"。常璩的尚贤任能思想主要体现在对开明统治者选贤任能的肯定与赞扬上，如他在《南中志》中盛赞汉武帝开发西南之举为大业，并认为开发成功的原因是汉武帝尚贤使能、知人善任。他指出："然要荒之俗，不与华同，安边抚远，务在得才。故高祖思猛士作歌，孝文想颇、牧咨嗟。斯静御之将，信王者所详择也。"在《刘后主志》中记载蜀汉官制时，常璩认为蜀初不置三司之位，意在等待天下贤人。篇中详细地记载了诸葛亮及其继承者尊贤重士的事例，赞誉之情溢于言表。书中还记载了有才或重才、荐才的官吏，也体现了他的尚贤思想，如记述了广汉王堂被三府举为巴郡太守，不负众望，平定了羌乱，又"拨乱致治，进贤达士"，使巴郡大治的事迹。

《华阳国志》有一个突出的特点，就是作者在撰写地记时，搜集了许多民间歌谣、谚语，反映了民间实际生活和当时的社会现实。这些歌谣、谚语从不同角度反映了当地的社会生活和人民的思想感情，富有浓郁的生活气息。有的反映了当地民风的淳朴，如："川崖惟平，其稼多黍。旨酒嘉谷，可以养父；野惟阜丘，彼稷多有。嘉谷旨酒，可以养母。”有的反映了百姓对清官的感戴之情，如：“习习晨风动，澍雨润乎苗。我后恤时务，我民以优饶。”有的揭露了地方官吏贪残害民的行径，如：“狗吠何喧喧，有吏来在门。披衣出门应，府记欲得钱。语穷乞请期，吏怒反见尤。旋步顾家中，家中无可与。思往从邻贷，邻人已言匮。钱钱何难得，令我独憔悴。”有的反映了人民群众对腐败政治的抨击，对清明社会的向往，如：“混混浊沼鱼，习习激清流。温温乱国民，业业仰前修。”如此等等，不仅增强了记述的真实性，而且促进了行文的生动活泼。

《华阳国志》具有重要的史料价值。常璩以蜀人谈蜀事，所述蜀汉事迹较陈寿《三国志》为详，对巴蜀晋代史事的记载也较他书完备，多为范晔《后汉书》采用。其史料价值首推其中前四卷，这四卷虽然以正史的地理志形式而作，但远比正史内容丰富。著者不仅在每一志之首冠以一篇总序，论述该地区的历史演变、政区沿革、山川道里、风土人情、物产资源、世家大姓等，还在每一郡的介绍中冠以小序一篇，叙述该郡概况。然后对于每一县，则详细具体地记载该县的沿革、山川、祠庙、古迹、传说、物产、风俗、民族、人口、名宦、大姓，等等，为研究西南地区的政治史、经济史、文化史、科技史、民族史和地理沿革等提供了许多珍贵史料。其他各卷也各有其价值，例如，第八、第九两卷叙述西晋统一、西南流民起义和成汉政权的历史，不仅参考了很多现已失传的历史文献，而且取材于成汉的档案资料以及作者的“广访博咨”，有较多的第一手材料，对于晋史的研究十分重要。此外，《华阳国志》对于如下学术问题的研究而言还殊有价值：远古时期巴蜀地区与中原地区关系的历史发展；汉代尤其是东汉时期，在尊经崇儒的背景下，中原文化对巴蜀地区的渗透和影响以及中原文化与巴蜀文化的交融；古代巴蜀地区士族文化的发展状况以及巴蜀士族在地方学术文化中的地位和作用，等等。

《华阳国志》体制完备，资料丰富，考证精密，语言生动，在中国方志学史和历史文献学史上具有很重要的地位。该书问世之后，备受史学家和地理学家重视。范晔著《后汉书》、裴松之注《三国志》，曾大量采摘该书文字；崔鸿著《十六国春秋》、郦道元注《水经》、刘昭注《后汉志》，也大量吸收该书关于西南史地的成说。《华阳国志》的史学价值受到了学者的充分肯定，北宋吕大防为其作序称：“此书虽繁富，不及承祚之精微，然议论忠笃，乐道人之善，蜀记之可观未有过于此者。”南宋李塈在《重刊华阳国志序》中说：“盖以疆域既殊，风俗各异，山川有险要厄塞之当备，郡邑有废置割隶之不常，至于一士之行，一民之谣，皆有不可没者，顾非笔之于书则不能也。……况夫环数千里之地……其理乱得失盖有系天下大数，安可使放绝而无闻乎？此晋常璩《华阳国志》之所以有补于史家者流。”明代张佳胤称常璩为卓越史学家，并在《江原常氏士女目录》跋中说：“道将承源家学，修辞有经，斯龙门世业，良史称才。”

《华阳国志》的版本很多，北宋有元丰吕大防成都刻本，南宋有嘉泰李塈邛州刻本，均已亡佚。明清时期，翻刻传抄者众多，今存明清刻本、抄本达三十种，其中以清代顾广圻校勘、以廖寅名义刻的印题襟馆本为最佳。今人校注本有1984年巴蜀书社出版的刘琳《华阳国志校注》和1987年上海古籍出版社出版的任乃强《华阳国志校补图注》等。

（杨继刚）

# 15. 刘劭撰《人物志》

刘劭(一作邵)，字孔才，三国时期广平邯郸(今属河北邯郸)人。著名哲学家，建安年间，先后任广平郡计吏、太子舍人和秘书郎。魏文帝黄初年间，升为尚书郎、散骑常侍。魏明帝太和年间，出任陈留太守，“崇敦教化，百姓称之”，征拜骑都尉，后复为散骑常侍。刘劭既无祖荫庇护，又无权贵扶植，从一个地位低微的郡计吏，累官至侍从皇帝的三品显职散骑常侍，表现出杰出的政治能力。陈寿在《三国志》中评价刘劭“该览学籍，文质周洽”，是一位非世俗所常有的奇才。刘劭博学善识，一生著述颇丰，曾作《皇览》《新律》十八篇，《说略》《律略论》十四篇，但其中绝大部分都已亡佚。现仅有《人物志》一书及一些残文传世。

《人物志》共三卷十二篇，目录如下：《九征》《体别》《流业》《才理》《才能》《利害》《接识》《英雄》《八观》《七缪》《效难》《释争》。全书是一部系统评鉴人物才能和品德的理论著作，“物”是品鉴、品类之意，该书将人物分成许多品类，故名“人物志”。书中对三国时期的人才理论加以提炼概括，对人的性情气质和心理修养，人才的分类、鉴别与任用，进行了深入探讨，提出了许多精辟独到的见解。

刘劭所生活的时代，正值汉末魏初，天下经过近四百年的长期统一后，开始呈现分崩离析的局面，群雄纷起，三国鼎立。社会的动荡不安，激励着智勇之士以天下为己任的豪情，一些有作为的政治家、军事家在恢复和发展经济的同时，极力在政治上进行一系列改革，力图打破均衡局面。北方的曹魏集团在政治上打击东汉以来的豪强地主集团，废除由豪强地主阶级所把持的察举制度，发布“唯才是举”令，从各阶层选拔人才。曹操一再强调，“今天下尚未定，此特求贤之急时”，“若必廉士而后可用，则齐桓其何以霸也？今天下得无有被褐怀玉而钓于渭滨者乎？又得无盗嫂受金未遇无知者乎？二三子其佐我明扬仄陋，唯才是举”。魏明帝时也曾多次“诏公卿举贤良”。汉魏之际，品评人才的标准发生了重大变化，由重家世门第、伦理道德，逐渐转向重实际才能。在这样的历史背景下，为适应察举人才和品鉴人物的需要，《人物志》一书便应运而生了。从创作目的来看，《人物志》一书渗透着强烈的经世致用思想，主要面对政府官员和贵族子弟，从理论上和实践上指导他们如何知人知己。刘劭清楚地认识到，作为统治者，只有善于识别人才，才能够正确顺利地选拔和使用人才。《人物志序》明确称：“圣人兴德，孰不劳聪明于求人，获安逸于任使者哉”，一语道破撰者编撰《人物志》的主旨，即为君主指出识才、用才的途径，使之能够通过对人才的合理使用，取得和维护封建大一统的局面，从而获得国家政治的长治久安。

如何辨识人才和如何任用人才，构成了《人物志》的两大基本内容。要使用人才，前提必须善于识别人才，要做到知人。就前者而言，刘劭认为辨识一个人，最根本的问题在于了解一个人的性情，即人的内在性格和外在情态。尽管人的性情非常深微，难以察识，但世界上凡是有血气之物都含有阴阳的元质，由金木水火土五行组成其形态。人禀天地之气所生，是万物之灵，同样也是由这些元素组成。因而可以通过对人外部表现的观察来发现其性情和心理，借助观察一个人的外表气色形质，寻流照源，由表及里，还是可以判别人的基本性情的。在今天看来，这种观察途径无疑还是一种科学的方法。与之相配合，刘劭还提出了一套鉴别人才的具体做法，概括说来，就是“八观”和“五视”。所谓“八观”：第一，“观其夺救，以明间杂。”人的性情是复杂的，各种因素并存，因此，要通过观察一个人的“夺”（恶情夺正）和“救”（善情救恶）的表现，来了解性情中各种因素间杂的情况。第二，“观其感变，以审常度。”即观察一个人在变动状态下的表现，以了解他平常的气度。第三，“观其至质，已知其名。”观察一个人才质、名声发展的情况，就可以了解他的性情和才能。第四，“观其所由，以辨依似。”对于似是而非、似非而是的行为，要看他行为的来龙去脉，透过现象，抓住本质。第五，“观其爱敬，已知通塞。”观察一个人对他人爱敬的情况，可以知道他人际关系的好坏和事业的成败。第六，“观其情机，以辨恕惑。”观察一个人喜怒哀乐的反映，就可以知道他的思想品德的高低。第七，“观其所短，已知所长。”人的短处往往与其长处相关联，观察一个人的短处，就可以知道他与短处相关的长处。第八，“观其聪明，已知所达。”观察一个人聪明程度，就可以知道他会成为什么层次的人才。所谓“五视”，就是在五种不同的环境中对人的素质进行考察。其一，“居，视其所安”，即在赋闲在家时，看其是否内心平静；其二，“达，视其所举”，即在他仕途通达时，看他推荐什么人；其三，“富，视其所与”，即在富有的情况下，看他是否肯施与别人钱财；其四，“穷，视其所为”，即在困窘的境遇中，观察他的所作所为；其五，“穷，视其所取”，即在贫穷时，看他是如何求取财物的。总之，刘劭提倡用“八观”和“五视”鉴别人物，其主旨就是由人的爱恶予夺、形色言语、处事态度等，来对人的性情进行分析判断。要求人们品鉴人物要全面慎重，避免主观片面的观察。

在鉴别人物的基础上，刘劭在理论上对人才进行了多层次和多种类的划分，进而深入讨论人才的任用问题。刘劭以德、法、术为标准，将人才分为十二类：清节家、法家、术家、国体、器能、臧否、伎俩、智意、文章、儒学、口辩、雄杰。需要指出，上述十二类人才类型，是严格依先后顺序来排列的，表明刘劭认为人才有高下优劣之别。他最看重的是清节家，位于十二类的首位，《流业》篇云：“若夫德行高妙，容止可法，是谓清节之家。”从其描述来看，所谓清节家，是指儒家而言的。法家和术家紧随其后，也位于比较高的位置。

对于具有不同才能的人，刘劭提出不拘一格，量才授官的原则，使各类人才都能够发挥各自的优长，各司其职，如称“清节之德，师氏之任也；法家之材，司寇之任也；术家之材，三孤之任也”等。唯其如此，才能使人尽其才，才尽其用。这样，不仅有利于统治阶级广纳贤才，治理国家，同时有利于人才资源的合理配置，避免了因用人不当而导致的人才资源的浪费，对当时乃至整个古代社会都起到了积极的作用。在注意人才优长的同时，刘劭也强调用人者要留意其偏短，《才能》篇列出了九种不同性格的人的偏短，称为“九偏”，即：性情刚强粗略的人，不能办理细微的事务；性情高亢严厉的人，不能灵活变通；性情坚强刚劲的人，往往情感外露，处事简单急躁；能言善辩的人，往往以偏概全；随波逐流的人，缺乏大志或精密的计划；见识肤浅的人，不能解决深层次繁难的问题；性情宽和徐缓的人，处事容易优柔寡断；性情温和柔顺的人，往往缺乏独自的见解，独立处事能力不强；向往新奇的人，大多自以为是，做事浮夸。任用人才，只有既知其长，又知其短，才能做到真正的知人善任，把人才的潜能最大限度地发挥出来。

以上十二才，皆才兼长短，为偏至之才、人臣之才，适宜担任各种官职，却并非刘劭心目中人才的最高境界。只有品格中和平淡，具有纯粹之德的全才或通才，即理想君主的形象，才是最高层次的人才，最高智慧的化身。其特征是聪明睿智，洞察入微，而又“质性平淡，思通玄微，能通自然”。刘劭认为，君道臣道有别，君主的德行和才能与常人不同，因而其功用自然也不同于一般的人才。臣属以能言能行、才能胜任为能；而君主当以善于用人、察纳雅言、赏罚分明为能。《流业》篇云：“主德者，聪明平淡，总达众才，不以事自任者也。是故主道立，则十二才各得其任也。”说明君主的才能关键在于能任用各种不同的人才，并使其各司其职，而自己却不必承担具体的政事。这一观点体现出刘劭对君主职能的独特见解，也表现出道家无为而治的思想对他的深刻影响。汉初杰出的政治家、军事家刘邦，曾对他的臣下说：“夫运筹帷幄之中，决胜于千里之外，吾不如子房；镇国家，抚百姓，给馈饷，不绝粮道，吾不如萧何；连百万之兵，战必胜，攻必取，吾不如韩信。此三者，皆人杰也，吾能用之，此吾所以取天下也。”这一番话，可以作为刘劭观点的有力注脚。

综上所述，刘劭篇撰《人物志》，并非只站在个人立场上剖析各类人物，而是从宏观的政治立场上来进行思考。他总结了前人品评鉴别人物的实践经验，摒弃其中虚妄迷信的成分，用较为科学的方法，深入探讨了人的性情、气质和心理，提出了许多用人识人的新观点。刘劭归纳出“八观”“五视”为主的人才鉴别方法，同时指出鉴别人才容易出现的种种失误。人才分类较前人更为细致具体，并以此为基础，分析他们各自适宜担任的职务，构建了以“知人任官”为核心的一套完整的人才学体系。《人物志》的学说比前人更为深刻和哲理化，代表了三国时期人才理论的最高水平，反映了当时人们对自身认识的深化，对后世产生了深远的影响。正如宋代阮逸所论：“王者得之，为知人之龟鉴；士人得之，为治性修身之檠栝。”

（杨继刚）

# 16. 徐陵与《玉台新咏》的编选

《玉台新咏》又名《玉台集》，是我国文学史上继《诗经》《楚辞》之后又一部很有影响的诗歌总集，也是除《文选》以外现存最早的总集，编纂者是南朝梁、陈之间人徐陵。

徐陵(507—583年)，字孝穆，东海郯(今山东郯城县)人。幼年聪慧，8岁会写作，12岁就能领会《老》《庄》的精义，长大后，更博涉经史，富于辩才。曾任梁朝散骑侍郎，公元548年(梁武帝太清二年)，奉命出使东魏。次年，南方发生侯景之乱，徐陵被留于邺城达七年之久。直到西魏攻克江陵，杀死梁元帝萧绎后，北齐派兵送魏末被俘的梁宗室萧渊明称帝，才让他随同回到建康。南归后第三年，陈武帝陈霸先代梁自立，他又入陈为官，累迁光禄大夫、太子少傅。公元583年(陈后主至德元年)卒，谥曰章。据史书记载，徐陵仪表堂堂，举止优雅，用人唯贤，刚直不阿，性喜清简，自持颇严，扶危济困，仁义慷慨。徐陵博学多才，工诗与骈文，在梁、陈两代甚负文名，与庾信齐名，其文辞藻华美，声韵和谐，时称“徐庾体”。尽管梁、陈两代的皇帝都精通文墨，朝廷上文士云集，但梁末至陈的重要文告、诏策大多出于徐陵之手，据《徐陵传》记载：“每一文出手，好事者传写成诵，遂被之华夷，家藏其本。”徐陵死后，陈后主曾下诏给他以“文曰词宗”的赞誉，可见徐陵在当时文坛上的崇高地位。徐陵虽负文章盛名，但他在文学史上的最大贡献，是完成了对《玉台新咏》的编选。

《玉台新咏》约编选于梁简文帝萧纲即位之前，大概成书于公元532年(梁武帝中大通四年)至535年(大同元年)之间，时萧纲为太子。《玉台新咏》的编选目的，大致有以下几种说法：第一，“以备讽览”说，唐人李康成持此说，认为该书的编选目的是为劝谏君王。第二，“张大宫体”说，据刘肃《大唐新语》所载：“梁简文帝太子，好作艳诗，境内化之，浸以成俗，谓之宫体。晚年改作，追之不及，乃令徐陵撰《玉台集》，以大其体。”第三，“殆有微意”说，见朱彝尊《曝书亭集》卷五十二。第四，“愉悦宫闱”说，徐陵本人曾称，“往世名篇，当今巧制，分诸麟阁，巧用散在鸿都，不籍篇章，无由披览”，宫闱寂寞，为了让那些“无怡神于暇景，惟属意于新诗”的贵族妇女歌咏或写作时参考，“于是燃脂暝写，弄笔晨书”，遂成《玉台新咏》十卷。从《玉台新咏序》所透露出的信息来看，《玉台新咏》应该是为后宫妇女所选编的一部读本，是宫廷文化娱乐的工具，以供宫中妇女排遣苦闷，消磨光阴之用。比较各家之说，并结合当时实际情况分析，《玉台新咏》的编选目的似以徐陵自己的说法较为可信。

书名寓意，照清人吴兆宜的说法是“玉台，以喻妇人之贞”，意即专录反映妇女题材的作品。集中所选诗歌，内容全与妇女有关，这是本书最大的特点，也是徐陵在文学史上的创造，正如明胡应麟所说：“但辑闺房一体。”全书所收作家，自汉至梁共130人，作品凡870篇(按清吴兆宜注，程琰删补本)，分为十卷，大致按照时代排序。第一、二卷主要是古诗。第三、四卷艳诗与古诗间杂，已有宫体之端倪。第五、六卷是日趋成熟的宫体诗。第七卷，专选梁武帝萧衍等帝王的诗。第八卷，选梁朝诸臣的诗。第九、十卷是补遗。因为是给后庭妃嫔们歌咏的，所以《玉台新咏》的选材偏重于男女闺情，浅显易懂，便于歌咏。在诗歌的选录上有如下特点：选取了许多易记易唱的古绝句、乐府诗词、汉魏童谣等；选录了相当数量的梁代当世诗人的作品，尤以宫体为主，其中又以简文帝的作品为最多；由编选目的所决定，对当时有影响的诗人，也只选语言浅易、关乎两性的作品；选录了大量五言绝句。

集中诗作虽都与女性有关，但各有侧重。细加条理，大致包括以下几个方面的思想内容。首先，《玉台新咏》收录了不少表现妇女为争取自由幸福的爱情生活所进行的大胆和热烈追求的诗篇，或表现夫妻相思，或抒写少女对爱情的向往等。这类作品大都感情真挚，描写生动。如《浔阳乐》以莲藕作喻，颂扬了男女间忠贞的爱情，表现了青年男女对纯洁爱情生活的向往。作为乐府民歌“双璧”之一的《西洲曲》，则通过一个女子的回忆，表现了对情郎的一往深情，展示了一组从相恋到分离、从分离到相思情感历程，哀婉感人。又如《情诗》，写一男子在外对家中妻子的思念，最后四句用“虫鸟知风雨”作喻，表明爱过方知情浓，只有亲身经历过离别的人才能体会到这种思念的痛苦。

其次，《玉台新咏》中有许多反映女性长期遭受压抑迫害的悲怨愁苦和对封建礼教的大胆反抗。例如，著名的叙事长诗《孔雀东南飞》(原名《古诗为焦仲卿妻作》)，最早就见于《玉台新咏》。这首长诗闪耀着强烈的反封建精神的光芒，它以鲜明的爱憎，有力鞭挞了封建制度对青年一代特别是青年妇女的迫害，深刻揭露了封建礼教制度的吃人本质。同时对刘兰芝、焦仲卿的反抗斗争给予了高度的赞扬，歌颂了忠于爱情的美好心灵。又如《苦相篇豫章行》，描写了一个下层女子由于封建社会的重男轻女而遭遇的悲苦命运。从出生之时，女子与男子的命运就截然不同，女子“薄命卑陋”，男子却“神气威风”，女子出嫁后在夫家做人，必须谨小慎微，即便是对夫家的婢妾，也要像对待客人一样殷勤周到。然而不管女子如何贤良，负心的丈夫最后还是不念旧情，轻易地抛弃了她。

再次，《玉台新咏》承继《诗经》的现实主义传统，相对《文选》而言，所选录的作品更带有人民性，往往不从正面描写当时的社会现实，而是通过妻子对征人的苦苦思念或征人与妻子的相互思念，间接地反映残酷的战争、繁重的徭役给人们带来的深重苦难。如《饮马长城窟行》，以修筑长城的戍卒和他的妻子对话的形式，表现了沉重的徭役给人民带来的痛苦与灾难，抒发了人们期盼战争、徭役早日结束的呼声，具有强烈的时代感和人民性。《征怨》《闺怨》等诗也都属于此类作品。

又次，《玉台新咏》取法《离骚》积极浪漫主义精神，以香草美人作喻，讽喻黑暗的现实政治。《四愁诗四首》中以大山喻君王，梁甫喻小人，美人喻君子，金错刀喻仁义，表现了自己效力国君，想实现远大抱负而为小人谗害，理想难以实现的忧伤和苦闷，深刻揭露了小人当道、国君昏庸的黑暗现实。《南国有佳人》以佳人不为时俗所重，比喻有才能的人得不到统治者的赏识，抱负不能施展，表现了时政的腐朽，寄托了诗人鲜明而又强烈的爱憎。《美女》以美女比君子，用美女盛年不嫁的遭遇隐喻贤士怀才不遇、壮志难酬的愤懑。

最后，《玉台新咏》保存了大量汉代乐府民歌和一些古代歌谣，包括梁以前的不少文人创作，前者如《日出东南隅行》《饮马长城窟行》《古诗为焦仲卿妻作》等，后者如辛延年《羽林郎》、潘岳《悼亡诗》、左思《娇女诗》等，为我们研究这一时期的诗歌提供了重要的参考资料。徐陵从乐府的角度收录古代诗歌，所以《文选》中许多遗漏的重要诗歌得以入选，因此《玉台新咏》可补其不足，这些诗歌可以用来考校齐梁以前作品的异同得失。如曹植的《弃妇》诗、庾信的《七夕》诗，皆为二人本集所不载，而赖《玉台新咏》保存并补阙正误。特别值得重视的是，因为《玉台新咏》主要是从入乐的角度收录诗歌，所以在声韵方面比《文选》更为讲究，所选作品在声律、对偶方面对唐代诗歌的格律形成起了很大作用，对于研究齐梁诗向隋唐近体诗的演变具有重要的参考价值。诗歌中有的句式句意更为唐代诗人所效仿，如唐代杜甫《梦李白》中的“浮云终日行，游子久不至”、《春望》中的“白头搔更短，浑欲不胜簪”和《佳人》中的“绝代有佳人”，分别由《玉台新咏》中所选《古诗》中的“浮云蔽白日，游子不顾还”、《拟行路难》中的“白头零落不胜簪”和《乐府》中的“北方有佳人”等句式句意转化而来。又如岑参《白雪歌送武判官归京》中的“千树万树梨花开”一句，也由《燕歌行》中的“洛阳梨花落如雪”脱胎而来。此外，在诗体方面，卷九主要是歌行体，卷十是五言绝句，《玉台新咏》为我们提供了古体向近体转型的具体作品。

毋庸讳言，《玉台新咏》也收录了不少轻浮绮靡、趣味低下的作品，如《咏内人昼眠》《戏赠丽人》等。此类作品，醉心于描绘女子的容饰、体态乃至生活环境、所用器物等，以辞采秾丽、描写纤细工巧、富于音乐性为主要语言风格，被称为“宫体诗”，常常被认为是宫廷荒淫生活的反映，从唐代开始，一直受到严厉的批判。《玉台新咏》编成之后，朝野流布，世人争相效仿，一时成风，以致人们又称这类华美雕饰、纤弱艳丽的诗体为“玉台体”，徐陵也为后人所诟谤。事实上，即便是“宫体诗”也并非一无是处，它毕竟扩大了中国诗歌审美表现的领域，促进了七言诗体的发展和成熟。后世一些负有盛名的大诗人，如李白、李商隐的某些作品，也都留有明显的宫体诗风的痕迹。文学的发展演进有其自身的轨迹，撇开所谓“玉台体”产生的时代原因不说，纵观全集，内容健康、思想性较强的作品占绝大多数。因此，应该肯定徐陵在文学史上的贡献和地位，不能把他和“宫体诗人”完全等同起来；对《玉台新咏》也不能以偏概全，完全定性为“宫体”诗集，而贬低它的研究价值和欣赏价值，抹煞它在中国诗歌史上的功绩。袁枚在《随园诗话》中曾称誉《玉台新咏》“实国风之正宗”，《四库全书总目》也认为《玉台新咏》“虽皆取绮罗脂粉之词，而去古未远，犹有讲于温柔敦厚之遗，未可概以淫艳斥之”，这一断语可谓客观公正。

《玉台新咏》现存最早的版本是敦煌石室中所藏唐写本，收在《鸣沙石室古籍丛残》中。现存刻本以五云溪馆铜活字本为最早，清康熙间吴兆宜注本，乾隆间纪容舒《平台新咏考异》十卷，考订尤善。

（杨继刚）

## 17. 贾思勰撰《齐民要术》

贾思勰是北魏杰出的农学家，生卒年不详，大约生活在公元5世纪末至6世纪中叶，山东益都(今山东寿光)人。曾在洛阳、大同、河北等地做官，最后任高阳郡(今山东临淄)太守。一生游历丰富，足迹遍及黄河中下游，曾先后到过陕西茂陵、河南淇县、山西太原、大同、河北井陉、山东定陶、历城等地，每到一处，搜集文献资料，访问农民，观察试验，具备了广泛的农事知识，对农业生产有较深的了解。离职归乡后，一边经营农业，一边著书立说，从公元533年(北魏永熙二年)至公元544年(武定二年)，历时11年之久，撰成《齐民要术》一书。该书不仅是我国6世纪内容最为丰富的农业百科全书，也是世界农学史上最早的农学名著之一。

贾思勰生活于北魏帝国走向没落的时代，孝文帝大胆改革所带来的繁荣景象早已不复存在，取而代之的是北魏后期政治腐败、灾害频降、民不聊生的悲惨境况。面对摇摇欲坠的北魏王朝，贾思勰有着深切的忧虑，尽管他对北魏后期上层官员和州郡官吏的腐败深表不满，但是作为一名封建官僚，他所能做到的只是提供一个救助的办法，以挽救北魏政权面临灭亡的危机。这便是劝君以农为本，让天下人皆知务农重谷之道，希望通过发展农业生产来求得社会稳定和国家富强。除了告诉平民百姓一些生产生活必需的技术方法以外，他还劝谏统治者要爱民惜用，《齐民要术·序》云："珠玉金银，饥不可食，寒不可衣，粟米布帛一日不得而饥寒至，是故明君贵五谷而贱金玉。"正是从这种重农思想出发，贾思勰才不辞辛劳，"采集经传、爰及歌谣、询之老成、验之行事"，写成了《齐民要术》一书。

全书由序、杂说和正文三大部分组成，共十卷九十二篇，约11万字。其中《杂说》一篇，一般认为是后人所加。前五卷包括各种农作物、蔬菜、果树、桑柘(附养蚕)等的栽培技术；第六卷为禽畜和鱼类的养殖；第七至九卷是农副产品的加工、储藏，包括酿造、腌藏、果品加工、烹饪、饼饵、饴糖，旁及煮胶和制笔墨；第十卷以很大篇幅引载了有实用价值的热带、亚热带植物，可以说是我国现存最早的南方植物志。十卷内容记述也有详有略，前六卷采用了详细叙述的编写方法，几乎每篇都加了相当多的注释。第七至九卷采用了相对简要的编写方法，表达简明扼要。而第十卷则采用粗略的编写方法，对有些热带、亚热带的物产仅仅列出名目，点出它们的特殊怪异之处。全书内容正如贾思勰在《自序》中所言："起自耕农，终于醯醢，资生之业，靡不毕书。"从耕种到农产品加工，涉及农业生产及家庭生活的各个方面，包罗万象，真可谓是一部杰出的农业百科全书。

《齐民要术》虽然涉及农业生产和百姓生活的各个方面，内容比较庞杂，但却有以一贯之的主旨，即提倡奖励农耕，采用合理的耕作制度和方法，强调掌握好天时地利等因素。全书精心构思，言之有序，主要按照种植的顺序、技术运用的顺序采用叙述的方法对农业生产技术给予全面的介绍。贾思勰认为人们种庄稼必须遵循因时、因地制宜的原则，加上人的力量，就可以取得事半功倍的效果。如果违反自然规律，则会一无所获。他在书中提出了“顺天时，量地利，则用力少而成功多。任情返道，劳而无获”的观点。

“顺天时”，就是因时制宜，根据季节、气候条件及时安排农业生产，不要违背天然法则。以播种而言，有上时、中时、下时之分，体现了播种的早晚与农作物的产量息息相关。例如在华北地区，播种水稻以阴历三月为上时，四月中旬为中时，四月下旬为下时。同时他又辩证地认识到，上、中、下时的划分也不是僵化不变的。谷物宜早种，但又不能只种一个上时，中时、下时也要种一些。因为一年之中，气候比较复杂，各年气候更是不同，时宜也并非固定不变，它随气候的变迁而变化。一旦气候异常，上时可能变为中时、下时，而中时、下时可能变为上时、中时。这种情况下，如果只种一时，就可能会遭受重大损失，而三时都种，就会把风险系数降到最小。又如《伐木》一篇中引《礼记·月令》语云：“孟春之月……禁止伐木”，“孟夏之月……无伐大树”，“季夏之月……树木方盛，乃命虞人，入山行木，无为斩伐”，“季秋之月……草木黄落，乃伐薪为炭”，“仲冬之月……日短至，则伐木，取竹箭”。并引《孟子》语云：“斧斤以时入山林，材木不可胜用。”意在表明，人们应当根据季节的变化及树木生长的规律，适时采伐树木，这样才能既保证木材品质，充分利用森林资源，又能维持森林的生态平衡。

“量地利”，就是因地制宜，合理运用土地。土壤质地、结构、肥瘠情况各不相同，要有区别地加以利用。更早的农书和《齐民要术》都谈到各种不同的土壤，如强土、弱土、重土、轻土、白土、黑土、缓土、紧土、燥土、湿土等。《齐民要术·种谷》引《淮南子》语云：“土地肥，尧、高、下，各因其宜。丘陵、阪险一生五谷者，树以竹木。春伐枯槁，夏取果瓜，秋畜蔬、食，冬伐薪、蒸，以为民资。”这样既能充分利用土地，又能满足民众生产生活多方面的物质需要。一方面不同作物对土壤的肥沃程度和土壤性质有不同的要求，另一方面不同的土壤对作物也有不同的反映。书中列举到小麦：下田；早稻：下田，白土胜黑土；谷子：良田、薄田皆可；粱秫：薄地；大豆：地不求熟；姜：白沙地；蒜：良软地。白软地蒜甜美而颗大；黑软地次之；刚强之地，辛辣而瘦小。《齐民要术》还列举了这样的现象：山西并州的蒜种种到河南朝歌的田里，一年后大蒜瓣变小，成了“百子蒜”；而外地的芜菁种到并州的田里，一年后芜菁的根却变大。并州的豌豆种到井陉以东，山东的谷子种到山西壶关、上党，都只长苗而不结实。究其因，贾思勰认为作物生长和土质密切相关，一旦土壤条件发生变化，作物生长自然要随之发生变化。这些观点正确地反映了土壤与作物的关系，完全合乎耕作的科学原理，即使对今天的农业生产而言，也仍然具有积极的现实指导意义。

“用人力”，顾名思义就是指通过人的劳动来改造自然环境，选种、施肥、土壤改良、田间管理等，都属于人力的范围。又因为人力具有协调天时和地利的作用，所以对于农业生产而言，意义尤为重要。在人与自然的关系上人要顺乎自然，但又不能完全消极地适应客观自然，而是应该发挥人的主观能动性，利用客观规律，甚至改造自然。贾思勰不仅从理论上认清了这个道理，而且从实践上应用了这个哲学原理，其突出的表现就是对人工选择的运用。书中指出：谷子要选矮秆的，能早熟而多收；羊要留腊月、正月生的羔为种；母猪要选短嘴无软底毛的为种；母鸡要选体小脚短守窠少声的作种。这些说的是人工选种。“养牛、马、驴、骡”篇有马驴杂交成骡的记载：“常以马覆驴(指以公马与母驴交配)，所生骡者，形容壮大，弥复胜马。然必选七八岁草驴，骨目正大者：母长则受驹，父大则子壮。”这是关于人工有性杂交培育新种的记载。“插梨”篇详细记述了用棠树或杜树做砧木，用梨树苗作接穗进行嫁接，所结梨大而细密。还指出用梨树苗的不同枝条作接穗，结果不同：用近根小枝作接穗，将来树形美好，但五年才结实；用老枝条作接穗，三年可结果，但树形不美观。这些又属于人工无性杂交技术。上述种种实例，用人工选择的方法培育新种，体现了人的主观能动的作用，正是“用人力”在农业生产中的生动体现。再如从提高地力上，贾思勰认为也应该充分发挥人力作用，主要办法有三：第一，轮作。有些作物可以连作，像葵、蔓菁之类；有些作物像谷子、水稻、麻之类，就不能连作，必须轮作，否则产量会大受影响。第二，栽种绿肥。可作绿肥的作物有绿豆、小豆、胡麻等，贾思勰认为绿豆最好，绿豆的肥效跟蚕粪、熟粪相同，且省人力，其次是小豆、胡麻。第三，施有机肥。有机肥里又以粪肥为最好，但必须要用经过充分发酵的熟粪，不要用未经发酵的生粪。因为“生粪粪地无势”，即肥力不大。上述种种方法对改良土壤结构、提高地力，很有功效。总之，《齐民要术》一书始终贯穿着“天、地、人”三者和谐统一的思想，并运用于农业生产的各个方面，对后世产生了深远的影响。

除以上特点外，《齐民要术》还创造性地增加了救荒的内容，虽非书中重点，但对后人有相当的启示作用。如《种芋第十六》写道：“芋可以救饥馑，度凶年。今中国多不以为此意，后生中至有耳目不闻见者。及水、旱、风、虫、霜、雹之灾，便饿死满道，白骨致交横。知而不种，生致泯灭，悲夫！”此外《蔓菁第十八》《种梅杏第三十六》《种桑柘第四十五》等篇，也都有关于救荒的记述，足见贾思勰对救荒的重视，这也反映了作者“济民”“安民”的思想。受此影响，后世所编农书，也将救荒的内容正式纳入编纂体系，如《农政全书》中就有“荒政卷”。

贾思勰的《齐民要术》与杨衒之的《洛阳伽蓝记》以及郦道元的《水经注》，是北魏时期三部杰出的著作，而作为中国现存最早最完整的古代农学巨著，《齐民要术》涵盖了农、林、牧、副、渔各个方面，与人民生活、生产密切相关。内容精深丰富，所述技术先进适用，在许多项目上，比世界上其他先进民族的记载要早三四个世纪，有的甚至更长。书成之后，最初在民间辗转传录，至北宋年天圣年间才官刊颁发给劝农使者，以指导农业生产。以后官私传抄不绝，版本多至20余种，并广为其他农书、杂著所援引。早在唐末时已传入日本，近代以来，世界上已有多种译本出版，并有不少研究著作。

（杨继刚）

## 18. 颜之推撰《颜氏家训》

“家训”，也作“家令”“家诫”“家范”“宗范”，是古人对父母教导的敬称。中国古代的家训类著作源远流长，最早出现于三国时期，《三国志·魏书·邴原传》裴松之注中说：“三国魏杜恕著《家诫》”，但此书早已亡佚。现存最早的家训专著，是魏晋南北朝时期颜之推的《颜氏家训》，“古今家训，以此为祖”。

颜之推(531—约591年)，字介，祖籍琅琊临沂(今山东临沂市)。东晋初南渡，定居建康(今南京)，父亲颜协为南朝梁湘东王萧绎属官。颜氏“世以儒雅为业”，有良好的家风与家学传统。颜之推9岁时父母亡故，由兄长颜之仪教养。19岁时为萧绎属官，21岁时在侯景叛乱中被俘，次年梁元帝萧绎即位，他被任命为散骑侍郎、奏舍人事，奉命校书，两年中尽读秘阁藏书。24岁时北魏兵陷江陵，元帝遇害，之推被俘。他不愿为北魏效力，在26岁时趁黄河水涨南逃，但此时梁为陈所灭，便留居北齐，官至黄门侍郎，主文林馆事，主编《修文殿御览》。47岁时北周灭齐，50岁时被任为御史上士。入隋后被召为学士，隋开皇十一年卒，年60余。之推一生颠沛流离，饱经沧桑，历任四姓，“三为亡国之人”。

南北朝时期，国家分裂，战乱频繁，士族急剧衰落。梁朝的士大夫们，“出则车舆，入则扶侍”，及至“侯景之乱，肤脆骨柔，不堪行步；体羸气弱，不耐寒暑，坐死仓猝者，往往而然”。等到乱离之时，困苦流落，死于沟壑。这些人在战乱时连自己都保不住，怎能为国效力呢！颜之推从自己坎坷的经历、士族子弟的悲惨结局中，看到了家训的必要性和学习知识技能与修养德性的重要性。此外，颜之推还清楚地意识到，家训有着其他教育不可替代的特殊性。同样的话，人们相信的是自己亲近的人；同样的指令，人们听从的是自己敬佩的人。父祖与子孙有息息相通的血缘基础，荣辱与共的利益关系，朝夕相处的亲情关系，这使家教的可信度远远高于其他任何说教。有鉴于此，颜之推倾注大量精力与心血，用了人生最后近20年的时间，撰成《颜氏家训》一书。《颜氏家训·序致第一》中云：“夫圣贤之书，教人诚孝、慎言、检迹、立身、扬名，亦已备矣。……吾今所以复为此者，非敢轨物范世也，业以整齐门内，提撕子孙。”明确表明了颜氏创作家训的目的，是为了子孙们能务先王之道，成国家之用材。《四库全书总目》也认为《颜氏家训》的创作，旨在传述“立家之法，辨证时俗之谬，以训世人”。

全书共七卷，二十篇，教育子孙以儒家传统思想为立身治家之道。“序致”第一，是全书的自序，讲述撰写该书的目的；“教子”第二，谈如何教育子女；“兄弟”第三，讲兄弟之间如何相处；“后娶”第四，讲夫或妻死后，活着的该不该再婚等问题；“治家”第五，讲管家的问题；“风操”第六，讲当时做人的风度节操；“慕贤”第七，讲如何礼敬时贤；“勉学”第八，讲如何为学；“文章”第九，讲如何做文章；“名实”第十，讲做人的名与实；“涉务”第十一，强调多做实事；“省事”第十二，强调做事专精；“止足”第十三，强调知足的道理；“诫兵”第十四，讲弃武习文的道理；“养生”第十五，讲保养身体；“归心”第十六，讲归心于佛教；“书证”第十七，是本书中最长的一篇，为作者对经史文章所作考证的汇集；“音辞”第十八，讲古今语音的变化；"杂艺"第十九，讲书法、绘画、射箭、算术、医学、弹琴、卜筮、六博、投壶、围棋等；"终制"第二十，讲死后的安排，反对厚葬等。

《颜氏家训》涉及的领域广泛，蕴含的思想丰富，细加梳理，主要有以下几个方面：第一，家教贵早，始于胎教。胎教一向为古人所重视，《大戴礼记·保傅》《列女传》中都有关于胎教的论述。颜之推也认为训导应从胎儿开始，"人生小幼，精神专利；长成以后，思虑散逸。固须早教，勿失机也"。《教子》篇云："古者，圣王有胎教之法：怀子三月，出居别宫，目不邪视，耳不妄听，音色滋味，以礼节之。书之一版，藏诸金匮。"古今许多事实证明，大多数婴儿生下二至三个月，对于父母朝他有意说话和表示喜怒哀乐，都有积极的反应；到七八个月的时侯，能听懂大人的一些话语，领悟某种示意，并表现出悲与喜、哭与笑，这时就可以进行言词方面的教育了。《音辞》篇告诉子孙："吾家儿女，虽在孩稚，便渐督正之；一言论替，以为己罪矣。"这样做可以及早纠正发音错误，效果比较好。读书虽在幼年时效果比较好，但年纪大了也不要自暴自弃。《勉学》篇指出："孔子云：'五十以学《易》，可以无大过矣。'……荀卿五十，始来游学，犹为硕儒；公孙弘四十余，方读《春秋》，以此遂登丞相。"又云："幼而学者，如日出之光，老而学者，如秉烛夜行，犹贤乎瞑目而未见者也。"可见，只要发愤努力，仍然可以大器晚成，有所作为。

第二，兼收儒释，全面教育。颜之推用平实的事例和儒家的道德观念，教导其子弟必须攻读经籍，守道崇德，修身治家。同时也对佛教思想了有所吸取，认为儒、佛本为一体，没有必要崇儒贬佛，他把儒家的"五常"与佛教的"五戒"相比附，称"内外两教，本为一体，渐积为异，深浅不同。内典初门，设五种禁；外典仁、义、礼、智、信，皆与之符。仁者，不杀之禁也；义者，不盗之禁也；礼者，不邪之禁也；智者，不酒之禁也；信者，不妄之禁也。……归周孔而背释宗，何其迷也"，主张兼收并蓄，为我所用。尤为可贵的是，在教导子孙博涉经传、兼通文史的同时，颜之推还倡导学习书法、数学、医术、绘画等"杂艺"，认为这些不仅是士大夫生活的重要内容，也是一个称职的官员所必需的技能。这种观念，对于我们构建全面合理的知识结构，仍然具有积极的启示意义。不过，颜之推以为此类"杂艺"只可兼习，不可专精，否则会成为供人享用、为己谋生的手段，终生为其所累。这当然是时代、阶级局限性的偏见，需要我们明辨。

第三，学以致用，知行结合。颜之推任官四朝，始终靠才学立足于乱世，他亲眼目睹梁代士大夫子女因不学无术而造成的悲剧，这种生活经历，自然使他的家教思想有别于一般家教，力戒空谈，务实切用，带有强烈的实用性和实践性的特点。颜之推以自己的经验教训教诫子孙："父兄不可常依，乡国不可常保，一旦游离，无人庇荫，当求诸身尔。"强调"为学"主要是学习一门技艺，用以安身立命。他认为只要有技艺在身，就随处可以安身："有学艺者，触地而安。"技艺范围不只限于读书，而是涵盖各行各业，如学武、政事、治狱等都包括在内。颜之推认为，任何一行都有技艺，只要善于钻研，就能掌握技术，即后人所说的"三百六十行，行行出状元"。由此出发，他要求子孙放下架子，向下层劳动人民学习，掌握各种实际知识："农商工贾，厮役奴隶，钓鱼屠肉，饭牛牧羊，皆有先达，可为师表，博学求之，无不有利于事也。"鼓励子孙学习技艺，立业谋生；反对好逸恶劳，高谈阔论，无所事事，体现了他务实处世的精神。

第四，维护名节，真诚为人。颜之推希望子孙们能光宗耀祖，为家庭争得好名声，所以要求他们贵名节、重操守。用儒家的传统道德规范进行教育，培养子孙具有坚忍不拔的气节，保持个人尊严，不趋炎附势，变节求官。《教子》篇载，当时有些北方士人为迎合鲜卑族上层官僚的需要，教子学习鲜卑语与音乐知识，以此献媚奉承求一官半职。对于这种行径，颜之推嗤之以鼻："若由此业自致卿相，亦不愿汝曹为之。"即便是为官之后，人格尊严也不可失，不要为了高官厚禄而不择手段地拉关系，走门子，到处钻营。他常常告诫子孙："君子当守道崇德，蓄价待时，爵禄不登，信由天命。"表现出超乎流俗的高尚气节。此外，他还教育子孙恪守传统美德，为人处世当以诚相待，切忌沽名钓誉，欺世盗名。他指出，有些人"不修身而求令名于世"，这好比相貌丑陋的人想在镜子里看到自己美丽一样，只能是自欺欺人。他们有时虽然能骗得虚名，但不能真正获得美名。因为"人之虚实真伪在乎心，无不见乎迹"，言善行恶，表里不一，总有一天会暴露出来的。而一旦被人识破，必将为天下人所耻笑。如何看待生死，是与节操名声联系紧密的又一重大人生问题。他认为"夫生不可不惜，不可苟惜"。生命固然可贵，但也不可苟且偷生，操守比生命更为重要。为了正义事业而死，更能体现生命的价值，理应受到人们的褒扬。《养生》篇云："行诚孝而见贼，履仁义而得罪，丧生以全家，泯躯而济国，君子不咎也。"文中流露出的浩然正气，千载之下，仍然令人感奋不已。

在家教的具体实施过程中，颜之推总结历史上家训的经验教训，采用了行之有效的原则与方法。首先，寓爱于教，宽严结合，而又倾向于严教，反对只爱不教，一味溺爱偏爱子女。颜之推指出："父母威严而有慈，则子女畏惧而生孝矣。"这样才能家庭和睦，幸福美满。为了实行严教，父子之间不能过于亲昵，不能不拘礼节，否则有损父辈的威严，滋生轻慢之心，不利于教育。其次，以身作则，潜移默化。颜之推重视上行下效的表率作用，常用自己的亲身经历来影响子孙。书中记载，他用自己七岁时背《灵光殿赋》，十年一理，到老不忘的事例，教育子孙读书要温故而知新。诸如此类，亲切可信，容易为后人接受。再次，重视环境和交友的影响。《慕贤》篇云："与善人居，如入芝兰之室，久而自芳也；与恶人居，如入鲍鱼之肆，久而自臭也。"他认为友人的长期的同化作用会对一个人产生深刻的影响，特别是少年人心性尚未成熟，把握不住自己，如果交友不慎，后果不堪设想。训示子弟交友宜慎，要交直友、谅友、益友。

颜之推注重家教的功用，家风所被，颜氏后人，英杰辈出，代不乏人。颜之推生有三子，皆能继业传家，学有所成。长子思鲁在隋为东宫学士，入唐后任李世民秦王府记室参军。次子愍楚在隋代官内史省，著有《征俗音略》。三子游秦隋时为典校秘阁，唐高祖时历任廉州刺史、郓州刺史。延及孙辈，思鲁长子师古，著述丰富，所注《汉书》为后人所重。颜之推之五世孙颜杲卿、颜真卿，都以学术名闻当世。颜真卿的书法世称"颜体"，其楷书端庄雄健，行书遒劲有力，有《颜鲁公文集》传世。史书记载，颜真卿性情刚直，为人忠义，在平息安史之乱中建有功勋，唐德宗时李希烈叛乱，他临危不惧，前往宣谕，遂为"缢杀"，壮烈殉国，以自己的生命弘扬了"泯躯而济国，君子不咎也"的祖训。

《颜氏家训》问世之后，广为流传，备受推崇，历代学者多有赞誉。宋代袁采的《袁氏世范》，朱熹的《童蒙须知》等家训名著，都明显地受到它的影响。清人王钺在其《读书丛残》中评论道："篇篇药石，言言龟鉴"，甚至主张"凡为人子弟者，可家置一册，奉为明训"。的确，作为我国历史上第一部家训专著，《颜氏家训》是一份不可多得的文化遗产。它内容全面，立论平实，务实细致，便于操作，构建了比较完整的家教理论体系。有许多观点，直到今天看来也仍然具有重要的指导意义。但另一方面我们也应当清楚地看到，《颜氏家训》形成于封建社会之中，难免受到等级制度和尊卑观念的制约，难以超越封建"宗族"和"家族"思想的局限。书中存有不少明显的糟粕，诸如重官轻民、重男轻女、因果报应等消极思想，但这些并不能妨碍《颜氏家训》固有的价值和地位。

《颜氏家训》影响广泛，版本颇多，其中以王利器《颜氏家训集解》较好，1980 年由上海古籍出版社出版。除《颜氏家训》外，颜之推还有《文集》三十卷(已佚)，志怪小说《冤魂志》《集灵记》二十卷(已佚)，《观我生赋》一篇，《古意》二首。

（杨继刚）

# 19. 顾恺之的绘画艺术

我国的文化艺术源远流长，有着悠久的优良传统。即以人物画来说，汲县出土的《水陆攻战图》铜鉴，刻划人物达290多人，距今已有2500余年的历史。1949年长沙陈家大山楚墓中出土的帛画，人物造型更加生动，具有典型的民族风格。其后的秦代画像砖、汉代墓葬中的帛画和壁画，都刻划或描绘了大量生动逼真的人物形象。但这些都是无名画家的艺术创造。在我国绘画史上有高度成熟的艺术品传世，并能独树一帜，对后来我国人物画具有一定的影响，堪称我国人物画的奠基人的，则应该说是东晋的顾恺之了。

顾恺之，字长康，小名虎头，约生于东晋康帝建元二年(344年)，死于东晋安帝义熙元年(405年)。江苏无锡人。其父顾悦之曾做过扬州别驾。少年时代的顾恺之很可能随父宦居扬州。当时的扬州是东晋的边防重镇，又是经济、文化的中心。人烟辐辏、商业繁盛，佛教盛行，庙宇林立。由于统治阶级的爱好和提倡，一些艺术家多在这里居住并从事寺观壁画的绘制。所有这些对于少年顾恺之的生活道路和艺术创作道路的发展都有着一定的影响。青年时代的顾恺之，曾师事西晋大画家卫协。而卫协就正是以“作道积人物，冠绝当代”的人物画名家。史书上说他“以画名于时”“尝作七佛图，人物不敢点睛”。顾恺之在《画评》中曾称赞他(卫协)的画“伟而有情势”，“密于精思，世所并贵”。由此可见，顾恺之在绘画艺术上受到了卫协不小的影响。《晋书·顾恺之传》说他“情学有才气，尤善丹青，图写特妙。每画人成，或数年不点睛。人问其故，答曰：四体妍媸，本无缺少于妙处，传神写照，正在阿堵中”。这种画人物要画龙点睛，突出重点，传写形势，以形传神的绘画理论与创作手法，是他很有见地的经验之谈，直到今天还具有现实指导意义。

顾恺之的绘画在当时享有极高的声誉，他的绘画作品以人物肖像为主，同时也擅长山水、鸟兽等题材。顾恺之提出的“传神论”是其绘画艺术的核心，其善于利用人物的细节，通过“形”来传递“神”，最终达到形神兼备的艺术效果。而他创作的《女史箴图》就是通过对人物的描绘，展现中国古代宫廷妇女的生活气息及发型衣饰等特征。《洛神赋图》描写了诗人曹植与洛神真挚的爱情故事，画中的人物形象细腻，内心世界展现得淋漓尽致，生动地体现了深远的意境及诗情画意。

据历史记载，顾恺之在桓玄门下时，将自己最好的绘画作品加封题后存放于桓玄处，后来有人窃取了顾恺之的绘画作品，并原样加上封题放于原处。顾恺之见封题如初，但画已丢失，没有一丝怨恨的意思，并说道：“该妙画已经有了灵性，如人登仙境变化而去。”这也说明了其豁达的处事态度。现世流传的顾恺之的作品有《女史箴图》《列女仁智图》等，多为后人摹本，其中的《女史箴图》有两幅摹本，一本为宋人所摹，藏于故宫博物院，另一本为唐人所摹，封存于大英博物馆内。顾恺之在画中塑造的妇女形象，长裙飘逸、云鬓高耸，有着鲜明的时代特征。现存的《洛神赋图》大多为宋人摹本，是顾恺之根据三国时期曹植的《洛神赋》创作的，描写人与神的恋爱，表达了对洛神的爱恋及失恋的伤感之情。顾恺之在图中再现了这一美好而又凄凉的梦境，真实刻画了作者本人的内心世界，有强烈的寓物于情特色。《列女仁智图》描写的是古代《烈女传》

的故事，并有着当时社会生活的特色，具有极高的艺术价值及历史意义。

魏晋时期社会动乱频繁，统治阶级内部斗争激烈，托迹于权贵门下的雅士、幕僚等，往往采取明哲保身的方式。顾恺之的“痴”也带有这方面的意味。古代资料上对顾恺之的绘画技术进行了详细的记载，尤其对其绘画技巧的绝妙之处大加赞扬。汉末以来的人物品评中，人们就非常重视“征神于目”的效果，顾恺之更是将其运用到绘画效果之中，首次提出传神论，认为这是画家最根本的精神特征。他在创作中，善于运用“点睛”之技，从而使其人物画更具有传神的境界。顾恺之的绘画才学并不只表现人物画的“点睛”效果，他还有多方面的传神手法。如其描绘人物时，善于抓住人物的个性特征，加强神情、性格的描写。历代著作中记录了大量顾恺之的绘画作品，唐代裴晓媛《贞观公私画史》中就记载顾恺之的17件绘画作品，唐张彦远《历代名画记》中记载有三十多幅，还有《宣和画谱》中记载的十多幅。顾恺之的人物画深刻展现了人物的内心世界，有着生动的艺术形象，并继承了汉代碑刻装饰、壁砖刻画的风格及佛教造型等，创作了以纤细、色彩浓艳为特征的绘画风格。

晋代以前的绘画风格十分古朴，特别是人物画的构图非常严谨，近似于图解性质的构图。顾恺之继承了前人的经验，并充分发挥创造精神，提出绘画要展现人物的内心世界，反映真正的性格及情感。顾恺之非常重视眼神的描绘，使得作品在当时享有极高的声誉。据传，顾恺之为金陵新落成的寺庙绘制了一幅维摩佶像，在最后画眼睛的时候，顾恺之请和尚将寺门打开，供人参观该画像，在开门的一刹那，整个古庙笼罩在一片灵光之中。顾恺之将维摩佶居士在病中与人交谈的神情描绘得惟妙惟肖，就连著名诗人杜甫也为之感叹道“凭几妄言之状”。

诗画结合，推动山书画艺术的形成。顾恺之的《洛神赋图》将曹植的洛神赋诗与其幻象艺术巧妙地结合一起，重现一幅荡气回肠的爱情故事。观者的感情能自然地随着画面情景不断变化，画面完整再现了诗中的主体思想及意境，获得了非凡的艺术成就。顾恺之作画题材广泛，不但擅长人物肖像画，而且还在山水、花鸟画上有着极高的造诣。

他在《论画》中提道：“凡画，人最难，次山水。”这时，顾恺之已将山水画与人物画相提并论，开创了中国山水画之先河，成为当时山水画派的杰出代表之一，其创作的《画云台山记》就是杰出的代表。同时，从《女史箴图》中的山水部分也可以看到顾恺之独特的山水萌动，使得山水画在写实的基础上，向独立的艺术门类发展。中国绘画的根基及表现手法都非常重视线描的作用，在其笔下有着创造性的发展。他注重线条描绘以塑造绘画内容，并继承了汉碑刻及古印度佛像的特点，将战国以来的“游丝描”发挥到了极致。他的这一线条特点是以连绵不断及自然的形式展现绘画对象的节奏感，并通过线条力度的变化，展现一种优美顺畅、极具节奏感的境地。顾恺之的绘画语言正体现其艺术形象的内心世界，最终实现内外交融的艺术感染力。

作为六朝时期最著名的画家之一，顾恺之还在绘画理论方面有着极高的造诣，他首提“传神论”，创造“以形写神”“迁想妙得”等绘画方法，将其运用于实践，有着深远的社会影响。在《魏晋胜流画赞》中顾恺之提道：“以形写神而空其实，传神之趣失矣！”他指出，画家应有绘画对象，并能展现其动作表情，如果没有对象就很难将其表情展现出来，更难实现传神的艺术效果。顾恺之在《论画》中提到以形传神的重要表现手法，指出“形”是表达“神”的重要表达手法，中国绘画最早主张象形，随着时代的发展，开始注重“意”的传达。所以，形似并不是评价绘画质量的根本标准，而更要注重“神似”。西汉刘安的《淮南子·说山训》中提道：“画西施之面，美而不可说，规盟规之目，大而不可谓，君形者亡矣。”可见，当时的人们已经注意到一幅画的失败关键是缺失“君形者”。对此，顾恺之对“君形者”有着精确的定义，即“传神写照”。他认为，一幅画如果空有其形而没有神韵，就如一个人只有躯体没有灵魂一般，毫无动人之处。在绘画上，“形”是“神”的载体，“神”才是绘画的精髓所在。

采取“迁想妙得”的方式达到“传神”效果。顾恺之在《论画》中首提“迁想妙得”，指出了绘画过程中，画者与绘画对象之间的主客观关系，画家在绘画之前要分析及研究绘画对象，注重其情感的流露，并揣测其思想，这便是“迁想”的过程。在逐渐领会对象的情感之后，画家便逐渐掌握其精神特征，经过一番提炼，最终获得艺术构思，这便是“妙得”。顾恺之指出，这种观察生活的方法，更适用于对人物的绘画及自然景物的描绘上。《世说新语》中提道：“顾恺之人物画，颊上现‘三毛’，人问其故，曰：此人俊朗有识具。”为了达到人物生动传神的效果，顾恺之故意在人物脸颊画上三根毛发，突破了人物形似的效果，让观画者觉得该“三毛”如有神明。可见，顾恺之通过“迁想妙得”的艺术手法，将现实中的生活元素提升到了艺术的审美效果。后人在评价顾恺之的绘画作品时提道：“意存笔先，画尽意在，如春蚕吐丝，轻盈流畅。”

《女史箴图》体现其“意味形式”。顾恺之在绘画上有着许多绝妙的艺术表现，更加注重人物的形态，尤其是眼神的刻画。《世说新语》中记载，其为殷仲堪画肖像，殷仲堪有眼病，顾恺之便说道：“明府正为眼耳，若明点瞳子，有青云碧月之妙。”这样不但弥补了殷仲堪生理上的缺陷，而且又没有违背现实。《女史箴图》是最接近顾恺之“神似”思想的佳作，也是中国最古老的帛画之一，有着极高的历史价值。《女史箴图》为横卷形式，其内容包含九段，最显著的是画与箴言相互穿插，开创了新的绘画形式。该幅画是根据西晋诗人张华创作的《女史箴》一文而创作的，其主旨就是教育封建宫廷妇女的为人之道及道德箴言。同时，该文也大量列举了一些古代历史人物。该幅画根据文章的内容，采取分段的方式，并将文章的每段写在画的前面。从整个绘画内容上看，是宣扬封建道德，为封建统治者服务，但从艺术效果看，其“笔法生动，髾发秀润”。整幅画采用细挺的笔法，并寓刚健于柔婉的线条上，非常富有韵律感，与画中的人物风格非常相似，展现了顾恺之独特的绘画艺术风格。

顾恺之不仅是我国第一位有作品传世的人物画家，而且也是我国第一位绘画理论家。他的画学理论著作，流传下来的有《画评》(亦名《画论》)、《魏晋胜流画赞》和《画云台山记》三篇。这三篇论文都收录在《历代名画记》中。

《画评》是对魏晋时代十八幅名画的优劣给以评论，实开我国绘画评论的先河。前边有短序，说明他评画的准则，同时在绘画方法上提出了“迁想妙得”的创作原则。顾恺之指出：“凡画，人最难，次山水，次狗马。台榭一定器耳，不待遇迁想妙得也。”在这里他不仅区分了描写动的形象与描写静物的难易，而且指出了描写台榭一类的“定器”时，不需要画家在思想感情上与描绘的对象发生联想和共鸣。相反，在画家画人的时候，却必须在思想情感上进行升华，深入人物灵魂之中，才能表现出对象的生动性，使观者觉得“神明殊胜”，发挥出惊人的艺术感染力，从而收到强烈的艺术效果。

《魏晋胜流画赞》阐述了绘画的方法和要诀，其中对于临摹、绢素、色彩、构图、用笔等方法都有较精当的论述。为了进一步论述怎样把对象的思想感情在画面上表现出来，在《魏晋胜流画赞》的最后一段，顾恺之提出了“以形写神”的创作口号。正确地论述了“神”不能不借助于准确的“形”来表现，一定的“形”必然寄寓着一定的“神”。揭示了“神”与“形”的辩证关系——二者是既有联系又有分别的。他说：“若长短、刚软、深浅、广狭与点睛之节，上下、大小、浓薄，有一毫小失，则神气与之俱变矣。”在这里，他明确指出由于外形上有“一毫小失”，便会引起“神气与之俱变”的严重后果。外形的变化与神气的变化是互相联系密不可分的。神气必须通过外形表现出来，外形又必须寄寓着一定的神气，然后才能表现出它的生动性和真实感。顾恺之的“以形传神”的理论在我国画学理论史上是一个重大的贡献，标志着我国的绘画理论和创作方法达到了一个新的高度。

（钱森　张敏）

# 20.《世说新语》与晋人清谈之风

《世说新语》是我国魏晋南北朝时期“志人小说”代表作，由南朝宋刘义庆及其幕僚采集汉魏以来的笔记小说集体编撰而成。刘义庆(403—444年)，彭城(今江苏徐州)人，宋武帝弟长沙景王刘道怜次子。临川王刘道规无子，立义庆为嗣，袭封临川王。先后任过荆州、江州、南兖等州刺史，加开府仪同三司。刘义庆性谦虚简素，寡嗜欲。史书记载他每次到任或离任时，地方迎送的财物一概不受。爱好文学，招聚才学之士，一时名士如袁淑、鲍照等皆被招致门下。一生著述丰富，有志人小说《世说新语》八卷，志怪小说《幽明录》三十卷，《徐州先贤传》十卷，《宣验记》十三卷等。作品除《世说新语》比较完整地流传下来外，其他多亡佚。

《世说新语》约成书于南朝宋文帝元嘉(424—453年)时，原书称《世说》，书名取自刘向《世说》一书。也称《世说新书》，宋朝改称《世说新语》。原本八卷，今通行本六卷。书中主要记述东汉末年经三国至两晋时期士人的生活和思想，按类书的形式编排，分门辑录，有德行、言语、政事、文学、方正、雅量、识鉴、赏誉、品藻、规箴、捷悟、夙惠、豪爽、容止、自新、企羡、伤逝、栖逸、贤媛、术解、巧艺、宠礼、任诞、简傲、排调、轻诋、假谲、黜免、俭啬、汰侈、忿狷、谗险、尤悔、纰漏、惑溺、仇隙等三十六门。略依由褒到贬的顺序排列，只有“文学”门暗分为两部分，前半部分谈玄学、史学，后半部分谈纯文学。各门内容多寡悬殊，多的达156条，少的仅2条。全书以简明生动的语言、短小精悍的形式，比较全面地反映了这一时期士族阶层的生活面貌和清谈风气，有助于人们了解这一历史时期社会情况，是一部研究魏晋思想史的重要参考资料。南朝梁刘孝标曾将本书分为十卷，并详加注释，所引书籍多达400多种，是关于《世说新语》最负盛名的注本。

魏晋时期，社会上盛行“清谈”之风。“清谈”本从汉代的“清议”发展而来。汉末政治黑暗，一般名士议论政事，起初在社会上很有影响，后来遭执政者的嫉恨，渐渐受到迫害和打击，如孔融、祢衡等都为曹操所害。到了魏晋时期，统治者崇尚老庄思想，讲究无为而治，不以能吏为尚，所以晋代名士就不敢或不愿再议论政治，于是一变而为专谈名理。“清议”而不谈政事，就成了所谓“清谈”了。“清谈”乃相对于俗事而言，亦称“清言”“玄言”“玄谈”或“谈玄”。士族名流相遇，不谈国事，不言民生，摈弃世务，专谈玄理。谁要是谈及如何治理国家，如何强兵裕民，何人政绩显著等，就被讥为专谈俗事，遭到讽刺。清谈虽不言俗事，但其内容和范围很广，具体说来，主要有以下几个方面：首先是有关三玄的内容。所谓三玄，指的是《周易》《老子》《庄子》三书。其次为有关三理的内容。所谓三理，是指嵇康的《声无哀乐论》和《养生论》，欧阳建的《言尽意论》三书。其他作为清谈之资的还有本末有无之辨、自然名教之辨、圣人有情无情之辨等。魏晋名士以清谈为主要方式，针对本和末、有和无、动和静、一和多等诸多有哲学意义的命题进行了深入的讨论。共同特点是远于人事，作抽象的思辨，许多问题已经成为纯粹哲学思想史上的研究课题了。清谈进行有一套约定俗成的程式，一般都有交谈的对手，以引起争辩。争辩或为驳难，或为讨论。在通常情况下，辩论的双方分为主客，人数不限，有时两人，有时三人，甚至更多。谈话的席位称为“谈坐”，谈话的术语称为“谈端”，言论时所引典故称为“谈证”，谈论的语言称为“谈锋”。在清谈的过程中，一方提出自己对主题内容的见解，以树立自己的论点，另一方则通过对话进行问难，推翻对方的结论，同时树立自己的观点。在相互论辩的过程中，其他人也可以就主题发表赞成或者反对的意见，称为“谈助”。讨论结束时，或主客双方协调一致，握手言和，或者各执一词，互不相让，于是有人出来调停，暂时结束谈论，称为“一番”，以后还可能会有“两番”“三番”，直到得出结论，取胜一方为胜论，失败的一方为败论。清谈既可以全身避祸，又是名士风度的象征。士人们在一起讨论争辩，各抒己见，以驳倒他人为能事。上流社会的普遍参与，遂使清谈成为时尚，在当时社会非常流行。

素有“名士教科书”之称的《世说新语》，便主要记述东汉末年至东晋年间名士文人的言行风貌，反映当时的社会政治情况和士大夫阶层的生活。对于风行一时的清谈风尚，书中有很多记载，兹就《世说新语》中有关清谈的内容略为列举：

其一，清谈既为社会风尚，崇尚的是哲学的智慧与文化的修养，风流倜傥的名士也以精研玄理、出语深妙为尚，因而用简练精美的言辞体味玄远深邃的哲学境界、高远旷达的人生境界，就成为清谈至关重要的内容。《世说新语·文学》载，当时的清谈名家王衍，官至太尉。一次，王衍的女婿裴遐携妻三日回门，王衍盛宴宾客，当时名士子弟聚集，清谈家郭象也在座，向裴遐发出挑战。二人辩论玄理，“郭陈张甚盛，裴徐理前语，理致甚微，四坐咨嗟称快”。可见名士们一有机会便以玄言相辩，玄理相激，骋才明志，以显名士风流。当时的士人，力图把精神生活从变幻的社会关系中拔出，贴近生命的底蕴，包括在自然中感悟人生。《世说新语·言语》载：“简文(司马昱)入华林园，顾谓左右曰：‘会心处不必在远，翳然林水，便自有濠濮间想也，觉鸟兽禽鱼，自来亲人。’濠、濮为二水名，庄子同惠子曾游濠水，辩论鱼之所乐；庄子钓于濮水，楚王派人求其出仕，庄子宁效神龟曳尾于涂中，不肯出。”司马昱见到园林山水想到遗世独立的庄子，心领神会玄学的义理，身在林水之中，物与我相融，精神与自然相合，体会出一种高远的精神境界。

其二，清谈要求言简意赅，辞锋锐利，思辨力强，寓意深远，所以魏晋时人讲究辞令，产生了许多机辩趣闻。《世说新语》中记录了不少这类故事。如《言语》第三则讲述陈韪说聪明机敏的小孔融“小时了了，大未必佳”，当时年仅十岁的孔融则回敬了一句“想君小时，必当了了”，辞锋之锐利，令陈韪哑口无言；又如西域僧人康僧渊，目深而鼻高，东晋丞相王导常以此嘲笑他，僧渊回答说：“鼻者面之山，目者面之渊；山不高则不灵，渊不深则不清。”巧妙地为自己的生理特征进行了有力的辩护。在玄学清谈中，士人们常聚集论辩，由此培养了语言表达的机智敏捷。一句话说得漂亮，就会流布四方，带来美誉。《世说新语》中记载的关于机辩的佳句十分丰富，或趣味盎然，或含蓄隽永，或机警深刻，充分显示了魏晋时期汉民族的语言智慧。

其三，和崇尚清谈之风密切相关的是魏晋重视对人物的品评。汉以察举取士，对人物才德进行鉴定而推举入官，所以评品人物渐成风气。名门望族出身的名士逐渐垄断了品评人物的权利，其褒贬对士人非常重要，常可以左右一个人的仕宦前途，得褒则仕途畅达，反之则“一玷清谈，终身不齿”(顾炎武《日知录·清谈》)。《世说新语》中《识鉴》《赏誉》《品藻》《容止》诸篇有不少这方面的内容。如《品藻》第二十五则载“时名辈共说人物，第一将尽之间”，还未提到温峤，温峤竟紧张“失色”，可见当时士人对品评的重视。《世说新语》在评价人物时，常用简要的语句准确地概括出人物的品性、才能和风范，并且多用譬喻、对偶、排比的方法，如称庾亮为“丰年玉”、稚恭为“荒年谷”。“丰年玉”喻其有廊庙之器，“荒年谷”喻其有匡世之才，意谓二人才器各有其用。需要注意的是，有时在对人物进行品评的同时，其措词就明显地表现出对被评论者的褒贬倾向。如《品藻》记诸葛瑾、其弟诸葛亮、从弟诸葛诞，三人“并有盛名，各在一国”，亮在蜀，诞在魏，瑾在吴。时人评云：“蜀得其龙，吴得其虎，魏得其狗。”兄弟三人优劣遂分。

其四，魏晋时期清谈蔚为风尚，加之玄学与佛学原本就有着千丝万缕的联系，所以当时佛教徒中亦有加入清谈之流的。东晋时支遁就雅好老庄，精研义理，极有辩才，虽然相貌奇丑，却在名士中声望特隆，被人敬称为支公、林公。曾与王羲之谈论《庄子》，支遁侃侃而谈数千言，“才藻新奇，花烂映发，王遂披襟解带，留连不已”(《世说新语·文学》)。

综上所述，《世说新语》的确可以称得上是一部“清谈士全集”(陈寅恪语)。作为盛行一时的社会风尚，清谈在当时自然是评价颇高，特别是当时统治阶级和士人阶层，更视之为高雅之事，风流之举。《世说新语》政事门内容之简略，以及言语、文学、赏誉门对清谈记述之翔实，就清楚地证明了这一点。不过对不涉时务、专尚虚无的清谈，后世一般持批评态度，清谈误国的论调也古今不绝。晋代儒生范宁就曾将“礼崩乐坏，中原倾覆”的责任归诸王弼、何晏等人，指斥“二人之罪，深于桀纣”。就连被称为“谈宗领袖”的王衍，兵败后为后赵石勒活埋，死前也曾叹曰：“呜呼！吾曹虽不如古人，向若不祖尚浮虚，戮力以匡天下，犹可不至今日！”平心而论，清谈虽然导致不理实务，专尚虚无，却也不能把晋亡的责任完全推在清谈上。清谈在历史上曾经起到了调和矛盾、稳定政治的正面作用。清谈本身也有一定的审美价值，清谈家轻裘缓带、挥麈闲谈的名士风度，舒缓从容、抑扬顿挫的辞令声调，千载而下，仍让人怀想不已。清谈的最大贡献在哲学上，玄学是清谈的主要内容，而玄学的名理辨析则完全是抽象思维，冯友兰在《中国哲学史新编》中指出：“魏晋玄学是对两汉哲学的一种革命……在中国哲学史中，魏晋玄学是中华民族抽象思维的空前发展。”当然，作为一种特定时期的产物，清谈已然成为历史陈迹，仅供世人凭吊流连，学界议论品评。

(杨继刚)

# 21. 寇谦之对道教的整顿

寇谦之是南北朝时期北方的道教领袖，生于公元365年(前秦甘露五年)，卒于公元448年(北魏太平真君九年)，父亲是东莱郡的太守寇修之，其家族是东汉上谷昌平(今属北京市)的名族寇氏一脉，因为避战乱而迁徙到了冯翊万年(今陕西临潼县东北)。寇谦之原名寇谦，字辅真，有一名同胞哥哥名叫寇赞，寇赞成年时，正逢后秦姚氏政权掌握北方权力，他成为后秦襄邑(今河南睢县)令；刘裕消灭姚氏政权后，寇赞归顺北魏，北魏加封其为河南郡公。寇氏家族世代信奉道教，因此也有部分学者认为，寇氏是汉中五斗米教余党，后成为豪族，并非士族名门。

寇谦之自小喜好求仙问道，他年少信仰的修仙理论，是服食丹药以达到成仙的目的，但经年修炼并没有什么大的成效。相传他的诚意感动了上天，一位化名为成公兴的仙人到他姨母家帮工，后因指点他演算《周髀算经》而成为他的老师。两人在华山与嵩山修行七年后，成公兴飞升，寇谦之在嵩山继续修行。

在修行过程中，寇谦之声名渐著，公元415年(北魏神瑞二年)，他称老子下凡赐与他《云中音诵新科之诫》(即《老君音诵戒经》)二十卷，授予他“天师”称号，传给他服气导引的修炼法门，并令他将新科戒律宣扬光大，革除自汉末以来由张陵、张衡、张鲁宣传的“伪法”，即租米钱税、男女合气之术等。在新科戒律中，信徒最应崇尚礼法，其次才是服食丹药、闭门修炼。寇谦之于此时开始收徒传道。公元423年(北魏泰长八年)，寇谦之又称太上老君的玄孙李谱文下凡，授予他《录图真经》六十余卷，并传给他召唤、役使鬼神以及炼制金丹的秘法，讲述清楚教中的各种仪式，命他辅佐“北方太平真君”。北魏即将在次年登基的王子拓跋焘，在登基前被封为“太平王”，这一封号，符合寇谦之所称的“北方太平真君”。寇谦之于次年离开了嵩山，投奔北魏。

公元424年(北魏始光初年)，寇谦之来到北魏当时的都城平城(今山西大同)，将所得的道书献给北魏太武帝拓跋焘。起初，太武帝并没有重视他，只是将他安置在炼制仙药的仙人博士坊，供给他日常用度。这个时候，寇谦之结识了在朝堂上颇有影响力的左光禄大夫崔浩。崔浩上疏太武帝，说寇谦之的道书言辞意旨深远奥妙，通过留在嵩山的寇谦之门下弟子迎回都城。第二年，太武帝又在都城南建立一个天师道场，道场里设有五层道坛，召集120名道士，遵守寇谦之的新科教规，每日祈祷六次，每月进行一次数千人的厨会。公元440年(太延六年)，寇谦之又声称太上老君再次临凡，授予太武帝“太平真君”这一名字，奏请太武帝改元。太武帝于当年将年号改为“太平真君”。公元442年(太平真君三年)，太武帝亲自前往道坛，接受道教符箓，将自己的车舆及旗帜都改为青色，同道教崇尚的颜色一致，并封寇谦之为国师。至此，天师道大盛，寇谦之更是奏请太武帝，兴建“静轮天宫”。北魏一朝都崇信道教，每位皇帝登基，都必须去道坛接受道教符箓，成为教徒。后周继承北魏朝的旧制，依然崇奉道教，皇帝登基也去道坛接受符箓。公元448年(太平真君九年)寇谦之逝世，享年83岁。

在中国信仰人群较为广泛的宗教中，产生于本土的只有道教。道教由先秦时期的神仙信仰综合了不同地方的信仰和养生方术逐渐形成。东汉末年自张陵等人整合发展，于汉中产生了俗称“五斗米教”的天师道，并产生了天师道团，即现在已知最早的道教组织之一。这一组织与汉末农民起义紧密结合，对时局也产生了极大的影响。后来，张陵孙张鲁统一天师道并投降曹操，天师道在北方开始广泛流传。但由于天师道历来同农民起义紧密联系，一直被上层社会的主流所排斥。张鲁死后，教中组织疏散，教规松弛；而张陵、张鲁时代许多原始粗俗的教规与修行方法，已不适应道教发展要求与教徒成分变化；佛教与儒家的冲击、葛洪等魏晋南北朝早期道教其他派别的改革家所提出的理论，都影响和刺激着天师道，使其迫切需要进行改革。为使道教顺应时代发展，适应北方鲜卑统治者与门阀士族的政治需要，寇谦之对北方天师道进行了较为全面的整顿，使其进入朝堂成为北魏国教。

首先，寇谦之整顿了北方天师道的组织与制度。从修炼方式上说，早期的道教分为丹鼎派与符箓派，自张陵创立天师道以来，经过张修与张鲁的完善，作为符箓派主脉的天师道已发展为以二十四治区为基础、设有“天师”“祭酒”等世袭教区官职的政教合一的教团组织。后张鲁降魏，天师道组织涣散。寇谦之在沿用三张划分二十四治区制度上又补充二十八星宿、二十四节气对应使用，重振组织系统，并使其分区而治更加清晰，同时调整了治区的职能，并从治区名、奏请神灵的称呼等方面去除巴蜀天师道的旧名，从组织名称上进行改革。其后，他托言太上老君，废除“天师”“祭酒”等职的世袭，授职于贤，并取消实际的权力机构，去除向信徒收纳租米钱税的制度，使北方天师道的独立性和实际权力机构都不复存在，又去掉教中泛滥的房中术这一修炼方法，革除滋生腐败的弊病，从而清除了损辱道教的修行方式和在教团组织内部各种不利于发展的因素，并整顿了教团中组织混乱的情况，从组织形式到制度上都将天师道改造成为适应官方需要的宗教。

其次，寇谦之整顿了教规与教中仪式。他补充和完善了早期天师道比较简单的教规，提出了大量戒律经典。在这些戒律经典中，他不但去除了教中种种不合理的制度与修炼方法，保留了一些道教独有的教规，并将儒家的某些规范吸收进入教规中，使教徒以礼法为首，维护政府统治，遵守三纲五常，由修德而致修仙；他又吸收佛教部分教规，提出“天堂”与“地狱”对立、因果报应等理论，引入佛教中“五戒”的戒律，建立了涉及教众生活方方面面的系统教规。他又通过吸收佛教仪式，将五斗米教中由原始巫术衍生的简单祈祷祛病教仪，修定成为相对系统完备的详细宗教仪式，包括受戒、求愿、度亡、祛病、为犯罪的教徒解度、每年进行三会等。

最后，寇谦之还将儒家与佛教的一些义理、丹鼎一派的仙道思想吸收入教义中，使之变成以早期道教思想为主、吸收神仙道教思想、兼有儒家与佛教思想的新教义。早期五斗米教教义较为简单，并带有原始宗教的多神信仰特点，并没有系统的神仙体系，以符箓为主要修行方式，以长生和飞升为终极修炼目标。寇谦之吸收葛洪丹鼎一派的思想，建立了以“无极至尊”为最高神的神仙体系，大量将佛教中的偶像与人物、历史上著名的隐者等人纳入神仙体系中，划分等级；纳入服丹、斋仪等修炼方法。他援儒入道，大量吸收儒家思想，提倡儒家伦理纲常，并将遵守儒家纲常作为升仙的途径，提倡等级制度，维护官方统治，使之成为教徒的信条。他还借鉴了大量的佛教思想，早期天师道原有后人承负先人过错的“承负”一说，在此基础上，寇谦之将佛教“因果”之说、“轮回”之说均纳入教义，并提倡佛教“积德”的教义，使之成为修炼成仙的方法；他结合道教的养生说，引入佛教“养神”说法，提出神形俱养的修炼方法，最后达到神形合一，积德成仙。

寇谦之整顿了北方的天师教，改造其原始性和粗陋性，使之在教团组织、管理体系、教规、教仪、理论体系等方面都有巨大的进步，顺应了道教发展的内在规律和时代发展的客观要求，并最终使道教成为北魏的国教。寇谦之吸收儒家和佛教的理论，也在一定程度上推动了儒、释、道三教合流。他的改革得到了北方门阀士族的支持，促进了北魏鲜卑族的汉化，在中华文明的逐渐融合方面起到一定作用。改革后的天师道，支持北魏政府巩固了统治，也在一定时期内维护了北方的安定。

（罗成）

# 22. 门阀士族制度的盛衰

门阀士族制度是地主阶级特权发展到一定历史时期的一种表现形式，大体萌芽于东汉后期，初步形成于曹魏、西晋，确立、鼎盛于东晋及南北朝前期，而衰落于南北朝后期。门阀士族制度基础的彻底动摇是在隋朝，政治上失去了世袭为官的特权，隋王朝又从士族豪强手里收回了大量土地、人口，实行均田制，士族制度完全失去了存在的经济基础。唐朝士族的地位和作用并未超出隋朝，到唐末受到黄巢起义冲击，完全退出了历史舞台。

从总体来看，门阀制度最主要特征在于按门第高低选拔与任用官吏。士族免徭役，婚姻论门第，“士庶天隔”等特征都是由前者逐渐派生的。

东汉后期是门阀制度的萌芽时期。东汉的世家大族是魏晋士族的萌芽形态，以弘农杨氏“四世三公”、汝南袁氏“四世五公”为标志。但是，这些世家大族特殊地位的取得，主要依靠察举征辟，还是建立在个人才德和儒学传统基础之上。

两汉时代，察举征辟大权虽然也控制在各级官僚贵族手中，但这一选举任用制度是建立在“乡举里选”的较为广泛的社会基础上，不仅人物的评论荐举主要是参考宗族乡党的“清议”舆论，而且人才的衡量标准也主要以道德品性行为和功劳才干能力为基本条件，出身家世和门第阀阅并不起决定作用。累世公卿之家只是少数既成的社会事实，而并未上升为具有普遍法定意义的合法制度。当时更无所谓“士籍”制度，所有官僚贵族公卿大夫，即使地位再高、权势再大，也不具有专为其维护世袭特权利益而建立的特殊户籍。从法律上说，他们与其他普通民众一样，都是国家的编户齐民。因此，他们通过某种手段或途径所攫取的某些政治特权，不仅不能得到国家法律的正式承认和保护，相反还要受到社会舆论的谴责和官府的明令禁止甚至法律的处罚。

大约到了东汉后期，经过长期演变，门阀制度开始萌芽。大土地所有制、封建大家族与宗族以及儒学三者相结合形成的统一体，是门阀制度出现和持续存在的前提。

自从春秋战国时期农村公社逐渐瓦解，到西汉初年，社会上涌现出来无数个体小农，还有伴随土地兼并相继形成的一些中小地主阶级，大土地所有者的数量是很少的，且往往与封建王朝发生矛盾和冲突，在秦朝和西汉前期不断受到官府的压制和打击，不能稳定地延续下去。

另一面，封建王朝的主要支柱是功臣、贵族和官僚。为了换取他们的全力支持，除了经济方面的优遇，西汉王朝在政治方面也赋予其许多特权，甚至形成“以列侯为丞相”的惯例。但由于历史条件和文化素质的限制，这些功臣、贵族和官僚家族在政治上同样不能稳定地延续下去。其子孙或者由于骄奢淫逸丢掉官爵，或者无才无德，无法胜任而被免职。

随着土地兼并的进行，大土地所有制迅速发展起来。大土地兼并者有在野的“强宗豪右”，也有原为平民百姓，后来通过察举征辟制飞黄腾达而成的朝廷显贵。封建王朝曾十分注意限制大土地所有制的发展，甚至还任用酷吏，给一些不法豪强地主以严重打击。但由于经济规律的作用，一部分豪强地主消灭了，更多的大土地所有者继续涌现。他们的总体力量不但没被削弱，反而日益增大。

随着大土地所有制的发展，宗族也同步发展起来。一些大地主家族将大量土地出租给丧失土地的农民耕种，收取地租。经济上的剥削，在当时条件下必然导致人身奴役和控制，形成较强的人身依附关系，大地主逐渐演变成宗族的领袖。依靠宗族的力量，大地主平时可以控制地方治安，战乱时又可以聚集成千上万户宗族和宾客拥众自保，甚至组成一支有战斗力的武装。就每一个宗族而言，和封建王朝相比，其力量自然是微不足道的。但当这种力量在全社会中比重日益增加之后，总体上就构成一支强大力量。在这些人施加的压力之下，封建王朝被迫改变过去的态度与政策，向大土地所有者妥协退让，经济上听任其自由发展，政治上予以拉拢。

士族的形成还有文化方面的原因，这就是儒学的广泛传播。

汉代儒家经学宣扬的主要内容，是倡导孝道，通过家族成员间的亲爱、和睦与感化力量，通过维护男性家长的权威和影响，来稳定宗族和地区的秩序。进而要求人们由父及君，实现忠孝之道，以巩固整个封建王朝的统治。经过社会实践，还形成大量丰富的理家、治国的具体经验。其他任何一种学派，都无法与之比拟。这种儒学正好适合东汉时期发展起来的宗族的需要。

对于这些大家族的家长来说，以儒学教育后代，既可加强家族成员之间的凝聚力，又可以使子弟提高文化素质，应州郡长官的辟除和察举出来做官。因此，在西汉时便出现“留给子孙满筐的黄金，不如教会他们一部儒家经书”的谚语。东汉以后，大家族世代传习儒学的越来越多。这样，在豪强势力中便逐渐形成了一些由大土地所有制、大家族与儒学三者相结合的统一体。当豪强势力积极出仕，主动靠拢和支持中央政权之后，封建王朝对他们也更加注意拉拢和团结，对这些家族子弟的出仕和升迁，往往不能很好地坚持长期以来实行的德才标准。察举和铨选时经常发生凭借权势，走后门等现象，封建王朝采取默许、放任态度。这样，日积月累，人才的选拔和任用，逐渐发生对平民不利，而对世家大族有利的变化。

东汉末年爆发黄巾农民大起义和军阀混战，导致统一帝国解体。之后400年间，战火不断，国家长期陷入分裂割据、南北对峙的局面。在这过程中，先后建立起来的封建政权，不仅声望远逊刘汉王朝，而且统治地盘缩小，统治基础与实力也无法与之相比。而与此同时，门阀士族的实力却比过去加强。在战争不断，兵役、徭役特别沉重的条件下，个体小农很难维持生产，不得不大量投附这些势力，充当佃客和部曲，以求庇护。豪强势力在得到大量投附佃客、部曲之后，进一步扩大。新王朝不得不依靠这些门阀士族进行统治。

以孙吴政权为例，其对江南豪强大族，尤其是对实力最强的吴郡顾、陆、朱、张四姓的依靠和优遇，是惊人的。顾雍为丞相，连任19年。顾雍的母亲由吴郡至建业，孙权作为君主也亲临祝贺，并以礼参拜，这是秦汉以来闻所未闻的。朱治任孙吴最富足的吴郡太守，前后竟达22年，一直到去世，实际上控制了孙吴的经济命脉。陆逊为荆州牧，镇守长江上游军事要地，孙权准许他独自与蜀国办理交涉，后来升为丞相，兼领荆州牧，集内外大权于一身。

魏晋之际，门阀士族在经济上的特权也逐渐法律化和制度化，这主要是以西晋开始的品官占田荫户制及占山格等法令的颁行为典型标志的。

早在曹魏后期，就推行了给客制度，即将一部分屯田民分割给各级官僚贵族地主私人合法占有。这些私家"田客"只向各级官僚贵族地主缴纳租物、服役劳作，不为国家承担赋税课役义务。因此，这种给客制度的推行，实际是以法律的形式赋予各级官僚贵族地主享有一部分免税免役劳动人口的经济特权，为士族世袭经济特权的法律化和制度化首开先河。

280年(太康元年)，西晋统一全国之后，通过《户调式》正式颁布了品官占田荫户制的法律：

官员们根据其官品高低，从第一品到第九品，分别占田。第一品占田50顷，第二品45顷，第三品40顷，第四品35顷，第五品30顷，第六品25顷，第七品20顷，第八品15顷，第九品10顷。又各以官品高低荫庇其亲属，多的甚至荫及九族，少的也可以荫蔽三世。官员们可以占有衣食客和佃客，第六品及以上官员每人可占有衣食客3人，第七第八品可占2人，第九品可占1人。官品第一品和第二品可以占有佃客50户，第三品10户，第四品7户，第五品5户，第六品3户，第七品2户，第八品、第九品1户。

根据这一法律规定，各级官吏依官品高低所占有的土地，是免于向国家缴纳租税的；他们所荫庇的亲属，是免于为国家承担服役义务的；他们所荫附的衣食客和佃客，也是不受政府控制而仅为其私家提供服务、劳役、耕作或实物的。该法律所规定的具体数额，并非各级品官实际占有的最高限额，而只是法律所允许的品官们可以享受免税免役特权的基本数额。也就是说，凡达到某一级官品，即可按照法律所规定的数额，合法地享受占有若干免税土地、荫庇若干免役亲属、荫附若干免役佃客与衣食客的经济特权。至于超出这一法定数额之外的土地、佃客及其他人口等，西晋政府并未做出任何具有实际意义的禁止占有的限额方面的法律规定，官僚贵族地主们尽可以随便去占有使用，只不过要依法纳税课役罢了。西晋初年颁行的品官占田荫户制，是保障官僚贵族地主阶级，尤其是士族阶层经济特权利益的一项法律制度。

继品官占用荫户制法律颁行之后，两晋南朝又多次掀起士族进一步霸占山泽田土的狂潮，国家法律屡禁不止，宋孝武帝大明(457—474年)初年，封建政权又将明令禁止改为适度限制，颁布了《占山格》的法律。按照这一法律规定，各级官吏均可凭官品高低依法占有山林，并可将其计入私家财产，登录在各自的"赀簿"上。凡属原来霸占的山泽，只要已经垦辟种植为果木山林，或者加工养殖为水产渔场不予追夺收回，听任其作为私家产业。这部分山林，如果超过《占山格》规定限额，不得再多占取，但超过部分亦不追夺。若不足《占山格》规定的相应限额，还可按照规定"依限占足"。由此可见，《占山格》的颁行，实际是以法律的形式承认并赋予门阀士族的一项新的经济特权。

门阀士族还垄断了文化。西晋永嘉之乱以后，文化学术中心由京师的太学和各地的郡国学，逐渐转移到士族家学。庶人、寒人甚至某些低级士族，要想找到书籍和经师，提高文化素质，学习统治经验十分困难。同时，编户减少，不断战争对兵役、徭役等的需要又极大增加，庶人和寒人也很难再有条件读书和出仕。这样，他们就无法像汉代普通平民那样进入士人行列，更谈不上封侯拜相了。

在此条件下，只有士家能保存和传习文化学术。从汉代到魏晋南北朝，门阀士家一般都重视儒学，注意搜集和保存经籍史书，有一部分还发展成儒学世家。再加上在战乱和赋役沉重的条件下，门阀士族由于拥有坞壁等防御工事，可以拥众自保，使书籍、文化免遭摧残。等战乱过去，他们又往往是新朝官吏和权贵，家族享有免役等特权，从而不影响将文化学术和统治经验稳定地传习下去。这样就迫使新王朝不得不主要从这些家族中选拔统治人才，特别是高级统治人才。

曹魏创行的九品中正制，对门阀制度的形成，在形式方面影响甚大。如前文所述，考虑阀阅即功劳、资历之风，先秦已萌芽，但直到东汉末年，从来没有在制度上规定，必须本人或其父亲、祖父具有某种阀阅才可取得某些官位。

东汉末年，由于长期战乱，广大民众纷纷避难逃亡，地方基层乡里组织遭到毁灭性破坏。在这种情况下，要想继续实行或恢复两汉以来传统的“乡举里选”与“乡邑清议”，发生了极大困难。唯一的解决办法，只有根据当时存在的客观现实和社会的实际需要进行新的变革改创。为此，220年(延康元年)，曹丕即魏王位后，采纳吏部尚书陈群建议，实施《九品官人法》。

《九品官人法》，亦称九品中正制，在各州郡选择“贤有识见”的官员任中正官，中正官以家世、道德、才能为标准查访评定州郡人士的等次，作为吏部授官的依据。按照九品官人法的有关规定，各地中正在品评人物时，主要是根据被品评者的出身家世、道德行状及才能大小等诸项指标，为其评定一个相应的品第等级。这种品第等级，共分为上上、上中、上下、中上、中中、中下、下上、下中、下下九个品级，故称九品。当然，取得中正所定品级，仅仅只是获得了一个可以担任相应官品职务的预备资格，能否真正担任该官职则完全是另一回事。尽管在一般情况下，被中正评定的品级越高，担任高级官职的可能性就越大，但也不是被中正评定的品级不高，就绝对不能担任高级官职。这是由于《九品官人法》颁行初期，中正定品与吏部任用并不是一回事，二者之间并不完全一致，而且当时的人也还可以通过其他途径出任某种官职，并非一定都得事先获得中正评定的相应品级。

九品官人法最初创立的目的，原只是为了代替汉代的“乡举里选”，由中正来行使“乡邑清议”之职。在刚刚颁行之初，也确实起到了一定的效果。但是，由于各级大小中正由担任中央官职的士族兼任，且人物的品评标准又增加了出身家世和道德行状两项内容，久而久之，必然带来两方面的恶果。

一是各级中正为了维护本阶级的长远利益，在品评人物时愈来愈注重被品评荐举对象的出身家世这条标准，以保证将本阶级后继人士推选上来。在魏晋之际，这条出身家世标准并不像后来那样，是指远祖的官爵名位或门第阀阅，而是仅仅凭借当朝当政的官位权势。因此，中正品评荐举人物，逐渐摒弃了本人的才干能力因素，纯粹以其出身家世的官职高低、权势地位为衡量标准。

另一方面，各级大小中正均由中央官吏兼任，又使中正的权势日益扩大，开始由起初的“区别人物，第其高下”，发展到直接干预乃至左右官吏的选拔任用。

高级官僚贵族阶层利用自己的地位和权势，通过操纵九品官人法，掌握了中正评品荐举大权，又借助中正评品荐举之机，进而控制吏部选拔任用之柄，将自己的子孙姻亲纳入“士人”阶层，世代把持、垄断公卿显宦、高官要职，遂上升并凝固成为享有世袭政治特权的士族门阀阶层。九品官人法的畸形发展，使中正评品荐举与台阁选拔任用渐趋合流，共同被官僚贵族权势阶层所利用，为封建特权法的发展创造了政治条件，为士族门阀制度的确立和巩固奠定了社会基础，提供了法律依据。

为了确保士族门阀阶层的世袭特权地位，按照九品官人法的有关规定，凡取得中正所定品级，尤其是上品高级者，一般即可获得成为“士人”的“士名”，同时也就获得担任相应官品职务的预备资格；而获得“士名”、成为“士人”、跻身“上流”、定为士族者，还拥有一种特别户籍——“士籍”。

所谓“士籍”，即在国家控制管理的编民户籍上加注其士族“籍状”，以保障其累居官宦及免税免役等世袭特权。这些“籍状”内容，主要包括出身家世、官职爵位、仕宦婚媾等诸方面的情况。也正由于“士籍”与普通编民户籍同为黄籍，在簿籍形式上并无多大差异，其区别仅仅在于具体的“籍状”内容不同，故而南朝庶族寒门想冒充士族高门，以便规避赋税课役负担，往往是在原有黄籍上“伪状巧籍”。可见，“士籍”作为士族门阀阶层的一种身份标志和法律凭据，是维护其世袭特权制度的一项重要法律工具。

东晋时门阀士族制度得到充分发展，进入鼎盛阶段，出现所谓“王与(司)马共天下”的局面。原因是东晋王朝依靠南北士族的支持才得以存在。东晋政权是司马氏皇权和以王、庾、桓、谢诸大姓为代表的北方士族以及处于非主流地位的江南吴姓士族的联合专政，这种政治格局一直延续到东晋末年，长达一个世纪之久。那时士族门阀的势力足以与皇权并立，甚至超越皇权，皇帝都要依赖士族的支持，门阀政治达到鼎盛。

在社会风气上，当时士庶界限森严，即所谓“士庶之际，实自天隔”。寒人即使受到皇帝信任，担任显要的官职，上升为贵戚近臣，如果不自量力而去拜会士族，也得不到士族的礼节，甚至会受到侮辱。如刘宋时，士族张敷为中书郎，寒族出身的中书舍人秋当和周赳以为与张敷是同僚，商量是否应该去拜访他。周赳说：“他倘若不招待我们，我们会很难堪，我们还不如不去。”秋当说：“我们也已经有相当地位了，既是同事，随便坐坐总可以。”这样，他们两人就决定去看张敷。张敷先设两张床榻，去自己三四尺远。周、秋二人就席之后，张敷对左右说：“把我的席子移开，离这两个客人远些”，表示不愿意和寒人共坐。秋当、周赳二人感到很窘，只得退出。

又据《南史·王球传》记载，刘宋文帝统治时期，出身第一流高门琅琊王氏的王球担任吏部尚书。当时，皇帝十分宠信中书舍人徐爰。徐爰是寒门出身，平时士族们虽然畏惧他的权势，但都不愿与他交往。因此，宋文帝特意叮嘱王球要与徐爰往来。王球直接推辞说：“士族与庶族不来往，是社会上的规矩，我不敢奉诏。”听到这些话，文帝也只好作罢。

士族为了要表示自己门第族望的特别优越，为了不使混淆所谓“士庶天隔”的界限，他们就必须不与寒门庶族通婚。所以士族对婚姻的选择，特别重视门第，高门望族一定和高门望族结亲。士族如与比庶人地位还低的工商杂户通婚，刘宋时曾规定要降为比“役门”还贱的兵户、吏家。北魏则规定“犯者加罪”，并“著之律令，永为定准”。士族如果与庶人通婚，处罚虽然没有那么重，也会被其他门阀攻击和不齿。如南齐士族王源与寒族满氏联姻，就遭到御史中丞沈约弹劾，请求罢免王源的官职，终生不得录用。

为了辨清士庶，当时谱牒之学也兴盛起来。到南北朝时，毕生研究谱牒的不乏其人，有的祖孙几代从事谱牒研究，从而出现许多著名的谱学家。官修的谱牒效力最大，而且十分详尽，往往把天下所有士族的姓氏、郡望都列进去，每姓士族又都详细列其成员的名字、官位及血缘关系。官修谱牒不仅对士族的仕途意义非凡，而且是一项十分繁杂的工作，要对所有自认为是士族，并将其家谱上之于官的家族进行甄别、认定，还要根据情况的变化不断修订与重撰，所以朝廷设立专门的常设机构图谱局主持撰修工作，置郎和令史等官来执掌，并吸收对谱牒有研究的学者参与其事。

负责选拔的官吏，必须对全国和本州郡的士族的情况了如指掌，否则很可能因为把寒门列入上品或把高门贬为下品而犯错误。因此，不熟悉谱牒的人是不能当吏部尚书的。如南齐时，齐武帝拟用萧鸾为吏部尚书，王晏反对说，萧鸾不熟悉谱牒，恐怕不可居此官，齐武帝只好作罢。

南北朝后期是门阀士族制度的衰落时期，最主要标志是：士族在官吏选拔与任用上所享有的特权逐渐削弱，寒人或庶人比重在各级政权之品官中进一步增加。其结果首先是官吏铨选上的士庶界限难以坚持，长期存在的清浊之分逐渐淡化以至消失。

门阀士族制度衰亡的根本原因在于士族自身的腐朽，士族制度下的门阀士族特别是高级士族凭借门第就可做官，世代控制高级官职。特殊的社会环境使许多士族不思进取，沉溺于清闲放荡的生活，不屑于政务军务。加之士族是近亲联姻，身体素质极差，因此东晋与前秦淝水之战以后，一些庶族出身的将领脱颖而出，显示出较高的政治、军事才能，声望与权力迅速上升，南朝宋、齐、梁、陈开国诸帝均为庶族将领。南朝帝王虽无法改变高级士族垄断高官的局面，但却引用庶族官吏委以品位不高却握有实权的职务，在实际执政中分享了士族的特权。

士族制度走向衰落的原因之二是受到侯景之乱和农民起义的打击。东晋末年，在士族聚居的三吴地区，爆发了孙恩、卢循起义，大规模地消灭了门阀士族，使王、谢、孔、顾等第一流门阀士族受到了严厉的惩罚与打击。549 年(梁武帝太清三年)，原东魏降将侯景攻破京师建康，纵兵杀掠，又陆续派军在三吴地区大肆烧杀抢掠，直到 552 年(梁简文帝大宝二年)，才被陈霸先、王僧辩所击败。长期的腐朽寄生生活，造成了士族的极端脆弱和无能。他们身体孱弱，连路都不能走，不耐寒暑，侯景军兵杀来，只能坐而等死。侯景之乱使南朝士族遭到沉重打击，百余家士族在建康城内的，几乎覆灭殆尽。门阀士族制度已奄奄一息，庶族地主跃居政治舞台的主要地位。

到隋唐两代，朝廷废止了九品中正制，实行科举制，“取士不问家世，婚姻不问阀阅”，门阀士族制度最终消亡。

（张敏）

# 23. 魏晋南北朝的文论成就

魏晋之际是一个朝代更迭、动荡不安的历史时期，同时又是一个思想解放，价值观念和审美观念大转型的历史时期。其间儒教衰落，佛学涌现，玄学思想也以老庄的面貌开始蓬勃发展起来，并得到广泛流行。在各种思潮的交锋融合过程中，人们逐渐摆脱儒家思想的束缚，率性自由，慷慨任气，以超然物外的人生态度，登临历史舞台。其奇特而又深刻的人文精神和美学风格，构成中国历史上独具永恒魅力的“魏晋风度”。我国的古代文学也由此演进到一个新的时期——文学的自觉时代。文学的自觉源于人的自觉，即生命意识的觉醒。文学的艺术特征和意义逐渐为多数文人所发现和认识，作家的创作主体意识增强，作品中抒情言志的成分大大增加；审美视野日益宽广，内容更加丰富多彩；注重文学的语言艺术，自觉追求文学语言的形式美；文学体裁不断创新，出现了五言诗的兴盛和永明体的崛起。在文学创作空前繁荣的过程中，人们一方面积累了许多宝贵的经验，另一方面也由于种种复杂的社会原因，产生了对文学艺术不同的主张和见解。而建安之后的文学创作，也呈现出日益偏离健康轨道的不良倾向。所有这些，都迫切要求人们对文学创作从理论上进行提升并加以总结，以便统一认识，指导创作。时代的需求，有力地推动了魏晋六朝文学理论批评的繁荣发展，一批文学批评家崛起于文坛，大批文学理论批评专著问世，曹丕的《典论·论文》、陆机的《文赋》、刘勰的《文心雕龙》、钟嵘的《诗品》是其中杰出的代表。

一、曹丕《典论·论文》

曹丕（187—226年），字子桓，曹操次子，公元220年（建安二十五年）废汉献帝自立，史称“魏文帝”。《典论》是曹丕的一部学术著作，全书已佚，《论文》是其中唯一完整保存下来的一篇。在曹丕之前，虽有专篇的文学论文，如《诗大序》、班固《离骚序》《两都赋序》等，但大都是就一部书、一篇文章或一种文体立论，而《典论·论文》则是讨论多种文体和评论多位作家，并且论述了作家与作品的关系以及文章的地位和作用问题。《典论》的写作时间在曹丕被立为太子后不久，约在公元217年至220年之间，堪称我国最早的一篇文学专论。曹丕对自己的这部著作颇为自得，继位之初，曾以素布写上《典论》及所作诗赋送给孙权，以显示他的文才。曹丕死后，魏明帝曹叡又将《典论》刊石流传。

《典论·论文》的文学批评价值主要体现在以下几个方面：第一，充分肯定了文学的地位和价值。从文以致用的角度出发，曹丕认为文章是“经国之大业，不朽之盛事”。他的这种推重文学的观点，完全不同于传统儒家的文章价值观。按照儒家立德、立功、立言三不朽的原则，立言是次于立德、立功而居于最末地位的，但是曹丕却把它提到了比立德、立功更为重要的地位，认为只有文章才是真正不朽的事业。这一看法，同存在于两汉时期的认为辞赋是雕虫小技，壮夫不为的观点相比，是一个巨大的进步。文章的地位空前提高，成为人们借以立身扬名的有力手段，越来越多的文人以更多的热情、更大的精力投入到文章创作中来，从而促成了一个繁荣发展的高潮时期。第二，提出“文气说”，探讨作家的才能与文体性质特点的关系。在

《论文》中曹丕提出了“文以气为主”的著名论断，认为“文以气为主，气之清浊有体，不可力强而致”。曹丕所说的“气”，指的是作家的气质、才能、个性。“气”有清浊之别，所谓清浊，只是一种最广义的划分，实际上指的就是阴阳，阳气上升为清，阴气下沉为浊。这种气质、才能、个性源于天赋，即使为父兄者也难以改变这种与生俱来的禀赋。但是曹丕在评论具体作家时，却没有用清浊的笼统概念，他论各个作家的文气是具体的，如说徐干有“齐气”，指齐人舒缓之气；应玚“和而不壮”，指其文风阴柔有余而阳刚不足；孔融“体气高妙”，说他有超越常人才气而文章风格高妙；刘桢“壮而不密”，说其诗文具有阳刚之美却不够细密。曹丕对“建安七子”的综合评论，简明扼要，能指出他们各自的长处和不足，大体是准确而有分寸的，为我国古典文学理论批评树立了光辉的榜样。第三，辨明文体，提出“四体八科”之说。曹丕在论及文体之前，首先概括一句“夫文本同而末异”，所谓“本同”是指文章的根本思想和法则是相同的，而“末异”是指文章不同的体裁和表现形式。曹丕把文体分为“四科”，分类之后又简要地指出各类文体的写作要求，即所谓“奏议宜雅，书论宜理，铭诔尚实，诗赋欲丽”。从体裁上对文章进行分类，并根据不同的体裁提出不同的要求，开中国文体研究之先河，对后世的文体论产生了深远的影响。此后桓范的《世要论》、陆机的《文赋》、挚虞的《文章流别论》、刘勰的《文心雕龙》无一不受到曹丕《论文》的影响。第四，客观公允的文学批评态度。曹丕在《典论·论文》的开篇，就把矛头直指西汉以来文坛上的两种错误倾向：一是“文人相轻，自古而然”，文人“善于自见其所长”，而又“暗于自见其所短”。一个人不可能完全掌握所有文体的写作技巧，各有所长也各有所短，容易以己之长衡人之短，导致不公正的批评态度。正确的方法应该是“审己以度人”，尊重别人；二是“贵远贱近，向声背实”，主要表现为“尊古卑今”，“崇古非今”，崇拜虚名，不重实际。只有正确的批评态度，才有可能产生出正确的文学批评，曹丕所指出的两种文坛弊病，直到今天我们还应引以为戒。

总之，曹丕的《典论·论文》虽然有其历史局限和阶级局限，但其高举文学独立的旗帜，赋予文学以崇高的地位，把中国古典文学理论批评向前推进一大步，对后世的文学理论批评产生了深远的影响。

二、陆机《文赋》

在曹丕撰写《典论·论文》之后，过了50多年，中国文论史上又出现了一篇名垂后世的巨作，它不仅是仅有的一篇用“赋”体论文的名作，而且是文学史上第一篇系统的创作论，这就是陆机的《文赋》。陆机，字士衡，吴郡华亭(今上海市松江县)人。公元261年(吴景帝永安四年)出生在东吴一个世族大家庭里，祖父陆逊是东吴的丞相，父亲陆抗是东吴的大司马，陆氏家族为孙吴政权立下了不世功勋，也赢得了荣耀显赫的家势。出生于这样的家庭环境，陆机自幼便享有充裕的物质生活和优越的文化教养，并在祖父两代的熏陶之下，早早萌生了建功立业的宏大志向。《晋书·陆机传》说他“少有异才，文章冠世，伏膺儒术，非礼不动”。但他的遭遇很不幸，20岁时吴国灭亡，他的几个哥哥都被杀害，陆机与弟弟陆云退居华亭故里，十年不出，闭门勤学。晋武帝太康末年，兄弟二人奔赴洛阳求取功名。在名流引荐下，陆机曾先后做过太子洗马、著作郎、尚书中兵郎等职。“八王之乱”中，陆机投奔成都王颖，为平原内史。后为成都王颖后将军、河北大都督，与长沙王战于鹿苑，兵败被诬遇害，时年43岁。

《文赋》开篇自叙创作的动机和原由：“恒患意不称物，文不逮意，盖非知之难，能之难也。故作《文赋》以述先士之德，因论作文之利害所由，他日殆可谓曲尽其妙。”可见《文赋》的写作，就是要通过总结前人的经验和自己的创作体会，来解决“意不称物，文不逮意”的问题，即“意——物——文”的关系问题。从这样的创作目的出发，《文赋》首先探讨了如何进行创作前的准备，使写作得以顺利进展下去的问题。陆机着重强调了“感于物”“本于学”“虚于心”三方面的条件。所谓“感于物”，即要求作家要细致而又广泛地关注身边的现实物象，《文赋》称："遵四时以叹逝，瞻万物而思纷。悲落叶于劲秋，喜柔条于芳春。心懔懔以怀霜，志眇眇而临云。"所谓"本于学"，强调的是广泛学习前人的文章著作，即所谓"咏世德之骏烈，诵先人之清芬；游文章之林府，嘉丽藻之彬彬"。借鉴书本知识和前人创作经验，确是提高个人写作能力的重要途径。所谓"虚于心"，指的是虚静的精神状态。虚能容物，静能观物，虚静的精神境界可以让人不受外物和杂念的干扰，从而思虑清明，心神专一。有了这三个方面的准备，情因物感，文以情生，就能解决"意不称物，文不逮意"的问题，使文学构思能够顺利地展开。

在进入到具体创作过程以后，陆机着重揭示了艺术想象的问题，并对其进行了较为细致形象的描述。《文赋》云："其始也，皆收视反听，耽思旁讯，精骛八极，心游万仞。其致也，情曈曨而弥鲜，物昭昭而互进。"创作的过程从进入虚静的精神状态开始，精神高度集中，不视不听，而又始终与客观物象紧密结合在一起，突破种种局限，上下千年，纵横万里，在超越时空的想象里，充分展开艺术的翅膀，翱翔于极高极远的天地之中。文思泉涌之际，内在朦胧的文情逐渐明晰，外在鲜明的物象纷至沓来，提笔挥毫，就能达到"笼天地于形内，挫万物于笔端"的艺术效果。

陆机在《文赋》中评品各种文体的风格特征，提出了"诗缘情"说。在《典论·论文》提出文体分为四科八类的基础之上，陆机进一步把文体分为十类，并具体概括了它们的风格特征："诗缘情而绮靡，赋体物而浏亮。碑披文以相质，诔缠绵而悽怆。铭博约而温润，箴顿挫而清壮。颂优游以彬蔚，论精微而朗畅。奏平彻以闲雅，说炜晔而谲诳。"陆机的"十分法"，比起曹丕的"四分法"要深入细致得多，其中不仅涉及内容方面的特点，也有形式方面的特点。尤其值得注意的是，在诗与赋的对比中，陆机提出了"诗缘情"的观点。只讲缘情而不讲言志，对儒家传统的"诗言志"说是一种巨大的突破，摆脱了经学对诗歌的控制，使诗歌的抒情挣脱了"止乎礼义"的束缚。魏晋时代，人们的思想开始解放，价值观念和诗学观念都发生了新的变革，陆机的"诗缘情"说，得到了当时人们的普遍认可。这表明魏晋时期的人们，对诗歌的艺术本质和审美特征的认识有了新的飞跃。

综上所述，陆机的《文赋》是中国文学批评史上第一篇完整而系统的文学理论著作，全文以创作过程中的构思问题为中心，阐明了一系列重要的文学理论问题，如内容与形式的关系，继承与革新的关系，文章的结构，文体的分类等，直到今天仍然值得我们深入研究。

三、刘勰《文心雕龙》

作为魏晋南北朝文学批评的集大成者，《文心雕龙》可谓中国古代文学理论史上体大思精、独一无二的鸿篇巨制。鲁迅先生曾把《文心雕龙》和亚里士多德的《诗学》相提并论，认为它们是东西方最有代表性、最有影响的两部文艺和美学著作。刘勰(约465—520年)，字彦和，祖籍山东莒县，其祖先在永嘉之乱后移居江南，世居京口(今江苏镇江)。早年丧父，家境贫寒，终身未尝婚娶，笃志好学，通经、史、子、集。20岁左右，出家入南京定林寺，帮助名僧僧佑整理佛典，历时十余年之久，其间博览群书，撰《文心雕龙》一书。梁武帝天监初年，刘勰踏入仕途，此时已年近四十，起家奉朝请，历任临川王萧宏记室、车骑仓曹参军等职，深得昭明太子萧统的器重。后受梁武帝之命，入定林寺编定佛经，完稿后即削发为僧，法名慧地，此后不到一年辞世。

刘勰所处的时代，正是两汉经学解体，审美思潮觉醒，文学开始自觉的时代，同时也是作品纷呈、理论繁荣而又缺乏统一标准和理性建构的时代，加之齐梁浮艳，文风泛滥，必须予以针砭，匡正时弊。在这样的背景下，对文学创作进行理性思辨，进行理论建构以正本清源已成为一项刻不容缓的任务。这也正是刘勰撰写《文心雕龙》的主要背景。

《文心雕龙》共十卷，五十篇，三万七千多字，内容丰富，篇幅宏大。全书既是对前代文学创作和理论批评的全面总结，同时也融合了刘勰本人的文学批评观。《文心雕龙》有完整的科学体系，组织结构严密，大概可分上下两编，各包括二十五篇。书中每一篇都是可以独立的单篇文学论文，同时又具有总体的配合性，彼此呼应，有机联系。全书细分可分为五大部分：第一部分包括上篇之前五篇，为"文之枢纽"，是全书的总纲，揭示写作的总原则。一般认为，《原道》《征圣》《宗经》三篇为根本纲领，《正纬》《辨骚》为一般性纲领；第二部分包括《明诗》以下二十篇，分论文章的源流与风格；第三部分包括《神思》以下十九篇，讲述文章写作的方法；第四部分包括《时序》以下五篇，阐明文学史的发展轨迹；第五部分为最后一篇《序志》，按古书通例，置于篇末，对该书写作宗旨、时代背景、研究方法等予以说明。这种编排体例，清楚地表明《文心雕龙》的整个文学理论批评体系，大体上是由本体论、文体论、创作论、批评论四大系列组合而成的。

《文心雕龙》代表着中国文论的最高成就，论及一系列重要文学问题，提出了颇具价值的观点：

其一，探讨文章的本质和起源。首篇《原道》开篇即云："文之为德也大矣，与天地并生者何哉?""德"就是"道"，这表明刘勰认为文学的本质：道乃其内容，文乃其表现形式。道对不同事物而言有不同的表现形式，所以文也就千差万别。《原道》篇中的文，有广义和狭义之分。广义的文指宇宙万物的表现形式，日月叠璧为天文，山川焕绮为地文等。狭义的文指的是人的"文"，即人文，也就是用语言文字来表达的文章。从作为道的体现这一点来说，广义的文和狭义的文两者是一致的。基于这一根本认识，刘勰提出了"征圣""宗经"的思想。人文既是道的体现，而圣人之文《六经》又是道的最集中最典型的代表，所以人文的写作必须以《六经》为楷模，效法圣人。在《宗经》篇中，刘勰进一步指出，《六经》是后代各类文体的最早源头。

其二，论述文学的构思与创作。刘勰在《文心雕龙》中提出了一个重要的美学概念——"神思"，其内涵就是文学创作过程中作家的思维活动。《神思》篇对艺术思维活动进行了生动的描绘："文之思也，其神远矣。故寂然凝虑，思接千载；悄然动容，视通万里。吟咏之间，吐纳珠玉之声；眉睫之前，卷舒风云之色。"在创作过程中，作家的思维可以超越时空，无拘无束，具有无限的深度和广度。但作家的主观情感始终和客观物象紧密结合在一起，所谓"登山则情满于山，观海则意溢于海"。今天看来，物我相融，心神合一，正是艺术构思的基本原则之一。在心与物的关系上，刘勰认为应当做到"随物宛转"，也就是说，作家在描写客观事物来体现自己的主观情感时，要充分尊重客观事物的内在规律性，不能有主观随意的改造，而是在"随物宛转"的前提下改造，使客观之物既不失其本身的自然本性，又能为表达主观情感服务，达到内心与外境相和谐的境界。

其三，谈作家的风格。刘勰认为，作品是作家思想才情的体现，必然显示作家的个性。而影响作家个性的因素主要有四个，即"才、气、学、习"。其中，才、气是先天的，学、习是后天的。风格的形成既取决于先天的禀赋，但是也离不开后天的努力。这种观点，较之于曹丕的"文气说"，只看重先天的才气而忽视后天因素，无疑要合理得多。此外，刘勰还把复杂多样的文学风格进行归纳，分为八大类别：典雅、远奥、精约、显附、繁缛、壮丽、轻靡、新奇。两两相对，结为四组，体现了刘勰的艺术辩证法思想。

其四，注重文体批评。《文心雕龙》中，刘勰用《明诗》以下二十篇的巨大篇幅论文体，分别论述了诗、乐府、赋、颂、赞、祝、盟、铭、箴、诔、碑、哀、吊、杂文、谐、隐、史、传、诸子、论、说、诏、策、檄、移、封、禅、章、表、奏、启、议、对、书、记等三十五种文体。他的文体分类，有大有小，主次分明，诗赋是当时最重要的文学形式，所以放在最前。刘勰认为，这些文体大体可分为"文"与"笔"两大类，其中"文"指偏重抒情言志、文学性较强的文体；"笔"指学术性较强而又不重音韵文采的作品。分类之后，对每种文体的源流演变及创作特征，刘勰还逐一论述，全面总结了历代各种文体的写作经验。

其五，理论批评与实际批评相结合。《文心雕龙》的可贵之处在于，把理论批评和实际批评相结合，并以理论批评指导实际批评。全书自《明诗》以下二十篇，全面论述历代文学及其作家，从原始歌谣、《诗经》《楚辞》到汉赋、乐府乃至魏晋文学等，都进行具体批评。在以作家作品为主的同时，旁及经史子集等著作，并且从中概括出"宗经六义"的批评标准。这"六义"就是：一则情深而不诡，二则风清而不杂，三则事信而不诞，四则义直而不回，五则体约而不芜，六则文丽而不淫。其中，"情深""事信""义直"是指思想内容而言，"风清"是指艺术风貌而言，"体约""文丽"是指结构与语言而言。

其六，力主"通变"，继承创新。刘勰的文学批评正确地处理了继承与创新的关系，主张"通变"。一方面继承传统，凭借古圣先贤之著作与儒家经典，用以匡正当时形式主义的不良文风；另一方面，不拘泥古人旧说，坚持创新，广泛吸收文学创作与文学批评的新鲜经验和研究成果，使先贤经典时代化、文学化。具体而论，《文心雕龙》全面继承了周秦以来文学理论批评的积极成果，系统解决了文学领域中的天人关系、文质关系、美善关系、言意关系、古今关系等重大理论问题，并以此来纠正魏晋以来文坛的不正之风，指导人们的创作实践。

统观全书，《文心雕龙》有着完整的结构和严密的理论体系，从总论、文体论、创作论到批评论，有机有序地组成一个整体，对文学理论上的一系列基本问题进行了透彻细致的论述。它既是一部文学理论著作，也是一部文章学著作，同时又是一部文学史、各类文体的发展史。后人对《文心雕龙》的研究也蔚为大观，成为一项专门的学问——"龙学"。恰如著名史学家章学诚所评说的那样，《文心雕龙》"体大思精""笼罩群言"，成为中国乃至世界文化史上巍然屹立的一座丰碑。

四、钟嵘《诗品》

继《文心雕龙》之后，中国文学理论批评史上又出现了一部重要的著作——《诗品》，它与《文心雕龙》一起，被后人誉为文论史上光照千秋、相互辉映的"双星"。

钟嵘(约468—518年)，字仲伟，颍川长社(今河南长葛)人，与刘勰是同时代人。钟嵘出身贫寒，但在政治上颇想有所作为。《南史·钟嵘传》说他"位末名卑"，曾做过一些小官，齐时任司徒行参军，梁时官至西中郎将晋安王记室，故世称"钟记室"，在门阀士族统治之下很不得志。钟嵘精通《易经》，长于文藻，经过长期的勤学深思，潜心编撰，终于在他晚年，大约于公元514年至516年间撰成《诗品》一书。据《梁书》《南史》记载，原书名为《诗评》，明清以后始定名为《诗品》。"评"者论优劣，"品"者定等第，二者都与书的内容密切相关。

钟嵘所生活的时代，存在一种"庸音杂体、人各为容"的诗风，文学批评也以豪门世族口味为标准，这便失去了对创作的正确指导作用。钟嵘则认为应当提倡一种正确的文艺批评，以便"辨彰清浊、掎摭利病"。他主张通过对诗人的品评，通过显优劣和列品第，来确立良好的批评原则和文风，指导文学创作。这便有了《诗品》的撰著。

《诗品》全书分为上、中、下三卷，每卷一品，即上、中、下三品。各卷前原有序，因其内容贯通，后将三卷序文合而为一，称为《诗品序》，置于书前，集中体现了作者的诗歌理论。全书按照"不录存者"的总原则，品评了自汉魏至齐梁的122位五言诗作家。上品有无名氏古诗和李陵、班姬等11人，中品有秦嘉、徐淑等39人，下品有班固、郦炎等72人。各品之中，“略以世代为先后，不以优劣为诠次”。对每一位诗人均有简要评品，或探其渊源，或举其特色，或指其短长，识见精准。《诗品》的内容特点，可以概括为以下几个方面：

其一，探讨了诗歌的本质和产生根源。曹丕在《典论·论文》中认为“诗赋欲丽”，陆机《文赋》中也认为“诗缘情而绮靡”。钟嵘在《诗品序》中也提出了他对文学本质的认识：“气之动物，物之感人，故摇荡性情，形诸舞咏”，认为文学作品都是作者主体心灵即作者感情活动的外在表现。诗歌既是人“性情摇荡”的产物，又可以反作用于人的“性灵”，使其受到陶冶感化。同时还进一步指出造成诗人性情动摇的原因，是由于外界事物的感发触动，也就是“物之感人”。这里所说的“物”，不仅包括自然事物，也包括社会生活内容，这也从一个方面阐明了文艺和现实的关系。

其二，论诗专以五言诗为对象。五言诗起源于汉代乐府民歌，历经魏、晋、宋、齐、梁数代之后，名家辈出，佳作如林，呈现出空前繁荣的局面。《诗品》一书正是在五言诗高度繁盛的背景下问世的，所以其论诗专以五言诗为对象。钟嵘不仅在《诗品序》中详细地论述了五言诗发展演化的历史轨迹，而且在文学史上首次对五言诗的历史地位进行了客观评价。刘勰在《文心雕龙·明诗》中以四言为“正体”，而以五言诗为“流调”，表现出一种“宗经”“尊体”的倾向。钟嵘在《诗品》中则指出，五言诗在刻画形象和抒写感情方面，有着更好的表现功能，具有长于“指事造形，穷情写物”的文体优势，造物能详，则形象鲜明具体；穷情能切，则抒情委婉动人。他认为五言诗“是众作之有滋味者也”，充分肯定了五言诗的文学价值，钟嵘也成为中国诗体由四言转变为五言的积极推动者。

其三，以象论诗。钟嵘论诗注重运用比喻和比较的方法。如评范云与丘迟诗云：“范诗清便宛转，如流风回雪；丘诗点缀映媚，似落花依草”，又如论颜延之诗，引汤惠休之喻：“谢诗如芙蓉出水，颜诗如错彩镂金。”凡此种种，或以景喻，或以物喻，且寓比较于比喻之中，形象生动，妙语如珠，义蕴深刻，开创了中国文学理论批评史上“意象批评”的传统，对后世诗话、词话以至于书品、画品影响极大，形成了中国文学艺术评论的一大特色。

其四，以品论人。在对诗人进行评价时，《诗品》基本上是按照“致流别——掎摭利病——显优劣”的顺序进行。所谓“致流别”，就是探讨诗人的风格流派。钟嵘认为五言诗有三个源头：《国风》《小雅》《楚辞》，并且把每个诗人都归纳到某个流派中来，如“源出于某”“祖袭某”“颇似某”等，具体见解虽未必完全正确，却给后人开辟了一条研究的途径。所谓“掎摭利病”，就是对作品的艺术得失进行分析，从形式和内容两个方面品评，揭示其优缺点，引导后来诗人以之为鉴，不断提高创作水平。所谓“显优劣”，是指评价作家的地位和成就。在寻根溯源和品评作品的基础上，以品论人，把分品论人的人物品藻方法用之于评论诗人，在中国文学批评史上，这是一大创新。在历代诗人之中，钟嵘最推崇曹植，认为曹植的诗继承了《国风》传统，内容与形式相统一，骨气与词采相结合，达到了古今诗人的最高成就。当然，这种以品论人的方法也有失当之处，例如列陆机为上品，置鲍照、陶潜为中品，斥曹操为下品等，明显地受到当时风气的制约。不过，这些并不能从总体上否定《诗品》的理论价值，钟嵘对绝大部分诗人成就和地位的评价还是较为允当的。

尽管缺陷和局限在所难免，作为中国文学批评史上第一部论诗专著，《诗品》开创了文学批评专门化之先河，被后人誉为“百代诗话之祖”，清人章学诚称其为“诗话之源”。此后，“诗话”远远超过其他形式的诗论、诗评，成为我国诗歌评论的重要形式。

中国古代文学理论批评的发展，历史悠久，内容丰富。在长期的演进过程中，形成了自己独特的理论体系，具有鲜明的东方民族传统特色。在中国古代文学理论发展的历史长河中，魏晋南北朝是其中光辉灿烂、神采独具的一页，不仅诞生了专论作家的《典论·论文》、专论创作的《文赋》和以批评鉴赏为主的《诗品》，而且产生了博大精深的皇皇巨著《文心雕龙》。这一时期的文学批评，摆脱了经学的附庸地位，成为独立于学术文化之林的一门新的学科。在与佛教、道教、魏晋玄学互相渗透、互相影响的同时，文学批评自觉地与文学创作紧密结合，相辅相成，共同推动着中国文学的繁荣发展。

（杨继刚）

# 24. 敦煌石窟的开凿

敦煌石窟，指古敦煌郡境内的所有石窟。它以莫高窟为主体，但并不只限于莫高窟，还包括今甘肃省敦煌市境内的西千佛洞，安西县境内的榆林窟、东千佛洞，水峡口，肃北蒙古族自治县境内的五个庙、一个庙等石窟。在古代，这些石窟不仅全都位于敦煌郡境内，而且其主题内容和艺术风格、发展源流都是一致的，应该共同归属于敦煌文化区，因此总称之为敦煌石窟。

据传说，舜流四凶，“迁三苗于三危”，唐李贤、杜佑、李吉甫都注三危在沙州敦煌县，如果确实，这是敦煌最早的居民。但今人多对此提出异议。考古学研究证明，敦煌地区的玉门市在距今3700年左右的夏朝末期已有居民，因该先民遗址处于一条红土山沟旁，山沟土色红似火烧，考古界称为火烧沟文化。战国至秦的时期，敦煌祁连之间居住的是过着游牧生活的塞种人、乌孙人和月氏人。秦汉之际，匈奴雄踞漠南北，占领河西，不断侵略汉地。直到武帝时，经过三次大战役，即公元前127年(元朔二年)的河南战役，公元前121年的河西战役和公元前119年的漠北战役，迫使“匈奴远遁”，才使河西之地从此归汉。汉庭在此设置了武威、酒泉二郡。元鼎六年(前111年)或稍晚一些年，又分武威、酒泉地，置张掖、敦煌，为河西四郡。敦煌设郡是敦煌有确切纪年历史的开始。同时因为张骞通西域，打通了丝绸之路，使敦煌成为交通枢纽和各民族文化交流的中心，汇集了印度文化、希腊文化、中原文化，敦煌的经济、文化开始繁荣，为日后石窟艺术的兴盛打下了良好的基础。

公元一世纪前后佛教开始由西域传到中土，也自然会流布到敦煌地区。东晋(约三世纪间)时期，著名佛经翻译家，高僧竺法护“世居敦煌”，号为“敦煌菩萨”，是当时敦煌的佛教传播与佛经翻译的繁荣局面的最好见证。莫高窟晚唐第156窟前室墨书《莫高窟记》就记载说，“晋司空索靖(239—303年)题壁，号‘仙岩寺’”。这也为以佛教内容为主的敦煌石窟，准备好了前提条件。

大约在公元四世纪，中原战火不断，河西地区则相对安定，因此大量中原居民迁往敦煌。移民带来敦煌文化的发展，而战争带来的痛苦又使人们更加迫切需要宗教的抚慰。也就在这时期，敦煌开始了石窟的营建。根据莫高窟第332窟，698年(武周圣历元年)李怀让所写的《重修莫高窟佛龛牌》，说沙门乐僔于366年在此开始建窟，成为敦煌石窟艺术的开端：“莫高窟者，厥初秦建元二年，有沙门乐僔，戒行清虚，执心恬静，尝杖锡林野，行至此山，忽见金光，状有千佛，这架空凿岩，造窟一龛，次有法良禅师，从东届此，又于僔师窟侧，更即营建。伽蓝之起，滥觞于二僧。”清代徐松的《西域水道记》也说，1783年敦煌有人掘到一截残碑，上云：“秦建元二年沙门乐僔立。”但也有人认为是始建于353年，证据是敦煌遗书第2691卷背《沙州志》所云：“从永和九年癸丑岁创建，至今大汉乾祐二年己酉岁，□得五百九十六年。”

虽然各说不一，但敦煌石窟始于公元四世纪十六国的前凉或前秦时期，是可以确定的。甘肃博物馆藏国内现存最早佛经写本《法句经》，卷末有沙弥净明题的两个东晋年号，368年和373年，据信是石室出的前凉遗物。许国霖《敦煌石室写经题记汇编》还著录有前秦甘露元年(359年)的《譬喻经》和甘露二年(360年)的《维摩经义》两个写本。这些都可作为敦煌石窟寺初建年代的旁证。另外，《高僧传》记有这时的两个敦煌僧人，一个是单道开，曾于346年东去邺城；另一个是竺昙猷，"游江左……移始丰赤城山石窟坐禅"的，也可作为当时敦煌有佛教活动，而且可能已有石窟开凿的佐证。北凉高僧昙无谶也曾在敦煌译经。《魏书·释老志》记当时敦煌"村坞相属，多有寺塔"，已是相当繁荣。

自此后，历代都有开凿。隋唐是石窟营建的高峰期，数量和质量上都达到了非常可观的程度，莫高窟至698年，已有"窟室一千余"。五代时期及宋代，敦煌不仅开凿了许多洞窟，还对前代洞窟进行了全面维修。元代因为佛教密宗盛行，所以开凿的石窟大多带有密宗色彩。但自五代起，由于战乱的阻隔，海道的开通，传统的"丝绸之路"没落了，敦煌失去了其交通枢纽的重要地位，也日益衰落，石窟的开凿在数量和艺术水平上都大大下降，至明代开窟活动甚至逐渐终止了。

作为文化宝库的敦煌石窟，系统地保存了从十六国到元代近千年间佛教艺术的发展序列。它留给我们的文化遗产主要有两类，一类是众多石窟及石窟中的雕塑、壁画、题记、碑刻、建筑等；另一类是石窟中所保存的古代文物，包括各种文字的宗教经典和世俗文书的书写或印刷的卷子，以及织绣、绘画、幢幡等佛教法物。这一部分的主体是莫高窟第17窟(藏经洞)所出的四至十一世纪的汉文、藏文、回鹘文、突厥文、于阗文、龟兹文、粟特文、康居文、梵文的卷子写本，以及帛画、纸画、织染、刺绣等文物约5万件，其中有著名的咸通九年(868年)刻的《金刚经》，是迄今发现的世界上最早的印刷品之一。此外也包括第464窟发现的回鹘文写本，以及莫高窟中寺后园土地庙残塑中发现的写卷等。受益于敦煌的沙漠性气候特殊自然条件，天干物燥，石窟和文物都不易受虫害和霉变朽烂，只要没有人为破坏，很多文物都能相当完好地保存下来。

莫高窟是敦煌最主要的石窟，又名千佛洞。它位于敦煌县城东南25公里被古宕泉(今名大泉)的泉水冲刷而成的鸣沙山崖壁上，南北长约1600米。大泉泉水的存在使莫高窟在茫茫戈壁中形成一块小小的绿洲，是大规模石窟开凿的重要条件。莫高窟始凿于十六国时期的366年，时当东晋太和二年，但现存最早的窟是五代时期的。以后历代开窟，至唐代极盛时达五六百窟。现存的洞窟绝大多数是五世纪十六国晚期北凉时代到十四世纪元代开凿的，前后历时千年，共有492窟，这492个窟里，共有十六国、北魏、西魏、北周、隋、唐、五代、宋、回鹘、西夏、元、清、民国等时期彩塑3000多身，壁画45000平方米，还保存有唐、宋、清、民国时期的木构建筑十余座，其中唐宋木构窟檐六座。又有的洞窟曾经在不同的时代一再重修，有时会将原有壁画抹上泥层重新画过，以致有些壁画多达三四重。因此壁画的实际数量应更多。

敦煌石窟艺术是一种由建筑、雕塑、壁画三者紧密结合而成的综合体艺术。其建筑部分，主要是指开凿在山崖间的石窟，和出于装饰、加固或其他宗教需要等原因修筑于石窟内外的木结构殿堂和古塔、窟前栈道等。一些洞窟内也有木结构窟顶。早期石窟形制分为供僧人居住、修禅的禅窟，带中方柱的塔庙式窟和方形平面的佛堂式窟三种。唐朝的洞窟则多为正方覆斗状顶的殿堂式，后壁开一大龛，深宏如厅堂，中置须弥坛，上设佛像。

敦煌的石窟在地质上属玉门系砾岩，质地较松，很容易凿窟。但小块砾岩通过石灰质凝结成的山壁，不合适雕塑像，所以莫高窟造像的雕塑工艺多是以石木为胎的彩绘泥塑。其题材内容可分为佛像、菩萨像、弟子像、羽人、飞天像、地神、天女像、禅僧高僧像、禽兽像、建筑装饰图案及少量道教塑像。敦煌的佛教，除了一般常见的释迦牟尼坐像、涅槃像及三身佛、三世佛过去七佛像，较有特色的是释迦、多宝并坐像。据

《法华经》说，法华会上，有多宝塔踊现其前，多宝佛于塔中出大音声，证明释迦佛所说真实不虚，并分半座予释迦佛，二佛并坐(如莫高窟北 259 窟)。北魏中晚期释迦多宝二佛并坐造像风靡一时，一方面是随同法华信仰而盛行，另一方面则是对当时孝文帝、冯太后“二圣政治”的艺术体现。到了盛唐之际，又因为一些佛教徒撰《大云经》附会武则天是“弥勒下世”，故出现了不少巨大的弥勒佛坐像(如 130 窟)，也是现实政治影响佛教艺术的体现。

又因为地质成分的限制，雕塑不便，敦煌的壁画特别发达。古人将粗糙的砾岩壁面用细泥抹平，抹上白灰，再在上面做画。敦煌壁画的基本内容，有佛、菩萨、弟子、天龙八部、外道等人物形象，也有大量佛教故事画，佛教经变画，佛教史迹画，供养人画，装饰图案画等。

佛教故事画大体可分为三类，其一是描绘佛教创始人释迦牟尼生平事迹的佛传故事画。莫高窟现存各时期的佛传故事画计 37 幅。早期的佛传故事画多为片断画面，北周时期开始出现了完整的、连环画式的，多幅、长卷的佛传故事画。如 290 窟 6 条并列的佛传故事画，长达 25 米，主要内容有乘象入胎、树下诞生、仙人占相、太子读书、太子比武、掷珠定亲、太子迎亲、出城游观、夜半逾城、树下苦修等，一共有 80 多个画面，是我国现存早期最完整的传记性连环画。其二是宣扬释迦牟尼前世轮回转生的各世所行各种善行的本生故事画。敦煌现存各时期本生故事画近 20 种，最有代表性的作品有北凉时期的月光王施头、尸毗王割肉贸鸽、毗楞竭梨王身钉千钉、快目王施眼；北魏时期的萨埵太子舍身饲虎、九色鹿舍己救人；北周时期的睒子深山行孝、须阇提割肉奉亲、善事太子入海求珠；等等。其三是描绘佛陀度化众生的因缘故事画。莫高窟现存各时期因缘故事画可能有十余种，代表作有北魏时期的须摩提女设斋请佛、释迦从弟难陀被迫出家、沙弥守戒自杀；西魏时期的施身闻偈、五百强盗成佛；北周时期的微妙比丘尼苦难遭遇、梵志夫妇摘花失命等。佛教经变画，是指一切以佛经为依据的绘画，佛教故事画也是一种经变画，此外还有按佛经而绘的经变画。莫高窟现存经变画 32 种，计 1218 幅，代表作有《法华经》的“见宝塔品”“观音普门品”，《药师经变》中的“九横死”“十二大愿”等。

此外，敦煌石窟还有少量的古代神话题材画和道教题材画。例如敦煌莫高窟第 285 窟中绘有伏羲、女娲，分处摩尼宝珠两侧，皆人首蛇身，胸前圆轮中分别画金乌、蟾蜍，象征日月。伏羲一手持矩，一手持墨斗；女娲则两手擎规。

敦煌除了莫高窟，还有其他一些石窟。西千佛洞位于敦煌城西 35 公里的党河岸壁上，因为在莫高窟千佛洞之西南，故名“西千佛洞”。据《沙州都督府图经》的记佛龛文推断，其开凿时代大概与莫高窟相仿。窟群遗迹绵亘 1500 米许，但因为处于党河的转折处，受到洪水侵蚀冲击，大多崩毁，现仅残存北魏、西魏、北周、隋、唐、五代、回鹘、元、清、民国等时期修建或改建的洞窟 12 个。

东千佛洞又名水峡口石窟、小千佛洞，位于安西县桥子乡(桥子乡在县城东南 70 公里处)东南约 100 公里的峡谷中河床两岸，是西夏和西夏以后开凿的，以表现佛教密宗内容为特色，是对莫高窟佛教艺术的一个补充。现存 23 个洞窟，但只有 8 个窟有壁画塑像，包括西夏窟 3 个、元代窟 3 个、清代窟 2 个。

榆林窟又名万佛峡，位于安西县西南 75 公里的榆林河(踏实河)两岸。现存 42 个洞窟，内唐窟 3 个，五代窟 8 个，宋窟 3 个，西夏窟 4 个，清代窟 9 个。有壁画和彩塑遗存。

五个庙石窟位于肃北蒙古族自治县城北 20 公里党河上游的狼湾，在莫高窟正南，相距 45 公里。蒙语称窟为庙，“五个庙即五个窟”，但其实包括残窟在内共有 20 多个石窟。多数已残，只有 4 个窟较完整，保存有五代、宋、西夏、元等时期的壁画。

一个庙石窟，位于肃北蒙古族自治县城北约 12 公里处，党河东岸的吊水沟北面的断崖上。现有洞窟 2 个，尚残存曹氏归义军时期壁画、供养人题记。

敦煌莫高窟是与大同云岗、洛阳龙门、天水麦积山石窟齐名的四大石窟之一。以莫高窟为代表的敦煌石窟，其前后延续的时间之长，所凿洞窟之多，都超过国内其他石窟，成为我国石窟艺术的瑰宝。

（卢文芸）

# 25. 云冈石窟的开凿

云冈石窟位于中国北部山西省大同市以西16公里处的武州山南麓，主要建于453年(北魏兴安二年)到495年(太和十九年)间，是中国第一处由皇室显贵主持开凿的大型石窟。整个窟群分东、中、西三部分。东部的石窟多以佛塔为主，又称塔洞；中部昙曜五窟是云冈开凿最早，气魄最大的窟群；西部窟群时代略晚，大多是北魏迁都洛阳后的作品。石窟依山开凿，在武州河北岸东西绵延1公里，主要洞窟达50多个(其中保存较好的约20个)，整个窟群共有大小佛尊1100多个，大小佛像51000多尊，最大佛像高达17米，最小佛像仅有几厘米高。最大石窟是第6窟(北魏孝文帝时开凿)，由地面到窟顶高达20米。云冈石窟与甘肃敦煌莫高窟、河南洛阳龙门石窟、甘肃天水麦积山石窟并称为中国四大石窟；而云冈石窟与莫高窟、龙门石窟和重庆大足石刻则是中国境内被列入联合国教科文组织世界文化遗产名录的四座石窟。

公元1世纪末，匈奴统治集团内部分裂，原居黑龙江上游额尔古纳河与大兴安岭北段间的鲜卑族拓跋部，自东北向西南迁徙。西晋以来，在各部族间的长期纷战中，拓跋部乘势崛起，并逐步控制了黄河流域以北的大部分地区，建立了北魏王朝。而鲜卑族拓跋部在中国北方一带活动时，还未信仰佛教，而流行各种杂卜巫术。439年(太延五年)，太武帝灭北凉，素称发达的凉州佛教东传，北魏佛教迎来了兴盛期。以北魏这样一个经济、文化相对落后的少数民族建立的政权，入主中原后，为解决日趋紧张的阶级矛盾和民族矛盾，势必要从统治阶级旧有的思想武库中寻求出路，于是中国原有的道教与外来的佛教之间，斗争日益尖锐。佛、道之争，演成了中国历史上第一次废佛事件。446年(太武帝于太平真君七年)，下诏毁灭佛法。到文成帝即位，又下诏复法，佛教以更大的势头发展起来。文成帝复法的直接结果，便是云冈石窟的大规模营造。

平城作为当时中国北方的政治、宗教和文化中心，集中全国各地的优秀艺术工匠，汲取、融合各种艺术风格，开凿出规模宏大的云冈石窟。云冈石窟按照开凿的时间可分为早、中、晚三期，不同时期的石窟造像风格也各有特色。早期的“昙曜五窟”气势磅礴，具有浑厚、纯朴的西域情调。中期石窟则以精雕细琢，装饰华丽著称于世，显示出复杂多变、富丽堂皇的北魏时期艺术风格。晚期窟室规模虽小，但人物形象清瘦俊美，比例适中，是中国北方石窟艺术的榜样和“瘦骨清像”的源起。上承秦汉(前221—220年)现实主义艺术的之风，下开隋唐(581—907年)浪漫主义色彩之先。

云冈第一期石窟即昙曜五窟、具有凉州造像的基本特征，又创造出新的风格。早期的昙曜五窟，平面皆作马蹄形(方形抹圆角)，穹隆顶，大体上都摹拟印度椭圆形的草庐形式。五个窟中，主佛形体高大，占据窟内主要位置。根据主像和石窟布局，五窟可分为二组。十八、十九、二十窟为一组，都以佛装三世佛(过去、现在、未来佛)为主像。十九窟左右二主像分处于窟外东、西耳洞中。十九窟是这一组的中心窟，开凿的时间也最早(西耳洞主像完成于第二期)。十六、十七窟为另一组。十七窟主像也是三世佛，正中是菩萨装的未来佛交脚弥勒菩萨(主像完成于第二期)。十六窟主像是单一的释迦立像。如果依据为太祖以下五帝各造一像来考虑，主像为释迦像的十六窟，相当于当时在位的文成帝，主像是交脚弥勒菩萨的十七窟，相当于未即位就死去的景穆帝。而十八、十九、二十窟，则应分别相当于太武帝、明元帝和道武帝。

这一期的佛像，高肉髻，面相丰圆，颧骨不高，鼻筋高隆，眉眼细长，蓄八字须，两肩齐挺，身躯壮硕。佛像服装，或右袒，或通肩。着袒右肩佛装者，上身内着僧祇支，外披袈裟，僧祇支上方格纹，同敦煌莫高窟及麦积山、炳灵寺早期造像相似。右肩半披袈裟，边刻联珠纹及折带纹。菩萨像圆脸，短身，头戴宝冠，宝缯翻飞。有的冠作三珠新月冠，接近龟兹壁画中的菩萨像，裸上身，佩项圈、短璎珞和蛇形饰物，下着羊肠大裙，臂饰臂钏和手镯。衣纹雕刻较浅，主要是在凸起的衣纹上刻阴线，细腻匀称，轻薄贴体，用以表现身体的起伏变化。有些造象(如二十窟主佛)，身着质料厚重、衣纹凸起的服装，反映了犍陀罗(今巴基斯坦和阿富汗西部一带)造像和中亚牧区服装的特点。有些造像(如十八窟主佛)，则着轻薄贴体、衣纹紧密的服装，反映了印度恒河流域一带笈多造像的某种特点。这些融多种造像样式于一炉并加以创造的情形，正是云冈早期造像的显著特色。

总之，昙曜五窟中的草庐式窟形、后开隧道的大像、以三世佛为主的简单题材；肩宽体壮，深目高鼻，短粗身材，八字须，火焰纹背光，上雕飞天(袒上身，斜披络腋，捧菓盘，近似炳灵寺二八九窟中壁画飞天)以及浅密贴体的服装，都显示出一种挺秀劲健、浑厚朴质的造像风格。这种风格，反映出西域凉州造像以至犍陀罗造像的特点，又注入了一些新的因素，这就是北魏早期造像。现存太武帝灭法前的铜石造像，如440年(太平真君元年)释迦铜坐像、442年(太平真君三年)菩萨石坐像和石塔、443年(太平真君四年)释迦铜立像等，其造型题材与昙曜五窟十分接近，说明这批北魏造像具有同一渊源。

就雕刻艺术而言，北魏雕刻艺术是我国传统雕刻艺术的延续和发展。云冈石窟雕刻，就是富有才华的北魏各族优秀艺术工匠，积累长期艺术实践的丰富经验，有选择地吸收外来、外地艺术的创作成就，并使之融汇到中国艺术中的生动体现。在雕刻技巧上，云冈昙曜五窟雕刻继承了汉画像石的传统技法，往往在造像浑圆的身体上，用阴线刻划衣纹。许多大像，继承利用大面积保持完整统一效果的手法，给人以鲜明、雄伟的印象。在细部表现上，也多有出色之笔。如十八窟半浮雕弟子，上半身作圆雕处理，跃然壁外；大佛手脚，柔中有刚，透露出肌肉运动的质感。造像的瞳孔，因艺术家巧妙的处理，使原本无生命的雕像，焕发出感人至深的情愫。二十窟大佛作为云冈石窟的代表作，以一种崭新的视野，博大、恢宏的气魄和撼动人心的力度，征服了观众，代表着我国早期佛像的高水平。

云冈石窟的许多重要窟龛，雕凿于孝文帝时期，这就是第二期石窟。此期石窟相当于文成帝死后至孝文帝迁都洛阳前(约465—494年)。同第一期石窟相比，此时无论是石窟形制还是形象题材，都有了较大的不同，出现了一种清秀雍容、意匠丰富、雕饰奇丽的新风格。云冈石窟乃至北方石窟的中国化，也就在这一时期内开始。

471年(延兴元年)，孝文帝即位，国内各族人民的反抗斗争规模日益扩大，而北魏皇室、贵族崇佛祈福也愈演愈烈，所以佛教在北魏统治集团的提倡下，发展迅速。第二期窟室、龛像的数目急剧增多，据现存铭记，开窟功德主除皇室外，尚有官吏、上层僧尼和在俗的邑义信士(指信教的一般地主，如太和七年邑义信士女)等，表明这时云冈石窟已不限于皇室开凿，而成为北魏都城附近佛教徒的重要宗教活动场所。而孝文帝时期全国就有寺院六千多所，僧尼七万余人，可见当时佛教流传已具有一定的普遍性与民众性。

云冈第二期连续开凿成组的大窟，主要有五组：七、八窟，九、十窟，五、六窟，一、二窟，此四组为双窟。另一组包括三个窟，即十一、十二、十三窟。此外，云冈石窟最大的第三窟，主要工程也在此期内进行。十一至十三窟外壁崖面上的小窟、龛像及二十窟以西的个别小窟，也在这一期内开凿。

第二期石窟的形制，平面多为方形，多具前后室，是沿袭龟兹石窟以来的窟形，有佛殿窟和塔庙窟两种。佛殿窟有的在后壁开凿隧道式的礼拜道，塔庙窟则于窟中部立塔柱。云冈的这种窟形显然源于龟兹的中心塔柱窟和凉州系统的中心方柱窟，后又影响到敦煌的北魏窟。对佛塔的重视和塔庙窟的雕凿，与当时平城佛寺中以佛塔居中的设计为同一渊源，仍未脱离印度的佛寺石窟格局，而平城大型佛寺与云冈石窟佛寺，是一次集中的新创造。方形石窟，壁面雕刻多是上下重层、左右分段的布局，有的窟顶雕出支条分格的平棊藻井式。窟中造像极少见第一期那样的雄伟大像，且已下占窟内主要位置，但形象题材趋于多样化。佛、菩萨面相丰瘦适宜，表情温和恬静。486年(太和十年)后造像样式开始复杂化，489年出现褒衣博带式佛装，在此前后，菩萨像也采用头戴花冠，身披帔帛，羊肠大裙下摆飞扬的新服装。四壁出现了世俗的供养人行列，早期多为鲜卑人夹领小袖装束，晚期则穿着汉民族宽博服装。凸起的繁细衣纹，被简化的雕刻较深的直平阶梯式衣纹所代替。近年方山佛寺出土的残塑佛像，衣纹断面呈方形贴泥条形式，这与云冈石窟太和年间的雕刻一样，意在增强作品的立体感和现实性。和第一期石窟比较，其显著特点是，汉魏以来分层分段附有榜题的壁面布局和中国传统的建筑形式(屋形窟、屋形龛)及其装饰已渐增多，佛像的服装在第二期后段也改为中原的样式。

孝文帝迁都洛阳以后，平城作为北都，仍然是北魏时期的佛教重地，尽管大窟减少，但所凿中小窟龛却自东往西遍布崖面。这就是云冈第三期石窟(约494—524年)。《金碑》记云冈石窟铭记纪年最晚的是公元524年(孝明帝正光五年)，与云冈现存窟龛情况相符。

第三期主要洞窟分布在二十窟以西。四、十四、十五窟和十一窟以西崖面上的小窟、龛像，四至六窟间的小窟，大多雕凿于这一期。其特点是，洞窟以单独形式出现，多不成组，洞窟为中小型，一部分龛像是补刻在前期的窟壁或崖面上，洞窟内部日趋方整。塔庙、三壁三龛及重龛式的洞窟，这时较为流行。窟门外崖面上雕饰益加紧缛。第二期雕刻中丰富多变的气势减弱，新形象也出现不多。造型趋于瘦削，衣服下部的褶纹重叠紧复，龛楣、帐饰也日益复杂。佛像面型清瘦，长颈，削肩，是为“秀骨清像”。全着褒衣博带式服装。延昌(521—515年)以后，大衣下摆呈密褶式平行线条。大衣披覆佛座，作左右对称衣纹，这与第一期佛衣仅在膝间露出的情形已大不相同。菩萨像亦为清瘦型，细颈，削肩，上身着短衫，帔帛交叉于胸腹间上交叉处穿壁。大裙下摆呈锯齿状，尖长的两角向外飞扬。飞天亦上着短衫，大裙曳地，不露足，腰部弯度较大，宛然有飘逸之风。

第三期窟龛，大体可分为四种不同的类型。

四窟及四、五窟之间的塔洞和三十九窟，都是塔庙窟，正面雕塔或方柱，壁面多雕千佛小龛。四窟中有正光年间弥勒像，是云冈现存纪年最晚的造像。

十四窟中多千佛龛，前壁原雕千佛立柱，后壁主像为弥勒菩萨。十五窟是典型的千佛洞窟，四壁皆千佛。后壁凿弥勒龛，东、西壁凿释迦龛。

三壁三龛式的洞窟，约有二十余座，如三十三、三十五窟。窟室为方形，平顶。后壁主像多为释迦多宝，也有释迦像。三十五窟门口有528年(延昌五年)小龛，是该窟开凿时间的下限。三十八窟为此类窟中雕刻精美、题材丰富的代表性小窟。窟门外部两侧各雕一力士，窟门上方镌吴天恩造像记。窟内平面作长方形，平顶刻方格平棊藻井，正壁圆拱华绳龛中雕释迦、多宝并坐像，龛侧雕涅磐像。南壁窟门东侧雕(降伏火龙)、(雕鹫怖阿难)及(三道宝阶)故事，西侧雕鹿野苑初转法轮像。东壁上层雕弥勒龛，下层雕释迦龛。

西壁形帷幕龛中雕倚坐佛。东壁及北壁佛龛下部，两侧雕男女供养人行列，中间雕乐人奏乐的音乐树及爬杆倒舞的幢倒伎神。窟顶方格平綦，以大圆莲为中心，四周绕化生童子、诸天仆乘，四周雕刻飞舞奏乐的乾闼婆(乐神)和紧那罗(歌舞神)。整窟造像的内容如此丰富多变，在一个不大的小窟内，布置得杂而不乱，简约凝炼，不仅主题突出，而且形象鲜明，充分显示了北魏晚期雕刻家的艺术才能。

四壁重龛式的中小洞窟，约十余座，如二十六、二十八窟等。后壁主像多为上龛弥勒，下龛释迦。第三期中小窟龛的数量之多，充分表明迁洛后的北魏晚期，佛教在平城地区的中下阶层蔓延起来。现存铭记中窟主官职最高的，不过是冠军将军华口侯(三十八窟上方吴天恩造像记)，小龛龛主最高的是常山太守(十一窟明窗东侧太和十九年妻周为亡夫田文虎造释迦、弥勒龛铭)。没有官职的佛教信徒(清信士、佛弟子等)开窟凿龛较多，大多是为亡者祈冥福，也有的是为生者求平安。值得注意的是，延昌、正光年间铭记中，出现了愿(托生净土)(四窟南壁正光口年为亡夫侍中平原太守造像铭)(愿托生西方妙乐国土，莲花化生)(十九窟西耳洞后壁延昌四年清信士元三造像铭)之类的要求。这表明原来流行于南方的净土信仰，这时开始在平城得到较快的传播。净土宗提倡口念佛号，心想佛相，寄希望于死后往生(净土)。472—476年(延兴二年至承明元年)，北魏名僧昙鸾在山西太原南郊兴建玄中寺，创兴净土念佛信仰。这对于企冀(长辞苦海)的下层民众，当然是一种简便可行的摆脱现实痛苦的宗教方法。

第三期窟龛的形象，进一步向符合禅观的方面发展。上述四种类型洞窟中的前两种，即塔庙窟和千佛洞中雕出了《法华三昧观》所要求的主要内容。而后两种，即三壁三龛式和重龛式窟，则雕出了《禅经》所提出的幻想的主要对象，甚至雕出了(雕鹫怖阿难)、(释尊慈慰)的形象，以示禅定的坚心。文献记载，正光以后，出家僧尼超过了二百万，(民多绝户而为沙门)(三一)。尽管北魏末年统治阶级更加狂热地提倡佛教，但523年(正光四年)六镇镇民相率起义，平城地区落入义军之手。盛极一时的云冈石窟，由490年(太和十四年)冯氏卒，494年迁都开始衰微，这时终至落入沉寂。

第三期后，云冈造像艺术更臻成熟，具有鲜明的民族艺术风格。十五窟西壁的水藻、鱼鸟浮雕带，显示沙鸥翔集、鱼跃于渊的画面十分生动。三十八窟的(幢倒伎神)浮雕，刻划了北魏(缘幢)表演的情况，是研究中国杂技史的资料。许多窟顶的飞天伎乐，构图典雅，线条流畅。一些龛像尺寸不大，却处理得主次有序，每一幅故事和情节，都表现得鲜明妥帖。供养人行列，已转变为中土人物的形象。人物面型、身段匀称适度，夸张中有收敛，雍容中透秀雅，在艺术上把形象美与线条美统一地体现出来。人物造型追求构图简洁、意境含蓄、单纯宁静的艺术感染力。这种典雅、清新的艺术风格，与昙曜五窟中浑厚、淳朴的西域式情调和第二期石窟中复杂多变、气度恢宏的太和情调，似乎各异其趣。第三期窟龛主要开凿于北魏正始、延昌年间(504—515年)，其窟形、造像，如三壁三龛式窟、宝帐式龛饰以及像容、题材等，多为龙门等石窟所仿效，这是中国石窟艺术民族化进程中一个显著的转折点。

云冈石窟形象地记录了印度及中亚佛教艺术向中国佛教艺术发展的历史轨迹，反映出佛教造像在中国逐渐世俗化、民族化的过程。多种佛教艺术造像风格在云冈石窟实现了融汇贯通，由此而形成的“云冈模式”成为中国佛教艺术发展的转折点。敦煌莫高窟、龙门石窟中的北魏时期造像均不同程度地受到云冈石窟的影响。云冈石窟是石窟艺术“中国化”的开始。云冈中期石窟出现的中国宫殿建筑式样雕刻，以及在此基础上发展出的中国式佛像龛，在后世的石窟寺建造中得到广泛应用。云冈晚期石窟的窟室布局和装饰，更加突出地展现了浓郁的中国式建筑、装饰风格。

（钱森　张敏）

## 26. 陈寿作《三国志》

从公元220年(魏文帝黄初元年)到280年(晋武帝太康元年)六十年间，是中国历史上魏、蜀、吴三国鼎立的时期，记载这段历史的正史，是西晋史学家陈寿所撰的《三国志》。

陈寿(233—297年)，字承祚，又名长寿，巴西安汉人(今四川南充)，出生在三国鼎立时期的蜀国，少年时期受学于同郡的经史大师谯周。谯周潜研古史，著述甚多，尤以专为《史记》纠谬的《古史考》有名于世。在谯周的熏陶和教育下，陈寿自幼精读《尚书》《春秋》三传、《史记》《汉书》等古史，对史书的体裁和编纂方法有过深入的研究。幼时的努力为他以后取得史学成就准备了条件。在谯周的学生中，陈寿是较为突出的一位，时人把他和文立、李虔、罗宪并列为谯门四大弟子。陈寿博闻强记，文思敏捷，能写一手很漂亮的文章，因此有人将他比作是孔门四科中的子游、子夏。

益州的学者重视对于地方史的编撰。从东汉以来，蜀郡的郑伯邑、刘彦信，汉中的陈申伯、祝元灵，广汉的王文表先后有巴、蜀《耆旧传》传世。根据《隋书·经籍志》的记载，在谯周撰写的史书中有一部名为《三巴记》的地方志。陈寿受这一传统的影响，写史也是先从地方志做起。他不满意前辈的著作，认为他们只是局限巴蜀一隅，很多乡邦人物没有被网罗进去。于是，他撰写了《益部耆旧传》十篇，将范围扩大到益州的全部，弥补了前人的不足。此外，他还写过《古国志》五十篇。非常可惜的是，陈寿的这两部书都先后亡佚了。

陈寿性格偏质直，不拘小节，对人不会曲意附和。谯周了解自己的学生，充分肯定他的才学，知道他将来一定能够因此成名，但也为陈寿的为人担忧，估计会有很多的不幸与挫折，甚至影响到一生的仕途。陈寿后来的遭遇果真为谯周所言中。陈寿成年后，先后在蜀汉政权内担任过卫将军主簿、东观秘书郎和散骑黄门侍郎等职务。蜀汉末年，后主刘禅昏庸无能，宦官黄皓专制弄权，把持朝政。许多臣僚为巩固自己的禄位，都向黄皓阿谀献媚，只有陈寿鄙夷这种世风，不肯同流合污。黄皓十分嫉恨他，屡次借故进行谴黜。偏偏陈寿又不愿受世俗藩篱的约束，极易为人抓住把柄。在居父丧期间，他因为有病，使用侍女侍奉丸药，结果触犯了礼教，受到舆论的贬责，遂沉废累年不被任用。

263年(炎兴元年)魏兵攻入益州，后主刘禅投降。蜀亡之后，曹魏政府把刘禅连同大批臣僚迁到京师，三十一岁的陈寿也随之到达了中原地区。两年后，司马炎代魏，建立西晋王朝。陈寿受到乐于延誉后进的中书令张华的赏识，被举荐为孝廉、佐著作郎，不久出补平阳侯相。这期间，中书监荀勖、中书令和峤委托他撰述诸葛亮故事。274年(泰始十年)，陈寿编《诸葛亮集》二十四篇，上奏朝廷。他的同学文立又把《益部耆老传》呈献给晋武帝司马炎。司马炎十分赞赏陈寿的才能，提升他为著作郎，并兼领本郡中正的职务。

280年(太康元年)，西晋灭吴，从而结束了将近一个世纪的分裂割据状况，中国重归统一。这一年，陈寿四十八岁。他着手整理三国的史实，不久便写成了魏、蜀、吴三书，总其名为《三国志》。计《魏书》三十卷，《蜀书》十五卷，《吴书》二十卷，共六十五卷。

陈寿撰著《三国志》具体时间和成书年代，史无明文，一般认为是在入晋为著作郎之后。这时，王沈的《魏书》、韦昭的《吴书》作为官修史书已经面世，鱼豢私撰的《魏略》也已经成书。至于蜀汉，由于“同不置史，注记无官，是以行事多遗，灾异靡书”。所以蜀汉史事，有赖于陈寿搜集。好在陈寿原本蜀人，对于故国文献较为熟悉，又有意撰述，也颇为留心。在撰著《三国志》之前，他即奉命编定了《诸葛亮集》，对蜀汉最为关键的人物诸葛亮已有所了解。但由于与三国相去不远，许多史料尚未行世，可利用的现成成果实在太少，个人见闻所及也十分有限，所以史料缺乏，是陈寿作史的最大困难。

《三国志》是记载三国时代的断代史，同时也是“二十四史”中评价最高的“前四史”之一。《三国志》最早以《魏志》《蜀志》《吴志》三书单独流传，直到1003年(北宋咸平六年)三书已合为一书。全书虽以志为名，实则并无一志。《魏志》有本纪和列传，蜀、吴二志则只有列传。刘备的《先主传》，孙权的《吴主传》，虽然是按编年顺序记事，符合本纪体，但也名之为传，可见陈寿是以魏为正统的。后来的许多人对陈寿这样处理问题颇不以为然。东晋的习凿齿作《汉晋春秋》，即以刘备为正统。司马光的《资治通鉴》以魏纪年，朱熹作《通鉴纲目》则以汉纪年。宋人萧常作《续后汉书》，元人郝经作《续后汉书》，明人谢陛作《季汉书》，都是要为刘备争正统。正闰之争，现在看来没有任何意义，但陈寿以魏为正统，却也是不得已。关于三国历史中的正闰之争，都是与当时的政治形势密切相关的。

《三国志》所记，主要是从曹丕称帝到吴国被灭六十年间的历史，但并不局限于此。陈寿在编撰《三国志》时，并不是严格以王朝兴亡的年代为标准的，而是考虑到三国的形成由来已久，所以断限的起点不是定在曹丕建国，而是从汉灵帝末年开始，上溯了将近四十年。这样，《三国志》中的有些人物传记，如董卓、公孙瓒、陶谦、袁绍、袁术、刘表、吕布、臧洪、华佗等人，就与《后汉书》发生了重复。刘知幾曾批评陈寿在断限问题上的决断，认为汉末诸人载入三国史书“非唯理异犬牙，固亦事同风马”。对于“汉典所具，而魏册仍编”的做法，他甚不以为然。且不说《三国志》成书在《后汉书》之前，汉末割据称雄之辈既与三国历史相关联，陈寿作此安排，敢于冲破王朝年限的约束，以反映一代历史的源流始末，充分表现了一个史学家应有的历史感。

《三国志》的成就，首先是陈寿为适应三国鼎立的历史特点，开创了一种新的史书体例。自从司马迁建立以帝纪为纲的体系以来，后世的史家莫不因相祖述。像王沈的《魏书》、鱼豢的《魏略》、孔衍的《魏尚书》、孙盛的《魏春秋》、郭颂的《魏晋春秋》，把叙述大一统历史的史书体裁生搬过来，只承认魏国为正统，蜀、吴两国为偏安割据的“僭伪”，未能正确地反映出当时历史的本来面目。陈寿则把魏、蜀、吴三国的历史分写成三部书，视三方为互相独立的国家。由于生活在继魏之后统治中国的晋政权之下，他不得不采取以魏主为纪，以吴蜀两国之主为传的名目，“然皆编年纪事，以史家之例，实亦纪也”(《义门读书记·三国志》)。

其次，《三国志》的成就是结构清晰，全书前后贯穿，事无重复。在全局安排上，陈寿颇费匠心，几乎所有的选题都紧密围绕着一个对三国历史的总看法处理。他以曹操等人的几篇帝纪提挈这一时期的大事；分立三书以叙述三国鼎立的发端、发展和终结。他通过各个时期重要人物的传记，记述了黄巾起义后董卓和群雄的四起，官渡战后曹操的天下无敌，赤壁战后的三国并立，夷陵战后蜀吴两国的合作和南北对立；他还交待出魏明帝之后以幼主继位和曹爽的失败是魏晋兴替的转折，诸葛亮之死是蜀政变化的标志，孙权晚年猜忌好杀埋下了东吴败亡的危机。陈寿作传，照顾的方面很广。凡是能代表三国时期政治、经济、军事乃至学术思想、文学艺术和科学技术方面的重要人物，无不网罗无遗。但在具体行文上，陈寿并不平均使用篇幅，而是根据重要程度不同，或立专传，或用附见。全书剪裁得当，表面上有似传记的汇编，实际上却服从于一个密针缝制的局度。

"铨叙可观"是《三国志》的另一特色。陈寿对史事的安排颇为严密。同是一事，详于此则略于彼，略于此则详于彼，少有重复。三国鼎峙之际，许多史事事关二三国，如果不能前后贯通，就会繁冗芜杂。陈寿充分注意到了这一点，凡见于《魏志》的，则《吴志》《蜀志》不重复；反之，凡见于《蜀志》《吴志》的，《魏志》也不重出。因此，《三国志》通体简约爽洁，前后矛盾的很少。陈寿虽说从小就"属文富艳"，但具体到撰著史书，就不能不有所收敛，不能再效司马相如的华丽，只能是以质直见长。

《三国志》通体简约爽洁，无繁冗芜杂的弊病。这种简洁不仅表现为文字上的精炼，而且表现为取材的审慎，为其书作注的裴松之称《三国志》"事多审正"。赵翼在《廿二史札记》中，专有《三国志书事得实处》一条，举列了许多材料，来说明陈寿不惑于异说，矜慎作史，下笔不苟。如当时关于曹操先世及早年的传说很多，《魏书·武帝纪》一概不取。汉魏禅代之际的表奏册诏，仅《三国志注》就载有二十余篇，而陈寿只选取了一篇不足二百字的册命，即将这一重要的史实表述清楚了。他写《诸葛亮传》更是审慎斟酌。如《魏略》和《九州春秋》记述刘备与诸葛亮的最初相识，都是讲诸葛亮自己去见刘备的。而陈寿则根据诸葛亮《出师表》的自述，采用刘备三顾茅庐的记载。另外，他还舍弃了许多经不住推敲的材料，如七擒七纵孟获、阳平关设空城计等。陈寿不录《后出师表》，不只是因为它出自吴人张俨的《默记》，主要还是文章所叙的史实与思想都和诸葛亮其人的风格不大合拍。

《三国志》的史评，一向为人们所称道。陈寿在各传之后所作的"评曰"，大多能针对各人的特点，简要地概括其行事，并做出较为允当的评议。如说曹操"运筹演谋、鞭挞宇内，揽申、商之法术，该韩、白之奇策。官方授材，各因其器，矫情任算，不念旧恶，终能总御皇机，克成洪业者，惟其明略最优也，抑可谓非常之人，超世之杰矣"。论刘备"先主之弘毅宽厚，知人待士，盖有高祖之风，英雄之器焉。及其举国托孤诸葛亮，而心神无贰，诚君臣之至公，古今之胜轨也。机权干略，不逮魏武，是以基宇亦狭。然折而不挠，终不为下者，抑揆彼之量必不容己，非唯竞利，且以避害云尔"，评孙权"屈身忍辱，任才尚计，有勾践之奇，英人之杰矣。故能自擅江表，成鼎峙之业。然性多嫌忌，果于杀戮，暨臻末年，弥以滋甚"。其他如对诸葛亮、吕蒙以及董卓、吕布等人的评议，也都着语不多，而极为精妙。可以说，正是陈寿的史评，极大地影响了后人对于三国人物的意见。

后人对《三国志》的批评，主要集中于陈寿在某些地方使用曲笔和有所回护。唐人刘知幾和清人赵翼分别在《史通·直笔》和《廿二史札记》卷六中，列举事例证明《三国志》有为魏晋两朝当权者隐恶溢美的地方。确实，曹操领冀州牧、为丞相、为魏公、为魏王，在陈寿的笔下似乎都不是他本人的强行所为，而是汉献帝的感恩报德。以后的司马懿为丞相，司马师加黄钺，司马昭封晋公，司马炎受禅即帝位，也像是出于魏朝皇帝的赏功酬谢。魏君曹芳被废，本是司马师的秘密行为，太后事先毫无所知，《魏略》对此记述十分详尽。但帝纪反载太后之令，极言曹芳不孝当废；魏君曹髦惨遭司马昭毒手，陈寿但书其"卒"，绝口不谈被杀之迹。曹爽从小以谨慎稳重为魏明帝所信赖，在反对司马氏的政变中不幸失败，成了晋朝否定的人物。陈寿作传时，对曹爽的阴暗面也写得多了一些。当然，陈寿的这种笔法是可以理解的。他身为晋臣，处境很难，不敢不为晋讳。陈寿的性格固然刚直，但屡受挫折，且又目睹了许多不与晋朝合作的名士的悲惨下场，这使得他不能不对直笔如弦的后果有所考虑。陈寿对统治者比较敏感的某些史实委婉其辞，很明显是企图避免司马氏政权的迫害。同样是有成就的史家，陈寿与不畏强暴、勇于暴露黑暗政治的司马迁相比，则大为逊色了。但是，陈寿并不甘心，还是想尽办法，在字里行间努力透露出一些历史的真象，体现了一位史家的道德和良心。

陈寿是正宗的封建史家，《三国志》表达了他的历史观点和政治态度。他相信天人感应和皇权神授。在《武帝纪》中他提出，曹操破袁绍五十年前出现的黄星，是曹魏代汉的天象预兆。以后曹丕称帝时，黄龙见于谯县，同样是天意的反映。陈寿写刘备称帝，所列举的符瑞图谶多达十几项。对孙权称帝也不厌其烦地记录了吴中的童谣。晋魏禅代，他认为是魏家“天禄永终，历数在晋”，同样符合天命。陈寿推崇周群、杜琼、谯周几位方士化的学者，通过他们的传记宣扬皇权神授的观点。如他把谯周所说的“先主讳备，其训具也；后主讳禅，其训受也。如言刘已具矣，当授与人也”的说法同蜀亡联系起来，认为这是谯周预言的应验，陈寿完全继承了老师的历史观。除了天命论外，他还强调英雄创造历史的观点。如他认为诸葛亮的奇策对三国鼎立起着重要作用。当人力与天命发生矛盾时，陈寿主张天命是无敌的，所谓“天命有归，不可以智力争也”(《诸葛亮传》)。这些方面，都是《三国志》的糟粕。

《三国志》虽然高出其他各史，但相对前四史的其他三史而言，是有明显不足的。其中许多问题，都曾受到后人的责难和批评。《晋书·陈寿传》记载了这样两件事：一是说陈寿要丁仪、丁廙的儿子给他一千斛米，如果照办，可考虑为他们的父亲作一好的传，但丁没有给，陈寿也就没有为丁仪、丁廙立传。二是陈寿的父亲是马谡的参军，街亭失守后，诸葛亮杀了马谡，陈寿的父亲也被剃发受罚。加上诸葛亮的侄子诸葛瞻一向看不起陈寿，陈寿因此衔恨。所以说诸葛亮将略非所长，没有应敌之才；说诸葛瞻只是工于书画而已，“美声流誉，有过其实”。对这两件事，前人多有辩驳，其中王鸣盛、赵翼、潘眉为陈寿辨护尤力。但无风不起浪，陈寿所记的人或事，许多与自己相关，《三国志》中有诸多人尽皆知的曲笔同护，陈寿因个人的恩怨好恶，作不公正的褒贬是完全可能的。

陈寿撰著《三国志》，虽说“事多审正”，下笔不苟，但由于他身仕晋朝，所以于魏、晋鼎革之际．不得不多有回护。又魏之承汉，与晋之承魏，情形完全相同，要为晋回护，就不得不先为魏同护。因而在《三国志》尤其是《魏志》中，陈寿常常使用回护的书法。如汉献帝被迫禅位于曹丕这件事，《魏志·文帝纪》是这样记载的：“汉帝以众望在魏，乃召群公卿士，告祠高庙，使兼御史大夫张音持节奉玺绶禅位。”似乎汉帝的让位完全是出于主动，没有任何胁迫的形迹。又如魏少帝高贵乡公曹髦欲诛司马昭，反被昭党成济所杀，自陈寿笔下，也就成了是曹髦想谋害太后，以至于“自陷大祸”，而且是罪恶昭彰，死有余辜。再则这件事完全是成济等人的“干围乱纪”，与司马昭毫无干系。此外，叙魏与蜀争战，也是讳败夸胜。

同《史记》《汉书》相比较，《三国志》在体例上有一个重大的缺陷：它没有志和表。后世的学者多把原因解释为陈寿手头资料不足所致。《三国志》的撰著，所凭借的史料不充足，因而记事颇为疏略，特别是其中的《蜀志》，内容更显得过于单薄。尽管陈寿费尽心力，连零篇残文也予以注意，但在书中仍不时反映出巧妇难为无米之炊的困窘。

尽管《三国志》存在着缺陷与不足，但从整体上看，仍是一部很有价值的史书。所以此书一成，凡是见过稿本的人都赞不绝口，称赞陈寿善于叙事，有良史之才。夏侯湛当时正在撰著《魏书》，但看到陈寿的书后，自认为没有继续写作的必要，便坏己书而罢。司空张华更把陈寿比作司马迁和班固，并把《晋书》的撰作也托付给了陈寿。陈寿死后，范颙等人给皇帝上书，认为陈寿的《三国志》，“辞多劝诫，明乎得失，有益风化，虽文艳不若相如，而质直过之，愿垂采录”。朝廷于是让河南尹、洛阳令派人到陈寿家中抄写这部书。在刘勰看来，记录三国历史的各种史书，不是“激抗难征”，就是“疏阔寡要”，只有陈寿的《三国志》“文质辩洽”，可与司马迁、班固媲美。王鸣盛认为马、班、范及陈寿书超出于其他各史之上，所以极力主张要在《史记》《汉书》《后汉书》之外，“更益以陈寿称四史，以配五经”。前四史的并列，主要是从整体水平上考虑的。

事隔一百多年之后，南朝宋文帝刘义隆命裴松之为之作注。针对陈寿之书“失在于略，时有所脱漏”的缺憾，裴注与以往重在训释文义的史注不同，而着力于史实的增补。从公元 426 年（元嘉三年）起，为了完成皇帝的托付，裴氏“上搜旧闻，傍摭遗逸”，务在周悉，终于在 429 年，完成了《三国志》注的工作。

（王艳勤）

# 27. 范晔作《后汉书》

范晔(398—445年)，字蔚宗，祖籍顺阳(今河南淅川)，范家自西晋永嘉之乱后移居山阴(今浙江绍兴)。范晔是南朝刘宋时期杰出的史学家，《后汉书》的作者。宋文帝元嘉年间曾任尚书吏部郎，官至左卫将军太子詹事。

范晔出生在一个著名的官宦家庭，高祖范晷曾经是西晋雍州刺史，加左将军。曾祖父范汪在东晋从政，官至安北将军、徐兖两州刺史，晋爵武兴县侯。祖父范宁先后出任临淮太守、豫章太守。父亲范泰在晋朝曾经做过中书侍郎、国子博士、南郡太守、御史中丞等职。由于家庭政治渊源颇深，所以范晔从小便有为官的天赋。

范晔的家庭有家学传统。范汪博学多闻，擅长推理，撰有《尚书大事》20卷，《范氏家传》1卷，《祭奠》3卷，以及属于医学棋艺的《范东阳方》一书，共105卷。范宁也有《古文尚书舜典》1卷、《尚书注》10卷、《礼杂问》10卷。而范泰则留有《古今善言》24卷。受家庭的影响，范晔从小就博闻强识，敏而好学，再加上天资聪敏，因此尚未成年，便以博学多才，善写文章闻名于世。

414年(东晋安帝义熙十年)，范晔才17岁，州刺史便任命他为主簿，当时范晔同其父范泰持有相同的政治立场，他们都支持刘裕的势力，因此他始终不肯去做州刺史的主簿。六年后，即420年，刘裕称帝，改国号为宋，这一年，刚满23岁的范晔便应诏到刘裕之子彭城王刘义恭的府下做参军，后又随府转为右军参军。十余年中，他先后担任过尚书外兵郎、荆州别驾从事史、秘书监、新蔡太守、司徒从事中郎、尚书吏部郎等职务。

432年(宋文帝元嘉九年)冬，扬州刺史彭城王刘义康母亲王太妃去世，刘义康把故僚们召集到府内料理丧事，范晔也到场。但是，刘义康的母亲去世，范晔实在悲伤不起来，就在临葬前一天夜晚，轮到他弟弟范广渊值班时，范晔兄弟俩邀请了朋友躲在屋里喝酒，醉意蒙眬之际，范晔酒后失态，竟然推开窗户听挽歌助酒。这件事传出去后，刘义康甚为愤怒，几句谗言上奏后，宋文帝便把范晔打发到宣城(今安徽宣城)当太守去了。

这次贬官对范晔影响很大，仕途上的坎坷勾起了他幼年生活的某些隐痛。范晔虽然出身名门，但是他本人却是个妾生的庶子。晋代自永嘉年间开始，妾生之子的地位大大降低，与普通人无异。嫡庶之别是官僚之家不可逾越的等级制度，因而也决定了子女们的社会身份。范晔的母亲把他生在厕所里，并且碰伤了他的前额，因此他便落得一个小名“范砖”。嫡母所生的哥哥范晏妒忌他的才学，便骂他是家里的克星，是终家破族的祸根。父亲范泰也不喜欢范晔，早年便将他过继给伯父范弘之。屈伸荣辱与宦海浮沉使得范晔心情十分苦闷，在宣城任上，他开始从事后汉史的编纂工作，以此排解心中的苦闷。史事的研究打开了他的眼界。范晔后来说："本未关史书，政恒觉其不可解耳。既造后汉，转得统绪。"这就是说，原来现实中很多不能解答的问题，在同历史的经验相对照后，他逐渐整理出了一些头绪。范晔凭着个人对历史问题的理解，写出了让他流芳百世的名作《后汉书》，而当时，他才35岁。

《后汉书》是一部纪传体通史，是继《史记》和《汉书》之后第三部由私人撰写的重要史籍。《后汉书》在我国史学史上有着非常崇高的地位，它和《史记》《汉书》《三国志》并称为"前四史"。

《后汉书》记事上起25年(汉光武帝刘秀建武元年)，下讫220年(汉献帝建安二十五年)，囊括东汉一代一百九十六年的历史。范晔原计划写十纪、十志、八十列传。十志，他委托谢俨代撰。谢俨搜撰完毕，卷入统治阶级内部斗争，与范晔同以谋反罪名被杀。范晔所写的序例随之散佚。以后梁人刘昭注《后汉书》时，因范晔曾称赞过西晋人司马彪的《续汉书》，遂取其八志以补范书之缺，故今仍称此志为《续汉志》。

范晔曾讲过，他编纂《后汉书》的目的是，"欲因事就卷内发论，以正一代得失"。这样明确地提出写史为政治服务，可以说是历史上的第一人。因此，范晔特别重视史论。他采用论赞的形式明文评论史事，把史论作为重心，成为《后汉书》的一个特点。范晔还继承了司马迁"通古今之变"的编撰思想。他在很多序、论中，打破朝代的断限，尽量地把某一历史现象的发生、发展及其结果描述清楚，力图有所归纳。虽然，他所找到的事物内在联系大多是浮浅的，甚至有的是错误的。然而，这种从历史形势发展上论述古今变异，总结历史发展规律的史学研究方法是可取的。例如，在《党锢列传》序中，范晔详细地论述了从春秋到汉末士风的变迁：战国时期重计谋、尊说士，因而诱导很多人饰巧弛辩进行钓利；汉高祖文礼简阔，引起人们的轻死重义，怨恚必仇；武帝崇尚儒学，又出现了党同伐异的纷争；到桓灵之际，主荒政谬，宦官当权，则造成清议的流行。他认为，"上好则下必甚，矫枉故直必过，其理然矣"。表明范晔看到了某些历史现象向矛盾的对立面发展，他企图用"理"来概括说明。在《党锢列传》序中，范晔还用四组矛盾的事物来比喻党锢问题所面临的矛盾，阐述了作者的朴素辩证法思想，这在过去的史书上是极少见的。

范晔对《后汉书》的体裁问题是动过一番脑筋的。据《隋书·魏憺传》记载，范晔著书时曾对纪传体和编年体进行过比较。他说："《春秋》者，文既总略，好失事形，今人拟作，所以为短；纪传体，史班之所变也，网罗一代，事义周悉，适之后学，此焉为优，故继而作之。"这表明在他看来，采用纪传体写史比编年体更能全面地反映历史的本来面目，能给后人提供更多的东西。

《后汉书》借鉴了《史记》和《汉书》的体例，但是范晔根据东汉的时代特征，在撰写过程中大胆创新。他在皇帝本纪之后添加了皇后本纪。范晔《后汉书》之《皇后纪》是一个首创，论者认为，这可能是受到华峤《汉后书》的启发。东汉从汉和帝开始，接连六个太后临朝。范晔将她们的生平事迹也编写成了本纪的形式，非常准确地反映了这一时期的政治特点。范晔首先提出了西汉一朝由于皇后的原因，致使外戚干预政事，造成了严重的后果。

《后汉书》新增加了《党锢》《宦官》《文苑》《独行》《方术》《逸民》和《列女》七个类传。范晔是第一位在纪传体史书中专为妇女作传的史学家。尤为可贵的是，《列女传》所收集的十七位杰出女性，并不都是贞女节妇，还包括并不符合礼教道德标准的才女蔡琰。范晔首创《文苑传》更是把握了汉代的文学发展趋势，将孔门四科中地位最低的文学摆到了应有的位置。此外，《党锢传》《宦官传》都是为反映一代特点、概括一代大事而设立的。

《后汉书》的本传，本有严格的类例思想。其列传的编次有以下四种情况：第一，是本来意义上的类传，如《循吏》《酷吏》《宦者》《儒林》《文苑》《独行》《方术》《逸民》等传，均是各以类相从；第二，是其他列传自应以时代之先后分别编次，而《后汉书》又有不拘时代而各就其人之生平以类相从者；第三，是同事者用类叙法，以达到言简意赅的目的；第四，是详简得宜。总的来看，《后汉书》的类传有许多独到之处，在历史编纂方面和历史思想方面都有值得重视的创见。其《循吏列传》《酷吏列传》与政治面貌相关联，《儒林列传》与思想文化传统相关联，它们都明确地继承了《史记》《汉书》的传统。

范晔《后汉书》的民族传记，他称为“六夷”，即：《东夷列传》《南蛮西南夷列传》《西羌传》《西域传》《南匈奴列传》《乌桓鲜卑列传》。为民族作传，始于司马迁《史记》，班固《汉书》有所继承，而民族思想则与前者相异趣。范晔《后汉书》的民族传，自与《史记》《汉书》相联系，但似也有更为直接的借鉴，如：谢承《后汉书》有《东夷列传》；司马彪《续汉书》有《西南夷传》《南匈奴传》等。这些民族传记在地区划分和具体名称上，都可能对范晔《后汉书》民族传记的撰写产生影响。范晔《后汉书》在民族传记的撰写上，有两点是很突出的：第一，恢廓的民族视野；第二，进步的民族观和民族史观。

范晔《后汉书》虽只有纪、传两个部分，但其内容之丰富、结构之严谨使其能够超越以前的同类史书而卓然自立。

《后汉书》突出了“论”“赞”的地位。司马迁、班固和陈寿在他们的著作中也都明文评史，只是具体名目不同。《史记》称“太史公曰”，《汉书》为“赞”，《三国志》曰“评”。“论”“赞”在《后汉书》中的重要性远在前面三书之上，因为范晔不但利用这种形式评论史实，还对某一历史人物或事件进行综述，从几个方面反复地进行分析，对本传起到题解作用。《后汉书》的“论”一般是指纪传后面的论，差不多每篇都有一首或一首以上。论中又有序论，也称作序，是在《皇后纪》和杂传的前面。论多是评论历史问题和历史人物，有时也采取讽喻或感慨的形式。赞在每篇纪传后面都有一首，一律用四字一句的韵语写成，或概括史实，或另发新意，多可补论的不足。赞的语言凝练，用意很深。如从《光武帝纪》到《献帝纪》的赞，概括了东汉建立、发展和衰亡等不同阶段的政治大事。把九首赞合起来看，简直是篇用韵语写的东汉政治史略。在《胡广传》中，作者写了一个以苟合取容又无可短长的官僚的升迁史，赞曰：“胡公庸庸，饰情恭貌。朝章虽理，据正或桡。”透露了作者对这类人物的指责和义愤。

《后汉书》结构严谨，编排有序。如八十列传，大体是按照时代的先后进行排列的。最初的三卷为两汉之际的风云人物。其后的九卷是光武时代的宗室王侯和重要将领。卷十三至四十二，卷首人物则生活在明、章、和三帝时期，并以行止相近或依世系合传。下面又有十一卷安、顺帝时期的名人，再下是桓、灵、献三朝人物。六十六至七十四卷为循吏等九个杂传，最后六卷为边族列传。除此之外，《后汉书》的严谨还表现在范晔能够坚持一事不两载的编撰原则，凡一事与数人相关的，则见于此必不见彼。全书经过范晔的悉心订核，确实有刘知幾所说的“简而且周，疏而不漏”（《史通・补注》）的长处。同时，范晔使用的类叙法也很有特色。他把人品相同的人合为一传，有时甚至打破时间界限，如王充、王符和仲长统皆因立论切中时弊，本人又淡泊荣辱，虽不同时代也合为一传。这样就大大地增加了书的容量，给不少人品很好但事迹不多的人造成了立传机会。像《卓茂传》兼收了不仕王莽的孔休、蔡勋等五人的事迹，《来历传》则附录了与来历一起反对废黜太子的十七人的事迹。

范晔基本上是一个无神论者。在《后汉书》里，他猛烈地抨击了佛教的虚妄。这些观点主要集中于《西域传》论中。他指出，自张骞以来，西域方面几乎没有什么关于佛神的记载，所谓佛教的种种说法都是后起的。虽然佛教“好仁恶杀，蠲敝崇善”的教义有吸引人的地方，但它在方法上是奇谲不经的，尤其是神不灭论和因果报应的说法，更使通达事理的人不能接受。范晔还在《襄楷传》和《桓帝纪》论中，对崇佛的汉桓帝进行了辛辣的嘲弄和批评。范晔反对天命论。在《李通传》论中，他对李通以“刘氏复兴，李氏为辅”的谶文鼓动刘秀起事评论说：“天道性命，圣人难言之，况乃臆测微隐，猖狂无妄之福，污灭宗亲，以觖一切之功哉！”这说明范晔根本不信图谶。他还在《张衡传》中收录了张衡的《驳图谶疏》。张衡引述大量史实，论证了图谶的欺伪，范晔对此记载甚详，表明了赞同的态度。有趣的是他把吴雄、赵兴和陈伯敬三人合载于《郭躬传》后。吴雄、赵兴两人不信巫师，故犯妖禁，非但没有族诛反而三世为官。可是，陈伯敬矩步端膝，讳言死字，却不免刀锯。范晔通过史实论证了阴阳禁忌的荒诞。《后汉书》中的无神论和反天命思想，无疑是有进步性的。由于时代的局限，范晔的无神论思想并不彻底。《后汉书》反映出这种思想上的矛盾。如在《窦武、何进传》中，他把窦、何两人的失败与宋襄公相比，透露了“智非不足，权亦有余，盖天败也”的看法。《后汉书》保存了一些迷信的记载，特别是在《方术传》中，他把费长房的缩地、王乔的凫履、左慈的羊鸣、郭宪、栾巴的渎酒灭火写得活灵活现，仿佛天下真有仙术。这都是范晔思想中的消极因素。

《后汉书》的进步性还体现在勇于暴露黑暗政治，同情和歌颂正义的行为方面。在《王充、王符、仲长统传》中，范晔详细地收录了八篇抨击时政的论文。这些文章大多宣扬了异端思想，如把社会动乱的原因大胆地归结为统治阶级倒行逆施的结果。他们说，残暴的君主看见大家不敢违背他的意志，总以为自己的统治非常巩固。于是，为了满足个人的私欲，什么事情都干得出来。他把“饿狼”“饥虎”一样的官僚派往各地，“熬天下之脂膏，断生人之骨髓”，结果“怨毒无聊，祸乱并起，中国扰攘，四夷侵叛，土崩瓦解，一朝而去”。这些文章揭露了统治阶级的奢侈腐化，说他们“连栋数百，膏田满野，奴婢千群，徒附万计”，“三牲之肉臭而不可食，清醇之酎败而不可饮”。还认为，某些君臣关系是臣虏关系，是征服者与被征服者之间的关系。范晔除借古人之口表述自己的异端思想外，在《窦宪传》论中则直接对君主滥用权力，糟蹋人力的行径表示不满：“东方朔称：用之则为虎，不用则为鼠，信矣！以此言之，士有怀琬琰以煨尘者，亦何支哉！”《后汉书》一方面揭露鱼肉人民的权贵，另一方面又表彰那些刚强正直、不畏强暴的中下层人士。在《党锢传》中，他为二十一人立传，竭力歌颂他们的气节，对张俭、范滂、李膺等人也写得生动传神，融进了作者的感情。遗憾的是，他虽然同情人民的痛苦，但反对农民起义。范晔对黄巾起义基本上持否定态度，这是由阶级立场决定的。

范晔作史，十分讲究文采，对于《后汉书》的文章，他自己评价很高。确实，范书文辞优美，简洁流畅，不仅为史学名著，也称得上是文学名作。但有的地方，范晔过于重文，对于史的记载不免有所亏损。如司马彪《续汉书》载：“虞诩为武都太守，始到郡，谷石千，盐石八千，见户万三千。视事三载，米石八十，盐石四百，流人还归，户数万，人足家给，一郡无事。”“下辩东三十余里许，有峡，中当泉水生大石，障塞水流，每至春夏溢没秋稼、坏败营郭。诩乃使人烧石，以水灌之，石皆坼裂，因镌去石，遂无汪溺之患。”史料详实生动，但到了范晔的笔下只剩下“数十里中皆烧石翦木，开漕船道”和“二三年间，遂增至四万余户，盐米丰贱，十倍于前”的几句了。

《后汉书》是范晔私人著述，又尚未彻底完稿，因此在他的生前，看到这部书的人很少。后来，《后汉书》与《史记》《汉书》《三国志》共称“前四史”，在正史系列中占有重要地位。

（王艳勤）

# 28. 刘徽注《九章算术》

中国是人类最古老的文明发源地之一，也是数学最早的发源地之一。中国古代的数学既有系统的理论，又有丰硕的成果，取得了许多辉煌的成就。早在春秋战国时代，我国已有了完备的十进位制记数法，以及包括分数在内的四则运算，这些在世界上都是最早的成果，如同四大发明一样，是中华民族对世界文明的重大贡献。在世界数学史乃至整个人类文明发展史上，中国古代数学都具有重要的地位和价值。作为古代数学水平与成就的体现，中国汉代至唐千余年间，陆续出现了有广泛影响的十部数学著作，即《周髀算经》《九章算术》《孙子算经》《海岛算经》《张丘建算经》《五曹算经》《五经算术》《缀术》《夏侯阳算经》《辑古算经》。因为被唐代国子监算学馆规定为课本，后世遂有"算经十书"之称。《九章算术》则是其中最为重要的一部。

《九章算术》是中国古代数学发展史上重要的里程碑，也是除《周髀算经》之外，我国最古老的一部数学专著，被奉为"中国算经之首"。大约成书于公元一世纪，它汇总了战国和西汉时期的数学成果，几经增补而成。全书内容十分丰富，而以田亩赋税及商业等实用计算为主，分列了方田、粟米、衰分、少文、商功、均输、盈不足、方程、勾股等九章，共收有 246 个数学应用问题，都与当时的生产生活密切相联。"方田"是土地形状的特称，该章专讲各种形状地亩面积的计算；"粟米"是谷物品种的特称，这一章专讲各种谷物按一定比例进行折算的方法；"衰分"讲物品按一定比例进行分配的问题；"少广"讲边长问题；"商功"为工程大小的估计，主要讲开渠作堤、堆粮筑城等工程的计算和用工多少的问题；"均输"意为平均输送，主要讲按人口多少、谷物贵贱、路途远近推算赋税及徭役的方法；"盈不足"即盈不足术，研究盈亏、比例的问题，是中国数学的一种专门算法；"方程"指由数字排列而成的方形表达式，该章主要讲列置和演算方程的方法；"勾股"指直角三角形，该章主要讲有关直角三角形的理论。这些题目来源于实际，又进行了改造整理和虚构，从而更具一般意义。题目答案简洁明了，用语简练规范，计算步骤被编制成一个个程序，构成了一些定理或公式。这种问题集的体式，后来成为中国古代数学的典范体例。

《九章算术》综合了当时所有的数学知识，是一部数学百科全书。以近现代的数学眼光审视其内容，《九章算术》在分数运算、比例算法、求勾股数、开方、一次方程组解法、高次方程数值解、不定方程解法等方面，都进行了卓有成效的研究，具有世界意义。日本数学史家小仓金之助认为：《九章算术》是"中国的欧几里得"，"如果同希腊数学进行一番比较的话，几何与数论虽不如希腊，可是我相信算术和代数则凌驾于希腊之上"。如果说《几何原本》重视逻辑推理，将逻辑推理方法发挥到了极致；《九章算术》则更注重理论与实践的结合，重视实用。《九章算术》与《几何原本》一起，构成了具有东西方不同数学风格的两部不朽名著，成为现代数学的两大主要源泉。

然而《九章算术》并非完美无缺。首先，全书按问题分类，存在交叉混乱的现象。其次，《九章算术》有术无证，许多问题仅仅着眼于解答，而缺乏相应的理论阐述和证明，不利于后世学者对这些问题作更深了解，也使人们不能按一定的逻辑体系作整体把握。但是瑕不掩瑜，所有这些不足，与其巨大的成就比起来是微不足道的，同时也给后人留下了进一步发展的空间。

后世学者经常为古代经典作注，并在作注解的同时，不断融入自己独到的新发现、新见解，利用这一切来推动学科前进。就数学而言，《九章算术》问世后，以其丰富的内容、完整的理论体系，很快确立了它在中国数学发展史上的中心地位，在当时就引起了许多学者的重视。著名科学家张衡就曾研究过《九章算术》，并对卷四“少广”中已知球的体积求球的直径公式，作出过修改。此外，东汉的马续、马融、班昭、郑玄等人也都对其进行过深入研究。但真正全面深入研究《九章算术》并进行具有独创性见解注释的，应当首推三国时人刘徽。刘徽大约于公元三世纪生于淄乡(今山东邹平)，生卒年不详。《隋书·律历志》记载其于公元263年(魏景元四年)注《九章算术》。刘家历代对历算有研究，刘徽自幼受到良好的家庭教育。深厚的家学功底，为他成年后注《九章算术》打下坚实的基础。刘徽自述云：“幼习《九章》，长再详览，观阴阳之割裂，总算术之根源，探赜之暇，遂悟其意，是以敢竭顽鲁，采其所见，为之作注。”刘徽在掌握《九章算术》全部内容的基础上，以他深厚的数学功底，卓越的数学才能，投注大量心血和精力，历尽艰辛，给《九章算术》作了全面系统的注释，增补了图形，并作序一篇，写成了《九章算术注》一书。《九章算术注》的出现，创立了完整的数学理论，将中国古代的数学研究推向高潮，为后人留下了宝贵的精神财富。刘徽《九章算术》注文的成就大致表现为如下几个方面：

首先，由于竹简著书只能言简意赅，不能长篇大论，《九章算术》原书过于简略，仅仅给出问题和算法的法则，至于为什么要采取如此算法以及算法正确与否，则缺乏必要的说明。刘徽对《九章算术》中的有些计算方法进行了解释，使其易于理解和推广，在很大程度上弥补了这个不足。他在《九章算术注》中精辟地阐发了“今有术”，即由三个已知数，求出第四个未知数的算法：如果 $a:b=c:x$，那么 $x=b\times c\div a$，他把一切比例问题的解法，都理解为“今有术”的应用。欧洲把这个方法叫做“三数法则”，又叫“黄金法则”，13世纪才由意大利的斐波那首次加以介绍。此外，刘徽还对开平方、开立方法进行图解，对直除法进行改选，使其更加实用。对全书进行进行必要的阐述和说明，这种思想贯穿于《九章算术》全部注文之中，用刘徽自己的话来概括，就是“析理以词，解体以图”，即用文字来分析说明，用图形和模型来进行验证。

其次，对于《九章算术》中不精确的计算结果，刘徽建立了一些新方法，给出了精确的答案。刘徽对圆周率进行了认真的研究，创造了求圆周率的正确方法——割圆术。采用割圆术计算圆周率，首先肯定圆内接多边形的面积小于圆面积，然后将圆内接正多边形的边数逐次加倍，使其面积逐步增大，这样，边愈增多，就愈接近于圆。正如刘徽所说：“割之弥细，所失弥少，割之又割以至不可割，则于圆合体而无所失矣。”依据这样的原理，刘徽修正了《九章算术》中把圆周率 $\pi$ 取成3的粗疏做法，求出 $\pi$ 值为3.14，以后常把这个 $\pi$ 值叫做“徽率”，在西方，则称作“阿基米德数”。后来，他又算出圆内接正3072边形的面积，求得 $\pi$ 值为3.1416，这个结果的精确度在当时世界上是首屈一指的。刘徽还指出并证明了《九章算术》中所使用的球体积公式是错误的，设计了“牟合方盖”，为祖冲之父子彻底解决球的体积问题指出了正确的方向。

再次，在注释《九章算术》的过程中，刘徽还给出了大量严格的数学定义，使《九章算术》以来的数学知识形成了一个完整的理论体系。《九章算术》在我国的历史上首次使用“方程”这个词，不过其意义与现在不同，指的是线性方程组。刘徽不仅给方程下了确切定义，而且提示了方程组的同解原理：“程，课程也，群物总杂各列有数，总言其实，令每行为率。二物者再程，三物者三程，皆如物数程之，并列为行，故谓之方程。”这里，“课程”是指按不同物品的数量关系而列出的式子；“实”指式子中的常数项；“令每行为率”指由一个条件列一行式子，“如物数程之”指有几个未知量便须列出几个等式。至于线性方程组的完整解法，要到1693年莱布尼兹发明行列式时才着手进行，而这比刘徽晚了近1400年。他还给出了正负数的定义：“两算得失相反，要令正、负以名之。”其内涵与现代数学的概念完全一致，而欧洲人到了17世纪才对负数有所认识。刘徽对于数学理论体系的构建，在很大程度上弥补了《九章算术》的不足。

最后，在深入研究数学理论知识的同时，刘徽还密切联系现实生活，在数学的实际应用中也取得了丰硕成果。从现实需要出发，在反复测量的基础上，刘徽创造了“重差法”，这是一种专门用于测量可望不可即的目标的方法，在《九章算术注》中单列第十卷来解说。“重”就是重复，“差”就是测量两次太阳影子长度的差，只要测出太阳影子长度的差，就可以在不接触实体的条件下，测算出物体的高度、深度或者两物之间的距离。这种方法的思想萌芽最早见于《周髀算经》，但在实测中很不准确，不能解决复杂的测量问题。经过刘徽的改进与提高，很好地弥补了原有方法的不足。“重差法”操作简易，测算精确，用于测量山峰、高塔这类物体，非常方便，给当时人们的生产生活带来了极大便利。第十卷名“重差”，是刘徽本人自撰自注。后来第十卷单行，称为《海岛算经》，与《九章算术》并列，成为《算经十书》中的一部。

总之，作为中国数学史上一位伟大的数学家，刘徽勇于创造，勤于实践，在数学领域取得了许多卓越成就。刘徽为《九章算术》作注释，不是简单地对一部古老的数学专著作出注解，而是在注解的过程中进行再创造，融入了他本人许多富有创造性的成果。他不但精辟地阐明了各种解题方法的原理，而且对一些不完整的公式和定理给出了逻辑证明，对一些不很明确的概念提出了确切严格的定义。完全可以说，通过注《九章算术》，刘徽丰富和完善了中国古代的数学体系，为后世的数学发展开辟了崭新而又宽广的途径。在刘徽以后，唐朝的李淳风、刘孝孙，宋朝的杨辉，清朝的李潢，现代的钱宝琮等人也做了大量工作，或分类详解、或校订增补，使《九章算术》日臻完善。自问世以来，《九章算术》一直指导着我国数学事业的发展，东汉时期已成为太学的数学教材，被太学生广泛地学习，唐宋两代时更是被国家明令规定为教科书。1084年，北宋朝廷将《九章算术》进行刊刻，使其成为世界上最早的印刷本数学书。

作为一部传世巨著，《九章算术》不仅对中国，而且对其他国家也产生了深远的影响，早在隋唐时期，《九章算术》就成为日本、朝鲜两国数学教学的首选教材。近代以来，又先后被译成俄、英、法、德等国家语言，广为流传。

（杨继刚）

# 29. 杨衒之撰《洛阳伽蓝记》

《洛阳伽蓝记》是我国历史上很有影响的一部记游题材的文学作品，撰者为北魏的杨衒之。

杨衒之所生活的时代，是魏晋以来五胡十六国长期大动乱的历史阶段，它既是战争不断、生灵涂炭的时代，又是宗教狂热、佛教臻于极盛的时代。印度佛教自东汉传入中国，汉明帝在洛阳始建白马寺之后，佛教在中国迅速发展起来，至南北朝，佛教的繁衍和佛寺的众多达到了空前绝后的程度。唐代诗人杜牧的诗句“南朝四百八十寺，多少楼台烟雨中”，以生动形象的描写，勾勒出当时南朝佛寺的兴旺景象。相比之下，以北魏王朝为代表的北朝，尽管在经济上和文化上都比较落后，但其在宗教狂热程度上，却有过之而无不及。北魏拓跋王朝崛起于鲜卑游牧民族，在公元 398 年(太祖拓跋珪天兴元年)时，定国号为魏，迁都平城。开始营宫室、建宗庙、立社稷，国家初具规模，初步完成了向汉族社会转化的过程，同时也开始修建佛寺。到公元 495 年(高祖孝文帝拓跋宏太和十九年)，为摆脱鲜卑贵族保守思想的影响，加强对中原人民的统治，北魏迁都洛阳，改姓为元氏，并以此为契机进行了一系列的改革。由于生产力的提高与社会经济的发展，社会财富大量积累，佛教寺院更是大规模兴建起来。在宗教狂热情绪的驱使下，北魏王朝上自皇帝太后，下至臣民百姓，都崇尚佛教。皇太后亲率百官，表基立刹，不少王公大臣还捐出自己的宅第为佛寺。据《魏书·释老志》所载，鼎盛时期，僧尼有 200 万之多，佛寺有 3 万余所，单当时京城洛阳城内外，就有佛寺 1367 所，豪华壮丽，世所罕见。北魏统治者兴建如此众多寺院，往往是王公贵族侵夺百姓之人力物力为之。一方面，它们是广大劳动人民智慧的结晶，是庄严富丽的建筑物与风景优美的园林有机结合；另一方面，它们的建造又是当时社会风气的反映，是北魏中后期社会生活的侧影。可惜的是，当北魏统治阶级内部爆发了尖锐矛盾，孝静帝为高欢所迫，公元 536 年迁都于邺以后，佛教建筑也就萧条衰落了，洛阳城内千余座寺宇，大半为兵火所毁。

在这样的社会背景下，反映这一时期历史现实的作品《洛阳伽蓝记》便应时而生了。作者杨衒之(杨或作“阳”，晁公武《郡斋读书志》、刘知幾《史通》作“羊”)，北平(今河北遵化县)人。生卒年不详，大约生活在北魏末至东魏时期，其事迹史书不载。据《洛阳伽蓝记》自序与书前所署官衔，知他曾任过北魏的奉朝请与抚军府司马。《广弘明集》等书又记他曾任期城太守与秘书监。《洛阳伽蓝记》的创作，与杨衒之的一次游历是分不开的。公元 547 年(武定五年)，亲身经历了王朝兴衰巨变的杨衒之，重游饱经战乱之后残破不堪的洛阳城，目睹“城郭崩毁，宫室倾覆，寺观灰烬，庙塔丘墟”之景。昔日豪华壮丽、金碧辉煌的佛观宫院，而今尽是断壁残垣，满目苍凉，巨大的历史反差，深深地触动了杨衒之。抚今追昔，不禁悲从中来，于是追叙故迹，采集旧闻，遂成《洛阳伽蓝记》五卷。释道宣在《广弘明集》中也提到杨衒之创作《洛阳伽蓝记》的目的：“(衒之)见寺宇壮丽，损费金碧，王公相竞，侵渔百姓，乃撰《洛阳伽蓝记》，言不恤众庶也。”由此观之，除了昔盛今衰的历史感慨之外，《洛阳伽蓝记》一书还寄托着作者对黎民百姓的深切同情，对当时统治者、僧侣之徒的强烈不满和愤懑。

《洛阳伽蓝记》全书共五卷。“伽(qié)蓝”，又称“僧伽蓝”，是梵语 Samgharama 的译音略称，意为众园、寺庙。如书名所示，作者以洛阳的寺院为纲，展开记叙，兼记远近市里、官署、桥梁、道路与名胜古迹。全书共分城内、城东、城南、城西、城北五卷。作者先从内城开始，按照由里及外的顺序，记载了洛阳大大小小 80 多所寺院。记寺院先记立寺人、立寺时间、寺院方位，再记建筑结构、周围环境以及兴废沿革，体例明晰。虽然头绪繁多，但多而不乱，井然有序，考证翔实。毫不夸张地说，以此为据，我们完全可以正确地绘出北魏时期京城洛阳的地图，还可以在这张地图上按照城门方向、城内外远近，填出书里所记的许多伽蓝以及宫殿官署、名胜古迹的地点。在全面记叙的同时，作者还着意突出重点，对那些较大的寺院建筑，进行了详细的描绘渲染，做到了微观与宏观相结合、平面与立方体相结合、单个建筑与群落建筑相结合。从文学角度看，全书叙事主要用散文，形容描写则往往夹用骈偶，条理清晰，洁净秀丽。如书中对永宁寺宝塔的描写：“高风永夜，宝铎和鸣，铿锵之声，闻及十余里”，寥寥十七字，使九级浮图在读者脑海中呈现出一个神奇绝妙的音画形象，令人难以忘怀。后文又写到佛殿中有“丈八金像一躯、中长金像十躯、绣珠像三躯、金织成像五躯、玉像二躯。作工奇巧，冠于当世”，寺院拱门又有“四力士、四狮子，饰以鑫金银，加之珠玉，庄严焕炳，世所未闻”。佛寺营建之豪奢，工匠技艺之高超，令人叹为观止。北魏佛寺不仅重视寺院本身的建构，而且非常注重佛寺外部空间的园林化。如永宁寺的门外，“树以青槐，亘以绿水，京邑行人，多庇其下。路断飞尘，不由奔云之润；清风送凉，岂藉合欢之发”，卷三景明寺，“其寺东西南北方五百步。前望崇山少室，背负帝城。青林垂影，绿水为文”。清幽雅静的山水林木与气势恢宏的佛教寺院交相辉映，相得益彰。置身其间，只见绿树成荫，流水潺潺，佳果飘香，好鸟相鸣，宛如人间仙境。《洛阳伽蓝记》中的佛寺因而具有了公共园林的性质与功能，既是举行宗教活动的主要场所，又是居民公共活动的中心。所写景明寺四月八日的法会，就把人们带入一个动态的宗教氛围之中，使我们看到了当时从帝王到王公大臣，从寺院僧侣到黎民百姓，其信佛达到何等狂热的程度。《洛阳伽蓝记》生动地展示了北魏王朝佛教繁荣兴旺的景象，也让我们领略了一千多年前宏富华美，高超精湛的建筑艺术。

《洛阳伽蓝记》绝不仅仅是一部关于北魏佛寺的书，从讽喻时政的创作目的出发，在记载北魏寺院的同时，凡与佛寺有关的政治、经济、风俗、人物以至传闻故事、外夷习尚，无不备述。对于当时豪门贵族、僧侣地主的骄奢淫逸，寓有讥评之意。北魏王朝以洛阳为都的 40 年间政治军事上的许多大事，如高祖迁洛、太后临朝、宦官用事、外藩举兵、诸王争立，及至与南朝关系，都有涉及。其中有些可与《魏书》《北史》相证，以补正史之不足。尤其需要指出，书中颇为翔实地记载了当时中外佛教文化的交流状况。《永宁寺》中就曾提到后来被尊为中国禅宗始祖的菩提达摩曾经到过洛阳，《永明寺》集中反映了当时外国僧人来华盛况，当时住在永明寺里的异国沙门有三千多人，他们当中最远的西至罗马帝国，南至今天的马来半岛，甚至一些“世不与中国交通”的国家也有僧人前来。北魏佛教的发展，不仅吸引佛徒东来，也引起了僧侣西行求法的需求，《洛阳伽蓝记》卷五所载宋云、惠生使西域一事，沿途经历了 27 国，历时两年多，是中国佛教史同时也是中外文化交流史上的一件大事。与晋《法显行传》及唐玄奘《大唐西域记》同为研究古代中亚地理历史及中外文化交流史的宝贵文献。这些，也是《洛阳伽蓝记》历史价值的体现。

杨衒之在描写洛阳佛寺园林景观、记叙历史事实的同时，还兼顾文学性的表现，具有很高的审美价值。文中插入的掌故传闻、艺文逸事、民间谣谚，读来趣味盎然。如卷四“宣忠寺”条记北魏孝庄帝谋诛尔朱荣事云：“永安末，庄帝谋杀尔朱荣，恐事不果，请计于徽。徽曰：‘以生太子为辞，荣必入朝，因以毙之。’庄帝曰：‘后怀孕未十月，今始九月，可尔已不?’徽曰：‘妇人生产，有延月者、有少月者，不足为怪。’帝纳其谋，遂唱生太子。遣徽特至太原王第，告云皇储诞育。值荣与上党王天穆博戏，徽脱荣帽，劝舞盘旋。徽素大度量，喜怒不形于色，遶殿内外欢叫，荣遂信之，与穆并入朝。庄帝闻荣来，不觉失色。中书舍人温子升曰：'陛下色变！'帝连索酒饮之，然后行事。荣、穆既诛，拜徽太师司马，余官如故。"尺幅之中，庄帝的恐惧犹疑、元徽的一反常态，都刻画得极尽委曲。明代毛晋说它"铺扬佛宇，而因及人文"，"非徒以记伽蓝已也"。又如卷四"王子坊"一节，写胡太后时"国家殷富、库藏盈溢、钱绢露积于廊者，不可较数。及太后赐百官负绢，任意自取，朝臣莫不称力而去，唯(元)融与陈留侯李崇负绢过任，蹶倒伤踝，太后即不与之，令其空出，时人笑焉。"讽刺了二人的贪婪无耻、愚蠢可笑，勾画了了，而又入木三分，富于小说趣味。这一切都与作者的学养经历密切相关。杨衒之有良史之才，曾作过秘书监一类的官，熟悉政府档案，既有丰富的社会生活实践，又留心当代艺文，所以才能搜罗如此丰富的材料，笔下有史有文，叙述宛转有致，摇曳生姿。我们从中可以看出中国小说的历史演变过程，在魏晋以来搜神志怪一类杂事短书、粗陈梗概的小说与具有自觉创作意识的唐宋传奇小说之间，《洛阳伽蓝记》构建了一座发展演进的桥梁，完成了过渡衔接的历史任务。

在《洛阳伽蓝记》中，杨衒之用简练生动的笔触，记载了洛阳大大小小 80 多所寺院以及中外佛教文化交流、艺文逸事，从不同的角度为我们展示了中国历史上一段特殊的时代风貌。披览此书，我们不仅能够详细了解北魏迁都洛阳后四十年间寺庙兴衰变化的情形，还可以获得广博见闻和审美享受。《洛阳伽蓝记》集地学之真、史学之善、文学之美于一身，与《水经注》和《颜氏家训》一起，合称"北朝三书"，在中华文化史上占有独特的地位，对后世产生了广泛的影响。有关该书的校注情况，据刘知幾《史通·补注篇》记载，原书本有正文、子注之分，开创了史家自注的体例，后世刻本不明于此，将文与注混淆在一起，实属不当。今人周祖谟博引群书，对原书加以校订，并重新区分正文、子注，作《洛阳伽蓝记校释》一书，便于读者识其原貌。

（杨继刚）

# 30. 祖冲之的数学成就

祖冲之(429—500年)，字文远。南北朝时期著名数学家、天文学家和机械制造家。

祖冲之祖籍范阳郡遒县(今河北涞水)，为避战乱，祖冲之的祖父祖昌由河北迁至江南。祖昌曾任刘宋的“大匠卿”，掌管土木工程；祖冲之的父亲也在朝中做官，学识渊博，受人敬重。祖冲之公元429年生于建康(今江苏南京)。祖家历代都对天文历法素有研究，祖冲之从小就有机会接触天文、数学知识。在青年时代祖冲之就博得了博学多才的名声，宋孝武帝听说后，派他到“华林学省”做研究工作。公元461年，他在南徐州(今江苏镇江)刺史府里从事，先后任南徐州从事史、公府参军。公元464年他调至娄县(今江苏昆山东北)任县令。在此期间他编制了《大明历》，计算了圆周率。宋朝末年，祖冲之回到建康任谒者仆射，此后直到宋灭亡一段时间后，他花了较大精力来研究机械制造。公元494年到498年之间，他在南齐朝廷担任长水校尉一职，受四品俸禄。鉴于当时战火连绵，他写有《安边论》一文，建议朝廷开垦荒地，发展农业，安定民生，巩固国防。公元500年，祖冲之去世。

祖冲之的主要成就在数学、天文历法和机械技术三个领域。此外祖冲之精通音律，擅长下棋，还写有小说《述异记》。祖冲之著述很多，但大多都已失传。祖冲之是一位少有的博学多才的人物。

求算圆周率的值是数学中一个非常重要也是非常困难的研究课题。中国古代许多数学家都致力于圆周率的计算，而公元5世纪祖冲之所取得的成就可以说是圆周率计算的一个跃进。祖冲之经过刻苦钻研，继承和发展了前辈科学家的优秀成果。他对于圆周率的研究，就是他对于我国乃至世界的一个突出贡献。祖冲之对圆周率数值的精确推算值，用他的名字被命名为“祖冲之圆周率”，简称“祖率”。什么是圆周率呢？圆有它的圆周和圆心，从圆周任意一点到圆心的距离称为半径，半径加倍就是直径。直径是一条经过圆心的线段，圆周是一条弧线，弧线是直线的多少倍，在数学上叫做圆周率。简单地说，圆周率就是圆的周长与它直径之间的比，它是一个常数，用希腊字母“π”来表示，为算式355÷113所得。在天文历法方面和生产实践当中，凡是牵涉到圆的一切问题，都要使用圆周率来推算。

如何正确地推求圆周率的数值，是世界数学史上的一个重要课题。我国古代数学家们对这个问题十分重视，研究也很早。在《周髀算经》和《九章算术》中就提出径一周三的古率，定圆周率为三，即圆周长是直径长的三倍。此后，经过历代数学家的相继探索，推算出的圆周率数值日益精确。西汉末年刘歆在为王莽设计制作圆形铜斛(一种量器)的过程中，发现直径为一、圆周为三的古率过于粗略，经过进一步的推算，求得圆周率的数值为3.1547。东汉著名科学家张衡推算出的圆周率值为3.162。三国时，数学家王蕃推算出的圆周率数值为3.155。魏晋之际的著名数学家刘徽在为《九章算术》作注时创立了新的推算圆周率的方法——割圆术。他设圆的半径为1，把圆周六等分，作圆的内接正六边形，用勾股定理求出这个内接正六边形的周长；然后依次作内接 12 边形，24 边形……至圆内接 192 边形时，得出它的边长和为 6. 282048，而圆内接正多边形的边数越多，它的边长就越接近圆的实际周长，所以此时圆周率的值为边长除以 2，其近似值为 3. 14；并且说明这个数值比圆周率实际数值要小一些。在割圆术中，刘徽已经认识到了现代数学中的极限概念。他所创立的割圆术，是探求圆周率数值的过程中的重大突破。后人为纪念刘徽的这一功绩，把他求得的圆周率数值称为“徽率”或称“徽术”。

刘徽以后，探求圆周率有成就的学者，先后有南朝时代的何承天，皮延宗等人。何承天求得的圆周率数值为 3. 1428；皮延宗求出圆周率值为 22/7≈3. 14。以上的科学家都为圆周率的研究推算做出了很大贡献，可是和祖冲之的圆周率比较起来，就逊色多了。

祖冲之认为自秦汉以至魏晋的数百年中研究圆周率成绩最大的学者是刘徽，但并未达到精确的程度，于是他进一步精益钻研，去探求更精确的数值。它研究和计算的结果，证明圆周率应该在 3. 1415926 和 3. 1415927 之间。他成为世界上第一个把圆周率的准确数值计算到小数点以后七位数字的人。直到 1000 年后，这个记录才被阿拉伯数学家阿尔·卡西和法国数学家维叶特所打破。祖冲之提出的“密率”，在 1000 年以后，德国称之为“安托尼兹率”。别有用心的人说祖冲之圆周率是在明朝末年西方数学传入中国后伪造的，这是有意的捏造。记载祖冲之对圆周率研究情况的古籍是成书于唐代的史书《隋书》，而现传的《隋书》有元朝大德丙午年(1306 年)的刊本，其中就有和其他现传版本一样的关于祖冲之圆周率的记载，事在明朝末年前 300 余年。还有不少明朝之前的数学家在自己的著作中引用过祖冲之的圆周率，这些事实都证明了祖冲之在圆周率研究方面卓越的成就。

祖冲之的成就是建立在前人研究的基础之上的。从当时的数学水平来看，祖冲之很可能是继承了刘徽所创立和首先使用的割圆术，并且加以发展，因此获得了超越前人的重大成就。在前面，我们提到割圆术时已经知道了这样的结论：圆内接正 n 边形的边数越多，各边长的总和就越接近圆周的实际长度。但因为它是内接的，又不可能把边数增加到无限多，所以边长总和永远小于圆周。

祖冲之按照刘徽的割圆术之法，设了一个直径为一丈的圆，在圆内切割计算。当他切割到圆的内接 192 边形时，得到了“徽率”的数值。但他没有满足，继续切割，作了 384 边形、768 边形……一直切割到 24576 边形，依次求出每个内接正多边形的边长。最后求得直径为一丈的圆，它的圆周长度在三丈一尺四寸一分五厘九毫二秒七忽到三丈一尺四寸一分五厘九毫二秒六忽之间，上面的那些长度单位我们现在已不再通用，但换句话说：如果圆的直径为 1，那么圆周小于 3. 1415927，大大不到千万分之一，大大方便了计算和实际应用。

进行这样精密的计算，是一项极为细致而艰巨的脑力劳动。在祖冲之时代，算盘还未出现，人们普遍使用的计算工具叫算筹，它是一根根几寸长的方形或扁形的小棍子，由竹、木、铁、玉等各种材料制成。通过对算筹的不同摆法，来表示各种数目，叫做筹算法。如果计算数字的位数越多，所需要摆放的面积就越大。用算筹来计算不像用笔，笔算可以留在纸上，而筹算每计算完一次就得重新摆动以进行新的计算；只能用笔记下计算结果，而无法得到较为直观的图形与算式。因此只要一有差错，比如算筹被碰偏了或者计算中出现了错误，就只能从头开始。要求得祖冲之圆周率的数值，就需要对九位有效数字的小数进行加、减、乘、除和开方等十多个步骤的计算，而每个步骤都要反复进行十几次，开方运算有 50 次，最后计算出的数字达到小数点后十六七位。今天，即使用算盘和纸笔来完成这些计算，也不是一件轻而易举的事。让我们想一想，在 1500 多年前的南朝时代，一位中年人在昏暗的油灯下，手中不停地算呀、记呀，还要经常地重新摆放数以万计的算筹，这是一件多么艰辛的事情，而且还需要日复一日地重复这种状态，一个人要是没有极大的毅力，是绝对完不成这项工作的。

这一光辉成就，也充分反映了我国古代数学高度发达的水平。祖冲之在圆周率方面的研究，有着积极的现实意义，适应了当时生产实践的需要。他亲自研究过度量衡，并用最新的圆周率成果修正古代的量器容积的计算。

古代有一种量器叫做“釜”，一般的是一尺深，外形呈圆柱状，那这种量器的容积有多大呢？要想求出这个数值，就要用到圆周率。祖冲之利用他的研究，求出了精确的数值。他还重新计算了汉朝刘歆所造的“律嘉量”(另一种量器，与上面提到的都是类似于现在我们所用的“升”等量器，但它们都是圆柱体)，由于刘歆所用的计算方法和圆周率数值都不够准确，所以他所得到的容积值与实际数值有出入。祖冲之找到他的错误所在，利用“祖率”校正了数值。

以后，人们制造量器时就采用了祖冲之的“祖率”数值。祖冲之在前人的基础上，经过刻苦钻研，反复演算，将圆周率推算至小数点后7位数，并得出了圆周率分数形式的近似值。祖冲之究竟用什么方法得出这一结果，现在无从查考；如果设想他按刘徽的“割圆术”方法去求的话，就要计算到圆内接16000多边形，这需要花费多少时间和付出多么巨大的劳动啊！

据《隋书·律历志》记载，祖冲之以一忽(一丈的一亿分之一)为单位，求直径为一丈的圆的周长，求得盈数为3.1415927、朒数为3.1415926，圆周率的真值介于盈朒两数之间。《隋书》没有具体说明祖冲之是用什么方法计算出盈朒两数的。一般认为，祖冲之采用的是刘徽的割圆术，但也有别的多种猜测。这两个近似值精确到小数点后第7位，是当时世界上最先进的成就。直到1000多年以后，阿拉伯数学家卡西和法国数学家维叶特才得到更精确的结果。祖冲之确定了π的两个渐近分数，约率22/7和密率355/113。其中密率355/113(≈3.1415929)在西方直到16世纪才由德国人V.奥托发现。它是三个成对奇数113355再折两段组成，优美、规整、易记。为了纪念祖冲之的杰出贡献，有些外国数学史家把圆周率π的密率叫做“祖率”。

祖冲之在天文历法方面的成就，大多包含在他所编制的《大明历》及为大明历所写的驳议中。

在祖冲之之前，人们使用的历法是天文学家何承天编制的《元嘉历》。祖冲之经过多年的观测和推算，发现《元嘉历》存在很大的差误。于是祖冲之着手制定新的历法，宋孝武帝大明六年(462年)他编制成了《大明历》。大明历在祖冲之生前始终没能采用，直到梁武帝天监九年(510年)才正式颁布施行。《大明历》的主要成就如下：

区分了回归年和恒星年，首次把岁差引进历法，测得岁差为45年11月差一度(今测约为70.7年差一度)。岁差的引入是中国历法史上的重大进步。

定一个回归年为365.24281481日(今测为365.24219878日)，直到南宋宁宗庆元五年(1199年)杨忠辅制统天历以前，它一直是最精确的数据。

采用391年置144闰的新闰周，比以往历法采用的19年置7闰的闰周更加精密。

定交点月日数为27.21223日(今测为27.21222日)。交点月日数的精确测得使得准确的日月食预报成为可能，祖冲之曾用大明历推算了从元嘉十三年(436年)到大明三年(459年)，23年间发生的4次月食时间，结果与实际完全符合。

得出木星每84年超辰一次的结论，即定木星公转周期为11.858年(今测为11.862年)。

给出了更精确的五星会合周期，其中水星和木星的会合周期也接近现代的数值。

提出了用圭表测量正午太阳影长以定冬至时刻的方法。

祖冲之还与他的儿子祖暅一起，用巧妙的方法解决了球体体积的计算。他们当时采用的一条原理是："幂势既同，则积不容异。"意即：位于两平行平面之间的两个立体，被任一平行于这两平面的平面所截，如果两个截面的面积恒相等，则这两个立体的体积相等。在西方被称为"卡瓦列利原理"，但这是在祖冲之以后一千多年才由意大利数学家卡瓦列利发现的。为了纪念祖氏父子发现这一原理的重大贡献，数学上也称这一原理为"祖暅原理"。

(陈海波)

# 31. 王羲之的书法艺术

在我国的历史长河中，魏晋时期的书法艺术有着极灿烂的光辉。晋朝时期书法艺术更是以可与唐诗、宋词、元曲相比肩的地位造就了自己的黄金时代。这其间最重要的书法家就是生活在东晋年间的王羲之。

王羲之(321—379年，或为303—361年)，字逸少，号澹斋，小字阿菟。祖籍琅琊临沂(今山东临沂市南)，居会稽山阴(今浙江绍兴)。官至右军将军、会稽内史，人称王右军，在历代书法家中有着最高的地位和评价，被誉为“书圣”。王羲之的主要书法作品除了被宋代著名书法家米芾誉为“天下第一行书”的《兰亭序》外，重要的还有《官奴帖》《十七帖》《二谢帖》《奉桔帖》《姨母帖》《快雪时晴帖》《乐毅论》《丧乱帖》《黄庭经》等，王羲之也留有书法理论作品，如《题卫夫人〈笔阵图〉后》《书论》《笔势论十二章并序》和《用笔赋》等。

王羲之的书法艺术得以取得“腾芳飞誉，冠绝古今”(欧阳询《用笔论》)的成就，有着其个人书法经历和其他多方面的原因。首先与王氏家族的书法影响分不开。书圣王羲之身在东晋著名的王氏家族，王氏家族在东晋偏安江左后取得了显赫的政治地位，有着比较殷实的家庭环境，族中人才辈出。其父王旷自擅隶、行之书，与当时书法名门卫家有“世为中表”的亲戚关系，遂通过卫铄(卫夫人)求得蔡邕之书来教授王羲之，曾赠王羲之《笔论》一书。王旷虽在羲之年轻时早逝，亦是羲之一重要的书法启蒙老师。王羲之的伯父王导是王氏家族里最为重要的人物，在羲之的父辈中占居核心地位。王导权倾朝野，执掌东晋大权，他擅写隶书，极为爱好书法，喜欢收藏名家的书法珍品，师从当时最为著名的卫、钟两书家。王导于国家动荡不安之时还在乱中将其珍藏的钟繇楷书真迹《宣示表》予以王羲之，在羲之的习书历程中给他以训导和帮助。羲之还有一重要的老师，是他的叔父王廙。王廙为人高朗豪率，性情倨傲，据晋书记载，他在书、画、音乐等诸多方面都有所造诣，其文化修养颇高。王廙在羲之父亲王旷去世之后就常常督导指点羲之的书法学习，把自己的书法心得传授于其侄。由于羲之天资聪颖，又刻苦研摹，所以叔父王廙十分看重欣赏羲之，在临终之时，将自己珍藏的索靖手迹《七月廿六日帖》赠与王羲之。王羲之的同辈兄弟中亦有很多精研书法之人，如书法技艺甚精的王洽(羲之曾在其处见张昶的《华岳碑》而有所悟)，他们共同切磋技艺，给王羲之很多启发。因此，家学渊源是王羲之书法取得成就的重要原因之一。

此外，王羲之书法的成就还源于他汲取众家特点并加以扬弃。王羲之早年师从于卫铄(卫夫人)，卫夫人既是名门书家之后，又是当时著名书法家钟繇之徒，她融合了数家笔法之长形成了自己的艺术风格，以此教授羲之。这是王羲之学习书法的第一阶段。这以后，羲之学得卫夫人真谛后渡江北游名山，看见李斯、曹喜、钟繇、梁鹄等字迹，又得见蔡邕《石经》，观张昶《华岳碑》，虽然在卫夫人处也学见一二，但细观其原作仍颇受感染和震动，所以之后羲之转习于各大家之碑帖。这是王羲之学习书法的第二阶段，在学习的过程中他丝毫没有门户之见，于不同的书系中钻研，汲取它们的长处，抽取它们的精华，勤于练习，善于思考，终于开始创造自己独特的笔法。在王羲之中年以后，他进入书法艺术创作的第三阶段，在这个阶段中，王羲之主要进行自己的创新，他从民间书体中汲取营养，又直接对钟繇、张芝的字体进行精研增损的再创造，最终形成了独具个性，博取众长的书体。

不能忽略的是，魏晋时期是中国书法最受重视、地位最高的年代，书法在晋代时达到极盛，人们在社会变迁的过程中目光越来越多地关注于艺术，关注于人和物的美，思想的自由。书法艺术的普及程度与受关注程度多有提升，上至帝王将相，下至平民百姓都乐于品评书艺。在后汉时期，出现了第一批真正意义上的书法家群体，他们痴迷书法，以此为人生的最大乐趣，其所书所为也渐渐影响到整个社会文化，使书法逐渐成为社会文化的一个重要的部分。晋代还设了"书博士"的专门官职，用来承袭书法名家，教授弟子书法艺术。这就为王羲之所代表的晋代书法黄金时代的到来奠定了社会基础。而且，随着汉字字体本身的演变需要，臻于完善的隶、篆、章草正在向行、楷、今草过渡，其中添加了很大部分的审美需要，这就给了当时的书法家以极大的创作空间，以王羲之为代表的书法家们上得以汲取旧笔法的精华，下可以开启新字体的规范，逐渐用自己的笔完成了一些字体的过渡变化，为我国书法艺术价值的升华做出了极大的贡献。书写器具在魏晋时期制作更为精良，笔、墨、纸、砚的质量都有了很大程度的提高，为书法写作者的写作实践提供了良好的物质条件。王羲之流芳百世的《兰亭序》就是用当时新的书写工具——鼠须笔写成的。更为重要的是书法理论也有了巨大的进步，书法理论的成熟与繁荣是书法从单纯文字的记录发展为一门具有审美价值艺术的重要标志。汉朝后期，开始出现了大量系统地阐述书法理论的书籍，在魏晋时期则达到高峰，有代表性的便有蔡邕的《九势》《论笔》，卫恒的《四体书势》，卫铄的《笔阵图》，索靖的《草书势》等，价值丰富的书法理论为王羲之的书法研习提供了宝贵的经验和启发。时到魏晋，整个社会处于书法发展的黄金时期，王羲之书法艺术得以取得如此大成就也多获益于时代与社会提供的优越条件。

首先，王羲之的书法于楷书、行书、草书领域皆有贡献。

在楷书方面，当时的楷书正逐渐脱离隶体，在隶书的基础上创出楷书独有的、成熟的字体。与以楷书精妙著称的钟繇相比，王羲之的楷书则又进了一大步，多了一份难得的轻灵俊秀，亦保存了隶书与此前楷书的庄严肃整。字体既深得楷法，又改进了楷书的书写规则，增强了其艺术美感，在楷书的过渡过程中发挥了重要的作用。王羲之的楷书以《黄庭经》《乐毅论》为代表作品，用笔利落妥帖，字形疏密得当，是千百年来书家所称道的楷书佳品。

王羲之最为人所重，且让历代各种书法爱好者不吝称颂赞叹的就是他的行书，以《兰亭序》为代表获得了不计其数的溢美之辞。行书自东汉书法家刘德升草创以来，有所发展，为钟家等书法名门所承袭，至王羲之才达到了它所具有的完美境界。行书兼于楷书与草书之间，既有着方便省时的实用价值，又极具行云流水的审美价值。王羲之用自己独特的笔法，在此前以淳朴为特点的魏晋行书基础之上创出了妍美流利的行书风格，成为行书写作的集大成者。王羲之行书的代表作《兰亭序》历来是行书之冠，属于绝对经典的书法作品，被视为品评此后历代书家行书写作的标准和参照物，学习行书写作的大小书法家都视其书为行书写作的最高境界，绝少可以绕开此书习字。王羲之的行书是他博采众长，具得兼美之结果，《兰亭序》代表了他行书的最高创作水平。在用笔上，王羲之的行书，特别是《兰亭序》，笔法流畅而潇洒，飘逸而稳健，一点确有如高山坠石之力，一竖确有如万丈枯藤之姿；笔力渗于刚柔之间，如削如刀，笔画内一气贯之全篇；笔势不随每字尽而断，起笔、运笔、收笔之中沉着稳健绝无浮滑之态；笔意在所述之文间溢然目前，一任自然，人物的风流韵度蔚然可观。字形的结构疏密得当，字体可偏可倚却不失重心。王羲之行书的章法历来堪称一绝，在所有《兰亭序》的摹本之中，没有任何书法家改动原本之章法，原本的笔误、添加处也一一复制临摹下来，皆因视原本的章法布局为不可易之最美。章法的完美布局使王羲之的行书更显得行云流水，整体字幅与个体字形无缝结合。

在草书方面，王羲之处在章草向今草转化并将完成转化的时代。章草据隶书而来，由其简化形成了一种新的字体。今草是在楷书发展日臻成熟之时，以章草为基础，把楷书的笔法笔势加以流变形成的字体，它较之章草更为流畅婉转，韵律感和审美性质更强。今草在魏晋时期基本出现，在东晋之时得以发展成熟，王羲之就是为今草的发展成熟做出了重大贡献，完成了章草向今草转变的书法家。以《十七帖》为主要代表作品，王羲之奠定了今草书体的形式法则，确立了今草艺术的本质内涵，其中的大开大合，汪洋恣意之态把胸中吞吐日月的大气魄通过书法艺术表现得淋漓尽致，实在不枉“飘若浮云，姣若惊龙”的赞美。

王羲之在楷书、行书、草书各方面都对书法艺术做出了自己独特而重要的贡献，他的书法具有的艺术魅力也加速并促使书法与平常的汉字书写分开而使书法成为一门纯粹的艺术，用墨和线条来表现文字与生命的动静皆具的艺术美感。

王羲之在书艺方面的巨大成就往往掩盖了他在书法艺术理论上的见解。实际上，王羲之在进行书法创作的过程中对书法艺术的理论也有深入的思考。

王羲之特别强调书法艺术技艺的训练。首先他认为书法技艺是身为书法家要置于第一位重视的事情，是必须加以苦练磨砺而成的，书法的写作需要书法家的“尽心精做”，在晋书的记载之中就反映出了书圣对于张芝刻苦进行书法练习的肯定与钦佩，他自己也是刻苦练习书法，经常因为练习书法而忘我的典范。值得注意的是，王羲之认为坚持后天刻苦训练，克服困难是培养书法技艺的主要方法，不认为天赋重于后天练习。王羲之在自己的书法理论中一向重视实践和刻苦的练习，在书法技巧方面下很大的功夫深思研摹，不轻易奢谈感情和哲理。对于一个书法艺术家来说，不奢谈感情与哲理并非意味着他不重视书法的内在价值，而是由于有再浓烈的感情和再高深的哲理也需要书法艺术家有可以完美表达它们的技艺。如果一个艺术家没有相应的技艺，那么他的艺术作品就不能说是成功的，那么他也就不能称之为一个优秀的艺术家，在书法领域就更是如此，一切的情感都要通过书法家的笔墨加以表达。因此，书圣王羲之重视书法练习实践，重视书法技艺磨砺在魏晋清谈颇盛、略有绮靡之风的年代还是应当受到十分肯定的。

不仅如此，王羲之还在与友人论书的书信中提到书法艺术创作中不可以忽视的“意”。

王羲之所重的“意”一在“笔意”，即“意在笔前”。在进行书法创作前必须在心中酝酿充足的情感，不管在任何的环境以任何方式进行创作，都需要对于要表达之物深刻的感悟和心中强烈而纯粹的表达愿望，抛却俗务杂念。而且，由于书法不同于写字，它是一种审美创作，所以书法家要在心中构想字形章法，下笔之前有思量有千秋，才可以创作出优秀的书法作品。

二在“书意”，书意是指书法家人格、性情、意志、审美取向在书法作品中的反映。王羲之可以成为独步古今的书法大家，在个人的气质、品性上的修养也是独有其得的。在魏晋时期，大一统的打破，政治上的混乱，社会的分崩离析使精神统治层面本已走向僵化的儒家思想在兵荒马乱中七零八落。上层的知识分子面对着尖锐而随处可见的社会矛盾，面对着生命朝不保夕的无常无恒，信仰逐渐发生了变化，对于黄老思想的兴趣越来越浓，对于道家道教的依赖越来越重。王羲之生活在这样的社会背景之中，他也经历了时代的水深火热，经历了早期自己作为一个儒家士子出仕报国理想的幻灭，转而寄自己的心灵于道家，在流觞取水和清谈间衷情于玄学，浸染于魏晋风度。魏晋玄学一向追求超越有限得到无限，追求身心的自由舒展，淡泊飘逸，强调重视、享受自然的美。而且由于时代中品藻人物盛行，对于人物的品评主要重视其外在的容貌、举止和内在的气质、风度，重视人的个性张扬与心中内在情感的舒展。王羲之本身就处在当时文化人士的上层，参与清谈，是品藻人物的对象，在世风的浸染下和自身的修炼过程中形成了自己超凡绝俗的个性和温文秀逸、清新儒雅的气质，他笃信道教，尚清虚、重自然，又深备魏晋风度，因而他可以在权臣选婿时袒腹东床，可以在山水之间畅饮泼墨，可以在静观鹅群时悟得书法之道，尽情体味自然天地之间大美，追求与万物冥合，与天地共逍遥的境界。

一方面是由于书法家本身具有了这样不凡的人品和气质，另一方面是由于时代的审美风气快速从对于人物的品藻渗入了对于艺术作品的品评，书法作为当时最受人所重的艺术自然有了自己富有时代特征的独特审美标准。所以王羲之的“书意”就充满清新、玄远、飘逸的灵气和艺术风格。他的书法作品多为信手拈来，挥洒自如，个人的感情完全充斥于篇章笔墨之间，把自己的思想品性和气质人格投射于书法中的笔法章法、墨法结构，并结合他所钟情的道家思想来体悟书法创作的真谛，升华艺术效果。其书法作品整体看来含蓄不失放达，温和不失豪峻，飘逸不失厚重，脱易不失规矩，清丽不失沉郁，不仅符合当时崇尚的审美标准，其内在的艺术价值着实富有超越时空的吸引感召力。

因此可以说，王羲之很好地实践了他的书法理论，把书法技艺的锤炼与“笔意”“书意”的修养结合在了一起，技艺的炉火纯青可以较为完美地表达王羲之个人的魅力和感情；个人本身的艺术修养和审美取向又成就了他一件件的书法珍品，王羲之的书法作品和其中渗透的人格之脱俗魅力确实让中国历代至今的欣赏者为之心驰神往。

王羲之的书法艺术对后世的影响贯穿了他以后历代的书法领域。影响主要分为两个方面：一是后代书家直接对王羲之的书体字体、写作技艺进行的模仿、发展和继承；二是对王羲之书法所反映出来的人和时代精神的仰慕、继承、发扬。这两方面的影响经常以南辕北辙、互不相容的状态表现在这以后的书法家与书法艺术风格中，也不能完全以王羲之的影响定义其中所有内容，但他们或于表面、或在内里受到的王羲之书法技艺、艺术风格的影响是显而易见的，这亦是王羲之书法艺术得以传承甚远甚广的原因。

王羲之的后代子孙首先传承了书圣的书法艺术。其子玄之，较善草书；凝之，工于草书和隶书；徽之，草书上很有造诣；操之，以擅长行书著名；焕之，也比较擅长行书、草书。他们的书法艺术风格都很有王羲之的风范，或得其貌，或得其神，或得其体。而备受后世瞩目，人称“小圣”，与其父合称“二王”的王献之则从源头上继承了王羲之的书法艺术精髓，献之自幼跟从其父学习书法，刻苦且天资颇高，而且勇于革新创造，他把其父的草书发展到一个新的高度，上下相连，妍美流畅，赋予了书法艺术更高的审美价值，丰富了字体的变化形态。

王羲之的书法艺术一直在其家族的后代中有所传承，除此之外，也出现了一批以不同方式学习王羲之书法艺术的优秀书法家。他们有的注重在技法上对王羲之书法的模仿继承，有的则从精神上领悟王羲之书法中所体现的个性舒展，在技法上或创新或反叛，着重表现自己的风格，二者都为书法艺术的承接发展做出了自己的贡献。其间也出现了两次学习弘扬追捧王羲之书法艺术的热潮。

第一次热潮出现在南朝梁期间，南朝的梁武帝萧衍极推崇王羲之，把王羲之置于以往所有书法家之上，对其书法的艺术价值倍加肯定，由于梁武帝特殊的地位，他的判断和观点有一定的影响力，加上当时的人们本也很看重王羲之的书法，从而确立了王羲之在历史上的书圣地位。

第二次热潮出现在唐代，这一次热潮的出现与唐太宗李世民有很大的关系，唐太宗非常欣赏王羲之的书法艺术，认为其“尽善尽美”，不惜薄以往数位书法名家以厚王羲之，他不仅欣赏其字体技法，作为一个统治者的精神需要，他还深深地被王羲之所表现的精神、人格魅力折服，从王羲之书法的一笔一画中感受他的艺术韵味。唐太宗广泛搜罗王羲之的真迹，得之则视如宝物一般珍藏，而且自己心摹手追，不倦研习王羲之书法技艺，其所作《晋祠铭》就可谓王羲之书法作品的翻版，可见太宗在对王羲之的心摹手追中练就了很高的书法技艺。唐太宗的万分推崇带动了整个时代对王羲之书法的继承发展，“初唐四家”——虞世南、褚遂良、欧阳询、薛稷都在技法上直接摹仿继承王羲之，书法技艺堪称精湛，也都留下了优秀的传世之作，今日我们所见的《兰亭序》摹本就有出自虞世南、褚遂良等初唐书法家之手。时至盛唐，书法艺术领域更是随着一批优秀书法家的出现而光辉灿烂，重要的是，这一批的书法家们逐渐摆脱了仅于技法上对王羲之进行模仿，而从思想上进行领悟，在下笔中加以创新。颜真卿、张旭、怀素都是书法造诣极高的大家：颜真卿的书法敦厚大气，不计工拙，厚重多于妍媚，刚大多于柔美，笔下纸上的震撼力极强；张旭的草书气势非常，风格狂野磅礴，人称一代草圣；怀素本是释家弟子，其书寂然绝尘，不滞不浮，甚有一番弃去人间烟火的清高脱俗。王羲之书法艺术中最为精华者可谓独抒性灵、得意忘形，借助笔下的线条曲折来表达内在的精神气质，这在当时的书法家笔下得到了很好的继承和发扬。

到了宋代，书法完全成为一门纯粹的艺术，这一时期的书法家们用自己的风格和个性实践着王羲之的艺术主张。宋四家——米芾、蔡襄、苏轼、黄庭坚以及宋徽宗赵佶是优秀的代表人物，他们或主张“不践古人”，或临摹王羲之字帖可以达到以假乱真的效果，这都从不同方面表现了王羲之书法的影响力。到了元代，更是书法复古的一个时代，所复之古正为晋风，以晋人书法为正溯的“帖学”开始兴盛。王羲之书法自然又得到了不懈的模仿学习，当时的代表人物为赵孟頫，他临摹《兰亭序》不下数百本，强调“法古人”，又不乏自己独具的个性，其书法造诣颇高，无体不工，风韵意态俱佳。时至明代，其前期的书法艺术还是笼罩在复古风气当中，“帖学”极盛，王羲之的书法艺术仍作为固定的审美标准被上自帝王，下至百姓的绝大多数人欣赏膜拜。在这样的风气熏染下虽然产生了一些优秀书法大家，如董其昌、祝明允、文徵明，也确实在一定程度上限制了中国书法艺术的再创新与再发展。直到明代的后期，一支反对复古风格的“叛军”出现在书法史上，徐渭、八大山人、黄道周都是其中个性殊强的代表人物，他们对王羲之等人的笔法技艺开始反叛式地批判、创新与超越，长期没有得到新审美元素充实的书法艺术开始重新被输入新的血液。主流的复古风气一直持续到了清代前期。到了清代中叶，随着与“帖学”对立的“碑学”兴起，中国古代书法艺术也在接近充实与平衡的状态中进入尾声。

（郭小雨）

# 32. 北魏孝文帝改革

北魏统一北方后，民族矛盾和阶级矛盾仍然尖锐，北魏统治集团与各族人民的阶级矛盾上升为主要矛盾。青、齐、洛、豫、冀、秦、雍、徐、兖等州相继发生起义，北方边镇一带反抗逃亡频繁。北魏统治集团与汉族地方豪强的矛盾，北魏统治集团内部、封建中央集权与旧部落显贵的矛盾也十分尖锐。要解决这些矛盾必须进行政治、经济、文化全面的深入的改革。孝文帝就承担并且实施了这样的改革。

在进入中原过程中，虽因采纳了一些汉族地主的建议和受中原先进生产方式的影响而逐渐封建化，但孝文帝改革前，北魏尚处于向中古社会过渡时期。这一期间，长期大规模民族征战的不断取胜形成了北魏贵族集团的民族优越感和歧视其他民族的心态，因而在遭到其他民族反抗时，除了野蛮的屠杀外，还将大量的汉族和其他各族人民变为奴隶和杂户(身份低于佃客，略高于奴隶)；在战争时，往往驱使汉族和其他各族的人充当步兵，在阵前冲锋，鲜卑骑兵则在后督阵，并任意纵马践踏，从而激化了民族矛盾。同时，统治集团内部也存在鲜卑贵族与汉族地主的矛盾，出于政治、经济利益和民族差异的原因，鲜卑贵族对汉族地主存有戒心，处处压制汉族地主势力；汉族地主虽被纳入统治集团，但并不掌握实权，长期的正统观使他们内心又瞧不起鲜卑贵族；鲜卑贵族常因意见不一对汉族地主横加屠杀，这些都使西晋以来因“五胡内迁”产生的民族矛盾严重激化。

北魏贵族集团在歧视与迫害其他民族的同时，对各族人民的经济剥削也异常残酷，规定“户调帛二匹、絮二斤、丝一斤、粟二十石。又入帛一匹二丈，委之州库，以供调外之费。至是(太和八年，公元484年)户增帛三匹、粟二石九斗，以为官司之禄，后增调外帛满二匹”(《魏书·食货志》)。另外北魏初期因长期征战，官吏无固定薪水，只靠战利品来作为奖励，逐渐统一后，没有战利品可分了，官吏为维持奢侈生活而大量贪污与残酷搜括，政府也常向农民调发额外的绢、帛、粮食等。农民所受的惨重剥削使阶级矛盾大大激化，从北魏统一到孝文帝改革前，仅50多年里，农民起义就达七八十次之多。

从北魏建国至孝文帝亲政前(386—490年)，北魏社会形势发生了很大的变化。经济上，北方久经战乱，中原地区经济遭到严重破坏，人口流徙，田地荒芜，严重影响了政府财政收入；另外，作为都城已100多年、人口不断增加、处于寒瘠之地的平城，粮食运输又极为困难。军事上，北魏统一黄河流域已有50多年，但与经济、文化更为发达的南朝政权接壤，刘宋时期又曾北伐北魏，南朝对北魏构成天然的威胁，使其有一种强烈的紧迫感与危机感；不仅如此，在北魏北边，还有虎视眈眈的劲敌柔然等族，也使一些有远见的君臣丝毫不敢懈怠。再从政治上看，北魏已建国一百多年，保守势力相当强大，而且在封建化的过程中，原来的鲜卑旧俗和委任汉族地主为地方官吏的宗主督护制已不适应当时政权的巩固与皇权的集中，从而滞缓了北魏的进一步发展。同时日趋尖锐的社会矛盾也迫使统治者必须加强与汉族地主的合作，消除彼此的民族界限。而解决这一问题，则需实行汉化政策，使自己的政权得到汉族地主的支持。

历史的发展离不开杰出人物的推动作用，这种作用表现在他们能对当时的社会形势作出较客观的判断并及时进行政策调整，这与他们自身具备的超出同时期一般人的素质有关。据史书记载，孝文帝是一个能体察民心、关注民情、注意减轻对百姓剥削的帝王，这种个性品质促成其改革的决心。

不仅如此，孝文帝还是一个熟知汉文化并通晓汉族发展史的少数民族帝王，“《五经》之义，览之便讲……探其精奥。史传百家，无不该涉。善谈《老》《庄》尤精释义”(《魏书·高祖记》)，这种孜孜不倦学习先进文化的精神，养就了其深厚的文化底蕴。通过对汉文化和汉族发展史的了解及与本民族现状的比较，孝文帝深刻意识到本民族及政权的落后性，因此萌发了仿效经济、文化高度发达的南朝的念头；谦虚而务实的秉性，更坚定了他改变鲜卑旧俗、学习汉族先进文化的信念。可以说，孝文帝对汉族儒家经典、诸子百家的了解和对本民族落后性的深切感悟，成为其改革的大原因。

三国两晋南北朝时期，由于北方长期战乱，各民族的人口流动与迁移异常频繁，混居趋势十分明显，这提供了各族相互了解的机会，而且各族人民在共同反抗鲜卑贵族残暴统治的斗争中加强了团结，也加深了了解，从而促进了民族融合。北魏统一黄河流域后，为巩固“混一戎华”大业，采取了“分土定居，发展农业”的措施，使内迁的少数民族改变了原来以狩猎、游牧为主的生产、生活方式而转向以农业、定居为主的生产、生活方式；此外，北魏初期还设立太学重用士人，这些经济、政治政策既得到了汉族地主支持，也使社会秩序日趋稳定，客观上又进一步推动了民族融合。有政治远见的孝文帝清楚地意识到顺应民族融合潮流，既能得到占人口绝大多数汉族(尤其是汉族地主)的支持，减轻改革的阻力，又能进一步学习汉族先进文化，加速封建化进程，从而更有效地巩固统治，所以他利用了黄河流域的民族大融合趋势，适时地进行了促进鲜卑族封建化、加快社会经济发展的改革。

孝文帝改革的措施包括：

第一，班俸制代替断禄制。北魏官吏原无俸禄，中央官吏按等级得到战争中获得的财物、隶户。地方官吏只要上缴额定的租调，就可以任意搜括、贪污。旧制户调为：帛二匹、絮二斤、丝一斤、谷二十石。有的州县只产麻布，因此，又令每户出帛一匹二丈，存放州库，作为官府委托商人调换布帛之用。有的商人藉此渔利。公元 484 年魏孝文帝下诏：“始班俸禄，罢诸商人，以简民事，户增调帛三匹，谷二斛九斗，以为官司之禄。均预调为二匹之赋，即兼商用。……禄行之后赃满一匹者死。”公元 485 年颁布均田令中规定：“诸宰民之官，各随地给公田，刺史十五顷，太守十顷，治中别驾各八顷，县令、郡丞六顷。更代相付。卖者坐如律。”使开国以来形成的贪污之风有所收敛。

第二，以三长制代替宗主督护制。西晋末由于北方长期战乱，基层行政机构瓦解，出现以宗法关系为纽带，集军事、政治、经济为一体的坞堡。坞堡主管辖着前来依附的中小地主、众多的农民、部曲佃客。北魏初实行坞堡主宗主督护制，所以民多隐冒，五十、三十家方为一户。公元 486 年开始实行三长制，五家立一邻长，五邻立一里长，五里立一党长。负责督察户口，催督租赋，征发徭役和兵役，推行均田令，从而健全了县以下基层行政机构，使国家从中央到基层的行政体制得以完善。

第三，实行均田制。北魏时由于豪强地主占有大量土地，而很多农民又得不到土地，农民或转入私门，成为豪强地主的隐户，或亡聚山泽起义反抗。隐户增多，使国家税、赋减少。农民的反抗，动摇着国家的统治，为了缓和这一社会矛盾，公元 485 年孝文帝颁布了均田令：“诸男夫十五以上，受露田四十亩，妇人二十亩，奴婢依良。丁牛一头受田三十亩。限四牛。所授之田率倍之，三易之田再倍之，以供耕作及还受之盈缩……”

均田令是北魏初期在旧都平城实行的计口授田、畿内课田制度的进一步发展，并在全国范围内推广。均田令并没有触动封建地主土地所有制，其实质是在保障鲜卑贵族和汉族地主阶级利益的前提下，束缚农民于土地，强迫他们垦种土地，以增加封建国家的租调收入和徭役来源。均田令以法律形式肯定了自耕农民对所耕土地的占有，一些无地或少地的农民也多少得到了一些荒田，从而稳定了社会秩序，促进了生产的发展。

北魏在实行三长制的同时，还颁布了新的租调制，规定一夫一妇每年出帛一匹，粟二石；15 岁以上未婚的男女 14 人，从事耕织的奴婢 8 人，耕牛 20 头，其租调与一夫一妇数量相同。由于以一夫一妇为征收单位，这在一定程度上限制了宗主的营私舞弊，一般农户的负担略有减轻。流散的农民被强制定居，许多荫户户口脱离了宗主豪强。国家纳税户口及租调收入增加了。

公元 495 年孝文帝迁都洛阳。他向任城王元澄讲了迁都的理由："今日之行，诚知不易，但国家兴自北土，徙居平城，虽富有四海，文轨未一，此间用武之地，非可文治，移风易俗，信为甚难。崤函帝宅，河洛王里，因兹大举，光宅中原。"元澄回答："伊洛中区，均天下所据，陛下制御华夏，辑平九服，苍生闻此，应当大庆。"为了迁都洛阳，孝文帝于公元 439 年十月"幸金墉城。诏徵司空穆亮与尚书李冲，将作大匠董爵经始洛京。已卯，幸河南城。……乙未解严，设坛于滑台城东，告行庙以迁都之意"。

迁都之后，又进行了禁胡服、断北语、改姓氏、定族姓等一系列移风移俗的改革。

改革的内容可分为经济、政治、文化三个方面。经济上，实行均田制，对国家是有利的，同时这对于社会秩序的安定、生产的恢复和发展也是有积极意义的。政治上，迁都洛阳和采用汉族统治阶级的政治制度，这两项措施均有利于北魏对黄河流域的控制。文化上，接受汉族先进文化，孝文帝下令鲜卑族采用汉姓，改穿汉服，学说汉话，提倡同汉族通婚。这就从姓氏、服装、语言等方面清除了鲜卑族和汉族的隔阂，达到了鲜卑族和汉族进一步融合的目的，顺应了北方少数民族封建化和民族大融合的趋势。

（陈海波）

# 33. 均田制的推行

均田制是一种授田制度，是政府将自己所控制的土地分配给无地或少地的民众，使他们从事农业生产，政府则收取一定的实物作为地租。

鲜卑族在进入黄河流域以后正是采取了将所有占有的大片无主荒田授给百姓的办法来恢复和发展农业的生产。拓跋珪在始皇二年，平定中山，天兴元年正月，“徒山东六州民史及徒何、高丽杂夷三十六万，百工技巧十万余口，以充京师”。拓跋珪将26万人迁徙往京城，从而充实了京师的人口，并对这些人“各给耕牛，计口授田”。拓跋珪正是接受了黄河流域农业民族的生产方式，将土地分配给新迁来的人，使他们成为农民，为政府生产粮食。

太武帝时，曾经“多禁封良田”，圈占了大面积良田。高允向太武帝谈论农业的重要性时认为，当天下广收之后，即使遇到饥年，社会也不会动荡，太武帝对他的论说很感兴趣，“遂除田禁，悉以授民”。这实际上是鼓励民众广为垦田，发展农业生产。孝文帝初年也对农业生产倍加关注。太和九年之前在北魏境内所施行的授田过程，说明均田制也是北魏在黄河流域逐步实现的，是鲜卑族接受了黄河流域经济社会文化的发展而推行的一项制度。

均田制的主要内容如下：(一)男子十五岁以上，授给露田四十亩，桑田二十亩，妇人授露田二十亩。露田加倍授给，以备休耕。露田不得买卖，身死或年满七十者归还官府。桑田则永为个人所有，不需归官。桑田在一定条件下可以买卖。桑田须种桑五十株、枣五株、榆三株。不宜种桑之地，男子给麻田四十亩，妇女五亩。(二)奴婢和耕牛参加授田。奴婢依一般农民授田。耕牛每头授田三十亩，限四牛。(三)田地缺乏地区，允许农民“逐空荒”，迁往他郡。(四)犯罪流徒户或绝户，其土地归国家所有，作均田授田之用。(五)地方官吏按官职高低，授以公田。刺史十五顷，郡丞、县令六顷。公田不得买卖。

据其内容可以看出，其土地类别主要有露田、桑田、麻田、公田等。据均田令中对这些土地的还授、继承、买卖、地租等方面的规定，可以知道其所有权和使用权的归属，也即露田、麻田、公田是国有土地，桑田是私有土地。均田令中明确地规定，露田是要根据农户的年龄授予和归还的，因此露田属于国有土地是明确的，农民只拥有土地的使用权，所以这样的土地也自然不能继续和买卖了。而农民在占有露田时自然也就要向土地所有权的拥有者国家缴纳地租。

桑田则与露田相对应，是私有土地。其一，桑田是可以继承的。其二，桑田是不需要归还的。对于原来个人占有的桑田，即使超越了规定的数量，国家也不要求归还，不改变其私有产权。这样一来，事实上在分田之初就存在着田地占有不均的现象。其三，桑田是允许买卖的。因此，桑田可以说是私人所有的土地，但是这种私有产权仍然要受到国家权力的一定支配。一方面，均田令规定了桑田的经营模式必须是“种田五十树，枣五株，榆三根”；另一方面，买卖桑田也是有数量限制，卖者要留下二十亩不能卖，而买者也不能买田超过二十亩。

麻田和露田一样，不能继承也不能买卖，要依法还授，同时也要向国家缴纳租调。公田是给任职的官员分配的土地，只能在任时使用而不得卖出，所以是很典型的国有土地。

均田制最重要的作用可以说是断绝了冒荫，限制了土地兼并，大大打击了豪强势力。通过均田制的推行，一方面将民众从豪强家族手中解放出来，重新受政府户籍；另一方面虽然承认原有的私有土地，但大量的公田存在仍然限制了豪强势力进一步的土地兼并，对豪强势力的打击是明显的。这样一来，北魏政权逐渐由原来的氏族奴隶制转变为郡县一统。

可以说，均田制的发源是黄河流域农业发展的基础。均田制出现的原因，有政治和经济两方面的因素。一方面是为了增加生产，迅速改善农业生产的落后状况；另一方面是与豪族地主争夺人口和土地。

北魏进入中原后，农业成为主要的经济形式。北魏诸帝多能注意劝课农商，尤其是孝文帝即位后，更是孜孜以求，希望农业不景气的状况有所改善。他一再号召：“务尽地利，使农夫外布，桑妇内勤。”(《魏书·高祖纪下》)然而天灾饥号连年发生，粮食问题始终没有解决。因此，发展农业生产，解决粮食问题，成为均田制产生的一个重要原因。

北魏统治中期，北方豪族已遍布全国，势力很大，鲜卑贵族对土地的兴趣也越来越强烈，他们纷纷“就耕良田，广为产业”。加上拓跋氏入主中原初期，曾把大量良田辟为牧场，或辟为私家园林，民无田业的现象十分突出。农民失去土地，四处漂流，或转投豪族，成为荫护人口，或聚集山泽，成为绿林好汉。人口流亡的情况如此严重，不能不引起北魏统治者的重视。因为政府掌握不了人口，也就无法获得赋税；而且大批浮浪人口也是构成社会不稳定的因素。所以如何使农民固定在土地上，以及把农民从豪族地主的荫护下解脱出来，成为均田制产生的另一个重要的原因。

均田制的实施还必须具备两个基本条件。一是必须有大批荒地可供使用，二是官府必须能够掌握、支配这些土地，也就是说皇权必须强大到能够管辖地方豪强。

北方自东汉末年以来，由于连年战乱，以致出现“白骨露于野，千里无鸡鸣”的景象。至孝文帝时，情况有所改变，然土地抛荒现象仍严重。而当时北魏豪族地主势力也还未强大到能与皇权抗衡的地步。因此，孝文帝推行均田制的条件已基本具备了。孝文帝在社会经济领域内的改革是有成就的。均田制的实施，可使相当一部分农民获得土地，得与生产资料重新结合，从而刺激了他们的生产积极性，大地主的兼并也受到一定限制。北魏朝廷大为头痛的流民和粮食问题，在均田制实行后，有所改善。

北魏孝文帝的改革，不可能彻底解决社会的根本问题，而且事出空前，也难免有一定的盲目性，因而也带来许多弊病。这些弊病因改革的成功和北魏社会矛盾的暂时缓和而被掩盖，但根源仍在，在改革几十年后便爆发了六镇起义。

均田制实际上也是对豪强地主无限制占有土地的一种遏制。均田制使各个等级的人无论豪强或者小民都有生存的机会，社会才能趋于稳定。

均田制经历了变化和衰败，历经北魏、隋唐，直到唐德宗施行两税法以后，才逐渐无法执行。唐宪宗元和四年，还在同州推行均田制。均田制的实行，历时三百余年。均田制对结束开阡陌后的名田制混乱、促进豪强庄园经济解体和后来佃耕制的施行，起了承前启后的作用，对隋统一全国，唐盛世出现，也起了很大的作用。均田制各朝有过若干变动，原因多是与社会人口不断增殖和推行维护统治集团利益政策有关。

北周主要是取消倍田之名。北齐继续推行了均田制。按照北齐武成帝河清三年(564年)令的规定：京师邺城周围三十里内的土地，全部作为公田，按照级别授给“代迁户”(北魏迁都洛阳时，原代京旧户随之迁入洛阳，称为代迁户)中的各级官吏和羽林虎贲；三十里外百里以内的公田，则授与“代迁户”级别的汉族官吏和汉人充当的羽林虎贲；百里以外的州郡推行均田制。主要解决北齐国土邺城人口过密，特别是官员多的田地问题。北齐的均田制大体和北魏相同而略有变化。

北朝时期，虽然后来的北齐、北周都实行均田制，国家一直控制着土地，不许买卖，但民间土地买卖的现象依然存在。

582年(隋代开皇二年)令，丁男、中男的永业，露田受田额与北齐同。补充内容中突出的一点是官人永业田与品级相适应，自诸王以下至都督，最多授给一百顷，最少四十亩。此外，内外官品级高下授给职分田，最多五顷，最少一顷。内外官署又给公廨田，以供公用。赋役负担以一夫一妇为一床，纳租粟三石，调绢一匹(第二年减为一丈)，绵三两。单丁及奴婢、部曲、客女按半床纳租调。丁男每年服役三十日(第二年减为二十日)。隋炀帝杨广即位，免除妇人和奴婢、部曲的租调，大概也同时废除了他们受田的制度。

唐代是土地开发全盛时期。唐代均田制，在隋朝的基础上，明确取消了奴婢、妇人及耕牛受田，土地买卖限制放宽，内容更为详备。另外，唐代均田制与之前北朝、隋朝的均田制一个巨大的差异就是，北朝、隋以户(一夫一妻)为单位授田收税，而唐则以丁男为单位。

官无闲田特权存在是均田制废止的主要原因。均田制虽然包括私有土地，但能用来授受的土地只是无主土地和荒地，数量有限。因而均田制农民受田，开始就普遍达不到应受额。口分田虽然规定年老、身死入官，但实际上能还官的很少。随着人口的增多和贵族官僚地主合法、非法地把大量公田据为己有，能够授的土地就越来越少。均田令虽然限制土地买卖，占田过限，但均田农民土地不足，经济力量脆弱，赋役负担沉重，稍遇天灾人祸，就被迫出卖土地，破产逃亡。地主兼并土地是必然要发生的。正因为如此，均田制在北魏实施以后不久即被破坏。

经过北魏末年的战乱，无主土地和荒地增多。继起的东魏、西魏、北齐、北周、隋施行均田制之后又被破坏。隋末农民起义，人口大减，土地荒芜，新建立起来的唐王朝重新推行均田制，成效显著。唐高宗以后，均田制又逐渐被破坏。随着大地主土地所有制的发展，国有土地通过各种方式不断转化为私有土地，加之人口的增殖，土地难以进行还授，计口授田再无法继续执行下去。又因为许多有特权人免税，出现税收减少而且不均，农民大量逃亡，租、庸、调也难以执行。正如《困学纪闻》所说：“至唐，承平日久，丁口滋众，官无闲田，不复给授，故田制为空文。”为解决这一问题，唐德宗时推行两税法。宰相杨炎制定的两税法包括：量入为出，统筹国家财政银两支出，然后将纳税分配到各地；不分客、主户按现居住地登记户籍，就地纳税；以贫富为差别，户分为九等；夏、秋两季交税，按户纳钱，按亩纳粟，钱谷定税折征绢杂物。

在农业时代，土地作为最基本的生产资料，就决定了土地所有权关系在当时的整个经济关系中的重要意义。均田制是中国古代土地制度史上的典型。自井田制瓦解开始，土地的私有因素逐渐深化，针对在这个过程中出现的土地兼并现象，以后历代王朝先后提出了诸如限田制、屯田制、占田制等不同形式的抑制土地兼并的制度。但随着经济发展，这种以国有土地为基础的土地制度终于不能抵抗土地私有的发展趋势而崩溃。

一般来说，能解决好土地兼并问题的王朝，其整个社会经济就能保持稳定的发展，而一旦土地兼并问题失控，就造成社会经济的停滞，甚至造成社会动乱，经济倒退。东汉末年的限制王田之议，三国时的屯田以及西晋时的占田制都涉及土地分配问题。北魏时李安世上疏倡均田，也是以土地的分配为着眼点的。这个上疏被后世认为“均田之制起于此矣”。

北魏时的统治者吸取前代的经验教训，试图通过“均田”的方法，以国家法律介入地主与农民围绕土地而形成的矛盾关系中。李安世的上疏中就明确地提到“雄擅之家，不独膏腴之美，单陋之夫，亦有顷亩之分。所以恤彼贫微，抑兹贪欲，同富约之不均，一齐民于编户”。这就是说，以国家力量要来“同富约之不均”，就不能让土地都集中在地主手中。但是，实际上，因为地主阶级本身是国家的统治阶级，他们不可能主动把手中的土地白送给农民以实现这个“同富约之不均”的社会理想，而只能是把属于国家的土地分配一部分给农民，但是，国家的土地在正常情况下又是有限的，因为国家承认土地私有，所以也不能任意剥夺地主的土地所有权，而原有的土地又主要是用于维持官僚系统的职分田。所以，只有在大规模的战乱之后，国家出现许多无主的土地的情况下，国家才有条件实行均田。北魏和隋唐初的均田制实行效果好就是因为前期的战乱造成了大量的无主土地，国家把这些土地的所有权收回之后再“均”给农民，因此缓解了地主与农民之间的矛盾。

均田制的实行，将游离的劳动者重新和土地结合起来，其结果是使社会稳定，土地开垦面积有了很大提高，促进了农业的发展。

均田制从法理上看，是以承认土地私有权为前提的，所以，一旦国家将战乱时收上来的无主土地分配下去之后，不能再获得大量土地时，就只能眼睁睁地看着自耕农手中的土地通过市场流向地主手中，再次形成土地兼并的危机。这个矛盾在当时的历史条件下，是无法解决的。所以，均田制的崩溃是一种历史的必然。

唐代均田制是否推行过，曾经有人怀疑过，但是，历史文献的记载，特别是甘肃敦煌和新疆吐鲁番发现的唐朝户籍残卷，以及现藏日本的来自上述两个地区的“大谷文”公诸于世，都证明均田制确实推行过。

均田制的初期，有利于土地与劳动者的结合，使唐朝的赋税对象不断增加，国家的收入逐渐上升，才有了唐朝前期的繁荣景象。

与均田制并存的，还有地主阶级的土地所有制度。均田制最后破坏的根本原因，就是地主阶级土地私有制的发展。另外，人口增殖过快，土地还授过少，也是均田制破坏的重要原因。

均田制由北魏开始，经过隋唐推行，对发展生产、繁荣经济和大唐的政权统一，都起到了一定的作用。由于经济的变化，人口的增殖，它到唐代中期已经难以执行下去。到了宋代，城市不断扩大，工商业不断发展，土地制度趋向开放、自由，不设田制、不抑兼并。结果，小农经济依然主导着国家经济命脉，并没有没落、垮台。

（王光玉）

## 34. 范缜发表《神灭论》

范缜(约450—约515年)，字子真。南阳舞阴(今河南泌阳县西北)人。南朝齐、梁时期唯物主义无神论思想家。《梁书·范缜传》记载，范缜是一个学习勤奋、刻苦的人，他曾师从当时有名的儒者刘瓛学习经学，尤其精通《三礼》。范缜最有名的著述是《神灭论》和《答草舍人书》二文，收录在《梁书》本传和梁僧祐编纂的《弘明集》中。范缜的其他著述今多已亡佚，严可均《全上古三代秦汉三国晋六朝文》辑录有几则短文，总计仅3700余字。

范缜无神论思想的形成，有着深刻的社会根源。佛教自汉魏时期传入中国，由于迎合了统治集团欺骗人民、维护封建秩序的政治需要而得到迅猛发展。南朝梁武帝萧衍于504年(梁天监三年)将佛教定为唯一正道，要求百官以至百姓都要遵奉佛教，一时之间，佛教几乎成为国教。南北朝时期佛教寺院经济独立，同时占有大量的土地和劳动力，还享有和门阀世族地主同等的政治权利，成为特殊的僧侣地主阶级。他们既不用纳税，也不用服兵役，完全是社会的寄生虫。这种情况加重了人民的负担，加深了农民和地主之间的矛盾，也使得世俗地主和僧侣地主之间的矛盾激化起来。因此，与佛教的兴盛相伴随的还有反佛教思想的日益发展和成熟。

佛教主张灵魂不灭，宣扬三世轮回、因果报应。东汉的桓谭(约前23—56年)首次提出“人死如烛灭”的观点，比较系统地阐述了形亡而神灭。他认为精神依附形体，就如同火在蜡烛上燃烧一样，如果蜡烛没有了，火也就不可能再燃烧，更不能让燃烧后的灰烬再燃烧发光，火不能离开蜡烛，精神同样也不能离开形体，由此得出人死如灯灭、火烛俱尽的结论。桓谭形象地把精神和形体的关系比喻成火和蜡烛的关系，这在古代无神论史上是一个进步，有其理论上的贡献。但是用烛火比喻形神又是有缺陷的，因为他把形神关系和人的精神活动简单化了，烛要燃烧发出火光还需要外力的点燃，精神的活动却不是由于外力的作用。这一理论上的漏洞，被有神论者利用来论证二元论和外力论，进而宣传灵魂不灭。王充(27—约97年)直接继承了桓谭的形神观，同时吸收了当时天文学、医学等自然科学成果，对薪火之喻进行了进一步的发挥，提出天下既然没有可以独自燃烧的火，世间就不可能有没有形体却可以独自存在的精气，从而进一步指出，只有血脉可以生精聚气，人死以后血脉枯竭，精气随之而灭，形体也会跟着枯朽，然后变成灰土，怎么会变成鬼？在范缜之前，他代表了无神论者在“形神”问题上的最高成就。东晋南北朝时期，佛教日益兴盛，神灭与神不灭的斗争也进一步激化。在范缜之前，这一时期反对佛教神学的代表人物主要是南朝宋的何承天。何承天(370—447年)，字衡阳，东海郯(今山东郯城西南)人。他一方面用自然界中的“生必有死”的自然规律来说明生命现象，另一方面则继续用桓谭的薪火之喻来阐明形死神灭。何承天为人刚直，坚持真理，不惧怕权贵，再加上他本人精通天文历法和自然科学知识，因此他的理论阐述给佛教有神论者以沉重的打击，对无神论思想的发展也做出了一定的贡献，从而成为范缜无神论思想的理论先驱。到了范缜的时代，之前的神灭论的理论已经无法适应和有神论者的斗争需要，薪火之喻已经显得非常苍白无力了，神灭论在此时遭遇了理论上的瓶颈。范缜打破了这个瓶颈，他在继承前人的无神论思想的基础上，将这种思想发展到一个新的高度。他提出了形质神用的观点，认为形是物质实体，神是形体的一种功能或者作用，并用刀刃的比喻代替薪火的比喻，在理论上完成了一个飞跃。他认为精神和形体是等同的，精神就是形体，形体就是精神，因此形体存在精神就存在，形体消逝了则精神也就不存在了。精神和形体的关系，就如同刀刃的锋利和刀刃的关系一样，没有锋利就无所谓刀，没有刀也就无所谓锋利，从来没有刀的锋利，也从没有形体而独存的精神。范缜的关于形体和精神关系的理论克服了以前唯物主义形神观在理论上的缺陷，把无神论的理论认识提高到了一个新的水平。

《神灭论》的产生则是范缜和有神论者的实践斗争的直接产物。他曾经同佛教有神论者进行过两次公开的大论战。第一次是在公元 489 年（齐武帝永明七年），宰相萧子良在京都建康鸡笼山西邸官舍广延宾客，范缜也列席其中。萧子良以佞佛著称，当日被邀请的除了信佛的达官贵人、文人学士外，还有众多名僧，他们当堂讲论佛法。这对于信奉无神论的范缜来说无疑是一种挑战，范缜当堂加以反驳，与之针锋相对，“盛称无佛”，由此引发了一场大争辩。萧子良质问范缜，倘若不是因果报应，为什么世界上有的人富贵，有的人贫贱，有的人享福，有的人受苦？范缜反驳说人生好像同一棵树上的花，同根并蒂，随风而落，有些花落在厅堂的茵席上，有些则掉进厕所的粪坑里，落在席子上的就富贵，落在粪坑中的就贫贱，这些都是偶然现象，没有什么所谓的因果。他的比喻形象而又深刻，使得萧子良等人哑口无言，这是他第一次论战的胜利。这次辩论之后，范缜草撰《神灭论》，将自己的无神论思想撰而成文，他认识到佛教因果报应的根本其实在于灵魂不灭，因此将重点放在对灵魂不灭的驳斥之上。驳倒了灵魂不灭，因果报应自然也随之被驳倒了。因此《神灭论》一出，朝野震动，萧子良召集僧侣与他辩论，许多信奉佛教的士人也发表文章攻击范缜，这些都没能使他屈服。萧子良又用中书郎的官位来拉拢范缜，但是范缜却大笑说，倘使我卖论取官，早已经当上令仆了，岂止是中书郎！面对众人的围攻和权贵的威胁利诱，范缜始终坚持了他自己的思想。公元 494 年到 497 年（齐明帝建武中），范缜出任宜都太守，所辖的夷陵（今湖北宜昌）地区有许多神庙，他都下令禁毁，不许奉祀。

第二次论战发生在公元 507 年（梁天监六年）。这一年范缜被调回京师任中书郎，表示并不放弃神灭论的主张，梁武帝萧衍亲自发动了这次论战，朝廷显贵、群臣、僧侣都一起参加了这次辩论，规模很大。萧衍撰写了《敕答臣下神灭论》，企图用皇帝的权威迫使范缜放弃神灭论。范缜不但没有退缩，反而对自己的理论作了更精辟的修订，成为现在流传的《神灭论》。萧衍见状便授意大僧正法云和曹思文将自己的敕旨大量传抄给王公朝贵，号召了王公贵族和佛教信徒共计六十四人围攻范缜，企图从声势上压倒范缜。其中东宫舍人曹思文最为积极。曹思文先后作了《难神灭论》《重难神灭论》对范缜进行攻击，他还以儒家经典中的郊祀配天制度来证明神之不灭，从而给范缜加上“欺天罔帝”“伤化败俗”的罪名。范缜并不畏惧，写了《答曹舍人》据理反驳，不光坚持了自己对形神关系的见解，还进一步揭穿了配天配地的神道设教不过是统治阶级用来统治人民的工具。最后，曹思文不得不承认自己“情识愚浅，无以折其锋锐”。梁武帝也无可奈何，只好给范缜扣上“背经”“灭圣”的帽子，然后提出停止言语上的辩论，第二次大辩论就这样以有神论者的失败而告终了。

《神灭论》是一种问答体式，有宾有主，一问一答。全文分五段，凡 31 条，1900 余字，分为五个部分：

第一，认为精神不能脱离形体而独自存在，提出了“形神相即”的中心论点。这种观点肯定了人的精神和形体彼此统一，不得分离。形体是精神赖以存在的基础，没有形体也就没有精神。精神和形体不是并列、平行的关系，而是“形存则神存，形谢则神灭”，形体是第一性，精神是第二性的。这个论点论证了神随形灭，佛教宣扬的神不灭就不攻而破了。

第二，提出“形者神之质，神者形之用”。“质”是事物的本原，是一种实体；“用”是事物的功用，是依附于实体而存在的。实体可以表现功用，但并不依靠功用而存在；功用则只有通过实体才可以表现出来，它对实体具有依赖性。为了更生动地说明这个道理，范缜把形神关系比喻为刀刃和锋利的关系，刀刃是实体，锋利是作用。没有锋利就无所谓刀，没有刀也就无所谓锋利，没有离开刀刃而独立存在的锋利，也从来没有离开形体而独存的精神。这个比喻消除了形神二元论的色彩，克服了前人“薪火之喻”的缺陷。

第三，佛教信徒因为无法驳斥刀刃的比喻，就把木之质和人之质、活人之质和死人之质相混淆，说同质的东西没有有知和无知的差别，以此来证明死人也有知和灵魂不灭的观点。范缜则说“人之质有知，木之质无知”，将人之质和木之质，活人之质和死人之质区别开来，说明精神、意识是人的形体所独有的特性，并非所有的物质形体都具有，比如树木的形体就是无知觉的实体。活人和死人也不相同，只有活人才有知觉，才有精神活动。人死之后，身体就如同木头一样，是不会产生精神活动的。

第四，说明人的精神活动必须依赖一定的生理器官。他把人的精神活动分为能感受痛痒的知觉和能判断是非的思维。二者有所区别但又同是精神活动的组成部分，它们统一于完整的精神活动，都不能离开人的形体而独立存在。知觉和思维之所以有差别则是因为它们产生于不同的器官，比如手等是知觉的器官，它有痛痒的知觉，但是没有判断是非的思维。只有心才是判断是非的器官，而身体的其他器官也都有各自的功用，驳斥了佛教徒将知、虑绝对分离的观点。那时候的范缜当然还不懂得思维的器官是脑而不是心脏。文章还指出，各人的精神产生于各自的器官，从根本上驳斥了佛教的灵魂转世之说。但范缜又认为“圣人”和“凡人”有所不同，圣人不仅在道德上超过众人，形体上也与众不同。这种说法难免陷入错误的物质结构机械论，是不可取的。

第五，解释儒家经典中有关鬼神的记载问题。他认为儒家经典中有关鬼神的说法只是“圣人”为教诲人民而假设的。另一方面，他又承认鬼的存在，认为鬼是一种与人不同的生物，不过他仍坚持人死神灭的观点，不承认鬼是人死了之后所变的。最后还指斥佛教“浮图害政，桑门蠹俗”，全面揭露了佛教信仰造成的社会危害。

从中国古代对形神关系的认识发展过程来看，范缜的《神灭论》克服了先秦直至两汉时期无神论思想在形神关系探讨方面实际存在的二元论倾向，第一次将“质用”的概念引进了对形神关系的探讨，自觉地运用了辩证思想，因此尽管他的理论存在一定的局限性，但是他在无神论发展史上的成就依然是卓越的。

（祁俊）

# 35. 龙门石窟的修建

龙门石窟，位于中国中部河南省洛阳市南郊 12.5 公里处，这里香山与龙门山东西隔岸对峙，伊水于中北流，远望犹如一座天然门阙，古称“伊阙”，风光秀美。隋朝建都洛阳后，因宫城门面对“伊阙”而始称“龙门”。唐诗人白居易曾说过：“洛阳四郊山水之胜，龙门首焉。”伊水两岸的山崖都属于古生代寒武纪和奥陶纪的石灰岩层，其石质坚硬、结构致密，不易风化和大面积脱裂，是雕造塑像的良好材料。著名的龙门石窟的佛龛、石像就沿伊水两岸分布在长达 1 公里的两山崖壁上。不过因龙门东山的岩层比西山的薄，不便雕凿大型造像，所以窟群大部分集中在伊水西岸。它同甘肃敦煌莫高窟、山西大同云冈石窟并称为中国三大石窟，1961 年国务院公布为全国重点文物保护单位。2000 年冬，龙门石窟被联合国教科文组织列为“世界文化遗产”。

大约在西晋时，伊阙已经建有山寺。但龙门石窟的开凿，始于 493 年(北魏孝文帝太和十七年)，北魏由平城(今山西大同)迁都洛阳前后，迄今已有 1500 余年的历史。也有人说即百官为孝文帝所作。此后历经东魏、西魏、北齐、隋、唐、宋、元、明、清诸朝，雕凿不绝。其中北魏和隋唐这两个时期是造像建窟的繁荣期，北魏大约有 40 余年，隋唐大约有 110 年的持续的大规模营建。所以龙门造像，北魏的约占 30%左右，隋唐的占 60%以上。武则天执政时期开凿的石窟又占唐代石窟的多数，这与她长期住在洛阳，同时又特别推崇佛教有关(以与唐皇室推崇道教相对立)。唐以后开始衰落，五代、北宋、明朝，亦有雕造，但数量和质量都大大下降了，仅有一些小型造像龛。

据统计，东西两山现存窟龛一共 2345 个，碑刻题记 2800 余块，佛塔 40 余座，造像 10 万余尊。其中北魏石窟占 30%，唐代约占 60%，其他时代窟龛约占 10%。在佛像当中，最大的佛像高达 17.14 米，最小的仅有 2 厘米。在 2800 余品碑刻题记当中，有纪年者 720 品，为研究龙门的年代提供了宝贵的第一手资料。

北魏时期有代表性的大型洞窟，主要有古阳洞、宾阳中洞、莲花洞、火烧洞、魏字洞、石窟寺及普泰洞、路洞等。

古阳洞是龙门石窟中开凿最早、内容最丰富的一个窟，《洛阳伽蓝记》中称之为“石窟寺”。全洞平面呈马蹄形，顶似穹隆，进深约 13.50 米，高约 11.10 米，宽 6.90 米。洞四壁布满佛龛和造像，大多数佛龛刻有“造像铭”，记录了修造者的姓名、修造的年月和修造的缘由，是龙门保存造像铭最多的一个窟。从这些铭记也可以知道发愿造像者大多是北魏的贵族。所以此洞也是北魏皇室贵族发愿造像最集中的一窟。洞中造像体现出受印度造像艺术影响的犍陀罗佛教美术风格，佛龛也都雕造精致，龛额装饰的图案花纹丰富多彩。

古阳洞丰富的造像题记，是研究北魏书法艺术的最珍贵资料。作为魏碑书法代表作的著名的《龙门二十品》中，有十九品在古阳洞内。所谓“龙门二十品”是指选自龙门石窟中北魏时期的二十方造像题记，其中十九品在古阳洞，一品在慈香窟。这个称号始自清代赵之谦等人的倡导。魏碑字形端正大方、刚健质朴，是隶书向楷书过渡中一种独特字体，在中国书法艺术发展史上具有崇高的地位，为历代书法家所称道。康有为就曾说："龙门魏碑，无不佳者。"

宾阳中洞也是龙门魏窟中比较有代表性的石窟。在北魏时称灵岩寺，明清以后才改称宾阳洞，传说是根据道教八仙之一吕洞宾之字(洞宾)和号(纯阳)的末两字相加而命名的。此洞从北魏宣武帝景明元年开始雕凿，到正光四年，即公元523年因朝廷内乱而停止，历时达24年之久，是开凿时间最长的一个洞窟。用工超过80万个，仍未完工。原计划有三个洞，只完成了一个中洞，而南北两洞则由以后的隋唐两朝完成的。

宾阳中洞洞高9.8米，进深和宽均为11.10米，洞内主像是三世佛。这在龙门石窟仅此一例。正面是示现说法印的释迦牟尼佛像。释迦左右侍立着二弟子(迦叶和阿难)、二菩萨(文殊和普贤)。这种"五尊式"造像有别于以往一般常见的一佛二菩萨的三尊式，而两弟子迦叶居左、阿难居右侍立佛的两旁亦自此成定式，沿用至今，反映了佛教造像艺术的演化。南北两壁还各有造像一铸，都是一佛、二菩萨，一共有十一圆雕大像，都神情端祥，气势恢宏，工艺精美。在宾阳洞诸像的后座上，还雕饰着众菩萨、弟子闻法浮雕像。窟顶装饰了莲花宝盖，莲花周围环绕着凌空回翔的飞天图像，皆面向正壁主尊释迦牟尼佛，或演奏乐器，或以手托果盘作供养状。据说洞口两壁上原本还有一幅精美的浮雕"帝后礼佛图"，可惜后被盗凿，现置于美国纽约博物馆。洞口另有唐宰相书法家褚遂良所书碑铭，也弥足珍贵。

莲花洞是在宾阳洞之后开凿的又一大型北魏石窟，因它有飞天环绕的大型莲花藻井图案而得名(许多洞都有莲花窟顶，但这么大的很少见)，开凿于北魏孝昌年间即公元526—528年前后，属于北魏后期作品。洞宽6.15米，深9.60米，高6.10米。窟正面中央为5.30米高的立佛，旁有二菩萨立像，高4.2米，佛与菩萨间有迦叶、阿难二弟子浮雕像。迦叶右手执锡杖，这是龙门石窟造像中所独有的。南北两壁上方各有小千佛浮雕，每个高度仅有2厘米左右，这就是龙门石窟中雕刻最小的佛像。

魏窟中的经典作品，还有一个药方洞，洞壁刻有治疗40种疾病的140个药方，制剂有丸、散、膏、汤等，分属内、外、妇、儿、五官、神经等科。此洞是北魏晚期创建，经东魏和北齐，直至唐初历代都有添加。这些药方是我国现存最早的石刻药方，体现了我国古代医学的高度成就，是我国医学宝库中的瑰宝。

龙门魏窟中的造像，以释迦牟尼佛(手做禅定印或说法印)、三世佛和交脚弥勒菩萨为主，亦有无量寿佛、定光佛、观世音菩萨的造像。另还有佛本生故事、佛本行故事、文殊与维摩诘对座说法、释迦和多宝佛并座、护法的十神王、狮子、力士、夜叉、飞天等。这些造像集中体现了北魏"秀骨清相"的造像风格。这种风格技法呈现由云冈石窟的直平刀法向圆刀刀法过渡的趋向，佛像都身材修长，面形清瘦，褒衣博带，潇洒飘逸，优雅端严，风靡一时。麦积山石窟、敦煌石窟的造像都受到了这种风格的影响。所以古人"河洛明月，更照三危(敦煌)"。

龙门石窟中没有隋代的大型石窟，只有若干隋代小龛，但龙门现存国内最为丰富的唐代造像及其碑记。唐代造像在龙门造像中规模最大，延续时间也最长，达110多年，不仅记录了唐代佛教造像艺术发展，而且记录了唐代佛教宗派的发展史，可以反映唐代净土宗、华严宗、密宗、三阶教以及禅宗等宗派的信仰情况，是研究唐代佛教史的宝贵的资料。

唐代的主要洞窟有奉先寺、宾阳南洞、宾阳北洞、潜溪寺、敬善寺、万佛洞、双窑、惠简洞、擂鼓台三洞、高平郡王洞、看经寺、唐字洞、极南洞、净土堂和麻崖三佛龛等。

奉先寺是龙门最大的石窟。据有关资料和专家推测，其约始建于公元655年(永徽六年)之后，完工于公元675年(上元二年)底，费时约20年。据说武则天自己曾出钱二万贯。此窟依崖临壁凿就，南北宽约36米，东西深40.70米。窟内主尊是卢舍那佛(三身佛中的“报身佛”)，是龙门最大的一尊佛像，高17.14米，仅头部就高4米，耳朵高1.9米。两侧还侍立有二弟子、二菩萨、二天王、二力士。卢舍那佛左侧有《大卢舍那像龛记》，记载：“大唐高宗天皇大帝之所建也，佛身通光，高85尺，二菩萨高70尺，伽叶、阿难、金刚神王各高50尺(唐尺)。”洞中诸像不再是北魏的“秀骨清相”，而是面形丰肥，形态圆满，气势宏伟又慈爱安详，体现了唐代佛像艺术特点。奉先寺代表了唐代美术高度发达的艺术水平。近年有的人认为该像是“武则天的模拟像”，但此说还有待确证。

万佛洞在宾阳洞南边，顶上的莲花藻井周围刻有题记说：“大唐永隆元年十一月三十日成，大监姚神表，内道场云禅师，一万五千尊佛龛。”洞口过道北侧上则有“沙门智运，奉天皇太后太子诸王敬造一万五千尊像一龛”的题记。外龛南北两壁上确实刻有15000个小佛，很多佛像仅一寸，或几厘米高，万佛洞也因而得名。洞中主尊是阿弥陀佛。南北两壁雕有乐伎和舞伎，或吹笙、或击铜钹、或弹琵琶、或弹筝、或击腰鼓、或弹箜篌，姿态优美。沿口南壁上还有一座观音菩萨像。

宾阳洞的南洞北洞也是唐窟。唐太宗第四子——魏王李泰，为其亡母长孙皇后，在宾阳南洞的正壁开凿了一尊佛像，完成于公元641年(唐贞观十五年)。在窟门外侧有著名的《伊阙佛龛记》碑，由唐太宗时中书侍郎岑文本撰文，大书法家褚遂良书丹，为目前国内所见褚遂良楷书之最大者，清秀端庄，瘦劲有力，是唐楷书法艺术难得的珍品。此洞有曾受命5次出使印度的王玄策在公元665年留下的造像记，是中外交流的重要史料。

特别要提到的是，在龙门西山还有一个唐代的“新罗像龛”，这是我国唐代与朝鲜文化交流的重要见证。

龙门石窟规模宏大，气势磅礴，造像精美，题材丰富，记录着大量的宗教、美术、书法、音乐、服饰、医药、建筑和中外交通等方面的史料，因此被誉为世界最伟大的古典艺术宝库之一，是一座大型石刻博物馆。龙门石窟在远承印度石窟艺术的同时，也融合中华民族的文化和审美因素，创造了新的民族化风格，成为中国石窟艺术变革的里程碑。

(卢文芸)

# 36. 郦道元作《水经注》

郦道元(？—527年)，字善长，范阳涿郡(今河北涿州)人。北魏时期著名的地理学家。生年有469年(皇兴三年)、472年(延兴二年)两说，但都缺乏可靠依据。他出生于官宦之家，沿袭父亲的爵位为永宁伯。公元494年(北魏太和十八年)出任尚书郎，以后还担任过治书侍御史、辅国将军、东荆州刺史、御史中尉等职。他为官执法严猛，因此为人忌恨。527年，雍州刺史萧宝夤反形已露，忌恨郦道元的朝廷权贵元悦和侍中元徽合谋，劝朝廷委派郦道元为关右大使前去安抚萧宝夤。萧宝夤害怕郦道元的到来对自己不利，在郦道元的赴任途中的将其杀害。

郦道元一生勤于读书和著述，主要著作有《水经注》四十卷，《本志》十三篇，另有《七聘》和其他文章。可惜除了《水经注》，其他作品都已经亡佚了。

《水经注》是郦道元为《水经》作的注文。《水经》一书的作者不明，旧传是三国时期的桑钦所著，清代许多学者都怀疑是三国时期无名氏所做。《水经》全书一万多字，记载水道137条。《水经注》共四十卷，注文共约30万字，是原《水经》的30多倍；记载水道1000多条，是《水经》的9倍。《水经注》牵涉范围广泛，从地域上来说，主要以西汉时期的疆域作为对象，但也涉及当时的区域外地区，包括今天的印度、中南半岛和朝鲜半岛的若干地区；从时间上来说，上起先秦，下至郦道元生活的南北朝时期，上下2000多年。

《水经注》首先是一部地理学著作，河流是它关注的主要对象。《水经注》中记载的河流有1000多条，大多记载了它们的发源、流程和归宿，在叙述过程中紧扣河流的自然地理特点，每条河流都各有特色，避免了千篇一律。郦道元非常注重对河流发源地的考察和研究，对各种河流从发源地开始的整个流程中沿途的河床宽度、滩濑、瀑布、急流等情况，大部分都有详尽的描述。《水经注》对河流流域内的峡谷也有记载，这也是河川地理非常重要的研究对象。郦道元不仅记载了重要的峡谷，如黄河的孟门峡、龙门峡、三门峡等，洛水的伊阙峡，长江的三峡，珠江的高要峡，湘江的空泠峡等，就连一些不出名的小峡谷，也作了记载，全书记载的峡谷有近三百处。《水经注》提供了很多关于滩濑的资料，这对于研究河床变化具有重要意义。《水经注》在瀑布方面的介绍尤为详细，因为瀑布不仅是研究河床岩石结构和岩性变化的重要依据，还是河流溯源侵蚀的显著标志。全书共记载瀑布六十多处，地理位置准确，一些瀑布的高度都有记载。利用这些资料和今天的资料相对照，就可以精确地计算出河流溯源侵蚀的速度。除了对上述峡谷、滩濑、瀑布的记载以外，《水经注》中对于河流流域内的沿海平原的地理情况也有比较仔细的描写。

在河流水文方面，比如河流的含沙量、水位、流速、冰期等重要的水文因素，《水经注》都有记载。最著名的是关于黄河河水含沙量的记载，《卷一》提到，黄河水浊，一石水含有六斗泥。对于河流的水位，《水经注》记载了不少河流的枯水位、正常水位和洪水位。在河流以外，《水经注》中记载的湖泊数量有500多处，有大量的淡水湖，如洞庭湖、彭蠡(今鄱阳湖)、太湖等，还有许多咸水湖，如蒲昌海(今罗布泊)、居延海等。对湖泊的地貌和水文方面的情况都提供了大量的资料，甚至还描述了一些湖泊的沼泽化过程。比如《诗经》中有记载的圃田泽，原本是一个中原大湖，但是到了北魏时期已经分化成24个小湖，中间是沼泽化的产物——沙岗。湖泊的这种从大到小，逐渐分散的过程具体说明了莆田泽的湮灭过程，为后世提供了重要的研究资料。《水经注》中不光记载了河流、湖泊等地表水，还记载了许多关于地下水的资料，主要是井水和泉水。全书共记载了泉水200多处，其中温泉有38处。对分布于各地的井还记载了它们的深度，为我们了解古代各地的地下水位提供了研究资料。

在自然地理方面，《水经注》记载了大量的植物地理和动物地理方面的情况，为后人研究我国古代各地动植物的分布和变迁提供了宝贵资料。书中记载的植物品种有140多种，它们分布的地理位置情况也都记载得很详细，其中包括在我国广泛分布的温带和亚热带森林，也涉及西北干燥地区的草原和荒漠植被。《水经注》中记载的大量古代动物如今在地理分布上已经有很大变化，有些动物甚至已经在我们国家绝迹了，这些变化都为我们现在研究动物地理和古今动物地理变迁提供了宝贵的资料。

对于经济地理学最重要的三个分支：农业地理、工业地理和交通运输地理，《水经注》都有翔实的记载。关于农业地理，《水经注》中详尽细致地记载了大量的农田水利工程，著名的有郑国渠、都安大堰(即都江堰)、白起渠等，这些记载为今天研究农业地理提供了研究资料。除农田水利之外，注中还记载了各地的耕作制度，包括耕作、作物品种和收获季节等。关于工业地理，在郦道元的时代还处于比较落后的手工业时期，分布少，规模小。不过郦道元对于这方面的记载内容依然相当完整，仅从部门来说，包括采矿、冶金、机器、纺织、造纸、食品等各个门类，已相当完备。由于当时矿物在工业中已占据相当的地位，郦道元在注中记载了许多的有关矿物的资料：能源矿物如煤炭、石油、天然气；金属矿物如金、银、铜、铁、锡、汞；非金属矿物如雄黄、硫黄、盐、石墨、云母、石英、玉、石材等，对于它们在地理上的分布和用途也都各有介绍。在对所有的手工业部门的记述中，有关制盐工业的记载最多。因为在古代社会，盐是关系国计民生的第一等大事。《水经注》中记载的盐矿、盐场有20多处，其中包括海盐、池盐、井盐和岩盐。郦道元记载了各地盐池的自然地理概况，制盐的过程，营销的范围，还将其与《汉书》和《说文解字》中关于汉代盐池的相关记载相比较。关于交通运输地理，首先当然是水运。全书记载的河渠水道，绝大部分和航运相关联。除了介绍天然河流的航运价值，对于前面提到的峡谷、滩濑等，郦道元也经常对它们进行航运价值的判断。另外书中还记载了许多运河的情况，比如古代黄淮之间的运河等。在水路的记载之外，郦道元同时记载了陆地的交通运输情况，其中有国际间的交通要道如葱岭、天竺道，也有国内著名的陆路如函谷关道、通关势等。《水经注》中还记载了水陆交通的联结点——桥梁和津渡，有近两百处之多。其中桥梁有石拱桥、木桥、木石混合桥、索桥、浮桥等，里面不乏一些大桥，如秦渭桥、旅人桥等。记载的津渡中著名的有官渡、逍遥津等。

在人文地理方面，《水经注》也有丰富的资料。书中记载了大小城市共2800多座，古都180多座。这些记载中包括地理位置、人口规模、历史沿革、名胜古迹、历史故事、神话传说、风俗习惯等，为现在研究古代的城市发展情况提供了宝贵的资料。此外《水经注》还记载了许多有关少数民族的资料，包括他们的分布和活动情况，有的还记载了他们的语言和风俗习惯，还有他们与汉族的互动情况等也都有记载。

除去地理学方面的贡献外，《水经注》对地名学、文学、历史学、金石学等其他许多学科也有其独特的价值。地名学方面，《水经注》中保留了大量的古地名，注中对于地名的解释不仅数量大，有2400处之多，而且内容十分丰富。文学方面，《水经注》中形象生动地描绘了古代中国各地美丽的山川景物、自然风光，美丽清新，是魏晋南北朝时期山水散文中的佳作。书中所记载的山水数以千计，郦道元都能抓住其特点，写得姿态各异，不落俗套。此外，郦道元还搜罗了许多的故事穿插在他的行文中，同时使用了许多文学手法来提高描写事物的生动性，使得注文也有声有色，极具可读性和感染力。历史学方面，由于郦道元的博采广收和深入考证，《水经注》中的一些记载修补了正史的一些不足之处，具有极高的史料价值。金石学方面，《水经注》中记载了各种金石碑帖达357种，内容包括河川、水利、山岳、城邑、建筑、交通、历史、人物、祠庙、陵墓等，甚至可以称得上一部从上古直到北魏的金石录。我国后来的有关金石方面的著作如北宋欧阳修的《集古录》和南宋赵明诚的《金石录》，在时间上要比《水经注》晚五百年以上，郦道元所记载的许多金石碑刻在那时早已损坏，就连拓本也流传很少，因此在后来的这些金石著作中大多已经不存在了。

《水经注》是郦道元给后世留下的宝贵财富，不过这并不意味着《水经注》就毫无瑕疵。这部书写于1400多年以前，而且涉及范围广，引用资料多，因此难免会存在一些错误。特别是由于当时南北分裂，一些南方的河流郦道元未能亲自考察，只是依靠他人的文献资料，因而出现了一些错误。另外，郦道元在资料的选择和引用方面，存在奢奇引博的倾向。郦道元《水经注》是我国第一部以记载河道水系为主的综合性地理著作。明清以来，不少学者从各方面对它进行了深入细致的研究，形成了一门历史地理的专门之学——“郦学”。

（祁俊）

# 37. 昭明太子编《文选》

萧统(501—531年)，字德施。南朝梁武帝萧衍长子，公元502年(梁武帝天监元年)被立为皇太子，未及即位就死去了。谥号昭明，后人习称昭明太子，他编纂的《文选》也被称为《昭明文选》。萧统自幼就很聪慧，9岁时就可以讲通《孝经》的大义，15岁时就举行了标志着成人的冠礼。南朝时候的上层统治者大多喜欢文学，并以此作为门第身份的一种象征，萧统也不例外。他所在的太子东宫就聚集了很多名人文士，以至于"文学之盛，晋宋以来未之有也"。《文选》一书，就是在他的主持下，由他及他周围的文人共同编纂完成的。

由魏、晋到齐、梁，是中国文学史上各种文学形态发展并逐步趋于成熟定型的时期，作家和作品的数量都远远超过前代，同时发展的还有文艺理论中对文学概念的认识和对文学体制的辨析。文学逐渐取得正式独立的地位，文学作品数量众多，形态多样，对它们进行鉴赏品评优劣，去粗取精就成为一种必要。据《隋书·经籍志》记载，从晋代到陈、隋，共有总集二百四十九部，五千二百二十四卷。《文选》的编纂，应该说是适应了这种文学发展形势的需要。

《文选》三十卷，是中国现存最早的一部诗文总集。上起周秦，下讫齐梁，共收录了130多位作家的700多篇作品，分作38类。具体的编纂时间，始于何时，成于何时，史书上都没有明确地说明。书中所收的最晚的作家陆倕卒于526年(梁武帝普通七年)，而萧统卒于531年(梁武帝中大通三年)，因此《文选》的编成当在普通七年之后的几年内。萧统在《文选序》中说，自周秦以来近千年的历史，文章诗赋，汗牛充栋，不便于阅读，需要取其精华，弃其糟粕，将文章的精华汇集于一书。此外，萧统编辑《文选》还有一个目的，那就是留名青史，以传不朽。虽然他出身帝王贵胄之家，但是对于这一点仍然十分看重。这也是南朝时帝王贵族的一大爱好，其父梁武帝就有很多著述，还编辑了《历代赋》等文章总集。在萧统短暂的人生中，除了做太子所应该做的政事之外，文学活动占据了十分重要的地位，以至于在他周围形成了一个文学中心，领导了天监、普通年间的文学批评和创作的潮流。萧统对于文学创作有自己独到的见解，这些见解除了在他的几篇书信和集序中有表述之外，更多地体现在他对《文选》的编纂过程中。

关于《文选》的选录标准，《文选序》说是"以文为本"，即主要以名家才子的名篇为主。萧统认为经、史、子和"文"是不同的，因此对于文以外几类的著作一般不选。不过他又说"赞论之综辑辞采，序述之错比文华，事出于沈思，义归乎翰藻"，认为史传中的赞论序述部分也是可以收录的。这个标准体现了编纂者对文学艺术形式的看重，同时为文学划定了范畴，这是文学发展到一定阶段的必然结果，对文学的独立发展有着积极的作用。萧统自身的文学思想是存在矛盾的。六朝的绮靡文风对他有着不可忽视的影响，但是他对文学的思想内容和艺术形式的关系的看法却比较折中，认为内容必须典雅，但形式可以华丽，要求文章丽而不浮，典而不野，要"文质彬彬，有君子之致"。在他看来，文学艺术的发展就是"踵其事而增华，变其本而加厉”。同时，他非常推崇陶渊明的“文章不群，词采精拔，跌宕昭彰，独超众群。抑扬爽朗，莫之与京”，因此《文选》选录的作品，虽然重视形式但并没有忽视内容，收录的陶渊明的八首诗、《古诗十九首》以及鲍照的一些作品就是明证。对于质木无文的玄言诗和艳丽空虚的艳体诗以及咏物诗，则摒弃不取。

关于《文选》的编排分类标准，《文选序》说：“凡次文之体，各以汇聚。诗赋体既不一，又以类分。类分之中，各以时代相次。”从《文选》的实际情况来看，大致可分为赋、诗、杂文三类，又分为赋、诗、骚、七、诏、册、令、教、策文、表等三十八小类，其中诗和赋占的比重最大。对于诗和赋，又按照内容分别分为补亡、述德、劝励等二十三门和京都、郊祀、耕籍等十五门。这一分类体现了萧统对文体分类理论认识，反映了当时的文体辨析已经进入了非常细致的阶段。不过后世也有一些学者如章学诚、俞樾等人，批评这种分法过于细碎。

《文选》以赋为首，共收录作品 52 篇。自汉魏以来的目录学分类都是这种以赋为首的体例，并非萧统自创，比如《汉书·艺文志》和《隋书·经籍志》中都是以赋列在诗前的。五十二篇赋大多是传世名篇，收录最多的是两汉和西晋时期的赋，其中西晋时期又以潘岳的作品居多，比宋玉、张衡的多出一倍，显示出编者对潘岳赋的重视和肯定。对于作家，《文选》往往根据不同的文体和题材来给予不同的评价。比如曹植，现代普遍认为他是建安时期最优秀的代表人物，但《文选》对曹植赋的评价并不高，仅选了一首《洛神赋》，还将其放置在最末类的“情”中。《文选》的这种批评观贯穿始终，这对于今天的文学史也有一定的启发意义。

《文选》诗类共收录 155 位诗人的 439 首作品。根据作品入选数量、作家所占题材类别和作家在每一类别中的地位来看，位于前列的诗人分别是陆机、谢灵运、曹植、颜延之、鲍照、潘岳、左思、谢朓、王粲、沈约和陶渊明。这个评价和当时的批评家刘勰、钟嵘基本一致。排在前三名的陆机、谢灵运、曹植被钟嵘分别称之为“太康之英”“元嘉之雄”和“建安之杰”。

《文选》杂文类共收录 35 种文体，76 位作者的 161 篇文章。35 种文体基本上采用由上及下、由生及死的顺序。如诏、策、令、教、文，是朝廷文书，反映了由上及下的关系；表、上书、启、弹事、笺、奏记等，则是臣下奏上之文；从书、移、檄、难至箴、铭，是社会生活中各种应酬文体，是生者交流的文体；最后几种文体诔、哀、碑文、墓志、形状、吊文、祭文等，则是专门用于死者的，这是由生及死。在文章收录方面，尤其体现出了编者对于当代作家作品的重视。《文选》选录了齐代四位作家七篇作品、梁代七位作家 29 篇作品，占了 1/4 的比重，而梁代 29 篇作品中任昉一人就占了 17 篇。任昉是齐梁时期最大的散文作家，在当时文坛上有“沈诗任笔”的说法。任昉著有辨析文体的《文章始》一文，其中对文体起源的看法对萧统编辑《文选》也有一定影响。

当然，《文选》的编辑也存在一定缺陷。比如书中收录了一些伪作，如李陵《答苏武书》和苏、李的赠答诗，在南朝宋时颜延之就已经怀疑其伪，刘知幾、苏轼等人也断定其为伪作；孔安国《尚书序》，同样也是晋人的伪作。同时书中也有一些误标序文和误标题目的错误，还有割裂前人文字、篇章次序安排不恰当的问题等。尽管如此，与同类其他诗文总集相比较，《文选》的总体价值还是应当充分肯定的，它在中国文学史上也产生了深远的影响。唐代以诗赋取士，《文选》成为士子们学习诗赋的最适用的读本，甚至与经传并列。宋初承唐制，也采用诗赋取士，《文选》仍然是读书人的必读书目，当时还流传着“文选烂，秀才半”的谚语，直到王安石以新经学取士以后这一情况才有所变化。此外，《文选》的体例也对后代总集的编纂产生了重大影响。后人多把《文选》作为选本的典范来参照，甚至唐以后的类书也有参照《文选》体例的。如唐初所编《艺文类聚》在总集的编纂部分只取法两部集子，其中一部就是《文选》。北宋初期的《文苑英华》的体例也是基本上取法《文选》，又因为《文选》的选录时间下讫于梁，所以《文苑英华》就从梁末开始选录，有续《文选》之含义。

自隋唐以来，有许多文人学者对《文选》从各个角度进行研究，涌现了数目可观的研究专著。从唐初开始，就有了“文选学”这一专门的学问。最早的《文选》研究者是隋朝的萧该，著有《文选音义》，可惜已经亡佚。现存最早、影响最大的“文选学”的著作是唐代高宗时李善的《文选注》，李善注本征引广富，考证详核，一直为后世所推崇。清代朴学兴盛，学者们对《文选》从校勘、音韵、训诂、考订等各个方面，都作了详尽细致的研究，取得了丰富的成果，较为重要的有汪师韩的《文选理学权舆》八卷、孙志祖《文选理学权舆补》一卷等。

（祁俊）

# 四・隋唐五代时期

# 1. 大运河的开凿

中国是一个富饶辽阔的国家，在这块古老的土地上有很多大江大河。受西高东低的基本地势影响，我国的河流大多从西往东横向流动，东西联系十分便利，而南北沟通则十分困难。局限于这种自然条件，在现代陆路交通运输工具还没有出现的情况下，我国古人产生了开辟一条纵贯南北的水路运河的想法，希望通过对环境的改造来进行纵向经济文化交流。此外，从战略意义上来说，古代历史上战事频繁，为了巩固和发展政权，保证军事行动的需要，当政者通过开凿运河来运送物资，无疑就可以在军事行动中占据主导地位。

作为世界上最早利用运河的国家之一，我国在西周时期就能够利用自然水源，修筑人工运渠，灌溉农田和运输物资。自春秋以后，人工运河逐渐发达起来，在南北运输中占有重要地位。在这些人工运河中，历时上千年修建的、纵贯南北的京杭大运河无疑是中国古代劳动人民的杰作。作为世界上最古老最长的大运河，它将钱塘江、长江、淮河、黄河和海河五大水系联系起来，形成了遍及全国的水运网。大运河的开凿，经历了一个由短到长，由局部到整体，不断完善、不断扩大的过程。主要经历了三个时期：

第一个时期是春秋。春秋战国时期开凿了很多运河，如魏在黄河以南的荥阳(今河南郑州西北)，楚在汉水和云梦湖地区，吴在太湖平原，齐在山东淄、济等地，都开有运河。其中最著名的是吴王夫差修建的邗沟与荷水。

春秋年间，吴国为了北上进攻齐国，征调大批民夫修筑运河，以运送军队与军粮。据《左传》载，公元前486年(鲁哀公九年)，“秋，吴城邗，沟通江淮”。吴在邗地(今江苏扬州东南)筑城，南引长江水，经射阳湖，于今江苏淮安县北入淮河。这条运河是我国历史上第一条有确切开凿年代记载的运河，长约150公里，沟通了长江与淮河两大水系，因流经邗城，故称为邗沟。邗沟是京杭大运河的起源，是大运河在江苏境内最早的一段河道。为称霸中原，两年后，吴王夫差又将邗沟向北修，连接沂水和济水，名为荷水。这样一来吴国的兵船就可从长江出发，由邗沟北上经泗水、荷水、济水，至黄河。菏水的开凿联系了济水和淮水，并使江、淮、河、济四渎都联系在一起，具有十分重要的意义。

两汉、魏晋南北朝时期，各朝又断断续续地修建了一些渠道，但规模较小。随着南北政治、经济和文化的发展，人民得到安定的社会条件从事生产，社会经济逐渐恢复，旧有的局部运河已不能满足时代的需要，修建沟通南北的大运河已经成为社会经济发展的迫切需求了。

第二个时期是隋朝。隋朝是一个承前启后的朝代，隋文帝杨坚和隋炀帝杨广在位共38年，都曾开凿运河。

隋文帝统一全国后，南北经济交流增多，社会经济逐渐发展，江南经济在全国经济生活中占有越来越重要的地位，尤其是会稽郡(今浙江绍兴一带)，成为江南最富庶的地区。同时，由于隋初定都长安，北方是全国的政治和军事中心，京城和边防军所需的粮食甚多，但是关中经济虽然也有较大发展，其粮食产量却并不能满足北方地区的需求，北方的相当一部分物资，特别是粮食，仍然需要依靠江淮地区供应。可是，要将大量的物资从江南运到长安，甚至北方边疆的军事重镇，仅仅通过陆路运输是不够的。陆路的马力和人力车运输费工费时，劳民伤财，只有水路运输，才是最切实可行的办法，而古代修筑的局部运河显然已不能满足统一王朝南北沟通的需求。同时，江南地区的农民起义和地主阶级叛乱仍不断爆发，对于隋朝的国家统一也构成了严重威胁，加强对江南地区人民的控制也成为开凿运河的重要原因。此外，当时最高统治者隋炀帝杨广也抱有开运河乘龙舟游江南的想法。总之，在结束了南北朝分裂局面之后，开通贯通南北的大运河，是隋朝政治、经济、军事各方面的需求，隋朝社会经济的发展也为运河的开凿提供了足够的物质条件。

隋朝开始修建的第一条重要运河是从长安东通黄河的广通渠，用来运输关东漕粮到长安，以补粮食不足。漕运是利用水道调运粮食的一种专业运输制度，但是到隋朝后由于战乱废弃或年久失修，长安周围的人工河道大多被泥沙湮没，漕运不畅，重新开凿渠道十分必要。公元584年(隋文帝开皇四年)，文帝命当时著名的水利工程技术专家宇文恺率水工在汉代漕渠的基础上重新疏浚河道，引渭水，自大兴城(今陕西西安)西北至潼关入黄河，全长300余里，名曰广通渠。广通渠沟通了长安至黄河的水运，使漕船可以不经渭水直达长安，渠道又深又宽，运输量大大超过旧渠，不仅能够满足关中运粮，还有很大富余。

关东的漕运虽然暂时缓解了关中粮食供应的紧张状况，但在荒年之际，粮米运输不畅，长安地区的粮食供应仍然极端困难，有些年份隋文帝甚至要率领大小官员就食外地。为了更好地解决关中地区粮食供应问题，公元605年(隋炀帝大业元年)，炀帝即位后，即营建东都洛阳(今河南洛阳)，将其作为陪都，以减少关中粮食压力，隋朝的政治中心也随之从长安东移洛阳。随后，围绕东都洛阳，为改善黄河、淮河、长江间的水上交通，以便南粮北运和加强对东南地区的控制，隋朝开凿了以洛阳为中心的四段运河，分别为通济渠、山阳渎、永济渠和江南河，北起涿郡，南到余杭，全长5000多里，形成了沟通南北的大运河。

公元605年(隋炀帝大业元年)，炀帝命令尚书右丞皇甫议，征发河南、淮北诸郡百余万人，利用古代汴河河道，开通济渠。通济渠分为东西两段，西段以洛阳西面为起点，然后引洛水及其支流谷水为水源，穿过洛阳城南，入黄河。东段西起荥阳西北黄河边上的板城渚口(今河南荥阳汜水镇东北)，引黄河水南流入汴河，再经现在的开封、杞县、睢县、宁陵、商丘、下邑、永城、宿县、灵壁、泗县等县，入淮河，然后经山阳渎至扬子江。通济渠两段全长近2000里，起自洛阳，至江都(今江苏扬州)止，施工时虽然也充分利用了旧有的渠道和自然河道，但主要依靠人工开凿，历时五个月完成，其规模之大、范围之广，都是前所未有的，是中外工程史上的奇迹。

通济渠在隋炀帝所开凿的运河中作用最为重要。它沟通了黄河、汴水和淮河三条河流，大大缩短了南北水运的线程。通济渠修通后，黄淮之间的漕运畅通无阻，转运便利，江淮的粮食及其他物资源源不断地输送到洛阳、长安等地，供统治者享受。广通渠的渠道有统一的宽度和深度，河渠的两旁种植了柳树，修筑了御道，沿途建离宫40多座，炀帝从洛阳就可登上龙舟，带着后妃、王公、百官，乘船南巡江都。

春秋时期吴王夫差曾修筑邗沟，但是到了隋朝，邗沟由于河道狭窄，年久失修，根本无法通行。公元587年(隋文帝开皇七年)，文帝出于军事上的需要，在旧有邗沟的基础上修建了山阳渎，自山阳(今江苏淮安)到扬子(今江苏扬州南)，全长300里，沟通了长江和淮河。公元605年(隋炀帝大业元年)，炀帝又征发了淮南民十余万开山阳渎，将文帝时所修的河道拓宽改直，连接淮河和长江两大水系，形成了南北大运河的中段。此后，船只从淮河出发，一路北上就可以直接入江。

公元608年(隋炀帝大业四年)，炀帝诏令征发河北诸郡男女民工百余万，修筑了自黄河以北直通涿郡(今北京)的永济渠。永济渠利用了天然河道和曹魏时期的旧渠，也可分为两段：南段引沁水，东流入卫河到天津；北段自天津折向西北，经白河达涿郡。南北两段都是当年完成，全长1900多里，渠道又深又宽，通航能力较大，可通龙舟。据载，公元611年(隋炀帝大业七年)，炀帝曾带着船队和人马，发兵征高丽，自江都乘龙舟沿运河北上，水陆兼程，最后抵达涿郡，全程4000多里，仅用了50多天。

公元610年(隋炀帝大业六年)冬，炀帝下令开凿江南运河。此前三国东吴时期江南人民曾开凿过一些小河，隋朝将之进一步拓宽，再从京口(今江苏镇江)引长江水，穿过这些小运河，至余杭(今浙江杭州)入钱塘江。江南运河纵贯太湖平原，沟通了长江和钱塘江两大水系，全长800余里，河宽十余丈，两岸筑有御道，栽种柳树，据《资治通鉴》记载："(江南河)可通龙舟，并置驿宫、草顿。(炀帝)欲东巡会稽。"沿运河还建立了许多粮仓，作为转运或贮粮之所。

至此，隋朝沟通全国南北、全长2700余里的大运河开凿成功。运河的主体——通济渠、山阳渎、永济渠和江南河等渠道不是同时开凿而成，可以看作各自独立的运输渠道，但又是可以互相连接的一条大运河。它们以洛阳为中心，贯穿了钱塘江、长江、淮河、黄河、海河五大水系，南通余杭、北通涿郡，形成一个四通八达的南北水运交通网，克服了中国主要通航河道都是东西方向流而无南北流的缺点，大大地缩短了南北的距离，加强了南北交流，是名副其实的南北大运河。运河水面宽30—70米，连同广通渠在内，全长约2700多公里，是世界上长度最长，河道最深、最宽，通航能力最大的运河，反映了当时我国高超的水利工程建设技术和劳动人民的智慧。运河修通后，隋炀帝带着后妃、宫女以及文武百官浩浩荡荡地从洛阳去扬州游玩，船队长达200里，人数达一二十万。据说当时炀帝乘坐的龙舟，高4.5丈，宽5丈，长20丈，分四层，可见若大运河没有相当的规模和通航能力是无法通行的。

开凿运河的艰巨工程耗费的劳动力极多，对劳动人民来说是一场巨大的灾难。隋炀帝对民力的役使是十分残酷的，仅在修筑运河主体工程的五年中，征发的民众就达两三百万，役死的百姓无数，甚至在开永济渠的时候，丁男已经不足，只能开征妇人。正如晚唐文人韩偓在《开河记》一文中所描写的，炀帝派遣了酷吏来主管修河，迫使天下15岁以上的丁男都要服役，共征发了360万人，并使老幼妇孺负责民工的饮食供应。此外还派出了五万名监工，执刑杖督促民工劳动，滥施酷刑。由于劳动负担很重，加上炀帝镇压人民抵抗运动，所以不到一年，360万民工死者竟达250万人，由此可见人民生活之悲惨。

隋朝政权在公元618年就覆灭了，大运河对这个短暂的王朝没有起到太大的作用，倒是对唐朝经济的发展起了重大的作用。因为唐朝也是建都长安，政治中心在关中，其漕运路线基本上与隋朝相同，所以没有必要再进行大规模的运河兴建。

唐代在安史之乱以后，藩镇割据，政府财政收入全仰仗江淮地区，所以，通济渠(汴河)就成了唐王朝的经济命脉。唐代诗人皮日休，写了一篇《汴河铭》的文章，概括了通济渠所起的重要作用。他说：大运河北通涿郡的渔商，南运江都的物资，"其为利也博哉"！每年，来自江淮之间的大批粮食，源源不断地用船只运到关中。

宋朝建都开封，这里地处平原，更加有利于发展水上运输。宋朝政府首先修复了唐朝末年以来淤积严重的汴河，又开凿了由开封通往山东地区的五丈河、通往西南和南方的蔡河(惠民河)和作为五丈河水源的金水河。这四条运河，合称"漕运四渠"。江南地区丰富的物产，以及达官贵人、皇亲国戚们奢侈生活所用的物品，源源不断运入了大宋王朝的京城汴梁。

隋唐大运河是一项影响深远的伟大工程，在历史上起了重要作用，主要是：

首先，它是我国南北航运的一条重要水路通道。当时通过运河水道，把东南部的粮食物品运到北方，比起陆路运输，运量大，运费低，更加便捷、安全。据记载，唐玄宗时，长安城有一个广运潭，可容各地的商船驶入。有一次，水陆转运使韦坚在潭上举办博览会，有三百多只大船，琳琅满目地陈列着来自江淮地区的各种物品，让人目不暇接。

其次，由于大运河的兴建，运河沿岸兴起了一批商业都市，如同璀璨的明珠，镶嵌在运河岸边，成为经济中心，对商品经济的发展和社会进步，起到了积极的促进作用。著名的古城扬州，从唐代开始，走向繁荣，成为运河上的一座重要的城市。它兼有大运河漕运和发达的陆上交通的便利，“有泽渔山伐之饶，俗具五方，地绵千里”，具有很大的吸引力，所以有“故人西辞黄鹤楼，烟花三月下扬州”的说法。杭州是大运河南方的起点，它也是从唐朝开始走向繁荣的。中唐以后，杭州成为“东南名郡”，号称“天堂”，所以南宋时把都城建在杭州，绝非偶然。

再次，大运河在中国对外的经济文化交流方面，起了积极的促进作用。例如，唐代朝鲜半岛上的新罗，与唐朝政府间的来往，都是从登州入境，通过运河再到扬州。当时由于与新罗之间往来频繁，所以运河沿线设立不少“新罗馆”，负责接待。唐朝与日本的交流更多，从日本来的大量留学人员、学者、商人、僧人，都是走运河到达都城长安。高僧鉴真，也是从扬州乘船出港，东渡日本。此外，来自西亚、阿拉伯的商人，也是乘船进入运河后，再分别往北、往南，进行贸易。

对运河作大规模修整的第三个时期是元朝。

唐宋以来，我国的经济重心逐渐南移。元朝统一全国后，江南地区已经成为全国经济发达区，南北之间经济交流进一步扩大，都城大都(今北京)虽然是全国的政治中心，但在衣食方面却仍要仰仗于江南的供给，“去江南极远，而百司庶府之繁，卫士编民之众，无不仰给于江南”，南粮北运仍是元朝政府需要考虑的首要问题。然而，当时的南北运河基本上还是隋炀帝时期所凿通的运河，虽然贯通南北，但由于是以隋东都洛阳为中心向南北伸展的，所以在海河和淮河中间的一段拐了一个弯，极其不便，耗费民力，已无法满足新形势的需要。为了避免绕道洛阳，裁曲取直，元朝政府一方面开辟海运航线，另一方面则计划在恢复隋朝南北大运河的基础上，修通一条从江浙一带直通大都的运输线。于是，元朝先后开凿了山东境内的济州河与会通河、大都境内的通惠河，使杭州到大都之间的运输线得以全线贯通。下面具体介绍一下元朝开凿运河的几项重大工程：

首先是开凿山东境内的济州河和会通河。从元朝都城大都到东南产粮区，大部分地方都有水道可通，只有山东境内的临清和济州之间没有便捷的水道相通，因此，南北水道贯通的关键就是在这两地之间修建新的人工河道。最先开凿的是连接江南运河与大清河济州河。济州河于公元1282年(元世祖至元十九年)十二月正式动工，次年八月完成，北引汶水、东引泗水以为水源，南起济州(今山东济宁)，北到须城(今山东东平)的安山入大清河，全长150里。济州河将江南运河与大清河连接在一起，南方来的粮船可以由江南旧运河北上，经济州河，直入大清河到渤海，再沿海岸上溯白河，抵通州。

但是在这段航程中，由于大清河的水量较少，造成泥沙淤塞，漕船通过济州河进大清河后，入海受阻，只能航行到东阿(今山东东阿)，转陆路将漕粮从东阿运到临清(今山东临清)，然后下御河抵达通州。这样的水陆联运十分不便，陆运线路更长达200里，给民众运粮造成了极大的困难。元政府为了解决这一问题，只好在济州河以北继续穿凿从东阿至临清的运河，即会通河。会通河自公元1289年(元世祖至元二十六年)正月忽必烈下令开通始，至六月止，共历时六个月，南起东平路须城的安山，与济州河相接，引汶水到临清入御河，全长250里，结束了东阿至临清间200余里的艰难陆运。济州河与会通河两段凿成后，南方的粮船经济州河北上就可以一直航行到临清，最终抵达通州。至此，元代南北航运实现了南自杭州，北达京城的全线沟通，史称京杭大运河。

其次是开凿通惠河。南北航运虽然实现了贯通，但是由于部分旧河道的通航能力较小，无法承担新增负荷，特别是通州与大都之间的河段，在济州河与会通河凿通后，南方的漕船都集中于通州进行转运，航运量大大增加，旧河槽已不能满足需要，成为这一河道运输不畅的关键所在。于是元政府不得不另辟水源，在大都与通州之间修建一条运输能力较大的、能够将集中到通州的粮食转运到大都的运河。

公元1292年(元世祖至元二十九年)，忽必烈置都水监，命郭守敬主持开凿了通州与大都之间的通惠河。郭守敬考察了原有的河道地势，千方百计开辟水源，自昌平县(今北京昌平)东南的神山(今凤凰山)引白浮泉(今龙泉)水，流入瓮山泊(今昆明湖)，然后通向积水潭，到和义门(今北京西直门)入大都城，汇于积水潭，然后由东南出文明门(今北京崇文门)，循旧河道至通州高丽庄入白河。这条新的人工河道全长164余里，其中建闸坝10处，于次年秋天完成，是京杭大运河的最北段，也是开凿时间最晚的一段。它的完成不仅解决了通州至大都的运输问题，而且使京杭大运河真正全线贯通，发自杭州的漕船可直接到达京城积水潭，另外，海运至通州的漕粮亦可经此河直接到京城。据说该河在建成使用之时，适逢忽必烈从上都回来，看到积水潭成了繁华的码头，“舳舻蔽水”，非常高兴，于是赐名曰“通惠”。

通惠河完工之后，元朝京杭大运河工程全部完成。运河总体长约1794公里，虽然同样连接了北京和杭州，沟通了钱塘江、长江、淮河、黄河和海河五大水系，但与隋朝大运河不同的是，元代运河河道大幅度东移，裁曲取直，不绕道洛阳，比隋朝大运河缩短航程近800公里，提高了运输的效率，加强了京师大都和最富庶的江南地区的联系，是元代一条重要的交通线。

新运河的开凿也为南北交通和物资交流提供了重要条件。除了运输漕粮以外，运河上的民运与商运也相当活跃，食盐、茶叶、手工业品及各地土产等都是商运的重要物品，民用的大部分粮食也都是靠商人从南方经大运河贩运而来的。大运河的修通还带动了沿岸地区的经济发展和商业城市的兴起。

但是过于发达、不加限制的商运也对运河的航运效益产生了影响。一些权贵人士和奸商富户贪图利益，违反规定，私自建造三四百料甚至五六百料的大船，驶入运河航行，阻塞了运河交通，造成了其他官船民船的滞留，降低了运河的通航力。对此，元廷曾于公元1314年(元仁宗延祐元年)和公元1327年(元泰定帝泰定四年)两次下令禁止大船入河，并在会通河设置“隘闸”，对入闸的船只进行限制。然而，禁令并没有取得成效，航运阻塞的现象仍时常发生。

总的说来，京杭大运河是中国古代劳动人民创造的一个伟大的水利建筑工程，北起北京，南到杭州，跨越地球10多个纬度，是世界上长度最长、规模最大的人工河。京杭大运河的开凿是中国古代劳动人民在实践活动中对自然环境的积极改造，也是我们祖先留下来的珍贵物质和精神财富。它的开通，改变了中国的自然地理环境，形成了一个南北纵向水运交通网，有力地促进了南北经济繁荣、文化交流和国家巩固，在沟通南北交通方面起着不可替代的作用。

当然，大运河的开凿也有其消极因素。在政治、经济、文化各方面较为落后的传统社会，举全国之力修建这样庞大的运河工程，无疑是劳民伤财之举，给劳动人民带来了沉重的负担。运河的开凿激化了隋王朝的阶级矛盾，在一定程度上加速了隋朝的灭亡，无怪乎唐代诗人皮日休曾说："尽道隋亡为此河，至今千里赖通波。若无水殿龙舟事，与禹论功不较多。"同时，大运河虽然凝聚了广大劳动人民的血汗，但在中国传统社会的中央集权体制之下，其首要任务是满足统治阶级的需求，为实现官运物资的畅通和皇帝的巡游享乐服务，而与民众衣食相关的民运则处于非常次要的地位。可见在中国传统社会，大运河的实际功用是不可能得到充分发挥的。

此外，大运河的开通对自然环境也造成了一定的负面影响。由于季风气候和地貌起伏给保持载船运行的水量带来了困难，运河与农田水利争水的问题一直没有得到很好的解决。而运河大堤的存在又阻碍了排水，加剧了运河东岸广大地区的洪涝灾害和土壤盐碱化。

到明、清时期，京杭大运河仍是我国南北交通要道，在经过不断地维修、改造后，仍能保持畅通无阻。这也就是我们现在所能看到的大运河。

（汪莉）

## 2. 三省六部制的确立及演变

隋代在前代基础上重新厘定中央官制，确立了以三省六部为核心的中央行政管理体制，这是中国古代政治体制的一次重大变革，对后世影响甚为深远。

三省即尚书省、门下省、内史省(唐朝时改为中书省)，共同组成中央辅政机构，三省长官为宰相之职。六部隶属于尚书省，分管各项政务。其分工大致如下：吏部掌管官吏的选免、考绩、勋封等事务，户部掌管户口、田土、赋税等事务；礼部掌管礼仪、祠祭、学校等文教事务；兵部掌管军事行政和后勤供应等事务，刑部掌管刑法狱讼和司法行政等事务；工部掌管水利土木工程及工匠等事务。六部是中央各项政务的执行机构，每部各辖四司，共为二十四司。

三省六部是自西汉以后长期发展形成的制度。其中尚书省形成于东汉(当时称为尚书台)；中书省和门下省形成于三国时，目的在于分割和限制尚书省的权力。在发展过程中，组织形式和权力各有演变，至隋朝，才整齐划一为三省六部，主要掌管中央政令和政策的制定、审核与贯彻执行。

唐代时，中书省的长官为中书令(隋代称内史令)，副长官为中书侍郎(隋代称内史侍郎)，主要职官有中书舍人。中书省主要负责秉承皇帝旨意起草诏敕，起草之责主要由中书舍人负担。门下省的长官为侍中(隋称纳言)，副长官为黄门侍郎(后改称门下侍郎)，主要职官有给事中。门下省主要负责纠核朝臣奏章，复审中书诏敕，如认为不当，可以封还和加以驳正，称为封驳。驳正之权主要由给事中掌握。中书、门下二省都设在宫内，所以又有谏诤之责，设左右谏议大夫、左右补阙、左右拾遗，分属二省(左属门下、右属中书)，以匡正皇帝的过失。

尚书省设在宫外，长官称为尚书令，以尚书仆射为副手。但由于唐太宗在即帝位前曾担任这个职务，因此在唐朝此后的时期，这个官职不授予大臣，而以尚书仆射为尚书省长官。其中只有两个例外，一个是安史之乱后，郭子仪有大功于唐室，无官以宠之，遂授尚书令。另外朱温在篡位前也自称此官。

尚书仆射之下有左、右丞，左、右司郎中，员外郎，负责都省职事，总领六部。各部长官称尚书，副职为侍郎；各司之长为郎中，副职为员外郎，分别负责贯彻各种政令。他们对中央担任具体事务的九寺三监及地方上的府、州、县官有领导、监督之权。

三省六部制度总结了秦汉以来的统治经验，发展和加强了中央集权的封建国家制度。因为同时几个宰相执政，可以防止外戚或个别大臣专权篡位，以利于巩固最高统治者的地位。

隋代以尚书、门下、内史三省的正副长官为宰相，但三省的职责分工和运行机制并未明确，在实际执行过程中有很大的伸缩性。三省虽同时参加运转，但轴心却在尚书省，国家大政“总归于台阁”(《隋书·百官志下》)，门下、内史省的长官只能作为参掌朝政的辅助。

中书出令、门下封驳、尚书执行的三省分职，是在唐代才确立的。同时还规定三省长官对较重大的事务共同议政于门下省的政事堂，说明三省的职权应是密切协调的。如果在实际过程中发生分歧异议，皇帝就成为当然的最高裁定者。如唐太宗李世民即位之初，陈叔达为侍中，房玄龄为中书令，萧瑀、封德彝为尚书左右仆射，他们都身居相位，共议政事，然而事情商量决定之后，封德彝却几次在太宗面前提出不同意见，于是，他与其他几位宰相渐有嫌隙。有一次，萧瑀与陈叔达在御前指斥封德彝，言辞激烈不逊，惹怒了皇帝，都被免官。此后，李世民下旨：自今以后，中书、门下及三品以上官员入阁议事，皆命谏官跟随，如果前者有过失，谏官立刻予以纠正或弹劾。可见，在三省分权的情况下，皇帝仍然对这些大臣不放心，而加派谏官驻阁监督伺察。“凡军国大事，则中书舍人各执所见，杂署其名，谓之五花判事。中书侍郎、中书令省审之，给事中、黄门侍郎驳正之”，以防止各部门在工作中出现任何偏失或擅权。

唐代建立不久，三省体制逐渐向二省、一省转变。这种变化的动因在于皇权对于相权的控制，以及提高行政效率。

首先，为了控制相权，皇帝逐渐使用一些资历较浅的官员参与朝政，实际行使宰相的权力，但是由于没有宰相至高的体制，所以便于控制。渐渐地，中书令、侍中、尚书令以及左右仆射这些宰相职务已经变成了至高的虚衔，而真正的宰相却成为一种临时性质的职务，这符合从汉代开始的相权不断下降的规律。

唐代以三省首长位高权重，不欲轻易授给大臣，所以，经常以他官居宰相职，而假以他名(《新唐书》卷四十六《百官志》)，主要有“平章事”和“同中书门下三品”等。公元634年(唐太宗贞观八年)，仆射李靖因病辞去宰相职务，太宗不同意，要求他“疾小瘳，三两日一至中书门下平章事”。“平章事”之名始于此。公元682年(唐高宗永淳元年)，始以黄门侍郎郭待举和兵部侍郎岑长倩带“同中书门下平章事”衔，为宰相。之后，曾改为“同中书门下二品”，因为尚书仆射是职事官从二品。公元643年(贞观十七年)，萧瑀、李勣并“同中书门下三品”，因为侍中、中书令是正三品，“同中书门下三品”之名始于此。高宗以后，宰相必须加“同中书门下三品”之衔，否则即使担任中书令也不能称为宰相，品位高者亦如此(有三公、三师头衔的除外)。玄宗以后，中书舍人起草诏敕之权又为翰林学士所分割；尚书省各部司的职权，在安史之乱后也大部分为各种使职所瓜分。

其次，三省合署议事、办公，三省职能逐渐趋向混同合一。

三省分权，势必造成相互扯皮、效率低下等弊端。为了三省之间协调行动，三省首长定期在门下省的政事堂议事。自武德年间开始，中书、门下集议于政事堂，政事堂设于门下省。唐高宗永淳年间，裴炎自侍中迁中书令，乃徙政事堂于中书省。由此，确立了中书省的中心地位。公元723年(开元十一年)，中书令张说奏改政事堂为中书门下，政事堂印也改为中书门下印，且于其后分列吏、枢机、兵、户、刑礼五房。从此，中书门下正式成为宰相的办事机构。

“同中书门下”制度形成以后，原来三省长官轮流值守的制度实际上不复存在，而变成宰相轮流值守。个别宰相由于受宠信擅权而变为权相。例如，唐玄宗时，李林甫“久典枢衡，天下威权，并归于己”，李林甫死后又有杨国忠专权。所以唐肃宗李亨即位之始，便“令宰相分直政事笔”，每一旬更改一人。按照规定，诏敕应该由所有的宰相共同署名，值事宰相签署后，还要送到其他宰相府第去签署，存在着不够及时灵活之处。因此，唐肃宗时，特许直事宰相，假署其他宰相的签名，“遂为故事”。

这种假署代名也容易导致宰相专权，如唐代宗时，常衮、崔祐甫、郭子仪、朱泚四人为宰相，郭子仪、朱泚领兵在外，“皆不预朝政，衮独居政事堂，代二人署名奏祐甫”。德宗即位后，“以衮为欺罔”，贬为潮州刺史，进而废去假署代名制，后又改宰相一日一值守，使宰相不能有连续的掌权时间，以避免宰相专权。

中书门下制出现以后，三省全部变成辅政事务的执行机关。

五代制度与唐无异，但是由于连年征战，实际上宰相并不掌握权力。三省形同虚设。政事多由皇帝特派使臣办理，成为宋代以差遣为正官的开始。

宋代承袭唐制，设门下、中书、尚书三省，吏、户、礼、兵、刑、工六部。但北宋前期除刑部尚保留“掌覆天下大辟案”的职权外，三省六部的主要职权都已转移至其他机构，三省名义始终存在，但是已经混同为一省。同时由于枢密院、三司的设立，宰相的军权、财权被剥夺，其长官也都只作为寄禄官衔，另派升朝官分别主判，以处理残留事务，三省六部制仍是名存实亡。

宋代官制，有官、有职、有差遣。官，自宋初官称与职务逐渐脱离，上自仆射、尚书，下至员外郎以及寺监的官职，除了诏令中有规定的以外，都不担任与官称相符的职务。官名只用来表示官位和俸禄的高低，称为寄禄官。差遣，亦称职事官，有时也简称“职”，是官员们担任的实际职务，如知州、知县之类(《宋史》卷一六一《职官志》)。当时，不唯宰相为临时职务，天下百官无不为临时职务。按《宋会要・职官》“中书令，侍中，及丞郎以上至三师、同中书门下平章事，并为正宰相”。但实际上，有以侍中衔出任宰相职务的现象、却没有以中书令衔出任为宰相者，中书令与尚书令一样，都是荣誉头衔。其他皆以同中书门下平章事拜相。

宋代通常二相并任，也有独相一人或三相并置的。三相并置时，以昭文馆大学士为首相，次相监修国史，末相兼集贤殿大学士。二相并任的，首相并兼昭文馆大学士、监修国史。北宋神宗元丰改制，以三省取代中书门下为最高行政机构，与枢密院对掌文武大权。除正、副宰相外，门下、中书省分设左、右谏议大夫，左、右司谏，左、右正言掌原谏院所领谏诤弹劾职务，起居郎、起居舍人掌原起居院所领修起居注职务，又分设门下后省、中书后省，为门下省及中书省下属机构，分别以给事中及中书舍人主管，以给事中掌原封驳司的封驳职务，并以封还词头的方式行使封驳权。尚书省下领六部，由各部尚书、侍郎主管，以原审官东、西院，流内铨，三班院所领职务归吏部，以原三司与司农寺所领主要财政职务归户部，以原太常礼院所掌礼仪职务复归礼部，以原审刑院纠察在京刑狱司覆刑狱及三司有关审核会计账册等职务并归刑部，以原三司有关修造、坑冶等职务归工部，某些次要军务归兵部，并废除枢密院之外的旧有机构，恢复六部下属二十四司。

1086年(宋哲宗元祐元年)，反变法派执政，改为三省共同议事，奏请取旨，分省治事行下，实际上使三省合一，后习惯上常统称三省。1129年(南宋高宗建炎三年)，又实行三省合一，二十四司也时或省并，如建炎三年以礼部兼主客，祠部兼膳部，兵部兼职方，驾部兼库部，比部兼司门，工部兼虞部，屯田兼水部等，还省并若干寺监入六部。1163年(宋孝宗隆兴元年)，又进一步省并六部下属诸司，如以司封兼司勋，礼部兼祠部，兵部兼驾部，都官兼比部，工部兼屯田等。

元朝设置中书省，取代三省，与枢密院、御史台分掌政、军、监察三权，尚书省时置时废、门下省不复置，故中书省较前代尤为重要。中书省最高长官由太子担任，两个副官为左右丞相，上承天子，下总百司，从宋代多个机构分权到元朝时中书省的集权，其中最重要的原因就是提高行政效率。但到元朝后期，宰相权力越来越大，又严重威胁到皇权。

明初不设中书令，仍以中书省统六部，长官称左右丞相。1380年（太祖洪武十三年），朱元璋诛胡惟庸，并废除中书省与丞相，六部直接对皇帝负责。至此，三省六部制的三省彻底被废止。

从隋唐到明朝，三省六部制度不断变化，一方面是着力提高行政效率，更重要的是加强专制皇权。在皇权与相权斗争的过程中，相权不断削弱，皇权不断加强，君主专制中央集权日渐加强，到了明朝彻底废止三省六部制，专制皇权达到了极峰。

（张敏）

## 3. 科举制度的创立

所谓科举制度，是朝廷开设科目，主要以士人自由报考和考试成绩决定取舍的选拔官员的制度。它是隋唐以后在中国实施时间最长、影响最大的选士制度。科举制度既不同于以德取人的两汉察举制度，也不同于以门第取人的魏晋南北朝九品中正制，其基本特点是开设科目，自由报考，逐级考试。清代思想家、史学家魏源认为，中国古代选官制度的发展路线是："乡举里选变而门望，门望变而考试。"科举制从隋朝开始实行，到公元 1905 年(清朝光绪三十一年)举行最后一科进士考试为止，经历了 1300 多年，这一制度对整个中国古代政治、文化、教育产生了广泛而深刻的影响。孙中山先生在其《五权宪法》中说中国的考试制度"是世界各国中所用以选取真才的最好制度"。就连西方学者也曾赞赏科举制是"人类所发展出的选择公仆的方法中最奇特、最令人赞赏的方法"。

中国通过考试进行选士的历史相当悠久。远在原始社会后期，就有关于考试的传说。当时氏族部落的首领虽然由民主选举产生，但也要通过一定的考察，这就是《礼记·礼运》上所说的"大道之行也，天下为公，选贤任能，讲信修睦"。据《史记·五帝本纪》记载，尧舜禅让之际，尧对舜就有过类似于考试的考察。"乃以二女妻舜以观其内，使九男以处以观其外"，"尧乃试舜五典百官，皆治"。这是我国对远古先民考试的一种记载。

我国古代的学校教育起源很早，在夏商时期就已经出现了学校。西周就有了比较完备的学校制度。"古者年八岁而出就外舍，学小艺焉，履小节焉；束发而就大学，学大艺焉，履大节焉"(《大戴礼·保傅》)。小艺指类似读书、计算的基本科目，小节是指日常生活中的礼节。束发后也就是大约 15 岁以后学习礼、乐、射、御、书、数等大艺技能，履大节就是遵循朝廷的君臣之礼。西周时的大学叫做"辟雍"或"泮宫"，它同时还是举行重大政治活动的地方。按照《礼记·学记》的记载，西周大学就有了一整套的考试制度的设想。"一年视离经辨志"，即考察学生阅读经书和辨别读书志趣的能力；"三年视敬业乐群"，即考察学生的学习态度是否勤奋，是否能与周围人和睦相处；"五年视博学亲师"，即考察学生学识的广博程度和与老师是否亲敬；"九年知类通达，强立而不反"，即考察学生在学识上是否能够触类旁通，能否立志于学。西周在地方上还有序、庠、塾、校等地方学校。乡学可以经过由地方官员组织的考试选拔少数才俊进入国学深造。按照《周礼·地官·乡大夫》记载，西周还存在一种贡士举荐人才的制度，不过仅限于低级官员，分为"乡里选举"和"诸侯贡士"两种，都是严格按照一定的规范考核士子。西周的考试制度虽然不是以官吏的选拔为主要目的，但它开启了中国古代考试制度的先河。

汉武帝刘彻采纳董仲舒"罢黜百家，独尊儒术"的主张，设置五经(《诗》《书》《礼》《易》《春秋》)博士，设立太学，确立了以察举为主以考试为辅的选士制度。汉代选官制度明确规定，凡被察举的孝廉、秀才或其他诸科者，到京师后，也要依其科目与被举人的学艺，由公府分别加以考试，才可为郎。尽管这时的选士制度并不以考试为主，但考试毕竟已经成为选士方式之一了。因此，学术界有一种观点认为，科举制度的萌芽始于西汉察举制度。

魏晋南北朝时期，豪强世族为了保证其特权，建立了以门第为选士标准的九品中正制。这种以门第为品评标准的选士制度，最大程度地保证了豪强地主阶级的特权，但同时也造成了“上品无寒门，下品无势族”的现象，使得庶族地主阶级参与政治的愿望几乎成为泡影，因而引起了庶族地主阶级的极大不满。南北朝以后，随着豪强世族的衰落，以门第品人的九品中正制遭到了寒门出身的庶族地主阶级的反对。在这种背景下，按照才能而不是按照门第选任官吏的问题被重新提了出来。梁武帝时的萧衍在南齐末年的上表中就曾明确提出过“设官分职，唯才试务”的观点。西魏时苏绰在为宇文泰拟定的《六条诏书》中，也指出“自昔以来，州郡大吏，但取门资”。而“门资者，乃先世之爵禄，无妨子孙之愚瞽”。为此他认为，“今之选举者，当不限资荫，唯在得人”。在这种情况下，汉代以来实施的察举制重又受到了重视，“儒生试经学，文吏试笺奏”的察举课试重新运行起来。南朝和北朝都恢复了举秀才、举孝廉的制度。公元505年(梁武帝天监四年)又置五经博士各一人，各主一馆。与过去国子学生只有贵族高官子弟才能入学不同，“五馆生皆引寒门俊才”。“馆有数百生，给其饩廪。其射策通明者，即除为吏。十数年间，怀经负笈者云会京师。”由此开始，一些寒门子弟开始通过明经试策的方式进入了仕途。此后，举明经逐步取代了举孝廉，形成了秀才、明经两科并立的局面。

北齐以后政府通过考试选拔人才的制度不仅更加严格，出现了落第者，而且开始出现自由投考者。考试落第本来不是新现象，早在汉代的射策中就有“不中策”或“不应令”的说法，东汉顺帝时，左雄主持射策，也有一些落选者。但是，由于两汉时期主要实行察举制度，举人主要以德取人，因此，这时落第的现象尚不普遍。北齐时，有关落第的记载不断增加，如《北齐书·儒林传》记载，马敬德“依秀才策问，唯得中第”。根据魏、齐制度，秀才、孝廉考试有上、中上、中、下数等，只有名列中上以上才对以叙官，马敬德只得“中第”，显然是落第了。《北齐书·儒林传》还记载，刘昼“河清初，还冀州，举秀才入京，考策不第，乃恨不学属文”。显然，刘昼也是落第者。北齐有关落第的记载的增多，体现了人们对它的重视。这一变化说明，北齐时期考试在察举中的分量正在逐步加重，被举者最后是否能够入仕，关键在于考试的成败，而不是道德的好坏。这从一定程度上说明考试在选拔人才过程中的作用日益显现。

在传统的察举制或九品中正制下，得到察举或品第，也就意味着入仕、晋升。然而，由于被察举、被题名的资格要求非常严格，要获得这样的机会也非常困难。因此，“请托奔竞皆因此而起”。北齐以后这种情况开始发生了重要的变化，即开始出现自由投考者。《北齐书·儒林传》关于马敬德“诣州求举秀才”的记载，就说明马敬德是主动要求应秀才考试的。此外，上面提到过的刘昼也是主动求试秀才的。《新唐书·选举志》云：“选举不由馆学者，谓之乡贡，皆怀牒自列于州县。”这里的“怀牒自列于州县”就是指自由报名。自由投考现象的出现，意味着有更多的出身寒门的投考者可以通过考试，来改变自己的社会地位，增加自己入仕的机会，这不仅是察举制衰落的表现，也是科举制兴起的象征。

上述种种变化为寒人进身开辟了渠道，其中地方学校的学生应该是最大的受益者。北齐时，孝廉是从学校的博士、助教和诸生中推举出来的。这些人大多来自于小地主或殷实的编户。随着政网的疏阔，诸生又获得了被推举秀才的机会，只要考试及第就可跻身于统治者行列。这就使考试成为寒门出身者“通经入仕”的主要渠道。事实上，当时有不少人就是通过考试这条路，跻身于统治阶级的行列的。孝廉是如此，更难求得的秀才也是如此。当时秀才也直接从学生中推举，而且举秀才的门第条件似乎更为宽松。从学校的博士、助教与诸生中直接推举孝廉、秀才的做法，把察举与学校连为一体，加上自由投考的因素，就孕育出了科举制的萌芽。萌芽一具，只要获得适当的外部条件，长成枝繁叶茂的新苗，就是一个时间问题了。

隋朝的建立，结束了魏晋以来长期分裂割据的局面。为了加强中央政府的权力，扩大政权的阶级基础，隋朝统治者开始将注意力集中于改革吏制及其所属的选士制度上。隋文帝杨坚虽然废除了九品中正制和州郡长官辟举佐官的制度，将各级官吏包括地方佐官的任免权一律收归中央朝廷手中。但是，由于隋的开国功臣多为贵戚、武将，而周齐以来尚武人、尚贵戚的用人传统仍然影响着隋代的用人标准，而这些贵戚、武人却很难适应正在建立中的统一王朝的需要。为此，隋文帝试图通过学校"开仕进之路，伫贤俊之人"。实际上这一政策并没有培养出统治者需要的人才。加之，随着时间推移，齐、周、梁、陈时期留下的可供朝廷驱使的文士日渐减少，培养和选拔新一代官吏的问题，就被提到了隋朝统治者的面前。

随着隋朝的统一，社会政治趋向稳定，社会经济逐步恢复，中小地主阶级的数量也不断增加，他们为了谋求自身在政治中的地位，也迫切希望改变培养选拔官吏的制度。公元582年(开皇二年)正月，隋朝廷下诏"举贤良"。583年(开皇三年)十一月又下诏："如有文武才用，未为时知，宜以礼发遣，朕将铨擢。"这一措施的实施只是为了临时应急而已。公元587年(开皇七年)正月，"乙未，制诸州岁贡三人"，正式设立了每年举行的常贡。隋朝廷命每州每年贡士三人，州可保举贡士应秀才科，受特别考试。公元598年(开皇十八年)，朝廷又命"京官五品以上、总管、刺史，以志行修谨、清平干济二科举人"，至此，隋朝的选士制度已经摆脱了九品中正制的旧路子，开始向科举取士的新路子过渡。

公元602年(仁寿二年)，"诏内外官各举所知"。目的是从原有的官吏中选拔出一批卓越的人才。603年(仁寿三年)七月，隋文帝又诏："其令州县搜扬贤哲，皆取明知今古，通识治乱，究政教之本，达礼乐之源。不限多少，不得不举。限以三旬，咸令进路。征召将送，必须以礼。"要求地方官按照上述标准把"闾阎秀异之士，乡曲博雅之儒"举荐到朝廷，使皇帝可以"籍群才"而致治。这个诏令在官吏的选拔和任用上显示出两个重要的特点：一是强调选拔出来的"群才"不一定出自贵族高官子弟，而可以出自阎闾乡曲，从而彻底否定了以门第任用官吏的九品中正制；二是不仅确定了以才学举人的原则，而且以"明知今古，通识治乱，究政教之本，达礼乐之源"为衡量才学的标准。

隋炀帝即位后，选拔人才的问题更加凸显，为了选拔出高素质的政治人才，公元604年(大业元年)七月，隋炀帝诏令"诸在家及见入学者，若有笃志好古，耽悦典坟，学行优敏，堪膺时务，所在采访，具以名闻"。不仅强调了人才经世致用的能力，而且规定要从经过学习的文士中选拔人才，把学和举直接联系在一起。

公元607年(大业三年)四月，隋炀帝诏令"文武有职事者，五品以上，宜依令十科举人"。并且明确提出十科举人的科目包括：孝悌有闻、德行敦厚、节义可称、操履清洁、强毅正直、执宪不挠、学业优敏、文才秀美、才堪将略、膂力骁壮。

公元609年(大业五年)六月又改为四科举人，分科考试选拔士人的趋势越来越明显。《唐会要》卷七十六《制科举》说："炀帝嗣兴，又变前法，置进士等科。""文才秀美科"，也就是进士科。进士科以考策问为主。隋炀帝创设进士科标志着科举制的正式产生。至此开科考试在隋炀帝时就形成了一个层次不同，要求各异，由法令所规定的完整的选士体系，并成为国家纯粹按才学标准选拔官吏的一种主要制度。但是，这时的科举制还不完善，仅有进士、明经几科。直至唐朝科举制才得以完善和最终确立。

唐朝初年，“士大夫以乱离之后，不乐仕进，官员不充。省符下诸州差人赴选，州府及诏使多以赤牒补官”，即以空白的告身就地任命官吏。一大批各种出身的人进入各级官府。根据唐初政治形势的需要而被授予各种官职的，没有出身资格的限制，文化程度也很不一致。

随着唐朝统治的稳定，唐朝政府开始对官吏选拔的途径做出了具体的规定。据《旧唐书·职官志一》记载：“有唐已来，出身入仕者，著令有秀才、明经、进士、明法、书、算。其次以流外入流。若以门资入仕，则先授亲、勋、翊卫，六番随文武简入选例。又有斋郎、品子、勋官及五等封爵、屯官之属，亦有番第，许同拣选。”大而言之，不外乎科举、杂色入流和以门荫入仕几种途径。科举仅仅是几种入仕途径中的一种。

公元622年(武德五年)三月荐举诏指出：广大寒士“岩穴幽居、草莱僻陋、被褐怀珠，无因自达”，官府又常“举非其人，滥居班秩，使之怀才不遇”。诏书明确规定：“苟有才艺，所贵适时，洁已登朝，无嫌自进。宜令京官以来及诸州总管、刺史各举一人，其有志行可录，才用未审，亦听自举。”此诏确立了士人“自举”“自荐”，即所谓“怀牒自进”的自由投考的办法。不仅如此，还进一步明确了常科的招考办法。据《通典·选举三》记载：“大唐贡士之法……上郡岁三人，中郡二人，下郡一人，有才能者无常数。其常贡士科，有秀才、有明经、有进士、有明法、有书、有算，自京师郡县，皆有学焉。每岁仲冬，郡、县、馆、监课试其成者。长吏会。属僚，设宾主，陈俎豆，备管弦，牲用少牢，行乡饮酒礼，歌《鹿鸣》之诗，征耆艾，叙少长，而观焉。既饯而与计偕。其不在馆学而举者，谓之乡贡。旧令，诸郡虽一、二、三人之限，而实无常数，到尚书省，始由户部集阅，而关于考功课试，可者为第。”经过长期的孕育，一个创世纪的选士制度——科举制度终于由察举制脱胎而成。从此，选士制度史进入了一个崭新的时代——科举时代。

唐代科举依照汉代察举制分作常科与制科两种，常科即有：秀才、明经、俊士、进士、明法、明字、明算、一史、三史、开元礼、道学、童子科等，“皆岁举而常选”，然其要者明经、进士而已。制科则天子特诏举行，以求非常之士。

唐代常科考生主要来源于“生徒”和“乡贡”。“生徒”即中央官学和地方官学的生员。对生徒和乡贡的常科考试起初由吏部考功员外郎主持，公元736年(开元二十四年)进士科考试中发生了主考官李昂与考生李权之间的冲突，进而引发了科举管理的改革。于是诏定由礼部侍郎(正四品上)主持科举常科考试。科举遂为礼部专司。科举管理权的转移，主司品位的提高，也提高了科举考试的权威性和严肃性。并且考于礼部，铨选于吏部，可以起到分权制衡的作用，礼、吏两部可互相监督、制约。

唐代常科考试科目繁多，据《新唐书·选举志》所记：科目“有秀才、有明经、有俊士、有进士、有明法、有明字、有明算、有一史、有三史、有开元礼、有道学、有童子。而明经之别，有五经、有三经、有二经、有学究一经、有三礼、有三传，有史科。此岁举之常选也”。在这众科目中最主要有秀才、明经、进士、明法、明书、明算等科。各科的考试方法和内容各异，录取标准也互不相同。

秀才科：所谓秀才，指文才杰出，对策高第之人，即“凡贡举人有博识高才，强学待问，无失俊选者”。早在汉代察举制中就有秀才科。隋代复设秀才科。唐代高祖武德年初，再设此科。由于唐代对秀才科考选较严，宁缺毋滥，每年所取不过一、二人，且有“举而不第者，坐其州长”的规定。因此，从太宗贞观以后，无人敢于轻举，该科便名存实亡了。公元651年(高宗永徽二年)乃明令停止。虽然公元736年(开元二十四年)恢复此科，但无及第者，至天宝年初，礼部侍郎韦陟奏请改为“特荐”。秀才科至此废绝，不再在常科贡举之列。

秀才科的考生，一般先由本县考试，然后由州长复试，取上等人，每年十月随物入贡。主要试以方略策。据《新唐书・选举志上》记载，"试方略策五道，以文理通，粗为上上、上中、上下、中上，凡四等及第"。其分等标准为"文理俱高者为上上，文理平或理高文平者为上中，文理俱平为上下，文理粗通为中上，文劣理滞为不第"。

唐代"秀才科等最高"，取人甚严，而且方略策考试难度较大，能通过考生的只是极少数，据徐松的《登科记考》所载：自622年(武德五年)到650年(永徽元年)，共举行秀才科考试21次，所录人数仅29人。《旧唐书・职官志二》说："此科取人稍峻，贞观以后遂绝。"

明经科：所谓明经，指通晓儒家经典。唐代重振儒学，把儒家经典分为大经、中经和小经三类。以《礼记》《春秋左氏传》为大经，《诗》《周礼》《仪礼》为中经，《周易》《尚书》《春秋公羊传》《春秋榖梁传》为小经。唐太宗时，命孔颖达撰《五经正义》一书，作为唐代明经科考试的依据。

唐代明经科，以经义取士，有通二经、三经、五经之别。能通二经者，须通一大经、一小经或通二中经。通三经者，须通大、中、小各一经。通五经者，大经须全通。其他各经任选。《论语》《孝经》为共同必试。

明经考试，最初只有试策一试。到高宗时加上帖经而成二试。至玄宗时，又增加按问大义，而变为三试。三场考试的先后顺序为："先帖文，然后口试，经问大义十条，答时务策三道。"明经考试亦分作四等："先帖经，每经十帖，每贴三言，通六为上即为及格。然后口试，问经义十条，通十为上上，通八为上中，通七为上下，通六为中上，皆为及格。答时务策三道，通二为及格。三试皆及格为及第。"

明经录取人数，据徐松《登科记考》所载每次录取平均约百人，是进士科录取人数的四倍。一般明经考试要求较低，只要熟读注疏即可应试，对于经义未必真通。录取也较为容易，故有"三十老明经"之说。

进士科：进士之名，最早见于《礼记・王制篇》："(王)命乡论秀士，升之司徒，曰选士。司徒论选士之秀者，而升之学，曰俊士。升于司徒者不征于乡，升于学者不征于司徒，曰造士。……大乐正论造士之秀者，以告于王，而升诸司马，曰进士。"周代时，进士是对从秀士、选士、俊士、造士中逐级选拔，以进贡王室，可授爵禄的优秀士人的称号。

作为科举考试科目的进士科，一般公认始设于公元606年(隋炀帝大业二年)。唐承隋制，复置进士科。唐代科举常科中，进士科最受重视，正如相关史料记载的那样，"大抵众科之目，进士为尤贵，其得人亦最为盛焉。方其取以辞章，类若浮文而少实，及其临事设施，奋其事业，隐然为国名臣者，不可胜数，遂使时君笃意，以谓莫此之尚"。因此，优秀的士子大多愿意参加进士科考试，而进士出身的人往往可以得到高官，进而成为名臣，风尚循环，使其地位远远高于其他科目。由于进士科显示出与其他科目不同的特点，成为最受重视的科目。

唐代进士科的考试内容和录取标准，不是一成不变的。唐初进士科只试时务策一项。据《封氏闻见记》卷三《贡举》载："国初……进士试时务策五道。"《通典》卷十五《选举三历代制下》："自是士族所趣向，唯明经、进士二科而已。其初止试策。贞观八年诏加进士试读经史一部。至调露二年，考功员外郎刘思立始奏二科并加帖经。"《唐会要》卷七六《进士》也说："先时，进士但试策而已，思立以其庸浅，奏请帖经及试杂文。"由此看来，唐初进士科考试只有时务策一项，进士科录取主要以策文好坏，尤其试文章词藻是否华丽为唯一标准，而不管文章内容的好坏。公元674年(唐高宗上元元年)，刘峣曾在其上疏中对进士科时务策的文风进行了批评："况古之作文，必谐风雅；今之末学，不近典谟。劳心于草本之间，极笔于烟云之际。以此成俗，斯大谬也。"这种只尚词藻之华丽，不管文章内容是否实用的做法，最终导致了"进士不寻史传，唯读旧策，共相模拟，本无实才。所司考试之日，曾不拣练，因循旧制，以分数为限，至于不辨章句，未涉文词者，以人数未充，皆听及第"的结果。为了改变这种状况，公元680年(调露二年)四月，时任考功员外郎的刘思立"以进士惟试时务策，恐伤肤浅"为由，"请加试杂文两道，并帖小经"。他的这一建议得到了唐高宗的支持，第二年八月，皇帝诏曰："自今已后，考功试人……进士试杂文两首，识文律者，然后并令试策。日仍严加捉搦，必材艺灼然，合升高第者，并即依令。"至此，进士除试策外，加试杂文的考试内容以法令形式确定下来，并于第二年贡举时正式实行。至于进士是否帖经，此诏中没有提及。但据《通典》记载，"至调露二年，考功员外郎刘思立始奏二科并加帖经。其后又加老子、孝经，使兼通之"。《南部新书》亦云："进士试帖经，自调露二年始也。"这说明进士科加试帖经，在调露二年(680年)即已准奏施行了。其后，虽在武则天时期进士科帖经、试杂文被停止了一段时间，中宗复位后又恢复了进士考试帖经和杂文。据《唐摭言》卷一《试杂文》说："至神龙元年方行三场试，故常列诗赋题目于榜中矣。"至此，进士科三场试的格局才被最后确定下来。《大唐六典》卷二《尚书吏部》考功员外郎条："其进士帖一小经及老子，皆经注兼帖。试杂文两首，策时务策五条。文须洞识文律，策须义理惬当者为通。若事义有滞，词句不伦者为下，其经策全通为甲，策通四，帖通六已上为乙，已下为不第。"

由于进士科的地位特殊，又具有开放性和综合性的特点，因此便拥有了充分发展和完善的空间，这是其他科目所不具备的。随着科举制度的发展，其他科目或是被淘汰，或是成为进士科考试内容的一部分。可以说，进士科发展和定型的过程，在一定程度上也就是科举制度规范化的过程。

明法科：是唐代设置的、用来考试律学的学生和州、县乡贡的科目。《唐六典》云："通达律令者为明法。"据《中国选士制度史》言，"明法科考试为律、令各十帖，试策共十条，其中律七条，令三条。全通为甲第，通八为乙第。不足七条的不第"。

唐代建立后，十分重视法律的制定，高祖时就命人起草了《武德律》。太宗即位后又命房玄龄、长孙无忌修订《武德律》成《贞观律》。玄宗时也曾三次修订法律，并制定了中国历史上最早的行政法典——《唐六典》。

唐代明法科主要以律令为考试内容，这里的"律"主要指刑律；"令"主要指国家组织制度方面的规定。《新庸书·刑法志》说："令者，尊卑贵贱之等数，国家之制度也。"明法科主要用来考查考生对国家刑法和国家组织制度的了解程度，体现了唐统治者"外儒内法"的治国方针。

明书科：简称"书科"，又称"明字科"。《通典·选举典》云："常贡举之科有秀才，有明经。有进士，有明法，有书，有算"，或称"明字科"。《新唐书·选举志上》也有："其科之目……有明字"的记载。明书科开科时间，史无明确记载，据推测可能是在公元628年(贞观二年)。考生主要来自唐代开设的书法专科学校的生员。据《唐六典·尚书礼部》记载："凡明书，试《说文》《字林》，取通训诂，兼会杂体者，为通。"省试及第，仅取得了科举出身，各科出身的人都须经吏部铨选才能放官。而明书及第叙任的品阶是从九品下。

明算科：是专门对算学生员进行考试的科目。其开科时间历史上无明确记载，大致在公元656—681年之间(高宗显庆元年到永隆二年)。隋唐时期，算学生在算学学习并完成全部学业后可参加国子监考试，成绩合格者可参加省试。

明算科省试分为两个科目。第一科考《九章》《海岛》《孙子》《五曹》《张丘建》《夏侯阳》《周髀》和《五经算》。考试分二项：第一项试大义，《九章》三条，其余七部分各一条，共计七条，须答对六条以上。《新唐书·选举志》云："凡算学，录大义本条为问答，明数造术，详明术理，然后为通。试《九章》三条，《海岛》《孙子》《五曹》《张丘建》《夏侯阳》《周髀》《五经算》各一条，十通六。"第二项"《记遗》《三等数》帖读十得九，为第"。

第二科考试《缀术》和《缉古》。考试也分二项：试大义与帖读，"试《缀术》《缉古》录大义为问答者，明数造术，详明术理，无注者合数造术，不失义理，然后为通。《缀术》七条，《缉古》三条，十通六。《记遗》《三等数》帖读十得九，为第"。明算科及第，经铨选后可叙任从九品下官品。

唐代科举科目除了以上六科外，还有诸如开元礼科、诸史科、童子科、武科、道举科、医举科等科目。

开元礼科：主要考试《开元礼》，即唐玄宗开元年间制定的仪礼制度。开元礼科的录取标准，据《新唐书·选举志》云："通大义百条、策三道者，超资与官；义通七十、策通二者，及第。散、试官能通者，依正员。"

诸史科：即历史科，主要考《史记》《汉书》《后汉书》等"三史"。据《新唐史·选举志》记载，诸史科的录取标准为"每史问大义百条、策三道，义通七、策通二以上为第。能通一史者，白身视五经、三传，有出身及前资官视学究一经；三史皆通者，奖擢之"。

童子科：是唐代通过考试选拔出类拔萃儿童的科目。其考试内容、方法、应试者的年龄和入选者的使用等都有条文限制。唐初规定童子科的入选者年龄必须在十岁以下，《新唐书》记云："凡童子科，十岁以下。"后来又规定"实年十一、十二以下"。考试要求"能通一经及《孝经》《论语》，卷诵文十，通者予官，通七者予出身"。

武科：是以选拔军事人才为目的的科举科目。武举考试由兵部员外郎主持，分平射、武举二科。主要考步射、马枪、马射、负重、语言、身材等。《旧唐书》载郭子仪就是以武举高中补左卫长史的。

道举科：主要考《老子》《庄子》《文子》《列子》等道家经典。

医举科：是以选拔医药学人才为主的科举科目，最早开设于公元734年(开元二十二年)，考试内容也以《本草》《素问》等医药学著作为主。

除此以外，唐朝还设置过诗赋考试，这对于我国古代诗歌文化的繁荣起到了很大的促进作用，也造就了灿烂的唐诗文化。

唐代科举除常科以外，还有制举，即制科。制举是仿效汉征辟之制设置的非常设科目，其目的一者为显示皇帝求贤之意，二者是唐王朝为了"持非常之才"，并防常科遗材。唐朝规定，凡制举登第者，不需再经过吏部试，即可授官。应制举的人既可以是已得官之人，也可以是常科及第而未得官之人或是学馆生员，还可以是布衣庶民。

制举的科目是在两汉察举的特举科目基础上扩充设置的。公元658年(显庆三年)，唐高宗李治诏举"志列秋霜"，这标志着唐代制举的开端。此后，制举科目五花八门。据《唐会要》记载，唐代共开制举六十三科，归纳起来大致可分为七类：文、武、吏治、长才、不遇、儒学、贤良忠直。

"文"即文词宏丽类，共十五科，包括词殚文律科、词标文苑科、蓄文藻之思科、文艺优长科、文以经国科、文经邦国科、藻思清华科、手笔俊拔超越辈流科、文史兼优科、文词雅丽科、文词秀逸科、词藻宏丽科、讽谏主文科、文词清丽科、博学宏词科。

“武”为军事长才类，共八科：将帅科、武足安边科、知谋将帅科、军谋宏远堪任将帅科、军谋越众科、洞识韬略堪任将帅科、军谋宏远材任将帅科、军谋宏远材任边将科。

“吏治”类，又称明政术治道类，共十二科：岳敌科、龚黄科、才膺管乐科、材堪经邦科、寄以宣风则能兴化变俗科、道侔伊吕科、王霸科、清廉守节政术可称堪任县令科、详明政术可以理人科、才识兼茂明体识用科、达于吏理可使从政科、详明吏理达于教化科。

“长才”又谓长才异等类，共五科：绝伦科、拔萃科、茂才异等科、良才异等科、多才科。

“不遇”是指怀才不遇类，共九科：长才广度沉迹下僚科、才高位下科、抱器怀能科、藏名负俗科、高蹈丘园科、高才沉沦草泽自举科、才高未达沉迹下僚科、乐道安贫科、幽素科。

“儒学”又称博通儒学类，共六科：抱儒素之业科、文儒异等科、博学通艺科、经学优深科、博通坟典达于教化科、风雅古调科。

“贤良忠直”类，计有八科：志列秋霜科、临难不顾徇节宁邦科、贤良方正科、直言极谏科、哲人奇士逸伦屠钓科、贤良方正能直言极谏科、孝弟力田闻于乡间科、疾恶科。

唐代的制举与常科相比，具有广采众行、文武相济、德才兼具的特点。制举选拔的更多的是具有统兵征战、治理国家能力的治术人才。制举成为唐朝科举常科的重要补充。

唐代的制举诸科中除宏词与拔萃两科属于吏部考试外，其他科目皆由皇帝亲行考试。宏词与拔萃属于取常科出身后的释褐试，通常宏词试文三篇，拔萃试判三条。其他科目，“其制诏举人，不有常科，皆标其目而搜扬之。试之日，或在殿庭，天子亲临观之。试已，糊其名于中考之，文策高者，特授以美官，其次与出身”。(《通典·选举典》)

唐代制举无定额，每次每科取人约为1~3人。其录取率约在百分之一左右。制举选士以“若无异才，宁阙毋滥”为原则。然而，制举一旦及第，就可直接入仕，且身显位尊。唐代的名臣贤相如王旦、裴度、颜真卿、张九龄、崔融、白居易、苏颢、崔翘、牛僧孺、崔洁、冯万石等皆以制举显名。

唐朝科举考试除了科目繁多外，其方法也很丰富。概括起来主要有帖经、问义(有墨义和口义之分)、策问和诗赋。

“帖经者，以所习经掩其两端，中间开唯一行，裁纸为帖，凡帖三字，随时增损，可否不一，或得四得五得六者为通。”这种考试方式类似于现代考试中填空的考试形式。主要用于明经、进士、明法、书、算各科考试中，尤其是明经科中帖经考试用得较多。帖经考试主要考察试者的记诵之功。

问义是一种简单的对经义的问答考试方式。一般要求被试者按照试题要求叙述典籍中的有关事实与大义以及上下文的连缀。具体有两种方式：笔试为墨义；口试为“口义”。与帖经相比，这种考试方法要求应试者对义理有深入的理解，并能够融会贯通地加以说明。

策问是设题指事，由被试者做文章的一种考试形式。这种方式来源于汉代策问贤良方正等方法。考试题目多为人事、政治方面的内容，因此又称方略策、时务策。策问对于应试者而言，既要熟识经史，又要通晓时务，既要有写作技巧，又要有鲜明的主张。应对这种考试，如果没有坚实的基础和广博的学识是很难应付的。唐初明经、进士、秀才、开元礼、三传等科皆试策问。

诗赋也是唐代科举考试的主要方式之一。公元681年（永隆二年），为了改变“进士惟诵旧策”，缺乏真才实学的弊病，开始在进士科中加试杂文，即“族、铭、论、表之类”。从此，进士科偏重文辞的倾向逐渐明显。神龙、开元年间，进士科开始试诗赋，其后逐渐明确为进士试杂文为一诗一赋。

唐代科举考试的诗体称为试帖诗，也称省题诗或省试诗。其格律体裁均有严格的规定，讲求文词华美，庄重典雅，声韵和谐。一般多为五言六韵十二句排律诗，间有五言八韵或四韵诗。大体以古人诗句或成语为题，冠以“赋得”二字，并限定韵脚。通常试帖试首两句见题，中间八句两两相对，最后两句做结。在以诗赋取士的影响下，唐诗得以迅速发展，正如南宋人严羽在《沧浪诗话·诗评》中所言，“唐以诗取士，故多专门之学”。唐朝科举科目种类之丰富、考试方法之多堪称历史之最，也反映了唐王朝不拘一格举人才的开放之风。

唐代科举考试有严格的程序。一般乡贡与生徒在每年春天集中在京师长安的尚书省礼部应试，谓之“省试”。明经、进士考试均为三场，每场以一日为限。

应试之日，应试者须自带水、炭、烛炬、餐具等进入贡院考场。考生进入贡院时，要经严格的“搜索衣服，讥呵出入，以防假滥焉”。答卷时应试者必须在诗文中避国讳（皇帝名）、宰相讳、主司讳及家讳（父祖名），凡遇试题中有家讳字样，即报称“用心疾”“暴疾”，然后自行退场罢考。应试者如遇不会回答的问题，要求在题末写“对未审”（多用于墨义）。考官在批阅试卷时，对于回答正确的，批一“通”字；而对于答错或未解答的试题，则批一“不”字。

通常礼部省试结束后，应试者的试卷要被送至中书门下省复核。省试取中称“及第”，或称登科、登第、擢第，亦有折桂、登蟾宫之称。进士第一名称“状元”或“状头”。唐代各科中，以进士及第最为显赫。唐代通知及第者的方式有“榜帖”和“张榜”两种。“榜帖”是由主司以黄花笺写上及第者的姓名，派人持笺报之，称作“榜帖”；“张榜”又作“金榜”，是指抄录及第者姓名公之于世的方式。通常张榜于礼部南院的东墙上，并设棘于门及墙下，以防未及第者拆榜滋事。因放榜书以黄纸，故又名金榜。

金榜题名后的新科进士要履行过堂谒宰相、谢座主、赴期集等一系列礼仪。然后一举成名，光宗耀祖。这时及第者也仅仅是取得了做官的资格，若要仕进，及第者还要通过吏部的铨选考试（释褐试），即身、言、书、判四个方面的考察，方可脱释平民褐衣而着官服。《新唐书·选举志》云：“凡选有文武，文选吏部主之……凡择人之法有四：一曰身，体貌丰伟，二曰言，言辞辩正；三曰书，楷法遒美；四曰判，文理优长。四事皆可，取则先德行，德均以才，才均以劳，得者为留，不得者为放……凡试判登科，谓之入等，甚拙者谓之蓝缕。选未满而试文三篇，谓之宏词；试判三条，谓之拔萃，中者即授官。”至此，士子便可以扶摇直上，进而一人得道，鸡犬升天了。

唐代科举考试起初由吏部考功员外郎主持，后因吏部考功员外郎是从六品上，地位比较低，不适合主持全国的科举大考，于是公元736年（开元二十四年）诏定由礼部侍郎主持，礼部侍郎是正四品上，从此科举考试改由礼部掌管，礼部对朝廷、皇帝负责。这也提高了科举考试的权威性和严肃性。唐代礼部下设贡院，贡院是考试和阅卷的场地。省试一般在京师长安举行，主持省试的官员称为“知贡举”，泛称作“主司”“主考”“主文”和“有司”等，皇帝有时也会临时派遣其他官员作为主考官。

科举制度萌芽于南北朝，创始于隋，确立于唐，完备于宋，延续至元、明、清，前后经历了1300年之久，对中国古代社会生活产生了极其深刻的影响。科举制度的创立，一方面将官吏的选拔权力从地方世族和官员手中集中到中央，加强了中央集权；另一方面，把教育、读书、考试、做官紧密联系起来，在发展教育事业的同时，为知识分子摆脱贫寒、获取高官厚禄、参与政治提供了可能性。这在一定程度上调和了社会矛盾，同时将许多读书人吸引到了科举仕途上，也有效地扩充了皇权统治的基础，起到了巩固皇权统治的作用，这也是科举制能在中国社会维持1300年之久的根本原因。

（郭娅）

## 4. 隋朝三教并用

隋朝是和秦朝一样，属于短命王朝，前后仅历 38 年(581—618 年)。但是，它在中国历史上的地位非常重要。隋结束了魏晋南北朝以来的长期分裂局面而实现南北统一，不仅如此，它还为盛唐的繁荣统一局面奠定了基础。唐朝强盛的重要标志之一是其灿烂的文化，它之所以创造文化上的辉煌，与唐继续推行隋朝的三教并用的文教政策是分不开的。

纵观短促的隋代历史，两代帝王文帝、炀帝基本上采取儒、释、道三家思想兼容的方针。采取这一政策，是从当时社会思想、文化的发展现状出发的。佛教为了减少传播过程中的阻力，对佛教的教义、传教形式进行了改造，成了中国化的宗教，已经深入人心。南北朝后期，佛教已经发展成不可忽视的社会力量。北周武帝灭佛，出于国计民生考虑，是必要的措施。但单纯运用行政手段，效果并不好，反而引起社会的动荡。佛教既为千百万民众所信奉，用帝王手中一时的权力和简单粗暴的行政手段是根除不了的，只有因势利导，才是明智的选择。道教是中国的本土宗教，它比外来的佛教更具有亲和力，在社会发展过程中，受到的抵制和阻力更小一些，而且，经过南北朝的充实改造，日渐成熟，已经成为一股具有深厚社会基础的力量，它对社会生活的各个方面进行广泛、深刻的渗透，产生了至为深远的影响。儒学更是具有深厚的社会根基，它由先秦而至南北朝，有千年的历史，虽然一度被冷漠，但是，儒学以阐发、维护纲常名教为己任，讲求忠君孝亲，它的以礼教维护社会秩序的功能与佛道二教相比，具有不可替代的优势。三教不仅有各自存在、发展的理由，而且在发展演进的过程中呈现出合流的趋势。经过魏晋南北朝时期长期的文化交流与融合，古今中外各种哲学思想经过激烈的碰撞，在此消彼长中相互吸收、借鉴，形成三教归一的趋势。需要说明的是，国家统一的背景，更加强化了这种三教合一的趋势。意识形态随着社会演进而走向统一的时候，必然会按照三教合一的轨道前进。隋朝在推进、完成、巩固统一的过程中，根据政治需要，顺应社会思想发展的趋势，在思想文化方面一贯施行多元一统、三教并用的政策。隋朝两代帝王文帝、炀帝实行三教并用，但不意味他们对三教的态度完全一样，而是有所轻重的。总的来说，三教并用的格局是，弘扬佛道，不弃儒学。也就是佛道优先于儒。

佛教在文帝、炀帝的推崇、扶持下，在社会上拥有巨大的势力，获得了空前的发展。他们扶持佛教，主要是出于巩固统治的现实功利目的，当然，也不排除宗教信仰的因素。在这一点上，文帝比炀帝的倾向性更加显著。文帝从北周手里夺得政权，北周武帝灭佛在佛教徒中产生了恶劣影响，文帝兴佛，无疑可以赢得僧众信徒对隋政权的好感，有利于争取广大佛教信徒的支持。此外，他个人的经历，也是促成他兴佛的动因之一。

隋文帝的兴佛举措如下：第一，听任剃度，礼佛佞佛。隋文帝听任百姓剃度出家。581 年(开皇元年)下诏，天下百姓出家不受限制。在这一鼓励政策下，不仅高僧可以度人出家，而且民间可以私随僧尼出家。于是，僧人大增，文帝在位期间，正式剃度的僧尼达 23 万之多。文帝还倡导崇佛的风气。583 年(开皇三年)诏令，每年正月、五月、九月，从八日到十五日，无论京城还是州县的寺院都必须做法事，做法事期间一律不得杀生。文帝表现出对佛教的无比虔诚。律宗灵藏和尚是文帝的布衣之交，文帝为他建大兴善寺，并令左右仆射每两天前往参见。他可以和文帝坐同榻，行同舆，而且可以自由出入皇宫。文帝以佛家弟子自居，584 年，他在给灵藏的手敕中自称"弟子是俗人天子"。585 年，文帝在皇宫中为自己举行授菩萨戒仪式，并大赦天下。586 年关中大旱，文帝恭迎沙门昊延在正殿作法祈雨，昊延高踞御座，文帝率百官席地念佛。594 年(开皇十四年)，文帝被尊为"法轮王"。翌年，他敕请沙门进宫为独孤皇后授戒。文帝 13 岁之前在佛寺由尼姑养育，并接受教育，对佛教有很深的感情。他当了皇帝后，常常追忆在寺院中的生活经历，对养育他的尼姑智仙心存崇敬与感激。按文帝的说法，智仙预言他以后能贵为天子，担当兴佛大业。601 年(仁寿元年)，文帝命天下寺院的舍利塔里供奉尼姑智仙的绘像，尊奉她为"神尼"，并让大臣王邵给她作传。文帝还从法律上对佛教进行保护。600 年(开皇二十年)文帝下诏，严禁破坏佛像，敢于犯禁者，无论是僧尼还是百姓，都以"恶逆"的重罪论处。在文帝的提倡下，佛教广为流行，尤其是上层社会。受文帝的影响，几个皇子无不信佛，尤其是三子秦王杨俊，竟然请求出家为僧，被文帝阻止。大臣当中多信佛，造寺礼佛者大有人在。文帝仁寿年间(601—604 年)令天下各州建舍利塔。安放仪式极为隆重，总管刺史以下县尉以上的官员七天不办公，专门进行筹备。社会上层佞佛，进而影响到整个社会，593 年(开皇十三年)，文帝还在佛像前发露忏悔，并主持斋会，参加者多达十万人。

第二，大建寺塔，修造佛像。581 年(开皇元年)春，文帝下诏，在五岳下各建一寺。七月又下诏，在他的父亲杨忠建功的地方襄阳、隋郡、江陵、晋阳各立寺一所。582 年，迁都龙首原。文帝曾经受封为大兴郡公，他把都城、宫殿、城门等都以大兴命名，并按太庙的规模建立京城最大的大兴善寺。583 年，文帝下令修复北周时废毁的佛寺。591 年诏令，天下州县，建僧寺、尼寺各一。601 年(仁寿元年)，文帝下令，凡是他在称帝前经过之地，都必须建大兴国寺。不仅官方大力修建寺庙，而且还鼓励民间修建。591 年，文帝下令，天下立寺不分公私，民间可以自行建造。594 年，下令取消寺额的限制。王公勋贵纷纷响应，各地立寺运动如火如荼。此外，对于建立佛寺，文帝还给予经济上的支持。593 年，诏令五岳及名山各建僧寺一所，并赐予田庄。文帝还开展大规模的造塔运动。文帝迷信谶纬符瑞之说，未称帝之前曾经得到舍利一裹，他相信这些舍利是他受命于天的祥瑞之物。他在仁寿年间(601—604 年)诏令天下各州建舍利塔，派高僧把这些舍利分送下去，存放在塔内。于是，全国百余州建有舍利塔。文帝还下令修造佛像。581 年，文帝诏令民户按人头出钱印造佛经、佛像。601 年，文帝命天下寺院的舍利塔里供奉尼姑智仙的绘像。在大量修造佛像的同时，文帝还采取措施，保护佛像不被损毁。584 年下令，凡是北周灭佛期间已被官府没收，但没有销毁的佛像，一律重新安置。599 年，文帝下诏，不许毁坏佛像。

第三，广聚名僧，写经弘法。文帝即位之初，就开展译经事业。581 年(开皇元年)，北齐僧人智周、宝暹、道邃、僧昙等十人从西域回到长安，带来佛经二百六十部。文帝敕令翻译，并从此设立翻经馆和翻经学士。此外，文帝沿袭北魏旧制，设立佛教的管理机构和僧官。以昭玄寺为全国的佛教管理机构，设大统一人，统一人，都维那三人；各州郡县设功曹、主簿等若干，管理地方的佛教事务。文帝还在京城修建寺院，延揽天下名僧，讲论经法。当时京城内建有寺院一百余所，其中大兴善寺规模最大，名僧大多安置在这里。除大兴善寺外，日严、胜光、延兴、禅定、真寂、净影等名刹中所住的名僧数量，并不亚于大兴善寺。比如，惠远最初住大兴善寺，文帝又建净影寺，让惠远主持，讲论佛经。全国各地的一流佛教学者跟从惠远学习，不下七百人。582 年，诏请北天竺僧人那连黎耶舍来长安译经，住在大兴善寺。这种个别延聘的例子很多，难以一一枚举。而具有重大影响和意义的有如下几次：587 年，文帝召惠远等六名高僧各带十名弟子进京，把他们供养在大兴善寺里。585 年，应昊延等僧众的请求，从突厥把北印度犍陀罗国的名僧阇那崛多请到长安，主持译经。又召婆罗门僧人达摩笈多，以及居士高天奴、高仁和兄弟同传梵语；请僧休等十大德兼掌译事，铨定宗旨；沙门明穆、彦琮重对梵本，再审复勘，整理文义。平陈以后，又陆续迎请南方高僧进京，使各地名僧荟萃京城。由于朝廷的重视和支持，整理旧经、译经等工作卓有成效，佛经极为丰富。研究资料表明，文帝仁寿时彦琮目录内有五千零五十九卷；而唐高宗时长安所有不过一千卷。佛教经卷的数量是佛教发展状况的一个重要指标，这是纵向比较，横向比较更说明了文帝时期佛教之盛。581 年，民间佛经就多于六经几十甚至上百倍。此外，文帝还在 592 年设置"二十五众"和"五众"的佛教组织，进行佛学研究与教育。"二十五众"是弘扬佛法的团体，"五众"是专门的僧人教育组织，这两个组织向社会和僧界全面系统地推行佛法教育，对于推动佛学经义的研究和提高，培养佛教人才，具有重要意义。文帝在位二十四年间，度僧尼 23 万，建寺院 3792 所，写经 46 藏、132086 卷，整理旧经 3853 部，造像 106580 尊，一百多州都建有佛塔。由于隋文帝提倡佛教，天下名僧云集长安，使得长安成了佛教重镇，隋朝成了名副其实的佛国。

炀帝也积极扶植佛教。炀帝多方延揽名僧，对他们卑辞厚礼。他极力拉拢的名僧中有江南佛界的领袖——智顗、吉藏等。591 年，杨广还是藩王时，隆重地迎接智顗来扬州。智顗为杨广授菩萨戒，给他取法名为"总持菩萨"；杨广则恭拜智顗为师，并尊奉智顗为"智者大师"。智顗死后，杨广转而延揽江南的另一高僧吉藏。他多次致书迎请，终于把吉藏请到了江都，给予和智顗相当的礼遇。他让吉藏主持惠日道场，后又让他到长安，主持日严寺。杨广即位后，日严寺成为京师的佛教文化中心，声望超过了大兴善寺，吉藏成了炀帝时的佛教领袖。炀帝最值得称赞的佛教贡献是他对佛典经籍的收集、整理。炀帝即位之初，就敕令兴建大量佛寺，并派人出使西域求佛经。589 年，隋灭陈时，作为统帅的杨广怕灵像佛经毁于战火，命令远征各军随访收聚。杨广在扬州四道场建立后，组织名僧将收集到的佛经进行整理，共得四藏，近十万轴。606 年，炀帝在洛阳上林园设翻经馆，由名僧彦琮主持。上林园与大兴善寺同为两大译馆，翻译、整理了大量佛经。炀帝在位十三年，建寺 193 所，度僧 6200 人，修旧经 612 藏、29172 部，修旧像 101000 区，造新像 3850 区。

隋代帝王崇信佛教的同时，也没有忘记利用道教来为其服务。总的来说，这一时期，隋统治者对道教是扶植、利用。在王朝更替时，他们需要道教的谶纬迷信来为他们制造舆论，为他们证明他们取代旧朝行动的"合理性"，他们是"受命于天"的"真命天子"。而且，隋代道教带有向上层化发展的特点，他们中的很多人得到帝王的恩宠，出入朝堂，参与上层统治集团之间的政治斗争。

文帝夺取政权的过程中，就曾利用过道士为他大造舆论。道士张宾、焦子顺向杨坚密告受命之符，帮他夺取北周政权。为此，杨坚登上皇位后，两人受到重用。尤其是焦子顺，文帝请他参与军国大事，并在宫廷附近为他建立"五通观"，尊他为天师。文帝不仅重用道士，而且以含有道教神学象征意义的"开皇"为开国年号。以道教的开劫度人为皇帝的开天治世正名分取瑞兆，利用道教服务于现实政治的目的是很显然的。581 年，文帝修复盩厔县老子庙。583 年，文帝迁都龙首原，在京畿造道观 36 所，度道士 2000 人。又下令重修盩厔县楼观宫宇，度道士 120 名，并亲临道场，以示崇敬。文帝又特置玄都观，以楼观道道士王延为观主，为提高王延的声望，在 586 年亲自召见他。587 年，文帝为道士吕师建清虚观，为道士孙昂建清都观。588 年，征召道士至京师，居至德观；征召道士仇略至京师。文帝所建道观还有益州至真观、三洞观、会圣观等。文帝在宗教政策上佛道并重。他在 581 年下诏，说佛道二教殊途同归，没有内外之别。600 年，文帝又重申佛道并重的政策，并严厉禁止破坏佛道神像的行为。文帝晚年，对于长生成仙之说更是深信不疑。

文帝的继承者隋炀帝杨广也是一样，既笃信佛教，又扶植、利用道教。炀帝修建道场，广泛召集道士。杨广出镇扬州期间，在江都建立了规模巨大的四道场。道场佛道各占一半，即佛教的惠日、法云二道场，道教的玉清、金洞二道场(玄坛)。在玉清、金洞二玄坛里，收纳的道士为数不少。后来，杨广在洛阳仿江都四道场新建了四道场，即东都内道场，也是佛道各半。佛教为惠日、法云道场，道教为通真、玉清二玄坛。其中，通真、玉清玄坛积聚了许多来自全国各地的道士。炀帝招揽道士，为夺取皇位的继承权作准备。在他还是藩王时，就对道士徐则表示崇敬，不但向其请受道法，而且希望他能帮助自己夺取帝位。除了徐则，炀帝对其他许多道士也非常敬重。史书记载，受炀帝礼遇的道士还有建安宋玉泉、会稽孔道茂、丹阳王远知等。其中，炀帝对于王远知更是优礼有加。592年，他还是晋王，对王远知具礼召迎。612年，炀帝在涿郡朔宫召见王远知，亲执弟子礼，并让代王杨越拜王远知为师，还为他在长安建"玉清玄坛"。炀帝迁都洛阳后，在城内外建道观24所，度道士1100人。又改佛寺为道场，改道观为玄坛，各设置监、丞。还建立崇玄署，设令、丞，加强对道教、佛教的管理。此外，炀帝还收集道经，撰写目录。由于炀帝崇道，很多道士向他进献道术获宠。炀帝幻想长生不老，迷恋丹方。道士潘诞自称可以为炀帝炼金丹，炀帝为他建华美的嵩阳观，宫宇几百间，并以童男童女120人供他役使，其他杂役多达数千人，耗费的钱财更是不计其数。炀帝还仿传说中的仙山琼阁，修建西苑，每天在苑中与宠姬、僧道男女宴饮厮混，过着腐朽堕落、荒淫无耻的生活。炀帝无论是在长安、洛阳，还是外出巡游，身边都有僧、尼、道士、女官随从，他们被称为"四道场"。

隋朝在弘扬佛道的同时，也崇文兴教。北周尚武，朝贵多来自行伍，形成轻视文人的传统。隋朝代北周而立，虽然有所变革，但积习难以骤然去掉。为了改变这种局面，杨隋政权在推行文治、开展文化建设方面做了积极的努力。582年，文帝专门赐给能通儒经的国子生束帛。这一举动给主张文治的朝臣儒士以很大鼓舞。583年，文帝下诏，号召天下，重学兴礼。585年，文帝征召山东义学之士马光、张仲让、孔笼等六人至京师，委任其为太学博士。在学制方面，将书学、算学置于传统教育机构国子寺之下，这样，国子寺辖国子、太学、四门书、算五学。593年，还将教育机构国子寺更名为国子学，不再归宗教事务管理机关的太常寺管辖，而是独立出来，国子祭酒为国家最高教育行政长官，这是有利于学术发展的。文帝还积极推进文献图籍的收集、整理工作。他应牛弘之请，遣使者分赴各地，用高价收购天下异本，献书一卷，酬缣一匹，秘书省校写完毕后，再将书籍归还原主。经过一两年的努力，国家图籍才稍微完备了。平陈时，从陈朝运来大量的图书，文帝派人对搜集的图书进行整理修缮。经过这番整理，藏书达到三万卷，恢复到梁朝的水平。文帝还积极推进修史事业。593年，文帝下诏，不许私人修史。从此，史书修撰由政府史馆主持。此外，文帝改革原有的九品中正制的官吏铨选制度。582年，文帝下诏，宣布采取制举的办法来选拔人才，即举荐人才不通过中正。587年，文帝下诏实行"岁贡"，各州每年推荐三人，这些贡士集中在京城，参加朝廷的分科考试，考试的科目有秀才科和明经科。文帝实行的"岁贡"制度，开启了此后中国完备的科举制度。

炀帝继承了文帝的文教政策，积极推进文化建设。605年，炀帝发布政令，宣布兴办教育，选拔人才。文帝时虽学校体制粗具规模，但晚年一度废学，全国只保留太学1所，博士5人，学生72人。炀帝即位后，纠正了文帝的做法，在605年复开学校。607年，炀帝改国子学为国子监，并加强教育行政管理。此外，为了强化儒学的教化作用，炀帝继承文帝的做法，继续抬高孔子及其后代的地位。文帝封孔子后裔为"邹国公"，炀帝则更进一步，改封孔子后代为"绍圣侯"，称孔子为"先师尼父"。608年，炀帝下诏表彰孔子。炀帝还继承文帝的聚众讲论、自由辩论的做法，广召明经儒士论辩，以达到学术的统一。在炀帝的倡导下，讲论儒家经典的学术活动盛况空前，超过了佛教僧侣的说禅论经。炀帝奖掖在论辩中胜出的儒士，如孔颖达、陆德明等经学家就受到文帝信用。炀帝还广集人才，进行各类图书的编纂。炀帝为了推进图书经籍的整理，加强了专门机构——秘书省的建设，扩大了人员编制，并先后任用博通典籍的南方学者如虞世南等充任秘书省的长官——秘书监。炀帝对国家图书进行了系统整理，取得巨大成绩，共成书 31 部，17000 卷。

隋朝文帝、炀帝两代帝王实行的多元一统、三教并用的政策，大体顺应了三教彼此消长后终归合流的思想文化发展趋势。三教并用无疑是具有积极的历史意义的，它开启了后世兼容并包、调和融摄的开放的学术风气。唐朝统治者基本继承了隋朝的三教并用的文化政策，不搞独尊一说，形成了自由辩论、互相融合的学术氛围；在相互吸收、取长补短的基础上，有力地促进了三教各自的发展。宋明时代理学的诞生，正是援佛入儒、援道入儒的产物。

（陈友乔）

## 5. 李春与赵州桥的建造

桥梁，作为人类伟大的发明创造物，不但是人类社会进步与发展的重要标志，同时也是人类社会生产、生活环境的重要组成部分。最初，原始人类为了跨河越涧，克服地理环境的限制，创造了桥梁这一重要的交通运输载体。随着数千年来人类社会的不断进步发展，桥梁逐渐在单纯物质载体的基础上被赋予了很多新的意义。可以说桥梁与人们的生活、生产息息相关，不仅与当时的政治经济、科学技术有着千丝万缕的联系，更是社会文化的一个重要的象征代表，在人类文明发展史中，书写下了重要的篇章。

赵州桥又称安济桥，坐落在河北省赵县的洨河上，横跨在37米多宽的河面上，因桥体全部用石料建成，故被称做“大石桥”。赵州桥是我国知名度最高的一座古代桥梁，同时也是我国最古老和当时跨径最大的圆弧形石拱桥，在建造时设计师创造性地采用拱肩上加拱的设计，使之成为世界上第一座敞肩拱桥。这座桥梁的建成，代表了我国桥梁技术的巨大成就，之后仿照这座伟大石桥，全国兴建了一系列的敞肩石拱桥，如山西的普济桥、景德桥以及河北的永通桥等。作为中国最著名的桥梁之一，赵州桥拥有巨大的历史人文价值、艺术审美价值和创新的科学技术价值。

赵州桥建于隋朝开皇至大业年间，由著名匠师李春设计建造，距今已有1400多年的历史。当时的隋朝刚刚统一全国，结束了自东汉末年以来战乱频仍的割据局面。随着社会秩序的安定，隋文帝杨坚推行休养生息政策，使全国户口增多，国家也逐渐恢复富裕繁荣，隋朝进入了一个黄金发展时期。在这一时期，朝廷大兴土木，开凿广通渠，兴修仁寿宫，此外还兴建了行宫十二所等，在国内各地掀起了兴修建筑的浪潮。与此同时桥梁作为人们跨涧越水的重要交通设施，也得到了很大的发展。这一时期的建筑规划设计往往恢弘大气，设计精美，无论是小的桥梁房屋，还是大的都城规划，都无不体现出隋朝当时的繁荣兴盛，屹立至今的赵州桥就是其中的经典代表。

赵州桥地处河北省赵县。赵县在隋代地理位置十分重要，是南北官道交汇的枢纽。唐人张彧所作《安济桥铭》云：“万里书传，三边檄奏，邮亭控引，事物殷富。”宋人杜德源《安济桥诗》赞叹“坦平简直千人过，驿使驰驱万国通。”在这里筑桥，对于连接南北交通，具有战略意义。

主持赵州桥建造的设计师是李春。唐代宰相张嘉贞所作的《安济桥铭序》一文中开篇第一句就是“赵郡洨河石桥，隋匠李春之迹也”。可惜的是，由于中国古代工匠身份低微，史书上没有留下其他任何关于李春生平的文献记载。相反，民间传唱的歌谣《小放牛》则将桥梁的建设归功于鲁班，流传着一段鲁班与张果老打赌桥梁坚固与否的故事。歌里面唱道：“赵州桥(来)什么人修？玉石(的)栏杆什么人留？什么人骑驴桥上走？什么人推车轧了一趟沟？麻咿呀嘿。什么人推车轧了一趟沟？麻咿呀嘿。赵州桥(来)鲁班爷爷修，玉石栏杆(的)圣人留，张果老骑驴桥上走，柴王爷推车轧了一趟沟。麻咿呀嘿。柴王爷推车轧了一趟沟，麻咿呀嘿。”相传在古时候赵县的洨河每当雨季便泛滥成灾，使得洨河两岸的百胜深受其害。而当时的仙人鲁班为了使两岸百姓能够幸福生活，便在一夜之间建造出赵州桥。当时柴王爷和张果老二仙刚好经过赵州桥，就问鲁班他造的桥是否能够同时经得住他们二人。鲁班对自己造的桥十分自信，于是回答说“但走无妨”。这样，柴王爷就推着独轮车，张果老骑着驴子踏上了赵州桥。然而因为柴王爷的独轮车上装有“五岳名山”，而张果老更是带着太阳和月亮，当二位仙人踏上赵州桥时，桥身开始猛烈摇晃。此时鲁班急忙跳进水中用力托住桥身，这样张果老和柴王爷才顺利通过。由于鲁班在托住桥身之时用力过猛，导致赵州桥的拱圈上留有一双手印。张果老过桥时因为带有太阳和月亮，使得桥上留有驴蹄印。柴王爷在过桥的时候，也曾因为用力太猛，使得自己跌倒在桥上，当时柴王爷单膝跪地，使得桥上留有膝印。因此，直到今天在河北省都流传着关于赵州桥“仙驴驮日月桥留蹄印，神车载五岳圮存辙沟”的美丽传说。

虽然这个故事荒诞不经，不合史实，但趣味性十足，客观上提高了赵州桥的民间知名度，丰富了其在百姓心目中的形象。

赵州桥建成至今，经历了10次水灾、8次战乱和多次地震，特别是1966年3月8日邢台发生7.6级地震，赵州桥距离震中只有40多公里，但都没有被毁坏。今天的研究者在分析了赵州桥修建时复杂的建筑工艺和所面临的巨大挑战后，都不得不感叹李春的经验之丰富，才华之出众，其不拘于当时工程水平的设计理念堪称是天才性的创新。

在艺术审美价值方面，赵州桥外形奇特壮丽，设计精美巧妙。整个桥身形状恰似飞虹映波、开云出月，布局上也与周围的山水浑然天成，水乳交融。《安济桥铭序》描写石桥的外形：“试观乎用石之妙，楞平砌斫，方版促郁，缄穹隆崇，豁然无楹。”赵州桥的细节部分也十分精美，栏杆富丽堂皇，雕刻栩栩如生。《安济桥铭序》赞叹曰：“其栏杆华柱，斵龙兽之状，蟠绕拏踞，眭盱翕欻，若飞若动。”从目前挖掘出土的隋代的栏板和望柱来看，雕刻的兽面与龙纹栩栩如生，望柱上的狮子头威猛雄武。其石质圆润光滑，刀法精美，布局独特，赵州桥具有的极高的艺术审美价值由此可见一斑。

作为中国古代桥梁中的经典范例，赵州桥真正享誉海外的正是它巨大的科学技术价值。这座桥在我国现存的古代石拱桥中是最为古老的，并且是当时跨径最大的石拱桥，不仅是我国桥梁发展历史上最早实现拱上加拱的敞肩石拱桥，亦是世界桥梁历史上的创新。其独特的创新型设计理念，大大超越了当时的设计理念，在世界桥梁建筑史上留下了重要的一笔。

李春根据自己多年丰富的实践经验，经过严格周密的勘查、比较，选择了洨河两岸较为平直的地方建桥。这里的地层是由河水冲积而成，地层表面是久经水流冲刷的粗砂层，以下是细石、粗石、细砂和黏土层。根据现代测算，这里的地层每平方厘米能够承受4.5~6.6公斤的压力，而赵州桥对地面的压力为每平方厘米5~6公斤，能够满足大桥的要求。选定桥址后，在上面建造地基和桥台。赵州桥历经1400多年，桥基仅下沉了5厘米，说明这里的地层非常适合于建桥。

中国古代的传统建筑方法，比较长的桥梁一般采用多孔形式，这样每孔的跨度小、坡度平缓，便于修建。但是多孔桥也有缺点，如桥墩多，既不利于舟船航行，也妨碍洪水宣泄；桥墩长期受水流冲击、侵蚀，天长日久容易塌毁。因此，李春在设计大桥的时候，采取了单孔长跨的形式，河心不立桥墩，使石拱跨径长达37米之多。这是中国桥梁史上的空前创举。

赵州桥的拱用于跨度比较小的桥梁比较合适，而大跨度的桥梁选用半圆形拱，就会使拱顶很高，造成桥高坡陡、车马行人过桥非常不便。同时，也不利于施工，半圆形拱石砌石用的脚手架会很高，增加施工的危险性。为此，李春和工匠们一起创造性地采用了圆弧拱形式，使石拱高度大大降低。赵州桥的主孔净跨度为37.02米，而拱高只有7.23米，拱高和跨度之比为1∶5左右，这样就实现了低桥面和大跨度的双重契合，桥面过渡平稳，车辆行人非常方便，而且还具有用料省、施工方便等优点。当然圆弧形拱对两端桥基的推力相应增大，也会对桥基的施工提出更高的要求。

赵州桥的砌置方法新颖、施工修理方便。李春就地取材，选用附近州县生产的质地坚硬的青灰色砂石作为建桥石料。在石拱砌置方法上，采用了纵向(顺桥方向)砌置方法，就是整个大桥是由28道各自独立的拱券沿宽度方向并列组合而成；拱厚皆为1.03米，每券各自独立、单独操作，相当灵活。每券砌完合拢后就成一道独立拼券。砌完一道拱券，移动承担重量的“鹰架”，再砌另一道相邻拱。这种砌法有很多优点，它既可以节省制作“鹰架”所用的木材，便于移动，同时又利于桥的维修，一道拱券的石块损坏了，只要嵌入新石，进行局部修整就行了，而不必对整个桥进行调整。

李春在保持大桥稳定性方面采取了许多严密措施。为了加强各道拱券间的横向联系，使28道拱组成一个有机整体，连接紧密牢固，李春采取了一系列技术措施。首先，每一拱券采用了下宽上窄、略有“收分”的方法，使每个拱券向里倾斜，相互挤靠，增强其横向联系，以防止拱石向外倾倒；在桥的宽度上也采用了少量“收分”的办法，就是从桥的两端到桥顶逐渐收缩宽度，从最宽9.6米收缩到9米，以加强大桥的稳定性。其次，在主券上均匀沿桥宽方向设置了5个铁拉杆，穿过28道拱券，每个拉杆的两端有半圆形杆头露在石外，以夹住28道拱券，增强其横向联系。在4个小拱上也各有一根铁拉杆起同样作用。在靠外侧的几道拱石上和两端小拱上盖有护拱石一层，以保护拱石；在护拱石的两侧设有勾石6块，勾住主拱石使其连接牢固。为了使相邻拱石紧紧贴合在一起，在两侧外券相邻拱石之间都穿有起连接作用的“腰铁”，各道券之间的相邻石块也都在拱背穿有“腰铁”，把拱石连锁起来。而且每块拱石的侧面都凿有细密斜纹，以增大摩擦力，加强各券横向联系。这些措施的采取使整个大桥连成一个紧密整体，增强了整个大桥的稳定性和可靠性。

平拱即扁弧形拱的形式，既增加了桥的稳定性和承重能力，又方便了人畜在桥上通行，还节省了石料；李春在大石拱的两肩又设计了两个敞肩小拱，靠近大拱脚的小拱净跨为3.8米，另一拱的净跨为2.8米。这是创造性的设计，不但节约了石料，减轻了桥身的重量，而且在河水暴涨的时候，还可以增加桥洞的过水量，减轻洪水对桥身的冲击。洨河平时水量并不大，但一遇大雨，便泛滥为洪水，水势凶猛，势不可当。因此如果采用多拱，势必要采用多桥墩设计，这样就会压缩河道，抬高水位，一旦洨河泛滥，桥墩就会承受巨大的冲击力，长久以往，很难保证不出现坍塌。因此采用单孔的构造，很大程度上减少了水流对桥身的冲击，延长了桥梁的使用寿命。据计算，赵州桥四个小拱增加过水面积16%左右，大大降低了洪水对大桥的影响，提高了大桥的安全性。

敞肩拱比实肩拱可节省大量土石材料，减轻桥身的自重。据计算，四个小拱可以节省石料26立方米，减轻自身重量700吨，从而减少桥身对桥台和桥基的垂直压力和水平推力，增加桥梁的稳固。此外，它增加了造型的优美程度，四个小拱均衡对称，大拱与小拱构成一幅完整的图画，显得更加轻巧秀丽，体现了建筑和艺术的完整统一。

赵州桥高度的技术水平和不朽的艺术价值，充分显示出建筑师李春和劳动人民的智慧与力量。赵州桥的设计构思和工艺的精巧，在我国古桥建筑史上首屈一指，像这样的敞肩拱桥，欧洲直到19世纪中期才出现，比我国晚了1200多年。

（张敏）

## 6.“四部分类法”的创造

中国文献分类学肇始于西汉时期。公元前26年(河平三年),汉成帝下诏校勘整理典籍,令光禄大夫刘向负责经传、诸子、诗赋,步兵校尉任宏负责兵书,太史令尹咸负责数术,侍医李柱国负责方技。“每一书已,向辄条其篇目,撮其指意,录而奏之。”(《汉书·艺文志》)其文编为《别录》。刘向去世后,汉哀帝刘欣诏令刘向之子刘歆继续从事文献整理工作。刘歆于是以《别录》为基础编成《七略》。

《七略》是我国文献分类学的开山之作,包括辑略、六艺略、诸子略、诗赋略、兵书略、数术略、方技略七部分。其中“辑略”属于绪论,其他六略才是分类目录名称。《七略》其书早已亡佚,不过《汉书·艺文志》是依傍该书删定而成的,我们可以借助《汉书·艺文志》大致了解其基本分类框架:

六艺略:易、书、诗、礼、乐、春秋、论语、孝经、小学;

诸子略:儒家、道家、阴阳家、法家、名家、墨家、纵横家、杂家、农家、小说家;

诗赋略:赋一、赋二、赋三、杂赋、歌诗;

兵书略:兵权谋、兵形势、阴阳、兵技巧;

数术略:天文、历谱、五行、蓍龟、杂占、形法;

方技略:医经、经方、房中、神仙。

时至魏晋,中国传统学术发生重大改变。首先,受汉武帝“罢黜百家,独尊儒术”文化政策的影响,诸子类文献迅速萎缩。在儒学内部,古文经学取得官学地位以后,又经过马融、郑玄、王肃等古文经学大师的努力,终于成为学术界的主宰,今文经学则日渐衰微。另一方面,玄学的兴起和对儒学的渗透,导致玄学解经别开洞天。史学上,除官修正史外,私家修史蔚然成风,史籍蜂出。同时,个人诗文作品纷纷结集,总集汇纂也代有所出。据清末姚振宗《三国艺文志》所考,三国期间的史籍就有199种之多,文集达86种。此前,从商周到汉代1800年之间,依《汉书·艺文志》著录,六略中史籍仅34种,“诗赋略”中诗文亦仅一百零六家。这样,文献结构分布出现翻天覆地的变化,《七略》所开创的六分法体系已经远远不能适应实际需要,必须作出相应的调整。于是,四部分类法就应运而生。

四部分类法的创始,南朝梁代阮孝绪的《〈七录〉序》有记载:“魏秘书郎郑默,删定旧文,时之论者,谓为朱紫有别。晋领秘书监荀勖,因魏《中经》,更著《新簿》,虽分为十有余卷,而总以四部别之。”(《广弘明集》卷三)。这就是说,是西晋荀勖开创了四分法。不过,也有学者认为:“《隋书·经籍志》说:‘荀勖又因《中经》,更著《新簿》,分为四部。’由上下文推之,郑墨《中经簿》为四部法之始是没有问题的。”这种推测,其实根据不足,且有断章取义之嫌。《隋书·经籍志》原文作:“魏氏代汉,采掇遗亡,藏在秘书中、外三阁。魏秘书郎郑默，始制《中经》。秘书监荀勖，又因《中经》，更著《新簿》，分为四部，总括群书。”如果是郑默发端，其文应该让“分为四部”承接“始制《中经》”一语才是。实际上阮孝绪《〈七录〉序》远早于《隋志》，观阮氏之文，荀勖首创四分法，了无疑义。

《中经新簿》早已亡佚，其分类框架，可根据阮孝绪的《〈七录〉序》考见大略。具体如下：

甲部：纪六艺及小学等书；

乙部：有古诸子家、近世子家、兵书、兵家、术数；

丙部：有史记、旧事、皇览簿、杂事；

丁部：有诗赋、图赞、汲冢书。

这里，与六分法相比，甲部相当于六艺略，乙部是由诸子略、兵书略、数术略、方技略合并而成，丙部为新增的史籍类目，丁部大体与诗赋略相似。“乙部”的合并、“丙部”的新增，很好地反映了文献此消彼长的实际情况。特别是“丙部”，第一次将史籍单独立为一级类目，肯定了史学地位，顺应和推动了史学发展潮流。但是，还看不出对数量大增的文集类文献所作的应对性处置。丁部阑入“汲冢书”，也不甚妥当。“汲冢书”包括《纪年》《易经》《易繇阴阳卦》《卦下易经》《公孙段》《国语》《名》《师春》《琐语》《梁丘藏》《缴书》《生封》《大历》《穆天子传》《图诗》《周食田法》《周书》《论楚事》《周穆王美人盛姬死事》等，内容横跨四部，理当分别部居为是。此外，《中经新簿》乙、丙两部的次第也与后世完全相反。东晋时期，著作佐郎李充编《晋元帝四部书目》，承袭并改良了荀勖四部分类方法，互换乙、丙两部的著录内容，使乙部著录史书，丙部著录子书。由此，四部次第被稳定下来，一直为后代沿用。

总的说来，四分法在两晋南北朝时期尚处于草创阶段，所以唐修《隋书·经籍志》，又有所完善。《隋书·经籍志》并非与《隋书》一起成书。636年(贞观十年)，《梁书》《陈书》《北齐书》《周书》《隋书》告成。但缺陷十分明显，五史全未修志。641年(贞观十五年)，唐太宗又诏令补修“五代史志”。656年(显庆元年)，《礼仪志》《音乐志》《律历志》《天文志》《五行志》《食货志》《刑法志》《百官志》《地理志》和《经籍志》等“十志”均已告竣，复与《隋书》勒为一编。刘知幾《史通·古今正史》还说：“其篇第虽编入《隋书》，其实别行，俗呼为《五代史志》。”今本《隋书·经籍志》题长孙无忌等撰，但《宋天圣二年〈隋书〉刊本原跋》载：“《经籍志》四卷，独云侍中郑国公魏徵撰。”(《隋书》第六册，中华书局1973年版，第1903页。)这样看来，魏徵才是《经籍志》的真正编撰人，长孙无忌只是进呈者而已。近人王重民先生甚至认为，魏徵早在629—636年间任秘书监撰定五代史时，就已“依据隋代藏书旧录，参考秘书监所整理出来的隋代遗书”着手编纂《经籍志》(见《中国目录学史论丛》)。

《隋书·经籍志》共分四部四十类，另附道经、佛经十五类于集部之后。具体如下：

一、经部：易、书、诗、礼、乐、春秋、孝经、论语、谶纬、小学。

二、史部：正史、古史、杂史、霸史、起居注、旧事、职官、仪注、刑法、杂传、地理、谱系、簿录。

三、子部：儒家、道家、法家、名家、墨家、纵横家、杂家、农家、小说家、兵法、天文、历数、五行、医方。

四、集部：楚辞、别集、总集。

附道经：经戒、饵服、房中、符录。

附佛经：大乘经、小乘经、杂经、杂疑经、大乘律、小乘律、杂律、大乘论、小乘论、杂论、记。

这个体系的优点是相当突出的。其一级类目用经、史、子、集替换甲、乙、丙、丁，使目录名称能够直观、明确地揭示文献内涵，所以后代的四分法都因此而相沿不改。子类方面，初期的四分法粗糙简略，此则多达55种，综贯百家，类例源流，设目较为系统精密，很好地反映出当时文献发展的实际状况。此外，该书还著录文献的存佚，使汉、隋之际的古籍馆藏状况得以考见。最为可贵的是，该书还秉承《汉书·艺文志》的余绪，四部配以大序、四十子目配以小序，勾勒学术演替轨迹。如乐类小序："乐者，先王所以致神祇，和邦国，谐万姓，安宾客，悦远人，所从来久矣。周人存六代之乐，曰《云门》《咸池》《大韶》《大夏》《大护》《大武》。其后衰微崩坏，及秦而顿灭。汉初，制氏虽纪其铿锵彭儛，而不能通其义。其后窦公、河间献王、常山王、张禹，咸献《乐书》。魏、晋以后，虽加损益，去正转远，事在《声乐志》。今录其见书，以补乐章之阙。"寥寥百余字，对乐的起源与功能、乐类文献的正变及其研究简况，都作了扼要交代。这就克服了早期四分法仅仅甲乙簿记的缺陷，从深层次上大大增强了书目的使用价值。《隋志》历来为目录学家所重视，后代的正史艺文志的分类体系也大多以此为基础。当然，《隋志》也存在一些未尽人意之处，如"道经""佛经"类下无书，实属缺憾，而以附于集部，显然有失伦次。四分法的真正完善，是由清代编撰的《四库全书总目提要》最后完成的。

（周德美）

# 7. 从玄武门之变到贞观之治

唐高祖李渊(618—626年)统治期间，太子李建成、秦王李世民和齐王李元吉之间围绕皇位继承权展开了激烈的斗争。公元626年(武德九年)，李世民在长安皇宫的北门——玄武门发动宫廷政变，杀死李建成和李元吉，才结束了这场储君之争，历史上将这次政变称为“玄武门之变”。此后李世民掌握政权，顺利继承了皇位，是为唐太宗(627—649年)。在他的统治之下，唐朝走向了繁盛局面。由于太宗的年号为“贞观”，所以史称“贞观之治”。从玄武门之变到贞观之治，反映了唐王朝由一个内部矛盾尖锐的新兴政权，一步步消除不安定因素，实现政治、经济、军事、文化各方面的提升，最终发展成为中国历史上最繁荣的大一统王朝的历史过程。

“玄武门之变”是“贞观之治”的前奏，它实现了政权在唐朝皇族内部的交接，为“贞观之治”的出现提供了现实基础。

早在唐王朝建立之初，统治集团内部就在皇位继承问题上展开了尖锐的斗争。李建成、李元吉和李世民同为唐高祖李渊原配窦皇后所生，建成为长子，世民次之，三子元霸早亡，元吉排行第四。高祖在山西筹划晋阳起兵时，李世民在李渊身边，曾参与策划了起兵计划，事成之后又常领兵出征，不断平定割据势力，镇压农民起义，功劳最大。及李渊称帝，按照传统宗法习惯，嫡长子李建成被立为皇太子，李世民被封秦王，李元吉为齐王。但当时的事实是，太子依礼制不领兵，而李世民战功卓著、智勇兼备，已成为唐朝军事实际上最重要的领导人。公元621年(武德四年)，他更被高祖任命为“天策上将，领司徒、陕东道大行台尚书令”，位在诸王之上。李世民的这种身份和地位，与李建成形成强烈反差，无疑对他的太子地位构成巨大威胁。此外，在常年征战中，李世民还招纳了很多人才，当时的秦王府，文的有房玄龄、杜如晦等，号称文学馆十八学士；武的有尉迟敬德、秦叔宝、程咬金等著名勇将。拥有了如此众多的谋士与勇将，李世民周围逐渐形成一个强有力的政治集团。

李建成为了巩固自己的地位，确保继承皇位，也设法培植自己的势力。他联络了宗亲贵戚和官僚，结纳山东豪杰作为自己的后备力量。同样有政治野心的齐王李元吉在审时度势后，认为投靠太子对自己更加有利，于是与太子联合，极力拉拢后宫嫔妃和朝中官员，共同对抗秦王势力。到武德末年，唐朝最高统治者内部，围绕着太子李建成和秦王李世民，形成了两大政治集团，斗争日益明朗化，太子和齐王甚至共谋欲鸩杀秦王。他们邀李世民夜饮，于酒中置毒，李世民饮后胸中暴痛，吐血数升，回府被灌了许多解毒药才保住了性命，以致世民发出“不为兄弟所容”的感叹。

太子建成、齐王元吉和后宫嫔妃四处散布流言，游说高祖，说了很多李世民的坏话。局势对世民十分不利，秦府僚属忧惧不已。到公元626年(武德九年)，围绕皇位继承权的斗争终于爆发了。

此时突厥侵边，边防告急，李建成趁机建议由元吉代替世民出征，密谋借此把握秦府兵马，然后杀害秦王。危急之下，李世民召房玄龄、杜如晦和长孙无忌等商议，遂决定背水一战，先发制人，发动政变。六月三日，李世民向高祖禀奏了建成等人的阴谋，高祖十分吃惊，决定次日招二人进宫询问。第二天，经过周密策划，李世民和尉迟敬德一大早就带了一支精兵，埋伏在玄武门内。玄武门是宫城北门，乃出入内宫必经之路，为内廷警卫驻扎重地，对于宫廷戍卫有着举足轻重的地位，控制玄武门便可以控制内廷，从而控制中央政府乃至整个国家，意义十分重大。太子建成和齐王元吉应高祖诏令一同入朝，行至玄武门临湖殿时，发觉有变，但为时已晚，秦府伏兵尽起，射杀二人。尉迟敬德割下太子和齐王的首级示众，东宫和齐王府的卫士们见状也纷纷溃逃。继而，李世民派尉迟敬德面见高祖，说："太子和齐王作乱，秦王举兵将他们诛杀了，怕惊动了您，特意派我来保护。"高祖见事已如此，也无可奈何，只好接受既成事实，宣布建成、元吉罪状，以尽快平息变乱，并命令各府将士一律归李世民指挥，改立世民为太子。

两个月后，唐高祖让位给太子李世民，自己做了太上皇。李世民即位，次年改元贞观。唐太宗接受隋末农民大起义的历史教训，励精图治，实行了一系列的开明政策和利国利民的措施，取得了很大成就。当时的政治比较清明，经济恢复并迅速发展，社会稳定，人民生活得到改善，国力强盛，边境安宁，被认为是中国传统社会少有的太平盛世，史称贞观之治。

唐太宗被公认是中国历代皇帝中圣明的君主，最善于求谏纳谏与选人用人，这是贞观之治得以实现的重要因素。

魏徵曾对唐太宗说："兼听则明，偏信则暗。"太宗很赞成此议，并把君臣关系创造性地比作源头与流水的关系。他认为"人君是源头，大臣是流水"，"源头清澈则水流顺畅，源头混浊则水流不畅"。他十分注意纳谏，这样的事例有很多。公元626年，太宗曾下令年龄虽不满18岁但体格健壮的中男也要应征入伍，并解释说："这是奸民逃避兵役，故意少报年龄。"魏徵对此不以为然，拒绝在诏书上副署，致使诏令无法实行。太宗很生气，魏徵据理力争，认为这种举措是竭泽而渔，全国的中男如果都去当兵，必然再无人负担国家的租调徭役。他还说："陛下不以诚信待人，所以先疑心人民诈欺。"李世民深以为然，并立即收回成命。

由于太宗能求谏纳谏，所以大臣们才敢于直谏，一时之间直言进谏之风成为贞观年间的政治风尚，所谏内容上至国家大政，下至宫廷琐事，其中魏徵一人所谏前后200余事，数十万言，对改进朝政很有帮助。有一次魏徵犯颜直谏，引起了太宗的盛怒。太宗退朝后发怒道："总有一天要杀死这个乡下佬！"长孙皇后赶忙向他道贺，说"魏徵忠直，正因为陛下是明主"。太宗这才平息了怒气。魏徵去世后，太宗十分难过，将魏徵比作"可以明得失"的一面镜子，很怀念魏徵。太宗的从谏如流和魏徵等人的直言敢谏，使一些有益的政令措施得以贯彻执行，也使不利的政令措施得以纠正，避免了许多过失，保持政治清明，成为太宗文治成功的关键因素。

太宗重视人才，能够知人，也能够用人。贞观年间涌现出了大量的优秀人才，可谓"人才济济，文武兼备"。正是这些栋梁之才，用他们的聪明才智，为贞观之治的形成做出了巨大的贡献。

太宗经常与大臣们讨论选择人才的问题，"为政之要，惟在得人"，只有选用大批具有真才实学的人，才能达到天下大治。他曾对魏徵说："选择官员，不能粗率。用一个好人，别的好人都来了；用一个坏人，别的坏人都跟着来了。"他求贤若渴，曾先后5次颁布求贤诏令，从中央到地方选拔录用了一大批精干的官吏，特别是在地方官吏的选择方面十分重视，曾把各地都督、刺史的名字写在屏风上，随时记下他们的善恶事迹，作为赏罚的标准。有一次，太宗命令宰相封德彝荐举人才，很长时间却一无所获，太宗又一再催促，封德彝只好委屈万分地说："不是我不努力，实在是今世没有人才。"李世民当即指责他说："用人好比使用器物，各取所长。古时候的君主治理国家达到太平盛世的，难道都是从别的朝代借来人才的吗？你自己不能识别人才，怎能说是今世没有人才呢？"这充分反映了太宗知人识才不拘一格的独到眼光。为了能进一步选拔人才，太宗还发展了科举制，增加了科举考试的科目，扩大应试的范围和人数，使其成为选拔官僚的主要方法。

贞观年间的用人政策也十分开明，任人唯贤，"内举不避亲，外举不避仇"。在玄武门之变中为太宗即位立下了大功的猛将尉迟敬德，原来是反敌刘武周的手下，后归降大唐。太宗对其十分信任，用人不疑，尉迟敬德果不负所望，忠心不二。魏徵跟从过李密和窦建德，后又充当了李建成的谋士，曾劝李建成早日除掉李世民。玄武门之变后，太宗不计前嫌，委以重任，将其提升为尚书右丞，使其成为流芳千古的贤相。这种开明的用人政策使唐政府聚集了一大批有政治才能的将相和地主阶级知识分子，形成了以房玄龄、杜如晦、魏徵、王珪、马周、张玄素、褚遂良等文人组成的领导集团，为唐朝的强盛各显其能，各尽其力。

在这些文人集团的辅助下，唐太宗对隋朝的制度有因有革，进行了一系列政治、经济改革。

政治方面，实行三省六部制，完善科举和法制建设。

唐朝的中央行政机构主要为三省六部制，基本上沿用隋制，但在某些方面有所改进，因而比隋制更完善，更严密，进一步加强了中央集权。三省为尚书省、中书省和门下省。尚书省下设吏、户、礼、兵、刑、工六部，分理各种行政事务。唐太宗曾任尚书令，故此职官不再授人，而以左右仆射为尚书省长官，与门下省长官侍中、中书省长官中书令共议国政，行施宰相的职务。他们议政的场所叫政事堂，政事堂会议是全国最高决策机构。三省长官由于品位崇高，所以也不常设，于是就给其他官员加上"参预朝政""参议朝政""参议得失""同中书门下三品""同中书门下平章事"等头衔，担任宰相。宰相的权力分于三省，且任用范围扩大到下级官吏，这就进一步削弱了相权，大大加强了皇权，防止皇权旁落。

地方行政制度与隋朝基本相同，仍为州县两级制。州的长官为刺史，县的长官为县令，县下设乡，乡下设里。从公元627年(贞观元年)开始，太宗积极精简政府机构，并省了许多州县，到公元639年(贞观十三年)统计，全国共设有州358，县1511。为加强对地方的控制，他又把全国划分为十个监察区，称为道，时常派遣按察使、巡察使到各道巡察。

唐代科举也袭自隋朝，分为常举和制举，但应试范围较隋朝有所扩大，既包括官吏，也包括一般士人，有利于庶族地主参政，进一步扩大了封建统治的阶级基础。同时，培养人才的学校教育也日益发展，特别是中央国子监下辖的六学规模很大，总数达8880人，体现了唐政府对于培养人才的重视。

法律建设是贞观之治的重要内容之一，不仅奠定了唐朝三百年的制度基础，也为此后一千多年的中国树立了楷模。太宗曾说："国家法律不是帝王一家之法，是天下都要共同遵守的法律，因此一切都要以法为准。"为了明确天下统一之法，限制贵族官僚的肆意横行，太宗继位后就任命长孙无忌和房玄龄等主持重修律令，在《开皇律》的基础上，制定《贞观律》500条，分12卷。其中去掉了《开皇律》死刑92条，减流为徒者71条，其余变重为轻者也很多。同时又编订了《贞观令》30卷、《贞观格》18卷和《贞观式》20卷，完备了唐代法典的"律""令""格""式"四种形式。

所谓"律"，就是刑法典，是用以定刑判罪的条例；"令"就是国家的制度和政令；"格"就是国家各种行政法规，规定了文武百官的办事细则；"式"是国家机关的公文程式。"律""令""格""式"互为补充，以律为主，同时并行，其内容包罗万象，从国家政治制度到社会经济生活，以及民间的婚丧嫁娶等方面，都有详细规范。后来长孙无忌、房玄龄等人又组织十九名法学家，专门为《唐律》作注，到永徽年间完成，名为《唐律疏议》。此《唐律疏议》30卷，是我国现存最早的一部完备法典，在中国法制史上起了重要作用。

制定法律后，太宗以“宽仁慎刑”作为量刑标准，对死刑的判处十分谨慎，下令全国被判处死刑的犯人，需申报中书、门下和尚书三省复核，经三复奏，甚至五复奏，由皇帝批准，才能执行。虽然慎之又慎，但对于贪污分子，太宗严格执法，铁面无私，处以重刑，维护了法律的统一和稳定。公元646年(贞观二十年)，太宗惩罚了一批犯法官员，其中判死刑者七名，流徙数百名，以警戒各级官员严于律己，不敢随便贪污。

太宗的苦心经营也带动了一批廉洁正直的执法官吏，如戴胄、薛仁芳等，社会上逐渐形成了执法严肃、令行天下的风气。总体来说，贞观年间法制情况良好，犯法的人少了，被判死刑的更少。据史书记载，唐太宗在位时期，全国判死刑的只有29人。

经济方面，太宗吸取前代教训，根据“以民为本”的方针，轻徭薄赋、去奢省费。

孟子曰：“民为贵，社稷次之，君为轻。”贞观时期，唐太宗非常重视总结历史经验，真正做到了“以民为本”。隋末农民起义的范围和规模都超过前代，显示了极大的威力。李世民亲眼见证了隋朝由盛而衰的过程，得到了深刻的经验教训。他认为隋朝早亡，其原因在于隋炀帝的奢华无道导致了人民的怨恨和背叛，由此认识到，人民的力量是强大的，立国的根本不在于仓库丰盈，而在于人民安定。他经常与大臣们论古说今，认为“人君依靠国家，国家依靠民众，刻薄民众来奉养人君，好比割身上的肉来充腹，腹饱了身体也完了，人君富有了国家也就灭亡了。所以人君的灾祸，不是来自外面，而是他自己造成的”。他还说：“水可以行船，也可以沉船，民众好比水，人君好比船。”唐太宗君臣政论的主要内容多收录在《贞观政要》一书中，突出了“以民为本”这个主题，关心民生，这在其他朝代是不可想象的。

“以民为本”当然就是要解决农民问题。当时的唐朝在隋末大乱之后人口死散很多，土地大量荒芜，社会经济凋弊，阶级矛盾尖锐。面对这种严峻的形势，太宗非常注重农民的生产生活问题，采取了“去奢省费、轻徭薄赋”的措施，与民休息，力求缓和阶级矛盾，使农业生产得到了恢复和发展，稳定了社会秩序，避免了人民起义。

首先，推行均田令和租庸调法，奖励垦荒。均田制的实施使农民得到了一些土地，而且其中禁止随意买卖土地和无限占田的规定，也在一定程度上起到了抑制土地兼并，保护小农经济和恢复农业生产的作用。租庸调法，特别是其中对于纳庸代役制度的规定，有利于减轻农民负担和社会经济的恢复发展，使得农民有较多的时间从事农业生产，实现社会安定。“薄赋”的同时，政府改革的另一核心就是“轻徭”，爱惜民力，减轻徭役，尤其是力役减轻了很多。《唐律》中明确规定，凡是征发民力修葺城郭、建筑城防的，都需要向尚书省报请，违者重罚。此外，在征发力役时，也比较有节制，注意不违农时。

其次，为了恢复和发展生产，应对不期而至的自然灾害，政府采取了很多救灾措施。贞观初年，关东、关中各地连续数年发生水、旱、霜、蝗之灾，百姓无以为生，卖儿鬻女来养活自己。太宗当即下令免除受灾地区的租赋，一方面开官仓赈恤，一方面让灾民到非灾区就食，还拿出金帛为因灾荒而出卖子女者赎回其子女，终于帮助农民克服了灾害，安定了百姓，保护了劳动力。

另外，太宗认为统治集团的奢侈会激化社会矛盾，因此他以节俭为执政之要，限制王公贵戚过分奢靡，还专门下了《戒厚葬诏》，打击贵族中以厚葬为荣的浮华风气。他对自己的要求也很严格，生活节省，不求仙、不封禅，所住的宫殿都是隋朝建造的，没有新建。此外，放免了皇宫中三千余名宫女，以节省宫中的开支费用。由于太宗的提倡和限制，贞观“二十年间，风俗简朴”。

这样，一方面促进生产，一方面节省民力，再加上广大农民的辛勤劳动，太宗的一系列经济措施收到了显著成效。到公元629年(贞观三年)以后，关中经济已经恢复，流散人员纷纷回乡，公元634年(贞观八年)以后，农业生产连获丰收，米价最低时每斗不过三四钱，马牛布野，夜不闭户，出现了一派太平景象，据说行旅之人从京师走到岭南、从山东走到沧海，甚至都不用自带粮食，自路边取给即可。农业的发展也促使人口迅速增长起来，由高祖时的不满200万户，到贞观末年近380万户，几乎增长了一倍，为农业生产和国家赋役提供了劳动力。

军事方面，改革府兵制度，增强军事力量，采取积极防御策略，消除边疆不安定因素，发展民族关系。

唐朝沿用府兵制度，并进行了多次改革，使其更加严密，成为唐朝的主要军事力量。府兵制是一种兵农合一的制度，建立在均田制基础上，农忙时生产，农闲时操练，其经常性任务是轮流到京城戍卫，或到边境和内地的要地戍守，战时则由皇帝命将领率军出征，在服役期间免除自身租调，但要自备资装，负担颇重。唐朝府兵的中央领导机构是十二卫，基层单位是折冲府。公元636年(贞观十年)，太宗在全国设置634个折冲府，以关内为重点，有261个，使朝廷掌握优势的军事力量。府兵的调遣权也全由皇帝控制，将领无握兵之权，难以干预国政，有利于中央集权和巩固国家统一。除拥有军事力量之外，唐太宗还有着突出的军事指挥和军队训练才能。他加强对府兵的战备教育和训练，并亲自考核战士射箭，给予成绩优秀者以奖励，提高了军队的战斗力，也提高了唐朝的军事实力。

这个时候，虽然唐朝统治下的中原地区封建秩序逐渐稳定，但边疆的民族矛盾却更加突出，东突厥不断骚扰边境，反击突厥的任务被提上议事日程。公元629年(贞观三年)，太宗决定采取积极防御策略，任命李靖为行军总管，和张公谨、柴绍、薛万彻等领兵十余万远征，主动进攻突厥。而此时的突厥内部旱灾频发，属部叛离，唐军势如破竹，俘虏了颉利可汗，取得了反击突厥战争的胜利，灭掉了东突厥。从此，从阴山到大漠，都被唐王朝统一，赢得了几十年的和平。

在西域地区，为消灭阻塞“丝绸之路”的割据势力，唐政府又用兵于高昌及焉耆、龟兹，于公元640年(贞观十四年)在西域建立了安西、北庭都护府，以焉耆、龟兹、于阗、疏勒为四镇，从此西域大部分地区统一于唐。在西南地区，唐朝招抚了吐谷浑。至此，边疆的不安定因素被消除，唐朝在西部地区建立了有效的政治统治。

唐太宗对于依附的其他各少数民族，实行比较开明的、以怀柔为主的羁縻政策，取得了很好的效果。他没有改变这些地区的生产方式和社会制度，仍然按照它们原来的部落体制和风俗习惯进行统治。他曾说："自古以来人们都重视汉族，轻视少数民族，只有我把它们看作是平等的。”正是基于对少数民族的一视同仁，公元646年(贞观二十年)，唐太宗将文成公主嫁给了吐蕃赞普松赞干布，通过和亲来进一步发展民族关系，巩固西南边疆。他还开通了通往西域的大碛道和通往北方边疆地区的参天可汗道，以加强内地与边疆民族地区的经济、文化联系。这些措施成功促进了各民族的经济文化交流，同时也为唐朝树立了声威。据说当时各地的少数民族君主争相遣使入朝觐见，使者们在道路上络绎不绝，唐太宗也被少数民族尊奉为“天可汗”。

（汪莉）

# 8.《唐律》的修订

唐朝建立在隋末农民起义的基础之上，统治者看到了蕴藏在人民中的强大力量，认识到暴政带来的严重后果，现实让他们明白要想长治久安，必须立法宽简，恤刑慎杀。因此他们非常重视法律的建立和完善。

唐朝的法律形式主要有律、令、格、式四种，其中律是最基本的法律形式，狭义的唐律即专指律。唐高祖即位以后，令刘文静、萧瑀和殷开山等人以隋朝的《开皇律》为蓝本，制定新律，即《武德律》，于公元624年(武德七年)正式颁布。这是唐朝开国以后的第一部法典，是唐律的草创作品。同时制定的还有《武德令》30卷、《武德式》14卷。唐太宗李世民在“安人宁国”和“德主刑辅”思想的指导下，进一步完善法制。他在即位的第一年就命长孙无忌、房玄龄等人修订《武德律》，总共耗时十年，于637年(贞观十一年)成《贞观律》，贞观令、格、式都同时颁行。《贞观律》的篇章、条目和《开皇律》相同，但是刑法有所减轻，律条也相对完备。这部经过贞观群臣长期谨慎斟酌修订的《贞观律》构筑了唐律的基本模式，成为唐朝代代相袭的定式，很少删改，它实际上是唐律的奠基石。唐高宗李治在650年(永徽元年)命长孙无忌等人重新修订《贞观律》，成《永徽律》12卷。其篇目、条文与《开皇律》《武德律》《贞观律》大致相同。652年(永徽三年)又命长孙无忌等人“修撰律疏”，逐条解释律文，以补充律文不完备之处，是为《律疏》，于653年(永徽四年)颁行，后又称为《永徽疏律》或《唐律疏议》。“疏”和“律”具有同等的法律效力，此后律文基本没有什么改动，唐后世皇帝的损益多为“令”“格”“式”，《唐律》可以说已经基本定型了。唐玄宗开元年间，也曾经三次修订法律，于737年(开元二十五年)重新颁布了律、令、格、式。今存的《唐律疏议》就是这个版本，这也是我国现存最早、最完整的封建法典。

《唐律疏议》30卷，12篇，500条。第一篇《名例》相当于总则，其余11篇相当于分则。《名例》的“名”指适用刑罚的各种罪名，“例”是指定罪量刑的通例和原则。《名例》篇体现了唐律的基本精神和立法意图、原则，是整部法典的总纲领。它规定了五刑、十恶、八议、自首、国事、累犯、共犯、时效、并合论罪、责任能力、对外国人犯罪的处理原则和法律用语的解释等。《卫禁》是关于保卫皇室宫殿、陵园太庙以及保卫城防、关津要塞以及边防安全等方面的法律规定。这是为了保护皇室安全和国土安全而制定的。《职制》是关于官吏设置和官吏职责、驿传制度以及官吏失职、贪赃枉法等方面的法律，类似于近代的刑法分则和行政法规。《户婚》是关于户籍、赋税、田宅、婚姻家庭等方面的法律，包括对漏报户口、侵占田地、课赋役违法、父母在别籍异财、供养有缺、婚姻违法等方面的惩罚规定，相当于近代的民法分则、土地法、婚姻法以及户籍法、劳动法规。《厩库》是关于公私牲畜的养护、仓库管理、官物的出纳保护方面的法律，规定了验畜产不实、故杀公私牛马、假借公物不还、损坏仓库公物等的处罚办法，相当于近代的行政法规和民事赔偿规定。《擅兴》是关于军队征调、指挥、行军、防守、军需供应以及兴建工程等方面的法律，相当于近代的兵役法、军事法规和工程建筑法。《贼盗》篇，“贼”指贼害，包括反逆、谋叛、杀人害命、掘墓残尸、造畜蛊毒等；“盗”指盗窃，包括偷盗、强盗以及教唆、拐卖、赃物等。该篇是维护封建政权和统治秩序以及官私财产不受侵犯的法律。《斗讼》分斗和讼两部分，是关于盗贼以外的斗殴、杀伤、诬告、教唆诉讼、投匿名书、违反诉讼程序等的处罚规定，相当于近代的刑法分则和刑事诉讼法规范围。《诈伪》是关于诈骗财物、诈取官爵和伪造印信、符玺、官私文书等方面的法律，相当于近代刑法分则的范围。《杂律》将不能单独归纳于某一篇目的犯罪行为汇集成篇，包括国忌作乐、私铸钱币、违法交易、赌博、奸非、纵火、决堤、市场管理、医疗事故、城市交通、公共危险等方面。《捕亡》是关于追捕逃亡罪犯、逃亡士兵、逃亡役夫及奴婢等的法律。《断狱》是关于审讯、判决、囚禁、执行方面的法律，规定了关于断罪不当、引律令不当、官吏出入人罪、决罚不如法、拷囚逾限等的刑事责任。

《唐律疏议》的内容十分完备。首先，它维护以皇权为核心的专制主义中央集权统治。皇帝是专制主义中央集权的核心，法律的首要任务就是要维护皇帝的权威。唐律中的许多条文都就皇帝对国家的最高决策权作了规定，这种权力不仅范围广，而且绝对神圣不可侵犯，否则就构成重罪。唐律中规定死罪的律条中，很多都是为维护皇权而设置的。其次，严格整饬吏治。唐代以隋为鉴，唐律严厉惩治文武官员的违法失职和贪赃枉法行为，力图保证封建国家机器的正常运转，提高统治效能。《职制》全篇都是以官吏为对象，此外，《卫禁》《厩库》《擅兴》和《断狱》中有关官吏的律条都达半数以上。《唐律》注重经济立法。唐朝是中国封建经济非常繁荣的朝代，在相当长的时间里保持了统一和繁盛的局面，这种局面和唐朝统治者的经济立法是分不开的。唐朝的经济立法涉及农业、手工业、商业、市场、货币等许多方面，这些立法都在不同程度上促进了唐朝经济的发展。《唐律》注意维护封建婚姻家庭伦理关系，用法律确定父权、夫权的主宰地位，从家庭婚姻方面维护封建伦理纲常，稳定封建统治，这也是唐律的主要任务。《唐律》还注意维护封建等级制度，将皇帝以下的人分为官和民两大类，其中官按爵位官品高低分为不同等级，民也分为良人和贱民两类，不同等级的人在法律上有不同的地位。唐律遵从周礼“刑不上大夫”的原则，赋予封建贵族和官僚种种超越法律的特权，他们犯罪之后可以通过特殊途径减轻或者免除刑事责任。由此可见，唐律从经济到政治，从社会到家庭，全面维护封建地主阶级的统治，是反映地主阶级意图的阶级压迫的工具。

《唐律疏议》总结和发展了秦汉以来专制立法的经验，可以说是承前启后，继往开来。首先，它继承了中国古代法典自战国《法经》直到隋朝《开皇律》以来以刑事立法为主，兼顾民事、行政、诉讼、经济等方面的传统。其次，唐朝统治者在制定《唐律》的过程中始终坚持“礼法合一”的标准，以礼为本，以礼为纲，刑是礼的辅助，礼是唐律的灵魂，唐律是礼的法律表现形式。这也是唐律在内容上的主要特点。再次，《唐律》以中典治国，刑法相对宽简。最后，《唐律》规范详备，律条科目简约。它的篇章结构严谨，排列井然有序，各篇律文前后呼应，内部联系紧凑鲜明。《唐律》第一次实行了律疏并行，疏因律生，律因疏存，《永徽律》之所以能够完整地保存到现代，很大程度上归功于它的注疏。

《唐律疏议》体现了传统法学所达到的理论深度和文字功力，它是我国古代法学的高峰，对后世产生了深远的影响，五代各朝都沿用唐律。宋朝《宋刑统》完全抄袭《唐律》条文，律疏也一并照录。元朝《至元新格》的不少内容都出自唐律，在司法过程中也经常引唐律为据。《大明律》的主要内容和精神实质也是以唐律为范本，只是量刑比较苛重，体式上稍有异于唐律。《大清律例》则几乎全部沿袭了《大明律》的内容形式，有的篇目和《唐律》一模一样，有的则名稍异而实同。唐朝是当时亚洲各国政治、经济、文化的中心，因此，《唐律》的影响还波及亚洲近邻国家。国际法制史学者将《唐律疏议》和欧洲的《罗马法》相提并论，将其视为古代中华法系的代表著作。此外，《唐律疏议》反映了唐代各个社会阶层的法律地位及其相互关系，记录了当时的一些政治经济制度，因此也是研究唐代社会历史的重要文献。

（祁俊）

## 9. 制定《大唐开元礼》

唐代是我国古代社会发展的鼎盛时期，也是制度文化的发展成熟时期。唐高祖定都长安以后，百废待兴，在礼仪方面基本上是因循隋代旧制。一直到唐太宗即位以后的628年(贞观二年)，才命中书令兼礼部尚书房玄龄召集一批礼官、学士修改旧仪，制定新仪。此后，大臣魏徵以及一批著名学者如颜师古、孔颖达等人都陆续参与到这项工作中。经过反复修改，到637年(贞观十一年)，《贞观新礼》终于修成，共计100卷，138篇。《贞观新礼》跟隋朝《五礼》最大的区别就在于将凶礼移到最后，以反映"贞观之治"的太平盛世。从此以后"五礼"的次序改为吉、兵、军、嘉、凶，内容方面既有因循随礼的内容，也增加了天子上陵、朝庙、养老、大射、讲武、读时令、纳皇后、皇太子入学、太常行陵、合朔、陈兵太社等29条，可以说是对隋礼和以往古礼的一次总结。但是高宗即位以后，有人认为《贞观新礼》过于简略不够详尽。于是高宗诏令太尉长孙无忌、中书令杜正伦和李义府、太子宾客许敬宗等人重新修订，于658年(显庆三年)正月颁行，共130卷，这就是《显庆礼》。《显庆礼》的确比《贞观礼》详尽，卷数增加到130卷，篇数也增加到299篇，但是《显庆礼》所增加的内容大多是迎合皇帝的意旨而提出的，事不师古，备受学者非议。因此实际上在高宗朝，《贞观礼》和《显庆礼》是并行的，有事临时援引古义，与二礼相互参考增损，从而出现了礼仪"无复定制"的局面。唐玄宗开元年间，政治稳定，经济繁荣，文化昌盛，统治者急需一部稽之可定大疑、循之可行大礼的法典，而之前的《贞观礼》和《显庆礼》显然都不符合当时盛世的要求。公元726年(开元十四年)，中书令张说提出《贞观礼》和《显庆礼》"前后颇有不同，其中或未折中"，希望由学士们"讨论古今，删改行用"。这个建议得到太宗的同意，于是诏令右散骑常侍徐坚、右拾遗李锐、太常博士施敬本等着手编纂新礼，所成即为《大唐开元礼》(以下简称《开元礼》)。

《开元礼》的制定分为两个阶段。公元726年(开元十四年)至730年(开元十八年)是第一个阶段。《开元礼》的修撰工作刚刚开始，主要修撰者张说、徐坚、施敬本便相继去世。李锐等人虽然也精通经史，但是缺乏号召力，无法主持编写工作，因此《开元礼》的修撰工作停滞不前，历年不就，陷入困境。730年，新宰相萧嵩接替去世的张说管理集贤院事，《开元礼》的修撰开始出现转机，从此进入第二阶段，即完成阶段。萧嵩任用起居舍人王仲丘具体负责修撰工作，大大加快了《开元礼》的编纂进程。王仲丘，开元中历任左补阙内供奉、集贤修撰、起居舍人，对朝廷礼仪典章等都十分熟悉。鉴于当时的情况，王仲丘主张调和《贞观礼》和《显庆礼》，即吸取两部礼典的长处，这和张说的"折衷"二礼的思想是一致的。这个原则的确立，使得许多争论不休的礼仪注最终被确定下来，这也是整部《开元礼》所遵循的修撰原则。732年(开元二十年)九月，新礼编成，呈给玄宗，号曰《大唐开元礼》。《开元礼》150卷，卷一至卷三为序例，卷四至卷七十八为吉礼，卷七十九至卷八十为宾礼，卷八十一至卷九十为军礼，卷九十一至卷一百三十为嘉礼，卷一百三十至一百五十为凶礼。凶礼旧时居第二，现退居第五，用的是贞观、显庆的旧制。

《开元礼》体系庞大、体例严谨、内容繁复，具体说来，主要有三大特点：首先，《开元礼》是我国第一部总结性法典。以“五礼”为架构的封建礼制，随着封建社会的不断发展也日渐成熟。秦汉至南北朝时期，礼仪典章多变，时增时损，礼学也得到了一定的发展。唐初修撰的《贞观礼》是继《隋礼》之后又一次南北礼学的总结。其后经过《显庆礼》的补充，再到经过王仲丘等人折中二礼而成的《开元礼》，才日臻完备。从《贞观礼》到《显庆礼》再到《开元礼》，反映了从“贞观之治”到“开元盛世”的历史发展过程。《大唐开元礼》不仅是唐朝前期礼仪法典的总结，也是从秦汉到隋唐封建礼制完备化的总结，是中国礼仪发展史上的里程碑。其次，《开元礼》和以往的礼典相比较，内容广博全面。其中，吉礼包括祭天神、祀地祇、享宗庙三大类。宾礼主要是对与蕃国往来礼仪的规定，用以接待四夷君长及其使者。军礼有皇帝亲征、讲武、田狩、大射、合朔伐鼓等。嘉礼共五十项，其中冠礼、婚礼最为重要。凶礼分为凶年赈抚、劳问疾苦、五服制度和丧葬程式四大类。可以说大到祭祀天地，小到婚嫁丧娶，衣食住行，《开元礼》几乎包括了社会生活的方方面面。上自帝王贵胄，下到平民百姓，都有相关的礼仪程序需要遵守，打破了以往“礼不下庶人”的旧规。从《开元礼》起，封建的礼仪制度从特殊阶层的行为规范变成了整个社会的行为规范。由此我们也可以了解到唐代的政治生活、军事生活、社会风尚、道德习俗等，从某种意义上来说，《开元礼》也是唐代社会生活的一部百科全书。再次，《开元礼》是一部非常系统化的礼仪典制。它虽然内容繁杂，体例庞大，但是非常有条理，重点突出，眉目清晰。它首先在序例中介绍了各项礼仪所共同遵循的一些规定，如祭祀应卜日等。然后按照“五礼”的顺序逐一介绍礼仪的程序与规定。其中吉礼所占篇幅最多，因为吉礼是关于拜祭天地、宗庙的国家大事。嘉礼次之，宾礼、军礼、凶礼在日常礼仪活动中相对较少，因此篇幅也较少。总之，《开元礼》体例严谨，首尾完备，四库馆臣誉之为“一代典制”。

从唐德宗开始，《开元礼》被立为官学，开科取士。786年(贞元二年)，唐德宗下令：“自今以后，其诸色举人中，有能习《开元礼》者，举人同一经例。”选人凡是通大义一百条、试策三道的，超资与官；大义通七十条、试策通二道以上的，放及第。散官能通《开元礼》的，也依正官例处分。793年(贞元九年)又令：习《开元礼》者，通大义一百条、试策三道的，为上等；通大义八十条以上、试策二道以上的，为次等。登第者多被授予太常官属，如辛秘因他在贞元中登《五经》《开元礼》科被授太常博士。因为《开元礼》成了科举科目之一，因此对《开元礼》的研究也越来越多。《新唐书·艺文志》中收入的《开元礼义镜》100卷、《开元礼京兆义罗》10卷、《开元礼类释》20卷、《开元礼百问》2卷，都是解释或者阐发《开元礼》的。杜佑的《通典》将《开元礼》的基本内容都采录了进去，《通典》200卷中记叙“五礼”的部分达到100卷，其中就有《开元礼纂类》36卷，囊括了《开元礼》的基本内容。现在我们阅读《通典》就可以了解《开元礼》的大概了。五代及宋初，《开元礼》仍是科举考试中的科目，这种局面一直持续到宋太祖开宝年间的《开宝通礼》修成为止。但是这部新礼依然是“本唐《开元礼》而损益之”，可见《开元礼》确定了后代官修礼书的基本格局。《四库全书》仪注类所收的《政和五礼新仪》《大金集礼》《明集礼》《钦定大清通礼》等，都是按照序例和五礼分类编纂，格局与内容都和《开元礼》相似。

自宋代《开宝通礼》行用之后，《开元礼》不再作为考试科目，士子们也就不再加以研习，以至渐渐湮没无闻。《开元礼》流传至今的版本非常稀少，一是仅见于清抄本两部，藏于北京图书馆；二是洪氏石经馆丛书刻本，也不多见。《四库全书》中所采录的《大唐开元礼》则是来自当时的两淮盐政采进本，其内容和《通典》中的《开元礼纂类》基本一致，只是繁简程度不同而已。

《大唐开元礼》作为盛唐的官修礼书，在历史上产生过深远的影响。它不仅指导了唐代的礼仪活动，而且奠定了后代各朝修订礼典的基本格局，在中国礼制史上具有重要的地位。

(祁俊)

## 10. 唐太宗令修《氏族志》

北齐灭亡后，一些山东士族相继参与到北周和隋朝政权中，但北周与隋朝的统治时间都太短，长期分裂形成的地域与心理隔阂并没有真正消除。隋末轰轰烈烈的农民起义和各地的分裂割据势力使得山东士族再次回到地方，以至于在唐初，士大夫都不愿意入朝为官，更愿意留在乡里，保持自己的地方势力，并因此形成唐初山东士族官位失序的局面。不过，政治上的暂时失势并不意味着老牌士族实力的丧失。士族自身特有的独立性使其通常在和平时期成为朝廷的官员，与国家政权和平共处；而一旦发生动乱，士族又会迅速地与朝廷脱钩，游离出国家政权之外，割据一方。尽管在唐朝的创业期，一大批山东微族参加了建唐事业，同时也发挥了重要作用，但这并不表明政府可以忽略山东士族，山东士族自身的门第声望及其在地方上强大的影响力和号召力，无疑是唐王朝的心腹大患，绝对不可小觑。为了把这些拥有强大地方势力和社会声望的山东士族完全纳入国家政权的控制之中，建立中央对地方行之有效的统治，唐朝统治者采用了多种方法。政府大力吸引山东人士参与朝政，不遗余力地招揽山东地区的人才。把山东士人吸纳进李唐政权，并不难做到，但是山东士族强烈的门阀优越感及其对社会的影响，使太宗意识到，单靠政治手段吸引山东士族参与李唐政权，并不能真正去除地方上的不安定因素，政府有必要消除山东士族“天下第一高门”的观念，实现政治与意识形态领域的高度统一。于是，太宗致力于建立以李唐皇族为中心，同时联合朝中大臣的氏族新秩序。

公元632年(贞观六年)，唐太宗命吏部尚书高士廉、御史大夫韦挺、中书侍郎岑文本、礼部侍郎令狐德棻等，刊正姓氏，修撰《氏族志》。同时，还挑选“四方士大夫谙练门阀者”参与《氏族志》的修撰，书中以山东士族崔民干列入第一等。书成以进，唐太宗并不满意，认为全国统一后不应再以崔、卢、王、谢为重，而应当重唐朝冠冕，根据当朝官职的高下确定等第。高士廉等依照皇帝的旨意重修《氏族志》，638年(贞观十二年)成书，共收录293姓，1651家，分为九等，颁行天下。在新修的《氏族志》中，李唐皇族理所当然名列天下氏族第一的位置，其次是外戚，而原先排在第一等的山东士族崔民干也就顺理成章地降为第三等氏族。太宗寄望于通过修《氏族志》，重新排定氏族等第，提高李唐皇族与当世勋贵名臣的政治声望，挫败山东士族门第的优越感。同时，《氏族志》依据仕唐的官品来划分氏族等级，提高了朝中官员的氏族等第，这不仅有利于增强李唐政权的向心力和凝聚力，而且可以促使历来重视门第的山东士族面对新的形势转变观念，激发山东士族的参政热情，防止这些实力雄厚、声望极高的世家大族留居地方，形成尾大不掉的局面。

在太宗看来，修撰《氏族志》的确是一条一箭三雕的妙计。虽然《氏族志》贬抑门阀士族，但在肯定氏族高卑、士庶有别的前提下，以当代官爵作为升降主要标准，改定氏族等第，实质上是建立以李氏皇室为首，以唐朝功臣(包括传统的关陇门阀和新贵)为核心的新的门阀体系，以取代南北朝时期的旧门阀体系。这对于巩固新统一王朝的统治具有一定的积极作用。但山东士族依然坚持其一贯作风，拒绝承认新的门第标准。而且，朝中大臣也不改其尊崇山东士族的传统，不惜“自贬家门，受辱于姻娅”，谋求与山东士族联姻。《新唐书·高俭传》中点名提到就有房玄龄、魏徵、李勣，这三人均为朝廷宰辅，而房玄龄、魏徵亦与李唐皇室联姻。朝臣普遍认同山东士族门第的观念，同唐太宗努力建立氏族新秩序的意图相背离，但由于崇尚旧族望的习惯势力根深蒂固，太宗朝的功臣新贵房玄龄、魏徵及李勣等人，仍然力求与山东氏族联姻，可见《氏族志》所能起的实际作用是有限的。在此背景下，产生了公元642年(贞观十六年)的"诫励氏族婚姻诏"。诏令在反对山东士族利用婚姻欺负朝中大臣的同时，严厉谴责了朝中大臣"慕其祖宗，竞结婚姻，多纳货贿"的行为。而其核心与《氏族志》的等级秩序相一致，希望建立起和官品秩序并行不悖的通婚秩序，从而推动氏族政策更好地贯彻实施。

太宗希望通过一系列的氏族政策，达到建立以李唐皇族为中心、同时联合朝中大臣的氏族新秩序的目的，然而其氏族政策在付诸实施的过程中，却遭遇了来自各方的阻力。太宗以"仕唐的官品"来划分氏族等级不仅不为山东士族所认同，而且也未得到朝中大臣的支持与合作。在《氏族志》修撰的第一阶段，山东士族的氏族等第并未降低，仍然位列一等。这表明，山东士族重视婚姻礼法的悠久门风不仅为自身所坚持，同样也为朝中大臣所认同和接受。如关中士族薛元超虽联姻皇室，"尚巢王女剌和静县主"，但仍以"不娶五姓女"为平生三大憾事之一。由此可见，关中士族与山东士族在门第观念上并不存在明显的冲突和矛盾。虽然柳芳《氏族论》认为"今流俗独以崔、卢、李、郑为四姓，加太原王氏，盖不经也"，但"流俗"的看法恰恰意味着它是当时人的普遍观念。

太宗的氏族政策并未能使人们接受新的门第标准，对氏族婚姻的影响也不大。不过，太宗氏族政策的历史意义并不在此，他努力建立的以官爵为标准的氏族新秩序虽然在社会观念上遭遇失败，但其在政治方面所起的影响却不容忽视。随着唐朝科举制度的广泛推行，国家权力及政治理念的逐步渗透，促使山东士族增强了对国家的认同和归属感，逐渐转变其"不乐仕进"的政治态度，越来越积极地参与到李唐王朝的政权建设中来。以高宗、武后朝的宰相出身为例，单是出自山东士族的就有14人之多，包括博陵崔氏第二房崔敦礼(相高宗)、博陵崔氏大房崔玄暐(相武后、中宗)，清河崔氏许州鄢陵房崔知温(相高宗)、清河崔氏南祖房崔备(相武后)、崔神基(相武后)、清河崔氏郑州房崔元综(相武后)，范阳卢氏大房卢承庆(相高宗)，陇西李氏姑臧大房李义琰(相高宗)、陇西李氏武阳房李迥秀(相武后)、赵郡李氏南祖李敬玄(相高宗)、李元素(相武后)、李游道(相武后)、赵郡李氏东祖李峤(相武后)、赵郡李氏西祖李怀远(相武后)。

山东士族在价值观上发生了重大转变，由最初的单纯重视婚姻门第，转为门第与官爵并重，这从山东士族崔湜的言论即可看出："吾之门第及出身官历，未尝不为第一。丈夫当先据要路以制人，岂能默默受制于人。"纯门第的婚姻固然重要，但统一国家的高官美爵亦不无吸引力，正如李华为清河崔景晊所撰墓志云："山东士大夫以五姓婚姻为第一，朝廷衣冠以尚书端揆为贵仕，惟公兼之。清河崔氏，至赵公三代仆射，可谓尽善矣。"无疑，山东士族政治观念的转变，有利于推进国家的统一进程，从这个角度来看，太宗的氏族政策可谓"失之东隅，收之桑榆"。

公元655年(永徽六年)，高宗废王皇后，改立武昭仪为后，武后逐步干预政事。当时曾经赞成废王立武的宠臣许敬宗，以太宗时所修的《氏族志》没有叙明武后的本望，李义府也为其家未列入《氏族志》而有所不满，二人遂建议修改《氏族志》。唐高宗诏礼部侍郎孔志约、著作郎杨仁卿、太子洗马史元道及太常丞吕才等12人商议编录，于公元659年(显庆四年)改《氏族志》为《姓氏录》。高宗为该书亲自写序，并规定了类例。《姓氏录》共收录245姓，287家，分为九等，当时五品以上的官员全部收入，皇后四家被列入第一等。由于兵卒以军功升五品以上官者亦入书限，引起缙绅士大夫哗然，多耻被甄叙，并号该书为"勋格"。随后，李义府上奏高宗收回全国的《氏族志》加以焚毁。《姓氏录》贯彻“各以品位为等第”的原则比《氏族志》更加彻底，所收的姓和家亦大为减少，已将当朝无官职的旧士族全部排除在外，说明它对旧族的贬抑超过了《氏族志》。但与《氏族志》相同，《姓氏录》在现实生活中所起的作用亦很有限，婚姻崇尚门第的风气以后依然盛行。

（祁俊）

# 11. 南衙北司之争

唐代，以宰相为首的政府机构称为南衙，由宦官掌握的各种机构称为北司。在唐玄宗以前，国家的军政大权都掌握在宰相手中。安史之乱以后，宦官势力日益膨胀，宦官不仅掌握军政大权，而且还操纵皇帝的废立。这时，稍有作为的皇帝，就想利用宰相和官僚集团压制宦官；宦官也不甘示弱，总是伺机反扑。南衙北司的对立就是这样形成的。

南、北本是由于这些机构在宫城和皇城中的位置而得名。宰相议政的政事堂及中书、门下二省在宫城内南部，尚书省及六部、九卿、三监则在宫城之南的皇城内。宦官的机构内侍省本在宫城的西南角，但宦官出入宫掖，常在宫城北部。南北的对称，唐初就已出现，当时驻在玄武门附近保卫宫城北部的禁军如羽林军、龙武军等叫做北衙禁军，而把由十二卫将军掌握以保卫宫城南部及皇城内百官衙门的禁军叫做南衙禁军，就是因它们所在位置而得名的。

宦官是皇帝的家奴，一般来说，在皇帝勤于政事，积极有为的时候，宦官是难于插手政治的。反之，在政治腐败，皇帝不理政事或难以理政的时候，宦官则往往乘隙而入，染指朝政，甚至左右政局。唐朝以前的东汉，之后的明朝都曾出现过宦官专权的局面，并都导致了这三朝的衰落和灭亡。但是仔细衡量东汉、唐朝和明朝这三朝，宦官势力作为一股强大的政治力量并能够完全左右朝政，使皇帝成为傀儡的，则首推唐朝。

唐初内侍省机构本来并不复杂，所领六局都是为皇帝及后妃生活起居服务的。但到后来，由于皇帝的宠信，宦官逐渐掌握武力，干预政事。如武则天时出现的内飞龙使，名义上是负责管理御马，实际上掌握着一支武装。唐中宗、唐玄宗以后，更以宦官监军，或直接以宦官统领军队。内廷宦官激增至3000人，官至五品以上的即达三成。玄宗晚年深居后宫，宦官高力士等把持了呈进章奏、承宣诏命之权，太子、宰相等都不敢得罪他们，连当朝太子都称其为二兄，诸王公主称他为阿翁，驸马之流称他为爷。不过高力士虽然显贵，但是权势还不是很大，朝政始终还是掌控在皇帝和大臣的手中。

而自安史之乱后，唐肃宗李亨因强藩作乱险亡其国而疑忌将帅，开始用自己宠信的宦官李辅国统帅禁军，开始了宦官掌权的先例。至唐代宗时，宦官的势力又进一步膨胀，充任内枢密史，掌管机密，承诏宣旨。至此，宦官开始逐渐地控制了军队和朝政。当时，又和外庭机构相对应，设立了许多由宦官掌握的使职，如宣徽使、学士使、内弓箭库使、内庄宅使等，其衙门通称为司，故有北司之称。

皇帝逐渐控制不了宦官，甚至反被宦官所控制。宦官势力的膨胀，侵害了旧有官僚集团的利益，宦官控制朝廷，不仅威胁皇帝，而且因利所趋，无事不争，这便和朝臣发生冲突。日积月累，矛盾便开始激化。于是，官僚集团与宦官集团之间争权夺利的斗争逐渐激化，在唐代后期曾发生过多次的南衙北司之争，最著名的有顺宗朝的永贞革新和文宗朝的甘露之变。

805年(唐德宗贞元二十一年)正月，德宗皇帝因太子中风口哑而急火攻心病逝，太子李诵带病继位，改元永贞，庙号顺宗。李诵虽然即位，但因为中风口哑不能说话，只能偶尔被人扶持着上朝，群臣望拜而已。但他也想有所作为，锐意改革，便任用王叔文、王伾为翰林学士领导改革，又起用韩泰、柳宗元、刘禹锡、陈谏、凌准、程异、韦执谊等革新派改革德宗以来的弊政。围绕打击宦官势力和藩镇割据这一主要目标，进行了一系列史称永贞革新的改革。

改革的举措主要包括：罢宫市、废五坊小儿、罢盐铁使月进钱、剥夺宦官兵权和抑制藩镇等。

宫市是宦官在长安东西两市掠夺民间财富的手段。德宗晚年，宦官在市上购买宫中所需要的物品，往往用宫中无用的东西换取高价货物，常以值百钱之物强取数千钱之货，甚至有以驴负柴的农民，驴和柴全被掠去而未得一文钱者。可见宫市对长安市民是一灾害，大大影响市场的秩序和繁荣。顺宗罢宫市，无疑有利于商业的发展。

五坊是指宫中的雕坊、鹘坊、鹞坊、鹰坊、狗坊，小儿是指在五坊的服役者。五坊小儿经常借口五坊需要而敲榨人民的财物。他们到处张网捕鸟，甚至把网张在百姓的户门上，不准其出入；或张网于井上，不允人们取水，迫使受害者出钱物求谢才罢。顺宗为太子时就知道这些情况，做了皇帝，罢五坊小儿，为人民减少一害。

唐朝后期，盐铁专卖是朝廷的重要收入，盐铁使专门经营这项业务。后来，增加了所谓盐铁月进钱，也就是在正课以外每月向皇帝送羡余钱，供皇帝私用。顺宗取消这项额外收入，减轻了人民的负担。

以上这些改革，都起了积极的作用，当时朝野气象为之一新。但是，由于这些改革触犯了专权宦官和地方藩镇的利益，引起以俱文珍为首的宦官集团和节度使韦皋、裴均、严绶等人反对。不久，宦官首领俱文珍以顺宗的名义解除了王叔文的翰林学士职务。王叔文同顺宗又策划收回宦官的兵权，派老将范希朝去接管神策军(皇帝的禁卫军)，神策军大将大多是宦官的亲信，拒绝交出军队。俱文珍察觉王叔文夺权的计划后，逼迫顺宗削去王叔文翰林学士之职，任为户部侍郎。王叔文对此很是恐惧，恰逢此时王叔文母亲病故，他不得不告假守丧。

由于顺宗身体多病，太子李纯有意早登皇位，遂与俱文珍合谋，逼顺宗退位，王叔文对此反对，更造成他与太子李纯、俱文珍之间的矛盾。805年(贞元二十一年)中，在内外逼迫下，顺宗令太子参与军国政事。一个月后，顺宗再次中风，俱文珍等宦官勾结藩镇势力，以顺宗多病、口哑为理由，逼迫顺宗退位，称太上皇，太子继位，即唐宪宗。

806年正月，唐顺宗病死，革新派纷纷被贬斥，贬王叔文为渝州(今重庆)司马、王伾为开州(今四川开县)司马，贬其他同党韦执宜为崖州司马、韩泰为虔州司马、韩晔为饶州司马、柳宗元为永州司马、刘禹锡为朗州司马、陈谏为台州司马、凌准为连州司马、程异为郴州司马。由于这次改革的领导者都被贬为各地的司马，历史上也称这次事件为“二王八司马”事件。次年，宪宗改元为元和，并下昭赐王叔文死。永贞革新的失败使得宦官的气焰更加嚣张。

此后的唐文宗时期，右神策军护军中尉、大宦官王守澄大权独揽，横行朝廷。文宗不甘心充当傀儡，一面提拔与王守澄有隙的右领军将军仇士良为左神策军护军中尉，以分散宦官势力；一面重用李训和凤翔节度使郑注等人，以消灭宦官集团。831年(太和五年)，文宗曾与宰相宋申锡密谋翦除宦官。不久秘密泄露，宋申锡因此被贬，计划也失败了，但文宗仍在悄悄地物色能帮他除去宦官的人。

835年(太和九年)秋，文宗根据李训、郑注的建议，任命王守澄为左、右神策军观军容使，表面上提高其职位，实为削夺其兵权。不久之后，文宗用毒酒将王守澄赐死，并将其党羽诛杀殆尽。消灭王守澄势力后，李训又拟定了彻底消灭宦官的计划。

一天，文宗在紫辰殿早朝，禁卫军将军韩约上殿启奏，说禁卫军大厅后面的院子里，有一棵石榴树昨天夜里降了甘露。在古代，天降甘露被认为是祥和的好兆头。李训带领百官向文宗祝贺，并请文宗亲自到禁卫军的后院去观看。文宗乘辇出紫宸门，升含元殿，命仇士良率宦官先去探视。仇士良等进入金吾厅后，见韩约神情紧张，又发现院中帐幕后有全副武装的军士，遂慌忙率众宦官逃回含元殿。这时，金吾兵已登上含元殿，京兆少尹罗立言率京兆逻卒300余人从东边杀来，御史中丞李孝本带御史台从人200余从西边冲来，亦登上含元殿，击杀宦官。仇士良等人胁持文宗冲破殿后丝网，向北进入宣政门，大门随即关上。李训见皇帝已被带入后宫，知大势已去，遂更衣骑马落荒而逃。接近中午时，仇士良命左、右神策军副使刘泰伦、魏仲卿等各率禁兵500人从紫宸殿杀出，并分兵掩闭宫门，横加屠戮，杀死金吾卫士、吏卒近千人。仇士良又出动神策军数千人，在京城进行大搜捕。李训本欲去凤翔投奔郑注，半路上被抓获，在押送京师的路上，他因为怕受到宦官的酷刑和侮辱，说服押送的人，把他的头砍下来送到神策军。事发时，郑注正带着兵马进京，听到消息他退回凤翔，但后来又被仇士良密令杀死。这个失败的事件，在历史上被称作"甘露之变"。

"甘露之变"后，仇士良指挥宦官大肆屠杀朝廷官员和禁卫军士兵，被杀死的有六百多人，宰相王涯等都曝尸街头，没人敢收殓。文宗在宦官的挟制下，抑郁成疾，于公元840年去世。

唐末农民大起义以后，唐朝中央的权力机构已濒于瓦解，而这时中央的宦官和朝臣的斗争却显得异常突出。他们各自拉拢一部分藩镇势力以相对抗。如昭宗时宰相崔胤勾结朱温，而宦官韩全诲等则拉拢韩建、李茂贞。斗争的结果是朱温引兵入关，打败李茂贞，尽诛宦官，结束了南衙北司之争。可是胜利者并不是崔胤等人，他们后来也被朱温诛杀，可以说南衙与北司势力同归于尽。

（张敏）

# 12. 府兵制的盛衰

府兵制是中国古代十分重要的一种兵制，由西魏权臣宇文泰建于大统年间，历北周、隋至唐初期而逐渐完备，唐玄宗天宝年间停废，历时约200年。该制度最重要的特点是糅合了汉族兵制和游牧民族军事传统的特点，兵农合一，府兵平时为耕种土地的农民，农隙训练，战时从军打仗，由府兵自备参战武器和马匹。盛唐时期强劲的军事力量主要就来自精良的府兵和其尚武精神，而府兵制度的衰弱也不可避免地导致了唐朝的中衰。

府兵原本泛指军府之兵。北魏在六镇起义后分为东西魏，西魏管辖的地域狭小、人口稀少。为了与东魏相抗衡，公元542年(大统八年)，西魏权臣宇文泰把流入关中地区的六镇军人和原在关中的鲜卑诸部人编为六军。次年与东魏作战，败于洛阳邙山，损失很大。为了补充和扩大队伍，以后几年不断收编关陇豪右的乡兵部曲，选任当州豪望为乡帅。大统十六年前，已建立起八柱国(大将军)、十二大将军、二十四开府(又称二十四军)的府兵组织系统。

八柱国的设置乃模仿鲜卑拓跋部的八部制度，其中宇文泰实为全军统帅，西魏宗室元欣仅挂虚名，实际分统府兵的只有六柱国。公元554年(西魏恭帝元年)，按照北魏早期所属大小部落的姓氏赐诸将姓，所统兵士也改从各自主将之姓，这就给府兵制涂上了一层鲜卑部落兵制的色彩。

府兵具有中央禁卫军性质，随着中央集权制的加强，公元573年(北周武帝建德二年)，改称府兵军士为“侍官”，意思是侍卫皇帝，表明府兵是皇帝的亲军，不隶柱国。同时，又招募汉人入伍，免掉他们的赋役。一人充当府兵，全家即编入军籍，不属州县。军人及其家属聚居地设置军坊和乡团，任命坊主、团主作为长官。这种军民异籍的制度一直到隋代才改变，公元590年(隋文帝杨坚开皇十年)下诏：“凡是军人可悉属州县，垦田籍账，一与民同。”这是个划时代的改变，标志着兵农合一的完成，但府兵本身归军府统领的组织系统不变。

公元627年(贞观元年)，唐太宗即位。面对当时长期征战之后土地荒芜、人口锐减、经济调敝的状况，他吸收隋代改革府兵制的成功经验，制定了一套更加周密而完备的府兵制度，从而训练出一支强大的府兵部队，把府兵制推向高度发展的极盛时期。

唐太宗分天下为关内、河南、河北、河东、山南、陇右、淮南、江南、剑南、岭南十道，共300余州。公元636年(贞观十年)，下令仿照隋朝鹰扬府和唐初十二道府兵建制，在全国各地设置了634个折冲府，由中央十六卫大将军分别统领。折冲府分为三等，上府1200人，中府1000人，下府800人。军府长官为折冲都尉，副职为左右果毅都尉。634个军府，大约有40%分布在京师所在的关中地区，以便中央政府手握重兵，控制四方。府兵必须凭尚书省兵部的兵符才能调拨。战时由皇帝命将率军出征，战争结束，将领回朝，士卒归府，将无常兵，难以干预国政。

实际上，府兵并非唐代唯一的兵种，承担宿卫的还有保卫宫廷、屯驻北门的禁军，防戍本州的团结兵、土镇兵等。在出征和防戍中，募兵的数量往往还要超过府兵，但府兵在唐初具有较强的战斗力，他们是军队的骨干。

府兵的任务，最主要的一项是到京城宿卫，多由距京城较近的关内、河南、河东诸道府兵担任，其职责除宿卫宫禁外，还充当诸王府、各官府及京城警卫巡察等治安之责。其次为戍边或留本地服役，多由距京城较远的陇右、剑南、河北、江南、淮南、山南、岭南诸道府兵担任。戍边府兵，轮番驻扎。玄宗天宝年间以前，戍边的边防军有军、守捉、城、镇之别。留本地服役，则以从事警备及其他治安事务为主。另外，戍边的边防军有时也采取招募的形式。第三项为参加征伐，一般随军事需要进行征发，没有固定的更番时间。

府兵虽然包括官僚子弟和一般地主，但仍以均田农民为主体。征发原则是先富后贫，先强后弱，先多丁后少丁。规定三年一拣点以补充缺额(玄宗时改为六年)，其服役年龄为21岁至59岁(玄宗时曾有缩减)。服役期间，府兵本身免除课役，但军资、衣装、轻武器(弓箭、横刀)和上番赴役途中的粮食，均须自备。每一火(一火十人)还得共备供运输的马或驴六匹。

对有功的府兵将士，视其功绩大小，官府分别予以免除赋役，赏赐勋官、爵位的奖励；其战死沙场，以身殉职的，还追赠官爵，遣使吊祭，并赏赐死者家属以金帛。反之，对于违令的府兵将士则严加惩处，如规定假满不归的将士，逾期一日，笞四十；时间越长，处罚越重，迟到30天的要判处2年徒刑。

经过上述一系列的改革措施，府兵制臻于完备。在这种与均田制紧密结合的征兵制下，广大农民亦兵亦农，能文能武，不仅有利于社会经济发展，加强了国防建设，而且在这种“寓兵于农”的兵制下，既可减少国家的军费支出，又可防止将帅手握重兵专权跋扈的弊病；特别是唐初军府的设置，又是以京城所在的关内地区为中心，中央兵力足以控制全国，收到了内重外轻、如手使臂之效。所有这些，对于加强中央集权也是卓有成效的。所以改革府兵制是唐太宗贞观之治的主要政绩之一，也是唐朝之所以兴盛的一个重要方面。

唐太宗在位时期是府兵制的极盛时期。但持续不久，高宗、武后在位时，便开始出现盛极而衰的征兆，到了玄宗统治时代，府兵制终于一蹶不振，遭到了彻底的破坏。

究其原因，首先是由于均田制遭到破坏。均田制是府兵制赖以存在的经济基础，它的破坏，必然使府兵制发生动摇。土地兼并的不断加剧，则是造成均田制破坏的主要原因。唐初，随着社会经济的恢复和发展，广大农民的生产条件和生活条件有了显著的改善；但为时不久，土地兼并之风又迅速吹刮起来。高宗、武后以后，土地兼并日益加剧，朝廷贵族官僚、城乡豪绅富商们纷纷凭借其权势财力兼并土地，均田农民当然是他们兼并的主要对象。比如高宗时洛州(今河南洛阳)长史贾敦颐曾经括出豪门势家侵占的民田三千余顷；著名官商邹凤炽之“邸店园宅遍于海内”。这股土地兼并的恶浪猛烈地冲击均田制，使其遭到破坏。唐朝廷虽然一再地下令禁止土地买卖，但收效甚微。

其次是吏治的日益败坏。吏治的好坏，关系到政令的是否贯彻和国家的治乱兴衰。唐太宗在位时，非常注意整顿吏治，除对中央机构严加整饬外，以州县官乃亲民之官，对整顿州县吏治尤为重视，注意选拔人才。如把各州刺史名单写在宫中，太宗亲自考核其是否称职；又令五品以上臣僚各举胜任县令人选推荐到吏部去，审查合格，然后召见委任。对地方政事如均田制推行情况等，必须每年申报一次。如此，下情得以上达，中央各项政策措施得以贯彻实行，有利均田制、府兵制的继续发展。但是太宗死后，继承者未能继续施行这项整顿措施，于是，吏治逐渐败坏下去，贵族官僚崇尚奢侈，官场贪污腐败之风又起，甚至达官贵人的奴仆也仗势勒索州县。朝廷对州县官吏的任用又不慎重选择，甚至把州刺史作为京官中犯了错误或是声望低下者贬官降职的职位，县令则多以衰老无能之辈充任。府兵制政令的贯彻，特别是有关均田制和府兵制的一些要政，如户口清查、土地授受，贫富升降等，全由地方办理，如果州县吏治败坏，用人不当，执行不力，营私舞弊，必然会影响到府兵制的推行。

再次，自唐高宗之后，战事频繁，战线延长，人民兵役繁重。原来防戍有一定的番休期限，后来常被强留以至久戍不归，导致人民避役，兵士逃亡。

最后，府兵制度全盛时代，人们把参加宿卫的卫士称为侍官，羡慕他们有幸侍卫天子，对之表示敬意。到了后来府兵制度衰败时，卫府官佐私下把卫士借给亲友充当奴仆，从此宿卫卫士的身份地位一落千丈，为人所不齿，以致京师人互相辱骂时，都称呼对方为侍官，以充当侍官为耻。

唐玄宗即位之初，企图挽回府兵制衰败的颓势，曾下诏用减免服兵役年限的办法来取得广大农民的支持，结果效果不佳，逃避兵役的人反而越来越多，连皇帝的宿卫军都不能满员。

于是，宰相张说请求玄宗批准招募兵士担任宿卫，改征兵制为募兵制，玄宗只得应允。公元723年(开元十一年)，朝廷下令调集京城附近的京兆府以及蒲州、同州、岐州、华州各地府兵和无军籍的白丁，再加上玄宗过去任潞州(今山西长治)别驾时的家兵家将和随从人等，总共12万人，号称“长从宿卫”。卫士每年二番。第二年，改长从宿卫的称号为“彍骑”。同时下诏发给官马，表示对卫士们的照顾。彍骑建立后，各地折冲府虽然仍旧保留，但是兵员缺少的，并不补齐，有出无进；折冲府将官又久不升迁，因此贵官子弟都以担任此职为耻。至此，府兵制已经名存实亡，只剩下一个空架子。

公元725年(开元十三年)，唐政府开始把彍骑12万人全部编为正规军，分别隶属中央十二卫，每卫一万人，分为六番，担任京城长安和东都洛阳及其附近各州的卫戍任务，其中驻扎在京城所在的京兆府的彍骑有六万六千人。

彍骑设置初期，由于注重训练，赏罚分明，又能及时授田，故士卒奋发练武，号称劲旅。到了天宝年间，玄宗君臣荒淫放纵，政事日益腐朽，军事亦逐渐败坏，士卒疾苦，无人过问，兵员短缺，应募者少，继府兵之后彍骑又呈现出衰败现象。公元749年(天宝八载)，鉴于军府无兵可交，遂停折冲府上下鱼书，府兵制终于废止。此后，折冲府只有兵额和官员，既没有士兵，也没有马匹、武器等各项军资。但终唐之世，军府空名仍然存在。

(张敏)

## 13. 藩镇割据与正朔意识的淡化

唐朝中叶以后，在平定安史之乱的过程中，原来只在边疆地区设置的节度使在内地大量设立，并且一些节度使乘机扩充势力，在叛乱平定后仍长期保持半独立的状态。他们割据一方，被称为“藩镇割据”。藩镇割据局面在唐肃宗后长期延续，愈演愈烈终成五代十国之局面。

节度使制度始创于公元 711 年(唐睿宗景云二年)，唐玄宗李隆基在位(712—756 年)时期，为防止周边各族的进犯，大量扩充防戍军镇，共设平卢、范阳、河东、朔方、陇右、河西、安西四镇、伊西北庭、剑南等 9 个节度使和 1 个岭南五府经略使，军、政、财大权逐渐集于节度使一身。其中特别是北方诸道的权力更为集中，经常以一员大将兼任两三镇节度使，安禄山就是凭借身兼范阳、平卢和河东三镇节度使而发动叛乱的。

安史之乱爆发后，为了抵御叛军进攻，军镇制度扩展到了内地，最重要的州都设立节度使，指挥几个州的军事；较次要的州设立防御使或团练使，以扼守军事要地。于是在今陕西、山西、河南、安徽、山东、江苏、湖北等地出现不少节度使、防御使、团练使等大小军镇。后来又扩充到全国。这些本是军事官职，但节度使又常兼所在道的观察处置使，观察处置使也兼都防御使或都团练使之号，都成为地方上军政长官。大则节度，小则观察，构成唐代后期所谓藩镇，亦称方镇。藩镇成为凌驾于州之上的一级权力机构。

藩镇大致分为四种类型，一是割据型，以割据一方，不受朝命的河北三镇为主要代表；二是防遏型，以中原地区与中央关系密切的诸镇为主；三是御边型，主要分布在西北和西南边区；四是财源型，指唐后期中央政府财政收入主要来源的东南地区诸镇。

藩镇割据局面的形成是安史之乱前后错综复杂的政治、军事形势和矛盾相互作用的结果。藩镇割据作为唐中叶以后至五代十国这一时期的特殊历史现象，它的出现是有其复杂的社会背景和深刻的政治、经济基础的，是唐代中央与地方关系发展的必然结果。

唐代藩镇割据的形势可以分为四个阶段。

从唐代宗李豫初年到唐德宗李适末年(762—805 年)，是割据形成发展时期。763 年(唐代宗广德元年)，安史之乱以史朝义自缢，其党羽纷纷投降唐朝而告结束。但朝廷无力彻底消灭这些势力，便以赏功为名，授以节度使称号，由其分统原安史所占之地。计有李怀仙为卢龙(又名幽州或范阳，今北京)节度使，统治今河北东北部，李宝臣为成德(又名镇冀或恒冀，今河北正定)节度使，统治今河北中部，田承嗣为魏博(今河北大名北)节度使，统治今河北南部、山东北部，薛嵩为相卫(今河南安阳)节度使，统治今河北西南部及山西、河南各一部，共四镇。其后相卫为田承嗣所并，则成为三镇，即河北三镇。

这三镇名虽服从朝廷，实则独立。军中主帅，或父子相承，或由大将代立，朝廷无法过问。与此同时，淄青（又名平卢，今山东益者）镇大将李正己逐节度使侯希逸，唐亦授以节度使称号，统治今山东地区，世袭相承达三代四人。在今湖北，山南东道（今湖北襄阳）节度使梁崇义也实行割据，统治今湖北西北部达十九年。781年（唐德宗建中二年），梁崇义割据势力才被朝廷消灭。

公元782年（建中三年），淮西（治蔡州，今河南汝南）节度使李希烈又据镇反叛，自称建兴王，并联合已称王的淄青、魏博、成德、卢龙四镇节度使抗拒中央。唐德宗调集淮西邻道兵攻讨李希烈，诸道兵都观望不前。建中四年，又调泾原（今甘肃泾川北）兵东援，十月，该军路过京师时，发生叛乱，拥立留居长安的前卢龙节度使朱泚为秦帝。德宗出奔奉天（今陕西乾县）。公元784年（兴元元年）正月，李希烈称楚帝，改元武成。次月，入援朝廷的朔方（今宁夏灵武）节度使李怀光也叛乱，德宗又奔梁州（今陕西汉中），唐朝政权处于最危险的境地。同年夏，平定了朱泚。公元785年（贞元元年）秋平定李怀光，次年春，李希烈为部将所杀，河北、山东四镇也表示重新服从中央，表面上又归统一。

德宗经过这场恐慌之后，转为执行姑息政策，求得暂时安定，但也做了一些削藩的准备工作，一是加强禁军（神策军），二是充实府库。不过，这两方面都造成了另一后果，即宦官进一步控制中央政权。

从唐宪宗李纯永贞元年至元和末年（805—820年），是讨伐叛镇的时期。公元805年（永贞元年）八月，唐宪宗即位，他是唐顺宗的长子，即位以后，经常阅读历朝实录，每读到贞观、开元故事，他就仰慕不已。宪宗以祖上圣明之君为榜样，认真总结历史经验，比较注重发挥群臣的作用，敢于任用和倚重宰相，他在延英殿与宰相议事，都是很晚才退朝。宪宗在位15年间，勤勉政事，君臣同心同德，从而取得了元和削藩的巨大成果，并重振中央政府的威望，成就了唐朝的中兴气象。

公元806年（元和元年），剑南西川节度使刘辟求兼领三川，因朝廷不许，就发兵攻击东川节度使治所梓州（今四川三台）。宪宗派遣高崇文统率神策军出征，很快平定。同年，还平定夏绥节度使杨惠琳的叛乱。次年，镇海（又名浙西，今江苏镇江）节度使李锜叛变，宪宗调邻道兵征讨，李锜被部将所杀。这几次平叛的胜利，使宪宗和主战派大臣增强了削藩的信心。

公元809年（元和四年），成德节度使王士真死，其子王承宗自为留后，宪宗以宦官吐突承璀领兵讨伐，没有取得胜利，只得暂时妥协，承认承宗继位。公元812年（元和七年），魏博节度使田季安死，子田从谏年幼继位，军中推立大将田兴（后改名弘正），田兴表示服从中央，遵守法令，申报户籍，请朝廷任命管内地方官，送田从谏入京。长期割据的河北三镇中出现了一个突破口。

淮西自李希烈被部将陈仙奇所杀后，吴少诚又杀陈仙奇，继位的是另一个淮西大将吴少阳仍然割据自雄。814年（元和九年），吴少阳死，其子吴元济自领军务，在对淮西镇的处置上，朝中大臣分为主战、主抚两派。宪宗主战，征集邻道军队围攻淮西。淄青和成德两镇暗中支持淮西，派人焚烧河阴转运仓，并刺杀宰相武元衡，刺伤御史中丞裴度，企图阻止朝廷进攻，但宪宗没有动摇，以裴度为相，坚持平叛。这是藩镇势力和唐朝中央的一次大决战。由于平叛军队中有不少将领迁延观望，作战不力，战争拖了四年。宰相裴度亲临前线督师，公元817年（元和十二年）秋，大将李愬雪夜袭克蔡州，生擒吴元济，取得最后胜利。次年宪宗又发兵攻淄青，公元819年（元和十四年），淄青将刘悟杀节度使李师道降唐。于是，成德节度使王承宗、卢龙节度使刘总相继自请离镇入朝，朝廷另委节度使，长期割据的局面似乎要解决了。

从唐穆宗初至唐懿宗末（821—874年），是藩镇复活并延续的时期。唐宪宗平削藩叛所创下的新局面没有维持多久。由于长期战争，中央府库的积蓄已经枯竭，宪宗晚年任用聚敛之臣，遭到百姓怨恨，新的统一局面，也使大臣们思想麻痹。

宪宗是由宦官拥立的，因此不抑宦官。他晚年好神仙，求天下方士为他求长生药，而多服金丹性转躁急，左右宦官往往获罪。820年(元和十五年)正月，宪宗为宦官陈弘志(一作弘庆)等人谋杀。宦官梁守谦等拥立太子李恒，是为穆宗。穆宗即位时已26岁，本是励精图治的好年纪，但他没有仿效太宗、玄宗的勤政，而是纵情享乐，毫无节制。822年(长庆二年)，又在禁中与宦官内臣等打马球时发生了意外，中风卧病在床。穆宗中风以后，身体一直没有康复，朝政掌握在宦官手中。当时，“销兵”(即裁减兵员)的主张盛行一时。销兵虽可以节省财政开支，但被裁的士卒无可靠生计，却是一个乱源。

821年(长庆元年)，卢龙发生兵乱，将士囚禁朝廷派去的新节度使张弘靖，尽杀其幕僚。接着，成德军将又杀自魏博移镇成德的节度使田弘正(即田兴)，朝廷命裴度统兵讨伐，又命魏博节度使田布(田弘正之子)出兵助讨成德，但将士不肯出力，要求田布行河朔故事，恢复独立状态。于是河北三镇又脱离了中央控制，被裁的士卒，纷纷投奔而来。新的割据者朱克融、王廷凑、史宪诚还是实行原先的旧传统。裴度的讨伐军无功而还。朝廷因为军费浩大，无法支撑长期作战，只好承认现实。

此后，唐朝中央再也没有恢复河北的打算。即使在唐朝尚能控制的区域内，也出现了一些较弱的割据者，如徐州大将王智兴赶走节度使崔群，自领军务，朝廷即授以节度使。泽潞(今山西长治)节度使刘悟擅囚监军使刘承偕，朝廷无可奈何，宣布流放刘承偕，刘悟才将其释放。后来刘悟子孙三代据有泽潞。公元844年(唐武宗会昌四年)，在李德裕主持下，平定了泽潞。这次被称为“会昌伐叛”的胜利，对于稳定中央直接控制地区起了积极作用。

总之，第三阶段中，藩镇有所复活并发展，不过程度不如第一阶段之甚。在这段时间内，不论是在唐朝控制的地区，还是割据藩镇控制的地区，都经常发生牙将逐帅的事件。这是藩镇割据的另一种表现形态，是权力下移的象征。

从唐僖宗乾符二年至唐朝灭亡(875—907年)，是藩镇相互兼并的时期。公元875年(乾符二年)，王仙芝、黄巢领导的唐末农民战争爆发，唐朝虽然征集各镇士兵围剿，并委任都统、副都统为统帅，实际上指挥并不统一。许多节度使利用时机扩充自己的实力。公元881年(广明元年)底，黄巢攻入长安后，唐朝中央政权实际已经瓦解，这时在全国逐渐出现了许多割据势力，有的原是唐朝的节度使，如高骈；有的则是自己形成一个武装集团之后，被唐朝授予节度使，如杨行密、董昌、钱镠等人。这样，割据的藩镇空前增多。农民起义军失败后，这些藩镇立即转入互相兼并的战争中，数十年战争不断，几乎遍及全国。公元907年(天佑四年)，名义上的中央朝廷也被藩镇之一朱温夺去了，演变为五代十国，成为唐代藩镇割据的延续。直到北宋统一，才结束这一局面。

唐朝后期的藩镇割据是导致唐朝衰落的重要原因，由于藩镇自雄，中央政权变得虚弱无力，几次企图削弱藩镇的努力，不仅没有达到目的，还消耗了大量的人力、物力、财力，致使国家再没有能力与藩镇较量。与中央力量下降形成明显对比的是，藩镇的力量却越来越强，藩镇割据更加无法控制。唐朝中央也只能听之任之，通过仅有的几个直接控制区域，艰难维持帝国的统治。

在这种情况下，唐朝各地离心倾向日益明显，正朔意识逐渐淡化。晚唐翰林学士承旨、礼部侍郎刘允章在《直谏书》中尖锐地指出：国有九破，民有八苦，统治危机已到极点，因而自称“救国贱臣”，“冒死上谏”。

他主持科举取士时，出试题为《天下为家赋》，意含讥刺，被谏官驳奏而贬官外放。880年，黄巢起义军攻打洛阳，刘允章作为东都留守，竟率领留守官吏开城门迎接起义军。五代时成德节度使安重荣常对人说："天子兵强马壮者当为之，宁有种耶！"这些都是正朔意识淡化的必然结果。

藩镇割据局面的出现对中国文化的影响也是十分巨大的，钱穆在《国史大纲》中对此有以下判断："五胡乱华之际，胡酋尚受中国教育，尚知爱中国文化，尚想造出一像样的政府，自己做一个像样的帝王。彼等尚能用一辈中国留在北方的故家大族，相与合作。唐代的藩镇，其出身全多是行伍小卒，本无教育，亦无野心，并不懂如何创建像样的政治规模，只是割据自雄。……因其辖地之小，故不感觉要政治人才，更不感觉要文化势力。如是，则大河北岸从急性的反抗中央病，变而为慢性的抵抑文化病，从此以下的北方中国，遂急激倒退，直退到在中国史上变成一个不关重要的地位，这全是一百五十年武人与胡人兵权统治之所赐。"

（张敏）

## 14. 两税法的实施

公元780年(唐德宗建中元年)，宰相杨炎推行两税法，将当时按人丁为主征收的租庸调及各项杂税统一起来，并入原有的按资产征收的户税和按田亩征收的地税之中。两税法是唐代后期赋役制度方面较为全面的改革，产生了巨大而深远的影响。

唐朝建立之初，为了恢复和发展社会经济，保证租税收入，沿袭隋制实行均田制和租庸调法。均田制规定，18岁以上的男子授田100亩，其中20亩为“永业田”，80亩为“口分田”。租庸调法以均田制为出发点，实行“据丁征税”，即对人丁征收数额相等的税收，每丁每年纳粟二石，称作“租”；纳绢二丈、绵三两，称作“调”；服徭役20天，也可以纳绢或布代役，叫作“庸”。在大量自耕农存在的情况下，唐政府用租庸调法来保障租税收入，起到了一定作用，特别是“以庸代役”的制度化，使自耕农民有较多的时间从事农业生产，对唐初农业及社会经济的恢复和发展起到了积极的促进作用，租庸调收入也成为唐初及此后一段时间内国家财政收入的主要来源。

然而，随着社会经济的发展，均田制和租庸调法逐渐暴露出很多问题。首先，人口大量增长，唐朝政权手中已无新的土地可以进行授田。其次，虽然法令上规定均田制下的土地不准买卖，但这并不是绝对的，地主阶级在一定条件下仍然可以通过购买农民的土地获得土地所有权。同时，在租庸调法下，受田最多的皇亲贵戚、豪强地主都享有一定的免税免役特权，而受田较少的自耕农、半自耕农不仅是租庸调的主要课征对象，承担繁重的差科和兵役，还受到官僚地主的长期赋役榨取及高利贷盘剥，大量自耕农破产。到了高宗、武则天时期，土地兼并趋势更为明显，特别是关中地区，农民只授30亩或更少的田，根本无法负荷租庸调的重担，只能典卖土地，逃亡他乡，户口户籍制度破坏严重。逃亡的农民成为流民，或者地主私家田庄上的佃客，又加剧了土地兼并的进程，均田制度濒临崩溃，政府出现财政危机。当时宇文融进行括户，曾括出了逃户80余万和相应的籍外田亩数。

到安史之乱后，随着唐朝政治经济形势发生的巨大变化，土地兼并更为严重，国家编户大量流失，自北朝以来实行了近300年的以自耕农为基础的均田制最终走向崩溃，而建立在“凡天下丁男给田一顷”基础之上，按人丁征收的租庸调法自然也丧失了其存在基础，不再适应形势的需要。据统计，公元760年(唐肃宗上元元年)，国家控制的人口只有16990368人，其中纳税人口只有2370799人，与公元755年(唐玄宗天宝十四年)相比，国家控制的人口减少了35938733人，纳税人口减少了5210432人，造成政府财政匮乏，“王赋所入无几”。对此，唐政府也采取过一些措施，如整顿均田制，企图把流民、客户重新安置在国家的均田土地上，还有巧立名目，征收各种苛捐杂税，扩大赋税剥削范围等。这些措施不但没有取得效果，反而激起了人民的强烈反抗，从长安、洛阳附近到江淮地区，到处都爆发了农民起义。为了缓和社会危机，解决财政困难，唐政府不得不考虑进行彻底的税制改革，以适应发展。公元780年(唐德宗建中元年)，德宗采用宰相杨炎的建议，实施两税法。

两税法源于唐前期的户税和地税。唐朝前期在征收租庸调正税的同时，也并行征收另外一些附加税，如户税和地税，二者均属资产税。唐中叶以后租庸调法渐渐无法维持，户税和地税的税制却不断完善，税额不断增加，逐渐成为替代租庸调的主要财政收入，为两税法的实施打下了基础，实现了税收制度的延续。

户税按人户的资产多少起征。早在公元624年(唐高祖武德七年)，高祖就下令“天下户量其资产，定为三等”，按照王公以下每户资产的多寡交纳数量不同的资产税(有时也折征实物)。公元635年(唐太宗贞观九年)，太宗又将三等户中的每等分为上中下，成为九等，但此时的户税仍是时征时停。到玄宗开元时期，户税被正式固定下来，并规定每年征收两次，税种也被分为大、小两种，小税约40万贯，大税三年收一次，约150万贯。安史之乱后，户税愈加受到重视，公元769年(唐代宗大历四年)政府对户税制度又做了调整，规定天下百姓及王公以下百官分为九等，上上户纳钱四千文，每低一等减五百文，第八等下中户七百文，下下户五百文，税额提高了近一倍，户税制度也更加完善。同年，唐政府又明文规定，对在全国总户数中占五分之二的客户开始起征户税，准八等户、九等户收税，说明户税在国家收入中的地位有越来越重要的趋势。与租庸调法不同，户税的课征对象原则上是全国所有的居民，规定了官僚、百姓、工商业户及其他社会各阶层的级差税额，不分课户、非课户，也不分主户、客户，自王公以下到普通农民都要负担，纳税面很广，税率提高，税额也有了显著增长，其财政地位更加突出。此后，户税不分主客户和每年两次征收的方法，都直接为后来的两税法所继承。

地税本称“义仓税”，沿袭隋开皇时的社仓税发展而来。太宗继承隋制，于公元628年(唐太宗贞观二年)在全国普遍设置义仓，规定自王公以下至于百姓，根据垦田数目，每年每亩纳粟二升于义仓中，以备荒年赈灾之用。这种“义仓税”就是地税。公元651年(唐高宗永徽二年)，高宗对地税作了改革，将其由按亩征收改为按户等征收，但是此时的地税仍不属于国家赋税。到唐中宗神龙年间(705—706年)，由于政治黑暗，义仓税被滥用，其性质发生了根本变化，不再作救荒之用，而是纳入中央财政，开始具有国家税收的性质。公元737年(唐玄宗开元二十五年)玄宗再次恢复地税为按亩起征，并愈加重视，将地税与租庸调征收放在同等重要的地位。公元748年(唐玄宗天宝七年)，唐政府每年地税的总收入已高达1240余万石，成为唐王朝的重要税种，大大超过了租庸调丁租的实际所得。安史之乱后，在很多战争影响不是特别严重的州郡，地税仍然照旧征收，税额也在增加。公元769年(唐代宗大历四年)代宗曾两次下诏解决地税问题。第一次是定田亩为两等收税，上等田每亩税一斗，下等田每亩税五升，新开佃的荒田每亩税二升。次年，政府再次调整地税，定京兆府百姓税，夏税上等田每亩税六升，下等田每亩税四升，秋税上等田每亩税五升，下等田每亩税三升。公元773年(唐代宗大历八年)，折钱交纳地税的规定出台，其税制更为完善。此后地税税额大幅增加，并开始分夏、秋两季征纳，是两税法的早期形态。与租庸调制不计授田是否足额、按丁统一征收租赋不同，地税按照每户的实际耕田面积征税，有着明显的合理性。

可见，随着唐中叶以来土地占有关系的变化，大量自耕农成为逃户、隐户和地主的佃户，建立在均田制基础之上，与大量的自耕农、半自耕农的存在相适应的租庸调法走到了时代的尽头，势必要被新的赋税制度所代替。相比而言，按资产划分户等高下征收的户税和按田亩地产多少起征的地税有着明显的优势，在政府税收的比重中地位日渐重要，有代替租庸调成为国家正税的趋势，重新建立合理的税收体系也成为历史发展的要求。公元780年(唐德宗建中元年)，为了适应当时的经济形势，整顿安史之乱以后全国税收的混乱局面，保障中央政府财政收入，唐德宗采纳宰相杨炎的建议，以前代的税制变革为基础，正式颁行了两税法，根据“户无主客，以见居为簿；人无丁中，以贫富为差”的原则，对国家税收体系做出重大改革。其主要内容有：

“量出制入”，即唐中央政府根据每年的财政支出预算确定赋税总额。实际上，政府是以公元779年(大历十四年)的各项税收所得作为赋税总额的，分配到各州征收后，各州则以大历年间赋税收入最多的一年的数额分摊到各地人户，全国无统一定额。

取消租庸调及各项杂税的征收，仅保留户税和地税。这样，混乱的税种就被并入了两税之中，纳税项目减少了，纳税手续简化了，以前赋税制度的繁杂混乱状态也结束了，人民得到了很大的便利。

“唯以资产为宗，不以人丁为本”，户税和地税统一按每户的资产和实有田亩征收。根据资产定出九户等缴纳户税，户等高的出钱多，户等低的出钱少，并且在征收时大部分都要将钱折合成实物交纳，征钱只是少数；地税征收的土地数目以大历十四年的垦田数为准。不同于原有的户税和地税的是，新税制中的两税是作为租庸调的继承形态出现的国家正税。

“户无主客，以现居为簿”，即取消各地主户(本地户)和客户(新来户)之别，不论是本地的土著人户，还是外迁来的人户，都编入现居州县的户籍；不论丁男中男，都按照财产的多少定等级纳税。

“夏税无过六月，秋税无过十一月”。户税和地税都分夏秋两季征收，这也是两税法得名的原因。

没有固定住所的商人由所在州县按财产收税，税额初为其收入的1/30，后改为1/10。商人开始与定居的人负担均等，赋税分担更为合理。

两税法彻底废弃了以人丁课税的租庸调法，是我国封建社会赋役制度史上的一次重大改革和进步，对当时和后世都产生了很大的积极影响。

首先，两税法舍人税地，使国家赋役负担较为合理，政府对农民的人身控制有所放松。在“以丁身为本”的租庸调制下，国家对租调徭役的征敛，主要依据是人丁，不管是地多的地主还是地少的贫民，他们向国家纳税的数量完全一样，这对农民来说是十分不合理的，农民负担很重。而两税法则是“以资产为宗，不以丁身为本”，舍人税地，考虑到了纳税人负税能力的大小，依据土地和财产的多少起征，资产多者税重，资产少者税轻，没有土地而租种地主土地的人，就只交户税，不交地税。这样一来，贫苦农民的负担无疑会减轻，受田较多的官僚地主的纳税额则大大增加，在一定程度上减轻了广大贫苦人民的负担，多少改变了贫富不均的现象。因此，新税法舍人税地的政策，比租庸调法的不管居民有多少资产和土地、一律按人丁征税的原则更为合理，税收负担相对比较公平合理，符合历史发展的趋势，也意味着封建官府对农民的人身控制有所松弛，对于当时社会经济的恢复和发展起到了积极作用。

其次，两税法增加了纳税人数和赋税收入，国家财政状况大大好转。在租庸调法下，一方面皇亲国戚、有品爵者都不用缴税，而在国家总人口中占很大比例的地主、不定居的商贾、客户等又大多是逃税户；另一方面，随着均田制的破坏，作为国家课征主体的自耕农民也大量逃亡他乡，户籍制度破坏严重，导致国家税源严重不足。可见以人丁为主的征税原则对租庸调的实际征收构成了很大的影响。两税法则抛弃了旧的征税标准，规定只要略有资产就一律得纳两税，把主、客户乃至不定居的商人都发展成为纳税对象，官吏也要按品位和等级的高低纳税，增加了纳税人数。同时，两税法关于“资产多者税多”的规定，让资产多的人负担更多的税额，于是地主、官吏等资产丰厚者纳税的数额大幅提高，增加了赋税收入，唐王朝的财政状况由此大大好转。新法实行前，唐朝政府年财政收入不过1200万贯，新法实行当年，财政总收入计收“钱二千五十余万缗，米四百万斛，以供外；钱九百五十余万缗，米一千六百余万斛，以供京师”。

然而，两税法虽然暂时缓解了政府的财政危机，但是在没落的唐王朝的腐朽统治下，新法实施不久后就出现了一些问题，产生了很多消极影响，进一步加速了农民的破产与逃亡，并最终引发了唐末农民大起义。

首先，除两税之外，政府又征收了大量的额外杂税，加重了人民负担。在推行两税法时，由于租庸调及各项杂税都已并入了户税和地税，各种杂税被取消。但这种局面只维持了极短的时间。由于政治腐败，唐政府只知道收税钱愈多愈好，在不能按规定收到满足需求的税额的时候，就不顾百姓疾苦，在两税之外又增加了许多苛捐杂税，主要有青苗税、义仓税、茶税、酒税、盐税等，可以说与税法改制之前并没有什么不同，正如陆贽在奏议《均节赋税恤百姓》中所说：“大历中期各项杂税都已纳入两税，但如今各种杂税又复现，与两税并存。”公元 782 年（唐德宗建中三年），淮南节度使陈少游就曾加税 20%，公元 787 年（唐德宗建中八年），剑南四川观察使韦皋也奏请加税 20%以增给官吏，人民的负担较改制前反而更为沉重。白居易在《秦中吟・重赋》中道出了贫民的困苦，“国家定两税，本意在爱人。厥初防其淫，明敕内外臣。税外加一物，皆以枉法论。奈何岁月久，贪吏得因循。浚我以求宠，敛索无冬春。织绢未成匹，缫丝未盈斤。里胥迫我纳，不许暂逡巡”。

其次，折钱纳物加重了人民的负担。两税法规定缴纳的税钱大部分要折合成绢帛，只有一小部分是钱币，这当然是有很大进步意义，然而也正是由于这项规定，人民的负担反而加重了。陆贽说：“实行两税法时，一匹绢值三千二三百文，到公元 794 年（唐德宗贞元十年）前后，仅值一千五六百文。如果原来交纳一匹绢，此时就要交纳两匹。”可见，实物的价格是在不断变化之中的，新法实施后不久，绢帛价格渐趋低落，货币在无形中就增值了，出现了“钱重物轻”的现象。这样一来，完税的钱数虽然未变，但百姓折纳后的负担凭空增加了一倍，受到了巨大损失。建中年间（780—783 年），由于绢帛价格不断下跌，百姓折纳后缴纳的绢帛是原来的两三倍。《新唐书・食货志》说，初定两税时，物重钱轻，后来物价愈跌，纳物也愈多，到唐穆宗（821—824 年）时，由于长期钱重物轻，绢价降到建中元年的 1/3，人民负担实际上已增加了三倍。这种现象一直持续到唐末懿宗时期，由于社会生产已经严重衰落，政府对物价失去控制，才产生了回升的趋势。

再次，唐政府长期不调整户等，没有真正缓和阶级矛盾。两税法以资产和实有田亩的多少作为征税的基本原则，这就要求唐政府必须每年核定资产和实有土地数目，通过不断调整户等来贯彻贫富分等负担赋税的原则。然而，公元 780 年（唐德宗建中元年）唐政府初定两税时，户等的规定就很不严格，也没有进行有效的资产普查，而只是将大历十四年各地的旧税总数作为赋税总额分摊到各地，人民的负担实际上很不合理。到公元 788 年（唐德宗贞元四年）德宗才重新调查资产、审定户等，并规定此后每三年就要进行一次。但是据史料记载，这种三年一定户等的规定并没有成为常制，此后调整户等的工作仍然长期没有进行。官僚地主、地主富户通过不报或少报的手段达到了少交赋税的目的，百姓的负担仍然很重，土地兼并日益合法化，阶级矛盾仍然尖锐。可见，两税法“唯以资产为宗”的贫富分等负担的原则并没有在实施中得到切实的贯彻和落实，因而也不可能从根本上挽救唐朝的统治危机。

可见，两税法的实施在初期曾起过一定的积极作用，使得赋役分担较为合理，减轻了人民的负担，国家的财政状况也大大好转，但是这一过程也不可避免地暴露出了很多弊端。由于唐政府后期的腐朽统治，两税法的征税原则并没有在具体实施中得到贯彻和落实，社会财富的占有非常不平衡，人民的负担反而加重了。两税法在当时就遭到了很有影响的人物如陆贽等的强烈反对。到唐朝末年，土地兼并更是达到了前所未有的程度，“富者有连阡之田，贫者无立锥之地”，农民再也无法生活下去，社会矛盾、阶级矛盾激化到了顶点，最终引发了唐末农民大起义。但是总的来说，尽管在实施过程中出现了一些问题，不可否认的是，两税法的税制原则适应了唐中期以后均田制和租庸调法崩溃、地主私有制经济发展的历史趋势，确立了按照土地和资产多少征税的标准，是我国古代赋税制度史上的转折点。两税法也奠定了唐后期到明代中叶赋税制度的基础，成为后代统治者所奉行的基本税制，一直沿用到明代中叶，后被一条鞭法所代替。

（汪莉）

# 15. 陆德明撰《经典释文》

陆德明(约550—630年)，名元朗，字德明，以字行，苏州吴(今江苏吴县)人。早年受学于玄学大师周弘正，是隋唐之际著名的经学家、训诂学家，与当时的注疏大家孔颖达齐名。陆德明历仕陈、隋，以文学知名。仕陈，为始兴王左常侍。入隋，炀帝擢为秘书学士，迁国子助教。唐高祖李渊称帝后，秦王征为文学馆学士。唐太宗贞观初年，迁国子博士，封吴县男，不久即卒。据《旧唐书》记载，陆德明撰《经典释文》30卷，还有《老子疏》15卷，《易疏》20卷，并行于世。其中以《经典释文》的影响为最大。

《经典释文》虽题为唐陆德明撰，但据考证该书并非唐时作品，具体的成书年代，主要有三说：643年(唐贞观十七年)说；583年(陈至德元年)说；隋以后唐以前(606—621年)说。目前虽尚无定论，但考证多方材料，以第二说较为可信。清钱大昕《潜研堂文集》中云："细检此书，所述近代儒家，惟及梁陈而止，若周隋人撰音疏，绝不一及，又可证其撰述，必在陈时也。"

《经典释文》是古代经书释义注音的专著。"释文"即解释文献语言，又称"音义"。古代汉字以音寄义，音切与训诂互为表里，考辨字音的主要目的，是为了确定或辨析被注字在具体语境中的读音和意义，便于人们读通经文及其注文。随着语音的发展变化和方言的客观存在，至唐时，汉魏以来为经典注音的情况已显得比较混乱，阅读十分不便。在这样的背景下，陆德明在《经典释文·序录》中明确表明了著书的缘由和目的："夫音书之作，作者多矣，前儒撰著，光乎篇籍，其来既久，诚无间然；但降圣已远，不免偏尚，质文详略，互有不同。汉魏迄今，遗文可见，或专出己意，或祖述旧音，各师成心，制作如面，加以楚夏声异，南北语殊……必也正乎名。"正是出于为经传正名的目的，陆德明投入极大的精力，以"典籍常用，会理合时"为基本原则，统一注音。合原则者为正音，不合原则者则为参考，博采众家，校注群经，汇编而成《经典释文》这部"读经字典"。

《经典释文》以阐述经学和老庄之学为宗旨，博采汉魏六朝音切约260余家，又兼采各家训诂，辨析各本异同，编撰成书。全书考证精深，收集广博，是汉魏六朝以来群经音义的总集。《经典释文》共三十卷，首为《序录》，主要说明本书的内容安排和经学的传授源流。次《周易》一卷，《古文尚书》二卷，《毛诗》三卷，《周礼》二卷，《仪礼》一卷，《礼记》四卷，《春秋左氏传》六卷，《公羊传》一卷，《穀梁传》一卷，《孝经》一卷，《论语》一卷，《老子》一卷，《庄子》三卷，《尔雅》二卷。其中因唐代《孟子》尚不为经书，故未收入，而《老子》《庄子》因魏晋以后影响很大，故也收入。

《序录》为《经典释文》第一卷，在全书中具有提纲挈领的地位和作用，分为《序》《条例》《次第》《注解传述人》及《目录》五个部分。《序》首先说明助人读经的著述目的，其次阐述著书时间、过程及方式，"研精六籍，采摭九流，搜访异同……合为三十卷，号曰《经典释文》"；《条例》具体说明编著的体例，归纳起来有以下四条：其一，既音释经，又音释注；其二，一字多音，首标胜义，次列众家，以广异闻；其三，援引众训，只取大意，不书全文；其四，多数经典基本上采摘单字、两三字来注音，只有《孝经》《老子》特记全句。《次第》说明本书排列儒家经典以著作早晚为先后。老庄典籍则因其为子书，故列于儒家之后；《注解传述人》则对两汉、魏晋南北朝以来经学以及老庄的研究成果作了总结，不仅一一阐述各种经典的缘起及授受源流，还细致介绍了注疏本和注疏人的情况。这一部分论及经学源流，为研究唐以前经学发展沿革提供了基本线索；《目录》标明《序录》和“正文”的卷次。除《序录》以外的二十九卷“正文”，辑录上述十四种经典的音义而成，一共音释经文 9992 字，音释注文 6129 字，合计音释 16121 字。

《经典释文》在广罗众书进行汇编时，其中不乏许多体例上的创新。首先，为注文作注。陈以前的先儒作音，大多只给经文音义，不给注文音义。对此，陆德明不以为然，《条例》称：“然注既释经，经由注显，若读注不晓，则经义难明”，有鉴于此，他不仅为“经”注音释义，而且也为“注”作音义。如《论语·学而》“道千乘之国”一语，旧注引《司马法》以释“千乘”，《论语音义·学而》又为“司马法”作注云：“齐景公时有司马田穰苴，善用兵。《周礼》，司马掌征伐。六国时，齐威王使大夫追论古者兵法，附穰苴于其中，凡一百五十篇，号曰《司马法》。”最初的《经典释文》用墨、朱两色分别书写，经文的解释用墨色书写，注文的解释用朱色书写，以便区别。自宋以来，经文和注文的音训便已混为一色，难以辨认了。不过，此后人们多是把各条音义拆散，标注于各经典的章句之下，这样一来，辨别经、注的音义就较为容易了。

其次，广收异音、异文，标明正音、正文。《经典释文》在注解文字时，常在一个字的下面收有几个读法，在其所收的几个读法中，以第一个为主。如《庄子音义·逍遥游》“而后乃今培”注云：“音裴，重也。徐扶杯反，又父宰反，三音扶北反。本或作陪。”“陪”字收了四个读音，以“音裴”为正音。《经典释文》的这一体例，为后人正确诵读和理解经典提供了极大便利。在标明正音的同时，对于多形、多音、多义字，陆德明则广征博引，尽量列出所见。例如《尔雅音义上·尔雅序》“键”字注：“字又作楗。其展反。《字林》：巨偃反，铉也。《广雅》云：键，壮也。《小雅》云：键，谓之钥。《方言》云：钥也。自关而东，陈楚之间谓钥为键。或一音巨言反。”一字之注，《经典释文》中列出了两种写法，三条反切，四条义项。广泛收集的音义，对考证和研究两晋南北朝时期的音韵、古代词义的转变，具有非常重要的意义和作用。

再次，存留佚音、佚文、佚书。经典在长期流传的过程中，或因传写失真，或因师承不同，形成了许多不同的版本。陆德明生于陈末，所见古书极多，一些为经书作注的古书，陆德明就他所见到的版本，把其中许多音义收入《经典释文》之中。而他所征引的典籍，后来大多亡佚，正是有赖于《经典释文》的保存，我们才能够见到某些资料。《毛诗音义中·小雅·大东》“获薪”注：“户郭反。毛：‘刈也。’郑：‘落木名也。’字则宜作‘木’旁。”陆德明列毛传于前，表明所取为“刈也”，至于郑笺训“获”为“落木名”，那么该字就应从“木”而不从“禾”。又如《易·乾·文言》：“六爻发挥。”《释文·周易音义》：“音辉。《广雅》云：‘动也。’王肃云：‘散也。’本亦作辉，义取光辉。”这些引文资料，对于后代训诂、校勘学者而言，无疑是一笔宝贵的财富。再如，《尔雅》刘歆、樊光和孙炎等人的注，原书都已亡佚，只有少部分内容由于陆德明的引用得以保存，后世才能知其大概，这也是《经典释文》的一大功绩。

最后，考订错讹，辨伪存真。《经典释文》所引经文、注文，年代久远，卷帙浩繁，数量巨大，辗转流传过程之中，由于种种原因，形成不同版本和各种衍脱错讹，真假难辨，有待考证。在搜集、整理前人音书资料的同时，陆德明倾注大量时间和精力，对所收集的材料做了许多勘误工作。如《春秋左氏音义一·庄公十六年》“公子阏”注：“安未反。案：《隐公十一年》郑有‘公孙阏’，据此三十五年，不容复有‘公子阏’。若非‘阏’字误，则‘子’当为‘孙’。”在考辨这一条注文时，陆德明指出《左传·隐公十一年》就记有“公孙阏与颍考叔争车”一事，事隔35年之后，《左传·庄公十六年》的这条经文为“九月，杀公子阏”，同为记载郑人之事，而且相隔时间如此久远，自然令人生疑。又如《诗经·小雅·巧言》“遇犬获之”，《释文·毛诗音义》：“遇，如字。世读作‘愚’，非也。”这些音义辨析，对于后人正确地解读经文不无帮助。

《经典释文》是一部体系严密的音义著作，但由于时代因素、个人阅历及研究方法所限，也有不足之处，偶有判断错误的情况存在。清人钱大昕、阮元、戴震等人就曾指出其中的一些疏漏。例如《易·观》“观国之光”，《释文·周易音义》曰：“观，如字。或音官唤反。”陆德明收录了平、去两个读音，钱大昕指出：“六爻皆以卦名取义，平则皆平，去则皆去，岂有两读之理?”这个批评是恰当的。但是瑕不掩瑜，《经典释文》仍不失为音义类著作中一部具有划时代意义的巨著。

《经典释文》以注音释义为主，兼及辨析异文、句读和校勘，集六朝音注类著作之大成，继承并发展了前代文字、音韵、训诂学的成就，具有总结性的意义。它不仅是人们阅读古代文献的重要工具书，有助于研读《周易》《尚书》等十四部古籍，也是后人研究文字、音韵的资料宝库，对于研究古代汉语语音、词汇和经籍版本等都有重要的参考价值。自问世以来，《经典释文》一直受到人们的重视，整理、评介著作历代不绝，影响深远，正如《四库全书总目》所言，该书“所采汉魏六朝音切凡二百六十余家，又兼载诸儒之训诂，证各本之异同。后来得以考见古义者，注疏以外，惟赖此书之存。真所谓残膏剩馥，沾溉无穷者也”。《经典释文》有1791年(清乾隆五十六年)卢文弨刊《抱经堂丛书》本、1874年(清同治十三年)尊经书院本等多种版本。商务印书馆的《四部丛刊》和《丛书集成》也收录了此书。

(杨继刚)

# 16. 孔颖达撰《五经正义》

《五经正义》是唐代初年由孔颖达领衔编撰的一部官修经学著作，是唐代经学统一的重要标志，也是唐代经学取得的重要成就。

东汉末年，战乱四起，儒家经典散佚，文理乖错。魏晋南北朝时期，国家长期分裂，经学也逐渐形成了“郑学”“王学”以及“南学”“北学”之争。儒学内部宗派林立，各承师说，互诘不休。公元 589 年，隋文帝杨坚南下灭陈，统一中国，结束了南北朝长期分裂割据的局面。公元 618 年李渊建立的唐朝，更是一个四海混一的大一统帝国。政治的统一要求学术上实现统一，以为其统治服务。其实，经学初步统一早在隋朝灭陈之前就实现了，其标志就是苏州吴人陆德明撰著的《经典释文》30 卷。唐高祖李渊“颇好儒臣”，即位之后，曾下诏设置州、县、乡之学，还在国子监设立周公、孔子庙，亲事释奠之礼。唐太宗“锐意经术”，为秦王时，就曾于府中开设文学馆，召名儒房玄龄、杜如晦、孔颖达等 18 人为学士，共议天下大事。即位之后，又置弘文馆于殿侧，精选儒士虞世南、褚亮、姚思廉等，令他们讲论经义，商讨政事。公元 628 年(贞观二年)，太宗征天下儒士为学官；公元 639 年(贞观十三年)，置崇贤馆，以安置学者；公元 647 年(贞观二十一年)，下令左丘明、卜子夏、公羊高等 22 人配享孔子庙庭。太宗对儒学的尊崇，可谓达到了极点。太宗因感儒学多门，章句繁杂，加之南北经学的不同对科举取士有许多不便，欲将异说纷纭的经义统一起来，于是做了这样两项工作：先是命颜师古等校勘统一的“五经定本”，继而命时任国子祭酒的孔颖达与诸儒共同撰定“五经义疏”，后者所成即为《五经正义》。

公元 630 年(贞观四年)，唐太宗“以经籍去圣久远，文字多讹谬，诏前中书侍郎颜师古考定《五经》”(《旧唐书·儒林传序》)。这里所谓“文字多讹谬”，是指《五经》文字自汉武帝以来未曾校订过，师法、家法的相异，今文、古文的不同，尤其是魏晋南北朝以来的分裂局面，导致《五经》文本在流传过程中各有所本，各有所师，差别甚大。唐太宗致力于一统天下，为儒家经典整理一个定本，是实现他宏图大志的重要步骤。颜师古是北朝名儒颜之推的孙子，少承家学，博览群书，精研诂训，曾作《汉书注》，对汉代以来的经学史非常熟悉，十分适合承担此任。他利用秘书省所藏经籍图书，悉心校勘，多所厘正，历时逾两载，选校《周易》《尚书》《毛诗》《礼记》《左传》五种为“五经定本”，呈献太宗，得到充分肯定。公元 633 年(贞观七年)，“颁其所定书于天下，令学者习焉”(《旧唐书·颜师古传》)。从此，“五经定本”成了从中央到地方各级学校采用的标准教科书。

经文有了定本，接下来更重要的任务就是要将历代对经文的纷繁注疏进行统一，提供一个“标准”的疏解，唐太宗把这一任务交给了孔颖达。孔颖达(547—648 年)，字冲远(一作仲达)，冀州衡水(今河北衡水市)人。幼年聪慧，长而通经学，兼善历算。隋大业初，举明经高第，授河内郡博士，曾与经学大师刘焯辩难经义。入唐，先为秦王府文学馆学士，历任国子博士、国子司业、国子祭酒。《五经正义》开始编撰，大概在公元638年(贞观十二年)，孔颖达时任国子祭酒、东宫侍讲，在学界享有崇高的威望。

首先，孔颖达等对《五经》注本进行了严格的筛选和比较，确立了一个可以依据的本子。其中《周易正义》取王弼、韩康伯注本。这个本子自南朝末就已盛行，并由南方流传到北方。王弼、韩康伯注本以清新的玄理解《易》，具有简约的特色，为后世学者所喜好。唐初，比较完整的《周易》注本仅此一家，故为所取。《尚书正义》取伪孔安国传本。宋代以来，对东晋梅赜所献伪《古文尚书》和伪《孔传》批评甚为严厉，但自陆德明、刘炫以来皆以它们为正宗之学。孔颖达认为伪《孔传》“其辞富而备，其义弘而雅”，“江左学者咸悉祖焉”，故为所取。《毛诗正义》和《礼记正义》都取郑玄注本。这是因为东汉经学大师郑玄博通今古文，遍注群经，他所笺注的《毛诗》和三礼，从训释名物制度入手，简明精赅，优于众家，并在汉末形成了“郑学小一统”的局面，魏晋南北朝时期，无论南学还是北学，郑注都具有极大的权威，故为所取。至于为何于郑注三礼中独取《礼记》，一方面因为《礼记》内容主要阐发“礼”的作用意义，较诸记述礼官职务和具体仪式的《周礼》《仪礼》更为生动和切用；另一方面，唐初所撰《贞观新礼》已经体现并实行了《周礼》《仪礼》二经的内涵。《春秋左传正义》取杜预《集解》本。《春秋》历来有《左氏》《公羊》《穀梁》三传，但南北朝以来《左传》独盛，其余二家渐趋衰微。而杜预所作《春秋左传集解》，是晋宋以来公认的范本，孔颖达认为“今校先儒优劣，杜为甲矣”(《春秋左传正义序》)，故为所取。由上观之，除《尚书正义》所选伪《孔传》外，其余各经所选都可算作该经中的最好注本。《五经正义》专释一家注文，与并存诸家之说的集注本面目大不相同，这正是出于唐代经学统一的需要。而其中，《周易》《尚书》《左传》注本属于南学，《诗经》《礼记》注本属于北学，《五经正义》将它们纳入一书，汇合南北，同样也是经学统一的需要。

其次，自汉初至唐初，历代对于《五经》的注释更仆难数，孔颖达等编撰《五经正义》时，对这众多的注解也进行了严格审慎的选择，以选定一个合适的义疏本。关于《尚书》，南北朝时为之作义疏的有蔡大宝、巢猗、费甝、顾彪、刘焯、刘炫诸家，而孔颖达认为“其诸公旨趣或多因循，诂释经文，义皆浅略，惟刘焯、刘炫最为详雅”(《尚书正义序》)，故《尚书正义》取二刘氏之义疏。《毛诗正义》亦以刘焯、刘炫二家之疏为本，孔颖达称：“其近代为义疏者，有全缓、何胤、舒瑗、刘轨思、刘醜、刘焯、刘炫等。然焯、炫并聪颖特达，文而有儒，擢秀干于一时，驰绝辔于千里，固诸儒之所揖让，日下之无双，于其所作疏内特为殊绝。今奉敕删定，故据以为本。”(《毛诗正义序》)关于《礼记》，自晋宋以来为之作义疏者，南人有贺循、贺玚、庾蔚之、庾灵恩、沈重、范宣、皇侃诸家，北人有徐遵明、李业兴、李宝鼎、侯聪、熊安生诸家，而其中为世人称道者，惟皇、熊二家。在孔颖达看来，“以熊比皇，皇氏胜矣。……今奉敕删理，仍据皇氏以为本，其有不备，以熊氏补焉”(《礼记正义序》)。关于《左传》，前代为之作义疏者有沈文阿、苏宽、刘炫诸家，孔颖达认为：“沈氏于义例粗可，于经传极疏；苏氏则全不体本文，唯旁攻贾、服，使后之学者钻仰无成。刘炫于数君之内实为翘楚。……今奉敕删定，据以为本，其有疏漏，以沈氏补焉。”(《春秋左传正义序》)至于《周易》，南朝时期为王弼注本作义疏的有十余家，但孔颖达认为他们“皆辞尚虚玄，义多浮诞”，甚至“义涉于释氏，非为教于孔门也。既背其本，又违于注”(《周易正义序》)，于是《周易正义》皆弃而不取，这在《五经正义》中较为特殊。

再次，《五经》注本和义疏本确定之后，孔颖达等人所做的主要工作就是依据一定的原则对前人义疏进行删修整合。正是从这一书籍体例角度出发，近代学者刘师培曾在《国学发微》中批评《五经正义》抄袭前儒之说：“冲远《正义》非惟排黜旧学，且掩袭前儒之旧说以讳其所从来。”关于这个问题，一方面，《五经正义》对前人义疏进行删修整合也具有其相应的学术意义，比如《正义》对原来繁杂冗蔓的章句作了删汰省简的工作，“去其华而取其实，欲使信而有征，其文简，其理约，寡而制众，变而能通”(《周易正义序》)。这样一来就为广大士子传习经学提供了一个简明的文本，解决了唐太宗所谓“章句繁杂”的问题，对于经学统一起到了促进作用；另一方面，与其他四经不同，《周易正义》因对诸家义疏皆无所取，因此可算一部“新著”，孔颖达在《周易正义·卷首》对《周易》研究中的一些重大问题较为系统地提出了自己的见解，具有很高的学术价值。比如关于“易”之意义，郑玄依据汉代易纬《乾凿度》之说认为：“《易》一名而含三义：易简，一也；变易，二也；不易，三也。”但后世学者大多忽略了“易简”这一意义，孔颖达对此提出了严厉批评，他认为《周易》是一种“变化”哲学，又是一种“易简”哲学，他还依据《乾凿度》的思想勾画出了“太易——太初——太始——太素——浑沌”的自然生成之道。这一解说会通儒学、玄学，其影响达于北宋初年。

前文所谓“依据一定的原则对前人义疏进行删修整合”，即由孔颖达在编撰《五经正义》过程中创立的“疏不驳注”原则。“疏不驳注”的原则要求，在经文的注文和疏文之间，以注文为宗，疏文要为注文服务，严格维护注文的权威。当疏文与注文发生矛盾时，必须以疏文服从注文，甚至不惜曲徇注文。比如《尚书正义》虽以二刘义疏为本，但因为“焯乃织综经文，穿凿孔穴，诡其新见，异彼前儒，非险而更为险，无义而更生义”，于是对二刘义疏“存其是而去其非，削其烦而增其简”（《尚书正义序》）。再如《礼记正义》，虽以皇侃、熊安生义疏为本，但处处以郑玄之注文为标准对皇、熊义疏进行衡量匡正，《礼记正义序》即称：“熊则违背本经，多引外义，犹之楚而北行，马虽疾而去愈远。又欲释经文，唯聚难义，犹治丝而棼之，手虽繁而丝益乱也。皇氏虽章句详正，微稍繁广；又既遵郑氏，乃时乖郑义。此是木落不归其本，狐死不首其丘。此皆二家之弊，未为得也。”需要指出，“疏不驳注”尽管对后世注释之学产生了很大影响，但只是孔颖达《五经正义》一家之例，而非义疏之体之通则。而孔颖达之所以以之为例，同样出于为使经学达到“论归一定，无复歧途”的目的。

关于《五经正义》的成书，还需要说明以下三点：第一，《五经正义》最初纂成时并不叫“正义”，而是“名曰《义赞》”，后唐太宗觉得不妥，才下诏改为《五经正义》。第二，编撰《五经正义》，工程浩大，非一人之力所能完成，孔颖达只是领衔，具体编撰过程还有众多儒士的参与。其中《周易正义》“与马嘉运、赵乾叶等对共参议”，《尚书正义》“与王德韶、李子云等谨共诠叙”，《毛诗正义》“与王德韶、齐威等对共讨论”，《礼记正义》“与朱子奢、李善信、贾公彦、柳士宣、范义頵、张权等对共量定”，《春秋左传正义》“与谷那律、杨士勋、朱长才等对共参定”。第三，《五经正义》初稿完成后，还经历了“复审阶段”和“刊定阶段”，而且中间起了很大的波澜。公元642年（贞观十六年），孔颖达等奉诏对《五经正义》进行复审。参加复审的人员，既有原来的修疏人，比如马嘉运、赵乾叶等；又有皇帝专门派来复审和验收的特使赵弘智。复审结束后，总纂官孔颖达为各经正义作序，撰修工作马上大功告成。而此时，曾在《五经正义》编撰过程中担任主撰人和参加了复审工作的太学博士马嘉运却横生枝节，对孔颖达所撰《五经正义》进行了攻击，“以颖达所撰《正义》颇多繁杂，每掎摭之，诸儒亦称为允当”（《旧唐书·马嘉运传》）。在这种情况下，唐太宗遵从诸儒的意见，下诏对《五经正义》“更令裁定”。然而贞观十七年（643年）太宗下诏时，孔颖达已七十岁，年老退休，不任官职，无法继续总领撰修之事。公元648年（贞观二十二年），孔颖达去世。三年后即唐高宗永徽二年（651年），“诏中书、门下与国子三馆博士、弘文馆学士考正之”（《新唐书·儒学上》），以长孙无忌（？—659年）、于志宁（588—665年）、张行成（587—653年）等朝廷重臣总领删修之事，对《五经正义》进行刊定。刊定工作历时两年，至唐高宗永徽四年（653年）最后完成，全书仍冠以孔颖达编撰之名。高宗下诏，将《五经正义》“颁于天下，每年明经，依此考试”（《唐会要》卷七十七）。从此，《五经正义》成了全国学校的标准教材和士子参加科举最重要的考试用书。

在整个唐代，《五经正义》有五个单行本分别流传于世，而且五种正义与各自依据的注本是分开的。直到南宋合刻《十三经注疏》时，才首次把正义和旧注汇合在一起。关于《五经正义》的卷数，因版本不同，说法也各异。目前较流行的说法是180卷，其中《毛诗正义》40卷，《尚书正义》20卷，《周易正义》14卷，《礼记正义》70卷，《春秋左传正义》36卷。另据《四库全书总目》：《毛诗正义》40卷，《周易正义》10卷，《尚书正义》20卷，《礼记正义》63卷，《春秋左传正义》60卷，共193卷。据《十三经注疏表》(宋绍熙年间黄唐合刊)：《毛诗正义》70卷，《周易正义》10卷，《尚书正义》20卷，《礼记正义》63卷，《春秋左传正义》60卷，共223卷。现在由中华书局排印的重刊宋本《十三经注疏》，其卷数与《十三经注疏表》同，此书附有清阮元撰写的校勘记，易于读者理解掌握，是目前的最佳版本。

从最初受诏编撰到最后刊定成书，《五经正义》经历了十余年的时间。《五经正义》的纂成，在中国经学史上具有重要意义。范文澜在其所著《中国通史》中称："唐太宗令孔颖达撰《五经正义》，颜师古定《五经定本》，对儒学的影响，与汉武帝罢黜百家、独尊儒学有同样重大的意义。"《五经正义》一方面博采众说，对历代经义注疏兼收并蓄，对南学、北学折衷统一，一方面又将历代义疏都统摄在"疏不驳注"的原则指导下，专主一家注文，在很大程度上革除了魏晋六朝以来"儒学多门、章句繁杂"的弊病，实现了对汉代以来经学的很好总结，经学从此获得了空前的高度统一。可以说，《五经正义》是中国经学史上"汉学系统"总结的重大标志。经学上的这种高度统一适应了唐代政治上大一统的局面，对于巩固封建统治秩序，对于提高儒家思想地位，都起到了重要作用。然而，经学的高度统一带来的一个负面影响就是思想的禁锢，生徒诵习，师傅讲授，皆以此为依据，不敢背离，学术发展也就毫无生气可言了。从另外一个角度讲，《五经正义》经官方颁定后，便成为士子习经和科举考试的统一标准。官方的认定使经学得到了自上而下前所未有的普及与传播，但科举考试以此为准，却又使得无人敢在《五经正义》之外另立新论，否则便被视为异端邪说。在思想、文化、学术领域实行如此专制的一统，其结果是不可避免地窒息了学术空气，阻碍了经学的发展。

（周春健）

## 17. 刘知幾撰《史通》

唐朝政治的统一，经济的繁荣，提供了文化发达的坚实基础，也为史学的发展创造了条件，加之唐初统治者对史学的重视和提倡，因而史学在唐代获得了重大的发展，不仅产生了《晋书》《梁书》《陈书》《北齐书》《周书》《隋书》《南史》《北史》八部纪传体正史，而且出现了我国封建社会中第一部系统性的史学理论专著——《史通》。《史通》兼有史学理论和史学批评两方面内容，是集唐以前史论之大成的宏伟巨著。全书总结了上古至唐初史籍编撰事业以及史学理论上取得的成就，对著史的观点、态度、方法等进行评论，分析它们的得失并提出自己的见解和主张。《史通》在史学理论界树立了一块丰碑，作者刘知幾也被尊称为我国史学评论的始祖。

刘知幾(661—721年)，字子玄，彭城(今江苏徐州)人，唐代史学家。680年(永隆元年)举进士。曾任定王府仓曹，奉命与李峤、徐彦伯、徐坚、张说等编纂《三教珠英》。702年(长安二年)开始担任史官，撰起居注，历任著作郎、左史、凤阁舍人、秘书少监、太子左庶子、左散骑常侍等职，兼修国史。703年(长安三年)，与朱敬则、徐彦伯、徐坚、吴兢等撰修唐史，成《唐书》80卷。706年(神龙二年)与徐坚、吴兢等修成《则天实录》。712年(先天元年)，与谱学家柳冲等改修《氏族志》，至714年(开元二年)撰成《姓族系录》200卷。716年(开元四年)与吴兢等重修《则天实录》30卷，撰成《中宗实录》《睿宗实录》各20卷。其后又与吴兢续修《高宗后修实录》30卷，并自撰《睿宗实录》10卷。后被贬为安都督府别驾，死于任所。

刘知幾一生专攻史学，通览前代各史，明辨利弊得失，又屡任修史之职，深感当时史馆制度的混乱和监修贵臣对修史工作的横加干涉，不能秉笔直书，深感“吾道不行”，“美志不遂”，“郁怏孤愤，无以寄怀”，遂于708年(景龙二年)辞去史职，退而私撰《史通》，以见其志。书成于710年(中宗景龙四年)，是中国古代第一部系统的史学评论著作，对后世影响很大。《史通》既是时代要求的产物，又是作者史学志向的表达。《史通》的撰写，是作者根据平时的读书笔记编成的。“史通”取名，主要是受《白虎通》的启发，与司马迁后被封为“史通子”也有一定关系。

《史通》共20卷，分内篇39篇、外篇13篇，其中内篇的《体统》《纰缪》《弛张》三篇在北宋欧阳修、宋祁撰《新唐书》前已佚，故全书今存49篇。另有《序录》一篇，为全书的序文。内篇为全书的主体，着重讲史书的体裁体例、史料采集、表述要点和作史原则，而以评论史书体裁为主；外篇论述史官建置沿革和史籍源流，兼评史家得失。每一篇大体都有一个论述中心，而各篇之间又相互多有牵连，内容十分丰富，大致分为如下几类：第一类，论述史学发展的情况，包括史学源流及史官制度，其著名篇目如《史官建置》《古今正史》《杂述》《六家》《二体》等。《史通》将古代史学分叙六家，即尚书家、春秋家、左传家、国语家、史记家、汉书家；总归二体，即纪传体和编年体，并对六家、二体的优缺点进行评述。在《史官建置》中，作者又论述了历代史官建置的沿革、史官的职责及唐代官修史书的弊端。第二类，关于历史编纂学，评论史书编写的对象、体裁、态度和编撰方法，这是《史通》的主要部分。在编纂体例方面，《史通》论述了纪传史和编年史的体例，而以论述纪传体为主。《本纪》《世家》《列传》《表历》《书志》《论赞》《序例》等诸篇，以具体史籍为例，对纪传史各组成部分的特点功用都详细论述。在编纂方法方面，牵涉范围广泛，包括《叙事》《言语》《称谓》《浮词》《书法》《人物》等篇，论述了撰史方法、写作技巧及历史记载对象，有的至今仍有参考价值。其中《直书》《曲笔》《品藻》等篇还论述了写史应有之态度。第三类，关于历史文献学的论述，包括史料的搜集、鉴别和取舍，如《采撰》《载文》《补注》等篇。第四类，关于历史评论，其中包括论历史著作家的《核才》，论历史评论家的《鉴识》《探赜》，论述评史之标准的《模拟》《烦省》，评论某些历史著作的《辨职》《疑古》《惑经》等。第五类，自述其研究历史、写作《史通》之目的和经过以及在史馆中的遭遇等。

《史通》所述的范围相当广泛，包括历史观、史学思想、史家修养、史书体例、修史常识以及史学源流诸方面，差不多囊括了历史学的全部问题，是我国第一部史学评论专著，是对唐以前千余年间史学成就的一次全面系统的总结，在中国史学发展史上具有重要的地位。它的学术贡献主要表现在如下几个方面：

第一，《史通》对唐代以前的史书体例作了比较全面的总结，对我国古代史籍的编纂方法进行了概括，并对历史编纂提出许多重要建议，为后世修史者所依随。如在《六家》《杂述》《二体》等篇总结了历史著作的类别、源流和体例；在《本纪》《世家》《列传》《表历》《书志》《断限》等篇总结了纪传史与编年史的体例、内容及编纂方法等，总结这两种体例的特点和得失，在此基础上指出断代为史是今后史书编纂的主要形式。他认为“征求异说，采摭群言，然后能成一家”，主张对当时各种“杂史”应分别其短长而有所选择，对以往各种记载中存在的异辞疑事，学者宜善思之。并建议凡为国史者，宜各撰都邑志、氏族志、方物志等。有关史学各方面的这些总结，为后人研究和著述历史参考取资，对于促进史学的发展具有重要的意义和作用。

第二，发扬古代史官秉笔实录的优良传统，提倡直书、实录，反对曲笔，强调忠实客观的著史态度。古代专制社会中，能真实记录史实的人不多。尤其在三国两晋南北朝时代，多次改换朝代的局面，使史学家往往各为其所依附的政权服务，对本朝饰善讳恶，对敌国则诬蔑诋讥。刘知幾提倡实事求是的直书精神，并揭发和指责歪曲捏造历史的人，进一步发展了中国史学直笔的优良传统。

第三，提倡疑古惑经，开启后世考证辨伪之风，此于史学贡献极大。刘知幾提出疑古惑经之论，唤醒学人以实事求是的精神以寻求古人古事之真相。如《疑古》《惑经》承王充《论衡》的《问孔》《刺孟》之余绪，对古代史事和儒家经典提出疑问，反映了作者对于历史的严肃态度和批判精神。

第四，提出合理的史学方法。《史通》一书最大的贡献，就是对史学方法的讨论。刘知幾提出的史学方法系统而全面，从史料的范围、史料的采辑、史料的鉴别、史料的区分，到编纂的次序、史事的判断、人物的评论、篇幅的剪裁、文字的修饰等，都有创造性的研究和规制，例如《载言》《编次》《称谓》等篇，都是讨论史学方法的。

第五，提出史家必须具备的条件，指出了史家修养的基本方向。刘知幾第一次提出了史学家必须具备史才、史学、史识“三长”的论点，为史家提出了修养标准。史才是指史家的才能，史学是指史家的知识和学问，史识是指史家对史学的见解和观点。史家具备以上三个条件，所写的历史才能反映社会真实情况。史有“三长”之说，被人称为笃论，对后世史学影响甚大。

第六，开阔史评的道路。史评包括两种，一是对史事的评论，一是对史书的评论。评事的史书产生很早，有史书即有对史事的看法，如《春秋》的褒贬书法，就是对历史事件和人物的一种评论。评书则是属于史学范围，它一方面批评著史者的观点，一方面提出个人建设性的意见，把史学向前推进一步。《史通》是首部有系统的全面评论专著，是史评的创始，其后继作史评甚多，如宋吕夏卿的《唐书直笔》、吴缜的《唐书纠缪》、元苏元爵的《三史质疑》、清王夫之的《读通鉴论》、赵翼的《廿二史札记》、王鸣盛的《十七史商榷》、钱大昕的《廿二史考异》以及最重要的章学诚的《文史通义》，都是继承《史通》评书的精神而产生的。

第七，史学见解影响后世。唐以后之史书，采《史通》见解者，以欧阳修《新唐书》为最多。如刘知幾认为表只是重复列述本纪和列传所载，故烦细而无大作用；又主张应当删去纪传体的“天文志”“艺文志”和“五行志”，欧阳修颇能师其意。《新唐书》后，刘知幾学说大盛行而流传于世，如后唐诸史，有“论”无“赞”，有韵之赞全部删去。刘知幾倡断代史，贬通史，因为通史的体例包括上下数年史实，年月悠长，史料多已失佚，其可录者往往旧文，难得新异。而后世官修史多为断代史，通史地位日渐低落，这与刘知幾的主张有着密切的联系。

总之，《史通》是中国史学史上最早的从理论上和方法上阐述史书编纂体裁体例的专书，是对中国唐初以前的史学编纂的概括和总结，是中国史学家从撰述历史发展到评论史家、史书和史学工作的开创性著作。不过，《史通》也有其缺陷，如它对史书体裁的看法，仅仅局限于对过往的总结，未能提出新的设想；它所谓史书编纂超不出编年、纪传二途，亦不够全面；过分强调史书体例的整齐划一，以致要求以生动的客观历史去适应体例的机械模式，因而对以往史书的批评亦往往失于偏颇。

（许志云）

## 18. 陆羽著《茶经》

《茶经》是世界上第一部关于茶的专著，作者是唐代复州竟陵郡(今湖北天门)人陆羽。陆羽三岁时因家庭贫困遭父母遗弃，被竟陵城西龙盖寺积公禅师收养。《新唐书》载，积公禅师按《易》占卦为陆羽取名，卦辞说“鸿渐于陆，其羽可用为仪”，于是为之取名“陆羽”，字“鸿渐”。九岁时，积公欲教陆羽学习梵文佛经，日后皈依佛门，但遭拒绝。陆羽认为皈依佛门会断了祖宗香火，是大不孝，与佛学相比，他更加喜欢儒学。积公因此对其加以惩罚，最终陆羽因不堪忍受而逃出寺院。先是做了优伶，14岁时被竟陵李齐物赏识，推荐到隐士邹墅夫子那里学习。20岁时，又与被贬到此地的礼部员外郎崔国辅相交甚密，得到崔的指点，诗赋造诣得到很大提高。此时的陆羽已经开始酝酿撰写一部关于茶的专著。其实，喝茶的风尚早在南朝时已经形成，唐朝饮茶之风日盛，同时关于茶的各种技术，如种茶、采茶、制茶等都已经发展相对成熟，只是尚无人专门对之进行研究总结。陆羽所要做的工作就是对前人的经验进行总结研究，同时也提出自己一些实践基础上的新的观点。

公元755年(唐玄宗天宝十四年)冬，安史之乱爆发，不久叛军就进逼长安。唐玄宗逃往四川，许多难民纷纷往南避难，陆羽也加入了难民流亡的行列。他沿途考察茶树，访问山僧野老，搜集了大量关于采茶制茶的资料。经过长途跋涉，陆羽来到湖州(今浙江吴兴)，结识了名重江南的诗僧皎然。两人一见如故，大有相见恨晚之意。在皎然的邀请下，陆羽也来到皎然寓居的妙喜寺内居住。二人除了朝夕谈论诗文，参悟佛道之外，还一同采茶、制茶、品茶，很快成为忘年之交。此时处于安史之乱前期，江淮一带还比较安定。这几年的时间里，陆羽经常来往于湖州、常州、润州等地，继续搜集有关茶的资料，后来在湖州郊外的苕溪定居下来。他闭户读书，不与俗人结交，来往的都是志趣相投的名僧高士，如皎然、张志和、孟郊等。他经常摇一艘小船，随身只带纱巾、藤鞋、粗布衣服，游访名寺古刹，采掇茶笋芳丛。大概在760年底的时候，陆羽就已经完成了《茶经》的初稿。763年安史之乱结束后，陆羽专门设计了一个用精铜铸造的新式风炉，并在炉身上铸上了“圣唐灭胡明年铸”的铭文用来纪念这一历史时刻。同时他对《茶经》作了第一次修订，在其中也介绍了自己新设计制造的茶炉。公元774年(唐代宗大历九年)，陆羽应湖州刺史颜真卿的邀请修订《韵海镜源》，在搜集古籍的过程中，陆羽又辑录了一些有关茶的资料，补充到《茶经》中。这是对《茶经》的第二次修订，也就是我们现在看到的版本。

《茶经》全书分上、中、下三卷，共十章，7000余字。上卷三章：《一之源》章论述茶的本源，还为茶正名。他总结了历代各地对于茶的称呼，共五种：“一曰茶，二曰槚，三曰设，四曰茗，五曰荈。”他还为茶正字，今“茶”字古作“荼”，“荼”有两种意思：一种是草本植物，开黄花，味苦，可作蔬菜；另一种是木本植物，叶作饮料的“槚”，也称为“荼”，因此经常混淆。陆羽第一次将“荼”减一划为“茶”，创造了一个“茶”字。这一章还论述了茶的功用，陆羽将前人关于茶的功用的记载进行了科学的分析整理，取精华弃糟粕，首先将茶的功能定位在饮用上，指出“茶之为用，味至寒，为饮最宜”。并将茶、水、酒三种饮料放在一起做比较，指出水用以解渴，酒用以解愁，茶用以提神。其中更是盛赞茶可与甘露、醍醐相抗衡。《二之具》章分十五条介绍了采茶的一些工具。《三之造》章讲述了茶叶的采制方法和茶叶的种类。

中卷一章：《四之器》章介绍了煮茶、饮茶的器皿。茶道中人对于茶具非常讲究，陆羽在这一章中详细介绍了这些器皿的名称、形状、材料、规格、制作方法、用途，以及这些器皿对于茶的饮用品质的影响，还介绍了各地的茶具和使用的方法。

下卷六章：《五之煮》章介绍了煮茶叶的方法。在陆羽看来，煮茶不仅仅讲究程序，而且对于火候的掌握也非常重要。陆羽极擅煮茶，这在当时是非常有名的。传说早年收养陆羽的积公因为喝惯了陆羽煮的茶，再喝别人煮的便觉索然无味，索性戒茶了。代宗召积公入朝，命宫中能手煮茶，赐茶给积公，积公也觉得没有什么味道，只喝了几口便放下。后来皇帝悄悄把陆羽召来煮茶赐给积公，积公一饮而尽，说：“好像是渐儿(陆鸿渐)煮的。”这个传说生动地说明了陆羽擅长煮茶，而且独具特色。《六之饮》章主要讲述的是饮茶的风俗和品茶的方法。通常煮一锅茶，用水一升，分作五碗，舀出的头三碗为最佳，四五碗次之，五碗以下就不值得再喝了，因此如果不够喝的话就再煮一锅。《七之事》章在全书中所占比例最大，其中汇集了唐代以前有关茶事的记载47则，征引篇目约45种。主要内容是：训解茶义，讲述茶效；说饮茶故事，记茶叶产地，其中涉及历史资料、传说、掌故、诗词、杂文、药方等多个方面。不过陆羽对这些资料只是客观地收集汇总，并没有进行鉴别，因此难免精华与糟粕并蓄。但是也有很多重要资料则因为原书已经亡佚，全靠《茶经》的收录才保存下来。《八之出》章将唐代茶叶产地分为八大区域，分别品评各地茶叶的等级优劣。《九之略》章讲在特殊情况下可以简化一些煮茶饮茶的程序，省略一些煮茶饮茶的器皿以及如何简化省略的问题。同时强调如果没有特殊情况，这些程序和器皿是一样都不能省略和简化的，表明了茶事形式的重要性。在他看来，饮茶是一种享受，煮茶也是一种乐趣。《十之图》章建议人们将《茶经》所述内容张挂出来，依样行事。

《茶经》问世之后，风行于世，人人争相传抄，大有“洛阳纸贵”之势。陆羽设计的茶具，人们也都纷纷仿造，很多人家都家藏一副，茶道大行于世。由于茶道的兴盛，带动了茶叶贸易的兴旺发达。陆羽对中国茶业和世界茶业的发展作出了卓越贡献，被誉为“茶仙”，尊为“茶圣”，祀为“茶神”。许多茶馆、茶叶商店也往往悬挂有“陆羽遗风”的金字匾额。

《茶经》的问世，是中国茶文化发展到一定阶段的重要标志，是唐代茶业发展的产物，是中国人民关于茶的经验的总结。作者详细收集历代茶叶史料、记述亲身调查和实践的经验，对唐代及唐代以前的茶叶历史、产地、茶的功效、栽培、采制、煎煮、饮用的知识技术都作了阐述，是中国古代最完备的一部茶书，使茶叶生产从此有了比较完整的科学依据，对茶叶生产的发展起过积极的推动作用。陆羽所著《茶经》是中国人的骄傲，美国人威廉·乌克斯在《茶叶全书》中曾言：“中国学者陆羽著述第一部完全关于茶叶之书籍，于是在当时中国农家以及世界有关者，俱受其惠”，“故无人能否认陆羽之崇高地位”。《英国百科全书》1928年修订时，将《茶经》全文收入，日、美等国也都争相译注此书。《茶经》不仅属于中国，也属于世界。

（祁俊）

# 19. 孙思邈撰《千金方》

在医药界，唐朝时期的孙思邈被后世尊称“千古药王”。他除了医术精湛以外，医德也十分崇高，受到百姓的景仰，也受到皇室贵族的敬重。他既是博学智慧的名医大儒，又亦僧亦道、奇特神异，还是百岁寿星、隐逸之士，是一个旷世千古的传奇式人物。关于孙思邈的年龄，大致有两种说法：一种说法是他活了101岁，另一种说法是141岁。即使在医学非常发达的今天，能够活到百岁高龄，也是生命的奇迹。

孙思邈出生于京兆华原(今陕西省耀县)一个贫苦的农民家庭，父母以耕织为业，养家糊口。孙思邈从小便遭受风冷，吃不饱穿不暖，体弱多病。为寻医看病，几乎花尽了家里的全部收入。周围的贫穷百姓，也经常和他一样遭遇，因为生病求医而穷困潦倒，有的竟因为得不到及时的治疗而悲惨死去。这些事在他心中烙下了深深的印记，他因此而立志长大以后学医。既然立下了从医的志愿，那首先就得认识字，认识什么花、什么草治什么病，打好基础，才能成为一名好医生。孙思邈在7岁的时候就能认识一千多个字。有“圣童”之称，老师十分器重他。在十七八岁时，他很喜欢佛教经典，又爱好读论老庄及百家之说，精通诸子百家学说，既“善谈庄、老”，又“兼好释典”，积累了不少的学问。

医离不开药，为了解中草药的特性，孙思邈孤身踏入太白山、终南山、峨嵋山的深山老林中，请教药农，多方采集，分类总结。他一路行医，一路采药，曾先后到过河南的嵩山以及四川的峨嵋山，陕西的太白山、终南山，山西的太行山等地，广泛搜集了各类药方和药物的使用知识。后来，他所著的医书中的八百多种草药，就是这段时期日积月累的。孙思邈十分重视民间的医疗经验，不断积累走访，并及时记录下来，他所收集的单方、验方、名人名方，达六千五百多个，由于孙思邈理论结合实践，虚心地学习各家之所长，所以医学水平很高，有许多独特的贡献，其中，就包括对脚气病的治疗。脚气病是由于人体中缺乏维生素B引起的。这种病多少年来一直折磨着江南一带群众。孙思邈在学习前人和总结群众经验的基础上，经过长期摸索，终于研究出一个简便而又有奇效的防治方法，那就是用防己、细辛、防风、蓖麻叶、蜀椒、犀角、吴茱萸等富含维生素B1的药物来治疗，用含有维生素B1的谷皮(楮树皮)煮汤熬粥常服来预防，这在世界医学史上是非常先进的。欧洲于公元1642年，才开始对脚气病进行研究，而孙思邈早在公元600年左右，就已经详细论述，并且掌握了正确有效的预防治疗方法，领先了欧洲整整一千年。

孙思邈主张用综合疗法治病。他说：“良医之道，必先诊脉处方，次即针灸，内外相扶，病必当愈。”他本人用药、用针、用灸都很精熟，打破了当时医学界“各承一业”的陋习。还创新了各种疗法，有一次，一男子抱来一个刚刚生下的，好像已断了气的婴儿，向孙思邈求救。孙思邈看到那婴儿浑身发紫，一动不动，嘴里全是污血，完全是一副断了气的样子。他急忙用干净的棉花擦去了婴儿嘴外和口中的血。又取来几根大葱，用葱白轻轻抽打婴儿的身体。没过好一会儿婴儿就“哇”的一声哭了起来。他叫人赶快打来一盆温水，把婴儿放到盆里，揉搓他的身子，抱了起来，再把身上的水揩干。没有吃药，也没有扎针，就把那个看似

“死”了的婴儿给救活了。孙思邈对来人解释说：“婴儿生下后，淤血留在口中。只要清理淤血，肺气通畅，婴儿就没有危险了。”

在民间还广为流传孙思邈用水蛭治眼病的故事。一天，有个大汉捂着左眼来求他治病。孙思邈近前查看，发现他的左眼已被人打肿了，就像一个熟透了的红桃，必须先对充满淤血的左眼排除血淤。但是距离眼珠太近，限于当时简单的医治条件，要是用针挑或小刀划割放血，很有可能会戳伤眼珠。孙思邈马上出门，到水田里去捉来了两条水蛭(俗称蚂蝗)。蚂蝗也能治病吗？众人心里十分疑惑。只见孙思邈用清水将患处洗净，又敷上了消肿草药，然后将水蛭放在大汉眼部的淤血处，水蛭在血肿上很快地吸起血来。过了一会儿，水蛭身子已经变得又粗又大，而大汉眼部的血肿却越来越小，最后，当孙思邈将水蛭拿了扔掉时，血肿已经神奇地消失了，几天后，大汉的眼病就痊愈了。

孙思邈行医多年后，年岁已高，他就想将行医这几十年所掌握的药方编成一本书，因为他觉得“人命至重，有贵千金，一方济之，德逾于此”，人的生命，比千金还要贵重，如果有一个偏方，就治了这个大病，那它就比千金还值钱。于是给这本书起名叫做《备急千金要方》，这本书共三十卷，孙思邈在其中的第一卷中系统地全面论述了作为一名医生必须要遵循的医德。孙思邈说：“人命至重，有贵千金，一方济之，德逾于此”、又说“夫二仪之内，阴阳之中，唯人最贵”，还说“凡大医治病……先发大慈恻隐之心，誓愿普救含灵之苦”。说明医者要把病人的生命看得高于一切，必须具备极强的仁爱之心，高度重视人的生命健康，把挽救病人的生命作为医者的最高职责。同时医者必须具有“志存救济”“一心赴救”的崇高思想境界。孙思邈以“志存救济”为一生追求目标，“上以疗君亲之疾，下以救贫贱之厄”。这种崇高思想正是孙思邈成为人医的根本动力。他说：“凡大医治病……勿避崄隙、昼夜寒暑、饥渴疲劳、一心赴救，无作功夫形迹之心，如此，可为苍生大医；反此，则是含灵巨贼。”指出一切必须为救治病人着想，不论有多大的困难和危险，都不得有丝毫疑虑，必要时，不惜牺牲个人的利益以至生命，这样才是普救天下众生之大医，否则就是戕害生灵之巨贼。

孙思邈认为，作为一个医生，就应该不分贵贱，一视同仁。医者必须具有“普同一等”的伦理道德思想。孙思邈说：“若有疾危来求救者，不得问其贵贱贫富，长幼妍媸，怨亲善友，华夷愚智，普同一等，皆如至亲之想。”要求医者在治病过程中，不得以贫富贵贱、男女老幼、容貌美丑、亲朋怨友、聪明愚笨、民族国籍的不同而加以区别对待，要求医者对于任何急于求治者，就像对待自己的亲人一样。

医者对待患者必须态度端庄并具备高度的同情心，对待同道要谦虚谨慎。对待患者，孙思邈指出：“其有患疮痍下痢，臭秽不可瞻视，人所恶见者，但发惭愧凄冷忧恤之意，不得起一念蒂芥之心”，“不得多语调笑，谈谑喧哗”，“夫一人向隅，满堂不乐，而况病人苦楚，不离斯须，而医者安然欢娱，傲然自得，兹乃人神所共耻，至人所不为”。对待同道，则不得“道说是非，议论人物，炫耀声名，訾毁诸医，自矜己德。偶然治差一病，则昂头戴面，而有自许之貌，谓天下无双，此医之膏肓也”。这种爱护病人尊重同道的精神，堪为后世医者所效法。

医者必须“博极医源，精勤不倦”，以“至精至微”之精神开展医务工作。作为身负济世救人重任的医者，必须要有精湛的医疗技术，使自己具有坚实的医学基础和较高的医学素养。孙思邈说：“凡欲为大医，必须谙《素问》《甲乙》《黄帝针经》《明堂流注》……”，必须“涉猎群书”，“博极医源，精勤不倦，不得道听途说，而言医道已了”。否则“如无目夜游，动致颠殒”，孙氏告诫天下医者，务须刻苦学习，精研医理，勤求古训，博采众长，努力探求至精至微之医理，掌握至纯至熟之医术。这样，将高超的医术和高尚的医德统一起来，才能达到治病救人的目的。

医者必须恪守“淡泊名志”的道德思想，不得追逐名利。作为一名正直不阿，清廉高洁的医学家，孙思邈很厌恶那种沽名钓誉、图财谋利的医者。他说医者治病“必当安神定志，无欲无求”，“不得持已所长，专心经略财物”。“又到病家，纵罗绮满目，勿左右顾盼。丝竹凑耳，无得似有所娱。珍馐迭焉，食之无味。醽醁兼陈，看有若无”。孙思邈博学多才，医道高明，隋文帝、唐太宗、唐高宗曾三次征召，请他入朝做官，他都固辞不受，表现了他正直高洁的思想品德。孙氏多次批判和反对那种“随逐时情，意在财物，不本性命”和“但知爱富不知爱学……”的医生，这些都反映了他不谋钱财名利，不为权势所惑，唯以治病救人为己任的崇高思想。

孙思邈特别重视妇幼保健，是创建妇科的先驱。他在《备急千金要方》中首例将妇儿科放在突出的地位，从这本书的第二卷到第三十卷，依次讲的是妇科、儿科、五官科，还有伤风、脚气、伤寒，内科的五脏六腑，还有其他杂病，备急诸术，养性，等等。一共包含 233 个门类，有 5300 首合、方、论等，有述有作，图文并茂。这本书是继《黄帝内经》和张仲景的《伤寒杂病论》之后，中国又一部中医药学著作。

孙思邈写下了这部著名的《备急千金要方》后，又动笔写了另外一部书《千金翼方》。翼，在这里是补充的意思，这本书也分成三十卷，共计 189 门，合、方、论等一共是 2900 余首。

孙思邈所倡导的医学道德思想具有丰富的内涵，其论述是完整的全面的。在此之前，如《素问》《伤寒杂病论》中都有关于医学道德的论述，但这些论述是零散而不成体系的。孙思邈的医德思想为以后我国医学伦理学的发展奠定了基础。他同时把高尚的医德思想和精湛的医疗技术紧密结合起来，提出了医德和医术二者不可分割、不可偏废的统一观，这就使祖国医学伦理学从一开始就建立在可靠的基础上。孙思邈的道德观念在很大程度上代表和反映了当时劳动人民对医者医德的要求和愿望，这是他的医德思想千百年来一直为人民所称颂的主要原因。

孙思邈仙逝之后，人们将他隐居过的“五台山”改名为“药王山”，并在山上为他建庙塑像，树碑立传。每年农历二月初三，当地民众都要举行庙会，庙会时间长达半月之久。孙思邈崇尚养生，并身体力行。由于他精通养生之术，年过百岁而视听不衰。他将儒家、道家以及外来古印度佛家的养生思想与中医学的养生理论相结合，提出了许多切实可行的养生方法。他所著的《备急千金要方》《千金翼方》合称为《千金方》，被誉为中国最早的临床医学百科全书，在医学伦理、本草、制药等方面有比较详细的论述，其中主要为妇科病、儿科病、七窍病、伤寒、肝脏等，创立了证列方的编写体例。系统总结了之前的医学成就和经验，内容广泛丰富，是在张仲景之后中国医学的再一次完美的总结，他的医术出神入化，为后人留下了许多传奇的故事。

（谢园园）

## 20. 杜佑撰《通典》

杜佑(735—812年)，字君卿，京兆万年(今陕西西安附近)人。生于官宦世家，18岁进入官场，历玄、肃、代、德、顺、宪六朝，先后在刑、工、户各部任官，顺宗、宪宗两朝任宰相。这些经历使得他对唐代政治、经济各方面的典章制度都很熟悉，对于唐朝各方面的弊病也有所洞察。他所生活的时代，正是唐代安史之乱前后，是唐朝由盛而衰的转折时期。他既目睹了开元、天宝的盛世景象，也经历了安史之乱的动荡以及之后的衰落。这一切都促使他思考和寻找王朝衰落的原因，他想通过对历代典章制度的研究，寻求到"富国安民之术"。这也是他编纂《通典》的主要目的。此外，唐代是我国封建社会的鼎盛时期，封建典章制度的发展趋于完备和成熟，这为总结和稽考国家典章制度提供了有利条件；另一方面，在《通典》之前，中国古代对于典章制度的记载一般都是作为正史的一部分，存在诸多缺陷，历史的发展要求一部记载典章制度的专门史的出现。

在唐开元末年，刘秩仿《周官》之法，根据经史百家文献资料，撰有《政典》35卷。杜佑认为该书不够完备，于是在《政典》的基础上，增益其所不足，扩充规模，撰《通典》200卷，约190万字。内分九门：食货12卷、选举6卷、职官22卷、礼100卷、乐7卷、兵15卷、刑8卷、州郡14卷、边防16卷。各门类下又各分子目，共约1500余条。《通典》主要记叙唐天宝之前历代经济、政治、礼法、兵刑等典章制度以及地志、民族等，规模宏大。它上自《史记》八书、《汉书》十志，下至晋、宋、齐、魏、隋书诸志，取其所需，还参照了《隋官序录》《隋朝礼仪》《大唐仪礼》《开元礼》《太宗政要》《唐六典》等典制政书。《通典》的体例是模仿纪传体正史中的志书，但是把纪传体正史的断代史性质改为了通史性质。

《通典》首先开创了典制书的编纂方法。典制书虽然不始自《通典》，但是以往的典志书多作为正史的一部分而出现，而且大多数只记一朝典章制度，不具备考镜源流、稽查沿革、融会贯通之意。杜佑的《通典》叙述各种制度则总是按照时间年代顺序，从上古至唐代，上下贯通，十分详细，是我国第一部通史性质的政书。在内容的编排上，《通典》九个门类的排列也具有内在的逻辑性，而非随意安排。他在《自序》中交待："夫道理之先，在乎行教化，教化之本，在乎足衣食。《易》称聚人曰财。《典范》八政，一曰食，二曰货。管子曰：仓廪实知礼节，衣食足知荣辱。夫子曰：既富而教。斯之谓也。夫行教化在乎设职官，设职官在乎审官才，审官才在乎精选举，制礼以端其俗，立乐以和其心，此先哲王致治之大方也。故职官设然后兴礼乐考焉，教化堕然后用刑罚焉，列州郡俾兮领焉，置边防遇戎狄焉。是以《食货》之为首，《选举》次之，《职官》又次之，《礼》又次之，《乐》又次之，《刑》又次之，《州郡》又次之，《边防》末之。"这种编排方法对后世也产生了一定影响。

在材料的征引选择上，《通典》也有其独到之处，即杜佑自己所言之"图籍实多，事目非少"。据近人估计，《通典》所引的书至少有248种。唐代以前的材料，主要来自正史的志书，把分散在各处的材料集中起来，综合叙述。唐代的材料主要充分利用唐代撰写的典志书和类书，比如《唐六典》《稽唐》《唐黄》《太宗政典》《艺文类聚》《北堂书钞》以及刘秩的《政典》等。故《四库全书总目》称《通典》“博取五经、群史及汉、魏、六朝人文集、奏疏之有裨得失者，每事以类相从，凡历代沿革，悉为记载，详而不烦，简而有要，元元本本，皆为有用之实学，非徒资记注者可比”。对于今人来说，《通典》的取材广泛，不仅仅使得《通典》本身具有较高的史料参考价值，而且对古籍整理研究有很大的帮助。因为《通典》中所引的史书都是较早的版本，对于校勘《十七史》以及其他一些史书具有重要的价值。此外，《通典》所引材料，除正史外，原书大多已经散佚，而被《通典》引用的则保留了下来，所以《通典》一书向为历代辑佚家重视。另外，《通典》中的材料虽然都来自正史或其他史书，但并不是简单地排列组合，而是取其精华，做了大量溯本求源的工作，进行了系统地加工整理。《通典》更注重的是历代典章制度的因革，其中以《食货典》《兵典》《边防典》《职官典》为最优。以《食货典》为例，有关历代土地所有形态的变迁，租税的轻重，户口的盛衰，货币的变革，盐铁的管理，杂税的起兴等，都叙述得相当清楚，并进行了细致的考察。除正文外，《通典》还有许多自注。这种自注，有的是为了说明材料出处，有的是对正文进行补充，有的是为了说明编写意图。元代马端临之所以对此书评价甚高，也是因为《通典》可以考察从上古以至唐天宝年间历代典章制度因革的缘故。

《通典》在史学方面具有重要的价值，这主要表现在蕴含其中的朴素的唯物史观上。首先，在论述文化与经济的关系时，《通典》着重强调并阐述了物质生活条件对文化制度的决定性作用。在《通典》的总序中杜佑就提出了“教化之本，在乎足衣食”的观点，他认为社会的物质生活条件是决定人们思想、文化和社会意识形态的根本因素。从这一认识出发，《通典》九门以《食货》为首，《食货》又以“田制”为先。虽然历代史书都有《食货》一门，但是把它放在首位则是杜佑的首创，反映了他朴素的唯物主义思想。在封建社会中，物质生产最主要的就是农业生产，因此杜佑十分重视农业。在《食货典》中，他指出农业是国家的根本，粮食则是生命的根本，他认为要使国家安定，人民遵纪守法，首先就要发展农业生产，使人民富足起来。为了证明这一观点，他还以秦、汉、唐三朝的兴衰作为例证。他认为秦国之所以以关中之地灭六国统一天下关键就在于实行变法，奖励耕战。而唐代安史之乱之后，社会政治经济一蹶不振则是由于大量土地耗损、务农人数减少的原因。杜佑从社会物质生产的角度来解释社会兴衰治乱的原因，在当时来说是很可贵的。其次，《通典》表现出了历史进化论的观点。杜佑认为，人类社会的发展经历了由低级向高级的发展变化过程。人们从远古时期的“不施衣冠”“穴聚野出”“未有制度”发展到后来的居屋穿衣、建立各种制度的时代，这是一个从无到有、从简到繁的发展过程。典章制度的发展也是如此，也是一个由低级向高级的变化过程，而不是许多正统史学所宣称的那样今不如古。杜佑的《通典》就是通过典章制度的沿革变迁来说明社会历史是不断发展变化的。他驳斥了把尧、舜、禹三代看作人类最美好的时代的观点，他认为，三代虽然古朴少事，但是却多陋俗恶习，比如茹毛饮血、同姓通婚等。正因为此，在分门别类叙述历代典章制度的同时，杜佑对于当代的叙述最为详尽。其中对隋唐科举制的记叙，详而不繁，简而有要，是宋代欧阳修撰写《新唐书·选举制》的主要资料来源。《通典》所记，原则上止于唐天宝末，但书中也涉及了许多肃、代、德宗年间的事迹，比如有对代宗时杨炎推行的两税法的记录和肯定等，由此可见他对当代的充分重视。《通典》还用社会进化的观点来解释典章制度发展变化的必然性及其原因，他认为，典章制度都是随着社会的发展而发展的，时代变了，制度也自然要发生变化，没有永恒不变的制度。他进一步提出了“随时立制，遇事变通”的观点，要求按照社会发展的必然趋势和客观要求来改革典章制度，不能因循守旧。杜佑在考察历代典章制度的优劣得失之时都会依据这一标准，在《州县典》中，杜佑对长期争论不休的封建制与州县制的问题提出了自己的看法。他认为，州县制比封建制有更多的优越性，因此替代封建制是历史发展的必然。

简言之，杜佑所撰《通典》是我国古代第一部通史性质的政书，具有很高的史学价值。杜佑编撰《通典》的目的是希望最高统治者“将施有政”。在编纂方面，马端临认为《通典》所分细目过于繁杂，有些材料的取舍也欠精审，这些都是《通典》的不足之处。但是总体说来，《通典》无论在编纂学、史学思想和工具书的发展史上，都具有划时代的意义和重要的史料价值，它也是研究古代典章制度的一部不可或缺的工具书。

（祁俊）

# 21.《六祖坛经》的问世

《六祖坛经》又称《坛经》，是中国佛教流派禅宗的重要典籍，作者是禅宗六祖惠能。惠能(638—713年)，或作慧能，也称作“曹溪大师”，唐代僧人，中国佛教禅宗南宗的创始人。惠能俗姓卢，范阳(今北京大兴)人。幼随父流放岭南新州(今广东新兴)。父亡随母移居南海，艰辛贫困，以卖柴为生。24岁时，得人资助，北上参学。公元661后(高宗龙朔元年)到湖北黄梅谒见禅宗五祖弘忍，五祖让他随从作务，劈柴踏碓八个多月。当时弘忍年事已高，急于传付衣法，命弟子作偈以呈。时神秀呈偈云：“身是菩提树，心如明镜台，时时勤拂拭，莫使惹尘埃。”弘忍认为神秀尚未见得本性，因此未传衣法。惠能口诵一偈，题于壁上：“菩提本无树，明镜亦非台，本来无一物，何处惹尘埃。”弘忍见此大喜，认为他已了悟了佛法大意，于是唤其到堂内为其讲授《金刚经》，并传以顿教衣钵，命即南归。在经过了一段时间的隐遁避难之后，惠能在广州法性寺剃度出家，开东山法门，后又在曹溪行化将近四十年，创立了中国佛教史上影响巨大的禅宗“南宗”。《坛经》就是惠能的门人法海等人，根据惠能在曹溪之时受邀到大梵寺开法说禅的记录整理而成的。

《坛经》是惠能开坛说法的言论总集，是佛法禅经的重要经典，也是研究禅宗特别是惠能思想的重要资料。《坛经》从内容上说大致分为三个方面：一是惠能的生平自述，二是惠能开法授戒说般若禅，三是惠能与弟子的答问。在说禅和答问中，体现了惠能以空融有、直了心性、顿悟成佛的禅学思想和禅法特色。他主张不念经、不修行、不坐禅、不布施、不立文字，倡导明心见性，即所谓“直指人心”“见性成佛”“放下屠刀，立地成佛”。这一学说自问世后就得到广泛的传播，对整个思想界都产生了深刻的影响。《坛经》中有这样一个故事，惠能初到法性寺适逢印宗法师讲授《涅槃经》，两个僧人正为风吹幡动到底是风动还是幡动而争论不休，一个说风动，一个说幡动，互不相让。这时惠能对他们说，既不是风动，也不是幡动，而是心动。这表明惠能认为只有排除客观外界事物的干扰，认识到自己的主观思想意识，才能了悟佛性。因此《坛经》认为世界虽然是虚空的，却能包含万物色象。他把客观世界的万事万物和主观世界的天堂地狱都放在虚空之中，同时否认了人的思想能够反映客观事物，把一切都统统包含在本性自空之中。主观的思维能动性被夸大，可以包容万物，一切都在主体的本性之中。《坛经》从根本上否认了事物的客观存在性，把客观事物看成是主体本性的一种显现，而主体本性自身是清静的，犹如虚空，无尘可染。理解了这些，才能真正理解惠能那首著名偈颂的含义。

《坛经》的核心思想是见性成佛，即“唯传见性法，出世破邪宗”。“性”是指众生本来就具有的成佛的可能性，也就是《坛经》所说的“一切众生皆有佛性”。这也是惠能始终倡导的理念，早在他年轻之时初见弘忍大师的时候就已经表现出来了。《坛经》提出了性静自悟的观点，倡导直了见性，自在解脱。众生与佛都只在人们的一念之中，“前念迷即凡，后念悟即佛”。众生与佛都是一样的，众生本来就是佛，但是众生之所以未成佛道，“只缘心迷，不能自悟”。在《坛经》看来，想要达到自心的觉悟，只要人心念念相续、念念无著的自然任运就可以自在解脱了。惠能将佛性拉向人心，把佛拉回到人自身，他所说的人心自在任运，是人在当下生存中的一种自性觉悟，只要达到这种自性觉悟便可以得到解脱。这种自在解脱本质上是一种自成佛道的自我解脱论，强调的是依靠自身力量去实现自我的拯救和解脱，实际上也是中国传统的自给自足的小农经济思想在宗教上的一种反映。这种思想迎合了中国人自给自足的精神需要，在发挥印度佛教人生论积极意义的同时，使佛教更多地面向了现实的社会和人生。惠能通过突出每个人当下的自我解脱而充分肯定了人们现实生活的意义，最终导致了南宗禅不同于传统佛教的独特的宗教生活方式，大大推动了佛教中国化的进程。

佛教本是印度文化的产物，释迦牟尼创立佛教的根本目的是寻求解脱，主张出家修行，要求修行者不娶妻生子，不杀生，不饮酒，不偷盗，实行全面禁欲主义。传入中国后，因为和中国人的生活方式和伦理道德观念相悖而曾遭到冷落甚至反对。虽然后来佛教在中国化的过程中也接受了一些儒教的伦理道德，并依照中国人的生活方式作了一些修正，但是直到四祖道信、五祖弘忍将中国农民的生活和思维方式引入佛教之后，才在根本上改变了出家修行的内涵，使得达摩以来随缘自在的解脱观落实到具体的修禅生活当中，透出了中国禅宗特有的自然主义的气息。这种风气在惠能“出世不离世”的诠释下发扬光大，南宗更是将修禅与挑水运柴、吃饭穿衣等日常生活打成一片，形成了中国佛教一道独特的风景线。在思维方式上，《坛经》主张的“自我解脱”不注重繁琐的思辨和深奥的哲理，追求的是日常生活中的当下即悟。因为农民世代生活在大自然当中，虽然多数没有受过系统的教育，但是却自然而然地孕育出一种特殊的直观感悟的思维方式。惠能本人也不识字，但是他认为人自身都有般若的智慧，而且人的解脱是一个实践问题而非理论问题，一切有限和无限的争论，肉体与灵魂的探索，在千姿百态、生机勃勃的大自然面前都是索然无味的。因此，他强调人性本来就和大自然一样，自然完美圆满，从而形成了从生活中体悟生命本质以追求自我解脱的思维方式。这种思维方式使得惠能南宗始终洋溢着生活气息、劳动热情和乐观精神。

成佛是大乘佛教的最高境界，这个境界体现了人们渴望从现实生活的种种束缚中解脱出来的一种精神追求。佛教中的悟并不是通常所说的从感性到理性的飞跃，也不是通过逻辑的推理而获得新的知识，而是在一瞬间彻底了悟人生的本质，洞察宇宙的真相，与万法的本体合二为一。这是一种源自内心深处的豁然开朗，是一种超越时空、只可意会不可言传的精神体验，也是所有修禅者孜孜以求的目标。惠能在《坛经》中即提倡识心见性，顿悟成佛。所谓顿悟，就是在一瞬间领悟宇宙万物众生之实相，而众生之实相其实就是佛性，众生佛性被烦恼所障而不为众生所见。众生一旦顿悟断惑，佛性便得以显现。惠能所强调的是要人回归到自己的内心世界，从人的生命主体上寻求解脱的内在依据。顿悟不假渐修，融修于悟之中，顿悟顿修，顿修顿悟，这是惠能顿悟说的最大特点之一。在佛教基本教义的指导下，在改变心理、转换观念的基础上使人的精神面貌得以升华和飞跃，这是惠能禅宗顿悟成佛理论的根本精神。顿悟是惠能解脱修行的一个重要组成部分，也是惠能禅宗与印度禅的一个根本区别所在。

禅宗一向以“不立文字”相标榜，惠能也主张不立文字。而他之所以能够在禅学理论上有所创新，就因为他通过不立文字实现了不拘于一说，从而使得各种理论都能够为己所用。禅门中的不立文字主要指的是以心传心。当年释迦牟尼在灵山法会上用拈花微笑的方式将“正法眼藏，涅槃妙心，实相无相，微妙法门”传授给了大弟子摩诃迦叶，这被认为是禅宗不立文字的开始。但是正式标榜不立文字，则是惠能南宗的特色。惠能看来，读不读经并不重要，经典只是启发人们领悟的一种外缘，关键还在于个人的自悟。因此惠能的不立文字，是指不执著文字，而非完全不要文字。不立文字作为一种手段，融会贯通诸家学说为己所用，抛弃对外在形式的追求，专注于见性成佛，这才是最终目的。惠能正是从这一点出发，才超越了各学派、各宗派对佛陀教法的理论阐释，不拘一说地契入佛陀原旨教义精神，构建出了一种更契合中国人精神需求的新宗教。

从禅宗形成发展的历史过程来看，它初创于道信，基本完成于弘忍，其后由南能北秀等进一步发展。惠能虽然只是禅宗“六祖”，但由于他对传统佛教在许多方面都做出了革新，并结合中国传统文化努力推动佛陀精神的回归，从而使得禅宗发展到他时大为兴盛。惠能所创立的南宗不仅从众多的禅宗宗派中脱颖而出，成为中国禅宗发展的主流，还成为中国佛教中流传最广、影响最大的一个宗派，对中国宗教和社会以及中国思想文化都产生了巨大而深刻的影响。从现有的资料来看，惠能的主要禅学思想都集中体现在《坛经》中，《坛经》的重要性也就不言而喻了。

自从20世纪初敦煌本《坛经》发现以来，人们意识到不同版本的《坛经》对于研究惠能思想及其南宗的重要意义，很多学者都开始搜寻《坛经》的新版本，也陆续有一些新的《坛经》版本不断被发现。虽然现存的《坛经》版本很多，但是内容上大多没有太大的差异。据研究，真正独立的《坛经》本子分别是敦煌本(法海本)、惠昕本、契嵩本和宗宝本，其余的都只是这四种本子的不同的翻刻本或者传抄本。现存最早的是敦煌本，全一卷，不分品目，约为公元780年的写本，其全称为《南宗顿教最大上乘摩诃般若波罗蜜经六祖惠能大师于韶州大梵寺施法坛经》，后面注明是由“兼受无相戒弘法弟子法海集记”，因此也被称为“法海集本”，一般认为这是今天所能见到的最早的写本。该本是比较接近《坛经》原本的本子，由日本佛教学者矢吹庆辉在20世纪20年代从伦敦大英博物馆藏的敦煌卷子S5475中发现后影印公布的，后又有学者将其与惠昕本相对照进行了校订，并将其分为57节，后被收入《普慧大藏经》。此后，敦煌本一直是人们研究《坛经》最常用的本子。由于敦煌本和元代以来一直流行的宗宝本从内容到形式都有很大不同，因此敦煌本《坛经》的问世引起了人们对《坛经》研究的重视。学者们通过对不同版本《坛经》的比较研究发现，《坛经》在历史上并不是一成不变的，而是有一个形成演变的历史过程，这个过程是和禅宗的发展联系在一起的。研究禅宗的历史和演变，不同版本的《坛经》便是非常重要的资料。

《六祖坛经》是唯一被尊崇为“经”的中国佛教著作，对中国古代社会的思想文化，特别是宋明理学的形成产生过巨大影响。

(祁俊)

# 22. 长安有“胡气”

唐代长安是当时东亚最大的政治、经济、文化中心，李唐皇室奉行兼收并蓄、开放包容的政策，据《唐六典》记载曾有70多个国家与唐王朝往来，每年都有大批外国人到达京城，因而长安成为民族成份和各国人种最复杂的地区，具有国际化都市的性质与色彩。

唐代载籍中对汉族以外的人们多笼统称作“胡”，如胡人、胡雏、胡儿、胡兵、胡贾、胡僧、胡客等。这是一种很含糊的称谓，它既包含生活在历史上的中国之外的几乎所有的外国人，也包括生活在历史上的中国之内，与唐朝从属关系不确定，或属于不同政权的中国周边地区的民族；在很多情况下，还指称生活在唐朝境内，已经归属唐朝，但人种与汉族不同的各民族的人群；甚至有时还指前代就已移居唐朝境内，已经完全汉化的非汉族人群。

根据《资治通鉴》记载，公元630年(唐太宗贞观四年)，突厥汗国颉利可汗至长安，仅突厥受降五品以上官员达百余人，入居长安者近万家。这种情况给长安居民的社会生活以颇大影响，突厥习尚不仅渗透民间，连上层社会亦为所染。《资治通鉴》还记载，公元779年(唐代宗大历十四年)，“先是回纥留京师者常千人，商胡伪服而杂居者又倍之”。由于安史之乱后河西地区逐步沦陷于吐蕃人手中，侨居在长安的外国人无法再返回自己的国家，成为长久居住的移民，唐人习称他们为“杂种胡”，仅城内西市就常有数千人。

中亚昭武九姓是从中亚粟特地区来到中原的粟特人或其后裔的泛称。汉文史籍称其原住祁连山北昭武城，被匈奴击走，西迁中亚河中地区，有康、安、曹、石、米、史、何、穆等九姓，皆氏昭武，故称昭武九姓。初唐以来，他们大量迁入长安城居住。康国(今乌兹别克撒马尔罕)人中最著名的是佛教华严宗的实际创始人康法藏，他自号“康藏国师”，曾与玄奘一起译经著述，地位很高。安国(今乌兹别克布哈拉)人安兴贵以军功拜右武卫大将军入居京师。其他如何国(今撒马尔罕西北)人何稠，以擅长工艺技巧著称，入仕长安后为工部尚书。何国国王第五代孙何文哲，公元830年(太和四年)死于长安，其祖是高宗永徽年间作为王庭质子来长安侨住的，有明确记载，其二位夫人均是康国人康普金之女，其子6人皆在唐朝供职。

从3世纪萨珊王朝兴起到5世纪，波斯与中国北朝、隋唐一直有使臣往来。公元642年，波斯被阿拉伯大食人占领，波斯王子卑路斯从栖身的吐火罗向唐求援，公元661年(唐高宗龙朔元年)，唐朝封其为波斯都督府都督，不久，卑路斯亲自入朝，被授以右武卫将军，后客死长安。长安礼泉坊波斯胡寺，即卑路斯请立，为流亡的波斯贵族集会之会馆。卑路斯儿子泥涅师召集数千波斯人，志图复国，请唐朝护送出兵至碎叶城，因道远离散，公元707年(唐中宗景龙元年)再来长安，不久病卒，与其父同埋于长安。

波斯人来到中国最多的还是商人。唐代诗文和《太平广记》等文献中对波斯商人有很多生动的记述。长安西市有“波斯邸”。公元824年(唐穆宗长庆四年)波斯大商贾李苏沙向皇家进贡沉香亭子材，被皇帝重赏钱绢。在长安布政坊、礼泉坊、普宁坊、恭靖坊、崇化坊均建有祆祠，祆教是波斯国教，众多的祆祠充分反映出波斯文化对长安地区的广泛影响。

除上述国家有大批侨民居住在长安及周围地区外，还有一些国家贵族、商人等也侨居在此。公元748年(唐玄宗天宝七年)，勃律(克什米尔北境印度河流域)国王苏失利芝及三藏大德僧伽罗密多来长安，被赐金袍金带，留宿卫给官宅侨居。次年，护密(今巴基斯坦白沙瓦)国王罗真檀来朝，授左武卫将军，侨居长安。据说当时长安人口中侨民人数就达5万人之多。西安地区北朝隋唐墓葬中出土的深目高鼻、满脸胡须或穿胡服、戴胡帽的外国人陶俑比比皆是，甚至还有一些“卷发黑身”来自东南亚的“昆仑奴”陶俑，这都为长安外国侨民居住和中外文化交流提供了珍贵的实物例证，也是其他区域比较罕见的文化特色。

据唐代政书记载，从唐初到玄宗开元年间，曾向唐朝朝贡，即与唐朝有过外交使节来往的“四蕃之国”近四百，其中“自相诛绝及有罪见灭者”三百余国，开元年间尚存者还有七十国。除了少数属于中国境内周边各族建立的政权外，这些国家或政权与唐朝的使臣往来，构成了唐朝官方对外交往的主要内容。

安史之乱后，吐蕃占据河陇，西域道路阻绝，安西、北庭前来朝廷奏事的官员以及西域朝贡使节滞留长安，日用所需供给，使朝廷不堪重负，唐代宗在右银台门置客省，安置“四方奏计未遣者”“上书言事忤旨者”及“蕃客未报者”，仅供应饮食一项，每年就需要粮食12000斛。德宗继位之后，在公元779年(大历十四年)发布诏令，对这三类人加以疏遣，取消客省，但遭到西域国使臣的强烈反对。大臣李泌献策，建议由唐朝组织使臣，或假道回纥，或经由海道遣返本国；有不愿归者，“授以职位，给俸禄为唐臣”。这时诸国客使在唐朝境内已滞留了30余年，最多者达40余年，结果没有一个人愿意返回本国，于是朝廷将诸国使臣分隶左右神策军，“王子、使者为散兵马使或押牙，余皆为卒”。每年节省经费达50万缗，长安外来人之众可以想见，而这些人中许多都是商胡，或打着使节旗号的商胡。

由于经商的关系，长安的商胡许多都居住在市场附近的地区。据载，长安东市有一片低洼的隙地，有善经营者填平修建客店，“以停波斯”，每天获利一缗，未几，因此而致富。可知在长安东市落脚的胡人很多。但是长安商胡主要聚居在西市附近的地区。唐太宗贞观年间(627—649年)，金城坊富家被胡人劫掠，案件经久未破。雍州长史杨纂提出将京城各坊市中的胡人都抓起来讯问，但是司法参军尹伊认为不应涉及面太广，应该从人数较多的“西市胡”入手。不久，果然在西市胡人中抓获了案犯。这个故事表明，长安西市是外来商胡最集中的聚居地。

在唐代载籍中，往往将西市与胡人联系起来，向达曾列举《酉阳杂俎》《续玄怪录》《南部新书》《大唐新语》等载籍中有关“西市贾胡”“西市波斯邸”“西市商胡”“西市胡”的种种习称，表明商胡与西市的特殊关系。

唐代统治者在政治上有充分的自信心，奉行“中国既安，四夷自服”的方针，在宗教、文化、艺术方面采取兼收并蓄的政策，对于外域东西方各国的音乐、舞蹈等艺术，都加以广泛的吸收和发扬。国内各地和中外各国艺术文化交流活动日益频繁，作为唐代国都的长安，则成为这种交流与融合活动的集中地。另外，唐代最高统治者如唐玄宗等，本人对音乐非常爱好和大力提倡，引起社会各阶层人士对音乐的重视、学习和钻研。当时以汉族音乐“清乐”为主的各族音乐，吸收了外来音乐的有益成分，有了新的发展。

中亚的康国、安国、史国、米国、石国的音乐歌舞，在唐代传入长安。唐九部乐、十部乐中，就有康国、安国二部。康国有一种称为《泼水乞寒》内容与农事有关的民间歌舞，盛行于长安地区。还有一首乐曲称为《苏幕遮》，曾受到我国人民的喜爱，并被民间曲子所吸收。当时沟通我国东西方商业往来的拂菻(东罗马）乐曲也传入我国。唐民间曲子《拂菻》可能就是来自该国的乐曲。

舞蹈在唐代已经成为独立的表演艺术形式，它既不像周代雅乐舞那样，依附政治，也不像汉代舞蹈那样，融于"百戏"，而是以独立的艺术品种，占领唐代社会的艺术舞台。按照舞蹈的风格特点区分，有"软舞""健舞"两大类。其中舞蹈节目不固定，随着发展不断增加变更。"软舞""健舞"广泛地流传在长安城的宫廷、贵族士大夫和民间之中。"软舞"动作抒情优美，节奏比较舒缓。"健舞"动作矫健有力，节奏明快。"软舞""健舞"演出规模不大，多是独舞或双人舞，动作技巧水平比较高。"软舞""健舞"都分别包括了不少中外各族的优秀舞蹈。其中著名的舞蹈有西域民间舞蹈《胡旋》《胡腾》《柘枝》。有新创作的舞蹈《剑器》《绿腰》《春莺啭》等。

《胡旋》属于"健舞"，以快速轻捷的旋转动作为主要表现内容。舞起来左旋右转，变化多姿，正如唐代诗人岑参所描写"回裾转袖若飞雪，左铤右铤生旋风"。唐玄宗宠妃杨玉环，节度使安禄山，武则天时贵戚武延秀等都是舞《胡旋》的能手。

在唐代传统节日里，歌舞活动十分盛行。传统的元宵节以及春耕伊始或秋收后，常有歌舞活动。当时节日中盛行民间自娱性歌舞《踏歌》和泼水歌舞《泼寒胡戏》。唐玄宗时，宫廷曾组织"与民共乐"的元宵佳节盛大活动，几千人参加《踏歌》，载歌载舞，连续三日，盛况空前。每遇朝廷举行大典时，都要举行大规模的庆祝活动，叫"赐酺"。唐代诗人描写当时的节日歌舞活动场面是"三百内人连袖舞，一时天上著词声"，"歌响舞分行，艳色动流光"。

胡族文化因子对唐代长安人生活的影响还集中反映在服饰和饮食方面。

胡服在长安很流行，人们竞相以色彩鲜艳、翻领窄袖紧身的胡装为时尚。这一方面是因为唐朝人崇尚自由洒脱，在着装上追求奇装异服、标新立异；另一方面也是因为胡装的确斑斓绰约，男人穿得矫健，女人穿了能透出体形的线条美。长安妇女以丰腴为美，衣着喜欢宽博。为了体现腰肢之纤袅，曲线之动人，就把紧身窄袖翻领的胡装与宽松飘洒华丽的唐装糅合起来，把长裙束在胸前腰下，造成"粉胸半掩疑暗雪""长留白雪在胸前"的审美效果。

除了胡服，长安还流行戴毡帽、穿胡鞋。胡帽有虚顶蕃帽、卷檐高帽、白皮帽、浑脱（毡油）帽等，有用绸缎制的，也有用毛皮制的，帽顶成尖形，饰以花纹和珠宝。胡鞋一般是一种轻便的靴子，多用皮革制成。

宫廷妇人学胡人骑马，更是一身胡装：头戴帷帽或叫裙帽，即面容外露，三面垂裙纱，身穿紧身窄袖衣，足蹬软筒皮靴，显得格外潇洒英武。这不仅是一种外在装饰的模仿，这种模仿还为中原人注入了草原民族那种争强好胜、勇于进取的精神。

长安妇女的化妆，也出现了胡化的趋势。她们在眉间贴花钿，俗称"花子"，所谓"脸上金霞细，眉间翠钿深"；在鬓畔画斜红，用西域出产的植物染料在眉尾处涂上红色；在脸上施胭脂，胭脂原名支，产于河西，是一些色彩艳丽的植物制成的化妆品。匈奴人在河西被汉军击败，失地之后首先想到的是胭脂，痛心疾首地叹曰："失我焉支山，使我妇女无颜色。"可见西域人少不了胭脂。那时古代审美的需要，也是现代审美的需要，胭脂一直流传到今天；用石黛画娥眉，用朱红点额头或面颊，这些西域化妆原料和化妆法，使中原玉女佳人更加柔情似水、妩媚动人；用唇膏涂口红，色彩艳丽，引人注目，只是西域女子喜涂整个嘴唇，而唐女点唇则尚娇小浓艳，所谓"樱桃小口一点红"。此外，还用天蓝色、深蓝色的植物膏涂抹眼睑，这种审美趣味也被当代人所广泛接受。这些化妆原料和化妆方法，大多来自西域乃至印度、波斯。

唐代饮食的一个显著特点是胡食盛行，尤其是开元以后，“贵人御馔，尽供胡食”，成为一时风尚。无论是官僚贵族，还是民间百姓，都喜食胡饼。西域的名酒及其制作方法也传入长安，据《册府元龟》卷九百七十记载，唐初就已将高昌的马乳葡萄及其酿酒法引入长安，唐太宗亲自监制，酿出八种色泽的葡萄酒，“芳辛酷烈，味兼缇盎。既颁赐群臣，京师始识其味”，并由此产生了许多歌咏葡萄酒的唐诗。唐代还从西域引进了蔗糖及其制糖工艺，使得中国古代饮食又平添了几分甜蜜，其意义不亚于葡萄酿酒法的引进。

唐朝长安城内，人们的物质生活洋溢着崇尚西域的风气。饮食风味、服饰装束都以西域各国为美，崇外成为一股不小的潮流。当时的长安，胡人开的酒店也较多，并有能歌善舞的胡姬相陪，李白等文人学士常入这些酒店，唐诗中有不少诗篇提到这些酒店和胡姬。这也成为唐代饮食文化的一个重要特征。

（张敏）

## 23. 遣唐使与中日文化交流

从公元630年(舒明天皇二年，唐贞观四年)日本开始派出第一批遣唐使起，到公元894年(宇多天皇宽平六年，唐乾宁元年)停派为止，为了学习中国文化，日本政府先后向唐朝派出十几次遣唐使团。其次数之多、规模之大、时间之久、学习内容之丰富，在整个世界古代史上也是十分罕见的。遣唐使对推动日本社会的发展和促进中日友好交流做出了巨大贡献。

4世纪中叶，大和王朝大体上统一了日本列岛，日本国王曾多次向中国南朝政权遣使朝贡，并请求授予封号。公元589年，隋朝统一了中国，结束了自东汉末年以来中国近四个世纪的分裂战乱局面，社会经济文化迅速发展。当时日本正是圣德太子摄政，他励精图治，锐意改革。为了直接吸取中国的先进文化，先后向中国派出了四次遣隋使(600年、607年、608年、614年)，这是中国和日本作为两个统一国家正式交往的开始，也是日本统治者主动派遣大型文化使团直接吸收中国先进文明的开端。遣隋使是后来遣唐使的先驱。

唐帝国建立之后，经济文化空前繁荣发达，对日本和亚洲各国都有巨大吸引力。而日本通过四次遣隋使，朝野上下对中国文化更加仰慕向往，出现学习模仿中国文化的热潮。公元623年，遣隋留学僧惠齐、惠日等人在留学中国多年后回国，向天皇报告大唐国是法律制度最完备的国家，建议派使节赴唐学习。为了实现更加直接有效地学习唐朝先进制度和文化的目的，日本政府决定组织大型遣唐使团，派遣优秀人物为使臣，并携带留学生和留学僧去中国。

公元630年，舒明天皇派出了第一次遣唐使，此后日本朝廷一共任命了19次遣唐使，其中任命后因故中止者三次，实际成行16次。但是有一次仅抵朝鲜半岛的百济国，有两次是作为送回唐朝专使的“送唐客使”，还有一次是因遣唐使历久未归而派使团前往迎接的“迎入唐使”。因此，名副其实的遣唐使一共是12次。

这十几次遣唐使大致可以分为三个时期：

初期：公元630—669年，共任命六次。这一时期的使团规模较小，船只一到二艘，成员一二百人。遣唐使所走的航线多为北路，又称新罗道，即沿着朝鲜半岛西海岸航行，然后穿越黄海，在山东半岛登陆；或继续沿辽东半岛东岸航行，然后横渡渤海湾口，再从山东半岛登陆。因为船只都在离海岸不远处航行，因此，比较安全，但时间较长，每次航行都需要四五十天。

中期：公元702—752年，是极盛时期，共任命成行四次。使团规模扩大，每次达500多人，船的数目也增加到4只，故而这一时期的遣唐使团又有“四只船”之称。经济文化交流是这一期使团的主要目的，为了全面深入学习盛唐文明，实现全盘唐化，有大批留学生、留学僧长期留唐。就航线而言，这一时期走的是南路，又称南岛路，即从九州岛南下，横渡东海而至长江口一带的航线。

后期：公元759—894年，是渐衰期，共任命九次实际成行仅六次。此期唐朝经安史之乱逐渐衰败，因此日本学习唐朝的热情有所降低，而日本方面经过数百年对唐文化的引进，基本的国家制度已经建构起来，需要对已经引进的唐文化作进一步的消化吸收。所以，使团规模缩小，留学生、留学僧留唐时间也减少成一二年。航线主要是直接横渡东海的大洋路。这条线路不循岛南下，而是由值嘉岛一带直接横渡东海到达长江口附近。相比而言，大洋路的最大优点是距离近、时间短，但比较危险。

遣唐使团成员包括大使、副使及判官、录事等官员，还有文书、医生、翻译、画师、乐师等各类随员，以及若干名留学生和学问僧。此外，保证船舶航行的成员，如负责维修船只的船匠，确定航向、测定风力的卜部，及水手长、水手、锻生、铸生等人数较多，水手就占到半数。如果有风，船靠风力航行，无风时需划桨前进。

日本朝廷选拔的使臣大多为通晓经史、才干出众而且汉学水平较高、熟悉唐朝情况的第一流人才。甚至相貌风采、举止言辞也十分出众，如遣唐使粟田真人，中国史书就称赞他“好读经史，解属文，容止温雅”。而当唐玄宗见过遣唐使藤原清河后，也感叹日本乃“礼义国”。遣唐使一旦安全回国，立即奏报朝廷，进京后举行盛大欢迎仪式。使臣奉还节刀，表示使命完成，天皇则为使臣晋级加官，赏赐褒奖，并优恤死难者。总之，日本遣唐使团集中了当时日本外交、学术、科技、工艺、音乐、美术、航海等方面的优秀人才，以保证最大限度地完成外交使命、吸收先进文化和提高航海的成功率。

遣唐使团在中国受到盛情接待。唐朝有关州府得到使团抵达的报告后，马上迎进馆舍，安排食宿，一面向朝廷报告。接到朝廷的指示之后，地方政府派专差护送获准进京的使团主要成员去长安，路途一切费用均由中国政府负担。其他的水手及杂役人员，则留在扬州等遣唐使往返的必经之地，等待大使等进京人员的归来。遣唐使抵长安后有唐廷内使引马出迎，奉酒肉慰劳，随后上马由内使导入京城，住进四方馆，由监使负责接待。接着遣唐使呈上贡物，唐朝皇帝下诏嘉奖，接见日本使臣，并在内殿赐宴，还给使臣授爵赏赐。

遣唐使臣在长安和内地一般要逗留一年左右，可以到处参观访问和买书购物，充分领略唐朝风土人情。遣唐使归国前照例有饯别仪式，设宴畅饮，赠赐礼物，珍重惜别。唐朝政府除优待使臣外还给日本朝廷赠送大量礼物，表现了泱泱大国的风度。最后遣唐使一行由内使监送至沿海，满载而归。

在历次遣唐使团中，有两位堪称为遣唐使中的杰出代表，他们是阿倍仲麻吕和吉备真备。

公元716年(唐玄宗开元四年)，阿倍仲麻吕作为留学生，随第八批日本遣唐使使唐。17岁的仲麻吕通过鸿胪寺的安排进入国子监学习，经过数年的学习，他完成了太学的学业，并且考中了进士，得以在唐朝入仕。日本人通过的中国官员选拔考试，仲麻吕是仅有的一个。

公元731年，仲麻吕被破格提升四级，由左拾遗升至左补阙，担任皇帝的侍从，得以亲近玄宗皇帝，唐玄宗赐给他一个中国名字——晁衡。仲麻吕在日本时就长于和歌，到唐朝后非常喜欢唐诗，并且表现出了非凡的创作与鉴赏诗歌的能力，很快即与大诗人王维、李白等人相交相知，以诗歌唱和往来。

公元733年，日本第九批遣唐使到达中国，此时晁衡已经在中国逗留16年，日本使团依例要求带上已经结业的留学生和学问僧回国，仲麻吕也想与他们一同回去，但唐玄宗李隆基没有同意他的回国请求。公元752年，第十批遣唐使藤原清河来到中国，仲麻吕再次向玄宗提出了回日本的要求，玄宗开始坚决反对，但此时仲麻吕已过天命之年，归心似箭，反复请求之下，玄宗终于同意，并任命他为唐朝的使臣护送日本朝贡使回国。

公元753年底，晁衡与大使藤原清河共乘一船，由扬州出发。不料，天有不测风云，他们出海即遇狂风，一直被吹到了安南(今越南)。同船之人，多为土人所害，晁衡和藤原清河幸免于难。公元755年，两人历尽艰险，终于回到长安。两年后，唐玄宗驾崩，肃宗即位。晁衡被擢为左散骑常侍、安南都护，这大概是因为他曾经漂流至越南，熟悉当地情形的缘故。后来又升做光禄大夫，兼御史中丞，北海郡开国公，食邑3000户。公元770年(唐代宗大历五年)，仲麻吕卒于长安，终年70岁。日本朝廷获知晁衡辞世后，也立即下诏哀悼，并追赠勋位。

吉备真备原名下道真备，和阿倍仲麻吕一样，也是出身于中下层贵族家庭，并与阿倍仲麻吕等同期赴唐。到达长安后，吉备真备也是先入国子监学习。与阿倍仲麻吕不同的是，他离开国子监后，并没有出仕朝廷，而是继续在长安学习各种技艺，如明法、算术、音韵、天文、历法和兵法等。吉备真备知识渊博，他在唐朝刻意搜罗各种典籍，关注和学习先进工艺和军事。据记载，他在公元734年回国时，携带了大量书籍，有《唐礼》《大衍历经》《大衍历立成》《乐书要录》等，还有测影铁尺、铜律管、射甲箭等器具。

吉备真备回国后，由低层职位开始入仕，孝谦天皇即位后，日本朝廷派遣第十次遣唐使，任命吉备真备为副使，出色地完成了出使的任务。公元764年，日本发生了藤原仲麻吕叛乱，吉备真备奉诏参与平叛，仅用17天就平定了叛乱。两年后，吉备真备升任大纳言，不久更拜右大臣，达到一生政治生涯的顶峰。公元775年，吉备真备以81岁高龄去世。他不仅在政治上很有作为，而且在教育、文化、军事、刑律、建筑、历法等各个领域都有所建树，对推动日本社会发展做出了巨大的贡献。

对于日本留学生，唐朝政府予以热情接待。唐朝政府规定，按照等级供给外来使节的在唐费用，对日本使节和留学生也不例外。日本留学生随遣唐使前往长安，所有费用均由唐政府提供。到达长安后，首先住进京郊的长乐驿，之后在相关官员的引领下，下榻于专门接待外国使节的四方馆，由特设的监使照料其衣食住行，最后是使节贡献方物，等候皇帝召见。日本使节在觐见皇帝时，就会趁机提出安排留学等事宜，一般情况下，皇帝都会允许。日本留学生大多被安排进国子监学习。国子监下分六馆，即国子、太学、四门、律、书、算馆，多数留学生在前三馆学习经史，少数人在后三馆研习法律、书画和算术等专门技艺。因这些学馆均为官办，所以，日本学生衣食住行等所有费用均由掌管蕃国事务的鸿胪寺供给。

唐朝政府对日本留学生虽持积极接受的态度，但由于官学名额有限，个别留学生汉语水平太低等原因，也曾出现过拒收现象。如橘逸势就因为不精通汉语而无法进入太学，便在长安历访名家求学而成。随第十八次遣唐使来华的留学生中也只有留学僧园载获准到天台山求法，而伴须贺雄、长岑高名等人均被退回。不过日本留学生每次来的人数不多，所以这种情况极少。

日本留学生在唐学习期间，必须遵守唐朝的风俗习惯和学业规定等。他们所用教材和学习时间与中国学生相同，即《孝经》《论语》共限一年，《尚书》《春秋公羊》《穀梁》各一年半，《周易》《毛诗》《周礼》《仪礼》各两年，《礼记》《左氏春秋》各三年。按照学制规定，日本留学生必须参加旬试、岁试、业成试三种考试。旬试，即每旬参加一次考试，试毕放假一天；岁试，指每年七月对全年所学课程进行一次大考，大考前的五月份和之后的九月份分别放假一月；业成试，指对规定所学的全部课程通考一次，成绩及格者，即可毕业。但在九年结业之时仍未修完规定课程，或连续三年考核均为下等，或犯有游荡、赌博、吵架、凌辱师长等过失的，以及在一年内超假一百天以上者，就会被勒令退学。

日本留学僧随着唐朝官制的变化，先后归鸿胪寺、祠部、左右街功德使等部门管理，在唐朝留学超过九年者就被编入中国僧籍，所受待遇也完全同于中国僧侣。日本僧侣到唐留学之初，大多被安置到皇家西明寺、礼泉寺、慈恩寺、龙兴寺及镇国寺等寺院学习，并给予各种优厚的待遇。唐朝政府对于留学僧每年赐绢25匹，四季发放衣物，并不时地给予破例的赏赐。留学僧游历各地寺院时，官方发给身份证明文件，借此可以到各州县的寺院请求食宿，或向民家化缘。

日本来中国学习的留学僧共约90余人，其中最著名的八个人被称“入唐八家”，他们是最橙、空海、常晓、圆仁、圆行、圆珍、惠运、宗睿。八人中影响最大的是空海，他于公元804年(贞元二十年)来中国，在长安青龙寺向惠果学密宗，回国时带回一百八十多部佛经，在日本建立了密宗。他还对中国的文学和文字有深刻的研究，在中日文化交流方面做出了重要贡献。

唐朝政府对日本留学生的友善政策，为中日文化交流创造了良好的氛围。日本留学生对唐朝政府和中国友人的关怀与帮助充满了感激之情。公元804年入唐的菅原清公回国时，曾咏一绝：“我是东蕃客，怀恩入圣唐。欲归情未尽，别泪湿衣裳!”代表了留学生们的心情。

遣唐使回国的贡献首先是引进唐朝典章律令，推动日本社会制度的革新。818年，峰峨天皇根据遣唐使的建议，下诏修改礼仪衣冠，命“男女衣服皆依唐制”，连历法、节令、习俗也尽量仿效中国。日本文武天皇时所修建的平安京(京都)、颁行的班田制、租庸调和《大宝律令》等，都受到唐朝的巨大影响。日本还仿效唐朝教育制度，开设各类学校教授汉学，培养人才。

其次是汲取盛唐文化，提高日本文化艺术水平。遣唐使每次携回大量汉籍佛经，朝野上下竞相赞写唐诗汉文，白居易等唐代著名诗人的诗集在日本广泛流传。

8世纪以前，日本使用汉字作为表达记述的工具。留学生吉备真备和学问僧空海在日本人民利用中国汉字的标音记意基础上，创造了日文假名字母，吉备真备用汉字楷体偏旁造成“片假名”，空海采用汉字草体造成“平假名”。这些新体文字的发明，大大推动了日本文化的发展。同时，日文的词汇和文法也受到汉语的影响。

遣唐使还输入唐朝书法、绘画、雕塑、音乐、舞蹈等艺术，经过消化改造，融为日本民族文化。围棋、相扑和马球等体育活动也是从唐朝传入的。遣唐使团中常有日本画师、乐师以至围棋高手赴唐访师学艺、观摩比赛。

在科学技术方面，唐朝先进的生产技术、天文历法、医学、数学、建筑、雕板印刷等陆续传入日本。中国式的犁和大型锄传入日本并开始普遍使用。日本仿照唐的水车，制造了手推、牛拉、脚踏等不同类型的水车。唐朝的《大衍历》《宣明历》，也被日本所采用。中国著名的医学著作《素问》《难经》《脉经》《张仲景方》《神农本草》《诸病源候论》《千金方》等书先后传入日本，他们结合自己的医疗经验，创建了“汉方医学”。中国的医事制度也为日本所效法。公元701年，日本文武天皇颁布“大宝令”，其中的医事制度、医学教育、医等设置，完全采纳唐制。

7世纪以前，日本没有固定的都城，公元694年(延载元年)兴建了第一个都城藤原京。公元710年(景云元年)，修建了平城京。公元794年(贞元十年)修建了平安京。这些城市的设计、布局都是摹仿唐长安城的。建筑所用砖瓦的纹饰也和唐代相同。

随着遣唐使和日本人来到中国，我国人民也频繁地访问日本，许多人就在日本定居下来，扬州大明寺的鉴真和尚就是其中最杰出的代表。他既熟悉佛经，又精于医学和药理。因为扬州是遣唐使往来的口岸，鉴真和日本友人有了密切的交往。公元742年，日本政府派人到扬州大明寺邀聘鉴真及其弟子东渡。弟子们害怕渡海风险，起初无人答应，而年过半百的鉴真却毅然说道："为了弘法传道，何惜身命！"在他的感召下，有21人愿意跟随师父赴日。在12年中，由于海上风浪、触礁、沉船、牺牲以及某些地方官员的阻挠，五次失败，九死一生，然而鉴真坚韧不拔，终于在公元753年随第十一次遣唐使到了日本，那时他已经65岁，眼睛都失明了。

日本官方和民间佛教界对鉴真的到来极为重视，为他设坛授戒。公元756年，孝谦天皇任命他为大僧都，统理日本僧佛事务。公元759年，鉴真及其弟子们苦心经营，设计修建了唐招提寺，此后即在那里传律授戒，成为日本律宗的始祖。公元763年，鉴真在唐招提寺逝世，享年76岁。鉴真在日本生活了近10年，他把丰富的中国文化，比如宗教、建筑、雕刻、医药等传到日本，受到日本人民的欢迎和尊敬。直到现在，日本的奈良唐招提寺里，还供奉着鉴真大师的塑像。这座塑像还是鉴真在世的时候做成的，后来日本政府用法令把它尊奉为"国宝"。

遣唐使于公元894年废止，其原因除了唐朝政局动荡不安以外，还有经过二百多年的吸引移植唐代文化，日本基本上完成改革，并开始萌生具有本土特色的文化，因此对中国文化学习的需求已不那么迫切。每次遣唐使耗费巨大，成为政府沉重的经济负担，加上路程艰辛，也令使臣视为畏途。唐朝赴日贸易也不断增加，也弥补了过去靠遣唐使解决对唐货的需求，使遣唐使失去了经济意义。因此，宇多天皇接受了已任命而未出发的第十九次遣唐大使的奏请，正式宣布停派遣唐使。

（张敏）

# 24. 武周代唐

武则天是中国历史上唯一的女皇帝，公元690年，她建立了周朝，取代唐朝的统治，史称武周代唐。

公元624(唐高祖武德七年)，武则天出生于并州文水(今山西文水东)，乃唐朝开国功勋武士彟的次女，生母杨氏是武士彟的续妻，陇右大士族、隋朝宰相、遂宁公杨达之女。则天自幼聪明伶俐，胆识过人。父亲深感她是可造人才，遂教她读书识字，使她通晓世理。史载，则天十三四岁时，已是博览群书，博闻强记，诗词歌赋也都奠定了一定基础，而且长于书法，字态卓荦不群。

武则天出生在唐初新贵显宦之家，显赫的权势，豪奢的生活，滋养了她无限的权力欲。然而，初唐极重士族的门阀，而武氏庶族的门第，低微的出身，又使她饱受流俗的轻视，不甘埋没。这一特殊的境遇与遭际，强烈地刺激着青年时代的武则天，陶冶了她不择手段追逐和攫取权力的欲望。这一点在她以后从政乃至于称帝的一系列政治斗争中，表现得尤为突出。

公元637年(唐太宗贞观十一年)，14岁的武则天以长相俊美，入选宫中，受封才人。入宫之后，她行事干练，善解人意，再加上姿色娇艳，颇得太宗欢心，遂赐号“媚娘”。但同时期的徐贤妃聪慧过人，武则天一直在才人级别徘徊，没有得到晋封。

公元649年(贞观二十三年)，太宗死去，武则天与所有没有生育过的嫔妃，发送长安感业寺削发为尼。太宗九子李治即位，是为唐高宗，因早在做太子时就与则天暗通款曲，对她极有兴趣，遂经常往来于感业寺，并于两三年后重召武则天入宫，晋封为昭仪。

公元655年(永徽六年)，极受高宗宠幸的武则天，在内宫的斗争中稳操胜券，并力促高宗立己为后。皇后的废立乃国之大事，必须与重臣们商定。当高宗把废皇后王氏，立则天为皇后的打算向褚遂良、长孙无忌等忠贞重臣说明后，立即遭到强烈的反对。他们认为武氏出身卑微，不宜为后，且太宗崩时，曾言“佳儿佳妇”，不应废王皇后。但是，高宗的主张也得到武则天的同谋许敬忠以及李义府等一些朝中大臣的支持。后来，武则天亲手杀死自己的女儿，嫁祸王皇后，迫使高宗终于在这年的十月断然颁诏，废皇后王氏，正式册立则天为皇后。

则天登上皇后宝座后，机智精明，“通文史，多权谋”的长处，得到充分的发挥，使高宗对她宠爱之余，另眼相看。她也利用皇后的身份和皇帝的宠爱，积极参与朝政，“百司奏事，时时令后决之”。从公元655年(永徽六年)到公元659年(显庆四年)的五年时间里，她断然清除政敌，贬尚书右仆射褚遂良，使其郁闷而死，黜同中书门下长孙无忌，逼其自缢，罢免朝中褚遂良、长孙无忌的支持者，巩固和扩大了自己的影响和权力，扫除了她参政道路上的障碍。

公元660年(显庆五年)，高宗李治因患风眩，双目失明，遂下诏委托武后协理政事。自此，则天从参政上升为执政，“黜陟生杀，决于其口，天子拱手而已”，人虽在幕后，却掌控了朝廷实权。后来，高宗后悔，图谋收回大权，并密令中书侍郎上官仪草诏废后。不料“谋泄不果”，武后手辣心狠，先下手为强，立将上官仪处死。高宗之举，功亏一篑，反使武后更为警觉。

武则天为了扫清自己最后的障碍，先杀长子，后谋杀次子，废三子，软禁四子。高宗虽厌其独行独断，许多国家大事又不能不倚重她。这样，就使武后逐渐从幕后走向前台，与高宗同临紫宸殿，一起接受群臣朝拜。公元674年(上元元年)，高宗号天皇，皇后号天后，天下人谓之“二圣”。自此，高宗形同虚设，唐朝权柄，尽在武后则天的掌握之中。

从武则天以天后之尊开始执政，至公元690年(天授元年)正式称帝的16年中，武氏为当皇帝做了大量的准备，采取了多种有力有效的措施。

首先，在王位的继承问题上，高宗想禅位于长子李弘。武后不念母子之情，将李弘毒死，立次子李贤为太子。李贤被高宗委以临国之任，处理政务颇为精干，武后又废李贤为庶人，立三子李显为太子。公元683年(弘道元年)，高宗病死，中宗李显继位，武后以皇太后名义临朝称制。一年之后便废掉中宗，改封庐陵王，立四子李旦为帝，是为睿宗。李显、李旦都是昏庸无能之辈，在皇帝位上也是傀儡，处处受制于武后。

其次，是修改《氏族志》为《姓氏录》，原来连《氏族志》都不能列入的武氏，在《姓氏录》中，却定为姓氏的第一等，这并没有改变门阀观念，只是武则天为了提高武氏地位的一个表现。

再次，是变更官名，改东都洛阳为神都，为自己登位称帝，建立新秩序，迈出重要的一步。向举国表示自己大位一统至高无上的权力。武后的这些新政措施，很快遭到皇族李氏和许多士族官僚的反对。柳州刺史、唐初元勋徐世绩之后徐敬业，召集十数万兵马率先于扬州发难，名著一时的《讨武曌檄》，遍撒域中。宗室琅玡王李冲在博州，越王李贞在豫州也相继反武，举兵讨伐。武后对此毫不手软，坚决镇压，在她的直接指挥下，这些叛乱很快平息，徐敬业、李冲、李贞等主要发难者，或死于战场，或被捕杀，无一幸免。

公元690年(天授元年)，武则天认为称帝的条件已经成熟，先借佛僧法明之口，广造舆论：“武后为弥勒佛转生，当代唐为天子。”接着又一手导演了以唐睿宗为首的六万臣民上表劝进，请改国号的壮举。武则天在“上尊天示”“顺从众议”的“万岁”声中，登临大宝，实现了梦寐以求的夙愿，改唐为“周”，自号“圣神皇帝”。这年，她已是67岁的高龄。

在称帝之后的十余年中，武则天充分地显示了她在用人、处事、治国等各个方面杰出的政治才能和气魄。

武则天十分重视人才的选拔和使用。她认为“九域之广，岂一人之强化，必伫才能，共成羽翼”。凡能安邦定国的人才，她不计门第，不拘资格，一律量才使用。为了广揽人才，她发展和完善了隋以来的科举制度，放手招贤，允许自举为官、试官，并设立员外官。此外，她还首创了殿试和武举制度，为更多更广地发现人才，搜罗人才创造了有利的条件。比如，中唐名将郭子仪，就是“自武举异等出”。这样，在她施政的年代里，始终有一批“文似仁杰”，“武类休武”的能臣干将为其效命，有力地维护着武周的政权。

对于农业生产，武则天也非常重视。她说：“建国之本，必在务农”，“务农则田垦，田垦则粟多，粟多则人富”。她规定，能使“田畴垦辟，家有余粮”的地方官升任；“为政苛滥，户口流移”的“轻者贬官，甚至非时解替”。这样，在她执政的年代里，农业和手工业都得到较大的发展。人口不断增加。据当时统计，永徽时全国户数为380万户，到则天临终的神龙元年，增加为615万户，几乎增长一倍。仅此一点即可看出这一时期的农业经济发展情况。

在抗击外来入侵，保护边境安宁，改善相邻各国的关系方面，武则天施政时期也做了很多努力。对吐蕃贵族的入侵和骚扰，给予坚决的抵御和反击。公元692年（长寿二年），她派大将王孝杰击败吐蕃，收复安西四镇，复置安西都护府于龟兹。之后，又在庭州设置北庭都护府，巩固西北边防，打通了一度中断的通向中亚地区的丝绸之路。在她施政的年代里，坚持边军屯田的政策。天授年间，娄师德检校丰州都督"屯田积谷数百万，兵以饶给"。公元701年（大足元年），郭元振任凉州都督，坚持屯田五年，"军粮可支数十年"。武氏的这种大范围的长期屯田，对边区开发、减轻人民转输的劳苦，以及巩固边防都有着积极的作用。

当然，武则天在掌权的时期内，也有很多过失。她重用酷吏，奖励告密，使不少污吏横行一时。他们刑讯逼供，滥杀无辜，诬陷于人，使不少文臣武将蒙受不白之冤，使得统治集团内部矛盾激化，人人自危，影响到国家的治理和生产的发展。她放手选官，使官僚机构膨胀，加重了人民的负担。她晚年好大喜功，生活奢靡，耗费大量财资和劳力。这都不同程度影响和延缓了生产力的发展。不过，这些错误和过失，毕竟是武则天政治生涯中的支流。她作为中国历史上唯一的女皇帝，能够排除万难，形成强有力的中央集权，社会安定，经济发展，上承贞观之治，下启开元盛世。她的历史功过，恰如她给自己立下的那块无字碑一样，只能由历史去做出评论和判断。

705年，宰相张柬之乘武则天年老病危，拥立中宗复位，尊武氏为"则天大圣皇帝"。同年冬，武氏死，享年82岁，遗诏"去帝号，称则天大圣皇后"。

（张敏）

## 25. 唐玄宗“开元之治”

唐玄宗李隆基，又称唐明皇，为唐睿宗李旦之子，武则天之孙。玄宗是继唐太宗之后，唐朝另一个有作为的皇帝，其统治的前半期——开元年间(713—741 年)，是中国历史上的黄金时代，史称“开元之治”。

李隆基生于帝王之家，从小经历了错综复杂的宫廷变故，有丰富的政治经验。他即位前，皇亲贵族内部进行着反复的夺权斗争，政变迭起，政局动荡。当时，武则天被逼退位，韦皇后与安乐公主暗中勾结，把持朝政，肆无忌惮地公开卖官鬻爵，朝廷大臣也分为几派，相互排挤。公元 710 年(景云元年)，韦后毒杀了中宗，妄图学武则天，登基称女皇。为阻止韦后，临淄王李隆基和姑母太平公主共同精心策划了一个歼灭韦后及其亲党的计划。他们发动羽林军闯入宫中，一举消灭了韦后集团，并由太平公主出面，恢复李旦的帝位，是为睿宗。李隆基也因功被立为太子。公元 712 年(景云三年)，睿宗让位于李隆基。

由于太平公主在铲除韦后亲党中的功劳居大，其势力和野心膨胀起来，已不满足于已有地位，幻想如她的母亲那样做女皇。于是她援引私党，控制朝政，权力之大甚至连宰相奏事都要通过她，这对刚刚即位的玄宗来说无疑是一个新的巨大威胁和挑战。于是，在朝廷之中围绕太平公主和玄宗分别形成了公主集团和皇帝集团，双方矛盾尖锐，都积蓄力量随时准备除掉对方。公元 713 年(开元元年)秋，公主集团终于准备对玄宗下手了，密谋废黜玄宗。玄宗得知消息后，果断决定先发制人，亲自率领兵马除掉了公主党徒数十人，又将太平公主赐死家中。唐玄宗至此才终于成为名副其实的皇帝，收回了朝政大权，平定了自武则天晚年以来的政治动乱。

就在皇族内部政治斗争尖锐的同时，唐王朝的社会危机和边防危机都很严重，全国各地农民起义不断，民族关系紧张。为稳定社会秩序，发展社会经济，缓和阶级矛盾，唐玄宗掌握朝政大权以后，改元开元，励精图治，大胆改革，实施了一系列措施，任用贤能，整顿吏治，发展经济，提倡文教，使唐朝进入历史新时期，发展到了顶峰，盛况甚至超过贞观年代。由于这些措施都是在开元年间进行的，所以被人们誉为“开元之治”。

政治方面，稳定政局，整顿吏治。虽然粉碎了公主集团，但玄宗即位之初仍然时局艰难，形势不容乐观。如何协调上层统治者内部的关系、稳定政局，成为当时最紧迫的政治问题。为迅速稳定政治局面，他首先将韦后及太平公主的余党都加以杀戮或贬斥，让自己的亲信掌握禁卫军。然后，为避免再次出现皇室内乱，防患于未然，玄宗用恩礼优待最有可能夺取帝位的诸王，使他们都受到极其优厚的待遇，但不得任实职，并严禁群臣与之结交，从而削弱了王室政变的政治基础。

唐玄宗卓越的政治才能还表现在用人和纳谏上。他求贤若渴，重用贤臣，并能够虚怀纳谏。姚崇、宋璟、张嘉贞、张说、张九龄等人先后担任宰相，一时间贤臣继起，各尽所长，忠于职守，直言纳谏，政风为之一变，政局更加稳定。

地方官吏的选任方面，玄宗严格执行官吏考选办法，澄清吏治。特别是对于基层县令的选拔，他非常重视，曾亲自复试吏部新任的县令，斥退不合格者40余人。他还采纳了张九龄的建议，制定了内外官吏的迁调制度，即京官与地方官的交流制度：选取京官中有才识者，外调为都督、刺史，以培养他们的办事能力及行政经验；在地方官中也选取有政绩者升为京官，增进中央与地方的联系。京官外迁，加强了中央对地方的控制和管理，选调地方官入京也达到了沟通政情的目的，使上情下达，决策更加符合实际。玄宗还裁汰了武周、中宗和睿宗时期以来的员外官、试官、封斜官数千人，精简行政机构，纠正官吏冗滥现象，节省政府开支，提高了行政效率。此外，将全国分为15道，各置采访使，以监督地方州县的官员，考核地方政绩，改革了不少弊政。

完善法制、严明赏罚是开元年间整顿吏治的重要措施。玄宗承袭了贞观年间的“宽仁慎刑”原则，以宽仁为本，废除了“屠割骨肉”的酷刑，减杖刑，清查尚在的酷吏及其子弟，同时刊定法典，多次删修了格式律令，共完成《律》12卷、《律疏》30卷、《令》30卷、《式》20卷、《新格》10卷、《事类》40卷。玄宗说：“做了好事一定要进行赏赐，这样才能鼓励善行；做了坏事一定要进行惩罚，这样才能够避免恶行。”因此他对于有政绩的官吏皆给予赏赐，对于贪赃枉法之徒则不论职位高低，一律制裁。

经济方面，发展农业，打击豪强，维护均田制度。

武周政权以来，由于常年的政治危机和社会动乱，国库空虚，军备不整。玄宗执政以后，政治的安定为社会经济的发展创造了条件，开始着力发展经济。

玄宗十分重视农业，开元年间多次兴修水利，促进了农业生产的发展。公元714年(开元二年)，在文水东北开甘泉渠、荡沙渠、灵长渠，公元716年(开元四年)，在三河县修渠河塘、孤山陂。其中最著名的是蔡州新息县的玉梁渠，灌田30余万亩。

由于长期的政府剥削和土地兼并，均田农民已无力维持自身的生存，相当一部分成为逃户。豪强地主霸占了逃亡农民的土地，将之变成“籍外之田”，将逃户变成其“私属”，在土地和人口两方面逃避国家税收，致使国家赋税和兵源大量减少。为了挽救中央政府的财政危机，打击豪强势力，唐玄宗即位后发动了一场检田括户运动，勘查土地和劳动力，以维持均田制度。公元721年(开元九年)，玄宗任命宇文融为全国的覆田劝农使，清查全国的逃亡户口及籍外田地。到公元724年(开元十二年)，唐政府共刮获客户八十多万户，得客户钱数百万贯。检查出来的土地一律被没收，分给农民耕种，隐瞒的农户也进行了户籍登记，大幅增加了唐朝的财政税收及兵力来源，表明检田括户运动收到了实效。

武周时期，为了利用宗教势力加强对全国人民的控制，统治者对佛教采取了纵容态度，这使得佛教恶性发展，当时全国各州都设置了大云寺，佛教泛滥，僧侣数目大量增加。公元714年初，唐玄宗接受姚崇的建议，下诏裁汰天下僧尼，使全国还俗者达到12000人之多。同年秋，玄宗还下令禁止新造寺庙，禁铸佛像，禁抄佛经，还禁止贵族官员和僧尼的交往，使佛教势力受到了很大的打击。

玄宗还力主节俭，销毁了韦后和太平公主时期的乘舆服御和金银器玩，焚其金玉、锦绣，同时规定后妃以下，皆不得珠服锦绣，并限制皇室、百官的服饰费用，遣散宫女，诏禁厚葬，一改武后以来的奢靡之风。

通过这些有效的措施，唐玄宗使唐朝的经济又步入正轨，减轻了农民的负担，同时也增加了国家的财政收入，促进了国家经济的繁荣。当时的情况是，“海内富实”，“天下岁入之物：租钱二百余万缗，粟千九百八十余万斛，庸调绢七百四十万匹，绵百八十余万屯，布千三十五万端”。(《新唐书·食货志》)这一极盛局面在杜甫的《忆昔》诗中也有反映：“忆昔开元全盛日，小邑犹藏万家室。稻米流脂粟米白，公私仓廪俱丰实。”开元盛世可见一斑。

文化方面，提倡文教，重视选拔人才。社会经济的繁荣必然推动文化事业的发展，玄宗时代，唐朝的文教事业也有很大发展。

唐初对于文化典籍的整理工作成效并不是很显著。到玄宗时，随着社会经济的发展，文化事业也有很大的发展。玄宗对待儒生十分优厚，同时大规模搜求书籍，置“集贤书院”，藏书丰富。今天我们所常说的四部图书分类，正式被国家官方图书馆所采纳，就是在唐代。《新唐书·艺文志》有云：“藏书之盛，莫盛于开元，其著录者，五万三千九百一十五卷，而唐之学者自为之书，又二万八千四百六十九卷。呜呼，可谓盛矣!”其后玄宗又组织学者完成了《大唐开元礼》和《大唐六典》的编纂，一时间文教大盛，使唐朝的文化事业迈向顶峰。

玄宗还大力提倡教育，广泛设立公私学校，允许民间设立私学，培养各种人才。他聘请了很多著名学者，充当自己的学术顾问，如李白、张遂等。玄宗亦对科举制度作出改革，限制了进士科及第的人数，以减少冗官的出现，提高官吏整体的素质。

开元时期取得的文化成就很高，著名诗人高适、岑参、王维，特别是李白、杜甫都生活在这个时代，而唐代中期的著名诗人也是这个时期培育出来的。其他如音乐、绘画、雕刻、塑造等艺术也无不有显著成就，玄宗木人还是音乐家、戏剧家和诗人，其作品在两《唐书》中多有收录。

军事方面，变府兵制为募兵制，解决边防危机。自唐高宗以后，府兵制实际上已经废坏，边防危机十分严重。吐蕃强大，成为唐朝西方的严重威胁。武后时期，北方形势紧张，许多地区重新脱离了控制。为了重新统一北方，唐玄宗采取了很多措施，为收复北方领土做准备，主要是对于兵制进行改革。

由于土地兼并发展，均田制被破坏，农民逃亡导致府兵制兵源日益枯竭。到玄宗时，兵士逃亡略尽，军队战斗力也很低，无法和强悍的突厥军队抗衡。为了适应巩固边防的需要，唐玄宗采纳了张说的提议，改用召募的办法，实行募兵制。在公元723年(开元十一年)，他挑选招募了壮丁共12万人作为京师的宿卫，称为“骑”，以取代日渐废弛的府兵。公元737年(开元二十五年)，又招募壮丁充边镇戍兵，号称长征兵，原有戍兵一概放还本籍。募兵制为集中训练、提高战斗力提供了保证，极大地增强了唐朝的军事力量。但是从此以后，兵成为一种专门的职业，兵农分离，也为边镇将领与职业兵士相结合发生祸乱创造了条件。

除了对兵制进行改革之外，唐玄宗还采取了很多其他军事措施，他相继在北、东、西南和西北边疆地区设置了十大兵镇，派节度使和经略使统领，巩固疆土，发展了唐朝的军事力量，扩大了唐朝的疆域。为彻底解决军粮问题，玄宗又下令扩充屯田范围，在西北和黄河以北地区大力发展屯田，以增加粮食产量，保证军需供应。

在对内政进行了有效的治理，做好一系列的充分准备之后，玄宗开始收复失地。公元717年(开元五年)，唐朝逐步收复了营州等地，恢复了安北都护府，统一了长城以北；击败吐蕃、小勃律，巩固河西走廊的安定，重新打通了“丝绸之路”的门户，维护了国家安全，也保证了中国和中亚、西亚的交通顺畅。

开元盛世是我国古代社会发展史上为数不多的“黄金时代”之一。当时的长安城是全国最大的城市，也是国际文化交流中心，不仅有各国人员来此观光游览，而且也有很多外国人住在这里，甚至在中国作官。然而，开元盛世也是唐王朝由治安到危机、由极盛到衰亡的历史转折期。到开元末年，玄宗一改前期的勤政作风，沉溺于享乐之中，完全没有了开创精神和节俭意识。繁荣强盛的背面，是深刻的社会危机和阶级矛盾，统治集团内部的矛盾也在加剧。宰相张九龄等人先后被罢官，李林甫、杨国忠掌权，政治黑暗，特别是天宝以后，土地兼并加剧，均田制废弛，出现了“朱门酒肉臭，路有冻死骨”的惨象，盛世局面随之结束。而玄宗对于危机却丝毫没有察觉，反而向外发动了一系列的战争，袭击吐蕃，使唐蕃和好中断，边境日益多事，导致了节度使统辖的军事力量加强而内地军备废弛，内轻外重，成为后来安史之乱的伏因。

（汪莉）

## 26. “书画双绝”的王维

“诗”与“画”是传统文化中两大艺术瑰宝，是中华文明独具特色的文化符号，唐代才子王维不但是一位伟大的诗人，同时也奠定了“诗画”艺术相结合的基础，开创了“诗中有画、画中有诗”的艺术形式先河，被后世奉为“文人画”的鼻祖。

“诗”与“画”本是两种艺术形式，因人的审美感知和审美表达赋予了无限的美学意蕴，当两种艺术美相互碰撞、相互互补、相互包容之时，“诗”与“画”也便成为你中有我、我中有你的统一体，流芳百世，熠熠生辉。“文人画”之名虽始于宋，定于元，然纵观文人画，自当属王维集大成，苏轼很是推崇王维的诗画艺术，曾云：“味摩诘之诗，诗中有画；观摩诘之画，画中有诗。”“吴生虽绝妙，犹以画工论，摩诘得之于象外，有如仙翮谢笼樊。”

王维(701—761年)，唐朝河东蒲州(今山西运城)人，祖籍山西祁县，唐朝著名诗人、画家，字摩诘，号摩诘居士。731年(开元十九年)，王维状元及第。历官右拾遗、监察御史、河西节度使判官。唐玄宗天宝年间，王维拜吏部郎中、给事中。安禄山攻陷长安时，王维被迫受伪职。长安收复后，被责授太子中允。唐肃宗乾元年间任尚书右丞，故世称“王右丞”。他自小便被公认为大才子，不仅善于赋诗，且精通书画和音律，诗画两种艺术创造能力被其统一为一个整体，于是成就了文人画的象外之意、空灵虚静。王维将“诗”与“画”打通，让诗中富含画意，让画中融满诗情，读王维的诗，画面充满灵动之美，跃然于纸上，呼之欲出，观王维之画，细致入微，意韵深远。黄庭坚在《山谷题跋》中曾赞：“王摩诘自作辋川图，笔墨可谓造微入妙。”

王维的诗画显示出它独特的美学意蕴，例如它的构图美。中国画讲求构图，以点、线、面的结合构成一幅生动有趣的画面，以画面的张力打动人心。在王维的笔下，无论人物、山水还是牲畜都清晰可见，可感可闻。无论是他的山水诗还是游侠诗、边塞诗，都同样具有丰富的画面感，人物形象十分鲜明。在《少年行》中，他写道：“新丰美酒斗十千，咸阳游侠多少年。相逢意气为君饮，系马高楼垂柳边。”意气风发的少年游侠形象鲜明可见，甚至可隐约听见高头大马嘶鸣之声。

在《使至塞上》，他的名句“大漠孤烟直，长河落日圆”，更是将大漠的寂寥、空旷写得蔚为壮观，从漫无边际的黄沙着墨，一缕青烟直上云霄，一面一线的配合，已然将人带入那壮丽的大漠中去，塞外的孤苦在这浩瀚的宽广面前已然不值一提。或许是画家的缘由，王维在诗中用笔着墨十分注重它的构图效果，留白得恰到好处，诗中意象突出，可着意又在象之外。其画面感绝非简单的二维效果，实际上有着强烈的视觉冲击力。

在画家的世界里，通常通过光影变化来表现意象的状态，从而展示画面的质感。在王维的诗歌中，这种光影艺术随处可见，比如前文中的“长河落日圆”，一个红彤彤的大圆太阳落在漫无天际的水面上，光影重叠，熠熠生辉，强烈的视觉冲击扑面而来。

《鹿柴》中，“返景入深林，复照青苔上”。一缕夕阳透过层层密林洒落地面，本应暗淡的青苔在夕阳下显得生机勃勃，而在这光影流转中，山林愈发静谧、空旷，一点点“人语”便是这空寥山林中的一丝天籁，动静结合，浑然天成。光影的变化带来色彩的明暗不同，诗人对这色彩的一丝丝变化是那么的敏感，“江流天地外，山色有无中”(《汉江临泛》)，诗人着墨极淡，朦朦胧胧的山色间，若隐若现，江河蜿蜒，仿若那汉江水已然流逝于天之外，一点点的色彩，靠着光影的忽明忽暗，显得愈发力透纸背，其效果显然远胜于浓墨重彩的渲染。王维诗歌中的光影变化，不仅仅表现出色彩的不同，同时还能打破诗歌难以模拟声响的藩篱，他运用光影的变化，成功地化静为动，“寓声于景”。比如“月出惊山鸟，时鸣春涧中”(《鸟鸣涧》)，“寒水转苍翠，秋水日潺湲”(《辋川闲居赠裴秀才迪》)，在这些诗句中，诗人没有使用一句拟声词，可明月下的惊鸟，一声声鸣叫响彻山涧，却是真实可感的；寒冷的秋日里，水流潺潺的声响也是清晰可闻的。光影氛围中，诗人生动刻画了景物的形象，让景物自己发出了声响，让读者不仅仅能听见它的声音，更能感受到其所蕴含的感情色彩。

在王维眼中，世间万物皆可入诗，皎洁月光、夕阳斜照、浣纱少女、一草一木尽皆组成了一幅幅色彩斑斓、馥郁芬芳的美妙画卷，在《辋川别业》中，是“雨中草色绿堪染，水上桃花红欲燃”，一绿一红相映成趣；在《田园乐》中，是“桃红复含宿雨，柳绿更带朝烟”，红的桃、绿的柳在烟雨蒙蒙中愈发显得不食人间烟火，飘飘然若世外桃源。

王维对意象的运用十分灵活多变，比如他酷爱“夕阳”，在他现存的470多首诗歌中，与“夕阳”同义的语汇意象共出现60次，使用频率约为七分之一，同为“夕阳”这一意象，他就使用了夕阳、日暮、落晖、日隐、日落、落日、余晖、日斜、日晚、斜晖、落照、返景、余照、日夕、斜光、白日、斜日达十七种之多的表达方式，如前文提到的《渭川田家》中“斜阳照墟落，穷巷牛羊归”，再如《从军行》中“日暮沙漠垂，战声烟尘里”，《老将行》中“贺兰山下阵如云，羽檄交驰日夕闻”。在王维的意象世界中，他很少用浓墨重彩去描绘现实存在，却也不是苍白无色，在他的山水诗中，有五十余首运用了色彩词来描绘意象，让意象更为丰富多彩。比如他使用“青”字频率较高，有27处之多，如：“言入黄花川，每逐青溪水。”(《青溪》)“青山横苍林，赤日团平陆。”(《冬日游览》)而使用“白”“绿”“红”等色彩的频率也非常高，白色出现了21处，绿色出现了19处，而红色出现了14处。除此之外，“朱”“黄”“赤”“金”“黛”等颜色也都有出现，虽频率略低，可也使得意象更富有生机。

在诗的世界中，要在见景、品景中以景见情，读弦外之音，这便成就了诗歌的意境之界。王维颇好佛，喜静，在他的诗歌里随处可感静谧之状，在《鹿柴》中，一点点“人语”反衬得山林愈发的安静；而在《青石滩》中，是一种干净、灵透的静；《山居秋暝》又是一幅优美的秋日夜归图。

王维诗中的静谧，不是绝对的安静，在一丝丝“人语”，一点点“莲动”中，透着一种灵动的喧闹。《山居秋暝》中晚归的浣纱女就是喧闹的，她们定然是嘻嘻哈哈地从小船上跳下，而在诗人的眼中，这种喧闹是这山林中独有的调皮，是这秋夜里特有的野趣，这种反差让山林更加安静，这种安静也让浣纱女们更加活泼、可爱。诗需要读者的联想，诗人有高品位的审美能力，读者也要有相应的审美情趣，读者和作者间才能展开灵魂上的交流。在王维的诗歌中，十分善于形象的描绘，有时诗人对一些意象似乎没有任何描写，可其形象却栩栩如生，如《渭川田家》中那个调皮晚归的小牧童，牛羊都已归圈，田夫也已回家，只有这个小牧童，还在外面玩耍，仅仅通过老者的一个“念”字，就让读者想象到了一个调皮捣蛋的小孩儿形象。

而王维诗中的意境又不仅仅是一个平面，他在一首诗中将霞、云、山、水、莲、人等意象和谐统一到一个画面中，使得这个画面更生动、更立体，空间感更强，所以，他诗中的画面是立体的，具有充沛的情感冲击力，比如前文提到的《山居秋暝》《渭川田家》《白石滩》等都是如此。

王维以画入诗，在他的诗中绘画技法随处可寻，尤以白描最为常见，寥寥几笔，一幅幅画面便已跃然纸上。在他所描绘的画面中，虚实相生、动静结合，明暗相和，光影、色彩运用娴熟，使得画面生动有趣。王维写景状物，选取的意象十分具有代表性，点面的合理结合，彰显出通透灵动的图画，他追求画面的完整性，追求物理环境的和谐统一，追求幽远深邃的意境美。

王维以诗描画，自己曾解嘲：“宿世谬词客，身前应画师。不能舍余习，偶被世人知。”由此可见，他的绘画在当时也已取得相当大的成就，被世人周知。王维的诗画艺术已然成为一种范例，同时也为后期文人画的开创奠定了较好的基础。他的诗是凝固的诗、立体的画，诗中的世界是干净的，纯粹的，这种干净自然也反映了他的政治抱负，生活态度。由此，我们可以看见一位具有高尚情操的高洁诗人负手而立，面对山水田园，高声吟唱，为后人留下一笔宝贵的财富。

作为盛唐时期山水田园诗的代表作家，他的田园诗深受佛教禅理的影响，在观景抒怀时带有浓重的禅理，禅理与诗情融通，显示出独特清丽的审美情趣和艺术境界。王维诗的禅理的无穷流露源于一生潜心学佛和个人际遇。王维诗歌无时无刻不流露出空灵宁静的禅意，表现出参禅的思维方式和对空幻净虚境界的追求，达到忘我的境界。他一生学佛的最好体现便是他的山水田园诗所展现出来的禅意和意蕴。

山水田园诗的最高境界，不是直观地描写歌颂大自然的美好，而是借景抒情，寄托某种精神。山水田园诗本是老庄玄学催化的一朵奇葩，诗中最高的精神境界，也是体现玄学思想。皈依自然，成为自由的山林隐士，是道家返璞归真理想的实践与体现，但这是一个层次，再上一层便是“达生”“无为”“坐忘”“物化”的哲学境界。陶潜《饮酒诗》：“结庐在人境，而无车马喧。问君何能尔？心远地自偏。采菊东篱下，悠然见南山。山气日夕佳，飞鸟相与还。此中有真意，欲辨已忘言。”正是体现这些境界，诗人才能与大自然默契而浑然一体，这便是“天人合一”。但隐居山林并不是道家高士的专利，佛教清修，要避开尘嚣干扰，也多选择山林，所以在佛教发源地印度，有在僻静山中开凿石窟的传统。石窟传入中国之后，在北方很盛行。寺庙自然也占尽名山胜地，所以俗云“天下名山僧占多”。王维的隐居之念，既来源于传统本土文化中“归向桃花源”的道家理想，又有佛教避开尘嚣、静心清修的实际需要。他的山水田园诗既包含玄学精神，又富有禅宗思想。而禅被认为是与玄学相表里的汉化了的佛学，所以王维的诗画，说有禅味也可，说有玄风也行，例如《鸟鸣涧》：“人闲桂花落，夜静春山空。月出惊山鸟，时鸣春涧中。”《竹里馆》：“独坐幽篁里，弹琴复长啸。深林人不知，明月来相照。”还包含道家“守静去欲”“安心坐忘”的精神境界。

王维为什么醉心于禅宗？首先是禅宗的发展壮大和礼佛之风的盛行。禅宗始源于北魏时期，盛唐以后兴起，安史之乱后开始普遍风行，王维生活在盛唐时代，佛教各宗派接踵成熟，尤其是禅宗备受推崇。在那个时期，禅宗分为南北两派，北宗禅以神秀为代表，南宗禅以慧能为代表。据《旧唐书·方伎传》记载：神秀被迎往东都洛阳，王公贵族和百姓万人空巷去迎接他。因为统治者重视禅宗，下层百姓也逐渐开始追捧，社会上礼佛之风悄然兴起，上至王公贵族，下至百姓都深受禅宗的影响，身处这样大环境中的王维也备受熏陶。

禅宗的本质是通过自省而明心见性，使人挣脱现实的樊笼。禅宗主张“净心”、“顿悟”，这在某种程度上与士大夫尚存的自由要求相合拍，被禅宗吸引的士大夫处在对封建秩序既依附又疏离的矛盾之中，接受了禅宗这种从不自由中追求精神自由的生活方式。现实生活中无法满足的，只好遁入艺术创造中寻求。在这样的时代熏染下，王维的山水田园诗便自然地融入禅法，语言朴素而含义深远，给读者留下空灵之美，令其回味无穷。

其次是仕途坎坷，理想受挫。王维生活的时代和家庭环境为他提供了遁入禅宗的客观路径，他所遭遇的政治坎坷则是其笃志悟道的推动力。王维一生以40岁为界，分为前后两期。前期积极用世的思想占主导地位，这一时期支持张九龄的开明政治，诗作大多反映边塞生活，颂扬游侠精神，诗歌气象雄浑，入世思想较强，充满着英雄气概。天宝十四年安史乱起，至德元年叛军攻陷长安，他被迫接受伪职。次年两京收复时，他因此被定罪入狱，但旋即获得赦免，不仅官复原职，还逐步升迁，官至尚书右丞。不过，王维晚年已无意仕途荣辱，常焚香独坐，执禅诵之事。

最后是出于家族与佛教渊源的关系。王维深受家庭的影响，他出生于奉佛之家，其父去世得早。母亲博陵崔氏信佛三十年，一生“褐衣蔬食，持中安禅，乐往山林，志求寂静”，这深深影响着王维。王维也是常年素食斋戒，到了晚年愈发严格。《旧唐书》说他“斋戒无所有，唯茶铛，药臼，经案，绳床而已”。同时他广交习禅之人和僧人，与佛友共同研究禅理，润泽了他的求佛之心。此外，王维的字“摩诘”就是取自《维摩诘经》，王维既以“维摩诘”作为自己的名和字，可见他与佛教，尤其是禅宗的深厚缘分。

纵观王维的山水田园诗所表现出来的禅意，空明境界和宁静之美，是其艺术的结晶。因为心境空明，他对自然的观察极其细微，感受非常敏锐，像画家一样善于在动态中捕捉自然事物的光和色，在诗中表现出丰富的色彩层次感，如《送邢桂州》中的“日落江湖白，潮来天地青”，《过香积寺》中的“泉声咽危石，日色冷青松”，描绘的色彩是极其美丽的，日落昏暗，愈显江湖之白色，潮来铺天，仿佛天地也弥漫潮水之青色。一是色彩的相衬，二是色彩的相生。日色本为暖色调，因竹林青浓绿重的冷色调而产生寒冷的感觉，善于运用条件色而使画面色彩饱满而富有生机。

王维诗拥有幽深的禅趣，如与坐禅的体验相关联的，王维喜欢写独坐时的感悟，将禅的静默观照与山水审美结合为一，在对山水的清晖描绘中体现出幽静的禅趣。如《竹里馆》：“独坐幽篁里，弹琴复长啸。深林人不知，明月来相照。”“坐”，“弹”一静一动，写出了诗人空灵的心境，“独坐幽篁里”点明了所处的环境清幽。诗人躲进这幽深的竹林，而且是独坐，他是有意避开喧嚣的尘世，来享受这份属于自己的淡然。“深林人不知，明月来相照。”是对上边两句的深层次的描写，在这不为人知的幽邃的竹林之中，在这夜深人静，万籁俱寂之时，诗人依然独享皎洁的月光给他带来的美好，这是一般人所不能体会到的禅趣。又如《秋夜独坐》：“独坐悲双鬓，空堂欲二更。雨中山果落，灯下草虫鸣。白发终难变，黄金不可成。欲知除老病，唯有学无生。”在一片寂静中倾听天籁，以动写静，喧中求寂，超以象外而入于诗心，显示出心境的空明与寂静。

世有“李白是天才，杜甫是地才，王维是人才”之说，后人亦称王维为诗佛，此称谓不仅是言王维诗歌中的佛教意味和王维的宗教倾向，更表达了后人对王维在唐朝诗坛崇高地位的肯定。王维不仅是公认的诗佛，也是文人画的南山之宗，并且精通音律，善书法，篆得一手好刻印，是少有的艺术全才。

（钱森）

# 27. 李白、杜甫与唐代诗歌艺术的高峰

经历将近四百年的分裂动乱的痛苦之后，唐代（618—907年）终于实现了人民所渴望的国家的统一。唐代极盛时期势力所及的范围，东北至朝鲜半岛，西北至葱岭以西的中亚，北至蒙古，南至印度支那，是当时世界上最强大的国家。城市的空前繁荣，更标志着当时社会经济的发展水平。国家空前规模的统一，也为文学繁荣提供了有利的条件。

唐代是我国古典诗歌发展的全盛时期，达到了高度成熟。唐诗是我国优秀的文学遗产之一，也是全世界文学宝库中的一颗灿烂的明珠。唐代诗人之众和作品之多都超过了以往各代。仅《全唐诗》所录就有2300多人，近五万首诗。唐诗内容的广泛也是空前的。它反映了唐代历史发展的过程，也全面地反映了社会各阶层人物的生活状况和精神面貌。它歌咏了重大的政治题材，也描写了社会的一般习俗风尚。它有丰富的社会生活的内容，也有祖国壮丽的自然景色的画面。可以说，唐诗是唐代社会一部生动的艺术的历史。在艺术上，唐诗也达到高度成熟的境地。“诗仙”李白和“诗圣”杜甫杰出的诗歌创作，成为浪漫主义和现实主义的两个屹立并峙的高峰，而且他们的一些杰出的诗歌，还不同程度地体现了现实主义与浪漫主义的结合。唐诗还完成了我国古典诗歌各种形式的创造。古体诗的五古、七古、乐府歌行，近体诗的五律、七律、五绝、七绝、排律，无不齐备，这些形式，上承风骚，下启词曲，成为我国文学史上流传最普遍、影响最深远的诗体。

盛唐时代，唐诗的发展达到了繁荣的顶峰。充满蓬勃向上精神的浪漫主义诗风是这一时期诗坛的主流。伟大的诗人李白，具有进步的思想，宏伟的抱负。他写出许多热烈追求光明理想，猛烈抨击黑暗现实，极度蔑视腐朽无能的权贵人物，勇敢冲击礼教制度的光辉诗篇，表现出强烈的叛逆精神。他的诗风壮浪纵恣，摆脱拘束，丰富多彩，千变万化。伟大的现实主义诗人杜甫生在唐代社会由盛而衰的时代。天宝年间（742—755年），他已经密切关注社会的种种矛盾，揭露了统治阶级的专横骄奢、穷兵黩武以及贫富对立的黑暗现实。安史之乱发生后，许多盛唐诗人的浪漫豪情消失了，对动乱的现实也很少反映，杜甫却和人民一起经历了一段饥寒流浪的生活，写出了很多惊心动魄的诗篇，愤慨外敌的入侵，期待国家的中兴，记录了人民深重的灾难。他的诗像一面镜子，照见了安史之乱前后社会生活的各个方面，赢得了“诗史”的美誉。宏深博大的思想内容，海涵地负的艺术才力，“转益多师”的学习态度，“毫发无遗憾”的严肃创作精神，使他成为中国现实主义诗人的伟大代表。

李白是盛唐诗坛的代表作家，同时也是我国文学史上继屈原之后又一伟大的浪漫主义诗人。代表作七言古诗《蜀道难》《行路难》《梦游天姥吟留别》《将进酒》《梁甫吟》等，五言古诗《古风》59首，乐府民歌风味的《长干行》《子夜吴歌》等，七言绝句《望庐山瀑布》《望天门山》《早发白帝城》等都成为盛唐的名篇。在他的诗中，浪漫主义精神和浪漫主义的表现手法达到了高度的统一。

李白(701—762年)，字太白，祖籍陇西成纪(今甘肃天水附近)，先世在隋末因罪徙居西域。他诞生于中亚的碎叶(今俄罗斯托克马克，唐时属安西都户府管辖)，五岁时随父迁居四川彰明县(今四川江油)的青莲乡，因自号青莲居士。李白年幼时家境富裕，幼年所受的教育，除儒家经籍外，还有六甲和百家等；他的生活情趣和才能也是多样的，他不仅是一个“十五观奇书，作赋凌相如”的青年作家，同时还是一个“十五游神仙”“十五好剑术”的少年游侠和羽客，传说他曾经为打抱不平而“手刃数人”。20岁以后，他开始在蜀中漫游，曾登峨眉、青城诸名山。这些生活经历，对李白豪放的性格和诗风的形成有重要影响，但也造成他的思想的复杂性。

726年(开元十四年)，李白26岁，为了实现自己的政治理想，开始了漫游而兼求仕的旅程。他过洞庭，历襄汉，上庐山，东至金陵、扬州，复折回湖北，以安陆为中心，又先后北游洛阳、龙门、嵩山、太原，东游齐鲁，登泰山，南游安徽、江苏、浙江等地，游踪所及，几半中国。李白的漫游有恣情快意的一面，但也有他的政治目的。在漫游中，他有时采取类似纵横家游说的方式，希望凭自己的文章才华得到知名人物的推荐；有时则又沿着当时已成风气的那条“终南捷径”，希望通过隐居学道来树立声誉，直上青云，如他先后和元丹丘、孔巢父、道士吴筠等隐居嵩山、徂徕山和剡中。他尝自言“隐不绝俗”，说穿了也就是隐居以求仕。

742年(天宝元年)，李白42岁，因道士吴筠的极力举荐，应唐玄宗诏征赴长安。李白初到长安，太子宾客贺知章一见叹为“谪仙人”，认为李白是一个非同凡响的“仙人”，玄宗召见时，也“降辇步迎，如见园绮”，并以“七宝床赐食于前，亲手调羹”。但实际上玄宗所赏识的只是李白的文才，把他看作点缀升平和宫廷生活的御用文人，因命供奉翰林。这不能不使李白感到他的政治理想的破灭。同时，他那蔑视帝王权贵的傲岸作风，如他自己说的“揄扬九重万乘主，谑浪赤墀青琐贤”，又招致了权臣们的谗毁，也使他感到长安不可久留。在度过一段狂放纵酒的生活之后，他上书请还。“五噫出西京”，他的心情是沉重的。三年的翰林供奉，使天真的诗人李白初步认识到统治集团的腐朽和现实政治的黑暗，开始写出一些抒发愤懑，抨击现实的诗篇。

“一朝去京国，十载客梁园。”天宝三年春，李白离开长安后，再度开始了他的漫游生活。在洛阳他遇见了杜甫，在汴州又遇见高适，三人都胸怀大志，理想相同，一同畅游了梁园(开封)、济南等地，评文论诗，纵谈天下大势，都为国家的隐患而担忧。李白和杜甫更结下了深厚的友谊：“醉眠秋共被，携手日同行。”(杜甫《与李十二同寻范十隐居》)这时的李杜都值壮年，此次两人在创作上的切磋对他们日后的写作产生了积极影响。天宝四年秋，李白和杜甫分手后，又南游江浙，北涉燕赵，往来齐鲁间，但以游梁宋为最久。这时期李白的生活是窘困的：“归来无产业，生事如飘蓬”，心情也很悲愤：“摧残槛中虎，羁绁鞲上鹰”，但他始终没有丧失乐观和自信，也没有放弃他的政治理想，他相信自己“才力犹可倚，不惭世上英”。随着政治的日益黑暗，他揭露现实的作品愈来愈多，反抗精神也愈来愈强烈，成为他这一时期创作的显著特色。

755年(天宝十四年)，安史之乱爆发后，李白由宣城避难剡中，不久即隐居于庐山屏风叠，密切地注视着事件的发展。次年冬，永王李璘以抗敌平乱为号召，由江陵率师东下，过庐山时，坚请李白参加幕府，李白出于一片爱国热情便接受了他的邀请。不料李璘暗怀和他的哥哥唐肃宗(李亨)争夺帝位的野心，不久即被消灭，李白也因此获罪，下浔阳狱。出狱后，又被判处长流夜郎(今贵州桐梓一带)，由于李白在海内素负盛名，此行沿路受到地方官的宴请，大家都很尊重他，并没有把他看做一个遭流放的罪人。759年(乾元二年)，李白西行至巫山，朝廷因关中遭遇大旱，宣布大赦，规定死者从流，流以下完全赦免。这样，李白经过长期的辗转流离，终于获得了自由。他随即顺着长江疾驶而下，而那首著名的《早发白帝城》最能反映他当时的心情。他经江夏、岳阳、浔阳至金陵，往来于金陵、宣城间。761年(上元二年)，李白61岁，闻李光弼率大军征讨史朝义，他由当涂北上，请缨杀敌，但行至金陵，因病返回，所以他说“天夺壮士心，长吁别吴京”。次年，宝应元年，李白病死在他的族叔当涂令李阳冰家。初葬采石矶，后人遵诗人遗志，改葬青山。李白的诗现存九百多篇。这些诗表现了他一生的思想和经历，也展现了盛唐时代的社会现实和精神生活面貌。

李白描绘祖国大好河山的诗很多，多为杰作。他的这类诗同王维、孟浩然的诗格调不同，如果说王维、孟浩然的风景诗是细致入微的工笔画，李白的风景诗则是飞动椽笔的大写意。他常常不是作一草一木的刻画，而是从宏观摄取大自然的神韵。长江大河，巉岩峭壁，万里风云，幽石古木，一到他笔下立刻飞动起来，为他所驱遣，创造出一个与造化同在的神话般的世界。他那种酷爱自由、追求解放的独特性格，常常是借这类诗篇表现出来。当他政治失意之后，这种诗歌也写得特别多，特别好。他喜爱的山水往往不是宁静的丘壑，幽雅的林泉，而是奇峰绝壑的大山，天外飞来的瀑布，白波九道的江河，这些雄伟奇险的山川，特别契合他那叛逆不羁的性格，他好像要登涉这些山川和天地星辰同呼吸，和天仙神灵相往来。他的杰作《梦游天姥吟留别》就是这方面的代表。从谧静幽美的湖月到奇丽壮观的海日，从曲折迷离的千岩万转的道路到令人惊恐战栗的深林层巅，境界愈转愈奇，愈幻愈真。最后由梦境幻入仙境，更完全是彩色缤纷的神话世界。淋漓挥洒、心花怒放的诗笔，写出了诗人精神上的种种历险和追求，好像诗人苦闷的灵魂在梦中得到了真正的解放。无怪他梦醒后发出了这样的呼声：安能摧眉折腰事权贵，使我不得开心颜!

一千多年来，李白被人称为“谪仙”“诗仙”，但是，他归根结底还是一个热爱祖国、关怀人民、不忘现实的伟大诗人。李白对国家的强大统一非常渴望，他像盛唐边塞诗人一样，对保卫祖国边疆的将士曾经作过热情的歌颂。在《塞下曲》六首之一里，他写道：五月天山雪，无花只有寒。笛中闻折柳，春色未曾看。晓战随金鼓，宵眠抱玉鞍。愿将腰下剑，直为斩楼兰。后来他因为从李粼的事被捕入狱，流放夜郎，但他的爱国之心丝毫没有减弱。他的《赠张相镐》说：“石勒窥神州，刘聪劫天子。抚剑夜吟啸，雄心日千里。誓欲斩鲸鲵，澄清洛阳水。”《经乱离后天恩流夜郎》这首长诗中也说：“桀犬尚吠尧，匈奴笑千秋。中夜四五叹，常为大国忧。”而《闻李太尉大举秦兵百万出征东南，懦夫请缨》这首诗，更说明他爱国之心至老不衰。他安史乱后能写出这些充满爱国激情的诗，也说明他和王维、高适、岑参等盛唐诗人有所不同。此外，他也还有少数直接写人民生活的诗篇。例如《丁都护歌》：云阳上征去，西岸饶商贾。吴牛喘月时，拖船一何苦！水浊不可饮，壶浆半成土。一唱都护歌，心摧泪如雨。万人凿盘石，无由达江浒。君看石芒砀，掩泪悲千古。芒砀诸山产文石，统治者为了营建宫室甲第，强迫人民开凿搬运，这首诗对人民在夏天挽船运石的劳苦，是深表同情的。李白直接写劳动人民生活的作品虽然为数不多，但是他的诗歌中反映人民的生活并不限于这少数诗篇。李白曾经写过很多乐府诗，并取得很大的成就，像《长干行》《子夜吴歌》等诗已经成为人们喜闻乐见、普遍传诵的名作。从这些诗里，我们可以看到他对人民的生活、感情、语言是多么熟悉，对乐府民歌是多么热爱。没有长期“混游渔商”的生活，他是写不出这些诗歌的。

李白是伟大的浪漫主义诗人，他的政治上的远大抱负，他对祖国和人民的热爱，对权贵势力，对封建社会一切压迫和羁束毫不调和的叛逆态度，正是他诗歌浪漫主义精神的主要表现。作为一个浪漫主义诗人，李白是伟大的，也是最典型的。他说自己的诗是“兴酣落笔摇五岳，诗成啸傲凌沧州”。杜甫称赞他的诗也说：“笔落惊风雨，诗成泣鬼神。”这种无比神奇的艺术魅力，确是他的诗歌最鲜明的特色。他的诗歌，不仅具有最强烈的浪漫主义精神，而且还创造性地运用了一切浪漫主义的手法，使内容和形式得到高度的统一。

李白不是一个“万事不关心”的诗人，相反，他似乎什么都关心，很多生活他都体验过，表现过。尽管没有一种生活能永远使他满足，但他那炽热的感情，强烈的个性，在表现各种生活的诗篇中都打下了不可磨灭的烙印，处处留下浓厚的自我表现的主观色彩。这种强烈的自我表现的主观色彩，从艺术效果来说，有的地方使诗歌增加了一种排山倒海的气势，先声夺人的力量；有的地方又让人读来感到热情亲切。当然，这种主观色彩，并不限于有“我”字的诗句和诗篇，例如在很多诗篇里，鲁仲连、严子陵、诸葛亮、谢安等人的名字，也往往被李白当作第一人称的代用语，让古人完全成为他的化身。

李白在感情的表达上不是掩抑收敛，而是喷薄而出，一泻千里。当平常的语言不足以表达其激情时，他就用大胆的夸张；当现实生活中的事物不足以形容、比喻、象征其思想愿望时，他就借助非现实的神话和种种奇丽惊人的幻想。比如他那些最富于浪漫主义奇情壮采的山水诗，尤其是使李白获得巨大声誉的《蜀道难》这首诗，以神奇莫测之笔，凭空起势，从蚕丛鱼凫说到五丁开山，全用渺茫无凭的神话传说，烘托奇险的气氛。李白一生并未到过剑阁，这首诗完全是凭传说想象落笔。正因为如此，他的胸怀、性格在这里更得到了最充分的表现。殷番《河岳英灵集》说这首诗“可谓奇之又奇，自骚人以还，鲜有此体”，正反映了同时代人对这首诗的惊奇赞叹。就在蜀道畅通的今天，它仍然是具有历史价值和美学价值的不朽杰作。他的《望庐山瀑布》二首、《庐山谣》也是历来传诵的名作，后者写他在庐山顶上望大江的景色：“登高壮观天地间，大江茫茫去不还。黄云万里动风色，白波九道流雪山。”完全摆脱了真实空间的拘束，以大胆的想象夸张，突出了山川的壮丽，展示了诗人壮阔的胸怀。

李白的浪漫主义是有其丰富生活为基础的。他的诗歌往往呈现感情充沛、瞬息万变的特色。他的名作《将进酒》也是这方面非常突出的例子。在诗里，他正在劝人开怀痛饮：“人生得意须尽欢，莫使金樽空对月。”好像他很安于颓废享乐的生活，但是，他那像黄河一样奔腾跳动的感情是如此变化莫测，他突然又说：“天生我材必有用，千金散尽还复来！”强烈的信心转眼又代替了消极的悲叹。他的《梁园吟》也有这种类似的情况，诗的前段尽情地描绘痛饮狂欢，甚至沉吟流泪地感慨功名富贵的无常，但是临到结尾，他突然又说：“歌且谣，意方远。东山高卧时起来，欲济苍生未应晚。”诗人的感情在转瞬之间竟判若两人。把矛盾复杂的思想感情，处理得这样洒脱灵活，并且达到艺术上的高度完美，在诗史上只有极少数的诗人能达到这个水平。从这种跳脱变化的特点继续发展，于是他在有些诗篇里就同时运用浪漫主义和现实主义两种创作方法。

李白运用的诗体很多样，但贡献最大的是七古和七绝。这两种诗体在当时也是最新最自由的，和他那自由豪放的个性也特别适应。他这方面的成就也很获益于学习乐府民歌。他的七绝向来和王昌龄齐名，各具特色。但就接近民歌而言，他却超过了王昌龄。他的五律，运古诗质朴浑壮气势于声律格调之中，往往不拘对偶，也很别具风格。如《夜泊牛渚怀古》《送友人》等篇，历来为评论家所称引。

李白在创作上继承了前代诗歌的丰富遗产。他所继承的传统，首先是楚辞和汉魏六朝乐府民歌。他受屈原的影响是多方面的，既发扬了屈原爱国主义精神和坚强不屈的斗争精神，又继承了屈原的浪漫主义的创作方法，像熔铸神话传说，大胆地幻想夸张，重视民歌遗产等方面，他都和屈原完全一致。就具体作品来说，如《远别离》《梁甫吟》《梦游天姥吟留别》乃至《蜀道难》都在精神面貌以及题材、构思、句法的形式上和屈原作品有接近的地方。他对汉魏六朝文人作品也有深入的研究。没有对遗产的认真学习，他不可能成为一个伟大的浪漫主义诗人。

李白的诗歌在浪漫主义诗歌发展史上有着崇高的地位。李白的诗歌，继承了前代浪漫主义创作的成就，以他叛逆的思想，豪放的风格，反映了盛唐时代乐观向上的创造精神以及不满封建秩序的潜在力量，扩大了浪漫主义的表现领域，丰富了浪漫主义的手法，并在一定程度上体现了浪漫主义和现实主义的结合。这些成就使他的诗成为屈原以后浪漫主义诗歌的新的高峰。

李白对唐代诗歌的革新也有杰出的贡献。他继承了陈子昂诗歌革新的主张，在理论和实践上使诗歌革新取得了最后的成功。他在《古风》第一首中，回顾了整个诗歌发展的历史，指出“自从建安来，绮丽不足珍”。并以自豪的精神肯定了唐诗力挽颓风，恢复风雅传统的正确道路。在《古风》第三十五首中，又批评了当时残余的讲求模拟雕琢、忽视思想内容的形式主义诗风：“一曲斐然子，雕虫丧天真。”在创作实践上，他也和陈子昂有相似之处，多写古体，少写律诗，但他在学习乐府民歌以及大力开拓七言诗上，成就却远远超过陈子昂。他这些努力对诗歌革新任务的完成起了巨大作用。李阳冰在他死后为他编的诗集《草堂集》序中说：“卢黄门云：‘陈拾遗横制颓波，天下质文，翕然一变。’至今朝诗体，尚有梁陈宫掖之风，至公大变，扫地以尽。”这是对他革新诗歌功绩的正确评价。

李白诗歌对后代的影响也是极为深远的。他的诗名在当时就已广泛传扬，到贞元时期，他的没有定卷的诗集已“家家有之”。中唐韩愈、孟郊大力赞扬他的诗歌，并从他那里吸收经验，以创造自己的豪放杰出的诗风。李贺浪漫主义的诗风更显然是受过他更多启发的。宋代诗人苏舜钦、王令、苏轼、陆游，明清诗人高启、杨慎、黄景仁、龚自珍等也莫不从他的诗中吸收营养。此外，宋代以苏轼、辛弃疾为代表的豪放派的词，也受过他的影响。他那些“戏万乘若僚友”的事迹传说，被写入戏曲小说，流传民间，更表现酷爱自由的人民对他的热爱。

杜甫是我国文学史上伟大的现实主义诗人。他的诗不仅具有丰富的社会内容、鲜明的时代色彩和强烈的政治倾向，而且充溢着热爱祖国、热爱人民、不惜牺牲自我的崇高精神。因之自唐以来，他的诗就被公认为“诗史”，而他本人则被尊称为“诗圣”。

杜甫(712—770年)字子美，生于河南巩县(今巩义市)，他出身于“奉儒守官”的官僚家庭。十三世祖杜预是西晋名将，祖父杜审言是武则天时著名诗人，父杜闲曾为兖州司马和奉天县令，因此他也享有不纳租税、不服兵役等特权。杜甫一生约可分为四个时期。35岁以前，是他的读书和壮游时期。这时正当开元盛世，他的经济状况也较好，是他一生中最快意的时期。诗人从小就“好学”，七岁时已开始吟诗，“读书破万卷”“群书万卷常暗诵”的刻苦学习，为他的创作准备了充分的条件。从20岁起，他结束了书斋生活，开始了为时十年以上的“壮游”。先南游吴越，后北游齐赵。游齐赵时，曾先后和苏源明、高适、李白等人有时呼鹰逐兽，打猎取乐，有时登高怀古，饮酒赋诗，并和李白结下了“兄弟”般的友谊。在这长期的壮游中，诗人接触到我们祖国无比丰富的文化遗产和壮丽河山，不仅充实了他的生活，也扩大了他的视野和心胸，为他早期诗歌带来相当浓厚的浪漫主义色彩。《望岳》诗可为代表。“会当凌绝顶，一览众山小”，正流露了诗人对一切事业(包括创作在内)的雄心壮志。但由于这种生活方式不可能接近人民，深入现实，因此，作为一个伟大的现实主义诗人，这只是他的创作的一个准备时期。

杜甫走向现实主义，是从第二个时期(35岁到44岁)十载长安的困守开始的。这是安史之乱的酝酿时期，当权的是奸相李林甫和杨国忠，杜甫不仅不能实现他的“致君尧舜上，再使风俗淳”的政治抱负，而且开始过着“朝扣富儿门，暮随肥马尘”的屈辱生活，以至经常挨饿受冻：“饥饿动即向一旬，敝衣何啻悬百结。”在饥寒的煎熬下，杜甫也曾经想到退隐，做一个“潇洒送日月”的巢父、许由，但他没有回避困苦，还是坚决走上积极入世的道路。这是一个重要的契机。生活折磨了杜甫，也成全了杜甫，使他逐渐深入人民生活，看到人民的痛苦，也看到统治阶级的罪恶，从而写出了《兵车行》《丽人行》《赴奉先咏怀》等现实主义杰作。十年的困守，使杜甫变成了一个忧国忧民的诗人，这才确定了杜甫此后生活道路和创作道路的方向。

从45岁到48岁，是杜甫生活的第三个时期，即陷贼与为官时期。这是安史之乱最剧烈的时期，国家岌岌可危，人民灾难深重，诗人也历尽艰险。在陕北，他曾经和百姓一起逃难，在沦陷了的长安，他曾经亲眼看到胡人的屠杀焚掠，和人民一同感受国亡家破的痛苦。为了献身恢复事业，他只身逃出长安，投奔凤翔。“生还今日事，间道暂时人”，“麻鞋见天子，衣袖露两肘”，从这些诗句也就可以想见当时的艰险和困苦。脱贼后，他被任为左拾遗，这是一个从八品，却又很接近皇帝的谏官。就在作谏官的头一个月，他因“见时危急”，上疏触怒肃宗，几受刑戮。从此他屡遭贬斥，但也因而多次获得深入人民生活的机会。在由凤翔回鹿州的途中，在羌村，在新安道上，他看到了各种惨象，他和父老们，和送孩子上战场的母亲们哭在一起。安史之乱是带有民族矛盾性质的，当时进行的战争乃是有关国家存亡的自卫战争。因此杜甫对待战争的态度也就和以往不同，不是反对，而是积极号召。他哀悼那为国牺牲的“四万义军”，他告诫文武官吏要“戮力扫欃枪”，他一方面大力揭露兵役的黑暗，同情人民；一方面还是勉励人民参战。由于深入人民生活，并投入实际斗争，这就使他写出了《悲陈陶》《哀江头》《春望》《羌村》《北征》《洗兵马》和“三吏”“三别”等一系列具有高度的人民性和爱国精神的诗篇，并达到了现实主义的顶峰。

“满目悲生事，因人作远游。”759年，杜甫弃官由华州经秦州、同谷，历尽千辛万苦，于这年年底到达成都，在成都西郊盖了一所草堂，开始他最后一期“漂泊西南”的生活。764年，严武再镇蜀，表荐杜甫为节度参谋，检校工部员外郎(后人因称“杜工部”)，他曾度过六个月的幕府生活。除此以外，在漂泊的十一年中，他经常过着“生涯似众人”的日子。他爱和劳动人民往来，而憎厌官僚，所以说：“不爱入州府，畏人嫌我真。及乎归茅宇，旁舍未曾嗔。”在这漂泊的十一年中，杜甫的生活仍然清苦，在他逝世的那一年，还因为避臧介之乱而挨了五天饿。可贵的是，他在生活上不论怎样清苦，也不论漂泊到什么地方，他总是在关怀着国家的安危和人民的疾苦。同时也从不曾忘记或放松自己的创作，在漂泊的十一年间，他竟写了一千多首诗。《茅屋为秋风所破歌》《闻官军收河南河北》《又呈吴郎》《遭田父泥饮》《诸将》《秋兴》《岁晏行》等都是这时期最优秀的作品。和前期不同的是带有更多的抒情性质，形式也更多样化。特别值得注意的是创造性地赋予七言律诗以重大的政治和社会内容。

杜甫在四川漂泊了八九年，在湖北、湖南漂泊了两三年，770年冬，死在由长沙到岳阳的一条破船上。“战血流依旧，军声动至今”，这是他对祖国和人民最后的怀念。在人民被奴役的时代，要作关怀人民疾苦的诗人，他的身后，自然是萧条的。813年，仅由他的孙子杜嗣业“收拾乞丐”，才把停在岳阳的灵柩归葬偃师。诗人的遗体还漂泊了43年。

李、杜齐名，但他们的性格和诗风却很不相同。李白像狂放不羁的骏马，杜甫像忍辱载重的犍牛，各具风范，各有价值。杜甫诗风老成稳健，倾向现实主义。他的全部诗作，一方面反映了一个正直的知识分子一生的遭际，同时也是唐帝国由盛转衰那段历史的真实写照。杜诗又被后人称为“诗史”，即来源于此。

杜甫在对待人民的态度上达到了他以前的作家所不曾达到的高度。这就使他的作品具有高度的人民性。“穷年忧黎元，叹息肠内热!”(《赴奉先咏怀》)——对人民的深刻同情，是杜甫诗歌人民性的第一个特征。杜甫始终关切人民，只要一息尚存，他总希望能看到人民过点好日子，所以他说“尚思未朽骨，复睹耕桑民”(《别蔡十四著作》)。因此他的诗不仅广泛地反映了人民的痛苦生活，而且大胆而深刻地表达了人民的思想感情和要求。在“三吏”“三别”中，他反映出广大人民在残酷的兵役下所遭受的痛苦。在这里，有已过兵役年龄的老汉，也有不及兵役年龄的幼男，甚至连根本没有服兵役义务的老妇也被捉去。《羌村》第三首也说到“儿童尽东征”。在《自京赴奉先咏怀》中，他更指出了劳动人民所创造的物质财富养活了达官贵族：“彤庭所分帛，本自寒女出；鞭挞其夫家，聚敛贡城阙。”并一针见血地揭露了封建社会剥削者与被剥削者之间的阶级对立这一根本矛盾：“朱门酒肉臭，路有冻死骨！”

“济时敢爱死，寂寞壮心惊！”(《岁暮》)——对祖国的无比热爱，是杜甫诗歌人民性的第二个特征。杜甫是一个不惜自我牺牲的爱国主义者，他的诗歌渗透着爱国的血诚。可以这样说，他的喜怒哀乐是和祖国命运的盛衰起伏相呼应的。当国家危难时，他对着三春的花鸟会心痛得流泪，如《春望》：国破山河在，城春草木深。感时花溅泪，恨别鸟惊心。烽火连三月，家书抵万金。白头搔更短，浑欲不胜簪。一旦大乱初定，消息忽传，他又会狂喜得流泪。如《闻官军收河南河北》：剑外忽传收蓟北，初闻涕泪满衣裳。却看妻子愁何在，漫卷诗书喜欲狂。白日放歌须纵酒，青春作伴好还乡。即从巴峡穿巫峡，便下襄阳向洛阳。杜甫始终关怀着国家命运，像“向来忧国泪，寂寞洒衣巾”“安危大臣在，不必泪长流”这类诗句是很多的。随着国家局势的转变，他的爱国诗篇也有了不同的内容。著名的“三吏”“三别”并非只是揭露兵役黑暗、同情人民疾苦的讽刺诗，同时也是爱国的诗篇。因为在这些诗中也反映出并歌颂了广大人民忍受一切痛苦的爱国精神。“勿为新婚念，努力事戎行！”(《新婚别》)这是人民的呼声，时代的呼声，也是诗人自己通过新娘子的口发出的爱国号召。

“必若救疮痍，先应去蟊贼！”(《送韦讽上阆州录事参军》)——一个爱国爱民的诗人，对统治阶级的各种祸国殃民的罪行也必然是怀着强烈的憎恨，而这也就是杜诗人民性的第三个特征。杜甫的诗讽刺面非常广，也不论对象是谁。早在困守长安时期，他就抨击了唐玄宗的穷兵黩武，致使人民流血破产。这方面代表作有《兵车行》等。

除上述这些和当时政治、社会直接有关的作品外，在一些咏物、写景的诗中，也都渗透着人民的思想感情。比如说，同是一个雨，杜甫有时则表示喜悦，如《春夜喜雨》：“好雨知时节，当春乃发生。随风潜入夜，润物细无声。”即使是大雨，哪怕自己的茅屋漏了，只要对百姓有利，他照样是喜悦：“敢辞茅苇漏，已喜禾黍高。”(《大雨》)但当久雨成灾时，他却遏止不住他的恼怒：“吁嗟乎苍生，稼穑不可救。安得诛云师，畴能补天漏！”(《九日寄岑参》)可见他的喜怒是从人民的利益出发，以人民的利益为转移的。在咏物诗中，有的直接和现实联系，如《枯棕》《病桔》等；有的则是借物寓意，因小明大，如《萤火》刺宦官的窃弄权柄，《花鸭》刺奸相的箝制言论，至于《麂》诗：“衣冠兼盗贼，饕餮用斯须”，则更是愤怒的谴责。

杜甫的写亲友间真挚情感的诗，他那些有关夫妻、兄弟、朋友的抒情诗，如《赠卫八处士》《月夜》《月夜忆弟》《梦李白》等，也无不浸透着挚爱和无私精神。《赠卫八处士》全诗用此出彼没永不同时出现的参、商两星比喻朋友难得相见。在一个美好的夜晚，诗人与阔别多年的老友聚会在灯光下款叙离情；青春时光匆匆过去，彼此看到对方的鬓角都已花白。诗中写到相见的惊喜，儿女的礼貌，招待的热情，饮酒的畅快，最后写到即将分别的怅惘，处处透出美好深挚的情感。有相当社会阅历的中老年人读这首诗，更容易被感动。

杜甫非常重视诗歌的艺术性。他对于一篇诗的要求非常严格，即所谓“毫发无遗憾”。因此，他的诗不仅具有高度的思想性，而且具有高度的艺术性，是内容与形式高度统一的典范。从创作方法上来看，杜甫的最大成就和特色，是现实主义。杜甫有他独特的丰富的生活经验，他的诗多取材于人民生活，和社会现实密切结合，为了真实地形象地反映现实生活，他需要采用现实主义的表现手法。这就是形成他的诗的这一特色的内在原因。

杜甫的叙事诗，不仅数量多，而且现实主义特色也表现得最为突出，最为充分。其一，善于对现实生活作典型的艺术概括。在杜甫许多著名的叙事诗中，我们可以看到他很善于选择和概括有典型意义的人物，通过个别，反映一般。比如《兵车行》中那个“行人”的谈话，便说出了千万个征夫戍卒的相同或相似的遭遇；“三吏”“三别”更是典型概括的最好范例。例如《无家别》里，写乱后乡里的情景，写无家可归的士兵的心理：“近行只一身，远去终转迷。家乡既荡尽，远近理亦齐”；写士兵对死于沟壑的母亲的回忆，都有极其深广的现实内容。杜甫还善于把巨大的社会内容集中在一两句诗里，“朱门酒肉臭，路有冻死骨”之所以震撼人心，就因为它是诗人以如椽的诗笔，概括了社会现实中的尖锐矛盾，写出了统治集团铁案如山的罪证。其二，杜甫叙事诗最大的特点是寓主观于客观。也就是将自己的主观意识、思想感情融化在客观的具体描写中，而不明白说出。这方面最典型的例子是《石壕吏》，全诗除“吏呼一何怒”两句微微透露了他的爱憎之外，便都是对客观事物的具体描写。他把自己的主观感受和评价融化在客观的叙述中，让事物本身直接感染读者。其三，对话的运用和人物语言的个性化。为了把人物写得生动，杜甫吸收了汉乐府的创作经验，常常运用对话或人物独白，并做到了人物语言的个性化，《新婚别》便是这类作品的代表。作者以一位新娘子的独白口吻写诗：新婚竟成生离死别，本是痛不欲生，但一想到自己还是刚过门的新娘子，所以态度不免矜持，语带羞涩，这是完全符合人物的特定身份和精神面貌的。所以我们读起来，总有一种如见其人、如闻其声的感觉。其四，采用俗语。这是杜诗语言的一大特色。杜甫在抒情的近体诗中即多用俗语，但在叙事的古体诗中则更为丰富，也更为重要。因为这些叙事诗许多都是写的人民生活，采用一些俗语，自能增加诗的真实性和亲切感，并有助于突出人物性格和语言的个性化。其五，细节描写。杜甫善于捕捉富于表现力的、能够显示事物本质和人物精神面貌的细节。例如《兵车行》：“长者虽有问，役夫敢申恨？”便是这样一个细节。它不仅揭示了那个役夫“敢怒而不敢言”的痛苦心情，而且也揭露了封建统治阶级的残酷压迫。又如《石壕吏》用“夜久语声绝，如闻泣幽咽”这一细节暗示出老妇竟被拉走的惨剧，《丽人行》用“犀箸厌饫久未下”这一小动作来刻画那帮贵妇人的骄气，都是很好的例证。杜诗细节描写最出色的是《北征》中写作者妻子儿女的一段，不仅生动地描绘了小儿女的天真烂漫，而且也烘托出了他自己的悲喜交集的复杂心情。

杜甫的诗是我国最可宝贵的文学遗产的一部分。在我国现实主义诗歌的发展过程中，杜甫占有继往开来的重要地位，他把现实主义推向了一个新的更高更成熟的阶段。作为一个伟大的现实主义诗人，杜甫的影响是巨大的、深远的、多方面的。这突出地表现在那些反映现实的乐府叙事诗上。他没有遵循建安以来沿袭乐府古题的老一套办法，而是本着汉乐府“缘事而发”的精神自创新题，即所谓“即事名篇”，或者说“因事命题”。对这类作品，白居易在《与元九书》中作了很高的评价，而元稹在《乐府古题序》中更叙述了他们所受到的启发：“近代惟诗人杜甫《悲陈陶》《哀江头》《兵车》《丽人》等，凡所歌行，率皆即事名篇，无复依傍。予少时与友人白乐天、李公垂辈谓是为当，遂不复拟赋古题。”由此可见，中唐的新乐府运动，正是由杜甫直接开导的。用不用古题，并不只是一个单纯的形式问题，因为实质上无异于为后代诗人指出一条通向现实、通向人民生活的创作道路。这一影响，一直贯穿到清末黄遵宪等诗人的创作中。

高昂的爱国精神，是杜甫现实主义诗歌一大特色，这不仅在文学史上而且也在历史上起着积极的教育作用。爱国诗人陆游就深受杜甫影响，他从杜诗领会到“诗出于人”的道路，所谓“工夫在诗外”，从而纠正了他早年学诗“但欲工藻绘”的偏差，创作出许多可歌可泣的爱国诗篇。民族英雄文天祥，也是一生酷爱杜诗，在燕京坐牢的三年间，更是专读杜诗，并集杜诗为五言绝句二百首，说是“但觉为吾诗，忘其为子美诗”(《文山全集》卷十六《集杜诗自序》)。爱国诗人顾炎武也同样从杜诗得到鼓舞。

杜甫掌握了当时所有的一切诗体，并创造性地发挥了各种诗体的功能，为各种诗体树立了典范。诗，在他手中几乎是无所不能的。他用诗写传记，写游记，写自传，写奏议，写书札，写寓言，写诗文评，总之，凡是别人用散文来写的，他都可以用诗的形式来写。这方面的影响也是很大的。只以七律而论，杜甫之前，大多是用来歌功颂德或倡和应酬的，但他却用来反映民生疾苦和国家大事，成了锐利的批判武器。

在成都杜甫草堂里挂着郭沫若写的一副对联：“世上疮痍，诗中圣哲；民间疾苦，笔底波澜。”这16个字是对杜诗很好的概括。杜甫的诗歌体现了古代优秀知识分子的良心。立身群众中，与百姓同忧乐，替人民呼号，为黎庶请命，在这方面他是中国知识分子永久的楷模。他一生心血都用在写诗上，其诗具有坚实的内容，纯真的热情，深沉的激愤，凝重的格调，从这方面说他又是诗人学习的榜样。他“读书破万卷”，善于学习和继承传统；“语不惊人死不休”，写诗态度严肃认真，无论古体诗和近体诗，都臻于妙境和化境。所谓“诗圣”，就是诗歌领域的圣人，中国3000多年诗歌史上得此殊荣的只有杜甫一人。

韩愈说得好：“李杜文章在，光焰万丈长。”的确，我们不能不为在祖国文学史上同时出现这样两位伟大的诗人而由衷地感到自豪。

（钱文彬）

# 28. 韩、柳古文运动

唐代是中国散文史上继先秦两汉之后的又一个黄金时代，涌现出了韩愈、柳宗元等一大批散文巨匠。唐代散文取得了堪与唐诗媲美的辉煌成就，在中国散文史上占有相当重要的地位。在唐代，散文的发展变化要晚于诗歌。当诗歌已经高度繁荣的时候，散文的文体文风改革才开始。唐代散文作家一方面对骈文进行改造，写出了许多具有鲜明时代特征的骈文佳作；另一方面革除六朝旧习，有意识地创作散体的以经世致用为目的的古文。经过一百多年的努力，到中唐以韩愈、柳宗元为首掀起了革新文体文风的“古文运动”，文体文风的改革，从内容上讲，就是明道载道，把散文引向政教之用，和当时的政治形势有密切的关系；从形式上讲，就是由骈体向散体转变，是散文自身发展的一种要求。这次文学革新，把散文从骈四俪六的束缚中解放出来，形成精练流畅、刚健朴茂的风格，使散文更适宜于叙事、说理、抒情。

古文运动的兴起与发展有一个漫长的历史过程，并与当时的客观现实社会条件密切相关。在中唐以前的一二百年里，不是没有人看到六朝骈文的弊病，也不是没有人写质朴的散文。西魏文帝时宇文泰、苏绰等和隋初的隋文帝、李谔等，就从政治功利的角度，用行政手段试图强行改革文体，但都没有成功；唐代初期，史官也曾从历史兴衰的角度批评过六朝文风语言华丽而内涵肤浅的弊病，后来陈子昂又大力提倡风骨兴寄力图革新浮侈的文风。但是，骈文本身是审美情趣趋于华丽、文学风格追求典雅的产物，也是时代文化精神的结果。在这样的文化心理和审美习惯还没有失去它存在的土壤时，硬性地以行政手段或仅以个别人的大声疾呼与不高明的示范，是不能使它发生根本改变的。特别是科举考试，从贞观到开元百余年间都以骈文写对策，更助长了骈俪文风的流行。

开元、天宝年间，文风出现了缓慢的变化。首先是骈体文从典雅雍容而内容贫乏开始向质朴流畅、内容充实的方向转化。如被称为“燕许大手笔”之一的张说的一些碑志，李白、王维的一些书、序，都写来生动简洁，情理兼备，并且在骈中夹散，句式有了变化。其次是散体文章不仅在书信尺牍中，而且在记、论、表、铭、碑等文体中开始有了艺术性较高的作品，如李白的《与韩荆州书》及李华的《著作郎厅壁记》、元结的《自箴》《七不如篇》等，都写得很自然流畅。元结作于安史之乱以后的文章，仍继续朝这一方向发展，如《右溪记》已经具备柳宗元山水游记的某些特色。

正是在创作实践上有了一定变化的情况下，理论上的呼吁才有了比较坚实的基础。从天宝末到贞元末，由于安史之乱后唐王朝由盛转衰的现实，使一部分士大夫急于寻找挽救衰世的方案，他们认为，社会衰落的根本原因，是由于人们违背了儒家传统的社会规范而导致礼义沦丧，道德水准下降，因此需要再次树立起儒学权威，以重新整顿社会秩序，包括肃清文坛上的颓败浮靡之风。于是，萧颖士、李华、独孤及、梁肃、柳冕等人相继从两个角度又一次提出了文体改革的问题。第一，他们从文学的社会功能角度提出了为教化而复兴“古文”的主张。认为文章是志的呈露、道的载体，“道”“志”要用“文”来发扬，而不本于“道”、不表现

“志”的“文”是没有用的，因而极力强调散文的教育劝化作用。在他们看来，只有把伦理教化意义放在首位，才能使文章内容充实，气格刚健，才显出它的实际效用。其次，他们从文学盛衰的角度提出了复古的口号。在他们心目中，文章好坏，关键在于作者及其时代。先秦两汉时代风气比较醇正，作家又以儒家经典为本，表现出纯朴雅正的文风，这些都成了他们文风改革的榜样，其有效途径就是复古。萧颖士、李华、独孤及、梁肃、柳冕等人研习经典，以儒家思想为依归，成为韩、柳古文运动的先驱。只是他们在创作实践中，都还未能彻底摆脱骈文家的积习，卓然有所树立，从而改变一代的文风。

当散文创作实践与理论开始出现变革苗头的时候，在关系到读书人前程、影响到读书人文风喜好的科举考试中，也出现了一些新的变化。763年(宝应二年)，也就是安史之乱平息的那一年，杨绾和贾至主张在科举中废诗赋、去帖经而重义旨，以促进人们对儒学精神的真正理解，改变华而不实的文风；780年(建中元年)，令狐峘主持贤良方正能言极谏科策试，开始采用散体文形式。这些事实，一方面说明文体改革的主张开始渗入科举的主持者心中，证明它已形成了思潮；另一方面则可以推断，由于科举策试允许了散体文形式，那么它一定对文风变革是一个有力的推动。中唐时代，虽然考试依旧考诗赋，但人们向官员请谒求荐，向主考投行卷，却大量用了散体文。韩愈当年便是一个以散体写书信投谒的举子。可见，尽管诗赋取士没有废除，但无论是主考官还是应试者，都已经把散体文看得重了。

古文概念的提出，始于韩愈。唐以前的文学无所谓“古文”。所谓“古文”，是韩愈等人针对“时文”即魏晋以来形成、至初盛唐仍旧流行的骈体文而提出的一个概念，指先秦两汉时单行散句、没有规定形式的文体。韩愈把自己的奇句单行、上继先秦两汉文体的散文称为古文，并使之和“俗下文字”，即六朝以来流行已久的骈文对立。韩愈要宣传自己的政治主张和儒家思想，而六朝以来“饰其辞而遗其意”的骈文，已经成为表达思想内容的桎梏，因而自然需要开展一个文体革新运动，也就是反对骈文，提倡古文。古文抒写自由，便于表达现实生活内容，而且它本来是载道的，因而也便于学习和宣扬儒家之道。所以韩愈提倡古文总是和学习古道联系在一起的。在他看来，要学古道就必须学古文。道是目的，文是手段；道是内容，文是形式。这就是以韩愈为代表的古文运动的基本内容。这里应该指出，柳宗元虽也主张文以“明道”，但在“道”的具体内容上，是和韩愈不尽相同的。韩愈所谓“道”，多伦理性质，他的“传道”文章封建色彩较重。柳宗元虽也谈儒道，同样是为封建地主阶级说教，但他的唯物论思想和政治革新的主张却是很突出的。

韩派古文家和柳宗元关于文体革新的理论，是古文理论的精华。他们的文体改革是建立在散文传统的继承和革新的基础上的。韩愈首先强调作家的修养。他说：“根之茂者其实遂”，“气盛则言之短长与声之高下者皆宜”(《答李翊书》)。所谓根或气，都是指作家的人格修养。对于文学语言，韩愈重视在继承散文传统的基础上有所革新和创造，坚决反对模拟抄袭的不良文风。他主张学古文应“师其意不师其辞”，“唯陈言之务去”，指出“惟古于词必己出，降而不能乃剽贼”(《樊绍述墓志铭》)。他还认为运用语言必须“文从字顺”，即合乎自然语气。而且要从实际出发，“因事陈词”，使“文章言语，与事相侔”；还必须做到“丰而不余一言，约而不失一辞，其事信，其理切”(《上襄阳于相公书》)。

韩派古文家李翱在《答朱载言》里，透辟地发挥了韩愈反对因袭、主张独创的理论。他认为圣人的《六经》，以及百家之文、屈原之辞，“创意造言，皆不相师”。他以为“义深则意远，意远则理辩，理辩则气直，气直则辞盛，辞盛则文工”。义是共同的原则，也就是道；而意则是各家表现义的具体思想。因此，意是需要各家自己创造的。他认为文章并没有一成不变的“尚异”“好理”“尚对”“不尚对”“爱难”“爱易”等标准，主要在是否“能极于工”。“义虽深，理虽当，词不工者不成文”。那些“自成一家之文”，“独立于一时，而不泯灭于后代”之文，一定是“文理义”“三者兼并”的。因此，文章之词也必须是独创的。韩派另一古文家皇甫湜也同样主张从意到言的新创。他说：“夫意新则异于常，异于常则怪矣；词富则出众，出众则奇矣。”但他实在已走到了极端，从要求“新富”而竟至要求“奇怪”了。

柳宗元同样高倡文以明道，反对“贵辞而矜书，粉泽以为工，遒密以为能”的颓靡文风(《报崔黯秀才论为文书》)。他认为对社会生活作“褒贬”或“讽谕”是文章应有的功能(《杨评事文集后序》)；文学批评必须重视作品的思想价值，那些用美丽的辞藻包藏着错误内容的作品，对读者的危害是更大的。他认为真正优美的作品，不仅应该有完美的形式，而且必须有正确而充实的内容，二者不可偏废(《答吴武陵论非国语》)。他在《答韦中立论师道书》中，对于写作态度、写作技巧等有关作家修养的问题，也都有精辟的论述。

从韩柳等人的古文理论可以知道，所谓“古文运动”，其实并不是单纯的文学运动。从基本的特征来看，古文运动是要改革文体；而改革文体，却可以用于不同的目的。一方面，古文家企图以此来复兴儒道，恢复散文宣扬正统思想的功能，以挽救唐王朝的衰亡；另一方面，他们也需要以此来更好地表达个人在实际生活中的思想感情。而这一种需要同前一个目的有时一致，有时不一致。“古文运动”之所以有文学史上的价值，主要还是因为后面这一点。

在唐德宗贞元时期，由于韩愈的努力提倡，古文发生了广泛的影响。许多人向韩愈请教，一时“韩门弟子”甚众。而李翱、皇甫湜等则都是著名的韩愈的追随者、拥护者。到了唐宪宗元和时期，又得柳宗元的大力支持，古文的业绩更著，影响更大。从贞元到元和的二三十年间，古文逐渐压倒了骈文，成为文坛的主要风尚，文学史上所谓“古文运动”得以全面展开。

纵观古文运动的全过程，韩愈、柳宗元二人无论在古文创作实践方面，还是在古文的理论的创建方面都做出了杰出贡献，是古文运动的直接推动者和领导者。

韩愈(768—824年)，字退之，河阳(今河南孟县)人。叔父云卿、兄韩会都是在李华、萧颖士的影响之下，倾向复古的人物。由于家庭环境的影响，韩愈早年即以一个复古主义者自命。25岁成进士，29岁始登上仕途，他在科名和仕途上屡受挫折，这和他的复古思想有关系。他先后做过汴州观察推官、四门博士、监察御史等官。在监察御史任时，他曾因关中旱饥，上疏请免徭役赋税，指斥朝政，被贬为阳山令。817年(元和十二年)，跟随裴度平淮西吴元济叛乱有功，升为刑部侍郎。819年，又因谏迎佛骨，触怒宪宗，几乎被杀，幸裴度等援救，改贬为潮州刺史。穆宗即位，他奉召回京，为兵部侍郎，又转吏部侍郎。享年57岁。

韩愈的古文理论主要包含两个方面：第一，韩愈主张写散文“宜师古圣贤人”(《答刘正夫》)，学古文根本上是为了学习“道”。韩愈所说的“道”，不仅指伦常教化、道德规范，即儒家学说中的外在伦理规范，而且还兼指人的内在道德修养和人格精神。他很重视“气”的作用，认为文章的好与坏，就决定于这种精神性的“气”充实与否。第二，学习古人的散文体格，主要应该学习古人“词必己出”(《南阳樊绍述墓志铭》)，而不是简单地模拟古文。针对骈文好用典故，而缺乏真情实感和新鲜的语言的缺陷，韩愈便把“惟陈言之务去”(《答李翊书》)看得很重。虽然他也很重视从古人的作品中学习语言，但他并不是停留在这些古文的技巧和语言上。他对前代文章的借鉴吸收，范围是很广泛的，其中也包括骈文的成分。概括地说，在主张“文以明道”的同时也承认作者个人的内在情感在散文中表现的合理性；在主张“师古人”的同时又强调语言的创新和风格的个性化，这两点构成了韩愈散文理论的精华。

韩愈本人在创作实践中，既投入了丰富的情感，又运用了很高的语言技巧，因而写出了许多优秀的散文作品。韩愈的《原道》《原毁》《师说》《争臣论》等说理文结构严谨，重视行文的气势和逻辑，很受一般古文家的称赏。他的一些议论性的短文，如《送孟东野序》《送董邵南序》《送李愿归盘谷序》等，带着充沛的感情，写得真挚动人。此外，还有一些近乎寓言的杂感，则锐利尖刻、生动形象，往往一针见血，而又不动声色。如《杂说一·说龙》《杂说四·说马》《获麟解》等，都是借龙、马、麟等动物的遭遇来写人的，在这些杂感中往往包含了韩愈自己怀才不遇的感慨或穷愁寂寞的叹息。韩愈的记叙文中，如《张中丞传后叙》《毛颖传》《石鼎联句诗序》等，叙事中或加渲染，或杂谐谑，也写得很生动传神。

作为文坛上的领袖，韩愈不仅自己提出理论，参与实践，而且极力推奖提携文学上的后学同道，如作《荐士诗》推荐孟郊，写状推荐张籍、樊宗师(《荐张籍状》《荐樊宗师状》)，写文为李贺打抱不平(《讳辩》)等。因此，在他周围形成了一个作家集团，他们在诗文两方面都进行了具有创新意义的努力。在诗歌方面取得成就的人不少，散文方面则除了韩愈外，其他人的成就都不大。如李翱以议论文为主，虽结构整饬，却缺乏文采和气势；皇甫湜的散文则比较重视外在语言形式上的奇崛，但情感力度较弱，气势也不够雄大；樊宗师的散文更把韩愈的语言奇崛险怪推向了极端，虽然“词必己出”，但他忽略了语言交流的通则，走向了晦涩艰深。

由于政治见解与个人经历的不同，柳宗元并不属于韩愈那个作家群体，而且由于他长期贬谪在南方，离当时的文学中心较远，所以他的古文理论与创作实践没有韩愈那么大的影响，但是，柳宗元对古文复兴运动，也有其独特的贡献。

柳宗元(773—819年)，字子厚，河东(今山西永济县)人。21岁登进士第，31岁为监察御史里行。顺宗即位，王叔文等执政，他参加了王叔文集团，被任命为礼部员外郎。这时他和王叔文、刘禹锡等积极从事政治、经济、军事等各方面的革新，如罢宫市、免进奉、擢用忠良、贬谪赃官等，做了不少有利于人民的大事。王叔文执政不到七个月，因为遭到宦官和旧官僚的联合反攻而失败。柳宗元被贬为永州司马。十年后，改为柳州刺史。宪宗元和十四年，柳宗元病逝于柳州，享年47岁。

柳宗元的散文理论与韩愈很相近。和韩愈一样，柳宗元也强调“文”与“道”的关系。他认为写文章的目的是“明道”，读文章的目的是“之道”，文辞只是传达“道”的手段、工具。在《答韦中立论师道书》中，他明确提出“文者以明道”的原则，在《答吴武陵论〈非国语〉书》中，他又要求文章有“辅时及物”的作用，即能够针对现实，经世致用。

基于这样的认识，柳宗元也对骈文持批判态度。在《乞巧文》中，他讽刺骈文是“眩耀为文，琐碎排偶；抽黄对白，啽哢飞走；骈四骊六，锦心绣口；宫沉羽振，笙簧触手；观者舞悦，夸谈雷吼；独溺臣心，使甘老丑”，就是说骈文徒有表面的好看，并无实际的用处，甚至还会迷惑人心。他推崇的也是先秦两汉之文，主张写文章要“本之《书》以求其质，本之《诗》以求其恒，本之《礼》以求其宜，本之《春秋》以求其断，本之《易》以求其动”，还要参考《孟》《荀》《庄》《老》《国语》《离骚》《史记》的气势、脉络、文采等。

柳宗元一生的文学创作极其丰富。他的诗文，真实地反映了社会生活的许多重要方面，具有强烈的现实主义精神；而且在艺术上所表现的独创性，也非常突出。柳宗元创作了大量极其成功的寓言讽刺小品。他善于体情察物，抓住平凡事物的特征，加以想象和夸张，创造生动的形象，语言上则锋利简洁，风格严峻沉郁。柳宗元创造性地继承前人的成就，大量创作寓言，使寓言成为一种独立的、完整的文学作品，《临江之麋》《黔之驴》《永某氏之鼠》等都是著名的寓言作品。

柳宗元的传记散文，大多取材于封建社会中那些被侮辱被损害的下层人物，这是《史记》人物传记之后的一个发展，也标志着柳宗元的现实主义精神的发展。他的传记散文，和一般史传文不同，他往往借题发挥，通过某些下层人物的描写，反映中唐时代人民的悲惨生活，揭露尖锐的阶级矛盾，具有深刻的思想意义。《捕蛇者说》《种树郭橐驼传》《童区寄传》《段太尉逸事状》等都是传记名篇。

柳宗元散文更著名的是他的山水游记。他的山水游记，文笔清新秀美，富有诗情画意。《永州八记》是他的代表作品。他写水、写树木、写岩石、写游鱼，无论写动态或静态，都生动细致，精美异常。而对潭水和游鱼的描写，尤为精彩，使作品更增加了神韵色泽。他的山水游记继承《水经注》的成就，而又有所发展，为游记散文奠定了稳固的基础。

当然，柳宗元古文在当时影响不如韩愈那么大，但是柳宗元以他与众不同的创作实践，为文风的改变开拓了一条新路。尤其是他的山水游记，突破了过去散体文偏重实用、以政治和哲理议论为主的局限，改变了散体文以先秦两汉诰誓典谟、史传书奏为典范的观念，创造了一种更文学化、抒情化的散文类型。柳宗元散文的语言以“峻洁”著称，文字准确而简洁有力，又兼有含蓄、自然之长，体现出孤高脱俗的人生情调，是一种与人格相统一的散文风格。他的散文创作与韩愈的以奇崛雄放为特征的创作一道，为名为“古文”而实为新体散文的成功奠定了基础。

唐代古文运动的胜利，是我国散文发展的一个转折点。它打垮了骈文的长期统治，开创了散文的新传统。韩愈、柳宗元是司马迁以后最大的散文作家。他们不仅在理论上奠定了散文创作的基础，更重要的是在创作实践上作出了典范。他们开创了一种摆脱陈言俗套、随着语言自然音节自由抒写的文风。他们不仅恢复了散文的历史地位，而且把散文的实用范围推广了，使散文在传统的著书立说之外，在日常生活中找到了表现自己的写景、抒情、言志的广阔园地。

韩愈由于不顾流俗的訾议，抗颜而为人师，在当时就产生了广泛的影响。同时知名古文家如樊宗师、李翱、皇甫湜、李汉、沈亚之等，或为朋友，或为受业弟子。而孙樵则为再传弟子。他们或者趋尚艰涩，或者惟能平易，或者只求奇异，一般成绩不大。诗人张籍、元稹、白居易等在文章方面也都直接或间接地受韩愈和古文运动的影响。晚唐皮日休、陆龟蒙、罗隐等人的讽刺小品，文学价值较高，则显然是在韩柳古文影响下的一个发展。

中唐时代，传奇小说和古文并兴，二者是互为影响的。古文运动解放了文体，使着意好奇的传奇家得到更自由的表现形式，因而促进了传奇小说的发展；传奇小说的题材和表现方法，也给古文家以借鉴，因而也有利于古文运动的推广和成功。韩愈、沈亚之等都是把二者统一起来的。他们既提倡古文，也写作传奇小说。

北宋初期，柳开、王禹偁、姚铉、穆修等，都标榜韩柳古文，反对晚唐五代的浮靡文风；到了中叶，在新的现实条件下，以欧阳修为首，再一次掀起了古文运动。由于欧、曾、王、苏诸古文大家在创作上的努力和成功，从此韩柳古文遂成为新的传统。明代唐顺之、归有光等的古文和清代“桐城派”的古文，都是以韩柳为首的唐宋古文新传统的直接继承和发展。这个古文新传统，支配中国文坛一千多年，直到五四新文学运动才被语体散文所代替。

古文运动提倡“道”和“道统”，维护专制统治，为历代统治阶级及其文士所利用，这使古文即散文蒙上浓厚的政治说教的色彩，逐渐走上陈陈相因、腐朽僵化的道路。但是韩柳的创作实践，不仅是为了“传道”

或“明道”，更重要的还是以古文鸣不平，反映一定的现实社会内容，这样就起了积极的影响。韩柳以后古文有了更广阔的园地，许多古文家用它来叙事、写景、抒情和议论，为日常生活所必需，而且也使之成为文学史上源远流长的一种重要的形式。

古文运动的理论，特别是韩愈所提出的文道合一、气盛言宜、务去陈言、文从字顺等论点，指导了后来无数古文家的写作，直到今天，仍有借鉴意义。

（钱文彬）

# 29. 韩愈上《谏迎佛骨表》与被贬潮州

“表”，又称“奏表”“表文”，是我国古代社会的一种公文文体，是臣属写给君王的上书。“表”的主要作用就是表达臣子对君王的忠诚和希望，或陈说政治的请求和愿望。《谏迎佛骨表》（亦作《论佛骨表》）是韩愈在公元819年（元和十四年），针对当时凤翔扶风县（今陕西宝鸡）法门寺佛骨迎入京师一事上表唐宪宗李纯加以谏阻所作，是韩愈反对佞佛的代表作。由于此表触怒唐宪宗，韩愈被贬为潮州刺史。

韩愈（768—824年），字退之，河南河阳（今河南省孟州市）人，因其先世居昌黎（今辽宁省义县），自称“郡望昌黎”，故世称“韩昌黎”“昌黎先生”。韩愈于公元792年（唐德宗贞元八年）中进士，任监察御史，不久被贬为阳山令。赦还后先后任国子博士、刑部侍郎等职。公元819年，因向唐宪宗谏迎佛骨一事，韩愈被贬为潮州刺史，后官至吏部侍郎、御史大夫等。卒后谥“文”，世称“韩文公”。韩愈的诗文著作由其门人编为《昌黎先生集》，其中《原性》《原道》《原毁》《原仁》《原鬼》等是反映韩愈思想的代表作品。韩愈是唐代重要的文学家、思想家和政治家，是“古文运动”的倡导者，被苏轼称赞为“文起八代之衰，而道济天下之溺”（《潮州韩文公庙碑全文》）。韩愈也是唐代儒学复兴的开创者之一，他不仅大力排斥佛道二教，还建立了儒学的道统观，对此后宋明理学产生了重要影响。

韩愈创作《谏迎佛骨表》有其特殊的历史文化背景。两汉之际，印度佛教传入中国，发展至魏晋南北朝，佛教作为外来文化得到广泛传播和迅速发展。特别是到了中唐，佛教发展进入鼎盛时期，其理论渐趋完善，并且形成系统的宗派体系，与中国本土的道教、儒学并称“三教”。然而，在佛教盛行的同时，它却不可避免地与中国固有文化系统发生激烈矛盾。从政治经济方面来看，“安史之乱”后，随着经济凋敝、藩镇割据等问题的加重，大量民众遁入空门，佛教寺院经济迅速膨胀，僧侣地主势力猛烈扩张，从而在政治、经济上与唐王朝的矛盾日益尖锐化，出现了“十分天下之财，而佛有七八”（《旧唐书·辛替否传》）的现象。从思想文化方面来看，自汉代被确立为正统的儒家思想，发展至魏晋以降直至唐代，遭到了前所未有的挑战，它在与佛道二教争立的过程中渐趋衰落。在以复兴儒学为己任的韩愈看来，佛教作为“异端邪说”，正是导致儒学中衰的最大原因之一，若要实现儒学之复兴，就必须不遗余力地对佛教加以抨击。

佛骨，又称佛舍利，是指佛灭度后，火化所留下的遗骨或遗灰等。在佛教信仰中，佛骨是备受信徒重视和尊敬的。据佛教《长阿含经》记载，释迦牟尼辞世后，有八国共分其火化的舍利而分别起塔供养。另据唐初僧人法琳作《破邪论》称：“（佛）灭后百一十六年，有阿育王以神力分佛舍利，使于诸鬼神造八万四千宝塔。今洛阳、彭城、扶风、蜀郡、姑藏、临淄等，皆有塔焉，并有神异也。”传说孔雀王国的国王阿育王曾发掘八国舍利塔，派遣僧团到各地传教，同时展示佛舍利，并重建新塔安奉佛舍利。其中《破邪论》中所提到的“扶风”即指凤翔扶风县的法门寺。法门寺始建于东汉桓帝、灵帝之间，周魏以前原名“阿育王寺”，隋代改称“成实道场”，唐初又改名“法门寺”。法门寺内建有护国真身塔，塔内藏有释迦牟尼佛指骨舍利一节，史载此骨长一寸八分，莹净如玉，以金廓棺盛之。由于唐代君主大多信奉佛老，而法门寺又供奉有被视为灵异的佛舍利，故而法门寺一直受到唐代君王的重视，成为当时举国仰望的佛教圣地之一。据翰林学士张仲素所撰《佛骨碑》称，唐太宗曾为法门寺建造寺宇，重建舍利塔。另《集神州三宝感通录》记载，公元631年(贞观五年)，岐州刺史张德亮曾奏请唐太宗开启法门寺塔，供养佛舍利，供人瞻礼，唐太宗敕许之，自此开了唐代君王礼佛之先河。此后，唐高宗、武则天、唐肃宗、唐德宗、唐宪宗、唐懿宗等先后七次将佛骨舍利奉迎进入京城长安。

韩愈的《谏迎佛骨表》就是针对唐宪宗时奉迎佛骨舍利一事而作。《旧唐书·宪宗纪》记载："(元和十四年春正月)迎凤翔法门寺佛骨至京师，留禁中三日，乃送诸寺，王公士庶奔走舍施如不及。"而《资治通鉴》的相关记载则更详细："(元和十三年十一月)，功德使上言：'凤翔法门寺塔有佛指骨，相传三十年一开，开则岁丰人安。来年应开，请迎之。'十二月，庚戌朔，上遣中使僧众迎之……(元和十四年春正月)，中使迎佛骨至京师，上留禁中三日，乃历送诸寺，王公士民瞻奉舍施，唯恐弗及，有竭产充施者，有燃香臂顶供养者。"819年，唐宪宗下令，命中使杜英奇率领禁军及宫人三十人，手持香花，赴法门寺迎请佛骨舍利。佛骨舍利迎入长安，迎请佛骨舍利的队伍自光顺门进入皇宫大内，佛骨舍利在宫中供奉三日后，又被送往京城内各大寺院。王公贵族，争先恐后，竞相施舍。为了向佛施舍，废业破产也在所不惜，为了表示对佛的虔诚，甚至烧顶灼臂，不惜采取极端的自残行为。

公元819年的这次奉迎佛骨入长安，是唐宪宗一朝最隆重的一次礼佛活动，由此也掀起了长安士庶的一次崇佛高潮。但是，唐宪宗奉迎佛骨舍利的本意却并非出于对佛教的信仰，而是有其他考虑。安史之乱后，由于中央政权势力削弱，经济凋敝，藩镇割据局面形成，唐王朝开始由盛转衰。唐宪宗即位后，立志中兴、重振朝纲，通过一系列的励精图治，造就了史家所称道的"元和中兴"。在这一过程中，唐宪宗一直倡导积极的佛教政策，将佛教作为其治国理民、巩固政权的有力工具，而此时功德使进言称奉迎佛骨便可实现"岁丰人安"的理想，这恰好与唐宪宗想要维护和巩固"元和中兴"这一局面的想法相一致。因此，奉迎佛骨舍利便成了顺理成章的事情。另外，唐宪宗之所以听从功德使进言奉迎佛骨，还有祈福延寿的动机。元和后期，由于日理万机、操劳过度，唐宪宗虽然年事不高却精力日耗，身体每况愈下，因此他日益亲近方士，希望通过服食金丹以求延年益寿。如公元818年(元和十三年)，他曾下诏征求方士，宰相皇甫镈向他推荐了一个名叫柳泌的山人，唐宪宗便命柳泌入天台山采摘不死药以配制长生药。此时，气力渐衰的唐宪宗，听闻法门寺佛骨"三十年一开，开则岁丰人安"的传说，本着祈福延寿的念头，也欣然同意迎请佛骨入京。恰恰因为这一特殊的缘故，朝中的谏官大臣等虽然知道唐宪宗奉迎佛骨的行为是本应加以劝阻的，却也都噤口不言，听任崇佛狂潮的发展。

然而，以恢复儒家学说正统地位为已任、历来坚持反佛主张的刑部侍郎韩愈对于唐宪宗奉迎佛骨舍利以及由此掀起的崇佛现象却是深恶痛绝的，于是他作《谏迎佛骨表》以劝谏唐宪宗。在《谏迎佛骨表》中，韩愈主要表达了如下四层思想：

首先，韩愈指出，在佛教传入中国之前，历代帝王的统治时间和寿命都比较长久，如上古时期的黄帝、少昊、颛顼、帝喾、尧、舜、禹等均在位数十年之久，寿命也都百余岁，包括此后的商汤王、周文王、周武王等也都是长命的，此时可谓"天下太平，百姓安乐寿考"。然而，佛教传入后，历代帝王的统治却是"乱亡相继，运祚不长"，如汉明帝在位仅十八年。尤其是六朝以来，帝王们"事佛渐谨"，可是寿命却越发短促，如梁武帝笃信佛教，却遭侯景之乱，最后饿死宫中，"由此观之，佛不足信"。

其次，韩愈认为，唐宪宗之所以迎请佛骨舍利，并非出于对佛教的信仰，而是为了祈求祥福、“年丰人乐，徇人之心”，让百姓开心。然而，百姓并不知道唐宪宗奉迎佛骨的本意，就会误以为他是真的信佛，于是便会拼命效法，以致“焚顶烧指，百十为群；解衣散钱，自朝至暮；转相仿效，惟恐后时；老少奔波，弃其业次”，即自残身体、破费钱财、延误生产。如不加以制止，“必有断臂脔身以为供养者”，如此只会“伤风败俗，传笑四方”。

再次，韩愈认为“佛者，夷狄之一法耳”，“佛，本夷狄之人”，佛教是野蛮民族的教法，与中国先王之教相违背，佛主释迦牟尼也是夷狄之人，其在语言、服饰和伦理等方面都与中国文化格格不入。因此，像这种外来宗教，在大唐立国之初就应当“不许度人为僧尼道士，又不许创立寺观”。况且，佛骨舍利本身就是死人遗留下的枯朽不详之物，也不应请进宫中来供养。

最后，韩愈向唐宪宗建议，将这个蛊惑民众的佛骨舍利“付之水火，永绝根本，断天下之疑，绝后代之惑”，而且表示自己愿意单独承担毁掉佛骨舍利之后可能带来的一切灾殃祸患。

由于韩愈所作《谏迎佛骨表》言语辛辣，将佛骨比作“诡异之观、戏玩之具”，充满了轻蔑嘲讽，对唐宪宗的崇佛心理与行为带有强烈的大不敬之意，甚至还透露出对唐宪宗的指责。所以，唐宪宗不仅没有接纳韩愈的意见，而且盛怒之下，将韩愈贬往潮州(今广东省潮州市)。据《旧唐书·韩愈传》记载：“疏奏，宪宗怒甚。间一日，出疏以示宰臣，将加极法。裴度、崔群奏曰：‘韩愈上忤尊听，诚宜得罪，然而非内怀忠良，不避黜责，岂能至此？伏乞稍赐宽容，以来谏者。’上曰：‘愈言我奉佛太过，我犹为容之，至谓东汉奉佛之后，帝王咸致夭促，何言之乖剌也！愈为人臣，敢尔狂妄，固不可赦！’”唐宪宗本欲对韩愈处以“极刑”(即杀头)。幸有时任宰相的裴度和崔群二人出来为韩愈说情，称韩愈本怀忠良之心，应该加以宽恕，并且要鼓励忠臣进谏提意见。而唐宪宗认为韩愈出言狂妄，特别是言语中似有诅咒自己的意味，因此不肯赦免韩愈。但韩愈既是朝中大臣，又是海内属望的文宗，“于是人情惊惋，乃至国戚诸贵亦以罪愈太重，因事言之，乃贬为潮州刺史”(《旧唐书·韩愈传》)。

潮州属岭南道，濒临南海，“以潮流往复，因以为名”(《元和郡县图志》)，由于地处偏远，历来是贬谪官员的场所。韩愈于819年正月十四日上《谏迎佛骨表》，数日之后便被贬潮州，即刻上道，不容停留。韩愈离开长安后，“有司以罪人家不可留京师”(《韩愈全集校注·女挐圹铭》)，迫遣韩愈家人也离开长安。据韩愈后来所作《女挐圹铭》记载，其十二岁的女儿韩挐在去往潮州的途中染病，最后病死于商山层峰驿(今陕西省商南县)。由于此时韩愈已经年过五十，时值寒冬，全家扶老携幼，场面甚为悲惨凄凉。当韩愈行至蓝关(今陕西省蓝田县)时，他的侄孙韩湘前来送别，韩愈于此创作了家喻户晓的七言律诗《左迁至蓝关示侄孙湘》：“一封朝奏九重天，夕贬潮州路八千。欲为圣明除弊事，肯将衰朽惜残年。云横秦岭家何在？雪拥蓝关马不前。知汝远来应有意，好收吾骨瘴江边。”在历经了百余日近八千里的行程后，韩愈于同年四月二十五日抵达潮州，其家眷则留宿韶州(今广东省韶关市)。

韩愈一到潮州，便与官吏百姓见面，询问百姓疾苦，开始办理政务。韩愈在潮州任职约半年时间，在此期间，韩愈为潮州百姓主要做了四件大事：一是驱除鳄鱼。据《旧唐书·韩愈传》记载，“郡西湫水有鳄鱼，卵而化，长数丈，食民畜产将尽，以是民贫”，潮州有一条江名为鳄溪，因为江里有很多鳄鱼，经常伤害过江百姓，人们也称之“恶溪”。韩愈按照当地风俗，创作了《祭鳄鱼文》以“祭”鳄鱼，并通过筑堤隔绝、挑选精通技艺的人才使用毒矢射杀鳄鱼等方式，消除了困扰当地百姓的鳄鱼之患。二是赎放奴婢。为了解决良人(非奴婢的平民百姓)为奴、买卖奴隶等问题，韩愈采取“计庸得赎所没”的办法，即计算奴隶的劳动所值，以工钱抵消债务，恢复人身自由，并下令不得蓄奴。三是兴办学校。由于潮州偏僻荒远，学校废而不兴，韩愈下令要求整治、兴办乡学和县学，并寻访当地贤才主持州学，传授儒学经典。四是兴修水利。积极推广由北方带来的先进的耕作技术。由于韩愈在潮州任职期间为潮州百姓做了一系列有益的实事，并对潮州的教育文化发展做出了重要贡献，潮州百姓甚至将韩愈视若神明，他们以“韩”为当地的山山水水来命名，如将鳄溪改名为“韩江”、把山命名为“韩山”、渡口叫做“韩渡”等，通过这种特殊的方式来表达潮州百姓对韩愈的景仰和缅怀。

在潮州任职半年后，十月二十五日，韩愈离开潮州，迁往袁州(今江西省宜春市)任袁州刺史。早在韩愈刚到潮州时，便按照惯例作《潮州刺史谢上表》(旧时惯例，贬谪官员到任后需作《谢上表》，内容以引咎、颂德等为主)。韩愈在《潮州刺史谢上表》中一方面反复诉说其被贬潮州所遭遇之苦，另一方面则称颂唐宪宗的文治武功。看到此表后，唐宪宗表示“因思其所谏佛骨事，大是爱我”(《旧唐书·韩愈传》)，即承认了韩愈谏迎佛骨一事本出于忠耿之心，于是打算重新起用韩愈。但由于宰相皇甫镈憎恨韩愈为人心直口快，担心韩愈会被起用，便以韩愈狂放粗疏为由，建议暂且将其调到别郡。此时适逢大赦，唐宪宗便于元和十四年十月移韩愈为袁州刺史。几个月后，公元820年(元和十五年)正月，就在韩愈转任袁州刺史期间，唐宪宗被宦官所杀，唐穆宗即位。同年九月，“以袁州刺史韩愈为朝散大夫、守国子监祭酒，复赐金紫”(《旧唐书·穆宗纪》)，韩愈得以重回京城长安。此后，韩愈又历任兵部侍郎、吏部侍郎等职，至公元824年(长庆四年)，卒于长安。

韩愈一生积极致力于斥佛老、兴儒学的目标，他不仅敢于直言不讳，而且他的反佛思想较之前人也更为全面彻底。他创作的《谏迎佛骨表》作为其反佛思想的代表作，不仅从政治经济的角度指出佛教盛行给当时社会带来的危害，更从思想文化的角度，站在维护儒学的立场给予佛教以严厉的批判。特别是韩愈还在排佛思想的基础上为儒家传统建构了“道统观”，并为宋明理学所继承和发展，从而有力地推动了儒学的复兴和发展，对以后的宋明理学产生了重要影响。

(邹庆超)

# 30. 元、白新乐府运动

随着社会政治、经济、军事等方面的急剧变化，以 775 年的安史之乱为分界线的唐代文学，其主要风格开始由浪漫主义转向现实主义。经中唐前期到贞元、元和年间，现实主义已逐渐进入一个全面发展的新阶段，诗歌方面出现了白居易、元稹倡导的、以创作新题乐府诗为中心的诗歌革新运动，即新乐府运动。

新乐府运动是在特定时代背景下的产物。唐安史之乱后，唐王朝走向衰落，至贞元、元和年间，国内藩镇割据，宦官专权，战乱时有发生，苛捐杂税繁重；相邻的吐蕃回纥等又不断入侵，阶级矛盾和民族矛盾日益尖锐化，社会危机进一步暴露，一些有识之士对现实有了更清楚的认识，希望革除弊端，中兴王朝。尽管如此，盛唐雄风犹存，社会比较稳定，并曾一度在形式上获得全国的统一，为诗人们的改革现实带来一线希望。这就为以批判现实为主旨的新乐府运动产生和发展提供了社会现实土壤。

早在安史之乱前后，杜甫就曾以乐府风格的诗篇针砭现实，《兵车行》《丽人行》等摆脱古题，“即事名篇”(元稹《乐府古题序》)，其实已经是一种新题乐府，只不过“新乐府”的概念没有被明确提出。大历、贞元年间，元结、顾况也写过一些运用俚俗语言反映现实社会问题的诗篇。从贞元末至元和初，张籍、王建、元稹、白居易、李绅诸人先后步入仕途。他们作为新进官员，具有较高的政治热情和积极表现自己的愿望，而元和初宪宗颇思振作，这也给他们带来一种兴奋。因此，他们彼此唱和，相互呼应，热情地以诗歌形式宣传自己的政治主张，反映各种严峻的社会问题，试图把诗歌作为有力的政治工具来使用。

809 年(元和四年)，李绅首先写了《新题乐府》20 首(今佚)送给元稹。元稹和作了《和李校书新题乐府》12 首。后来白居易又作《新乐府》50 首，正式标举“新乐府”的名称，成为这一新诗潮的代表作。这样，声势浩大的新乐府运动拉开序幕。

早在西汉时期，朝廷便设置乐府，掌宫廷和朝会音乐。由乐府采集和创作的诗歌遂被称为“乐府”。乐府诗相当一部分采自民间，具有通俗易懂、反映现实和可以入乐几个特点。后来文人也仿作乐府诗，唐代把南北朝以前的乐府诗统称为古乐府。而所谓新乐府，就是一种用新题写时事的乐府式的诗，表现出三个具体特征：一是用新题。从建安时代起，文人乐府也有少数写时事的，但多借用古题，反映现实范围既受限制，题目和内容也不协调。新乐府则自创新题，故又名“新题乐府”；二是写时事。建安后也有一些自创新题的，但内容又往往不关时事，既用新题，又写时事，是从杜甫创始的，但还不是所有新题都写时事。新乐府则专门“刺美见(现)事”，所以白居易的《新乐府》50 首便全都列入“讽谕诗”范畴；三是新乐府并不以入乐与否为衡量的标准。尽管它们全是“未尝被于声”的徒诗，但仍自名为乐府，并加上一个“新”字以示区别。这从音乐上来说，是徒有乐府之名；但从文学上来说，却又是真正的乐府，因为它体现了汉乐府精神。

作为诗歌运动，新乐府的创作并不限于写新题乐府，也有写古题乐府的。当时张籍、王建、刘猛、李馀等人，既写新题乐府，又写古题乐府，都体现了诗歌革新的方向。元稹原与白居易、李绅约定“不复拟赋古题”，后来见到刘猛、李馀所作古乐府诗，感到“其中一二十章，咸有新意”，于是又和了古题乐府 19 首。虽用古题，但或“全无古义”，或“颇同古义，全创新词”(元稹《乐府古题序》)，其实质、作用与新乐府是一致的。新乐府运动的基本宗旨是“文章合为时而著，歌诗合为事而作”(白居易《与元九书》)。白居易等人强调诗歌的社会功能和讽喻作用，主张诗歌要有社会内容，要反映民生疾苦和社会弊病，要求诗歌的形式与内容统一，为内容服务，表达真切顺畅，让人容易接受。这些理论一反大历以来逐渐抬头的逃避现实的诗风，发扬了《诗经》、汉魏乐府和杜甫优良的诗歌传统，具有进步的意义。

新乐府运动的诗歌创作，反映了中唐时期极为广阔的社会生活场景，从不同侧面揭露了当时的社会矛盾，提出了尖锐的社会问题，实现了自己的理论主张。这类作品，大多具有较强烈的现实意义和鲜明的倾向性。在艺术上，尽管各自的成就不同，风格有别，但大多体现出平易通俗、真切明畅的共同特色。

概括地说，由汉乐府的“缘事而发”，一变而为曹操诸人的借古题而写时事，再变而为杜甫的“因事立题”，这因事立题，经元结、顾况等一脉相承，到白居易、元稹更成为一种有意识的写作准则，所谓“歌诗合为事而作”，这就是新乐府运动形成的一般历史过程。白居易、元稹、张籍、王建和李绅等人都是新乐府运动的中坚，同时也都是杜甫的推崇者、继承者。张籍、王建的诗歌在元稹、白居易之前就已表现了诗坛上不同于大历、贞元诗风的又一新变化，后来他们又成为以元、白为代表的新诗潮的重要成员。比之元、白，张、王年虽稍长，写作乐府诗也较早，但诗名和政治地位都不及元、白；同时元、白既有创作，又有理论，而张、王则只提出明确的文学主张兼作理论上的宣传，因此他们在新乐府运动中所起的作用，既远逊白居易，也次于元稹。李绅是元、白的好友，也是第一个有意识地以“新题乐府”为标榜和传统的古题乐府区别开来的诗人，带动了元、白二人大力从事新乐府创作。不过，白居易、元稹二人无论在新乐府诗歌的创作方面，还是在新乐府诗歌理论的创建方面都做出了杰出贡献，是新乐府运动的直接推动者和领导者。

元稹(779—831 年)，字微之，河南洛阳人。八岁丧父，少经贫贱，自言孩童时代常见奸吏剥夺百姓，为之“心体悸震，若不可活，思欲发之”(《叙诗寄乐天书》)，这是他早期在政治上和权奸斗争并创作新乐府的生活基础。但后因遭到打击，转与宦官妥协，官至宰相，为时论所不直。不久，出为同州刺史，转越州、鄂州刺史，死于武昌节度使任上。

元稹和白居易齐名，时称“元白”，文学观点也完全一致。他虽比白居易小六七岁，但却是首先注意到李绅的《新题乐府》并起而和之的诗人。元稹在《和李校书新题乐府序》《乐府古题序》等诗序中，阐述了新乐府运动的理论主张。他非常推崇杜甫，在《乐府古题序》中更总结并宣扬了杜甫“即事名篇，无复倚傍”的创作经验，反对“沿袭古题”，主张“刺美见(现)事”。这对新乐府运动的开展起着很大的推动作用。但他有一部分乐府诗仍借用古题，不似白居易那样坚决彻底，旗帜鲜明。

乐府诗在元稹诗中占有重要的地位，特别是他唱和李绅的《新题乐府》12 首，以及唱和李馀、刘猛的《乐府古题》十九首。这些乐府诗大多为现实主义的诗篇。其中《田家词》《织妇词》《采珠行》《估客乐》等，指斥横征暴敛的时弊，哀叹民生的艰辛。《放言》《雉媒》《捉捕歌》等，以奔放激怒之情，喊出愤世嫉俗的强音。元稹长篇叙事诗《连昌宫词》，与白居易的《长恨歌》齐名。全诗通过连昌宫的兴废变迁，探索安史之乱前后唐帝国治乱的原因，写得真真假假，虚实相衬，“合并融化唐代小说之史才诗笔议论为一体而成”(陈寅恪：《元白诗笺证稿》)，颇有特色。另外，他的一些小诗也引人注目，如五绝《行宫》：“寥落古行宫，宫花寂寞红。白头宫女在，闲坐说玄宗。”以少总多，乐景写哀，真所谓“语少意足，有无穷之味”(洪迈：《容斋随笔》

卷二）。

元稹诗中最有特色的是艳诗和悼亡诗。《春晓》《莺莺诗》《会真诗三十韵》等，将男女爱情写得生动细致。流传最广的《遣悲怀三首》，状难写之景十分逼真，写难言之情极为自然，属对工整而又如话家常，成为古今悼亡诗中的绝唱。一般地说，元诗内容的广度和深度，以及人物的生动性，都不及白居易。如《西凉伎》只是说“连城边将但高会，每听此曲能不羞”，对他们“养寇固恩”的不可告人的目的却不敢揭穿。

比起元稹，白居易对新题乐府诗下的功夫要深得多，影响也大得多。一方面，他对诗歌创作有一套系统的看法，另一方面，他的新乐府不仅反映的社会生活面更广，在内容上也表现得更深入，而且在语言上也形成了独特的平易浅近、自然生动的风格。因此，在这一诗潮中，他无疑是最重要的代表人物。

白居易(772—846年)，字乐天，晚居香山，自号香山居士，又曾官太子少傅，后人因称白香山、白傅或白太傅。原籍太原，后迁下邽(陕西渭南县)。他出身于一个小官僚家庭，世敦儒业，祖、父皆以明经出身。白居易是杜甫的有意识的继承者，也是杜甫之后的杰出的现实主义诗人。他继承并发展了《诗经》和汉乐府的现实主义传统，沿着杜甫所开辟的道路进一步从文学理论上和创作上掀起了一个波澜壮阔的现实主义诗歌的高潮。

白居易的青年时代是在颠沛流离中度过的。由于战乱，他 11 岁时就离家避难越中，常常是“衣食不充，冻馁并至”，以至“常索米丐衣于邻郡邑”。贫困的生活，使白居易接近了人民，这对他的诗歌创作差不多一开始就走上现实主义的道路有着重大的影响。白居易的思想带有浓厚的儒、释、道三家杂糅的色彩，但主导思想则是儒家的“穷则独善其身，达则兼善天下”。这一思想不仅支配了他的政治态度，同时也支配了他的创作方向。

白居易是唐代诗人中创作最多的一个。他曾经对自己的诗文进行过几次编集，初名《白氏长庆集》，后改名《白氏文集》，共收诗文 3800 百多篇，计有 75 卷。在江州时，白居易将自己的诗歌分为讽谕、闲适、感伤和杂律四大类。四类中价值最高，他本人也最重视的是第一类讽谕诗。讽谕诗是白居易创作中的精华部分，是和他的兼善天下的政治抱负一致的，同时也是他的现实主义诗论的实践。其中《新乐府》50 首、《秦中吟》10 首更是有组织有计划的杰作，真是“篇篇无空文，句句必尽规”，具有高度的人民性和丰富的现实内容。讽喻诗《卖炭翁》和《红线毯》，以及感伤诗《长恨歌》和《琵琶行》等都是白居易留下的脍炙人口的杰出诗篇。叙事兼抒情的感伤诗《长恨歌》和《琵琶行》代表了白居易诗歌的最高艺术成就。

806 年，白居易根据陈鸿的《长恨歌传》，写出千古名篇《长恨歌》，其本意是要“惩尤物，窒乱阶，垂于将来”，这可以说也有“讽喻”的意味，《长恨歌》从写杨贵妃入宫到安史之乱，都对君主的耽色误国和贵妃的专宠有所讽刺。但是，这一“讽喻”意图并没有贯穿到底。白居易在描述杨、李爱情悲剧本身时，又抱着同情态度，用了许多动人的情节和语言把这场悲剧写得缠绵悱恻，这样就出现了双重主题彼此纠缠的现象。特别是诗中对玄宗与贵妃二人生死相恋、梦魂萦绕的那种带神话色彩的反复渲染，更把前一个主题大大地冲淡了，因而《长恨歌》留给读者的，主要不是“惩尤物”式的道德教训，而是对刻骨铭心的爱情的深深的感动。写于 816 年的《琵琶行》则是一首感伤自己生平坎坷的抒情叙事诗。开头记述诗人秋夜在江州浔阳江头送客，听见江上琵琶声，于是便请弹琵琶女子相见：“千呼万唤始出来，犹抱琵琶半遮面。转轴拨弦三两声，未成曲调先有情。”在听了一曲琵琶之后，女子诉说了自己的身世。原来这女子与白居易一样来自京都，也有一番由繁华而凄凉的遭遇，同病相怜的白居易深有感触：“我闻琵琶已叹息，又闻此语重唧唧。同是天涯沦落人，相逢何必曾相识。”最后，沉浸在哀伤中的女子再弹一曲，声音越发凄凉悲切，而同样沉浸在伤感中的白居易听毕之后，更是泪下沾襟。

作为一个杰出的现实主义诗人，白居易在总结我国自《诗经》以来现实主义诗歌创作经验的基础上，建立了现实主义的诗歌理论。新乐府运动的形成和开展，白居易先进的诗论起着直接的指导作用，他在《与元九书》《新乐府序》《寄唐生》《伤唐衢》《读张籍古乐府》等诗文中，系统阐述了新乐府运动的理论主张。特别是《与元九书》，更是一篇最全面、最系统、最有力的宣传现实主义、批判形式主义的宣言。

第一，白居易认为诗歌必须为政治服务，必须负起“补察时政”“泄导人情”的政治使命，从而达到“救济人病，裨补时阙”“上下交和、内外胥悦”的政治目的。他响亮地提出了“文章合为时而著，歌诗合为事而作”的口号。所谓“为时而著”“为事而作”，也就是他在《新乐府序》中说的“为君为臣为民为物为事而作”。针对当时的社会特征，他特别强调“为民”，认为诗歌应该反映人民疾苦：“惟歌生民病”“但伤民病痛”。将诗歌和政治、和人民生活密切结合，这是白居易诗论的核心。在他以前，还没有谁如此明确地提出过。这种观点，不仅是他自己的创作指南，而且也是他衡量古代作家作品的标准和领导新乐府运动的纲领。对六朝以来那种脱离现实脱离政治的“嘲风雪、弄花草”的东西，他作了彻底的否定。这样的持论对廓清大历以来逐渐抬头的逃避现实的诗风来说，有其现实意义。

第二，白居易还认识到文学根植于现实生活，是现实生活的反映。《策林》六十九说：“大凡人之感于事，则必动于情，然后兴于嗟叹，发于吟咏，而形于歌诗矣。”并认为像《诗经》中《北风》之刺威虐，《硕鼠》之刺重敛，汉童谣“广袖高髻”之刺奢荡等，都是由“感于事”“动于情”而产生的。因此，他指出要写作为政治服务的诗就必须关心政治，主动地从现实生活中汲取创作灵感。《秦中吟序》说：“贞元、元和之际，予在长安，闻见之间，有足悲者，因直歌其事。”《与元九书》也说：“自登朝来，年齿渐长，阅事渐多，每与人言，多询时务。”便是这一理论的实践。

第三，白居易阐发了诗歌的特性，并结合这种特性强调诗的教育作用和社会功能。《与元九书》说：“感人心者，莫先乎情，莫始乎言，莫切乎声，莫深乎义。诗者：根情，苗言，华声，实义。上自贤圣，下至愚矣……未有声入而不应，情交而不感者。”他以果木成长过程为喻，形象地、系统地提出了诗的四要素。“情”和“义”是内容，“言”和“声”是形式，其中尤以“实义”为最重要。“义”即《诗经》的“六义”，主要是指那种“美刺”精神。“实义”即以义为果实，也就是要“经之以六义”，使诗具有美刺的内容。因为只有这样的诗才能感人至深，并感人为善，从而收到“补察时政”“泄导人情”的效果。所以说“莫深乎义”。白居易强调诗歌应为政治服务，也正因有见于诗歌的巨大感染力。

第四，为了充分地发挥诗的功用，更好地达到“救济人病，裨补时阙”的政治目的，白居易强调内容与形式的统一，主张形式必须服从内容，为内容服务。《新乐府序》说：“其辞质而径，欲见之者易谕也；其言直而切，欲闻之者深诫也……其体顺而肆，可以播于乐章歌曲也。”所以他“不求宫律高，不务文字奇”，而力求做到语言的通俗平易，音节的和谐婉转。这对于“雕章镂句”的时代风尚以及“温柔敦厚”“怨而不怒”的传统诗教都是一个革新。

新乐府运动，便是在上述诗论的指导下开展起来的。白居易、元稹、张籍、王建等人的新题乐府和少数古题乐府都体现了或符合于这些理论精神。如白居易的《宿紫阁山北村》、张籍的《猛虎行》、王建的《羽林行》等，是揭露特权阶层恶势力为非作歹、残害人民的；白居易的《杜陵叟》《卖炭翁》，元稹的《田家词》《织妇词》，张籍的《野老歌》，王建的《水夫谣》等，都是直接描写劳动人民所遭受的残酷剥削和压迫，为他们的悲惨命运鸣不平的；白居易的《缭绫》《红线毯》《重赋》《轻肥》等，是直接刺责统治阶级的骄奢淫逸，并从中反映贫富悬殊、阶级对立的；白居易的《新丰折臂翁》、元稹的《夫远征》、张籍的《塞下曲》、王建的《渡辽水》等，是反映边地士兵之苦和反对穷兵黩武的；白居易的《盐商妇》、元稹的《估客乐》、张籍的《贾客乐》等，是反映当时商业经济的畸形发展，富裕商人和穷苦农民之间的矛盾的；白居易的《上阳人》《井底引银瓶》，张籍的《妾薄命》，王建的《望夫石》《去妇》等，是同情妇女们不幸遭遇的。这些作品展示了新乐府运动的实绩。

815年(元和十年)，白居易横遭毁谤，远谪江州，以他为主要倡导者的新乐府运动也因此受到挫折。

总的来看，白居易对中国诗歌的最大的贡献和影响，在于他继承了从《诗经》到杜甫的现实主义传统并掀起一个现实主义诗歌运动，即新乐府运动。他的现实主义的诗论和创作对这一运动起着指导和示范的作用。新乐府运动的精神，自晚唐皮日休等经宋代王禹偁、梅尧臣、张耒、陆游诸人以至晚清黄遵宪，一直有所继承。白居易的另一影响是形成一个“浅切”派，亦即通俗诗派。由于语言的平易近人，他的诗流传于当时社会的各阶层乃至国外，元稹和他本人都曾谈到这一空前的盛况。他的《长恨歌》《琵琶行》流传更广，并为后来戏剧创作提供了题材。

以元稹、白居易、张籍、王建、李绅等人的乐府诗创作为核心的新乐府运动，以其对社会政治问题的强烈关注，和与此相关的平易通俗的语言，突破了过去一段时期内狭隘的诗歌内容，改变了过分雕琢的诗歌语言习惯，恢复了中国古典诗歌关心社会现实和民生疾苦的优良传统，既开拓了诗歌的表现领域，也发展了新的诗歌语言。但是，这一新诗潮过分偏激地强调诗歌的政治意义和理念化的倾向，而忽视了诗歌自由抒情的意义，以及它的审美功能和娱乐功能，对诗歌加上了严厉的限制，也造成了另一方面的弊病。特别是在封建专制主义越来越严厉、个性受到的压抑越来越强烈的环境下，文人的真实感情受到来自外部与内心的双重压力，个人的理想、欲望被潜藏起来，而冠冕堂皇的儒家伦理观念便笼罩了诗歌。白居易等人的诗在政治理念之外，还有些真正为生活现实所激发的热情，而后来拙劣的模仿者就不免单纯从理念出发，只是把诗歌当作工具，涂抹一些毫无激情的说教文字了。

(钱文彬)

# 31. 李吉甫撰《元和郡县图志》

《元和郡县图志》是唐代著名宰相李吉甫所撰，我国现存最早的一部全国性地理总志，被誉为“地书鼻祖”。其书写成于813年（唐宪宗元和八年），因以年号为称。它体例完备，征引广泛，是研究唐代历史的必备资料。

李吉甫，字弘宪，唐赵州赞皇县（今河北赞皇县）人，唐代著名的政治家和地理学家。生于758年（唐肃宗乾元元年），卒于814年（唐宪宗元和九年）。李吉甫出身于名门大族，父亲李栖筠是唐代宗朝时的御史大夫。李吉甫从小就在其父亲的教育和培养下勤奋学习，博览群书，“因博洽多闻，富于文词”。他好学能文，知识渊博，于785年（唐德宗贞元初年），登入仕途，担任太常博士。在职期间，以学识渊博、处事得当而深得宰相李泌、窦参等人的器重，故不久又兼任屯田员外郎，后转驾部员外郎。不久，陆贽拜相执政，因疑忌李吉甫与前任宰相结党，遂把他贬到明州（今浙江宁波）任员外长史。几年后，又起用为忠州（今重庆市忠县）刺史，后改任郴州刺史、饶州（今江西省上饶市）刺史等职。805年八月，宪宗即位，征李吉甫拜为考功郎中、知制诰，转为中书舍人，赐紫袍，不久召入翰林为学士，加学士承旨。807年（元和二年）春，升为中书侍郎、平章事，担任宰相之职。次年二月，李吉甫进封赵国公。不久，他认为长期在翰林任职的裴垍能担当大任，于是推举他取代自己宰相之职，他则出京担任节度使。808年九月，李吉甫拜为检校兵部尚书，兼中书侍郎、平章事，任淮南节度使。811年正月，被授予金紫光禄大夫、中书侍郎、平章事、集贤殿大学士、监修国史、上柱国、赵国公。期间，再次入朝担任宰相。811年（元和九年）十月，因暴病而死，年仅五十六岁。

李吉甫学识渊博，他曾辑录两汉、魏、晋、周、隋故事，记其成败得失为《六代略》三十卷。他尤其注重舆地之学，认为舆地之学必须以“佐明王扼天下之吭，制群生之命，收地保势胜之利，示形束壤制之端”，著成《十道图》十卷、《古今地名》三卷、《删水经》十卷。同时他提出地理学应该“王者建州域，物土疆，观次于星躔，察法于地理。考中国山河之象，求二仪险阻之情……事关兴替，理切安危”，与此相关，他著有《元和国计簿》十卷、《元和百司举要》一卷、《古今说宛》十一卷、《一行传》一卷、《国朝哀策文》四卷、《梁大同古铭记》一卷、《王起李赵公行状》一卷等。遗憾的是他的著作大多散失了，独《元和郡县图志》残存，流传至今。

李吉甫以他丰富的史地知识与行政经验相结合撰成《元和郡县图志》一书。此书是他的刻意之作。他感于秦楚之际，汉高祖攻下咸阳后，将军们争府库，掠夺财物，只有萧何收集秦丞相御史图籍，因而得知山川关隘险要，户口物资虚实，终于佐汉胜楚，取得天下，以此认为“成当今之务，树将来之势，则莫若版图，地理之为切”，而“审户口之丰耗，辨州域之疆理”又为编纂地志的主要内容。他偏重“兵壤山川，攻守利害”之时效性，反对以往的重古略今、传疑失实的地理书志，以实用性的见解构建了《元和郡县图志》独特的基本特征。

此外，作者在原序中所说："古今言地理者，凡数十家。尚古远者或搜古而略今，采谣俗者多传疑而失实，饰州邦而叙人物，因丘墓而征鬼神，流于异端，莫切根要。至于丘壤山川，攻守利害，本于地理者，皆略而不书，将何以佐明王扼天下之吭，制群生之命，收地保势胜之利，示形束壤制之端?"可见，编写《元和郡县图志》的目的还有便于皇帝周览全国形势，以达到"扼天下之吭，制群生之命"的目的。

《元和郡县图志》原有图和志，共40卷，另有目录2卷，总共42卷。它以《贞观十三年大薄》规划的十道为纲领，配合当时的47镇，每镇一图一志，分镇记载府、州与属县的等级及户、乡的数目。图的部分在北宋时就亡佚了，志的部分在南宋淳熙三年(1176年)张几仲首刻此书时亦有缺佚，大体上还保持42卷之数，宋以后目录亡佚。现存34卷，除了缺19、20、23、24、35、36卷之外，书中个别地方仍有缺佚。因北宋后图佚，故宋代陈振孙的《直斋书录解题》中将其省称为《元和郡县志》。

《元和郡县图志》在魏晋以来的总地志中，不但是保留下来的最古老的一部，而且也是编写最好的一部。清初官修的《四库全书总目提要》说："舆地图经，隋唐志所著录者，率散佚无存；其传于今者，惟此书为最古，其体例亦为最善，后来虽递相损益，无能出其范围。"《元和郡县图志》的内容非常丰富，作为一部记述全国范围的地理总志，首先对政区沿革地理方面有比较系统的叙述。在每一州县下往往上溯到三代或《禹贡》所记载，下讫唐朝的沿革。其中特别是关于南北朝政区变迁的记载尤其可贵。记述南北朝时期的正史，除《宋书》《南齐书》《魏书》外，其他各史皆无地理志；《隋书・地理志》虽称梁、陈、北齐、周、隋五代史志，但隋以前的四个朝代较为简略；《水经注》虽是北魏时期的地理名著，但它毕竟是以记述水道为主，因而《元和郡县图志》有关这一时期的叙述至关重要。《元和郡县图志》中在每一县下都简叙沿革及县治迁徙、著名古迹等，还作了一些必要的考证。如京兆府万年、长安、咸阳三县均有名叫细柳营的地方。《元和郡县图志》在"万年"县下注明："细柳营在县东北三十里，相传云周亚夫屯军处。今按亚夫所屯，在咸阳县西南二十里，言在此非也。"又在"长安"县下载："细柳原在县西南三十三里，别是一细柳，非亚夫屯军之所。"在"长安"县下还有关于秦阿房宫、汉长乐宫、汉未央宫及秦始皇陵等遗址的记载。所有这些，都对我们研究历史上的政区变化，考证一些名胜古迹遗址，有重要参考价值。对于某些弄不清楚的问题，书中也并不是武断地下结论，而是抱着存疑的态度。如《元和郡县图志》卷2《京兆府兴平县(今陕西兴平县)》对马嵬故城的记载，就说："马嵬于此筑城，以避难，未详何代人也。"又如，卷9《申州义阳县(今河南信阳市)》对平靖关城的记载，只是说："旧有此关，不知何代创立。"这些都反映了作者实事求是的科学态度。

具体地说，《元和郡县图志》的编撰呈现以下五个方面的鲜明特点。

第一，体例建构完备。《元和郡县图志》大体继承的是汉魏以来疆域地理志和图记、图经两方面的体制而加以发展，属于疆域志，即以一朝某一时期的疆域为范围，记述其建置沿革、户口、州境、八到、山川、贡赋等内容。分镇记载了府、州、县的等级，户、乡的数目，四至八到的方里，开元、元和的贡赋，以及垦田、水利、盐政、交通、军事设施、兵马配备、关亭障寨等项，均一一注明，内容十分具体详备。

全书以唐初十道为纲，分镇记载府、州、县的等级、沿革、户籍、四至、八到、山川、贡赋以至名胜古迹等方面内容，突出了疆域政区的主体，并将政治、经济、地理等要素融汇于一体。《元和郡县图志》按图识志，使人一目了然，是比较完善的地理总志体例，为后世学者所师所范，如乐史著《太平寰宇记》就沿用了此体例。

《元和郡县图志》将“管县”放在最后来叙述，是府州的最后一项内容。于“管县”之下，罗列各个州郡所管辖之名称，同时按照一定的级别次序逐县叙述。每个县的历史沿革、山川、泽坡、古迹等内容详细辅载于后，脉络完整，层次清晰。《元和郡县图志》首创记述每州的州境、八到，这为后世地理志开创了先例。它在使用了汉魏以来图记、图经形式的基础上，将每道图置于篇首，冠于叙事之前，具有承前启后的开创意义。

第二，官方资料搜录。《元和郡县图志》引用了大量的唐代官方统计数据和典章资料。例如书中各州的“开元户”和“元和户”一般认为是依据户部提供的“计帐”和“户账”。唐前期实行均田制和租庸调制，与此相适应，当时的户口统计、申报制度为计账制度，自两税法实行后，又将“计账”改为“户账”。李吉甫将唐代官方统计数据和典章资料注入《元和郡县图志》中，增加了其书的价值量。

每个府、州之后有“贡赋”一项，可以说是《元和郡县图志》一书所首创。贡品多数都是当地的土特产，包括著名的手工业产品及矿产、药材等；赋为绵、绢等物。如卷1《京兆府下》记载：“开元贡：葵草席、地骨白皮、酸枣仁；赋：绵、绢。”在县下又有对于当地水利设施、工矿业及其他经济资料的记载。如卷1《京兆府醴泉县(今陕西礼泉县)》有关于郑、白渠灌溉情况的记载；卷16《相州邺县(今河北临漳县)》有西门豹及史起引漳水灌田的记载；卷11《密州辅唐县(今山东安丘县)》有水堰灌田的记载，并说“今尚有余堰，而稻田畦畛存焉”；卷3《原州平高县(今宁夏固原县)》有西北地区监牧场地、马匹数字的记载；卷4《盐州》有关于盐池的记载；卷3《延州肤施县(今陕西延安市东北)》和卷40《肃州玉门县(今甘肃玉门市北)》都有关于石油矿的记载；卷14《蔚州飞狐县(今河北涞源县)》有三河冶官营铸钱工业的记载，并描述了作者亲自主持恢复铜冶置炉铸钱的经过。至于一般铜矿、银矿、铁矿的记载就更多了。

《元和郡县图志》对各地户口记载的一大特色是兼记不同时代的户口数。地理志对户口的记载始于《汉书·地理志》，但《汉志》对西汉一代的户口，只记平帝元始二年的数字；《元和郡县图志》既记载开元年间的户数，也记载元和时的户数，为我们研究安史之乱前后各地户口的变动提供了重要佐证。

第三，密切配合当时形势，注重兵要地理。《元和郡县图志》结合当时唐代政治军事的实际需要，在每县下记载了附近山脉的走向、水道的经流、湖泊的分布等，使其更好地辅佐中央制控藩镇的目的。因此，它是一部具有浓厚军事色彩的地理总志。

全书记载到的水道有550余条，湖泽陂池130多处。不仅记载了人所共知的大川大泽，也记载了一些小的河流和陂泽。如卷11《密州高密县(今山东高密县)》的夷安泽，“周回四十里，多麋鹿蒲苇”。又如卷18《定州望都县(今河北望都县)》的阳城淀，“周回三十里，莞蒲菱芡，靡所不生”。另外还有对各种地形特征的描述。如卷1《京兆府》万年、长安、三原等县均有关于西北黄土高原上所谓“原”的记载，如毕原、白鹿原、细柳原、孟侯原、丰原、天齐原等。卷4灵州鸣沙县(今宁夏中宁县东北)有关于沙漠的记载，说“人马行经此沙，随路有声，异于余沙，故号鸣沙”。卷30《辰州卢溪县(今湖南泸溪县西南)》又有对于喀斯特地形的记载，说“溪山高可万仞，山中有盘瓠石窟，可容数万人”。这些都对我们研究历史上水道、湖泊的变迁，各地自然环境的变化，提供了极其珍贵的资料。

第四，符合当时的实际情况，具有切实的应用价值。《元和郡县图志》记载了4800多处地名，并广泛地引用前人的著作加以详细解释。《四库全书总目》卷六十八称其为：“舆记图经，隋唐志所著录者，率散佚无存，其传于今者，惟此书为最古，其体例亦为最善，后来虽递相损益，无能出其范围。”由清人对其高度评价中可以看出《元和郡县图志》的历史地位和价值。

第五，引用资料翔实宏赡，“经”“史”“子”“集”均有涉取，为地理书籍之罕见。李吉甫在具体运用中，属于“经”部的大体有《尚书》《诗经》《周礼》《尔雅》等；属于“史”部的主要有《山海经》《水经注》《史记》《汉书》《国语》《春秋左氏传》《古今述》《开山图》《帝王世纪》《十六国春秋》《括地志》《古今郡国县道四夷述》《洛阳记》《嵩山记》《齐记》《三齐记》《三秦记》《晋阳秋》《吴越春秋》《吴志》《吴兴记》《钱塘记》《南岳记》《荆州记》《沅陵记》《武陵记》《华阳国志》《上党记》《鄱阳记》《南康记》等；属于“子”部的主要《淮南子》《庄子》等；属于“集”部的大约有《文选》《魏都赋》《吴都赋》《蜀都赋》等。

（钱森、张敏）

# 32. 刘禹锡著《天论》

刘禹锡(772—842年)，字梦得，洛阳(今属河南)人，祖先为匈奴族。七世祖刘亮随魏孝文帝迁洛阳，改汉姓。其自称为中山靖王后裔，故又称“刘中山”。我国著名的哲学家、文学家，白居易称他为“诗豪”。刘禹锡少年时代是在经济和文化比较发达的江南度过，因此，他在较为安定的社会环境里得到了比较深厚的文化教养，培养了优异的创作才能。793年(贞元九年)刘禹锡登进士第。两年后应吏部取士科考试合格正式踏上仕途。800年(贞元十六年)，参与讨伐徐州军乱。802年(贞元十八年)，调任渭南县主簿，次年任监察御史，与韩愈、柳宗元同在御史台工作。不久韩愈遭贬斥，刘禹锡与柳宗元等人在王叔文领导下一起研讨政治革新问题。

805年(唐贞元二十一年)正月，唐德宗病逝，太子李诵继位，是为顺宗。在顺宗的支持下，以王叔文、王伾为首的革新集团掌权，发动了一场政治革新运动。刘禹锡由监察御史擢升屯田员外郎，判度支监铁案，协助杜佑、王叔文管理财政。据《顺宗实录五》记载，王叔文“引刘禹锡与柳宗元入禁中，与之图议，言无不从”。可见刘禹锡是革新运动核心人物之一。在这次革新运动中他们开始实施改革弊政，颁布了一系列明赏罚、停苛政、利国利民的措施。韩愈后来在记述这段历史时称“人情大悦”“百姓相聚，欢呼大喜”。这说明这次革新运动在当时是得到许多百姓拥护的。刘禹锡在实际工作中表现出卓越的才干，王叔文称赞他有“宰相器”。

这次革新运动历时仅一百余天，后因宦官俱文珍、刘光琦等与荆南节度使裴均、剑南西川节度使韦皋等守旧势力串通起来反对革新运动而失败。他们先迫使顺宗立李纯为太子，接着迫使顺宗让位给太子。因由顺宗预定改元永贞，史称“永贞内禅”。805年(永贞元年)，太子李纯继位，是为宪宗。这年六月，贬王叔文为渝州(今重庆市)司户(次年赐死)，贬王伾为开州司马，后死于贬所。之后柳宗元被贬邵州刺史未到任又改永州司马，刘禹锡贬为朗州(今湖南常德)司马，韩泰、韩晔、陈谏、程异、凌准、韦执宜先后被贬为边远各州司马。历史记载：“纵缝恩赦，不在量移之限。”史称“二王八司马”事件。

“永贞革新”失败后，刘禹锡被贬朗州司马。在强大的政治压力下，刘禹锡将自己的注意力集中到文学创作及治学上。在此期间，他写了不少的文学作品，并且常与韩愈、柳宗元等人通过书信形式探讨治学之道。刘禹锡为了顶柳宗元《天说》以驳韩愈“天有无意志”的问题而作了《天论》。柳宗元《答刘禹锡〈天论〉书》说：“发书得天论三篇，以仆所为《天说》为未究，欲毕其言。”可见刘禹锡作《天论》之缘由。

刘禹锡作《天论》三篇，分别为《天论》上、《天论》中和《天论》下。

《天论》上开端即陈述作《天论》之缘由，“余友河东解人柳子厚作《天说》，以折韩退之之言，文信美矣，盖有激而云，非所以尽天人之际。故余作《天论》，以极其辩云”。他认为柳宗元作《天说》观点有些偏颇，且没有将问题讲透彻，故亲自为之。由此他陈述其观点说："大凡入形器者，皆有能有不能。天，有形之大者也；人，动物之尤者也。天之能，人固不能也；人之能，天亦有所不能也。故余曰：天与人交相胜耳。"这里他认为凡有形的东西都不是全能的。天是有形之物中最大的，而人是动物里最优越的。有些事天能干可人干不了，也有些事人能干可天干不了，所以说，天和人各有所能。

刘禹锡补充朋友柳宗元论《天说》不足之处，提出人能胜天的观点。"天之道在生植，其用在强弱；人之道在法制，其用在是非。阳而阜生，阴而肃杀；水火伤物，木坚金利；壮而武健，老而耗眊；气雄相君，力雄相长：天之能也。阳而爇树，阴而揫敛；防害用濡，禁焚用光；斩材窾坚，液矿硎铓，义制强讦，礼分长幼；右贤尚功，建极闲邪：人之能也。"这里阐述了天的职能在于生殖万物，其作用在于能使物体变强或变弱；人的职能在于制定法律制度，其作用在于分别事理的是或非。春夏时生长万物，秋冬时严酷地摧残它们，水火能伤物，木性坚硬，金属锋利，壮年时强壮有力，老来便体弱眼花；气势大的争做君主，气力大的争做首领，这些都是天生就这样的。春夏就种植，秋冬就收获；修堤防水，洒水救火，砍树凿木，熔金磨刀；用道义制服强悍，用礼节区别大小；尊崇贤能和有功的人，树立标准以防止邪恶。

因此，他特别注重要严明法令，杜绝违法乱纪，如此才能使社会清明。他再次强调说："法大弛，则是非易位，赏恒在佞，而罚恒在直，义不足以制其强，刑不足以胜其非，人之能胜天之具尽丧矣。夫实已丧而名徒存，彼昧者方挈挈然提无实之名，欲抗乎言天者，斯数穷矣。故曰：天之所能者，生万物也；人之所能者，治万物也。法大行，则其人曰：'天何预人邪，我蹈道而已'。法大弛，则其人曰：'道竟何为邪？任人而已。'法小弛，则天人之论驳焉。"这里他也特别申明说，法制如果稍有松弛，那就会是非混乱，赏的不一定都是行善，罚的不一定都是作恶。有的是因为贤能而得到尊显的名位，但有时也把些坏人夹杂在里面；有的是因为犯错误而受到严厉处罚，但有时也把些无罪的好人夹杂在里面。

刘禹锡认为："那些应该是这样而果然是这样的(指受赏或受罚)，这是公理；那些不应该是这样而又确实是这样的难道也是公理吗？福可以用欺骗方法取得，而祸也可以用非法手段逃避。"最后他再次强调，如果社会的法则乱了，天命的说法也就混杂在里面了。法制普遍废弛，那就是非颠倒，所赏的常常是那些花言巧语的坏人，而所罚的常常是那些正直的人，道义不能够制服坏人的横行霸道，刑罚不能够制裁坏人的胡作非为，人能胜天的实质就完全没有。实质已不存在，只空有这种名义，而那些不明白这个道理的人，正在举出这种无实的名义，想对抗天命论者，这样就经常说不赢人家了。

通过以上的论述，刘禹锡总结说："天能做到的事情是生殖万物；人能做到的事情，是治理万物。"如果强调法制认真实行，那么人们就说："天哪里管得着人呢？我只遵循道义罢了。"法制普遍废弛，那么人们就说："道义能做什么呢？听天由命罢了"。法制稍有松弛，那么关于天人关系的议论就混乱了。现在想根据个人的失意或得意去证明天的意志的有无，那就是糊涂。天总是居高临下做它所能做到的事，并没有能力来干预人类政治的好坏；人总是根据天时做他们能做到的事，也没有能力去干预季节的冷热。生活在社会秩序比较安定的时代，社会法则清楚，大家都知道祸福是从那里来的，因此无论好坏都不会推到老天身上。生活在乱世，社会法则模糊，什么都不能预料到，因此把人做的事情全部推到老天身上而并不是天干预了人事。

在《天论》中篇，刘禹锡主要运用了打比方的形式讲述深奥的道理，使其通俗明白。开篇即以反问的形式提出："子之言天与人交相胜，其理微，庸使户晓，盍取诸譬焉？"于是以旅游的方式作比："若知旅乎？夫旅者，群适乎莽苍，求休乎茂木，饮乎水泉，必强有力者先焉；否则，虽圣且贤，莫能竞也。斯非天胜乎？群次乎邑郛，求荫于华榱，饱于饩牵，必圣且贤者先焉；否则，强有力莫能竞也。斯非人胜乎？"他以人们普遍熟悉的旅游作比喻说旅行的人，当走到荒凉的野外，要找浓厚的林荫休息，找泉眼喝水时，那一定是强壮有力的人跑在前边；如果不是强壮有力，即使是圣贤也不能抢先。这不是自然规律占优势吗？等到了大伙走到了城市停下来，要找好旅馆住，举行宴会，那一定是让有圣贤品德的人在前面。如果没有这种品德，即使强壮有力也不能抢先。这不是人为的教养占优势吗？

刘禹锡很注重人的能动性，因此他在文中继续以打比方的形式陈述深奥的道理。他先由答疑开始说："或者曰：'若是言之，则天之不相乎人已，信矣，古之人曷引天为？'"于是便回答曰："若知操舟乎？夫舟行乎潍、淄、伊、洛者，疾徐存乎人，次舍存乎人。风之怒号，不能鼓为涛也；流之溯洄，不能峭为魁也。适有迅而安，亦人也；适有覆而胶，亦人也。舟中之人未尝有言天者，何哉？理明故也。彼行乎江、河、淮、海者，疾徐不可得而知也，次舍不可得而必也。鸣条之风，可以沃日；车盖之云，可以见怪。恬然济，亦天也；黯然沉，亦天也。阽危而仅存，亦天也。舟中之人未尝有言人者，何哉？理昧故也。"

刘禹锡十分注重把握事物的规律，他认为规律是事物存在的基本条件。他在文中说："问者曰：'吾见其骈焉而济者，风水等耳。而有沉有不沉，非天曷司欤？'"答曰："水与舟，二物也。夫物之合并，必有数存乎其间焉。数存，然后势形乎其间焉。一以沉，一以济，适当其数乘其势耳。彼势之附乎物而生，犹影响也。本乎徐者其势缓，故人得以晓也；本乎疾者其势遽，故难得以晓也。彼江、海之覆，犹伊、淄之覆也。势有疾徐，故有不晓耳。"他在回答那些对并排航行的船，风势和水势都完全一样，而有的沉没，有的不沉没，不是老天，是什么东西造成的时，他认为，水和船是两种物体，物体的结合，其中一定有它自己的规律。由于这种规律的存在，然后就显现出它发展的必然趋势。如果一条船沉没而一条船安然无恙，都恰好符合它们的规律，顺着它们发展的必然趋势罢了。他说规律是依附物体而产生的必然趋势，就像形体和影子、声音和回响的关系一样。在平缓的状况下，它所显现的必然趋势比较慢，所以人们能够理解，在快速的状况下，它所显现的必然趋势就很急，因此就难于理解。那些在江、海上的翻船，和在伊、淄上的翻船的道理一样，不同之处只是显现翻船的趋势快慢罢了。

刘禹锡相信万物都是循规律运行的。在回答那些"天果以有形而不能逃乎数，彼无形者，子安所寓其数邪？"即对于无形体与有形体能不能遵循规律之疑时，刘禹锡说："若所谓无形者，非空乎？空者，形之希微者也。为体也不妨乎物，而为用也恒资乎有，必依于物而后形焉。今为室庐，而高厚之形藏乎内也；为器用，而规矩之形起乎内也。音之作也有大小，而响不能逾；表之立也有曲直，而影不能逾。非空之数欤？夫目之视，非能有光也，必因乎日月火炎而后光存焉。所谓晦而幽者，目有所不能烛耳。彼狸、狌、犬、鼠之目，庸谓晦为幽邪？吾故曰：以目而视，得形之粗者也；以智而视，得形之微者也。焉有天地之内有无形者耶？古所谓无形，盖无常形耳，必因物而后见耳。乌能逃乎数耶？"他认为空间的东西是无形的，它的形质是听不见摸不着的。但是它作为一种物体，并不妨碍其他物体的存在。空间的作用，总是凭借着具体事物表现出来的，并且一定要依附其他物体然后才能显出自已的形质。比如现在要修建房屋，而高和厚的空间形质就已经包含在里面了。再比如想要制造器具，而方和圆的空间形质就出现在里面了。声音发作有大有小，但回响不能超越它，表尺的树立有曲有直，但影子不能超越它。如此类似则是空间的规律。比如眼睛看东西，并不是眼睛能发光，一定要依靠日、月、火焰，然后才有光亮。又比如黑夜昏暗，就是人的眼睛看不到东西罢了。犹如那些猫、黄鼠狼、狗、老鼠等动物，它们也不会认为黑夜是昏暗的。最后他认为，用眼睛去看，只能看到物形粗大的东西，用理智去观察，就能察觉到物形细微的东西。天地间哪有无形的东西，古人所谓无形，大概是说它没有固定形状，一定要依靠其他物体才能显示出来罢了。这些事物始终还是不能逃脱规律的约束的。

《天论》下，文章发端于“古之言天之历象，有宣夜、浑天、《周髀》之书；言天之高远卓诡，有邹子。今子之言，有自乎?”之问。对此他回答说：“吾非斯人之徒也。大凡入乎数者，由小而推大必合，由人而推天亦合。以理揆之，万物一贯也。今夫人之有颜、目、耳、鼻、齿、毛、颐、口，百骸之粹美者也。然而其本在夫肾、肠、心、腹；天之有三光悬寓，万象之神明者也。然而其本在乎山川五行。”刘禹锡就有人问他的言论有没有出处的问题他并没有直接回答，而是睿智地切入主题。他说凡是纳入规律性的东西，由小的推理大的，一定符合。由人推理天，也会符合。用事理来度量，万物是一致的。比如现在的人，有额头、眼睛、耳朵、鼻子、牙齿、毛发、腮颊、嘴巴，这些都是人体中最精美的生理组织，但其根本在于肾、肠、心、腹。正如天有日、月、星空，这是所有自然现象中最神秘最光辉的，但其根本在于地上的山川五行。

接着他继续陈述曰：“浊为清母，重为轻始。两位既仪，还相为庸。嘘为雨露，噫为雷风。乘气而生，群分汇从。植类曰生，动类曰虫。倮虫之长，为知最大，能执人理，与天交胜，用天之利，立人之纪。纪纲或坏，复归其始。尧、舜之书，首曰‘稽古’，不曰稽天；幽、厉之诗，首曰‘上帝’，不言人事。在舜之庭，元凯举焉，曰‘舜用之’，不曰天授；在殷高宗，袭乱而兴，心知说贤，乃曰‘帝赉’。尧民之余，难以神诬；商俗以讹，引天而驱。由是而言，天预人乎?”

刘禹锡以形象的语言娓娓地道出，地是天的母亲，有地后才有天。天地的位置定了，又转而互相为用，嘘气为雨露，噎气成风雷。凭借大气运动而生万物，从而分群合类，植物叫生物，动物叫虫类，人类最有智慧，能够拿着人订的法制去和天争胜，利用天的功能，建立人类社会秩序，制度有时坏了，再从头新建。于是刘禹锡进一步说明道，尧舜时的书，首先说的是考查古史，不说考查老天；坏君主周幽王、周厉王时的诗，首先就说上帝，不谈人事。在舜的朝廷，八元、八凯都被提拔做官，只说是舜用了他们，不说是天给的；殷高宗继承乱世而当君主，自己知道傅说有才德，反而假说傅说是上帝赐给他的好宰相。舜时的人民是尧时的遗民，因此就难于用神来欺骗；商朝的风俗迷信鬼神，因此殷高宗就引用老天来奴役人民。最后他认为这些情况其实都不是因为天要干涉人事而造成的。

总之，刘禹锡的《天论》，在迎接韩愈挑起的关于“天之说”的论战中，以“极其辩”的理论勇气，以“尽天人之际”的理论深度，从哲学的意义上划清天道观上“自然之说”与“阴骘之说”的根本界限，对从董仲舒到韩愈的一切有神论思想，其中包括玄学和佛学的基本论点进行了理论清理，提出了许多带有创见性的哲学观点，从而把我国古代唯物论思想推进到一个新的高峰。

（钱森）

# 33. 新文学体裁变文的出现

变文是一种与佛经传播活动相关的文体。佛家常以讲经的方式传播佛经，讲经有面对僧侣内部的，叫僧讲；也有面对僧侣以外民间信徒的，叫俗讲。日本沙门圆珍对此曾有记载："言讲者，唐土两讲：一俗讲。即年三月就缘修之，只会男女，劝之输物，充造寺资，故言俗讲。(僧不集也云云)二僧讲。安居月传法讲是(不集俗人类，若集之，僧被官责)。"(《佛说观普贤菩萨行法经记》，《大正藏》卷五六)圆珍曾于大中年间随商船入唐，经福、温、台、越各州，历访诸寺，其记载应该是可信的。从事俗讲活动的僧人，称俗讲僧。唐段成式《寺塔记上》说："佛殿内槽东壁维摩变，舍利弗角而转睐。元和末俗讲僧文淑装之，笔迹尽矣。"(《酉阳杂俎续集》卷五)其实，俗讲僧并不一定在寺内进行。僖宗时期唐求的《送僧讲罢归山》诗云："休将如意辩真空，吹尽天花任晓风。共看玉蟾三皎洁，独悬金锡一玲珑。岩间松桂秋烟白，江上楼台晚日红。依旧曹溪念经处，野泉声在草堂东。"(《全唐诗》卷七二四)此僧是"讲罢归山"，讲经活动显然是在寺外进行的。

变文就是俗讲底本的一种。至于变文之"变"是何含义，研究者的分歧很大：或认为是梵文 citra(图画)、parinama(回向、转向、施向)、mandala(中心与周边)的转译，或认为是佛家"因缘变"一语的缩略，或认为意指"神通变化"，或认为是"变更""转变"之义，至于转变的对象，则又有把散文"变"成韵散合体之文、把口头语言变成书面文字、把书面故事的口述化、把一种文体(如佛经、历史)变成另一种文体(韵散合体之文)、佛经原典变成通俗经文等诸多不同。

由于诸家义界不一，所以对传世变文篇目的统计出入很大，少到三十多篇，多至数千篇。近人王重民的《敦煌变文集》将 187 个写本校定为 78 种。潘重规《敦煌变文集新书》又对王本作了重新校订，并新增 8 篇，共计 86 篇。黄征、张涌泉的《敦煌变文校注》篇数与潘本相同，但篇目有别。稍晚又有周绍良、张涌泉、黄征《敦煌变文讲经文因缘辑校》，包括讲经文亦仅 68 篇。这些是我们现在看到的最集中的材料。不过，即便是这几种书，其中不少篇目也还有人认为不是变文。这个问题的难度在于，现存的敦煌文献资料分散于世界各地，现在虽然已有《敦煌宝藏》《国家图书馆藏敦煌遗书》《法藏敦煌文献》《俄藏敦煌文献》《英藏敦煌文献》等大型材料问世，但仍旧难窥全豹。另一方面，变文早在唐末已开始衰微，到宋代就已绝迹，无论是唐代还是宋代，对变文、变文说唱背景和过程等，都缺乏直接明确的记载。直到近代敦煌莫高窟的发现，人们才知道历史上曾有这样一种文体。所以现在要想取得多数人公认意见，恐怕是办不到的。我们以为，变文是俗讲的底本，但不包括俗讲中专讲经义的那一部分，它具有故事性，是说唱一体的，它源于讲经，又不局限于讲经。梁释慧皎《高僧传·唱导论》说："如为出家五众，则须切语无常，苦陈忏悔；若为君至长者，则须兼引俗典，绮综成辞；若为悠悠凡庶，则须指事造形，直谈闻见；若为山民野处，则须近局言辞，陈斥罪同。凡此变态，与事而兴，可谓知时众，又能善说。"这说明讲经、唱导都有因事、因人、因时而"变态"的趋向，变文则将这种“变态”发挥到了极致。所以我们甚至还看到不少变文(如《伍子胥变文》)，与佛经完全没有关系。

从表达上看，变文主要包括说、唱两种成分，说为主，唱为辅，以韵文唱。散文语体多为浅近的文言，唱词多为七言，也有六言、五言、四言或杂言。说唱时往往还要配以画卷，如《大目乾连冥间救母变文并图一卷并序》，篇题即显示出另有图画。今传《降魔变文》不仅有文，而且还有插图。晚唐吉师老的《看蜀女转昭君变》一诗对说唱情景有所描绘：“妖姬未著石榴裙，自道家连锦水濆。檀口解知千载事，清词堪叹九秋文。翠眉颦处楚边月，画卷开时塞外云。说尽绮罗当日恨，昭君传意向文君。”这表明当时也是配以画卷表演的，并且表演者并不一定限于僧尼。

从题材来源分析，变文主要有三类。第一类是说经性变文，大抵取经文中故事性、趣味性比较强的素材，敷衍成篇。如《八相变》《降魔变文》《破魔变文》《大目乾连冥间救母变文》《太子成道经》《悉达太子修道因缘》《频婆娑罗王后宫彩女功德意供养塔生天因缘变》等。它们与讲经文有所不同，一般不引用经文原文，不作经义诠释。如《降魔变文》，故事出自《佛说如来成道经》，叙述舍利弗与外道六师斗法，六师先后变出宝山、水牛、水池、毒龙、鬼怪、大树，舍利弗则随之变出金刚、狮子、白象、金翅鸟、毗沙天王、风神，六师六战六败，最后面带羞惭，只得依从折伏。

第二类是讲史性变文，讲述实际存在的历史人物故事，与后代的历史演义非常类似，如《伍子胥变文》《汉将王陵变》《李陵变文》《苏武李陵执别词》《王昭君变文》《张义潮变文》《张淮深变文》《唐太宗入冥记》等。《伍子胥变文》的素材主要取自《左传》《吕氏春秋》《史记》《吴越春秋》等史籍，写楚国伍子胥为报其父伍奢被楚平王滥杀之仇，历经艰险磨难，逃入吴国，借助吴王之力，得偿所愿，但自己最后还是被吴王夫差枉杀。篇中歌颂了伍子胥的顽强不屈，鞭挞了统治阶层的暴戾恣睢。同时还糅合了民间相关的传说，展开想象，将伍子胥塑造成一个精通法术的异士，使作品富有传奇色彩。所以讲史性变文所反映的内容，并不一定等同于历史，它通常要对历史素材进行某种程度的改造。

第三类是传说性变文，取民间传说演绎成篇，其人其事都是虚构而成的，如《孟姜女变文》《董永变文》等。

后两类或源于历代史籍，或源于民间传说，与佛经已基本上没有什么关系。

变文作为表演艺术早已消亡，变文文本也是失传千载以后才被重新发现的，但在历史上对中国文艺曾经产生的影响却是相当深刻的。首先，它与同时代词文、故事赋、话本等一起奠定了后代讲唱艺术的基本体制。在此以前，在艺术领域，说和唱是分离的。此后，说唱结合、韵散兼行的表现方式，经由后来的词话、诸宫调、宝卷、弹词、鼓词、参军戏等，影响到中国古典艺术的基本风貌。其次，变文的许多题材，如伍子胥、王昭君、孟姜女、董永等形象的故事，经过唐宋其他艺术形式被辗转传递，成为后代艺术创作的重要素材来源。再次，变文对中国古典小说特别是古白话小说(如历史演义、神魔小说等)，在语体风格、情节结构、创作手法等方面，都有深刻影响。总之，它已成为中国古典艺术发展中重要的一环。

(周德美)

## 34. 传奇小说的产生

“传奇”作为小说文体的名称，就现在见到的文献资料来看，可能始于唐代元稹的《传奇》。该文保存在唐代陈翰所编的《异闻集》中(宋人收入《太平广记》时改题《莺莺传》)。晚唐时期，裴铏又以《传奇》作为书名，汇录当时的文言短篇小说。此后，人们多以“传奇”称代唐人文言小说。如元末陶宗仪的《南村辍耕录》说：“稗官废而传奇作，传奇作而戏曲继。”不过，传奇的含义比较复杂，不但有人用它指称宋以后的文言小说，而且也用它来指称某些讲唱艺术形式，特别是明以后，常用它指称南曲一类的戏剧。这里只介绍唐传奇的产生发展状况。

传奇的产生，与唐代特定社会历史条件是密切相关的。首先，唐代社会的发展、工商业的繁荣，导致市民阶层的规模迅速扩大。市民阶层来源复杂，思想成分也丰富多样，这些成为传奇重要的生活来源。也正是基于这些，所以传奇能很好适应当时人们的审美情趣，深受市民欢迎，存在广泛的受众群，从而具有进一步发展的社会基础。其次，唐代科举制度也对传奇具有一定的刺激作用。宋代赵彦卫的《云麓漫钞》说：“唐世举人，先藉当世显人，以姓名达诸主司，然后投献所业；逾数日又投，谓之‘温卷’。如《幽怪录》《传奇》等皆是。盖此等文备众体，可见史才、诗笔、议论。至进士，则所以诗贽。今有唐诗数百种行于世者是也。”举子意欲取得功名，仅凭一份试卷，自然不踏实。结交显贵，呈献能反映实际水平的诗文创作，可以给考官留下深刻印象，从而对评卷施加有利影响，这就是所谓行卷、温卷。这种风气，促使文人投入相当的精力从事包括传奇在内的诗文创作，有利于创作质量的提高。此外，唐代宗教相当活跃。佛道思想、神鬼传说盛行于世，这些也是传奇的重要素材来源。

传奇的产生，最为关键的还是具有文学上的特定基础与渊源。唐代古文成就辉煌，特别是唐代古文运动，营造了一种崇尚古文的文化氛围，同时在语言、章法等方面积累了丰富的经验。传奇作为文言语体的叙事文学骤放光芒，从中所接受的诱导、所吸纳的营养，是有目共睹的。其他如唐代的说话、变文等新兴文学样式，也是传奇所取资的对象。与此同时，传奇以“奇”为特征，从这方面看，正如鲁迅先生所说，“传奇者流，源盖出于志怪”(《中国小说史略》)，因为志怪以“怪”为追求。搜奇与志怪，都以特异作为审美取向，其间自然存在千丝万缕的联系。当然，在这一点上，传奇还是有因有革的，传奇之奇与志怪之怪还是有着根本差别。六朝志怪小说神鬼意识相当浓厚，唐传奇虽然也有仙道思想，但已大为淡化，且多为情节而设，艺术价值更高。此外，唐传奇中大量内容直接反映社会现实生活，描摹世态人情，这是志怪小说所不具备的。不过，说传奇源出志怪，只是就其直接源头而言的。实际上，传奇的发轫，与魏晋志人小说、汉代纪传文，甚至先秦寓言、史前的神话都有密切关系。

唐传奇的数量相当丰富。程毅中《古小说简目》考录唐代小说(包括单篇与专书)达 179 种之多，除《刊误》《事始》《续事始》《采茶录》《茶经》等少数篇目外，其他都在传奇之列。现存古籍中，保存唐传奇最多的是宋代的《太平广记》。近人鲁迅辑《唐宋传奇集》收45篇，汪辟疆《唐人小说》收68篇；今人石海阳等编的《唐宋传奇》唐代121篇。由此可见当时创作的繁荣。

当然，传奇的成熟存在一个过程，总体来说可分为早、中、晚三个时期。早期在初盛唐之间，处于六朝小说向传奇过渡、传奇体初步形成阶段。主要作品包括王度《古镜记》、无名氏《补江总白猿传》、张鷟《游仙窟》等单篇以及张鷟《朝野佥载》、牛肃《纪闻》、唐临《冥报记》、张荐《灵怪集》、戴孚《广异记》等文集的部分篇目。这些作品，大多"犹有六朝志怪余风，而大增华艳"。(鲁迅《唐宋传奇集序例》)就是说，在语体风格方面，已为传奇奠定了基础。此外，笔触也比较细腻，篇幅体制大有扩展。其中，《古镜记》是现存最早的一篇。它以一面能使"百邪远人"的古镜为线索，贯串12段各自独立的故事，情节结构的安排远较六朝小说严密。其辞采华茂，"下开有唐藻丽之新体"(汪辟疆《唐人小说》)，在早期作品中具有独到价值。无名氏的《补江总白猿传》叙述梁将欧阳纥的妻子被白猿掳到山洞怀孕生子的故事。这篇小说向来被认为是嘲谑唐代名人欧阳询的。宋人陈振孙《直斋书录解题》说："欧阳纥者，询之父也。询貌类猕猿，盖常与长孙无忌互相嘲谑矣。此传遂因其嘲广之，以实其事，托言江总，必无名子所为也。"虽然首开含沙射影之恶例，但在形式上还是别具艺术价值。篇中以失妻为虚、以寻妻为实，草蛇灰线，虚实相生，颇有曲径通幽之旨趣。《游仙窟》以第一人称手法，叙述奉使河源途中投宿"神仙窟"与女仙饮酒赋诗、狎玩交接的故事。作品情节亦真亦幻，语体上骈散兼行、雅俗杂陈，书信、诗歌、酒令、谚语等熔铸一炉，"神仙窟"与"文章窟"耦合为一，最能代表这一时期传奇作品的艺术特色。

传奇发展的中期大致对应于中唐代宗到宣宗之间，这是唐传奇的全盛时期。其作家队伍迅速壮大，既有专力从事传奇创作的作者，像李公佐、沈亚之等，也有大批诗文名家兼顾传奇创作，如韩愈、柳宗元、元稹、白居易、白行简、陈鸿、李绅等。作品的数量、质量也有飞跃性的发展。这些作品，更切近现实生活，涉及婚姻爱情、科举功名、帝王将相、豪侠梦幻、神仙灵异等诸多方面，已经完全脱离六朝志怪、志人小说的窠臼，能够自觉地借鉴诗文辞赋中那些有助于传奇表现的艺术手法，如写意、状物、铺垫、伏笔、悬念、对比、巧合等，形成独特的艺术风貌。代表性的作品有《毛颖传》《河间传》《枕中记》《南柯太守传》等。沈既济《枕中记》写的是邯郸旅馆的一个醉心名利、牢骚满腹的书生借道士的青瓷枕入睡，做着娶名媛、中进士、拜将相的美梦，可梦醒时分旅馆老板黄粱米饭尚未蒸熟，于是看破红尘，遁入空门。这就是后代尽人皆知的"黄粱美梦"的故事。这篇作品既有虚幻的一面，又有写实的一面，其间以"枕"为线索，使虚实转换天衣无缝。李公佐的《南柯太守传》写法上与此类似，但情节更复杂，成就更高。实际上，这一阶段，以爱情题材的传奇作品成就最高，像《莺莺传》《李娃传》《长恨歌传》《任氏传》《谢小娥传》《柳毅传》《离魂记》《霍小玉传》都是脍炙人口的经典名篇。陈玄祐的《离魂记》写张倩娘冲破阻隔，灵魂出窍，追求爱情自由。其构思巧妙，情节波谲云诡，细节传神，引人入胜。

时至晚唐，藩镇割据，社会动荡，传奇创作也由盛而衰，题材不及中期丰富，以逸闻、侠义为主；创作手法也偏向写实，情节内容有日趋琐碎的趋向，因而逐渐失去传奇固有浪漫风采。值得注意的是，这一时期出现不少传奇专集，如薛用弱《集异记》、牛僧孺《玄怪录》、李复言《续玄怪录》、李玫《纂异记》、张读《宣室志》、裴铏《传奇》、袁郊《甘泽谣》和皇甫枚《三水小牍》等。

唐传奇在文学史上具有十分独特的地位。鲁迅指出："小说亦如诗，至唐代而一变，虽尚不离于搜奇记逸，然叙述宛转，文辞华艳，与六朝之粗陈梗概者较，演进之迹甚明，而尤显者乃在是时则始有意为小说。"这里，鲁迅概括出传奇四个方面的特点：其一，题材上"搜奇记逸"；其二，情节上曲折"宛转"；其三，语言上“文辞华艳”；其四，文体意识上具有主动性与自觉性。这样，作为文学创作的小说，正是通过唐代传奇告别六朝志怪、志人小说那种幼年时代，走向了成熟。唐传奇对后代文学影响至为深刻。一方面传奇作为一种文学样式，一直被继承下来，佳作迭出。直到清代，还出现像《聊斋志异》这样杰出的传奇集。另一方面，白话小说、戏曲、诗词歌赋等其他艺术样式，也从唐传奇中广泛吸取营养。比如明代汤显祖的传世杰作——“临川四梦”，无一不是取材于唐传奇。《紫钗记》源于《霍小玉传》、《牡丹亭》源于《离魂记》、《南柯记》源于《南柯太守传》、《邯郸记》源于《枕中记》。直到今天，它仍然具有无可替代的艺术魅力。

（周德美）

# 35. 颜真卿与柳公权的书法艺术

中国楷书发展到唐代达到了顶峰阶段，其成就以颜真卿和柳公权为最高，后世并称为颜柳。颜真卿的书法筋力丰满，气派雍容堂正；柳公权的书法则偏重骨力劲健，所以又有“颜筋柳骨”的称谓。

颜真卿(709—785年)是一位极富革新精神的大书法家，字清臣，京兆万年(今陕西西安)人，祖籍为琅琊临沂(今山东省临沂市)。他出身名门，是唐代著名学者颜师古的五世孙。唐玄宗开元年间颜真卿考中进士，登甲科，被任命为监察御史，迁殿中侍御史。他为人刚正不阿，为权相杨国忠所排斥，出任平原太守。安史之乱爆发后，颜真卿在平原联合堂兄常山太守颜杲卿奋起抵抗叛军，河北一带十七郡纷纷响应，其被推为盟主。后来，颜杲卿和其子颜季明被安禄山杀害，颜真卿怀着悲愤的心情写成著名的《祭侄季明文稿》。唐肃宗时，官至凤翔授宪部尚书，迁御史大夫。唐代宗时封鲁郡公，因此后世又称他为颜鲁公。由于颜真卿敢于直言谏诤，德宗时遭到宰相虞杞的妒恶。当淮西节度使李希烈叛乱时，虞杞便奏请朝廷派遣颜真卿前去劝降。虽不断遭到李希烈的威逼，但颜真卿始终不屈，并叱责李希烈，被杀害于狱中。

颜真卿自幼勤奋好学，具有文学才能，他的书法受家庭和外祖家殷氏的影响，同时得到草书名家张旭的指导，他又广泛地向历代书法名家如蔡邕、王羲之、王献之、褚遂良等汲取营养，经过融会贯通，创造了出类拔萃、雄伟刚劲、大气磅礴的独特风格，被称为颜体，成为代表有唐一代的大书法家。史学家范文澜在《中国通史简编》中称赞：“盛唐的颜真卿，才是唐朝新书体的创造者。”他的书法在中国书法发展史上起了承前启后的作用，对后世书法影响极大。

颜真卿的楷书具有庄严雄伟的气派，他用笔横轻竖重，笔力雄强而有厚度；在结构上方正茂密，方中呈圆。竖笔向中略呈弧度，刚中有柔，富有弹性感，兼以笔画重，力足中锋，更增加他那气势宏大、圆润浑厚的美感。

颜真卿的行草书具有既凝练浑厚，又有纵横跌宕的特色。他用笔气势充沛，巧妙自然，并有篆籀气息，但他的行草书仍不失魏、晋的准绳。颜真卿兼擅书法理论，流传有《述张长史笔法十二意》。

传世颜真卿的书法作品比较多，据说有138种。楷书有《多宝塔碑》《麻姑仙坛记》等，都是极具个性的书体，如“荆卿按剑，樊哙拥盾，金刚瞋目，力士挥拳”。行草书有《祭侄季明文稿》《争座位帖》《裴将军帖》《自书告身》等，其中《祭侄季明文稿》是在极其悲愤的心情下进入的最高艺术境界，被称为“天下第二行书”。宋代书法家米芾在《书史》中评论说：“《争座位帖》有篆籀气，为颜书第一，字相连属，诡异飞动，得于意外。”

柳公权(778—865年)，京兆华原(今陕西耀县)人，字诚悬。其祖父柳正礼曾出任邠州士曹参军，其父柳子温曾任丹州刺史，其兄为唐名臣柳公绰。

公元808年(唐宪宗元和三年)，31岁的柳公权进士及第，之后在地方担任一个低级官吏。后来偶然被唐穆宗看见他的笔迹，一时叹为书法圣品，遂被朝廷召到长安，那时，柳公权已四十多岁。他的为人既有骨气又一丝不苟，同样地，他的字也显露了他这部分的特质。也因为如此，提高了他在长安的声望与地位。

柳公权历仕七朝：宪宗、穆宗、敬宗、文宗、武宗、宣宗、懿宗，最后官至太子少师，故世称“柳少师”。他初学王羲之，以后遍阅近代书法，又学习颜真卿，并融汇自己新意，使他的字避免了横细竖粗的态势，而取匀衡瘦硬，追魏碑斩钉截铁势，点画爽利挺秀，骨力遒劲，结构严谨。“骨”是指字刚猛有力，气势雄强。这种力量是艺术家内心的表现，但并非剑拔弩张，而是既有力，又秀气。

唐穆宗尝问柳公权用笔之法，公权答云：“用笔在心，心正则笔正。”唐穆宗为之改容，醒悟到这是柳公权通过论说用笔之法来向他进谏。这就是所谓“笔谏”故事的来历。

由于受到帝王的赏识，柳公权的书法作品在他在世时就已极其珍贵。有一次，唐文宗和学士们联句，文宗说：“人皆苦炎热，我爱夏日长。”一时续的人很多，但文宗却偏独赏识柳公权的“熏风自南来，殿阁生余凉”，认为“词情皆足”，并命柳公权题于大殿的墙壁上。柳公权遵旨持笔，一挥而就，字体很大，约有五寸，但精美非凡，以致文宗赞叹着说：“钟(繇)王(羲之)无以尚也。”又有一次，唐宣宗叫他在御前写楷书“卫夫人传笔法于王右军”，草书“谓语助者，焉哉乎也”，行书“永禅师真草千字文得家法”等29字，令军容使西门季玄捧砚，枢密使崔巨源拿笔，写完后倍加赞赏，又赐以器物和钱币。此事传开后，大家便都争着向他求字，连外夷入贡，也都特地带了专款，并说：“此购柳书。”

柳公权的传世书迹很多，影响较为突出的有《金刚经》《玄秘塔碑》《神策军碑》等。

《金刚经》，楷书，公元824年(唐长庆四年)刻。原石毁于宋代。有甘肃敦煌石室唐拓孤本传世，一字未损，今保存于法国巴黎博物院。评论家认为楷书《金刚经》，具备了钟(繇)、王(羲之)、欧(阳询)、虞(世南)、褚(遂良)、陆(东之)各体之长，有很高的艺术价值。

《玄秘塔碑》，楷书，公元841年(唐会昌元年)立，原碑现存陕西西安碑林。此碑在传世的书迹中，最为著名，是历来影响最大的楷书范本之一。

《神策军碑》，楷书，公元843年(唐会昌三年)立。是柳公权的代表作之一，结体布局平稳匀整，左紧右舒，也是较好的临写范本。

颜真卿、柳公权同为书法史上的巨人。千百年来，他们的书魂形成了巨大的吸引力和感召力。《新唐书·颜真卿传》赞曰：“虽千五百岁，其英烈言言，如严霜烈日，可畏而仰哉!”可见，高尚的情操和气节是浇灌书艺奇葩的不竭源泉。

(张敏)

# 36. 儒佛道三家御前论辩

佛教从异域传入中国，与中国原有的儒、道为主体的思想体系不可避免地要经历痛苦的文化冲突和相互磨合融汇，一如《册府元龟·诞圣》所云，“初若矛戟森然相向，后类江河同归于海”，才能成为中华文化不可分割的部分。在这个经过冲突和磨合，最后终于“同归于善”的过程中，佛教与儒、道二教三方面思想的交锋，在学说、教义及礼仪、社会地位等各方面的论争，被称为是“三教论衡”。三教在争夺帝王的信仰与势力上常常发生冲突，帝王也需要在有强大社会影响力的三教之中选择和权衡最合乎统治者利益的方案。因而在著书立说进行文字论战之外，儒道释三家在帝王面前直接进行的对话式御前论辩，也是“三教论衡”的一种重要形式。这种御前论辩，始于北魏，一直延续到隋唐。从最初的激烈论战，到晚唐时形成一种有娱乐性的表演程序和某些庆典固定活动项目，“三家御前辩论”的历史，成为中国儒道释三家从“三教鼎立”走向“三教合流”这一历程的最好体现。

据《通鉴》卷一三三所载，471年(泰始七年)，魏献文帝好黄老浮屠，“每引朝士沙门，共谈玄理”。可见“三家御前辩论”至迟从471年就开始了。520年，魏孝明帝命沙门道士讲道于禁中，问“佛与老子同时否”。清通观道士姜斌，与融觉寺僧昙谟最，进行了辩论。姜斌引《老子开天经》说：老子西入化胡，佛充侍者，明是同时。昙谟最则说，及敬王元年老子西游，则世尊示寂已四百二十五年，相去悬远。说老子化胡是很荒谬的；还把儒家也贬低了，指出“惟佛是众圣之王，四生之首”，不用占卜就可知道一切过去未来和吉凶始终，而孔子也只是小圣，“虽晓未然之理，必藉蓍龟以通灵卦也”，也还是要依赖占卜手段的。姜斌在这次辩论中失败，被敕“论无宗旨”，驱逐下席，还要论刑，后经三藏法师菩提流支苦谏乃止，改为配徙马邑。

555年，又有齐宣帝召集佛、道两方的代表，辩论佛教与道教孰优孰劣，结果是道教失败。文宣帝就此宣布禁止道教，凡道士强迫剃度为和尚。《资治通鉴》记载：“八月……齐主还邺，以佛、道二教不同，欲去其一，集二家论难于前。遂敕道士皆剃发为沙门。有不从者，杀四人，乃奉命。于是齐境皆无道士。”后来北魏周武帝灭佛之前，又七次组织过百僚及沙门、道士讨论三教，欲以儒教为先，道教为次，佛教为后。武帝称：“儒教道教，此国常遵，佛教后来，朕意不立。”然多次论辩中，三教各执其说，决断不下。最后一次辩论，道士张宾为释智炫辩，武帝亲自升座，斥佛法“不净”，智焰说道法更为“不净”，仍不能屈。最后导致武帝下诏同时禁断佛、道二教。

唐初三教之争仍然激烈。624年，唐高祖(李渊)释奠于国学，召名儒僧道论义。陆德明代表儒家，对佛、道两家作了评判，最后归之儒理。《新唐书》记载：“时徐文远讲《孝经》，沙门惠乘讲《波若经》，道士刘进喜讲《老子》。德明难此三人，各因宗指，随端立义，众皆为之屈。”(《新唐书》卷一三九《李泌传》)高祖大喜，称赞陆德明：“三人者诚辩，然德明一举辄弊，可谓贤矣!”《旧唐书》又记载有赵州李玄植在唐高宗时，“屡被召见，与道士、沙门在御前讲说经义。玄植辩论甚美，申规讽，帝深礼之”。唐玄宗时，有九岁小儿参加论辩的记载：“玄宗开元十六年(728年)，悉诏能言佛、老、孔子者，相答难于禁中。有员淑者，九岁，升座，词辩如注射，坐人皆屈。”又有沙门道氤与道士伊谦御前对论，道氤大胜的故事：“开元十八年(730年)，于花萼楼对御(唐玄宗)，定二教优劣，氤雄论奋发，河倾海注，道士尹谦对答失次，理屈词殚，论宗乖舛。”(《宋高僧传》卷第五《唐长安青龙寺道氤传》)玄宗因此倍加赞叹，并赏赐了道氤。此外，代宗时僧人崇惠与道士史华，德宗时僧人覃延与道士葛参成及儒士徐岱，敬宗时沙门道士四百余人，文宗时僧人义休与道士杨弘元及儒者白居易等，都进行过三教问题的御前论辩。甚至以灭佛著称的唐武宗也参加过这种论辩。据《新唐书》卷一三九《唐彭州丹景山知玄传》说：“武宗御宇，初尚钦释氏，后纳蛊惑者议，望祀蓬莱山，筑高台以祈羽化。虽谏官抗疏，宰臣屡言，终不回上意。因德阳节，缁黄会麟德殿，独召玄与道门敌言‘神仙为可学不可学耶?’帝叉手付老氏中‘理大国若烹小鲜’义，共黄冠往复。玄陈：‘帝王理道，教化根本。言神仙之术，乃山林间匹夫独擅高尚之事业，而又必资宿因，非王者所宜。’辞河下倾，辩海横注，凡数千言。闻者为之股栗，大忤上旨，左右莫不色沮。”

随着论辩次数的越来越多和三教思想的日益融合，这种御前论辩不再关乎个人荣辱和一教之盛衰，逐渐从你死我活的论战转向一种程式化制度性的学术交流，转化成一套包括升论座、竖义、诘难、下座等项目在内的表演程序，甚至成为一种固定的节日庆典。陈寅恪说，三教论衡“至李唐之世，遂成固定之制度。如国家有庆典，则召三教之学士，讲论于殿庭，是其一例”。中唐以后，每以帝诞日进行三教论辩活动。《旧唐书》卷十三《德宗本纪》载：796年(贞元十二年)四月“庚辰，上降诞日，命沙门、道士加文儒官讨论三教，上大悦”。这被认为是中唐以来形成的皇帝诞日进行三教讲论的习俗的开端。据记载，晚唐懿宗仍有这样的活动。当时有高僧僧彻，任左右街僧录司(掌管僧尼的官职)，也常参加懿宗诞辰时的三教论辩，“每属(懿宗)诞辰，升麟德殿法座讲谈，敕赐紫袈裟。……以十一月十四日延庆节，麟德殿召京城僧道赴内讲论，尔日彻述皇猷，辞辩浏亮，帝深称许。而又恢张佛理，旁慑黄冠，可谓折冲异论者，当时号为‘法将’。帝悦，敕赐号曰‘净光法师’”。(《宋高僧传·唐京兆大安国寺僧彻传》)至907年(后梁朱温开平元年)，才停止了这种习俗，“罢释道二教诞日御前辩论”。但后唐明宗在天成元年(926年)，又最后组织了一次这种活动，“诞日命僧录云辩与道士入内殿谈论”。

《白居易集》卷六十八有一篇《三教论衡》，就记叙了这样一次御前论辩活动。开头就说：“大和元年(827年)十月，皇帝降诞日，奉敕召入麟德殿内道场，对御三教谈论。略录大端，不可具载。”并记录了三个参加者：“第一座秘书监赐紫金鱼袋白居易。安国寺赐紫引驾沙门义林。太清宫赐紫道士杨弘元。”从这篇宝贵的记录中，我们可以看到当时的御前论辩，已有相当成熟的流程和模式，先有“赞扬演说，以启谈端”，然后三个参与者依次“问”“难”“对”，仪规结束时，又“承前旧例”专门有“退”的环节：“臣伏准三殿谈论，承前旧例，朝臣因对敭之次，多自叙才能，及平生志业。臣素无志业，又乏才能，恐烦圣聪，不敢自叙。谨退。”这说明此时的三教论辩已成为一个固定程序，所以陈寅恪说是“一种应制之公式文字耳”：“《白氏长庆集》伍玖有《三教论衡》一篇，其文乃预设问难对答之言，颇如戏词曲本之比。又其所解释之语，大抵敷衍《格义》之说，篇末自谓‘三教谈论，承前旧例。’然则此文不过当时一种应制之公式文字耳。故不足以推见乐天之思想也。”(陈寅恪《元白诗笺证稿·附论·〔丙〕白乐天之思想行为与佛道之关系》)在这样的辩论中，白居易所得出的观点只能是“夫儒门、释教，虽名数则有异同，约义立宗，彼此亦无差别。所谓‘同出而异名，殊途而同归’者也”。

至中晚唐的三教论辩，不仅流为形式，又甚至流于游戏，成为娱乐了。因此一些参加过殿前三教讲论并获赐此殊荣的高僧，同时也是在唐代市井面对普通众生的佛教俗讲的高手。日本僧人圆仁《入唐求法巡礼行记》中记有当时俗讲的状况："保寿寺令左街僧录三教讲论赐紫引驾大德体虚法师讲《法华经》，菩提寺令招福寺内供奉三教讲论大德齐高法师讲《涅槃经》……会昌寺令由供奉三教讲论赐紫引驾起居文溆法师讲《法华经》。城中俗讲，此法师为第一。"晚唐的懿宗于其诞日举行三家论辩，索性"缁黄讲论毕，次及倡优为戏"。名伶李可及还曾在懿宗皇帝面前上演了一个恶搞"三教论衡"的经典段落：

"可及乃褒衣博带，摄齐以升高座，称'三教论衡'。偶坐者问曰：'既言博通三教，释伽如来是何人？'对曰：'妇人。'问者惊曰：'何也？'对曰：'《金刚经》云：'敷坐而坐。'若非妇人，何待'夫坐'而后'儿坐'耶？'上为之启齿。又曰：'太上老君何人？'曰：'亦妇人也。'闻者益所不喻，乃曰：'《道德经》云：'吾有大患，为吾有身，及吾无身，吾复何患！'倘非妇人，何患于'有身'乎？'上大悦。又问曰：'文宣王何人也？'对曰：'妇人也。'问者曰：'何以知之？''《论语》曰：'沽之哉，沽之哉，吾待贾者也。'向非妇人，'待嫁(伟按：嫁亦音古)'奚为？'上意极欢，赐予颇厚。"(高彦休《唐阙史》)

在诸次御前论辩中，道教因理论不发达，经籍简陋，多生穿凿，且多有模仿抄袭释氏处，多次处于下风，即使几次有帝王撑腰也不行。周武帝时张宾为智炫辩败是一例。唐中宗代武周正位，欲削减武则天倚重的释氏势力，重新改为支持道教，于是诏僧道定夺《化胡成佛经》真伪："时盛集内殿，百官侍听。诸高位龙象，抗御黄冠，翻覆未安。"此时释法明说："老子化胡成佛，老子为作汉语化？为作胡语化？若汉语化胡，胡即不解；若胡语化，此经到此土，便须翻译。未审此经是何年月，何朝代，何人诵胡语，何人笔受？"道士无法对答，以至中宗不得不下令废止《化胡成佛经》："其年九月十四日，下敕曰：'仰所在官吏废此伪经，刻石于洛京白马寺，以示将来。'"然而，三教论衡的总方向，毕竟仍是三教合流，而非一教压倒一教。经过数百年间的三家御前论辩，至晚唐成为一种游戏和娱乐的时候，也就是终于"三教圆融"的时候。

（卢文芸）

# 37. 僧一行发起天文测量，修订《大衍历》

僧一行，原籍魏州昌乐县(依“旧唐书”卷一百九十一之说，当今河南省南乐县境，“宋高僧传”作钜鹿)，唐代著名天文学家，也是唐代密宗高僧。原名张遂，是唐初功臣张公谨的后裔。

一行生于683年(唐高宗弘道元年)，天资聪敏，博览经史，20岁左右时，已精于历象阴阳五行之学，很有声誉。武三思欲与之相交。他鄙薄武三思的为人，隐于嵩山，拜普寂为师，出家为僧。出家之后，游历诸方，研究律藏和历数算法。《高僧传》中说，他曾到浙江天台山国清寺从一位隐名的大德高僧学习算术。

717年，唐玄宗请一行入朝，协助善无畏翻译《大毗卢遮那成佛神变加持经》(即密宗最主要经典《大日经》)。开元九年，太史频奏历法不准确，宰相张说向唐玄宗推荐说一行精诸家历法，唐玄宗遂命他考前代诸家历法，主持改撰新历。一行提出，要改正历法，必须要先进行天文测量：“玄宗开元九年，太史频奏日蚀不效，诏沙门一行改造新历。一行奏云：今欲创历立元，须知黄道进退，请太史令测候星度。”(《旧唐书·天文志》)因此从724年起，一行组织了规模宏大的天文测量活动。依据这些测量和研究，一行编写了《开元大衍历》《七政长历》《易论》《心机算术》《宿曜仪轨》《七曜星辰别行法》《北斗七星护摩法》等著作，获得了很多开创性的科学成果。为了纪念一行，人们将小行星1972号命名为“一行小行星”。

天文测量，首先需要天文台和天文仪器。723年，一行和太史监南宫说仿周公旧制所建的“周公测景台”，也建造了测景台，用以求地中，观日影，计算四时季节。可惜的是一行所建的“观星台”今已不存。一行在天文仪器的设计和制造方面也达到了当时世界上的最高水平。他和梁令瓒合作，造出了观测天象的“浑天铜仪”和“黄道游仪”，据此还第一次提出了月亮比太阳离地球近的论点。浑天仪又称浑仪，是我国古代重要的天文仪器，原来张衡造过，用漏水来转动，但后来就失传了。僧一行重新造出浑天铜仪，比张衡的更加精密，“铸铜为圆天之象，上具列宿赤道及周天度数。注水激轮，令其自转，一日一夜，天转一周。又别置二轮络在天外，缀以日月，令得运行。每天西转一匝，日东行一度，月行十三度十九分度之七，凡二十九转有余而日月会，三百六十五转而日行匝。仍置木柜以为地平，令仪半在地下，晦明朔望，迟速有准。又立二木人于地平之上，前置钟鼓以候辰刻，每一刻自动击鼓，每辰则自动撞钟。皆于柜中各施轮轴，钩键交错，关锁相持。既与天道合同，当时共称其妙。铸成，命之曰水运浑天俯视图，置于武成殿前以示百僚”。(《旧唐书·天文志》)不仅上画星宿，水力运转，以与天象相符，还装了两个木人报时，这已经接近于近代的钟表，是世界上最早的一座自动计时器，比西方自鸣钟的出现早了六百多年。“黄道游仪”的用处，则是观测天象时可以直接测量出日、月、星辰在轨道的坐标位置，考察它们的运行规律。

通过这两个仪器，一行发现了很多天文学现象。比如一行发现太阳公转速度是变化的：“日南至(冬至)其行最急，急而渐损，至春分及中而后迟。适日北至(夏至)其行最舒，而渐益之，以至秋分又及中，而后益急。”就是说，地球在近日点运行最速，在远日点最缓。一行又发现恒星也是运动的，不但星宿在赤道上的位置和离极度数，由于岁差的缘故和古代已不同，就是在黄道上的位置也在变移。这种现象现在称作的恒星本动现象，在西方国家由18世纪初英国的哈雷发现，比一行晚了近十个世纪，也就是近1000年的时间。这个发现深得唐玄宗的嘉许，亲为黄道游仪制铭。

一行还进行了中国历史上第一次大规模的天文实地测量，在南起林邑(今越南中部)，北方达到铁勒(今苏联贝加尔湖附近)其间共设立十三个观测点，测量内容有各测点二分二至时正午日影长度，各测点的北极高度，以便确定南北昼夜的长短、各地日食的食分等。这项工作由太史监南宫说主持，在全国十二个观测点分派观测人员。在观测之前，由一行亲自校正他们带去的标杆长度，教给他们测量日影和测量当地纬度的方法。一行亲自领导了在河南的测量，在河南的滑州白马(滑县)、汴州太岳台(开封市)、许州扶沟(扶沟县)、豫州上蔡武津馆(上蔡县)等四地测量了夏至正午日影长度和北极高度，又用绳子丈量了它们之间的距离，经推算，从白马到上蔡有526.9里，日影长相差2.1寸，纠正了隋唐以来沿袭《周髀》里的“日影千里差一寸”的错误。经过测量，得出北极星高度相差一度(也就是纬度高一度)，南北距离就相差351里80步(合现代131.3公里)的结论，这个数据就是地球子午线一度的弧长。这和现代子午线一度弧长110.6公里的测量结果，仅差20.7公里。这是世界上最早的子午线一度弧长的测量，比公元814年回教王阿尔马蒙的实测子午线要早九十年。《新唐书·天文志》说，一行又发明了覆矩图，以丹穴为南界，幽都为北界，极地高度每变化一度，就用覆矩图表示出相应的变化，注明它的差数，可用以确定日蚀的偏全和昼夜的长短。覆矩图的发明，促进了唐代地图绘制水平的发展，对唐代军事的进步也起到了促进作用。

根据实地测量的结果，僧一行从725年开始编订历法，727年，编成《大衍历》初稿。一行圆寂后，张说将他的《长历》三卷、《历议》十卷、《立成法》十二卷、《天竺九执历》一卷、《古今历书》二十四卷、《略例奏章》一卷，合并为《开元大衍历》，729年起颁行，施行了79年。这部新历法结构严谨，演算精密，比当时流传的大明历(祖冲之撰)、皇极历(刘焯撰)、麟德历(李淳风撰)、印度传入的九执历都更精确，是当时最好的一部历法，还对日本、印度的历法产生过重大影响。在明末引进西方方法编历之前，历代修历都仿效大衍历的结构。正如《新唐书·历志》说：“自太初(汉武帝)至麟德(唐高宗)，历有二十三家，与天虽近而未密也；至一行，密矣。其倚数立法，固无以易也；后世虽有改作者，皆依仿而已。”

《大衍历》共分七篇，包括平朔望和平气、七十二侯、太阳和月球每天的位置与运动、每天见到的星象和昼夜时刻、日食及月食和五大行星，形成了完整的历法体系。《大衍历》有很多创新，也纠正了前代历法中的许多错误。在日食的计算上，《大衍历》首次考虑到全国不同地点的见食情况。《大衍历》纠正了过去历法中把全年平均分为二十四节气的做法，用圭表测量日影于同一时间在各地投影的差数(即所谓“影差”)，以计算太阳距离赤道南北远近的方法，重新制定了节气：“初(李)淳风造历，定二十四气中晷，与祖冲之短长颇异，然未知其孰是。及一行作‘大衍历’，诏太史(按即太史监南宫说、太史官大相元太等)测天下之晷，求其土中，以为定数。”(《新唐书·天文志》)因为节气不均匀，一行发明了不等间距二次差内插公式，用以计算太阳的不均匀运动。阿拉伯人在11世纪、欧洲人在17世纪才使用二次内插法，733年，大衍历的二次内插法公式传入日本。直到明代《大统历》都用内插法计算。这是我国历法上的一次重大改革。二次内插法无论在天文学史上还是数学史上都是极为重要的。

一行在《大衍历》的制定中，还产生了其他的很多数学成就，例如三次差分、等差级数求和、二次方程求根公式等。值得一提的是一行在编制《大衍历》中，按照《大衍历》的构造方法，一行给出了太阳的天顶距从 0 到 80 度时，每一度上相应之 8 尺圭表的影长。有人发现，后来的《宣明历》(822 年)中的二十四节气晷影表，完全是利用一行的这个每度晷影差分表构造的。因而有学者认为，一行的晷影差分表对唐代的测量方法与理论产生了很大的影响。它表明中国古代的数理天文学家们，开始有意识地运用间接的工具取代直接的观测，导致其制历的手段与方法产生了很大的变化，使得中国传统的数理天文学更具理论化的色彩。

一行一生勤谨，“吐血忘倦”，以至积劳成疾，英年早逝，727 年圆寂时，年仅 45 岁。唐玄宗一向敬重一行，礼为国师，所以一行圆寂后，下旨辍朝三日，停龛三七，并赐谥曰大慧禅师，还“为一行制碑文，亲书于石，出内库钱五十万为起塔于铜人之原”。第二年，唐玄宗路过其一行塔前，又“驻骑徘徊，令品官就塔以告其出豫之意。更赐绢五十匹以莳塔前松柏焉”。

一行是天文学家，也是密宗大师，曾就善无畏学习密教，又遇金刚智，受秘密灌顶。他参与译《大日经》，撰有《大日经疏》及一些密教仪轨，并以大乘佛教世出世间不二的入世精神，使密宗教理合理化，对于中国密宗的发展有重大贡献。一行在天文学事业上的努力和成果，就是他入世精神的最好体现。

(卢文芸)

# 38. 玄奘西竺求学讲学，著《大唐西域记》

随着《西游记》故事的广泛流传，西天取经的传说人们早已耳熟能详，唐僧也早已成了家喻户晓的人物。唐僧的原型，就是我国唐代著名的翻译家、旅行家、三藏高僧——玄奘法师。

玄奘俗姓陈，名祎，玄奘是其出家后的法名，门人多尊其为“三藏法师”，祖籍颍川（今河南省许昌市）。玄奘家世显赫，祖上四世为官。高祖名湛，北魏清河太守；曾祖名山，北魏征东将军、南阳郡开国公；祖父名康，北齐国子博士，转礼部侍郎。自祖父始，陈家迁居于洛州缑氏（今河南省偃师市缑氏镇），玄奘即生于此地。父名惠，隋初任陈留县令，又迁江陵县令，后辞官引退。陈惠有四子，玄奘为第四子，约生于公元602年。玄奘幼年聪慧，勤奋好学，八岁时从父亲研读《孝经》。大约十岁的时候，玄奘的母亲、父亲先后去世，当时已经出家洛阳净土寺的二哥长捷，就把年幼无依的玄奘带在身边，开始把佛教知识灌输给他。13岁时，隋大理寺卿郑善果奉命在洛阳收度少年僧人，看到玄奘器貌不凡，特地把他收度，从此玄奘正式成为一名佛门弟子。隋末失政，洛阳一带大乱，玄奘兄弟二人避乱入成都，在空慧寺学习佛经长达五年之久。后玄奘又离开成都，只身一人沿江东下，在荆州的天皇寺研究经典。半年后，北上河南、河北、山东等地，遍访各地高僧，钻研各家学说。自出家以来，玄奘且学且讲，足迹所至，已达半个中国。通过这一次的游历，在增长见闻的同时，玄奘也深深感到当时佛教不同流派之间的巨大分歧，佛教义学的混乱无序，加上由印度传来的佛教经籍不够齐全，许多疑难之处未能得到解决，各地佛教徒分头研习佛法，往往产生不同的解释，不知该如何寻求一致的答案。在法显等先贤舍身求法的精神感召下，怀抱统一全体佛法的宏愿，玄奘决意直探其源，西行问法，力图给所有佛学难题一个终极圆满的解答。

唐初国基未稳，东突厥屡屡寇边，因此西行出国是被严格禁止的，但这并不能阻挡玄奘求取真经的步伐。公元627年（贞观元年）八月，玄奘从长安出发，冒着偷越国境的危险，踏上了西行求法之路。经过秦州（治所在今甘肃天水市东）、兰州（治所在今甘肃兰州市）、凉州（治所在今甘肃武威县）而抵达瓜州（治所在今甘肃安西县）。玄奘在瓜州停留月余，冒了极大的危险，终于越过边防的警戒，走出大唐国门。而后只身穿越哈顺沙漠到伊吾（今新疆哈密地区）。公元628年初到达高昌，受到高昌国王的热情接待，在此停留月余，在二十多名高昌人马的护送下，经阿耆尼国（今焉耆），再西南行九百多里到达屈支，跋禄迦国、大石城、碎叶城、迦毕士国、屏聿（今千泉）、白水城、铁门，渡过阿姆河后到活国（昆都士）。一路之上，穿沙漠，越雪岭，忍饥受寒，九死一生，跋涉五万余里，终于在公元628年（贞观二年）秋顺利进入天竺。玄奘西行取经之路大多是荒凉偏僻的戈壁沙漠，酷热、饥渴和疲劳是家常便饭，行进途中的艰辛在《大唐西域记》中也有所记载。莫贺延碛沙漠，横亘于瓜州与伊吾之间，“长约八百余里”，“上无飞鸟，下无走兽，复无水草”。玄奘行约百余里，迷失了方向，取水饮用时，又不慎打翻水囊，本想再返回去取水，然而考虑到自己的志愿，宁可就西而死，亦绝不归东而生，于是决定继续向西北进发。沙漠之中，狂风卷沙，疾如骤雨，还有各种海市蜃楼的幻象，瞬息万变，形同鬼魅，玄奘以其无比执著的信念、坚不可摧的意志，克服恐惧，决然前行。如此经过四天五夜，终于因为缺水而晕倒在地。在濒临绝境之际，幸亏老马引路，找到一小片绿洲，得以恢复元气。又经过两天的艰难行进，才最终走出了八百里流沙。

抵达天竺之后，玄奘即四处巡礼圣迹，最后被迎入其西行的目的地——摩揭陀国伽耶城的那烂陀寺。玄奘入印时，那烂陀寺已成为规模宏大、名师辈出的全印最高学府。玄奘在那烂陀寺共留学了五年，在此期间，遍览一切佛教经典和各种梵文书籍。公元636年(贞观十年)，玄奘离开了那烂陀寺，开始游历，大致路线是先至东印，转南印，折向西印，复归中印。公元640年，玄奘遍游了包括现今的印度、巴基斯坦、孟加拉等天竺五国后，回到了那烂陀寺，首座戒贤大师亲自为玄奘开讲《瑜伽论》，历时15个月之久。由于玄奘杰出的才华，戒贤大师恭请玄奘担任主持全寺的讲席。按古印度的习俗，只有精通经律的高僧才有资格获此殊荣。玄奘为全寺僧众开讲《摄大乘论》《唯识抉择论》等佛教经典，他说理透彻，论证精微，且用印度语和梵语开讲，听者踊跃，颇受广大信众的欢迎和称颂。当时有一个叫师子光的高僧，也在寺中主讲大乘佛教的重要经典《中论》和《百论》，却对"瑜伽"学说心存偏见并时有非难。实际上，佛教中的"瑜伽"和"中观"两派，殊途同归，并不相悖，只不过人们不能融会贯通，遂以为二者互相矛盾而彼此排斥。为了调和两个教派之间的矛盾，玄奘特地用梵文写了《会宗论三千颂》，戒贤大师看后大加称赞，把全文挂在寺门向外宣示。师子光看后愤然离开寺院，随后邀请来一个叫旃陀罗僧诃的东印度学者，一同到那烂陀寺，准备与玄奘一辩高低。令人意想不到的是，旃陀罗僧诃在辩论会上读了玄奘写的《会宗论三千颂》后，便一言不发地离开了寺院，玄奘名声从此更加显著。在印度历史上，论辩是人们探求真理的传统方式。玄奘就曾多次与不同派别的高僧展开辩论。有一次，一个顺世派的高僧写了40条教义，高挂在那烂陀寺的门口，宣称"若能驳倒一条，甘愿斩首认输"。一连数日，没有人敢应对顺世派高僧。为了打破尴尬僵局，玄奘毅然揭下了高挂的40条教义。他请戒贤大师等人作证，与顺世派高僧展开论辩。双方舌战数日，最后顺世派高僧沉默不语，表示认输，并请求斩首发落。而玄奘却一笑置之，对他说："和尚戒杀生，你既已服输，就做个侍从吧！"从此，这位顺世派高僧就成了玄奘的随从弟子，两人经常就佛学上的问题互相切磋，情同师友。

公元641年正月，戒日王在曲女城举行了印度佛教史上最大规模的一次论辩大会。近邻十八国的国王，三千多名僧人，婆罗门和其他教派的教徒两千多人，以及那烂陀寺的一千僧侣也参加了辩经大法会，真可谓是盛况空前。这次大会的中心人物就是大唐高僧玄奘法师。大会的第一天，玄奘被大家公推为论主，他提出的论辩主题是《破恶见论》。论题悬挂在那烂陀寺的门前，按照古印度传统的论辩要求，玄奘声明说："如果这篇论文中有一字没道理，能驳倒的话，当面斩头相谢。"可是大会持续了18天，竟然没有一个人出来反驳，大会就此宣告结束。依照规矩，凡在论辩中取胜的人，都要骑象在城中巡游一周，以示荣耀。尽管玄奘再三谦让，但戒日王坚持不改变传统的方式。于是在众僧和民众的簇拥下，玄奘骑象周游曲女城。无数的人们向玄奘焚香散花，信众们高呼"中国大师宣讲大乘佛法，没有人敢出来反驳，大家都应知道"。从此，玄奘博学多才的名声远播五大天竺国，大乘宗信徒称之为"摩诃耶那提婆"，意思是"大乘天"，小乘宗信众称之为"木叉提婆"，意思是"解脱天"。玄奘成了家喻户晓的人物，享有极高的声誉。这一年，玄奘42岁，游学印度已有15年之久。对东土故国的思念，促使他向戒日王提出了归国的请求。然而戒日王再次请求玄奘推迟回国，以便参加印度五年一次的"无遮大会"，玄奘只能默然应许。大会期间，戒日王与玄奘一同前往钵罗伽国大施场，历时七十五日，普施与会僧俗五十余万人。会后，玄奘不顾戒日王的盛情挽留，坚决辞行。据说，玄奘动身离开那烂陀寺的当天，摩揭陀国万人空巷，百姓纷纷前来话别，戒日王君臣更是相送数十里，依依不舍，洒泪而别。

公元643年春天，玄奘用大象、马匹驮着他多年来苦心收集的如来舍利、佛经、佛像和奇花异草的种子，满载印度人民的深情厚谊，踏上漫漫归途。玄奘东归并未选择西行时的老路，而是取道西印度、阿富汗、巴基斯坦，于当年年底到达活国。再由活国东北行，越葱岭、乌铩国(今莎车境)、斫句迦国(今叶城县)，再东行八百余里，于公元644年(贞观十八年)春，到达和田境内。玄奘所走的这条路线，地势相对平坦，来往商贾也较多。明智的路线选择，对玄奘携带的经卷、佛像等物品，起到了很好的保护作用。玄奘至和田后即上表唐太宗报告行程，太宗闻讯，欣喜无比，即令"可速来，与朕相见"，并请于阗等西域诸国护送玄奘东归。公元645年正月二十四日，玄奘终于回到了他阔别多年的大唐长安，前来欢迎的民众，把偌大的长安城门拥堵得水泄不通。第二天，在宏伟壮丽的朱雀大街，玄奘法师向众人展示了他历尽艰辛所带来的佛经、佛像等物，前来参观的信众队伍排了几十里路，烧香诵经者绵延不绝。不久，太宗在洛阳仪鸾殿诏见玄奘，详细询问了他周游列国的见闻，玄奘一一说明。玄奘的才干与学识深深打动了太宗，求贤若渴的太宗劝其还俗作官，但玄奘志不在此，婉言谢绝，表示决心献身于佛经翻译事业。太宗虽然无奈，但还是希望玄奘写出自己西行求法取经的见闻经历，并翻译从印度带回来的佛典共五百二十夹，六百五十七部。

公元645年春，玄奘回到了长安弘福寺，开始了大规模的佛经翻译工作。以此为起点，直至圆寂，他勤奋不懈地译经长达19年之久，为佛经翻译事业贡献了自己全部的才力。在近二十年的译经生涯中，玄奘主要入住的寺院有弘福寺、大慈恩寺、西明寺、玉华寺。其中以大慈恩寺所居时间最长，从公元648年(贞观二十二年)起，直到公元658年(显庆三年)，共达11年。在玄奘主持之下，一共翻译出梵文经典75部，1335卷，1300万字。在玄奘之前，翻译佛经往往要经过以下几种程序：首先要依着梵文的次序直译出来，然后依照汉文的习惯句法转译过来，最后再由译者进行文句的整理，加以润色。在这样的过程之中，经过颠倒和增减的译文，往往失去了原来完全的意义。而玄奘的翻译方法，较之以往有了很大的改善和提高。因为精通梵文，玄奘能够深入了解梵文原本的文意，翻译的时候，由他转述成汉语，笔录者直接记下来就行了，既方便简捷而又文理畅达，含义精准。据传玄奘不仅译梵为华，将梵典流布于中土，同时又将《老子》及印度已经失传的《大乘起信论》译为梵文，流布于西方，促成了真正意义上的文化交流。从翻译数量上来说，玄奘是中国佛教史上译经最多的一位法师，被称为中国古代四大翻译家之一。

在玄奘翻译佛经的过程中，他还口述了一部讲述自己西行求法艰难历程的游记，由他的弟子辩机记录整理，书写在光洁的白绢上，呈给大唐皇帝，这部伟大的著作就是《大唐西域记》。这里有必要介绍一下玄奘译经的得力助手——辩机。辩机本是玄奘早期的杰出弟子，通晓佛典而又很有文才。辩机原本住在长安城内的会昌寺，公元645年(贞观十九年)，玄奘开始译经时，请他前来协助撰写经文。除笔录《大唐西域记》外，辩机还曾参加过《瑜伽师地论》等其他著名佛典的翻译。由他所撰写的文辞，条理清楚，叙述简明，文词优美，有很高的文学价值。只可惜他守身不慎，和太宗之女、已嫁房玄龄之子为妻的高阳公主发生了不正当关系。后来私通事发，太宗大怒，辩机被处以腰斩极刑，死年不过三十岁。因此僧史不为其立传，生平事迹多有不详。

《大唐西域记》全书共十二卷，卷首除有一篇自序外，还有玄奘同时代人敬播和于志宁两人撰写的两篇序文。玄奘在自序中对《大唐西域记》的写作缘起有所交待："访道远游，请益之隙，存记风土……今据闻见，于是载述。"书中翔实地记录了玄奘离开大唐之后，19年的胜迹巡礼中所游历的138个国家的山川地理、历史沿革、风土风物、宗教信仰和民族风情等(这里所说的国，有些是较大的国家，如当时中亚南部的迦毕试国、印度北部的迦湿弥罗国。有些则是以一个城市作中心，连同附近的一些领地建立起来的城邦，基本上不能独立自主)。如对焉耆的描述："阿耆尼国东西六百余里，南北四百余里。国大都城周六七里，四面据山，道险易守。泉流交带，引水为田。土宜穈、黍、宿麦、香枣、葡萄、梨诸果。气序和畅，风俗质直。文字取则印度，微有增损。服饰毡褐，断发无巾。货用金钱、银钱、小铜钱。王其国人也，勇而寡谋，好自称伐。国无纲纪，法不整肃。迦蓝十余所，僧徒两千人，习学小乘教说一切有部。”仅仅一百六十多字，一个国家的地域、房屋、河流、物产、气候、风俗、文字、法纪、货币、宗教、国王品格等全部跃然纸上。又如对库车的记载：“屈支国东西千余里，南北六百余里，国大都城周十七八里。宜穈麦，有粳稻，出葡萄、石榴，多梨、枣、桃、杏。土产黄金、铜、铁、铅、锡。气序和，风俗质。文字取则印度，微有改变，管弦伎乐，特善诸国。服饰锦褐，断发巾帽。货用金钱、银钱、小铜钱。王，屈支种也，智谋寡昧，迫于强臣。其俗生子以木押头，欲其匾㔸也。伽蓝百余处，僧徒五千人，习学小乘教说一切有部。”文中对矿产、音乐，以木押头的风俗及宫廷倾轧，大权旁落的记载，为我们提供了宝贵的历史资料。除了对疆域、物产的一般记述之外，书中尤其注重对语言、文字、法纪、宗教等有关人的素质和社会文明程度的描述。自问世之后，《大唐西域记》就成了研究西域、中亚、东南亚诸多国家历史地理、民族风俗以及语言文字等的重要历史文献。著名学者季羡林先生曾说：“玄奘是一个运用语言的大师，描绘历史与地理的能手……《大唐西域记》是一部稀世奇书。”

概括说来，《大唐西域记》的学术价值主要体现在以下几个方面：首先，《大唐西域记》是一部重要的历史地理文献。玄奘在书中所记的地域相当广阔，从新疆开始，西抵伊朗和地中海东岸，南达印度半岛、斯里兰卡，北至阿富汗东北部，东到印度尼西亚一带。书中记载、保存了大量珍贵的文字材料，成为研究这一地区古代历史和地理的重要参考。《大唐西域记》还详细记述了印度古代史上的许多大事，收录了北印度王戒日王的宝贵资料，对今天重建印度历史有着不可估量的意义。印度史学家阿里曾说过：“如果没有法显、玄奘和马欢的著作，重建印度历史是完全不可能的。”其次，《大唐西域记》也是一部重要的宗教史资料。书中展示了当时佛教和异教势力的分布状况，展示了佛教内部大小乘教派的力量对比情况。对于佛教史上的重要活动和重要人物，均有翔实的记载。从研究佛教史的角度来说，《大唐西域记》有着非同一般的意义。最后，《大唐西域记》在文学方面还有很高的价值。书中叙述神话故事，生动细致；描写自然景物，如在眼前。同时又因为受到魏晋以来骈骊文风的影响，《大唐西域记》造句齐整，词藻典丽，声韵和谐，便于人们诵读和欣赏。

公元664年(唐高宗麟德元年)，玄奘的译经事业已经进行到了第19个年头。这年的正月初一，玄奘正在翻译《大宝积经》，忽然感到心口绞痛，气力衰竭，他预感到自己不久将离开人世，译经活动从此终止。二月五日夜半，为佛教事业操劳一生的玄奘法师，圆寂于玉华寺，走完了他舍身求法、觉悟人生的成佛之路。遵照生前遗愿，玄奘遗体被安葬在长安城东的白鹿原。唐王室在这里举行了盛大的玄奘法师圆寂荼毗法会，据史书记载，长安城内有一百万人前往参加荼毗仪式，有三万多信徒自愿露宿在玄奘法师的墓葬旁，诵经念佛为其守灵。在古代极其困难的交通条件下，玄奘法师“乘危远边，策杖孤征”，历时十九年，远行五万里，游历一百多个国家，这在世界历史上也是极其罕见的壮举。正如印度大诗人泰戈尔所评价的那样：“在到过印度的许多中国人中，玄奘法师无疑是最伟大的一个，他是中印文化合作的象征。”

（杨继刚）

## 39. 隋唐佛教的主要流派

隋唐时期是中国社会由南北分裂走向统一、社会政治经济和思想文化繁荣发展的时代。在这一时代背景之下，中国佛教在经过五六百年的发展之后，特别是经过南北朝时期的迅猛发展，开始形成独立的寺院经济，并且积累了丰富的思想资源，赢得了社会各阶层的广泛认同和信仰，从根本上摆脱了先前依附于中国传统思想传播发展的被动局面，开始走向独立自主、理论创新的发展道路。随着统一王朝的建立和寺院经济的充分发展，中国佛教在融合吸收传统思想和方法的基础上，相继形成了天台宗、三论宗、三阶教、法相唯识宗、律宗、华严宗、禅宗、净土宗、密宗等佛教宗派，这些宗派各具独特的教义、教规和修持方法，并且为了维护自己的宗教势力建立了各自的传法谱系。中国佛教各宗派的建立，标志着佛教在中国的发展进入鼎盛阶段。

天台宗。天台宗形成于隋代，是中国创立最早的一个佛教宗派。按该宗谱系，天台宗有所谓“九祖”之说，分别是龙树、慧文、慧思、智𫖮、灌顶、智威、慧威、玄朗、湛然。而该宗派真正的创始人为南朝陈、隋间的智𫖮，因智𫖮常住浙江天台山，故后世称之为“天台宗”。又因该宗教义以《法华经》(又称《妙法莲华经》)为依据，故又称为“法华宗”。智𫖮认为《法华经》是佛祖释迦牟尼最后的说法，也就是最高权威经典，因而敬奉为宗要。智𫖮先后著《法华玄义》《摩诃止观》《法华文句》，称“天台三大部”；又传《观音玄义》《观音义疏》《金光明经玄义》《金光明经文句》《观无量寿佛经疏》，称“天台五小部”，由此构成天台宗的理论体系。

天台宗以“止观双修”作为根本修持方法。“止”就是禅定，即心念专注，达到无念无想的状态；“观”即智慧，通过智慧思维了悟世界，体悟佛教道理。天台宗认为“止观”二法有如车之两轮、鸟之双翼，主张“止观”不可偏废，所以“止观双修”是天台宗修习的最高原则。此外，在佛教的基本教义上，天台宗的主要理论是“三谛圆融”和“一念三千”。“三谛圆融”(谛为佛教用语，意为真理实在)意在说明世界万物的真实面貌(实相)是“空”“假”“中”的统一，即认为一切事物都由因缘而生，没有真实的本体，这就叫空谛；事物虽然没有真实的本体，但并非纯无所有，仍有假相假名存在，这就叫假谛；既看到一切事物空的一面，又看到假的一面，非空非假，不落两边就叫做中谛(中道)。空、假、中三谛相互包含，不相分离，任何事物都同时体现这三种本性，这就叫做“三谛圆融”。“一念三千”意在说明一切事物相互包含、贯通一致的关系。“一念”指心念活动的最短时刻。“三千”指世间和出世间的善恶、性相、万物的总和。“一念三千”就是说形形色色、光怪陆离的大千世界，都是存在于“一念”之中的。也可以说客观世界的一切都是“一念”的产物，没有这“一念”也就没有世界。

进入唐代后，由于受到禅宗的压抑，天台宗一直没有得到迅速发展的机会。中唐时期，九祖湛然使天台宗得以“焕然中兴”，但很快又受唐武宗灭佛影响，渐趋衰微，五代之后，略有复兴。

三论宗。三论宗以印度龙树的《中论》《十二门论》和提婆的《百论》为主要经典而得名。后秦时期的鸠摩罗什翻译出此“三论”之后，师徒相传，相继出现了许多研习“三论”的著名僧人，如僧叡、僧肇、僧导、昙济、僧朗、僧诠、法朗等。特别是到了隋代，吉藏完成对“三论”的注疏(《中观论疏》《十二门论疏》《百论疏》)和《三论玄义》等，成为“三论”理论的集大成者，并正式创立了三论宗。

三论宗的基本思想可以归结为“二谛八不中道”说。三论宗认为一切事物和现象都是由众多因缘和合而生，是空幻不实，没有自性的，但在世俗人看来万事万物却是真实的存在，此为“俗谛”；相反，从佛教真理来看，万事万物皆无自性、空无实体，此为“真谛”。然而，真俗二谛却是“二而不二”，二者是不可分离的。世界的真实面貌就是非有非无，虽然空幻不实，但却呈现假有、假名；虽为假有、假名，却又是空无自性。所以，万事万物呈现出的生灭变化等现象都是虚妄不实的，其实是不生不灭、不常不断，不一不异、不来不去的，此即“八不”，破除了这八种偏执，也就认识到了世界的真实面貌，认识到了“中道实相”。

吉藏以后，三论宗的学说未有更大发展，逐渐衰微，后经朝鲜僧人传入日本后略有流行。虽然三论宗流传的时间不长，但上述关于“中道实相”的思想却融入到中国佛教其他宗派的思想学说中，对佛教的理论发展产生了很大的影响。

三阶教。三阶教是由隋代僧人信行所创立的一个比较特殊的佛教派别，因其主张把全部佛教分为“三阶”而得名，又因主张普遍信奉一切佛法而称“普法宗”。三阶教以信行所撰《三阶佛法》《对根起行杂录》等为经典。

三阶教将佛教分为“正法”“像法”“末法”三个时期：释迦牟尼死后的第一个五百年为“正法”时期，第二个五百年为“像法”时期，一千年以后为“末法”时期。与三个时期相适应，佛教教义被划分为一乘、三乘与普法三阶，众生的“根机”也被分为“纯正无邪”“邪正不定”与“纯邪无正”三阶。三阶教宣称隋代已处于佛教的“末法”时期，此时之众生皆“纯邪无正”“罪孽深重”，若只念一佛、诵一经、习一法，是无以解脱的，只有普念一切佛、普修一切法才能获得解脱。

三阶教创立之初曾盛行一时，但由于三阶教倡导“末法”思想，屡遭朝廷禁止和其他宗派攻击，一直被视为异端邪说，唐朝中叶以后便逐渐湮灭不闻了。

法相唯识宗。法相唯识宗由唐代玄奘及其弟子窥基创立，又因窥基常住慈恩寺，也称“慈恩宗”，该宗以玄奘西行回国后所翻译的《解深密经》《瑜伽师地论》《成唯识论》等为主要经典。

法相唯识宗从分析事物的现象，特别是着重从分析意识现象入手，建立自己的思想体系。法相唯识宗最根本的观点是“万法唯识”(识，为佛教术语，指人的意识、心智，分别能力等)，它认为世界上一切现象都是由人的意识所变现出来，都是虚假的、不真实的，而人们之所以把这一切当成客观真实的存在，是由于人与生俱来的妄加分别的愚昧偏见。在此基础上，法相唯识宗进一步对意识的作用做了较为详细的分析，提出了“八识”说，即眼识、耳识、鼻识、舌识、身识、意识、末那识和阿赖耶识。其中，前五识分别是指视觉、听觉、嗅觉、味觉和触觉；意识指知觉和思维活动，它统率前五识的活动；末那识是对“我”的执著，也可以说是自我意识；阿赖耶识则是世界一切现象的总根源，其他七识都依赖于阿赖耶识。

法相唯识宗在唐代仅盛行三四十年，由于固守印度佛教的教义，缺乏创新思维，很快便转向衰微。

律宗。律宗是中国佛教中以研习和传持戒律为主的一个佛教宗派，因其所依据的主要经典是《四分律》，所以又称“四分律宗”。律宗的创始人唐代僧人道宣曾住终南山，故该宗又称“南山律宗”或“南山宗”。

戒律是佛教理论中的一项重要内容，泛指佛教为出家和非出家信徒所制定的一切戒规。律宗将戒律分为四科，分别为戒法、戒体、戒行和戒相。戒法是指佛陀所指定的一切戒律；戒体是指弟子从师受戒时所发生的而领悟在心的法体，即在心理上形成的一种防非止恶的动力，实际上也就是受持戒律者的意志和信念；戒行，是指受持戒律后不犯过失的行为；戒相是心领戒体，在言行举动中显现的仪相。律宗认为，在四科之中戒体最为重要，是戒律的根本，如果没有戒体作为内涵，戒律就会流于形式，因此，戒体论是律宗理论的核心。

与道宣同时，还有相州(今河北省临漳县)日光寺的法砺和长安(今陕西省西安市)西太原寺东塔的怀素也弘扬律学，分别称为“相部宗”和“东塔宗”。南山宗、相部宗与东塔宗在当时被称为“律宗三家”，由于观点互有参差，时有争论。但在晚唐以后，“相部宗”与“东塔宗”都逐渐衰微，只有“南山宗”传承独盛，历经宋元明清而绵延不断。后来该宗由道宣的三传弟子鉴真传至日本发扬光大。

华严宗。华严宗因以《华严经》为主要经典而得名，关于该宗的传法谱系，一般认为是初祖法顺，二祖智俨，三祖法藏，四祖澄观，五祖宗密。华严宗的实际创始人是唐代僧人法藏，因法藏曾被武则天赐号“贤首”，所以该宗也被称作“贤首宗”。

华严宗是隋唐佛教宗派中最富思辨性和理论创造性的宗派。华严宗的基本理论是“法界缘起”和“六相圆融”说。“法界缘起”说认为宇宙间一切事物都是相即相入，即每一个事物都是其他一切事物之缘(条件)，其他一切事物也同时是此一事物之缘，万物相待相资，圆融无碍。为了进一步阐明“法界缘起”论，华严宗还提出“六相圆融”说。所谓“六相圆融”就是用“总”和“别”“同”和“异”，“成”和“坏”三对范畴说明现象与现象之间错综复杂的缘起关系。法藏曾以金狮子的形象对这一理论进行深入浅出的解说：金狮子的整体是总相，因为它具足了各种成分，比如有眼、耳、鼻、舌、身；而眼、耳、鼻、舌、身则是别相，因为这些成分有所差别。从另一角度看，眼、耳、鼻、舌、身相依相待，合成一个总体——狮子，是同相；但眼、耳、鼻、舌、身却各不相同，又是异相。再从另一角度看，眼、耳、鼻、舌、身缘起而成为狮子，是成相；但眼、耳、鼻、舌、身仍旧处在各自的地位，保持分离状态，是坏相。法藏认为世界上一切事物都是由这六相两两相别相成，同时具足，互融无碍，因而叫做“六相圆融”。

宗密死后四年，发生了“会昌毁佛”事件，华严宗受到沉重的打击，寺院被毁，经籍散佚，从而转趋衰落。但华严宗理论中具有的思辨方法对此后宋明理学的发展产生了重要影响。

禅宗。禅宗是中国佛教中影响最大的一个宗派，因主张用禅定(在静坐中保持思虑的高度集中，以观想佛相佛理)概括佛教的全部修行而得名。又因自称“传佛心印”，以觉悟众生本有的佛性为目的，故又名“佛心宗”。该宗尊奉南北朝时期来中国传教的印度僧人菩提达摩为始祖，此后依次为二祖慧可、三祖僧璨、四祖道信、五祖弘忍。发展到五祖弘忍时，他的弟子神秀和慧能分别创立北宗和南宗，其中北宗很快便衰微了，南宗则迅速发展而被视为禅宗正脉，故世称慧能为“六祖”。慧能的《六祖坛经》是禅宗的代表作，也是由中国人创作的佛教著作中唯一被称作“经”的典籍。

“顿悟成佛”是禅宗南宗区别于其他佛教宗派的基本学说。它认为人人自心本有佛性，因而不需要长期的修行，也不需要许多烦琐的宗教仪式，只要自己认识到自己本来具备的佛性，通过个体的直觉体验，便可以在瞬间使人性与佛性相契合，领悟到我即是佛、佛即是我，佛和我本为一体，进而实现顿悟成佛的目标。

中唐以后，禅宗南宗迅速流行，成为中国佛教的主流。此后又陆续出现了五个禅宗支派，分别是沩仰宗、临济宗、曹洞宗、云门宗和法眼宗。禅宗是中国化最为典型的一个佛教宗派，其思想中吸收融合了大量传统思想和方法，特别是禅宗明心见性的顿悟方法，对宋明理学，特别是陆王心学产生了重大的影响。

净土宗。净土宗又称“莲宗”，其创始人为唐代僧人道绰和善导，因信仰西方净土而得名，追求往生西方阿弥陀佛的极乐世界。所谓净土，就是指净化的国土，是佛、菩萨和佛弟子居住的地方，也是众生向往的理想世界，它为解脱的众生提供了一个享受永恒安乐的地方，因而也被称为“极乐世界”。该宗所依据的主要经典为《无量寿经》《观无量寿经》《阿弥陀经》和《往生净土论》等。

净土宗的修行方法主要是观想和念佛。所谓“观想”，即做各种关于净土极乐世界的假想；“念佛”即口念阿弥陀佛的名号。净土宗认为，要获得解脱，不仅需要依靠自身力量，还要借助他人的力量，即“自力”与“他力”。所谓“自力”就是修持者观想念佛的修炼和由此得到的功德，“他力”就是阿弥陀佛普度众生的愿力，通过“自力”与“他力”内外相应作用，信徒便可达成往生西方净土的目标。

净土宗在佛教理论上没有太多创造，但它探讨了佛教修持和归宿问题，特别是提倡的修行方法简单易行，中唐以后，与禅宗融合，在我国民间社会得到了广泛流行。

密宗。密宗又称“瑜伽密教”“密教”，出自印度佛教中与显教(通过语言文字明显说出其教法者)相对而言的密教(以带有神秘色彩的方法进行修持)。唐代开元年间，印度僧人善无畏、金刚智、不空将密教传入中土，由于受到唐王朝的扶植和提倡，后正式形成宗派。以《大日经》《金刚顶经》《苏悉地经》为主要经典。

密宗认为佛与众生，体性无有分别，众生若能依照密法修持“三密”，即身结手印(特定的姿势)、口诵真言(念诵密咒)、意作观想(观想佛相)，使行动、言论、思想“三业”清净，就可与佛的身、口、意相应，当即成佛。密宗的仪轨极为复杂，对设坛、供养、诵咒、灌顶(入教或传法仪式)等都有严格的规定，需经“阿阇梨”(导师)秘密传授。正是由于密宗这种浓厚的神秘色彩，当时的唐王朝统治者对此特别喜好，一时形成了王公贵族纷纷信奉密宗的风尚。同时也由于密宗的理论与修行法门并未普传，因而在不空之后，密宗只经数传便衰微了。

隋唐佛教宗派的创立，是中国佛教史上的重大事件，也是中国佛教进入鼎盛时期的重要标志。伴随着佛教宗派的出现，中国化的佛教思想体系相继成熟，佛教的文学艺术日趋繁荣，佛教的世俗活动和对外交流空前活跃，中国开始成为亚洲佛教的中心。

(邹庆超)

# 40. 隋唐佛教的兴盛与衰落

隋唐时期是我国古代社会政治、经济、文化和科学技术得到迅速发展的重要时期，同时也是我国佛教发展的鼎盛时期。在这一时期，作为中国佛教成熟化标志的佛教宗派相继建立起来，佛教译注渐趋丰富，寺院经济进一步发展，佛教社会性活动逐渐增多，佛教的社会影响日益扩大。而佛教发展之所以会在隋唐时期兴盛繁荣起来，究其原因主要包括内外因两个方面：

从外因来看，隋唐时期国家的统一为佛教发展创造了良好的政治和社会环境。自西晋末年起至隋朝建立，其间近三百年时间里，整个社会一直处于政局迭变、战乱不休的分裂混乱之中。在这种情况下，虽然佛教在南北方均获得了很大发展，但由于南北地域阻隔、交流困难，逐渐形成了南北不同的学风，造成了佛教研究和修持方面的一些偏颇和局限。但是，到了隋唐时期，由于国家统一，各地僧人得以自由来往，广泛交流接触，从而充实丰富了原有的思想学说，为佛教思想的进一步发展创造了有利的社会政治条件。

另外，隋唐帝王对佛教的扶植与利用有力地推动了佛教的繁荣。早在南北朝时期，北方曾发生过大规模的毁佛运动，如北魏太武帝于公元446年(太平真君七年)下诏焚荡佛教经像，分遣军兵烧掠寺舍，坑杀所有沙门僧尼，禁止佛教传播。北周武帝于574年(建德三年)下诏禁废佛道二教，令沙门道士还俗，“三宝福财，散给臣下寺观塔庙，赐于王公”(《广弘明集》)。577年(建德六年)，又下令尽毁北齐境内佛教，近四万座寺庙被赐给王公充当第宅，三百万僧尼被限令还俗。至此，北方佛教一度濒临绝迹。而隋文帝在统一了南北对峙的局面之后，便立即改变朝廷的宗教政策，开始全面复兴佛教。隋文帝下诏修寺造像，允许百姓出家，“周朝废寺，咸与修营；境内之人，任听出家，仍令户口出钱，建立经像”(《佛祖统纪》)。由于隋文帝大建寺塔，广度僧尼，并鼓励写经作佛事，佛教在全国很快就得到了极大的发展。据唐代僧人法琳所作《辩正论》记载：“自开皇之初，终于仁寿之末，所度僧尼二十三万，(建)海内诸寺三千七百九十二所，凡写经论四十六藏一十三万二千八十六卷，修治故经三千八百五十三部，造金铜檀香夹纻牙石像等大小一十万六千五百八十躯，修治故像一百五十万八千九百四是许躯。”此后，隋炀帝也笃好佛教，并对佛教大加利用。他从天台宗创始人智顗受“菩萨戒”(大乘菩萨所受持的戒律)，建造了西禅定寺、隆圣寺、慧日道场、清禅寺等，并装补故经、缮写新本、修治故像、铸刻新像，所度僧尼达一万六千二百人。

在唐代帝王中，除唐武宗反佛之外，其余都在不同程度上崇奉佛教，有的还从僧人受“菩萨戒”，成为虔诚的佛徒。唐高祖曾在京师建造会昌寺、胜业寺等。唐太宗即位后，两次下诏要求各地普度僧尼，特别是大力支持佛教译经事业，玄奘西行求法归来，唐太宗亲自召见，并为之组织了大规模的译场，提供一切所需经费，还为玄奘新译的佛经作序，即为《大唐三藏圣教序》。正是在唐太宗的直接支持下，玄奘才得以创立中国佛教宗派法相唯识宗。武则天因僧徒怀义等伪造《大云经》为她当皇帝制作符谶有功，“令释教在道法(指道教)之上，僧尼处道士女冠(道姑)之前”(《旧唐书·则天皇后本纪》)，以此抬高佛教的地位。其本人还亲自参与组织了对《华严经》的翻译，支持法藏创立了华严宗。唐玄宗不仅敕建寺院，御注佛经，而且还给佛教徒以某些特权，如同意僧尼若有犯罪，可按教规处理，州县官员不得擅行决罚等。唐玄宗还特别崇信密教，对“开元三大士”(善无畏、金刚智、不空)加以礼敬，并请不空进宫为之授灌顶法(密宗仪式，以驱散信奉者的业障，并为之注入智能之力)。尽管“安史之乱”后，唐王朝由盛转衰，但为了维护统治秩序，唐朝帝王却更加注重利用佛教。唐肃宗曾召不空等沙门百人进入行宫朝夕诵读佛经，并请不空为自己灌顶和授“菩萨戒”。唐代宗也曾下令诵经、建寺、度僧，常在禁中斋请僧徒，京畿地区的良田也大多归僧寺所有。唐德宗为了调和儒佛道三家的矛盾，特别下诏指出，“释道二教，福利群生，馆宇经行，必资严洁，今后寺观不得容外客居住，破坏之处，随宜修葺”(《佛祖统纪》)。唐宪宗崇佛佞佛，于819年(元和十四年)大规模奉迎法门寺佛骨舍利至京师，当时“王公士民瞻奉舍施，唯恐弗及，有竭产充施者，有燃香臂顶供养者”(《资治通鉴·唐纪·宪宗元和十四年》)，在社会上掀起了一股崇佛热潮。可见，隋唐帝王对佛教的大力支持是隋唐佛教发展走向鼎盛的重要外因之一。

从内因来看，隋唐时期佛教发展繁荣兴盛是其自身理论发展的结果，即佛教中国化的必然结果。所谓佛教中国化是指印度佛教传入中国后，为了适应中国社会和文化的现实需要而对自身理论等进行改变，并逐渐形成适应中国社会政治、经济和文化，具有中国文化特色的佛教。早在佛教传入中国之初，中国传统思想文化便对外来的佛教表现出相对封闭与相对开放的双重特性，既对佛教采取本能的排斥态度，同时又在一定程度上吸收借鉴佛教中有价值的东西以弥补自身的某些欠缺。因此，在佛教中国化的过程中，佛教一方面主动依附迎合传统思想文化，积极对之融合吸收，有时甚至不惜改变自己的某些特性以适应中国社会环境的需要；另一方面又以其独特的形式和内容，充实和丰富了中国的传统思想文化。

具体而言，佛教中国化的过程主要表现为方术灵神化、儒学化和老庄玄学化三个方面。首先，佛教方术灵神化是指佛教对中土黄老神仙方术的依附和对传统灵魂不死、鬼神崇拜等观念的融合吸收。佛教传入中土之时，正是中土各种神仙方术盛行之际，特别是黄老神仙方术盛极一时。佛教本来是倡导信奉佛法、励志修行以求解脱的，而中土宣扬的神灵方术等乃是佛教所排斥的外道，但佛教传入中土之后，却有意识地迎合依附中土的种种神仙方术。如汉译佛经《四十二章经》中就把佛陀描绘为“轻举能飞”的“神人”，把小乘佛教修行的最高果位“阿罗汉”描绘为“能飞行变化，旷劫寿命”。最早介绍佛教的著作《理惑论》以道家神仙家之言来解释佛陀，极似神仙道术之士所讲的“神人”“真人”。正是借助这些说法，既消解了当时人们对佛教的排斥心理，也使佛教得到了那些企求长生不老和神灵福佑的统治者的欢迎。此外，对于灵魂不死、鬼神崇拜等中国传统宗教观念，佛教也做了一定吸收，将灵魂不灭与天堂地狱等结合在一起所形成的轮回报应说，以及视佛菩萨为神灵的观点至今仍在中国人的思想观念和社会生活中发挥着一定影响。

其次，佛教儒学化是指佛教理论对儒家伦理名教采取妥协调和的态度，对儒家人文精神的融合吸收。佛教本视人生为苦海，主张厌离世俗生活，出世求解脱，这与儒家所强调的纲常名教、仁义孝悌等截然对立，因此，佛教一传入中土便受到以儒学为代表的传统思想文化的激烈排斥和攻击。对此，佛教调整甚至改变自身的一些理论，以求与儒家伦理相适应，或者是在译经过程中按照儒家伦理为标准对佛经作出增删，如去除了父母子女平等的论述而加入孝养父母的内容；或者是在阐发佛理时作出迎合儒家伦理的引申发挥，甚至直接在佛教中加入儒家名教的内容等。同时，佛教主张的三世轮回、自作自受等在教化百姓方面也对儒家名教起到了一定补充作用，也使得佛教得到了上层统治者和下层民众的接受。

最后，佛教的老庄玄学化是指借助老庄道家的玄思来阐发佛理。汉译佛经从一开始就借用了许多传统道家的术语，如汉末译经大师安世高在其翻译的《安般守意经》中用“气”来概括佛教的“四大”，以“气”代指“人身”，用“无为”来表示涅槃；译经大师支谶在其译出的《道行般若经》中用“本无”“自然”等概念表示般若性空之义等。特别是魏晋以后，玄学盛行，由于佛教般若学主张假有性空的理论与老庄玄学谈无说有的思想特点颇为相似，“故因风易行”，得以发展起来，并与玄学逐渐合流产生了玄学化的六家七宗(“六家”指本无宗、即色宗、识含宗、幻化宗、心无宗、缘会宗，后本无宗分为本无和本无异两宗，故称“七宗”)。正是在与中国传统思想文化不断地冲突交融过程中，佛教理论逐渐丰富完备起来，并且适应了中国的社会现实需要。在经过五六百年的发展之后，到了隋唐时期，中国化的佛教理论进入独立发展与鼎盛的时期。

隋唐时期佛教的兴盛主要表现在以下几方面：

一是佛教经典译介的丰富。隋唐时期的佛教译经事业基本由国家组织，依敕进行，所需财物也由朝廷支出，译场组织渐趋完备，分工精细，保证了译经的质量。由于隋代时间较短，因而佛经翻译者和所译佛经并不太多，并且各种史料中的记载也不尽相同，但到了唐代，译经无论是在数量上，还是在质量上，都达到了前所未有的水平。据唐代僧人圆照的《贞元新定释教目录》记载，从唐初到唐德宗贞元年间的一百八十多年里，共有译者四十六人，共译出佛典四百三十五部，二千四百七十六卷。其中唐代最著名的译师有玄奘、义净和不空。玄奘先后翻译佛教经典七十五部，一千三百三十五卷；义净兼通梵文和汉文，据《开元释教录》记载，义净翻译佛教经典六十一部，二百三十九卷；据《贞元新定释教目录》记载，不空的译经数量为一百一十部，一百四十三卷。至唐代，印度大乘佛教的精华基本都已被译介过来了。与之前相比，隋唐的佛经翻译具有更加明显的系统性，所译佛经带有一定的选择性，不再是遇到什么经就翻译什么经。而且，此时所译佛经大多是全集，不再是节选。所译的佛典原本也大多取自西方，比较完备。由于这一时期的主译者多为兼通梵汉的中国僧人，改变了过去由不精汉文的外僧主译、不精梵文的中国僧人助译的局面，提高了译经的质量。随着所译佛典的增多，这个时期还出现了较为系统且分类精细的经录(佛教经籍的目录书)。如隋代费长房所撰《历代三宝记》十五卷、彦琮等人所撰《众经目录》五卷。唐代在前人基础上又增编了几种经录，如道宣的《大唐内典录》十卷、智昇的《开元释教录》二十卷、圆照的《贞元新定释教目录》三十卷等。其中《开元释教录》影响最大，共收录汉代以来译经者一百七十六人，入藏经目一千零七十六部，五千零四十八卷，其分类、编目等均成为以后大藏经编目和雕印的重要依据。

二是寺院经济的发展。南北朝时期逐渐形成的独立的寺院经济在隋唐有了更进一步的发展，各大寺院都拥有大量的田产和财物，通过田租和放高利贷，每年都有相当庞大的经济收入。如浙江天童寺拥有田地一万三千亩，“跨三都五县，有庄三十六所”(《天童志》)，每年收租多达三万五千斛。寺院还以贷粮食粮种、贷现金银两、贷粗布丝绸等方式发放高利贷。此外，寺院还经常会得到朝廷恩赐的田庄，如隋文帝于593年(开皇十三年)曾下诏“于诸州名山之下各置僧寺一所，并赐庄田”(《释氏稽古录》)，隋炀帝也曾“前后送户七十有余”给佛寺“永充基业”(《续高僧传》)。唐朝实行均田制，也分给僧人一定数量的田地，如唐高祖在625年(武德八年)赐给少林寺四十顷田地，唐玄宗也曾一次赐给大圣慈寺一千亩地。到唐武宗灭佛之前，全国佛教寺院占有的土地多达数千万顷，占有奴婢十五万人以上，出现了“十分天下之财，而佛有七八”(《旧唐书·辛替否传》)的局面。急速发展的寺院经济，为隋唐佛教开展活动，创立宗派提供了雄厚的经济基础。

三是佛教宗派的创立。随着魏晋南北朝时期佛教传播的日益深入，加之受到政治上的分裂影响，佛教内部形成了南北不同学风，出现了以“六家七宗”为代表的众多学派。到了隋唐时期，由于统一王朝的建立、寺院经济的充分发展、大量佛教典籍被翻译，佛教各家各派得到了进一步融合发展的机会。顺应思想文化大统一的趋势，一些学派在统一南北学风的基础上，逐渐形成了具有独特思想体系、独特教义和独特规范制度的宗派，其中最主要的有九大宗派，分别是创立于隋代的天台宗、三论宗、三阶教，还有创立于唐代的唯识宗、律宗、华严宗、密宗、净土宗和禅宗。佛教宗派的创立标志着佛教发展中国化进程的完成，标志着佛教发展进入到了鼎盛时期，佛教文化开始成为中国文化的重要组成部分。至此，中国逐渐取代印度，成为世界佛教传播的中心。很多外国人学佛求法往往径直来华，许多来自日本、新罗、高丽等国的僧人在中国学习佛法并将它们又带回国内发扬光大。

四是佛教社会性活动的增多。佛教渗入到人们的日常生活当中，影响着人们的言谈举止、风俗习惯等各方面，隋唐社会的民风民俗里面经常可看到佛教的影子。如佛教的一些节日和中国固有的传统节令相结合，深入到民间，其中佛教盂兰盆节便是最具代表性的节日之一。盂兰盆节是每年七月十五日供养佛祖、超度祖先的法事节日，由于其与“孝悌为本”的儒家伦理相契合，后被演化为世俗佛教信徒在这一天向佛教寺院供奉各种食品的节庆活动。与此同时，佛教对民间的丧葬习俗也产生了突出影响。这一时期，一般都有佛教寺院的僧人参加葬礼，有时还借用佛教寺院的场地为死者做法事，以此求得来世的好报。另外，佛教寺院还逐渐成为一个公共场所，寺院中除了会有各种佛教节日活动外，也会有世俗的约会与聚会。佛教已经渗透到社会生活的各领域，与民众生活发生越来越紧密的联系。

然而，在隋唐时期佛教繁荣兴盛的同时，士大夫反佛和朝廷禁限佛教的浪潮却从未间断。如唐朝初年时，傅奕从“夷夏之辨”的角度，曾多次上疏朝廷揭露佛教弊害，对佛教持全盘否定的态度；武则天时期，狄仁杰上疏斥责佛教广度僧尼造成户口流失、大量造寺使得民穷财尽等危害时政的弊端；唐宪宗时期，韩愈针对奉迎佛骨舍利一事上疏《谏迎佛骨表》，痛陈佛教盛行的弊病。特别是至唐武宗时期，唐武宗李炎进行了大规模毁佛运动，彼时年号会昌，故史称“会昌毁佛”。这次毁佛运动是唐朝开国以来对佛教最严重的一次打击，它使佛教发展开始由兴盛转入衰落。“会昌毁佛”的经过大概如下：

841年(会昌元年)，唐武宗设斋请僧人、道士讲法，只赐予道士紫衣，并下令僧人不得穿着，以此表明其崇道抑佛的态度。次年，下令发遣保外无名僧，不许置童子沙弥。敕令天下所有僧尼不得行烧练、禁咒等术。要求有异行和不守戒的僧尼还俗，僧尼的钱物、谷斗、田地、庄园等均收归官府。并限制僧尼所蓄奴婢数量，僧许留奴一人，尼许留奴二人，并强调奴婢不得削发剃度。第三年，太子詹事韦宗卿撰《涅槃经疏》，唐宪宗览毕，下令将其焚烧，并斥责韦宗卿“溺信浮屠，妄撰胡书”(《入唐求法巡礼行记》)。其后，又下令焚毁宫内佛经，埋佛菩萨、天王像等。第四年，下令禁止供养佛牙和佛指。代州五台山、泗州普光王寺、终南山五台、凤翔法门寺等藏有佛指的寺庙，禁止置供巡礼。焚毁长生殿内道场所安置的佛经佛像，改置道教的天尊老君像。敕令拆毁天下山房、兰若、普通佛堂等，包括京城长安城里的佛堂也一并拆除，寺院里的石幢、僧墓、塔等也均在拆毁之列。

845年(会昌五年)，武宗正式下诏废佛，令天下寺院不得置有庄园，检括天下寺院及僧尼数，并省天下寺院，对保留的寺院与僧尼人数做出严格限定，其余僧尼皆勒令还俗，非保留寺院则限期拆毁。没收寺院一切财产，将天下铜铁佛像尽皆毁碎，称量斤两，送归盐铁司收管。没收天下寺舍的奇异宝佩、珠玉金银，以及僧尼所用的铜器、钟磬等。

据《旧唐书・武宗纪》记载，整个“会昌毁佛”期间，“所拆寺四千六百余所，还俗僧尼二十六万五百人，收充两税户，拆招提、兰若四万余所，收膏腴上田数千万顷，收奴婢为两税户十五万人”。在短短几年时间里，除黄河以北，镇、幽、魏、潞四节度使仍敬重佛教外，其他大部分地区，佛教所兴建的殿宇寺塔、铜铁金像，供陈设使用的各种器具，所拥有的钱物庄园，所蓄养的奴婢佣工等都被剥夺殆尽，僧尼几近绝灭。

唐武宗之所以发动“会昌毁佛”，如此严厉地禁毁佛教，其中佛、道二教之间的宗教斗争起了直接作用。唐武宗本人一直颇好道术，即位之后便将道士赵归真等八十一人召入大内，并于三殿之内修金箓道场，唐武宗亲至九天坛受法箓，皈依道教。此后，唐武宗十分宠幸赵归真，并于844年(会昌四年)授赵归真为左右街道门教授先生，而赵归真经常在唐武宗面前排毁佛教，主张佛教应“尽宜除去”。次年，赵归真上疏唐武宗主张拆毁寺院，并得到唐武宗的采纳。与此同时，时任宰相的李德裕也倾心道教，嫌憎佛教，也在一定程度上推动了毁佛运动。此外，从意识形态的角度来看，特别是社会伦理层面，佛教与儒家思想产生的矛盾冲突也是“会昌毁佛”的动因之一。“安史之乱”以后，社会纲纪不振、传统道德观念紊乱、朝廷权威骤降，维护儒家思想为主导的意识形态的统一成为重整社会秩序的迫切需要，而佛道二教的迅速发展却严重干扰了这种统一。因此，重振儒学、批判佛教(因为李唐王朝把自身视为道教教主老子的宗支，所以道教在唐代具有某种御用宗教的性质，这方面的矛盾就显得并不突出)就成为整饬社会伦理和政治秩序所必需的举措。

导致“会昌毁佛”更为根本的深层原因还是社会经济层面上的，即寺院经济与国家经济之间的矛盾。隋代大力扶植佛教经济，寺院大肆侵夺土地，危害民生，成为隋代国祚短促的重要原因之一。唐初实行均田制，规定“凡道士给田三十亩，女冠二十亩；僧尼亦如之”(《唐六典·尚书户部》)，从而以法律的形式保证了寺院的基本土地占有。除了僧尼会获得国家所配授的土地之外，寺院另外还拥有常住田，加上各种赏赐赠与，兼并购置，以及垦殖荒地等，占田逾限日益严重。与此同时，寺院僧尼又不服徭役、不纳赋税，严重影响了国家赋税收入。

唐初，傅奕就上疏唐高祖指出，僧尼“游手游食，易服以逃租赋”(《旧唐书·傅奕传》)。武则天时，狄仁杰也上疏认为，佛寺占有“膏腴美业，倍取其多；水碾庄园，数亦非少”(《旧唐书·狄仁杰传》)，僧尼不劳而获，占有大批良田且不缴纳租税，“逃丁避罪，并集法门，无名之僧，凡有几万，都下检括，已得数千。且一夫不耕，犹受其弊，浮食者众，又劫人财”(《旧唐书·狄仁杰传》)。唐德宗时，彭偃认为寺院乃是“人害”，僧尼“不耕而食，不织而衣，广作危言险语，以惑愚者。一僧衣食，岁计约三万有余，五丁所出，不能致此”(《旧唐书·彭偃传》)。正是由于僧尼人数众多，且享有免税的特权，给国家造成了巨大的租赋损失。

此外，唐朝中期以后，佛教寺院修建的规模日益宏伟，也消耗了国家大量的财力物力。如韦嗣立曾指，“比者营造寺观，其数极多，皆务取宏博，竞崇瑰丽。大则费耗百十万，小则尚用三五万余，略计都用资财，动至千万以上。转运木石，人牛不停，废人功，害农务，事既非急，时多怨咨”(《旧唐书·韦嗣立传》)。当时，天下寺院无数，且每座寺院的奢丽程度都可媲美一座皇帝的宫殿，大量财力被耗费在兴建寺庙方面，也给朝廷和百姓带来了巨大的经济负担。特别是唐武宗即位之后，李德裕主政，力图振兴国势，对外抗击回鹘、吐蕃，对内与割据藩镇作斗争，朝廷对于财赋的需求更为迫切。但此时朝廷所能直接控制的区域日益见蹙，又值关东、河东连年遭受蝗灾旱灾，致使国家财政出现严重困难。战乱期间，朝廷甚至曾靠鬻卖度牒和让僧侣纳钱买官买特权的办法来弥补财政不足。但这些措施不仅没能缓解国家的财政困难，反而刺激着寺院经济的进一步扩张，使寺院和国家在经济上的矛盾更趋尖锐。所以，唐武宗在845年颁发的诏书中指出：“洎于九州山原，两京城阙，僧徒日广，佛寺日崇。劳人力于土木之功，夺人利于金宝之饰……今天下僧尼不可胜数，皆待农而食，待蚕而衣。寺宇招提，莫知纪极，皆云构藻饰，僭拟宫居。”(《旧唐书·武宗纪》)

其实，早在唐玄宗开元年间，国家经济与寺院经济之间的矛盾便已初现端倪。当时朝廷已经采取在一定程度上限制佛教的措施，如唐玄宗曾几次诏令检括僧尼和寺院庄田，勒令僧尼还俗者三万余人，722 年(开元十年)又下诏对寺观所占有的田地作出明确限定，要求“一百人以上不得过十顷；五十人以上不得过七顷；五十人以下不得过五顷”(《唐会要 · 祠部员外郎》)。唐德宗时下诏：“自今更不能从奏置寺观与度人。”(《旧唐书 · 德宗纪》)唐宪宗于 807 年(元和二年)颁布禁令：“天下百姓不得冒为僧尼道士，以避徭役。其创造寺观，广兴土木者举敕处分。”(《唐大诏令集》)虽然经过玄宗到宪宗历朝的限制，但由于此时的佛教已在唐代社会根深蒂固，所以这些限制措施并未奏效。随着佛教的发展，各种矛盾和负面影响日益加深，废佛毁佛便成为解决当时政治经济问题的一条重要出路。

唐武宗死后，刚刚即位的唐宣宗很快便对佛教开禁，恢复寺院，召集逃亡僧尼，并重新设置戒坛，剃度僧尼，使得佛教迅速复兴起来。但是“会昌毁佛”已给佛教发展造成巨大打击，由于寺院经济被剥夺，僧尼被迫还俗，寺庙被毁，经籍散佚，佛像被销，致使佛教宗派失去了繁荣发展的客观条件，加之唐末战乱频仍，藩镇倾轧，经济凋敝，佛教自此一蹶不振，再也无法回复到全盛状态。此后，五代十国时期的帝王大多崇道抑佛，特别是 955 年(显德二年)，为了解决赋税、兵役等问题，周世宗下诏施行了又一次大规模的毁佛运动。至此，佛教由兴盛开始走向衰落，代之则是宋代儒学的复兴。

(邹庆超)

# 41. 鉴真东渡日本

鉴真大师，俗姓淳于，广陵江阳(今江苏省扬州江阳县)人。鉴真的父亲是一位虔诚的居士，鉴真在父亲的熏陶下，十四岁即在大云寺从智满禅师出家为沙弥。705年(神龙元年)十八岁，从光州道岸律师受菩萨戒，707年，游学洛阳、长安，次年于长安实际寺依止弘景律师受具足戒，成为75岁高龄弘景的关门弟子。这两位律师都是当时的律宗大德，受他们及其他律宗名师的教诲，鉴真数年之间便通达了三藏教法，研习了“四分律行事钞”“羯磨疏”“量处轻重仪”“四分律疏”，精通了律学。尔后，鉴真参学于荆州玉泉寺，研究天台止观。此外，除了佛学造诣非凡，鉴真对于佛教造像艺术及建筑学、医学、文学等领域也都用心学习。道岸修建小雁塔时，就特地让鉴真协助，使他学到了不少建寺造塔的实际知识。

733年，鉴真46岁，自长安回到扬州。此后十余年间，他在江淮地区努力讲律传戒。据《东征传》记载：他前后讲《四分律》及《四分律疏》40遍，《四分律钞》70遍，《轻重仪》《羯摩疏》各10遍；修造佛寺80余所，造菩萨像无数；写经三部，各11 000卷；度人授戒40000余；又“开悲田而救济贫病，启敬田而供养三宝”，也就是兴办救济孤贫疾病等社会慈善事业。所以《东征传》说，“淮南江左净持戒律者，唯大和上独秀无伦，道俗归心，仰为授戒大师”。他有成就的弟子也很多。《宋高僧传》说他有著名弟子35人，遍及扬州、润州、汴州、明州、越州、杭州、宣州、洛州和长安，共弘师教，各化一方。

在长期的宗教活动和社会活动中，鉴真掌握了大唐盛世科学文化各方面的优秀成果，组织和培养了一批有专门造诣的技术人才和品学兼优的弟子。扬州经济发达，社会繁荣，又是佛教氛围浓郁的地区，寺院众多，品学兼优的僧人也很多，建寺、造塔、塑像、写经兴盛，漆品、玉器、铜器、刺绣、雕刻等手工业也很发达。所以鉴真能够在扬州及其周边地区很容易征集到东渡所需的大量佛教经典、工艺品，及与之共同东渡的画师、绣师、玉匠和雕檀、刻镂、铸写、刻碑的优秀工匠。据《东征传》记载，以鉴真第二次东渡为例，所带物品中，就有漆盒子盘30具、螺钿经函50口、玉环手幡8口、六扇佛菩萨障子1具、月令障子1具、行天障1具、道场幡120口、珠幡14条、铜瓶20口、大铜盂4口、竹叶盂40口以及大中小铜盘84面、大小铜叠280面等，非常丰富。最后一次东渡，又带有玉环水精手幡4口、玳瑁叠子8面、雕白檀千手像1躯、功德绣、普集变和如来像各1铺，绣千手像和救世观音像各1铺，还有如来肉舍利3000粒，药师、弥陀、弥勒菩萨瑞像各1躯，阿育王金铜塔1座，又有一些珍贵字帖，如王羲之真迹(行书)1帖、王献之真迹(行书)3帖及一些其他名家字帖；佛经则有《金字大方广佛华严经》80卷、《大佛名经》16卷、《四分律》1部(60卷)等33种，虽然比前几次准备的物品少，但也都十分珍贵。

这一切都为鉴真后来东渡日本，在日本顺利弘法，建造寺院、塑像，传播中国文化，准备了有利的条件。

522年(梁武帝普通三年)，南梁人司马达等到日本，在大和高市坂结庵奉佛，此为佛教传入日本之始。在隋朝时，日本政府就已派僧人随使者一起到中国学习佛教，遣隋使在给隋炀帝的国书中说：“闻海西菩萨天子重兴佛法，故遣使朝拜兼沙门数十人来学佛法。”因此在日本和隋唐交通之后，佛教在日本便大为兴盛起来。但直到鉴真东渡前，日本佛教还很不成熟，尚处于起步阶段，戒律仪轨也极不健全。佛教戒律规定，僧尼取得正式僧籍，需受具足戒，要有够资格作为“三师七证”的十位高僧大德共同参加。但当时日本连三师七证亦难以凑足，因而无法进行传戒。僧人出家，不过在佛前自誓即可，自度、私度现象很严重。甚至有许多人为逃避赋役而出家，僧众伪滥，素质低劣，又严重影响了政府的赋税收入。于是僧人隆尊奏请舍人亲王，差遣僧人荣睿，随遣唐使同行，“迎请可传戒之师，在我日本，传授戒律”，试图通过控制僧尼的受戒、剃度，完善僧尼戒律，来解决佛教的乱象。

733年，荣睿、普照随从遣唐使抵达唐土，首先随大福先寺高僧定宾受了具足戒，并邀请该寺的律僧道璇去日本传道授戒。道璇接受了邀请，搭乘日本遣唐副使中臣名代的使船去了日本。但道璇的声望和影响还不够大，道璇东渡也仍没有凑够授戒必须的“三师七证”。荣睿等人决定再迎请一位德高望重的律宗大师及其门人赴日，日本天皇也认为荣睿等人的任务尚未完成。于是荣睿和普照，一面在唐留学，一面继续物色合适的高僧。

737年，荣睿和普照到长安游学参访，认识了鉴真和尚的弟子道航。道航向他们推荐了已名播天下，又有度人授戒逾数万经历的高僧大德鉴真。荣睿一行便来到扬州拜见鉴真，诉说“佛法东流至日本国，虽有其法，而无传法人”的日本现状，请鉴真往日本传法。鉴真被日本僧人的诚意感动，认为日本是一个“有佛缘之国”，问弟子中有谁愿去，结果众僧默然，无人应对。鉴真说，“是为法事也，何惜身命！诸人不去，我即去耳！”在他的影响下，弟子祥彦、道兴、道航等21人，也表示愿随鉴真一起东渡。

决定东渡之后，鉴真便着手准备，但没想到这个过程历尽艰辛，屡遭磨难。自742年接受邀请，到754年抵达日本国都奈良，前后12年中六次起行出发，五度失败，出生入死，直到第六次才终于成功。日僧荣睿为此病死在唐朝，未能返回故国。

第一次东渡，因为有广陵郡司仓参军李湊，受宰相李林甫之兄李林宗的嘱托，为鉴真他们提供了许多帮助，修造大船，筹办粮食给养，所以准备工作很顺利。但不料祸起萧墙，第二年春天定期出发之前，道航认为这次东行是为传戒法，去的僧人要求德行高尚，戒律整肃，而高丽僧如海少学行劣，不宜同去。如海极为恼怒，便向淮南采访厅诬告道航造船入海，和海贼勾结，还谎称“复有五百海贼入城来”。采访处置使班景倩差人捕捉荣睿、普照、玄朗、玄法及道航送官审问，在扬州的监狱里羁押了4个月。道航称是李林宗的供奉僧，系循海路赴天台国清寺供养众僧，但官府仍判定“海贼大动，不须过海去”，仍将所造的船没收，物品还与僧人，如海坐诬告罪，杖责遣送返俗。荣睿和普照依例遣送回国。第一次东渡的计划便这样夭折了。

荣睿、普照认为“我等本愿为传戒法，请诸高德，将还本国，今扬州奉敕唯送我四人，不得请诸师而空返无益，岂如不受官送，依旧请僧，将还本国，流传戒法”，因而没有回国，坚持留下来了。二人秘密来到拜见鉴真，再次请求东渡。鉴真也决心继续东渡：“不须愁，宜求方便，必遂本愿。”当年底，经鉴真出资，与荣睿等设法，买下了岭南道采访处置使刘巨鳞所属的军用船一艘，雇好了水手，置备了相关物品，同行的还有很多僧众、工匠共185人，于743年底从扬州举帆启程，循大运河入江，再东行入海。但行至明州余姚郡(今浙江余姚)狼沟浦，船被巨浪击破，众人被迫在寒潮中涉水登岸。第二次东渡失败。

鉴真一行经过一番艰苦努力，修理了船只，744年的初春，再次出发，又于桑石山遇风浪，船又触礁破损，被搁浅在荒岩上，且水米俱尽，饥渴三日，幸好风定以后，被渔夫发现，得到当地州官救济，被安置于明州(今宁波)阿育王寺。第三次东渡失败。

附近寺院的僧人听说鉴真到了明州，纷纷恳请鉴真去宣讲律学，设坛授戒。鉴真和尚便先后赴越州(今浙江绍兴)、杭州、宣州、湖州讲律授戒。然而越州的僧侣不舍鉴真去日本，便向越州官府要求挽留，并认为鉴真赴日，纯系日本僧荣睿的诱引，要求处置荣睿。于是越州山阴县尉逮捕了荣睿，要解送长安。后来在杭州，以卧病请求到假释，然后报称亡故，荣睿才得以脱身。

荣睿、普照二人经历此种种艰辛，仍矢志不渝，毫无退悔之意。鉴真深嘉其志，就继续准备东渡。他派法进等三人携带"轻货"(即名贵货物)前往福建长乐郡(今福州)去置办食粮用品和船只，想从温州到福州乘船出国。但不料扬州诸寺院的僧侣不舍他远渡，扬州弟子灵佑和众人商议说："我大师和上发愿向日本国，登山涉海数年艰苦，沧溟万里，死生莫测，可共告官，遮令留住。"于是报请江东采访使下牒诸州，差人追踪拦截，终于在黄岩至永嘉途中的祥林寺，将鉴真和尚·行截住，送回了扬州。据《东征传》记载，当时诸州道俗，闻大和尚还至，竞来供养庆贺，独大和尚忧愁不乐，呵责灵佑，数月不见笑容。灵佑为祈求师父的宽恕，每夜自初更侍立至五更，如此六十日，再加上各寺院的三纲和高德僧侣代他说情，鉴真才予以宽恕。第四次东渡受挫。

748年春，荣睿、普照又来到扬州和鉴真和尚相会，筹划第五次东渡。至夏，诸事皆备，便从扬州崇福寺出发。这次同行的僧侣有祥彦、神仓、光演、顿悟、道祖、如高、德清、日悟、思托等，加上荣睿、普照，连同水手及其他随同人员共35人。不意行至东海，又遇风浪，航船迷失了方向，随波漂流，"过蛇海、飞鱼海、飞鸟海，风急浪高，人皆荒醉"，舟上淡水用尽，食物只有少许生米充饥，然而嚼米喉干，无法下咽，"饮咸水，腹即胀，人总渴水，临欲死"。碰到雨天，才能接点雨水解渴。船在海上漂流了半个多月，最后漂到了海南岛的振州(今崖县)。幸而当官员得知鉴真和尚到来，前来迎候，给予安置，并且护送他们渡海至雷州。

鉴真一行只得折返扬州，在途中荣睿因长期辛苦跋涉，不幸染病，逝于端州龙兴寺。63岁的鉴真悲痛之余，又因长期受暑热，患了目疾，双目失明。当他们行至吉州(今江西吉安)，弟子祥彦亦因病去世了。诸次东渡以这次损失最为惨重。

753年，日本第十次遣唐使藤原清河、副使大伴古麻吕、吉备真备等一行，来到扬州参见鉴真和尚。他们说，得悉鉴真曾五回渡海，准备向日本国传教，便奏请唐玄宗准许鉴真及其五名持律弟子前往。玄宗同意了，但要求同时派两名道士一齐赴日，而日本国不崇信道教，遣唐使只得连鉴真也一并奏退。大使等表示，他们有四艘船，"愿大和上自作方便，"可暗中一起乘便船赴日。鉴真和尚当即许诺，愿意赴日。可是扬州的僧俗都不愿让鉴真和尚赴日，对龙兴寺防卫甚严，使鉴真不能离开。所幸东阳郡(今浙江金华)仁干禅师愿意提供协助，备具了船舫，在江头等候。鉴真和尚于天黑后，趁人不备由徒弟护送出了龙兴寺，至江头登船。其时，有沙弥24人，悲泣相送，说大和尚今赴日本，今生已无缘再见，请求预结来生之缘。鉴真和尚就在江边，当场为这24个沙弥摩顶授戒后，连夜启航前往苏州附近的黄泗浦，搭乘遣唐使团回国的大船。

这最后一次东渡，与鉴真同行的有：扬州白塔寺法进、台州开元寺思托、泉州超功寺昙静、扬州兴云寺义静、衢州灵耀寺法载、窦州开元寺法成等僧人14名；藤州通善寺尼智首等3人；其中思托、昙静、法载3人是第一次东渡时就发愿前往的，尤其是思托，前五次东渡都随行了。此外还有杨州居士潘仙童，胡国人安如宝。昆仑国人军法力。瞻波国人善听等24人。不久，普照也从余姚郡赶来。回日的使船航行一个多月，终于在753年底抵达日本九州岛南部的萨摩国阿多郡秋妻屋浦(今鹿儿岛)。754年初，鉴真到达难波(今大阪)。有中国僧人崇道等迎慰供养。鉴真入平城京(即奈良)，日本朝廷遣人城门外迎拜，并把鉴真一行安置在东大寺。

鉴真到达日本之后，受到了日本各界的热烈欢迎。宰相、右大臣、大纳言等官员百余人都前来礼拜问讯。日皇派特使吉备真备前来会见，宣读诏书对鉴真表示慰劳，并请他就东大寺设坛传戒：“朕造此东大寺经十余年。欲立戒坛传受戒律。自有此心日夜不忘。今诸大德远来传戒。冥契朕心。自今以后。受戒传律。一任大和尚。”天皇并因此特授鉴真为“传灯大法师”。754年春，鉴真就按照律宗祖师南山道宣的“戒坛图经”，在东大寺卢遮那殿前立戒坛，登坛主持日本佛教史上第一次盛大的授戒仪式。日本天皇、皇后、皇太子都登坛受了菩萨戒。然后又为沙弥证修等四百四十余人授戒，为内道场兴行僧神荣等五十五人重授大小乘戒。鉴真又在东大寺大佛殿西方造了一所戒坛院，传授佛教戒律。757年，日皇将故新田部亲王旧宅送给鉴真作为建筑伽蓝之用。鉴真即指导弟子们建成了“唐招提寺”，于759年落成。鉴真在下野药师寺、筑前观音寺等也修建了戒坛。这两所戒坛和东大寺戒坛并称为日本三戒坛。从此以后，出家僧侣只有在东大寺和下野药师寺、筑前观音寺这三大寺的戒坛授过戒，才能获得度牒，取得僧籍，也才能获得免除赋税和徭役的特权。759年秋，天皇宣布，凡是出家人必须首先到鉴真的唐招提寺研修佛教戒律，然后才有可能选择自己的宗派。

鉴真到达日本传律授戒，也受到了日本的一些守旧佛教集团的反对。日本僧人贤景、志忠等人仍然坚持主张自誓授戒，排斥鉴真带来的佛教戒律规定的三师七证的受戒仪式，于是在兴福寺的维摩堂与鉴真等人举行了一场有关佛教入门仪式的大辩论。辨论的结果是以鉴真、普照一派获得了胜利。于是灵佑、贤景、志忠、善顶、道缘、平德、忍基等80多位日本僧人放弃了旧戒，重新由鉴真在戒坛院为他们受戒。

此后，日本民众私度出家的情况被遏止了，日本佛教开始走向如法如律、规范传戒的道路，东大寺也成了日本佛教界的“总本山”。鉴真也被圣武天皇委任为“大僧纲”，掌握佛教传律的大权，成为日本佛教历史上律宗的开山祖师。

日本的统治者企图利用佛教来巩固自己的统治，所以当鉴真的传戒活动有利于加强他们的中央集权，他们是热心支持的，但当鉴真的佛教思想和活动不符合统治阶层微妙复杂的宗教和政治争斗的需要时，他们也就转变为冷淡。758年8月，就在圣武天皇死后不久，天皇诏书以减轻鉴真的工作负担为由，停止他的僧纲行政职务：“大僧都鉴真和尚，戒行转洁，白发不变，远涉沧波，归我圣朝，号曰‘大和尚’，恭敬供养。政事操烦，不敢劳老，宜停僧纲之任。集诸寺僧、尼，欲学戒律者，皆属令习。”但总的来说，鉴真和他的弟子们在日本的传法活动还是顺利的。凭着鉴真师徒丰富的学识，高洁的品格，精严的戒行，以及在传播佛教文化与大唐文化方面的孜孜努力，他们赢得了日本人民的爱戴。日本朝野因而尊称鉴真为“和上”“大和上”。也因为他们的努力传播，佛教在日本不再仅局限于是官僚贵族的宗教，也逐渐成为广大普通百姓所信仰的宗教。

763年的五月初六，76岁的鉴真圆寂于唐招提寺自己的僧房。

“踏破瀛海千层浪，万里香花结胜果”。鉴真东渡日本的意义和价值，不仅在于他向日本输入的佛教文化，更在于他连带地把更多的大唐帝国的先进文化带到了日本，推动了日本文化的发展，对于日本文化史、宗教史、艺术史、建筑史等都有深远的影响。

鉴真对日本佛教的影响，首先当然是建立了僧尼的教育、培养和传戒的一整套严格的制度，“从此以来，日本律仪，渐渐严整，师师相传，遍于寰宇”，同时也是帮助日本天皇建立了对日本佛教界的控制。此外，在鉴真东渡日本之前，日本佛教界没有大乘佛教，只有小乘佛教。鉴真为日本带去了大乘佛法。他创建了日本律宗，建造了日本律宗的祖庭唐招提寺。同时，他们对天台宗和密宗思想也有所传输，为这二宗日后在日本的兴盛打下了基础。鉴真和他的弟子们虽属律宗，但对天台宗思想也深有研究。他们东渡带到日本的经书，以天台章疏最为完备，包括《摩诃止观》《法华玄义》《法华文句》《小止观》《六妙门》等很多天台宗的章疏。鉴真、法进、如宝、法载、思托等人曾先后在唐招提寺大力讲解这些章疏。因此，他们是天台宗传到日本的先驱者。

再则，日本的佛经多由百济僧侣辗转口传而来，口口相传，错误甚多。鉴真博闻三藏，在双目失明的情况下，仍以他惊人的记忆力，对日本佛经加以校正。相传他在日本校正刊刻了戒律三大部。760 年，日淳仁天皇还命鉴真就东大寺校正《一切经》。

佛教的“五明”教育里，包括了医方明，就是医学知识。医学是佛学的一部分。鉴真在传播佛教文化的同时，也为日本医药学做出了重要贡献。鉴真精通医学，为日本带去了很多医书和中医验方。在日本的《日本国见在书目》和《本草和名》《皇国名医传》等古籍里就提到过有《鉴上人秘方》一书，可惜现在原著已失传，现在只能找到几个传说是鉴真带到日本的药方。据传说“奇效丸”“万病药”“丰心丹”的方子都是鉴真带到日本的，是东、西两大寺的必备药。当时日本人对某些药品还不太能辨识，天皇令鉴真加以辨正。双目失明的鉴真，“一一以鼻别之，一无错失”。精通医术的鉴真还亲自为皇室诊治，曾治愈过皇太后的病，“及皇太后不愈，(鉴真)所进医药有效”。直至 17、18 世纪，日本的药商都还奉祀鉴真为始祖，日本药店的药袋上还印着鉴真的像。

鉴真在中国时，在佛寺的建筑、佛像的雕塑和绘画上就具有很高的造诣。他在日本主持建造的唐招提寺内的大堂建筑金堂，坐北朝南，阔七间，进深四间，三层斗拱式形制，是座单檐歇山顶式的佛堂，形制类似中国五台山的佛光寺大殿，非常精美而且牢固。在 1597 年日本地震中，周围其他建筑尽被毁坏，独金堂完好无损，至今屹立。日本《特别保护建筑物及国宝帐解说》中评论说：“金堂乃为今日遗存天平时代最大最美建筑物。”

鉴真及其弟子在雕塑艺术上，把夹纻法制像带到了日本推广并发扬光大。夹纻法早在东晋时已经出现，到唐朝技术已达到很高水平，所造佛像结实耐用，重量又很轻，可造很大的像，费用又相对较低廉。武则天时用夹纻法塑的大佛可以高达九百尺。鉴真随船带有佛像，在日本又用夹纻法塑造了许多佛像，如唐招提寺金堂内的卢舍那大佛坐像、药师如来立像、千手观音菩萨像等。鉴真晚年，弟子用夹纻法制作了一尊高 80.4 厘米的鉴真结跏趺坐像作为纪念。这尊塑像一直供奉在唐招提寺内，成为日本国国宝。

鉴真随船带到日本的还有绣像、画像、书帖等，对日本绘画书法影响很大。其中带去的王羲之父子的真迹，使日本从此后流行二王书风，相传唐招提寺的匾额即为孝谦女皇仿王羲之体而写成。而鉴真和他的弟子法进也都是书法的高手。鉴真弟子中多长于汉学诗文，这对于古代日本汉学的风行很有影响。弟子思托的诗文造诣最深，在鉴真圆寂后写了《大唐传戒师僧名记大和上鉴真传》，可惜失传了。日本真人元开正是参照此书写的《唐大和上东征传》。又据说，日本人豆腐、酱油和蔗糖技术，也是鉴真带去的。随鉴真赴日的还有各种行业的工匠，也因此把各种工艺技术带到了日本。总之，鉴真的东渡，把当时大唐帝国的艺术与科技文明全面地介绍到了日本。

因此，鉴真被日本人民称为“盲圣”“日本医学之祖”“日本文化的恩人”。唐招提寺还藏有日本名画家莲行为了纪念鉴真东渡而绘制的《东征绘传》五个长卷。日本诗人松尾芭焦为鉴真写下了著名的徘句：愿将一片新叶，揩掉您的眼泪。

（卢文芸）

# 42. 伊斯兰教、摩尼教、景教传入中国

强盛的唐朝拥有开放的胸襟和气魄，对宗教实行比较宽松的政策。伊斯兰教、摩尼教和景教得到了唐朝政府的正式认可，传入中国。

唐朝时称阿拉伯为大食，7世纪初，伊斯兰教创始人穆罕默德统一阿拉伯半岛后，东灭波斯，西陷开罗，建立了势力达到中亚、南亚和北非的阿拉伯帝国。阿拉伯人向往中国文明，公元651年，大食第三任哈里发奥斯曼遣使和唐朝通好，向唐朝皇帝介绍了伊斯兰教义、礼仪和麦地那政权的情况。这件事被当时中国的史官郑重地载入史册(《旧唐书》卷四)。在此后的148年间，大食遣使来唐计有36次之多。而据苏丹学者加法尔研究，早在教历七年(628年，即贞观二年)，先知穆罕默德给罗马、波斯、阿比西尼亚帝王派遣使节时，也给中国皇帝派来了使节，阐明了伊斯兰基本教义。因为当时的中国是世界上有很大影响的大国，穆罕默德不会忽视这样一个大国。相反，他曾有过"求知，哪怕远在中国"的训喻。英国著名史学家威尔斯在其名著《世界史纲》中也印证了这一点。

除了派遣使节，发生政府间的联系以外，最普遍、最常见的是大批穆斯林商人来华贸易。唐代，从阿拉伯海、孟加拉湾、马六甲海峡，到南海登陆的海上航线称为"香料之路"，由海路进入中国的阿拉伯与波斯穆斯林商人，多在广州、扬州和泉州等地。在广州还出现了穆斯林社区，称作"蕃坊"，即城市中外国人居住的街道区域。阿拉伯人苏莱曼于公元851年来中国经商，回国后所著的《苏莱曼游记》中介绍了蕃坊的情况：蕃坊内的最高领袖是"都蕃长"或称"蕃长"，一般由德高望重的穆斯林担任。蕃长从穆斯林商人中选出后，要经过中国政府的批准和正式任命。其主要职责是管理穆斯林社区内的一切事务。穆斯林之间如果发生了纠纷，由蕃长在自己的管理机构"蕃长司"内处理解决，中国官员一般不干涉。苏莱曼写道，蕃长作出的一切判决，合乎《古兰经》、圣训及伊斯兰教法和习惯。蕃坊内有养育院、市场、公共墓地及供穆斯林礼拜和聚会的清真寺。穆斯林的宗教生活在蕃坊内得到了保障。蕃长不仅是政治领袖、宗教法官，还是穆斯林的教长(伊玛目)。每逢伊斯兰节日，由他带领全体穆斯林作礼拜、讲教义，为穆斯林哈里发祈祷。

8世纪中叶，也就是伍麦耶王朝末年，阿巴斯王朝初期，唐朝与阿拉伯帝国因西域石国(现塔什干)问题发生冲突。公元751年(唐玄宗天宝十载)，双方军队在中亚怛逻斯(今哈萨克斯坦江布尔城)发生激战，高仙芝统率的唐兵被打败，死伤数万人，唐朝在中亚的势力受挫。但两国关系并未因此交恶，阿巴斯哈里发和唐朝皇帝都从各自国家的根本利益出发，慎重而灵活地对待此事，两国关系继续发展，通商往来照常进行。

公元757年(至德二年)，唐肃宗借调大食兵，经波斯陆行长安、洛阳，平定安史之乱，大大有利于穆斯林在中国的留居与伊斯兰教的传播。经丝绸之路入华的穆斯林，始居西北的阿克苏、库车、和田、河州一带，唐朝许可大食人与中国女子通婚，娶屯荫子，安居乐业，有的大食人当时因归路不通，有的因商务纠

缠，个别传教者又随遇而安而留居。唐朝热情对待阿拉伯人与波斯商人及使者，许建清真寺，方便了穆斯林的宗教活动，促使他们逐渐以华土为家，他们世居华夏成为中国籍民。大食人的足迹遍布大江南北，天长日久，和中国诸民族互相影响，彼此促进，和平共处。唐时起，大食人攻读汉学者日多，随汉俗取姓名，应试中榜者也与日俱增。其中最著名的当数公元 848 年(大中二年)大食商人的后裔李彦升在长安考中了进士。

总体上说，唐代中前期，伊斯兰教在中国内地和沿海地区得到初步传播，但谈不上什么发展，这一时期伊斯兰教信众——穆斯林，在中国人眼里，是外国人和侨民。因此，伊斯兰教在这个时期主要以侨民文化的形式存在于中国。伊斯兰教只在东来的阿拉伯、波斯穆斯林内部祖辈传承，中国广大社会对伊斯兰教缺乏全面深刻的了解和理解。

9 世纪时，回纥汗国瓦解，部众星散，分三支向西迁徙：一支奔甘肃，日后称甘州回鹘；一支奔吐鲁番和库车，消灭了疏勒国，改国都伽师城为喀什噶尔，后称西州回鹘或高昌回鹘；其中人数最多的一支约 15 万人，由回鹘汗国贵族庞特勤率领，穿过伊犁河谷进据巴尔喀什湖以南，不久就兼并一个世纪前就已迁居该地的突厥葛逻禄部族，建立了喀喇汗王朝。随着历史的发展，回纥人逐渐抛弃了原有的佛教信仰，改信从西方阿拉伯传来的伊斯兰教。人们因为伊斯兰教为回纥人所信奉，所以倒果为因把伊斯兰教称为回教。伊斯兰教的东传，既得益于丝绸之路、香料之路的发展，也受到了唐朝与阿拉伯之间的战争驱动，更重要的是喀什噶尔的回鹘人对于伊斯兰教的传播。

摩尼教为生于波斯萨珊王朝初期的摩尼(生于公元 216 年左右)所创立，它是以古代巴比伦宗教为基础，参考了琐罗亚斯德教、佛教和基督教等教义而开创的新宗教，是彻底的二元教，最初摩尼在祆教影响较弱的梅克兰、图兰和信德一带传教，并建立教团。242 年，摩尼获得了波斯国王沙布尔一世(240—270 年在位)的支持，摩尼教在波斯境内迅速传播。波斯王巴赫拉姆一世(271—274 年在位)即位后，在祆教祭司贵族的强大压力下，开始限制和排挤摩尼教。巴赫拉姆二世(274—293 年在位)更是在 277 年将摩尼投入监狱杀害，经典被烧毁，教徒惨遭屠杀，纷纷逃亡各地。摩尼教虽然在波斯国内无法立足，但是却在波斯以外的地区得到了广泛传播，较短的时期内，在阿塞拜疆、小亚细亚、中亚、北非等广大地区都建立了摩尼教团，并进一步向西传入欧洲各地，向东传入中国和印度，成了跨亚、非、欧三大洲，并具有世界性影响的宗教。

摩尼教的中心思想是“二宗三际论”，二宗即光明与黑暗，三际是指初际、中际、后际。摩尼教认为光明与黑暗是世界的本原，光明王国光明、洁净、和善、快乐，是美好的所在；而黑暗王国则充斥着污秽、毒恶、愚痴、残暴，是邪恶的化身。在初际，光明与黑暗相互对峙，互不相扰，这时还处在浑沌未开，未有天地的阶段。到初际末期，黑暗王国入侵光明王国，在光明与黑暗的斗争中，生成了日月星辰、天地山川和人类世界。人类的肉身是由黑暗物质构成，但组成灵魂的却是光明的分子。不仅世界是黑暗物质的生成物，而且人类也不过是黑暗物质囚禁光明分子的肉身。为了拯救人类的灵魂，光明王国的最高统治者大明尊派遣使者先后下生人间，给人类带来启示，摩尼是继琐罗亚士德、佛陀、耶稣之后的最后一位使者。摩尼教认为，只要通过艰苦的“劳心救性”，人类的灵魂终将得救，回归光明王国。那些拒绝拯救，冥顽昏钝的灵魂将连同地球及黑暗物质一起，在熊熊的世界末日大火中归于毁灭，而中际也将随着光明王国的胜利而终结。在所谓后际，“明既归于大明，暗亦归于积暗”，光明与黑暗判然两分。与初际相比，黑暗已经被牢牢地禁锢了起来，永远失去了入侵光明王国的可能。

摩尼教是在 3 世纪末年沿着丝绸之路向东方传播的，在新疆吐鲁番发现的摩尼教残片文书中，除了古突厥语文书外，还有中古波斯文、帕提亚文、粟特文、大夏文、乙种吐火罗文等各种文字的文书，表明古代中亚的许多民族中都曾流行过摩尼教。

最晚在唐高宗时代，摩尼教就已传入中国内地。据宋代僧人志磐《佛祖统纪》载：“延载元年(694年)，波斯国人拂多诞(原注：西海大秦国人)持《二宗经》伪教来朝。”明代何光远在《闽书》中也称，摩尼在波斯灭度之后，传其法于慕阇，慕阇在唐高宗朝行教于中国。至武则天时，慕阇的徒弟密乌没斯拂多诞又得以觐见武则天，得到信任，令其在民众中传经。《闽书》虽然时间晚出，但与《佛祖统纪》出自同一史源，且内容更为详尽，可补后者的阙略。慕阇与拂多诞都是摩尼教对高级僧侣的专称，据摩尼教经典《摩尼光佛教法仪略》载，慕阇为第一等，意为“承法教道者”，拂多诞为第二等，意为“侍法者”。

从以上记载可知，在武则天时，摩尼教教义已得到了最高统治者的赞许，得以在内地合法传播。公元719年(唐玄宗开元七年)，吐火罗国与大食、康国、南天竺国等派遣使团来到唐朝，吐火罗支汗那王帝赊向唐玄宗上表推荐大慕阇。称其人智慧幽深，问无不知。“望请令其供奉，并置一法堂，依本教供养。”精通天文，只是为传播教义服务的一种辅助手段。但是在过了25年之后，吐火罗国仍然以慕阇精通天文为由，请求唐玄宗垂询摩尼教法，并设置法堂，表明在此期间摩尼教对唐朝廷的影响不是很大。

作为一种世界性的宗教，摩尼教具有开放的性质。如同在西传过程中汲取了许多基督教的思想成分一样，摩尼教在东传过程中也逐渐吸收了佛教的因素，如贡院31年(开元十九年)，由入唐摩尼教徒编撰的《摩尼光佛教法仪略》中专列“寺宇仪”一节，记载了摩尼教寺院仪规。表明东方摩尼教设有寺院，寺院有“专知法事”“专知奖劝”“专知供施”的三名“尊首”，并设有经图堂、斋讲堂、礼忏堂、教授堂、病僧堂等五堂，这一套较为完备的寺院制度，受到了佛教的强烈影响。此外，在摩尼教经典中有大量佛教词汇，如善知识、业轮、生死海、功德、金刚、如来等，甚至教主摩尼也被冠以“摩尼光佛”的称号。对佛教因素的吸纳，大大便利了摩尼教在民间的传播。

公元732年(开元二十年)，唐玄宗颁布敕令，禁止摩尼教在民间传播，称其“本是邪见，妄称佛教，诳惑黎元，宜严加禁断。以其西胡等既是乡法，当身自行，不须科罪者”。在诏令中，并没有禁止居住在唐朝境内的“西胡”信奉摩尼教，但是摩尼教在内地民间传播的势头受到了扼制。

安史之乱以后，摩尼教借助回纥的力量，在唐朝境内再次大兴。回纥汗国是继突厥、铁勒之后，在唐朝北方兴起的又一个游牧政权。安史之乱爆发后，玄宗逃往成都，唐肃宗继位灵武，与回纥和亲修好，回纥发兵，助唐收复西京与东京，在与唐朝的交往中逐渐处于优势的地位。经回纥进行的东西方贸易，主要掌握在亚洲内陆著名的粟特胡商手中。回纥汗国内大批的粟特人对回纥经济活动和政治生活产生了重大影响，同时也将摩尼教带入了回纥汗国。随着回纥汗国封建化进程的加深和粟特人经济地位的提高，摩尼教很快就发展成了回纥的国教。而摩尼教也借助回纥的力量在内地再度流传。

公元768年(唐代宗大历三年)，唐朝在京师为摩尼教徒立大云光明寺。公元771年(大历六年)，回纥“请于荆、扬、洪、越等州置大云光明寺，其徒白衣白冠”。公元807年(元和二年)，回纥使者又请于河南府、太原府置摩尼寺三所。摩尼寺遍布南北各地。

从这一时期摩尼教对寺址的选择，也可反映出回纥境内的摩尼教与粟特商胡的密切关系，这时唐朝北方遭到战乱的破坏，长安、洛阳为唐朝东、西二京，太原为唐朝北都，除了这些大都市外，摩尼教徒首先选择在江淮流域商业活动最繁荣的荆州、扬州、洪州、越州等地建寺，这些地区不仅是最著名的商业都会，而且多以对外贸易繁荣著称，寺址的选择显然与信教的粟特商胡从事商业贸易有关。

回纥衰亡之后，摩尼教的传播受到严重影响。公元843年(会昌三年)，唐武宗更进一步禁断摩尼教，废除寺院，焚毁经像，没收财产，摩尼师或殉教而死，或配流诸道。此后，传入中国的摩尼教与中亚地区的摩尼教团失去了联系。内地的摩尼教分为两途，一种转向地下，与中国历史上传统的秘密结社和佛教异端合流，在下层普通民众中广为流布，与其他民间秘密结社和异端一起，被统治者总称为“吃菜事魔”。另一种则继承了保持了摩尼教的寺院制度，采取了“道化”或“佛化”的形式，远离尘世，在寺院中修行摩尼之法。魔尼教寺院主要存在于宋元时代的东南沿海地区。而在我国新疆的吐鲁番地区，在回鹘西迁之后，摩尼教也继续得到回鹘统治者的信奉，与佛教并行不悖，直到数百年后方才绝迹。

唐人所称景教，就是指基督教聂斯托利派，这一教派的名称是根据其创始人聂斯托利的名字命名的。景教在唐代又称波斯教或波斯经教，在汉文中，“景”有光明和宏大的含义，所以聂斯托利派的信徒以此为教名。在唐代景教文献中，教称景教，教会称景门，教堂称景寺，教主称景尊或景日，教规称景法，教徒称景众，教士称景士，此外还有景风、景力、景福、景命等专门的语词，甚至教徒的名字也多以“景”字，如景净、景福、景通等。可知景教是最常见的名称。

聂斯托利出生于叙利亚的泽曼尼西亚，生年不详。起初在安条克城的一所修道院修习，由于博学多闻且能言善辩，声名上达于东罗马宫廷，在公元428年出任君士坦丁堡大主教。聂斯托利赞成耶稣的母亲玛利亚是“人母”而不是“神母”的主张，并进而在承认耶稣神人一体的前提下，提倡将耶稣的神性与人性分而为二，即着重强调耶稣人性的一面。较之于主张耶稣人神合一同体的观点，聂斯托利的主张在当时应该是较为开明的。聂斯托利的学说遭到了政敌的强烈反对，亚历山大城主教圣西利尔屡次上书罗马教皇及皇帝，并利用贿赂手段勾结宫廷内侍，对聂斯托利进行攻讦，聂斯托利最终在公元430年被教皇褫夺了主教职位，并被开除出教，后在埃及西部的沙漠中流放而死，他主张的学说也被冠上了异端的恶名。

聂斯托利死后，其教义和信徒随着丝绸之路向东方传播，流行于叙利亚、波斯、印度、阿拉伯等地。公元498年，聂斯托利派在波斯首都塞琉西亚集会，宣布与罗马教会断绝一切关系，成立了迦尔底教会的东方教会，自己推举主教，并积极开展传教活动。最初，聂斯托利派的总部设在塞琉西亚—泰西封城，在阿拉伯人征服波斯之后，又在公元762年移到了大食首都巴格达。

今人对唐代景教的了解，主要是从《大秦景教流行中国碑》和敦煌遗书中残存的景教经典中得知的。景教碑立于公元781年(唐德宗建中二年)，1625年(明熹宗天启五年)在西安西郊被发现。此碑是叙利亚文和汉文对照的双体合璧碑，以1780个汉字撰写，另附数十字叙利亚文。碑顶上有十字架，文字两旁有莲花，文字的侧面有天使，并记载了中国景教士共65名。

《大秦景教流行中国碑》系统叙述了景教自公元635年(唐太宗贞观九年)传入中国后约一个半世纪的历史。据称：“太宗文皇帝光华启运，明圣临人。大秦国有上德曰阿罗本，占青云而载真经，望风律以驰艰险。贞观九祀，至于长安。帝使宰臣房公玄龄总仗西郊，宾迎入内。翻经书殿，问道禁闱。深知正直，特令传授。”公元638年(贞观十二年)，唐太宗又下诏，令在长安义宁坊建寺一所，度僧21人，并将太宗本人的形象绘制在了寺院的墙壁上。

碑中称聂斯托利派基督教为“大秦景教”，并谓阿罗本为“大秦国上德”，实际上景教最初入唐，是以“波斯经教”为名，而寺院也称“波斯寺”，“大秦”是公元745年(唐玄宗天宝四载)易名后的称呼，《唐会要》也记载了贞观十二年建寺的诏令，内容大体相同，只是称阿罗本为“波斯僧”，并在天宝四载九月颁发的“波斯寺“改名的诏令中称：“波斯经教，出自大秦，传习而来，久行中国。爰初建寺，因以为名，将欲示人，必修其本，其两京波斯寺，宜改为大秦寺，天下诸府郡置者，亦准此。”此碑立于建中二年，所以在叙述贞观年间景教初入唐朝的事迹时，使用了后出的“大秦”这个名字。

高宗时期，景教进一步得到发展，“诸州各置景寺”，并尊崇阿罗本为镇国大法主。“法流十道，国富元休。寺满百城，家殷景福”。在武则天时，景教一度受挫。原因是武则天本身是佛教信徒，佛教徒眼见景教势力日益壮大，故向武则天进言，希望她能遏制景教势力的发展。碑称：“圣历年，释子用壮，腾口于东周；先天末，下士大笑，讪谤于西镐。”圣历是武则天年号(698—700年)，先天是玄宗在位初期的年号(712—713年)。东周指洛阳，西镐指长安。“用壮”“腾口”“下士大笑”都是指佛教徒或儒士攻击和压迫景教，景教处于困难的处境而言。在这次危机中，“僧首罗含”和“大德及烈”起了重要的作用，碑文赞誉他们“共振玄纲，俱维绝纽”，挽救了景教。及烈其人见于汉文传统文献，在公元714年(开元二年)，他曾与岭南市舶使周庆立为宫廷广造奇器异巧，并引致了朝臣的争论。他们在振兴景教的过程中，可能是利用了自己在宫廷内的影响，可惜具体情况现在已经无法弄清楚了。

唐玄宗开元以后，景教再次光大，玄宗曾命诸王“亲临福宇，建立坛场”。天宝初年，又令高力士携“五圣写真”(或谓即高祖、高宗、武后、中宗、睿宗五帝画像)在寺内安置，并赐绢百匹。公元744年(天宝三载)，景教僧佶和因精通天文术受到玄宗重视，曾与其他17名教士一起在兴庆宫修功德，备受尊宠。碑中说：“法栋暂桡而更崇，道石时倾而复正”，就是指这一时期景教挫而复振的经历。从745年(天宝四载)诏令可知，东西两京之外，这时天下诸府郡也设立有景教寺院。

唐肃宗继位之后，在灵武等5郡重新建立景寺，景教进一步光大。唐德宗时，郭子仪帐下的景教徒伊斯在朝廷得到了比较崇重的官职，碑中称他为“金紫光禄大夫、同朔方节度副使、试殿中监、赐紫袈裟僧伊斯”。此人曾布施钱物，修补或重建景寺，“馁者来而饭之，寒者来而衣之，病者疗而起之，死者葬而安之”，广泛进行了各种慈善活动。

与摩尼教一样，景教在传入唐朝的过程中也大量借助了佛教等各种不同的文化因素，并极力协调与中国传统的儒家思想及道教的关系，尽可能适应唐朝本土原有的文化。如在《景教碑》中，将景教经典称作“贝叶梵音”，而且在汉译经典中大量使用了“妙有”“慈航”“世尊”“僧”“大德”“法王”“普救度”等中国内地人耳熟能详的佛教名词，甚至径直将“佛”作为“天主”的代称，这对加速景教的传播，无疑是很有效的。

为了在唐朝立足，景教还大力颂扬忠君思想，提倡孝道，并充分利用道家的思想要素。他们甚至将景教入唐与老子骑青牛西入流沙的传说相比附。

公元845年(会昌五年)，在唐武宗禁毁佛教的同时，朝臣上奏，认为唐朝境内所有的外国宗教都属于“邪法”，建议一体进行打击，景教徒和祆教徒共有三千余人被迫还俗。此后，景教在唐朝逐渐绝迹，其原因除了唐武宗的打击外，还在于景教集中在官僚贵族层面上传教，一遇到政治动荡就难以置身事外；另外，景教只用些救济和福利事宜来吸引信徒，并不是因为其教义吸引民众，因此，当朝廷下令各地景僧还俗时，大多数人也毫不考虑照做，可见景教在人民心目中的地位并不巩固。而景教极力模仿佛教，虽令其更易受人民接受，但同时也使其教义不清。综上所述，景教便难以在中国长期立足了。

据10世纪成书的阿拉伯人阿布·法拉至的《书目》记载，回历纪元377年(987年)，有一位教士称，他在7年前，受亚美尼亚教长的委派，与5名教士一起前往中国，处理教会事务。据他们了解到的情况，“中国基督教已全灭绝，本地基督教徒皆遭横死，他们使用过的教堂皆被毁灭，全国只剩一个基督教徒”。他们遍寻各地，竟无一人可与授教，因此尽快返回复命。这一记载准确地反映了基督教在中国内地濒于消失的事实，但是在中亚和中国西北地区，基督教却并没有完全绝迹，直到十二三世纪时，随着蒙古汗国的兴起，景教再次卷土重来，流行于世。

（张敏）

# 43. 大秦景教流行中国碑

大秦景教流行中国碑是一座记述景教(基督教分支)在唐代流传情况的石碑，唐朝建中二年(781 年)，由吐火罗人伊斯受唐政府资助在国都长安义宁坊大秦寺修建。它记述了当时景教在中国的传播情况，表现了唐政府当时包容、自由、宽松的思想政治环境，对研究我国古代的宗教文化和中外交通史有着十分重要的意义。

景教是西方中世纪时期基督教的一个分支——聂斯托利派，于 635 年(唐朝贞观七年)正式传入我国。唐代称古罗马、叙利亚一带为大秦国，故又称景教为大秦景教。景教的创立者聂斯托利(386—451 年)，叙利亚人，曾担任基督教会君士坦丁堡大主教。他提出基督二性连接说，反对过度强调耶稣的神性，主张将耶稣的神性与人性分开。公元 431 年，在以弗所全教会会议上，他的主张被认定为异端，他自己也被解除牧首的职务，最终客死在埃及。聂斯托利的追随者被罗马帝国迫害，纷纷向东逃亡，在恒河流域的波斯、印度一带传教，后来形成了古代基督教东方体系，这个体系被世人称为聂斯托利派。由于他们百折不挠的传教热忱而又被后人称为“火的教会”。两个世纪后，他们的传教活动遍及东亚，并进一步向东扩展，沿着丝绸之路传入中国内地，和先后传入中国的摩尼教、祆教等外来宗教被民间统称为“胡教”或“夷教”。

景教来华，正值佛道盛行之时，为了在华传播其教义，便不得不借助已有的本土文化作为依托，类似于佛教初入中土对道教的迎合之态。由于唐朝有着海纳百川的气度，亦由于景教颇具“玄妙无为”“济物利人”等特点，与唐朝所奉的儒家思想及国教道教多有相通之处，实践中又结合我国的国情，认同并奉行忠孝仁义之道，所以很快融入唐朝社会并产生了一定的影响。唐太宗敕命为之建寺，允其度僧传教。唐高宗统治时期，景教得到扶持，除长安之外，各州皆置景寺。《大秦景教流行中国碑》记载：“法流十道，国富元休；寺满百城，家殷景福。”这些记载形象描述了唐代景教流行的状况。但这并不意味着景教在唐发展没有困难与阻碍，在武后临政至唐睿宗逊位(684—712 年)这段时期，景教曾受到过佛教、道教的排斥与攻击，一度受到朝廷冷落。公元 712 年，唐玄宗继位，玄宗效仿了唐太宗宽松的宗教政策，亦对景教加快扶持，不仅派人重修景寺，且亲题寺匾。大秦景教流行中国碑记载：“令宁国等五王，亲临福宇，建立坛场。”至此景教得以恢复。唐玄宗时期，景教还发生了更改名称的大事。景教寺建立之初，称波斯寺。745 年(天宝四载)，唐玄宗颁发诏令，命各地波斯寺改称大秦寺。但景教之名称并不确立于此时。唐太宗贞观十二年的诏令中有“经教”一词，唐玄宗天宝四年的诏令中出现了“波斯经教”之名，直到 781 年(建中二年)建立《大秦景教流行中国碑》时，在碑文中才出现“景教”这一名称。此后，经德宗、顺宗、宪宗、穆宗、敬宗、文宗，景教前后延续了 200 多年，发展还算顺利。直至 845 年(会昌五年)，唐武宗诏令灭佛，景教未能幸免，同遭重创，从此日益衰落，后延至元朝而渐次湮没。

大秦景教流行中国碑于 781 年(唐建中二年)由波斯传教士伊斯建立于大秦寺的院中。碑文由波斯传教士景净撰刻，朝议郎前行台州司参军吕秀岩书并题额。碑身高 197 厘米，下有龟座，全高 279 厘米，碑身上宽 92.5 厘米，下宽 102 厘米，正面刻着“大秦景教流行中国碑并颂”，上有楷书 32 行，每行 62 字，一共 1780 个汉字和数十个叙利亚文。

碑下部及两侧刻有景教僧姓名，其中有叙利亚名之景教僧。碑文主要阐述了景教的基本教义及在中国的流行情况。碑文中既包含着中华文明的精神，也包含着罗马和波斯文明的内涵，既有叙利亚文字，又有希腊的纪年；既有佛教用语，又有基督教思想。它是一块集多种文明于一体的，在中西方文明交流史上占有重要地位的石碑。

碑文的内容可分为两部分。第一部分是序文，内容较长，首先简介了景教的基本信仰，然后比较详细地叙述了景教由阿罗本介绍到长安后，受到自唐太宗以下六代皇帝优待，大约 150 年间在中国发展的经过。这是一篇具有重要历史价值的唐代文献。635 年(贞观九年)，唐太宗不但派出房玄龄率领仪仗队到长安西郊隆重接待，而且让阿罗本等人在皇帝的藏书楼翻译圣经，还在皇帝的内室讨论福音的道理。唐太宗认为这种道理对自己的统治有利。三年后，即 638 年(贞观十二年)唐太宗下令在长安城西北隅义宁坊建造大秦寺二所，度僧 21 人，还允许景教可以在全国各地传教。《唐会要》卷 49 中亦记载有唐太宗贞观十二年七月的诏令“道无常名，圣无常体。随方设教，密济群生，波斯僧阿罗本远将景教，来献上京。详其教旨，玄妙无为，生成立要，济物利人，宜行天下，所司即于义宁坊建寺一所，度僧二十一人。”此诏令和景教碑文所载基本相同，只是碑文说贞观年间来传教的为“大秦国大德阿罗本”，而《唐会要》则说“波斯僧阿罗本”。

碑文的第二部分是颂词。这个颂词比序文短些，内容是再次历述碑文的梗概，是用韵文表达的。

此外碑上还有景教经典《尊经》翻成中文的记载。碑文还引用了大量儒道佛经典和中国史书中的典故来阐述景教教义，讲述人类的堕落、弥赛亚的降生、救世主的事迹，碑额上部，由吉祥云环绕的十字架下部的典型的中国莲花瓣朵，显示出景教开的是中土之“花”，结的是基督教之“果”。碑文虽系波斯传教士撰写，但他的中文功底极其深厚，因此后人读来并不觉得晦涩难懂，更像一篇精美的历史散文。

大秦景教流行中国碑除了借助大量的佛教词语外，还借用了道教术语和中国古典文词，据统计，碑文中出自《诗经》的有 30 多处，出自《易经》的有 30 多处，出自《春秋》的有 20 多处，涉及经书的达 150 多处，涉及史书的有 100 多处，出自子书的有 30 多处。碑文具有浓郁的儒家观念底蕴，给人的感觉是景教也是一种修身、齐家、治国、平天下的经世致用的哲学。例如，碑文中说：“若使风雨时，天下静，人能理，物能清，存能昌，映能乐，念生响应，情发自诚者，我景力能事之功用也。”意思是说，一个国家如果要风调雨顺，天下太平，人都明理，万物清新，活着的人昌盛，死者也能安心：以言为心声，情感发自至诚；这些都是我们景教能起的作用。在景教教士看来，景教可以为人们带来现实的福祉，景教甚至可以在国家军政大事中担当重要角色。在碑文中描述的景教教士伊斯是正三品宫门看守，北方讨伐军副使，也是试殿上的副监督，受过皇帝赏赐的紫色袈裟。他为人和蔼可亲，乐善好施，听到真道就努力实行。由于他博学多能，在肃宗、代宗、德宗三朝都很出色。他开始在肃宗朝廷效力，在皇帝幕府名册上也有他的地位。当正三品大臣汾阳郡王郭子仪担任北方讨伐使时，肃宗命令伊斯为副使。他虽然经常出入于郭子仪的卧室，但在行武间从不表现特殊。他辅佐郭子仪，做军队的耳目。此外，景教士还有其他社会实践。伊斯的高尚行为，几乎与儒学中对理想的道德要求相匹配。

大秦景教流行中国碑记载了当时景教徒的活动状况：“每岁集四寺僧徒，虔事精供，备诸王旬。馁者来而饭之，寒者来而衣之，病者来而起之，死者葬而安之。”所谓“病者来而起之”显然属于与民众生活密切相关的的医疗活动。它和景教徒在饥、寒、死等方面所做的工作，成为其争取信徒所必需做的慈善事业的重要内容。可以设想，在景教初传内地，传教事业尚缺乏根基，又面临佛教、祆教、摩尼教等宗教竞争压力的情势下，景教教士不可能不扬其所长，极力争夺生存空间。大秦景教碑流行中国碑的记载表明，景教徒的活动与唐朝的上流阶级及王室密切相关。景教徒为了传教事业，以医助教的方法推及到唐代的上层乃至唐朝廷内部。景教的善行事业除了医疗外，还涉及饥、寒、丧、葬等几个方面，可见他们在传教过程中注重争取上层支持的同时，还关注对贫苦民众的关照。救生恤死是对普通民众采用的最好传教手段。也正是由于在这方面的努力，使景教的发展取得了极佳的效果。

唐朝会昌灭佛之后，大秦景教流行中国碑湮没无闻。1623 年(明朝天启三年)，时隔近 800 年后，该碑在西安出土。1625 年，法国神甫金尼阁成为第一个见到景教碑的外国人，他将碑文译成拉丁文寄往欧洲。三年之后，另一位耶稣会传教士鲁德昭到达西安，对景教碑予以仔细研究，并将碑文译成葡萄牙文寄往欧洲。但他不能辨认景教碑上的外文，后来他在印度遇到对东方教会有研究的另一位耶稣会传教士弗南得斯，才知道景教碑上的外文是叙利亚文。此外，景教碑文还被译为意大利文、德文、法文和英文等。当地人怕此碑被外国教士盗走，秘密地把碑抬到附近的金胜寺内，竖起来交寺僧保管。

1859 年(清朝咸丰九年)，韩泰华重造碑亭，但不久因战乱，收藏该碑的寺院被焚毁，碑石暴呈荒郊。西方一些学者主张将此重要的景教文物运往欧洲保管。1891 年，欧洲某公使馆请求总理衙门设法保护大秦景教流行中国碑，总理衙门汇出 100 两银子，但到陕西时只剩下 5 两，只能草草搭一小蓬遮盖。20 世纪初，丹麦人傅里茨·何尔谟出 3000 两白银买下此碑，准备运往伦敦。清廷得知，立刻通令陕西巡抚制止，陕西巡抚派陕西学堂教务长王献君与何尔谟协商，最后何尔谟同意废除购买合同，但何尔谟获准复制一个大小相同的碑模带回伦敦。复制的大秦景教流行中国碑模版，十分逼真，几可乱真。1907 年，陕西巡抚将大秦景教流行中国碑入藏西安碑林(现西安碑林博物馆)安置，至今仍矗立在西安碑林第二展室。

(张敏)

# 44. 三武一宗灭佛

在中国历史上，有过四次由专制帝王发动的废止、消灭佛教事件。这四位帝王分别是北魏太武帝拓跋焘、北周武帝宇文邕、唐武宗李炎、后周世宗柴荣。又称三武一宗法难。他们灭佛的原因，大致有以下几个方面。其一，是源于佛教与国家政权在政治、经济各方面的矛盾。灭佛事件发生的时代背景，往往是寺院浮滥，占有大量人口和财产，又有免除兵役、徭役和租税的特权。虽然历代君主皇室都乐于利用佛教来维护自己的统治，但也决不会允许佛教成为一种影响到自身统治的社会力量，亦不会坐视佛教占据过多社会资源，影响国家的政治和经济状况，所以灭佛、抑佛是必然的。所以某些废佛的帝王，如果从另一个角度看，其实是在政治方面比较有作为的。其二，是源于佛教作为一种异国的意识形态和文化观念，与中国本土文化、本土宗教，特别是与儒家、道家思想的矛盾和冲突。

第一次灭佛发生在北魏太武帝时代。北魏太武帝拓跋焘(424—452 年在位)出身鲜卑拓跋部，是北魏第三代帝王，在位 27 年，早期尊崇儒家学说，并且信奉佛教，但司徒崔浩劝他信奉道教，并攻击佛教，“尤不信佛，与帝言，数加非毁，常谓虚诞，为世费害”。寇谦之又称太武帝是“以真君御世”，太武帝因而改信经嵩山道士寇谦之改造过的道教——天师道，奉寇谦之为“天师”，于 442 年正月“备法驾”，设天师道场，亲自登坛受符书，表示上受天命，并改元“太平真君”。自此北魏每逢皇帝即位，都要登坛受箓，直到北魏灭亡。同时，太武帝“锐志武功，每以平定祸乱为先”，欲以全民为兵，开拓疆土，就必须面对僧侣数量巨大而不服兵役的问题。太平真君五年(444 年)，太武帝开始下诏限制佛教，视之为戎狄之教加以排斥，说佛教“西戎虚诞，生致妖孽，非所以一齐政化，布淳德于天下”，禁止王公以至百姓私养沙门，还下令凡 50 岁以下的和尚都要还俗，以纳税赋、服徭役和服兵役。

444 年九月，因为怀疑与一起宫廷政变有关，太武帝杀了高僧玄高、慧崇等。445 年，卢水胡人盖吴在杏城(今陕西黄陂)发动起义，起义兵众达十余万人，声势相当浩大，其中也有僧众参加。太武帝于年底率兵亲征，第二年(446 年)二月入驻长安。随从官吏发现佛寺内藏有兵器，太武帝认为“此非沙门所用，必与盖吴通谋，欲为乱耳”。于是下令把这所寺院的僧人全部斩杀，没收全部财产。在清查过程中，又查出寺院中有“酿酒具及州郡牧守富人所寄藏物，盖以万计。又为窟室，与贵室女私行淫乱”。司徒崔浩于是上书请诛天下沙门，毁寺庙经像。因此 446 年 3 月 15 日(北魏太平真君七年二月初二日)魏太武帝下诏，指出佛教来自外域，“不本人情”，导致“政教不行，礼义大坏”，因而要“除伪定真，复羲农之治”，即奉行儒家“政教”“礼义”，恢复上古之伏羲神家时代的治世。在具体措施上，“宣告征镇诸军、刺史，诸有佛图形象及胡经，尽皆击破焚烧，沙门无少长悉坑之”。要求毁掉所有寺院、经书，诛杀所有僧侣。

这种灭佛政策，甚至遭到了寇谦之的极力反对，但太武帝和崔浩一意孤行。《高僧传》卷十中载，其时“分遣军兵，烧掠寺舍，统内僧尼悉令罢道，其有窜逸者，皆遣人追捕，得必枭斩。一境之内，无复沙门”。

不过当时太子拓跋晃亦信仰佛教，有意缓发诏书。各寺院僧尼因此多得逃脱，一部分佛像和经书也得以藏匿，但北魏境内寺宇大多被毁了。

太武帝死后，文成帝（452—465 年）即位，认为佛教“助王政之禁律，益仁智之善性，排斥群邪，开演正觉”，又主张恢复佛教，准许诸州城郡县于众居处各建寺一所，并许平民出家。此后在历代北魏皇帝的支持下，佛教在北方迅速再次兴盛。此外，这次灭佛还有两个副产品：其一是促使大量佛教徒西行或迁至南朝，促进了南朝佛教的发展。其二因为北魏太武帝禁佛，时人认为这是因为“时值末法时期，当以住生净土（弥勒净土、弥陀净土）而解脱”，从而促进了佛教净土思潮在中国的传播和发展。

第二次灭佛的是北周武帝。距北魏太武帝的废佛，约有一百一十余年。北周武帝崇尚儒家，重用儒者，励精图治，在政治、经济、军事方面都进行过一系列的改革。他废佛、道二教，也是以之为富国强兵之策。当时佛教极其昌盛，僧尼达 200 万人，佛寺 30000 余所（《魏书・释老志》）。同时道教也很发达。因而人称“缁衣（指僧尼）之众，参半于平俗；黄服（指道士）之徒，数过于正户”。因为僧尼可以免税赋、徭役和兵役，民众纷纷出家，“所在编民，相与入道，假慕沙门，实避调役”，寺院又占有大量土地，大大影响了北周政权的经济收入和兵源。武帝于是决心“求兵于僧众之间，取地于塔庙之下”。

567 年（天和二年），有卫元嵩上书请删寺减僧，说：“国治不在浮图，唐、虞无佛图而国安，齐、梁有寺舍而祚失。大周启运，远慕唐、虞之化，宜遗齐、梁之末法。”认为治理国家不在于佛教，唐虞没有佛教，国家太平，齐梁寺庙很多，却很快亡国。应该效法唐虞而不是齐梁。但卫元嵩并非彻底否定佛教，而是认为佛教界盛建佛像、寺舍，耗费民众的财力，违背“大慈为本”的“佛心”。所以他认为应该废除寺塔佛像，改革佛教，令佛教世俗化，请求造“平延大寺”，“夫平延寺者，无选道俗，罔择亲疏，以城隍为寺塔，即周主是如来，用郭邑作僧坊，和夫妻为圣众，推令德作三纲，遵耆老为上座，选仁智充执事，求勇略作法师。行十善以伏末宁，示无贪以断偷劫。是则六合无怨怼之产，八荒有歌周之咏”。武帝深以为然。此外，当时民间又流传着一句谶语，说“黑衣当得天下”。道士张宾就乘机毁谤佛教，散布黑衣（沙门披缁衣故称）将称帝的谣言，指沙门身穿黑衣，必为国禁，道士穿黄衣，必为国祥。周武帝由此对佛教更生疑忌。

为了师出有名，从天和至建德年间（566—578 年），周武帝七次召集名儒、高僧、道士，讨论儒、释、道三教优劣高低，意欲以儒为先，道教为次，佛教为后。但因当时大冢宰宇文护执掌朝政，笃信佛教，又有司隶大夫甄鸾作《笑道论》，沙门道安作《二教论》，僧（勔）著《十八条难道章》《释老子化胡传》等，指斥道教，几次辩论之中，三教各执一词，争执不下，不能定位。到了建德三年（574 年）五月，武帝又大集臣僚僧道诸人论辩。据《续高僧传・智炫传》记载，当时有高僧智炫，口才便给，陈义甚高，道士张宾极力斥佛扬道，却被智炫驳倒。武帝亲自升座加以论难，斥佛教不净，智炫答道：“道教之不净尤甚！”亦不能胜过。

武帝恼怒，次日下诏把佛、道二教一并废斥，“断佛、道二教，经像悉毁，罢沙门（即僧尼）道士，并令还民”。要求僧道都还俗，财产散给臣下，寺观塔庙赐予王公。“其他奉祀崇拜，礼典所不载者，尽除之。”当年六月，又设置了“通道观”，选择佛教、道教中的知名人士 120 人，为“通道观学士”，并设置了官吏进行管辖，令讲老庄、《周易》，会通三教，“圣哲微言，先贤典训，金科玉篆，秘迹古文，所以济养黎元，扶成教义者，并宜弘阐，一以贯之”。有的也量才任以官职。一时北周境内“融佛焚经，驱僧破塔……宝刹伽蓝皆为俗宅，沙门释种悉作白衣”。

577 年北周灭北齐，周武帝又在原北齐境内禁断佛、道二教。他在邺城召集齐境沙门五百余人，宣布要废除佛教。与会的 500 僧人都沉默不语，唯慧远和周武帝反复争论，以阿鼻地狱相胁，“抗声曰：‘陛下今恃王力自然，破灭三宝，是邪见人。阿鼻地狱，不简贵贱，陛下何得不怖！'”然而周武帝勃然作色，直视慧远说：“但令百姓得乐，朕亦不辞地狱诸苦。”(《广弘明集》卷十《周祖平齐召僧叙废立抗诏事十一》)结果最终“毁破前代关山西东数百年来官私所造一切佛塔，扫地悉尽。融刮圣容，焚烧经典。八州寺庙(出)共四万，尽赐王公，充为宅第。三方释子减三百万，皆复军民，还归编户”，四万多座寺庙被充作王公的住宅，三百万僧尼还俗做平民。一些僧人逃往南方。于是“北地佛教，一时绝其声迹”。直至北周武帝死后，宣帝嗣位，才准许恢复佛教。

周武帝灭佛，虽受道教影响，但仍以儒家思想为中心。他常讲《礼记》，认为“六经儒教之弘政术，礼义忠孝，于世有宜，故须存立”(《广弘明集》卷十《叙释慧远抗周武帝废教事》)，一方面从儒家夷夏之辨思想出发，以佛教为夷狄之教，强调自己是汉文化的继承者，“佛生西域，寄传东夏，原其风教，殊乖中国。汉魏晋世，似有若无，五胡乱治，风化方盛。朕非五胡，心无敬事，既非正教，所以废之”。另一方面以治国平天下为追求，反对佛教“倾竭珍财，徒为引费”，认为帝王即是如来，王公即是菩萨，“以民为子，可谓大慈。四海为家，即同法界。治政以理，何异匡救？安乐百姓，宁殊拔苦？翦罚残害，理是降魔，君临天下，其成得道”。

周武帝灭佛，客观上使北周政府获得了大量的财富和编民，促进了社会经济的发展和政权的巩固，“租、调年增，兵师日盛。东平齐国，西之妖戎，国安民乐，岂非有益！”另外通道观综合佛道人士，也客观上促成了三教的交流，对后来中国文化中儒道释三教合流有促进作用。

第三次灭佛发生在唐武宗会昌年间，又称会昌法难。

唐武宗灭佛，原因之一也是佛教寺院土地不输课税，僧侣免除赋役，又不事生产，蠹耗天下，已影响国家政治经济状况。唐武宗说，“以至于蠹耗国风而渐不觉，诱惑人意而众益迷。……凡一夫不田，有受其饥者，一妇不蚕，有受其寒者。今天下僧尼不可胜数，皆待农而食，待蚕而衣。寺宇招提，莫知纪极，皆云构藻饰，僭似宫居”。另一方面的原因，则是武宗崇尚道教长生之术，厌恶佛教。840年(开成五年)秋，武宗召道士赵归真等81人入禁中，于三殿修金箓道场，亲受法箓。道士赵归真和崇信道教的宰相李德裕，又对武宗多有煽动，终于导致武宗的废佛之举。而且在灭佛同时，亦波及大秦景教、祆教等一些外来教派。

842年十月，唐武宗勒令僧尼戒行不精者还俗，财物入官，僧许留奴一人，尼许留婢两人。会昌三年，又命查点外国僧人，并禁摩尼教等流传。令两街功德使疏理京城，公案无名者还俗，递归本贯，诸州道府皆同斯例。会昌四年，下诏禁供养佛牙，毁焚长生殿内道场经像，换为天尊老君之像。845年，首先下令勘检天下寺舍奴婢僧侣数目。然后，除少量寺院外，令天下诸寺限期拆毁。据《资治通鉴》卷二百四十八载：“……敕上都、东都两街各留二寺，每寺留僧三十人。天下节度、观察使治所及同、华、商、汝州各留一寺，分为三等：上等留僧二十人，中等留十人，下等五人。余僧及尼并大秦穆护、祆僧皆勒归俗。寺非应留者，立期令所在毁撤，仍遣御史分道督之。财货田产并没官，寺材以葺公廨驿舍，铜像、钟磬以铸钱。”计4600余所寺院及4万所兰若(私立的僧居)。拆下的金银佛像上交户部，铁像委托本州用来铸造农器，铜像及钟、磬委托盐铁使用来铸钱。没收寺产良田数万顷。僧尼迫令还俗者26万余人，释放供寺院役使的奴婢15万人以上。

虽然当时有些藩镇并未遵旨禁佛，但这次的灭佛仍使佛教受到严重的打击，其中一项重大损失，是许多经藏典籍的佚失，一些重要宗派也由此走向衰落甚至消亡。

第四次灭佛，也是最后一次灭佛事件，是在后周世宗时代，距“会昌法难”约一百余年。灭佛原因，仍是因为国家财政窘迫之际，寺僧浮滥，影响国家赋税、兵役。但这次的灭佛运动，与前几次不同的是没有佛道斗争的因素。周世宗是以一种比较理性的态度来对待佛教的。他在显德二年的废佛诏中甚至说，“释氏真宗，圣人妙道，助世劝善，其利甚优”，承认佛教本是好的，只是近年以来佛教腐化堕落了，弊端太多，“前代以来，累有条贯。近年以降，颇紊规绳。近览诸州奏闻，继有缁徒犯法，盖无科禁，遂至尤违。私度僧尼，日增猥杂。创修寺院，渐至繁多。乡村之中，其弊转甚。漏网背军之辈，苟剃削以逃刑。行奸为盗之徒，托住持而隐恶。”所以他的所作所为只是想革除这些弊端，“将隆教法，须辨否臧。宜举旧章，用革前弊”。

955年，周世宗柴荣下诏令整饬寺院，沙汰僧尼。凡无敕颁寺额之寺宇并皆停废，仅在原无敕额寺院的地方许留一二所。所有功德佛像及僧尼，合并到许留寺院内安置。禁止私度，亲无侍养者不许出家。若要出家要经过严格的读经考试。要求男年十五以上，诵经百纸或读五百纸，女年十三以上，诵经七十纸或三百纸，经过考试，祠部给牒方得剃度。更特别禁止烧身、炼指等残害肢体及迷信的行为：“僧尼俗士，自前多有舍身、烧臂、炼指、钉截、手足带铃挂灯，诸般毁坏身体，戏弄道具，符禁左道，妄称变现，还魂坐化，圣水圣灯，妖幻之类，皆是聚众眩惑流俗。今后一切止绝。”存留寺院之外，民间的铜佛像全数没收入宫，用以铸钱。此年共废寺30336所，存者为2694所，僧尼系籍者61200人。

（卢文芸）

# 45. 唐蕃联姻

西藏是中国不可分割的一部分，隋唐五代时期就与中原政权来往甚为密切，尤其是唐蕃之间的联姻关系，更是将汉族与藏族的文化交流推向了全盛阶段。

公元629年，松赞干布继位为第32世赞普。他继位之后，先后征服了其他部落，统一了西藏高原，建立了统一的奴隶制国家。松赞干布是一位雄才大略的统治者，他统一高原后，制定了官制、兵制和法律。还派遣吞米·桑布扎等人，到克什米尔学习，归国后依据于阗文加以简化，创造了30个藏文字母，以拼音拼写吐蕃文字，以后发展成今天的藏文。他亲自学习这种文字，并且大力提倡，成为整个吐蕃王朝统一的文字。这些措施大大促进了吐蕃社会的发展，从此，吐蕃进入强盛时期，成为雄据西藏高原的强国。

当吐蕃崛起时，内地正是唐太宗统治下的强盛的唐朝。自从公元629年（贞观三年），唐太宗击败东突厥，统一漠南地区，薛延陀、回纥、高昌、焉耆、龟兹、于阗等国和奚、契丹、室韦等部，都遣使入朝称臣纳贡。吐蕃东北的党项、白兰等也都归附于唐。各国君主和首领，都以娶得大唐公主为荣，并可借此倚大国之威以服其众。松赞干布非常爱慕中原文化，在公元634年（贞观八年）遣使者到唐朝通好。唐太宗对吐蕃首次通使很为重视，当时唐朝正准备出兵征讨吐谷浑，希望与吐蕃建立友好关系，便立即派冯德遐为使者带着国书和礼物到吐蕃报聘。松赞干布派遣使者携带珍贵礼品随同冯德遐一起到唐朝，向唐皇室求婚。由于唐太宗从各方面权衡利弊，并未轻易答应，婉言拒绝了松赞干布的请求。

吐蕃使者回去后，由于没有完成求婚的使命，又不能直说唐朝不许婚，恐怕伤了松赞干布的自尊心，恰好他出使唐朝时吐谷浑的诺曷钵也到长安朝见，因此便编造谎言对松赞干布说，初至唐时，唐朝待他甚厚，而且许婚，只是由于吐谷浑可汗到后，从中离间破坏，婚姻才未成，把罪责推到诺曷钵头上。松赞干布听了后，很是恼怒，于是立即征调军队，进攻吐谷浑。诺曷钵不能抵抗，逃到青海湖以北，牲畜和人民多为吐蕃所掠。以后松赞干布转兵东向，攻破党项、白兰（今青海果洛藏族自治州，四川阿坝藏族自治州）。

公元638年（贞观十二年），松赞干布率20万大军进攻松州（今四川松潘），唐都督韩威领兵抵抗被打败。原已归顺的阔州、诺州的党项部落也叛唐归附吐蕃。松赞干布用兵的目的主要是对吐谷浑进行报复，同时也是向唐炫耀武力，迫唐许婚。唐太宗任命吏部尚书侯君集为行军大总管，右领军大将军执失思力、右武卫大将军牛进达、右领军将军刘兰，率步骑兵五万人分四路出击吐蕃，大败吐蕃兵。松赞干布以武力求婚未能如愿，引兵而回。

松赞干布回到逻些后，派大臣入唐谢罪，并带着嵌有朱砂宝石的金甲作为礼物，再次表示求婚的诚意。唐太宗考虑吐蕃是西陲的强国，为了确保边境的安宁，宽恕了他的侵犯，并允许他的请求。使者回到吐蕃，向松赞干布报告了唐朝许婚的消息。松赞干布十分欢喜，立即准备了丰厚的聘礼，黄金5000两，珠宝珍玩数百件，命宰相禄东赞到长安纳聘。公元640年(贞观十四年)秋，禄东赞到达长安，朝见了唐太宗，向唐太宗述说松赞干布仰慕大国，殷切请求结亲的愿望和诚意，得到了唐太宗的信任，下诏准其所请，决定以文成公主下嫁松赞干布。

在文成公主入吐蕃以前，做了许多准备工作。首先是确定由唐太宗的族弟江夏王李道宗前往护送。入吐蕃的行程，事先也作了周密的安排，在吐谷浑边境修筑了行馆，以便公主和随从人员中途作较长时间的休息，熟悉高原的气候。约定文成公主在进入吐蕃时松赞干布率兵到河源亲迎。

订婚以后，文成公主并没有沉湎在远离家园和父母的哀伤之中，而是悉心筹划到吐蕃后如何迎接新生活、如何从事高原的建设。她召见禄东赞了解吐蕃地方的物产、风土人情各个方面，准备了妆奁和各种物资。在她的妆奁中，有大量金银、绸帛、珍宝；还有大批书籍，除了儒家经典、史书、名家诗文、佛经外，还有种树、医药、历法、工艺技术等书籍。还准备了耐寒抗旱的芜菁、各种谷物的种子，准备到吐蕃试种和推广，并把中原的先进文化和科技知识介绍给吐蕃人民。

除了这些物资准备外，还组织了一支人数众多的随从公主到吐蕃去服侍和服役的队伍，其中有公主奶母一家，官属和他们的家属、侍女、卫士，制造日用品的工匠和厨师等人。这是最早进入西藏高原的汉族人，他们对汉藏民族友谊和西藏的发展有很大贡献。

公元641年(贞观十五年)一月，唐太宗为禄东赞等吐蕃使臣设置了丰盛的宴会，为之饯行。启程之日，载着珠宝、绫罗、衣服、饰物、书籍等妆奁的马骡骆驼列成大队前行，还另备洁车载着释迦牟尼佛像。衣甲鲜明的卫队前后护卫着文成公主所乘的绣车，一些侍婢、官属随从人员也各乘车马，浩浩荡荡地离开长安。朝中文武百官也到郊外欢送。文成公主等行进到大城鄯城(今西宁)时，大队作了停留，然后前行两百余里到险峻的赤岭(今青海湟源西日月山)，下车换乘马，进入吐谷浑境内，文成公主受到河源郡王诺曷钵和弘化公主的热烈欢迎，住在早已建成的行馆。经过一个多月的休息，解除旅途疲劳以后，又继续西行。在吐谷浑和吐蕃边界柏海(今青海扎陵湖)地方，松赞干布带着禁卫军按约早已到此等候迎接。

松赞干布和文成公主会见，对公主娴静文雅的仪表十分爱慕，见到前来护送的李道宗，也非常恭敬，执子婿礼。行过亲迎礼后，李道宗告别公主和松赞干布回朝复命。因为道路险阻，松赞干布先启程回逻些，公主带来的汉族工匠也先行出发，和吐蕃人民一起为公主平整道路，设立驿馆，开辟一条联系唐蕃的驿道。禄东赞和吐蕃大臣共同护送公主缓慢前行。文成公主在路过的农业区，安装碾硙，留下芜菁种子和各种谷物种子，教导吐蕃人民各种种植方法。

文成公主到达逻些以后，吐蕃人民举行盛大的欢迎仪式，吐蕃人民穿着节日的盛装，载歌载舞庆祝赞普的婚礼。松赞干布为公主举行盛大的宴会，婚礼十分奢华，热闹。松赞干布对亲近的大臣说：我祖上从来没有与中原上国通婚的先例，现在我能娶大唐公主，实在太幸福了，应当为公主筑一座城，以夸示子孙后代。吐蕃人的习俗，人们都以赭色涂面，公主看了很不习惯。松赞干布立即下令停止这种习俗。松赞干布在他和公主相处时，都脱去毡裘，穿着唐朝所赐的华贵汉装。

在文成公主入吐蕃以前，松赞干布便大兴土木进行沼泽的平整，修筑逻些市街，建筑神殿。文成公主到逻些后，汉文献中所述“为公主别筑城敦宫室”，系指松赞干布特为文成公主修筑于西藏拉萨红山之巅的三座堡式宫楼布达拉宫，以及后来由文成公主亲自主持所修筑的吐蕃式殿宇大昭寺与汉式庙宇小昭寺。

吐蕃的习俗，王室冬天住在逻些王宫中，到了夏季，便移居到原野里，建起巨大帐幕，用于居住，官吏也在此处理公事。山南泽当一带，柳林茂密，景色宜人，文成公主喜欢这里的风光，也到这里定居，命令她所带来的随从人员和工匠，向当地人民传授整地开畦等耕作方法，安装水硙等技术，命侍女们教授当地人民纺织、刺绣，吐蕃人民很快便掌握了这些技术，对于吐蕃生产的发展起到了积极作用。松赞干布非常赞赏工匠的技巧，下令免除他们的差役。并且派使者到唐朝要求赠送蚕种，派遣酿酒、碾硙、建筑等各种技术工匠到吐蕃，帮助建设，唐朝满足了他这个要求。

为了进一步学习中原文化，松赞干布派遣很多贵族子弟到唐朝学习诗书礼仪，还聘请中原儒者为他掌管文书奏章，加强唐蕃文化的交流。文成公主的出嫁，密切了唐蕃经济文化的交流，也增强了汉藏两族人民的友好关系。

据《西藏王统记》记载，当年“文成公主入藏时，唐王曾以释迦佛像、珍宝、金玉、书橱、三百六十卷经典等作为文成公主的陪嫁运送入藏”。从此可知，印度佛教造像与经典最初是由汉地输入吐蕃的。另据王自尧先生编著的《吐蕃金石录》考释：“文成公主或系道宗之女。吐蕃人以文成公主入藏故事图之于壁、咏之以歌、饰以戏剧、伴以舞蹈，极尽讴歌赞叹，可证藏汉人民之间情谊深厚。”至今我们在西藏大昭寺殿中还能目睹一幅大型古代壁画《文成公主入藏欢庆图》，画面所反映的是当年拉萨万人空巷，吐蕃臣民载歌载舞热烈欢迎唐使节与文成公主到来的恢宏场面。在壁画中心位置非常显著地绘有一位艺伎戴着白山羊皮面具正在戏要两头野牦牛，旁边两位乐人敲鼓击钹伴奏的吐蕃乐舞艺术形象。这幅乐舞图中既有藏族乐器，也有汉族乐器，反映出汉藏乐舞文化交融的悠久历史。

文成公主入吐蕃，把汉族的制造农具、纺织、养蚕、酿酒、造纸等手工技术，传入当地，促进了吐蕃地区经济和文化的发展及汉、藏两族的经济、文化交流，揭开了唐蕃友好关系的历史新篇章。同时为开拓唐蕃古道和促进青藏高原地区生产的发展，都起到了推动作用。

唐蕃古道，形成于唐朝，是唐朝与吐蕃的使者(包括会盟、报丧吊祭、遣俘、迎接公主等)走的路线。其路线从长安出发，经今甘肃天水、兰州，转入青海，经民和、乐都、西宁、湟源、日月山、倒淌河、共和、兴海，再由黄河北岸西上，过鄂陵湖、扎陵湖，然后渡黄河，经玉树地区，再往西南，经今藏北黑河到拉萨，迂回曲折，绵延数千里。

唐高宗继位后，授松赞干布驸马都尉的官职，又封他为西海郡王。从此，确立了吐蕃对唐朝的臣属关系。此后，历代吐蕃新赞普继位，都要经过唐政府的册封才算合法。吐蕃也从此成为受唐朝册封的地方王国。

唐蕃首次和亲后的十几年里，和睦相处，友好往来。松赞干布死后，其子芒论芒赞继为赞普。由于年幼，禄东赞掌握军政大权。此时的吐蕃，国势处于上升阶段，开始向东北方向扩张，把矛头指向了吐谷浑。公元660年，禄东赞命其子率兵攻击吐谷浑。公元663年，禄东赞亲自率军大规模突袭，占领吐谷浑全境，吐谷浑亡国。

当时，青海东部早已为唐控制。吐谷浑失国，唐与吐蕃失去了缓冲地带，直接交界。吐蕃的扩张势头，对唐造成了一定的军事压力。公元670年初，吐蕃又攻占唐在西域的一些州、城，促使唐高宗下决心与吐蕃决战，收复失地，恢复吐谷浑王国。同年，唐派大将薛仁贵率兵10万同吐蕃的20万大军，激战于大非川(今共和县西南切吉草原)，唐军大败，吐蕃尽占吐谷浑故地。

大非川战役以后，日月山以西地区，全被吐蕃控制。唐朝势力退到日月山以东地区。从此后的30余年里，吐蕃时常攻击唐朝鄯州、廓州等地，双方军队经常在日月山一带发生冲突。唐蕃关系开始恶化。

直到公元704年，藏王尺带珠丹即位，其祖母没禄(莫罗)氏听政，又多次派遣官员到长安向唐朝为藏王请婚。公元707年(神龙三年)，唐中宗许嫁给吐蕃赞普尺带珠丹，唐朝与吐蕃之间又恢复了甥舅关系。公元710年(景龙四年)春，吐蕃遣使迎公主入藏，中宗亲送至始平(今陕西兴平)，赠以锦缯、杂伎百工和龟兹乐，命左卫大将军杨矩持节护送至吐蕃。

文成公主是唐朝远系宗室之女，金城公主是雍王李守礼之女。李守礼之父为章怀太子李贤，即高宗李治第六子，中宗与睿宗之兄。论辈份与亲戚关系，金城公主是唐中宗之侄孙女，是为皇室近亲。尺带珠丹在迎娶了唐朝金城公主之后，开始笃信佛教文化，他特邀请克什米尔密宗大师莲花生，并建筑桑耶寺，举办宗教法会，规范与推演藏戏之先声的“羌姆”乐舞，后世一直传为中印文化交流之佳话。

金城公主入蕃，又带去了大量绣花锦缎、多种工技书籍和日用器物、龟兹音乐，还随带了工匠杂技等人员。金城公主入藏不久，唐玄宗即于公元712年登基，开始了与贞观之治齐名的开元之治，唐朝再次出现太平盛世，对吐蕃又有了新的巨大影响。金城公主才华出众，曾经资助南疆于阗等地僧人入蕃，建寺译经，并向唐朝求得《毛诗》《礼记》《左传》《文选》等汉文典籍。此后，遂有《礼记》《战国策》等古藏文译本传世。这一切，对于吐蕃社会生产的发展和经济、文化的繁荣，也起了重要作用。

当然，在交往中，许多藏族文化同时也被汉族所吸收。如吐蕃社会传统的打球游艺、吐蕃妇女流行的椎髻、赭面等，也传到了中原地区，丰富了汉族文化的内容。

金城公主入蕃30年，力促唐蕃和盟。此间，唐朝和吐蕃之间虽曾进行过多次战争，但由于金城公主的努力，双方使臣往来频繁，双方终于在公元733年(唐玄宗开元二十一年)，在赤岭定界刻碑，约定互不相侵，并于甘松岭互市。

公元821年(唐穆宗长庆元年)，唐朝和吐蕃双方派使节，先在唐京师长安盟誓，次年又在吐蕃逻些重盟。公元823年，将盟文刻石立碑，用汉藏两种文字对照，树于拉萨大昭寺门前。即历史上有名的甥舅和盟碑，又称唐蕃会盟碑或长庆会盟碑。唐蕃会盟碑上刻有“甥舅二主，商议社稷如一，结立大和盟约”，“务令万姓安泰，所思如一，成久远大善，再续旧亲之情，重申邻好之义”等语。自从这次盟誓以后，唐朝与吐蕃之间的纠纷基本结束。它说明和盟适应了唐蕃社会的发展需要，符合了当时汉藏两大民族人民的愿望，体现了汉藏两大民族友好关系的进一步加强，顺应了历史的潮流。

自唐贞观时期唐朝和吐蕃通好联姻以来，其间使臣来往共达190多次，几乎年年有使节往来，其中唐使入蕃66次，吐蕃官员赴唐朝125次。这都为以后吐蕃与中原结为一体，建立了稳固的基础。

(张敏)

# 46. 雕版印刷的出现

雕版印刷分雕版和印刷两个阶段。雕版，又叫刻版、镂版、梓版等，通常是将文字、图像反向雕刻在平整的木板上；印刷，又叫付梓、梓行、刊行等，是将油墨均匀涂抹在雕版上，覆上纸张，用刷子之类从纸面轻轻地刷过，使雕版上沾有油墨的图文转印到纸上，然后再揭起纸晾干。

关于雕版印刷起源和出现的时间断定，自古以来就有很大分歧。张秀民搜集了五六十家说法，分为七类，依次为汉朝说、东晋说、六朝说、隋朝说、唐朝说、五代说、北宋说。他指出："根据上述新发现的文献，中国雕板印刷术大概起源于七世纪初年(636年左右)，8世纪市场上出现了印纸，9世纪不但文献记载更多，敦煌发现的实物也不少，成都并且已成为全国刻书业的中心了。"张秀民的看法为大多数学者所接受。

但分歧依然存在，而且在不断扩大，近年有人甚至远溯到商周。这里，有两个问题需要首先关注。其一是雕版印刷起源的含义。如雕版印刷的某一个环节起源与雕版印刷全套技术出现是否应该分开？如果分开，将雕版印刷某一个环节作为表征，则可以追溯到殷周时期的陶范、先秦以来的镂刻、战国以来的印染等。如果不分开，以全套技术齐备而论，则六朝以前，毋需讨论。

其二是雕版印刷成品的断代。如晚近相继出现一些新的材料，最引人注目的，当推署为公元607年(隋代大业3年)的《敦煌隋木刻加彩佛像》，它被一些学者认为是现存最早的雕版印刷品。该画著录于1983年11月30日纽约克里斯蒂拍卖行所出版的《中国书画目录》第363号。画下附字九行，中间一行书"南无最胜佛"，另八行为："大业三年四月，大庄严寺沙门智果敬为敦煌守御令孤押衙敬画贰百佛，普劝众生，供养受持。"所附裱纸题记称，此画发现于敦煌大庄严寺废墟，1927年12月被伯内特以100英镑收购。冯鹏生《中国木版水印概说》对画中细节作过详细介绍。克里斯蒂拍卖行在美国享有盛名，《中国书画目录》的编者为北京荣宝斋木版水印专家，画品照片曾由木版水印大师王荣麟、孙树梅作过鉴别，都认为是真品。冯鹏生认为，它"向世人证实我国隋代已有印刷术"。随后，肖东发、张树栋、陈妙英、张志哲等相继表示肯定。但近年辛德勇却称：此画"是直接用笔描摹而成，而不是印刷的产物"。印刷成品的真伪鉴别与断代，直接关系到对雕版印刷出现时间的断定。

就目前相关研究来说，以全套技术出现为标准，六朝及以前太早，五代及以后太晚，没有讨论的价值。隋代有可能，但遗存的实物真伪难定。所以，还是张秀民的看法比较稳妥，至迟在636年(唐太宗贞观十年)左右，雕版印刷技术已经出现。断为这一年，其标志是长孙皇后《女则》的刊行。明代邵经邦的《弘简录》记载："太宗后长孙氏"，"遂崩，年三十六，上为之恸。及宫司上其所撰《女则》十篇"，"帝览而嘉叹：'以后此书足垂后代!'令梓行之。"(清康熙刻本，卷四六)"梓行"，即制版印刷。这是迄今所知最早的有关传世版印书籍的记载，它说明当时雕版印刷已经相当流行，据此可以推定成熟的雕版印刷出现的时间下限。文献记载和实物遗存都证明，至迟在七世纪初年，成熟的雕版技术已经出现了。

相关记载和国内外发现的实物表明，早期印品多为佛像和佛经。不过，其中那些佛像，可能是捺印出来的，与雕版印刷品有别。1974 年西安唐墓出土梵文《陀罗尼经咒》，1975 年西安冶金机械厂唐墓又出土了汉文《佛□□□□得大自在陀罗尼神咒经》，山西考古所断定二书均为印本。其刻印时间，梵文本定为初唐（约公元七世纪），汉文本约在盛唐，因为唐武则天长寿二年（693 年）《陀罗尼经咒》才被译成汉文，印刷时间必在此后。1966 年，韩国庆州佛国寺《无垢净光大陀罗尼经》的佛经印刷品中使用了武则天所造四个字，刊刻年代当在武后长安四年至唐玄宗天宝十载（704—751 年）之间。日本最早的版印品，也是佛经。据《续日本记》记载，称德天皇在神户景云四年（770 年）下令建造一百万座小木塔，版印一百万份佛经，一塔藏一份。当时所印的经书为《无垢净光大陀罗尼经》，至今犹存。印刷由天皇国师吉备真备主持，吉备真备曾在中国留学 19 年，说明印刷术是从中国已经传播到日本的。

盛唐以后，有关印刷品的材料日益丰富，印刷的应用范围也在逐步扩大，如历书、新闻、票据等。唐玄宗年开元元年（713 年），出现了迄今所知的中国历史上最早的报纸——《开元杂报》。唐人孙樵在大中五年（851 年）用 480 多字记录了所读的几十份《开元杂报》的内容详见《孙樵集》卷十（《四部丛刊》本），说明雕版印刷已经非常普遍，非常频繁。

中唐以后，流传下来的印本越来越多，印刷术的应用还进一步扩展到到私人著述，如传记、医书、字书、文集等。如大中年间版印的《刘宏传》、咸通年间版印的《金刚般若波罗蜜经》《新集备急灸经》、顾野王《玉篇》、孙偭《唐韵》等。而从 825 年（长庆四年）元稹为白居易《白氏长庆集》所作序言，则可以看到文集刊刻的情况："乐天《秦中吟》《贺雨》讽谕闲适等篇，时人罕能知者。然而二十年间，禁省观寺、邮候墙壁之上无不书，王公妾妇、牛童马走之口无不道。其缮写模勒，炫卖于市井，或因之以交酒茗者，处处皆是。其甚有至盗窃名姓，苟求自售，杂乱间厕，无可奈何。予尝于平水市中，见村校诸童，竞习歌咏，召而问之，皆对曰：先生教我乐天、微之诗。固亦不知予为微之也。又鸡林贾人求市颇切，自云：本国宰相，每以一金换一篇，甚伪者，宰相辄能辨别之。自篇章已来，未有如是流传传之广者。"（元稹《元氏长庆集》卷五一，《四部丛刊》本）

"模勒"就是雕刻，"缮写模勒，炫卖于市井"，"因之以交酒茗"（用来换酒换茶），说明雕版印刷业已经相当发达，甚至还出现了"苟求自售，杂乱间厕"等作伪盗版行为。

咸通年间版印的《金刚般若波罗蜜经》发现于敦煌，6 纸，每纸 70 余厘米。尾有题记一行："咸通九年（868 年）四月十五日王玠为二亲敬造普施。"1907 年斯坦因盗至英国，现藏于大英国家图书馆。这是现存最早的标明刊刻日期的印刷品，也是现存最早的私刻本。其扉画人物神态生动，字体风格浑朴，代表着当时雕版印刷最高水平。

五代时期，雕版印刷开始用于经书、诸子、类书等，刻书机构官刻、坊刻、私刻都很活跃。五代雕版印刷九经，《旧五代史 · 唐明宗纪》《冯道传》《五代会要》均有记载。《五代会要》记载更为具体："后唐长兴三年二月，中书门下奏请依石经文字刻九经印板。敕令国子监集博士儒徒，将西京石经本，各以所业本经句度，抄写注出，子细看读。然后顾召能雕字匠人，各部随帙刻印板，广颁天下。如诸色人要写经书，并须依所印敕本，不得更使杂本交错。其年四月，敕差太子宾客马缟、太常垂陈观、太常博士段颙、路航、尚书屯田员外郎田敏充详勘宫，兼委国子监于诸色选人中，召能书人端楷写出，旋付匠人雕刻。每日五纸，与减一选，如无选可减等弟，据与改转官资。"

《五代会要》详细记载了刊刻的过程、流程和要求，充分表明当时雕印已经非常成熟。

雕版印刷的出现，有利于文献的保存和繁衍，大大改善了文献传播的条件，为文化发展提供了更坚实的基础。当然，雕版印刷的局限性也非常明显。从出版角度看，一板雕成，只能印一种书，费时费力，成本高而效果低。所以，宋人就发明活字印刷，以弥补这些缺陷。

（周德美）

# 47. 刻板印《九经》

中国古籍的版本，按照刻印单位划分，可以分为官刻本、私刻本、坊刻本等，其中官刻本又分为监本、府学本、经厂本、殿本、局本等。监本又称监刻本，指历代国子监雕版印刷的书籍版本。国子监亦称国子学，又简称国学，是中国封建社会的教育管理机关和最高学府。国子监刻书始于五代，其代表性成果就是《九经》的刻印。

五代是一个分裂动荡的年代，动荡的时局也造成了人们思想的混乱。在这一时期由国子监开始刻印群经有着这样的历史文化背景：一方面，雕版印刷术自唐代发明以来，经过一段时间的普及与实践技术上已经比较成熟；另一方面，统治者需要用一种规范来统一和约束人们的思想，政府刻书尤其是刻印传统经籍便是一个重要的举措。宋人王溥《五代会要》卷八记载，后唐明宗长兴三年(932 年)二月，“中书门下奏请依《石经》文字刻《九经》印板，敕令国子监集博士儒徒，将西京石经本，各以所业本经句度抄写注出，仔细看读，然后顾召能雕字匠人，各部随帙刻印，广颁天下。如诸色等要写经书，并须依所印敕，不得更使杂本交错”。这里的“中书门下奏请”，主要是指宰相冯道、李愚等人；而担任校定《九经》任务的，主要是判国子监事田敏等人。所谓《九经》，是指唐代以来认定的九部儒家经典，分别是《周易》《尚书》《诗经》《仪礼》《周礼》《礼记》《春秋左传》《春秋公羊传》《春秋穀梁传》。这次《九经》的刻印，历经后唐、后晋、后汉、后周四朝，至公元 953 年(后周太祖广顺三年)才全部刻完，前后历时 22 年。

五代的刻经活动后来又扩大到《论语》《孝经》《尔雅》《经典释文》《五经文字》《九经字样》等书，所刊经数与唐代《开成石经》完全相同。不同的是，唐石经只刻经文，不刻注文，五代刻印《九经》等则经注并重，经文大字、注文小字，采用的是六朝以来经注写本的旧式，这种体式也为后代刻书所沿袭。由于刻经活动是在国子监的主持下刊刻的，刻成书籍也藏在了国子监，所以这些书籍被称为“五代监本”，其中《九经》也被称作“监本九经”。

五代刻印《九经》是我国图书发展史上的重要事件，在中国文化史上具有重要意义。首先，五代刻印《九经》开辟了刻印儒家经典的先河，雕版印刷术从此由民间走进了官方。雕版印刷虽然从唐代已经开始，但那时的刻书范围限于民间杂书，五代时则上升到当时被奉为经典的儒家著作。印刷术用以刻经，加上有政府的支持，这使得雕版印刷术的地位和技术都有很大程度的提高。其次，五代刻印《九经》是政府刻书事业的开始，从此为中国古籍版本增添了一种新的品目——监本。这一制度影响了后面的几个朝代，宋、元、明、清四朝皆有繁多的官刻图书，其中宋代监本就是以五代监本为底本刻印的。再次，五代刻印《九经》，国家提倡雕印，使我国的书籍流通和文字传播方式进入一个崭新的阶段，图书流传的形式开始由手写本替换为印刷本，这对于文化的发展和流布具有不可估量的影响。

（周春健）

# 48.《唐石经》的完成

《唐石经》，又名《开成石经》，是唐开成年间修纂的一部石刻儒经丛书。其修纂的背景比较复杂。魏晋南北朝时期，经学极度衰落。唐代经学开始复苏，然而经籍辗转传抄，鲁莽灭裂，成为学习和研究的重大障碍。唐代吴兢的《贞观政要·崇儒学》载："贞观四年(630年)，太宗以经籍去圣久远，文字讹谬，诏前中书颜师古秘书省考定《五经》。及功毕，复诏尚书左仆射房玄龄集诸儒重加详议。时诸儒传习师说舛谬已久，皆共非之，异端蜂起。而师古辄引晋宋已来古本，随方晓荅，援据详明，皆出其意表，诸儒莫不叹服。太宗称善者久之，赐帛五百匹加授通直散骑常侍，颁其所定书于天下令学者习焉。"(《四部丛刊续编》本)

颜师古校经，虽然解决了一些问题，但经学的分歧先秦以来已累积千载，岂能一举而熄？635年(贞观九年)，"太宗又以儒学经籍出自多门，章句繁杂，诏国子祭酒孔颖达与诸儒撰定《五经》义疏，凡一百七十卷，名曰《五经正义》，令天下传习"。《五经正义》642年撰成，653年颁于天下。那时雕版印刷虽然已经出现，但并未用于经书刊刻，经书依然通过手抄行世，所以当时经籍整理和研究的成果不仅流行未广，而且还在传播过程中滋生新的问题。如唐人封演的《封氏闻见记》载："太宗以经籍多有舛谬，诏颜师古刊定，颁之天下。年代既久，传写不同。开元已来，省司将试举人，皆先纳所习之本。文字差互，辄以习本为定，义或可通，虽与官本不合，上司务于收奖，即放过。"

所以，天宝年间，开始出现刻立石经的呼声。《封氏闻见记》载："天宝中，予在太学，与博士诸生共论经籍失正，为欲建议，请立大唐石经，迁延未发而蕃寇海内，文儒道消，至今四十六年，兵革未息。呜呼，石经之事亦俟河之清也。"

李阳冰的《上李大夫论古篆书》也强烈表示相同的愿望："诚愿刻石作篆，备书六经，立于明堂，为不刊之典，号曰大唐石经，使百代之后，无所损益，仰明朝之洪烈，法高代之盛事，死无恨矣。"

但刻立石经，工程浩繁，实非易事。直至830年(太和四年)四月，工部侍郎兼充翰林侍讲学士的郑覃才向唐文宗进言："经籍讹谬，博士相沿，难为改正；请召宿儒奥学，校定六籍，准后汉故事，勒石于太学，永代作则，以正其阙。"

虽然文宗"从之"，但郑覃却因卷入党争，被罢侍讲学士，勒石一事，又不了了之。832年(太和六年)二月，"文宗好经义，心颇思之"，复召为侍讲学士。郑覃得以随侍文宗左右，于是旧事重提。833年(太和七年)，文宗终于又下令刻立石经。《唐会要》载："十二月，敕令于国子监讲论堂两廊创立石壁九经，并《孝经》《论语》《尔雅》共一百五十九卷，字样四十卷。"

835年(太和九年)十月，郑覃迁尚书右仆射，兼判国子祭酒，不久又以本官同平章事，于是以宰相兼国子祭酒的身份，主持刊刻"石经"的工程。据《旧唐书·郑覃传》记载，尚有起居郎周墀、水部员外郎崔球、监察御史张次宗、礼部员外郎温业等参与“校定《九经》文字”，随后以校定本雕刻上石。另据“石经”尾款，可知有艾居晦、陈玠、段绛四人“书石”(刻石)，柏嵩、陈庄士校勘。

837年(开成二年)，石经刊竣。《旧唐书·文宗本纪》载：“癸卯，宰臣判国子祭酒郑覃进《石壁九经》一百六十卷。时上好文，郑覃以经义启导，稍折文章之士，遂奏置五经博士，依后汉蔡伯喈刊碑列于太学，创立《石壁九经》，诸儒校正讹谬。”

名为《石壁九经》，其实包含“十二经”，除《周易》(用王弼注本，《系辞》《说卦》用韩康伯注本)、《尚书》(用孔安国传本)、《诗经》(毛诗郑玄笺本)、《周礼》《仪礼》《礼记》(“三礼”用郑玄注本)、《春秋左氏传》(用杜预集解本)、《春秋公羊传》(用何休注本)、《春秋穀梁传》(用范宁集解本)“九经”之外，另将《论语》(用何晏集解本)、《孝经》(用唐明皇注本)、《尔雅》(用郭璞注本)也汇刻其中。此外，还将张参的《五经文字》、唐玄度《九经文字》附在最后。需要说明的是，其《礼记》的《月令》篇却不是郑玄注本，而是唐明皇御刊定的《礼记·月令》，也就是所谓的《唐月令》。《唐月令》与郑注本《月令》在篇目次序和文字方面有不少差异。

《唐石经》共用石碑114块。碑上有额，下设方座，通高约3米，碑身高约1.8米，宽0.8米。碑阴、碑阳均刻字，每碑上下分列8段，每段约刻37行，每行刻10字，均自右至左，从上而下，由碑阳至碑阴，碑碑相衔，总计所刻经文达650252字。

《唐石经》最初立于长安务本坊国子监讲论堂内。904年，朱温挟唐昭宗迁都洛阳，将长安夷为平地，《开成石经》被搬来搬去，原始格局已被破坏。北宋元祐二年(1087年)，又搬迁至现址，即今西安碑林博物馆。

《唐石经》刊成以来，毁誉不一。《旧唐书·文宗本纪》说：“上又令翰林勒字官唐玄度复校字体，又乖师法，故石经立后数十年，名儒皆不窥之，以为芜累甚矣。”这几乎是全盘否定。而宋代周必大作《唐石经赞》，则赞不绝口：“群经渊博，是正无遗，炳乎如丹青既闇而复彰，浩乎如江河既塞而复通，观者鼎来，副墨四达，视汉熹平，盖无愧焉。”(《文忠集》卷九二，《四库全书》本)顾炎武的《唐国子学石经》却又说：“旧史(《旧唐书》)之评如此，愚初读而疑之。又见新书(《新唐书》)无贬词，以为石壁九经虽不逮古人，亦何不遽贤于寺碑冢碣。及得见其本而详校之，乃知经中之谬戾非一，而刘昫之言不诬也。(《金石文字记》卷五，清文渊阁《四库全书》本)

《唐石经》的确存在不少问题，但在保存文献、保存字形和字体等方面的功绩是无可否认的。

此外，《唐石经》的行款体制与汉魏不同，有所创新。马衡指出：“自唐以后，刻经者皆以碑为起讫，不以经为起讫。所谓以碑为起讫者，即每碑分表里，每面分若干列，刻完表面转入里面，以次及于第二碑。”这种体制，便于墨拓，有利于碑文的流传。

《唐石经》刊成后，累有拓本，但完整保存下来的很少。1926年(民国十五年)百忍堂根据石刻本，依原拓字体影摹制版，残缺处按阮元覆刻宋椠十行本双钩补足，还附以康熙年间贾三复补刻于石壁之末《孟子》(用朱熹集注本)及严可均的《石经校文》，线装七十四册，定名《景刊唐开成石经》。1996年，中华书局又据皕忍堂本，合为四册，影印出版。

(周德美)

# 49. 唐三彩艺术

唐三彩全名唐代三彩釉陶器，在同一器物上，黄、绿、白或黄、绿、蓝、赭、黑等基本釉色同时交错使用，形成绚丽多彩的艺术效果。“三彩”是多彩的意思，并不专指三种颜色。唐三彩以造型生动逼真、色泽艳丽和富有生活气息而著称，直接反映了大唐的繁荣昌盛，是我国古代艺术宝库中的珍品。

史籍中关于唐三彩的记载很少，在20世纪以前，也很少见到传世器物，唐三彩被人们遗忘了一千多年。20世纪初修筑陇海铁路，工程至洛阳邙山时，毁坏了一批古代墓葬，出土了为数众多的唐三彩陶器，这批器物运到北京，引起了王国维、罗振玉等古器物研究者的高度重视和赞赏，也得到一些古董商和外国人的关注。自此唐三彩才扬名于文物界。新中国成立后，随着中国田野考古学的发展，越来越多的唐墓被发掘清理，更多的唐三彩陶器被发现。如甘肃秦安唐墓，陕西三原唐高祖李渊献陵陪葬墓，乾陵永泰公主、章怀太子、懿德太子陪葬墓，昭陵郑仁泰、李贞陪葬墓，鲜于庭诲墓等，均出土了很多唐三彩。另外，出产唐三彩的窑址也有所发现，例如，河南巩县黄冶唐三彩窑址被确认，陕西黄堡镇发现了唐三彩窑炉，河北邢窑也发现了唐三彩。丰富的墓葬资料和陆续发现的窑址，掀起了学界唐三彩的研究热潮。

从考古资料看，早在两汉时期，我国就已成功烧制出单色的表面施铅青釉的陶器，具有釉面光润、色彩艳丽的外表。这一时期，铅青釉陶器都是作为明器出现的，造型种类很丰富，有鼎、盒、仓、井、家禽家畜、圈舍等，比较形象地反映了汉代的庄园生活。三国、两晋时期，由于长期战乱，北方制陶工艺远不如前代。铅釉陶器虽仍在烧造，但数量很少，质量也不高。南北朝时期，北方铅釉陶器的制作有了新的发展和提高，在汉代单色釉的基础上成功烧制出白地绿彩、黄地绿彩及黄、褐、绿三色并用的釉面色彩。大同的北魏司马金龙墓、北齐的娄睿墓，河南的北齐范粹墓、李云墓及库狄回洛墓出土的施釉陶器已达到了相当高的水平。特别是范粹墓和李云墓所出的淡黄釉上加深绿釉和绿彩的装饰方法已可视为唐三彩的前驱，为唐三彩的产生奠定了技术条件。

隋代时，北方瓷业有了新的发展。之前的窑址主要在长江以南和上游发现，北方没有发现重要的窑址。到了隋代，河南的安阳窑、巩县窑是全国的重要窑址，特别是巩县黄冶窑的隋代文化层中，发现了一件三彩瓶。该瓶表面为褐釉，另加绿彩贴花，是一件标准的三彩器。这说明至隋代，制陶工匠已经掌握了多彩陶器的制法，并可以将多种釉色同时交融使用，形成一种新的制陶技艺——三彩器。三彩器突破了以往单色釉的局限，使之不再单调，运用多种釉色和装饰手法，取得了华丽动人的艺术效果，是我国古代陶瓷史上一个重要的进步。

唐代继承前代的三彩器烧造工艺，并加以改革创新，成功配置出白色、浅黄、棕黄、褐红、淡青、翠绿、深绿、天蓝、茄紫、赭黑等更多的彩色铅釉。此时已开始普遍使用匣钵装烧法，既避免了污染，又保证了器表釉面的光洁。三彩器的烧造技术也更加高超和完善，也因此创造出了举世闻名的唐三彩。

唐三彩的釉色有黄、褐、绿、蓝、白、黑等，以黄、褐、绿为基本釉色，此外，因“三”在古语中意为多，所以习惯称之为唐三彩。但实际上，唐三彩的颜色丰富多彩，种类也很多，有二彩、四彩甚至多彩。唐三彩是一种低温釉陶器，是以汉代低温铅釉陶器为技术基础的，先低温对坯体进行素烧，然后挂釉再经低温二次烧制而成。胎料为白色黏土，用含铁、铜、钴、锰等元素的矿物作釉料的着色剂。凡烧成色为褐红、浅黄、赭黄是铁元素呈色，各种绿色是铜元素呈色，蓝色是铜或钴元素呈色，紫色是锰元素呈色，而白色则是以铅的化合物与含铁量低的白色黏土所配成，不加着色剂。釉料中有大量的铅化合物作为基本助熔剂，铅的熔点低，烧制过程中使釉面自然流动，各种颜色互相交融，形成变化多端的绚丽色彩。

迄今为止年代最早的唐三彩是1973年陕西富平吕村公社唐虢庄王李凤墓中出土的。该墓中出土了三彩双联盘一件、三彩榻两件及若干三彩碎片。双联盘长36厘米，高3厘米，两端为圆形，中间束腰，底有四个马蹄形足，施绿、蓝、黄三色彩。

7世纪末至8世纪中叶，是唐三彩最为兴盛的时期。三彩器物在贵族官吏中普遍使用，墓葬出土的数量很多。这个时期，三彩工艺获得了突飞猛进的发展，除三彩器皿外，三彩俑犹如异军突起，开始涌现出来。从生活器皿到社会各阶层的人物形象、飞禽走兽样样俱全，质量最好，色彩也最绚丽，更注重装饰，其手法除先前较多采用的划花、印花外，这时的三彩器，釉色光泽晶莹，赋彩自然而不滞板，采用的混釉技法成熟。器皿往往内外满釉，除施用绿、黄、白三种釉色外，又加以蓝彩和黑彩；采用了堆贴和捏塑。装饰内容极为丰富多彩，人物鸟兽、花草蔓枝在三彩器上都得到充分的表现。人物形象的塑造高大丰腴。出土三彩器的地区除长安、洛阳两京地区以外，全国其他地区也很多。

在作为明器的三彩陶器中，凡是与死者生前有关的东西无所不备，比如死者生前所用器物有瓶、罐、柜、盘、枕、烛台等；死者生前所住或活动的场所如亭台、楼阁、假山和水榭，以及家具。死者生前所接触的人物和动物也应有尽有，动物诸如马、驴、骆驼、牛、羊、狗、鸡、鸭等，人物有贵族妇女、男女侍者俑、拉马俑、文武官士俑、胡俑、天王俑等，可以说是包罗万象。

唐三彩的制作手法洗练明快，重在摄取神态，但并未忽略必要的细节刻画，可谓神形兼备。从出土的唐三彩俑来看，它不仅塑制了当时的文臣、武将、贵族等上层统治集团中的人物，而且也塑造了仆夫、武士、商人、乐队、仕女等中下阶层的形象。不仅塑造了汉族各阶层人物的形象，而且还塑造了当时在中国生活的欧洲、亚洲和非洲许多国家和地区的人物形象。

在唐三彩人物俑中，女俑形象的塑造是最成功、最富有生命力的。女俑中成年妇女丰肌秀骨、体型肥壮、额宽脸圆、严妆高髻、态浓意远，充分体现唐代人对女性美的要求。年轻侍女较为苗条，体态仍然是秀丽中带端庄。女俑服装一般都是上身短袖襦衫，下穿长裙，肩上搭帔披，脚穿尖头鞋。上衣开襟较低，圆领露胸。面容祥和、体态多姿的三彩女佣有着鲜明的时代风采，多为高髻胖体、坦胸宽衣，展现了“丰肌秀骨”的时代特色。有富贵气质的妇女形象是唐三彩中出现最多的形象，并且这一类形象在不经意间透出工匠们在表现上的娴熟，不论是扭头仰视还是低眉俯看，神情动作都非常优美，很多奏乐俑也是这种打扮和气质，从中可见唐代对这种美的欣赏，也体现出唐代工匠对当时所崇尚的美的表现能力。根据古代资料记载，唐代妇女的发型多达一百四十余种，高者盈尺，低者脱垂，或正或斜，若实若虚，不胜枚举，甚至有“双鬟望月”之类复杂而具有文化意义的造型，实属其他时代所罕见，唐三彩女俑把当时妇女千姿百态的发型表现得淋漓尽致。

在唐三彩俑中有很多胡人形象，或胡装打扮的汉人形象，唐代有很多外国人到长安等城市，很多人在唐王朝定居，有些还位居高官，当时着胡服的风气也非常流行。从三彩人物俑中我们可以看出当时的这种社会风尚在唐三彩艺术中的体现。

唐三彩人物俑使用了很多线条来辅助造型，这种被称为“以线画体，以体托线，线体结合”的独有雕塑技法，使三彩陶塑显得富有生命力，线条的使用增加了装饰性，更强化了艺术的表达。唐三彩人物俑的衣服一般只施一种颜色的釉，如果没有这些衣纹会显得比较单调，这些线条使整个人物看起来更有细节，而且衣纹顺着骨骼的摆动，使动作显得更灵活。唐三彩工匠们充分把握住不同身份、不同地位人物的特定情感和特征，使其塑造与衣纹阴线巧妙结合，显得静中有动，达到了形神兼备、维妙维肖的艺术效果。

唐三彩人物俑在表现手法上的又一特色是在塑造过程中运用了大量的绘画手法，使三彩陶塑在体积感的基础上，同时具有绘画般的笔墨情趣和色彩美感，赋予其“气韵生动”“迁想妙得”的艺术效果。在表现女俑时，这种塑绘结合的手法能够使唐女那面容丰腴，肌肤细腻的特点表现出来，使唐代女性的时代精神风貌得到体现。在着彩时，更是根据不同人物的服饰，有不同的变化，使色彩与造型得到完美的结合。这种方法是唐三彩人物俑和其他陶俑的不同之处。一般的素陶只是通过造型来表现人物形象，而唐三彩比它们多了一种表达语言——色彩，这种语言在原始时期的彩陶艺术上就已经存在，而且原始彩陶中有很多拟人形的陶器，有些彩陶被塑成人的形状，表面施条带纹，看起来像衣服。唐三彩与原始时期的彩陶有所不同，唐三彩的颜色变化不像原始彩陶那样由一个统一的纹饰构成，一般是一件衣服一种颜色，或者在领子翻下去的地方换个颜色，已经接近随类赋彩了，随类赋彩在南朝时期被提出来以后，一直影响着中国的绘画艺术，从唐三彩中我们也能看出其影响。

马在中国古代一直是非常重要的交通工具，更是非常重要的作战工具。在古代的绘画、雕塑作品中，马一直是常见的形象。唐墓中出土数量最多的动物俑就是三彩马，其造型极其生动而逼真，而且比例准确、线条流畅，甚至可以使人辨认出不少马的品种，如中亚的大宛马、新疆的乌孙马、甘肃的混血马和蒙古马等。马在唐代是力量和速度的象征，代表着强大的威力和奔放的精神，无论是保卫疆土，还是生产劳动，无论是宫廷的典礼，还是贵族的游乐，似乎事无巨细都离不开马。永泰公主墓出土的著名的唐三彩双马俑，一匹昂首向青天在嘶鸣，一匹俯首向大地在觅食，色彩新鲜悦目，造型逼真动人。

三彩马之外，最值得称道的当属三彩骆驼了。由于骆驼既能负重，又耐力极强，故而成为丝绸之路上的重要交通工具，素有沙漠之舟之称。唐代重新畅通了自汉代开拓的自长安经河西走廊、新疆，穿越帕米尔高原，经中亚各国直到地中海东岸的数千公里的丝绸之路，商队中的双峰驼也大量来到我国内地。唐墓明器中三彩骆驼有较多出土，又以盛唐时最多，反映了这个时期中西交通和对外贸易的繁荣。目前可见到的盛唐时出土的骆驼，造型新颖多样，有立、有卧，也有正在行走的，有的驮负着货物卧倒在地，有的正作负重欲起的姿态，有的背驮各种装满实物的兽头皮囊，有的带着野鸭、野兽等肉食，以及壶罐等器皿，有的还背驮着丝束和成匹的棉帛，等等，刻画了丝绸之路上商贾骆驼的各种形象。现藏于北京故宫博物院的一尊唐三彩胡人牵骆驼俑，骆驼高 70 厘米，长 51 厘米；俑高 68 厘米，为白色陶胎，面部敷粉画彩，身施黄、绿、白三色釉。深目高鼻。头戴折沿尖顶帽，身穿窄袖长袍，领口外翻，内着半臂，腰后系一包袱，下着裙，足蹬长靴，双手握拳，姿势呈拉缰绳状，驼俑为双峰驼，上有毡垫，周身以黄釉作为主色调。驼首上昂，张嘴作嘶鸣状。腰身略长，四腿直立于长方形托板上。这组唐三彩比例和谐，神情准确，雕刻精微，是当年丝绸古路上唐代中西经济、文化交流的使者和历史见证。

唐代经济发达，唐人自然特别注重日常生活，这一点明显地反映到唐三彩的制造中。唐三彩生活用具在造型上借鉴了我国唐代金银器、铜器、漆器、藤编器物的式样，特别是与我国邻近的波斯和阿拉伯国家中生活用具的造型特点以及宗教神器中的一些式样。无论是盘碗盅碟还是瓶罐壶钵，都是以浑圆和丰满为主流，端庄而规整，浑厚而饱满，具形杯、鹅鸭形杯一类作品形态奇特、落落大方，更具匠心。塔形罐类作品收放有致，节奏鲜明。各种小型文房用具水盂、砚台、盆景等小中见大，气度不凡。而双龙耳衔口壶、凤头水柱、狮形杯等奇特新颖的形制则完全是西域风格了。生活用具集结了我国唐代工艺美术中在造型、彩色、光泽等方面所有的优秀传统，在实用性与艺术性的结合上可以说达到了一个新的高度。这些器皿大多造型浑圆厚实、庄重大气，其油彩更是灿烂夺目、富丽堂皇，反映出当时社会多姿多彩的生活内容，具有浓郁的时代气息和独特的艺术风格。与唐三彩其他类型的器物一样，生活器具同样体现出唐人崇尚完美、大胆追求、兼收并蓄、意气飞扬的时代精神。

唐三彩的建筑模型十分精细，1959 年在陕西西安郊区中堡村出土的一组三彩建筑模型就是一个极好的民居建筑实例。该模型是一个长方形的两进院落，由前堂、后寝、廊坊、亭台和园林构成，排列有序，布局合理，体现出中国古代建筑封闭、方正、对称的主要特征，而其园林部分又不失错落有致的“变化”之美，真实地再现了唐朝民居的面貌。

唐三彩作为唐代陶瓷工艺最高水平的代表，以其卓越的艺术成就，对中国乃至世界的陶瓷制造业都产生了深远的影响。唐代以后的“宋三彩”“辽三彩”以及流行于明清时期山西地区的珐琅器，都能从唐三彩身上找到渊源关系。另外，唐三彩随着古代丝绸之路的骆驼队，随着当时远航出海的商船，长途跋涉，飘洋过海，足迹几乎遍布世界，成为我国唐代与国外友好交往的见证。例如在埃及的福斯塔特，伊朗的拉及斯，朝鲜半岛的庆州，日本的冲绳、北九州、大阪、京都和奈良等地，都有唐三彩的遗存。受唐三彩影响最为典型的是日本的奈良三彩，日本在奈良时代(710—794 年)仿制唐三彩获得成功，烧造了许多具有唐三彩风格的奈良三彩。除奈良外，大阪、福冈、滋贺等地都有奈良三彩出土，这说明当时日本奈良三彩的烧造和使用还是较普遍的，奈良三彩使日本的陶瓷艺术更加绚烂多彩，从另一个侧面显示出唐三彩的深广影响。

(张敏)

# 50. 白鹿洞书院的建立

白鹿洞书院是中国历史上久负盛名和最具影响力的书院之一，长期以来它被誉为“海内书院第一”“天下书院之首”。白鹿洞书院位于江西九江市东南25公里处的庐山五老峰下，“四面山水，清邃环合，无市井之喧，有泉石之胜，真群居讲学，遯迹著书之所”(《朱文公文集·白鹿洞牒》)。

白鹿洞书院始建于唐代。相传公元785—805年(唐代贞元年间)，洛阳人李渤携其兄李涉登庐山揽胜，因爱五老峰下四山环合、一溪穿流、别有洞天，遂在此隐居读书，养一白鹿自娱。此鹿通人性，常跟随左右，且能跋涉数十里到星子县城将主人要买的书、纸、笔、墨等如数购回，故时人称李渤为白鹿先生。又因此地四山环合，俯视似洞，后人便将此山谷称之为白鹿洞。

公元821—824年(唐长庆年间)，李渤任江洲刺史，在白鹿洞创建台榭，遍植花木。从此，白鹿洞名重一时，逐渐成为四乡文人往还之地。唐朝末年，由于常年兵荒马乱，各处学校废毁，到庐山来隐居读书和讲学的知识分子很多，他们经常来研究学问，交流心得，白鹿洞由此名噪一时。

公元937—943年，(南唐昇元年间)，南唐政权在李渤隐居的地方建立学馆，招生收徒，以国子监九经博士李善道为洞主，并开始置田建学，名曰“庐山国学”，又称“白鹿国学”。一时间，白鹿洞集生徒数百肄业其中，名胜之地由此演成名教之地，“白鹿国庠”“庐山国子监”之名得称于世三十余年。

公元976年(宋开宝九年)一代国学废于战火。战后不久，即由士民改建成书院，并得到了统治者的重视。公元977年(太平兴国二年)宋太宗赵光义曾赐印本《九经》，并称“白鹿国学”。公元1002年(宋真宗成平五年)，官府对白鹿洞书院加以修缮，并塑有孔子和其十大弟子像。公元1008年(宋真宗大中祥符初年)，直史馆孙冕本拟退休后来洞讲学，尚未成行，身先死。孙冕儿子孙琛，于1053年(宋仁宗皇祐五年)在白鹿洞书院故址建学馆十多间，称“白鹿洞之书堂”。此后，白鹿洞由国学而书院，进入了一个新的历史时期。

白鹿洞书院之隆兴并扬名天下，实有赖于南宋理学家朱熹。公元1179年(淳熙六年)，朱熹以南康军知军的身份，取法数年前在岳麓书院与张栻会讲的经验，重建废弃百余年的白鹿洞书院。关于朱熹复兴书院的目的，《元代书院研究》作者徐梓认为：“朱熹及其弟子们之所以从事如此广泛的书院活动，也是为形势所逼，当道者的摒斥和攻击，政治的严酷，只给了他们的学术活动这么一个舞台……朱熹及其弟子在其学被禁的情况下，不可能利用官学的阵地来传播学术，只能自创书院，自立讲坛，以沿习学问，明确学统，传播理学。”此外，朱熹复兴白鹿洞书院还基于以下几方面的原因：(1)补官学之不足，纠科举之弊端。朱熹认为，“所谓太学者，但为声利之场，而掌其教者不过取其善为科举之文，而尝得隽于场屋者耳。士之有志于义理者，既无所于学，其奔趋辐辏而来者，不过为解额之滥，舍选之私而已。师生相视漠然行路之人，间相与言，亦尝开之以德行道艺之实……殊非国家之所以立学教人之本意也”(《学校贡举私议》)。为此他在《白鹿洞书院揭示》的跋语中明确提出了他开办书院的用意："熹窃观古昔圣贤所以教人为学之意，莫非使之讲明义理，以修其身，然后推以及人，非徒欲其务记览，为辞章，以钓名声，取利禄而已也。今人之为学者，则既反是矣。"(2)弥补学校社会教化功能的缺失。在朱熹看来，两宋之际，科举导致官学的空疏，"师之所以教，弟子之所以学，则皆忘本逐末，怀利去义，而无复先王之意。以故学校之名虽在，而其实不举，其效至于风俗日蔽，人才日衰"。为改变这种状况，朱熹在《白鹿洞书院揭示》中明确地将父子有亲、君臣有义、夫妇有别、长幼有序、朋友有信这"五教"作为其书院的教育目的和培养目标。并订立了《白鹿洞书院条规》，以期以书院为阵地，以士子为载体，进而达到对社会各阶层成员进行道德教育之目的，从而弥补官学教化功能之不足。(3)受佛教禅林的刺激和影响，也是朱熹复兴书院的主要原因之一。"准确地说，佛教对新儒学教育所作的贡献是不可忽视的。和几乎都坐落在官府所在地的官学不同的是，绝大多数新儒学书院与佛教寺院一样，建在环境优雅而幽静的风景区，并常以山、湖、溪等来命名。宋代的新儒学学者对禅宗的教育机构也印象深刻，他们毫不犹豫地采用了佛教的'精舍'来作书院的替代词。"与此同时，禅宗对学问、修养、礼仪的强调和采用讨论的学术交流方式，都深深地影响了朱熹、陆九渊以及其他学者的教学方法。然而，朱熹对佛、老抢占儒学的正统地位的现实也颇为不满，因此，他在《乞赐白鹿洞书院敕额》中明确表示出他与佛教抗争的思想，他指出，"考此山(庐山)老佛之祠，盖以百数，兵乱之余，次第兴葺，鲜不复其旧者。独此儒馆莽为荆榛，虽本军已有军学，足以养士，然此洞之兴，远自前代，累圣相传，眷顾光宠，德意深远，理不可废……而先王礼乐之官，所以化民成俗之本者，乃反寂寥稀阔，合军与县，仅有三所，然则复修此洞，盖未足为烦"。"至于学校则一郡一邑，仅一置焉，而附郭之县或不复有，盛衰多寡之相绝，至于如此。则邪正利害之际，亦已明矣。"(《白鹿洞志》卷二)由此表明，朱熹复兴白鹿洞书院的主要意图也在于区别新儒学和佛教，以对抗那些数以千计的异教寺庙的威胁。

白鹿洞书院在朱熹手上的兴复，意味着中国书院制度的成熟，学风绵延数百年从宋至清，无数名师巨儒曾来此讲学或造访：陆九渊、虞集、李梦阳、王阳明、吴国伦、邹元标、罗洪先、黄宗羲、张维屏、康有为……凡此种种，奠定了白鹿洞书院作为古代中国的重要教育中心与学术中心的地位。

1949 年以后，政府采取一系列措施对白鹿洞书院进行保护和维修。1959 年，白鹿洞书院被列为江西省文物保护单位，1989 年又被列为全国重点文物保护单位。

（郭娅）

# 51. 儒、释、道三教合流

陈寅恪先生曾说过："南北朝时即有儒释道三教之目，至李唐之世，遂成固定之制度。如国家有庆典则招集三教之学士，讲论于殿廷，是其一例。自晋至今，言中国之思想可以儒释道三教代表之。"正如陈先生所言，中国学术思想的发展，在魏晋以后逐渐形成了儒、佛、道三教并存的局面。三教是中国传统文化的代表，但它们之间存在着既互相排斥、冲突和斗争，又互相作用、影响和渗透的关系。需要指出的是，这里所谓的"儒、释、道三教"中的"教"，其含义是教化，而不是宗教。"儒教"主要是指儒家思想教化而言，"道教"则包括了先秦的老庄、汉代的黄老等道家学说和东汉末产生的道教两个部分。

儒家形成于春秋末期，是春秋战国时期百家争鸣中的一种思想流派。春秋战国时期，儒、道、墨、名、法、阴阳等诸家思想百花齐放，相互碰撞、相互冲突、相互交流、互相融合，其中尤以儒家、墨家等学派在社会上的影响最大，是诸子百家众多学派的代表者。儒家强调"三纲五常"，宣扬君权至上的理论，维护宗法社会的统治秩序。此时的儒家和诸子地位尚是平等的。但是自汉武帝后，出于维护政权的需要，经过董仲舒等人的大力推崇，西汉开始实行"罢黜百家、独尊儒术"的文化方针，儒学沦为一种论证君权神授的天人感应论的谶讳迷信思想，成为统治阶级维护其统治的思想武器。

道家也在春秋末年出现，到战国中期逐渐扩大影响，与儒家、墨家同样成为社会上的"显学"。西汉初年，统治者为恢复和发展经济，与民休息，在文化思想上大力提倡无为而治的黄老之学，使得道家学说成为当时社会的指导思想。道教产生于东汉末年，是中国土生土长的宗教，其主要思想源自道家黄老之学中的某些思想以及战国时期的神仙方术和民间巫术。虽然在理论体系上相对薄弱，但作为中国本土宗教、道家思想和神仙方术的混合体，道家也是中国传统文化的重要组成部分。

佛教是外来的宗教，它创自古代印度，西汉末、东汉初开始传入中国内地，但当时人们对它了解甚浅，把它看成与当时人们所熟悉的黄老之学、神仙方术相类似的学说。东晋时期佛教逐渐盛行，大规模佛经传译的工作开始，姚秦时著名佛经翻译家鸠摩罗什及其弟子所翻译的佛经被广为传颂。到南北朝，佛教在社会上的影响迅速扩大，"南朝四百八十寺，多少楼台烟雨中"。佛教有着博大精深的理论体系，对中国思想文化各领域和社会风习产生了较大影响，成为足以与儒、道相鼎立的一种理论势力，且透露出压倒儒、道的趋势。但是佛教毕竟是一种外来文化，与中国传统文化之间存在着矛盾冲突，儒、释、道三教合流问题，更多地表现为中国本土儒、道二教与佛教的融合，以及佛教修正自身的中国化的过程。

在中国历史上，儒、释、道三教的合流经过了一个曲折复杂的历史过程，包括魏晋、南北朝、隋唐三个主要时期。

魏晋时期，三教合流主要表现为碰撞与相互补充，由儒术独尊转变为儒释道三教并存。

首先，魏晋玄学援儒入道，标志着儒、道思想的相互补充。同样是在中国本土产生的文明，但儒家主张积极主动的入世思想，要求遵奉社会秩序；道家则提倡消极避让、清静无为的出世思想，蔑视社会规范。两种思想相互对立，又相互补充。玄学是中国文化自我调整的伟大创举，它力图把儒、道两者融通为一，援道入儒，以道家简明的思想改造儒学，故又被称为新道家。

两汉之际，佛教刚刚传入，道教也是刚刚形成，并没有什么大的影响，而儒家由于有汉武帝接受董仲舒等人的意见，采取“罢黜百家，独尊儒术”的政策，成为社会上的显学，儒家思想取得了思想文化领域中的正统地位。然而，在东汉末年至两晋的两百多年乱世中，道教在理论上和组织上却趋于成熟，并从民间宗教转而向社会上层发展，教义和活动方式都有了改变。而随着东汉王朝的分崩离析，统治思想界近四百年的儒家思想已不能再继续垄断当时的精神世界，社会产生了严重的信仰危机。同时一些士大夫也渐渐不满于经学的繁琐和流于谶纬迷信，开始对宇宙、世界和人生作出反思，并转而向道家学说寻找精神寄托，援道入儒，主张“自然”“无为”的老庄思想，崇尚清谈，从而引导着儒学向老庄的方向“蜕变”，成为流行于魏晋时期的玄学思潮。玄学的产生标志着儒、道两家的早期融合。

其次，佛教学说的传入补充了玄学。佛教在东汉末年刚刚传入，到魏晋时期还不够壮大，对于中国传统文化仍处于依附状态，只能积极适应中国社会国情，协调与中国文化的关系，以便在中国立足和发展。由于对佛教的了解甚浅，最早接受佛教思想的中国学者一般都用玄学的理念去理解新来的佛教，不少佛教徒经常和玄学家一起清谈，或者身兼玄学家的角色，以玄学语言阐述佛理，玄学家中也有以谈佛理见长者。佛教的理论体系博大精深，较之玄学更胜一筹，补充了中国宗教文化中较为薄弱的环节，尤其是佛教的宇宙观、人生观等哲学思想，都令时人感到惊叹，向人们展示了以前没被注意到的苦难层面，阐述了比肉体需求更高的精神追求的境界，为中国文化的巨流注入了强大的新生力量，这也是佛教能在中国立足的原因之一。总体而言，佛教的传入补充了玄学理论的不足，但这时的佛玄合流尚属初级阶段。

东晋南北朝时期，佛教影响扩大，儒、释、道三家合流主要表现为中国本土文化与外来文明的矛盾冲突，儒道两教结成统一战线对佛教进行攻击。但这种矛盾之中也孕育了融合的因子，为儒、佛、道三教的并行发展打下基础。

魏晋以后儒学丧失了独尊的权威，玄学援道入儒，化解了儒道之间正统官学与本土异端的冲突，形成了当时中国文化以儒、道为代表的格局。尽管如此，儒学在思想文化上却仍然保持其正统地位，占据了官方社会意识形态，道家只是作为儒学的辅翼，三教之间的关系是以儒为主导，以佛道二教为辅的。到了南北朝时期，佛教在社会文化思想方面的影响迅速扩大，日益有取代儒道两教之势，中华文化面临着外来文明的强大威胁。作为中国传统文化的代表者，两教之间是有着深刻的共同利益的，但由于文化差异的存在，它们与佛教却有着鲜明的对立面。中国宗教肯定现世，畏天敬祖，讲求务实，追求人生快乐，佛教信仰则否定现世，宣传人生苦海，追求精神境界。除理论差异之外，佛教这一外来文化与本土文化之间还存在着争夺社会地位的冲突。因此，当佛教尚微弱时，儒道对它并不重视，尚能容忍；而当佛教的影响逐渐增大之后，随着本土人士对佛教教义的深入了解，这种差异和矛盾就暴露出来了，儒学为了维护自身的正统地位必然要排斥异己，佛教和道教也要因争夺思想阵地而互相攻击。于是，儒道两教很快联合起来，结成了以儒为主、以道为辅的统一战线，以共同对抗佛教。

三教的矛盾冲突首先是哲学理论上的争论。

由于佛教在哲学理论上占有明显的优势，三教之间的争论主要是权臣之间或权臣与名僧之间通过理论上的自由探讨和平等争辩的方式进行的，讨论了中国人如何对待外来文化、佛教的灵魂观、报应观以及佛教对于国家的利害等相关的问题。主要有以下几次大的论辩：

沙门敬王之争。这是三教斗争的正式发端，主要在儒佛两家之间进行，表现为宗教与政治的冲突，内容是沙门跪拜世俗皇帝与否。沙门在印度是出世修行者，是受到包括帝王在内的全社会尊敬的，只需跪拜佛祖。但中国的情况大不相同，因为依据中国的儒家纲常伦理和皇权至尊的观念，沙门理应向皇帝行跪拜礼。汉魏时期这种矛盾尚不突出，而到公元340年，(成帝咸康六年)东晋庾冰和何充辅政时，佛教教仪与世俗朝仪之间的矛盾扩大。庾冰崇儒，提出沙门也应对王者行跪拜礼以维护纲常名教；何充崇佛，认为只要沙门尊重王权就可以，不能坏佛法。庾冰之议不行。公元402年，(安帝元兴元年)桓玄重新提议沙门跪拜王者，并与名僧慧远展开往复辩论。慧远为此作《答桓太尉书》和《沙门不敬王者论》，阐述了沙门虽不行礼，但仍有利于王权和治世的道理，调和宗教利益和纲常伦理之间的矛盾。桓玄只得放弃提议。

白黑论之争。这是中国文化与佛教的第二次大的理论冲突，主要争的是儒学与佛教在义理上的长短，以还俗沙门慧琳作《白黑论》而得名。《白黑论》又称《均善论》，书中设白学先生代表中国传统文化，设黑学先生代表佛学，作者借白先生之口，对佛学的般若性空学说、报应说等哲学思想提出质疑。《白黑论》一出，引起佛教界一阵骚动。无神论者何承天对于此书大为赞赏，撰《达性论》一文与之呼应，并陆续发表数篇文章支持慧琳的观点，而崇佛者亦围绕此书，纷纷著文驳斥，如颜延之的《释达性论》和慧远弟子宗炳的《难白黑论》。于是在无神论者和崇佛者之间展开了反复辩难，将这一问题引向深入，涉及性空、报应、形神、华戎和三教优劣等问题，对后世影响较大。

夷夏论之争。这是三教之间争论的重要话题，主要发生在南朝的佛教与道教之间。佛教来华之时，人们华、夷之辨的观念并没有那么深重。但随着佛教势力变得强大，道教为了与之争夺思想阵地，夷夏之争变得激烈起来。道士顾欢为此作《夷夏论》，借助儒家“夷夏之防”的观念，把佛教和道教的关系归结为夷夏关系，并强调文化的民族性和地域性，认为佛教是夷地之教，而道教是华夏之教。顾欢甚至责问信佛之人：“舍华效夷，义将安取?”此举引起了佛教徒的强烈不满，纷纷撰文著说，反击顾欢，为佛教在中国传播寻找合理性，如朱广之的《咨顾道士夷夏论》，朱昭之《难顾道士夷夏论》等。这些著述不仅批判了顾欢等人的狭隘民族观念，同时也借助佛教自身的理论优势，对道教理论上的缺陷进行了尖锐攻击。夷夏论以佛教徒的强烈反对而声势减小，但并没有结束，至北周仍有余波残留。

神灭论之争。这是佛教和儒家之间的争论，核心内容是关于人的形体死亡之后，精神是消失还是继续存在，即“神灭”还是“神不灭”的问题。神灭论之争由来已久，以南朝齐末范缜《神灭论》最为著名，在诸多争论中也最为激烈。佛教讲因果报应、三世轮回，认为灵魂可以脱离肉体长存，范缜则本着道家自然主义的哲学观反驳佛教，提出精神不可能离开形体而独自存在，要依形体而存，形亡则神亡，就像刀刃和锋利的关系一样。此论一出在南朝上流社会激起轩然大波，朝野大哗，信佛者与排佛者对此进行了长期的争论。其中范缜与竟陵王萧子良之间的辩论更是将神灭论推向高潮，萧子良集群僧难之，但范缜始终坚持自己的理论。这场争论一直延续到梁代。梁武帝于507年作《敕答臣下神灭论》，批判范缜，“违经背亲，言语可息”，萧琛、曹思文、沈约和王公朝贵等62人群起围攻，向范缜辩难，仍不能驳倒他，范缜表现出坚定的立场和捍卫真理的气概。梁以后形神关系的争论逐渐减少，但仍时有发生。

三教的矛盾冲突其次表现为儒道二教通过国家政权对佛教进行武力镇压。

儒道二教虽然与佛教在教义上有所不同，但三者之间的冲突，更多的是发生在争夺社会地位上。为了争夺统治者的崇信，确立社会正统地位，儒道二教利用统治阶层的信仰，通过国家政权对佛教进行了武力镇压，表现为这一时期的两次灭佛运动(北魏太武帝太平真君七年和北周武帝建德二年)。

中国佛教史上曾经先后有北魏太武帝拓跋焘(424—452年)、北周武帝宇文邕(543—578年)、唐武宗李炎(841—846年)与后周世宗柴荣(921—959年)下诏铲除佛教，史称“三武一宗灭佛”，其中魏太武帝是始作俑者。由于佛教影响的迅速扩大，出家僧尼和寺庙剧增，给社会带来了种种政治和经济问题，使朝廷财税和兵源大量流失。北魏入主北方之后，认识到汉化的重要性，于是接受汉族文化、任用汉族大臣，以巩固在广大汉族地区的统治。而魏太武帝时所倚重的司徒崔浩师事寇谦之，信奉道教，恶佛法，所以经常在太武帝面前贬斥佛教，力主灭佛。太武帝表示赞同，且改元太平真君，用寇谦之参与国政，下令凡50岁以下的和尚都要还俗，兴道限佛，朝廷与佛教僧侣矛盾激化。公元445年(魏太武帝太平真君六年)三月，太武帝亲率大军征伐卢水胡盖吴，攻入长安后，入佛寺，见沙门和尚的卧室里有兵器，大发雷霆道：“此非沙门所用，必与盖吴通谋，欲为乱耳。”于是命有司屠杀全寺沙门。在清理其财产时，又见寺内有很多州郡官民财物及酿酒之器，密室内还藏有妇女，便对佛教更加厌恶。崔浩见势再提出灭佛的建议，太武帝终于下诏曰“佛图形像及胡经，皆击破焚烧，沙门无少长皆坑之。”公元446年(魏太武帝太平真君七年)太武帝又下令灭佛：“先尽诛天下沙门，毁诸佛像。今后再敢言佛者，一律满门抄斩!”佛教势力因而受到打击。

但距第一次灭佛不到一百年，佛教又超常规发展，给国家财政收入带来很大的压力。到了北周，周武帝好儒学，信谶纬，对于佛教则十分厌恶，于是当时的还俗僧人卫元嵩及道士张宾便建议武帝限佛。《北史·周高祖记》载，武帝曾举行七次辩论，议定三教优劣。公元568年(周武帝天和三年)，武帝“集百僚，及沙门、道士等，亲讲《礼记》”；公元569年，(周武帝天和四年)，又“集百僚、道士、沙门等，讨论释老义”；公元573年(周武帝建德二年)底，武帝集佛道二教于文德殿量述三教胜劣，“帝升高坐，辨释三教先后，以儒为先，道教为次，佛教为后”，并提倡“会通三教”，但强调以儒家为正统。这次辩论十分激烈，智炫与道士张宾对衡，甚至当场顶撞周武帝。抑佛教为最末，事实上已是灭佛的先声。公元574年(建德三年)，武帝下诏“断佛、道二教，经像悉毁，罢沙门、道士，并令还民。并禁诸淫祀，礼典所不载者，尽除之”。废佛道二教，悉令沙门还俗。此举使得北周境内佛教一时绝迹，“融佛焚经，驱僧破塔……宝刹伽兰皆为俗宅，沙门释种悉作白衣”。公元577年(周武帝建德六年)，北周灭北齐后，接着把废除政策推广到北齐境内。武帝亲自到邺城，召五百僧人入宫，宣布废佛，令僧尼还俗。名僧慧远与武帝辩论，但武帝灭佛之意非常坚决。这次声势浩大的灭佛运动，毁寺庙四万，近300万僧尼被勒令还俗。这就是“三武一宗”的周武帝灭佛事件。武帝灭佛的同时也灭了道，但自武帝去世后，佛教实际上仍在北地传播，到隋文帝杨坚(541—604年)废周建立隋朝，大力恢复佛教，自此佛教进入新的发展时期。

通观当时的三教斗争，虽然三教之间矛盾很多，但可以看出调和论仍是这一时期的社会主流，所谓的灭佛运动也并未能遏止佛教对中华文化所发生的广泛而深入的影响。而正是不断通过同儒、道两家的争辩，佛教在其理论发展过程中受到了更多中国文化的影响，本土化趋势日益明显。同时，历来主张“和而不同”“殊途同归”的中国文化也开始看到了佛教适应中国社会的可能性，开始接纳并吸收佛教的理论为其所用。儒、佛、道三教找到了一个可以共同发展的结合点。

隋唐时期，“三教并奖”成为基本国策。三教理论在统治者的大力倡导下进一步融合，特别是最具中国特色的佛教宗派——禅宗的产生，吸收了中国本土儒、道二教思想，为佛教在中国的广泛传播做出了贡献，表明三教融合已趋成熟。

尽管存在矛盾斗争，但儒、释、道三教都必须在中国宗法社会这块共同的土壤上求得生存和发展，所以它们在斗争的同时又必然要在相互之间进行理论融合，共同发挥社会作用。儒家主张积极的入世主义，是封建社会的统治思想，是统治阶级维护封建秩序的主要工具；佛道两教则是消极的出世主义，可以缓解社会的矛盾，维护封建社会的秩序，是儒家思想的有力助手。儒家、道家所不能回答的现实苦难问题，佛教却恰恰用它的罪感哲学解决了这个问题，获得了中国化的群众基础。三者互为补充、互相促进，共同维护着古老的中华帝国。如何认识三者的性质和作用、正确处理三者之间的关系，是当时中国封建统治者遇到的新问题。

其实早在汉魏之际，牟子《理惑论》就提出了三教一致论，系统探讨了佛教与中国传统文化的关系，反映出当时三教在理论上的对立和中国佛教学者渴求三教会同的愿望，不仅对佛教在中国的顺利发展扫平了障碍，而且对于整个中国学术思想与文化的发展产生了深远的影响。当时的佛教方面，也尽力适应中国国情，会通三教，只不过三教融合不太明显而已。南北朝时期，很多名士、僧人和道士进行三教论辩，这些论辩中也孕育出了“本末内外论”“均善均圣论”和“殊途同归论”等三教融合理论的因子，从不同的角度提出了三教一致的思想。

隋唐结束了近三百年南北纷争的局面，统一了全国，国力也达到鼎盛，迫切需要加强思想文化上的统一，于是唐朝上层集团开始着手调整社会思想文化的内部结构。唐太宗李世民从国家的长远利益和政治大局出发，实施宽容开明的文化方针，提出了“三教并奖”政策，分别利用儒、佛、道三教。他一方面加强儒家经学的主导地位，统一儒家经典的文字和注疏，由孔颖达等撰《五经正义》为科举考试的标准课本；另一方面又提升道教，扶持佛教，使两教也得到迅速发展。儒、佛、道逐渐形成三教鼎立的局面，初步奠定了以后一千多年内中国意识形态领域的以儒为主体、佛道为辅翼的格局。

首先，三教并奖促使佛教与中国传统文化融合，集中表现为佛教宗派中国化。

“三教并奖”摆脱了皇帝个人信仰对于宗教发展的影响，使得唐朝成为佛教发展的鼎盛时期。佛教为了在中国扎下根来，与中国文化进行了自觉的、主动的融合，完成了宗教仪式和理论上的调整，到唐朝已是中国本土化的佛教，具有中国传统文化的特色。在儒、道、玄思想的影响下，原印度佛教的许多特性发生了重大的变化，诸如，印度佛教强调苦行静修得到解脱，中国化佛教则以智解顿悟来解脱；印度佛教为出世精神，中国化佛教则是积极的入世精神；印度佛教在理论上也广泛地吸收了儒家的心性、中庸，道家的自然无为，甚至阴阳五行等各种思想学说。中国化佛教包括天台、法相、华严、禅宗、净土、律宗等若干大的宗派，其中尤以禅宗最具中国特色。高僧慧能所创的禅宗受儒道两家文化影响最为深刻，它认为人人皆有佛性，皆可成佛，主张顿悟，放弃了诵经守戒，为佛教在中国的广泛传播做出了贡献。高度中国化的禅宗的出现，体现了佛教的世俗化，神圣性大为降低，是佛教与中国本土儒、道二教思想成功融合的标志。此后，佛教的影响不断地深入到了人们的日常衣食、语言、思想、文学、艺术等各个方面，已成为整个中国文化中与儒、道鼎足而立的一个有机组成部分。

其次，三教并奖政策下，佛教的信仰、哲学思想和伦理观念对道教及儒家都产生了巨大影响，三教融合更为深入。

儒道二教对佛教理论的吸收，是建立在企图借助佛教思想进而超越佛教的基础之上的。虽然太宗出于现实政治的考虑，制定“三教并奖”政策，但是从统治利益着想，他内心深处非常清楚唐王朝真正应该依靠的思想支柱只能是儒学，《贞观政要》载太宗言：“朕今所好者，惟在尧舜之道，周孔之教。以为如鸟有翼，如鱼依水，失之必死，不可暂无耳。”李唐王朝以道教后人自居，还有意抬高道教地位。同时，很多儒学名士也站在维护王权的角度主张限佛，中唐时期发生了韩愈上表谏迎佛骨事件。韩愈还提出了“道统说”，将统道之人由帝王转移到了师儒，解决了儒学的传承问题，然而韩愈却没有看到佛教与王权相通的一面，也没有找到使儒佛融会的途径，具有片面性。

与韩愈相比，柳宗元对儒佛之争看得更为深刻。他主张以儒为主，融合佛释，着意寻求儒佛之同，而不是儒佛之异，认为应该吸取佛教中的精华，并真诚地希望由同而和，重建具有无神论色彩的儒学思想价值体系。哲学家李翱也认识到儒学要彻底战胜佛教，只能借用佛教的思想资源并进行批判性的吸收，建立起儒家自己的心性理论，从而超越、战胜和取代佛教。为此，李翱专门写了《复性书》来弥补韩愈的缺陷，从而融通佛道之性，建立儒家以性命为中心的“天人合一”的伦理价值体系，形成中国儒学史上有名的“复性论”。柳宗元和李翱的这种探索，在儒佛冲突中为儒学的复兴寻找到了一条具体的道路，开启了改造儒学的方向，也为儒佛两教的融合做了重要贡献。

总的来说，三教会通是时代思潮的主流。虽然冲突是无法避免的，因为利益冲突不论在何时都是存在的，像上述的韩愈排佛，以及“三武一宗”灭佛中的唐武宗灭佛事件都发生在此时，但是，佛教学说确已成为中国人思想文化的重要组成部分。三教合流在社会氛围中日益成熟，很多士大夫兼习三教或二教，并且热衷于同僧道之人交游，而僧人、道人亦结交儒者官宦，加强了三教之间的互补与渗透，以儒为主，佛、道二教辅之的中国文化格局业已形成。三教共存已经为中国思想文化界所接受，多数人都已习惯多元信仰的社会精神生活。

至此，儒、释、道三教已完成宗教理论上的融合。可以看出，中国传统文化的主流就是在儒、佛、道三教的争斗、互补和合流的基础上演变和发展的，形成了以儒为主，佛、道辅之的文化格局。三教融合的影响还表现在之后宋明时期，宋明理学大胆吸收、借鉴其他二教理论，从而建构起新的儒家哲学体系，实现了儒学在理论上的一次重大突破，走上了一条儒释道三种思想体系互相融合的道路，使中国理论思维达到了一个新的高度。

（汪莉）

# 52. 禅宗的确立

禅，是禅那的简称，一般叫做禅定，又译为静虑，是静中思虑的意思。禅的宗旨是通过修定，将诸恶弃除，使心恢复本来的清净，所以又名为弃恶。它的异名还有很多，《大乘义章十三》曰："禅定者别名不同。略有七种：一名为禅，二名为定，三名三昧，四名正受，五名三摩提，六名奢摩他，七名解脱，亦名背舍。禅者是其中国之言，此翻名为思惟修习，亦云功德丛林。"

在禅宗形成之前，"禅"本来只是一种修行方式，是戒、定、慧三学之一，与念佛诵经、造像斋僧、守戒苦修、精研经义等其他修行方式都是同等的修行成道路径。禅者通过静坐、冥想，达到内心的宁静境界。也因此，在禅宗之前，中国已有很多习禅者，梁慧皎《高僧传》的"习禅篇"便记有一些早期禅者。早期达摩一系的禅学，也只是诸多禅学中的一系，并不出名。但是自达摩禅之后，禅的地位突然有了一个大的变化，禅从仅为修行方法之一的"禅定"，开始与大乘教义相结合，使禅本身成为一种禅者所追求的终极佛境，正如人所指出，"禅宗之禅，其名虽取思惟静虑之义，而其体为涅槃之妙心，非谓色界所属之禅"。

中国特有的禅宗，非一时、一人建成，其确立过程很长，经历了自达摩东来，开创全新的禅学派别，到五祖弘忍，建立禅师僧团，到六祖慧能，形成了中国佛教特有的南禅宗，经神会至马祖道一，完成南禅宗对北宗的压倒性胜利，最后到百丈怀海，确立禅师僧团的清规和生活方式。

关于禅宗的历史，有历代的灯录及近代以来敦煌卷子中发现的一些资料可资考证，但它们是说法不一，歧义互见的，事实与虚构并存。尤其是前期史，更充满了传说和想象。禅的起源，追溯到了佛陀在灵山会上传法给摩诃迦叶。这就是《大梵天王问佛决疑经》所说的"拈花微笑"的故事：一日，佛陀行化至灵鹫山，时有大梵天王，以金婆罗华献佛，舍身为床座，恭请佛陀为众生说法。世尊登座拈花示众，与会百万人天大众皆面面相觑，无人能够领会。唯有迦叶尊者当下灵犀相应，破颜而笑。于是佛陀开口道："吾有正法眼藏，涅磐妙心，实相无相，微妙法门，不立文字，教外别传，付嘱摩诃迦叶。"自此，佛陀把禅宗法门以心传心传与迦叶，还传下了袈裟和钵。迦叶因而成为西天禅宗始姐，其后代代次第相承。唐代智炬《宝林传》(成于801年)以印度自迦叶传至师子比丘为二十四世，继以婆舍斯多、不如蜜多、般若多罗至菩提达摩为二十八世，列名于下：

第一祖摩诃迦叶。第二祖阿难陀。第三祖商那和修。第四祖优婆毱多。第五祖提加迦。第六祖弥遮迦。第七祖婆须密多。第八祖佛陀难提。第九祖伏驮密多。第十祖胁尊者。第十一祖富那夜奢。第十二祖马鸣菩萨。第十三祖迦毗摩罗。第十四祖龙树菩萨。第十五祖迦那提婆。第十六祖罗睺罗尊者。第十七祖僧伽难提。第十八祖僧伽耶舍。第十九祖鸠摩罗多。第二十祖阇夜多。第廿一祖婆修盘头。第廿二祖摩拿罗。第廿三祖鹤勒那。第廿四祖师子尊者。第廿五祖婆舍斯多。第廿六祖不如密多。第廿七祖般若多罗。第廿八祖菩提达摩。

这西天二十八祖的传法世系后来即成为禅宗的正统说。但是，学界多认为不足凭信，认为是后人根据古印度的佛教人物编造的。

西天第二十八祖菩提达摩东渡来到中国，成为东土禅宗的初祖。关于达摩的最早文字记载，是北魏人杨衒之的《洛阳伽蓝记》，其中言及516年(熙平元年)魏孝明帝的母亲灵太后建永宁寺：

“时有西域沙门菩提达摩者，波斯国胡人也，起自荒裔，来游中土，见金盘铉日，光照云表，宝铎含风，响出天外，歌咏赞叹，实是神功。自云年一百五十岁，历涉诸国，靡不周遍，而此寺精丽，阎浮所无也，极佛境界，亦未有此。口唱南无，合掌连日。”

《洛阳伽蓝记》只能说明达摩到达洛阳的时间。而关于他入华的时间，据《景德传灯录》说菩提达摩是梁武帝普通年间(520年至526年)来到中国的。达摩初到广州，后梁武帝迎至金陵。两人有一次会面，但机缘不契，达摩遂渡江北上，来到魏国(北魏)洛阳嵩山少林寺，面壁九年。时人称之为“壁观婆罗门”。

但是，目前学术界的考证结果，认为达摩来华的时间应该是南朝刘宋明帝末年或元魏孝文帝初年，也就是公元5世纪70年代。《续高僧传》记达摩“初达宋境南越，末又北度至魏”，也是可信的。达摩晚年事迹，有多种说法。有说于535年(魏大统元年)端坐而化。又有传说他遇毒而逝，葬于熊耳山(今河南宜阳县)，后来魏使宋云自西域回国时，遇达摩于嵚岭，见达摩手携只履，向西而去。再开达摩棺，亦只遗只履。此即为“只履西归”的传说。

达摩所奉行的是二入四行的禅法。所谓二入，是“理入”和“行入”。理入是属于对佛教的理论思考，由“理性”着手，入佛知见；行入是属于佛教的实践，实践修心，磨炼意志。所以二入即指禅法的理论和实践相结合的教义。达摩弟子昙林在《略辨大乘入道四行(观)》有言：

“理入者，谓藉教悟宗。深信凡圣众生同一真性，但为客尘妄覆，不能显了。若也舍妄归真，凝住壁观：无自(无)他，凡圣等一，坚住不移，更不随于言教。此即与真理冥符，无有分别，寂然无(为)，名之理入。”

“行入者，所谓四行；其余诸行，悉入此行中。何等为四行？一者报怨行，二者随缘行，三者无所求行，四者称法行。”

其中，这“四行”即是指：

“(1)报冤行，谓修道之人，若受苦时，当念‘此系我宿殃恶业果熟，所以甘心忍受，都无冤诉’。此心生时，与理相应，体冤而进道，故称报冤行。

(2)随缘行，谓众生无我，皆由业所转，苦乐齐受，皆从缘生，若得胜报荣誉等事，皆是过去宿因所感，缘尽还无。得失从缘，心无增减，喜风不动，冥顺于道，故称随缘行。

(3)无所求行，谓世人长迷，处处贪着，称之为求。智者悟真，安心无为，万有皆空，无所愿乐，是真无求，顺道而行，故称无所求行。

(4)称法行，性净之理，称之为法。此理众相皆空，无染无著，无此无彼。智者信解此理，应当称法而行，法体无悭，于身、命、财行檀舍施，心无吝惜，达解三空，自利利他，庄严菩提之道，为除妄想，修行六度而无所行，故名称法行。”

达摩“二入四行”的禅法，以“壁观”法门为中心。“达摩以壁观教人安心云，外止诸缘，内心无喘，心如墙壁，可以入道”。所以壁观其实并非一定要面壁，而是形容这种禅法能让人安心，“心如墙壁”，不受外界干扰。正如《释门正统八》所说：“独以真法如是安心，谓壁观也。”又注曰：“客尘伪妄不入曰壁。”道宣对此评价说：“大乘壁观，功业最高，在世学流，归仰如市。”达摩面壁九年之说，大约亦是由此附会而来。

对于达摩以后的禅宗传承，禅宗的灯录的说法，是自达摩、慧可、僧璨、道信、弘忍直到慧能，共计六代。《荆州玉泉寺大通禅师碑铭》说，“自菩提达摩天竺东来，以法传慧可，慧可传僧璨，僧璨传道信，道信传弘忍。继明重迹，相承五光”。这种一脉单传的说法未必完全合乎事实，但是仍可看出禅宗的发展脉络。

达摩传法慧可，慧可即为东土禅宗二祖。传说慧可原名神光，达摩于少林寺面壁时，他前来参谒，“立雪过膝”，“断臂求法”。但唐道宣《续高僧传》卷十六《慧可传》只说慧可“遭贼斫臂，以法御心，不觉痛苦”，并非为法断臂。达摩收其为徒，取名慧可，把四卷《楞伽经》授与慧可说：“我观汉地，唯有此经。仁者依行，自得度世。”《续高僧传》卷二十七《法冲传》也记载慧可从达摩处学楞伽心法，“创得纲纽”，然而其他宗派“多不齿之”，受到了排挤迫害，到晚年依然“竞起煽乱，递相诽谤”。《景德传灯录》记，“时有辩和法师者。于寺中讲涅槃经。学徒闻师阐法稍稍引去。辩和不胜其愤。兴谤于邑宰翟仲侃。仲侃惑其邪说。加师以非法。师怡然委顺。识真者谓之偿债。时年一百七岁。”《历代法宝记》记“菩提流支徒党告可大师云妖异”，慧可愤而自承“我实妖。”成安县令遂翟仲品(侃)“打煞慧可，死经一宿重活，又被毒药而终”，慧可最终以身殉道。

禅宗灯录和相关资料，记有禅宗历代传法传说。例如，达摩传慧可时，慧可曾问达摩：“我心未宁，乞师与安?”达摩回答：“将心来！与汝安。”慧可说：“觅心了不可得。”找不到心。达摩说：“与汝安心竟。”我已经给你安了心了。后慧可传法僧璨，为禅宗三祖。僧璨本为一个居士，患风疾，请慧可忏罪。慧可答言：“将罪来，与当忏。”对曰：“觅罪不可得。”慧可说：“与汝忏罪竟，宜依佛法僧住。”又问：“今见和尚，已知是僧，未审何名佛法?”慧可答言：“是心是佛，是心是法，法佛无二，僧宝亦然。”居士深有所悟，说道：“今日始知罪性不在内，不在外，不在中间，如其心然，佛法无二也。”慧可因而收其出家，取名僧璨，即为禅宗三祖。僧璨又传道信。据说道信年十四，来向僧璨求解脱法门。僧璨问：“谁缚汝?”道信答：“无人缚。”僧璨问：“更何求解脱?”道信于是省悟，成为禅宗四祖。道信又传弘忍。道信在路上遇一小儿，问其姓名，小儿说：“性即有，不是常性。”道信再问，小儿说：“是佛性。”道信又问：“你没有姓吗?”小儿说：“性空故。”道信便收为弟子，即为五祖弘忍。

从达摩到弘忍的这四个故事，主旨都很相近，体现出受般若思想影响的禅宗标志性思想性空观的一脉相传。但在这个阶段，他们尚未正式以禅宗为宗派名称，师徒间主要依持《楞伽经》递相传授，只讲楞伽宗。从初祖达摩至五祖弘忍及其旁出诸大德，都称为楞伽师。《楞伽经》，全称《楞伽阿跋多罗宝经》，楞伽是山名，阿跋多罗是入的意思。《楞伽经》就是佛陀入楞伽山所说的经典，是印度笈多王朝时期出现的中期大乘佛典，为法相宗所依六经之一。它阐述了“三界唯心”，认为一切诸法都系“自心所见”，“自心所现”，是“自内证”；指出阿赖耶识就是“如来藏”，示藏心自性，以明真妄、生灭、平等之相等学说。自达摩以此经授慧可，慧可对此经“专附言理”，主张“专唯念慧，不在话言”，实行以“忘言、忘念、无得正观”为宗旨的禅法，使楞伽师成为以后禅宗的先驱。所以章太炎认为法相宗与禅宗本非异趣，禅宗原本也据《楞伽经》，法相过于迂缓，禅宗过于简易，末流沿袭，徒事机锋。两宗最好结合，其自贵其心，不依他力的思想是一致的。

在这个阶段，禅宗最有价值的演变，是四祖道信和五祖弘忍广开山门，建立禅宗僧团，弘忍在凭茂山，“法门大启，根机不择”，形成教派。在此之前，达摩、慧可、僧璨都行头陀行，一衣一钵，随缘而往，“游行村落，不入都邑”，从学者不多，亦无稳定的居所、寺院为聚徒传教之根据地。到了道信后期的时代，住锡于蕲州黄梅双峰山，才有了一个开宗说法的地盘。自此从道信到弘忍，开始改变宗风，大会徒众，集体修学，将一衣一钵的生活转变为团体生活。正如《历代法宝记》中说：“信大师大作佛事，广开法门，接引群品，四方龙象尽受归依，经三十余年。”他的弟子弘忍也继续占山开法，建立东山法门，提倡学道应该山居，远离尘嚣，实行生产自给，把日常劳作视为修禅的一个组成部分，是日后禅宗建立于丛林，实行农禅结合生活的先导。因而弘忍成为中国禅学转为禅宗的关键人物，在中国禅宗史上有着重要的地位。

在禅学禅法上，道信弘忍也有贡献。道信吸收了江东所传的“文殊般若”，其法门的特点一是依《楞伽经》以心法为宗，二是依《文殊般若经》倡“一行三昧”说。一行，即一相，法界一相，无所不包，平等不二，无差别相。“三昧”是“禅定”的异名，一行三昧即把心安住于一行而修正定，获得认识法界一相的般若智慧，领悟法界无碍无相的道理。道信在《入道安心要方便法门》中引经文说，“文殊师利言：世尊！云何名一行三昧？佛言：法界一相，系缘法界，是名一行三昧”，“若善男子善女人欲入一行三昧，当先闻般若波罗蜜，如说修学，然后能入一行三昧”。在具体方法上，道信又尤重念佛：“善男子善女人欲入一行三昧，应处空闲，舍诸乱意；不取相貌，系心一佛，专称名字。随佛方所，端身正向，能于一佛念念相续，即是念中能见过去现在未来诸佛……如是入一行三昧者，尽知恒沙诸佛法界无差别相。”当然，念佛坐禅以摄心最为重要，要发心自悟，感悟体证到诸法空义。所以道信说，“新学之人，直见空者，此是见空，非真空也，修道得真空者，不见空与不空，无有诸见也，善须解色空义”。

弘忍曾跟随道信30年，后在离双峰山不远的凭茂山另建道场，名东山寺，《楞伽师资记》载，“缘京洛道俗称叹蕲州东山多有得果人，故曰东山法门也”，其禅学既遵遁道信的法门而又有所发展，影响很大。《传法宝纪》说：弘忍“既受付嘱，令望所归，裾屦凑门，日增其倍。十余年间，道俗受学者，天下十八九。自东夏禅匠传化，乃莫之过”！使得黄梅成为当时中国的禅法中心。东山法门也为以后禅宗正式成为一个独立宗派奠定了基础。

在道信这里，得到定慧一体的超凡体验，寻求心灵的超越，成为终极追求，而否定了仰赖净土和神迹的救赎。《楞伽师资记》中，道信曾说，“若知心本来不生不灭，究竟清净，即是净佛国土，更不向西方……向西方不为利根人说也”。弘忍又继承并发展道信思想，一方面强调念佛、调息、观心等外在的行为适应下层百姓，一方面以“本来清净，不生不灭，无有分别”的心性理论及“守本真心”等内在的自心体验适应上层宗教人士和对禅学有兴趣的士大夫，做到“法门大启，根机不择”。葛兆光指出，道信、弘忍是禅思想史的一大转向，使禅宗思想契合了中国士大夫阶层的心灵需求。以自心超越为第一要义，也使佛教的这一支宗派瓦解了外在苛严戒律和繁琐义理的束缚，使之转向内在感悟。禅宗从而在单纯的宗教领域之外获得了更大的思想拓展空间。

道信传弘忍，是为五祖，但禅宗又有道信别传法融，另开牛头宗之说。最早说道信别传法融的，是李华所撰《润州鹤林寺故径山大师碑铭》：“初达摩祖师传法三世，至信大师。信门人达者，曰融大师，居牛头山，得自然智慧。信大师就而证之。”《传灯录》说：四祖道信到牛头山时，看见法融住处“绕庵唯见虎狼之类”，便故作恐怖状。法融见了便说：“你还有这个在？”道信说：“这个是甚么？”法融无语。过一会儿，道信就在法融石座上写一"佛"字。法融欲就座，忽见"佛"字在座，竦然缩身。道信说："你也还有这个在？"闻此言，法融乃稽首向道信请示法要。其时道信已立弘忍为继承人。宗密《圆觉经大疏钞》卷三记载说："四祖语曰：此法从上一代，只委一人，吾已有嗣，如可自建立。融遂于牛头山，息缘忘情，修无相理，"因而别成牛头一支。法融即为牛头初祖，以下是智岩、慧方、法持、智威、慧忠。往后到了玄素，法门兴盛，成为可与南宗、北宗并立的牛头宗。

但道信是否真的曾传法与法融，是可疑的，而且法融与智岩，智岩与慧方的师承关系也并不可信。牛头宗其实本是长江下游南岸，以南京(当时名建康)为中心，包括摄山(又称栖霞山)、牛头山(青山)、茅山等地在内的江东佛教一个以般若思想为特色的地域性禅学流派，渊源可上溯于辽东僧朗在齐建武(494—497年)年间到摄山，开创"禅味相得"的摄山精神。僧朗传僧诠，僧诠门下的栖霞慧布，重般若三论，曾会见过达摩门下的慧可。如印顺所说，"江东般若学与楞伽学的关涉，慧布是第一人"。后来茅山大明法师成为摄山精神的继承者。法融正是于茅山出家修学的，后移牛头山。牛头宗和达摩以下的楞伽师，例如慧布与慧可，智岩与僧璨，善伏与道信之间，有过多次的接触。两支禅门都立足般若，本有相通之处，他们这两支"自称南宗的两大系统，在长期的发展中，无疑的会逐渐融合起来"。后来禅法大盛，东山法门为朝野公认禅法正宗。江东禅门亦不甘示弱，于是推牛头山法融为初祖，网罗前辈的著名禅匠，成立牛头五祖说，这时期约在智威晚年。"但在禅法重传承，重印证的要求下，达摩禅盛行，几乎非达摩禅就不足以弘通的情况下，牛头山产生了道信印证法融的传说。"牛头宗最终将自己整合进了达摩禅的系统，但同时又经过道信的印证，"无上觉路，分为此宗"，强调了在弘忍的东山宗之外，是自成一派的。

牛头宗的禅学，有传说为法融作品的《绝观论》《信心铭》等著作。《绝观论》是问答体裁，假设师徒二人——缘门与入理的问答，所以也有题作"入理缘门"或"缘门论"的。《绝观论》《信心铭》所代表的牛头禅学，与达摩禅系的东山法门，也确实是别开一派。《绝观论》以"大道冲虚幽寂"开端，立"虚空为道本"，体现出牛头禅与南朝玄学有密切的关系，是掺合道家思想的玄学化的禅学。宗密说：牛头宗以"丧我忘情"为修，如《绝观论》(第四五问答)说："高卧放任，不作一个物，名为行道。不见一个物，名为见道。不知一个物，名为修道。不行一个物，名为行道。"再如达摩禅强调"安心"，慧可求"安心法门"，道信讲"入道安心要方便"，讲"念佛心是佛"。而牛头禅对于安心的观点，则如《绝观论》所说："问曰：云何名心？云何安心？答曰：汝不须立心，亦不须强安，可谓安矣！"因为法融代表的牛头宗思想，更早地体现出中国化特色，所以印顺认为，中华禅的起源在牛头："印度禅，即使是达摩禅，还是以'安心'为方便，定慧为方便。印度禅蜕变为中国禅宗——中华禅，胡适以为是神会。其实，不但不是神会，也不是慧能。中华禅的根源，中华禅的建立者，是牛头。应该说，是'东夏之达摩'——法融。"

到五祖弘忍，因为广开法门，不择根机，弟子较多。所以到了弘忍弟子手里，东山法门分化为不同的宗派。现在可以考见的，有慧能的南宗，神秀的北宗，智诜下的净众宗，传承不明的宣什宗——四宗。但慧能一宗有弘忍传衣钵的传说，所以被认为是禅宗的正宗传人，慧能即为禅宗六祖。

慧能本姓卢，广东南海新兴人氏，采樵养母。有一次负薪入市，听到有人诵金刚经，问："从谁受？"人答曰："蕲州黄梅忍大师劝持，云'见性成佛'。"慧能后来就去了黄梅见弘忍。弘忍故意说，"你是岭南人，又是獦獠(当时中原对南方少数民族的称呼)，如何堪作佛？"慧能说："人有南北，佛性岂有南北？和尚佛性与獦獠佛性无别；和尚能作佛，弟子当能作佛。"弘忍遂命他在碓房舂米。过了八个月，弘忍欲择弟子传承衣法，命各人作偈呈验。时弟子神秀作一偈云："身是菩提树，心如明镜台，时时勤拂拭，莫使惹尘埃。"慧能听闻众僧传诵，亦作一偈，请人写在壁上，偈云：“菩提本无树，明镜亦非台；本来无一物，何处惹尘埃。”弘忍见了，即于夜间，授以《金刚经》，传与衣钵，并虑及神秀一支会来争夺追杀，遣慧能奉衣钵夙夜南返，隐于四会、怀集(今广西怀集县)。直至过了十余年，慧能才至广州法性寺。住持印宗听闻慧能与弟子的风幡之辨，便问：久闻黄梅衣法南来，莫非就是行者。慧能便出示衣钵，印宗欢喜赞叹，即集众就法性寺菩提树下为慧能剃发。又请名德智光律师等为他授具足戒。法性寺即今广州光孝寺。寺中至今有六祖瘗发塔、菩提树、风幡堂、六祖殿诸古迹。慧能后回韶关宝林寺，韶守韦据请登坛说法，录为《坛经》。从此慧能与神秀称南能北秀，禅宗自此分南宗、北宗。

有学者指出，道信、弘忍是禅思想史的一大转向。但从达摩到弘忍，禅宗思想仍未彻底完成。作为楞伽师，他们相信清净自性，但《楞伽经》言“虽自性净，客尘复故，犹见不净”，清净本性会有污染，人本来具有的佛性“为客尘妄想所复，不能显了”，仍需努力修行来去除。所以仍然要努力念佛，要“凝守此心，妄念不生”。这和神秀“时时勤拂拭，莫使惹尘埃”的偈语意思是一致的，都是渐修的路子。所以如果以不改师说为标准的话，说起来神秀倒更是禅门正脉。慧能说“菩提本无树，明镜亦非台；本来无一物，何处惹尘埃”，则是发展了禅宗，在道信、弘忍思想的基础上更进了一步，把禅宗思想推向了一个更彻底的境界：根据般若观，一切法即现象都是空幻假相，那么无论是需凝守的心还是需去除的妄念也都是空相而已。执着于求清净本性，也是一种妄念。因而慧能在《坛经》中也说：“起心看净，却生净妄”“净无形相，却立净相，言是功夫……却被净缚”“起心看净，却是障道因缘”。如果能认识到这一点，就无须修行禅定、严守戒条、研读经典，明心见性，直了成佛。也因此，从慧能开始，佛教从偶像崇拜和繁琐的章句、严苛的戒律中解放出来了，提倡众生皆有佛性，确立了真正中国化的佛教。

关于慧能的带有神异色彩的故事，“在后代的反复传颂，使得南能北秀之争成了中国禅宗史与中国禅思想史上的分水岭，似乎标志着一个旧时代的结束和一个新时代的开始”。但这些故事同样是可疑的。葛兆光认为，当时禅宗并没有单线相传的规矩，东山门下人才众多，弟子各自为政，“各为一方师”，并不听统一指挥。当然也不存在神秀和慧能争夺衣钵和正宗掌门人之事。在神秀的时代，尽管他这一支已经成了禅门中最大的一派，他本人也成了禅门中最重要的领袖；但这只是因为他背靠着朝廷、培养了大批弟子，并不是因为他的禅思想征服了禅众或是他的禅思想得到了五祖弘忍的真传，当然，更不是因为他是五祖门下的法定继承人，就连他自己，恐怕也没有这个自我意识。五祖之后的禅宗，也不仅是南北分宗，还有东西二脉的存在。东脉即是传说承自四祖的牛头宗，西脉是在西蜀弘传东山禅法的智诜。慧能在弘忍圆寂后即回到岭南隐遁十六年，实际上是慧能一系在当时并没有很大影响的另一个说法。

因而，慧能的地位和故事，很可能是弟子们后来的编造和加工所成，是后来南禅宗战胜北禅宗，大行天下之后，他们在写作各种灯录时，就把北禅宗贬抑了，把慧能神化了，并刻意造出南禅宗是有衣钵传承的禅门正统的神话。胡适认为，完成这个任务的是慧能的弟子神会。甚至慧能的思想记录《坛经》，胡适也说是神会的杰作。

神会，俗姓高，湖北襄阳人。他原本是神秀弟子。因武则天召神秀入宫说法，神秀劝弟子到广东韶州从慧能，神会才跟随了慧能。据说他初见慧能时，因为他口头滑利，还曾被慧能痛打过一顿，不过最终成为慧能最得意弟子。后来神会北归，见北方很盛行北宗禅，于是为南宗争地位。724年(开元十二年)正月，神会在滑台(今河南滑县)大云寺设无遮大会，和当时著名学者崇远大开辩论，抨击北宗“师承是傍，法门是渐”，而称自己为师承是正，法门是顿。同时批评了当时最有声望的神秀门下普寂。辩论记录由与会的独孤沛整理成《菩提达摩南宗定是非论》。从此禅宗南方慧能一系被称为“顿宗”，北方神秀一系被称为“渐教”。其时普寂说神秀承续了达摩法统：“吾受托先师，传兹密印。远自达摩菩萨导于可、可进于璨、璨锺于信、信传于忍、忍授于大通(神秀)、大通贻于吾，今七叶矣”，认为自己是第七代祖。神会因而提出弘忍衣钵传法慧能的说法来反对：“(达摩)传一领袈裟以为法信授与慧可，慧可传僧璨，僧璨传道信，道信传弘忍，弘忍传慧能，六代相承，连绵不绝。”(独孤沛：《菩提达摩南宗定是非论》)神会又说：“秀禅师在日，指第六代传法袈裟在韶州，口不自称为第六代。今普寂禅师自称第七代，妄竖和尚(神秀)为第六代，所以不许。”从此南北两宗裂痕更深。北宗报复神会，诬奏神会聚徒不轨，使之被朝廷贬逐。安史之乱时，神会应朝廷之请，设坛度僧收“香水钱”以供军饷，有功于皇室。安禄山之乱平后，肃宗便诏他入内供养，并在荷泽寺中建造禅宇给他居住，所以他的禅学被称为荷泽宗。同时北宗也渐渐衰落了。不过，也有人认为，北宗的衰落不是因为神会的打击，而是因为安史之乱和自身的内部分裂。神秀的故事，一样也是夸大了。

荷泽宗的基本理论，具见于神会所著的《显宗记》和《传灯录》卷二十八所保存的《荷泽神会语录》以及敦煌出土的《大乘开心显性顿悟真宗论》。神会的禅也称为“无念禅”，谓“不作意即是无念”，“法无去来，前后际断，故知无念为最上乘”。(《神会语录》)。但这一支法派没有传下去，到唐末就中断了。只是796年(德宗贞元十二年)曾敕皇太子邀集诸禅师制定禅门宗旨，搜求传法的正傍系统，仍然立了荷泽神会为禅宗第七祖。后来再崛起的南宗禅，不是神会的荷泽宗，而是马祖道一的洪州宗。道一，汉州什邡(今四川什邡县)人，俗家姓马，后人尊为马祖，是慧能门下南岳怀让的弟子。怀让曾问他说：“大德坐禅图什么?”道一说：“图作佛。”怀让于是拿一块砖在庵前石上磨。道一说：“师作什么?”怀让说：“磨作镜。”道一说：“磨砖岂得成镜耶?”怀让说：“磨砖既不成镜，坐禅岂得成佛耶?”道一遂做了怀让弟子。六祖慧能的后世，以道一一系弟子最为繁荣，禅宗至此最终而大盛天下。

马祖道一又进一步发展了禅宗学说，始倡“即心即佛”，后进而倡导“非心非佛”，更认为“道不用修，但莫污染”，提倡随顺自然的生活禅，“平常心是道”，认为自性本来具足，行住坐卧、应机接物都是道，只须护持不染，更无别样修持。道一的禅学，标志着中国禅思想的最终完成。

中国禅宗的确立，包括中国式的禅学思想的确立，也包括中国式的禅宗僧团的建立及其清规和生活方式的确立。禅学思想的最后完成是马道祖一，禅林生活和清规的最后完成，是道一的弟子百丈怀海。在四祖五祖的时期，禅宗僧团已经出现，至六祖以后，弟子更加众多。但是这些禅僧们以道相授受，或岩居穴处，或寄住在律宗的寺院，有时在寺院住到上千余人。据《景德传灯录》卷六载：“以禅宗肇自少室，至曹溪已来，多居律寺。虽则别院，然于说法住持未合轨度故。”随着禅宗的兴盛，参学的僧俗日益增多，也日渐意识到禅僧住在律寺内很不合适，对于说法住持和集体修行生活都不方便，要求使禅宗僧侣直接从一般寺院中分离出来。于是，马祖道一便开辟荒山另建禅寺，但其时尚未有丛林规章制度。到百丈怀海，才折中大小乘戒律，又根据禅宗特点，正式制定了禅林的“丛林清规”，也就是禅宗寺院组织的程序和寺众(清众)日常行事的章程准则：“元和九年，百丈怀海禅师，始立天下丛林规式，谓之清规。”(《释门正统》)因怀海有“百丈禅师”之称，所以他制定的清规也称《百丈清规》。

《百丈清规》在建筑格局上、修学方法上、寺庙职事设立上，对僧众的管理方法上都有新的规定，例如，“不立佛殿，唯树法堂，表佛祖亲嘱授，当代为尊也”；参学僧众不论高下、多少，一律入僧堂居住；在僧堂内设“长连床”，供坐禅偃息。除了听禅师开堂说法，听任学者勤怠，或上或下不拘常准。又采取中国古代小农经济的生产方式，“行普请法”，倡导“一日不作，一日不食”的农禅生活。通过自力劳作，实现寺院的自给自足，奠定了经济基础。立德高望重者为丛林住持，尊为长老，居于方丈。《大宋僧史略》卷上说："可宗者谓之长老，随从者谓之侍者，主事者谓之寮司，共作者谓之普请。或有过者，主事示以柱杖，焚其衣钵，谓之诫罚。凡诸新例，厥号丛林。与律不同，自百丈之始也。"

怀海的"百丈清规"使禅宗不仅思想上而且体制上都完全中国化了，从此，禅宗完全建立起自己的生活方式，"禅门独行由海之始"（宋代《高僧传》）。由此，禅宗作为一个独立的佛教宗派，终于确立。

（卢文芸）

# 53. 佛教雕塑与洞窟壁画

中国雕塑艺术在汉代已经达到很高水平。特别是西汉石刻，风格简朴雄健、浑厚有力、形象生动。由于佛教的传播，雕塑艺术为佛教所用，并受到印度犍陀罗和笈多艺术的影响，发展成为具有中国民族风格的佛教雕塑艺术。佛教雕塑艺术包括石雕、木雕、玉雕像、铜铁铸像、泥塑像、夹芝像和瓷像等，表现题材有各种佛、菩萨、罗汉、天王、力士等佛教崇拜对象。丰富多彩、绚丽多姿的佛教造像为中国雕塑艺术宝库留下了丰富的遗产。

佛教石窟艺术包括石窟雕塑艺术和石窟壁画艺术，石窟雕塑艺术是石窟艺术中的一部分，而石窟壁画艺术也是石窟艺术的重要组成部分。雕塑是石窟的中心，而壁画起着衬托、渲染雕像或塑像的作用。每一个石窟都有雕像，但并不是每一个石窟都有壁画，如新疆的几个石窟群，敦煌石窟、麦积山石窟等。纯粹石雕的石窟基木没有壁画，如云岗、龙门、天龙山等，这与石窟的石质等有关，像大理石壁这样的石质是不宜于进行壁画创作的，而更宜于浮雕等艺术形式。就六朝时期的石窟来说，新疆克孜尔千佛洞、敦煌莫高窟、甘肃永靖炳灵寺石窟都有非常杰出的壁画作品。

在江苏连云港孔望山汉代摩崖石刻中已经出现了最早的佛像。东晋戴逵、戴颐父子皆以擅长雕刻和铸造佛像而知名，成为佛教雕塑艺术中国化过程中作出杰出贡献的代表人物。戴逵不满足于模仿外来样式和固守量度仪规，善于从生活中吸取营养，运用他通赡的机思来巧凝造化。他在建康瓦官寺作的五尊佛像和顾恺之的维摩诘壁画，狮子国的玉像，被时人赞为“瓦官寺三绝”。据历史记载，戴逵还是汉地最早制作夹芝干漆像的艺术家。

北朝时期，佛像的铸造极为盛行，特别是云冈、龙门以及河西一带的石窟更是佛教雕塑艺术的瑰宝。云冈石窟是汉地已知现存最早的石窟，始建于北魏文成帝和平年间(460—466年)。云冈石窟造像规模巨大，在石壁上雕出的佛像大多高大雄伟，如昙曜5窟、13窟。5窟的本尊佛像高达14至18米，宽肩粗颈，脸形丰满，给人以充满生命力的感觉。一般佛像都带着一种温和恬静、含蓄而亲切的笑容，生动地刻画了佛像的内心感情。艺术家着意表现了贵族们在宗教活动中，那种虔诚严肃的心境，具有很高的艺术价值。莲花洞窟顶中央的大莲花藻井，莲花花瓣微凹，极富真实感。莲花周围的飞天不是依靠羽翼，也不是依靠云彩的衬托，才飞升起来的。天女在天空乘风飞翔，衣上的飘带随着天女的流动在翻飞，使人感到这是一种合乎自然的优美的运动。天女体态轻盈而又真实自然，艺术家简练、概括而又生动地捕捉了表现人的富有韵律的动态，代表了北魏雕塑艺术的杰出创造。奉先寺是龙门最具代表性的唐代石窟，那座举世闻名的卢舍那大佛身高十三米，面容庄严典雅，表情温和亲切，目光里充满了睿智；佛像的身躯以及手的姿态都表现出内心的宁静和坚定。李泽厚称其为“中国古代雕塑作品中的最高代表”。庄伯和在《佛像之美》一书里也认为“卢舍那佛的理想美立足于中国人的审美意识上，而构成千年难得一见的杰作”。在卢舍那大佛的周围，还有端庄矜持的菩萨、文静温顺的阿难、孔武有力的天王、刚烈威猛的力士和天王脚下那个无所畏惧的小鬼。各自独立，但又相互呼应，构成一组以卢舍那大佛为主体的群像。

敦煌莫高窟和天水麦积山石窟更发展了彩塑艺术，它把雕塑与绘画结合起来，是中国古代雕塑家的独创。自唐宋以后，各地寺院盛行泥塑，逐渐取代了石刻佛像。莫高窟的唐代彩塑达到登峰造极的地步，技术上由简朴发展到精致熟练，在风格上一变原先"透骨清象"而为神气自如、肌肤丰润、备极人性的健康和美丽等特点。如第320窟盛唐的菩萨像，衣褶的曲线表现了轻柔的质地，也表现了肢体的轻微动态，菩萨微微有倾，身体重量落在右脚跟．头部也微向右倾，眼向着龛前方，这一站立姿态既不呆板，又恰当地表现了安静的心情。在群像的塑造上也充分显示了艺术家们的才能。如第328窟几尊彩塑像没有一个人物的姿态是相同的。阿难、迦叶不仅在面部表情上表现了年龄、性格以及情绪的差别，而且，以迦叶正立合掌，阿难袖手斜倚来加强这种区别，突出对称里的变化。作者充分利用佛龛只有主要一面视角的特点，巧妙地把九尊塑像安排在梯形平面上，人物既相互联系，又完整地呈现了每个人物的优美姿态，表现了杰出的创造才能。隋唐时期涌现了一大批优秀的佛教雕塑家，其中最知名的有杨惠之；据说塑壁技术(在墙壁上堆塑出山断形势以及屋宇人物)和千手千眼菩萨形象即是由他创造的。他的雕塑在当时和吴道子的绘画齐名，故有"道子画，惠之塑，夺得(张)僧繇神笔路"之说。

宋代以后的佛教雕塑，以各种罗汉像最有特色。如山东长清灵岩寺的四十余尊罗汉，江苏角直保圣寺尚存的十余尊罗汉，苏州东山紫金庵一十八尊罗汉都是宋代作品，在追求神态的真实感方面都很成功。紫金庵一十八尊罗汉个个惟妙惟肖，罗汉眼睛看似微闭，但不管你变换什么角度，他的目光总是注视着你；罗汉手上的泥塑手绢轻柔透明，宛如真的纱巾。故素有"两绝"之称。清代云南昆明筇竹寺和苏州西园寺的五百罗汉像也很有特色。尤其是苏州西园寺的济公像的脸部表情，从三种不同角度看去有不同视觉效果，右看是满脸笑容，左看是一脸愁气，从中间看则是啼笑皆非。实为不可多得的雕塑杰作。在各地寺院里还有许多铜佛、玉佛、瓷佛和木雕佛像精品，特别是那些木雕佛像，双目传神，栩栩如生，甚至精致到能见缕缕发丝和衣带飘动时的折褶。

造像碑和石刻经幢也是中国佛教雕刻艺术的独创。佛教造像碑盛行于北朝，这是在中国固有的碑碣形式上发展起来的。现存美国波士顿博物馆的北魏永熙二年造像碑可为其代表作。最上刻佛像，其次为护法天王，再次是维摩诘经变，再次有供养人像，下方为碑文。经幢本来是以织物制成，在幢上写经，随风飘转，以代诵读。唐代以后多有石刻经幢，取其经久不坏。其上所刻经文起初多为密宗咒语，后盛行陀罗尼经幢。幢盖和幢座上往往有浮雕人物，非常精美。这些也都是中国雕刻艺术史上极有价值的文物。

佛教绘画艺术在中国绘画史上具有举足轻重的地位，尤其自东汉到六朝的佛教画更是成为当时绘画艺术领域的主流。唐代佛教壁画则在中国绘画史上达到一个空前绝后的高潮。佛教画是从印度伴随佛教传入中国的，传说东汉明帝曾"令画工图佛像置清凉台及显节陵上"。"又于自马寺壁画于乘万骑绕塔三匝之像"。这可能是最早的佛教画，在绘画的题材、手法和技巧上沿用了印度佛画的样式。

佛教画包括各类佛、菩萨、罗汉、天王以及历代高僧像。中国最早的佛教画家是三国时期的曹不兴，他画五十尺长的佛像绢画快捷准确，比例匀称。到西晋时，其弟子卫协，有画圣之誉，曾绘有七佛图，为世人所称道。卫协弟子顾恺之也是一位杰出的佛教画家，他追求神韵，画好的人物常常几年不点眼睛，等到有神来之笔才点睛完画。传说他在瓦官寺壁画维摩诘像，时人捐十万钱争取一观。南朝佛教画家，宋时有陆探微，梁时有张僧繇。张僧繇擅长用简练的笔墨绘画佛像，史称其"笔才一二，而像已应焉"。旧时画法多为平面而无阴阳明暗之分，张僧繇创立了“没骨法”，不以笔墨勾勒线条而以重色渲染。他在建康一乘寺画匾额，采用印度凹凸画法。所绘花卉图案，远望有立体凹凸的感觉，一时名传天下。张僧繇在画坛上是一个独步古今的人物，当时有“望其尘躅，有如周孔”之说，他的佛画骨肉兼得，形神俱备，形成独具一格的“张家样”。

北宋曹仲达佛画颇享盛名。曹氏来自中亚的曹国，带有西域风格，在中原既久，画艺渐近于中国民族风格，创立了“曹家样”，为唐代盛行的四大风格之一。它的特点是衣服紧窄下垂，显然是受到了笈多艺术风格的影响。它与唐朝代表中国传统风格的吴道子的“吴家样”相辉映。所谓“曹衣出水，吴带当风”，就是对他们各自艺术风格的概括。吴画衣带宽博，飘飘欲仙。吴道子为古代佛画第一人。他一生曾在二十五个寺院作壁画三百余幅。变相人物，奇形怪貌，无一相同。长安菩提寺有吴道子画维摩变，其中舍利佛描绘出转目视人的效果。他在赵景公寺画的执炉天女窃眸欲语有动人的表情；而地狱变相，则是“笔力劲怒，变状阴怪”，若有一股阴气袭人而来，观者不寒而栗。据说长安屠户渔夫看了都为之改业。吴道子绘画技术娴熟，挥洒自如。他绘佛像光轮不用界笔直尺，完全是空手描出，一笔而成。有时“立笔挥扫，势若风旋”引起观者的喧呼。吴道子的画风一直影响到宋代以后，可以说中国风格的佛教绘画艺术在吴道子手中是最后形成了。吴道子的弟子以卢楞伽最为知名，他的遗作《罗汉图》现藏故宫博物院。中唐时的周防创“水月观音”的形象传于世，他的佛画风格也曾长期流行，被称为“周家样”。五代时贯休和尚以画罗汉知名，他画的罗汉状貌古野，不同凡响。

唐代佛教壁画盛极一时，据近人俞剑华《中国绘画史》统计，当时绘有佛画的寺院多达一百八十三座，知名画家有七十人。到宋代，成都大圣慈寺的九十六院，还留有唐代壁画八千五百二十四间，其中有佛一千二百一十五尊，菩萨一万零四百八十八尊；罗汉、高僧一千七百八十五尊；天王、明王、力士二百六十三尊，佛传、经变、变相一百五十八幅，可见当时寺院壁画的规模之大。

在寺院之外，唐代佛教石窟壁画也极其辉煌灿烂，令人叹为观止。其中尤以敦煌、新疆等地石窟壁画最为丰富。敦煌莫高窟壁画的题材主要是佛经经变故事、净土变相以及佛菩萨像等。其重要的洞窟如初唐的第220窟，盛唐的第335窟、第130窟和第172窟，中唐的第112窟，晚唐的第156窟等都存有辉煌灿烂的作品，可为唐代佛教绘画艺术的代表。这些洞窟壁画内容丰富，色彩绚丽，生活气息浓郁，具有诱人的魅力。虽则出于无名画家之手，但这些民间画家都充分发挥了他们的想象力和艺术天才，把丰富的佛教故事细致生动地表现出来了。唐代最流行的是佛教净土宗，因此净土变相在壁画中表现得最多，约占两百二十八壁。净土变相就是用绘画描写西方极乐世界，以劝导人们信仰阿弥陀佛。这些净土变相规模的宏伟，构图的严整，色彩的灿烂和形象的优美是其他佛像无法比拟的。在构图上利用建筑物的透视造成空间深广的印象，而丰富复杂的画面仍十分紧凑完整。天空的澄碧深远，楼台亭榭的庄严雄伟，砖地石栏的雕镂精致，池水的清澈流畅，莲花的瑰丽纯净，表现了最繁华富丽的境界；佛与菩萨的庄严柔丽，乐舞的和谐妩媚，表现了人的纯善、优美与智慧，这是中国古代绘画中带有浪漫主义色彩的杰作。第220窟的维摩变是初唐作品，画面上的维摩诘披衣而坐，倾身持麈尾，神态文弱散漫。不但表现出他是在病中，又深刻地表现了他是一个具有高度智慧而又高傲自负的长者。画家没有简单地用一般慷慨激昂的动作、姿态和表情来表现一个“辩才无碍”的形象，而是用他将要发言以前那一刹那的思维状态来表现他的思路敏捷与博学，用他那深沉的思考与迫不及待的表情，来表现他将要发表高超言论。画家还用整个场面与所有人物的情绪来烘托他的情态，在维摩诘四周听法的僧、俗、帝王呈现了不同的情绪：有的表现了惊骇与惶惑；有的表现了回味与思索；有的寻视别人的眼光，想从别人那里得到证实；而有的则故作镇静，表示自己已经理解。维摩变说明唐代绘画所达到的高度水平：对人物形象的刻画，已从外形的真实达到内心的真实，从情节的明确达到了情绪的明确。古代艺术家的伟大创造，至今仍给人们以美的享受和艺术创作上的巨大启发。

新疆克孜尔石窟位于今新疆拜城县克孜尔镇东南木扎特河谷北岸的悬崖上，共236个窟，其中有七十多幅壁画。石窟的雕塑几乎已被毁，但保存下来的壁画约有5000平方米。内容大致分为佛传图（释迦佛的宗教神话性的生平事迹）、因缘故事（善恶因果报应的故事）和本生故事（释迦佛前世累代行善苦修的故事）三类。佛传图主要布置在窟室四壁，以连环画的形式将佛陀的一生从头到尾绘出，其最为突出的主题是降魔成道、鹿野苑说法、佛涅槃三种。因缘和本生故事主要分布在窟室券顶，采取单幅构图的形式，以各种大色块将券顶划分成许多菱形格，每一格描绘一故事，故事取材极为广泛，有百种以上。其中本生故事有鹿王本生、须达那太子本生、善友本生、象本生、鸽本生和猕猴王本生等，其数量之多、保存之全可以和敦煌壁画相媲美。

克孜尔壁画具有浓郁的西域情调，在很大程度上受到印度佛教艺术的影响。首先在壁画中有大量的裸体人物出现，而裸体女人形象居多，细腰、丰乳、夸张地向一边耸出的臀部，使身体形成S形曲线，这些可以从印度早期的雕塑中的女药叉以及其他印度神祇的雕刻当中找到根据。其次是薄衣贴体的造像形式，这种绘画风格和北齐曹仲达的绘画风格相类似，能够体现出人物优美的身体姿态，显得婀娜多姿。人物形象和汉族人物截然不同，装饰纹样受到印度的很大影响。由此可见，克孜尔壁画艺术是印度佛教艺术强烈影响下的产物。

克孜尔壁画的内容无论是佛传图，还是因缘、本生故事，都强烈地宣扬佛教“劝善惩恶”的思想，并且强调佛陀的大慈大悲、忍辱负重的形象。从艺术成就上讲，位于丝绸之路上的克孜尔石窟，其壁画融合地域因素而形成独特的风格：构图精巧，每一幅构图基本上构成一个完整的故事或者场面，所以，绘画者就抓住这个故事或场面最富有暗示性的瞬间以达到强烈的艺术效果。如猕猴王本生画，就选取猕猴王以身为桥救群猴的瞬间：追捕者已引箭待发，猕猴王用手足攀住小河两岸的树干，用自己的身体做桥引渡群猴。这样就把猕猴王焦急地回顾稚弱的猴群，舍生忘死而关心它们安危的拳拳之情，描绘得淋漓尽致。壁画中的人物形象大多采用夸张手法，具有强烈的动感，富于节奏和韵律。如163窟后室的乐神乐女穿短身小衣，弹箜篌，交脚而立，肩、胸、胯部都有较大的摆动，姿态妩媚。男子全裸，佩璎珞，披帛带，身体健壮，伏在女神肩上与之叙谈，颇有情致，有一种流动之美。再如175窟《钛子降生图》中，释迦为一个带有通身背光的裸体青年男子，身体微呈S曲线，臀部右扭，右手前摆端起，左手后摆侧下，呈现一种舞蹈造型，而且人体比例、结构和动作协调等表现得很是恰当。石窟壁画在整体安排上也颇具匠心，如110窟，在正壁以及左右壁上画出三层方格佛传故事，共57块，从降生到涅槃连续展开，其顺序按僧徒右旋的仪式，从右壁开始，次而正壁，最后是左壁。完成第一排后，再从右壁开始第二排，如此三次反复，以合“绕塔三匝”（佛教徒都明白绕塔有很大的功德，绕塔时一定要右绕，汉文《华严经》中也说“右绕三匝”）之数。僧徒绕三圈后，佛陀一生的历程已了然在心，效果十分强烈明显。另外从色彩角度来看，以红色为基调，杂有浅红、黑、黄、绿等色，画面色彩艳丽，除了宗教意义外，还有很强烈的观赏价值，在佛教绘画中，克孜尔壁画具有很高的艺术成就。

在佛教禅宗思想影响下，唐宋以后的士大夫追求闲静清妙、高远洒落的情趣，于是自然兴起一种寄兴写情的画风。唐代由王维一派的文人画发展到宋元以后的写意画，别开了一种幽淡清香、水彩墨淡的风格，由此也见佛教对绘画艺术的影响。

（王艳勤）

# 54. 南诏与大理文化

唐宋时期，在我国西南地区，以今云南为中心，先后存在着两个由少数民族建立的地方政权，一个是由今云南洱海地区的乌蛮和白蛮为主体民族建立的南诏(738至902年)，另一个是由洱海地区的白族为主体民族建立的大理国(938至1254年)，在南诏和大理国之间，又先后出现了长和、天兴、义宁三个短暂的由白族为主体民族建立的地方政权。从南诏至大理国，前后共存在了500多年，几与唐、五代十国及宋王朝相始终。

南诏和大理国虽然在政治上都曾先后分别臣属于唐宋王朝，但又是相对独立并有一套较完整的政治制度，其间经济上也经历了奴隶制和封建制，并在农副业、手工业、商业与城镇等方面有相当的发展，在文化艺术、生活习俗及宗教等领域，都具有明显的民族和地方的特点。南诏、大理国时期，云南少数民族在立足自身文化的基础上，积极向外开放，主动地多方面地吸取外部先进文化因素，形成了特色显著、成果丰硕的多元复合性的文化形态。

依据樊绰《云南志》的记载，南诏时期的耕地主要有“水田”与“山田”两种类型，“土俗惟业水田”而“蛮治山田”，说明南诏时期人们对耕地状况与农业生产的关系已经有了一定的认识。至大理国，《高兴蓝若碑》将高兴蓝若的所有寺产耕地分为“禾地”与“搔地”两种。所谓“禾地”，是指已经垦植多年的熟地；所谓“搔地”，是指荒地或刀耕火种的生地。这种以地力好坏而对耕地进行分类的方法，较之南诏以其地况进行分类，无疑是一巨大的进步，将更有利于指导农业生产。

除了对耕地的认识加深以外，大理国时期的农业耕作技术也有了进一步的提高，田土苗稼比于“蜀之资、荣”。在此，尤其应该提到山田的耕治。南诏时期，其统治区域内的各族治理山田即已达到“殊为精好”的水平。至于大理，杨佐曾在云南“遥见数蛮锄高山”，说明山田耕治仍然极为普遍。其具体耕治技术已经比较科学，首先是根据山势开出一块块大大小小不等的平地，峻极之处砌以石磴；然后兴修沟渠，利用顺山而下的溪涧进行灌溉耕种；近于山巅而无水可引的地方，则待雨季来临就雨下种。

当时的农作物品种相当丰富，水田里大春种粳稻、小春种大麦，水田粳稻是主要作物。而舍旁隙地种其他农作物；农民主要经营水田，另外，南诏时期的水田耕作，已实行一年两熟的耕作制，即“大春”和“小春”两季轮作，三、四月间种粳稻，八月收割，十一、十二月间种大麦，来年三、四月间成熟收割，这在云南悠久的稻作史上是一个大进步。这种一年两熟耕作制，一直延续到现在，只是现在种大麦的少，种蚕豆、小麦、油菜的多。

与农业生产密切相关的，是天文历法。在这一方面，应该说，大理国时期所取得的成就更大。在《南诏野史》的记载中，南诏时期已经有了天文观测的记载，诸如“星落如雨”之类，但次数仅只一次，涉及天象也仅流星一种。至于大理，情况有了惊人的变化。同样仅以《南诏野史》的记载为限，次数即达五次之多。

大理国的农业生产技术比南诏大有进步，例如修了祥云的清湖和段家坝、弥渡的赤水江、凤仪的神庄江等水利工程，增加了水田面积，提高了农作物产量。

大理国的畜牧业也超过前代，“蛮马”和“蛮毡”闻名于世，表明羊、马的畜养水平很高。关于产量，《南诏野史·段正严传》载：日新元年(1109年)“七月中元节，各方贡金、银、罗绮、珍宝、犀象万计，牛马遍点苍”。一次就向大理国王贡献这么多的牛马，可见云南各地所产牛马数量之大。

纺织业也有发展。二月初蚕已生，三月中茧出。抽丝法稍异中土。精者为纺丝绫，亦织为锦及绢。其纺丝入朱紫以为上服。锦文颇有密致奇采。由于当时社会等级森严，所以不同的纺织品代表着不同的社会地位，“蛮及家口悉不许为衣服。其绢极粗，原细人色，制如衾被，庶贱男女，许以披之。亦有刺绣。蛮王并清平官礼衣悉服锦绣，皆上缀波罗皮(虎皮)”。

南诏、大理国时期的建筑也是值得称道的，其城镇建筑，官府、寺庙、佛塔、石窟建筑都表现出宏大的规模和特殊的风格。本时期在建筑材料上首先是出现大量的瓦，这种瓦烧制较好，多为有字瓦和印纹瓦。一般较厚，质地坚硬，凹面有布纹，呈灰色或黑色；凸面印出的文字，大多是阳文正字，少数印成反文。还有莲花纹白瓦当，卷云纹的滴水。这在大理、巍山、姚安、楚雄等地都发掘出土了这种有字瓦和印纹瓦。

南诏、大理国时期，为了适应其政权的需要，兴建或扩建了一些城市，据《蛮书》所载，当时较大的城镇有太和城(今大理太和村附近)、阳苴咩城(今大理古城)、龙尾城(今下关)、龙口城(今上关)、大厘城(今喜洲)、邓川城(今邓川德源村)、白崖城(今弥渡红岩)、铁桥城(今丽江巨甸)、永昌城(今保山)、弄栋城(今姚安)、拓东城(今昆明)等。

由于佛教的盛行，佛寺也多有修建。大理崇圣寺千寻塔兴建以后，至大理国时，人们又在千寻塔南北两侧各建一座八方形密檐式空心砖塔。两塔形制一样，均为10级，高42.2米。塔身除第一级以外，逐渐收缩至顶部，每级檐面出伸较短，无出挑，上面装饰人物、莲花和蛎字图案。从第二级开始塔身外壁每面开1券龛，每龛置1尊佛像。塔身表面涂一层白色泥皮，塔顶有铜制葫芦、伞形铜铃等。祥云水目塔位于祥云马街水目山上，塔呈方形，15级，密檐式，高16米。塔基为双基座，下基座为方形，用石料砌成；上基座为八方形须弥座，用砖砌成。塔身四面每面有一龛。塔檐为三层方砖叠涩出挑而成，出檐结构及外形与千寻塔相似。洱源旧州东塔位于洱源旧城东面，高30米，方形密檐式，实心，11级。塔基座为双基座，上层为正方形，边长5.7米。洱源火焰山塔位于洱源三营乡北1千米的东山山顶，高10米，八角形密檐式，实心，7级。造型与崇圣寺南北塔极为相似。此塔已于1966年倒塌，废墟内发现一批大理国时期的珍贵文物。大理国时期兴建的佛塔，多以青砖为建筑材料，而建筑风格以密檐式为主。一般造型是塔身的上下收小而中部较大，外表轮廓曲线充分。塔身形状分为方形和八角形两种，基座多为双层，一般没有地宫。建筑技术虽不复杂，造型却特别清俊秀美。而据说是由域外僧人设计建造的曼飞龙塔，造型特异，有明显的东南亚建筑风格，几乎影响了此一地区后来的整个佛塔建筑。

铁器制造技术在南诏时期有了较大发展，铁制品增多，用铁领域扩大，锻钢和淬火技术提高。南诏时期铁农具中最重要的进步是制造了铁犁。到现在虽无实物出土，但在保留至今著名的《南诏中兴二年画卷》上有南诏王细奴逻亲耕图，画有二牛伏地，旁置犁具，铁犁铧向上，二者可以互相印证。除农具外，造得最多的是铁兵器。在此基础上，大理国时进一步发展，制造出了闻名遐迩的大理刀。大理刀即“蛮刀”，有学者认为就是南诏著名的"郁刀"，"南人最贵之"。大理刀有四个显著的特点：第一，色黑；第二，极沉；第三，不卷刃；第四，锋利。大理刀之所以能够享誉域外，很大程度上是由于它不同一般的高超的冶炼技术。

至南诏、大理，随着宗教的兴盛，青铜冶铸宗教用品大量出现，而尤以佛像、塔模、法器为多，反映出南诏、大理青铜冶铸业的规模之大、水平之高。从目前已经发现的南诏、大理青铜冶铸宗教用品来看，它们中的多数应是大理国时期的作品。根据研究，它的所有佛像体内均为空腔，显然都是用范、模铸造的。其中，立像的铸造尤为困难，内模的分块取出殊为不易。

以崇圣寺为例，用铜四万多斤，铸造铜佛像一万多尊。铸铜工艺水平之高，从崇圣寺大殿内的观音铜像、寺内的大铜钟、千寻塔的铜塔顶这三件宝物可知。观音像高 2.4 丈，通体铜铸而成，全身鎏金，身材苗条，细腰，跣足，神态庄重，惟妙惟肖。大铜钟高一丈多，重数千斤，形状如幢，钟面铸有 12 个造像，分上、下两层排列。上层 6 个波罗蜜，下层 6 个天王。千寻塔的塔顶是精工制作的铜质工艺品，四周垂铜铃，顶端有铜盘，周 5 尺，高 2 尺多，厚 5 分，上有铜制塔模，高 1.2 尺，重 6.4 斤，分 7 级，顶作高阁式，四周铸造佛像 30 个，下层为四天王托塔。整个铜铸塔顶，色彩斑斓，设计巧妙，工艺精湛，为当地古物中的精品。

大理国的雕漆业十分发达。范成大《桂海虞衡志》称大理国人至横山互市，所购中原货物有"密陀僧"一种。"密陀僧"，据学者考证，即黄色氧化铅，最早产于波斯，古代大多作为漆器的干燥剂。据此，该学者推断，"密陀僧"的输入很可能提高了大理地区的漆器工艺。

南诏时期仍然是广泛学习和大量吸收汉民族的文化。汉文是当时云南上层人士通用的文字。如立于圣历元年(698 年)的《王仁求碑》，全用汉文写成，行文流畅优美，娴用典故，但为之立碑的王仁求，却是任唐朝河东州(今安宁市)刺史的当地民族。碑文中还有武则天时使用的武则天自造字，可见当时中原文化在云南传播之广泛。

南诏时期文化趋于繁荣，并且形成了地方特色。首先体现为水平高，内容丰富。这一时期已有以汉字作为记音符号的"白文"，并且还有用"白文"撰写的地方史籍文献，但可惜未能完整地流传下来。南诏国主和清平官用汉文或"白文"撰写的文学作品，高雅优美，意蕴深远，反映出作者具有很高的文化修养。白蛮清平官杨奇鲲、段义宗等人的诗作，还被收入了《全唐诗》。

南诏文化的另一个特点是受到唐朝政治制度深刻的影响，某些方面基本模仿唐朝。例如南诏的官制和政区设置，就是在学习唐朝的基础上发展起来的。《新唐书·南蛮传上》载：南诏王自称"元"，"犹朕也"；谓大臣曰"昶"，"犹卿、尔也"；设清平官决国事轻重，"犹唐宰相也"；又设大军将、员外、酋望等职，"犹试官也"；另置九爽，分管兵、户籍、礼、刑、财用、商贾诸事，"爽犹言省也"。大军将外派统领关键地区也称节度。

南诏贵族对汉文化的学习也是积极的，在细奴逻至阁罗凤统治时期，有大批南诏贵族子弟到内地学习汉民族文化。即使是在天宝战争以后，唐与南诏关系破裂，但南诏仍通过其他途径继续学习汉文化。天宝战争中南诏俘虏了唐西泸县令郑回，便赐名蛮利，长期担任贵族子弟的教师。在郑回的教育下，异牟寻"颇知书，有才智，善抚其众"。异牟寻继位后，任命郑回为首席清平官。贞元十年(794 年)，南诏与唐朝在郑回帮助下重归于好，便大量派遣贵族子弟到成都学习汉民族文化。经过贞元以后约 50 年对内地文化的深入学习，南诏的汉文化水平明显提高。阁罗凤时树立的《南诏德化碑》，辞藻华丽，行文典雅流畅。此外，异牟寻之后的历代南诏君臣都有相当高的汉文素养，并留下了他们用汉文写的传世诗文，如寻阁劝写的《善阐台》："避风善阐台，极目见藤越。悲哉古与今，依旧烟与月。自我居震旦，翊卫类夔契。伊昔经皇运，艰难仰忠烈。不觉岁云暮，感极星回节。元昶同一心，子孙堪贻厥。"

南诏、大理国时期的宗教是十分复杂的。首先，南诏统治下的许多民族主要信仰原始宗教，许多部落的首领就是宗教巫师。道教也曾在南诏、大理国时期流传，贞元会盟时异牟寻与唐巡官崔佐时盟誓文辞中就有相关的记载。天、地、水三官是天师道的中心信仰，说明南诏晚期有道教流行。公元824年劝丰祐即位后，开始废道教，佛教得到尊崇。劝丰祐在位35年，做了许多佛事。大理国时段思平也同样崇信佛教，岁岁建寺，铸佛万尊。南诏大理国对印缅东南亚文化的汲取也很多，比较突出的是汲取印度佛教文化。南诏大理国时期，佛教逐渐盛行，一些印度僧人也来到了云南，他们传播佛教，参与南诏大理国的文化和经济建设，甚至参与政事，受到了统治者的崇敬和支持，受到了苍洱地区各族群众主要是白族的信奉。而佛教也在这一过程中本土化。到了大理国时期，南传上座部佛教从缅甸传播到滇南、滇西南地区，对傣族等民族的文化发生了深刻影响，傣族成了全民信仰佛教的民族。

据文献所载，南诏、大理国贵族的婚姻是很有特点的。贵族统治集团实行的是等级内婚和王室婚盟。如王室与河蛮一直有婚盟关系，磨些蛮与南诏世为婚姻，乌蛮与南诏亦是"婚姻世家"。在贵族中还实行一夫多妻。对普通人来说婚前有性自由，但婚后视贞洁为贵，不准越合法婚姻的雷池半步，违者重处，男子格杀勿论，妇人亦死。或有强家富室责资财赎命者，则迁徙丽水瘴地，终弃之，法不得再合。

到大理国时，文化教育在南诏国的基础上也大有进步。以白蛮文化为主流的大理国文化同样深受汉文化的影响。宋代虽无官方组织大规模移民入滇的活动，但因云南较内地安定，从内地进入大理国的汉族仍不少，这是内地汉文化传入的一个重要途径。总的来说，大理文化虽有地方特色，但仍属汉文化体系。所以郭松年《大理行记》载："故大理之民，数百年之间五姓守固。值唐末五季衰乱之世，尝与中国抗衡。宋兴，北有大敌，不暇远略，相与使传往来，通于中国。故其宫室、楼观、言语、书数，以至冠昏丧祭之礼，干戈战阵之法，虽不能尽善尽美，其规模、服色、动作，云为略本于汉。"

绘画方面有难得的珍品《南诏图传》和《大理国张胜温梵画卷》。《南诏图传》也称《南诏中兴画卷》，画卷分图画和文字两大部分，图画部分长约5.73米，高约0.3米，上面用彩色描绘着南诏早期得国的神话传说。图画由相互联贯的四个主题、八个段落构成。图画之后是很长的文字说明，主要是对图画上的故事作叙述讲解，末了还附有南诏王舜化贞的敕文，以及其臣王奉宗、张顺二人的颂辞，敕文是中兴二年(899年)二月十八日颁布的，内容是让南诏儒释耆老提供他们所知道的有关阿嵯耶观音的各种资料，以便画像供养。本图现藏日本。

《大理国张胜温梵画卷》也简称《张胜温画卷》，作于大理国第四代国王利贞皇帝段智兴(1172—1199年)时，现藏于台湾故宫博物院。画卷为素色纸本，用彩色画成，全长16米有余，宽0.3米有余，画中画有人物638个。画卷的内容是表现佛教，共分三段：第一段是利贞皇帝礼佛图；第二段为全图的主体，绘有八部天龙、天王帝释、十六尊者、释迦佛会、禅宗诸神、大理国高僧、观音变像等内容；第三段是天竺十六国王像。

南诏、大理国时期最著名的雕刻是剑川石窟，共计有石窟和摩崖造像16处，其中十三窟与佛教密宗有关。与气势宏伟、规模宏大的剑川石窟相比，雕刻十分精妙的是昆明地藏寺石经幢。石经幢位于昆明地藏寺内，高8.5米，整体均为石造，幢基为鼓形，上刻八条盘龙，每两条龙一组，龙首相向，共戏一珠。往上渐渐收拢，呈八角锥形，共分七层。整幢石幢上共雕有佛、菩萨、罗汉、天王等人像二百余尊，神态各异，被誉为滇中艺术极品。

南诏、大理国时期的音乐是丰富多彩的，南诏王族经常演奏的音乐便有“奉圣乐”“骠国乐”“龟兹乐”“盖罗缝”“赞普子”“菩萨蛮”等名曲。南诏音乐的兴盛，是在大量吸收汉民族文化、其他少数民族文化的基础上形成的。如著名的南诏龟兹乐，便是从中原输入的，而著名的骠国乐则是传自紧邻南诏的骠国。史载南诏与骠国(位于今缅甸)疆连地接，骠国音乐进入中原，是先经过云南，由云南翻译之后，再向唐王朝进献，而南诏宫廷之中每逢大宴，也常常演奏骠国音乐。

南诏大理国把各种文化熔铸一炉，产生了释儒僧侣知识阶层。释儒阶层产生于南诏中后期，是在吸收中原儒家文化和汉传佛教的基础上产生的特殊的僧侣知识阶层。他们既读儒家经典，又信奉佛教特别是密宗；既剃度修行，又参政议政做官，娶妻生子。因而被称为“儒释”、或“释儒”。他们以儒释(中原)为思想核心，也与当地巫教有密切联系，又从道教、吐蕃佛教和印度佛教中吸收一些营养。释儒阶层在南诏大理国的社会、政治、宗教、教育及日常生活中发挥着重大作用。南诏大理国时期建筑、雕刻、绘画、音乐舞蹈、诗歌、散文等方面的伟大创造，或与释儒有关，或出自释儒之手。释儒阶层是南诏大理国的知识阶层，精英阶层，他们不仅自己传播和创造民族文化，而且引领着整个南诏大理国的文化整合和伟大的文化创造活动。

南诏大理国时期的艺术作品所达到的水平就整体而言在云南古代文化史上是空前绝后的。可以说，在中国文化史上占有重要地位的云南作品，大多数产生于南诏大理国时期。南诏大理国文化艺术的全面发展，反映了当时云南整个社会的全面进步。

(王艳勤)

# 55. 渤海国文化

渤海国是我国唐代东北地区由渤海都督府发展而成的边疆王朝。渤海大氏于唐武后时建国于东北地区，历时 200 余年，史称为“海东盛国”。

渤海国的都城上京龙泉府，位于今天的黑龙江省宁安市渤海镇。它被葱葱郁郁的长白山余脉所环绕，南瞰镜泊湖，北依牡丹江。清澈晶莹、风采多姿的镜泊湖，逶迤流长、碧波荡漾的牡丹江，仿佛是碧玉簪和青罗带装饰着这个古老的都城，使它显得异常丰满美丽。

公元 698 年伊始，以这个地区为中心，以粟末靺鞨部族为主体建立了一个区域性地方民族自治政权，初称“震国”，不久受唐朝册封，专称“渤海”。渤海从 698 年建国到 926 年被契丹所灭，共经历了 229 年、15 代国王。

渤海国在其强盛时期，势力范围和国土相当大。据《新唐书・渤海传》记载：渤海“地直营州(今辽宁省朝阳)东二千里，南比新罗，以泥河为境，东穷海，西契丹……地方五千里，户十余万。颇知书契。尽得扶余、沃沮、弁韩、朝鲜海北诸国”。现概括说来，渤海强盛时，其疆域包括吉林省的绝大部分，黑龙江省的大部分，辽宁省的小部分，以及俄罗斯滨海地区和朝鲜半岛的部分地区，地有五京十五府六十二州一百三十余县。

渤海国首都的宫禁苑囿和城市建设，是东北地区空前的，是渤海文明中一枝鲜艳夺目的奇葩。渤海人民修建的上京城和宫禁苑囿，从地形勘察到地质勘测，从规划设计到建筑施工，从大略概廓到细微末处，无不表现出渤海人民的精湛思想和高超技艺。雄伟壮丽、金碧辉煌的宫殿是渤海建筑上一个高水平的代表作。

渤海宫城，在京城内北半部。城墙周长约 2500 米，是用当地玄武岩砌筑而成，相当坚固，现残高 2 米。在宫城南墙中部地段，有左右两个 4 米宽的门，两门中间现存一个高 4.2 米、长 40 米、宽 26 米的台基。它是宫城的南门，也叫午门(俗称五凤楼)。南门台基上有数十块直径 70 多厘米的大型柱础石。可以推测，当年台基上有气势宏伟的建筑物，后来建筑物被烧毁。1917 年在台基上由东向西修了三个建筑物，分别是：南海大寺、关帝庙、狐仙堂。

宫城南门北，在一条轴线上，排列着五座宫殿。南门北 165 米处是第一殿。其间宽阔的地方是个大广场。第一殿是国王坐朝的“金銮殿”。每逢大庆典或大事件，如国王登基、颁发政令、改变年号、大将出征、封赏凯旋而归的将领等，都要在这里举行隆重的仪式。

渤海地处祖国北疆，历史上的原因造成了东北地区与中原地区发展上的差距。但是，渤海的国门却是敞开的，他们积极主动地向发达的中原学习，完善自己，振兴国势。他们除了引进中原的生产技术、学习中原的文化之外，还仿效唐廷的政治机构，在国内不断进行政治体制改革。

在名份上，唐朝皇帝是渤海的最高主宰者。但是，唐朝皇帝把统治渤海的大权授予了渤海王，由渤海王直接主宰游海，王权在渤海是高于一切的统治权，并以国王为核心，形成一个宠大的官僚统治队伍，掌握着渤海各统治机构的权力。

渤海上层统治机构，仿照唐朝的省，台、部，寺等，设有三省、六部，十二司，一台，八寺。一院、一监，一局、十卫。每一机构，各有僚属分掌其职，履行对渤海的实际统治职权，构成一部强大的统治机器。

渤海的三省称作宣诏省、中台省和政堂省。三省分立，权力平行，各有分工，而总于国王，便于国王垄断统治大权，是渤海国最高决策和执行机关。

政堂省相当于唐朝的尚书省，管理行政、司法、领典百司，是六个业务职能部门的最高指挥机关。政堂省第一把手叫大内相，是文武百官中最高的官员，相当于唐朝的尚书令，位于左右相之上。在政堂省大内相下有左允、右允，是直属于大内相的秘书室，分总左右六司。这样就形成了大内相向国王负责，左右允向大内相负责的体系。

政堂省所属的忠、仁、义、智、礼、信六部是具体的职能部门。忠部——相当于唐的吏部，现在的组织部门，负责考察文职官员的德、能、绩、勤，然后，根据考察的结果和国王的旨意，行使任免的权力。

仁部——相当于唐的户部，现在的农业、财政和税务三家的综合部门。它负责国家的土地管理、征收各种税赋和财政收支等业务。

义部——相当于唐的礼部，现在的礼宾部门。

智部——相当于唐的兵部，现在的军委和四总部。它主要负责军队中各级将领的任免，配备武器、军马、地图、装备和后勤给养等业务。

礼部——相当于唐的刑部，现在的公检法部门。它主要负责执行国家的法律、法令，惩罚犯罪分子，维护国家尊严等。

信部——相当于唐的工部，现在的林业、水利、交通、建设部门等。它主要负责修河渠、筑道路、架桥梁、推广先进技术等业务。

忠部、仁部、义部这三个业务部门的直接主管领导叫左允；智部、礼部、信部这三个业务部门的直接主管领导叫右允。

宣诏省，相当于唐的门下省，类似现在的政府办公室。它是仅次于政堂省的第二个重要机关。宣诏省的负责人叫左相。左相的官位仅低于大内相。宣诏省的工作业务是安排国王的日常工作，布置安排各种重大的礼仪活动，并负责各种咨询。左相下有平章事一人，侍中一人。另有常侍，是谏议之官。

中台省，相当于唐的中书省，其负责人叫右相。中台省的任务是代替国王拟定各种指示和命令，起草重要文件。右相下有平章事一人，内史一人。另有诏诰舍人诸官。

三省六部之外，还有一台七寺一院一监一局。一台是中正台(相当于唐的御史台)，刑法典章，纠正百司之罪恶。

一院是文籍院(相当于唐的秘书监)。

一监是胄子监（相当于唐的国子监）。

一局是巷伯局（相当于唐的内侍省）。

七寺是：

殿中寺，掌管服侍国王宫廷生活。

宗属寺，掌管王族事务。

太常寺，掌管礼仪祭祀。

司宾寺，负责接待外宾活动。

大农寺，掌管全国仓储、营田事宜。

司藏寺，掌管财货、储备、贸易事宜。

司膳事，掌管宫廷的酒醴、膳食等。

渤海还有三师三公制度。三师三公职能、性质有些相似于今天的人大机构。不同的是那时的“人大”根本没有人民代表，而只是几个“大人”在起作用。

三师是指太师、太傅、太保；三公是指太尉、司徒、司空。三师三公是由国家最有威望、贡献最大、最有知识的人担任。否则，这个职位宁可空缺。国王对于三师三公不以臣下对待，而是视为老师。三师三公虽然位居高位，但没有实权，他们主要的职责就是检查监督各个部门的工作，防止不正之风和腐败现象出现，并帮助国王处理朝政，时时提醒国王少犯错误或不犯错误。

渤海国也推行了品阶制度。“以品为秩，三秩以上服紫、牙笏、金鱼。五秩以上服绯、牙笏、银鱼。六秩、七秩以上浅绯衣，八秩绿衣，皆木笏”。渤海的军事制度，大体仿唐也是能够很清楚看出来的。

渤海地方行政机构设施，也仿照唐朝而建有京，府、州、县，实行京府辖州，州下领县的三级集权管理体制。所不同者是唐朝有道，居于府州之上，而渤海无这一级设置，只有府州县三级，并统归唐朝河北道管辖。

渤海国积极学习中原先进的科学技术和生产技术。如在天文历算方面，822 年唐朝的徐昂改制的“宣明历”刚实行不久，就被渤海引进。859 年渤海乌孝慎大使等访日时，把此项成果传给了友好的邻人。日本从 862 年开始正式启用，共使用了 800 余年。

随着中原地区的医书、本草及药物的传入，渤海国的医学事业也有长足发展，专职的医师及药剂师相继出现，如在出使日本的使团中就有随团“医师”的设置。渤海国学习中原药材采集和加工成效明显。由于中原的影响，农业选种、育种与园艺技术也有了突出的发展。渤海人培育出了许多农作物、家畜品种。

渤海国接受唐朝政治制度、学习科学生产技术的同时，中原的儒学、佛教、文学艺术等也大量地涌进了渤海国。公元 738 年，渤海国专门派人到长安抄回《唐礼》《三国志》《晋书》《三十六国春秋》等文献。

渤海国统治者的思想是开放的，不因循守旧，不固步自封。他们积极学习中原各种成功的经验来发展和壮大自己的势力。渤海王朝不仅在政治、经济、文化方面效仿中原，就连国民的生活情趣、饮食习惯上也浸染很深。

渤海国与唐王朝一直保持着朝贡的关系，与中原的政治、经济、文化等交流一直贯穿在渤海国存在的始终。

渤海国共有15代王，经过唐朝册封的就有11个。没有册封的4个，其中3个是在位时间太短，均不满一年，来不及册封；另外一个上台时，唐朝已经濒于灭亡，无暇它顾。

渤海国存在229年，向唐及中原政权朝觐、进贡150次左右，直至渤海国灭亡。对于渤海使节的入贡，唐朝历代统治者也予以重视。从唐中宗开始，每次唐朝都依例进行召见、赐宴、册封、授官，并多次派遣使臣到渤海，受到渤海国的热烈欢迎。

唐朝灿烂的文化，通过各种形式传播到渤海国。唐朝与渤海国互派的使节，大多是饱学多才之士，在完成政治使命的同时，也大量地传播了文化。渤海国曾大批派“留学生”到长安学习，习识古今制度，攻读儒家经典，参加唐朝的科举考试。引进建筑、陶瓷烧造、绘画、雕刻等技术。“留学生”在历史上留下名字的有许多人，如渤海国相乌熘度，曾在长安考中进士，后来他的儿子乌光赞又考中进士，父子先后成绩瞩目，一时被当地传为美谈。

在当时渤海的版图周边，还有日本、契丹、新罗、黑水靺鞨等国家和地区。如何处理与这些周边国家和地区的关系，直接影响着渤海国的生存和发展。

从渤海立国到灭亡，渤海与日本一直保持着密切的友好睦邻关系。渤海国通往日本的交通史称“日本道”。渤海国使者从上京龙泉府出发，大体上经过处于珲春盆地的东京龙原府，从龙原府向东南行三十余里经长岭子山口越过大岭，就进入了日本海的波谢特湾海滨地区，再前行一百余里至盐州(今俄国克拉斯基诺)港口。其海路则从盐州出发，一条是“筑紫线”，即经过对马海峡到达筑紫(今北九州)，再转抵难波江口(今大坂)到京都。第二条是“南海线”，除始发港在南海府的吐字浦外，其他路线与第一条重合。第三条是“北线”，从东南渡日本海，直抵日本本州中部北海岸的能登、加贺、越前及佐渡等地。渤海国和日本的使者，为了两国的往来，驾驶着古老的帆船，冒着极大的风险，历尽艰辛，有的献出了宝贵的生命。有文献可查牺牲的大使和随行人员就有200人以上。

当渤海国人民在这片肥沃的土地上建立起强大的政治经济势力同时，也创造了丰富多彩的渤海文化，就是史称著名的“海东文化”。

海东文化有靺鞨文化的基因、中原文化的风采和高丽等其他民族文化的有益营养，是中华民族历史文化宝库中一颗晶莹的明珠。但是在渤海国破亡之后，渤海人被强迫迁出故地，随着时间的推移，渤海人逐步融合于其他民族之中，渤海文化几乎荡然无存。迄今为止，未发现一本由渤海人自行编撰的书籍，这不能不是渤海国历史上的一大憾事。

在渤海国京城，特别是宫城内各殿遗址上，出土了大量建筑用的各种形状的瓦当，有些瓦上印有清晰的文字。这就是研究渤海历史与文化极其珍贵的“文字瓦”。渤海国使用什么文字，是考古工作者十分重视的问题。

从文字来看，80%是正规的汉字，有的字体特殊，不能读音和解其意，可能是属于押记一类的符号。渤海国古墓群发掘出的渤海国第三代统治者大钦茂次女贞惠公主和四女贞孝公主的墓碑碑文全都是汉字。两位公主的墓志属于唐初的骈散文体，从墓志的结构、风格上都可以看出撰写墓志的渤海人对中原的文体、书法及历史掌故都十分娴熟。因此，根据文字瓦、墓志和渤海人留下的文学作品进行综合分析，可以断言：汉字是渤海国的通用文字，为了表达民族特殊情感和特殊需要，还制造并使用一些“殊异字”。

靺鞨族有着自己的语言，属阿尔泰语系的通古斯满语族。渤海境内居住着许多部族，还有汉人、高丽人、突厥人、契丹人、回纥人等，他们各自有着自己的语言。在这些语言中，靺鞨语作为主体民族语言而处于优势的地位，而且也作为官方的正式用语。从营州、辽西回归的粟末人等是汉语的主要使用者和推广者；陆续朝唐归来的渤海各阶层人士也不断接受汉语并予以推广；汉语显然是各类学校的必修课之一，其士人学子普遍能撰写汉文，是掌握汉语的结果。并可以推定，至渤海国后期，汉语已成为渤海的官方用语。

诗歌在海东文化中占有最重要的地位。渤海国诗人与同时期中原诗人相比，不见逊色。渤海国的诗歌，是在吸收唐诗优秀成果的基础上，经过自己的咀嚼消化才达到较高境界的。著名诗人刘禹锡的诗句“渤海归人将集去，梨园弟子请词来”，即反映了唐诗东传的盛况。

渤海绘画是直接吸收中原地区艺术传统的。在京城内，发现了壁画残片和陶盘上刻画的头戴幞头的人物形象。1980年在贞孝公主墓的通道东壁、西壁和北壁都发现了较为完整的壁画。画上反映的是公主死后仍居高宅深院，武士护门，侍卫持挝仗剑护院，奴仆服侍，乐使弹奏，贴身侍从举杖掌盖等情景。

渤海人创作的渤海乐丰富了祖国的音乐宝库。公元740年，渤海国访日大使在日本奏渤海乐，深受日本的欢迎。日本曾派一个名叫内雄的人来渤海专门学习渤海音乐，十年后学成才回日本。渤海乐已经成为日本宫廷音乐之一，经常演奏。日本后世流传的“大靺鞨”“新靺鞨”“古乌苏”“新乌苏”“退走秃”“进走秃”“贵德”和“昆仑八仙”等乐曲，都是渤海传去的。

渤海舞蹈也是独具风格的。其在保持“曲折多战斗之容”的靺鞨人传统之外，又吸收了中原和高丽舞的成份。《王沂公行程录》描述了渤海人跳踏踺舞的情况。渤海风俗年年都要聚会作乐，“先命善歌善舞者，数辈前引，士女相随，更相唱和，回旋宛转。”这显然是一种有领唱、领舞的集体歌舞。在日本款待渤海使节的宴会上，渤海人一闻歌舞之声，都离座翩翩起舞，足见渤海人对舞蹈的酷爱。

此外，渤海人还善养牡丹花和莲花，东北地区在渤海以前，没有种植过牡丹花和莲花，只是从渤海国以后才开始出现，而且培育出一些中原地区没有的名贵品种。牡丹与莲花成为渤海国时期建筑饰物与佛教的主要花饰，至今，镜泊湖和小北湖一带还有养莲花的，在京城西北还有叫东莲花村、西莲花村等几个村庄。

渤海国的灭亡是有其深刻的内部和外部原因的。其内部原因是阶级矛盾不断尖锐激化，民族矛盾不断上升，后期经济发展迟缓，国力空虚，军事实力削弱以及统治集团内部的互相倾轧。其外部原因是唐王朝的灭亡，渤海西邻契丹的兴起和不断发展壮大，渤海的西南和西北的邻部均被契丹所灭，使渤海处于孤立无援的境地。

虽然在人类历史上没有不被灭亡和不消亡的政权，虽然每一个封建的家天下都逃不脱“再而衰，三而竭”的命数，虽然“祖宗何等英雄，子孙如此不肖”的叹息声一次又一次地回响，虽然“天若有情天亦老，人间正道是沧桑”，但是，立世二百多年、偌大的一个渤海国被摧枯拉朽似地消灭了，在倾刻间冰消雪散了，不能不让人们扼腕长叹，深刻警思。

（王艳勤）

# 56. 南唐后主李煜的词作

我国隋唐开始新兴的词，在南唐和西蜀随着生产的发展，经济的繁荣，文化的昌盛，也走向一个高峰时期。南唐后主李煜，虽治国少方，守国乏术，最后国破家亡，成为宋室的囚徒，但是作为一个文学艺术爱好者，特别是一个词人，他高超的艺术创作成就却并没有因为时间的流逝而被后人所遗忘。

李煜(937—978年)，南唐中主李璟第六子，初名从嘉，字重光，号钟隐、莲峰居士，汉族，祖籍彭城(今江苏徐州铜山区)，南唐最后一位国君。

961年(北宋建隆二年)，李煜继位，尊宋为正统，岁贡以保平安。971年(开宝四年)十月，宋太祖灭南汉，李煜去除唐号，改称"江南国主"；并于次年贬损仪制，撤去金陵(今南京)台殿鸱吻，以示尊奉宋廷。975年(开宝八年)，宋军攻破金陵，李煜被迫降宋，被俘至汴京(今开封)，封为右千牛卫上将军、违命侯。978年(太平兴国三年)七月七日，李煜死于汴京，世称南唐后主、李后主。李煜精书法、工绘画、通音律，诗文均有一定造诣，尤以词的成就最高。然而文学创作中主客体之间的双向运动，决定了一个作家的生活经历自觉不自觉地在其作品中留下痕迹，李煜也不例外，不同时期的生活经历在他的前、后期作品中打下了深刻的烙印，使其作品表现出不同的内容与风格。前期继承了晚唐以来温庭筠、韦庄等花间派词人的传统，又受李璟、冯延巳等的影响，语言明快、形象生动、用情真挚，风格鲜明；而后期作品尤其是亡国后的词作更是题材广阔，含意深沉，在晚唐五代词中别树一帜，对后世词坛影响深远。

不同的生活经历使得李煜的词明显分为前后两期，前期豪华奢靡的生活使得李煜前期词呈现缠绵绮靡，温软香艳的风格。据《十国春秋・后主本纪》记载：李煜因"广额丰颊骈齿，一目重瞳子"而被太子所嫉妒厌恶，而等到太子李弘毅毒杀自己的叔叔景遂，才给李煜以极大的触动。他意识到自己处境的危险，为了保命，也为了向哥哥表明自己没有争皇位、动干戈的野心，他选择了接近佛门，寻找无边的寂静。

如他的《渔父词》两首，不同的景，同样的情，李煜将自己乔装成渔父，为的就是表明自己不想置身于朝野的明争暗斗，他向往的是逍遥适意，随心所欲的田园生活。能拥有如此闲适的生活，无疑依赖于他的皇室身份，给予他的物质支撑。

李煜生于深宫之中，长于妇人之手。尤其是当他做了南唐皇帝之后，整日与宫娥妃嫔、朝中大臣饮酒，赋诗，尽享一个风流皇帝的快乐。因此，他的前期作品中有不少是描写宫廷豪华奢靡生活的。如他的《浣溪沙》，整个宫殿外金碧辉煌，宫殿内觥筹交错，臣主尽欢，酒意酣然，读此词，置身于其中，似乎自身也沐浴在帝王的狂歌劲舞之中，体会到了纸醉金迷的生活。

有论者以为，"此南唐未亡之前李煜所写宫中行乐之词。此时江南，生产力已发达，统治者享受极其奢靡，锦作地衣，即其证。"李煜的词深刻反映了《唐五代两宋词简析》所描述的社会现实，有现实的风采，忠于生活。

如若此时的南唐是一个鼎盛大国，世俗民风足以与贞观之治下的盛况相媲美，君臣奢靡享乐也就作罢，问题在身为一国之君的李煜能在战火硝烟暂歇的江南，在只剩下偏安一隅的国土上，尚能在后宫歌舞升平，饮酒赋诗，被冠以亡国之君，乃名副其实。一首《玉楼春》将这位风流皇帝的逍遥生活暴露得一览无余。“临风谁更飘香屑，醉拍阑干情味切”，一位惬意、风流倜傥的君主被勾画得惟妙惟肖。有美女陪伴，有好酒逍遥，如梦如幻。虽是真实的宫廷写照，却足以与天上的神仙比适意，乐得其中，不知愁味。

“词为艳科”，在晚唐五代已成为词人风尚，以晚唐词人温庭筠为代表的花间词人，喜用华丽的词藻来描绘女子的容貌服饰及居室之设，题材狭窄多为男女情爱，尤以艳情为主。李煜前期的作品虽然也是“自然之工”，但也受到这一词风的影响，写了大量关于男女恋情的词。这是整个文坛大环境对李煜创作的影响。艺术起源于生活，而情感生活作为生活的一个重要组成部分，对其词作的影响是不容忽视的。谈及李煜的情感生活，大小周后的存在是其中浓墨重彩的篇章。李煜部分恋情词因她们而作。

大周后 19 岁嫁入皇宫，这位江南女子在陪伴李煜的十年间，不但以国色天香的美貌吸引了后主，更令后主为她的卓越才华所折服。弹琴歌舞，采戏弈棋她无所不通。多艺女子与才子皇帝，举案齐眉，琴瑟相和。她不但装点了李煜的生活，也渲染了李后主的词作。如《一斛珠》这首词，李煜作此词时，据说正是和大周后新婚不久，因而整首词都流露出作者对心上人的无限怜爱之情。在整个词中，作者以四幅图来表现词中女子的活泼可爱。“些儿个”是对唐宋之际方言口语的应用，从中流露出词人对女子的喜爱之情，也折射出女孩子由于专注而生出的娇憨之态。最妙莫过于尾句“烂嚼红茸，笑向檀郎唾”。它生动地描绘了女子妩媚娇羞又有些轻佻的神情，将娇羞女子沉浸于爱情之中的喜悦展现得活灵活现。

而邂逅小周后，李煜更是毫无忌惮地描述他们之间的柔情蜜意。如《菩萨蛮》就记录了两人的偷情幽会。词一开始就创设出一个月色朦胧，鲜花盛开的幽密的意境，给读者以无限的想象的可能。接着是小心谨慎的动作和心理描写“刬袜步香阶，手提金缕鞋”，表现出女子急不可耐又怕被人发现的心态，把一个可爱单纯，大胆追求爱情的少女形象传神生动地刻画了出来。短短十个字，就塑造了一个逼真生动的少女形象。

随着局势的变化，李煜的词作少了欢快愉悦之情而渐显沉郁。词作中流露的虽是歌妓宫女相思孤寂之愁，但这些愁绪已经超越了表面的离愁，他是借这些普通人之口来表达他身为一个皇帝对时局的担忧。如他为怀念其弟李从善而作的《清平乐》，忧郁悲伤的情调笼罩全词。这是一首离别怀人之作，表面看似是写一少女因无法得到心上人消息而发的牢骚，实则在写自己因无力保护其弟而抒发的无奈之情，手足尚且无法保护，更何况是南唐呢？作者想以词来袒露自己的心声，期望得到弟弟在异国的消息，然而自身身为君主，却难护手足，言语中透露出些许自责和忧郁。而李煜的忧郁告诉我们他并不是一个贪图享乐而无视时局的皇帝，只是他的忧郁在无力逆转的局面面前更显悲壮。

纵观李煜前期的作品，虽然整体思想价值不高，但他却用真实的语言写出了自己对于自然的热爱，用清新的言语描绘出男女对爱情的忠诚和执着，对帝王生活的沉醉以及大敌压境时自己百般的无奈，虽然并没有提出较大的社会问题，但却展开了人的内心世界，以及对自然的感受和爱情经验最细致的情绪。

然而豪奢的生活终究没有伴随李煜一生，975 年大宋的军队攻陷金陵时李煜肉袒出降，随军北上。第二年正月到达汴京，白衣纱帽待罪于明德楼下，受宋封为右千牛卫上将军违命侯。从此以后，李煜开始了他在汴京的俘虏和亡国奴生活。由于生活上的巨大变化，使得他的词作与前期迥然不同。后期作品表现出来的是意境大，感概深，力量充沛，具有强大的感染力，不仅是凄清，而且是悲慨，不仅是沉着，而且是郁结，这也成为李煜词的独创风格。李煜从一个小国之君沦为阶下囚，对于他的命运来说是一种大不幸，而对于他的创作来说却是一个绝好的转机。

如《相见欢》一词，作者独自默默地登上小楼，观赏无边的弯月，俯视寂静的梧桐深院，孤独、寂寞涌上心头。“是离愁”点明自己惆怅难耐的原因是离开了故土，丢掉了国家，在异国他乡过上了囚徒的生活。最后用“别是一番滋味在心头”一句收尾，可谓把辛酸之情表现到了极点，伤痛难以名状到了极点。诚然，李煜在亡国后的作品中突破了香艳软媚的格套，注入了自己个人的切身感受，融入了自己真实的人生体验，抒真性情，艺术感染力极高。亡国之前，李煜是一国之君，他有资本享乐，因此词作内容多注重描写前面提到的男女恋情，奢华的宫廷生活，即使少量词篇也抒发离愁别恨相思，但与亡国后相比，痛的深度，愁的广度都是无法相提并论的。

如他抒发对故国的无限思念之真情的《破阵子》，作者入手即先交代南唐国的历史及疆域，国破家亡，山河巨变，字里行间蕴含着词人痛彻心扉的感慨和极为复杂的心理。约束和幽囚中度日，以至腰肢瘦损，鬓发斑白。而最不幸的是在那仓皇辞庙之时，国家灭亡了，从此就要远离故土，离开祖宗创业立墓之地，离开祖宗祭祀之地。国家的悲剧和个人的悲剧侵蚀着这位昔日的国主。过去越是美好，痛失后回忆起来就更痛苦，何况曾经身为一国之君的李煜。

而他抒发亡国后的愁恨悲苦，更可以说篇篇都是血泪之作，“愁”“恨”“泪”“空”等字眼也空前多起来，几乎无一不言愁，无一不语恨，且泪痕迎面，魂梦连连，其画面的凄清，空廓，深沉是前期所没有的。如《望江南》中“心事莫将和泪说，风笙休向泪时吹，肠断更无疑”、《子夜歌》中“往事已成空，还如一梦中”、《浪淘沙》中“梦里不知身是客，一晌贪欢”、《相见欢》中“自是人生长恨水长东”、《浪淘沙》中“想得玉楼瑶殿影，空照秦淮”、《虞美人》中“问君能有几多愁，恰似一江春水向东流”，从这些词中我们看不到作者描述宫廷生活的风花雪月，看不到作者往日的欢乐、轻松，而是充满了深沉的一个不幸者的悲伤，有如杜鹃啼血般痛处。倘若李煜终身跻身琼楼玉宇，稳坐皇帝宝座，那么他将继续沉溺于宫廷生活的奢侈生活，继续吟唱香艳软媚的男欢女爱，至死都无法逾越绮筵公子设置的风花雪月，弱骨柔情的雷池。

李煜后期的词句句发自肺腑，用血泪书写的囚徒生活，透露出些许的自责与不甘，读来不禁让人“为之同声一哭”。如一首《浪淘沙》，其中景是凄凉之景，情是悲凉之情。一句“金锁已沉埋，壮气蒿莱”表达出词人深深的自责之情。想过去他也想和宋军对抗到底，尽管实际上并没有采取行动，但此时他能写出如此豪迈的句子，足以证明“痛定思痛”之后，他找到了亡国的原因，体会到了身为一国之主，他应承担的历史责任。再来看李煜被视为“绝命词”的那首《虞美人》，江山易主、物是人非，词人心中那绵绵不断的去国之思，那翻滚奔腾的失国之悲，那汹涌澎湃的亡国之痛，恰如一江春水，令人感受到的不仅仅是难言的慨叹和悲痛，而且还有对于故国的无限留念之情。

即使李煜的词从降宋开始就发生了很大的变化，使其前后期词有很大差异，但是，李煜的前后期词并没有完成隔断，“真”的特点仍然或隐或现地贯穿于他的前后期词中。李煜的词之所以能打动人，就是由于他骨子里流露出来的“真”，他的真情流露，纯任性灵。他以小词抒情，不夸张，不掩饰，把自己的真情感受直言坦白地表达出来。通读李煜词作，可以看出李煜多愁善感而又单纯明朗的内心世界，就如读其情感自传，前期沉迷享乐，纵情声乐；后期沉痛忧郁，惆怅伤感。

李煜的词少理性控制，他对事物的感受与表现的态度全出于真实的感受。写奢靡的享乐不加掩饰，写亡国的悲苦，亦不加藏匿。“真”是他词作的主要特色，“真”更使他“谓词中之帝，当之无愧色矣”。

（钱森）

# 五·宋辽金元时期

# 1. 黄袍加身与杯酒释兵权

黄袍加身，通常专指后周殿前都点检赵匡胤发动陈桥(今河南封丘东南陈桥镇)兵变篡夺帝位而建立赵宋王朝的历史事件。赵匡胤由此一跃而为天水一朝的开国之君，是为宋太祖。后周与赵宋政权的递嬗，仍然是“五代十国，兴亡以兵”的延续，禁军的拥立是这次朝代更迭的决定性力量。依靠禁军统帅身份而践九五之尊者，此前就有后唐明宗李嗣源、后周太祖郭威，身为殿前司统帅的赵匡胤能奠定一代基业，实际上只不过是照方抓药、步人后尘而已，与前者的区别也仅仅在于时间、地点的变化。

后周世宗柴荣在高平之战后，着手整顿禁军，在侍卫司之外又重新构建殿前司系统，并以殿前都点检为最高将领，殿前军开始与侍卫马军、侍卫步军鼎足而峙，成为禁军中的精锐之师。世宗在位末年，为防止禁军将领发动兵变，阴谋篡位，煞费苦心地安排禁军统帅人选，将周太祖女婿、殿前都点检张永德免除军职，改由自己一手提拔的心腹爱将赵匡胤接任。959年(显德六年)6月，时值壮年的周世宗溘然病逝，恭帝柴宗训幼年即位，托孤遗命大臣包括宰相范质、王溥及大将韩通、赵匡胤等文武将官。其后，殿前司与侍卫司的统帅又有调整，但京城禁军将帅中除韩通外，殿前副都点检慕容延超、殿前都指挥使石守信、殿前都虞侯王审琦、侍卫马步司都虞侯韩令坤、侍卫马军都指挥使高怀德等人，都与赵匡胤过从甚密，交情颇深，石守信、王审琦更是其义社十兄弟中的成员。至此，赵匡胤已基本控制了中央禁军，代周而立也只是时间早晚的问题。

960年(显德七年)初，镇州(治今河北正定)、定州(治今河北定县)传来契丹与北汉联合南下入侵的情报，仓促之中，后周朝廷不辨真伪，立即派遣殿前都点检赵匡胤率兵北上出征。这对于觊觎帝位、蓄势待发的赵匡胤来说可谓千载难逢的天赐良机，第二天，赵匡胤就升帐点兵，出师御敌。大军甫发，京城就盛传“将在出征之日，册立点检为天子”的谣言，霎时间便满城风雨，人心惶惶；一位据说是熟知占星术的殿前司军校苗训也发出“日下复有一日，天命有归”的预言，在赵匡胤心腹谋士的渲染和煽动下，军中将士很快将其传诵开来，一时间军心躁动难安。这一切使“主少国疑”的后周政局更加动荡不安，一场酝酿已久的政变大幕已然拉开。

第三天晚上，大军驻扎于开封东北四十里的陈桥驿，平日带兵谨慎的赵匡胤很快假装醉酒，高卧帅帐。夜间，深染骄惰恶习、追逐富贵的禁军将士私底下纷纷聚议：“主上幼弱，不能亲政。我们现在为国家出力死战，又有谁知道呢？不如先拥立点检为天子，然后北征拒敌，为时也还不晚。”作为兵变的直接指挥者，时任供奉官都知、匡胤之弟的赵光义和匡胤的掌书记赵普，眼见军心已动，立即派人通知留守京城的石守信和王审琦预先做好接应准备，接着又部署众将士枕戈待旦，计划于次日拥立劝进。

第四天黎明，军营中四处喧闹不已，禁军将校执兵露刃围在匡胤帐前，其中有人随赵光义与赵普进入内帐，大声叫嚣：“诸将无主，愿策立太尉为天子。”也不等赵匡胤下床披衣，就将早已准备好、象征天子身份的黄袍披在其身上。赵匡胤故作姿态地推让了一番，并说："你们贪恋富贵立我为帝，如果听从我的命令即可。否则，我不能做你们的主上。"在得到众将士"惟命是从"的允诺后，赵匡胤约法三章，严令禁止诸军入京之后劫掠财物、暴虐大臣。于是，三军返回开封。

大军顺利入城。此前不久的早朝，朝廷大臣已获悉陈桥兵变的消息，宰相范质、王溥等人束手无策。侍卫马步司副都指挥使韩通见形势危急，从内廷仓皇奔出，集结手下以作抵御，不料恰好与进入城中的殿前司勇将王彦昇狭路相逢，军士一哄而散，韩通也被王彦昇一路追杀，终致合家被诛戮殆尽。后周将相中唯一的抵抗行动以失败告终。

时隔未久，宰相范质、王溥等大臣被军士挟持至殿前都点检官署谒见赵匡胤，赵匡胤仍然辩称：此举实为三军所逼，时至今日，本人愧对世宗所托，惭负天地。范质等人还来不及作答，军校们就扬剑高呼："我辈无主，今日必得天子。"群臣无奈，只得俯身拜伏，口呼"万岁"。当日，赵匡胤就在崇元殿召集文武百官举行"禅让"大礼，众人正担心没有禅让文告，原后周翰林承旨陶穀赶紧掏出事先拟写的禅位诏书，禅让仪式得以按部就班地进行。礼毕，赵匡胤荣登御座，接受百官拜贺，成为北宋王朝的首位君主。后周与赵宋的易代也就在这一天之间宣告完成。

就在以上闹剧收场时，北部边境的北汉与契丹联军竟然无声无息地全部撤回，出征之事不了了之。按常理而言，政权更迭之际，政局不稳，也正是入侵者举兵犯阙、夺取政权的绝佳时机，北汉与契丹在出兵之后恰逢中原政权改朝换代，结果却不战而遁，实在不合逻辑。根据《辽史》所载，契丹与北汉并未在此时联合南下，也就是说河北前线的敌情纯属子虚乌有，实际上出于别有用心者的捏造。而在整个事件过程中，类似的疑点还有不少。所以，尽管宋人极力美化宋太祖，否认赵匡胤有篡位野心，但这种言论毕竟无法褪尽历史记载中的蛛丝马迹，大量事实表明，"黄袍加身"实际上是赵匡胤一手策划的政治阴谋。正如后人在诗中所说："黄袍不是寻常物，谁信军中偶得之。""千秋疑案陈桥驿，一着黄袍便罢兵。"其实都隐晦地点出了"黄袍加身"的历史真相。

从禁军小校逐步升迁为禁军统帅，进而黄袍加身的宋太祖赵匡胤，深知禁军向背攸关人主废立。跃登帝位之后，赵匡胤担心禁军再度横生枝节、祸起萧墙，对典领禁兵的重臣宿将更是心存疑忌，因此，为消除禁军这个心腹之患，早在代周之后不久，宋太祖就开始对禁军宿将重作安排。首先罢去关系较远且不属殿前司系统的侍卫马军都指挥使张光翰和侍卫步军都指挥使张彦徽，以义社兄弟韩重赟和心腹将领罗彦瓌取代，又罢免资深位高的殿前都点检慕容延钊和侍卫亲军都指挥使韩令坤，以石守信升任侍卫亲军都指挥使，太祖妹夫高怀德为殿前副都点检，王审琦为殿前都指挥使，赵光义为殿前都虞侯，并且不再任命殿前都点检。经过这番整顿，禁军中的殿前、侍卫两司将帅，基本上全部都是太祖的心腹和亲信。

太祖认为，禁军的大权既然已经完全由亲朋故旧所掌握，义堪比肩、情同骨肉的禁军将领们必定不会借助禁军发动兵变、推翻赵宋王朝的统治。对此，深受太祖倚重的开国宰相赵普却不以为然，他深知武人掌权现象的存在对于大宋江山而言，终究是致命的隐患，五代时期的前车之鉴比比皆是，而避免重蹈覆辙的唯一办法，只能是彻底削除重臣宿将典领禁军的权力。所以，他多次要求解除石守信等人的军权，太祖却置若罔闻。对于赵普三番五次的建议，太祖仍然固执己见，并说："他们肯定不会背叛我，你何必那么忧虑?"赵普回答："我倒也不是担心他们反叛。可是这些禁军将领们，都不是善于驾驭士兵的人，长此以往，恐怕不能使部下俯首帖耳。一旦如此，军队中万一有作孽者，事到临头也就会身不由己了。"这是以黄袍加身的例子暗示宋太祖，太祖当即醒悟。千古流传、太祖借宴饮之机而解除禁军统帅兵权的"杯酒释兵权"故事随即展开。

961 年(建隆二年)的某一天，太祖在宫中宴请石守信、王审琦、高怀德等禁军高级将领，酒酣耳热之余，屏去左右侍从，说道："没有你们的鼎力相助，也就不会有今天贵为皇帝的我，所以，我对你们感激不尽。可是做天子也太难了，确实不如做节度使快活。我现在是整夜都无法安枕而眠。"石守信等人惊问其中的缘故，太祖说："这并不难理解，谁不想做天子呢?"守信等慌忙叩头表白："陛下何出此言？如今天命已定，谁敢再怀异心?"太祖说："你们虽然没有异心，但是你们麾下那些竞逐富贵的将校，如果有朝一日将黄袍加在你们身上，你们想要不干，也一定难以办到。"这些宿卫大将总算听出了弦外之音，人人惟恐因为猜忌而招致杀身之祸，磕头流泪不已，请求太祖指点迷津。太祖从容开导道："人生在世，犹如白驹过隙。所以，追求富贵的人，不过想多积累些金银，以便好好享乐，不让子孙贫困而已。你们何不放弃兵权，出任大州节度使，选择上好田宅买下，为子孙留下永久基业；再多添收些歌儿舞女，日夜饮酒作乐，颐养天年。我将与你们结为婚姻之亲，使君臣之间两无猜疑，上下相安，岂不很好?"太祖明白指出以高官厚禄换取军权，这一做法为高级将领们欣然接受。

次日，石守信、高怀德、王审琦、张令铎、罗彦瓌等不约而同地纷纷称病，请求罢免兵权。太祖一概应允，除天平节度使石守信在名义上仍然保留侍卫马步军都指挥使的军职外，其他将领一律出镇地方，担任节度使。一年后，免去石守信军职。从此，侍卫司的最高长官也不再任命。为进一步消弭高级将领的离心倾向，共保富贵，宋太祖履行互结婚姻的诺言，将两个女儿分别嫁给石守信和王审琦之子，又让光义成为张令铎的女婿。"杯酒释兵权"的戏剧化情节就此而止。

不过，据史家考证，宋太祖收归宿卫大将兵权虽然确有其事，但觥筹交错、杯觞往来间的若干细节则显然来自传闻，《宋史·太祖纪》对"杯酒释兵权"只字不提，就是最好的证明。其他文献关于此事的记载，存在着明显的脱漏和抵牾之处，难以自圆其说。所以，"杯酒释兵权"中的"杯酒"不必当真，"释兵权"则千真万确。宋太祖正是通过"释兵权"彻底剥夺功臣宿将典领禁兵的大权，一举将禁军的统领大权集中于天子一人之手，此后，禁军将帅的任用，长期以才庸无谋、忠实易制为原则。"释兵权"也开启了宋初兵制改革的步伐。太祖改革兵制的主要措施有：确立禁军中的侍卫马军司、侍卫步军司和殿前司的三衙体制，将握兵权、调兵权和统兵权分属于三衙、枢密院和临时任命的统帅；实行阶级法和更戍法，严明军队内部的等级尊卑关系，不定期变动禁军驻地，使得"兵无常帅，帅无常师"；制定强干弱枝、内外相维的方针，选拔、补充和教阅禁军，加强禁军战斗力，又将禁军的部署一分为二，分别驻守京城和外地。这一系列卓有成效的举措，扭转了五代以来干戈不休、社会动荡的局面，特别是摆脱了"兵变"的潜在威胁，有利于宋朝军队的长期稳定。但以猜忌将领和钳制士兵为核心的兵制改革也有其负面影响，自宋太宗以后的北宋各位帝王抱守这套政策中的"猜""防"教条，变本加厉地强化对军队的控制，委任将领仅要求忠诚循谨而不求有勇有谋，甚至颁发阵图，严令出征将领按图作战，从而导致北宋自太宗以后几乎找不到名将，唯一值得称道的狄青也遭猜忌而死。以至在与契丹、党项和女真等族的较量中，宋朝毫无军事优势可言。当然，以后来宋朝军队缺乏战斗力而否定太祖削夺兵权、改革兵制的积极意义，未免有欠客观、公允，兵制改革所产生的弊端或许更应当追究继任者的责任。他们未能完善太祖的良法美意，从而使改革走向了另一个极端，即片面强调对军队的严密监控。北宋一朝长期处于积弱阴影的笼罩之下，与此也不无干系。

（曾育荣）

## 2. 赵普“半部《论语》治天下”

《论语》是一部语录体著作，是孔子及其弟子的言行录。《汉书·艺文志》载：“《论语》者，孔子应答弟子、时人及弟子相与言而接闻于夫子之语也。当时弟子各有所记，夫子既卒，门人相与辑而论纂，故谓之《论语》。”从著述体式的角度讲，《论语》起初并不是“经”，而是对“经”书进行进一步阐说的“传”。战国及汉初时，《论语》的地位并不算高。汉文帝时开始重视之，将《论语》《孝经》《尔雅》《孟子》立于学官，设“传记博士”。汉武帝后，《论语》地位逐渐升高，从“传”升格为“经”，列为“七经”之一。唐初“九经”虽然暂时未列，但唐文宗时的“十二经”、北宋的“十三经”都将《论语》包括其中，而且其地位随着南宋时期《四书》的结集而达到极致。可见自汉代以来，《论语》在中国社会产生着越来越大的影响，宋代开国宰相赵普所谓“半部《论语》治天下”，就形象地说明了这一点。

赵普(922—992年)，字则平，原籍幽州蓟县(今北京西南)。父亲赵迥，避后唐赵德钧兵乱，迁居洛阳。赵普自幼读书不多，却谙于吏事。成年后，被聘为永兴军节度使刘词的幕僚，后举荐于朝廷，与后来成为宋太祖的赵匡胤同为后周世宗柴荣部下。赵匡胤兵破滁州后，欲斩盗贼百余名，经赵普审讯，大部分盗贼得以存活，赵匡胤奇其才，用为同州节度使属下的司法推官，不久升为宋州的书记官。公元960年春，爆发了著名的“陈桥驿兵变”，赵匡胤被部下灌醉，强披黄袍在身，当上皇帝，建立宋朝，而赵普在这一行动中起到了智囊军师的特殊作用，为赵匡胤称帝建立了头功。其后为稳固大宋政权，赵普先是帮助太祖平定了义成军节度使李筠和淮南道节度使李重进的叛乱；继而献“稍夺其权、制其钱粮、收其精兵”之策，以“杯酒释兵权”之计削夺了权臣石守信、高怀德等人的兵权；同时，赵普建议中央设副相、枢密副使及三司计相，以瓜分宰相之权，收相互牵掣之效，又建议以文官取代武臣，天下精兵皆归枢密院指挥。这样一来，的确改变了五代十国时期武臣专权、政变频繁的局面，使宋朝成为一个高度集权的国家，然而这套方针反过来又导致宋朝因多冗兵、冗官而负担繁重，各种权力机构的有效职能严重削弱，使宋朝最终走向“积贫”“积弱”。

尽管从治术上讲，赵普的宰相事业颇多令人诟病之处，但他对《论语》的勤奋研习及推崇，却是值得充分肯定的。赵普研习《论语》，还得益于宋太祖对他的劝勉，据《宋史·赵普传》记载，赵普自幼学问不多，等做了宰相，太祖常劝他读书。普晚年手不释卷，每次退朝回到家中，关门读书，常常一读就是一天。等到第二天处理政事，极为顺畅。他死后，家人打开他的书箱一看，正是《论语》20篇。

关于赵普所谓“半部《论语》治天下”，来源于一则典故。据罗大经《鹤林玉露》卷七记载，太祖死后，赵普又做了下任皇帝宋太宗的宰相。有人说赵普所读之书不过《论语》，无甚学问。太宗曾以此事问普，赵普并不隐讳，直言道：“臣平生所知，诚不出此。昔以其半辅太祖定天下，今欲以其半辅陛下致太平。”这里的“其半”，大概是一种泛指，用这种方式极言《论语》对于治理天下国家的重要。但还有另外一种说法，认为“其半”是实指，比如李思敬先生在《五经四书说略》中说：“过去把《论语》分成上下两部分。‘上论’前九篇记言，第十篇《乡党》记行，相当完整。或许最初只此十篇。‘下论’第九篇《子张》记孔门弟子语，而第十篇《尧曰》似嫌不伦不类。从文体、称谓、内容看，也与‘上论’不完全一致。可能下半部是后来续辑的。宋代赵普说过‘以半部《论语》治天下’的话，大概指的就是‘上论语’。”

赵普之所以有“半部《论语》治天下”的说法，一方面因为自汉代以来，尊崇《论语》逐渐形成一种传统，西汉司马迁在《史记·孔子世家》中曾言：“余读孔氏书，想见其为人。……天下君主至于贤人众矣，当时则荣，没则已焉。孔子布衣，传十余世，学者宗之。自天子王侯，中国言《六艺》者折中于夫子，可谓至圣矣！”另一方面，就《论语》文本内容而言，除去人格修养和社会伦理以外，书中还有大量关于治国安邦道理的论述，比如“事君尽忠”(《八佾》)、“道千乘之国，敬事而信，节用而爱人，使民以时”(《学而》)、“道之以政，齐之以刑，民免而无耻；道之以德，齐之以礼，有耻且格”(《为政》)等，这些都为后代君臣治理天下提供了直接的理论依据。

当然，“半部《论语》治天下”只是一种夸张的说法，目的是强调《论语》一书的重要性，并非真的只读半部《论语》就可以治国安邦了。

（周春健）

## 3. “宋初三先生”奠基儒学复兴

儒学在中国传统文化中占有重要的地位。宋明时期，儒学继续发展，以注重“理”和“心”的研究为特征，称为宋明理学。宋明理学的代表人物有宋初三先生、朱熹、陆九渊、王阳明等。

北宋立国，建立了一统的赵家王朝，但战争的遗留犹在，国家积贫积弱，民族矛盾尖锐，雄踞北方的辽国虎视眈眈。面对这种情况，专制统治者急需一种具有强大生命力的理论来巩固皇权，加强集权统治。但是，隋唐以来，佛教和道教势力发展很快，儒家思想却日渐式微。以“宋初三先生”胡瑗、孙复、石介为代表的儒林士子不甘心儒学的这种被动局面，为了恢复儒学，以适应时代发展的要求，他们以振兴儒学为己任，宣传儒家纲常伦理道德思想，全力维护儒家道统，积极从事儒学教育实践，在他们的努力下，宋初的理学翻开了新的一页。

胡瑗（993—1059年），字翼之，泰州如皋人，因世居陕西安定堡，所以被弟子称为“安定先生”。宋初思想家、教育家。他从小思维敏捷，7岁能文，13岁通儒学“五经”，并以圣贤自期许。尽管家境贫寒，但对学习没有放弃，依然在泰山求学，与孙复、石介同学，前后10年之久。每次收到家书，看到上写有“平安”二字，就扔到山涧里，免得干扰自己学习。一开始他在吴中授学，范仲淹十分器重他，聘请他为苏州教授。仁宗时，范仲淹又把他推荐给刘玉敏，之后担任一些官职，后来他被聘为湖州教授，前后20余年。在湖州，他率身垂范，并在教学上不拘泥于传统，大胆创新：设立“经义”与“治事”二斋。重义理，注实效，因材施教，声动一时。庆历年间，仁宗下诏令太学取法苏湖教法。胡瑗后任教于太学，曾以“颜子所好何学论”为考试题目，看到程颐的作文后大为赞叹，并委以学职。程颐亦十分敬重胡瑗，曾对人说：“凡从安定先生学者，其醇厚和易之气，一望可知。”由此可见胡瑗受到过别人的重视。终年67岁，谥文昭。

孙复（992—1057年），字明复，晋州平阳（今山西临汾）人。他的求学生涯，并非一帆风顺，举进士再三而不第，退而居泰山，专治《春秋》学，世称泰山先生。宋仁宗时为范仲淹、富弼等推重，除秘书省校书郎，为国子监直讲。他以儒家正统自居，作《儒辱》抨击佛道，提出争举竞趋佛道，“峙而为三”，是儒者之大辱。感叹“不知其辱而反从而尊之者多矣”。代表作《春秋尊王发微》十二篇，考时之盛衰及帝王之治乱。所谓“发微”即不拘经传而阐发孔子作《春秋》之“微言大义”，“尊王”但不着重“攘夷”；强调《春秋》只有贬刺，而无褒美。贬斥诸侯之专擅，以明诸侯大夫之功罪；刺周敬王把祭祀品赐给未尝助祭的鲁国是“非礼”，以维护周天子应有之尊严。欧阳修撰其墓志铭。记嫉其者言“其讲说多异先儒”，称“先生治《春秋》。不惑传注，不为曲说以乱经，其言简易。明于诸侯大夫功罪，以考时之盛衰，而推见王道之治乱，得于经之本义为多”，此亦为《宋史·孙复传》所据。但本传记载，他与胡瑗不合，在太学常相避，胡瑗治经不如孙复，但教学孙复不如胡瑗。尽管他们在各自领域有所差异，对于儒学是殊途同归的，都是为了兴儒，提倡主流社会价值观。

石介(1005—1045年)，字守道，兖州奉符(今山东泰安东南)人。他是孙复的学生，曾中进士，历任地方官。后丁忧，在徂徕山下授《易》学，人称徂徕先生。入为国子监直讲，学习的人很多，太学因此变得热闹了起来。庆历时为太子中允，直集贤院，作《庆历圣德诗》指评当时旧臣，颂扬新政。他著《春秋说》《中国论》《怪说》等。主张力辟佛老，强调神仙、金术、佛三者没有，宏扬儒学本位思想，“以振顽儒”。他在《宋城县夫子庙记》中说：“夫天地、日月、山岳、河洛皆气也。气浮且动所以有裂、有缺、有崩、有竭。吾圣人之道，大中至正万世常行，不可易之道也，故无有亏焉。”还著《唐鉴》指切当时，无所忌讳。他尊崇韩愈，提倡道统文统合一说，反对西昆颓靡文风，将文章之弊与佛老并列，说是“去此三者，乃可以有为”。被称为“学正识卓，辟邪说、卫正道，上继韩子以达于孟子，真百世之师也”。《宋史·石介传》称他“笃学有志尚。乐善疾恶，喜声名，遇事奋然敢为”。

“宋初三先生”的学术贡献是：

(一)在儒学领域

宋初三先生倡导儒家思想，对当时佛老提出批判。胡瑗、孙复和石介都提倡儒家道统，批判佛老异端，以传承儒道精神为己任，指斥科举时文。“国家累朝取士，不以体用为本，而尚声律浮华之词，是以风俗偷薄。臣师当宝元、明道之间，尤病其失，遂以明体达用之学教授诸生。”这是胡瑗高足刘彝对胡瑗的评价，很明确地描写出胡瑗对科举时文的针砭态度。

注重义理说经，批判章句注疏。一方面，胡瑗等人在经学的研究中都十分注重对义理的阐发。如他对经学著作有《洪范口义》二卷，就十分讲求对义理的理解。“其说惟发明天人合一之旨，不务新奇。虽平近而深得圣人立训之要，非谶纬术数者流所可同日语也。”孙复的代表性著作《春秋尊王发微》的主旨就是要“以天下无王而作”。也正是如此，孙复对《春秋》中所记之事都是带有贬斥的态度。

另一方面，胡瑗等人都是批判注疏之学的。如石介的《上孙少傅书》中写到“是非相扰，黑白相渝，学者芒然恍惚”。并在《录蠹书鱼辞》中将传记的注疏和异端学说、诗文辞赋视为经书圣道之“蠹”，可见他对注疏之学的排斥态度。

致力内圣外王，讲求明体达用。“宋初三先生”无论在治学还是育人上，均以明体达用为原则和根本。“君臣父子，仁义礼乐，历世不可变者”即所谓的“体”，“举而措之天下，能润泽斯民，归于皇极者”即是所谓的“用”，这就是所说的“内圣外王”，就是使所育之人既有符合纲常名教的品行，又有治国安邦的才能。这与我们现实社会培养人才有相通的地方。

(二)在教育实践领域

胡瑗、孙复、石介年轻时曾经在泰山同学十年，一道学习经术。后来，他们都参加科举考试，但只有石介榜上有名。在多次应试失败之后，胡瑗到吴中以教学谋生，相继在苏州、湖州府学担任教职；孙复则得到石介的帮助，在泰山构建书院，从事教学活动。以后，范仲淹兴学，他们三人又都先后被延请至太学任教，成为国子监直讲。他们不仅为当时的统治阶级培养出一大批通今博古的有用人才，而且他们的教育思想及实践对以后的学校教育具有重要影响。

胡瑗的“苏湖教法”。在“三先生”中，胡瑗的教育影响最大。他勇敢地提出要兴办教育，为国家培养各种专门人才，以整饬国家的主张，这在当时具有积极意义。在长期的教学实践中，胡瑗积累了丰富的教学经验，这就是后人所习称的“苏湖教法”，这种教法曾引起朝廷的高度重视，后“取先生教授弟子之法以为太学法，著为令，编《学政条约》一卷成”，它成为胡瑗教育实践中最为精彩的篇章。胡瑗自幼专意于儒家经典的研习，“七岁善属文，十三通五经，即以圣贤自期许”。青年时更是如饥似渴，同孙复、石介一起隐居泰山，“攻苦食淡，终夜不寝，一坐十年不归”。学成之后，他曾经希望通过科举之途求得一官半职，但事与愿讳，数次应试均名落孙山。由于家境并不富裕，他不得不绝意于场屋的较艺，以其所学教书谋生。胡瑗在教学中因材施教，很重视发挥学生的积极性。他常常根据学生的兴趣爱好和特长来组织教学。

1034 年，孙复第四次科举考试又告失败。多次的失败使他对科举入仕丧失了信心，再加上生活所迫，直至到处流浪。就在这一年，石介于南京任幕职官。通过当时在大名府魏县做官的好友的关系，石介又见到了流落南京的孙复。石介感慨孙复的不幸遭遇，更加钦佩孙复的道德和学问，遂决定在泰山筑室，延请孙复客居讲学。石介自己也拜孙复为师，虚心学习，执弟子礼。

1035 年（景祐二年），在石介的帮助下，孙复来到泰山脚下，开始聚徒讲学，至此，孙复结束了流浪生涯，在东岳庙东南隅的柏林地兴建学馆，孙复自名其为“信道堂”。其旧址就在今泰安城内岱庙汉柏院的南部。后来，由于岱庙扩大建筑，信道堂址被并入岱庙院内，孙复于是又到泰山南麓、六朝古刹普照寺西北，唐代诗人周朴读书和修炼的栖真寺，在那里重整院落，修葺房舍，构筑厅室，聚徒讲学，这就是“泰山书院”。“泰山书院”又称为“泰山上书院”。

石介因父母去世，在家服丧，于徂徕山北，即今称作书坊的地方，创建徂徕书院，聚徒讲学。1042 年（庆历二年），石介服除，召为国子监直讲，徂徕书院也随之停办。

泰山书院和徂徕书院的学风是很值得称道的。首先，尊师重道，一切以儒道而论，并不计较职务的高下。其次，解说经义而不拘泥于古训。从宋初至真宗朝间，经学仍是拘泥于前代经学家的章句注疏，没有什么新创。而孙复、石介在两书院已开始以己意解经，不再拘泥于古训，敢于突破传统思维的局限。

1042 年夏天，石介服除被召为国子监直讲。同年十一月，孙复亦因范仲淹、富弼的推荐，由布衣超拜试校书郎、国子监直讲。庆历四年，庆历新政失败，石介也成为众矢之的，不能在朝呆下去，主动要求外任，得通判濮州。还没有来得及赴任，便于次年七月病死。庆历七年，孙复由于徐州举子孔直温案被牵连，贬官外任，后来又重返太学任教。1057 年（嘉祐二年）七月病死。孙复、石介离开书院，做了国子监直讲，他们二人又在太学中把自己的道德、学识和主张传授给太学生们，使这所全国最高学府的教育兴盛起来。在太学孙复、石介提出太学实行举人发解要有听课日限，放宽太学送考人数等规定，使太学大兴，生徒由原来的二三十人骤增至数千人。这些都是三先生在教育领域的贡献。

（三）在治道领域

“治道”，就是社会治理之道。三先生的“治道”思想是历经唐宋历史变革之后，宋初士风的一个凝结点。士族的衰落引起了两个重要变化：从士人主体方面来说，士的范畴从身份型向文化型转化；从社会结构方面来说，北宋政权无法向隋唐一样将统治的基础置于门阀士族之上。士的自我体认与社会秩序重建的需求两个方面的结合，由此产生了强烈的“治道”使命感。尽管胡瑗、孙复，石介的性格各异，但其“治道”精神却没有多少差别，且始终是他们治经、讲学、崇尚古文运动等学术活动中的核心主题或主要关切点。三先生通过对儒家经典的研究，各自发表不同的看法，追忆三代治国的思想精华，通过治经转向义理以求“治道”；他们致力于讲学活动，通过讲学，申明儒家经世济民的政治立场，改变唐末、五代以来士风。同时他们推崇古文运动，重视文道关系，古文运动指向文风文体的改变，更指向道的传达。细考三先生的思想著述，我们发现三先生的“治道”思想并不是简单的社会秩序重建，而是通过儒家理想人格的培养来实现社会秩序重建的目的，将外部秩序的合法性建立在内在理想人格之上，是传统儒家内圣外王思想的继承与发展。具体而言，“治道”思想以道统论为其传承谱系，强调儒者斥黜异端、重建秩序的使命感；他们的治国理想是“三代之治”理想模式，凸显理想秩序中的文化内涵；以尊王行道为“治道”的核心理念，倡导儒家君主集权的政治立场，维护君主权威。

（陆大班）

## 4. 陈抟与道教地位的提升

陈抟字图南，自号“扶摇子”，亳州真源(今安徽亳州)人，为五代宋初著名的道教学者。陈抟学识渊博，有很多著述，如《指玄篇》《三峰寓言》《钓潭集》《高阳集》《先天图》《无极图》等。可惜这些著作很多都没有流传下来，但他在道教发展史中的地位和贡献是不可磨灭的。史书中关于陈抟的记载，往往带有一些神秘色彩与后人的渲染成分，使他成为历史上一位神奇的人物。在浩瀚的史料面前，我们只有认真地加以甄别及整理，才能对陈抟的思想作进一步研究和探索。

陈抟早年熟读经史百家之书，曾试图沿着科举的途径进身仕林。当时后唐王室危机四伏，他考取功名的希望随之破灭，人生道路也发生了重大的变化。他访道问仙，与隐士李琪、吕洞宾等为友，在华山隐居了四十多年。陈抟虽然深居华山，但他的思想在其生前就已经有一定的社会影响，并受到当时统治者的器重，宋太宗赵光义曾赐号“希夷先生”。在当时儒、释、道三教合一的思想潮流中，陈抟融贯诸家学说，改外丹黄白之术为内丹修炼之道，开启宋元道教内丹派。

陈抟在中国道教史上占有重要的地位，后世的道教徒把他奉为继老子、张陵之后的道教至尊，称为“陈抟老祖”。宋代著名的道教学者，多是陈抟的门徒。陈抟有三大弟子，张无梦、刘海蟾和种放。在陈抟弟子中，张无梦深得其易、老学之旨。《高道传》中记载：“鸿子张无梦，字灵隐，好清虚，穷《老》《易》，入华山与刘海蟾、种放结方外友，事陈希夷先生，无梦多得微旨。久之，入天台山。”《历世真仙体道通鉴》对其事迹记述得更加具体：张无梦从陈抟那里得《老》《易》微旨后，久之，游天台，登赤城，结庐于琼台观，行赤松导引、安期还丹之法，共十余年。以修炼内事形于歌咏，累成百首，题曰《还元篇》。后复隐于终南山鹤池。宋真宗曾召其进宫讲授《还元篇》之旨，张无梦云：“国犹身也，心无为则气和，气和则万宝结矣，心有为则气乱，气乱则英华逝矣，此《还元》之大旨也。”以无为有为为说，是老学在内炼理论中的具体运用，这反映了张无梦学术思想的基本特征。他认为要做到心无为，就应该效法老子之抱朴守静，静之复静，以达到“一”的境界。张无梦则传道陈景元。陈景元字太初，玄号碧虚子，建昌南城人，是北宋极负盛名的道教学者。他在天台山师事张无梦，颇得老、庄心印。后来他居住在京师醴泉观，为众人讲《道德》《南华》二经，声名大振。宋神宗赵顼赐号“真靖大师”，随后又命为中太一宫主。陈景元将《道德》《南华》二注上进朝廷，得到了神宗的奖赏，其书得以颁行入藏。此后名声愈显，王公大臣、文人学者也与他多有联系。其门徒有许修真等四十余人。

陈抟、陈景元一派的老学思想在宋元道流中影响很大，老学研究者纷纷援引其说。在道教符箓丹法、奇技小数风行北宋朝野之际，陈景元却对其抱轻视的态度，而强调“以重玄为宗，自然为体，道德为用”，体现了一位杰出道教学者的卓越见识。重玄学肇始于两晋，兴盛于唐代，唐以后与道教内丹合流，在宋代继续产生影响。陈抟学派承接唐代道家之风，以重玄为宗阐发《易》《老》《庄》，在学术大旨上突出儒道之间的互相融合以及心性理论的深入阐发，从而使宋代道教思想学术能够摆脱符箓小数的束缚，并获得了新的发展契机与生命活力。

在道教中影响最大的是刘海蟾一支，其系为：陈抟—刘海蟾—张伯端—石泰—薛道光—陈楠—白玉蟾—彭耜—李道纯。刘海蟾喜性命之说，钦崇黄老之教，入华山拜陈抟为师。张伯端得到刘海蟾的传授，也是陈抟学派的嫡系传人。从刘海蟾、张伯端，到南宋白玉蟾创立南宗，金代王重阳创立北宗，他们或先修命，或修性，各有侧重，但是他们的理论却都是建立在陈抟的内丹学说之上的，所谓“顺则生人生物，逆来成仙成佛”这一《无极图》所包含的大旨，就是宋元道教内丹学说的核心。

据《宋史》记载：“陈抟以《先天图》传种放，放传穆修，修传李之才，之才传邵雍。”邵雍则师承了陈抟的《先天图》，把陈抟“心法”推演弘大，创立了一套完整的象数体系，用来概括宇宙间的一切，这一学说影响极大。史传陈抟的《先天图》也是讲道教修炼的图式。陈抟在传统的道教思想基础上，吸收了“易”的义理和象数之学，提出了“一大理法”，用八卦方位和六十四卦次序来推测自然和人事的变化，同时也用这种思想来指导道教的修炼。“一”乃是包罗万象的、概括一切的精神实体，即“道”。“理”是准则、规律，是无形无象的、永恒的。“理法”是万物生成的规律、法则，是先于物质世界和具体事物而独立存在的。事物的发展变化都必须依“理”这个法则，必须服从“一大理法”。“理”的概念以前就存在，它是先于天地物质而存在的绝对观念。“理”与“道”有相同之处，即都是指事物发展的规律、法则。但它们又有不同之处，前者是指事物的特殊规律，并偏重于社会伦理方面，后者是指事物的普遍规律。

陈抟对于理学的奠基人周敦颐、邵雍都有直接而重要的影响，在理学上具有不可忽视的开源之功。陈抟用“理”来解释宇宙的生成规律，后来宋明理学家则把它当做哲学的最高范畴。陈抟的《无极图》被周敦颐改造成为探究理学奥秘的《太极图》，为理学的形成建立了一个比较合理且相当完整的宇宙起源学说。

道家哲学认为“道”是“万物之宗”，“道”“先天地生”，世界万物均由“道”产生。《老子》中说：“道生一，一生二，二生三，三生万物。”道教徒为了求得寿同天地，把这一思想作为神仙信仰的理论根据，并发挥出一套逆行修炼之法。即：万物归三，三归二，二归一，一归虚无，最后达到虚无的“纯阳”境界，道教称之为“仙道”。陈抟的《无极图》之名取自《老子》“复归于无极”一语之义，表示在修炼过程中逆施造化，则可长生不死。他提出了一套“无极而太极”的宇宙生成图式，认为万物一体，即宇宙万物的本源是“无极”，而“无极”则是无形无象的精神本体，也就是“道”。对《无极图》的理解可以从“顺”“逆”两个方面进行，“顺”即“顺行造化”，指宇宙生成论；“逆”即“逆以成丹”，讲的是炼养内丹的方法。从思想渊源来看，“顺行造化”的观念与《老子》“道生一，一生二，二生三，三生万物，万物负阴而抱阳，冲气以为和”的宇宙生成模式，在基本精神上是相互一致的，而“逆以成丹”的观念则依托于《老子》“谷神不死，是谓玄牝；玄牝之门，是谓天地根”“夫物芸芸，各复归其根”“常德不忒，复归于无极”等思想。陈抟《无极图》规范出内丹修炼的五个阶段，一环扣一环，次序井然。最下圈为“元牝之门”，指人身命门两肾中间空虚的地方，先天的元气便产生于此，人身各器官的运动也根源于此。往上一圈为“炼精化气，炼气化神”，这是指炼有形之精化为无形之气，再炼气为三宝合一之神。中间为“五气朝元”，即水火交媾而成丹药。再上一圈黑白交错，名为“取坎填离”，就是去阴填阳，达到纯阳，结成“圣胎”。最上一圈名为“炼神还虚，复归无极”，炼到这时便还于“无始”，元神就可以脱离肉体而独立存在，功夫就算成了。也可以把这一过程解释为始得窍，次于炼，次于和合，再次于得药，最后脱胎成仙。在《无极图》中，炼丹的最高阶段是“炼形还虚”“复归无极”，而其理论基石则是“主静说”，它取义于《老子》“致虚极，守静笃”“归根曰静，是谓复命”等内容。可以说，正是陈抟对《老子》的巧妙运用，并与易学互相贯通，才使得《无极图》蕴含了精妙的义理，从而使道教的炼养理论得以发展。

在道家内丹学说中，《阳真君还丹歌》比较精练，所以陈抟为之作注，《宋史》又将其篇名收入《艺文志》。《阳真君还丹歌》中有一句名言叫“无质生质是还丹”，陈抟注云：“从无入有，从有入无，将无质气结为阴气，交感是也。大丹无药，五行真气是也。”这即是陈抟把《无极图》运用于内丹实践之端倪。《无极图》为宋元道教内丹派的形成提供了理论基础，道教将其视为长生不老的秘诀，成为内丹派的经典文献。陈抟丹法自成一家，他提倡内丹，摒弃外丹，在《阴真君还丹歌注》中明确指责“外丹”为世俗之“妄”，指出外丹有毒，不可用于养生。

陈抟吸收并发展了道教钟吕金丹派的出世思想和它的修养术“睡功”，成为中国历史上著名的“睡仙”。陈抟的睡既是一种修炼方法，也是他躲避社会纷争的一种手段，更是其超然的处世哲学和完善自我价值的实现途径。

后世传有《陈希夷胎息诀》和《华山睡功法》，皆为道教静功。据《华山搜隐记》记载，陈抟的朋友吕洞宾评述他说：“抟非欲长睡不醒也，意在隐于睡，并资修炼内养，非真睡也。”吕洞宾指出陈抟的“嗜睡”是一种高深的内丹修炼功夫，即“胎息法”。他以“身口为炉”“宫室为灶”“肾为水”“心为火”“肝为木”，使木生心火以炼肾水，达到“成尘得变”结成人体内无价的“金丹”，以至“脱胎还虚”、长生的目的。在这种似睡非睡、神气相抱、致极虚、守静笃的状况之下，陈抟呼吸出入无息，面色红莹，可以数日不动、不饮、不食，可以使脉搏达到“六脉俱无”、闭气胎息，进入一个静寂的境界。“胎息法”的重点是修炼水火，修心养肾。心为人生之性命，肾为人生之根本。修心足以养性，养性足以固本。《黄帝内经·灵枢本神篇》中记载：“智者之养生也，必顺四时而适寒暑，和喜怒而安居处，节阴阳而调刚柔，如是则僻邪不至，长生久视。”陈抟的丹法即尊此旨，强调道法自然，讲究依季节适时修炼，认为内丹修炼从“冥心太无”入手，倡导照《无极图》的层次修炼，并指出“凡于行道，静隐闲居，导引、叩齿、集神、握固、平坐，密而行之”。顺应自然、安和喜怒、调节刚柔、“存精、养神、炼气”，则是陈抟内丹修炼的中心环节。陈抟指出内丹修炼的要妙在于宁静，其基本要点是“默心修炼，静意保持”。内养气功讲求宁静，要从“冥心太无”入手，但并非静止不动，而要在静中求动，即运气以推动血脉的流行，达到“存精、养粹、炼气”三德贯一的境界。他在总结内丹学经验时说：“眼含其光，耳凝其韵，鼻调其息，舌缄其气，叠足端坐，潜神内守，不可一毫外用其心也。盖眼既不视，魂自归肝；耳既不听，精自归肾；舌既不声，神自归心；鼻既不香，魄自归肺；四肢既不动，意自归脾。然后魂在肝而不从眼漏，魄在肺而不从鼻漏，神在心而不从口舌漏，精在肾而不从耳漏，意在脾而不从四肢孔窍漏。五者皆不漏矣，则精、神、魂、魄、意相与混融，化为一气而聚于丹田也。”

陈抟将《无极图》作为内丹修炼的指导思想，并加以公开化、社会化，其意义是很深刻的。任继愈在《中国道教史》中指出：两宋内丹修炼者，既有陈抟、张无梦等名道士，又有市井百工之流，“内丹的盛行，使传统的丹鼎道教改变了其贵族专利品的性质，成为社会各阶层人士可以普遍接受的东西，从而产生了内丹派前所未有的群众性教团南宗、全真道，这是丹鼎派道教的一大改革，也是宋元道教改革的一个重要方面”。

陈抟继承了汉代以来的象数学传统，并把黄老清静无为思想、道教修炼方术和儒家修养、佛教禅观会归一流，其学术思想体现出三教合一的倾向。他的内丹学顺应了道教教理由外向内的历史转折，还体现出了三教合流这种思想发展的时代特色，故广为后人称许。正如有的专家所指出：“宋承五代之后，道教学术几近失堕又得以复兴，源流脉络往往要追溯到陈抟。陈抟在道家道教学术史上，实是一个传微继绝，继往开来的关键人物。”事实上，诸多道学及易学研究者一直都在不断地考证陈抟的道学及易学成就，同时也或多或少地受到其学说的影响。陈抟对于道教地位的提升有着重要的影响，他对中国道教的贡献是不可忽视的。

（童药）

# 5. 澶渊之盟

10 世纪初以降，契丹铁骑多次南下骚扰，与中原王朝的军事冲突时有发生。后唐末年，石敬瑭割让燕云十六州，中原政权抵御契丹长驱直入的军事屏障顷刻间化为乌有，广大的中原地区直接暴露在契丹的兵锋之下。947 年(后汉天福十二年)初，辽太宗耶律德光更是一度挥师直下后晋都城大梁(今河南开封)。迫于中原军民抗辽斗争的打击，不久，辽军北归塞上，但辽朝对于中原王朝北部边境的压力依然如故。五代末年，边衅屡兴，双方互有攻守。赵宋开国，终太祖赵匡胤之世，宋、辽之间大体相安无事。宋太宗赵光义在位，相继发动三次大规模的攻辽战争，结果都是铩羽而还，雍熙北伐的惨败更是彻底摧毁了太宗收复燕云的雄心壮志。在君臣将士中普遍滋生和蔓延的恐辽心理支配下，宋朝对辽采取一味防守的策略，在河北前线广开河渠以限戎马，御敌于国门之外。守内虚外的国策自此确立。宋、辽战争的主动权移向辽朝，北宋边境州县频遭侵扰，但辽的军事优势并不明显，彼此胜负参半。

宋真宗赵恒即位之初，主动示好于辽，后者置之不理，并于 999 年(咸平二年)深秋大举进攻北宋，真宗御驾亲征，北上督战，辽军大肆掳掠后顺利北撤。其后，辽军年年南侵，为大规模入侵宋境作试探性准备。针对边防形势日趋严峻的现实，真宗一方面选拔精兵、委任强将以备战；另一方面，在广泛征求大臣、将帅意见的基础上，亲自部署御边方案，屯集大军于定州(治今河北定县)，在唐河两岸布成大阵，大阵之外又另设三支军队，各司其职，相互策应。

1004 年(景德元年)秋，寇准与毕士安升为宰相，真宗藩府旧臣王继英任枢密使，中枢机构的加强同样是服务于抵御辽朝进攻的需要。而“忠义兼备，善断大事”的寇准出任宰相，对接下来宋、辽之间的和战起到了关键作用。不久，就传来辽军即将南侵的消息。宋廷宰执大臣在真宗亲征的问题上，意见不一，寇准主张御驾及早赶往澶州(今河南濮阳)以鼓舞军心，毕士安、王继英认为真宗停留澶州不宜过久。真宗不置可否，亲征之事被束之高阁。为便于宰相在战时能总领文武大政，真宗又下令此后的宋、辽边境奏报必须先送宰相。战事一触即发。

不久，辽圣宗耶律隆绪与其母承天太后萧燕燕亲率 20 万大军直扑宋境。起初，由于宋河北前线将士三军用命，全力守御，辽军进攻屡屡受挫。经过激战，辽军终于攻克祁州(今河北安国)。接着，又猛攻瀛州(今河北河间)，承天太后亲擂战鼓，指挥攻城，双方激战十多天，昼夜不息。是役，辽军死者达 3 万余人，伤者无数。眼见遭受重创，辽军不擅打攻坚战的弱点暴露无遗，承天太后决定放弃瀛州，转而采取迂回穿插的战略，不攻边城，直接纵深，长途奔袭开封，威慑宋廷。

敌骑南来，战事吃紧，宋廷朝野上下人心惶惶，关于真宗是否亲征的争论再度出现。参知政事王钦若是江南人，密请真宗逃往金陵(今江苏南京)；签署枢密院事陈尧叟是四川人，力劝真宗避难成都。真宗征询寇准的意见，寇准回答："将献策之人斩首祭旗，然后北伐。倘若采用逃跑主张，人情溃散，敌军深入，焉能保有天下？"这番义正严辞的主张，暂时打消了真宗南逃的念头。鉴于大名府(治今河北大名县)的战略地位事关河朔地区的安危存亡，真宗拟派重臣前往镇守，寇准举荐王钦若。委任之时，不待钦若开口，寇准先声夺人："大敌当前，目前不是人臣辞难之日，参政当知此意!"钦若无法推脱，只得赴任。

军情紧急，日甚一日，告急边报一日数次送至京城，寇准都有意扣下，等积累到一定数量，才让毕士安一次性转呈真宗。真宗见状，急忙召见寇准商讨御敌之策。寇准力主御驾亲征，毕士安也表示赞成。1005年初，真宗车驾离京，奔赴澶州。数天过后，澶州在望，南幸金陵的谣言却再次在军中传开，真宗北行的信心发生动摇。寇准极力劝说："现在距敌已近，目前形势，只可进尺，不能退寸。若陛下回辇数步，则万众瓦解，敌人趁势攻击，又何以能撤退到金陵？恐怕早已成为辽军的阶下之囚。"殿前都指挥使高琼认为："禁军将士大多是北方人，妻儿老小也都在北方，倘若他们不愿去金陵，或许会惹是生非，节外生枝。再者，我军士气高涨，辽军长途奔袭，战而胜之应该不是难事。"真宗的贴身卫士王应昌也说："陛下如果回撤，敌我士气，此消彼长，战局将无可挽回。"真宗回心转意，御驾进驻澶州南城。

澶州之得名，缘于古时有称为澶渊的湖泊。澶州州城横跨黄河南北两岸，南城比北城大，也相对安全。然而，当时宋军主力都布防在北城，处于与辽军正面对峙的状态。真宗抵达南城，无意渡河。部分随行臣僚目睹辽军的浩大声势，畏敌如虎，也建议真宗止步于南城。寇准力排众议，力挺真宗临幸北城，说："陛下既已到澶州，如不亲临前沿，亲征意义自然大大减弱。并且，我方军队正从各地陆续集结于澶州，断然不至于发生突然败退的情况。"高琼甚至说："陛下如不过河，河北百姓如丧考妣。"不等真宗表态，高琼就命令卫士护送真宗前往北城。真宗登上北城城楼，宋军将士远远望见黄伞御盖，立即高呼万岁，士气大振。当夜，真宗返回南城。寇准留居北城，负责全权指挥前敌军事。寇准处变不惊，每天与知制诰杨亿等人通宵饮酒。真宗闻听，大喜，说："寇准如此，吾复何忧!"殊不知这是寇准为稳定真宗心绪而采取的举动。对于寇准在澶州之役中力挽狂澜的作用，南宋人陈瓘赞赏备至："当时若无寇准，天下分南北矣!"

就在真宗奔赴澶州时，辽军马不停蹄，绕开河北重镇大名府，且先于真宗到达澶州北城之下。辽军随即对澶州北城展开三面围攻，智勇兼备的先锋大将萧挞凛，亲冒矢石指挥作战，不料却被宋军用床子弩射死，辽军士气一落千丈。出师未捷，大将殒命，已令承天太后悲恸不已。加之宋军又严阵以待，孤军深入的辽军随时都有被切断退路的可能，如果两军在澶州相持时间过长，辽军势必陷于四面受敌的困境。承天太后审时度势，自忖并无绝对把握获胜，便决定挟大军南下，尽快同宋朝议和。

实际上，这次宋、辽交战与以往有所不同，双方在开战之前，就已有议和的动机，宋朝降将王继忠是沟通彼此、传递信息的中间人。继忠原为真宗藩邸时的旧臣，投降辽朝不久，就提出北南和好的建议。尽管辽圣宗和承天太后并未采纳，但在出征之时，仍然下令继忠随军亲征，显然已预先做好和战的两手准备。宋朝方面，真宗虽然御驾亲征，却对战事也不抱必胜信心，内心终归还是倾向于议和。两军在澶州对峙之前，王继忠一再发出议和信号，真宗确信辽军议和出于诚意，遂派曹利用充当议和使者与辽谈判。曹利用行至大名，镇守大名府的王钦若认为敌军攻势未减，和谈意向不明，就将曹利用留在大名。等到两军对阵澶州以后，辽朝明确摆出议和姿态，希望宋朝派遣使者前来洽谈议和条件。真宗本来就有恐辽心理，即位前后，政局又不太稳定，内有接连不断的兵民反抗，外有西夏对西北边境的频频侵袭，已经使真宗寝食难安。况且时值隆冬，河面结冰，有利于辽军骑兵渡河，如果辽军放弃澶州，改从宋军防守薄弱的其他地方跨过黄河，直逼开封，后果将不堪设想。由于上述因素的存在，真宗得到辽朝主动议和的消息，不禁喜出望外，求和的愿望分外迫切，立即下令曹利用迅速赴辽和谈。

曹利用拜见辽朝君主，在拿到辽朝开出的议和条件后，偕辽使返回。辽朝要求归还周世宗柴荣攻取的瓦桥关以南的领土，真宗坚决予以拒绝，并表示：可以效仿汉代以玉帛赐单于的故事，至于祖宗传下的基业，绝无割让之理；若辽朝坚守土地要求，则宁可拼死一战。但是，寇准并不赞同以财货作为议和筹码的做法，反而认为应当趁机逼迫辽向宋称臣，并交出燕云地区，这样才能确保百年无事，否则，数十年后难保辽朝不会变卦。真宗自以为数十年后必定会涌现出能抵御辽朝的人，又以生灵重困为借口，坚持议和主张。当时，已有诋毁寇准挟兵自重的流言散布开来，客观形势已不允许寇准据理力争，议和在真宗的主持下继续进行。为求得宋、辽和好，除割地之外，真宗不惜钱财，叮嘱即将再赴辽营重议和平条件的曹利用：“必不得已，百万也可。”利用表态：“契丹如有其他非分之想，我绝不生还。”寇准私下告诫曹利用：“虽有圣旨，假若你承诺的数字超过三十万，我定会取你项上人头。”

曹利用奉命二度赴辽谈判。承天太后又以归还关南地相要挟，利用不惧威胁，慷慨陈词：“前朝之事，我朝不知。割让土地，绝无可能，我也不敢归奏。即使是以岁币助军用的条件，我朝皇帝也未必同意。”无奈之下，辽朝不得已舍弃领土要求，改索钱财。经过多次使臣往来与讨价还价，双方最终达成如下协议：宋朝每年向辽朝输送岁币银 10 万两、绢 20 万匹；宋、辽结为兄弟之国，宋真宗尊承天太后为叔母，辽圣宗称真宗为兄；双方各守疆界，互不侵犯；双方均不得接受对方逃亡人员；双方不得修建针对对方的军事设施。曹利用不辱使命，返回澶州行宫。恰巧真宗正在用膳，依礼无法接见，就让宦官了解输纳岁币的数字，利用伸出三个手指，宦官据此向真宗禀报为 300 万。真宗当即失声说：“太多!”稍后，又说：“能了结此事，也还可以。”及至召见时，曹利用谢罪不迭，自称所输银、绢过多，真宗完全弄清底细后，欣喜若狂，重赏曹利用，并且很快正式批准和约。

宋、辽双方在澶州城下签署的这个休战协议，历史上称为“澶渊之盟”。

“澶渊之盟”的签订，不仅使辽朝成功摆脱因孤军深入所导致的军事危险，而且通过非战争手段获取了战场中无法得到的高额回报，这无疑是此次出征最为圆满的结局。作为这场军事与外交斗争的主角之一，承天太后不单单以军事实力为后盾，其过人的胆略和深邃的见识所折射出的丰富政治智慧，对于出征辽军的转危为安，作用更为显著。这又是一位不让须眉的巾帼豪杰！结盟之后，承天太后“愿固盟好”，辽、宋间得以长期大体维持和平局面。

对宋朝而言，“澶渊之盟”的确是屈辱妥协的产物。宋、辽对垒澶州北城之时，辽军劳师袭远，离境已长达数月，可谓强弩之末，如果宋军予以反击，虽说未必能一举击溃辽军，但取得震慑辽军的效果应是不容置疑的。一旦如此，和谈的代价与结局必然大不一样。然而，打着亲征旗号的宋真宗，性格懦弱，深受恐辽情绪左右，患得患失，墨守“守内虚外”的陈规，置外患于内忧之后，根本无意与辽针锋相对、一决高下，而是坐视战机于不顾，终致纳币求和，委曲求全，订立有辱国威的城下之盟。与宋真宗和部分大臣怯懦投降情绪形成鲜明对比的是，以寇准为代表的抗辽派，重视捍卫宋廷利益，主张迎头痛击来犯之敌，其所洋溢出来的爱国情怀，历久而弥新，备受后人赞誉和推崇。

不过，放宽历史的视界，着眼于历史长时段的考察，澶渊之盟毕竟结束了中原政权与辽朝之间长达近百年的战争状态。此后，宋、辽以南北朝互称，往来使者络绎不绝。和平稳定的环境，也为双方沿边农业经济的恢复与发展，提供了难得的契机；而“榷场”贸易的兴起，又为双方商品的交换构建了通畅的渠道。中原与辽的政治、经济、文化交流，远远超出此前任何一个时期，这则是澶渊之盟的积极影响。

澶渊之盟的议和方式，也成为宋朝处理与西夏关系的模板。1006 年(景德三年)，宋、西夏休战。历史进入到宋、辽、西夏三方鼎立的时期，直至宋徽宗后期联金灭辽之前，三方维系了将近三十年的和平共处局面。其间，虽说元昊时期一度打破过这种平衡，三方和平关系出现短暂波折，但尚未从根本上颠覆和平稳定的大局。

(曾育荣)

## 6. 庆历新政的推行

宋太宗赵光义在位期间，由于军费开支的增多、官僚机构的膨胀和守内御外国策的制定，北宋已逐步形成积贫积弱的局面。自真宗赵恒即位伊始，不断发生的兵变以及对辽、西夏的和战问题，进一步加剧了宋朝的社会危机和财政危机。与此同时，要求革新政治的议论在"以天下为己任"的士大夫群体中应运而生，王禹偁在《应诏言事疏》中提出的"谨边防""减冗兵、并冗吏""艰难选举"等建议，开启了北宋改革政治的先声。1033 年(明道二年)，仁宗赵祯亲政之初，时任谏官的范仲淹上疏，认为久已存在的"冗官""冗兵""冗费"的三冗现象，是导致国家穷困的根本原因，进而呼吁裁汰冗兵、削除冗吏、严禁游惰、减少修造工程，实行改革。其后，尹洙、孙沔等人又陆续上书请求改革弊政，但都被因循守旧的宰相吕夷简所阻挠，改革未能付诸实施。1043 年(庆历三年)春，吕夷简被正式罢相，改革时政的最大障碍被清除。

就在北宋朝廷内部改革派与守旧派反复争执之际，西夏元昊立国，并频频对宋朝边境采取军事行动，先后取得三川口(今陕西安塞东)、好水川(今宁夏隆德西北)、定川砦(今宁夏西北)战役的胜利。连续三次遭受战争重创，宋朝的许多弊病暴露无遗。而在对夏和战尚无定论的情况下，1043 年(庆历三年)年中，国内相继又有士卒王伦在沂州(今山东临沂)、张海和郭邈山在商山(今陕西商县东南)率众起事。尽管起义很快被镇压，但在"一年多如一年，一伙多如一伙"的兵变和民变中，两支义军所过州县，官吏不是逃跑，就是"金帛牛酒，使人迎劳"，甚至让出县衙请起事首领居住，吏治的废弛和腐败得以充分显露。外患内忧频仍的时局，集中显现了宋朝政府积重难返的各种深层次问题。种种迹象表明，改革政治的确已到了刻不容缓的关头。

1043 年秋，范仲淹升任参知政事为副相，富弼升任枢密副使。不久，有心革除弊政的仁宗督促范仲淹等奏闻"当世急务"，数日之后，范仲淹呈上《答手诏条陈十事》，全面阐述政治改革设想，内容包括下述 10 方面：

明黜陟，即改革官吏磨勘制度。过去，官员在任期内每年照例将政绩送至中央考课院磨勘，如无重大过失，文、武官分别以 3 年、5 年为期限，例行迁转，资历年限几乎是升迁的唯一依据。磨勘新法改变以往论资排辈的制度，制定严格的考核办法，主张凡有高才异行、善政优绩者，可不按常规提拔、重用；老朽多病、污浊无能之流，予以裁减；高级官员、京师诸务监当官及有罪官员，从严升选。

抑侥幸，即限制官员恩荫子弟的特权，废除在皇帝生日、南郊大礼以及官员退休、死亡时，奏补子孙乃至门客为官的旧例。建议官员除长子以外的子孙须年满十五，弟侄须年满二十，才具备荫补资格；荫补的官员子弟必须通过礼部考试，合格后才能入仕为官。

精贡举，即改革科举学校制度。科举新制的规定是，举子必须在校学习 300 天后，并有人担保德行无亏，方许参加秋试；考试内容偏重实用，以发挥才识的策论为主，次及诗赋，取消专以记诵为主的贴经（即让考生背诵以纸贴盖的经文）和墨义（即背诵经文的注疏）。全国各州、县都设立学校，中央也在原国子监基础上兴建太学，延聘鸿儒执教，生员名额从70名增至400名，最终形成“庆历兴学”的办学高潮。

择官长，即严格选拔官员，加强对官员的监督考察。要求由中书、枢密院选荐转运使、提点刑狱和大州知州；由翰林学士、知制诰、三司副使及判官、御史台、开封府和各路转运使、提点刑狱共选知州、通判；由各地知州、通判荐举知县。又从中央官员中选拔、任用部分路分的转运按察使，其职责是考察本路州府长官是否称职，并委以权限，可自择知州，有权奏罢不能胜任的知州，临时拔擢通判代理；有政绩者，不得轻易改任和调任；政绩突出者，则应升官重用。各地知州负责县官的考察，不称职者改由幕职官代理。代理州、县长官如能在一两年内取得优异政绩，即可正式任命。

均公田，即平均分配外官职田。真宗时期，政府开始向官员授予职田，作为俸禄的补充，由于年深日久，职田分配中的不均和扰民现象日益严重。范仲淹认为职田的设立有利于官员的廉洁正直，主张朝廷派人出外检查，并纠正职田不均现象，以“责其廉节，督其善政”。

厚农桑，即发展农业经济，加强各地，特别是江南地区的农田水利建设，以增加粮食产量。具体做法是，每年秋收之后，由各路转运使督导州县访求兴农之法，规划本地河渠的疏凿、堤堰的修筑、圩田的开辟，官府计定工料，于第二年动工。长此以往，数年之间，必定农利大兴。

修武备，即加强军备。实行募兵制以来，国家养兵费用节节攀升，西北用兵又使驻京禁军数量明显减少，不利于京师的守御，如果继续招募新兵，势必增加财政负担。范仲淹建议恢复唐代府兵制，在京师附近招募五万民兵，每年三季务农，冬季训练，以增加军力，节省军费，各地也可仿照此办法依次进行。

减徭役，即合并县邑，减少职役负担。针对当时存在着县份划分过细，所辖人口过少，而造成官吏人数多、人民职役沉重的弊端，范仲淹希望能省县为镇，放公人归农。1044年（庆历四年），河南府（今河南洛阳）实行试点，撤并五县，并有意将此办法推及全国。

覃恩信，即强调诏敕的权威。遵照礼制，皇帝三年一效祀，照例大赦天下，免除百姓积年所欠的赋税。但地方官员往往我行我素，催租督责如旧，使皇帝的爱民之意沦为空谈。为取信于民，范仲淹恳请仁宗下诏，此后皇帝大赦所宣布的宽赋敛、轻徭役的内容，如地方官有违圣意，不予贯彻执行，则一律依法惩处。并派遣官员到地方安抚，真正落实皇恩中的重民、养民举措。

重命令，即确保国家令出必行。鉴于以往国家政令繁而无信、朝令夕改的情况，既不便于下级官府执行，又有损政府威信。范仲淹请求政府拟定法规，须经中书、枢密院审核，倘能长期行用，则允许颁行；一旦颁发，有敢故意违反者，以违制论处。

从1043年（庆历三年）至1044年（庆历四年），宋仁宗赵祯根据范仲淹的改革方案，陆续颁发诏令，在全国范围内推行新政改革，史称“庆历新政”。这是北宋时期著名的政治改革之一。

范仲淹所主张的新政措施，除修武备一项因为反对人数众多而夭折外，其余九项都以诏令的形式颁行全国，逐步推行。这次新政改革的目的在于富国强兵，重点则在于改革官僚制度和安定民生。尽管新政切中时弊，有利于宋朝社会的稳定和发展，但是，新政中关于吏治改革的若干措施出台后，如监司州县官的撤换，大官僚恩荫制度的限制，损害了官僚集团的某些既得利益，致使新政四面树敌，反对、抵制新政的言论和手段时有所见。实际上，这是不同政治派别斗争的反映，也就是朋党之争在现实政治中的具体体现。而庆历新政的最终失败，与庆历党争的关系至为密切。

庆历党争的源头始于1033年(明道二年)的郭皇后废立事件，范仲淹力谏不当废，得罪宰相吕夷简，被贬谪外地。以此为端绪，朝廷大臣中逐渐形成持不同政见的两种政治派别和集团，朋党之争日益扩大和蔓延。1036年(景祐三年)，范仲淹进献《百官图》，质疑宰相在官员迁转中上下其手，再次触怒吕夷简，并以"越职言事，荐引朋党，离间君臣"的罪名，再度贬其出朝。吕夷简趁机请求在朝堂树立"朋党榜"，以范仲淹为典型，严禁百官越职言事。余靖、尹洙、欧阳修等人上书为范仲淹辩解，请求追改前命，被指为范党，都因朋党之罪而遭贬谪。蔡襄作《四贤一不肖诗》专门评论此事，所谓"四贤"即范、余、尹、欧阳四人，"不肖"则是指不尽上书言事职责，致使欧阳修遭贬的谏官高若讷。自此之后，士大夫明显分化为两个不同的政治阵营，或支持范仲淹，或支持吕夷简，互相指为朋党，朋党之争成为政争的主题。

1043年(庆历三年)，吕夷简罢相后，倡言改革的欧阳修、余靖、蔡襄、范仲淹、富弼、韩琦等人相继被委以重任，改革派势力明显压倒保守派。石介作《庆历圣德诗》，称颂以范仲淹为代表的改革派，指斥遭谏官激烈论劾而未能出任枢密使的夏竦为"邪倾险陂"的"大奸"，夏竦深以为耻，对改革派怀恨在心，伺机报复。

就在新政推行之际，又相继发生滕宗谅贪污案和水洛城(今甘肃庄浪)事件。在滕宗谅贪污公使钱一案中，范仲淹不惜以辞去参知政事为同年滕宗谅辩护，权御史中丞王拱辰也以辞职相要挟，台府之争的结局以滕宗谅、张亢被贬而告终，改革派与御史台的矛盾也因为此次争执而变得不可调和。此后，以纠察文武百官、肃正朝纲为职守，且可风闻言事的御史台，屡屡借故攻击改革派。而水洛城事件，实际上反映出主攻派与主守派在西北防务上的不同政见，两派的核心人物正是新政要员韩琦和范仲淹，韩、范为自己器重的经世之才各执一词，互不相让。仁宗为平息争端，将反对修城的主攻派尹洙和狄青调离他用，而水洛城照修不误。是否修城的纷争虽然中止，但两位新政要员之间的隔阂却无法抹平，改革派的力量遭到削弱。

范仲淹高调为同年滕宗谅辩白的一幕，使仁宗开始警觉朝臣间的朋党现象。1044年(庆历四年)春，仁宗召辅臣询问："自古小人结为朋党，君子也有党吗?"范仲淹回答："朝廷之中，正邪各有其党，倘若结为朋党而一心向善，对国家又有何害呢?"不久，欧阳修呈进《朋党论》，认为朋党自古有之，"君子与君子，以同道为朋；小人与小人，以同利为朋"，但因为君子守道义、行忠信、惜名节，贵在尚道，迥然有异于以重利为特征的小人。所以，小人无朋，君子有朋。最后的结论就是，"为人君者，但当退小人之伪朋，用天下之真朋，则天下治矣"。范仲淹、欧阳修的"君子有党论"公然宣称朋党存在的合理性、必要性，殊不知这种观点触犯了皇帝的忌讳，因为臣下公开结党，无疑是皇权的潜在威胁，仁宗显然不愿意看到这种局面的出现。而且，"君子有朋"的论调也置改革派于孤立的境地，按照"非君子，即小人"的二分法，除改革派以外的所有臣僚，都被归入小人之列，这样，改革派有意无意间就为自己设置了一个庞大的对立集团，也为反对派攻击改革派提供了朋党的口实，朝臣之间的分歧日渐公开化、表面化。而随着政见之争中出现"君子""小人"之分，党派分野的鸿沟逐步拉大，党争中的意气化倾向愈益明显，党同伐异、彼此攻讦的激烈言论贯穿于庆历新政的前后。

庆历新政实施后，章德象、贾昌朝、宋祁、王拱辰、张方平、刘元瑜、钱明逸等人，认为新法难以推行，结成一党，反对新政，并于1044年(庆历四年)由御史台炮制"进奏院狱"，矛头直指为新政摇旗呐喊的谏官，以及由范、富保荐的馆阁学士，终于将这些人一一清理出朝廷。此举意在敲山震虎，寄望借以将范仲淹新政官僚一网打尽。而在反对派中，夏竦攻击改革派的效果最为显著。夏竦等人先是诋毁杜衍、范仲淹、欧阳修等为党人，接着又指使人上疏重提景祐朋党事，称范仲淹等人现在又“以国家爵禄为私惠，胶固朋党”，有负圣恩。1044年(庆历四年)，为致新政党人于死地，夏竦唆使家中女奴模仿石介笔迹，篡改石介致富弼的一封信，将其中的“行伊、周之事”改为“行伊、霍之事”，一字之差，含义却大相径庭。伊、周分别指伊尹、周公，是商周时期辅佐天子的贤臣；霍指霍光，则是西汉废立国君的权臣。事情一经散布，范仲淹、富弼心不自安，请求外出巡边。起初支持变法的宋仁宗，原本指望范仲淹铲除弊政，振兴朝廷，但新政实施以来，效果并不显著，其内心深处转而不无忧虑新政支持者结成朋党，危及统治，所以，在反对新政甚嚣尘上的舆论声中，仁宗除弊革新的信心已经有所动摇。目前又传出改革派废立皇帝的流言蜚语，仁宗兴利除弊的热情迅速减退，对以改革派占据多数的宰执群体的能力产生了质疑，对范仲淹、富弼也不再信任。六月，范仲淹出任陕西、河东宣抚使，仍兼参知政事；八月，富弼以枢密副使的身份出任河北宣抚使。新政的推行陷入僵局。

1044年(庆历四年)冬，仁宗下诏强调“至治之世，不为朋党”，隐晦地批评有人“阴招贿赂，阳托荐贤”。范仲淹上表自求罢政，次年正月，范仲淹、富弼离职；不久，枢密使杜衍以“颇彰朋比之风”的缘故而被免职；三月，韩琦也被解除枢密副使之职。这些推行新政的中坚力量陆续解职出朝，随后，余靖、尹洙、欧阳修等支持范仲淹的官员也被悉数斥逐出京。至此，新政派全部远离政治中心，新政推行的部分改革措施也不断被废罢。“庆历新政”仅仅推行一年左右即告夭折。

庆历新政昙花一现，宋仁宗从锐意新政到最后草草收场，不了了之，造成这种转变的原因耐人寻味。事实上，仁宗当初下定决心进行改革是迫于外患内乱的巨大压力，而到1044年前后，宋夏和议的基本格局已经确定，国内的兵民祸乱也已消弭，社会危机有所缓和，新政是否推行已无关大局。而骤然抬头的新政派朋党论，不仅加深了朝臣间的矛盾，也使仁宗警觉到朋党对皇权所构成的潜在威胁，于是，消解朋党之争成为亟待仁宗解决的头等大事。依照“小人无朋，君子有朋”的论调，再加之反对派结党而不承认，平息朋党之争的最佳手段就只能是将不避结党之嫌的新政派逐出朝廷。显然，仁宗对朋党之争的裁决是导致庆历新政无疾而终的决定性因素。

不过，庆历新政虽然历时短促，但士大夫的变法思潮却并未因此而消沉，在仁宗统治后期，各种救弊和革新主张呈现于北宋政坛，变法思潮方兴未艾，诚如南宋思想家陈亮所说：“方庆历、嘉祐，世之名士常患法之不变也。”而以范仲淹为代表的正直士大夫，为改变宋朝积贫积弱现状所作出的努力，以及为后世改革所提供的历史镜鉴，永远值得后人称道和敬仰。

(曾育荣)

## 7. 王安石变法

北宋立国百年之后，到宋仁宗赵祯统治时期已是危机四伏，昙花一现的庆历新政虽未能拯救时弊，改革的呼声却一浪高过一浪。宋神宗赵顼继位后，政风苟且，财政枯竭，北部、西北边境不宁，政局内外交困的形势愈益严重。心怀壮志的神宗登基伊始，即欲建功立业，力图改变现状，并坚信变法是摆脱困境的唯一出路。仁宗时期，因主张变法图强而崭露头角的王安石，深受主张改革的士大夫群体所推崇，也是神宗欣赏的有识之士。神宗有意任命王安石出知江宁府(今江苏南京)，后又召为翰林学士兼侍讲。君臣二人经常讨论治国变法之道，王安石主张改革“祖宗之法”，因时制宜地订立法度，以理财为实现富国强兵的手段，从而达到维护赵宋王朝长治久安的目的。求治心切的宋神宗对此赞赏不已，遂钦定王安石主持变法。1069 年(熙宁二年)，拜王安石为参知政事。由于“变风俗，立法度，最方今之所急也”，于是设置制置二司条例司，以王安石亲党吕惠卿负责拟订变法措施。一场两宋历史上空前绝后的大变法已然启动。

在宋神宗的全力支持下，王安石召集吕惠卿、章惇、曾布等一批拥护变法的官员，陆续推行新法。1070 年(熙宁三年)，王安石被擢升为宰相，改革进入高潮。这次改革涉及众多领域，主要集中于理财、强兵、教育三个方面。

理财措施主要包括均输法、青苗法、农田水利法、免役法、市易法、免行法和方田均税法等内容。均输法规定，总管东南六路赋入的发运使，应以“徙贵就贱，用近易远”为原则，严格按照实际需要采办上供物货，这样既可调济余缺，满足朝廷所需货物的供给，又能减少政府的财政支出，减轻人民负担，还能防止商贾囤积居奇，操纵市场和物价。青苗法规定，官府于每年青黄不接时，分两次将钱或粮食贷给民户，每次借贷期为半年，利息二分，听凭民户自愿请贷，所贷钱粮随夏秋两税纳官，此举旨在缓解贫下户的燃眉之急，并抑制豪强之家以高利贷盘剥小民。农田水利法规定，各地兴修水利，开垦荒地，所需工料由受益民户按户等摊派，如工程浩大，可向官府借贷青苗钱，年息一分，仿照青苗钱的办法分两次或三次纳官。免役法规定，废除原先按户等轮流充当差役的办法，改由官府雇募人手充役，应役期间给以雇值；各州县雇役所需经费，依各地雇役总额计算，按户等高下分摊至原来服役而现在免役的主户，随夏秋两税缴纳，称为免役钱；在免役钱之上，另外多征二分，以备荒年难于征收免役钱又可供雇役之用，称为免役宽剩钱；起初无需服差役的官户、坊郭户、女户、寺观户(僧道)等，也须按同等民户的半数出钱，称为助役钱。市易法规定，由政府出面在开封、杭州、成都、扬州、广州等十余个大中城市设置都市易务和市易务(后改为市易司)，官府垫资作为本钱，负责平价收购商人滞销货物，赊贷给商人贩卖，也向商人发放贷款，年息二分；赊贷货物或钱款的商人，需以财产作抵押；都市易务和分布于各地的市易务之间，彼此通报物价和货物信息，以期平衡物价，协调货物的供给。免行法规定，京师官府所需物资，由工商业者根据收入多少，于每月向官府缴纳免行钱，而不再向官府提供实物，取消了此前的科配制度，即官府以低于市场价格强行征收各种物资的办法。方田均税法规定，每年九月由各县令负责丈量土地，按土地肥瘠定等，据此均定税额，防止豪强隐漏田税，确保政府田赋收入。

强兵措施主要包括保甲法、保马法、军器监法和将兵法等内容。保甲法规定，乡村住户每10户结为一保，五保为一大保，十大保为一都保，分设保长、大保长和都保长，以财力丰厚或才能突出者充任；同保之人互相监督，如有犯法而知情不报者，伍保连坐；凡民户有两丁以上者，选一人为保丁，农忙务农，农闲练武，夜间例行巡查，维持社会治安，以防范农民起事，必要时可补入正规部队参加作战。保马法规定，开封府界及京东、京西、河东、河北、陕西五路，保甲和带有民兵性质的义勇，凡自愿养马者，可养一匹至两匹，由官府供给马匹或出钱让民户自行购买，保马户可减免部分赋税，以为军队供应战马，重振兵威。军器监法规定，撤销原先制造武器的机构三司胄案和将作院，改由政府在京城设立军器监，下设称为东西广备的军器作坊，以判监和同判各一人掌管监务，负责选拔工匠，其治绩考核分为三等；在出产各种军器材料的州设置都作院，按照军器监的指示制作军器。将兵法规定，将禁军分为若干单位，选派有经验的军官担任各单位的长官或指挥，禁军长官各专军政，常驻军中，负责演习训练，提高军队战斗力，在试行于陕西地区后，被推广至各路。

教育措施主要包括科举新法、三舍法、颁行《三经新义》和增设实学等。科举新法规定，废除明经诸科，士子一律应试进士科；罢试诗赋、帖经、墨义，改试经义、论、时务策；州县普遍设立学校，以学校“升贡”取代发解试。三舍法规定，初入太学者为外舍生，考试合格后升为内舍生，名额200人；内舍生经考试可升为上舍生，名额100人；上舍生成绩优异者，可不经科举考试而直接授官。《三经新义》的颁行，指以王安石为首的变法派为统一思想，撰注《诗义》《书义》《周礼义》，合称《三经新义》，作为学生的必读教材、取士的唯一标准。增设实学，即指在改革太学的基础上，重新设置武学、律学等实用学科，以培养实用人才。

王安石在熙宁年间推行的新法，涵盖政治、经济、军事、文化、教育等诸多层面，较之仅仅触及政治机制方面改革的庆历新政，对北宋社会的影响更为广泛、持久和深入，一定程度上抑制了社会危机的恶性蔓延，为积弊甚深的北宋社会重新注入了生机与活力，是一次具有进步意义的改革运动。特别是新法中社会经济方面的改革，初具成效，有力地促进了社会生产力的发展，使北宋财政状况明显改善。如在农田水利法的推动下，垦荒辟田、兴修水利蔚然成风，仅熙宁年间(1068—1077年)就修建水利工程多达上万处，获灌溉之利的田土逾千万亩，垦田面积激增至7亿亩，单位面积产量普遍提高，扩大了政府的田赋收入。与农业的迅猛发展交相辉映的是工商业的日益繁盛，多种矿产品产量大幅度提升，超出汉代、唐中期数倍乃至数十倍，城镇商业贸易格外频繁与活跃，政府的商税收入稳步上升。新法实行不久，长期困扰北宋政府的财政赤字消失得无影无踪，宋廷还利用财政赢余建立起52座元丰封桩库，贮存战备物资，直至北宋末年，仍然是“余财羡泽，至今蒙利”。新法在军事方面的改革，则提高了北宋王朝的军事实力，有利于稳固中央集权。

然而，变法之旅绝非坦途，改革进程举步维艰。改革是对旧秩序所做出的调整，是对相沿已久的“祖宗之法”的改变，因此势必激起恪守祖宗遗训的守旧派人物的诘难非攻，也会招致持不同改革主张者的指斥责难。资深重臣大多对新法持反对态度，即使如韩琦、富弼、欧阳修等庆历新政时的风云人物，也无不大肆抨击和抵制新法，昔日锐意进取、舍我其谁的意识与勇气早已荡然无存，惟知抱残守缺，因循苟且，富弼尝劝神宗：“陛下即位之初，当布德行惠，愿二十年口不言兵!”新法问世之初，身为宰相的富弼屡屡称病，不预政事，甚至自请罢相，以示不满新法。除富弼这种连任何细微改革都会全力排斥的极端守旧人物外，更多士大夫则是因为革弊主张与变法派不同，治国主张相去甚远，改革措施另有偏重，以至两者间产生难以弥缝的政治分歧，其间的隔阂又随着变法的深入而被无限放大，终致相互攻讦不止，彼此水火不容。这类人对“祖宗之法”顶礼膜拜，奉之为亘古不变的政治信条。如在神宗即位初期就批驳“遵常守故”的张方平，主张恢复真宗朝之前的各种旧典，以“裁而正之”的方式，逐渐消除北宋中期的积弊。又如守旧派的代表人物司马光，同样心忧天下，并曾建言从用人、理财等方面入手改革以匡救时弊，其改革主张中也包含改差役为雇役的内容。但是，司马光认为“祖宗之法”是宋朝承平百年的根本，不可变动，而应当“存其善而革其弊，不当无大无小尽变旧法”，“治天下譬如居室，敝则修之，非大坏不更造”。还有一些反对者，因无法认同变法步骤与程序而走向变法派的对立面。如苏辙在上疏中评议新法时说：“所当先者失之于不为，而所当后者失之于太早。”

新法所遇的重重阻力中，也有来自于宫廷显贵的指责与阻挠。新法的若干措施，有损宗室、外戚的切身利益，不时引来攻击、谩骂之声。在实行新法的过程中，朝廷曾没收向皇后父亲的部分赀财，太皇太后曹氏(宋仁宗皇后)之弟则受到违犯市易法的指控，这些皇亲国戚自然极端仇视新法。以太皇太后曹氏、皇太后高氏(宋神宗之母)及皇后、亲王为首的宗室外戚，极尽所能贬损新法。神宗极为敬重的曹太后，一贯坚持“祖宗法度不宜轻改”的立场，而在变法争论僵持不下之际，两宫皇太后更是常常借故在神宗面前哭诉新法之害，曹太后甚至直接指陈王安石变法之举是在变乱天下。岐王赵颢也附和曹太后，认为新法有百弊而无一利。嘉王赵頵也主张废罢新法，在与神宗及赵颢玩击毬游戏时，不以玉带为赌注，竟要求在获胜后废除青苗法、免役法，憎恶新法之情可见一斑。

新法以理财为富国的主要手段，改革的重点集中于经济领域，新法实行不久也的确出现了“中外府库无不充衍”的局面，但过于强调兴利取向的动机，固然收到了将大官僚地主的部分财富收归国有的效果，却也同时加重了农民的经济负担，并非真如王安石所言“民不加赋而国用饶”。针对新法中这种动机与效果明显背离的弊端，苏辙即曾指出：“出纳之际，吏缘为奸。”所以，新法本身也给守旧派提供了攻击的口实。如此一来，新法的推行更加阻力重重，以至于任何一项变法措施出台，都会遭到守旧派人物的群起而攻之。如均输法被指责为是“与民争锥刀之利而失王政之体”的举动，青苗法被喻为“甚非圣人之意”的“称贷之法”。新法之中，遭到攻击最多的莫过于青苗法和免役法。青苗法实施后，有些地方官府为完成或超额完成放贷取息任务，擅自违背贷款的自愿原则，强令民户贷款，硬性摊派还款。其间的弊端，诚如韩琦在上疏中所言：“兴利之臣纷纷四出。条文虽然禁止抑配，但倘不抑配，上户必然不愿借，下户则借时甚易，还时甚难，将来必有同保均赔之弊。”就连神宗也是自责有加，“始谓可以利民，不意乃害民如此”。免役法改差役为雇役，本来是顺应商品货币关系和雇佣关系发展的大势的进步举措，但役钱征收的不合理却扩大了盘剥民户的范围。按照惯例，差役由乡村上等户轮流差充，与乡村下等户无关，新法却规定乡村下等户、女户和单丁户自此均须纳钱，其结果必然是“纵富强应役之人，征贫弱不役之户，利于富不利于贫”，显然是贫民下户的额外负担。

主持变法的王安石竭诚为国，力图通过改革铲除时弊，并以“天变不足畏，祖宗不足法，人言不足恤”的“三不足”精神自勉，其忠心与勇气难能可贵。但改革不可能一蹴而就，王安石也深知改革“缓而图之，则为大利；急而成之，则为大害”，可在新法实施过程中，仍然操之过急，短短数年间便将十余项新法悉数颁行，忽视了社会各阶层的承受能力，也未能兼顾到因变法而引起的一系列连锁问题的处理，变法陷入欲速则不达的困境。而且，王安石性格执拗，时人称为“拗相公”，对待守旧派的态度过于简单、粗暴，并一味以亲党参与变法，一些别有用心的投机分子趁机掺杂其间，上下其手，歪曲执行新法，加大剥削小民的力度，引起普遍不满，这些又进一步增加了推行新法的阻力。再者，变法集团内部也是离心离德、貌合神离，最终难逃相互倾轧、分崩离析的命运。即便被王安石倚为腹心的、变法的得力助手吕惠卿、曾布二人，也先后与王安石产生隔阂，曾布在“市易法”上倒戈，吕惠卿则利用王安石第一次辞相之机，在神宗面前揭安石之短，欲取而代之。用人的不当与失误，也是新法饱受诟病的重要原因之一。

在变法派与守旧派就新法展开激烈争辩的同时，王安石本人也遭到守旧派人物无休止的人身攻击与谩骂。变法之初，吕诲一再毁谤王安石“外示朴野，中藏巧诈”“阴贼害物”“盗弄威权”，“好执偏见，轻信奸宄”，甚至指斥王安石“倾危老臣，欲速相位”，断定“误天下苍生，必斯人也”。范纯仁批评王安石的“富国强兵之术”，有违孔孟说教，“任用小人，专兴财利”，变乱天下，掊克小民，有污神宗“圣德”。更有官员为了离间宋神宗与王安石的君臣关系，凭空捏造王安石有觊觎神器的“异志”，请求神宗加以提防。刘攽在致王安石的信中，以“商鞅为秦变法，其后夷灭。张汤为汉变法，后亦杀”为例，劝王安石放弃变法立场。

新法颁行之后，不巧的是，各地竟相继出现各种异常的自然现象，如京东、河北突然刮起大风，陕西华山崩裂，人心惶惶不安。守旧派借此大做文章，类似的自然灾害都被说成是变法有违天意所致，故上天以此警告人间。1074 年(熙宁七年)，黄河流域遭受严重的蝗灾、旱灾，民不聊生。一位名叫郑侠的官员将饥民流离失所、穷困潦倒竟至卖儿鬻女的凄惨景象绘制成图，附上论时政得失的奏疏，作为密集公文一并上呈神宗，希望能改变新法中的弊病。神宗寻求变法的初衷在于安民养民，不料百姓却疲惫不堪，于是开始相信灾害是上天预警、谴罚人间的说法，并于次日下令尽罢新法。尽管新法在吕惠卿、邓绾等人的恳请下逐一恢复，但神宗与王安石之间和睦的君臣关系已生罅隙。同年四月，王安石不顾神宗挽留，第一次辞去相位，出知江宁府。

神宗是推行新法的坚强后盾，是实施变法的决定性力量，其一再顶住来自各方面的压力，全力支持以王安石为首的变法集团，是使改革能在熙宁年间得以持续推进的关键。可是，随着新法的陆续颁布，朝野上下反对新法的情绪与日俱增，加之变法派内部无休止的内讧，终于使神宗“颇厌安石所为”。1075 年(熙宁八年)初，因无法容忍吕惠卿的背叛，王安石入京复相，但依然无法遏止变法派阵营的分裂，王安石本人也多次称病不出，再次坚辞相位。1076 年(熙宁九年)，王安石离开朝廷，退居金陵。趁此时机，吕惠卿又以不忠之罪诬陷王安石，企图置其于死地，神宗与王安石间的君臣相知、龙虎际会，自此谢幕，王安石变法也戛然而止。其后，变法在神宗的主持下继续进行。1085 年(元丰八年)春，宋神宗病死，未满十岁的宋哲宗赵煦继位，太皇太后高氏垂帘听政，暂时废除神宗耗尽一生心血推行的新法。时隔不久，新法又被陆续恢复，其间的许多措施在南宋时期仍然有所保留。

王安石变法是一场声势浩大的改革运动。变法清除了北宋立国之后的诸多积弊，使宋朝财政状况迅速好转，军事实力相应提高，很大程度上改变了宋朝“积贫积弱”的面貌。但这场改革并未涉及政治领域，经济领域的改革又过于偏重“富国”目标的实现，不以“富民”为意，加之守旧派官僚与宗室外戚以维护“祖宗之法”为旗帜，极力抨击新法、诋毁王安石，朝野上下不满新法的情绪愈益强烈。并且，由于新法自身存在的缺陷，变法步调的过快，新法执行中的走样，变法派用人的失误，以及变法集团的分裂，都阻碍了变法的顺利进行。而神宗对变法领袖王安石的态度转变，终于使变法无疾而终。

（曾育荣）

## 8. 交子与钱引的出现

交子是世界上最早的纸币，钱引意为兑钱凭证，交子后来也改称钱引，两者有先后承继的关系。但在追溯纸币源头时，人们首先想到的是汉武帝时的皮币，即以行政命令赋予价值不大的鹿皮以很高的价值，作为辅币使用，就此而言，纸币与皮币确有共通之处。然而宋代纸币与唐代飞钱之间的关系更为密切，飞钱又与汉武帝进攻西南夷时所创立的边籴制度大有渊源。这种为解决边境用兵所致军储匮乏，招募当地人纳粮边疆、取钱京都的做法，在唐代以新的形式再度出现。唐宪宗时，苦于流通领域钱币短缺，各地禁钱出境。而各地地方官府和诸军都必须向京师输送一部分钱财，京师商人也需至各地贩易货物，但长途运输铜钱多有不便，于是，产生了使两种需求都得到满足的办法：商人将钱交给各道驻京的进奏院、各军、各使或富商，取得凭证，回本道合券取钱，双方都因此而避免了搬运铜钱的麻烦。这种办法就是飞钱，也称便换，其实质是一种汇兑票据。飞钱问世不久，就遭到官方禁止。后来，鉴于飞钱的确可资利用，唐朝政府规定由户部、盐铁、度支三处官署经营飞钱，起初每千钱加付百钱，商人不至，遂改为免费兑钱。宋代的纸币交子就是由飞钱演变而来。

交子产生于北宋时期的四川，根本原因在于川蜀地区行用的货币难以适应商品经济发展的矛盾，也就是铁钱过于沉重不便贸易。由于四川铁矿丰富，加之自五代十国后蜀时起就曾铸行铁钱，并且行用铁钱也可防止铜钱流向与本地接壤的西南少数民族地区，所以，北宋灭亡后蜀后，在四川强制推行铁钱，四川也就成为宋代铁钱的主要流通区域。铁钱价低体重，不仅购买力远不如铜钱，同样购买力的铁、铜钱重量之比甚至超过三比一，而且极为沉重，铁钱一般有大、小两种，小钱十贯重65斤，折合为大钱每贯重12斤，即使一个人竭尽全力也携带不了几贯。如果是大宗买卖，费用超过三五十贯，运输现钱显然成为难事，以至有碍贸易的正常开展。但是，四川自唐代起就已是经济较为富庶的地区之一，以至有“扬一益二”之说，其中的“益”就是益州，指以成都为治所的四川盆地地区。入宋以后，川蜀益州路的社会经济水平在全国仍处于领先地位，仅次于两浙。倘若依旧以单一的铁钱作为商品交换的等价物，商品经济的发展必然大受影响。虽说早在五代十国时期，割据湖南的楚国马氏曾以铁钱作为法币，就已出现铁钱太重不利于交易的情况，商品贸易中也萌生出“以券契指垛交易”的做法，但此时的“券契”是否纸币，却难有定论。不过，铁钱阻碍商品贸易的发展，亟待加以克服，这种趋向与北宋时的四川确实相同。北宋四川商品经济的快速发展，要求有与之相适应的货币体制，而宋朝政府却在当地硬性推行落后的铁钱，交子就是基于上述矛盾碰撞后的产物。在上述特定的背景下，交子这种世界上最早的纸币，在北宋时期的川蜀地区应运而生，这在中外货币史上具有划时代的意义。

最早的交子大约出现于宋真宗赵恒在位初年，即10至11世纪之交的四川地区，但还不是纸币。目前关于这种交子的形式、内容均不得而知，但其在使用一段时间后却是漏洞百出，狱讼纷纭，反而使交易更加混乱。1005年(景德二年)初，益州知州张咏着手整顿上述弊病，在本地铸造大铁钱，以大铁钱一当小铜钱一或小铁钱十，三者通用，以增加货币流通量，效果显著，初创的交子则被禁止流通。但是，笨重的铁钱仍然无法满足远程大宗交易的需要，商品交换的频繁日益要求突破以铁钱为主币的束缚。此后，益州又出现了由16户富豪连保所办的交子。16户的交子使用同一颜色的纸印造，统一印有屋木人物等图案，各家铺户押字，各自隐秘题号，且有红黑二色，作为暗记，临时填写钱贯数额。凭交子可到异地取现钱，兑钱时每贯要扣掉30文作为铺户的收益，铺户将所收现钱投资于其他经营项目，以谋求更丰厚的盈利。作为官方允许经营交子的报偿，交子铺户每年必须为官府提供清理粮仓和维修水坝的人力和物资。由于交子铺户能恪守信用，商人可随到随取，加之交子难以伪造，所以交子在发行初期赢得了较高的信誉。商人间的远程大额交易，直接用可兑换成现钱的交子来支付货款的事例也日渐增多，此举有效地克服了搬运铸币的麻烦。然而，交子铺户有时不免挪用客商存款移作他用，甚至以此购置产业。一般来说，只动用部分存款，并不会危及交子信誉。如果手中持有一定比例的铸币，即可应付日常取款业务，因为存款和取款两种业务随时都有发生。也就是说，只要挪用的比例不超过某一限额，交子铺户就可正常运营。其实，现代银行运行的全部秘密也莫过于此。交子铺户在实际的经营过程中，一旦发现这一秘密，自然不会坐视这种牟利的秘诀而不顾。靠发行交子以牟利成为交子铺户致富的主要途径，原来经营的存、取款业务，反而退居次席。后来，交子铺户中的不良欺诈之徒，在滥发交子之后，停止营业；或者挪用存款，经营他项买卖而破产；以至造成交子的信用危机。这样，当存款者前来取钱无法如愿时，势必聚众争闹，纠纷不断。有鉴于此，官府遂下令16户停办交子。16户发行的交子具有兑取现钱的功能，但在市面上似乎尚未代钱行使，故而这种最早出现的交子只是一种兑钱凭证，是商人存款和取款时的凭据，大致类似于近代的汇票与支票，还不具备银行兑换券的用途，并非货币。

16户私营的交子被勒令废止后，有些地方官员主张官办交子，1023年(宋仁宗天圣元年)宋廷决定设立“益州交子务”，发行官交子，由政府发行的纸币即诞生于此年，较之美(1692年)、法(1716年)等西方国家发行纸币要早六七百年。首界交子发行120万贯，本钱为36万贯，每界交子3年到期(实足2年)，期满印造第二界交子以新兑旧。与私交子情况有所不同的是，官交子以强大的国家机器作为后盾，政府用行政命令的方式规定官交子可代替现钱完纳赋税，赋予官交子法定货币的地位，也就是确立官交子与铁钱同等的货币职能，遂使官交子作为铁钱的替代物在民间广泛行用开来。为了防止伪造，交子务印制的交子，文字和图案复杂而讲究，要用六方印，四方墨色，一方青色，一方红色。最初的官交子面额在1贯到10贯之间(大约有10种)，面值也是临时填写，其后又经历了5贯与10贯、1贯与500文两种面值的演变，并逐渐取消填写旧额的做法，改由统一印制固定面额。以铁钱换交子时，起初仍然每贯须扣除30文，后来旧交子换新交子的纸墨费似乎就是沿袭的这种旧制。官交子发行的初期还保留有飞钱的痕迹，人们持铁钱换交子时要登记入簿，用交子回兑铁钱时又需抹涂簿历上的记录，这种规定不久即被取消。

官交子问世之初，主要用于大额交易的支付手段，而小额交易中仍然使用铜钱，这是货币体系中的“钱楮(纸币)并用”时代。由于交子以铁钱为本位，故北宋一代只在四川境内使用，具有明显的地域性束缚。虽然北宋政府多次试图将交子推广到铜铁钱兼用的陕西、河东地区，但因与钞盐制度和入中制度相抵触，无一不以失败而告终。又因为交子有使用期限的规定，界满必须换界，故又有时限性的特点。不过，作为纸币的交子在初创时的上述特征，终究不能改变交子信用货币的本质，交子的纸币职能已为社会所认可。

交子在其发行与流通的前六七十年间，大体比较可靠与稳定，贬值率约为10%。此后随着宋廷用度的激增，发行纸币竟成为解决财政困难的重要方式。宋哲宗赵煦末年(1094—1098年)，交子的投放量逐年有所突破，由最初的120万贯增加到370万贯，其货币价值大大缩水。北宋后期又曾尝试以铜钱为本位币的钱引，仍然无法推行。1107年(宋徽宗大观元年)，宋廷下令改四川交子务为钱引务，将四川的交子改称钱引，总发行量也减为250万贯。时隔未久，钱引的信用危机再度出现，并愈演愈烈，甚至出现发行量是天圣初年20倍的情况，货币贬值率高达75%。只不过由于钱引仅限于川蜀地区使用，北宋旋即覆亡，所以并未引发全国性的社会动荡。

南宋继续发行纸币。出于遏止铜钱流入金朝辖区的目的，南宋政府在与金朝接壤的两淮、川蜀地区采取流通铁钱的措施，但因为铜钱铸造量的急剧减少，私铸铜钱为铜器的势头愈益猖獗，铜钱外流的浪潮日甚一日，致使原来仅仅囿于四川地区使用的纸币，逐步扩及南宋全境。宋高宗赵构即位之初，财政拮据，1136年(绍兴六年)，朝廷一度试行以铜钱为本位币的纸币，因时局多艰而被迫停止。其间，民间出现了类似支票、汇票性质的寄附会子。1160年(绍兴三十年)，官府下令取缔私人寄附会子，正式发行官会子，这是南宋前期发行量最大、流通面最广的纸币。会子以铜钱为本位，由行在会子所统一投放，通行于东南诸路，所以又称“行在会子”或“东南会子”。会子的面值有1贯、2贯和3贯三种，后又增印小面值的200文、300文和500文三种。1169年(宋孝宗乾道五年)，规定会子每三年为一界，每界发行额为1000万贯，以旧换新。会子的发行，标志着以铜钱为本位的纸币终于得到推行。东南会子在行用一段时间之后，被推广至南宋全境，成为南宋全国性纸币。此后，南宋政府还在铁钱流通地区发行以铁钱为本位的各种地方性纸币，如四川有“川引”，两淮有“两淮交子”(简称“淮交”)，荆湖有“湖广会子”(简称“湖会”)。

会子最初的发行额为300万贯，其后投放量一路攀升，不久即增至700万贯，直到1169年被确定为每界1000万贯，币值增长幅度高达300%以上，而这一过程持续的时间却不过区区8年光景。随着抗金军事压力的逐年加剧，南宋的财政困境也日益严重，加大纸币的发行量，并凭借国家暴力强制流通，用以弥补财政亏空，成为南宋政府采取的经常性措施。与之相应的是，纸币的总量越来越大，到宋宁宗赵扩统治后期，纸币面值已达数亿贯。1246年(宋理宗淳祐六年)，会子的发行数额比孝宗前期猛增了65倍，如以会子发行之初的300万贯为基数进行比较，则增幅达两百余倍。纸币发行额的恶性增加，大大超过了流通所要求的数量，而且政府在一再大肆滥发纸币的过程中，作为本金的铜钱并没有随之增加，其直接后果必然是促成纸币价值的急遽走低。滥发纸币与纸币的持续大幅贬值，使南宋的财政政策深陷恶性循环的漩涡之中，难以自拔，这种举措无异于赤裸裸地掠夺民财，饮鸩止渴。纸币价值的严重缩水，极易引发社会危机，故成为困扰南宋朝野上下的重大社会问题。

纸币的屡屡贬值，使纸币的信用受到动摇，持有会子的人自然会以此挤兑铜钱，社会上甚至频频出现低价抛售和拒收会子的狂潮。对此，尽管南宋政府三令五申予以禁止，宋理宗统治末年权臣贾似道也曾主持发行“金银见钱关子”，以与贬值的“铜钱会子”相区别，借此抬高关子的贵重程度，但终究无法化解纸币危机，至南宋末年，通货膨胀恶性泛滥，物价腾贵，关子的购买力大幅衰退。关子使用仅及十余年，南宋政权即告灭亡。

早在南宋发行会子以前，北方的金朝在1154年(废帝海陵王贞元二年)开始发行一种称为“交钞”的纸币，这是女真人借鉴北宋大量发行交子、钞引的历史经验，努力探索构建自身货币体系的结果。其实，“交钞”一词本身就是北宋时期“交子”与“钞引”的合称，其间的渊源关系至为明朗。交钞也以铜钱为本位，与辽宋钱并行。为使交钞能像细碎性的铸币一样流通，金廷将交钞分为大小钞两种：大钞面额分别为1贯、2贯、3贯、5贯、10贯五等，小钞面额分别为100文、200文、300文、500文、700文五等。交钞起初规定以7年为限，到期以旧换新，显然也是受到宋代纸币分界法的影响，但期限更长。1189年(金世宗大定二十九年)，宣布取消兑界制度，突破了北宋纸币的时间限制，交钞遂成为中国历史上最早的无限期流通纸币。交钞最初仅仅在黄河以南地区使用，其意图在于控制铜钱向南流入宋境。金世宗完颜雍在位期间，注意控制交钞的发行量，币值稳定，所以流通区域逐渐有所扩大，后来终于跨过黄河，就连东北地区也有交钞行用，表现出向全国性货币演进的趋势，较之具有地域性的北宋交子明显有所进步。

交钞发行的前40年大体稳定可靠，至金章宗完颜璟统治时期开始贬值。此后，金、宋战争连年，军费开支骤增，贬值的速度明显加快。1215年(金宣宗贞祐三年)，迫于情势，下令废除交钞，另外发行称为“宝券”的纸币。自此以降，直至金朝灭亡以前的约20年里，金朝也堕入不断废弃旧纸币、另外创行新纸币的怪圈之中，这些纸币的名称也是形形色色，如通货、通宝、重宝、宝泉、珍宝、珍会、珍货等。但由于纸币贬值严重，甚至创下60 000 000∶1的纪录，其购买力当然极为有限，即令纸币面额高达万贯，也不过够买一个烧饼而已。

(曾育荣)

## 9. 宋代宗族组织及其制度的形成

宋代宗族组织不同于殷周时期政治关系与血缘关系高度统一的具有权力性的宗法组织，也不同于东汉以后讲究身份门第的门阀世族以及割据一方的宗法性共同体，而是民间自发组成的以男系血统为中心、在社会结构中具有散在性的基层组织。宋代宗族制度的总体特征，即是通过祭拜祖先、选举族长、修建祠堂族谱、设置义田族学等举措使之组织化、自治化，从而与国家政权形成分离、互动的关系。相对于唐代中叶以前而言，宋代宗族制度组织已然发生了深刻变化，而被学界普遍视为近世宗族的肇始。

唐末以来，科举考试制度取代了门阀士族世袭的选官制，社会流动不断加快，最终导致旧的等级宗法制度逐渐消亡，门阀士族集团急剧衰落，官僚士大夫地主阶层登上政治舞台。在土地进一步私有化的租佃制和财产诸子均分继承制下，租佃关系的普及使得土地日益分散，农民对地主的人身依附关系大为减弱，因此，在政治和经济上均无世袭特权的官僚地主阶层如何控制租佃制下的小农、巩固自身统治地位，成为亟待解决的基本问题。

为此，地主阶级的政治家们提出了重建宗法制的要求，用以加强宗族血缘凝聚力，消弭因贫富分化产生的族内矛盾。他们纷纷著书立说，阐述自己的设计理念与政治主张。

张载最先提出重建宗族制度的设想，他把明谱系、立宗子法作为收族与官僚之家造就世臣形成世族的手段，从而达到管摄天下人心，改变风俗以保护国家的目的；主张宗子由有官职的族人充当，如果嫡长子微贱，而次子仕宦，则不问少长，须由士人任宗子，旨在以官僚作为宗族首领，保障其宗族昌盛，借此维护国家的统治和社会秩序。张载还提出了家庙与祭祖制度的设想，主张庶人如同古代士人一样，也祭及三代，士大夫有事可以袷祭其高祖，祭及四代祖先。

南宋理学家朱熹为重建宗族制度设计了更为详尽的方案。朱子所撰《家礼·祠堂》集中体现了他的主张，即建祠堂、置祭田、墓祭始祖和先祖。其方案兼顾大小宗法精神，祠祭的对象是高、曾、祖、祢四代祖先，未出五服；墓祭的对象则是始祖、先祖，祭祀者是出了五服的亲近族人。朱熹的主张重点在于小宗祠堂之制，亦为大宗族人祭祖和收族提供了方案。随着小宗向大宗的过渡，他的方案展示了宗族的发展前途。

经过改造后的宗法学说逐渐为地主阶级所接受，他们在各地建立起新型的宗族组织，一种不同于以往朝代的宗族制度也随之出现。这是宋代在传统宗族制度上的一个重大发展，对后世有着深远的影响。

两宋之际，因为战争而迁都，政治中心也由北方转移至南方。大批官员及其他人口徙居南方，新的宗族制度遂在南方发展。自南朝以来江苏、安徽、浙江聚族而居现象突出，宋代上述地区宗族制继续发展，而原来较为落后的江西、福建、两广、湖南也由于北人南来聚族而居，将其宗族组织制度移植过来。移居地宗族的凝聚力增强，这些地区少有战争，宗族制度得到了发展，并成为直到现代中国宗族势力仍最强盛的地区，形成了新宗族形态南盛于北的格局。

从今存史料看来，宋代的宗族组织和制度大体有以下几方面内容：

族谱。宋以后新出现的族谱表明了官修合谱的没落和私修单姓家谱的昌盛，族谱功能由为了选举、婚姻变为收族，其记载也就自然由姓氏、世系、仕宦、婚姻而扩展为宗族制度，表现出异乎前代的新姿。宋仁宗统治时期，欧阳修编《欧阳氏族谱》和苏洵编《苏氏族谱》，首开宋代编修宗族谱牒之风，确立了宗族谱牒编修体例和模式，修族谱成为重建宗族组织和制度的重要措施。与魏晋南北朝隋唐时期的谱牒不同，宋代所修的谱牒，不再以划分政治地位、界定门第高低为宗旨，而是以敬宗收族、团聚族人为目的。其内容包括谱序、世系图表、指派分析和迁移、家规祖训、祠堂族产、忠臣烈妇、孝子贤孙、宗族坟茔、艺文志等。编修谱牒，也不再与政府相关联，完全成为私家行为。谱牒的编修强化了宗族的认同感，在维系宗族组织方面发挥了重要作用。

族产。宋代族产成为凝聚宗族的重要物质基础。由于名门望族往往三世而衰，他们的经济和政治地位不稳定，在家产之外，另设宗族共同的族产就显得尤为必要。私有制的发展必然导致宗族内部贫富不均，一些族人生活穷困不堪而流离失所，甚至激化阶级矛盾。有鉴于此，部分有财力的官僚地主捐资设立义庄，赈济和赡养宗族成员，以遏制宗族分化现象。义庄又称为“义田”，由苏州范氏宗族首创。1049 年(北宋皇祐元年)，范仲淹出资买田千亩，“号曰义田，以养济群族”。这一举措对于宗族的发展起到了积极作用，在宋代反响很大，各地宗族组织纷纷仿而效之，公共族产也由此而生。除了义庄外，族产尚有义学田、义仓、义宅、学舍书堂、祀田。义学田收入供宗族义学开支，通过义学培养科举人才，发展宗族势力；义仓的功能则是在宗族成员青黄不接时通过贷粮的方式助其渡过难关；义宅用来安顿宗族中贫无房产的人户；学舍书堂则是为教育宗族子弟读书识字所立；祀田种类繁多，其收入主要用于祠堂供奉和宗族祭祀活动。族产除了有财力的官僚地主捐资设置外，也有宗族成员共同出资购买和政府赏赠。族产不属于外人，捐赠者的子孙对于族产并没有继承权。族产也不是属于宗族全体成员所有，不得进行分割。族产具有现代民法“法人”的意义，是独立的财产。对族产的管理，各宗族都有自己的规章制度。其中以范氏宗族订立的《义庄规矩》最为典型。初定时条文计 13 条，主要规定：挑选宗族成员中年长且贤者一人掌管义庄、义田的收入平均分配给族人，计口数供给衣食以及婚嫁丧葬的费用。此后《义庄规矩》经过多次修改，逐步完善起来，增加的条文主要为严格控制管理层的行为，如有掌管人贪污舞弊的要送官，宗族成员不得租佃义田，义庄不得典卖义田，义庄不得放高利贷。义庄将田租给族外人耕种，收取地租赡养宗族，是一种租佃经营方式。也有些宗族规定族产由诸房轮流掌管，并置有族产簿账，载明田产亩数、坐落方位以及产钱数量等，每房一本，由房长保管。有的宗族还制定了墓田、祠堂、坟地的管理条约，规定族人有义务修缮祠堂等公共设施，禁止族人砍伐坟地林木，违者将受到严厉惩罚。两宋时期朝廷还制定了一系列法令政策保护族产，规定凡是愿意捐田宅为族产以及供祭祀之用的，由官府发给凭据，设立税籍，免其税，不许子孙分割买卖，违反者追究法律责任。宋朝严禁买卖、损毁墓田以及墓田内林木土石，族产受到国家法律保护，这有力地促进了族产的发展，为宋代宗族的繁荣提供了物质保证。

家法族规。所谓家法族规，乃是宗族组织指定的，为其成员共同遵守的行为规范。宋代的宗族组织通常都有着自己的家法族规，用以调整宗族内部关系，其移植礼教伦理而成，或是以前宗族遗传下来，又或来源于国家法律。家法族规所强调的家长权威乃是国家法律赋予的，一般有四个方面的规定：(1)关于总组成员的等级地位和权利义务；(2)关于宗族财产的管理和族产收益的分配；(3)关于维护宗法秩序；(4)关于教育和婚姻。国家法律和家法族规互为依存，家法族规是国家法律的补充。

祭祖。祭祖是宗族组织以祭拜祖先为内容的重要活动，在中国历史上，祭祖是一种风俗习惯，同时也是一种社会制度。宋代以前，只有品官贵族才能祭祀三代以上的祖先，庶人则只能祭其祖祢二代。自宋代以降，逐渐放松了对于民间祭祖的限制，庶人始可奉祀三代以上的祖先。宋徽宗大观三年诏曰："侍从官以至士庶通祭三代，无等差多寡之别，岂礼意乎？……今恐夺人之恩而使通祭三代，徇流俗之情，非先王制礼等差之义。"民间祭祖之风的盛行，正日益冲击着等级森严的封建祭礼。宋代祭祖形式主要有三种：一是寝祭，亦称为"家祭"，由宗族中的支房或者小家庭单独进行。南宋著名诗人陆游诗句中就有家祭之说："王师北定中原日，家祭无忘告乃翁。"二是墓祭，清明和冬至时节上坟祭拜，或宗室公祭，或分房单祭。三是祠祭，汇集全体宗族成员在宗族祠堂祭祖。祠祭规模较大，仪式隆重而繁琐。仁宗时代，社会上已有兴建祭祖宗祠的事例。1028 年，官员任中师建"家祠堂"，1041 年，文人石介建"祭堂"，这两个家祭性质的祠堂既模仿前代家庙制度，又因碍于礼制而区别于家庙。宋朝政府则于庆历元年允许官员建立家庙，重整祭祖礼制。在宗族内部，各种不同的祭祖方式往往时有交叉，相互包含，并行而不悖，从而构成了祭祖习俗的庞杂体系。通过各种形式的祭祀活动，一方面强化宗族内的凝聚力，达到寻源报本、敬宗收祖的目的；另一方面，也是宗族之间互相攀比的一个表现形式。

宋以来普遍建立的宗族制度组织，对小农经济的发展起到了重要的促进作用。宗族组织一方面利用自己的群众形式，联络各自独立的家庭，一定程度上缓解了个体小农由于自我封闭而在提高生产力与发展经济上所造成的阻碍，尤其是碰到水涝干旱、飞蝗病虫等自然灾害时，宗规族约的订立，义庄的设置，使宗族自治组织得以发挥经济上自力救济的社会功能，稳定了家庭和个体小农经济，抑制了非封建化经济发展的势头；另一方面，当战乱四起时，宗族保护下的田庄生产照常进行，没有受到多大冲击，维持甚至发展了生产。

宋代宗族制度摆脱了不同族姓间严格的等级性，族谱族规由行于官宦人户渐及行于庶民之家；同时，它通过宗法思想说教使尊祖敬宗、孝悌雍睦等伦理观念深入人心，同居共财、同族协济成为普遍社会现象。宋代以祭祖、祠堂、族谱、族产等事项为特征、以血缘伦理观念为内涵的宗族制度形成以后，在维护社会稳定、调整社会底层的人际关系、弘扬民族传统道德文化方面，起到了积极作用；同时，它也是维护国家统治的重要辅助手段。

（刘喆）

# 10. 宋代士人地位的提升

“士”在先秦是“游士”，秦汉以后则是“士大夫”。士人是知识阶层的专门称谓，包括已经通过科举的举人、官私学校的学生和其他以读书求学自业的读书人。上层士人主要指已经出仕踏入仕途的士大夫；下层士人则主要指各级官私学校的学生、落第士子、未参加过科举的普通读书人等，他们大多生活在基层，没有或者很少有政治特权，是没有当官的普通知识分子，不过他们拥有一定的文化知识，随时可能成为官僚集团中的一员，是官僚集团的后备军。士人不仅包括熟谙艺文的文人和着重学问与德行的儒士，也包括官宦、科第之士，也可以是一介布衣。

宋朝的开国皇帝赵匡胤及其继承者赵光义，虽然都出身武夫，但都深知马上可以得天下却不可以马上治理天下的道理。宋太祖在开国之初就奉行“文以靖国”的理念，果断地实行“重文抑武”的基本国策，提倡文教，复兴儒学，推行尊孔崇儒、完善科举、创设殿试、知人善任、厚禄养廉等一系列重大举措。宋代其他皇帝奉行这些“重文”政策与“文人主政”举措，使士人也受到社会普遍尊重。

首先，宋代帝王对孔子的尊崇和大力提倡儒学，追封孔子为“元圣文宣王”，封禅泰山，拜谒孔庙，使孔子及其儒学的社会地位大大提高。

宋太祖在受禅之初，即就诏有关部门增加全国的寺庙，塑绘先圣亚圣、10哲、72贤及先儒21人的像，又亲自撰写孔子、颜回真赞。真宗即位，追封孔子为“至圣文宣王”，封孔子第45代孙孔延世袭这一名号。他还亲赴曲阜，到孔庙行礼，亲撰《文宣王赞》，称孔子为“人伦之表”，称儒学是“帝道之纲”。皇帝的大力扶持，当然推动了宋代儒学的迅速发展。宋初诸帝，勤奋好学，刻苦读书。太祖不仅自己读书，还想办法令武臣书，使他们了解“为治之道”；太宗更是个勤奋读书的典型，他在繁忙国事之余，每天都安排固定的读书时间，他曾说过“他无所爱，但喜读书”的话语。太宗、真宗对皇子皇孙诸王的读书问题也非常关心。另一方面，儒学自身有着贴近社会、贴近现实的需要。北宋中期以后，儒学成为宋代思想学术的主流，固然有其吸收佛、老改造自身的缘故，还在于儒学能够适应宋代政治的需要为朝廷服务。

其次，对儒臣学官的礼遇。宋朝是上承唐末五代藩镇割据、军阀混战之后建立起来的王朝，宋太祖“以史为鉴”，落实以文治国的政策，宋初诸帝都十分重视知识和器重读书人。宋太祖以一种文明和理性的方式，“杯酒释兵权”解除了石守信、王审琦等禁军将帅的兵权，而代之以文官治国。宋太祖明确表示“宰相需用读书人”，还任用大批儒臣“分治大藩”。

宋朝建立之后，尤其是宋太宗即位之后大兴文治大开科举，优遇文臣，彻底扭转了五代以来政权割据的局面，确立和完善了中央集权的政治制度。宋太祖的文治取向对士人阶层的发展产生了决定性的影响。宋廷重文轻武，读书人不断增多，各道解送京师的举子多达一万数千人，能考取进士的还不到百分之一，可见科举竞争的激烈程度。

给文臣以优厚的待遇，宋太宗是其中典型的代表，他强调要巩固政权，就必须兴文治、尊孔礼儒。为了表示崇文的决心，宋太宗还不惜花费巨资，对国家藏书馆进行重新修建，亲赐名为“崇文院”，并把宫中内殿“讲武殿”改名为“崇政殿”。宋太祖立国之初由杯酒释兵权为契机，开启的一代偃武兴文之机，结束了武人干政的局面，使宋代在政治上逐渐形成了“文德致治”，实现了士大夫在管理国家中的重要地位。

再次，对文士官员的礼遇，“不杀大臣及言事官”被视为宋代重士的一种方式。

宋太祖又制定和实行了一系列保护文人的措施，他曾立有三条后世戒规，其中一条便是“不得杀士大夫及上书言事人”。宋代开国皇帝赵匡胤、赵光义虽然马上得天下，却深知“以文德致治”之理，于是倚重文人治政，对他们的言行也相对宽容。以“不杀士”为代表的传统给了宋朝文人一个开放包容自由的环境，为文人的发言提供了机会。激进的士人大不了被免去官职流放僻远地方当个闲官，最厉害的也只是下大牢蹲监狱。宋代的文人做大官的现象屡屡出现，正是这种宽松的文化环境的结果，而苏东坡“乌台诗案”能够免于大难更是“不杀士”传统的结果。范仲淹、欧阳修、王安石、苏轼等都有着不同的例子。宋代皇帝对士人的政策总的来说是宽容的，但是这并不意味着宋代皇帝对士人完全放纵而不加抑制。宋代帝王对儒学和理学的崇尚与推广，将儒家伦理道德作为统治的工具。宋代皇帝对士人实施的是宽松与约束并举的政策，在对文人尊重的同时，还通过对儒学和理学的提倡与推崇，使儒家的伦理道德成为士人自觉遵守的行为规范和内在要求，从而使宋代文学具有浓厚的道学气和正统性。而这种宽松的环境最后必然为文人论政、文人参政提供了平台。

由于宋朝历代帝王对士人的尊重，太祖建国之后很快由一介武夫变成尊儒重文之君，享有“性好艺文”的称誉；太宗更以“锐意文史”而见著史册；真宗则以“道遵先志，肇振斯文”，于是以文化成天下。随着政治社会化的发展，北宋统治阶级的政治思想、政治意识形态也逐渐得到全社会的认同与接受。到北宋中期，较为成熟的北宋政治文化已基本形成。

(1)宋代的教育与科举，选拔人才。科举制度是联结士人与官僚的重要桥梁，是士人阶层进入官僚政治集团的基本保障。宋代帝王做出了倚重文臣、与“士大夫共治天下”的政治选择，大力发展科举制度为各个阶层的知识分子开辟了仕途。

宋朝统治者重视文化，昭令“天下皆立学”，大大刺激了教育事业的发展。其主要表现之一就是官学与私学的兴盛。在整个宋代，不仅经济富庶的地区几乎县县有官学，就是不少经济欠发达的地区官学也比较兴盛。地方官为了发展本地教育，都以不同形式聘请本地学有所成的读书人承担教师。私学在宋代也同样比比皆是，宋代私学的重要形式便是书院的建立与兴盛，闻名后世的北宋四大书院(白鹿洞书院、岳麓书院、应天书院、嵩阳书院)代表了宋初书院教育的最高水平。进入南宋，书院教育更加发达，其数量之多、规模之大、范围之广，几乎取代了官学，成为当时主要的教育组织形式。书院与私学也大量出现，这不仅为广大学子特别是贫寒之士提供了投师受业的途径，也为他们进行理论的研究与交流提供了渠道。据有的学者统计，两宋书院的总数在200~400所。宋代许多名师大儒，诸如朱熹、陆九渊、杨简、吕祖谦等都在书院讲过学，是推动书院的代表人物。

宋朝统治者大大提高士人的政治地位，为士人创造了较为民主、宽松的政治氛围。与宋代重文轻武风气和教育事业发展相适应，两宋读书之风很是流行，知识受到社会的普遍尊重。宋代进士考试比唐代更受礼遇，宋代科举选拔人才不拘一格。自宋太祖、宋太宗以来，不少皇帝在殿试阶段往往亲临试场，甚至亲自阅卷，以表示重视。宋代的官员绝大多数出身进士，是有高度文化修养的士大夫。为了壮大文官队伍，宋朝在科举考试方面进行了多方面改革，增加了录取人数，扩大了选材范围，太宗时还特别注意从孤寒之家选拔人才。如北宋著名的政治家、文学家、思想家范仲淹、李觏、欧阳修、王安石、苏轼、苏辙等，都是出身孤寒之家的知识分子。我国古代科举制度形成于隋朝，发展完善于唐代、宋代。唐代的科举并不完全是依据考试成绩定取舍的，家庭背景、个人的声誉、同权势人物的关系等，都直接影响科举中的成败。唐代士人的仕进途径虽然很多，但是庶族士人的仕途问题一直没有得到很好的解决。宋代的仕进之途虽然没有唐代的路数多，但是由于门阀势力的消亡、科举取士人数的大量增加。为孤寒之士拓宽上升的途径，对国家选拔才德兼备人才发挥了重要的促进作用。

(2)政治地位不断提升。宋代科举制度的完备与公平体系，使更多来自普通家庭的知识分子有机会参与国家管理，有利于提升自身的社会与政治地位。马端临根据《文献通考》统计，唐代289年间科举取士总计约8500名，平均每年不足30人。宋代从太祖建隆元年(960年)到理宗嘉熙二年(1238年)279年间科举取士约4.93万名，年均约176人。一般寒门子弟都可由科举而得官，士人的仕途反而较唐代更为畅通。宋代科举及第后的待遇也不断提高，废除释褐试，进士及第后直接授予官职，而且升迁也较迅速。因此，出现了大批文人从政的现象，经过科举考试迅速崛起的士人阶层，一经入仕便很快成为宋代政治社会的中坚力量。

宋代科举制比唐代更显得公平。唐科举行“公卷”法，考生须在应考前向主考官交送诗文作品，得赏识后才可入考。宋科举用“弥封”“誊录”办法，考生交卷后，密封卷头姓名，编号送誊录院，由宦官监督，誊录官指挥数百名书手抄成考卷副本，再送考官评阅。这些办法，确保了平等取士、公平竞争的环境，引导社会风气朝着公平竞争的方向发展。

为了网罗人才，宋代皇帝多次扩大科举录取名额，并对科举中试者“赐宴”，“赐绿袍靴笏”，赴任时“赐装钱”等。宋代实行“重文轻武”的政策，对文官给予优厚的待遇，文官官俸高，接受的赏赐也重。不仅如此，还可以荫及家人，免除税赋，成为社会上享有特权的“官户”阶层。在皇帝的大力提倡下，不仅官吏武臣在从政之余抓紧时间读书，一般士子也埋头读书，走读书——科举——做官的道路，从而使宋初社会上读书蔚然成风。

宋代士人比较重理智而轻感情，注重个人对国家对社会的政治责任与道德义务，宋代大文学家基本上都是改革家、政治家，或改革的积极参与者。他们怀抱儒家“王道”的政治思想，呼吁改革弊政。广大在野的知识分子积极参政，参政表现在科举制的完善与积极议政，取士不问乡贯门第，贫寒之士怀着通过努力便可进入仕途的理想。议政表现在草泽上书、直言直谏朝政得失乃至皇帝本人，或者是著书立说流传于世。

(3)思想文化方面的转变。时代的推进与政局的变化，使宋代士人心态呈现出新的面貌。忠孝仁义作为个人的道德修养，必须与建功立业、报效国家紧密联系，这才是识书学文的目的所在，也是实现圣人之道的重要途径。

宋初最高统治者将兵权、政权、财权集于中央，各路监司、各州的长官大多重用文人，并以文人掌兵权，根除藩镇割据的后患。同时，宋初统治者又提倡文教，复兴儒学，扭转五代颓风；激励士大夫的忠义节气，养好士风。“兴文教，抑武事”，崇尚文治，奖励儒士是宋代基本国策。体现在内在的修养上，士人追求圣贤人格、实践圣贤之道成为时人的自觉行为；体现在外在则是直言不良的社会现象、以气节相高为人们所称颂。

经过宋代君臣的长期不懈的努力，宋王朝巩固皇权的基本思想和措施、加强中央集权的一整套政策措施和施政方针、适应专制统治的一整套政治活动和方式，逐渐为广大士人所认同与接受，并潜移默化为士人的政治心理倾向。随着政治社会化的发展，北宋统治阶级的政治思想、政治意识形态也逐渐得到全社会的认同与接受。到北宋中期，较为成熟的北宋政治文化已基本形成。

(4)社会责任大幅提升。在救国图治的理念与实践中，士大夫们努力于重建社会秩序，在社会控制、社会组织建设、理想社会构建等重大社会建设问题上提出自己的想法。某些有识之士又能把自己的想法付诸实践，孜孜以求奋发不息。

宋代士大夫遇到了当时的历史机遇，在提升士人的社会地位的同时，极大鼓舞了士人参政的积极性，激发了他们对现实的关注与责任感。仁宗庆历以后，古文运动、儒道复兴运动大势渐成，带动了整个社会、政治、文化风尚的更新，一批朝廷培养的新兴士人阶层的代表人物登上历史舞台，如范仲淹、欧阳修、韩琦、富弼、孙复、石介、胡瑗等，他们提出新的社会政治理想、新的学术思想主张，以自己的人生实践树立起新的人生理想和生活方式。思想的变革随即落实到了政治上，就会产生社会的变革，仁宗时范仲淹等发动庆历革新，神宗时期又有王安石领导的变法运动。

历代文人参政的现象屡见不鲜，但大多以文采突出而从政，少有自己的政治、经济主张。而宋代士人参政的普遍现象则为史罕见，这是由他们的忧患意识所决定的。随着宋代士人地位提升的途径的开拓，越来越多的知识分子参与到国家的管理，在社会地位提升的同时，对社会的责任感也明显提升，激发了他们对现实社会的关注与责任感。宋代士人普遍具有对国家的焦虑和社会责任感，促使他们时时反思时政、主张制度革新，以变革制度促进社会进步，这与前朝文人的任意游侠、放荡不羁是截然不同的。宋代谏事制度，既是自由议论的产物，也保护了自由议论之风。上谏不仅对官员行为进行监督，保证官员权力的正当使用，避免了高官专权，而且也鼓励了直言上谏，大开言路。南宋朝廷软弱，却不乏忠义进谏之士。国难当前，士大夫进取之心和抗敌复国的理想，以忠义之心而敢于直言进谏者大量涌现。正是在这种言论宽松气氛下，宋代知识分子的议政风气，蔚为大观。

（汪良平）

# 11. 宋代书院之风的盛行

书院是中国古代特有的教育组织形式。它以私人创办和组织为主，将图书的收藏和校对，教学与研究合为一体，是相对独立于官学之外的民间学术研究和教育机构。

“书院”之名肇始于唐代，公元718年(唐玄宗开元六年)开始设置丽正殿书院(后改为集贤殿书院)。当时的书院并不是教育机构，而是一种官方的政府机构，其职能主要是为朝廷储藏、校对图书，并备为顾问。《新唐书·百官志二》中有关于集贤殿书院主要职能的记载：“掌勘辑经籍，凡图书遗逸，贤才隐滞，则承旨以求之。谋虑可施于时，著述可行于世者，考其学术以闻。凡承旨撰集文章，校理经籍，月终则进课于内，岁终则考课于外。”严格说来，这时的书院只是宋代馆阁的前身，其设置与教育并无直接关系，但其“书院”之名和其藏书的功能仍为后世书院所承袭。

唐代虽然也开始出现了具有个人读书治学和授徒讲学职能的私人创办的书院，如《全唐诗》试题中出现的李秘书院、杜中丞书院、孝宽中秀才书院、南溪书院、沈彬进士书院等11所书院都是供个人读书治学的地方。此外，在吉水的皇寮书院、漳州的松州书院、德安的义门书院、奉新的梧桐书院中已有关于书院教学活动的明确记载，尽管如此，这类私人书院的规模很小，尚不普遍，而且也没有形成定制，还只能是萌芽时期。

中国古代书院教育制度兴盛于北宋，复兴于南宋，并在宋代进入了其制度化、规范化时期。北宋前期是中国古代书院兴盛的第一个时期。这一时期民间建立了为数众多的书院进行教化，兴建书院也被看成是“偃武教、兴文事”的重要标志。这一时期出现了中国古代著名的书院。正如吕祖谦所说：“国初斯民，新脱五季锋镝之厄，学者尚寡。海内向平，文风日起，儒先往往依山林，既闲旷以讲授……嵩阳、岳麓、睢阳及是洞为尤著，天下所谓四书院者也。”王应麟的《玉海》赞同此说。然而马端临的《文献通考》，却认为四大著名书院应该是白鹿洞、石鼓、应天府和岳麓，有石鼓而无嵩阳，理由是嵩阳书院“后来无闻”。后世学者或采吕、王之说，或采马说，一直没有定论。事实上，除了上述白鹿洞、岳麓、应天府、嵩阳、石鼓五所书院，还应该有茅山书院、华林书院和雷塘书院，虽然后来的变迁各不相同，但是这些书院都代表了宋初书院教育的最高水平，在中国书院教育史上独树一帜，占有重要的地位，对宋以后的中国古代教育产生了深远的影响。

宋初的书院分为三种类型：一种是民办官助的书院，如白鹿洞书院、应天府书院、嵩阳书院、石鼓书院等。这些书院一般都是由民间发起创建，但在经办过程中得到朝廷不同形式的资助。另一种是官办的书院，如岳麓书院、秀溪书院，等等。这些书院从一开始就由官方经办。上述两种书院，在北宋中期以后或者衰落沉寂下去，或者转为州县官学。如秀溪书院转为洪州州学，应天府书院转为南都府学，石鼓书院转为衡州州学。第三种是民间经办的家族式书院。这些书院完全由民间创建，主要依靠家族的财力维持书院的经营，因而存世时限较短。

就书院的分布来看，一些影响较大的著名书院主要分布在东京开封附近和江西、湖南等地。集中在东京附近的书院，如应天府书院、嵩阳书院，官学色彩较为浓厚，反映了这些书院与朝廷的关联更为深厚。而集中在江西一带的书院，则反映了唐末五代至宋初浓厚的家族文化渊源。

宋初书院之所以能够兴盛，主要原因如下：官学的低迷与士子求学苦无其所的矛盾是宋初书院兴盛的直接原因。朱熹在《衡州石鼓书院记》分析其原因在于："余惟前代庠序之教不修，士病无所于学，往往择胜地而立精舍，以为群居讲习之所，而为政者或就而褒表之，若此山，若白鹿洞之类是也。"由此看来，朱熹认为宋初书院兴盛原因在于，唐末五代的长期战乱，使得唐末、宋初官学长期处于低迷不振的状态，士子求学，苦无其所，在这种情况下，一些好学之士便在山林名胜僻静安全之所建屋藏书，读书求学进而聚徒讲学。这是宋初书院兴盛的直接原因。

北宋初年出现的崇尚文治、讲求学业的和平局面是宋初书院得以兴盛的外在环境因素。南宋学者吕祖谦在《白鹿洞书院记》中，也谈到宋代书院兴盛的原因，"国初斯民，新脱五季锋镝之厄，学者尚寡。海内向平，文风日起，儒生往往依山林，即闲旷以讲授，大率多至数十百人。嵩阳、岳麓、睢阳及是洞为尤著，天下所谓四书院者也"。由此看来，长期战乱结束后，出现的崇尚文治、讲求学业的和平局面，为书院的产生提供了良好的外界环境。这是宋初书院兴盛的外在环境因素。

宋朝廷崇尚儒术，推行文治的政策，是宋初书院得以快速发展的重要因素。李才栋认为，宋初提倡文治，不断扩大科举考试的规模，但同时国家又无力创办大量的官学。而书院的兴起，既满足了广大士子读书求学的愿望，又缓解了朝廷崇尚文治而又教力不足的矛盾，为政府培养了大批文治人才，因而朝廷对书院给予多方面的表彰和赞助。这一点，正像吕祖谦在《白鹿洞书院记》中所说："祖宗尊右儒术，分之官书，命之禄秩，赐之匾榜，所以宠绥之者甚备。"这方面的事例很多，像宋初著名的白鹿洞书院、岳麓书院、应天府书院和嵩阳书院，都曾先后得到朝廷的赐书和赐额。这些赞助措施，无疑是促进宋初书院兴盛的直接动因。

佛教禅林讲学制度的影响，也是书院形成的主要原因之一。佛教自西汉末、东汉初开始传入中国，至唐朝，佛教重要派别禅宗流行。禅宗把禅定作为修养的重要途径之一。认为只要静坐敛心，专注一境，久之达到身心"轻安"、观照"明净"的状态，即成禅定。为此，佛教徒往往在山林名胜之处建立禅林精舍，从事于坐禅。而佛教高僧讲经"通常采用升堂讲说、质疑问难等方式"，这些方式显然对书院讲学制度产生了深远的影响。因此，宋初的书院往往选择名山胜地建立精舍并实行讲会制度，显然是受到禅林的影响。

北宋科举制度的不断发展，尤其是科举取士规模日益扩大，也是促进书院发展的重要因素。科举制度自隋唐产生以来，就成为中国中下层民众改变自己社会地位的重要途径。宋代为了贯彻其重文的政策，鼓励社会民众通过科举考试取得功名，并进一步扩大了科举考试录取的名额，在这种情况下，一方面是地方官学基本处于空白，另一方面全国各地应举人数急剧增多，士儒读书仕进的热情不断提高，书院成为广大士儒读书求学的首选，由此直接刺激了书院教育的发展。除此之外，雕版印刷术的普及应用，也是促使宋代书院兴旺发展的重要原因。

宋代书院的职能与唐末的书院相比较已经发生了明显的转变，这时书院已经从唐代单纯以藏书或私人读书之所转变为以招收生徒并加以教化的教育机构，尽管它也继承了唐代书院的一些传统，如它也是读书、藏书的场所，但是书院及其职能已经发生了根本的转变。值得注意的是，这一时期书院的兴盛，主要是因为官方教育体系尚未确立，书院暂时代替了地方官学的教育职能，它们本身缺少独立的教育内容和学术特色，传统私塾的性质还非常明显，正如明代李东阳所说："书院之作，乃古庠序之遗志，宋之初，学校未立，故盛行于时。"到北宋中期宋仁宗庆历兴学之后，随着国家太学、州县学教育体制逐渐完善，官方学校迅猛发展，书院其地方教育中心的地位被取消，在这种背景下，部分书院逐步与官学合流，另一部分书院也不可避免地衰落下去。朱熹在《衡州石鼓书院记》一文中也曾谈到北宋书院的衰落之势："至本朝庆历、熙宁之盛，学校之官遂遍天下，而前日处士之庐无所用，则其旧迹之芜废，亦其势然也。"南宋学者所撰《爱日斋丛钞》也称："昔洪景卢论州郡书院，但及白鹿、应天、岳麓，谓'庆历中，诏诸路州郡皆立学，设官教授，则所谓书院者，当合而为一。'"这是导致书院衰落的直接原因。

北宋中期以后，有关科举考试和学校教育方面的法令条规日益严格。一方面，朝廷屡下诏令，禁止士子离籍寄应，各地学校只能招收本地籍贯的士子读书。由此使一向以广招天下有志之士为宗旨的书院的生源受到了严重的影响；另一方面，科举考试要求应举士子提供官给文书作为担保，否则便失去应举的资格。在这种情况下，书院除了官学化之外，便无力提供相应的官给文书，因而不可避免地沉寂下去。而且，朝廷对于官学之外的其他私人讲学机构也严格控制，使得民间创办的书院几乎完全失去了生存的空间。对于这一点，宋代学者陈傅良曾作如下分析："当是时，州县犹未立学，所谓下九教授未有显者，而四书院之名独闻天下。上方崇长褒异之者甚至，则其成就之效博矣。熙宁初，行三舍之法，颇欲进士尽由学校，而乡举益重教官之选，举子家状必自言尝受业某州教授，使不得人自为说。崇宁以后，舍法加密，虽里闾句读童子之师，不关白州学者皆有禁。诏令诚甚美，然由是文且胜而利之念多，老师宿儒尽向之。"显然，学校法令的日益苛密和科举考试对举子家状文书的严格要求，成为北宋书院衰落的直接原因之一。

此外，书院院产和学田的失落也是导致北宋书院衰落的重要原因。据史书记载，白鹿洞书院，洞主明起于980年(太平兴国五年)，"以其田入官，故爵命之，白鹿洞由是渐废"。1074年(熙宁七年)，朝廷颁诏："州学已差教授处，管下有书院并县学旧有钱粮者，并拨入本学。"至此，全国范围内的书院学田便完全以法律的形式转入官学名下，书院就此完全失去了生存的条件。加之，北宋末年战乱不断，一些书院毁于兵火。这时书院作为一种教育机构暂时退出了历史舞台。

进入南宋以后，书院开始复兴，进入了其发展的第二个高峰时期。书院之所以在这一时期得以复兴与南宋以后的理学发展、官学的衰落、科举的腐败以及佛教禅林讲经的盛行有着直接的关系。

南宋以后理学在发展过程中屡次遭到朝中权贵的排抑，并在庆元党禁中被斥为伪学，禁止在官学传播。南宋理学家为了专研学术，讲明义理之学，广泛传播自己的思想，扩大影响，积极发展和推广民间的书院教育，创办书院、宣讲性理，并且以书院为论坛，争鸣学术，指论朝政。在南宋著名理学家的热心提倡和推动下，各地纷纷建立书院。据初步统计，在理宗朝，仅向朝廷请求赐匾或奏请设置的书院就有18所。其他自行创置，或由守令创建的书院为数更多，实际数量已经无法统计。

南宋官学虽然在形式上呈现持续发展的势头，各级地方官学的数量和规模比较可观，但是，这时的官学基本上沦为科举的附庸，教学内容完全是科举利禄之学，学术风气极为淡薄，士子入学，"非图铺啜以给朝夕，则假衣冠以诳流俗，迂阔于事，无补于时"。朱熹在《学校贡举私议》中对于这种现象给予了严厉的批评："所谓太学者，但为声利之场，而掌其教事者，不过取其善为科举之文，而尝得隽于场屋者耳。士之有志于义理者，既无所求于学，其奔趋辐辏而来者，不过为解额之滥，舍选之私而已。"叶适在《学校》一文中也指出，“今州县有学，宫室廪饩无所不备，置官立师远于汉、唐甚矣，惟其无所考察而徒以聚食，而士之俊秀者不愿于学矣”。因此，虽然南宋的地方官学拥有优越的办学条件，并享有较好的物质待遇，却不能开展正常的教学活动，因而受到有志之士的轻视。相反具有比较高的教学质量、形式灵活、学术风气浓厚的书院，却得到有志之士的青睐，获得较大发展余地。

科举制度的弊端，导致了官学的衰败和士学风气的堕落，这与一些志趣高洁、仰慕圣学的学者不讲功名利禄、专行研究学问的基本目的完全是背道而驰的，为此，他们更愿意到推崇修己之道、讲究自由讲学的书院学习、研究。在这种背景下，许多著名的书院标明办学宗旨是为了弘扬圣人之学、克服科举的弊端，并为有志于学术的士子提供学习的机会。朱熹在《石鼓书院记》一文中就曾明确指出：石鼓书院的重建，“将以俟四方之士有志于学，而不屑于课试之业者居之”。他为岳麓书院制定的教育宗旨着意强调：“凡使为学者知所当务，不专在区区课试之间。”为此，朱熹在经办白鹿洞书院的时候，还专门从参加当年省试待补试的士子中挑选优秀的人才到白鹿洞书院深造，要让他们在书院学到真正有用的学问。在朱熹看来，科举记诵之学，不足以副“国家之所以取士与士之所以为学待用之意”。在这种意义上，张栻在谈到岳麓书院的教育目标时，指出创建书院的目的不是“但为决科利禄计乎？亦岂使子习为言语文辞之工而已乎？盖欲成就人才，以传道而济斯民也”。正是基于上述原因，南宋书院在安排学习课程的时候，虽然也不排除科举之学，但更多的时间是用来学习那些不附科举的经史学问。如明道书院每月 3 旬，只有下旬用来学习举业课程，至于白鹿洞书院和岳麓书院这样著名的书院，则主要讲授性理之学，不拘于区区课试之业。元代学者吴澄在评价南宋书院复兴的原因时这样说道：“余谓书院之肇创重兴与夫今之增饰，前后有四。刘氏道同志合，岂苟然者哉？开宝之肇创也，盖惟五代乱离之余，学政不修，而湖南僻远之郡，儒风未振，故俾学者于是焉而读书。乾道之重兴也，盖惟州县庠序之教沉迷俗学，而科举利诱之习蛊惑士心，故俾学者于是焉而讲道，是其所愿望于来学之人，虽浅深之不侔，然皆不为无意也。”由此可见，与北宋书院的兴盛相比，南末书院所面临的社会和教育问题更为复杂，因而书院承担的使命也更为艰巨。

如果说北宋时佛教禅林讲学对书院的兴盛是正面影响的话，南宋时期佛教对书院复兴的影响，则主要体现为一种负面的反衬作用，成为南宋书院复兴的理由之一。南宋理学认为，既然禅林遍布天下而人不以为多，那么，仅仅在一州一郡设置一两所书院就没有理由斥之为多余了。因此，当朱熹要求重振白鹿洞书院遇到阻挠的时候，他严肃地指出：“臣昨任南康军日，尝具奏，乞赐白鹿洞书院敕额及乞以太上皇帝御书石经并版本《九经注疏》，给赐本洞；今亦未蒙施行，而朝野喧传，相与讥笑，以为怪事。……窃意有司所以不能无疑于臣之请，故未必皆如讥笑者之言，殆必以为州县已有学校，不必更为烦废耳。如其果然，则臣请以质之。夫先王礼义之宫与异端老佛之居，孰正孰邪？三纲五常之教与无父无君之说，孰利孰害？今老佛之宫遍满天下，大都至逾千计，小邑亦或不下数十，而公私增益，其势未已。至于学校，则一郡一邑仅一置焉，而附郭之县或不复有。盛衰多寡之相绝至于如此，则邪正利害之际亦已明矣。”

在这种背景下，南宋书院教育在理宗朝达到鼎盛。这一时期的书院不仅在数量上和地域分布上都在北宋初年的基础上有了大幅度的扩展；而且书院内部的设施和功能以及规章制度都更加完备。

从书院的数量和分布来看，尽管迄今尚无关于两宋书院数量的确切统计数字，但相关学者的研究认为，两宋书院的数量大致在 200 至 400 所之间，其中，北宋和南宋的书院数量比例大致为 2∶8。由此可见，南宋书院数量应该是北宋书院的 4 倍，甚至还要多。以江苏省为例，宋代创办的书院总共 19 所，其中北宋只有茅山书院 1 所，创办于南宋的书院则有 18 所，二者的比例是 1∶18。安徽省在宋代创办的书院总共约 12 所，其中北宋只有1所，南宋11所，二者的比例是1∶11。另如：浙江四明地区在北宋没有1所书院，进入南宋以后，则先后创办了贸山、翁州、岱山、慈湖、甬东5所书院。就书院的总数而言，南宋也比北宋有大幅度的增加。据南宋学者叶某《爱日斋丛钞》的不完全统计，南宋各地正式上报朝廷批准登记的书院就有30余所。

另据《续文献通考·学校考·书院》统计，南宋初创的书院约为167所，主要分布在今江苏、安徽、浙江、江西、湖广、福建、四川等地区。其中，江苏和安徽一带的书院约为19所，浙江一带的书院约为23所，江西一带的书院约为39所，湖广一带的书院约为23所，四川一带的书院约为13所，广东一带的书院约为8所，广西一带的书院约为6所，福建一带的书院约为33所。从上述记载的情况来看，南宋书院几乎遍布长江以南的各个省区，而北宋书院却主要分布在今河南、湖南、江西几个省区。南宋书院的分布范围和密度也大大超过了北宋，这是南宋书院复兴的重要标志之一。

南宋书院复兴的另一主要标志是，北宋中期以后逐渐衰落的著名书院，到南宋时大多得到恢复和重建，如北宋著名的白鹿洞书院、岳麓书院、嵩阳书院、石鼓书院、茅山书院等相继在南宋得到了修复。尤其是茅山书院分别在南宋端平、淳祐、咸淳年间被3次修复和重建。石鼓书院在1184年（南宋淳熙十一年）以后，先后两次恢复重建。1165年（乾道元年）理学家刘珙决定在废墟上重建岳麓书院，不到半年，书院落成，刘珙请平民理学家彪居正担任山长，聘请著名理学家张栻教授学生20人。1188年（淳熙十五年）时任安抚使的潘畤对书院进行了扩建，将学生名额增加到30人。1194年（绍熙五年）朱熹到岳麓书院视察，对教学提出改进意见，又选自己的学生黎贵臣到岳麓书院担任讲书。至此岳麓书院成为南宋理学教育的主要阵地。此外，1182年（淳熙九年）著名的白鹿洞书院也在朱熹的积极推动下重建，由朱熹亲自担任书院的“洞主”，倾注了很多心血。在朱熹等人的努力下，1162年到1194年间，宋代的许多著名书院都得以恢复和重建，并在此基础上取得了引人注目的发展。如湘湖学派的胡宏则先后在碧泉、道山书院讲学，晚年又请求主教岳麓书院。南轩学派的张栻，则常年主持岳麓书院教席。陆九渊在江西贵溪应天山（后改名为象山）创建精舍，作为讲学的场所，并且应邀到白鹿洞书院讲学。其他理学家如吕祖谦、魏了翁、真德秀等，都是热心推进书院教育的代表人物。

南宋书院通过对自身的改造、调整，最终形成了自己在教学、管理上的风格和特色，它代表了中国古代书院教育的最高水平，成为中国古代书院教育模式的典范。

北宋初期的书院作为一种教育机构的雏形，其各方面的功能和设施尚不完善，书院本身区别于官学和其他教育形式的一些特点还比较模糊，南宋以后的书院除了在重建或修复过程中进一步完善了书院的硬件设施，如一般的书院都先后营建了礼殿、藏书阁、舞雩亭、湘西精舍、诸生斋舍以及供奉先圣先贤的祠堂亭阁等设施外，教育经费也较北宋时期更加充足。北宋时期书院的经费除了少数书院得到了官府的资助外，大部分书院的经费主要依靠民间自筹。南宋以后，政府将学田以制度化的形式固定下来拨给书院，从而改善了书院的办学条件，为南宋书院的持续发展奠定了物质基础。

与北宋初期的书院相比，南宋的书院不论是在书院的职事设置上，还是在教育的组织管理上都形成了自己的特点。南宋书院在北宋书院的基础上，形成了以山长、洞主或洞长为主要管理者，下设堂长、讲书、堂录、堂宾、直学、讲宾、司计、掌书、掌祠、医谕和职事生员为协助管理的书院管理体制，由此可见书院教育的管理水平较北宋有了明显的提高，从而使得书院教学管理形式更加规范和制度化。

在教学组织形式上，南宋书院不仅继承了北宋以来的问难论辩式的教学方式，而且在此基础上进一步实行较为开放的自由讨论学术的教学方式，强调学生以自学为主，师生共同研习。同时实行讲会制度，经常聘请社会名流或其他书院的学者到书院主持讲会，南宋著名的理学家朱熹、陆九渊都曾到岳麓书院、白鹿洞书院讲学，南宋书院的这种相对自由开放的教学制度使得南宋书院成为名师荟萃的学术中心，从而大大提高了书院的学术地位和社会影响力。

南宋书院除了在教学上形成了自己的特色，在书院的规章制度建设上也更加完备。南宋书院主要通过制定学规来确定各自的规章制度。其中最具代表性的学规有两种主要类型：一是以朱熹制定的《白鹿洞书院揭示》为代表，主要通过规定书院的教育宗旨、教学方法和道德行为规范为主要内容。白鹿洞书院学规的主要内容包括："五教之目"："父子有亲，君臣有义，夫妇有别，长幼有序，朋友有信"，此乃书院的教学内容；"为学之序"："博学之，审问之，慎思之，明辨之，笃行之"，此乃书院学习方法和过程；"修身之要"："言忠信，行笃敬，惩忿窒欲，迁善改过"，此乃书院的道德修养方法和原则；"处事之要"："正其义，不谋其利；明其道，不计其功"，此乃书院的处世原则；"己所不欲，勿施于人，行有不得，反求诸己"，此乃书院制定的交往准则。二是以建康明道书院学规为代表，主要规定书院内部的管理条款和细则。对学生入学方式的规定为："士之有志于学者，不拘远近，诣山长入状帘，引疑义一篇，文理通明者，请入书院，以杜其泛。"书院教学与课程安排："每旬，山长入堂，会集职事生员，授讲、签讲、复讲如规。三八讲经，一六讲史，并书于讲簿。每月三课，上旬经疑，中旬史疑，下旬举业。"对学生学业的考核规定："文理优者，传斋书德业簿。诸生德业修否，置簿书之，掌于直学，参考黜陟。"对学生服装的规定："职事生员出入，并用深衣。"对学生假期的规定："请假有簿，出不书簿者，罚。一应书院士友，不得出外请谒投献，违者议罚。有讼在官者给假，事毕日参。请假逾三月者，职事差替，生员不复再参。凡谒祠、听讲、供课，若无故而不至者，书于簿。及三，罢职、住供。"

宋代书院兴盛的两个不同时期，各自有不同的特点。尤其是南宋书院的复兴，把宋代的教育事业推向了一个高潮，对宋代学术文化的发展起到了推波助澜的积极作用。

（郭娅）

# 12. 柳永、苏轼的艺术创造与宋词的辉煌

词，是我国古代诗歌的一种。它始于梁代，形成于唐代而极盛于宋代。词初名曲、曲子、曲子词。简称“词”，又名乐府、近体乐府、乐章、琴趣，还被称作诗余、歌曲、长短句。归纳起来，这诸多名称主要是说明词与音乐的密切关系及其与传统诗歌不同的形式特征。词大致可分小令(58 字以内)、中调(59~90 字)和长调(91 字以上，最长的词达 240 字)。词调中除少数小令不分段称为“单调”外，大部分词调分成两段，甚至三段、四段，分别称为“双调”“三叠”“四叠”。词分为“片”或“阕”。“片”即“遍”，指乐曲奏过一遍。“阕”原是乐终的意思。一首词的两段分别称上、下片或上、下阕。词虽分片，仍属一首。故上、下片的关系，须有分有合，有断有续，有承有起，句式也有同有异，而于过片(或换头)处尤见作者的匠心和功力。词有词牌。词牌的产生大体有以下几种情况：沿用古代乐府诗题或乐曲名称；如《六州歌头》；取名人诗词句中几个字，如《西江月》；据某一历史人物或典故，如《念奴娇》；还有名家自制的词牌。词发展到后来逐渐和音乐分离，成为一种独立的文体。

词发展到宋代，逐渐形成婉约和豪放两派风格。婉约派的词，其风格是典雅温婉、曲尽情态；像柳永的“今宵酒醒何处？杨柳岸，晓风残月”、晏殊的“无可奈何花落去，似曾相识燕归来”、晏几道的“舞低杨柳楼心月，歌尽桃花扇底风”等名句，不愧是情景交融的抒情杰作，艺术上有可取之处。豪放词作是从苏轼开始的。他把词从娱宾遣兴的天地里解放出来，发展成独立的抒情艺术。山川胜迹、农舍风光、优游放怀、报国壮志，在他手里都成为词的题材，使词从花间月下走向了广阔的社会生活。从我们今天读者的情趣来看，像“大江东去”之类的豪放派的作品更易于接受。

公元 960 年赵宋政权建立后，先后兼并了各地割据的势力，社会经济文化日趋繁荣。宋代文化，以其独有的制度文化、精神文化与物质文化特质，在中国中古文化转型的新变中占有举足轻重的地位。作为宋代一代之文学代表的宋词，是中国古代文学皇冠上光辉夺目的一颗巨钻，在古代文学的阆苑里，她是一块芬芳绚丽的园圃。她以姹紫嫣红、千姿百态的风神，与唐诗争奇，与元曲斗妍，历来与唐诗并称双绝，都代表一代文学之胜。宋词作为文化载体，映现出宋代文化的斑斓色彩和熠熠光辉。

北宋之初，北宋词坛深受后蜀赵崇祚及南唐中主李璟、后主李煜及大臣冯延巳的词风影响，北宋前期重要词作家如张先、晏殊、宋祁、欧阳修以至晏几道等，都是承袭南唐《花间》遗韵的，晏欧之词，甚至有与《花间》《阳春》(冯延巳词集名)“相杂”者。北宋初期的词作家的作品，大多气象高华而感情深沉，各具个性，“士大夫之词”的格调成熟了。尤其是晏殊之子晏几道，落拓不羁，其词“清壮顿挫”，更胜其父。柳永则是其时进一步发展词体的重要作者。他长期落魄江湖，因此在其词中更能体现一部分城市市民的生活和思想感情，而且能采用民俗曲和俗语入词，善用铺叙手法，创作大量慢词。柳词具有广泛的社会基础，在当时市民阶层中传唱最盛，形成宋词的新潮。

北宋中期苏轼的登场，使词坛上耸峙起气象万千的巨岳。他不仅倡导豪放词风，“指出向上一路”(王灼《碧鸡漫志》)，且“无意不可入，无事不可言”(刘熙载《艺概》)，词的境界更大为拓展。苏门弟子及追随者秦观、黄庭坚、贺铸等都能各自开辟蹊径，卓然成家，在词坛呈现万紫千红的繁荣景象。尤其秦观的词深婉而疏荡，与周邦彦的富艳精工、李清照的清新跌宕如天际三峰，各超婉约词之顶巅。尤其是生在南渡前后的李清照，既在词里描写她深闺孤独无依的生活，同时还抒发她南渡以后国破家亡的痛苦心情，在两宋词家中取得了杰出的成就。

南宋以后，民族矛盾尖锐，从宋金抗争到元蒙灭宋，爱国歌声始终回荡词坛，悲壮慷慨之调，应运发展，把豪放词风提高到一个新层次。张元干、岳飞、陆游、辛弃疾、陈亮、刘克庄、刘辰翁、文天祥等，如连峰叠嶂，峥嵘绵亘。其中以辛弃疾的成就为最高，他一生有词600多首，这些作品悲歌慷慨，意气昂扬，足以警顽起懦，激励人心，在思想和艺术上都达到了两宋词家的最高水平。辛弃疾在宋词人中创作最为丰富，历来与北宋苏轼并称“苏辛”，但各有特色。南宋时期还有许多杰出词人对婉约词风进一步开拓，宛如丛丛奇葩争胜，也不可能都用婉约一格来概括。

纵观整个宋代词坛，柳永和苏轼两人对词的发展起到了举足轻重的作用，正是由于柳永和苏轼在创作上的重大突破，词在形式上和内容上才得到了巨大的发展。

白衣卿相柳永(约987—约1053年)，原名三变，字耆卿，崇安(福建崇安)人，在家排行第七，又称柳七，官至屯田员外郎，故世称柳屯田。柳永兄弟三人，长兄三复，次兄三接，都才华出众，三兄弟被人称为“柳氏三绝”。柳永在扩大词境、发展慢词、丰富词作表现手法上都有杰出贡献，其作品集《乐章集》传词将近200首。

柳永少年时到汴京应试，由于擅长词曲，熟悉了许多歌妓，并替她们填词作曲，表现出一种浪子作风。当时有人在仁宗面前举荐他，仁宗批了四个字说：“且去填词。”柳永在受了这种打击之后，别无出路，就只好以开玩笑的态度，自称“奉旨填词柳三变”，在汴京、苏州、杭州等都市过着一种流浪的生活。大约在他饱经封建统治阶级的白眼，少年时的“怪胆狂情”逐渐消退时，才改名柳永，考取进士，在浙江的桐庐、定海等处做过几任小官。晚年死于润州(江苏镇江县)。柳永一生都在烟花柳巷里亲热唱和，大部分的词诞生在笙歌艳舞、锦榻绣被之中，当时歌妓们的心声是：“不愿君王召，愿得柳七叫；不愿千黄金，愿得柳七心；不愿神仙见，愿识柳七面。”柳永晚年穷愁潦倒，死时一贫如洗，是他的歌妓姐妹们集资营葬。死后亦无亲族祭奠，每年清明节，歌妓都相约赴其坟地祭扫，并相沿成习，称之“吊柳七”或“吊柳会”。

从柳永开始，宋词才显出自己的艺术面目，才渐渐走上独立发展的道路。作为北宋第一个专力作词的词人，大量的慢词作品及其成功的创作经验，是柳永在中国文学史上的重大贡献。慢词分片有双调、三叠、四叠，其中又有换头、双拽头等，体制方面也比小令复杂。因此，慢词创作时在构思、表现方法、布局结构等方面都要适应其艺术形式的特殊要求。

慢词的创作并非始于柳永，在他以前的词坛上已有少数的慢词了。但由于柳永的创作，慢词这种艺术形式才引起社会的重视，才展示出它的艺术特长，也才赋予这种艺术形式以新的生命。柳永创作慢词所依据的词调主要是北宋建国50余年以来民间流行的新声。柳永在为民间新声谱词、改制和增衍旧曲过程中，创作了大量的慢词，并使许多慢词的词调由此而固定下来，大大改变了许多慢曲有声无调的状况，使慢词的形式趋于定型。柳永在长期的都市生活中，特别是长期流连坊曲，发现并爱上了这种市民所喜闻乐见的新的艺术形式，而且以自己的艺术天才征服了它。他描写都市的繁华富庶、风俗民情，反映新兴市民的生活情趣，备述羁旅行役之苦，表现歌妓的复杂思想情感，以及个人的各种生活感受，便主要采用了慢词的形式。在慢词创作的艺术方面，柳永也取得了很大的成功，具有开创意义，为以后的宋代词人提供了许多非常宝贵的写作经验，有许多词是永远被视为慢词的典范之作的。可以说，柳永是慢词的开创者。

柳词在内容上的拓展与贡献主要集中在三方面。一是描写城市的繁荣景象和市民的生活风尚，以《望海潮》最为有名，这是一首最早出现的，由文人创作的长调慢词，它形象地描绘出钱塘江的秀美景色和繁华富庶。柳永在词中写道："东南形胜，三吴都会，钱塘自古繁华。烟柳画桥，风帘翠幕，参差十万人家。云树绕堤沙，怒涛卷霜雪，天堑无涯。市列珠玑，户盈罗绮竞豪奢。重湖叠巘清嘉，有三秋桂子，十里荷花。羌管弄晴，菱歌泛夜，嬉嬉钓叟莲娃。千骑拥高牙，乘醉听箫鼓，吟赏烟霞。异日图将好景，归去凤池夸。"相传金主完颜亮读完这首词之后，"起投鞭渡江之志"（见《鹤林玉露》），虽不可靠，却可以想见它的社会影响。二是描写男女情爱。柳永存词约212首，其中情词149首，约占全部词作的70%。这类词中有表现下层人民不幸以及作者对他们的深切同情的，如《定风波》；有写妓女的悲苦和她们对轻薄男子怨恨的，如《少年游》；有写妓女渴望自由、渴望真正爱情生活的，如《迷仙引》。这类歌词特别赢得了宋元时期歌妓们的爱好。三是描写抒发自己羁旅行役的生活和感慨。《雨霖铃》《八声甘州》《夜半乐》是这部分词的代表作。"叹年来踪迹，何事苦淹留"（《八声甘州》）、"今宵酒醒何处？杨柳岸，晓风残月"（《雨霖铃》），道出了居无定处，四海漂泊的乡思愁怀；"念去去千里烟波，暮霭沉沉楚天阔"（《雨霖铃》）、"败荷零落，衰杨掩映"（《夜半乐》）和"是处红衰翠减，苒苒物华休"（《八声甘州》）中主人公颓唐的心情将秋日景象涂抹上浓重的阴影。词人的离愁别绪与冷落清秋的景物相互交融，达到了高度的艺术境界。大致说来，描写男女爱情的作品多以俗取胜，描写旅况及都市繁华的作品多以雅取胜，当然两者都不是绝对的，俗中可能偶现雅调，雅中可能不断俗情。

柳词里还有部分庆赏节令或称颂朝廷功德的作品，主要在为宋王朝点缀升平，同时也想借此博得功名，甚至"打抽丰"。许多为妓女写的词，还沾染了青楼调笑的作风。从柳永身上，可以看到一个缺乏理想的词人，即使接触的生活面较广，艺术表现的手法较高明，也掩盖不了他思想本质上的缺陷。

由上述可见，以都市民众的观点较客观地对北宋社会升平、经济繁荣的赞颂，以封建统治阶级的叛逆者鄙弃功名利禄的思想和放浪的生活态度，对传统思想和封建礼教作嘲讽与批判，以人道的同情表达社会下层妇女，特别是贱民歌妓的痛苦呼声，这就是柳词的基本思想内容。就柳词的遣词用语的通俗与音律和谐而言，它确是词家的本色正宗，故称为正体之一。它除了词语通俗、音律和谐之外，还具有真实、自然、形象鲜明生动、结构严谨等特点。这些特点构成柳词特殊的风格，表现出一种"真率明细"的特征，因此，柳词能自成一体，在百花争艳的宋代词苑中放出耀眼的异彩。

作为第一位对宋词进行全面革新的大词人，柳永对后来词人影响很大。南北宋之交的王灼即说"今少年""十有八九不学柳耆卿，则学曹元宠（组）"；又说沈唐、李甲、孔夷、孔榘、晁端礼、万俟咏等六人"皆有佳句"，"源流从柳氏来"（《碧鸡漫志》卷二）。即使是苏轼、黄庭坚、秦观、周邦彦等著名词人，也无不受惠于柳永。柳词在词调的创用、章法的铺叙、景物的描写、意象的组合和题材的开拓上都给苏轼以启示，故苏轼作词，一方面力求在"柳七郎风味"之外，自成一家；另一方面，又充分吸取了柳词的表现方法和革新精神，从而开创出词的一代新风。黄庭坚和秦观的俗词与柳词更是一脉相承。秦观的雅词长调，其铺叙点染之法，也是从柳词变化而出，只是因吸取了小令的含蓄蕴藉而情韵更隽永深厚。周邦彦慢词的章法结构，同样是从柳词脱胎。北宋中后期，苏轼和周邦彦各开一派，而追根溯源，都是从柳词分化而出，犹如一水中分，分流并进。

柳永之后，宋代又出现了另一位词坛巨匠，他就是大文豪苏轼。苏轼诗、词、散文里所表现的豪迈气象、丰富的思想内容和独特的艺术风格，是欧阳修、梅尧臣等所倡导的诗文革新运动进一步发展的成果，表现了北宋文学的最高成就。相对于诗歌、散文而言，苏轼的词相比他的诗有更大的艺术创造性。他突破了以前离愁别绪、男女恋情的老套，将悼古、怀旧、记游、说理等诗材皆纳入词的表达范围，给词以更深广的意境，一改晚唐五代词家的婉约之风，开创了词的豪放一派。

苏轼(1037—1101年)，字子瞻，号东坡居士。宋代眉州(今四川省眉山市)人，是北宋著名文学家、书画家。父苏洵、弟苏辙都是著名古文学家，世称“三苏”。由于家庭的教育，前辈的熏陶，以及他自己的刻苦学习，青年时期的苏轼就具有广博的历史文化知识和多方面的艺术才能，受到欧阳修、梅尧臣等文坛前辈的称许。苏轼生长在号称“百年无事”的北宋中叶，诗文革新运动已取得胜利，社会文化又一次出现了繁荣的景象。同时由于豪强的兼并，边备的松弛，官僚机构的庞大而无能，北宋王朝的内外危机正在暗中滋长。苏轼少年时期就积极关心当时社会的人情风俗和北宋王朝的政治措施，希望能继承范仲淹、欧阳修等的事业，在政治上有所改革。

同王安石一样，苏轼对北宋积贫积弱的局势也感到不安，希望加强封建王朝的统治。仁宗末年，他向朝廷上制策，提出厉法禁、抑侥幸、决壅蔽、教战守等主张，要求“励精庶政，督察百官，果断而力行”(见《辩试馆职策问札子》)，表现出一个要求改革的政治家风度。但由于苏轼30岁以前绝大部分时间过的是书房生活，没有认清当时社会因豪强兼并而引起的危机，因此他的改革多从总结历史经验出发，强调“任人”而忽视变更“法制”，尤其反对激进的措施。当神宗初年王安石实行打击豪强地主的新法时，他就上书反对，并以此出任杭州通判，转知密、徐、湖三州。1079年(元丰二年)苏轼因作诗讽刺新法，被捕下狱，出狱后，责授黄州团练副使。苏轼这时期在政治上的保守态度一定程度上限制了他在文艺上的成就。他当时写的部分诗文就片面夸张了新法推行时的流弊，助长了旧党的声势，影响了新法的实施。贬官黄州以后，他在郡城旧营地的东面辟地耕种，有较多机会接近下层人民，政治态度有所改变。但是政治上的挫折，也滋长了他逃避现实和怀才不遇的思想情绪。在祖国雄伟的江山和历史英雄人物的激发之下，苏轼写出一些著名的散文和词篇，如《赤壁赋》《后赤壁赋》《念奴娇》(赤壁怀古)等。

1085年，哲宗即位，旧党执政，苏轼被召还朝，任翰林学士。苏轼在新法推行时虽上书神宗表示反对，但对“裁减皇族恩例，刊定任子条式，修完器械，阅习旗鼓”等裁抑贵族特权、增强国防力量的措施，却表示赞同(见《上神宗皇帝书》)。多年地方官吏的经历，也使他对社会矛盾和新法的某些好处有了进一步的了解。这时司马光等旧党要废除一切新法，他“深虑数年之后，取吏之法渐宽，理财之政渐疏，备边之计渐弛”，主张对新法“校量利害，参用所长”，反对执政大臣的一意孤行，又以此受到旧党里程颐一派的攻击，出知杭、颍、定三州。到他59岁时，新党再度执政，他先后被贬官岭南的惠州和海南的琼州。苏轼在历任地方官吏时，比较关心人民疾苦，在兴修水利、改进农业生产等方面做了不少有利于人民的事情。这时的新党又只知利用新法加深对人民的剥削，他的处境就比较得到人民的同情。在琼州3年，他多方鼓励、培养当地后一辈的学者、文人，和当地少数民族也能和睦相处，因此生活虽十分艰苦，但没有改变他对生活的乐观态度和旺盛的创作力。徽宗即位，他因大赦内徒，次年7月卒于常州。

从苏轼的履历来看，他做官是不成功的，他的主要功勋在文学创作上。苏轼是唐宋古文八大家之一，同时还是宋代四大书法家(苏、黄、米、蔡)之一。就现存苏轼的作品看来，他诗词歌赋，样样精通，在人才济济的两宋王朝，他无论诗、词，还是散文，都是大家。苏轼著作有《东坡全集》100 多卷，遗留 2700 多首诗，300 多首词和许多优美的散文。

苏轼的思想比较复杂，儒家思想和佛老思想在他世界观的各个方面往往是既矛盾又统一的。他平生倾慕贾谊、陆贽，在政治上他从儒家思想出发，排斥老庄为异端；然而老庄的"无为而治"思想又同他的"法相因则事易成，事有渐则民不惊"(《辩试馆职策问札子》)的政治主张有一致之处。他少年时就爱好《庄子》的文章，后来又喜和僧人来往，在生活上他认为"游于物之外"，则"无所往而不乐"(《超然台记》)，要求以安然的态度应物，"听其所为"，而"莫与之争"(《问养生》)，更多地表现了佛、道二家超然物外，与世无争的洒脱态度。然而他从儒家出发的比较现实的生活态度，又使他对佛家的懒散和老庄的放逸有所警惕；因此他一生在政治上虽屡受挫折，但仍没有走向消极颓废的道路。苏辙说他谪居海南时"日啖薯芋而华屋玉食之念不存于胸中"，又说他当时写的诗"精深华妙，不见老人衰惫之气"(《追和陶渊明诗引》)，这是他和前代得罪远谪的士大夫如韩愈、柳宗元等表现不同的地方。

苏轼经历了从仁宗到徽宗的五朝，平生足迹几乎遍及当时中国的重要州郡，而且远至西北地区、海南儋耳。像他的前辈梅尧臣一样，他把写诗当作日常的功课，一直坚持到老年。苏轼的词在数量上虽不及诗歌，但词的艺术创造性却远远超过诗歌。苏词进一步冲破了晚唐五代以来专写男女恋情、离愁别绪的旧框子，扩大词的题材，提高词的意境，把诗文革新运动扩展到词的领域里去，举凡怀古、感旧、记游、说理等向来诗人所惯用的题材，他都可以用词来表达，这就使词摆脱了仅仅作为乐曲的歌词而存在的状态，成为可以独立发展的新诗体。如《江城子》(密州出猎)，写他在射猎中所激发的要为国杀敌立功的壮志："老夫聊发少年狂，左牵黄，右擎苍，锦帽貂裘，千骑卷平岗。为报倾城随太守，亲射虎，看孙郎。酒酣胸胆尚开张，鬓微霜，又何妨！持节云中，何日遣冯唐？会挽雕弓如满月，西北望，射天狼。"又如《浣溪沙》(徐州石潭谢雨道上作)，写出了一幅充满浪漫气氛的农村生活的图景，都是他以前词家的作品里所少见的。

《水调歌头》(明月几时有)、《念奴娇》(赤壁怀古)一向被认为是最能代表苏词风格的作品。苏轼在《水调歌头》(明月几时有)中写道："明月几时有？把酒问青天。不知天上宫阙，今夕是何年？我欲乘风归去，又恐琼楼玉宇，高处不胜寒。起舞弄清影，何似在人间？转朱阁，低绮户，照无眠。不应有恨，何事长向别时圆？人有悲欢离合，月有阴晴圆缺，此事古难全。但愿人长久，千里共婵娟。"这首词从幻想天堂的不胜寂寞凄冷，转向寄情于人间的天长地久。在《念奴娇》(赤壁怀古)里吟唱："大江东去，浪淘尽，千古风流人物。故垒西边，人道是，三国周郎赤壁。乱石穿空，惊涛拍岸，卷起千堆雪。江山如画，一时多少豪杰。遥想公瑾当年，小乔初嫁了，雄姿英发。羽扇纶巾，谈笑间，樯橹灰飞烟灭。故国神游，多情应笑我，早生华发。人生如梦，一樽还酹江月。"这首词借赤壁旧址的壮观景象、古人的英雄气概抒发诗人的豪情壮志。这两首词皆写于作者失意之时，"人生如梦"的低沉之调不免时而可闻，但它毕竟难掩苏词激情奔放、达观洒脱、恢宏阔大的主旋律的高亢之音。

苏轼对词坛的最大贡献，在于他改变了晚唐五代词家婉约的作风，成为后来豪放词派的开创者。这首先决定于宋代文人政治地位的改变和诗文革新运动的影响。北宋一些著名文人在政治上都有比较远大的抱负，他们不满晚唐五代以来萎靡的文风，掀起了诗文革新运动，余波所及，不能不在词坛上起影响。在范仲淹、欧阳修的词里已有一些风格豪放的作品，王安石更是明白反对依声填词的作法。苏轼继承他们的作风，加以恢宏变化，从而开创了词坛上一个重要流派。其次，决定于苏轼一生丰富的经历，他在当时文坛上的领袖地位和他在诗文方面的杰出成就，使他不能满足于前代词人的成就，也反对曾经风靡一时的柳永词风。相传苏轼官翰林学士时，曾问幕下士说："我词何如柳七？"幕下士答道："柳郎中词只合十八七女郎，执红牙板，歌'杨柳岸晓风残月'。学士词须关西大汉，铜琵琶、铁绰板，唱'大江东去'。"(俞文豹《吹剑录》)词在当时不是由关西大汉来唱的，这话显然是对苏轼的一种讽刺，然而它却生动地说明了柳词和苏词的不同风格。

豪迈奔放的感情，坦率开朗的胸怀，是苏词浪漫主义的基调。"春秋古史乃家法，诗笔离骚亦时用"(《过于海舶得迈寄书酒，作诗远和之……》)，"当日何人送临贺，至今有庙祀潮州"(《过岭二首》)，文章事业上的自信，使他能以豪迈的态度对待在政治上所受到的挫折。"菊花开处乃重阳，凉天佳月即中秋"(《江月五首引》)，随缘自足的态度，又使他善于在日常生活中发现美好可爱之处，经常保持一种乐观开朗的襟怀。"长江绕郭知鱼美，好竹连山觉笋香"(《初到黄州》)，"春畦雨过罗纨腻，夏垅风来饼饵香"(《南园》)，诗人丰富的联想常是向好处生发。"欲把西湖比西子，淡妆浓抹总相宜"(《饮湖上初晴后雨》)，"有如兔走鹰隼落，骏马下注千丈坡，断弦离柱箭脱手，飞电过隙珠翻荷"(《百步洪二首》)，诗人的比喻总是那么贴切而生动。他的词也善于运用比兴手法，寄托个人的怀抱，如《定风波》(三月七日沙河道中遇雨)、《卜算子》(黄州定慧院寓居作)等。所有这些，跟作家自由挥洒的写作态度和变幻莫测的篇章结构结合在一起，形成了苏词浪漫主义的艺术特征。

苏轼注意培养后进，吸引许多重要作家在他的周围，成为欧阳修以后北宋文坛的杰出领导者。被称为苏门四学士的黄庭坚、秦观、张耒、晁无咎，以及陈师道等，在他们还不大为人所知时就得到苏轼的热情鼓励和培养，在文艺方面各有成就，和中唐时期的"韩门弟子"相辉映。

苏轼以丰富的、多方面的创作实践，继承欧阳修、梅尧臣等人的事业和成就，最后完成诗文革新运动，并把这运动的精神扩展到词的领域，创立豪放词派，为南宋爱国词人开先路。王灼在《碧鸡漫志》里说："东坡先生非心醉于音律者，偶尔作歌，指出向上一路，新天下耳目，弄笔者始知自振。"胡寅在《酒边词序》里说他"一洗绮罗香泽之态，摆脱绸缪宛转之度，使人登高望远，举首高歌，而逸怀浩气超乎尘垢之外"，是形容他在词创作上的成就和在当时词坛上所起的影响的。

苏轼在北宋后期就以文采风流为学者文人所羡慕，南宋以后，他的诗文集更为流行。他一生执中持平、宇正不阿，虽屡遭贬谪，而处之泰然。这种政治态度也引起后世正直文人的同情和钦仰。他的策论、史论成为许多科举士子模拟的对象，其他散文和诗歌又以其才华的丰茂，笔力的纵横恣肆，博得后人的爱好。由于他思想的复杂性和文艺上的多方面成就，他在文学史上的影响也是广泛而深远的。南宋陆游、辛弃疾，金元好问，明袁宏道，清陈维崧、查慎行等，有的爱好他的诗歌，有的继承他的词派，有的学习他议论的纵横，有的追摹他小品的清隽。他们的成就有大小，但都明显看出苏轼的影响。苏轼作品的浪漫主义精神为后来许多在文艺上不满现状、要求创新的作者所喜爱。

以柳永、苏轼等著名词人作品为代表的宋词，其思想内容不及宋诗丰富，艺术上却表现了更多的创造性，对后来词家的影响巨大。柳永的慢词创作，表现出比较浓厚的市民阶层的思想意识，对后来的通俗文学的影响显著。苏轼把向来局限于写儿女柔情的曲子词改变为可以多方面表情达意的新文体，创立了豪放词派，把宋词的思想水平和艺术成就都提到了空前的高度。柳、苏二人不愧为宋代词坛巨匠，他们以其卓越的艺术才华创造了宋词的辉煌。

(钱文彬)

# 13. 濂、洛、关、闽之学的鼎盛

发轫于中唐韩愈、李翱的新儒学运动，进入赵宋时代仍呈方兴未艾之势。在以“宋初三先生”(胡瑗、孙复、石介)、欧阳修、范仲淹等为首的庆历时代的知识群英的共同推动下，复兴儒家的浪潮绵延相续，节节攀高，儒学内部也因此而衍生出众多派别，百家争鸣，流光溢彩。而就理学在有宋一代的发展进程而言，濂学、洛学、关学、闽学等学术流派，对于理学最终形成以人伦秩序为基本内核，涵泳儒、释、道思想的庞大思辨体系，所起作用至为显著。

濂学，即濂溪学派，指北宋以周敦颐为代表的学派。濂学的开创者周敦颐(1017—1073年)，原名敦实，因避宋英宗赵曙旧讳(宗实)而改名。道州营道(今湖南道县)人。谥号元，称元公。因其居于濂溪，构筑濂溪学堂，学者习称濂溪先生，由其所创立的学派也由此而得名。主要著作有《太极图说》和《通书》。由于理学的创立者程颢、程颐曾问学于周敦颐，故其被后世学者视为理学开山之祖，理学思想的最早奠基者。其思想要旨则集中体现于周敦颐依据儒家经典《周易》所撰的《太极图说》中，其间涉及宇宙生成论、天人关系、修养方法等内容。

受道教以图说易学风的影响，周敦颐吸纳《周易》中的一些观念，圆融儒学与道教，通过解析太极图的来源，用以诠释宇宙生成模式。汉唐诸儒认为“太极”为元气未分的状态，《太极图说》据此提出：“无极而太极。”“五行一阴阳也，阴阳一太极也，太极本无极也。”金木水火土五行本于阴阳二气，而阴阳二气又源于太极。“分阴分阳”则表明二气出于未分化的太极，太极又来自于无极。太极为有，指混沌未分的原始物质，其本身无形、无限，由无极化生而来；无极为无，指混沌的无限，先于太极而存在，是太极产生的母体，即无极之无并非空无一切，而是蕴含着有，是有赖以生发的摇篮。可见，无极才是宇宙的本体，是分化、衍生太极这种原初实体的终极来源，而其自身则是先天性的，是一种理念性的、精神性的东西，并先于物质而永恒存在。质而言之，“无极而太极”或“太极本无极”的命题，所要表达的是关于世界本源“自无而为有”或“无能生有”的解说，无则被理解为是超越于具体存在的虚无，正是由于无是虚无而非实体，具有无限性、无边际性和无规范性，故而能最大限度地包容太极、涵摄万物。与无中生有、有中生无的宇宙生成论相联系，周敦颐认为，自无极而下，宇宙的生成发展遵循“太极——阴阳——五行——万物”的图式。《通书》又说：“二气五行，化生万物，五殊二实，二本则一。是万为一，一实万分，万一各正，大小有定。”这里的“一”即最初的实体“太极元气”，由此逐一分化出阴阳二气、五行和万物。生生无穷的宇宙万物，其实又都是由一气演化而致，此所谓“是万为一”。由太极元气演化出二气五行，进而滋生出千差万别的万物，这就是“一实万分”。正是由于万事万物各有其自身的性质，所以《太极图说》称为“各一其性”，也即《通书》所说的“万一各正”。“万”与“一”的这种关系表明，宇宙的多样性与统一性有着内在的联系，统一性是多样性的基础，多样性是统一性的外在表现。可见，周敦颐的宇宙论实则是一种气一元论。上述关于宇宙生成论的解答，是宋明理学解决理气关系、心物关系的前奏，具有奠基创始的特别意义。

由宇宙发生学说推及开来，周敦颐认为宇宙是运动的。运动是原始实体的太极产生阴阳的根源，太极呈现动、静两种状态，“动而生阳”，“静而生阴”。运动的过程是动、静两个对立面的交替转换，“动极而静”，“静极复动”，动至极点即为静，静至极点则为动，动静彼此依存，互相转化，“一动一静，互为其根”。宇宙的构成，就是阴、阳二气交合作用的结果。“阳变阴合而生水火木金土”，二气交感，化生万物。而阴与阳的互动中，阳变是主要的、积极的方面，阴变是次要的、消极的方面，动、静的对立有主有从。并且，动与静的交替，往复循环，无休无止，“万物生生，而变化无穷焉”，宇宙万物的变化永无尽头。“四时运行，万物终始。混兮辟兮，其无穷兮。”宇宙永远处于变动不居的恒常状态中，运动是宇宙的本质属性。《通书·动静》又说：“动而无静，静而无动，物也。动而无动，静而无静，神也。动而无动，静而无静，非不动不静也。物则不通，神妙万物。”对于一般事物而言，动、静相互排斥，无法同时存在；但对“神”来说，动、静一体，彼此包容。由此可知，周敦颐将“神”视为运动的根本动力，不管事物状态如何，都有神的存在。由于“神”是万事万物生生不息的动力来源，故“神”本身又是运动的，即使事物处于静止状态，运动的活力仍然无时不在，所以称为“静而无静”。“神”又是不可目睹的形体运动，故称“动而无动”。这种动、静认识上“动而无动，静而无静”的观点，是其后理学家本体论、心性论和修养论处理动、静问题的基本模式。

《太极图说》对人道的看法是：“惟人也，得其秀而最灵，形既生矣，神发知矣，五性感动而善恶分，万事出矣。圣人定之以中正仁义而主静(自注：无欲故静)，立人极焉。”强调圣人“中正仁义”的道德原则基于“主静”的方式修养而致。《通书·圣》又说：“寂然不动者，诚也；感而遂通者，神也。动而未形，有无之间者，几也。诚精故明，神应故妙，几微故幽。诚、神、几，曰圣人。”诚是人的本性，是“纯粹至善者也”，是最高的道德原理，“诚者圣人之本”。所以说，“圣，诚而已矣。诚，五常之本，百行之源也”。诚又是成圣的基本素养，具体要求则是“克己复礼”，“君子乾乾不息于诚，然必惩忿窒欲、迁善改过而后至”，“诚心，复其不善之动而已矣”。做人的最终目的是成圣，修养的工夫是“主静”，主静的秘诀在于无欲，即“无欲故静”。无欲，则心中静虚，“静虚则明，明则通；动直则公，公则溥。明通公溥，庶矣乎”？在此，周敦颐将“诚”理解为一种寂然不动的存在，“几”则是刚刚萌发而尚未明显的精神活动，只要把握住“几”，人们就能在善恶间做出明智的抉择，保全本然之善，使言语行为皆发而中节。这种论断，为其后程朱学派工夫论中的未发、已先发之说张本。“诚无为，几善恶”的人性说命题，则显示出将佛道静养的方法引入儒学体系的有益尝试。周敦颐关于性命之源的解说，确立了“诚”在人心中的主体地位，做人的标准则是中正仁义，以至诚、尽性的方法而成圣，只有如此，才能“赞天地之化育”而与“天地参”。这种理论实际上奠定了后来理学形成的基本思想，周敦颐之所以被推崇为理学的开山祖师，根本原因即在于此。

周敦颐对后世理学的贡献还表现于“寻孔颜乐处”的思想。程颢曾说：“昔受学于周茂叔，每令寻颜子仲尼乐处，所乐何事。”周敦颐本人对此也有直接论述：“夫富贵，人所爱也，颜子不爱不求，而乐于贫者，独何心哉？天地间有至贵至富、可爱可求而异乎彼者，见其大而忘其小焉。见其大则心泰，心泰而无不足。”明确指出在物质欲求之外，还有比至富至贵可爱可求更高的“大”这种东西，“大”就是超越于感性愉悦之上、不计人生利害的内在幸福和快乐，是高层次的精神享受，是一种超道德的精神境界。由此可见，周敦颐注重的是人的内心境界的追求，强调体味人生、探索人生的至高境界，而不是一味囿于学说的阐发。周敦颐在其论说中表现出的这种超越富贵利达而又有异于隐逸的人格风范，开一代风气之先，对后世理学的人生追求产生了深远的影响。因为这种人生最高境界的达至，无需出世修行、遁迹林泉，其实现途径是在恪守伦理关系的基础上奉行社会义务，故此又是对佛道思想的批判性改造。

周敦颐所开创的濂溪学派，以《周易》为宗，将道家无为思想、儒家中庸思想与若干道教观念熔铸于一炉，从阴阳变化的思想出发，创建了从无生有、动静互为依存转化的宇宙生成发展模式，并倡导“寻孔颜乐处”的人生体认，这些在理学发展史上均有奠基性意义。而理学之所以被称为新儒学，与周敦颐援佛老入儒、融合三教对儒学旧有体系进行综合改造的创举，更有着直接关联。周敦颐言辞简约的论纲式表述，又为后来思想家进一步阐发或引申理学理论提供了十分广阔的空间。该学派的主要人物还有程珦、傅耆等。

洛学，又称“伊洛之学”，是程颢、程颐兄弟所创立的学派，程颢、程颐被后人合称为“二程”，因二程为河南伊川人，长期在洛阳讲学，故称其学派为“洛学”。程颢(1032—1085年)，字伯淳，人称明道先生、大程子。程颐(1033—1107年)，字正叔，人称伊川先生、小程子。二程兄弟曾问学于周敦颐，接受太极理气学说。程颢讲学授徒，门下弟子众多，逐渐形成洛学学派。二程认为，自孟子以后中断1400余年的儒学道统，自洛学出世才真正得以接续传承。二程建立了以“理”为本体的思想体系，是理学史上承先启后的重要人物，也是两宋道学(即理学)的创始人。二程著作合编为《二程全书》。

二程在理学上的创见，突出表现在天理说上，“天理”是二程哲学的最高范畴。在二程看来，理存在于世间万物之中，物有物理，人有性理，社会有道德伦理，其中最为重要的首推高居于万物万理之上的天理，“天下只有一个理”，即天理。“万物皆只是一个天理”。对于“天理”的提出，程颢曾说：“吾学虽有所受，天理二字却是自家体贴出来。”二程对天理的解释是：“理者，实也，本也。”作为世界的终极本源和主宰世界的唯一存在，理又是绝对独立的精神实体，存在于万物之外，但却产生并支配万物。“所谓万物一体者，皆有此理，只为从那里来。生生之谓易，生则一时生，皆完此理。”所谓物物皆有理，就是说自天理产生的每一物都具有完整的理，都体现了天理的存在。天理与天道、天命相统一：“天道如何？曰只是理，理便是天道也。”“知天命是达天理也。”这种以理为实的观点，既不同于儒学、佛道的虚无本体论，又有别于张载的气本体论，其目的是为了从本原上论证客观世界可感可知的实在性。程颢就说：“实有是理，故实有是物；实有是物，故实有是用；实有是用，故实是心；实有是心，故实有是事。是皆原始要终而言也。”

天理也是人伦道德的最高准则，即“人伦者，天理也”。程颢又说：“上下之分，尊卑之义，理之当也，礼之本也。”人的上下尊卑秩序依据理来确定和划分。天理在人间又具体表现为尊卑贵贱的等级制度与伦理道德的规约，父子、君臣、夫妻等关系皆由天理规定，“君臣父子，天下之定理，无所逃乎天地之间”。天理的这种社会道德的准绳作用极为重要，人与禽兽之别正在于天理的有无，“天理之不存，则与禽兽何异矣”？现实世界中人们亲君、孝亲、爱兄、尊祖等行为，无一不是天理的自然流露。由此生发开来，二程对社会伦理道德的核心问题理、欲之辩展开了论述。所谓“人欲”或“私欲”，是指人的不合节度的欲望、情感。二程将人欲扩展至人的正常生理需求，“目则欲色，耳则欲声，以至鼻则欲香，口则欲味，体则欲安，此皆有以使之也”。这些都是天理的对立面。“人心私欲，故危殆；道心天理，故精微；灭私欲，则天理明矣”。“心”被区分为私欲之心与道心，前者有悖天理，后者与天理相合，个人修养与社会伦理道德的至高层次当是灭人欲、存天理。达到这一境界的途径，是居敬、集义、克尽己私等。

天理还被用来表示事物的自然特性与发展变化的规律。事物的自然之理决定自然现象的发生与消亡，“雷自有火，如钻木取火，如使木中有火，岂不烧了木？盖是动极则阳生，自然之理”。“自然之理”就是自然法则的“天道”，是一种无法变更的发展趋势，这种趋势就是生生不息的“易”，“生生之谓易，是天之所以为道也，天只是以生为道”。这种理蕴含于万事万物之中，且各有其特性：“天下物皆可以照理，有物必有则，一物须有一理。”

天理说的提出，与二程注重区别形上、形下的思想方法有着密切关系。二程认为，“天理”是形而上的道，具有抽象性；凡是物质的、具体的东西都是形而下的器，不能成为道。形而下的器包括天地、万物、阴阳，形而上的道则是指事物的规律、本质。形而下的器可以通过感官直接认识，形而上的非感性的理和道，只有理性思维才能把握。所以，程颢说：“《系辞》曰：‘形而上者谓之道，形而下者谓之器’……阴阳亦形而下者。而曰道者，惟此语截得上下最分明。元来只是此道，要在人默而识之也。”但是，道与器并不是截然两分的独立实体，道、器互为依存，道在器中，器中有道。即如程颢所指出：“形而上为道，形而下为器，须著如此说。器亦道，道亦器，但得道在，不系今与后，己与人。”故而“道之外无物，物之外无道”。道寓于人伦、日用及具体事物的认识上，弥久而不变。

二程将天理视为宇宙的本体，是对张载气本体论的改造和批判。张载以“清虚一大”之“气”为“道”，气被说成是散而无形的具体物质，一切有形之物都是源自于气的暂时形态。对此，程颢批评道：“形而上者谓之道，形而下者谓之器。若如或者以清虚一大为天道，则乃以器言，而非道也。”由于气是具体的物质，受处所空间的限制，不可能无所不在，这与道普遍存在于宇宙中的属性不合，即“道体物不遗，不应有方所”。程颐虽然承认万物生成于气，但是只是将气当作道生成物的中间环节。“离了阴阳便无道，所以阴阳者是道也。阴阳，气也。气是形而下者，道是形而上者”。道才是阴阳二气变化的根源，气是道的派生物。

二程在创立天理说的同时，提出了“理一分殊”的命题。程颐评论张载《西铭》时说：“《西铭》明理一而分殊，墨氏则二本而无分。分殊之蔽，私胜而失仁；无分之罪，兼爱而无义。分立而推理一，以止私胜之流，仁之方也。”分殊，指事物各有不同之理。分殊而不能归理于一，势必丧失怀保万物的仁人之心；片面强调理一而无分殊，就会陷入不讲贵贱少长的“兼爱”之境。《西铭》既有天地君臣父子关系的“分殊”，又论及“民胞物与”的仁人之性的“理一”，的确值得推崇。程颐又说：“天下之理一也，涂虽殊而其归则同，虑虽百而其致则一。虽物有万殊，事有万变，统之以一，则无能违也。”世间只有一个天理，但在天下万物中又有各自不同的表现形式，而这种彼此间的差异终归统一于天理。共同的天理可从万物之异中推知，万物之异也可由共同的天理导出。这种理解，一定程度上揭示出了特殊与一般的辩证关系。在二程那里，对事物发展变化的矛盾运动也有说明，所谓“动静无端，阴阳无始”，“无独必有对”，主张宇宙的对立统一和阴阳变化处于永恒不尽的过程之中，从本体论的高度肯定运动不灭和物质永恒，体现出较高的辩证思维。

二程的人性说是天理说在人性论上的展开。二程将人性区分为“天命之性”和“生之谓性”。关于天命之性，二程说：“性即理也，所谓理，性是也。天下之理，原其所自，未有不善。”天命之性来自于天理，是天理通过个体言行的外显，是至善的，是性之本。至善之性由仁、义、礼、智、信五种因素组成，“万物皆有性，此五常性也”，这些都是人性不同的表现形式。关于气质之性，二程的看法是：“生之谓性，性即气，气即性。”这种性有善亦有恶，又被称为气质之性。性中的恶本非性所固有，“性无不善，不善者才也”，而是由于人、物在“气化”过程中禀受天理的程度所致，“禀其清者为贤，禀其浊者为愚”，人的贤愚之别由此而来。因此，二程认为，既往论者在性善论与性恶论问题上执守一端的传统主张，都有其片面性，“论性不论气，不备；论气不论性，不明”。正确的做法是从性与气两方面看待人性。

二程对传统的格物致知思想也有所推进。二程释“格”为“至也，言穷尽物理也”。格物即是穷理，“格犹穷也，物犹理也”。二程所讲的“物”并非真正的客观存在，世间万事万物，乃至人伦关系中的君臣父子，都是理，其实就是天理的反映。所以，“穷理”并非局限于一事一物，而是“闻一知十”，明白“万理皆是一理”。“格物”的真正目的不在于认识客观事物的法则，而是恢复天理于人心。要而言之，天理无处不在，贯穿于事物、人伦与性命之中，也是人们认识所能追求的最高境界。格物穷理方法众多，“凡一物上有一理，须是穷致其理，穷理亦多端，或读书，讲明义理；或论古今人物，别其是非；或应接事物，而处其当，皆穷理也”。关键则是要在思考中进行积累，思考是格物的唯一途径，即“穷至物理无他，唯思而已矣”。

二程的洛学，以“理”为最高哲学范畴，强调道德原则对于个人和社会的意义，注重内心生活和精神修养，是理学的主流。二程在与其他学术流派的交流中，既有宋学的一般特征，即以义理说经，批评汉学考据；又将宋代义理之学发展为理学，完成经学的理学化，并以《四书》及四书之学取代六经在经学中的主体地位，创立了“天理”为核心的思想体系，代表了宋代理学的主要发展趋势。二程之后，洛学一派名士辈出，其中较为知名的有谢良佐、杨时、罗从彦等。这些洛学弟子广泛传播二程学说，并致力于丰富和创新二程的思想体系，为南宋中后期理学的蓬勃发展积淀了丰厚的学理资源。

关学，是张载在关中地区创立的儒学派别，也是理学开创阶段重要的学术流派之一。张载（1020—1077年），字子厚，祖居大梁（今河南开封市），侨居陕西凤翔郿（今陕西眉县），长期在横渠镇讲学，故学者称为横渠先生。张载广泛涉猎儒、佛、道经典，撰有《易说》《正蒙》等著作。由其所开创的关学，在北宋中期与王学、洛学鼎足而立，是当时儒学流派中有重大影响的一支。

张载学说的基石是“太虚无形”的气本论。张载说：“太虚无形，气之本体，其聚其散，变化之客形尔。”宇宙间充满气，构成世界的材料就是物质形态的气，气以凝聚和消散两种形式存在，气聚为有形万物，气散为无形太虚，气聚又由气散转化而来，无论气以何种形式出现，气的本质始终不变。气是万物与太虚的统称，世间万物都是太虚的派生，无形无状的太虚是万物的本体，是最初的原始状态，具有主导地位，万物则是太虚的附属物。太虚虽幽，却非无非空，而是一种物质性的气，这就有力地驳斥了佛、道以真为幻、以无为本的观点，也是对此前流行的只辨幽明不识有无主张的批评。张载认为，作为世界唯一存在的气，处于永不停息的运动变化之中。“气块然太虚，升降飞扬，未尝止息”。气的不断运动，又根源于其中有“虚实动静之机”。“动必有机，既谓之机，则动非自外也”。就是说，机是一种潜藏于气之中的内在动力，这种动力是气与生俱来的，而非渊源于外部。气的运动变化，神妙莫测，故张载称之为“神”。而神只是气所独有的一种变化功能，是太虚的属性之一，并不是人格化的、具有特殊功能的神灵。

张载又认为，天地万物都是“一物两体”。所谓两体，即虚实、动静、聚散、清浊等两个相互对立统一的方面。宇宙万物都包含既对立又相互依赖的双方。两与一，统一于万物，缺一不可；无两即无一，有一则有两。“两不立则一不可见，一不可见则两之用息。”万物由矛盾对立的双方所组成，否则，就不成其为物。一与两的这种关系，就是统一与对立的辩证关系，这是对“易有太极，是生两仪”学说的引申。张载又说：“一物两体者，气也。”表明万物之中的两，其实就是阴阳二气。二气相互制约，运行不息，两者相互作用，化成万物。气从无形的本原状态发展为有形的万物，必须经过被称为“感”的中间环节，“气之本虚则湛一无形，感而生则聚而有象”。“感”就是事物对立双方相互排斥与吸引的感应关系。两体相互感应，彼此贯通，万物得以产生并生发出种种变化。“气”运动变化的过程和途径，就是“道”，“由气化有道之名”。气的变化规律则是“理”，又称作“天之大义”“天序”或“天秩”。“生有先后，所以为天序。小大高下，相并而相形焉，是谓天秩。”并且，“万物皆有理，若不知穷理，如梦过一生”。倡导人们探讨普遍存在于天人之间的“理”，以“穷理”的方式来实现人生的价值与理想。

以气本论为思想支柱，张载阐发了对人性和认识问题的见解。张载主张二重人性论，性被分为两种：一是“天地之性”，这是形成人的太虚之气所具有的纯善长存之性，也是气的本性。一是“气质之性”，这是人降生后才具有的特殊的性，兼有善恶。“天地之性”是人的本性，故人人都有成为圣人的可能。“气质之性”虽然有善有恶，但人可以变化气质，成就“天地之性”。“为学大益，在自能变化气质。不尔，卒无所发明，不得见圣人之奥。故学者先须变化气质”。变化气质的途径是“穷理尽性”，而且应当“先穷理而后尽性”。穷理是手段，尽性才是目的。尽性就是返归“天地之性”，即明彻万物的本性，以与天道合一，进入“诚”的境界。在“穷理尽性”的认识过程中，仅仅依凭感性经验的见闻之知，人在事物的了解和知识的获取方面就会极为有限，难于尽物，所以，尽物必须尽心，尽心则可尽性。由于“心御见闻”，“心统性情”，故而人又要大其心，将“有外之心”发展为“无外之心”，以“合天心”，也就是努力扩展思维的视野，超越感官的局限，消除心内、心外的界划，切实调动思维的主动性和能动性，力求做到心包万物，这样就能达到宇宙与人浑然一体、内外合一、天人合一的道德、精神境界，“知性知天”。

在人性论“气质之性”的有关论说中，张载的理欲观也有所反映。张载认为，“气质之性”就是由物质本性所决定的生物的生理、生存本能，对于人而言，实则是人对物质生活的欲望。但是，人的欲望并不全然是恶，在一定范围内有其自身的合理性，“饮食男女皆性也，是乌可灭”？人们需要警惕的是过分的贪欲，以免有违天理，“徇物丧心，人化物而灭天理者乎”。天理的纯洁性不容玷污，为此人们务须节欲，“不以嗜欲累其心，不以小害大，末丧本焉尔”。进而提倡“立天理”“灭人欲”，“今之人灭天理而穷人欲，今复反归其天理。古之学者便立天理，孔孟而后，其心不传，如荀扬皆不能知”。这种理欲观，与儒学主张寡欲的思想一脉相承，其间更带有佛教、道教思想的痕迹，是其后理学思想体系的主要论题之一。

在上述思考和体会的基础上，张载建立起“民胞物与”的精神大厦。张载认为，宇宙万物和人均来自于气，构成材料并无不同，所以说，“民吾同胞，物吾与也”。对于个人而言，天地是父母，民众是同胞，万物是朋友，君主有如家庭中的嫡长子。张载提出这个命题的真切用意，在于强调作为宇宙一分子的个体的人，理应肩负神圣的道德义务。守孝重礼，尊老爱幼，济贫恤穷，是宇宙大家庭每一个成员无可推卸的神圣道义。唯有个体道德的自觉能达到如此高度，人的行为价值和意义才能被无限放大。张载又说：“存，吾顺事；没，吾宁也。”为实现个体的道德义务，个人的贫贱、富贵、荣辱，乃至生死，都可置之度外，这才是对包容万物的宇宙的最佳馈赠。通过这种建立理想社会的设想，张载将人同宇宙合为一体，从而构造出“天人合一”的美好愿景。秉持超越穷达利害的人生态度，张载又提出了人生的最高准则：“为天地立心，为生民请命，为往圣继绝学，为万世开太平。”张载的“四为”理想，成为中国古代有志有识之士终生奉行不渝的道德准则，也是理学发展史上的经典命题，对中国知识分子的文化心理结构有着深远的影响。

张载思想的气本论、“一物两体”说、“穷理尽性”说、人性二重论，以及“民胞物与”的观点，构建了理学的一系列基本命题，并使儒学开始摆脱传统经学的轨道，逐渐转向心性、义理、道德修养等领域，为理学未来的发展指明了方向，张载因此而成为早期理学发展阶段的代表性人物之一。张载在讲学过程中形成的关学学派，追随者众多，其时“关学盛兴，不下洛学”。除张载外，较有影响的关学学者还有张戬、吕氏兄弟(大忠、大钧、大临)、苏炳、范育、侯仲良、游师雄、李复等。关学学派以“精思”“实学”、重实践为旨趣，有着良好的学风。北宋中叶之后，关学渐趋没落。

闽学，指以朱熹为代表的学派，因朱熹出生于南剑州尤溪(今属福建)，后徒居建阳(今属福建)考亭，长期在崇安、建阳讲学，故称其学派为“闽学”或“考亭学派”。朱熹(1130—1200年)，字元晦，一字仲晦，号晦庵、晦翁、遁翁，别号紫阳、云谷老人、沧州遁叟。祖籍徽州婺源(今属江西)。1148年(宋高宗绍兴十八年)进士，官至焕章阁待制兼侍读。朱熹的仕宦生涯极其短暂，“仕于外者仅九考，立于朝者四十日”，一生大部分时间都潜心治学、著书、讲学，曾主持重建白鹿洞书院和岳麓书院。朱熹著述甚丰，门类众多，代表作有《四书章句集注》《伊洛渊源录》《诗集传》《书集传》《周易本义》《周易参同契考异》《朱文公文集》等。朱氏弟子又将其讲学语录分类汇编为《朱子语类》。朱熹对传统儒学和北宋以来的理学有所继承和发展，在理论内容、致思路径和学术方法等方面，特色鲜明，代表了当时理学思维的最高水平，是两宋理学的集大成者，也是中国古代思想史上最为杰出的思想家之一。朱熹理学渊源于二程天理学，又糅合了周敦颐的太极说和张载的气本论，最终形成了精致内敛、严密完整的理学体系。

朱熹学说的最高范畴是理(天理、太极)。理不仅是宇宙的主体，万物的根源，也是人伦道德的源泉和人际关系的主宰，这种对理的理解就将二程创发的天理由偏重社会人伦扩展到整个宇宙。从宇宙论的角度而言，“宇宙之间，一理而已”，“合天地万物，只是一个理”，“至于天下万物，则必各有所以然之故，与其所当然之则，所谓理也”。理既是宇宙万物的唯一本原与共同本质，又是万物的普遍法度和合理准则。理先于万物而存在，是事物的制造者，“未有天地之先，毕竟也只是理。有此理，便有此天地；若无此理，便亦无天地，无人无物，都无该载了”。理成为超越世间一切的绝对本体。从伦理道德的角度而言，作为道德规范与原则的理，在各种社会道德关系产生之前即已存在，“未有君臣，已先有君臣之理；未有父子，已先有父子之理”。理是至高无上的道德原则，是和谐人际关系的最高法则。“君臣父子夫妇长幼朋友之常，是皆必有当然之则，而自不容已，所谓理也”。由于具有宇宙论和伦理论的双重意义，理已演变成“天下公共之理”与三纲五常的人伦之理的结合体，人间的道德规范也由此获得了形而上学的合理性与至上性。新儒学与汉唐儒学对比，前者之所以被称为“新”，实缘于此。

结合周敦颐太极说、二程天理说、张载气本论的有关论述，朱熹精密地论证了理是万物的本体这一论断。朱熹以理来解释太极，“总天地万物之理便是太极”。朱熹吸取并发展《太极图说》的理论，将太极的概念引入理生万物的过程之中，用以说明万物的生成与化育，“太极只是一个理，迤逦分作两个气，里面动底是阳，静底是阴，又分作五行，又散为万物”。宇宙万物生化的基本顺序是太极、气、五行、万物。由此出发，朱熹提出理既虚亦实的判断。朱熹说：“‘无极而太极’，正所谓无此形状而有此道理。”“以理言之则不可谓之有，以物言之则不可谓之无。”就是说，理是无形的，但又是客观存在的。所以说，“吾儒心虽虚，而理则实”。可见，理与太极是同等的范畴，不过，朱熹的目的显然在于确认作为宇宙本体的理，是一种“实”在的理，这与周敦颐将太极理解为无极的衍生物已经有很大的不同。朱熹以理为实的观点，与将本体等同于物的气本论，将本体等同于无的佛、老学说，明显有所区别。

按照朱熹的理解，理无生无息、无终无始，理又化生万物，在理生成物的过程中，气是中间环节，朱熹对理、气关系作了详细的阐述。朱熹认为，“天地之间，有理有气”。万物生成，理、气两种因素缺一不可，理决定万物的本质，气赋予万物各自的形态。理、气又有差别，理是本体，气是具体的、可感知的物质，“理也者，形而上之道也，生物之本也；气也者，形而下之器也，生物之具也”。理、气相辅相成，不能独立存在，“天下未有无理之气，亦未有无气之理”。最后，朱熹提出了理先气后、理本气末、理主气从等命题。理在气先，气由理派生而出，理是气与万物的共同本体，是宇宙的本原，“太极生阴阳，理生气也”。“先有此理，后有此气”。由理生气，“动静是气，也有此理为气之主”。万事万物便通过理的气化而形成。至此，理气过渡为万物的过程即告终结。朱熹理学的宇宙生成理论也就此构建完毕。

在对宇宙生成、万物运行过程进行论述时，从“一分为二”的命题出发，朱熹表明了自己对动静、变化问题的看法。朱熹继承前人“一分为二”的辩证法思想，指出“一分为二”具有普遍性、无限性，“阴中自分阴阳，阳中亦有阴阳”。“此只是一分为二，节节如此，以至于无穷，皆是一生两尔。”“一分为二”的性质，决定了任何一种事物的内部都有两个对立的方面，而“对”的形式又具有多样性，“天地之间，真无一物兀然无对而孤立者”。事物对立的双方呈现出“交易”“消长”“变易”三种关系，这些都是事物运动变化的不同方式。运动又是无限性和有限性的统一，朱熹认为，宇宙万物之动静无始无终，“动静无端，阴阳无始”，二者“如环无端，互为其根”。所谓运动的开始，只不过是人们从运动中截出一环权且作为开端而已。动静互相对立和依存，“动静二字，相为对待，不能相无”。“无静不成动，不动无成静”。动静二者又相互包涵，“静中有动，动中有静”。动静还可以相互转化，“但动极则自然静，静极则自然动”。同时，朱熹还认为，动静的主体是阴阳，“动静气也”，根据则在于理，无形无状的理并无动静，但由于理搭载于运动的二气之上，故而有了相对的动静。这是形而上学的天理观在动静观上的反映。事物的运动在本质上就是变化，“动即变化也”。朱熹认为，变与化稍有区别，化是缓慢、细微的渐变，变则是急剧的变化，“化是渐化，变是顿变”，两者是同一运动过程中的不同形式和阶段，渐变引起顿变，顿变则是变化的“换头处”与“截断处”。可是，朱熹的变化观仅仅停留在事物层面，在人伦范围内，“三纲五常，终变不得”。

朱熹的人性论是对二程、张载相关论述的继承和发展。朱熹尝说：“伊川性即理也，横渠心统性情，二句颠扑不破。”朱熹认为，程颐的“性即理”的提法，自孔孟以降无人有此认识；张载“天命之性”与“气质之性”的区分，是“极有功于圣门”的见识。至于张载的“心统性情”，不仅道孟子所未道，而且言二程所未言。对于“心统性情”说，朱熹进一步作了阐发，“性是体，情是用。性情皆出于心，故心能统之”。并以未发、已发解释性与情的关联，“性、情一物，其所以分，只为未发已发之不同耳”，“情之未发者性也，是乃所谓中也，天下之大本也。性之已发者情也，其皆中节则所谓和也，天下之达道也”。情与欲既有联系也有区别，“中节”之情合乎道，不中节之情才与私欲有瓜葛。与二程相同，朱熹将心分为“道心”与“人心”两种，道心即天理，人心即私欲。在天理、人欲关系的认识上，朱熹依然主张二程所提出的“存天理，灭人欲”，并提出，“虽上智不能无人心”，“虽下愚不能无道心”，每一个社会成员都兼具二心，重要的是必须使人心服从于道心，使道心居于主宰地位。朱熹还认为，“天理人欲，同行异情”，同样的表现，有可能隐藏着不同的心；不同的表现，又或许出于相同的心，人们应当仔细甄别，严格区分。实际上，朱熹的人性论就是对二程的天理说和张载的心性说的综合，两者被有机地融为一体，并有所扩展和丰富。

朱熹以“居敬穷理”为中心命题，建立了致力于培养君子人格和实现圣人人格的“修养功夫”。朱熹说：“程子谓‘涵养须用敬，进学则在致知’，此语最妙。”持敬、致知被认为是个人修养的两个方面。所谓持敬，就是正心诚意；所谓致知，则是“穷理”。朱熹进一步发挥程颐以积极向外求索为核心的穷理说，对“穷”的含义进行了深入的辨析。以广度而论，“学者且要去万理中，千头万绪都理会，四面凑合来，自见得是一理。不去理会那万理，只管去理会那一理……只是空想家”。主张尽可能广泛认识“理”，甚至自然界的各种“理”，也都应该进入思考范围，诸如天有多高，地有多厚，“如麻麦稻粱，甚时种甚时收，地之肥地之硗厚薄不同，此宜植某物，亦皆有理”。从深度而言，“以理之深浅言，理会一重又一重”，主张由浅入深、层层深入地认识理。“穷理”的根本途径在于“格物致知”，最终目的是“吾心与理为一”，实现天理与人性、人心的合一，这就是理学认识论与道德修养论所追求的最高境界。朱熹认识论的治学主张是“先博而后约”，由繁及简，而且必须循序渐进，“穷理之学，诚不可以顿进，然必穷之以渐，俟其积累之多，而廓然贯通，乃为识大体耳”。人的认识有主客体之分，“知者吾心之知；理者事物之理。以此知彼，自有主宾之辨”。

朱熹学术的涵盖面极其宽泛，诸如经学、史学、佛学、道学、文学、乐律以及自然科学等领域，均包容其间。在沿袭前人哲学范畴和学术命题的基础上，朱熹又援引佛教与道教的思辨哲学，对理学的相关概念和论题进行了更为精密的论证或全新的诠释，对自然现象和社会现象的观察与思考较之前人更为深入细致，因而朱熹所构筑的理学理论体系比其他宋儒更为严密和丰赡，其间透射出的理性主义精神也更为突出。朱熹理学的构建，是宋代理学走向成熟的标志。

理学自北宋周敦颐濂学发端，中经二程洛学、张载关学，至南宋朱熹闽学竟其绪，学术传承延亘百年有余，理学的本体论、运动观、人性论、认识论、道德修养论等诸多命题，正是在代代学人思想接力的过程中，日臻充实、丰富和完善，并最终形成以义理为核心、以思辨为特色的庞大精密的思想体系。南宋理宗赵昀在位期间，正式明确承认理学的儒学正统地位，理学由此取得统治地位，对当时和后世社会都产生了巨大的影响。

（曾育荣）

# 14. 鹅湖之会与朱陆之争

南宋理学在其发展过程中，并不止程朱理学一系。由于陆九渊“心”本论的创立，理学体系开始出现分化，出现两种不同的理论思维方式。朱学与陆学各树一帜，分别以“性即理”和“心即理”为其理论体系的核心命题，在对世界本原的认识上存在重大分歧，并由此导致两者方法论上的差别。朱熹与陆九渊为同时代人，两人长期对立的思想观点在士人中各有为数众多的追随者，因此，朱学与陆学的争论，势不能免。以鹅湖之会为发端，朱学与陆学展开了长期的学术争鸣。

朱学，也称“闽学”或“考亭学派”，代表人物是集理学之大成的朱熹。朱学以“理”(也称“道”或“太极”)为理学体系的核心范畴。理是形而上的绝对本体，是宇宙万物的本原，是事物的规律，万物各有一理，但终归于“理一”。理又是道德伦理的最高规范，分为有理的天命之性与理、气相杂的气质之性。气是形而下的实体，是理的派生物，“理先气末”，理、气互为依存。“穷理”的途径在于格物，“即物穷理”，格物方能致知。心有道心与人心之分，道心本于天命之性，人心出于气质之性。对于人心私欲，必须以道心加以主宰，否则就有泛滥的倾向，故而务必“遏人欲而存天理”。天理人欲表现于社会领域，就是王道霸道的区分与义利的异同。

陆学，即心学，系陆九渊开创的学术流派。陆九渊(1139—1193年)，字子静，自号存斋，学者称象山翁、象山先生。抚州金溪(今属江西)人。陆九渊坚持“六经注我，我注六经”的主张，学术思想的阐发不受注解经书的传统模式局限，轻视繁琐议论与文字著述，传世文字极少，《象山先生全集》系陆氏弟子汇辑其书信、语录、记序整理而成。陆九渊所创立的心学的最大特色，在于心本论的命题。“本心”的概念是对孟子性善论的引申，陆九渊认为，“本心无有不善”，具有仁、义、礼、知、信等本性，并且“人心至灵”，本心又与天地相通，故“宇宙便是吾心，吾心便是宇宙”。主宰一切的理与心同一，“心”是宇宙的本原，“万物森然于方寸之间”，所以说，“心，一心也；理，一理也。至当归一，精义无二。此心此理，实不容有二”。“人皆有是心，心皆具有理，心即理也”，“道理无奇特，乃人心所固有”。渗透于宇宙万物之中的理即在心中，发自心中。心又是社会道德原则的本质，是伦理性的实体，道德行为是心的外显，“仁义者，人之本心也”。心本论的主张，将主体的心与客体的理、主观自我与客观世界融为一体，消融了两者之间的隔阂与界限，世界成为只有一个心的世界，而心也是一个包容大千世界的理。人们学习、修养的根本目的就是要保养本心，“古人教人，不过存心、养心、求放心；此心之良，人所固有”，故需“剥落”蒙蔽“本心”的障碍等。在陆九渊看来，“立心”在“修身齐家治国平天下”之先，“修身”先须“立心”，治学要取“简易”的方法，不必皓首穷经、繁琐注释。在道德修养上，强调“尊德性”，发现人心的固有良知，而对朱熹的格物穷理颇不以为然。陆学心本论和简易工夫的主张，明显有异于程朱理学的认识论和道德修养论。陆九渊的心学思想在江西、浙东两地传播较广，备受士人追捧，陆氏门徒众多，学术影响日见增大。

陆九龄(1132—1180年)，字子寿，学者称复斋先生。学问广博，稽考百家，出入佛老。为学旨趣与陆九渊不尽相同，主张以心为宇宙人生之本，心在圣人，即为道统。学者治学应当“身体心验，使吾身心与圣贤之言相应，择其最切己者，勤而行之”。强调伦常对于维持社会秩序、和谐人际关系的重要性，反对“弃日用而论心，遗伦理而语道”，甚至认为应该废除讲学之风，提倡道德践履，注重在道德实践中“提撕省察，悟得本心”。所著《复斋文集》，已佚。

鹅湖之会的发起者吕祖谦(1137—1181年)，字伯恭，学者称为东莱先生。婺州金华(今属浙江)人。其学融通博大，以“中原文献之传”为根底，既继承二程、兼取朱陆，又纳永嘉学派、永康学派经世致用之说，学术思想极为博杂，且受佛学影响较深，理学思想则更偏重于陆氏心学。著述宏富，主要有《东莱集》《春秋左氏传说》《东莱书说》《历代制度详说》等。吕祖谦为浙东学派之一的金华学派(亦称“婺学”“吕学”)的重要代表。

与程朱理学有所不同的是，早期陆学格外注重内心体验，对读书接物等外在的理性修养则少有留意。对此，朱熹并不认同，并曾批评陆学“尊德性”的方法：“其病却在尽废讲学而专务践履，却于践履中要人提撕省察，悟得本心，此为病之大者。”甚至直接指斥陆学主张全是禅学，不过仅仅只是名号的改变而已。针对陆学风行于一时的现状，朱熹不无忧虑地表示：“竞相祖习，恐误后生。恨不识之，不得深扣其说，因献所疑也。”

1175年(南宋孝宗淳熙二年)夏，与二陆过从甚密的吕祖谦邀约朱熹、陆九渊及其五兄陆九龄，到江西信州铅山鹅湖寺一起切磋学术，其主要意图在于消弭朱学、陆学的分歧，使理学重归于一统。诚如后人追述：“鹅湖讲道，诚当今盛事。伯恭盖虑朱、陆议论犹有异同，欲会归于一，而定其所适从。”参加此次学术大辩论的还有闽、浙、赣等地的其他学者，和双方的部分弟子，这就是著名的“鹅湖之会”。

二陆兄弟对朱学很熟悉，却也有不同见解。在接到吕祖谦的邀请后，二陆为赴会辩论首先统一了学术立场。陆九龄对陆九渊说：“伯恭约元晦为此集，正为学术异同。某兄弟先自不同，何以望鹅湖之同?”于是，二人自相论辩，互为诘难，思索多日。临行之前，陆九龄表示：“夜来思之，子静之说极是。”诚心接受陆九渊的学术观点，并赋诗一首，表明为学主张：“提孩知爱长知钦，古圣相传只此心。大抵有基方筑室，未闻无址忽成岑。留情传注翻蓁塞，着意精微转陆沉。珍重友朋相切琢，须知至乐在于今。”陆九渊认为第二句稍有不妥，但未及和诗即已出发。

及至鹅湖寺，朱、陆双方展开了激烈的辩论，各陈己见，互不相让。随同陆九渊参加聚会的朱亨道，对鹅湖之会的争辩有此归纳：“鹅湖之会，论及教人，元晦之意欲令人泛观博览而后归之约，二陆之意欲先发明人之本心而后使之博览。朱以陆之教人为太简，陆以朱之教人为支离。”大体反映出朱学、陆学在修身、治学方面的不同认识，朱、陆主要也就是围绕这些问题进行讨论。

在会上，陆九龄率先吟诵此前所作之诗，借以表达学术思想，诗中强调“古圣相传只此心”，认为此心是一切事物的根源，其作用对于万物而言犹如筑屋的地基一样；治学方法不宜“留情传注”，否则易致滞塞不通，惟有“蓄意精微”，才能深沉透彻。此诗才念至第四句，朱熹便对吕祖谦说：“子寿早已上子静舡了也!”意即陆九龄的学术主张完全认同于陆九渊。等到全诗吟罢，朱熹正欲对陆九龄发难，陆九渊抢过话头，宣读了途中所和其兄之诗：“墟墓兴衰宗庙钦，斯人千古不磨心。涓流滴到沧溟水，拳石崇成泰华岑。易简工夫终久大，支离事业竟浮沉。欲知自下升高处，真伪先须辨古今。”诗中“斯人千古不磨心”相对于“古圣相传只此心”而言，更加突出了“心”的先天性地位，心本论的思想核心意义亦更明显。“易简工夫”，也被视为入德为学的永恒方法。而“支离事业竟浮沉”一语，则是锋芒毕露，毫不留情地批驳朱熹留情传注的做法是支离事业，不是为学的正途。陆九渊一向认为自己的学说直接上承孟子，具有正统性，而朱熹讲学、治学的方法是“簸弄经语，以自传益真”，是“浮论虚说”，“谬悠无根之甚”，所以讽刺为“支离”，也即烦琐破碎，难于长久。仅此一句，已令自视甚高的朱熹大为不悦。而诗中的最后两句，进一步将两家学问异同提到真伪之辨的高度，言辞劲爆，极为鲜明地流露出对朱学的贬低、不屑之意，极富挑衅意味。本来一贯视陆学近乎异端，平时因论辩之劲、排辟之严而为众人服膺的朱熹，被当众如此奚落，不免觉得有辱颜面，一言不发，当即拂袖而去。与会众人不欢而散。然而，对于陆九渊的“支离”之讥，尽管出于尴尬难堪、一时语塞等缘故，朱熹未予赋诗以对，但关于治学方法的思考却再度引起朱熹足够的重视。三年后，陆九渊造访，朱熹也作诗一首回敬陆氏兄弟，表明读书治经的重要性，继续坚持“道问学”的主张。其中道：“旧学商量加邃密，新知培养转深沉。只愁说到无言处，不信人间有古今。”就是说，读书治经的学问越是严密扎实，对古圣先贤的大义就会认识更深邃；而陆学学问空疏，师心自用，难以通达古今，其间也影射出讥刺之意。鹅湖之会关于治学方法的讨论，至此终于画上句号。此为后话。

次日，朱熹、吕祖谦等人拟出数十个问题，试图挫退陆九渊的锐气。其中的问题之一是：读书讲学是孔子留给后世的百代通法，如果为学能够不读书讲论，为何孔子不遣散学徒，令其各归，发明本心？矛头所指显然就是针对陆九渊所提倡的“易简工夫”。陆九渊一生善于雄辩，包括上述问题在内的所有责难，都被其旁征博引、滔滔不绝地轻松化解，并自称“悉破其说”。陆九渊也准备了一些尖锐的问题，有意驳倒朱熹。如：倘若只有读书才能通明天理而超凡入圣，那么尧舜之时尚无文字，尧舜又是何以成为圣人的呢？机锋所向仍然是朱熹主张读书治经的为学方法。问题甫出，陆九龄眼见辩论气氛过于紧张，为避免双方闹僵，遂出面制止了陆九渊。

嗣后几天，双方彼此问难，唇枪舌剑，各执一词，不分高下。陆九渊批评朱熹之说为意见，朱熹反驳说：“邪意见不可有，正意见不可无。”陆九渊说：“此是闲议论。”朱熹则回答：“闲议论不可议论，合议论则不可不议论。”朱、陆争辩的内容极其宽泛，中心议题仍然是“道问学”与“尊德性”、易简与支离的问题。随行参加此会的其他人，基本没有卷入辩论中，不过是这次盛会的旁听者而已。

经过持续数日的正面交锋，论辩的双方都坚守各自的立场，无法说服对方，两派的分歧反而进一步加深和公开化，鹅湖之会以毫无结果而告终。作为朱陆首次直接论争的鹅湖之会，是朱、陆两派长期对峙争议的起点，是理学发展史上的重大事件。这次学术辩论对朱学与陆学的进一步发展，两派的相互吸取和补充，两派思想体系的完善与成熟，都具有重要意义。

鹅湖之会后，尽管陆氏兄弟对先前的见解和对朱熹的尖刻态度，有所改变和追悔，两派的关系渐趋和缓，但朱学、陆学间的对立仍然存在，学术的争论依然屡有出现。

1183年（淳熙十年），原系陆氏高足而后来转附于朱氏门垣的曹建，不幸早夭。朱熹为此撰写《曹立之墓表》，表中说到“于是喟然叹曰：吾平生于学无所谓而不究其归者，而今后乃有定论而不疑矣”；“学必贵于知道，而道非一闻可悟，一超可入也”；“今必先期于一悟，而遂至于弃百事以超之，则吾恐未悟之间，狼狈已甚”。又称曹建“苟心所未安，虽师说不曲从”，赞扬其治学“博而不杂，约而不陋，使天假之天年以尽其力，则斯道之传其庶几乎”！由于墓表触及陆学的根本宗旨，陆门弟子大为不满，以包扬为首的门徒更是愤恨难平，公开表示反对。陆九渊也认为朱熹语含讥讽，亲自驰书朱熹，认为“叙履历亦有未得实处”，并说：“某往时与之一书，其间叙述立之生平甚详，自谓真实录，未知尊兄曾及见否？”表示自己的记述才是可靠的、真实的。

此次争论之后，朱熹日益发现陆氏门人存在如下通病：为学好高骛远，讲求速成，不愿从事讲论书简的基本工夫，并且行为举止大多狂放不羁。经过慎重反思，朱熹更加坚持自身所倡导的持养方法，即强调主敬工夫，包括持久的自我反省和对言行规矩的恪守。这种主张与陆学追求顿悟以发明本心的修养方法，确实是大异其趣。加之对陆学的弊病愈益担忧，朱熹逐渐改变了兼取两派所长的态度，走向对陆学的全面批判。在致象山的信中，明言陆学尽废讲论书简的做法是“轻为高论”：“妄生内外精粗之别，以良心日用为两截，谓圣贤之言不必尽信，而容貌词气之间不必深察者。此其为说乖戾狠悖，将有大为吾道之害者，不待他时末流之弊矣。”对此，陆九渊进行了针锋相对的反击，认为朱熹以势压人，无中生有，带有明显的“文致其罪”的意气成分，已经脱离了正常学术争辩的轨道。陆九渊如是说：“大抵学者病痛，须得其实，徒以臆想，称引先训，文致其罪，斯人必不心服。纵不能辩白，势力不相当，勉强诬服，亦何益之有？岂其无益，亦以害之则有之矣。”至此，朱学、陆学开始呈现全面分裂、对抗的局面。随之而来的无极、太极之辩，更使门户对立的矛盾趋于登峰造极的地步。

1188年(淳熙十五年)，陆九渊已在象山讲学多年，门下弟子林立，学派大盛于一时。此时，朱、陆均已步入晚年，学术体系与学术方法已经成熟、完善，两家门户之见，更是壁垒森严，这次的论争所涉及的问题也最为广泛，焦点是本体论上的分野。争论缘于陆九渊之兄陆九韶对《太极图说》的看法。二陆认为，《太极图说》论及“太极”时，并未在前面加“无极”二字，因此“疑非周子所作”，“无极”二字“出于《老子》知其雄章，乃圣人之书所未有也”，实际上，“无极而太极”是道家的思想。朱熹答书辩驳，认为“太极”“无极”同为一物，是一个绝对实体的两种称呼，两者并无不同，“无极”表示无形，“太极”表示有理，“无极而太极”，即为以无形形式而存在的天理。二陆认为，“极即中”，“太极”即心，批驳朱熹对“无极而太极”的理解是“架屋下之屋，叠床上之床”，“是头上安头，过为虚无好高之论也”。“无极”之说不合圣人之言。

“太极”“无极”问题的争论尚未平息，道器阴阳之辨接踵而至。针对朱熹将“理”作为形而上之道，将阴阳、五行、万物均看作形而下之器的说法，陆九渊指出，《易传》明确记载“形而上者谓之道”，“一阴一阳之谓道”，由此可知圣人将阴阳也归为形而上的范畴。朱熹的辩解是：“一阴一阳，虽属形器，然其所以一阴一阳者，是乃道体之所为也，故语道体之至极，则谓之太极，语太极之流行，则谓之道。虽有二名，初无两本。”也就是认为阴阳只是形而下的器，是形而上的道的派生物，从属于道。形而上的道，无形但却实有，先于万物而存在，又寓于万物之中，因而是永恒的、绝对的本体和客观的精神实体，意在确立“理”作为万物本原及主宰的至上地位。陆九渊则坚持“一阴一阳即是形而上者”，道器合一，道外无器，器外无道。天理与阴阳并无形而上、形而下之分，世界只能是一个“心”的世界，“心”外无理，“心”外无物，一切出自“心”中，道与器、理与气都归一于“心”。

由“太极”“无极”而引发，一直扩展至道器、阴阳的争辩，是朱、陆双方在本体论上的大规模激烈交锋，双方思辨角度的不同也由此得以充分体现。在宇宙本体论的构建上，朱熹使精神性的天理客观化，将其当成独立于主体之外的宇宙本体，这种本体其实就是客观的精神本体；陆九渊则使客观的天理主观化，倾心于“理”与“心”的同一，也即本体与主体的合一，这种本体实际上就是主观的精神本体。

由于这次朱陆之争，是在双方关系全面破裂的背景下展开的，故而双方在辩论学术问题时，都难免意气用事，措辞激烈，语气生硬，甚至不乏人身攻击。如此情势，自然难保辩论取得令人满意的结果，经过两次书信往返，辩论即告结束。自此以后，朱熹对陆学主要采取否定的态度，这种立场终身未变。

朱、陆之间最后一次争论的主题是王安石变法的问题。陆九渊曾作《荆公祠堂记》，盛赞王安石人格高尚，品行端庄，直追往圣先贤，所谓“英特迈往，不屑于流俗声色利达之习，介然无毫毛得以入于其心，洁白之操寒于冰霜，公之质也；扫俗学之凡陋，振弊法之因循，道术必为孔孟，勋业必为伊周，公之志也”。反对新法之“排公者大抵极诋毁之言”。此论一出，在极力毁谤王安石的洛学与旧党中激起轩然大波，抨击之声纷至沓来。朱熹在致门人的信中也对此予以攻击：“临川近说愈肆，《荆舒祠记》曾见之否？此等议论皆学问偏枯、见识昏昧之故，而私意又从而激之。”并极力呼吁对此事绝不能放之任之，如果真无人管束，势必“恣意横流”。朱门弟子纷纷鸣鼓而攻之。这些举动在陆九渊看来，不过是“未尝学问，妄肆指议”，而且自信“圣人复起不易吾言”，极为轻视朱熹及弟子所为。

朱陆的分歧，就其性质而言，其实就是治学门径的不同。在双方长期的论辩中，基本上是以此为范围，但都疏于从学理上予以深究。若干年之后，朱熹逐渐意识到双方治学门径的差别，其关键之处还是在于双方对心性、气禀等问题，存在着不可调和的对立。朱熹曾说：“陆子静之学，看他千般万般病，只在不知有气禀之杂，把许多粗恶底气都把做心之妙理，合当恁地自然做将去。”“其徒都是这样，才说得几句，便无大无小，无父无兄，只我胸中流出底是天理，全不著得些工夫。看他这错处，只在不知有气禀之性。”两家的分歧实在超乎原来的想象。

1193年(宋光宗绍熙四年)，陆九渊病逝于荆门(今湖北荆门市)。讣讯传来，朱熹亲率门人至僧寺设灵哭祭。哭毕，良久才说：“可惜死了告子!”告子系孟子门徒，因为耽于心性修养、割裂内外关系，而遭到孟子驳斥。朱熹以告子为例为陆九渊盖棺定论，在不掩盖双方学术立场差别的基础上，依然流露出对友情的眷恋。其后，朱熹并未停止对陆学的批判，乃至断言：“某道他断然是异端！断然是曲学！断然非圣人之道!”但陆九渊之死，毕竟宣告了朱陆长期争辩的时代的终结，朱陆并峙的局面迅速演变为朱学一统天下，独领风骚。

朱陆之间的数次争论，无一不是见仁见智，双方各执一端，难分伯仲。争论的事实表明，陆九渊的心学思想，正是在与程朱理学的对立与争辩中逐渐形成的，其间的根本原因是程朱理学理论思维模式尚有若干缺陷与疏漏，以致授陆学以柄。陆学一经出现，便展示出一种取而代之的潜力与强劲之势。朱学与陆学的并立，致使理学分为两大思想阵营，各有其思维方式与理论体系。学术的争鸣，客观上有利于两派相互吸收，深化思辨程度，完善各自的思想体系。然而，尽管两派之间存在着若干重大分歧，甚至争论不休，但朱学与陆学在不少思想见解上，仍然高度一致。两派都尊孔、孟为先师，都承认理是先天性的、主宰一切，都认同“修身、齐家、治国、平天下”的模式，都主张“存天理，灭人欲”，都竭力排斥佛、老之说，等等。凡此种种，都足以说明朱、陆之间的分歧、对立与矛盾，只是理学内部的斗争而已。

(曾育荣)

# 15. 陈亮、叶适的实学

儒学自北宋复兴以来，一路高歌猛进，各种学派竞擅风流，新知睿识层出不穷。宋室南渡，程朱理学渐致脱颖而出，独领风骚。在占据主导地位的理学之外，儒学的次要流派依然生生不息，其中较重要者有陈亮创立的永康学派，和以叶适为集大成者的永嘉学派。由于两派都致力于探索现实问题的解决之道，提倡事功，反对空谈性命义理，具有浓厚的务实性色彩，故后人将其归入以经世致用为特征的实学范畴。

陈亮(1143—1194年)，又名同，字同甫，号龙川，学者称为龙川先生。婺州永康(今属浙江)人，出身平民。由于生活的时代正值宋朝内外交困之际，陈亮自幼便萌生出强烈的爱国热情，年轻时留意于兵家韬略，怀有中兴、复仇的远大抱负，纵论王霸义利，渴望建功立业。曾先后六次上书宋孝宗赵昚与宋光宗赵惇，分析时政利弊，指陈当务之急，建言济世良策，力主北伐抗金，以武力收复失地，言辞慷慨激越，正气磅礴。在其晚年所写的《谢恩诗》中犹道“复仇自是平生志，勿请儒臣鬓发苍”，仍然念念不忘北伐。针对理学家空谈性命不热心北伐的流弊，陈亮尖锐地批评道：“今世之儒士自以为得正心诚意之学者，皆风痹不知痛痒之人也，举一世安于君父之仇，而方低头拱手以谈性命，不知何者谓之性命乎！”因其针砭时弊的言论，屡屡将锋芒直指权贵，陈亮深为当权者所忌恨，三次被诬入狱，饱受囹圄之苦。陈亮数度参加科举，频频受挫，可是仍无法泯灭其“推倒一世之智勇，开拓万古之心胸”的志向，1193年(绍熙四年)，终于高中状元，授签署建康府判官。次年，未及赴任而卒。著有《龙川文集》《龙川词》等。

陈亮并不赞同理学家所宣扬的形而上的道德本体论，认为充溢于宇宙间的无非是物，人们日常所及无非是事，事物是宇宙间真实的客观存在，世界的本质在于其物质性。“道”与具体事物不可分离，不能离开“形气”而存在，而是“常行于事物之间”，“天下岂有道外之事哉”！“道”依赖人而存在，没有游离于物质世界之外的“道”。“道”以人为中心，人能弘道，非道能弘人，因此，人道并非天道被动的接受者，而是天道的主动的制导者与实现者，人是天、地、人三才中最为活跃的方面，居于主导地位。如其所说：“人之所以与天地并立而为三者，非天地独运而人为有息也。人不立则天地不能以独运，舍天地则无以为道矣。夫‘不为尧存，不为桀亡’者，非谓其舍人而为道也。若谓道之存亡非人所能与，则舍人可以为道，而释氏之言不诬矣。”人的行为对于“道”之存亡的关键性作用，在历史人物的英雄业绩中体现得至为明显：“高祖太宗及皇家太祖，盖天地赖以常运而不息，人纪赖以接续而不坠；而谓道之存亡非人之所能预，则过矣。……道非赖人以存，则释氏所谓千劫万劫者，是真有之矣。”在陈亮看来，程朱理学家所倡导的“道”在具体事物之外、“道”与人的具体行动无关的观点，实际上与佛教禅学并无二致。朱熹“理一分殊”的思想，也不过是“将黜异端而终流于异端”的表现，即以表面上攻击佛教思想的手段为障眼法，遮盖其窃取佛教思想的实质。所以，在“万物皆备于我”的诠释上，陈亮与朱、陆等理学家“万物生于一心”的见解大相径庭。以人性为心理生理的内在物为起点，陈亮又将“道”等同于发而中节之情，是“受形于天地”的自然本性，而不是一种抽象的规范。“夫道岂有他物哉！喜怒哀乐爱恶得其正而已”，而这些人性的欲求与天理并行不悖，“得其正则为道，失其正则为欲”。以君主为例，好货好色而不至于沉溺其中，且能与民同乐，又何尝不可呢？尽管情感的抒发、人心之所欲仍然必须限定在一定范围内，但与程朱理学一味坚守“存天理，灭人欲”的僵死道德教条相比，陈亮的人性论无疑更符合人的本性。由于“道”存在于物理、生理世界中，具有经常的或连续存在的特性，因而自有其规律性，作为规律的道蕴藏于事物之间，天下不存在无规律可言的事物。但事物的规律千差万别，彼此相异，人们只有在实践中感知、认识事物，格物致知，才能明白道理，增长才干。即此而论，知识是实现“崇德广业”的工具或条件，这种目的和取向显然已经透射出实用主义的特性。陈亮的事功思想或功利主义的内核，很大程度上就是这种知识价值上的实用主义。

依照陈亮的理解，普遍存在于事物之间的道，同样也内在于历史发展之中。在历史情势的变迁中，道与人类活动交织在一起，并随着历史的展开而不断变化，而并非如理学家鼓吹的那样，是永恒的实体或价值。针对朱熹“三代以下天地人心日益退化”的说法，陈亮认为三代并非全是天理独尊的时代，也有利欲、霸道横行的时候，汉唐也绝非全是人欲、霸道盛行，其间也有天理在发挥作用。尤其是汉高祖、唐太宗等贤明君主的统治策略，合乎天理者为数不少。而且，霸道中也包含有王道的因素。三代与汉唐的差异，充其量不过是程度上的差异而已。由此表明，世易时变，人们应当根据时代社会和政治需要增损因革祖宗之法，而不必拘泥于先贤成法，所谓“古今异宜，圣贤之事不可尽以为法”。倘若“治道之不知，时变之不究，其说虽若可听，其事虽若可行，原始要终，而卒归于无用”。主张因时制宜地进行政治改革，选贤任能，简法重令，信赏必罚，彰法度以存公道，以便道法合一。

陈亮极为反感理学家专尚空谈“道德性命之说”、耻于言利、虚于务实的恶劣风气，批评道：“自道德性命之说一兴，而寻常烂熟无所能解之人自托于其间，以端悫静深为体，以徐行缓语为用，务为不可穷测以盖其所无，一艺一能皆以为不足自通于圣人之道也。于是天下之士始丧其所有，而不知适从矣。为士者耻言文章、行义，而曰‘尽心知性’；居官者耻言政事、书判，而曰‘学道爱人’。相蒙相欺以尽废天下之实，则亦终于百事不理而已。”针对这种弊端，陈亮力主重视实事实功，提出：“外赏罚以求君道者，迂儒之论也；执赏罚以驱天下者，霸者之术也。”明确以王霸合一的概念否定王霸二分的陈说。而实现王霸之道的入手点，乃在于功利的增进。陈亮高扬“功到成处便是有德，事到济处便是有理”的主张，公然以功利作为立论的基础，高度肯定“财者人之命”的提法，谓之为“真切而近人情”，强调功利的意义与作用，所谓“义利之分，孟子辨之详矣。而赏以劝善，刑以惩恶，圣人所以御天下之大权者，犹未离于利乎”？对于义与利所反映出的伦理原则与当下利益之间的关系，陈亮并未局限于“君子喻于义，小人喻于利”的束缚，而是在以王霸统一论否定功利的基础上，着重突出政治行为的效果，反映出政治行为的实用主义价值取向。因此，陈亮对董仲舒提出的“正其谊不谋其利，明其道不计其功”之说颇不以为然，而是认为不谋不计不仅事功难成，并且由于实践上功利目的被完全排除，势必造成道德价值也无从实现。但这毕竟只是陈亮功利主义价值观的逻辑起点。实际上，在陈亮那里，义与利仍然高度统一，道德与功利密不可分，而物质利益的取得正是达至道德之至善的条件，是趋于“义”的前提。所以，陈亮说，在“心主于仁”的前提下，“本领宏阔，工夫至到，便做得三代”。并且，功业越大，道德的善的价值就越大。普遍的善，也就是普遍的功利，道义不能自存于功利之外。由此不难发现，陈亮将流传甚久的“义以为上，以义制利”的传统义利观，改造为义利合一、“义利双行”的体系，使道德伦理与事功伦理合而为一，又以功利的谋取作为体现道德价值的手段与途径，进而构建出功利主义事功伦理学的基本框架。

在陈亮的功利主义学说中，致富之道莫过于重商，而儒家所标榜的仁义礼智信，则是获取财富的五大祸害，必须首先予以清除。陈亮主张抬高商人的社会地位，商与官、民、农并列，犹如人之四体，唯有四者“各力其力，以业其业”，方能“展布四体，通其有无”。站在工商业者的立场上，陈亮曾抨击王安石变法中“青苗之政，惟恐富民之不困也；均输之法，惟恐商贾之不折也”。提倡保护与鼓励民间的低息借贷关系，认为这是贫富之间“有无相通，缓急相救”的有益行为。上述经济思想集中反映了商品经济发达条件下上层市民的利益渴求，并体现出历史进化的利欲推动论倾向。

陈亮张扬功利之说，其落脚点在于“利物爱民”，为国建功立业，诚如朱熹所言：“立心之本在功业。”从治世路线的角度进行比较，陈亮的功利主义主张与风靡一时的“内圣外王”的道德理想主义，有着根本的不同。前者关注的是当下物质利益的获取，后者则刻意追求道德、心性的修养。陈亮“义利双行，王霸并用”的主张在当时影响甚大，对畅言道德性命的理学产生了一定的冲击，以至朱熹不无忧心地说：“陈同甫学已行到江西，浙人信向已多，家家谈王霸……可畏！可畏！”尽管陈亮在治理国家的具体方法的研究上，较之叶适等其他一些同时代的学者稍有逊色，但因其敢于在某些方面突破儒家正统观念的束缚，公开宣称王霸义利的统一，所以被后人列入事功学派，亦不无道理。陈亮学说由门徒倪朴、喻民献、方凤、谢翱等继承，形成永康学派。

叶适(1150—1223年)，字正则，因晚年居住、讲学于永嘉城外水心村，人称水心先生。温州永嘉(今浙江温州市)人。1178年(宋孝宗淳熙五年)，进士第二，跻身仕途。宋宁宗开禧年间(1205—1207年)，叶适呼吁对金用兵，因主张节用减赋，与民休息，整饬边备，严训士卒，以待机制敌，而深孚时望，被召入朝。但权臣韩侂胄急功近利，不纳其言，决意北伐，贸然对金开战。1206年(开禧二年)，宋军大败。叶适率军击退进犯建康(今江苏南京市)的金军，又派兵袭击江北，迫使金军北撤。随后，召集民众，广开屯田，训练士伍，积极部署防御，坚决反对与金议和。不久，遭人诬陷依附韩侂胄，被夺职逐出朝廷。自此，叶适退居乡里，潜心讲学、著述，著有《习学记言序目》《水心文集》和《水心别集》等。

叶适是永嘉学派最为重要的代表性人物，是薛季宣、陈傅良的学生。所谓“永嘉学派”，是指由南宋永嘉籍的一些学者所组成的学派，其成员治学的共同特点，是极为注重研究有关国计民生、治理国家的问题，在学术见解上彼此接近。自北宋神宗赵顼以来，永嘉地区相继出现一些力主事功的学者，在浙东一带传播洛学、关学。及至南宋，薛季宣“教人就事上理会”，矛头直指空谈性命天理的理学，与正统之学发生分歧，转向事功之学，遂“自成一家”。“其学主礼乐制度，以求见之事功”，见于事功才是“经学之正”。事功的建立来自于讲明时务本末利害，故薛季宣本人对田赋、兵制、水利、地形等均有研究。陈傅良进一步阐发“实事实理”的思想，主张为治之要在于“弥纶以通世变”，认为《六经》之学的根本就是建立事业。叶适师承其说，踵法前人，综合学派要旨，将永嘉之学发展至新的高度，并与朱熹为首的理学派、陆九渊为首的心学派，鼎足而峙，彼此颉颃。诚如黄宗羲《宋元学案·水心学案》所说：“乾、淳诸老既没，学术之会，总为朱陆二派，而水心断断其间，遂称鼎足。”

叶适秉承永嘉学派事功思想的“致用”立场，将批判的锋芒直指当时流行的理学和心学。叶适首先质疑理学家的道统说，断然否定“以曾子为亲传孔子”的说法。叶适认为，孔门弟子众多，“所受不同”，在孔子思想的理解与接受上各有不同，“曾子没后语不及正于孔子，以为曾子自传其所得之道则可，以为得孔子之道而传之，不可也”。“独任孔子之道”，“无明据”。由于“曾子之学，以身为本，容色辞气之外不暇问，于大道多遗略，未可谓至”。曾子独善其身的意趣与孔子匡时济世的旨趣，明显不合，所以说，“言孔子传曾子，曾子传子思，必有谬误”。叶适对发端于子思、孟轲的心性之学也有非难，认为“古之圣贤无独指心者”，“盖以心为官，出孔子之后，以性为善，自孟子始。然后学者尽废古人入德之条目，而专以心性为宗主，致虚意多，实力少，测知广，凝聚狭，而尧舜以来内外交相成之道废矣”。批判孟子“专以心性为宗主”的思想主题有悖圣人之意，尽失尧舜之道，是导致后世学风空疏的根源，其后果则是“舍孔子而宗孟轲，则于本统离矣”。对于道统论的“独传”“心传”的神秘之说，叶适语含讥讽，认为孔子之道“存之于书”，圣人之心可“得之于言”，并无任何绝密可言，理学家自以为“举天下之学皆不足以致其道，独我能致之”的态度，有违“以学致道”的规律，必然产生“其本少差，其末大弊”的结局，无益于国家、社会。在探寻道统论传承的历史根源时，叶适的分析是，宋儒为光大儒学传授系统，欲与其时风头正劲的佛老学说一较短长，遂援引佛、道，发明思孟的新说奇论。这一思想运行的进程始于魏晋的孔老并行，终于北宋诸儒的融会佛老。可是，正如叶适所言，佛老思想本非儒学所固有，既然将佛老思想引入儒学，也就必然使孔子的本统失却本真，一变而为佛老与思孟思想的混合体，有损于儒家学说的纯正性。所以，叶适批评自欺欺人的理学家：“程(颢)、张(载)攻斥老、佛至深，然尽用其学而不自知。”

叶适对理学的诘难辩驳，还表现在对“道”与“物”关系的看法上。针对理学道在器外、理在气先的论调，叶适追根溯源，否定宋儒以“无极而太极”为其宇宙论的“宗旨秘义”源于孔子，并指出其源头在于老庄，“自老聃为虚无之祖……至庄，列始妄为名字”。叶适认为，《易传》中的《文言》《说卦》《系辞上下》等皆非孔子所撰，而《系辞》中的“易有太极，是生两仪，两仪生四象，四象生八卦”之句，“文浅而义陋”，后世儒者不辨无极太极来源，以此“骇异后学”，错讹相传，“失其会归，而道日益离矣”。“太极”二字也不见《易经》中，“不知《传》何以称之也”。叶适对“极”有自己的理解，“夫极非有物，而所以建极者则有物也。君子必将即其所以建者而言之，自有适无，而后皇极乃可得而论也”。“极”是事物的准则，“道”则是整齐万物的统一法则，其存在都以万事万物为基础。“物之所在，道则在焉。……道虽广大，理备事足，而终归之于物，不使散流”。“是故君子不以须臾离物也”，“是故古之君子只物用不以己用”。这种思维路径与理学家宣称的“太极”生阴阳、五行、万物的顺序恰好颠倒。人的知识来源于客观的物质世界，人的认识离不开物，“知之至者，皆物格之验也。有一不知，是吾不与物皆至也”。“欲折衷天下之义理，必尽考详天下之事物而后不谬”，有力地驳斥了“以心通性达为学，而见闻几废”的错误倾向。世界处于运动变化之中，“物之推移，世之迁革，流行变化，不常其所，此天地之至数也”。运动变化的基本规律是：“道原于一而成两”，“凡天下之可言者，皆两也，非一也”。

叶适针对理学家倾心于义理、性命之学而无裨于世的流弊，提出“将求今世之实谋，必先息今世之虚论”的观点，指出：“读书不知接统绪，虽多无益也；为文不能关教事，虽工无益也；笃行而不合于大义，虽高无益也；立志不存于忧世，虽仁无益也。”从务实的角度出发，叶适认为：“名曰《大学》者，以其……处可以修身齐家，出可以治国平天下也。”可是，理学家对于《大学》只是“开截笺解，彼此不相顾，而贯穿通彻之义终以不明”。至于朱熹所提倡的“正其义不谋其利，明其道不计其功”的说法，叶适批评道：“此语初看极好，细看全疏阔。”据其理解，相沿甚久的贵义贱利教条，实则是“以义抑利”，否认“利”是“义”的物质内容，其结果必然是“既无功利，则道义者乃无用之虚语耳”；反之，“以利与人……故道义光明”。故而，“义”“利”是统一体，并不排斥。叶适将求利视为人的本性，所谓“就利远害”是“众人之同心”，人们为求一己之私、个人之利而“朝营暮逐，各竞其力，各私其求，虽危而终不惧”，是最正常不过的事。对于人世间蝇营狗苟的求利趋向，没有必要加以束缚和抑制，如其所言：“其途可通而不可塞，塞则沮天下之望；可广而不可狭，狭则来天下之争。”鲜明地体现出“事功学派”学以致用的特征。

从注重事功的立场出发，叶适将大量精力投入关系国计民生的各种实际问题的研究中，在国家管理体制、职官制度、军事制度、货币制度和人口问题等方面，都形成了较为系统的见解和理论，其中尤为引人注意的是“保富”论。叶适认为，富民“上当官输，杂出无数；吏常有非时之责，无以应上命，常取具于富人”。富民是国家财政收入的主要来源。国家依靠富民而“养民”，“小民之无田者，假田于富人；得田而无以为耕，借资于富人；岁时有急，求于富人；其甚者，庸作奴婢，归于富人；游手末作，俳优伎艺，传食于富人”。所以，一国“上下之所赖”系于富民。惟其如此，国家政策的制定应以“保富”为核心。既然富民上以供国、下以养民，即使过分剥削小民以增殖财富，也无可厚非，“虽厚取赢以自封殖，计其勤劳亦略相当矣”。国家不宜采取“破富人以扶贫弱者”的措施，对“贪暴过甚”者，可适当“教戒”；拒绝接受教戒者，则依罪行轻重予以相应惩罚，责其“自改则止”，切忌惩治过重，以至“破坏富人”。与“保富”论相联系，叶适高度认可宋初以来“田制不立”、土地兼并盛行的既成事实，反对抑制兼并。由于其时已大量流入富民手中的田地，“已远者不追，已废者难因”，难以恢复井田制。并且，同费时、费力且收获无多的井田制相比，富民占有土地从事生产，“法简而易周，力少而用博”，也无需国家直接插手农事，的确省时省事。因此，叶适再三强调：“儒者复井田之学可罢，而俗吏抑兼并富人之意可损。”

叶适的“保富”论并不仅仅限于维护土地占有者的利益，而且注重保护从事工商业者的利益，这就是叶适的反抑商观点。与传统的重本抑末观点相左，叶适提出：“四民交致其用而后治化兴，抑末厚本非正论也。”高度重视商品流通与贸易，将其提升至攸关国家治乱安危的高度。对此，叶适引经据典加以论证：《尚书》中说到“懋迁有无化居”，周代“讥而不征”；《春秋》则明言“通商惠工”。凡此种种，都表明古圣先贤都主张以国家之力扶持商贾，流通货币，而并非执守重本抑末的观点。实际上，叶适倡导的是私商的发展，而反对国家直接经营、干预工商业。并批评王安石的市易法、青苗法，剥夺了商人和高利贷者的利益，认为社会上贫富不均的现象由来已久，“富商大贾”手持“开阖、敛散、轻重之权”已经“不知其几百年”，国家“嫉其自利而欲为国利”，侵蚀富贾的轻重之权，并非明智之举，正确的做法应当是“开阖、敛散、轻重之权不一出于上，而富人大贾分而有之”。叶适公开批判和否定重本抑末论，是南宋时期商品经济急速发展的事实在经济思想领域的集中体现。然而，叶适矛头所指集中于“抑末”，对于“重本”或“厚本”并无异议，而且还反复强调“重本”是“王业”的根基，“未有不先知稼穑而能君其民”。叶适所谓的“本”，则仍然是占有大量田土的富民所从事的以地租、高利贷剥削为内容的农业。

叶适的保富论与其理财观的联系至为密切。在叶适看来，为保护富民利益，国家必然以强制手段迫使小民忍受地租、高利贷和商业盘剥，避免“客、主相怨，有不安之心”，还必须切实减轻富人的财政负担，以利于富民聚敛财富。基于此，保富与理财合而为一。叶适认为，理财不同于聚敛，两者的区别在于“义”与“不义”之分，人们应当反对的是“不义”的聚敛，而理财自有其正当性和必要性，“古之人未有不善理财而为圣君贤臣者也”。将“取诸民而供上用”简单理解为理财实质是一种误解，以此缘故，“君子避理财之名”，“理财之权”往往落入小人之手；小人又常常刻意聚敛，理财与聚敛之分更趋混乱，人们出于爱惜名声的原因，自然视理财为畏途，在此问题上更是三缄其口。叶适对于理财别有见地：真正的理财是“以天下之财与天下共理之”。其要义在于：一方面为民理财，即在解决国家财政需要的基础上，增殖社会财富，也就是“聚天下之人，则不可以无衣食之具”，使百姓衣食无忧。另一方面则是许民自理财，即允许百姓自由从事经济活动，增加私人财富。照此而行，“上之用度……沛然满足而不匮”。因此，叶适的理财观实则是将发展国民经济置于国家财政收入之上，而发展国民经济的主题归结为私人的“自利”，国家的任务是为私人的逐利提供便利、铲除障碍。可见，叶适理财的核心精神与保富论一脉相承，是保富论的运用和延伸。至于叶适理财观中的“财以少而后富”，“财愈少而愈治”的论断，虽然反映出其时富民对苛捐杂税的强烈憎恶这一现实，但完全否认理财是财政的概念，则明显走向了极端。

以陈亮、叶适为代表的事功学派，有力批驳了理学家专尚心性义理的空疏风气，一定程度上指出了理学理论思维的根本缺陷，明确提出建立事功对于国家有着极其重要的意义，肯定了功利的正当性和必要性，将重义轻利的迂阔之论改变为义利合一、义利双行，鲜明地体现出注重现实、学以致用的务实之风。其独张一帜的功利主义思想，是中国古代思想的重要组成部分，在中国思想史上极具特色，并占有重要地位。

（曾育荣）

# 16. 瓦舍勾栏的出现

有宋一代，社会经济发展水平取得了前所未有的大幅度提升。伴随商品经济的日益繁荣，城市格局也突破了此前坊市制的框架，所承载的经济职能明显增强，城市人口显著增多，已占总人口的20%以上，并催生出新兴的市民阶层。满足市民精神需求的城市文化，也因此日渐丰富，异彩纷呈。瓦舍勾栏，就是市民消遣娱乐的主要文化场所，也是宋代市民文化勃兴的重要舞台。

瓦舍，又称瓦肆、瓦市、瓦子，是宋代表演各种伎艺和买卖杂货的综合性娱乐消费场所。也有人认为，瓦舍指瓦棚，是相对于临时性演出的草棚或露台更为正规的演出场所。宋耐得翁《都城纪胜・瓦舍众伎》说：“瓦者，野合易散之意也。”宋吴自牧《梦粱录・瓦舍》的解释是：“瓦舍者，谓其‘来时瓦合，去时瓦解’之义，易聚易散也。”由于穿梭于瓦舍中的游人，来时如同瓦合，去时恰似瓦解，故以“瓦”来称呼这种所在。瓦舍之中，既有表演伎艺的固定地点，也充斥着各种服务性行业的店铺和地摊。宋孟元老《东京梦华录・东角楼街巷》载：“瓦中多有货药、卖卦、喝故衣、探搏、饮食、剃剪、纸画、令曲之类。终日居此，不觉抵暮。”游人在瓦舍中往往驻足流连，乐不思返。

瓦舍大约兴起于北宋中叶，是城市经济蓬勃发展和市民阶层壮大的产物。至北宋末年，瓦舍已较为兴盛。南宋初期，都城临安汇聚了来自四面八方的大量艺人，为服务军人需要，开始设立瓦舍；其后，瓦舍逐渐演变为大众的游乐场所，数量也明显增多。瓦舍也不再仅见于城内和大都市，城外和中小城镇也普遍开设。从瓦舍的普及程度来看，南宋明显超过北宋。北宋开封（今河南开封市）瓦舍，《东京梦华录》称有10处；南宋临安（今浙江杭州市）瓦舍，《梦粱录》《武林旧事》和《西湖老人繁胜录》分别记有17处、23处和25处。瓦舍通常拥有固定的演艺队伍和伎艺，有些艺人一生只在同一瓦舍的一座勾栏卖艺。瓦舍的开放时间相当长，且不受气候变化影响。《东京梦华录・酒楼》称：“大抵诸酒肆、瓦市，不以风雨寒暑，白昼通夜，骈阗如此。”有的瓦舍中的伎艺演出也分早、晚场，早场自凌晨五更便开始，晚场关门则至深夜。瓦舍勾栏还配置有为夜市和夜间演出服务的灯光设施。

勾栏，也称勾肆、勾阑，原指栏杆，伎艺人设棚演出，棚中往往预留一个特定的演出区域，隔在观众与演艺人员之间的就是栏杆，勾栏以此而得名。另有一说认为，演出场子的四周均以栏杆围护，不掏钱的人不得进入，勾栏由此而来。所以，“勾栏”专指宋代伎艺人员为演出而在瓦舍内搭建的剧场。每个瓦舍都有数量不等的勾栏。宋孟元老《东京梦华录・东角楼街巷》曾说：“街南桑家瓦子，近北则中瓦，次里瓦，其中大小勾栏五十余座。”宋周密《武林旧事・瓦子勾栏》也说：“外又有勾栏甚多，北瓦内勾栏十三座最盛。”勾栏的规模大小也有差别，大者可容纳数千人，如开封中瓦的莲花棚、牡丹棚，里瓦的夜叉棚；最小者也占地里许。为保证能取得较好的演出效果，勾栏理应安装扩音设备，像能容纳多达数千人的勾栏，若表演“浅斟低唱”的说唱类节目，如果没有扩音设备，表演显然难以令观众满意。勾栏的密封和通风设施齐全，可以遮拦风、雨、雪，抵御冬天的严寒，缓解夏天的酷热，以使演出能够全天候进行。

瓦舍勾栏里表演的节目主要有说唱、戏剧、杂技和武术等，内容丰富，形式多样。

说唱是指通过语言与声腔的艺术感染、娱乐听众的曲艺形式，通常包括“说话”“杂说”和“演唱”三种。说话即讲故事，表演者称为说话人，为说话人编写故事的作家称为才人，故事的底本称为话本。话本是最早的白话通俗小说。说话根据内容又可分为“说参清”“说经”“讲史”和“小说”四种，称说话四家。说参清就是以机辩的谈锋，讲说参禅悟道。说经就是演说佛教经书，由唐代寺院和尚讲经发展而至，所演说的佛事情节大多曲折生动，富于幻想，引人入胜。说经话本中最为有名的莫过于《大唐三藏取经诗话》，后来的《西游记》即以此为来源。讲史就是讲历史故事，历代兴衰战争的演义是最为常见的题材，其中尤以三国与五代史事最受青睐，也讲当代故事，如南宋抗金、水浒英雄等。一般篇幅较长，只说不唱，兼有议论。有名的话本有《三国志平话》《五代史平话》和《大宋宣和遗事》等。这类话本，体制上对明代白话长篇和短篇小说，在内容上对元杂剧和明代传奇，都有不容低估的影响。小说是从讲史演变而来的一种说话艺术，以灵怪、烟粉、传奇、公案、朴刀、杆棒、神仙、妖术等为题材，一般篇幅较短，有说有唱，大多使用白话，先以诗词、议论或小故事开头，称“入话”，再讲一两个故事，称“头回”，正文内容结束之后，再以诗词或议论收束。小说类话本以《错斩崔宁》《碾玉观音》和《闹樊楼多情周胜仙》等为代表。

杂说以机敏、诙谐的语言逗笑、取悦听众。如“学乡谈”学说各地方言；“背商谜”，商是指本人心口相商或与他人相商，考虑如何出谜、猜谜；“说诨话”，以滑稽玩讽的十七字诗为主要形式，运用通俗诙谐的语言进行表演，或者说令人捧腹大笑的故事，或者吟咏语含讥讽的歌诗，类似于今日的单口相声。

演唱也可以分为若干种，其中最具代表性的要数“诸宫调”和“鼓子词”。“诸宫调”是指兼用多种宫调演唱长篇故事，宫指以宫声为主的调式，调指以其他各声为主的调式，说唱皆有，又以唱为主。演唱时，由于常用琵琶弦乐进行伴奏，所以又称为“掐弹词”。“鼓子词”是一种因歌唱时有鼓伴奏而得名的曲艺，由一人讲说或兼唱，另由若干人组成“歌伴”，并且同时兼管“和”唱及器乐的伴奏。在当时深受文士喜爱，是宴会饮酒时常见的娱乐方式。除此之外，演唱还包括：“小唱”声调重起轻落；“嘌唱”，音调曲折柔曼；“叫声”，模仿各种叫卖声；“唱赚”，兼容小唱等多种声腔，伴以笛声鼓板，与现在的大鼓相仿。“合生”主要演唱诗词，指物题咏，应命辄成，立即演唱；“乔合生”，则是以滑稽或乔装的形式演唱“合生”；“陶真”，指以琵琶伴奏，演唱小说或平话，流行于农村。

宋代戏剧主要由傀儡戏、影戏、杂剧和南戏组成。傀儡戏即木偶戏，宋代极为盛行，已发展为悬丝、杖头、药发、肉傀儡、水傀儡五种。其题材极为广泛，以情节复杂的历史故事为主，很受时人欢迎。影戏原以素纸雕簇，后以羊皮雕形，故称为皮影。艺人边唱边摆弄人物皮影，透过灯光折射，在屏幕上变化出各种造型，力求从感官上增强表演效果，取悦观众。对于皮影戏高超的表演艺术，宋洪迈《夷坚三志辛·普照明颠》有诗赞道：“三尺生绡作戏台，全凭十指逞诙谐。有时明月灯窗下，一笑还从掌握来。”

戏剧之中，最引人注目的是宋杂剧，其糅合了先秦歌舞、汉魏百戏、隋唐戏弄和宋代诸色伎艺的表演艺术，标志着中国戏曲的诞生。杂剧本来是对含有故事内容的各种声乐伎艺的综合演艺之总称，包括歌舞、扮演、说唱诸伎艺以及散乐、百戏等。因为这种综合性表演的开头阶段较为混杂，所以称为杂剧，又蕴含兼收并蓄、多而且杂的意思。北宋后期，杂剧已形成比较完整的规制，自有其特殊规定性；至南宋时，杂剧更臻丰满和成熟，一举确立了在散乐百戏中独占鳌头的地位。宋杂剧的体制结构通常分为艳段、正本、杂扮三节。艳段为正演前的小段，因其简短犹如火焰，易明易灭，所以也称焰段，内容是“寻常熟事”，有时涉及现实生活中常见的社会问题。正本即杂剧的主体部分，分为两段，以含有鉴戒意义的故事为表演内容，唱念应一应俱全，或诙谐讥讽，或批评时政。杂扮或称杂班，是正本演出后的散段，一般是以乡下人作为取笑对象的闹剧，可取可舍，也能单独表演。杂剧角色通常有五个，即末泥、引戏、副净、副末、装孤，后来又增加戏头、装旦、次贴。北宋时即已出现杂剧专业演员，有来自官方机构的杂剧色和来自勾栏的露台弟子之分。表演杂剧时，有音乐伴奏，以锣鼓为节拍。杂剧常见于都城及其周围地区，如北宋开封每年七月七日至十五日都上演《目连救母》剧目，市民趋之若鹜；此外，四川等地也有杂剧表演，南宋蜀僧大觉禅师曾有诗云："戏出一棚川杂剧，神头鬼面几多般。夜深灯火阑珊甚，应是无人笑倚栏。"

南戏是南曲戏文的简称，是相对于北曲杂剧而言的新剧种。宋室南渡后，杂剧以临安为中心向南方广大地区辐射，在温州一带农村又形成独具特色的温州杂剧。温州杂剧与其他艺术形式进一步融合，发展为南戏。南戏大多是长篇，一本戏少者十多出，多者四五十出。说唱时运用南方语言，曲调、音韵、唱腔来源于村坊小曲和里巷歌谣。角色计有七种，为生、旦、外、贴、丑、净、末，其中的男、女主角分别为剧中的生、旦。南戏进入城市后，大受追捧，并在杂剧等艺术形式的影响下逐渐完善，演出体制与杂剧大体相同，且与杂剧并驾齐驱，是戏剧由萌芽走向成熟的标志。宋元之交，受北杂剧南传的影响，南戏开始形成南、北曲兼用的体制，成为明代传奇的滥觞。

宋代杂技已由宫廷走向民间，演出形式别具多样，无论是精致厅堂、勾栏瓦舍，还是广场空地、江湖水面，都可表演各种杂技。杂技的技艺日趋小型、精巧，种类繁多，颇具代表性的节目类型有踢弄、魔术、口技和马戏。踢弄因杂技节目往往不离踢和弄而得名，所踢器物有瓶、磬、缸、钟等，所弄物件有碗、花钱、花棒鼓等。除此之外，还有走索、踏跷、上竿、打筋斗、过门子、过圈子等，大多承袭前代，但难度增大，惊险、刺激程度明显增强。如走索不仅行走索上，还在索上担水和装神弄鬼；有的艺人甚至将走索与踢弄结合起来，场面更加令人触目惊心。魔术节目变幻无穷，奥妙则不出一个"藏"字，如藏人、藏舟、藏剑等，吞刀、吐火、吃针、取眼之类，都是如此，所以当时也称为"藏去之术"。宋神宗时，有一名擅长藏舟的艺人，以数十人抬舟，转瞬之间大舟消失，观众无不惊骇称奇。南宋临安有位艺名为杜七圣的艺人，能表演杀人复活的绝技，当场切下人头，嗣后再将它装上，竟被朝廷视为"邪法"，明令加以禁止。口技当时称作"百禽鸣"，因模仿飞鸟、禽兽的鸣叫声而得名。教坊乐人和民间艺人都有精于此道者，表演时艺人模拟禽兽叫声，场内寂静，只听见半空中百鸟的和鸣声，如同鸾凤翔集。马戏既包括马术特技表演，如骑手在马上表演"立马""跳马""倒立""拖马""镫里藏身"等高难度动作，还包括凡是经过训练的动物所参加的表演，时称"教禽兽"。如"教走兽"有笨熊翻筋斗、蠢驴跳柘技舞、猴子演百戏、狮豹表演等；"教飞禽"有禽鸟认书、乌鸦下棋等；"教虫蚁"有蚂蚁角胜等；"教水族"有鱼跳龙门、乌龟叠塔和七宝之戏等。大多妙趣横生，兴味盎然。

由于战争频繁，宋代习武的风气较为盛行，中国传统武术也已从与武艺的混合中分离出来。与讲求实用性的武艺有所不同，宋代的武术表演作为风行一时的独立的社会娱乐活动，虽然也开始形成固定的套路，但其注重的是艺术性，既要求精彩激烈，更倾向于迎合大众的观赏需求。当时社会上出现了以表演武术为生的专业艺人，城市中有商业性的武术艺人组织，如南宋临安的射弓踏弩社、川弩射弓社等。不少的武术表演与舞蹈相结合，时称"诸军百戏"。各种武艺之中，相扑是最受欢迎的项目之一。相扑又称角抵或争交，即摔跤。民间相扑手因生计所迫，往往在瓦舍勾栏和露台献艺。开场前通常由女相扑手数对打套子，以吸引观众，招徕看客，然后正式演出。女子表演相扑一度被认为是有逾礼法的举动，所以宋廷屡次颁诏禁止，然而直至南宋后期仍然盛行。

以瓦舍勾栏为平台所展现出的宋代城市文化娱乐活动，代表了宋代市民文化的走向与特色，具有下述新趋势：首先是商业化趋势。瓦舍是商业活动和娱乐活动的中心，其中的各种商业广告令人目不暇接，商业化色彩极其浓郁，勾栏内艺人的演出和体育表演均以盈利为目的。其次是通俗化趋势。艺人的文娱表演能满足各个阶层、各种职业、不同年龄层次的多种社会群体的爱好，以至有“勾栏不闲，终日团圆”的说法。即便是街巷小孩也能听懂说书的内容，当听到三国故事中刘备失败的情节，就有皱着眉头流眼泪的；听到曹操被打败，则欣喜若狂。再次是大众化趋势。勾栏中的看客囊括达官贵人和平民百姓，并无高低贵贱的身份限制。一些昔日为帝王将相等上层权贵独享的娱乐活动，如今也已成为民众共同的好尚。最后是专业化趋势。为获取可观的收入，吸引观众的眼球，艺人的表演务必精益求精，因而专业化程度较高的艺人和社团也就应运而生。特别是以勾栏为固定演出场所的瓦子艺人，大多技艺出众，身手不凡，这些人通常自发结成演艺组织，如杂剧有绯绿社，清乐有清音社，清音社之下还有分社，每社都在百人以上。

（曾育荣）

# 17. 北宋金石学的兴起

金石学是近代考古学传入中国前，以古代青铜器、石刻和碑碣为主要研究对象的学问，近似欧洲的铭刻学，被视为中国考古学的前身。其研究对象属零星出土文物或传世品，未经科学发掘，偏重于铭文的著录和考证，以证经补史为研究目的。具有一定学术系统的金石学，产生于1000年前的北宋，曾巩的《金石录》最早提出“金石”一词，清代王鸣剑、王昶等人，正式提出“金石之学”的名称。

中国金石学的萌芽大约可以上溯到东周时代。据说孔子就曾到太庙研究过欹器。《荀子》和《论语》记载：孔子到祭祀鲁桓公的庙去参观，看到了欹器(一种盛水的器皿，无水时歪向一边。欹：倾斜，歪向一边)。孔子向看守庙宇的人询问：“这是什么东西?”守庙的人说：“这是放在座位右边，用来警戒自己，如‘座右铭’一般的器物。我听说这种器皿在空着的时候是歪向一边的，盛满一半时就可以放得端正，而灌满就会倾倒了。”韩非子在《十过》中指出尧时食饮用“土簋”“土铏”，舜时斩木漆为食器，禹时更“墨漆其外而朱画其内”，觞酌蹲樽俎皆有彩饰。殷人则“食器雕琢、觞酌刻镂”。司马迁在《史记·太史公自序》中说：“年十岁则诵古文，二十而南游江、淮；上会稽，探禹穴，窥九嶷，浮于沅、湘；北涉汶、泗，讲业齐鲁之都，观孔子之遗风，乡射邹、峄；戹(同厄)困鄱、薛、彭城，过楚、梁以归。”司马迁在旅途中注意采访文物古迹。例如，到箕访许由冢，到长沙观屈原沉渊，至开封访信陵君夷门故址，北登长城，南探禹穴，过淮阳韩信母墓等。汉宣帝时，张敞“好古文字”，曾考释过美阳(今陕西武功县)发现的尸臣鼎。东汉许慎撰《说文解字》注意收录郡国山川所出鼎彝等青铜器的铭文。281年(晋太康二年)汲郡人盗掘魏国古冢，出土大批竹简，经荀勖、束皙等人整理，编次为《纪年》《周书》《穆天子传》等十几种佚书。北魏郦道元的《水经注》一书，对古代城址、陵墓、寺庙、碑碣及其他遗迹都有过记载，可以说是一部具有金石学意义的著作。隋唐五代时期的知识分子注意力多集中于诗文方面，从而影响了金石学的发展。但也有一些知识分子继续研究金石学。例如，唐代李吉甫撰写的《元和郡县图志》中提到了很多古代遗迹，唐代吴协的《三代鼎器录》及封演的《续钱谱》都是重要的金石学著作。唐初，石鼓文在陕西凤翔出土，当时就有一些学者和书法家对石鼓文进行研究。但是北宋以前基本上没有金石学的专门著作问世，金石学没有成为一门学科。

直至宋代，史学领域开拓出了新的园地——金石学。对宋代金石学有开创之功的是宋仁宗时期的刘敞。他的《先秦古器图碑》(已佚)和《先秦古器记》是古代最早的金石学著作。他在《先秦古器记》中提出了古器的研究方法，即“礼家明其制度，小学正其文字，谱牒次其世谥”。此后，宋代金石学兴盛一时，最显著的表现就是众多金石学著作的出现。据容媛《金石书目录》记述，仅流传至今的宋代金石学著作就有29部之多。吴伟华在《宋代金石学的学术价值》一文中，根据北宋金石学著作研究的内容，对之进行了分类和介绍。

第一类是研究青铜器的著作。青铜器是宋代金石学家主要关注的对象，如吕大临1092年(北宋元祐七年)撰写的《考古图》(10卷)是现存年代最早且较有系统的古器物图录，著录当时皇室和私人收藏的商周秦汉铜器及玉器等，目列224器，实收234器。吕大临在所著录古器物的体例方面颇有建树：每件器物都摹绘图形和款识，记录尺寸、重量和容量，并进行考证；凡出土地和收藏处可考的，也加以说明；在编排上注意到器物出土时的共存关系，又能依据器物的形制、铭文和出土地考证年代。书中所定器名及进行的考证有可商榷之处，但不乏正确的见解。另有《考古图释文》1卷，据考证，亦为吕大临所撰。吕大临在书中指明，研究古代的器物是为了“探其制作之源，以补经传之阙亡，正诸儒之谬误”；30年后王黼编成《宣和博古图》（30卷）；薛尚功的《历代钟鼎彝器款识法帖》（20卷）收录古器物511件（包括少量玉石器），先著录其文字，然后加以考释，内容丰富，条例严谨，对实物的描绘准确，具有相当高的学术价值；王俅的《啸堂集古录》（2卷），收录商至汉代带铭文铜器345件，印章37枚，描绘其铭文并附有释文，但是没有考证；张抡的《绍兴内府古器评》（2卷）共著录196器，其中50器已见于《宣和博古图》，除梁博山炉外，皆为汉代以前的器物，所收铜器仅有释文，而无图录和款识。

第二类是研究石刻的著作。这是宋代金石学研究的第二大门类，产生了许多具有很高学术价值的著作。如欧阳修的《集古录跋序》（10卷），是作者搜集研究石刻的一部专著。他花了18年时间，搜集了从周穆王到隋唐五代时期的石刻拓本1000余卷，令其子编纂成书，即《集古录目》，再加上400余篇跋序而成，具有举足轻重的学术价值；赵明诚的《金石录》（30卷），所收拓本共2000卷，上迄商周，下至五代，按《啸堂集古录》体例编纂而成，包括目录10卷，跋尾10卷，中跋尾502卷。

第三类是青铜器、石刻通论著作。通论著作与前两类的区别在于它不是侧重于搜集、整理金石图录和文字，而是侧重于对所搜集的资料的深入研究。如黄伯斯《法帖刊误》（2卷），后扩充为《东观余论》，上卷是对碑帖、汉简、古瓦、古器物等金石文字的分析与考证，下卷是对古籍、画帖等的跋语。《东观余论》已经超出了金石学的范畴，拓展了研究古代物质文化的领域，蕴含了全面研究古代物质遗存的萌芽。

第四类是研究其他古物的金石著作。北宋金石学的研究虽然以青铜器和石刻碑碣为主，但它所包括的内容远远超过了二者，有一些其他古物的研究。虽然这些研究的比例并不大，但在学术史上却有开创性的意义。洪遵著有关于古代钱币的著作是《泉志》（15卷），这是唯一一部流传下来的宋人关于古代钱币的著述。《泉志》收集古代钱币百余种（包含一部分国外的货币），并且参考历史文献和他人论述加以论述，虽然书中所采用的分类方法在今天看来不科学，但是该书的学术价值和地位不能因此而否定。玺印也是宋代金石学所研究的内容，有关玺印的著作如：宋徽宗《宣和印史》，是宋代第一部玺印著作，可惜未能流传下来。龙大渊于宋徽宗宣和年间撰《古玉图谱》，该书是一部古玉集大成之作，原作未能传世。宋代还是中国古代绘画、书法的发展高峰，因此大量的画论、书论著作出现。虽然画论、书论已经超出了狭义金石学的范畴，但是它们又与金石有密不可分的联系，特别是书论直接和石刻碑碣紧密地联系在一起，因此从广义上来讲也可以把它们划入到金石学的范畴中。主要作品有：《宣和睿览集》（该书著录曹不兴以后至黄居宷作品1500余件）、《宣和书画谱》（著录429家作品7600余件）、《书史》、米芾《米海岳画史》、陈思《御览书苑菁华》、刘次庄《法帖释文》、黄伯思《法帖刊误》、郭若虚《图画见闻录》等。其中《法帖释文》成为草书释文的开山之作。

宋代是金石学发展的第一个高峰，而金石学著作则是它发展水平的反映。作为金石学的成果，金石学著作将宋代金石学的成果全面地展现出来，它既是对宋代之前古代文物研究的总结和整理，又奠定了后世金石学著作的编纂基础。不论是数量还是其学术水平，都表明宋代金石学已经发展到了很高的程度，标志着金石学从单纯的搜集活动转变成为一门学问。金石学可以跻身于宋代史学的殿堂，和其他史学门类相媲美，这得益于金石著作的学术成就和史学价值。

金石学之所以兴起于北宋，有多方面的原因。有学者对此进行了较为详尽的分析。从学术文化本身的发展变化来看，北宋金石学的兴起包括四个方面的内在原因：(1)以范仲淹、富弼的改革为契机，形成了北宋中期社会性的疑古思潮。传统文本不尽可靠，学者们自然而然对传世的纸本文献之外的其他文献载体给予更多的关注，金石文献无疑是最优的选择。(2)在疑古思潮的影响下，宋代知识分子在精神追求上，更钟爱于那些承载古代文化信息的历史文物、金石文玩。(3)发明于南朝梁代后期的传拓技法高度发展，客观上激发了人们关注金石文献。(4)良好的审美艺术传统在宋代得到了继承和发扬，也促成了人们对金石书法艺术的关注。从当时的社会环境来看，北宋金石学的兴起又包括两个方面的外在原因：(1)宋太祖赵匡胤为了制礼作乐，诏求天下古器，如尊、爵、鼎、彝、磬石、古尺、律管之类，都在求索之列。这就对民间古器古碑的收藏活动，起到了一定的诱导作用。(2)宋代在科举制度上的改革，使宋代的取士数量大大增加，给金石学发展提供了大量的后备力量。宋朝统治者实行的“厚禄养官”政策保证了他们安定富裕、衣食无虞的生活条件，从而使其得以安心研究学问。这就为金石学的形成和迅速发展提供了人才保证。此外，还有学者指出，宋代造纸业的发达、印刷术的诞生也从物质层面促进了金石学的发展。这六个方面的有利条件同时并存，使金石学在宋代迅速兴起，从而在传统的学术体系中，开辟了一个崭新的学科门类，极大丰富了我国史学研究的理论方法，并对后世产生了良好而深远的影响。南宋的金石学亦有较大的成就。

元明时期，金石学成就较少，《河朔访古记》和《古玉图》为代表性著作。另有《格古要论》，是中国早期的文物鉴赏书。清代时受乾嘉学派影响，金石学进入鼎盛。乾隆年间曾据清宫所藏古物，御纂《西清古鉴》等书，推动了金石研究的复兴。其后有《考工创物小记》《积古斋钟鼎彝器款识》《捃古录金文》《斋集古录》《缀遗斋彝器款识考识》《寰宇访碑录》《金石萃编》《古泉汇》《金石索》等书，均为有成就的金石学著作。这一时期研究范围扩大，对铜镜、兵符、砖瓦、封泥等开始有专门研究，鉴别和考释水平也显著提高。清末民初，金石学研究范围又包括新发现的甲骨和简牍，并扩及明器和各种杂器。罗振玉和王国维是此时的集大成的学者。马衡著《中国金石学概要》，对金石学作了较全面的总结。金石学保存下许多有价值的铭刻资料，考证出不少古器物的名称和用途，但未深入分析古器物的器形和花纹，未进行断代的研究，始终没有形成完整的学科体系。近代考古学传入中国后，仍有学者进行金石的整理和研究，但独立的金石学已不再存在，金石学成为考古学的组成部分。

（宋徽）

# 18. 岳飞抗金

北宋末年，政治腐朽，军事衰败，社会动荡不安。崛起于白山黑水地区的女真族所建立的金朝，在灭辽之后，即将战争的矛头指向北宋，展开大规模的军事进攻。1126年(宋钦宗靖康元年)底，金军攻陷开封(今河南开封市)；次年初，北宋灭亡，宋徽宗赵佶与钦宗父子及宋朝的后妃、宗室、朝官3000余人被金人掳掠北去，开封的金帛、宝货、图册、文物也被洗劫一空，是为“靖康之祸”。同年五月，康王赵构在南京应天府(今河南商丘县)称帝，建立偏安一隅的南宋小朝廷，赵构即宋高宗。此后，宋、金南北对峙，战事不休。在金军南侵的过程中，中原军民的抗金斗争也不绝如缕，并涌现出一批知名的抗战派将领，抗金英雄岳飞就是其中的典型代表。

岳飞(1103—1142年)，字鹏举，河南相州(今河南安阳县)汤阴县永和乡人，世代为农，家境贫寒。1122年(宋徽宗宣和四年)，岳飞首次从戎，参加征辽战争。北宋灭亡前夕，岳飞应募为义士，再次踏上军旅生涯，被编入元帅府前军。南宋初年，岳飞隶属河北兵马副元帅宗泽麾下抗击金军，初立战功。不久，他又效力于河北招抚使张所的军队，初步显露出不同寻常的军事才能与谋略胆识，相继任统领、统制等下级将校职务，并在都统制王彦的率领下渡过黄河进攻金军。随后，重新投身东京留守宗泽，多次受命抵抗金军的进犯，深受宗泽器重。在几年的战斗实践中，岳飞对行军布阵、指挥作战积累了许多宝贵的经验，逐渐形成独特的见解，而不囿于兵书成法，认为“兵家之要，在于出奇，不可测识，始能取胜”“阵而后战，兵法之常，运用之妙，存乎一心”。此番言论大为宗泽赞赏，并成为流播后世的军事格言。宗泽赍志而殁后，岳飞追随继任东京留守的杜充，于1129年(建炎三年)夏天从开封撤到建康(今江苏南京市)。同年秋天，金军分三路南下侵宋，东路军由完颜兀术(宗弼)指挥，进逼江东，并一举渡过长江，直抵建康城下。才智平庸、骄蹇自用的杜充闻讯之后，仓皇出逃，建康随即沦陷。在此前后，岳飞统率所部孤军奋战，主动脱离杜充，整军南下，成为一支独立的抗金队伍，先后移师于广德(今安徽广德县)与常州宜兴县，攻击金军。

1130年(建炎四年)春，金军着手北撤，但仍驻军建康作为威胁南宋朝廷的桥头堡。为解除此心腹大患，宋廷下令夺回建康。毅然前往攻打金军，且最终收复建康的，正是早已划归张俊节度的岳飞部队。在宋军黄天荡(今江苏南京市东北70里)之战失败后，岳飞亲率部在东距建康12里的清水亭大败金军，拉开收复建康的序幕。获胜后的岳飞率军转而向西，占据城南30里的牛头山。是月下旬，兀术所率的主力部队回师建康，扎营于城南3里的雨花台。面对强敌，岳飞采取夜间袭扰战术，发动大小数十次的轮番攻击，俘虏敌酋20余人。在这种形势下，兀术决定撤离建康，金军入城大肆搜刮财货，又在移驻靖安镇(今南京市西北)之前，将建康城付之一炬。为探明敌情，次日，岳飞便亲率部众奋勇追击，沿途重创金军，俘斩无数，缴获大量的铠仗旗鼓，兀术所率的金军精锐主力悉数被驱逐过江，建康失而复得。克复建康，是岳飞独立成军后的第一次重要战役，此战的胜利为南宋立足江南提供了保障，建康成为屏护“行在”临安(今浙江杭州市)的战略重镇。截至此时，岳飞本人已经历了大小200余战，在军队中留下了英勇善战的名声，声誉和威望越来越高。

1132年(绍兴二年)，年仅30岁的岳飞被擢升为守卫长江中游的军事统帅，成为独当一面的高级将领，其抗击金军、矢志收复故土的爱国情怀愈加强烈。同年，岳飞在《满江红》一词中将自己打败金朝、恢复河朔、洗雪靖康之耻的报国激情抒发得淋漓尽致："怒发冲冠，凭栏处，潇潇雨歇。抬望眼，仰天长啸，壮怀激烈。三十功名尘与土，八千里路云和月。莫等闲，白了少年头，空悲切。靖康耻，犹未雪。臣子恨，何时灭！驾长车，踏破贺兰山缺。壮志饥餐胡虏肉，笑谈渴饮匈奴血。待从头，收拾旧山河，朝天阙。"词中虽然不乏狭隘的忠君思想和民族情绪，但主要突现的则是岳飞淡泊功名、尽心报国的爱国主义精神。

1134年(绍兴四年)，为弥合长江防线的巨大缺口，避免金军和伪齐刘豫傀儡政权的军队从长江中游溯流攻蜀，或顺流东下危及南宋的腹心地区，熟知"上流利害"、一心盼望"复归故国"的岳飞多次上奏，建议用兵襄州(今湖北襄樊市)和邓州(今河南邓县)等地，获得参知政事赵鼎和宰相朱胜非的大力支持，南宋遂授意岳飞出师襄汉。但高宗又特别强调，此次攻战仅限于夺回不久前的失地，不得越界深入伪齐和金朝的领地，以免引惹金人。否则，"虽立奇功，必加尔罚"。岳飞麾师北上，在不足三个月的时间里，屡屡击败金朝和伪齐联军，次第攻占襄汉六郡。这是南宋立国八年后的第一次主动出击，也是南宋军队首次收复失地，从而大大鼓舞了南宋军民的抗金斗志。军事任务结束以后，一味醉心于偏安东南的宋高宗，中止了岳飞"直捣中原，恢复故疆"的军事计划，岳飞率所部依旧移屯鄂州(今湖北武汉市武昌)，将大本营确立于此地。时年32岁的岳飞因军功卓著而被授予节度使的头衔，成为继刘光世、韩世忠、张俊和吴玠之后第五位获此殊荣的南宋武将，而且是南宋抗金大将中最年轻、最有军事才华的一员。岳飞所领导的军队，军纪严明，"冻杀不拆屋，饿杀不打虏"，作战勇猛，屡立功勋，享有"岳家军"的美誉，是南宋诸军中最引人瞩目的一支抗金劲旅。

岳家军驻防鄂州期间，饱经战祸摧残的襄汉六郡的萧条、凋敝惨景，以及中原地区锋镝余生的百姓遭受金人蹂躏的苦难，常常令岳飞悲愤难平，在一次登临黄鹤楼后，填写了《满江红——登黄鹤楼有感》一词，借以表达恢复中原，救黎民于水火，挽狂澜于既倒的雄心壮志："遥望中原，苍烟外，许多城郭。想当年，花遮柳护，凤楼龙阁。万岁山前珠翠绕，蓬壶殿里笙歌作。到而今、铁骑满郊畿，风尘恶。兵安在？膏锋锷。民安在？填沟壑。叹江山如故，千村寥落。何日请缨提锐旅，一鞭直渡清河洛。却归来、再续汉阳游，骑黄鹤。"这一时期，岳飞和岳家军已经闻名遐迩，前来投奔的豪侠义士络绎不绝，军队规模明显扩大，以至跃升为南宋长江沿线诸军中实力最为强大的部队。

1136年(绍兴六年)秋，岳家军以襄阳(今湖北襄樊市襄阳区)为据点，再次大举出击伪齐。左军统制牛皋首先率军直趋伪齐的镇汝军(大约在汝州和邓州之间)，一战而克，随即向东进军，直抵蔡州(今河南汝南县)城下，在焚毁伪齐积贮的军械粮草之后，退守邓州一带。与此同时，王贵、董先、郝政等将领率岳家军主力北上，夺取虢州(今河南灵宝县东)、商州(今陕西商县)等地，又分兵挺进河南府(今河南洛阳市)，占领长水(今河南洛宁县西长水镇)、永宁(今河南洛宁县)、福昌(今河南宜阳县西韩城镇)诸县，距原北宋西京洛阳仅百里之遥。尽管岳家军在战场上屡战屡捷，"中外称快"，"十余年来所未曾有"，但由于伪齐频频骚扰岳家军后方，加之岳飞兵力不足，粮草供给难以为继，所以继续北伐已不现实，岳飞被迫班师，仍然将主力退屯鄂州。尔后，除商州全境和虢州的大部分地区外，新复州县又告沦陷。岳飞收复中原的壮志，再度半途而废。当年冬天，岳家军曾对蔡州发起新一轮进攻，同样未能如愿。

1137年(绍兴七年)春，宋高宗在建康召见岳飞，时值伪齐进犯两淮而刘光世督战不利未久，宋廷正欲罢除刘光世淮西军统帅的兵权，所以高宗言语之中流露出将淮西军划归岳飞统辖的打算，并下达了相关指令。于是，岳飞立即向高宗提出规复之策，计划以10万兵力隔绝金军和伪齐军队的联系，切断彼此间的援助，进而实现恢复中原的宏愿。由于秦桧和张浚从中作梗，高宗又以淮西之兵是拱卫行在的保障为理由加以搪塞，此事终究不了了之，淮西军被纳入以张浚为首的都督府麾下。岳飞北伐计划受挫，对高宗、张浚的出尔反尔十分愤慨，毅然自请解除兵权，不等高宗批复，即回庐山为母亲守丧。高宗对此大为震怒，但严峻的军事压力又不允许罢免岳飞的军职，故而一再下诏挽留，敦促岳飞出山，但猜忌岳飞的心理自此开始产生。6月，岳飞重回鄂州军中视事，华中军事形势复归平静。时隔不久，淮西军旧部将领因不满张浚的刚愎自用和用人失当，发动变乱，挟持淮西军4万余人渡淮投奔伪齐，酿成震惊南宋朝野的“淮西兵变”，张浚因此被迫引咎辞去相位。遭此风波后，岳飞不改抗金初衷，严格训练军队，积极联络河北地区的抗金力量，贯彻“连结河朔”的方针，等待时机，时刻准备北上中原。

1138年(绍兴八年)春，一直倾心于与金朝议和的宋高宗再次起用秦桧，升任为右相兼枢密使，根本无意陈兵中原，重振河山。在秦桧的主持下，宋、金议和紧锣密鼓。岳飞强烈反对议和活动，当年8月入朝面见高宗时，明确表示：“金人不可信，和好不可恃，相臣谋国不臧，恐贻后世讥。”高宗哑口无言，嫌忌岳飞之心却越来越重。同年底，南宋向金朝称臣纳贡，金朝将黄河以南地区归还南宋，可是并未签订正式和议，宋高宗、秦桧却以为投降成功，于是大赦天下，给群臣加官晋爵。岳飞利用上表致谢的机会，认为与金和好，“图暂安而解倒垂，犹之可也；顾长虑而尊中国，岂其然乎”？因而难以接受议和诏书，以至“面有惭于军旅”；仍然重申抗金的主张：“臣愿定谋于全胜，期收地于两河。唾手燕云，终欲复仇而报国；誓心天地，当令稽颡以称藩!”并且拒绝加官的赏赐，在他看来，“今日之事，可危而不可安，可忧而不可贺。可以训兵饬士，谨备不虞；而不可以行赏论功，取笑夷狄。”这种坚决反对和议的态度，进一步触怒宋高宗和秦桧，岳飞已被视为投降派议和道路上的重大障碍。

1139年(绍兴九年)秋，金朝统治者内讧，力主侵宋的将领受到重用，兀术被升任为都元帅。1140年(绍兴十年)初夏，金朝公开撕毁和议，全面侵略南宋，一月之间，河南、陕西州县又被金军控制。兀术亲自集结大军猛攻淮南。消息传来，岳飞当即派部将赴淮南解围，自己则亲率大军挺进中原，牵制金军进攻淮南、陕西。于是，入侵淮南的金兵很快被击退，兀术撤回开封。宋高宗和秦桧畏敌如虎，立即下令宋军停止反击，甚至要求宋军后撤，岳飞也接到了“兵不可轻动，且班师”的诏旨。但是岳飞认为大军已经出动，机不可失，仍然按原计划向北推进，大军长驱直入，进驻郾城(今河南郾城县)。另外又分兵驻守颍昌(今河南许昌县)，形成合围开封之势。兀术率金军主力15000人反扑郾城，企图利用拐子马擅长在平原地区作战的优势，一举击垮岳家军。岳飞亲自率军迎战，命骑兵左右冲击，抑制拐子马的威力。见势不妙，兀术又将重甲骑兵“铁浮图”投入到战斗中。岳飞改由步兵上阵，以麻扎刀、提刀、大斧等砍斫敌军马足，一旦砍断一条马腿，一组三匹的铁浮图军顷刻陷入被动挨打的境地。经过整整一天的鏖战，金军尸横遍野，大败而归。时隔两天，金军突袭郾城北的五里店，再次被岳家军打得狼狈逃窜。郾城大捷之后，岳家军又在颍昌痛击金军，并乘胜追击，在距开封45里的朱仙镇，又一次击败金军。屡次遭受岳家军重创的金军，不得不发出“撼山易，撼岳家军难”的慨叹。为避岳家军兵锋，兀术甚至产生放弃开封、向河北撤退的念头。

然而，就在北方义军纷纷响应岳飞北伐，捷报频传，抗金浪潮高涨之际，宋高宗和秦桧却急忙下令各路宋军班师。由于岳家军分布于河南中西部和陕西、河北、河东的局部地区，战线拉长，兵力分散，再加上各路友军的后撤，岳家军已经深陷孤立无援的不利局面。这时，“不许深入”“立即班师”的诏令也犹如雪片飞来。虽然岳飞十分愤慨朝廷强令退兵的做法，但鉴于形势危急，君命难违，岳飞违心地拒绝了两河百姓要求岳家军继续北伐的建议，奉诏班师。回师时，岳飞痛心疾首，深感北伐中原、收复故土的夙愿难以实现，如今“十年之力，废于一旦”，悲伤至极地说：“所得诸郡，一旦都休！社稷江山，难以中兴！乾坤世界，无由再复！”岳飞撤军之后，浴血奋战所获的河南大片州县，转瞬间就被金军重新占领。

1141年(绍兴十一年)初，兀术亲提10万大军直扑淮西，企图以战迫和。南宋军队两度与金军激战，岳飞两次奉命增援，但尚未奔赴前线，战事已告结束。随后，为向金人表明投降诚意，宋廷撤销韩世忠、岳飞和张俊三大帅的兵权。兀术以“必杀岳飞，而后和可成”为条件要胁南宋，宋高宗一门心思急于求和成功，决定清除议和障碍，开刀问斩的首选对象就是力主抗金、坚决反对议和的岳飞。在秦桧的指使下，张浚等捏造谋反的罪名诬陷岳飞，岳飞及其儿子岳云、部将张宪被逮捕入狱。最后以“莫须有”为名铸成冤狱，处以极刑。岳飞在狱案上挥笔写下“天日昭昭！天日昭昭！”八个大字，悲愤抗议投降派的倒行逆施。1142年1月27日(绍兴十一年十二月二十九日)，宋高宗下旨处死岳飞、岳云及张宪。其时，岳飞年仅39岁。

岳飞短暂的一生，是英勇抗击外来侵略的一生。他的抗金事迹，是其人生画卷上最为壮丽的篇章。岳飞是南宋杰出的抗金将领，他所领导的抗金斗争，沉重打击了入侵金军的嚣张气焰，维护了南宋前期的和平，有力地促进了南方地区社会经济和文化的继续发展，历史贡献不可磨灭。

(曾育荣)

# 19. 司马光著《资治通鉴》

司马光(1019—1086年)，北宋杰出的史学家、散文家，字君实，陕西夏县涑水乡(今山西省夏县水头乡)人。谥号文正，追封温国公，世称司马温公。1038年(北宋仁宗宝元二年)进士，历任谏议大夫、翰林学士、御史中丞、西京御史台、尚书左仆射等职。

仁宗嘉祐(1056—1063年)年间，司马光就开始酝酿编写一部时间逾千年的编年史。自西汉司马迁编写《史记》，创立纪传体体例，细致完整地表现了自上古到汉武帝以前的历史，后世史家纷纷效仿。东汉班固变通史为断代史，以纪传体形式写成《汉书》，记载了西汉一代的历史。从此以后，纪传体受到史家的重视，被尊为"正史"，到宋初已有"十七史"之称。再加上《新唐书》《新五代史》，到宋仁宗时就有了19部"正史"，时间跨度3000年左右，累计1600余卷，3000余万字。巨大的篇幅对于人们阅读了解历史来说造成了很大的障碍，即使当时号称博览的人也仅仅读过《史记》《汉书》《后汉书》等书，至于近代的历史，读的人就很少了。自魏晋以来，史学也就逐渐荒废了。隋唐实行科举制，学人士子多热衷科举，而史学并非科举的考试范围，因此读书人大多不关注史学。为重振史学，司马光决定编写一部简明的编年体通史，将几千年浩繁的历史汇于一书。编年体是先秦时期我国史书的主要表现形式，《春秋》为开创之作，它以时间为纲，按照年月日的顺序编排历史。把同一时间内发生的事情放在一起，也比较容易看出事件之间的联系和当时的形势。与纪传体相比，编年体脉络分明，文字简洁，重点突出，主线分明，这个优势十分明显。东汉的荀悦编了一部《汉纪》，也是记载西汉历史的，它的史料几乎完全出自《汉书》，但是相对于《汉书》的80余万字来说，它仅仅用了8万字，而且文辞简洁，叙事详尽，为历代所称道。司马光小时候读过唐人高峻编写的编年体史书《高氏小史》，这部书60卷，涵盖了从《史记》到《隋书》十五部"正史"的内容。少年司马光就是借助这部简明通史，对隋朝以前的历史有了大概了解。一方面为了帮助人们了解历史、学习历史，另一方面为了帮助君主以史为鉴，治理国家，司马光决心编写一部简明扼要的编年体通史，名为《通志》。

公元1064年(治平元年)，司马光撰成《历年图》进呈英宗皇帝。这部书记载了自战国以来到五代后周间1300多年的历史，每年为一行，六十年为一重，五重为一卷，共五卷。由于《历年图》的起止年代和编纂体例都与之后的《资治通鉴》非常类似，因此很有可能就是《资治通鉴》的编纂提纲。两年以后，司马光依据《史记》，同时参照其他书目，写成《通志》八卷进呈英宗。《通志》上自公元前403年(周威列王二十三年)三家分晋，下至公元前207年(秦二世三年)秦朝灭亡，记载了战国七雄盛衰兴亡的事迹。这大概就是后来《资治通鉴》中的前八卷，即《周纪》五卷和《秦纪》三卷。《通志》进呈后，受到英宗皇帝的首肯，并鼓励司马光继续编写下去，同时允许司马光自己选人组成书局，龙图阁、天章阁、昭文馆、史馆、集贤院、秘阁书籍任其借调使用。另外，英宗还提供给他们皇帝专用的笔墨、缯帛，划拨皇帝专款供给他们水果、糕点，派宦官为他们服务。这些都给司马光的编书工作提供了极大的便利，司马光也深知"眷遇之荣，近臣莫及"，为了报答这种知遇之恩，在以后的19年中，司马光始终都殚精竭虑，夜以继日地进行着编修工作。公元1067年(治平四年)，英宗病逝，神宗即位。神宗对司马光的学识、人品都很赏识，很快任命他为翰林学士。由于司马光正在编修“历代君臣事迹”，所以仍然有给皇帝进讲的使命。10月，司马光开始给神宗进讲，讲的就是“三家分晋”的历史，讲完后神宗称赞不已，觉得历史对于当代的借鉴意义非常重要，于是将司马光正在编纂的《通志》命名为《资治通鉴》，并赐序文。之后不久，又将自己做太子时所收藏的2400多卷书籍送给司马光，表示对他编纂工作的支持和鼓励。到1070年(熙宁三年)，司马光等人先后完成了《后汉纪》30卷、《魏纪》10卷。1071年(熙宁四年)，司马光调任洛阳，书局也随后迁来。从这以后，司马光开始专心致志地从事《资治通鉴》的编纂工作。1084年(元丰七年)冬，全书终于编修完毕上呈神宗皇帝，共294卷。同时完成的还有《通鉴目录》30卷、《通鉴考异》30卷。1085(元丰八年)年秋，完成最后校订，1086年(哲宗元祐元年)，国子监获准在杭州刻版，司马光也于是年病逝。1092年(元祐七年)，《资治通鉴》版成面世，这时距司马光去世已经六年了。

《资治通鉴》全书294卷，300多万字，上起周威列王二十三年即公元前403年，下讫后周显德六年即公元959年，包括了十六个朝代1362年的历史。司马光作为《资治通鉴》的主要编纂者，有着周密的考虑和科学的编纂方法。他和他的助手们在编纂过程中始终严格遵循“制作从目”“编修长编”“删改定稿”这三大步骤，从而保证了全书的质量。制作从目，就是由每位助手将收集到的资料按照时间顺序进行编排，归纳到每年每月每日之下。没有日期的，就附在当月的末尾，称“是月”；没有月份的，附在当年的末尾，称“是岁”；如果连年份都没有的，就附在相关事件的前后。编修长编，就是各位助手对各事目之下所附的史料进行筛选取舍，原则是“宁失于繁，毋失于略”，实际上就是对原始的史料进行初步的甄别、整理和加工。最后是删改定稿，这项工作主要由司马光完成。司马光主要审查助手对史料的取舍是否恰当，考证是否精准，体例风格等是否一致，然后再进行修改加工和润色。这是一项艰巨细致的工作，就唐代而言，长编本来有六七百卷，经司马光删改修订后仅剩81卷，仅这项修订就花了三四年的时间。由此可见，《资治通鉴》之所以能成为一部宏伟的编年体著作，是和司马光及其助手们一丝不苟、科学严谨的治学态度密不可分的。

《资治通鉴》自进呈之日起就受到神宗皇帝的好评，此后历朝历代都给予了很高的评价，它在历史编纂方面为后世史学家提供了宝贵的范本。首先，《资治通鉴》史料翔实，考证精详。《资治通鉴》所征引的书籍除了“正史”之外，仅杂史就有300多种，字数约3000万。在材料运用上，司马迁认为“正史”或“实录”也有不可信的地方，民间流传的杂史、小说等未必就都没有根据，因此都要择善而从。《崇文总目》是北宋仁宗年间所编的目录书，收书广博，是当时最权威的目录著作。但《资治通鉴》中征引书籍有相当一部分是《崇文书目》都没有收录的，《资治通鉴》取材之广由此可见一斑。其次，《资治通鉴》对所使用材料的考证辨别十分精审，司马光将《资治通鉴》对史料的考证结果编成《通鉴考异》三十卷，可见司马光对史料把握的严格。再次，《资治通鉴》比较客观地记载了历史事件。司马光认为历史学家的责任在于客观记载历代王朝的兴衰盛亡和人民群众的生活，在于向读者呈现一个尽可能真实的历史。至于一代政治人物的功败成就和人物好恶，应该留给读者自己去判断，并从历史中吸取经验教训。因此《资治通鉴》中多有昏君、乱臣之事，即使对明君也毫不留情地指出了他们的过失。对于历代的反抗斗争，《资治通鉴》也据实照书不误，毫不避讳。最后，《资治通鉴》是史学名著，同时也具有不斐的文学价值。它在叙事、剪裁方面表现出了高超的技巧，而且文字简洁，语言生动，极具可读性。就赤壁之战来说，这是我国古代极具盛名的一次大战役，事件本身错综复杂，涉及人物众多，但是司马光仅用两千余字就完整地记叙了赤壁之战的全过程，不仅写出了赤壁之战的威武雄壮，同时也写出了众多英雄人物的英雄气概，从而成为千古流传的文学名篇。

《资治通鉴》的编纂是我国古代史学发展史上的一件大事，它推动了编年体史书的复兴，将我国编年体史书的编纂推向一个新的高度，从此形成了编年体与纪传体分庭抗礼的局面。后世多有续作，并逐渐形成了一个独立于纪传体“二十四史”之外的贯穿古今的编年体史书体系。《资治通鉴》问世后，日本、朝鲜相继编纂的一些编年体史书都不同程度地受到了《资治通鉴》的影响。宋代以后对《资治通鉴》的研究绵延不绝，并逐渐形成了一门专门的学问——“通鉴学”。

（祁俊）

# 20. 郑樵编《通志》

郑樵(1104—1162年)，字渔仲，史称"夹漈先生"，宋兴化军莆田(今福建莆田市)人。郑樵出身于书香门第，祖父郑宰是熙宁三年进士，父亲郑国器是太学生，因此他小时候受到过良好的家庭教育。16岁时父亲去世，家境从此开始困顿，但是郑樵更加努力读书，他在父亲的墓侧结庐闭门苦读三年，开始立下读书治学的远大抱负。守孝三年后，郑樵在家附近的地方盖了一座"南峰书堂"，和弟弟一起在这里读书。郑樵读书的目的不是为了科举考试，而是为了通百家之学，成一家之言。郑樵的读书治学，涉及经传、礼乐、小学、天文、地理、生物、校雠、史学、文学等很多方面，可以说是博通群籍，这些都为他编写《通志》奠定了坚实的基础。大约在他38岁时，郑樵开始有了撰著《通志》的想法，他在《寄方礼部书》中说："樵欲自今天子中兴上达秦汉之前著为一书，曰'通史'……然非有朝廷之命，樵不敢私撰也。"《通志》的正式写作，大概始于1149年(宋高宗绍兴十九年)。他在这一年的《上宰相书》中说："去年到家，今年料理文字，明年修书……远则五年，近则三载，可以成书。"到1161年(绍兴三十一年)，《通志》书成，凡二百卷。

《通志》的内容大致可分为两个部分：第一部分是"通史"，上起三皇，下讫唐宋；另外一部分是"略"。卷一至十八为"本纪"，卷十九至二十为"后妃传"，卷二十一至二十四为"年谱"，这三者是贯穿全书的纲领。卷二十五至七十六为"二十略"，其中分门别类地对各个领域作系统的叙述。卷七十七为"周同姓世家"，卷七十八至八十五为"宗室传"，卷八十六至八十七为"周异姓世家"。这三者作为一个部分，记载诸侯列国以及从汉到隋宗室的人物传记，和本纪、后妃传一样，也有贯穿全书的作用。卷八十八至一百六十四为"列传"，以时间为序，记载了历史上重要人物的事迹。列传之后，分专题记载了一些非常有特色的历史人物：卷一百六十五为"外戚传"；卷一百六十六为"忠义传"；卷一百六十七为"孝友传"；卷一百六十八为"独行传"；卷一百六十九至一百七十为"循吏传"；卷一百七十一为"酷吏传"；卷一百七十二至一百七十四为"儒林传"；卷一百七十五至一百七十六为"文苑传"；卷一百七十七至一百七十八为"隐逸传"；卷一百七十九为"宦者传"；卷一百八十为"游侠传"；卷一百八十一至一百八十三为"艺术传"；卷一百八十四为"佞幸传"；卷一百八十五为"列女传"；卷一百八十六至一百九十三为"载记"；卷一百九十四至二百为"四夷传"，介绍了封建割据和少数民族政权统治者以及邻近国家与地区的一些情况。可见，《通志》的体例完整又自成体系，其中最有特色也最受后人推崇的是"二十略"。"二十略"从"会通"思想出发，对有关历代宪章、天下学术的各方面都作了全面反映，其中的氏族略、六书略、七音略、都邑略、谥略、校雠略、图谱略、金石略、昆虫草木略都是以前历代正史中不曾有过的内容，大大提高了《通志》的稽查考证价值。此外，"二十略"还有一大特色，就是郑樵在其中通过序、论文、按语、提要、附注等形式发表了自己对史学、史实、史料的看法。《通志》在体例上的另一特色是继承了《史记》的传统，撰有《年谱》四卷。

《校雠略》是《通志》"二十略"中最富有创造性的一部分，它第一次将校雠之学写成了专著。全略文字不长，但内容十分丰富，其中包括对文献资料的搜访、典藏、整理、使用等问题的看法。北宋自开国以后就不断收集各类图书，经过三十年的努力，到公元990年(淳化元年)时“献图籍于厥下者，不可胜记；诸道购得者数倍”，这为后来编纂《崇文总目》等打下了良好的基础。但是靖康之变金兵攻陷汴京，宣和馆阁之书尽失，士大夫之家的藏书也多化为乌有。宋高宗建都临安之后，仿效北宋时的各种求书方法，四处搜求图书。经过十多年的努力，国家藏书日益增多，但是和北宋盛时相比仍然相差甚远。因此，郑樵提出了自己的看法，他认为当时的国家图书馆之所以不能够尽藏天下之书，一方面是因为搜求的态度不够热忱，另一方面则是没有掌握正确的求书方法。郑樵提出了自己认真总结的求书八法和四点注意事项。所谓求书八法，一是“即类以求”，哪一门类学科的书籍，就访求于哪一门类的专家，如乐律之书，就应该访求于官府乐工和民间乐人。二是“旁类以求”，有些书，可以到与其有关联的人那里寻求，例如《周易》一类的书，往往可在阴阳五行家那里见到。三是“因地以求”，可以依书籍作者或书籍内容或刊刻地去寻找，例如有关人物传记的书，可到传主的重要活动地区去找；有关某地风土人情的书，可到当地去找。四是“因家以求”，可以到与著者相关的家族中去搜寻。五是“求之公”，访诸官府的藏书机构。六是“求之私”，访求于民间的藏书家，而且要尽诚尽礼。七是“因人以求”，根据某人的仕宦经历，可通过他们搜求一方之文献。八是“因代以求”，当代人写的书，当代就要及时搜求。四点注意事项是：书有名亡而实不亡的，有亡书出于后世的，有亡书出于民间的，有阙书备于后世的。郑樵还举出许多具体图书作为例子来证明他的方法和注意事项，他之后的公私藏书家，大多把这些方法奉为圭臬。

《艺文略》是《通志》“二十略”的又一特色内容。郑樵主张图书分类和编目的关键在于要做到“辨章学术，考竟源流”。他认为造成图书散亡的原因在于分类的紊乱。为了实践自己的理论，他撰写了《艺文略》。图书分类在我国历史悠久，但是在郑樵之前，历代学者只是就图书的编排组织方法提出了自己的见解，编制了一些图书分类目录，却很少触及图书分类的理论和原则问题。郑樵在总结前人关于图书编纂方法的基础上，系统地提出了图书分类的理论和原则，同时还改革了图书分类法。可以说，郑樵让中国的图书分类法前进了一大步。他在《艺文略》中编制了一个与众不同、精详周细的图书分类体系。这种分类法，既不仿效《七略》的六分，也不同于四部的四分，而是“总十二类、百家、四百二十二种”。十二类是：经类第一，礼类第二，乐类第三，小学第四，史类第五，诸子类第六，天文类第七，五行类第八，艺术类第九，医方类第十，类书类第十一，文类第十二。在十二类的基础上，按照图书的多寡，郑樵进一步把它们再细分为“家”(二级类目)、“种”(三级类目)。它们的分布是这样的：经一类分为九家、八十九种；礼一类分为七家、五十四种；乐一类分为一家、十一种；小学一类分为一家、八种；史一类分为十三家、九十一种；诸子一类分为十一家、四十八种；天文一类分为三家、十五种；五行一类分为三十家、三十种；艺术一类分为一家、十七种；医方一类分为一家、二十六种；类书一类分为一家、二种；文一类分为二十二家、二十二种。郑樵之前，我国图书分类法有代表性的就是《七略》的六分，《中经新簿》的五分，《七志》的九分，《崇文总目》的四分，等等。但是郑樵并没有照搬套用，而是根据自己图书分类工作的实践，结合当时学术发展水平，独创了十二大类的三级分类体系。我国现存最早的目录书《汉书·艺文略》，收录了各种图书38种，13269卷。而郑樵的《艺文略》广收古今典籍10912种，110972卷。《艺文略》收书之丰富，正是郑樵实践了自己理论主张的结果。

此外，郑樵非常重视图谱、金石的史料价值，提出广泛收集图谱、金石的主张，并把图谱、金石提到与图书文献同等的地位。他认为“图成经，书成纬，一经一纬，错综而成文。古之学者，左图右书，不可偏废”，因此作《图谱略》；他认为“金石之动，寒暑不变，以此稽古，庶不失真”，因此作《金石略》。以前的历代学者都比较重视图书资料，但对图谱、金石的史料价值认识不足，所以在史书的编写过程中，普遍存在着重书不重图的倾向，没有给图谱、金石以应有的地位。郑樵则认为书与图二者不可偏废，“若无核实之法，何以得书之情”，不能局限或轻信盲从文献记载，而要注意实际知识与图谱实物的研究。他批评刘向、刘歆作《七略》，收书不收图，赞扬王俭撰《七志》，用一志专门收录图谱。他还指出：“若欲成天下之事业，未有无图谱而可行于世者。”因此，在他自己编撰的《艺文略》中，如经类的易、书、诗、春秋、尔雅各家，礼类的周官、丧服、会礼各家，史类的职官、地理各家等，都收了图，而易、书、诗、春秋、丧服各家都录了谱。在《金石略》里，郑樵专采三皇五帝的泉币、三王的鼎彝、秦人的石鼓、汉魏的丰碑，上自仓颉石室之文，下逮唐人之书，各列其人而名其地。他指出：“方册者，古人之言语；款识者，古人之面貌。方册所载，经数千万传，款识所勒，犹存其旧。”郑樵认为，金石文物可以考辨核实史事，具有图书资料不可替代的价值。正是由于郑樵的不懈努力，图谱、金石之学在宋代以后才得到了不同程度的发展，特别是金石学的发展蔚为大观，扩大了文献资料的范围，成为文献学中新的分支。近代著名学者姚名达说：“自古提倡图画表谱，意识最清，出力最大，固未有逾于郑樵者。”这是一句中肯的评价，反映了郑樵大力提倡图谱、金石之学的成就。

郑樵的《通志》在文献学上具有非常重要的价值，对后世产生了深远的影响。如郑寅的《七录》，是在郑樵分类体系的基础上向前发展的；焦竑《国史经籍志》的一些子目大体是根据郑樵的分类体系进行分类的；章学诚的《校雠通义》更是直接受到郑樵《校雠略》的启发而写成的。而郑樵《通志》的史学精神和史学价值，则是到了近代才逐渐被发现和彰扬，正如梁启超所言：“史界之有樵，若光芒竟天之一彗星焉。”

（祁俊）

## 21. 马端临著《文献通考》

马端临（1254—1323 年），字贵舆，号竹洲，饶州乐平（今江西乐平市）人，南宋末年丞相马廷鸾之子。马廷鸾曾任南宋国史院编修官与实录院检讨官，博学多才，藏书甚富。马端临幼承家学，接触到很多资料，约从 30 岁开始，用 20 多年的时间，撰成《文献通考》一书。

《文献通考》是从上古到宋宁宗时的典章制度通史，简称《通考》，共三百四十八卷，分为二十四个门类，各门类中再分子目。其中《田赋考》七卷，《钱币考》二卷，《户口考》二卷，《职役考》二卷，《征榷考》六卷，《市籴考》二卷，《土贡考》一卷，《国用考》五卷，《选举考》十二卷，《学校考》七卷，《职官考》二十一卷，《郊社考》二十三卷，《宗庙考》十五卷，《王礼考》二十二卷，《乐考》二十一卷，《兵考》十三卷，《刑考》十二卷，《经籍考》七十六卷，《帝系考》十卷，《封建考》十八卷，《象纬考》十七卷，《物异考》二十卷，《舆地考》九卷，《四裔考》二十五卷。《文献通考》以唐代杜佑的《通典》为蓝本，《通典》也是一部典章制度史，但是所分门类太宽。马端临在《通典》的基础上进行了发展和补充，使得《通考》在体例上更加细密完备。二十四门类中，经籍、帝系、封建、象纬、物异五个门类为马端临所新创。《通考》“引古今史谓之文，参以唐、宋以来诸臣之奏疏、诸儒之议论谓之献”，因此命名为《文献通考》。《文献通考·自序》是全书的纲领，每一门类开始的小序，简要综述发展演变，然后将原始材料按照时代顺序一一排列，所引经史之文一律顶格写，诸臣奏议低一格，诸儒议论再低一格。奏议、议论通常标出“某人曰”，自己的观点则用“按”字标明。这样的排列有条不紊，比《通典》检阅更方便。《文献通考》继承了“详今略古”的传统，记载宋代典章制度最为详尽。它取材广博，网罗丰富，囊括了从经济基础到上层建筑的许多领域。它虽说从上古论述到宋末，但有关宋代的内容，约占全书一半以上，是全书的主干。

《文献通考》虽以杜佑《通典》为蓝本，多有借鉴、参考和继承之处，但马端临认为《通典》在类目设置和史料取舍方面不够精审，因此他多有批判、补校和纠正。杜佑《通典》是为“将施有政”服务，即以挽救安史之乱以后藩镇林立、战争频繁、民不聊生、国力日削的残破局面为目的。马端临《文献通考》的目的，则是为总结宋代灭亡的原因，为求“会通因仍之道”及“变通张弛之故”，渴望找出规律，掌握历史的经验教训，因此取材宁繁毋略，论述涉及方方面面，不拘于一时一事，潜心探索历代典章制度发生发展的来龙去脉。马端临这种“会通古今”的思想，较之杜佑“将施有政”的思想更积极，更开阔。因此《文献通考》在体例上有了很大的扩充与发展，出现了许多新的篇目和内容。《通典》精简，《通考》详赡；《通典》重于言礼，《通考》善于记事，更长于分析。马端临所写按语，成为《通考》的灵魂，这是《通典》所不及的地方。《通考》二十四考中的前十八考，从经济制度、政权机构、暴力工具，到文化思想，基本上反映了中国封建社会的本来架构与面目，远远超出了《通典》的广度和深度。

在取材方面，马端临《文献通考》较之杜佑的《通典》有较大变化。杜佑出身士族，为维护自身利益，对体现封建等级制度的“礼”非常重视。《通典·礼典》多达一百卷，占了全书的一半。马端临则把“礼”压缩为六十卷，仅占《通考》全卷的六分之一，体现了他在取材方面的胆识。他在编纂《通考》的过程中，取材精审，所选必有因。如《通考·兵考六》中引用了汪藻、胡寅的上疏，马端临指出选录这两疏的原因是“二疏切中时弊”。马端临选录的史料，多为第一手史料，特别是宋代部分，多来自当事人亲自记录。1092年(元祐七年)知扬州苏轼曾上言：“臣到任以来，所断粮纲欠折等人不可胜数，衣粮罄于折会，船车尽于折卖，质妻鬻子，聚为乞丐，散为盗贼。窃计京师及沿河诸郡例皆如此。”苏轼在论述纲运欠折之害后，继而论述纲运揽载之利，并指出揽载不可禁，禁则损失不可弥补。这是一条有关宋代纲运极为罕见珍贵的史料。凡发掘到珍贵史料，马端临必加以说明，以引起重视。如《通考·户口考二》说明宋代身丁钱及历代户口数之后，马端临指出：“以上二段，系《建炎以来朝野杂记》所载宋代丁钱本末及历代户口详略之概。其考订精核，故收之。”马端临取材还讲究精益求精。郑樵《通志·天文略》引用《步天歌》，句中有图，言下见象，或丰或约，无余无失，算是完备了，但马端临以新的“考订尤详”的研究成果进行了补充，这种精神使马端临在《通考》全书的选材方面有许多精妙之处。由于取材精审，同时对所采用的史料多耐心核实、比较异同、辨析分寸、揭示特例，因此其史实大多确凿可靠。马端临还具有疑古和求实精神，为此他选材不拘囿于“正史”或“野史”，也不限制于文体文风，这也为《通考》开辟了丰富的史源。《通考》引用的史料，有根有据，皆可稽考，而且他“一依史传原文，而不敢有所去取删润”。在照录原文时，相当仔细，不随意删改；明显错误的就进行修订校补；难以校正的，则存疑。

《文献通考》内容充实，史料丰富。《通典》以精简见长，难免有简略之病。马端临在《通典》的基础上，通过追溯源流、弥补疏漏、恢复史料原貌等方式方法，使《通考》的史料大为丰富。马端临摘录史料，主要关注五个方面：其一，民生疾苦。马端临恤民思想突出，对民生疾苦特别关注，非常重视苏轼反映民生疾苦的文章并大量摘录，如苏轼的“丰年不如凶年”之说，天下“常有二十余万虎狼散于民间”之论等。其二，历史细节。用注释的方式弥补正文的不足，用按语评定是非，表达自己的观点，形成《通考》的固定格式。马端临往往用评论、说明、注释的方式从不同角度勾画史事细节，使一些抽象的概念变成具体的情节。其三，史传要领。对冗长的史料，不可能原文照录的，马端临必指出其要领。郑樵《通志》卷六一《食货略一·田制》说明后魏孝文帝始纳李世安之言，实行均田制，文长九百字。马端临仅用三百字概括其三个要领，一观其立法，所受者露田，诸桑田不在还受之限；二似所种者皆荒闲无主之田；三盈者得卖其盈，不足者得买所不足，不得卖其分，亦不得买过所足。马端临的概括使得繁杂的事物条理化，有利于人们更好地把握历史。其四，差异是非。马端临在陈述历史事件时，必然判断其虚实是非。《中兴四朝食货志》说南宋高宗绍兴年间，一个州的盐利就超过唐代全国的数目。马端临承认这一现象的同时认为还有许多因素应考虑进去，最主要的因素是南宋的缗钱与唐代缗钱不同，还有“征利之苛”的因素等。其五，选材举例。马端临《通考》所据的例子往往都能很恰当地说明问题。比如说到唐代科举考试儒家经典分为口义、墨义时，马端临举了东阳丽泽吕氏家塾刊本中记载的吕夷简应乡举的试卷，其中有墨义之式十余条。

《文献通考》层次井然，议论精辟。全书各考一律按照“文”“献”“按”的顺序编排内容。“文”就是典籍，包括历代会要及百家传记，在全书中居于主导地位。“献”就是贤者，包括臣僚、诸儒、名流、稗官的议论、奏疏、燕谈、记录，多是围绕“文”所涉及的内容展开讨论，凡有助于辨是非、明得失、正谬误的资料多加以采用，这一部分的内容比较生动，有尖锐的对立，有激烈的交锋，有鲜明的对比，有细致的区分。典型的史料，精辟的议论，层出不穷。在“文”与“献”之后，马端临专门陈述自己的见解，这就是“按”。“按”在《通考》中起画龙点睛的作用，可称为全书的灵魂，是全书的精华所在。“按”是马端临殚精竭虑的思考所得，是他的心得体会，往往是综合各家之说，追本溯源，融会贯通，或纠谬正误，或择优而从，或推陈出新，或独辟蹊径，多言人所未言。《通考》按照“文”“献”“按”的顺序排列，不仅层次井然，还可以扩大史料的容量，融会贯通成一体，汇集著述之大成，能自成一家之言。马端临议论之精辟，在《通考》中处处可见：有的精辟议论，简明扼要，如论“过税”曰：“鬻卖而有税，理也；经过而有税，非理也。”有的议论较长，但层次井然，如论宦官之祸，首论“宦者得以窃相之柄也”，次论“宦者得以窃将之权也”，继论“宦者得以专刑也”，再论“宦者得以专兵也”，最后有一小结：“盖将相之任，彼得以据之；兵刑之司，彼得以专之；而又地近情亲，根连株固，故虽有英特之君、贤智之臣，终不能以一朝而去腹心之病，亦由积渐之久故也。”其结构严谨，主题鲜明，引证确切，行文流畅，议论周延，见解独到，可谓是一篇很精彩的史学评论。这类评论，在《通考》中屡见不鲜。其精彩的评论，有分寸，重区别，突出特点，强调特例，多能见微知著，独抒己见，有的放矢，有破有立，有明确的目的性与建设性，为中国史学发展作出了卓越贡献。

《文献通考》具有重要的学术价值，产生了深远的影响。首先，它开创了历史考证学的先河。马端临发展了杜佑所创立的新史书体裁，即以事类为中心叙述历史的典志体，又推进了郑樵所倡导的“会通”之义。《文献通考》与《通典》相比，从内容到形式都有了扩大和提高。《文献通考》与《通志》相比，《通志》只做到了旧史书的粗略总和，而《文献通考》则予以重新组织，表达了若干新思想、新看法。其次，撰者将“会通”观点运用到典章制度史的撰写过程中，并寻求“变通张弛之故”，开始触及从典章制度的变化来探索历史发展的规律。最后，书中保存了许多珍贵的史料。《文献通考》以《通典》为蓝本，兼采经史、会要、传记、奏疏、论议及其他资料，所载内容范围远比《通典》广泛，门类也比《通典》更加细致。

（祁俊）

# 22. 沈括著《梦溪笔谈》

沈括是我国历史上一位卓越的科学家，在天文、地学、数学、物理、化学、生物、医药以及水利、军事、文学、音乐等许多方面都有建树。他晚年著作的《梦溪笔谈》记载了劳动人民在科学技术方面的卓越贡献，反映了我国古代特别是北宋时期的自然科学所达到的辉煌成就，是我国宝贵的文化遗产，在世界文化史上也有着重要的地位。

沈括（1031—1095年），字存中，浙江钱塘（今杭州）人。1063年（嘉祐八年）举进士第，曾任扬州司理参军、提举司天监、翰林院学士、集贤院学士等，任职期间同时进行科学研究。1069年（神宗熙宁二年），沈括积极参与王安石的变法运动，受到王安石的信任和器重，担任过管理全国财政的最高长官三司使等许多重要官职。1076年（熙宁九年），王安石变法失败，沈括被诬劾贬官，出知宣州。1082年（元丰五年），升龙图阁直学士。但不久又遭诬陷，降职做均州团练副使。1087年（元祐二年），沈括花费十二年心血编修的《天下州县图》完成，被特许亲自到汴京进呈。次年，定居润州（今江苏省镇江）梦溪园，在此隐居八年后去世。沈括晚年在梦溪园认真总结自己一生的经历和科学活动，写出了闻名中外的科学巨著《梦溪笔谈》以及农学著作《梦溪忘怀录》（已佚）、医学著作《良方》等。沈括的著述，据史书记载有22种，155卷，现在多已不见，只存《梦溪笔谈》26卷、《补笔谈》3卷、《续笔谈》1卷。另外，沈括的诗文在南宋时编成《长兴集》41卷，今残存19卷。

《梦溪笔谈》是沈括总结一生所见所闻和研究心得，以笔记体的形式写成的一部综合性科学著作。最初只称作“笔谈”，沈括在自序中说：“予退处林下，深居绝过从，思平日与客言者，时纪一事于笔，则若有所晤言，萧然移日。所与谈者，唯笔砚而已，谓之《笔谈》。”因成书于梦溪园，所以后人称之为《梦溪笔谈》。名虽叫《笔谈》，其实是一部内容丰富的学术著作。原书共30卷，现仅传26卷，分故事、辩证、乐律、象数、人事、官政、权智、艺文、书画、技艺、器用、神奇、异事、谬误、讥谑、杂志、药议等17门，共609条，内容涉及数学、物理、化学、天学、地学、生物、医药、工程技术等诸多领域。全书详细记载了劳动人民在科学技术方面的卓越贡献和自己的研究成果，书中有当时科学技术成就的一些忠实记录，反映了我国北宋中叶最新的科学技术水平，在中国科学技术史上具有十分重要的地位，英国科学史家李约瑟博士曾称此书是“中国科学史上的里程碑”。

《梦溪笔谈》是一部科技史资料汇编，全书所论及之科学技术内容极为广泛，在许多方面都取得了很高的成就：

在天文历法方面，《梦溪笔谈》记述有作者改进浑仪、浮漏、圭表的事迹，开了宋元时代天文仪器改革之先锋。又记述了作者利用改进后的浑仪，连续对北极星进行三个月之观测，绘制星图二百余幅，得出极星离天极三度有余的结论；利用改进后之浮漏，进行长达十余年的测量，第一次从理论上推导出冬至日长度“百刻而有余”，夏至日长度“不及百刻”的结论。还制造了测日影的圭表，而且改进了测影的方法，把研究成果写成《浑仪议》《浮漏议》和《景表议》等三篇论文，详细说明改革仪器的原理，具有重要的学术价值。作者晚年主张改革以月球朔望采定月份的旧历法，推行以节气来定月份的“十二气历”，沈括的《十二气历》与后来太平天国的《天历》及现在各国采用的公历十分相似。《十二气历》以立春作为岁首，一年的节气有固定日期，便于指导农事活动，十分科学。

在数学方面，《梦溪笔谈》记述有作者首创的“隙积术”和“会圆术”。“隙积术”是一种通过对堆起来的酒坛和垒起来的棋子等有空隙堆积体的研究，来求它们总数的正确方法，开辟了我国古代数学高阶等差级数求和的研究方向。此外还从计算田亩出发，考察了圆弓形中弧、弦和矢的关系，创立了“会圆术”，在我国数学史上第一个提出了由弦、矢长度求弧长的方法，为我国平面几何、球面三角学的发展作出了重要贡献。沈括在书中还指出了用数量级的概念把握大数的方法，记录了简捷运算的增成代除法，还记载了运筹学在生产实践中运用的实例，并用运筹学思想研究军粮供应与行军进退的关系等。

在物理学方面，《梦溪笔谈》的主要贡献在磁学、光学、声学等领域。特别是在磁学方面，沈括在书中留下了历史上对指南针的最早记载。卷二十四《杂志一》载：“方家以磁石磨针锋，则能指南，然常偏东，不全南也。”这是世界上关于地磁偏角的最早记载。西方直到1492年哥伦布第一次航行美洲的时候才发现了地磁偏角，比沈括的发现晚了四百多年。沈括不仅记载了指南针的制作方法，而且通过实验研究，总结出了四种放置指南针的方法。

在光学方面，沈括透过观察实验，对小孔成像、凹面镜成像、凹凸镜的放大和缩小作用作了通俗生动的论述，对我国古代传下来的所谓“透光镜”的透光原因也作了一些科学解释，推动了后来对“透光镜”的研究。

在声学方面，沈括曾剪小纸人做实验，利用纸人在琴上的跳动来显示声音的共振现象，这种方法是沈括的首创。在西方，直到15世纪，意大利人才开始做共振实验。至今，在某些国家和地区的中学物理课堂上，教师还使用这个方法给学生做关于共振现象的演示实验。

在化学方面，沈括也取得了一定的成就。他在延州任官时曾经考察、研究鄜延境内的石油矿藏和用途，利用石油不容易完全燃烧而生成炭黑的特点，首创了用石油炭黑代替松木炭黑制造烟墨的工艺。而且已经注意到石油资源丰富，“生于地中无穷”，还预料到“此物后必大行于世”，这一远见已为今天所验证。另外，“石油”这个名称也是沈括首先使用的，比以前的石漆、石脂水、猛火油、火油、石脑油、石烛等名称都贴切得多。在《梦溪笔谈》中有关“太阴玄精”(石膏晶体)的记载里，沈括根据形状、潮解、解理和加热失水等性能的不同区分出几种晶体，指出它们虽然同名却并非一物。书中还记载有利用铜铁离子置换反应，而发明的湿法冶铜方法“胆铜法”以及古代最先进的炼钢方法“灌钢法”等。

在地质、地理、地图方面，《梦溪笔谈》也有许多卓越的论断，反映了我国当时地学已经达到了先进水平。沈括观察雁荡山诸峰的地貌特点，指出此乃流水之侵蚀作用所造成。又联系西北黄土地区的地貌特点，作了类似的解释。根据河北太行山山崖间有螺蚌壳和卵形砾石的带状分布，推断出这一带是远古时代的海滨，而华北平原是由黄河、漳水、滹沱河、桑乾河等河流所携带的泥沙沉积而形成的，正确论述了华北平原的形成原因。又记述有作者利用木屑、面糊和熔蜡以及木刻等方法，制作立体地理模型并被推广的情形，比欧洲制作同类模型早了七百年。作者还“以二寸折百里为分率”，按“二十四至以布郡县”，绘制成“天下郡县图”。沈括在制图过程中，继承并发展了西晋裴秀提出的“制图六体”，还采用了一些新的制图方法，使图的精度有了进一步提高，为我国古代地图学作出了重要贡献。

此外，《梦溪笔谈》在医药学、农学、生物学、水利、印刷技术、建筑学等方面，都有一定的成就，所记载的知识反映了当时最新的科学技术水平，是我国科学技术史的总汇，具有很高的科学技术价值。

作为一部大型综合性学术著作，除上述几点外，《梦溪笔谈》中还涉及典章制度、财政、军事、外交、历史、考古、文学、艺术等领域，在社会科学和人文科学方面也有一定的贡献。如叙典章制度，有官制、礼制、兵制、舆服、仪卫、文牍、掌故；叙财政，有茶法、盐法、均输法以及北宋历朝铸造铜钱之情况；叙军事，有阵法、兵器、筑城、屯边、战守、粮运、谋略；叙外交，有作者1075年(熙宁八年)受命使辽，与辽方谈判边界争议的记述，为史籍中关于宋辽使节往来之最翔实、精确的实录。其于史学，除全书所记述大多为可靠史实外，又有很多记述为其他史籍所无，或较其他史籍记载翔实，如王小波、李顺起义事件。其于考古，对各种出土文物之时代、形状、花纹、文字等，均有细致考证，对宋代考古学之发展影响颇大。其于文学，除书之本身就是一部笔记体文学佳作外，于诗、词亦有独到之论。其叙艺术，有书法、绘画，音乐方面更有清乐、雅乐、燕乐以及律制、音制、乐器等。书中强调把形式、内涵、情感、技巧融为一体，再行升华，追求“意韵萧然，得于声外”的艺术境界。尤其难能可贵的是，该书摒弃传统的社会偏见，总结和记录了劳动人民在科学技术方面的贡献，例如毕昇发明的活字印刷术，河工高超提出含龙堵口的先进方法，喻皓的《木经》及其建筑成就，等等。

《梦溪笔谈》也存在一些不足之处，比如全书采用笔记体裁，人们阅读此书所得到的知识多是一些零星的片段，而不是系统的完整学说。同时受当时历史条件和阶级条件的限制，他的思想意识以及科学研究成果还不能全部正确地反映客观规律，思想基本是唯物的，但还保留了不少唯心主义成分，如大谈神奇怪异、因果报应之类。

总之，《梦溪笔谈》是北宋沈括以笔记体的形式撰成的一部内容丰富，见解精辟，集前代科学成就之大成的光辉巨著，也是世界科学史上一份宝贵的遗产。《梦溪笔谈》反映了11世纪中国科学技术的水平，其中不少成就在当时世界科学技术领域中居于领先的地位。因此，它被视为中国科学技术史上里程碑式的典籍，受到中外学者的高度重视。

（许志云）

## 23.《四书》的汇集与定名

所谓《四书》，指的是《论语》《孟子》《大学》《中庸》四部儒学典籍。但倘进一步追究，“四书”之名又不确切，因为《大学》《中庸》原本是《礼记》中的两篇文章，不能称为“著作”。其实，四部书在先秦时代就已经产生(也有人说《礼记》是西汉人所作)，但那时都是各自独立流传的，尚无“四书”之说，《四书》的汇集经历了一个长期的过程。南宋朱熹在前人基础上将四部书汇集在一起，并加注释，成《四书章句集注》，才正式有了“四书”之名。

《论语》是一部语录体著作，是孔子及其少数弟子的言行录，大概成书于春秋末战国初。《汉书·艺文志》称：“《论语》者，孔子应答弟子、时人及弟子相与言而接闻于夫子之语也。当时弟子各有所记，夫子既卒，门人相与辑而论纂，故谓之《论语》。”《论语》一书，非成于一手，非成于一时，最后的编定者可能是曾子的学生，因为书中凡涉曾子处皆称“子”，且载其言行在弟子中最多。《论语》流传到汉代共有3种版本，即所谓“古论语”“齐论语”“鲁论语”，其中“古论语”21篇，属古文经学；“齐论语”20篇；“鲁论语”19篇，属今文经学。三种版本均已亡佚，目前我们见到的本子是以“鲁论语”为基础，兼采“齐论语”而成的“张侯(禹)论”。从著述体式角度讲，《论语》起初并不是“经”，而是作为对“经”进行进一步阐说的“传”。战国及汉初时，地位并不太高。汉文帝时，将《论语》《孝经》《尔雅》《孟子》立于学官，设“传记博士”。汉武帝后，《论语》地位逐渐升高，从“传”升格为“经”，列“七经”之一。唐初“九经”暂时未列，但唐文宗时的“十二经”直至宋代“十三经”皆置，而且其地位随着《四书》的结集而达到极致，对后世产生了深远影响。

《孟子》也是一部语录体著作，记述孟子与其弟子及同时代人(包括君王、大臣等)的论学、治国之语，是儒家学派的代表著作。关于作者，古今有三种说法：一为孟子自作，二为孟子弟子万章、公孙丑等共同记述而成，三为孟子与弟子共作，《史记·孟子荀卿列传》载：“(孟子说齐停止伐燕未果)退而与万章之徒序《诗》《书》，述仲尼之意，作《孟子》七篇。”“七篇”之外，原本还有《外书》四篇，即《性善辩》《文说》《孝经》《为政》。东汉赵岐撰《孟子章句》，以为四篇出于后世伪托，非孟子所作，遂不为其作注，学人因此不再关注，于是逐渐亡佚。《四书》当中，《孟子》的浮沉最大，经历了由“子”到“经”的升格过程。战国后期，形成势力强大的孟子学派，但秦始皇焚书坑儒，烧孟派之书，杀孟派之儒，孟学遭受重创。汉初，由于统治者的需要，孟子及其书又受到重视，汉文帝时曾立“《孟子》博士”。但总的来说，地位尚不足以与后世相比，比如《汉书·艺文志》列《论语》于“六艺类”(相当于后世的“经部”)，而列《孟子》于“子部儒家类”，与《晏子》《子思》《贾谊》《董仲舒》等并列，地位不及《论语》。这种情形一直延续到唐代，比如《隋书·经籍志》《旧唐书·经籍志》《新唐书·艺文志》等都把《孟子》列入“子部”，唐代“十二经”亦未列置《孟子》。这种情形到宋代发生了改变，其标志就是经学史上的重大事件，即《孟子》的“升经运动”。这一运动的学术背景肇始于中唐的“儒学更新运动”，即儒学由训诂之学向义理之学演变。就自身原因而论，儒学自汉代以来的训诂之学已走向极端，变得繁琐，死气沉沉，需要更新；就外部原因而论，就是儒学受到了佛道的冲击，使其原有的独尊地位受到极大挑战。改变这种状况的重大举措之一就是支撑儒学“经典”的重新选择，从《五经》到《四书》的转变正是这一背景下的必然结果，而《孟子》升格是其中的一个重要组成部分。经历了韩愈、孙复、石介、二程、张载、王安石等人对《孟子》的推尊过程，宋徽宗宣和年间(1119—1125年)，《孟子》一书首次被刻成石经，列为“十三经”之一。而朱熹将《孟子》与《论语》《大学》《中庸》并列，汇集而成《四书》，影响中国古代社会几百年。至此，宣告了《孟子》由子到经“升格运动”的完成，以后的目录学著作皆将其列置“经部”，孟子其人也于1330年(元明宗至顺元年)被加封为“亚圣”。

《大学》是《小戴礼记》的第42篇，是一篇论述儒家人生哲学的论文，讲的是在“大学”阶段如何学习修身、治国。朱熹之前，传统认为，《大学》的作者是孔门弟子，朱熹则认为是曾子及其弟子共同完成的，其《大学章句》云：“经一章，盖孔子之言，而曾子述之。其传十章，则曾子之意而门人记之也。”唐代韩愈之前，《大学》只是作为《礼记》一篇，并没有单独受到太大的重视，也没有单独刊行的本子。韩愈作《原道》曾经引用《大学》的一段，《大学》一篇逐渐受人重视。如宋仁宗天圣年间，曾将《礼记》中的《大学》《中庸》《儒行》等篇颁赐新登第的进士，当然还仅限于临时抽出。较早将《大学》从《礼记》中单独抽出并为之作注的，是北宋司马光，曾撰《大学广义》一卷。而真正从哲学高度认识到《大学》的价值的，当数二程，如程颢曾言：“《大学》乃孔氏遗书，须从此学则不差。”程颐则云：“入德之门，无如《大学》。今之学者，赖有此一篇书存，其他莫如《论》《孟》。”又云：“修身，当学《大学》之序。《大学》，圣人之完书也。”不仅如此，二程还为《大学》改定次序，学术史上称为“大学改本”。不过，二程仍将《大学》视为《礼记》的一个组成部分，尚未使之独立于《礼记》体系之外。至朱熹，《大学》地位发生了根本变化，他分经传，划章次，补传文，作章句，提升哲学层次。《大学》以及《中庸》二篇，不仅单独刊行了，而且彻底独立于《礼记》体系之外，而纳入了《四书》体系。通行的《礼记》注本中，如元陈澔的《礼记集说》、明永乐年间的《礼记大全》、清孙希旦的《礼记集解》等，《大学》《中庸》两篇文字只留存目，具体内容提示参见朱熹的《四书章句集注》，这也正好体现了《四书集注》的重大影响。

《中庸》是《小戴礼记》第31篇，讲的是儒家的处世哲学。所谓“中庸”，程颐释曰：“不偏之谓中，不易之谓庸。中者，天下之正道；庸者，天下之定理。”朱熹释曰：“中者，不偏不倚，无过不及之名。庸，平常也。”朱熹之先，人们即普遍认为《中庸》的作者是子思。与一般学者不同，朱熹还找到了子思作《中庸》的原因，《中庸章句序》称：“中庸何为而作也？子思子忧道学之失其传而作也。”《中庸》的单行要早于《大学》，《汉书·艺文志》著录“《中庸说》二篇”，已佚。但有二说，一种说法认为并非对《中庸》一篇的解说，仅仅是阐说“中庸”这一哲学命题。《隋书·经籍志》载南朝宋戴颙《礼记中庸传》二卷、梁武帝萧衍《中庸讲疏》一卷及无名氏《私记制旨中庸义》五卷，由此推论，“至迟在南朝宋的时候，《中庸》就被人单独从《礼记》中抽出而为之作注了”(顾歆艺《四书章句集注研究》)。但此后相当长的时间里，《中庸》又不受重视，直到唐代李翱才重新认识到它的价值。《经义考》载有“李翱《中庸说》”，朱彝尊引宋儒黄震云：“《中庸》至唐李翱始为之说。”至宋代，有关《中庸》的著作多了起来，这与理学的兴起直接相关。许多理学家，如胡瑗、张载、二程、司马光、游酢、杨时、张九成、吕大临等，纷纷为之作注论说。当然，在这当中，对《中庸》格外重视和推崇的依然是二程。尽管未留下完整的《中庸》注本(《二程集》中的《中庸解》实为吕大临所作)，但《二程集》中有许多推崇《中庸》的论述，并对后世产生了很大影响。朱熹重视《中庸》，则是继承了北宋以来尤其是二程重视《中庸》的传统，将其汇入《四书》，从而使《中庸》获得了更加独立的身份和更为崇高的地位。

从历史的角度考察，古无“四书”之名，四部典籍在流传过程中虽偶有“论孟”并称或“学庸”并称的情况，但与后来的“四书”差别很大，因此，《四书》有一个汇集和定名的问题。通常认为，北宋的二程最先使四书并行，而朱熹撰《四书章句集注》，确立四书学，使《四书》的地位空前提高。比如《宋史・道学传》载："仁宗明道初年，程颢及弟颐寔生，及长，受业周氏，已乃扩大其所闻，表章《大学》《中庸》二篇，与《语》《孟》并行，于是上自帝王传心之奥，下至初学入德之门，融会贯通，无复余蕴。"然而这一说法并不可靠，据顾歆艺考证，尽管二程非常重视四书，也有“论孟”或“语孟”并称的情形，但“遍查二程所存留的著作和语录，并没有发现他们将《语》《孟》《学》《庸》四者并提的情况，更未见有‘四书’的说法”。出现这种情况，可能源于朱熹在《书临漳所刊四子后》中的一段话："河南程夫子之教人，必先使之用力乎《大学》《论语》《中庸》《孟子》之书，然后及乎《六经》。"但这段话只能表明朱熹肯定了二程对《四书》的推崇，却不能得出二程将《四书》汇集在了一起的结论。当然，二程在《四书》汇集过程中的贡献应当充分肯定，他们对《四书》的重视及相关论说，对朱熹产生了最为直接的影响。

朱熹是《四书》汇集工作的最后完成者，《四书》的汇集问题，实际又是《四书章句集注》的成书过程问题。下面大致按照时间顺序对这一过程进行梳理。

朱熹早年曾沉浸于佛老之学，并与高僧道谦交往甚密，问学延平李侗后才实现了由佛入儒的转变，并一直坚定地走下去。大约在宋高宗绍兴末年，朱熹曾作《论语集解》《孟子集解》《大学集解》以及关于《中庸》的“集说”，可谓之《四书》的“集解”阶段，这是朱熹全力研治《四书》的开始，但此时的“四书学”思想尚不完备。1163年(孝宗隆兴元年)，朱熹将《论语集解》删改订正为《论语要义》一书，详于义理；又在此基础上删录而成《论语训蒙口义》一书，详于训诂，专供儿童学习使用。

1172年(孝宗乾道八年)，朱熹将修订过的《孟子集解》和《论语要义》合并为一书，称为《论孟精义》。该书以二程论述《论语》《孟子》之说为主，兼采张载、范祖禹、吕希哲、吕大临、谢良佐、游酢、杨时、侯仲良、尹焞九家之说，汇于《论语》《孟子》二书各条之下。在该书序文中，朱熹表述了他对“道统”的基本见解，反映了他以“四书”发明道统的思想。《论孟精义》是《论孟集注》的重要原本，后来又曾改为《论孟要义》《论孟集义》之名。虽是辑录他人言论之作，但朱熹本人对该书颇为看重，如《朱子语类》称“读《论语》须将《精义》看”，又称“《论孟集义》中所载诸先生语，须是熟读。一一记于心下，时时将来玩味，久久自然理会得”，并不以有《四书集注》而废此书。

1170年(乾道六年)，朱熹在《中庸》“集说”的基础上修订而成《中庸集解》(又名《中庸详说》)一书。在《中庸集解序》中，朱熹以《四书》发明道统的观念更系统，更严密。两年后(1172年)，朱熹在《中庸集解》的基础上撰成了《中庸章句》的初稿。把朱熹1173年(乾道九年)所作《中庸集解序》与1189年(孝宗淳熙十六年)正式序定的《中庸章句序》加以比较，可以发现朱熹道统观念的发展。正如有学者所论："如果说朱熹在《中庸集解序》里只是阐述了传道的系统，尚未明言‘道统’二字的话，那么，在《中庸章句序》里，朱熹不仅更明确论述了圣人之道相传授受的内容，而且在形式上首次将‘道’与‘统’连用，正式提出了‘道统’二字，把‘道统’这一概念与‘道统’所指的实际内涵结合起来。"1166年(乾道二年)，朱熹修改《大学集解》；1171年(乾道七年)，朱熹在《大学集解》的基础上，去取诸说，撰成《大学章句》初稿。

至此，朱熹可以说做好了《四书章句集注》充分的前期工作：其一，自身对《四书》的义理及道统诸问题进行了由浅入深的探索；其二，对前人尤其是北宋理学家的《四书》解说了如指掌。在经历了与张栻、陆九渊等人关于“中和”之说、治学方法等的辩论(如鹅湖之会)之后，朱熹的四书学思想逐渐成熟，于是对以往的四书学著述进行修订，而成著名的《四书章句集注》。其具体过程是：1175年(孝宗淳熙二年)，朱熹于年底完成对《大学章句》《中庸章句》的修订，同时在《论孟精义》的基础上完成《论语集注》，又于次年(1176年)完成了《孟子集注》。1177年(淳熙四年)，朱熹序定《大学章句》和《中庸章句》，并撰成《大学或问》《中庸或问》和《论孟集注或问》，由此基本确立并构筑了一个以《四书章句集注》为代表的“四书学新经学体系”，但此时尚未将四书结集刻印。至1182年(淳熙九年)，朱熹在浙东提举任上，首次将四书合为一集刻于婺州，经学史上的“四书”之名第一次出现了。今人束景南在《朱子大传》中称：“这个宝婺刻本，是朱熹首次把《大学章句》《中庸章句》《论语集注》与《孟子集注》集为一编合刻，经学史上与‘五经’相对的‘四书’之名第一次出现。”

《四书》合刻之后，朱熹又于1186年(淳熙十三年)对《四书章句集注》作了修改，修改后的本子于同年分别刻印于广西静江和四川成都。1188年(淳熙十五年)，朱熹在以往修改的基础上，对《四书章句集注》又作了一次重大修改，将自己的新思想吸纳进去。次年(1189年)，正式序定了《大学章句》《中庸章句》。1192年(光宗绍熙三年)，时任南康知县的曾集将朱熹序定的《四书章句集注》刻印于南康，是为“南康本”。南康本是朱熹生前流传最广的本子，“庆元党禁”中禁毁《四书章句集注》，正是这一版本。朱熹后来对南康本又作了修订，并于1199年(宁宗庆元五年)刻版于建阳，这是《四书章句集注》的最后定本。

《四书》的汇集与定名，在经学史上具有重要意义。首先，朱熹倾毕生之力，研治《四书》，首次将原来单行的四部书汇集为一个整体，并为《大学》《中庸》作《章句》，为《论语》《孟子》作《集注》，将四部书纳入其严整庞大的理学体系中。同时，他为《四书》规定了先《大学》，次《论语》，次《孟子》，次《中庸》的先后次序；对《四书》作了“某要人先读《大学》，以定其规模；次读《论语》，以立其根本；次读《孟子》，以观其发越；次读《中庸》，以求古人之微妙处”的纲目论定。这标志着学术史上“四书学”的正式确立。其次，《四书》的汇集有其深刻的历史文化背景，这主要是指汉唐以来传统儒学出现日趋繁琐的弊端和儒学面临佛道之学的强烈冲击。朱熹在解释《四书》的过程中，在二程等前代理学家解经的基础上，恰当吸收佛道心性之学在理论思辨方面的优长，用以解说《四书》。这一方面使传统儒学因注入新的营养而获得生机，另一方面也极好地回应了佛道之学的挑战，使儒学重新成为社会的主流意识形态。同时，朱熹在解说《四书》过程中，采取了一种既注重文字训诂，更重视义理阐发的模式，呈现出简明、平易、洗练的行文风格。这既体现了宋代经学注重义理的时代特色，又不废汉唐旧注。这在一定意义上超越了汉宋学的对立，开启了中国经学发展的新方向。再次，《四书》的汇集与定名，标志着中国经学进入了一个以《四书》为新的经典系统的新时代。一般而言，从支撑某一学术阶段的经典文献角度划分，中国学术史可以分为先秦的“六艺时代”、汉唐的“五经时代”和宋代以来的“四书时代”三个历史阶段。朱熹汇集《大学》《中庸》《论语》《孟子》而为《四书》，撰著《四书章句集注》，集儒家心性学和以义理解经之大成，对中国社会产生了深远影响。自此，支撑汉唐学术的《五经》逐渐退到历史舞台的幕后，取而代之的是程朱等人所汇集的《四书》。比如元仁宗皇庆、延祐年间恢复科举，科目规定士子首先要考的就是《四书》，而且答题只能依据朱熹所撰《四书章句集注》。这一规定为明清两代所沿袭，影响中国社会近八百年。总而言之，《四书》的汇集与定名，引发了传统学术的重要转型，对宋代以后的社会生活产生了重要影响。

（周春健）

# 24. 宋代“五部大书”的编撰

类书是我国的一种传统工具书，这种工具书把古书中的史实典故、名物制度、诗词文章、俪词骈语等材料，按句或按段摘录下来，然后分门别类地综合在一起，便于寻检和征引。从体例上，大体可分为按类编排和按韵编排两种主要形式。类书作为中国传统文献的特殊载体，“综贯群典，约为成书”，兼有“百科全书”和“资料汇编”的性质，在传承华夏文明，整合古代文化的过程中发挥着不可替代的作用。一般认为，我国古代类书始于三国魏文帝时刘劭、王象等编撰的《皇览》，这部书现已散佚。到唐代时，我国的类书在内容上实现了从专辑事迹类资料向兼收艺文资料的转变，出现了综合性类书。现存最早的综合性类书是虞世南在隋炀帝大业年间编纂的《北堂书钞》，这也被认为是我国现存最早的类书。宋代类书步入繁盛时期，规模空前，体制完备，分类缜密，流播广泛，超越前代；而且类书形式多样，类文、类事或兼类事文的类书均有很大发展，出现了我国类书编纂的第一个高峰。

北宋初年，太宗皇帝召集前朝各国文臣儒士，对原十国所得的数万册图书进行编辑整理，连续编成了几大部书，按成书顺序，有小说类编《太平广记》500卷、百科性质的类书《太平御览》1000卷、文章分类汇编总集《文苑英华》1000卷，后来宋真宗年间又编成一部政事历史的专门类书《册府元龟》1000卷，后人统称为“宋代四大书”。在官修类书之外，宋代私人编修类书之风亦盛，这与当时的学术氛围有着密切关系。当时科举盛行，为应试而用的类书也开始问世，南宋王应麟就专为当时应博学宏词科考试之用而编撰了一部大型类书——《玉海》，这五部类书是宋代著名的“五部大书”。这些书汇集了各种书籍中有价值或有参考作用的原始资料，并按照当时人们认为检索方便的方法编排，可用于查找事物、诗文、典故的出处，同时可以校勘、考订古籍，辑录已佚古书，对于保存古代典籍文献、古代文化遗产、传播文化知识具有不可估量的价值。以下各简述之。

1.《太平御览》

《太平御览》是一部具有百科全书性质的类书。翰林学士李昉奉诏主纂，扈蒙、王克贞、宋白等13人参与修撰。该书的编纂，始于977年(宋太宗太平兴国二年)3月，成书于983年(宋太宗太平兴国八年)12月。初名《太平类编》，宋太宗喜夸自己好学，曾说“此书千卷，朕欲一年读遍”，每天命呈三卷，以备夜览，并诏改为《太平御览》。

全书1000卷，分55部，5426类(其中附类63)，470万字。55部的区分，乃根据《周易·系辞》中“凡天地之数五十有五”的说法，以示包罗万象。该书分类细密，分类原则与编排方法大抵以天、地、人、事、物为序，每类下又按经、史、子、集顺序编排。类目中每条引证都先写书名，后录原文，按时代先后顺序排列，不加己见。所采多为经史百家之言，小说和杂书引得较少。一个类目中同引一书的条文全排在一起，前列书名，后面只标“又曰”。纂辑时，以前代类书《修文殿御览》《艺文类聚》《文思博要》等书为蓝本，又充分利用了当时的皇家藏书。《太平御览》所引用的各种书籍，未必都是宋初尚存、馆阁所储的，但《修文殿御览》《文思博要》已失传，《艺文类聚》只有百卷，《太平御览》就成为现存的当时最大的类书。卷首载有《太平御览经史图书纲目》，记引用诸书名称，列 1689 种，实尚未包括所引古诗、古赋、铭、箴等。

《太平御览》纂集宏富，不但是一部重要的综合性资料工具书，而且是保存古代佚书最丰富的类书之一。所引用五代以前的文献、古籍，十之八九今已失传，故对现存先秦、汉、唐经史典籍，多能勘正其脱漏错讹，可用以辑佚、订讹，供作学术研究之参考。后来从事学术研究的人，看不到原书，还可以从这部书里寻找到断编残简，清人即据此书辑出不少古籍佚文，清代以来的校勘家、辑佚家更视其为“辑佚之宝山”。《太平御览》作为现存古类书中保存五代以前文献、古籍最多的一部，是循部依类检索古代资料的宝库，对于研究隋唐五代以前的古事、古史、校勘古籍、辑佚古书、考订名物，都有十分重要的史料价值。在编纂方面，该书体例时有失当，类目亦有重复，引用书名往往错乱，是其不足之处。

《太平御览》的版本主要有：(1)南宋蜀刻残本，分藏日本帝室图书寮、京都东福寺；另一南宋刻残本，藏日本静嘉堂文库。(2)明万历周堂活字本、清嘉庆鲍崇城刻本，均欠善。嘉庆张海鹏刻本较善，但印本极罕见。日本文久(清咸丰时)喜多氏活字本，从南宋蜀刻本出，较善。(3)1935 年上海商务印书馆排印《四部丛刊三编》本，影印日本藏南宋蜀刻本，配静嘉堂文库藏南宋刻本及喜多氏活字本，1960 年中华书局又缩印，最方便使用。(4)今人钱亚新编有《太平御览索引》，为部目索引，有 1934 年上海商务印书馆排印本；洪业等编有《太平御览引得》，内有《篇目引得》《书名引得》，有 1935 年哈佛燕京学社引得编纂处排印本，1990 年上海古籍出版社影印本。

2.《太平广记》

《太平广记》是一部小说类编，专录汉代至宋初的志怪小说、杂史传记等资料。李昉、扈蒙、李穆等 13 人奉宋太宗之命编纂，开始于 977 年(宋太宗太平兴国二年)，编成于 978 年(宋太宗太平兴国三年)，故定名为《太平广记》。全书 500 卷，目录 10 卷，广泛取材于汉代至宋初的野史小说及释藏、道经等和以小说为主的杂著，按题材分 92 类，又分 150 余细目。每小类的各个故事，均标小题，照抄原文一段或数段，下面注明出处。神怪故事所占比重最大，如神仙 55 卷，女仙 15 卷，报应 33 卷，神 25 卷，鬼 40 卷，可见其取材重点所在。可以说，此书基本上是一部按类编纂的古代小说总集。

《太平广记》引书较广，有些篇幅较小的书几乎全部收录，失传的书可据以辑集，有传本的书也可据其异文互校，校勘辑补。书中引文比较完整，不像其他类书引文多加删节。分类较细，也便于按题材索检资料。许多已失传的书，仅在本书内存有佚文，有些六朝志怪、唐代传奇作品，全赖此书而得以流传。书中最值得重视的是杂传记 9 卷，《李娃传》《柳氏传》《无双传》《霍小玉传》《莺莺传》等传奇名篇，多数仅见于本书。还有收入器玩类的《古镜记》，收入鬼类的《李章武传》，收入神魂类的《离魂记》，收入龙类的《柳毅传》，收入狐类的《任氏传》，收入昆虫类的《南柯太守传》，等等，也都是现存最早的本子。《四库总目》称：“所采书三百四十五种，古来轶文琐事、僻笈遗文，咸在焉。卷帙轻者，往往全部收入，盖小说家之渊海也。”鲁迅辑录的《古小说钩沉》《唐宋传奇集》，大量取资于此书。

《太平广记》作为我国第一部大型小说总集型的专门类书，为研究先秦至宋初古小说的发生和发展提供了完备的资料。同时，许多珍贵的古小说及其他遗文佚典，由于《太平广记》的引录，才能保存至今。除小说外，本书还有大量历史人物事迹、典章制度、名物、地理、风俗、中外关系、科学技术方面的史料。《太平广记》对于后世文学的影响很大，宋元时代的话本、杂剧、诸宫调等民间艺术形式，大多从《太平广记》一书中选取题材，转引故事，加以敷演，说话人甚至以“幼习《太平广记》”相标榜。宋人蔡蕃曾截取书中的资料，编为《鹿革事类》《鹿革文类》各30卷，明人冯梦龙又据本书改编为《太平广记钞》80卷，明清人编的《古今说海》《五朝小说》《说郛》《唐人说荟》等书，则往往转引《太平广记》而改题篇目，假托作者，研究者亦可据此书加以考订。此外，《太平广记》还保存了不少当时的口语词汇，对研究语言学、词汇学和民间文学都有重要的参考价值。总之，《太平广记》对后世文学和民间艺术的发展和繁荣都产生了重大的影响，其历史功绩足以彪炳史册。

当然，《太平广记》并不是一部完美无缺的书，其中有后人窜改补入的文字和增加的故事；有一百多个条目未注明出处；所辑故事也不是都抄自原书，转录自类书的很多。另外《太平广记》的门类，也像其他类书一样，不免分合不当、零乱重复，且门类复杂，查检起来有些困难。

《太平广记》宋刻本已全部失传，仅存清陈鳣校宋本，现存最早的刻本是1566年(明嘉靖四十五年)谈恺刻本，以后的几种刻本多从谈刻本出。1961年，中华书局排印汪绍楹整理本，以谈刻为底本，校以明沈氏野竹斋抄本、清陈鳣校宋本，参校明许自昌本、清黄晟刻本，1986年再版，是现在较为通行的本子。

3.《册府元龟》

宋代四大书中，规模最大的是《册府元龟》，1000卷(另目录10卷)，940万言，是一部大型的史料分类汇编，具有政事历史百科全书性质，与《太平御览》《文苑英华》《全唐文》三种千卷大书被古书业并称为“四大千”。《册府元龟》的创意是宋真宗因羡慕其父宋太宗组织编纂过《太平御览》《文苑英华》和《太平广记》等大书，而“载命群儒，共同缀辑”的一部大类书，用以与其父相媲美，是一部以历代君臣事迹为主的大类书。

公元1005年(景德二年)，宋真宗赵恒命王钦若、杨亿、孙奭等18人一同编修历代君臣事迹。采摭铨择正经正史及唐五代的诏令、奏议等史料，兼及《国语》《战国策》《韩诗外传》《吕氏春秋》《晏子春秋》《管子》《孟子》《韩非子》《淮南子》及《修文殿御览》等书，专辑自上古至五代的历代君臣事迹，以部为纲，按人事人物，分门编纂。各门材料按年代先后排列，分为帝王、闰位、僭伪、列国君、储宫、宗室、外戚、宰辅、将帅、台省、邦计、宪官、谏诤、词臣、国史、掌礼、学校、刑法、卿监、环卫、铨选、贡举、奉使、内臣、牧守、令长、宫臣、幕府、陪臣、总录、外臣等31部。用编年体和列传体相结合，共勒成1104门。部有总序，言其经制，门前有小序，述其指归。至1013年(大中祥符六年)8月13日书成。有宋刻本，流传甚稀。初名《历代君臣事迹》，书成之后，真宗改题为《册府元龟》。“册府”就是典册的渊薮，书册的府库；“元龟”是大龟，古代用以占卜国家大事，为龟鉴之义，意为供统治者鉴戒之用的典籍宝库。这部书是从大量图籍中搜集一些可供政治上作重要借鉴的资料所编成的，由于该书征引繁富，也成为后世文人学士运用典故、引据考证的一部重要参考资料。其中，唐、五代史事部分是《册府元龟》的精华所在，不少史料为该书所仅见，即使与正史重复者，亦有校勘价值。

《册府元龟》的编纂目的是“欲载历代事实，为将来典法，使开卷者动有资益”，取材于经籍正史，小说异端多不取，编纂时所采资料不改旧文，不恰时原文下加注。全书材料丰富，引文整篇整段，自上古至五代，按事类和人物，分门编纂，以年代为序，凡君臣善迹、奸佞劣行、礼乐沿革、法令宽猛、官师议论、学士名行，无不具备，可以说概括了全部十七史，而且它所收的史书又都是北宋以前的古本，可用来补史校史，清朝辑佚家未加利用，实属遗憾。《册府元龟》虽与《太平御览》卷数相同，但各卷容量较大，所以总字数超过《太平御览》一倍，有940余万字，是宋代存世最大的著作，在《四库全书》中是仅次于《佩文韵府》的

第二部大书，但因所采多为常见书，不注资料出处，以致自宋至清不为学者重视。直至近代，始为著名史学家陈垣先生注意并予以肯定和提倡。从此以后，利用此书者方日益增多。

《册府元龟》在编纂思想上有一些缺点，这在一定程度上减损了它的价值。编者把当时封建统治者心目中的是非好恶作为取舍准则，选录要求过苛，以致一些有价值的史料被排斥在外。宋人洪迈说它“遗弃既多，不能赅备”。取材多限于钦定的“正史”，而且内容都是有关政治制度和君臣事迹，不涉及自然科学资料，可以说是一部封建统治者的政治教科书。此外，本书引书皆不注出处，令读者感到不便，在资料上也有一些错误。

《册府元龟》初刻于1015年(大中祥符八年)年底，这个北宋刊本今已不存。南宋时曾有两刻，今存四川眉山刻本576卷，13行本8卷。直到1642年(明崇祯十五年)才有黄国琦根据明抄本的刻本，由于传抄本错漏甚多，黄国琦和李嗣京做了不少校订。1960年中华书局影印明黄国琦刊本，末附按汉字笔画排列的《册府元龟类目索引》，1982年重印，1989年又有据宋残本及明本影印本。此书索引有吕绍虞、于震寰编的《册府元龟索引》，陈鸿飞编的《册府元龟引得》，均有铅印本。日本人宇都宫清吉、内腾戊申编有《册府元龟奉使部外臣部索引》，有京都东方文化研究1938年出版的排印本。

4.《文苑英华》

《文苑英华》1000卷，是一部大型的文学类书，宋太宗命李昉、徐铉、宋白及苏易简等20余人共同编纂。982年(太平兴国七年)开始，986年(雍熙三年)完成。宋真宗时曾进行几次修订，宋孝宗时又命专人作了校订，最后经周必大、胡柯和彭叔夏复校，于1201年(嘉泰元年)开始刻版，四年完工，这个宋刻本现在仅存残本。

《文苑英华》选材时限与《文选》相衔接，上自南朝梁代，下讫晚唐五代，选录作家2000余人，作品近2万篇，仿《昭明文选》《群书治要》体例，按文体分赋、诗、歌行、杂文、中书制诰、翰林制诰等39类。每类之中又按题材分若干子目，如赋类下分天象、岁时、地、水、帝德、京都等42小类。全书专收诗文，全文照录，文体分类和内容分类结合，是一部唐代文献总集。宋人姚铉铨曾从中辑成《唐文粹》，仅占《文苑》内容的十分之一。清人编《全唐文》，亦以此为底本，故《四库全书总目》云：“考唐文者，惟赖此书之存，实为著作之渊海。”然而其辑录草率、错漏、重复、颠倒之误颇多，在分目上比《文选》更繁琐。此书选录亦有滥缺之病，李慈铭《越缦堂日记》曾指出它所收的唐赋“陈陈相因”。但所辑文献相当丰富，书中约十分之一是南北朝作品，十分之九是唐人作品，多数是根据当时流传不多的抄本诗文集收录的，保存了不少有价值的文献资料，校记里还附注有别本的异文，可以用以辑补校勘唐人的诗文集。清朝纂修《全唐诗》《全唐文》和《四库全书》时，都曾用作参考。《文苑英华》中收录了不少诏诰、书判、表疏、碑志，还可以用来考订史实。

本书流传不广，于南宋孝宗时周必大、胡柯、彭叔夏校订后刊行，今存者即此校定本。宋宁宗、明世宗时曾重刻。1566年(明嘉靖四十五年)，胡维新等根据传抄本重新刻印。1966年中华书局用宋刻本140卷和明刻本860卷配齐影印，并附录了彭叔夏的《文苑英华辨证》及劳格的《文苑英华辨证拾遗》。

5.《玉海》

《玉海》是一部私人编修的规模宏大的类书，专为“博学宏词科”应试用的，共200卷。编撰者是南宋的王应麟(1223—1296年)，应麟字伯厚，号厚斋，鄞县(今浙江宁波)人，南宋著名学者。1241年(理宗淳祐元年)进士，调西安主簿。1256年(宝祐四年)中博学宏词科，累迁太常寺主簿，后官至礼部尚书兼给事中。

学问渊博，于经史百家、天文地理等皆有研究，熟悉掌故制度，考证博洽。著作繁富，有《困学纪闻》《玉海》《诗考》《诗地理考》《汉艺文志考证》《玉堂类稿》《深宁集》等600多卷。

全书分为21门，名目有天文、律宪、地理、帝学、圣制、艺文、诏令、礼仪、车服、器用、郊祀、音乐、学校、选举、官制、兵制、朝贡、宫室、食货、兵捷、祥瑞，每门各分子目，凡240余类，书后还附有《辞学指南》4卷。宋代高宗绍兴三年制科立博学宏词科，考试内容主要是"历代故事"和"本朝故事"，偏重于考察应试者对典章制度的了解。《玉海》就是王应麟专为当时应博学宏词科考试之用而编，其标分门类和一般类书不同，所录资料重点在于典章制度及吉祥善事，与其他类书兼收广蓄亦有不同，故此书体例为类书，而内容实兼政书，是一部专论历代文物典章制度沿袭变革之书。采辑的材料甚为丰富，所引自经史子集、百家传记，无所不备。尤其是关于宋代掌故，多录自实录、国史、日历、会要等文献，是研究宋史的重要史料。书中纪事，大致按年代先后顺序排列，始于上古，止于宋代。每类又分若干细目，以事物或图书等名称作为标题，下引有关资料。凡遇异说，亦都注明，不像其他类书那样仅仅是分类抄录材料，而多是以提要、概述的形式撮叙事实，并常常略作考证。体例和《通典》《会要》之类的政书有些相近，但也兼采诗文辞藻，具备一般类书的作用。《玉海》包括了涉及文史的多方面知识，内容相当丰富，为百科全书式的著作，故元人胡助称赞它是"天下奇书"，清人熊本认为它"大有裨经济实学"。特别是它为研究宋史提供了不少很有价值的参考资料，《四库全书总目》称："其串奥博，唐宋诸大类书未有能过之者。"

《玉海》的版本有1269年(元至元六年)庆元路儒学刊本、1531年(元至正十一年)王应麟孙校补印本、1507年(明正德二年)和1583年(明万历十一年)南京国子监补刊印本、1687年(清康熙二十六年)李振裕补刊本、1738年(清乾隆三年)知江宁府事广州张华年补刊本，此版刊于元朝，迭经明清两朝补刊印行，故称三朝本，1883年(光绪九年)浙江书局重刊本，又有1986年广陵古籍刻印社本。

总之，宋代《太平御览》《太平广记》《册府元龟》《文苑英华》和《玉海》"五部大书"，作为典籍之荟萃、知识之精华，在我国典籍发展史上具有特殊的意义，它们对于文献保存、知识传播和学术研究都发挥过重要的作用。宋代五部大书的编辑成就是巨大的，其价值是前所未有的，它们对中华民族悠久的历史文化得以延续和发扬起到了十分重要的作用。

(许志云)

# 25. 张择端绘《清明上河图》

北宋著名画家张择端绘制的不朽杰作《清明上河图》，是我国绘画史上的无价之宝。它是一幅用现实主义手法创作的长卷风俗画。作者通过对清明节日北宋都城汴梁(今开封)和以虹桥为中心的汴河两岸各阶层人物活动情景的描绘，展现了京城工商业与交通的繁华面貌，集中反映了这一历史时期社会生活的一些侧面，成为宋代风俗画的特异瑰宝。现馆藏于北京故宫博物院。

张择端，字正道，东武(今山东诸城)人，早年游学于汴京，后来潜心学习绘画，徽宗朝时期任职翰林图画院，擅长于画车马、市街、桥梁、城郭等。《清明上河图》是他流传于后世的唯一杰作，全图宽 22.5 厘米，长 525 厘米，作品以长卷形式，采用散点透视的构图法，将众多的景物纳入统一而富于变化的画面中，画中共有人物 648 个，牲畜 96 头，房屋 122 座，各式桥梁 5 座，树木 174 棵，船只 25 艘，各式车辆 15 辆，轿子 8 顶。作者在处理各种繁杂景物的远近、大小、疏密、动静时都显得恰到好处，使全图过渡自然、严密紧凑、生动形象、一气呵成。大到浩荡的河流、雄伟的城楼，小到招牌上的文字、舟车中的人物，都能真实自然和谐统一在一起。尤其是画中人物，小如豆粒，大不及寸，但形神毕肖，各具情态。生活中各种情节无不表现得淋漓尽致，丰富多彩。另外在笔墨技巧上，工笔与写意相结合，色调柔和而古朴淡雅，显示了作者高超的写实技艺和对生活细致入微的观察体会。明代著名诗人李东阳在其所写的《清明上河图记》中，对这幅画卷中人物的刻画作过十分生动具体的描述："人物则官、士、农、贾、医、卜、僧道、胥隶、篙师、缆夫、妇女；臧获之行者、坐者，授者、受者，问者、答者，呼者、应者，骑而驰者，负者、戴者，抱而携者，导而前呵者，执斧锯者，操畚锸者，持杯罂者，袒而风者，困而睡者，倦而欠伸者，乘轿而搴帘以窥者。又有以板为舆，无轮箱而陆曳者；有牵重舟溯急流，极力寸进；圜桥匝岸，驻足而旁观，皆若交欢助叫，百口而同声者。"从这段描述中可以知道，作者把当时各行各业、三教九流的人物，都惟妙惟肖地绘进了这幅画卷，这不仅体现了作者非凡的写实能力，同时也体现了作者对当时社会生活已有了广泛而深入的了解。

《清明上河图》全卷大致可分为三个段落：第一段描绘的是城郊景色，第二段描绘汴河及周边的景象，第三段描绘城市内的街市。

首段，我们能够看到的是汴京郊野的春光。疏林薄雾中，掩映着几家茅屋，草桥、流水、老树、扁舟构成一幅天然的画卷。晨雾中有两个脚夫正赶着五匹承载货物的毛驴向城市走来。一片柳林，枝头刚刚泛出嫩绿，虽是春寒料峭，却给人以大地回春的感觉。路上一顶轿子里坐着一位妇人，轿后跟随着骑马的和挑担的随从，估计是刚刚从京郊踏青扫墓归来。作者对当时城郊的环境和人物的细心描绘，隐含着清明时节的特有风俗，为全画展开了序幕。

中段是全图最为精彩的部分，描绘的是繁忙的汴河码头。汴河是北宋国家漕运枢纽、商业交通要道，从画面上可以看到人烟稠密，粮船云集，人们有的在茶馆休息，有的在看相算命，有的在饭铺进餐。河里船只往来，首尾相接，或纤夫牵拉，或船夫摇橹，有的满载货物，逆流而上，有的靠岸停泊，正紧张地卸货。横跨汴河上的是一座规模宏大的木质拱桥，这里是水路交通的集合点，它造型优美，宛如天上的一道彩虹，因而得名虹桥。画中有一只满载货物的大船正等待过桥，船夫们为避免大船与桥相撞，把船上和岸边的人都动员起来，有用竹竿撑着使船换向的；有用长竿钩住桥梁防止相撞的；有用麻绳挽住船的；还有几人忙着放下桅杆，以便船只顺利通过。这一惊心动魄的场景吸引了不少在一旁观看的人，邻船的人也在指指点点，像在大声吆喝着什么。桥上的人也伸头探脑地为过船的紧张情景捏了一把汗。闻名遐迩的虹桥码头区，桥上和岸边车水马龙，熙熙攘攘，很是热闹，船夫、摊贩、行人和各种生意门店聚集在一起，成为一个名副其实的水陆交通会合点。

后段主要描绘的是汴京热闹的市区街道。这一部分以高大的城楼为中心，两边的屋宇鳞次栉比，有茶坊、酒肆、脚店、肉铺、庙宇、公庵、私塾、学堂等。商铺中有的经营绫罗绸缎、珠宝香料、香火纸马等，此外还有医药门诊、大车修理、看相算命、修面整容，各行各业，应有尽有，大的商店张灯结彩，门首悬挂着旗帜招揽生意。街市行人，摩肩接踵，川流不息：有做生意的商贾，有看街景的士绅，有骑马的官吏，有叫卖的小贩，有乘坐轿子的大家眷属，有身负背篓的行脚僧人，有问路的外乡游客，有听说书的街巷小儿，有酒楼中狂饮的豪门子弟，有城边行乞的残疾老人，男女老幼，士农工商，三教九流，无所不备。其中数不胜数的交通运载工具，如轿子、骆驼、牛马车、人力车等，形形色色，样样俱全。一座都城的繁荣景象绘色绘形地展现在人们眼前。

《清明上河图》的艺术成就是非凡的，艺术风格也是独特的。张择端以情写生，以景写意，细致地描绘了中国北宋时代东京的都市风光，真实地描绘了中国北宋时代东京的都市生活。由于描写真实有据，刻画细致入微，《清明上河图》也成为美术史上现实主义的杰作，成为北宋以后众多学者研究北宋风俗和历史的可靠材料。张择端高超的艺术表现力和超凡的艺术想象力成为中国绘画史上的一个典范，世代为后人敬仰。

（瞿兆晗）

# 26. 毕昇与活字印刷术

我国是最早发明印刷术的国家，早期的印刷方法是把图文刻在木板上用水墨印刷的，现在的木版水印画仍用此法，统称为“刻版印刷术”。刻版印刷术的前身是公元前流行的印章捺印和5世纪出现的拓印碑石等方法。造纸和制墨等生产技术出现以后，逐渐发明了刻版印刷术。到了唐代，刻版印刷在我国已非常盛行，并先后传至朝鲜、日本、越南、菲律宾、伊朗等国，影响到非洲和欧洲。公元11世纪以后，随着社会生产的发展，印刷术出现了许多重大的改革和发明。

印刷术是我国古代劳动人民的伟大发明。早在唐代，就已经推广流行使用雕版印刷佛经、历本、诗稿等书籍。五代时期的冯道倡议用雕版的印刷方法推行经籍。到了宋代，雕版印刷又得到了进一步的发展。有了雕版印刷，当然比手写抄书方便简单很多，但依然费工、费时，并且工作量依然非常庞大。为了印刷一部书，所要雕刻的模板数量是十分惊人的。每刷一页书就得雕一块模板，若要刻一部大部头的书，可能往往要花费好几年，甚至几十年，所需的人力、物力、财力都是巨大的。于是，北宋庆历年间（1041—1048年），平民毕昇使用胶泥（即黏土）制成了活字排版印刷。虽然毕昇的活字印刷术并没有被推广，但他仍然是世界上发明活字印刷的第一人（比欧美的一些学者所称的“活字印刷鼻祖——谷登堡（J. Gutenberg）”使用的活字印刷早近400年）。

当然，活字印刷的发明出现在宋朝，有其深刻的历史背景。公元960年，后周禁军统帅赵匡胤（927—976年）在陈桥驿（今河南开封附近）发动兵变，代周自立，建立宋朝。经多年征战后结束了唐末五代长期分裂割据的局面。赵匡胤吸取了中晚唐以来藩镇割据的教训，以“杯酒释兵权”解除了武将统帅们的权力，后又采取了各种措施削弱武将的权力。比之武人，宋朝对文人的待遇就非常优厚了，文人执掌政权是宋代政治的特色，而文人又大多是通过科举登第踏上仕途的。宋朝的文官有优厚的俸给，这就吸引了许多普通人走上了读书应举之路。而图书又是读书人生存的必需品，所以图书的需求量大增，这自然也就刺激了图书生产水平的提高。从史料上来看，到了宋朝，我国图书出版业进入了兴盛时代，形成了蜀、浙、闽三大出版中心。宋仁宗庆历年间（1041—1048年），布衣毕昇的“活版”印刷术应运而生了。

毕昇是中国古代发明家。但是，关于毕昇的生平历史，我们知道的却比较少。长期以来，关于毕昇的籍贯，都有不同的说法。清代学者李慈铭（1830—1894年）认为毕昇是“益州人”，我国印刷史学家张秀民认为“毕昇可能是杭州一带人”。有人分析认为，毕昇发明活字印刷术的时期，杭州正是中国三大印刷中心之一，也是杭州印刷最发达的时期，此时的杭州印刷位居全国第一，故认为他是杭州的一个著名雕刻工匠。也有人认为他是四川人或者开封人。根据任继愈主编的《中国版本文化业书》中，徐忆农著的《活字本》记载，1990年，在湖北英山县发现了一块圆头石墓碑，中间刻有并列两行文字“故先考毕昇神主，故先妣李氏妙音”，其下共一“墓”字，碑左侧刻“孝子：毕嘉、毕文、毕成、毕荣。孙男：毕文忠、毕文斌、毕文显”，右侧刻

“皇□四年二月初七日”。且墓地西3千米处为毕家铺，南1千米处的肖家大屋传为毕宰相府，东15千米处有宰相毕翰儒墓。于是有人联想到墓主可能是宋代活版发明人毕昇。英山县有关部门于1993年邀请专家、学者在英山召开了首届毕昇研讨会，并写出了“毕昇墓碑鉴定意见书”，确认此碑是1502年(北宋皇祐四年)所立，墓主即我国北宋时期活字印刷术发明家毕昇。而1996年，中国印刷博物馆落成开馆，在馆内显要位置陈列的毕昇铜像和毕昇墓碑，首次标出：“毕昇，北宋活字印刷术发明家，今湖北英山人。”根据种种材料，徐忆农在他的《活字本》中推测：毕昇是湖北英山人，出生于宋太祖开宝中，约970年，在杭州做锻工，1502年(宋皇祐三年)卒于杭州，墓由子孙建于原籍湖北英山。

毕昇死后，活字由沈括的子侄辈所得。关于毕昇发明活字印刷术的最早和最全面的记载，就是我国北宋时期著名的科学家沈括了。沈括把亲眼看到的活字印刷技术，在他所著的《梦溪笔谈》中详细地记录下来。这时距离毕昇创造活字的时间，最多不过二三十年，所以沈括的记录还是很有说服力的。另外，清道光年间，安徽泾县有位教书先生翟金生，他根据《梦溪笔谈》关于泥活字的记载，花了多年的功夫，制成了十多万个坚硬的泥活字，并用自己制成的这些泥活字印刷过《泥版试印初编》等书。与翟金生同时，江苏无锡、江西宜黄也有人用泥活字印书。这些都打破了人们对泥活字不够坚硬，不能用于印刷的疑虑，充分证明了《梦溪笔谈》里关于毕昇泥活字记载的真实性。

但毕昇发明的活字印刷术由于各种原因，当时并没有流传开来，我们后来所说的毕昇发明活字印刷术，只能根据沈括的记载来了解，通过沈括的记载，我们可以了解毕昇制造活字的大致过程。

毕昇的方法是这样的：用胶泥做成一个个规格一致的毛坯，在一端刻上反体单字，字划突起的高度像铜钱边缘的厚度一样，用火烧硬，成为单个的胶泥活字。为了适应排版的需要，一般常用字都备有几个甚至几十个，以备同一版内重复的时候使用。遇到不常用的冷僻字，如果事前没有准备，可以随制随用。为便于拣字，把胶泥活字按韵分类放在木格子里，贴上纸条标明。排字的时候，用一块带框的铁板作底托，上面敷一层用松脂、蜡和纸灰混合制成的药剂，然后把需要的胶泥活字拣出来一个个排进框内。排满一框就成为一版，再用火烘烤，等药剂稍微熔化，用一块平板把字面压平，药剂冷却凝固后，就成为版型。印刷的时候，只要在版型上刷上墨，覆上纸，加一定的压力就行了。为了可以连续印刷，就用两块铁板，一版加刷，另一版排字，两版交替使用。印完以后，用火把药剂烤化，用手轻轻一抖，活字就可以从铁板上脱落下来，再按韵放回原来木格里，以备下次再用。毕昇还试验过木活字印刷，由于木料纹理疏密不匀，刻制困难，木活字沾水后变形，以及和药剂粘在一起不容易分开等原因，所以毕昇没有采用。毕昇的胶泥活字版印书方法，如果只印二三本，不算省事，如果印成百上千份，工作效率就极其可观了，不仅能够节约大量的人力、物力，而且可以大大提高印刷的速度和质量，比雕版印刷要优越得多。将胶泥刻成或铸成一个一个单字，分门别类地放在存字架上，然后依据原稿拣字、拼版、印刷之后，再把印版拆开，将字放在原来的字架上，以便于再次排版使用。现代的凸版铅印，虽然在设备和技术条件上是宋朝毕昇的活字印刷术所无法比拟的，但是基本原理和方法是完全相同的。

后来，毕昇的活字印刷术又得到了进一步的改进。元朝的农学家王祯在泥活字的基础上，成功地创造了木活字印书法。王祯在1298年(大德二年)，用木活字印书法试印了他自己编写的约6万字的书，不到一个月就印好了一百部，大大提高了印刷速度。王祯所创的木活字，是先让工匠们在木板上面刻字，然后用细锯锯开，修成整齐四方的木活字，这种木活字改进了泥活字容易破裂、损坏的特点，这是活字印刷术的又一进步。另外，王祯还发明了排版用的轮盘，就是转轮排字架，从而减轻拣字时的劳动强度。

在王祯之前，13 世纪时就已经有人用锡做活字，这可以说是最早的金属活字。但由于锡不容易受墨，所以没能得到推广。到了 1488 年至 1505 年间，明代的华燧(又名华文辉)开始用铜字印刷，并印了《宋诸臣奏议》，这是现在所知最早的铜活字印本。当时的苏州、无锡、南京等地是铜字印刷最多的地方，明朝中叶是我国铜活字印刷最活跃的时代。而清朝的百科全书《古今图书集成》也是用铜活字印刷的。

活字印刷术的发明，是印刷史上的一次重大革命，也是我国的四大发明之一。对我国乃至世界的文明都产生过巨大的影响，是我国对整个人类文明作出的巨大贡献。

(赵红杰)

# 27.《营造法式》的问世

《营造法式》是中国第一本详细论述建筑工程的官方著作。由北宋李诫编著，刊行于1103年(宋崇宁二年)，是北宋官方颁布的一部建筑设计、施工的规范书，也是我国古代最完整的建筑技术书籍。全书34卷，分为制度、功限、料例、图样4个组成部分，按壕寨、石作、大木作、小木作、雕作、旋作、锯作、竹作、瓦作、泥作、彩画作、砖作、窑作等13个工种分别加以记述。

第1、2卷："总释"和"总例"。引经据典地诠释各种建筑物和构件的名称，并说明一些几何形的计算方法，以及当时一些定额的计算方法("总例")。

第3卷：壕寨制度、石作制度。所谓"壕寨"大致相当于今天的土石方工程，如地基、筑墙等；"石作制度"则叙述殿台阶基、踏道(台阶)、柱础、石钩栏(石栏杆)等的作法和雕饰。

第4、5卷：大木作制度。

第6~11卷：小木作制度。

第12卷：雕作制度、旋作制度、锯作制度、竹作制度。

第13卷：瓦作制度、泥作制度。

第14卷：彩画作制度。

第15卷：砖作、窑作制度，并说明如何按照建筑物的等级来选用材料，确定各种构件之间的比例、位置、相互关系。

第16~25卷：规定各工种在各种制度下的构件劳动定额和计算方法。

第26~28卷：规定各工种的用料的定额，以及应达到的质量。

第29~34卷：规定各工种、作法的平面图、断面图、构件详图及各种雕饰与彩画图案。该部分占全书篇幅的一半，比重很大，所展现的是中国古代建筑中最为核心的木构建筑建造的主要内容。

《营造法式》全面、准确地反映了中国在11世纪末到12世纪初，建筑行业的科学技术水平和管理经验。它不仅向人们展示了北宋建筑的技术、科学、艺术风格，还反映出当时的社会生产关系、建筑业劳动组合、生产力水平等多方面的状况。在《营造法式》中，建筑的等级高低直接和木结构的作法系统相联系，殿阁(堂)、厅堂、余屋由高到低的三级系统，在侧样的设计上完全不一样，用料也是不一样的，用料方面，殿阁最大，厅堂次之，余屋最小，也就是各自的结构作法和承载受力多少也是通过侧样来表达的。

《营造法式》在北宋刊行的最现实的意义是严格的工料限定，凡设计和建造房屋，都要以“材”作为依据。“材”有八个等级，可以按房屋的种类和规模来选用。《营造法式》在各种部件上有代表性的式样和尺寸，作为工限和料例单项分析样板的数据，制定和采用模数制，是中国建筑历史上第一次明确模数制的文字记载。定型化、标准化不等于死板化。同时也为给实际设计、施工留有余地，允许创造性发挥留有余地。

中国古代的技术书籍，多重文字，很少有图样。而《营造法式》不仅内容十分丰富，而且附有大量非常珍贵的建筑图样。该著作中附图一共占据六卷，凡是各种木制构件、屋架、雕刻、彩画、装修等都有详细图样。这些图样细腻逼真、丰富多彩，其中既有工程图，也有彩画画稿，既有分件图，也有总体图，充分反映了中国古代工程制图学和美术工艺的水平。在《营造法式》中提出的“材分”制，规定了木构建筑各种构件的比例关系和人工材料定额，这实际上就是以古典模数制为基础的建筑规范，也是当时木构建筑技术与管理基本成熟的表现，其中有些具体标准，一直到元、明、清各代，在建筑实践中都被采用。

李诫(1035—1110年)，字明仲，郑州管城县(今河南新郑)人，北宋著名建筑师。他出生在一个官宦家庭，其曾祖父李惟寅、祖父李惇裕、父亲李南公、兄弟李譓，都供奉于朝廷官位，从小受到良好的教育。祖父是负责庙祭卜祝祠祀的官员。少年随父亲生活于西安、成都、洛阳等古代名城，因而李诫从小就对建筑设计产生了浓厚的兴趣。在1085年(北宋元丰八年)走向仕途之路。起初任济阴县尉，因工作尽责而被升迁为承务郎，之后主管宫廷营造事务。1092年(宋哲宗元祐七年)，李诫开始在将作监(主管土木建筑工程的机构)供职，负责国家的建筑工程工作，主持建造了龙德宫、棣华宅、朱雀门、景龙门、九成殿、开封府廨和太庙等。历任将作监的主簿、监丞、少监和将作监(将作监最高长官)，长达十三年。他十分注重书本的学习，研究历代文献中关于建筑工程的记载。他工书法，善绘画，藏书数万卷，手抄本数十卷。同时还不断积累丰富的建筑实践能力和管理经验，在工作过程中勤政执业。他经常同工匠谈话，搜集了许多当代工匠的经验与技巧。1097年(绍圣四年)，李诫受命重新编修《营造法式》，于1100年(元符三年)完成编修事务，1103年(崇宁二年)经过皇帝批准刊印，敕令公之于世，使之成为北宋官方颁布的一部建筑设计、施工的规范书，也是中国古籍最完整的一部建筑技术方面的专著。《营造法式》一书全面反映了李诫在建筑制图学、力学、模数与设计及系统工程方面的思想，是宋代建筑理论与工艺的最高成就。北宋时期，是中国古代营造活动的一个高峰，这不仅是指文献记述并留存了为数不少的建筑实例，更是指对建造技术和管理进行了有目的的归纳与总结。

编纂《营造法式》与当时的社会现状与政治背景有着密切的关系。最初编纂《营造法式》是宋神宗于元丰间令将作监进行编修。当时正值大政治家王安石的社会改革之际，王安石提出了以“整军强兵”“理财节约”为宗旨的革新变法。在王安石变法之前，宋朝赋税苛重，政府挥霍无度，严重超支。当时贵族官僚、地主富豪之间经常互相攀比，大建宫室庭院、楼台寺观的奢靡之风盛行。由于在建造规模、建筑材料和工时定额等方面都缺乏统一的标准，因而造成了财力、物力、人力的极大浪费。王安石从理财的角度出发，下令负责国家建筑事务的将作监编纂统一标准的《营造法式》。将作监花了20年的时间，终于在公元1091年(宋哲宗元祐六年)编成此书。但由于这本书缺乏明确的用材制度，仍然不能解决在建筑施工中存在的各种弊端，因此又诏令李诫进行重新编修。

李诫将个人经验、文献记载和工匠经验集合融汇，编成《营造法式》这一建筑学巨作。考虑到了建筑工程的用料工期等，几乎面面俱到，十分缜密，为古代大型建筑的修建提供了可以依从的十分详细的范式。书中以大量篇幅叙述工限和料例。例如对计算劳动定额，首先按四季的长短分中工(春、秋)、长工(夏)和短工(冬)。工值以中工为准，长短工各减和增10%，军工和雇工亦有不同定额。对每一工种的构件，按照等级、大小和质量要求，如运输远近距离，水流的顺流或逆流，加工的木材的软硬等，都规定了工值的计算方法。料例部分对于各种材料的消耗都有详尽而具体的定额。这些规定为编造预算和施工组织订出严格的标准，既便于生产，也便于检查，有效地杜绝了土木工程中贪污盗窃和浪费的不良现象。《营造法式》的名例部分对建筑名词术语作了解释，对部分数据作了统一的规定，纠正了过去一物多名、方言土语等谬误。李诫还总结了施工的实践经验，制定了各类工程制度、施工标准、操作要领等，对各种建筑材料的选材、规格、尺寸、加工、安装方法都一一加以详尽记述，堪称古代建筑学的一部百科全书。这部《营造法式》的意义在于，它不仅是一部建筑技术专书，而且是有利于在建筑建造过程中进行计算、使用、分工、组织和控制的标准化手册式的官书。

《营造法式》的意义在于它揭示了北宋统治者的宫殿、寺庙、官署、府第等木构建筑所使用的方法，使我们能在实物遗存较少的情况下，对当时的建筑有非常详细的了解，填补了中国古代建筑发展过程中的重要环节。通过书中的记述，我们还知道现存建筑所不曾保留的、今已不使用的一些建筑设备和装饰，如檐下铺竹网防鸟雀，室内地面铺编织的花纹竹席，椽头用雕刻纹样的圆盘，梁栿用雕刻花纹的木板包裹，等等。该手法充分利用结构构件加以适当的艺术加工，发挥其装饰作用，成为中国古典建筑的特征之一。把编写工作建立在紧密结合实际的基础上，保证了《营造法式》内容的可靠性和适用性。

《营造法式》中的标准技术规范，被广泛地应用于当时的建筑工程，辅之以很多的精确信息和数据，成为非常严谨的建筑学术体系。注重和追求人文与技术、整体与局部、理论与实践、真理与方法、本体与现象等相互统一的中和理念。这些理论规范是在长期大量的工程实践中获取的宝贵丰富的第一手资料。

《营造法式》是我国现存古代科学著作中重要的一部建筑学著作。《营造法式》的编修上承隋唐，下启明清，对研究中国古代土木建筑工程和科学技术的发展具有重要的意义。

（汪良平）

## 28. 袁枢与史书“纪事本末体”的创立

我国是一个历史悠久、史籍浩瀚的国家。经过孔子整理的《春秋》是我国最早的一部编年体史书，在历史编纂学上开创了编年体的先例。西汉时期，司马迁历尽艰辛创作完成的史学巨著《史记》，是中国古代第一部纪传体通史。从此，编年体和纪传体便成为中国古代历史编纂学的两大主要体裁。而南宋时期袁枢编撰《通鉴纪事本末》的问世，使中国史坛上出现了另一种崭新的史学体裁，他以司马光编年体巨著《资治通鉴》为基本依据，别出心裁，另辟蹊径，以“事”为线索进行编纂，在编年和纪传二体之外，开辟了一条历史编纂学的新路，这就是以他的书名命名的“纪事本末体”。

袁枢(1131—1205年)，字机仲，南宋建安(今福建建瓯)人。1163年(宋孝宗隆兴元年)中进士，历任温州判官，后为礼部试官。1173年(乾道九年)因言事得罪朝廷，出任严州教授，这是一种学官，职掌清闲，袁枢得以从容论著，撰成《通鉴纪事本末》四十二卷。后任国史院编修官，分修国史传，又任工部侍郎兼国子祭酒、右文殿修撰、江陵知府等职。晚年喜《易》，著有《易学索引》《易传解义》《周易辨异》等书。

《通鉴纪事本末》是在袁枢政治主张受到冷遇的情况下成书的。1171年(乾道七年)任礼部试官、太学录时，袁枢曾连上三疏，“一论开言路以养忠孝之气；二论规恢复当图万全；三论士大夫多虚诞，侥荣利”，指出当时言路不开、偏安江南思想严重和结党营私成风的弊端，得到孝宗嘉纳。同年，孝宗任外戚、佞臣张说为签书枢密院事，袁枢与杨万里等愤激诤谏，因此触怒了孝宗。1173年(乾道九年)，袁枢即求外补，出任严州教授，当时民族矛盾和阶级矛盾正处于比较紧张的状态，对于抱有“爱君忧国之心，愤世疾邪之志”的袁枢来说，只有像司马光那样，拿起史笔，来抒发自己的报国忧民之情。目睹南宋朝廷岌岌可危的局面，他一方面把目光专注在我国历代的治乱兴亡问题上，企图通过对历史经验的总结，达到安邦定国的目的。当时现实政治的直接刺激，是袁枢编纂《通鉴纪事本末》的原因之一，他试图给内外交困的赵宋封建政权提供安邦治国的药方。另一方面，则是为了解决读《资治通鉴》的困难。袁枢自幼喜读司马光的《资治通鉴》，但“苦其浩博”，且编年体以年为经，“年不一事，事不一人。或一事而隔越数卷，首尾难稽”，特别是一件事情散见于数十百年之间，很难弄清楚事件发生的来龙去脉，本末始终。纪传体史书彼此错陈，“一事而复见数篇，宾主莫辨”。于是袁枢自出新意，将纪传、编年二体贯通为一，别开生面地创造了纪事本末体裁。略依《资治通鉴》的顺序，集录《资治通鉴》原文，区分事目，依类排纂。每事一篇，自为标题；上起三家分晋，下讫世宗征淮南；每篇各编年月，自为首尾，各详起讫。因为它专记一事，始末了然，故称之为“纪事本末”。这种体式求得“一事之本末，原始而要终”，大大方便了读者。

袁枢本着司马光编撰《资治通鉴》之意，“穷探治乱之迹，上助圣明之鉴”，“叙国家之盛衰，著生民之休戚，使观者自择其善恶得失以为劝戒”，在不失司马光本意的前提下，将《资治通鉴》以事件为中心进行全面拆编。将294卷的《资治通鉴》剪裁改编为42卷的《通鉴纪事本末》，将《资治通鉴》所记的1362年的历史总括为239个题目(另附相关事件66项)，其中秦以前历史分立为“三家分晋”“秦并六国”“豪杰亡秦”3目；两汉分立为“高帝灭楚”至“袁绍讨公孙”43目；三国魏晋分立为“曹氏篡汉”至“魏灭仇池”62目；南北朝分立为“刘裕篡晋”至“隋灭秦”43目；隋唐分立为“隋易太子”至“朱温取缁青”65目；五代分立为“朱温篡唐”至“世宗征淮南”23目。每事自立标题，每题一事，每事一篇，独立成篇。每事仍按《资治通鉴》原来的年次抄录原文，使之首尾具备，详记始末，连贯地表达出该事件的全过程，又富有故事性；同时又根据一定的“书法”，在不擅自增加一个字的前提下，在事件选立和题目定名之间，显示出鲜明的政治倾向和作者意旨。《资治通鉴》所载的1362年间的重要史迹汇聚其中，以事为纲，开卷了然，便于阅读。这就使《资治通鉴》的“又资于治道”的思想观点表现得更加突出鲜明。此书一经脱稿，便刊行于世。参知政事龚茂良认为此书“有补治道”，把它推荐给孝宗，孝宗读后大加赞赏，慨叹曰：“治道尽在是矣。”当时一些著名学者，如朱熹、杨万里、吕祖谦等人对该书推崇备至，相继为之写序作跋，从而进一步提高了这部书的地位，扩大了这部书的影响力。

《通鉴纪事本末》是袁枢历史编纂法、历史思想和政治思想的代表作。自此，完全以事件为中心来统率历史材料，并明确以它作为历史编纂的形式开始出现，《通鉴纪事本末》也就成为“本末体”史书的代表而与编年体、纪传体并列于中国史坛，在我国史学史上有重要的贡献和意义。

首先，《通鉴纪事本末》适应当时的政治需要，“有补治道”，为封建统治者提供了安邦治国的药方。1165年(乾道元年)，宋、金“和议”订立以后，虽然宋孝宗志图恢复中原大计受到挫伤，南宋朝廷有趋于苟且偷安之势，但他并不甘于就此妥协，仍作积极的准备。袁枢沿着司马光撰述《资治通鉴》的本意，大量摘取司马光书中的政治、军事等事件，把它们的前后始末更集中突出地编辑起来，使一千多年的政治事件更加系统化、故事化，便于总结并吸取历史的经验教训，以便作为当时的借鉴。袁枢注意“乱世”的历史，以各朝代论，尤其注意它们各自的兴衰史，对汉族异族关系的历史也特别重视，而且封建正统思想很浓厚，对历史上所谓正统政权的建立，在题目中都使用了肯定的字，如“高帝灭楚”“光武中兴”等。《通鉴纪事本末》从现实的政治需要出发，集中了历代治乱兴衰的故事，体现了当时的一种社会意识，及时地为现实政治提供了必需的历史经验。

其次，袁枢最大的贡献在于开创了以纪事为主的本末体，实现了史书编纂体的突破，从而出现了编年、纪传、纪事本末三足鼎立之势。纪事本末体进一步完善了中国史书的编纂方法，拓宽了史家治史的途径，使传统史学呈现出比以往更为多姿多彩的局面。自先秦以来直到北宋，我国的史书编纂体例主要采用编年体和纪传体两种。两种体例都产生过不朽的名著，前者如《春秋》《左传》《资治通鉴》等，后者如《史记》《汉书》《三国志》等。但以“时”为中心的编年体和以“人”为中心的纪传体各有优劣长短之处，如编年体对人物“不得彰其名氏，显其言行”，而纪传体则将相同的一事“分在各篇，断续相离，前后屡出”。编年体是“年不一事”，纪传体“事不一人”，“欲求一事之本末，原始而要终，则编年者患其前后隔越，纪传者患其彼此错陈”，而检索不便则是它们的共同缺点。袁枢于两体外，创立以“事”为中心的纪事本末一体，兼采二体之长。这种体裁因事命篇，不拘常格，富有创新精神，避开了编年体分割杂陈、支离破碎和纪传体重见复出、前后矛盾的弊端，开创了史书编纂学上的一种新体裁，一扫我国历史编纂学的沉闷之气，与现代史书的体裁颇为接近，是对历史编纂学的一个重要贡献。成书后，八百年来一直为史学家所重视。清人章学诚在《文史通义》中称该书是“化臭腐为神奇”的历史著作，是“前古未有”的杰作。梁启超在《中国历史研究法补编》中也认为“论他体例，在纪传编年之外。以事的集团为本位，开了新史的途径，总不愧为新史的开山”。

再次，袁枢创立纪事本末史体后，后世继作踵起，进一步扩大了史著的表现能力。如南宋有杨仲良《续资治通鉴长编纪事本末》150 卷、明陈邦瞻《宋史纪事本末》26 卷和《元史纪事本末》27 卷，后两书虽改编《宋史》《元史》而成，但改纪传表志体为纪事本末体，确属纪事本末体的新发展。清代纪事本末体史书更多，如有谷应泰《明史纪事本末》80 卷，高士奇《左传纪事本末》53 卷，李有棠《辽史纪事本末》40 卷，《金史纪事本末》52 卷，杨陆荣《三藩纪事本末》4 卷等。纪事本末体逐渐发展成为一个独立的史书体系，清朝编纂《四库全书》，《四库全书总目》于史部专列“纪事本末”一门，这应归功于袁枢《通鉴纪事本末》的开创之功。近世以来，纪事本末体史书仍以各种变通的形式出现，后编的《续修四库全书》史部纪事本末类就著录有 106 种之多。直到今天，旧史学意义上的一些编著体裁相继衰落了，纪事本末体却仍以其特有的实用性和方法上的灵活性受到史学工作者的重视，特别是在专题研究和普及性历史读物的编著中使用较广。

《通鉴纪事本末》也存在若干缺点。首先，表现在取材上，因《资治通鉴》本来就是一部政治史，关于经济、文化方面的记载比较少。袁枢所取资料，越不出军事和政治的范围，忽视了社会、经济和典章制度的重要作用。属于经济方面的只有两条：唐代的“奸臣聚敛”和“两税之弊”。至于像府兵、漕运、土地制度等重要问题，《资治通鉴》里虽有记载，但袁枢在《通鉴纪事本末》里却没有立这类专题。另外，它囿于《资治通鉴》的范围，除标题外，全书资料全部摘抄自《资治通鉴》，未进行任何增补和订正，选题也局限于政治、军事，没有自取的第一手材料，所以它的史料价值不如《资治通鉴》。其次，孤立事实，事与事之间缺乏内在的联系，对于整个历史不能勾画出一个发展的线索，这就在一定程度上削弱了纪传体的综合性和编年体注重事件之间共时联系的特点。

总之，袁枢首创的纪事本末体特点鲜明，优势突出，成为与编年体和纪传体鼎足而立的重要史著编纂体式，在我国历史编纂学史上具有十分重要的意义。

（许志云）

# 29. 唐宋间的孟子升格运动

孟子名轲，出生在战国中期的邹国。孟子的生卒年代，由于资料缺乏，至今仍无确定的结论。按照传统的说法，孟子生于公元前372年(周烈王四年)，卒于公元前289年(周赧王二十六年)。孟子是孔子之后的又一位大思想家，他的言论思想保存在《孟子》一书中。后人将其与孔子并提，合称“孔孟”，而“孔孟之道”成为儒家思想文化的代名词，孟子的影响可以说是家喻户晓。“至圣先师”的孔子在儒家中无可撼动地居于榜首地位，孟子仅次于孔子，其人被尊为“亚圣”，其书由子书而成为经书，跻身于后来居上、影响超过“五经”的“四书”之列。然而，孟子地位的确立，经历了一个升降浮沉的过程。孟子人成圣、书成经的地位确立的过程，开始于中唐，完成于两宋。其中，两宋时期对他的大力推举具有决定性的作用。唐宋时期孟子地位确立的过程被经学家周予同称为“孟子升格运动”。

孟子升格运动，有其产生的时代背景。从中唐开始，出现了儒学的复兴运动。隋唐以来，佛教与中国传统的儒、道并列为三教，是中国思想界的基本趋势。而此时佛教已经中国化，深入人心，拥有大批的佛教徒，实际上一直居于三教之首。虽然韩愈有“人其人，火其书，庐其居”的激烈辟佛主张和言论，仍然无法阻止佛教的发展。道教是中国的本土宗教，在唐代，道教利用其与李唐王朝的“亲缘”关系扩充势力，也在社会上拥有强大的影响力。儒家的根基最为深厚，但汉唐以来经学流于章句化，窒息了它的生机，从而被人们厌弃，使得儒家的实际地位最低。儒学的衰微，激发了儒家学者复兴儒学、排斥佛教、为儒学争取生存空间的历史使命感。韩愈宣扬道统说，激励儒家知识分子传承孟子后失传的孔子之道。韩愈推崇孟子是出于辟佛斗争的需要，在他看来，战国时期与被儒家视为异端的杨墨作坚决斗争的孟子，就成了儒家与异端之学斗争的典范。韩愈在高度赞扬孟子的同时，希望以他为榜样进行排佛兴儒运动。儒学复兴运动最初只是从伦理上辟佛，恢复儒家在政治社会中的地位。后来，李翱及宋代理学家继承、补充了儒学精神发展的方面。宋儒从韩愈手中接过儒学复兴的旗帜，继承了韩愈提倡的道统说，希望再塑儒学，使其以一种新的面貌出现，把佛老打压下去，重新恢复人们对儒学的信心和儒学的正统地位。在排佛老的过程中，他们意识到自身理论的缺陷，即传统儒学没有佛老完备的思想体系、精深的理论思维和明晰的学术传承系统。为了弥补这一缺陷，儒学必须在两个方面着力：一是吸收、借鉴佛老的思想因子，二是从自身传统中挖掘思想资源。在反观传统时，孟子其人、其书进入了他们的视野。孟子不仅得孔子真传，而且有卫道之功；其书《孟子》富于心性论和道统论资源，足以抗衡佛老。于是，以新儒学面目出现的理学便产生了。心性论是宋代理学的中心哲学问题，是在吸收佛道思想、拓展孟子心性说的基础上建构起来的。因此，理学的兴衰与孟子的命运沉浮息息相关，理学的发展也推动着孟子的升格运动。为了儒学的崛起，宋儒们不遗余力地推崇孟子。

孟子升格运动经历了长达近5个世纪(从8世纪中叶到13世纪)的时间，才告完成。孟子在人成圣、书成经之前，被冷落了一千多年，直到两宋才发生翻天覆地的变化。在这一千多年里，总的来说，他的地位不算高，属于“不著不察”。先秦时期，孟子其人、其书、其说不被重视。孟子像他所崇拜的孔子一样，到处游说诸侯，结果也与孔子一样，到处碰壁。他的学说不仅被当道者视为迂阔、不切实用，也被同列为孔儒八派之一的荀子所猛烈抨击。秦朝时，儒家遭到焚书坑儒的灭顶之灾，《孟子》一书能够幸运地保存下来，可见在当时的社会影响不大，没有引起法家专制主义者的注意。两汉时期，孟子的地位有所提高，西汉司马迁称之为与荀子齐名的“大儒”，班固称之为“仁人”，东汉赵岐称赞他是有“亚圣之才”的“大贤”；汉文帝时《孟子》一度被列于学官，设立传记博士，但不久后被取消。所谓传记，也就是经书的附庸，虽在经书之下，但在子书之上。尽管有人推崇孟子其人，为其书作注，但社会影响还是比较有限。魏晋南北朝至隋朝，孟子的地位低迷，研治《孟子》的著作仅有一部，即晋人綦毋邃为《孟子》作的注。这一时期，社会动荡，儒学衰微，玄学作为新的学术潮流代之而起，并与佛教合流，儒家经典被冷落，儒家学说被排斥，儒家人物被贬抑。在这种形势下，儒家经书尚且被束之高阁，更不要说经书之外的《孟子》了。

唐代可以看作孟子升格运动的初始阶段。唐代以中期为界，中期以前孟子的地位还没有走出低谷期，中期以后由于韩愈等人的大力推扬，孟子升格运动呼之欲出。唐朝建国以后，虽然奉行儒、释、道三教并行，但实际上儒家的地位最低。在儒家系统内部，孟子地位很低，不能进入孔庙的配享、从祀之列，也没有任何的官方封爵。唐太宗时停祭周公，升孔子为先圣，在开列的颜回配享、左丘明等从祀的22位儒者名单中，孟子被排除在外。玄宗时，封颜回为“亚圣”“兖国公”，封“孔门十哲”和“七十子”为侯伯，也与孟子无缘。《孟子》一书在学官中不占一席之地，唐代以《易》《书》《诗》《周礼》《仪礼》《礼记》《左传》《公羊传》《穀梁传》九经开科取士。中期以后，抬升孟子地位的呼声渐高。763年（唐代宗宝应二年），杨绾上疏请求把《孟子》列为经书，并作为考试科目。真正重磅推出孟子的是韩愈，韩愈辟佛兴儒，大声疾呼，推尊孟子在儒家系统中的地位。韩愈首先提出儒家“道统”说，并最早把孟子之名升到孔子之后。在他构建的这个儒家学说根本精神的传承统绪里，孔子传曾子，曾子传子思，子思传孟子；孟子传承孔子之道，除了曾子、子思，其间无人能与他相提并论。韩愈用尊“孔孟”来代替唐初的尊“孔颜”的主张，引起了皮日休的共鸣。在皮日休看来，韩愈是当代的孟子，要传承孔子之道，必须尊孟，尊孟必须尊韩。为此，皮日休上书朝廷，要求把韩愈列入孔庙的从祀名单。此外，皮日休于863年上疏，要求提升《孟子》为经书。虽然杨绾、韩愈、皮日休关于提升孟子的建议没有被当局采纳，但是，中唐以后，人们开始普遍地把孔子和孟子的名字连在一起，合称“孔孟”，“孔孟之道”的说法渐渐流行起来。

孟子作为儒家二号人物地位的真正确立，是在两宋时期。宋朝立国之初，孟子其人、其书的地位没有什么大的改观。神宗之前，宋代的科举制度基本上沿袭唐制，主要是采用进士、明经两科取士。进士科以诗赋，明经科以经义。而考试经义不出“九经”的范围，《孟子》一书自然被排斥在外。国子监祭祀的还是“孔颜”，与孟子一点也不沾边。纵观太祖、太宗、真宗三朝，重视孟子的人寥寥可数，其中柳开和孙奭可作为代表。柳开虽然尊孟，并兼及韩愈，一度改名“肩愈”，但是他尊孟有限，在他列的道统名录里，孟子之后又加上扬雄、韩愈、王通等人，孟子不但没有超出孟子之后的道统传人，甚至比他们还略逊一筹，至少把孟子和他们等量齐观。孙奭曾受命校勘《孟子》，要求刊行《孟子》，并撰《孟子音义》二卷。总之，他们两人的努力无法扭转整个大局。

北宋庆历以后，尊孟进入一个新的阶段。此期儒学运动高涨，以范仲淹、欧阳修为代表的儒生士大夫发扬孟子的“乐以天下，忧以天下”的担当精神，积极用世，发动“庆历新政”的社会改革。与此相呼应的是，在学术领域里出现了一股声势浩大的尊孟运动。在这一运动中，推动最有力的当属“宋初三先生”中的孙复、石介。孙复、石介两人作为教育家、经学家，发挥极为广泛的社会影响力，推尊孟子为道统传人。孙复认为，在众多的道统传人中，孟子的功劳最大，因此，孟子是孔子之后理所当然的道统传人。石介也几乎言必称道统。在他们看来，孟子得孔子之真传，孟子辟异端邪说，捍卫孔子之道，功不可没。虽然韩愈早就明确地提出孟子为道统传人，但是，对这一观念应者寥寥。在他们的强力推动下，孟子作为道统传人的观念在宋代深入人心，成为社会的共识。宋儒没有满足于坐而论道，而是将尊孟思想付诸实践。1038 年(仁宗景祐五年)，孔子三十五世孙孔道辅在邹县建成孟子庙，以公孙丑、万章等配享，并请孙复写了祭文。

孟子升格运动到 1068—1085 年(神宗熙宁、元丰年间)到达高潮。这一运动表现在学术和政治两个层面。就学术而言，有代表性的派别有二程的洛学、张载的关学、王安石的新学。继孙复、石介之后，程颐、程颢兄弟也大力提倡道统说，表彰孟子传承孔子之道。在宋初学者的道统观里，既取得了某些共识，即肯定孟子是孔子之道的传承人，孟子之后，道统还有传人；又存在一些分歧，即孟子之后、宋代之前的道统传人又不尽相同。比如，孙复认为，孟子之后的道统传人名单是董仲舒、扬雄、王通、韩愈。而石介则认为，孟子之后的道统传人是荀子、扬雄、王通、韩愈。因此，宋初孟子的地位有实质性的提高，但是孟子道统传人的地位与扬雄、王通、韩愈等人相比，不具有唯一性、至上性。此后，二程、张载等人为纯洁道统，把孟子之后、宋之前的那些人，如扬雄、王通、韩愈等人清除出去，最终确认孟子之后便再无传人，从而使孟子的地位得以强化，成为直接继承孔子道统的正宗。王安石的新学也主尊孟，王安石在君臣关系上，继承了孟子以道自尊的观点，从行仁义、救民于水火的目的出发，赞成孟子对汤、武革命的赞同；在王霸之辩上，继承了孟子的“以不忍人之心行不忍人之政”的思想，把王霸之辨的中心归结为君王心术的邪正。新学人物对孟子的倾心，从他们研治《孟子》的著作数量之多上可见，王安石著《孟子解》14 卷，王雱著《孟子解》14 卷，王令著《孟子讲义》5 卷，龚原著《孟子解》10 卷，许允成著《孟子新义》14 卷。此外，参与新政变法的沈括著《孟子解》1 卷。在政治上，王安石以孟子为精神领袖推行“熙宁新政”。王安石及其后继者挟朝廷之力，在推行新法的过程中大力提升了孟子的地位。神宗熙宁年间，王安石变法，推行政治、经济、军事方面的改革，其中重要一项是改革科举制度，以经义策论取士。按照新的科举制度，对于应试者，《易》《诗》《书》《礼记》《周礼》中可以任选一经，而《论语》《孟子》是必考科目。至此，《孟子》一书不仅跻身经书之列，列于学官，而且地位与《论语》等齐，重要性超出其他诸经。1074 年，国子监和天下所有学庙被批准塑立孟子绘像。1083 年，神宗封孟子为“邹国公”，这是孟子首次得到朝廷的封赐。1084 年，孟子可以进入孔庙，配享孔子。至此，孟子与颜回同列，一同配享孔子，且同为公爵(颜回为兖国公，孟子为邹国公)，地位超过了荀子(荀子被封为兰陵伯，且仅属从祀之列)。1115 年，朝廷正式承认兖州邹县的孟庙，诏以乐正子配享，公孙丑等 17 人为从祀。兖州邹县孔庙被朝廷认可，表明孟子官方地位的确立。1119—1125 年(徽宗宣和年间)，《孟子》首次被刻于石，正式进入儒家经典行列，与原来的十二经(即《易》、《诗》、《书》、三《传》、三《礼》、《论语》、《孝经》、《尔雅》)合为十三经。上述政令、措施并不完全是王安石当政期间颁行的，但都与他有关。王安石之后采取提升孟子地位措施的执政者，要么是新党人物，要么打着他开创的“新政”的旗号，他们对于王安石的其他“新政”措施有损有益，但在尊孟的立场上是一致的。因此，王安石作为孟子升格运动的“第一功臣”，是当之无愧的。

进入南宋以后，孟子地位进一步巩固。这一时期由于官方和学术界的大力提倡，孟子的地位得到全社会的普遍认可。官方对孟子其人、其书是褒扬有加的。高宗御书《孟子》，并将御书《孟子》刊于石，以表示对孟子的尊崇。此外，站在维护孟子的立场上，驳斥非孟言论。晁说之是南宋非孟派的代表人物，他因在给皇帝的奏疏中反对孟子，措辞激烈，激怒了高宗，而被免职。1212 年，国子司业刘爚奏准将朱熹的《论语孟子集注》作为官方之学。1244 年，下诏褒赞朱熹承续孔孟道统，正式承认程朱理学的官方正统地位。理学官方正统地位的确立，标志着程朱理学成为统治思想，孟子的地位也就更加巩固。学术界普遍尊孟，以朱熹、陆九渊等大儒为代表。陆九渊声称其学"因读《孟子》而自得之"，这并不是虚言，王阳明的"陆氏之学，孟氏之学也"的看法，也可以印证这一点。朱熹不仅尊孟，而且对孟子升格运动贡献很大。朱熹推崇《孟子》，并为最终确立"四书"作出了积极的努力。"四书"指《论语》《孟子》《大学》《中庸》四部儒家典籍。"四书"由韩愈首倡，张载、二程等北宋理学家使其规模大体完备，但最终将"四书"稳定下来，并使之历千年而不衰的是朱熹。朱熹首次把"四书"结集成册，推向社会。他还精心编撰《四书集注》，《四书集注》在他死后成为官方学术，在全社会发生着巨大的作用和影响。《孟子》进入"四书"，"四书"的最终成形及其地位的巩固，不仅稳固了孟子的地位，而且随着孟学的振兴，促使"四书"取代了传统的"五经"，儒学由"五经"时代进入"四书"时代。宋以后七百年来，"四书"一直成为主流学术。1190—1194年(南宋光宗绍熙年间)，三山人黄唐把十三经注疏合刊出版，《孟子》第一次以经书的身份在社会上流传。理宗时，陈振孙作《直斋书录解题》，把《孟子》正式列入经部，这是以经书的地位著录《孟子》的第一部目录书。《孟子》刻为石经，合为十三经，独立于目录经部，这些都充分地说明，《孟子》在儒家经典中的地位已经完全确立，无可撼摇了。至此，孟子升格运动基本完成。

孟子升格运动基本完成后，元明清三朝尊孟格局大体上没有变化。具体而言，元代孟子地位有进一步的提升。就学术而言，整个元明时代，除了王阳明对陆九渊的新学有较大的发展、创新外，经学领域基本上承袭了程朱理学的传统。崇尚朱熹之学，是元明思想的基本倾向，因此，"四书"的地位有很大提高。"四书"之名开始于宋，但终有宋之世，"四书"并未成为官方设科取士的经书。从元代开始，"四书"成为设科取士的经书，甚至把它当作一部独立的经书来看。政治上，对孟子的封赐到达顶点。1330年，加赠孟子为邹国亚圣公。南宋时，孟子有"亚圣"之实，而无其名，至此，孟子的"亚圣"地位是有名有实。宋元以下，除了在明初出现过一个小小的波折之外，明清两代孟子地位基本上比较稳定。明初的科举制度也是沿袭元制，以"四书""五经"设科命题。太祖看到《孟子》里有不利于君主专制的激进言论，下令罢免孟子配享孔庙的资格。由于明儒的强烈抗议，太祖又恢复了孟子的配享地位。在这场虚惊之后，1530年，大学士张璁建议，直接封孟子为"亚圣"，使孟子由公爵升为圣人。此后，孟子的地位更加稳固了。

孟子地位不断升格，尊孟者的声音由弱变强，最终汇为强劲的时代主调。但其中也夹杂着疑孟、非孟的不谐音，它们构成孟子升格运动不可或缺的另一面。在两宋，属于典型的疑孟非孟，且态度坚决、影响较大的有李觏、司马光、晁说之、郑厚、叶适等人。李觏的非孟言论主要见于《常语》，他非孟的论点主要有：孟子不尊王，孟子不续道统，孟子背叛孔子，孟子怀疑六经等。司马光作《疑孟》主要是在政治上攻击王安石，他还批评孟子的性善论。王安石的学生晁说之在其著《儒言》中非孟，并批评王安石。叶适是南宋事功学派的代表人物，非孟立场坚决，他的非孟言论集中见于其所著《习学纪言序目》，此外，还散见于其文集中，他的主要论点是，孟子未得孔子真意，不能续道统。疑孟、非孟作为一股微弱的时代逆流，根本无法与尊孟的大潮相抗衡。疑孟、非孟者的言论遭到了尊孟者的回击，有代表性的回击者及其著述有张九成《孟子传》、胡宏《释疑孟》、余允文《尊孟辨》以及附于余允文的《尊孟辨》中的"朱熹为孟子辩"。通过非孟、尊孟的争辩，更加确定了孟子思想与孔子思想的传承渊源，有助于巩固孟子在儒学系统中的地位。

孟子其人、其书在两宋前的前千余年间名声不显，两宋时期有了一个翻天覆地的变化。其人受封袭爵，配享孔庙，接受帝王臣民的膜拜；其书《孟子》由子书而升进为经书，列于学官，刻于石经，合入"四书""十三经"，成为读书人的必读、必考书目。孟子地位之所以在两宋期间出现了飞跃式的发展，有多方面的原因，其根本原因在于孟子思想契合了两宋社会的现实要求。在波澜壮阔的孟子升格运动中，韩愈、李翱等儒学复兴的倡导者，孙复、石介等儒学复兴的前驱，范仲淹、欧阳修、王安石等政治改革家，张载、二程、朱熹等理学家都发挥了重要作用。孟子升格运动的完成，对中国文化史、学术史产生了深刻、广泛和持久的影响。首先，确立了儒家道统。在这一道统中，孟子是孔子之道的嫡传，是唯一真正的继承人；孔子之后、宋之前，其他任何人都没有资格作为道统传人。从此以后，讲儒学者不再是周孔、孔颜并提，而是孔孟并提，孔孟成了儒家学派、儒家思想的代名词。其次，宣告“五经”时代的结束，“四书”时代的开始。“五经”长期被立于学官，成为科举考试的重要内容，是儒家经学的根本，但是它的章句训诂的形式使它丧失了自身的生机和活力，在发展演变近千年之后，让位给“四书”。自从进入“四书”时代，在宋以后的700年里，“四书”一直成为主流学术。再次，孟子思想深刻地影响了宋明儒的学术走向。作为新儒学的理学，以儒学为主干，借鉴、吸收了佛老思想，综合创造而形成的新哲学形态，成为南宋以后的官方学术，它的发展正与孟子地位的抬升相应援。

（陈友乔）

# 30. 宋代浙东学派的兴起

宋代浙东学派，也称作浙东事功学派，为南宋以来在浙东地区逐渐形成的与朱学、陆学相鼎立的一大学术流派，主要包括永嘉学派、永康学派和金华学派，三派反对空谈性命的理学，重视建立事功，主张研究“经世致用”的实学。

在社会问题频仍之际，浙东学派诸人身体力行，强烈要求“复故疆之半”，结束南北对峙的局面，求得统一。他们主张从实际出发，反对空谈，提倡义利统一，谋求功利，以实现国富民强。注重“学以致用”，认为言性命之学必究于史学，唯有出经入史，才能从历史中寻求救国救民的办法。

南宋浙东事功学派的代表人物为永嘉学派的薛季宣、陈傅良、叶适，永康学派的陈亮，金华学派的吕祖谦等士大夫。

薛季宣(1134—1173年)，温州永嘉人，字士龙，亦作士隆，号艮斋，世称常州先生，为南宋永嘉事功学派的开创者。薛季宣著有《周礼释疑》《春秋经解》《十国纪年通谱》《资治通鉴约说》《书古文训》《地理丛考》《汉兵制》等经史考证之书，以及《诗性情说》《浪语集》等诗文集。薛季宣在绍兴末年曾任武昌令、湖州知府，后来官至大理正，乾道九年改知常州，未及上任而卒，年仅40岁。他早年拜袁溉(程颐的弟子)为师，后与朱熹、吕祖谦游学，虽为程门的再传弟子，却因早年“见渡江诸老，闻中兴经理大略”，激发了他复兴南宋、收复失地以统一南北的雄心壮志，后来对当时道学家宣扬的性命、清谈脱俗之学而无视社会现实危机表现出厌恶与不满，进而于心性之外，兼重事功，反对空谈。

薛季宣提出了“求经学之正，讲明时务本末利害”等主张，并把治学的重点放在研究“实事实理”上，主张治学应在六经之外，重视涉猎采获历代史、天官、地理、兵、刑、农、末，至于隐书小说，而且应着重钻研“田赋、兵制、地形、水利之制”，以求务通于当世。

陈傅良(1137—1203年)，温州瑞安人，字君举，世称止斋先生，为1172年(南宋乾道八年)进士，与陈亮合称“二陈”，为南宋永嘉事功学派承前启后的重要人物。陈傅良历任泰州教授、知福州、桂阳军、吏部员外郎、中书舍人兼侍读、直学士院、同实录院修撰、宝谟阁待制等职，后来被参“庇护辛弃疾，依托朱熹”而罢官返乡，其后闭门著述。陈傅良著述颇丰，著有《止斋文集》(五十二卷)、《历代兵制》(八卷)以及《春秋后传》(十二卷)等书。

陈傅良是薛季宣的学生，继承了薛氏重视事功的学风，提出以修身为先，事功随之的观点，致力于研究有关国计民生的实用之学。陈氏通过深入研究《周礼》等历代典章制度，倡导学术应与实际相结合，主张发展经济，提高国家的军事实力，进而巩固南宋的统治，成就中兴恢复之大业。

叶适(1150—1223年)，温州永嘉人，字正则，号水心，世称水心先生，1178年(淳熙五年)高中榜眼，为南宋永嘉事功学派的集大成者。叶适著有诗文集《水心先生文集》以及宣扬事功思想的史学著作《习学纪言序目》(五十卷)等书。

面对南宋政权腐败、金兵入侵，叶适坚决反对偏安，坚持抗金，力主用武力恢复统一，多次上书宋光宗，提出了变革图强的改革建议，还亲自参加了开禧北伐。叶适与薛季宣、陈傅良二人交往频繁，其事功思想直接受二人的影响，推崇经世致用，反对空谈道德性命，主张用事功来剖析义理，认为通过“义利双行”才能做到务实而不务虚。叶适还批判“重本抑末”的传统义利观，主张工商立国，认为农商本为一体。而且叶适长于批评古今学术，注重打通经学与史学，重考论古书正伪、道统之辨，而且重视总结历史经验进而为南宋的时弊提出解决方案。

陈亮(1143—1194年)，婺州永康(今浙江永康市)人，字同甫，号龙川，世称龙川先生，是南宋永康事功之学的创立者。陈亮一生力主抗金，公元1169年，陈亮向孝宗皇帝献《中兴五论》提出恢复中原的计划，又先后六次上书孝宗皇帝要坚定抗金信念，并为孝宗皇帝分析天下形势，然而陈亮的建议却并未被采纳，陈亮的抱负最终也未能实现。

陈亮的经世思想表现出坚决反对朱熹理学的空疏道德性命之学，强调学术必须经世致用，敢于把历史研究和现实政治结合起来，总结历史经验教训，寻求改革现实的理论。陈亮主张义理与事功相统一，提出了“义理不在事功之外”的经世原则，认为义理与事功同根同源、不容分割，而且强调只有展现实际事功，才能发现、把握道德义理之真谛。

除了《中兴五论》之外，陈亮还著有《三国纪年》《史传序》等著作，并写有大量的诗文，还从历史经验出发，论及古今治道之法、古今君道之体、汉唐及今法制、古今官制，以及皇帝王霸之道、人才、理财、农田水利等问题，并提出了具体的改革措施。

吕祖谦(1137—1181年)，婺州(今浙江金华)人，字伯恭，号东莱，世称东莱先生，因与朱熹、张拭齐名而被称为“东南三贤”之一，为南宋金华事功学派的创立者。吕祖谦曾任国史院编修官、实录院检讨官等史职，还与其弟吕祖俭在明招山创办丽泽书院以授徒讲学，“四方之士争趋之”。吕祖谦编著了许多经世有用的史书。所著《大事记》(十二卷)，附有《通释》(二卷)与《解题》(十二卷)，主要记载从周敬王三十九年到汉武帝征和三年的史事，足以补《通鉴》之所未及。《历代制度详说》(十二卷)通过研究历代社会的政治、经济、军事、文化教育等制度的利弊得失，以寻求切用于当今国计民生的改革办法，是一部不可多得的“穷理经世”之作。《东莱左氏博议》(二十五卷)、《春秋左氏传说》(二十卷)与《春秋左氏续说》(十二卷)，皆以《左传》所载史实为题，试图用历史知识教育世人。《皇朝文海》(一百五十卷)，主要选录宋朝名人学士的名篇佳作。他还著有《通鉴译节》《史记详节》《音注唐鉴》等普及历史教育之书。

吕祖谦早年受陆九渊等人的影响，重良知、省悟，后来从理学转向浙东事功派。再加上吕祖谦家学传统深厚，其祖上自吕公著起，“登学案者七世十七人”，家族中人重视研究上下古今的历史与文献，素有“中原文献之学”的美称，这为吕祖谦治学由经入史开辟了途径。在治性命理学的同时，吕祖谦治学偏于史学，不仅继承了“文献之学”的家风，还吸取了永嘉、永康事功之学的成分，形成了重务实与经世致用的史学观，还提出了一套研究历史、学习历史的步骤和方法，强调从历史本身出发，在尊重客观历史本身的基础上研究历史。

南宋事功学派的形成是北宋以来的新型功利主义思潮与浙东地区传统的求实致用的学风在民族危机、社会危机不断加剧的历史条件下全面结合的结果。具体来说，浙东事功派的形成，有着深厚政治、经济以及学术思想的根基。

从国内的政治氛围来看，浙东事功学派的形成是应南宋政权内忧外患的危机而诞生的。以宋高宗、秦桧为代表的妥协集团，不仅通过“绍兴和议”的方式向女真贵族屈膝投降，葬送抗金卫国战争，而且从舆论上大肆钳制、篡改、销毁抗金斗争的史实，使抗金爱国力量受到了极大的摧残。主张抗战、谈论收复失地的爱国志士多被判有罪，顺从其卖国媚外的官员则鸡犬升天，浓重的反动政治气氛弥漫于朝廷上下。金朝南侵实力蠢蠢欲动，南宋国内抗金收复失地的情绪日益高涨，重创了宋高宗所推行的忍辱偷生、议和苟安的主张，高宗不得不禅位于太子赵昚，是为宋孝宗。孝宗即位后，为了改变高宗对金屈膝苟安的消极政治局面，励精图治，营造了相对清明的政治环境。“隆兴和议”再度屈节以来，宋孝宗虽欲有所作为，但内受制于身为太上皇的赵构，外又被汤思退等人把持政柄。在这种政治低压的窒息下，固然有利于投机取巧者、庸人的钻营，以及一些保守落后的思想得以滋生，但民族危机严重与山河破碎也激发了一批士大夫的爱国壮志，他们积极献身于恢复大业，以彻底改革这一屈辱的局面。浙东事功派便置身于这批士大夫中，他们主张抗金保国，恢复故土，以事功救国，继承了宋学建立以来自范仲淹到王安石等面向社会实际、讲求应用于社会实际的优良学风，成为时代的前驱。

从社会经济方面来看，浙东学派诞生于经济发达的浙东路地区。北宋时期，浙东、浙西两路合称两浙路，是宋代社会经济最发达的地区，商业繁荣，手工业发达，城乡商品交流活跃，对外贸易兴盛。到了南宋时期，两浙地区的经济发展又出现了新的特点。由于杭州成为南宋行在，人口激增至百万，两浙路许多城市人口也随之增长，商业贸易更显得兴盛，商人的力量也更为壮大。随着城市人口的增长，粮米布帛等各种生活必需品的需求随之大增，物价也随之高涨，这为浙东事功学派倡导功利实用之学奠定了经济基础。

从学术思想方面来看，宋代学术文化空前繁荣，书院林立，讲学之风盛行，通过讲学形成许多学派，学派之间相互交流竞争，从而出现了许多不同的思想观点。在宋高宗、孝宗之际的40年间，北宋宋学兴盛，二程洛学作为当时人们称“道学”(即理学)的学派，突然成为当时的显学，社会上充斥着一片道德性命的说教之声。与此同时，与道学相对立的浙东事功派也逐渐兴盛起来，从而在哲学思想领域中大放异彩。

浙东学派首先在浙东的永嘉、永康、金华形成了3个中心，随后迅速传播到浙西，甚至影响到了江西、湖南等地。直至南宋后期，理学最终确立并成为正式统治思想，其后事功学派才随之走向衰落。

浙东事功学派的反理学思想一开始便涉及理学的儒学正统地位及其基本理论观点等问题，只是以薛季宣为代表的早期事功学者自身在理论上尚不成熟，加上理学的消极影响亦没有充分展露，因而他们对理学的批判较为零散，缺乏系统性，批判态度也较为含蓄、平缓。

到了乾道(1165—1173年)后期至淳熙(1174—1189年)年间，随着陈傅良、陈亮、倪朴、王自中、唐仲友等一大批著名事功学者的崛起，事功学派空前兴盛，影响力从浙东一带逐步扩展到全国。这一时期事功学者的反理学思想也有很大的发展，他们不仅在学术界公开树起反理学大旗，而且与朱熹等理学代表人物展开激烈的辩论，其中影响最大的当推1184—1186年(淳熙十一年至十三年)陈亮与朱熹的“王霸义利”大论战，史称“朱陈之辩”。

“义利”与“王霸”的侧重点有所不同，朱陈双方各执一词而争论不休。“义利”问题属于个体行为准则，而"王霸"问题则是建立在"义利"问题上的治国平天下思想。在这场论争中，朱熹主要站在儒家内圣的立场上，坚持道德修养的重要性，凸显"道"的超越性与独立性，是为追求具备儒家道德修养的"醇儒"；陈亮则更多地站在儒家外王的立场上，强调现实结果的重要，凸显人的作用，是为追求建功立业的"英豪"。

朱熹、陈亮之间的义利王霸之辩，是宋学演变过程中浙东事功学派与二程朱熹所代表的理学派之间矛盾公开化的一场大辩论，意义远超朱陆"鹅湖之会"的辩争。"朱陈之辩"表面上是围绕如何评价三代、汉唐历史的问题展开的，其实涉及哲学观、历史观、伦理观、价值观、人生观、学术观等一系列根本性理论问题。双方在理论上的尖锐对立，归根结底在于他们关于如何认识和解决当时现实日趋严重的统治危机和社会危机的看法不同。具体来说，导致南宋社会危机重重的根源究竟是什么，朱熹认为是因为道德沦丧、"纲维驰解"，陈亮则认为是由于统治者墨守成规，苟且偷安，"不思变而通之"；解决现实危机的关键又是什么，朱熹认为应"以正心诚意为体"，立足于"讲明义理以淑人心"，陈亮则认为应厉行变革，奋发图强。

总的来看，浙东事功学派对后世的影响深远，不仅直接影响到明清时期乃至近代浙江的文化发展，在中国学术文化史上也占有极为重要的地位。明清之际，以黄宗羲、全祖望、章学诚等为代表的浙东史学派的形成，便是继承发扬了南宋浙东事功学派"经世致用"的主要精神。

（罗来）

# 31.《三字经》的问世与流传

《三字经》是我国古代著名的蒙学教材，因其在蒙学读物中最具有代表性，故素有“袖里通鉴纲目”“千古一奇书”的赞誉。上自官宦世家，下至平民百姓，可谓无人不知，《三字经》已经成了我国蒙学读物的代名词。然而这样一部流传久远、影响巨大的著作，自宋末元初问世以来，数百年间，关于成书时间、成书过程、作者归属等问题，却历来存在争议。

关于《三字经》的作者归属，众说纷纭，莫衷一是，至今仍无定说。主要说法有四种：第一，宋末王应麟撰写；第二，宋末元初区适子所作；第三，明代黎贞所写；第四，宋代粤中逸老所撰。四种说法之中，又以前两种最有影响。最早提出《三字经》为王应麟所撰的人是《三字经训诂》的作者清初人王相，他在《三字经训诂序》中曾说：“宋儒王伯厚(应麟)先生作《三字经》以课家塾，言简义长，词明理晰，淹贯三才，出入经史，诚蒙求之津逮，大学之滥觞也。”因为王应麟的盛名，加上《三字经训诂》的流传，这种说法一直居于主导地位。但是《三字经》中存在有几处史实疏误的现象，与王应麟博学严谨的风格不符。而且书中某些观点也和王应麟的其他作品不够一致，影响了这一观点的可信度。而《三字经》为区适子所作的说法，最早为明代黄佐所倡，在其所撰《广州人物志》第十卷中明确写道：“区适，字正叔，南海人……今训蒙《三字经》适所撰也。文殊雅训，童子多习诵之。”岭南三大家之一屈大均《广东新语》卷十一《文语》“三字经”也说：“童蒙所诵《三字经》乃宋末区适子所撰。适子，顺德登洲人，字正叔。”2002年5月《人民日报·华南新闻》则报道了在广东顺德举办的一次历史档案文献展上，展出了一件由清朝咸丰探花、顺德人李文田编辑的《三字经句释》，书的封面上有“区适子手著”五个字，从一个侧面佐证了区适子是《三字经》作者这一说法。关于《三字经》的作者归属问题，仍然值得人们继续进行深入的探讨。

宋代是儒家学说又一次勃兴的时代。宋王朝建立以后，统治者鉴于唐末五代藩镇割据争战不息的教训，把尊孔崇儒作为治国的指导思想，大力提倡儒学。理学的集大成者朱熹特别重视蒙学教育，从弘扬儒家思想、维护封建统治的目的出发，曾亲手编著《小学》《训蒙诗百首》等蒙学教材。在他的倡导下，产生了一大批有着鲜明时代印记的蒙学著作，《三字经》就是其中最有代表性的一部。

《三字经》全书380句，每句3言，正文共计1128字。虽然形制短小，但内容广博丰富。在千余字的篇幅中，《三字经》最大限度地涵盖了古代社会的自然、历史、地理、文化、伦理常识和教育。书中提及“经书”18种、“子书”5种、“史书”22种，历史人物更是多达100多人，堪称是一部古代社会的“小型百科全书”。幼儿若能熟读成诵，对于将来的学习必能起到提纲挈领的作用。

就内容而言，《三字经》首先阐明人性，即以人的天性作为立论的基础，所谓“人之初，性本善。性相近，习相远”。婴儿初生本无大的区别，而一旦长成之后，人生观、世界观、价值观却会千差万别。由此出发，《三字经》强调后天环境和教育对人的重要性，“玉不琢，不成器。人不学，不知义”，充分肯定教育在人的一生中的重大作用。而说到教育，家庭是人生的第一所学校，父母则是孩子的第一任老师，他们对于儿童身体的发育、知识的获得、能力的培养、品格的陶冶、人格的形成，具有不能替代的作用。《三字经》明确了父母教育子女的责任与义务，所谓“养不教，父之过”。为人父母不仅教，而且要善教，书中记载的孟母，清醒地意识到周围环境对儿童潜移默化的巨大影响，宁愿一再搬家，也要选择一处有利于孟子成长的良好社会环境。置身有利于儿童身心健康发展的生活环境之中，对儿童的教育就会事半功倍，这一点对于现代教育来说，也不乏借鉴与指导意义。在注重家庭教育的同时，《三字经》还指出应充分发挥学校的职能作用。“教不严，师之惰”，教师以教育为自己的专职，理应恪尽职守，不能有丝毫怠惰之情，对学生严格要求。

其次，《三字经》突出了修身的意义，明确指出用儒家的三纲五常规范幼儿的思想和行为。《三字经》中把三纲五常与四时运行、阴阳五行相配合，对儿童进行教育，并以此制约人的七情六欲。三纲五常的提出，是以维护封建伦理道德为目的。所谓“三纲”，就是“君为臣纲，父为子纲，夫为妻纲”。所谓“五常”，即“仁、义、礼、智、信”的抽象道德观念。《三字经》宣扬三纲五常，实际上是以第二纲“父为子纲”为核心，也就是以宣扬儒家的孝悌观念为核心。因为对封建君主而言，国就是家，在家尽孝也就是为国尽忠，而夫为妻纲也可以看作孝悌观念在男女关系上的特殊体现。在宗法制的封建社会中，孝悌一直是作为一种美德被统治者所宣扬，并被社会各阶层所广泛认可。宋元理学兴起以后，朱熹及其弟子倡导“存天理，灭人欲”，甚至提出“父要子亡，子不亡就是不孝”的说法，将父权绝对化，要求子女对父权的绝对服从。作为时代的产物，《三字经》打上了鲜明的时代烙印，从孝悌观念出发，《三字经》强调父父子子的长幼关系，也强调对父母的敬养和绝对服从。黄香温席、孔融让梨的故事就是讲求孝悌的典型事例。站在历史的高度，以现代的眼光重新审视《三字经》，我们既要看到孝悌观念的合理成分，比如协调人与人之间的关系，尊老敬祖，保族宜家，忠于民族和国家的合理成分，也要清楚地看到其中愚忠愚孝的封建糟粕。

再次，概述读经的途径和循序渐进的方法。中国古代将图书分为经、史、子、集四大部类，经部是儒家经典，史部是历史著作，子部是诸子百家的作品，集部则是一般总集或文人的别集。《三字经》以经为核心，把古代知识分子需要掌握的相关知识进行了明确具体的划分，并在浩如烟海的儒家经典中理出一条明晰合理的读书途径：“为学者，必有初。小学终，至《四书》……《孝经》通，《四书》熟。如《六经》，始可读……经既明，方读子……经子通，读诸史。”大体说来，汉代以后，儒生受教育的过程大致如此，先学小学，通常以《尔雅》《说文》为识字课本，待掌握基础的文字、训诂知识以后，然后再读《论语》《孟子》《大学》《中庸》。《四书》与《孝经》熟读之后，才可以读其他的儒家经典和诸子著作。最后通过读史明白国家兴衰成败的规律，了解治国平天下的道理。古时的读书人，倘若能遵循《三字经》所指明的这样一条读书线索，由字词至篇章，踏踏实实，循序渐进地一部部读下来，再经过塾师的讲解和自我的领悟，日积月累必能具备相当的文化底蕴。当然《三字经》所宣扬的教育，是以儒家思想为指导、儒家经典为内容的，有一定的局限性。但它所运用的由浅入深、循序渐进的阶段性教学方法，今天看来仍然具有科学合理的成分。

最后，作为一部童蒙读物，励志劝学、引人向上是《三字经》的又一重要内容。《三字经》的后半部分列举了许多古人勤学的事迹，用以激励蒙童从小树立好学上进的志向。如有“悬梁”“刺股”苦读的孙敬和苏秦，也有“囊萤”“映雪”而拼搏的车胤和孙康，还有劳苦不忘读书的朱买臣和李密，等等。漫长的封建社会中，儒生十年寒窗，其终极目的是为科举仕宦。尽管这其中不排除希望凭借才学成就一番事业、大济苍生的有志之士，但对绝大多数读书人而言，读书当官，光宗耀祖，求取功名富贵仍然是他们的精神支柱。以此观之，《三字经》所宣扬的学习内容和劝学的目的，都无一例外地染上了封建主义的功利色彩，对于今时今日的我们无疑是不合时宜的。但刻苦读书，勤奋好学，用知识改变命运，乃至成为对国家、社会有用的人才，无论在任何历史时期都具有积极意义。

作为中国古代最通行、最重要的蒙学课本，《三字经》在漫长的流传过程中，以其独特的魅力曾经拥有过广泛的读者，是家长和塾师教育儿童的首选教材。“言而无文，行之不远”，如此巨大而深远的影响力，和《三字经》特殊的语言艺术形式是密不可分的。《三字经》全文皆三字为句，三言成篇。句式组合上也灵活自然，全篇或四句一韵，或六句、八句一韵，声调和谐，读起来朗朗上口，抑扬顿挫，富于节奏感和音乐美，易于诵读记忆。虽然创作于数百年前，但是《三字经》的语言通俗易懂，浅显亲切，全文少有生僻字词和专业词语，所举事例也大多家喻户晓，即使在今天读来也不觉得有时代隔阂与语言障碍。《三字经》内容博杂，涉及面广，全文从强调教育的必要性开始，有条不紊地介绍了天文地理、四时五行、三纲五常、五谷六畜、七情八音、九族十义、经史子集、历史兴衰、朝代更替、前贤古圣等知识。由于作者的精心编排，全书线索明晰，结构紧凑，达到了多而不乱、层次分明的效果。当然这些成就的取得，实际上是对历史上优秀文化遗产学习继承的结果。《礼记》中的“礼”是《三字经》思想内容的源头，《礼记》中的三言句式，是《三字经》语言形式的源头。此外，秦汉时期的蒙学教材和常识教材《急就篇》、宋代理学家陈淳的《启蒙初诵》都或多或少地影响到《三字经》的编写。我们可以这样认为，《三字经》的出现是我国蒙学读物长期发展的历史产物和必然结果。

《三字经》千百年来相沿作为启蒙教材，明清两代续有增补，降及近代，国学大师章太炎也曾重订《三字经》。但是在清朝以后，《三字经》作为启蒙教材的功用逐渐被湮没，尤其在中华人民共和国成立以后，随着我国文化教育事业的发展，新型教科书的普及，人们也越来越少提及《三字经》。《三字经》固然有其历史局限，但它保留了中国传统文化中的许多积极因素，对于今天的少年儿童仍然具有教育意义。

（杨继刚）

## 32.《十三经》的编成

所谓"十三经"，是指儒家学派尊奉的十三部经典著作，即《周易》《尚书》《诗经》《周礼》《仪礼》《礼记》《春秋左氏传》《春秋公羊传》《春秋穀梁传》《论语》《孝经》《尔雅》《孟子》。十三经的编成，经历了一个从六经到五经、七经、九经、十二经、十三经的长期的不断丰满的过程。

1. "六经"。先秦时期，儒家经典只有六部，即《诗》《书》《礼》《乐》《易》《春秋》，时称"六经"，这是中华民族的文化元典。六经之名，始于《庄子·天运》篇，云："丘治《诗》《书》《礼》《乐》《易》《春秋》六经，自以为久矣。"又云："夫六经，先王之陈迹也，岂其所以迹哉！"从战国到西汉武帝时，六经通常被称为"六艺"，其意是指六种教学科目，如《史记·孔子世家》云："孔子以《诗》《书》《礼》《乐》教，弟子盖三千焉。身通六艺者，七十有二人。"

关于六经的排列次序，从汉代起一直有不同的意见。今文经学派按六种教学科目内容程度由浅入深的顺序排列，即为《诗》《书》《礼》《乐》《易》《春秋》；古文经学派则按六经产生年代由早到晚的顺序排列，则为《易》《书》《诗》《礼》《乐》《春秋》。一般说来，今文经学所讲的六经次序，比较符合先秦时期儒家学派使用这六种典籍的实际情况。

2. "五经"。先秦时的六经流传到西汉前期，保存下来的只有五经。西汉初董仲舒在《春秋繁露·玉杯》篇中还是将六经经名并称，云："君子知在位者之不能以恶服人也，是故简六艺以赡养之，《诗》《书》序其志，《礼》《乐》纯其美，《易》《春秋》明其知。"但公元前 136 年（建元五年），汉武帝"置五经博士"，已无《乐》经博士，表明此时《乐》经已经失传。另一方面，"五经博士"的设置，意味着儒学正式成为官学，《诗》《书》《礼》《易》《春秋》成为最高统治者钦定的经典，享有崇高的地位。

关于《乐》经的失传，古来有两种说法：一种说法是先秦本有《乐》经，后来在秦代"焚书坑儒"及战乱中与其余五经一起遭受摧残。至汉代，其余五经依靠经师们的口耳相传得以恢复保存，而《乐》经由于主要构成部分是音调乐谱不易记忆，而最终失传。另一种说法是先秦本无《乐》经，《乐》只是依附于《诗》《礼》二经的一些乐谱，并未独立成书，而汉儒于古乐谱未能深谙，故至汉而失传。姑且不论两种说法哪种正确，汉初《乐》经失传确是一个不争的事实。

3. "七经"。随着社会的发展，原来的五经内容已不能满足思想统治的需要，经的领域开始扩大，至东汉而有"七经"之说。七经之名，始见于《三国志·蜀书·秦宓传》："蜀本无学士，文翁遣相如东受七经，还教吏民，于是蜀学比于齐鲁。"但七经的具体所指并未说明。一般说来，东汉通行的七经是指《诗》《书》《礼》《易》《春秋》《论语》《孝经》。相对于过去的五经而言，增加了《论语》《孝经》二经。

《论语》起初并不是"经"，而是作为对"经"进行进一步阐说的"传"。战国及汉初时，《论语》的地位也并不高。汉文帝时，将《论语》《孝经》《尔雅》《孟子》立于学官，设“传记博士”。武帝后，《论语》地位逐渐提高，这与汉代统治思想的转变有直接的关系。汉初，统治者为缓和阶级矛盾，推崇清静无为的黄老之学。武帝即位以后，为强化专制主义中央集权、消除诸侯割据势力，开始积极扶植和发展儒学。儒家学者代表董仲舒提倡“君权神授”“天人合一”的谶纬神学，这一学说需要树立一个精神上的偶像，于是选中了儒家学派的祖师孔子，尊之为“素王”。在这一情势下，记载孔子及其弟子言行的《论语》受到前所未有的尊崇，至东汉而升格为经。

《孝经》全文不足两千字，是十三经中篇幅最短的一部，大概成书于战国末年至汉代初年。汉代统治者重视“孝道”，提倡“以孝治天下”，以更好地维护封建宗法制度、皇权世袭制度和统治集团内部的团结。东汉统治者将《孝经》规定为自幼习学的经籍，而且伪托它的作者就是至圣先师孔子。待《论语》《孝经》学通后，再来研习其余五经。

4.“九经”。唐朝初年，太宗锐意经术，命儒臣孔颖达等撰著《五经正义》(包括《毛诗正义》《尚书正义》《礼记正义》《周易正义》《春秋左传正义》)，为五经制定了标准的注释和义疏，完成了经学的统一。唐代以科举取士，“明经”科中考《周礼》《仪礼》《礼记》《春秋左传》《春秋公羊传》《春秋穀梁传》，加上《周易》《尚书》《诗经》三经，“五经”扩大成了“九经”。关于这一过程，清人顾炎武在《日知录》中有所描述：“自汉以来，儒者相传，但言‘五经’。而唐时立之学官，则云‘九经’者，《三礼》《三传》分而习之，故云九也。”

“六经”“五经”以及“七经”中的“礼”，指的是《仪礼》17篇，它是周代礼仪制度的汇编，记述了古代冠、婚、丧、祭、乡、射、朝、聘等各项具体礼仪，在“三礼”中成书时间最早。《周礼》又名《周官》，是一部讲政治制度的书，通过记述各种职官的名称及职务，展开对社会政治制度的构想，大概成书于战国末期。《礼记》则是战国到秦汉间儒家礼学论文的汇编，是阐发礼的作用和意义的一部典籍。唐初颁定《五经正义》，“礼”书所取为《礼记》，但《礼记》毕竟成于汉人之手，不能取代原来的“礼”经；而且固然《仪礼》中的具体仪式有些过时，但《周官》中的官制、政制等对于唐代社会还有一定的借鉴作用，于是政府规定“三礼”都作为经书来学习并作为考试科目。

《春秋》一经，原为春秋时期鲁国的编年史，孔子以《春秋》教学，由孔门弟子记述下来，从而成为儒家经典。《春秋》篇幅短小，言辞简约，有诸家为之作“传”，其中流传于世的有左丘明所作的《春秋左氏传》、公羊高所作的《春秋公羊传》和穀梁赤所作的《春秋穀梁传》，史称“春秋三传”。《春秋左氏传》属于古文经学，偏重记事；《春秋公羊传》和《春秋穀梁传》属于今文经学，偏重义理的阐发，各有所长，不宜偏废，于是政府由立《春秋》一经改为立“春秋三传”为三经。

至于曾经列为“七经”的《论语》和《孝经》二经为何未被列入“九经”，一方面，唐代初年孔子的地位不如在汉代那么高，唐太宗尽管也锐意经术，但他更为推崇佛道偶像如来佛和太上老君。孔子相对被冷落，《论语》自然也就不是人人必须诵读的经书了。而唐太宗乃由杀兄逼父而得皇位，违背封建孝悌观念；武则天废太子，当女皇，扰乱父系制，又与封建宗法制格格不入，这均与《孝经》所提倡的“孝道”相背离，因此这一时期也就不再提倡《孝经》了。另一方面，《论语》《孝经》虽然不在“九经”之列，但却属“明经”各科所必须兼通的，因此它们实际上还是“经”。

5.“十二经”。唐朝后期，出现了“十二经”之说，乃是在“九经”之外，又增加了《论语》《孝经》和《尔雅》三经。

唐中期以后，佛教之风盛行。佛教宣扬出世思想，宣扬“无父无君”，这给整个社会的精神风貌和封建专制政权造成了很大的破坏，儒家学说却可以起到维护封建伦理关系，巩固封建统治秩序的作用，于是儒学重新受到重视，孔子又成为思想权威，《论语》也重新成为“经”。

唐玄宗李隆基消灭韦氏统治集团，恢复李氏之天下，使统治阶级进一步认识到“以孝治天下”对于稳定天下、巩固政权的作用，于是《孝经》重又被推崇。玄宗还亲自到太学宣讲《孝经》，并为之作注，天下之人趋之若鹜。唐玄宗的《孝经注》传布天下，后由宋人收入《十三经注疏》中，通行至今。

至于《尔雅》，是我国最早的一部解释词义的专书，也是第一部大致按照词义系统和事物分类编纂而成的词典，内容十分丰富，具有百科全书的性质，大概成书于战国末期。“尔”是近的意思，“雅”是正的意思，所谓“尔雅”，就是指用当时作为规范的雅正之言，解释时代较远难以通晓的古籍中的词语。从这一点说，《尔雅》的撰著主要是为了帮助人们阅读古籍和辨识名物。《尔雅》所取材的古籍，一部分来自儒家的“五经”，一部分来自诸子百家著述，一部分来自方言俗语。虽然其中征于“五经”的约占十之三四，而以《诗经》为最多，但所释名物大多仍与“五经”有关。因此，清人宋翔凤在《尔雅郭注义疏序》中称其为“训故之渊海，五经之梯航”。当初唐太宗下令编纂《五经正义》，就是为了实现《五经》在文字、训诂、义疏方面的统一，为国家考试和教学提供一个标准范本。如今的经典，已由唐初的“五经”扩展到“九经”，又扩展到“十一经”，新增的经典同样面临一个训诂要求统一的问题。既然作为“五经”的“传”（春秋三传）、“记”（礼记）、“论”（论语）都已成为经书，那么作为阅读经传必须翻检的《尔雅》也正可以作为诸经训诂的共同依据而收到统一之效，于是《尔雅》升格为“经”也是情理之中的事了。

837年（唐文宗开成二年），于长安国子监门前立石，刻成十二经，作为士子传习和参加科考的定本，史称“开成石经”。十二经的次序是：《周易》《尚书》《诗经》《周礼》《仪礼》《礼记》《春秋左传》《春秋公羊传》《春秋穀梁传》《论语》《孝经》《尔雅》。

6.“十三经”。到了宋代，唐代的“十二经”，再加上《孟子》，便成为流传至今的“十三经”。《孟子》一书原来并不是“经”，而是“子”。《孟子》由“子”升格为“经”，是中国经学史的重要事件，也最终促成了“十三经”的编成。

孟子之学在战国后期形成势力强大的孟子学派，但秦始皇焚书坑儒，烧孟派之书，杀孟派之儒，孟学遭受重创。汉初，由于统治者的需要，孟子及其书又受到重视，汉文帝时即曾与《论语》《孝经》《尔雅》一道，立“《孟子》博士”，总称“传记博士”。但总起来说地位尚不足以与后世相比，从汉唐目录著作可窥一斑，比如《汉书·艺文志》列《论语》于“六艺类”，而列《孟子》于“子部·儒家类”，与《晏子》《子思》《曾子》……《孙卿子》《贾谊》《董仲舒》等并列，地位显然不及《论语》。这种情形一直延续到唐代，比如《隋书·经籍志》《旧唐书·艺文志》《新唐书·艺文志》等都把《孟子》列入“子部”，唐代“十二经”列置《论语》《孝经》《尔雅》，也未列置《孟子》。

这种情形到宋代发生了改变，按照徐洪兴先生在《思想的转型——理学发生过程研究》一书中的说法，《孟子》的升格运动主要经历了4个历史阶段：第一，“滥觞”于唐代的韩愈、李翱。韩愈在《原道》中首次提出儒家的“道统”，首次以“孔孟”并称取代了传统的“周孔”及唐初以来的“孔颜”并称，学生李翱维护之，《孟子》一书开始重新受到人们的重视。第二，“初兴”于“宋初三先生”中的孙复与石介。孙复曾云：“孔子既没，千古之下，攘邪怪之说，夷奇险之行，夹辅我圣人之道者多矣。而孟子为之首，故其功巨。”二人学术影响甚大，于是出现了一股“尊孟”热潮。第三，“勃兴”于二程洛学、张载关学及王安石新学。二程极力推尊孟子，曾称：“孔子没，传孔子之道者，曾子而已。曾子传之子思，子思传之孟子。孟子死，不得其传。至孟子而圣人之道益尊。”王安石亦尊孟子，还凭借其身为国相的特殊身份，使孟子“升格运动”在政治上获得朝廷的支持。在此情势下，1119—1125年(宋徽宗宣和年间)，《孟子》一书首次被刻成石经，列为“十三经”之一，“十三经”之实从此开始。第四，“完成”于南宋的朱熹与陆九渊。朱熹将《孟子》与《论语》《大学》《中庸》并列，结为《四书》，使《孟子》获得崇高而稳固的地位，影响中国古代社会几百年。至于陆九渊，尽管与朱熹学术观点、治学路数不合，但在尊孟上并无二致，王阳明即称：“陆氏之学，孟氏之学也。”至此，宣告了《孟子》由“子”到“经”升格运动的完成，以后的目录著作也纷纷将其列置“经部”，孟子也于1330年(元明宗至顺元年)加封为“亚圣”。

1190—1194年(南宋光宗绍熙年间)，合刻注疏本“十三经”问世，这是首部关于经学“十三经”的丛书。这部丛书在明代嘉靖、万历年间都曾刊行过，清代乾隆年间又有武英殿聚珍本，且又刻经文于石，立之太学。至经师阮元，又据宋本主持校刻重刊，并撰《十三经注疏校勘记》，这个本子就是现在的通行本。通行本《十三经注疏》所取各家注疏如下：

《周易正义》10卷，魏王弼、晋韩康伯注，唐孔颖达等正义；

《尚书正义》20卷，旧题汉孔安国传，唐孔颖达等正义；

《毛诗正义》70卷，汉毛亨传，汉郑玄笺，唐孔颖达等正义；

《周礼注疏》42卷，汉郑玄注，唐贾公彦疏；

《仪礼注疏》50卷，汉郑玄注，唐贾公彦疏；

《礼记正义》63卷，汉郑玄注，唐孔颖达等正义；

《春秋左传正义》60卷，晋杜预集解，唐孔颖达等正义；

《春秋公羊传注疏》28卷，汉何休解诂，唐徐彦疏；

《春秋穀梁传注疏》28卷，晋范宁集解，唐杨士勋疏；

《论语注疏》20卷，魏何晏集解，宋邢昺疏；

《孝经注疏》9卷，唐玄宗御注，宋邢昺疏；

《尔雅注疏》10卷，晋郭璞注，宋邢昺疏；

《孟子注疏》14卷，汉赵岐注，宋孙奭疏。

1979年，中华书局据原世界书局缩印阮刻本影印，并作校勘，成上下两册，是目前《十三经注疏》最通行的版本。现代著名教育家、作家叶圣陶先生编成《十三经索引》，为检索使用《十三经注疏》提供了极大的方便。

中国传统经典领域的扩大，至“十三经”而止。尽管也有人提出“十四经”或“二十一经”之说，但都未能流行开来。“十三经”的编成，经历了一个流传演变和不断扩充的过程。从这一过程可以看出，每一历史阶段儒家经典都经历了一个审慎的选择。最后确定下来的这十三部经书，是中国传统思想文化的精华，对于中国古代史和儒家学术思想史的研究具有重要的认识意义和学术价值。

(周春健)

# 33. “四大发明”及其运用

指南针、火药、印刷术和造纸术，是我国古代的四大发明，是我国之所以成为世界文明古国的标志之一，奠定了我国在人类文明史上的重要地位。“四大发明”的这种说法最早是由英国的汉学家李约瑟提出的，并为后来的许多学者所认同和继承。它们犹如四颗璀璨的明珠，照耀着中国乃至世界文明发展的过程，对推动中国以及世界的政治、经济、文化的发展起到至关重要的作用。

一、指南针的发明和运用

指南针的发明年代很早，可以追溯到战国时期，已经有两千多年的历史了。指南针是利用磁铁在地球磁场中的南北指极性而制成的一种指向仪器，它的发明是我国劳动人民在长期的实践中对物体磁性认识的结果。由于生产劳动，人们接触了磁铁矿，开始了对磁性质的了解。人们首先发现了磁石吸铁的性质，后来又发现了磁石的指向性。经过多方的实验和研究，终于发明了指南针。然而，指南针在我国不同历史时期有不同的形体，也有不同的名称，如最早的司南，后来的指南鱼、指南车、指南针等。

春秋战国时期，生产力大为提高，炼铁技术的发明使得铁制工具的使用普及开来。在炼铁和开矿的过程中，逐渐对铁矿石的性质有了初步的认识。《管子》一书中就有数篇文献对此种现象进行了记载，“山上有磁石者，其下有金铜”，意思就是说，上面有磁石的地方，下面就有铁矿石。其他的很多古籍如《山海经》中也有类似的记载。同时，磁石的吸铁特性也很早就被人发现，《吕氏春秋》中就曾写道：“慈招铁，或引之也”，其中“慈”就是“磁”的意思。既然发现磁石能够吸引铁，那么是否还可以吸引其他金属呢？我们的祖先做了许多尝试，到西汉时就已经发现磁石不仅不能吸引金、银、铜等金属，也不能吸引砖瓦之类的物品。

既然对磁石的特性有所了解，我们对磁石的应用也就应时而生了。指南针的出现大约在我国战国时期。最初的指南针是用天然磁石制成的，形状像一只勺子，底部为圆形，可以平滑地在“地盘”上自由旋转，等它静止不动的时候，勺柄就会指向南方。它就是指南针的始祖，古人称它为“司南”。《韩非子》里说道，“先王立司南以端朝夕”，端朝夕就是正四方的意思。东汉时的王充在他的著作《论衡》中对司南的形状和用法做了明确的记录。司南是用整块天然磁石经过琢磨制成勺型，勺柄指向南极，并使整个勺的重心恰好落到勺底的正中，勺置于光滑的地盘之中，地盘外方内圆，四周刻有干支四维，合成二十四向。这样的设计是古人认真观察了许多自然界有关磁的现象，积累了大量的知识和经验，经过长期的研究才完成的，司南的出现是人们对磁体指极性认识的实际应用。但司南也有许多缺陷，天然磁体不易找到，在加工时容易因打击、受热而失磁。所以司南的磁性比较弱，而且它与地盘接触处要非常光滑，否则会因转动摩擦阻力过大，而难以旋转，无法达到预期的指南效果。而且司南有一定的体积和重量，携带很不方便，这可能是司南长期未得到广泛应用的主要原因。

社会生产力的不断发展，尤其是航海事业的发展，使得人们需要一种比司南更加可靠和方便的指向仪器。经过长期的实践和反复的试验之后，一直到宋代，人们在人工磁化方法和磁针的使用两个方面都取得了重大的进展，直接导致了指南针的发明和广泛应用。

北宋时，曾公亮在《武经总要》中记载有制作和使用指南鱼的方法：“用薄铁叶剪裁，长二寸，阔五分，首尾锐如鱼形，置炭火中烧之，候通赤，以铁钤钤鱼首出火，以尾正对子位，蘸水盆中，没尾数分则止，以密器收之。用时，置水碗于无风处平放，鱼在水面，令浮，其首常向午也。”这是一种人工磁化的方法，它利用地球磁场使铁片磁化。即把烧红的铁片放置在子午线的方向上。烧红的铁片内部分子处于比较活动的状态，使铁分子顺着地球磁场方向排列，达到磁化的目的。蘸入水中，可把这种排列较快地固定下来，而鱼尾略向下倾斜可增大磁化程度。北宋的沈括在《梦溪笔谈》中提到另一种人工磁化的方法，这也是早期制作指南针的方法：“方家以磁石摩针锋，则能指南。”按沈括的说法，当时的技术人员用磁石去摩擦缝衣针，就能使针带上磁性。从现在的观点来看，这是一种利用天然磁石的磁场作用，使钢针内部磁畴的排列趋于某一方向，从而使钢针显示出磁性的方法。这种方法比地磁法简单，而且磁化效果比地磁法好，摩擦法的发明为有实用价值的磁指向器的出现创造了重要的条件。

关于磁针的装置方法，沈括在书中介绍了 4 种方法：

1. 水浮法——将磁针上穿几根灯心草浮在水面，就可以指示方向。

2. 碗唇旋定法——将磁针搁在碗口边缘，磁针可以旋转，指示方向。

3. 指甲旋定法——把磁针搁在手指甲上面，由于指甲面光滑，磁针可以旋转自如，指示方向。

4. 缕悬法——在磁针中部涂一些蜡，粘一根蚕丝，挂在没有风的地方，就可以指示方向了。

针对这 4 种方法，沈括还分别指出它们的优缺点，水浮法的最大缺点是水面容易晃动从而不易把握。碗唇旋定法和指甲旋定法，由于摩擦力小，转动很灵活，但容易掉落。沈括比较推崇的是缕悬法，他认为这是比较理想而又切实可行的方法。南宋陈元靓在《事林广记》中还介绍了指南龟的制作方法。指南龟是当时流行的一种新装置，将一块天然磁石放置在木刻龟的腹内，在木龟腹下方挖一光滑的小孔，对准并放置在直立于木板上的顶端尖滑的竹钉上，这样木龟就被放置在一个固定的、可以自由旋转的支点上了。由于支点处摩擦力很小，木龟可以自由转动以指南。这就是后来出现的旱罗盘的雏形。

正如司南的使用需要地盘的支撑，指南针的使用也需要相应的方位盘配合。最初人们使用指南针的时候并没有方位盘的配合，比如说沈括介绍的四种使用磁针的方法都没有用方位盘。但是此后的不久就发展成为磁针和方位盘联成一体的使用，我们称之为罗经盘，或者罗盘。方位盘仍然是二十四向，盘式已由初期的方形演变成圆形。罗盘本身也经过了由水罗盘到旱罗盘的发展过程。旱罗盘的磁针不像水罗盘的磁针一样悬浮在水面上而显得不够稳定，旱罗盘的磁针被固定在坚硬的钉子上，稳定且阻力小，磁针可以自由的转动，灵敏性更高，更加适用于航海。从此，指南针便广泛运用到军事、生产、日常生活等诸多方面，特别是在航海事业上，使人们获得了全天候的航行能力，不仅缩短了航程，而且还开辟了许多新的航线，促进了各国人民之间的文化交流和贸易往来。指南针的发明和运用，对我国甚至全人类的贡献都是非常巨大的，它所产生的影响也是十分深远的。

## 二、火药的发明和运用

我国是最早发明火药的国家，火药的发明与运用是人类文明史上一项杰出的成就。火药又被称为黑火药，它以硝石、硫黄、木炭或其他可燃物为主要成分，它能在适当的外界能量作用下，自身进行迅速而有规律的燃烧，同时生成大量高温燃气的物质。现代黑火药是由中国古代火药发展而来，对于世界文明的发展起到了重大作用。

火药，顾名思义就是“着火的药”。因为硝石、硫黄等在中国古代都是药物，混合后易点火并猛烈燃烧，故称为火药。即使是在火药被发明以后，火药本身仍然被引入药类。明代著名医药学家李时珍在他的著作《本草纲目》中说，火药能治疮癣、杀虫、避湿气和瘟疫。另外，更主要的是，火药的发明来自古代炼丹术士们长期的炼丹制药实践。火药的发明也经历了一个长时期的实践和认识过程，随着生产和社会的发展而不断完善。

很早以前，我们的祖先对火药的三种组成物质就有了一定认识。早在新石器时代，人们在烧制陶器时就认识了木炭，把它当做燃料。商周时期，人们在冶金中广泛使用木炭。木炭灰分比木柴少，强度高，是比木柴更好的燃料。硫黄是天然存在的，很早人们就开采它，在生活和生产中也经常接触到硫黄，如温泉中会释放出硫黄的气味，冶炼金属时，逸出的二氧化硫刺鼻难闻，这些都会给人留下深刻印象。人们逐渐也认识到硫的一些特性，硫不仅能和铜铁等金属化合，还能和水银化合生成红色的硫化汞。硫的这些性能很受从事炼丹的方士重视，他们还想用水银炼制所谓的“金液”“还丹”。在试验中，人们还发现，硫着火后性质活跃，很难控制。为了使它的药性缓和而且变得容易控制，方士们采用一种名叫“伏火法”的办法，使硫和其他易燃物质混合加热发生某种程度的燃烧，使它变性。火药的发现就和这种硫黄伏火的实验有着密切联系。硝的引入是制取火药的关键因素。古人掌握最早的硝，可能是墙角和屋根下的土硝，硝的化学性质很活泼，能与很多物质发生反应，它的颜色和其他一些盐类区别不大，在使用中容易搞错，在实践中人们掌握了一些识别硝石的方法。南北朝时的陶弘景《草木经集注》中就说过：“以火烧之，紫青烟起，云是硝石也。”虽然人们对硝石、硫黄、木炭的性质有了一定的认识，但是硝石、硫黄、木炭按一定比例放在一起制成火药还是炼丹家的功劳。

在封建社会的上升时期，由于医药学和炼丹活动的发展，通过长期的实践，特别是多次硫黄伏火实验，人们认识到将硝石、硫黄、木炭的混合物点燃会发生异常激烈的燃烧。唐初的名医兼炼丹家孙思邈在《丹经内伏硫黄法》中记载：硫黄、硝石各二两，研成粉末，放在硝银锅或砂罐子里；掘一地坑，放锅子在坑里和地平，四面都用土填实；把没有被虫蛀过的三个皂角子逐一点着，然后夹入锅里，把硫黄和硝石烧起焰火；等到烧不起焰火了，再拿木炭来炒，炒到木炭消去三分之一，就退火，趁还没冷却，取入混合物，这就伏火了。唐朝中期有个名叫清虚子的，在“伏火矾法”中提出了一个伏火的方子：硫二两，硝二两，马兜铃三钱半；研为末，拌匀；掘坑，入药于罐内与地平；将熟火一块，弹子大，下放里内，烟渐起。他用马兜铃代替了孙思邈方子中的皂角，这两种物质是代替碳起燃烧作用的。同样也注意防止混合物的激烈燃烧。由此可见，在那个时候人们就已经熟知了这样一类混合物燃烧爆炸的性能，并在炼丹过程中防止爆炸事故的发生。在人们有意识地利用这类混合物的过程中，火药便被发明了。

火药发明之前，火攻是军事家常用的一种进攻手段，在火攻中，人们常用一种叫做火箭的武器，它是在箭头上绑一些像油脂、松香、硫黄之类的易燃物质，点燃后用弓射出去，用以烧毁敌人的阵地。假若用火药代替这些一般易燃物，效果则要好很多。火药发明之前，攻城守城常用一种抛石机抛掷石头和油脂火球，来消灭敌人。火药发明之后，利用抛石机抛掷火药包以代替石头和油脂火球。据记载，在唐末宋初的时候，人们就已经在军事上开始使用火药箭了，宋代路振的《九国志》中也记载了有关使用火药攻城的最早记载。到了两宋时期，火药武器发展很快。据《宋史》记载：970 年兵部令史冯继升进火箭法，这种方法是在箭杆前端缚火药筒，点燃后利用火药燃烧向后喷出的气体的反作用力把箭镞射出，这是世界上最早的喷射火器。1000 年，士兵出身的神卫队长唐福向朝廷献出了他制作的火箭、火球等火器。1002 年，冀州团练使石普也制成了火箭、火球等火器，并做了表演。

火药武器的出现和发展反过来又推动了针对火药的研究。火药应用于武器的最初形式，主要是利用火药的燃烧性能。《武经总要》中记录的早期火药兵器，还没有脱离传统火攻中纵火兵器的范畴。随着火药和火药武器的发展，以及人们对硝的提炼、硫黄的加工、火药质量的提高，促进了火药武器的发展，逐步过渡到利用火药的爆炸性能。如果火药在密闭的容器内燃烧就会发生爆炸。火药燃烧时能产生大量的气体(氮气、二氧化碳)和热量。原来体积很小的固体的火药，体积突然膨胀，猛增至几千倍，这时容器就会爆炸，这就是火药的爆炸性能。北宋时期使用的那些用途不同的火药兵器都是利用黑火药燃烧爆炸的原理制造的，蒺藜火球、毒药烟球是爆炸威力比较小的火器，到了北宋末年爆炸威力比较大的火器如“霹雳炮”“震天雷”也出现了，而这类火器主要是用于攻坚或守城。1126 年，李纲守开封时，就是用霹雳炮击退金兵的围攻。金与北宋的战争使火炮进一步得到改进，震天雷是一种铁火器，是铁壳类的爆炸性兵器。元军攻打金的南京(今河南开封)时金兵守城时就用了这种武器。《金史》对震天雷有这样的描述：“火药发作，声如雷震，热力达半亩之上，人与牛皮皆碎并无迹，甲铁皆透。”从这样的描述中便可以知道，火药的使用已然成为一项发展成熟的技术了。

火器的发展有赖于火药的研究和生产。《武经总要》中记录了 3 个火药配方。唐代火药中硫、硝的含量相同，为 1∶1，宋代为 1∶2，甚至接近 1∶3。这已与后世黑火药中硝占四分之三的配方十分接近了。从这点可以看出，火药就是在制造和使用过程中不断改进和发展完善的。

由于宋代的战争不断，对火器的需求和生产也日益增加。史书上记载了当时的生产规模，“同日出弩火药箭七千支，弓火药箭一万支，蒺藜炮三千支，皮火炮二万支”，由此可见生产规模之大。到了南宋，便出现了管状火器，1132 年陈规发明了火枪。火枪是由长竹竿做成，先把火药装在竹竿内，作战时点燃火药喷向敌军。1259 年，民间就有人制成了突火枪，突火枪是用粗竹筒做的，这种管状火器与火枪不同的是，火枪只能喷射火焰烧人，而突火枪内装有“子巢”，火药的巨大压力将“子巢”射出去产生杀伤效果，威力更为强大，这也是武器史上的一次巨大突破。到了元明之际，这种用竹筒制造的原始管状火器改用铜或铁，铸成大炮，称为“火铳”。1332 年的铜火铳，是世界上现存最早的有铭文的管状火器实物。

到了明代，人们还创造了早期的自动爆炸的地雷、水雷和一种叫做“火龙出水”的火箭，这些火药武器在当时都是世界上最先进的。直到封建社会末期，腐朽的封建统治集团不思进取，对武器的研究也陷于停滞。在火药和火器技术经由印度、阿拉伯传入欧洲之后不久，欧洲资产阶级很快就掌握了这些技术，并赶上和超过了我国，随后用洋枪洋炮使中国沦为了半封建半殖民地国家。

毫无疑问，中国的火药推进了世界历史的进程。恩格斯曾高度评价了中国在火药发明中的首创作用：“现在已经毫无疑义地证实了，火药是从中国经过印度传给阿拉伯人，又由阿拉伯人和火药武器一道经过西班牙传入欧洲。”火药的发明大大地推进了历史发展的进程，对人类文明的发展起到至关重要的作用。

## 三、造纸术的发明与运用

造纸术是我国古代伟大的发明之一，是中国科技史上的一项重大成就，在人类文明传播和发展史上作出了十分宝贵的贡献。

在日常生活中，纸是最常用的物品。无论是工作、学习还是生活，都不可避免地使用到纸，它已经是我们交流思想、传播文化、发展科技和工作生产方面不可或缺的工具。然而，在纸张没有发明以前，我国用来记事的载体多是龟甲、金石、简牍、缣帛之类，但是龟甲较为稀少，金石又比较笨重，简牍存放也不易，缣帛更是昂贵而百姓不堪承受，因而人们迫切地想要找到一种能具有普遍性的书写材料。经过古代人们长期的探索与实践，终于发明了一种能用麻绳头、破布、旧渔网等废旧麻料制成的植物纤维纸。

有关造纸术的起源，我们现在大部分人认为是东汉蔡伦发明了造纸术，史书中也有相关记载。《后汉书·蔡伦传》中说："自古书契，多编以竹简；其用缣者，谓之为纸。缣贵而简重，并不便于人。伦乃造意，用树肤、麻头及敝布、鱼网以为纸。"因此，后世的人们便尊他为我国造纸术的发明人，并将他向汉和帝刘肇献纸的公元 105 年作为纸的诞生年。但是自从 1933 年已故考古学家黄文弼在新疆罗布淖尔地区发现了一片西汉中叶古纸后，对造纸术的发明问题产生了不同的看法。1957 年 5 月 8 日，在陕西省西安市郊灞桥砖瓦厂工地古墓中又发现了成沓的古纸残片 88 片。这成沓古纸垫在三面铜镜下面，垫得很厚，虽然已成碎片，但并没有完全腐烂，这更加引起了研究者们对蔡伦造纸的说法产生怀疑。经考古学家考证，这一墓葬不会晚于公元前 118 年(汉武帝元狩五年)，因此灞桥纸的年代也可大致确定在公元前 118 年以前，而这个时间比蔡伦造纸的年代要早两百多年。

但是，西汉早期的纸张较为粗糙，不便于书写。直至东汉和帝时，蔡伦才组织了大量的人力物力，采用了更加先进的方法，制作了大批质地良好的纸，将造纸术在国内推广起来。此外，蔡伦还开创了用树皮等多种植物纤维造纸的新阶段，扩充了原材料的来源。从这个意义上说，蔡伦在历史上是作为良纸的监制者和推广者的身份出现的。

汉代麻纸的制造过程，大体上是将麻头、破布等原料先用水浸，使它润胀，再把润胀后的原料切碎，用水洗涤。然后用草木灰水浸透并蒸煮，通过碱液的蒸煮，使原料中的木素、果胶、色素、油脂等杂质进一步被除去，用清水漂洗后，再加以舂捣。将捣碎后的细纤维用水配成悬浮的浆液，再用漏水的纸模捞取纸浆，经过脱水干燥后就成为纸。如果纸张表面不够平滑，还需要压光，才能真正书写流利。汉代人民用简单的方法，在当时简陋的条件下，从纺织废料中用化学和机械加工的方法使纤维原料更生，制成植物纤维纸，在科技史上确实是一项伟大的成就。自那以后，纸张逐步地取代了简牍和缣帛，成为我国的书写材料之一，促进了我国各项事业的发展。

纸的发明、发展及传播也是经过了一个逐步发展和完善的过程。公元 105 年后，造纸术就从河南向经济文化发达的其他地区传播。蔡伦被封到陕西洋县为龙亭侯，造纸术就传到汉中地区并逐渐传向四川。东汉末年山东造纸也比较发达，出现过东莱县(今山东莱州市)的造纸能手左伯。另外，纸又通过丝绸之路先后传向北方各少数民族地区。从晋代开始，我国书画名家辈出，大大促进了书画用纸的发展。如东晋书法家王羲之，在他父子时期书画用纸大有提高。晋与南北朝的书写纸为麻和楮皮制造，纸面已敷用淀粉与白色矿物涂料并进行研光。隋代统一南北朝后，唐宋继承与发展了数百年造纸的成就，并开辟了唐宋时期手工造纸的全盛时期。唐代书画与佛教盛行，使纸的需求剧增，造纸的原料扩大到用藤和桑皮等。书画纸还用淀粉硝煮成涂料涂布后再经打蜡，最后用粗布或石块等揩磨压光。北宋时安徽已采用日晒夜收的办法漂白麻纤维以制纸，造出的生纸光滑莹白，耐久性好。南宋时我国南方已盛产竹纸，王安石、苏东坡等都喜欢用竹纸写字，认为竹纸墨色鲜亮，笔锋明快，当时受到许多文人墨客的仿效，从而促进了竹纸的发展。宋代不但盛产竹纸，而且开始用稻、麦草造纸。到了明代，我国用竹子造纸的技术已臻完善，宋应星著的《天工开物》系统叙述了用竹子造纸的生产过程，并附有生产设备与操作过程的插图。该书被译成日、法、英文传入日本与欧洲，是我国系统记述造纸工艺的最早著作。清代的手工造纸工艺已相当发达，质量上乘，品种繁多，颇具水准。

造纸术从7世纪开始便已相继外传，首先是经过朝鲜传入日本，8世纪中叶传入西亚阿拉伯地区。阿拉伯人学会了造纸术之后，生产了大量的纸并销往欧洲，遂即将造纸术也传入欧洲。公元1150年，西班牙才有了第一家造纸工厂，距离中国发明造纸术，至少已有1200年。直到16世纪造纸术才传入俄国、荷兰，17世纪传到英国，19世纪传入加拿大。中国的造纸技术每传入一个国家，都给当地的人们带来技术性的革新，促进当地的发展。

四、印刷术的发明和运用

印刷术的发明和运用对人类文化的传播、发展有着重大的贡献，对政治、经济、文化的发展起到了巨大的推动作用。它的发明，同样也经历了一个长期反复实践的过程。

在印刷术发明之前，人们主要依靠手抄的书籍来传播文化。手抄不仅费时费事，而且容易抄错抄漏。既阻碍了文化的发展，又给文化的传播带来不应有的损失。秦朝末年的农民起义和汉朝初期长期稳定的发展，使得社会生产力得到了较大的提高。随之商业和手工业也逐步地发展起来，雕刻工艺也日臻完善。传统的印章和石刻技术给印刷术提供了直接的经验性启示。大约在公元4世纪，当时的人们发明了一种用纸在石碑上墨拓的方法。人们将一张湿过水的纸铺在石刻的表面上，再加以均匀地捶打，使纸紧紧地附在石面上，然后在纸上刷墨。由于刻版上的文字是凹进去的，经过捶打之后，附在字上的纸因为下陷而不能受墨，因此揭下来后就显示出了黑底白字。这种原始的印刷方法为雕版印刷术指明了方向。

历史的车轮驶入了隋朝，随着社会生产力的发展，在长久的印章和石刻技术的历史积淀基础上，人们终于发明了世界上最早的印刷技术——雕版印刷，也即刻版印刷。雕版印刷的过程大致是这样的：将书稿的写样写好后，使有字的一面贴在板上，即可刻字，刻工用不同形式的刻刀将木板上的反体字墨迹刻成凸起的阳文，同时将木板上其余空白部分剔除，使之凹陷。板面所刻出的字约凸出版面1~2毫米。用热水冲洗雕好的板，洗去木屑等，刻版过程就完成了。印刷时，用圆柱形平底刷蘸墨汁，均匀刷于板面上，再小心地将纸覆盖在板面上，用刷子轻轻刷纸，纸上便印出文字或图画的正像。将纸从印板上揭起，晾干，印制过程就完成了。雕版印刷大大地提高了成书的效率，也加快了文化传播的速度。据估算，一个印工一天可印1500~2000张，一块印板可连印万次。

雕版印刷术一经发明便普遍运用开来，与人们的生产生活紧密地联系在一起。起初刻印的书籍大多都是农书、历本、医书、字帖等。佛教也利用雕版印刷刻印了大量的佛教经典、佛像和宗教图画。1900年，在敦煌千佛洞里发现一本印刷精美的《金刚经》，末尾题有“咸通九年四月十五日”等字样。这是目前世界上发现的最早的有明确日期记载的印刷品，比欧洲所发现的最早雕版印刷品要早600年。

在隋唐时期的基础上，雕版印刷术在宋代更加发展，趋于鼎盛。时至今日，我们所能看见的宋刻本书籍就有700多种，工艺十分精美。当时以杭州、福建、四川刻的质量比较高。公元971年(宋太祖开宝四年)，张徒信在成都雕印全部《大藏经》，历时12年，总计1046部，5048卷，雕版达到了13万块之多。这是早期印刷史上分量最大的一部书，可见当时的雕版印刷技术已经发展到了相当高的水平了。

在宋代以后，还出现了铜版印刷和套色彩印，表现出了高超的技艺。同时也丰富了印刷成果，造就了很多艺术上的珍品。

虽然雕版印刷每制成一版往往能印几百部甚至几千部书，对文化的传播起了很大的作用。但是刻版的程序十分费时费工，大部头的书籍往往仅刻版都要花费几年的时间，而且存放版片又要占用很大的地方，常会因变形、虫蛀、腐蚀导致损坏而不能用。印量少而不需要重印的书，版片就成了废物。此外雕版发现错别字，改起来很困难，常需整块版重新雕刻。

宋代的平民毕昇通过长期的实践，在世界上首创了活字印刷术。他发明的活字制版技术正好避免了雕版的不足，只要事先准备好足够的单个活字，就可随时拼版，大大地加快了制版时间。活字版印完书籍后，活字可以拆版，可重复使用，且活字占用的空间小，容易存储和保管，表现出了极强的优越性。

关于活字印刷的记载首见于宋代著名科学家沈括的《梦溪笔谈》。公元1041—1048年，毕昇用胶泥刻字，一个字为一个印，用火烧硬，使之成为陶质。排版时先预备一块铁板，铁板上放由松香、蜡、纸灰等组成的混合物，铁板四周围着一个铁框，在铁框内摆满要印的字印，摆满就是一版。然后用火烘烤，将混合物熔化，与活字块结为一体，趁热用平板在活字上压一下，使字面平整，便可以进行印刷。用这种方法，印数多了，如果几十本以至上千本，效率就很高了。为了提高效率常用两块铁板，一块印刷，一块排字。印完一块，另一块又排好了，这样交替使用，效率很高。常用的字如“之”“也”等字，每字制成20多个，以备一版内有重复时使用。没有准备的生僻字，则临时刻出后用火马上烧成。在储存上也十分方便科学，从印板上拆下来的字，都放入同一字的小木格内，外面贴上按韵分类的标签，以备检索。毕昇起初是用木料作活字，实验发现木纹疏密不一，遇水后易膨胀变形，与粘药固结后不易去下，最后才改用胶泥。由此可见，毕昇是通过不断的实践，才使得活字印刷术不断地发展和提高。

元朝的农学家王祯又在泥活字的基础上，成功地发明了木活字印书法。他在安徽旌德请工匠刻木活字3万多个，于1298年(元成宗大德二年)试印了6万多字的由他自己编写的《旌德县志》，在不到一个月的时间里就印了一百部，可见效率之高。这是有记录的第一部木活字印本。王祯在印刷技术上的另一个贡献是发明了转轮排字盘。用轻质木材做成一个大轮盘，直径约七尺，轮轴高三尺，轮盘装在轮轴上可以自由转动。把木活字按古代韵书的分类法，分别放入盘内的一个个格子里。王祯做了两副这样的大轮盘，排字工人坐在两副轮盘之间，转动轮盘即可找字，这样既提高了排字效率，又减轻了排字工的体力劳动。明清两朝，木活字更加流行。活字印刷发展到后来，便是采用金属材料制作活字。13世纪时，就已经有人用锡做活字，但锡不容易受墨，因此没有得到推广。到了明孝宗弘治年间，也就是大约十五六世纪之际，铜活字逐渐流行起来。铜活字是用字模浇铸出来的，印出的字规格整齐，储存起来方便耐用。清朝一部规模巨大的百科全书《古今图书集成》，就是用铜活字印刷而成的。

印刷术的发明加快了人类文明发展的进程，促进了社会的变革。世界上许多国家的印刷术都是在我国印刷术的直接或间接的影响下发展起来的。公元8世纪，我国的雕版印刷术就最先传到了日本，12世纪由波斯传到了埃及，14世纪末欧洲才出现用木版雕印的图像。我国的木活字技术大约14世纪传入朝鲜、日本。朝鲜人民又在木活字的基础上创制了铜活字，15世纪后又传回到我国。印刷术的发展推动了社会的进步，在人类科技发展史上闪烁出耀眼的光芒。

中国的四大发明对于人类文明进步的意义是重大的。马克思将中国的四大发明作为“资产阶级发展的必要前提”，为资产阶级走向政治舞台提供了物质基础。他评论道：“火药、指南针、印刷术——这是预告资产阶级社会到来的三大发明。火药把骑士阶层炸得粉碎，指南针打开了世界市场并建立了殖民地，而印刷术则变成了新教的工具，总的来说变成了科学复兴的手段，变成对精神发展创造必要前提的最强大的杠杆。”

（瞿兆晗）

# 34. 宋代“煤铁革命”

我国是世界上最早用煤炼铁的国家。河南巩县铁生沟汉代冶铁遗址曾出土煤炭，可能已试用作炼铁燃料。《水经注》中已有了我国用煤炼铁的明确记载。但煤炭正式进入规模开采并作为工业的重要能源则在北宋。

我国古代对煤的认识及煤炭开采的文字记载，最早见于秦汉时期。而先秦时期的地理著作《山海经》，则最早记述了煤的地理分布。当时称煤为“石涅”，该书记载石涅有 3 处。最早记载煤窑洞穴的是司马迁，见于《史记·外戚世家》，其大意是说：西汉窦太后的弟弟窦广国，年四五岁时为人所掠卖……至宜阳，为其主人入山作炭，夜寒，煤窑工人卧于煤洞内休息，发生了煤洞坍塌事故，一百多人被压死，唯窦广国不死。由这一记述中可以想见当时的煤炭开采规模已经不小，一个煤洞可容一百余人睡觉，其开采延伸长度应为几十米。我国用煤炼铁也很早。如河南巩县铁生沟汉代冶铁遗址曾出土煤炭，可能当时已试用煤作为炼铁用的燃料。

煤在古代还被称为“石墨”“石炭”等，大约在南北朝时，“石炭”这个名称已经通行，但直到明代陆深《燕闲录》才明确指出“石炭”即煤。南北朝时雷次宗《豫章记》、郦道元《水经注》等，则已有关于用煤炼铁和取暖炊饭的文字记载。唐代的日本僧人圆仁在《入唐求法寻礼行记》中提到，太原西门外晋山产石炭，附近的县都去购买，有可能煤在唐代传入日本，日本至今仍称煤为“碳”。据文献记载，辽宋夏金时期下述各省区的煤炭已进行开发：北京西山地区，江西今高安、萍乡、丰城、玉山，陕西韩城、铜川、旬邑，辽宁抚顺，河北曲阳、观台，河南鹤壁、鲁山、宝丰、渑池、新安、怀州，安徽安庆、淮北，山西太原、洪赵等。

随着社会经济发展，用煤量日增，煤炭开采规模日益扩大，开采技术不断进步。到宋代，煤炭开采与加工利用技术发展到一个高潮。宋代采煤技术相当发达。河南鹤壁北宋古煤矿遗址的发掘，为此提供了证明。1959 年鹤壁中新煤矿在掘进中遇到了古煤井巷，并发现许多古瓷器。经河南省文化局考古工作队深入考察，进而发现了宋元时期的古煤矿遗址一处。尽管古煤矿遗址已残破不全，但从中可大致看出宋元时期的开采技术水平：

开拓方式为圆形竖井，井深 46 米，井径 2.5 米。井筒位置选择得合理、准确，说明当时的煤田地层知识比较丰富，手工凿井技术也比较成熟。

巷道布置已有主巷和辅巷之分。主要巷道由井底向南北两端开凿，用于连接南北采区。这条残存的主巷，南段长 4 米，北段长 6 米，顶高 2.1 米，巷宽 2 米。采区辅助巷道共发现 4 条，全长约 500 米，自井口向东、西、南三面伸延，通向 8 个采区。采区巷道一般高 1 米多，上宽 1 米，下宽 1.4 米。可能由于这里的岩层和煤层都比较紧实，顶板压力不大，所以均无顶柱承托。这种情况在近代山西的土法采煤中经常见到。

回采工作面共10个，分布在井筒的四周，距井口最近10米左右，最远100米。各工作面之间保持一定距离，并保留一定的煤柱，以减少工作面的顶板压力。回采方式采用房柱法，回采顺序为“跳格式”，先内后外，逐步后退。回采工作面的形状以狭长的椭圆形及瓢、瓶形为多，很不规则。采空区面积大小不一，最大者长50米，宽30米；最小者长7米，宽2.5米。

井下照明采用固定式点灯的方法，在巷道两壁开凿了许多放置油灯的扁圆形和近似长方形的灯龛，高10~17厘米，长13~28厘米，深10~21厘米。灯为瓷碗和瓷盘。巷道中放有贮油的瓷瓶、瓷罐，可以随时为灯添油。

鹤壁古煤井下有许多条筐，还有扁担和一个辘轳，说明回采工作面采下的煤先用肩挑至井底附近，再用辘轳提升到地面。遗址中还有一口排水井，位于井筒东南20余米处，近似圆形，直径1米，深5米，井中尚有2米深的积水。说明当时的排水方法是先将矿井内的水引入低洼处的积水井中，然后用辘轳将盛有水的水具提至地面排出。

在鹤壁古煤井中还发现了一块长方形石砚和水碗等用具，似是管理者在井下记账管理的用品。

这一时期采煤业比较发达，是古代煤炭技术长期发展和当时经济一度繁荣发展的结果。据文献记载和考古发现，宋代已开始出现煤砖、香煤饼和焦炭。文学家欧阳修关于发香煤饼的故事，曾在文人学士中传为佳话。欧阳修《归田录》卷2载：“有人遗余以清泉香饼一篋者。君谟闻之，叹曰：香饼来迟，使我润笔独无此一种佳物……清泉，地名；香饼，石炭也。用以焚香，一饼之火，可以终日不灭。”

考古发掘表明，至迟到宋代已经懂得加工利用焦炭。1957年、1958年，河北省文化局文物工作队在河北峰峰矿区的观台镇发现了三座宋元时代的炼焦炉遗址。观台镇即著名的六河沟煤矿所在地，盛产焦煤，当地居民自古以来以煤为业，传统土法炼焦延续至今。1978年，山西省考古研究所在稷山县马村发掘了一批金代砖墓，墓中尸体不用棺椁，直接置于砖床或木床上。两座墓的两床下堆满了煤炭和焦炭，各约五百市斤，“这些焦炭与今之炼焦无异，似当为人工所炼”。在墓中放置煤焦，似是为了防潮。一座墓中尚且放置这样多的焦炭，由此推测当时社会经济生活中利用焦炭的范围一定相当广泛。

考古发掘表明，今天河南鹤壁市的中新煤矿至迟在北宋中叶已进入大规模的采掘阶段。当时已有较大的巷道4条，总长500余米，通向8个采煤区；作为升降通道的圆形竖井深46米，排水井深5米。据此估计，这座煤矿当时应拥有数百名矿工，其采掘范围和生产规模与20世纪五六十年代的中新煤矿大致相当。1078年(宋元丰元年)，徐州利国监附近发现煤矿，用来炼铁，效果很好，节省了大量的木炭。苏轼还创作了《石炭行》以纪其事。其文曰：“根苗一发浩无际，万人鼓舞千人看。投泥泼水愈光明，烁玉流金是精悍。南山栗林渐可息，北山顽矿何劳锻。为君铸作百炼刀，要斩长鲸为万段。”

除徐州利国监外，北宋其他三大冶铁基地中有2个也处于产煤区。煤、铁产地在空间分布上的叠合应不是偶然的巧合，而是表明宋代冶铁业中煤已成为一种重要的能源。这一点也被对宋代生铁的检测结果所证实。宋代不少生铁中含硫量较高，这是用煤炼铁所致的。

宋代煤炭采掘业的兴起和煤炭冶铁的推广，对我国冶铁铸造业产生了重大的影响，不仅缓解了木炭燃料短缺的矛盾，提高了铁产量，而且因炉温和冶炼效率的提高而推动了铸造技术的变革和各类工具的相应改进，因而有人把这一变革称之为“中国煤铁工业的革命”。

宋代是我国古代文明的最高峰。璀璨的文化带来的不仅仅是绚烂的文化作品，还催生了和谐的社会环境。安定的环境使得国家的人口数量急剧增加，特别是城市人口出现了疯长态势，200多年间，中国人口从3000万翻了两番，首次突破1亿。当时世界人口超百万的6个城市中，除君士坦丁堡外，其余5个(汴京、临安、长安，洛阳和南京)都在中国，而汴京更是世界第一大城市。

但进入宋代之后，北方森林开始大片消失。沈括在《梦溪笔谈》中这样记载："今齐、鲁间松林尽矣，渐至太行、京西、江南，松山太半皆童矣"。森林的消失一方面是因为开垦土地，更主要的是因为获取燃料。

宋代人口猛增，燃料消耗与再生之间脆弱的平衡被打破。为了解眼前的燃料之急，人们不得不砍伐桑树和枣树，北方的养蚕业还因此遭受了灭顶之灾。在危机如此深重的事态下，民间生活尚且如此，工业所需燃料更加难以保证。许多官窑被迫停工，甚至连钱币都停止铸造。从1059年(嘉祐四年)起，铁钱停铸长达10年。穷则思变，过多的人口需求，导致树木等可再生能源完全跟不上需求的增长步伐。人们不得不将目光瞄准新的燃料来源，这就是煤炭。因为其燃烧时间长、热量高的特点，深受古时冶炼业的青睐。但是因为其开采困难，民用取暖很少采用煤炭。但是到了宋代，城市的人口达到了一个高峰，冬季百姓取暖压力变大，人们开始将目光瞄准向煤炭，并且将煤炭作为主要的取暖原料。

随着煤炭的广泛使用，中国经历了人类历史上前所未有的能源革命，这使中国的生活水平和工业水平达到当时世界的最高程度。当马可·波罗来到中国时，他为这种富庶和奢华所震惊，有一种说法是"一位欧洲君主的生活水平还比不上汴京一个看守城门的士兵"。中国的生铁年产量达到12.5万吨，而英国1720年的铁产量只有2万吨。在火器制造方面，帝国军器监雇工达4万多人，江陵府每月就可生产1000只到2000只铁火炮。大宋帝国的军事工业体系非常庞大而完备，仅四川的弓弩院就可供应地方武库"弓弩多至数十万，箭数百万枝"；"工署南北作坊及弓弩院每年造铁甲三万二千，弓一千六百五十万，各州造弓弩六百二十万"。这些大规模生产要比欧洲工业革命早得多。

宋代矿冶业较诸前朝有很大发展。据史籍记载，有宋一代共设有4监、12冶、20务、25场，铁的税额("岁课")以英宗治平年间(1064—1067年)为最高，达824万斤，比唐宣宗大中年间(847—859年)高出约76倍。王安石变法时期，矿冶业最为繁荣，铜、铅、锡在此期间都达到最高税额，分别为1460万斤、919万斤和232万斤。由于商品经济的发达，货币需求量很大。唐代全盛时期(玄宗年间)全年铸钱额为22万74贯，而宋神宗年间(1068—1085年)年铸铜钱500余万贯，铁钱88万余贯，比唐代增长20余倍。

宋代的铁主要产自磁州、邢州、兖州和徐州。宋代称炼铁炉为蒸矿炉，河南南召县草店、下村、庙后村、朱砂铺发现宋代炼铁竖炉14座，均用耐火石砌筑，炉径2~3米。邯郸矿山村宋代炼铁炉保存较好，炉壁残存高近6米，底径3米。炉体呈鼓形，腹径较底径大，自炉腹至炉顶逐渐收缩。河南林县铁牛沟宋冶铁遗址有炉址11座，炉的内径0.9~2.6米，多依山坡修筑，于坡上建平台装料。炼铁竖炉的内形已略近现代高炉，具有炉腹角和炉身角。这种炉型有利于炉气合理分布，使炉况顺行，炉龄得以延长，是炼铁竖炉的重大改进。苏轼《石炭行》诗中记徐州煤矿云："南山栗林渐可息，北山顽石何劳锻。"河南安阳唐坡出土的9块宋代铁锭，经分析含硫1.075%。对河南登封、新郑、密县等地所出42件宋代铁器所作分析表明，其中大多数含硫较高，应为煤炭所炼。陆游《老学庵笔记》卷一记载：北方多石炭，南方多木炭，而四川又有竹炭。邛州用煤炼铁，都用牛车装载进城，他亲眼看到这种情况。

传统制钢术以灌钢为最重要和最具特色。宋人沈括《梦溪笔谈》称："世间锻铁所谓钢铁者，用柔铁屈盘之，乃以生铁陷其间，封泥炼之，锻令相入，谓之团钢，亦谓之灌钢。"这是古代文献中首次使用"团钢""灌钢"二词。它比东魏、北齐间綦毋怀文的宿铁法减少了灌炼次数，又用封泥造渣和保护，显有改进。百炼钢的制备工艺也首见于《梦溪笔谈》：“但取精铁，锻之百余火，每锻称之，一锻一轻，至累锻而斤两不减，则纯钢也。”宋人曾敏行撰著的《独醒杂志》还记载了一种独特的制钢术：“（湖南苗族）其俗举子，姻族来劳视者，各持铁投其家水中。逮子长授室，大具牛酒，会其所尝来往者，出铁百炼，尽其铁以取精钢。刀成铦利绝世，一挥能断牛腰。”类似的制钢术，西班牙西北部的塞尔忒人也使用。

（张敏）

# 35. 宋代话本艺术的出现

话本是说话艺人讲唱的底本。话本的起源和讲唱艺术有着密切关系，其最早来源可以追溯到史前的神话传说。尔后，先秦诸子的讲学、讲经，为了达到特定目的，除一般说理以外，往往还要加进一些故事性比较强的内容。如《韩非子·喻老》解释《老子》十二章，用了二十五则历史故事和民间传说。《墨子》《庄子》《孟子》《晏子春秋》《吕氏春秋》等，都有类似的内容。汉代佛经传入后，又出现佛经的讲唱活动。佛家讲经，有僧讲、俗讲之分，特别是俗讲，解释经义以外，常会插入具有故事性的材料。这类活动不断世俗化，导致独立于学术与宗教的讲唱艺术的兴起。"说话"就是其中一种。隋代侯白《启颜录》载：白在散官，隶属杨素，爱其能剧谈，每上番日，即令谈戏弄，或从旦至晚，始得归。才出省门，即逢素子玄感，乃云："侯秀才可与玄感说一个好话。"白被留连，不获已，乃云："有一大虫，欲向野中觅肉，见一刺猬仰卧，谓是肉脔，便欲衔之，忽被猬卷着鼻，惊走，不知休息，直至山中，困乏不觉昏睡。刺猬乃放鼻而去。大虫忽起，欢喜走至橡树下，低头见橡斗，乃侧身语云：'旦来遭见贤尊，愿郎君且避道。'"在这里可以看到，隋代的"说话"故事性极强，有曲折变化，且带有幽默色彩。至唐，说话已粗具规模。唐段成式《酉阳杂俎续集》卷四："予太和末，因弟生日观杂戏，有市人小说，呼扁鹊作褊鹊字，上声。……市人言：'二十年前，尝于上都斋会设此，有一秀才甚赏某呼扁字与褊同声，云世人皆误。'"太和(827—835年)为文宗李昂年号，"市人小说"在此前二十年即唐玄宗开元前后就已在民间盛行。中唐元稹《酬翰林白学士代书一百韵》诗"翰墨题名尽，光阴听话移"句下自注："乐天每与予游，从无不书名屋壁。又尝于新昌宅说《一枝花》话，自寅至卯未毕词也。""自寅至卯"两个时辰，尚未"毕词"，可见已是鸿篇巨制。唐郭湜撰《高力士外传》也说："每日上皇与高公亲看扫除庭院，芟薙草木，或讲经、论议、说话，虽不近文律，终冀悦圣情。"这表明"说话"不仅流传于民间，甚至也上达宫廷。唐代话本大多散佚，不过在敦煌文献尚可发现一些断简残编，如《韩擒虎话本》《庐山远公话》《叶净能诗》《唐太宗入冥记》等。不过这些话本的结构和后代相比有较大距离，文言色彩比较浓。

宋代"说话"表演的主要场合勾栏瓦舍相当繁荣。宋孟元老《东京梦华录》卷二载："街南桑家瓦子，近北则中瓦，次裹瓦，其中大小勾栏五十余座。内中瓦子莲花棚、牡丹棚，裹瓦子夜叉棚、象棚最大，可容纳数千人。"这仅仅是汴京东角楼街巷一条街的瓦子规模。周密《武林旧事》卷六记载南宋都城临安的"瓦子勾栏"，有南瓦、大瓦、北瓦、蒲桥瓦、便门瓦、候潮门瓦、小堰门瓦、新门瓦、荐桥门瓦、菜市门瓦、钱湖门瓦、赤山瓦、行春桥瓦、北郭瓦、米市桥瓦、旧瓦、嘉会门瓦、北关门瓦、艮山门瓦、羊坊桥瓦、王家桥瓦、龙山瓦；"如北瓦、羊棚楼等，谓之游棚。外又有勾栏甚多，北瓦内勾栏十三座最盛。或有路歧，不入勾栏，只要要闹宽阔之处做场者，谓之打野河，此又艺之次者"。所以宋代说话一方面接受唐代说话及其他说唱艺术的影响，一方面顺应社会文化发展的需要，发展异常迅速。当时，职业化的说话艺人队伍迅速壮大。胡士莹《话本小说概论》曾据《东京梦华录》《西湖老人繁胜录》《梦粱录》《武林旧事》等资料统计，有文献记载的说话艺人就有110人之多。当时的话本数量，由于文献资料不足，还无法完全统计。但仅罗烨《新编醉翁谈录》甲集卷一《舌耕叙引》所列举的宋人话本，即达113种，其中小说类107种，讲史类6种，其繁荣可见一斑。遗憾的是，这些作品大部分已经亡佚，现存40种左右，主要分布在《清平山堂话本》《京本通俗小说》（有人认为此书为缪荃荪所伪造）、《喻世明言》《警世通言》《醒世恒言》等话本集中。

从内容上看，宋人话本相当丰富。南宋耐得翁《都城纪胜·瓦舍众伎》载："说话有四家：一者，小说谓之银字儿，如烟粉、灵怪、传奇。说公案，皆是搏刀赶捧，乃发迹变泰之事。说铁骑儿，谓士马金鼓之事。说经，谓演说佛书。说参请，谓宾主参禅悟道等事。讲史，讲说前代书史文传、兴废争战之事。最畏小说人，盖小说者能以一朝一代故事，顷刻间提破。合生与起令、随令相似，各占一事。"除合生与脱口秀等即兴表演形式类似外，小说、说经、讲史三家的底本，应该属于话本的范畴。其中小说家最重要，内容包括烟粉等五类。宋罗烨《新编醉翁谈录》更细致，包括为灵怪、烟粉、传奇、公案、朴刀、捍棒、妖术、神仙等八类。以两家说法为基础稍作归并，则烟粉一类，写男女恋情；公案一类，写刑案纠纷；朴刀、铁骑、捍棒一类，写武侠争霸；传奇、灵怪、妖术、神仙一类，写异术仙鬼；讲史一类，写历史人物；说经一类，写参禅悟道。就现存的话本，前两类最多。

其男女恋情一类作品，在题材上有所突破，不少作品的主人翁已是底层普通民众。如《闹樊楼多情周胜仙》的周胜仙、《乐小舍拼生觅偶》的乐小舍、《辗玉观音》中的璩秀秀，都出身普通市民之家。这些作品，或写一见钟情，或写生死之恋，真切地反映了普通民众的情感生活。《辗玉观音》中的璩秀秀是裱褙铺璩公的女儿，卖身在咸安郡王府中作养娘。崔宁是王府工匠，二人相互倾慕。一次王府火灾，璩秀秀主动提出一起逃出王府，并以"要挟"的方式打消了崔宁的顾虑，逃至潭州结婚成家。不幸被王府卫士郭立撞见告密，秀秀惨遭私刑杀害，崔宁则被官府杖罪发配建康府，阴阳阻隔的秀秀仍然追随崔宁到建康一起生活。可后来又被郭立撞见，君王又派他抓秀秀以弄清是人是鬼，秀秀故意逃脱，使郭立受到"五十背花棒"的重责，最后揪住崔宁"一块做鬼"而去。这是一个催人泪下的悲剧故事。秀秀两次成家，一次被杀，一次被搅，在惨遭杀害后就连以魂魄与丈夫相聚的机会也被剥夺，这充分显示出咸安郡王一类封建统治者凶残歹毒的本质。另一方面，话本虽然是写恋情，但笔触所及，不是才子佳人，不是花前月下，不是花好月圆，而是通过杀身之祸，通过索魂之扰，写秀秀对婚姻幸福追求的执著，其笔力之深沉，远远超出一般同类题材。

公案类作品多从正面揭露司法黑暗与社会罪恶，如《陈可常端阳仙化》《简帖和尚》《错斩崔宁》等。《错斩崔宁》写宋高宗时，刘贵有一妻一妾，家境贫困，从丈人处借了十五贯钱归家，对小妾陈二姐戏言，这十五贯钱是将她临时典与别人所得。陈二姐信以为真，趁刘贵熟睡偷偷逃往娘家，途中遇卖丝客崔宁，结伴而行。不料，贼人静山大王潜入刘家，杀死刘贵并劫走那十五贯钱。邻居发现后追赶上陈二姐，见崔宁与她同行，身边也有十五贯钱，就将二人带回扭送官府。临安府尹草草了事，屈打成招，判以死刑。后刘贵之妻王氏被静山大王掳去作了压寨夫人，得知原委，于是告官平反冤狱，惩罚真凶。这一案件看似巧合，但在案中人物生死攸关的时刻，正如篇中王氏所言："问官不肯推详，含糊了事，却将二姐与那崔宁朦胧偿命。"在描述断案情形时，话本中也说："那边王老员外与女儿并一干邻佑人等，口口声声，咬他二人。府尹也巴不得结了这段公案，拷讯一回，可怜崔宁和小娘子受刑不过，只得屈招了。"案后，作者还明确发表自己的看法："看官听说，这段公事，果然是小娘子与那崔宁谋财害命的时节，他两人须连夜逃走他方，怎的又去邻舍人家借宿一宵？明早又走到爹娘家去，却被人捉住了？这段冤枉，仔细可以推详出来。谁想问官糊涂，只图了事，不想捶楚之下，何求不得。"所以，这桩冤案非常深刻地控诉了封建司法制度独断专行的黑暗与司法官员草菅人命的罪恶，作者从中寄托了强烈的现实批判精神。与此同时，某些作品也表达了一种对清官渴望之情。如《合同文字记》《三现身包龙图断冤》《皂角林大王假形》等，塑造了清官包公、赵知县等人物形象，反映了底层民众除暴安良的社会心愿。

武侠争霸之类的题材，则表达了劫富助贫、快意恩仇、行侠仗义的思想。如《宋四公大闹禁魂张》《万秀娘仇报山亭儿》，塑造侠盗宋四公、尹宗等人物形象，表现了对豪强恶霸深恶痛绝的情绪与敢于斗争、除恶务尽的英雄气概。《宋四公大闹禁魂张》写富家张姓员外有个毛病："要去那虱子背上抽筋，鹭鸶腿上割股。古佛脸上剥金，黑豆皮上刮漆。痰唾留着点灯，捋松将来炒菜。"对其悭吝的厌恶溢于言表。宋四公等人，机智勇敢，穿行于豪强恶霸之间，偷他们的金银财宝，剪他们的袖子，割他们的腰带，甚至将他们投入监狱，使其财尽人亡。作者对他们的赞赏形诸笔端。《万秀娘仇报山亭儿》中，尹宗母子同情万秀娘的不幸遭遇，以身涉险，甚至不惜以自己生命为代价，救人于危难之中，并帮助万秀娘报仇雪恨，歌颂了下层民众相携相依、情义为先的思想品质。

讲史也是宋人话本题材中相当重要的一部分，大抵杂取古今史实与相关传说敷衍成篇。不过现存的几篇，如《梁公九谏》《五代史平话》《宣和遗事》《大唐三藏取经诗话》等，是否为宋代所撰，尚有争议。但从当时的一些记录仍可以让我们看到大致情形。宋吴自牧《梦粱录》说："讲史书者，谓讲说《通鉴》、汉唐历代书史。文传兴废，争战之事，有戴书生、周进士、张小娘子、宋小娘子、邱机山、徐宣教。又有王六大夫，元系御前供话，为幕士请给，讲诸史俱通，于咸淳年间敷演《复华篇》及《中兴名将传》，听者纷纷，盖讲得字真不俗，记问渊源甚广耳。"这说明当时讲史名家辈出，文化基础、艺术素养极高。关于内容，罗烨《醉翁谈录·小说开辟》记载更为具体："也说黄巢拨乱天下，也说赵正激恼京师。说征战有刘项争雄，论机谋有孙庞斗智。新话说张、韩、刘、岳，史书讲晋、宋、齐、梁。《三国志》诸葛亮雄才，收西夏说狄青大略。说国贼怀奸从佞，遣愚夫等辈生嗔；说忠臣负屈衔冤，铁心肠也须下泪。"很显然，说"新话"则事关乎当代，讲"史书"则盘桓于往古，取材十分广泛，而艺术效果也不同凡响。

此外，有些作品表现民族气节，如《杨思温燕山逢故人》《郑意娘传》等；有些作品写异术仙鬼，如《西山一窟鬼》《西湖三塔记》《定州三怪》等。《快嘴李翠莲》是一篇非常特别的作品，塑造了一位伶牙俐齿、心直口快、不拘礼法的妇女形象，深受后人喜爱。

宋代话本在艺术上取得相当高的成就。首先，宋话本具有典型的文本形态特征，创造了一种独特的、模式化程度很高的结构形式。一般分入话、正话、篇尾等三个部分。入话是在正文之前冠以诗词，间而还给予解释和说明，用以引出正文。如《合同文字记》篇首为："入话：吃食少添盐醋，不是去处休去。要人知重勤学，怕人知事莫做。"这些诗词与正话内容或相成，或相反，或起吸引、稳定听众的作用。入话之后有的还要先插进一两段小故事，其内容对正话多有铺垫或反衬作用，叫"头回""得胜头回"或"笑耍头回"。正话是话本的主体，一般用"话说""却说""单说"用语等开头。篇中情节发展的一个段落或关键部位，常常穿插诗词和韵语，渲染烘托气氛与情绪。有的话本还分回，回与回之间要用"且听下回分解"来连接。话本最后，通常用诗句作结，或概括大意，或品评人事，或醒世警世，不一而足。有些篇目还有"话本说彻，权作散场"之类的惯用语。如《陈巡检梅岭失妻记》最后为："正是：虽为翰府名谈，编作今时佳话。话本说彻，权作散场。"从入话、头回、正话到篇尾，这种模式化的结构方式，与此前的志怪小说、志人小说、传奇、变文等迥然不同。

其次，宋话本的情节曲折生动，往往出人意表，步步生莲。如《闹樊楼多情周胜仙》，写周胜仙与范二郎一见钟情，各自巧报家门，匪夷所思。随后发展方向一再逆转，先是周胜仙竟然被父亲气晕，因施救不及时而死去。情节至此似乎可以结束，但业已下葬的周胜仙竟然被盗墓贼碰巧救起，她与范二郎的关系似乎又可以延续下去。不料在她历尽艰险再次见到范二郎时，竟然又被误杀身亡。周胜仙死了，情节也应该结束了，但她的魂魄仍然前来与范二郎相会，并帮他摆脱人命官司纠缠。小说中，周胜仙三次跨越生死的界线，周胜仙与范二郎三聚三离，情节大起大落，令人震撼，扣人心弦。有的时候，作品采用多线结构，明暗结合，来增强情节的曲折性。如《辗玉观音》，从秀秀与崔宁被抓回郡王府后，情节线索即一分为二。一条是暗线：串联着死亡的秀秀及其父母和郡王府。另一条是明线：串联着被发配的崔宁和建康四口之家。郡王府一来人，触动暗线，随着暗线逐渐转明，情节波澜起伏，一直到最后双线合一，崔宁得知真相，故事戛然而止。这种结构，一方面使情节变化多端，另一方面也使情节有张有弛。其明线延伸，情节舒缓，暗线触动，情节紧张，直到最后高潮迭起，走向结局。

此外，话本与前代小说最大的不同还在于，使用通俗易懂的白话作为叙述语言。宋以前的小说，都是文言语体，书卷气息十足，有的甚至古奥难懂。在唐代话本、传奇、变文的某些作品中，间而夹入一些白话、俗语成分，但主体还是文言。宋人话本，则全篇采用通俗生动的白话。其中，无论是叙述语言还是人物语言，已经达到相当高的艺术水准。如《简帖和尚》写宇文绶的一场梦："宇文绶不知身是梦里，随浑家入房去，看这王氏时，放烛灯在桌子上，取早间一封书，头上取下金篦儿一剔，剔开封皮看时，却是一幅白纸。浑家含笑，就灯烛下把起笔来，就白纸上写了四句诗：碧纱窗下启缄封，一纸从头彻底空。知尔欲归情意切，相思尽在不言中。写毕，换个封皮再来封了。那妇女把金篦儿去剔那蜡烛灯，一剔剔在宇文绶脸上，吃一惊，撒然醒觉，却在客店里床上睡，灯犹未灭。"从入梦到梦醒，活灵活现，语言简练传神。小说中的人物语言高度个性化。如《快嘴李翠莲》中李翠莲出口成章，心直口快，特色鲜明。再如《闹樊楼多情周胜仙》写周胜仙借故自报家门："我是曹门里周大郎的女儿，我的小名叫作胜仙小娘子，年一十八岁，不曾吃人暗算。你今却来算我！我是不曾嫁的女孩儿。"迂回曲折之中透露出热情泼辣、聪明伶俐的个性特征。

总之，宋代话本开创了中国古典小说的新时代。宋代话本的结构、语体等，成为后代话本、拟话本、章回小说的典范。它在题材方面的开拓，使古典小说走出了才子佳人、帝王将相的樊篱，贴近普通民众、普通家庭的社会生活，大大拉近了文学与大众的距离。当然，宋话本某些篇目有其粗糙之处，还有些内容有不健康的成分，但它在文学史上的重要地位，并不会因此而受到影响。

（周德美）

# 36. 文人画派与《宣和画谱》

文人画的由来可以追溯到汉代，张衡、蔡邕皆有画名。画品虽不传世但是典籍皆有所记载。魏晋南北朝时期，姚最“不学为人，自娱而已”成为文人画的中心论调，使历代文人将其尊为绘画的宗旨。宗炳以山水明志“澄怀观道，卧以游之”，充分体现了文人自娱的心态。唐代诗歌盛行，大诗人王维以诗入画，使后世奉他为文人画的鼻祖，他的绘画作品成为后世文人画的范本，诗中有画，画中有诗，蔚然成风，代代相传。宋代以前，中国绘画已经得到显著的发展，出现了“三家山水”和“徐黄体异”的花鸟画。

北宋时，人物、山水、花鸟等画科已相当完备，特别是院体画，已发展到一个新的顶峰。宋代建立了皇家画院，据《画继》作者邓椿记述，宋徽宗亲自主持画院，讲求“形似”和“法度”，形似是要真切细致地再现客观事物，法度是要学习传统。宋徽宗以写实、形似为主导思想，发展精工细刻的作风。总的说来，两宋宫廷绘画都追求高度的“写实”，有的美术史家把两宋宫廷绘画称为“东方写实艺术的巅峰”。写实艺术发展到极点就容易走向反面。宋代一些具有广博文化修养的画家就发现了这一弊端，并从理论和实践上另辟蹊径，首次提出了文人画的理论。

苏轼第一个比较全面地阐明了文人画理论，对于文人画体系形成起到了决定性的作用。首先，他提出了“士人画”这一概念，“观士人画，如阅天下马，取其意气所到。乃若画工，往往只取鞭策皮毛槽枥刍秣，无一点后发，看数尺许便倦。汉杰真士人画也”。其次，他抬高了画家王维的历史地位，表现出将文人画家与职业画家分开来的愿望：“吴生虽绝妙，犹以画工论。摩诘得之于象外，有如仙翮谢龙樊。”再次，他倡导诗情画意的文人画风格，反对完全追求形似的画工风格，“味摩诘之诗，诗中有画。观摩诘之画，画中有诗”。从绘画实践上看，苏轼的《枯木怪石图》可以看到他的美学实践，另外文同与苏轼共同开创了“枯木竹石”的文人画题材。人物画方面，具有很高文学、书法、古物鉴赏能力的李公麟把唐代的“白画”创造性地发展为白描，这种脱离色彩的线条更加强调书法功力和抽象的审美情趣，更加符合文人的审美标准。南宋米芾、米有仁父子独创的“云山戏墨”和“米点皴”，标志着山水画以简代密的转变，经元初的高克恭继承发展，对元明清的文人画产生了巨大影响。

而此时绘画的作者群体，亦从“众工”逐渐向缙绅士大夫文人转变。究其原因，一方面，由于北宋建国以来推行重文轻武的政策，从而使得北宋文风大盛。一些文人士大夫在闲暇之余舞文弄墨，涉足丹青。这些具有深厚学养的文人士大夫的参与使得宋代的绘画更加倾向于文学化，并随之产生了普遍的诗画相通、诗画互补之论。另一方面，由于“庆历新政”和王安石变法的影响，“党祸”殃及不少著名文人。他们本非画家，因为政治上的抑郁不得志，从而以画抒情寄恨而不求其工，使文人画带有明显的时代特色并兴盛起来。而一直以来北宋的统治者多重视画院，特别是北宋后期徽宗赵佶，酷好书画，使院体画也达到前所未有的繁盛。正是在这种文人画方兴而院体画昌盛的背景之下，朝廷集秘府藏画之大成，主持编撰了《宣和画谱》。

《宣和画谱》就是1119—1125年(北宋宣和年)间由官方主持编撰的宫廷所藏绘画作品的著录著作，共二十卷，是《宣和书谱》的姊妹篇，一般认为是宋徽宗及其臣下所编。该书系统著录皇家秘藏魏晋以来至北宋名画，总计画家231人，作品6396件，是我国历史上第一部系统记录宫廷藏画的巨著，以其著录完备，保存了大量史料而在画学史上占有重要地位。该书分道释、人物、宫室、番族、龙鱼、山水、畜兽、花鸟、墨竹、蔬果十门，每门系以短叙一篇，叙述该门类的起源、发展、代表人物及不著录某些画家的缘故等内容。其下按时代顺序收录画家小传、品评及其作品目录，这种议论、史传、目录兼收并蓄的体例对后世书画著录、品评类著作产生了重大影响。该书最珍贵的版本为元大德年间刻本，现藏于台北“故宫博物院”，该院虽曾于1971年影印出版，然大陆罕见。

《宣和画谱》共分十门，在其几个门类画科叙论中都包含有明确的文人画思想。先分列为《宣和画谱》第一门的“道释叙论”，其首句“志于道，据于德，依于仁，游于艺。艺也者，虽志道之士所不能忘，然特游之而已”，由此引出“画亦艺也，进乎妙，则不知艺之为道，道之为艺。此梓庆之削锯，轮扁所轮，昔人亦有所取焉。于是画道释像，夫佣冠之风仪，使人盼仰之。”由此明显地体现了“偏道互补”和“三教合一”的特点，而这种“三教合一”的思想也正是北宋文人士大夫画家所共有的思想。以这种理论修养作用于绘画，自然是当时之“画工”所无法相比的。第五门“鱼龙叙论”，其引用《诗》之《鱼藻》“有所调颁其首，萃其尾，依其蒲，以言其游深泳广，相忘江湖，以比夫难致之贤者”。这里明显可看出，《宣和画谱》作者在此借画鱼龙寄寓帝王求取贤才之意。这不正是文人绘画理念中的“借物抒情”“以画言志”吗？其与一般画工仅以画形状至于极工为目的已是大不同了，而有了更深刻的借画寓情之意。第六门“山水叙论”很显见受到了文人画理论的影响。一是“胸中自有丘壑”说。“其非胸中自有丘壑，发而见诸形容，未必知此。”这就首先从作画之前的构思上突出了“胸中自有成竹”的文人画家抒怀理念。二是山水名家并非出于画院，而赏识者也不在一般市井之中，而是那些具有较高文化修养的文人士大夫。且“自店至本朝，以画山水得名者，类非画家者流，而多出于缙绅士大夫……盖昔人以泉石青有，烟檄病疾。为幽人隐士之诮，是则山水之于画，市之于康衡，世目未必售也”。由此可知真正山水画名家不出于宫廷画院或画师之中，而大多出于士大夫文人，如唐至五代时王维、张旅、荆浩、关同，宋时李成、郭熙、王诜等，其传世作品也大多以水墨画为主。列于第八门“花鸟叙论”的论述，以孔子论《诗》相比拟，“故诗人六义，多织于鸟兽草木之名”。接着又论说花鸟画的诗化及寓兴，“所以绘画之妙，多寓兴于此，与诗人相表里焉”。特别是在寓情于画、借描绘各种不同的花鸟物象以言情达意、托物言志上，更能体现文人画思想所特有的理念。“故花之于牡丹芍药，禽之于鸯凤孔翠，必使之富贵；而松竹梅菊，鸥琦雁赘，必见之幽闲。至于鹤之轩昂，鹰华之击搏，杨柳梧桐之扶疏风流，乔松古柏之岁寒磊落，展张于图绘，有以兴起人之意者，率能夺造化而移精神遐想，若登临览物之有得也。”

作为《宣和画谱》最后所列一门“蔬果”，其实也应行作花鸟一科。其叙论之言既说明画蔬果不仅为一般画工以描书工细艳丽为目的，“然则丹青者岂徒事朱铅而取玩哉？”同时更要体现文人士大夫的诗画观，“诗人多识草木虫鱼之性，而画者其所以豪夺造化，思入妙微，亦诗人之作也。若草虫者，凡见诸诗人之比兴，故因附于此。”《宣和画谱》叙论中最具文人画思想的莫过于对墨竹之论述了。其首句便以文人画理念品评绘画到底是重形似和色彩工艳还是笔墨神似，“绘事之求形似，舍丹青朱黄铅粉则失之，是岂知画之贵乎？”进而得出如下之结论：“有笔不在夫丹青朱黄铅粉之工也。”也就是说，画的优劣好坏并不在色彩艳丽工细，而在于用笔。继之又说“故有以淡墨挥扫，整整斜斜，不专于形似，而独得于象外者，往往不出于画史，而多出于词人墨卿之所作，盖胸中所得，固已吞云梦之八九，而文章翰墨，形容所不逮，故一寄于毫楮……”这里更明确地表现出文人画家笔墨而不墨色，直抒写性情胸臆而不求形似工致，特别指出墨竹之作者大多为

“词人墨卿”而不是“画史”，这种“以淡墨挥扫，整整斜斜，不专于形似而独得于象外者”也正是苏轼所谓“论画以形似，见与儿童邻”文人画思想的体现。因此，进而又论道，“至于布景致思，不盈咫尺，而万里可论，则又岂俗工所能到哉?”也就是说，这种画幅虽小而气势磅礴，笔虽尽而意无穷的文人畅怀写意之作，无论如何也不可能是一般“俗工”所能为之的。

《宣和画谱》所录画家，总计有二百三十一人，其中皇室宗族画家就有二十六人之多。另有明确官职的五十余人，其他士大夫、僧道以及山林隐士亦有六十余人，其余身份不详者六十余人。而真正供职于宫廷画院的仅二十余人。由此统计可大概看出画谱所载画家之性质，其大部分是由缙绅士大夫、皇室宗亲以及山林隐士等构成的。这些人大多具有较深厚的文学修养，作画大多以“自娱”为主，闲冶性情，绝无一般画工之俗气，更无宫廷画师以为统治阶级服务为目的而作画不自由的精神状态。因此，从这个意义上讲，他们便构成了文人画的主流。另外，即使供职于画院的画家，其中也大多具有很明显的文人画思想，如花鸟画家崔白、崔悫、丘庆余，山水画家郭熹等。

《宣和画谱》体现了文人士大夫的画家情怀，如李公麟有次病体初愈就有人求其画时叹息道：“吾为画如骚人赋诗，吟咏性情而已，奈何世人不察，徒欲供玩好耶!”又如关于李成的记述，当时有个叫孙四皓的显贵，很喜欢李成的画，因此写信给他，李成看到信后很生气，叹息道：“自古四民不相杂处，吾本儒生，虽游心艺事，然适意而已，奈何使人羁致入戚里宾馆，研吮丹粉而与画史冗人同列乎？此戴逵之所以碎琴也。”显而易见，无论是李公麟的“吟咏性情”还是李成的“适意”，都是文人画家作画时的共同目的和情怀，也是有别于“画史”或“众工”们的最根本区别之一。这种士大夫文人画家作画只为“自娱”而不迎合讨好权贵的耿介之气，在《宣和画谱》关于燕肃的品评中亦有相近之记述。他曾供职于燕王赵元俨府中，作为燕王之下属却不肯低声下气，即使燕王要他的画都不予理会，其文人耿介之操守可见一斑。北宋王安石即有题燕肃所画《潇湘山水图》诗云：“燕公侍书燕王府，王求一笔终不与。”

元代文人处境低下，文人士大夫放弃仕进，疏于人事。在宋代主要作为仕宦文人业余文化生活的文人画，开始更多地出自在野文人手中，成为他们超越苦闷人生重返自然的慈航。画家心中的山水，寄寓了画家远离尘世的理想，融入画家忘情于大自然的自由心境，也渗入了无可奈何的萧条淡泊之趣。

随着元统治者吸收亡宋遗民参加政权和文化建设，在南北美术交流中，出现了在变革中影响一代绘画风气的赵孟頫。如果说苏轼是文人画的积极提倡者，那么赵孟頫就是开元代文人画风气的领袖。作为美术理论家，赵孟頫在《松雪斋集》中主张“以云山为师”，“作画贵有古意”和“书画同源”，为文人画的创作奠定了理论基础；董其昌绍述：“赵文敏问画道于钱舜举(钱选)，何以称士气？钱曰：‘隶体耳，画史能辨之，即可无翼而飞，不尔便入邪道，愈工愈远。’”重视把书法的笔墨情趣引入绘画，勾勒线条亦具文人的典雅风格。

明代初年画家分为两派，一派忠于宋元文人画的传统，另一派是复古派，即明初复兴的皇家画院中继承南宋“马夏”院体山水画传统的戴进、吴伟等人。但以“吴门派”为代表的明代文人画，扫除了“复辟”的“院体”画，把元人奠定的文人水墨风格推向更高一个阶段，其主要人物是沈周、文徵明、唐寅与仇英。吴派画家的主要成员大多属于诗书画三绝的文人名士，他们敏感或切身体验到仕途的险恶，于是淡于仕进，优游林下，以诗文书画自娱，他们尚意趣、精笔墨、继承“士气”的元人绘画传统，表现自己的品格情怀。

晚明张宏一出，拓展了文人山水画新的境界。至此，文人画在实践和理论上均已发展成熟，而张宏则予以总结和创新，遂使以文人画为主要特征的中国传统山水画臻于完全成熟的境地。张宏之于绘画的最大影响，在于他重视继承古代人的笔墨传统，把对风格的追求作为艺术的重要目的。而且，由于他具有深厚的文化修养，有自己的美学追求，从而也具有一定的创造性。张宏的笔墨技巧和表现手法，对后来画坛有很大影响，涌现出一批师法自然、重视写生的优秀画家。

清代到了文人画鼎盛的时期，涌现了诸多顶级文人画家，最突出的是“四僧”，“四僧”中又以八大山人、石涛最为突出。身为明末遗民，他们在书画中寄寓国破家亡之痛，八大山人笔法恣肆、放纵、简括、凝练，造型夸张，意境冷寂。石涛努力体察自然，鄙视陈陈相因、亦步亦趋的画家，主张“笔墨当随时代”，“法自我立”，面向生活“搜尽奇峰打草稿”。他的主张对后世的“扬州八怪”（扬州画派）、虚谷、赵之谦、任伯年、吴昌硕等都产生了深刻的影响。

文人画以其鲜明的特点在中国画坛经历了一千多年的历史，留下许多绘画珍品和绝妙绘画论著，为中国画的发展开拓了新的境界。从某种意义上看，文人画是中国绘画优秀传统的重要组成部分。在艺术多元化发展的今天，文人画仍有着重要的意义。

（钱森）

# 37. 海上丝绸之路的开辟与市舶司的设立

《中国大百科全书》这样解释“丝绸之路”：“中国古代经中亚通往南亚、西亚以及欧洲、北非的陆上贸易通道。因大量中国丝和丝织品多经此路西运，故称丝绸之路，简称丝路。”19世纪德国学者在《中国亲程旅行记》中，描写了中国经西域到希腊、罗马的交通路线，首次使用了“丝绸之路”，并在一张地图中提到了“海上丝绸之路”。其后，法国汉学家沙畹在《西突厥史料》中具体提道：“丝路有陆、海二道，北道出康居，南道为通印度诸港之海道。”由此有“海上丝绸之路”之称谓。可见，“丝绸之路”是我国历史上对外贸易的传统商道。其中既有西出玉门关、阳关沿河西走廊，穿越大漠，越过葱岭，经中亚、西亚至地中海沿岸的古代陆地“丝绸之路”，也有经东南亚、印度、阿拉伯乃至北非各国的古代海上“丝绸之路”。

现代学者一般认为，海上“丝绸之路”兴起于秦汉，发展于唐宋，繁荣于元明，清以后逐渐衰落。它与陆地“丝绸之路”南北呼应，相互补充，“舟舶继路，商使交属”，为古代中国经济文化的对外交流发挥了重要的桥梁作用，影响极为深远。

秦汉时期，我国政治统一，经济发展，为海外贸易奠定了基础。海上商道，此时已经兴起，史载汉武帝在一举扫平南越国之后，就将日南以及广东的徐闻、合浦，作为海上丝绸之路的始发港口，与东南亚各国通航贸易。据《汉书·地理志》记载，载货的船舶从合浦郡的徐闻县(今广东湛江徐闻县)出发，航行五个月即可到达都元国(今马来半岛)，再继续航行，可先后抵达邑卢没国、谌离国(今缅甸沿岸)，然后弃舟步行十余日可到达夫甘都卢国(今缅甸蒲甘城附近)，从此处再乘船航行，最后到达黄支国(今印度)。回程从黄支国起始，利用季风，先到南边的已程不国(今斯里兰卡)，继续航行可抵达中途的皮宗(今马来半岛)，过皮宗后，转向东北航行回国。这条航线，是我国开辟最早的一条远洋航线，以商品贸易为主，标志着我国古代对外贸易的海上“丝绸之路”的开辟，一直延续到南朝未有改变。南朝著名高僧法显就乘船走这条航线回国。

为适应海上远洋航行，发展海外贸易，秦汉时期，我国即已开始建造海船。今广州中山路曾发现秦汉时造船工场的遗址。从造船平台推算，当时的造船工艺水平，已能建造长30米，宽5~7米，载重25~30吨的海船。广州当时也是最早的海上对外贸易港口，魏晋南北朝时期，它就与狮子国(今斯里兰卡)、印度、波斯、大秦的海上贸易交往相当频繁。据史书记载：“海上每岁数至，外国贾人以通贸易。”(《梁书·王僧孺传》)此时，泉州也由于其特殊的地理位置，而成为海上对外交往的运输中转站，当时已有载货的海船从此地驶往南海诸国。据《续高僧传》中记载，548年(梁太清二年)，就有一位名叫拘那罗陀的印度僧人，由南海到建康(今南京)，然后他又从泉州乘船到棱加修国(今马来西亚)，中途因遇大风而曾停留在越南。565年(陈天嘉六年)，他又乘船到泉州，后改乘大船回国。秦汉时期海上“丝绸之路”的兴起，为我国远洋运输和对外贸易提供了必要的物质条件。但此时我国经济中心在中原地区，陆地“丝绸之路”正处于繁荣时期，成为对外贸易的主要渠道，加之人们抵御海上风险的能力有限，直接影响了海上“丝绸之路”的发展。

唐统治时期，政治稳定，经济繁荣，国力增强，为海外贸易提供了坚实的物质基础。随之，这条海上远洋航线也不断发展。唐代的手工业生产在农业发展的基础上迈上了一个新台阶，其生产的规模，产品的品种、数量、质量都远远超过前代，其中以丝织品和陶瓷制品最为驰名。此时，随着我国经济中心的南移，作为传统的陆地“丝绸之路”已不能适应唐代经济，特别是对外贸易的发展，加之唐与东、西突厥之间的战争，阿拉伯与波斯灭萨珊王朝的战争，尤其是安史之乱后，陆地上的这条传统商道被崛起的吐蕃切断，这多少影响了陆地“丝绸之路”的通畅。西部环境恶化，路途更加险阻，加之陆地长途运输载重量有限，消耗大，效益低。相比之下，海上远洋运输载货量大，消耗少，安全性高，效益明显的优势就凸显出来。因此，为了适应生产发展和对外贸易的需要，必然要发展海上商道，这些因素就促进海上“丝绸之路”的发展。此时造船技术的发展，也能够建造抵御海风海浪、安全性能高的远洋船只作为交通工具。一位意大利学者菲勒斯在他的著作《中世纪的中国与非洲》一书中就认为：“中国大约从公元600年开始，就建造了具有五层甲板大吨位的海船，中国帆船的体积很大，抗风能力很强。”一位曾经到过印度、中国经商的阿拉伯人苏莱曼，在他公元851年写成的《印度——中国游记》一书中说过，波斯湾风浪险恶，中国的海船特别巨大，抗风能力强，能够在波斯湾里畅行无阻。唐代造船技艺的先进和造船业的发达，为远洋航线——“海上丝绸之路”的发展提供了良好的技术支持和物质保障。《新唐书·地理志》中记载，唐德宗贞元年间的宰相贾耽曾对海上“丝绸之路”航线途经的港口、转向点以及所需的时间作了详细的介绍：中国商船从广州出发，沿越南东海岸至马六甲海峡；由此往南，经苏门答腊东南部至爪哇；往西，则出马六甲海峡，经尼科巴群岛到斯里兰卡，然后再沿印度半岛西海岸至卡拉奇。在此可再分为两条航线，一条经过霍莫兹海峡，进入波斯湾，沿东海岸到达幼发拉底河河口的阿巴丹和巴士拉。另一条则沿波斯湾西海岸，出霍莫兹海峡，经阿罗湾北岸的苏哈尔到也门的亚丁附近。

到了宋代，陆地“丝绸之路”被西夏王朝所占据，海外贸易受阻，南宋偏安江南，加上这一时期瓷器制造业兴盛，瓷器成为对外出口的主要产品。瓷器易碎，通过陆路交通工具无法完成，所以，宋朝对外交往主要依靠海路。此时，南方已成为全国的经济重心，城市经济的发展带动了商品经济的繁荣，统治者实行奖励海外贸易的政策。因此，海外贸易成为宋代经济发展的重要内容之一。宋代远洋船只不仅可以抵达阿拉伯，甚至可以穿越红海，直达非洲西北角。据宋代文献记载，当时与宋有过贸易往来的国家是勿斯里(今埃及)、层拔(今桑给巴尔)、了的瑟罗(今索马里沿岸)、默什加猎国(今摩洛哥)等。另外，南非和津巴布韦等地先后出土过宋代的货币和瓷器。由此推论，宋代的海船可能到达过非洲南部。加上这一时期我国造船技艺和航海水平在隋唐的基础上又有了较大的发展，所制造的海船载重量更大，设计更为先进。为适应远洋航行的需要，更好地在茫茫大海中辨别航向，中国人聪明地将水浮法指南针应用于航海事业中，极大地提高了中国人航海的技艺水平。指南针在远洋航行中的应用，是我国对世界航海技术的突出贡献，也是世界航海技术史上的一个飞跃。它不仅提高了航海的安全性，而且为以后进一步发展最先进的导航技术——仪器导航开辟了先河，从而使远洋航行从必然王国向自由王国大大推进了一步。人类从此真正摆脱了海岸的束缚，自由地驰骋在宽阔的海洋上。宋元时代造船技艺的提高和导航技术的更新，成为海上“丝绸之路”繁荣的物质条件。

元代的大统一，为海外贸易的繁荣奠定了坚实的基础。为扩大海外贸易的规模和数量，元代又先后开辟了黄海和渤海两条南北航线，并与传统的海上航线和港口沟通起来，将海外贸易向内地延伸，加强了内地与海外的经济联系，使海外贸易更加繁荣。通过海上“丝绸之路”与元朝交往的国家由南宋时期的140多个增加到220多个，中国贸易的船只在南印度和中国之间的海路航线上独占鳌头。著名的旅行家马可·波罗就是元朝来到中国的，他在中国生活了17年，其著作《马可·波罗行记》中描述了中国航海事业的盛况，称赞中国的船体最大、装备最佳，中国商人遍布东南亚和印度各港口，中国经济在世界经济中有着举足轻重的重要地位。尤其是明朝，以郑和七下西洋为标志，中国的航海事业达到极盛。首次远航 28000 人，62 艘商船，沿途经过爪哇、苏门答腊等地，后来几次航行更远，最远到达波斯湾、红海入海口和非洲东海岸。中国的商品、技术、文化，随着商船所到之处，影响全世界。

可惜的是，明朝中后期以后，由于统治者采取闭关自守的“海禁”政策，抑制了海上贸易的发展，使封建经济走向衰落，其带来的直接影响是导致海上“丝绸之路”的萧条。特别是鸦片战争以后，中国海权丧失，沦为西方列强的半殖民地，沿海口岸被迫开放，成为西方倾销商品的市场。西方殖民者掠夺我国资源，垄断了我国丝绸、瓷器、茶叶等的出口贸易，海上丝绸之路一蹶不振，进入衰落期。这种状况一直延续到中华人民共和国成立。

随着海外贸易的兴盛，为加强对外贸易管理，714 年(唐玄宗开元二年)始设市舶使“掌海泊征榷贸易之事”。市舶是指外国来华船舶，市舶使即我国最早设置的专管海外贸易的官职，其主要职责是检查出入海港的外商船舶、征收关税、收购政府专卖品等，也涉及外交事务。唐代充当市舶使一职的，多是皇帝的心腹宦官或者当地节度使兼任。

自唐代起，宋元明三代都沿袭设置市舶使。两宋时期，由于造船和航海技术的进步，海外贸易得到了空前发展。政府一方面多次派使臣赴海外招徕外商；另一方面于 971 年(宋开宝四年)在广州设置了我国最早的专门负责对外贸易的机构——市舶司。以后随着海外贸易的发展，陆续于杭州、明州(今浙江宁波)、泉州、密州(今山东诸城)设立市舶司。除广州市舶司外，其余几处在 1112 年(政和二年)前曾一度被停废。1107 年(北宋大观元年)始将各处管理外贸的机构改称“提举市舶司”，而将各港口的市舶司改称市舶务。1113 年，宋政府在秀州华亭县(今上海市松江区)设市舶务。1128 年(南宋建炎二年)复置两浙、福建路提举市舶司。从此，又恢复了两浙、福建、广南东路三处市舶司并存的局面。1166 年(乾道二年)，罢两浙路提举市舶司。北宋中期以前，各处市舶机构皆称为市舶司。南宋前期，两浙、福建、广南东路的市舶司统称“三路市舶司”或“三路市舶”。罢两浙路市舶司后，原属两浙路市舶司各港口市舶机构只称“场”或“务”。福建、广南东路市舶司设在泉州、广州，下设场、务。

宋代市舶官制变化十分频繁。北宋前期，市舶司由所在地的行政长官和负责地方财政的转运使共同领导，由中央政府派人管理具体事务。1080 年(元丰三年)，免除地方行政长官的市舶兼职，由转运使直接负责市舶司事务，后又专设提举官。南宋时，各处市舶司曾一度并归转运司，或由提点刑狱司、提举茶事司兼管，但为时不长。两浙路各处市舶务的“抽解职事”由地方官负责。福建、广南东路的市舶司仍设“提举市舶”一职。

宋代没有关于市舶制度的统一完整的规定，市舶司的职责主要包括：第一，对出口商船的管理与服务。具体说就是根据商人所申报的货物、船上人员及目的地，发给公凭(公据、公验)，即出海许可证；派人上船“点检”，防止夹带兵器、铜钱等违禁物品；设宴饯行即将出海的中国外商船；护送商船到珠江口，给前往国内其他港口的中国商船以“防船兵仗”等。第二，对进口商船的管理与服务。包括船只到达之前的祈风祭神；检查进口船只有无夹带违禁物品，对进出口的货物实行抽分制度，即将货物分成粗细两色，官府按一定比例抽取若干份，这实际上是一种实物形式的市舶税；所抽货物要解赴都城(抽解)；按规定价格收买船舶运来的某些货物(博买)；经过抽分、抽解、博买后所剩的货物仍要按市舶司的标准，发给公凭，才许运销他处。第三，其他与外贸有关的事宜。例如向朝廷报告贡船到岸消息，向汴京、行在纲运舶货，出卖舶货等。其根本目的是保证中央有效操纵市舶使以控制外贸。南宋前期，宋王朝统治危机深重，市舶收入在财政中的地位更加重要。南宋初年，岁入不过1000万缗，市舶收入即达150万缗，在一定程度上支撑着财政。宋政府还通过出卖一部分舶物增加收入。977年(太平兴国二年)，初置香药榷易署，当年获利30万缗。宋王朝对海外贸易十分重视，南宋时期更是如此，对市舶司中能招徕商舶的有功人员，往往给予奖励，对营私舞弊的行为也曾三令五申加以禁止。1080年(元丰三年)制定的《元丰市舶条》，又称《元丰广州市舶条法》，在加强朝廷对外贸的管理方面影响深远，标志着中国古代外贸管理制度又一个发展阶段的开始。它规定中国政府允许出口的包括：丝织品、陶瓷器、漆器、酒、糖、茶、米等；允许进口的主要有：香药、象犀、珊瑚、琉璃、珠钊、宾铁、鳖皮、玳瑁、车渠、水晶、蕃布、乌樠、苏木等。其中香药种类繁多，数量甚大，价值也高。中国政府不允许进口的有：兵器、可造兵器之物、部分书籍，还严禁外国货币进口，以防“紊中国之法”。

1277年(至元十四年)，元朝政府在攻取浙、闽等地后，立即在泉州、庆元(今浙江宁波)、上海、澉浦(今属浙江海盐)四处港口设立市舶司，后来又陆续添设广州、温州、杭州三处。经过裁并，到13世纪末，只在庆元、泉州、广州三处设置港口。规定市舶司由行省直接管辖，每司设提举两人，从五品。元朝政府曾在中央设立泉府司(院)，管理替国家经营买卖的商人，同时也经管市舶事务，但为时不长。市舶司的主要职责是：根据舶商的申请，发给出海贸易的证明(公验、公凭)；对准许出海的船舶进行检查，察看有无挟带金、银、铜钱、军器、马匹、人口等违禁之物；船舶回港途中，派人前去封堵(封存货物)，押送回港；抵岸后，差官将全部货物监搬入库，并对全体船员进行搜检，以防私自挟带舶货；将舶货抽分，细色(珍贵品)十取一，粗色(一般商品)十五取一，后改为细货十取二，粗货十五取二，另征收舶税，三十取一。之后，发还舶商自行出售。对于来中国贸易的外国商船，市舶司也采取类似的管理办法。市舶司的收入甚多，仅1289年(至元二十六年)，就向元政府上交珠四百斤，金三千四百两。当时人说市舶收入是“军国之所资”，可见它在元政府财政开支中占有重要地位。

市舶司初建时，一般均沿用南宋制度，日久弊生，严重影响市舶收入。1293年(至元三十年)，元政府制订了“整治市舶司勾当”的法则二十二条。1314年(延祐元年)，又修订颁布了新的市舶法则二十二条。“至元法则”和“延祐法则”，对市舶司的职责范围作了明确的规定，其目的是加强政府对海外贸易的控制，增加更多的收入。元代的市舶法则比宋代更为严密，说明封建国家在管理海外贸易方面已经具有更为丰富的经验。但是，贵族官僚常常带头破坏规定，使它流于空文。

元代见于记载的与中国建立海道贸易关系的国家和地区在100个以上，东起日本、高丽(今朝鲜)，西至东北非和西南亚。进口的舶货，种类繁多。据庆元市舶司的资料，细色130余种，粗色约90种，共220余种，主要是香料、药材、布匹、宝物等。经市舶司允许出口的货物有纺织品、陶瓷器、日常生活用品等。海外贸易的开展，有助于中外经济、文化的交流。市舶司的设立，使海外贸易趋于制度化，初期起过一定的积极作用，但市舶司是封建国家机器的一个组成部分，同样存在官僚机构的种种弊端，往往阻碍了海外贸易的开展，元代中期以后尤其明显。

明代沿袭前朝之制，市舶司管理海外诸国朝贡和贸易事务，置提举一人(从五品)，副提举二人(从六品)，属下吏目一人(从九品)。提举或特派，或由按察使和盐课提举司提举兼任。市舶司隶属于布政司。因此，税收大权完全掌握在布政司等长官手中。直至明末，采取了定额的包税制，才改由提举负责征收。

1367年(元至正二十七年)设市舶提举司于直隶太仓州黄渡镇(今江苏太仓附近)，1370年(明洪武三年)

以太仓逼近京城改设在广东的广州、福建的泉州(后移至福州)、浙江的宁波各一司。在广东的是专为占城(越南)、暹罗(泰国)、满剌加(马来西亚)、真腊(柬埔寨)诸国朝贡而设，在浙江的是专为日本朝贡而设，在福建的是专为琉球朝贡而设。1374年(洪武七年)，上述三司曾经一度废止。1403年(永乐元年)又在广州设怀远驿，在泉州设来远驿，在宁波设安远驿，由市舶司掌管接待各国贡使及其随员。广东怀远驿，规模庞大，有室20间。广东市舶司命内臣提督。1408年(永乐六年)，为了接待西南诸国贡使，又在交趾云屯(今越南广宁省锦普港)设市舶提举司。1522年(嘉靖元年)，因倭寇猖獗，罢去浙江、福建二司，唯存广东一司，不久亦被废止，直到1560年(嘉靖三十九年)，经淮扬巡抚唐顺之的请求，三司才得到恢复。1565年(嘉靖四十四年)，浙江一司因巡抚刘畿的请求，又罢。福建一司开而复废，至万历中始恢复。自此以后，终明之世，市舶司无大变动。

海上“丝绸之路”的开辟和发展与市舶司的设立，直接促进了我国南方经济的发展，也促进了我国东南沿海港口城市的繁荣。广州、泉州、明州、扬州等海上“丝绸之路”的港口，随着海外贸易的发展先后兴起，成为我国古代城市发展中的佼佼者。

(宋徽)

# 38. 边境榷场的设立

北宋王朝的建立，虽然结束了五代十国的割裂局面，却没有实现真正意义上的国家统一。在北宋初期，北方有契丹人建立的辽政权，西北有党项人建立的西夏政权，此外还有云南的大理、西藏的吐蕃诸部以及西北的高昌、龟兹等政权。其中辽、夏政权对北宋构成了极大的威胁，及至南宋时期，女真族灭辽并占领了淮河以北地区，又形成了宋金对峙的局面。由于经济发展水平、自然地理条件等方面的差异，我国北方少数民族和中原地区存在明显的地域分工，二者经济表现出较强的互补性。政治上的对立和经济上的互补，使宋王朝在处理与这些少数民族政权的关系时，把经济交流与政治控制紧密结合起来，通过建立官营体制来发展和控制民族贸易。这样，榷场贸易便成为宋与辽、夏、金等少数民族政权之间交往的主要形式，并进而影响到少数民族之间的关系。

"榷"，意为专利、专卖，即官府专卖，小民不得私自经营。榷场主要是指宋、辽、夏、金时期，各政权在边境上设立的对敌对政权开放的互市贸易场所。其基本特点为：场地由官方指定，领辖于所在地区的监司及州军长吏；场内贸易由官吏主持，负责稽查货物，征收商税；双方交易者有官商也有民商，官府有贸易优先权；榷场商税是官府一笔不小的财政收入，还有官牙人评定货色等级，兜揽承交，收取牙税；民商必须纳税、交牙钱、领取证明文件方可入场贸易；由于受政治因素的影响，贸易的商品种类和数量受官府严格控制。

一、宋辽榷场贸易

宋初对与辽的互市贸易并未设官署管理，977 年（太平兴国二年）3 月，于镇州（今河北正定）、易州（今河北易县）、雄州（今河北雄县）、霸州（今河北霸州市）、沧州（今河北沧州东南）设"榷务"。宋初与辽的关系是时战时停，榷场也时开时停。991 年（淳化二年），再设于雄州、霸州、静戎军（今河北徐水，易州已为辽占领）、代州雁门寨（今山西代县西北），"置榷署如旧制，所鬻物增苏木，寻亦罢"。1002 年（咸平五年），又在雄州置榷场，但次年又罢。1004 年（景德元年）12 月，宋辽订立"澶渊之盟"，次年即在雄州、霸州和安肃军（原静戎军）三地设榷场，又于广信军（今徐水西）设榷场，被称为"河北四榷场"。榷场是双方官办的贸易场所，双方都设专官监督贸易，征收榷税。由宋朝输入辽朝的有香料、犀角、象牙、茶叶、苏木、粳糯、缯帛、漆器、瓷器等物品。由辽输入宋朝的物品，有羊、马、驼、银钱、布等，而以羊最多，每年约有数万只。宋朝严禁私市硫黄、焰硝、卢甘石、水银、丹漆、所有可以制造军器的物品以及直接影响国计民生的盐、米等，另外还有《九经》之外的所有书籍；辽朝也明确禁止向宋输出马匹。宋方在宋辽榷场贸易中获利是很大的，收入大致可以抵消对辽输入岁币的损失，北宋与西夏、南宋与金的榷场贸易中的情况也大体如此。

二、宋夏边境贸易始于西夏建国之前

992年(淳化三年)，因灵州(今宁夏灵武)一带财用匮乏，李继迁请宋朝解除边禁，建立集市，得到了宋太宗的许可。1007年(景德四年)起，北宋先后于保安军(今陕西志丹)、镇戎军(今宁夏固原)设榷场，作为与西夏贸易的场所。西夏对宋出口的物品有驼、马、牛羊、玉、毡毯、药材、盐等，宋对西夏出口的物品有茶、丝织品、粮食、香料、漆器、瓷器、铜钱、银、姜桂等。特别是茶马贸易，对宋与西夏都至关重要。1026年(天圣四年)，于河东路设“西界(西夏)和市场”。《三朝北盟会编》卷十四记载“自与通好，略无猜情，门市不讥，商贩如织，纵其来往”，反映了宋夏边境贸易的盛况。1038年(宝元元年)宋夏战起，榷场和市贸易全部停止。1045年(庆历五年)议和，次年即复设榷场。此后又先后在麟州(今陕西神木)和河东吴堡(今陕西吴堡)、宁星置场。茶叶是宋朝输入西夏的主要物品，马匹是西夏输入宋的主要物品。

三、宋金榷场贸易始于“绍兴和议”后的1142年(绍兴十二年)

南宋政府首先建榷场于盱眙军(今江苏盱眙)，后又置于光州(今河南潢川)、枣阳军(今湖北枣阳)、安丰军(今安徽寿县)西北的花靥镇，设置官府管理对金榷场贸易，以盱眙为中心。规定货物价值在一百贯以下的称为小客，每十人为一保，留一半货物在宋方榷场，带一半货物到金朝榷场交易，并购买金方货物，回宋寄留在榷场后，再将另一半货物运往金朝榷场贸易，然后统一计算往返货物的总钱数，按十分之二抽息钱归官府。而所带货物价值在一百贯以上的商人称为大客，客商与货物都只能留在宋方榷场，等候金方客商前来贸易。金朝也先后设有对南宋贸易的榷场，如泗州场(盱眙西北)、寿州场(今安徽凤台)、颍州场(今安徽阜阳)、蔡州场(今河南汝南)、唐州场(今河南唐河县)、邓州场(今河南邓州市)、息州场(今河南息县)、凤翔府场(今陕西凤翔)、秦州西子城场(今甘肃天水)、巩州场(今甘肃陇西)、洮州场(今甘肃临潭)以及密州胶西场(今山东胶州市)等，以泗州为中心。1159年(南宋绍兴二十九年、金正隆四年)初，金朝为准备侵宋，只保留泗州榷场，南宋于同年也只保留盱眙榷场，关闭了其他榷场。“隆兴和议”后，南宋于1165年(乾道元年)复设盱眙、花靥镇榷场，将原枣阳榷场移至襄阳府(今湖北襄阳市)西北的邓城镇，光州的榷场设于所属光山县(今属河南)北的中渡市，重开宋金榷场贸易。南宋输入金朝的货物，有茶叶、耕牛、丝织品、漆器、竹木器、金银器、麻布、药材、粮米、兵器、书籍、外洋船货等，而以茶和米麦为大宗，其中耕牛、兵器、书籍属于走私品。由金朝输入南宋的物品，有解盐、马匹、北珠、生金、丝织品、药材、人参、羊豕、兵器等，其中马匹和兵器属于走私品。由于政治、军事原因，一些重要的物资也被列入交流禁品，如粮食、军需用品、金属货币、牲畜、书籍等。

四、宋与西北、西南少数民族之间也有密切的边境贸易

北宋先后在古渭砦(今甘肃陇西县)、兰州等地设“市易务”，在熙河等地设“折博务”，在四川雅州(今四川雅安)等地设“博易务”，发展同西北、西南少数民族聚居地的贸易往来。进入南宋，除继续在西南各地设“博易务”外，还把广西买马司移到邕州(今广西南宁)，开展同西南各民族和大理的贸易往来。

五、辽、夏、金、蒙古之间的榷场贸易也较为盛行

辽与西夏因政治上的从属关系，有频繁的贸易往来。辽在云中(今山西大同)、天德军(今内蒙古呼和浩特市东)等数处开设了双方贸易的市场。辽也在东北的宁江州(今吉林扶余东石头城子)、龙州(今吉林农安)等地设置榷场，同女真各部开展贸易往来。又在西北羊城(今内蒙古集宁东)、振武军(今内蒙古和林格尔西)等地设榷场，作为同蒙古各部族贸易的场所。金朝继辽之后，先后在西北招讨司辖下的燕子城(今河北

张北)、庆州(今内蒙古巴林右旗白搭子)的朔平、东胜州(今内蒙古托克托)、丰州(今呼和浩特东白塔镇)等地，先后设置对蒙古各部贸易的市场。此外，金还在绥德州(今陕西绥德)、保安军(今陕西志丹县)、兰州、环州(今甘肃环县)等地，先后设置榷场，开展对西夏的贸易。此外，辽于保州(今辽东丹东市东)等地，金于西京大同府(今山西大同)西北过腰带、银瓮口等地亦设有榷场，与高丽及周边民族开展互市贸易。

对于各政权统治者来说，榷场贸易具有控制边境贸易，获取经济利益，安边绥远的作用。所以榷场的设置，常因各政权间政治关系的变化而兴废无常。但是，即使在战争期间，主要的榷场如金的泗州和宋的盱眙场还始终开放着，南北两地互补余缺的物资交流脉络并没有割断过。榷场贸易的数量虽大，但由于贸易双方政府的各种规定和限制，而且受政治影响时开时停，远不能满足南北人民物资交流的需要，民间走私贸易盛行。如宋辽间马牛羊的走私贸易很活跃，宋朝京师百官食用的牛羊，多依靠走私购买。宋金人民也通过海上，甚至潜越淮河，广泛进行私下交易。特别需要指出的是，当时南宋一再下令“贩牛过淮”者，论同“兴贩军需之罪”，金也禁止马匹入宋，但是牛马交易却是民间贸易的主要内容。走私贸易对南北方的社会生活和生产都起到了重要的作用。正如张岂之主编的《中国通史 · 隋唐辽宋金卷》所论，“辽宋夏金时期，我国境内的各个政权之间，通过榷场贸易和民间商人的大量走私贸易，密切了各个政权的经济联系，这种交往使我国各族形成了相互依存、互不可分的整体，从而为元朝的大一统准备了条件”。

(宋徽)

# 39. 契丹、女真、党项、羌族的汉化

两宋时期，民族融合，少数民族汉化程度加深。契丹、女真、党项、羌族等少数民族与汉族在经济方面相互交流，在文化方面相互吸收。由于汉族文化处于较高的阶段，各少数民族在社会制度转化的过程中，逐步吸收和接受了汉文化，但是也保留了自己民族的诸多特色。

一、契丹族的汉化

契丹族源于东胡后裔鲜卑族的柔然部。据说族名原义镔铁，象征契丹人顽强的意志和坚不可摧的民族精神。4 世纪中叶，契丹从鲜卑族中分离出来，游牧于潢水(今内蒙古赤峰市境内的锡拉木伦河)、土河(今赤峰市境内的老哈河)一带。6 世纪前期，契丹族尚处在部落阶段，唐初形成部落联盟，曾臣服于漠北的突厥汗国。628 年(唐太宗贞观二年)，契丹部落联盟背弃突厥，归附唐朝。契丹与唐朝之间，既有朝贡、入仕和贸易，也有战争和掳掠。907 年，契丹建立了政权，成为中国北方一个强大势力。916 年(神册元年)，契丹族首领耶律阿保机创建契丹国，以临潢府(今内蒙古昭盟巴林左旗南波罗城)为都城。947 年，太宗耶律德光改国号为辽，辽成为中国北方统一的政权。契丹王国强盛，其疆域东自大海，西至流沙，南越长城，北绝大漠。1125 年，辽为金所灭，此后契丹逐渐被融合。在短暂的时间中，辽完成了从部落氏族社会向奴隶制度社会的过渡，并在向封建社会跃进的同时统治了中国北部，密切了各族人民之间的联系，促进了融合，为开发蒙古地区和中国东北发挥了重要的作用。他们创造了灿烂的文明，留下了契丹辉煌的历史。北宋统治时期是契丹发展并汉化的主要时期。

社会生产方面，在耶律阿保机建立契丹国之前，契丹人主要从事游牧，辅以狩猎，过着食兽肉、衣兽皮、车帐为家的生活。旧史有云："畜牧畋渔以食，皮毛以衣，转徙随时，车马为家。"游牧经济使契丹人拥有一支彪悍劲疾的武装力量。契丹国建立后，农业、畜牧业、手工业等社会生产的各个部门均有很大发展，为契丹国东征西讨提供了物质基础。200 多年内，农业和畜牧业始终占主导地位。农业生产的重心在南部，畜牧业生产的重心在北部，处于中间的奚族故地则为半农半牧区。就其地位而言，前后有差别，大体说来，建国初期的社会经济仍以畜牧业为主，农业为辅；中期即辽太宗耶律德光以后至圣宗隆绪前期，是处在农业和畜牧业并举的阶段；晚期即圣宗中期以后，农业逐渐在国民经济中占据主导地位，而契丹人经营的主要还是畜牧业。由于契丹人的分布区均为干旱少雨之地，故其种植的农作物主要是粟、麦、糜、黍，亦从回纥人那里引种了"回纥豆"和西瓜。契丹的农业水平通过以下一些数字可帮助了解梗概：977 年(辽保宁九年)，景宗为援助北汉，曾"赐粟二十万斛"(20 万斛粟可能为南部或西南部汉人生产)。圣宗时，耶律唐古因在胪朐河"督耕稼"有方，被调屯镇州(治所在今蒙古国布尔根省哈达桑东青托罗盖古城)，"凡十四稔，积粟数十万斛"。由于辽圣宗积极倡导农业，经过兴宗、道宗两朝，契丹农业进入鼎盛时期。其间，因粮食有余，东京道和上京道的 50 余城以及"沿边诸州"都设立了储粮备缺的"和籴仓"，每仓大略储粮有"二三十万硕"。当

然，由于契丹人的居住地区皆少雨和无霜期短，畜牧和戍边占去很多劳力，许多从事农业的契丹户又为半农半牧，故对契丹人的种植业所达到的水平，不能估计过高。造成契丹畜牧业衰落的原因有三点：一是随着辽朝由盛转衰，国有群牧管理松弛。道宗时，马群太保肖陶隗曾上书："群牧以少为多，以无为有。上下相蒙，积弊成风。"经过整顿后，牲畜才"岁以蕃息"。二是农业的进一步发展，使牧场缩小。1075 年（辽大康元年）耶律乙辛请赐牧地，时为群牧林牙的耶律引吉说过，"今牧地褊陋，畜不蕃息"。三是暴风雪等自然灾害造成牲畜大量死亡。这种情况历史上屡见不鲜，最严重的是在 1082 年（辽大康八年），因大风雪，"牛羊多死"。次年四月，又因大雪，"马死者十六七"。肖陶苏斡在辽道宗乾统年间任漠南马群太保，因"大风伤草，马多死"，被免官。由于契丹人经营畜牧业一直是令"其自就水草"，马"蹄毛俱不剪剃"，未越过自生自长阶段，无防御自然灾害能力，不能不使其畜牧业发展受到重大影响。

政治军事制度方面，契丹虽然保存了自有的旧制，但是更多的也仿照唐宋制度建立了一些新的制度，有学者称为"二元政治模式"。如《辽史·百官志一》记载，辽朝中央实行北南面官制度，北面官"治宫帐、部族、属国之政"，一般由契丹贵族担任；南面官"治汉人州县、租赋、军马之事"，一般由汉族官员担任，权力远不如北面官大。地方实行部族制和州县制并行，各大小部族分别设置带原部族组织色彩的官职和机构。州县制是针对渤海故地和幽云十六州实行的制度，其设官置署大体上模仿唐朝制度。

文学艺术方面，契丹人依照汉字创造了两种类型不同的文字：契丹大字和契丹小字。契丹族是一个历史文化悠久的民族，据史书记载，契丹原先没有文字。公元 920 年春 1 月，辽太祖耶律阿保机下令创制契丹大字，秋 9 月制成，诏令颁发。这种大字是采用汉字加以简化或增添笔画而成的。中华人民共和国成立前辽庆陵出土的"哀册"上所写的文字，都是大字。后来在庆陵壁画上和许多辽代陶器上，也发现这种契丹大字。但除了契丹大字之外，还有一种契丹小字，据史载是皇子迭剌创制的。中华人民共和国成立后，辽宁锦西县狐山辽萧孝忠墓所出土的墓志和义县、建平县所出土的铜器、银器上的契丹文字，就是契丹小字。契丹文字使用了好几百年，但因通读不易，所以并没有深入民间，可是它极大地影响了西夏和女真文字，是契丹族对文化的一大贡献。

由于契丹仿汉制实行设学养士和科举取士，契丹的诗词既有气势磅礴之句，也有清新优美之词。辽代盛行佛教，从山西应县木塔佛像中发现的丹藏、佛经和佛画，河北丰润县天宝寺塔发现的佛经，内蒙古巴林右旗释迦佛舍利塔中发现的佛经，堪称佛教艺术瑰宝。绘画作品具有很高的艺术价值，耶律倍的《射骑图》、胡环的《卓歇图》、无名氏的《秋林群鹿图》《丹枫呦鹿图》等名画，均为旷世珍宝。雕塑作品刀法遒劲，栩栩如生。建筑艺术主要体现在佛塔和佛寺。山西省灵丘县觉山寺西塔院中的觉山寺塔、北京市天宁寺塔、辽宁省辽阳白塔、海城析木城金塔造型美观，是辽代最流行的密檐塔中的代表作品。河北蓟县独乐寺的观音阁兼有唐代和宋朝之长处，雄健壮丽。辽的医药久负盛名，《脉诀》和《针灸书》中的治疗方法至今仍应用在临床实践中。

生活习俗方面，契丹人的衣食住行、风俗习惯本来与汉人迥然不同。据《契丹国志》卷二十三《族姓原始》记载，他们早期的婚姻制度曾规定"王族惟与后族通婚"，随着契丹族的逐步封建化，出现了王族、后族与其他部落族人通婚的情况，以致辽朝政府不得不让契丹人"授汉官者从汉仪，听与汉人婚姻"（《辽史》卷四太宗纪下）。这是契丹婚姻制度一个明显的汉化过程，契丹人开始打破本民族的界限，开始与汉族融合。丧葬制度上，契丹人除保留本民族特有的习俗外，还吸收了许多汉人的葬俗。史载太宗死于栾城，靖安皇后萧氏在国。后崩，与帝合葬，显然是吸收汉俗的合葬制度。取名方面，契丹帝王与贵族纷纷取汉名，如耶律阿保机汉名为亿，耶律兀欲汉名为阮，耶律述律汉名为璟。服饰方面，契丹服装通常为长袍左衽，圆领窄袖，裤脚放靴筒内。女人袍内着裙，亦穿长筒皮靴。腰外系蹀躞带，上挂金玉、水晶和琥珀等饰件，还有随时可用的火石、筷子、餐具刀等。契丹人发型怪异，无论男女皆髡发。男子在两鬓各留一绺头发，别处的头发全剃光。妇女仅剃沿前额边的头发。契丹人住所为毡帐，皇帝的御帐称为捺钵。而《契丹国志》卷二十三《衣服制度》记载"国母与番官皆番服，国主与汉官则汉服"，路振奉使契丹时也看见"俗皆汉服"，可见契丹服饰也趋于汉化了。

此外，契丹还建孔庙，推行儒学。圣宗时起，契丹人开始仿汉人修史。这些都表明，契丹人不仅在形式上，而且在实质上都已经汉化。

二、女真族的汉化

女真族是我国东北历史悠久的少数民族之一，世代居住在白山黑水之间。唐初分为粟末靺鞨和黑水靺鞨，五代以后，黑水靺鞨称为女真。926年，辽朝灭渤海国，黑水靺鞨也置于辽的统治之下。其中，迁到辽阳以南，编入辽朝户籍的称为熟女真。居住在黑龙江、长白山一带，未编入辽朝户籍的称为生女真。生女真人数众多，分为172个部落，各部落居民，小者千户，大者数千户。他们主要从事狩猎生产，人人从小就练习骑马射箭，长大后都是骑射能手。《金史·世纪》记载女真旧俗"无室庐，穴地以居……夏则出，随水草以居；冬则入处其中，迁徙无常"。1072年，生女真完颜部强大。1115年，完颜部阿骨打称帝，国号大金，以会宁(今黑龙江阿城区南)为都城。女真族逐步走上了全盘汉化的进程。

生活方式上，据《续通志》卷四十七《金太祖纪》记载，11世纪初，女真人"乃徙居海古水，耕垦树艺，始筑室，有栋宇之制，人呼其地为纳葛里。'纳葛里'者，汉语居室也。自此遂定居于安出虎水之侧矣"，说明他们已经开始走上农业定居的生活阶段，并且有了农业经济。《高丽史》卷六1042年(高丽靖宗八年)4月条，有东女真酋长向高丽索求耕牛的记载。1122年(金太祖天辅六年)，宗翰派人向宋使马扩交代说："传语童太师(即童贯)：昨来海上曾许水牛，如今相望甚近，欲觅千头，令送来。"这说明海上之盟时金人曾向宋朝索要过水牛。据南宋归正人介绍说，金朝初年，女真人有"每春正击土牛"的习俗，这也从一个侧面反映了耕牛在女真人经济生活中的重要性。

关于生女真的农耕生活，宋人有这样的描述："其地则至契丹东北隅，土多林木，田宜麻谷，以耕凿为业，不事蚕桑。"金初，宋使前往会宁府时，沿途所见的景象是："州地平壤，居民所在成聚落，新稼殆遍，地宜穄黍。"金朝初年，专门针对以女真人为主的猛安谋克实行了牛头地制度，可见当时女真社会中普遍存在着农业经济。不过这个时期女真人的农业还处在原始的、粗放型的阶段，对农业经济在女真人经济生活中的重要性不宜估计过高。

文化上，金朝建国之初，女真人一般都不通汉语，不识汉文，故多以契丹人或汉人为通事。《松漠记闻》卷上谓"金国之法，夷人官汉地者，皆置通事"，说的就是金初的情形。此后，金朝诸帝中，自熙宗以下都具有相当高的汉文化素养。熙宗就是一个典型的汉化女真人，关于他对汉文化的态度，《大金国志》卷十二《熙宗孝成皇帝(四)》有一段极生动的描述："熙宗自为童时聪悟，适诸父南征中原，得燕人韩昉及中国儒士教之。后能赋诗染翰，雅歌儒服，分茶焚香，弈棊象戏，尽失女真故态矣。视开国旧臣则曰'无知夷狄'，及旧臣视之，则曰'宛然一汉户少年子也'。"这种生活环境决定了他的文化选择。《金史·熙宗纪》记载这样一件事：一次将帅奏捷，群臣纷纷赋诗称贺，熙宗看后说道："太平之世，当尚文物，自古致治，皆由是也。"这就是他的文化主张。熙宗可算是金朝第一代汉化女真人，他在位时期进行的汉制改革，显然与他本人对汉文化的态度是大有关系的。

1164年(大定四年)世宗下诏翻译汉文典籍，先后译出《易》《书》《论》《孟》《春秋》《孝经》《老子》《文中子》《刘子》《史记》《汉书》《新唐书》《贞观政要》等十余种，这些译著被作为教科书颁行到各地。1173年(大定十三年)，始创女真国子学，后又创建女真太学，各路广设女真府州学，“其学大振”。据《金史·选举志》载，诸路女真府州学共计22所，但实际上可能不止此数。1169年(大定九年)出使金朝的宋人楼钥，途经中都路保州时见到的保州女真字学，就不在上述22所府州学校之内。

制度上，据《金史》卷四《熙宗纪》记载，1138年(熙宗天眷元年)秋，“颁行官制”，即“天眷新制”。这是金朝政治制度史上的一个重要转折，自金初以来实行20余年的女真勃极烈制度，以三省六部制取而代之。“改燕京枢密院为行台尚书省”，这不只是简单地改换一个名称而已，它的性质已经发生了变化。汉地枢密院是作为双重体制中的一元而存在的，而行台尚书省则只是中央尚书省的派出机构。这两件事情的发生，标志着女真原始二元政治的终结和金朝政治体制的一元化。熙宗朝的汉制改革，从天会末年至皇统初年，持续了八九年之久。改革的内容极为广泛，涉及中央职官制度、地方行政制度、法律制度、勋爵制度、礼制、仪制、服制、历法、宗庙制度等，除了猛安谋克制度以外，女真旧制大多已被废弃，这是金朝走向全盘汉化的重要一步。

教育上，《金史》卷五十一《选举志》记载：1169年(大定九年)，世宗仿汉制，创立女真进士科，选拔诸路女真学生“尤俊秀者百人至京师，以编修官温迪罕缔达教之”。1173年(大定十三年)，就以这批女真学生为主，试以策论，取徒单镒以下27人，是为“策论进士”。

此后，女真统治者对“德运”等正统观念的重视，说明了其汉化程度之深。五德终始是中原王朝国家的传统政治学说，女真统治者大概是从金朝中期开始接受这种观念的，《金史·世宗纪》有1163年(大定三年十二月丁丑)举行腊祭的记载，而丑日腊祭是金德之征。又《大金集礼》卷三十五《长白山封册礼》记载1175年(大定十五年)册封长白山册文云：“阙惟长白，载我金德。”说明世宗时已确定本朝德运为金德。后来章宗朝和宣宗朝两度讨论德运问题，最终改金德为土德，这是金朝历史上的一件大事。金朝统治者之所以如此看重德运，是因为自海陵王确定汉地本位政策之后，女真人即已自视为中原王朝，并进而全盘接受了中原王朝的正统观念。

女真历史上发生的一件事情为女真族的全盘汉化提供了契机，那就是猛安谋克的大批南迁。生女真的传统居住区域是所谓的“金源内地”。金朝初年，女真人的分布范围仅限于上京、东京和咸平府三路。后来随着金朝的军事扩张，女真猛安谋克以军事屯田的方式逐步向辽朝的领地迁徙，不过当时尚未进入长城以南的汉地。太宗时灭掉北宋后，原本没有长期占据中原汉地的意图，所以先后扶植起伪楚、伪齐两个傀儡政权。但由于汉人的傀儡政权在政治上和军事上都无法与南宋相抗衡，于是金朝只好改变策略，对中原汉地实施直接统治。这样一来，就势必要让部分女真人移居中原。从太宗末年起，开始将女真猛安谋克大批迁往长城以南汉地，宋代文献《建炎以来系年要录》有“金左副元帅宗维(即宗翰)悉起女真土人散居汉地”的记载，这是1133年(天会十一年)的事情。熙宗皇统初，当金朝从南宋手中重新夺取河南、陕西之后，又将大批猛安谋克迁入中原屯田，“凡屯田之所，自燕之南、淮陇之北俱有之”。这可能是金代女真人规模最大的一次移民浪潮。海陵王正隆年间，为了加强对女真贵族的控制，除了少数安置在长城以北的北京路之外，其他均迁入中原汉地。至海陵末年，猛安谋克的人口分布区域已从金初的上京、东京、咸平府三路扩展到上京、东京、咸平府、北京、西京、中都、河北东西、山东东西、大名府、南京等十二路。如此众多的女真人进入中原汉地，自然给女真族的彻底汉化提供了一个非常重要的机缘。迁居中原的猛安谋克多为永久性移民。女真人原有以其所居之山川命名的习俗。及至入主中原后，便多以中原地名命名，如完颜燕京、蒲察燕京、完颜绛山、裴满河西、蒲察西京、完颜鄗阳、乌古论兖州、粘哥荆山、尼庞古华山、徒单渭河等，这说明他们并没有客居异土他乡的感觉，一种新的乡土观念很快就已经在他们的头脑中扎根。若是与契丹人和蒙古人相比较的话，女真人确实很容易融入汉人社会。这仍然可以用生活方式来加以解释，因为汉人的生活方式与女真人传统的生活方式并没有太大的差别，也正是这个缘故，才会有那么多的女真人迁入汉地并且定居下来。

三、党项、羌族的汉化

党项族是羌族的一支，自汉朝以来就在今青海、甘肃、四川三省边界的山谷间过着游牧生活。西晋时，鲜卑族慕容部吐谷浑西迁至抱罕(今青海地区)，征服这一带的羌族，建立吐谷浑国。唐初，吐谷浑分为两部，东部在青海，西部在鄯善。青海的吐谷浑与党项羌的拓跋部通婚。唐将李靖攻灭吐谷浑，党项羌首领拓跋赤辞降唐，唐太宗赐其姓李，并置靖边州处之，加号为西戎都督。唐玄宗以后，吐蕃强大，党项族移至陕甘边境。其中，居住在夏州(今陕西横山西)的部落称平夏部。唐末，党项平夏部首领拓跋思恭率兵随沙陀人李克用助唐镇压黄巢起义。唐以夏州为定难军，加思恭为节度使，赐李姓，晋爵夏国公，管辖夏、绥(今陕西绥德)、银(今陕西米脂)、宥(今靖边县东)、静(今宁夏灵武)五州之地。北宋时，党项族才由氏族部落制向奴隶制发展。1038 年，党项李元昊称帝，国号大夏，建都兴庆府(今宁夏银川)，史称“西夏”，党项羌的发展达到鼎盛时期，也加快了汉化的步伐。

制度上，模仿唐宋制度，建立了一整套从中央到地方的统治机构，任命一大批蕃汉官员。军事上，规定党项诸部男子 15 到 69 岁皆服兵役，自备兵器、口粮诸物，总兵力 40 余万。文字上，自创西夏文字字根，令野利仁荣仿汉字形体构“六书”，组成表意文字，即“蕃书”，通称西夏文字。教育上，设置“蕃学”，选蕃汉官员子弟入学受教育，并开科取士，选拔人才。生活和生产方式上，畜牧业一直是党项族最主要的生产部门，但是西夏建立以后，党项族的农业生产得到了很大的发展，主要得益于向汉族农民学习先进的农耕技术和重视农田水利工程的整修，如在兴、灵诸州修竣汉、唐古渠，在甘、凉诸州则筑渠引雪山水灌田，西夏境内农业发达地区的生产水平与汉地没有什么区别。

诚如马克思所言，“野蛮的征服者总是被那些他们所征服的民族的较高文明所征服”。综观上述诸民族，契丹、女真和党项、羌族，虽然都不同程度地征服了汉民族，但最终都被具有较高文明程度的汉族文明所征服，迈出了汉化的步伐。其中汉化程度最深的是女真，历史影响最大的是契丹(女真与党项均受到了契丹汉化的影响)。

(宋徽)

# 40. 市民文化的兴起

市民阶层的崛起要追溯到中唐时期，这个时候发生的安史之乱，使得国家经济发展受到极大的打击，因此国家不得不容忍商人阶层在盐粮转运方面的积极活动，于是商人阶层逐渐扩大。商人资本扩大和商人集中，导致城市发展，市民阶层扩大，社会阶级结构也就发生了相应的变化。两宋的京都就发生了这种典型的变化。

北宋时期，局部统一的局面和政府推行的恢复生产的政策，为农业生产的恢复提供了一些条件。农业人口增长，垦田面积扩大，局部统一使南北的粮食得到交流，各地发展虽然不平衡，但是总的来说，宋代的农业发展水平已经超过了盛唐。在农业发展的基础上，手工业也得到了发展，宋朝的矿冶、纺织、制瓷、造船、印刷等行业都获得了较大的发展。农业、手工业的发展，促使了北宋商业的繁荣。北宋的商业发展也超过了唐代，唐代全国10万人口以上的城市仅13个。到北宋时期，10万人口以上的城市已经增加到了46个，如成都、建康、杭州等地都是著名的商业都市。特别是北宋的都城开封，是全国的经济、政治中心，也是全国最大的商业都市。虽然现在已经无法复原开封的繁荣情况，但是从北宋著名画家张择端的《清明上河图》中可见一斑。这是一幅长525厘米、宽25.5厘米的长画卷，它向我们展示了开封繁华、热闹的盛况。开封在黄河和汴河的交汇处，自唐以来就是一个水陆交通便利的都市。入宋以后，开封成为都城，更为繁荣，是继南朝建康以来中国历史上第二个人口超过百万的大都市。据史学家估计，开封大约有136万人口，人口密度每平方公里3.8万人左右。开封城内店铺林立，街上熙熙攘攘，车马拥挤，行人不可驻足。唐代实行坊、市制度，即住宅区与商业区严格分开。北宋时，随着商品经济的发展和越来越多的人聚居到城市，彻底打破了坊、市的界限，坊、市之间的墙壁也都拆除了。商人开店可以随意选择地点，而且营业时间不受限制，有白市、夜市和晓市。许多交易数额巨大，“动即千万”。除此之外，城内还有固定市场和定期集市。在城内拥挤的人群中，不时可以看到军士。因为北宋实行的是“强干弱枝”的政策，所以在开封城内有大量的军士驻扎，差不多每十个人中，就有一个军士。在这样的大都市，当然少不了骑马乘轿、前呼后拥的达官贵人。但是，图中最常见的还是中小商人、手工业者、摊贩、苦力、脚夫，以及奴仆、尼姑、道士、郎中、占卜先生等，三教九流，一应俱全。由于在开封城内不从事生产的消费人口大量存在，使得城市商业非常发达，出现了颇为热闹的瓦市交易场所。

临安府(杭州)是南宋的都城，取代了北宋汴京开封府的位置，成为南宋最大的商业中心，在宋金战争中，由于北方战乱，大批王公贵族、地主官僚及市民、农民，为了避免金兵屠杀抢掠，蜂拥而入江南大小城市，临安流入人口最多，史载近百万余家，使得杭州的人口数量大增，到宋宁宗时已经达到120多万人。人口数量的大量增加，必然带来消费量的增加，这样就刺激了杭州的商业发展。每天通过钱塘江、长江、运河及海上航路，运载货物到杭州的船只不计其数。各地客商往来频繁，交易量也很大，在城内还出现了专供店铺及商旅存放货物的“塌房”和水陆码头。城外，东西南北各数十里，也都人烟聚集，百物繁盛，市井坊陌店铺很多，足见杭州商业之盛。除杭州外，长江中下游的鄂州(今武昌)和建康(今南京)也是重要的商业都会。在南宋境内，杭州、鄂州、建康以及繁华的海港城市泉州、广州，通过长江、湖广驿路和沿海航路，可内通各州县城镇市场，外通海外各国。商业的发展也推动了货币制度的进步。北宋除主要流通货币铜钱外，在四川地区还使用铁钱。铁钱过重而且价值小，不适应商业发展中大规模交易的需要，为了解决金属货币供应不足和流通不畅的问题，宋真宗初年，出现了交子，以代替铁钱在市场上流通，这是中国货币史上最早出现的纸币。

城市规模扩大，商业繁盛。导致城市人口增长最快的是因为从事手工业、商业的市民阶层增多。他们人数众多，经济力量也日益壮大，成为城市中新生的较有势力的群体。这个新生的利益群体在城市和整个中国社会的地位仍然非常低下，但却有别于同样处于社会下层的农民。市民阶层相对集中，有相当的财力，敢于并且有能力追求一种适合自己的新艺术形式，娱乐自己，表现自己。既然市民阶层已经登上历史舞台，那么反映市民阶层的文化娱乐活动也必然从农村走向城市，从分散的、规模小的演出团体发展到有固定场所、专业性的城市文艺团体，为市民阶层演出。属于市民阶层的娱乐场所——瓦子(又称瓦舍、瓦肆、瓦市)，也兴盛起来了。

那么什么叫瓦子？据《梦粱录》记载，其意思是演出和观看演出的人聚在一起就像瓦合在一起，散场之后一并瓦解，容易聚集也容易消散。在北宋都城汴梁，瓦子是城市民间表演艺术的固定场所。瓦子的大小、范围不等，内设许多勾栏。勾栏又叫棚、邀棚、游棚，是一种较固定的演出场所，相当于现在的剧场，是用栏杆围成的表演场地，分别演出杂剧、傀儡戏、诸宫调等。勾栏的规模大小不一，但都要有一个木制的小舞台供演员演出，两侧有勾栏遮挡。东京的勾栏都很重视商业宣传，里面贴满了花花绿绿的广告，当然也有节目名称、演员名字、演出时间等，今天的海报应该说就发源于此。演出时有人在门口收钱。《水浒传》第51回生动地描述了雷横到勾栏里看白秀英演并出被白秀英托着盘子要钱的情景。勾栏演出盛行以后，官办艺术机构受到了强烈冲击，以至于国家的很多活动不得不借助瓦肆艺人演出了。

据《东京梦华录》记述，北宋汴梁的瓦子勾栏数量众多，演出也非常热闹。当时有名的瓦子有新门瓦子、朱家桥瓦子、州西瓦子、保康门瓦子、州北瓦子等，其中特别提到了街南的桑家瓦子。桑家瓦子北边的是中瓦，紧接着是里瓦，其中的大小勾栏有50余座，许多勾栏有非常个性化的名字，如莲花棚、牡丹棚、夜叉棚等，象棚最大，可以容纳数千人。瓦子中有货物、药品、算卦、餐饮、剃剪、纸画、小曲等。

东京的大相国寺每月开放市集5次，人们都在这里交易。逢交易日，寺内人头攒动，万物百货在寺内分区买卖，包括飞禽猫犬、日用杂物、笔墨纸砚、书籍、图画、古玩、占卜算卦等。

汴京的瓦子勾栏发展到南宋更加发达，是因为江浙一带已经成为最富庶的地区之一。南宋初虽然遭到了兵患，但是很快就恢复了太平景象，对南方经济的破坏并不大。此外，由于宋朝皇室南渡，一大批艺人也辗转南下来到临安，继续他们的艺术表演。因此，杭州的瓦舍勾栏发展特别快，并迅速超过了北宋汴京。到南宋中期，杭州城内的瓦子有南瓦、中瓦、大瓦、北瓦、蒲桥瓦等。北瓦规模最大，有勾栏13座。城外还有20座瓦子，如钱湖门里勾栏、门外瓦子、嘉会门瓦、候潮门瓦、小堰门瓦、四通馆瓦、荐桥门瓦、菜市门瓦、艮山门瓦、米市桥瓦、旧瓦、北关门新瓦、羊坊桥瓦、王家桥瓦、行春桥瓦、赤山瓦、龙山瓦等。这些大瓦内集中了许多勾栏。到了南宋末年，北瓦、羊棚楼等叫做游棚。还有很多勾栏，北瓦的13座勾栏最繁盛，分别演出史书、小说、音乐演奏、舞蹈、杂技、戏剧、相扑、傀儡戏、说唱、说浑话和学乡谈(类似相声、滑稽)、皮影戏等。昼夜不停地演出，上千观众围得水泄不通。勾栏中，各种技艺及演员的水平之高、人数之多，北宋汴京都不能与之相比。每一座瓦子就是一个综合性的文艺表演场所，在勾栏中从事表演的演员，除极少数终生固定在一个勾栏中不动外，大多数是进出于诸瓦子勾栏中，做轮回表演。瓦肆集聚了众多百戏杂技艺人，竞争很激烈。技高者立足，技逊者走人，刺激着百戏杂技向更高的境界发展。《武林旧事》上说：技逊者被逼出京都，不准进入勾栏，只许在要闹宽阔之处做场，这种艺人叫做“打野呵”。打野呵者流散到全国各地州县，能立住脚的自然不流动。于是，全国各地州县也都出现了瓦肆。

两宋瓦子勾栏的兴起，代表着一种时代新潮流，即民间文化的兴起，也可以说是市民文化的兴起，这是宋代城市经济繁荣的必然结果。简要归纳，两宋的瓦子勾栏有如下一些特点：有相当数量的观众；定期上演百戏杂剧；有一些颇有名气的艺人；瓦子勾栏有历史继承性，如杭州在唐、五代时就发展成了江南的一个新都会，至南宋则尤为兴盛；民间文化的兴盛，不仅集中于汴京、杭州，在成都、扬州、广州、鄂州、洛阳、长安等地也都很普遍。

瓦子勾栏的兴盛，一方面，与人数和财力都有所增加的市民阶层息息相关。虽然两宋都有兵灾，但相对于其他的朝代来说要少得多，并且，战争大多发生在北方，对南方的影响并不是很大，承平景象成为宋代社会的特征。朱长文在《吴郡图经续记》中说，本朝承平日久，社会富裕，小孩子只知道笔墨纸砚，头发花白的老人已经不认识兵器了。田地肥沃，丰收也是常事……真是天下的乐土啊！在这样的状态下，自然会产生大众娱乐的文明。另一方面，国家满足于偏安，帝王官僚松懈，享乐消闲的生活成为时尚，城中密布的酒楼勾栏也吸引了更多的市民前来消费。除了市民对瓦子勾栏兴盛的推动，还有一个阶层尤为重要，那就是军士。宋代实行养兵政策，而且在开封、临安等大城市聚集了大量的士兵，军队有军乐，但是在闲暇时士兵们也参与民间娱乐，由此促进了勾栏的兴盛。瓦子勾栏的存在，改变了人们的消闲生活，从无处消愁到出门寻欢作乐，瓦子就逐渐成了市民闲暇生活的一部分，也标志着市民文化在宋代的发展。

市民文化从一诞生起，便显示出一种接近平民的活力和广泛的普及性。唐代流行的“变文”就是市民们欢迎的一种文艺形式，傀儡戏、参军戏等歌舞小戏也在中唐后的市井间流行起来，市人小说也开始出现。由中唐开始发端的市民文化至宋代有更为迅速的发展。在众多的瓦舍伎艺中，最能体现市民口味和市民意趣的是说话和杂剧两家。

说话是宋代民间文学中最为重要、影响也最为巨大的一种伎艺。《醉翁谈录》中记载，宋代说话，说国贼奸佞小人，则愚蠢的百姓都会怨恨他们；说忠臣遭冤，铁石心肠的人也会落泪；讲鬼怪，壮士也会心惊胆战；谈论深闺怨恨，惹得才子佳人泪痕满面……说话内容之丰富，感染力之大，由此可见一斑。

宋代说话分为四大家，分别为小说、讲史、讲经、合生或说浑话。这四类中以小说、讲史最受欢迎，小说尤甚。《武林旧事》等提到的近百名说话人中，说经的有17人，讲史的有23人。

小说的内容大致包括：烟粉——讲烟花粉黛，人鬼故事，如《杨思温燕山逢故人》《碾玉观音》；灵怪——讲神仙妖术的故事，如《陈巡检梅岭失妻记》《张古老种瓜取文女》；传奇——讲人世间悲欢离合的趣闻轶事，如《风月瑞仙亭》《张生彩鸾灯传》；公案——讲强人侠客的故事，如《三现身包龙图断冤》《万秀娘仇报山亭儿》。在这四类中，又以爱情、公案两类作品最多。在以爱情为主题的作品中，市井小民成了故事的主人公，青年男女勇敢追求爱情的精神得到了说话人的充分肯定。如《碾玉观音》的主人公璩秀秀，出身贫寒的装裱匠家庭，生得美貌出众，聪明伶俐，更练就了一手好刺绣。无奈家境窘迫，其父以一纸“献状”，将她卖与咸安郡王，从此，正值豆蔻年华的秀秀，身入侯门，失去自由。其后郡王府失火，逃命之际，她遇见了年轻能干的碾玉匠崔宁。秀秀见他诚实可靠，便主动提出：“何不今夜我和你先做夫妻？”而胆小怕事的崔宁却不敢应允。秀秀说：“你只说不敢和我私奔，我一旦喊起来，你也脱不了干系。明天我要到府里去说!”然后两人一起私奔，却由于郡王发现，后崔宁被发配，秀秀杖责而亡，其父母也受牵连而死，秀秀魂魄与崔宁又续前缘。

讲史是在宋代颇有市场的另一种“说话”。《东坡志林》中记载，市井中有小孩儿顽劣成性的，家长就会给他们一些钱，让他们去听古话。古话也就是指的“讲史”。两宋讲史大多取材于正史，以史实为根据加以润饰和虚构，因此，这既是一种史学活动，也是一种文学活动。讲史用一种通俗、生动的方式，将历史知识、历史观念融入故事，然后传达给民众。除此之外，讲史还在故事讲演中起着道德教化的作用。另据《东坡志林》载，说到三国故事的时候，听到刘玄德战败，大家都皱着眉头，还有痛哭的；听到曹操战败，都很欢喜，唱得也更快了。刘忠曹奸的观念在民间广泛流传，讲史的作用是不可低估的。

说经就是演说佛经上的故事。宋代佛教发展兴盛，过去只有在寺庙才能听到的参悟佛教的演说，随着市民文化的兴起，也进入了瓦子勾栏当中。说经的多为和尚，所讲的佛教故事，大多是关于佛教教义，也有一些佛教故事，如《大唐三藏取经诗话》就是当时说经人依据的话本。

说浑话，兴起于北宋中期。其内容多为民俗俚语，但尖酸刻薄，多有讽刺。

宋代杂剧是一种综合性的戏曲，是在唐代参军戏的基础上发展而来的，也是瓦舍勾栏中演出的最重要的项目。《东京梦华录》就曾记述了瓦舍勾栏因为演出杂剧而观众增加几倍的情形。杂剧还取代了歌舞成为教坊十三部里的“正色”。从结构上看，杂剧可以分为三部分：艳段、正杂剧、杂扮。

艳段是正戏开演前招徕观众的小节目，有歌舞，也常有一些表现寻常小事的滑稽可笑的动作和说白，甚至夹杂着武打表演。艳段与都市生活息息相关，对各种各样的观众都有很大的吸引力。

正杂剧是杂剧的主体部分，有的以唱为主，有的以演滑稽戏为主。这部分的内容常常直接指向社会生活中的弊病，政治性较强，在戏曲表演中还隐藏着对时政的讽刺，甚至直接指责皇帝。如刘绩霏的《雪录》记载的小故事：宋高宗时，厨师给高宗上了一盘没煮熟的馄饨，这位厨师因此被下到大理寺。演杂剧的人假扮成两位士人，长相各异。有人问他们的出生年份，一个说是甲子年生，另一个说是丙子年生。于是演员向高宗报告说，这两个人应该被送到大理寺。高宗问其缘故，演员对答说，荚子、饼子都是生的，应当与馄饨不熟的同罪。高宗大笑，于是赦免了厨师。这部杂剧进谏高宗，被高宗采纳，有一个比较好的结局。有些杂剧却因讽刺朝政而遭到当权派迫害。岳珂的《优伶诙语》记载：绍兴十五年，高宗在望仙桥赐给秦桧一座官邸，并让艺人前往助兴。酒宴正酣之时，有一个参军称颂秦桧的功德，一个艺人给秦桧送上一把椅子。此艺人讲话非常诙谐，使得当时的气氛非常融洽和轻松。参军拱手相谢，却不小心掉了头上的帽子，这位参军在脑后梳了两个髻。艺人指着髻问参军：这是什么环？参军回答：二圣环。艺人于是扑上前去，拍其脑后说：你只晓得坐好太师这把交椅，攫取金银财物，却把这二圣环丢在脑后！秦桧大怒，把艺人下到狱中，并找个机会杀了这个艺人。艺人在秦桧权势正盛的时候，敢于斥责秦桧把二圣(即宋徽宗和宋钦宗)丢在脑后的无耻行为，说明了杂剧艺人对时政的关心和敢于对抗权贵的品格，但是其结局是悲惨的。此外，杂剧艺人还演出了诸如《四小将整乾坤》歌颂英雄豪杰，《莺莺六幺》《相如文君》《郑生遇龙女》等反对礼教、追求婚姻自由的杂剧。

杂剧的第三部分是杂扮，这是附于正杂剧之后的玩笑段子，其内容多是丑化农民，夸张地表现乡野农民的拙朴和与城市生活的格格不入，将农民的这些特点作为嘲笑的对象。以杂扮结束，使杂剧在轻松的气氛中收场，从而达到了良好的喜剧效果，但是其嘲弄、讽刺乡下人的主题，竭力贬低农民以炫耀自己的优越感，不但表明市民已失去了农民的那种淳朴憨厚，而且这也正是最初的市民意识，是市民从农民中蜕脱而出的必然否定过程。正是这一否定，标志着市民从思想意识上的形成与独立。

宋杂剧这一由瓦子勾栏发展出来的艺术形式随着都市经济的发展，迅速传播，并直接孕育了元杂剧。

在杂剧的发展过程中，北宋末宣和年间在浙东一带的民歌、曲子的基础上发展出了一种新的民间戏曲——南戏，又称永嘉杂剧或戏文。南戏是在北方杂剧的影响下，以南方民间散乐为基础，吸收歌唱、舞蹈等表演手段和形式，渐渐与故事性情节相结合，最后形成了具有地方特色的戏种。南戏与北方杂剧呼应，逐渐成为古代戏曲的两大流派。在南宋的城市娱乐中，南戏具有压倒性的优势，不仅丰富了市民的文化生活，又为我国戏曲的发展奠定了基础。

两宋以唱为主要内容的说唱曲艺，其形式多种多样，内容更是丰富多彩。小唱，随词的发展而在曲艺中占主要地位，即唱词。小唱艺人走街串巷，是出入于茶馆、妓院、酒楼的小型演出队伍。嘌唱是宋代的一种新的民间歌曲形式，演唱时主要用鼓伴奏，非常动听。唱赚又叫道赚，也是一种民间歌曲。诸宫调是一种说唱曲艺，说的部分为散文，唱的部分是韵文。演唱时故事性增强，音乐上吸收唐宋大曲和宋代流行歌曲，再糅合其他说唱艺术，成为观众更加喜爱的一种曲艺形式。除此之外，还有鼓子词、吟叫、合生等。

宋代的城市娱乐活动除了说唱曲艺、杂剧表演之外，还有各种伎艺表演，总称为百戏，如杂技、蹋球、形体技艺(拗腰、倒立、跟斗、水上秋千等)、高空节目(如顶竿、走索)、杂手艺和踢弄(用手足耍弄物件来表现技巧)、角觝(又叫相扑、争交)、魔术、马戏、驯化动物、口技、烟火等，这些都说明了城市市民文化的发达。

由于大量市民对说话艺术的喜爱，就刺激了说话艺术的发展和创新。说话艺术的普及和说话人的增加，也引起了同行业的激烈竞争，仅仅依靠说话人的临场发挥已经无法满足听众日渐提高的审美趣味。听众、说话人都迫切需要新的优秀话本，于是开始有人专门为说话人编写底本。有一些听众不仅要听，还要事后玩味，他们看的就是说话人的底本。这就要求底本不能再粗略简单。最后写成的话本既要方便说话人使用并被其所接受，也要照顾到其他读者，因此故事要完整，情节要曲折，描写要细致，人物形象要鲜明，文字要通俗生动，使话本犹如说话人的演说。这样，话本在一定意义上脱离说话而独立存在，完成了从口头流传到文字作品的演进，已成为名副其实的白话文学作品，即话本小说。写话本的这些人多为科场失意而颇有才气的文士，也有些是小官吏、医生、术士、商人和说话人中的佼佼者。他们也组织起自己的行会——书会。他们凭借自己广博的常识、丰富的阅历，以及对自己身处其中的市民阶层的了解和把握，对原有的故事进行加工改编，或直接取材于现实生活，在话本中逼真地描绘市民形象，深刻地表现他们的思想情感。我国的活字印刷术就是在这个时候发明并完善起来的。印刷术的出现，使大量话本的刊行成为可能，促进了话本从说话人的专用底本到公开出版的文学作品的转变。不过话本小说的鼎盛时期是在明朝。

宋代的说话人虽然有四类，但是话本一般有两种。一是讲史话本，主要讲述长篇历史故事，取材于历史，后来发展成为章回体的长篇历史小说。一是小说话本，又称小说，多取材于当时的现实生活，也有些话本是从《太平广记》《夷坚志》等书中选材，再进行加工处理。宋代的小说话本不同于六朝小说和唐朝传奇只描写上层社会或封建士大夫阶层的生活，或者即使描写平民也是站在上层的立场上，宋代话本更多地表现了平民的喜怒哀乐。话本小说又可分为三类：描写爱情婚姻，描写公案，讲述神仙鬼怪。其中以描写爱情婚姻和公案的题材为最多，成就也最高。

以爱情婚姻为题材的话本小说，主要是通过描写生活在下层的妇女在爱情婚姻问题上的种种遭遇和不幸，表达对她们的同情，表现她们为争取婚姻自由、追求个人的美满的婚姻生活所做的抗争和努力。如前面提到的《碾玉观音》。以公案为题材的小说话本，有的对官吏的昏庸、贪残作了无情的揭露；有的讴歌了仗义勇为的侠盗和比较清正廉明的官吏；有的对无辜受害的百姓给以无比的同情，直接反映了当时的生活矛盾。其代表作如《错斩崔宁》《宋四公大闹禁魂张》。

宋代话本小说在艺术上是颇有特色的，其一是情节曲折、故事性强。在叙述故事时，层次分明，情节井然有序，尽管线索很多，却能把来龙去脉交代得一清二楚。作者还善于使用伏笔，制造悬念，使故事情节曲折动人，引人入胜。此外，作者还非常重视故事结构的完整性，使中心突出，线索明晰。二是运用生动的白话口语来叙述事情，许多篇章都是用白话来描写社会的日常生活、骇人听闻的趣闻轶事。这种语言具有浓厚的生活气息，朴素精练，生动形象，通俗易懂，表现力强。话本中还大量使用俗语、俚语，更使作品生动，并常给读者以鲜明深刻的印象。有的还使用俗语排比，如"火到猪头烂，钱到公事办""将身投虎易，开口告人难""猪羊走入屠宰家，一脚脚来寻死路""哑子漫尝黄连苦，难将苦口对人言"等。白话演员在刻画人物时往往更加生动细致、入木三分。在白话语言的运用中，最成功的是不同人物之间的对话。话本不同于以往的典雅语言，用切合个人身份的白话口语，塑造不同人物的个性，展现各自独特的内心世界。如《西山一窟鬼》中，媒婆给吴洪说媒一段：

婆子道："教授方才二十有二，却像三十以上人。想教授每日价费多少心神。据老媳妇愚见，也少不得一个小娘子做伴。"教授道："我这里也几次问人来，却没这般好头脑。"婆子道："这个不是冤家不聚会，好教官人得知，却有一头好亲在这里。一千贯钱房卧，带一个从嫁；又好人材，却有一床乐器都会，又写得算得，又是大官府第出身。只要嫁个读书官人。教授却是要也不?"教授听得说罢，喜从天降，笑逐颜开，道："若还真个有这人时，可知好哩！只是这个小娘子如今在哪里?"一个善于逢迎、口齿伶俐的媒婆形象，就栩栩如生地出现在读者面前了。

小说话本篇幅一般不长，或三五千字，或六七千字。通常由题目、篇首、入话、头回、正话、结尾六部分组成。

题目由正话的故事内容决定。开始题目很短，三四个字，如《碾玉观音》。后来渐长，至七八字，如《宋四公大闹禁魂张》。

篇首。话本以一诗(词)开篇，这些诗词有的总括全篇，有的点明主题，有的引出故事。

入话。篇首诗词之后，还需要加些话把故事主旨讲清楚，这些话就叫入话。入话可长可短，只要讲清楚就行。

头回。不少话本在篇首诗词和入话之后，还要插上一段与本篇故事相似或相反的故事，以加深读者对正话的印象。

正话。即一篇话本的主要故事。其文字有白话散文，也有韵文。在表演时，还可以根据说话人的需要分成几回。

篇尾。这是以说话人或作者的口气总结全篇主旨，或对观众进行劝诫的一个结尾。

话本小说在生活现实中孜孜不倦地吸取营养，获得了蓬勃的发展，成为我国小说发展史上重要的一环。

（余红）

# 41. 文化重心的南迁

文化重心的南迁是指从西晋末年到南宋时期，中国古代的文化重心经历了由黄河流域的中原地区迁至长江流域南方地区这样一个复杂而漫长的过程。导致文化重心南迁的主导因素是经济重心的南移。此外，地理环境的变化与政治中心的变迁对文化重心的南移也产生了促进作用。

中国古代文化重心由黄河流域迁移至长江流域经历了约一千年的漫长过程，大致可以划分为三个阶段。

首先，迫使文化重心的最初南迁应归因于西晋的“永嘉之乱”。西晋初期推行的分封制度导致了诸王权力膨胀，造成了尾大不掉的局面。291 年(元康元年)到 306 年(光熙元年)，西晋王室发生了“八王之乱”。而东汉以来，居住在北部与西部的少数民族不断内迁，内迁的各族与西晋的民族矛盾日益尖锐，引发了西晋末年的民族起义。311 年(永嘉五年)，匈奴人刘聪派遣石勒、刘曜率兵攻入洛阳，俘获晋怀帝司马炽，屠杀士兵、百姓 3 万余人，史称“永嘉之乱”。“永嘉之乱”之后，石勒占领了中原地区，中原地区的士人、手工业者、商贾等大量地向南迁移。328 年(咸和三年)，东晋将军苏峻、祖约叛乱，石勒乘机进攻东晋，东晋丢失黄河以南、淮河以北的广大地区，其地的北方流民再次南迁避难。淝水之战后，北方的前秦政权瓦解，中原地区再次陷入混战之中，又一次掀起了北方人民南移浪潮。西晋“永嘉之乱”后的几次大规模的人口南迁，主要分布在长江下游地区。北方人口的迁入为南方增加了大量的劳动力，带来了先进的生产技术，加速了南方的开发，从而揭开了经济重心由北向南迁移的序幕。东晋偏安一隅，定都建康，当时的建康已经成为南方的经济、政治中心。“永嘉之乱”后的北人迁徙方式为世家大族的整体流动，其中包括了王室等众多文化望族，基于政治、文化、家族上的优势，使南迁的中原文化迅速传播，加之原有的江左文化，南方的文化逐渐趋向繁荣。但是经济重心仍然居于北方，隋唐重开大一统的局面，关中与关东地区还是当时中国农业的发达地区。隋唐重点建设长安与洛阳两京，都城长安极度繁荣，成为国际性的大都市，洛阳则为运河的中心，经济、文化重心仍然留滞于长安—洛阳一线，黄河流域仍是全国文化兴盛之地。

其次，推动文化重心再度向东南迁移的，是唐朝的“安史之乱”。唐玄宗李隆基后期，府兵制度遭到破坏，节度使权力膨胀。755 年(天宝十四载)，安禄山、史思明起兵范阳，随即攻陷洛阳，翌年攻克唐朝都城长安，逼迫唐玄宗奔蜀，太子李亨亦逃至武灵即位。后唐军在回纥军队的帮助下才镇压了叛军，史称“安史之乱”。“安史之乱”历时 8 年，黄河中下游流域是主要战场，经济繁荣的区域与繁华的都市在战争中成为废墟，社会生产遭受严重破坏，中原地区满目凄凉。《旧唐书》记载：“百曹荒废，曾无尺椽，中间畿内，不满千户。井邑榛棘，豺狼所嗥，既乏军储，又鲜人力。东至郑、汴，达于徐方，北自覃怀，经于相土，人烟断绝，千里萧条。”“安史之乱”爆发后，北方的人民为了躲避战乱，背井离乡，迁往南方。南迁的移民主要集中在长江流域的江淮地区，最远的迁入岭南、闽南一带。“安史之乱”后，北方地区藩镇割据势态更为严重，战乱连年，人口锐减。南方地区由于北人的大量南迁，人口迅速增加，分布更趋均衡，南方的经济进一步得到开发。唐后期，国家的财政很大程度上要倚仗江南供给。然而，因北宋定都于开封，全国的文化重心仍居留于北方，长安—洛阳—开封是一条东西文化轴线。张载的“关学”与“二程”的“洛学”则为北宋时两支重要的理学流派，故《墨庄漫录》记载：“许洛两都轩裳之盛，士大夫之渊薮也。”

文化重心南迁的真正分野是北宋末的“靖康之难”。北宋一朝积贫积弱，时常遭受辽、西夏与金的入侵。1126年（靖康元年），金军南下入侵，攻陷都城开封，翌年掳走宋徽宗赵佶、宋钦宗赵桓、后宫嫔妃、宗室、大臣三千余人，史称“靖康之难”。“靖康之难”后，宋徽宗第九子赵构即位，将政权南迁至临安，掀起了中国历史上再一次大规模的人口迁徙的浪潮。从1126年（靖康元年）至1138年（绍兴八年），共有4次大规模的移民南迁。南迁的人民再一次为南方的发展作出了贡献。南宋时，南方的经济发展已经完全超越北方，淮河一线成为中国南北经济的分界线，古代经济重心南移过程完成。与宋王室一起南渡的还有大量的贵族、大臣、士人、手工业者、商贾等，再现了东晋南渡时的历史景况。南渡的移民主要迁入东南的浙江与江淮之间，杭州成为政治中心，也聚居着大量的文人墨客、才子士人。因此杭州—苏州的南北文化轴线取代了长安—洛阳—开封的东西文化轴线，标志着中国古代的文化重心完全迁移到秦岭—淮河以南的广大地区。

文化重心的南移历经了漫长的过程，而使之由黄河流域迁到长江流域及其以南的地区包含众多因素。

经济重心的南迁是文化重心南移的关键因素。唐朝以前，黄河流域的关中地区以及中原地区是中国古代经济的发达区域。“安史之乱”后，南方的人口激增，至北宋时，南方的人口已经远远超过北方，南方集中了大量的劳动力资源与丰富的自然资源，促使了南方经济飞速发展。南宋时流传的谚语“苏湖熟，天下足”已经说明南方的农业生产在中国农业生产中居主导地位。同时，南方多产桑、茶、棉花等经济作物，江西的景德镇已经发展为全国的瓷器中心，纺织业的中心也移居到江南地区。在北宋中期，全国的赋税就已经仰仗东南，苏轼曾感叹，“东南漕事，国用之根本”，“东南都漕出纳财赋，几半天下”。经济的发达促进了文化的发展，南宋以后，长江流域社会环境相对稳定，文化的发展已经远远超过了动乱且为金人统治的黄河流域。

战乱与人口的迁移是文化重心南移的另一重要因素。中国古代历史上，长城以北的游牧民族与中原地区的农耕民族关系紧张。西晋的“永嘉之乱”，北宋时期的契丹、金与西夏的南下入侵，都是以农耕文明败北告终。战争的破坏和杀戮迫使北方人口南迁，北人南迁不仅带来了生产技术、劳动力，南渡的豪族、士人亦传播固有文化，创造了新的文明。

自然环境的恶化是文化重心南迁不可忽略的因素。黄河孕育了古代文明，塑造出长安、洛阳、开封等重要城市。但是，由于黄河的水土流失，造成了下游的泥沙淤积，使许多城市面临危机。历史上黄河多次决口，严重影响了流域地区的生产生活，迫使北方人口南迁到自然灾害较少的东南地区。

南宋时，伴随经济重心南迁，文化重心落脚于秦岭—淮河以南的广大地区，南方的文化开始显示出相对的优越性。

其一表现为南方学校教育的发达。春秋战国时期是我国私学的诞生时期，孔子授学时，据说“弟子三千，贤者七十二人”。根据《史记·仲尼弟子列传》的记载，孔子的77名有较大成就的弟子中，73人属于北方，仅3人属南方籍贯。两汉时期私学开办者的籍贯为北的占七成多，而南方的却不到两成。自三国时期至唐以前，北方的私学数量、学生人数都在南方之上。“安史之乱”后，北人的南渡打破了这种局面，南方的私学得到了很大发展，出现了制度化的私学——书院，这些书院的功能主要涉及出书、藏书、讲学等。根据邓洪波《中国书院史》的考证，唐朝时期的书院共40所，其中南方有35所，多集中于浙江、江西、福建、湖南、四川，而北方仅5所，零星分布在陕西、山西、河北、山东。北宋时期的书院，据白新良先生在《中国古代书院发展史》中的统计，北宋时期已确切考证的书院为73所，北方仅有5所，绝大多数都在南方。靖康南渡后，宋王室偏安自保，社会比较安定，此时书院蓬勃发展，这一时期共存有书院442所，此时书院已经成为培育科举考试士人的重要场所，并作为一种文化教育制度得以确立。隋唐开创的科举取士制度，逐渐成为唐以后历代朝廷选拔人才的途径之一。唐代参加科举的人士分为出身官学的生徒与受业于私学的乡贡，其中由乡贡入仕的人较多。以“安史之乱”为界，唐代南方科举入仕的人数经历了一个由少到多的发展过程。以福建为例，唐代最早登进士第的是薛令之，为闽中长溪人，706年(神龙二年)及第，之后福建未有进士及第的记载。至792年(贞元八年)，才有另一位叫欧阳詹的再度登第，前后相距近百年。这之后，由于南方教育得到发展，福建科举入仕人数急剧增加，《全唐文》载：“盖七闽之地，自欧阳詹、王棨为之倡首，相继登上第，遂盛于时云。”有唐一代，自开科取士以来共有146位状元，“安史之乱”以前确考为南方籍贯的状元仅1人，中唐之后，确考为南方籍贯的状元已达14位。中唐后，南方的经济迅速发展，文化教育上也已经开始追赶北方。至北宋一朝，共钦点69名状元，其中确考为南方籍贯的就有30名。苏轼在《徐州上皇帝书》中对宋神宗赵顼奏说，“昔者以诗赋取士，今陛下以经术用人，名虽不同，然皆以文词耳。考其所得，多吴、楚、闽、蜀之人。至于京东、西，河北，河东，陕西五路，盖自古豪杰之场”，而今“得人常少”。到明清时，这种势态的发展则更为明显，1371年(洪武四年)至1616年(万历四十四年)的245年间，状元、榜眼、探花共计244人，其中南方215人，北方仅29人。公元1736年(乾隆元年)，朝廷诏举博学鸿儒，先后获选者267人，其中江苏78人，浙江68人，两省合计超过了总数之半。

其二则为学术中心的南移。首先表现在儒学正统中心的迁移上。黄河流域是中国文化的原始中心，春秋战国时期学派林立，出现了百家争鸣的盛况。以孔子为创始人的儒家学派代表人物多居于齐鲁，从西汉时儒学被定为正统之学至唐朝时，儒学的代表人物多为北人，儒学的中心则久居黄河流域。宋时兴起儒学改革，儒学的新形式——理学分为众多学派，宋代理学的开山大师周敦颐为湖南濂溪人，程颐、程颢虽毕生讲学于洛阳，但弟子却以南人居多。南宋时，理学大师几乎都为南方人。朱熹为徽州婺源(今属江西)人，一生主要从事讲学、著书活动。1179年(淳熙六年)，朱熹于江西庐山白鹿洞书院收徒讲学；湖湘学派的代表胡安国及其子胡宏(福建人)则授学于湖南岳麓书院；心学大师陆九渊(江西人)则授学于江西象山书院；而以吕祖谦(浙江人)为代表的婺学学派以浙江丽泽书院为基地讲学，浙江还有“永嘉学派”与“永康学派”兴盛；“二程”的弟子杨时受学后归于福建，创立了闽学。南宋的理学昌盛于长江以南，江西、福建尤为兴盛。其次反映在文学史上，“安史之乱”后，中原文人的南下使活动于南方的文人增加。五代时期，北方五朝附加北汉，在经史方面的成就远胜于南方。北宋前期，北方的文学家还是略多于南方。靖康南渡后，活动于北方的文人数量急速下降，南北两方文人数量极其悬殊，创作业绩也不可同日而语。南宋时，洪迈就指出：“古者江南不能与中土等。宋受天命，然后七闽、两浙与江之东西，冠带诗书，翕然大肆，人才之盛，遂甲于天下。”以词人为例，《全金元词》收集了北方金代词人共70家，词3572首，而据《全宋词》记载，南宋词人为1095人，其中南渡词人就有488人，词8854首。以诗人为例，《全金诗》共74卷，诗人358人，作品5544首，而南宋诗人中仅陆游一人的诗作就有35卷9920首。宋人认为：“江西自欧阳子(修)以古文起于庐陵，遂为一代冠冕，后来者，莫能与之抗。其次莫如曾子固(巩)、王介甫(安石)，皆出欧门，亦皆江西人。……朱文公谓江西文章如欧永叔、王介甫、曾子固，做得如此好，亦知其皓皓不可尚已。至于诗，则山谷(黄庭坚)倡之，自为一家，并不蹈古人町畦。”(《鹤林玉露》丙编卷，《江西诗人》)在“唐宋八大家”中，江西籍人士就占了三个，加上四川苏门三父子，北方其实仅有两位。同时南宋城市经济繁荣，已经出现了“话本”之类的小说雏形。

其三是政治中枢的南人化。政治人才的地域分化是文化重心的显性标志。从西周到唐朝，历代的政治人才、将相官吏多出于北方的关中、河南等地。其中以宰相为例，隋以前诸朝宰相中只有极少数人籍贯属于南方，包括政治中心在南方的东吴、东晋等朝的宰相。根据万斯同编撰的《东晋将相大臣年表》，东晋的15位尚书令，北方占了12位；40位尚书仆射，北方占了30位；31位吏部尚书，北方占了24位。唐朝共有宰相369人，多为关陇、中原人士，籍贯为南方的只有32人。直至北宋时期，还是河南的人才数居全国之冠。北宋九朝共71位宰相，其中南方占了27人，比起唐朝时大为好转。北宋初期，由于统治者用人策略的因素，政治人才的北方化仍非常明显，仁宗朝后才逐渐有所扭转。南宋时期的陆游对北宋用人政策予以总结时说道："天圣以前，选用人才，多取北人，寇准持之尤力，故南方士大夫沉抑者多。仁宗皇帝照知其弊，公听并观，兼收博采，无南北之异。于是范仲淹起于吴，欧阳修起于楚，蔡襄起于闽，杜衍起于会稽，余靖起于岭南。皆为一时名臣，号称圣宋得人之盛。及绍圣、崇宁间，取南人更多，而北方士大夫复有沉抑之叹。"南宋时，政治中心再次移往南方，江南浙赣籍的人才数量逐渐占有明显的优势，南宋一朝共62位宰相，而北人仅有8位。明清时期，江浙成为人文荟萃之所，始终是我国人才密布的重心地区，直至近现代，仍是如此。这种具有政治代表性人物籍贯分布的改变，是经济、文化重心迁移的最好证明，具有代表性意义。

其四则为南方科技、艺术、宗教的昌盛。宋代东南地区科技发展水平也占有明显的优势。从科技人才的分布看，据《宋史》记载，北宋时期北方的科技人士共37人，南方有31人。由于宋代发明了活版印刷，对纸的需求变大，南宋时在造纸方面获得了进一步的发展，造纸业十分兴盛。成都、徽州、歙州、宣州、杭州、越州等地，都是造纸业较发达的地区。南宋时，全国已经形成包括成都、建安、杭州、建阳等地为主的印刷中心。据统计，南宋浙江刻书的地点有170多处，杭州位居前列，所以宋人叶梦得说："今天下印书，以杭州为上，蜀本次之，福建最下。京师比岁印板，殆不减杭州，但纸不佳；蜀与福建多以柔木刻之，取其易成而速售，故不能工；福建本几遍天下，正以其易成故也。"(《石林燕语》卷八)显然，当时印刷业的主导地位于南方。清代文字版本学家叶德辉在其著作《书林清话》中论道："宋刻书之盛，首推闽中，而闽中尤以建安为最，建安尤以余氏为最，且当时官刻书亦多由其刊印。"至于笔、墨、砚的制作，北宋时，开封等地还可与南方宣城、成都、歙州、端州等地相提并论，但至南宋时，北方的文具制造业受金人游牧民族统治的影响甚至破坏，有明显衰落的趋势，而南方却随着读书人的增多、书院的兴盛、文化的发达，文具制造业发展迅速，成为当时文具制造业的主要产地。唐代艺术家仍以北方为多，南方则以太湖流域的江南道居多，约占南方总数的三分之二。北宋时期南北两方画家大约均等，南宋时，北方诸路的画家仅为南方的三分之一。唐代是佛教昌盛时期，佛教衍分为众多派别，禅宗、天台宗、律宗、华严宗、净土宗、三论宗等都流行于南方。五代时期南方的吴越国佛教最为兴盛，有"东南佛国"之称。宋室南渡后，北方先后处于金与蒙古的统治下，佛教并没有得到统治者的青睐，南方的佛教则得到继续发展。

自西晋末至南宋近千年的时间，中国古代的文化重心由黄河流域越过秦岭—淮河一线，转移到以长江中下游为中心的南方地区。文化重心的南迁与经济重心的南移是密切关联、大致同步的。文化重心的南迁，标志着支撑中国文化江山的"中原文化"的衰落和"东南文化"的兴起。此后的八百余年，南方的文化一直是中国文化的主流，尽管元明清三朝仍将政治中心挪向北方，但也没有扭转南方文化的主流地位。文化重心南移后，促使了从长江三角洲，经浙江、福建而至广东的半弧状文化带的形成，东南地区成为全国的学术重心所在，引领了中国文化的潮流。

（王小华）

# 42. 成吉思汗统一蒙古

公元10世纪至11世纪，在蒙古高原上分布着几个强大的游牧部落，其中最强盛、社会发展程度最高的部落集团，是漠北中部的克烈部和西部的乃蛮部。蒙古各部贵族为了抢夺草原、财产和奴隶，相互间展开了长期的、激烈的部落战争。大约在公元12世纪初期，蒙古乞颜氏贵族组成了贵族联盟，合不勒汗被推举为第一位汗王。合不勒汗及其继任者俺巴孩汗、忽图剌汗，都曾与东面的塔塔儿部、北面的篾儿乞部以及金朝进行过多年的战争。忽图剌汗死后，蒙古部落联盟分裂为泰赤乌氏和乞颜两大部落。

蒙古乞颜氏的孛儿只斤氏贵族首领也速该，于1172年喜获初生婴儿的那一天，从宿敌塔塔儿部抓到一个名叫铁木真・兀格的头目。也速该为纪念这次战斗的胜利，就给他的初生儿取名为铁木真(意思是精铁)，这就是后来声名显赫的蒙古帝国第一代的大汗成吉思汗。

铁木真9岁时，他父亲也速该被塔塔儿部人毒杀，之后，他父亲属下的部众夺走了他家里的畜群。陷入困境的一家人不得不移居布尔罕・哈勒敦(即今蒙古的肯特山)。后来，家中仅有的几匹马也被盗走，铁木真的爱妻孛尔帖被蔑儿乞部掠去。这些苦难更加磨炼了铁木真的坚强意志，而其贤惠母亲诃额伦夫人的教育、金国的残酷统治、草原部族不断纷争等现实情况，使他从幼年时就怀有恢复祖业、对敌复仇的思想。在克烈部首领王罕和札只剌部首领札木合的援助下，铁木真打败了前来袭击的篾儿乞人，夺回了众多部众，力量逐渐壮大。

1189年(南宋淳熙十六年)，铁木真脱离札木合，迁到克鲁伦河上游的桑沽儿河旁独立建营。原来的部属和一些尼鲁温部落纷纷来归。各家乞颜氏贵族如主儿乞氏的薛彻别乞太丑，忽图剌罕之子拙赤和按弹，也速该兄聂坤太子之子火察儿、弟答里台斡赤斤等，也都向铁木真靠拢，重新结合成乞颜氏贵族联盟，共同推举铁木真为首领。铁木真从属民及奴仆中选拔自己的亲信组成“那可儿”(蒙古语，即护卫军)，命那可儿博尔术、弟合撒儿、别里古台等为长，分设了带弓箭的，带刀的，掌驭马的，掌饮膳的，管放牧羊群、马群的，掌修造车辆的，守卫宫帐的等十种职务，都命其亲信那可儿担任，组成了一支隶属于自己的精悍队伍。这支以“那可儿”为核心的队伍，成为铁木真统一蒙古高原军事力量的基础。

铁木真部族的强大，危及了札木合的霸主地位。于是札木合联合泰赤乌等部，合兵3万人，以札木合部人劫掠铁木真马群被射死为导火线，向铁木真发起进攻。铁木真将自己的部众3万人组成十三翼，应战于答兰版朱思(也有人译作巴泐渚纳，今克鲁伦河上游支流臣赫尔河附近)之野。铁木真战败，为保存实力退至斡难河的哲列捏山峡(今蒙古鄂嫩河上游一带)，扼险而守。此战史称“十三翼之战”。

札木合虽然取得胜利，但其所属部落首领益恶札木合横暴，而铁木真对部众多施仁义，关怀笼络，故归心于铁木真。于是术赤台、畏答儿、晃豁坛、赤老温等族人纷纷来附。此后，铁木真力量进一步壮大。

1196年(南宋庆元二年)，从属于金王朝的塔塔儿部叛金，金朝派遣丞相完颜襄率军征讨。铁木真联合克烈部王罕，以"为父亲报仇"的名义，率军在斡里匝河(今蒙古乌勒吉河)上游击溃了塔塔儿部，使塔塔儿部从此一蹶不振。战后，金王朝授铁木真纠军统领之职，使他可以用金王朝属官名义号令蒙古部众。回军后，铁木真以违背结盟誓约，不肯出兵为父祖复仇，还乘机偷袭他的老营等为理由，击灭乞颜氏长支贵族主儿乞氏，夺取其部民，从而消除了联盟内最有资格与他争夺权位的一家势力。

1200年(南宋庆元六年)，铁木真与王罕会于萨里川(今蒙古克鲁伦河上游之西)，大败泰赤乌与蔑儿乞联军。首领塔儿忽台等被杀。

1201年(南宋嘉泰元年)，铁木真又在呼伦贝尔海剌尔河支流帖尼河之野(今海拉尔河支流莫尔根勒河)，击败以札木合为首的塔塔儿、弘吉剌、合答斤等11部联军，史称"帖尼河之战"。

1202年(南宋嘉泰二年)，铁木真与王罕联军又在阔亦田(今呼伦贝尔哈拉哈河上游一带)最终击败了札木合同乃蛮、泰赤乌、塔塔儿、蔑儿乞等联军，取得了阔亦田之战的胜利。在战斗之前，铁木真发布了两条命令：一是战胜时不许贪财，事定后均分所得财物；二是战斗中兵马退动至原排阵处要返回力战(防止冲乱本军阵脚)，违者斩。这实际上就是规定了任何人都要服从他统一军令，战利品应当由他统一分配，论功行赏。这是铁木真就任联盟首领后的第一次立法，其意义在于提高汗权，限制各家贵族。果然，按弹、火察儿、答里台斡赤斤等乞颜贵族不遵命令，按老规矩随意抢掠，被他派那可儿责罚，没收其所得财物分配给众军。

随着札木合势力的衰败和铁木真汗权地位的巩固，在蒙古草原上形成了蒙古部铁木真、克烈部王罕、乃蛮部太阳汗三足鼎立的局面。

长期以来，铁木真一直臣服于王罕，追随他东征西讨，巧妙地依托克烈的势力来壮大自己，一一清除了蒙古部内的敌对贵族，消灭了东部地区各强大部落。铁木真的势力日益壮大，引起王罕及其子亦剌合鲜昆的疑忌，札木合、按弹等蒙古部贵族也力劝王罕除掉铁木真。以前铁木真曾为长子术赤向亦剌合之女求婚遭到拒绝，1203年春，王罕父子计议伪许婚约，邀铁木真来饮"布浑察儿"(意思是订婚宴)，乘机谋害。铁木真得到按弹弟也客扯连的家奴巴歹和启昔礼的密报，没有上当，于是整军备战。

1203年，王罕率大军与铁木真战于合兰真(今流入贝尔池之哈驻哈河)。铁木真因寡不敌众而战败，退到哈拉哈河旁的建忒该山整顿败散军马，仅得4600骑，然后转移到班朱泥河(当在克鲁伦河下游之南)休整。当时他处境极为艰难，没有粮食，只能射野马为食，但铁木真团结了追随他的忠实那可儿们，他们一起宣誓："使我克定大业，当与诸人同甘苦。苟渝此言，有如河水。"(《元史·扎八儿火者传》)后来，"同饮班朱泥河水"作为成吉思汗艰苦奋斗的佳话被载入史册。

不久，铁木真乘敌不备突袭包围了王罕的窝鲁朵城(今蒙古鄂尔浑河上游，哈尔和林之北)营地。经过三天三夜的激战，终于攻灭了强大的克烈部。至此他完全征服了东起大兴安岭、西至杭爱山的所有部落。

王罕的覆灭，使太阳汗震恐，他急忙纠集被铁木真击溃的札木合残部及泰赤乌、蔑儿乞等部残余势力，共同进攻铁木真。1204年春，铁木真率大军西进，太阳汗亦领兵东进，两军决战于蒙古中部的杭海岭(今杭爱山)察乞儿马兀惕。太阳汗受伤被擒，不久死去。乃蛮联军大败。铁木真攻灭乃蛮南部太阳汗部，乘胜追击太阳汗子屈出律、札木合、蔑儿乞惕。残余的蒙古部贵族的势力和蔑儿乞三部之余众，相继被征服。一直与铁木真为敌的札木合，被随从缚送铁木真，被铁木真赐以自尽。漠南的汪古部首领遣使献降，斡亦剌部首领忽都合别乞也向铁木真投降。

1206年(南宋开禧二年)春，铁木真又越过阿勒台山(今阿尔泰山)，进入乃蛮北部兀鲁黑塔黑地区(今蒙古科布多，巴彦乌列益等省)。其汗不欲鲁汗正在豁黑兀孙河(今索果克河)畔打猎，没有防备，束手被擒，乃蛮北部亦亡。至此，铁木真完成了中国蒙古草原的统一。这一年，铁木真在斡难河源召开贵族官长大会，建立了蒙古汗国，被尊称为成吉思汗(意思是强盛伟大的君主)，同时分封95名功臣为千户长或万户长。

成吉思汗统一蒙古各部之战，充分显示了成吉思汗的雄才大略和高超的军事指挥艺术。他在战略上藐视一切敌人，注重分清敌友，近交远攻，力避树敌过多，同时重视掌握敌情，做到知己知彼，百战不殆。成吉思汗强调集中优势兵力，分割包围敌人，达到各个歼灭；在战术上又机动灵活，惯于实施远程奇袭，速战速决，或者佯退诱歼，在运动战中歼灭敌军。

成吉思汗统一蒙古的事业之所以获得成功，并非单纯依靠暴力，更重要的是具备了许多客观条件。首先，12世纪到13世纪初，蒙古游牧经济较前有所发展，因而在统一战争中，能够动员上万兵力和数万骑兵。氏族部落组织开始从分散状态趋于联合或联盟，大部落间的多年征战，就是在这种物力和人力发展变化的基础上进行的。其次，当时的金国与南宋早已疲惫于长期对抗，而西部的西夏和西辽也处于衰弱时期，所以这些国家均无力顾及蒙古地区，这也给成吉思汗统一蒙古创造了有利条件。

(张敏)

# 43. 成吉思汗西征

成吉思汗铁木真于1219(嘉定十二年)至1225年(宝庆元年)间发动了对中亚大国花剌子模的征伐。

花剌子模是13世纪初崛起的中亚大国，其领土几乎占据中亚的全部。当1218年(嘉定十一年)成吉思汗征服了西辽的部分国土后，蒙古的势力与花剌子模王朝的势力相邻接。花剌子模国人经营农业和畜牧业，同时经商的人也很多。当时，从西方至蒙古高原的丝绸之路东段已经畅通无阻，中亚的商人络绎不绝地来到蒙古汗国，贸易迅速发展起来。以成吉思汗为首的蒙古统治者在丝路贸易中尝到了甜头，他们更迫切地希望进一步发展丝路贸易。

1217年(嘉定十年)，一个花剌子模使团来到蒙古草原，表示希望与蒙古国友好往来。成吉思汗友好地接待了这个使团，并派出一个以三人为首的和平使团带着一份国书进行回访。在国书中，成吉思汗表达了他希望与花剌子模建立睦邻关系，进行正常贸易、互通有无的思想。但是，成吉思汗在国书中称花剌子模算端摩诃末为“爱子”，这一点深深地触怒了摩诃末，他认为这表明成吉思汗有让花剌子模称臣的企图，而当时摩诃末刚刚征服大片土地，有继续向外扩张的计划与野心，岂能忍受被人如此小视。最后在大臣的劝告下，他才同意与成吉思汗缔结和约。成吉思汗的这次遣使，为后来两国关系的破裂埋下了祸根。

之后，成吉思汗派了一支400多人的商队，跟随花剌子模商人到算端的国家去进行贸易往来。但是，当商队到达锡尔河中游的讹塔剌城时，发生了意外。讹塔剌城的守将是亦纳勒术，他是摩诃末母后的族人，被封为“海儿汗”。亦纳勒术贪图商队的金银财宝，于是拘捕了全部商人，并向摩诃末诬告说这些人都是间谍。摩诃末没有多加考虑便同意亦纳勒术处死所有的商人并没收全部货物。最后，除一人侥幸逃出外，其他全部商人被处死。逃出的商人将这一消息报告给了成吉思汗，成吉思汗得知这一消息后暴跳如雷，他独自登上山头，跪地祈祷三天三夜，请求神明赐予他“复仇的力量”，决心向花剌子模人讨还这笔血债。成吉思汗虽然大怒，但是仍然理智地派出一个使团赴花剌子模王朝进行交涉，要求查明真相，交出凶手，赔偿损失，并保证今后不再有类似事情发生，否则只有兵戎相见。但是摩诃末拒绝了这一要求，还杀掉了成吉思汗的正使，剃光了两个副使的胡须后将他们遣回。面对摩诃末的挑衅，愤怒的成吉思汗燃起了复仇的火焰。

1219年(嘉定十二年)，成吉思汗亲率20万大军，自鄂尔浑河畔出发，西征花剌子模。大军越过金山(今阿尔泰山)、天山，进入阿力麻里并略作休整。由于一路只需克服自然条件所造成的困难，不会遇到敌人的反抗，所以，在几个月的时间里，蒙古大军就行军万里，到达了花剌子模边界。成吉思汗将大军分为四路，第一路由察合台、窝阔台率领，进攻讹塔剌城，第二路、第三路分别由术赤和其他将领率领，主要是攻取锡尔河两边的城市，扫荡其边界。第四路由成吉思汗和拖雷率领，进军不花剌城，目的是切断其东边的新都撒麻耳干和其西北的旧都玉龙杰赤的联系，以防止敌军相互援救。面对成吉思汗的进攻，摩诃末早已做好了战斗部署。但是他将军队分散地布置在各地的重要城市，使蒙军可以对各城市各个击破，导致自己处在了被动的防御地位。

成吉思汗进军的首要目标就是花剌子模的边疆重镇讹塔剌城。1219年(嘉定十二年)秋，察合台、窝阔台率领的蒙古军队，怀着复仇的决心包围了讹塔剌城。由于摩诃末在讹塔剌城加强了防御，而守军也顽强不屈，战争持续了五个多月。最终蒙古军队攻下了讹塔剌城并在城里进行了劫掠，讹塔剌城变成了一片废墟。海儿汗亦纳勒术被活捉，成吉思汗命人将熔化的银液灌进他的耳朵和眼睛，作为对他的惩罚并为被他杀害的商人报了仇。

术赤率领的第二路大军主要进攻毡的、养吉干。术赤在招降毡的的速格纳黑城失败后，连攻七天，最后将城内所有人杀死。这些消息传到毡的后，守将忽都鲁汗连夜逃到玉龙杰赤。1220年(嘉定十三年)春，在双方没有人员伤亡的情况下，大军进入并洗劫了毡的，由于城内居民没有抵抗，所以免遭杀戮。随后，邻近城市养吉干也被攻下。

第三路大军在费纳客忒的城民自动投诚之后向忽毡进军，在这里，蒙古大军遭到花剌子模的民族英雄帖木儿灭里率领的几千士卒的顽强抵抗，但由于力量对比太过悬殊，帖木儿灭里的士卒几乎全部伤亡，他自己最终逃脱。

与此同时，由成吉思汗和拖雷率领的第四路大军也进军不花剌城。面对成吉思汗的几万大军，咱儿讷黑城和讷儿城都没有采取抵抗措施，避免了被屠杀。也正因为如此，蒙古军队进军不花剌城的速度大大加快，1220年(嘉定十三年)春，蒙古军队兵临不花剌城下。当时，不花剌城共有守军两万人，守将是摩诃末的亲信和富有作战经验的将领。但是，他们被多得数不清的蒙古骑兵吓到了，守将带领一部分人马弃城逃跑，但是在阿姆河附近被蒙军追上并被消灭。第二天，不花剌人打开城门请降，成吉思汗进入城内。蒙古军队在清真寺内饮酒作乐，珍藏伊斯兰经典的经箱做了马槽，遍地的古兰经被马蹄任意地践踏。接着，成吉思汗召集全体城民进行训话，他谴责了算端的背信弃义，称自己是“上帝之鞭”，是来惩罚有罪的不花剌人的。此时，还有一部分将士坚守内城，拒不投降。成吉思汗下令将居民房屋全部烧毁，并用火攻破内城，3万多名抵抗者全部被杀死。在蒙古军入城抢劫一空后，繁华的不花剌城被夷为平地，残存的青壮年人则被强征入伍。

1220年(嘉定十三年)初夏，成吉思汗开始围攻花剌子模首府撒麻耳干。在蒙古军队到达撒麻耳干之前，早已丧失胜利信心的摩诃末慌忙逃离至阿姆河以南，导致军心动摇。蒙古军围城两天，城内守军竟不敢出战，在第三、四天的战斗中，撒麻耳干人损失很大，他们被蒙古军的英勇吓得失去了抵抗的念头。到第五天，撒麻耳干人打开城门投降，放蒙古军入城。第六天，蒙古大部队进城内以后，将城里的居民赶到了城外。花剌子模守军则退到了内堡。第七天，蒙古军队攻下了内堡，3万多守军全部被杀死。第八天，成吉思汗挑选3万名工匠分赐给他的亲属及下属，又挑选出3万青壮年编成军队，随军作战，其余居民在交纳赎金后即可回城。经过八天的浩劫之后，被誉为“人间乐园”的撒麻耳干化为一堆废墟。

在花剌子模国王摩诃末逃离撒麻耳干后，成吉思汗命令哲别、速不台追击摩诃末。他们一路上紧追不舍，很快就渡过了阿姆河，并与花剌子模保护摩诃末的部队交战。由于害怕被俘，摩诃末逃往巴里黑。在巴里黑，花剌子模内部发生争权夺利的斗争，摩诃末又从巴里黑逃往你沙不儿。从巴里黑到你沙不儿，投降蒙古者得以幸存，反抗者则被杀死，每到一处，蒙古军队都索取或掠夺行军给养。摩诃末得到蒙古军队进逼你沙不儿的消息后，借口出猎，匆匆逃往可疾云，并临时组织了3万部队。1220年(嘉定十三年)，哲别、速不台到达你沙不儿，得到饲料和给养后继续追击摩诃末，在攻破剌夷城后，摩诃末临时招集的军队溃逃大半，他只好逃至哈伦堡，蒙古军又闻讯而至，摩诃末无奈躲到了里海的一个小岛上。1220 年(嘉定十三年)底，摩诃末病死在小岛上，临死之前，命儿子札兰丁继承王位。随后，札兰丁逃回玉龙杰赤。

蒙古大军在撒麻耳干休养生息后，成吉思汗于 1220 年(嘉定十三年)秋派察合台、窝阔台、术赤率领一部分军队攻打玉龙杰赤，他自己则与拖雷率领军队兵分两路向呼罗珊地区挺进。

札兰丁逃回玉龙杰赤后不久，由于内部不和，于 1221 年(嘉定十四年)初逃至呼罗珊地区。察合台等人率领大军到达玉龙杰赤后，先进行劝降，但玉龙杰赤城民拒绝投降，于是在准备工作做好后，蒙古军队发起了猛攻。由于玉龙杰赤城民的顽强抵抗以及术赤和察合台不和导致的号令不一，蒙军攻打了 7 个月，仍然没有攻下玉龙杰赤。在窝阔台整顿军纪、统一指挥后，最终攻克玉龙杰赤。蒙军随即对玉龙杰赤实行了全城大屠杀，除工匠被押回蒙古、年轻妇女和孩子充为奴婢外，其余的人全被杀死，然后蒙军放水淹城，藏在城中的人也全部被淹死。繁华的玉龙杰赤遭到了彻底的破坏，成为一片废墟。

成吉思汗一路行军抵达忒耳迷后，先对忒耳迷军民劝降，但被拒绝，两军开战，蒙军围攻 11 天后攻破城池，全城军民被杀死，无一幸免，并继续袭击和屠杀了沿途其他城寨。1221 年(嘉定十四年)初，成吉思汗率军渡过阿姆河，抵达巴里黑。巴里黑城民向成吉思汗请降，但成吉思汗认为留下这个人口众多的城市对自己追击札兰丁不利，于是将全城男女老少全部杀死，并摧毁了全部建筑，使巴里黑化为了灰烬。随后，成吉思汗向塔里寒地区进军。

与此同时，拖雷也率军扫荡了呼罗珊其他地区。1221 年(嘉定十四年)，拖雷率 7 万蒙军抵达马鲁城下，并层层包围了马鲁。马鲁守军在进攻失败后派人请降，拖雷佯装答应，蒙军入城将全部城民赶出城外。为了报复之前的一小支蒙古军队在马鲁被歼，除 400 名工匠和部分被掠为奴的人外，其余所有居民被杀死。1221 年(嘉定十四年)春，拖雷进攻你沙不儿，为了给之前死在你沙不儿的大将脱忽察儿报仇，拖雷拒绝了你沙不儿人的请降要求，对其发动了猛攻，攻下你沙不儿后，蒙军入城屠杀 15 天，除 400 名工匠外，其余人全部被杀死。随后，拖雷率军进攻也里城，也里城民拒绝了拖雷的招降，奋勇抵抗 8 天，在守城长官战死后，拖雷再次招降，并许以免死，城中军民投降之后，拖雷没有屠城，但杀死了城中将士12000人。

成吉思汗进攻塔里寒地区时遭到了当地军民的顽强抵抗，再加上城垒坚固，成吉思汗用了 6 个月也未攻下塔里寒城堡。因此，成吉思汗召回拖雷，两军会师后发动猛攻才攻下了塔里寒城堡，被抓到的守军和居民被杀得一个不剩，所有的建筑物被拆毁。

在成吉思汗和拖雷大军的扫荡下，呼罗珊地区几乎变成了无人之地，到处一片荒凉。蒙古大军的征服战争给被征服地区人民带去了毁灭和无尽的苦难。

在进攻塔里寒城堡的同时，成吉思汗派失吉忽秃忽带领一支 3 万人的部队去继续追击札兰丁。而此时札兰丁已经在哥疾宁集聚了花剌子模军十几万人，当失吉忽秃忽追击到八鲁弯时，两军相遇，遂交战，蒙军大败。成吉思汗得到消息后，迅速组织军队追击札兰丁，察合台、窝阔台也率军与成吉思汗会师。形势已对札兰丁不利，但此时，花剌子模军内部却因瓜分战利品发生内讧，部分将领带兵离去，花剌子模兵力再次分散。札兰丁只好退回哥疾宁，然后逃至申河(今印度河)。在札兰丁还未渡河之前，成吉思汗追上了他。1221 年(嘉定十四年)，双方在申河边展开激战，札兰丁的将士死伤大半，由于成吉思汗下令活捉札兰丁，因此给了札兰丁跳入申河逃跑成功的机会。1222 年(嘉定十五年)春，成吉思汗派两万蒙古军继续追击札兰丁，同时分兵几路追击残敌，镇压各地的起义。1222 年(嘉定十五年)秋，成吉思汗回到撒麻耳干地区。

为了扫荡反抗者，哲别、速不台在摩诃末死后，进行了更大规模的远征。1220年(嘉定十三年)，哲别、速不台率领蒙军进军伊拉克，并进行了大规模的屠杀。1220年(嘉定十三年)冬，蒙军进入阿塞拜疆，其首都帖必力思的贵族献给蒙军大量的献城费，因此免遭屠杀。1221年(嘉定十四年)初，蒙军进入谷儿只境内，与谷儿只守军开战，蒙军得胜后因谷儿只境内丛林茂密，难以通行，故没有深入。1221年(嘉定十四年)春，蒙军强攻蔑剌合城，攻克后即进行屠城。在得到哈马丹发生叛乱的情报后，蒙军又围攻了哈马丹，城破后，城中居民全被杀死，然后蒙军又放火烧毁了哈马丹城。1221年(嘉定十四年)秋，蒙军进军到拜勒寒城下，遭到抵抗后攻下该城，随后将全城居民屠杀殆尽。1222年(嘉定十五年)春，蒙军再次进入谷儿只境内，在重创谷儿只军后继续北上攻占了沙马哈城，进军打耳班，然后越过了太和岭(今高加索山)，进入到阿速、钦察部驻地。随即，蒙军遇到了阿速人和钦察人的联合抵抗。哲别、速不台进行了反间活动，将对手各个击破，占领了钦察大草原。1223年(嘉定十六年)春，蒙军继续追击钦察人，钦察人向斡罗斯求援，与钦察相邻的斡罗斯南部诸王认识到了钦察一旦隶属蒙古后带给他们的威胁，遂决定与钦察部联合抗击蒙军。联军数量虽庞大，但指挥不统一削弱了其兵力。1223年(嘉定十六年)5月，两军决战迦勒迦河畔，由于联军内部的矛盾，一部分联军袖手旁观，没有参加战斗，最后蒙军击溃了联军，然后一路烧杀抢掠，进入斡罗斯境内，然后沿黑海北岸直至克里米亚半岛。1223年(嘉定十六年)底，他们沿亦的勒河(今伏尔加河)南下，经里海、咸海北部，与成吉思汗会师。

早在1222年(嘉定十五年)，成吉思汗得知西夏有变时，已经决定东归。在东归途中，成吉思汗将征服的广大国土分封给了他的儿子，形成了后来的钦察汗国、察合台汗国、窝阔台汗国。1225年(宝庆元年)春，成吉思汗回到蒙古，持续7年的西征结束。

长久以来，人们对成吉思汗的西征褒贬不一。1957年出版的《苏联域外的东方中世纪史》概括说："成吉思汗及其子孙为首的蒙古封建主，在差不多70年的时间里，血洗了亚欧国家。前所未有的灾难落到了被征服国家人民群众的身上。征服，破坏了他们的城市，践踏了他们的田野，消灭了他们的生产力和文化。"苏联著名的东方学专家巴托尔德则说："蒙古帝国把远东和近东的文明国家置于一个民族、一个王朝的统治之下，这就不能不促进贸易和文化珍品的交流，前亚和中国之间的贸易得到了空前继后的发展。"单一的褒或贬都是片面的，成吉思汗西征的影响是两方面的。其消极的影响我们要敢于正视，其积极的影响我们也不能抹杀。一方面，西征给被侵略的国家和当地人民带来了巨大的灾难。由于蒙古军队的征服战争，无数富饶的城镇变成废墟，数以万计的士卒将领战死沙场，数不清的无辜老百姓流离失所，甚至被屠杀。但是，蒙古西征在带来极大灾难的同时，也促进了东西方间的经济、文化交流。中国的火药、纸币、活字印刷术等传入欧洲；西方的天文历法、织造品、医药传入中国，对社会的发展起了推动作用。

(王小华)

# 44. “崖山之役”与文化的顿挫转进

1279年(元世祖至元十六年)3月19日，元朝军队与坚持抵抗的南宋军队在广东崖山(今广东江门新会县南)的海面上展开决战。此役以宋军的全军覆没告终，南宋末帝赵昺与抵抗军领导者张世杰、陆秀夫皆蹈海身亡，史称“崖山之役”。“崖山之役”是宋元之间最后一次大规模军事较量，标志着南宋王朝的彻底覆灭，从此中国真正实现了南北统一。由于元朝统治者的“异族”身份和南宋君臣的不屈抗争，后世对宋元嬗代的解释往往从华夷之辨和文化存续的角度入手，认为代表了先进文化的南宋之灭亡乃是中华文明的“断裂”，并以此取消元朝的正统性。明太祖朱元璋起兵反元时，就以“驱逐胡虏，恢复中华”为口号。因此，“崖山之役”不仅是一个简单的历史事件，也是一个标志性的文化事件。

宋蒙(元)之间的军事对抗自1234年(宋理宗端平元年)开始，直至1279的崖山之役，延绵近半个世纪之久。自1227年(宋理宗宝庆三年)灭亡西夏之后，窝阔台时代的蒙古开始集中兵力攻灭金国。1231年(宋理宗绍定四年)，蒙古遣使约请南宋联合出兵攻金，并允诺灭金后可收复黄河以南之地。南宋最终接受了蒙古方面的提议，于1233年派兵北上，与蒙军合围金国临时都城蔡州(今河南汝南)。1234年(宋理宗端平元年)正月，联军攻破蔡州城，金国灭亡。

1260年(宋理宗景定元年)，忽必烈即大汗位，改国号为“元”，年号“中统”。元朝建立后，忽必烈加紧了攻宋进程，并将战略重心从长江上游的巴蜀调整为中游的荆襄地区。1273年(宋度宗咸淳九年、元世祖至元十年)，在元军优势兵力围攻下，南宋军事重镇襄阳终于失陷，这对南宋防御体系来说不啻为致命一击。次年，忽必烈以丞相伯颜、平章政事阿术为统帅，正式展开灭宋战争。元军兵分三路，分别向湖南、江浙和江西进发，南宋军民虽然顽强抵抗，仍难以阻挡元军攻势。1276年(宋恭帝德祐二年、元世祖至元十三年)正月，伯颜率领的主力已抵达临安郊外，兵锋直指临安城。

早在1275年，南宋谢太后、宰相陈宜中即遣使向伯颜求和，愿向元廷称侄称臣，伯颜不允。当元军兵临城下之时，南宋朝廷的选择唯有投降而已。1276年2月，宋帝赵㬎正式发布降表和谕降诏书，江山就此易主。伯颜在临安设两浙大都督府，并派人入城查核图籍，封存仓库。随后，由忽必烈颁布的《归附安民诏》在临安发布，诏令清点宋廷秘书监藏书、太常寺礼器及户口版籍等，准备运往北方；对曾经的反抗者免予追究，江南名儒、高僧、名医及隐逸高士等皆加以优待，名胜、庙宇等予以保护；同时令投降了的南宋宗室、大臣、太学生等北上。宋度宗全后与宋恭帝赵㬎被押解至元大都，宋理宗谢后因病暂留临安，不久后还是被迁到大都居住。对于北上的两宫太后与宗室，元廷给予了比较优渥的待遇。因未受兵燹之灾，临安的秩序恢复较快，甚至无损昔日的繁荣景象。

临安陷落与宋廷投降意味着作为全国性政权的赵宋王朝实际上已经终结。然而谕降诏书并未让各地守臣就此放弃抵抗，淮东、四川和东南沿海等地仍在抵抗。流亡福建的张世杰、陆秀夫等人先后拥立益王赵昰、广王赵昺为帝，在名义上将宋朝国祚延续了三年。早在临安未下之时，谢太后封宋度宗长子赵昰为益王，出判福州，封度宗季子赵昺为广王，出判泉州。伯颜入城前夕，右丞相陈宜中秘密逃往温州，张世杰等将领移师定海，礼部侍郎陆秀夫等文臣也纷纷出逃。陈宜中出逃后，文天祥接任右丞相兼枢密使，前去与伯颜谈判善后事宜，却遭扣留。益、广二王则由部分大臣保护，秘密逃离临安，辗转经婺州(今浙江金华)到达温州，与陈宜中、陆秀夫等人会合，并召张世杰等前来。众臣决定成立都元帅府，奉赵昰为天下兵马都元帅，赵昺为副帅。又考虑到福州离临安不远，恐元军来袭，便将元帅府迁至福州。

1276年(南宋德祐二年五月初一日)，抵达福州的陈宜中等拥立益王赵昰称帝，是为宋端宗，改元"景炎"，尊赵昰生母杨淑妃为太后，进封广王赵昺为卫王，南宋流亡小朝廷正式成立。陈宜中出任左丞相兼枢密使，张世杰任枢密副使，陆秀夫任佥书枢密院事，成为反抗军的实际领导者。文天祥在押解北上途中逃脱，也赶来福州会合，被任命为枢密使同都督。张世杰本欲进兵收复江西、浙南失地以屏卫闽广，但元军进逼迅速，福建、广东岌岌可危，小朝廷无力抵抗。同年11月，陈宜中、张世杰等只能护送皇帝出海，逃往泉州、潮州、惠州等地；文天祥则移师汀州(今福建长汀)，试图在闽北赣南一带打开局面。

此后的两年，在元军强大攻势下，登舟浮海的端宗君臣只能在海上漂泊。1278年(元世祖至元十五年)年初，端宗等逃至广东雷州半岛一带，不幸遭遇台风，端宗因船倾覆而落水，受惊过度，于同年4月15日病逝于硇州(今广东雷州湾)。张世杰与陆秀夫等随即拥立卫王赵昺称帝，改元"祥兴"，并最终选中了地势险要的广东崖山，造船练兵，准备作长期驻守，兵力一时达二十万之众，战舰千余艘。此时，元军的追击也在步步紧逼，1279年2月18日，元将张弘范率水军由潮阳开赴崖山海域，数日后元将李恒也率军由广州前来会合，二者分别控制了崖山南北，形成夹击之势，两军开始了长达十余日的对峙。

从力量对比上看，元军最多不过三万人，战舰四百余艘，宋军事实上占很大优势。但张世杰的作战部署却犯了战术上的极大错误。他弃崖山门户不守，放弃了对入海口的控制权，等于断了退路；又将千余艘战舰贯以大索，结成背山面海的方阵，将赵昺的御船围在中央，等于失去了机动能力。这固然表现了张世杰与敌死战的决心，但不能不说是谋略上的失误。张弘范派兵登上崖山，切断了宋军的淡水水源，更是对宋军的实力造成了很大打击。3月19日，元军兵分四路，向张世杰的舰队发起总攻。宋军南北受敌，在敌人轮番攻击下疲惫不堪。战斗从黎明持续到黄昏，宋军的方阵终于被元军所突破，顿时溃不成军。赵昺御船被溃乱的战舰壅塞在中间无法突围，陆秀夫决定以身殉国。他先令妻子儿女跳海，随即背起八岁的小皇帝赵昺，蹈海赴死。张世杰仅率十余艘战舰突围，流亡海上，不久后死于台风造成的海难。

崖山之役是宋元间的最后一战，从此赵宋王朝在中国历史上彻底画上了句号。此役战况极其惨烈，史载战后"浮尸出于海十余万人"。陆秀夫、张世杰等宁死不屈、捐躯赴国难的崇高气节，一直为后世所称颂。自临安陷落至崖山之役的三年来，南宋军民在全国各地的抗元斗争中，谱写出许多可歌可泣的慷慨悲歌，如坚守扬州的李庭芝、姜才，坚守重庆的张珏等，其中最著名的当属文天祥的英雄事迹。1276年年底张世杰等人浮海南下时，文天祥率军进入闽西北，转战福建漳州、广东梅州一带，并于1277年进军江西，在雩都(今江西于都)大败元军，收复兴国、吉州(今江西吉安)等地。但在元将李恒的反攻下，文天祥作战失利，退至空坑(今江西永丰南)一带，妻儿皆被俘，兵力损失近二十万人。此后，文天祥收拾余部，转战广东南岭地区。1278年年底，文天祥在广东海丰五坡岭被元将张弘范部所俘，自杀未成，被押往崖山战场。崖山之役后，又被押解至元大都拘囚起来，南宋降帝、降臣及元朝高层纷纷前来劝降，皆被文天祥严正拒绝。

1283年1月8日，忽必烈亲自劝降未果，遂下令赐死。次日，文天祥在大都慷慨就义，最终保全了儒家士大夫的大义和名节，成为千古传诵的一代伟人，为后世树立了光辉的人格典范。

南宋灭亡与崖山之役对南宋遗民的打击是沉重的，许多遗民视宋亡为中国亡，如郑思肖《德祐二年岁旦二首》诗云“一心中国梦，万古下泉诗”，“此地暂胡马，终身只宋民”；方凤《哭陆秀夫》诗云“鳌背舟中国，龙胡水底天”等。在当时的历史环境下，宋遗民痛心于中华正脉的断绝，当然是其家国情怀和民族气节的正当表达。但近年来流行“崖山之后无中国”的说法，认为宋亡之后中国文化就已灭绝。此说出于何时何人实难考证，据说为日本人所炮制。不可否认，宋代的政治、经济和文化程度都堪称发达，而这一发达的文化进程似乎被蒙古人的铁骑所打断，此后中国历史即趋于停顿乃至倒退，直至明代中后期以后，整个中华帝国颓势尽显，元朝的统治应负主要责任。那么此说究竟能不能成立？宋元易代是否真的是中国文化的断裂？对于这个问题，一方面需要对“中国”这个概念进行准确理解，另一方面则要客观考察元代的文化政策和文化状况，从历史事实出发，审视中国文化在元代究竟是断裂还是延续，是倒退还是发展。

“中国”一直是一个含义丰富、变动不居的历史概念，宋遗民眼里的“中国”和忽必烈眼里的“中国”自然不一样。忽必烈采纳了北方汉人提出的“能用士而能行中国之道则中国主”的建议，建元“中统”，显然以中国正统自居。那么，我们今天在讨论“中国”时，就应当从今日之中国的立场和眼光出发。因此，从今天“大中国”的眼光来看，10—13世纪的历史中，互相对峙的宋、辽、金、蒙、西夏等政权，其实都属于中国的一部分。事实上，“中国”这一概念内在地包含了“天下一家”的统一诉求，当时的宋、辽、金、夏等政权无不自视为“中国”而将他者视为外国。正是元朝最终结束了南北对峙，实现了唐朝以后前所未有的大一统。统一的元朝客观上促进了民族融合与文化交流，为后来的明、清帝国奠定了基础，其政治遗产一直遗泽至今。我们必须认识到，元朝的存在是一个既定的历史事实，是中国历史进程中不可缺少的组成部分。我们今天的中国即远承元朝而来，就如同我们对汉唐、明清的继承一样。

如果由宋到元并不是文化的断裂和转折，而是一个持续发展的过程，那么我们就要具体检视元朝的文化政策、文教制度和文化成就。不可否认，元朝的确存在着不利于文化发展的因素，宋蒙(元)之间数十年的兵祸连接，对文化造成了很大摧残。灭宋后为了维护新秩序，元廷在江南推行了一系列高压禁令，如实施宵禁，禁止各种民间聚会，祈神赛会、街头卖艺、夜间举行的饮宴唱词等都被取缔或限制。为了满足穷兵黩武的需求，忽必烈重用回族人阿合马、畏兀儿人桑哥等理财高手，通过增加税收、改革币制等手段聚敛民间财富，人民负担不断加重。这批权臣敌视汉人儒臣，诋毁汉法，在忽必烈与儒臣之间制造嫌隙，这些都对文化事业的恢复和发展造成了损害。

最严重的不利因素莫过于元代所谓“四等人制”，指元廷将民众划分为蒙古人、色目人、汉人和南人四个等级，进行不平等对待。“南人”又称蛮子、囊加歹、新附人，即原南宋境内的人民，社会地位最低，在教育、科举、人身财产方面处处受歧视。自宋室南渡以后，南方的文化水平就明显高于北方，而人文荟萃的江南竟遭如此待遇，就如元末叶子奇所谓“元朝自混一以来，大抵皆内北国而外中国，内北人而外南人”，这当然不利于文化本身的发展。过去还有“九儒十丐”的说法，是指元朝统治者将民众划分为十等，儒生地位极低，仅在乞丐之上。此说出处有二，一为谢枋得《叠山集·送方伯载归三山序》：“滑稽之雄，以儒为戏者曰：‘我大元制典，人有十等，一官二吏……七匠八娼，九儒十丐。后之者，贱之也；贱之者，谓无益于国也。’嗟乎！卑哉！介乎娼之下、丐之上者，今之儒也。”一为郑思肖《所南集·心史》：“鞑法：一官二吏，三僧四道，五医六工，七猎八民，九儒十丐，各有所统辖。”谢、郑二人为南宋遗民，所说不免带有主观偏见，后世史家认为“九儒十丐”并不属实，清人赵翼认为：“盖元初定天下，其轻重大概如此，是以民间各就所见而次之，原非制为令甲也。”陈高华先生也指出：“元朝将全国居民按职业和民族分成各种户，称为诸色户计，儒户是其中之一……主要义务是有人上学读书，却可以免当杂泛差役，地位与僧户、道户相近。元朝没有十等户的区分，当然也不存在九儒十丐的问题。”

尽管如此，元代知识分子的地位和待遇的确大不如前，长期遭受歧视和排挤，这一现象颇多见于元人文集：“士大夫遭摒弃者，咸以所长收叙，文学之士，则待以不次之除”；“生员不如百姓，百姓不如祗卒”；“小夫贱隶，亦以儒为嗤诋”。这种对知识分子的忽视和轻贱，无疑会给文化的发展带来很大的阻碍。加之统治者重用理财高手，迟迟不行科举，都会助长社会上的读书无用论，许多读书人只好转向通俗文艺创作，在小说戏曲中谋求安身立命之地，这也促进了元代俗文学的繁荣。

元朝的文化政策实际上具有双重性。一方面，元朝统治者和上层蒙古人对汉人儒士抱有防范和排挤之心，对读书人充满偏见和歧视；另一方面，为了实现有效治理，元廷不得不与汉人合作，任用儒臣，推行汉法，尊崇孔子，兴办儒学。客观地说，元朝并没有实施后世所谓“文化灭绝政策”，其文教制度基本上还是有助于文化发展的。随着元朝统治的巩固，其尊孔崇儒的倾向日趋加强，文化也逐渐繁荣。元朝初年，元军统帅伯颜下江南时，曾表示要效法北宋大将曹彬，不妄杀一人，尽管这一誓言并未完全兑现，元军屠城的暴行仍时有发生，但整个江南总体上并未遭大的破坏，尤其是文化中心——临安得以保全，这一结果与忽必烈的崇尚“文治”不无关系。

忽必烈一直对汉文化颇为倾心，早在潜邸之时，就网罗了王鹗、姚枢、刘秉忠、郝经、商挺等一批汉族士人，接受了中原儒家文化的熏陶。他有意识地学习儒家经典，对《四书》《孝经》《尚书》《易经》等耳熟能详，其子真金更是接受了全方位的儒学教育。1252年，忽必烈接受金朝遗老元好问与汉族儒士张德辉的奏请，纳尊号“儒教大宗师”。1260年建元中统以后，忽必烈更是大力推行汉法，尊崇儒学，其《建元中统诏》称要“法《春秋》之正始，体大《易》之乾元，炳焕皇猷，权舆治道”，并于1261年(中统二年)“诏令祭祀孔庙”“命开平守臣释奠于宣圣庙”，于1267年(至元四年)“敕上都重建孔子庙”。他还先后复建国子学和各地官学，并对儒户给予免除杂役的优待。忽必烈如此推崇汉法，固然有着方便在汉地实行统治的考虑，但他对保存和恢复儒家文化的贡献，始终是不可抹杀的。可以说，实行“文治”成了忽必烈制定的基本国策，在有元一代得到了较好的贯彻。

忽必烈的继任者们继续奉行尊孔崇儒方针，元成宗诏令中外尊奉孔子，元武宗封孔子为“大成至圣文宣王”。元仁宗早年师从名儒李孟，即位后大力尊行儒术，于1313年(皇庆二年)下诏恢复中断已久的科举取士制度，并将程朱理学确立为科考标准。1314年(延祐元年)，科举考试正式举行，史称“延祐复科”。这一事件有着深远影响，不仅使理学获得了意识形态地位，更使得元朝的文化氛围和文化水平有了极大提升。元仁宗还下令纂修《风宪宏纲》，将世祖以来有关风纪的章程条文汇编成法典，为儒治的实施提供依据。该书于1316年(延祐三年)修成，1323年(元英宗至治三年)方始颁行并更名为《大元通制》。元英宗继承了仁宗以儒术立国的政策，重用深谙儒学的丞相拜住，进行政治改革，大规模起用儒臣，进一步推行汉法，史称“至治新政”。出身漠北、不懂汉语的泰定帝通过弑君登位，对推行儒治固然没什么热情，却保持了对儒家文化的尊重。尤为难得的是，他恢复了元朝一直未遑实行的经筵制度，择名儒为皇室子弟讲授《帝范》《资治通鉴》《大学衍义》《贞观政要》等书，此后经筵遂成定制。元文宗的文化修养极高，在诗词、书画等方面都有很高造诣，他也积极推行儒治，设立了奎章阁学士院，相当于宫廷内的专职经筵机构，收藏有丰富的经史典籍，并延揽了虞集、苏天爵等一大批名儒，“俾陈夫内圣外王之道、兴亡得失之故”。

通过考察元代诸帝的文化政策，我们可以发现，文教、儒治的理念基本得到了一以贯之的推行。尽管由于频繁的帝位更迭、权臣干预等因素，某些政策不免流于表面，但自上而下的推动，对于全社会的文化繁荣还是有着巨大影响。清人赵翼称“元诸帝多不习汉文”(《廿二史札记》)，这其实是很片面的说法，元朝中后期诸帝除泰定帝外，对汉文化都有着较深的了解。如仁宗、英宗、文宗、顺帝等皆自幼受教于名儒，雅好诗赋艺文，当时的著名艺术家如赵孟頫、李衎、柯九思、周伯琦等皆颇受诸帝赏识。皇帝自身的表率作用，对文化发展也有积极作用。对于元朝的文化成就，下面从学术思想、文学艺术、教育事业等方面予以概述。

在学术思想方面，曾作为南宋主流文化的程朱理学，由宋儒赵复传入北方，并获得了长足发展。赵复的北上使得理学在北方建立其师承授受体系，著名学者姚枢、许衡、郝经、刘因等都因赵复的传播而接受理学。忽必烈设立国子学后，各级学校逐步按照理学的要求设置课程，此时理学开始受到国家重视。延祐复科后，除《诗经》《尚书》《周易》“兼用古注疏”，《春秋》“许用三《传》”及《礼记》“用古注疏”外，考试内容基本上以理学视野下的经典解释为标准。从此理学获得国家认可，正式确立了学术上的正统地位，成为“元之所借以立国者”。除了地位上升之外，理学的研究水平与宋代相比也有了长足发展，元代大师辈出，北有许衡、刘因，南有吴澄、金履祥、许谦等。

此外，元代史学也继承了前代的修史传统而又有新成就。元朝官修三史《辽史》《金史》《宋史》为保存一代之史事作出了巨大贡献，清代四库馆臣对元代修史评价颇高，称《金史》“首尾完密，条例整齐，约而不疏，赡而不芜……卓然有良史之风”；称《宋史》“考两宋之事……迄今竟不可废焉”。另外成宗时修成的《大元大一统志》是一部重要的地理总志；英宗时颁布的《大元通制》和文宗时纂修的《经世大典》，则是典章制度方面的重要文献。此外民间还有马端临《文献通考》和胡三省《音注资治通鉴》，也代表了元代史学的显著成就。四库馆臣对这两部著作都给予了极高评价，称《文献通考》“稍逊《通典》之简严，而详赡实为过之，非郑樵之《通志》所及也”；称胡三省注《通鉴》“足为千古注书之法”。胡一桂《十七史纂古今通要》是一部精善的史评著作，清人钱曾认为其成就在宋人之上：“胡庭芳纂此书论议颇精允，绝非宋儒隅见者可比，一览令人于古今兴亡理乱，了然胸次。”

在文学艺术方面，元朝可谓在前代基础上开创出了新局面。就绘画来说，以钱选、赵孟頫、高克恭和“元四家”黄公望、王蒙、倪瓒、吴镇为代表，贵精神、尚意境的“文人画”兴起，彻底变革了宋代的院体风格，对明清大写意绘画影响深远。就诗歌来说，元代的统一终结了南北双方的阻断不通，使得南人可以北上，北人也可以南游，这不仅激发了元代诗人的创作热情，开拓了元诗的创作格局，也使得南北诗风实现了交流与混融。诗坛亦有“元四家”：虞集、杨载、范梈、揭傒斯，他们宗法唐诗，提倡雍容雅正的诗风，以求力矫宋诗好议论之弊。

元代文学最具代表性的成就当属俗文学的高度发达，其中尤以元杂剧的成就最为辉煌。元杂剧由金代“院本”发展而来，糅合了诸宫调、散曲和宋杂剧的特点，是一种成熟的戏剧形态。元代中后期，杂剧风靡大江南北，吸引了一批文人士大夫投入创作，使得这一通俗戏曲的格调和内涵有了脱胎换骨的变化，艺术上逐渐趋向高雅。以“元曲四大家”关汉卿、白朴、马致远、郑光祖为代表，杂剧成为元朝的“一代之文学”，在中国文学史上占据了独特地位。

在教育事业方面，除前述设国子学、延祐复科之外，民间书院的蓬勃发展也是元代教育的一大特色，在分布范围和数量上，元代书院都比宋代更为繁荣。这与元朝官方的支持鼓励是密切相关的，早在1291年(至元二十八年)，元廷下令在江南兴办官学的同时，“其他先儒过化之地，名贤经行之所，与好事之家出钱粟赡学者，并立为书院”。这极大地鼓励了开办书院之风的盛行，元代中后期，书院可谓遍布四方、比比皆是。有学者统计，名称见诸史料的书院就达408所之多(王颋《元代书院考略》)，而实际数量当较这一数字为多。一些南宋时期的著名书院，在元代得到延续并有所发展。如南宋道州路濂溪书院，系纪念周敦颐而建，入元后继续办学，连宋理宗御书匾额也得以保留。又如著名的白鹿洞书院，在1324年(泰定元年)由地方官府进行了大规模重修。尽管官方对书院的支持，相当程度上削弱了书院研习学问的风气和自由讲学的精神，使其更像是教育机关。但客观地说，元代书院的繁荣对于大量培养人才，促进教育普及，提升全社会的文化水平来说，还是发挥了巨大作用。

(全广秀)

# 45. 忽必烈推行汉法

忽必烈(1215—1294 年)，成吉思汗之孙，拖雷正妻唆鲁禾帖尼的第二子(总第四子)，元朝的创始皇帝，庙号世祖，谥号圣德神功文武皇帝，蒙古语尊称薛禅皇帝。他也是第五代的蒙古大汗，1260—1294 年在位。

1251 年(宪宗元年)，忽必烈受其兄蒙古大汗蒙哥之命总领漠南汉地军国庶事。早在藩王时期，忽必烈就热心于学习汉文化，曾先后召见僧海云(宋印简)、僧子聪(刘秉忠)、王鹗、元好问、张德辉、张文谦和窦默等人，向他们请教儒家治理国家的理论。在受命之后，他任用汉人儒士整饬各州吏治，在北宋故都汴梁设置经略司，整顿河南军政，又在唐州、邓州等地开办屯田，发展农业生产。

1260 年，忽必烈在开平(今内蒙古正蓝旗东)称汗，始建年号中统。后迁都燕京(今北京)，改称大都。1271 年(至元八年)，定国号为元。1279 年(至元十六年)，灭南宋，统一全国。

从 1260 年忽必烈登上汗位时起，对于国家内政的治理，其基本指导思想是推行“汉法”。他在位期间，注意选用人才，建立各项政治制度。地方建立行省，开创我国省制之端。劝课农桑，兴修水利，发展生产。加强对边疆地区管理，开辟中外交通，巩固和发展多民族国家。但他又推行民族压迫政策，把境内民众分成四等，民族矛盾一直十分尖锐。

即位之初，忽必烈就明确宣布要革故鼎新。革故，就是要革除蒙古游牧民族那些旧的、不适应中原大国的措施和办法；鼎新，就是要实行一套新的政治路线，以适应经济文化比较发达的中原地区的需要。

忽必烈从小在战争中长大，他亲眼看到蒙古贵族进入中原以后，肆意掠夺农田、放荒牧马，严重地破坏了中原地区的先进经济和千年文明。而且蒙古贵族的这种做法，引起了中原地区广大劳动人民的强烈反抗。当时的西北、华北地区农民起义不断，如不改变这种状况，蒙古族的统治就很难维持长久。忽必烈在即位之初，就吸收“汉法”，力图改变这一状况。

所谓“汉法”，是指中原历朝各代帝王实行的统治制度。这一套统治制度经过一千多年的长期发展，已逐渐完备起来。忽必烈从巩固皇权统治的需要出发，决定使用汉法治国。

要推行汉法，必须有一套政治工具。因此，忽必烈首先仿照汉制，制定出一套从中央到地方的统治机构。中央设中书省为最高行政机关，总管全部政务，下辖吏、户、礼、兵、刑、工六部，各设尚书、侍郎。中书省长官为中书令，以下有左、右丞相即实际的宰相。设枢密院以掌兵权，其官长为枢密使。枢密院不仅掌管军机，而且负责宫廷禁卫及军官的选任和调迁事宜。因此，此部官长多由皇太子兼任。设置御史台以掌司法，官长为御史大夫，下设御史中丞、侍御史、治书御史。御史台所辖机构有殿中司及察院。殿中司设置殿中侍郎史二员，掌管朝仪、殿中纪律及在京百官到任、告假等事宜。察院置监察御史 32 员，专掌检举百官之事。

另外，还设大司农，掌农桑水利。1273年(至元十年)，大司农主持编写并颁发了《农桑辑要》，全书共7卷，6万余字，内容以北方农业为对象，农耕与蚕桑并重，是现存最早的官修农书。当时黄河流域历经多年战乱，生产凋敝，此书编成后颁发各地作为指导农业生产之用，对北方地区精耕细作和栽桑养蚕技术的提高和发展起了较大的促进作用。

中央还设有翰林兼国史院，掌制诰文字、纂修国史；设集贤院，掌提调学校、征集人才；设宣政院，掌宗教及吐蕃事务；设宣微院，掌诸王供应；设太史院，掌天文、历数；设通政院，掌管驿传；设操作院，掌工匠；如此等等，组成了元朝中央政府复杂的统治机构。

地方一级的行政机构，有行省、廉访司等。行省全称为行中书省。各行省的组织均仿中书省，皆设丞相、平章政事、右丞、左丞、参知政事等，处理一省的政务，掌管全省民政、财政、经济和军事。元朝在全国共设10个行省，即岭北、辽阳、河南江北、陕西、四川、甘肃、云南、江浙、江西和湖广。而山东、山西、河北和内蒙古等地则合称“腹里”，由中书省直辖。元朝的行省制使中央对地方的控制更加严紧，对以后各朝代的政治制度影响很大。元朝以后，行省的名称一直沿用下去。我们现在所设的“省”，也是从那时开始沿用下来的。

在行中书省下，又设辖路、府、州、县四级，它们的关系一般是路辖州、州辖县，府有的隶属于路，也有不隶属于路而直接受制于中央，即所谓直隶府。在行省与路之间，还有“道”的设置。道分两种。一种是分道设置宣慰使司，掌管军民之政，有宣慰使、同知、副使等官。这种道不普遍，共有11道，多在行省边陲地方。另一种是分道设置肃政廉访使司，掌管稽查司法，有肃政廉访使、副使、佥事等官。这种道遍布全国，共有22道，分受中央的御史台、江南行御史台和陕西行御史台的领导，完全是监察机构。

在采取汉制、设官分职的同时，忽必烈对于如何从人员上控制和监察这些官府，以保证其民族特权统治，也作了精心安排。如在中央和地方行政机构、军事系统中，都设有蒙古人担任的“达鲁花赤”一职，以加强民族防范，这些人在重大问题上都有最后的裁决权。

在军队的设置上，忽必烈将军队分为禁卫军和镇戍军。禁卫军又分为怯薛军和五卫亲军。怯薛军即成吉思汗遗留下来的亲卫军，由皇家贵族子弟充当。五卫亲军是忽必烈专门建立起来的，他接受大司农姚枢等人的建议，仿效唐、宋两朝军事力量布置内重外轻的办法，抽调精锐，用来负责京城护卫。这些军队由汉人充当，共分左、右、前、后、中五卫，每卫约一万人，隶属于枢密院。另外，为了防范汉军，忽必烈又从色目人中选拔壮勇者组成亲军，而以其族属之名为名，如有观察卫、康里卫、阿速卫等亲军，这些由色目人组成的亲军比五卫亲军更加得宠。

镇戍军驻防全国各地，也统属于枢密院。兵种分为蒙古军、探马赤军、汉军、新附军等。在布防上，以蒙古军驻防河南、山东、河北等腹地，探马赤军、汉军及新附军则多驻守在江淮以南，并有一部分蒙古军参与驻防。此外，还有各地的一些乡军，如辽东的女真军、高丽军，云南的才白军等，这些军队不离本土，负责本地区的防务。所有军队隶属于枢密院或行枢密院，而枢密院或行枢密院直接听候忽必烈的命令，没有忽必烈的命令，一律不得擅自调动部队。

忽必烈虽然采用汉法，但并非汉化，而是在有些方面汉制与蒙古制度并行，因族而分，因地而治。在统治制度上，他一方面沿用了历代帝王创立的制度，另一方面又有意地保留了一些蒙古旧制，以保护本民族的贵族特权。在草原和内地两种不同社会环境的地区，忽必烈基本上是奉行一条以蒙古旧制治草原牧民、以汉制治内地汉民的政策。在一些其他民族居住集中的地区，又采用当地居民的传统方法治理，即在中央控制下的民族自治。

1262年(中统三年)，在山东发生李檀之乱，涉及很多汉族大臣，尤其是当朝宰相王文统也参与了李檀的叛逆活动。这场乱事，大大增加了忽必烈对汉人的疑惧心理，对汉人的不信任感渐渐体现在他的用人和决策中。

除此之外，忽必烈还实行了一条蒙古族至上的民族压迫政策。入侵中原的蒙古贵族的统治地位，是靠民族特权来保证和维护的。彻底改行汉法就意味着取消这一类特权，这是蒙古贵族难以接受的。忽必烈是蒙古贵族特权利益总代表，这决定了他在采行汉法时是有条件和有限度的。忽必烈把全国民众划分为四个等级：第一等，蒙古人，指原来蒙古族的各个部落；第二等，色目人，指西域地区的各国人，如中亚、波斯等到中国来的人；第三等，汉人，指北方的汉人、契丹、高丽、女真人等；第四等，南人，指原来南宋统治下的汉族和其他民族。忽必烈把人划分四等，是有意制造民族矛盾和差别，以达到统治全国的目的。如他把汉族分为汉人和南人，就是为了分裂瓦解汉人，削弱汉人的力量。这四个等级在政治待遇和法律地位上都是不平等的。蒙古人、色目人受到优待，汉人、南人受到歧视。如蒙古律典规定，蒙古人、色目人殴打汉人、南人，汉人、南人不得还报，汉人、南人杀人者处死，而蒙古人因斗殴致死人命者，只交一点银钱即可免罪。这种极不平等的民族压迫政策，是忽必烈游牧民族保守、狭隘思想的突出表现。

（张敏）

# 46. 赵复与理学北传

理学，又称“道学”，它肇始于北宋治下的中原地区，但随着北宋在与金战争中的退败，大批理学知识分子随宋室南下，理学的重镇遂移至江南地区。金朝苏学兴盛，科举取士首要考察的是词赋，其次是以注疏为主的经义，因此传统的经传注疏和词章诗赋之学又重新占领了北方地区。“程学行于南，苏学行于北，虽伊洛之间不复知有程氏之学”（《大学衍义补·释奠先师之礼下》），理学在其发源地逐渐湮灭，在南方却逐渐壮大。《元史·赵复传》给出了“北方知有程朱之学，自复始”的极高评价，《宋元学案》乃至清皮锡瑞《经学历史》也认为北方理学首传于赵复。现在学界也普遍认为，理学能重新在北方传播，得益于赵复的北上。

赵复，字仁甫，湖广德安（今湖北安陆）人，因家住江汉平原，故人称“江汉先生”。其生卒年不详，至今学界仍有争议。侯外庐主编的《宋明理学史》推测其大约生于1215年（宋宁宗嘉定八年），卒于1306年（元成宗大德十年）以后。徐远和《理学与元代社会》一书中则以赵复归老汉上，推测其生约1185年（宋孝宗淳熙十二年），卒约1265年（元世祖至元二年）。

赵复的师承关系同样难以考辨。《宋元学案·鲁斋学案》称其为“程朱续传”，元人郝经亦称其“及朱子之门而得其传，裒然传道于北方之人”（《陵川集·与汉上赵先生论性书》）。清人王梓材则在《宋元学案补遗》中断定其“私淑朱子耳，非亲及晦翁之门也”，现代学者多赞同其说，认为虽未有直接证据证明赵复师承朱门，但从学术上来看，赵复之学确属于程朱一系。另今人邹林《姚枢与元代理学》一文及罗光《中国哲学思想史（元明篇）》一书，均称赵复为真德秀弟子，魏崇武《赵复理学活动考述》一文认为这种说法无据，二人仅可能是科举考试时“座师”与“门生”的关系，此处且备一说。

1225—1233年，赵复举乡贡进士。1235年（宋理宗端平二年），窝阔台命皇子阔出伐宋，并下诏让儒臣杨惟中及其僚属姚枢随军南下，搜罗俘户中的儒、道、释、医、卜士等人才。按照当时的蒙古军法，凡有抵抗，则该城池被占领后一律屠城。蒙古军队攻下枣阳后打算坑杀所有俘虏，姚枢以窝阔台曾下诏寻觅人才为由，极力反对，声称“明诏如此，它日将何以复命”，保护数人脱逃。德安被攻陷后，蒙古军队俘虏军民数十万。由于之前姚枢的反对，德安“凡儒生挂俘籍者，辄脱之以归”，赵复因此免于屠戮。姚枢与赵复对谈后，认定赵复为奇才，打算送他北上。但赵复“以九族俱残，不欲北，因与枢诀”。姚枢担心赵复自杀便留他共宿，半夜醒来却发现不见赵复踪影，于是立即出去寻找，最后找到了“被发徒跣，仰天而号”，即将投水自尽的赵复，极力劝说：“汝存，则子孙或可以传绪百世；随吾而北，必可无他。”“布衣未仕，徒死无益。不如随吾而北，可以传圣教。”经过姚枢一番劝说后，赵复勉强同意北上。蒙古军队的这一次南征，“凡得名士数十人，收伊洛诸书送燕都”。同赵复一起北上的，还有窦默、砚弥坚、朱万龄等人。这一批南方学者的北上为后来理学的进一步北传奠定了基础。

伊洛之学虽肇始北方，但长年的分裂造成的“南北道绝，载籍不相通”的情况，极大地阻碍了北方理学的发展。幸运的是，在赵复北上之前，北方理学仍有残支余脉未绝，这也是赵复理学能在北方得以迅速传播的一个重要原因。元初理学名臣郝经便出身于北方的程学世家，他曾表示：“陵川学者以郝氏为称首，郝氏之学浚源起本而托大之者自东轩君始。”又自述：“经之先世，高曾而上，亦及先生(程颢)之门，以为家学传六世，至经奉承绪余，弗敢失坠。”除陵川郝氏外，北方理学的传人还有王遵古、李俊明、刘肃、王郁、李简等人。赵复北上之前，对北方理学有较大影响的著作，主要是《道学发源》和《诸儒鸣道集》二书。朱熹的著作虽有流入北方，但流传并不广。对此，元人许有壬曾表示：“金源氏之有中土，虽以科举取士，名尚儒治，不过场屋文字，而道之大者盖漠如也。天相斯文，新安朱夫子出，性理之学遂集大成。宇宙破裂，南北不通，中原学者不知有所谓四书也。宋行人有箧至燕者，时有馆伴使得之，乃不以公于世。时出一论，闻者竦异，讶其有得也。”可见，理学在北方传播的受阻是受政治、社会等多方面因素影响的。这时出现在北方儒生面前的理学，其不同于传统经义的注疏的新面目，并不会阻碍学术的传播，反而激起了儒生们的兴趣，为沉闷的旧学术带来一丝新空气。

基于以上种种原因，直到赵复被俘时，程朱理学在北方仍只是零星存在。但这些零星的传播也是赵复等人北上后，理学迅速得以推广的土壤。姚枢得赵复之后，“复以所记程、朱所著诸经传注，尽录以付枢”。与之前理学的零散传播不同，赵复给北方学者带去的是经朱熹集大成后的体系完整的理学，以及在“南北道绝，载籍不相通”的情况下，北方学者难以接触到的程朱之书。1236年(元太宗八年)，赵复抵达燕京后，便开始了他的讲学活动，一开始就吸引了很多北方的学者，“游其门者将百人，多达材其间”(《牧庵集·序江汉先生事实》)。当初发现赵复并力保其北上的杨惟中和姚枢，在听了赵复的讲学后，也对理学产生了极大的兴趣。凭借着政治地位及影响力，杨惟中于1240年(元太宗十二年)着手筹建燕京太极书院，“以为天下标准，使学者归往相与讲明”，试图利用书院促进理学在北方的传播，“使不传之绪不独续于江淮，又续于河朔”。

仅仅提供学术交流的场所是不够的，太极书院还注重收集各种学术著作，招揽南方的人才。除了赵复所赠的程朱之书，杨惟中等人在随军的过程中也努力地“收伊洛诸书送燕都”。郝经描述当时的场景说：“金源氏之亡，淮汉巴蜀相继破没，学士大夫与其书遍于中土，于是北方学者始得见而知之”，“于是近岁以来，吴楚巴蜀之儒与其书浸淫而北，至于秦雍，复入于伊洛，泛入三晋齐鲁，遂至燕云辽海之间”。太极书院初建时，收藏的理学著作就有八千多卷，之后可能还有增加，太极书院规模之宏大由此可见。为了突出太极书院的理学背景，杨惟中特在书院中为周敦颐立祠，同时以二程、张载、杨时、游酢、朱熹六人配食，并刻《太极图》《通书》与《西铭》于壁上，请赵复、王粹等作为讲学的老师。所教授的内容除了诸多的理学著作，以及理学的宗旨、治学的方向之外，还格外强调从伏羲、尧、舜经孔、颜、孟到周、程、张、朱的理学道统。赵复也围绕着上面的内容，编撰了《传道图》《师友图》《伊洛发挥》《希贤录》四书，以便当时的学人更好地理解理学。

据魏崇武《赵复理学活动述考》，约在1247年(元定宗二年)，赵复离开太极书院南下游学，并携带数百本《伊洛发挥》，作为接触亡金儒士时的礼物。这次南游，再一次扩大了理学的影响范围。稍早时候，姚枢也因不满牙鲁瓦赤而弃官，举家归隐辉州(今河南辉县)，“作家庙，别为室奉孔子及宋儒周惇(敦)颐等象(像)，刊诸经，惠学者，读书鸣琴，若将终身”(《元史·姚枢传》)。《小学》《或问》《朱子家礼》《近思录》、朱注《四书》《伊川易传》《诗折衷》《书蔡传》《春秋胡传》等理学著作被刊刻并散布四方。居住在附近的窦默、许衡等人也经常来访讲习。通过姚枢，许衡接触到了程朱理学，并产生了极大的兴趣，果断弃章句之学，转而钻研理学，此后终生未改对程朱理学的崇信。姚枢、窦默和许衡在讲习论学的同时也不忘教授当地生徒，在他们的努力下，辉州苏门山一带形成了研习理学的风气，后来成为理学的重镇之一。

蒙古统治者在对中原的早期征服中，往往表现出血腥与残暴，屠城与破坏十分常见，但随着占领的深入，他们也逐渐意识到稳定地方秩序的重要性，开始有意识地收用熟悉中原文化的人才。早在窝阔台时期，金儒耶律楚材便大力倡导儒学，推崇孔子。在他的努力下，窝阔台同意修复孔庙并优待孔子后裔，同时建立国子学，并恢复了科举考试。在此风气的影响下，忽必烈早年便“思大有为于天下”，在潜邸时就开始广招天下人才，包括刘秉忠、张文谦、张德辉、赵璧、王鹗等一大批儒生由此进入忽必烈的幕府。1251 年(元宪宗元年)，忽必烈受命总领漠南军国庶事后，对中原人才的需求变得迫切。在忽必烈“儒教大宗师”的头衔下，大批在战争中流落的儒士也陆续聚集到其驻帐的金莲川寻求保护。此时距赵复抵燕已经过去十五年，但程朱理学仍未能直接影响蒙古的统治。虽有窦默为忽必烈讲纲常伦理、正心诚意之道，姚枢、王鹗讲历代兴衰成败，赵璧讲《大学衍义》，但在很大程度上，蒙古政权所学仍是金朝旧风。1254 年(元宪宗四年)，忽必烈在潜邸征招许衡为京兆提学，其理学家的身份使得诸儒哗然，一度迫使许衡请辞。

1257 年(元宪宗七年)，忽必烈在潜邸接见了亡金儒生李冶，请他推荐人才。李冶推荐了包括赵复和郝经在内的七人。约在此之后，忽必烈召见了赵复，询问其伐宋之事，希望赵复能够成为他的向导，但赵复以“宋，吾父母国也，未有引他人以伐吾父母者”(《元史・赵复传》)为由回绝了忽必烈。忽必烈因此窥见了赵复在异族冲击下的消极经世倾向，不再强迫其为官。自此之后，赵复便去向不明，《宋元学案・鲁斋学案》称其为“隐君赵江汉先生复”，大概是在此之后赵复就隐居起来了。

赵复在北方的讲学，直接或间接地影响和培养了一大批有为的学者。据《宋元学案》，王粹、砚弥坚、姚枢、窦默、郝经、许衡、刘因等人均与赵复有学术上的关联。其中王粹协助赵复在太极书院的讲学；砚弥坚教授生徒于真定；姚枢、窦默和许衡入朝为官，受忽必烈重用。其中许衡长期担任国子监祭酒，为在蒙古贵族中传播理学思想，推进理学官学化作了重大贡献。

黄百家在《宋元学案・鲁斋学案》中评价赵复的功绩道：“自石晋燕、云十六州之割。北方之为异域也久矣，虽有宋诸儒叠出，声教不通。自赵江汉以南冠之囚，吾道入北，而姚枢、窦默、许衡、刘因之徒，得闻程、朱之学以广其传，由是北方之学郁起，如吴澄之经学、姚燧之文学，指不胜屈，皆彬彬郁郁矣。”赵复载籍北上，对北方造成的影响不仅是学术上的，还有政治上的。理学对元朝政权汉化的促进作用不可小觑，元朝政权同样也推动了程朱理学在北方的传播进程。赵复虽隐居不仕，从学于他的北方学者中却不乏积极入世的治世能臣，许衡便是继赵复、杨惟中等一代人之后，推广理学最力者。

许衡，生于 1209 年(金章宗大安元年)，卒于 1281 年(元世祖至元十八年)，字仲平，金河内(今河南沁阳)人，人称鲁斋先生，深受忽必烈器重。许衡本为亡金儒士，初学章句注疏之学，接触到在苏门山隐居的姚枢后，深感过去所学没有抓到重点而转向程朱理学，从《小学》入门理学，并劝自己的学生也转学理学。在当时，尽管赵复已经北上讲学数年，许衡这样的转变者也只是少数。由于齐鲁之地的儒生深受金朝学风的影响，并且蒙古最初汉化借鉴的也是金朝道路，所以当时的学者多“踵金辞赋余习，以饰章绘句相高”。有甚者竟嘲讽鄙夷学习理学的儒生，“众且群咻而聚笑之，以为狂为怪为妄，而且以为背时枯槁无能之人也”。不仅如此，蒙古的统治者也曾以实用主义质疑儒学。早在 1247 年(元定宗二年)，忽必烈接见张德辉时，就以“辽以释废，金以儒亡”的问题质疑儒学和儒生在稳定政权中所起的作用。

在许衡等出仕元朝的理学家的努力下，忽必烈对理学的了解逐渐深入。到了 1260 年(元世祖中统元年)，忽必烈即位称帝时，便在《即位诏》中明确表示元朝立国“武功迭兴，文治多缺”，“尊贤使能之道未得其人”，表明了其不同于父祖的以儒治国的倾向。之前在忽必烈南征时辞去京兆提学一职的许衡，此时又被忽必烈召至京师。由于与王文统政见不合，许衡受到排挤并被任命为太子太保。在他“次不安于义”的坚持下，忽必烈改任他为国子祭酒，但没多久就称病而归。1265 年(元世祖至元二年)，许衡再被召入京，辅佐丞相安童，次年上书《时务五事》，向忽必烈强调“北方之有中夏者，必行汉法乃可长久”的汉化的重要性。除了选拔人才、鼓励农桑等常见的建议外，许衡还强调建立覆盖全国的学校制度，使庶民与贵族子弟均学习理学。此次上书深得忽必烈的赞许，在许衡、刘秉忠等人的努力下，忽必烈在 1269 年(元世祖至元六年)采用了符合中原文化的朝仪。1271 年(元世祖至元八年)忽必烈开太学，再任许衡为国子祭酒，并亲自选拔了一批蒙古贵族子弟师从许衡，所学科目次第均以朱熹为据。

许衡的理学教育对元朝汉化的推进似乎卓有成效，后来，元朝在全国各地广建书院学校，甚至深入边陲少数民族地区。地方官学和书院基本仿国子学建立，所学内容均为程朱理学。在政治力量的支持下，学校和书院大量建立，这对理学的迅速传播起了巨大的推动作用，也为后面理学成为元朝官方意识形态做了铺垫。可见，黄百家称许衡“鲁斋之功甚大，数十年彬彬号称名卿材大夫者，皆其门人，于是国人始知有圣贤之学”。又赞其为“元之所借以立国者”(《宋元学案·静修学案》)，实非虚言。赵复之后，许衡在理学传播乃至普及的过程中所起的作用，由此可见。

(肖语)

# 47. 元代驿传制度的完善

驿传制度是我国古代供使臣出巡、官吏往来和传递诏令、文书的官方交通通信组织系统，有时也运输官府所需的少量物品。驿传始于春秋战国，历代有不同名称，早期称传、遽、邮、置，汉代称邮驿。它为中国政治上的统一、各地经济文化交流和中外交通作出了贡献。

到了元代，由于其疆域极其辽阔，为能相互联络，元朝政权设立了十分完备的驿传机构与制度，大大超过以往各代的水平。

蒙古汗国时期，统治者即十分重视驿站的建设，成吉思汗命人设立了通到中原和西域的驿路和驿站设施，以备军需。但当时并非完全承袭前朝旧制，而是在草原游牧民族生活传统的基础上发展起来的。窝阔台汗建都和林以后，正式确立驿传制度，由和林至中原地区的驿道，每 70 里左右置一站，共有约 37 站。此外，还设有从和林至察合台封地，以及从察合台封地至拔都封地的驿路和驿站。

元朝建立后，驿站制度进一步确立，规模宏大，以大都为中心，东连高丽，东北至奴儿干，北至吉利吉思，西达伊利汗国和钦察汗国，南接安南、缅甸，乌斯藏也设有驿站。管理驿站的中央机构，元世祖初年是中书省兵部，1270 年(元至元七年)设立诸站都统领使司，后改名通政院。1311 年(元至大四年)，汉地驿站事归中书兵部管辖，通政院只管蒙古驿站。1320 年(元延祐七年)，又命通政院统一掌管全国驿站。

据《元史》记载，全国约设驿站 1500 处，包括水站、陆站、汉人站、蒙古站(一称达达站)、海青站、海站等各种类型。陆站一般使用马、牛、驴、车，两站之间的距离从五六十里至一百数十里不等。水站一般使用船只，漠南漠北蒙古站又称为达达站，中原和江南地区驿站又叫汉站。辽东黑龙江下游地区则设置狗站，用狗拉雪橇行于冰上，运载使者、货物往来。1289 年(元至元二十六年)，为了运送外国使臣进贡的奇异货物，特设从泉州到杭州的海站，到 1291 年(元至元二十八年)裁撤。

在意大利旅行家马可·波罗笔下的元代驿站，十分富丽豪华："这些建筑物宏伟壮丽，有陈设华丽的房间，挂着绸缎的窗帘和门帘，供给达官贵人使用。即使王侯在这样的馆驿下榻，也不会有失体面。"

驿站设驿令、提领、驿丞、百户、脱脱禾孙等官。大站设驿令一二人，提领二三人，小站一般只设提领。驿令以杂职人员担任，提领由本处站户中选任。在重要都市或交通枢纽处的驿站设脱脱禾孙(检查官)，专门负责检查过往使臣的真伪，以及人员、物品是否违反乘驿规定，因此这些站又称为脱脱禾孙站。

驿站由站户负责役务，站户户籍隶所处路、州、县。他们必须供给驿卒交通工具，有的还要提供粮食。每站当役站户和所备马、牛、舟、车数目，视其交通繁闲程度而多寡不同。繁忙的站，站户多至两三千户，一般为百余户至数百户，江南轿站则只有一二十户。步站还设置若干名搬运夫，专门运送货物。

元代乘驿凭证有圆牌、铺马圣旨和札子三种。

圆牌也称圆符，按规定专为军情急事遣使之用，由朝廷铸造和掌管。诸王、公主、驸马及出征、守边的军帅和地方官府，各按其地位或需要颁给若干面，以备随时差遣。朝廷所遣使者佩金字圆牌乘驿，诸王、公主和地方官府所遣使者佩银字圆牌。据现存圆牌实物，牌面文字汉译为："长生天气力里皇帝圣旨：违者治罪。"佩戴圆牌的使者拥有选择良马、兼程赶路、马乏时可以夺骑官民马匹等特权。

一般公事差遣人员颁发铺马圣旨乘驿。铺马圣旨也称御宝圣旨，用蒙古文字书写，每道圣旨上都分别标明起马数目，从一匹至十几匹不等，通常经由中书省奏准，颁发给诸王贵族以及中央、地方各官府，并填写领受官府名称，以限定在职责范围内使用。各官府领取的圆牌和铺马圣旨，由担任长官的蒙古人掌管和遣发。

札子是我国古代官府往来文书下行文种名称之一。元朝初年，中书省、枢密院、御史台及行省、行台等官府有公事差遣，都可以自出札子给驿站。1287年(元至元二十四年)朝廷规定一律凭铺马圣旨乘驿，诸官府不得自出札子，仅经行水站者不用圣旨，仍从中书省出给船札。此外，诸王也可以自发铺马圣旨给驿。

诸官府以圆牌或铺马圣旨遣使，一般需要随附差札，或称印信文字、别里哥文字，上面详细开列了差遣的事由、正使和随从的人数、起马数目等项目。驿站官员在验看圆牌、圣旨和差札之后，再提供铺马和饮食。使者应按其使命从规定的驿路行走，不得绕道、乘机探亲访友或游玩，公事完毕，即交还所领乘驿凭证，不得稽留。乘驿人员应给的马、舟、车的数目，按照其官品高低、公事大小而多寡不同。其饮食标准也有规定：在驿馆住宿的，正使每天供应米一升、面一斤、酒一升、肉一斤、油盐杂钞三十文，随从只给米、面。只是路过的标准减半，冬季每天再另给炭五斤。

元代传送公文的邮驿称为急递铺，简称递铺，基本上沿用宋、金时期的旧制。1260年(中统元年)设置燕京(今北京)至开平(今内蒙古正蓝旗东)、开平至京兆(今西安)急递铺，每十里或十五里、二十五里设一铺，每铺设置铺兵五人。不久，朝廷即下令各州县依例设置，与邻境所置铺相接。1294年(元至元三十一年)，在大都设置总急递铺提领所，官秩九品，设提领三员；各路置总铺，设提领一员。1323年(元至治三年)，又每十铺设置一邮长。凡中央各部门及地方各官府来往公文均可入递，公文分"最速""次速""平常"三级。"最速"公文日行450~500里，"次速"公文日行350~400里，"平常"公文日行300里。

紧急重要公文，用木匣封锁，用黑油红字书写号码，并标明发送、承受衙门及入递时刻，随到随送。一般公文交付承发司，按所投之处分类装封，每件系一牌，用绿油黄字书写号码，交铺传递。各铺收到入递公文，由铺司(铺兵头目)在铺历上登记文目及到铺时刻、传递人姓名，再令铺兵装裹好，随带回历一本，急速送递至前铺交割。前铺铺司验收后，在回历上签押，交来人持回，又将公文交本铺兵送往下一铺。如此依次传递至目的地。史料记载，铺兵们腰系铜铃，手持铁枪，身挟雨衣，到了晚上则手持火炬，沿途其他人听到铃声必须为他让路。下一站铺兵听到铃声，整装待发，公文到铺，即刻上路，就像今天的接力赛，所以，速度要快过宋金两朝。

自唐宋以来，经济和文化重心南移，江南地区成为国家财政收入的重要来源。京杭大运河开通后，沿岸水、陆驿站逐渐健全，仅东平府一地就有一万站户，自备车马，递运官物。同时，又将偏僻路段的驿站移到大运河沿岸，确保货运畅通。无论海运、河运，抵达通州后，都由驿站陆运至京城。1292年(元至元二十九年)，郭守敬设计并主持了通惠河工程，漕船可直抵大都城内。

江南和东南沿海地区经济活跃，商业繁荣，官府在杭州、泉州、福州等商业重镇设置水、陆两用站，递运当地租赋、盐货和手工业产品，转运海外贸易商品和朝贡品。

由此可见，随着政治的统一，各地之间经济联系的加强，驿站的职能远远超出了传递紧急军情和官府公文的范畴。

由于驿站的广泛设立，中西陆路交通出现了前所未有的兴盛。欧洲与中国开始有正式的使臣往来，商人与教士沿陆路往来，更为频繁。驿道交通网使丝绸之路得到疏通。英国学者哈德森在《欧洲与中国》一书中写道："驿路使中断四个世纪之久的中国与欧洲之间的相互了解与交往得以恢复，但这不仅仅是简单的恢复，甚至古代丝绸贸易最为繁荣的时期没有传入欧洲的有关中国的知识，在十三、十四世纪亦传至欧洲。"

元朝在边远地区设立驿站，是与管理移民、屯田等行政措施相辅而行的。忽必烈即位后，立刻派遣使臣进藏清查户口，设立驿站。据史料载，西藏设置 28 处大站、7 处小站，从内地至西藏，建有乌思藏、朵甘思、朵思麻三个驿站。王辅仁在《蒙藏民族关系史略》一书中提出：在西藏的驿站"不能仅仅把它看成是交通方面的一些措施，而必须看到它在政治上体现元朝对藏族地区的管辖权。在经济上征收当地土特产作为贡献，也同样是体现主权的。因此，我们有根据说，元朝在西藏设置的甲姆（驿站）是一个行政组织"。1270 年（元至元七年），朝廷任命刘好礼为吉利吉思、撼合纳、谦州等地五部断事官。刘好礼到任后，着手修仓库，立驿站，开办屯田。1291 年（元至元二十八年），又于吉利吉思至外剌设立六处驿站。19 世纪，俄国学者在叶尼塞河的米努辛斯克合托木斯克附近发现了两种元代遣使牌符，这无疑见证了元朝在上述地区行使主权的历史事实。

（张敏）

## 48. 马可·波罗来华

马可·波罗(Marco Polo，1254—1324年)，世界著名的旅行家、商人。他出生于意大利威尼斯的一个商人家庭，这是一个旅行世家。马可·波罗17岁时跟随父亲和叔叔，途经中东，历时4年多来到中国，在中国游历了17年。回国后写出了《马可·波罗游记》(又名《马可·波罗行记》或《东方闻见录》)，记述了他在东方最富有的国家——中国的见闻，激起了欧洲人对东方的热烈向往，对以后新航路的开辟产生了巨大的影响。同时，西方地理学家还根据书中的描述，绘制了早期的世界地图。《马可·波罗游记》是欧洲人撰写的第一部详尽描绘中国历史、文化和艺术的游记。在马可·波罗逝世前，《马可·波罗游记》已被翻译成多种欧洲文字，广为流传，现存各种文字的版本有119种之多。

根据史料记载，马可·波罗的父亲尼科洛与叔父马菲奥一同经营东方贸易，曾经在钦察汗国的都城萨莱居住一年，后来又到不花剌居住了三年，之后跟随蒙古伊儿汗旭烈兀派遣入朝的使者一同来到中国，大约在1265年到达上都(今内蒙古自治区多伦县西北)。蒙古大汗忽必烈向他们询问了欧洲各国情况，决定派一位使臣出使罗马教廷，命尼科洛兄弟随行。途中，使臣因病留下，将国书委托尼科洛兄弟递送。他们于1269年抵达地中海东岸的基督教中心地阿克尔，这时候教皇已死，新教皇未立，遂回到威尼斯。

1271年，尼科洛兄弟带上17岁的马可·波罗再次来到阿克尔谒见新教皇格里戈里十世，要求回中国复命。教皇派遣两名教士持其致大汗信同去，后来两教士畏难不行，将教皇信件委付尼科洛代为呈递。他们沿着丝绸之路东进，途经土耳其、伊拉克、伊朗等国，越过帕米尔高原到达东方，又取道新疆、甘肃东行，并在甘州(甘肃张掖)居住了一年。在此期间，曾游历过今额济纳旗、西宁等地，然后东北行经宁夏、陕北等地，历时3年半，于1275年到达元朝上都，以后又到达大都(今北京市)。这时，马可·波罗年仅20岁，因其父、叔的关系，得以接近忽必烈。

据马可·波罗自述，由于他聪明伶俐，很快学会了蒙古语，并熟知元朝的礼仪。马可·波罗善于揣摩和迎合他人心意，因而深受元世祖的宠信，长期在朝廷担任要职，忽必烈曾派其为钦差大臣，先后巡视过山西、陕西、四川、云南、山东、江苏、浙江、福建等地，并任扬州总管3年。他还参与外交活动，代表元朝政府出使过缅甸、越南、菲律宾、印尼、爪哇、苏门答腊等国。因此，马可·波罗很熟悉当时中国各地和亚洲各国的情况，也熟知元朝的许多重大事件。

1291年年初，马可·波罗随同伊利汗阿鲁浑派来元朝选妃的使臣兀鲁得等人，护送选定的新王妃阔阔真由泉州乘船去波斯。在完成使命之后，他于1295年回到故乡威尼斯。

马可·波罗从中国回来的消息迅速传遍了整个威尼斯，他的见闻引起了人们的极大兴趣。他从东方带回的无数奇珍异宝，一夜之间使其成为威尼斯的巨富。1298年，马可·波罗参加了威尼斯与热那亚的战争，不幸被俘。在狱中他遇到了作家鲁思梯谦，于是便有了马可·波罗口述、鲁思梯谦记录的《马可·波罗游记》(又称《东方见闻录》)。

从《马可·波罗游记》一书问世以来，700年来关于他的争议就没有停止过，不断有人怀疑他是否到过中国，《马可·波罗游记》是否为伪作。

早在马可·波罗活着的时候，由于书中充满了人所未知的奇闻轶事，《马可·波罗游记》遭到人们的怀疑和讽刺。关心他的朋友甚至在他临终前劝他把书中背离事实的叙述删掉。之后，随着地理大发现，欧洲人对东方的了解越来越多，《马可·波罗游记》中讲的许多事物逐渐被证实，不再被视为荒诞不经的神话了。但还是有人对《马可·波罗游记》的真实性表示怀疑。

19世纪初开始，有人站在学者的角度批判此书。1995年，英国学者Frances Wood(吴芳思)博士经过多年研究，把所有的疑问写成了一本书《马可·波罗到过中国吗?》，从而成为"怀疑论者"的代表。怀疑论者认为《马可·波罗游记》中对中国的记载有多处缺陷，如根本没有记载任何关于长城、茶叶、妇女缠足、用鸬鹚捕鱼、人工孵卵、印刷书籍、中国汉字及其他奇技巧术和怪异风俗等，还有许多不确定的地方，如中国的地名多用鞑靼语或波斯语记载，成吉思汗死事及其子孙世系关系失误等。有的中国学者则认为马可·波罗只是元代来中国的无数西域商人之一，他有可能如其自述所说曾充任过朝廷使者或某种官吏(元朝任用西域商人不乏其例)，但主要活动应是经商，或许是充当以官钱营运的"斡脱"，因而能成为百万富翁。

国内"肯定论者"以杨志玖先生为代表。他从20世纪40年代起就不断地同国内外的"怀疑论者"进行论战。为反驳史书中没有关于马可·波罗记载的疑问，杨志玖教授皓首穷经，终于在永乐大典残片《站赤》中找到一条记载"兀鲁得、阿必失和火者取道马二八往阿鲁浑大王位下"与《马可·波罗游记》中记载一致，从而可以证明他是到过中国的。而杨志玖教授解释，《马可·波罗游记》没有提到长城，是因为元长城已经年久失修破败不堪，况且元长城土木结构并非明长城砖石结构那样引人注目，没有引起他的足够重视；没有提到茶叶是因为蒙古人不喜饮茶，因此马可·波罗对此也无印象；关于汉字书法和印刷术，马可·波罗不认识汉字，故对中国汉字书法和印刷术不会做记载；对于筷子、缠足、鸬鹚等，马可·波罗只用刀叉，没见过筷子，他从没见过任何一个缠足的妇女，他是城里人，而不是渔民等。

马可·波罗与他的《马可·波罗游记》，早已家喻户晓、妇孺皆知了。国内外肯定论者之所以肯定或承认马可·波罗到过中国，主要基于两个方面的理由：一是人们对马可·波罗与《马可·波罗游记》的善意解释。另一方面的原因是《马可·波罗游记》所记载的某些内容若非亲身经历是不可能知道得那样详细具体的。例如，《马可·波罗游记》关于杭州的记载说，杭州当时称行在，是世界上最美的城市，商业兴隆，有12种行业，每种行业有12000户。城中有一个大湖(即西湖)，周围达30英里，风景优美。这些记载在《乾道临安志》和《梦粱录》等古籍中得到了印证。其他的如苏州的桥很多，杭州的人多，还有卢沟桥，等等。《马可·波罗游记》的记载都相当详细、具体，这些材料在当时的历史背景下是不可能从道听途说中得到的。

在《马可·波罗游记》出现以前，中国与西方在政治、经济和文化等方面的交流都是通过丝绸之路这座桥梁间接地联系着。在这种中西交往中，中国一直是以积极的态度，努力去了解和认识中国以外的地方，特别是西方文明世界。但直到13世纪以前，中西交往只停留在以贸易为主的经济联系上，缺乏直接的接触和了解。而欧洲对中国的认识，则更是一直停留在道听途说的间接接触上，他们对中国的认识和了解非常肤浅，因而欧洲人对东方世界充满了好奇。《马可·波罗游记》对东方世界进行了夸大甚至神话般的描述，更激起了欧洲人对东方世界的好奇心，这又有意或者无意地促进了中西方之间的直接交往，从此，中西方之间直接的政治、经济、文化交流的新时代开始了。马可·波罗是一个时代的象征，《马可·波罗游记》开辟了中西方直接联系和接触的新时代。事实证明，《马可·波罗游记》给世界带来了巨大的影响，其积极作用是不可抹杀的。

（张敏）

# 49. 元曲的兴起与衍变

元曲并非元代戏曲的总称，它不包括当时中国南方的南戏，而专指散曲和北方杂剧。元曲创作曾经十分繁盛。仅据钟嗣成的《录鬼簿》、贾仲明的《录鬼簿续编》、朱权的《太和正音谱》等书记载，杂剧作家有名有姓者220多人，剧目700多种。今人傅惜华《元杂剧全目》收737种。不过大部分已亡佚。现存剧本，明臧懋循《元曲选》和近人隋树森《元曲选外编》所收，共162种。王季思主编的12卷本《全元戏曲》收录完整的杂剧210种，另有残折、散出和佚曲若干。散曲方面，隋树森辑录的《全元散曲》，收散曲作家213人，小令353首，套数457篇。

元曲的兴起与繁荣有其特定的历史原因。从原始歌舞，春秋战国时期的俳优、杂扮(如《史记·滑稽列传》所记载的"优孟衣冠")，到汉魏"百戏"中之角抵(如《东海黄公》)，六朝隋唐的歌舞戏(如《大面》《拨头》《踏摇娘》《窟儡子》)、参军戏，再到宋杂剧，金院本，戏曲艺术已渐趋成熟。北宋杂剧包括艳段、正杂剧、杂扮三部分。正杂剧演出完整的故事，艳段、杂扮与元杂剧的"楔子"的功能类似，起热场、过渡等作用。角色配置有副末、副净、末泥、装旦、装孤等。宋吴自牧《梦粱录·妓乐》载："杂剧中末泥为长，每一场四人或五人。""末泥色主张，引戏色分付，副净色发乔，副末色打诨，或添一人，名曰装孤。"金院本的情形大致相当。南宋周密《武林旧事》一书簿录的宋代官本杂剧就有280段之多，陶宗仪《南村辍耕录》记载院本则高达690种，可见这一时期戏曲发展规模之大。除此之外，其他的文艺形式如音乐、舞蹈、杂技、诗词、变文、话本、说唱诸宫调等，也为戏曲的发展提供了相当有利的基础。

与此同时，元曲的繁荣与元代社会历史条件也具有密切关系。和宋代不同，元代南北实现统一，经济繁荣，商贸畅通，都市规模不断扩大，市民阶层迅速壮大，给杂剧提供了良好的生存空间。元末夏庭芝《青楼集志》说："内而京师，外而郡邑，皆有所谓勾栏者，辟优萃而隶乐，观者挥金与之。"另一方面，元代的统治集团具有较强的种族歧视倾向，废除科举70余年，漠视传统儒学，且对戏曲舞乐多有偏好。这样，大批知识分子始终处在社会底层，栖身于勾栏瓦舍之间，不过思想戒律也相对较少，于是成为通俗文艺迅速发展的重要力量。这些因素是元曲在艺术上走向繁荣的重要条件。

相对于前代艺术，元曲不仅有继承，而且有飞跃性的突破。元杂剧采用北曲演唱，由剧本、音乐、舞台和演员表演等要素构成。折是剧本的基本结构单位，是音乐组织单元。一个剧本一般分为四折(少数为五折、六折)，间而另有"楔子"。"楔子"在第一折之前开场，或在折与折之间起过渡作用。一折也是故事情节发展的一个段落，第三折通常为高潮，最后一折结尾处多用"题目""正名"概括全剧内容。如关汉卿的《赵盼儿风月救风尘》，最后为："题目：安秀才花柳成花烛；正名：赵盼儿风月救风尘。"

每折由曲(唱词)、白(对白、独白)、科(动作、舞台效果)交错而成。一折之中的曲词限用同一宫调的曲牌组成套曲演唱，所以每本杂剧四折四个宫调。曲词用韵可以平仄通押，不避重韵，同一套曲之内允许出现相同的韵字，但必须一韵到底，不得中途换韵。曲谱中对每种曲牌的句数、字数都有规定，但和传统格律诗词最大的不同在于，可在曲谱规定的句数、字数之外增句、增字。增句限于部分曲牌，增字则不受曲牌限制。所增的字叫衬字，衬字不定多寡，不拘平仄，只是不能加在句尾。如王实甫《崔莺莺待月西厢记》(第四本)：

【叨叨令】见安排着车儿、马儿；不由人熬熬煎煎的气；有甚么心情花儿、靥儿，打扮得娇娇滴滴的媚；准备着被儿、枕儿，则索昏昏沉沉的睡；从今后衫儿、袖儿，都揾做重重叠叠的泪。兀的不闷杀人也么哥！兀的不闷杀人也么哥！久已后书儿、信儿，索与我凄凄惶惶的寄。

曲中加点部分全为衬字。曲谱规定，《叨叨令》的句式为七、七、七、七、五、五、七，共45字，此曲多达100字，衬字超出额定字数一倍以上。这些衬字，大大突破了曲谱的局限，给曲词以极大的弹性，使表现力大为增强。任讷在《散曲概论》中评价说："十分曲合语吻，亦即十分曲达语情，此亦为他种长短句所不可及，而独让之与金元之曲者。"

元杂剧的角色主要有末、旦、净、杂四类。末是男角，分正末(男主角)、副末、外末、小末等；旦是女角，分正旦(女主角)、副旦、贴旦、搽旦、小旦等；净，俗称"花面"，一般扮演反派人物或性格粗豪的角色；以上三类以外的叫杂。在杂剧中，表演时只有一人主唱，由正旦独唱者为旦本，正末主唱者为末本。

至于散曲，是与杂剧剧曲相对的，供清唱用，分套数与小令两类。套数由同一宫调的若干曲牌连缀而成，就像是整折杂剧删除全部科、白后所剩下的曲词，所以套数的体式要求与杂剧一折之中的套曲基本相当。小令一般只用一支曲牌(也有用两、三支曲子，不过这种有的称之为"带过曲")，可以看成是由套数分拆而成的。

元曲创作，以大德年间(1297—1307年)为界，可分为前后两期。前期最为辉煌，其活动中心主要在北部经济文化重镇，如大都、真定、汴梁、平阳、东平、彰德等地。时人刘祁记录大都的情形时说："南北二城，行院、社直、杂戏毕集，恭迎帝坐金牌与寺之大佛游于城外，极其华丽。"(《析津志辑佚》，北京古籍出版社1983年版)元曲最伟大、最杰出的作家，如关汉卿、王实甫、马致远、白朴、高文秀、康进之、纪君祥等，都出现在这一阶段。这个时期的作家，许多是直接和底层民众生活在一起的，对社会现实有深切的了解，所以他们的作品生活气息浓烈，对不合理现象和丑恶现象充满了批判精神。题材中历史传说、公案故事、水浒故事居多。主要作品有：关汉卿的《窦娥冤》《拜月亭》，王实甫的《西厢记》，马致远的《汉宫秋》，纪君祥的《赵氏孤儿》，尚仲贤的《柳毅传书》，康进之的《李逵负荆》，高文秀的《双献功》，李好古的《张生煮海》等。这些作品创作风格丰富多样，语言以北方的民间口语为基础，并合理吸收古典诗词歌赋中的营养，词汇丰富，句法多变，泼辣与含蓄齐备，质朴与优雅兼行。同时，作家积极继承和发展传统戏曲与说唱艺术的优长，能够从生活实际出发，很好地把握舞台表演的特点，精心巧妙地组织戏剧冲突，从而收到震撼人心的艺术效果。

前期最伟大的作家是关汉卿。其代表作《窦娥冤》写窦娥被无赖张驴儿诬陷后，被官府错判冤死的故事。窦娥三岁丧母，七岁时被卖给蔡家为童养媳，十七岁始嫁即寡，与蔡婆相依为命。张驴儿父子解救外出讨债遇险的蔡婆而被带入蔡家，张驴儿企图霸占窦娥遭到严词拒绝，于是伺机投毒在窦娥给蔡婆做的羊肚汤中，意在毒死蔡婆以相要挟。可是阴差阳错，病中蔡婆突然呕吐，把汤让给张父，张父喝下后倒地身亡。恶徒张驴儿见状，栽赃嫁祸，扬言"官休"，企图再逼窦娥就范未果，恼羞成怒，遂到官府诬告。官府严刑逼供窦娥不成，准备枷打蔡婆。窦娥担心蔡婆遭受皮肉之苦，屈招投毒，被判斩刑。《窦娥冤》的本事见于《列女传》《汉书·于定国传》和《搜神记》，但它绝不是历史故事的一种扩充，而是从元代司法黑暗的现实出发，进行精心的艺术再创造，具有强烈的现实批判意义。作品还成功运用偶然、巧合因素来安排情节：如蔡家与张氏父子以恩始，以仇终；张驴儿投毒以谋杀蔡婆始，以误杀其父终；人命官司以凶手告状始，以受害人枉死终；全剧结局以窦娥生前蒙冤始，以死后引导其父窦天章翻案、剐刑处死张驴儿而终。这种手法使故事情节跌宕起伏，曲折离奇，增强了作品的戏剧性，更好地适应了舞台表演的需要。全剧以写实为主，但从窦娥屈死到第四折鬼魂翻案，则又具有浓厚的浪漫主义色彩。特别是窦娥在临刑之时为鸣冤屈，指天立下"三桩儿誓愿"，死后血溅白练、六月降雪、大旱三年，果然桩桩应验。这种手法渲染了人物命运的悲剧气氛，加强了作品的感染力，也寄托了作家不满现实、除暴安良的美好愿望。《窦娥冤》的语言本色质朴、真切感人，在早期杂剧中具有代表性。如窦娥刑前嘱咐蔡婆："婆婆，此后遇着冬时年节，月一十五，有瀽不了的浆水饭，瀽半碗儿与我吃；烧不了的纸钱，与窦娥烧一陌儿。则是看你死的孩儿面上！念窦娥葫芦提当罪愆，念窦娥身首不完全，念窦娥从前已往干家缘。婆婆也，你只看窦娥少爷无娘面。"委实是字字含情、句句揪心，令人潸然泪下。《窦娥冤》全名《感天动地窦娥冤》，其艺术效果确实达到了"感天动地"的程度。

前期散曲的代表人物有关汉卿、马致远、白朴等。其作品内容丰富，或痛定思痛，抒写亡国之恨，如白朴的(仙吕)《寄生草·劝饮》："长醉后方何碍，不醒时有甚思。糟腌两个功名字，醅淹千古兴亡事，曲埋万丈虹霓志。不达时皆笑屈原非，但知音尽说陶潜是。"或愤世嫉俗，揭露社会问题，如马致远的(双调)《夜行船》："蛩吟罢一觉才宁贴，鸡鸣时万事无休歇。何年是彻？看密匝匝蚁排兵，乱纷纷蜂酿蜜，急攘攘蝇争血。"或多愁善感，展示男女风情，如关汉卿的《花惜风情》："小娘子说因由，老夫人索穷究，我只道神针法灸，却原来燕侣莺俦。红娘先自行，小姐权落后，我在这窗儿外几曾敢咳嗽，这般勤着甚来由？夫人你得休便休，也不索出乖弄丑，自古来女大难留。"或啸傲山林，描摹自然景物，如卢挚的《六月望西湖夜归》："看西湖休比谁呵，才说到西施，便似了东坡。宝瑟鸣泉，烟鬟翠领，玉镜晴波。数十处芙蓉画舸，对三山楼观嵯峨。问夜如何，月下婆娑，恰似姮娥。"其形式风格与杂剧相当一致，语言以质朴自然为主流。

元曲后期，元曲活动中心主要集中在东南沿海城市。元朝统一后，南方城市自然环境、经济条件、人文传统等方面的优势日渐明显，吸引了大批北方曲作家南下，而部分南方文人也开始加入北曲的创作活动中。于是大德以后，元曲的中心就由大都逐渐转移到临安(今杭州)。后期的许多条件虽然比前期优越，但当时元朝统治者已经逐渐改变初期简单粗暴的民族政策与文化政策，社会矛盾相对缓和，随着科举制度的恢复，大批文人置身其中，元曲的创作力量大为削弱。即使是那些继续坚持元曲创作的作家，也因为与底层社会接触的机会越来越少，生活基础和对现实的态度发生了显著变化。加之南方是南戏的天下，杂剧全本四折例由一人独唱，演员负担重，表演上和南戏相比又显得有些单调，观众的兴趣自然也不及北方浓烈。这些因素导致后期杂剧与散曲都出现衰落的态势。

和前期相比，这一时期的杂剧作家数量锐减，有姓名可考者仅20余人，有作品流传下来的仅10人左右。其中绝大多数是南方文人，如杨梓、范康、萧德祥、王晔、沈和甫等。总体来说，他们的作品缺乏扎实的生活基础，缺乏介入生活、引导社会的责任感，大多片面追求形式完美，语言藻饰以为尚，情节离奇以相高，失掉了早期杂剧的精髓。成就最突出的还是从北方南下的北籍作家如郑光祖、宫天挺、乔吉、曾瑞卿、秦简夫等人的部分作品。郑光祖是后期最重要的作家，与关汉卿、白朴、马致远一起被后人称为"元曲四大家”。其代表作《倩女离魂》，素材取自唐传奇《离魂记》，写张倩女和王文举的生死之恋。他们本来自幼订婚，因为倩女母亲嫌弃文举没有功名而被强行拆散。文举赴京应试，倩女思念成疾，灵魂出窍，和文举团聚。功成名就还乡后，离魂又与倩女的躯体合而为一。作品以浪漫主义手法，塑造了一位敢于抗争、不惜一切大胆追求爱情的女性形象。其表达绵密，情感色彩浓郁，富有感染力。

后期的散曲与同时期的杂剧在许多方面呈现出相同的特点。比如内容贫乏单调，语言注重精雕细琢等，形式主义倾向相当严重。代表作家有张可久、乔吉、睢景臣、张养浩、刘时中等。张可久是元代散曲传世数量最多的作家，现存小令855首，套数9首，与乔吉并称元散曲两大家。他的某些作品，或怀古伤今，或托物寓意，具有一定的社会意义。如(卖花声)《怀古》：“美人自刎乌江岸，战火曾烧赤壁山，将军空老玉门关。作心秦汉，生民涂炭，读书人一声长叹。”但大部分以模范山水、吟风弄月为主，曲风雅丽，不脱词境，深受婉约派词风的影响。如《送别》：“客风流玉友温柔，一片离情，万里清秋。桂影帘栊，荷花庭院，芦叶汀洲。山隐隐藏君旧游，雨丝丝织我新愁。共语危楼，未出阳关，且听凉州。”笔法典雅缠绵，与宋词几乎没有很大差别，对元后期散曲创作倾向的转变具有显著的引导作用。

元朝是中国古典戏曲的黄金时代，元曲是其间标志性的文艺样式，被誉为“五绝”之一。元罗宗信《中原音韵序》也说：“世之共称唐诗、宋词、大元乐府，诚哉！”近人王国维的《宋元戏曲史序》进一步指出：“凡一代有一代之文学：楚之骚，汉之赋，六代之骈语，唐之诗，宋之词，元之曲，皆所谓一代之文学，而后世莫能继焉者也。”元杂剧题材丰富，体式完备，风格多样，整体艺术成就达到了前所未有的高度，对元代南戏、明清传奇及其他古典戏曲样式，都产生了深刻影响。元代散曲与戏剧虽然有着密切关系，具有相同的格律，但它也受到古典诗词、民间歌谣的影响，其内容灵活多样，形式上的拘束大为减少，语言亦庄亦谐，明白晓畅，完全可以看成是唐诗宋词以后的一种新型诗体。其影响所及，不仅包括古代词曲，也包括“五四”以后的新诗。

（周德美）

# 50. 关汉卿与元代杂剧

关汉卿，号已斋叟，中国古代伟大的戏曲家。其生平资料十分匮乏。他的籍贯，有大都、祁州、解州等几种不同说法，但通常认同《录鬼簿》的记载而定为大都。他的身份，《录鬼簿》的一种版本说是“太医院尹”，另一种版本说是“太医院户”。历代太医院并无“院尹”之职，蔡美彪考证“太医院尹”实是“太医院户”之误。他的生卒年也难以考定，元朱经《青楼集序》将他和杜善夫、白朴都列为“金之遗民”，他与杂剧作家王和卿、杨显之、梁进之、费君祥等交往密切，所以大致生活在元世祖至元后期到成宗大德前期之间，即1220年至1300年前后。《青楼集序》说：“我皇元初并海宇，而金之遗民，若杜散人，白兰谷，关已斋辈，皆不屑仕进，乃嘲月弄月，留连光景；庸俗易之，用世者嗤之，三君之心，固难识也。”元熊自得《析津志》说他“生而倜傥，博学能文，滑稽多智，蕴藉风流，为一时之冠”，这些记载与关汉卿的散曲（南吕）《一枝花·不服老》所表现的趋向是相当一致的。（南吕）《一枝花·不服老》里面，关汉卿自称“会围棋，会蹴踘，会打围，会插科，会歌舞，会吹弹，会咽作，会吟诗，会双陆”，“通五音六律滑熟”，“花中消遣，酒内忘忧”，“玩的是梁园月，饮的是东京酒，赏的是洛阳花，攀的是章台柳”，“占排场风月功名首”，是“锦阵花营都帅头”，“普天下郎君领袖，盖世界浪子班头”。这样看来，他是一位不乐仕进、桀骜不驯、狂放不羁的落魄文人。他多才多艺，精通音律，能歌善舞，倜傥风流。他混迹市井，交游广泛，出入勾栏行院，交结书会才人、青楼艺伎，甚至还“躬践排场，面敷粉墨”（臧懋循《元曲选序》）。这种经历，是他戏剧创作最重要的基础之一。

关汉卿杂剧，傅惜华《元代杂剧全目》汇聚存目67种，现存近20种。王季思主编的《全元戏曲》卷一收入《窦娥冤》《救风尘》《望江亭》《谢天香》《金线池》《单刀会》《玉镜台》《绯衣梦》《蝴蝶梦》《哭存孝》《西蜀梦》《拜月亭》《调风月》《鲁斋郎》《五侯宴》《陈母教子》《单鞭夺槊》和《裴度还带》，马欣来辑的《关汉卿集》和蓝立萱的《汇校详注关汉卿集》未收《绯衣梦》，但加收《四春园》，另附《唐明皇启瘗哭香囊》《风流孔目春衫记》《孟良盗骨》三个残本。其中《鲁斋郎》《五侯宴》《单鞭夺槊》和《裴度还带》四种是否关氏所撰，尚有争议。其中《窦娥冤》《救风尘》《望江亭》《拜月亭》《鲁斋郎》《单刀会》《调风月》是他的代表作。

关汉卿杂剧，依据内容可以分为历史剧、公案剧、情感剧三类。历史剧以真实的历史人物、历史事件作为素材，表现出崇拜英雄的理想主义色彩。现存剧本中，这一类所占份额最大，如《哭存孝》《五侯宴》《谢天香》《单鞭夺槊》等。其中，《单刀会》《西蜀梦》都是三国戏。《西蜀梦》写关羽、张飞死后托梦刘备，诉说壮志难酬的遗憾，表达报仇雪恨的心绪。《单刀会》写关羽单刀勇赴鲁肃所设的索还荆州的宴会。宴前，关羽接到邀请，明知是计，仍旧带周仓一人单刀赴会，并安排关平、关兴带大军在江边接应。席间，关、鲁二人词锋交接，鲁肃窘于应对，关羽趁机敲山震虎，令鲁肃不敢动粗，最终全身而退，安然返回。这部作品，成功地塑造了一位智勇双全的英雄形象，表现出作者对关羽的崇拜之情。这是歌颂英雄，也是呼唤英雄，呼唤英雄解民倒悬、救民水火。

公案剧是通过与司法相关的公案故事揭露现实的黑暗，表现对现实的强烈不满以及对和谐、安宁生活的向往，有《窦娥冤》《鲁斋郎》《蝴蝶梦》《绯衣梦》等。《窦娥冤》写的是一桩冤案，写窦娥因被无赖张驴儿诬陷而被官府错判冤死的故事。张驴儿企图霸占窦娥未得逞，企图制造人命案以相要挟，可是阴差阳错地害死自己的父亲。官府草菅人命、严刑逼供，窦娥不忍心看到婆婆遭受皮肉之苦，屈招投毒，被判斩刑。《窦娥冤》的本事见于《列女传》《汉书·于定国传》和《搜神记》，但它绝不是历史故事的扩充，而是从元代司法的黑暗现实出发的。《元史·成宗纪四》记载，仅元成宗大德七年(1303 年)，“七道奉使宣抚所罢赃污官吏凡一万八千四百七十三人，赃四万五千八百六十五锭，冤狱五千一百七十六事”。贪赃枉法，冤案堆积如山，百姓苦不堪言。《窦娥冤》写官府不问青红皂白，严刑逼供，“恰消停，才苏醒，又昏迷。捱千般打拷，万种凌逼，一杖下，一道血，一层皮”(《感皇恩》)，“打的我肉都飞，血淋漓，腹中冤枉有谁知！则我这小妇人毒药来从何处也？天那，怎么的覆盆不照太阳晖”(《采茶歌》)。这是对元代黑暗现实的血泪控诉，是对反动统治的深刻揭露，具有强烈的现实批判意义。作品写窦娥在临刑之时为鸣冤屈，指天立下“三桩儿誓愿”，死后桩桩应验，最后由窦娥的鬼魂引导翻案。这种浪漫传奇的手法，渲染了人物命运的悲剧气氛，也寄托了作家不满现实、除暴安良的美好愿望。《窦娥冤》中，作者把这种愿望寄托在冤主亲人身上，而《鲁斋郎》则把这种愿望寄托在某些清官身上。剧中写权贵鲁斋郎强夺银匠李四、孔目张圭之妻，迫使两家妻离子散，最后被包拯设计斩杀。这是作者的理想，也是底层百姓的急切呼声。

情感剧主要通过爱情、婚姻、家庭等方面的题材，塑造出一大批个性鲜明的妇女形象，反映人物的情感生活。其中有不少是反映当事人克服重重阻力，去追求爱情，维持或成就婚姻的。如《拜月亭》中尚书千金王瑞兰和平民蒋世隆，《四春园》中富家之女王闰香与破落儒生李庆安，其爱情都受到门第观念的威胁；《金线池》秀才韩辅臣与妓女杜蕊娘，其情感受到鸨母恶意挑拨的威胁；《玉镜台》中温峤与刘倩英，其婚姻关系受到温峤当初不择手段地骗婚而酿成后果的威胁；《调风月》婢女燕燕与小千户，受到始乱终弃的威胁。虽然历尽周折，但最后都终成眷属。这些作品，尽管还带有当时社会的不良印记，如婢女燕燕没有感情也要婚姻，温峤为得到所爱不择手段，用御赐玉镜台骗婚，蒋世隆、李庆安都是凭借新科状元订婚、续婚等，但这些都客观地展示了当时人们爱情婚姻观念的实际状态，因而具有深刻的历史认识价值。

还有一些作品的内容是反映主人公为摆脱恶姻缘而做出种种努力。如《救风尘》中，妓女宋引章本与安秀才有约，却被花言巧语所惑，不顾结义姐妹赵盼儿的劝阻，嫁给贪财好色的恶少周舍，婚后饱受虐待，忍无可忍，只得向赵盼儿写信求救。赵盼儿抓住周舍贪财好色的本性，巧用计策，浓妆艳抹，自带车辆、鞍马、奁房去找周舍，假意以财、以身相许，但提出要以先休宋氏作前提，而宋引章也趁机前来吵闹，于是周舍一怒之下写了休书。剧中两位风尘女子的形象形成鲜明对比，宋引章天真轻信、爱慕虚荣，赵盼儿洞达世情、见义勇为，但最终她们走到一起，合谋将轻薄贪婪、狡诈凶狠的周舍玩于股掌之中。类似的描写，在《望江亭》中也可看到。谭记儿面临权贵杨衙内企图谋杀其夫、强娶其为妾的险境，却能够在望江亭内利用酒色，窃走行将置丈夫于死地的御赐“势剑金牌”，甚至还将倚势挟权、为害良民的杨衙内问成杂犯，投入监狱。宋、赵、谭虽然身居社会底层，但心比天高，敢于并善于同罪恶的强权抗争，使被侮辱与被损害的平民百姓受到鼓舞，看到希望。

关汉卿的杂剧不仅题材多样，内容丰富，而且在艺术形式上达到了前所未有的高度。首先，人物形象个性鲜明，多彩多姿，从帝王将相、英雄豪杰到市井平民，从风流才子、大家闺秀到风尘女子，从贪官污吏、土豪劣绅到地痞帮闲，应有尽有。同时，即使是同类人物，也往往具有不同个性。同是妓女，赵盼儿人情练达、足智多谋，宋引章天真幼稚、贪慕虚荣，杜蕊娘刚烈果决、心高气傲，谢天香逆来顺受、软弱多变。即使是同一人物，也不是一成不变。如窦娥对官府本质的认识，就经历了一个发展的过程，在张驴儿以"官休"相威胁时，她并不知道官场的黑暗，天真地表示："我又不曾药死你老子，情愿和你见官去来。"初进衙门，见到主审官，还说："大人你明如镜，清似水，照妾身肝胆虚实。"而临行之前，她终于幡然醒悟，呼天抢地，激烈控诉当权者的罪恶："地也，你不分好歹何为地？天也，你错勘贤愚枉做天！哎，只落得两泪涟涟。""这都是官吏每无心正法，使百姓有口难言！"从开始对官府一无所知，到中途抱有幻想，再到最后认清黑暗本质，表现出强烈的反抗精神，窦娥的思想变化被十分真实地展现出来，既揭示了事理，也凸显了人物性格发展的逻辑。

其次，谙熟舞台艺术，精心设计戏剧冲突。戏剧和其他叙事作品不同，受舞台布景的限制，必须将所有的内容集中在几个特定的空间中。关汉卿的作品，在这方面的处理十分成功，情节结构相当紧凑。如《窦娥冤》将重点放在这桩冤案上，突出案由(蔡婆讨债、再嫁纠缠)、案发、案冤、案雪这四个阶段，每个阶段一折。其他的事情，如窦娥三岁丧母、七岁被卖、十七岁结婚和丧夫、其父窦天章及第拜官十六年等，都一笔带过。这样处理，关目集中，主次分明，戏剧冲突激烈，很好地适应了舞台艺术的特定需要。

再次，语言本色当行，大量采用方言俗语，俗而不浅，雅俗兼济，晓畅生动。如《拜月亭·楔子》写战乱中人物的感触："(正旦唱)你直待白骨中原如卧麻。虽是这战伐，负着个天摧地塌，是必想着俺子母每早来家。""白骨中原如卧麻"这类平易而凝练的语言，成功地表现了战争的残酷惨烈，令人触目惊心。关汉卿善于利用剧情环境的氛围，并采用恰当的语言形式，恰如其分地渲染人物的情绪。如《西蜀梦》第二折，刘备得知两位义弟死于小人之手，义愤填膺，立誓雪耻："咱西蜀家威风，俺敢将东吴家灭相。我直教金鼓震、倾人胆，土雨溅的日无光；马蹄儿踏碎金陵府，鞭梢儿蘸干扬子江。""金鼓震""倾人胆""土雨溅"，语气短促有力，能够很好地表现人物的愤激之情。最后两句，语气由促转舒，而气势更为充畅，准确地传达出天子一怒而山河变色的英雄气概。关剧语言上最成功的地方在于，人物语言具有鲜明的个性色彩，能够契合不同身份、不同修养、不同性格人物各自的性格特征。

总之，关汉卿的杂剧代表着元杂剧的最高成就，贾仲明《录鬼簿》称他为"驱梨园领袖，总编修师首，捻杂剧班头"，王国维将他列为元曲四大家之首。由于年辈早、作品多、水平高，他在当时就产生了广泛的影响：《潇湘夜雨》的作者杨显之"与汉卿莫逆交，凡有珠玉，与公较之"，时人号为"杨补丁"；以写李逵戏著称的高文秀，被誉为"小汉卿"；杭州戏曲作家沈和甫被称为"蛮子汉卿"。不过这只是一个侧面，关汉卿的另一重大贡献是开创了一代曲风。王季思在《元杂剧的本色派和文采派》一文中认为，元杂剧可分为本色、文采两派，学术界已广泛认同。关汉卿是本色派的代表人物，高文秀、郑廷玉、武汉臣、杨显之、石君宝等其他本色派作家受他的影响最深。与此同时，关汉卿对元以后的整个古典戏剧创作都产生了深远的影响，他开创的题材、他的表现方式、他的创作风格，被不断地继承和发展。直到今天，我们在京剧及其他地方剧中，还可以看到他的剧目在完整地上演。

（周德美）

# 51. 王实甫作《西厢记》

王实甫，名德信，大都(今北京市)人，祖籍河北省保定市定兴(今定兴县)。元代著名戏曲作家，生平事迹不详，后人推测他约生于1260年之前，卒于1335年左右。王实甫早年曾经为官，但宦途坎坷。他曾当过县官，因治县有方，后升陕西行台监察御史，因与行台的长官议事不合，四十多岁便辞官隐居。退职后经常出入“风月营”“莺花寨”“翠红乡”等歌舞娱乐场所。“风月营”“莺花寨”“翠红乡”，都代指元代官妓聚居的教坊、行院或上演杂剧的勾栏。回到大都后，他一头扎进关汉卿的“玉京书会”，常在演出杂剧及歌舞的游艺场所出入，是个不为封建礼法所约束、与倡优(当时的演员)交往密切的文人。因此，王实甫熟悉这些妓女的日常生活，对下层社会生活比较了解，故擅长写儿女情长方面的戏剧故事。60岁以后他完全归隐，过着风花雪月、纵情园林的生活，蔑视争名夺利的现实，憎恶当时黑暗的社会现实，过着诗酒豪放的生活。不过他的父亲和儿子却均为地位显赫的官场人物。王实甫的父亲王逖勋从质子军，跟随成吉思汗西征至西域，娶信仰伊斯兰教的阿噜浑氏为妻，曾“赠通议大夫、礼部尚书、太原郡侯”；母亲阿噜浑氏“赠太原郡夫人”；他的儿子王结累封中奉大夫、参政知事、护军、太原郡公。

王实甫从事杂剧创作主要是在他隐居以后，他主要的创作活动在元成宗元贞、大德年间(1295—1307年)。他与关汉卿齐名，其作品全面地继承了唐诗宋词精美的语言艺术，又吸收了元代民间生动活泼的口头语言，创造了文采璀璨的元曲词汇，成为中国戏曲史上“文采派”的杰出代表。著有杂剧十四种，现存《西厢记》《丽春堂》《破窑记》三种。《西厢记》描写书生张生在寺庙中遇见崔相国之女崔莺莺，两人产生爱情，通过婢女红娘的帮助，历经坎坷，终于冲破封建礼教束缚而结合的故事。《破窑记》写刘月娥和吕蒙正悲欢离合的故事，有人怀疑不是王实甫的手笔，还有人认为今存《破窑记》是关汉卿的作品，但都并非定论。此外，还有《贩茶船》《芙蓉亭》曲名一折。至于其他作品，均已散佚不传。在《贩茶船》中，王实甫写妓女苏小卿怨恨书生双渐负心，痛责茶商王魁，她敢爱敢恨，是个敢于为自己命运抗争的女性；《芙蓉亭》中的韩彩云，主动到书斋追求所爱的书生，也是个敢作敢为的姑娘。在她们身上，可以影影绰绰地看到《西厢记》中崔莺莺的缩影。

《西厢记》是中国最著名的古典戏曲作品之一，原名《崔莺莺待月西厢记》，原作为五本二十一折。作者通过现实主义的手法，描写了一个叫张生的书生与相国之女崔莺莺两人相恋并私订终身的故事。《西厢记》文辞之华丽、故事之曲折、情节之跌宕、文笔之细腻、人物之传神，有“花间美人”的雅称，堪称绝世经典，《西厢记》被后人誉为中国四大古典戏剧名著之冠。该剧讲述张生和崔莺莺敢于冲破封建礼教的禁锢而私下结合的故事，表达了人们对封建婚姻制度的不满和对美好爱情的追求。《西厢记》批判了封建礼教和门阀婚姻制度，歌颂了青年男女对自由爱情的向往，表达了“愿普天下有情人都成眷属”的爱情理想。

王实甫在《西厢记》中成功地塑造了一系列有鲜明性格、栩栩如生的艺术形象，剧中主要人物张生、崔莺莺、红娘、老夫人，各自都有鲜明的个性，而且彼此衬托，相映生辉。

(1)张生。张生是个才华出众、风流潇洒的人物，他的性格是轻狂兼有诚实厚道，洒脱兼有迂腐可笑。作者把其描绘成轻狂("才高难入俗人机，时乖不遂男儿愿")兼有诚实厚道("志诚种")，洒脱兼有鲁莽痴迂(红娘谓之"傻角")，这种性格在剧中表现为对爱情的执著和专一。在《西厢记》中，张生是矛盾的主动挑起者，表现出对于幸福的爱情直率而强烈的追求。善良、聪慧、痴情的张生，是封建礼教叛逆者。他的大胆妄为，反映出社会心理中被视为"邪恶"而受抑制的成分的蠢动。他的一味痴情、刻骨相思，又使他符合浪漫爱情故事所需要的道德观而显得可爱。王实甫不仅写出了张生的痴情与风度，更写出了张生的才华，以及张生的软弱，使他成为封建社会中多情软弱的读书人的代表。

(2)崔莺莺。她是名门闺秀，知书达理、秀外慧中，在母亲的严教下长大，这就决定了她追求爱情过程中的动摇、羞怯、反复、恐惧。莺莺始终渴望自由的爱情，并且一直对张生抱有好感。她对张生的爱，纯洁透明，没有一丝杂质。但是她受着家庭的严厉压制和名门闺秀身份的约束，又疑惧被母亲派来监视她的红娘，因此她的性格显得热情而又冷静，聪明而涉狡狯。她个性上又有着刚毅果敢的另一面，全剧展现了其大胆、主动强烈地追求爱情的心路历程：从"五便三计""成秦晋"到"赖婚"时"掷杯"，从"酬简"的结合再到"哭宴"时"疾便归来"的叮咛，一步一步地克服追求爱情与礼教束缚之间的矛盾，得偿所愿。她终于用大胆的私奔打破了疑惧和矛盾心理，显示人类的天性在抑制中反而会变得更强烈。她是一个赤诚追求爱情、大胆反抗封建传统的女性形象。在崔莺莺身上反映了封建礼教对人性的压抑和摧残，体现了人性的复苏和觉醒，寄托了人民群众对美满幸福的爱情生活的美好愿望，成为千余年来广大青年男女追求爱情幸福的楷模。崔莺莺的形象历来受到人们的高度赞誉，称赞崔莺莺是封建社会里反封建礼教的勇士。崔莺莺为爱情婚姻进行的不屈不挠的斗争，体现了崔莺莺人性的复苏和觉醒，成为封建礼教的叛逆者。赤诚、大胆地追求爱情的女性形象，表现了作者"愿普天下有情人都成眷属"的进步理想，具有鲜明而强烈的反封建礼教思想倾向。

(3)红娘。红娘在剧中只是一个婢女身份，却又是剧中最活跃、最令人喜爱的人物。红娘是崔莺莺的贴身丫鬟，又是老夫人派去监视莺莺的奴婢。她的机智、勇敢、坦率、真诚和富有正义感，构成了她的主要性格特点。她代表着健康的生命，富有生气，并因此而充满自信，所以，这个小小奴婢老是在居高临下的位置上，无论张生的酸腐、莺莺的矫情，还是老夫人的固执蛮横，都逃不脱她的讽刺、挖苦乃至严词驳斥。这个人物形象固然有些理想化的成分，却又有一定的现实性。在她身上反映着市井社会的人生态度，而市井人物本来受传统教条的束缚较少，他们对各种"道理"的取舍，也更多的是从实际利害上进行考量。剧中红娘在崔莺莺与张生爱情故事的全部发展过程中所发挥的作用，可以概括为相互联系的两个方面：一是以灵慧细心和对莺莺的关心体贴，成为张生和莺莺之间联系的桥梁并促成他们之间爱情的结合；二是通过深得老夫人的信任，同老夫人及郑恒进行不同形式的斗争，竭尽全力地维护和促成张生与莺莺的婚姻。

红娘在《西厢记》中所占笔墨较《西厢记诸宫调》有大幅度的增加，而成为全剧中一个非常重要的角色。她在剧中只是一个婢女身份，却又是剧中最活跃的重要角色。她机智聪明，热情泼辣，又富有同情心，常在崔、张的爱情处在困境的时候，以其特有的机警使矛盾得以化解。她机警老练，洞悉人性的弱点和礼教的虚伪，又富有正义感和同情心、热情泼辣，敢作敢为，是帮助崔、张克服自身弱点和摆脱困境促成爱情美满结局的关键性人物。

(4)老夫人是已故相国的夫人，是传统礼教的忠实维护者。她处理一切问题都严格按照传统道德的教条框框去行事。法本和尚有一句话非常恰当地总结了她的这一特点："老夫人处事温俭，治家有方，是是非非，人莫敢犯。”她怕莺莺有越礼的思想和举动，特地派了红娘去“行监坐守”。她表面上是爱她女儿的，但实际上爱的是自己的统治权力，爱的是“相国家谱”。她好像处处为莺莺着想，但传统礼教给莺莺带来的并不是幸福与自由，而是痛苦。老夫人不仅用封建礼教监禁着莺莺的肉体，而且还监禁着莺莺的精神，以致莺莺从心里充满了对她的怨恨。

王实甫不愧是我国古代的艺术大师。可以说《西厢记》中的每一个人物，都是一个典型形象。如出场才一两次的惠明和郑恒，也无不具有鲜明的个性。作者通过这些鲜明艺术形象的塑造，深刻地刻画了封建社会里腐朽与新生两种力量的尖锐冲突，并通过这些人物真实、具体的言行，表达了他们自己的愿望和理想，呈现出每个人物爱憎分明的性格。在《西厢记》中，构成戏剧冲突的有两个层次：一是张生、莺莺和老夫人之间的外在冲突，二是张生、莺莺、红娘之间以及莺莺内心情感的内在冲突，《西厢记》的作者正是在这双重的冲突中塑造人物性格的。就前者而言，老夫人代表了封建正统观念和礼教对男女爱情的制约和束缚，而张生、莺莺爱情正是在与老夫人的冲突和争胜中表现了自身的形象特征。

王实甫的代表作《西厢记》，古称“天下夺魁”，令人叹为观止。在戏剧结构、矛盾冲突、人物塑造等方面，都取得了很高的艺术成就。无论是思想性，还是艺术性，都达到了元杂剧的一个高峰，成为最具舞台生命力的一部佳作。《西厢记》所表达的“愿普天下有情人都成眷属”的思想，在中国文学史上还是第一次。《西厢记》突破了元杂剧一本四折的格式，长达五本二十一折，不因篇幅限制而造成剧情简单化和模式化。这一形式上的大胆革新，对后来的戏剧创作起到了引领作用。

《西厢记》故事的演变经历了三个主要过程：由唐代元稹的传奇小说《莺莺传》(又名《会真记》)到金代董解元的《西厢记诸宫调》(俗称《董西厢》)到元代王实甫的《崔莺莺待月西厢记》(俗称《王西厢》)，即经历了一个由《莺莺传》到《董西厢》再到《王西厢》的故事演化过程。

唐代著名诗人元稹的《莺莺传》故事描述的是，唐代贞元中期张生与少女崔莺莺从恋爱、私订终身到张生为了仕途抛弃崔莺莺的故事。此时呈现的主要人物表现为：张生是个薄情书生，莺莺是悲剧人物。作品塑造了张生和崔莺莺两个深入人心的人物形象。这篇传奇小说不过数千字，却情节曲折、叙述婉转、文辞华艳，是唐代传奇小说的代表作之一。

作者元稹可能受到张鷟的传奇小说《游仙窟》的影响，《游仙窟》把唐初文人放荡、轻佻的妓院生活第一次写入传奇小说。所以元稹怀着欣赏文人风流韵事的态度，对张生始乱终弃的行为加以肯定。但崔莺莺的悲剧形象和悲剧命运得到了人们的同情，莺莺的故事一直在民间流传，一些文人诗作提及此事，如北宋赵德麟的《商调·蝶恋花》、秦观的《淮海词》、毛滂的《东堂词》都提及了崔莺莺与张生的恋爱故事。

金代董解元曾将元稹《莺莺传》的故事进行改编，创作成《西厢记诸宫调》(又称《西厢记弹词》或《弦索西厢》)，但在主题思想、情节安排、人物性格等方面都进行了较大幅度的改造，是一部具有独创性的改变。《西厢记诸宫调》把唐代传奇故事《莺莺传》改编为青年男女为了争取婚姻自由，大胆地和封建婚姻制度进行反抗斗争的作品。《西厢记诸宫调》中的基本矛盾是争取婚姻自主的崔莺莺、张生和以崔母为代表的封建势力，这就使作品具有明显的反抗封建礼教的思想。《西厢记诸宫调》在主题思想和人物塑造上都与《莺莺传》有根本的差异。与此相联系，《西厢记诸宫调》中主要人物的形象有了很大的变化，从《莺莺传》到《西厢记诸宫调》，崔母从一个性格软弱的老婆婆，转变为封建势力的维护者，成为崔莺莺和张生之间婚姻的直接障碍。张生的角色塑造也发生了转化，从一个思想感情上存在矛盾的负心汉，变成一个用情专一、敢于反抗封建礼教的多情书生。而莺莺的形象则显现出鲜明的反抗性，她不再是个屈服命运安排的柔弱女子，而是一个敢于同封建传统礼教进行抗争的新时代女性，为追求自身的爱情做出与张生自许终身和私奔的激烈行为。《西厢记诸宫调》改变了《莺莺传》的悲剧结局，以张生和莺莺双双私奔团圆作为结局，使之创作成为一个全新的美满爱情故事。董解元把莺莺对张生的爱与“报德”有机地结合在一起。《西厢记诸宫调》还创造了两个身世卑微的人物——红娘和法聪，并赋予他们勇敢、机智的性格和济危解难的侠肝义胆。虽然《西厢记诸宫调》在人物性格的塑造上还存在一些缺点，但从《莺莺传》到《西厢记诸宫调》完成了一个质的变化，从而为《西厢记》奠定了反对封建礼教的主调。

王实甫的《西厢记》描写书生张生在寺庙中遇见崔相国之女崔莺莺，两人产生爱情，通过婢女红娘的帮助，历经坎坷，终于冲破礼教束缚而结合的故事。张生和崔莺莺的恋爱故事，已经不再停留在“才子佳人”的模式上，也没有把夫贵妻荣作为婚姻的理想。他们否定了传统的婚姻方式，始终追求真挚的感情，爱情已被置于功名利禄之上。在王实甫的笔下，张生、莺莺固然是才子佳人，但男才女貌并不是他们结合的唯一纽带。《西厢记》结尾处，在中国文学史上第一次正面地表达了“愿普天下有情人都成眷属”的美好愿望，鼓舞青年男女为争取爱情自由、婚姻自主而抗争。

《西厢记》与《西厢记诸宫调》的故事情节大略相同，但题材更集中，批判思想更鲜明，剔除了一些不合理的情节，艺术水平得到了很大提高。其规模之宏伟、结构之严密、情节之曲折、点缀之富有情趣、刻画人物之生动细腻等，不仅前无古人，而且超过了元代的其他剧作家。正因为如此，元代贾仲明在《凌波仙》中称，“新杂剧，旧传奇，《西厢记》天下夺魁”。

（汪良平）

# 52. 纪君祥作《赵氏孤儿》

纪君祥，亦作纪天祥，元代戏曲、杂剧作家。生卒年不详，约元世祖至元年间在世，元大都(北京)人，是属于年辈较早的作家。《录鬼簿》记他与李寿卿《伍员吹箫》、郑廷玉《看钱奴》为同一时代的人，原著有杂剧6种，现仅存2种：《赵氏孤儿冤报冤》，一作《赵氏孤儿大报仇》，简称《赵氏孤儿》；另《陈文图悟道松阴梦》1剧，仅存曲词1折。

赵氏孤儿名赵武，又称赵文子(前598—前541年)，春秋时期晋国大夫，赵盾之孙、赵朔之子，母为晋成公的姐姐赵庄姬。晋灵公武将屠岸贾因与忠臣赵盾不和与嫉妒赵盾之子赵朔身为驸马，竟杀灭赵盾家300人，仅剩遗孤被程婴救出。屠岸贾下令将全国一月至半岁的婴儿全部杀尽，以绝后患。程婴遂与老臣公孙杵臼上演“偷天换日”之计，以牺牲公孙杵臼及程婴之子为代价，成功保住赵氏最后血脉。20年后，孤儿赵武长大，程婴将赵家冤案始末绘成图卷，对他讲说了往事，赵武手擒屠岸贾，报了血海深仇。

《赵氏孤儿》是一部历史剧，相关的历史事件记载最早见于《左传》，情节较略。到司马迁《史记·赵世家》，刘向《新序》《说苑》才有详细记载。纪君祥从《左传》《国语》《史记》等史籍取材，并据历代流传的程婴保存赵氏孤儿的故事，进行加工创造，写成了这部壮烈的悲剧《赵氏孤儿》。

有专家考证，据更早的《左传》《春秋》《国语》中的零星记载，赵氏家族确有被惨烈屠杀的历史，但并无追杀孤儿这一细节，更不是被人陷害，而是由家族内斗争引发的。确切地说，是由一起家族内乱伦事件所引发的，乱伦的主人公正是赵氏孤儿的母亲赵庄姬。赵婴之与其侄赵朔的妻子赵庄姬私通。在春秋时这种乱伦的事情并不少见，但是赵家人大部分是看不惯这种事的。其兄弟赵同、赵括很生气，将之放逐致死。赵庄姬诬告赵同、赵括谋乱。同赵氏家族争权夺利的栾氏、郤氏家族见缝插针，出面为赵庄姬作证。晋景公信以为真，诛杀了赵同、赵括家族。有人猜测，赵庄姬诬告赵同、赵括，并非为赵婴之复仇，或许另有所图。赵婴之、赵同、赵括皆为赵氏嫡传正宗，而赵朔的父亲赵盾为庶出。赵朔死后，赵庄姬为帮自己的儿子争夺赵氏宗位，故意制造矛盾导致三位叔公骨肉自相残杀。

《左传》中记述赵氏一族灭亡的原因，赵武还只是个孩子并不是故事的主角，关于赵武只是简单带过。《春秋》里记叙赵氏孤儿故事仅仅有此简单零星的记载，但只言片语点出了故事的大概。其后《春秋》三传中也有赵氏孤儿故事的记载，并且在故事内容上有了扩展，主要记载灭赵氏的故事。而除了《春秋》和《左传》，左丘明所著《国语》、吕不韦《吕氏春秋》中都有赵氏孤儿的记录，但故事情节与《左传》记载大致相同，只是更注重细节描写，人物的性格特征变得更加鲜明。

《赵氏孤儿》的故事原型有多种文字记述，影响最大的来自《史记·赵世家》，司马迁运用近似戏剧的手法编造了这样一出悲壮忠义的救孤故事。《史记》中涉及赵氏孤儿的篇章有《晋世家》《韩世家》《赵世家》，这三篇记载的内容在《左传》《春秋》基础上有所增加和改动，人物增加了屠岸贾、程婴、公孙杵臼，屠岸贾的出现，使矛盾冲突更加激烈，他是整个事件的导火索，引爆了这个悲剧事件的发生，其反面人物的嘴脸与忠义之士形成鲜明的对比，令人从内心对其深恶痛绝。程婴、公孙杵臼两位义士的出现不仅丰富了故事的情节，他们舍身救孤的献身精神给予了观众更多的正能量，唤起了人们内心无限的崇拜与敬仰之意。由于故事情节更加曲折，除了灭赵，又增加了搜孤、救孤、复仇等情节。改编后的故事使人物的性质发生重大变化，赵庄姬由淫妇变为贞妻，赵武也由随母避乱变为尚未出生的婴儿。《史记》的这一改造使故事情节更完整、更合乎情理，矛盾冲突更加激烈、尖锐，人物形象更加生动鲜明，主题意义更加深刻，正义战胜邪恶这一具有独特意蕴的主题很快就得到了人们的普遍认同。赵氏孤儿的出生、成长都是围绕复仇这一使命，经过篡改的故事感染力更强，它迎合了大众的内在需求，其影响远远超过《史记》，一经问世便广为传播。后来元杂剧和明传奇的赵氏孤儿戏曲，基本取材于司马迁《史记·赵世家》，演变成为后世妇孺皆知的赵氏孤儿故事的雏形。《史记》的记载与《左传》出入甚大，所以《左传正义》认为："与《左传》背违，马迁妄说不可从也。"

汉代儒学家刘向撰写的《新序》《说苑》中也有赵氏孤儿的描述。在《说苑·复恩》第十二篇中记载了赵盾在翳桑的地方救治一个饥饿的人的故事，这个饥饿的人在《说苑》中并没有名字。在《说苑·复恩》第十八篇和《新序·节士》篇中，都沿袭《史记》，内容基本类似，都注重介绍赵氏孤儿故事的始末，它们的细微差别是，《说苑》偏重于赵氏中衰以及复兴过程的完整性，而《新序》则详细叙述了公孙杵臼和程婴的救孤行为。

及至宋代，赵宋王朝对赵武救孤人物进行大力赞扬、尊崇，给程婴、公孙杵臼、韩厥等人追封加爵，建庙祭祀，表彰忠义，这促进了赵氏孤儿故事的传播。赵朔、赵庄姬、韩厥、公孙杵臼的相继殉难，动人心魄，使得观众对复仇的期待增加，最后完成复仇，符合观众复仇心理的审美快感。故事的可读性增强了，离事实却越来越远了。大量的牺牲，正契合南宋末社稷倾覆，金元相继统治中原的剧变，无疑有唤起汉民族的精神共鸣的客观意义。《永乐大典目录》卷三十七，收有《赵氏孤儿报冤记》，《永乐大典》记载了该剧本的散佚。徐渭《南词叙录·宋元旧篇》也列有《赵氏孤儿》。据此可知，南宋末年有戏文《赵氏孤儿报冤记》，简称《赵氏孤儿》，剧本不存，作者不详，创作年代、剧情改编情况因资料缺失而无法考证。

元代剧作家纪君祥创作《赵氏孤儿》经历了较长时期的酝酿过程，他创作的杂剧《赵氏孤儿大报仇》，又名《冤报冤赵氏孤儿》，其故事内容大致与《史记》相同，更对程婴、韩厥、公孙杵臼等义士深明大义、舍生取义的精神给予高度的赞扬，感染了越来越多的读者，并且影响了之后诸多作家对故事原型进行加工改编与重新阐释。元杂剧《赵氏孤儿》体现的思想具备了道德层面的评判价值，具有颇深的德行教化意义，于是这个在《史记》中寻常的孤儿故事逐渐变为文艺作品中超凡的戏剧经典。这几点汇聚一起，构成了魅力无穷的元杂剧《赵氏孤儿》。《赵氏孤儿》则从根本上颠覆和瓦解了这个中国悲剧存在的基础。

明代演绎赵氏孤儿故事，现存的有《六十种曲》本《八义记》。明代传奇《八义记》主要描述忠奸党争，宣扬"忠君利国"思想。主要人物置换为赵朔和公主，围绕着赵朔父子和夫妻，八位义士展开各种营救行动。赵氏的胜利，代表了忠臣群体的胜利。其中杜撰了周坚这一人物以及"替死"情节，从而使赵朔得以不死，夫妻父子团圆，既是为了情节更加丰富曲折，也是为了满足观众的大团圆心理需要。《八义记》的悲剧色彩更多地指向美满家庭的破败，而不是忠义精神的沦丧。赵氏孤儿故事在明代戏曲文本中失去了其为正义而不惜生命的崇高意义，取而代之的是庸俗的爱情故事，掩盖了赵氏孤儿故事最为感人的光芒。同时，基于当时朋党廷争风气甚浓的社会背景，忠奸、道德化成为市民的政治视角，戏曲的主题将政治斗争简约成道德冲突，更多的是“忠君”色彩。

《赵氏孤儿》的演化体现了时代的产物。赵氏孤儿故事的历史演变在不同时代留下了不同印记，但细辨还能分辨出其间细小的差别，因为它随着时代的演变被赋予不同的理解和阐释，并能从这一差别中感受到当时的社会背景和人们内心的价值取向。

《赵氏孤儿》不愧是一部优秀的历史悲剧，被称为中国文学史上的《哈姆雷特》。作品中所着力描绘的程婴等义士的英雄形象，以及这些形象所体现的济困扶危、舍己救人的精神，永远闪耀着中国古老传统的道德光芒，具有永久的艺术魅力和深厚的美学意蕴。作品中所表现的那种不屈不挠的精神和坚忍不拔的意志，正是自强不息的民族精神所在。《赵氏孤儿》是关于“道”和“义”的故事，中国人之所以对《赵氏孤儿》怀有特殊的情结，正是由于对“道”和“义”所含价值观与美学观孜孜不倦的探求。然而，这些传统的美德在如今的社会正慢慢被淡忘和抛弃。作为一种宝贵的精神财富和优秀的文化遗产，无论是过去、现在，还是将来，都将被我们珍重。这也是《赵氏孤儿》几百年以来经久不衰的重要原因。

元杂剧《赵氏孤儿》与《窦娥冤》《长生殿》《桃花扇》并称中国古典四大悲剧。元人纪君祥的杂剧《赵氏孤儿》作为中国戏剧中悲剧的一种，比较集中地反映了中国悲剧文化精神。王国维曾指出，元杂剧中“最有悲剧之性质者，则如关汉卿之《窦娥冤》，纪君祥之《赵氏孤儿》”，以为将此二剧“列之于世界大悲剧中，亦无愧色也”。将《赵氏孤儿》与《窦娥冤》放在同等地位，是对《赵氏孤儿》的极大肯定。

《赵氏孤儿》这样的戏曲精品能够穿越历史的长河一直被演绎到今天，不但感动了中国的历代观众，而且还被世界观众承认和接受，是最早被介绍到外国的古典戏曲著作之一，18 世纪就有各种译本盛行于欧洲，此外还有许多改编本。

早在 5 世纪，汉代书籍就开始传入日本，日本圣德太子(574—622 年)在 604 年制定的《宪法》第 17 条中就将《史记》列为典据之一，可见《史记》在日本被广泛阅读与引用。成书于 1373 年左右的日本军纪物语《太平记》引用的故事中，第 18 卷就有关于“程婴・杵臼”的故事。

早在 1731 年，法国传教士马若瑟在广州将纪君祥版的元杂剧《赵氏孤儿》译成法文，取名为《中国悲剧赵氏孤儿》，并于 1734 年刊发在巴黎的《法兰西时报》。这是欧洲人首次将中国戏剧译出的译本。

1752 年，意大利剧作家梅塔斯塔齐奥以元杂剧《赵氏孤儿》为蓝本，创作了中国英雄，成为欧洲最早改编的中国戏曲作品之一。法国启蒙思想家伏尔泰在读了马若瑟的法译本《赵氏孤儿》之后，将其改编为五幕剧，后于 1753—1755 年将其改编成法国戏剧《中国孤儿》，自 1755 年 8 月开始在巴黎各家剧院上演，盛况空前。随后，英国剧作家默菲又重新改编《中国孤儿》，在伦敦上演，在英国文化界引起重大反响。他在献词中称“其中有些合理的东西，英国名剧也比不上”。《中国孤儿》中所宣传儒家道德观的力度远不及《赵氏孤儿》，但却将中国的儒家文化思想以西方人能理解的方式传播到欧洲。《赵氏孤儿》是传入欧洲的第一部中国戏剧，其中表现的牺牲精神和献身精神，与西方价值观不尽相同，这种文化差异强烈冲击了观众的心灵。《赵氏孤儿》经过各种形式的强化、改编和传播，演绎了中外文化交流与互动，有人称赞其为“来自东方之神”。

（汪良平）

# 53. 王祯撰《农书》

我国是世界上最早进入农业文明的国家之一，也是世界上最大的农作物起源中心。我国各族人民在长期的生产活动中，积累了丰富的农业生产经验，出现了许多具有重要学术价值的农业科学著作和著名农学家。元朝的王祯就是我国历史上享有盛誉的农学家之一，与汉代氾胜之、后魏贾思勰、明代徐光启并称为我国古代“四大农学家”，他的《农书》是一部系统完备、内容丰富的农业科学著作，是我国古代农业科学不可多得的珍贵遗产，在我国农学史上占有崇高的地位。

王祯(约1271—1330年)，字伯善，山东东平人，元代农学家和活字印刷术的改革家。生平史料极缺乏，仅从其著作中得知：从1295年(元元贞元年)起任宣州旌德县县尹，任职6年。任职期间，注重发展农业生产，组织修筑水利工程，劝课农桑，也注意考察农业生产技术，积累了许多农业生产知识。1300年(元大德四年)调任信州永丰县县尹。在永丰他同样重视农业，引进桑苗棉种，教民栽培种植，亲自设计改革并推广农机器具。王祯在农事实践中积累了丰富的农业知识和经验，综合整理平日笔录，著成一部总结中国古代农业生产经验的农学著作——《农书》。

《农书》的写作时间，以前一般都根据王祯的自序，定在1313年(元皇庆二年)。在《农书》后附的《杂录》中，记述了“造活字印书法”，结尾处有这样的一段话：“前任宣州旌德县尹时，方撰农书，因字数甚多，难于刊印，故尚己意命匠创活字，二年而工毕。试印本县志书，约计六万余字，不一月而百部齐成，一如刊板，始知其可用。后二年，予迁任信州永丰县，挈而之官。是农书方成，欲以活字嵌印。今知江西见行命工刊板，故且收贮，以待别用。”从中可知，王祯在出任宣州旌德县令时就开始了《农书》的写作，时间当在1295年到1298年之间。到永丰任职时，《农书》已经写成，时间当在1300年到1304年之间，前后经历了约10年时间。成书之后，王祯本想用活字嵌印，得知江西官方已决定刊印而作罢。而据“元帝刻行王祯农书诏书抄白”所示，江西官方决定刊行《农书》是在1304年(元大德八年)，当时王祯在永丰任上。综上所述，王祯《农书》的成书年代当在1300年左右。王祯在1313年所作的“自序”，只不过是书成之后在书首加的一个补序。现在普遍认为，王祯于1296年(元元贞二年)开始撰写《农书》，定稿于永丰任内，至1313年(元皇庆二年)刻行。

《农书》中汇编了许多古代著作，包括西汉《氾胜之书》、北魏贾思勰《齐民要术》、北宋秦观《蚕书》、曾安止《禾谱》和历代史书《食货志》的有关资料等。在总结前人经验的基础上，补充了大量实地考察的结果，是元代一部总结性的农学著作。其中包括《农桑通诀》《百谷谱》和《农器图谱》三大部分：第一部分《农桑通诀》6卷，19篇。包括农业总论，开端首列农事起本、牛耕起本、蚕事起本三项，追述农桑的起源；接着本论16篇：授时、地利、孝弟力田、垦耕、耙劳、播种、锄治、粪壤、灌溉、收获、蓄积、种植、畜养、蚕缫、祈报，历述农事中的各项大事，其中贯穿着“人定胜天”的思想。第二部分《百谷谱》4卷，11篇，包括谷属、蓏属、蔬属、果属、竹木、杂类、饮食类，为作物栽培各论。第三部分《农器图谱》是《农书》的重点，12卷，篇幅占全书的五分之四，分作20门，共有306幅。各种农具、农业机械、灌溉工具、运输工具、纺织机械图，几乎包括了所有的传统农具和主要设施，每幅图后附有详细的文字说明，包括释名、来源、构造和用法，并附以诗赋韵文。不仅记述了当时通用的农器，而且对有些已经失传的古代农具也绘出复原图，堪称中国最早的图文并茂的农具史料，后代农书中所述农具大多以此书为范本。另外，《农书》后附有《造活字印书法》，详细讲述制造木活字及排版、印刷的情况与经验。王祯还创制了转轮排字盘，使用情况也载在附录中，是一份古代印刷史上的珍贵文献。

《农书》规模宏大，范围广博，内容涉及农、林、牧、副、渔各业，对土壤耕作、栽培、施肥、灌溉等尤多精辟论述，在中国农学史上占有极其重要的地位。同时，《农书》也是我国第一部力图从全国范围对整个农业作系统、全面论述的著作，所涉及的地域包括南北方的17个省区，为以前任何一部农书所不及。

《农书》继承了前人在农学研究上所取得的成果，总结了元朝以前农业生产实践的丰富经验，第一次对所谓的广义的农业生产知识作了较为全面系统的论述，第一次将南北农业技术写进同一本农书之中，并对南北农业的异同进行了比较分析，从全国范围对农业生产进行全面系统的阐述，形成了一个比较完整的体系。《农书》对自后魏以来我国南北精耕细作的优良传统经验进行了新的总结：在北方旱地耕作中强调深耕细耙，把北方旱地的耕作体系概括为“耕、耙、劳”，而南方水田的耕作体系概括为“耕、耙、耖”，还总结了北方旱地实行套耕的新经验，从而将北方旱地的耕作水平推向一个新的阶段；总结了南方稻田旱作“开疄作沟”的新经验，为南方稻田实行稻麦两熟、实现稻麦双丰收，作出了重要贡献，至今仍是南方稻区夺取二熟高产的关键措施之一。

《农书》全面系统地介绍了20个门类的传统农具，收罗齐全，有图有说。在综合性农书中，《农器图谱》是一项创举，具有开创性。采用图文并重的形式对所收集的农具作了逐一叙述，详细地介绍它们的发展历史、形制和操作方法等，并对其性能和效率加以比较。特别是对新创制耕耘器具、收获农具、灌溉机具、农业加工机械等的大力宣传和推广，大大促进了当时农业生产的发展。这些创造和革新，反映了我国古代劳动人民的智慧和在生产斗争中所取得的伟大成就，在农学史的研究上有着特殊的价值，对后世也产生了深远的影响。明代徐光启《农政全书》、冯应京《皇明经济实用编》、王圻《三才图会》、袁黄《宝坻劝农书》以及清代《授时通考》等著作，都曾采用或全文转录《农书》的有关内容。

《农书》对土地利用方式和农田水利叙述颇详，如对圩田、围田、柜田、架田、梯田、涂田等多种农田形式和许多水利设施及工具的作用和效益都有所论述。《农书》首次专辟“田制门”，对南方各地出现了围田、圩田等几种特殊的土地利用方式进行了系统总结，这是王祯在农学上的重要贡献之一。另外还开辟“粪壤”和“灌溉”专篇，将增肥和灌水摆到农业增产的重要地位，而且在理论上和实践上都有新发展。如在粪壤理论上，继承和发扬了《陈敷农书》中提出的“地力常新”理论，首次阐发了施肥是化无用为有用的思想。在广辟肥源上，提到的肥源有苗粪、草粪、火粪、大粪、小便、泥粪、旧墙土、草木灰等，与以前农书中提到的肥源相比大为增加。书中首次对“苗粪”和“草粪”进行了区分，在积肥沤粪的新措施上，也提出了设置常年积肥车的新措施。

《农书》在贯彻“时宜”和“地宜”原则方面有新的创造。为了贯彻“时宜”原则，创制了“授时指掌活法之图”，同时指出，要不依历书所载月份，而用节气定月，这样就可以正确代表季节性变化。图中所列各月农事，只适用于一个地区，其他地区应当按照纬度和其他因素来变更。如果各地都能斟酌当地的具体情况制定这样一个农事月历，对在农业生产中贯彻“时宜”原则会有重要帮助。为在农业生产中贯彻“地宜”原则，王祯创制了一幅《全国农业情况图》。这幅图是根据全国各地的风土和农产知识绘制的，能帮助人们辨别各地不同的土壤，以便遵循“地宜”原则，实行因土种植和因土施肥。“授时指掌活法之图”和《全国农业情况图》，都是王祯的首创。

《农书》除了在以上几个方面的贡献突出外，在发展林、牧、副、渔各业上也作出了重要贡献。在发展林业方面，“种植篇”首先通过介绍历史上发展林业的成功经验，阐述了发展林业是“利博”和“兴国”的大事，不可缓，其发展重点放在栽桑、种果和材木等方面。在发展牧业方面，“畜养篇”总结了养马、牛、羊、猪、鸡、鹅、鸭等经验。在养蚕、养鱼、养蜂等方面，《农书》都有论述，既总结了经验又提供了技术方法。

《农书》中充满了王祯的忧民悯民思想。他为农业增产、积谷防饥，从而达到“富民”的目的，介绍了很多经验，设想了很多办法。同时，对王公贵族的挥霍浪费、苛敛剥民，表现出了极大的愤慨。因此，《农书》又是一部具有进步性和人民性的著作。

王祯不仅是一位出色的农学家，而且是一位精巧的机械设计制造家。他设计和绘制了大量比较复杂的农业机具图，并对一些早已失传的机械，多方求证、研究，使其复原，有的还进行了改造。如东汉南阳太守杜诗发明炼铁用的“水排”鼓风技术，到元代时已经失传。王祯经过反复研究，搞清了“水排”的构造原理，并绘制成图，载入“农器图谱”中。在复原过程中，还把原来用皮橐鼓风改为类似风箱的木扇鼓风，既节省了费用，减轻了劳动强度，又提高了冶炼技术。这项复制和改革，在我国古代冶铁史上有着重要意义。

王祯所撰《农书》，是我国古代农业生产和农业科学研究的一部真实记录，也是一部学术价值很高的农业百科全书，在我国农学史上占有崇高的地位。但由于受时代的限制，《农书》也存在一些不足之处，例如书中引用了很多古书，但引述有时过于随意，不但删改了原书的文字，有的甚至张冠李戴。全书的布局有一定的系统性，但每篇的内容并不都是充实而有条理的。书中还存在一些唯心主义思想和迷信观念，如在《祈报篇》中，把出现自然灾害的原因归罪于对神祭祀不周；《孝弟力篇》中说士、农、工、商四种人的社会分工是上天安排好的，等等。尽管如此，《农书》仍不失为我国古代农业科学的宝贵遗产，在中外农业史上产生了深远的影响。

（许志云）

# 54. 郭守敬的科技成就

郭守敬，字若思，邢州邢台县(今河北邢台)人，生于1231年(元太宗三年)，卒于1316年(元仁宗延祐三年)，元代杰出的天文学家和水利工程学家，在地理学、机械工程和数学等领域也有突出的成就。他发明和创造了许多当时处于世界领先地位的天文仪器，为中国乃至世界天文学的发展作出了卓越贡献。他组织研究制定的《授时历》，以365.2425日为一年，与地球围绕太阳公转一周的时间仅差26秒，比现行公历早了近300年。郭守敬的科技成就主要有：

一、机械工程(仪器制造)方面的成就

郭守敬制作和改进的仪器，有史可考的就有11种，对其结构、功能和使用方法都已有比较清楚的记载。其中影响最大的仪器有：

1. 简仪。这是郭守敬发明的最重要的天文仪器。它是把中国传统的天文仪器浑仪加以简化、改造而成的。浑仪的结构仿照了人们直观看到的天球，由一层层同心的圆环构成，最里面一层是双重圆环，中间夹着一根细管，叫窥管，相当于近代望远镜的镜筒。双层圆环也叫四游环，可以作360°的转动，转动双层圆环和窥管，就可以观测到天球上任何一个天体。从浑仪的其他圆环上，还可以读出天体的赤道坐标、地平坐标和黄道坐标。但是浑仪上的圆环太多，互相遮挡视线，很不方便，而且测量误差较大。针对上述弊端，郭守敬进行了创造性的改革。他拆除了一层层的圆环，只保留它的赤道坐标系统和地平坐标系统，而且把赤道坐标安置在仪器上部，使它可以测量天体的去极度、入宿度。四游环位于赤道环之上，不再互相遮挡。百刻环和赤道环重叠，之间放置四根圆柱形短铜棒，使两环之间的滑动摩擦变为滚动摩擦，减少了阻力。郭守敬还把浑仪上的窥管改为窥衡，简仪刻度也比浑仪精细得多，因而观测精度大大提高。科技史界认为，简仪是在浑仪基础上的一个大飞跃，是世界上最早的大赤道仪，它开创了现代天文望远镜赤道式装置的先河。

2. 候极仪。古人早就知道，北极星不在正北极点上，在周日运动中，北极星绕不动的北极画出一个圆。在安装浑仪时，应把浑仪的转动极轴对准这个北极星轨迹的圆心。郭守敬发明了候极仪，专门用来做这件事。他在简仪南北极轴的大小两圆环中都设有斜置的正交十字铜条，十字中心就是极轴中心。当北极星的轨迹所画出的圆，其圆心正好和小十字中心重合时，简仪的极轴就被安装正确了，否则，就应加以调整。

3. 立运仪。这是把浑仪中的地平环分离出来而构成的一个独立装置。一个地平环水平地卧在地上(仪器底座上)，另一个可转动的环立在地平环的中心，名为立运环，能同时读出地平高度和方位角。直到清初，西方传教士南怀仁在北京制造的6件仪器中，有2件是分别测读地平方位角的地平经仪和测读地平高度的地平纬仪。在中国，把二者功能结合在一起的地平经纬仪则是法国传教士纪里安在1714年(康熙五十三年)所制造的。

4. 仰仪。这是一台铜制的、中空的半球面形仪器，形状像口仰天放着的锅。半球的口上刻着东西南北的方向，半球口上用一纵一横的两根竿子架着一块小板，板上开一个小孔，孔的位置正好在半球面的球心上。太阳光通过小孔，在球面上投下一个圆形的像，映照在所刻的线格网上，可立刻读出太阳在天球上的位置。人们可以避免用眼睛逼视那光度极强的太阳本身，就能够看清楚太阳的位置，这是很巧妙的。更妙的是，在发生日食时，仰仪面上的日象也相应地发生亏缺现象。这样，从仰仪上可以直接观测出日食的方向、亏缺部分的多少、发生各种食象的时刻等。虽然古时候伊斯兰的天文学家就已经利用日光通过小孔成像观测日食，但他们只是利用一块有洞的板子来观测日面的亏缺，测定各种食象的时刻罢了，还没有像仰仪这样可以直接读出数据的仪器。

5. 高表。古代有一种测量二十四节气时刻的仪器，叫做圭表。以每天正午，太阳投射出表影落在圭面上，测量影子的长度，来推算出冬至和夏至的时刻。但由于空气中微粒尘埃的漫射，使表影的顶端界线模糊不清，这就影响了观测精度。郭守敬将圭表加以改造，使之成为原来表高的五倍，故称高表。绝对数据增长到五倍，同样的测量误差，其影响就缩小了五分之四。

6. 宝山漏。这是根据燕肃莲花漏的原理建造的，是测量时间的仪器。莲花漏是一种计时器，是北宋科学家燕肃在古代漏壶的基础上改进创制的。这器具由好几个部分配制而成。上面有几个漏水的水壶，这几个水壶的水面高度配置得保持不变，水面高度不变，往下漏水的速度也就保持均匀。水流速度保持均匀了，那在一定时间内漏下的水量一定不变，不会忽多忽少。这样，就可以通过漏下的水量指示出时间。

此外，还有窥几、景符、浑象、正方案、星晷定时仪、悬正仪、玲珑仪、大明殿灯漏、柜香漏、行漏、灵台水运浑天漏、证理仪和日月食仪等，另有丸表、座正仪两种可携式仪器，尚未有可考的资料以使研究者们得到一致肯定的结论。综观郭守敬一生制造的仪器，大多具有设计科学、结构巧妙、制造精密、使用方便的特点，而且绝大多数注意到了仪器安装的校正装置。他在简仪中使用了滚柱轴承，以使简仪南端的动赤道环可以灵活地在定赤道环之上运转，而西方的类似装置是在200年后才由意大利科学家达·芬奇发明的。他所创作的大明殿灯漏是第一架与天文仪器相分离的独立的计时器，在中国钟表发展史上具有重要的意义。他在景符、仰仪等仪器中反复运用了针孔成像的原理，这在中国光学史上也是比较突出的成就。

二、天文学、数学方面的成就

郭守敬运用他改进、创造的天文仪器进行了许多精密的天文观测，从而使《授时历》的编制有了可靠的观测基础。他所从事和领导的观测项目甚多，仅举几例来说明。

1. 冬至时刻的测定。冬至时刻是中国古代编算一年历日的起始时刻，是极重要的基本数据。郭守敬在大都(今北京)运用4丈高的木表，每天中午太阳到正南方时观测影长。通过3年半约200次的晷影测量，然后运用数学方法，推算出从1276年(至元十三年)冬至到1279年(至元十六年)冬至的时刻及这期间的3个夏至的时刻。这中间共运用了98组观测数据，反复核较，处理是很谨慎的。

郭守敬还从800多年前的祖冲之所做的冬至时刻观测开始，选取历史上比较可靠的6次冬至时刻的测定，由此定出了一个回归年数值为365.2425日。此数值与南宋杨忠辅的《统天历》(制成于1199年)中的数值相同，是祖冲之以来最精密的数值。郭守敬还进一步证实了回归年长度逐渐缩小的规律，定为每百年往后减少万分之一日。此数虽较现代天文学测定的数值要大(约为后者的16.3倍)，但却优于其前辈杨忠辅(杨忠辅的数值约为现代值的34.5倍)。中国古历自西汉刘歆作《三统历》以来，一直利用上元积年和日法进行计算。唐宋时，曹士等试作改变。《授时历》则完全废除了上元积年，采用1280年(至元十七年)冬至时刻作为计算的出发点，以1281年(至元十八年)为“元”，即开始之年。所用的数据，个位数以下一律以100为进位单位，即用百进位式的小数制，取消日法的分数表达式。

2. 二十八宿距度和星表测定。中国古代为了确定日、月、五星的位置和运动，就在天空黄道、赤道带附近选取了二十八组恒星，作为量度日、月、五星位置的相对标志。这二十八组恒星称为二十八宿。每组星中又选取一颗星作为标志星，称为距星。这一宿的距星到下一宿距星之间的赤道度数(即这两颗星之间的赤经差)，称为这一宿的距度。二十八宿的距度是中国古代天文学中的基本数据之一。从西汉太初改历时的唐都起，到郭守敬为止，中国历史上共进行了6次测定，以郭守敬的测定精确度为最高。

郭守敬还做过全天星表的测定工作。所谓星表通常是指具有坐标位置的恒星目录。郭守敬的工作应当汇集在他的《新测二十八舍杂坐诸星入宿去极》及《新测无名诸星》两书中，遗憾的是这两书都已不存。从留下的两个书名可以推想，前一部书是有关当时中国传统的全部1464颗星的星表，后一部则是超出了中国传统星官范围的其他恒星，成为中世纪世界上最先进、最完备的恒星位置表。

3. 四海测验。中国古代历法都是以首都作为计算基点，许多天文现象，如日月交食的时刻、食分，当地的昼、夜时间长度等，却是因地而异。在唐代，僧一行在改历时就提出应派观测队到全国13个地点进行天文观测，以便使新历能适应全国的要求。元朝比唐朝疆域辽阔，因而郭守敬奏请元世祖批准派出14个观测队，到全国27处地点观测。这次史称“四海测验”的部分结果在《元史·天文志一》中有记载。有南海、衡岳、岳台、和林、铁勒、北海和大都7处，各测出当地的北极出地高度(地理纬度)、夏至日中时八尺高表的影子长度(大都为40尺高表的影长)，以及这一天的昼、夜漏刻数(昼夜时间长度)。其余21处地点则只留下一项北极出地高度的数据。其精确度非常高。18世纪法国著名天文学家拉普拉斯在推算他的星云说时就引用了这次测量的结果。

4. 黄赤交角测定。地球的赤道面延伸出去，在天球上的投影称为赤道，或称天赤道。地球绕日公转的轨道面延伸出去，在天球上的投影称为黄道。黄道和赤道之间有个交角，称为黄赤交角。这是天文学上的基本数据，许多历法计算上的问题都要用到这个数据。郭守敬通过观测太阳一年中去极度的数据，得到冬至去极115°21′73″，夏至去极67°41′13″。这两个数据相减，得到的差数除以2，即得黄赤交角为23°90′30″。根据现在的推算，郭守敬的测量误差为1′35″.9，这在当时世界上已是非常先进的了。欧洲直到3个多世纪以后才有可与郭守敬相比的观测出现。

5.《授时历》的编制。《授时历》的编制是一项规模较大的集体工作，王恂、郭守敬等人经过4年多的辛勤劳作，到1280年(至元十七年)春，一部当时世界上最先进的历法——《授时历》宣告完成了。《授时历》在当时是一部具有世界先进水平的历法，其中一些天文数据是相当精确的，它所取的回归年长度365.2425天，与格里历(现在的公历)完全一样，但它却比格里历早颁布了300年。从元初到元末，《授时历》使用了88年。明朝改用《大统历》，但其中一切天文数据和推算方法都是照搬《授时历》。此外，《授时历》对朝鲜、日本等一些周边国家也产生了一定的影响。

除了天文数据上的进步之外，《授时历》在计算方法上也有重大的创造和革新。如废除上元积年、以万分为日法、发明正确的处理3次差内插法方法、在黄赤道坐标换算中发明近似球面三角法的弧矢割圆术等。这些计算方法上的成就，主要应当归功于王恂，但是，其他学者也为此付出了劳动。由于郭守敬是《授时历》的最后整理定稿者，使这些突出的天文学、数学成就得彰后世，故其功不可没。

三、水利工程方面的成就

郭守敬生平的重要事业是兴修水利。其中最主要的有两项工程：修复西夏水利和开凿通惠河。

1. 修复西夏水利。所谓西夏水利是指西夏国首都兴庆府(今宁夏回族自治区银川市)一带黄河两岸的水利设施。宁夏(今银川一带)早在秦汉时起就陆续开凿了许多河渠，其中汉延、唐来两渠都是长达几百里的古渠，分渠纵横，灌溉田地的面积很广，是西北重要的农业基地之一。当年成吉思汗征服西夏的时候，不知道保护农业生产，兵马到达的地方，水闸水坝都被毁坏，渠道都被填塞。在元朝开国前，历年征战，严重毁坏了原有水利设施，使此地9万多顷良田荒芜，人民常年处于饥饿之中。郭守敬的有关修复水利工作主要是根据齐履谦的记述。

郭守敬对原有的12条正渠、68条大小支渠"因旧谋新，更立牐堰。役不逾时，而渠皆通利"，有的地方疏通旧渠，有的地方开辟新渠，又重新修建起许多水闸、水坝，整修原有的渠道，使之焕然一新，原有已损毁的牐堰也修补更新。总之，这项工程主要是因旧整修，即使有新渠开挖、新牐堰的建立，也不会很多。所以，全部工程才能"役不逾时"，干了不到一个季度，"渠皆通利"。当然，这也是因为涉及千百万人的生计大事，上下均望其速成，投入和功效一定都是极高的。对郭守敬来说，由于他有组织大型工程的才能，干的是造福人民的大好事，人民才会在渠上给他立生祠。

2. 开挖通惠河。元世祖把首都定在大都(今北京)。为了供养大都臣民的生活，保证帝王、贵族们的享用，许多物资都要从南方运来，其中粮食每年需要从南方征运数百万斤之巨，成本很高。为了节省开支，郭守敬提出了筹划多年的大都运河新方案。他发明了运用上下闸坝来解决水流落差问题，从1291年春到1292年秋，仅用一年半的时间，一条160里长的运河及其全部配套工程就竣工了，这就是著名的通惠河。通惠河的修建成功，不仅使元代的漕运粮食大为方便，而且也极大地促进了南北物资交流，有益于人民生活，繁荣了大都城的经济。通惠河的设计修成是郭守敬杰出的科学才干与丰富的创造力得以充分施展的结果。其中白浮堰一段的地形测量技术十分高超，当代许多地理学家在考察了白浮堰线路之后，对郭守敬的成就无不交口赞誉。

四、其他方面的成就

郭守敬是一位多才多艺的科学家，在许多领域都有创造性的贡献。

郭守敬在长期的大地测量中，曾经以海平面为基准平面，比较相距千里的大都(今北京)与汴梁(今开封)两地的地形高低。他指出：汴梁离海远，河水流速较快，大都离海近，而河水流速较缓，从而得出大都高程低于汴梁的结论。这说明，郭守敬已经认识到海平面对高程测量的作用，并且应用到了实际工作中，这比1828年德国数学家高斯提出的平均海水面早了560年。

他还在西夏水利工程结束后溯黄河之流而上，探寻黄河的发源地。因此他成为以科学考察本身为目的，专程探求黄河河源的先驱者。但他的探查结果没有记载流传下来。传世的第一部河源考察成果专著为都实所撰的《河源记》，此是1280年(至元十七年)都实奉忽必烈之命专程考察河源的纪实，而先前郭守敬的考察对都实肯定有相当的影响。

1316年(延祐三年)，郭守敬去世，享年86岁。这样一位有多方面杰出成就的科学家，身后得到了世人的赞扬和敬仰。明朝时来中国的西方传教士汤若望曾尊称郭守敬为“中国的第谷”(第谷是丹麦著名的天文学家，晚郭守敬约300年)。为了缅怀这位中国科技史上重要的科学家，人们在他的家乡邢台修建了郭守敬博物馆，里面陈列着郭守敬发明的十几种仪器。国际天文学联合会将月球背面的一座环形山和编号为2012号的小行星命名为“郭守敬星”，以此表达世界人民对他的崇高敬意。

(宋徽)

# 55. 长春真人西游

长春真人姓丘名处机，字通密，山东省栖霞县人。生于1148年(宋高宗绍兴十八年、金熙宗皇统八年)，金元间著名的全真道士，重阳真人王喆的弟子之一，全真龙门派创始人，该派尊称其为“丘祖”，著名的“全真七子”之一。幼年失母，父娶继室抚育之。聪敏强记，能日诵千余言，久而不忘。王重阳行道山东时，投重阳为徒，赐名处机，号长春子。重阳化去后，居终南山，入蟠溪穴居，后又隐于陇州龙门，前后凡13年。1217年(金兴定元年)，丘处机成为全真教第五任掌门。当时，由于战乱纷繁、民生疾苦，很多人为寻找心灵寄托纷纷加入全真教，全真教在北方声名大振。而年届七旬的丘处机鹤发童颜、碧眼方瞳，于是外界纷纷传说他精通“长生不老之术”和“治天下之术”。这些传言也传到了率军西征花剌子模国的成吉思汗耳朵里。此时的大汗已是耳顺之年，感到精力日衰、老之将至。身边人又向他进言，丘处机行年300余岁，肯定有长生之术，这样的神仙应该赶紧请来。于是，1219年(金兴定三年)，成吉思汗写下一封言辞恳切的诏书，派刘仲禄前去邀请丘处机。

全真教一向主张清心寡欲、清静无为，不希望与乱世的政治有任何瓜葛，为此，丘处机曾先后拒绝过金和南宋的邀请。接到诏书的丘处机起初颇感为难，但他审时度势，认为蒙古统治者很有可能一统天下，为了全真教的发展，他最终决定应诏。同时，他也想借机为民请命，劝蒙古大汗少杀无辜，这一事件很多史书均有记载。

1219年(金兴定三年)年底，时已71岁高龄的丘处机带领尹志平、李志常等18位弟子从栖霞启程西行。当其初行，有诗曰：“旌旗猎猎马萧萧，北望燕师渡石桥。万里欲行沙漠路，三春遂别海山遥。良朋出塞同归雁，破帽经霜更续貂。一自玄元西去后，到今无似北庭召。”诗中感慨地说老子(玄元)西渡流沙化胡之后，道教中再无人西渡化胡过。长春自比老子西行，“化胡”成道才是他的真正目的。这在他写的题阎立本《太上过关图》诗中表现得更清楚：“蜀郡西游日，函关东别时，群胡皆稽首，大道复开基。”“化胡”的内涵明显不是养生修仙之术，而是意存弭平战乱。

他们途经潍县、青州、长山、济南等地，次年初，抵达当时蒙古统治下的燕京(今北京)。当地官吏、士庶、僧道纷纷前往卢沟桥迎接这位大汗请来的神仙，而求丘处机题字签名的平民更是络绎不绝，他们希望有了丘处机的墨宝做护身符，就能免受蒙古大军的烧杀抢掠。

此时，率军西征的成吉思汗却越行越远，丘处机眼看在燕京见不到成吉思汗，便上书《陈情表》表明自己年事已高，并无治国才能，盼望能等大汗东返后陛见。刘仲禄以为丘处机是在讲条件，就建议选一些漂亮女孩随行，没想到这一下子激怒了丘处机。刘仲禄慌忙派人将情况告知大汗，成吉思汗则再次下诏恳切催促丘处机西行。1221年(金兴定五年)年初，丘处机不顾年迈体衰，踏上万里征途，向塞北高原挺进，开始了一年多的西行之旅。

当丘处机到达成吉思汗四弟斡辰的驻地贝加尔湖时，斡辰也想向他请教延年益寿之事。没想到，正当丘处机准备向他讲授之时，突然风雪大作，斡辰大惊，认为是自己想抢在大汗哥哥前面得知长生秘术引起了天怒，于是只好作罢。

西行途中的艰苦更不必说，他们时常要受到沙尘暴、流沙的袭扰。艰难的时候，车子陷到流沙里，马儿停滞不前，人想挪动一步都很困难。丘处机的随行弟子之一赵九古甚至病死在了西行路上。

1222年(金宣宗元光元年)初夏，丘处机终于到达了大雪山(今阿富汗兴都库什山)，见到了成吉思汗。成吉思汗见丘处机果真是仙风道骨，十分高兴，便开门见山地向他讨要长生之术和长生不老药。丘处机显然早有心理准备，他说："世界上只有卫生之道，而无长生之药。"短命之人皆因"不懂卫生之道"，而卫生之道以"清心寡欲为要"，即"一要清除杂念，二要减少私欲，三要保持心地宁静"，成吉思汗为此夸赞他诚实。

在后来两人朝夕相处的日子里，丘处机还不断以身边小事来劝诫成吉思汗。一次，成吉思汗打猎射杀一只野猪时突然马失前蹄，可野猪却不敢扑向成吉思汗。事后，丘处机便入谏说："上天有好生之德，陛下现在圣寿已高，应该少出去打猎。坠马，正是上天告诫陛下。而野猪不敢靠近，是上天在保护着陛下。"成吉思汗对此十分信服，告诉左右人说："只要是神仙的劝告，以后都照做。"成吉思汗过桥时，桥一下子被雷劈断了。丘处机便说，这是上天在警告不孝顺父母的蒙古人。于是，成吉思汗就诏告国人，听从神仙的指示，要尽孝道。丘处机还多次劝导成吉思汗，治理天下之术以"敬天爱民"为本，应该体恤百姓疾苦，保护黎民生命。成吉思汗遴选宫人美女时，丘处机劝说，"切宜减声色，省嗜欲，得圣体康宁，睿算遐远耳"。对此，成吉思汗都多有嘉许。

虽然丘处机开出的这些"秘方"并非成吉思汗真正所需，也没有完全得到他的认可，但还是在一定程度上减轻了蒙古统治者对汉人的残酷杀戮。康熙帝曾对此赞道："一言止杀，始知济世有奇功。"

到1223年(金宣宗元光二年)春，丘处机已在成吉思汗身边待了一年。由于不适应高原气候，加上思念故土，丘处机决定东归。3月，大汗依依不舍地与丘处机辞别，并赐给他许多金银财宝，却遭到谢绝。于是，成吉思汗下诏免除全真教徒的赋税，并派人率骑兵五千护送他返乡。

归心似箭的丘处机仅用了4个月就走完了来时的路。东归途中丘处机有大汗圣旨、虎头牌为令，颇做了些有益于民生的事，《元史》说："时国兵践蹂中原，河南、北尤甚，民罹俘戮，无所逃命。处机还燕，使其徒持牒招求于战伐之余，由是为人权者得复为良，与濒死而得更生者，毋虑二三万人。中州人至今称道之。"意思是说，凭着虎符玺书，丘处机在归途中解救了大批中原人，使两三万被蒙古掠夺为奴的人重获自由。成吉思汗还传来圣旨，询问他归途是否顺利、现在住得舒不舒适，并说："朕常念神仙，神仙勿忘朕!"后来又命宣差札八(即都达鲁花赤札八儿)传旨，表示思念之意，并许随意居住，"门人恒为朕诵经祝寿即佳"。于是行省及札八以北宫(即金宫城东北之琼花岛离宫)园池及其周围数十顷地赐予其建立道院，又重修和扩建天长观，于1226年(金哀宗正大三年)完工。次年5月，成吉思汗从秦州(今甘肃天水)遣道人王志明来传旨，改北宫仙岛(即建道观之琼花岛)为万安宫，天长观为长春宫，"诏天下出家之人皆隶焉，且赐金虎牌，道家事一仰神仙处置"。其所以如此优待，正如多次诏书所示，主要是因为长春真人在汉族民众中有很大影响，可利用他"招谕在下人户"，"以清净道化人"，使汉地人民归服和顺从蒙古的统治。燕京等处官员秉承旨意，对长春备极尊礼；士人们也竞相逢迎，拜谒、求名者不绝于门；处于逆境者希望得到他的庇护。

长春与其众弟子也利用蒙古大汗给予的特权大肆扩展全真道势力，“教门四辟，百倍往昔”。不过，在当时蒙金战争正激烈的情况下，长春“大开玄门，遣人招求俘杀于战伐之际，或一戴黄冠而持其署牒，奴者必民、死赖以生者，无虑二三巨万人”，对保全人民，减轻社会生产力受破坏的程度，不能不说是起了积极作用的。

1227 年(金哀宗正大四年)，丘处机病死，时年 79 岁。他死后，弟子李志常以亲随其师西游之经历，编撰了《长春真人西游记》，记述所经山川道里和沿途所见风俗人情等见闻，并兼及丘处机生平。由于丘处机的足迹遍及今蒙古、吉尔吉斯斯坦、哈萨克斯坦、乌兹别克斯坦、阿富汗等国，该书成为后人研究 13 世纪漠北、西域史地与文化的第一手资料，并相继有俄文、法文、英文译本问世。

丘处机的西游，使全真道传到了中国国境之外，在文化交流史上具有重要意义。同时，由于他结交了成吉思汗，为元初全真道教的兴盛创造了条件。但是，全真教恃有圣旨、金牌，驰驿四出，宣称可通管僧尼，或抑僧为道，改寺为观，因此也加剧了僧道之间的矛盾。

（宋徽）

# 56. 高明与《琵琶记》

南戏是宋元及明初流行于南方的戏曲艺术。它最早出现于浙江温州(旧名永嘉)，称为“温州杂剧”“永嘉戏曲”，亦称南词。后世为有别于北曲杂剧，简称之为南戏。它是民间艺人综合宋代众多的技艺，如宋杂剧、影戏、傀儡戏、歌舞大曲、唱赚、缠令等而创造出的一种新兴艺术样式。南戏的体制特点是比较自由灵活，采用分场式，少则十余出，多则五六十出，较北杂剧规模宏大。开剧有“副末开场”或“家门大意”，由副末介绍剧情梗概和创作意图。角色分“生”“旦”“外”“贴”“丑”“净”“末”，登场角色都可歌唱，有独唱、对唱、接唱、同唱，还有在后台用以渲染气氛的帮腔合唱。音乐采用南曲系统，具有鲜明的江南特色。入明以后，南戏得到进一步完善和发展，并分化出四大“声腔”，后人则习惯称之为“明传奇”，主要指弋阳诸腔和昆山腔的剧本，以有别于北杂剧。元末温州人高明所作的《琵琶记》被推崇为“南戏之祖”。

高明(约1307—1359年)，字则成，号菜根道人，浙江瑞安人，出身“世代书香”的门第。祖父和伯父都是诗人、隐士，他们经历了宋亡于元的国难，因而都具有爱国主义的思想。高明自少即以博学著称，曾专攻《春秋》一经，深受儒家思想的影响。高明成长的年代，宋亡已20余年，正当元统治鼎盛的时期，反元复宋已是无望，人们唯一的希望也只能是元皇帝贤明，并在承认现实不可改变的同时，在现有体制中找到出路，所以高明早年采取的便是积极入世的态度。1345年(元至正五年)高明考取进士，作为元朝时代极少数侥幸从寒门入仕的儒生，时人亦有非议。高明历任处州录事、福建行省都事等职，为官时能关怀民间疾苦，颇受百姓爱戴。1351年(元至正十一年)，从军南征方国珍起义，因与统帅论事不合，避不治文书，高明对仕宦有了新的认识。他公开表露功名为忧患所系，对自己往日鄙视前辈关于功名为忧患之始的看法作了忏悔，兼之目睹时政日非，在对现实生活失望的同时，萌生了隐遁的念头，但是此时他已身不由己。出与隐皆难，明知不可为，却仍得面对，仍得虚与委蛇。这种心境，或许在《琵琶记》的蔡伯喈身上有所展露，虽然高明的“慷慨任事”，与他笔下的蔡伯喈的软弱性格完全不同，但蔡伯喈的两难处境，却正有意无意地渗入了高明本人的心绪。约在1356年(元至正十六年)之后，高明为避战乱隐于浙东宁波的栎社，沉溺于词曲创作之中。因感于同样是寒门入仕的蔡伯喈被后人所误解，高明乃作《琵琶记》为他洗脱罪名。高明用3年时间写成了《琵琶记》，在这期间，他常闭门谢客，起居坐卧仅在一个小楼上，一边哼唱曲词，一边用脚打节拍，以至于把打节拍的楼板都磨穿了。每当夜阑更深之际，他常独自按拍歌舞，桌上两支蜡烛的光影摇曳交辉，他所借住的小楼也因此被人们称为“瑞光楼”。此外，据徐渭《南词叙录》，高明还作有南戏《闵子骞单衣记》，今佚，诗文集《柔克斋集》共20卷，亦散佚，今存50余篇。

《琵琶记》的前身是宋代戏文《赵贞女蔡二郎》。据记载，其情节大致写蔡二郎应举，中了状元，却贪恋功名利禄，抛弃双亲和妻子，入赘相府。其妻赵贞女在饥荒之年，独力支撑门户，赡养公婆，竭尽孝道，即使被姑婆误会偷吃，也毫无怨言。公婆死后，她以罗裙包土，修筑坟茔，这时天降一琵琶，赵贞女就用这一琵琶沿路卖唱，上京寻夫。可是蔡二郎不仅不肯相认，竟还放马踩踹，致使神天震怒，将蔡二郎五雷轰顶。

宋代戏文所写的蔡二郎，亦称蔡中郎，也就是汉代著名文士蔡邕，字伯喈。《后汉书》中有他的传记，说他在母亲生病的3年期间，衣不解带地尽心侍候，是个大孝子。可在宋以后民间流传的说唱艺术中，他却成了一个遭人唾骂的不孝之人，陆游在《小舟游近村舍舟步归》中说："斜阳古柳赵家庄，负鼓盲翁正作场。死后是非谁管得，满村听说蔡中郎。"对于这种颠倒是非之事，陆游感慨颇多。高明《琵琶记》中对蔡伯喈一类由寒门入仕的儒生，是抱着一种同情和理解的态度。

《琵琶记》基本上继承了《赵贞女蔡二郎》的故事框架，全剧长达42出。但他对蔡伯喈的形象作了全面的改造，让他成为一名"全忠全孝"的人，作者为了替蔡伯喈开脱罪责，精心设计了"三不从"的情节。首先，其父逼试，蔡伯喈辞试不从，这证明他不是一个贪图权力功名的人。他的目标是尽孝终养父母，恪守"父母在不远游"的古训。接着，当他中举后，牛丞相逼婚，蔡伯喈辞婚不从，这证明他不是一个弃亲背妇的人，仍挂念着自己的糟糠之妻。蔡伯喈辞婿的同时，也上表皇帝，辞官不从，希望皇帝任命他为乡官："乡郡望安置。庶使臣，忠心孝意，得全美。"但是，由于读书人身上的软弱和动摇，他由"不从"到最后不得不一步步退让，反映了封建制度对蔡伯喈个人意志的压迫。

《琵琶记》保留了赵贞女即赵五娘的"有贞有烈"形象，是《琵琶记》中着力刻画的人物。蔡伯喈赴考之前，她就意识到自己将来处境的艰难，说："我的埋怨怎尽言？我的一身难上难。"可她最终还是答应让丈夫放心赴考，自己在家一定好好侍奉公婆。当她得知蔡伯喈入赘相府后，仍把赡养公婆作为自己应尽的义务，宁可自己挨饿受屈，也不让公婆感到不安。饥寒交迫中，她弄来吃的让公婆吃，默默忍受一切不幸和苦难。在她身上，体现了古代中国妇女的优秀品质。同时，作者也揭露了封建社会和伦理纲常给予女性的苦难、不幸和无奈。

高明改变了宋戏本的悲剧结局，而以"一夫二妇"的喜剧收场。深明大义的牛小姐得知实情，不顾父亲的强行阻拦，与蔡伯喈、五娘一起回家奔丧，恪尽孝道。受到感化的牛丞相替蔡家讨得一门旌表，让一家人重聚团圆，但这丝毫改变不了《琵琶记》的悲剧意蕴。蔡伯喈努力按照封建伦理行事，想做一个孝子，却因"忠孝不能两全"，陷入了两难的境地中。他若服从了皇帝朝廷，便照顾不了父母家庭。反过来，他要做孝子，便做不了忠臣。至于个人的意愿，更遭到无情的践踏。《琵琶记》尽管从正面肯定了封建伦理，但通篇展示的却是"全忠全孝"的蔡伯喈和"有贞有烈"的赵五娘的悲剧命运，从而引发了对封建伦理合理性的怀疑。在封建时代，恪守道德纲常的知识分子，经常陷入情感与理智、个人意愿与伦理的冲突之中。《琵琶记》的悲剧意蕴，具有深刻性和普遍性，它比单纯谴责负心汉的主题更具社会价值。

高明的《琵琶记》在我国戏剧发展史上有其特殊的地位，它是南戏复兴的里程碑，被称为"南戏之祖"。在元代，南戏一方面在政治上受压抑，另一方面，北剧在内容和形式上都有较高的成就，因而排挤了南戏，致其一度衰落。直到元顺帝朝，民族矛盾和阶级矛盾趋于尖锐，使元代统治者的政权"摇摇欲坠"，北剧失去了政治上的有力支持，尤其是失去了广大人民群众的喜爱，才给南戏以"东山再起"的机会。在此背景下，高明"应时制宜"地"不寻宫数调"，继承南戏的自由传统，写成了这部《琵琶记》，始创了一种崭新的、整然的戏剧体制，把宋元南戏杂乱粗疏的毛病洗刷净尽，结构严谨的"传奇"体由此开端。作为"南戏之祖"，首先，《琵琶记》完成了南戏从民间到文人的过渡。南戏一直不为正统的士大夫文人所承认，所谓"士夫罕有留意者"是也，一些文人甚至把南戏视作亡国之音。高明及元代其他作家参与创作南戏，标志着南戏已走出民间自然状态的演出，开始得到社会正统势力某种程度的认可，出现了与文人结缘的态势，使南戏艺术有些

“名正言顺”。其次，在艺术上，《琵琶记》取得了很高的成就。徐渭评价云：“用清丽之词，一洗作者之陋，于是村坊小伎，进与古法部相参，卓乎不可及已。”《琵琶记》完善了戏曲戏剧性的结构体制，对明清传奇创作有深远的影响。之前的戏曲结构主要是单线递进的，也有双线的如《张协状元》《宦门子弟》等，但《琵琶记》已十分完善，结构严谨鲜明，两条情节线索交错发展，双向互动，不仅增强了戏曲的戏剧性、生动性，而且直接为塑造人物性格服务。《琵琶记》也是集格律之大成者，它的曲律成为各家曲谱选录的主要对象，也是人们谱曲作剧的直接依据，所以后人也称《琵琶记》为“词曲之祖”。在《琵琶记》中，对于曲牌节奏的急缓、性质的粗细、声情的哀乐以及搭配方面的联套、专用和兼用、宜叠用和勿叠用等，都结合具体戏情，安排得十分妥帖。再次，从思想文化发展的角度看，《琵琶记》的出现是对汉族传统礼乐文化、伦理文化的发扬光大。所谓“极富极贵牛丞相，施仁施义张广才，有贞有烈赵真女，全忠全孝蔡伯喈”，仁、义、贞、烈、忠、孝俱全，高明在《琵琶记》的开头，明确提出了自己的创作意图：“只看子孝与妻贤。”自从元朝统治中原，中国传统的封建伦理道德受到了挑战与颠覆。高明在元末重新强调封建伦理的重要性，并将当时士大夫所不屑的南戏看作可以“载道”的工具，提升了南戏的地位和价值。

当然，在艺术上，《琵琶记》也不无瑕疵，例如，“春宴杏园”出令史“赞马”，堆砌冗长，毫无意义；“丹陛陈情”出黄门独白，骈四俪六，空泛啰唆，这些都开启了后来明人传奇好绮丽、眩渊博之流弊的先例。

曾经为士大夫文人所不齿的南戏，经过高明的加工创作，从民间俚俗的艺术形式发展到了成熟的阶段。经他改编的《琵琶记》以其耀眼的光辉，不仅映照着当时的剧坛，而且映照着整部戏曲史。在元代，《琵琶记》是戏曲创作的奠基者；对明清两代而言，它则是传奇的开山之祖。《琵琶记》也是具有世界影响的古典戏曲之一，在19世纪，就有英文、法文、德文和拉丁文的宣传介绍，20世纪30年代，还进入百老汇演出，颇受观众欢迎。

（江莉莉）

# 57. 赵孟頫的书画艺术

诗、书、画“三绝”之说可追溯到唐代，王维和郑虔被认为是典型代表，宋代士人画兴起后，也出现了文同、苏轼等一批兼通诗画或书画的作者。但真正在诗、书、画三个方面都堪称第一流的文艺家，当数元初的赵孟頫，文人画创作直到他的出现，才真正具备形神兼备的专业水准，而不仅只是一种抒情写意的文人墨戏。

赵孟頫(1254—1322年)，字子昂，号松雪道人，别号鸥波、水精宫道人等，中国吴兴(今浙江湖州)人，宋室后代，元代官僚，书画家。其妻为元朝画家、诗人管道升。赵孟頫为元朝画家王蒙的外祖父。赵孟頫于1254年(宋理宗宝祐二年)9月10日生于吴兴(今浙江湖州)，为宋太祖子秦王赵德芳之后。其五世祖秀安僖王赵子偁，即宋孝宗父。其四世祖为崇宪靖王赵伯圭，因孝宗赐宅第于湖州，所以赵孟頫成为湖州人。他的曾祖赵师垂，祖父赵希戭(yǎn)，父亲赵与訔(yín)，皆仕于南宋。后元朝追赠赵师垂为集贤侍读学士，赵希戭为太常礼仪院使、吴兴郡公，赵与訔为集贤大学士、魏国公。赵孟頫自幼聪明，读书过目不忘，下笔成文，写字运笔如风。14岁时，赵孟頫因其家世代为官亦入补官爵，并通过吏部选拔官员的考试，调任真州司户参军。南宋灭亡后，赵孟頫居家，更致力于学问。

赵孟頫的才学，诗文书画印，冠绝天下，懂鉴赏，擅音律。此外，他还有经世致用之才。在当时以至后世，公认赵孟頫成就最高的，还是书画艺术。赵孟頫初入宫廷，由于相貌清秀，元世祖忽必烈乍见，惊为“神仙中人”。由于赵孟頫才艺超拔，元仁宗把他比作当朝的李白、苏轼。仁宗皇帝甚至把赵孟頫、管夫人、子赵雍三人书法装裱为卷轴，收藏于秘书监，就是为了让后人知道元朝有这样的人才。就是这样一个尊贵甚至完美的人物，曾写下《罪出》一诗。从诗句里，不难看出作者悲苦的心境：“哀鸣谁复倾，毛羽日摧槁。向非亲友赠，蔬食常不饱。”“愁深无一语，目断南云杳。恸哭悲风来，如何诉穹昊。”故宫旧藏的一幅画作《自写小像》，是赵孟頫46岁时所作。稀疏的竹林，萧索的山间，看不到花草生色，听不见鸟雀啁啾。荒芜天地间，孤立画中人。手执芒杖，一身素衣，无力侧头，只有山涧一弯缓缓的溪流，诉说着秋日的忧愁。赵孟頫，隐约于竹林之中，无助凄凉地凝望眼前的流水。画中人物用淡笔处理，弥散出的孤独气息，映照了赵孟頫的一生。在繁华的背后，实则是对生命的惨淡经营。他度过了自己矛盾复杂而又荣华尴尬的一生。

书法自宋代以后，逐渐走向了衰微。受宋“尚意”疏风的影响，越来越多的人盲目追逐尚意。书法滑向了乖张、叛离，失去了正统书风中正、醇厚的法度规范。

作为元初最重要的书法家，赵孟頫大力倡导“二王”之书，他对“二王”的推崇，不仅代表了当时书坛的主流，也影响着元代书坛的发展走向。早在寓居江南期间，赵孟頫游走于吴兴、杭州等地，留意搜求古书法帖，得《淳化阁帖》祖本10卷，其中有3卷专门收录王羲之的书帖，有2卷专门收录王献之的书帖。此《淳化阁帖》被称为诸帖之祖，所收录的历代书法作品拓宽了赵孟頫的书法视野。

学习唐人严谨法度是达到“晋韵”风神之美的阶梯。赵孟頫从“唐法”中汲取丰富营养，由唐初四家楷书的结体，到颜真卿、柳公权用笔的筋骨，进行提炼后化繁为简，从结体、用字、用笔等方面规定了书法内容，形成了一套操作性很强的书写程式，产生了对后人学习书法影响极大的“赵体”。就初唐四家而言，赵孟頫受欧阳询和褚遂良的影响较大，多次临摹效仿二人的楷体。欧阳询的楷书是唐代尚法的典范，骨气劲峭，法度森严，自觉地寻求一种均衡之美，这对赵孟頫书法的结体影响很大。褚遂良的楷书结体也很规整，虽字体瘦劲，却呈现出温雅方润的特点，而赵孟頫的楷书就具有温润而遒劲的风格。他在自题《千字文卷》里说：“仆廿年来写《千文》以百数，此卷殆数年前所书，当时学褚河南《孟法师碑》，故结字规模八分。”颜真卿和柳公权的书法对赵孟頫也有影响：他在确立二王的“古法”典范地位时，同样欣赏颜书字体所透出的“骨力”，并认为柳公权的字以筋骨胜，而缺少和淑之气。可见，赵孟頫虽学习颜筋柳骨，但结体又不同于颜、柳，而是能将和淑之气融入字体的筋骨中。他的楷书能兼顾遵循古法的严谨与表现个性风格的活泼，在将书法创作纳入有规矩可循的程式中的同时，也为作者个性的自由发挥留有余地。也就是说，赵孟頫在“唐法”程式体系里融入了“晋韵”的风神，他汲取了欧阳询结体用字的均衡之美和褚遂良字体的温雅方润，形成了自己清道圆媚的结体方式。其用笔柔中带刚，在圆润字体中融入了颜筋柳骨，从而形成了点画皆有筋骨、字体自然遒媚的“赵体”风格。

“以书入画”的主张，始于赵孟頫。其依据是现存北京故宫博物院的赵孟頫《秀石疏林图卷》中的题画诗：“石如飞白木如籀（读 zhòu），写竹还于八法通。若也有人能会此，须知书画本来同。”这首诗阐明了不同的书体及其线条质感对增强绘画表现力的作用，并彰显了“以书入画”的主张。然而仔细研究可以发现，赵孟頫提出的“书画同源”理论，并且在创作中选择枯木竹石题材，应该是从金朝的文人画家王庭筠所绘画，元代书法家鲜于枢于 1300 年（大德四年）在此画上首先作跋的《幽竹枯槎图》启发而来。此后，紧接着在该画上作跋的人就是赵孟頫。由此，我们可以看到，元初以赵孟頫、鲜于枢等为代表的文人画家已自觉倡导“书画同源”的观念，并着力推动了“以书入画”的实践；其次，鲜于枢作为书法家，本能地率先发觉了文人绘画中书法线质之美及书法功力之用，并经当时的文坛领袖、书画兼善的赵孟頫的共鸣和倡导乃至躬身实践，逐渐掀起了“以书入画”的文人画的新风尚。

赵孟頫的“以书入画”其实是以富有“古意”的书法入画，集中表现在竹石花卉类题材的绘画里。他早年得画法于钱选，借鉴院体画的刻画精工和敷色艳丽，同时又吸收了文人墨戏所追求的意蕴神趣，在求工的基础上追求古雅意趣。他曾与陈仲美合作《水凫小景图》，上有仇远诗题于画面。赵孟頫与陈仲美合作《水凫小景图》云：“良工苦思可心降，底事文禽不解双。欲采芳华波浪阔，芙蓉朵朵隔秋江。”好友相聚于青山绿水间，合作描绘眼前的美丽景色，用书法题诗于画面寄托情思，融诗情书画于一体，堪称诗书画“三绝”的范例。仇远《题赵松雪竹石幽兰》说：“旧时长见挥毫处，修竹幽兰取次分。欲把一竿苕水上，沤波千顷看秋云。”赵孟頫的竹石梅兰画，继承了以写意简率为上的文人画传统，突出笔法的书法韵味，注意以线条造型的艺术表现力，相较于宋代的文人“墨戏”，写意性不减，但应物象形的绘画性增强了。

用笔精巧、敷色浓艳是南宋院体画的特点，同时也是院体画的流弊。赵孟頫用“无古意”指出了院体画的不足，提倡自然“简率”的风格。“简率”之风较之院体画的精雕细刻更趋向返璞归真的一面，看似疏淡，实则意蕴更丰富，简约而不简单。赵孟頫强调绘画“贵有古意”的“意”，是以法度为门径的一种精神追求，即通过临摹寻求接近古人绘画的风格和意境，在看似简单的用笔中表现真情实意，以至于超越绘画的技艺层面而直达精神境界。这种主张把笔墨的描写功能和表现作用融合在一起，明确了形神兼备的“高尚士夫画”所应该具备的美学追求。

赵孟頫“古意”说中的“古”，以唐五代到北宋时期的“近古”为主。他在吸收唐和北宋名家画法基础上寻求“古意”，在临摹效仿古人技法的同时，以造化为师、以心为师，将古画之精神意趣与自己的心境融合，达到自成一家始逼真的神逸境界。他出仕元廷后宦游南北，结交了很多的艺文知己，有机会和条件见到不少唐宋时期的古画、名画真迹。如1286年(至元二十三年)，赵孟頫回家乡吴兴会见周密时，出示了他做官十年间所搜罗到的名画、古画。周密在《云烟过眼录》里记载：“赵子昂孟乙未自燕回，出所收书画古物：虞永兴《枕卧帖》，有建业文房之印，绍兴小玺；李北海《葛粉帖》，宣和题；王右丞《山水》小本；李思训《摘瓜图》，宣和题；韩干《五陵游侠图》，高宗题；周昉《春宵秘戏图》；董元《水石吟龙》，高宗题；王诜《连山绝壑》，高宗题。”赵孟頫搜集到的这些古画，主要是唐至北宋时期的名画，它们是赵孟頫学习绘画时临摹的主要蓝本，也是他提出“古意”说的重要书画积累。从唐代的韩干、韩混，到五代南唐的董元和五代宋初的李成，再到宋代的李公麟、王诜等人，赵孟頫“古意”说的形成过程与他对上述画家的学习是分不开的，他以“古意”来概括这些绘画作品重气韵、讲骨法、追求神妙的审美意识。

赵孟頫追求诗书画三位一体的“三绝”，其“古意”说的提出有明显的文人画倾向。他在《题郑虔画》里说：“郑虔献画于至尊，而复题诗歌于上，可见忘其贵。三绝之名，由是而起。乃知前代高人，未可以绳墨束羁也。此幅思致幽深，景物奇雅，阅之令人萧然意远。”郑虔是唐代以“三绝”著名的文人，其画作的清新奇雅景致与悠然自适的诗相表里，但与王维的《辋川图》和辋川诗比起来，还是要逊色一些。《辋川图》流传至元代分矮本与高本两个版本。赵孟頫《题王摩诘辋川图》云：“清容所得矮本《辋川图》，乃王摩诘生平第一笔，兼之诗句入禅，字法入妙，而宣和之题为三绝，真知言哉!”《辋川图》是王维的山水画名作，与富有禅意的辋川诗、入妙的书法结合为一体，堪称真正的“三绝”。

赵孟頫提倡的“作画贵有古意”是新古典主义的宣言，其所要表现的“古意”，除了领会古人作画的技法和精神意趣，还须融入作者自己的审美感悟和人生体会，包括生活中的气质秉性和艺术修养。同样是在书画中表现文人个性与精神气质，苏轼强调的是于法度之外寻求文人情性的自由传达。而赵孟頫追求的则是以尚法为基础的传神写意，将文人画的创作过程纳入可学的模式中，通过古法的学习而达到文人画的尚意境界。以书入画是“古意”得以彰显的关键因素，是一种带有时代新风的艺术经验。经由赵孟頫等人的实践和提倡，元代的“以书入画”并不局限于花鸟竹石题材，而是进一步拓展到山水画领域，由此带来了文人画前所未有的变革，即能将“古意”落实于笔法、墨法的运用中，笔随意转，意达情畅。画家的用笔之妙，既有真书的规整端庄，亦有行草的跌宕飞扬，还有篆隶的遒劲筋骨。绘画的线条不再依循物象作拘谨的勾勒摹描，而是骨法用笔的表演，或中锋、侧锋并用，或顺笔、逆笔兼施，或直拖横扫，或点垛皴擦，随物赋形而自然成文。要之，赵孟頫的“作画贵有古意”主张的是从古人经典中学习方法而师心自用，以各种笔墨技法表现“道法自然”的艺术精神。

实际上，以人品评价书品、画品，也是赵孟頫持论的一种艺术趣味，他评价王维、高克恭的绘画不离人品胸次，评价王羲之更是如此。赵孟頫的“人品”在元代很少遭到人们的质疑。黄潘说：“宋诸王孙，前有子固，后有子昂，人品皆为当世第一。翰墨之妙，直写其胸中之趣耳。”陶宗仪诗云：“魏公人品世莫俦，平生快意居庸游。”可以说，元代的“人品观”更多地指向一种学问修养与天资禀赋，而气节与操守因素对于当时人而言，处于搁置不论的状态。

赵孟頫最后10年在仁宗朝的崇高地位，以及书画艺术在海内外的重要影响，其文坛地位是没有人可以动摇的。后学虞集、柯九思、朱德润、柳贯、黄溍、杨载、张雨等人，都受到过赵孟頫的提携与鼓励，这些身处台阁的重要士人在中后期的创作中大力传播了赵孟頫的文艺观念，使其成为享誉整个元代的艺术大家。也难怪杨载会在行状中指出："公之才名颇为书画所掩，人知其书画而不知其文章，知其文章而不知其经济之学也。"的确，赵孟頫在文化艺术上所作出的努力要远远超过他的政治作为，无论是"作画贵有古意"的提出，还是倡导"用笔千古不易"之法，赵孟頫留下的文艺理论遗产至今仍是人们热衷讨论的话题，更何况它们对当时文艺观念产生的影响。就宋元之际的历史文化语境而言，赵孟頫对书画创作的反思以及复古主张的提出，若没有北上大都的机缘，恐怕很难产生深远的影响力。尤其是至元大德之际，他借着职务之便，在全国购买字画，结交同好，并时常举行书画活动，探讨艺术问题。作为文人余事的书画艺术，逐渐占据了赵孟頫人生志向的主要部分。1311年(至大四年)以后，赵孟頫在元仁宗的礼遇下，一路高升，官登一品，名满天下。这样的政治地位无不彰显着他在海内外早已形成的显赫声名，而其书画艺术及其复古主张也因此备受世人推重。

(杨依婷)

# 58. 宋、金、元道教的兴盛与内丹学的发展

宋、辽、金、元(960—1368年)400多年间，南宋偏安，与金、元对峙，形成继南北朝之后中国历史上又一次南北分治的局面，各种社会矛盾相当尖锐，民族矛盾尤为突出，是农耕文化与游牧文化冲突与融合的重要阶段。在这种特殊的历史背景下，道教进入了一个不断变化与创新的阶段，呈现出吸收佛道和容纳儒道的多元化融合的趋势。由此带来道教发展的新格局，出现各种宗派纷起，道教作为本土的宗教得到全新的发展。

道教的源头可以追溯到我国远古宗教，与道家(老子和庄子思想)有着密切的关系，大量吸收与发展了许多道家的思想。道教以“道”为最高信仰，但与老子道家的“道”有着不同之处，道教把“三清尊神”——元始天尊“天宝君”、灵宝天尊“太上道君”、道德天尊“太上老君”作为“道”的人格化身。人们通过内修外炼达到成“道”的境界，就可以成为肉体、精神两不灭的神仙。内修外炼也就是所谓的“内丹”与“外丹”。内丹是以人体为炉鼎，以体内的精气为药物，通过行气、导引等方式吐故纳新，使精气神凝结成“圣丹”；外丹是指用铅汞等矿物冶炼而成的丹药，服食以实现延年益寿的目的。道教教导人们寡欲少争，修炼成仙，给人们在寻求解脱人生苦恼方面提供了一种精神慰藉。

道教在唐宋时期得到迅速发展，这与帝王的信奉与支持是分不开的。唐朝建立后，统治者借口老子(真名为李耳)是唐天子的祖宗，尊道教“创始人”老子为始祖(后加号太上玄元皇帝)，因而奉道教为至尊，并确定了道教为先、儒教次之、佛教为后的三教排列次序。唐玄宗曾亲自为《道德经》(即《老子》)作注，令全国各地为老子立庙，加封庄子、列子等“真人”称号。北宋历代帝王承袭唐朝儒释道兼容和对道教进行扶持的政策，其中真宗、徽宗崇道尤为明显。宋徽宗还亲注《道德经》，为老子、庄子诸书立博士于太学，并自称是“神霄帝君”下凡。宋代人除信奉佛教外，大多信奉道教。其兴盛主要依赖于最高统治者的崇奉，影响范围更多地局限于社会上层，在基层的传播程度远比佛教逊色。宋室南渡以后，形成了南宋与金元南北对峙的局面。当时道教内部宗派纷起，在金元之际，北方先后出现了太一道、真大道、全真道等新道派，成为金代道教的主流。南宋时道教声势已经衰落，但在金朝占领下的北方却出现了一些新兴的道教支派，有别于正宗道教的“正一道”。新教派中以王喆(号重阳真人，故称王重阳)创立的全真道势力最盛。王喆对传统道教进行改革，上承北宋内丹道家传统，兼容儒、释学说，提倡修炼“内丹”，以别于传统道教修炼的“外丹”。内丹并非是服用实实在在的丹药，而是指一种除去俗念、摆脱常规对自身的束缚。修炼的方式是“清修”，即禁欲苦行、隔绝世事、除却情欲，以达到返本还真、得道成仙的目的。金朝统治者充分利用道教为巩固政权的工具，给予道士相当高的政治地位。元代统治者扶持下的道教出现兴盛局面，这种兴盛与隋唐道教相比，主要不是教理教义上的而是教团组织上的，新老道派呈现合流的趋势，形成了北方以全真道为代表，南方以正一道为中心的格局。成吉思汗西征时，曾召王喆弟子丘处机(号长春真人)到军前问道，全真道因而变得

贵显。全真教以外的新的道教支派有萧抱真创立的太一道，刘德仁创立的真大道，其理论与全真道颇多相通之处。南宋金元是道教发展史上出现的全新的一个阶段，逐步形成了全真、正一两大道派各据一方的格局，为明清乃至近当代道教的发展、教派的地理分布奠定了基础。

中国道教的修炼方术有外丹术与内丹术。内、外丹是道教众多修炼方术中最重要的两种，影响非常大。内丹外丹，也称内事外事，古来能炼大成者可以成神仙，修炼者虽不一定内外俱炼，但十之八九是内外俱通。

外丹术源于古代炼丹术，是指通过用铅、汞等矿石药物在炉鼎中炼制成的丹药，认为服用此丹药就可以长生成仙。内丹是与外丹相对而言的，是道教徒借用烧制外丹的经验、理论、术语等来修炼自我生命。炼丹必须从精、气、神开始，内丹功法有三大要件：药物、火候、炉鼎。炼丹时意念为火，呼吸为风，将人体拟作炉鼎，以修炼体内精、气、神，就可使凝结成丹。道家内丹家将精、气、神称为决定人生命的三大元素。他们追求的是逆着宇宙本身的发展秩序，由后天返回先天的永恒虚无状态，从而实现长生成仙。内丹学是道教的主要修持方术，是一种综合道教文化的宇宙论、人生哲学、人体观、修持经验为一体的理论体系和行为模式。

内丹学具有悠久的文化，源于先民的氏族原始宗教巫史文化，是神仙家将自古流传的王子乔、赤松子的行气术，彭祖、容成公、玄女、素女的房中术，羡门高、安期生的服食术相互融合汇通而成。

先秦时期的《老子》和《庄子》是为内丹学的理论和功法奠定基础的著作。老庄学派的思想体系包含“道”“虚”“静”“无”等范畴，精、气、神等概念不仅为内丹学所沿用，而且其中凝神、守一、坐忘、心斋等修炼工夫也被汲取为内丹法诀，老庄倡导的圣人、真人、仙人的境界更成为内丹家遵循的行为模式和理想的目标。

东汉魏伯阳著的《周易参同契》，是第一部专门论述内丹法诀的仙学著作。魏晋时传世的《黄庭经》和葛洪的《抱朴子内篇》都隐藏有内丹法诀。自唐末、五代至北宋初年，内丹学突放异彩，在道教修炼方法上占据统治地位。

宋代以来，内丹学在发展中产生出许多流派，功法逐步达到炉火纯青的境界。成熟的内丹学，由吕洞宾、陈抟、刘操传开，而后又有天元、地元、人元之分，门派有南、北、中、东、西之传。天元丹法，后世一般指北宗龙门派的清修功夫，但传统上将服食后可立地飞升的外丹称天元神丹。人元丹法，后世一般指南宗男女栽接的阴阳双修功夫，但也有人将南北宗性命双修的丹法统称为人元大丹者。地元丹法，一般指外丹黄白术，称地元灵丹。

自从全真道兴起以后，道教便出现了“北宗”与“南宗”的分立。内丹学南宗以张伯端为开山祖师，主要活动于南宋时期。至元代中后期，在与南北二派均有师承关系的陈致虚(1289—？年)的努力下，紫阳一派亦归于全真，被称为“南宗”，王重阳一派被称为“北宗”。南宗丹法与北宗丹法相较，在性命双修的前提下更多看重命功，其丹法先修命后修性，先术后道，形成一套层次分明的人体系统工程。

张伯端(987—1082年)，又名用成，字平叔，号紫阳真人，天台人，晚年得道，著《悟真篇》，将《周易参同契》的内丹秘诀公之于世。他主张在性命双修的前提下先命后性。张伯端传石泰(号杏林)，石泰传薛道光(法号紫贤)，薛道光传陈楠(号翠虚，人称陈泥丸)，陈楠传白玉蟾(号海琼子，封紫清真人)，被后世尊为南宗五祖。

王重阳(1112—1170年)，名喆，字知明，号重阳子，陕西人，在甘河镇上遇到异人传授丹诀，经过3

年炼养而成。后王重阳东游山东半岛传道，收马珏(号丹阳子，创遇山派)、谭处端(号长真子，创南无派)、刘处玄(号长生真人，创随山派)、丘处机(号长春子，开龙门派)、王处一(号玉阳真人，开箭山派)、郝大通(号广宁真人，开华山派)、孙不二(马珏之妻，号清静散人，开清静派)。王重阳所创内丹为禅道结合的清修法诀，他主张先从明心见性入手，再循序炼化精气神。

宋末元初，内丹家李道纯兼取南、北宗的内丹法，以《易经》与《道德经》相结合的方法来阐发内丹理论，深刻影响了元代以后内丹学的发展。在元统一全国之后，天师道在北方得到迅速传播，全真道在南方有较大发展。其他力量较为薄弱的各道派，则逐渐与天师道和全真道融合。

道教内丹学是道教文化中的瑰宝，它以道家哲学为宇宙观，吸收了儒释两家修炼理论的精华，总结了自古以来的修炼方术，形成了一套以人体科学为核心的修道思想体系。内丹是从古代导引、行气、吐纳等术发展而来，东汉魏伯阳《周易参同契》和东晋葛洪《抱朴子》内篇对此均有论述，北宋张伯端著《悟真篇》使内丹理论和方法都更加丰富和发展。道教南北宗皆专注内丹，斥外丹为邪术，从此内丹逐渐成为道教的主要方术。以修炼内丹和外丹达到长生不死的目的虽是幻想，却为中国古代化学、医学、养生学等积累了丰富资料，并从中提出物质形态和精、气、神相互转化的思想，对学道成仙与保健养生的意识有一定的促进作用。

与一般的宗教不同，道教的终极目的不在死后升入天堂而是长生不老，这是中国传统文化在道教上的集中体现。内丹学追求的是与宇宙自然相契合、同自然一体化的仙人境界。内丹学是道教中有关得道成仙的一整套神秘学说，是在隋唐时期就已经兴起，到宋元逐渐趋于成熟。道教内丹学主张仙道与人道的关系是顺逆的关系，顺则成人，逆则成仙。仙人境界是一种至真、至善、至美，最能体现生命价值的人生最高艺术境界，内丹学就是通向仙人境界的一条通道。神仙信仰是道教的基本信仰和显著特点，道教的诸多内容和理论几乎都围绕着神仙信仰而展开。离开了神仙信仰，道教就失去了存在的前提和基础；离开了神仙信仰，道教则成为一个空架子；离开了神仙信仰，道教则不能成为真正的道教。无数修道之人怀着寻求不死之药而成仙的信念和追求，因此追求神仙信仰的思维模式被内丹学所继承。如果说，外丹是寻求不死之药存在于自然界或从自然界中提取和炼制，那么内丹学则是寻求不死之药于人体之中，把人体固有的精、气、神作为不死成仙的药物。

以内丹为核心的成仙修炼是通向成仙道路最重要的桥梁与纽带。道教经典《太平经》中的神仙体系分为六等：一为神人，二为真人，三为仙人，四为道人，五为圣人，六为贤人。神人主天，真人主地，仙人主风雨，道人主教化吉凶，圣人主治百姓，贤人辅助圣人管理万民。修道成为神仙的主要表现为：首先，是长生，这是成仙的最基本表现。内丹学对顺逆的相对性有非常明确的认识，生命的演化与道的演化是全息一致的，只要通过养生修炼、安神固形，便可与道一起长生不死。其次，是逍遥。神仙生活是一种全方位的快乐逍遥，自由自在，无忧无虑，无拘无束，无牵无挂。这种生活完全超脱了自然与社会的束缚，抛开了人世间的烦恼，而且还法力无边、神通广大、预知吉凶。这些神仙法术是吸引信徒和传播神仙信仰的重要手段。内丹学返本还原而修炼成仙的过程，并不只是后天精、气、神的培养过程，而是要融入永恒无限的道体之中，其核心在于找到作为超越性根源的先天一气，以先天一气作为炼丹成仙的根本依据，转化后天精、气、神，并回归先天精、气、神合一的境界。将有形有限的生命融入无形无限的道体，这种合道的境界就是成仙。再次，是至善。神仙以至善为生命之美，“修行济物，积善以为仙”。神仙的内涵随着道教生命哲学的发展而发生演变，神仙理想对善的追求也在不断完善。生命能量的转化最终体现为人的意识状态的转变，归根结底是从人的后天意识状态返归到先天意识状态。道教认为行善得善果，心起于善，善之极致便是神仙。内丹学返本还原的修炼就是从有为返无为，从欲神返元神，从气质之性返归到天地之性。

我们可以看出，修习仙道首先是品德，其次明德，大道勤修才可成仙。如果连凡人的基本修养都达不到是不可能修炼大道有成的。人的欲望永远都不会满足，这是人的习性。如果不知反省，不知克制自己的欲望，人往往就会随欲望的推引而离人道越来越远，所以孔子讲究克己复礼，二程讲灭一分人欲就恢复一分天理，这都是主张向上的回归。而道教内丹学理论更进一步，要求脱离人的自身规律，逆其欲望而行，只是克制欲望是远远不够的，还要消除化解所有欲望，内心真正超脱，再加上生理上的逆向功夫，才能彻底摆脱自然的束缚而得道成仙。品德修养良好的上等之人，如果不知逆修之法，仍然在天地之间流浪生死，则跳不出自然界生老病死的规律。只是品德修养好、欲望淡泊、顺其自然地生活，最高也只能称为“圣人”，终究不能跳出宇宙的规律而成仙。

道教的根本宗旨就是得道成仙，而得道成仙的方法及理论多种多样，这些方法和理论中生命力最长久、最具影响力的显然是内丹学。

道家的圣人依据对于天地宇宙奥秘的理解，观察万物运行的规律将其用于身心的修炼。内丹术修炼要求人心静，对人心的定力要求非常高，所以内丹家们都认为在正式修炼内丹术前必须先在日常生活中“炼心”，直到人心有一定的定力后才能正式修炼内丹术。

道教内丹学所言之一点灵明“真性”不死，“形神俱妙，与道合一”才是道教内丹修炼的最高境界。肉体与精神之“形神俱妙”有两种途径：一种是纯为内丹修炼成就，出“阳神”后再“面壁”“炼虚合道”以炼化“色身”。另一种则为内丹修炼有成后，再服食外丹点化肉体，以得“形神俱妙”之“化体”。在道教内丹学看来，只有在充分了解道教内丹学的具体行为模式(炼精化气、炼气化神、炼神还虚)的基础上，才能真正弄清全真教所制定的各条清规戒律的出发点和落脚点，才能真正理解全真道士所谓的“万恶淫为首”的确切含义。而世间之人越发展越陷于自身的习性流转，欲望不节、心性不养而以致戕害生命，这样就离大道越来越远。

中国自古即有“医道同源”之说，“医”指传统的中医，“道”指包括内丹学在内的道教。因为“医”和“道”都以长生为目标，这二者的起源具有同一性，在早期常常难以截然分开。道教内丹学与中医在理论上更有许多相通之处。从总体上看，我们虽不能说中医的理论是来自道教内丹学，但有理由相信一部分中医理论应与内丹学有直接关系。历史上有不少名医同时也是道士或是虔诚信仰道教之人，如葛洪、陶弘景、孙思邈等。从他们的著作来看，他们都通晓内丹学，他们的一些高超的医术和养生术实际上与内丹学有着不可分割的密切关系。

内丹学中所推崇的“逆”更重要的是对于身心两方面的提升，就是说丹道学中的逆要先达到心理之逆，才能更好地配合生理上的返还先天之功夫，或者说先通过生理上逆向的转化来促进心理上的提升。而心理修炼之功夫则首先要达到的是把世间的七情六欲一一化解掉，不能有丝毫的沾染，使自身心无杂念，不受外界尘俗事物的半点干扰，这样才能达到无知无欲。

道教从创立以来就十分重视养生之道，通过历代道教养生家的实践和积累，形成了一套独树一帜的养生方法。概括起来，道教养生方法主要有以下几个方面：

其一，注重精神方面的修养。所谓精神修养，主要是指人的情志、性格和意识等方面的调养和护理，亦可理解为精神、心理卫生的修养和锻炼。老子就十分重视精神修养，提倡清静无为，以净化心灵。老子认为，这样可以使人获得一种恬静闲适、洒然超脱的心境。老子所倡导的清静无为的养生思想，不仅对道教养生思想的形成和发展有重要的影响，而且对我国医学的发展也有重要的促进作用。

其二，重视形体的锻炼。形体锻炼是道教养生术重要的组成部分，它主要是通过模仿动物的姿态、动作，创编各种形式的运动以及进行保健按摩等。通过这些形体锻炼，使身体得到适度的活动，促进人体气血流通，增强机体的生理功能，从而达到强身健体、延年益寿的目的。

其三，注意通过呼吸进行修炼。呼吸修炼主要是通过练吸、练呼、呼吸皆练，或者配合形体和意念的锻炼来调整人体的生理功能，使之阴阳平衡，改善脏腑的气血流通，从而达到健身祛病的目的。坚持不懈并循序渐进地呼吸锻炼，会逐渐使呼吸变得深长、柔和、均匀、细缓。深长的呼吸，增加肺的通气量，从而可以调节神经系统的机能，可以实现调整心态的作用。

其四，重视内丹炼养。内丹炼养是道教养生术中最富有特色的一种养生术，它与外丹方士以丹砂为原料炼制金丹服药不同，而是把人体某些窍位当“炉鼎”，以体内精、气为“药物”，运用“神”去烧炼，使精、气、神凝结成具有延年益寿功效的“内丹”。

（汪良平）

## 59. 英雄史诗《格萨尔王传》《江格尔》《玛纳斯》的创作传唱

《格萨尔王传》《江格尔》和《玛纳斯》是我国草原地区英雄史诗的杰出代表，这三部史诗不仅规模宏大，而且内容丰富、文化艺术感染力极强，堪称我国少数民族的三大英雄史诗。

《格萨尔王传》是藏族民间说唱体长篇英雄史诗，是藏族人民集体创作的一部伟大的英雄史诗。全诗继承了藏族古代神话传说、诗歌和谚语等民间文学的丰厚遗产，为我们提供了宝贵的原始社会的形态和丰富的资料，还包含不同时代藏族历史、社会、自然、科学、宗教、道德、风俗、文化、艺术等方面的知识，代表着古代藏族文化的最高成就，是研究古代藏族社会的一部百科全书，被誉为"东方的《伊利亚特》"。

"格萨尔"一词来源于古梵文，藏文为"花冠、花蕊、英雄"之义，也是《格萨尔王传》主人公的名号。全诗不仅叙述了格萨尔王的种种英雄事迹，还展现了宏大的战争场面，描述了古代高原繁杂的民族关系以及族群统一的过程，深刻反映了吐蕃王朝部落征战、家庭婚姻的现实情境。全诗主要内容为格萨尔通过赛马称王，后因王妃被抢而率领武士抵抗外敌侵略，通过安邦定国、东征西讨、统一民族的战争，最终维护了本民族的利益。

《格萨尔王传》不仅口头流传于藏族各部，而且形成了各种手抄本、木刻本。从成书过程来看，《格萨尔王传》的文字大约产生于公元前2、3世纪至公元6世纪古代藏族氏族社会开始瓦解、奴隶制国家政权逐渐形成的历史时期；公元7世纪初叶至9世纪吐蕃王朝建立之后，史诗内容趋于完整；公元10世纪至12世纪初期藏族社会处于由奴隶制向封建农奴制过渡的大动荡、大变革时期，史诗得到广泛流传并日臻成熟；公元11世纪前后，随着佛教在藏族地区的复兴，藏族僧侣开始编纂、整理、传播《格萨尔王传》，史诗的基本框架开始形成，并出现了最早的手抄本("伏藏"抄本)；公元12世纪初期，《格萨尔王传》日臻成熟，广泛流传于藏族地区，后流传于蒙古族地区。迄今，史诗已发展成为120多卷、170多万行、2000多万字的篇幅，在字数上远远超过了世界著名史诗荷马史诗《伊利亚特》《奥德修记》以及印度史诗《罗摩衍那》《摩诃婆罗多》之和，堪称世界上最长的一部史诗。

就《格萨尔王传》的创作与传唱特色而言，《格萨尔王传》史诗所刻画的人物形象十分独特。全诗通过人物本身的语言、行动和故事情节，塑造了数以百计的人物，且所有人物个性鲜明，形象突出，给读者留下了深刻的印象。史诗对以格萨尔为首的众英雄形象描写得十分出色，成为藏族文学史上不朽的典型。除了把格萨尔塑造为英武神奇、高瞻远瞩的领袖之外，还塑造了一个美丽、坚贞、能干、智慧的藏族妇女珠牡，塑造了深谋远虑、忠心为国的总管王叉根老英雄，还有勇猛刚烈的嘉察、智勇兼备的丹玛等英雄，给世人留下了深刻的印象。此外，史诗对反面人物超同、霍尔黄帐王的丑恶本性也刻画得入木三分，使其凶相毕露，令人可恨可恶。

《格萨尔王传》是现实主义和浪漫主义创作方法高度结合的生动体现。史诗通过对几十个邦国部落之间战争的精彩叙述，表现手法起伏曲折，反映了6—9世纪以及11世纪前后藏族地区的一些重大历史事件。史诗不仅富含现实主义色彩，表达了藏族人民厌恶分裂动荡、渴望和平统一的美好理想；而且富含浓郁的浪漫主义色彩，以绮丽的幻想赋予格萨尔以超凡的本领，将其塑造为能够役使鬼神、支配自然的神圣英雄人物，其他如魔国的设想、地狱的描绘、鸟兽的特殊贡献，也都充满了神奇色彩。

《格萨尔王传》是一部活的史诗，由优秀民间说唱艺人以不同风格的说唱形式，从古吟唱至今，广泛流传于青藏高原，至今活在藏民心中、口中。《格萨尔王传》主要以专门说唱《格萨尔》的民间艺人用藏语表演，以说唱的形式广泛流传在人民群众中，并世代传承下来。由于史诗内容十分丰富，结构庞大，因而一般的艺人通常只截取某一部分或片段进行表演。在这部英雄史诗的长期创作和流传过程中，通过口耳相传的传承方式，形成了一种内容专一的口头性曲艺“说唱”的表演形式，主要采用“一曲多变”式的专用曲调演唱，唱中穿插说白，有时还配以图画讲解。此外，民间艺人的唱词大量吸收各类民歌的格律，使用了许多民间谚语和民间诵词，因而生动活泼，富有生活气息。

《格萨尔王传》通过采用散文与诗歌相结合的文体，唱词多于叙述，语句是整齐的七字句或八字句间杂成文，间或有九字句。七字句是二、二、三三顿，八字句是三、二、三三顿。全诗的唱词没有韵脚，也不押韵。每一部的组织，有的分为若干章，每章有小标题。有的整部不分章，没有小标题。分章和小标题的位置比较灵活，既可在文前，也可在文后。

《格萨尔王传》史诗在藏族文学发展史上具有崇高的地位，也对藏族民间文艺和作家文学产生了深远的影响。《格萨尔王传》不仅流传于国内蒙古族、土族、纳西族等少数民族地区，还流传到蒙古人民共和国、俄联邦布里亚特共和国、不丹、尼泊尔、巴基斯坦等周边国家和地区，并先后被译为蒙古、俄、英、法、德、日、西班牙、印度等国文字，流传过程中在内容和说唱形式上呈现出多姿多彩的形态，深得各国人民的喜爱。

《江格尔》是蒙古族数百部英雄史诗中最为辉煌的一部长篇英雄史诗，中国少数民族三大史诗之一。《江格尔》主要流传于中、蒙、俄三国卫拉特蒙古人中，不仅反映了历史上卫拉特蒙古人的迁徙足迹，还反映了民族与自然界和邻近部族的斗争史、关系史，对蒙古族社会生活的各个侧面诸如议事选举、战争迁徙、赛马比箭、婚姻家庭、丧葬祭典、饮食服饰、风俗民情等作广泛生动的真实描绘，汇聚着大量关于古代的历史、地理、军事、医学、天文、历法、体育、艺术等各方面的宝贵知识。

关于“江格尔”一词的来源，历来解释不一，波斯语释为“世界的征服者”，突厥语释为“战胜者”“孤儿”，藏语释为“江格莱”的变体，蒙古语释为“能者”。

《江格尔》产生于13世纪新疆地区的蒙古族卫拉特社会不发达的氏族社会末期至奴隶社会初期阶段，后以口头和手抄本形式广泛流传于天山南北的蒙古社会中，全诗主要围绕着抢婚、夺财、强占牧地展开了一幅幅惊心动魄的战争场面，从中可以了解远古蒙古社会的经济文化、生活习俗、政治制度等诸多方面的知识。

《江格尔》是继单篇史诗、串连复合史诗之后出现的大型并列复合史诗。全诗故事繁多，在继承远古中短篇英雄史诗婚姻和征战两类主题的基础上，新增了部落联盟、结义的主题，从而把远古中短篇史诗所反映的氏族与氏族、部落与部落之间的婚姻、征战斗争扩大到部落联盟，把塑造氏族、部落首领单个或几个英雄形象扩大到塑造以江格尔、洪古尔为代表的部落联盟英雄群体，深刻地反映了蒙古氏族制度瓦解、奴隶制度确立的过程。

从结构上看，《江格尔》由数十部作品组成，除一部序诗外，其余各部作品情节虽互不连贯，却都有一个完整的故事。全诗通过蒙古说唱的方式，语言优美，风格豪迈，主要讲述了宝木巴汗国以江格尔为首的12名英雄，不断抵抗蟒古斯敌人的入侵，收复许多部落，最后建立了一个强盛的国家，反映了史诗从产生到定型之前各历史时期的社会生活，以及人民群众保卫家乡、创建和平幸福生活的美好愿望。

从成书过程来看，《江格尔》主要由专门演唱史诗的民间艺人“江格尔齐”传唱，经过历代的不断加工、创造，大大扩充了史诗篇幅，丰富了史诗内容，而成为一部大型史诗。经过一代代“江格尔齐”的传唱与加工，加上手抄本（“立江格尔”）的文字直观性，使得《江格尔》的增删与加工，远比单纯的口头文学更细致，更考究。1771年（清乾隆三十六年），新疆的蒙古族王公们系统整理了分散于各地的史诗抄本，据统计有12章回、32章回不等。迄今为止，国内外已汇集以《江格尔》为名的史诗60多部，长达10万行左右。

《江格尔》成功塑造了许多栩栩如生的人物形象。其中反面形象各部并不一致，几乎每部作品都各有一种敌人，但整个史诗里出现的正面形象却是一致的。主要人物宝木巴的首领江格尔可汗及其将领阿拉谭策吉、洪古尔等人大多被塑造为半人半神式英雄，同时也具备较为鲜明的个性特征。圣主江格尔被描写成为宝木巴事业奋斗不息的顶天立地的英雄人物，洪古尔被描写成体现草原勇士一切优秀品质的英雄。史诗还出色地刻画了一些普通劳动者的形象，在艺术创作方面别具匠心。

《江格尔》是在蒙古族古代短篇英雄史诗的基础上形成的，继承、发展了蒙古族古代民间创作的艺术传统和艺术手法，语言优美精练，想象大胆奇特，擅长夸张、渲染，以富于浪漫主义色彩著称。《江格尔》通过其丰富的思想内容和生动的艺术形象，描绘了洋溢着草原生活气息的风景画与生活图景，体现了蒙古民族特有的性格特征和审美情趣，在艺术风格方面具有鲜明的民族特色。其民族性主要表现在语言运用、表现手法等诸多方面。全诗不仅借鉴丰富优美的卫拉特民间文学的各种韵文样式，灵活穿插蒙古族古代民歌、祝词、赞词、格言、谚语，还充分运用铺陈、夸张、比喻、拟人、头韵、尾韵、腹韵等表现手法。

《江格尔》的音韵格律富于变化，在蒙古族诗歌发展史上占有承前启后的重要地位。从《江格尔》的音韵格律中，一方面可以发现萨满教祭词神歌等蒙古族诗歌音韵格律最初的萌芽形态，另一方面也可以看到蒙古族诗歌音韵格律走向成熟道路上的种种发展轨迹。因而，《江格尔》不仅成为研究蒙古族诗歌音韵格律发展的重要资料，而且成为学习蒙古族诗歌音韵格律的基本典范。

《江格尔》还为认识远古蒙古人神幻浪漫的审美观念提供了丰富的内容。全诗表现出对通人言晓人意、融合外在形体美与内在精神美的“蒙古马”的审美观念；对以力、勇、义为基本性格特征的部落英雄人体美与个性美的审美观念；对于英雄相对立的贪婪、凶恶、残暴的蟒古斯的审美观念；对兽形类比的审美观念；对理想化自然美与社会美的审美观念等。这一系列以游牧文化（含狩猎文化）为根基的独特的审美观念，对蒙古族传统的民族审美意识的形成发展具有承前启后的重要意义。

《江格尔》史诗是蒙古族远古文学和民间文学体裁中篇幅最长、容量最大、艺术表现力最强的代表，不仅代表着古代蒙古族民间文化的最高成就，也是古代蒙古族人民智慧的结晶、知识的宝库，无愧为蒙古民族文化的瑰宝。

此外，作为古代蒙古民族历史文化的缩影，《江格尔》渗透于蒙古族人民生活各个方面的综合性群众文化活动，对研究蒙古族的历史文化、文学艺术、宗教信仰和民间风俗有着重要的文化与学术价值。

《玛纳斯》是柯尔克孜族民间传唱的传记性英雄史诗，是一部规模宏伟、色彩瑰丽的鸿篇巨制，中国三大民族史诗之一，是柯尔克孜族民族精神的巅峰，被誉为民间文学的奇葩异宝。《玛纳斯》反映了古代少数民族柯尔克孜族的政治、经济、历史、哲学、文化、宗教以及社会生活的各个方面的内容，是研究古代少数民族柯尔克孜族的百科全书。

《玛纳斯》产生于公元 10 世纪，13—16 世纪是史诗逐步形成的时期，16—19 世纪是 8 部史诗趋于完整、成熟的时期，中华人民共和国成立初至“文革”前是史诗的新生、发展和进一步成熟时期，“文革”期间是史诗的封闭、冷落和濒危时期，“文革”之后史诗进入了抢救、保护时期，同时也是由民间的口头文学、活形态史诗向记录、整理出版转化的时期。21 世纪以来，国家与自治地方加大了对《玛纳斯》保护的力度，《玛纳斯》的传承与保护、转型与发展已取得了重要成果，进入将《玛纳斯》推向世界的一个新发展时期。

《玛纳斯》史诗是柯尔克孜族人民千百年来的集体创作，世世代代以口头形式在民间流传。史诗自产生后一直由“玛纳斯奇”(能传唱玛纳斯的人)以传唱的形式流传于民间。传唱过程中，因不同演唱者对史诗的雕琢加工，使其更加完美，也产生了不同风格的演唱变体，因而被称为活形态的史诗，折射出柯尔克孜族人民历史发展的足迹。

全诗共分 8 部，长达 23 万余行，约 2000 万字，生动讲述了玛纳斯家族 8 代英雄为维护柯尔克孜族人民的利益而进行艰苦卓绝斗争的英雄事迹，反映了柯尔克孜族人民反抗外来侵略和奴役的英雄反抗主义精神，表达了他们争取自由、渴望幸福生活的理想和愿望。

《玛纳斯》史诗是典型的谱系式叙事结构的史诗，每一部史诗表现一位英雄的事迹。《玛纳斯》既是整部史诗的统称，也是第一部的名称和第一部史诗主人公的名字，其余各部史诗也都以其主人公赛麦台依、赛依台克、凯乃木等英雄(玛纳斯的子孙)的名字命名。8 代英雄事迹，构成 8 部史诗的内容，各部既独立成篇，又紧密衔接，构成一个完整的故事。8 部史诗在人物、情节、叙事方面紧密相连，融会贯通。

《玛纳斯》跨越了几个世纪，遍及漠北草原到中亚地区，塑造了上百个活灵活现、性格饱满的人物形象。全诗不仅刻画了出神入化、栩栩如生的人物形象，还赋予英雄的坐骑以不同的性格。史诗笔下的英雄人物不仅具有凡人的七情六欲和各种优缺点，还具有神仙的超凡能力。英雄玛纳斯不仅是力大无比的勇士，还是知人善任、足智多谋、不谋私利、胸襟开阔的领袖；其他各代的主人公也都是性格鲜明、智勇兼备的英雄。史诗中还细腻地刻画了智慧老人巴卡依、玛纳斯生死与共的战友阿里曼别特，以及思想狭隘、行为鲁莽的楚瓦克、包尔巴克等栩栩如生的众多人物形象。妇女形象也极具艺术魅力，玛纳斯的母亲奇依尔迪、妻子卡尼凯、儿媳阿依曲勒克等，不仅是抚育儿女、勤持家务的贤妻良母，而且战时是和丈夫一同挥戈上阵的巾帼英雄，柯尔克孜人民的战斗紧张而激烈，英雄们的爱情故事同样感人至深。

《玛纳斯》具有极高的艺术性和浓烈的民族特色，是一部艺术价值很高的民间文学作品。全诗充分运用联想、比喻等修辞方式，常以高山、湖泊、急流、狂风、雄鹰、猛虎来象征或描绘英雄人物，并给各类英雄人物配有不同名称和不同特征的战马，并赋予各英雄的战马以不同的个性。此外，史诗不仅具有一定的历史真实性，而且具有戏剧的矛盾性，同时还结合了民间诗歌的说、诵、唱的特点，做到了历史脉络清晰可信，戏剧冲突尖锐复杂，语言流畅，韵律和谐，便于吟唱，朗朗上口，可以用 20 多种不同音调演唱。史诗以精练、幽默、传情的诗的语言，通过歌手玛纳斯奇有说有唱的表演，融声、乐、画于一炉，以诗言志，以歌咏言，以声传情，达到了炉火纯青的艺术高度，成为柯尔克孜民间文学艺术发展的最高领域，更是柯尔克孜族文学艺术的代表之作。

史诗包含了柯尔克孜族各类民间韵文体裁，既有优美的神话传说和大量的习俗歌，又有不少精练的谚语。《玛纳斯》是格律诗，诗段既有两行、三行、四行的，也有四行以上的，且每一诗段的行数依据内容而定。每个诗段都押脚韵，也有部分兼押头韵、腰韵的。每一诗行多由 7 或 8 个音节组成，也有 11 个音节一行的。各部演唱时有其固定的曲调。

《玛纳斯》史诗无论在内容、思想性和艺术性方面，都堪称柯尔克孜族民间文学的优秀代表作，也是古代柯尔克孜族人民珍贵的文学遗产。

总的来看，三大英雄史诗不仅丰富了中华民族文学艺术的宝库，填补了中国文学史上史诗的空白，而且以其独特的风姿，屹立于世界史诗之林。作为人类早期的一种艺术形式，三部英雄史诗以百科全书式的鸿篇巨制，反映出不同时代三大民族的历史与生活情状，对藏族、蒙古族、柯尔克孜族性格与民族精神等思想方式的形成与发展产生了广泛而深远的影响。

（赵蒙）

# 60. 辽、金、元夷夏观的演变

夷夏观是中原文明中的一个重要思想观念，“华夏”是文化高度发达的中心，而周边及偏远地区的民族是野蛮不守华夏之礼的“夷狄”。“夷夏之辨”透露出华夏民族对周边民族的文化优越感。辽(916—1125年)、金(1115—1234年)、元(1271—1368年)三朝是分别由我国北方少数民族契丹族、女真族、蒙古族建立起来的政权，共历时450多年，在政治、文化等多方面，辽、金、元三朝都有着不同于中原文明的独特性。这三朝作为由少数民族建立起的政权，在中原文化中被视为“夷狄”。随着中原文化的渗透，中原汉人的夷夏观被这些少数民族政权加以发展和利用。辽、金、元三朝的夷夏观经历了一个演变的过程。

契丹族是逐水草而居的游牧民族，916年辽太祖建国称帝，国号契丹。947年，辽太宗攻占汴京(今河南省开封市)灭后晋，登基并改国号为辽。辽代初期，契丹人对被中原王朝所给予的“夷”和“番”名号持接受的态度。在是否入主中原的问题上，辽太宗耶律德光与述律太后曾产生分歧，辽太宗主张入主中原，做汉地的皇帝，而述律太后则持反对意见，他们有这样一段对话：

> 述律太后谓帝曰：“使汉人为胡主，可乎?”曰：“不可。”太后曰：“然则汝何故欲为汉帝?”曰：“石氏负恩，不可容。”后曰：“汝今虽得汉地，不能居也；万一蹉跌，悔所不及。”又谓群下曰：“汉儿何得一饷眠?自古但闻汉和番，不闻番和汉。汉儿果能回意，我亦何惜与和。”

从述律太后的话语中可以看出，她承认契丹是“番”，认为契丹人不应入主中原去做汉人的皇帝，而是应该等待汉人来求和，即“汉和番”。太宗耶律德光灭晋后，入晋宫见百官，大悦，对左右侍从说：“汉家仪物，其盛如此，我得于此殿坐，岂非真天子邪!”从太宗“岂非真天子邪”的感叹中侧面反映出太宗对发达的中原文化的仰慕以及作为文化落后民族的自卑心理，太宗对自己称帝和政权的权威性一直信心不足。

辽代初期契丹民族对于中原文明中的“夷夏之辨”是持接受态度的，他们也自认为自己是“番”，在强大繁荣的中原文明面前有着文化落后的卑弱心理。这个阶段契丹人的夷夏观是安于被中原王朝视为“夷”和“番”。辽代中期，随着经济的繁荣和文化的发展，契丹人的夷夏观发生了变化，他们不再甘于夷狄的身份，想要获得与中原政权宋朝对等的地位。通过史书中的相关记载，可以清楚地看到这种观念转变。

辽圣宗时期，辽朝使臣萧和尚“使宋贺正，将宴，典仪者告，班节度使下。和尚曰：‘班次如此，是不以大国之使相礼。且以锦服为贶，如待蕃部。若果如是，吾不预宴。’宋臣不能对，易以紫服，位视执政，使礼始定”。萧和尚认为宋朝没有将辽作为一个大国来对待，而是当作“蕃部”。对于宋朝的这种做法，辽朝使臣萧和尚不甘于被当作“蕃部”对待，提出反对，虽然最后使宋方“易以紫服，位视执政”，但是辽宋双方在外交上的不平等地位并没消除。

1027 年(辽圣宗太平七年)，辽使者萧蕴等人来宋朝贺乾元节，萧蕴指出“中国使者至契丹，坐殿上，位高；今契丹使至中国，位下，请升之”，宋馆伴使程琳则拒绝道：“此真宗皇帝所定，不可易。”

1042 年(宋仁宗庆历二年)，辽使宋增加岁币，辽兴宗提出“须于誓书中加一‘献’字乃可”。“献”字是以下奉上之辞，辽兴宗这一要求的提出表明辽已经以大国自居而轻视宋朝。同年萧偕使宋，仁宗下诏曰：“自今契丹使，不以官高下，并移坐近前。”至此，辽朝在外交礼仪上取得了与宋朝平等的地位。

辽朝中期，国内经济文化繁荣，契丹人以及辽朝境内的汉人，他们的夷夏观发生了转变。不再认为辽朝是夷狄，想要求得与宋朝平等的地位，并且此时已经出现了辽为正统王朝的观点。1038 年(辽兴宗重熙七年)，“以《有传国宝者为正统赋》试进士”。兴宗认为拥有传国宝的政权就是正统。在太宗灭晋后，帝玺由中原被带入了辽朝。因此，辽朝有传国宝，是正统王朝。兴宗将这件事作为国内科举考试的试题，让考生们表达对这一事件的看法。这次科考“御清凉殿试进士，赐邢彭年以下五十五人第”。参与考试的人群中绝大多数是汉人，他们也认可了辽为正统王朝的这一看法。

北宋欧阳修编纂的《新五代史》，没有把辽朝记入正史中，而是将其作为“四夷”之一编于书后的附录里面。这本书传入辽朝后，辽人大为愤慨。刘辉上书辽道宗曰：“宋欧阳修编《五代史》，附我朝于四夷，妄加贬訾。且宋人赖我朝宽大，许通和好，得尽兄弟之礼。今反令臣下妄意作史，恬不经意。臣请以赵氏初起事迹，详附国史。”道宗“嘉其言，迁礼部郎中”。刘辉认为宋朝并没有对辽朝以兄弟之礼相待，反而贬低辽朝的地位，道宗对刘辉的观点表示称赞，并提拔他为礼部郎中。

随着中原文化的传播，儒家政治思想逐渐被辽人所接受，并在辽朝占据了主要地位。《辽史·文学传上序》载：“至景、圣间，则科目聿兴，士有由下僚擢升侍从，骎骎崇儒之美。”辽道宗长期受儒学熏染，于 1089 年(辽大安五年)“诏谕学者，当穷经明道”。道宗时儒学大为盛行，辽人的夷夏观也趋于成熟。辽道宗的夷夏观很有代表性：

> 帝聪达明睿，端严若神，观书通其大略，神领心解。尝有汉人讲论语，至“北辰居其所而众星拱之”，帝曰：“吾闻北极之下为中国，此岂其地耶?”又讲至“夷狄之有君”，疾读不敢讲。又曰：“上世獯鬻、猃狁荡无礼法，故谓之‘夷’，吾修文物，彬彬不异中华，何嫌之有?”卒令讲之。

从这段史料中可以看出，辽道宗对夷夏的几点认知：首先，辽道宗认为夷与夏的区别是礼法，无礼法为夷，有礼法为夏。其次，辽道宗不认为辽是夷狄，而是认为辽与中原王朝无异，皆是正统王朝。辽道宗的夷夏观是在中原文化的浸透下，对汉人文化典籍的“神领心解”后形成的，反映出辽代后期中原文化对辽人思想的重要影响。

到了辽代后期，契丹人的夷夏观进一步发生演变。这一时期，辽人自认为是华夏，是正统王朝。《辽史·刘辉传》记载：“刘辉大安末，为太子洗马，上书言：‘西边诸番为患，士卒远戍，中国之民疲于飞挽，非长久之策。’”辽道宗末年，刘辉在向道宗的上书中将西部的少数民族称为“诸番”，将辽朝民众称为“中国之民”。可见，辽人已经以中国自居，并且将其统治范围内的其他少数民族视为夷狄。

总之，辽代的夷夏观经历了一个演变的过程：从初期的自认为是夷狄，到中期不再承认自己是夷狄，开始谋求与中原王朝对等的地位，再到辽代后期自视为夏，并将其他少数民族视为夷狄。这一演变的过程与中原文化的渗透与被吸收密切相关。

金代是由女真族建立起来的政权，金太祖完颜阿骨打于1115年建国。金代虽是凭借武力立国，但历代统治者都比较注重文治，注重学习中原文化，尤其是儒家思想。金代统治者提倡儒家学说，如金熙宗就自己带头接受儒家文化的熏染，于1142年(金皇统二年二月)亲祭孔子庙。章宗“性好儒术，即位数年后兴建太学，儒风盛行”，“世宗章宗之世，儒风丕变，庠序日盛，士繇科第位至宰辅者接踵”。在金代统治者的推崇下，儒学得到了广泛的推广。除积极学习中原文化之外，金朝还学习了汉人的选官制度，实行科举取士，并于1151年(金天德三年)设置了中央官学国子监，以贵胄子弟为教学对象。

金代统治者对中原文化的重视及其政治决策与金王朝当时的夷夏观有着紧密联系。在夷夏观方面，金代学者赵秉文(1158—1232年)的夷夏之辨尤其值得重视。赵秉文是北方汉族儒士，他的夷夏观不同于宋人过度强调地理位置、民族的夷夏之防，他主张以“礼”的标准来区分华夏与夷狄：“仲尼编《诗》，列《王・黍离》于《国风》，为其王室卑弱，下自同于列国也。《春秋》，诸侯用夷礼则夷之，夷而进于中国则中国之。”在赵秉文看来，夷和夏的标准不是以地理、民族来衡量的，而是要看是否遵循礼法。另外，夷和夏不是一成不变的，原本被称为夷狄的少数民族如果遵循中原的礼法，同样也可以被称为华夏正统。赵秉文为蜀汉“正名”，论及三国时期的问题，实际目的是为金王朝“正名”。以赵秉文为代表的北方汉族儒士，将传统的中原王朝的夷夏观加以权变，使其满足了金代统治者对自身统治正统性的需要。

金人也以“中国”自称。《金史・李石传》记载：“石与丞相纥石烈良弼皆曰：‘不可。古筑长城备北，徒耗民力，无益于事。北俗无定居，出没不常，惟当以德柔之。若徒深堑，必当置戍，而塞北多风沙，曾未期年，堑已平矣，不可疲中国有用之力，为此无益。’议遂寝。是皆足称云。”这段史料中两位金朝的大臣在商讨如何抵御北方民族入侵，金朝大臣认为不需要筑造长城以疲敝“中国”有用之力。这里的“中国”指的就是金朝。

金王朝时期，民族融合进一步加强。昔日的强调地理、民族的夷夏观逐渐淡薄，以礼法文明为标准的夷夏观对金代统治者的决策产生了重要影响。在这种夷夏观的影响下，统治者大力推崇中原文化，学习中原礼法制度，其民族一体观念逐渐形成。金熙宗曾言：“四海之内，皆朕臣子，若分别待之，岂能致一。”海陵王也说：“朕每读《鲁论》，至于‘夷狄虽有君，不如诸夏之亡也’，朕窃恶之。岂非渠以南北之区分、同类之比周，而贵彼贱我也。”1213年(金宣宗贞祐元年)10月，“诏应迁加官赏，诸色人与本朝人一体”。随着民族融合的深入，中国北方民族一体格局基本形成。

蒙古族是当时我国西北一带的游牧民族，1271年忽必烈建立元朝。对于这样一个由少数民族建立的政权，一些传统汉族儒家知识分子对其有着较为浓重的夷夏之防，如当时的大儒赵复就是典型代表。赵复，字仁甫，世称江汉先生，元德安(今湖北安陆)人。他在被元军俘虏后，曾欲投水自尽。《宋元学案》记载：“时复在俘中，被姚枢发现，与之言，奇之。但复不欲生，月夜赴水自沉。”赵复最初抵制为异族政权服务，在姚枢的劝说下，才选择了北上燕京。姚枢的劝辞是：“果天不君与？众已同祸，爰其全之，则上承千百年之统，而下垂千百世之洪绪者，将不在是身耶？徒死无义，可除君而北，无他也。”姚枢劝说的核心是希望赵复可以传承道统，为了保持儒家道统的延续，赵复才选择了北上传道。此时元代的夷夏观中依然是较为浓重的夷夏之防。

到了稍后的郝经那里，夷夏观发生了较大的变化。郝经(1223—1275年)，字伯常，祖籍泽州陵川(今山西陵川)。他对于夷夏的看法，有几段著名的论述：

虽然，天无必与，惟善是与；民无必从，惟德之从。中国而既亡矣，岂必中国之人而后善治哉？圣人有云："夷而进于中国，则中国之。"苟有善者，与之可也，从之可也，何有于中国于夷？故苻秦三十年而天下称治，元魏数世而四海几平，晋能取吴而不能遂守，隋能混一而不能再世。以是知天之所与，不在于地而在于人，不在于人而在于道，不在于道而在于必行力为之而已矣。

今主上在潜开邸，以待天下士，征车络绎，贲光丘园，访以治道，期于汤武。岁乙卯，下令来征，乃慨然启行。以为兵乱四十余年，而孰能用士乎？今日能用士而能行中国之道，则中国之主也。士于此时而不自用，则吾民将膏鈇钺、粪土野，其无孑遗矣！

郝经认为能够统一天下的政权不在于地区是中原还是边疆，也不在于民族是汉族还是少数民族，而在于政权统治者能否行道："天无必与，惟善是与"，"天之所与，不在于地而在于人，不在于人而在于道，不在于道而在于必行力为之而已矣"。只要能够行中国之道而用中国之士，就是中国之主。

郝经主张"用夏变夷"。他说：

宋真尚书德秀云："金国有天下，典章法度，文物声名，在元魏右。"经尝以为是不刊之论。盖金有天下，席辽、宋之盛，用夏变夷，拥八州而征南海。威既外振，政亦内修，立国安疆，徒都定鼎。至大定间，南北盟誓既定，好聘往来，甲兵不试，四鄙不警，天下晏然，大礼盛典，于是具举。泰和中，律书始成，凡在官者，一以新法从事，国无弊政，亦无冤民。粲粲一代之典，与唐、汉比隆，讵元魏、高齐之得厕其列也。

郝经认为金朝能够学习中原文化，采用儒家的典章法度，所以"粲粲一代之典，与唐、汉比隆，讵元魏、高齐之得厕其列也"。所以应该"用夏变夷"，即学习华夏的优秀文化，如政治建设、典章制度、儒家伦理等，以此来改变少数民族某些落后制度、习俗等。"用夏变夷"离不开"用士"。华夏文明的核心是儒家文化，而儒家士大夫是儒家文化的重要载体，要吸收儒家文化，离不开儒家士大夫的加入。于是郝经向广大汉族儒士发出了"士于此时而不自用，则吾民将膏铁钺、粪土野，其无孑遗矣"的劝勉。

元代的夷夏观，最初是汉儒浓厚的夷夏之防，后来演变为"用士而能行中国之道，则中国之主也"，"用夏变夷"的新型夷夏观，汉儒纷纷仕于元廷。新型夷夏观为蒙古政权如何取得正统性提供了理论依据，同时也为汉族士大夫效力于元朝铺平了道路。

作为由少数民族建立的政权，辽、金、元三朝在传统夷夏观中被视为夷狄。随着文化交流与民族融合，三朝统治阶级开始学习吸收中原文化，将传统夷夏观加以改造和利用，发展出各自的新型夷夏观，为政权的正统性作出辩护。纵观辽、金、元三朝夷夏观的演变，"夷"与"夏"的区分不再以地理位置、民族为标准，而是以是否遵循中原礼法文明为标准，原先被称作夷狄的少数民族如果能"行中国之道"，即遵循中原的礼法，亦可为华夏正统。"华夏"这个概念，在辽、金、元时期便有了新的内涵。

（袁婷）

# 61. 元代覆亡与士大夫的政治选择

1206 年，铁木真统一了蒙古各部落，接受“成吉思汗”的称号，创立蒙古汗国。1271 年(至元八年)，其孙忽必烈取“大哉乾元”之意，改国号为“大元”，并在 1279 年(至元十六年)灭南宋，建立了南北统一的王朝。虽然从 1271 年至 1368 年元大都被攻破，承袭蒙古汗国而来的大元王朝仅持续了 98 年，但国祚不足百年的元朝已经历了十一位皇帝。元代末期，各种社会问题纷纷显露，许多因素纠缠在一起导致了元代灭亡。

元朝统治中国将近一个世纪，入主中原并没有改变他们血液中征服的欲望，元朝统治者频繁发动对外战争。忽必烈统一全中国后，曾远征高丽、日本、安南、缅甸、爪哇等国，军费耗费无数。到元代后期，镇压国内起义所需的军费开支、元统治者对诸王贵戚的赏赐、佛事的靡费，通通转化为百姓身上沉重的赋税负担。

蒙古统治者历来有封赏战利品的传统。元世祖忽必烈继位后，开始给诸王、后妃、其他皇亲、大臣、寺院僧侣以丰厚的金银布帛赏赐。元朝政府赏赐的物品多种多样，除了金银纸币以外，房屋田宅、布帛畜生、粮食民户等都可纳入其中。忽必烈后的几任皇帝把这一封赏行为常规化，开始演变为滥赐。过度的赏赐主要表现在两方面：一方面是赏赐的物品成倍增加：“赐金一者加四为五，银一者加二为三”；另一方面，赏赐的名目也更加多样化。除了每年按定制办法给臣下的岁赐，还有新君继位后颁发的朝会赐赉以及花样百出的临时赏赐。岁赐、赐赉和给寺院僧侣的赏赐，是耗费银钱最多的几个主要形式。滥赐成为定制后，便有官员把贪污的银钱归到赏赐名目和巧立名目向朝廷讨赏的行为。

元顺帝时，官员明目张胆地讨要赏赐的现象更为突出，其中甚至包括掌管钱财的官员：“自其间里使见识，互相奏请要的多有。”元朝中后期，统治者意识到过度赏赐的危害，试图通过减少赏赐支出、收回已赐土地的征税权力、规范赏赐程序等政策来限制过度赏赐。元顺帝曾经在 1334 年(元统二年)强行从一批公主、皇子等皇亲手中收回土地，得罪了一批皇室成员。据《至正条格》记载，1334 年中书省奏曰：“今后除果有功勋著明实绩必合赏赐者从中书省闻奏。其余掌管钱粮官员，隔越中书省互相所要的，并行禁止，违者以违制论。”1341 年(至正元年)下诏规定：“今后有功必合赏赉者，明具公文，中书省斟酌奏闻。”然而，滥赏这一恶习已经成为定例，从赏赐中获利的皇亲贵族成了一个利益共同体。皇帝一人想要改变这种状况，必定遭到获益者们的反对。元朝后期，皇帝定时颁下的巨额赏赐不仅没有发挥其团结臣下、彰显君威的作用，反而由于厚赏之下的分配不均，激化了贵族间的矛盾。为了不激起众怒，元朝统治者只能维持这种滥赐厚赐的状态，给财政带来了极大的负担。

元朝实行四等人制度，蒙古人、色目人除在经济、政治领域占有优势外，在其他领域也均占有优势。在这种等级制度下，官僚、贵族、寺院、地主分享了大量的土地，大量农民沦为佃农，生活苦不堪言。起初，蒙古贵族对汉族采取简单而又粗暴的统治方法，甚至试图把中原大地改成草场。后由于耶律楚材任用汉法统治汉地，在赋税收入方面给蒙古统治者带来了巨大的惊喜，蒙古统治者把征服的汉地看作他们的钱袋粮仓，一旦打仗缺钱就强行征税。这种涸泽而渔的做法无疑破坏了税收的长久性。由于元朝廷财政一直处于入不敷出的状态，增税缓解财政压力的做法从元朝开国一直延续到元末。

元朝是第一个在全国范围内使用纸币的王朝。1253 年，忽必烈开始在封地发行纸币“交钞”。他即位后开始大力推行交钞，逐步统一规范纸币的使用。在 1263 年(中统四年)，中统钞成为北方流通的货币。这一较为完备的“中统钞”体系迅速稳定了元朝初期的经济状况。1279 年灭南宋后，以面值 50 锭银子的交子兑 1 锭中统钞的方法，命令南宋遗民把江南货币交子、会子兑换成中统钞。1283 年(至元二十年)，中统钞的使用范围已经遍及全国。然而，在统一全国后，中统钞的问题逐渐显露。忽必烈时期，阿合马为保证皇帝用钱需求，大量发行纸币。同时，还把各地平淮库的金银集中到大都，导致各地物价飞涨，纸币无法正常兑现。中统钞的信用下降，开始出现假钞、虚钞的现象。元政府只能改换纸币。1287 年(至元二十四年)发行至元宝钞，是中统钞价值的五倍。1309 年(至大二年)发行至大钞，又在至元钞价值的基础上翻五倍。至 1350 年(至正十年)，元顺帝抛弃此前的至元钞，重新发行至正交钞。然而此时的朝廷已经多年出现入不敷出的情况，没有金银储备保持纸钞的公信力。元顺帝试图通过发行新钞来恢复正常的经济秩序也就无从谈起。而且由于此时面临黄河决堤等频发的自然灾害，元朝廷的花费变得更大。此时顺帝朝廷在没有储备金银、无法正常和纸币兑换的情况下，还是采取了加印纸钞的做法来缓解朝廷财政困难。这种以需求为导向发行纸钞的行为只能进一步加剧通货膨胀，使百姓生活更加困苦不堪。此时的米价已是 1260 年(中统元年)的七万倍。由于元代一直使用纸币，且禁止使用铜钱，面对元朝末年如此严重的通胀，民间出现自发的以物易物的交易状况。当时流传的民谣反映了这一社会现象：“堂堂大元，奸佞专权。开河变钞祸根源，惹红巾万千。官法滥，刑法重，黎民怨。人吃人，钞买钞，何曾见？贼做官，官做贼，混贤愚。哀哉可怜！”

频繁变钞使得百姓生活更加困难，在天灾的刺激、宗教团体的挑拨下，各地百姓对元朝的不满纷纷爆发。元朝廷对宗教采取兼容并蓄的政策，许多宗教教派在元代得以共存，并得到了较为长足的发展。除了信奉蒙古传统的萨满教以外，政府也允许道教、佛教、伊斯兰教的存在。僧侣、道士等教徒不仅可以免除赋税，还时常受到皇帝的赏赐。白莲教是佛教净土宗发展而来的教团。由于宽松的宗教政策，白莲教一度在元朝取得与佛教其他教派相同的合法地位。后由于其势力过大，且经常被反对元朝的农民起义所利用，元廷对白莲教屡禁屡放，进一步加深了白莲教信众对朝廷的不满。因此，早期起义队伍多打着佛教的旗号，在元代末年更是演变为反对元朝统治的主要力量。在大规模的红巾军起义前，1325 年(泰定二年)，河南息州赵丑厮、郭菩萨的起义时就提出了“弥勒佛当有天下”的口号。1337 年(至元三年)，广东朱光卿、聂秀卿的起义口号称“定光佛出世”。在同一年，河南棒胡的起义标志是起义者们“举弥勒小旗”。1338 年(至元四年)，彭莹玉在袁州起义，起义者“背心皆书佛字”，在起义失败后更加努力传播白莲教。到 1341 年(至正元年)，小规模起义、暴动已遍布全国。

右丞相伯颜是元顺帝前期的实际掌权者。他十分抵制汉人，把 1335—1341 年顺帝至元年间到至正初年各地起义频发的原因都归咎于汉人、南人。在他掌权阶段，他曾下令禁止汉人、南人私造私藏兵器和喂养马匹；取消科举，禁止汉人学蒙古语；规定汉人、南人遭到蒙古人、色目人的殴打不许还手；甚至一度想杀光张、王、刘、李、赵五姓的汉人。他认为禁绝汉人间的紧密联系是解决频繁爆发起义的最有效方法。然而，伯颜的做法实际上激化了蒙古人、色目人与汉人、南人之间的矛盾。由于伯颜在当时势力过大，其侄子脱脱在元顺帝的支持下联合其他大臣发动政变罢黜了伯颜。脱脱取代伯颜担任中书右丞相后，开始对伯颜的旧政策进行大刀阔斧的改革，史称“脱脱更化”。脱脱上台后整顿吏治，采取恢复科举、开放马禁、征召有才名的隐士等各种措施缓和蒙汉矛盾。

然而，正当元朝内外朝政稍有起色，却开始面临接踵而来的天灾。1345年(至正五年)、1346年(至正六年)、1348年(至正八年)黄河三次决口，最终改道。朝廷派工部尚书贾鲁以总督河防，征发15万人治理黄河，试图引导黄河回归旧河道，并派2万士兵在沿途镇守。黄河泛滥，给黄河流域周边已经困苦不堪的百姓身上又加了一层沉重的枷锁。沿河百姓不只遭遇了水灾，后又遭受旱灾、瘟疫、饥荒等灾难，百姓流离失所，大量死亡。自然灾害造就了大量的流民，激化了社会矛盾，这是元末农民起义大爆发的契机。然而，由于此前元代朝廷由来已久的贪污腐败、剥削汉人的恶习，修治黄河民工们的“食钱”被克扣，导致群情激奋。1351年(至正十一年)，白莲教徒韩山童、刘福通借在黄河道中挖出一个独目石人，广泛传播谶语“石人一只眼，挑动黄河天下反”，挑动对元朝积怨已久的百姓们的不满之心，发动起义。由于起义者均头裹红巾，史称“红巾军起义”。

韩山童自称是宋朝皇室后代，以“重开大宋之天”为口号，以恢复宋朝统治来号召黄河流域百姓进行反元斗争。韩山童、刘福通起义后，备受压迫的百姓纷纷揭竿而起，响应起义：徐寿辉起于湖北罗田，芝麻李起于江苏徐州，张士诚起于江苏泰州，郭子兴起于安徽濠州，明玉珍起于湖北随州。脱脱在1352年(至正十二年)亲自带兵平叛，击败李二。在1354年(至正十四年)率兵南至高邮，围剿已经称王的张士诚。然而，却在同一年，元顺帝偏信谗言，认为脱脱为一己私利领兵久无功绩，因此罢免了脱脱的官职，贬至宁夏。此时红巾军再次发展起来，元朝政府在北方被红巾军牵制以至于无暇顾及南方，到1356年(至正十六年)，黄河以南几乎变成了起义者的天下。此时，刘福通以“弥勒佛下生，明王出世”为口号，拥立韩山童之子韩林儿为帝，徐寿辉于武昌称帝，张士诚于苏州称王，明玉珍准备于川滇称帝。战火四起，元朝的统治范围被局限在北方。

此时试图力挽狂澜的是兵部尚书察罕帖木儿。察罕帖木儿与李思齐、答失八都鲁、张良弼等人因组织义兵武装以反抗红巾军而逐渐崛起，察罕帖木儿因平叛有功升至中书兵部尚书。察罕帖木儿率军平定红巾军，先后收复了陕西、山西、河南、河北等地，歼灭了李喜喜、刘福通等北方的主要红巾军兵力，北部山河重回元朝统治。然而，1362年(至正二十二年)力挽狂澜的察罕帖木儿却在平叛途中被降将田丰和王士诚杀害。此后，元朝朝廷陷入大臣武将间的争权阶段，内乱之下无暇顾及其他起义军。曾向元廷投递降书的朱元璋趁机统一南方。1363年朱元璋与陈友谅大战于鄱阳湖，朱元璋胜利并取得江西全部。1364年取得湖北。1365年平定湖南、广东。1367年又打败张士诚、方国珍。基本统一南方后，北上伐元更是势如破竹。1368年朱元璋攻入元大都称帝，同年元顺帝逃奔上都，中国历史上幅员最为辽阔的元王朝就此宣告灭亡。元顺帝在草原上建立北元王朝，试图南征收复失地，恢复元朝在中原的统治。此时，元顺帝手下残兵已无力抵抗明军的屡次讨伐。1388年，明朝将领蓝玉率兵伐元，北元也至此灭亡。

处于元朝末年的士大夫有着不同的政治选择：或是在元朝晚期就已对朝廷失望，隐遁而去；或是在元末亡时在朝为官，试图匡扶山陵于未崩；同样，也有不少文人投向起义队伍，反抗元朝统治。

元朝的士人是历史上较为特殊的一个群体。唐代读书人可以通过科举入仕改变自己的社会地位，实现从平民到官员的身份转变。宋代，士不再是具有政治地位的特权，而是作为“士农工商”四民之首的文人百姓群体的代名词。比起其他朝代定时开科取士，元代虽然并未完全禁绝科举取士之路，但开科举的次数少之又少，且对汉人、南人多有限制，因此元代读书人想通过科举入仕是十分艰难的。即使有汉人通过科举进入仕途，也会遭受朝廷蒙古贵族的排斥和刁难。元朝这种恶劣的政治氛围造就了一大批难以实现人生理想的文人群体。因此，元代文人素有隐逸以避世的传统，到元朝末年，隐居不仕的隐士群体进一步扩大，以隐避世成为元代文人保全自身的一种重要方式。

然而，远离世间的隐士们也有不同的生活方式。元代士大夫们隐居的方式与传统"采菊东篱下"般悠然的隐士形象并不完全相同，除了隐逸于山水之间，元代隐士还有多种多样的方式隐于市井，"隐于农、于工、于商、于医卜、于屠钓，至于博徒、卖浆、抱官吏、酒家保，无所不在"。选择在市井中避世的文人，需要选择一种职业以维持生计，逐渐混同在农、工、商的百姓群体中。隐逸于山林的元代文人也与传统隐士淡泊名利悠然自乐的形象不完全相同，他们通常聚集在一起，召开雅集文会。元末的文人雅集比前代更为频繁，参与规模也更大，玉山草堂的雅集在众多文会中享有盛名。参与玉山草堂雅集的文人隐士，在顾瑛雄厚的财力支持下恣意玩乐，纵情山水。

顾瑛(1310—1369年)，其祖父曾为宋朝官吏，其父为元朝隐士。顾瑛也曾几次拒绝元朝廷征辟，拒不为官。顾瑛雄厚的家资足以支持他建筑草堂，主持雅集结交四方文人。据记载，玉山佳处有24处亭馆，四时景致不同，因此雅集的不同活动会在这些特定的馆阁举行。顾瑛不仅在草堂建造上颇费心思，雅集可进行的活动亦多种多样。参加玉山草堂雅集的文人们在宜人的草堂中或观花赏月，或饮酒赋诗，或品评书画。这种轻松愉快的雅集氛围可以使人暂时忘却四起的战火及无处可酬的报国壮志，沉醉其中。而且，顾瑛自身家资雄厚，足以支持其广邀天下文士来参加这种奢靡的雅集。草堂内设计巧妙，安排独到，不管是达官贵人还是贫寒文人都可以各得其乐。当时著名的文人如杨维桢、郯九成、陈基、熊梦祥、王祎、王冕、柯九思等人都有参加，且有诗文传世。在乱世中有亭台楼阁皆备的"玉山佳处"，可以谈诗论道，饮酒作画，乱世中享受良辰美景，这在当时人看来无疑是桃花源一般的存在。参与玉山草堂雅集的文人们都试图通过饮酒作乐以暂时忘忧，在诗文画艺等领域找到短暂的精神寄托。除玉山雅集以外，还有高启主持的北郭诗社，吕辅之引领的应奎文会，饶介主持的醉樵歌文会，等等。科举无望又报国无门的文人们，只能把自己的一腔才华倾注于诗文中，在觥筹交错间试图求得乐以忘忧。这种不同于传统隐士形象的特别的隐逸方式，是元末文人面对乱世的无力感下催化出现的。

元末隐士有以顾瑛为代表的不愿入仕、回归山水以避世的隐士，也有因仕途不顺最后迫于无奈的归隐，如元统元年及第的进士张桢。张桢担任高邮县尹时断案公正严明，受到百姓拥戴。在1348年(至正八年)官拜监察御史时，亦敢于直言进谏，弹劾太尉阿乞剌有欺罔之罪。面对灾异频发、盗寇蜂拥而起的时代，张桢已认识到如果元廷不奋发图强，则唐末藩镇割据的局面极有可能再次出现，然而元顺帝并没有采纳张桢的谏言。1357年(至正十七年)，毛贵带领的红巾军攻占山东，张桢再次上疏，指出皇帝轻视大臣、喜好安逸、滥用刑罚等10种错误。张桢认为在此多事之秋，皇帝不应像太平时期一样追求安逸享乐，应该修身养德，战战兢兢以守祖宗家业。然而这次的上疏依旧没有得到皇帝的重视，反而因他不畏强权、敢于直言而被权臣所厌恶。1361年(至正二十一年)，元朝两名大将孛罗帖木儿和察罕帖木儿陷入内斗，也先不花、脱脱木儿及奴奴三名中央大员被派往劝和。然而，也先不花等三人临危受命，却滞留于京不肯出发，完全不顾毛贵带领的红巾军占据山东后直逼京城。张桢因此上疏弹劾三人。然而，他的意见却依然没有被顺帝采纳。心灰意冷之下，张桢只能感叹"天下事不可为矣"，而后辞官而去，结庐隐居在山谷之中。

除了频繁雅集的文士和仕途失意后的归隐，拒绝出仕、于山水间自得其乐的文人亦不在少数。如浙江桐庐徐舫，拒绝与刘基一起投奔朱元璋，自号"沧江散人"，游弋山水间过着与世隔绝的生活；芜城成廷珪也一直不曾出仕，在家中奉养母亲，在庭院中遍植竹子以寻山林意趣。虽有许多文人无法出仕，选择远离政治隐居，但还有许多在元朝为官的文人依然深受传统忠君思想的影响，一直忠于元朝。

吴当(1298—1362 年)是元代名儒吴澄的孙子，曾在 1279 年(至元十六年)率军队进攻抚州，镇压江南义军，收复失地。后被诬陷与敌寇相通，解除兵权。然而，吴当依旧选择忠于元朝。面对陈友谅延请他出仕为官，吴当还卧床绝食，以死明志。

余阙(1303—1358 年)，色目人，是元朝 1333 年(元统元年)进士。1352 年(至正十二年)被任命带兵守安庆，抵抗红巾军。余阙善于治军，被赞有古代良吏的风范。然而，最终在 1358(至正十八年)败于陈友谅之手。余阙自刎沉塘而死，其妻女闻讯，亦投井而亡。元廷有感于余阙一门忠烈，为国死节，追封余阙为豳国公，谥忠宣。明代感其忠烈，也继续沿用这一谥号。

陈祖仁(1314—1368 年)，出生于 1314 年(延祐元年)，为 1342 年(至正二年)的状元，进士及第后在朝为官。曾在 1365 年(至正二十五年)上疏规劝元顺帝不能在朝廷多难的时候大兴工役修宫阙。后因上疏进谏太子，触怒皇帝，被外放为甘肃行省参知政事。调回中央任国子祭酒、枢密副使时，多次上疏言军政事务，但不为顺帝采纳。最终在明兵进攻大都时，因谨守礼仪，留守太庙，拒绝北逃。在大都城破后被乱军所害。

危素(1303—1372 年)也是一直忠于元朝的臣子。虽然最后元大都被攻破时，危素欲投井殉国，但为了修元朝国史而甘愿苟活，成为降臣重立明朝朝堂。危素早年曾拜于吴澄门下，并尊奉李存为师，打下了良好的学问基础。1341 年(至正元年)，已是中年的危素才步入仕途，负责编修辽、金、宋三朝国史。1364 年(至正二十四年)升至一品翰林学士。危素为官的 24 年间，他辗转在国子助教、翰林编修、太常博士、监察御史、工部侍郎、大司农丞、礼部尚书、参知政事等不同官职，勤恳为官，兢兢业业。作为一名汉人，在元朝末年还能进入决策机构参与政事，殊为不易。然而，危素对自己的仕途有着很大的期许，他认为自己可以匡扶元朝廷，辅助皇帝卧薪尝胆以图中兴。因此，他为官耿直，敢于临危受命，十分关心民间疾苦。但在 1360 年(至正二十年)，危素却被贬岭北。明兵攻破大都时，危素试图在所居的报恩寺投井殉国，却被寺庙僧人阻拦，对危素说："国史非公莫知。公死，是死国史也。"危素有感于元朝廷对他的知遇之恩，便放弃投井，于明军逼近史库时保全了《元实录》。后于明朝再入翰林院，在明朝修元史的工作中发挥了重要作用。然而，作为降臣的危素在明朝过得并不顺利，不仅屡受明太祖刁难，官职被一贬再贬，还被贬到和州为余阙守庙。在种种刁难之下，危素最终于 1372 年(洪武五年)郁郁而终。

朝代更迭时期总会涌现出许多忠烈之士，元明也不例外。朝堂之上有忠于元朝、为元死节的官员，田野之外也有许多文人在元亡后选择隐遁山林，以遗民自居。元灭亡以后出现了为数不少的忠于元朝的遗民，如陶宗仪、蔡子英、徐大年等人。他们把改仕两朝比作妇女失节再嫁，找出许多理由拒绝明朝征辟，不改民族气节。《明史·文苑传》记载了元朝遗民有 49 人，《元代八百遗民诗咏》收录的遗民诗人更是多达 800 余人。元朝遗民采取自己的方式来对抗明王朝的统治：有人选择隐居不仕，有人拒绝征召，有人不奉明朝正朔，写诗文咏怀故国。如《明史·戴良传》记载："元亡后，惟良与王逢不忘故主，每形于歌诗词。"这些为元朝死节的臣子和元亡后遗民诗文的出现，可见忠君思想在元朝末年仍影响了许多文人的人生选择。

然而，身处乱世仍忠于朝廷固然值得称道，隐遁避世和趁势而起也不为过错。元末，也有不少文人因在元朝不受重用、无法实现自己的政治抱负而投奔各个起义政权，为他们出谋划策。投奔陈友谅的有解观、解开、黄昭、蔡哲等；投奔朱元璋的文人有李善长、陶安、王祎、刘基、宋濂、章溢、胡深、叶琛等。刘基是"良禽择木而栖"这条道路上最成功的士人之一。刘基与余阙同为 1333 年(元统元年)进士，但他们两个却走上了完全不同的道路。余阙在元朝得到重用，刘基在元朝为官时却仅为县丞。虽有廉洁爱民的声誉，却数年不得升迁。面对方国珍降元后又造反，刘基直言需要严惩方氏兄弟。然而，却因省院臣子收受方国珍的贿赂，刘基的主张被忽略。在元为官屡受刁难，刘基最终于1359年(至正十九年)辞官而去。次年朱元璋入浙后两次延请刘基，一直积极用世的刘基开始了为朱元璋谋划天下的谋臣生活。随着朱元璋攻破大都，建立明朝，刘基也被封为诚意伯。刘基、宋濂、章溢、叶琛被并称为“浙东四先生”。除了刘基以外，其他三人也陆续投奔朱元璋，都在朱元璋夺取元朝天下的过程中发挥了重要的作用。

然而，宋濂、王祎等人与刘基不同，他们都不曾作为元朝官吏。王祎于1348年(至正八年)上书论时政被举荐于元朝，却因主张不被采纳而不曾立于元朝堂；宋濂于1349年(至正九年)以奉养父母为由拒绝了元朝的征召；陶安虽中乡试，却并未继续在元代争取仕途，一直避祸在家。宋濂拒绝元朝征召后作为道士于龙门山隐居著书十余年。1359年(至正十九年)，朱元璋攻下婺州后任命宋濂为郡学五经师，后一直跟随朱元璋辗转各处，最终成为明朝的开国功臣之一。元朝灭亡后，1368年(洪武元年)，宋濂和王祎被朱元璋任命为修元史的总裁官。宋濂后被誉为明朝“一代文宗”，对明代文风有重要的引导作用。

作为在中原建立了少数民族政权的元王朝，虽然立国不足百年，但也颇有值得称道之处。文人在元朝复杂的社会环境下生存，虽然科举艰难，但君臣之义、忠君爱国的思想仍然影响了许多人。然而，元代末年朝廷开河变钞的措施激化了社会矛盾，大规模的农民起义导致元朝迅速灭亡。元末乱世使本处于无所逃于天地之间的压抑气氛下的文人士大夫有了更多的选择：为国死节者有之，隐逸避世者有之，择良主以实现自身抱负者也有之。个人的命运与当时的时局紧密相关，元末乱世的局面或多或少地影响了元末文人的选择，造就了他们自身截然不同的人生。

（徐慧琳）

# 六·明清时期

# 1. 朱明王朝的高度集权

自秦始皇确定中央集权的政治体制以来，历代最高统治者们无不为强化中央集权的统治而费尽心机，极力维护自己的“家天下”。明朝建立以后，明太祖朱元璋在总结历代王朝兴衰的经验教训的基础上，采取了一系列高度集权的措施来加强君主专制制度，巩固政权，将集权统治发展到了一个新的高度。

1. 废丞相，分相权于六部，建立内阁。明朝初年，中央和地方的政治机构仍然承袭元制，中央设中书省，置左右丞相。中书省下设六部，六部各有尚书和侍郎。中书省的权力极大，可谓是“百司纲领，总率郡属”，掌管着全国的政务。丞相统率百官，大权独揽，权位处于皇帝一人之下、百官之上。明太祖对此极不满意，决心变革中央官制，着手削弱相权。1380年(洪武十三年)，朱元璋以“谋不轨”的罪名，将当时的左丞相胡惟庸处死，并乘机废除了中书省和丞相制度，分相权于吏、户、礼、兵、刑、工六部，提高六部的权力，使六部直接听命于皇帝，同时宣布不许再议置丞相，大臣如敢奏请者，处以重刑。皇帝从此集君权和相权于一身，加强了集权统治，同时也终结了自秦汉以来实行了一千多年的宰相制度，皇权的集中达到了新的阶段。

丞相废除之后，皇帝事无不统，过于繁忙。因此，朱元璋在1382年设置殿(华盖殿、武英殿等)、阁(文渊阁、东阁等)大学士，这些大学士作为机要秘书，协助皇帝审阅奏章，充当顾问的角色，但并不干预政事，仅承旨办事而已。明成祖朱棣即位后，正式设立了内阁，内阁大学士则可以干预机务，权力日增。大学士一般为皇帝亲信，他们出入宫禁，草拟诏令，地位显要。至明中期以后，内阁权力日益增大，内阁首辅的职权已相当于宰相。

2. 撤销行中书省，设立三司。明朝的地方统治机构起初沿袭元制，设行中书省，置平章政事和左右丞，行中书省总管一省的军政司法大权。明太祖担心地方政权权力过大，容易形成尾大不掉的局面，为了加强对地方的控制，于1376年改行中书省为承宣布政使司。承宣布政使司就是向地方承宣皇帝诏命，布行中央之政。承宣布政使司设布政使，掌管民政和财政；设提刑按察使司掌管刑法和监察，长官为按察使；设都指挥使司掌管军事，长官为都指挥使。三个衙门合称为“三司”，三司三权分立，互不统属，各自隶属于中央有关部门。明朝在全国分设南京、北京两个直隶区，以及山东、山西、河南、陕西、四川、湖广、江西、浙江、福建、广东、广西、云南、贵州共十三个布政使司，布政使司也可称为省或行省。明朝地方在布政使司以下，设府(直隶州)和县(州)两级行政机构，长官称知府、知县。在少数民族和边远地区，则由都指挥使司、宣抚司、招讨司、蛮夷长官司等统管该地区。

3. 建立五军都督府和卫所制度。洪武初年，中央设大都督府，总揽全国兵权，由大都督节制中外诸军。1380年，改大都督府为中、左、右、前、后五军都督府，分领在京各卫所和在外各都司，与兵部共管军权。

明太祖使五军都督府和兵部相互制约，目的是为了控制军队，防范将帅专权。五军都督府掌管兵籍和军政，平时没有统兵权。兵部则有发布军令、训练军队和任免军官的权力，但并不能指挥军队作战。一旦遇有战事，则由兵部奉旨调兵，由皇帝临时任命将领典兵，率领军队作战。战事结束后，典兵官归还将印，士兵回归卫所，军队的权力始终牢牢地掌握在皇帝一人手中。

明初建立的卫所制度，是指在军事要冲地方设卫，次要的地方设所，以卫所为军事基层组织。大体上5600人为一卫，称为卫指挥使司，卫的长官是指挥使。一卫辖有5个千户所，各1120人，设千户1人。千户所辖有10个百户所，每百户所112人，设百户1人。明初全国共有329个卫，共有士兵180万人。驻守在京师南京有48个卫，士兵有26万人，直接由皇帝指挥。士兵皆为世袭，有单独的兵籍，称为“军户”，隶属于五军都督府和指挥使司。全国各地的卫所实行屯田，保证军饷的供应，平时屯田自养，战时出征打仗。

4. 制定《大明律》和《大诰》。早在朱元璋自称吴王时起，便命人议定律令。1373年，朱元璋命刑部尚书刘惟谦详定《大明律》，于次年成书。此后《大明律》几经修订，于1397年正式颁行。《大明律》是一部重要的法典，全书共计30卷，460条。《名例》在卷首，其余按中央六部体制分吏律、户律、礼律、兵律、刑律、工律。《大明律》的刑名有笞、杖、徒、流、死五种，五刑之外又有凌迟、刺字、充军等刑。《大明律》突出地表现出维护君权的特点，维护了封建社会秩序和封建统治制度。它把谋反、谋大逆、谋叛、恶逆、不道、大不敬、不孝、不睦、不义、内乱定为十恶，凡是违反其中一条者都要治以重罪，目的就是要维护封建的纲常名教，防止冒犯皇权的行为出现。同时，《大明律》中还专门设立了“奸党”一条，用来防止朝臣结党弄权。另外，在保护赋税和稳定户口以及维护封建等级秩序方面，都作了详细的规定，在法律上保证封建集权统治。

1385年，朱元璋又颁布了由他亲自撰定的《大诰》，次年又继续颁布了《大诰续编》和《大诰三编》，其中汇集了大量惩治贪官、打击豪强、转嫁赋役、侵吞粮税、流亡隐匿等案例，成为统治人民的法律依据。《大诰》中记载了许多在《大明律》中没有提及的种种酷刑，如族诛、枭首、挑筋、断手、砍脚等，目的在于通过严刑酷法来威慑和警戒臣民，不要轻易触犯法律，从而进一步为明王朝更深入地推行专制集权提供了保障。

5. 设立厂卫特务机构。明朝对官民的控制极为严格，主要依靠的是明朝的宦官系统，也即十二监、四司、八局，总称“二十四衙门”，各设掌印太监。其中，司礼监的地位要稍高一些。“厂卫”即指锦衣卫、东厂、西厂、内行厂，是明朝实施特务政治的工具。锦衣卫是明朝禁军十二卫中最亲近的一卫，下设镇抚司，有专门的法庭和监狱，不隶属于国家任何机构，是侍卫皇帝、侦察百官的特务机构。“厂”的设置迟于“卫”，东厂设于1420年，其任务就是“缉防谋逆、妖言、大奸恶”，接受司礼监的领导，东厂网罗的大小特务遍布京师及地方，组成严密的特务网，有权直达皇帝，甚至锦衣卫也在其侦察范围内。1477年，宪宗时期又设西厂，其权力和人数超过东厂。武宗时期又设内行厂以监视东厂、西厂和侦缉官民。不受约束的特务们祸乱朝政，横行乡里，造成的冤狱和无辜滥杀事件数不胜数，在朝中和民间制造出令人恐惧的政治氛围。厂卫的出现，是封建王朝高度集权的产物，加强了君主统治。

6. 抑制豪强，诛杀功臣，整治吏治。明太祖朱元璋称帝后，为安定社会秩序，以利于中央的统治，采取了抑制豪强的政策。他针对地主豪强大多聚族而居的特点，下令把他们大量地迁徙出本乡，使这些豪强失去社会基础和政治实力，巩固了地方政权，维护了地方稳定。

另外，朱元璋为了扫除君主专制的障碍，大肆诛杀功臣。在1380年他首先以谋不轨的罪名除掉了左丞相胡惟庸，又在1393年以谋叛罪杀掉大将蓝玉，并先后株连杀死了4.5万余人，使得大量的开国元勋、宿将不得善终。这一举措消除了诸多可能危及朱明王朝的隐患，为其日后的长久统治打下了基础。

同时，明太祖也十分重视吏治的整顿。他采用礼聘、荐举、征召等方法慎重选官，对循吏和清官予以奖励，严禁各级官吏玩忽职守，贪赃枉法。高级别的官员要接受御史的监督，中下级官员要定期考核。对品德卑劣的官吏削职为民，对贪官污吏则处以重刑。明太祖规定，凡地方官吏贪赃者，许民赴京陈诉，赃款至60两以上者，枭首示众，并剥皮实草。1385年(洪武十八年)，明太祖发现户部侍郎郭桓勾结江浙地方州县官吏，侵吞粮税，明太祖追查到底，逮杀数百人，下狱致死者达到几万人。追查出粮食数百万石，间接地导致许多豪强和大中地主破产。严格整治官吏，使得明朝从中央到地方的行政机构都能符合明朝中央集权的意愿，间接地巩固了朱明王朝的封建集权统治。

7. 兴学校和科举。明朝的学校制度和科举制度比唐宋更加完备。明代的学校分为三类：中央国子学(国子监)，地方府、州、县学和民间的社学。国子学的学生称为监生，大多为官僚子弟，也有少部分的地主和少数民族的土司子弟。各级学校都要学习宋儒所注的四书五经以及《大明律》《大诰》。国子监的监生结业后可以直接做官，也可以通过科举做官。

1371年(洪武四年)，明朝开始设科取士，连举三年。1382年后，定期会试，每三年一科。县试、府试、院试是州、县级别的考试，考中者可以取得进入地方官学读书的资格，称为“生员”，俗称“秀才”；乡试是省级考试，每三年一次，考中者称“举人”，头名称“解元”；会试和殿试是中央一级的考试，每三年在京师举行一次，中试者为“贡士”，头名称“会元”。贡士由皇帝在殿廷上进行面试，叫做“殿试”，也称“廷试”。殿试定名次分为一、二、三甲，一甲三人，赐“进士及第”，第一名称“状元”，第二名称“榜眼”，第三名称“探花”；二、三甲若干名，各赐予“进士出身”和“同进士出身”。考试的方法以四书五经的文句命题，解释要以朱熹的注为依据，文章的格式定为八股文。一篇八股文章由破题、承题、起讲、入手、起股、中股、后股、束股八个部分组成。考生只能按照题目字义揣摩成章，不允许自由发挥见解。八股文形式呆板，内容空洞，形式单一。明王朝通过科举取士，将知识分子的思想束缚在孔孟之道和程朱理学之中，使得士人们只埋头于圣贤书中，对政治时务一概不关心，使科举考试成为统治者笼络人心、培养封建统治维护者的工具，进一步在思想上控制士人，更深入地强化了思想文化的专制。

在加强思想控制上，明朝不仅采取严格的科举取士制度，而且还通过制造文字狱来严格控制臣民的思想。

(瞿兆晗)

## 2.《大明律》与明《大诰》

1368年，朱元璋称帝，建立了明朝，是为明太祖。朱元璋十分注重总结历史经验和教训，特别是元末政治腐败，法纪荡然，招致农民大起义的教训，使他清醒地认识到要整饬封建统治秩序，巩固专制主义国家，必须要重视立法工作。于是，他总结历代封建王朝的统治经验，把“明礼以导民，定律以绳顽”作为制定明律的指导思想。鉴于元末“条格繁冗”“其害不胜”的历史教训，朱元璋提出了“法贵简当”“当适时宜”“当计远”等一系列立法原则，并根据明初的历史条件和统治经验，吸取唐律及宋元各朝律中有利于加强封建专制的内容，于1368—1398年，率领群臣立法定制。在这一历史背景下，《大明律》应运而生了。

《大明律》是朱元璋在维护君主专制的中央集权思想的指导思想下，吸取唐律及宋元法律的有关内容，特别是明初二十多年的统治经验，修撰而成的一部综合性法典。明朝初年开始编修，于1397年(洪武三十年)完成并颁行天下。《大明律》一改传统刑律体例，更为名例、吏、户、礼、兵、刑、工七篇格局，是封建法制体制的继承与发展。其制定经过了四个阶段：1367年(朱元璋吴王元年)草创，1373年(洪武六年)详定，1389年(洪武二十二年)更定，1397年(洪武三十年)完成，历时30年。1367年，明建国前一年，朱元璋命左丞相李善长、御史中丞刘基等根据唐律议定律令。12月，编成《律令》430条，其中律285条，令145条。同时又颁布《律令直解》，以训释《律令》文意。1373年(洪武六年)，朱元璋命刑部尚书刘惟谦等以《律令》为基础，详定《大明律》，次年2月修成，颁行天下。其篇目仿《唐律》分为《卫禁》《斗讼》《诈伪》《杂律》《捕亡》《断狱》《名例》等12篇，30卷，606条。1389年(洪武二十二年)，根据明初二十多年法律实施的经验和实际需要，明太祖又命翰林院同刑部官再一次更定《大明律》，以《名例律》冠于篇首，按六部职掌分为吏、户、礼、兵、刑、工律，共30卷，460条。传统的法律体例结构至此面目为之大变。到1397年(洪武三十年)，将1389年律中畸重者78条加以改定，同时将《钦定律诰》147条附于律文460条之后，正式颁布天下，命子孙守之，永世不得更改。至此，《大明律》的编纂工作全部完成。整个明代，朱元璋所定的《大明律》，除附在后面的《律诰》在明中叶被废不用外，其正式律文一直被视为“历代相承”的成法，即使偶有变通，也只是把一些补充条例附于其后，律之正文从未更改。

《大明律》共7篇，30卷，460条。《名例律》1卷，47条，是全律的纲领。名例是刑名和法例的简称，它规定了对不同等级、不同犯罪行为论罪判刑的基本原则，其中包括“五刑”“六律”“十恶”“八议”等。《吏律》包括《职制》《公式》2卷，33条，主要规定文武官吏应该遵循的职司法规及公务职责。《户律》分为《户役》《田宅》《婚姻》《仓库》《课程》《钱债》《市廛》7卷，共95条，是人口、户籍、宗族、田土、赋税、徭役、婚姻、钞法、库藏、盐法、茶法、矾法、商税、外贸、借贷、市场等有关社会经济、人身关系及婚姻民事内容的立法。《礼律》分《祭祀》《仪制》2卷，26条，是对祭祀天地、宗庙、社稷、山川及君臣、父子、夫妇之间各种礼仪的法律规定。《兵律》分《宫卫》《军政》《关津》《厩牧》《邮驿》5卷，75条，是有关军戎兵事的立法。《刑律》分为《贼盗》《人命》《斗殴》《骂詈》《诉讼》《受赃》《诈伪》《犯奸》《杂犯》《捕亡》《断狱》11卷，171条，规定了对刑事犯罪的论罪定刑及诉讼、追捕、审判的原则，是全律的重点。《工律》分《营造》《河防》2卷，13条，是关于工程营建、官局造作以及河防、道路、桥梁方面的立法，《工律》设置专篇为明代所独有。此外，又在此律首附有《丧服图》《五刑图》等图表。

《大明律》作为中国古代社会后期的一部重要法典，虽以《唐律》为蓝本，但无论在形式和内容上都表现出优于前法的特点，具有鲜明的时代特色。在形式上，结构更为合理，文字更为简明。如条目简于唐律，精神严于宋律；在编纂体例上改12篇为7篇，《大明律》以《名例律》为首篇，依次设《吏律》《户律》《礼律》《兵律》《刑律》《工律》，既继承唐律设《名例律》为首，以达开宗明义之目的，又承《元典章》以六部分作六律总目的编排方式，与《唐律》面目已不尽相同。这种新体例的建立，是中国古代法律篇目沿革上的一大变化，完成了封建刑律体系的一次重要变革。在内容上，刑罚苛重，贯彻了"刑用重典"的指导思想。在定罪判刑上，体现了世轻世重、"轻其轻罪，重其重罪"的原则，"事关典礼及风俗教化等事，定罪较轻；贼盗及有关帑项钱粮等事，定罪较重"。另外，在经济、军事、行政、诉讼方面的立法更为充实，民商、经济立法方面所包含的内容更加广泛，体现了国家对社会经济的广泛干预。行政立法和军事立法更加严厉，诉讼制度更加完善和发达，严厉打击诬告，禁止越诉并明确地域管辖，会审制度得到了长足的发展。

《大明律》是明朝的正式法典，由朱元璋亲自主持制定，经历了30年的时间才最终完成。为了保持法律的稳定性和连续性，朱元璋在《大明律》颁行后，特下令："令子孙守之，群臣有稍议更改，即坐以变乱祖制之罪。"因此，《大明律》自颁行之日直至明末通行不改，始终是明王朝的基本大法。它不仅吸纳了中国历代法律的优秀成果，而且因时制宜，恰当地包容了元末明初各种规章制度的可取之处，并突破了历代法典成例，表现出自身的特点。《大明律》在我国古代法典编纂史上具有革故鼎新的意义，是中国法制史上具有重要地位的一部封建法典。同时它也成为清代立法的蓝本，对于中国封建社会最后一个王朝的政治体系建设产生了深远的影响，并对东亚的日本、朝鲜和南亚的越南诸国都产生了重要的影响，对于中华法文化的传播和民族文化的推广有着深远的意义。

明朝初年，明太祖朱元璋认为元朝失败的原因是朝廷无权威，导致下层官吏无所顾忌，引发动乱，因此主张以猛治国，刑用重典。在修订《大明律》的同时，为整顿吏治，警戒臣民，扭转世风，又于1385年(洪武十八年)至1387年(洪武二十年)间，亲自编纂并先后发布了名为《御制大诰》《御制大诰续编》《御制大诰三编》和《大诰武臣》四编文告。"大诰"一词，出于《尚书·大诰》，该篇记叙周公东征殷遗民时对臣民的训诫，"大诰"二字，即"陈大道以诰天下"之意。朱元璋鉴于明初"民狃元习，徇私灭公，暴戾日滋"以致"弃市之尸未移，新犯大辟者即至"的严峻现实，编成四编《大诰》，目的是仿效周公以"当世事"警戒臣民，同时也是为了用《大诰》峻令防范和镇压臣民的反抗。

《大诰》是明初的一种特别刑事法规，共4编，236个条目。其中《御制大诰》74条、《御制大诰续编》87条、《御制大诰三编》43条、《大诰武臣》32条。内容主要由三个方面构成：一是摘录洪武年间的刑事案例；二是结合陈述案例或另列专条颁布了不同于大明律的重刑法令，用以严惩吏民；三是皇帝对吏民的训导，明确地表达了朱元璋"重典治世"的思想和主张。这种以诏令形式颁发的，以案例、峻令、训导三个方面内容组成的具有教育作用和法律效力的特种刑法，在中国法制史上是前所未有的。这四编《大诰》由于是御制圣书，故具有最高的法律效力，是明初的重要法规，标志着明初封建专制主义的进一步强化。

与《大明律》及历代王朝的法规相比，明《大诰》定刑十分严苛，并有自己的特色：其一，列举种种以酷刑惩治吏民的案例，公开肯定律外用刑的必要性、合理性。《大诰》总共罗列族诛、凌迟、枭首案例几千件，斩首、弃市以下罪案例万余种，其中酷刑种类有族诛、凌迟、枭首、斩、死罪、墨面文身、挑筋去指、挑筋去膝盖、断手、斩趾、刖足、枷令、常号枷令、枷项游历、重刑迁、充军、阉割为奴等。其二，同一犯罪，明《大诰》较《大明律》大大加重，其中不少依《大明律》只应处笞、杖的，《大诰》却加重为死刑。综观明《大诰》用刑，除个别罪名(如匿藏逃军)与明律量刑相同外，其余几乎都是加重处刑。其三，为了严格控制臣民，设置了不少为明律所没有的禁令和罪名，著名的有“禁游食”“市民不许为吏卒”“严禁官吏下乡”“民拿害民官吏”“寰中士夫不为君用”等。其四，强调重典治吏。《大诰》的打击矛头总的说来是针对全体吏民，但侧重点是惩治贪官污吏，其条目绝大部分是属于治吏的。

明《大诰》是朱元璋为防止“法外遗奸”，将其亲自审理的案例加以整理汇编，并加上因案而发的“训导”，作为训诫臣民的特别法令而颁布天下的。全书内容广泛，刑事案例是其中的主要部分，包括凌迟、枭首、诛族和弃市等各种判例，此外还有朱元璋制定的诏令、训示，集中反映了明初社会的政治制度、阶级关系、社会弊病等各个方面，体现了朱元璋的治世思想、措施和手段。书中所辑录的材料，为《明史》《明实录》等官书和有关野史中所少见。但明《大诰》加重律中罪名、滥用法外之刑的特点，却使其成为一部令人生畏的法典。自汉朝初期废除肉刑以来，虽然各朝各代的刑罚种类变化繁多，但大多数已摈弃了残酷的肉刑。而《大诰》又将这些酷刑带回刑典之中，四篇《大诰》开列了如诛足、枭首、断手、斩趾等刑罚。朱元璋本人更是挖空心思，想出如挑筋、断舌、抽肠、凌迟等一些灭绝人性的手段来惩治罪犯，这种做法尽管在一定程度上强化了集权统治，但也给明朝中后期的混乱局面埋下了祸根。由于《大诰》倡导的是封建强权主义和无节制的滥杀政策，理所当然地遭到人民的反对。朱元璋死后不久，《大诰》就被其继承者抛弃。至明代中叶，一度家家收藏、人人诵读的御制圣书已经很难看到了。到清初修《明史》时，《大诰》已成为罕见之书，以至于修史者对它的叙述错误甚多。直到近代，经过学者的广泛搜罗，才看到了四篇明《大诰》全文的原貌，现北京图书馆有明刊本。

明朝是高度发展的专制主义中央集权的朝代，因此，明朝的法律制度必然要反映这一时期的政治、经济特点。以《大明律》和明《大诰》为代表的法制制度，深刻反映了统治者“重典治乱世”的立法思想，同时在稳定明初的社会秩序，有效治理天下，确保明朝江山稳固方面发挥了重要的作用，在中国法制史上占有十分重要的地位。

（许志云）

## 3. 明代的宦官专权与特务统治

宦官势力的坐大是中国古代政治的特殊产物。遍观我国古代诸朝，东汉、唐朝、明朝都是宦官专权较为严重的时期，其中，明代可谓宦官势力最强的朝代，而相应带来的政治腐败、法制衰微，也达到了空前绝后的地步。诚如黄宗羲所言：“奄宦之祸，历汉、唐、宋而相寻无已，然未有若有明之为烈也。”

明朝建立之初，明太祖朱元璋对宦官还是有着较为清醒的认识并保持着相当的警惕，对其防范极严，禁止其干预政事，并制定了一系列禁止宦官专权的条例：规定宦官“不得兼外臣文武衔，不得御外臣冠服，官无过四品，月米一石”；又立铁牌于宫门，铁牌上刻着：“内臣不得干预政事，预者斩”；还严禁宦官读书认字，交通外官，只令其备宫中洒扫奔走之役。朱元璋认为此等人不可用作心腹、耳目，然而时隔不久，他定下的规矩就被自己一手打破。1375 年(洪武八年)，他遣中官赵成前往河州与少数民族部落互市，首开中官出使之先河。从此以后，明代宦官之祸便一发不可收拾。

明朝宦官走上政治舞台是在“永乐靖难”之后。明成祖朱棣以藩王起兵夺取皇位，曾得到宦官的大力支持(“刺探宫中事，多以建文帝左右为耳目”，其自己的宦官如狗儿等，在“靖难”之役中，更是出生入死，在战场上立过大功，成了朱棣的开国功臣)，即位后反对派也多，所以宦官受到重用。据《明史》记载：“盖明世宦官出使、专征、监军、分镇、刺臣民隐事诸大权，皆自永乐间始。”1403 年(永乐元年)，“命内臣齐喜提督广东市舶”；1405 年(永乐三年)，太监郑和率领庞大的船队下西洋；1410 年(永乐八年)，都督谭青营内又派有内官王安等人，从而开始了宦官监军；又命宦官马靖镇守甘肃，从而为宦官分镇地方开了先例；更严重的是，1420 年(永乐十八年)，置东厂，令宦官刺探臣民隐事，这就为宦官的特务活动开了方便之门。

在明成祖首开宦官专权的恶端之后，宦官势力在宣宗、英宗、武宗、熹宗诸朝逐步增强。明宣宗朱瞻基即位后，怕他的叔父朱高煦步明成祖的后尘而夺位，对大臣防范更严，对宦官的依靠也愈深。他规定：司礼监的秉笔太监，可以根据内阁所拟字样，按皇帝的旨意，用朱笔批行，称“批红”。他废除祖禁，在宫中“设内书堂，选小内侍，令大学士陈山教习之，遂为定制”。从此以后，明内宫宦官“多通文墨，晓古今，逞其智巧，逢君作诈”，他们利用与皇帝朝夕相处的有利条件，乘虚而入，极力迎合，讨得欢心，骗取信任，成为皇帝的耳目、心腹，进而向皇帝施加各种影响，改变皇帝的旨意，控制朝廷的大权。其中的代表人物始于王振，而后又有汪直、刘瑾等，最显著者当数魏忠贤。终明一朝，宦官从明初的“不及百人”发展到末期的总数超过两万；品秩从“五品至七品不等”到蟒袍加身，地位竟与最高级的文武官员相埒；从“不识字”，“不得干预政事”到“通文墨，晓古今”，掌司礼监成为皇帝的政治秘书，其势力一直处在膨胀的态势之中，而其专权擅政的程度，亦愈演愈烈。

明代宦官利用厂卫实行特务统治，是其一大特点。早在洪武年间，朱元璋为巩固皇权，防范臣民造反，在杀了宰相胡惟庸以后，设立专门的特务机构——锦衣卫。锦衣卫初名仪鸾司，原是皇帝的贴身卫队，1382年(洪武十五年)改称“锦衣卫亲军指挥使司”，设指挥使(从三品)统官、卒1500余人，“掌侍卫、缉捕、刑狱之事……盗贼、奸宄、街涂沟洫，密缉而时省之”。它表面上是京城上直卫亲军指挥使司的二十六卫之一，实际由皇帝直接指挥，只对皇帝负责，有专门的法庭和监狱，有权承办皇帝下令查办的案件，人称诏狱，不必通过外庭三法司。明世宗初年，锦衣卫职权缩小，改为“惟察不轨、妖言、人命、强盗重事”，即把矛头专门指向政治上的反对派和民间宗教团体。锦衣卫抓人，往往先在僻静地方将人毒打一顿，名为“打桩”，而后再送入狱。一般来说，一入狱门，便无生理，傅维鳞《明书》卷73说入狱者“五毒备尝，肢体不全”，足见用刑之残酷。以致锦衣校尉过门，臣民如临大盗，弄得人心惶惶，怨声载道。为平息民怨，1387年(洪武二十年)，朱元璋下令焚毁锦衣卫刑具，并停止其诏狱权。但不到十年，明成祖夺取帝位后，为镇压反对派，在锦衣卫中增设北镇抚司，专治“诏狱”，为害更烈。

但锦衣卫到底是外官，在明成祖眼里终不如内官可靠，于是，1420年(永乐十八年)，宦官组成的东厂作为特务机构正式成立。东厂职掌与锦衣卫相同，其属官、隶役均从锦衣卫官卒中选任，再收罗一些地痞、流氓做爪牙。所不同的是：皇帝指派亲信宦官做东厂的提督，一般由司礼监秉笔太监第二人或第三人担任，称“督主”；锦衣卫向皇帝报告要具疏上奏，东厂可口头直达；皇帝还赋予东厂督主以监督锦衣卫人员的权力。这样，厂权高于卫权，宦官又直接控制厂权，使宦官拥有随意逮捕、刑讯、杀戮臣民的特权，从而加快了宦官专政的进程。那时，每月初一，东厂派出成百上千隶役到各官府及锦衣卫去听会审大狱、考掠重犯，叫“听记”；或去各官府、各城门缉访，叫“坐记”。东厂隶役听到什么秘密上报，叫“打事件”，要及时报告隶役长——档头，再由东厂直转报皇帝。连民间琐事、夫妻口角也得连夜报进宫去，弄得朝野内外“上下惴惴，无不畏打事件者”。

1477年(明宪宗成化十三年)，为加强特务统治又增设西厂，人员比东厂多一倍，以宦官汪直为提督。汪直利用西厂“屡兴大狱”，建立仅5个月，“士大夫不安其职，商贾不安于途，庶民不安于业”。特务活动范围已不限于京师，“自诸王府、边镇及南北河道，所在校尉罗列”，民间斗鸡骂狗，也在缉拿之列。汪直专权6年，“冤死者相属”，公卿慑服。所以，当时的宫廷伶人阿丑也说：“今人但知汪太监也。”

明武宗朱厚照统治时期，宦官权势更盛。刘瑾等八个宦官“日进鹰犬、歌舞、角觝之戏，导帝微行，帝大欢乐之，渐信用瑾”，刘瑾掌司礼监，八人中另外两个分掌东厂、西厂，锦衣卫的指挥使也是刘瑾的爪牙，使原来的厂、卫分立变成厂、卫合势，为害愈烈。可刘瑾仍嫌不足，又设立内行厂，由他亲自指挥，内行厂比东厂、西厂更加残酷、凶狠，连东西厂的特务也在侦查范围之内。特务遍布全国，百姓视之如虎狼。江西南康百姓三人端午节赛龙舟，竟被诬为“擅造龙舟”，而遭逮捕抄家，毒打致死。百姓见有华衣怒马、操京师语音者，即惊恐相告，远远逃开。京师内外都说有两个皇帝：一个坐皇帝，一个立皇帝；一个朱皇帝，一个刘皇帝。大臣上奏要写双份，先用红本送刘瑾，再用白本送武宗。刘瑾不学无术，处理不了奏章，只好“皆持归私第，与妹婿礼部司务孙聪、华亭大猾张文冕相参决”。他还引进许多爪牙、死党充当朝中大臣，连内阁首辅焦芳也谄事刘瑾，致令“司礼之权居内阁上”。所以刘瑾傲然夸口：“满朝公卿，皆出我门，谁敢问我者!”由于宦官专权侵犯了皇权，皇帝对奴才也起了疑心。1510年(明武宗正德五年)，刘瑾以谋反罪被杀，到明世宗朱厚熜统治前期，对宦官势力也有所打击和限制。1529年(明世宗嘉靖八年)，裁革了各地镇守太监。但明神宗朱翊钧统治的万历年间(1573—1619年)，税监、矿监、关吏、采办又遍布天下了，而且“帝所遣中官，无不播虐逞凶者”，宦官人数也由洪武初年的不足百人膨胀到十万人。

明朝后期，阶级矛盾、民族矛盾、统治集团内部矛盾日益激化，专制皇权面临严重危机，腐败无能的明熹宗朱由校又重用宦官魏忠贤，终于把中国历史上的宦官专权推到顶峰。无赖出身的魏忠贤，万历时为宦官，侍奉皇孙朱由校，深得宠幸。朱由校即位，是为熹宗，魏忠贤升任司礼监秉笔太监。他在宫内选会武艺的宦官组成一支万人武装队伍，作为羽翼；在外收罗一大批无耻官吏做义子走卒，人称“阉党”。文臣有崔呈秀等“五虎”，武将有田尔耕等“五彪”，还有“十孩儿”“四十孙”等，“自内阁、六部至四方总督、巡抚，遍置死党”。他秉笔批红，掌握朝政，从首辅至百僚都由他任意升迁削夺；他握有军权，可随意任免督、抚大臣；他也握有经济大权，派亲信太监总督京师和通州仓库，提督漕运河道，派税监四处搜括民财；“内外大权一归忠贤”。他出门的车仗形同皇帝，所过之处，士大夫都跪在道旁高呼九千岁。阉党和无耻官吏还竞相在各地为他修建生祠，一祠耗银数万乃至数十万两，祠成后，地方官要春秋祭享，官、民入祠不拜者论死。

魏忠贤专权时，厂卫特务更是空前嚣张。1623年(明熹宗天启三年)，他自任东厂提督；锦衣卫的都督则是他的干儿子田尔耕。厂卫勾结，大兴冤狱，残害异己官吏，勒索钱财，暴虐百姓。“民间偶语，或触忠贤，辄被擒僇，甚至剥皮、刲舌，所杀不可胜数，道路以目。”一次，京城四个平民在密室夜饮，一人酒酣耳热，大骂魏忠贤，其余三人不敢出声。骂者话音未了，突有隶役数人冲入，捉四人面见魏忠贤，魏下令将骂人者当场剥皮，另三人赏钱放回。生还者吓得魂飞魄散，险成疯疾。魏忠贤肆虐专政7年，使明末各种社会矛盾更加激化，加速了明王朝的崩溃。思宗即位后，虽然逮捕了魏忠贤，罢逐了阉党，但积重难返，他仍然任宦官，倚厂卫，还振振有词地埋怨大臣：“苟群臣殚心为国，朕何事乎内臣?”就这样直到明朝灭亡。

明朝宦官在洪武时期还只数百人，到了明末竟发展成尾大不掉的数万之众。宦官的蔓延、横行给明朝社会生活的各个方面带来了严重的影响。厂卫特务机构的高压恐怖政策使百姓人人自危，激化了社会矛盾；阉党与东林党等统治阶级内部的斗争，沸沸扬扬，一直至明朝灭亡；宦官担任的庄官、矿税监、市舶司等横征暴敛，使社会经济遭受严重摧残；宦官监军，加速了军队的腐败，边防大为削弱，动摇了明王朝的统治。

综观明代宦官专权的原因，大致可归纳为以下几个方面：其一，明朝废了宰相，造成了部分权力的真空，这为明代宦官专权提供了空间，使得宦官得以以皇帝家奴的身份窃取部分皇权。其二，皇帝昏聩无能，不理政事。其三，皇权高度集中，利用厂卫特务机构进行统治，为宦官专权提供了舞台。

（宋徽）

# 4. 靖难之役

明太祖朱元璋建立明朝后，认为宋元王朝的覆灭是因为放弃了“封邦建国”的古训，导致两代皇室孤立，宗室衰弱，朝廷一旦出事，宗室没有能力支援。太祖又认为皇都南京离边疆地区过于遥远，皇族子弟不能威震北疆，抵御外患。于是，从1370年(洪武三年)开始，太祖陆续把自己众多的儿子分封在名城和大都市。1378年(洪武十一年)，明王朝正式定都南京，这时诸王子已逐渐长大成人，因此从这一年开始，各亲王就被逐渐派到他们的封国去。北方势力比较大的有在西安的秦王、太原的晋王和北平的燕王等九位亲王，即“塞王”。元朝虽然在农民战争的打击下结束了其在中国的统治，但是剩余的势力仍然很强大，并从北方威胁到明王朝的安危。因此，北方的“塞王”还担负着与蒙古作战的任务，所统的兵力也就尤其雄厚。其他的封国在内地，势力相对较小。

明朝初年，亲王俸禄每年有万石。亲王可以自立王府，设置官署、冕服、车旗、邸第，低天子一等而已。公侯大臣觐见亲王都必须俯首拜谒。但是对诸王也有限制，即“列爵而不临民，分藩而不赐土”，意为诸王不得干预地方民政。王府之外，归各级地方官吏治理，亲王无权过问，在这一点上与周朝、汉朝稍有差异。王府有一支护卫军，少则3000余人，多达19000人，王府军队隶属于兵部。受封在北方要塞的亲王则不受此限制，如宁王(驻今内蒙古宁城县)拥有甲士80000人，战车6000辆。每当诸王奉诏征讨时，即使是素有战功的大将也必须受亲王的节制。《皇明祖训》规定，朝廷要调兵，会同时颁发盖有皇帝玉玺的文书给亲王和守镇军官，亲王接到文书后再发令给守镇军官，守镇军官必须接到皇帝和亲王的文书才能出兵。这就使得亲王可以监视甚至节制地方军队。

太祖末年，秦王、晋王已去世。在剩下的儿子中，以第四子燕王朱棣战功最多。1390年(洪武二十三年)，燕王率军征讨乃儿不花，以智取胜。乃儿不花率领他的全部部落和马驼牛羊，一起归降了明军。此后，太祖把朱棣看成了维护朱家王朝的支柱，并允许朱棣节制诸王。

太祖立储遵循的原则是立嫡长子，因此朱标被立为皇太子。1392年(洪武二十五年)，朱标去世，谥号为懿文太子。是年9月，立朱标第二子朱允炆为皇太孙(长子早逝)。1398年(洪武三十一年)，太祖驾崩，太孙即皇位，是为明惠帝。第二年，改为建文元年，因此明惠帝又称建文帝。

发生靖难之役的直接原因是削藩，而对削藩的议论由来已久。早在1376年(洪武九年)，叶伯巨就凭星象借题发挥，向朱元璋指出了分封的弊端。叶伯巨希望太祖吸取汉“七国之乱”、晋“八王之乱”的教训，乘诸王还没有就封，节制封国的权力，削减封国的卫兵，并限制其疆域。太祖却认为叶伯巨是在离间其骨肉，将他投入监牢，最后叶伯巨死在狱中。太祖治理国家非常严格，皇太孙协助太祖之时，则经常宽大处理，使得朝廷内外对皇太孙感恩戴德。不过太孙对诸王凭借叔父之尊不听朝廷召唤一事忧心忡忡。有一次，太祖说："我让诸王在北方抵御少数民族的袭扰，这样可使边疆安定，让你也能安宁。"太孙说："胡虏对朝廷不敬，诸王可以驯服。诸王不敬，如何驯服呢？"太祖沉默不语，许久才说："你的意思怎样？"太孙说："用恩德感化，用礼法限制，诸王不听令就削夺其土地，再不行就惩罚诸王，最后只能出兵讨伐。"太祖对此表示赞同。由此可见，虽然太祖很器重燕王，但还是担心燕王等造反。

太孙与黄子澄也有过类似的谈话。太孙就诸王拥兵自重一事询问黄子澄的看法，黄子澄认为，虽然封国的大小、强弱不同，但只要起兵就是谋逆，所以应当发兵征讨。太孙即位后，令黄子澄兼任翰林院学士，与齐泰共同参与国政。黄子澄在建文帝的授意下与齐泰谋划削藩一事。齐泰认为应先灭燕王，黄则认为，周、齐、湘、代、岷王经常有违法的事情出现，削夺他们的权力是师出有名，现在要削藩就应当从周王下手。周王是燕王的同母弟，削周，是剪除燕的手足！于是，在不到一年的时间内，建文帝先后削除了五王的爵位，废为庶人，其中周王被放逐于云南，齐王被禁锢在京师南京，代王被幽禁在大同，岷王迁徙到漳州，湘王则合室自焚。

建文帝与其父懿文太子性格相似，优柔寡断。正当削藩一事进行得比较顺利的时候，建文帝却开始手软，他认为自己即位不久就削除了好几位王，现在又要灭掉素有战功的燕王，不好向天下交代，于是以燕王智勇双全，善用兵为由，拒绝了齐、黄两人趁燕王称病袭击燕王的建议。虽然没有立即对燕用兵，建文帝还是做了一系列的准备工作以加强对北平的控制。1398 年（洪武三十一年），命工部侍郎张昺为北平布政使，指挥佥事谢贵、张信掌北平都指挥使司，让他们严密监视燕王的行动。1399 年（建文元年）春，又以防边为名，派都督宋忠、徐凯、耿瓛分别率兵屯驻开平、临清、山海关，而调北平原驻防军于彰德、顺德。同时又命刑部尚书暴昭、户部侍郎夏原吉等 24 人为采访史，分巡天下。

面对建文帝咄咄逼人的攻势，燕王一方面佯狂称病，以麻痹朝廷，另一方面却暗中加紧训练士兵，制造兵器，以图举事。张昺、谢贵以探病为由观其虚实。盛夏之时，燕王围着火炉摇着头说："好冷！"燕王派葛诚到南京奏事，建文帝询问燕王府内发生的事情，葛诚全部据实以告，并且让建文帝不要放松警惕。建文帝让葛诚回到燕国做内应，燕王觉得葛诚面色异样，于是心中生疑。燕王派护卫邓庸赴朝廷议事，邓庸和盘托出了燕王准备起兵的事情。齐泰立即发兵逮捕燕王官属，密令谢贵、张昺谋取燕国，并令葛诚指挥卢振为内应。

于是燕王与道衍谋划对策。道衍是一位颇有谋略的僧人，原名姚广孝。太祖笃信佛教，诸王初封时，都要为他们选一名僧人加以辅佐。燕王命令护卫指挥张玉、朱能等率领壮士 800 人护卫王府。1399 年（建文元年），燕王以大病初愈为由，邀请北平的文武官吏前来庆贺，燕王乘机擒斩了谢贵、张昺、卢振、葛诚等人，同时令张玉等乘机攻占了北平全城。

随后，燕王以诛齐泰、黄子澄为名，正式起兵，去建文年号，称洪武二十二年，重新设置官署，以张玉、朱能、邱福为都指挥佥事，4 年之久的"靖难之役"正式开始。为了证明自己起兵的"合法性"，燕王援引《皇明祖训》称正是因为朝廷中没有正直的大臣，国中有奸恶之人，自己才率兵"清君侧"。燕王称自己的这次起兵为"靖难"。

建文帝见燕王已起兵，于是以伐燕布告天下，当时太祖时期的功臣留下来的已经很少，只有令长兴侯耿炳文为大将军，驸马都尉李坚、都督甯忠为副将军，率诸将讨伐。

朱棣攻占北平全城后，通州房胜投降，定蓟州，陷居庸关。随后遵化、密云、永平相继投降燕王。此时建文帝每日与方孝孺讨论文治，军事都决于齐泰、黄子澄。耿炳文出师前，建文帝曾告诫将士："毋使朕有杀叔父名。"将士遵循这一指令，使燕王多次逃生，也使中央军错失了许多机会。耿炳文率军至真定，与燕军在滹沱河北相遇，耿军大败。建文帝再次选择将领，黄子澄推荐了李景隆，于是以李代耿。燕王对李的评价是："一个膏粱子弟，没有什么谋略，而且骄傲，外表强硬严厉，内心怯懦软弱，从来没有带兵打仗，现在却给他五十万大军，无异于自杀！"这似乎已预示了燕军的顺利。

李景隆于秋天进驻河间，进攻北平。江阴侯吴高、都督耿瓛率领辽东的军队南下，对北平构成了南北夹攻之势。燕王先救永平，北上智取宁王，然后与坚守北平的守军内外夹击，李景隆失败，退保德州。燕王诱使李景隆出紫荆关救大同，由于南军不耐寒，冻死的士兵很多，有的连武器都丢弃了。南军再次失败，燕军占领了德州。

山东参政铁铉沿路收集溃散的李军，与都指挥盛庸同守济南，最终击败了燕军，迫使燕军引兵北还。盛庸乘势收复德州。建文帝非常高兴，升铁铉为山东布政使，参赞军务，不久又升为兵部尚书。又封盛庸为历城侯平燕将军，并撤回李景隆。黄子澄等力争诛杀李景隆，建文帝不为所动，不久又加以任用。李景隆忌妒盛庸的才能，在建文帝面前离间盛庸，终于使盛庸不能尽显其才。

在历次战役中，燕王多次陷于危难，但是由于建文帝下令不能杀燕王，于是众将士不敢对燕王下手，燕军败北后，燕王总是亲自殿后，使追军不敢上前。燕军驻扎在大名，盛庸、吴杰等分兵控制了燕军的饷道。降将李远则率兵焚毁了南军的粮食，破坏了军资器械。此后，双方军队又多次交战，互有胜负。

燕王自1399年(建文元年)发难，至1401年(建文三年)底，经过了近三年的战争。虽然燕王身先士卒，作战英勇，但是最后所得的城池只有北平、保定、永平三府。由于长期连续作战，无暇修整，燕军已日感困顿，而南军则兵力较充足。正在此时，南京宫中一太监因犯法被黜，前来投奔燕王，告知京师兵力空虚。燕王于是毅然决定渡江作战。

1401年(建文三年)底，燕王大举出兵南下，这次燕军不以攻城略地为目的，直捣京师。建文帝派大臣割地议和，遭到了燕王的拒绝。1402年(建文四年)年中，南京城破，谷王橞、李景隆等大开城门，迎接燕王。此时皇宫中忽起大火，建文帝不知去向。第二天，燕王应群臣要求登帝位，以1403年为永乐元年，燕王为明成祖。"靖难之役"至此结束。

燕王进城后，大肆捕杀"奸臣"，如齐泰、黄子澄、方孝孺等。抗拒不屈的，除自己被杀外，还累及亲属。姚广孝在明成祖面前力保方孝孺，于是明成祖令方孝孺起草登位诏书，方孝孺在朝廷上放声大哭。明成祖对他说："先生不必如此，我是效法周公辅佐成王！"方孝孺问："成王在哪？"成祖说："他自焚死了。"方孝孺又说："为什么不立成王的儿子？"成祖说："国家要依赖年长的人。"方孝孺问："为什么不立成王的弟弟？"成祖说："这是我的家事。"成祖把笔递给方孝孺，说："这个诏书只能由先生起草。"方孝孺扔掉笔，边哭边骂说："死就死吧，诏书我是不会起草的。"成祖非常生气地说："你自己不怕死，你不怕我诛你九族吗？"方孝孺答道："即使诛十族又怎样！"最终，成祖在九族之外又加上方孝孺的朋友门生，真的诛了十族，共杀了873人。成祖进南京后的这次大清洗，由于牵连的总人数达数万人，历史上称为"瓜蔓抄"。

（余红）

## 5. 朱棣迁都北京

1402年(建文四年)，燕王朱棣在南京夺取了帝位，改年号为永乐，是为成祖。南京位处江左，经济条件非常优越，但是就军事角度而言，不易控御北方。成祖即位后，礼部尚书李至刚便奏请迁都北平。北平具有优越的军事地理环境，它处于蒙古高原、东北平原与中原联系的交接点上，在与北方少数民族的斗争中，军事地位不断上升。面对故元的军事威胁，北京西北、正北、东北三面环山，其中险关危隘众多，易守难攻。北平南部、东南部是广阔的大平原，交通便利，便于迅速提供有效供给。北平在辽和金代都做过都城，在元代被称为大都，成为全国的政治文化中心。元朝以大都作为首都，是中国封建的多民族统一国家发展中的一个重大步骤。大都作为全国政治经济中心，使漠北与中原地区统一在一个政治中心之下，加强了长城内外、大漠南北的联系。虽然在元朝末年，大都城市受到严重破坏，经济凋敝，人口减少，但是它在政治、军事上的重要性却更突出了。从当时的军事形势看，明朝的主要威胁来自北元蒙古势力，元朝复辟的可能性依然存在。在临近隐患策源地建立全国政治中心，有利于指挥调度，灵活反应，及时制止祸乱，巩固明朝基业。同时，北平所处的地理位置，临中夏而控北荒，足以“控四夷创天下”，便于对辽阔的北方边疆开拓进取。北平是燕王的发迹之地，他在此经营多年，是“龙兴之所”。朱棣本人心理上也有一定的倾向性，认为这是自己的福地。并且，追随自己起事而受封的宿将谋臣，大部分是北方人士，功成后也有思乡之情，希望荣归故里，光宗耀祖，迁都北平易于得到他们的支持，阻力小。成祖认为，天子居北，正是居重御轻，可以直接加强北部边防，就采纳了这个建议。

1403年(永乐元年)，成祖升北平为陪都，更名北京，改北平府为顺天府。以后，又先后设立北京行部、北京留守行后军都督府、北京国子监，罢北平布政使司，改顺天知府为府尹。实际上逐渐组织起另外一套政府机构，北京的政治地位得到逐步的提高。1409年(永乐七年)、1413年(永乐十一年)、1417年(永乐十五年)，成祖三次北巡，坐镇北京，共计八年零八个月。成祖长期住在北京，以太子监国南京，天下奏章都要送往北京行在所，使决策、军事、行政系统逐渐北移。北京已成为实际的政治中心。

北京作为首都的缺陷在于远离江南经济中心，物资供应困难，因此迁都行动在当时遇到了不少反对意见。但明成祖态度坚决，反对者都受到了处罚。成祖通过恢复海运，开拓北京通向全国各地的驿路，疏浚会通河，解决南粮北调的难题，以满足北京的粮食供应。1411年(永乐九年)，成祖命令工部尚书宋礼、陈晖等人修会通河，引汶水和泗水入其中，沿线建闸38座。1415年(永乐十三年)，平江伯陈瑄等开凿淮安附近之清江浦，使久废的运河重新畅通。运河的修通，使得南方的粮米和丝帛等物资能通过漕运源源不断地输往北京，保证了首都的物资供应。

成祖决定迁都后，便努力提升北京的经济地位，使北京繁荣起来。他多次命令将江苏、浙江、山西等九省大批富足的居民迁到北京，以发展当地经济。他下令向北京附近大规模地移民屯田，五年之内减免赋税。

同时，下令把战乱之后形成的大量流民组织起来，到北京一带去种田。另外，他还下令释放囚徒，也安置到北京周边地区种田。对于这些流民和囚徒，成祖还实行了一些优待政策，如向他们免费提供牛具、种子等。同时，他将大批工匠迁往北京，给这些民户以更多的优惠政策，如诏免税粮、赈济优厚等。经过多年的苦心经营，北京逐渐发展繁荣起来，初步具备了大都市的规模。

1406年(永乐四年)，成祖下令正式筹建北京宫殿，并重新改造整个北京城。次年，他分遣大臣宋礼等在全国各地采木备料，烧造砖瓦。百年以上的珍贵木材，是从湖广、四川、贵州等地采伐，经过千山万水运送到北京的；城砖与墙砖，则在山东日夜烧制；宫内铺地的"金砖"(大方砖)，则烧制于苏州。他又命大臣陈珪，主持北京宫殿及北京城市的整个设计营建工程。又征调23万工匠、上百万民夫及大量军士营建北京宫殿，开始了营造北京的筹备工程。但由于与蒙古作战，营建工程迟至1417年(永乐十五年)才全面展开。

营建北京，主要是建设宫城(紫禁城)和皇城(包括祭坛和官署)。成祖在营建北京的工程中重用了一个能工巧匠——蒯祥，令其担任"营缮所丞"(负责工程的设计与施工)。紫禁城的布局多出于他的巧妙设计。明代的紫禁城建在元代皇宫大内的旧址，但略向南移，南北方向上则扩大了许多，长960米，东西宽760米。周围城墙高10多米，在东西南北的正中分别有东华、西华、午、神武四座城门。午门南面是皇城的南门，称承天门，就是今天的天安门。皇城在紫禁城外围，周长18里，皇城外面有宽52米的护城河。紫禁城中的宫殿分前后朝，前朝(外朝)有皇极、中极、建极三大殿，后朝有乾清宫、交泰殿、保宁宫三大殿。六座大殿都位于全城的中轴线上，布局非常严整。新建的北京城以皇宫为中心，以前门、午门、景山、钟楼为中轴线，宫衙、民居、商铺分布四周。通衢宽广，街巷整齐，气势雄伟。

1420年(永乐十八年)秋，成祖下诏，明年改北京为京师。11月，以迁都北平诏告天下。年底，北京郊庙宫殿成。1421年(永乐十九年)2月，正式迁都北京。迁都之后，原来的"京师"改成南京，居于陪都地位，形成了北、南两京制度，部、院等中央机构迁至北京。但南京也另设一套名称相同的机构，如南京吏部、南京都察院等，定员少，责权轻，基本被视作闲职。1421年4月，新建成的北京奉天、华盖、谨身三殿遭遇火灾，朱棣下诏求言。群臣再次提出了不该迁都的问题，要朱棣重返南京。朱棣震怒，将主事萧仪下狱瘐死。从此，北京就成为明清两朝的都城。北京城的宫殿坛庙，其规模、型制被清朝所沿袭，一直保存至今。总之，明代迁都后北京城市的建筑与布局及此后的损益拓展，为今日北京成为世界著名的文化古都奠定了坚实的基础。

明成祖迁都北京这一重大举措，最终奠定了北京在中国都城历史上承上启下的巨大作用。明成祖朱棣迁都北京，不仅在当时对整个明代政权的巩固、边境的安全、社会经济及文化的发展以及中国多民族的融合起到了不可低估的积极作用，而且对以后的清朝及中华民国时期的北洋军阀政权，乃至是中华人民共和国建都北京，都产生了重大影响。

（童药）

# 6.《永乐大典》的修撰

《永乐大典》是明成祖永乐年间，由皇帝敕命修撰的一部百科全书式的大型类书。中国最早的一部百科性质的辞书是成于战国或两汉之间的《尔雅》，以后历代皇朝都编纂过类似性质的书。如三国曹魏的《皇览》，六朝梁代的《寿光书苑》《类苑》，隋朝的《北堂书钞》，唐代的《初学记》《艺文类聚》《文思博要》等，宋元两代编纂的类书就更多，其中最著名的要数宋代官修的《太平御览》和《册府元龟》。到了明朝，早在 1388 年(明太祖洪武二十一年)，就有人提议修撰一部新的类书，但由于种种原因被耽搁了。1398 年(洪武三十一年)，朱元璋下令要根据“经史百家之言”编纂一部名为《类要》的书，但朱元璋恰在这一年的闰五月间驾崩，编书之事也就不了了之了。到 1403 年(明成祖永乐元年)，朱棣命令翰林侍读解缙等人负责编纂一部大型类书。他认为从古到今的一切事物都散载在各类书籍之中，卷帙浩繁，不方便检阅，他希望将古今所有书籍中所记载的事物按照韵来进行分类编排，这样查找起来就如同探囊取物一般容易了。《韵府群玉》《回溪史韵》两书虽然很有系统，但采录范围不够广博，记载也不够详细。朱棣希望集中自有书契以来的所有经史子集的百家之书，将天文、地志、阴阳、医卜、僧道、技艺之言熔于一书之中。

解缙等接到诏令以后，召集了 147 人开始编纂，次年 11 月即编纂完成，名为《文献大成》。朱棣看后，觉得该书的内容过于简单，不够详备，不符合修纂此书的原意。于是在 1405 年(永乐三年)命令资善大夫、太子少师姚广孝、礼部尚书郑赐和侍读解缙担任监修，共同领导该书的重纂工作。监修下有副监修三人，分别是刑部侍郎刘季篪、翰林院修撰兼右春坊右赞善梁潜、通政司右通政李志刚。监修以下设置都总裁、总裁、副总裁，以下依次为纂修、编写人、缮录以及圈点生等。监修、总裁负责整个编辑机构的分工和运作，都总裁陈济负责调节和沟通监修与总裁、副总裁之间的情况。副总裁除了参与总的工作计划之外，还负责领导部分修纂人员从事搜集和加工某一部分的图书资料。如果副总裁所主管的部门范围比较广泛，就再分成若干小组，修纂人员按照各自分工的范围分别搜集资料，然后将所有资料由编写人按照韵目编排起来，再由校对人员负责校对核实，最后才开始缮写工作。除此之外，还设置了“催纂”五人，负责监视编辑工作的进度。整个编纂机构虽然人员众多，但是组织严密，井然有序，分工细致，从而保证了整个修纂工作的顺利进行。

作为修纂总负责人的三位监修——姚广孝、郑赐和解缙，他们也做了很多细致的工作。比如解缙，在修纂《永乐大典》的过程中，他“刊定凡例，删述去取，并包古今，搜罗隐括，纤悉靡遗”，作了很大的贡献。在副监修、总裁、副总裁当中，也有大批博学之士。总裁胡俨，熟知天文、地理、律历、医卜等方面的典籍；副总裁曾棨学识渊博，明成祖曾摘录各种疑难隐僻的事情来专门询问曾棨，他都应答如流。永乐三年、永乐四年，还曾经在全国征招过一次修纂人，由在朝的官吏或者地方官先推荐人选，再经过考核予以录用。这些征招来的修纂人员，大部分是地方府、县的训导教谕，甚至还有一些布衣诸生。他们虽然来自民间，却有不少是学识渊博、学有所长的。如都总裁陈济就是以布衣身份被征招的，对《永乐大典》的修纂作出了很大的贡献。他参与制定《永乐大典》的体例，修纂过程中工作人员遇到的疑难问题，他通常都能随口解答，没有人不佩服他的学问广博。

1407年(永乐五年)，《大典》定稿，姚广孝撰写了《永乐大典表》进呈给朱棣。朱棣看后非常满意，并亲自为该书撰写了序言，赞扬《大典》"上自古初，迄于当世，旁搜博采，汇聚群书，著为奥典"，将此书正式命名为《永乐大典》。之后，在全国征集了一大批善书人，开始清钞，于1408年(永乐六年)冬正式完成。全书正文22877卷，凡例和目录60卷，装成10095册，总字数约37000万字。该书是我国历史上前所未有的规模宏大的类书，据不完全统计，该书采录的图书包括经、史、子、集、释、道、北剧、南戏、平话、医卜、工技、农艺、志乘等七八千种，资料极为丰富。

《永乐大典》在编纂体例上和以前类书的编纂体例有所不同。我国古代类书的编纂，有按内容分类编排的，有按韵编排的，也有用数字来编排的。官修的大型类书多按内容分类来编纂，比如《太平御览》分为55部，部下又分5426类；《册府元龟》则分为31部，1104门。但是由于类目繁多，经常会出现一条史料被拆散或同一条史料反复出现的情况，在体例上容易造成混乱。对于检索者来说，如果不熟悉分类目录，检索起来就非常困难。《永乐大典》采取了按韵和按内容分类相结合的方法，即"用韵以统字，用字以系事"。具体说来就是按照《洪武正韵》的韵目，在每一韵下面分列单字，在每一个单字的下面详细注明该字的音韵、字义以及该字的篆、隶、楷、草各种字体，再分别分类辑录与该字有关的天文、地理、人事、名物、典故、诗文词曲等内容。这种编纂方法对于检索者来说非常方便，正如朱棣所言，检索者只要"因韵以求字，因字以考事"就可以了。

在资料的采录方面，《永乐大典》甚为丰富。唐代的《艺文类聚》共收书1431种，宋代的《太平御览》也只有1690种，而《永乐大典》则多达七八千种之多。在采录典籍的内容上，也和过去类书偏重儒家经典、史传文集的做法不同，收录典籍极为广泛，几乎包罗古今，无所不遗。编纂《永乐大典》，启用了当时皇家图书馆文渊阁的所有藏书，朱棣对修书工作很关心，经常询问副总裁郑赐、解缙等人文渊阁的书是否够用，在得知子部之书多有阙略后，马上命人四处搜求。由于最高统治者的支持和重视，使得《永乐大典》的修纂人员拥有了丰富的图书资源可供选择。《永乐大典》在采录古籍资料时，书名、作者都用红字写，非常醒目，而且往往成段、成篇甚至全文抄录文献，一字不易。尤其是元代以前的佚文秘典，世所不传，依赖《永乐大典》的全篇甚至全文收录，保存得非常完整。清代乾隆年间编纂《四库全书》时，就从中辑佚出许多古书，后来收入《四库全书》的就有：经部66种，史部41种，子部103种，集部175种，总计385种、4926卷。还有100多部书列入"存目"之中。后来也还有人不断地从《永乐大典》中辑录佚文、佚书，足可见其在保存古代文献资料方面的巨大贡献与重大价值。

《永乐大典》的装帧也别具一格。全书都采用上等白宣纸，印有朱丝栏，每半页8行，大字占1行，小字钞成双行，每行28个字，都用工整的楷书抄写。对于名物器什、山川地形等都绘有图形，绘图全部采用白描手法，形态逼真，精丽工致，堪称古代书籍插图中的佳品。版心也是红色，上鱼尾内标有"永乐大典卷××"，下鱼尾内记每卷页码。书面硬裱，用粗黄布包装，显得庄重朴实。每册三十至五十多页不等，有的一卷一册，也有两三卷一册的，其中以两卷一册的居多。每册的外封左上有一长方框，内题"永乐大典"四字，其下用双行小字注明卷几至卷几。右上方有一小方格，题该册所属韵目，又低一字注明这一册是该韵目的第几册，这样检索起来就非常方便了。

由于编纂时间太短，急于求成，而且参与人手众多，因此《永乐大典》也有一些地方与总体体例不合，前后不一、自相矛盾的地方也不少。例如全书的修纂原则是“用韵以统字，用字以系事”，《窃愤录》应隶于“窃”而错隶于“录”，《灌顶经》应隶于“灌”而错隶于“顶”，导致全文割裂，首尾不相连贯，《四库全书总目》因此批评它“割裂庞杂，漫无条理”。也有错把篇名当作书名或者把书名、作者误写的，如卷二二五九《种瓠法》条引王祯《谷谙集》，《谷谙集》应是《农书》中的《谷谱篇》，这里把“谱”讹为“谙”，又误增了“集”字，让人误以为王祯有一本《谷谙集》的著作；卷三五一九引苏过《斜川集》，将“过”误写为“迈”。除此之外，在断句方面《永乐大典》也有不少错误。尽管《永乐大典》有诸多瑕疵，但终究瑕不掩瑜，它照章全录的典籍辑录方式为后代保存了一大批珍贵的古籍材料，单凭这一点就已经弥足珍贵了。

《永乐大典》是百科全书，但是它和许多大型官修类书一样，只是为了满足帝王个人的需求，编纂完成之后就长期深藏宫中，连一般的翰林学士都很难见其面目，其他的读书人就更不用说了。它的最大价值在于保存了我国明初以前各种学科的文献资料。明代万历年间重修《文渊阁书目》时，《永乐大典》中所收的书存世的就已经只有十分之一了。经过明末清初的动荡，亡佚的典籍就更多了。对《永乐大典》的利用是从清代开始的，大致可分为三个阶段：《四库全书》馆之前、《四库全书》馆时期和《四库全书》馆之后。清人所作的辑佚工作有一定的成绩，抢救出许多珍贵的文化典籍，对学术研究也起了一定的积极作用，但从总体上说还有很多缺憾之处，特别是《四库全书》开馆时期。那时《永乐大典》还相对比较齐全，又专门设立了“校勘《永乐大典》散篇办书处”，各方面条件都比较好，但是辑佚工作还是存在不少问题：首先，清朝统治者的文化高压政策，使大量具有进步思想内容的著作要么摒弃不取，要么被大加删改。其次，不重视科学技术著作和民间文艺作品。据纪昀《阅微草堂笔记》记载，他曾在《永乐大典》中见到宋代的兵器神臂弓，这种弓箭能够穿透三百步之外的铁甲，宋军抵抗金兵时全靠这种利箭。当时军法规定这种弓箭不得遗失，即使战败无法携带也必须销毁，以防止金人仿制，一直到后来元世祖灭宋时才得到这种弓箭。但是自明之后，这种弓箭的制造方法就失传了，而《永乐大典》中还保存着神臂弓的图说，不过因为害怕被外国人得到就没有辑录。还有宋人邓御夫的《农历》200卷，所记的关于农业技术方面的内容比《齐民要术》还要详尽，是研究我国十一二世纪农业技术的宝贵资料，可惜没有得到重视以致失传了。《永乐大典》中还收录了许多戏曲话本和杂剧，《四库全书》辑佚者认为其难登大雅之堂而弃之不顾，使得这一部分珍贵的民间文学遗产也大多亡佚了。再者，由于《四库全书》馆一些馆臣原是为升官发财的目的而来，对于辑佚工作拈轻怕重，马虎应付，严重影响了对《永乐大典》辑佚的工作质量。加上统治者的好大喜功，急于求成，使得对《永乐大典》的辑佚工作草草收场，许多本来应该辑佚出来的珍贵文献资料也再次亡佚了。嘉庆年间修《全唐文》和道光年间重修《一统志》时也都用过《永乐大典》，但是成就都没有超过《四库全书》馆时期。此外，翰林院中一些对古代文化感兴趣的个人都做过一些辑佚工作，其中以徐松成就最大，他从中辑出《宋会要》500卷、《宋中兴礼书》、《续中兴礼书》150卷。光绪年间，文廷式、缪荃孙等人也做过辑佚工作，但是由于当时《永乐大典》已经亡佚，所以他们辑录的书都是一些零星之作。清代学者在辑佚《永乐大典》的同时，注意和自己的学术研究相结合，取得了不错的成果。比如徐松研究唐代科举制度的专著《登科记考》中有关唐人及第的史料就大多采录自《永乐大典》中的宋元方志，他《唐两京城坊考》中的史料则来自他从《永乐大典》中辑出的《元河南志》一书。

《永乐大典》是在南京文渊阁修纂的，修成以后就贮藏在文渊阁的东阁。1421年(永乐十九年)迁都北京，明成祖命令从南京文渊阁的藏书中挑选一部分运到北京，暂时收藏在左顺门的北廊下，一直到1441年(明正统六年)才移到北京的文渊阁。《永乐大典》大概就是在这个时候从南京运到北京的，由于特别重视，所以被贮藏在文楼。因为卷帙浩繁，工费太高，《永乐大典》只有抄本而无刻本。明世宗非常喜欢看《永乐大典》，案头经常摆放数十卷以便随时翻阅。1557年(明嘉靖三十六年)，宫中大火，三殿被毁，文楼位于三殿附近，情势危急，世宗一夜连下了三四道命令，幸亏抢救及时，《永乐大典》才得以保全。为防不测，明世宗决定重录一部《永乐大典》，并于1562年（明嘉靖四十一年）秋天正式决定重录，任命礼部侍郎高拱、左春坊左谕德兼侍读瞿景淳为总校官。这项工作用了整整6年，一直到1567年（明隆庆元年）4月才完成，而且重录本和永乐正本的格式、装帧完全一致。重录本一般被称为“嘉靖钞本”或者“副本”，永乐年间修纂本则称为“永乐钞本”或者“正本”。明朝末年，原本俱毁，仅存正本抄本一部。清朝因编纂《四库全书》而对《永乐大典》进行辑佚时，《永乐大典》已经残缺不全。道光以后，《永乐大典》被束之高阁，虫蛀鼠啃，无人过问，一些官员便乘机偷窃，《永乐大典》的流失引起了一些帝国主义分子的觊觎，暗中高价收购，以致《永乐大典》亡佚日多。1875年（清光绪元年）重修翰林院衙门时，对《永乐大典》进行清点，已不到5000册，到1894年（清光绪二十年）6月就仅剩800册了。不过《永乐大典》经历的最大厄运还是帝国主义的两次侵华战争。北京被攻占，大量珍贵的典籍文物被外国侵略者肆意焚烧、夺取，《永乐大典》也难以幸免。在经历了这两次战火之后，《永乐大典》几乎丧失殆尽。残存的少量《永乐大典》中还有一些远离了祖国，流散到异国他乡。后经过多方搜求、捐赠、归还，再加上复制本，共得730余卷，1959年由中华书局影印出版，这一数量仅是原书的百分之三。后来中华书局又相继觅得60余卷陆续影印出版，公之于世。现在国家图书馆出版社又陆续大量影印《永乐大典》，影印时完全按原书大小呈现，按原书方式装潢。

（祁俊）

# 7. 明成祖与三部“大全”的编纂

明成祖朱棣即位后，大兴文化事业。除了编成大型类书《永乐大典》之外，还下令编纂了《五经大全》《四书大全》和《性理大全》三部大书，共计260卷。三部“大全”的纂修，标志着明初朱学统治地位的确立，是宋明理学史上的重要事件。

南宋末年的“庆元党禁”中，朱熹学说被视为“伪学”，饱受打击。党禁解除后，朱学得到了宋理宗等封建帝王的青睐与支持，地位逐渐提高。元仁宗皇庆、延祐年间恢复科举，以朱熹《四书章句集注》和《五经》的朱学传注为思想准绳，用以取士，朱学得到了官方的认可。但由于元朝属蒙古少数民族建立的政权，朱学在封建统治中发挥的作用仍较为有限。朱学真正成为封建社会的统治思想是从明朝开始的。明太祖洪武年间，名士解缙曾上万言书，建议将濂、洛、关、闽等重要理学流派著作“随事类别，勒成一经”，作为“太平制作之一端”(《明史·解缙传》)，其用意就是试图树立程朱理学的统治地位。尽管这一建议未曾得到落实，却开启了明成祖纂修三部“大全”的先声。

《明太宗实录》载，1414年(永乐十二年)，明成祖诏谕翰林院学士胡广、侍讲杨荣、金幼孜曰：“《五经》《四书》，唱圣贤精义要道，其传注之外，诸儒议论有发明余蕴者，尔等采其切当之言，增附于下。其周、程、张、朱诸君子性理之言，如《太极》《通书》《西铭》《正蒙》之类，皆《六经》之羽翼，然各自为书，未有统会，尔等亦别类聚成编。二书务极精备，庶几以垂后世。”成祖命胡广等总其事，同时聚集朝内外文学之士39人共同纂修，并开馆于东华门外，给他们以优厚的待遇。这里称“二书务极精备”，说明此次纂修工作最初打算编成《五经四书大全》和《性理大全》两部书。编纂工作起初进展较慢，成祖下诏催促，并增补纂修人员，因此至1415年(永乐十三年)，书就编成了，用时还不到一年。书成后，胡广等进览，成祖将《五经四书大全》分为《五经大全》和《四书大全》两部，并为三部“大全”，亲自作序。待书缮写成帙后，胡广等上表进书，成祖又御奉天殿受之，命礼部颁行天下。同时，对胡广等纂修者赏赐钞币，赐宴礼部，场面十分隆重。

从体例上讲，三部“大全”都是杂采诸家之说加以钞纂而成。三部“大全”中，《五经大全》卷帙最多，其中《周易大全》24卷，《书传大全》10卷，《诗经大全》20卷，《春秋大全》70卷，《礼记大全》30卷，共计154卷。《五经大全》所据经注，无一例外均属朱学著作。其中《周易大全》经文以程颐《伊川易传》和朱熹《易本义》为本，杂取元人董楷《周易传义附录》、董真卿《周易会通》、胡一桂《周易本义附录纂疏》以及胡炳文《周易本义通释》四家之说，刊除重复，勒为一编。董楷、胡一桂、胡炳文都笃守朱熹学说，董真卿亦以程朱为主，博采诸家，其说颇为赅备。《书传大全》经文以蔡沈《书集传》为本，蔡沈是朱熹的弟子，《书集传》之作乃在朱熹的“口授指画”下完成，部分内容还得到朱熹的亲自改定，书中还大量引用“师说”，因此是地道的朱学著作。《书传大全》之作，还吸收了元儒陈栎《尚书集传纂疏》以及陈师凯《书蔡传旁通》两家之说，《纂疏》皆墨守蔡《传》，《旁通》则名物度数，考证特详，故《书传大全》在《五经大全》中属质量较好的一部。《诗经大全》经文以朱熹《诗集传》为本，沿袭了元代以来科举考试科目规定的旧制。此书名为官修，实则根据元人刘瑾《诗传通释》稍加损益，小变其例而成。刘瑾学本朱熹，所著《诗传通释》专为发明《诗集传》而作，对《诗集传》的谬误之处，亦多委曲迁就，一一回护。《诗经大全》删汰其过于繁冗者，改书中“瑾案”为“刘氏曰”；刘书原本以《诗小序》分属诗经各篇，《诗经大全》则从朱熹旧本将之合为一篇，附于书后，如此而已。《礼记大全》经文以元代陈澔《礼记集说》为本，采掇诸儒之说42家而成。陈澔之父是朱熹三传弟子饶鲁的学生，因此陈澔也可算作朱学中人。陈氏之书疏于考证，空言说理，舛误不少，四库馆臣称其“用为蒙训则有余，求以经术则不足”。《礼记大全》以之为据，根底先失，殊乏价值，即便引用诸儒之说，也不过是笺释文句，与陈澔之说互相发明，了无新意，因此该书受到后世学者的严厉批评。《春秋大全》经文以胡安国《春秋传》为本，书之《凡例》虽称“纪年依汪氏《纂疏》，地名依李氏《会通》，经文以胡氏为据，例依林氏”，但实际乃是在元人汪克宽《春秋胡传附录纂疏》30卷的基础上稍加点窜而成，故《四库全书总目》称其“实则全袭《纂疏》成书，虽奉敕纂修，实未纂修也”。

《四书大全》36卷，其全名是《四书集注大全》，可以视为朱熹《四书集注》的“增广本”。全书包括四个部分：一、《大学章句》《大学或问》；二、《中庸章句》《中庸或问》；三、《孟子集注大全》；四、《论语集注大全》。可见，《大学》《中庸》两书只是罗列朱熹之《章句》《或问》，未附诸儒之说；《孟子》《论语》两书则于朱熹《集注》文字中，逐章、逐节附入诸儒之说。书之《凡例》称：“《四书大全》，朱子《集注》、诸家之说，分行小书。凡《集成》《辑释》所取诸儒之说有相发明者，采附其下，其背戾者不取。凡诸家语录、文集，内有发明经注，而《集成》《辑释》遗漏者，今悉增入。”这里所谓“《集成》《辑释》”，分别指宋末吴真子所著《四书集成》和元代倪士毅所撰《四书辑释》两书。《四书大全》引用由汉至明诸儒之说，计106家，其中绝大多数是程朱一派的学者。

《性理大全》70卷，是宋代理学家的著作和相关言论的汇编，共计120家。其中前25卷收录宋人理学著作9种，包括周敦颐《太极图说》1卷、《通书》2卷，张载《西铭》1卷、《正蒙》2卷，邵雍《皇极经世书》7卷，朱熹《易学启蒙》4卷、《家礼》4卷，蔡元定《律吕新书》2卷，蔡沈《洪范皇极内篇》2卷。自26卷至70卷，则分门别类地汇编宋代诸儒关于“性理”的言论，共分理气、鬼神、性理、道统、圣贤、诸儒、学、诸子、历代、君道、治道、诗、文等13类。所采诸儒，基本不出程朱一派的范围。全书内容庞杂，枝蔓冗长，四库馆臣称其“皆割裂襞积以成文，非能于道学渊源真有鉴别”。

综言之，明成祖下令编纂的三部“大全”几乎都是抄录宋、元人现成著作而成，谈不上什么学术创新。元朝皇庆年间至明初，科举考试虽以程朱之说为主，但对于古注疏依旧不废，但自1415年（永乐十三年）颁行三部“大全”以来，朝廷将之作为科举考试的准绳，古注疏遂废而不用，广大士子只是抱着三部“大全”摩挲研读，以求仕进，这对于有明一代学风的负面影响是可想而知的。正如明末清初的思想家顾炎武在《日知录》中所言：“当日儒臣奉旨修《四书五经大全》，颁餐钱，给笔札，书成之日，赐金迁秩，所费于国家者不知凡几。将谓此书即成，可以章一代教学之功，启百世儒林之绪。而仅取已成之书抄誊一过，上欺朝廷，下诳士子。唐宋之时，有是事乎？岂非骨鲠之臣已空于违文之代，而制义初行，一时士人尽弃宋、元以来所传之实学，上下相蒙，以饕禄利，而莫之问也。呜呼！经学之废，实自此始。”又称：“自八股行而古学废，《大全》出而经说亡，十族诛而臣节变。洪武、永乐之间，亦世道升降之一会矣。”明代的学无根底和理学衰微，其实在明初就埋下伏笔了。不过从另一方面讲，三部“大全”唯朱学是尊，却促使朱学在明代真正成为社会的统治思想，这标志着朱学统治地位的最终确立。以一家之说统一天下人之思想，这其实正是明成祖朱棣下令纂修三部“大全”的根本宗旨，成祖在为三部“大全”所撰序言中即称：“……颁布天下，使天下之人获睹经书之全，探见圣贤之蕴，由是穷理以明道，立诚以达本，修之于身，行之于家，用之于国，而达之天下。使家不异政，国不殊俗，大回淳古之风，以绍先王之统，以成熙雍之治，将必有赖于斯焉。”因此，从政治统治的角度讲，三部“大全”的社会作用还是非常显著的。程朱理学从此成为官方哲学，处于独尊地位，对中国社会产生了深远的影响。

（周春健）

# 8. 郑和下西洋

郑和，本姓马，小名三保，云南昆明（今昆明市晋宁区）人，1371 年（明洪武四年）出生。1382 年（洪武十五年），由于家乡发生战乱，被掳进明军并被阉割，后进入燕王府，成为朱棣的一名侍卫。据《郑和家谱》记载：“公和始事于永乐二年正月初一，御书郑字，赐以为姓，乃名郑和，选为内宫监太监。”郑和以其卓越的胆略，在“靖难之役”中建立了巨大的功劳，所以在赐姓之外，还将他提升为内宫监太监，以示褒奖。那时郑和才三十三四岁，正是事业可为之年。当时印度洋沿岸国家大多信仰伊斯兰教，南亚许多国家则信仰佛教。而郑和的宗教信仰比较复杂。据杨樬在《郑和下西洋史探》中介绍，郑和出生于穆斯林家庭，祖父和父亲都曾去过伊斯兰教圣地麦加朝圣。但又曾受菩萨弟子戒，法名福善。另外，和其他中国航海者一样信奉妈祖（即天妃或天后）。所以他既是一个伊斯兰教信徒，也皈依佛教，又信奉属于中国道教体系的妈祖，这就为郑和出使西洋创造了条件。此外，郑和既懂航海，又才智过人，知兵习战，有很强的领导才能和外交能力，并且担任内宫监太监。因此，明成祖朱棣选拔他担任正使，率领船队出使西洋。

郑和出使西洋有着深刻的历史背景。1398 年（明洪武三十一年）明太祖朱元璋逝世，传位皇孙惠帝朱允炆，年号建文。随即，惠帝的中央政权与各地分封诸侯政权的矛盾激化。朱元璋的第四子，镇守北平（现北京）的燕王朱棣发动了“靖难之役”，起兵反对惠帝。经过了长达四年之久的战争，燕王朱棣获得了皇位，称明成祖，年号永乐。明成祖首先推行明太祖的“安养生息”政策，重本务农，以求迅速修复战争带来的创伤，很快就实现了“仓廪充积，天下太平”的局面。国内的安定富足和政治的牢固统一，使朱棣可以放开手脚地规划自己的宏图大业。

在对外贸易上，朱棣在登基不久就逐步解除了海禁，使对外交往活动频繁起来。对以往限制极严的朝贡贸易也改变了以前的单调做法，真诚欢迎各国前来贸易。对外来国家的进贡行为不但不征税，而且回赐极为优厚。在贸易制度的制定上，为满足经济交流的实际需要而进行了灵活的改善。对外来船只带来的货物，除了官府进行政府采购之外，开始允许民间通过固定的集市进行交易。另外，朱棣开始主动派遣使团到邻近各国访问。中国丰饶富足、强盛的国力对这些地区产生了巨大的影响。明朝对海外各国实行的是春秋时《礼记》上说的“怀诸侯”“柔远人”的方针。但实际上，当时我国沿海和海外各国并不平静。日本倭寇危害我国东南沿海，安南经常侵扰我国边境，东南亚诸国相互攻占不息，恃强凌弱的情况并不少见，有的小国还派遣使者来中国寻求保护。与此同时，有的重要海域盗匪猖獗，海道难通，海外诸国来华朝贡也有日益减少的趋势，中亚地区的蒙古贵族统治者也在计划进攻中国，企图恢复元朝在中国的统治。为此，明政府也需要与中亚诸国建立友好关系，以牵制蒙古人对中国的进攻。明成祖雄才大略，在巩固了国内统治和国力开始增强时，就派遣亲信郑和等官员，组织庞大的船队，到东南亚和印度洋周边国家，执行有关政治、经济、文化、军事等多种任务，从而就有了郑和下西洋这一彪炳史册的壮举。

郑和于1405年(永乐三年)至1430年(宣德五年)共7次率领船队下西洋。《明史·郑和传》记载郑和下西洋总人数为27800余人。其余古籍和碑记所记各次下西洋人数也在这个数字左右，没有很大的差别。由此可见，郑和下西洋的次数之多，规模之大。为了如此大规模地出使西洋，明政府进行了大量的人员、物质条件准备，并且积累了大量远洋航行的技术和经验。

从船队规模上来说，据嘉靖《太仓州志》记载：郑和第一次航海有海船208艘。《明成祖实录》(卷52)记载，1407年郑和第二次出使时，改造了海船249艘。太仓刘家港和福建长乐两处石碑则记出航海船百余艘。《明史》记载，造大船62艘。《明成祖实录》记载，1408年造宝船48艘，1419年造宝船41艘。因此，有些学者认为，郑和船队拥有大海船几十艘，此外，还有很多小型海船，数量在100艘至200艘之间，各次航海的船数也可能有差别，一般在100余艘至200余艘之间。据杨櫄在《郑和下西洋史探》中介绍，郑和初期下西洋所用的海船主要是调用、改造当时我国沿海已有的船舶。因为在郑和下西洋之前，明政府曾命全国各地建造和改造海船达2600多艘，从几千艘现有海船中调用两百多艘可以远航的海船并不是不可能的事情。而前面提到的1408年和1419年分别新造宝船48艘和41艘应该是为了补充郑和船队朽损船只之用。

从出使人员方面看，郑和出使西洋的使团有2万多人，根据这些人的不同职责，可以将他们分为六大类。第一类是指挥决策人员。他们一般是明成祖身边得力的宦官，有数十人。其中较著名的除了郑和以外还有王景弘、侯显、王贵通、洪保、杨庆、杨敏、李恺(李兴)、朱良、周满(周福)、杨真、周闻等人，他们是副使太监或少监，带领分船队出使各国。第二类是军事护航人员。郑和使团中有官兵约2万人，这些使团的领导人都是身经百战、作战经验丰富的军事人员，如都指挥朱真、王衡等。此外，还有指挥、千户总旗等武官数百人。第三类是文职后勤人员，主要是秘书、翻译、后勤供应、起草文书等人员，由于其中有的人写了流传后世的著作，从而拥有较高的知名度，如马欢、巩珍、费信等。第四类主要是航海驾驶人员。明代掌管船舶航海驾驶的人称为“火长”，即舟师。郑和船队上的火长选自南方沿海的民间航海人员。在东南亚和印度洋航行也聘用一些当地的“番火长”，承担领航任务。船上还有操舵、升降风帆、起落锚啶、划桨及舵工、水手等多人。第五类是天文、气象学家和医务人员。郑和使团还有阴阳官，他们掌管天文、气象测候。另外还有医官、医士等人，他们不仅为船队官兵治病，还注意收集当地的有效药物。第六类是其他工匠和杂工，包括房屋修造、船舶建造修理、膳食等各种服役杂工。

从出使的技术条件来看，明代以前的航海技术已经有了相当的发展，包括选定航线、确定航行方向、推算航行里程和测定船舶在海中的位置等。开始的沿岸航行阶段主要采取“地文航海”的方法航海。随着航海经验的丰富和技术的发展，元明时期，我国海员学会了用“牵星板”测量天体高度，来测定船在海中的地理纬度；明代，我国采用燃香或沙漏计时，以便确定与零经度处的时差，从而确定船舶所在的地理经度；并且，这时我国已经将指南针(罗盘)应用于航海来准确判断航行方向。通过地理经度和地理纬度的确定来判断船舶在海洋中的确切位置，这就是“天文航海”技术。我国明代时已经掌握了这项技术，为远洋航行创造了技术条件。另外，中国人民有着悠久的航海传统，经过了各个朝代的发扬，到明代以前，已经趋向洲际航海方面发展。为15世纪初叶郑和使团的航海事业，做好了海外国家知识和航海经验方面的准备。

总的来看，郑和先后7次下西洋，历时近30年。郑和每一次出使西洋所处的历史背景、所要完成的任务及其出使各国的主要目的都是各不相同的，根据其出使的主要目的的不同，可以分为两个历史时期。郑和自1405年第一次奉命出使，至1433年第七次下西洋归来，前三次可以划为一个阶段，后四次划为另外一个阶段。前一阶段自1405年起，至1411年郑和第三次出使西洋回国为止。这一时期，郑和使团的活动范围不出东南亚和南亚，并且主要来往于东南亚之间。当时，中国与东南亚、南亚各国之间，存在着许多需要解决的矛盾。比如，东南亚的局势动乱不安，最突出的问题就是安南奉行侵略扩张政策，严重危及邻国的安全；中国东南沿海至南海、南洋群岛一带，局势也非常不稳定；在东南沿海及南洋诸岛屿，各种反明势力活动十分猖獗。另外，还有当时国内的政治形式、元朝时期造成的不良影响、海商勾结“诸番夷”走私武装等问题，以及当时流传很广的“疑惠帝亡海外”问题，都是客观存在的。这一系列的矛盾和问题，如果不加以解决，中国与东南亚、南亚各国之间的关系就很难得到突破和发展，没有东南亚和南亚海路的畅通和稳定的后方，郑和使团也不可能超越这一范围，向更远大的目标前进。

郑和下西洋前一阶段的主要任务，除了在东南亚和南亚建立国际和平安宁的局面，树立明王朝的声威以外，另外一个重要任务就是为下一步向南亚以西更远的地方航行，建立中途候风转航的据点。郑和经过三下西洋，前期的航海任务已经圆满完成，所谓“踪迹建文”的事也过去了，并且积累了丰富的航海经验。在郑和三下西洋的同时，明成祖朱棣亲征漠北，北边蒙古等国的威胁已经扫除。在郑和第三次下西洋归国时，永乐朝已经进入鼎盛时期，人民安居乐业、国泰民安，政治、经济势力更加强大，南北均无后顾之忧，郑和进行第二阶段航海的时机已经成熟。郑和出使西洋的第二阶段包括郑和第四次(1412 年)到第七次(1433 年)的四次航行。他第二阶段航海的主要任务是向南亚以西继续航行，到达波斯湾以及更远的地方，向未知的世界前进，从而开辟出新的航路，让从来不通中国的海外远国“宾服”于中国。在郑和出使西洋的后期，郑和船队经过南沙群岛，横渡印度洋，取道波斯湾，穿越红海，沿东非之滨南下，最远达到赤道以南的非洲东部沿岸诸国及马达加斯加岛一带，其分队甚至远达西非沿岸。郑和在第二阶段的航海过程中，除了重访东南亚及南亚诸国之外，通过发现新航线，又新访了许多阿拉伯及东非沿岸国家，并跟他们建立了良好的外交关系。其分队向西南深入大西洋，向东南深入太平洋的远航，所访问过的一些国家和地区，由于记录有限，有些我们迄今为止还不能确定。

根据明代的古籍，特别是长乐和太仓两幅碑文、《郑和航海图》和黄省曾著的《西洋朝贡典录》，大致可以了解到郑和各次出使的主要航海航程。虽然学者认为古籍上有的内容是作者听闻别人的经历而记录的，并非自己亲身经历，要明确郑和亲自到过哪些国家和派出分队的情况很困难，但为了简化问题，杨槱在《郑和下西洋史探》中将郑和各次航海所经过的主要航线进行了归纳并作了介绍，它们分别是：

郑和在出使西洋的前一阶段(前三次)的航线基本相同，只有细微的差别，返程的航线与去的航线也差不多。他们第一次出使西洋是在 1405 年，他们的船队从江苏太仓刘家港(浏河)出发。出长江口后，南下航行到福建长乐太平港集中、修理、整顿、训练、装载货物和给养，等到冬季来临就趁东北季风南下。出闽江口的五虎门，经过台湾海峡、东沙群岛、海南岛东南外侧，航行十昼夜，到达占城的港口罗湾头(今越南中部归仁附近港口)。从占城又向南航行，经过南沙群岛、加里曼丹大岛西海岸，航行二十昼夜，到达印度尼西亚爪哇岛泗水西边的杜板。现在的印度尼西亚华人一般认为郑和的船队是于 1406 年 6 月 30 日在爪哇中部的三宝垄登陆。从杜板或三宝垄继续向西北航行八昼夜到达旧港(即苏门答腊岛的巨港，明时也称三佛齐国)，然后又从旧港向西北行，进入马六甲海峡，航行八昼夜，到达满剌加国(马六甲)。从满剌加沿苏门答腊岛北岸向西北航行八昼夜，到达这个大岛的西北部(今班达亚齐附近)的苏门答腊国，再从苏门答腊向西北航行，经翠兰屿(尼科巴群岛)，继续航行十四昼夜，到达锡兰山(斯里兰卡)的别罗里港(今科伦坡南边)。从锡兰山的别别罗里向西北继续航行六昼夜，绕过印度次大陆南端，经过了小葛兰(奎隆)、柯枝(柯钦)，再航行四天到达印度西南部重要港口古里(卡利卡特)，这个港口是郑和第一次出使西洋到达的最远的港口城市。随后于 1407 年夏天基本沿原航线返回，只是在中南半岛(真腊)南端外面的昆仑岛停泊过。

郑和第二次和第三次出使西洋的航线与第一次航行基本相同。第二次是在 1407 年冬，并于 1409 年返回，在返程中访问了暹罗(泰国)和真腊(柬埔寨)两国。而第三次出使西洋的航程只是比第一次稍微复杂，他们于 1409 年冬出发，途经占城、真腊、暹罗、爪哇、满剌加、苏门答腊、南渤里、锡兰山、小葛兰、甘巴里、阿拨巴丹、柯枝和古里等国。在这次航行期间，郑和派遣分船队到榜葛剌国(孟加拉国)，并于 1411 年夏返程。此次返程的航线也和前两次的航线相仿，差别不大。

郑和出使西洋第二阶段(后四次)的环境已经大大改善，东南亚各国矛盾得到缓解，局势稳定，明朝威信提高。沿海的海盗势力已被剿灭，海道畅通。锡兰山等国也换了与中国友好的君主，北方的敌对势力也基本解决。明成祖在国内的地位已经得到了巩固和加强，国富民丰，国泰民安，明朝正处于鼎盛时期。于是，郑和秉承明成祖的旨意，进一步向西亚和东非等国进发。第四次出使西洋是在 1413 年，于 1415 年返回。这次航海，郑和充分利用了前一阶段出使西洋的成果(自中国到印度古里(卡利卡特)的航程与前三次基本一样)，然后又开辟了去西亚和东非的航线。从古里沿印度西海岸西北，航行二十八昼夜，进入阿曼湾，到达霍尔目兹海峡一个岛屿上的著名商港——忽鲁谟斯，后又从此地出发向东南航行，绕过阿拉伯半岛东南端阿曼的马斯喀特、苏尔等地，转西南航行到祖法儿港口(位于阿拉伯半岛南岸哈德拉毛地区)，从这里一直向西南航行就可以到达接近红海入口处东部的阿丹。郑和船队的一个分船队可能从阿丹(亚丁)越过亚丁湾，向东航行，绕过非洲东北端的阿赛尔角和哈丰角，沿索马里海岸向西南航行，到达过木骨都束(摩加迪沙)、卜剌哇(巴拉韦)、竹步(朱巴河河口一带)、麻林地(肯尼亚的马林迪)和慢八撒(蒙巴萨)。那时，阿拉伯人早已有了从古里直接到达祖法儿和阿丹的贸易航线，阿拉伯船队也有了从小葛兰(印度奎隆)去木骨都束(摩加迪沙)的越洋航线，锡兰山(斯里兰卡)有去卜剌哇(巴拉韦)的航线，苏门答腊岛有经过西印度洋中的溜山(马尔代夫群岛)去木骨都束和慢八撒(蒙巴萨)的航线，郑和及其派遣的分船队可能采取过这些航线。另外，有些古籍上提到过从阿丹到达天方的航线，即从阿丹向西经过曼德海峡进入红海，向西北航行四天可到达天方(阿拉伯)的秩达(吉达港)，但不能确定郑和船队是否走过这条航线。

郑和第五次和第六次出使西洋主要是为了护送东南亚、南亚、阿拉伯和东非诸国使臣回国。其中，第五次是于 1417 年出发，于 1419 年返回。这次护送的有：古里、爪哇、满剌加、占城、锡兰山、木骨都束、溜山、南渤里、卜剌哇、阿丹、苏门答腊、麻林地、剌撒、忽鲁谟斯、柯枝、南巫里、沙里湾尼等国使者，此外还有彭亨国王。在此次郑和船队航海返程途中，到达马来半岛后可能还到渤泥、苏禄、吕送等东南亚国家访问，但具体是哪一次航海的航程，是主船队还是分船队到现在还没有定论。而郑和第六次航海于 1421 年出发，于 1422 年回国。而此次护送的主要有：忽鲁谟斯、阿丹、祖法儿、剌撒、卜剌哇、木骨都束、古里、柯枝、加异勒(印度西南部小国)、锡兰山、溜山、南渤里、阿鲁、满剌加、甘巴里等国使臣。但是，这次远航中，大船队到达苏门答腊后，就分两个船队分别航行。第一支船队从苏门答腊到榜葛剌，有二十天航程；第二支船队从达苏门答腊经过锡兰山到了古里，有二十四天航程。第二支船队到达古里后又分为几支船队分别去了忽鲁谟斯(二十五天航程)、祖法儿(十天航程)和剌撒(二十天航程)。

郑和第七次出使西洋之前，下西洋的活动曾遭到一些挫折，致使下西洋一度中断达五年多之久。1424 年 7 月 8 日明成祖朱棣逝世，明仁宗朱高炽于当年 8 月 15 日即位。明仁宗听从户部尚书夏原吉的建议，下诏书“下西洋诸番国宝船，悉皆停止”，但他不到一年就去世了，明宣宗朱瞻基即位，年号宣德。1430 年(宣德五年)，反对下西洋的夏原吉去世。明宣宗决定派遣郑和再下西洋，这时下西洋的船队已经停航五年多了。这次出使西洋的航程，明朝祝允明撰的《前闻记》记载是：“宣德五年闰十二月六日(南京)龙湾开船，十日到徐山。二十日出附子门，二十一日到刘家港。六年二月二十六日到长乐港。十一月十二日到福斗山。十二月九日出五虎门，二十四日到占城。七年正月十一日开船，二月六日到爪哇苏鲁马益(今泗水，位于印度尼西亚爪哇岛东北部)。六月十六日开船，二十七日到旧港。七月一日开船，八日到满剌加。八月八日开船，十八日到苏门答剌。十月十日开船，十一月六日到锡兰山。十日开船，十八日到古里国。二十二日开船，十二月二十六日到达忽鲁谟斯。"这次郑和船队在锡兰山派出分船队去榜葛剌、西印度洋的溜山及东非诸国。郑和使团在抵达小葛兰(奎隆)和柯枝(柯钦)时，还登陆去访问了内陆的甘巴里和加异勒两国。1432年11月，郑和使团的洪保率领分船队到达古里与郑和船队集合。不久，郑和在古里逝世。关于这次郑和船队的回程，《前闻记》也有记载："宣德八年二月十八日从忽鲁谟斯开船回洋，三月二十一日到古里。二十日大宗船回洋，四月六日到苏门答剌。十二日开船，二十日到满剌加。五月十日回到昆仑洋，二十三日到赤坎(越南东南部)，二十六日到占城。六月一日开船，三日到外罗山，九日见南澳山，十日晚望见郎回山，六月十四日到崎头洋，十五日到碗碟屿，二十日过大小赤，二十一日进太仓。"至此，郑和船队七次出使西洋的壮举基本结束了，中国大规模地出使西洋的活动也基本停止，但是郑和下西洋的功绩和影响却名垂千古。

郑和出使西洋，扩张了明政府的朝贡贸易，发展了与南亚、东南亚以及非洲诸国的友好交流。另外，郑和出使西洋对海上的探索、对世界航海事业的发展也作出了积极的贡献。郑和使团出使西洋还取得了另外一些成就，包括：配合打击安南的侵略扩张行为；妥善处理了爪哇问题；建立了满剌加和苏门答腊两个重要的船队基地；歼灭海寇陈祖义和设立旧港宣慰使司；锡兰山国国王的废立，妥善处理锡兰山国国王的反叛；满剌加王国的建立及其国王来华访问；擒获"伪王"苏干剌，稳定了苏门答腊国的局势；正确地解决了旧港宣慰使的继承问题；以及调解了满剌加和暹罗两国之间的关系，等等。

(赵红杰)

# 9. 大礼仪之争

1520 年(正德十五年)，明武宗朱厚照在南巡游乐时翻船落水，于次年春去世。武宗无子，生前也未立皇储，皇太后张氏命太监张永、谷大用等立即与大学士们商议皇位继承问题。内阁首辅杨廷和早有准备，他援引《皇明祖训》，认为：“兄终弟及，谁能渎焉！兴献王长子，宪宗之孙，孝宗之从子，大行皇帝之从弟，序当立。”(《明史》卷一百九十《杨廷和传》)梁储、蒋冕、毛纪等大学士都赞成杨廷和的意见，皇太后听了张永的汇报后，也予以批准，他们决定让刚袭封为兴王的朱厚熜入继大统。朱厚熜由安陆到达京师，在奉天殿即位，是为明世宗。

明世宗刚到达北京城外的行殿时，在即位礼上就与内阁产生了矛盾。因为杨廷和曾经指示负责礼仪的官员们，用适合太子的仪式迎接世宗，礼部官员请世宗依皇太子即位礼由东安门入居文华殿，择日登基。世宗却拒绝采用皇太子即位礼，声称自己是来当皇帝的，不是来当太子的，然后他按照自己拟定的由大明门至奉天殿的入宫路线，登上了皇帝宝座。世宗以皇帝的权势在与内阁的较量中获胜。

世宗当时年仅 15 岁，就表现出刚愎、多谋的性格，绝不像一位任人摆布的少年天子。入继大统后，为了明确宗法关系，提高他父亲的地位，把兴献王的主祀称号问题提出来并下令礼部讨论，这就引起了他与杨廷和为首的朝臣的激烈冲突，由此形成一场明朝历史上有名的“大礼仪之争”。

1521 年(正德十六年)，明世宗在即位后的第 5 天就下令让礼部官员集议他父亲兴献王的封号问题。礼部尚书毛澄向内阁首辅杨廷和请示以后，会同公卿、台谏等官员 60 余人上疏：以世宗为入继之君，宜效法汉代定陶王和宋代濮王继位的旧例，应称孝宗为皇考，兴献王及妃为皇叔父母。对这种移易父母的办法，世宗极为不满，要求另议。后来，杨廷和、毛纪等大学士都上言要求皇帝服从礼部的决议，礼部尚书毛澄也会集群臣再三执奏，明世宗仍坚决不从。

稍后，观政进士张璁上《大礼疏》，提出了与杨廷和等人不同的继统不继嗣的论说，这一主张正符合世宗的想法。世宗非常高兴，当即下诏，欲尊其父为兴献皇帝，母为兴献皇后。杨廷和拒不从命，将手招原封退回，并多次上疏申辩，还公开声称：在这个问题上，有异议者当斩。秋天，明世宗的母亲兴献王妃蒋氏从安陆来到通州，闻朝议考孝宗，她非常生气，拒绝进入京城，并威胁说要即刻返回安陆。世宗听说此事后，为之涕泣，他告诉太后自己想避位，和他的母亲一起返回安陆。慈寿皇太后和杨廷和觉得事情越闹越糟了，不得已，乃请称兴献王为兴献帝，兴献王妃为兴献后。世宗的母亲听说这个决议后才答应进京。但是这件事情到此还没有结束，杨廷和利用手中的权力，开始排斥在议礼中与自己意见不同的人。不久，杨廷和就授意吏部，调张璁为南京刑部主事，使之远离朝廷，为大礼之事减少阻力。

年底，世宗又传谕，令加兴献帝、后以“皇”字，并对杨廷和等人的极力反对均不理睬。1522 年(嘉靖元年）年初，清宁宫后殿发生火灾，杨廷和等人趁机上疏，制造舆论，称这大概是因为兴献帝、后加称的事情引起了皇帝祖先神灵不满所致，一时议论纷纷。明世宗不得已，只能勉从众议，尊称孝宗为皇考，慈寿皇太后为圣母，兴献帝、后为本生父母，不再加"皇"字。

一年多以后，南京吏部主事桂萼经过和张璁的长期商讨，于1523年（嘉靖二年）写给世宗一个奏折，请世宗改称孝宗为皇伯考，兴献帝为皇考，还讲到巡抚湖广都御史席书和吏部员外郎方献夫也完全支持世宗关于大礼的立场。世宗看到这个奏折后惊喜万分，又诏廷臣集议，并特旨把张璁、桂萼等人召入朝廷。杨廷和因议大礼，"先后封还御批者四，执奏几三十疏"（《明史》卷一百九十《杨廷和传》），引起了明世宗的严重不满，被罢免。在世宗的支持下，张璁、桂萼、席书、方献夫等主张议礼的政治势力，与继续坚持杨廷和主张的以礼部尚书汪俊和吏部尚书乔宇为首的大部分朝臣相对抗。1524年（嘉靖三年）春，汪俊等妥协了，世宗下诏追尊兴献帝为本生皇考恭穆献皇帝，以兴国太后尊号为本生母章圣皇太后，并且在奉天殿侧别立一室，以崇祭祀。

随后，世宗罢礼部尚书汪俊，令席书接任。张璁、桂萼二人被任命为翰林学士，方献夫为侍读学士。从此，典礼大权掌握在张璁、桂萼等议礼派手中。于是，他们又写奏疏，进一步主张只认生父兴献王为皇考，去掉兴献王、后尊称中的"本生"二字。明世宗根据张璁等的意见，屡次派司礼监的太监去内阁找毛纪等大学士，要去掉其生身父母尊称中的"本生"二字。毛纪等人力言拒绝，明世宗非常恼怒。接着，明世宗在左顺门召见群臣，正式下令：拟除尊号中的"本生"二字，令群臣集议。

明世宗这一声令下，引起了一场极大的风波，成为议大礼过程中两派斗争最激烈的一幕。许多官员认为这是关系到封建纲常名教的根本问题。于是，詹事、翰林、给事、御史、六部、大理、行人诸臣，纷纷上疏反对，结果奏疏均留中不下。一天，早朝结束后，吏部左侍郎何孟春对百官说："宪宗朝，百官哭文华门，争慈懿皇太后葬礼，宪宗从之，此国朝故事也。"翰林修撰杨慎也鼓动说："国家养士百五十年，仗节死义，正在今日。"翰林编修王元正、给事中张翀等遮留群臣于金水桥南，厉声说："今日有不力争者，共击之！"（《明史》卷一百九十一《何孟春传》）于是集九卿23人，翰林22人，给事中21人，御史30人，诸司郎官吏部12人，户部36人，礼部12人，兵部20人，刑部27人，工部15人，大理寺属11人，共229人，统统跪伏于左顺门，向皇帝力争。他们有的高呼太祖高皇帝，有的大呼孝宗皇帝，响彻大内，声震云天。明世宗命司礼监太监先后两次传旨劝退，群臣皆不奉诏。世宗大怒，遣锦衣卫将为首者捉拿，于是丰熙、张翀等8人皆系诏狱。杨慎等人开始敲打左顺门，放声大哭，百官随声号啕起来。明世宗更加恼火，遂命逮捕134人下狱，何孟春等86人待罪。几天以后，为首的大学士丰熙等8人充军戍边，四品以上者被夺俸，五品以下者被杖责，其中有17人因杖责病创，先后死去。这是明世宗对反对派官僚势力的一次沉重的打击。9月，明世宗正式颁布大礼，称孝宗为皇伯考，孝宗后昭圣皇太后为皇伯母，兴献皇帝为皇考，章圣皇太后为圣母。皇考的名分自此确定，皇帝的专制权威又一次得到了体现。

左顺门事件是"大礼仪之争"的转折点。此后，除个别人外，很少有人敢于出面反对议礼了，明世宗的议礼主张也一一得以实现。随着皇考名分的确定，兴献皇帝的祭祀问题又提上了议事日程。于是，1525年（嘉靖四年）春，光禄寺丞何渊建议将献皇帝崇祀于太庙中。席书、张璁、桂萼等人都反对这个意见，他们认为朱祐杬从未当过天子，不宜入太庙。他们提议在皇城内另建一庙，奉祀皇考兴献帝，称为"世庙"，明世宗同意这个建议。1526年（嘉靖五年），"世庙"完成。

1528年（嘉靖七年），明世宗颁布了专门记述"大礼仪"事件的《明伦大典》，将此事件中有利于尊崇兴献帝的文献都收纳在内，还追论前议礼诸臣之罪并宣布处罚决定，其中，将早已辞官的杨廷和定为罪魁。《明伦大典》以钦定法典的形式完成了对大礼仪的理论总结与概括，这意味着嘉靖皇帝在议礼中彻底击败了以杨廷和为首的反对派。1536年（嘉靖十五年），世宗又更定“世庙”为“献皇帝庙”。到1538年（嘉靖十七年），终于将献皇帝称宗附于太庙，尊其庙号为睿宗。至此，“大礼仪之争”才基本结束。

对于嘉靖初年的大礼仪事件，明世宗和以张璁、桂萼为首的议礼派与以杨廷和为首的反对派前后争论了十余年，其激烈程度是明朝建国以来所未有的。这件事本身意义并不重大，但就整个事件的演变过程来看，它对嘉靖一朝的政治、哲学思想等领域都产生了很大的影响。

在政治方面，首先，嘉靖朝君臣关系的恶化起源于“大礼仪之争”。长期的纷争给世宗留下了深刻的影响，此后，世宗为了达到他的欲求，蔑视所有的惯例，排斥臣下的意见，进行粗暴、专横的专制统治。其次，在议大礼的过程中，张璁、桂萼、方献夫等人以主张议礼取得世宗的信任，先后进入内阁，内阁权力因此上升。内阁权重，且重在首辅。后来，张璁、夏言、严嵩等人为争首辅之职又各自植党，明争暗斗，开启了朝臣分党结朋、相互攻讦的不良风气。

在思想领域，参与论争的两派必须从理论上压倒对方，所以引经据典，对传统的礼仪用语和古代礼仪内涵以及经典文献作出有利于自己立场的解释。这些解释，最终以正统程朱理学和新兴王阳明心学这两种对立的哲学为基础。明中叶，正统的程朱理学思想遭到挑战，人们已不满足于程朱理学的禁锢和僵化。在这种情况下，注重主体精神作用的心学适应了当时社会的需要。所以，在“大礼仪”论争中，以王阳明心学为理论基础的议礼派占了上风，而以守旧的程朱理学为理论支撑的反对派遭到失败，这在一定程度上是对程朱理学思想的批判和打击。到了嘉靖后期，王阳明心学被许多大官僚大力提倡，风靡天下，成为晚明时代的显学。

此外，祭礼改制对嘉靖朝的经济也有一定的影响，如坛殿建设、大兴土木等给国家财政造成了沉重的负担。

明武宗生前没有解决皇位继承人的问题，由此所带来的选取新君的方式也成为中国古代皇位继承史上颇具特色的一幕。藩王朱厚熜入继大统后，在其父亲兴献王的主祀称号问题上引起的“大礼仪之争”在当时闹得沸沸扬扬，持续十几年之久，成为明朝政坛上的一件赫然大事。在议礼过程中，杨廷和与明世宗发生了意见分歧，其背后实质是首辅与皇帝争夺权力。当时杨廷和身居首辅、顾命大臣的地位，权力极大，气势逼人。所以明世宗力主给予其父最高的尊崇，除了人情因素外，更主要的是为了打击杨廷和及其依附势力的嚣张气焰，扶植与旧内阁对抗的新生力量，从而形成新的外廷核心。由此可见，议礼不仅是对封建礼法的争论，而且是权力的争夺和重新分配。此外，“大礼仪之争”也充分体现了正统程朱理学与新兴王阳明心学的冲突和较量。最后，这场争论以明世宗取得全面胜利而告终，这标志着专制皇权的复兴，暂时打破了皇帝和内阁大学士们商讨政策才能付诸实施的做法。总之，“大礼仪”这场争论，对嘉靖一朝的政局产生了深远的影响。

（程建丽）

## 10. 张居正改革

张居正(1525—1582年)，字叔大，别号太岳，湖广江陵人，生于1525年(嘉靖四年)。1547年(嘉靖二十六年)考中进士，被选为翰林院庶吉士，得徐阶等器重。1549年(嘉靖二十八年)改授编修。同年上《论时政疏》，抨击宗室骄恣、庶政旷废、吏治因循、边备未修和财用大匮等时弊，未能引起世宗皇帝和首辅严嵩的重视，后因不满严嵩专权而告病还乡。1567年(隆庆元年)，徐阶时任首辅，张居正以吏部左侍郎兼东阁大学士入阁。次年8月上《陈六事疏》，提出省议论、振纪纲、重诏令、核名实、固邦本、饬武备等六事，力主改革，这成为日后张居正改革的施政纲领。至明神宗即位后，张居正与大太监冯保合谋，逐去高拱，自任首辅，掌握明廷大权，开始改革。

在政治方面，张居正认为："致理之道莫急于安民生，安民之要，惟在于核吏治。"所以改革最先从整顿吏治开始。

1573年(万历元年)，张居正颁布《考成法》。《考成法》是在明初公文检查条规的基础上创制的，它的颁行确定了部院监督督抚、巡按，六科监督部院，内阁监督六科的公文检查制度。每件公文必须有落实后的结果才算办完，改变了过去只求公文运行通畅，不问公务是否落实的陋习。公文的处理落实情况，每月有专人检查，每年又有通查。这就要求官员"声必中实，事可责成"，大大改变了行政效率低下的状况。

整顿考课制度。考课就是对官吏的考核，考课的效果直接影响吏治的好坏。明朝初期，曾经制定过较为严格的考课制度，但时至明中叶，考课制度流于形式，考语失实，赏罚不明，甚至不能按时进行。针对这些现象，张居正提出了层层监督的考课办法，强调考语必须分出等级，并对如何分等级作了补充规定，使得"庶有司不敢以虚伪蒙上"，解决了考语失实的问题。同时张居正严明赏罚，施行"面奖廉能"，既由皇帝亲自出面奖励廉能的官员，又贬斥不称职者。对于不能按时考课的问题，张居正力主恢复旧制，将现行的考核京官的"类引"(若干名官员任满之后集中考核——编者按)制度恢复到明初的单独考核。这就使称职者能够及时得到提升，不合格者能够及时淘汰。同时对于出公差的外派官员，规定官员不必等待完差，即予考核，同时不必中断公务，只要把材料交到吏部即可。

整顿铨政，任人唯贤。明代的文官有四大来源，即进士、举人、贡生、吏员。进士与举人、贡生的区别在于是否通过了会试和殿试，这并不代表进士经邦济世的实际能力优于后两者。但是明代中期，朝廷用人偏重功名而不重能力，非进士出身很难得到重用，形成了任人唯功名的陋习。张居正执政期间，力主任人唯贤，确定了"不拘资格"的方针，并制定了相关的保证措施，提拔了大量有能力的举人，甚至破格提拔了很多没有功名的吏员，这为他后来全面进行改革储备了大量的可用之才。同时，张居正又全力解决了地方官的任命与京官外调等诸多铨选任命官员方面的问题。

在文化方面，张居正整顿学政，倡导培养“适于世用”的人才。明代规定，学生必须以《四书》为基础课程，从《五经》中任选其一作为专修，并辅之以《大明律》等课程。但是明代科举成为入仕的主要途径，八股文主要考查的是学生对经典的研读能力，这就使得学生在经邦济世方面的所学甚少。张居正要求学生不仅读经还要读史，读前人有关治国安邦的言论，学习现行的法令和典章制度，做到“通晓古今，适于世用”。为此，他重申了三场取士的规定，即初场考经义，二场、三场考时论和公文写作，并在最终录取时，加强后两场成绩的权重。

张居正还采取了裁汰生员、奖励教职的方法，以期改变明代中叶学政腐败的状况。由于在明代，生员具有免除差徭、享受政府补贴“廪膳”的特权，很多人通过不正当手段获取生员资格，导致了增加政府开支、降低生员质量的诸多弊端。1575 年(万历三年)，张居正制定了较为严格的考试淘汰制度。对于学业荒废、资质平庸的生员立即开除学籍，绝不姑息。同时在录取生员方面规定：对参加入学考试的童生，“必择三场俱通者”录取，宁缺毋滥。在遴选太学生时坚持差额考选、择优录取、挑选年富力强者等原则，保证了太学质量。俗话说，名师出高徒，为了保证教学质量，张居正要求各省巡按、提学使定期推荐优秀的教职人员参加吏部和翰林院主持的资格考试。成绩优异者予以奖励，不合格者不得继续担任教职。

在军事方面，张居正任首辅之前就主张封扰边达 30 年之久的蒙古俺答汗为顺义王，并于 1571 年(隆庆五年)正式册封，同时在大同、甘肃等地边外开设互市，史称“隆庆议和”。张居正执政后，继续奉行与俺答汗和好的方针，并利用互市大量购买蒙古马匹，这不但改革了“官马民养”的旧制，也大量节省了马政开支，提高了军队的战斗力。

在西北，另一支由土蛮率领的蒙古军队扰边不断，而在东北的女真再度崛起，屡屡入寇。为了加强边防，张居正任用戚继光镇守蓟门，李成梁镇守辽东，并给予专断之便，使之“动无掣肘”，最终取得了“边境晏然”的成绩。

为抵御蒙古骑兵的冲击，张居正大力敦促边将修缮边防工事，拨巨款修建边墙。并于 1579 年(万历七年)派人巡视九边，检查边防建设。针对屯田遭到军官豪门侵夺的状况，张居正采取了强硬的措施，严查腐败，保护屯田，提高了士兵的生活水平。

为了加强各地的联系，明朝沿用元代的驿递制度，建立了遍及全国的驿递系统。驿递是由官府掌握，专为公务活动服务的交通系统。主要包括负责接待出差官员的驿站，负责传送公文的急递铺和负责运送粮食的递运所。其中，各地驿站的经费、夫役由当地政府向百姓摊派，过往官员不付任何费用。所以使用驿站的人次越多，百姓的负担越重。官员在使用驿站时需出示由兵部或巡按开具的“堪合”，根据“堪合”所注，在规定的时间内使用物资和人力。但到了明中叶，随着政治的腐败，驿站条例荡然无存。一些官员在非公务期间照样使用驿站，并大量挥霍驿站的物资、人力。百姓负担极为沉重，乃至“壮丁尽行，役及老幼”，“妨废生理，不得休息”。同时由于兵部乱发“堪合”，导致大量非公差人员私用驿站。一些官员不仅使用驿站办私事，夹带商人和货物，还将“堪合”赠送亲友。如此一来，驿站的负担急剧上升，夫役不堪重负，纷纷逃亡，不少驿站名存实亡，部分驿站系统处于半瘫痪的状态。

张居正主政后多次申明，官员在非公务期间严禁使用驿站，并要求兵部按章发出收回“堪合”，如有违反，严惩不贷。驿站按朝廷的规定提供标准用餐和交通工具。一旦遭遇官员骚扰可以向有关方面检举。在张居正的严格督管之下，整顿驿站取得了良好的效果，大大减轻了百姓的负担。

在财政方面，为扭转财政危机，整顿赋役制度是张居正改革的重要组成部分。明代在经历了武宗、世宗、穆宗等几代帝王的挥霍后，明初的财政积累消耗殆尽，大明王朝陷入了严重的财政危机之中。

明代财政开支的主要项目有俸禄、宫廷、国防、水利以及赈灾费用等。其中以官俸所占比例最大，这与明代的官僚体制有着很大的关系。永乐迁都北京以后，实行了两京制，在南京保留了一套和北京中央机构大致相当的机构。同时由于明代奉行高度的中央集权制度，中央怕地方权力过大，尽量多设地方机构来分割地方的权力。机构的增加导致了明代文官数量较高。同时，由于明代实行武官世袭制度，导致大量无权无职的带俸武官出现，政府财政为其所累。正统以后，随着宦官势力的扩大，宫廷机构也随之膨胀，到弘治末年，宦官及其随从增加了数倍之多。

针对这些情况，张居正着手裁汰冗官。首先，张居正认为南京的官职都是闲职，不必配给。仿照过去一人兼管六部的先例，他对南京官职采取“虚其位而减其员”的方法，“非紧要者，不必一一推补”，同时裁减了南京六部侍郎等多个官位。在地方上，张居正裁汰了郧阳巡抚、顺天巡抚、湖广总兵等高级职位。张居正执政期间共裁减了238个职位，增加了33个职位，净裁215个职位，大大缩小了官员编制。对于宫廷机构，张居正与大太监冯保达成共识，内廷与外府互不干涉。为了维护他与冯保的政治联盟，张居正在内廷太监扩编的问题上，没有采取干涉措施，故万历年间，内廷宦官增加了6000余人。虽然张居正没能有效控制宦官人数的增加，但他与冯保的合作却为遏制太监干政起到了一定的积极作用。

古代中国的专制政体是君主的“家天下”，君主视天下为自己的产业。所以尽管自秦汉以后，国家财政制度中有国家经费和皇家宫廷经费的区别，但是皇帝仍有权任意侵夺行政体系的财权。于是，在财政上产生了宫府之间的拉锯战。有明一代，这种矛盾更加激烈。明代的宫廷收入主要有如下来源：首先是取自户部掌管的太仓。其次是取自宫廷的产业，如皇庄等。最后是直接从州县索取，叫做采造。明初，太祖朱元璋出身卑微，懂得民间疾苦，故一再主张内廷的节用。但是，到了明中叶，宫廷的费用日益增加，国家财政的负担也越来越重，这主要表现在宫廷的营建费用不断增加上。英宗、武宗期间大量兴建宫殿，资金不足就强令工部提供费用，政府无奈只得加重摊派，于是海内骚然。到嘉靖、隆庆年间，这一势头仍未得到有效的遏制。其次，宫廷对民间的采造不断加大，内廷派出的采造使者向地方商人强行摊派，硬性规定价格，使所到之处的工商业遭到了很大的破坏。

1573年(万历元年)，张居正任首辅后，经常利用经筵进讲的机会，教化幼年的神宗皇帝，劝导他勤俭爱民。在张居正主政的十年间，他数次驳回皇帝向户部索要资金的要求，并且严格要求采造官员，严禁他们肆意妄为，破坏民间生产。尽管经过张居正的努力，有效地降低了宫廷的费用，减轻了财政负担。但是他的行为使神宗皇帝和他之间产生了隔膜，为张居正去世后遭到神宗的清算埋下了伏笔。

8世纪之后，我国的经济中心由北方逐渐移到南方，江南成为全国最富庶的地区，封建王朝的财政收入主要靠南方的税收，而运送江南物资的主要渠道就是贯穿南北的大运河。由于通过运河输送给朝廷的税粮称为漕粮，因此大运河又称为漕河。自永乐迁都北京之后，漕河成为向朝廷政府和边疆输送财物的主要渠道，堪称明朝的经济大动脉。自明正统年间以后，京城和北方边疆的经费，有三分之二是靠漕河运送的。漕河误期对财政的影响极大，“三月不至则君相忧，六月不至则都人啼，一岁不至则国有不可言者”，所以说“漕为国家命脉攸关”。永乐年间，明朝耗费巨大的人力、物力疏通漕河全线，其南起杭州，经苏州、应天、扬州、淮安、徐州、东昌、天津等府州，直达通州，全长三千多里。为了维持漕河的通畅，明朝在景泰年间设立漕运总管，成化年间又设立专门维修河道的河道总督。但正统以后，吏治腐败，负责漕运河道的官员玩忽职守，严重影响了漕河的治理。尤其是在1448年(正统十三年)，黄河决口，冲入漕河，阻塞了漕运。此后，黄淮水患不断，治理漕河成为财政上的巨大负担。直到隆庆末年，漕运问题一直没有得到有效的解决。

张居正主政后，权衡了漕运与海运的利弊，认为海运风险太大，于是下决心治理漕河。在几次尝试均无建树之后，张居正于1578年(万历六年)起用潘季驯。潘季驯曾于1565年(嘉靖四十四年)主持治理漕河，但因未能根治水患，被免职。张居正态度极为严谨，在数次亲自过问潘季驯治河的情况后，拨银56万余两作为工程费用。同时授予潘季驯人权、财权，放手治河。1579年(万历七年)底，各项全部竣工，共筑建新堤300余里，堵塞决口130处，此后漕河畅通数十年。漕河的畅通无阻不仅节约了财政开支，还有力地促进了南北经济的交流，带动了商品经济的发展，扩充了政府的税源。

清丈土地。明代的赋役中，田赋所占比例较大，耕地是征收土地税的主要依据。掌握确切的耕地数字对财政收入有着极其重要的意义。明初，政府用十年的时间清查了全国土地，在此基础上编制了鱼鳞图册。鱼鳞图册记载了每块耕地的方位四至、形状、土质、等级和户主。鱼鳞图册的编成使官府额定税粮和徭役有据可查。但是由于土地兼并和吏治腐败，明中叶后，官绅、富户大量侵占隐藏土地，洪武时期编制的鱼鳞图册已经不符合耕地的实际占有情况。同时由于明代的赋役沉重，很多农户为了逃避徭役，将土地“投献”给官绅，只纳私租，不缴国赋。很多官绅还将大量田产谎报为荒地河滩，减少占有耕地的数字，逃避赋税。这样一来，国家控制的土地大量减少。1393年(洪武二十六年)，全国土地为85000余万亩；1502年(弘治十五年)，只有62000余万亩；到正德年间，又降到45000万亩，减少了近一半。

土地情况不明，给国家财政带来了巨大的损失。所以从嘉靖初年开始，部分地方官员就开始着手清丈土地，但由于官绅阶层的阻力，一直没有取得成效。直到1577年(万历五年)底，张居正正式提出在全国范围内清丈土地。为了摸索经验，张居正派一直主张清丈的耿定向出任福建巡抚，首先在福建开始试行清丈。在张居正的大力支持下，耿定向于1580年(万历八年)完成清丈，查处隐漏土地231500亩，取得了初步的成功。在此基础上，张居正开始在全国推行清丈，并拟定通行全国的清丈田粮八则规定，明确清丈的方法和步骤。为保障清丈的顺利进行，张居正对反对和阻碍清丈土地的官员实行了严厉的惩罚，同时他也要求一切从实际出发，求实而不求速，三年的清丈期限可以延长，但田亩的数额一定要弄清楚，这一直是其主持清丈工作的重要原则。由于张居正的督促，全国大部分地区的清丈工作得以认真实行。在清丈基础上重新编制的万历鱼鳞图册，比洪武鱼鳞图册更加切合实际，所以一直到清朝初年，万历鱼鳞图册还一直是官府征税和民间买卖土地的重要依据。张居正主持的清丈取得了预期的成绩，弄清了田亩的数字和所有权，并清查出大量被官绅隐占的土地。政府控制下土地数量的增加也使百姓的负担有所减轻。由于大多数官吏能够奉公守法，严格执行有关清丈的规定，清丈基本上达到了“革豪右隐占，苏小民包赔”的目的，同时也实现了在“民不加赋”的前提下增加财政收入的目的。

实行一条鞭法。一条鞭法改革主要是役法改革，也涉及田赋制度。明代徭役原有里甲正役、均徭和杂泛差役等形式。其中以里甲为主，以户为基本单位，户又按丁粮多寡分为三等九则，作为编征差徭的依据。丁指16至60岁的成年男丁。粮指田赋。缴纳田赋的多少取决于地亩的多寡，因此徭役之中也包含了一部分地亩税。这种徭役制的实行，以自耕农小土地所有制广泛存在和地权相对稳定为条件。明中叶后，土地兼并剧烈，土地高度集中，加以官绅包揽、大户隐占、徭役日重、农民逃徙，里甲户丁和田额已多为不实，政府财政收入减少。针对这种现象，不少人提出改革措施，国家从保证赋役出发，逐渐把编征徭役的重心由户丁转向田亩。早在宣德年间江南出现的征一法，正统年间江西出现的鼠尾册，天顺以后东南出现的十段锦法，至成化年间浙江、广东出现的均平银，弘治年间福建出现的纲银法，都具有徭役折银向田亩转移的内容，但这些改革只是在少数地区实行。一条鞭法并非张居正首创。最早是从1530年(嘉靖九年)开始推行一条鞭法的。实行较早的首推赋役繁重的南直隶和浙江省，其次为江西、福建、广东和广西，但这时也只限于某些府、州、县，并未普遍实行。由于赋役改革触及官绅地主的经济利益，阻力较大，开始时期进展较慢，在1561年(嘉靖四十年)至穆宗隆庆的十多年间开始得以逐渐推广。

一条鞭法有如下特点：第一，继续按照田丁征收徭役，但是重点已经从人丁转为田亩。增加有田户的丁银，减少无田户的丁银，这样就使无田或少田的自耕农户所承担的徭役大为减少，这些应缴的徭役则转嫁到田产巨大的官绅富户身上，这就使赋役负担趋于合理，从而保证了赋税的征收，扩充了政府的财政收入。

第二，不仅将差役和田赋一起征收，并且将其他所有杂役赋税合并在一起，统一收取。一条鞭法改变的只是赋役的征收办法，其实并没有削减赋役的总量。这样做只是大大简化了征收的手续，减少了官吏从中盘剥作弊的机会，使得“小民得无扰，而事亦易集”。

第三，田赋、徭役合并后，“皆计亩征银”。征收的方式由实物征收转变为征收货币。一条鞭法推广开后，“诸方赋入折银者几半”，全国有一半的赋役折换成银两征收，这使得农民、手工业者将大量的产品投入市场，换成货币缴纳赋役，国家再用货币到市场上购买商品。粮食的商品化程度随之加深，同时大量的货币流通有力地刺激了商品经济的发展。

一条鞭法自嘉靖、隆庆两朝在南直隶等地推广开后，取得了很大的收益，“从此役无偏累，人始知有种田之利”，“田不荒芜，人不逃窜，钱粮不拖欠”，这充分证明了这是一种利国利民的措施。张居正主政后期，在清丈全国土地的基础上，开始推广一条鞭法。至张居正去世五年后，即1587年(万历十五年)，云南、陕西等边远地区也相继实行一条鞭法。至此，全国范围内的赋役改革得以完成。一条鞭法的实行促进了社会经济的恢复和发展，缓和了明朝的财政危机，挽救了摇摇欲坠的大明江山。

在张居正主持的一系列措施的整顿之下，朝廷的财政状况有了相当的改观。张居正说：“国储日裕矣，今计太仓之粟一千三百余万石，可支五六年。”比之隆庆初年，太仓储量总额增加了近一倍，明代晚期的财政危机得到了有效的遏制。可以说张居正的改革无疑是给大厦将倾的明王朝打了一剂强心针。张居正实行考成法，很多人因为京察而失去了官职，官吏们不得不兢兢业业。他破格任用人才，得罪了许多无才无能只凭借资历升官的人。他整顿驿站，为国家财政节约了大量开支，但是官员们不能再无所顾忌地享用国家交通系统的便利。他整顿学政，淘汰不合格的生员，因而招来知识阶层的不满。他主张内廷节用，使皇帝觉得“威福不能自专”。他清丈土地，实行一条鞭法，有利于国家百姓，但是却损害了官绅富户的利益。这些都使张居正为人所怨，加之张居正执政后期，刚愎自用，睚眦必报，纵容亲仆，亲近宦官，这些都成为别人攻击他的口实。1582年(万历十年)，张居正病逝，随即遭到以万历皇帝为首的贵族官僚集团的清算，不但被夺谥，其家产亦被抄没。张居正改革的大部分举措也在其后被废除，只有一条鞭法得以留存。

(李晓溪)

# 11. 陈献章奠基心学

在心学发展史上，陈献章是一位奠基性的人物。

陈献章生于1428年(明宣德三年)，卒于1500年(明弘治十三年)，字公甫，号石翁，广东新会人，后迁居江门白沙村，因此，学者都称他为“白沙先生”。

陈献章出身书香门第。祖父是一位崇尚自然、向往道家境界的读书人。父亲陈琮少年聪慧，读书一目十行，擅长吟诗，乡居不仕，可惜在陈献章出世前夕去世。陈献章的母亲继承丈夫遗志，经常以丈夫的诗词教导幼子。陈献章幼年多病，但天资过人，读书过目不忘，悟性极高。有一天，他读到《孟子·尽心上》“有天民者，达可行于天下，而后行之”一句，随即感叹“大丈夫行己当如是也”。私塾先生听到后大为惊讶，感叹如此年纪竟然说出这样的话，将来一定有所成就。

1446年(正统十一年)，陈献章进县学读书。次年参加乡试，中第九名。在随后的会试中只考中副榜，不能参加殿试，但获得了进国子监读书的机会。1451年(景泰二年)，陈献章再次参加会试，结果还是落第。此后，陈献章返回家乡，潜心读学。27岁时，陈献章听说江西临川吴与弼正在开门授徒，就前往拜师问学。吴与弼信仰朱熹的学说，对待学生十分严厉。陈献章刚到吴与弼门下时，有次早上贪睡，吴与弼大声呵斥：“秀才，若为懒惰，他日何从于伊川门下？又何从于孟子门下?”陈献章受此激励，从此更加勤勉，每日读书不倦。吴与弼命陈献章编筐种菜，研墨倒茶，以此来磨炼他的意志，又经常与他讲论典籍。陈献章的学问突飞猛进。半年之后，陈献章返回白沙，闭门读书，遍览古今典籍。但是几年之后，他感觉虽然下了不少工夫，但是仍然没有领悟孔孟之道的真谛。是路子不对还是工夫未到？陈献章毫不气馁，继续坚持不懈。他修筑“春阳台”，终日读书于台中，家人从穴壁给他送饮食。经过一番努力后，他终于悟到了“学贵自得”的道理，认为《六经》是记录圣人言行的书，但要真正地求得“道”，还必须“求诸吾心”，即所谓读书要以“自得”为志。陈献章在“春阳台”中静坐十年，几乎到了与世隔绝的程度。在此期间，他阅读了包括佛、道、诸子百家在内的大量书籍，这为他日后奠基心学打下了良好的基础。

1466年(成化二年)，在顺德知县钱溥的游说下，为了告慰老母，陈献章再次入国子监准备应试。国子监祭酒邢让以《和杨龟山此日不再得》为题相考。杨龟山即北宋学者杨时，为二程弟子，以读书讲学为事，被推为“程学正宗”，曾经做过《此日不再得》的悟道诗。邢让出此考题是有意要考验陈献章的才学。陈献章不负众望，很快就步杨时的诗韵，写成了和诗。在和诗中，陈献章从回顾自己的身世、求学经历开始，申述了自己的人生理想和价值观念。他自认以理学为宗主，言“吾道有宗主，千秋朱紫阳。说敬不离口，示我入德方”。但是他也巧妙地表达了自己在读书中悟出的道理，“枢纽在方寸，操舍决存亡”。实际上就是强调在“理”的前提下，重视心的作用和道德的操守。邢让在读过陈献章的和诗后大惊，直呼“龟山不如也”。由于邢让的宣传，陈献章一时间在京师名声大噪，朝中盛传“真儒复出”。京师名士如罗伦、贺钦、庄昶纷纷与陈献章结交。

1469年(成化五年)，陈献章再次应试，结果还是落第。此后，陈献章绝意功名，返乡以读书课徒为生。1482年(成化十八年)，广东布政使彭韶、总督朱英向皇上举荐陈献章，朝廷下旨命参加考试，根据考试成绩任用，但陈献章称病谢绝，后又以供养母亲为由屡次拒绝朝廷的征用。

陈献章在为学上经历了由朱学到静坐、由静坐到心学的演变过程，而发生这一根本性思想转变的契机就是“静坐”。他早年按朱学方法修养，但是“心”和“理”不能契合，终究无所得，于是他专心静坐，从静坐中得到了一种内在体验，即体见到了“隐然呈露，常若有物”的心之本体。他后来教人说：“为学须从静中坐养出端倪来，方有商量处。”这里，陈献章所谓的“端倪”，就是指心体呈露，即主体意识的萌现，它包含主体的道德意识。他用自己的实践说明，有了“常若有物”的体验，就把握了驾驭日常伦理的方法。

从“静中坐养出端倪”是陈献章为学或道德修养的根本方法，其宗旨就是主张心与理“凑泊吻合”，即心包宇宙，求吾心而道存。其实，陈献章倡导的“从静中坐养出端倪”，是对宋代理学中的为学方法的总结和扬弃。周敦颐首倡“主静”说，程颐“每见人静坐”便叹其善学，杨时的门人罗从彦和其弟子李侗更是“专提此教人”。但是自朱熹开始，因担忧“主静”与禅宗的修习方法难以区分，怕人“差人禅去”，故少说“静”，而只说“敬”，即提倡程颐晚年所训导的“主敬”说。陈献章认为，“主敬”是程朱道学中的固有传统，之所以后来以“主敬”取替“主静”，这是“防微虑远之道”，只要“学者须自量如何”，即把握住儒与禅的根本区别，不为禅所诱，则“静坐”乃不失为“学入圣”的基本路数。

在强调“静中坐养出端倪”的同时，陈献章强调在心体上下工夫，并把“为学当求诸心”作为“入圣门”的真谛所在。相对于程朱理学的“即物穷理”来说，陈献章倡导通过“静坐”的方法来体验、呈现心体，这是使为学工夫由外求转为内求。他强调“静中坐养出端倪”的工夫，这个“端倪”除了只能通过内省的神秘方法来体悟外，还是一个具有道德伦理意义的“善端”。此“善端”即孟子所谓“仁、义、礼、智”四端，陈献章认为“善端”作为成圣的根本，只能在静养中被体验和被把握，而不可能通过“求之书籍”的方法来获得，倡导人们在“诗、文章、末习、著述等路头，一齐塞断，一齐扫去，毋令半点芥蒂于我胸中”，然后方可说“善端可善，静可能”，即使固有的心体之理自然呈露，从而达到“无有内外，无有大小，无有隐显，无有精粗，一以贯之”的精神境界，他称此为“自得”。由此出发，陈献章赞同陆九渊“六经注我”的方法，主张“以我而观书，随处得益，以书博我，则释卷而茫然”。在他看来，“学者苟不但求之书而求诸吾心，察于动静有无之机，致养其在我者，而勿以闻见乱之，去耳目支离之用，全虚圆不测之神，一开卷尽得之矣。非得之书也，得自我者也”。但是，陈献章并不笼统地反对或否认读书的重要性，也主张博读典籍，他提出了“学以变化气习，求至乎圣人而后已”的说法。实际上，陈献章反对的是读死书，他要求学者以“我”为主体，经过自己的独立思考、玩味和消化，使“心”与《六经》契合，这样才能开卷有益，有所收获。在陈献章看来，“人所以学者，欲闻道也”，而闻道的途径，既可“求之书籍而道存焉”，也可“求之吾心而道存焉”，取舍选择的前提是能否“道存”。

陈献章提出“求之吾心”，主张求“道”于心，求“理”于心，“心”与“理”凑泊吻合，明显把为学工夫心学化了，这实际上冲破了程朱道学的藩篱，开启了明代心学思潮的先河。他认为，心作为宇宙万物之本，最重要的作用是化生万物，而天地之大、万物之富，又都是由于“心”的“诚”造成的，“有此诚，斯有此物，有此物，必有此诚”。因此，人只要“明此心”，“则天地我立，万化我出，而宇宙皆在我矣”。他进而把心的作用推衍到绝对的地位，提出了“一体乾坤是此心”的观点。在陈献章看来，心既是宇宙本体，也是认识主体，

“为学当求之心，此心学之法门也”。心之本体至虚至灵，涵盖万物，只要返求之于心，使本心复明，便可主宰一切。

但是，如陈献章所言，“心”即宇宙，“理”就在“心”上，为何还要向心求“道”、求“理”呢？陈献章解释说，这个具有万理的“心”，不是指各个具体的“心”，而是指一般的、普通的、从各个具体的心抽象出来的“心”，“无我无人无古今”，即没有时间、空间，可以超越具体的人而独立存在。但是，这个普遍的“心”具体化为个人的“心”之后，受到了“形”的影响，受到了声、色的引诱，“耳之蔽声，目之蔽色，蔽口鼻以臭味，蔽四肢以安逸，一掬之力不胜群蔽，则其去禽兽不远也”。也就是说，“心”因为有了外界的物资诱惑，才变得有理不明，才需要有“主静”的工夫来以疏导，使“心”复明于“理”。由于这一原因，陈献章也提出了“绝私去欲”的主张，主张“克去有我之私”。他认为，人不能被富贵利禄、良田美宅、儿女私情所“累赘”，“一岁十匹衣，一日两杯饭，其乐苟不存，衣食为心患”。陈献章教导人要时刻保持警惕，要常“洗心”，“一洗天地长，政教还先王。再洗日月长，长令照四方。洗之又日新，百日终堂堂”。陈献章甚至主张通过消除感观知觉的办法来“无累于形骸”。

陈献章为明代心学的先驱，不仅在于他提出了“求吾心”的说法，将对“理”的追求转向内求于“心”，还在于他提出了“以自然为宗”的为学与修养的宗旨，表现出一种对超越道德的精神境界的追求。他认为，人与天地同体，如果不能以自然为宗，拘泥于某一事或某一物上，心体的和谐就会遭到破坏。因此，陈献章倡导“学者以自然为宗，不可不着意理会”，在他看来，“古之善学者，常令此心在无物处，便运用得转耳”。陈献章之所谓“自然”，是指人的心灵无滞于任何物累的、本然的潇洒自如、自得自乐的精神状态或精神境界。这实际上是对孔门“曾点之乐”的继承。孔子曾经表达过“吾与点也”的感叹，主张追求精神的自由与身心的自如。在宋明理学中，程颢主张寻找“孔颜之乐”，追求洒落胸襟；程颐和朱熹则主张常怀“敬畏”之心。显然，陈献章继承了程颢的观点，他在《复张东白内翰》的信中指出，为学的路向有两种，即“由积累而至”和“不由积累而至”，前者是“可以言传”的，后者是“不可以言传”的。前者指以程朱为代表的格物穷理之学，后者则是指他自己倡导的“自然”之学，讲求潇洒自如、自得自乐的境界。他认为，《中庸》所讲的“戒慎恐惧”是为了消除邪恶，这是必要的，但是不能因此而损害了求道的“心境”，如果这样，就失去了求道的“本意”。

陈献章把“以自然为宗”的境界又称为“自得”“浩然自得”。他借用“虚”的概念，认为讲求义理和操存，无非追求一种无滞无物的精神境界，可称为“虚”，而要实现或达到此境界的工夫就是“致虚”，即“自然”的工夫。通过“致虚”的工夫所获得的体验，才称得上是真正属于“自家”的东西，包含了人生意义追寻、境界提升、情绪调整及人生终极关怀等多层次的内涵。

显然，陈献章这里的“致虚”与“以自然为宗”，是通过吸取和涵化儒道两家思想内容而形成的。陈献章提倡“以自然为宗”，企慕超脱物累，主张遗世独立，追求“不离乎日用而见莺飞鱼跃之妙”的精神境界，这与孟子所谓的“勿忘勿助”是相通的。他认为曾子只讲了“乐”，没有讲致“乐”的工夫，孟子的“勿忘勿助”则弥补了曾子的缺憾，是求得“尧舜气象”的重要法门。同时，由于陈献章的祖父和父亲都崇尚道家学说，他幼年时，母亲又反复以父亲的诗教导他，因此，陈献章的“以自然为宗”的主张也明显受到了道家学说的影响。在《送李世卿还嘉鱼序》中，陈献章坦诚地阐述了自己的平生志向：“优游自足无外慕，嗒乎若忘，在身忘身，在事忘事，在家忘家，在天下忘天下。”这种忘身、忘事、忘家、忘天下的观点显然出自道家。所以，陈献章的学说实际上是兼容儒道两家的优长而形成的。也因为如此，陈献章受到了批判，《明儒学案》就记载说当时有学者批评陈献章“杂禅”。实际上，陈献章在本质上属于宋明理学家，其生平愿望仍然是学做“圣人”，他所谓的“忘天下”，并不是真正意义上的忘天下，而是轻名利、淡功名，“心无一日不在天下国家”。在如何成圣的问题上，陈献章重“明心”，从“心”上下手，凸显道德主体自我意识的先天性，并强调在人伦日用的实事中去行为践履，即“一语默，一起居，大则人伦，小则日用，知至至之，知终终之，此之谓知”，以防走上“虚无寂灭”的歧途。

陈献章是一位思想家，也是一位教育家。他一生过着儒生的耕读生活，其主要精力都献给了对后辈的教育和培养上。他非常重视教育，认为兴学育才是治国的根本，也是达到政治清明的一项重要手段。在《新迁电白县儒学记》中，陈献章写道：“自古有国家者，未始不以兴学育才为务。”他认为如果不修学政，则“贤才何自而得耶”？在陈献章看来，学校是教育英才的地方，“天下风俗美恶存乎教人，人之贤否存乎教”，而教育应从小学教起，“今之郡县学，古之大学也；今之社学，犹古之小学也”。“是学也，贫富贵贱，才不才共之，无所择于其人”，他主张有教无类，从小人人皆可受教育，不论贫富贵贱都应有机会学习，也有机会成为贤才。他说：“社学，教之地也，其皆不可无也。天下之事，无本不立。小学，学之本也。保自然之和，禁未萌之欲，日就月得，以驯致乎大学，教之序也。然则社学之兴在今日，正淑人心，正风俗，扶世教之第一义也，何可少哉！”当时，“乡之社学不列于官，待有司而后兴”，因此，他对程乡县令刘彬，首以教化风俗为事，在当地建学宫一所、社学四所之事倍加赞赏，特别是对“诸役及买田之费，侯悉以其在官所当得者，积岁成之，一不以忧民”大为敬佩。

陈献章把教学和育人结合在一起，期望把学生培养成国家的栋梁之材。他曾经自谦地表示，自己“老拙无所为”，但是希望学生辈能“树立于世”。《广东新语》专节记“白沙弟子”，称“有白沙弟子传，弟子一百余六人”。清人阮榕龄查阅了大量史料，经过仔细考证，写成《白沙门人考》一书，认为白沙弟子实际上达 180 人之多。

在白沙的弟子中，传其衣钵者当为湛若水。湛若水生于 1466 年（成化二年），1494 年（弘治七年）因仰慕陈献章而前往江门从陈献章问学。湛若水在陈献章门下读书六年，很受陈献章的赏识。1497 年（弘治十年），湛若水在从陈献章学习三年之后，写信讲述了自己“随处体认天理”的心得。陈献章大为赞赏，称：“来书甚好。日用间随处体认天理，着此一鞭，何患不到古人佳处也。”陈献章就此认定，“江门衣钵属之子”。陈献章去世后，湛若水为之守丧三年，并积极宣传陈献章的学术思想。他每到一个地方，都要建白沙祠以纪念先师。在湛若水的影响下，陈献章的学术得到了广泛传播。在学术上，湛若水宣扬“随处体认天理”的学说，他以心之天理为宇宙本体，并扩大心的外延性，把内外统一于天理，强调“体认天理”的合内外、兼知行、贯通未发已发与动静的特点。实际上，湛若水的“随处体认天理”说是对陈献章“体认物理”说的开拓和深化，而且在一定程度上吸取和兼容了程朱道学与陆王心学对“格物”的理解，具有调和的学术倾向。

陈献章以及他所开创的“江门学派”，在明代学术发展史上具有十分重要的地位。黄宗羲在《明儒学案》中指出：“有明之学，至白沙始入精微。其吃紧工夫，全在涵养。”黄宗羲又认为，王阳明的学说其实受到了陈献章的影响，但不知因何原因，“阳明从不说起”。由于缺乏史料记载，王阳明是否真的受到陈献章的影响，我们已不得而知。学术界一般推定王阳明是通过与湛若水的辩论而受到陈献章影响的。从明代心学发展的历程来看，陈献章是承上启下的人物。王阳明的弟子王畿即认为：“我朝理学开端，还是白沙，至师而大明。”由此可见，陈献章在明代学术思想史上具有无可替代的重要地位。

（雷平）

# 12. 阳明心学的盛衰

阳明心学是指我国明代思想家王守仁(1472—1529年，字伯安，号阳明，浙江余姚人)创建的心学思想体系，后世又称之为王学。

阳明心学的形成和发展是多种因素综合作用的结果。

(一)社会环境因素

明中叶以后，整个社会开始由盛转衰，各种社会问题逐渐显露。首先是土地兼并问题日趋严重。这一时期土地兼并的最大特点就是皇帝掠占土地，大量设置皇庄，以至明代皇庄的数量超过了以往历朝。上行下效，皇族其他成员、宦官、勋戚及各级官僚和地方豪族也相率通过种种手段大片侵占土地，导致土地高度集中。随着土地兼并的加剧，农民的负担也日见其重。当时，江南地区曾流传着一首歌谣："一亩官田七斗收，先将六斗送皇州，止留一斗完婚嫁，愁得人来好白头。"这是对赋税重压下官田佃户苦难生活的写照。由于土地日蹙，兼及赋税日重，大批农民被迫远离家园，以至于流民遍地，到正统时期流民总数达到六百万，几乎占全部在籍人口的十分之一。流民问题的突出，标志着作为明代社会主要矛盾的农民和封建统治者的矛盾已空前激化。实际上，明代中期，农民起义连绵不断。其中，尤为引人注目的是正德年间杨虎与刘六、刘七领导的河北农民大起义，它不仅因纵横八省、历时两年而在声势上超过了此前的各次起义，还明确提出了"重开混沌之天"的口号，因而在震撼了封建统治现实基础的同时，还向其理论支柱即被明王朝尊为官方哲学的程朱理学提出了挑战，这表明正统理学对人们思想和行为的禁锢作用已经发生了动摇。

明中叶的社会危机同时也来自统治阶级内部。明代政治最突出的问题就是宦官专政。王振、曹吉祥、汪直、刘谨的相继干政，使政治一片混乱和黑暗，加之内阁制的建立，官僚之间的相互倾轧更是愈演愈烈。有明一代，皇室和藩王曾发生冲突，一定程度上威胁着明王朝的统治。所有这些，显然与统治者所倡导的正统理学是格格不入的。但颇具讽刺意味的是，这些争权夺利、彼此倾轧的统治阶级成员，几乎无一不是正统理学即程朱理学的信奉者。比如，不惜血流成河以武力从建文帝那里夺取帝位的明成祖朱棣，登上帝位以后，就特令撰修以程朱理学为主干的《性理大全》。又如，委身权臣石亨，自称为其门下士的吴与弼，是笃守程朱的著名理学家，不一而足。这一切表明，作为封建统治理论支柱的正统理学对统治阶级自身也已开始失去实际的约束力。

总之，深刻的社会危机及正统理学的无力应对，迫使当时的思想家对正统理学进行反思，以图另辟蹊径，挽救社会危机。这是阳明心学产生的社会环境因素之一。

促使阳明心学产生的另一个重要的社会环境因素就是明中叶以后商品经济的新发展及其对整个社会的影响。这一时期商品经济的新发展主要体现在专门的手工业市、镇的出现以及雇佣劳动方式的推广上。据清乾隆年间《吴江县志》的记载，吴江县自盛溪至黄溪的方圆四十五里地的居民都从事绫绸业，并普遍采用雇佣劳动的生产方式。受其影响，农业生产中也出现了雇佣关系，如江南一些地主除使用佃户、家仆之外，还大量使用雇工。

上述社会经济生活的变迁不可能不对整个社会生活及意识形态产生潜移默化的影响。首先受到影响的就是传统的纲常名教。明末清初的思想家顾炎武在其《天下郡国利病书》之《歙县风土论》一文中阐述明中期歙县的风尚变化时指出，由于商品经济的发展，原先那种温情脉脉的宗法礼让关系已被弃置一边，代之而起的是锱铢必较、你争我夺的冷冰冰的金钱利害关系和纷华靡汰的风尚。作为传统纲常的卫道者，王守仁对上述现象自然比较敏感，并为此深感不安。因而，如何从根本上破除充斥人心的功利之见便成为他着重要解决的时代课题之一。事实上，王守仁倡"致良知"，就是要求主体通过身体力行而真正达到固有之良知，在知行合一的过程中使心与理合而为一，从而克服功利之见的蔽染。

商品经济的新发展所带来的另一后果，就是人身依附关系的某种松弛。不论是在手工业中，还是在农业中，雇工与雇主之间基本上是一种劳动力的自由买卖关系。受这种时势的影响，明政府也最终于1562年(嘉靖四十一年)废止了长期沿用的工匠轮班制和住坐制，致使一大批手工业者开始摆脱封建的人身依附关系。

拥有人身自由的手工业者与雇工，加上早期的市民阶层，逐渐汇成了一股新的、更注重个体意愿的社会力量。在这种历史条件下，仍片面地以外在的天理的名义、用正统理学的条条框框来压抑个体，显然不合时宜，完全漠视个体的意愿，只会引起社会冲突，明代后期一再爆发的手工业工人和工商业者反矿税监的斗争充分地说明了这一点。王守仁绝非新生的社会力量的同情者，但作为统治集团中较有远见的思想家，对于上述社会现象的存在，他不能熟视无睹，因而在谋求摆脱社会危机的出路上，他不能不考虑如何避免以传统的规范来排斥个体的意愿。

(二)个人主观因素

阳明心学的产生还有其特有的主观因素。明武宗继位后，政权完全落入宦官刘瑾等人之手。时有孝宗朝老臣刘健、谢迁等联合言官交章论奏，请诛刘瑾，却被刘瑾诬为奸党，矫诏予以除名罢斥；南京户科给事中戴铣和十三道御使薄彦徽等上疏请留刘健、谢迁，得罪了刘瑾，亦被矫诏入锦衣卫狱。为救戴铣等人，守仁毅然上疏，结果被廷杖五十，死里逃生，系于诏狱。不久，即被贬往贵州龙场驿作驿臣。这成为他生命中的一大转折点。置身穷荒之地，忠而见弃，欲归不得，王守仁提出了这样的问题："圣人处此，更有何道?"他日夜端居静坐，澄心静虑，忽然在一天夜里，大悟格物致知之旨，这就是：圣人处世，在于自足其性，而不在向外求理；或者说，"理"在心中，心外无物。这一彻悟，既为他身处蛮荒找到了安身立命的精神支柱，也为他此后建立心学奠定了理论基础。

(三)学术渊源因素

如果追根溯源，阳明心学的根底最远可追溯到孟学。孟子认为，仁、义、礼、智等道德观念为人性所固有，并称之为良知、良能。不过，这与生俱来的良知、良能，在其发端处还只是一种萌芽状态，即恻隐、羞恶、恭敬、是非之心，也即所谓的善端。仁、义、礼、智四德的成就有赖于这些善端的扩充和生长。正基于此，孟子提出了著名的"人皆可以为尧舜"的观点。此后，中国古代的心学都是沿着孟子的这一致思方向往前发展的。阳明心学，从根本上说，即是远承孟子的这一理论而来。比如，其核心范畴"良知"的基本内涵和孟学几乎如出一辙。又如，孟子反对义外于心，王守仁也反对外心求理、外心求善。其实，王氏本人也是自觉地以继承和光大孟学为己任的。当然，与孟学比起来，阳明心学和南宋陆九渊创建的陆学之间的联系就更为直接和密切了。陆学的根本是心即理以及自存本心。阳明心学从其基本思想来看，可以说就是对陆学的继承和发展，比如，王守仁的心外无物、心外无理几乎就是陆九渊心即理说的翻版，而其知行合一的理论依据即是陆氏主张的心与理合一，等等。阳明心学与中国佛教中的禅宗一派也有理论上的联系。禅宗主要提倡心性本净，佛性常有，成佛不假外求，在修养方法上，强调明心见性，顿悟成佛。王守仁虽然觉得佛教抛弃纲常伦理，不可用世，但从不否定其哲学理论，在其《答陆原静书》中，他多次将禅宗的理论和自己的良知说比附，认为禅宗所说的"本来面目"即他所谓的"良知"，而其"常惺惺"则与他的"致知"大略相似。更重要的是，王守仁借鉴禅宗经典《金刚经》中"无所住而生其心"的观点，阐述良知之体无好无恶，无妍无媸，以明圣人致知之功在于至诚无息，有事无事，从不间断。足见禅宗对他影响之深。

阳明心学的主要内容是：

(一)心外无理，心外无物

王守仁认为，"心即理"，即万物之理皆居于人心之中，心的本体就是天理。这里的"理"大致包括两方面的含义：一是指实理，即内在于事物相互作用过程中的理，大体相当于一般的存在规律和本质；一是指表现于人际关系中的道德，即行为的普遍规范，特指封建伦理道德。王守仁又认为，心不仅以普遍之理为其内容，还具有个体性，个体性表现为自心、意欲、情感等。因而，心即理就意味着普遍之理和个体形式的合一，作为普遍之理和个体形式之统一的主体的意识(心)，就是良知。这是心(良知)外无理。

既然理是万物之所以然者，而心即理，所以王守仁又逻辑地得出万物皆依存于心的结论，即心是万物的本体。王守仁在《传习录下》中讲道："人的良知就是草木瓦石的良知，若草木瓦石无人的良知，不可以为草木瓦石矣，岂惟草木瓦石为然？天地无人的良知，亦不可以为天地矣。"这里的"良知"即指"心"而言。在肯定心为万物的本体的同时，王守仁还强调，心作为本体原无内外之分，表现为心与万物一体。正如他在《传习录下》中讲到灵明亦即心时所说，"充天塞地中间只有这个灵明，人只为形体自间隔了"，"天地鬼神万物离却我的灵明，便没有天地鬼神万物了，我的灵明离却天地鬼神万物，亦没有我的灵明，如此便是一气流通的，如何与他间隔得"。这是心(良知)外无物。

(二)致良知

由于良知即心是自心和普遍之理的统一，所以它又是主体视、听、言、动的内在标准，主体用它进行是非善恶的判断。王守仁在《传习录下》中说："尔那一点良知，是尔自家的准则。尔意念着处，他是便知是，非便知非，更瞒他一些不得。"而且，由于心(良知)包含普遍之理而具有普遍性的品格，作为自家准则的心即良知，同时又是公是公非的准则，即天则。既然是天则，则即使是圣人之言，也必须接受其审察。如《传习录中》所说："夫学贵得之于心，求之于心而非也，虽其言出之于孔子，不敢以为是也，而况其未及孔子者乎？求之于心而是也，虽其言之出于庸常，不敢以为非也，而况其出于孔子者乎？"

王守仁认为，作为是非善恶准则的良知为人人先天所固有，但它最初只具有本然的性质，并不为主体所自觉意识，因而不能真正实现其作为准则的功能。在《答陆原静书》中，王守仁说："良知之在人心，不但圣贤，虽常人亦无不如此。若无有物欲牵蔽，但循着良知发用流行将去，即无不是道。但在常人多为物欲牵蔽，不能循得良知。"因此，必须通过后天的致知工夫，使良知由本然之知转化为自觉之知，这就是致良知。其方法就是，静处体悟，事上磨练，时时处处自省克己，以清除蒙蔽于先天良知上的昏蔽，使其为主体所自觉并加以保任。如此，则人人皆可为圣人。

(三)知行合一

王守仁在《传习录上》中说："知是行的主意，行是知的功夫。知是行之始，行是知之成。若会得时，只说一个知，已自有行在。只说一个行，已自有知在。"又在《答友人问》说道："行之明觉精察处便是知，知之真切笃实处便是行。若行而不能精察明觉，便是冥行，便是学而不思则罔，所以必须说个知。知而不能真切笃实，便是妄想，便是思而不学则殆，所以必须说个行，元来只是一个工夫。"

王守仁所说的"知"是指对于封建伦理道德的认识，所谓的"行"是指对于封建伦理道德的实践。"知是行的主意，行是知的功夫"，是说知是行的指导，行是知的实践，知和行是一个问题的两个方面。"知是行之始，行是知之成"，是说认识封建伦理道德是践履封建伦理道德的出发点，而践履封建伦理道德则是认识封建伦理道德的归宿点。为了解决人们对于封建伦理道德知得不"真"，行得不"是"的问题，王守仁要求人们对于封建伦理道德不仅要有所知，还要带上一点"真切笃实"的情感，对于封建伦理道德不仅要有所行，还要带上一点"明觉精察"的敏觉。正因为如此，他特别强调知和行相互影响、相互渗透的关系，即知行合一。在王守仁看来，知之所以能指导行，使人行得"是"，就在于它对封建伦理道德的认识"明觉精察"；行之所以能成就知，使人知得"真"，就在于它对封建伦理道德的践履"真切笃实"。真知才能笃行，笃行方可真知。在以"真切笃实"和"明觉精察"为其活动特点的心的基础上，知行合而为一。

由于适应了时代的需要，阳明心学自明中叶至晚明曾一度风行，以至于左右了当时的学术思想领域。1584年(万历十二年)，在王守仁去世50多年后，万历皇帝采纳大学士申时行等人的建议，准许王守仁入孔庙从祀。这表明阳明心学取得了"官学"的地位，成为儒学的主流思想。当然，阳明心学兴盛更是因为其自身的广泛传播。王守仁生前足迹所到之处，注重兴学育人，创办书院，招徒讲学，弟子满天下。因此，阳明心学在王守仁生前就已广为传播。王守仁逝世后，阳明心学得到了进一步的发展，其传人遍及大江南北。黄宗羲在其所著《明儒学案》中按地理将王门后学分为浙中王门、南中王门、粤中王门、江右王门、楚中王门、北方王门、粤闽王门以及泰州王门八个派别，由此足见阳明心学传播的盛况。在这些学派中，影响最大的要数浙中王门、江右王门和泰州王门三派。

浙中王门是指主要流行于浙江余姚、山阴、会稽等浙东地区的王门后学。其成员以社会上层知识分子为主，其中最重要的人物是钱德洪和王畿。钱德洪基本固守阳明心学的宗旨。王畿(字汝中，号龙溪，江苏山阴人)则大胆突破，成为阳明心学分化的标志性人物之一。王畿在其《天泉证道记》中提出了著名的四无说：心是无善无恶之心，意是无善无恶之意，知是无善无恶之知，物是无善无恶之物。这是从王守仁无善无恶之心体说自然推衍而来，但又有所不同。王守仁认为，心体虽然是无善无恶，人却知善知恶，因而要为善去恶，以复心体，工夫与本体，二者不可偏废。王畿提倡四无说，意在直接切入本体，扎根于心，无需后天的格致诚正之功，本体就是工夫。由于认定本体就是工夫，在良知问题上，王畿强调良知现成，不假修为。可以看出，王畿发展了王守仁"良知"说中所包藏的佛学思想，把阳明心学进一步引向了禅学。

江右王门是指活动于江西的王门后学。其成员也多是社会上层知识分子，江右王门中学者的观点不尽一致，但能自成一家之言的当推归寂主静的聂双江(名豹，江西永丰人)和罗念庵(名洪先，江西吉水人)。聂双江和罗念庵都推崇王守仁的良知说，但与王守仁不同，他们以未发或寂然说良知，而不以已发或感通说良知，他们认为良知即寂静的本体。由于对良知持上述看法，聂双江和罗念庵都主张归寂，即要在本原上用功，而不是在离寂的感上即末流上用功，这也就是修养方法上的主静工夫。聂双江和罗念庵主张归寂主静，虽然不同于王畿讳言工夫，但片面强调归寂主静，自然就放弃了王守仁所谓的在事上磨练，其结局和王畿讳言工夫没有多大差别。

泰州学派活动于江苏泰州地区。其成员较复杂，但多数是社会下层人物。泰州学派的创始人是王艮。王艮等人把良知和百姓的日用联系起来，提出百姓日用即是道的观点。也由此，泰州学派在逻辑上和事实上肯定了百姓的物欲。王艮提倡安身尊身，而安身尊身是离不开一定的物质生存条件的，王艮的《心斋语录》中记载有：“即事是学，即事是道，人有困于贫而冻馁其身者，则亦失其本而非学也。”泰州学派另一重要人物何心隐更是指出，欲是人性的本然要求，可以寡而不可无，要与百姓同而不能私。同样，由于以百姓日用言良知，泰州学派随之就认为，良知本来具足，不必通过后天的修为，率性而行，众善自出，纯任自然，即是圣人之道。这样，泰州学派实际已越出名教的藩篱了。

学术分化，学派林立，这固然是一种学术兴旺发达的标志，但往往也是它走向衰落的起点。阳明心学也不例外，正如黄宗羲在《明儒学案》中所讲，“阳明先生之学，有泰州、龙溪而风行天下，亦因泰州、龙溪而渐失其传”。事实是，从晚明起就有很多学者开始对阳明心学的流弊进行广泛而深入的批判。在明末，首先对阳明心学发起批判的是东林党人顾宪成，与之同气相求的是高攀龙。顾宪成不但批判王守仁后学，还公开批判王守仁，特别对王守仁的心无善恶说，更是不遗余力地加以批驳。他认为，心之所以为心，非血肉之谓，其根底是性，因而不能舍性而论心，否则势必堕入情识之内。王守仁以无善无恶为心之体，其错误根源正在于离性而言心。而且，这还与其为善去恶的工夫论自相矛盾，因而不能成立。顾宪成认为，为善是为性之所固有，去恶是去性之所本无。王守仁虽然也教人为善去恶，但是依照其理论，既然心无善恶，这就意味着善恶都不是人所固有，因而为善去恶就只是情识用事，而情识用事恰恰会遮蔽本体，与为善去恶的本旨南辕北辙。再者，既然心无善恶，也就意味着善恶都不是人所得而有，因而为善去恶就只能是感遇的应迹，也就不足以遮蔽本体。如此一来，为善去恶就如同画蛇添足。而且，为善去恶意即择善而从，见恶而去，从学理上讲，与心体无善无恶难以融洽。这样，顾宪成就从理论上否定了王守仁的心无善恶论。顾宪成还指出，心无善恶说的危害在于，以善为恶，以恶为善，是败坏天下的罪魁祸首。顾宪成还批评王守仁的心即理说。他认为，心即理只适用于圣人，因为圣人之心与天理浑然为一。其是，即天下之真是；其非，即天下之真非。但圣人以下，其心或偏或驳，如果人皆以此心即理，其结果势必人皆自专自用，乃至非圣无法，危害显而易见。从学术师承关系上讲，顾宪成是王守仁的三传弟子，他并没有从根本上否定王守仁的良知说，但他对阳明心学的批判尚且如此激烈并直指根本，阳明心学的衰颓由此可见一斑。实际上，自顾宪成、高攀龙等揭开明末清初反阳明心学思潮的大幕后，各家对阳明心学的批判日趋系统、激烈。如张履祥、陆陇其、张烈等，都站在程朱理学的立场上，著专文对阳明心学进行系统的批驳，或驳斥其心即理说，或驳斥其致良知说，或称其阳儒阴释，或斥其败坏世风，涉及的都是阳明心学的根本问题或主要方面。另有大儒陆世仪、顾炎武、张伯行、王夫之等人，他们虽不著专文批判阳明心学，但在其著作论学中，一旦涉及阳明心学，其批评之言辞也往往异常激烈，从而对有清之初的反阳明心学思潮起到了推波助澜的作用。总之，明末清初反阳明心学思潮的兴起，标志着阳明心学的衰落。追溯阳明心学衰落的历史原因，主要有以下几个方面：

首先，阳明心学本身就包含着自我否定的因素，这是它衰落的根本原因。阳明心学本意在于从士人内心唤起维护传统伦理道德的自觉性，并因在一定程度上适应了时代的需要而得以风行海内数十年。但它又潜伏着一种危险，这就是，在强调内心的道德自觉时，忽视了纲常伦理的客观准则以及圣人言论的权威，从而必然走上背离封建名教的险途。事实上，由于忽视客观的准则和规范，漠视种种必要的仪节，阳明心学的流弊往往成为言行无检者的遮羞布。这也是明末清初阳明心学的反对者所反复提到的，可谓切中要害。这预示着阳明心学必然走向衰落。

其次，阳明心学在其分化发展的过程中几乎不可避免地重蹈了程朱理学的旧辙，即渐趋虚伪化和知识化，失去了早期即知即行、注重实践的活力。本来王守仁力倡良知说，强调知行合一、心即理，意在引导士人精察笃行伦理道德，而不以圣贤之学作为谈论粉饰的工具。然而，至明末，阳明心学的末流往往高谈所谓无善无恶所以为至善，高谈所谓良知现成，当下具足。其实际意义，却常常只是用良知来装潢门面，以粉饰其自私自利之心。本来阳明心学重在实践，但到了晚明，随着阳明心学的分化发展，它日益被知识化、繁琐化，变成了知识分子书斋中的学问。这一趋向突出地表现在阳明心学的范畴日增，论述日繁，考证日细，辨析日详，流派日多。由于上述弊端，在明末清初这样一个天崩地坼的时代，许多爱国的知识分子在身经国破家亡的痛苦后，痛定思痛，无不认为正是阳明心学的流播毒化了社会风气，导致明朝的丧亡。于是，阳明心学就成了众矢之的，衰势顿现。

再次，就当时的社会上层而言，刚刚代明而治的清廷贵族为巩固他们的统治，迫切需要泯灭汉族知识分子的民族意识，恢复纲常伦理的权威，以宣示君臣之伦高于华夷之辨。而阳明心学中的良知说恰恰隐含着反叛包括君臣之伦在内权威的倾向，其后学对良知说的一再发明也在事实上证明了这一点。因此，提倡阳明心学显然对清朝统治者非常不利。相反，强调理外于心的程朱理学对他们倒是一个不错的选择。于是，清统治者开始着意表彰程朱理学。例如，康熙皇帝命李光地编辑《性理精义》，还亲自为之撰序，颁示学校。这样，程朱理学裹挟政治权势而来，这对日趋没落的阳明心学而言，无异于雪上加霜。

（黄造煌）

## 13. 王艮创立泰州学派

在王阳明的后学中，泰州学派是很有影响的流派。黄宗羲在《明儒学案》中说：“阳明先生之学，有泰州、龙溪而风行天下，亦因泰州、龙溪而渐失其传。”泰州学派创始人为王艮。

王艮，字汝止，本名银，号心斋，生于1483年(成化二十年)，卒于1541年(嘉靖二十年)。王艮祖居苏州。明朝初年，其先祖迁居泰州安丰场，以烧盐为生，成为世代相传的“灶户”。王艮幼年家境贫寒，11岁时辍学，随家人一起在盐场烧盐。从19岁起，王艮随父亲王守庵从水路、陆路贩盐到山东出售。由于他善经营，懂管理，会理财，“措置得宜”，“自是家道日裕”，成为海滨地区颇有财气的富户，这就为他日后脱离劳动、专心致志地从事学习和传道打下了经济基础。幼年时期的读书经历以及日后在山东贩盐期间多次出入孔庙，使王艮确立了任道学圣的人生理想。他在经商期间，随身携带《大学》《论语》《孝经》，刻苦读书，常常“默坐体道”“闭关静思”。如此数年，终于学有所成。

正德末年，王阳明巡抚江西，讲格物致知之学。私塾老师黄文刚告诉王艮，王阳明所讲学说与他比较接近。王艮就前往王阳明门下问学。当他第一次与王阳明见面时，戴着自糊的五常冠，穿着仿古的深衣，手上拿着“非礼勿视、非礼勿听、非礼勿言、非礼勿动”的笏板。两人见面后，反复辩论。王艮起初非常傲慢，但在听了王阳明的“致良知”学说后，深为佩服，就决定拜王阳明为师。但到第二天，王艮心中又有些反悔，就再次拜见王阳明，两人又唇枪舌剑地反复辩论。经过这次辩论，王艮彻底服膺了王阳明的“致良知”说，心悦诚服，于是执弟子礼拜王阳明为师。王阳明在收王艮为弟子后，劝他改原名银为艮，取《周易》艮卦之义，劝导王艮要注意收敛，不要过分张扬。王艮终身礼敬王阳明，在王阳明去世后，他继续讲学传道，张大师门。

王艮的学说主要包括以下几个方面：

一是“百姓日用是道”。早在嘉靖初年，王阳明在会稽讲学时，就曾经“多指百姓日用，以发明良知之学”。王艮将王阳明的“百姓日用之说”进一步发挥。他指出，“百姓日用即道”，“愚夫愚妇”都“能知能行”。他形象地形容道：“僮仆之往来，视听持行，泛应动作，不假安排”就是“道”，此乃“即事是学，即事是道”。他还把“百姓”和“圣人”放在等同地位，指出，“百姓日用条理处，即是圣人之条理处”，“圣人之道，无异于百姓日用，凡有异者，皆谓之异端”。这样，“百姓日用”就成了检验是“道”还是“异端”的标准。他还这样说，“满街都是圣人”，“人人君子”，“尧舜与途人一，圣人与凡人一”，“圣人不曾高，众人不曾低”，“庶人非下，侯王非高”。

二是“格物”即“挈矩之谓”。《礼记·大学》提出“致圣”的路径是格物、致知、诚意、正心、修身、齐家、治国、平天下。关于这里的“格物”，朱熹解释说，就是“穷理”。王阳明则认为“格者，正也”，所谓

“格物”就是“格心”，“格物者，格其心也。正其心者，正其物之心也”。王艮对于“格物”却提出了自己不同的见解。他说：“格物致知四字本旨，二千年来未有定论。”他认为“格，如格式之格，即后挈矩之谓”。“挈矩”，意为度量。他说：“吾身是个矩，天下国家是个方。”“挈矩，则知方之不正，由矩之不正也。”这就是说，“身是本，天下国家是末”，“格物”必先“正己”，“本治而末治，正己而物正”。王艮的这番话，明确地指出“正人必先正己”，“正己”就是“正身”。王艮还进一步发挥，在修身为本之外，提出了爱身、保身、安身的思想。他认为视、听、言、动和躯体行为合于义理就是安身。他指出：“不知安身，便去干天下国家事，是之谓失本也。”王艮明确指出，安身之“身”就是血肉之躯的生命存在。在他看来，人的生命是最宝贵的，没有生命，一切所谓的气节都无从谈起。他还说：“人有困于贫而冻气馁其身者，则亦失其本而非学也。”他还明确地提出了“明哲保身”的说法。王艮的安身说珍爱个体生命，重视人的现实情感，这在古代社会是非常难能可贵的。因为王艮的家乡泰州地处淮南，故明末清初的硕儒黄宗羲在《明儒学案》中称之为“淮南格物”。

三是“天地方物为一体”。王艮曾自制一小蒲车，招摇过市，四处讲学，车上写着“天下一个，万物一体”。他还写成《鳅鳝赋》，论述万物一体的说法。王艮认为个人与万物是“同体”，这种“万物一体”的说法，在形式上袭用宋明道学家的语言，但在内容上却有较大的创新。王艮说：“夫仁者以天地万物为一体，一物不获其所，即己之不获其所也，务使获所而后已。是故人人君子，比屋可封，天地位而万物育，此予之志也。”可见，王艮宣扬“万物一体”，是为了“救世”，即由万物一体出发，承担起拯救百姓和大众的职责。在对体的认识上，王艮指出，人性之“体”就是天性之“体”，而天性之“体”又是自然的同义语。他说：“天性之体，本是活泼。鸢飞鱼跃，便是此体。”“天体之性”，本诸自然，人人皆同。这种“天体之性”又叫作“中”。王艮说：“惟皇上帝，降‘中’于民，本无不同。鸢飞鱼跃，此‘中’也。譬之江、淮、河、汉，此水也，万紫千红，此春也。”江、淮、河、汉里的水都是水，万紫千红都是春，某甲、某乙、某丙、某丁，都是人，都有此“中”，都有此“天体之性”。这里包含有平等思想，这种平等思想与“万物一体”的一元论相联系。

人性既然是天体之性，因此不假安排，不涉外物，只要顺着天性去做就是道，顺着心之本体就有无边的快乐。

王艮一生以布衣传道，终身不仕。1529年(嘉靖八年)和1537年(嘉靖十六年)，两位朝廷高官分别推荐王艮入朝做官，都被王艮婉言谢绝。他曾经表明自己的志向是通过讲学使“师道立”“朝廷正”，以此来使“天下治理”。王艮在讲学传道时，别出心裁、异乎常人想象地采用一些“法门”：如或按《礼经》制着深衣，戴五常冠，执笏板，乘蒲轮车，“行则规圆方矩，坐则焚香默识”；或在门前张贴“招生广告”，谓：“此道贯伏羲、神农、黄帝、尧、舜、禹、汤、文、武、周公、孔子，不以老幼贵贱贤愚，有志愿学者，传之。”这种使“乡人始而骇”的方法，却收到了“渐而信，久而浸与俱化”的效果。

王艮奉行“有教无类”的教育学风，他的门徒遍及天下，涵盖社会的不同阶层。他不仅在家乡开门授徒，而且“周流天下”，除“入山林求会隐逸，过市井启发愚蒙，沿途聚讲，直抵京师”，还先后在南京、广德、孝丰、会稽、泰州等地讲学，并在家乡构筑“东淘精舍”授徒。传授的对象“上至师保公卿，中及疆吏司道牧令，下逮士庶樵陶农吏，几无辈无之”，但主要对象为下层社会被压迫的劳动人民，如灶丁、佣工、农夫、商贩、渔民以及僧道徒众等。其中不少人在学术方面取得了很高的成就。

从王艮开门授徒开始，“泰州学派”逐渐形成，经过王艮的弟子和再传弟子王栋、王襞、何心隐等的阐述、继承和传播、发展，“泰州学派”达到兴盛时期。据统计，王艮弟子有姓名可查者达487人，其中载入

《明史》者 20 余人，编入《明儒学案》者 30 余人，著名者有颜均、何心隐、罗汝芳、李贽等。

泰州后学多放浪形骸之士。《明儒学案》称："其人多能赤手以搏龙蛇……遂复非名教之所能羁络矣……诸公掀翻天地，前不见有古人，后不见有来者。"王艮弟子颜钧(字子和，号山农，1504—1596 年)在家乡建立"萃和会"，集自家、本族、同乡老壮男女近 700 人，"讲耕读孝悌之学"，"士农工商皆日出作业，晚皆聚宿会堂"。在泰州学成之后，颜钧立即到江西南昌，招徕 1000 多名参加科场考试的学子，向他们宣讲"大成之道"。颜钧的种种言行，使当道者惊恐万状。南京左都御使耿定向诱骗颜钧至太平府讲学将颜钧逮捕，"笞臀五十，不哀折，亦不转侧"，几被打死。颜钧被关在南京狱中，因无法定罪，难以重处，只得诬以"盗卖官船"罪，坐牢 3 年。颜钧出狱时年 66 岁，到 93 岁高龄病故，历时近 30 年，坚持传道讲学，受尽人间颠沛流离之苦。此前，颜钧曾专程从江西至安丰场，为其师王艮守墓三年。颜钧弟子罗汝芳(字维德，号近溪，1515—1588 年)因讲学触怒张居正，被勒令解官归里。罗汝芳对其师颜钧非常崇敬，颜钧被捕入狱，罗汝芳朝夕侍奉，且"揭词"鸣冤，变卖家产和募捐为颜钧"补赃"，终于营救颜钧出狱。颜钧另一位弟子何心隐(字柱乾，号夫山，1517—1579 年)仿其师颜钧在家乡办"萃和会"的举措，也在自己的家乡办起了"聚和堂"(聚，通"萃"；堂和会，义相近)，进行理想社会的实验，被县官以妨碍公务、诬蔑朝廷命官罪逮捕入狱，判绞罪，后改为充军。不久，被友人程学颜营救出狱，后因反对张居正，被捕入狱，终被杖毙狱中。

王艮讲学传道，一般都是当面口传心授，不假文字与口舌谆谆。现在我们见到的王艮著作，多为其后裔及门人辑录整理，王艮本人撰者仅有《鳅鳝歌》《复初说》《明哲保身论》《乐学歌》《天理良知说》等名篇。后人将王艮著作刊定为《王心斋先生全集》。

(雷平)

# 14. 前后七子的复古运动

明初文坛的作家，如宋濂、刘基、高启、杨基、袁凯等，大多经历过元末战乱与明初高压统治，对社会现实有着深切的体悟，作品大多有感而发，抒写创伤、愤慨与苦闷，格调凝重悲怆。明永乐至成化年间，以“三杨”(杨士奇、杨荣、杨溥)为代表的“台阁体”，多为“应制”和应酬之作，追求“雍容典雅”，粉饰太平、歌功颂德，内容单调空洞，脱离社会实际生活，致使文学发展陷入低迷境地。

成化至弘治时期，以李东阳为代表的茶陵派不满现状，试图探索新的出路，指出：“汉唐及宋，代与格殊；逮乎元季，则愈杂矣。今之为诗者，能轶宋窥唐，已为极致。两汉之体，已不复讲。”所谓“轶宋窥唐”，就是要超逸宋代，追赶唐代。茶陵派以回归汉唐相号召，“求其浑雅正大”，对扭转当时文坛积习具有积极意义，开启了明代中后期文学复古的先河。

承袭茶陵派端绪，弘治中“前七子”大张文学复古旗帜。前七子包括李梦阳、何景明、徐祯卿、边贡、康海、王九思、王廷相七人，李梦阳和何景明为其魁首。他们都是弘治间进士，年轻气盛，傲视当世，对“台阁体”强烈不满，放言宏论，少有顾忌。李梦阳甚至发出“汉后无文，唐后无诗”的浩叹。他们不仅反对当时的“台阁体”，而且断然否定宋代诗歌，宣称“宋无诗”。何景明说：“经亡而骚作，骚亡而赋作，赋亡而诗作，秦无经，汉无骚，唐无赋，宋无诗。”唐、宋诗歌优劣之辩渊源甚早，宋代严羽等人已开其端绪。何景明之论，表面上看是揭示文学样式的演替现象，而实则是基于文学退化理论和对官方正学程朱理学的鄙弃意识，从而彻底否定宋诗的文学价值。他说：“宋人主理，作理语，于是薄风云月露，一切铲去不为。又作诗话教人，人不复知诗矣。”由此，他们高喊“文必秦汉，诗必盛唐”的口号，明确限定复古的范围和目标。

前七子既有理论上的主张，也有文学创作上的实践。他们关心现实，部分作品能够有感而发，具有一定的批判现实精神。如明代宦官干政，给社会带来深重灾难，李梦阳、何景明都写过《玄明宫行》诗，指斥“中贵孽臣”刘瑾等“阉握乾柄”“木土侈丽”“锦衣玉食”“遗臭京城”。又如李梦阳的《秋望》，勾勒“黄河水远”“黄尘古渡”“秋风雁行”“白月横空”“追野马”“射天狼”的边塞风光与军旅生活，气势雄浑，充满爱国情怀。但其大部分作品盲目机械仿古，有的语言艰涩，佶屈聱牙；有的则如集字集句，陈陈相因，成就有限。七子中年纪最小的何景明一定程度上意识到这类局限性，创作上有所变通；李梦阳却致书讥讽其诗不合古法，“述作靡式而进退失步”，二人由此产生论争。何景明认为，“空同子刻意古范，铸形宿镆，而独守尺寸，仆则欲富于材积，领会神情，临景构结，不仿形迹”，“法同则语不必同”，并指出：“公为诗不推类极变，开其未发，泯其拟议之迹，以成神圣之功，徒叙其已陈，修饰成文，稍离旧本，便自杌棿，如小儿倚物能行，独趋颠仆，虽由此即曹刘，即阮陆，即李杜，且何以益于道也?”李梦阳又作《驳何氏论文书》《再与何氏书》以相置辩。但李梦阳晚年也逐渐醒悟，他在《诗集自序》说：“余之诗非真也，王子所谓文人学子韵言耳，出之情寡而工之词多者也”，“每自欲改之，以求其真，然今老矣”。

前七子唱和激荡，推波助澜，形成一场声势浩大的文学复古运动。《明史·李梦阳传》载："倡言文必秦、汉，诗必盛唐，非是者弗道。与何景明、徐祯卿、边贡、朱应登、顾璘、陈沂、郑善夫、康海、王九思等号十才子，又与景明、祯卿、贡、海、九思、王廷相号七才子，皆卑视一世，而梦阳尤甚。吴人黄省曾、越人周祚，千里致书，愿为弟子。"尽管存在种种局限性，但独霸文坛数十年的"台阁体"受到这场复古运动的冲击后逐渐淡出文坛。

时至嘉靖、万历年间，内忧外患交织，文坛又出现"后七子"主导的规模更为浩大的复古运动。嘉靖中，李攀龙开始在刑部任职，与李先芳、谢榛、吴维岳等倡立诗社。1548年(嘉靖二十七年)，王世贞入京，受李先芳荐引入社，与李攀龙定交。其时，诗社以谢榛为长，李攀龙为副。后来，李先芳外任离京出社，宗臣、梁有誉、徐中行、吴国伦陆续来京入社，称为"七子"。随着李攀龙声名大炽，谢榛广交权贵，放浪不羁，二人交恶，李攀龙遂贻书与谢榛绝交。此后，李攀龙成为诗社盟主，而以王世贞为辅，实际上"七子"已经变成"六子"，所以他们一般自称为"六子"。李攀龙去世后，王世贞为其魁首，统领文坛二十余年。

七子之中，李、王在理论上的主导作用是毋庸置疑的。李攀龙说："文自西京，诗自天宝而下，俱无足观。于本朝独推李林才子翕然和之。非是，则诋为宋学。"(《明史·李攀龙传》)。王世贞的看法与其非常近似，他说："西京之文实，东京之文弱，犹未离实也；六朝之文游，离实矣；唐之文庸，犹未离浮也；宋之文陋，离浮矣，愈下矣；元无文。"他们的目标，比一般的复古家更为偏激。一般复古者视《史》《汉》为古文典范，李攀龙则将复古的步伐迈向先秦。王世贞《李于鳞先生传》介绍说："(李攀龙)以为纪述之文，厄于东京，班氏姑其狡狡者耳。不以规矩不能方圆，拟议成变，日新富有。今夫《尚书》《庄》《左氏》《檀弓》《考工》《司马》，其成言班如也，法则森如也。吾摭其华而裁其衷，琢字成辞，属辞成篇，以求当于古之作者而已。"李攀龙强调，字辞篇章，具以古之成言法则为皈依。所以李攀龙为文，"无一语作汉以后，亦无一字不出汉以前"，佶屈聱牙，艰涩难读。

王世贞也极为关注古诗文的形式，在复古理论精细化方面作了很多的努力。他认为："五言古苏李其风乎，而法极黄初矣；七言畅于《燕歌》乎，而法极杜李矣；律畅于唐乎，而法极大历矣；《书》变而《左氏》《战国》乎，而法极司马史矣。"这样，王世贞更进一步明确了五古、七古、律诗、古文各自的取法范围。他的《艺苑卮言》还对基于古法的诗文理论作了种种复杂的阐述。如他说："首尾开阖，繁简奇正，各极其度，篇法也；抑扬顿挫，长短节奏，各极其致，句法也；点缀关键，金石绮彩，各极其造，字法也。篇有百尺之锦，句有千钧之弩，字有百炼之金，文之与诗，固异象同则。"王世贞这类篇法、句法、字法方面的探讨，不同于皮相式的复古口号，对于充实复古运动的理论具有一定的积极意义。

王世贞也是现"后七子"中文学创作成就最高的代表。受复古理论的左右，他的诗大批量模仿《诗经》、汉魏六朝乐府和唐诗，价值不高。但也有不少诗篇，虽然不脱模拟的痕迹，但能从现实生活出发，具有较高的艺术价值。如《袁江流钤山冈》模拟《孔雀东南飞》之体而揭露严嵩专权误国，《乐府变》模拟杜甫"即事而命题"之法而抒写真性情，深入揭露官场权力关系，《击鹿行》模拟歌行体而表现内心的苦闷，具有时代气息，对汉唐乐府有所发展。

明代前后七子的文学复古运动对明代文学的发展，当然具有特定的历史贡献。前七子对于台阁文人，后七子对于唐宋派，都不失为一种进步。但这两场复古运动，对文学历史的认识充满偏见，并且都带有严重的是古非今的趋向，片面强调外在艺术形式机械模仿，文学创作成就不高。不仅如此，他们那种是古非今、食古不化的偏向，在当时也形成了不良影响。《明史》载："迨嘉靖朝，李攀龙、王世贞出，复奉以为宗。天下推李、何、王、李为四大家，无不争效其体。华州王维桢以为七言律自杜甫以后，善用顿挫倒插之法，惟梦阳一人。而后有讥梦阳诗文者，则谓其模拟剽窃，得史迁、少陵之似，而失其真云。”（《明史·李梦阳传》）更有甚者，拙劣的拟古，甚至还发展到剽窃成风的局面。《四库提要》指出：“自梦阳之说出，而学者剽窃班马李杜；自世贞之集出，学者逐剽窃世贞。”

（周德美）

# 15.《正统道藏》与《万历续道藏》

“道藏”是道教文献的总汇，包括周秦以来的道家典籍和汉魏六朝以来的道教典籍。“道藏”的编纂，早自唐代就已经开始。开元、天宝年间，唐玄宗下令搜集、编辑道教典籍，定名为《开元道藏》。其后，又有宋真宗时的《大宋天宫宝藏》、徽宗时的《正和万寿道藏》、金章宗时的《大金玄都宝藏》、元太祖初年宋德方奉敕补修的《玄都宝藏》等。元修《玄都宝藏》规模体制超出前代所有“道藏”，多达 7800 余卷，但元世祖年间被下令焚毁。

现存的明代《正统道藏》没有编者的题署，现当代学者多依从近人陈国符《道藏源流考》的观点：张宇初初编，张宇清、邵以正续成，与修者可考的有玉虚观涂省躬、金陵玄观喻道成、天宫住持汤希文。1403 年（明永乐元年），敕令道教第四十三代天师张宇初（？—1410 年）编修道书。1406 年（永乐四年）又敕：“真人张宇初，前者命尔编修道书，可早完进来，通类刊版。”张宇初的《道门十规》序也说：“永乐四年夏，伏蒙圣恩，委以纂修道典。入阁通类，切念臣宇初匪材凉德，学识浅陋，忝窃是惧，徒承乏于遗宗，曷负胜于重任？”1410 年（永乐八年），张宇初去世，诏令第四十四代天师张宇清继续主持编修。1427 年（明宣宗宣德二年）张宇清卒，未成。英宗正统年间继续修纂，1444 年（正统九年）开始刊行。其间，英宗复诏道士邵以正督校，增所未备，到 1445 年（正统十年）校刊完成，定名《正统道藏》。

但 20 世纪 90 年代以来出现一些不同看法。1990 年任继愈所编《中国道教史年表》1422 年（永乐二十年）载：“十二月，任自垣修《道藏》经成，进上。”随后，冯千山为任继愈年表之说作考，认为任自垣是“纂修《道藏》的总裁”，《正统道藏》编成于 1419 年（永乐十七年）至 1422 年（永乐二十年）。“永乐朝任自垣等人，虽然已经完成纂修《道藏》经，但是未能雕版梓行”，正统九年，邵以正担任校纂《道藏》经的总裁，再次点校《道藏》经于禁中，正统十二年二月完成。其最为直接的证据是王英的《送提点任先生还武当序》说：“皇上在御之二十年（1422 年）冬十二月，武当玉虚宫提点任先生自垣，以所修《道藏》经成，将还于山中。而中书舍人王公利用、姚公宗礼言于予曰：‘初，任先生自武当来，适有诏购天下名山所藏道书，集学道之修洁博习者校正、类聚、会合而归藏焉，遂以先生总之。而为之书者，悉举中外精于楷法之士，则予二人领袖之。至是经成，进之于朝，俱获赐赉。而先生则还于武当焉。’”2006 年，虞万里撰文，进一步论证任自垣担任《正统道藏》总裁之说（但虞文在研究前史中没有提及冯千山的文章），“考察张宇初、张宇清兄弟在永乐年间的行踪，并没有在北京主持《道藏》修签工作之可能”。从这些相关的研究来看，任自垣的确修纂过《道藏》，但他修纂的究竟是《道藏》的全稿还是一部分，他是《正统道藏》总纂还是主要编纂者之一，还需要进一步证实。

《正统道藏》为经折本，总计 5305 卷 1430 种，分装 480 函，贯《千字文》以为序，自“天”字函排至“英”字函。全书按三洞、四辅、十二类分类。“三洞”指洞真、洞玄、洞神。“十二类”指本文、神符、玉诀、灵图、谱录，戒律、威仪、方法、象术、记传、赞颂和表奏；“十二类”属于“三洞”的三级类目，即洞真、洞玄、洞神各分“十二类”。“四辅”指太玄、太平、太清和正一，表示道经所属的流派。这个分类体系来源于刘宋陆修静《三洞经书目录》，时距明代近千年，道书的实际状况变化很大，不少书籍勉强归类，名实不符，是以备受后代诟议。

此外，由于元修《玄都宝藏》被毁，《正统道藏》编纂过程中无从取资，所以有关前代文献，实祖于宋藏。但即使是宋藏，也有搜访不全之处。如《政和道藏》564函尚存福建龙溪县玄妙观，未能据以辑补。明代无名氏所撰《道藏阙经目录》，将《正统道藏》与元代《玄都宝藏》目录相对照，著录《正统道藏》阙经793种2058卷，据此可知漏收阙佚的基本情况。

明神宗年间，第五十代天师张国祥奉诏续补《正统道藏》缺收的以及其后继出的道书，1607年(万历三十五年)刊竣，亦为经折本，不再分类，共计180卷56种，32函，函目也承接《正统道藏》，起自“杜”，迄于“缨”，世称《万历续道藏》。正、续《道藏》共5485卷，512函，经板总数达121589块。

正、续《道藏》刊刻后，朝廷即分赐各大名山道观典藏。然而，随着时间推移，渐有残缺，加之兵灾火患，是以少见全帙。北京白云观藏本保存较为完好，但也已残缺，清道光间曾为补齐，至民国间又缺98页。1923—1926年，徐世昌曾组织上海涵芬楼借以影刊，所缺未能补配。1957年，由台湾地区中华道教会发起，以涵芬楼本为底本，补入明、清以来的15种道书，重印《正统道藏》和《万历续道藏》，直至1977年由台湾艺文印书馆出版。同年，台湾新文丰出版社亦用涵芬楼本重印。1986年，日本中文出版社也据以影印出版。1988年，文物出版社、上海书店出版社、天津古籍出版社三家也据涵芬楼本重印《正统道藏》和《万历续道藏》，并从上海图书馆借阅原上海白云观旧藏本补足残缺各页，统名为《道藏》。此为民国以来明藏刊本中最善者。继明《道藏》和《续道藏》之后，又有彭定求等撰辑的《道藏辑要》(康熙年间)、蒋元廷的《道藏精华录》(嘉庆年间)、丁福保编的《道藏精华录》(民国年间)、胡道静等主编的《藏外道书》(1992年)、汤一介主编的《道书集成》(1999年)、张继禹主编的《中华道藏》(2004年)，相继续补明藏。陈国符《道藏源流考》、翁独健《道藏子目引得》、任继愈《道藏提要》、朱越利《道藏分类题解》等，是重要的《道藏》类工具书。

明代《道藏》主收道家和道教典籍，但也兼收儒家、诸子、医药、阴阳、卜筮、佛教等方面的著作，它对宗教、历史、思想、文学、军事、科技等学科领域的研究有着广泛的应用价值。

（周德美）

## 16. 李时珍编《本草纲目》

《本草纲目》是明代著名医学家、博物学家李时珍在继承和总结前代本草学成就的基础上，进行多方考证，历时27年编成的一部药物学巨著。《本草纲目》内容广博，体例科学，影响深远，在药物发展史上有巨大贡献，是我国传统医学的经典著作，也是现今研究中药的必读书籍。

李时珍(1518—1593年)，字东璧，晚号濒湖，蕲州(今湖北蕲春县)人，明末医药学家、博物学家。生于世医之家，祖父为铃医。父亲李言闻为当地名医，著有《医学八脉法》《四诊发明》《人参传》和《蕲艾传》等医药学著作。李时珍生长在这样的家庭中，从小就对医药学特别感兴趣，并获得了许多药草知识。1531年(嘉靖十年)李时珍中秀才，后3次赴武昌乡试未中，遂专志于医。1551年(嘉靖三十年)，他被聘为楚王府奉祠正，掌管良医所。3年后，又被推荐上京任太医院判。在这期间，李时珍有机会饱览王府和皇家珍藏的丰富的医药学典籍，并看到许多平时难以看到的药物标本。不久告归蕲州，一面行医治病，一面编修《本草纲目》。他一生著作颇多，《本草纲目》是其最有影响力的著作，集中国古代医药学之大成，传遍世界各地，享誉国内外。另外，见于文史记载的，还有《濒湖脉学》《奇经八脉考》《濒湖医案》《脉诀考证》《五脏图论》《三焦客难命门考》《集简方》《白花蛇传》等书。此外，李时珍在文学、史学方面也有一定造诣，著有《唐律》《诗话》等书。除《本草纲目》《濒湖脉学》《奇经八脉考》《脉诀考证》四种保存下来外，其余著作都已佚失。

我国劳动人民很早就知道用某些植物、动物、矿物来防病、治病，逐渐形成了我国特有的“中药学”，中药种类繁多，包括玉、石、草、木、鸟、兽、虫、鱼等，其中以草木类药物占多数。所以，古代一般称中药为“本草”，讲药物的书也都以“本草”命名。《本草纲目》问世以前，我国历代有关本草的书已有好几百种，其中影响较大的有汉朝的《神农本草经》、南朝陶弘景的《本草经集注》、唐朝苏敬的《新修本草》、宋唐慎微的《证类本草》等。李时珍在研究和实践中，认为前代的药物学著作存在不少缺点，名称、分类等混乱。于是立志辨疑订误，重新编纂一部质量上乘的本草书。为此，他参考历代有关医药及其学术书籍800余种，对前人的研究成果加以检验、分析和比较，对其中的错误予以订正，重复的加以删削，遗缺的加以补充。而且走遍大江南北，实地考察，收集验方。自1552年(嘉靖三十一年)始，经过27年的努力，三易其稿，到1578年(万历六年)终于编成了这部空前的药物巨著。根据我国药物学著作的传统名称，仍以《本草》命名；又因在全部材料的编排上，采取分类法，分门别类，有主有次，有纲有目，因此命名为《本草纲目》。

李时珍以唐慎微的《证类本草》为蓝本，按照新的体例整理自己所搜集的资料，又系统地总结了明代中期以前的所有药物成就，因此《本草纲目》既是中国两千多年药物学的总结性巨著，也是一部有所发明创造、有所继承创新的巨著。全书总共16部，52卷，62类，190余万字。共收录了1892种药物，药方11096个，插图1160幅。全书可分为三个部分：卷首部分包含“本草纲目凡例”、本书的目录以及附图1160幅；卷一至卷四部分是“序例”和“百病主治药”；卷五至卷五十二部分是《本草纲目》的主要内容，把所收录的1892药物细分为水、火、土、金石、草、谷、菜、果、木、服器、虫、鳞、介、禽、兽、人等16部，部下再分类。附方11096个，其中有8160个是李时珍亲自收集的。

《本草纲目》集唐宋诸家本草之精粹，增益金元明各家药籍之不足，继承我国本草研究的传统，独辟蹊径，把本草学推向一个新的高峰，是16世纪为止，我国最系统、最完整、最科学的一部医药学著作，对国内外医药界和学术界都有很大的影响，直到今天，仍没有失去光彩，是研究医药学的必读之书。其贡献概括说来主要表现在以下方面：

首先，《本草纲目》是一部以中医学论述药物学的专著，全面系统地总结了中国明代中期以前的药物学知识和用药经验，纠正和澄清了本草书中的许多错误，增加了不少新发现的药物或药物功能，并重新进行了科学的分类。《本草纲目》在总结前人经验的基础上，提出了当时最先进的、科学性最强的药物分类法，打破了自《神农本草经》以来，沿袭了一千多年的上、中、下三品分类法。书中全部药物按自然类别分为水、火、土、金石等16部，每部又分为若干类。把药物分矿物药、植物药、动物药。矿物药分为金部、玉部、石部、卤部四部。植物药一类，根据植物的性能、形态，及其生长的环境，区别为草部、谷部、菜部、果部、木部五部；草部又分为山草、芳草、醒草、毒草、水草、蔓草、石草等小类。动物一类，按低级向高级进化的顺序排列为虫部、鳞部、介部、禽部、兽部、人部六部。这种编排顺序“从微至巨”“从贱至贵”，在一定程度上体现了生物由低级向高级演变的进化过程。在药物解说方面，该书采取每药物之下标正名为纲，附释名为目，每药之论述内容，则详之于释名、集解、辨疑、正误、修治、气味、主治、发明、附方等。这种体例，可以说是我国古代药物学著作中最完备的一种标准格式，开拓并厘定了我国古代药物学著作的标准体例和结构。《本草纲目》是一部既带有总结性又富于创造性的著作，把中国的医药科学提高到一个新的水平，成为我国药学史上的里程碑。

其次，《本草纲目》虽是一部药物学专著，但它同时还记载了与临床关系十分密切的许多内容。原书第三、四卷为“百病主治药”，记有113种病症的主治药物，其中第三卷的外感和内伤杂病中，就包括有专门治疗伤寒热病、咳嗽、喘逆类的药物；第四卷则主要为五官、外科、妇、儿科诸病。原书中明确提出能治疗瘟疫的药物就有：升麻、艾叶、腊雪、丹砂、阳起石、火药、大青、麻黄、威灵仙、葎草、大麻、大豆豉等20余种。此外，《本草纲目》中收载各类附方11096个，李时珍亲自搜集的民间药方就有8161个，涉及临床各科，其中2900多个为旧方，其余皆为新方。治疗范围以常见病、多发病为主，所用剂型亦是丸散、膏丹俱全，且许多方剂既科学，又有简便廉验之特点，极具实用性。因此，《本草纲目》在临床治疗方面有着很高的参考价值。

再次，正如李建元在《进本草纲目疏》中指出：“上自坟典，下至传奇，凡有相关，靡不收采，虽命医书，实该物理。”《本草纲目》不仅为药物学作出了贡献，同时还为植物学、动物学、矿物学、化学、天文学、气象学等方面作出了重要贡献，其内容颇多博物学价值，大大丰富了世界科学宝库。《本草纲目》也可以说是一部详明的植物学、动物学著作，共载植物1000多种，动物400多种。通过对这些动植物药物的多方面研究，对整个生物界的一些客观规律有了一定的认识，而且提出了科学的生物学分类方法。尤其对植物的科学分类，要比瑞典的分类学家林奈早200年。在矿物学方面，对许多矿物的品种、地域、分布、性状等都有详细记载，其中有的已经涉及某些物质的化学构成，如指出胆矾乃铜的“精液”，石油中有雄硫气，等等。在化学方面，较早记载了纯金属、金属、金属氯化物、硫化物等一系列物质的化学反应；同时又记载了蒸馏、蒸发、升华、重结晶、风化、沉淀、干燥、烧灼、倾泻等的制药方法。所制取的醋酸铅(铅霜)，利用消石与矾石分解和氧化作用制取铅丹，以浓茶煎熬五倍子，使其产生沉淀，经曲菌发酵水解而析出没食子酸的白色结晶，都达到了较高的科学水平，有的甚至是最早的记录。对于自然界的一些气象变化已有一些较正确的认识，如雨是“地气升为云，天气降为雨”，对露、霜、冰、雪的成因也都有正确的描述。《本草纲目》大量引用历代的诗词文赋，说“当归”为妇科用药，有“思夫”之意，并用“胡麻好种无人种，正是当归胡不归”的诗句来解释。在介绍荔枝时，引用白居易的《荔枝图序》，信手拈来，图解实物，借字生辉。如此种种，使《本草纲目》的科学性、知识性、艺术性得到完美结合。

《本草纲目》中也不可避免地存在一些缺点、错误和自相矛盾之处。由于受历史条件的限制，对一些药物的记述不尽准确，例如把有剧毒的番木鳖记为“苦寒无毒”，列海豚、乌贼入无鳞鱼类，列蝙蝠入原禽类，认为萤火虫乃茅根或茅竹根所化，鹑乃青蛙所化等。另外还有一些迷信思想，甚至记录“寡妇床头尘灰”“孝子衫”等都能治病，某些验方得自神授，等等，这些需要批判地对待。

《本草纲目》一经问世，立即引起了巨大的反响，人们到处传播并进行翻刻，成为历代医者孜孜以求的必修书。该书于1590年(万历十八年)由金陵胡承龙首次刊刻，世称“金陵本”，至今尚存有极少的几部。1603年(万历三十一年)由夏良心等刊行于江西的刻本《本草纲目》，世称“江西本”，为仅次于金陵本之善本，现存于世者尚多。此后，重刻《本草纲目》者逐渐增多。据现存国内之刻印本统计，截至1949年有70余版次。

《本草纲目》不但在国内有着较为深广的影响，而且早在1606年(万历三十四年)即传至日本，之后又流传到欧美各国，先后被译成日、法、德、英、拉丁、俄、朝鲜等十余种文字在国外出版，传遍五大洲。英国著名的中国科技史专家李约瑟在《中国科学技术史》中评价道：“毫无疑问，明代最伟大的科学成就，是李时珍那部在本草书中登峰造极的著作《本草纲目》。”又称：“中国博物学家中‘无冕之王’李时珍写的《本草纲目》，至今这部伟大著作仍然是研究中国文化史的化学史和其他各门科学史的一个取之不尽的知识源泉。”《本草纲目》集中体现了中国古代医学所取得的最高成就，是中国古代药学史上篇幅最大、内容最丰富的巨著，曾被英国生物学家达尔文誉为“中国的百科全书”。该书不仅对中医药学有着极大贡献，而且对世界医学的发展也起到了巨大的推动作用，故被誉为“东方医药巨典”。

（许志云）

# 17.《三国演义》《水浒传》《西游记》《金瓶梅》的产生

至明代，小说出现了空前繁荣的局面。小说这种文学形式充分显示出它的社会作用和文学价值，打破了正统诗文的垄断地位，在文学史上取得了与唐诗、宋词、元曲相提并论的地位。尤其是产生了《三国演义》《水浒传》《西游记》《金瓶梅》“四大奇书”，分别开创了明代章回小说的四种类型——历史演义、英雄传奇、神魔怪异、市井家庭，共同推动了明代章回小说的繁荣。在中国小说史尤其是中国古代通俗小说的发展进程中，它们具有独特的、不可替代的历史地位和作用。

1.《三国演义》

《三国演义》全称《三国志通俗演义》，又称《三国志演义》《三国志传通俗演义》《三国英雄志传》等，是我国第一部长篇章回小说，也是我国历史演义小说的开山之作。

《三国演义》以三国时期魏、蜀、吴三个统治集团相互间的斗争为主要描写内容，史志和小说是《三国演义》成书的两个重要来源。晋陈寿《三国志》是一部正史，南北朝时裴松之为之作注，征引野史杂录 140 多种，大大丰富了《三国志》的记载。同时《裴子语林》《殷芸小说》《世说新语》诸书也辑录了一些三国人物的奇闻轶事，为《三国演义》的创作提供了丰富而生动的素材。三国故事在民间广为流传，也是民间艺术的题材来源。杜宝《大业拾遗记》记载隋炀帝观看的“水饰”，就有“曹瞒浴谯水、击水蛟”“魏文帝兴师，临河不济”“刘备乘马渡檀溪”等三国故事的造型。唐代诗人李商隐《骄儿》诗描写儿童“或谑张飞胡，或笑邓艾吃”，说明至迟在晚唐，三国故事已经在民间广为传播。宋代“说话”的“讲史”类中，有“说三分”的专门科目与专业艺人。金元时期，三国故事被大量改编为戏剧，陶宗仪《南村辍耕录》卷二十五“院本名目”即载有《赤壁鏖兵》《襄阳会》等多种金院本剧目。元杂剧包括元末明初人写的杂剧中的三国戏，今天知道的就有四五十种，内容更为丰富，桃园结义、过五关斩六将、赤壁之战等重要情节都已具备。元杂剧的三国戏极大地丰富了故事情节和人物形象，在《三国演义》成书过程中起到了极为重要的作用。1321—1323 年刊印的《三国志平话》是迄今所能见到的关于三国故事的第一部小说定本，已初具《三国演义》的规模。罗贯中正是在民间传说及民间艺人创作的话本、戏曲的基础上，又运用陈寿《三国志》和裴松之注的正史材料，结合他丰富的生活经验，写成了这部影响深远的长篇历史演义小说。

关于罗贯中的生平材料，现存的很少。贾仲名《录鬼簿续编》说：“罗贯中，太原人，号湖海散人，与人寡合，乐府隐语，极为清新。与余为忘年交，遭时多故，天各一方，至正甲辰复会。别来又六十余年，竟不知其所终。”由此推测，可知他生活在元末明初，在 1315—1385 年。明王圻《稗史汇编》说罗贯中是“有志图王者”，清徐渭仁、徐丙所绘《水浒一百单八将图》跋题说他曾与元末农民起义的领袖之一张士诚有关系，不知是否可靠。关于罗氏的创作，《录鬼簿续编》著录了他的三部杂剧作品，现仅存《赵太祖龙虎风云会》。小说方面，今存署名罗贯中的小说，除《三国志通俗演义》外，还有《隋唐两朝志传》《残唐五代史演义传》和《三遂平妖传》，而且他还是《水浒传》的编写者之一。

《三国演义》描写的主要是魏、蜀、吴三国间的政治斗争、军事斗争、外交斗争以及斗争中出现的各类人物活动，是一部以描写封建统治集团之间斗争为内容的长篇历史演义小说。纪事起于169年(汉灵帝建宁二年)，止于280年(晋武帝太康元年)。通过一百多年间社会历史兴衰的描写，生动地揭示了封建统治阶级各政治集团之间的钩心斗角、尔虞我诈，揭示了东汉末年社会现实的动荡和黑暗，谴责了封建统治者的暴虐和丑恶，反映了人民的苦难，寄托了明君贤相的政治理想，在一定程度上反映了人民在动乱时代的灾难、痛苦和渴望天下安定统一的愿望。《三国演义》的基本思想倾向沿袭了平话“拥刘反曹”的传统，其中既包含了封建正统思想，也曲折地反映了在整个成书过程中特定历史条件下形成的民族思想。小说还表现了忠、孝、节、义等封建伦理观念和一定的迷信思想。

《三国演义》作为古代历史小说中成就最高、影响最大的一部，在艺术上取得了很高的成就。首先，《三国演义》为古典小说的人物画廊贡献了众多鲜明的形象，在人物塑造上的成就标志着中国古典小说人物塑造的新发展。小说往往将人物置于激烈的矛盾冲突之中，通过一系列故事情节和人物语言表现其复杂的性格，还善于运用夸张、烘托、对比等手法，使人物个性鲜明生动。其次，尤其善于描写各种战争，可以说是一部“全景式军事文学”作品。全书共写大小战争四十多次，展现了一幕幕惊心动魄的战争场面。作者总是以人物为中心，写出战争的各个方面，双方的战略、战术，力量的对比，地位的转化，写得丰富多彩，千变万化，充分体现了战争的复杂性和多样性。再次，结构既宏伟壮阔而又严密精巧。《三国演义》以蜀汉矛盾为中心，以三国矛盾斗争为主线来展开情节，以宏伟的结构，把百年左右头绪纷繁、错综复杂的事件和众多人物，组织得完整严密，叙述得有条不紊，前后呼应，彼此关联，环环紧扣，层层推进。另外，《三国演义》语言通俗，简练明快。人物语言富于个性，张飞的豪爽、关羽的高傲、曹操的奸诈、孔明的智慧，常在简练的几笔勾画中显露出来。同时，在艺术上的最大缺点，一是人物性格固定化，缺少发展变化，这可能是受了民间传说人物定型化的影响和历史材料的局限；二是想象、夸张有时不合情理，鲁迅先生曾云：“欲显刘备之长厚而似伪，状诸葛之多智而近妖”，这一批评是很中肯的。

《三国演义》问世以来，广泛流传，在中国文学史上和人民生活中都有着难以估量的深远影响。它是广大人民认识三国时代乃至整个封建社会的军事、政治和整个社会面貌的教科书，曾为后世农民革命的战略战策提供了借鉴。几百年来，为后世文学提供了一种反映复杂历史生活的体裁。《三国演义》在宋元讲史的基础上，开创了历史小说的先河，标志着历史小说的辉煌成就。从此以后，历史小说蔚然成为一大潮流。明代比较有名的就有《东周列国志》《杨家将演义》《说唐》《精忠传》等。在戏曲中也出现了大批三国剧目，这些剧目至今大多还活跃在舞台上，深受群众喜爱。作为我国第一部长篇章回小说，《三国演义》开历史演义小说之先河，不但在中国文学史上具有崇高的地位，而且在世界文学史上具有深远的影响，对中国文化走向世界和东西文化的交流产生了不可估量的影响。

《三国演义》现存的最早刊本是1522年(明嘉靖元年)刊刻的《三国志通俗演义》，全书二十四卷，二百四十回，题“晋平阳侯陈寿史传，后学罗本贯中编次”。明末有一种“李卓吾批点”的《三国志演义》，把二百四十回合并成一百二十回。清康熙年间，毛纶、毛宗岗父子以李卓吾评本为基础，参考“三国志传本”作了一些修改。经过毛宗岗一番加工之后，全书又有所提高，同时封建思想也有所增加。此修改本成为后来最流行的本子。

2.《水浒传》

《水浒传》是一部以北宋末年农民起义为题材的长篇白话小说，谱写了一曲“忠义”的悲歌，堪称一部悲壮的农民起义的史诗。它是中国古典小说中第一部成功描写农民起义的英雄传奇，不仅对中国文学的发展产生了深远的影响，而且直接鼓舞了人民大众对统治阶级的反抗斗争精神，在中国文学史上占有重要的地位。

《水浒传》取材于北宋末年宋江起义的故事。宋江起义的年代在1119年（宣和元年）至1121年（宣和三年）。宋代说书技艺兴盛，民间流传的宋江等三十六人故事，很快被说书人用来作为创作话本的素材。南宋罗烨《醉翁谈录》已著录有“青面兽”“花和尚”和“武行者”等说话名目，南宋末有龚开的《宋江三十六人赞》，初次完整地记录了三十六人的姓名与绰号。现看到的最早写水浒故事的作品是《大宋宣和遗事》，它所记的水浒故事梗概，从“杨志卖刀杀人”起，经“智取生辰纲”“宋江杀惜”“九天玄女授天书”，直到“受招安平方腊”止，顺序和现在的《水浒传》基本一致，展现了《水浒传》的原始面貌。元代杂剧盛行，出现了大量的水浒戏，元杂剧和《大宋宣和遗事》所记水浒的人物姓名大致相同，但聚义地不同。可见在《水浒传》成书以前，水浒故事在流传中内容细节上颇有异同。因此，可以说《水浒传》是经过传说、说话、艺人剧演，以及文人编辑、整理、加工、增删、修改而成的一部宏伟巨著。

关于作者，明人记载不一。郎瑛《七修类稿》说：“《三国》《宋江》二书，乃杭人罗本贯中所编。予意旧必有本，故曰编。《宋江》又曰钱塘施耐庵的本。”高儒《百川书志》载：“《忠义水浒传》一百卷。钱塘施耐庵的本，罗贯中编次。”李贽《忠义水浒传叙》中提到作者时，说是“施、罗二公”。此外，田汝成《西湖游览志馀》和王圻《稗史汇编》都称罗贯中作。明末清初金圣叹的《第五才子书水浒传》又提出施作罗续说。现在学术界大多认为施耐庵作。施耐庵生平不详，一般认为是元末明初人。吴梅《顾曲麈谈》记施耐庵即元末剧作家施惠，不甚可靠。自20世纪20年代以来，江苏兴化地区陆续发现了一些有关施耐庵的材料，如《施氏族谱》《施氏长门谱》，以及《兴化县续志》所载的《施耐庵墓志》和《施耐庵传》等。但这些材料相互矛盾处不少，学术界意见颇不一致，多数研究者持怀疑态度，尚待进一步研究。

《水浒传》描写了宋江起义的全过程，反映了我国历史上一次农民起义发生、发展以至于失败的全过程，谱写了一曲“忠义”的悲歌。小说的思想内容大致可概括为如下几个方面：首先，深刻揭露了封建社会的黑暗和腐朽及统治阶级的罪恶，着重挖掘了农民起义的社会根源，揭示了所谓“乱自上作”“官逼民反”的道理，从而揭示出农民起义的必然性和正义性。小说把高俅“发迹”和徽宗皇帝如何宠幸他的故事放在全书开端，自上而下，贪官污吏、土豪恶霸狼狈为奸，残害忠良，欺压良善，对人民进行残酷的剥削和压迫，形成了一个统治网，反映出封建社会的黑暗现实，也反映出农民起义的必然性。其次，成功地塑造了许多起义英雄的形象，歌颂了梁山英雄人物的反抗精神和优秀品质。《水浒传》塑造了一系列光彩照人的英雄群像，如李逵、鲁达、武松、林冲、吴用等。再次，小说细致而生动地描写了农民起义如何由零碎的复仇星火发展到燎原之势的过程。通过起义英雄们由个人复仇到有组织地集体反抗，真实地描写了梁山泊农民起义队伍从无到有、从小到大、从弱到强、从分散到聚合、从盲目行动到自觉具有明确行动纲领的历史现实，生动再现了农民起义军发展壮大的斗争过程。小说还描绘了一个理想的社会模式，“有福同享，有祸同当”“八方同域，异姓一家”，反映了封建社会农民所追求的理想境界。对后世农民反封建斗争有着巨大的鼓舞作用。另外，小说写出了起义的悲剧结局，揭示了起义失败的内在原因。《水浒传》中梁山英雄接受招安的悲剧结局给后世农民革命提供了深刻教训。

《水浒传》作为中国古典小说里英雄传奇的光辉典范，不仅具有深刻的思想性，而且具有高超的艺术性，它的出现，标志着白话文体在小说创作方面已经完全成熟，堪称我国白话文学的一座里程碑：

第一，其最突出的艺术成就是成功地塑造了众多可爱的、个性鲜明的英雄形象。在塑造人物方面，开始从《三国志演义》的类型化典型走向初步的个性化典型，善于把人物置身于特定的社会现实环境中，紧紧扣住人物的身份、教养、经历和遭遇，从复杂社会关系的各个方面多层次地刻画人物性格，塑造出典型环境中的典型人物；善于处理英雄人物共性与个性的辩证关系，不仅写出了英雄们性格的异中之同，更注意以同中之异来表现性格相近的人物之间的细微差别；善于将人物置于尖锐激烈的矛盾冲突中，通过人物的行动和语言来揭示其性格最本质的特征；善于运用现实主义与浪漫主义相结合的创作方法，是我国小说史上两结合创作方法运用得较好的作品。

第二，继承与发展了中国古代小说与讲史话本的传统特色。故事极富传奇性，情节起伏跌宕，变幻莫测。全书可以第七十一回为界，分两部分。七十一回之前，基本上是由相互衔接又相互独立的一系列英雄传奇故事组成，仿佛是一个个梁山好汉的列传或合传，主要人物依次出场，一环紧扣一环，可称为连环式结构；在各路英雄聚义梁山之后，主要是以群体性的战争板块为主，依照时间顺序，先后写了两赢童贯、三败高俅，破大辽、捉田虎等重大军事行动，可称为单体式结构。前半部分突现官逼民反，后半部分表现忠奸斗争，同时所有的情节单元又都由从逼上梁山到效力朝廷这条总的线索贯穿成整体。

第三，语言艺术也取得很大成就。《水浒传》是我国第一部纯粹用白话写成的长篇小说，标志着古代通俗小说语言艺术的成熟。全书以生动流畅的白话口语为基础，经过文人的锤炼加工，成为纯熟的文学语言。另外，人物语言的个性化突出，往往可以从说话看出人来，不同的人物有不同的语言风格，各自的语言反映了各自的性格特点，这也是小说塑造人物的主要手段。

《水浒传》在艺术上也有不足之处。全书艺术成就是不平衡的，水浒英雄在上山之前，描写都很精彩，但在上山之后，往往缺少动人的描绘。此外还有一些战争场面单调繁琐，招安后部分情节不够真实，书中也有一些神秘色彩的渲染等。但这些并不影响《水浒传》在人们心中的地位，它深受人民喜爱而流传甚广，成为家喻户晓的优秀作品，对后世有着巨大的影响。

《水浒传》的版本比较复杂，大致可分简本、繁本两个系统。在繁本中，今存最早刊本是明嘉靖年间武定侯郭勋刊刻的《忠义水浒传》20 卷 100 回，已佚。明嘉靖年间高儒《百川书志》所录《忠义水浒传》为 100 卷，是今天所能见的比较早而又比较完整的 100 回本。明末金圣叹删去了排座次以后的部分，添了个卢俊义的噩梦作为结尾，梦中一百单八将全部被杀。又把原来的第一回改为楔子，作成 70 回本。这个本子成为清三百年间最流行的本子。今存较早的简本有明双峰堂刊《新刊京本全像插增田虎王庆忠义水浒全传》和《忠义水浒志传评林》，都为残本。清刊本 10 卷 115 回《忠义水浒传》是今存比较齐全的简本。

3.《西游记》

《西游记》是我国文学史上成就最高的神魔小说。小说塑造了孙悟空、唐僧、猪八戒、沙僧等为人所喜爱的角色，是一部具有积极浪漫主义的优秀文学艺术作品，驰名中外。几百年来，被翻译成多种语言，改编成各种地方戏曲及电影、电视剧、动画片、漫画等，版本繁多，流传甚广。

《西游记》的成书与《三国演义》《水浒传》相类似，都经历了一个长期积累与演化的过程。但两者演化的特征并不一致。《三国演义》《水浒传》是在历史真实的基础上加以生发与虚构，是“实”与“虚”的结合而以“真”的表象问世；《西游记》的演化过程则是将历史的真实不断地神化、幻化，最终以“幻”的形态定型。

《西游记》主要描写的是孙悟空保唐僧西天取经，历经九九八十一难的故事。作为主体部分的唐僧取经故事，由历史上的真人真事发展演化而来。627年(唐太宗贞观元年)，玄奘(602—664年)不顾禁令，偷越国境，跋山涉水，至645年(贞观十九年)取回梵文佛经657部。玄奘奉诏口述西行见闻，由门徒辩机辑录成《大唐西域记》十二卷。这为《西游记》写唐僧西行取经的总框架奠定了基础。以后门徒慧立、彦琮撰写了《大唐大慈恩寺三藏法师传》，记述玄奘西行取经事迹，是一部带有文学色彩的大型传记，堪称《西游记》的蓝本。此后取经故事即在社会上广泛流传，不断得到加工润色，愈传离真人真事的本来面目愈远。到宋代，取经故事成为"说话"艺术的重要题材，刊印于南宋时期的说经话本《大唐三藏取经诗话》，开始把各种神话与取经故事串联起来，形式近乎寺院的"讲唱经文"的"俗讲"，已初步具备了《西游记》故事的轮廓，是取经故事发展的重要阶段。孙行者已取代唐僧而成为取经故事的主角，是《西游记》中孙悟空形象的雏形。

取经故事的基本定型是在元代。元代出现了更加完整生动的《西游记平话》，原书已佚。但明《永乐大典》第13139卷"送"韵"梦"字条下引《梦斩泾河龙》故事，即采自《西游记平话》，内容与《西游记》第九回前半部分基本相同。《西游记平话》从内容、情节、结构、人物方面看，都很可能是《西游记》直接据以加工创作的底本，为《西游记》的成书打下了坚实的基础。取经故事在话本中逐步定型的同时，类似的戏曲创作也产生了。宋元南戏有《陈光蕊江流和尚》，金院本有《唐三藏》，皆佚。元末明初则有无名氏的杂剧《二郎神锁齐天大圣》和杨景贤的杂剧《西游记》，剧中某些情节与《西游记》相似。由此可见，《西游记》创作以前，取经故事已经众手加工而以各种形式长期在社会上广泛流传。

《西游记》的最后写定者是谁，迄今无定论。现存明刊百回本《西游记》均无作者署名，仅题"华阳洞天主人校"。清初刊刻的《西游证道书》始提出为元代道士丘处机作，以后刻本多相沿用，直到今天还有学者重提此说，但一般认为此说是因将丘的弟子所写的《长春真人西游记》与小说《西游记》相混的结果。清代乾隆年间，吴玉搢在《山阳志遗》中首先提出《西游记》的作者是吴承恩，当时虽得阮葵生、丁晏等淮安乡人的响应，但未产生很大的影响。直到20世纪20年代，经鲁迅、胡适等人的认定，《西游记》的作者是吴承恩的说法才几乎成了定论。此后出版的小说和史论，一般将《西游记》归于吴承恩名下。可以说《西游记》是吴承恩在民间传说和话本、戏曲的基础上，经过艰苦创作完成的一部伟大的文学巨著。吴承恩(约1500—约1582年)，字汝忠，号射阳居士，淮安山阳(今江苏淮安)人。幼年以文知名，但屡试不第，四十余岁时，始补岁贡生。因母老家贫，曾出任长兴县丞两年，耻折腰，遂拂袖而归。后又补为荆府纪善，但可能未曾赴任。晚年放浪诗酒，终老于家。有《射阳先生存稿》四卷。

《西游记》全书内容分为三大部分：第一部分，一至七回，写孙悟空的出身和大闹天宫的故事；第二部分，八至十二回，写唐僧身世、魏徵斩龙、唐太宗入冥的故事，交代取经缘由；第三部分，十三至一百回，写孙悟空等三人保护唐僧历经九九八十一难前往西天取得真经的经过。《西游记》通过神话的形式，表现了丰富的社会内容，曲折地反映出现实中的社会矛盾，表达了人民的愿望和要求。在孙悟空身上，反映了广大人民群众反抗专制压迫、战胜邪恶和征服自然力的强烈愿望。孙悟空的积极乐观、勇敢无畏、不怕困难、敢于斗争的精神，深深地植根于中国人民历史生活的土壤之中，是中国广大人民群众长期斗争生活的艺术概括。小说揭露了天宫神权统治的腐朽，玉皇的昏庸无能、凶残暴戾，是人间封建统治阶级的投影。取经路上妖魔鬼怪的凶狠、阴险、淫恶，反映了现实社会中黑暗势力的共同特征。

作为中国神魔小说杰出成就的代表，《西游记》在艺术上有着鲜明的特色：首先，小说塑造了孙悟空这样一个理想化的神话英雄形象，在中国小说史上是独特的。书中的许多人物，既是神奇的，又有强烈的现实感，在古代神魔小说中是极为罕见的。神性(幻想性)、人性(社会性)、物性(自然性)三者的有机结合，是《西游记》人物塑造的一个突出特点。其次，《西游记》创造了神奇绚丽的神话世界，具有强烈的艺术魅力。天上地下，龙宫冥府，人物的活动有广阔的天地，可以无拘无束地充分施展其超人的本领。情节生动，奇幻曲折，表现了丰富大胆的艺术想象力。作者大量使用诙谐幽默的语言，富有鲜明的个性特征和浓烈的生活气息，形成了一种特有的轻松愉快、诙谐幽默的语言风格。作者还善于提炼人民生活中的口语，吸收新鲜有力的词汇，利用它富有变化的句法，加工成为一种优美的文学语言。再次，寓庄于谐的讽刺艺术。作为中国古代文学的悠久传统，寓庄于谐的手法在《西游记》中得到了完美的体现。另外，小说具有巧妙曲折的艺术结构。师徒四人一起历经磨难，而事件之间其实并没有严格的顺序关系，这种结构丰富了我国长篇小说结构的宝库。

《西游记》是民间集体创作向文人创作过渡的桥梁，在中国小说史上占有重要地位。它开拓了神魔章回长篇小说的新领域，确定了神魔小说在长篇小说中的独立地位。它以游戏笔墨讽刺批判封建社会的世态人情，使作品洋溢着诙谐幽默的情调，对我国讽刺小说的发展亦起了积极作用。同时，《西游记》在中国小说史上开辟了浪漫主义的新境界，和《三国演义》《水浒传》一样，成为中国人民家喻户晓的古典小说名著，问世以后即产生了广泛的影响，至明末短短的几十年间，涌现出了近三十部内容各异、长短不同的神魔小说，迅速形成了与历史演义等明显不同的小说流派。《西游记》故事还被改编为戏曲搬上舞台，甚至还出现了《升平宝筏》那样大型的连台本戏。一直到现代，《西游记》故事仍然活跃在戏曲舞台上，《三打白骨精》《闹天宫》《芭蕉扇》等更是受到观众喜爱的剧目。从 19 世纪开始，它就被译为日、法、英、德、俄等十来种文字风行世界。

现存《西游记》最早的刊本是 1592 年(明万历二十年)金陵世德堂《新刻出象宫板大字西游记》，20 卷 100 回，清代又出现多种版本。1954 年，作家出版社排印本以明刊世德堂本为底本，参校清代各种刻本整理而成。1980 年，人民文学出版社又刊行二版，在初版基础上，复以明崇祯年间刊《李卓吾批评西游记》本参校，是现在最好的本子之一。

4.《金瓶梅》

《金瓶梅》是中国文学史上第一部文人独立创作的长篇小说，它突破取材历史、传说和神话的传统，另辟蹊径，以现实社会和家庭日常生活为题材，直接描写世态人情，是世情小说的开山之作，标志着我国古代小说的发展进入了一个新的阶段。

关于《金瓶梅》的作者，现在还无定论。《金瓶梅词话》卷首欣欣子所作序称“兰陵笑笑生作”。古称“兰陵”之地有二：一为今山东峄县，另一为今江苏武进县，现在尚难考定何者为是。后世学者作了种种猜测和推考，特别是近年来，有王世贞作、李开先作、贾三近作、屠隆作、汤显祖作、王稚登作等多种说法，但都缺乏确凿的证据。

《金瓶梅》成书于何时，历来有嘉靖说和万历说之争，迄今尚无确论。今见最早的刊本是 1617 年(万历四十五年)署刊的《金瓶梅词话》，共一百回，卷首有欣欣子所作序，序云“窃谓兰陵笑笑生作《金瓶梅传》，寄意于世俗，盖有谓也”，人称“词活本”或“万历本”。崇祯年间有《新刻绣像批评金瓶梅》问世，人称“崇祯本”。清康熙年间，张竹坡以崇祯本为底本，将正文的个别文字修改后另作详细评点，以《张竹坡批评金瓶梅第一奇书》之名行世，人称“第一奇书本”或“张评本”。现在最为通行的本子是人民文学出版社 1985 年排印的删节本。

《金瓶梅》书名，乃由小说中的潘金莲、李瓶儿、庞春梅三人的名字合成。故事开头借《水浒传》“武松杀嫂”一节演化开来，写潘金莲与西门庆皆未被武松杀死，潘金莲嫁西门庆为妾。第十回至第七十九回，主要写西门庆的暴发暴亡和以金、瓶为主的妻妾间的争宠妒恨。最后二十一回，写众妾流散，一片“树倒猢狲散”的衰败景象。《金瓶梅》是一部以描写家庭生活为题材的现实主义巨著，假托宋朝旧事，实际上展现的是晚明政治和社会的各种丑恶面相，有着深厚的时代内涵。它是中国小说史上第一部以市井社会为题材，以一个新兴商人的一生为内容的长篇小说，具有开拓新路的历史意义。

全书描写了富商、官僚、恶霸三位一体的典型人物西门庆的罪恶一生及其家庭从发迹到败落的兴衰史，并以西门庆为中心，一方面辐射市井社会，一方面反映官场社会，展开了一个时代的广阔图景，彻底暴露出人间鬼蜮世界的肮脏与丑恶，真实而深刻地暴露了明代后期社会的黑暗、腐朽和种种罪恶，展现了一幅16世纪中国的现实生活画卷。小说以相当多的篇幅描写了西门庆及其妻妾的家庭活动，写出了这个罪恶之家荒淫无耻、贪得无厌、骄奢糜烂、钩心斗角的林林总总，反映了正常人性惨遭扭曲和异化的过程。应当说，《金瓶梅》的思想内容存在着一些严重缺点：首先，作者对现实黑暗的暴露，缺乏鲜明的爱憎和严肃的批判。其次，小说有不少庸俗低级的性描写，冲淡了小说的暴露力量；对剥削阶级的腐朽糜烂生活肆意渲染，特别是大量露骨的色情描写，秽心污目。另外，作者在解释人生和社会生活方面，有着浓厚的天道循环的宿命论思想和虚无观念。

《金瓶梅》作为一部具有近代意味的现实主义文学巨著，在小说发展史上具有里程碑的意义，它突破了中国长篇小说的传统模式，为中国古代小说的演进作出了历史性的贡献。概括说来，第一，在创作题材上，从描述英雄豪杰、神仙妖魔转向家庭生活、平凡人物，是第一部以家庭生活和世态人情为题材的长篇小说，标志着我国古代小说艺术的渐趋成熟和现实主义创作方法的重大发展，为此后的世情小说开辟了广阔的题材世界，并使之成为此后小说的主流。第二，在创作主旨上，从立意歌颂理想变为着重暴露黑暗，从表现美转为表现丑，实现了中国古代小说审美观念的大转变。第三，在人物塑造上，从单色调变为多色调，从平面化转向立体化。《金瓶梅》的叙事重心从以往的以组织安排故事为主转向以描写人物为主，并且克服了先前小说中人物性格单一化、凝固化的倾向，注重多侧面、多层次地刻画人物性格。第四，在叙事结构上，从线性发展转向网状交织。此前的长篇小说基本上采用的是线性发展的结构形式，而《金瓶梅》则从生活的复杂性出发，发展为网状结构。全书围绕西门庆一家的盛衰史而展开，并辐射到整个社会，使全书组成一个意脉相连、情节相通的生活之网。第五，在语言艺术上，从说书体语言发展为市井口语。深受“说话”技艺影响，代表了小说语言发展的另一方面，即遵循口语化、俚俗化的方向发展。大量运用鲜活生动的市民口语，充满着浓郁淋漓的市井气息，尤其擅长用个性化的语言来刻画人物。

《金瓶梅》在中国古典小说的发展史上有其不可忽视的影响。作为文人独立创作的第一部长篇小说，标志着我国古代长篇小说发展的一个飞跃，极大地推动了后代作家的独创性，从此文人独创长篇小说成为风尚。《金瓶梅》的有关研究被称为“金学”，并流传到国外，受到海外学者的高度重视和好评，这部不朽的名著也已成为世界文学的财富，被译为英、法、德、意、拉丁等多种语言，美、法、日等大百科全书都给予了很高的评价，认为“它在中国通俗小说的发展史上是一个伟大的创新”。

综上所述，《三国演义》《水浒传》《西游记》和《金瓶梅》并称为“四大奇书”，代表了明代章回小说的发展和定型，清晰地展示了长篇小说艺术发展的历程，是明代对中国文学作出的最为宝贵的贡献。四部小说分别代表了历史演义小说、英雄传奇小说、神魔小说以及世情小说的最高成就，共同形成了中国小说史上的第一个高峰。四大奇书是明代文学成就的杰出代表，在中国文学史上占有重要的地位，不仅推动了中国文学的发展与传播，而且流传甚广，享誉海外，成为世界文学宝库中的奇葩。

（许志云）

# 18. 明四家、吴中四才子的艺术成就

明四家指明代沈周、文徵明、唐寅、仇英四位画家。他们都在江苏苏州从事绘画活动，因苏州古为吴地，故又称其为“吴门四家”，或称“吴门四杰”。四人中沈周、文徵明都擅画山水，上承北京山水画的传统；唐寅以南宋院体为法，山水、人物都很擅长；仇英以工笔人物、青绿山水见称。四人各有所长，先后齐名。四人中沈周、文徵明有师承关系；唐寅、仇英都师事周臣，但画风迥异。故明四家只是明代四位成就很高但风格不同的大画家，并非一画派之称。“吴中四才子”指明中期文学复兴在南方的四位主要代表人物：祝允明、唐寅、文徵明和徐祯卿，又称“江南四大才子”。他们多才多艺，能诗能文。他们反对复古模拟的文风，所作诗文，多抒写性情，反映现实生活，语言幽默，富有风趣。其中徐祯卿于弘治末进士及第后，在北京加入李、何为首的文学群体，又为“前七子”之一。

沈周，生于1427年(明宣宗宣德二年)，卒于1509年(明武宗正德四年)，字启南，号石田，晚号白石翁，长洲(今江苏苏州)人。出身书香门第，酷爱文艺，诗文书画，无所不通。生性淡泊，与世无争，不逐名利。栖身山林，耳目所接，自然风光，其审美心理，也自趋向天然之致，不以雕琢华丽为美。擅画山水，自成风格；其诗沉郁雄浑，为世所推重。著有诗文《石田集》。

文徵明，生于1470年(明宪宗成化六年)，卒于1559年(明世宗嘉靖三十八年)，初名壁，字徵明，一字徵仲，号衡山，长洲人。为吴派第二位大家，是明代中期最著名的画家、大书法家。出身官宦世家，早年数次参加科举考试，均以不合时好而未被录取。54岁时以岁贡生被荐为翰林待诏，居官四年辞归，专力诗文书画30余年，无一不精，人称“四绝”全才。其画虽学沈周，但仍具有自己的风格。著有《甫田集》35卷。

唐寅，生于1470年(明宪宗成化六年)，卒于1524年(明世宗嘉靖三年)，字伯虎，一字子畏，自号六如居士、桃花庵主、逃逸仙吏等，吴县(今江苏苏州)人。其家世代为商，为人豪放，不拘小节，才华横溢，1498年(明孝宗弘治十一年)乡试第一名，世称唐解元。曾因考题泄露案无辜牵连下狱，归家后放浪形骸，终生未仕，筑室桃花坞，以诗酒书画自娱。擅画山水、仕女，用笔工细，流转自如。其诗词婉丽多姿，浅语具深。作诗常效白居易，多以口语、俗语入诗，裁剪巧密，迭出新意。有《六如居士集》四卷。

仇英，约生于1502年(明孝宗弘治十五年)，卒于1552年(明世宗嘉靖三十一年)，字实父，号十洲，祖籍太仓，移民苏州。出身贫寒，早年曾当过漆工，青年时代师从周臣。仇英与同时代吴中诗人、画家和书法家等交往密切，使他在艺术上深受吴派的熏陶，使其源于周臣的南宋“院体”风格逐渐发生变格，由刚劲严整而趋于清逸秀润。仇英不擅诗文，专志绘画，其画艺不断精进，并创作了许多他人难以企及的鸿篇巨作，得到了社会的普遍认同和赞扬，跻身“吴门四家”之列。

祝允明，生于1460年(明英宗天顺四年)，卒于1526年(明世宗嘉靖五年)，字希哲，号枝山，长洲(今

江苏苏州)人。1492年(弘治五年)中举人后，七次应进士考试不第，遂以举人身份入仕，任广东兴定知县，迁应天府通判，不久辞官。少年能诗，博览群书，厌恶礼法，放诞不羁。其诗题材较丰富，语言清丽自然。著有《怀星堂集》。

徐祯卿，生于1479年(明宪宗成化十五年)，卒于1511年(明武宗正德六年)，字昌穀(后世亦做昌谷)，又字昌国。常熟梅李镇人，后迁吴。徐祯卿是明中叶文坛的重要诗人，虽然他仅活了33个春秋，却以其杰出的诗歌创作和诗歌理论，先后跻身“吴中四才子”“前七子”之列。徐祯卿的著述还有《迪功集》六卷、《谈艺录》一卷、《翦胜野闻》《异林》等。

明代中叶，随着社会经济的发展，绘画艺术也呈现了蓬勃兴旺的气象，在苏州地区崛起了四位著名的画家——沈周、文徵明、唐寅、仇英。他们突破笼罩在当时画坛的崇古风气，在继承古代绘画优秀传统的基础上，以杰出的艺术成就，开创了明代的新风，在绘画史上称为“明四家”。尽管他们活动于同一地区，或有师承关系，或被列为同一画派，但由于他们个人的思想状况和生活境遇不同，在艺术风格上又有各自的特色。

沈周博采众长，融会一体，画艺精湛，擅长山水、花鸟、人物，是画苑中的全才。山水画集诸家之大成，善于将对立的因素和谐地融为一体，开启综合主义之路，拓展了文人画的新天地，最能反映其艺术特色。

内容上，沈周的写实山水画融入很强的主观感受，往往以景抒情。访胜纪游图，大多描写亲身游览过的山林险境，以实景为客体，真实地再现自然真趣，并倾注真切的主观感受，如《山西纪游图》卷；幽居庄园图，多强调清宁的环境和闲适的情致，寄托文人的理想和爱好，如《东庄图》册；雅集文会图，主要借助寓意性的自然景色来抒发友情和雅趣，如《魏园雅集图》轴；抒情山水画，则以表达主观意趣为主旨，自然景色更多理念化加工，或寄托理想，或抒发情思，借以自娱、遣兴、适意，如《卧游图》册、《听泉图》卷。仿古之作，则反映了他泛学诸家的师承渊源和探微求变的创作态度，如《仿黄公望富春山居图》卷，虽为一背临之作，却十分接近原作；《仿大痴山水》轴，兼具黄公望的苍茫、王蒙的松秀和吴镇的雄健。董其昌在《画禅室随笔》中对他的成就作了高度评价：“石田先生于胜国诸贤名迹，无不摹写，亦绝相似，或出其上。”

沈周在主宗董巨和元四家的基础上，形成了自己独特的艺术形式。沈周的山水以水墨为主，墨色滋润，尤喜以浓墨点苔，同时水墨又具浓淡变化，富层次感，于凝重中见清澈，设色多施以清淡的浅绛，在水墨之中更添清雅，呈现出苍润之致。所布置的景致，虽有繁复、疏简之分，然都注重突出主题，妥帖处理主宾关系，并强调虚实相生，错落有致。如《庐山高图》轴，景色虽繁复，然通过山与云、石与泉的虚实穿插，重山叠嶂的凝重与曲折高旋的山势之静动对比，使画面丝毫不显局促。又如《京江送别图》卷，景色极为疏简，然诸景均赋以一定含义，相互之间又有衔接呼应和内在联系，遂使虚旷的景致显得十分充实。造境很强调山川恢弘的“势”和朴实的“质”。无论高山大川，还是平远小景，都具有雄伟壮阔的气势，并在平淡自然、质朴无华的景色中，寓以蓬勃生意和高雅真趣，既不同于元人的空寂之境，也有别于浙派的粗俗之格。沈周的笔法，汲取了北宋李郭和明代浙派的硬度和力感，下笔刚劲有力，顿挫跌宕，还常运用比较整饬的线条勾勒坡石和建筑，以侧锋作斫拂式的短笔皴。同时保留了董巨和元人的圆润和含蓄笔致，以中锋运笔为主，时见松秀的干皴和轻淡的勾线，并多有放逸写意之笔。其笔法刚中有柔，苍中带秀，既改变了元人“软中带硬”的过分内敛，强化了笔道的“骨梁”作用，又避免了浙派的一味外露霸悍，劲健而不失含蓄，使每一笔都富有韵味。

文徵明书画造诣极为全面，山水、人物、花卉、兰竹无一不工。能青绿，亦能水墨；能工笔，亦能写意。

文徵明作品的题材，既有继承沈周之处，又有自身独创。写景山水具有很强的现实性，包容了广泛的生活内容，思想感情也更富文人的幽雅之情。无论是描绘自己熟悉的江南风光，还是表现文人士子的生活环境和活动景况，境界优美而恬静，人物温文尔雅，细致入微地表达了吴中文人的思想情操和人生追求。如《惠山茶会图》卷，绘作者与蔡羽等七人游览无锡惠山名胜、煮茶品茗的情景，苍松翠柏围绕泉亭，诸人或围井列坐，或展卷吟诗，或山路闲步，真实地再现了“天下第二泉”的秀美景色和文人聚会的高雅情趣。又如景与情融会十分和谐的《沧溪图》卷，画武城县令吴君的居室，依山傍水，松柏围绕，山色清丽，水面明澈，集中凝聚了荆溪地域之美；明洁无尘的环境，也象征吴君高洁无私的品行。文徵明还不厌其烦地塑造各具情趣的不同境界，尽意抒写胸怀，表现他憧憬向往的生活。文徵明的抒情山水，主要表现隐逸环境和高士情操。如《临溪幽赏图》轴、《曲港归舟图》轴等，画面景色秀丽清幽，人物情态恬静优雅。

文徵明广泛学习，兼收并蓄，艺术风貌多样，其间受赵孟頫、王蒙、吴镇三家影响最深，形成了粗笔和细笔两种主要画法。“粗文”山水受沈周熏染，并融入马夏粗劲刚健的用笔、赵孟頫枯木竹石中以书法入画的运锋以及吴镇淋漓酣畅的墨法，呈现出粗简豪壮的格调。如《溪桥策杖图》轴、《雨停纪事图》轴、《枯木疏篁图》轴均反映了“粗文”的典型面貌。“细文”山水属本色画，又分水墨和青绿两类。水墨山水取王蒙的缜密、黄公望的虚灵和赵孟頫的秀雅，构成俊逸秀润的风格。如《绿荫清话图》轴中繁密布景和精细树枝源自王蒙，《垂虹送别图》轴中疏朗格局和松灵用线宗法黄公望，《临溪幽赏图》轴中工整细秀的树姿和《石湖清胜图》卷中秀拙婉约的笔意，均近似赵孟頫。这些作品既尽显诸家之长，又具自身特色，总体风范具有鲜明的文人书卷气。文徵明最擅长的青绿山水主宗赵孟頫，兼取赵伯驹和赵伯骕，也融入元四家和二米笔墨，形成丰姿多彩、行利相兼的小青绿山水风貌。

除了绘画外，文徵明的书法成就也很高。他初师李应祯，后广泛学习前代名迹，篆、隶、楷、行、草各有造诣。他的书法以功力卓绝见长，成就主要体现在精绝的小楷与潇洒的行书上。其小楷宗二王、欧阳询、智永，法度森严，如《归去来兮辞》。行书融晋、唐、宋名家于一体，端庄而不失风流，遒劲而舒徐有余，刚柔相兼，自成一家。晚年大字习黄庭坚，放纵摆宕，骨韵兼得，如苏州博物馆藏《三绝书画》手卷。他一生不喜作草书，非不能作，《四体千字文》就写得很精彩，但更偏爱工整一路的书体，这与他自身的性情有关。文徵明的书法总体上追求平正洒脱，不以险求胜。他的书法对绘画影响很大，以书入画使其画中的线条十分精致耐看。文徵明的行书成就极高，与他同时代的大书法家祝允明、王宠、陈道复多热衷草书，行书远逊于文徵明。其书法继承了赵孟頫以二王为宗的血脉，既遒劲又妍美，在书法史上有重要地位。

唐寅师承广泛，兼善山水、人物、花鸟，且画法多样，面貌各异。其艺术特色，有与沈、文、仇共同之处：综合南北两宗之长，强调诗书画结合，重视笔墨情趣，追求行利相兼；也有其鲜明的个性，除风格面貌自具特色外，还表现为题材寓有较强的思想性，构思切题而又精巧，不落俗套。

唐寅作品在题材处理方面很重视思想性，主观因素较强烈，其坎坷经历所形成的思想波动、处世态度、人生哲学，在他的创作中都有不同程度的反映。作品所披露的思想感情和审美趣味，更多的是在倾诉一位失意文人的哀怨、不满、愤懑和失望。较之沈、文二人，感情抒写更直露，个性色彩也更浓。同时，运用比拟、寓意、讽喻、自况的手法也更多。这一特色在人物画中体现得最为鲜明。如《铜阴清梦图》轴，画一高士在梧桐树下闭目小憩，神态懒散，从题诗“此生已谢功名念，清梦应无到古槐”中可以看出，此图是作者自况写照，表露绝意功名又无所事事的烦闷心境。《风木图》卷，借描绘孝子黄志淳哀悼双亲亡故的情景寄托自身双亲故世、妻妹既殁的哀思。又如《王蜀宫妓图》轴，题诗表明是在抨击统治者荒淫糜烂的生活。《陶谷赠词图》轴，借古喻今，抨击达官显贵的虚伪，寓针砭时弊之意。

唐寅作品构思精巧，人景并重，景象紧扣题意，很少余物，主要反映在以人物活动为中心的山水画中。如《骑驴归思图》轴，绘孤独的骑驴者行进在崇山峻岭、荒径野店中，其意不单是一行旅山水图，而恰是游子当时失意、悲怆、急归心境的写照。又如《贞寿堂图》卷，正中绘贞寿堂，周母端坐中堂，两子恭立一厢，庄外桥畔，有客来贺。居室左依石岗，右临平湖，院内松柏苍翠，对岸青山逶迤，情节设计、景色安排，都寓颂贺之意。

仇英擅长山水、人物画。山水画以青绿设色为主，工整精细中见文雅清新；人物画多运用工笔重彩法，精细艳逸，尤以仕女著称。

仇英作品中，摹古之作大多为训练基本功、广泛学习传统而画，比较忠于原迹。传统题材在构思上能别出心裁，自具新意，清新明快，雅俗共赏。如《人物故事》册，所选贵妃晓妆、吹箫引凤、昭君出塞、浔阳琵琶等内容，古人屡画，然而仇英通过对情节的精心安排和对形象的生动刻画，仍使作品引人入胜。表现现实生活的山水、人物画，取材范围也较广泛，胜迹奇景、高山大川、江南园林、世俗民情、文人雅集、隐士幽居，都一一摄入画面，既准确传达出各自的特色和意趣，又时时洋溢着一股欢悦、豁朗、潇洒、高昂的情调。如《莲溪渔隐图》《桃村草堂图》，集锦绣山河之美，抒美好理想之情。《柳下眠琴图》轴、《松溪横笛图》轴，塑造的高士形象，气宇轩昂，风度潇洒，清高而不孤僻，使人亲近。

仇英的山水画有水墨和青绿两种画法。水墨山水画以南宋“院体”为主，兼容文人画之法，具雅逸之致。如《溪山楼阁图》，特写的景色、遒劲的松枝、尖峭的山石、劲利的用笔以及小斧劈皴等，存“院体”遗规。构图左右对称，趋于平衡；用线细劲含蓄，少刻露之痕；皴法中夹以短斫，随意灵动；墨色轻淡融合，色调明快，又现文人画之法。整体风貌自成一格。

青绿山水画为其本色，以南宋赵伯驹、赵伯骕为源，兼取赵孟頫和文徵明，遂成工整清丽的独特面貌。如《玉洞仙源图》轴、《桃村草堂图》轴，主宗二赵，比较精细，山石以勾勒为主，施以青绿重色，铺以赭色，于鲜丽中见清雅。《莲溪渔隐图》轴、《归份图》卷，受赵、文影响较多，比较简逸，景色疏况清远，线条细劲简练，笔法工整中见疏放，山石勾勒中带皴斫，色彩以淡色为主，略施重彩，总体格调清丽明快。两路青绿山水均工而不佻，妍而不甜，树立了新的典范。董其昌深为叹服，高呼“盖五百年而有仇实父”（《容台集》卷六）。

仇英工笔人物画尤以仕女画最为著称，潇洒俊美的身姿、细入毫芒的笔致、妍雅温柔的情调，大大弘扬了工笔重彩传统，创立了“仇派”仕女新风。代表作品有《人物故事》册、《修竹仕女图》轴等。粗笔水墨人物，取法马远和杜堇，又具文雅秀逸之气，物象刻画简洁，线条运用洗练，或施劲健顿挫的折芦描，或作圆润流畅的兰叶描，人物气质也潇洒清雅，有别于“院体”和“浙派”。代表作品有《右军书扇图》轴、《柳下眠琴图》轴等。

吴中四才子大多多才多艺，有的虽曾涉足仕途，却能摆脱官僚习气，超乎礼法，无拘束、无羁绊地自由创作。他们既不依傍茶陵诗风，也不附和复古之说。创作取径较宽，像祝允明追慕秦汉，唐寅偏向六朝而兼有白居易的浅俗率易，文徵明虽然在理论上对宋诗表示不满，却承认自己受宋诗影响很大。他们突破板滞冗沓、雍容典丽的风尚格局，变而为俊秀活脱，意象清新，艺术风格呈现多样化。

祝允明由于科场失意，使得他表现出狂放不羁的个性，但他的狂放不羁与唐寅有所不同，他更富有哲理性的思索，对传统思想的批判更具有一种理性的勇敢，晚年所作的《祝子罪知录》把矛头指向程朱理学，对儒家“圣人”如汤武、孟子也加以讽刺，“异端”色彩更浓。祝允明在环境压力下，诗文鲜明地表现出自我觉醒的意识和向外拓张的强烈要求。他在《丁未年生日序》中描述了一个远通八遐、高立千仞、洗涤日月、披拂风云的自我形象，这是他主观精神的写照。虽然还看不出他具体的人生要求是什么，但他想要向外拓张、实现自我价值的欲望，给人以强烈的印象。但作者也清醒地意识到，他的这种欲望，是社会传统势力所难以容忍的。他还在《短长行》中抒发了理想难以实现的悲愤。《短长行》作于祝允明五十多岁任广东兴宁任知县时，一生自负的他，在僻远之地做一小官，内心压抑，诗中写道：“昨日之日短，今日之日长。昨日虽短霁而暄，今日虽永阴复凉，胡不雨雪为岁祥？胡不稍暖开初阳？徒为蔽天氛曀日黯黮，人物惨懔无精光……阴晴长短不可问，古来万事都茫茫！独怜穷海客卧者，魂绕江南烟水航。”诗人从一个阴天令人不适的感受，联想到了社会的沉闷，发出了宁可要短暂而美好的生命，也不要漫长而阴沉的岁月的呼喊。祝允明的散文比他的诗作出色。他的散文很善于摹声状物，比如《谯楼鼓声记》描绘的凄厉的鼓声，使人如入其境；还有，《健康观云记》描绘的“百变”的云彩，真是栩栩如生，令人目不暇接。另外，祝允明还写了不少随笔，其特点是杂、狂、逸，与其人格相呼应。

唐寅诗歌的最大特点就是抒情色彩浓烈。这种抒情色彩表现在社会问题上，就是对当时的炎凉世态极其敏感，并时时加以揭露。如他在《席上答王履吉》中写道：“我观古昔之英雄，慷慨然诺杯酒中，义重生轻死知己，所以与人成大功；我观今日之才彦，交不以心惟以面，面前斟酒酒未寒，面未变时心已变。”以强烈对比的手法，揭露了今人口是心非的丑态。唐寅诗歌的抒情色彩表现在个人志向问题上，就是常常抒发怀才不遇的愤懑。如他在《赠徐昌国》中“书籍不如钱一囊，少年何苦擅文章”的抒怀，正是科场失意的一种情绪宣泄。他还在《言志》中表达疏狂玩世的心态，“不炼金丹不坐禅，不为商贾不耕田。闲来写就青山卖，不使人间造孽钱”。唐寅有不少题画诗，多为七绝。这些诗，往往是见画生情，是唐寅诗歌中较有魅力的部分。如他在《题画》二十四首中的一首，“草屋柴门无点尘，门前溪水绿粼粼。中间有甚堪图画，满坞桃花一醉人”。这是他自己的一幅生动的画像。唐寅的诗歌语言能较好地将雅俗熔为一炉，不过他更注意使用俗语，甚至俚语，力求化平淡为神奇，做到语浅而意隽。他的诗风追求的不是语句的精工，而是形象、生动、逼真、传神。例如，他在《妒花歌》中用通俗浅显的语言，勾画了一个娇嗔活泼的少女形象，“昨夜海棠初着雨，数朵轻盈娇欲语。佳人晓起出兰房，折来对镜比红妆。问郎花好奴颜好，郎道不如花窈窕。佳人见语发娇嗔，不信死花胜活人。将花揉碎掷郎前，请郎今夜伴花眠”。

唐寅也善文，他的散文创作有六朝文的风格，辞采华美。其代表作《金粉福地赋》，以极其铺张的辞藻描摹了奢靡享乐的场景，曾传诵一时。错金镂彩的台观，通宵达旦的宴游，歌女舞姬的锦灿服饰和销魂体态，反映出当时东南城市中追求物质生活的社会氛围。对这种生活的赞美，在当时起了破坏禁欲教条的作用，使文学更趋近情感真实。唐寅的散文虽类似六朝文，注意精工，但也有不同之处，唐寅文更注意文气的自然流转，感情的充沛畅达。他在《与文徵明》中，倾诉了自己被牵涉科场案的苦痛、入狱时的艰辛以及归家后的种种落拓意况，感情丰沛，一气呵成。他的一些序、记，也带有这样的特点。

文徵明诗词谐婉娟秀，富有逸韵，不依傍门户，自成一家。在当世名气极大，号称“文笔遍天下”。文徵明的诗歌主要描写他平静的闲适生活，如《雨后》：“积雨初收风乍颠，城南花事已茫然。黄鹂绕树空千睆，白发伤春又一年。竹几蒲团供坐睡，茗杯香鼎有闲缘。客来莫话长安事，自理南华物外篇。”可见他的恬淡情趣。与他的诗歌内容相适应，他的诗风也是疏淡冲合，正如王世贞在《艺苑卮言》中所形容的“小窗疏阁，位置都雅”。他的诗仿佛是在低吟浅唱，即使是抒发自己内心的苦闷，也含而不露，和平蕴藉。例如，文徵明在《金陵客楼与陈淳夜话》中表达了久困场屋的抑郁心情的诗句，“最是世心忘不得，满头尘土说功名”。这与他的性格有关。他外表温和，没有什么让人侧目的举止，表达的诗也是淡淡的。但这些并不表示他内心对外界压力的麻木，他只是善于把感情内敛而已。文徵明曾写了一首《元日书事》：“不求见面惟通谒，名刺朝来满弊庐。我亦随人投数纸，世情嫌简不嫌虚。”可他也敏感地意识到外力的驱迫，但他只是用淡淡的笔调，夹着几分自嘲，抒写人生的不得已，这符合儒家提倡的“怨而不怒”的诗风。文徵明诗风高古典雅，如《古风赠郑先生》：“紫兰生谷中，英英出琼芽。芳根抱幽独，不如桃李花。桃李当春时，明丽烘朝霞。物化归有尽，秧艳无常华。”诗中把郑先生喻为紫兰，把得志之徒喻为桃李，委婉表达内心失落之情，其手法显然从阮籍而来；而其用语既非冗沓，亦不落卑俗，颇为典雅高古。此外，他的诗还表现出构思纤巧、清新透逸的艺术风格，如他的《月夜登阊门西虹桥》情景交融、虚实结合，风格就比较鲜明。

徐祯卿在文坛占有特殊地位，诗作之多，号称“文雄”。徐祯卿原喜白居易、刘禹锡的诗，及第后与李梦阳、何景明交游甚密，悔其少作，齐倡复古，改而趋汉、魏、盛唐，为“前七子”之一。徐祯卿虽为吴中四才子之一，但吴中这一文学群体在弘治初形成时，与李、何在北方崛起的时间相近，两方起初并无联系。他们的基本方向——反宋儒理学，要求人性解放，重视“古文辞”自身的价值，也极其一致。徐祯卿加盟前七子，体现了南北文学潮流汇合的趋势。

徐祯卿一生作诗，由前期的学六朝、晚唐转向后来学汉魏盛唐，有一个自然的发展过程。他的诗前期作于吴中，内容比较狭窄，艺术上通过对六朝陶渊明、谢灵运等人的窥模体味，使他的诗作清新澄淡，宏肆渊博，但不免显得纤弱。后期学汉魏，专心古淡；学盛唐，把李白、孟浩然等人作为学习的典范。这时期的诗格调高逸，情韵丰满，终于成为明诗中的“清音”。徐祯卿的论诗宗旨，是追踪李梦阳的拟古之路，这从他的《谈艺录》及《与李梦阳书》中可以见到。他的《谈艺录》只论汉魏，对六朝以后不屑一顾，阐述重在复古之论，但也有不少精辟的见解，不是拟古所能限制。徐祯卿诗歌意境清远，疏朗开阔，格调高雅，具有超然之气，纵横驰骋于汉唐之间，虽刻意复古，但仍不失吴中风流之情。他的诗熔练精警，名满士林。擅长七言绝句，如《济上作》《送萧若愚》《偶见》等。语言明快俊秀，风神飘逸，情深意真，不失为绝句佳作。古诗如《寄华玉》《送士选侍御》等，于雄健中见其秀朗；律诗如《在武昌作》，五言律却不重对偶，八句一气呵成，以气格胜人，颇具孟浩然之遗风。

徐祯卿对后世影响最大的不是其诗歌创作，而是基于诗歌创作实践基础上的杰出诗歌理论。徐祯卿的诗歌理论主要见于《谈艺录》《与李献论文书》《与同年诸翰林论文书》等文章中，其中《谈艺录》不仅是“吴中四才子”和“前七子”中唯一诗话专著，而且在明代诗话史乃至整个中国古代诗话史中都是屈指可数的精品。把情感论与格调说这两个看似互相对峙的诗歌理论融合成为“因情立格”说，开辟了古典美学新范畴，是明中叶诗歌理论的重大创新。

（邰淑波）

# 19. 汤显祖创作《牡丹亭》

与元代剧坛上诸家并立、各有千秋的创作局面不同，明代剧坛上呈现出一峰独秀、群山环拱的气象。汤显祖作为明代成就最高、影响最大的剧作家，其“临川四梦”达到了同时代戏剧创作的高峰。一些中外学者曾将汤显祖与莎士比亚进行平行比较，日本学者青木正儿在《中国近代戏曲史》中写道：“显祖之诞生，先于英国莎士比亚 14 年，后莎士比亚之逝世一年而卒，东西剧坛伟人，同出其时，亦奇也。”1598 年(万历二十六年)汤显祖完成了传奇《牡丹亭》的创作。《牡丹亭》是一部具有鲜明时代特点和震撼人心艺术力量的杰出剧作，汤显祖也被誉为“戏剧舞台上空永不陨落的巨星——东方的莎士比亚”。

汤显祖(1550—1616 年)，明代戏曲作家，字义仍，号海若，别号若士，晚年自号茧翁，自署清远道人，江西临川人。《明史》有传。一生历经嘉靖、隆庆、万历三个朝代，正值朝廷腐败、社会动荡的明代中晚期。他是一位伟大的戏剧家，也是著名的诗文作家，在他二十六七岁时，就刊印了《红泉逸草》(1575 年)、《雍藻》(1576 年，已佚)和《问棘邮草》三部诗集。年轻的汤显祖已经颇有名气，但在进士科举考试中，却因为谢绝当朝首辅张居正的延揽而屡遭挫折。直到 1583 年(万历十一年)即张居正病故的第二年，汤显祖才得以跻身进士行列。先后任南京太常寺博士、南京礼部主事。1591 年(万历十九年)，官闲志不闲的汤显祖向皇帝上本，在著名的《论辅臣科臣疏》中直接抨击首辅申时行等朝廷大员，同时也间接批评了褒贬失当的皇上，引起了神宗与申时行等人的极大愤怒，遂将汤显祖贬谪到遥远的广东徐闻县任小吏典史。两年后，汤显祖被调到偏僻贫穷的浙江遂昌担任知县。1598 年(万历二十六年)愤而弃官归里，在城内香南峰下沙井巷建了一座“玉茗堂”，从事戏曲的研究和创作。当年秋，写出了著名剧作《牡丹亭》(又名《还魂记》《牡丹亭还魂记》)，共 55 出。1600 年(万历二十八年)，写出了《南柯记》(又名《南柯梦》)，共 44 出。1601 年(万历二十九年)写出了《邯郸记》(又名《邯郸梦》)30 出，连同先前所改写的《紫钗记》53 出，合称《临川四梦》或《玉茗堂四梦》。其作品还有早年所作的《紫箫记》，另外还有《玉茗堂文集》《玉茗堂集》行于世。目前通行的是 1961 年由钱南扬、徐朔方合编的《汤显祖集》，包括诗文和戏曲。

《牡丹亭》是汤显祖的代表作，也是他思想和艺术同时臻于成熟的作品。故事源于明话本《杜丽娘暮色还魂》，《惊梦》《寻梦》《闹殇》各出的宾白中还保留若干话本原文。汤显祖在《牡丹亭题词》中说：“传杜太守事者，仿佛晋武都守李仲文、广州守冯孝将儿女事，予稍为更而演之。至于杜守收拷柳生，亦如汉睢阳王收拷谈生也”，说明剧中还借用了别的一些素材。故事情节是：宋南安太守杜宝之女杜丽娘正当青春年华，但受封建礼教的束缚，心情深受压抑。一天，在丫鬟春香的诱导下，偷偷来到后花园游春，美好的春光引起了杜丽娘青春的觉醒。回到闺房后不禁昏然入睡，梦到与书生柳梦梅在牡丹亭畔的梅树下幽会。醒来后，念念不忘梦中的情人，去后花园寻梦不成，忧思成疾，抑郁而死。临死前，她画了一幅自画像，托春香将之藏在后花园的湖山石底，并要求父亲将她安葬在后花园的梅树下。杜宝升任淮阳安抚使，托杜丽娘的塾师陈最良安葬杜丽娘并在园中建立梅花观。三年后，岭南青年书生柳梦梅去临安赴试，路过这里，借住在梅花观，于花园中拾得杜丽娘的自画像，并与游荡中的杜丽娘的鬼魂相遇，知道她就是自己三年前在梦中幽会过的那位女子，并每晚与之幽会，又依照杜丽娘鬼魂的指点，掘坟开棺，使杜丽娘起死回生。后柳梦梅高中状元，此时已经升为宰相的杜宝却不认自己的女儿，更不承认女儿的爱情婚姻。最后，由皇帝出面调停，以传统的大团圆结束全剧。

作者在戏曲文学里为我们塑造了一个成功的女性形象。主人公杜丽娘是一个大胆追求爱情与自由、追求个性解放的女性叛逆者形象。她本是一位才貌端妍、聪慧过人的官宦千金，但从小深受封建教养的熏陶，严父、慈母、迂腐的塾师和深寂的闺阁，形成了一个封建礼教的铁樊笼，严酷地禁锢着杜丽娘的身心，这种令人窒息的环境，越发引起她的苦闷与不满，同时也表现出对美、对爱、对自由的强烈渴望和追求。一首《关雎》，一次游园唤醒了她的青春意识，引起了心底爱情的躁动，由于这些在现实中被紧紧地拘管着，所以只能在梦中实现自己那种朦胧的爱的追求。杜丽娘由唯唯诺诺的官宦小姐，发展到勇于决裂、敢于献身的深情女郎。可是梦醒之后，现实的距离和反差如此之大，以致杜丽娘不得不付出燃尽生命全部能量的代价，病死于寻梦觅爱的徒然渴望之中。但杜丽娘的可贵之处不仅在于能为情而死，还表现在死后面对阎罗王据理力争，表现在身为鬼魂而对情人柳梦梅一往情深，以身相慰，最终历尽艰阻为情而复生，与柳梦梅在十分简陋的仪式下称意成婚。而后来面对自己与穷书生的婚姻最终不能得到父亲的认可，毫不犹豫地同父亲面对面斗争，勇敢地为自己的爱情辩护，最后竟感动了皇帝，亲为主婚，“敕赐团圆”，表现出对历经劫难、终得团圆之胜利成果的保护与捍卫。杜丽娘如痴如醉的深情，和当时千百万青年男女的感情是息息相通的，杜丽娘生生死死的追求，对当时人们的爱情向往和理想追求有着巨大的感召力。因此，杜丽娘的形象，成为人们冲破封建束缚、渴望个性自由的艺术形象。

剧中有鲜明的戏剧冲突，主要表现为正反两大阵营：正方是以杜丽娘、柳梦梅、春香等为代表的青年一代，为了不让自己的生命和青春在礼教的束缚下窒息，要求打碎枷锁，摆脱羁绊，追求爱情自由和个性解放；反方代表是南安太守杜宝和老塾师陈最良，杜宝主要代表顽固不化的封建统治阶级，陈最良则代表陈腐愚阔的封建教化。双方的矛盾冲突也即是情与理的冲突，“情”表现在不愿被礼教吞噬的青年一代如杜、柳二人对自由爱情的向往和追求上。“理”则主要表现为封建礼教、程朱理学和封建道德观念对人们的束缚，情和理的斗争(“以情格理”)即是人们为粉碎枷锁、摆脱羁绊、冲出牢笼所作的斗争，在剧中主要通过封建礼教对杜丽娘的束缚和她对幸福生活和美好理想的追求来体现的，最终通过杜丽娘的幸福生活来体现“情”的最后胜利。通过杜丽娘和柳梦梅对自由爱情婚姻的生死追求，一方面深刻揭露了封建礼教和封建婚姻制度的残酷，批判了程朱理学“存天理，灭人欲”的虚伪与反动；另一方面表现广大青年男女对自由爱情的渴望和个性解放的强烈要求，歌颂了他们为实现理想所作的不屈不挠的斗争。《牡丹亭》与明中叶进步思想家反对程朱理学、摆脱礼教束缚、争取个性解放的斗争是一脉相通、遥相呼应的，因此具有强烈的时代特征。

《牡丹亭》是一部具有典型的浪漫主义风格的作品，无论是在全剧构思和还是人物塑造上，都能大胆采用浪漫的创作方法。作者奇妙的构思和丰富的想象创造了富于戏剧性的幻境，在剧中通过杜丽娘、柳梦梅二人出生入死的爱情，通过梦中相恋、鬼魂成亲这一系列幻想情节，表达了作者热烈追求的理想世界。而且基本构思突破了现实生活的限制，充满了浓烈的理想主义色彩与强烈的主观精神追求，杜丽娘因情成梦、因梦生情、为情而死、为情而生的情感历程，主要是借助超现实的想象去完成的。一系列鲜明而生动的人物形象的塑造，是《牡丹亭》在艺术上的又一个突出成就。除杜丽娘这一光彩夺目的形象外，柳梦梅、杜宝、陈最良等人物也刻画得栩栩如生，具有鲜明的性格特征和深刻的文化蕴涵。作者不但善于在渐次推进的矛盾发展过程中来揭示人物不断发展的性格，而且善于深入人物的内心世界，抉发人物幽微细密的情感。同时，富有特色的语言风格也是《牡丹亭》艺术上引人注目之处。此剧是一部诗剧，也是一部剧诗，作者善于通过诗与剧的谐美结合，创造出诗情画意般的戏剧情境，极具艺术感染力。作者也历来被归为文采派，以语言的绮丽华艳、典雅蕴藉著称。此剧既继承了元杂剧当行本色语的传统，又融入了文人辞赋、古典诗词的清丽精工，形成一种真切自然与华彩空灵相结合的戏曲语言，使此剧成为案头之书与台上之曲两擅其美的典范。

《牡丹亭》有如此高的艺术成就，亦有不足之处：首先全剧55出，篇幅过长，结构松散，尤其是后半部李全兵乱、杜宝平叛的描写，虽说可能是迎合当时传奇演出冷热兼剂的需要，但毕竟游离于全剧爱情主线之外。语言有独到的成就，但作者用大量的冷僻典故，使作品某些句子和片段晦涩难懂。再者，《牡丹亭》虽然表现出激情驰骋、辞采华丽的浪漫主义戏剧风格，但其实还未从根本上跳出“发乎情，止乎礼”的传统轨道。特别是后半部戏在总体上还是遵理复礼的篇章，作者并没有彻底实现其以情代理的哲学宣言。个性解放思路尚未从根本上脱离封建藩篱，而只是对其中某些特别戕杀人性、极其违背常情的地方进行了理想化的艺术处理。乞灵于科考得第、皇上明断，这也是戏曲的常套之一。

然而，与全剧张扬“至情”的时代思想与插画鲜明生动的杜丽娘形象相比，这些缺陷就微不足道了。汤显祖曾经自称：“一生四梦，得意处唯在《牡丹》。”沈德符《万历野获编》说：“汤义仍《牡丹亭梦》一出，家传户诵，几令《西厢》减价。”张琦的《衡曲麈谭》也认为：“临川学士，旗鼓词坛，今玉茗诸曲，争脍人口。其最者，杜丽娘一剧，上薄风骚，下夺屈宋，可与《西厢》交盛。”《牡丹亭》中的杜丽娘是汤显祖所处现实社会，乃至整个宗法社会中女性形象的典型化，引起了当时和后来许多女性的强烈共鸣，可以说是戏曲史上的奇观。自《牡丹亭》问世的明代中叶到清末，曾有无数的女子为之感动，甚至有的因之伤情而死。俞用济题《醒石缘》云：“《牡丹亭》唱彻秋闺，惹多少好儿女拚为他伤心到死。”娄江女子俞二娘，“酷嗜《牡丹亭》曲断肠而死”。广陵冯小青“冷雨幽窗不可听，挑灯闲看《牡丹亭》。人间亦有痴如我，岂独伤心是小青”的绝命诗。以及崇祯年间一个女演员商小玲在演《寻梦》时，联想到自己的遭遇，悲恸难禁，猝死在舞台。这些青年女子的死亡，正是封建势力长期压迫所致，同时也表明《牡丹亭》是她们的一部知音书和安魂曲。诞生于16世纪末的《牡丹亭》，有其特殊的文化意义：一是以情反理，反对处于正统地位的程朱理学，肯定和提倡人的自由权利和情感价值，褒扬像杜丽娘这样的有情之人，从而拨开了正统理学的迷雾。二是崇尚个性解放，突破禁欲主义，肯定了青春的美好、爱情的崇高以及生死相随的美满结合。三是在商业经济日益增长、市民阶层不断壮大的新形势下，对于正在兴起的个性解放思潮起了推波助澜的作用。

汤显祖既是明代首屈一指的剧作家，也是把传奇这种体制发展到顶峰、代表传奇最高成就的戏剧文学家，对同时代的剧作家和后代剧人都有重要影响。有一批作家从剧本的立意构思到曲词的风格熔铸，都刻意模仿汤显祖的剧作，戏曲史上称之为“玉茗堂派”或者“临川派”。通常认为，这批剧作家有吴炳、孟称舜、洪昇和张坚等人。明代剧坛一些名流臧懋循、冯梦龙、吕天成都对《牡丹亭》作过改编，就连与汤显祖对立的“吴江派”盟主沈璟，也曾改编《牡丹亭》为《同梦记》。这种情况一直到清代还有，清初戏曲家洪昇就承认他的《长生殿》是一部“热闹的《牡丹亭》”。众多小说戏曲还将汤剧演出采撷到情节发展之中，在名著《红楼梦》中就留下了“西厢记妙词通戏语，牡丹亭艳曲警芳心”的瑰丽篇章。至于戏曲舞台上演出《牡丹亭》的历史，可以说三百多年来一直绵延不断，从明代士大夫的家班戏，到民间舞台，到清宫升平署的宫廷戏班，到为数众多职业戏，都回荡着《牡丹亭》的妙曲清音。直到今天，《牡丹亭》的《惊梦》《拾画》《叫画》等段落还在不断被搬上银幕和荧屏，成为昆曲唱腔和表演艺术的珍贵遗产。国内外研究汤显祖的论文、专著也越来越多，越来越深入。汤剧无穷的艺术魅力和永恒的审美意蕴，已经成为中华民族的一笔重要的精神文化财富。

（许志云）

## 20. "三言""二拍"与白话短篇小说的成就

明代的短篇小说，就其语言而论，可分为文言和白话两类。白话短篇小说，即拟话本，取得了辉煌的成就，在中国小说史上占有重要地位。明初至嘉靖之前，白话短篇小说的创作一直处于低谷时期。明中叶之后，一方面一些文人对宋元话本加以整理润饰，另一方面又有意识地模拟宋元话本的形式进行创作，从而出现了拟话本。从话本到拟话本，是白话短篇小说由编辑到创作，由供讲唱的口头文学的记录发展到供人阅读的案头文学创作的转化。这一时期涌现了一大批色彩各异的短篇小说集，白话短篇小说空前繁荣。

今存最早的话本小说总集是嘉靖年间洪楩编撰的《清平山堂话本》，共六十种，又称《六十家小说》。万历年间，熊龙峰也分册刊印过话本小说，今存四种，即《熊龙峰刊行小说四种》。但真正能代表明代对宋元旧篇的整理和拟作新篇的水平，反映出我国古代白话短篇小说最高成就的，则是冯梦龙创作和"三言"和凌濛初创作的"二拍"。冯梦龙于天启年间先后出版的《喻世明言》《警世通言》《醒世恒言》，合称"三言"，是宋元明三代最重要的一部白话短篇小说总集，代表了中国古代白话短篇小说的最高成就。继"三言"之后，凌濛初于崇祯年间编著的《初刻拍案惊奇》和《二刻拍案惊奇》合称"二拍"，是我国最早的个人创作的白话短篇小说集，开创了文人拟话本专集的先例。

冯梦龙(1574—1646年)，字犹龙，又字子犹，别号龙子犹、墨憨斋主人、顾曲散人、词奴等，长洲(今江苏苏州)人，明代通俗文学家、戏曲家。冯梦龙一生主要从事通俗文学的研究、整理与创作，成就卓著，为古代文人中所罕见。曾改编长篇小说《平妖传》《列国志》，鼓动书商购印《金瓶梅》，纂辑文言小说及笔记《情史》《古今谭概》《智囊》和散曲选集《太霞新奏》，创作改编了传奇剧本十余种，合刊为《墨憨斋定本传奇》。还收录编印了民歌《挂枝儿》《山歌》等。冯梦龙最大的成就是"三言"的编著。

所谓"三言"，是指《喻世明言》(原称《古今小说》)、《警世通言》、《醒世恒言》三部小说集。每集40篇，共120篇，分别刊于1621年(天启元年)前后、1624年(天启四年)、1627年(天启七年)。全书辑录了宋元明以来的旧本，但一般都作了不同程度的修改。也有的是据文言笔记、传奇小说、戏曲、历史故事乃至社会传闻再创作而成，故"三言"包容了旧本的汇辑和新著的创作，是我国白话短篇小说在说唱艺术的基础上，经过文人的整理加工到文人进行独立创作的开始。它不仅对话本小说的传播起了重要作用，而且直接推动了拟话本的创作，标志着古代白话短篇小说整理和创作高潮的到来。

"三言"的内容十分复杂，主要表现在以下几方面的内容：第一，通过动人的爱情故事，描写了被压迫妇女追求幸福生活的愿望，抨击了专制制度对妇女的压迫。值得注意的是，在作品中，小商人已作为正面人物被作者大力肯定和歌颂，并通过生动的情节宣扬了在婚姻和爱情问题上，可贵的不是金钱、门第、等级，而是彼此知心如意，相互尊重，这正是市民思想进步性的表现。第二，描写统治阶级内部斗争，表现了人民对统治者罪恶的愤怒谴责。明中叶后，统治阶级更趋腐朽，统治集团内部的斗争也更为激烈，这是产生这些作品的现实土壤。第三，歌颂友谊，斥责背信弃义的行为，反映了市井细民道德标准。此外，也有展现下层文人生活、揭示科举制度丑恶的作品。冯梦龙才华横溢，醉心科举，却考场失意，仕途坎坷，这使他对文人士子的命运和科举制度的缺陷有深刻的理解和认识。

正如《今古奇观序》中所称，“三言”中的许多作品，“极摹人情世态之歧，备写悲欢离合之致”，这标志着中国短篇白话小说的民族风格和特点已经形成。“三言”是一个时代的文学，它的刊行不仅使许多宋元旧篇免于湮没，而且推动了短篇白话小说的发展和繁荣，影响深远。

在“三言”的影响下，凌濛初编著了拟话本小说集《初刻拍案惊奇》(刊于1628年)和《二刻拍案惊奇》(刊于1632年)，各40卷，合称“二拍”。凌濛初(1580—1644年)，字玄房，号初成，别号即空观主人，乌程(今浙江吴兴)人，明代戏曲理论家、戏曲作家和小说家。18岁补廪膳生，后科场一直不利。55岁时，以优贡授上海县丞，后擢徐州通判。1644年(崇祯十七年)，李自成进逼徐州，凌濛初忧愤而死。一生著述宏富，除拟话本小说集“二拍”外，还有《虬髯翁》《颠倒姻缘》《北红拂》《言诗异》《诗逆》等二十余种，以“二拍”的影响为最大。“二拍”与“三言”不同，基本上是个人创作，“取古今来杂碎事可新听睹、佐诙谐者，演而畅之”。所收78篇作品都是凌氏根据一定资料敷衍撰写而成，“二拍”成为中国文学史上第一部文人独立创作的拟话本小说集，在中国古代小说史上占重要的地位。

《初刻拍案惊奇》成书于1627年(天启七年)，第二年由尚友堂书坊刊行问世。本为40卷，原本已佚(今所见最早且最为完整的本子是藏于日本内阁文库的尚友堂刻本，全书存39卷(缺23卷))。其后凌濛初又编著《二刻拍案惊奇》，于1632年(崇祯五年)刊行，号称40卷。但今存最完整的明尚友堂刊本，亦仅有39卷，书末附凌濛初《宋公明闹元宵》杂剧1卷，又第二十三卷与初刻第二十三卷相重。“二拍”实有小说78篇。创作“二拍”的动机，据《拍案惊奇序》和《二刻拍案惊奇小引》，大致有三：一是应书商所邀；二是救时匡弊、挽救颓风；三是宣泄苦闷，创作自娱。举业坎坷多艰，使凌濛初郁郁不乐，为宣泄苦闷，抒发悒郁情怀，以游戏笔墨求取精神的慰藉。

“二拍”的内容大致包含三个方面：一是描写爱情和婚姻的作品，具有一定的社会内容。这一题材的作品很大部分肯定了青年男女，特别是年轻女性对爱情坚贞的信念、大胆的追求，反对“父母之命，媒妁之言”的陈旧观念，具有明显的进步性。有不少还肯定了青年男女，特别是女性对情欲的积极追求，这是肯定人欲的晚明启蒙思潮的鲜明体现。二是描写商人与商业活动。“二拍”所描写的众多商人形象中，大部分是正面人物，忠厚老实，买卖公平，对事业、爱情追求执著，并最终获得成功。也描写了一大批反面的商人形象，有癖好女色的、狠心刻毒的、凶暴残忍的等。“二拍”不仅刻画了形形色色的商人形象，还写到了世人对商人和经商行业的看法，已视经商为正道、善业。这是明中叶后商品经济活跃，市民意识进一步发展的反映。三是描写官吏及其活动。“二拍”写了不少贪官和酷吏，暴露了封建统治阶级的贪婪凶残、荒淫好色，也歌颂了不少清官能吏。

与“三言”相比，“二拍”撷取的社会内容更贴近普通百姓的生活，真实地反映了当时世俗社会的生活风貌，鲜明地体现出反抗礼教、争取个性自由的时代精神，是明代写实小说的代表作。它反映了中国17世纪正在崛起的城市市民阶层的普遍要求与思想情感，从中折射出特定历史阶段的社会风貌。

“三言”与“二拍”所反映的思想特征大致相同，艺术水平也在伯仲之间，文学史上一般都将两书并称。“三言二拍”从话本母体中继承了“说话”艺术的特质，又吸收了多种艺术形式的营养，在情节设置、形象塑造、语言运用等方面形成了中国白话短篇小说独具的艺术特色：

首先，曲折动人的故事情节。“三言”“二拍”的最大特色是故事回环曲折，引人入胜；情节丰富细致，严密完整。“三言”“二拍”注重在日常生活中显示出故事的传奇性，不但讲究情节的起伏高潮、穿插照应，而且善于制造悬念，运用偶然和巧合的手法，使矛盾更加集中，主题更加鲜明，增强了艺术效果。作者还继承了宋元话本的传统，注重故事情节的完整性，脉络清晰，情节连贯，头尾完整，前因后果都交代分明，各种矛盾冲突一定当场解决，这是适应我国民众的欣赏习惯与审美心理而形成的，正是我国古代白话短篇小说独具的民族形式。

其次，鲜明的人物形象和细腻的性格刻画。“三言”“二拍”中的优秀作品已能初步运用典型化的方法，塑造出性格鲜明而又充满艺术魅力的人物形象。与以粗笔勾勒见长的宋元话本相比，“三言”“二拍”既有较多真切自然而又层次清晰的心理描写，也有具体丰富而又生动传神的细节刻画，体现出白话小说在创作方法上的新进展。同时，从宋元话本那里承继了以行动表现人物的写人手法，把人物置于与外部世界的激烈冲突中来显示其内心矛盾，或通过一系列的行动来突出强调、反复渲染人物的主要性格特征。

再次，通俗活泼的语言风格。“三言”“二拍”的语言既汲取了宋元话本“谐于里耳”的特征，又经过文化修养较高的文人的润色创作，把生动活泼的口语与浅显易懂的文言结合在一起。“三言”“二拍”标志着白话短篇小说的语言艺术已经跨越了通俗化的初级要求，开始进入更高的规范化和艺术化阶段，为白话短篇语言树立了典范。

当然，“三言”“二拍”也有明显的缺陷：一是封建说教，攻击农民起义。这在“二拍”中更为明显，凌濛初对农民起义的描写几乎都是丑化了的。二是迷信色彩，宣扬因果报应的宿命论思想。三是色情描写，把男女相悦归结为赤裸裸的欲念。不过，“三言”“二拍”作为短篇白话小说的代表作品，有着多方面的价值。它第一次把以手工业者、小贩、商人及其妻女为主的城市平民作为正面人物写入作品，从它所描写的众多人物、刻画的复杂性格、展现的广阔生活图画、反映的习惯风情来看，可以说是一部中世纪晚期我国市民生活的百科全书，也可以说是一幅明末社会生活的风俗画卷。“三言”“二拍”不仅具有很高的文学地位，而且还有历史学、经济学、民俗学等方面的意义。

概括而论，“三言”集中了古代白话短篇小说的精华，代表了其最高成就，奠定了拟话本小说的历史地位，直接推动了拟话本的创作。同时，“三言”的出现，标志着中国白话短篇小说的民族风格和特色已经形成和完善。“二拍”的出现，则开创了文人拟话本专集的先例，标志着中国短篇小说的创作进入了一个新的阶段，在古代小说史上有着重要影响。在其影响下，明末清初白话短篇小说的创作如雨后春笋，繁盛一时，其中著名者有天然痴叟的《石点头》、周清源的《西湖二集》、陆人龙的《型世言》、西湖渔隐主人的《欢喜冤家》等。

（许志云）

# 21.“三袁”与公安派

公安派是明代一个重要的文学流派，它兴起于明万历年间，以“公安三袁”为代表，主张革新，反对复古，在文学史上具有广泛影响和重大意义。“三袁”指明代湖广公安（今湖北公安）人袁宗道、袁宏道、袁中道三兄弟，也称“公安三袁”。袁氏三人在文学界掀起了一场声势浩大的文学运动，按照他们三人的籍贯，把这一文学流派称为“公安派”，其重要成员还有江盈科、陶望龄、黄辉、雷思霈等人。袁宗道，生于1560年（明世宗嘉靖三十九年），卒于1600年（明神宗万历二十八年），字伯修，号石浦。早年成名，推崇白居易和苏轼，名其居为“白苏斋”。1586年（明神宗万历十四年）会试第一，选庶吉士，授翰林编修，任太子讲官，曾官任右庶子。其散文短小精悍，爽朗清新。其诗本色自然，质朴平易。著作有《白苏斋集》等。袁宏道，生于1568年（明穆宗隆庆二年），卒于1610年（明神宗万历三十八年），字中郎，号石公。16岁为秀才时，即在乡里组织文社，倡导诗文，成为文社领导人，享有盛誉。1592年（万历二十年）中进士，曾官任江苏吴县县令、顺天教授、国子监助教、礼部主事、吏部验封主事、考功员外郎。他是公安派的领袖，三袁中文学创作成就最大，在文艺理论体系建设和创作实践方面，都取得卓越成就。其文学思想受李贽的影响较深，对小说、戏曲的文学地位十分重视。著作收入《袁中郎全集》。袁中道，生于1570年（明穆宗隆庆四年），卒于1626年（明熹宗天启六年），字小修。明神宗万历进士，曾官至南京礼部郎中。其散文小品，短小精悍，爽朗清新，韵味悠长。其诗渊雅清丽、爽朗飘逸。著有《珂雪斋集》。

袁氏三兄弟思想主张的共同点是：

（1）厌恶功名富贵。他们虽然都参加科举考试，但对当时现实均感到不满，他们以风雅自居，对功名富贵表示厌恶，把做官看成自陷险境、苦不堪言之事，向往闲适自在、不拘礼法的生活。袁宗道在《过黄河》诗中，就以黄河的惊涛骇浪比喻宦海的险恶：“宦海多风涛，绝胜黄河浪。”《将抵都门》中说：“只合寻鸥伴，谁令入鹭行。”《初春和陆放翁韵》说得更坦率：“四十方强已厌官，催人头白是长安。”袁宏道任吴县县令时，对官场的黑暗、做官的苦况有切身感受，厌倦仕宦的心情于诗文中时有流露，如《戏题斋壁》诗云：“一作刀笔吏，通身埋故纸。鞭笞惨容颜，簿领枯心髓。奔走疲马牛，跪拜羞奴婢。复衣炎日中，赤面霜风里。心若捕鼠猫，身似近膻蚁。举眼尽无欢，垂头私自鄙。南山一顷豆，可以没余齿……”在《与丘长孺》信中，把做县官之苦，作了穷形极态的描述：“弟做令备极丑态，不可名状。大约遇上官则奴，候过客则妓，治钱谷则仓老人，谕百姓则保山婆。一日之间，百暖百寒，乍阴乍阳，人间恶趣，令一人尝尽矣。苦哉！毒哉！”在给《兰泽、云泽叔》信中，更用对比的手法，表现了对上“折腰俯首”，对下征收赋税、审讯囚徒的官吏生活无比厌恶，而向往“聚首村中，一樽一杓”的自由生活。袁中道秉性原放荡不羁，自袁宏道死后，对人世更心灰意冷、痛不欲生，后虽考中进士，做过几年清闲小官，但不久也主动辞官归休了。

（2）寄情自然山水，在游山玩水中感受人生的真趣，反衬现实社会的黑暗无聊。他们交游很广，常与志同道合之友遍览名山胜迹，所写游记情景逼真，别开生面，饶有风趣，清新活泼。三袁散文也以山水游记为佳。所作游记、尺牍、小品很有特色，或秀逸清新，或活泼诙谐，自成一家。袁宏道在这方面的成就最为显著。

(3)信奉禅宗人生哲学思想。明中后期兴起的启蒙思想是有其政治经济基础的，但从思想意识上来看，主要是王阳明心学与禅宗人生哲学、市民思潮的结合。三袁既对现实社会感到不满，但又无能为力，受李贽等具有启蒙思想作家的影响，很自然地到佛家禅宗哲学中找寻精神支柱，把禅宗的叛逆精神、“我心即佛”思想引入到反专制传统的启蒙主义思想体系中。这在反专制、要求个性解放、反对偶像崇拜、发扬个人才智方面，起了积极的作用。三袁也正是以启蒙主义为哲学基础，使文艺理论和创作的面貌焕然一新。但是他们采取玩世不恭乃至纵欲主义的人生态度，却包含着士大夫消极颓废的思想。这在袁宏道身上表现得最为突出。

公安派思想深受李贽思想的影响，非常重视文学的创造性。他们冲破儒家思想对文学的束缚，反对前后七子模拟前人诗文的复古主义文学思潮，提出了与其针锋相对的文学主张。公安派的文学主张发端于袁宗道；袁宏道实为中坚，是实际上的领导人；袁中道则进一步扩大了他们的影响。他们的文学主张主要有以下几点：

(1)提倡诗文写作要“抒写性灵，不拘格套”。在创作上注重有感而发、直写胸臆。这是公安派在创作上提出的口号，就是要求文学充分表现作者的个性，抒发真实情感。所谓“性灵”就是作家的个性表现和真情流露，接近于李贽的“童心说”。他们认为“出自性灵者为真诗”，而“性之所安，殆不可强，率性所行，是谓真人”，进而强调“非从自己胸臆流出，不肯下笔”；所谓“不拘格套”，就是要充分发挥文学的独创精神，不拘泥于古人的格调格律。因此他们主张“真者精诚之至。不精不诚，不能动人”，应当“言人之所欲言，言人之所不能言，言人之所不敢言”，这就包含着对儒家传统温柔敦厚诗教的反抗。他们把创作过程解释为“灵窍于心，寓于境。境有所触，心能摄之；心欲所吐，腕能运之”，“以心摄境，以腕运心，则性灵无不毕达”。只要“天下之慧人才士，始知心灵无涯，搜之愈出，相与各呈其奇，而互穷其变，然后人人有一段真面目溢露于楮墨之间”，就能实现文学的革新。

(2)反对复古模拟，主张通变。公安派从提倡直抒“性灵”出发，猛烈抨击前后七子的句拟字模、食古不化的倾向，号召冲破一切束缚文学创作的藩篱。对前后七子剽拟恶习的批判，是公安派文学革新理论的基础。他们对文坛“剽窃成风，众口一响”的现象提出尖锐的批评，袁宗道在《论文》中一针见血地指出复古派“不在模拟，而在无识”的病源。因此，“古何必高？今何必卑？”他们进而主张“信腔信口，皆成律度”，“古人之法顾安可概哉”。公安派并不一味地反对向古人学习，而是认为不能斤斤计较于对其体格字句的恪守，要认识到变是文学发展的本质，从而师法古人的创新精神。因此针对文学创作中存在的模拟失真的流弊，袁宗道在其《论文》篇中提出学古贵学达，也即“学其意，不必泥其字句也”。如果“心中本无可喜事而欲强笑，亦无可哀事而欲强哭”，结果只能是“其势不得不假借模拟耳”，“虚浮”“雷同”的弊病便不可避免。袁宏道在《雪涛阁集序》中认为，“夫复古是已，然至以剿袭为复古，句比字拟，务为牵合，弃目前之景，摭腐烂之辞”，那么“夫即诗而文之为弊，盖可知矣”。他并不是简单地反对复古，而是觉得复古如限于“剿袭”，仅仅在形式上求得与古人相似，终会使创作走向失败。

(3)推重戏曲、民歌、小说，提倡通俗文学。公安派重视从民间文学中汲取营养，并给民歌和通俗小说以高度评价。而新兴的通俗文学是出自真人的真文学，不模拟剽窃古人，表现了作者真实的思想感情和个性特点，不受正统诗文成法束缚，语言又本色自然，具有高度的审美价值。袁宏道曾自叙以《打枣竿》等民歌时调为诗，使他“诗眼大开，诗肠大阔，诗集大饶”，认为当时闾里妇孺所唱的《擘破玉》《打枣竿》之类，是“无闻无识真人所作，故多真声”，甚至赞扬《水浒传》比《史记》更为奇变，相形之下便觉得“六经非至文，马迁失组练”。这是和他们的文学发展观与创新论相联系的，对提高民间文学和通俗文学的社会地位有积极作用。公安派重视小说、戏曲、民歌等通俗文学的文艺思想，显然是受李贽文艺观的影响。同时，其又为金圣叹认真评论《西厢记》《水浒》开辟了道路。

(4)提倡语言本色自然，反对陈词滥调。这是公安派文学主张的主要贡献之一。袁宗道《论文上》就是从文学语言的口语化、力求“辞达而已”这一角度，反对复古派模拟古文的。“口舌代心者也，文章又代口舌者也”，语言是表达思想感情的，口语的书面化就是文章，做文章就是把想要说的话写出来。他还从语言本身发展变化的历史，来说明文学语言语体化、现代化的实际需要，“唐、虞、三代之文，无不达者。今之读古书，不即通晓，辄谓古文奇奥，今人下笔不宜平易。夫时有古今，语言亦有古今。今人所诧谓奇字奥句，安知非古之街谈巷语耶?”并以楚地语言古今变易为例，进一步申述应以现代的语言写现代的文章，指责复古派滥用古文之复古倾向。公安派要求文学语言的变革，不仅仅是文章的难易问题，而是与他们整个文艺理论体系的核心“独抒性灵，不拘格套”一致的。如果“句比字拟”模仿古人佶屈聱牙的语言，“独抒性灵”就不可能。语言是性灵的外化，是抒发性灵的手段。所以袁宏道特别赞赏能充分为“独抒性灵”服务的“本色独造语”。公安派反对用浮泛陈腐的套语，反对矫揉造作的华丽粉饰之词，主张用不加雕饰的本色自然、朴质流畅的语言。文以质朴为美，公安派诗文，不用华丽词句，不用典故和陈词滥调，具有本色天然之美。

(5)坚持文学是不断发展的观点，认为文学是随着时代的发展而发展的，“代有升降，而法不相沿，各极其变，各穷其趣”，“世道改变，文亦因之；今之不必摹古者，亦势也”。文学是时代的产物，各时代都有自己的特点，都有自己的文学，都有自己的可贵之处。时代的变化促使文学体制、风格及人们的审美意识也发生变化，完全没有必要模仿古人。变是文学发展的本质，厚古薄今、贵古贱今的思想是错误的。

公安派的文学艺术成就，主要通过他们的大量诗歌、散文反映出来。通过他们的诗文，表现出对个性解放、精神自由、确认人生价值的要求与愿望，具有鲜明的特色。具体表现在如下几个方面：第一，信手拈来，深入浅出。在他们的文章中，很少引经据典，也很少板着脸孔说大道理。写眼前景物，说家常话，叙朋友情谊，虽多半是抒情的笔调，却含有生活哲理与情趣，读来轻松愉快。第二，风格明朗流丽，活泼自然，给人以清新轻逸之感。无论是记叙山林风景，描绘人情物态，还是论述诗文的创作主张，评论诗文集的特色，写来都非常自然，如同行云流水，舒卷自如，直抒胸臆，没有装腔作势、矫揉造作、晦涩难懂之处。第三，很少使用陈词滥调，语言庄谐并用，饶有风趣，雅俗共享，又不流于油滑庸俗。

公安派在散文方面的创作，主要是游记、尺牍以及阐明文学主张的某些序文。三袁散文是晚明最有代表性的“小品文”，以公安派主将袁宏道的游记为代表。袁宏道善于发现不同景物美的特色，并予以准确、生动、形象化地描写，使自然美转化为艺术美，供读者审美享受。如选取游人之盛的中秋之日写《虎丘》的自然山水之美，表现作者所追求的最高层次的美——人所创造的艺术美与自然景色之美融为一体的意境。袁宏道的游记，不是客观记叙山水景致，而是在记叙过程中渗透作者主体的审美意识，作为审美客体的自然美景，与作者的情趣融合在一起，显得格外清新隽永，回味无穷。如《天池》首段写仲春时节华山晚梅、翠竹参差映衬，美景如画，而作者在梦境中犹感其余芬。袁宏道对自然美具有卓异的感受力，不仅能写出西湖、天池、五泄等名胜风景的特色，而且能于平淡无奇中发现美，以白描手法表现出朴素美的艺术魅力。如《满井游记》，描写作者初春京郊之游舒适欢快的心情，虽无明媚的春色作衬托，但是却能于平淡中表现出自然风物的万般生机，给人一种明朗愉快、喜气洋洋之感。袁宗道的《小西天》，袁中道的《西山十记》《爽籁亭记》等游记，也都写得清新活泼、自然成趣，把写景记事与抒情议论融为一体，具有淡雅清俊之美。袁中道的山水游记很有特色，表现了他精于鉴赏的出色才能。由于他到处游历，积累了丰富的经验，往往能从美学层次的高度来领悟山水，所以他对自然美的描绘就较为细腻、深入。如《游太和记》对太和山的描述，可以看出袁中道不但能体验自然美的多样性，而且能领悟到经过整合后的自然美的完整性、和谐性。

三袁的尺牍和传记也是真性情的自然流露。在给亲朋好友的书信中，信口而出，毫无拘束，摆脱任何俗套，抒发真情实感，字里行间洋溢着天然情趣。如袁宗道《陶编修石篑》，从对陶石篑南归数月游山玩水、无拘无束生活的羡慕，抒发了作者向往自然之情，是很有名士个性特色的书信。袁宏道的尺牍，更是庄谐杂作，意趣横生，从尺牍中可以见其个性特点。如《龚惟长先生》信中“真乐有五”之论，《丘长孺》一信中极言做县令的丑态，《汤义仍》一信则纵谈“好适之心”，不愿为官做令受牢笼之苦，所以特别赞赏《庄子・逍遥游》中的大鹏鸟形象，“鹏惟大，故垂天之翼，人不得而笼致之。若其可笼，必鹅鸭鸡犬之类，与夫负重致远之牛马耳。何也？为人用也”。袁宏道要求人格自由、个性解放的思想，非常鲜明。袁中道善于写传记。他的传记最显著的特点是充满主观激情，无论传主的身份是什么，他总是积极与传主进行精神交流，从而作出真诚的感情评价。他的《李温陵传》形象地描述了李贽诡异的一生踪迹，凸显了他的不同凡俗的识见和魅力，全篇充满了对李贽的崇敬之情。

公安派的诗歌创作也一反复古之风，洗尽模拟之气，以清新自然的笔调，抒发真情实感。袁氏兄弟都曾涉足仕途，反映社会危机、政治黑暗、官场腐败、人们的苦难与愿望的诗歌成为其创作的重要内容。如袁宗道《过黄河》，描写黄河波浪汹涌：“一叶凌浩渺，沸波溅其上。鼓棹度中流，东西迷所向。雷车争砰訇，雪屋互排荡。”既是对客观景物的描摹，也是对当时危机四伏的社会状况的形象化写照。袁宏道在任吴县县令时，对弊政民瘼有更深刻的感受，《逋赋谣》就较深刻地反映了苏州地区人民繁重的赋税负担，“安得普天尽雨金，上为明君舒宵旰”，看似委婉，其实是非常辛辣的讽刺。公安派还有一些诗歌反映了朝廷派遣宦官充当矿监税监，借机敲诈勒索，给人民造成无穷灾难。袁宏道《猛虎行》就是针对矿监税监的危害性而发的，诗人在诗中严厉斥责如狼似虎的税官，痛骂这伙搜刮民脂民膏的税官是“剧盗”，是“如狼豕”的猛兽，并提醒统治者不要认为他们的行为是癣疥之疾而忽视，“焉知疥癣优，不延为疮痏”，表现了诗人的忧患意识和历史责任感。就诗的数量和艺术风格而言，更能代表公安派特色的，是那些描写自然风光，反映凡俗人情、闲适意趣的诗篇。如袁宗道《归兴》：“家傍青山曲，门当绿水斜。长峦通畎浍，古木间桑麻。吾欲学为稼，将无遂及瓜。还因归里日，预已惜离家。”面对家乡优美古朴的自然景色，诗人感到故乡格外亲切，刚回到家乡，却已有舍不得离家的惜别之情。感情真挚，朴实而有新意，直抒胸臆，独出机杼。他的《食鱼笋》《新野道中》《春日闲居》三首诗，也都流露了诗人的真性情，清新活泼。袁中道的诗歌创作有重情重趣的倾向。在他的诗作中，很多是摹写山容水态的作品。如《山中晓行》：“秀壁牵人住，途崎步转轻。初曦千叶影，浩露一山声。颇厌桃花俗，偏怜石骨清。风柯与谷鸟，相对话无生。”他在大自然的怀抱里，经常寻找一种自我愉悦、自我解脱的情趣。

公安派在现实生活中消极避世，提倡“性灵说”，把文学看作表现抽象的“性灵”，而不是表现生活，导致文学缺乏对现实应有的关怀。求新求变强调到极致，则容易导向对文学演变过程中继承关系的全面否定，从而限制了他们的创作成就。因而公安派的创作实践未能达到其文学主张的理论高度，作品大多缺乏深厚的社会内容，创作题材不够宽广，局限于描写自然景物及身边琐事，抒发文人雅士的闲情逸致，作家的灵感也越来越枯竭，终于不得不求助于所谓的“韵”和“趣”。比较好的是那些厌恶官场、反对道学气的文字以及一些清丽的山水小品，袁宏道在这方面的成就较高。他所写的一些著名山水小品，如《晚游六桥待月记》《满井游记》《虎丘》《五洲》《天池》《天目》等篇，不仅写景状物穷形尽相，情景相生，清新洒脱，而且还能把作者自己的个性、情感、风貌也都通过景物写出来。这类作品，开拓了小品文的新领域，丰富了散文的表现形式，因而对散文的发展作出了一定的贡献。公安派也正是以这种清新活泼的文字，推翻了复古派在文坛上的统治。但其缺点是缺少社会意义，袁宏道曾自谓其诗“无一忧民字”，其散文的情形也差不多。强调性灵而忽略了反映现实，正如钱谦益在《列朝诗集小传》中评论的，其仿效者则“冲口而出，不复检点”，或“为俚语，为纤巧，为莽荡”，甚至玩物丧志，把文学当作寄情娱兴的消遣品。在风格上，则表现出轻佻浅露，甚至有点油腔滑调。信手而成、随意而出的写作态度，也使得公安派不太喜欢在作品中铺陈道理，刻意雕琢。他们往往根据生活体验与个人志趣爱好，抒情写景，赋事状物，追求一种清新洒脱、轻逸自如、意趣横生的创作效果，读其作品，很少让人有雍容典雅、刻板凝重之感。《四库全书总目提要》集部《袁中郎集》在总结袁宏道作品的风格时，以为“其诗文板重为轻巧，变粉饰为本色，致天下耳目于一新”。这可以说是公安派创作上的一个共同特点。随意轻巧的风格有时也让公安派走向另一端。一些作品因过于率直浅俗，加上作者不经意的创作态度，以至于“戏谑嘲笑，间杂俚语”，虽然没有刻意造作的强调，但不恰当地插入大量俚语俗语，破坏了作品的艺术美感。如袁宏道《人日自笑》诗：“是官不垂绅，是农不秉耒。是儒不吾伊，是隐不蒿莱……”另一首《渐渐诗戏题壁上》：“明月渐渐高，青山渐渐卑。花枝渐渐红，春色渐渐亏。禄食渐渐多，牙齿渐渐稀。姬妾渐渐广，颜色渐渐衰……”他打破常规，用一组“渐渐”排比句，可以看出作者“信口而出”的用意，但却使诗作毫无诗意可言。

明代自弘治以后，以李梦阳、何景明为代表的前七子和以李攀龙、王世贞为代表的后七子成为文坛领袖，他们倡言“文必秦汉、诗必盛唐”“大历以后书勿读”的复古论调，影响极大。公安派给复古拟古派以最有力打击，扫除前后七子复古主义对文坛的影响，破除了文坛上沉闷的气息，改变诗文风尚，形成了以清新轻俊为基本特征的公安体。他们解放文体的功绩，正如钱谦益在《列朝诗集小传》中高度评价的，“中郎之论出，王、李之云雾一扫。天下文人才士，始知疏瀹心灵，搜剔慧性，以荡涤摹拟涂泽之病，其功伟矣！”以袁宏道为代表的公安派在明代掀起的文学运动，倡抒性灵，反对拟古，天下的读书人自此敢于大胆重视个性才情的流露，大大扭转了在此之前的泥古模拟之气。继公安派之后，以钟惺、谭元春为代表的竟陵派崛起于文坛。他们是公安派的盟军与诤友，提倡学古要学古人的精神，提出重“真诗”，重“性灵”的口号，客观上对继续纠正明中期以来的复古派逆流起了一定的积极作用。

（邰淑波）

# 22. 董其昌、徐渭的艺术成就

董其昌和徐渭都是明代中后期著名的艺术家，二人都工于诗文书画，多才多艺。徐渭和董其昌都生活在晚明嘉靖、万历时期(1522—1620年)。这一时期被称为中国资本主义萌芽时期。其时，商品经济发展迅速，海外贸易发达，社会风气崇尚金、权；生活方式转趋消费与物质享受，文化艺术渐趋创新与多样。正是在这种背景下，他们在艺术上取得了辉煌的成就，对当时及以后的艺术界皆产生了巨大的推动作用。

董其昌，生于1555年(明嘉靖三十四年)，卒于1636年(明崇祯九年)，字玄宰，一字元宰，号思白、思翁、香光居士等，华亭(今上海松江)人，万历进士，曾任翰林院庶吉士、南京礼部尚书、太子太保，卒赠太子太傅，谥文敏。明代后期著名画家、书法家、绘画理论家、书画评论家，明代美术界最有影响的人物之一，华亭画派的主要代表，富文艺才能，其绘画有《赠稼轩山水》《岚容川色图》《林和靖诗意图》《昼锦堂图》等，书法墨迹有《月赋》《三世诰命》《临柳公权兰亭诗》《临张旭古诗帖》及大量的题跋等，著书有《容台集》《容台别集》《画禅室随笔》《画旨》《画眼》等。人们常常因为他的籍贯、任职、谥号、著述而称其为董华亭、董学士、董宗伯、董文敏、董容台等。董其昌的艺术成就表现在以下几个方面。

(1)在美术理论上，董其昌与莫是龙、陈继儒提出了“南北宗”论：按照画家的身份和作画目的，把唐以来的“院体”山水画与“文人”山水画的发展纵向人为地分为南北两派，认为古画和元代以后的画家之间存在着密切的关系，其源流不断，形成谱系而延续；两派互相对立但不牵涉，独自发展。前人宋濂、王世贞认为，绘画史的发展是一个变化、断续的过程，每当新画家登场，山水画才发生新的变化；董其昌在《画旨》中认为“南宗”好于“北宗”。两相比较，董其昌的“南北宗”论实在是一个极大的突破。

“北宗”以李思训为宗主，以马远、夏圭为最中坚，以贵族和从属于贵族的院画家(高级工匠)为主要队伍，是皇族的产物。他们作画的目的是为上层服务，违背自己的本性，在精神上是被动、痛苦的。李思训的画“笔格遒劲”，出现了直折和刚性，主要特色是以刚硬的线条勾斫，不仅勾轮廓，也加勾石纹，已出现斧劈皴的雏形。马远、夏圭的画几乎全是刚性的线条、猛烈的大斧劈皴，刚劲，精练，全无柔性，“风骨奇峭，挥扫躁硬”，更能体现北宗的特色。尤其是马远，他将刚性线条发展到最大的强度。“北宗”画以刚性线条为形式，缺乏柔润与平淡天真的韵味。画家作画时，必须快，不能过于随意，必须用力、用心，否则就画不出刚性的直线条。大斧皴须猛烈，否则出现不了斧劈的气势。这就是陈继儒所说的“硬”。

“南宗”以王维为宗主，以董源为实际领袖，以“米家父子”米芾、米有仁和“元四家”黄公望、吴仲圭、王蒙、倪云林为中坚，以文人士大夫、高人逸士以及虽居高官而心存隐逸，又非贵族的画家为主要阵容。“南宗”一系作画，以自娱为目的，以抒情为手段，以柔润为形式，以不为皇家服务为原则。他们皆不为哗众取宠，随兴而画，精神轻松愉悦；不拘形似，随意挥洒，书写自我性灵，不着力的且慢悠悠的；稍一用力和加速，就会出现圭角，就会出现刚性线条，这就是“文”的效果。

董其昌的“南北分宗”给人们一种剖析绘画本质的哲学观念，有助于人们分清感性和理性、出世和入世、自娱和娱人、庸俗和雅致、功利和非功利、文人画和非文人画这些不同的创作概念和创作方法。“南北宗”论是中国绘画史上重要的基本理论，它确立了“南宗”画的正宗地位，成为当时及其后最有影响的学说之一，不仅风行美术界，而且风行文学艺术等领域。它对明以前中国美术史的把握，对明后期画界的影响，及对以后中国甚至日本美术界的左右，都产生了巨大的作用。

(2)结合自己的书画实践，提出了许多重要的艺术思想。董其昌提出了“师古人，师造化”，“读万卷书，行万里路”的艺术主张。他一生几乎从未中断过对古人传统的学习和借鉴。但他对古人传统的态度绝不是一视同仁、全面肯定的，而是随着自己阅历的增加、思想的成熟，有选择地取舍。如对于文徵明，他不仅是简单地模仿，而且指出“必欲追其先辙，凌而上之”，“笔笔从古法中来”。在《画禅室随笔》中，他说：“读万卷书，行万里路。”“读万卷书”是指一个人要想成为艺术家，必须学习传统，学习古人，但这只是第一步，属学习借鉴阶段。师法古人固然重要，但进得去还能出得来，理论必须回到实践中去检验和升华，实践才是最关键的学习，即“行万里路”。只有回到现实，回到大自然中，去品其真趣，才有可能超越古人，达到艺术的最高境界。

董其昌认为，临摹古画不能仅仅局限于学习古人的技法，这样只是在外形上相似，必须根据自己的情况，通过对画的理解，悟出画中的精髓所在，这就是学画中的神韵，才能青出于蓝。否则，永远也无法超越前人，没有自己的东西，就没有自己的艺术语言。董其昌在全面研究古人之画的同时，仿画了许多名画，但他不是纯粹地模仿，而主要是吸取摹本的精髓，然后通过自己的再创造来重现它们。

董其昌竭力推崇和提倡“文人画”的“士气”，画家要免除“四忌：甜、邪、俗、赖”，方可得清洒落落之致。他在《诒美堂集序》中谈到论画的最高标准是“淡”。“淡”就是自然、天然、天真，不用刻意去雕琢，由淡而通向无，皆是老庄哲学中的原则。在董其昌看来，“北宗”的“硬”与“南宗”的“软”是不足为比的。他在绘画实践中将“南宗”的“软”加以发挥，形成了其水墨山水画“秀、柔、润”的特点。

他还指出画树的技法，如他在《画禅室随笔》中说：“枝固要转，而枝不可繁。枝头要敛，不可放，不可紧。”“画树之法，须专以转折为主，每一动笔，便想转折处，如写字之于转笔用力，更不可往而不收。枝有四枝，谓四面皆可作枝着叶也。但画一尺树，更不可令有半寸之直。须笔笔转去，皆秘诀也。”他指出画树时，枝头要稀疏上敛，随时要注意转折用笔，树之四枝均要作枝着叶。

(3)在书法艺术上，广泛师法唐宋诸家，从颜真卿入手。后改学虞世南，又转学钟繇、王羲之，并参以李邕、徐浩、杨凝式等笔意。自谓于率易中得秀色，并分行布白，疏宕秀逸，甚具特色。长于行、草、楷诸体，结构巧妙，笔致率意自然，墨色有浓淡变化，结体秀媚欹侧，书风疏宕秀逸。

董其昌认为，除结构之外的“气势”为书家两大要旨之一，“势”的取得往往与字体结构相关，通过结构变化表现出来。他所说的“势”其实是一种动感，在书法中注入了生命，使之“活”了起来。“势”与字的结构、用笔的速度和节奏感的掌握是相连的，是品评书法生命力的一个重要标准。

此外，董其昌另一个比较重要的观点是关于“用笔”。他认为，“笔”其实是由艺术家的精神所主宰的。他在《画禅室随笔·论用笔》中提出，“提得笔起，则一转一束皆有主宰。转、束二字，书家妙诀也。今人只是笔做主，未尝运笔”。要想构成一个完整的书法艺术形象，必须“笔”被艺术家所主宰，“笔”即是手。但同时董其昌又进一步指出："作书须提得笔起，不可信笔，盖信笔则其波画皆无力。"主张精神主宰用笔，反对信笔。他的作品笔法洗练，意境疏淡，天趣自然，可见一斑。

(4)董其昌将中国文人画推进到了一个新的阶段，开创了一种新文人画。他擅画山水，长于用墨，意趣简淡，层次分明；讲究笔致墨韵，画格清润明秀；用笔多皴、擦、点、染互施，丰富多变。设色则青绿、浅绛兼用，或鲜丽而不妖妍，或简淡而又沉着。画面布局多取近坡树、中水、远山的三段法，缺少变化。画风天真秀润，幽淡简远。

董其昌的山水画风格多样，大致上可以划分为两大类型：第一类以追求笔墨、造型、结构的形式趣味为其鲜明特色。这一类作品是将元人笔墨与宋人造型结构结合，并加以某种程度抽象化、符号化的产物，在董其昌的作品中占有较大比重；第二类作品基本上是以董源、巨然、米芾的画法为基础，比较重视写生，但笔墨的趣味、山水的意境又是元人化了的，即使某些青绿重彩的画法也不例外。在此类作品中，宋人的精致秀丽和元人的萧散真率获得了很好的结合。董其昌山水画的形式，峰峦、树石、溪涧，再加上诗或题跋，均具有自己独特的和谐流畅的节奏，有生命的脉搏和无止息的运动，并且完全按照自然界季节的变化而变化，表达了一种形式结构的美和对长久不衰的世界的热爱。

(5)董其昌一生游历大江南北，出入内廷，遍交名流，为各地书画商人、收藏家鉴赏法书名绘，题跋甚富。这些题跋既反映了明后叶的美术思潮，也为了解古文物的聚散提供了参考。他交游广泛，有不少画家、书法家直接或间接受到他风格、艺术主张的影响，甚至出其门下，带动了艺术的发展。他的艺术不仅对明末美术界产生直接的影响，而且远及清代乃至近代的艺术界。他还孜孜不倦地搜集、整理一些历代珍贵法帖，刊刻《戏鸿堂帖》《宝鼎斋帖》《米仲楼帖》等行帖，保存了大量古代书法遗产。

徐渭，生于1521年(明正德十六年)，卒于1593年(明万历二十一年)，字文清，后改号文长，号天池山人，又有田丹水、天池生、天池渔隐、青藤老人、金垒、金回山人、山阴布衣、白鹇山人、鹅鼻山侬等别号，晚年号青藤道士，或署田水月(拆渭字)，山阴(今浙江绍兴)人，所居在绍兴城内有"一枝堂""柿叶堂""青藤书屋"等。徐渭性情放纵，兴趣广泛，清正廉洁，少年屡试不第，一生坎坷，交游广泛，兼戏曲及军事韬略之才。有《诗文全集》、杂剧《四声猿》、戏剧论著《南词叙录》等。曾为胡宗宪草《献白鹿表》，得到明世宗的极大赏识。又著有《会稽县志》，曾对地方政治经济提出一些改革主张。徐渭平生大部分时间从事诗、文、杂剧、书法、绘画创作，他曾自我评价：书法第一，诗歌第二，文章第三，绘画第四。徐渭的艺术成就如下。

(1)书法艺术成就。徐渭工书法，行书仿效米芾。他的书法明显继承魏晋风格，正如他所说，"渭素喜小楷，颇学钟王"。他对王羲之比较关注，不止一次在书论中提到《黄庭经》《乐毅论》《兰亭序》等。其行书主要师法黄庭坚和米芾，草书更多地受到张旭、怀素、祝允明、张弼的影响。对智永《千字文》以及李北海、苏轼、蔡襄、赵孟頫、倪瓒、沈石田、王宠、王守仁的书法都有较深的体会。广泛的取法有利于打破狭隘的审美眼光，拓展创作思维，也有利于提高创作的表现力，这为徐渭的书法创作打下了坚实的基础。另一个很重要的方面，徐渭强调个性的展示和创造性的显露。徐渭的广泛取法，并不是浏览式地浅尝辄止，也不是一味地沉湎其中，而是在学习的过程中，基于自己个性基础上的有条件的取舍。他主张学书要独出于己以自我为主，临摹不必"铢而较，寸而合"，只需取其意气，目的在于"寄兴"，表现自己的真面目，表现自己的个性——这就是他遍学各家而又无明显百家面目的原因，同时也是他学书的高明之处。

徐渭年少时师事同乡学者季本，季本是王守仁的学生。阳明心学力图挣脱礼教束缚、抛却程朱理学桎梏、崇尚真本性的主张对徐渭性情的塑造起了关键的作用，对他一生产生了不可估量的影响。他视书法为目的，对书法持有一种发自内心的表现立场，将它作为一个目标与归结，作品更注重个性的表现与情感的抒发。徐渭生命的后期，是在穷困潦倒、凄凉孤苦中度过的。坎坷不平的人生经历成就了徐渭艺术的伟大。在这整整二十年中，他通过大量的诗文书画来宣泄郁积的能量，书法创作真正成了“形其哀乐”的工具。思想的成熟，生活阅历的不同寻常，加上情感的郁结，使得他的书法创作都凝结成了一部部鲜活的徐渭的“思想史、生活史、情感史”。如崎岖跌宕、起伏错落的《墨葡萄》题字，可以说正是他人生的写照。后期行草书，但见满纸云烟，用笔忽轻忽重，字形忽大忽小，笔触忽干忽湿，布局忽密忽疏，线条扭曲，点画零乱，摄人心魄。社会所加的种种折磨与苦难，理想与现实之间的矛盾所引起的愤恨、失意、躁动、不平都化为了狂放的线条、强烈的节奏、袭人的热浪。

徐渭书法一个时期多种面目，一种书体多种面目，而每一种面目又无不是独特的、鲜明的、具有个性的。他总是不满于自己苦心孤诣营造出来的已有面目，而是在不断地否定打破之后再努力去创造另一种属于自己的全新面目，不断创新，不断扬弃，不断求变。以草书为例，他在50岁左右创作的长卷《春雨诗》刚健遒丽，气势夺人，足以使他跻身一流大家之列。后期的草书则更是精益求精，不断超越自我，如律诗《春园细雨》《应制词咏剑》，杜诗《幕府秋风》，岑参诗《鸡鸣紫陌》，李白诗《送汪伦》，七绝《一篙春水》等面目各异，令人叹为观止。

徐渭对书法技巧有着更深层次的认识和把握，他的技巧一反传统，一反理性，是一种更高层次的技巧。首先，徐渭著有《笔玄要旨》《玄抄类摘》两书，前者专门论述执笔、运笔等书法技巧，内容具体精微，都是他学书的经验总结，甘苦之言；后者是他辑录前人的书论之作，如“惟壁拆路、屋漏痕、折钗股、印印泥、锥画沙，乃是点画形象。然非妙于手运，变无从臻此。以此知书，心手尽之矣”。更有意思的是，徐渭把运笔看作武术中的动作，一招一式，讲究方法，讲求效果。对技巧之重视、见解之科学独到可见一斑。其次，从创作上讲，他的一些大件草书作品，对传统技巧的精熟把握在诸如《野秋千》《秋兴八首》《前赤壁赋》等作品中得到了极好的体现。至于他的那些草书作品，更是在大气势、大精神中看出他高超的绘画技巧。

(2)诗文艺术成就。徐渭虽生活在后七子再兴起复古思潮之时，但在诗歌理论及创作上能独抒己见，不蹈袭前人，风格清奇，不落窠臼，能卓然自立，以壮逸疏狂、豪放恣肆见长。如《龛山凯歌》：“短剑随枪暮合围，寒风吹雪着人飞。朝来道上看飞骑，一片红冰冷铁衣。”结构精巧，语言生动，极富形象感。徐渭在绘画作品中经常题诗题句，眼空千古，借题发挥，抒写对世事的愤懑，所表现的思想政治倾向多比较激烈。如题《螃蟹图》“稻熟江村蟹正肥，双螯如戟挺黄泥。若教纸上翻身看，应见团团董卓脐”抒写了对权贵的憎恨与轻蔑。袁宏道认为他的诗文“一扫近代芜秽之习”，是“嘉靖以来一人”。徐渭的小品文，犹如其为人，诙谐潇洒，傲岸不群，往往能做到嬉笑怒骂皆成文章之效，多用含有锋芒的笔墨讽刺达官贵人，表现其桀骜不驯的性格和朴素的平民意识。如《答张太史》，收到所赠之物，既没有表示殷勤致谢之意，也没有一句摇尾乞怜依附权贵之语，处处表现出他清高自守的性格和人品。徐渭曾对前后七子文学复古思潮提出批评，对公安派文学主张影响很大。实际上，他与李贽等成了公安派的先驱人物。

(3)绘画艺术成就。徐渭中年以后开始学画，其作品不拘于物象，能抓住其神气，秃笔铺张，势如疾风骤雨，纵横睥睨。所绘山水，纵横不拒绳墨；所绘人物也尤为生动。擅长画鸟，特长水墨大写意花卉，工残菊败荷、炉瓶彝鼎，皆古朴淡雅，别有风致。如《杂花院》画有牡丹、紫薇、葡萄、芭蕉、梅花、水仙和竹等13种，情意所至，气势豪放，“无法中有法”“乱而不乱”，表现了深厚的功力。他的大写意泼墨之势，继陈道复以后，更加狂纵，笔简意浓，形象生动，影响深远，开启明清以来水墨写意法的新途径。清代朱耷、原济、扬州八怪中李鱓和李方膺都受到他的影响，经历数百年而不衰。

(4)戏剧艺术成就。徐渭的戏剧理论主要表述在戏剧论著《南词叙录》中。在书中，徐渭率先肯定并专门研究那些尚处于民间状态的南戏，系统而详尽地论述了宋元以来南戏的源流和发展状况，并对戏曲作家、作品进行了中肯的评价，颇具超越前人见解和打破陈规之处。徐渭在书中就戏曲理论提出以下几点：提倡顺口可歌，要适应群众的接受能力，接近群众；主张通俗易懂，家常自然，使人喜闻乐见；反对在戏中用事用典，提倡雅俗共赏，使识字不识字的人都能看懂听懂。在戏剧演出及创作方面，极力鼓吹"本色当行"，认为应从戏剧演出、观众喜爱的角度写作"宜真宜俗"的"场上之曲"(《题昆仑奴杂剧后》)。强调恢复宋元剧人为演出而写作的传统，要求曲文质朴易懂，剧中人物语言个性化，剧作家要有自己独特的艺术风格。注意剧曲的演唱效果，关注从文学与音乐的关系上说明曲的创作与演唱中的规律与规范。突破杂剧、传奇写作的习惯规范，便捷随机，变化出新。如传为其作的《歌代啸》，恰似一现代派的荒诞剧。《南词叙录》为早期南戏保存了不少珍贵史料，是研究宋元南戏与明代传奇十分重要的文献资料和理论批评著作，也是中国古代重要的戏剧理论著作，对戏曲艺术的发展具有重要的指导意义。

徐渭的杂剧代表为《四声猿》。《四声猿》是一部组剧，包括《狂鼓史渔阳三弄》(简称《狂鼓史》)、《玉禅师翠乡一梦》(简称《翠乡梦》)、《雌木兰替父从军》(简称《雌木兰》)、《女状元辞凰得凤》(简称《女状元》)四个短剧。《狂鼓史》，一折，根据《三国演义》中祢衡击鼓骂曹的故事加以敷衍，时间改在曹操死后，场所改在阴曹地府，由阴间判官主持公道，让祢衡痛骂曹操，语言激烈，狂傲刚毅，酣畅淋漓，大快人心。借古讽今，明写骂曹，实借祢衡之口骂尽权臣奸相，揭露明朝官场的虚伪和黑暗，表现了对黑暗残暴势力的极端憎恶。《翠乡梦》，二折，写南宋临安水月寺高僧玉通为人正直，诚心修炼。因得罪府尹柳宣教，被妓女红莲引诱，经不住诱惑，破了佛门之戒。玉通悔恨至死，转生为柳的女儿柳翠，沦落为娼妓。玉通的师兄月明和尚告诉柳翠前生之事。柳翠从此感悟，改邪归正，修炼成佛。此剧意在批判禁欲主义违反人性的虚伪性，玉通苦修二十多年未能成佛，而妓女柳翠一旦感悟，立地成佛。《雌木兰》，二折，根据《木兰辞》改编而成，塑造了女扮男装替父从军的木兰的高大形象。作者对木兰的心理活动刻画得十分细腻，对木兰的英武雄姿、壮烈战功予以热烈歌颂。通过艺术形象抨击了重男轻女的庸俗观念，反映了对女性社会作用的正确看法。《女状元》，五折，写五代时黄崇嘏因生活所迫，女扮男装，考中状元，为官清正廉洁，断狱机智果断。周丞相意欲招她为婿，万不得已说明自己身份，于是丞相更加看重，娶她为自己的儿媳。《雌木兰》和《女状元》对女子进行正面描写，以女性为主角，一武一文，文武双全，对其才干加以歌颂，肯定了女子的地位和价值，反映了徐渭追求个性自由、男女平等的愿望。《四声猿》中的这些小戏从内容到形式都有新的开拓，开明后期戏曲高潮之先河。徐渭打破传统杂剧一般四折、一人主唱到底、纯用北曲的固定体制，从一折到五折不等，南曲北曲选用自如，甚至有两人对唱；在思想内容上，冲破传统伦理说教，大胆揭露禁欲主义的虚伪性，并且敢于赞美女性，树立女性的英雄形象；在戏曲艺术表现手法上，采用了浪漫主义的手法，想象丰富，虚实结合，情节离奇，以奇幻的形式表现了强烈的思想感情；语言清新活泼，流畅优美，感情饱满，妙趣横生。明代著名曲论家王骥德在《曲律》中给以高度评价："徐天池先生《四声猿》，故是天地间一种奇绝文字。""高华爽俊，秾丽奇伟，无所不有，称词人极则，追躅元人。"徐渭在戏曲创作上的成功和在戏曲理论方面的探索，推动了明清戏曲的进一步发展。

（邰淑波）

# 23. 徐霞客游历大江南北

徐霞客，名弘祖，字振之，别号霞客，是我国明代卓越的旅行家、地理学家。1586 年(明万历十四年)，徐霞客生于江苏省江阴城南(今江苏省江阴悬城西南)四华里横渡河中游南肠歧的一个地主家庭。他的祖父和父亲都是当地有名的学者。富裕的生活、丰富的藏书，为少年徐霞客提供了优越的条件。他自幼磊落英奇，好学深思，博览群书。在明代，大多知识分子所走的都是一条从小始读四书五经，穷其一生致力于科举考试以盼获取功名的道路。但徐霞客从小就对四书五经不感兴趣，而是喜欢看历史、地志、山海图经、游记、探险记一类书籍，并且深深被这些书籍所吸引、所感染，对祖国的壮丽河山产生了浓厚的兴趣和深切的热爱。在参加科举考试失败以后，徐霞客决意不再应试科举，从此专心研读前人的地理著作。他认真阅读了大量的古代地理书籍，发现所记载的多是疆域沿革和建置风俗等，很少介绍各地的自然地理景观，并且前人著述的内容很多是历代沿袭，转抄自较早的地理学著作，很少有人进行实地考察，因此有的地理著作记述错了，也被照抄照搬，以错传错。虽然有些书中有“山川”一项，但是记述十分简略，致使“山川面目多为图经志籍所蒙”，而且又仅限于中原一带，缺乏边远地区的情况。为了寻求切实的地理知识，徐霞客决心走出书斋，奔向自然，“问奇于名山大川”，“穷九州内外，探奇测幽”，做一番实地考察，亲自去探索大自然的奥秘。

徐霞客的旅行考察，可以分成两个大的阶段。第一阶段是从二十二岁开始，到五十一岁之前，游踪限于内地经济文化发展较早、交通比较方便的地区，主要目的是踏查历史名山，饱览江山奇秀风光，同时了解山河大势，考订某些山经图志的正误。第二阶段是从五十一岁开始的大西南万里远征，主要目的是考察江河源流，探察石灰岩地貌的奇特景观，同时兼收山川之美。

1607 年(万历三十五年)，刚刚年满二十二岁的徐霞客开始了他一生的艰苦旅行和探险生涯。徐霞客之所以能在当时勇于选择这样一条探索地理的道路，与家庭尤其是母亲的支持是分不开的，她勉励儿子，“志在四方，男子事也”，不让自己的儿子像笼中鸡、辕下马那样困守在家庭这个小天地里，于是特意给徐霞客缝制了一顶远游冠，以壮行色。母亲支持他游览四方，但也嘱咐他要慎重计划行程，斟酌远近，按期而归。因此，出于对母亲的挂念以及家中事务的顾虑，徐霞客早期的出游时间都不能太长，路途也不能险远，而只是作“有方之游”。每次出游，都是来去匆匆，一般是选定路线，专游一处或兼游几处，适日而归。他旅行的方向主要有这样一些地区：在家乡附近，遍搜江浙的明山秀水；南下闽漳，观奇峰飞瀑激流异洞；西入安徽、江西，游览主要名山；北上中原、晋、冀，兼及关中、鄂北，访历史名山，观山河大势。

徐霞客首次出游，选定的是家乡附近的太湖。太湖古称震泽、具区，介于无锡、苏州、湖州、宜兴之间，为我国第三大淡水湖，不但山清水秀，风光绮丽，并且有着吴、越以来遗留下来的丰富历史古迹和名人遗踪。徐霞客此游的行程已不可考，但他曾向友人讲述，1607 年(万历三十五年)，“始泛舟太湖，登眺东、西洞庭两山，访灵威丈人遗迹”。首次出游，有名的“太湖石”以及被称为天下第九洞天的石灰岩溶洞让徐霞客见识到了大自然的奇妙惊异之观，也给他留下了深刻的印象，以至于二十五年后他又到此重游。1608 年(万历三十六年)，徐霞客第二次出游。按照他朋友陈涵辉的记述，这次是“历齐、鲁、燕、冀间，上泰岱，拜孔林，谒孟庙三迁故里，峄山吊枯桐”。燕，当指北京，是明朝当时的首都，全国政治和文化的中心。泰山，又称岱宗，号称“五岳独尊”的东岳，被习惯地认为是五岳之首，气势磅礴，突兀峻拔，景色壮丽。这些都使得少年时期就“蓄五岳志”的徐霞客惊喜异常，视界大开。后人推测徐霞客这次出游比较合理的路线是从济宁离开运河，游览峄山、邹县、曲阜，登泰山，游灵岩，入济南，北经德州再入运河，从而北达燕冀。

徐霞客对浙东的奇丽自然风光极为迷恋，一生中曾多次在这里游历，他的不朽游记也正是从浙东名山开始的。1613 年(万历四十一年)，徐霞客二十八岁。他取道浙江绍兴，渡过曹娥江，登览了四明山。然后从宁波渡海游览舟山群岛中的普陀山。普陀山之所以对徐霞客有吸引力，原因有二：一是这里风光壮美，兼收山海之胜；二是这里佛教庙宇集中，长期以来被称为我国佛教四大名山之一。徐霞客登览普陀山之后，回到宁波，便南下经奉化、宁海，直趋天台山。天台山位于浙东天台县，山体各岩经重力崩裂、风化和流水侵蚀，不同岩体形成众多各具特色的奇特景观，并且自隋代以来这里不断兴建庙宇，逐渐成为佛教鼎盛之地。徐霞客此次游览天台山，收获颇丰。四月初九日，徐霞客离开天台山，转而前去雁荡山。在雁荡山，徐霞客不但游览了“雁荡三绝”，而且力图探察雁湖。虽然最后此行没有成功，但是这也锻炼了他攀登的本领，并且增强了他的意志。这段经历也说明他的旅行从初期开始就与一般欣赏风光的迥异之处。这次浙东之行，徐霞客饱览天台、雁荡奇秀风光，深为怀恋，加上探察雁湖未成，留有遗憾。因此，他于是十九年后，即1632 年(崇祯五年)，第二次来到天台、雁荡，这时的徐霞客已经四十七岁，游览考察的内容与青年时期相比发生了很大的变化，已从游览为主逐步转为考察为主。徐霞客在江浙一带除了着重考察天台、雁荡之外，还多次就近出游或顺路游览，将其他名胜之地踏查殆遍。1614 年(万历四十二年)，他游访了明初定都的六朝佳地——南京，入扬州，过镇江，登焦山、金山；1616 年(万历四十四年)，过绍兴，游兰亭，探大禹陵，经杭州缆舟西子湖，观浙江湖；1617 年(万历四十五年)，游宜兴张公洞、善权洞，登临句容的茅山。他还登上了天目山。

1616 年(万历四十四年)正月，徐霞客与书翁浔阳同行，来到安徽省休宁县境内的白岳山。白岳山又名齐云山，是皖南名山，正当新安江上游海阳江谷地之南，奇峰联翩堆叠，如层楼巨堡比肩争高于重岭之上。更使徐霞客感兴趣的是白岳独特的地貌。白岳山体由砂岩砾岩组成，由于上下岩层抗风化能力的差异，凡上覆岩较硬，下伏岩层较软的地方，多形成额状崖，断崖陡起，景观奇特。徐霞客敏锐地看出了这种砂砾岩层“石脉隐隐”，并描述了砂砾岩洞“外开内伏”的特点。从白岳下来，徐霞客即北向黄山。黄山古称黟山，徐霞客踏遍海内名山，独对黄山评价最高，三年之内两次登临，激赏不已，曾有言：“溥海内外无如徽之黄山，登黄山天下无山，观止矣。”初次黄山之游，徐霞客记载了黄山溪流的分布和流向，特别指出，即使是向南流的溪水，过汤口，也北转而从北太平县流向长江；惟汤口之西的溪水才流入新安江上游。受冰封雪阻，徐霞客首次黄山之游未能尽观奇峰，因此在两年多之后，即 1618 年(万历四十六年)，他再次来到黄山，从东海下山，然后出山转东北行，循太平县路。第二次登黄山之前，徐霞客还登临了位于江西九江之南，北临长江，东南接鄱阳湖的名山——庐山。他在二登黄山之前，与其族兄雷门、白夫同行从九江开始登庐山。他们先到九江，沿山麓西南行，游西林寺、东林寺，后达天池大道、仰天坪、汉阳峰、五老峰等，遍览庐山之境。并且，在游览过程中徐霞客也仔细地观察了庐山的山体特点、水流趋势。

1616年（万历四十四年），徐霞客在首次游览黄山之后，到达福建崇安县南的武夷山。这也是徐霞客第一次进入福建。武夷山风景区是闽北武夷山脉之中一片独特的砾岩峰林，地貌与周围起伏的山峦截然不同。山峰都有石壁陡峭，劈地耸起，九曲溪清碧如染，穿行于三十六峰之间，人们用"溪曲三三水，山环六六峰"来概括它的美景。徐霞客此次游览，为他日后观察和描述砾岩山地地貌增加了经验。1620年（泰昌元年），三十五岁的徐霞客决定二次入闽，经浙江江山县的江郎山，去福建的九漈。在游览了九鲤湖之后，他又于1628年（崇祯元年）、1630年（崇祯三年）、1633年（崇祯六年）分别第三次、第四次、第五次入闽，深入到闽南的漳州。

1623年（天启三年），徐霞客启程前去嵩山。嵩山居五岳之中，故称中岳，它位于河南西北部丘陵山之上，不但文物丰富，开发历史悠久，而且它的自然景观也雄奇壮伟，独具徐霞客所形容的"岩岩"本色。他先到达嵩山附近的登封县境内，一路上从开封经郑州，"至密县始见丘陵"。后到"石淙"、中岳庙，登太室山、宿法皇寺，然后又折向西行入登封县城，一路欣赏古迹、碑碣，并拜访了少林寺。徐霞客在登览了少室山，游览了少林寺之后，继续西行，越过古来兵家必争之地"轘辕岭"，向关中出发。他路过伊阙，游览了龙门石窟，穿过洛阳，到达了潼关，眺望黄河。入关行二十里，徐霞客即仰望华山"芙蓉片片"，他独具慧眼，立时就发现华山的独特之处。在瞻仰了西岳庙之后，徐霞客出华阴南行十五里，进入华山峪沟口，开始攀登华山。他先后登临了华山中峰、东峰、南峰、西峰，后又上东峰；下东峰后出谷，转向了下一步的行程——南过秦岭，攀登太和山。在此之后，徐霞客踏访了武当山。武当山经明成祖时代的大兴土木，遍山都分布着宫观殿阁，形成了庞大的道教建筑群。这一点是国内其他名山望尘莫及的，并且武当山的山体构成也别具特点，自然风光自具特色。徐霞客在此不仅登览了紫霄宫、太和宫、天柱峰金殿，而且也攀登了武当山最著名的几座岩崖胜境。游嵩山、华山、太和山、武当山之后，徐霞客对一路上不同地理区域的气候、植被作了比较，把观察所见加以整理写成概括性的总结，这对他后来提出"候同气异"的地理带思想是有着直接影响的。

1625年（天启五年）秋，徐霞客的母亲去世。此后两年的时间内，徐霞客在家守孝、营葬，完成晴山堂石刻，征求墓志传记，安置家事。第三年即1628年（崇祯元年）开始南入闽广，登罗浮山。1629年（崇祯二年），北向京师，游踪到达了燕山。1633年（崇祯六年），徐霞客再一次北上京师，然后前去五台山、恒山游览。在五台山，徐霞客不怕疲劳，在各相距数十里的山峰之间来回奔波，细心观察山脉形势，记载地貌现象；在恒山，他仔细观察了植被状况，并记录了地貌，同时也注意记载各地的资源、物产。

徐霞客从二十二岁开始出游，到北游五台山、恒山归来，已年届四十八岁。在这二十七年之内，他游览了五岳之四，北起燕云，南到闽广，西达山西，东至浙江沿海，内地的名山大川几乎已经游访殆遍。并且，从他已留下来的名山日记中我们也可以了解到，他从一个以游览为主的旅行家逐步转变为以野外实地勘察为主的地理学家的过程。正是这二十七年的实践，为他即将开始的大西南考察打下了基础，为他的一些地理学见解的形成积累了实际资料。

1636年（崇祯九年），徐霞客开始了最后一次、历时四年的大西南"万里远征"。徐霞客此次远入西南的目的是非常明确的，他认为中国古代地理学方面的书籍往往是历代抄袭，与实际地理状况不符合，因而蒙蔽了山川的真正面目，他要用实地考察加以验证核实，订正谬误。此外，他此行还有一个重要目的就是要探测边远地区的地理状况以弥补过去考察不周的缺陷。具体来说，徐霞客考察的重点是：长江南岸各支流水系的源流及长江正源；长江南岸山脉大势；西江上游各水系的源流，特别是南北盘江的源流；滇西高原和大峡谷地区河流状况、山脉形势；石灰岩地貌，特别是溶洞的奇特景观和伏流情况以及各地的名山胜迹。根据这样的目标，徐霞客规划了西行的路程，开始了他的西南远行。在这四年中，徐霞客先后到达杭州、江西、衡阳、湘江、桂林、柳州、南宁、贵州、大理等地，一路上游览了金华山、龟峰、马祖岩、麻叶洞、云阳峰、南岳衡山、三分石、芝山、苍梧山、“桂林千笋”、真仙岩、白石山、勾漏山、都峤山、黄果树瀑布、鸡足山等名山大川，并且勘察了金华江、赣水、湘江、丽江、西江、盘江、苍山洱海等各个水流的情况。除山脉、河流外，徐霞客还详尽地考察了岩石、土质、地貌、气候以及火山、矿泉、植物、动物等，认真做了记录。他还广泛接触群众，搜集地方文献图态，采集岩石、植物标本，甚至绘制图形，以备日后研究参考。在这次西行的过程中，徐霞客经历许多艰难险阻，曾经三次遭遇强盗，四次绝粮，且屡次染病，但是他始终以坚强的毅力与坚定的决心坚持考察。归途之中，徐霞客已身体不适，舟行到湖北黄冈时病情加重，又过六天回到了家乡江阴，结束了这次历时四年的“万里远征”，此时已是 1641 年(崇祯十四年)。回到家中以后，徐霞客已经不能按一般礼节迎送客人，但尚能写信，能与朋友长谈。他“不问家事”，“惟置怪石于榻前，摩挲相对”。这些怪石就是他西游时采集和购买到的各种岩石标本。此时徐霞客家中正延请季明会设私塾教育子弟，他们经常会面，成为可以恳谈的朋友。徐霞客深知自己一病不能再起，便将多年所记手稿交给季明会看，且将整理游记之事托付于季明会。1641 年(崇祯十四年)正月，徐霞客逝世，终年五十六岁。

在三十多年的游历考察中，徐霞客饱览祖国的名山大川，在勘察之中详细地记述了考察所见、所闻，为他地理学理论的形成以及后来的有名著作《徐霞客游记》提供了坚实的基础和丰富的资料。徐霞客对我国地理学的发展作出了许多重大的贡献，其中最突出的是他对石灰岩地貌的考察。他是我国也是世界上最早对石灰岩岩溶地貌进行系统考察和研究的地理学家。欧洲人中，最早对石灰岩地貌进行广泛考察和描述的是爱士培尔，时间是 1774 年；最早对石灰岩地貌进行系统分类的是罗曼，时间是 1858 年，他们都比徐霞客晚了一两百年以上。在考察和研究中，徐霞客确定了石灰岩地貌分布的范围，正确描述了这一区域中不同地形区的特点；他还注意观察和描述了石灰岩地区广泛分布的圆洼地和落水洞，且根据其大小、有水无水，厘定了名称术语。

我国的湖南、广西、贵州、云南一带，是世界上石灰岩地貌分布面积最广阔、发育最完整的区域之一。徐霞客曾在这一带游历考察了三年多的时间，并做了详细的日记，对西南地区石灰岩地貌的分布、各地区间石灰岩地貌的差异、各种石灰岩地貌的类型及其成因，都有详细科学的记述，他的游记也是世界上最早对石灰岩地貌进行考察的文献。从他的游记中可以看到，他已经明确地认识到形成石灰岩奇异地貌的重要原因：由于发育的时期不同，而形成不同的地区差异，如桂林、阳朔一带，因为缺乏风化物质，无土壤覆盖，形成的是石峰峻峭、各自矗立、争奇斗胜的地貌；而柳州西北一带则不同，它是土石间出，土山迤逦，忽石峰数十，似锥处囊中一般。用现代地质学的术语说，桂林、阳朔一带体现的是石灰岩地貌发育最盛时期的特征，柳州西北一带体现的则是处于石灰岩地貌发育晚期的情况。可见，徐霞客的观察是很准确精细的，他的分类与现代地质学的分类基本一致。

西南石灰岩地区的河流溪涧中有相当的河道穿行于地下，成为暗河、伏流。这种水文地理现象，也是徐霞客考察的重点。他记载了广西、贵州、云南大量的地下河进水口、出水口，勘察了一些地下河段，并且订正了一些伏流入水口的位置。此外，石灰岩地貌还有一大特点，就是有众多的岩洞。徐霞客亲身探查过的岩洞达一百多个，足迹所到之处，他总要想方设法探究其中的奥秘。对岩洞、石钟乳的结构和成因，他都有切实的描述和深刻的见解。他指出，岩洞是由于流水的侵蚀造成的，石钟乳则是由于石灰岩溶于水，从石灰岩中滴下的水蒸发后，石灰岩凝聚而成钟乳石，呈现出各种奇妙的形状。这些见解，大部分符合现代科学的原理。

除了系统地考察和研究石灰岩岩溶地貌的重大成就之外，徐霞客对地理学还有许多贡献，例如他详细描述了砾岩峰林地的形态，考订了许多江河的源流，在河流地貌方面提出了科学的见解，对地热现象和植被动物分布的记载，以及一些珍贵的气候、气象资料的记载等，这些都是他多年来实地考察和勘测的成果。他最大的成就《徐霞客游记》集中呈现了他的这些成果。《徐霞客游记》是以散文和日记体裁写成的野外考察的忠实记录，也是中国地理名著。徐霞客在三十多年的旅行中，作有天台山、雁荡山、黄山、庐山等名山游记17篇，以及《浙游日记》《江右游日记》《楚游日记》《粤西游日记》《黔游日记》《滇游日记》等著作，除佚散的外，遗有60余万字游记资料。世传本有10卷、12卷、20卷等几种，主要按日记记述了徐霞客三十余年旅行考察所见，对地理、水文、地质、植物等现象都有详细的记录，在地理学和文学上都卓有成就，可以说是徐霞客一生探索和研究的总结。游记大部分内容是关于西南和边疆地区的系统考察记录或专题论述，特别是有关石灰岩溶蚀地貌的记载，内容丰富多彩，记述翔实精确，具有很高的学术价值。即使在今天，《徐霞客游记》对地理学科的研究仍然有重大的参考价值。其中《江原考》和《盘记考》两篇专题，是他对长江和盘江进行了详细考察和深入研究的成果，不仅是他对我国水文地理学发展的重大贡献，而且也是水利科学史上的重要著作。徐霞客在多年的游历中，对其他自然地理现象以及气候、植物、动物、矿物、火山、温泉等也都注意观察，作了一些很有价值的记述；他对各地的人民生活和社会状况也作了调查和记载，尤其是书中关于西南少数民族地区的政治、经济、历史、风俗习惯等方面的记载，是研究我国少数民族历史非常珍贵的史料。同时，他的这部游记描写细腻，语言精确，具有很高的文学造诣和价值。徐霞客写景记事，都来自真实，具有浓厚的生活实感，无论写景状物，都力求精细，常运用动态描写或拟人手法，远比前人的游记细致入微。另一方面，他词汇丰富，总是创造一些新词汇，绝不使用一些套语，落入窠臼，写景时注重抒情，寓情于景，情景交融，同时注意表现人的主观感觉。通过丰富的描绘手段，徐霞客使游记表现出很高的艺术性，具有恒久的文学审美价值。总而言之，《徐霞客游记》是一部内容丰富多彩、记述翔实生动、科学价值很高的优秀地理学著作，是一份宝贵的科学文化遗产。

从二十二岁起，到五十六岁病逝前半年为止，徐霞客先后多次长距离跋涉，足迹遍及现今的江苏、浙江、山东、河北、山西、陕西、河南、安徽、江西、福建、广东、湖南、湖北、广西、贵州、云南，以及北京、天津、上海等广大地区。足迹所至，东到浙江东部海岛上的普陀山，西达云南西部的腾冲，北到河北蓟县的盘山，南抵广东的罗浮山。徐霞客几乎一生都奔波于高山峻岭、长江大河之间，尤其是晚年的“西南远征”，潜心进行实际地理考察，既记载了考察所见，又进行了综合论证，写出了号称“古今奇书”的《徐霞客游记》。这部巨著中包含了丰富的地理学资料，其中还有许多关于地理学、地貌学问题的卓越见解。徐霞客作为一个以考察探险为己任的地理学家，取得了伟大的科学成就。

（王丹丹）

# 24. 宋应星著《天工开物》

明中叶以后，朝政腐败，贪官横行，内外交困，民不聊生。与政治腐败相对应的是学风的腐朽，明朝以经义八股文取士，一般士子都是皓首穷经，希望能金榜题名。士大夫们往往只知一味空谈心性，不关心百姓疾苦。与此同时，也有一些知识分子敢于冲破宋明理学的束缚，讲求实际，崇尚真知，提倡经世致用，出现了不少著名的科学家和优秀的科技著作，宋应星编著的《天工开物》就是其中最著名的一部。

宋应星（1587—？年），字长庚，江西奉新县人。明末清初科学家。1615年（万历四十三年）考中举人，但以后五次进京会试均失利。从此对科举功名趋于淡泊，精力逐渐转向与人民生活密切相关的科学技术。他利用往返京城的机会，沿途考察农业、手工业、采矿、冶炼等生产技术，积累了许多珍贵资料。1635年（崇祯八年），宋应星谒选授袁州府分宜县教谕，开始从事著述，次年完成和刊行了《野议》《画音归正》《原耗》等书。1637年（崇祯十年），《天工开物》由友人涂绍煃资助刊刻行世。此后又任福建汀州府推官、安徽亳州知州等，明亡时弃官归家。一生著述颇丰，除《天工开物》外，还有《卮言十种》《画音归正》《杂色文》《原耗》等著作，多已失传。

《天工开物》书名借用典故，把《尚书·皋陶谟》中的“天工人其代之”和《易·系辞上》中的“开物成务”巧妙地结合成“天工开物”四字。这反映了宋应星的科学思想，他强调自然力和人工相配合，自然界的行为和人类活动相协调，人类凭借一定技术手段从自然资源中开发物产为己所用，以显示人的主观能动性。《天工开物》原书20卷，据宋应星自己在书前《序》中称：“《观象》《乐律》二卷，其道太精，自揣非吾事，故临梓删去。”全书刊出时18卷，篇目分别为：《乃粒》《乃服》《彰施》《粹精》《作咸》《甘嗜》《膏液》《陶埏》《冶铸》《舟车》《锤锻》《播石》《杀青》《五金》《佳兵》《丹青》《曲蘖》《珠玉》。

《天工开物》分为上、中、下三卷。上卷六章，记载了谷物豆麻的栽培和加工方法，蚕丝棉苎的纺织和染色技术，以及制盐、制糖等工艺。中卷七章，内容包括砖瓦、陶瓷的制作，车船的建造，金属的铸锻，煤炭、石灰、硫黄、白矾的开采和烧制，以及榨油、造纸方法等。下卷五章，记述金属矿物的开采和冶炼，兵器的制造，颜料、酒曲的生产以及珠玉的采集加工等。全书详细叙述了各种农作物和工业原料的种类、产地、生产技术和工艺装备以及一些生产组织经验，既有大量确切的数据，又绘制了一百二十三幅插图，把各种器具的制造过程巨细无遗地画出来。全书图文并茂，形象生动地反映了我国劳动人民的智慧和创造才能，是研究我国古代科技的宝贵资料。所述几乎包括了社会全部生产领域，各章先后顺序的安排根据“贵五谷而贱金玉”的原则，把与人民衣食有关的农业各章置于全书之首，其次是有关工业各章，而以不切国计民生的珠玉一章垫后，体现了作者重农、重工和注重实学的思想。作者通过实地观察研究，对中国明代以前几千年间积累起来的农业和手工业生产的技术经验，作了较全面而系统的总结，构成了一个科学技术体系。《天工开物》不仅是世界上最早的一部关于手工业生产技术的专著，而且是世界上第一部关于农业和手工业生产的综合性著作，具有重要的科学价值。

在《天工开物》中，宋应星不但系统地总结了当时各种传统的生产技术，而且详细记述了领先当时世界的各种工农业生产措施和科学创见，是中国古代科学技术的总结性著作。

在农业方面，《天工开物》系统地总结了广大农民在选育和推广良种、精耕细作、水利灌溉、肥田改土等方面经验，是我国古代劳动人民的宝贵经验和创造发明的总结。尤其是关于水稻的记载最为详细，论述了水稻栽培的全过程，包括浸种、施肥、育秧、耕耙、除草、灾害防治等技术措施。在水稻栽培技术上，较早阐明了秧龄和早穗的关系，还首次记述了再生秧技术以及冷浆田中用兽骨灰蘸秧根技术，对提高粮食作物的产量具有十分重要的意义。它最先记述了旱稻在干旱条件下变异为旱稻的问题，这种物种发展变异观念的提出，在世界上也是首次。这是宋应星对世界生物学物种变异理论的最大贡献，从而在世界生物变异理论上写下了光辉的一页。

《天工开物》对当时颇为发达的丝、麻、棉的纺织技术亦作了详尽的记述，对蚕的饲养方法以及缫丝、织造等方面阐述尤为详细，反映了蚕农和织工的丰富经验。在养蚕技术上，最先记述了利用“早雄配晚雌”的杂交优势来培育新品种的方法，是我国古代劳动人民在养蚕史上的又一创举，并指出了家蚕“软化病”的传染性，指出“需急择而去之，勿使败群”的处理方法。

在造纸方面，《天工开物》详细介绍了当时制造竹纸和皮纸的设备和方法。其中所记的用石灰浆处理竹穰、用柴灰处理纸浆和在纸浆中加纸药水汁三项关键性工艺，直到今天仍有重要参考价值。

在金属冶炼方面，空前绝后地记述了炼铁炉和炒铁炉串联使用，较好地记述了明代灌钢工艺的发展。宋应星是世界上第一个科学论述锌和铜锌合金（黄铜）的科学家。炼锌是我国古代金属冶炼史上的重要成就之一，使中国在很长一段时间里成为世界上唯一能大规模炼锌的国家。

在制盐方面，书中对海盐和井盐的生产技术有比较详细的记载，如在海盐生产方面，除介绍煎盐法外，还叙述了晒盐法，是我国古代盐业生产的一大进步。

《天工开物》还生动地记述了明朝各种船舶、车辆的结构和使用情况，介绍了弓箭的制造，各种火药的配制和原料的生产，以及当时使用的火炮、地雷、炸药包等各种火器的性能等，对于我们了解当时工艺技术水平和军事技术有很大的帮助。

《天工开物》内容包括农业生产、化工、机械制造、矿物开采和冶炼、金属铸造、纺织、食品加工和造纸印刷等各方面，具有丰富的科技价值和史料价值。它是对中国明代以前几千年间积累起来的农业和手工业生产的技术经验全面而系统的总结，构成了一个科学技术体系，堪称我国古代不朽的科技宏著。尤为可贵的是，宋应星在广泛记录我国古代劳动人民丰富生产实践经验和工艺技术成就的同时，力求从一般现象中发现带有规律性的东西，因而在自然科学理论研究上也有所建树。在生物学方面，《天工开物》记录了农民培育水稻、大麦新品种的事例，研究了土壤、气候、栽培方法对作物品种变化的影响，又注意到不同品种蚕蛾杂交引起变异的情况，说明通过人为的努力，可以改变动植物的品种特性，得出了“土脉历时代而异，种性随水土而分”的科学见解，把我国古代科学家关于生态变异的认识推进了一步，为人工培育新品种提出了理论根据。在物理学方面，通过对船与水流关系的具体描写，阐述了力学（包括流体力学）的一些重要原理。在化学方面，宋应星通过对一些有色金属、无机化合物的性质、形状、冶炼等的叙述，比较正确地说明了物质的化合和分解，摒弃了以往一些荒诞无稽的迷信说法，而且有了“能量守恒”的思想萌芽。

总之，《天工开物》对中国古代生产技术进行了系统而全面的总结，是中国古代科技史上一部里程碑式的名著，在世界科学史上也占有一席之地。

（许志云）

# 25. 徐光启著《农政全书》

明代以前，我国研究农学的方法，以传统的收集文献、调查访问、实地实验为主，如北魏贾思勰编的《齐民要术》、宋代陈旉的《农书》以及元代王祯的《农书》等就是使用这些基本方法。明人徐光启研究农学虽然也运用了上述方法，但他的视界要比前人开阔得多，研究也深入得多。他在对传统农学经验总结的基础上，吸取了西方先进的科学技术和方法，促进了我国传统农学的发展，《农政全书》集中反映了徐光启农学研究的成就。

徐光启(1562—1633年)，字子先，号玄扈。1562年(嘉靖四十一年)出生于上海县城的太卿坊(今南市区乔家路)。先祖由苏州迁至上海，以务农为生。祖父弃农经商致富，因倭寇之乱，家道中落，父亲徐思诚仍以务农为业，祖母尹氏、母钱氏勤于纺织贴补家用。辛勤劳作的家庭，自幼参加劳动接近农民的经历，培养了徐光启坚忍不拔的性格、注重实践的精神和关注国计民生的远大志向。1581年(万历九年)考中秀才，1604年(万历三十二年)中进士，入选翰林院庶吉士，开始入朝参政。为官三十余年，忧国忧民，公而忘私，清正廉洁。在翰林院，他先后撰写《拟上安边御虏疏》等文章，针对当时一些带根本性的问题，提出自己关于富国强兵、巩固边防的对策。向传教士利玛窦等人学习西方科技知识，翻译西书，以便为我所用。1624年(天启四年)初，升礼部右侍郎兼侍读学士等职，不愿与阉党魏忠贤同流合污，遭谗劾去职。与东林党人政见颇合，但反对结党干政。崇祯即位后召还为礼部左侍郎，督修历法，奉诏平台议事，指挥训练京兵，协助守卫北京，后升礼部尚书。1633年(崇祯六年)，位至太子太保、礼部尚书兼文渊阁大学士。同年十一月八日病逝，谥文定，加赠太保。

徐光启生于明朝由盛而衰的动乱时期，一生刻苦学习和钻研富国强兵之道，认为："富国必以本业(指农业)，强国必以正兵。"他不仅自学了农学、兵学等方面的知识，还身体力行，潜心于农业科学试验，宣传自己总结的高产经验，批驳当时流行的植物不能随意栽移的保守观念。又在天津购地试种水稻、葡萄、药材，著成《宜垦令》《北耕录》等，总结的种稻经验有些沿用至今。在多年学习研究和实践的基础上，撰成《农政全书》。书中记录了各地农民的生产经验和技术以及徐光启本人的研究心得，著书意在治本，希望运用国家力量引导和发展农业。徐光启一生，在农学、天文历法、数学、军事等方面均卓有成就。

徐光启出身农家，自幼即对农事极为关心。他的家乡地处东南沿海，水灾和风灾频繁，这使他很早就对救灾救荒感兴趣，并且研究排灌水利建设。步入仕途之后，又利用在家守制、赋闲等各种时间，在北京、天津和上海等地设置试验田，亲自进行各种农业技术实验。徐光启一生关于农学方面的著作甚多，其中《农政全书》堪称代表。1628年(崇祯元年)回京为官，此时农书的写作已粗具规模，但由于上任后忙于负责修订历书，农书的最后定稿工作无暇顾及，直到死于任上。之后这部农书便由他的门人陈子龙等人负责修订，于1639年(崇祯十二年)，亦即徐光启死后的第六年，刻板付印，并定名为《农政全书》。整理之后的《农政全书》，大约删去了十分之三，增加了十分之二的内容。全书分为十二目，共六十卷。十二目中包括：农本三卷，田制二卷，农事六卷，水利九卷，农器四卷，树艺六卷，蚕桑六卷，蚕桑广类二卷，种植四卷，牧养一卷，制造一卷，荒政十八卷。书中大部分篇幅是分类引录了古代的有关农事的文献和明朝当时的文献，徐光启自己撰写的文字大约有六万字。正如陈子龙所说，《农政全书》是“杂采众家”又“兼出独见”的著作，而时人对徐氏自著的文字评价甚高：“人间或一引先生独得之言，则皆令人拍案叫绝。”

《农政全书》主要包括农政思想和农业技术两大方面，而农政思想约占全书一半以上。徐光启的农政思想主要内容有二：第一，用垦荒和开发水利的方法力图发展北方的农业生产。自唐以来，历代都向南方大量征集粮食，通过运河运往北方。明代以来，每年从东南漕运几百万石的大米供给京师的吏禄和西北军队的边饷。这样“南粮北调”，不仅造成的浪费很大，而且致使西北田地荒芜不垦，而东南赋税越来越重。正如《农政全书·凡例》所说：“内则关陕、襄、邓、许、洛、齐、鲁，外则朔方济五原、云、代、辽西皆耕地也，弃而荒之，专仰输挽，国安得不重困?”这就是《农政全书》第三目农事，第八卷、第九卷中专门讨论开荒问题的原因所在，徐光启试图以开荒来解决北方的粮食问题。徐光启认为，兴修水利是发展农业的根本大计，在《凡例》中把他的思想概括为：“水利，农之本也，无水则无田矣”，“水利莫急于西北，以其久废也，西北莫先于京东，以其事易兴而近于郊畿也”。《农政全书》还专辟两卷介绍西方水法，徐光启认为西方水利科学在很多方面比中国先进，中国应该接受学习。《农政全书》第十二卷至第二十卷都着重于水利问题的研究。第二，备荒、救荒等荒政，是徐光启农政思想的又一重要内容。《农政全书·凡例》也概括了徐光启的备荒救灾主张，即“以患计之，预弭为上，有备为中，赈济为下”。第四十三卷至第六十卷论备荒救荒，便是根据这一思想而来。

《农政全书》在农业技术方面也有很多贡献：第一，破除了中国古代农学中的“唯风土论”思想。“风”指气候条件，“土”指土壤等地理条件，“唯风土论”主张：作物宜于在某地种植与否决定于风土，而且一经判定则永世不变。徐光启举出不少例证，说明通过试验可以使过去被判为不适宜的作物得到推广种植。徐光启的有风土论但不唯风土论的思想，发展了中国古代农学的风土论思想，推进了农业技术的发展。第二，系统总结了南方稻田的旱作技术。我国南方稻田旱作始见于唐代《蛮书》的记载，以后，宋代陈旉的《农书》、元代王祯的《农书》、鲁明善的《农桑衣食撮要》都有记载，但都比较零散。晚明年间，我国南方稻田的水旱轮作技术，特别是稻田的冬作技术有了很大的发展，徐光启对此作了系统的总结，一为稻田种麦技术，二为稻田种油菜技术。第三，全面总结了棉花和番薯的栽培经验。棉花是汉代传入边疆，宋代传到中原，元代的《农桑辑要》和王祯的《农书》才开始有简单的技术总结。番薯在明代万历年间才传入我国东南沿海，福建巡抚金学曾写《海外新传七则》作了简略的介绍。把我国植棉、种薯的经验系统地总结起来，这个历史任务是由徐光启来完成的。第四，总结了蝗虫虫灾的发生规律和治蝗的方法。他首先搜集了从春秋至万历以前两千多年的蝗灾记录，按月整理分析，得出蝗灾发生的规律：“最盛于夏、秋之间，与百谷长养成熟之时，正相值也”，又根据文献记载和耳闻目睹的资料，以元代百年间受蝗灾的四百个路、郡、州、县为分析对象，得出蝗虫大部分发生在“大泽之涯”即沼泽地区。在认识和掌握蝗虫发生规律的基础上采取消灭蝗虫的恰当措施，“详其所自生，与其所自灭，可得殄绝之法矣”。把握了蝗虫发生的规律，就能“先事修备，既事修救”，即预防为主，防治并举。

徐光启站在中国传统科学向近代科学转变的连接点上，他的《农政全书》对总结我国的农学作出了重要贡献，是中国古代五大农书中成就最大、内容最完备的巨著。

（江莉莉）

# 26. 李贽的“异端”思想

李贽，原名载贽，号卓吾，别号温陵居士，生于1527年(明嘉靖六年)，卒于1602年(明万历三十年)，福建泉州人。其祖先曾航海经商，父亲以教书为生。他于二十六岁中举以后，做了二十多年小官，曾任河南辉县教谕、云南姚安知府等职。五十四岁辞官，晚年专门著述讲学，因激烈抨击程朱理学和传统礼教，屡遭统治者迫害，最后自杀于狱中。

明代后期，政治腐败越来越严重。上层统治集团昏庸腐朽，宦官把持朝政，官吏贪污成风，贿赂盛行。豪强贵族、地方官吏对广大农民、商人、手工业者进行残酷压迫和剥削。曾一度在明初缓解的土地兼并又严重起来，不仅皇室圈占了大量土地，宦官和官僚地主也都争先恐后地兼并土地，使农民大批破产，沦为佃户。自明中叶以后，特别是在嘉靖万历年间(1522—1620年)，在江浙一带出现了资本主义生产关系的萌芽，在长江三角洲和沿海商品经济发达地区的纺织业中，出现了“机户出资、机工出力”的资本主义雇佣关系。同时，随着资本主义萌芽的产生，在城市中形成了由城市手工业者和小商人组成的市民阶层，他们不堪忍受统治者的剥削压迫，举行了规模不等的反抗斗争，逐渐形成一股新的力量。

在这样的背景下，出现了李贽的反传统“道学”和礼教的“异端”思想。他的著作虽屡遭统治者的禁止、毁版，但还是流传下来。最重要的有《焚书》《续焚书》《藏书》《续藏书》《初潭集》《明灯道古录》等。

李贽早年就有反传统倾向，他曾在《王阳明先生年谱后语》中说：“余自幼倔强难化，不信道，不信仙释，故见道人则恶，见僧则恶，见道学先生则尤恶。”他这种“异端”性格，特别是对“道学”的厌恶，影响了他一生，至死不“化”。也正因此，他一生坎坷，受尽磨难。

李贽后来受到阳明心学和禅宗影响。他学承泰州学派，曾师事王艮之子王襞，钦佩泰州学派另一代表何心隐和罗汝芳。何心隐(1517—1579年)品性刚直，因反对征收额外赋税，得罪当权，被捕入狱。后又因反对宰相张居正毁书院、禁讲学而遭诬陷，被捕杖杀。李贽为何心隐鸣屈辩冤，称“何心老英雄莫比”。李贽还十分赞赏魏晋时期的嵇康和阮籍，嵇康敢于“非汤武而薄周孔”，阮籍则“不拘礼教”“不崇礼典”。李贽称赞他们“其人品气骨”，“古今所希”，“千载之下，犹可想见其人”。在李贽看来，这些人的思想和自己颇有相似之处，而和那些腐朽虚伪的道学家正好相反。

李贽对道学和道学家的虚伪性作了淋漓尽致的批判。李贽认为，作为封建社会后期正统统治思想的道学，已经沦为禁锢人们思想、欺世盗名、追逐富贵利禄的工具。而道学家则都是满口仁义道德，实际上卑鄙无耻的伪君子。李贽概括道学家的共同特点：好名，迂腐，追逐富贵，没有真才实学，巧于嘱托，喜欢称引古语来掩盖自己内心的空虚和行为的卑鄙。在李贽笔下，以继承“圣教”“道统”自居的道学，不过是“无才无学”之辈用来攫取富贵利禄的工具而已。

李贽揭露道学家都是表里不一、言行不一的两面派。李贽在揭露道学家虚伪本质的斗争中，特别对当时任督察院佐副御史的理学家耿定向的丑恶面目作了无情的抨击。李贽在《答耿司冠》中描述耿定向的言行说：“试观公之行事，殊无甚异于人者，人尽如此，我亦如此，公亦如此……种种日用，皆为自己身家计虑，无一厘为人谋者。及乎开口谈学，便说尔为自己，我为他人；尔为自利，我欲利他……以此而观，所讲者未必公之所行，所行者又公之所不讲，其与言顾行，行顾言何异乎？”在李贽看来，这些以遵守“孔孟血脉”自居的耿定向之辈，“反不如市井小夫”表里如一，朴实有德，他们“身履是事，口便说是事，做生意者但说生意，力田作者但说力田。凿凿有味，真有德之言，令人听之忘倦矣”。

李贽对道学以为口实和赖以生存的孔子偶像及儒家经典也进行了猛烈的抨击。他反对“咸以孔子之是非为是非”，指出儒家经典并非“万世之至论”。他在《世纪列传总目前论》中说：“咸以孔子之是非为是非，故未尝有是非耳。”他指出是非是随时改变的，不应该把孔子的话看作绝对真理。他进一步提出“是非无定”的观点，认为“人之是非初无定质，人之是非也以无定论”。无定质是指没有固定的本质，“是”可以转化为“非”，“非”也可以转化为“是”，这样是非就无定论了。李贽正确地看到是非是相对的，是随时代的变迁而改变的，但他否定是非的客观标准，将真理的相对性绝对化，陷入了不可知论。

其次，李贽还对六经、《论语》《孟子》等儒家传统经典进行了抨击。他认为：“六经、《语》《孟》乃道学之口实，假人之渊薮也。”在他看来，六经、《论语》《孟子》都是些过分吹捧的话，或者是那些糊涂弟子们随意记录，有头无尾，抓住后边忘了前边，其实不可靠。纵然是出自圣人之口，也“不过因病发药，随时处方，以救此一等懵懂弟子、迂阔门徒耳”（《童心说》）。然而，“药医假病，方难定执，是岂可遽以为万世之至论乎！”他对儒家经典的权威性进行了公然的否定，强烈地震撼了当时官方正统思想的基础。

李贽指出，做人不必效法孔子，如果一定要效法孔子，则孔子以前的人就不成为人了。他在《答耿中丞》中说：“夫天生一人，自有一人之用，不待取给于孔子而后足也。若必待取足于孔子，则千古以前无孔子，终不得为人乎？”每个人都有他自己的作用，不必依傍孔子。他嘲笑那些舍己求人的人：“孔子未尝教人之学孔子，而学孔子者务舍己而必以孔子为学……真可笑矣。”

李贽对韩愈以来儒家所宣扬的“道统”说进行了批判。他以水与地的关系为喻，说明道不离人、人不离道的统一关系，否认有离开具体人事而存在的“道”。他在《德业儒臣前论》中说：“道之在人，犹水之在地也。人之求道，犹之掘地而求水也。然则水无不在地，人无不载道也审矣。而谓水有不留，道有不传，可乎？”他认为韩愈、程朱所谓从尧舜至孔子的道统传到孟子，“轲之死不得其传”的说法，“真大谬也”。他用历史事实说明，宋儒所宣扬的“道统”说，是自我标榜，“好自尊大标帜”，是对千百年人们的“诟诬”“诬罔”。

李贽对道学和道学家的批判，对孔子偶像和儒家经典的抨击，对“道统”论的反驳，表现了反权威、反教条、反传统的精神，在批判正统思想方面起了积极的作用。

李贽对于道学家鼓吹的礼教伦理道德也进行了猛烈的批判。他一再指出那些死守礼教的人是“腐物”。针对道学家鼓吹的“男尊女卑”“女人见短”的谰言，李贽在《答以女人学道为见短书》中驳斥道：“谓人有男女则可，谓见有男女岂可乎？谓见长短则可，谓男子之见尽长，女人之见尽短又岂可乎？”一般认为，男人的见识高于女人，其实，女子的有些见识，“恐当界男子视之，皆当羞愧流汗不敢出声”。李贽在湖北麻城芝佛院讲学时，收女子做弟子，有时还用通信的方式和一些女子探讨学问。他和大同巡抚梅园的女儿梅澹然有书信往来，《焚书》中的《复梅澹然大士》《观音问》等就是例证。李贽以其实际行动，批驳了“妇女见短，不堪学道”的教条。这自然遭到某些传统卫道士的造谣中伤，但李贽无所畏惧。他还在其晚年著作《初潭集》

中列出二十五位杰出女子，热情赞扬她们“才智过人，识见绝甚”，甚至认为“男子不如也”。

针对道学家宣扬的“饿死事极小，失节事极大”的伦理教条，李贽主张婚姻自主，肯定寡妇再嫁“好”，并痛斥那些维护礼教、不许死了丈夫再嫁的腐儒是“不成人”，“大不成人”。李贽更赞许卓文君私奔司马相如的行为，认为如果卓文君先求其父，其父必不同意，但若从父之命，则“徒失佳偶，空负良缘。不如早自抉择，忍小耻而就大计”(《司马相如传论》，《藏书》卷三七)。他与道学家认为寡妇再嫁、私奔是“失身”“淫奔”的观点针锋相对，明确指出，卓文君改嫁、私奔是“正获身，非失身”。李贽更反对道学家把国家的败亡归咎于妇女的谬见，说“若使夏不妹喜，吴不西施，亦必立而败亡”(《贤夫》，《初潭集》卷三)。这些在当时确实是大胆的“异端”之见，可谓是中国早期的女权思想!

李贽认为，所谓“德礼刑政”都是束缚人民的工具而已。德礼(道德与礼教)是钳制人民思想的；政刑(政治与法律)是束缚人民手足的。它们扰害人民而使人民不得其所，不能“各获其所愿有”，是社会动乱与人民痛苦的根源。

针对礼教的危害及其对人性的束缚，李贽提出了“致一之理”的平等观和“任物情”的个性自由思想。李贽在《老子解》中说：“致一之理，庶人非下，侯王非高，在庶人可言贵，在侯王可言贱。”侯王不知“致一之理”，所以“以贵自高”，不能“与庶人同等”。其实，“曷尝有所谓高下贵贱者哉?”这里李贽利用“致一之理”反对封建等级制度和高下贵贱之别。对此，他从以下几方面进行论证。

首先，在认识论上，人人都是生知的。他在《答周西岩》中说：“天下无一人不生知，无一物不生知，亦无一刻不生知者，但自不知耳，然又未尝不可使之知也。”这虽然在一定程度上承袭了阳明的“良知”说，却是对“唯上智与下愚不移”正统儒家观念的否定，主张人在认识能力上是平等的。

其次，在实践论上，人人在办事能力上也是平等的。他在《明灯道古录》中说：“世人但知百姓与夫妇之不肖不能，而岂知圣人之亦不能也哉？……自我言之，圣人所能者，夫妇之不肖可以与能，勿下视世间之夫妇也……夫妇所不能者，则虽圣人亦必不能，勿高视一切圣人为也。”这就是说，人人都有“能”与“不能”，凡人有所“能”，圣人有所“不能”，所以不应该“下视凡人”而“高视圣人”。

最后，在德性论上，每个人的德性也是相同的。一方面，人人都有“私心”，即使是圣人也不能没有“势利之心”。另一方面，圣人与凡人又都有同样“善”的“德性”。每个人从根本上说都具有广大精微的“德性”。因此，“尧舜与涂人一，圣人与凡人一”(《明灯道古录》卷上)。既然人人都有同样的“德性”，则“人人皆可以为圣”。这里虽同样可以看出李贽受阳明的影响，但其目的在于反对儒家传统的“圣人”观，具有反对封建等级差别及由此造成的不平等的积极意义。

关于“任物情”，李贽在《明灯道古录》中说：“夫天下至大也，万民至众也，物之不齐，又物之情也。”每个人的追求和个性各不相同。“或欲经世，或欲出世；或欲隐，或欲见；或刚或柔，或可或不可，固皆吾人不齐之物情。”李贽主张“圣人且任之矣”，就是要听任个性自由发展，使“天下之民，各遂其生，各获其愿有”。但是个性的自由发展意味着人与人之间的自由竞争，会导致弱肉强食的现象。对此，李贽解释道：“强者弱之归，不归必并之；众者寡之附，不附即吞之。此天道也，虽圣人其能违天乎哉!”他把强凌弱、众吞寡的自由竞争看作“天道之常”，坚决反对以刑法禁止这种自由竞争，认为是“逆天道之常，反因材之笃”，是“拂人之性”，其结果必然会招来祸害。李贽肯定自由竞争的合理性，反映了明代后期资本主义生产关系的萌芽的客观要求和新兴市民阶层的意识。

根据“任物情”的个性说，李贽还重新解释了“礼”，认为“礼”的实质正在于“任物情”而使人“各获其愿有”。他说：“好恶从民之欲，而不以己之欲，是之谓‘礼’。”“礼”不是“拂人之性”的桎梏，而恰恰是因“物情”而使个性得以自由发展的治世方针。而“物情”各不相同，所以“礼”，“本是一个千变万化活泼之理”。这里，李贽与封建礼教之“礼”相对，而赋予“礼”一个新的道德内涵。在李贽看来，真正的“礼治”是因人而治，要“因乎人者恒顺于民”，要“因其政不易其俗，顺其性不弗其能”。只有这样，才能达到“至道无为，至治无声，至教无言”(《焚书》卷三)的理想政治。

在批判传统道德方面，李贽提出了“穿衣吃饭即是人伦物理”的伦理学。他在《答邓石阳》中说：“穿衣吃饭，即是人伦物理；除却穿衣吃饭，无伦物矣。世间种种皆衣与饭类耳，故举衣与饭而世间种种自然在其中，非衣饭之外更有所谓种种绝与百姓不相同者也。”这是对泰州学派所谓“百姓日用即道”的发挥，强调所谓“人伦物理”(即人与人的关系及自然现象的规则)就在“穿衣吃饭”之中。在穿衣吃饭这些“百姓日用”之外，并没有什么“道”或“理”。他肯定物质生活的重要，认为升官发财、追求富贵，也是自然合理的，应任其发展。他甚至认为人的贪欲和权势欲都应该予以满足。除了这些，对于有道德的人，还要给他一个空名，让人民瞻仰；对于有才能的人，要给他以重要职位，让他们随意用钱。这样，就能“各从所好，各骋所长，无一人之不中用”。这实际上否定了程朱理学“存天理，灭人欲”的思想纲领。

在义利关系上，李贽批判了董仲舒的观点。董仲舒主张“正其谊不谋其利，明其道不计其功”，同时又鼓吹“灾异谴告”说。李贽在《贾谊》中指出：“夫欲明灾异，是欲计利而避害也”，与“不计功谋云云”“自相矛盾矣”。他认为天下没有不计功利的人。他在《德业儒臣后论》中说：“夫欲正义，是利之也；若不谋利，不正可矣。吾道苟明，则吾之功毕矣；若不计功，道又何时而可明也?”所谓“正义明道”正是为了“谋利计功”，而若无利可谋、无功可计，也就不必正义、无法明道了。这实际上是“以利为义”，是一种片面的功利主义的价值观。

李贽建立在“人必有私”的人性论基础上的功利主义价值观，具有鲜明的时代特色。它反映了当时工商业者和市民阶层的价值意识，具有历史的进步性。

此外，作为“人必有私”的自然人性论的补充，李贽还提出了“童心说”。这是其人性论极具特色之处，并成为其批判道学和道学家虚伪品格的理论基础。他在《童心说》中说：“夫童心者，真心也。”“夫童心者，绝假纯真，最初一念之本心也。”李贽认为，人皆有本初的“童心”，“童心”是人的内心所本来具有的“真心”。进而，“护此童心者”就是“真人”，而发自“童心”之言，才是“有德之言”。他认为，“童心”不是来自耳闻目见和读书识理。相反，一切“闻见道理”都是童心的障碍。闻见道理是从“多读书识义理”而来，因此“读书识理”也都是“障其童心”的。他认为，如果“以闻见道理为心”，会使“童心失”。如此，其人就会成为“假人”：“盖其人既假，则无所不假矣。”李贽的“童心说”虽然承袭了阳明的“良知”说，但与阳明所谓的“良知”有所不同。良知以“义理”为内容，而李贽认为“义理”是障碍童心的。其提出“童心说”的目的，在于批判程朱理学(道学)和封建礼教。

当然，李贽的批判是不彻底的。他在《开国小序》中称朱元璋为“千万古之一帝”，并认为明朝是“仁义立国，爱民好贤”。他在《寄答留都》中说自己“未尝不言孝弟忠信”，并认为“忠以事君，敬以立国，委身以报主，忘私忘家又忘身，正是孝之大者”(《续焚书》卷二)。他甚至在《忠义水浒传序》中说“独宋公明者，身居水浒之中，心在朝廷之上，一意招安，专图报国”是“忠义之烈”等。这说明李贽还没有根本摆脱正统儒家思想的束缚，但这并不影响其反封建反传统的历史进步性。

最后，在世界观上，李贽反驳了程朱理学“理在气先”“理能生气”的观点，认为世界最初只有阴阳二气，并没有在阴阳二气之上的理。他在《夫妇篇总论》中说：“有天地然后有万物，然则天下万物皆生于两，不生于一，明矣。而又谓一能生二，理能生气，太极能生两仪，何欤？夫厥初生人，惟是阴阳二气，男女二命，初无所谓一与理也，而何太极之有？以今观之，所谓一者果何物，所谓理者果何在，所谓太极者果何所指也？”他否定了在万物之先有所谓的“一”“理”“太极”的存在，因而就否定了程朱理学的理论基础。

李贽晚年又受到禅宗思想的影响，认为所谓“人伦物理”都是“真空”的表现。他在《焚书》中说：“学者只宜于伦物上识真空，不当于伦物上辨伦物。”“真空”就是佛教所讲的最高精神本体。他还指出这个精神本体与事物现象相即不离的关系。他说：“若无山河大地，不成清静本原矣，故谓山河大地即清静本原可也。若无山河大地，则清静本原为顽空无用之物，为断灭空不能生化之物，非万物之母矣，可值半钱乎？”所谓“清静本原”就是“真空”，也是“妙明真心”。“吾之色身，洎外而山河，遍而大地，并所见之太虚空等，皆是吾妙明真心中一点物相耳。”这种思想与禅宗一脉相承。

1601年（万历二十九年），礼科给事中张问达上疏诬告李贽，明政府随即以“敢倡乱道，惑世诬民”的罪名，拿李贽下狱。李贽毫不畏惧，并严正声明：“我可杀不可去，我头可断而我身不可辱，是为的论，非难明者。”（《续焚书》卷一）此时李贽已重病缠身。据传当权者要将他遣回原籍，李贽说：“我年七十有六，死耳，何以归为？”1602年5月6日（万历三十年三月十五日），在狱中取剃刀自刭，次日死。李贽在遗诗中说：“志士不忘在沟壑，勇士不忘丧其元。我今不死更何待，愿将一命归黄泉。”这表现了他视死如归、威武不屈的崇高精神。

纪昀在《四库全书总目提要》中说，李贽“排击孔子，别立褒贬，凡千古相传之善恶，无不颠倒易位”。沈瓒在《近事丛残》中说：“李卓吾好为惊世骇俗之论，务反宋儒道学之说。其学以解脱直截为宗，少年高旷豪举之士，多乐慕之，后学如狂。不但儒教防溃，而释氏绳检亦多屑弃。”这反映了李贽的“异端”思想在当时思想斗争中的巨大影响和作用。

李贽“颠倒千万世之是非”的怀疑批判精神，具有鲜明的反传统色彩。他冲击了迂腐的纲常礼教，推动了人们思想的解放，具有深刻的启蒙意义。他的“异端”思想不仅在当时影响巨大，明末也曾“盛行其书”，后来“五四”时期“打倒孔家店”的急先锋吴虞还特写《明李卓吾评传》，颂扬李贽“宁可玉碎兰摧，留英灵之浩气”的战斗精神。李贽在思想史上的地位由此可见一斑。

（涂明传）

# 27. 东林党祸

1594年(万历二十二年)，明朝吏部文选司郎中顾宪成被削去了官籍，返回故乡无锡。他和弟弟顾允成一道倡议修复了无锡城东的东林书院。这所书院原本是宋儒杨时创立的，杨时是宋代大儒程颢、程颐两兄弟的门徒，是“二程学说”的正宗嫡传。后来的另一位宋代大儒朱熹则是杨时的弟子。顾宪成重修东林书院的时候，十分明确地宣布他是讲程朱理学的，也就是说，他是继承杨时衣钵的。

东林书院落成之后，顾宪成与志同道合的高攀龙、钱一本、薛敷教、史孟麟、于孔兼等人讲学其中，来听讲求学的人称顾宪成为泾阳先生，后来也有人称他为东林先生。当时，不少怀抱道义而不被当政者所接纳的士大夫退归林野，东林书院的重建让他们找到了知音，因此都争相前来，使得“学舍至不能容”。顾宪成常说：“当京官不忠心事主，当地方官不志在民生，隐求乡里不讲正义，不配称为君子。”他的这些观点得到同志者的响应。讲学之余，他们聚在一起议论朝政，褒贬品评执政的大臣。用“君子”和“小人”去区别政治上的正邪两派。这样一来，朝中的一些官员，如孙丕扬、邹元标、赵南星等人，也与东林书院遥相应和、互通声气。他们怀着忧国忧民的意识，意在有所作为，就形成了一股不容忽视的政治势力，与他们唱反调的那一派称他们为“东林党”。东林党人号称“清流”，影响着天下的舆论。

当时，神宗长时间不上朝理政，久居深宫，“每夕必饮，每饮必醉，每醉必怒”，身边的侍者办事稍不称意就“辄毙杖下”，且穷奢极欲，把大批太监派作“矿监税使”前往各地横征暴敛，以致民怨沸腾。神宗长期不理朝政，使在职的官吏无法得到升迁，空缺的职位难以及时补充。朝政最为混乱时，六部的尚书只有一位，都御史十年不补。为了增置不足的内阁大臣，首辅大臣竟然上了一百多道奏章请求。这样一来，就助长了朝野上下的派别纷争。

与东林党政见不合的是内阁大臣王锡爵、沈一贯和方从哲等人，他们被称为“浙党”。另外还有“秦党”“齐党”“楚党”“宣党”，都是以首领的籍贯命名的。“秦党”的政见与“东林党”相吻合，其他各“党”都与“浙党”声气相通，党争之风甚嚣尘上。

东林党人往往不畏强权，为民请命，大胆弹劾朝中权贵，反对“矿监税使”，甚至敢于冒犯“龙颜”。李三才任职凤阳巡抚期间，曾经查抄了太监陈增的爪牙程守训的几十万赃款及大量的奇珍异宝，并将程守训依法治罪。他还在1599年(万历二十七年)和1600年，多次上疏，陈述矿税的弊害。1602年(万历三十年)和1603年，他又一再上疏反对矿税，并且提议修浚河渠、建筑水闸、防范水旱，这些主张非但没有被采纳，反而被罚了5个月的俸禄。陕西巡抚余懋衡、咸宁知县满朝荐直接参与了陕西反税监梁永的斗争，受到市民阶层的拥戴，为此，满朝荐被捕，下诏狱长达六年。襄阳推官何栋如支持湖广地区市民反对税监陈奉的斗争，也获罪下狱。东林党中主张反矿监税使者众多，仅就《明神宗实录》《明史》《东林列传》的统计就达数十人。

对于后妃干政和宦官专权，东林党人始终反对，削职获罪也在所不惜。在“争国本”事件和以后发生的“三案”中，东林党人都从维护皇权的立场出发，坚持反对郑贵妃、李选侍干政，公开抨击危害皇太子、皇帝的行为。

“争国本”是明万历年间围绕皇位继承权问题展开的争论，国本就是太子。明神宗时皇后无子，王恭妃于1582年(万历十年)生皇长子朱常洛，郑贵妃于1586年(万历十四年)生朱常洵，也就是后来的福王。但是神宗宠爱郑贵妃，想立朱常洵，于是迁延不立太子。朝臣多次上书请立国本，都被神宗拒绝。因此，国本之议从1586年到1601年，长达十五年。其间内阁首辅申时行虚与委蛇，“阳附群臣之议以请立，而阴缓其事以内交”。另一位内阁大学士王锡爵则主张“三王并封”，也就是将皇长子朱常洛、三子朱常洵、五子朱常浩一并封王，俟后择其善者立为太子，实际上是迎合神宗不立太子的主张。顾宪成、于孔兼、姜应麟、钱一本等东林党人在当时主张早立太子，并抨击申时行“恐失主眷，不能匡救”，王锡爵“负国误君”。1601年(万历二十九年)，在李太后的干预下，长子朱常洛才被立为太子，同时封朱常洵为福王。但是福王从被封到就国，中间长达十三年，其间一直久居京城，在郑贵妃的支持下对太子构成了巨大的威胁。东林党人叶向高等人又“争福王之国”，最后还是在李太后的干预下，福王才离京就国。福王就国不久，方从哲为内阁首辅，浙党、齐党、楚党当政，刚刚缓和下来的皇族内部矛盾，又尖锐起来，此后接连发生了“三案”。

“三案”是明代晚期宫廷中发生的梃击、红丸、移宫三起政治案件的总称，是万历末年以后最高统治集团内部争夺权力激烈斗争的反映。

梃击案：明神宗时，郑贵妃得宠，想立其子朱常洵为太子，未成。1615年(万历四十三年)，有一男子手持枣木棍，闯入太子朱常洛所居之慈庆宫，被内监捉获。经审问，此人自称是蓟州村民张差，刑部本想以疯癫定罪，但在刑部司官复审中，张差供认系受郑贵妃宫中太监庞保、刘成指使，于是朝臣怀疑郑贵妃欲谋杀太子，以扶立福王。郑贵妃向太子极力否认。后神宗下令磔张差于市，杀庞保、刘成于内廷了事。

红丸案：1620年(万历四十八年)，明神宗驾崩，8月，光宗即位。不久，光宗患病。内医崔文昇进药，病情加重。鸿胪寺丞李可灼诊病后进一红丸，光宗用药后称稍有好转，李可灼又进献红丸一枚，光宗服后即去世。朝中认为李可灼误下毒，但首辅方从哲却拟旨赏赐李可灼。于是议者蜂起，指责方从哲曲庇，崔文昇杀君，称背后主谋为郑贵妃。最后，崔文昇被发遣南京，李可灼也被遣戍边地。

移宫案：光宗死后，皇长子朱由校熹宗当立。抚育他的李选侍与心腹太监李进忠(即魏忠贤)密谋，企图挟皇长子据乾清宫，以操纵朝政。给事中杨涟、御史左光斗等获知后，入宫拥皇太子登舆，至文华殿，转移入慈庆宫。两日后迫使李选侍从乾清宫迁至哕鸾宫，并拥朱由校即位。

因主梃击、红丸、移宫三案的代表人物王之寀、孙慎行、邹元标、杨涟、左光斗等均系东林党人，故天启初魏忠贤专权后全面翻案，与东林党对立的齐、楚、浙诸党官僚尽附魏忠贤，结成阉党，怂恿魏忠贤汇集三案谕旨及争执之词，撰成《三朝要典》，企图一网打尽东林党人，三案遂成为魏忠贤杀人的口实，所以有三大案之名。

整顿吏治是东林党人活动的一项重要内容，在这一方面，他们有颇多论述。他们首先希望皇帝能够亲政，重振纲纪。赵南星说：“纪纲者，总领人群之名也。故曰：一引其纲，万目皆张，一引其纪，万目皆起。”其次，要求大臣们作出表率。邹元标说：“民生不遂，由官纪不清。小臣不廉，由大臣不法。”周宗建也说："臣惟大臣者，小臣之表也。大臣公则小臣自不敢以私见，大臣正则小臣自不敢以私干，大臣刚则小臣自不敢优游取适，大臣高尚自矢则小臣自不敢耽恋求容。"再次，主张任用干济之才。1609年(万历三十七年)，顾宪成等推荐李三才入阁，同年4月孙丕扬任吏部尚书，先后举荐吕坤、邹元标、顾宪成、赵南星、高攀龙等东林党人。最后，东林党人还在"京察大计"中力图整肃吏治。

"京察"和"外察"是对官吏进行考核的两种制度。"京察"是考察在京任职的官员，每六年一次；"外察"是考核在地方上任职的官吏，每三年一次。一般是趁外官来京师朝见皇帝时给以考察。"京察"是根据官员的政绩、品行来决定升迁、降调或罢官等奖惩。若是"京察"中被罢了官，就将终身不再起用。

1593年(万历二十一年)的京察，主持者是吏部尚书孙考功、郎中赵南星和左都御史李世达，他们都以正直不徇私情而闻名。文选员外郎吕胤昌是孙考功的外甥，都给事中王三余是赵南星的亲戚，都因考评不佳被罢黜。东林党也借此机会罢黜了一些与内阁大臣交往很深的官员。到了1605年(万历三十三年)，主持"京察大计"的是东林党人都御史温纯和吏部侍郎杨时乔，把浙党官员钱梦皋、钟兆斗等人贬谪了。但南京的"京察大计"主持者则是齐、楚、浙党主持，他们借机斥逐东林党的官员。到了1617年(万历四十五年)，浙党首领又当上了内阁首辅，这一年的"京察大计"，东林党人受到了很大的打击。这样一来，就形成了一种朋党混争的局面，东林党人的政治主张也和他们排除异己的动机纠缠不清了，给攻击他们的人制造了口实。

东林党的全盛阶段是在明熹宗天启后期，这一时期也是东林党与阉党斗争最为激烈残酷的时期。此时，阉党首领魏忠贤勾结熹宗的乳母客氏乱政。很多非东林党人投靠他们，形成阉党。根据以后附逆案获罪统计，阉党成员多达三百二十余人。1624年(天启四年)正月，东林党人杨涟上书弹劾魏忠贤二十四条大罪拉开了东林党对抗阉党斗争的大幕。

阉党对东林党迫害手段很多，首先是毁掉了很多在地方上宣讲东林党人思想的书院。其次是开列黑名单，著名的《东林点将录》罗列东林党人一百零八人，并冠以《水浒传》中梁山好汉的绰号。《东林同志录》列三百一十九人，《盗柄东林伙》列三百九十三人。1626年(天启六年)向全国各省颁布的东林党人榜，上榜者三百零九人，生者削籍，死者夺官，许多人因此受害，他们大多是反对税监和阉党的义士。再次是陷害东林党人，将其逮入锦衣卫的监狱内迫害致死。1625年(天启五年)，阉党赴福建湖广等地逮捕了杨涟、左光斗、魏大中、周朝瑞、顾大章、袁化中。1626年(天启六年)，又逮捕了周起元、高攀龙、周宗建、缪昌期、周顺昌、黄尊素、李应升等七人，这些人都惨死狱中。

由于东林党人在万历年间激烈地反对税监，支持市民的抗税监斗争，取得了市民阶层的信任，得到市民的拥戴。在天启年间，东林党受到阉党迫害的时候，市民奋起保护东林党人，打击阉党爪牙。在1626年(天启六年)逮捕周顺昌等人时，就爆发了规模较大的"民变"。1626年春，苏州市民万余人，以颜佩韦、周文元、杨念如、马杰、杨沈等五人为首，于闹市击毙阉党缇骑两人，声称要为周顺昌申冤，这就是历史上的"开读之变"。

东林党人活动的最后阶段是在崇祯年间。这一时期的东林党人及其后人组建复社，力图挽救危亡的明王朝，肃清阉党余孽。阉党称这些人为"东林余孽"，这些人则自称"小东林"。复社与东林党并不完全相同，东林党限于被罢黜的官员和一部分在朝官员，最多不过三百余人，而复社成员多为年轻人，包括大量生员。他们的领袖是张溥、张采。成员先后共计两千多人，声势遍及海内。他们大多怀着饱满的政治热情，以宗经复古、切实尚用相号召，切磋学问，砥砺品行，反对空谈，密切关注社会人生，并实际地参加政治斗争。该社先后三次举行大会，即尹山大会、金陵大会、虎丘大会，其中虎丘大会，与会者达数千人，一时复社名声大噪。张溥、张采等人利用其影响可以干预科举考试、地方行政甚至内阁首辅的更迭，成为一支重要的政治势力。崇祯末年，复社拥周延儒入阁，并使其实现自己的政治主张，朝政为之一清。但复社成员也遭到阉党余孽和其他政治派别的攻击。清兵南下之后陈子龙等复社成员多参与抗清斗争。南明弘光年间，权臣马士英等大肆迫害复社成员，致使陈贞慧被捕，侯朝宗、黄宗羲逃亡，复社从此一蹶不振。

（李晓溪）

# 28. 朱载堉的科学成就

朱载堉，字伯勤，号句曲山人，曾用名狂生、山阳酒狂仙客等，明代的乐律学家、历算家，“十二平均律”的首创者。他的乐律理论广泛应用于世界各国的键盘乐器上，包括钢琴等，因此被后人誉为“钢琴理论的鼻祖”。除了精通乐律外，朱载堉还通晓舞学、数学、天文历法等，被西方学者赞誉为“东方百科艺术全书式的人物”。

1536年(明嘉靖十五年)，朱载堉出生在位于今河南省沁阳市城区的明郑恭王府，是郑恭王朱厚烷的嫡子、明太祖朱元璋的九世孙。特殊的家庭出身和社会地位给朱载堉的人生道路带来的影响具有两重性：一方面显赫的家世、优裕的物质和文化环境使他具有充足的条件得以从事自己喜欢的乐律等学习研究；另一方面，明朝特殊的政治状况对朱载堉影响至深，虽有安邦济世的抱负，但也只能在乐律、数历的钻研中郁郁寡欢地度过一生。

对朱载堉一生成长、人生道路起决定性影响的事件是，其父郑恭王朱厚烷因上书规谏嘉靖皇帝，触犯帝怒，族叔佑禧夺爵心切趁机诬告朱厚烷叛逆。明世宗削朱厚烷爵位，并将其禁锢于安徽凤阳。朱厚烷遭此劫难的起因虽然是族叔告发，但其根本原因是明朝宫廷政治斗争的牺牲品。这一年是1550年(嘉靖二十九年)，朱载堉年仅十五岁。《明史》中有记载，朱载堉在父亲蒙罪禁锢后，在宫外修筑土屋，席藁独居了十九年，直到父亲回府他才入宫。这十九年，是朱载堉由十五岁到三十三岁，从少年成长为壮年的时期，也是其心理、学识、见解逐渐成熟的年龄段。在这个时期受父亲事件的影响，朱载堉对社会和人生的看法也显现着两重性：一方面他潜心于乐律、数历的学习，于1560年(嘉靖三十九年)完成音乐学著作《琴瑟》(时年二十四岁)，另一方面他在书序中自称“狂生”，署名“山阳酒狂仙客”，这些名字说明了他当时激愤不平的心情。朱载堉恢复世子身份还宫后，仍继续潜心于“志之所好，乐而忘倦”的乐律、数历的钻研。他从1560年的《琴瑟》成书至1581年二十余年时间内完成了《律学新说》、《律吕精义》、《乐学新说》、《算学新说》、《律历融通》(附《音义》一卷)、《操缦古乐谱》、《旋宫和乐谱》、《乡饮诗乐谱》、《六代小舞谱》等著作。这些著作包含了朱载堉基本的学术成就和对乐律学的重大贡献。

朱载堉在父亲死后十五年内曾七次上疏，让爵位给当年诬告父亲的佑禧之孙。这一让爵行动与其家族内的倾轧斗争相关，也反映了朱载堉对政治黑暗、世态炎凉的失望和灰心。从青年时代独居土屋自称狂生、酒狂仙客到老年时自称道人，隐居精舍，可见朱载堉心态发生了很大的变化。1606年(万历三十四年)，明神宗批准了朱载堉的上疏，将王爵让给了载玺，朱载堉时年七十岁。明神宗并为此敕建造了玉音坊。在让爵的过程中，朱载堉为了献书朝廷供纂修本朝正史之用，着手重校自己的著作，完成了《乐律全书》的雕版刻印工作，撰写了《进律书奏疏》。让爵之后，朱载堉迁居河南怀庆府城外，基本上过着隐居著书的生活，从1606年到1611年去世，撰有《嘉量算经》《律吕正论》《律吕质疑辨惑》三书。

晚明社会是一个思想文化急剧变化的时代，各个领域都开始全面的总结和历史的批判。可以说，晚明时期是中国古代社会一次内容丰富、形式多样、思想斗争激烈、学人思想相对自由的文化变革时期。因此，处在这一时期的朱载堉，在他的学术活动中也充分体现了“百科全书式”的时代特点。朱载堉数十年的钻研活动涉及了音乐、天文历法、数学、舞学、文学创作等诸多领域，可谓一本“百科全书”。

朱载堉在音乐方面的研究相当广泛，对乐理和律制、乐器的制作和考证、作曲、记谱及音乐的教学等都进行了大量的研究和实践。可以说，朱载堉在中国乐律学史上是一位集大成者，同时也是一位具有划时代创造性成就的重要人物。他最先把乐律学理论系统明确地划分为乐学与律学两大部门；他是在中国音乐史上明确提出音乐教学法问题与有量记谱法的先行者；他对雅乐乐器与民间乐器从制作到演奏法的研究，以及亲自为民间乐曲精确记谱留下的材料，都说明他是一位密切注意结合音乐艺术实践的学者。朱载堉更重要的学术贡献则集中于律学领域，他不但系统地总结了中国传统律学涉及计量学、旋宫法、生律法与正律器诸方面的全面经验，而且在世界范围内领先提出了十二平均律的等比数列原则，以及物理声学上解决管口误差问题的“异径管律”方法，这就是他自称“新法密率”的十二平均律。这两大贡献除了音乐史本身的意义外，在世界物理学史上也都是16世纪声学的重大成就。

新法密率的诞生彻底解决了中国律学史上自先秦以来的、探索十二律旋宫问题的所有矛盾。先秦兼用三分损益与纯律三度生律法的正、变各律，京房、钱乐之等在三分损益法的基础上广泛使用变律，都不能最简捷地解决旋宫问题，也不能毫无误差地解决“黄钟”律往而不返的问题。何承天、刘焯、王朴等倾向于平均律的律制，也克服不了旋宫过程中音阶各音级间出现的误差。朱载堉总结了前人在律制研究方面的成败得失，系统地提出了十二平均律的理论和具体算法，并将在弦乐中得出的新法密率，将管口校正的科学方法应用于律管上，从而使得十二平均律的理论得到了系统的表达，解决了乐器演奏和作曲过程中所必然遇到而前人从未彻底解决的历史难题。朱载堉的新法密率，取黄钟倍律与黄钟正律的弦长为2∶1的关系，采用等比数列，使十二律任何相邻二律之间的弦长比都成相同的比率，任一律的高低八度之间，亦成倍半关系。这不但解决了“黄钟”律往而不返的问题，也使任何调高上的音阶各级之间达到了音程关系的完全一致。

朱载堉所创建的十二平均律无论在理论成果上，还是在计算方法上都是领先于世界水平的。他的这一成就的根本原则及其计算方法的设计工作，应该不迟于16世纪70年代，或根据1581年(万历九年)其作序的《律历融通》等材料中出现的有关精确数据可断定其最下时限。中国律学在春秋时代已经系统地奠定了律学理论的基础，经历一千余年的探索而出现十二平均律的创造，不仅是律学本身发展的必然结果，也是在音乐文化的发展中，宋、元以来戏曲音乐兴起，市民音乐生活渐有发展，职业艺人走码头活动频繁等诸种因素要求乐器、乐律相应发展的必然结果。与此同时，欧洲音乐文化也出现了大体相同的历史要求。中、外先后提出了十二平均律的理论(荷兰数学家斯特芬在西方音乐史中第一次提出以122作为平均律等比数列公比)，逐渐应用于键盘乐器的调律，如钢琴、风琴乐器，定音乐器竖琴、钟琴、木琴等。由于自由转调有可能借十二平均律得以实现，也为近代的音乐技术理论奠定了充足发展的基础。新法密率即十二平均律的理论一经出现，就为世界音乐文化的发展作出了难以估计的贡献。朱载堉的另一重要成就——“异径管律”的首创，无论在中国律学发展史上，还是在世界物理声学发展史上都是重大事件。朱载堉继承了京房以来的以弦律为主的传统，同时对管律作了重大改革。他的十二律管长与弦律数据用了相同比率，但却别寻途径实现了管口校正，利用不同的管径来缩小空气柱，弥补空气柱与管长之间矛盾所造成的误差。

在十二平均律的钻研过程中，朱载堉对乐器的发生过程作了研究分析，正确指出影响弦乐器和管乐器发音的几个要素：弦长、弦质及其粗细，管长、簧片、管径，并对乐器的共振现象作了研究和正确的阐述，提出了旁合和正合的和声概念，界定了纯八度和声与纯五度和声的概念。他还在具体的乐器中作了和声应用的说明，“筝弦隔六为正合，隔三隔四为旁和”，并在乐器的演奏中验证和声现象及声学效应。朱载堉一方面从音乐演奏的实践中看到历代沿用的三分损益律不能解决旋宫转调的问题，悟出了创建十二平均律的思路；另一方面也从乐器的制造中实际验证了自己所创建的十二平均律。他在《律学新说》中记录了自己制造的定律器，并详细列出了十二徽位在十二弦上的空弦散音和按音。这种定律器实际上是建立在十二平均律的基础上，可以实际进行演奏的一种新的弦乐器。

总之，十二平均律的创建和实践是朱载堉音乐研究活动的中心，他用“旋宫法拟造新谱”的作曲实践包括三个方面的内容：一是系统地用旋宫法创作成套可实际演奏的乐谱，采用各种谱式，诸如琴谱、公尺谱、瑟谱、总谱形式的“合乐谱”等，是十二平均律付诸音乐实践的一种探索和努力；二是设计了集中“旋宫图”的直观教具，通过音乐教学使十二平均律在音乐教学的实践过程中为人认识和了解；三是用精确的记谱方式，将以十二平均律为指导创作各种曲谱，用特定的符号系统将其记录下来。这样用旋宫法创作的新谱才能为社会接受、流传、积累和继承提供丰富的条件。

除了音乐方面的重大贡献之外，朱载堉在天文历法方面也取得了很大成就。朱载堉在天文历法方面的研究和分析花费了很多的精力和心血，其研究成果集中在他的《历学新说》一书中，包括了《律历融通》四卷（包括《黄钟历》二卷、《黄钟历议》二卷）、《圣寿万年历》二卷、《万年历备考》三卷（包括《诸历冬至考》《二至晷景考》和《古今交食》各一卷）及《进历书奏疏》和《上进表》二文。

从明初到万历年间的200年中，曾发现过多次大统历预报与实际天象不符合的情况。这种状况促使朝野人士十分关注天文历法的研究，要求改革历法，出现了许多杰出的天文学家和天文历法著作。当时对天文历法的改革有两条途径：一是以中国传统天文学的模型观点和计算方法，对一些与历法相关的天文数值和计算进行修正，这是修历改历的基础；二是以西方天文学关于行星运动的模型观点为指导，应用西方几何学、球面和平面三角学的加算方法，以及西方传入的各种观察仪器、量度制度，引进一些较为精确的天文数据，编纂新的历法。这两派的学者都加入了晚明修改历法的工作中。朱载堉是前一派学者的主要代表，他的《圣寿万年历》也是主要代表作。朱载堉的修历是针对当时沿用的大统历，他虽然没有通读大统历，但对其中关于节气、闰月、月朔日、月交食、岁差等概念是非常了解的。修历是否被社会认可，归根结底看其历面与天象、二十四节气是否相符合，这涉及回归年长度、朔望月长度的确定，这也决定了岁差的多少和闰月的置定。另外，还要看历法预测交食周期的准确性。《明史》记载关于传统天文法和西洋天文法在历法上谁精谁疏的争论时，认为历法的疏密都表现于交食的判定之中，要修历必须要重视实际的验证。而关于这些，朱载堉在回归年长度的研究和日、月食计算时关于时差的订正都有其贡献。

明朝运用的大统历，只是将郭守敬的《授时历》作了一些次要变动。朱载堉看到了大统历与《授时历》关于回归年长度古今消长的差别，从两者在回归年长度的计算方法的差异发现了问题，并作了比较分析研究，提出了自己的见解，即结合两部历法关于每年岁余计算的差别，斟酌取其中数作为新率。朱载堉关于每年岁余约取中数，作为计算回归年长度的新法，是因为他认为“阴阳消长之理”都是渐渐累积的，而《授时历》无论是上考往古，还是下求将来都是“加一分”，由于岁余计算太过于粗略，因此历面与历史上的计时、天象实际不符合。他举例说明了《授时历》由于岁余计算的失误而导致回归年长度古今变化的错误，并且于分析比较中论述了自己的计算新法，分别加以验证。在《黄钟历》和《圣寿万年历》中，朱载堉根据岁余的比较分析，确定了岁余的新值，从而建立了回归年长度古今变化的新公式。1986 年，专家们用现代高科技的测量手段对朱载堉关于 1554 年和 1581 年这两年的计算结果进行了验证。结果验证发现，朱载堉计算的 1554 年的长度值与我们今天计算的仅差 17 秒钟，1581 年差 21 秒钟。由于《黄钟历》和《圣寿万年历》对回归年长度及其古今变化作了新的调整，这对许多历法问题，诸如历元年的回归年长度值、冬至时刻和五星近日点黄经及其进动值等问题的计算精确度都产生了很大影响。

朱载堉在《圣寿万年历》中对计算日食和月食是否应作时差订正的认识也有其独到之处。他指出，由于视差引起月球视轨道和真轨道不一致，所以计算日食的时候，应作时差订正。而月食由于月球进入地影，太阳光被地球挡住，射不到月面，视差在此并不起作用，所以计算月食时不应有时差的订正。并且，他还进一步用实验模拟的方法说明月食不应有时差的道理。

数学研究也是朱载堉进行的一项重要的学术研究，其主要成就都集中于著作《算学新说》一书中。朱载堉关于数学的研究是与他乐律的研究紧密相关的，为他的乐律研究提供了一种有效的计算方法。

朱载堉是用数学表达式来表述他的十二平均律理论的，在一个八度音程内，十二平均律的各个音高值构成一个以 122 为公比的等比数列，他用珠算的方法解决了这个公比值的计算。朱载堉虽然没有从求等比数列通项公式的途径着手研究等比数列的求解方法，但是他从求解等比中项，以及在四项构成的等比数列中，已知首项、末项、公比的情况下求解第二项和第三项的值。这两种方法解决了求解等比数列任意一项的问题，具有重要的意义。对于这两种求解方法，朱载堉同时也是用实例求解计算的方法表达出来的。由于朱载堉在数学计算这两个方面的成就，即珠算开方的运算方法和求解等比数列的方法，最终使他的十二平均律不仅在理论上，而且在实践应用上确立起来，成为一种可以通过确定的数学关系式表达和可用精确的数值来验证的科学理论。

朱载堉一生科学成就丰厚，在乐学、律学、历学、算学等领域硕果累累。其中最为突出的是他在律学方面的成就。他研究了大量的资料，总结了前人的经验与教训，进行了前所未有的艰苦试验与计算，最终在摸索中尝试将勾股开方运用于律学领域，以求解各律“密率”，划时代地发现了其计算原理，使十二平均律得以实现。朱载堉在世界历史上第一个解决了两千多年来音乐研究所追求的实现旋宫转调的理论难题。此外，他还研编新历，发明珠算开方与等比数列求解，汇编舞谱，等等。在他流传下来的著作中，世人可以深刻体会到他博大精深的学术造诣和严谨的科学精神。

（王丹丹）

# 29. 郑成功收复台湾

郑成功(1624—1662年)，我国明末清初著名的民族英雄，原名郑森，又名福松，字明俨，又字大木，籍贯福建南安，生于日本长崎平户。1630年(崇祯三年)回国，接受传统的儒家教育。他15岁中秀才，22岁进入南京太学。其父郑芝龙，是南明隆武朝"建安伯"，曾组织向台湾移民，积极开发台湾岛。1645年(顺治二年)，21岁的郑成功在福州受到隆武帝朱聿键的召见，颇受赏识，被赐国姓(朱)，改名成功，因此中外尊称他为"国姓爷"。1653年(顺治十年)，南明永历帝(朱由榔)又封他为"延平郡王"。

台湾是中国第一大岛屿，三国时称"夷州"，隋唐宋元称"流求"。岛上土地肥沃，物产丰富。三国时，吴国曾派人到达台湾。以后，又有很多汉人迁入，和当地人民一道开发台湾。宋、元时，曾在台湾建立行政机构(南宋遣兵屯戍澎湖，元代设立澎湖巡检司)。1624年(天启四年)，荷兰殖民主义者侵入台湾，对岛上居民进行残酷的掠夺和野蛮的殖民统治，激起中国人民的无比愤怒。郑成功收复台湾，就是在这样的时代背景下进行的。

1622年(天启二年)，荷兰殖民者派军舰到台湾勘测港口。1623年(天启三年)又派人到台湾探察情况，并在大员湾建造临时城堡，因遭到当地居民袭击而被迫放弃。1624年(天启四年)，他们在大员湾外侧的一个名叫第一鲲身的小沙丘上建筑城堡，取名为热兰遮城(记载称台湾城，在今安平)，接着又在赤嵌地区建造了另一座城堡，取名普罗文查城(记载称赤嵌城，在今台南)。1635—1636年(崇祯八年至九年)，荷兰殖民者武力征服了大员附近和台南地区。1641年(崇祯十四年)，征服了台湾中部，并出兵逐走占据鸡笼、淡水的西班牙人，控制了台湾北部沿海地区。1642—1645年(崇祯十五年至清顺治二年)，荷兰人最终控制了台湾东部平原地区。从1624年(天启四年)荷兰殖民者侵入台湾，到1662年(康熙元年)郑成功收复台湾，荷兰殖民者在台湾进行了38年的殖民统治，对台湾同胞进行了残酷的殖民压迫和经济掠夺。

1644年(崇祯十七年，顺治元年)，清兵入关，建立了清王朝。1645年(顺治二年)，明皇子朱聿键又在福建登基，改元隆武，史称南明隆武皇帝，与清朝对抗。1646年(顺治三年，南明隆武二年)，清军南下，郑成功的父亲郑芝龙归顺了清王朝。而郑成功却与其父反目，继续反清复明。在反清复明无望的情况下，郑成功决心收复台湾，以作反清复明的根据地。他认为，"附近无可措足，惟台湾一地离此不远，暂取之，并可以连金、厦而抚诸岛"。然后，"广通外国，训练士卒，进则可战而复中原之地，退则可守而无内顾之忧"。于是，郑成功作出"亲征"台湾的重大决策。

1647年(顺治四年，南明永历元年)，郑成功在烈屿(今小金门)起兵，3年后夺取厦门。1654年(顺治十一年，南明永历八年)，郑成功下令全面封锁台湾海峡，禁止所有大陆商船开往台湾，从经济上对台湾造成压力，使荷兰人在台湾无利可图，无法立足。

1659年(顺治十六年，南明永历十三年)，郑成功与张煌言合兵大举北伐，中了清军诈降之计，在南京城下大败。这一战之后，清政府基本统一全国，而全国的抗清斗争也走向低谷。郑成功与清王朝的斗争，面临一种新的、更加严峻的形势。与此同时，盘踞台湾的荷兰殖民者不断在台湾岛内增加兵力，修筑城堡和严密监视人民，在台湾海面上公然任意截捕郑氏商船，搜查大陆去台船只，并扬言将采取有效措施来破坏郑成功维持士兵军饷的商业活动。在这种艰难的情况下，郑成功决心赶走荷兰殖民者，收复祖国神圣领土台湾。他说，台湾"田园万顷，沃野千里，造船制品，吾民麟集"。"我欲平克台湾，以为根本之地，安顿将领家眷，然后东征西讨，无内顾之忧，并可生聚教训也。"1661年(顺治十八年)春，留在台湾的郑成功的旧部何斌，多次来到厦门，将台湾岛内各方面情况详细告诉了郑成功。他把亲手绘制的一张有关台湾港口、航道、荷兰兵力分布及炮台布置的军事地图交给郑成功，还详细讲述了攻台的有关军事事项，连郑军登台的港口等都作了周密的安排说明。这为郑成功在军事上的决策提供了重要依据。

1661年(顺治十八年)正月，清世祖顺治帝去世。郑成功认为这是收复台湾的大好时机，马上在厦门召开军事会议，进行周密部署，把筹划多年的复台大计付诸实施。随后，郑成功从厦门移师金门，具体部署征台军力。同时对台湾荷军虚与怀柔，麻痹其斗志。

1661年4月21日(顺治十八年三月二十三日)中午，郑成功率领大军25000人，分乘400余艘船只从金门料罗湾出发，次日抵达澎湖。1661年4月25日，郑成功率军驶抵柑橘屿(今东吉屿、西吉屿)海面时，突然刮起风暴，只好返回澎湖。根据郑成功事先的调查，要顺利进入鹿耳门，必须利用每月初一日和十六日的大潮，若错过时机，就要向后推迟半个月。在这种情况下，郑成功当机立断，决定进行强渡。一些将领鉴于风大浪险，力劝郑成功不要贸然从事，要求暂缓开航。郑成功果断地说："冰坚可渡，天意有在。不然，官兵岂堪坐困斯岛受饿也。"于是，他下令立即起碇开船。1661年4月29日(顺治十八年四月一日)晚，郑成功座舰竖起了"大明招讨大将军"的大旗，亲自率船队冒着暴风雨横渡海峡。郑成功先换乘小船，由鹿耳门登上北线尾，踏看地形，并派出精良的潜水健儿进入台江内海，侦查荷军情况。荷兰侵略军听说郑成功要进攻台湾，十分惊恐。他们把军队集中在台湾(今台湾安平地区)、赤嵌(今台南)两座城堡，还在港口沉破船阻止郑成功船队登岸。台湾城(热兰遮城)中有荷军两千余人，由荷兰驻台长官揆一驻守。赤嵌城(普罗文查城)有荷军司令描难实叮率六百余人据守。

1661年4月30日(顺治十八年四月二日)中午，鹿耳门海潮大涨，郑成功命令众将士按图迂回而进。郑军大小战舰顺利通过鹿耳门后，立即兵分两路：一路登上北线尾，一路驶入台江，准备在禾寮港登陆。台湾城中的荷军原以为中国船队必从南航道驶入，忙于用大炮拦截，未料到郑成功却躲开了火力，船队从鹿耳门驶入台江，在大炮射程之外。荷兰侵略者面对浩浩荡荡的郑军船队，"骇为兵自天降"，顿时束手无策。

台湾民众中，很多人是当年郑芝龙组织到台湾的移民及其后裔，他们对郑军有着相当的亲切感。从登陆开始，受尽殖民强盗奴役迫害的台湾汉族和高山族人民，箪食壶浆，欢迎郑军的到来。人们争先恐后地拿出货车、扁担、箩筐等运输工具，帮助运送物资，配合郑军的"户都事"(粮官)搜查敌人在各乡社的仓库，并捐献粮食。他们引导郑军，占领险要地势，尽最大力量支援郑军。很多人拿起武器，参加到与荷兰人的战斗中。

郑军从禾寮港登陆扎营后，即遭到赤嵌城荷军的炮击。同时，荷军又放火焚烧马厩、粟仓。郑成功“恐被焚烧粮粟”，派杨英等率军前往看守堵御。接着，郑成功调整了部署：命令左虎卫王大雄、右虎卫陈蟒率领统船控制鹿耳门海口，以便接应第二梯队登陆；令宣教前镇陈泽率兵防守北线尾一带，以保障主力侧后安全，并置台湾城荷军于腹背受敌的境地，另派兵一部监视台江江面，切断赤嵌城与台湾城的联系，为从海、陆两面打败荷兰侵略军的反扑做好了准备。

1661年5月1日(顺治十八年四月三日)，郑军的士兵在赤嵌城外抓到了描难实叮的弟弟和弟媳。郑成功对他们讲明利害，令其回城，劝说描难实叮投降。接着，又派部将杨朝栋和翻译吴迈、李仲前往劝降，表示绝对不会伤害他们，并允许荷兰人带走自己的财产。同日，郑成功分别致函台湾城和赤嵌城的荷兰殖民军长官揆一和描难实叮，倡议用友好和平的谈判方式交还台湾，但荷兰殖民者依仗着他们的精良武器、高大船舰和素有战斗经验的侵略军，拒绝了郑成功的要求，集中兵力，分水陆两路向郑军发动进攻。

海战方面，荷兰海军以仅有的两艘战舰和两艘小艇阻击郑军。荷军战舰船体很大，设备先进。但荷兰舰队在浅水处行动笨拙，而郑成功的小型战船却转动灵活。郑成功以60艘大型帆船包围荷兰战舰，荷舰“赫克托”号首先开炮，其他战舰也跟着开火，郑军水师在镇将陈广和陈冲的指挥下，个个奋勇争先。经过激烈战斗，“赫克托”号被击沉。其他战舰企图逃跑，又被郑军舰船紧紧包围。郑军用五六只大帆船尾追“格拉弗兰”号和“白鹭”号，展开接舷战、肉搏战。英勇的郑军士兵冒着敌人的炮火爬上“格拉弗兰”号，砍断船靠，又用铁链扣住敌舰船头斜桅，放火焚烧。“格拉弗兰”号和“白鹭”号受重创挣脱逃跑，通信船“马丽亚”号战败后逃往巴达维亚。

陆战方面，在北路发生了北线尾陆战。北线尾是一个不到一平方公里的沙洲，南端与台湾城相对，北端临鹿耳门航道。荷军贝德尔上尉率领240名士兵向郑军反扑，被郑军全部歼灭。南路增援赤嵌城的由阿尔多普上尉率领的荷军，也被郑军的“铁人”军消灭。阿尔多普率残部逃回台湾城。这样，荷兰的海、陆作战均告失败。

在水陆两路大获全胜，并且荷军所据的赤嵌城已被严密包围的情况下，郑成功为了减少牺牲，接受台湾同胞的建议，断绝城内水源，勒令荷兰守军尽快献城投降。

4月4日，赤嵌城的水源被台湾人民切断。描难实叮见援兵无望，孤城难守，不得不挂白旗投降，同时献出了要塞和城中一切物资，他和他的600多名士兵全部成了郑军的俘虏。这样，郑成功在登陆后第四天，就收复了赤嵌城。但台湾城却挂起了大血旗，表示要和郑军对抗到底。

1661年5月4日(顺治十八年四月初六)，荷兰殖民军派出两名高级官员到郑军营地会见郑成功。谈判中，郑成功向荷兰殖民者表示，只要荷兰人立即交出城堡，就允许其将货物、财产甚至一部分武器运回巴达维亚。如果荷兰人继续顽抗，那就只有用武力解决了。荷兰殖民者在此情况下仍心存幻想，采取各种方式力图保存对台湾的殖民统治。郑成功拒绝了殖民者这种妄图保存实力的要求，紧缩包围圈，将数十门大炮对准台湾城，勒令其无条件投降。

1661年5月5日(顺治十八年四月初七)，郑成功的军队开到大员，迅速包围了台湾城。当时城内只有1700余人，其中士兵900余名，侵略者凭借坚固的城堡和充足的粮食、弹药等储备，拒绝郑军的多次劝降。

1661年5月25日(顺治十八年四月二十七日)，郑军向城堡发动了猛烈进攻，但因城堡的坚固和敌人炮火猛烈，无法攻下城堡。郑军于是调整部署，留下部分军队将台湾城团团围住，其他部队则分派各地，驻扎屯垦，作长期打算。

台湾城是荷兰殖民者在台湾的统治中心，城堡坚固，防御设施完整。城周长200多丈，高3丈多，分3层，下层深入地下1丈多，“城垣用糖水调灰垒砖，坚于石”。城四隅向外突出，置炮数十尊。荷军炮火密集，射程远，封锁了周围每条通道。城内荷军尚有870人，凭借城堡继续顽抗。但是赤嵌城被郑军占领之后，台湾城已是一座孤城，城内缺粮和水，荷军处境十分困难。加之当时南信风季节刚刚开始，要等待6个月进入北信风季节后，才能将台湾的有关情况告知巴达维亚，然后再等6个月才能利用下一次南信风季节取得巴达维亚的援助，防守更加困难。

郑成功迫降赤嵌城后，为了牵制台湾城荷军，即派兵前往七鲲身设伏。荷军行至七鲲身时，还没来得及列阵对垒，即被郑军埋伏的藤牌军冲垮，死伤过半，其余士卒狼狈退回台湾城。郑成功命令士兵立栅栏、设炮台，加强防守，同时令杨英、何廷斌以粟6000石、糖3000石补给军队。

自四月初以来，双方一直进行着零星战斗。郑成功一方面积极准备攻城，一方面于1661年5月10日(顺治十八年四月十二日)和1661年5月20日(顺治十八年四月二十二日)，两次写信给揆一，令其投降。又调集28门大炮，于二十四日凌晨摧毁了台湾城大部分胸墙。荷军于城上集中枪炮还击，并出城抢夺郑军大炮，被郑军弓箭手击退。

郑成功鉴于台湾城城池坚固，强攻一时难以得手，为了减少伤亡，进一步做好准备，决定采取“围困俟其自降”的方针。他一方面派遣提督马信率兵扎营台湾街围困荷军，另一方面把各镇兵力分驻各地屯垦。同时，郑成功还到高山族人民聚居的四大社(新港、目加溜湾、肖垅、麻豆，均在今台南县)进行巡视，受到当地人民的热烈欢迎。

1661年5月30日(顺治十八年五月二日)，郑军第二梯队6000人在黄安等将领的率领下，乘船20艘抵达台湾。郑军的兵力得到加强，供给得到补充，从五月五日开始，在所有通向城堡的街道上都筑起防栅，并挖了一条很宽的壕沟，围困荷军。郑成功又三次写信劝揆一投降。揆一仍幻想巴达维亚会派兵增援，拒绝投降。

1661年6月25日(顺治十八年五月二十八日)，荷兰殖民当局得到荷军在赤嵌城战败和台湾城被围的消息后，匆忙拼凑了700多名士兵、12艘军舰，由雅科布·考乌率领，经过38天航行，于七月十八日到达台湾海面。他们见郑军战船阵容雄壮，踌躇不前，加之风浪很大，在海上停留了将近一个月之后，才有5艘战船在台湾城附近海面碇泊。其中“厄克”号触礁沉没，船上士兵被郑军俘虏。郑成功从俘虏口中得知荷兰援军兵力情况后，加紧进行围城和打援部署。

1661年8月18日(顺治十八年七月二十一日)，驻台湾荷军当局决定：用增援的舰船和士兵，把郑军逐出台湾城市区，并击毁停泊在赤嵌城附近航道上的郑军船只，以摆脱被围困境。荷军分水、陆两路向郑军发起进攻。海上，荷舰企图迂回郑军侧后，焚烧船只，反被郑军包围。郑水军隐蔽岸边，当敌舰闯入埋伏圈后，立即万炮齐发。经过一小时激战，击毁荷舰两艘，俘获小艇三艘，使荷兰援军损失了一个艇长、一个尉官、一个护旗军曹和128名士兵，另有一些人负伤。荷军其余舰船逃往巴达维亚。陆上，荷军的进攻同样遭到失败。此后，荷军再也不敢轻易与郑军交战。

揆一为了挽救行将灭亡的命运，密谋与清军勾结，夹击郑军。荷兰的海军败兵曾退到大陆，与靖南王耿继茂商量，联合对郑军实施包围，打开困境。揆一的使者到福建后，清军要求荷兰人先派战舰帮助他们攻打厦门，然后再解荷军之围，揆一无可奈何，只好派雅科布·考乌率领漂泊在海上的3艘战舰、2只小艇前去攻袭厦门。考乌心存畏惧，中途转舵驶往暹罗(今泰国)，后又逃回巴达维亚。于是，荷军勾结清军夹击郑军的企图完全落空了，士气更加低落，不少士兵力求活命，陆续向郑军投降。

郑成功从俘虏中了解到荷军的上述情况后，决定把对荷军的封锁战术转为进攻，在对方从巴达维亚和中国大陆获得救兵之前，向台湾城的荷军发起猛烈攻击。为此，郑军增建了三座炮台，挖了许多壕沟，以遏制荷军的炮台。

1662年1月(顺治十八年十二月)，郑成功将大部兵力集中到台湾城的沙洲上，建起3座炮台，配了28门巨炮。1662年1月25日(顺治十八年十二月初六)，郑成功下令炮轰乌特利支城堡。在2个小时内，郑军发射炮弹2500发，在该堡南部打开了一个缺口，当天即占领了该堡。郑军居高临下，立即利用此堡改建炮台，向台湾城发起猛烈轰击。荷军团守孤城，岌岌可危，揆一在城上督战，看到城防已被突破，手足无措。在这种情况下，郑成功派通事李仲入城劝降。李仲对揆一说："此地非尔所有，乃前太师练兵之所。今藩主前来，是复其故土。此处离尔国遥远，安能久乎？藩主动柔远之念，不忍加害，开尔一面：凡仓库不许擅用，其余尔等珍宝珠银私积，悉听载归。如若执迷不悟，明日环山海，悉有油薪磺柴积垒齐攻。船毁城破，悔之莫及。"荷兰殖民评议会(荷兰殖民者盘踞在台湾的最高权力机构)召开紧急会议，讨论形势及对策。台湾城被围已近9个月，荷军死伤1600余人，能参加战斗的士兵仅剩600余人，且已弹尽粮绝，疾疫流行，形势已完全绝望。揆一走投无路，只得同意由评议会出面同郑成功谈判。经过会谈，揆一"愿罢兵约降，请乞归国"。

评议会给郑成功写信，表示愿意通过谈判投降。经过4天的谈判，1662年2月10日(顺治十八年十二月二十二日)，荷兰殖民者签订了投降条约。

几天以后，荷兰驻台湾的最后一任长官揆一搬其行李、货物上船，率余部500余众离开了台湾。至此，荷兰侵略者在台湾38年的殖民统治宣告结束，宝岛台湾又回到祖国的怀抱。

郑成功收复台湾后，将侵略者修筑的赤嵌城改名为安平城，赤嵌楼改名为承天府，并建立了同祖国大陆一样的郡县制度，建立行政机构。在地方行政管理上，郑成功也沿用了明朝体制。以赤嵌为东都明京，并在台湾设置了一府二县。府即承天府，以赤嵌为府治，任命杨朝栋为府尹。二县即天兴县和万年县，以新港溪为界，以北为天兴县，任命庄文烈为知县，管辖台湾北部；以南为万年县，任命祝敬为知县，管辖台湾南部。政权建立后，立即开始查报田园册籍，征纳税银，开展地方行政工作，接着展开经济建设。

为了发展农业生产，郑成功实行了"屯田法"。士兵一边生产，一边练兵。同时招徕大陆移民，几年后，做到了"野无旷土，军有余粮"。当时，台湾的高山族人民，在荷兰殖民者奴役下，生活十分贫困，生产极端落后。郑成功在那里推广了先进的农业生产技术，将大陆上汉族地区的先进生产方法介绍给台湾人民。从此，高山族也同大陆一样，使用牛耕和铁犁种田。同时，铸造"永历通宝"钱币，促进了台湾社会的经济发展，稳定了市场，安定了人民生活。

郑成功光复台湾，把广大汉族、高山族同胞从荷兰殖民主义强盗的奴役下解放出来，维护了中华民族的尊严，演奏了一曲爱国主义的壮歌。台湾同胞崇仰这位民族英雄，尊称他为“开台始祖”“开山圣王”，建造了许多祠庙纪念他。清政府也拨专款修建“延平郡王祠”，列为国家祭典，以彰褒扬。

（谭本相）

# 30. 明清时期华侨在南洋的活动

自古以来，随着中国与周边国家的交往，就有中国人移居国外。南洋一带(即东南亚，包括印度尼西亚、马来西亚、菲律宾、新加坡、泰国、越南、柬埔寨、缅甸、文莱等国)历史上一直是华人的主要分布地区。这些国家同中国交往早，时间长，华人华侨也最多。中国人移居南洋，是与中国同南洋地区交通特别是航海的发展联系在一起的，也是在两地政治、经济交往的基础上开始的。中国与南洋的往来可以追溯到秦汉时期，但在唐朝之前，二者往来很有限。到了唐朝，随着中国与南洋各地交通以及政治、经济往来的增多，便有中国人旅居南洋从事商业和手工业活动。

宋朝时期，海上交通和对外贸易得到了进一步发展，增加了商人及其他人员出国旅居的机会，侨居海外的人数增多了，分布地区也扩大了。由于宋朝统治者采取鼓励海外贸易的政策，中国与南洋地区的贸易特别活跃。中国同中南半岛的交趾、占城、真腊、罗斛(在泰国境内)、真里富(在泰国境内)、蒲甘(缅甸)等国，马来半岛和群岛诸国以及菲律宾群岛上的麻逸、三屿、蒲哩噜等国的贸易往来特别频繁，宋朝商人络绎不绝地前往上述诸国贸易。到南洋各岛进行贸易的中国帆船，冬春之间靠东北信风鼓帆而去，夏秋之间又借西南信风扬帆而归，中国商人运载出丝织品、茶叶、瓷器、五金和杂货，换回香料、药材、檀香木等土特产。由于要等信风才能返航，遂有部分商人因商业关系在当地住下来，开始多是季节性的暂住，后来由于贸易的发展，出现了长期居住在那里的中国商贾。宋代的朱彧在《萍洲可谈》卷二记述“北人过海不归者，谓之住番”，并提到有的中国商人“住蕃虽十年不归”，这是从“行商”过渡到“住蕃”的生动记载。宋朝，华人已在占城、真腊、爪哇等地普遍出现。随着海外交通以及海外贸易的发展，定居在南洋的华人越来越多。

这种情况延续到元朝。元朝政府雄心勃勃，开疆拓土，派船队远征日本与爪哇，这一来也拓展了中国人与外界的接触。比如有些远征爪哇的残余部队，羁留不归，并形成华人的聚居地。元朝时华人的足迹已遍布南洋各地，大批华人商人到南洋经商。为了保护自己的商业利益，利于竞争，那里的中国商人多联合起来，在海外建立商业据点，从而形成了华人商人集团。华人商人集团的出现从一个侧面反映出元末明初南洋华人社会已粗具规模。这些华人华侨大多数是移居国外谋生的商人和手工业者，居住地多是海上交通及贸易比较发达的港口及其附近地区。

明初郑和下西洋，完全打通了前往南洋各地的海上交通，树立了中国在南洋的威望。伴随郑和的七次远征，该地区向中国“朝贡”的国家也在增多，它们与中国的贸易不断加强。值得一提的是，一些国家将贸易寓于“朝贡”之中。这个时期，无论是“进贡”的次数还是“贡数”的数量都大为增多，其目的是为了多载些货物来华，多做些交易。与此同时，中国的贸易船只也在南洋川流如梭。随着中国与东南亚贸易的扩大，为华人开发南洋创造了有利条件，吸引了大批华人移居南洋各地。到明中期，爪哇、婆罗洲、菲律宾、泰国、马来半岛以及越南、柬埔寨等地都有中国人定居。当时东亚、东南亚地区，华人华侨分布广泛，已约有 15

万~20万人。总之，明朝中期以前南洋华人华侨社会的初步发展，为明中期以后华人华侨出国高潮的出现奠定了基础。

明朝后期出现了中国历史上第一次华人出国高潮。促成这种高潮出现的原因很多，除了人口和土地压力过重等因素外，主要是中国与南洋之间的贸易迅速发展的推动。明中期以后，国内外形势发生了重大变化，造就了移民条件。国内，沿海地区由于农村经济破产造成了大量流民，形成了移民主体。国际上，西方的地理大发现激起世界范围的殖民扩张热潮，随之而来的是国际贸易网络的逐步形成，促进了世界性商品经济的发展。16世纪欧洲人相继侵入南洋，由沿海而内陆，破坏了当地的政治经济格局，建立起殖民地政治经济体系。西方殖民者沿着南洋地区的贸易航线建立起贸易基地，掠夺自然资源，造成需求大量劳动力的局面。

1567年(隆庆元年)海禁解除后，中国同南洋地区的主要贸易形式由朝贡贸易变为私人海外贸易。贸易形式的转变，加上国内社会经济发展等原因，促使私人海外贸易呈现出繁荣局面，南洋一带华人激增，分布范围逐渐扩展。当时，菲律宾吕宋岛的马尼拉、印度尼西亚爪哇岛的雅加达、苏门答腊岛东部的旧港、泰国的曼谷都是华人的主要聚居地区。在这种情况下，南洋华人社会粗具规模。华人先是居住在重要港口和交通要道，后又向周围的小城镇、农村、矿山发展。华人聚居一处形成独特的华人社区，是这一时期南洋华人的又一特点，在大大小小的华人社区内，他们保持着中国的文化传统和生活习惯。

此外，明代中后期，由于江浙闽广等省土地兼并激烈，赋税繁重，一些失去土地的农民不得不远涉重洋，到南洋地区谋生。破产的农民、手工业者和小商人是明代南洋华人的主要组成部分，同时还有一些反明势力失败后散居南洋。从南洋华人出国原因看，经济原因是主要的、经常的。中国闽粤地区人多地少，开发充分，商品经济较繁荣，从事海上经商的人众多。东南亚地区的物产丰富，地广人稀，经济落后，有待开发，加之邻近中国，交通便利。这些条件吸引着大批中国人从事海上贸易或前去谋生，因此就不断有中国人滞留移居海外。政治原因是中国人移居南洋的又一动因。元末农民大起义中的张士诚、方国珍集团被朱元璋打败后，其余部多逃亡海上，流落南洋。明中后期，西方殖民者来到亚洲。一方面，他们对中国丝绸、瓷器等商品的大量需求，刺激了越来越多的海商冒险私出与之贸易，其中一些人长期不归成为华人。另一方面，西方殖民者为经营殖民地，开发当地资源，需要大量的劳动力，他们便在中国沿海掠卖人口至南洋。这些都使明朝时期南洋华人人口剧增。

经商是华人中许多人从事的主要职业。华人商人既向当地人民销售丝棉织品、陶瓷器、粮食、纸张等中国物品，也出售当地产品，同时还收购土特产。华人的商业活动推动了当地城乡交流和工商业发展，特别在促进中国同东南亚地区间的经济交流方面，远远超过官方所能起到的作用。南洋地区各大都会的早期开发，均凝聚了华人大量的血汗。印度尼西亚首都雅加达，原来只是一个小渔村，明初以来不断有华人来此定居，才逐渐成为商业都会。

留居南洋的华人，有的是父子相随，有的是兄弟相携，有的是亲戚相牵，不少是同村同族。他们之间要么有血缘关系，要么有地缘关系。由于在南洋谋生比中国容易，每当有华人携白银回国探亲时，就会有不少亲朋好友以及邻里前往探望，想同他们一道到南洋发财致富。后去的华人就在先去的华人的帮助下，或携货物到南洋经商，或为先去华人帮忙，或先住在华人那里慢慢找工作。血缘关系和地缘关系是新老华人之间的基本纽带，也是促使华人出国高潮出现的因素之一。

然而随着清政府闭关锁国政策的实施，清廷在禁止国人移居国外的同时，也禁止侨居海外的华人归国。1712年(康熙五十一年)，雍正皇帝曾诏书天下，禁止生活在外国的侨民回国，违令者处以极刑。此诏书表明，中国人不可离开自己的家，那些离开家的人是反社会、被流放的人，罪犯或是战败者。直到1860年(咸丰十年)，第二次鸦片战争爆发，长期闭关锁国、害怕主动开放的清帝国终于不得不在列强坚船利炮的逼迫下被动开放国门。当时，国际上黑人奴隶贸易被禁止，为弥补国际劳动力的不足，确保其殖民地有足够的劳动力，英、法、荷兰等西方列国强迫清朝政府签订条约，同意输出劳工。1860年，英法强迫清政府签订《北京条约》，规定凡华民自愿出国，在英法等属地做工，要毫不禁阻。这一条约使长达200年的清朝海禁令形同废纸。1866年(同治五年)，英国和法国又与中国签订了《中国劳工移民协定》。这样，中国劳工出国做工的苦力贸易就形成了。随后，在东南亚地区橡胶园、甘蔗种植园和锡矿等做苦工的中国人数量剧增。1890年(光绪十六年)，出使英、法、意、比四国大臣薛福成讲，每年到南洋的华工有十余万人。几年后，1895年(光绪二十一年)出使俄国的王之春说，每年去南洋的华人多达十五六万。从1880年到1910年，移民到马来半岛的人数达到410万，移民到槟榔屿的人数达157万。

东南亚地区的土地、矿产资源大部分为华人所开发。华人以中国传统的吃苦耐劳精神，将荒原变成沃野和市镇。爪哇岛上一处称“新村”的地方，原来不过是沙滩，因为中国人来此居住，遂名“新村”。经明初数千华人的开发，该地渐渐成为重要商港。南洋一带矿产丰富，很多华人从事采矿业。明中期不少华人到锡矿丰富的泰国西海岸普吉岛开采矿藏。直到现在，当地开采锡矿的工人也还大多是华人后裔。华人的进入，也将当时中国先进的农业、手工业技术带入南洋并广泛传播。如犁、水车、水磨等先进生产工具，嫁接、植棉、种菜、种稻等先进技术均由华人传入。中国向来发达的手工业也随着各种手工业工匠进入南洋。明后期，菲律宾马尼拉的小手工业者几乎全是华人。这些大大丰富了当地人民的生产和生活。

南洋华人的日常生活、社交、风俗习惯，都同中华文明密切联系在一起。华人的饮食保持着在国内的习惯。菲律宾的华人，食中国饭菜馄饨、杂碎、烧包、米线、烤乳猪、春饼、白菜、粉条、芹菜、豆豉等，所用的炊具也是华式的锅。华人或者把中国式的建筑移植到南洋，或者使自己的居处具有一定的中国建筑风格。在19世纪末的菲律宾，华人住宅和当时的国内一样，雕刻飞龙、彩云，悬挂匾联。穷人家门口也贴对联，富人家花园多有中国江南园林的假山、水池。新加坡、槟榔屿华人的花园已多是西式的了，但“楹联匾额所在皆有”，保持了一定的华风。

华人有大家庭观念，凡成家立业者，多组成直系家庭，以代数多为荣。家庭内讲究夫唱妇随，父慈子孝。华人出洋，往往是同宗族的人互相招来，团聚在一地。虽是这样，宗亲毕竟还是稀少，于是认同宗，凡是同姓，就以为是亲骨肉，互相帮助。同宗族的人建立家庙，槟榔屿的林、杨、邱、李、谢、黄、王、胡、梁、陈等族都有宗祠。

南洋华人与国内一样，重视元旦、端午节、中秋节、清明节、中元节以及家庆的生日和忌日。元旦守岁，贴对联，拜天地；元宵节提灯夜游；端午节坐船；中秋节晚上赏月。娶亲、做生日搭喜棚，摆设象征吉祥的物件。此外，华人大多使用汉语，沿袭汉人称谓，读书人喜作诗文，送往迎来也多保留中国人的习俗。

南洋华人重视办学，先是实行私塾教育，完全模仿国内的办法：学生先读《孝经》，次读“四书”，塾师先以礼仪进退应对教育学生，每逢朔望，要把圣谕和孝悌忠信的故事讲给学生听，令他们“心体力行”。这种学习四书五经，采用背诵的方法，灌输孔孟之道，与国内没有两样。戊戌变法之后，国内情况有所变化，学堂出现，南洋华人跟着兴办学堂，取代私塾。这些学校请清朝留学生做教员，采用日本小学教育制度，使用上海商务印书馆出版的新式教科书，改变了专习儒学的教育状况。

中国沿海居民多崇信天妃(天后、妈祖)，建造祠宇拜祀，南洋华人也是这样，到处建立天后宫。1889

年(光绪十五年)，三宝垄华人开始建立妈祖庙，新加坡的福建会馆设立在天后宫内，西贡穗城会馆后殿供奉天妃娘娘，这就是说会馆所祭祀的神灵就是天妃。明清时期，中国人特别信奉关羽，各地皆有关帝庙，华人在西贡、海防也设立了关帝庙。土地祠遍及中华各个村庄，印尼的华人也敬奉土地神，称它为大伯公庙，祈求它的保佑。

华侨的群体生活、生活方式和接受的教育，基本上是中国式的。华侨对中国传统文化在南洋的传播起了很大作用。华人在南洋的广泛分布，使当地的生产生活都明显带有中国风俗习尚的痕迹。如菲律宾贵族尚黄，丧服用白，敬老尊祖以及青年婚姻安排，都明显受到了华人的影响。南洋华人的经济活动在一定程度上推动了中国东南沿海地区商品经济的发展，为繁荣所在国经济文化作出了不可磨灭的贡献。同时，华侨还同当地人民一起反抗西方殖民者的压迫，积极参与所在国为争取民族独立、摆脱殖民枷锁的解放运动。

（周凯）

# 31. 明十三陵的修建

明朝是我国君主专制社会后期的一个统一王朝。明朝的建立，结束了元朝蒙古贵族对中原各族人民的统治，帝王的丧葬礼制也由元朝沿用蒙古习俗不建陵寝的“潜埋”方式，重新恢复为中原沿袭数千年的山陵墓葬制度。明朝的帝王共有16位，其中仅第二个皇帝建文帝朱允炆因叔侄皇权争战，宫中起火，下落不明，没有陵墓，其余15帝均有陵墓保存至今。而明太祖朱元璋开国后称帝南京，所以他的陵墓——孝陵就建在南京城外的钟山脚下。景泰帝朱祁钰由于英宗复辟后被废成郕王，死后以王礼葬于北京西郊的金山，成化年间宪宗为他恢复帝号，王坟因之改为帝陵，时称景皇帝陵寝。其余13位皇帝全部葬在了北京城北约50公里的天寿山脚下，形成了一处陵区总面积约达120平方公里的、规模宏大的帝陵墓葬群，人们因此合称其为“明十三陵”。

明十三陵之所以会建造在北京城北的天寿山一带，是有其特定历史原因的。明十三陵中最早营建的陵墓是明朝第三个皇帝朱棣和皇后徐氏的合葬陵，名为长陵。朱棣，是朱元璋的第四子，1370年(洪武三年)封燕王，镇守北平(今北京)。1402年(建文四年)，他以“靖难”为名，率军攻入南京，从建文帝手中夺得皇位，并在南京即位。1407年(永乐五年)，朱棣的皇后徐氏病故，陵墓的修建提到议事日程上来。按照常理，朱棣应将陵墓地点选在南京附近，但他却于次年派遣礼部尚书赵羾远赴北京城郊选陵地。因为此时朱棣已经有了迁都北京的设想，其陵墓自然也应建在北京附近。这样不仅便于后世嗣帝展谒，便于朝廷对陵寝的管理，还能激励后世子孙为保护祖先的陵寝而誓守明王朝的统一江山。另外，天寿山一带的地理环境符合当时的“风水吉壤”说，具备修建帝陵的地理条件。天寿山的旧名为黄土山，属燕山余脉军都山的一支。而燕山山脉起于太行，自古就被视为“北干王气所聚”之地。特别是天寿山一带，其主峰雄峙陵北，层峦叠嶂，千峰崔巍，东蟒山、西虎峪左右环抱，南面有龙山、虎山等秀丽的小山陵遥相对应，环山之内川原开阔，西北山水于平原中部汇合后曲折向东南流去。当礼部尚书赵羾率江西著名风水术士廖均卿选得昌平县黄土山这一风水吉地后，朱棣随即亲临阅视，并封黄土山为天寿山。1409年(永乐七年)正式动工营建，1413年(永乐十一年)初，陵寝的墓室建筑——玄宫建成，次月葬徐氏。1424年(永乐二十二年)朱棣亲征漠北，病逝榆木川，亦葬陵中。

此后因终明之世北京一直是明朝的都城和中央行政所在地，天寿山陵区又地域开阔，吉壤甚多，具备建设陵区的地理环境，所以明朝灭亡前又先后有11帝的陵墓建在了长陵的兆域内。其中，明仁宗朱高炽的献陵(皇后张氏合葬)位于长岭右侧的黄土寺一岭(又称天寿山西峰)前，明宣宗朱瞻基的景陵(皇后孙氏合葬)位于长岭左侧的黑山(又称天寿山东峰)，明英宗朱祁镇的裕陵(皇后钱氏、周氏合葬)位于献陵右侧的石门山下，明宪宗的茂陵(皇后王氏、纪氏、邵氏合葬)位于裕陵右侧的聚宝山前，明孝宗朱祐樘的泰陵(皇后张氏合葬)位于茂陵右侧的笔架山前，明武宗朱厚照的康陵(皇后夏氏合葬)位于泰陵右侧的莲花山前，明世宗朱厚熜的永陵（皇后陈氏、方氏、杜氏合葬）位于景陵左侧的阳翠陵前，明穆宗朱载垕的昭陵（皇后李氏、陈氏、李氏合葬）位于康陵右前方的大峪山前，明神宗朱翊钧的定陵（皇后王氏、王氏合葬）位于昭陵左侧的大峪山前，明光宗朱常洛的庆陵（皇后郭氏、王氏、刘氏合葬）位于献、裕二陵间的黄土寺二岭前，明熹宗朱由校的德陵（皇后张氏合葬）位于永陵左侧的潭峪陵前。

另外，1644年（崇祯十七年）3月，明朝被李自成领导的农民起义军推翻，其亡国之君崇祯帝朱由检和皇后周氏于同年4月也葬在了天寿山陵域内。但其葬所却是崇祯帝生前的宠妃皇贵妃田氏之墓，其墓坐落在陵区南隅的鹿马山前。崇祯帝生前鉴于天寿山陵区内已无理想的吉地，曾有建陵马兰峪（今清东陵所在地）的设想，但未能付诸实践。当崇祯帝后在皇宫自缢身亡后，农民军将他们葬在田妃墓中。当时田妃墓玄宫建筑已经建好，但地面建筑尚未建造。清朝于1644年（顺治元年）5月入主中原后，在下令以帝后礼重新为崇祯帝后举行安葬仪式的同时，还改田妃墓为思陵，并着手修建地上园陵建筑。于是，田妃墓在清初升格为帝陵，成为十三陵的最后一陵。

明朝的皇帝和中国历代统治者一样，往往把陵墓的修建与王朝的兴衰安危相联系，视陵墓的修建与宫室、坛庙建筑的修建为同等重要的重大工程。特别是明朝所建的前十二陵，由于朝廷的重视，从陵地的卜选到拟定规制和最后施工建成，营建中的各个环节均有一套极为严密的运作程序，它不仅涉及当时的建筑规划设计问题，还涉及当时的工官制度以及营建技术等方面的问题。

卜选陵寝位置是修建陵寝的首要环节。为使陵址合宜，朝野上下多方面的人员都参与进来。首先，由于陵址的卜选关涉朝廷礼制及地理风水，因此礼部官员要参加，礼部尚书、侍郎等正官通常还是陵地卜选的组织者。其次，钦天监在卜选中担负着业务技术方面的工作，即以风水之说选择吉地吉时供皇帝选用。同时，礼部或内阁还推荐通晓风水术的其他官员参与卜选。从永陵开始，为了所卜选的陵地便于施工，各陵卜选均有工部官员参加。另外，还有内官参与陵址的卜选。内官人员一般是司礼监和内官监太监，其中司礼监太监掌管宫中礼仪及刑名，内官监掌营造。永陵之后四陵的卜地还有内阁大学士的参与。明朝初年，内阁大学士品位低卑，中叶以后则有辅臣之称，不仅品位尊崇，且权势亦重，因而在卜地中负有更重大的责任。一般情况下，只要有辅臣参加，辅臣便是卜地的主要组织人。另外，长、永、定三陵由于是皇帝生前卜建，在卜地过程中，皇帝也曾亲赴实地察看。为选得理想吉地，礼部还从民间选取了比较著名的风水术士参加卜选。

明天寿山诸陵的卜选程序是：先由卜选官员及其所率风水堪舆人员依据风水理论、外观山形、内察地脉，实地勘察选出一处或数处“风水吉壤”，上奏皇帝后由皇帝最后裁定。为准确形象地反映所择地的地形和风水特征，有的还画出图样，贴上说明，以便皇帝查阅。如果皇帝对所呈吉地都不满意或举棋不定，则需要继续遣员反复查勘，并召集群臣反复讨论，直到皇帝对所呈吉地满意为止。

卜选陵址遵循三条基本原则：第一条是按照地理风水说卜选吉地。地理风水说即古代的相地之说。风水术在唐宋时期分流为“江西法”和“宗庙法”两大门派。两派风水术因卜地的方式方法不同，在古代还有别的名称。宗庙之法，因主于星卦又称方位或理气；江西之法，因主于形势又称形势、形法或峦体。后一派风水术士则因此而称为形家。元明之际，“江西法”风靡国内，成为风水术的主流。明十三陵的卜选，无论从文献资料的记载看，还是从陵地所展示的地理环境看，都说明是在以江西法为主的风水术指导下进行的。终明之世，风水术士往往以形家自居，朝廷所信任的也大多是形家的风水术士。从地理形胜来看，天寿山各陵的风水也都体现着江西法，即形势宗风水术所注重的龙、穴、砂、水的相配关系。各陵背后都有一道高大巍峨的山脉作背景，这些山脉就是形势宗风水中所说的主山、大帐、玄武、来山、来龙、后龙，以及太祖山、少祖山、父母山等。明代风水术士们在考虑龙脉是否合宜时遵循了“大凡寻龙要寻干”这一形家的传统做法。第二条原则是所卜陵地的位置必须符合陵寝布局上的宗法礼制关系。天寿山诸陵在分布上的宗法礼制关系是通过各陵主山的主从关系体现的。也就是说，是按照尊者居于主脉，卑者居于余脉的关系布列的。长岭右侧的献、裕、茂、泰、康五陵，左侧的景、永、德三陵，以及右前方的昭、定二陵从山脉的主从关系分析都体现了这一原则。第三条原则是所卜地点要地势宽敞，便于修建。对于规模较大的陵园来说，这一点尤为重要。

陵寝建筑关涉礼制，礼部官员负责陵寝规制的总体拟定。另外，也有皇帝亲自规划陵园制度的情况。还有的陵园，其规制虽非皇帝亲拟，但皇帝却提出了具体而又明确的要求。陵寝规制涉及以下三个因素：

首先是陵寝规制与皇权的关系。在封建社会，陵寝属于礼制性建筑，而礼制性建筑必须有一定宏伟壮丽的规模才能发挥出“正名分、辨尊卑、别上下”的礼制渲染作用。但从另一方面看，陵寝建筑如果过于奢华壮丽，又暴露出帝王生活的奢侈和腐化，与古帝王经常标榜的“节俭”之德相悖。所以，有时在基本符合礼制的前提下，从俭修建陵寝也同样有利于政权的巩固。鉴于上述原因，天寿山陵寝规制出现了两种截然不同的情况。长、永、定三陵墓主由于在政治上有利用陵寝建筑的礼制渲染作用来强化皇权专制性的需要，因此其陵园的修建不仅规模大，而且装饰也极为华丽。其中，明成祖所建长陵，殿宇规模一遵孝陵制度，很有气势。因为在他夺得皇位后，仍然有不少大臣站在封建正统观念的立场上反对他，甚至希望建文帝东山再起来推翻他的统治。因此他就利用宏伟壮丽的陵寝建筑去体现皇权的崇高伟大，使之以高屋建瓴之势对参拜者产生巨大威压和心理震慑作用，从而达到巩固皇权的政治目的。同样道理，世宗朱厚熜越泰、康诸陵之制建造永陵，神宗朱翊钧制过昭陵建定陵，也与皇权需要强化的政治背景有关。其中，世宗朱厚熜因系以兴王世子身份入继大统，即位之初曾面临以皇太后张氏及大学士杨廷和为代表的先朝势力强大的制约力的束缚。最后短短的数年内他虽然在政治权力的角逐中获胜，彻底摆脱了这种制约，但维护自己皇权运用的绝对自专性，无疑是这位出身皇室旁系的帝王心中最关注的问题。神宗朱翊钧虽然出身于皇太子，是理所当然的皇位继承人，但是他在即位后开始的10年中却始终是在大学士张居正专权的形势下度过的。由此可见，永、定二陵宏伟豪华的陵寝建筑实际上正是世宗、神宗二帝皇权膨胀心态的物化反映。献、景二陵墓主仁、宣二宗的情况就不同了，他们不仅都是法定的皇位继承人，而且即位时都是经过多方面锻炼的成年君主。他们只要注意养息民力，发展经济，使国家富强起来，就可以达到巩固统治的目的。所以，他们生前并没有为自己修陵，死后还都有从俭建陵的遗诏颁世。显、陵二陵的规划设计者是想以陵制的俭朴打动拜谒者的心灵，使他们被帝王的“俭德”所打动，从而激发起他们效忠朝廷的信念。

其次是陵寝规制与宗法礼制的关系，这是天寿山诸陵制度总体呈前大后小趋势的根本原因。在古代的宗法礼制关系中，墓主辈分高则地位尊崇，陵寝规制则宜大，特别是祖陵尤其如此。反之，墓主辈分低，则地位卑贱，陵制自然宜小，至少不应超越先辈陵制。十三陵在规制的拟定上都在一定程度上考虑了这一关系。献、景、裕、茂、泰、康诸陵制都在长陵之下，就是这一关系的最明确体现。即便是世宗制越献、景、泰、康诸陵之建造永陵，然而对于长陵规制也不能不有所逊避。其后神宗越昭陵之制建定陵，虽称制仿永陵，但规模比永陵还是小些。可见，世、神二宗在陵寝规制的拟定上，虽因强调皇权的政治目的而有逾越宗法礼制之处，但仍然不敢完全置宗法礼制关系于不顾而妄自称尊，随意拟定自己的陵寝规制。

最后是陵寝规制在传承上的因革演进关系。这是十三陵在陵寝规制上既有风格一致的共性，又存在各自不同特点的根本原因。从大格局上讲，十三陵从长陵开始虽然规模大小不一，但又都是继承和发展了孝陵制度而形成的。就建筑细节而言，长陵明楼圣号牌，及明楼前石供案、两柱牌楼门之设，为孝陵所无。但其后十一陵则率以为制，始终沿袭。此外，永陵创制增设外罗城，而后则有定陵继而效之。昭陵宝城创制为完善的月牙城、哑巴院格局，其后又有庆、德二陵仿效。1620年(泰昌元年)11月，工部左侍郎王允光奏请拟定庆陵规制，建议取法昭陵。熹宗特命部院会同内监及科道官员等前往昭陵，将宝城、楼、殿、廊、垣等处逐一丈量，绘图进览，以便嗣后裁定。在陵寝规制的拟定中，先朝陵制具有很大的参考和模拟价值，而陵寝制度的代代相袭，更是陵寝制度赖以发展的基础。

陵寝的位置和规制确定后，紧接着就是施工建陵。因为陵工在工程质量和时间进度方面均有极为严格的要求，所以伴随着工程的开始，遣官督造、征调匠役、筹备物料、解决财用、部署安排、施工程序等一系列的相关问题便逐一提到朝廷的议事日程上，都需要作出细致周密的安排。

根据《大明会典》和《明实录》的记载，十三陵的修建例遣如下几方面的官员：武职大臣、工部官员、辅臣、兵部官员、科道官、内官等。明朝时的武职大臣多以公、侯、伯等功臣充任，所以负责督建诸陵的多系功臣。工部正官(尚书或侍郎)在陵寝修建中与武职大臣同负总督工程的责任，但其侧重点一般为工程设计、施工组织、质量监督等方面。尚书、侍郎以下还有工部的司属官员(郎中、员外郎、主事等)分管各项工程，其中最主要的是屯田清吏司，还有营缮所官员直接进行工程设计等技术方面的工作。工部的这些官员，有不少都是十分杰出的工程管理人才或工程技术人员，他们不但具有极强的施工组织能力，而且往往身怀绝技、才华出众。此外，被派往天寿山参加陵寝修建工程的还有不少低级的工部官员，他们没能在史书上留下姓名，但却是天寿山陵寝营建的主要技术力量。“辅臣知陵园建造事，总督工程，始自永陵，其后定陵营建沿以为例。”负责永陵营建的是辅臣李时，定陵为申时行。兵部官员在陵园营建中的职责是督理官军。派往陵工的兵部官员通常有堂上官(即正官)，也有属官。如，永陵营建有尚书张瓒提督领军，定陵有尚书张学颜。科道官各一员，其职责是对工程进行监督。内官主要是内官监太监，一般派遣二至三员，职责是提督工程，实际上是因为明朝的皇帝对大臣不信任，派出的类似军队中的“监军”一样的督工的亲信太监。他们不仅对大臣们的权力有一定的钳制作用，而且其管理范围也和外官一样，涉及工程的各个方面。根据《明实录》记载，修建景陵时派有太监沐敬，裕陵有太监黄福、吴昱，茂陵有内官监太监黄顺、御马监太监李良，泰陵有太监李兴，康陵有太监邵恩，昭陵有太监周宣，定陵修建时所遣太监最多，太监张宏总督，刘济提督，张清、王升、马良管理。思陵的地面园寝建筑营建时，正值清朝刚刚入关、急于南下征伐统一中原之时，因而朝廷不能派出大臣督理此事，因此奉命督办此事的是明朝司里监掌印太监曹化淳，秉笔太监车应魁、王德化，随堂太监王之俊、卢维宁等人，具体负责施工组织的则是内官监总理冉维肇、管理高推和王应聘三人。

天寿山诸陵的修建究竟耗用了多少人力，由于文献记载较少，无法准确统计。然而仅凭《明实录》的一些零星记载，其数量之多即可略见一斑。以长陵的修建为例，1425年(洪熙元年)，先后调集平江伯陈瑄的运粮军5万人、南京守备襄城伯李隆所率军1万人，以及南京海船厂附近江北府卫旗军工匠11.8万人赴陵所助役。同年12月，行在工部奏称“长陵殿宇未完，人力不足”，又从陈瑄的运粮军中借1万人助工。半年之间仅陵工助役军士即达18.8万人。又如，定陵工程于1585年(万历十三年)秋全面铺开，每天役使工匠、军夫多达两三万人。这些参与天寿山陵寝修建的人员，依职业划分主要分为工匠、官军、民夫三类。工匠有轮班和住坐两类。明代以官军从事工程营建的情况十分普遍。十三陵的修建，军民从役人数没有固定的比例。其中，长、献二陵的修建所役军士以南方居多，中叶以后基本以班军为主。所谓班军，是指1415年(永乐十三年)以后，从中都、山东、河南、陕西等卫抽调来北京训练，以备临阅的军士。这些军士本为训练和守卫京师而来，但因调集方便，所以包括陵寝修建等京师大工程在内多役使他们作为工程的主要劳动力。参与十三陵修建的军士除班军外，还有陵寝卫所军士。天寿山诸陵修建所用民夫数量很大，不仅陵地施工要用，采石、采木、运石、运木都要用。这些民夫都是明朝政府按照当时的赋役制度从各地签派的。中叶以后，随着赋役制度的改变，山陵修建所需夫役开始采用雇募形式。

天寿山诸陵在建造过程中，耗用了极大的物力。其中最主要的是建筑材料，建筑材料中又以木、石、砖、瓦、土、灰等用量最多。天寿山的陵寝地面建筑部分多系砖木结构，因而木材的用量极大。主要的种类是楠木，此外还有杉木、鹰架木等。楠木是我国古代优质木材，当时各陵楼、殿、门、庑所用木材几乎都是楠木。它具有材质细实、富于香气的特点，产地在我国南方的四川、云南、贵州、湖南等省。由于这类树木大多生长在深山密林之中，所以采伐、运输十分困难，为此朝廷往往派大臣专门负责督办。采木环境十分险恶，木料的运输也十分困难。那些过于粗大的木料，通常要采伐在山，等待雨季到来、山洪暴发时才能利用洪水冲出深山。从各省运来的楠木大多结筏由水路运至京郊张家湾，然后再经陆路半日之程运至北京的神木厂(位于崇文门外)、大木厂(位于朝阳门外)。其间从差官采办到运至北京，一般都要三至五年的时间。天寿山陵寝营建用石也十分可观，从地下建筑的玄宫到地上建筑的牌坊、石像生、石碑、殿基、御路都采用了大量的石料作为建筑材料。石料的种类主要有汉白玉石、青白玉、青石和花斑石，其中以汉白玉石、青白石和青石用量最大。这些石料主要的开采地是京郊的房山、顺义、怀柔等县的山中，明代称为“三山、大石窝”。其具体的采石山厂主要有如下数处：房山县大石窝、房山县马鞍山、顺义县牛栏山、顺义县桃山和怀柔县石塘山。除上述三县山地外，在有关文献记载中还有其他一些地方的石料也与天寿山陵寝营建有关，其中有昌平白虎涧的豆渣石和河南浚县的花斑石。石料中最上乘的是汉白玉，该石开采困难，工价也最高，十三陵的白石栏杆、御路石雕，所用均为该种石料。青白石是稍次一等的石料，十三陵的石像生、石碑、石牌坊等均是用这种石料加工而成的，因而用量较大。青砂石、豆渣石等次等石料多用于附属建筑的台基或神道路面，其每工开采额定方量亦大于汉白玉、青白石等石料。如马鞍山、牛栏山所产青砂石和白虎涧所产豆渣石，当时的额定开采量均为每折方一尺一寸准匠一工。花斑石是陵工用得极少而又比较讲究的石料，该石“黄质紫章”，色彩斑斓，具有很强的装饰效果。永陵宝城的垛口和定陵地宫后殿的铺地石，以及该陵残留的部分垛口是用这种石料加工的。这些石料的运输多采用“旱船拽运”的方法。旱船均以木制造，运输前要先通垫道路，沿途每里挖井一口，以井水浇路，乘严冬结冰时，载石船中，然后挽行至陵区。用这种方法运石，虽因冰面光滑，减小了石块运行中的阻力，但毕竟石料巨大，所用人力仍十分惊人。如1557年(嘉靖三十六年)修建皇宫三大殿，从房山大石窝运送一块长三丈、宽一丈、厚五尺的中道阶石，就用了顺天等八府民夫2万人，28天才运到北京，一共花费白银11万余两。十三陵工不仅用量大，而且体积大，如长陵神道的一尊石像，包括基座在内就接近30立方米。而十三陵寝的修建，直到嘉靖年间，还是采用旱船拽运的方法，其用人之多、耗费之巨是难以数计的。天寿山陵工，砖的用量最大，从陵宫城垣、台殿墙体的垒砌到地面的铺砌，几乎都离不开砖。而其中用得最多的是城砖，烧制得最精致的则是细料方砖。城砖有白城砖和黑城砖两类，规格大小不一。天寿山陵工用城砖大多为白城砖，多用于垒砌墙体和铺墁庭院地面。城砖的产地，根据文献资料的记载和各陵城砖铭文分析，长、献、景、裕、茂、泰、康七陵主要是河南、山东、直隶(南北二京)等省沿运河设有砖窑的州县；永、昭、定、庆、德等陵主要集中在山东临清一带。砖的运输方式主要是依靠运河上漕运船的带运。修陵所用的琉璃构建数量也相当多。十三陵不仅墙顶和门、殿顶部覆盖有大量不同样制的黄琉璃板瓦、筒瓦、勾头、滴水及各种吻兽、脊筒、群色等脊饰件，各陵的明楼还饰有以绿色为主的琉璃额枋、霸王拳等。特别是各陵的琉璃照壁、琉璃花门楼、琉璃掖门、神帛炉等建筑，所用琉璃构件的种类相当多。这些构件或为黄色，或为绿色，或黄绿相间，均色彩鲜艳纯正，精致绝伦，都是难得的工艺制品。琉璃构件的产地均出自明代官办的琉璃厂。琉璃构件的烧制，按明宋应星《天工开物》所记，板瓦、筒瓦均以圆竹或木制模具逐片成造，“其土必取于太平府”，“舟运三千里，方达京师”。石灰是陵工中的重要建筑材料，凡墙体砌筑，以及夯筑基础都不能缺少。永乐以后石灰厂主要设于京郊房山县的马鞍山、瓷家务、周口店等处和怀柔县境。初以武功三卫军夫负责采烧搬运至京，以供工程之用。天顺年间遣有指挥、千百户等官员分管提督，五年一换。后来提督官员拨遣如旧，但罢各卫军夫，改用囚役采烧。

十三陵的营建用银数额之大，非常惊人。其中，长、永、定三陵建筑规模最大，费银各达800余万两。如此高额的营建费用，其来源当然主要是国家的帑藏支出。但自明中叶以后，由于国家开支巨大，库藏银两难敷支用，先后采用过如下几种方式进行筹措：第一，开纳事例银，即允许百姓向朝廷纳银，然后朝廷根据纳银的数额赐给他们一定的官职，或在科举考核方面给予一定优惠条件。第二，加派地方财政，责令诸臣捐俸。第三，提前预征盐课银，增加榷关税额。第四，搜刮各衙门年例银。明朝各衙门日常开支各有年例费用，但为筹措营建庆、德二陵经费，当时均曾破例从各衙门搜刮年列银两。除此之外，昌平州作为天寿山陵区的所在州，历来“供奉繁多”，每有山陵建造都要循例出银7000两协济陵工。明天寿山诸陵的修建经费，初时几乎全赖国库支出，中叶协之以事例银，晚期则捐助、加派无所不用。这经费变化的三部曲，实际上就是明朝国势由盛到衰的一个缩影。

明十三陵的建造，用时长短不一。裕、茂、泰、康四陵的工程安排都比较紧凑，施工期间没有较长时间的停工现象，因此施工时间都比较短。其中裕陵用时不足四个月，是工程进展最快的一座陵。而其他几个陵由于种种原因，工程时停时续，进展都比较缓慢。特别是长陵的修建，由于建筑规模宏大，施工期间又有北京皇宫的营建工程同时进行，加上成祖晚年连番北征与蒙古诸部作战，国力消耗很大。不仅成祖在位时未能拿出足够的人力财力修建陵园，后来的仁宗、宣宗两位皇帝为养息民力，也不得不根据国家的财政情况量力而行，采用分期施工的办法。以至于长陵的陵宫建筑直到宣德年间才基本完成。而神道石像生和神功圣德碑的制作和安放，则直到英宗皇帝即位之时才进行，完工之日距长陵初建时已有30年的时间。其余献、景、永、定、庆、德等陵的修建，也都是分期施工，所以用时也都比较长。十三陵各陵的修建，尽管耗时差异很大，但作为陵墓这样既有地下又有地上，既有主要建筑又有附属建筑的群组性建筑，单幢建筑中哪些应该先建，哪些应该后建，都有一个既符合施工规律又不违背礼制的施工安排。一般来说，各陵的修建基本上是按照先地下玄宫后地上寝园的顺序进行的。地上寝园建筑又大多先修建享殿或明楼宝城这些中轴线上最主要的建筑，然后再修建其他建筑。

陵名由皇帝钦定。其确定的时间有两种不同的情况：第一种情况，凡帝后停灵待葬，则陵名的号定一般是在玄宫落成之时。如果待葬的是皇帝，还有玄宫刚刚修建就号定陵名的。十三陵中，早期修建的长、献、景三陵都是玄宫刚刚落成后号定陵名的。此后各陵则大多在陵寝修建之初或建前即已号定。昭陵的情况比较特殊，由于该陵是启用嘉靖帝为其父母所建的“显陵”玄宫，所以该陵虽然也属于帝王停灵待葬的情况，但陵名的号定既不在玄宫修之初，也不在玄宫落成之时，而是在决定启用大峪山显陵故址之时。第二种情况，凡皇帝生前所建寿宫，修建时又无皇后待葬的，则陵名须待帝后入葬前才拟定。明十三陵与前代陵名的重复现象普遍。各陵陵名在“陵”之前均只有一字，陵名寓意多含褒扬吉祥之意。思陵陵名系清朝号定。由于清统治者在政治上有怀柔汉满两族关系的需要，因此从镇压李自成农民起义到修建崇祯帝思陵，都是打着为明朝遗老遗少报“君父之仇”的旗号进行的。基于此，清统治者所号崇祯帝陵名用一个“思”字。“思”字不仅含有褒扬之义，而且含有“思念”“痛悼”的意思，因而可以表示对墓主崇祯帝的同情。

明十三陵是我国乃至世界现存规模最大、帝后陵寝最多的帝王陵墓建筑群。它的陵区体系完备，建筑及遗址、遗物均保存较多。十三陵现为国家级重点文物保护单位，其恢宏的气势，令人叹为观止。工艺讲究的陵园建筑及其所反映出的礼仪制度和高超的建筑艺术，沉积着我国劳动人民的聪明智慧以及数千年来源远流长的墓葬文化传统。

（童药）

# 32. 宗喀巴与黄教的兴起

格鲁派(黄教)是中国藏传佛教宗派。藏语格鲁意即善律，该派强调严守戒律，故名。该派僧人戴黄色僧帽，故又称黄教。宗喀巴是格鲁派的创立者。他自青少年起，广拜高僧良师，博通佛教显密义理。后又著书立说和讲经传法，构建显密相融之佛学体系，确立中观应成派之思想权威。

宗喀巴为尊号，名洛桑札巴，全称宗喀巴·洛桑札巴(1357—1419年)，安多宗喀地方(今青海湟水流域)人，出身于藏族信佛世家。父亲名鲁本格，母亲叫香萨阿却，他们共有6个孩子，宗喀巴排行第四。当宗喀巴年满3岁时，正好噶玛噶举派黑帽系第四世噶玛巴活佛若贝多杰(1340—1383年)赴北京途经宗喀地方，宗喀巴随父母拜见噶玛巴活佛，噶玛巴授予宗喀巴近事戒，赐名贡噶宁布，并预言他将来会成为佛教主持者。同年，宗喀巴被夏琼寺(位于今青海东部黄河北岸)高僧顿珠仁钦收为门徒，传授佛教礼拜仪轨，包括诵读文殊菩萨五字真言，赐予密宗名号——顿悦多杰。

宗喀巴年满7岁时在夏琼寺正式出家为僧，在顿珠仁钦座前受沙弥戒，取法名为洛桑札巴，接受寺院正规教育。顿珠仁钦给宗喀巴开列的教程书目中，首选弥勒的《慈氏五部》，其后依次为法称的《释量论》、龙树的《中观论》等。当宗喀巴具备一定的佛教理论基础之后，开始修学显宗与密宗的实践。由于顿珠仁钦是当地著名的噶当派高僧，还曾去西藏求法深造，宗喀巴在他的教导下学习，进步很快。

宗喀巴在夏琼寺经过10年的勤奋学习，在佛教显密宗方面打下了坚实的基础。1372年，宗喀巴16岁，他遵照顿珠仁钦的重托，前往西藏求学深造。1373年，宗喀巴到达西藏腹地，首先他到智贡寺，在噶举派喇嘛智贡仁布切座前学习。然后，他到贡塘学医，由那里去往第瓦坚寺，这是一座噶当派寺院，也是顿珠仁钦曾在西藏研读佛学的寺院。他在该寺专门研习《现观庄严论》为主的《慈氏五部》。两年之后，宗喀巴赴后藏萨迦寺，拜萨迦派高僧仁达瓦·宣努罗哲(1349—1412年)为师，系统学习《俱舍论》和月称的《入中论》。仁达瓦是一位在佛教显宗领域颇有成就的著名学问僧，尤其对中观学研究造诣很深，在佛学思想上持中观应成派观见，对宗喀巴的学术成长产生了深远的影响。

1378年，宗喀巴收到母亲的一封附有几根白发的信，长期埋藏在心灵深处的对母亲的思念油然而生，他再次产生回去探望母亲的念头。同时，他又感到这样做则意味着要离开摆在他面前的任务，在佛教学业上不免半途而废。所以，他再次狠下心发誓永远留在西藏，只好给母亲寄去一张自画像。据民间传说，母亲收到儿子的自画像后，画像竟然喊出一声“妈妈”，她也因这个奇迹而得到莫大的安慰，不久后安然去世。

此后，宗喀巴奔波于萨迦、贡塘、桑浦等佛学研修中心，参与各种辩论活动，以提高自己的思辨能力。25岁时，他已精通《慈氏五论》《俱舍论》《释量论》《入中论》和《律学》等五部大论及十明学，在各大名寺立宗答辩展现了非同一般的才华，产生了一定的个人影响。27岁时，宗喀巴在雅隆南杰寺从慈臣仁钦座前受比丘戒，成为一名合格的佛教出家僧人。之后，宗喀巴开始到处讲经说法，据说到1390年左右，他已经能讲解17部佛教经论，包括大乘显宗各派的代表性经论。

宗喀巴在系统全面地学习撤密经教的基础上，逐渐形成了一套自己的佛教理论体系，对藏传佛教有了自己深刻的认识。在此基础上，宗喀巴开始讲经授徒，著书立说，提倡严格遵守戒律并身体力行，同时还修复寺庙，创办拉萨祈愿大法会。

14世纪末，随着西藏封建制度的确立，藏传佛教的一些教派的上层直接参与掌握政治、经济权利的活动，并享有各种特权。佛教界出现颓废萎靡之相，戒律废弛，显密水火不容，各教派之间还经常因争权夺利而发生斗争，宗教与政治交织在一起，政治局面错综复杂。宗教史籍记载，当时“寺院僧侣，尽同俗装”，不习经典，“乱受灌顶”，“不知戒律为何事”。原有教派丧失了宗教在人民群众中的号召力及实行精神统治的功能。宗喀巴认为，戒律是佛法兴盛的根本，只有严明的戒律，才能保证佛法长盛不衰，戒律松弛则佛法必然衰败，因此，宗喀巴大力提倡严格遵守戒律并身体力行。为了表示对戒律的重视，1388年宗喀巴开始戴黄色僧帽，并于以后的宗教活动中大力宣讲戒律和做了许多与戒律有关的活动。

1395年，宗喀巴在精其寺弥勒佛像前供比丘衣具一套，用意在于宣布大小显密一切僧众均应守戒。1396—1397年，他在聂地两次为当地僧众和佛教徒宣讲戒律。1400年春，宗喀巴在噶瓦栋寺为僧众讲解《菩萨戒品》《侍师五十颂》《密宗十四根本戒》等大乘戒。此后，宗喀巴为这些戒书撰写了注疏《菩萨戒品释》《侍师五十颂释》《密宗根木十四戒释》，并且在各地积极宣讲。1401年，宗喀巴、仁达瓦及法土嘉却贝桑三人在热振寺中重新制定了符合藏僧实际、具有西藏特色的寺规僧戒，以便使西藏的喇嘛僧人能遵照执行。宗喀巴重振佛教戒律活动，使佛教的清规戒律在藏区各地逐渐兴盛起来，也为藏传佛教格鲁派在西藏的建立和传播打下了坚实的基础。

在西藏佛教史上，举办法会的历史由来已久。其中最著名的比较大的法会有三次：一次是在1076年，阿里古格土孜德举办的，史称“火龙年法会”；一次是在1277年，八思巴在曲弥仁摩举办，史称“曲弥法会”；第三次就是1409年在拉萨举办的祈愿大法会。

1409年正月初一至十五日，法会在拉萨隆重举行，参加僧俗达一万余人。此次法会是一次不分教派、不分地区的藏传佛教各大僧人们的空前大集会，声势之大是过去所没有过的。能够发起如此之大的法会，足以证明当时宗喀巴已经被公认为藏传佛教界的一位有权威的宗教领袖。这次法会的举办以及甘丹寺的修建，标志着一个崭新的藏传教派——格鲁派正式建立起来了。

1416年，格鲁派建哲蚌寺。1418年，建色拉寺。1447年，在日喀则建扎什伦布寺。这三座寺庙和甘丹寺一起被称为格鲁派四大寺。宗喀巴强调，僧人应持戒修习，并主张先显后密、显密皆重的修持方针。因经典的研习成为主要的僧侣生活主旨，从而此寺院本身也就带上了学院的色彩，知识性方面的侧重提到了新的高度。密宗修炼的包容使格鲁派有了因袭承递性，在原有的声望基础上不断地得以发展和完善。

此外，宗喀巴在构建寺院教育体制的过程中，不仅富有创见性地将五部大论有机地结合在一起，而且在寺院内建立了学科分类、高低分层的教育机制。根据五部大论的相互关系和内容深浅不同等特点，制定先学摄类学，认为摄类学或释量论是开启一切佛学知识之门的钥匙；其次为般若学，认为般若学是佛学的基础理论；之后为中观学，认为中观学是建立佛学观点的理论基石；而后为俱舍论，认为俱舍论是领会小乘之因、道、果理论的权威经典；最后是戒律学，认为戒律学是了解和遵循佛教戒律学的历史和规则，以及如何修持和授受佛教戒律的经典理论。这一教育体制后来在格鲁派各大寺院中普遍推行，并且对藏传佛教其他宗派的修学体系亦产生积极而深刻的影响。

格鲁派的学僧在寺院的学习几乎是在辩论中度过的，老师以辩论方式教授僧徒，而学僧每天都是在与同学的反复讲辩中进行学习的。考取任何等级的学位都必须立宗答辩，要经过几十甚至几百僧人的击掌问难，方可通过并荣获学位。答辩者如果问东答西，或借故诡辩，就算失败。

辩论方法富有很大的启发性，一方面通过辩论，学僧之间互有促进，取长补短，相得益彰，能够正确深入地理解经典原义；另一方面，辩论可以激发思考，使辩经能力受到缜密的锻炼，可开阔思路，对防止思想僵化有着积极意义，也有利于调动学习主动性。因此，格鲁派寺院教育的辩论学风在藏族社会中产生了深远的影响。

1419 年，宗喀巴在甘丹寺圆寂，享年 63 岁。作为一代宗师，后人冠以“文殊菩萨”之化身和“第二佛陀”之尊号，在藏传佛教界享有崇高的宗教地位。格鲁派将每年藏历十月二十五日法定为纪念宗喀巴大师的最隆重的佛教节日。宗喀巴圆寂后，其门徒以拉萨为中心，向东西方向发展，西至阿里，东抵西康，北及安多，格鲁派迅速传播开来，16 世纪中叶以后，成为一个政治、经济实力雄厚，远远超过其他教派的黄教寺庙集团。格鲁派也成为西藏佛教的正统派，并渐次由西藏传播到四川、甘肃、青海、蒙古等地。

（张敏）

# 33. 明末清初三大思想家的理论贡献

黄宗羲、顾炎武、王夫之并称为明末清初三大思想家。

明末清初的中国社会，处在一个空前的“堤溃鱼烂”的危急时刻。政治体制的失范、文化秩序的紊乱、异族政权的强势进入、社会结构的震荡，在时人的思想认识中转化成一个个濒危的症状。东林党人顾允成感慨当时的世风：“吾叹夫今之学者，恁是天崩地陷，他也不管。只管讲学尔。”流亡日本的朱舜水在描述明末的社会情形时也说：“崇祯末年，缙绅罪恶盈贯，百姓痛入骨髓，莫不有‘时日曷丧，及汝皆亡’之言。”明清鼎革之后，强烈的社会危机意识转化为对明朝灭亡的反思以及对社会秩序重建的追求，在思想界兴起了一股强劲的反对空疏学风、主张关注现实社会的“经世思潮”。黄宗羲、顾炎武、王夫之是经世思潮的杰出代表。

黄宗羲(1610—1695年)，字太冲，号南雷，学者尊称其梨洲先生，浙江余姚人。父亲黄尊素，为东林士人，官至御史。黄尊素天启年间为宦官魏忠贤所害，死于狱中。崇祯帝即位，阉党被剿灭。19岁的黄宗羲进京为父亲申冤，用藏在袖中的铁锥击中依附宦官集团的许显纯，朝野震动。父亲的冤狱得以平反后，黄宗羲回到浙江，遵从父亲遗命，师从刘宗周，刻苦研读经史著作，同时还广泛阅读天文历算之法、佛道典籍之书。黄宗羲的弟弟黄宗炎、黄宗会，也饱读诗书，才华横溢。当地人将黄宗羲三兄弟称为“浙东三黄”。1638年(崇祯十一年)，阉党再次死灰复燃，南京太学生陈贞慧、吴应箕作《留都防乱揭》，揭发阮大铖等人的罪恶，黄宗羲积极响应。1644年(崇祯十七年)，明亡，福王政权立于南京，史称南明。阮大铖受福王宠幸，得以擅权，于是大肆报复在揭贴中签名的人，黄宗羲险遭杀害。清军南下，福王溃败，黄宗羲率子弟数百人追随鲁王抗清，号称“世忠营”。1653年(永历七年)，鲁王去监国号，黄宗羲在历经8年的抗清斗争后，深感复明无望，于是返回故乡，专心著述。后来清廷多次征召，但黄宗羲坚决推辞。康熙年间，明史馆开，黄宗羲派遣儿子黄百家，参与修《明史》事务。

明清鼎革的事实使黄宗羲对晚明以来社会、经济、文化的腐败有了切身的感受，在经过了深刻的反思后，他提出了一系列挽救世风、重建良好社会秩序的主张。

(1)“通经以致用”

针对明末士人“抄袭语录之糟粕，不以《六经》为根柢”的状况，黄宗羲提出了“通经以致用”的经世主张。他对晚明的空疏学风深恶痛绝，猛烈批判明末“束书不观、游谈无根”的空疏学风，提出了“为学必先穷经，兼治史书，以求通经治史”的主张。全祖望在《甬上证人书院记》中记录黄宗羲的话说：“先生始谓学必原本于经术，而后不为蹈虚，必证明于史籍，而后足以应务，元元本本，可据可依。”黄宗羲认为经世是儒者一以贯之的传统。但宋明以来的士人，“言心学者，则无事乎读书穷理；言理学者，其所读之书，不过经生之章句，其所穷之理，不过字义之从违”。这种浮虚、不讲究经世致用的风气导致学者脱离实际事务，不关心国家危亡和人民疾苦。在《留别海昌同学序》中，黄宗羲辛辣地讽刺了这种空疏、无用的学问："天崩地解，落然无与吾事。犹且说同道异，自附于所谓道学者，岂非逃之者之愈巧乎?"因此，黄宗羲倡导儒者之学应当通经治史，讲求用世。在《弁玉吴君墓志铭》中，黄宗羲说："儒者之学，经天纬地，而后世乃以语录为究竟，仅附答问一二条于伊洛门下，便厕儒者之列，假其名以欺世。治财赋者则目为聚敛，开阃捍边者则目为粗材，读书作文者则目为玩物丧志，留心政事者则目为俗吏，徒以生民立极、天地立心、万世开太平之阔论，钤束天下，一旦有大夫乏忧，当报国之日，则蒙然张口，如坐云雾。世道已是潦倒泥腐。遂使尚论者以为立功建业，别是法门，而非儒者之所与也。"这段话充分展示了黄宗羲以天下为己任的价值追求。

(2)对君主专制制度的猛烈批判

在对明亡教训的反思中，黄宗羲深刻认识到君主专制的弊端，对封建君主专制进行了猛烈批判，并提出了改革社会的理想方案。这集中体现在他的《明夷待访录》一书中。

黄宗羲认为，封建社会的一切祸患弊害，都源于君主的专制统治。他说："为天下之大害者，君而已矣。"为什么封建君主是"天下之大害者"？在《明夷待访录·原君》篇中，黄宗羲对君主的独裁专制和残暴统治作了彻底揭露，他说："今也以君为主，天下为客，凡天下之无地而得安宁者，为君也。是以其未得之也，屠毒天下之肝脑，离散天下之子女，以博我一人之产业，曾不惨然，曰：'我固为子孙创业也。'其既得之也，敲剥天下之骨髓，离散天下之子女，以奉我一人之淫乐，视为当然，曰：'此我产业之花息也。'然则为天下之大害者，君而已矣。"这种认为"君主"是天下大害的思想可谓是石破天惊，其思想启蒙的意义不容忽视。既然君主专制政权的获得和巩固，是通过"屠毒天下之肝脑，离散天下之子女"，"敲剥天下之骨髓，离散天下之子女"的疯狂屠杀、野蛮掠夺而攫取的，那么其反人民的本质也就昭然若揭了。

黄宗羲又进一步指出，君主专制下的封建官吏都是君主的爪牙和帮凶。在《明夷待访录·原臣》篇中，黄宗羲指出："世之为臣者……以谓臣为君而设也，君分吾以天下而后治之，君授吾以人民而后牧之，天下人民为人君囊中之私物。今以四方之劳扰，民生之憔悴，足以危吾君也，不得不讲治之牧之之术。苟无系于社稷之存亡，则四方之劳扰，民生之憔悴，虽有诚臣，亦以为纤芥之疾也。"在黄宗羲看来，专制制度下的封建官吏，他们的所思所忧，只是如何压迫和剥削天下人民，维护君主的专制统治。由于他们视天下和人民为君主之私物，因此只要君主的统治得以巩固，便无视"四方之劳扰，民生之憔悴"，只求自身能够持禄保宠，而不关心民众疾苦。对于这群君主专制的"爪牙""帮凶"，黄宗羲是极其痛恨的。

黄宗羲还猛烈抨击了封建专制社会的法律制度。他指出，三代以上之法是"无法之法"，它的起源在于保证"天下之不可无养""天下之不可无教"的社会运行，目的在于维护百姓的利益，因此，这种"法"非常简单，"法愈疏愈不作"。但专制君主制度下的法律，实质上只是君主的一家之法，而非天下公法。究其原因，在于君主专制制度下的法，其产生是因为君主"既得天下，唯恐其祚命之不长也，子孙之不能保有也，思患于未然以为之法"。所以，这样的"法"，实质上是"一家之法而非天下之法也"。这种"一家之法"是维护专制君主的一家一姓利益的"法"，是"非法之法"，是"以一人而私天下"。专制君主所谓的"法"，其目的在于"利，不欲其遗于下；福，必欲其敛于上"，因此"用一人焉则疑其自私，而又用一人以制其私；行一事焉虑其可欺，而又设一事以防其欺"，结果，其"法愈密，而天下之乱即生于法之中"(《明夷待访录·原法》)。黄宗羲在批判了封建君主的专制法律之后，认为"有治法而后有治人"，只有具备维护天下人民利益的公法，才能取消君主一家之法的专制弊端。

黄宗羲深刻揭露了封建君主的凶残本性，直接否定了封建君主的专制统治，大声疾呼："岂天地之大，千兆人万姓之中，独私其一人一姓乎！”（《明夷待访录·原君》）“天下之治乱，不在一姓之兴亡，而在万民之忧乐。”（《明夷待访录·原臣》）为此，他提出了改革社会政治的主张：

首先，提出了“天下为主，君为客”的政治原则。他说：“古者以天下为主，君为客，凡君之所毕世而经营者，为天下也。今也以君为主，天下为客，凡天下之无地而得安宁者，为君也。”（《明夷待访录·原君》）黄宗羲认为，国家和社会的主体是天下百姓，君主是为了保护天下百姓的利益而出现的，君主应当“以天下万民为事”，“以千万倍之勤劳，而己又不享其利”，这样才能得到民众的爱戴，天下才会太平。因此，黄宗羲认为，君主应当“明乎为君之职分”，即“知天下之不可无衣也，为之授地以桑麻之；知天下之不可无教也，为之学校以兴之；为之婚姻之礼以防其淫；为之卒乘之赋以防其乱”。

其次，为了真正实现“天下为主，君为客”，黄宗羲提出了限制君权的办法。一是主张大臣应当有为天下尽职责而非为君主私有的观念。黄宗羲指出，君主与臣吏的关系应当是平等的，都应为天下万民的利益而恪尽职守。他说，“君与臣，共曳木之人”，“名异而实同”，臣之“出而仕也，为天下，非为君也，为万民，非为一姓也”。他强调说：“天下之大，非一人所能治，而分治之以群工。”天下并非君主一人所能治，臣吏应当帮助君主共同治理天下。二是提出了“公议是非于天下”的主张。为了限制君权，黄宗羲提出了学校议政的办法，认为治理天下的方法应当“皆出于学校”。这样“天子亦遂不敢自为非是”，“而公其非是于学校”。

（3）工商皆本的经济主张

黄宗羲生活的时代，资本主义生产关系的萌芽在手工业与农业中已经出现，商业经济得到了一定的发展，人们的义利观发生了相应的变化，不再是“义以生利”的价值观，而是遵守“以利交易”的商业经济规则。这种情形下，黄宗羲看到了商业对繁荣经济不可忽视的作用，认为“工商皆本”。他指出：“世儒不察，以工商为末，妄议抑之，夫工固圣王之所欲来，商又使用权其愿出于途者，盖皆本也。”（《财计》三）黄宗羲的这一观点对于解构传统的“重本轻末”观念具有重要意义，促成了中国传统经济伦理观的转化与更新。

黄宗羲还主张恢复井田制。明朝末年，土地兼并现象十分严重，王公贵族占有大量的土地，王公贵族轻车裘衣、朱门酒肉，贫民却无立锥之地，饥寒交迫。面对这种残酷的现实，黄宗羲主张恢复井田制。他认为井田制是为了解决贫富不均的问题，是孟子“制民之产”思想的体现。实现井田制，正是君王“养民”责任的具体体现。

黄宗羲对于君主专制的批判和对于理想社会的设计，都具有重要的社会启蒙作用。

黄宗羲著述颇丰，除《明夷待访录》外，还有《明儒学案》、《宋元学案》（未完成）。前者被誉为中国古代第一部真正意义上的学术史著作，其开创的“学案体”成为后世许多学术史著作的先导。

顾炎武（1613—1682年），原名绛，字忠清，明亡后，改名炎武，字宁人，江苏昆山县人。曾自署蒋山佣，一署顾圭年，学者称亭林先生。

顾炎武出生于一个没落的官僚世家，自幼便在父亲的督导下，攻读经史及兵家典籍。14岁为诸生，与挚友归庄一起加入复社，讲学论道，畅谈国事，时人有“归奇顾怪”之说。后屡试不第，绝意科举。明亡后，顾炎武在苏州、昆山组织抗清斗争。失败后，辗转大江南北，志图恢复。后因恢复无望，又遭恶人陷害，于1657年（顺治十四年）弃家北游，往来于河北、河南、山东、山西、陕西等地二十余年，进行实地考察，广泛交友论学，专心著述。康熙时开设明史馆，征召“博学鸿儒”，他坚辞不出，以死力拒。顾炎武的主要著作有《日知录》《天下郡国利病书》《肇域志》等。他的思想主要有以下内容：

(1)倡导“经世致用”的学风

在明末清初严峻的社会现实面前，顾炎武“感四国之多虞，耻经生之寡术”，专心于“明学术，正人心，拨乱世以兴太平之事”(《亭林文集》卷二《初刻日知录自序》)。他的为学宗旨，以“经世致用”为特征，主张“凡文之不关乎六经之旨，当世之务者，一切不为”。

明亡后，顾炎武在进行深刻的反思时，将批判的矛头对准了宋明理学，尤其是王学末流。他认为，明朝覆亡的惨痛历史，正是王学空谈误国所造成的。在《日知录》卷七中，顾炎武批评王学末流的空疏误国说：“刘石乱华，本于清谈之流祸，人人知之。孰知今日之清谈有甚于前代者。昔之清谈谈老庄，今之清谈谈孔孟，未得其精而且已遗其粗，未究其本而先辞其末。不习六艺之文，不考百王之典，不综当代之务，举夫子论学、论政之大端一切不问，而曰一贯，曰无言。以明心见性之空言，代修己治人之实学，宗社丘墟。”顾炎武指出，明末心学“以明心见性之空言，代修己治人之实学”，背离了儒学宗旨，导致国家灭亡，人心堕落，风俗败坏，其罪责深于桀纣。他指出，儒家之学、圣人之道，全是经世致用的务实之学。他感慨地说：“窃叹夫百余年以来之为学者，往往言心言性，而茫乎不得其解也。命与仁，夫子之所罕言也；性与天道，子贡之所未得闻也。今之君子则不然，聚宾客门人之学者数十百人，‘譬诸草木，区以别矣’，而一皆与之言心言性，舍多学而识，以求一贯之方，置四海之困穷不言，而终日讲危微精一之说，是必其道之高于夫子，而其门弟子之贤于子贡，祧东鲁而直接二帝之心传者也。我弗敢知也。”(《亭林文集》卷三，《与友人论学书》)他指出，理学家空言“性与天道”，不讲出处、去就、辞受、取与，绝非儒学正统，实已堕入禅学。宋明理学虽然亦讲“格物致知”，但是却将其视为一种修养方法。顾炎武则对“格物致知”进行了新的解释，表明了他对程朱学说的抨击和批判。他说：“以格物为多识于鸟兽虫木之名，则末矣。知者无不知也，当务之为急。”(《日知录》卷六，《致知》)他认为，格物应以当世之务为急，而当世之务即是国家治乱之源和生民根本之计。

如何来救治社会风气呢？顾炎武提出了“博学于文”和“行己有耻”的主张。在《与友人论学书》中，顾炎武写道：“愚所谓圣人之道者如之何？曰‘博学于文’，曰‘行己有耻’。”“博学于文”和“行己有耻”，源于《论语》的《颜渊篇》和《子路篇》，是孔子回答门人疑问时提出的两个主张，体现了儒家为学做人的传统观点。顾炎武将此二者结合起来，目的在于转变明末空疏学风，开创崇实致用之学。所谓“博学于文”，是指要广泛学习“自一身以至于天下国家”的事务；所谓“行己有耻”，是指在“自子臣弟友以至出入、往来、辞受、取与之间”学习礼仪，做到“有耻”，“不耻恶衣恶食，而耻匹夫匹妇之不被其泽”。顾炎武提出“博学于文”和“行己有耻”，意在反对晚明士大夫寡廉鲜耻、趋炎附势、空疏讲学的行径，从个人道德修养、节操、学术等方面纠正社会风气。

在顾炎武长期的治学过程中，他创立了许多求实的治学方法，如重视实地调查，不盲目依傍前人之说，重视当代掌故，这些方法对当时以及后世均产生了深远影响。

(2)“理学，经学也”的主张

顾炎武在批判了空谈心性、不重经世的宋明理学之后，提出了复兴经学的主张。他认为，宋明理学背离圣人之道，堕入禅学异端，造成了社会风气的败坏；要从根本上救治世风，必须首先纠正学风，而要纠正学风，就必须复兴经学。他说：“愚独以为理学之名，自宋人始有之。古之所谓理学，经学也，非数十年不能通也。故曰：‘君子之于《春秋》，没身而已矣。’今之所谓理学，禅学也，不取之《五经》而但资之语录，校诸帖括之文而尤易也。”在顾炎武看来，从本质上说，理学就是经学，不通经则不能明圣人之道。而宋人所言的理学，专讲语录，不从儒学经典出发，舍经传而求所谓的“义理”，已经堕入禅学。因此，他主张考经学源流，“自汉而六朝而唐而宋，必一一考究，而后及于近儒之所著然后可以知其异同离合之指”(《亭林文集》卷四《与人书四》)。

在经学研究的方法上，顾炎武强调“读九经自考文始，考文自知音始”(《亭林文集》卷四《答李子德书》)。他大力表彰明代陈第提出的“本证”与“旁证”说，主张通过本经、他经的比对来发掘经书的原初义，借以清理历代附着在经书中的各种谬论。

在顾炎武的努力倡导下，清代初期的治学风气逐渐向博稽经史的方向发展，顾炎武本人也被视为乾嘉考据学的先导之一。

(3)寓封建于郡县的政治主张

顾炎武非常关心社会政治制度建设。他从明末腐败黑暗的政治现实中认识到土地兼并、赋役不均的社会积弊，积极致力于从社会制度上入手根除这些弊端。

顾炎武认为，由分封制变为郡县制是社会发展的必然。他说：“封建之废，固自周衰之日，而不自于秦也。封建之废，非一日之故也，虽圣人起，亦将变而为郡县。”但郡县制发展至明末，已经积弊丛生，“方今郡县之弊已极，而无圣人出焉，尚一一仍其故事，此民生之所以日贫，中国之所以日弱而益趋于乱也”(《亭林文集》卷一《郡县论一》)。在这种情况下，必须对郡县制度进行变革。他说：“法不变，不可以救今。已居不得不变之势，而犹讳其变之实，而姑守其不变之名，必至于大弊。”

顾炎武认为，郡县制度的根本弊端在于君主一人专权在上，应当以“封建”的精义来弥补现实的“郡县”之缺陷。顾炎武认为，君主集权的弊端在于“尽天下一切之权，而收之在上”，为求解救之方，他追溯周代封建制，认为周天子与公、侯、伯、子、男差别不大，“非绝世之贵”，所以天子“不敢肆于民上以自尊……不敢厚取于民以自奉”。因此，顾炎武提出改良策略：一是改变由朝廷“多设之监司”“重立之牧伯”的做法，转而完善乡亭之职，使乡里基础组织发挥社会组织和伦理维系作用，如此“天下之治若网之在纲，有条而不紊”。二是将宋明以来君主独掌的“辟官、莅政、理财、治军”四权，分割给地方郡县守令，顾氏倡言：“尊令长之秩，而予之以生财治人之权，罢监司之任，设世官之奖，行辟属之法，所谓寓封建之意于郡县之中，而二千年以来之弊，可以复振。”

顾氏对自己的“寓封建之意于郡县之中”的构想十分看好，他说：“后之君苟欲厚民生，强国势，则必用吾言矣。”著名的文化史专家冯天瑜先生在《封建考论》一书中评论说，顾炎武的“封建论”，“要旨是以古封建‘分权’之义纠正君主专制集权政治的偏弊”。这一评论是非常准确的。

(4)“亡国”与“亡天下”之辨

顾炎武有“亡国”与“亡天下”之辨，他说：“有亡国，有亡天下。亡国与亡天下奚辨？曰：易姓改号，谓之亡国。仁义充塞，而至于率兽食人，人将相食，谓之亡天下……知保天下然后知保国。保国者，其君其臣，肉食者谋之；保天下，匹夫之贱与有责焉耳矣。”这一说法被后世概括为“天下兴亡，匹夫有责”，用来教导人们要树立天下观念与国家意识。

王夫之(1619—1692年)，字而农，晚号船山，湖南衡阳人，明末清初重要的思想家。青少年时代，王夫之亲历了明朝末年的政治腐朽和社会动乱。二十六岁时，李自成破京，清兵入关，明朝覆亡，王夫之投身反清活动，但南明弘光、隆武、永历三个政权陆续覆灭，他的抗清活动失败，被迫四处流亡，最后隐居山间，致力于著述。王夫之的一生，始终被国破家亡的悲情意识所笼罩，朝代鼎革的时代巨变促使他抱忧患之情，以特有的心灵体悟经典，对儒家文本进行“六经注我”式的诠释。王夫之著述颇丰，主要有《张子正蒙注》《思问录》《尚书引义》《周易外传》《读四书大全说》《读通鉴论》《黄书》《宋论》《春秋世论》《四书训义》《噩梦》《老子衍》《庄子通》等。后人对其著作加以整理汇编，辑有《船山遗书》等。

王夫之生前在清初学术界影响并不大。在现今学术界，王夫之与黄宗羲、顾炎武并称为三大家。但在清初学术界，“三大家”却是指黄宗羲、孙奇逢、李颙。全祖望《二曲先生窆石文》云：“当是时，北方则孙先生夏峰，南方则黄先生梨洲，西方则先生，时论以为三大儒学。”钱穆先生说：“（船山）惜身后湮没不彰，直至晚清始显。”

王夫之晚年隐居湖南衡阳，在山川草莽中辛勤著述，名声不显于外。殁后，又因著述中涉及民族主义的内容较多，“语多违碍”，许多书被列为禁书，如乾隆年间即有《船山自定年谱》《五十自定稿》《五言近体》等九种书被列为禁书。直到同治初年，曾国藩、曾国荃兄弟刊刻《船山遗书》才使王夫之的思想开始广为流传。晚清革命派为了寻求反满的思想资源才大力表彰王夫之的种族思想。1908年（光绪三十四年），清政府以黄宗羲、顾炎武、王夫之为汉人学者所尊，着“从祀孔子庙”。此后，王夫之遂与顾炎武、黄宗羲并称为“清初三大家”。章太炎晚年在《重刻船山遗书序》中称：“明末三大儒，曰顾宁人、黄太冲、王而农，皆以遗献自树其学。”可见，王夫之的历史地位有一个变化的过程。

王夫之的思想主要有以下内容：

(1)崇实致用的学术观

王夫之在明亡后的文化反思中，将批判的矛头对准王学的空疏，大力倡崇实致用的学风。他认为，治学的目的在于阐发治国经世大略，探求得失枢机，而不可沉迷空谈玄妙陋习，背离圣人之道。他认为，朱子理学“以格物穷理为始教”，尤能坚守经世致用宗旨。但朱子后学却沉溺于语录，远离了经世的初衷。朱学的衰落导致了王学的兴起，而王阳明以及其后学的心学实际上是外儒内释的异端之学，他们“诬圣背道”，“废实学，崇空疏”，导致了社会风气的败坏。

王夫之主张，“言天者征于人，言心者征于事，言古者征于今”。他一生为学尤注重实事求是，力戒空谈虚说。王夫之的儿子王敔叙述父亲的为学特点时说：“亡考自少喜从人间问四方事，至于江山险要，士马食货，典制沿革，皆极意研究。读史读注疏，于书志年表，考驳同异，必详慎搜阅之，而更以见闻证之。”可见，王夫之是将经世宗旨付诸实践了的。

王夫之的“经世致用”主张，还表现在他对儒学经典的研究上。王夫之认为，为学应当以发明经典义理为目标，借此来“经世”，成就修身治世的功业。

王夫之尤其注重对史学的研究，认为史学是经世的重要工具。他曾说：“所贵乎史者，述往以为来者师也。为史者，记载徒繁，而经世之大略不善，后人欲得其得失之枢机以效法之无由也，而恶用史为？”在王夫之看来，治史可以明通经世大略，识得治乱根源，为天下提供借鉴。

(2)“理气合一”与“性日生日成”的哲学观

王夫之在理气、道器、能所、知行、动静等问题上，提出了创造性的见解，对理学的本体论、人性论、认识论、辩证法等方面，阐发了开创性的认识。

在理气关系上，王夫之继承和发展了张载的气一元论思想，认为气是宇宙的唯一实体。他说："阴阳二气充满太虚，此外更无他物，亦无间隙。天之象，地之形，皆其所范围也。""散而归于太虚，复其絪缊之本体，非消灭也。聚而为庶物之生，自絪缊之常性，非幻成也。"（《张子正蒙注·太和篇》）气是宇宙万物变化发展的物质实体，天地万物都是由物质性的气构成的，其变化都不过是气的聚散而已。王夫之的气一元论，否定了理学的理本论和心本论的思想。由其气一元论出发，王夫之具体阐释了理与气的关系。他认为，理气相依，理在气中。气者理之依也，理者气之理也。理是气的内在规律，气外更无虚托孤立之理，理与气不可分离："理者理乎气而为气之理也，是岂于气之外别有一理以游行气之中者乎！"

从理气一体的观点出发，王夫之提出了"性日生日成"的发展辩证观。王夫之肯定"气"在人性中的作用，并视"性"为实在的，非先天性的"存有"。因此，"性"也就不是普遍的、抽象的。他提出了"人物有性，天地非有性"的观点，摒弃宋儒"气有不存，性却常在"的认识。他叙述"性"形成的历程说："太虚者，阴阳之藏，健顺之德存焉。气化者，一阴一阳动静之几，品汇之节具焉。乘太虚和气健顺相涵之实，而合五行之秀以成乎人之秉彝，此人之所以有性也。原于天而顺乎道，凝于形气，而五常百行之理无不可知，无不可能，于此言之，则谓之性。人之有性，涵之于心，而感物以通……故由性生知，以知知性，交涵于聚而有间之中，统于一心，由此言之则谓之心。顺而言之，则惟天有道，以道成性，性发知道；逆而推之，则以心尽性，以性合道，以道事天。"

在王夫之看来，人性源于太虚和气的"健顺相涵"，"合五行之秀"而成，也就是说人性源于天，顺乎道，凝于形气，而五常百行之理都内涵于性中。此"气"为动态的、变化不居的、能动的，受此"气"主导的"性"也应当呈现出一种动态的属性。王夫之视"性"为生理，提出了"日生则日成"的观点："天日命于人，而人日受命于天，故曰性者生也，日生而日成之也。"所谓"生"，指的是人的生存与发展的进程，"成"则标识的是性在"气"之作用下的完成状态。"性日生日成"实际上是一种动态进程：首先，"天日命于人"，"无所命，则仁义礼智无其根也"；其次，"人日受命于天"，"方生而受之，一日生而一日受之"。"性"含有生成之理，是逐日生长，逐日形成的。显然，天命也不能仅在人降生的那一时刻授予人。"天且有心以劳于给予"，天并非在人初生时授命于人，而是有一个持续和贯通的过程，并永不止息。这样，"性"日生日成的来源也就解决了。

但是，"性日生日成"并不意味着王夫之在人性论上主张多元化。其实，王夫之在人性论上推崇"性善说"，并在"气化日新"的视域中扩展为"继善成性"论。

在动静关系上，王夫之继承了张载的"一物两体""运行不息"思想，对于事物变化发展的动静关系进行了新的阐释。他认为，运动是事物本身固有的属性，世间万物处在不停的运动之中。他说："阴阳者气之二体，动静者气之二几。体同而用异则相感而动，动而成象则静，动静之几，聚散、出入、形不形之从来也。"（《张子正蒙注·太和篇》）"太虚者，本动者也。动以人动，不息不滞。"（《周易外传》卷六）事物的运动变化即是气的聚散形式，亦是气的固有属性。他认为，动与静是相依而不相离，动而不离乎静之存，静而皆备动之理，动静皆动，静非不动。王夫之指出，动与静是事物变化发展的两种形式，但动是居于主导地位的。由此，他进一步指出了天地事物变化日新的观点，"天地之德不易，而天地变化日新"（《思问录·内篇》）。世间的事物是处于不断变化之中的，没有一成不变的东西。

(3)"必循天下之公"与"严以治吏，宽以养民"的政治思想

王夫之在经历了明清鼎革的社会剧变之后，在反思明朝覆灭原因时，对历代政治得失进行了深刻的探讨，

在此基础上提出了一套社会政治改良思想。

在关于君主权力的问题上，王夫之提出了“一姓之私”与“天下大公”的区别。他说：“以天下论者，必循天下之公，天下非夷狄盗逆之所可私，而抑非一姓之私也。”（《读通鉴论》卷末）又说：“一姓之兴亡，私也，而生民之生死，公也。”（《读通鉴论》卷一七）在王夫之看来，天下并非天子一家一姓的私有，而是天下百姓之公有，故他说：“国祚之不长，为一姓言也，非公义也。秦之所以获罪于万世者，私己而已矣。斥秦之私，而欲私其子孙以长存，又岂天下之大公哉！”（《读通鉴论》卷一）从这一点出发，天子治理天下，不可贪求一姓之私利，而应循从生民之公义，“不以一人疑天下，不以天下私一人”（《黄书·宰制》）。

在“循从天下大公”的基础上，王夫之还是主张维护君主专制制度。他认为，如果不能保证君主的尊贵地位和统治管理，天下就会出现混乱。故他说：“天子之下至于庶人，无堂陛之差也，于是乎庶人可凌躐乎天子，而盗贼起。”（《读通鉴论》卷八）也因为如此，王夫之对于那些违背等级秩序、篡夺天下之权的行为是坚决反对的。

王夫之在对明朝覆灭的反思中，深刻地认识到了民众在国家兴亡中的重要作用。他认为明朝官吏对民众的残酷剥削，是明代社会动乱出现的原因之一。为此，他提出了“严以治吏，宽以养民”的主张：“严者，治吏之经也；宽者，养民之纬也；并行不悖，而非以时为进退者也……故严以治吏，宽以养民，无择于时而并行焉，庶得之矣。”（《读通鉴论》卷八）

明末清初的三大思想家，都主张“经世致用”，都针对社会弊端提出了一系列救治方案，他们对经学的倡导、对专制制度的批判对后世产生了深远的影响。黄宗羲、顾炎武、王夫之因而也被称为清初启蒙思潮的代表人物。

（雷平）

# 34.《明儒学案》《宋元学案》与中国古代学术史的成熟

中国学术史著述形式的源头，一般要追溯到先秦诸子对当时学术的分类与描绘，《庄子·天下》《荀子·非十二子》及《韩非子·显学》等是其中的代表作品。但从学术史著述的角度看，这些史论还有其不完备之处，只能称作“学术史的嚆矢”。自秦汉以降，这种对学术的总结与归纳基本上归属于正史“儒林传”和传统目录著作了。作为正史之首——《史记》中的许多“世家”“列传”，尤其是《儒林列传》，曾被学者视为学术史的雏形，但这些篇章用今天的眼光看，不能称为学术史。而传统目录著作尽管具备“辨章学术，考镜源流”的功能，在某一方面确实兼具了学术史的使命，但目录书与学术史著作毕竟有所区别，因为目录著作的研究对象是图书，其主要任务是部次甲乙、条别异同、推阐大义、疏通伦类，将“辨章学术，考镜源流”的宗旨深蕴其中，使人即类求书，因书究学，故而学术史在唐宋以前还没有形成独立的学术门类。唐宋以降，佛教大倡，出现了诸如《高僧传》《景德传灯录》等“类传体”“灯传体”佛教史籍。它们在编纂体式上，直接启迪了宋元明时期儒者对学术史的编纂。南宋朱熹变通史籍中的“儒林传”，合本传及相关资料为一体而撰成《伊洛渊源录》14 卷，标志着专门学术史编纂体裁的初步形成。但该书主要是将现成的传状、年谱、祭文、奏疏等纂辑在一起，作为学术史的专门著作，其编纂体例还不算完善。自明中叶到清初，此类著作纷至沓来，如周汝登的《圣学宗传》、孙奇逢的《理学宗传》等，他们对黄宗羲的学术史著述活动有着直接的影响。但这些书籍无论是在编纂体例上，还是在著述宗旨上，都没有从根本上突破《伊洛渊源录》的樊篱。以《理学宗传》为滥觞，清初编纂学术史的风气蔚然兴起，如汤斌的《洛学编》、魏一鳌的《北学编》、黄宗羲的《明儒学案》、熊赐履的《学统》等接踵而至，其中独有《明儒学案》取材精审，体例谨严，堪称真正的“为学作史”。《宋元学案》一沿《明儒学案》体例，更臻于完善：一是著术宗旨不定一尊，网罗各家各派集于一书；二是百卷《序录》，提纲挈领述说学派特征，阐述师承流别，有“开宗明义”的优点；三是“学案表”的创立，评列案主及其师友弟子，以明思想渊源由来。如上三端，表明《宋元学案》比《明儒学案》更加进化了。可以说，《明儒学案》和《宋元学案》标志着中国古代学术史研究的完善与成熟。

《明儒学案》62 卷，黄宗羲撰。黄宗羲（1610—1695 年），字太冲，号南雷，明末清初浙江余姚人，学者称南雷先生或梨洲先生。一生以“丙申”（1656 年，顺治十三年）为界大致可以分为两个时期：前期主要从事反阉、抗清等政治活动，后期则潜心研究学术。黄宗羲是清初思想界“三先生”之一，所著《明夷待访录》系统总结了作者的社会政治思想，后人称其富有民主性，闪烁着批判封建主义的思想光芒。同时，他对经学、史学、天文、历算等均有较高的造诣，尤重经史之学。主要学术著作有《易学象数论》《南雷文定》《诗案》《明文海》《明儒学案》《宋元学案》等。

《明儒学案》成书于 1676 年（康熙十五年）以后。著者不满于此前关于明代学术史的相关著作，他在《明儒学案·发凡》中说：“从来理学之书，前有周海门《圣学宗传》，近有孙钟元《理学宗传》，诸儒之说颇备。

然陶石篑《与焦弱侯书》云：‘海门意谓身居山泽，见闻狭陋，常愿博求文献，广所未备，非敢便称定本也。’且各家自有宗旨，而海门主张禅学，扰金银铜铁为一器，是海门一人之宗旨，非各家之宗旨也。”于是，广泛搜采明代儒学各家的行状和学说，撮其要点，分列学派，撰成《明儒学案》。共立十七学案，述评学者202人。学案之外，另有《师说》一篇，取材于其师刘宗周之《皇明道统录》（已佚），置于卷首，意在表明是书编修有所师承。书末又有《附案》一篇，记应典、周莹、卢可久、杜惟熙及颜鲸5人。全书在各学案前均冠以简短的叙论，对本学案作简括的介绍说明，随后分列本案各学人，并依次叙述他们的传略。在各叙传中，除介绍著者生平外，还扼要介绍其学术观点，并加以评析。同时，节录归纳各学者的重要著作或语录，列于叙传之后，为读者提供了解各家学术见解的具体资料。

黄宗羲在世时，《明儒学案》即有许氏（酉山）刻本、万氏（贞一）刻本和贾氏（醇庵）刻本流传，其中万氏刻本在十七学案的排列次第上与原本相合，而在北方流传最广。为《四库全书》所采的贾氏刻本则多所有动，有违著者本意。综观全书所列十七学案，约略可以分为三个时期：第一，明初九卷，以程朱之学为主，陆象山之学为次，故先立崇仁、白沙两学案。著者以崇仁吴与弼为有明一代学术思想的先导，上承宋人成说，有继往开来之功，故列《崇仁学案》于首位。第二，中期专述王学，首立《姚江学案》，叙述此学派创始人王守仁的学术思想，以下依次分立浙中、江右、南中、楚中、北方、粤闽各学案，前皆冠以“王门”二字，以见其传授之系统。止修、泰州、甘泉三学案虽皆出王学，但各有不同宗旨，故别立学案，以示区别。第三，末期立东林、蕺山两学案。东林以顾宪成、高攀龙为首，蕺山则列黄宗羲本师刘宗周。此外，在中期和末期之间，特立《诸儒学案》，以兼赅尚未归入上述学案的其他学者。综观整个编排次序，完全按有明一代理学发展的脉络趋势而定，明代三百年学术流变的主要线索于此了然可见。

《明儒学案》重在辨析明代儒学各派的源流演变和思想特点，旨在为该时期的学术思想史作一全面总结，其中贯穿着兼综百家、网罗文献、和会学术异同、提倡学术创新的治学精神。所谓兼综百家，是指《明儒学案》的编纂，凡属儒家内部各派，不论其学术的倾向性，均兼收并蓄，分别立案，力求反映明代学术思想史的全貌，而并非以王学的是非定其取舍，卷四十二至卷五十七《诸儒学案》的设立便很能说明这一问题。所谓网罗文献，是指《明儒学案》辑录明代学者的思想资料，谨防其偏，务求其全，以反映其人一生之精神。所谓和会学术异同，是指《明儒学案》对于儒学内部各派采取居中持平的态度，力戒党同伐异的门户之见。比如对于宋明学术异同的论辩，著者称：“宋儒学尚分别，故勤注疏；明儒学尚浑成，故立宗旨。然明儒厌训诂支离，而必标宗旨以为的，其弊不减于训诂。道也者，天下之公道，学也者，天下之公学也，何必列标宗旨哉！”（《卷十五・胡瀚本传》）所谓提倡学术创新，即指著者提倡独立思考，反对经学教条的束缚，著者以为：“学问之道，以各人自用得著者为真。凡倚门傍户，依样葫芦者，非流俗之士，则经生之业也。此编所列，有一偏之见，有相反之论，学者于其不同处，正宜著眼理会，所谓一本而万殊也。以水济水，岂是学问！”（《明儒学案・发凡》）此外，从历史编纂学的角度看，《明儒学案》在体例上也体现着一种创新精神，作为学案体的断代学术史，此书在资料收集的完备、案卷编排的严密和论断的精当等方面，都远在此前诸传统学术史之上，可谓集前此诸传统学术史之大成。

黄宗羲《明儒学案》的编纂，基本上能做到反对宗派，不立门户，客观反映有明一代的学术流变。但因其“党人之习气未尽”及“文人之习气未尽”，故而做得尚不彻底。比如对当时有些重要的学者或思想家如王世贞、李贽等，应当立案而未立案；对抨击封建礼教的思想家如颜钧、何心隐等，也只是在《泰州学案》的叙论中提及。同时，著者在书中表现出“崇王抑朱”的学术倾向，立案诸人，无论从内容上还是从篇幅上，都明显以王守仁之学为中心。反映王学的除《姚江学案》外，还有《浙中王门学案》《江右王门学案》《南中王门学案》《楚中王门学案》《北方王门学案》《粤闽王门学案》，属王学而稍有变化的有《止修学案》《泰州学案》等，占全书篇幅的一半以上。王学的一大特点即是反对绝对权威，强调个人的主观能动性，这在当时为朱子哲学所禁锢的思想界一新耳目，客观上起到了解放思想的作用，从而在明代发展成为声势较大的学派，对朱学形成了巨大冲击。如此说来，《明儒学案》的这种布局固然不排除黄宗羲本人的学术倾向以及他思想上和王守仁学派的渊源关系，但确也在一定程度上客观勾画出了有明一代学术思想演变的轨辙。

从学术史的角度审视，我们不难发现，晚明以来研究学术史的学者中，识见卓异者不乏其人，他们虽然很少正面批判封建道统学说，却能在自己的论著中挣脱封建道统学说的束缚，实事求是地对某一时代的学术流变给予评述。这方面成绩最著者无疑当推黄宗羲。他独立撰写的《明儒学案》及由他发凡起例、其子黄百家、私淑弟子全祖望等合力完成的《宋元学案》，是中国最早、最系统的形态成熟的学术史专著。这两部著作在著述上不定一尊、不拘一格，一洗韩愈、朱熹等人在学术统绪上涂抹的神秘主义色彩，着力于明代及宋、元时期各学术派别的考辨，对其产生和发展从人文地理、生平著述等方面进行介绍分析，尤其注重师生授受对学术派别延绵、变易的影响，并有意陈列“一偏之见”“相反之论”，使“学者于其不同处，正宜著眼理会”，并“为之分源别派，使其宗旨历然”。这就把学术流变的考察置于理性主义的基础之上。而尊重中国学术的多元潜质，敢于穷原竟委，博采兼收，正隐约预示着挣脱学术大一统枷锁的时代趋势。这是近代学者梁启超等人在研究中国学术史时，格外看重黄宗羲并编《节本明儒学案》以求推广的缘故所在。

20 世纪初，《明儒学案》有中华书局《四部备要》本、商务印书馆《国学基本丛书》本、世界书局《四朝学案》本。1985 年中华书局再版此书，由沈芝盈先生点校，是目前较为通行的本子。

《宋元学案》100 卷，黄宗羲原著，全祖望补修。全祖望(1705—1755 年)，字绍衣，一字谢山，清代浙江鄞县人。黄宗羲的私淑弟子。1736 年(乾隆元年)进士，曾主讲蕺山端溪书院。学问渊博，尤专史学。补辑《宋元学案》，又曾七校《水经注》，三笺《困学纪闻》。所著诗文结集为《鲒埼亭集》。

《宋元学案》是黄宗羲在完成《明儒学案》之后，假其余勇，奋力发凡起例而成的更大规模的又一部学术思想史力作。两部学案交相辉映，成为清初总结性学术史的集大成著作，尤其是《宋元学案》，更是代表了中国传统学术史的最高成就。该书自发凡草创到梓行于世，历经近 200 年，其历时之久长，过程之复杂，在学术史上实属罕见。黄宗羲自 1676 年(康熙十五年)开始草创此书，至临终前完成约三分之一，其子黄百家、私淑弟子全祖望相继增补，至全祖望去世前一年告大体完成。刚刚付梓，全祖望因病去世，刊刻因而终止，后稿本流落于门人卢月船手中，藏于卢氏前后达 80 年。后稿本又归黄宗羲六世孙黄徵，七世孙黄直垕将其编为 86 卷，但未付梓。又于道光年间流入浙江学政陈少宗手，鄞县人王梓材和慈溪人冯云濠受督学何凌汉委托访得此本，并按全祖望百卷序录“合而定之，整比伪舛，修辑缺遗”，编为 100 卷，然未及印刷，版片毁于鸦片战争兵火。何凌汉之子何绍基复与王、冯重订补校，再刊于京师，又遭火毁。直至 1879 年(光绪五年)张汝霖组织力量，按何氏原版翻刻于长沙，始成通行百卷定本《宋元学案》。该书起初称法不一，或称《宋儒学案》，或称《宋元儒学案》，或以《宋儒学案》《元儒学案》分称。直至道光年间，王梓材、冯云濠校订此书时，鉴于全祖望“所定《序录》，自宋及元，合为百卷”，才合称《宋元学案》。综上所述，这部巨著非出自黄宗羲一人之手，也非成于一时，而是经由黄宗羲、黄百家、全祖望、王梓材、冯云濠等一批学人前后相继、生死以之、合力完成的。黄宗羲尽管未最终完成此书，但由其发凡起例，奠定规模，使后继的续修工作有章可循，功绩当列第一。

具体说来，全祖望对该书所做的补修工作大致分为修定、补本、补定、次定四种。修定，是指对黄氏原稿有所增删；补本，是指原稿未载的人物，全氏补载并为之设立专门学案，如关于司马光、王安石以及三苏的《涑水学案》《荆公新学略》《苏氏蜀学略》等；补定，是指有些人物原稿已载，但仅附见于别人的学案中，全氏将他们分出来单独为之立案，如关于叶适、陈亮的《水心学案》《龙川学案》等；次定，是指有关几个重要人物，即邵雍、周敦颐、二程、张载、朱熹六人的学案，原稿只有一卷，全氏分为二卷。此外，全氏为全书增定序目，补撰百卷学案《序录》，补编各学案的师承传授表。《序录》犹全书纲领，对每一学案的学术源流、师承关系、立案宗旨多所揭橥，是《宋元学案》的点睛之笔。在学术史中设"表"，是全祖望的首创。通过它，使人能一目了然地看清案主的前后左右关系，可谓"揽万里于尺寸之内，罗百世于方册之间"。全氏还考订史实以补黄氏原本之不足，譬如林光朝，原本以为其学传自尹焞。经考证，认为本于尹焞者少，而本于王苹者多，"实先槐堂之三陆而起"。而王、冯二人的校定贡献则在于：第一，本着客观的态度校理此书，尽量保持该书原貌，在此基础上又对原本进行了大量的重新编排和组合；第二，依据全祖望的百卷《序录》，对原书所涉人物做了大量的"补传"工作。

全书共100卷，分立91个学案，其中涑水、百源、濂溪、明道、伊川、横渠、晦翁、水心、沧州诸儒等九个学案分上、下卷；最后五卷为两个党案(《元祐党案》《庆元党案》)和三个学略(《荆公新学略》《苏氏蜀学略》《屏山鸣道集说略》)。每一学案内部按如下顺序安排：学案表—序录—案主本传—对案主文集、其他著述、言行、时人评论等资料的纂要勾玄—为案主的学侣、同调、门人、私淑、家学等立小传并辑录选编其著述、时人评议等资料。1986年中华书局出版此书，由陈金生、梁运华先生点校，以龙汝霖本为底本，用中国社会科学院所藏何绍基本及《四部备要》本通校，并参校《万有文库》本和《四朝学案》本，是目前通行的本子。

由明儒及于宋、元，是黄宗羲进行传统学术史研究的理路。因此他在1676年(康熙十五年)完成《明儒学案》后，又于1686年(康熙二十五年)，以77岁的高龄，拖老病之躯毅然开始了《宋元学案》的编纂。宋明学术以理学为主体，黄氏两部学案就是以理学的产生、形成、发展和演变为主线来为宋明学术修史的。就《宋元学案》而言，对宋元学术的总结：

首先表现为对这一时期理学发展全过程的总体把握及其渊源流变的系统辨析。该书认为，宋元时期理学的发展，可以分为发端、确立、传衍、分派、合流等阶段。从时间上讲，北宋初为发端期，北宋中是确立期，北宋末至南宋是传衍、分派期，元代则是理学内部朱学与陆学的合流期。在许多学术问题的剖断上，表现出著者深邃的学术眼光。譬如关于理学的发端，此前学者皆以濂溪周敦颐为开端。《宋元学案》则认为宋代理学当推源于胡瑗与孙复，故称："宋世学术之盛，安定(胡瑗)、泰山(孙复)为之先河。"又称："宋仁之世，安定先生起于南，泰山先生起于北，天下之士从者如云，而正学自此造端矣。"

其次，《宋元学案》对宋元学术的总结表现在对这一时期重大理学论争的综合分析上。比如始于1175年(淳熙二年)鹅湖之会的"朱陆异同"辨，自宋至清，未尝止息，或强调二家学说之异，或突出二家学说之同。黄宗羲对朱陆学术的异同作了比较和分析，表现出调和的态度。他认为朱陆学术虽然有异，但并不互相排斥，只是其始异，其终则同。他还认为二家学术只是为学的次序先后或治学路径的出发点不同，而两家的学术宗旨则在本质上是一致的，均"无有悖于圣人"。

《宋元学案》继承并发展了《明儒学案》的编纂体例，特别是在学术史批评方法上更加完善，也有所创新，直到今天，对我们著述学术史仍具有重要的参考价值。

首先，对宋元学术思想的宏观把握，这种宏观意识集中表现于对宋元各学术流派的兼收并采。著者在书中除对占宋元学术主流的理学作了详尽论述外，对一些学术支脉如以陈亮、叶适为代表的永嘉事功之学，以王安石为代表的新学，以苏氏父子为代表的蜀学等也作了勾勒和描绘，展示了一幅宋元学术文化全方位的画卷。因此我们可以说《圣学宗传》《理学宗传》“宗旨杂越”“扰金银铜铁于一器”，也可以说《明儒学案》“实不啻王氏学案”，但我们不可以说《宋元学案》是理学学案，我们认为它是一部真正意义上的宋元学术思想史。

其次，对宋元学术思想品评的客观态度。该书在品评学术人物时，注意从正反两个方面进行评价，使人获得较为客观的认识。品评学术务求实际，努力摆脱门户之见，一方面尽可能做到不依门傍户，对各学派及其材料遍加搜讨；另一方面在对某一学人进行评价时，不拘泥于一家之说。梁启超也认为《宋元学案》优胜于《明儒学案》，其中一点就是“不轻下主观的批评。各家学术为并时人及后人所批评者，广搜之以入‘附录’，长短得失，令学者自读自断，著者绝少作评语以乱人耳目”(《中国近三百年学术史・八》)。

当然，在搜采资料方面，该书有失之过繁之处，如《涑水学案》中全采《潜虚》之文，《百源学案》中全采《皇极经世》之文等。书中也偶有史料错讹、年代颠倒之误，如朱陆“鹅湖之会”本当在1175年(淳熙二年)，白鹿洞讲学当在1181年(淳熙八年)，太极之辩则当在1188年(淳熙十五年)，黄宗羲将年代次序颠倒，全祖望在修补时亦未更正。因全祖望未及修改定编即去世，故而书中存在此类问题也是在所难免的。

简言之，以《明儒学案》《宋元学案》为代表的“学案体”学术思想史著作，是黄宗羲、全祖望等对传统的继承和创新的结果。他们继承了先秦诸子、正史传记、传统目录著作、相关政书以及宋元明诸学人对学术流别的追溯考辨，对学派特征的参酌比较，对学术思想资料的提要钩玄，对学术人物生平、学风的精到概括等优良传统；同时吸收佛教史籍的编纂特征，创立了全新的著作体例，确定了高出前人的著述宗旨，纂成了真正意义上的学术史著作。梁启超称：“中国有完善的学术史，自梨洲之著学案始。”(《中国近三百年学术史・五》)《明儒学案》《宋元学案》这两部学案的问世，标志着学案体的学术史这一传统形式的最终确立，在中国历史编纂学的发展史上具有里程碑的意义。从此以后，中国学术史最终摆脱了对其他学术门类的依附，拥有了自己独立的新天地。

(周春健)

# 35. 明末清初传教士来华及与中国士人的交往

明末清初的两百余年间(16 世纪 80 年代—18 世纪末)，中国历史上出现了一次大规模的中西文化交流。这次文化交流的规模、范围和程度都远远超过了魏晋时期佛学的盛行和隋唐时代的外来文化，形成了第一次中西文化交流的高潮。在这次空前的文化交流中，来自欧洲的传教士充当了桥梁和纽带作用。

14 世纪在欧洲兴起的文艺复兴和 16 世纪的宗教改革使基督教的发展出现了重大转折。罗马天主教在欧洲势力锐减，不得不向外发展，谋求复兴。而新航路的开辟和西方国家殖民事业的开展，点燃了传教士们海外传教的热情，他们一心要把福音传到天涯海角。“以护教为心，崇教为念，苟奉谕旨，地不分遐迩，人不论文蛮，万里长征，片时无缓。”为了争取更多的人类灵魂皈依上帝，传教士们当然不会忘记中国——马可·波罗笔下黄金满地的东方大国，并期望能把这个泱泱大国发展成为上帝的信仰区域。1552 年，他们开始到中国传教。在此后的近两个世纪中，来华的传教士众多。据费赖之《在华耶稣会士列传及书目》所载，有名有姓者就有 467 人，而荣振华《在华耶稣会士列传及书目补编》中则有 920 人。在来华的各派传教士中，比较著名的有意大利的利玛窦、熊三拔、艾儒略，德国的汤若望，比利时的南怀仁，法国的金尼阁、白晋等。这些传教士大多是受过西方科学文化熏陶的知识分子，能够把欧洲文艺复兴时期发展起来的科学文化介绍给中国，并能较快地把他们在中国的所见所闻和学到的文化精华传回欧洲。

利玛窦(Matteo Ricci，1552—1610 年)，意大利籍耶稣会士(天主教的一个教派)，是所有来华传教士中最为著名也是最有影响力的一位。1582 年(万历十年)，利玛窦来到澳门。1583 年(万历十一年)，他到肇庆传教建堂，为了适应中国的社会风俗，他身着僧衣，自称西僧。在肇庆期间，他延揽宾客参观其绘制的《山海舆地图》和仿制的地球仪、日晷等，为时人所重。1589 年(万历十七年)利玛窦移居韶州，延师讲授“四书”，并于 1594 年(万历二十二年)初将此书译成拉丁文。这是《四书》最早的外文译本。利玛窦深感僧人的社会地位不及儒生，于是主张弃僧服，换儒装，扮西儒。1595 年(万历二十三年)，他自韶州北上，定居江西南昌，结交儒士、官员、皇族，谈论天文、地理、哲学。1597 年(万历二十五年)，他被罗马教廷任命为中国耶稣会会长。次年，利玛窦以进贡方物、协助修整历法为由，随进京复职的礼部尚书王忠铭北上，第一次来到北京。后因未获准在京居留，随即南返。1599 年(万历二十七年)定居南京，与达官名人相交往，结识李赞、徐光启等。1600 年(万历二十八年)，利玛窦再度以进贡方物的名义北上。次年，获准向明神宗万历皇帝朱翊钧进贡天主图像、天主母像、天主经、珍珠镶十字架，以及报时鸣钟、万国图志等。1601 年(万历二十九年)，利玛窦再次入京，并获得在北京长期居留的许可，打破了明王朝延续了两百年的“不准外国人在京居住”的律法，而且还破例享受到朝廷颁发的俸禄。利玛窦从 1601 年(万历二十九年)进入北京，到 1610 年(万历三十八年)去世，这十年是他事业的黄金时期。利玛窦可以称得上是中西文化交流，乃至近代以来整个中西文化交流的奠基性人物。在中国活动的 28 年里，他使中西文化和宗教真正相遇，使双方的思想都发生了重大的变化。

利玛窦认识到用武力传教的方式对中国这样一个文明古国是不可能的。于是，他针对中国科学技术落后的弱点，开始广为传播各种科学技术知识，使科学技术成为“使士大夫阶层吞食鱼钩的一种诱饵”。这样，“以学术收揽人心”作为一种策略确定了下来。利玛窦是第一个将西方的天文学、数学等西学知识传入中国的人，《四库全书》的编纂者称其为“西学传入中国之始”。利玛窦和徐光启所翻译的《几何原本》在中国产生了重大的影响。利玛窦所绘制的《万国舆图》更是受到了许多人的喜爱，明清间先后被翻刻了十二次之多，乃至万历皇帝也把这幅世界地图做成屏风，每日坐卧都要细细端看。虽然利玛窦所介绍的西方科学知识并不是当时世界上最先进的理论，就其本质来说，谈不上具有什么鲜明、完全的近代化色彩，但这些科学知识蕴含着西方的宇宙观、哲学观、世界观以及逻辑思维方法，对于中国来说完全是新鲜的。利玛窦以科学技术为立足点的学术传教策略，与“经世致用”观点合辙相吻，得到一部分士大夫的认可和接受，并被众多来华的传教士所继承和遵行。从利玛窦入华，到清中期禁教时为止，在华活动的耶稣会士大约有700人，来自欧洲十几个国家。他们著书、译书，传播西方文化，其数量达437部，其中宗教书籍251种；人文社科类55种，包括哲学、伦理、教育、地理和语言文字等；自然科学131种，包括数学、天文、物理、地质、生物、医学、军事等。这些来自西方的文化书籍打开了中国学术界和思想界的视野，为“西学东渐”起到了积极的作用。

在向中国介绍西方科学技术的同时，传教士们也将大量的中国书籍翻译后传回了欧洲。利玛窦第一次把“四书”译成拉丁文并加以注释寄回本国，引起了西方对中国文化的关注。自利玛窦始，二百年间来华的传教士通过与欧洲的书信和著书译书，把中国文化介绍到西方。法国耶稣会士金尼阁则是第一个将“五经”译成拉丁文。《论语》《道德经》《诗经》《书经》《礼经》《孟子》《中庸》《大学》等中国典籍都有西方语言的译本。为了更深入地了解中国，西方传教士们编译了大量有关中国历史方面的著作，如宋君荣的《大唐史纲》《蒙古史》，白晋的《康熙帝传》等。在路易十四敕令下由比利时传教士柏应理主持编译的《中国之哲人孔子》，把中国描写为先进文明的理想国，更尊孔子为“天下先师”，这在当时的法国掀起了一股中国热。此外，传教士还把他们在中国传教过程中所写的日记和书信汇集成书，在欧洲各国公开发行，如利玛窦的《基督教远东传教史》在欧洲出版后产生了很大的影响。传教士把中国的经籍和儒学传入西方，引起了欧洲学者对中国思想文化的极大兴趣。法国的伏尔泰则高举起孔子的仁爱旗帜，批评西欧中世纪文化的落后性。莱布尼茨在中国哲学的自然理性中找到了走出神学的主要依据……虽然传教士们对中国文化的传译难免有讹误之处，但这并没有影响西方对中国有了进一步的认识，以及中西文化交流的进行。

在中国这样一个文明大国，作为占主导地位的社会思想的儒家文化已深深植根于人心之中，外来宗教和文化是很难轻易地传入中国并站稳脚跟的。利玛窦意识到，在古老的东方大国能否有效地传教布道，先决条件在于精通中国语言以及风俗民情，采取适合中国国情的传教方式，也就是入乡随俗。因此，他刻苦学习中国语言和文化，潜心钻研儒家经典。他了解士大夫在中国社会的地位和影响，为了博得他们的信任，他穿儒服，带儒帽，无处不显示出他对中国文化的尊重。在深入研究儒家思想的基础上，他积极寻找基督教与儒学的相同点、近似点，将天主教的宗教教义与儒家理论进行比附、调和，试图说明二者之间本是同宗同祖、根源相通的。他不仅高度评价了儒家的哲学思想和伦理道德观念，而且给西方的“神”披上了儒家“天”的外衣。利玛窦一改以往消灭“异教”的做法，从学习中国文化着手，取得了非常好的效果。儒学本身就具有很强的包容性，当一种平等友好的气氛产生时，中西文化交流就很容易发生了。这种相对宽容且明智的态度无疑会使自幼接受了正统儒家教育的士大夫感到异质文化对中国传统文化的尊重，许多士大夫钦佩利玛窦的学识，视其为西儒，并称其为利子、西泰子，非常乐于与他交往。从利玛窦开始，传教士来华的第一件事就是学习中国语言和文化，这对明末清初的中西文化交流产生了重要影响。明清之际在华传教的耶稣会士基本上一直坚持利玛窦附儒合儒的路线。

在利玛窦之后，耶稣会在华传教士中影响最大的是德国人汤若望和比利时人南怀仁。汤若望 1622 年(天启二年)到中国，先后在北京、西安等地学习和传授教义。明末曾参与修历工作，并帮助明政府铸造西式火炮。清初因所编历法测时准确，得到顺治的信任，出任钦天监正。南怀仁为中国制造天文仪器，督造西方新式大炮以平定三藩之乱。由于这些功绩，他升任太常寺卿和工部右侍郎。1676 年(康熙十五年)，南怀仁出任耶稣会中国教区副区长，在他的积极推动下，法国国王路易十四相继派遣大批传教士来华。

明末严重的政治、经济危机刺激了士大夫阶层中有识之士的意识转型愿望。一些爱国有为之士，目睹国家面貌日非，不甘心随波逐流，空谈心性。他们希望“率天下之人而归于实用”，提倡务实风气，以求经世致用。通过与利玛窦等西方传教士们的接触，他们认为传教士们“大都聪明特达之士，意专行教，不求禄利，其所著作，多华人所未道”。此外，清初统治者一定限度内的开明政策，又为西学的输入提供了难得的契机。在利玛窦等传教士的影响和帮助下，明末清初出现了一批既精通儒家文化又掌握西方科学的士大夫。其中，最为著名的当属徐光启。

徐光启(1562—1633 年)，字子先，号玄扈，教名保禄，上海人。1596 年(万历二十四年)，徐光启在广西韶州的天主教堂见到了传教士郭居静，初次听到了西洋科学。这是徐光启“初次和神父们结识，也正是在这里他第一次礼拜了十字架”。1600 年(万历二十八年)，徐光启到北京应试，途经南京，拜访了利玛窦，与之谈论西方科学和宗教。1603 年(万历三十一年)，徐光启再次来到南京，此时利玛窦已经北上，传教士罗如望接待了他，并送给他《天主教要》和《天主实义》两本书。徐光启“于邸中读之，达旦不寐，立志受教”。经过数日观教礼、考道义之后，徐光启由罗如望施洗入教。1604 年(万历三十二年)，徐光启考中进士，日后仕途显达，历庶吉士、擢礼部高官直至内阁大学士。

在北京，他向利玛窦学习天文、历算、火器。他认为：“泰西之学，大者修身事天，小者格物穷理，都有可以师法之处。”他与利玛窦合作翻译了《几何原本》，从此以具有严密公理体系的《几何原本》取代了面向实用计算的《九章算术》的经典地位，它是对中国传统数学的革命。作为一位具有强烈近代意识的科学家，徐光启当时就乐观地估计，“窃意百年之后必人人习之，即又以为习之晚也”。他还提出“先行会通，进而超胜”，即分两步赶超西方的长远规划，为此他参与翻译西方的水利、农业、天文、数学等方面书籍。他主张将西学与中学“推求同异”，“参核互证”，“合通归一”。他设想在了解和掌握西学的基础上，超过西方学术水平。

自 1629 年(崇祯二年)始，徐光启主持西局，督领修历，他借机邀请传教士龙华民、邓玉涵、罗雅谷、汤若望等入京参加修历，并对他们格外关照。在去世前一天的上疏中，他还为传教士请功：“如远臣罗雅谷汤若望等，撰译书表，制造仪器，算测交食躔度，讲教监局官生，数年呕心沥血，几于颖秃唇焦，功应首叙；但远臣辈守素学道，不愿官职，劳无可酬，唯有量给无碍田房，以为安身养赡之地，不惟后学攸资，而异域归忠，亦可假此为劝。”

作为名声显赫的士大夫，无论是在朝为官还是回乡暂住，无论教会是受到朝廷优待还是打压，徐光启始终是一位虔诚的教徒，并且为宣传教义、维护教会尽心竭力。1604 年(万历三十二年)，刚入教不久的徐光启为参加会试来到北京，他“到达后的第一要务就是来拜访教堂，行忏悔礼以及领圣餐”。据记载，在他自己的经堂里，他每天在十字架受难像下祈祷半小时。他还抓住一切时机向身边的人传教，在他的影响下，家人及部分亲友先后受洗入教。1616年(万历四十四年)，南京礼部侍郎沈漼上疏反对天主教，请逐西教士。徐光启在《辩学章疏》一文中，以身家性命担保，为教会及教士辩护。由于对天主教的虔诚信仰和对传教士活动的支持与保护，徐光启受到传教士的高度赞扬，在当时的欧洲亦有一定的名气。耶稣会士柏应理在《徐光启行略》中写道："现在西国，大圣父与国王及公卿士庶，无不称赞中国之徐公，诚心恭敬天主，著书立行，德高业盛，真为天学干城，国家桢干。"

除徐光启外，李之藻是另一位与西方传教士交往甚笃的士大夫。李之藻(1565—1630年)，字振之，又字我存，号凉庵居士、存园寄叟等，浙江仁和(今杭州)人。1598年(万历二十六年)中进士，先后任南京工部营缮司员外郎、福建学政、工部分司、州知府、南京太仆寺少卿、河道工部郎中、广东布政使、光禄寺少卿等职。1601年(万历二十九年)，利玛窦获准留京后，两人开始了密切交往。李之藻向利玛窦学习西方科学，利玛窦向李之藻讲授天主教义。李之藻与利玛窦合作，翻译了《几何原本》《同文算指》等科学著作和《名理探》等逻辑学著作。1610年(万历三十八年)，李之藻在北京身染重病，危在旦夕，且当时只有他孤身一人在京，无家眷伺候。幸得利玛窦的精心照料，才转危为安。经此一役，李之藻认为"此后有生之年，上帝所赐，应尽为上帝用也"。遂于病愈后不久，受洗加入了天主教。1611年(万历三十九年)，李之藻父亲病逝，其遂告假回乡(杭州)，并邀请传教士郭居静、金尼阁与他同去杭州开教。是年五月八日，郭居静、金尼阁在杭州城内李之藻居所举行了第一次弥撒，杭州自此开始了天主教的传教活动。

在徐光启和李之藻等知名士人的积极倡导下，明清之际的中国社会出现了一批乐于了解和学习"西学"的思想家和科学家。72岁高龄的李贽曾与利玛窦相见，试图从天主教的教义中汲取人类天赋平等的思想。方以智与汤若望交往频繁，多次与之探讨天文学，他在会通中西的基础上，提出"质测即藏通几"的科学哲学观。此外，王夫之反对"华夏中心说"，提出"文化中心多元论"和"文化中心转移说"。黄宗羲在中国历史上第一次提出了类似孟德斯鸠所表述的权力制衡思想和民本思想，都与当时传教士介绍的西方学说有着密切联系。从文化发展的角度来看，士人与传教士的交往对中华文化的发展产生了不可忽视的影响。梁启超在《中国近三百年学术史》一书中对此作了深刻剖析："明朝以八股取士，一般士人除了永乐皇帝钦定的情况外，几乎一书不读，学界本身本来就像贫血症的人衰弱得可怜……利玛窦、庞迪我、熊三拔、龙华民……艾儒略、汤若望等，自万历末年至天启、崇祯间先后入中国。中国学者如徐文定(徐光启)、李凉庵(李之藻)都和他们来往，对于各种学问有精深的研究……在这种新环境之下，学界空气当然变换。此后，清朝一代学者对于历算学都有兴味，而且最喜欢谈经世致用之学，大概受到利、徐诸人的影响不少。"

明末清初西方传教士来华，不仅将西方的科学文化知识输入中国，使中国的士人对"西学"有了初步的了解和认识，而且还将中国悠久的文化思想传回了欧洲，引发欧洲呈现了"中国热"，推动了思想启蒙运动。徐光启、李之藻为代表的中国士人与利玛窦、金尼阁等传教士的交往促进了中西文化的互摄互融，对中国和欧洲社会的发展进步产生了积极的推动作用。英国学者李约瑟在《中国科学技术史》中评价道："在文化交流史上看来没有一件事足以和17世纪耶稣会教士那样一批欧洲人的入华相比，因为他们充满了宗教热情，同时又精通那些随欧洲文艺复兴和资本主义兴起而发展起来的科学……即使说他们把欧洲的科学和数学带到中国只是为了达到传教目的，但由于当时东西两大文明仍互相隔绝，这种交流作为两大文明之间文化联系的最高范例，仍然是永垂不朽的。"

(周凯)

# 36. 儒家典籍的西传及对欧洲启蒙运动的影响

儒家典籍又称儒家经典，是儒家学派的典范之作，被世人奉为“经”，受到历代帝王的推崇，主要指十三经，同时也包括历代儒家学者的评注和解说。十三经是儒家文化的基本著作，就传统观念而言，《易》《诗》《书》《礼》《春秋》谓之“经”，《左传》《公羊传》《穀梁传》属于《春秋经》之“传”，《礼记》《孝经》《论语》《孟子》均为“记”，《尔雅》则是汉代经师的训诂之作。其中“经”的地位最高，“传”“记”次之，《尔雅》又次之。

随着文艺复兴和宗教改革运动的蓬勃发展，新大陆的发现和新航线的开辟，整个世界的联系不断加强，使得欧洲传教士主要指耶稣会士于 17、18 世纪来到中国。这些耶稣会士的工作之一就是翻译中国的传统文化经典。他们翻译中国古代经籍出于多种需要，其中最重要的是为了切实了解中国人的哲学思想特别是儒家思想，以便更有针对性地进行传教。而在儒学西传之路上，由于文化的独特功能与传播规律，使得传教士们在接触《四书》等儒家典籍的过程中，不知不觉受到影响，进而又通过他们的作品影响到西方知识精英及社会，在欧洲则催生了西方近代以来以理性反对神权的启蒙思想和文化教育观，为人类文明进步作出了贡献。

儒家文化教育思想的西传，首先是儒家经典的译介。自 16 世纪起，欧洲传教士陆续来明朝布道，在介绍西方文化的同时，将儒家经典翻译介绍到西方。西班牙传教士、耶稣会创始人之一沙勿略较早向西方报道儒学影响下中国人的精神文化特点。他曾在写往欧洲的书信中，大致描绘了儒学教化下“全国信于一尊”的文化特点，赞扬中国以正义卓越著称，为信仰基督教的任何地区所不及；中国人智慧极高，远胜日本人；且善于思考，重视学术；中国人聪明好学，尚仁义，重伦常，长于政治，孜孜求知，不怠不倦。他还在信中介绍了中国的宗教习惯、教育方式、文人学者的地位及对外国学者的态度。

儒学第一个西传译本是西班牙道明会士高母羡翻译、范立本编的《明心宝鉴》。高母羡（1546—1592 年），西班牙多明我会传教士。1587 年被派往墨西哥传教，次年到达菲律宾。他所在的传播“基督福音”的涧内地区正是华人聚集地，《明心宝鉴》当时在涧内广为流传。在与当地华人接触的过程中，他认识到他们不仅刻苦耐劳而且品德高尚；在阅读《明心宝鉴》的过程中，了解了儒家圣贤的哲学思想、伦理观念和治国平天下的远大抱负。所以，他反对在菲殖民当局和宗教界中盛行的用武力征服中国的主张，认为针对中国这样有着独特文明的强盛帝国，可以通过宣扬基督教文明与儒家文明的相似之处，再利用西方在科技上的优势，来吸引中国人皈依基督。高母羡认为，许多西方传教士并不了解中国文化的特征，所以看不到儒家学说与基督教教义有相似之处，主张东西方应加强理解对方文化，相互尊重。他翻译《明心宝鉴》就是为了让欧洲人了解中国，从而确立用和平方法使“中华归主”。高母羡翻译《明心宝鉴》为沙勿略所倡导的“适应”策略提供了理论支持，对东方传教事业来说影响深远。

《明心宝鉴》大约成书于元末明初，辑录者或整理者是范立本。全书由20篇、六七百段文字组成。内容杂糅儒、释、道三教学说，荟萃明代之前中国先圣前贤有关个人品德修养、修身养性、安身立命的论述精华，是比《菜根谭》更流行的劝善书、启蒙书。曾多次重刊、重印，万历皇帝还让人重辑修订一遍。可以说，此书至少在有明一代是最流行的通俗读物，也是最受欢迎的劝善书、启蒙书之一。《明心宝鉴》是中国历史上译介到西方的第一本古籍，1590年被译成西班牙文，手抄本于1595年被带回西班牙献给菲利普二世，现收藏于马德里西班牙图书馆。

早期来华传教士中传播儒学最有影响力者，当属意大利“杰出的孔夫子的诠释者”利玛窦。利玛窦(1552—1610年)，1582年8月和罗明坚从澳门来到了肇庆。1588年罗明坚从澳门登船返回罗马后，利玛窦就成了耶稣会在中国的旗手和领航人。这位“明季沟通中西文化之第一人”虽不是第一个进入中国的耶稣会传教士，却是第一批入华耶稣会会士中最具历史影响力的人物，为东学西传作出了杰出贡献。他遵从沙勿略以来的“适应”策略，穿儒服、戴儒冠、说汉话、读儒经，确立了“合儒易佛”的传教策略。在他看来，为了解中国国情，接近上层社会人士，必须懂得儒家经典。因此，凡我国书籍无不读，请先辈与订音释，请明于《四书》理性者解其大意，又请明于《六经》疏义者同期解说。在中国本土第一个对儒家经典《四书》进行翻译的人是利玛窦。他称孔子是“博学的伟大人物”“中国圣哲之师”。利玛窦坦言，如果我们批判地研究他那些被载入史册中的言行，我们就不得不承认他可以与异教哲学家相媲美，而且还超过他们中的大多数人；孔子及其创立的儒学在中国最为盛行、最受重视，中国有学问的人非常尊敬他，以至于不敢对他说的任何一句话稍有异议；“统治者”也给予孔子以“最高敬意”，感激地承认他们都受益于他遗留下来的学说。利玛窦在《中国札记》(又称《基督教远征中国史》)中突出介绍了孔子儒家学说，特别是“四书”和“五经”对教育内容、教育制度和政治制度的深刻影响，并称“四书”是“充满卓越的智慧之书”。他还详细介绍了中国的考试制度，指出中国的考试内容完全是根据儒家学说制定的，文人只有熟读儒家经典才能“进身仕途”。他对中国的“文官”制度给予赞赏，认为全国都是由知识阶层即一般叫做哲学家的人来治理的。

利玛窦赞赏中国文人在事关对皇上和国家的忠诚时，会令人惊异地表现出品德高尚、不顾危险和视死如归的情操，并由此推断：人们有了学问，心灵也就高尚了。他还由中国人尚文轻武推断，文官制度更适合于一个很少或没有兴趣扩张版图的民族。他还发现：中国这个古老的帝国以普遍讲究温文有礼而著称于世，这是他们最为重视的五大美德之一。而且，中国人比我们更尊敬老师。他通过比较发现，儒学并非借助于“天启”，而是直接诉诸理性，能为政治、哲学、科学、教育体制与礼俗规范提供准绳，使精神文化生活与社会结构融为一体。1614年，法国传教士金尼阁将利玛窦的札记手稿译为拉丁文并在德国出版，后在欧洲被译为多种文字而广为传播，一时“轰动了欧洲”，重新打开了通往中国的门户。对欧洲的文学和科学、哲学和宗教等方面的影响，可能超过任何其他17世纪的历史著述，它把孔夫子介绍给欧洲，它开启了一个世界，显示了一个新的民族。17世纪中后期，来华传教士向欧洲大量介绍儒学。

文化交流的同时，基督教文化与中国传统文化的碰撞和冲突也不可避免。从17世纪中叶到18世纪中叶，在对待中国传统文化，特别是以孔子为代表的儒家文化上，最初是在在华传教士内部，后来发展到整个传教士内部及传教士与罗马教廷之间都发生了剧烈争论。这就是基督教传播过程中有名的“礼仪之争”。它主要涉及三个方面的问题：祭祖之礼、祭孔之礼和祭天之礼，即中国人作为天主教徒的同时，能否参加和举行祭祀祖先、祭祀孔子和祭祀天地的礼仪。大家应使用汉文中什么样的词汇术语来指三位一体(天、天主或上帝)的天主教之神？中国人祭祀的“祖先”“孔子”和“天地”是否为偶像化的神，即中国人有没有偶像崇拜的问题。其实，“礼仪之争”问题的根本点在于：天主教文化和孔子学说有没有共通性？对于这个问题，以利玛窦等为代表的大多数耶稣会士认为，中国没有所谓的偶像崇拜，中国人没有将祖先和孔子作为神，他们祭祀孔子，不过敬其为人师范；祭祀祖先，不过尽人子孝思之诚。天主教中，上帝与中国六经上的“天”和“上帝”是相同的。但与此相反，龙华民(1559—1654年)、庞迪我(1571—1618年)等人认为，中国人祭祀祖先、孔子的礼典是崇拜偶像，是祀神之礼，应该加以禁绝；汉语中的“天”与“上帝”不过是自然之天，是物质化的实体，不能指称天主教纯精神的神。当时在中国除耶稣会士以外的传教士，还有方济各会士和多明我会修士，他们在“礼仪问题”的争论上反对利玛窦等人的观点，支持龙华民、庞迪我的看法。天主教传教士为争取教皇和中国皇帝的支持，就“礼仪问题”展开了激烈的争论，以此为契机，一些研究、讨论孔子学说的文章和信札传到欧洲，引起了欧洲思想家的注意和兴趣。欧洲思想界在17—18世纪掀起了研究孔子学说的热潮。耶稣会士在讨论礼仪问题时常常援引中国古代经典为证，成为儒学西传的重要途径，“礼仪之争”直接影响了中国文化尤其是儒家典籍在欧洲的传播。

不可否认，在两个世纪的儒学西传过程中，传教士们对以“四书”为中心的儒家经典的翻译和理解是有问题的，既有主观上西方神学视角的解读，也有客观上的误读。但是这种现象在文化交流史上是不可避免的。尽管，在他们那里有想象的部分，但不可否认，他们仍然提供了关于儒家的基本的、常识性的知识。因为他们已经开始长期地生活在中国，并着手于依据基本文献的真实研究，它不再是一种浮光掠影式的记载，一种走马观花的研究。他们将儒学中的一些重要思想和观念介绍到了西方，他们的工作客观上极大地促进了中国文化，尤其是儒家思想的西传和西方汉学的发展。在中西文化交流史上，有着不可磨灭的贡献。但是也要认识到他们的身份特征及其对翻译工作的影响，认识到他们的宗教性倾向对中国经典本义理解上的失真与变形，从而对他们的译本和解读作出客观评价。

传教士当初向欧洲介绍中国文化的本意在于宣传中国是传播“福音”的理想之地，但同时将不同于基督教神学的儒学文明传入欧洲，为启蒙思想火花的燃起带去了“理性”的“酵母”，致使欧洲中世纪神学权威因受儒学文明冲击而发生动摇，许多思想家深受启蒙，进而对其文化教育产生了影响。18世纪的欧洲正处于以反对宗教神学、提倡理性为主要特征的启蒙运动兴起之时，而儒学倡导的“天人合一”的天道观，以“仁”为核心的伦理观，以“理”为天地万物的最高法则，与启蒙思想家的主张多有吻合之处。儒学影响下中国的教育制度和选士制度，因有别于官位世袭、贵族拥有极大特权的欧洲，而备受赞赏。耶稣会士所报道的中国盛况，恰与欧洲中世纪之黑暗形成鲜明对照。于是，中国成了欧洲启蒙者心目中的“理想国”，孔子学说成为时髦的东西，引起了欧洲一般知识界人士对于孔子著述的兴趣，大大耸动了人心。儒家无神论的哲学思想、德治主义的政治思想、重农轻商的经济思想、融政治与道德为一体的伦理思想，尤为启蒙思想家所倾倒。孔子思想统治中国长达两千余年所表现出的强大威力更为启蒙思想家所折服。德国古典思辨哲学家、法国百科全书派以及重农学派等，纷纷从中国古典著作中汲取养料，将儒学作为倡导理性、探寻和重建社会思想和秩序之基础。德国古典思辨哲学创始人莱布尼茨通过潜心研究白晋介绍的《易经》而推出“二元算术”，从而把东西文明拉近了，并证明“东西文明相契合”。1667年，他在《中国近事》一书中赞赏中国人民具有“善良的美德”，认为儒学影响下的中国民族是具有“良好规范的民族”，不曾想到，在这世界上还有比我们的伦理更完善，立身处世之道更为进步的民族存在。

德国启蒙运动先驱、理性主义哲学家沃尔夫与其老师莱布尼茨一样推崇中国文化，重视研究和传播儒学。他于1712年撰文介绍法国耶稣会士诺尔翻译出版的《大学》《中庸》《论语》《孟子》《孝经》等经典。他认同孔子“择善而从”的主张和“至善至美”的理性追求，赞赏孔子身处乱世而力图发扬光大尧舜之道的济世精神，他为中国人没有宗教而仍有良好的道德风俗而赞叹，并视中国为欧洲之楷模。他确信，儒家学说对中国文化和政治的影响，大于《圣经》对基督教世界的影响。法国启蒙运动领袖伏尔泰对儒学推崇备至。他在《哲学辞典》中说，“我全神贯注地读孔子的这些著作，我从中吸取了精华，除了最纯洁的道德之外，我从未在其中发现任何东西，并且没有些许的假充内行式的蒙骗的味道”。他宣称，在道德上欧洲人应当成为中国人的徒弟。他确信儒学是世界上最好的、最合乎理性的哲学，被中国人崇拜的孔子，尽管“为人类创造了最崇高的思想”，但人们对孔子的信仰不同于对神的膜拜。他认为，孔子的格言“己所不欲，勿施于人”是教人行善，而不是像基督那样只禁止人们行恶。

法国最伟大的启蒙运动思想家伏尔泰对中世纪以来的宗教不遗余力地予以批判，他认为《圣经》“只是一个疯狂的无知者在一个极坏的地方写的著作”以及“要把这些荒唐的故事，当作自然的事来相信，一定要有一种与我们现在所有的一切理性相反的理性，否则是不可能”。他的思想对18世纪的欧洲产生了巨大影响，以至于后来的人曾这样说：“18世纪是伏尔泰的世纪。”法国革命时代，雅各宾党的新纲领体现了“理性”的光辉，他们宣言“在今日以前，一切都受到宗教的管辖，今日以后，却是理性管辖的时代了……从前的宗教时代已经结束，我们应该用哲学的宗教，即理性的光明，来为历史上开一新纪元”。可以说“理性”成为法国革命的口头禅。启蒙运动在德国也表现得很突出。德国的海涅对康德《纯粹理性批判》对于宗教哲学的破坏力给予了很高的评价：“这本书，是将德国的理神论处以死刑的剑。”如果说法国革命判决帝王贵族的死刑，德国哲学家则用哲学判决上帝的死刑。

欧洲的理性思想来源最早可以追溯到古希腊柏拉图那里，从柏拉图到亚里士多德、笛卡尔再到黑格尔，可以说欧洲思想是由理性的光辉一以贯之的，虽说在中世纪曾一度被神学钳制，但始终不曾被扼杀。14、15世纪欧洲的文艺复兴使人们逐渐摆脱了诫命森严的中世纪神学统治，人性开始觉醒，理性开始抬头，从而为后来的启蒙运动奠定了坚实的思想基础。正是古希腊的人文主义精神把人性从神权统治的桎梏下解放出来，恢复了人的理性。因此，我们说欧洲文明源头中固有的人文精神和“理性”尊崇是启蒙运动“理性”思想的根本来源，但同时决不能排除是受了中国儒家学说的影响，尤其是儒家哲学文化的无神论或自然神论给予启蒙思想家有力的武器来反对基督教神学统治。启蒙运动时期处于世界另一端的东方中国正值强盛时期，通过传教士的翻译介绍，中国为欧洲社会提供了一个理想国家的范例，这一点从18世纪欧洲的“中国热”可见一斑。

中国的传统文化，尤其是以孔子为代表的儒家文化是经过耶稣会士翻译介绍到欧洲大陆的。他们的目的原是想证明儒家文化与基督教的一致性，从而为自己传教扫平道路，却不曾想为反宗教论者提供了极好的攻击宗教文化的武器。当时欧洲正处于反对宗教而主张理性的时代，而非宗教的儒家文化来得正合时宜，因为罗马教会认定孔子学说为“异端邪说”，那么“异端邪说”的儒家学说必然会被启蒙运动思想家们用来攻击罗马教会本身。因而他们对于非宗教的孔子学说的理性观给予了热烈的欢迎和崇拜。正如赖赫韦恩在《中国与欧洲》一书中说，那些耶稣会中人，把中国经书翻译出来，劝告读者不但要诵读它，且须把中国思想付诸实行。他们不知道经书中的原理刚好推翻了他们自己的教义。尤其重要的是，他们不但介绍了中国哲学，而且将中国实际的政情也报告给欧洲的学者，因此欧洲人对于中国的文化便能逐渐了解，而中国政治也就成为当时动荡的欧洲政局的一个理想模型。当时欧洲人以为中国民族是一个纯粹德性的民族了。

“中国”变成18世纪欧洲的理想国家，儒家学说的理性观成为当时进步思想的来源之一，其影响到法国、德国和英国，虽然各国所受的影响不同，但以异端的孔子学说作为他们反对宗教、主张哲学的护身牌，却是一致的。17世纪，已经有人著书宣传中国哲学如《中国哲学家论孔子道德教的书函》《中国人孔子之道德》《中国的政治道德概论》等，由于孔子学说的无神论思想，为避免当时严厉的检查制度，这些书都是匿名写成。此外，儒家孟子是主张性善说的，这和基督教的人生来有罪的“赎罪”之说相违背。剑桥大学教授李约瑟讲演《中国文明》也说，“当余发现 18 世纪西洋思潮多系溯源于中国之事实，余深感欣忭，彼 18 世纪中叶耶稣会教友，群将中国经籍译成西文，中国儒家人性本善之哲学乃得输入欧洲。吾人皆知彼启蒙时期之哲学家，为法国大革命及其后诸种进步运动导其先河者，固皆深有感于孔子之学说，而曾三复致意焉。不论个人表现与人类正真性格距离至何种程度，吾人对于社会进步之理想，唯有依赖人性本善之学说，方有实现之望，而此种信心，吾人固曾自中国获得也”。

法国启蒙运动的先锋人物如伏尔泰、孟德斯鸠、狄德罗等都接触过中国文化并对之有或贬或褒的评价，换句话说，以儒家为代表的中国文化对他们产生了一定的影响。孟德斯鸠根据到过中国的商人和游客的描述，认为中国文化有风俗之弊、奢侈之弊和专制之弊三大缺点，但他同时又盛赞中国的重农政策、救荒政策和勤俭政策，指出中国文化这三大优点可以弥补三大弊病。即风俗之弊可以用特别的治术来补救，奢侈之弊可以用勤俭的政策来补救，专制之弊可以用孔子的教义来补救。中国近代启蒙思想家严复特别推崇孟德斯鸠的学说，曾译过他的《法意》，严复以为“何孟氏此言之似吾《六经》也？尝谓西士东来，其耆硕好学，莫如明季与国初之耶稣会人，而欧人与东籍最稔者，莫若前两稘之法国，如孟德斯鸠，如福禄特尔(即伏尔泰)及当时之狄地鲁(狄德罗)诸公，其著作俱在，可复案也”。

伏尔泰目睹欧洲教会的黑暗与对人思想的钳制，终其一生反对基督教及其教会。伏尔泰对中国文化的价值和观念极力推崇，他在创建新的社会制度的斗争中，惊奇地发现了中国这个实例，并将它作为锐利的武器投向旧制度和旧势力。他在研究中国文化时发现了与基督教迥然不同的新文化，不说“灵魂不灭”，也不说“来世生活”，只谈道德。在伏尔泰看来，这种哲学可以算是最符合人类理性的哲学了。值得指出的是，伏尔泰不是无神论者，他反对的只是基督教的神学，却信仰道德的神。孔子的学说帮助他找到了他所倡导的那种道德化的以理性为上帝的宗教。他以儒家思想为武器抨击基督教及其教会。伏尔泰是自然神论者，换言之，他提倡的是一种“哲学的宗教”，即以道德代替宗教。而“哲学的宗教”的来源正是中国的儒家学说。伏尔泰认为中国是有神论的国家，但中国人的神是作为宇宙万物原理之神，伏尔泰是理性的崇拜者，所以把中国的宗教也完全解释为理性的宗教。伏尔泰向往的是一个人们和谐相处、同心协力谋求公共福利的社会，这种社会需要高尚的道德来维系，而这种高尚的道德便是对他人行善，即做有益于社会的事。伏尔泰所著的《诸民族风俗论》就是根据传教士的报告书，尤其是杜赫德的《中华帝国全志》和李明的《中国现状新志》撰写的，并把中国放在显著的地位。

狄德罗在《百科全书》“中国”条目中介绍了自古代至明末的中国哲学，认为其基本概念是“理性”。他称赞中国儒学只需以理性或真理，便可治国平天下。重农学派创始人魁奈因于 1767 年发表《中华帝国的专制制度》而被誉为“欧洲的孔子”。他视《易经》为中国人的学问基础，《尚书》所记载的历史事实为孔子以来所有中国学者所公认，《礼记》涉及家庭和各种社会关系的一切礼仪习俗，《论语》中孔子的道德格言“胜过希腊七贤之语”。他视孔子为中国“最伟大的人物”“著名哲学家”“第一位教育家和学者”。对儒学在 17、18 世纪对欧洲的影响，美国汉学家顾立雅于 1945 年出版的《孔子与中国之道》一书中作了深刻阐述。众所周知，哲学的启蒙运动开始时，孔子已经成为欧洲的名人。一大批哲学家包括莱布尼茨、沃尔夫、伏尔泰，以及一些政治家和文人，都用孔子的名字和思想来推动他们的主张，而在此进程中他们本人亦受到了教育和影响。法国和英国的实情是，中国在儒学的推动之下，早就彻底废除了世袭贵族政治，现在儒学又成为攻击这两个国家世袭特权的武器。在欧洲，在以法国大革命为背景的民主理想的发展中，孔子哲学起到了相当重要的作用。

总之，从思想史的角度来看，儒学西传是西方近代思想文化变迁的重要因素，儒学大规模地、系统地传入欧洲，中国文化成为催生启蒙运动的重要因素，中国宗教和哲学以其独特的思维方式、深邃的哲学思考，深深影响了欧洲启蒙时代的思想家。16 至 18 世纪中学西渐，欧洲出现了“中国热”。中国哲学被欧洲许多国家的思想家选择性地吸收了。儒学西传，是欧洲哲学思想发生嬗变的机遇。

（钱森、张敏）

# 37. 八旗制度的建立

八旗制度是满族在建立国家前后，在原来的部落组织和生产组织的基础上形成的一种特殊制度，是军政合一的特殊组织形式，具有“出则为兵，入则为民，耕战二事，未尝偏废”的组织特点。战争期间动员全社会力量，和平期间则主要从事生产。1601年(万历二十九年)，努尔哈赤以满族原有的“牛录”为基础，建成黄、白、红、蓝四旗。1615年(万历四十三年)，增建镶黄、镶红、镶白、镶蓝四旗，合为八旗。八旗制度建立之初，实质上是一种军政合一的社会组织形式，兼有军事、行政和生产三方面的职能，对推动满族社会经济的发展，强化对各族人民的统治起到了积极的作用。

八旗主要分三级管理，根据《满洲实录》卷四记载，八旗定制时，每三百人定一牛录(1660年改称“佐领”)，是基层军政机构，设牛录额真一人，下设代子二人为副职，又置章京和拨什库各四名，分管牛录所辖的四个塔坦(即村庄)。牛录之上为“甲喇”(1660年将甲喇更名为“参领”)，下辖五牛录，设甲喇额真(1634年前后称“章京”，1660年将甲喇额真也改称为“参领”)一人。五个甲喇为一固山(后将固山改称“旗”)，设固山额真(1660年更名为“都统”)一人，副职两人，称“梅勒额真”(1660年更名为“副都统”)。固山额真即旗主，开始由努尔哈赤的子侄担任，后又称和硕贝勒。

八旗制度的基础或者说基层单位是牛录制度。牛录在当时主要有三层含义：一是本意“大箭”之意，射兽时用；二是作为信物，凡是行大围之前，每十人持箭一枝，是行围后平均分配猎物的凭证；三是到了努尔哈赤时代演变成的官名。而牛录制度是源于渔猎生产的一种组织形式，在牛录制度创建以前，地缘与血缘部落是女真社会的基本政治、军事和经济单位。1591年努尔哈赤统一了建州诸部，伴随统一战争的进行，归服的人口日众，先前那种只凭地缘和血缘关系的军事与生产组织，已不能适应统一战争的需要。于是在这种特殊的政治历史环境下，牛录制度便逐步形成了。《清太祖武皇帝实录》卷二曾对当时的情况作了如下的记载：“凡遇行师出猎，不论人之多寡，依照族寨而行，各出箭一枝，十人中立一总领，属九人而行。各照方向，不许错乱。此总领呼为牛录(汉语‘大箭’之意)额真(汉语‘主’之意)。”为了生产和军事的需要，在努尔哈赤举兵后，将牛录改制为官名，并将牛录制改编成军事编制。而受当时女真社会生产发展水平的限制，其族寨规模有限，一般以十个人为单位组织生产活动。随着建州女真的逐步发展壮大，努尔哈赤在1587年前后组建了40牛录，而到1601年，由于努尔哈赤军功集团征服地域的扩大，来归各部人数不一，造成牛录内人数参差不齐，厘定牛录就势在必行了。他将每牛录扩充到300人，因此佐领下又设两个副手，满语称“代子”。同时每牛录分为四个达旦，每达旦由一个章京(满语，意即书记官)和一个拨什库(满语，意即领催)管理，这时，满洲军队的编制基本成形了。旗丁中按照身份地位，分为阿哈、披甲人、旗丁三种。阿哈即奴隶，多是汉人、朝鲜人；披甲人是降人，民族不一，地位高于阿哈；旗丁是女真人。据《清太祖武皇帝实录》卷二记载，1601年“太祖将所聚之众，每三百人立一牛录额真管属”。当然，当时定300人为一牛录，并不等于具体编组时分毫不差，在此后的编组中，出入仍然很大。

努尔哈赤组建牛录是对当时社会组织的一次重大调整，是一次激烈的社会制度革命。发展和完善这一制度经历了一个漫长而又曲折的历史过程。虽然由于历史资料有限，到目前为止，史学家对努尔哈赤究竟何时创建牛录制度仍未达成一致意见，但大体可以确定其组建时间在努尔哈赤起兵时起至1601年之间。努尔哈赤在创建了牛录制度之后，还不断对这一制度进行改革与完善。除了仍然具有生产组织的功能外，加强了其军事功能和社会组织功能等。例如，随着牛录制度的不断改制和完善，进一步打破了原有的地域性和血族亲缘关系。变成以行政、军事职能编组的、固定性的社会基本组织，强化了固定职能。同时内部阶级分化激烈，牛录额真职权加重，牛录内部也逐步演变成分工精细的生产、军事组织，从而更能适合战争的需要，使牛录的机动灵活性更强。

甲喇是牛录的上一层组织。努尔哈赤时代，在牛录的基础上最初确定的上一层组织是五牛录，而甲喇是五牛录制演变的称呼。五牛录制也是来源于渔猎民族的围猎组织。渔猎民族在围猎时，有严明的法制，需要将人手分成五个部分，从不同的方位对目标进行合围，五牛录正是根据这五个方位来布置的。根据《御制清文鉴》记载，行围之制，人分三组五部制，三组分别是围底、围肩和围端；而五部分别是围底甲喇、左围肩、左围端、右围肩、右围端。同时，其左围肩与左围端合称左翼，右围肩和右围端合称右翼。由此可以看出，五牛录制是由围猎组织演变发展而来的。随着军功集团势力的增长，又逐渐演变成军事组织。而努尔哈赤在创建牛录制度的初期，在推行五牛录制度的基础上，也曾经短暂地推行过十牛录制或者称为两个五牛录制。十牛录制也是源于渔猎民族的围猎生产。努尔哈赤曾说“一牛录仍给箭一枝”，那么直到围猎结束，有的牛录也不可能到达“围底”，只有“以十牛录合之给箭一枝而行”，每牛录都有“进围底两三次”的机会。但是，后来在规范八旗牛录制度的时候，一律采用的是五牛录制，十牛录制便夭折了。具体原因，有的学者认为是中华文化特有的五行说的运用，也有学者认为五牛录与蒙古军制“纠”有关，即来自元代水达达路五万户府的军制。

满族的固山各以一定颜色的旗纛为标志，人们相沿成习，渐以“旗”作为固山的代称。努尔哈赤在组建固山之前，其最高军事单位就是五牛录制，每次出兵都标有五色旗，青、黄、赤、白、黑，每牛录一色。随着军事的不断扩张，实力不断增强，五牛录已经不能满足当时发展的需要，固山制度便出现了。努尔哈赤在创建固山的初期，只定了四旗。旗纛与旗数不完全一致。这是因为代表五牛录的青、黄、赤、白、黑五色旗表示军功集团发展的一个特定阶段，即当时最高军事组织五牛录制的发展阶段。而五色旗纛变成四色旗纛则是旗制发展的必然结果，由五牛录制发展为四旗制，旗制减少一色。而之所以减少一色，首先是对中华文化特有的五行说的应用。根据《八旗通志初集》记载，黄旗位居北，取土制水；白旗位居正东，取金制木；红旗位居正西，取火制金；蓝旗位居正南，取水制火。初定五色中木为青色，后改成蓝色，所谓“五行虚木”，水色黑，“以蓝代之”，故归为四色。另外，由五牛录制发展为四旗制，也是源于渔猎生产。旗制是五牛录围猎规模的扩大。据《日本学者研究中国史论著选译》三田先生的分析，“为什么选用黄、白、赤、青四色”是“出自于围猎之制，因为战斗、围猎是相同的队形”，其“中纛是黄旗，白旗是右翼，红旗是左翼，青(蓝)旗成为包围的结子”；并指出“四色旗出自无色旗”，留青(蓝)色，除黑色是因为黑色军曾是明军中由罪犯组成的苍头军之故，或因“青和黑本来是同一语”等。另外，《满文老档·太宗天聪》也曾记有“不计旗分，惟年龄为序”这句话，其中“不计旗分”对应的汉语意思是“不计围底、围翼”，可见围底与围翼合称为“旗分”。旗是牛录和五牛录的总汇。不过，四旗制的出现，并没有立即取消黑色旗，五牛录出兵仍然有的执黑色旗。

在16世纪末至17世纪初，以努尔哈赤为首的军功集团的实力得到了巨大的提升，原有的社会体系和军事组织已经不能满足其军事扩张的需求，这就迫使努尔哈赤继续进行重大的改革和调整。努尔哈赤通过完善四旗制和确立八旗制的方法，顺利完成了社会体系和军事组织的升级，就是将刚刚崭露头角的旧部落联盟的古出军事集团，向以家庭为主的贵族君主制转化。

其实，在确立四旗制后，努尔哈赤利用他新组织的战斗单位不断东征西伐，取得了一系列的胜利。这些胜利使众多的战俘和被征服地区的人都归于他的统治之下，从而使他的队伍规模越来越大。早期，一般的做法是把那些被征服地区的人和战俘都作为奴仆，分配给各个首领及其属下。后来，随着战争的不断扩大，被俘和被奴役的人越来越多，他们就被允许加入满洲的某一个牛录。到 1615 年，努尔哈赤又将其部族从四旗改组为八旗。其中原有的四旗名称保持不变，仍用红旗、黄旗、蓝旗和白旗命名。而新增的四旗也采用原来的旗色，只是以镶边来进行区别。红旗镶以白边，黄、蓝、白旗均镶以红边。这样，原来的正红旗、正黄旗、正蓝旗和正白旗加上新组成的镶红旗、镶黄旗、镶蓝旗和镶白旗就正式形成，并作为新的战斗单位固定下来。其中，努尔哈赤是八旗的最高统率，有巴牙喇(后定汉名为护军)五千余骑。各旗的固山额真也拥有人数不等的巴牙喇。当时，努尔哈赤自领两黄旗，其次子代善领两红旗，八子皇太极领镶白旗，五子莽古尔泰领镶蓝旗，长孙杜度领正白旗，侄子阿敏领正蓝旗。作为一个集团，“满洲八旗”就被正式确立且闻名于世了。虽然后来军事征伐使得更多的汉族和蒙古族人归顺了他的统治，努尔哈赤又建立了汉军八旗和蒙古八旗，但它们都是以满洲八旗为基础，并按照满洲八旗的编制组建的。所以，满洲八旗的创立，标志着八旗制度的确立。八旗制度的确立，将带有穆昆色彩的古出军功集团向家长制家庭专政推进了一大步，国家政治、军事体制从形式到内容都发生了实质性的变革。八旗制度于 1616 年(天命元年)正式确立以后，努尔哈赤即定国号为后金。同年，他又自称汗王(皇帝)。其实初设四旗制时，已经出现四贝勒的雏形了。由于以努尔哈赤为首、舒尔哈齐为辅的古出军功集团，随着征服战争的扩大，经济力量不断增强，社会财富相对集中而日益膨胀起来的新贵族阶级，已经不能满足昔日穆昆达等社会旧制度，于是贝勒、汗等显称被采用。贝勒非一般女真酋长可以用，汗又高出贝勒一等。

当然，同历史上任何一次社会变革一样，努尔哈赤进行的由四旗制转换成八旗制并不是一帆风顺的。他经历了两次艰苦的斗争和抉择，才将组建八旗贝勒制和“惟汗独尊”的八旗体制推上历史舞台，并最终确立下来。1609 年，在军功集团势力膨胀到新的巅峰前夕，努尔哈赤与亲弟弟舒尔哈齐在政见上发生了分歧。舒尔哈齐为建立军功集团作出了不少贡献，由于兄弟俩共起兵，在征服战争中，与兄一样拥有自己的古出班子与奴仆，还形成了自己的古出集团。随着战争的向前推进，努尔哈赤和舒尔哈齐之间的矛盾日益激烈。这种矛盾主要表现在两个方面，一是权力地位之争，二是在是否发展武装割据上。随着矛盾的激化，舒尔哈齐对兄长所主张的各种事情持不同态度。后来在努尔哈赤的强压之下，他走投无路，违心来归，但心中仍然对兄长不满。努尔哈赤将舒尔哈齐囚禁并将其两个儿子判刑。1611 年，舒尔哈齐死于狱中。正是由于兄弟俩的这些矛盾，推进了努尔哈赤在弟弟死后改革的步伐。他主要从两个方面进行了改革：首先削弱舒尔哈齐原来军功集团的实力。表现在在舒尔哈齐死后，除将其部众“自成一旗”，令其子阿敏为镶蓝旗主外，又分其部众组成正蓝旗，由努尔哈赤第五子莽古尔泰统领。同时，原有第三穆昆中又分出代善为两红旗主。这就在努尔哈赤武装割据的道路上基本解决了兄弟俩不和甚至是互相对峙的局面。其次加强了自己的实力，努尔哈赤对兄弟宗族并未授予较高的政治头衔，而是将这些部众、敕书、财富等分给了自己的亲儿子，并将长子褚英提高到“执政”的地位，次子代善也参加“秉政”。这是努尔哈赤在解决了兄弟之间的矛盾之后，有意推行父传子的重大举措。而黄旗由努尔哈赤亲领，白旗由长子褚英管辖，红旗由代善统领，蓝旗由子侄管理，奠定了管旗贝勒由子侄担任的基础。

可是长子褚英在内政外交方面，也与其父发生了分歧：一是表现在对明朝的态度上，褚英与其叔父有相同的意见，对努尔哈赤统一海西和攻占明朝抚顺城的问题有争议。褚英和其叔父都反对谋取抚顺城。二是褚英对叔父的同情，他曾公开劝谏其父不要杀舒尔哈齐。叔父死后，褚英首先对跟随父亲的五大臣采取分化瓦解措施，制造矛盾；其次利用长子秉政的地位，威胁其弟弟，要求他们对自己效忠。这样，褚英与其父发展到父子对抗的程度。这是努尔哈赤面临的第二次艰难的抉择。接着努尔哈赤对旗制又作了相应的调整，除令褚英之子杜度领镶白旗主外，分其余部众给第八子皇太极，为正白旗主。次子代善在自己分的五千家基础上，编组两红旗，努尔哈赤自领两黄旗。这就是1615年正式形成的具有重要历史意义的八旗制度。旗主又称领旗贝勒，又将八旗分为左右翼长，称众之主各领左右四旗，由军功集团中功绩最大的额亦都、费英东担任。八旗制度是在努尔哈赤兄弟、父子权力之争过程中，由四旗制分裂成八旗制的，并形成八贝勒。1623年，八贝勒演变成八和硕贝勒。通过八旗的编制可以明显看出，当时的国家政治制度是以努尔哈赤为汗，将全国分属为八固山旗主贝勒及其各级贵族统治构成。汗是国家最高权力代表，亦是家长。他依靠和硕贝勒等近亲子侄及各级臣子，掌管八旗，完成大权独揽，实现了原始贵族君主的统治。

随着八旗制度的建立，满洲八旗也日益成熟，从而使后金政权的经济力量、军事实力不断加强。在努尔哈赤的军事征伐过程中，大量且数量不断增加的汉族人和蒙古族人归顺了他的统治。在这种情况下，他感到有必要将这些人分编入旗了（早期是将其作为奴仆分配给各首领及其下属，后来被允许加入某一个满洲牛录）。于是，依照满洲八旗制度的编制，从1621年到1635年，努尔哈赤和他的儿子皇太极在征服蒙古的过程中，逐渐完成了对蒙古八旗的组建。起先，他们将战俘和裹胁来的蒙古人编成蒙古“牛录”，归满洲八旗指挥。1624年，由于归附蒙古牛录的人数大量增加，所以不得不扩大编制，将原来的四牛录变成五牛录。1629年在此基础上又扩编成两个蒙古旗。1634年又在原来两旗的基础上建立了蒙古八旗，蒙古八旗与满洲八旗一起成为后金政权的军事组织。后来，随着皇太极对明朝的征战，又将汉族人组建成汉军八旗。这一工作从1637年开始，直到1642年才结束。满洲八旗、汉军八旗和蒙古八旗在其组建过程中根据情况不同，其所属的牛录和甲喇数量也不尽相同。蒙古八旗由于士兵人数较少，所以每一蒙古旗只有两个甲喇，而不是像满洲旗和汉军旗那样有五个甲喇。

在八旗制度早期的历史中，行政单位是很简单的。努尔哈赤手下只有几位贝勒（后称亲王），且都是他从子侄中挑选出来的。每位贝勒统领一旗或两旗，他们被称为“议政王”，既管理旗中的军务又管理旗中的民事。这些贝勒组成一个议论军政事务的团体，除八贝勒以外，另外有五位高级官员（称为“孔扎按班”或“五大臣”）和十位司法官员（称为“扎尔固齐”或“都堂”）辅助努尔哈赤管理政务。此时民事与军事还没有分开，因此贝勒和其他满洲官员同时发挥着管理民事与军事的两种职能。随着八旗制度的日趋完善及统治者争权夺利斗争的不断升级，各旗的行政权力逐渐从贝勒转到那些忠于汗王的旗主们手中。其结果是，八旗制度由一个内涵广泛的满洲政权机构变成了一个完全忠于汗王的严格的军事组织，在这种转化中，八旗体制失去了其行政职能，而成了只对旗人实行社会职能和政治职能的一种军事组织。

以努尔哈赤为首的军功集团在17世纪初创建的八旗制度，是中国东北地区新兴民族崛起的标志。它的创建，最终破坏了传统的部落组织，结束了满族“部落无统”、关系涣散的落后局面。全体人民按照固山和牛录组织起来，严格管理，统一指挥，政治上为国家的建立和发展，经济上为实现向农业经济的全面过渡准备了组织条件。它体现的历史必然性和进步意义是不容否定的。

（赵红杰）

# 38. 满文的创制

满族是我国历史上重要的少数民族，在16世纪末至17世纪上半叶以女真族为主体并融合其他民族形成了民族共同体。满语属于阿尔泰语系通古斯语族满语支，满文就是以满语为基础并且借鉴学习其他语种(如蒙古语、汉语等)而创制完善起来的。除满族之外，在阿尔泰语系的众多少数民族中，几乎没有其他少数民族有自己创制的文字。

满语的创制过程首先要追溯到满族的先人——女真人。女真人在自己建立的金代有了创制属于自己民族语言的需要，金史上曾经记载女真人建国时本无自己的文字，先期使用与自己交往密切的契丹族文字。随着国势的强盛、社会生活的丰富，没有自己民族的文字给政治、生活等都带来了诸多不便，金太祖完颜阿骨打便命人创制女真文字。女真文字的最初创制"依仿汉人楷字，因契丹字制度"(《金史·完颜希尹传》)——借鉴模仿汉字和契丹文字，形成了表意的女真文字。金代天辅年间(1117—1122年)、天眷年间(1138—1140年)先后创制了女真大字和女真小字，大字和小字并行通用，女真民族有了自己的文字。这也是满族人民创制自己文字的第一次尝试。

随着草原上蒙古民族的崛起，北方的少数民族与蒙古民族交往趋于密切，女真族更在其列，并且长期与蒙古族混居。金元之际，女真人开始将女真文与同自己属于一个语系的蒙古文字同时使用。蒙古民族最终以强大的力量完成了中国的再次统一，建立元朝，蒙古文字也开始在女真人使用的文字中扮演越来越重要的角色，进而导致女真文字的使用不断减少。经过元朝的统治再至明朝，女真人没有一个统一的集团，蒙古民族又占据政治、军事上的主导地位，也带来了女真人对蒙古人文化上的臣服，因此女真自己的文字，在传承方面也就出现了困难。在1436—1449年(英宗时期)，女真文字逐渐失去了传承，女真人使用蒙古文字代替了女真文字——再一次将其他民族的文字作为自己的文字使用。

到了明朝统治的后期，女真开始崛起，1583年(万历十一年)，努尔哈赤在女真内部进行了兼并和统一的战争，1593年完成统一。内部的统一为满族的形成和发展提供了良好的条件，满族这个民族共同体也就在这个时期孕育且日臻成熟，在16世纪末至17世纪初成为中国北方一个统一强大的少数民族。

在努尔哈赤统一女真的过程中，满族和其他民族都免不了必须进行交流，而民族的交流首先是语言的交流；再者由于满族统一后政治、社会生活以及民族自尊心理的需要，满族开始了第二次创制自己文字的过程。真正意义上满文的创制在这个时期开始了。

1599年(万历二十七年)，清太祖努尔哈赤看到"汉人念汉字，学与不学者皆知；蒙古之人念蒙古字，学与不学者亦皆知；我国之言写成蒙古之字念之，则不习蒙古语者不能知之"(《满洲实录》)，便有了创制满族自己文字的想法，试图以蒙古文字为基础编成满族文字。经过与大臣巴克什额尔德尼("巴克什"为赐号，大意为博学)、札尔固齐噶盖(“札尔固齐”为要职称号)等的商议，努尔哈赤执意决断，满族人开始了创制满文的实践，其中额尔德尼和扎尔固齐发挥了重要的作用，将他们在语言上的造诣和创造性融入满文的创制中，为满文的创制作出了杰出的贡献。虽然二人其后都因罪被杀，但满族自上而下都未曾否定他们创制满文的功绩。

新创制的满文属于以蒙古文字为参照的表音文字，创制成型之后自上而下推行，历时33年左右，在满族内部开始了对自己文字的广泛使用。满文的创制为满族建立统一的国家提供了文化方面的重要基础。满文主要用于传达政令、制定法律、日常文书往来等。在清朝建立之后，满文为官方文字，比汉字的地位要高，还用于记载保存一些机密文件。

17世纪上半叶，满族的势力不断发展壮大，明朝统治摇摇欲坠。清太宗皇太极于1636年改国号为清，正式改女真为满族，满族人民及其统治者与汉族等其他民族的交流愈加频繁，面对迫切交流的要求，老满文也显出了一定的缺陷。因此，在皇太极统治时期，满文开始了革新的历程。革新满文的具体原因在于几个方面：一是满文的字母书写没有划一，造成了表意的混乱；二是满文一字多音，无法准确地表意；三是汉语借词难以拼写；四是满文中相互假借的现象比较严重，因此文字的使用缺乏规范。老满文在书面文字表达上还比较容易令阅读者通晓，可是也必须对汉文中人名、地名进行准确的区别，所以满文加以圈点、改革就显得极其必要。皇太极决定革新满文，于天聪年间下诏满文的主要改革者达海令其“加以圈点，以分析之，则意义明晓”(《国朝耆献类征达海传》)。达海自幼聪颖，精通汉语、满语，是对满文进行圈点改造的主要人员，因为其增订改良本民族文字有功，被满族人民推为圣人。

这一次对满文主要在字音、字义、字形方面进行了改良：统一了字母的形式，使用圈、点解决一字多音或一音多字的问题，使文字容易被清晰准确地辨认和识别；而且根据新的需要增加了新的字母，解决了与汉字互通的问题；满文为更准确地拼写汉语借词还增加了“切音”字母。如此种种措施，使满文可以更好地适用于与其他民族的交流，更方便地传达信息，应对新的社会生活。满文的创制至此成熟，改良后的满文也标志着成体系创制满文的完毕。

满文的改良使其生命力得以延续，新改良的满文在1632年(天聪六年)推行使用，初期与老满文并用交杂，在遗留至今的当时文献中可以看到这种现象。到了崇德年间，满文的使用趋于规范化，被满族人民普遍接受。在清朝顺治年间和繁盛的康熙、雍正、乾隆三朝，满文的使用达到了高峰。在各国交往和满族官员与帝王的议事奏折中都主要使用满文，如中俄之间的《尼布楚条约》就是使用满文、俄文、拉丁文签订的。在清朝统治的后期，满族与汉族的融合加剧，汉文化的主导地位日渐明显，汉语、汉文字获得了更为广泛的使用空间，因此满文使用日渐减少，直至清朝统治结束，满文也随之渐渐淡出历史舞台。

虽然在今天满文的使用人数不多，但是其创制在历史文化上的意义是巨大的。满文的创制是满族文明程度的证实，政治、经济、社会、对外交流的不断发展才刺激了满族人民创制满文的实践，而满文的创制更加速了满族文明发展的脚步。以满文为媒介和载体，满族人民在不断地吸收其他民族的文化成果，提高了自己民族的文化素质，延续了民族发展的生命力。而且，满族文字的创制是对中华文明乃至世界文明的一大贡献，由于有自己的文字，满族人民较为完整地记录和保留了自己的历史资料，避免了中国历史上一些少数民族虽然也显赫一时，却因无语言记录留存而无法让后人知晓其历史的遗憾。满文不仅保存了民族气息浓郁的满族民间文学，还记录保存了历史档案，使清代的历史、宗教、科技、政治等方面的面貌得以清晰呈现，史料价值极其珍贵。满文还译出了大量的汉文典籍，现存的满文典籍不仅是满族文化的充分证实，而且是研究满汉文化交流的重要资料。

（郭小雨）

# 39. 清代六部、都察院、理藩院的设立

清代的行政机构设置基本承袭明代。同时，对机构的设置和职权的分配等方面作出相应调整，使之适当融入满族旧有传统习俗。因此，清代中央行政机构设立三院(翰林院、都察院、理藩院)、六部(吏、户、礼、兵、刑、工)，及管理约束皇族成员及其财政的宗人府、内务府等。

自隋唐以降，“六部”的设立基本成为定制，即将全国最高行政部门分为吏、户、礼、兵、刑、工六部加以分工协作，从而达到行政权的分散和制衡的效果。清于1631年(天聪五年)仿明制设置六部，最初由获得贝勒头衔的亲王、郡王总理各部事务，分设满洲、蒙古及汉族承政、参政、启心郎、额哲库等官职。1644年(顺治元年)，参照明代执掌设置，改官职承政为尚书，参政为侍郎，理事官为郎中，副理事官为员外郎，额哲库为主事。1723年(雍正元年)，命内阁大学士兼理各部，后引为常例。各部负责人为尚书(从一品)满汉各一名、侍郎(正二品)满汉各两名，另外根据各部自身需要，酌设郎中(正五品)、员外郎(从五品)、主事(正六品)等中层官员若干。六部内部的机构设置也各有不同，大体说来，吏、礼、兵、工四部主要是按业务性质来分工，而户部和刑部则主要是以地区作为划分辖司的界限。

吏部，主管文官的资格审查、甄选、任免、升降、调动、封勋，及成绩的考核、俸给奖恤等事的审查。吏部下设四司，文选清吏司、验封司、稽勋司和考功司。文选清吏司主管考文职之品级及开列考授拣选、升调、办理月选；验封司主管封爵、世职、恩荫、难荫、请封、捐封；稽勋司主管文职官员守制、终养、办理官员之出继、入籍、复名复姓；考功司主管文职官之处分及议叙，办理京察、大计。

户部，“掌天下户口土田之籍，一切经费出入悉统理”，即负责执掌全国疆土、田地、户籍、赋税、俸饷及一切财政事宜，是国家的财政经济中枢。清代户部运作的特点是其内部办理政务，按地区分工而设置十四个清吏司(河南、山东、山西、陕西、浙江、江西、湖广、广东、广西、四川、福建、云南、贵州、江南清吏司)，同时各地方清吏司要兼管一定的专门事务(如山东清吏司负责监管盐政事务)。除以上各清吏司外，还设有掌管八旗事务的八旗俸饷处及现审处。同时隶属于户部的专门办事机构还有负责铸钱的钱法堂、宝泉局，负责库藏的“户部三库”(银库、段匹库、颜料库)，以及负责仓储及漕务的仓场衙门。值得一提的是，继1651年(顺治八年)发行以制钱(文)为单位的“大清宝钞”后，清政府又以户部的名义发行了以银(两)为单位的“户部官票”。虽然这两次发行纸币的行为是迫于形势的无奈之举，其结果也不尽成功，但毕竟是在中国发行以政府公信力(而非私人票号)为依据的纸币的一次尝试。

礼部，主管朝廷重要典礼(如祭天地、祭祖先等)，管理全国学校事务、科举考试及接待外国使者，负责与藩属国、外国的邦交事务。礼部下设四司：仪制清吏司，掌管嘉礼、军礼，及管理学务、科举考试；祠祭清吏司，负责问卜吉礼、凶礼事务；主客清吏司，负责宾礼及接待外宾事务；精膳清吏司，负责筵飨廪饩

牲牢事务。四司之外，另设铸印局和会同四译馆，分别负责铸造皇帝宝印及内外官员印信和接待各藩属、外国贡使及翻译等事。

兵部，主管全国武职官员的推举、考核、除授、封荫及各种有关军事的事务。下设四司：武选清吏司，负责考核武职官员的品级与选补、升调、承袭、封赠诸事，并管理各边陲土司；车驾清吏司，负责全国马政及驿传；职方清吏司，负责武职官员的叙功、核过、抚恤、军旅的简阅、考察、巡防等事，并管理关禁与海禁；武库清吏司，负责全国之兵籍、军器及武科考试。此外，设稽俸厅，负责稽察武职官俸；会同馆，负责京师驿传事务；捷报处，负责递送文书。

刑部，主管全国刑罚政令及审核刑名，与负责稽察工作的督察院、执掌重大案件的大理寺会同，作出案件的最后审理和复核，称为"三法司制"。其具体职能包括：审定各种法律，复核各地送交本部的案件，会同九卿审理"监候"的死刑、案件，以及直接审理京畿地区的待罪以上案件。其组织机构为按省设司，共十七司；另下设督捕司，负责督捕逃亡的旗人；秋审处，负责审核秋审、朝审各案；减等处，负责各省及现审案件的遇赦减免；提牢厅，负责管理狱卒，稽察南北所监狱的罪犯，发放囚衣、囚粮及药物；赃罚库，负责收放现审案涉案赃款及没收物件，并保管本部现银、堂印；赎罚处，负责赎罚罪事；律例馆，负责修订法律。

工部，主管兴修水利、土木建筑，总理全国机器制造工程(包括军器、军火、军用器物等)、矿冶、纺织等官办工业，并主管一部分金融货币制造和统一度量衡。下设四司：营缮清吏司，负责宫室官衙营造修缮；虞衡清吏司，负责制造、收发各种官用器物，主管度量衡及铸钱；都水清吏司，负责估销工程费用，主管制造诏册、官书等事；屯田清吏司，负责陵寝修缮及核销费用，支领物料及部分税收。除四司外，还设有制造库，制造皇帝车驾、册箱、宝箱、仪仗、祭器等；节慎库，收发经费款项；料估所，估工料之数及稽核、供销京城各坛庙、宫殿、城垣、各部院衙署等工程。

清朝对六部的控制，较之明朝更为严密，六部尚书大多由大学士兼任或管理，但部一级官员仍主要由皇帝直接指挥，内阁(或军机处)无权向六部发布指示，如有所见，只能奏请皇帝同意，以皇帝名义，用谕旨的形式发布，而六部的尚书、侍郎对于各省的行政长官亦无发布指示之权，也必须奏请皇帝，以皇帝谕旨的形式发布。一部之内，清王朝允准尚书和侍郎各有单独的上奏权，尚书与侍郎意见不一致时，除了两方各自奏请皇帝裁决之外，别无他法。清朝在六部不设统率全部的领导人，而满汉尚书、满汉侍郎均列为"堂官"，均可参加领导而又不能单独决定任何重要政务。这样，清代的行政权便完整地划归于皇权了。

都察院，是清最高的监察机关，于1636年(崇德元年)设立。皇太极下谕："凡有政事背谬，及贝勒大臣有骄肆侵上，贪酷不法，无礼妄行者，许都察院直言无隐。即所奏涉虚，亦不坐罪。倘知情蒙蔽，以误国论。"初设承政一人，左右参政各二人。1644年(顺治元年)改承政为左都御史，参政为左副都御史。至1723年(雍正元年)，六科给事中并入都察院，合称为"科道"。

都察院的御史是最直接维护清王朝统治利益的职位。按照规定，都御史和御史凡认为大臣有奸邪、构党、作威作福而乱政者，各级官僚有猥亵贪冒坏官纪者，甚至学术不正、上书陈言变乱成宪者，均有权直接向皇帝上奏弹劾。每个御史都有单独上弹劾奏章之权，可以公开当面劾举，也可以密封上奏，其副本可以不送交都察院或都御史。都察院还有责任会同吏部在进行朝觐和考察大典时对官员是否贤能、有无贪渎职等进行了解，提出处理意见；对五品以下官可以开具考语，对四品以上官的"自陈"也可以提出意见。另外还有责任会同刑部、大理寺共同处理重大案件，具有很高威权。除此以外，皇帝还可以直接派遣某一名御史在京内外专门审理或监理某事，叫做“奉敕”。都察院还可根据需要，派遣御史外出就某些专门工作进行监察，如刷卷(检查档案)，巡视京营，在省级(乡试)和中央级(会试)的科举考试中监考，巡视某些国家部门，巡视仓场、内库、皇城、学校、漕运、屯田等。如遇战事，也可派御史监军记功，若发现地方官府在审理案件中有冤诬不实、不遵法律之处，也可以调遣案卷，提审罪囚。但在一般情况下，御史们只能把了解的情况和处理意见奏报给皇帝，无权自行处理。御史的弹劾力求具体确实，不许虚文贬低，也不许以繁琐细微之事滥奏塞责。奉敕或奉派出去监理某一事务的御史回京后，要向都察院报告工作，都御史可以对所属御史称职与否作出评语上奏。凡御史犯罪，加三等判处，从重处理。

都察院下设的办事机构有经历厅、都事厅和五城都察院。经历厅(原名司务厅)，设经历满、汉各一人(正六品)，承办科道差事、五城注销和管辖吏役。都事厅，1644年(顺治元年)设满都事二人，汉都事一人；1752年(乾隆十七年)改满、汉都事各一人(正六品)，负责承办缮本及满官册籍。五城都察院，是稽察京师地方治安的机构。清代把京城分为中、东、西、南、北五城，并设有巡城御史的公署，称为“五城察院”，由五城御史督率管理，负责审理诉讼、缉捕盗贼和在非常时期执行赈济灾民的政令。

理藩院，为清代管理蒙古、回、藏等少数民族事务的中央机构。其前身是1636年(崇德元年)设置的蒙古衙门；1638年(崇德三年)，改称理藩院，隶属礼部；1644年(顺治元年)，改置尚书、侍郎；1661年(顺治十八年)，理藩院尚书获得议政席位，与六部尚书地位相同，并在1861年(咸丰十一年)成立总理各国事务衙门以前，兼办对俄外交事务；1906年(光绪三十二年)改为理藩部，直至清亡。

理藩院设置之初，是为了处理蒙古事务，但随着清朝对西北、西南各地区统治的进一步加强，理藩院管理的范围也逐步扩大到蒙古以外的少数民族地区。理藩院的内部组织有旗籍、王会、柔远、典属、徕远、理刑等六个清吏司，及管理行政事务的满档房、蒙古房、司务厅、当月处、督催所、银库、饭银处等单位，分别掌管部界、封爵、设官、户口、耕牧、赋税、兵刑、交通、会盟、朝贡、贸易、宗教等项。所属有内馆、外馆、俄罗斯馆、蒙古官学、唐古特学、托忒学等单位。理藩院还掌管对一部分属国及其他外国交往事务，如掌理与俄国交涉事务。另外，中央政府还在部分边疆地区分派将军、都统、大臣等驻防，直接管理少数民族事务。

就理藩院下设六个清吏司而言，旗籍清吏司承办漠南蒙古、归化城土默特、黑龙江、打牲、索伦、呼伦贝尔、鄂伦春等处王公官员的升降、捐输、赈济等，查验各旗公仓、军器，开闭销算各处驿站应领羊马价银，官员士兵奉饷，更换各处理事官及司员笔贴式等；王会清吏司承办漠南蒙古王公贵族的年班、给俸，满蒙联姻，更换内外馆监督；柔远清吏司承办喀尔喀蒙古、厄鲁特蒙古王公贵族、呼图克图喇嘛的年班、给俸、贡品和寺庙喇嘛的钱粮；典属清吏司承办喀尔喀蒙古、厄鲁特蒙古、西藏、青海等地王公贵族的升降、封赠、赈济、捐输，处理和俄国往来事件，更换所属各处司员笔贴式，负责金瓶掣签监掣，以及在京喇嘛考列等级和升迁、调补；徕远清吏司承办新疆回部王公的升降、封赠、赈济、捐输，以及四川土司的朝觐，哈萨克、布鲁特的进贡等；理刑清吏司承办少数民族地区的司法诉讼事务。

综合而言，清代中央官制基本继承前代定制，又根据王朝自身的统治特点及王朝后期所面对的特殊国际政治环境而采取了相应的损益变化。

(韩璐)

# 40. 摊丁入亩与永不加赋

赋税制度是和国家一起产生的，有了国家机构，就开始向民众征收赋税。古代中国是典型的农业社会，最早形成和最重要的赋税是以土地为基础的农业税。通观我国古代农业税收政策，一般根据农户拥有土地财产的多寡及户口人丁数量征税。而随着社会经济条件的变化，历代按土地财产与户口人丁征税的比重亦随之变化。战国秦汉时代，田租按照农田收获量分成征收。从魏晋南北朝到唐代中叶，改为按户或人丁为基本征收单位，人丁税和力役在整个赋税制度中居于主要地位。唐中叶到明代中叶实行“以资产为宗”的两税法，田赋在整个税赋中的比重大大提高。但附加税仍层出不穷，人丁税和力役取消后再度复活。

1712年(康熙五十一年)，清朝政府宣布以康熙五十年的丁银额为准，以后“圣世滋丁，永不加赋”。至1723年(雍正元年)，则下诏“地丁合一”“摊丁入亩”，所有赋税皆按土地面积征税。摊丁入亩的实行最终废除了户口人丁税，最后完成了“因地而税”的改革。这种税制在一定程度上改变了赋役不均的现象。且注意到纳税人的承受能力，使赋役负担更加合理。同时简化了赋役征缴的手续，也使封建国家对农民的人身束缚进一步削弱，标志着我国古代农业税制的成熟。

清朝建立之后，继续沿用明朝的一条鞭法，但暴露了许多问题。一条鞭法虽然已经开始把丁役转换成银粮一并摊入田亩派征，但是丁役一直没有完全废除。并且一条鞭法也是在明朝刚刚开始试行的新生事物，一直没有在全国彻底地实行。在清朝建立的初年，由于刚经过连年的战乱兵焚，逃荒的农民相当多，严重的地方十室九空，而剩下的农民要承担原有丁额的丁役，负担非常重。另外再有官府与地方豪绅勾结，巧取豪夺，从事农事的人口负担很重，所以这一制度反过来又助长了“逃丁”现象。

为了改变现状，保障税收和获得劳动人口，康熙决定从1712年(康熙五十一年)起实行“滋生人丁，永不加赋”的政策：“今海内承平已久，户口日繁，若按见在人丁加征钱粮，实有不可。人丁虽增，地亩并未扩广。应令直省督、抚，将见今钱粮内有名丁数，勿增勿减，永为定额。其自后所生人丁，不必征收钱粮，编审时止将增出实数查明，另造清册题报。”1713年(康熙五十二年)，又规定“其征收办粮，但据五十年丁册定为常额，续生人丁永不加赋”。康熙推行“滋生人丁，永不加赋”，实质上是试图用固定丁银总额的方法确保税银的收入，避免地方官吏生出许多理由向百姓“私派”，以及消除因人丁变动失去控制而带来的丁银征收额的波动。于是从1712年(康熙五十一年)开始，一律以1711年(康熙五十年)全国的人丁户口数字为准，共计丁额2462万余人，该征丁银300多万两，与1651年(顺治八年)比较，人丁增加了1513万余人，增长率近150%。土地增加552万顷，增长率在110%以上；征银增加了837万两，增长率达到44%。为了弥补人丁死亡导致的人丁缺额，1716年(康熙五十五年)，又补充规定了：“新增人丁，钦奉皇恩，永不加赋，今以新人丁补足旧缺额数。除向系照地派丁外，其按人派丁者，如一户之内，开除一丁，新增一丁，即以所增抵补所除。倘开除二三丁，本户抵补不足，即以亲族之丁多者抵补，又不足，即以同甲同里之粮多者顶补，其余人丁归入滋生册内造报。”同时又规定“如有州县将滋生人丁私行科派者，该督抚即行题参”。

通过“滋生人丁，永不加赋”的立法，全国丁银总额基本得到固定，从中央到地方都不能随意增加，从而使广大农民负担相对稳定，逃亡减少，有利于生产。同时也为进一步推行丁税归于地亩的改革，创造了有利条件。

清朝统治者根据丁银征收出现的严重问题而颁行的“滋生人丁，永不加赋”的赋役征收新法令，在一定程度上确实抑制了负担不均衡、无限恶化的趋势，同时在一定程度上也稳定了农业生产。然而，当时存在的其他一些问题还是没有得到根本的解决，如土地兼并日趋剧烈，农民难以负担丁银的问题。

有一些州县为了完成征赋的任务，开始实施把丁银摊入地亩的方法。如安徽泗县，缺额银一千二百三十两七钱九分四厘，“亦从由粮代征”。山西沁州，“将缺额摇银加派地亩，名曰地差”。对清政府而言，这种办法能保障丁银额数的征收，因此不予禁止。实行“滋生人丁，永不加赋”法令，巩固了一些地区原来所实施的摊丁入地的办法。丁额的固定，不但使得丁银容易摊入地亩，而且也不会随着人丁的增加，给地赋负担带来无止境加压。这个方法在一些地方渐渐推行开来。到1716年(康熙五十五年)清政府议准“广东所属丁银，就各州县地亩分摊，每地赋银一两，均摊丁银一钱六厘四毫有奇”。同年又下令，“嗣后买卖地亩，其丁银有从地起者，随地征丁，倘有地卖而丁留，与受一同治罪”。

广东“摊丁入亩”以及“随地征丁”的法令，实际上完全肯定了“摊丁入亩”的办法。1723年(雍正元年)，直隶巡抚李维钧也请求“摊丁入亩”，雍正皇帝于是命令大臣集议并制定了直隶每地赋银一两，摊入丁银两钱七厘有奇的具体规则。自此，各省纷纷请求摊丁入亩。福建、江苏、山东、河南、浙江、陕西、甘肃、云南、安徽、江西、湖南、广西、湖北等省先后于1723年(雍正元年)完成了摊丁入亩。乾隆年间，山西、贵州也完成了摊丁入亩。

摊丁入亩改革是由各省分别奏准，各自进行的，全国没有统一的施行方案，因此尽管内容上是统一的，都是地丁合一，丁银摊入地赋，取消丁口之税。但在具体试行办法上，各省根据自己的特点都有不同之处，并且省内各府、州、县之间，不少省也不一样。多数地区均以县为单位，把1711年(康熙五十年)该县的丁银总数，按亩分摊到田赋中去，随田赋一并征收。具体办法有两种：一是将一州县的丁银平均摊入田赋中，即原来应纳的田赋银若干，再加纳平均摊入的丁银若干，由土地所有者统一完纳。如直隶各州县，每田赋银一两，摊入丁银二钱七厘；再如河南确山县，每田赋银一两，摊派丁银一分八厘。这种办法着眼于田赋，田赋多的，摊入的丁银就多；田赋少的，摊入的丁银就少。运用这种办法的还有广东、四川、直隶、福建、山东、云南、河南、陕西、浙江、甘肃、江西、广西、湖北、山西诸地。另一种是把 ·州县的丁银平均摊入到田亩之中。如安徽祁门县每亩土地摊入丁银一分六厘。这种办法是着眼于田亩，土地多的，摊入的就多；土地少的，摊入的就少。采用这种办法的有江苏和安徽两地。

摊丁入亩结束了地、户、丁等赋役混乱的现象，完成了人头税并入财产税的过程，彻底废除了人头税。由于征税的对象是土地，政府放松了对户籍的控制，增加了大量可以自由流动的劳动力，对活跃商品经济起了推动作用。无地少地的农民摆脱了丁役负担，不再被强制束缚在土地上，进一步松弛了农民对封建国家的人身依附关系，对当时的社会经济，特别是对资本主义萌芽的发展，起到了积极作用。清朝实施摊丁入亩以前，老百姓为了逃避徭役，常常隐匿人丁不报。例如，一家有三个壮丁，却只报一两个人，以逃避赋税。摊丁入亩之后，不收人丁税，也没有劳役负担，老百姓用不着再隐匿人口了，加之经济的恢复和发展，出生率有了增加。因此，人口迅速增长，使“摊丁入亩”以后和以前相差十几倍之多。这是经济发展的必然结果。

此外，垦田面积也有了较大的增长。康熙初年，全国耕种面积只有530多万顷，以后逐步增加。到了乾隆初，增加到了700百万顷。乾隆中叶以后还有增加。

摊丁入亩制度的实施，保证了中央政府的钱粮收入，这是实行摊丁入亩制度最主要的目的。以田赋征收数额为例，1685年(康熙二十四年)共收田赋银24449724两，粮4731400石。1812年(嘉庆十七年)，共收田赋银32845474两，粮4356382石。按每石粮均折银1两计算，则1812年(嘉庆十七年)所收田赋数额，较之1685年(康熙二十四年)所收田赋数额增加了27.49%。

清初摊丁入亩的赋税改革减轻了农民负担，削弱了封建国家对农民的人身控制，保证了国家税赋的增加，稳定了国家的财政收入，对社会的安定和政权的巩固起到了很好的作用。同时摊丁入亩彻底废除了实行了两千多年人头税性质的丁役，使全国的税赋正式归并为单一的田赋，实现了税制的统一，在一定程度上整合了财政体制与统治政策，为后来的“乾隆盛世”奠定了经济基础，改革取得了明显成效。它的实施对后来的社会经济发展、赋税制度变化产生了巨大的影响，是中国古代赋税制度变革的一大里程碑，对我国当代税制改革也能提供参考和借鉴。

（张敏）

# 41. 清代人口的急剧增长

清代我国人口增长极为明显。200 多年内，人口数由 5300 万增至 4 亿，增长 37 倍。净增 34700 万，平均每年递增 130 万，达到我国古代社会人口增长的最高峰。

顺治朝和康熙朝前期约 40 年中，社会动荡，经济停滞。但自雍正年间摊丁入亩、赋役并轨之后，人口数量呈现直线上升。自 1651 年(顺治八年)到 1911 年(宣统三年)的 260 年中，人口由8300万增加到40800万多，平均年增长率为 5.2‰，其中增长最快的是乾隆在位期间。1741 年(乾隆六年)为143411599人，人口超过 1 亿；1771 年(乾隆三十六年)人口达到214600356人，人口超过 2 亿人；至 1790 年(乾隆五十五年)人口达到301487115人，人口突破 3 亿人。乾隆六十年间平均年增长率为 14.5‰。到 1834 年(道光十四年)人口达401008574人，人口突破 4 亿大关，从此奠定了现代中国庞大人口数量的基础。

清代人口如此快速增长的主要原因是：

第一，清初政府通过采取一系列恢复社会稳定和促进社会经济的重大措施，为人口快速增长提供了必要的政治保证。

在经历了明末清初的战争动乱、社会经济残败不堪后，清朝采取了一系列恢复经济的措施，如在内地和边疆大规模推行鼓励垦田措施、兴修水利等，促进社会秩序的稳定和社会经济的恢复发展。康熙亲政后，为恢复农业生产、稳定社会秩序，采取了一系列与民休息的措施。在这些政策的直接影响下，垦荒发展得很快，使清初大量荒废的田地得到开垦，出现了“无寸土之荒芜，开垦无遗”的社会局面。

清朝对全国控制面积的扩大，是清朝人口总数增长的另一重要原因。清朝对全国的有效管辖领域在我国历代王朝中是最大的，超过了历史上任何一个朝代(尽管它的版图面积不是最大的)，因此人口统计范围也是最大的。随着清朝在少数民族地区“改土归流”政策的全面推行，把少数民族由土司管理改变成汉族官员进行管理的方式，清朝能够进行有效人口控制的范围更加广泛。

第二，康、雍、乾时期，高产农作物在全国范围内的大力发展与推广，为人口增长提供了必要的物质基础。

清初统治者十分注意发展社会经济，在国家政权得到稳定以后，开始组织了大规模的国内移民和边疆开拓，为人口的持续增长提供了广阔的地域条件。康熙、雍正和乾隆时期，对边疆的开发范围之广、速度之快、收效之大都是历朝未能所及的。另一个重要原因是单产的提高和粮食来源的扩大。为了在有限的土地上生产出更多的粮食满足人们食物的需求，清政府十分注重优良稻麦品种的培育和高产作物的引进推广，引进了美洲的高产农作物番薯、玉米、马铃薯等，有力地促进了人口的持续增长，同时使我国农作物的生产结构也发生了变化。

第三，社会的稳定为人口增长提供了必要的社会条件。

清前期自康熙帝在1681年(康熙二十年)平定了地方武装割据势力后，直到1796年(嘉庆元年)为止，内地都没有发生大规模社会动乱，为经济发展和人口增长提供了一个和平稳定的社会生活环境。

清初社会秩序的稳定和经济的恢复发展促进了社会发展，有利于人口增长。在和平的环境下，采取与民休息的政策，经过一段时间的经济恢复，到康熙朝时社会经济得到了明显恢复，社会经济发展快速，呈现出"康乾盛世"的局面。

第四，户籍制度和赋税制度改革的影响。

户籍和赋税制度与人口的增减有着密切的联系，有利于人口增长的制度能极大地促进人口数量增加，不利于人口增长的制度会使人口数量减少。

雍正朝改土归流和贱籍除籍等户籍政策的推广执行，使户籍人口统计的范围一再扩大，人口数字显著增长，尤其在1741年(乾隆六年)实行了新的人口统计制度，人口统计是与赋税脱离的，一些过去被隐藏的人口得到了如实的统计，人口统计真正实现了全国实际人口的统计，因此乾隆朝的人口数量出现了明显的增加。

第五，社会赈济政策的完善。

我国是以农业生产为主的国家，小农经济极其脆弱，没有多少积储，一旦遇到自然灾害，就饥寒交迫，还面临着死亡的威胁。面对频发的自然灾害，清政府为了稳定秩序，救助黎民，积极地投入到救灾工作之中，形成了一系列的救灾制度。清朝的统治者采取轻徭薄赋的做法来稳定生产，发展社会经济，有效促进了人口的增长。

乾隆帝严厉要求地方官吏重视赈灾工作，同时也对灾情隐匿不报和赈济不力的地方官员进行严厉的处分。如1745年(乾隆十年)，河南巡抚雅尔图、浙江巡抚常安因惧怕皇帝不悦而隐瞒晚报了灾情，乾隆帝特意派专员查访，使乾隆时期的广大人民生命和财产安全得到了更多的保障，有利于在受到自然灾害以后农业生产很快得以恢复。乾隆帝高度重视荒政，制度完备，资金投入较大，措施较为得力，使人民在灾害较为频繁的情况下，能够保证生产，社会稳定，极大地促进了人口的增长。

第六，气候因素的影响。

气候变化对人口的影响分为直接和间接两个方面。直接影响就是气候变化引起农业产量的增减、农业区域的移动，从而导致人口发生变化。气候恶化通常激化社会矛盾、触发社会危机，引发社会不安定因素，同时还可能引起各种传染性疾病的传播，从而导致人口减少。清朝前期的人口增长与气候的温暖有着直接的关系。大体上，16世纪和18世纪是气温温暖期，而17世纪和19世纪则为气温寒冷时期。1720年(康熙五十九年)至1830年(道光十年)的110年处在温暖时期，气候温暖湿润，水草丰茂，自然条件优越。正是中国古代清朝乾隆、嘉庆及道光皇帝在位期间，这一时期中国人口由1亿余激增到4亿，这与气候温暖，适宜农业生产有着密切的联系。

第七，医学技术的发展。

到了清代，一方面中医科学继续受到重视，同时又传入了一些西方治疗疾病的方法，并引起了统治者的重视。康熙皇帝对医学、解剖学都非常感兴趣。在宫中，设有实验室。西方医学的传入与中医科学的结合，改善了当时的医疗诊治手段，使人口死亡率有所下降。

清代的医学技术有了较大的进步，尤其以瘟病学说和人痘接种术最为明显。在中国历史上，因瘟疫而造成大量人口死亡的记载不绝史籍，从汉代到清代全国范围内的大面积疾疫不下200余次。天花是古代一直威胁人们生命的传染病之一。清代预防天花传染的技术有了很大的发展。清代在继承了前人成果的基础上，逐渐建立起了瘟病学防御体系，这在一定程度上避免了因瘟疫造成的大量人口死亡。

（汪良平）

# 42.《大清一统志》的编撰

在中国古代，地方志形成了一种自成体系的典籍。不同级别的行政区域均接续性地纂修方志，是中国文化史上的特有现象。方志纂修的本身即有着从小的区域聚合为较大区域，直至全国性志书的趋向。因此，伴随方志的发展，全国性志书也代有修撰，如隋代有《隋区域图志》、唐代有《元和郡县图志》、宋代有《太平寰宇记》和《元丰九域志》等。元朝的全国性志书正式定名《大元一统志》，部帙多达一千卷，明代仿其义例，纂成《大明一统志》。

《大清一统志》是清朝仿效元明做法，由官府组织编修的地理总志。从1686年(康熙二十五年)至1842年(道光二十二年)，历康熙、雍正、乾隆、嘉庆、道光五朝前后150多年，撰成康熙《大清一统志》、乾隆《钦定大清一统志》和嘉庆《重修大清一统志》三部巨著。

《大清一统志》的纂修缘于清代社会政治的发展与变迁。1669年(康熙八年)5月，康熙除掉了鳌拜，开始亲政。这时的清朝，经过20多年的开疆拓土和国家治理，巩固了其在中原地区的统治。康熙亲政后，一方面清理鳌拜的势力和影响；另一方面更新朝政，修文图治，整齐人心风俗，下令编撰《一统志》。其体例，基本仿照《大明一统志》。

《大清一统志》的编撰工作是由进呈书籍与撰修各省通志引起的，由府州县志汇辑为直省通志，再由各直省通志汇为《一统志》，自下而上，逐级成书。府州县志由各级地方长官负责，直省通志由督抚主持，礼部负责督促，收掌保管，待齐集后，一并移送翰林院，由翰林院编辑成《一统志》，然后进呈皇帝御览。这样，《一统志》纂修的关键是各省通志，通志是《一统志》的基础与前提，所以，清廷将工作重点放在通志的编纂上，通志编修以河南、陕西二省为蓝本。

1686年(康熙二十五年)，清廷设立《一统志》馆，主要由总裁官、副总裁官、舞修官等人员构成，总裁7人，副总裁6人，纂修20人。实际主持馆务者是一名总裁和一名副总裁。纂修多数为朝官，少数人为民间征士。正、副总裁和纂修均为饱学之士，大部分人参与过《明史》编修，如勒德洪、明珠、王熙、陈廷敬、徐元文、徐乾学、吴任臣、姜宸英、方言、黄虞稷等。

《一统志》馆虽由陈廷敬与徐乾学共同执掌，但是，陈廷敬同时还担任《明史》总裁官，其主要精力在《明史》编纂，《一统志》的纂修主要由徐乾学掌管。由于工程浩大，特别是地图的绘制、资料的收集，需要花费很长的时间，同时人事又有很多周折，断断续续，以至于康熙去世时，这部总志仍未完成。

世宗继位以后，重加编辑。可是迄1735年(雍正十三年)，仍未完成。高宗继之，至1743年(乾隆八年)，才最后成书，俗称乾隆旧志。又因为该志的时间至康熙时止，故世人称之为康熙《大清一统志》。全书共342卷。依次是京师、直隶，然后是各省。直隶及“每省皆先立统部，冠以图表，首分野、次建置沿革、次形势、次职官、次户口、次田赋、次名宦，皆统括一省者也。其诸府及直隶州，又各立一表，所属诸县系焉。皆首分野、次建置沿革、次形势、次风俗、次城池、次学校、次户口、次田赋、次山川、次古迹、次关隘、次津梁、次堤堰、次陵墓、次寺观、次名宦、次人物、次流寓、次列女、次仙释、次土产”(《大清一统志·凡例》)。其后续修、重修，基本上沿用这个体例。此外，外藩及属国57个，朝贡之国31个，皆附录于后。清高宗亲撰序言，冠于卷首。

清初修《大清一统志》从定议至告竣，前后历经三朝，共七十余年，为时之久及起伏周折，仅亚于官修《明史》。其间清廷反复摸索与尝试，为官方史学活动积累了经验。在当时，纂修《一统志》是最为牵动全国的文化事业，在一定程度上取得笼络明遗民学者、招揽人才的作用。《一统志》馆设立不久，黄宗羲就向徐乾学推荐裘琏入馆，顾祖禹则亲身加入徐乾学归乡后的《一统志》书局。许多学者先后参与纂修，裘琏、郑江、劳孝舆等皆因参修《一统志》驰名学界。

乾隆续编《大清一统志》，是在反映1723年(雍正元年)至乾隆时期国内情况大变化而续编的。1724年(雍正二年)，清政府平定青海罗卜藏丹津之乱。1725年(雍正三年)，将青海北部的厄鲁特蒙古诸部分编为29旗(其中和硕特部为21旗、辉特部3旗、土尔扈特部4旗、喀尔喀部1旗)，又将大喇嘛察罕诺们汗所属的蒙古人分为4佐领，青海南部的藏族分设40个土司，上设西宁办事大臣管辖之。1727年(雍正五年)，又平定西藏阿尔布巴之乱。1731年(雍正九年)，晋封颇罗鼐为多罗贝勒，使之办理西藏事务。至1750年(乾隆十五年)，其子谋反伏诛，清政府设驻藏办事大臣和帮办大臣，分驻前藏和后藏，统领西藏事务。1755年(乾隆二十年)，平定准噶尔。1757年(乾隆二十二年)，再平阿睦尔撒纳叛乱。1759年(乾隆二十四年)，又平大、小和卓木之乱，定南疆，于是设总统伊犁等处将军及参赞大臣、办事大臣、领队大臣等，管理新疆地区。与此同时，内地和东北、内外蒙古地区的政区、赋税、人口等，也有大小程度不同的变化。这样，原来的康熙《大清一统志》已经不能适应当时的需要了。于是，1764年(乾隆二十九年)，高宗下令续修《大清一统志》，以反映变化了的情况，满足当时的需要。

乾隆《钦定大清一统志》全书共500卷。其体例与康熙《大清一统志》相同，新增了新疆地区和雍正至乾隆时期的变化内容。续编《大清一统志》首先要测绘、制作青海、西藏、新疆地区精确的地图，编写《西域图志》等边区的图书，并动员各省官员收集、整理、上交有关《大清一统志》所需的资料等，工程也相当大。因此，历时20年，至1784年(乾隆四十九年)方才完成。

第三次修订《大清一统志》是从1811年(嘉庆十六年)开始，到1842年(道光二十二年)完成，前后三十一载，参与纂修的人员很多，包括提调兼总纂潘锡恩等，总纂纂修官廖鸿荃，还有总校对官龚自珍等。清代统治者欲借纂修《一统志》，宣扬天命一统、德威功绩。它不仅是一项文化工程，也是一项政教工程，是国家强盛的象征与标志。因此，自康熙至道光，历代皇帝都十分重视《大清一统志》的编纂工作。《嘉庆重修一统志御制序文》由何绍基拟稿。何氏《东洲草堂文抄》卷三载有《恭拟增修〈一统志〉御叙》，将《恭拟御叙》与《御制大清一统志序》对照，二者在文字上有不少出入，可见道光皇帝钦定时曾有修改。

《嘉庆重修一统志》全书共560卷，另加凡例、目录二卷。其体例是在前两志的基础上进行了一些增补。例如：在直隶承德府增加了“行宫”门，在各省统部“田赋”之后，增加了“税课”门，等等。最主要的是增加了乾隆《大清一统志》以后至嘉庆二十五年间各方面的变化，同时对前志的一些内容进行了一些补充。《嘉庆重修一统志》的排次是：“首京师，次直隶，次盛京，次江苏、安徽、山西、山东、河南、陕西、甘肃、浙江、江西、湖北、湖南、四川、福建、广东、广西、云南、贵州，次新疆，次蒙古、各藩部，次朝贡各国。”

“自京师以下，每省有统部，总叙一省大要。各府、厅、直隶州自有分卷，凡所属之县入焉。蒙古各藩统部，分卷悉照各省体例。”(《嘉庆重修一统志·凡例》)有新增者，则另标出。

这次重修，是在两志之后，收集的图书比两志多，特别是有关边疆地区。如采用的群书中，自国史之外，新增加的有《日下旧闻考》《热河志》《盛京通志》《平定准噶尔方略》《西域同文志》《西域图志》《平定金川方略》《天下舆地全图》等书，旁搜博采，“然后确切参稽”。这些新图书和乾隆《大清一统志》以后至1820年(嘉庆二十五年)的新资料一起，“并照体例登入”，因而内容较前两志丰富且准确。由于《嘉庆重修一统志》不仅仅是1820年(嘉庆二十五年)以前的清代地理总志，而且也包含了以往各代的地理志内容，因此成了每一个研究中国历史、地理工作者的必读物，受到官方、学者的重视。同时，它也为我们研究清史提供了宝贵的资料。

(张敏)

# 43. 明清两朝北京城的营建

明清时期是北京城建筑的重要阶段。1368 年正月朱元璋称帝，国号大明，年号洪武，以应天府(南京)为京师。同年八月，征虏大将军徐达攻陷元大都，元朝灭亡。由于元顺帝不战而逃，因此元大都未受破坏，基本完整地保留下来。明朝建立后，为防范北元的残余势力，朱元璋在北平屯驻重兵。1380 年(洪武十三年)，朱元璋派第四子燕王朱棣就藩北平，并节制北方诸将，参与重大军事活动，燕王势力渐大。后建文帝削藩引起燕王起兵反抗，经过四年多的战争，朱棣成功赢得“靖难之役”，于 1402 年(洪武三十五年)即帝位，是为明成祖。

朱棣继位后，深感都城金陵距离北方边境太远，虽有财赋之便，但不利于从政治、军事上制衡全国，并非适宜的国都。而自己的“龙兴之地”北平，乃是兵家必争的边塞重镇，若迁都北平，改明太祖的“诸王戍边”为“天之戍边”，可以以天子之威震慑长城以北蒙古人的进袭，而不至于因坐镇南京，使实际军权落入驻防边关的藩王之手。因此他宣布升北平为北京，改北平府为顺天府，称行在，这是“北京”得名之始。

1406 年(永乐四年)闰七月，成祖诏以次年五月修建北京宫殿，遣大臣分赴四川、湖广、江西、浙江、山西等地，采伐名贵木料，分遣工部尚书宋礼、兵部侍郎师逵、原兵部侍郎古朴、左副都御使刘观等赴各地办理。派大臣赴临清督办临清砖，还派大臣赴北京房山大石窝采巨石。不久奉天殿等竣工。1410 年(永乐八年)，朱棣至北京，便在奉天殿接受朝贺。1415 年(永乐十三年)，修北京城桓。为了营建北京宫殿，首先要有个临时的皇宫，于是从次年八月开工，在太液池西边“作西宫为视朝之所”，至 1417 年(永乐十五年)四月，“西宫成”。西宫建有承天门、午门、奉天门三道门。奉天门左右为东、西角门，奉天门内有奉天殿，殿的左右两侧为左右二殿。奉天殿之北有后殿、凉殿、暖殿及仁寿、景福、仁和、万春、永寿、长春等宫，共有房屋 1630 余间。西宫建成之后，1417 年(永乐十五年)五月初一日，明成祖由京师南京返回北京，即在新建的西宫内“御奉天殿受朝贺”。

1417 年(永乐十五年)二月，命泰宁候陈畦董建北京，掌缮工事，安远侯柳升、成山候王通副之。同时，由当了二十余年工部尚书的吴中负责具体设计，兴建宫城全面展开。

1419 年(永乐十七年)十一月，“拓北京南城，计两千七百余丈”，将南墙的位置向南推移 1 里半多(将近 800 米)，即将原大都城的南墙(今东西长安街南侧一线)南移约两里(即今前三门大街一线)。在今宣武门到崇文门一线上修筑新的南城墙，而东西城墙的位置不变，只是向南延筑 1 里半多和新筑的南城墙相接，合计新筑城墙 2700 多丈。在新筑的南城墙上，开设 3 个城门，皆沿用元代的旧门名，为丽正门、文明门、顺承门，并改东垣的崇仁门为东直门，西垣的和义门为西直门。元大都的皇城(即萧墙)前是没有东西向的大街的，由于南城墙南移，即在元大都南城墙空出来的位置上，修筑了皇城前的东西向天街。南垣扩展之后，北京城基本形成正方形形制，皇城也由位于大城的南部而改为大体居中的位置。明朝前期，曾逐步把围绕大城的四面城墙进行加固。而以前的城墙原为用土夯筑而成，这时一律改用城砖包砌，城门洞改为砖砌筒壳。在修建城楼的同时，连城门外面横跨护城河上的木桥，也一律改建为石桥。

紫禁城南移以后，元代后宫延春宫的故址就处于紫禁城的北墙之外。出于风水方面的考虑，在延春阁的故址上用挖掘护城河与南海的泥土，人工堆筑起一座土山，命名为万岁山，俗称煤山(清初改称景山)。万岁山中峰所在之处正是延春阁旧址，明代在这个故址之上堆筑土山，意在压胜前朝的“风水”，所以这座土山又被称为“镇山”。

另外，紫禁城的南移，还有更加值得注意的一点，这就是只有在它南移以后，才有可能在保持其全城中轴线上主要位置的同时，又得以环绕宫城四面，开凿宽阔的护城河。这项工程在元大内的四周是不可能进行的，因为元大内的西北一侧距离太液池东岸太近，已经没有开凿护城河的余地。由于护城河的开凿，不仅加强了紫禁城的防御性能，而且还可以把护城河的水，从紫禁城的西北角通过暗渠注入护城河，这就是所谓的“内金水河”。紫禁城内的内金水河，有很重要的实用功能。北京地区气候的特点是每年雨季集中于夏季。夏季大雨倾盆时如果排水不畅，极易泛滥成灾。反之，如遇火灾，内金水河又足以保证流水的源源供应。可见，内金水河起着重要的防洪、防火的实用功能。

明代把原在东城墙以内的太庙和西城墙以内的社稷坛，分别迁建到紫禁城南门之外的左右两侧，仍然保持着“左祖”“右社”的传统规制。同时又把皇城的南、北、东三面城墙稍向外移，于是太庙、社稷坛以及新开凿的太液池南端的湖泊，都被包入皇城之中。

在承天门前开辟了一个完整地“T”字形的宫廷广场，这是明代继承元大都的旧制又加以发展的突出一例。沿广场的东、西、南三面，修筑工墙，把“T”字形的广场完全封闭，东西两翼以及南端凸出的一面，各开一门，东曰长安左门，西曰长安右门，正南曰大明门。自大明门内沿东西宫墙的内侧，修建千步廊，至北端又沿宫墙分别转向东西，中间衬托出砥平如矢的中心御道，从大明门向北直达承天门。

1420年(永乐十八年)，北京宫殿城池告成。“初营建北京，凡庙社、郊祀、坛场、宫殿、门阙，规划悉如南京，而高敞壮丽过之。”1421年(永乐十九年)正月初一日，便以北京为京师，正式迁都北京，永乐帝朱棣御奉天殿，受文武百官朝贺。从此，北京改称京师，而在习惯上仍称北京。北京正式成为明王朝的首都后，建立两京制度，去掉北京“行在”之称，南京则降为陪都。为此改原京师为南京，并取南京各衙门印信给京师各衙门用，令铸南京各衙门印信，皆加“南京”二字。

永乐之后，历代对北京城垣都有修葺，但规模最大的整修工程当属正统时期。这时期主要增建了各城门的门楼，加深了城壕，改建了桥闸，在城墙死角还修建了角楼，并改丽正门为正阳门、文明门为崇文门、顺承门为宣武门、齐化门为朝阳门、平则门为阜成门。通过这次整修，北京的内城城垣基本定型，以后再也没有什么大的变动。

1442年(正统七年)，明英宗下令按照南京之制，在大明门以北与承天门以南的“T”字形广场东西两侧，依序兴建官署。这年四月建宗人府、吏部、户部、兵部、工部、鸿胪寺、钦天监、太医院于大明门东侧，翰林院于长安左门东侧。另外，礼部早在1430年(宣德五年)已建成于大明门东侧，又加以修整。同年八月，又建中、左、右、前、后五军都督府、太常寺、通政司、锦衣卫于大明门西侧，行人司于长安右门西侧。这样，“T”字形广场东西两侧的中央重要官署“悉如南京之制”建成。此外，同年十一月，又建刑部、督察院、大理寺于长安街西，建詹事府于玉河东堤。

1553年(嘉靖三十二年)，兵部尚书聂豹等提出了一个修筑外城的计划，其主要内容是“四周宜筑外城七十余里”。此设计是外城将内城完全围在里面，使整个北京城形成了一个“回”字形。但由于怕工费浩大，明世宗修改原计划，“止筑一面”，即只在南面正阳门、崇文门、宣武门三门以外修筑城墙，其余部分待财力许可时再修建。这个外城从1553年(嘉靖三十二年)兴工，到十月就完工了，因为边关警报紧急，完全是抢修出来的。这个外城的兴建，将正阳门、崇文门、宣武门外的关厢地区以及天坛、山川坛等处全都圈进城内。设七座门，正南为永定门，其东为左安门，西为右安门；东面为广渠门；西面为广安门；东西与内城交接处，开东便门、西便门，就这样，最终形成了外观呈“凸”字形的北京城墙。这个南面的外城建成后，明朝再也无力修建其他三面的外城，于是北京内外城到此就全部定型了。内城设九门，外城设七门，皇城设四门，俗称“里九外七皇城四”。

明北京城是在元大都和金中都城的基础上，经过50余年的拓展、改造、建设之后形成的，是中国历史上建设得最辉煌的封建帝都。明北京城的建设特色可以归纳为以下几点：以紫禁城为中心的规划理念；贯通北京城南北的壮丽中轴线；匀称明朗的平面布局；壮美的城墙，网状式街道；规整的街坊和四合院，等等。

清王朝定鼎北京，再次重建宫殿。从顺治朝开始，清朝陆续在紫禁城原址上重建宫殿。根据孙大章先生的研究，清代对紫禁城的复建和改造主要分为三个阶段：第一个时期为顺治年间，以恢复前朝部分和帝居以及嫔妃居住宫殿为主要内容。中轴线的主要宫殿得到复建。第二个时期为康熙年间，又一次大规模修建紫禁城，此次修建后，紫禁城的宫殿群已基本恢复到明代时期的规制。第三个时期为乾隆时期，此时紫禁城的建造不再局限于恢复旧貌，而是改建了很多建筑，例如寿康宫、雨华阁、文渊阁、重华宫、福建宫花园、南三所等。在明朝紫禁城的宫殿格局的基础上更进一步地调整及变动。从修缮及改建过程中的整体布局来看，清朝对紫禁城宫殿修建，大体遵循了明朝紫禁城的整体布局，只是在具体小规模区域上，有些许变动。清朝宫殿在装饰上更为华丽，也更为注重御花园的建设。在整体格局上，清代紫禁城最大的变动是乾隆末年宁寿宫建筑群的修建。

宁寿宫是乾隆皇帝为其退位后做太上皇而准备的独立宫院，在康熙帝为孝惠皇太后营建的宁寿新宫的基础上建设而成。由于乾隆皇帝认为其在位时间不应超过其祖父康熙皇帝在位时长，故在乾隆末年开始规划并修建退居太上皇时期的宫殿群，即宁寿宫。宁寿宫建筑群位于紫禁城东北部，全区与紫禁城主体建筑格局一致，分为前朝和后寝两部分。其中路建筑与紫禁城内廷布局如出一辙。后寝部分，也分为东、中、西三路，整体规模较大。虽然乾隆在退位当太上皇以后，仍居养心殿，并未移居宁寿宫，但从紫禁城的建筑整体布局情况来看，宁寿宫的修建为紫禁城宫殿格局带来了新的面貌。

清代北京宫城四门分别为午门、玄武门、东华门和西华门，午门为宫城正门。清代紫禁城内的主要建筑，名称上与明代有所不同，中轴线上重要宫殿及建筑依次为：午门、太和门、太和殿、中和殿、保和殿、乾清门、乾清宫、交泰殿、坤宁宫、坤宁门、御花园、顺贞门、神武门。虽然如上所述，清朝时期对宫城也曾有大规模修建，且建立了如宁寿宫等新的建筑物与建筑体。但从整体上看，清代宫城主体建筑仍延续自明代宫城。

大清门，是清代皇城最南端的城门，位于千步廊南端，正阳门之内，名称定于1644年(顺治元年)，是清代北京中轴线上重要的建筑。大清门建筑规格上为三阙，飞檐崇脊。对此《大清会典》中记载：“大清门，三阙上为飞檐崇脊，门前地正方，绕以石栏，左右狮各一，下马石碑各一。”这里所谈及的“门前地正方”，是设在大清门前外正阳门内的棋盘街。棋盘街是一个百步见方的小广场，文武百官需要在大清门前的下马石碑处下马，步行至皇城，因此棋盘街所在区域在清代人流往来密集。

大清门内则为著名的千步廊。千步廊指的是大清门内道路，由于道路两旁各有连通的廊房，故称为千步廊。千步廊东西两侧为清代主要中央官署，东西两侧各有房屋110间，折而向北又各有34间，形成"T"字形格局。这些房屋皆联檐通脊。吏、兵两部月选官掣签、刑部秋审、礼部乡会试磨勘等都在廊房左右进行。廊房的外面，东边是户部米仓，西边是工部米仓。

千步廊东接长安左门。清代沿用明制，实行三年一度的殿试制度，进京应试的举人，便是在东侧千步廊集合参加会试，考中贡士者参加殿试。古代有习俗称考中殿试前三甲：状元、榜眼、探花为"登龙门"。由于长安左门位于千步廊东侧，故有俗语称之为"龙门"。千步廊西边接长安右门。清代判处死刑尚未执行的案件，会集中与西侧千步廊，奏清皇帝裁决。而皇帝的裁决将从长安右门送出，执行死刑的犯人也要押出长安右门正法，故有俗语称长安右门为"虎门"。长安左门和长安右门的规格较高，门各三阙，东西向。

在长安左门与长安右门之间，便是皇城之正门——天安门。天安门在清代初期，沿用明代名称"承天门"。1651年(顺治八年)重建时，改用为"天安门"。天安门规格上为五阙，上覆重楼九间。外面围绕着白玉石栏，屋顶为黄色琉璃瓦、重檐歇山式顶。1754年(乾隆十九年)，又于长安左门和长安右门外修建围墙，并在围墙东端和西端再各设三座门，东边的称为"东三座门"，西边的称为"西三座门"。此次建设完成后，形成了规模完整的皇城正门前系列建筑。

天安门之内是端门。端门的门制与天安门相同。端门之北，东有阙左门，西有阙右门，门北东西庑各三间。"九卿会议，拣选人员，验看月官"都在阙左门之下聚集，而八旗都统的会议则在阙右门下聚集。而在皇城正门"天安门"之外，地安门、东安门和西安门是皇城的另外三座城门。其中，地安门，明代名为"北安门"，是明清中轴线上的重要建筑物。

以上从皇城各门和皇城内的其他布局来看，清代北京从大城形制，到皇城、宫城形制，均大体沿用自明朝，但这并不代表清代的皇城特点便是明代的延续。清代皇城与明代皇城相比，形态上变化不大，但两者间最大的不同在于其中往来的人员有较大的差异。明代北京皇城为皇家禁地，广布宫苑与办公衙署，百姓禁止随意出入。而清朝的皇城则采用开放形式，皇城内是开放的区域。这一点变化，对于清代皇城而言，是本质性的变革。可以设想，在宫城周边、皇城南门以北千步廊周边、西什库等官署聚集的区域，仍会是戒备森严的皇城景象，但皇城内的其他区域，开放的性质为商业的发展提供了极有利的区位条件。

清廷为凸显满族特权，实行满汉分居制：内城为旗人居住的"旗城"，外城则为民人(即通常所说的汉人)居住的"汉城"。旗人在内城，并不是随意居住，而是遵循清代入关前，八旗军队行军打仗过程中形成的有明确位置排列的八旗方位，分片区居住。根据雍正年间始修、乾隆四年成书的《八旗通志》中记载，清代北京内城的八旗居址分布为：正黄、镶黄两旗位于皇城北面，正黄旗位于德胜门内，镶黄旗位于安定门内；正白、镶白两旗位于皇城东面，正白旗位于东直门内，镶白旗位于朝阳门内；正蓝、镶蓝两旗位于皇城南面，正蓝旗位于崇文门内，镶蓝旗位于宣武门内；正红、镶红两旗位于皇城西面，正红旗位于西直门内，镶红旗位于阜成门内。其中，镶黄、正白、镶白、正蓝四旗为左翼八旗，正黄、正红、镶红、镶蓝四旗为右翼八旗。

虽然朝廷为了保证旗人的居住空间实行了旗民分城政策，但北京内城的空间仍然是有其限度的，不能承载无限扩张的八旗人口。随着人口的愈发饱和，内城的空间日渐狭窄，开始有零星的旗人居住在外城地区，而到了康熙初年，居住在外城地区的旗人人数已具有一定的规模，使得1665年(康熙四年)不得不勒令他们迁回内城居住。当然，此时旗人居住在外城的选择，不仅仅是由于内城空间渐狭，而是外城发达的商业与娱乐休闲场所，使得很多旗人在外城离前三门(前门、崇文门、宣武门)近的地方置产。但到了1695年(康熙三十四年)，内城的空间不足问题便已非常严重了。《清实录》记载，此时内城的无房旗人，达到了7000余人之多。于是康熙下令在内城外，按照八旗方位建造旗人房屋，以供居住。而选择建造房屋的这些区域，是在清初设立的内城外八旗校场所在地及周边地区。雍正年间，还曾扩建京师九门外驻防营房，以供看守城门兵丁居住。乾隆年间对这两次增设的营房进行修缮，并进一步扩大了九门外驻防营房的规模。上述这一系列的措施，都是在内城八旗居址空间已饱和的情况下所作出的调整。

清代沿用明制，仍以紫禁城为宫城，沿用皇城、大城基本形态。虽然整体上看，清朝在北京中心城区建设方面没有大规模的建设举动，但在北京郊区地方却有着大规模皇家园林、旗营、皇庄建设。皇家园林及八旗驻防的建设给北京带来了全新的城市格局面貌，也使得北京城市格局不再只体现在城市中心区(宫城、皇城、大城)上，而将北京的城市格局推向更大规模，形成城区—郊区多区域的分布格局。

清代北京郊区的建设首先便是西郊地区的建设与布局，西郊也是清代北京郊区发展中规模最大、投入最多、最重要的区域。清代西郊地区的重要性与清代在此的皇家园林建设密不可分。清朝对西郊园林的建设投入不是几年或者几十年这样的跨度，而是几乎贯穿整个清王朝。西郊皇家园林的主体是“三山五园”。“三山五园”中的“三山”有确切的指代，即瓮山(后改为万岁山)、玉泉山和香山。“五园”是哪五个园林，学界一直有争论。普遍的看法是指畅春园、圆明园、静宜园、静明园、清漪园。

自康熙朝开始大规模修建的西郊皇家各园林，以“三山五园”为主体，形成了清代西北郊地区大型皇家园林区。清代的西北郊园林区，与以往朝代宫城周边的皇家苑囿建设有所不同的是，由于清代皇帝在西郊皇家园林居住，办公的时间较长，圆明园周边建立了各衙门分部以配合公务处理。整个三山五园、海淀镇地区，有其独立的官署布局、商业聚集地和农业种植区，使得整个西郊地区形成了一个自成体系，集皇家园林、公署、驻防、商业、农业等为一体的综合性区域。此区域的地位，并不是附属园林这么简单，而是在一定程度上，作为清代北京的副中心而存在。

南苑地区的建设也是清代北京郊区建设的重要一环，南苑在永定门以南约10公里处，面积范围较大，约210平方公里。元代此处称为“下马放飞泊”，明代扩建为“南海子”，南苑对于清代具有重要意义。清代，南苑的作用与西郊园林有所不同，南苑为皇家狩猎场所。清朝统治者是满洲人，骑射技术对于满洲人来说，是民族之根本，皇室每年都有行围活动，所以对于狩猎场所的重视不言而喻。此外，南苑地区也成为迎接凯旋军队、会见其他少数民族领袖、八旗阅兵的场所，可见其政治意义上的重要性。

在清代，南苑地区的内部主要建有四座行宫：位于西北方向的新衙门行宫、东北方向的旧衙门行宫、西南方向的团河行宫和靠南的南红门行宫。同时还建有晒鹰台，是皇帝阅兵之所，清代皇帝曾多次在此地检阅八旗军队。南苑随着清代的建设，最终形成9个门的规模，其中最为主要的是南苑东西南北四面的4座门，北面的大红门是南苑的正门。

清代初期和中期，南苑一直是北京地区最大的狩猎场。因此，即使清代中期及以后皇帝不再频繁前往南苑，但清代以骑射为八旗精神重要组成部分的特性，也使得南苑一直是清代北京郊区布局中极为重要的组成部分。清代北京城市建设中，最大的特点便在于城市建设中注入的八旗特色、满洲特色。

(张群伟)

## 44.《古文观止》的编撰

《古文观止》是清代以降最为流行的古代散文选本之一。所谓"古文"，是指骈文与制义文(八股文)之外的文言散文，包括传、记、论、书、序、表、诏、赞、碑文、墓志铭、散赋、疏、策、祭文、寓言等诸种体裁。所谓"观止"，源于《左传·襄公二十九年》之"季札观周乐"所载："观止矣！若有他乐，吾不敢请已。""观止"之意，用以称赏事物好到极点。此书借用该词，也是表达对所选古文思想与艺术的高度赞誉。鲁迅在《选文》一文中将该书与我国最早的诗文选集《文选》相提并论，其地位和影响由此可见一斑。

《古文观止》原编者为吴楚材、吴调侯。两人都不是文学史上的著名人物，我们只能根据《古文观止》原序得知一二。原序作者吴兴祚(1632—1698年)，字伯成，清代山阴(今浙江绍兴)人。清初入旗籍，从征耿精忠有功，累官两广总督，后徙任古北口都统。他贡生出身，著有《宋元诗声律选》《史迁句读》等。从其著作来看，也是位通俗读物的编选者。序称"岁戊午"(1678年，康熙十七年)，吴兴祚在福建巡抚任上请师教子，并由他的侄子吴楚材、堂孙吴调侯参与伴读。吴楚材"工举业，尤好读经史，于寻常讲贯之外，别有会心，与从孙调侯日以古学相砥砺"。《古文观止》，初版于1695年(康熙三十四年)。吴楚材原名吴乘权，字楚材，于1711年(康熙五十年)著成的《纲鉴易知录》，也是当时颇为流行的一部著作。

《古文观止》一书，其文起于先秦，迄于明末，依朝代划分为十二卷：卷一至卷三为周文，卷四为秦文，卷五、卷六为汉文，卷七、卷八为六朝及唐文，卷九为唐宋文，卷十和卷十一为宋文，最后一卷是明文。二吴选辑了从先秦到明代的散文222篇，其中先秦(实际上只限于春秋战国时期)部分73篇，两汉部分31篇，两晋六朝6篇，唐代43篇，宋代51篇，明代18篇。由此看出，二吴对清代以前散文的选择存在明显的偏重，重先秦、两汉和唐宋时期散文，轻两晋六朝和明代散文。这一重一轻既有二吴的主观意识，也符合清以前散文的大体情况。《古文观止》吸取前代选家(如金圣叹)的成果，入选的作品大多是比较优秀的。

《古文观止》在作品的入选方面，表现出两大特色：

第一，对一部作品或一个作家，选择了那些可以代表其思想与艺术风格的篇章。《左传》是《古文观止》选的最多的一部书。该书的思想特点是宣扬了当时具有进步意义的民本思想，反对重神轻民，反对荒淫残暴。该书选的《季梁谏追楚师》《曹刿论战》《宫之奇谏假道》《子产告范宣子轻币》《晏子不死君难》等，都反映了《左传》的这一进步倾向。季梁提出："夫民，神之主也，是以圣王先成民而后致力于神。"晏子将君主与社稷加以区分，忠于社稷而不忠于一夫。这些观点都在我国政治思想史上占有一席地位。唐宋八大家的散文，各有独特的思想与艺术风格：韩文气势磅礴，曲折自如，善于发不平之鸣，又善于在论说中插入对人情世态的典型刻画；柳文能突破儒家的某些思想禁区，充满对黑暗现实的典型揭露与对人民的同情，其山水游记在写景中寄托着忧愤，意境幽深，语言精粹；欧文善于跌宕唱叹，一往情深，风神疏淡自然，语言流畅清新；

三苏父子皆善于纵横议论，特别是苏东坡的散文，思想活跃，立论新奇，境界开阔，汪洋恣肆，前人有“韩潮苏海”的赞誉，语言也很清丽，往往在散文中创造出诗意盎然的境界；曾巩散文，立论平实，笔力沉着，论述如层层剥笋，愈出愈精，在明清两代影响极大；王安石散文则以见解深刻著称，表现出一个杰出政治家的锐利眼光，语言简练，风格挺拔。《古文观止》选了八大家的文章81篇，基本上能代表他们的特色。即使是个别篇章的入选，也往往能代表写作者的精神风貌。如《过秦论》《治安策》，显示出贾谊的才气横溢，议论深切；前后《出师表》，反复致意，可看出诸葛亮的一片忠贞；《岳阳楼记》，立意高远，情景交融，反映出范仲淹的思想境界与文章风貌。

第二，对同一体裁的作品，入选时能从不同角度着眼，因而很少有雷同单调的感觉。《古文观止》选录书信19篇，但大多不是一般的应酬之作，而是各具特色，情文并茂。有的曾影响了一代的重要决策，如李斯《谏逐客书》；有的发表了重要的政治主张，如路温舒《尚德缓刑书》；有的是长辈对子弟的教育，如马援《戒兄子严敦书》；有的是才智之士内心的不平，如司马迁《报任安书》；有的深刻讽刺了腐朽的社会风气，如宗臣《报刘一丈书》；有的实际上论述了一种专门的文体，如曾巩《寄欧阳舍人书》。写法上也变化多端，如邹阳的《狱中上梁王书》，反复隐喻，不能自止，几乎可以听到蒙冤哭泣之声；柳宗元的《贺进士王参元失火书》，险语惊人，蹊径独辟，用独特的议论开导友人，可以使人破涕为笑。同是干谒的书信，李白《与韩荆州书》“生不用封万户侯，但愿一识韩荆州”，豪放倜傥，没有乞怜之态；韩愈《应科目时与人书》，通篇用一个比喻，反复形容自己的才能与处境，恳求于人而又自负甚高。《古文观止》中，杂记(主要是景物记)分量很重，达27篇，而且各具特色。柳宗元的《钴鉧潭西小丘记》，寄托着自己放逐蛮荒的悲凉身世，把山水游记与抒情散文结合起来，含义深隐，别开生面；王禹偁的《待漏院记》，抓住人物片刻间的思想活动，着力渲染，解剖灵魂，披露肝胆，又用对比映衬的手法，突出刻画了两种政治品质截然相反的典型人物，这种写法已开了《岳阳楼记》的先河；欧阳修的《醉翁亭记》，句句是记亭，又句句是写政绩，句句是抒发作者“与民同乐”的政治主张，排句散行，从容委婉；苏轼的《喜雨亭记》，抓住“喜雨亭”三字，反复发挥，文情荡漾，笔法灵活，最后归结到及时雨贵于珠玉，表现出对人民疾苦的同情；王安石的《游褒禅山记》，因小见大，结构严谨，从游洞引申出一篇研究学问、创造事业的大道理；等等。

《古文观止》成书以来，广受欢迎，版本众多。最早的版本，有映雪堂本等。“五四”以后，在上海等地出版了多种“言文对照”的《古文观止》，共有四种：上海沈鹤记书局署做肃房编译室著的一部，广益书局印行署名陆文昭译的一种，署名宋晶如译注的一种，署名许啸天译注的一种。

《古文观止》之所以受到人们的欢迎，原因是多方面的：

首先，《古文观止》的出现，顺应了时代潮流的变化，适应了当时政治文化的需要。中国古代散文发展到秦汉时，已取得很高的成就，中经六朝，散文创作虽步入骈体化，走上追求浮华绮丽的形式主义的歧途。但到了唐宋时期，经过韩愈倡导的古文运动和宋代诗文革新的洗礼，散文创作终于攀上了一个新高峰，形成了以古文为正统的创作传统。到明代，随着八股取士制度的确立，八股文盛行。入清以后，清统治者为巩固其统治，很快恢复了八股取士的科举制度，要求士子通经义，明八股，并以此来考察他们的学力和器识。这样就把一些学人士子牢牢地束缚在四书五经之中。八股文虽与古文有相通之处，但其死板固定的程式及其以宣扬鼓吹程朱理学为宗旨的保守内容，严重束缚了中国古代散文的健康发展，因此引起人们的厌恶和不满。他们要求恢复秦汉以来所建立的古文传统，所谓“文称左迁，赋尚屈宋”。他们宣传古文，学习古文，在创作上多方面学习借鉴古人，博取各家之长，积极汲取古文的写作经验，以继承和恢复古文传统。即使是写作八股文，他们也提出要有古文的风格和气象，以古文要求和改造八股文已成为当时为文的时尚。这一切都反映了当时人们要恢复以古文为文章正统的要求和努力。《古文观止》就是在这样一种文化大背景下应运而生的。在《古文观止》选文上，它坚持了以古文为正统的原则，以战国秦汉、唐宋八大家文为主体，在入选作家的作品比例上也坚持了这一原则，其中韩愈24篇、柳宗元11篇、苏轼17篇、欧阳修13篇。这不仅体现了中国古代散文的发展脉络及各家成就的高低，而且鲜明地显现出以古文为文家正统的选文宗旨。这种选文宗旨，顺应了当时的文化形势，适应了主张学习借鉴古文的清代文人和读书人的需要。

其次，《古文观止》的选文精而准，所选入的文章绝大部分思想性、艺术性都比较高。《古文观止》的编选，旨在为人们提供古文范文，启示古文写作门径，供人们向古文学习和借鉴。吴楚材、吴调侯叔侄"日以古学相砥砺"，他们以敏锐的眼光，从浩如烟海的古代文章中，披沙拣金，精择细选，选录了二百余篇。作为一部供学子学习古文写作的启蒙读物，分量适中，而与其前的《文苑精华》《唐文粹》，其后的《古文辞类纂》等选本相比，可谓少而精。此书以"观止"命名，意即在于自认为所选录的文章都是古文中的精华，是至善至美之作，是古代文章中最具典范性、可供人学习的样板。事实也确实如此。该书所选录的文章，均为中国古代散文中的优秀之作，是千百年来为人们所喜爱、所熟读的脍炙人口的佳篇精品。

再次，《古文观止》不囿于古文家的偏执，在选文上多方取材，注意到体裁、题材和风格的多样性。它虽以"古文"名书，但不排斥骈文和韵文精品，不像有些选本如《唐文粹》之类，非古文不收。《古文观止》选入的孔稚珪的《北山移文》、骆宾王的《为徐敬业讨武曌檄》、王勃的《滕王阁序》等骈文，皆是声情并茂、相得益彰的佳作。另外，该书不仅选录有论说文、记叙文，还有山水游记、杂文小品，甚至有经文史传和其他应用文。这不仅使选本丰富多彩，而且也能真正反映出中国古代散文创作绚丽多姿的全貌。而对学子和读者来说，也为之提供了一个更为广阔多姿的学习鉴赏的天地。

最后，在编排体例上，《古文观止》也有新的特点。它不像一些选本多是以类相从来编排篇目，把同一作家的作品分编在不同的类目中，翻检起来甚为麻烦。《古文观止》的编目，以时代先后为序，以作家为目，显得眉目清楚，不仅便于查找，而且也便于对作家散文创作整体的认识和了解，同时也在一定程度上显现出中国古代散文的发展变化。

《古文观止》也有其美中不足之处。归纳起来主要有两点：一是选文有局限，遗漏了许多古文精品，同时选了一些不该选的文章。如《李陵答苏武书》《辩奸论》《后出师表》等伪作，不加审订就收录进来。先秦诸子散文不乏精彩之作，相反却选入了一些思想性、艺术性均不值一提的文章。二是评注也有不尽如人意之处。《古文观止》的评注有许多地方着重于所谓"义法"，即宣扬儒家思想和从作八股文的观点来分析篇章结构。

作为一部学习古文写作的启蒙读物，《古文观止》所选录的文章大部分是古文中的精华，因而能够流传久远，至今对我们提高阅读、欣赏古文的能力，仍有很大的价值。

（江莉莉）

# 45. 纪昀与《四库全书总目提要》的编纂

《四库全书总目提要》又称《四库全书总目》，是清代乾隆朝官修大型丛书《四库全书》的目录，《四库全书总目》不仅仅是中国传统社会官修书目的巅峰，更因其考证精审、议论公平的一万余条提要，成为中国古代学术史、文化史的一座丰碑，成为中华民族典籍丛林中宝贵的遗产。对《四库全书总目》有“一手删定”“总其成”之功的纪昀（晓岚）也成为中华民族文化史上的巨人。

纪昀（1724—1805年），清代著名学者、文学家。字晓岚，一字春帆，晚号石云，别号观弈道人，谥文达，清直隶献县（今河北献县）人，有《史通削繁》《阅微草堂笔记》《纪文达公遗集》等著作留世。纪昀于乾隆十九年（1754年）考中进士，改庶吉士，授编修。后官至礼部尚书、协办大学士、加太子少保兼国子监事，曾获“赐紫禁城骑马”之殊荣，嘉庆十年（1805年）病死，终年81岁。皇帝“恩赏陀罗经被”，“并赏库银五百两经理丧事”。纪昀生前自作挽联云：“浮沉宦海如鸥鸟，生死书丛似蠹鱼。”这两句话形象而精辟地概括了他的人生之旅。

纪昀的祖父纪天申“行德于乡里”，遇到荒年时，“出粟数千石，活人无算”，这种乐施好善、富而好义的行为得到了献县人民的感激。纪昀的父亲纪容舒，康熙年间中举，历任户部四川、山东二司员外郎，刑部江苏司郎中，后官至云南姚安府太守。纪昀自幼聪颖过人、才思敏捷，写文章不假思索，读书过目不忘，被时人视为“神童”。纪昀少年时随父任职在京，得到父亲的交好李绂、方苞等学者的指点，又专门授业于兼擅经史、绘画的董邦达。1747年（乾隆十二年），24岁的纪昀参加乡试，名列榜首，成为举人。1754年（乾隆十九年），纪昀参加会试，考中进士。与纪昀同年考中进士的还有王鸣盛、钱大昕、朱筠等后来清代汉学的主力军。纪昀以庶吉士的身份，跻身翰林院。1756年（乾隆二十一年），纪昀扈从承德，途中屡呈恭和御览诗，得到乾隆“天语嘉奖”。第二年，纪昀在翰林院学习期满，散馆考试列为一等编修，此后纪昀仕途颇为顺利，1759年（乾隆二十四年）出任山西乡试主考官，又接连任功臣馆总纂、国史馆总纂、方略馆总纂。1762年（乾隆二十七年），纪昀伴驾南巡，同年奉命视学福建，官阶提督学政。1765年（乾隆三十年），纪昀因父亲病故，回乡服丧三年。1768年（乾隆三十三年）授贵州都匀知府，同年4月，提升为侍学士。6月“两淮盐引案”发，纪昀为涉嫌营私贪污的两淮盐政使卢见曾通风报信而被发配至乌鲁木齐。1770年（乾隆三十五年）奉赦还京，得以重返翰林院。

1773年（乾隆三十八年），四库全书馆开馆，东阁大学士刘统勋向乾隆帝首荐“纪昀”。这年闰三月十一日，办理四库全书处奏明乾隆帝：“查现在纂修、翰林纪昀，提调、司员陆锡熊，堪膺总办之任。”奏折得到乾隆批准，此后纪昀便将精力投入到纂辑《四库全书》的工作中。从1773年（乾隆三十八年）入馆，到四库馆闭馆，又到1792年（乾隆五十七年）《四库全书》二次复校，乃至其后对《总目》继续修订，纪昀先后为《四库全书》和《四库全书总目》工作20年之久。其间，纪昀殚精竭虑，常常是“鲸钟方警，启蓬馆以晨登；鹤籥严关，焚兰膏以夜继”，也因修书有功，多次得到乾隆皇帝的嘉奖。

纪昀所任的总纂官是四库馆中非常重要的角色，虽然地位级别不高，但却是整个工程的核心，职责重大。按照纂修《四库全书》的要求，在修书上呈的同时需要对各书“校其得失，撮举大旨，叙于本书卷首，并以进呈，恭俟乙夜之批览”。按照修书程序，各纂修官将各处进呈的图书进行初步清理、甄别，进行版本鉴别、考订辨伪，并撰写每种书的提要初稿，主要叙述作者的生平事迹、本书内容大要，评比学术得失，并对该书是应刻、应抄或应存作一个初步判断。各纂修官的意见交到总纂官纪昀、陆锡熊手中，他们对此意见进行审核并送乾隆皇帝最终决定。最终入选的书，则交由武英殿缮书处抄写，总纂官对纂修官撰写的各书提要分纂稿进行认真细致的考订，从作者的年代、爵里、生平事迹到著作的内容要旨、长短得失，乃至别本异文、典籍源流，都在分纂稿的基础上，或增或删，或分或合，反复予以修订。就连各分纂稿的行文，也是字斟句酌，再三润饰。经过纪昀“笔削考核，一手删定”，原来行文风格不尽相同、评说有失偏颇的分纂稿都整齐划一，“无不灿然可观”。最后按照经史子集四部分类体例，通盘筹划，排比编次，纂成独具特色的《四库全书总目》。

在这一过程中，虽然提要初稿成于四库馆的众人之手，但是作为《四库全书》总纂官的纪昀对最后的定稿却负有主要责任。朱珪在纪昀的墓志铭中说：“公馆书局，笔削考核，一手删定，为《全书总目》，裒然巨观。”就最终的《总目》而言，全书行文风格一致，思想主旨贯通，都昭示了纪昀“笔削一贯”的重要作用，纪昀对总目付出的心血和贡献都是时人和后人所公认的。后人也多认为“文达一生精力，具见于《四库全书提要》”，“一生精力，萃于《提要》一书”，《总目》也最大限度地反映了纪昀的学术文化思想。正如黄云眉的总结：“就形式观之，《提要》似为多人心血之结晶品。其实此书经纪氏之增窜删改、整齐划一而后，多人之意志已不可见。所可见者，纪氏一人之主张而已。”

《四库全书总目》自 1773 年(乾隆三十八年)正式开始编修，至 1795 年(乾隆六十年)十月、十一月武英殿本(随《四库全书》抽毁而不断增删的)、浙本(以文澜阁所藏四库写本为底本刊刻)先后正式刊竣，共花费了 20 余年的时间，共有 300 多位当时著名的学者和目录学家参与其中。《四库全书总目》全书 200 卷，共收录书籍 10254 种，172860 卷。其中收入《四库全书》的“著录”书 3461 种，79309 卷；“存目”书 6793 种，93551 卷，是中国古典目录书中卷帙最为浩大的一部。

《四库全书总目》卷首依次为“圣谕”“表文”“职名”“凡例”。“圣谕”是乾隆帝有关编纂《四库全书》的一系列谕旨。“表文”是当时群臣向乾隆皇帝奏进《四库全书》的上表，后人多称其为《奏进四库全书表文》或《钦定四库全书告成恭进表》，全文共 4300 余字，用骈文对《四库全书》进行概要说明，文中引用了很多乾隆皇帝的诗词题咏，体现群臣对乾隆帝的赞美，据说这一表文出自纪昀之手。“表文”后是“职名”，记载了绝大部分四库馆中参与修纂《四库全书》人员的名单。此后的“凡例”共二十则，对《四库全书总目》收书标准、著录编排体例进行了说明。

正文按传统的四部分类法编排，经部用青绢包装，史部用赤绢，子部用白绢，集部用黑绢，象征春夏秋冬四季之色。部下又分小类，小类下又分子目，每一小类后附有本类“存目”。每部前面有总叙，每类前面有小序，后面还有跋语，有时在子目后还加按语。

经部共分 10 类，44 卷：易 10 卷、书 4 卷、诗 4 卷、礼 7 卷(包括周礼、仪礼、礼记、三礼总义、通礼、杂礼书等 6 个子目)、春秋 6 卷、孝经 1 卷、五经总义 2 卷、四书 3 卷、乐 2 卷、小学 5 卷(包括训诂、字书、韵书等 3 个子目)。

史部共分15类，46卷：正史2卷、编年2卷、纪事本末1卷、别史1卷、杂史4卷、诏令奏议2卷(包括诏令、奏议2个子目)、传记8卷(包括圣贤、名人、总录、杂录、别录等5个子目)、史钞1卷、载记1卷、时令1卷、地理11卷(包括宫殿疏、总志、都会郡县、河渠、边防、山川、古迹、杂记、游记、外纪等10个子目)、职官2卷(包括官制、官箴2个子目)、政书4卷(包括通制、典礼、邦计、军政、法令、考工等6个子目)、目录3卷(包括经籍、金石2个子目)、史评3卷。

子部共分14类，57卷：儒家8卷、兵家2卷、法家1卷、农家1卷、医家3卷、天文算法2卷(包括推步、算书2个子目)、术数4卷(包括数学、占候、相宅相墓、占卜、命书相书、阴阳五行、杂技术等7个子目)、艺术3卷(包括书画、琴谱、篆刻、杂技等4个子目)、谱录2卷(包括器物、食谱、草木鸟兽虫鱼等3个子目)、杂家18卷(包括杂学、杂考、杂说、杂品、杂纂、杂编等6个子目)、类书5卷、小说5卷(包括杂事、异闻、琐语等3个子目)、释家1卷、道家2卷。

集部共分5类，53卷：楚辞1卷、别集37卷、总集9卷、诗文评3卷、词曲3卷(包括词集、词选、词话、词谱词韵、南北曲等5个子目)。

《四库全书总目》编修于乾隆时期，对当时及后世的学风产生了重要影响。四库馆开设后，为了修书，云集了一批长于考据的清代汉学家，他们在考订图书和拟撰提要的时候将汉学的学术精神融入了《四库全书总目》。近人梁启超评价《四库全书总目》时说："《四库提要》这部书，却是以公的形式表现时代思潮，为向来著述未曾有。当时四库馆中所网罗的学者三百多人，都是各门学问的专家。露骨地说，四库馆就是汉学家的大本营，《四库提要》就是汉学思想的结晶体。"实际上，《四库全书总目》中以官方身份立言，力求公允评价汉、宋两派，认为汉宋各有所长，亦各有所弊。但是在具体的提要中又多体现出扬汉抑宋的思想倾向，这是当时参修学人的认知表达，对乾嘉学风产生了很大影响。

纪昀一手删定的《四库全书总目》自问世以来，得到历代学者的高度赞誉。它不仅集中国古代目录学之大成，而且还是中国传统目录学走向巅峰的标志，它进一步完善了中国古代目录学的分类体系，成为后世传统目录学的典范。除了目录学上的贡献外，因其考订精良的万余条提要，具有很高的学术价值。阮元说："高宗纯皇帝命辑《四库全书》，公(纪昀)总其成，凡六经传注之得失，诸史记载之异同，子集之支分派别，罔不抉奥提纲，溯源彻委。所撰定《总目提要》多至万余种，考古必求诸是，持论务得其平允。"

《四库全书总目》以宏大的视野，高度凝练地总结了中国古代学术、思想，是一部不可多得的中国古代学术史、思想史。因此，它被后人视为读书的津梁。晚清时期张之洞指示学生读书方法时说道："今为诸生指一良师，将《四库全书提要》读一过，即略知学问门径矣。"对该书有精深研究的余嘉锡说："《提要》之作前所未有，可为读书之门径，学者舍此，莫由问津。"

(罗来)

# 46.《通志堂经解》的编成

《通志堂经解》，亦称《九经解》，是清代康熙年间辑刻的一部阐释儒家经义的大型丛书。

通志堂为清代词人纳兰性德(亦称“成德”)藏书室之名，《通志堂经解》实为徐乾学所辑，冠以“通志堂”之名，署名“纳兰成德辑”，既有徐乾学逢迎讨好明珠的隐衷，也有师傅鼓励徒弟早日成才的期许。

徐乾学(1631—1694年)，江南昆山人，字原一，号健庵，也被称作东海、玉峰，为清康熙九年一甲第三名进士，为清代著名学者、文献家。

徐乾学与胞弟徐秉义、徐元文同为康熙朝重臣，曾官至刑部尚书，深为康熙皇帝所倚重。而且徐乾学交游广泛，著述颇丰，代表作为《读礼通考》《资治通鉴后编》《檐园文集》等三十余种。他还酷爱藏书，家有传是楼，其藏书被时人誉为海内第一。

纳兰性德(1655—1685年)，满洲正黄旗人，姓纳兰氏、那拉氏，字容若，号楞伽山人，原名成德，为避太子保成讳曾改名性德，后又恢复本名。18岁考中举人，康熙十五年中进士，却英年早逝，为康熙朝权相武英殿大学士纳兰明珠之子，清初杰出词人。

纳兰性德自幼聪敏勤学，笃意经史，乡试出于徐乾学之门，中进士后被授予乾清门三等侍卫，后循迁至一等。纳兰诗词具工，且尤擅填词，与陈维崧、朱彝尊并称为“清词三大家”，曾将词作编选成《侧帽集》《饮水词》。后来，徐乾学为悼念他，便将其诗词文赋合编为《通志堂集》二十卷，并为刊行，是为纳兰词。

《通志堂经解》全书共计140种，1788卷，规模宏大，卷帙浩繁。全书所辑以宋元两代诸儒所撰的书籍最多，且所载多为传世罕见本，主要包括唐宋元明以来关于《易》《书》《诗》《春秋》《三礼》《孝经》《论语》《孟子》《四书》等九经的注释。具体来说，全书汇集了唐、宋、元、明137种，另有先秦1种，纳兰性德自撰2种关于九经的注释，因而也称为《九经解》。其中有《易》类39种330卷，《书》类19种229卷，《诗》类11种140卷，《春秋》类35种459卷，《三礼》类12种384卷，《孝经》类4种4卷，《论语》类2种20卷，《孟子》类3种23卷，《四书》类8种135卷，总经解7种64卷。

《通志堂经解》的编写刊印，既是清初政治需要的产物，也是团结汉族知识分子一同总结传统文化，推动中华文化事业繁荣的一个范例。

中国传统文化以儒学为主体，儒学则以经学为核心。经学是把儒家经典当作研究对象的学问，为训解或阐述儒家经典之学。

经学发展到宋代，以附会经义阐发天人性命之理，故而称为“理学”。理学改变了唐以前注重训诂文字、考订名物制度，重实证而轻议论的“汉学”学风，以义理论证伦常，宣扬纲常名教，陈说封建统治的合理性和其存在的根据，因此备受封建统治阶级的青睐而成为显学，进而变为官方学术和封建王朝的统治思想。经历元代到明朝弘治、正德年间，王守仁发展了陆九渊“心即是理”的思想，倡导为学应以“发明人之本心”为主，提出了“致良知”说。

明清易代对汉族知识分子的冲击重大，一部分汉族知识分子痛定思痛，反思明朝的学术思想，将明朝的灭亡归咎于理学空谈心性，并总结明朝亡国的历史教训，强调经世致用。加之满洲部族入关后实施了一系列民族高压政策，加重了汉人对清朝的仇视，因而将斗争矛头直指满洲政权。

顺治年间战争频仍，文化政策沿袭明代旧制。康熙继位后，为消除满汉民族隔阂、凝聚域内全体成员的意识形态，进一步巩固清朝的统治，康熙开始推行新的文化政策，大力倡导以程朱理学为官方学术的思想，以维系国家的长治久安，还提出将“明理”与“通经”结合起来，将程朱理学融于传统经学之中，以正人心、厚风俗。康熙帝的近臣纳兰明珠为获得君主的重用，便大量结交汉族官员与知识分子，吸收汉族传统文化，促进满汉文化融合。《通志堂经解》的编辑刊印正是在这一背景下展开的，因而纳兰明珠不仅赞同纳兰性德出面倡导、组织编印此书，而且在经费上大力资助，促使其早日面世。

徐乾学选择与纳兰性德一起倡议主持刊刻丛书，也有利于为自己在官场上谋求升迁的机会。同为朝中重臣的徐乾学，通达权变，善于迎合人主心意，希望将“兄弟家所藏本，复加校勘”，再借曹溶、秦松龄等藏书家所收抄本“厘择是正”，以求雕版流行于世。

再加上徐乾学的弟子纳兰性德具备很多优点，性德不仅勤奋聪慧，热爱儒家经典，乐于助恩师刊印儒经，而且背后还有其父纳兰明珠的大力支持，便于集资、招揽文士刊印丛书。

《通志堂经解》始刻于1673年(康熙十二年)，至1680年(康熙十九年)主体部分刻完，但仍未竣工，之后仍有经解付刻，而较多的经解在校订、改版，直到1690年(康熙二十九年)至1692年(康熙三十一年)之间，完整的《通志堂经解》才刻印完毕。

《通志堂经解》的底本，主要是来自徐乾学及其兄弟元文、秉义家所藏之书，且已经做过校勘。又向朋友曹溶(字秋岳)、秦松龄(字对岩)、钱曾(字遵王)、毛扆(字季斧)、黄虞稷(字俞邰)、朱彝尊(字竹垞)等著名文人及藏书家借了若干钞本，加以校勘。“厘择是正”，打算雕版行世，却由于资金筹措不易等原因，尚未付梓。

纳兰性德应是辑刻《通志堂经解》的倡始者、资助者、搜集者和校勘者。作为徒弟的纳兰性德得知恩师想刊刻此丛书后，极力主张付诸实施，不仅亲自捐金，还倡议、鼓励大家集资开雕。纳兰性德除积极倡议、热心赞助刊刻丛书外，还在徐乾学的指导下，亲自参加了校勘，并撰写了71种经解的64篇序跋。

徐乾学“谋雕版行世”，纳兰性德“请捐资经始”，由他们两人倡议主持，在朋友们的赞助、协助下，经过共同努力，《通志堂经解》丛书顺利刊刻。

编纂过程中，全书的搜集与校勘工作十分繁琐。大致来说，徐乾学以“主编”的身份，先确定入选书目及其底本，并拿出自己家藏经解著作和亲自校订者，还对从曹溶、钱曾、黄虞稷等藏书家手中借来的抄本进行了订正厘定，发挥了核心和总裁的作用。纳兰性德则在徐乾学的指导下参加搜集和校勘入选解经著作，撰写序跋，并负责捐资刻印事务，参与了各个环节的工作，发挥了重要的作用。参与校勘的虽然还有顾湄、秦松龄、朱彝尊等人，但徐乾学和纳兰性德所起的作用最大，《经解》的编校刊印主要是二人合作的成果。

此书问世后，自内阁武英殿到厂肆书籍铺，一版再版，十分畅销。乾隆皇帝也称赞“是书荟萃诸家，典赡赅博，实足以表彰六经”，还借助编修《四库全书》之际，命馆臣查漏补缺、订正讹谬，以完善《通志堂经解》，将其作为《四库全书》的底本刊布流传，以“嘉惠儒林”。

总的来看，《通志堂经解》上承《十三经注疏》，荟萃宋元两代为主的经学要籍，下启《皇清经解》，在清代经学史和出版史上都具有十分重要的地位。

《通志堂经解》拓宽了清人经学研究的范围，对清代经学的兴盛发挥了重要作用，也是研究经学的重要史料。嘉庆间张金吾辑《诒经堂续经解》续其后，道光间钱仪吉刻《经苑》补其遗，而阮元《皇清经解》、王先谦《皇清经解续编》也专收清人经学著作，足见《通志堂经解》为清代经学的发展奠定了基础。

而且，《通志堂经解》康熙十九年初刻本是清代软体字写刻本代表之一，开清人刻书重视底本之风气。《通志堂经解》多据宋元善本，全书写刻严整疏秀、自然大方，而且因其高质量的底本与校勘，使之成为后世刻书的重要底本来源。因而，《通志堂经解》历来为专家所推崇，以至于《四库全书》《四库全书荟要》及后世钞、刻、影印古籍多取之以为底本，现今仍被广泛运用于经学文献整理与研究之中。

（赵蒙）

# 47. “扬州八怪”的艺术成就

扬州八怪是中国清代中期活动于扬州地区一批标新立异、风格相近的书画家总称，因大多在扬州从事艺术活动，且他们抗拒“正统”画家追求古雅、古朴的模古画风，被当时画坛视为“离经叛道”的“偏师”，因而有“扬州八怪”或“扬州画派”之称。

中国绘画史关于“扬州八怪”具体人物的说法不一。李玉棻《瓯钵罗室书画过目考》中所列“八怪”主要指金农、郑燮(郑板桥)、黄慎、李鱓、李方膺、汪士慎、罗聘、高翔等人；郑昶之在《中国画学全史》中删去了高翔、李方膺，而列入高凤翰、闵贞；凌霞之《天隐堂集》又删去汪士慎、高翔、罗聘，而列入高凤翰、边寿民、杨法；葛嗣浵在《爱日吟庐书画补录》中又列入华喦；黄宾虹在《古画微》中又删去黄慎、金农，列入边寿民、陈撰；陈衡恪在《中国绘画史》则加入闵贞，列为九人。可见，“扬州八怪”实为当时一批风格相近的画家的总称，今人取“八”之数，多从李玉棻说。

金农(1687—1764年)，钱塘(今杭州)人，字寿门、司农、吉金，号冬心先生、稽留山民、曲江外史、昔耶居士等，终身为布衣，人称“八怪”之首。

金农曾被荐举博学鸿词科，入京未试而返，喜好游历，客居扬州，住在寺庙里。五十岁后，金农开始学画竹，以卖画为生，终生贫困。

金农博学多才，擅长作画，主要画作有《墨梅图》《墨竹图》《山水人物册》《月华图》《自画像》《罗汉图》。金农也精于篆刻，颇得秦汉刻印之法。金农还擅长作诗文，著有《冬心先生集》《冬心先生杂著》，他的书画题跋被辑成《冬心画竹》《画梅》《画马》《自写真》《杂画题记》等。

金农擅长花鸟、山水与人物画，画风以没骨写意为主，以笔法入画法，而且多以诗入画，注重画境禅意。而且尤其长于画墨梅，所作梅花，枝多花繁，生机勃发。金农山水画造型奇古、拙朴，布局讲究画中树坡、石栏、云空、人物等元素之间的构成关系，构思别出新意，形成了旷达、淡远、灵秀、奇峭的艺术风格。

金农还擅长书法，代表作有《司马光轶事》《漆书记沈周叙事轴》等。金农原先习隶书，深研金石碑版，中晚年后受《天发神谶碑》《国山碑》等名碑篆刻的影响，自创了一种楷隶结合的书体，自称为“漆书”，也称作金农体、冬心体，笔画横粗竖细，撇飘逸而捺厚重，字体多呈长方形，头重脚轻，规整古拙。这一书法风格为世人所瞩目，成为中国古代书画史上的一朵奇葩。

郑燮(1693—1765年)，江苏兴化人，字克柔，号板桥，康熙末年中秀才、雍正十年中举人、乾隆元年中进士，为清代著名的画家、书法家、诗人，以“诗、书、画”三绝闻名于世。

郑燮自幼丧母，曾多年寄居扬州卖画，深知民间疾苦。50岁以后先后任山东范县、潍县的知县，任职期间，因开仓赈济灾民，得罪上司，愤然辞官，移居扬州，以卖画为生。郑燮虽受徐渭、石涛、八大山人影响较大，却颇有创见，主张继承传统的同时不应拘泥于古法，倡导重视艺术的独创性与风格的多样化，诗画造诣俱高。

郑燮的主要画作有《竹石图》《墨竹图》《兰竹石图》等，还著有《板桥诗钞》《板桥词钞》《板桥家书》《板桥题画》《板桥先生印册》等自刻本作品。

郑燮擅画竹、兰、石、松、菊，画风清劲秀美，以草书中竖长撇法运笔，体貌疏朗，笔力劲峭。其中尤以画兰竹成就最为突出，画竹直接取法自然，所勾勒的兰竹形象婀娜多姿，挺崛而飘逸，节节直冲云天。每一张竹叶都有不同的表情，墨色水灵，浓淡有致，逼真地表现出竹的质感，一枝一叶，极富变化之妙。郑燮还将画竹心得上升到理论层面，提出了将“眼中之竹”化为“胸中之竹”，再变成“手中之竹”的三阶段艺术创作方法。

郑燮的书法也独创一格，他工于书法，以八分书与行楷相杂，创造了一种集真、草、隶、篆于一体的“六分半书”，间糅合兰、竹画法，有如乱石铺街，别致自然，被称为“乱石铺街体”“板桥体”，开创了中国书法史的先河，在中国古代文化史中占据重要的地位。

黄慎(1687—？年)，福建宁化人，初名盛，字恭寿、恭懋等，号瘿瓢，别号东海布衣，清代著名画家。

黄慎的父亲去世较早，幼时家贫，靠卖字画奉养母亲。黄慎起初拜上官周为师，多作工笔画，后来离家出游，经常去扬州卖画，借宿萧寺，白天勤奋作画，夜晚依傍佛光明灯刻苦读书，后来从唐代书法家怀素草书真迹中获益较大，工于草法。

黄慎的主要画作有《十二司月花神图》《商山四皓图》《伏生授经图》《渔翁渔妇图》《钟馗图》《归渔图》《墨菊图》《仕女图》《醉眠图》等，还著有《蛟湖诗钞》等诗文。

黄慎早年作画细腻，后来创造出以狂草笔法入画的独特风格，擅长粗笔写意。黄慎擅长人物写意，间作花鸟、山水。所作人物画，多以神仙故事、名士风流为题材，笔法潇洒放纵，气象粗犷，深入古法，历史人物、佛道、樵夫、渔夫等在其画中很常见，给清代的人物画带来了新气息。

李鱓(1686—1762年)，江苏兴化人，字宗扬，号复堂，别号懊道人、藤薛大夫、中洋氏、木头老李等，是明代首辅李春芳的第六代后裔，康熙年间举人，清代著名画家。

李鱓自幼喜爱绘画，康熙、雍正年间，曾以绘画被召入内廷供奉，入宫期间曾先后跟随蒋廷锡、高其佩学画，因不愿受正统派画风束缚而被排挤出宫。1738年(乾隆三年)，他又以检选出任山东滕县知县，因忤逆大吏而被罢官以还，其后回到扬州，以卖画为生。

李鱓的主要画作有《四季花卉》《芍药小雀》《蕉竹图》《桃花柳燕图》《松藤图》《秋葵图》《松柏兰石图》《花卉册》等。

李鱓早年曾从同乡魏凌苍学画山水，继承黄公望一路；供奉内廷期间，曾随蒋廷锡学画，画法工致；后又向指头画大师高其佩求教，进而崇尚写意。回到扬州后，李鱓受石涛笔法的启发，风格大变，开始以破笔泼墨作画，形成了水墨融趣、挥洒自如的独特风格。而且李鱓喜欢在自己的画作上附上长文题跋，字迹参差错落，画面十分丰富，对晚清花鸟画作品影响较大。

李鱓的可贵之处在于，在传统梅、兰、竹、菊四景的基础上，将作画对象扩展到花鸟虫鱼、四时蔬果以及农家墙头之花和野草，尤善写意花鸟画。李鱓的画风粗放，不拘法度，泼墨淋漓，设色清雅，使自然界的春夏秋冬、雄鸡沙鸥、松藤牡丹跃然画面，提升了花鸟画的艺术渲染力。

李方膺(1695—1755年)，江苏南通人，字虬仲，号晴江、秋池、白衣山人等，雍正初年被举为贤良方正，与金农、郑燮交谊甚笃，为清代康乾时期杰出的诗画家。

李方膺出身官宦之家，曾任乐安、兰山、潜山县令和滁州知州等职，为官清廉，不屈于权贵，后来遭诬告被罢官，离官后寓居金陵借园，常往来扬州卖画。

李方膺的主要画作有《兰石图》《竹石图》《游鱼图》《潇湘风竹图》《古松图》《墨梅图》等，还著有《梅花楼诗钞》等诗文作品。

李方膺将诗书画结合起来，画作笔法苍劲老厚，剪裁简洁，不拘形似，活泼生动，呈现出纵横豪放、墨气淋漓、粗头乱服，不拘绳墨。

李方膺善画松、竹、兰、菊、梅、杂花及虫鱼，也画人物、山水，尤精于画梅，所画之梅以瘦硬见称。所画的《潇湘风竹图》表现出狂风下竹枝逆风而立的骨气，不仅体现了他对自然万物的深情厚爱，也表达了自己不向恶势力屈服的抗争精神。

汪士慎(1686—1759年)，安徽歙县人，字近人，有巢林、天都寄客等多个别号，清代著名画家。汪士慎排行老六，被金农称为“汪六”，因嗜茶如命，也被称作“汪茶仙”，为“八怪”中年龄较长者之一，与金农、高翔、罗聘等并称为“画梅圣手”。

汪士慎在扬州寓居时间最久，其间以卖画为生，虽生活清贫、困苦，却安贫乐道，精研诗、书、画、印，篆刻多取法小篆，有苍茫朴茂之感。晚年虽双目失明，犹能以意运腕作狂草，风格奇绝、豪放奇纵。

汪士慎的主要画作有《墨梅图》《春风香国图》《春风三友图》《梅花图》《梅石竹图》等。他也善写诗，著有《巢林诗集》等作品。

汪士慎工于写真，绘画题材广泛，涵盖翎毛、花卉、山水、人物等物象，形神逼真，清新雅淡。

汪士慎酷爱梅，常到扬州城外梅花岭赏梅、写梅，画得最多的是梅花，梅以其特有的精神与品格融入其生活与生命之中，金农曾称赞他所画之梅，与高西唐(注：高翔)异曲同工，后人也以“汪梅”的美称赞誉他。与宋代以来杨无咎、王冕等人画梅重嫩枝疏蕊、以表现神韵秀逸的骨格相比，汪士慎画梅多将表现力放在梅的老干横枝上，以淡墨去表现老树干，以浓墨点苔，以干墨圈梅花，画出的梅花既湿润、苍劲，又不失梅花的傲骨精神。汪士慎将自己苍老傲然的身影与清苦冷寒的心境融入画作中，表现出其内心“空里疏秀”“风雪山林”的雅趣，因而有“铁骨冰心”的美称。

罗聘(1733—1799年)，祖籍安徽歙县，后迁居扬州，字循夫，号两峰、花之寺僧等，终身布衣，清代著名画家，是金农的入室弟子，为“八怪”的殿军人物之一。

罗聘因父母早亡，幼年未能接受到良好的教育，而是以卖画谋生，终生不仕，好游历，兼能诗，亦善刻印。

罗聘的主要画作有《墨葡萄》《荆蛮民图》《深谷幽兰图》《剑阁图》《鬼趣图》《醉钟馗图》等；诗作有《香叶

草堂集》《朱草诗林集》；也善刻印，著有《广印人传》等作品。

罗聘虽然在“八怪”中年辈最小，但见识很高，绘画技艺全面、题材广泛、风格十分独特，在古法的基础上继承了“扬州画派”求新求异、率性所为的画风，力求创新，积极探索新技法，尝试花样繁多的创作技法，如指头画(注：以手或指甲代笔、蘸墨作画)、象牙筷子画、左手画等，著有《指画唐人诗意图轴》等作品。

罗聘擅画人物、佛像、花果、梅竹、山水，笔调奇创，超逸不群，别具一格。其中所作的人物画多为写意画，所画《丁敬像》等作品讲求刻画人物形象，表现精神气质。他还擅长画鬼，所作《鬼趣图》等作品，借丑恶的鬼态讽刺当时社会的丑态，充分运用夸张、变形和“墨戏”的手法，以隐晦的艺术形式表现“鬼中画出官人影”，深刻再现了清代社会的黑暗现实，具有现实主义的特点。罗聘也师法石涛、华苗，所画的山水、梅竹，运笔朴厚有力，《登岱图》等作品描绘粗枝繁蕊多用浓墨，《三色梅图》中的梅花也呈现出墨色交映之态。

高翔(1688—1753年)，江苏甘泉(扬州)人，字凤岗，号西唐、挥堂，终身布衣，清代著名画家，是“八怪”中唯一一位以山水画创作为主的画家，与高凤翰、潘西凤、沈凤并称为“四凤”。

高翔生活清苦，性格孤傲，幼年曾拜石涛为师，毕生很少出外游历，他的山水画风格受弘仁、石涛影响较大；晚年时右手残废，常以左手作画。

高翔擅画山水、花卉，主要有《弹指阁图》《溪山游艇图》《扬州即景图》《孔焦山馆图》《樊山水榭图》《石榴花图》等作品；也善写诗，著有《西唐诗钞》等作品；还精于写真和刻印，常为金农、汪士慎等好友的诗集开首印的小像，线描简练，神态逼真。高翔的山水画，取法弘仁与石涛，笔墨超逸，以洒脱、淡雅、清新自成一家。他经常通过写生来描绘扬州周边的风景，《平山堂八景》等画作常以“小景”的形式描绘平原湖光、郊外园林等景象，笔墨技法单纯、雅致、苍润，自成格局。

“八怪”虽画风各异，各有所长，在艺术上却表现出很多相通之处。他们十分同情百姓疾苦，深刻反映当时的社会现实，还给人们以抚慰与激励，通过画松、竹、梅，赋予他们人格化的特点，以梅写人，以松寄情，以竹抒怀，表现出自己全部的寄托。

在创作风格上，“八怪”大胆地突破清规戒律，在师法传统的基础上，反对泥古不化，敢于创新，热衷于借景抒情，极力宣泄个人的情感。

汲取沈周、唐寅、徐渭、石涛、八大山人等文人写意画技巧，“八怪”将“写意”和“写实”结合起来，尽情地抒发着自己内心的感受，极力张扬画家的艺术个性，形成了各具魅力的绘画风格。通过诗画交融、以诗托画的形式，他们或以梅兰竹菊自喻，或是借物咏志自勉，从而使艺术语言的表达显得自然、畅快而富于创新。这种“突破常规”的进取精神，正是这群画家“怪”的重要特点。

在艺术观上，“八怪”十分重视个性表现，提倡风格独创，主张“自立门户”，并坦然宣布自己的作品是为卖钱谋取生活，撕下了文人画家以绘画为“雅事”的面纱。

在形式风格上，“八怪”继承陈淳、徐渭、朱耷、石涛等人的水墨写意画技巧，进一步发挥了水墨特长，以高度的简括手法塑造物象，不拘于枝枝叶叶的形似。

与当时社会上流行代表“写生正派”的恽寿平含蓄典雅的花鸟画风相比，“扬州八怪”在笔墨上纵横驰骋，不受成法约束，锋芒显露，直抒胸臆，因而被当时的评论家斥为“偏师”，并加以猛烈地批评，目之为“怪”。

在题材上，“八怪”不仅继承了传统文人画以梅、兰、竹、菊、松、石等为主要描写对象，并进一步深化这些传统题材的内涵，而且在花鸟画创作中开辟出一些新的题材，扩大了审美视野。

“八怪”除了表现一般的清高、孤傲、绝俗等思想外，还运用象征、比拟、隐喻等手法，通过题写诗文的形式，赋予作品以深刻的社会内容和独特的思想表现形式。比如郑燮以竹声比拟民间疾苦声，李方膺用不畏狂风的劲竹象征倔强不屈的人品。黄慎的《群乞图》、罗聘的《卖牛歌图》以及李鱓的《鸡图》等作品将视野扩大到对现实生活的观察，直接或间接地表现出社会的不公平或劝人行善。

“扬州八怪”集聚于扬州，并形成“扬州画派”，与扬州特殊的地域环境密切相关。扬州位于长江、淮河汇合之处，地处大运河畔的要冲，是我国东南沿海一大都会和全国的重要贸易中心。当时的扬州，不仅是东南的经济中心，也是文化艺术的中心。

清代“两淮盐运都转”设于扬州，盐管、盐商汇聚于此，推动了城市商业、手工业的发展与繁荣。商业繁荣有力地推动了文化的发展。富商大贾为了满足自己奢侈生活的需要，不仅着力搜求珍宝珠玉、鲜衣美食，还以结交著名文人为荣，大力搜求文人书画以示风雅，掀起了求书画悬之室中的风尚。扬州当地的官员、富商大贾经常邀请知名艺术家宴饮诗文，吸引了全国各地的文人名士，袁枚、吴敬梓、蒋心余等著名文人都曾在扬州城逗留过，以教书、著书、买卖诗文字画为生计。金农、郑板桥、李鱓、汪士慎、高翔、罗聘都老于此。高凤翰、黄慎、李方膺，也是常来的熟客。

从“扬州八怪”诸人的经历来看，他们大多经历坎坷。有的是被罢官去职的州县官吏，如李方膺、李鱓、高凤翰；有的是功名不称心如意的文士，如金农；有的家境贫寒，以画画谋生，如闵贞。他们或为扬州本地人，或为外省州县人，因经历坎坷，先后集结于扬州，在扬州繁华的书画市场上售卖自己的作品。

石涛晚年在扬州生活，首先提出“笔墨当随时代”，反对“泥古不化”，震动了画坛，为“扬州八怪”另辟蹊径奠定了理论基础，启发了“扬州八怪”等一批具有创新精神的画家群体。“扬州八怪”的作品，无论是取材立意，还是构图用笔，都有鲜明的个性。这种艺术风格的形成，与当时画坛上的创新潮流和人们审美趣味的变化有着密切的联系。

（赵蒙）

# 48. 李渔的文学思想

李渔(1610—1680年)，浙江金华兰溪夏李村人，原名仙侣，字谪凡，号天徒，中年改名为李渔，字笠鸿，号笠翁，是明末清初著名的剧作家、戏剧理论家、小说家、美学家、服装设计家、造园家、美食家。

李渔青少年时期，醉心科考为官，年轻时中过秀才，后来多次参加乡试却名落孙山，在文学等方面建树不多。

中年时期，清兵入浙，李渔家道衰落，举家仓皇逃难兰溪，隐居而不仕清。后来，为生活所迫，李渔举家迁往杭州，通过“卖赋糊口”，还成立了家庭戏班，走南闯北组织戏班演出，编写戏曲文稿，出版小说，广交达官贵人、文人名流。

因李渔的戏曲小说广受读者欢迎，杭州、苏州、南京等地的一些不法书商肆意私刻、翻印李渔作品以牟取暴利。为了捍卫自身的著作权和经济利益，李渔举家迁至金陵(南京)，一边请求官府为他主持公道，一边与女婿沈心友四处奔走交涉，李渔由此成为中国最早捍卫著作权的作家。

寄居金陵时期，李渔以其寓居地芥子园为根据地，继续从事戏曲活动。李渔不仅将家姬组成为“家班女戏”，自任教习和导演，专门上演自己创作和改编的剧本，还带领家班四处游历、演剧，每到一处，备受欢迎。这一时期李渔的文笔更趋娴熟，著作更丰，通过开办芥子园书铺，刻售图书，名声大振。

晚年时期，李渔再度举家迁回杭州，无力再创作新的作品，只得卧床整理、编写戏曲理论与小说文稿。

李渔一生著述颇丰，涉猎广泛，写作传奇是李渔最大的爱好，他常称自己是“曲中之老奴”“歌中之黠婢”。李渔的戏剧风格在当时词坛中独树一帜，有“北里南曲之中，无不知李十郎者”，是中国文化史上难得的艺术天才。著有《笠翁十种曲》等传奇喜剧集，《觉世名言十二楼》《无声戏》等短篇小说集，《合锦回文传》等章回小说，《笠翁一家言》《耐歌词》等诗文集，以及《闲情偶寄》等杂著。

其中，《笠翁十种曲》一经出版便被抢购一空，被当时戏剧界盛赞为“所制词曲(《十种曲》)，为本朝(清朝)第一”。全书包括《怜香伴》《风筝误》《意中缘》《玉搔头》《蜃中楼》《奈何天》《比目鱼》《凰求凤》《慎鸾交》《巧团圆》等十个剧本。从故事内容来看，《奈何天》《比目鱼》《凰求凤》《巧团圆》四种是据李渔所著小说《无声戏》《连城璧》或《十二楼》中的故事改编的；其余六种则是根据历史题材或传说虚构而成的。

李渔晚年开始系统总结毕生的创作经验与演剧经验，撰写戏剧理论，堪称中国戏剧史上最系统、最完整的一部理论构架之作。1671年(康熙十年)，《笠翁秘书第一种》即《闲情偶寄》(又叫《笠翁偶集》)问世，全书分为词曲、演习、声容、居室、器玩、饮馔、种植、颐养八部，共有234个小题，全面总结了他一生的艺术与生活经验，堪称生活艺术大全、休闲百科全书。

《闲情偶寄》的前两部《词曲》《演习》被后人单独抽出成书，是为《李笠翁曲话》。全书详细论述了戏曲创作、导演、表演、教习、语言、音乐、服装等方面的内容，在汲取前人理论成果的基础上，结合李渔毕生的艺术实践经验，从戏曲的社会性和舞台性出发，不仅强调戏剧创作应突出题材与情节的新奇性，以及戏剧语言的通俗性和人物形象的鲜明个性，形成了一个内容丰富、自成体系、具有民族特色的戏剧理论体系，是中国古典戏剧理论集大成之作，也是中国戏剧美学史上的一座丰碑。

《闲情偶寄》的后六部主要探讨娱乐养生之道和美化生活，内容丰富，切合实用。声容部的"习技"一节论述了如何挑选与培养演员等方面的问题，居室、器玩、饮馔、种植、颐养各部，则论述了关于建筑、收藏、养生、娱乐等方面的学问，表现了李渔卓越的艺术领悟力与丰富的生活情趣。

李渔身处一个民族矛盾、阶级矛盾、统治阶级内部矛盾纷繁复杂的时代，他的文学作品也呈现出其内心思想的复杂性。

明代中叶以后，王阳明"心学"的出现，动摇了朱熹学派在思想界的统治地位，王艮、李贽等人更掀起了晚明时期的思想启蒙运动。与此同时，文学领域中也出现了以袁中郎为首的公安派反对复古派的文学革新运动，凸显近代人文气息，对后世产生了广泛而深远的影响。

作为由明入清文人的一员，李渔的作品表现出强烈的反传统思想。从某种程度上来说，李渔的戏剧、小说理论及其创作实践，是公安派文学革新运动在小说和戏曲领域中的延伸和发展。

李渔认为，文学是发展的，而且其发展变化有历史的必然性，一代有一代的文运，一代有一代的文学风格。

李渔强调应该抒发个人独特的情感。李渔推崇"以心为师"(崇尚主观心灵)的性灵哲学观，强调文思应出自自己的性情，要直抒胸臆，写心中所有。李渔在《闲情偶寄》中的议论飘逸流畅，直抒胸臆，坦率而毫不隐瞒自己的嗜好情欲、喜怒哀乐。

男欢女爱是李渔小说、戏剧作品的共同主题。李渔肯定人的自然情感和欲望，批判禁欲主义，认为禁欲违背自然规律。李渔鄙视男尊女卑的传统习俗，批判封建的婚姻观念，赞赏主人公自择配偶，置父母之命、媒妁之言于不顾。

李渔在文艺创作、编辑出版、文学批评等方面有着独到的见解，是中国古代文学史上著名的通俗文学家。

在诗词、散文与诗词理论创作方面，李渔丰硕的作品不仅为清代的诗词与散文的繁荣发展作出了积极的贡献，也为清代乃至中国古代通俗文学的繁荣发展作出了巨大贡献。

在戏曲创作方面，李渔通过融合前人成果与毕生戏曲实践经验，一改前人重案头阅读的创作风格，将之转移到舞台效果上，为中国古代戏曲向戏曲本质的完全归位和艺术创作的真正成熟作出了突出贡献，是中国古代戏曲理论的集大成者。

在小说创作方面，李渔的拟话本小说成为中国古代话本小说最后的殿军，为通俗白话小说创造了别开生面的风格与艺术模式。

亦儒亦商、亦雅亦俗的复杂形象，使李渔成为中国文化史上一个十分复杂的人物。历经明末清初以来社会、文化、经济、思想等方面的裂变，李渔的思想与行为开始摆脱儒家正统思想的束缚。李渔一生既维护纲常伦理，讲究修身治心，倡导“存天理”；又“以心为师”，肯定人的欲望，崇尚自我，反对偶像崇拜，反对束缚身心的传统道德教条，表现出强烈的离经叛道色彩。

（赵蒙）

# 49. 颜李学派的实学主张

颜李学派形成于17世纪，是清初批判传统理学思想、提倡经世致用之学的重要学术流派之一。学派创始人为清初北方著名学者颜元和李塨师生，另外还有王源、程廷祚等代表人物。

颜元(1635—1704年)，直隶(今河北)博野人，字易直、浑然等，号习斋，早年考中秀才，终身未仕，为清初著名的思想家、教育家。颜元生于农民家庭，幼年时父母先后离家，20岁时养祖父家道中落，为补贴家用，他经常下田劳作；闲暇之余多涉猎医学、天文、地理、史书、兵书、武术、理学等方面的知识，不仅从医治病救人，还开设私塾教书；晚年应郝公涵之邀，主持漳南书院，设立文事、武备、经史、艺能等科，着重培养实用人才。

颜元的代表作有《四存编》(即"存性""存学""存治""存人"四部分)、《四书正误》《朱子语类评》《习斋记余》等书。

李塨(1659—1733年)，直隶(河北)蠡县人，字刚主，号恕谷，曾中举人，清初思想家、教育家。李塨出身于书香门第，父亲李明性为明季诸生，与颜元有过深切的交往，家境富裕，后家道衰落，李塨为了养家糊口，便开馆授徒，也学医卖药。21岁时受父亲临终嘱托，拜颜元为师，学习六艺，笃信颜元之学，康熙年间几经会试而落第，遂淡薄仕途，专心著述授徒，后来应邀赴江南做幕僚，广交毛奇龄等各地名流学者，以传播颜元学说为己任。

李塨的代表作有《四书传注》《周易传注》《论语传注》《平书订》(阐述自己的政治主张)、《田赋考辨》等政治、哲学、典章考据著作，以及《大学辨业》(对儒家"格物致知"说提出了新的看法)、《小学稽业》(系统阐述儿童从8岁到14岁应学习的礼、书、数、乐四类课程的具体内容)、《圣经学规纂》《论学》《学礼录》等教育著作。他的生平事迹主要见于冯辰所辑的《李恕谷先生年谱》中。

王源(1648—1710年)，字昆绳，直隶顺天府大兴(今北京)人，号或庵，康熙年间考中举人，清初著名学者。王源少年时代喜欢研习兵法，青年时代文采飞扬，康熙年间曾受聘徐元文与江南名士共修《明史》。后来做过多年幕僚，因不愿阿谀权贵而怀才不遇。晚年结识李塨，对颜李学派产生了浓厚的兴趣。后来专程赶往河北，拜颜元为师，成为颜李学派的重要成员。王源所著《平书》《读易通言》《兵法要略》《舆图指掌》《郃阳县志》等书多已散佚，道光朝管绳莱辑有《居业堂文集》。

程廷祚(1691—1767年)，江宁上元(今属江苏南京)人，初名石开，字启生，号绵庄，晚年自号青溪居士，毕生为诸生，清代著名学者、戏曲作家。

程廷祚生活在明朝遗老的家庭中，祖父为明遗民程廷之，父亲程京萼也继承遗民风骨，靠卖字糊口。程廷祚少年时爱好辞赋，后来拜李塨为师，习礼、乐、兵、农、天文、舆地、食货、河渠等经世致用之学；1736年(乾隆元年)，程廷祚经举荐入京参加博学鸿词科考试，未中选；乾隆年间被荐入京应选经名行修之士，再次罢归。程廷祚学识广博，重在治经，治经以颜元、李塨为宗，参以顾炎武、黄宗羲之学，反对墨守成规，注重经世致用，批判当时的书院是科考举业之场所，倡导务实学、勉实行。

程廷祚毕生著述颇丰，代表作有《易通》《大易择言》《尚书通议》(驳斥毛奇龄为古文尚书辩护之词)、《青溪诗说》《青溪文集》《岫云阁诗抄》，剧作《莲花岛》传奇等书。

颜李学派实学思想形成，蕴含着深刻的经济、社会、文化与历史背景。

颜李学派诸人生活在明末清初资本主义出现萌芽的特殊时期。东南沿海地区的工商业发展水平较高，西北、北方等地的工商业发展显著。与此同时，城镇发展也出现了新的特点，东南西北各地之间的商品生产分工越来越细、流通广泛，新兴工商业市民阶层有所扩大。身居河北等地的颜李诸人所提出的重实学、重习行、致功利的思想，客观上反映了商品经济发展的需求。

明清之际社会动荡，思潮迭起，兴起了批判理学，倡导经世致用之学的思潮。

随着封建社会的日渐衰落，程朱理学作为维系封建专制统治的主要意识形态，渐渐失去了它的权威性、经典性，因而地主阶级进步思想家提出了改革腐败政治、批判腐朽理学的观点。以顾炎武、黄宗羲、王夫之、方以智等人为代表的进步思想家，他们经历明朝覆亡后痛定思痛，极力批判程朱陆王的唯心主义学说，为经世致用新思潮的兴起奠定了重要的思想基础。

鉴于明代学术的空疏不实之弊，清初学者引以为戒，以颜李学派为代表的学者高举“经世致用”的大旗，强调通过身体力行，以有用之实学来取代明代“明心见性”之心学，同时注重古经的实证经学研究，开启了后来的朴学之风。

乾隆时期以来，随着文化专制的加深，屡屡大兴文字狱，文人们为避祸，同时亦是为了打破宋明理学后义理上停滞不前的僵局，纷纷借助训诂考据之学，通过对汉学的继承，以朴学之实证精神来寻求圣贤之道，将汉学推向了高峰。

晚清时期，随着清朝衰败之症出现，乾嘉朴学之烦琐与支离之弊为学人所厌，再加上内忧外患的刺激，今文经学大兴，以龚自珍为代表的今文学派冲破乾嘉诸老考据学的束缚，再次强调学有所用，以经世致用之法寻求变法之道，此风气一直延续至康有为，成为晚清儒学史上新的景观。同治年间，浙江德清学者戴望首次汇辑《颜氏学记》，公开表彰颜李学派，使颜李学派的学术思想再度成为近代学界的热点。

与清初官方提倡的宋明理学不同，颜李学派中人反对程朱理学与陆王心学，主张恢复“周礼正学”，“以事物为教”，研究实际问题。他们高举“实学”旗帜，主张“实文、实行、实体、实用”，提倡“存性、存人、存学、存治”。

在认识论上，颜李学派批评宋明理学的空疏、“无用”，批判宋儒静坐读书、存心养性之学，崇尚实学，强调学者应干实事以有用于世。颜元、李塨等人极力批判宋明理学家读书、静坐和反省的习静教育、书本教育方法，认为从书本所获取的知识就像镜花水月一样虚幻，强调因行得知，不能离行言知，只有亲自去习行、实践，才能得到正确的认识。因而，为了培养明德亲民、经邦济世的人才，必须重视“仕学合一”“学用合一”。

颜元早年接受陆王思想，后来转向程朱思想，中年后又反对程朱，在治学观上重视“习行”，反对空谈，认为人的认识是行先知后，注重感性知识、实践活动在认识过程中的重要作用。李塨补充了颜元重视习行的观点，认为只强调读书或力行都是片面的，每个人必须先进行学习，获得真知，才能身体力行，注重理性认识、间接经验在认识过程中的作用。

在哲学观上，颜李学派反对宋明理学家所说的“天命之性”“气质之性”，盛赞孟子的“性善论”。他们从根本上反对宋明理学家“理在气先”的唯心主义“天理”论，而从唯物主义宇宙观出发，认为天下没有“无理之气”，也没有“无气之理”。

颜元主张唯物主义的元气论，反对宋儒理善气恶的说法，认为理在气中，“理即气之理”。他驳斥程朱理学所谓人性源于“天理”“气质之性”为恶的说法，认为性依托于形，人性皆善，恶源于“引蔽习染”。同时力斥宋明理学家静敬养性的虚妄说法，认为朱熹的“即物穷理”实为“读书穷理”，王阳明的“知行合一”实为“销行于知”。在此基础上，颜元提出了性、情、才三者相统一的人性论。

李塨继承并发展了颜元理气一元论的唯物主义思想，猛烈抨击理学家离事言理的唯心主义说教，认为“气外无理”，理气不可分，提出了“理在事中”的命题，主张“实事实物”之教，倡导亲身习行践履。

程廷祚继承了颜李二人关于“气”的思想，抱持气一元论，批评程朱理学家先有理后有气，万物之理便是太极的思想。他肯定他们关于人性即气质之性的观点，认为人性之善源于阴阳二气之善。

在社会政治理想上，颜李诸人主张效法三代，力主回归周公、孔子。颜元主张恢复井田、封建、学校的“王道”政治，认为程朱理学的空疏，违背了儒学重六德、六行、六艺之道的精神，远离了经世致用的“真儒学”。李塨主张分天下之田给天下之农，方能解决四方百姓的温饱问题，而且强调考古证今。

在义利观上，颜李学派大力倡导推行功利色彩浓厚的经世实学。他们反对“正其谊不谋其利，明其道不计其功”的正统义利观，主张应该把利与义两方面结合起来，方能达到经世致用的功利目的。

王源崇拜诸葛亮、陈亮的事功之学，提出了“有田者必自耕”的原则以应对土地兼并、贫民生活艰苦的困境。同时，他还主张保卫商人阶层的利益，发展商人资本，提高商人的地位，主张按资本分为九等，税额达到一定标准的可授九品至五品的爵位。

总的来看，颜李学派在一定程度上突破了传统思想文化观念的禁锢，他们以“实”疾“虚”、主“动”斥“静”、倡“习行”反“浮言”、重“功利”轻“虚理”为主的实学主张，猛烈抨击了宋明理学虚空“无用”的静敬养性思想，顺应了时代进步的潮流，对17世纪的中国思想界以及后世学术思想的发展产生了积极的影响，将实学发展的进程推向了顶峰。

尽管颜李诸人重视身体力行的实学思想，存在泥古、粗浅、过分倚重经验，且忽视理性认识等缺陷，但是其中所体现出的求真务实精神，实为从传统向近代转型的经世致用精神，是对专制社会末期笼罩天下的理学和科举的一种纠偏，为后世广泛接纳科学精神和启蒙思想作了必要的理论铺垫。

（罗来）

# 50. 乾嘉学派的兴起

清代乾隆、嘉庆两朝，在学术界兴起了以文字训诂、典章考证为主要内容，以朴实为特征的学派，通常称之为“乾嘉考据学”。

在“乾嘉考据学”这个短语中有两个关键词：一是乾嘉，一是考据学。“乾嘉”是一个时间概念，有特定所指。但是，我们讨论乾嘉考据学却不能只着眼于这一时间段来立论。实际上，“乾嘉考据学”标志的是考据学最兴盛时的状态，而其之所以兴起的原因却还必须追溯到在此之前的顺康雍时代。同时，考据作为一种治学方法，在先秦时期就已经出现了，最初指对人或事进行稽考以取信，如《礼记·学记》说“中年考校”；后引申为对书籍的考订，如《史记·伯夷列传》云：“夫学者载籍极博，犹考信于六艺。”但是，将考据称为“学”，并用来专指一个学派，却直到清代才出现。由清初的经学复兴思潮发展为乾嘉时期的“考据学”也经历了一个长时间的演进过程。因此，我们必须引入时间的概念对乾嘉考据学作动态的分析，考察其形成过程，在此基础上更好地认识其成因。

在我国传统社会中，经学一直处于核心领导地位，没有经学，其他的学术也就失去了存在的依据和评判的标准。西汉以降，学者立论大多依据《诗》《书》《礼》等被确定为至高无上权威准则的经典。他们往往通过经典的诠释来建构自己的思想体系。清以前，学者们形成了两种风格迥异的注释传统：其一为汉唐训诂之学，以语言训诂、名物考订、典章稽核为主要内容；其二为宋明义理之学，注重对经典思想内容的阐说，形成以“理”为核心的一套学说体系。这两种注释风格在明中叶以前虽然有冲突，但由于在自宋迄明的五百多年时间里，理学一直居于主导地位，训诂之学无法冲击义理之学，也无法在学术界产生足够的影响。宋明理学有“道问学”和“遵德性”的区别，前者以程朱为代表，在明中叶以前处于优势地位，后者以陆王为代表，在明中叶以后逐步发展壮大起来，并在王学的旗帜下发扬光大。

明中叶以降，以王阳明为代表的王学承陆九渊心学而起，以“致良知”为目的，强调个人道德体悟，否定学习前人注疏之学以及各种知识的重要性。王阳明说：“记诵之广，适以长其傲也；知识之多，适以行其恶也。”王学末流更是将这种不重视知识的思维发展到极端，导致明朝后期士子空谈心性，将六经束之高阁的局面。面对理学的泛滥，许多有见识的学者纷纷开始指责理学的空疏。杨慎尖锐地批评理学家说：“宋世儒者失之专，今世儒者失之陋。失之专者，一骋意见，扫灭前贤；失之陋者，唯从宋人，不知汉唐前说也。”焦竑对士子不读书的习惯痛心疾首，他在《焦氏笔承续集》卷四《韩献忠》中写道：“今子弟饱食安坐，典籍满前，乃束书不观，游谈无根，能不自愧？”肇端于明朝中后叶的反理学思潮在明亡后迅速流传开来。清初学者认为，宋明理学的空疏流弊，在于“以明心见性之空言，代修己治人之实学”（顾炎武：《日知录》卷七《夫子之言性与天道》），“言心学者，则无事乎读书穷理；言理学者，其所读之书不过经之章句，其所穷之理不过字义从违”。顾炎武等人将明朝灭亡的原因归结为王学的空谈误国，对其进行了猛烈的批判。正是这种对理学特别是对王学的批判，为“乾嘉考据学”的形成奠定了学术基础。

“乾嘉学派”的形成和发展经历了以下几个阶段：

（1）从顺治朝到康熙前期：经学复兴期。

清廷进入中原之初，政局尚未稳定，统治者将主要精力放在巩固政权和消弭汉族反抗力量上，尚无力对学术界施加较大的影响。这一时期思想活跃，也是学术繁荣期。鉴于理学的空疏，在清初逐渐出现了一股回归经学的思潮。江南学者钱谦益说：“制科之习比于俚，道学之习比于腐，斯二者皆俗学也。”他又说：“学者之治经也，必以汉人为宗主……汉不足，求之于唐，唐不足，求之与宋，唐宋皆不足，然后求之于近代。”顾炎武、黄宗羲、万斯同、万斯大等人受这一观点影响较大，在经学研究方面作了许多探索，其中又以顾炎武最有建树。顾炎武在《与施愚山书》中提出：“古之所谓理学，经学也；今之所谓理学，禅学也。”这里，“古之所谓理学”显然是指汉儒所代表的训诂之学。后来，全祖望在《亭林先生神道表》中将其转述为“经学即理学”。梁启超在《清代学术概论》中指出：“经学即理学一语开创了清代学术的发展方向。”在清初学者的视野中，经学以经典作为立论的出发点，相对于王学末流的空发议论显得更为实在。而这种实在正是学者们所追求的目标。纵观这一时期的经学复兴思潮，实际上是由两种原因共同造成的：

其一，“以经学济理学之穷”。倡导经学并不意味着对理学的完全疏离。清初学者大多数是在理学弥漫学界的历史背景下成长起来的，不可避免地会受到理学的影响。他们提倡经学，但最初的动机不仅仅是批判理学，还在于以经学来弥补理学的不足，即取证经书来说“理”。因而清初学者回到经典文本，以此来为理学寻找依据。以王学为宗旨者，如黄宗羲、黄宗炎、胡渭选择以《周易》作为考察对象，目的就在于攻击程朱一派构筑其学理的基础——“太极图说”之伪。相反，以程朱为宗者，如顾炎武、阎若璩则选择以《古文尚书》为考证对象，其目的也在于证明王学一派赖以建立其学说的“虞廷传心”方针——“人心唯危，道心唯微，唯精唯一，允执厥中”之伪。

其二，经世致用的学术追求使得学者以“古学复兴”的形式表达他们的经世理念。明清鼎革造成的剧烈社会震荡迫使学者们对社会现实给予了较多的关注。但是受历史条件的限制，清初的学者们无法找到一条完全超越传统的学术路数，只能回归元典，以“复古求解放”（梁启超语）。黄宗羲批判了明末“袭语录之糟粕，不以《六经》为根柢”的空疏学风，主张为学必先穷经，兼治史书，以求通经治史，经世致用。故全祖望曾称之曰：“先生始谓学必原本于经术，而后不为蹈虚，必证明于史籍，而后足以应务，元元本本，可据可依。”顾炎武反对载之空言而不能见诸行事的空虚之学，重资料，重实证，“著书不如抄书”是其座右铭，《天下郡国利病书》和《肇域志》系“有得即录”，抄撮而成，而《日知录》也是“采山之铜”而作。他主张，要务本原之学，必须复兴经学。他说：“经学自有源流，自汉而六朝而唐而宋，必一一考究，而后及于近儒之所著然后可以知其异同离合之指。如论字者必本于《说文》，未有据隶楷而论古文者也。”顾炎武提出了“治经复汉”的主张，强调“读九经自考文始，考文自知音始”。在黄宗羲、顾炎武等人的努力倡导下，清代初期的治学风气，逐渐向博稽经史的方向发展。

在这股经学复兴的潮流中，除了顾炎武的《日知录》之外，阎若璩的《古文尚书疏证》、胡渭的《易图明辨》也因考证缜密、资料翔实，被学术界视为乾嘉学派的先导。

阎若璩幼时资质鲁钝，且口吃。但少年时期的阎若璩有股不服输的韧劲，他刻苦攻读，反复背诵，甚至将书册拆散，一页一页诵读，背熟一页就烧掉一页，无论盛夏三伏还是寒冬腊月，都不间断。功夫不负有心人，有一天他忽然开窍，从此聪明异常。据说别人读书，只能看到正面，而阎若璩读书，却能看到正面和背面。正是因为早年打下了坚实的经史功底，所以阎若璩后来才能在经史考证上取得杰出的成就。他曾与胡渭、黄子鸿、顾祖禹等学者共同参与康熙时《大清一统志》的纂修，后来还得到雍亲王，也就是以后的雍正皇帝的赏识，特意把他请到王府，尊为上宾，可惜不久即卒于京师。阎若璩在学术上明确表示自己“主汉不主宋”，并尤为崇尚考据，强调精审博征，注重求真求是，凡著一书、立一说、论一事，必定有根有据，做到“旁参互证，多所贯通”。本着这种求真求是的治学态度，阎若璩在经史、地理，特别是对伪《古文尚书》的研究考证中，取得了令人瞩目的成就。

《尚书》是春秋战国时期儒家六经之一，秦始皇焚书时曾遭到焚毁。西汉初年，老儒伏生凭借自己的记忆口授，朝廷派专人用当时通行的隶书写定二十八篇，加上后得的《泰誓》一篇，总共二十九篇，这就是《今文尚书》。后来，孔子屋壁中发现了一部用春秋战国时期六国文字写成的《古文尚书》，经孔子后人孔安国校读，比《今文尚书》多出十六篇，但未能列入学官，至西晋时亡佚。东晋时，豫章内史梅赜忽然献出一部孔安国作《传》的《古文尚书》，共计五十八篇，其中今文三十三篇、古文二十五篇，书前还有孔安国所作的《序》。这部今文、古文合一，又有孔安国《传》的《古文尚书》出现之后，便逐渐取代《今文尚书》而流传开来。隋唐时期，与其他儒家经典一道，被定为一尊，取得了神圣不可侵犯的地位。宋代以后，陆续有学者对《古文尚书》及孔安国《传》的真伪表示怀疑。阎若璩在前人怀疑的基础上，进一步穿穴经史，广搜证据，从该书渊源、传授、篇数、篇名、史实、文体、典制、地理、历法，乃至音韵、训诂等各个方面进行研究，费时三十余年，著成《古文尚书疏证》八卷，考证出《古文尚书》及孔安国《传》是后世的伪作，解决了一个千古疑案。他的著述被视为清代汉学考据辨伪的经典之作。

与阎若璩同时的胡渭也擅长考据，影响最大的就是《易图明辨》。

《易经》位居儒家六经之首，历来受到学者重视。五代宋初时，华山道士陈抟钻研玩味《易经》，编造出由黑色、白色圆点排列组成的《河图》《洛书》，并据此说《易》。其后，宋代理学家都接受了陈抟的说法，辗转传授增益，又附会出《先天图》(包括伏羲八卦次序图、伏羲八卦方位图、伏羲六十四卦次序图、伏羲六十四卦方位图共四种)、《后天图》(包括文王八卦次序图、文王八卦方位图两种)、《太极图》等，加上最早的《河图》《洛书》，总共九种，称为九图。从此以后，以图说《易》，据图解《易》，也成为宋明以来《易》学的主流。

但是，历代也有一些严肃的学者对《图》《书》的来历及其真伪提出怀疑，胡渭集前代各家之大成，对《图》《书》进行系统考辨。他明确指出《诗》《书》《礼》《乐》《春秋》，都可以有图，只有《易》完全不需要图，因为六十四卦本身，就是《易》图。并且，胡渭还运用穷原究委的方法来判定《图》《书》的真伪。在辨伪学史上，判定伪书有多种方法，其中得到学者公认并被奉为经典的有八种，这就是“辨伪八法”。“八法”其中之一，就是追溯其渊源来历。任何一部古书，若在《汉书・艺文志》《隋书・经籍志》都未见著录，而出现在《宋史・艺文志》中，如果没有确凿的考古依据或合理的授受源流，那么十有八九可以断定这是后世的伪作。《图》《书》的出现正是如此。虽然古代曾有“河图”“洛书”的记载，也有“河出图，洛出书”的说法，但并没有确切地说明是什么东西，更重要的是都没有提到有图。可是，这些图却忽然出于五代宋初的道士陈抟，显然是造伪之作。

(2)从康熙中后期到乾隆初年：经学沉潜发展期。

随着1682年(康熙二十一年)顾炎武的去世，1695年(康熙三十四年)黄宗羲的去世，1704年(康熙四十三年)颜元、阎若璩的去世，清代的学术界出现了暂时的空寂。全祖望论述说：“国初多稽古洽闻之士，至康熙中叶而衰。士之不欲以帖科自竟者，稍廓之为词章之学已耳。求其原原本本，却有所折衷于心者，未之有也。”与此同时，清朝统治者在政治稳定之后也逐渐将文化建设提上议事日程。在王学崩解的同时，清初的理学界出现了一时“由王返朱”的声浪。此风由张履祥、吕留良等人开端，经陆陇其而渐入庙堂，至熊赐履、李光地因精通朱学而在朝廷受到重用时得以大盛。1712年(康熙五十一年)，清朝颁布诏令，规定朱熹成为佩享孔子祭祀的孔庙十哲之一。这就标志着程朱理学成为官方学术，也意味着经学成为民间形态的学术，其发展受到一定程度的限制。但是，经学在这一时期也有发展的便利条件：

其一，理学家暴露出许多虚伪面，使得社会对于理学更加鄙视，客观上促进了经学的发展。1694年(康熙三十三年)，理学名臣李光地之母病逝，但李光地却并未按惯例向朝廷上书请求丁忧，因而在朝廷中引起了一场轩然大波。一时间，朝臣纷纷上书谴责李光地。5月，康熙亲自在瀛台召集翰林谴责伪道学。此后，康熙虽然依然尊崇理学，但却给予崇尚质朴、讲究实证的经学以相当的关注。1714年(康熙五十三年)的诏书说：“治天下以人心风俗为本，欲正人心、厚风俗，必崇尚经学。”在实际的政治生活中，清王朝也采取了许多政策来发展经学，如《古今图书集成》《佩文韵府》《康熙字典》等大型图书的编撰也大大促进了经学向考据学的转化。

其二，书院讲学之风解禁，也促使了经学的发展。清初，鉴于东林讲学之风不利于政权的巩固，清朝政府严禁讲学结社。随着社会经济的发展，书院在传播文化方面的功能日益显示出来，关于书院的禁令也日渐松弛。1733年(雍正十一年)正月，雍正颁布诏书：“书院之设，于士习文风，有裨益而无流弊，乃朕之所厚望也。”随即，清廷命令各省省城设立书院，并给予一千两银子为营建经费。此后，书院迅速发展，通过讲经等活动对文化的传承起到了十分重要的作用，为经学的发展提供了一个重要阵地。

由于这样一些因素的共同作用，从康熙中后期到乾隆初年，经学也取得了一定的发展。何焯、全祖望、惠周惕等经学家主要活动于这一时期，为后世留下了《义门读书记》《鲒埼亭集》等一些优秀的学术著作。但是，与前一时期相比，这一阶段经学的发展相对不够明显，处于一个典型的“沉潜期”。一方面，学术界没有出现像顾炎武那样能引导一时学风的大师；另一方面，社会和朝廷对于经学也没有完全认可。1736年(乾隆元年)，朝廷开设博学鸿儒科，以经学著称的全祖望却名落孙山，足见当时经学地位还不是很高。

(3)乾隆初年到四库馆设立：乾嘉学派形成期。

经学历经顺治、康熙、雍正三朝的发展，至乾隆初年已经渐成气候。1749年(乾隆十四年)的博学鸿词科，录取陈祖范、顾栋高等以经学著称的四位学者，标志经学开始为社会所共同认可。昭梿记叙其影响说：“故一时耆老夙学，布列朝班，而汉学始大著，龌龊之儒，自硋足而退矣。”1757年(乾隆二十二年)，经文被移于科举考试的第二场，说明经学的地位开始得到制度的保障。1773年(乾隆三十八年)四库馆成立，戴震、王念孙、任大椿等一批汉学家入四库馆，肆力经史，辑佚钩沉，校理群籍，经史考据因此蔚然成风，桐城派重要代表人物姚鼐在四库馆开馆之初，被荐为纂修官，但因为所拟提要屡次被驳斥，遂托病辞官，说明四库馆已成为“汉学家大本营”(梁启超语)。

章太炎在《清儒》中写道：“(清学)著系统者，自乾隆朝始。一自吴，一自皖。吴始惠栋，其学好博而尊闻。皖南始戴震，综形名，任裁断。”吴派和皖派的形成以学派的形式标志着“乾嘉考据学”正式得以确立。

吴派的代表人物是惠栋。惠栋(1697—1758年)，字定宇，号松崖，是清代学术史上最先明确打出汉学旗帜的学者。他是江苏吴县人，出生于世代传经的官宦之家，其家族“四世传经”，源远流长。受家庭环境的影响，惠栋精通经史，纵贯百家，学养极为深厚。但却命运不济，乡试不第，荐举亦落选，故一生未涉仕途，而以讲学著述终老。惠栋继承家学，十分尊信和推崇汉儒经说。为构筑汉学的森严壁垒，惠栋有力地揭橥并确立了汉学的治学宗旨。他十分强调：“五经出于屋壁，多古字古言，非经师不能辨。经之义存乎训，识字审音，乃知其义。是故古训不可改也，经师不可废也。”正是经由惠栋的倡导，由古书的文字、音韵、训诂以寻求义理的主张才得以正式确立，并成为汉学家共同尊奉的学术宗旨。

惠栋最受时人和后人推崇的学术成就是对《易经》的研究。他在深厚的家学基础上，精研二十余年，辑录两汉经师孟喜、虞翻、京房、郑玄、荀爽诸家《易》说，并发明《易》理，著《易汉学》八卷。又考证汉儒《易》说，发明《易经》义例，著《易例》二卷。在爬梳汉儒《易》说的基础上，惠栋进而以荀爽、虞翻为主，参以郑玄、宋咸、干宝等各家之说，融会贯通，疏解《易》，撰《周易述》一书。虽然这部书由于惠栋病逝而未能最终完成，但他复兴汉儒经说的努力和成效仍产生了重大的影响。钱大昕有一句话非常准确地说明了惠栋学术的作用和影响，这就是：“汉学之绝者千有五百余年，至是而灿然复章矣。”

由于惠栋的学术成就和学术声望，在他的周围聚集了一批学友和弟子，如沈彤、余萧客、江声、王鸣盛、钱大昕等人。他们大多恪守惠栋尊崇汉学，强调文字、音韵、训诂的学术宗旨，治学风格和研究内容也与惠栋相近，甚至就连表现出来的一些弊端也大体相同，由此形成了清代汉学的第一个学术阵营。因为惠栋是江苏吴县人，而他周围的这批学者基本上是江南人，所以以其地望命名，称之为“吴派”。

“吴派”之后，将乾嘉学派推向鼎盛的是以江永、戴震为代表的“皖派”。

江永(1681—1762年)，字慎修，婺源(今属江西)人。一辈子没有功名，专力于学。因为婺源是朱熹的故乡，影响很大，江永极力推崇程、朱宋学，认为圣贤之道，至孟子已绝，至程、朱出，乃得复明。但其治学的方法，则是从训诂下手。读《大学衍义》，引用《周礼》，求得其书而读之，大感兴趣，就专力于“三礼”研究。撰《周礼疑义举要》，对先秦名物加以考释，其中《考工记》二卷，颇多创见。因为朱子晚年想作《仪礼经传通解》未成，江永想继承朱子的续业，就旁征博引，按《周礼·大宗伯》所分吉礼、凶礼、军礼、宾礼、嘉礼五类，纂成《礼书纲目》八十八卷，搜集了不少散见在经传杂书中的古代礼乐制度。此时他年方四十一岁。后二十年又成《近思录集注》十四卷。

戴震(1723—1777年)，字东原，安徽休宁人，从小善于思考，尤好追根问底。他小时候读《大学》就问老师何以知道是孔子之书，曾子所传？老师说：这是先儒朱子所告诉。他又问：朱子是什么时代的人？老师答：南宋人。又问：孔子、曾子是何时人？答曰：东周人。他进一步问：周至宋有多少年？老师说：两千年左右。又问：朱子去孔、曾两千年，何以知道？最后虽弄得老师哑口无言，老师却非常喜欢他。戴震家境贫寒，无以为业，十九岁随父亲到南丰，设了一个蒙学馆。后来回到家乡，从江永治经学，和程瑶田、金榜等人往来，学问大有长进，生活则一天比一天困难。到了二十九岁，才补了一名休宁县学生。次年休宁大旱，斗米千钱，没钱吃饭，只得从隔壁面店要一点面屑和水充饥，困苦一至如此。三十二岁时，他空手跑到北京，住在休宁会馆，行李、衣服都没有，有时连稀饭都吃不上。但是他怡然歌咏，声如金石。一次，拿自己所著的书去见钱大昕，谈论终日，钱大昕叹为天下奇才。其时，无锡秦蕙田正在编《五礼通考》，因钱大昕的推荐，秦蕙田就将戴震请去协助，高邮王安国又将子王念孙送去从他读书，从而一时名下通人，他与王鸣盛、王昶、朱筠都认识了，天下人都知道有一位饱学的戴东原。三十五岁时，回南方，在扬州认识了惠栋。四十岁中考举人，但几次会试都落第。直隶总督方观承将他聘去修《直隶河渠志》，又去山西修《汾州府志》

《汾阳县志》，又去浙东主讲金华书院。《四库全书》开馆时，特召以举人充纂修官。但会试还是考不取，特赐“同进士出身”，授翰林院庶吉士。五十五岁卒于“四库全书”馆。戴震的著作，有《孟子字义疏证》《考工记图》《声韵考》《方言疏证》《原善》《绪言》等。

戴震之后，焦循、凌廷堪、王念孙、段玉裁等张大其学，将考据学推崇到极致。

随着考据学的兴盛，对“汉学”的批评也开始出现。对“汉学”的批评从侧面证明了考据学已经蔚然形成。

首先是袁枚对汉学的批评。袁枚(1716—1798年)，字子才，号简斋，中年隐居江宁小仓山的随园，自号仓山居士，随园老人，钱塘(今杭州)人。袁枚较早用“考据”与“著述”来中分学术。他在《小仓山房文集》中多次提到“考据学”，如“著作之文形而上，考据之学形而下”。但是，在学术宗旨上，他却是反对“考据”的，因此也反对以“考据”为主要特色的“汉学”。袁枚指出：“明季以来，宋学大盛，于是近今之士，竟尊汉儒之学，排击宋儒，几乎南北皆是矣，豪健者尤争先焉。不知宋儒凿空，汉儒尤凿空也。”又在与惠栋的信中说：“第不知宋学有弊，汉学更有弊。宋偏于形而上者，故心性之说近玄虚；汉偏于形而下者，故笺注之说多附会。虽舍器不足以明道，《易》不画，《诗》不歌，无悟入处，而毕竟乐师辨乎声诗，则北面而弦矣；商祝辨乎丧礼，则后主人而立矣。艺成者贵乎？德成者贵乎？而况其援引妖谶，臆造典故，张其私说，显悖圣人，笺注中尤难偻指。宋儒廓清之功，安可诬也。”

再是章学诚对汉学的批评。章学诚(1738—1801年)，字实斋，会稽(今浙江绍兴)人，治学兼及经史诸领域，而尤以史学见长。章学诚以程朱理学为宗主，故反对乾隆时期考据学家对理学的批评。他从学术发展的角度批评说：“盖逐于时趋，而误以襞绩补苴，谓足尽天地之能事也。幸而生后世也，如生秦火未毁以前，典籍俱存，无事补辑，彼将无用其学矣。”章学诚认为当世汉学的弊端在于“循流忘源，不知大体”，“但知聚铜，不知铸釜”(《文史通义外篇》三《与邵二云书》)。又说：“今之博雅君子，疲惫精力于经传子史，而终身无得于学者，正坐宗仰王氏，而误执求知之功力，以为学即在是耳。”对“汉学”的批评从侧面证明“考据”已经从单纯的“方法”上升为“学”，也标志着考据学正式形成。

(4)乾隆后期至嘉庆：乾嘉考据学的总结期。

继吴派、皖派之后，深受皖派学术影响，又继续保持汉学发展态势，并为清代汉学作总结的是以阮元为代表的“扬州学派”。

阮元(1764—1849年)，字伯元，号芸台，江苏扬州人，占籍仪征。与惠栋、戴震相比，阮元最大的不同在于，他长期一身二任，既是官吏，又是学者。自1789年(乾隆五十四年)考中进士之后，历官乾、嘉、道三朝，一直做到体仁阁大学士。而在长期的仕途生涯中，阮元始终没有放弃学术活动和学术研究，成为盛极一时的乾嘉汉学特别是扬州学派的重要代表。

阮元的学术主张主要有：第一，努力推阐汉学治学宗旨。强调要寻求圣贤之道和经书义理，就必须通过文字、音韵、训诂，舍此无他途径。第二，大力倡导实事求是的学风。在这方面，可以说阮元继承了皖派学术的特色而又有进一步的发展。因为戴震尚未直接揭明“实事求是”一语，阮元则不仅明确揭出，而且反复予以强调说明。第三，主张折中汉、宋，兼采二者之长。阮元认为，汉学、宋学两家各有所长，不可偏废。在他看来，古代周公制礼之时，已有“师”“儒”之分，后世之学，大体不出此范围，即如相互对立、纷争不已的汉学、宋学，实际上也是各得一端，皆有所长。因此，阮元主张将宋学重视义理的特点和汉学崇尚考据的长处结合起来，用他的话说，就是“崇宋学之道性，而以汉儒经义实之”。这一点，可以说是扬州学派学者独具的特色。即汉学发展到高峰以后才出现的一种总结、融合的学术取向。一般认为，汉宋之间的调和是在嘉道以后。实际上，在乾嘉后期就已经开始了。

在始终不懈地从事学术研究的同时，阮元还凭借学者、官吏一身二任的有利条件，大力提倡学术，奖掖人才，整理典籍，刊刻图书。阮元提供了读书治学的津梁，也总结了清代前期经学、小学等领域研究的主要成果。史称其“身历乾嘉文物鼎盛之时，主持风会数十年，海内学者奉为山斗焉”，确非过誉之辞。

在阮元周围，有一批学者，他们或与阮元互相师友，唱为同调，或是阮元的弟子和学生，如汪中、任大椿、焦循、罗士琳等，由此形成了清代汉学的最后一个阵营，即扬州学派。

18 世纪末 19 世纪初，以阮元为代表的扬州学派的出现，为盛行一时的汉学作了一个总结。此后，随着社会的变化，汉学日益衰微，其地位被重新崛起的今文经学所取代。虽然其流风遗韵尚存，但其影响已经无法与乾嘉时期相提并论了。

（雷平）

# 51. 汉学与宋学之争

清朝乾嘉时期，随着乾嘉学派的兴起，学术界出现了“汉宋之争”。所谓“汉学”，是指宗主考据、训诂的乾嘉学派。而“宋学”，则是指宗主程朱的理学派别。

乾嘉学派自清初发展而来。但清初大多数学者是在理学背景下成长起来的，不可避免地会受到理学的影响。他们提倡经学，然而最初的动机不仅仅是批判理学，还在于以经学来弥补理学的不足，即取证经书来说“理”。因而清初学者回到经典文本，以此来为理学寻找依据。余英时先生曾论及清初的学术形态：以王学为宗者，如黄宗羲、黄宗炎、胡渭选择以《周易》作为考察对象，目的就在于攻击程朱一派构筑其学理的基础——“太极图说”之伪；相反，以程朱为宗者，如顾炎武、阎若璩则选择以《古文尚书》为考证对象，其目的也在证明王学一派赖以建立其学说的“虞廷传心”方针——“人心唯危，道心唯微，唯精唯一，允执厥中”之伪。此段论述正可与皮锡瑞“国初，汉学方萌芽，皆以宋学为根柢”相发明。

完全意义上的“汉宋之争”至乾嘉时期才开始真正形成。

在乾嘉时期，批评汉学者有三种力量：其一为文学派之袁枚，其二为史学派之章学诚，其三为桐城派。其中前两者皆不属于“汉宋之争”的范围。

袁枚反对“考据”，因此也反对以“考据”为主要特色的“汉学”。袁枚指出：“明季以来，宋学大盛，于是近今之士，竟尊汉儒之学，排击宋儒，几乎南北皆是矣，豪健者尤争先焉。不知宋儒凿空，汉儒尤凿空也。”又在与惠栋的信中说：“第不知宋学有弊，汉学更有弊。宋偏于形而上者，故心性之说近玄虚；汉偏于形而下者，故笺注之说多附会。虽舍器不足以明道，《易》不画，《诗》不歌，无悟入处，而毕竟乐师辨乎声诗，则北面而弦矣；商祝辨乎丧礼，则后主人而立矣。艺成者贵乎？德成者贵乎？而况其援引妖谶，臆造典故，张其私说，显悖圣人，笺注中尤难偻指。宋儒廓清之功，安可诬也。”袁枚是文人，力主“著作之文形而上，考据之学形而下”，甚至宣称“郑孔门前不掉头，程朱席上懒勾留”。可见，袁枚反对“汉学”，但也反对“宋学”，故袁枚对“汉学”的批评不属于汉宋之争。

再看章学诚对汉学的批评。章学诚治学尤以史学见长，他反对乾隆时期考据学家对理学的批评。他从学术发展的角度批评说：“盖逐于时趋，而误以襞绩补苴，谓足尽天地之能事也。幸而生后世也，如生秦火未毁以前，典籍俱存，无事补辑，彼将无用其学矣。”章学诚认为当世汉学的弊端在于“循流忘源，不知大体”，“但知聚铜，不知铸釜”。又说：“今之博雅君子，疲精劳神于经传子史，而终身无得于学者，正坐宗仰王氏，而误执求知之功力，以为学即在是耳。”

对于章学诚反程朱理学的潜在意图，有学者认为，章学诚其实把戴震视为劲敌，但由于戴震的经学训诂切合当时的世风，更为一般学者所认可，故章学诚不得不寻求一个“源远流长的学统作为自己的后盾”，否则他将无法和戴震相匹敌。但是，章学诚何以如此呢？笔者认为，章学诚与戴震之争实际上是“经”与“史”之争。乾嘉时期，史学严重衰敝，章学诚则极力彰扬史学的地位，主张“六经皆史”之说。为了突出史学的地位并寻求一个“源远流长的学统作为自己的后盾”，与当时盛极一时的经学分庭对抗，章学诚着意构筑了“浙东学派”的谱系，并极力与以戴震为代表的经学派争鸣。

乾嘉时期启汉宋之争端的当为桐城派。桐城派是清代文学流派，坚守程朱理学，以“文以载道”相标榜，主要代表人物有方苞、姚鼐。

方苞(1668—1749年)，字灵皋，号望溪，桐城人，服膺程朱之学。王兆荣记述方苞自述为学宗旨说：“学行继程朱之后，文章介韩、欧之间。”戴钧衡也认为方苞“服膺程朱，其得于道者备”。方苞与人交往，凡非议朱子之学者皆视为异端。他曾经激烈批评李塨：“窃疑吾兄承习斋颜氏之学，著书多訾謷朱子。习斋自异于朱子，不过诸经义疏与设教条目耳，性命伦常之大原，岂有二哉？此如张夏论交，曾、言论礼，各持所见，而不害并为孔子之徒也，安用相诋訾哉？《记》曰：人者，天地之心。孔孟以后，心与天地相似而足称斯言者，舍程朱而与？若毁其道，是戕天地之心，其为天之所不佑决矣。故阳明以来，凡极诋朱子者，多绝世不祀。仆所见闻，具可指数，若习斋、西河，又吾兄所目击也。”方苞此信指斥凡是诋毁程朱之学者皆“绝世不祀”，其态度近乎无礼，所批判对象不仅有倡导经学的毛奇龄，也有主张“习行”的颜元，而他们之所以受到批判乃是因为“诋朱子”。此处，方苞的卫道之心显露无遗。

继方苞之后，桐城派中批评汉学者当数姚鼐。姚鼐(1732—1815年)，字姬传，号惜抱，学者称其为惜抱先生。姚鼐曾经想拜戴震为师，在给戴震的信中，称戴震为“夫子”，自处门生。但戴震并未许可。戴震的答辞中，“非徒自顾不足为师，亦非谓所学如足下，断然以不敏谢也”，反映出戴震强烈的自信甚或自负。戴震虽然提出了“交相师”的说法，但此举显然激怒了姚鼐。此段公案后世评说较多。

其实，姚鼐对汉学之批评不仅仅是因为戴震拒绝接收其为弟子的缘故，还与姚鼐在四库馆的经历有关。据郑福照《姚惜抱先生年谱》“乾隆三十九年”条记：“于是纂修者竞上新奇，厌薄宋元以来儒者，以为空疏，掊击讪笑，不遗余力，先生往复辩论，诸公虽无以难而莫能助也。”清人叶昌炽《缘督庐日记》卷四称：“乾隆中叶开四库馆，姚惜抱鼐，与于校之列，其拟进书提，以今《提要》刊之，十但采用二三。”

姚鼐在这种风气之下的四库馆中的处境十分艰难，故在入馆不到两年即被迫称疾请辞，离开四库馆。姚鼐于是年撰写《赠钱献之序》，对汉学展开了激烈的批评，他指出：“今日学者颇厌功令所载为习闻，又恶陋儒不考古而蔽于近，于是专求古人名物、制度、书数，以博为量，以窥隙攻难为功，其甚者欲尽舍程、朱而宗汉之士。枝之猎而去其根，细之蒐而遗其巨，夫宁非弊耶？”

姚鼐认为程朱义理学是学术的根本。他讥讽汉学为“窥隙”，是“细”，仅是枝节问题。后来，姚鼐还曾就此事进一步阐发：“往昔在都中，与戴东原辈往复尝论此事，作《送钱献之序》发明此旨，非不自度其力小而孤，而义不可默焉耳。”姚鼐晚年对汉学的批评更加激烈，其锋芒甚至直指他一度想拜其为师的戴震：“儒者生程朱之后，得程朱而明孔孟之旨，程朱尤吾父师也。然程朱言或有失，吾岂必曲从之哉？程朱亦岂不欲后人为论而正之哉？正之可也，正之而诋毁之，讪笑之，是诋父师也。且其人生平不能为程朱之行，而其意乃欲与程朱争名，安得不为天所恶。故毛大可、李刚主、程绵庄、戴东原，率皆身灭嗣绝，此殆未可以为偶然也。”

此种语气已近乎谩骂，不是纯粹意义上的学术争鸣。姚鼐的这种态度深刻地影响了桐城派弟子。桐城派也因此成为清中叶的理学重镇。到嘉庆年间，姚鼐弟子方东树又因江藩著作《国朝汉学师承记》而与之辩难。

江藩(1761—1830年)，字子屏，号郑堂，江苏甘泉人。他“得师传于红豆惠氏”，而惠氏在为学上恪守“凡古必好，凡汉必真”的立场，是以江藩亦不免拘泥于“崇汉斥宋”的立场。江藩所著《国朝汉学师承记》是对乾嘉学术的第一次总结，但其中充斥着严重的门户之见。

《国朝汉学师承记》共八卷，始于阎若璩，终于黄宗羲、顾炎武。江藩将阎若璩置于卷首，而忽略顾炎武、黄宗羲不言。后来在友人的劝说下，在卷末补充了关于黄宗羲、顾炎武学术思想的内容。《国朝汉学师承记》保存了江藩与“客”的这次讨论。当客问到为什么要弃置顾、黄时，江藩如此回答：“梨洲乃蕺山之学，矫‘良知’之弊，以实践为主；亭林乃文清之裔，辨陆、王之非，以朱子为宗。故两家之说，皆深入宋儒之室，但以汉学为不可废耳。多骑墙之见，依违之言。岂真知灼见者哉?”值得注意的是，江藩非议黄宗羲，也将通常被视为汉学始祖的顾炎武置于“岂真知灼见者哉”之列，颇令人费解。实际上，江藩之所以如此处理黄宗羲、顾炎武是出于纯正学术、保守汉学地位的需要。因为这一时期汉学已经出现危机，为了应对此危机，就必须从汉学自身着手进行整顿。黄宗羲、顾炎武的“深入宋儒之室”“骑墙之见”“依违之言”显然是江藩所不能容忍的，故只能将其置于卷末。江藩于后来所著《宋学渊源记》卷上中称：“黄南雷、顾亭林、张蒿庵，见于《国朝汉学师承记》。”可见，黄宗羲等人在江藩的眼中并非汉学之正宗。江藩的这一关怀还可以从其关于戴震的论述中得到证实。王昶《戴东原先生墓志铭》中有论及戴震为学次第的话：“自早岁稽古好学，博闻强识，而尤长于论述。盖晚益窥于性与天道之传，于老、庄、释氏之说，入人心最深者，辞而辟之，使与《六经》孔孟之书，截然不可乱用。”但江藩在《国朝汉学师承记》中却有意删除此段文字。可以说，江藩《国朝汉学师承记》是专门为立“汉学”家法而作。也正因为如此，江藩也遭到了批评。

首先发难者为龚自珍。在《与江子屏笺》中，龚自珍表示“有十不安”，希望江氏能以“经学”为名。但江藩不为所动。

《国朝汉学师承记》为“本朝诸儒为汉学者”立传，正目38人、附目17人、附记30人、附录2人，共计87人。卷二至卷六则依地域叙惠周惕、惠士奇、惠栋、沈彤、王昶、余萧客、江声、江永、戴震、卢文弨等人。此一分法后来被学者演绎为“吴”“皖”分派说。江藩于每一传主详述其生平行事，考镜学术渊源并辨其得失，第一次对乾嘉学术进行了较为系统的整理。

江藩于《国朝汉学师承记》之后，又结撰成《宋学渊源记》二卷。江藩以“国史必有传”为托词，将清代著名的理学家，如陆陇其、汤斌、李光地、杨名时等排斥在外，清代理学之光芒顿失。与此同时，江藩却将杂于释老之学的沈国模、史孝咸等置于附录。这样，宋学就给人以非儒学之淳正的形象。尤其是江藩竟然完全没有提及宗程朱理学的桐城派。这就引起了桐城中人的强烈不满。姚鼐弟子方东树随即写成《汉学商兑》反击江藩。

方东树(1772—1851年)，字植之，号仪卫轩老人，安徽桐城人，与梅曾亮、管同、刘开并为姚鼐四大弟子，为学宗主程朱，尝自述学行说：“余生平读书，不喜异书……惟于朱子之言有独契。觉其言言当于人心，无毫发不合，直与孔、孟无二……故见人著书凡与朱子为难者，辄恚恨，以为人性何以若是其弊也!”

《国朝汉学师承记》刊布时，方东树与江藩同处阮元幕中。阮元亲自为《国朝汉学师承记》作序并资助其刊刻，江藩受到了空前礼遇。方东树则为一老名士，屡试不中，此时感到了落寞。又因为《国朝汉学师承记》的崇汉立场惹怒了其宗程朱理学的立场，故方东树愤而与江藩相争，遂有《汉学商兑》之结撰。

方东树所著《汉学商兑》仿朱子《杂学辨》例，摘录汉学家言论，然后在条目之下附辨正之语。所辩驳之人自毛奇龄始，包括顾炎武、黄宗羲、万斯同、戴震、焦循、汪中，以至于阮元。《汉学商兑》专门驳斥汉学家关于程朱之学的批判，如卷中说："今汉学家咎程朱以言心、言理堕禅，岂知程朱之深知禅之害，在不致知穷理，故以致知穷理破彼学，而正吾学之趋邪！"

方东树对戴震等重新解释"天理"的做法深恶痛绝，将之视为异端邪说。他批驳说："程朱所严辨理欲，指人主及学人心术邪正言之，乃最吃紧本务，与民情同然好恶之欲迥别。今移此混彼，妄援立说，谓当通遂其欲，不当绳之以理，言理则为以意见杀人，此亘古未有之异端邪说。"他指出汉学之人，有六弊焉：

其一，力破"理"字，首以穷理为厉禁，此最悖道害教。

其二，考之不实，谓程、朱空言穷理，启后学空疏之陋。不知朱子教人，固未尝废注疏；而如周、程诸子，所以发明圣意经旨，迥非汉儒所及，固不得以是傲之也。

其三，则由于忌程朱理学之名，及《宋史》《道学》之传。

其四，则畏程、朱检身，动绳以理法，不若汉儒不修小节，不矜细行，得以宽便其私。

其五，则奈何不下腹中数卷书，及其新慧小辨，不知是为驳杂细碎，迂晦不安，乃大儒所弃余，而不屑有之者也。

其六，则见世科举俗士，空疏者众，贪于杂能可贵之名，欲以加少为多，临深为高也。

方东树具有很深的"汉学"功力，于汉学家的许多观念都能通过考据的方式进行反驳。如卷上辨毛奇龄关于"道学"名目源于道家的说法，即通过考据的方式指出"道学"名目渊源于孔孟。又如，阮元认为"克己复礼"之"己"即是"自己"之"己"。方东树指出"此全祖望述毛奇龄《四书改错》。阮氏平日教学者，必先看《西河文集》，故其所撰，支离悖诞，亦皆与之相类"。接着，方东树通过对《论语》字义的辨析，并引古人"言各有当，随举自明"为说，证明"克己"之"己"系"私欲"，而下文"为人由己"之"己"则为"自己"，两者并不矛盾。

《汉学商兑》刊布于1831年(道光十一年)，此后逐渐流行。李慈铭评论方东树说："颇究心经书，以博洽陈，而好与汉学为难。《汉学商兑》一书，多所弹驳，一时汉学之焰，几为之熄。"此说法认为方东树的《汉学商兑》使"汉学之焰几为之熄"诚为夸大之论。此时汉学之"焰"几为之熄灭乃是因为学术风气的流转，汉宋之对立已经过渡到汉宋兼采也。梁启超则认为，《汉学商兑》"为宋学辩护处，固多迂旧，其针砭汉学家处，却多切中其病"。

如何评析乾嘉时期的汉宋之争呢？实际上，汉学家从未完全摒弃"义理"之学，而为宋学者也多有精通"汉学"者，盖因"汉学"与"宋学"本即方法而论，两者并不是完全决裂的。在考据、义理、辞章之间，汉、宋学者一直不断地思辨，试图处理好三者的关系。惠栋言"六经尊服郑，百行法程朱"。此句即是承认汉学在经学、训诂与名物制度的研究上具有优越性，而宋学则在心性方面具有优越性。这也是汉学初兴时期学者们的理念：就"学"而论，尊崇"汉学"；就"行"而论，则服膺"宋学"。

1755年(乾隆二十年)，戴震在《与方希原书》中称："古今学问之途，其大致有三：或事于理义，或事于制度，或事于文章。事于文章者，等而末之也……圣人之道在六经。汉儒得其制数，失其义理；宋儒得其义理，失其制数。"这段文字中，戴震对汉宋两家的长短均有品评，有兼采两家之长的意味。但戴震在见过惠栋之后思想又有所转变:“言者辄曰:‘有汉儒经学,有宋儒经学,一主于故训,一主于理义。’此诚震之大不解者也,夫所谓理义,苟可以舍经而空凭胸臆,将人人凿空得之,奚有于经学之云哉?惟空凭胸臆之卒无当于贤人圣人之理义,然后求之古经,求之古经而遗文垂绝,今古悬隔也,然后求之故训。故训诂明则古经明,古经明则贤人圣人之理义明,而我心之所同然者,乃因之而明。”

此处戴震受惠栋影响,视“训诂”之学为“义理”之源。但至晚年,戴震的思想又发生转变。段玉裁记其语曰:“义理即考核、文章之源也。”戴震治学的目的实际上在于由“训诂”而上达“义理”。《与是仲明论学书》谓:“经之至者道也,所以明道者其词也,所以成词者字也。由字以通其词,由词以通其道,必有渐。”因此,戴震晚年才会语于段玉裁曰:“仆生平著述最大者,为《孟子字义疏证》一书,此正人心之要。今人无论正邪,尽以意见误名之曰理,而祸斯民。故疏证不得不做。”此段话绝非钻入故纸堆者可言,也充分显示了戴震的经世情怀。

戴震弟子段玉裁以治《说文》享誉学林。但其晚年也称:“归里而后,人事纷糅。所读之书,又喜言训故考核,寻其枝叶。略其根本,老大无成,追悔已晚。盖自乡无善俗,世乏良材,利欲纷拿,异言喧豗,而朱子集旧闻,觉来裔,本之以立教,实之以明伦敬身。广之以嘉言善行,二千年贤圣之可法者,胥于是乎在。”

他称赞朱熹的《小学》说:“汉人之小学,一艺也。朱子之小学,蒙养之全功也。子曰:弟子入则孝,出则弟。谨而信,泛爱众,而亲仁。行有余力。则以学文。此非教弟子之法乎。岂专学文是务乎。此编之教童蒙者。本末兼赅,未尝异孔子教弟子之法也。”

姚鼐虽激烈驳斥汉学家,但对汉学的治学方法却有一定程度的认可:“鼐尝谓天下学问之事,有义理、文章、考证三者之分,异趋而同为不可废。一途之中歧分而为众家,遂至于百十家。同一家矣,而人之才性偏胜,所取之径域,又有能有不能焉。凡执其所能为,而毗其所不为者,皆陋也。必兼收之,乃足为善。”前述方东树即具有较深的汉学功力,对于汉学“辨章学术,考镜源流”的方法运用相当娴熟。既如此,“汉学”和“宋学”为何又能“争”呢?

其实,汉宋之争的要害从根本上说在于思想的争锋。在汉宋之争中,宋学家所极力反对的主要是汉学家对“理”的批判和改造。方东树言:“顾、黄诸君,虽崇尚实学,尚未专标汉帜。专标汉帜,则自惠氏始。惠氏虽标汉帜,尚未厉禁言‘理’;厉禁言‘理’,则自戴氏始。自是宗旨祖述,邪诐大肆,遂举唐宋诸儒已定不易之案,至精不易之论,必欲一一尽翻之,以张其门户。江氏作《国朝汉学师承记》,阮氏集《经解》,于诸家著述,凡不关于小学,不纯用汉儒古训者,概不著录。”此段文字批评的焦点正在于戴震的“义理”之学。在乾嘉学者中,戴震向以考据学大师著称。实际上,在戴震的思想境界中,义理占据着重要的地位。戴震在《原善》中坦言:“余始为原善之书三章,惧学者蔽以异趣也,复援据经言疏通证明之,而以三章者分为建首,次成上中下卷;比类合义,灿然端委毕著矣,天人之道,经之大训萃焉,以今之去古圣哲既远,治经之士,莫能综贯,习所见闻,积非成是,余言恐未足以振兹坠绪也。藏之家塾,以待能者发之。”此段文字一方面是戴震治学精神的表述,另一方面也足见乾嘉时期考据学话语权的强大以及“义理学”在一般学者心中地位之低落。

在乾嘉时期的学术界,可以称之为“学”的有三种形态,“古今学问之途,其大致有三:或事于理义,或事于制数,或事于文章”。在这三种学说中,戴震实际上最钟情的是“义理”。段玉裁记载戴震的话说:“先生初谓:‘天下有义理之源,有考核之源,有文章之源,吾于三者皆庶得其源。’后数年又曰:‘义理即考核、文章二者之源也。’”戴震晚年自述“仆平生著述之大,以《孟子字义疏证》为第一,所以正人心也”。“六书九数等事如轿夫然，所以舁轿中人也。以六书九数等事尽我，是就误以为轿夫为轿中人也。”皮锡瑞在《经学历史》中指出：“戴震作《原善》《孟子字义疏证》，虽与诸子说经相抵牾，亦只是辨一理字。”此正可以见戴震于义理之旨趣。

戴震身后，学者们对其治学主体精神的认识颇有出入。洪榜“生平学问之道服膺戴氏，戴氏所作《孟子字义疏证》，当时读者不能通其义，唯榜以为功不在禹下”。他在为戴震所作的《行状》中，全文收录了能集中体现戴震义理学思想的《答彭进士允初书》一文，高度评价戴震的义理之学“于老庄、释氏之说入人心最深者辞而辟之，使与六经、孔孟之书截然不可以相乱”。洪榜认为戴震之学“期于求是，亦不易之论”。洪榜的做法遭到了朱筠等人的坚决反对。朱筠在与洪榜的书信中提出，《答彭进士允初书》“可不必载，唯性与天道不可得闻，何图更于程朱之外复有论说乎！戴氏所可传者不在此”。洪榜对朱筠的观点并不认同，围绕戴学的“可传”与“不可传”，两人之间展开了激烈的辩论。洪榜认为戴学之“可传者”不仅在于名物训诂方面的成就，更重要的还在于其义理之学。洪榜对朱筠反对其将《答彭进士允初书》收录其《行状》辩难的三条理由一一进行了驳斥，并宣称“戴氏之学，其有功于六经、孔孟之言甚大，使后之学者无驰心于高妙，而明察于人伦庶物之间，必自戴氏始也”。其后，戴震族人戴祖启在致其子书函中，曾记戴震临终有言：“生平读书，绝不复记，到此方知义理之学可以养心。”焦循以此为出发点，对戴震的义理学思想表达了认可的态度：“东原生平所著书，惟《孟子字义疏证》三卷、《原善》三卷最为精善。知其讲求于是者，必深有所得。故临殁时，往来于心，则其所谓义理之学可以养心者，即东原自得之义理，非讲学家西铭太极之义理也。”在焦循看来，戴震的义理乃有别于张载等理学家之所谓“义理”，属于“自得”之义理。此种自得之“义理”实际上就是戴震“专与程朱为水火”，“发狂打破宋儒家中太极图”的宋学结晶。

方东树对“东原自得之义理”极为不满，在《汉学商兑》下卷中云：“夫古今天下，义理一而已，何得戴氏别有一种义理乎？”在方东树看来，汉学宗旨第一义乃“圣贤之教，无非实践”，“不当空言‘穷理’”。对此，他反驳道：“圣门论学，固知行并进，然知毕竟在先，使非先知之，何以能行之不失也？理即是事，而在所谓是者何邪？非理之所在邪？若不‘穷理’，亦安知所求之是之所在？朱子固曰‘在即物而穷理’，夫‘即物而穷理’，非即实事求是乎？于此而强欲别标宗旨，非所喻也。‘穷理’本孔子之言，以之训‘格物致知’最确，何谓增出？……程朱教人‘穷理’，皆先就自家身心，及伦物日用之地求之，为说甚详，何尝以空言‘穷理’？”又说：“夫六经、孔孟多言‘思’。《洪范》曰‘睿’、曰‘思’。曰‘睿’，非谓以心通其理乎？凡天下事物，莫非实理，何云空言‘穷理’也？”方东树对汉学家关于“理”的新解也非常不满。如戴震释“理”为“腠理”，方东树批评说：“其说惟取庄周言，寻其腠理，而析之节者有间等语，解‘理’字为‘腠理’，以辟程朱‘无欲’为‘理’之说，则亦仍不出训诂小学伎俩。不知言各有当，执一以解经，此汉学所以不通之膏肓痼疾。”汉学家凌廷堪和阮元均主张“以礼代理”。方东树反驳说，礼是四端、五常之一，“理”则为万事万物存在的依据，“分言之，则理属礼；合论之，仁、义、知、信，皆是理”。在方东树看来，“‘理’是礼之所以然，在内居先，而凡事凡物之所以然处，皆有‘理’，不尽属礼也”。

综上所述，在汉、宋学的论争中，“理”为一核心问题。

自乾隆后期开始，汉、宋学在“相争”的同时也渐渐趋于“兼采”。

刘师培指出：“自汉学风靡天下，大江以北治经者以十百计。或守一先生之言，累世不能殚其业，或缘词生训歧惑学者。惟焦、阮二公，力持学术之平，不主门户之见。”焦循指出：“说者分别汉学、宋学，以义理归之宋。宋之义理诚详于汉；然古训明，乃能识羲、文、周、孔之义理。宋之义理仍当以孔之义理衡之，未容以宋之义理即定为孔之义理也。”阮元则在《国史儒林传序》中说：“是故两汉名教得儒经之功，宋、明讲学得师道之益，皆于周孔之道得其分合，未可偏讥而互诮也。我朝列圣，道德纯备，包涵前古，崇宋学之性道，而以汉儒经义实之……综而论之，圣人之道，譬如宫墙，文字训诂，其门径也。门径苟误，跬步皆歧，安能升堂入室乎。学人求道太高，卑视章句，譬犹天际之翔，出于丰屋之上，高则高矣，户奥之未窥也。或者但求名物，不论圣道，有终年寝馈于门庑之间，无复知有堂室矣。”阮元在此处实际上就是主张对汉学和宋学要兼采所长，唯有如此，方能达致圣人之道。

道光、咸丰以降，汉宋会通与兼采的思想逐渐成为学术界主流。

（雷平）

# 52. 清代朴学的兴起与衰落

清代朴学是继宋明理学之后产生的一代学术思潮。该学术以文字音韵、章句训诂、典章制度为主要研究对象，以汉儒的训诂考订为治学方法，学术风格朴实谨严，重证据轻义理，与注重理气心性抽象议论的宋明理学不同，故称之为“朴学”“汉学”或“考据学”。由于朴学兴盛于清代乾隆、嘉庆之际，又有“乾嘉汉学”或“乾嘉学派”之称。

受梁启超《中国近三百年学术史》的影响，学界一般认为，清代朴学初兴于明末清初，全盛于乾嘉时期，衰落于晚清。促成清代朴学兴起的原因是多方面的，既有外部社会政治的原因，又有内部学术演变的原因，概而言之，朴学的兴起大致得益于以下六个方面：

一是清朝统治的巩固和“康乾盛世”的出现。清初，由于战乱，导致人口锐减、土地荒芜、百业萧条、国库空虚、民不聊生。经过顺治、康熙两朝的治理，国家由危转安，在经济上采取了一系列有利于恢复和发展农业经济的措施，如奖励垦荒、蠲免赋税、兴修水利等，取得了良好的社会经济效果，使社会秩序得到了稳定。从康熙中叶到乾隆年间，清代农业生产逐渐恢复和发展，人口数量增长，大量荒地被开垦，水利得到兴修，经济作物和随之而来的商品经济在农业中有了较快发展。与此同时，在全国各大小城镇中，涌现出各种手工作坊，生产各种生产用品、生活用品以及手工艺品，促进了商品经济的快速发展。受此影响，各地还逐渐形成了一大批繁华发达的工商业城市。凡此种种，造就了清朝“康乾盛世”的鼎盛局面，同时也为乾嘉时期文化的发展奠定了坚实的物质基础。

二是清朝右文兴学的政策和图书事业的繁荣。清朝前期的统治者大多以右文兴学相标榜，为文化的繁荣发展提供了良好的条件。清朝入主中原后，很快便恢复了科举考试，并修复太学，广收生徒入学，各省府州县学也渐次得到恢复。顺治亲政时期，曾将“崇儒重道”作为一项基本国策确定下来。到了康熙时期，更是明确提出以“文教是先”为核心的治国原则，这些政策的提出和施行，都为清朝学术文化的发展奠定了良好的基础。另一方面，清朝统治者重视书籍的收集编纂，逐步加大投入力度，实施宏伟的修书计划，极大地推动了清代图书事业的发展。顺治、康熙时期，先后修订编撰了大量涵盖经学、史学等方面的官修图书，特别是雍正、乾隆时期编撰而成的《古今图书集成》和《四库全书》最具代表性。正是由于兴盛的图书文化事业造就了当时浓厚的文化氛围，为朴学的蓬勃发展提供了适宜土壤，促其成为清代乾嘉时期的主导学术。

三是清朝文化政策的调整和学术风气的转变。清初，顺治、康熙确立了“崇儒重道”“尊孔尊朱”的基本国策，但是由于这一时期的理学早已衰微不振，而清朝政府也逐渐认识到理学空疏虚言的弊病，于是开始转而黜虚崇实，提倡经学。如康熙一方面对理学空疏之风加以批驳，另一方面又大倡经学，提出“以经学为治学”的主张。雍正则下诏对“崇尚实证”和“黜浮崇实”的学术风气加以褒尚。乾隆尤其强调务实，反对蹈虚，提倡通经读史，命校刊《十三经注疏》并颁布学官等。与此相适应，科举取士的标准也发生了转变，朝廷科举考试从专意性理转向重视经术。但是，为了巩固政权、消弭汉族知识分子的反抗精神，清朝统治者在实行正面的文化诱导政策之外，也采用了包括文字狱、禁毁书籍等措施在内的文化专制政策。如康熙年间发生的“庄廷鑨《明史稿》案”与“戴明世《南山集》案”，雍正年间的“汪景祺案”“吕留良文选案”等都是当时震惊全国的文字狱。此外，清朝政府还借搜求遗书为名，对各种书籍严加甄查，将所谓的违碍书目广加禁毁。特别是利用《四库全书》的编纂，对一些涵盖了民族思想的文化典籍实行清剿，如歌颂岳飞抗金的诗文就被大量抽毁。文字狱和禁书给当时的学人带来了无所适从、人人自危的恐惧心理，进而导致学人无法从事与现实紧密相关的经世致用之学，只能转而走向诠释古训、考证名物、注释古籍的学术道路。

四是西学输入之于清代学术研究方法的影响。从明代万历年开始，西方传教士开始陆续来华传教，这些传教士大多是具有一定科学知识的饱学之士，如意大利的利玛窦，德国的汤若望，比利时的南怀仁，法国的张诚、徐日升等。他们在与中国的儒学士大夫交游过程中，也在传播以天文历法、数学、地理学等为核心的西方自然科学，而这些自然科学本身注重实证、讲求逻辑的思维方法恰与当时的学人志趣相投，其在研究方法上迎合了明清之际重考据、主实证的实学思潮发展的需求。这种逻辑推理方法，为明清之际学术思潮的演进注入了新的活力，其最初为研究天文历法和数学的学者所接受，然后又衍及经学、史学、小学、典章制度等其他学科，进而几乎影响了清初整个学术界，使清代朴学在研究方法上趋于成熟。

五是经世致用思潮对理学思想的反思和批判。明朝末叶，理学思潮，特别是阳明心学末流“束书不观，游谈无根”，一味“空谈心性”，严重脱离社会现实，却无以挽救日益严重的社会危机。残酷的社会现实促成了当时学术思想界的觉悟和警醒，社会上逐渐酝酿起一股以朴实考据经史为方法，力求从中得出有用之理，以挽救社会危机的经世致用的实学思潮。如晚明的杨慎、李贽等人对理学的积弊进行了猛烈抨击，开始倡导经世致用的实学。进入清代后，黄宗羲、顾炎武、王夫之等人力矫晚明颓风，弃空谈而倡实学。特别是顾炎武提出的“通经致用”学术主张，以及“读九经自考文始，考文自知音始”(《亭林文集·答李子德书》)的治学方法得到了清初学术界的广泛认同。此后，阎若璩、胡渭等人继承顾炎武的治学方法，开启了乾嘉考据之风。正是在这股强调经世致用的实学思潮的发展中，顾炎武等人对经学研究的提倡以及考据范式的确立成为乾嘉考据学风形成的一大学术近因。

六是传统考据学自身长期发展和积累的结果。考据学虽然在清朝鼎盛一时，但考据学并非清代所特有，在中国传统学术发展史中，考据学是一直贯穿始终的。早在东汉时期，文字、音韵、训诂之学就有所发展，注重实证，重视用小学和名物典制之学来解经的古文经学兴盛起来。隋唐时，以《五经正义》为代表的义疏之学又得到了长足发展，特别是大量史注类书籍的出现，使考据学在史学领域也受到一定重视。至宋明理学兴盛之际，考据学虽不居于主导地位，但也取得了很大进步，文字学、音韵学、校勘学和目录学方面的著作大量涌现。同时，宋代学者在版本、辨伪、职官、地理等与考据学紧密相关的方面也取得了相当成就。明朝中后期以后，学界渐崇汉儒、重考据，杨慎、归有光、焦竑、胡应麟等人在考据学方面取得了重要成绩，使考据学在明末清初渐成气候。清初承明末之风，考据学氛围浓厚，在顾炎武、黄宗羲、钱谦益、阎若璩等考据学者的倡导和努力下，推动了清代考据之学全盛时期的到来。

清代朴学所做的主要工作包括以下内容：笺释经书、搜补鉴别史料、辨别传世文献的真伪、搜辑佚失书籍、校勘古籍、文字音韵训诂、金石碑刻、编纂方志类书籍、校刻图书等。梁启超曾在《清代学术概论》中对清代朴学注重实证、考证的治学风格作了简洁的概括：“一、凡立一义，必凭证据；无证据而以臆度者，在所必摈。二、选择证据，以古为尚。以汉唐证据难宋明，不以宋明证据难汉唐；据汉魏可以难唐，据汉可以难魏晋，据先秦西汉可以难东汉。以经证经，可以难一切传记。三、孤证不为定说。其无反证者姑存之，得有续证则渐信之，遇有力之反证则弃之。四、隐匿证据或曲解证据，皆认为不德。五、最喜罗列事项之同类者，为比较的研究，而求得其公则。六、凡采用旧说，必明引之，剿说认为大不德。七、所见不合，则相辩诘，虽弟子驳难本师，亦所不避，受之者从不以为忤。八、辩诘以本问题为范围，词旨务笃实温厚。虽不肯枉自己意见，同时仍尊重别人意见。有盛气凌铄，或支离牵涉，或影射讥笑者，认为不德。九、喜专治一业，为‘窄而深’的研究。十、文体贵朴实简洁，最忌‘言有枝叶’。”总之，对于朴学家而言，凡自两汉以来书本上的学问，他们都要进行一番研究，使难读之古书可以读解，使伪窜之书得以厘清，对培养“不敢执一自是”的科学精神具有重要意义。

根据地域、治学方法、治学旨归等方面的不同，清代朴学可分为不同的支派，主要的有苏州惠氏祖孙三代(惠周惕、惠士奇、惠栋)开创的“吴派”，以徽州戴震为代表的“皖派”，以汪中、阮元等为代表的“扬州学派”，以及由黄宗羲开启，以全祖望、章学诚为代表的“浙东学派”。

吴派起源于惠氏家学，惠有声、惠周惕、惠士奇三代传经，均治《易》学，至惠栋尤光大之。惠栋(1697—1758年)，字定宇，又字松崖，江苏元和人(今江苏省吴县)。著有《周易述》《易汉学》《周易本义辩证》《易例》《九经古义》《古文尚书考》等。惠栋是乾嘉学派推崇汉学的代表人物，他的许多著作都反映了他“惟汉是尊”的观点，即尊崇汉儒、以古为真，而这也正是吴派最突出的治学方法和特点。因此，惠栋以钩稽、发明汉学为宗旨，并把这一宗旨贯穿于自己的研究之中，如他在《九经古义》的开篇就指出该书的成因：“余家四世传经，咸通古义，守专室，呻稿简，日有省也，月有得也，岁有记也。顾念诸儿尚幼，日久失其读，有不殖将落忧，且述家学，作《九经古义》一书。”可见，此书乃是惠氏几代研读九经(《周易》《尚书》《毛诗》《周礼》《仪礼》《礼记》《春秋公羊传》《春秋穀梁传》《论语》)，考论古字古义札记的一部汇集之作。惠栋特别重视历史古籍的整理，著有《后汉书补注》，开吴派学者重视史学的先河。惠栋还长于考证，其《松崖笔记》就是一部集中的综合考证之作，内容涉及训诂、方言、风俗、姓氏、谱牒、金石文字、算数、历律等。此外，吴派重要学者尚有江声、余萧客、王鸣盛、钱大昕、江藩等人。他们大多恪守惠栋尊崇汉学，强调文字、音韵、训诂的学术宗旨，在经学乃至史学的研究中作出了卓越贡献。

总之，吴派学术主张博通，因文字音训以求经义，搜集汉儒经说加以疏通，建树颇多。但他们认为“凡汉皆好，凡古必真”，固守汉儒旧说，过于泥古，以致达到盲目信从的地步，缺乏应有的怀疑精神，不免招致一些指责批评。如《四库全书总目提要》评价该派治学：“盖其长在博，其短亦在于嗜博；其长在古，其短亦在于泥古也。”梁启超直指吴派的功过曰：“笃守家法，令所谓‘汉学’者壁垒森固，旗帜鲜明，此其功也；胶固、盲从、褊狭、好排斥异己，以致启蒙时代之怀疑的精神、批评的态度，几夭阏焉，此其罪也。”(《清代学术概论》)

皖派的奠基者为江永，戴震为集大成者。皖派学术首重音韵、文字、训诂之学，扩及史籍、诸子的校勘、辑佚、辨伪，留意金石、地理、天文、历法、数学、典章制度的考究，尤其是在诸经的校订疏解中取得了超越前代的成就。

江永(1681—1762年)，字慎修，又字慎斋，徽州婺源县人(今江西省婺源县)。著有《礼书纲目》《周礼疑义举要》《数学补论》《金水三星发微》《律吕阐微》《古韵标准》《音学辨微》《四声切韵表》等。治学以考据为主，长于比勘，开皖派之学术风气。

戴震(1724—1777年)，字东原，又字慎修，徽州休宁县人(今安徽省黄山市屯溪区)。师从著名学者江永，学问大进，后被征召为《四库全书》纂修官。戴震一生著述极丰，主要有《孟子字义疏证》《尚书义考》《毛郑诗考证》《考工记图》《中庸补注》《声韵考》《方言疏证》《续方言》《水地记》《原善》《原象》《声类表》等，此外还校订《水经注》《仪礼集释》《大戴礼记》《方言》《周髀算经》《九章算术》《海岛算经》《孙子算经》《五曹算经》《五经算术》《夏侯阳算经》等。戴震继承顾炎武以来，特别是惠栋倡导的由文字、音韵、训诂以明义理的主张，大力推阐汉学治学宗旨。但面对当时学人趋于训诂考据，轻视义理探讨，缺乏理论思维的治学风气，他在强调汉学治学宗旨的同时，尤为倡导训诂、考据与义理的结合。为了纠偏补弊，戴震甚至更为强调义理的重要性。为此，他将《孟子字义疏证》一书摆在其平生著述中最为重要的位置，并指出："六书、九数等事，如轿夫然，所以舁轿中人也。以六书、九数等事尽我，是犹误认轿夫为轿中人也。"(《戴震文集·段玉裁序》)即以考据之学为轿夫，义理之学为轿中之人，以此表达其对义理的重视。同时，戴震还觉察到当时朴学显露出的泥古倾向，因而大力提倡实事求是的治学态度。他主张为学"不以人蔽己，不以己自蔽"，注重实事求是，不盲目信古泥古，强调言必有征。为此，戴震秉持实事求是的态度，致力于文字、音韵、训诂、考据以及历算、地理等方面的研究，并取得了卓越的成就，对晚清以来的学术思潮产生了深远影响，被梁启超等称为中国近代"科学界的先驱者"。

戴震之后皖派的主要代表人物尚有程瑶田、金榜、段玉裁、王念孙、王引之等，他们继承并贯彻了戴震的学术精神，运用归纳和演绎的方法，在经籍训诂和校勘方面取得了重要成就。其中，戴震的受业弟子段玉裁、王念孙为乾嘉小学的突出代表。段玉裁的《说文解字注》、王念孙的《读书杂志》和《广雅疏证》成为"因声求义"的典范著作，也是乾嘉汉学的代表作。章太炎在《訄书·清儒》中评论道："凡戴学数家，分析条理，皆缜密严瑮，上溯古义而断以己之律令，与苏州诸学殊矣。"

活跃于扬州一带的扬州学派继承了吴、皖两派的学术传统而又有所开拓创新，形成了独特的治学风格。从学术渊源来看，扬州学派是由吴、皖两派发展而来，该学派的中心人物如汪中、任大椿、阮元、焦循、凌廷堪等都曾出入吴、皖学术之门。扬州学派的学术特点是使经学切合于人事，面向实践。如焦循以《周易》为改过之书，阮元发挥孔孟仁论，凌廷堪倡议以礼代理，汪中针砭俗学等。其中，阮元为扬州学派巨擘，也是清代朴学思潮的最后重镇。

阮元(1764—1849年)，字伯元，号云台，江苏仪征人(今江苏仪征市)。先后主持编纂《经籍纂诂》，校勘《十三经注疏》，汇刻《皇清经解》和创立《畴人传》。《经籍纂诂》是阮元继承戴震等前辈遗愿而主持编纂的，阮元集众家之长，将经、史、子、集旧注以及《尔雅》《方言》《说文》《释名》等古代字书的训诂，按韵编排，尽罗其中。这部书既汇集了古代经传注疏的成果，又吸收了清人的成果，同时还反映了阮元自己的研究心得，把清代训诂之学推向了发展的高峰。《十三经注疏》是阮元经过几十年的努力，集古今校勘之大成，对各经的著述注疏源流、得失、版本优劣、真伪、校勘根据和方法，均详加按列。清末经学大师皮锡瑞曾对此书作出"经学之渊海"的高度评价。《皇清经解》则汇集了清初至乾隆、嘉庆年间的经学著作七十四家，共一百八十余种，集中反映了乾嘉学者的经学研究成果。《畴人传》是阮元所编写的一部古代科学家传记之书，表达了阮元对科学技术的关注，他还在书中提出了反对墨守成规、拘守古法，主张创新发明的观念。

以阮元为核心的扬州学派遵循汉学家的学术宗旨和治学途径，努力由文字、音韵、训诂等基本功夫入手，来究明经义原解，探寻圣人之道。在接续吴、皖两派学术传承的同时，已然开始洞观学术源流，评介前人是非，试图总结一代学术，寻找一条会通古今的途径。但是一字一句的训释考证却无法重新组合，无法建立起一个系统、完备的理论体系，最终由于难以适应现实的需要而不可避免地陷入困境。

浙东学派具有悠久的历史传统，他们以今绍兴、宁波、台州一带为主要活动中心。早在明末清初，黄宗羲便已开此派之端，至清代乾嘉时期，全祖望、邵晋涵、章学诚等成为此派的中心人物。他们的学术贡献不在儒家思想和经学方面，而是集中于史学方面，由于他们与同时期其他朴学支派的学术精神既有相同之处，又有其独特的风格，故又被称作“乾嘉别派”。浙东学派将史料研究和通经致用相结合，主张治学先穷经而求证于史，在史学理论、明代史、学术史、地方志编纂与研究等方面多有建树。其中，全祖望是黄宗羲的私淑弟子，学及经、史、词章，重点在历史文献学。邵晋涵作为四库馆臣，主要负责史部提要的撰写，学术地位与戴震相当。同时，他还在儒家经学方面颇有创获，著有《尔雅正义》《孟子述义》等。章学诚是浙东学派的集大成者，史学是其最主要的学术领域。他所著的《文史通义》既是对中国传统史学理论的一次全面总结，也包含着传统史学近代化的因素，具有继承和开新的双重价值。

乾隆末年，清朝统治开始出现衰落的迹象，吏治腐败，弊端丛生，朝廷的河工、漕运、盐务、铜政等重要政务相继出现危机，人口压力日趋严重，而新的经济因素萌芽的出现，贫富分化和阶级对立的加剧，这些都使得各种社会矛盾逐渐走向激化。与此同时，随着世界范围内科学技术的发展和近代化进程的加速，西方资本主义迅速崛起，东方的中国成为它们觊觎的目标。面临盛衰转换、新旧交替、中外冲突所带来的新矛盾和新问题，清代学术也发生了深刻的变化，盛极一时的清代朴学走向了衰落，代之而起的则是力求挽救社会危机的经世思潮。清代朴学思潮走向衰落的原因大概缘于以下几点：

一是时代的剧烈变动使朴学丧失了发展的有利条件。乾嘉之后，土地兼并问题日益严重，大批农户失去土地，沦为佃民，出现了“富者田连阡陌，贫者无立锥之地”现象，社会的贫富差距被进一步拉大，贫者益贫，富者益富。伴随着人口的骤增，大量土地被无限度地开垦，不可避免地出现了滥垦滥伐的现象，严重破坏了自然环境，导致自然灾害频发。愈加恶化的生态环境又反过来加剧了当时社会环境的恶化，百姓民不聊生，处在衣不蔽体、食不果腹的水深火热之中，但贵族统治阶级却仍然过着大肆挥霍、穷奢极欲的生活。至乾隆末年，国家已财政亏空、积重难返，甚至嘉庆帝要以抄没贪官家产来充实国库的办法来缓解收支不平衡的矛盾。吏治的败坏、官吏的贪污腐化也使各种社会矛盾更加激化，各地农民起义接连不断。与此同时，西方殖民者还在蓄谋以武力打开中国的大门。另外，1851年(咸丰元年)，太平天国运动爆发，这场持续十余年之久的农民起义运动，对当时主要活跃于江南地区的朴学思潮带来了巨大的破坏作用。太平天国运动给江南地区的文化设施造成了不可估量的破坏，当地的学校、书院、藏书楼等文化设施在战乱中几乎荡然无存。太平天国运动还造成了大量的人员伤亡，人口数量锐减，许多重要的学人流离失所，甚至死于战乱。特别是在此期间，大量文献毁于兵燹，其中就包括章学诚的许多未刊手稿，以及他的地方志论著和《史籍考》的定稿部分。正是这些剧烈变动的时代背景，破坏了朴学发展的有利条件，成为当时学术风气变迁的重要原因之一。

二是朴学思潮自身存在着有违科学的理论缺陷。朴学在学术理路上存在着明显的缺陷。首先是其采用的“以经证经”“去古未远”的考证原则有悖于科学。一般说来，学术上的求证，其论据必须具备无可争议的确定性，但是朴学家们仅以“相近”“相邻”的时间概念进行推测，其可靠性就很值得怀疑。“以经证经”的根据，即圣人之言，其本身仍有待证实；借助“去古未远”的用证方法，也不能完全剔除守讹传谬的成分。因此，朴学考证过程中引证愈多，往往疑惑也愈多。其次，朴学家们所坚持的“无征不信”“孤证不立”的认证原则，常常因受到材料取舍定例的限制，而导致自狭道路、步履艰滞。他们为了甄别经史，强调用证据说话，便遍寻旁证、理证，博引偏霸杂史、稗官野乘、山经地志、谱牒簿录等，考证程序越来越繁琐，结果是解一经而尽毕生之力。乾嘉之后，这种舍本逐末、烦琐主义的陋习愈演愈烈，直接导致学问道路转入偏途，只顾讲金石、讲目录等。另一方面，复杂的考据程序还致使该学问失去了民间基础，发展至晚清时期，朴学大师的后辈学者不过二三人而已，且多平庸而无建树，朴学队伍出现青黄不接、后继乏人的情况。再次，朴学倡导的归纳方法也欠缺科学性。音韵训释的归纳总结方法不仅带有很强的主观化倾向，而且由此得到的结论也带有一定孤立、片面、狭隘的特点，但朴学家们却视其为指导治学的要法，并将这种方法和由此得出的结论绝对化。所以，朴学既不能建构起自身系统的思想体系，同时过于僵化的理论也无法满足社会变化发展的现实需要。

三是受到朴学内部分化以及外部宋学、今文经学等思潮的冲击。首先，乾隆末年，面对清朝统治由盛转衰、社会危机日益加重、考证之学走向繁琐和脱离实际等弊病的暴露，朴学内部的一些学者开始自觉地进行反思，使朴学内部出现分化的趋向。如作为乾嘉时期三大考史家之一的赵翼，他的《廿二史札记》在校勘训诂、考订史实的同时，还注重探索历史时势的变化和盛衰之故，分析历史的“势”和“变”，发掘史实背后的规律与教训，体现了儒学的经世之用。再如俞正燮所著《癸巳类稿》除了从事名物训诂一类考订之外，还关注许多现实问题。书中的《驻扎大臣原始》记载了新疆、西藏等驻扎大臣的设置由来；《俄罗斯事辑》记载了中俄关系；《总河近事表》记载了清代治河的史实，这些都是与“经世”密切相关的现实问题。作为朴学浙东学派集大成者的章学诚，他敏锐觉察到当时考证之学因循守旧、陷入烦琐主义的弊病，并对此进行了有力的针砭。他在《文史通义》一书中鲜明地提出“史学经世”“六经皆史”的观点，批评考据学因袭守旧、盲目信从旧说的流弊，反对脱离实际的无用空谈，倡导学术与现实社会生活的密切联系。正是朴学内部的这种分化力量，有力地推动了当时考证学风向经世学风的转变。

其次，清代长期以来的“汉宋之争”最终走向了汉学与宋学的融合。清代前期，孙奇逢、李中孚、张履祥、张尔岐、陆陇其、陆世仪等人皆治宋学，但因当时朴学大师大倡汉学，致使宋学影响日见衰微，难以与之相抗衡。随着朴学的日益深入发展，乾嘉之后，汉学只从文字求经义、任意删改经文、不注重文章的义理精神等弊病日渐暴露出来，这就给注重探求义理的宋学以复兴的机会。此时，桐城人方苞、刘大櫆、姚鼐崇尚宋学，创立古文义法，后被称为“桐城派”。虽然他们试图与汉学分庭抗礼，但终究未能敌过乾嘉之学。总之，有清以来，汉、宋两派之间的对立和斗争从未停止，其中江藩所撰《国朝汉学师承记》与方东树所撰《汉学商兑》是当时“汉宋之争”最集中的体现。汉学代表人物江藩是朴学吴派大师惠栋的再传弟子，他撰写《国朝汉学师承记》，列举清初至乾嘉时期的汉学家，并为之立传，详述汉学思想主张和学术成就，同时还对宋学大加批评，认为宋学“不究礼乐之源，独标性命之旨，义疏诸书，束之高阁，视如糟粕……盖率履有余，考镜则不足也”(《国朝汉学师承记》)。

江藩维护汉学、排斥宋学的行为引起当时宋学家的强烈不满，宋学家们纷纷进行反击，其中尤以方东树所作《汉学商兑》最具代表性。方东树师从“桐城派”大师姚鼐，他在《汉学商兑》中对汉学繁琐破碎、不切实际的弊病进行了猛烈抨击，认为汉学“有害于世教学术，百倍于禅与心学”。经过此次论争之后，学人逐渐趋向兼采汉宋之学的态度，如朴学内部的扬州学派代表阮元就主张“崇宋学之性道，而以汉儒经义实之”(《揅经室集·拟国史儒林传序》)，他所著的《论语论仁论》《孟子论仁论》《性命古训》等都是以古训求义理者。此外，还有邵懿辰的《礼经通论》、陈澧的《汉儒通义》和《东塾读书记》等，都属兼采汉宋之学的代表作。清代中叶后，汉学与宋学合流趋势的出现恰恰表明这两种学派已经不可避免地走向了衰落。

最后，清代中叶，今文经学的复兴将学术研究引向了现实政治领域。清代今文经学的复兴源自乾隆、嘉庆年间庄存与、庄述祖叔侄创立的常州学派，刘逢禄、宋翔凤等人大张其学。该派注重发挥春秋公羊学的经世之用，如庄存与著有《春秋要旨》和《春秋正辞》，刘逢禄著有《春秋公羊何氏释例》和《公羊春秋何氏解诂笺》等，都是这方面的重要代表作。特别是鸦片战争之后，龚自珍、魏源等人用公羊学中主张变革、主张历史进化的观点来议论时政，表达其革除时弊、励精图治的主张。他们将公羊学说改造成批判专制、倡导变革的思想武器，揭开了晚清的经世思潮，成为转变学风的关键。此后，晚清今文经学的集大成者康有为以及梁启超、谭嗣同等人进一步将今文经学思想引入政治实践，推动了晚清政治变革的进程。

正是在上述多方面原因的共同作用下，兴盛一时的朴学思潮在嘉庆、道光时期走向了衰落，失去了其在学术领域的霸主地位。但是由于朴学思潮长期发展所形成的深厚积淀，尽管朴学已渐转衰落，却仍然出现了诸如俞樾、孙诒让、章炳麟等成就斐然的大师人物。到了清代末年，由于殷墟卜辞、敦煌遗书等出土文献的出现，为经学研究提供了新的材料和思路。孙诒让、罗振玉、王国维等人将出土文献与传世文献结合起来研究，使清代朴学得以重获生机。总之，清代朴学在其百余年的兴盛发展期间，以儒家经典为主要治学内容，通过训诂考据之法，以朴实的学风，取得了丰硕的研究成果，全面而系统地整理、研究、保存了传统典籍，对弘扬传统文化起到了积极的作用。

（邹庆超）

# 53. 清代浙东学派的兴起

“浙东”是宋元以后我国经济发展的重心所在，“浙东学派”这一名词的源头可追溯到清初黄宗羲，他在《史馆不宜立理学传》中最早用“浙东学术”来指称王学。

作为一个地域性的学术流派，清代浙东学派主要是以阳明学的传承者黄宗羲及其弟子为代表的清代浙东史学派。学派诸人多主张打破门户之见，倡导经世致用的史学，因而也被称作“浙东史学”。

清代浙东学派最初形成于顺治年间，中经康熙、雍正，直至乾隆，前后四朝。大致来看，浙东学派是从1667年(康熙六年)黄宗羲赴甬上讲学开始，到1801年(嘉庆六年)章学诚逝世为止。

清代浙东学派的繁盛期主要是以康雍时期黄宗羲及其门下弟子，以及乾隆时期全祖望(黄宗羲的私淑弟子)、邵晋涵、章学诚(邵廷采的私淑弟子)的学术活动。雍乾之际，黄宗羲及其高徒皆已离世，再传弟子缺乏学术带头人，声势渐小。全祖望谢世后，浙东学派甬上支脉逐渐式微。乾隆中期以后，以邵晋涵、章学诚为主的绍兴支脉，在清政府文化高压政策以及考据学风靡的浪潮下，不仅未能扩大浙东学派的影响力，也没有培养出下一代浙东学派的带头人，浙东学派逐渐走向衰落。

清代浙东学派远承宋代浙东史学流派以及元明以来浙东史学的优良传统，近受王阳明、刘宗周等王学宗师哲学思想的启蒙，倡导经世致用之学，并通过著书讲学、师友传授等途径，涌现出了黄宗羲、万斯大、万斯同、邵廷采、全祖望、邵晋涵、章学诚等一大批有识之士，开创了清代浙东学派繁荣鼎盛的新局面。

黄宗羲(1610—1695年)，浙江余姚人，字太冲，号南雷，世称南雷先生、梨洲先生，为清代浙东学派的开山祖师。

黄宗羲一生坎坷，历经艰辛。黄宗羲的父亲黄尊素为明熹宗时期的东林党人，因弹劾阉党而被诬陷，后冤死狱中。崇祯即位后，黄宗羲赴京为父诉冤，并在会审公堂上一铁锥猛击阉党许显纯、李实，因而人称“姚江黄孝子”。崇祯末年，黄宗羲参加复社，与阉党阮大铖等人进行了激烈的斗争。清军入关后，福王在南京称帝，阉党复起，黄宗羲被捕入狱。清军攻占南京后，他趁乱脱身而返乡纠合众人，组织抗清义军，拥立鲁王，为匡扶明室而奔走。晚年还曾多次拒绝赴京担任《明史》主编等征召。

黄宗羲早年遵父命，拜晚明蕺山学派的殿军刘宗周为师，博览群书，明亡后奉母还乡，恢复了刘宗周的蕺山(绍兴)证人书院，先后于绍兴证人书院、余姚姚江书院等地聚众讲学，从游者日众，为浙东培养了一大批史学人才。

黄宗羲批判理学空谈误国，主张经世致用，认为“学必原本于经术，而后不为蹈虚，必证明于史籍，而后足以应务”，应把历史研究与当世之务结合起来。黄宗羲教育学生博究经史，从事实用之学，联系当世之务，抛弃束书不观、游谈无根之学。

黄宗羲一生勤于著述，著有《明儒学案》《宋儒学案》(未完)、《元儒学案》(未完)、《明史案》《行朝录》《明文海》《明夷待访录》《南雷文案》等重要著作。《宋元学案》与《明儒学案》采用学案体编纂方式，记载一代学术的发展，并融合前人、时人及著者评论，成为编修学术史的典范。《明夷待访录》对封建王朝的弊政及两千多年的君主专制进行了激烈的抨击，并灌注了浓厚的近代民主思想的经典之作，而且有志于探求明代灭亡的历史原因和教训，对明代历史、学术文化作出了卓有成效的研究。

万斯大(1633—1683年)，字充宗，号褐夫，晚号跛翁，世称“褐夫先生”，浙江鄞县(今宁波市鄞州区)人，终生不事科举，为清代著名的经学家。

万斯大少时从学于黄宗羲。1665年(康熙四年)，在甬上发起组织“策论之会”；1667年(康熙六年)，偕同学、兄(万思远)弟(万斯同)20余人往余姚就教于黄宗羲，而后改策论会为“讲经会”(又称“五经会”)；次年黄宗羲来甬上创办甬上证人书院，万斯大等人成为首批弟子。

万斯大深研经学，于诸经皆有撰著。万斯大治经由博致精，以新见长，而自成一家。他主张“非通诸经，不能通一经；非悟传注之失，则不能通经；非以经释经，则亦无由悟传注之失”；而且他对《春秋》及《三礼》进行了深入的研究，主张通过考据考证以务求确实，治《礼》不拘汉、宋，不盲从，重裁断；又怀疑《周礼》并非周公所作，而系后人伪托。

万斯大著述颇丰，积十余年之功，著有《学春秋随笔》(10卷)、《学礼质疑》(2卷)、《仪礼商》、《礼记偶笺》(3卷)、《周官辨非》(2卷)等，后由其子万经编为《经学五书》。

万斯同(1638—1702年)，浙江鄞县人，字季野，号石园，布衣终生，为清初的著名学者、史学家。

万斯同童年适逢明清鼎革之际，父亲为跟随鲁王抗清的户部主事万泰，万斯同追随乃父遗志，以先朝遗民自居，绝意于科举仕进。1678年(康熙十七年)，力辞清廷征召博学鸿儒；1679年(康熙十八年)，清廷开局修明史，万斯同遵师命以布衣参史局，不署衔，不受俸，自称“但愿纂成一代之史，可藉手以报先朝矣”。

万斯同早年遵从父命，拜黄宗羲为师，为甬上证人书院的高第弟子(黄宗羲最得意的门生)，立志要继承弘扬乃师的学术，不仅熟读二十一史和有明各朝实录，也涉猎野史、邸报、家乘，因精于史学而闻名海内。

万斯同为学强调务实，以为无益之书不必观，无益之文不必为也。他的经世重用思想是立足改造现存的社会制度，认为治史应注重总结历史经验，探索总结古今典章法制，是为构建“万世之长策”，以备他日经济之用。

万斯同著述颇丰，著有《明史稿》(500卷)、《读礼通考》(160卷)、《补历代史表》(64卷)、《纪元会考》(4卷)、《宋季忠义录》(16卷)、《南京六陵遗事》、《庚申君遗事》、《河源考》(4卷)、《儒林宗派》(16卷)、《石鼓文考》(4卷)、《石园文集》(8集)、《群书疑辨》(12卷)、《书学汇编》(22卷)、《历代宰辅汇考》(8卷)、《周正汇考》(8卷)、《两浙忠贤录》、《明季两浙忠义考》等书。万斯同客死京邸，所携之书因多为人所取而散佚，纂修的《明史稿》也为史馆总裁王鸿绪占为己有，并为其篡改。

邵廷采(1648—1711年)，浙江余姚人，字念鲁、允斯，又名行中，是清代浙东学派姚江书院的重要成员，为浙东学派承上启下(上承黄宗羲，下启章学诚)的重要人物。

相传邵廷采为北宋名儒邵雍的后裔，后随宋室南迁至余姚，家学渊源深厚，祖父邵曾为浙东学派成员，父亲邵贞显曾大力资助抗清义军，也劝儿子不事新朝科举。邵廷采一生服膺阳明、刘宗周的事功节义学说，“以姚江书院为不朽之业”，先后主讲姚江书院十七年之久，堪称王学后劲。

邵廷采平生“以经世自负”，认为“儒者之学，固以经世务为验”，主张“文章无关世道者可以不作，有关世道者不可不作”，要求学术必须“期于实行实用”，反对空言讲学。邵廷采曾问学于黄宗羲，深受黄氏治史观的影响，重视研究晚明恢复事迹，曾游历陕西三原、北京、山东昌邑、江苏徐州、江西庐山等地，搜集南明史料，以探求明代灭亡的原因，表彰宋明忠烈之士。

邵廷采所著《思复堂文集》，不仅保存了大量明清之际的史料，具有极高的史学价值，而且也是研究清代浙东史学的一部重要著作。邵廷采还仿黄宗羲的《行朝录》，著成《东南纪事》《西南纪奉》两部晚明史书，专门记载南明政权匡复始末的历史；又作《史略》6 篇，痛论明代政治得失；《治平略》12 篇，皆为经世致用之作；还著《宋遗民所知录》《明遗民所知录》二书，表彰宋明忠烈之士。受黄宗羲学术史研究的影响，他还对阳明学进行了总结和研究，著有《阳明王子传》《蕺山刘子传》《王门弟子传》《刘门弟子传》，以及《姚江书院传》《姚江书院后记》等文，基本反映了阳明学派的面貌，可与黄宗羲《明儒学案》互补。

全祖望(1705—1755 年)，浙江鄞县(今浙江宁波)人，字绍衣，号谢山，世称谢山先生，1736 年(乾隆元年)进士，为清代浙东史学流派的重要代表，著名的史学家、文学家。

全祖望曾入选翰林院庶吉士，因受大学士张廷玉排斥，被贬为知县，后辞官归乡，曾主讲蕺山、端溪书院。

全祖望学问甚博，经学、史才、词科三者兼治。他反对朱、陆后学的门户之争，批评当时理学家“迂疏陈腐”，主张为学重于躬行，认为“圣学莫重于躬行，而立言究不免有偏。朱、陆之学，皆躬行之学也”。在经学与理学关系上，他称赞顾炎武“经学即理学”“舍经学无所谓理学”的观点。

此外，全祖望尤专于史学，学术上承黄宗羲、万斯大、万斯同兄弟“钻研史籍、通经致用”的传统，堪称“浙东史学之大柱”。全祖望毕生致力于整理、搜集古代文献，以求博采众长，做到持之有故、言之成理。全祖望曾冒着生命危险搜集了大量珍贵的晚明历史文献资料，而且为明末忠义之士树碑立传，目的是在表彰明末抗清忠烈之士与清初遗民；还发扬浙东史学重视乡邦先资历史文献的悠久传统，积极刊刻先贤著作，并广泛搜集、刊印先贤事迹。他还继续黄宗羲的未竟之业，继续研究、编纂宋元学术思想史，穷十余年之精力，博采诸书，完成了《宋元学案》的续修工作，将宋元二代学术思想按不同派别加以系统总结，并列表说明其源流，进一步完善了由黄宗羲创立的学案体学术思想史著作。

全祖望学术成就卓著，著有《宋元学案》(补续)、《全谢山先生经史问答》、《鲒埼亭集》(38 卷)、《鲒埼亭诗集》(10 卷)、《鲒埼亭集外编》(50 卷)、《续甬上耆旧诗》(120 卷)、《困学纪闻三笺》、《汉书地理志稽疑》等书。

清代浙东史学流派自黄宗羲开山，经万斯同、邵廷采传承，全祖望发扬光大，到了乾嘉年间，迎来了第四代大师邵晋涵和章学诚两位后起之秀。

邵晋涵(1748—1796 年)，浙江余姚人，字与桐、二云，号南江，1771 年(乾隆三十六年)进士，是清代浙东学派中唯一跻身官场的学者，清代史学家、经学家。

邵晋涵是邵廷采的从孙，生来聪颖而多疾，左目视力不佳。他自小受祖父邵向荣启蒙，四五岁即知六义四声，七岁即能赋排律五十韵，记忆力超凡，读书一目十行，终身不忘，有“神童”之美誉。二十三岁时乡试中举，二十九岁时礼部会试第一，被赐以进士出身。1773年(乾隆三十八年)，清廷开四库馆，邵晋涵与历城周永年、休宁戴震、仁和余集等人应召入馆，除翰林院庶吉士，充纂修官，后授以翰林院编修、侍讲学士、国史馆提调等职，前后二十余年，官至四品。

邵晋涵青年时曾从山阴刘文尉、童二树游，不仅习闻蕺山、南雷之说，而且继承了黄宗羲、邵廷采诸浙东史学先辈的遗绪。时人言经学首推戴震，言史学则首推邵晋涵。他在研治经史的实践中主张“汉宋兼容”，认为修史须有明确的撰述宗旨，而不只是修补史料与体例而已。对元人所修《宋史》极为不满，主张通过重新编撰《宋史》，以褒扬宋代士大夫的气节，惩戒空谈心性之风，所撰《南都事略》，叙南宋史事。邵晋涵曾从《永乐大典》中辑录《旧五代史》，并博采《册府元龟》等，考证补阙，编排成书；还帮助毕沅审定《续资治通鉴》，于晚明清初史事知之尤深。

在治经上，邵晋涵批判乾嘉吴派凡汉(学)皆好、凡汉(学)必真的观点，主张应坚持求真求实的学术态度，以事实为根据，认为经学应当符合经学的宗旨和思想，而不能偏主汉宋一方之辞，这样极易陷入门户之见，造成互分畛域的弊端。所著《尔雅正义》一改清儒不喜魏晋玄学、南朝义学、宋代理学的风格，以郭璞为宗，兼采汉人旧注，多有独到见解，实开清儒重新注疏儒家经典之先河。

邵晋涵著述较多，代表作有《尔雅正义》《南都事略》《旧五代史考异》《史记辑平》《南江诗文钞》《孟子述义》《穀梁正义》《輶轩日记》《韩诗内传考》《皇朝谥迹录》等书。

章学诚(1738—1801年)，浙江会稽(字绍兴)人，字实斋，号少岩，1765年(乾隆三十年)中乡试副榜，1778年(乾隆四十三年)中进士，终身未仕，为清代浙东史学派的殿军与集大成者。

章学诚早年师从刘文蔚、童钰，科场坎坷，屡试不第，直到1778年(乾隆四十三年)中进士后才被授予国子监典籍。他一生穷困，以讲学、著述为生，历任大名清漳书院、永平敬胜书院、定州定武书院、保定莲池书院、归德文正书院的讲席。

在经学考据盛行之时，章学诚独树一帜，倡言“六经皆史”，提出“史学所以经世”的治学宗旨，强调学术必须经世致用，反对空谈义理和专事考据的无用之学。章学诚还提出了“作史贵知其意”的观点，并将阐发“史意”这个“史学之宗旨(根本理论)”作为自己义不容辞的任务。在此基础上，章学诚还对历史学的一些基本理论作了新的探讨。他还将史学理论结合到修志实践中去，对中国方志进行了系统的总结，阐发了方志理论，创立了方志学，对地方志的编纂方法进行了革新。他也对谱牒学作了研究，提出了一整套完整的谱学理论；逝世前他还对浙东学术进行了总结。

章学诚的代表作品有《文史通义》《校雠通义》《方志略例》《实斋文集》《和州志》《永清县志》《亳州县志》《湖北通志》《常德府志》《荆州府志》等，还与胡虔、钱大昭合编《史籍考》，可惜终未成书，余稿亦散失。

所著《文史通义》历时29年，反映了章学诚学术思想的结晶，是探讨古今学术、文史、教学等文章和论学书的汇编；《校雠通义》是一部关于书籍理论的著作，主要探讨如何对书籍进行分析、分类，以及如何通过比较文本以确定书籍的真实性；《浙东学术》是他生前口授的最后一篇文章，主要对浙东学术进行了反思与总结，是浙东史学流派发展到极盛时期的产物，也为后世学者研究清代浙东学派提供了史料依据。

这就是明清易代后，中国社会出现了巨大动荡，资本主义萌芽产生也有了相当的发展，市民阶层出现，民族矛盾、阶级矛盾和社会矛盾都十分尖锐复杂。意识形态领域内也发生了深刻的变化，一直占据统治地位的理学已不能适应时代的变化，无法应付新事物的产生，新的学术思想应时代需求而重新活跃起来，出现了一大批具有唯物主义和民主启蒙色彩的进步思想家。他们经历了明清鼎革的巨大冲击，吸取明朝灭亡教训，抛弃宋明以来程朱理学明心见性的空谈学风，主张“经世致用”之学，不同程度地对封建专制主义和民族压迫进行了批判。

从学脉延续来看，清代浙东学派承接明代蕺山学派和姚江书院学派而来。随着宗师刘宗周于1645年(顺治二年)殉节死难，清初蕺山学派也发生学术转型和分化，形成了张履祥、陈确与黄宗羲三足鼎立的学术典型。张履祥由王返朱，逐渐偏离了师说。陈确重拾“良知”学说批判程朱理学，发展了师说。黄宗羲则以蕺山慎独之说为宗，又以经史文献避虚应务，对蕺山学术多有修正，充实、扩大了浙东学派新的内涵，使一度沉默的浙东史学再次崛起，出现了以黄宗羲为代表的浙东史学新流派。

但是，清初学术思想的活跃却使清朝统治者感到惶惶不安，担心任由这种学术思想自由发展，势必会冲击和动摇自己的专制统治，于是便决心以文化高压政策严厉管制汉人士大夫的言行与思想，大兴文字狱，打击经世致用思想。在这种文化专制主义的高压下，清代学术再次跌入低谷，被埋头故纸堆的乾嘉考据学所淹没，多数考据学者为考据而考据，博古而不通今，完全脱离现实社会的需要，抛弃了经世致用的优良传统，浙东学派走向衰亡。

总的来看，清代浙东学派继承了宋明浙东学派经世致用的学风，使得浙东学派自南宋创派以来，具有学脉延续和学统传承的学术贯通性，成为中国学术史上延续时间最长、地域色彩凸显、辐射范围极广、学术影响极大的重要学术流派。

清代浙东学派诸人大多涉猎颇丰，在史学、经学、文学、历算学等方面均有建树，且以史学的成就最为突出，推动了清代学术的繁荣与发展，促进了中国传统学术的近代转型，在中国传统学术发展史上具有重要的地位。

（罗来）

# 54. 章学诚撰《文史通义》

清乾隆、嘉庆时期，考据之风席卷经学、史学、文字学、音韵学、天文学、历算学、金石学、舆地学等各学科，成为整个学界的主流。为了纠正考据学风脱离现实、专事训诂的流弊，章学诚建构了以"史学经世"为核心的史学理论体系，最后结撰成体现他全部学术思想和史学价值观的《文史通义》一书。章学诚的《文史通义》及其史学理论，对史学经世思想的复兴、对清朝中后期启蒙思想家变革思想的形成产生了积极影响。正如梁启超在《清代学术概论》中所说："学诚不屑于考证之学，与正统派异。其言'六经皆史'，且极尊刘歆《七略》，与今文家异。然其所著《文史通义》，实为乾嘉后思想解放之源泉。"

章学诚(1738—1801 年)，字实斋，号少岩，浙江会稽(今浙江绍兴市)人。出生在一个中小地主知识分子家庭。其父章镳，曾任湖北应城知县，为官清廉却仕途坎坷。受其父影响，章学诚少年时即爱好史学，纵览群书，对史学著述有独到见解。两应乡试不中，曾入国子监读书。曾从翰林院编修朱筠学习古文，并得以与邵晋涵、周永年、任大椿、洪亮吉、汪辉祖、黄景仁等著名学者交游，其中最好的朋友是史学家邵晋涵。1771 年(乾隆三十六年)冬，章学诚入太平使院，在这期间学识大进，开始撰写《文史通义》。后曾入湖广总督毕沅幕府，协助编纂《续资治通鉴》等书。章学诚一生精力都用于讲学、著述和编修方志。除《文史通义》外，曾编纂《史籍考》，拟尽收古今史部书叙目凡例，总目达三百二十五卷，但书未完成，稿亦散失。所修方志，传世有《和州》《亳州》《永清》三志。曾主修《湖北通志》，现存遗稿数十篇。

《文史通义》一书究竟应当包括多少篇章卷，至今尚无定论。章学诚在生前既未最后定稿，又未排定书目，因而为后人留下了难题。章学诚在他最后的几年岁月里，曾计划对自己的著作进行全面整理，并对其审选修改，编为《文史通义》。但那几年他为了《史籍考》一书四处奔走，多方求援，根本无暇顾及此事，到了去世的前一年，已双目失明。因此，他整理著作的打算未能实现。临终前数月，只得将所著文稿委托友人王宗炎校定。王氏将其全部著作分内外二篇，内篇又分为四类。第一类为《文史通义》，都是论文之作；第二类为方志略例，都是论志之作；第三类为《校雠通义》；第四类为《史籍考》叙录。其余铭志叙记之文都依其与这四类的关联作为它们的外篇。现今流传的刘氏嘉业堂刻的《章氏遗书》就是刘承干依据王宗炎所编之目加以补定刊行的。对于王宗炎的编排分类，章学诚本人态度如何已不得而知。不过章氏次子华绂对此编排显然不同意，所以在 1832 年(道光十二年)于开封另行编印了大梁本《文史通义》。现今流传的版本，就主要是华绂的大梁本和刘氏嘉业堂的《章氏遗书本》。若以华绂所编与王目相校，内篇除排列次序及分卷不同外(前为五卷，后为六卷)，还有总篇数后者多出《礼教》《朱陆篇书后》《所见》《士习》《书坊刻诗话后》《同居》《感赋》《杂说》八篇，而少《妇学篇书后》。外篇虽皆分为三卷，内容则完全不同，前者是论述方志之文，后者为"驳议序跋书说"。但是根据章学诚生前文章中所体现出的意愿，方志之文应属于《文史通义》的外篇。

关于《文史通义》的撰著缘起，章学诚自己曾有说明："郑樵有史识而未有史学，曾巩具史学而不具史法，刘知幾得史法而不得史意，此余《文史通义》所为作也。”在章氏看来，刘知幾、郑樵、曾巩在史学上各有优点，但却不全面，所以他才写《文史通义》，吸收前人之长，加以补充发挥。应当说，章氏的史学观点，正是发展了刘知幾等人史学思想而形成的封建社会末期比较完整的史学体系。章学诚的史学理论主要包括以下五点：

第一，史学所以经世。章学诚生长在浙东，继承了浙东学派的思想，极其崇拜浙东学派的开山祖师黄宗羲。黄宗羲鉴于明中叶以来学者空谈性命的弊病，认为治学要立足于“天崩地解”的社会现实，主张合学问、事功为一。黄宗羲的门生万斯同，深受其师经世致用思想的影响，自幼以著《明史稿》为己任，以布衣身份参修《明史》，著成《明史稿》一书，治史、论史无不刻意于治乱兴衰。章学诚的史学观点很多来自万斯同。他所生活的乾嘉时代，考据之风笼罩着整个学术界，大家埋头于古代文献的整理和考订，闭口不言现实。针对这种现状，章学诚大声疾呼，学术研究必须“经世致用”。“经世致用”是章学诚史学思想的核心，是他治学的宗旨。《文史通义》就以这一思想为核心建构了自己的史学理论体系，并对清代中后期史学经世思想的复兴产生了一定的影响。

第二，对“六经皆史”说的全面阐述。章学诚在《文史通义》的开篇即提出：“六经皆史也。”以后，他又多次阐述了这一著名的学术观点。“六经皆史”的思想并不始自章学诚，但是前人都未作具体深入的阐述，章学诚是“六经皆史”说的集大成者。他针对当时空谈性命的宋学和务求考索的汉学两种不良学风，又重新提出这一命题。他崇拜儒家经典，但他把经等同于史的地位，强调经世致用，客观上贬低了儒家经典的作用。他认为不应该终日钻在经书中做训诂名物工作，而应把学术变为切合实际、有益于当前社会风教的活学问。学者要面向现实，重发挥，重创造，反对死守经句，力主通经致用。

第三，首创“史德”论。唐刘知幾提出，“史才须有三长”，“才也，学也，识也”。大体来说，“才”是文字的表达能力，“学”是史料的组织能力，“识”是对史实的判断能力。对于刘知幾的“三长”之说，章学诚给予了明确的肯定。但他又强调，作为良史，仅具备“三长”还不够，还要具备史德，史德即指著作者的思想修养和道德品质。对于才、学、识、德这四者，章学诚认为缺一不可，但他又强调，史德是首要的。而要具备史德，就必须“慎辨于天人之际”，“天”是客观，“人”是主观，撰著者的主观思想感情要尽量符合客观的历史事实。在提出“史德”的同时，章学诚还提出了“文德”，认为两者有相通之处。“史德”说是章学诚的独创，是对刘知幾良史“三长”之说的重要补充，这对于史学研究和撰著工作具有重要的指导和借鉴意义。

第四，关于历史编纂学。刘知幾在《史通》中对史书编写的各种体例进行了全面系统的评论，可以说自他开始，在中国封建社会的史学领域里建立起历史编纂学。章学诚对刘知幾的历史编纂理论作了批判的继承和发展，而最值得称道的是他的史籍分类思想和对“史义”的阐述。刘知幾将史籍划分为六大类，即记言体、记事体、编年体、国别体、通代纪传体和断代纪传体。这种划分虽然基本涵盖了古代史籍，但是比较琐碎，且没有统一的标准。而章学诚则提出了一个较好的分类方法，即根据史籍的性质与作用将其分为“撰述”（著作之书）和“记注”（为著作提供材料的资料汇编）。这种分类标准抓住了史籍的本质特征，既科学又简明。在阐述著述之道的问题上，章学诚特别强调“史义”（亦作“史意”），并认为这是“史氏之宗旨”。他在《文史通义》中再三强调“作史贵知其意”“史所贵者义也”。所谓“义”，即“史家著述之微旨”。就是说，史家修史时，不仅记述史事，更重要的是以他的历史观和价值观揭示史事的本质，总结其历史规律，成一家之言。“史义”是章学诚史学理论的核心。他认为在史籍的三要素（事、文、义）中，“义”是史籍的灵魂，史事和文字只是表达史义的手段。章学诚重视史义的研究，指出史家写史的首要任务在于通过历史事件阐述自己的史学观点，揭示历史发展的趋势和规律，这在古代史学家中不多见。

第五，关于方志学。这是章学诚史学理论最为精彩的体现。章学诚在方志学方面的贡献，当首推论定方志的性质是历史而非地理，即“志乃史体”。其次，规定志书内容应以历史文献为主。再次，论说志书体例宜立三书——“仿纪传正史之体而作志，仿律令典例之体而作掌故，仿文选文苑之体而作文征”，在机构上建议设立志科。以上诸点，都是开创性的。

《文史通义》没有一个严密的义例，大多为应时借题而作，内容庞杂，组织松弛，从文本上看，很难说是一部严整的著作，这是《文史通义》的不足之处。

总之，《文史通义》是一部杰出的文史评论著作，与唐刘知幾所撰《史通》齐名，集中反映了章学诚在学术上的造诣，在史学方面提出了不少精辟的见解，极大地丰富了中国古代史学理论的宝库。

（江莉莉）

# 55. 清廷驱逐西方传教士

清廷驱逐西方传教士是指18世纪即清中叶雍正、乾隆、嘉庆三朝，清政府一反清初对耶稣会士优容礼遇的做法，采取严厉禁教政策，将西方传教士全部驱逐出境。

16世纪，欧洲的宗教改革使天主教遭受重创，天主教会为了摆脱危机，扩大影响与势力，积极向海外传教。明清之际，来华传教取得明显成就的当属耶稣会。耶稣会士采取灵活的传教方针，主动适应中国的民族风俗习惯，重视中西文化的沟通融合，使天主教义儒学化，同时以西方先进的科技为依托，在中国奠定了基础。清世祖爱新觉罗·福临、清圣祖爱新觉罗·玄烨对耶稣会士都颇有好感。

1557年(嘉靖三十六年)，葡萄牙人占据澳门，从此，耶稣会传教士便在澳门向民众传教。当耶稣会士以澳门为基地不断涌入中国内地之际，天主教的多明我会与方济各会传教士也试图进入中国。1625年(天启五年)，台湾被西班牙占领，方济各会与多明我会传教士从台湾进入中国大陆。由于各修会对中国文化的认识不同，在传教的方式上也各持己见，导致了天主教各派关于“礼仪”问题的一场持久争论。

对于“礼仪”的争论主要集中在两个问题上：一是关于“天主”译名的问题；二是关于教徒祭祖祀孔是否符合天主教教规的问题。

著名的耶稣会士利玛窦于1582年(万历十年)来华传教，为了方便传教，他把自己装扮成中国人，穿汉服、讲汉语、读儒家经典，主动迎合儒家文化，将天主教教义与孔孟之道以及中国传统文化相融合。基督教最初传入中国时，教徒将他们所信仰的神按照拉丁文直译为“陡斯”，后被传教士罗明坚翻译成“天主”。利玛窦通过对儒家文化的钻研，又翻译作“天”或“上帝”，后来他读到朱熹的著作，朱熹把天解释为一种义理，于是他又将基督教的主宰神翻译成“天主”或“上帝”。他认为将基督教所信奉的神译作“天”“上帝”“天主”均可。这一译法被趋向中国化的传教士所赞许。而以龙华民为首的一部分耶稣会传教士对此颇有异议。龙华民坚持应废除“天”“上帝”等称呼，一律采用拉丁文的译音。因为“天”是“义理”，或指物质的天，而上帝容易同中国宗教中的神混同，不能代表创造宇宙万物的主宰。1612年(万历四十年)，龙华民向耶稣会中国日本区区会上书，要求禁止使用“天”和“上帝”等名词，但是并没有成功。1628年(崇祯元年)，耶稣会视察员在嘉定召开会议，采纳了龙华民的建议，但是此次会议以后龙华民要求应将“天主”的译名一同废除，遭到支持利玛窦一派的坚决反对。1633年(崇祯六年)，耶稣会士就此问题再度开会研讨。会议决定继续保留以前的习惯和称呼，使用“天主”与“上帝”的译名。

对于基督教徒是否可以参加祭祖祀孔，利玛窦认为中国非常重视道德哲学，而不十分看重宗教信仰，而儒学只是一种道德伦理学说，祭祖表达了子孙对逝者的孝敬，并不包含宗教含义，而尊孔则是中国人悠久的传统，并且让教徒参加祭祖祀孔也是方便传教的权宜之计。但是龙华民一派认为祭祖尊孔都含有宗教意味，违反了基督教的一神崇拜，应该予以禁止。同时，多明我会与方济各会对利玛窦迁就中国礼仪的做法也相当不满，1643年(崇祯十六年)，多明我会传教士黎玉范向罗马教廷报告了以上问题。1645年(顺治二年)，教皇英诺森十世对双方争论作出裁决，发布谕令禁止天主教徒参加祭祖尊孔礼仪。耶稣会对英诺森十世的谕令感到担忧，害怕传教活动由此受到阻碍，于是1650年(顺治七年)派卫匡国去罗马申辩，卫匡国对黎玉范的报告逐一作出了辩驳。教皇亚历山大七世于1656年(顺治十三年)作出裁定，允许教徒参加祭祖祀孔的礼仪。于是多明我会又派鲍郎高赴罗马教廷，要求解释1645年(顺治二年)与1656年(顺治十三年)的两个相互冲突的通谕。1669年(康熙八年)，当时的教皇克雷芒九世答复说两个通谕依照环境情形都应该遵守，这就促使礼仪之争进一步激化。

1663年(康熙二年)，罗马教廷在巴黎成立了巴黎外方传教会修道院，其目的就是削弱葡萄牙与西班牙的海外势力。1684年(康熙二十三年)，法国巴黎外方教会来华，其宗座代牧颜珰反对利玛窦的传教方针，于是规定其代牧区的教徒禁止祭祖祀孔。对此耶稣会和巴黎外方教会都派代表去罗马申辩。罗马教廷专门组织了一个委员会去研究这个问题，同时中国的耶稣会士把祭祖祀孔是否有宗教性质的问题提交给康熙皇帝。康熙认为中国的祭祖祀孔是一种崇敬的礼节，并没有宗教性质。耶稣会的反对派以此为借口，攻击耶稣会为教会事物不求决于教廷而求助于教外皇帝，实为不妥。

1704年(康熙四十三年)，教皇克雷芒十一世发表了祭祖祀孔的禁约，禁约中明确提到禁止以“天”或“上帝”称呼天主；禁止教堂悬挂“敬天”匾额；禁止教徒祭祖祀孔；不准在家保留祖先牌位，如保留牌位，牌位上不准写“灵位”等字。次年派遣多罗为教皇特使携带此禁约来华。耶稣会士了解多罗的身份后，劝诫他会晤康熙时不要公开自己的特使身份。1705年(康熙四十四年)底，多罗觐见康熙皇帝，但是并未提及禁约之事。1706年(康熙四十五年)6月，康熙第二次接见了多罗，多罗透露出来华禁约之命。此次康熙皇帝明确地表达了祭祖祀孔乃中国内部事务，并坚持在祭祖祀孔问题上应遵守利玛窦的成规，若是反对，传教士便不能居留在中国。康熙提出凡遵中国法度的西方传教士可以领内务府准予传教的印票，拒绝领票的传教士将被驱逐。为了阻止传教士领票，多罗于1707年(康熙四十六年)在南京下达了教皇的禁约命令，要求中国教会无条件执行1704年(康熙四十三年)的禁约，否则将被革除教籍。多罗公布禁约以后，在华的巴黎外方传教会、多明我会、方济各会的大多数人服从禁令，拒绝领印票，离开了中国。多罗公布禁约令激怒了康熙皇帝，康熙下令驱逐拥护禁约的传教士，并且将多罗遣送澳门拘禁。

多罗失败以后，罗马教廷于1719年(康熙五十八年)派嘉乐主教为特使，来华说服康熙，贯彻禁约一事。1720年(康熙五十九年)，康熙用冷淡的态度接见了嘉乐，当嘉乐提出由他管理在华基督教徒和在中国贯彻禁约二事时，康熙皇帝明确地表达了禁教的态度，“尔教王所求二事，朕俱附赐允准，但尔教王条约与中国道理大相悖戾，尔天主教在中国行不得，务必留用，再年老有病不能回去之人仍准存留，其余在中国传教之人，尔俱带回西洋去。具尔教王条约只可禁止尔西洋人，中国人非尔教王所可禁止。其准留之西洋人，着依尔教王条约自行修道，不许传教”。嘉乐为了使天主教在中国继续传播下去，提出了“八项准许”的妥协措施，都被康熙皇帝拒绝。1742年(乾隆七年)，教皇本笃十四世又颁旨废止了“八项准许”，重申克雷芒十一世的禁令。清廷则针锋相对，严禁传教。

康熙皇帝虽然颁布了禁教措施，但并没有采取具体的措施，清世宗爱新觉罗·胤禛即位后，则对传教士采取了严厉的举措。

雍正崇尚佛教，在青少年时期就喜读佛家典籍，成年后又与僧侣密相往来，讲论佛法，乐此不疲。即位后又自比“释主”，并自号破尘居士、圆明居士，经常在宫中举行法会，并且亲自说法，即便日理万机仍不忘谈佛，甚至引用僧人过问政治，密参帷幄。受此影响，雍正帝对天主教教义在信仰上就表示怀疑，认为耶稣赎身救世之说是悖理谬妄之论，是借天之名以蛊惑愚民信奉其教，根本不能信。同时雍正对来华传教士极力排斥佛教的所谓“辟佛”也表示非常不满，曾批评传教士“人众不过二十，却要攻击其他一切教义”。这些都为雍正帝即位后严厉禁止天主教奠定了思想基础。

康熙末年，诸皇子为立储而明争暗斗。其中传教士曾参与宗室的斗争，支持过雍正的政敌。皇九子胤禟对天主教比较友好，与葡萄牙籍耶稣会士穆敬远来往密切，并且受到了信奉天主教的苏努诸子的拥护，所以雍正皇帝对天主教非常厌恶与痛恨。雍正曾斥责传教士“凡僧道喇嘛医卜星相，甚至优人贱隶，以及西方洋人、大臣官员之家奴，俱留心施恩，相与往来，以备其用。若欲排陷何人，即捏造无影响之言，使此等人传播，以簧惑无见识之辈”。

1717年(康熙五十六年)，穆敬远上奏康熙皇帝，请求册封胤禟为皇储，并且远赴塞外奔走于年羹尧门下，恳请其为拥护胤禟效力。雍正即位以后，将穆敬远流放西宁。穆敬远在流放中仍进行传教活动，后被捕押解回京受审，葡萄牙国王曾为了营救穆敬远，派特使带上珠宝来华觐见雍正，但在此之前雍正已经毒死了穆敬远。

苏努为清太祖长子的四世孙，由于未能继承皇位，故对清朝诸帝怀有不满。康熙末年雍正初年时，苏努的几个儿子勒什亨、乌尔陈、书尔陈先后加入天主教。后来全家70余口都先后加入天主教。由于苏努与其子勒什亨在康熙朝诸子争夺皇位中，与胤禟互为声气，谋求大位，1724年(雍正二年)，被雍正以结党构逆之罪流放西宁。次年，苏努死后被戮尸扬灰，其子孙被消除宗籍。勒什亨、乌尔陈被押送回京师，终身监禁。

雍正朝大规模地驱逐传教士，开始于福建教案。1718年(康熙五十七年)，两个西班牙多明我会传教士从马尼拉来到福安，他们没有印票，潜住在教徒家中，四处传教，并且募款修建教堂。1724年(雍正二年)，被一位赞成祭祖祀孔的教徒告发，说他们没有领取传教许可而擅自建教堂，同时还告发教堂内男女杂处。闽浙总督上奏雍正皇帝，要求严禁天主教。雍正借机颁布谕旨，“西洋人乃外国之人，各省居住年久，今该督奏请搬移……著行文各省督抚，伊等搬移时，或给与半年数月之限，令其搬移，其来京者，与安插澳门在者，委观官沿途照看送到”。随后，全国各地开始大规模地驱逐传教士。

雍正皇帝发布驱逐传教士的命令后，供职钦天监的传教士戴进贤、白晋、巴多明上奏雍正，提出澳门为葡萄牙的租借地，其他各国的传教士无法经澳门回国，请求清政府允许传教士暂居广东，不要驱逐至澳门，雍正答复“朕自即位以来，诸政悉遵圣祖皇帝宪章旧典，与天下兴利除弊。今令尔等往住澳门一事，皆由福建省住居西洋人生事惑众，朕因封疆大臣之请、庭议之奏，施行政者公事也。朕岂可以私恩惠尔等，以废国家之舆论乎！今尔等既哀恳乞求，朕亦只可谕广东督抚暂不催逼，令地方大吏确议再定”。1732年(雍正十年)，清广东当局遵旨将仍居留广州的35名传教士驱逐至澳门。

雍正在驱逐传教士的同时，查封了各地的教堂。据载，查封之前，全国约有天主教堂三百处，查封之后，只有北京的南堂、东堂、北堂和西堂得以保存。查封的教堂多被改造为谷仓、米仓、书院、府学以及祠堂等。雍正还禁止中国人信教，令教徒立即悔过，退出教门。

雍正去世后，清高宗爱新觉罗·弘历即位。乾隆一朝对待传教士的态度比雍正时要温和一些，但是基本上还是遵循严厉的禁教政策。1736 年(乾隆元年)，天下大赦，其中一位获释的官员回京后，设宴谢神庆贺。其妹信仰天主教，以宴会有迷信色彩而拒绝参加，该官员一怒之下，向乾隆皇帝上奏，称天主教蛊惑民心，败坏风俗，要求禁绝天主教，乾隆皇帝出于政治上的考虑采纳了此官员的意见，作出三项决定：一是对已经入天主教之人，劝其退教，否则予以重刑；二是严禁留居北京的传教士以传习天算历学为借口，向百姓传教；三是不论满汉，只要信奉天主教，一律处以重刑。

1746 年(乾隆十一年)，福建巡抚周学健奏称，福建福安有传教士秘密传教，且传教士与修女有染。乾隆皇帝密饬地方官，严加访缉，如果发现天主教引诱妇女，或聚众诵经，立即查拿，严加惩治。结果的桑主教和费若望、德方济各、毕若亚敬、施方济各被捕，后被处以死刑。同时全国各地开展了一场大规模的禁教活动。山东、江西、江苏、陕西、山西、湖广、四川等地都清查出境内的传教活动，被捕的传教士有的被处死或长期监禁，其余的则被押送广州，搭船回国。

1784 年(乾隆四十九年)，居住广州的传教士罗玛当无视清政府的禁教命令，秘密向内地派出传教士，其中 4 名传教士在前往西安的途中，被当地官员抓获。乾隆皇帝将之与 3 年前的西北回民起义联系在一起，怀疑西洋人此次进入内地是与陕甘的回民勾结，对抗清朝。于是再次下令查禁天主教。这次查禁涉及山西、陕西、山东、四川等十几个省份，逮捕的外国传教士 18 人，中国神父 7 人，教徒达至百人。乾隆皇帝下令把外国传教士释放，有 4 人留京，其余的传教士离京，被押送至广东。

乾隆时期几次大规模的查禁天主教活动，使天主教遭到严重的打击，大部分传教士匿居山林，或退居澳门。

经过雍正、乾隆朝查禁天主教后，清仁宗爱新觉罗·颙琰对天主教了解甚少，对西方的科技也无兴趣，所以他也贯彻了清前期诸帝的严厉禁教政策。1805 年(嘉庆十年)，在北京居住的德天赐神父托教徒陈若望带一份传教地图和书信至澳门，路经江西时被捕。嘉庆皇帝看了地图，以为德天赐会把地图交给英国人，作为英国人进攻山东的资料(1802 年(嘉庆七年)，英国舰船停泊于广东洋面达 3 月之久，似有侵华之嫌)。在刑部的追究下，德天赐革职被捕，发往热河永远监禁。陈若望被发往伊犁为奴。同时在全国进行了一次大规模的搜查与镇压天主教运动。嘉庆皇帝批准了大臣们拟订的取缔天主教的章程，主要包括四点：一是派兵看守教堂门，监视入堂者，旗人不准参加天主教祈祷，不许结交西洋人；二是钦天监供职的西洋人外出，必须事先申报，外出时由士兵陪伴同行，拍卖四堂以外的教堂；三是西洋人的信件要受审查；四是对奉教的官吏要革职治罪，奉教的满人加倍治罪。

1811 年(嘉庆十六年)，嘉庆颁布上谕，除了留在钦天监供职的传教士外，其余的全部遣送出境，并且严密监视在京的西方传教士，不准他们与旗民来往。从北京查禁天主教、驱逐西洋人、取缔修道院开始，全国各地的传教活动遭到全面禁止，传教活动转入地下秘密进行。

清政府厉行禁教，其直接结果是使在华传教士日渐稀少。1780 年(乾隆四十五年)，在朝中担任修历及怀有各种技艺的西洋人已不敷使用，为此乾隆曾下谕："现在堂中如艾启蒙、傅作霖等相继物故，所有西洋人在京者渐少"，因而命两广总督巴延三，"如遇有此等西洋人情愿来京即行奏闻，遣令赴京当差，勿为阻挡"。但巴延三两次回奏均称，"近年以来具呈者竟无其人"。直到 1784 年(乾隆四十九年)，始有意大利人德天赐等 4 人愿进京效力，但不久德天赐便因地图事件在 1805 年(嘉庆十年)被嘉庆圈禁，后被释放归国。继而高临渊等 4 人被遣送回国，在京继续为清廷效力的传教士，仅有法国人罗广祥，葡萄牙人李拱良、高守谦等。至 1837 年(道光十七年)，最后一任钦天监监正高守谦因病告假回国。此后钦天监内，已经无西人供职，在清廷效力的传教士遂告绝迹。

从康熙到嘉庆年间实行的严厉的禁教政策，使中国与西方先进的科学文化技术失之交臂。清廷驱逐传教士，客观上使清帝国处于对外一无所知的闭塞状态。西方资本主义国家迅速崛起后，一直对中国虎视眈眈，中国巨大的销售市场与原材料产地逐渐被西方国家觊觎，面临强敌的中国却一直处于沉睡之中。清初的士大夫对世界的情势颇为了解，到了乾嘉时期士大夫阶层却对海外茫然无知，《四库全书》中甚至将利玛窦所讲的五大洲的地理知识斥责为荒诞奇谈。

清廷的禁教也给中西贸易关系带来了严重后果和影响。清初的海禁政策，至1684年(康熙二十三年)随着康熙宣布广东黄浦、福建漳州、浙江宁波、江南云台山为对外贸易口岸，设江、浙、闽、粤四海关，而宣告结束，从此清朝进入通海开关的历史时期，并一直延续70余年，从而促进了中国与南洋乃至同西方的贸易往来。但1757年(乾隆二十二年)，乾隆却又封闭漳州、宁波、云台山三关，规定广州为唯一对外口岸，使中国再次回到闭关自守的广州单口贸易时期。清政府对外政策的这一急转弯，表面上是由英商洪仁辉频往宁波通商引起的，实则此类事情正如上谕所说："此等贸易细故，无烦重以纶音。"因此更深层的原因还是防止传教士潜入内地，设立教堂。所以两年后粤督李侍尧奏请《防范外夷五事》迅即获得旨准，并成为全面管制外商的正式章程，从此清政府开始实行闭关自守的政策。如此一来，闭关政策在中国民族文化心理烙下保守的痕迹。清朝推行闭关政策的根本原因是防止"以夷变夏"，因为随着西方传教士活动范围的扩展，以及中西文化交流的深入，西洋天主教对中国"圣道"及人心有俘获与瓦解的趋势。闭关政策无益于真正意义上的文化开放，使国人面对近代化的世界潮流，注意焦点不能集中在中西文化的交流，却一直拘泥于对自身文化的缝补。因而，封建文化不曾得到彻底改造并转化为促进中国近代化的有利因素，反而在民族文化心理上表现为保守主义。

雍正、乾隆、嘉庆三朝大规模地驱逐西方天主教传教士，最根本的原因是中国文化与西方宗教之间的深刻分歧。中西文化之间的深层内涵冲突致使明末清初传教士的努力付诸东流。在这场文化的冲突中，清朝获得了暂时的胜利，但同时也失去了与世界交流并分享人类文明成果的机会，未能跟上人类文明的发展步伐。

(王小华)

# 56. 改土归流

改土归流，一般是指清廷对西南地区实行的地方行政制度的改革，即废除土司，代之以流官的统治。具体说来，改土归流的“土”是指元明清三代中央王朝在西南等地建立省级行政机构的同时，根据当地少数民族的实际情况，推行有别于中原地区的土司制度。“流”则是指由中央政府选派有一定任期的流官直接管理少数民族地区的政务。作为对边远少数民族地区进行统治的一种政治策略，土司制度在巩固中央政权，推动社会发展方面曾起到了一定的历史作用。然而，随着社会政治经济的不断发展，土司制度的继续存在已经阻碍了国家中央政权的集中统治。在这样的背景之下，改土归流、废除土司制度最终成为不可避免的历史举措。

土司制度是在秦汉羁縻政策的基础之上发展起来的。由于地理条件、经济状况、生活习俗诸因素所限，汉以后的统治者对西南少数民族地区的态度是“且以其故俗治，毋赋税”。随着边疆地区与内地人民在经济、文化上的长期交往，特别是封建政府对西南地区统治的进一步加强，部落酋长制度逐渐崩溃，羁縻政策也发生了变化，取而代之的就是土司制度。

所谓土司制度，是指“土司”与“土官”并立的管理制度。前者包括宣慰司、宣抚司、安抚司等职，虽受封于中央王朝，实际上是割据一方的地方官司；后者包括土知县、知州、知府等，是按汉族地区行政建制设立的地方衙门长官，但由少数民族头人担任。土司制度在唐代就已萌芽，历经宋、元，不断发展，到了明代已臻完备，而在清前期逐渐走向衰落。其实质是“以土官治土民”，即由中央政府任命少数民族贵族首领为世袭地方官，通过他们对族人的管理，达到加强边疆地区统治的目的。土官作为朝廷委派在当地进行统治和行政管理的官员，其主要职责就是维护中央政权在少数民族地区的统治，保证中央各项政令在当地的推行。具体包括维护当地的统治和管理秩序，配合朝廷对反叛者进行镇压；负责在当地征收租赋，按时向朝廷贡献方物；听从朝廷调遣，派兵从征，修筑道路，设立驿站，屯田垦殖等。元中央政府在维持土官原有统治方式的同时，将土官称谓、额员数量给予定制，纳入正规官制序列，以便节制。明承元祚，土司制度的管理进一步加强，形成了一套完备的管理制度，甚至土司的袭替也被纳入管理范畴，须由皇帝钦准，并且土司所领兵员也被纳入全国军队的统筹范畴。清代在土司制度实施方面没有太大的变革，但这种旨在羁縻的制度，承三代积弊，矛盾逐渐暴露出来，清中央政府开始大规模“改土归流”。

土司制度的建立，一方面使政府能有效地将西南地区的政治、经济、军事诸方面纳入中央王朝的控制轨道；另一方面，在这种制度下，少数民族首领自治的权利得以加强，少数民族地区相对来说也更加封闭，从而使其社会发展程度趋向缓慢，更拉大了与中原地区的差距。至清前期，随着中央集权的稳固，中央政府必然加强对少数民族地区的控制。这是因为土司制度的长期存在是以保留少数民族固有的生产方式为特点的，而相对于汉民族高度发展的社会经济，该生产方式显然落后，进而影响到封建经济的发展。另一方面，土司制度要求少数民族区域相对独立，各个土官在其领地相当于独立王国的统治者，而这不利于多民族国家的统一和发展。因此从某种程度上而言，土司制度的衰落是必然的历史趋势。这一过程在清雍正时期表现尤为突出，具体形式则是中央政府的改土归流。

从历史发展过程来看，改土归流并非清雍正时首创。1388年(洪武二十一年)，云南越州土知州阿资叛乱，明政府经过近七年的征伐，于1395年(洪武二十八年)正月擒斩阿资，继而废土州，置越州卫，以流官统之，是为改土归流之始。其后，各地的改流不断出现，其间规模较大的，一为永乐时平贵州思南、思州二土司之乱，析其地为八府四州；一为万历时平四川播州土司之叛，分播地为遵义、平越二府。明代的改土归流主要在贵州、四川、云南、广西4省进行，其他地区的改流并不突出。总体来说，明代的改土归流是不彻底的，并曾遭到土司的强烈反抗，因而出现了许多反复。在许多改设流官的府、州、县中，流官政权很不巩固，有的土司地区设流官后，因为各种原因而出现了复流为土的现象。这是因为明代土司制度还处在全盛时期，一方面土司制度对明王朝的统治还能起到一定的作用；另一方面土司势力还比较强大，可以利用群众的力量反抗改流。由于土司统治的社会基础没有受到根本的破坏，明王朝也没有力量对改流地区进行完全的控制，由此决定了明代改土归流的不彻底性和反复性，改土归流就只有在条件完全成熟的清朝才得以彻底进行。

清初因稳定边疆的需要，顺治、康熙年间并未对云贵土司制度进行大规模变革，少数的设流活动也仅出于土司绝嗣和平定土司叛乱等缘由。虽然清初政府对土司的政策仅是权宜之计，但在顺治、康熙两朝还未上升到对土司动用武力征讨的地步。然而土司制度自身存在的问题以及与中央政体不一而产生的矛盾和冲突，随着时间的推移日趋暴露和激化，给清中央政府的边疆施政带来了严重的威胁，迫使清王朝下决心进行彻底的改土归流。而此时改土归流的时机也已达成熟，其具体表现为：(1)西南地区与内地的联系更加密切。(2)土民与土司的矛盾日益激化。(3)中央政权与土司的矛盾日趋尖锐。(4)改土归流的呼声越来越高。同时，清统治者在解决了内地的反抗斗争后，又平定三藩，收复台湾，平定噶尔丹之乱，基本实现了全国的统一，一个强大的清王朝已经形成。另外，由于采取了一系列恢复生产的措施，经济持续发展，国库日渐充裕，这就使清王朝在雍正时进入了全盛时期，有力地保证了改土归流的彻底进行。

1726年(雍正四年)，云贵总督鄂尔泰数次上疏，全面阐述改土归流的必要，奏请立即推行。他建议对不法土司用计擒为上，以兵剿为次；使其自动投献为上，勒令纳土为次；既要用兵，又不专恃用兵，以武力相震慑，力争以政治手段解决。他要求调整云、贵、川等省边界不合理的行政区划，以便统一事权，使地方官相机行事。雍正帝对此甚为赞赏，令其悉心办理。同年5月，首先平定贵州长寨土司的叛乱，设立长寨厅(今贵州长顺)。不久，清廷将原隶属四川的乌蒙、镇雄、东川三土府划归云南。鄂尔泰派游击哈元生领兵摧毁了叛乱的乌蒙土知府禄万钟、镇雄土知府陇庆侯的势力，改设乌蒙府(后改称昭通府，今云南昭通)、镇雄州。云贵改土归流的巨大声势很快冲击到广西地区。1727年(雍正五年)，清廷以威慑力量革去泗城土知府岑映宸的职务，在其属南盘江以北地区设置永丰州(今贵州贞丰布依族苗族自治县)，划归贵州统辖。雍正帝为使云、贵、广西的改土归流事务得以统一筹划，特于1728年(雍正六年)底任命鄂尔泰为云、贵、广西三省总督。同年，命贵州按察使张广泗在黔东南推行改土归流政策。张广泗带兵深入黎平府古州(今贵州榕江)、都匀府丹江(今贵州雷山)苗、侗等族村寨，设厅，置同知，理民事。与云、贵、广西接界的湖南、湖北、四川等省的土司，本来就靠近内地，势力有限，在形势压力下，纷纷请求交出世袭领地及土司印信，归政中央，各在该省长吏经营下改设村县。在废除土司世袭制度时，对土司本人则根据他们的态度给予不同处理。对自动交印者，进行赏赐，或予世职，或给现任武职；对抗拒者加以惩处，没收财产，并将其迁徙到上述六省以外的内地省份，另给田房安排生活。在设立府县的同时，添设军事机构，如云南增设乌蒙镇、昭通雄威镇、普洱元威镇，贵州增加古州镇、台拱镇，广西另设右江镇，湖广添永顺协、永绥协等。

在清政府于少数民族地区设流以后，作为改土归流重要的组成部分，恢复生产，增加赋税，是巩固和发展地方制度变革的重要保证。清政府随即采取了一系列恢复和发展少数民族地区经济生产的措施，主要以开展屯垦来保证政府赋税收入和巩固改流成果。清政府在改土归流地区，清查户口，丈量土地，征收赋税，建城池，设学校。原来土司只交纳很少的贡赋，而将掠夺属民所得的大量银两尽收于己。改土归流后，变革赋役方法，废除原来土司的征收制度，与内地一样按地亩征税，数额一般少于内地，土民所受的剥削稍有减轻。

具体说来，雍正朝改土归流的目的有以下四点：(1)在政治上，清统治者要削除地方割据势力，稳定地方，巩固中央集权。(2)在军事上，清统治者要争取战略要地，进而控制西南边区，巩固国防。(3)在经济上，清统治者要从西南各省获得更多的利益。(4)在思想文化上，清统治者要以汉族的传统观念影响西南各民族，达到“以汉化夷”。这是清政府为了更好地控制西南各民族而迫切要求的。可以说，云南、贵州改土归流的目标，至1731年(雍正九年)已基本实现。

雍正朝的改土归流，是对西南少数民族地区地方行政制度的一次重大改革。改土归流的地区包括滇、黔、桂、川、湘、鄂六省，其中，贵州省改土归流的地区之广大约相当于原设府县的面积。改土归流所涉及的民族则有苗族、彝族、布依族、侗族、瑶族、水族等。通过改土归流，使土司势力膨胀的趋势从根本上得到控制，完善了制度，加强了中央对地方的统治，并通过在改土归流中对土司统治地区旧制陋俗的改革，促进了边疆少数民族地区经济社会的发展。乾隆时文献即有记载，改土归流以后，“向之土司存其名号而已，无尺寸之柄。跋扈倔强者诛殛放流，俯首听命者建官惟贤。制度之详，卓越前代”。不过，雍正朝清中央政府所采取的改土归流政策，也并非一刀切地将全国上下的土司尽数废除而改设流官。在那些地处偏僻或条件不成熟的土司统治地区，土司制度仍然得以保留，有些直至中华人民共和国成立后才得以彻底废除。从这个意义上讲，改土归流绝对不是一朝一帝一臣之作，而是历朝改土归流措施的合理延续，也是具有深刻历史渊源的严格意义上的政府行为。

明、清实行的改土归流政策，是我国边远民族地区政治制度的一项重大改革。虽然在改革过程中以及改革完成后，出现过滥杀及流官肆意欺压土民的现象，但从历史的长远发展来看，改土归流的积极作用是主要的。改土归流消除了土司独霸一方的割据形式，加强了中央集权的统一管理，有利于各民族间的交往和团结。同时，改土归流也促进了少数民族地区文化教育事业的发展，各府、州、县学，私塾普遍开办，土民的文化教育水平有所提高。尤其值得注意的是，虽然改土归流表面上是在对土司地区实行地域政治、社会乃至文化的重新构建，但真正使之直接发生巨变的是经济基础，因此可以说改土归流实质上又是一个带动地域社会变迁的经济过程，改土归流促进了原土司地区的经济发展。土司地区的劳动生产力得到了解放，长期与外界隔绝的状况被打破，内地的人民大量进入，先进的生产技术、生产经验得到传播，原来土司地区的农业、手工业、商业等得以发展起来。

（刘喆）

# 57. 土尔扈特来归

土尔扈特部落是蒙古族的一部分，是卫拉特蒙古中的一个部落，也是我国境内古老的游牧民族之一。7世纪，土尔扈特部落就生活在我国北方的额尔古纳河两岸的森林中，以后又驻牧于肯特山和杭爱山之间的草原上。11世纪迁牧于叶尼塞河上游一带，后定牧于额尔齐斯河和伊犁河流域。由于种种原因，17世纪初，土尔扈特部西迁至伏尔加河中下游，又于1771年(乾隆三十六年)踏上了回归祖国的征途。

17世纪初，沙俄方面不断地侵扰卫拉特各部落，要求卫拉特各部落向俄国缴纳实物税，并不准在额尔齐斯河流域游牧，并要求他们转入俄国国籍。卫拉特各部落拒绝了沙俄的无理要求，沙俄随即不断对卫拉特各部施加压力。而此时，由于畜牧业经济的发展，卫拉特各部落牲畜增多，人口稠密，而牧地有限。牧地紧张必然引起内部的纷争，甚至造成互相残杀和内乱。1625年(天启五年)，准噶尔部内讧，导致了卫拉特各部之间的大战乱。

1628年(崇祯元年)，土尔扈特部落的首领和鄂尔勒克决定，与其互相残杀，争夺牧地，还受到外来的侵扰，倒不如奔赴他乡，另找一块牧地生存。和鄂尔勒克派人实地调查后得知伏尔加河与厄姆巴河之间有一片宽阔草地是无主之地，且人烟稀少，水草丰美，当时俄国势力还没有延伸到这块土地。1628年(崇祯元年)，和鄂尔勒克率领本部落的属民以及和硕特、杜尔伯特、辉特等部落的属民，共计5万户，25万人，离开故乡塔尔巴哈台向西迁徙。1630年(崇祯三年)，土尔扈特部落到达伏尔加河中下游沿岸的草原上，开始了他们的放牧生活。土尔扈特人西迁，缓和了卫拉特的紧张气氛，平衡了牧地拥挤的局面，同时还打破了俄国征服卫拉特蒙古的梦想。

土尔扈特人西迁后，他们与天山以北的卫拉特蒙古各部仍然保持着密切联系，并且通过几代联姻，加强了土尔扈特与卫拉特诸部的关系，促进了土尔扈特和伊犁河流域同胞之间政治、经济和文化多方面的联系，给后来的回归打下了基础。又由于共同信仰藏传佛教，他们与西藏黄帽派喇嘛多次联系，取得了有力的支持，抵制了沙俄强迫他们信仰东正教的大规模的宗教迫害。藏传佛教在促使土尔扈特人东归的问题上起到了桥梁和纽带的作用。同时，土尔扈特部还与清政府建立了直接的联系，相互之间使臣不断，清圣祖爱新觉罗·玄烨还派图理琛使团给土尔扈特蒙古族带去了清政府的慰问和关怀，增强了土尔扈特部和祖国人民的联系与感情。清政府的关怀与支持，是促使土尔扈特部以后下决心离开伏尔加河流域回归祖国的一个重要因素。因此，土尔扈特东返伊犁河流域的计划不是偶然的，而是它与祖国各民族人民长期交往和联系的结果。

在与俄国的关系上，土尔扈特部派出使节到俄国，表示愿意和俄国和睦相处。但是，这只是土尔扈特人善良的愿望而已。和鄂尔勒克西迁后，沙俄政府在征服喀山汗国之后，进一步向伏尔加河和顿河流域扩张其势力，刚到伏尔加河下游的土尔扈特部落，土尔扈特人便成为其征服的对象。从1634年(崇祯七年)开始，土尔扈特人不断遭到沙俄军队的袭击，并发生了争斗。为了休养生息，土尔扈特部愿意息事宁人，但这并不能阻止沙俄的不断挑衅。1643年(崇祯十六年)，由于沙俄当局力图对土尔扈特部落加以控制，用限制通商自由这种蛮横无理的贸易政策来压迫土尔扈特人，使双方关系急剧恶化。1645年(顺治二年)，和鄂尔勒克进行了反击，不幸中了埋伏，在战斗中壮烈牺牲。和鄂尔勒克伟大的抗俄行动激励了后代子孙，也使他们认清了沙皇俄国侵略扩张、力图控制土尔扈特部的真面目。面对沙俄侵略的威胁，相继为汗的书库尔岱青、朋楚克、阿玉奇等并没有屈服，与沙俄进行了坚决斗争。1724年(雍正二年)，沙俄利用阿玉奇病逝的机会，取得任命土尔扈特新汗的特权，从此控制了土尔扈特部。继任的各汗与俄国政府进行了反控制的斗争，打破了俄国吞并汗国的企图。

1761年(乾隆二十六年)，渥巴锡执政，沙俄再次利用汗位交替的动荡局面，通过改组扎尔固架空了汗王的权力，对汗国实行高压控制，以达到吞并汗国的目的。同时，在思想上，沙俄妄图让全体土尔扈特人放弃藏传佛教的信仰，改信东正教，这是土尔扈特人绝对不能忍受的。沙俄政府还鼓励成千上万的哥萨克人举家迁徙到伊罗夫里河和伏尔加河流域之间居住，使土尔扈特传统游牧区受到侵害，沙俄的移民政策给土尔扈特的经济带来了严重的影响。沙俄政府对土尔扈特无休止的征兵，也给土尔扈特民族带来巨大的灾难。出于对外扩张的需要，俄国政府连年在汗国征兵，有时一次达七八万人，十八岁以上的年轻人几尽征完，土尔扈特部落面临着亡族灭种的命运。正是在这样的情况下，为了避免部族灭绝的危险，以渥巴锡为首的汗国首领，经过认真思考，终于下定决心，决计举行武装起义，重返祖国，以求民族生存。渥巴锡在1767年(乾隆三十二年)开始酝酿东返祖国的计划，为消除俄国人的怀疑，渥巴锡还亲自带兵上战场，参加俄国对土耳其的战争。1770年(乾隆三十五年)秋，他从战场返回，即着手准备东归。1771年(乾隆三十六年)初，渥巴锡召集军民进行动员和号召，坚定了土尔扈特人民东归的决心，使他们决计“到太阳升起的祖国去”。

1771年(乾隆三十六年)1月16日，土尔扈特人民举起了反抗沙皇俄国政府的义旗。首先由一支精锐部队袭击了俄国驻渥巴锡牙帐的杜丁大尉兵营，又歼灭了增援杜丁大尉的军队，接着又分兵袭击了阻碍他们义举东归的一些村镇。次日，在渥巴锡的率领下，成千上万的土尔扈特人乘上早已准备就绪的马车、骆驼和雪橇，在土尔扈特骑兵的保护下，离开生活了将近一个半世纪的异乡，踏上了重返祖国的征途。但是因当时伏尔加河还未封冻，故无法通知伏尔加河西岸的土尔扈特汗国人民一起东返。

土尔扈特人民的武装起义，使俄国在伏尔加河的统治秩序陷入瘫痪状态。俄国宫廷得知消息后，一片惊恐。沙皇叶卡捷琳娜二世大发雷霆，她下令要尽一切努力使土尔扈特人回到伏尔加。奥伦堡省长莱莫斯多尔普立即采取行动，追击和堵截土尔扈特人的东返队伍。

为了行军方便，土尔扈特人抛掉他们的锅灶用具。渥巴锡将人马分成三路大军，一路为开路先锋，一路为两边侧翼行走，一路垫后，用以阻击敌人的追杀。1月29日，他们到达雅依克河(即现在的乌拉尔河)沿岸，决定迅速抢渡雅依克河，尽快摆脱敌人。30日和31日，他们烧毁了阻击他们的几个哥萨克据点。仅用四天时间，全部队伍就渡过了雅依克河，迅速进入大雪覆盖的哈萨克草原。

等到莱莫斯多尔普派出军队追击时，土尔扈特军民已全部渡河，宣告了莱莫斯多尔普追击的失败。2月7日，沙皇要求臣服于俄国政府的哈萨克人拦截土尔扈特人，应允所得战利品全部归其所有。于是，在土尔扈特人踏上哥萨克草原不久，就遭到哈萨克骑兵的突然袭击。土尔扈特人与哈萨克骑兵展开了格斗，并最终打退了敌人的进攻，但是战死9000多名士兵。

2月中旬，土尔扈特大队人马进入东归必经的一个重要险隘——奥琴峡谷。而追击的哥萨克军早已抢占了这个山口。然而，不管什么危险和阻力，都阻挠不了土尔扈特人民东归的决心。在渥巴锡和策伯尔多尔济的前后夹击下，很快就击溃了哥萨克军队。

3月，土尔扈特军队到达恩巴河东岸，气温极低，严寒难耐，无数战士和牧民抵挡不了寒冷，被夺去了宝贵的生命。而这时追兵两万人，又堵住他们前进的道路上。天灾人祸给土尔扈特人带来了极大的威胁，有一小部分人出现了畏难情绪。渥巴锡及时召集各部首领进行动员，号召大家团结起来，坚持到最后取得胜利。书库尔洛桑丹增大喇嘛，也及时向全部首领传达七世达赖活佛关于东归的推断："1770—1771年，是土尔扈特回到佛召唤的中国最好的时机。"于是畏难情绪被克服了，土尔扈特人又高度团结起来，一致宣誓决定继续东归祖国，决不回头。

4月中旬，气温上升，严寒的威胁被解除。土尔扈特部冲破了两万多敌人的阻截，但是却遇到新的危险。哈萨克小帐努尔阿里汗部下的偷袭，导致土尔扈特部人马伤亡很多。渥巴锡想和平解决，但是遭到拒绝。土尔扈特军民开始还击，打退了偷袭的哈萨克人并继续前进。

5月23日，哈萨克人与沙俄的军队，准备在捷尔萨康河会合，然后前后夹击，妄图一举打垮土尔扈特军民。但由于俄国奥伦堡的龙骑军路上延误时间太长，从而给了土尔扈特人充足的时间过河。所以当龙骑军到达时，土尔扈特人早已于5天前全部渡过了河。但龙骑军毫不知情，在捷尔萨康河一直等着。由于缺少粮食和水土不服，龙骑军得了浮肿病，马匹也纷纷倒毙，根本没有战斗力，在知道土尔扈特军民已经过河的消息后，也没有能力追击。

但是，哈萨克人并不打算就此罢休。为了掠夺土尔扈特部落的财产，他们又不断袭击土尔扈特的老弱妇孺队伍。为了躲避哈萨克人的袭击，土尔扈特人只好选择走沙漠地区。而走沙漠地区同样也有危险，那就是严重缺水。人们喝沼泽地的水，开始患痢疾，牲畜喝了沼泽地的水，倒地而毙，人们只好喝牛马的血来解渴。就这样，几万土尔扈特人在这里倒下，牲畜也损失了几十万只。果敢的土尔扈特人民没有因此打退堂鼓，他们掩埋了乡亲的尸骨，又毫不犹豫地踏上了回归祖国的征途。由于各种疾病，行军速度减慢。渥巴锡决定，将队伍分散开来，以加快行军速度，但队伍分散开后，对哈萨克人袭击的抵抗能力降低，土尔扈特部落因此又损失了无数的人畜和财物。

6月中旬，天气炎热，食物和饮水也严重缺乏，再加上人员伤亡和疾病困扰，土尔扈特人只好在抵达莫尼泰河时，停下来休整。就在土尔扈特人急需休整的时候，小帐哈萨克奴尔阿里汗与中帐哈萨克阿布赉汗组织了5万哈萨克联军，将土尔扈特军民包围。情势十分危急，渥巴锡派出使者与哈萨克人谈判，送还在押的1000名哈萨克俘虏，从而得到了停战3天的休整机会。3天后，渥巴锡调整兵力，对哈萨克联军发起猛攻，最终成功冲出了包围圈。

1771年(乾隆三十六年)7月中旬，土尔扈特部落越过俄国的边界小堡坑格勒国拉，到达伊犁西南塔木哈卡伦附近，经过7个月、1万多里的长征，土尔扈特人终于踏入了祖国的领土。出发时的16万多人，此时仅剩下6万多人，他们风尘仆仆，满面憔悴，衣不蔽体，鞋靴全无。

清朝政府对土尔扈特部的归来非常重视。乾隆帝在得到土尔扈特部回归的消息后，欢迎他们真心回归。不仅派人对回归的土尔扈特部进行了安置，还在热河接见了渥巴锡等人，并在刚竣工的普陀宗乘庙内立了《土尔扈特全部归顺记》和《优恤土尔扈特部众记》两块石碑。乾隆亲撰碑文，记载土尔扈特部历尽艰难，返归祖国的过程。清政府对土尔扈特部首领及其部众都作了妥善安置：封渥巴锡为卓里克图汗，其他随来的各部首领也被封为亲王、郡王等。同时分土尔扈特为新旧两部，各设扎萨克，旧土尔扈特部由渥巴锡统领，由伊犁将军统辖。新土尔扈特部由郡王舍楞统领，由定边左副将军节制。对其部众，清政府拨银300万两购买大批牲畜、米、布匹、毡庐等生活物资，加以赈济，并迅速给他们划分了牧地，使他们能够安定下来。

中华民族有数千年的文明历史和优秀文化传统，在长期的融合过程中，各兄弟民族血肉相连，历来就有强大的凝聚力。土尔扈特人民有对祖国深厚的感情、对中华民族代代相沿的向心力，使土尔扈特人民历经千难万险并承受了巨大的民族牺牲，回到祖国，其英雄壮举受到世人景仰。然而部分西方学者却不怀好意地将土尔扈特人民的这次爱国行动看成是“叛乱逃亡”，掩盖沙俄压迫土尔扈特人民的事实，抹杀土尔扈特人民的爱国感情，否认了土尔扈特部落是中国的一部分。土尔扈特军民冲破一切险阻，跋涉万里，重返祖国的感人事实，充分证明了我国自古以来就是一个统一的多民族国家，各兄弟民族的血肉关系是任何力量也割不断的。

（郑维维）

# 58. 严酷的明清文字狱

所谓“文字狱”，即因文字而获罪的案件。在历史上，因文字而获罪的案件起源很早。最早的一起由文字引发的案件发生在公元前548年(鲁襄公二十五年)。这一年，齐国权臣崔杼因为个人恩怨把齐国的国君杀了。齐国史臣直书“崔杼弑其君”，被崔杼杀了头。随后，史臣的弟弟照样直书，崔杼又把他杀了。但是，史臣的另一弟弟还是坚持直书，崔杼害怕了，只好任由使臣“直书”。此后，因文字而起的案件也不在少数，著名的如汉代扬恽因《报孙会宗书》为宣帝腰斩，宋代苏轼也因“乌台诗案”而下狱。但就文字狱的惨烈程度而言，明清时期的“文字狱”却以牵涉面广、对案犯的惩治严酷而空前绝后。

明清时期中国的专制皇权发展到极盛，“文字狱”也达到顶峰。以前的文字狱一般是把被认为犯有文字罪的人或贬职或流放或诛杀而已，很少祸及他人。但从明代开始，其惩处的力度大大加强。

明代的文字狱集中在明太祖朱元璋时期。朱元璋为夺取政权，一度很重视文人的作用，每到一方，他都要拜访当地名士，表现出一副礼贤下士的姿态。在他的智囊团中，聚集了刘基、李善长、冯国用和冯国胜兄弟、宋濂、朱升等著名文人学士。朱元璋早年曾经对臣下说，“听儒生议论，可以开发神智”。但是，随着明王朝政权的建立和稳定，朱元璋对臣僚的猜忌也就日益加深，害怕那些与他一同起事的将帅枭雄难以控制，尤其不放心那些出身豪门的文官大臣，觉得他们有声望亦有计谋，对他的统治地位构成潜在的威胁。加上朱元璋出身寒门，文化程度不高，由参加红巾军起家，又曾经当过和尚，所以就十分害怕文人讥笑他。于是，他一反过去虚心向他们请教的做法，一下子转为多疑猜忌，他常因一字之差、一言不合而大开杀戒。如看到奏章、诗词、札记中有“僧”“光”字眼就会勃然大怒，甚至将作者下狱或诛杀。原来“僧”“光”与他曾经当过和尚有关。他甚至为了提高自己的出身，曾叫人考证朱氏与南宋理学大师朱熹的宗族关系。然而，朱元璋乃安徽濠州(今凤阳)人，朱熹是江西婺源人，两地相差千里之遥，何来宗亲关系？朱元璋一时无法找到一个可以为他增添光彩的朱姓先祖，于是只得改口称自己是出身“布衣”，如“朕本淮右布衣”，以此说明他是赤手空拳打天下的豪杰。尽管如此，仍然不能抹平他出身低微、当过和尚和红巾军的内心自卑。这种自卑感进而形成他的忌讳，凡与“贼”同音或相近的字就成了他的敏感之处，文人说话行文都不可触到这个与贼同音的字，否则就有杀身灭族的可能。明初文字狱，大多由此而衍生。比如，那时一些文秘人员、教师常为上司作贺表，这些贺表本来都是一些歌功颂德的陈词滥调，然而一旦涉嫌，被当时的特务机关锦衣卫抓住把柄，呈报至朱元璋，经他“推敲”，贺表中若有与“贼”“僧”“光”发音相似的文字，会一概当作对他自己的隐喻、嘲讽，进而被加上“犯上罪”“大不赦罪”而受到难以想象的重刑。明代《朝野异闻录》有如下记载：浙江府学教授林元亮，为海门卫作《谢赠俸长》，因表内有“作则垂宪”句，林元亮遂被诛；北平府学训导林伯，为按察使撰《贺冬芦表》，以“仪则天下”而死于非命；桂林府学训导蒋质，为布按作《正旦贺表》，以“建中作则”而被诛；常州府学蒋镇，为本府作《正旦贺表》，以“睿性生知”诛；怀庆府学训导吕睿，为本府作《谢赐马表》，表内有“遥瞻帝扉”句，因“帝扉”音近“帝非”，吕睿被杀；尉氏县学教谕许元，为本府作《万寿贺表》，表内有“藻饰太平”句，音近“早失太平”，许元亦不免于被害。黄薄所著《闲中古今录》也记载：杭州教授作贺表，内有“光天之下，天生圣人，为世作则”语，太祖览之大怒曰：“生者，僧也，以我尝为僧也。光则剃发也，则字音近贼也。”下令将徐一夔处斩。有人作诗，内有“殊域及自惭，无德颂陶唐”句，朱元璋说：“用‘殊’字，是说我殊也。又言无德颂陶唐，是谓我无德，虽欲陶唐颂我而不能也。”也下令将诗的作者杀死。

明成祖朱棣从建文帝手中夺得政权后，严禁建文帝时主要谋臣方孝孺的著作流行，下令“藏方孝孺诗文者，罪至死”。与此同时，朱棣还下令查禁建文帝当政时流行的戏曲，“敢有收藏，全家杀决”。此外，因出试题得祸，因进书得祸，在永乐年间，屡有出现。明初文网相对前朝各代都有过之，但与后来清代更为严重的文字狱相比，却又算不了什么。

清王朝建立后，满族统治者鉴于自己的异族身份，格外忌讳汉人在文字上的触犯，对认为有冒犯满族和清廷嫌疑的文人严惩不贷。清代文字狱集中在顺治、康熙、雍正和乾隆四朝，而尤以后两朝居多。

清代文字狱开始于顺治初年的1648年(顺治五年)，毛重倬、胥庭清等人仿刻选文，撰写的序文所署的纪年，只用干支，不用清代顺治年号，被认为是“目无本朝，阳顺阴违，逆罪犯不赦之条”。于是，毛重倬等人“皆置于法”。

康熙朝有两起较著名的文字狱案件，一起是发生于康熙初年的“明史案”，另一起是发生于康熙末年的“南山集案”。

“明史案”的案主是浙江乌程(今吴兴)庄廷鑨。庄廷鑨想学习历史上的左丘明，写一部史书。但又由于自己知识水平不够，就购买了邻居明大学士朱国祯后人留存的《明史》遗稿，延揽江南一带有志于纂修明史的才子加以编辑。书中仍奉尊明朝年号，不承认清朝的正统，还提到了明末建州女真的事，并增补明末崇祯一朝事，这些内容全都是清朝所忌讳的。庄廷鑨将该书定名为《明书》，作为自己的著作。书编成后，庄廷鑨已死，其父庄允诚为之刊行。不料有小人敲诈不成，反去告发，事情越闹越大。当时康熙年幼尚未亲政，鳌拜下令逮捕并严厉处置涉案的相关人士。庄允诚被逮捕上京，后来死于狱中，庄廷鑨被掘墓开棺焚骨。凡作序者、校阅者，及刻书、卖书、藏书者均被处死。先后因此狱牵连被杀者共七十余人，被充军边疆者达几百人。当时著名学者孙复峰、顾亭林、黄宗羲都受牵连，孙、顾二人曾被捕受审，黄宗羲也前后四次遭悬赏缉捕。

“南山集案”的案主是戴名世。当时，戴名世任翰林院修编，有一次他读到清初文人方孝标的《钱斋文集》《滇黔纪闻》引起共鸣。方孝标曾在云南吴三桂手下做官，后来投降清朝免死，著有《滇黔纪闻》等书。戴名世在所著《南山集》中引用了方孝标的书，结果被人告发认为其著作中有“大逆”语。其实著作中只是说到南明永历政权未可称为伪朝，戴书提到南明弘光帝及其年号，犯了清朝的大忌。结果此案也波及数百人，吏部原定将戴名世斩首，处死家族中十六岁以上男子，而将女眷等没收为奴婢。不过后来康熙下令只杀戴名世一人，其余原定处死的百余人改为流放宁古塔。

至雍正年间，发生了“查嗣廷试题案”和“吕留良文选案”。查嗣廷是浙江人，官至礼部侍郎，1726年(雍正四年)任江西正考官，他出的试题中有“维民所止”句，这本是《大学·右传》之二章《释新民》的话，原出于《诗·商颂·玄鸟》“邦畿千里，维民所止”，意思是王者之都，舆图宽广，皆是臣民居住的地方。然而却有人上告，认为“维止”二字是去“雍正”之首的意思。雍正一听暴怒，就将查嗣廷革职问罪，并从其寓所搜出日记，其中有谈论时事的，即作为反叛证据。后查嗣廷病死狱中，戮尸枭首，儿子被处死，其余家属流放。又因查氏是浙江人，雍正迁怒于浙江省，下令停止浙江乡会试六年，以示惩戒。

1729年(雍正七年)，湖南靖州有个叫曾静的学子，因屡次科举不中，心声怨恨。碰巧读到吕留良的书，为其中的“夷夏之防”论述而折服，就想反清复明，恢复汉人的统治。他打听到川陕总督岳钟琪是岳飞的后代，就写了一封策反信，派他的学生张熙投给岳钟琪，劝岳钟琪效法岳飞，反清复明。岳钟琪见信后立即将张熙抓了起来，严刑拷打，追问其幕后指挥。张熙宁死不屈。后来岳钟琪又假装动心，问他主使是谁，并佯装发誓，要与他们一同举事。张熙经不住诱惑，最终交代出了幕后主使是曾静。岳钟琪立即上报朝廷，雍正随即下令逮捕曾静。曾静在刑部交代，说是受了吕留良学说的影响，才犯下这等弥天大罪，并表示情愿认罪伏法。朝廷又立即查抄了吕留良的家。在吕家，抄出了许多吕留良的著作及日记。在吕留良的日记和著作中，他称清朝为胡虏，称满人为胡人，称吴三桂的部队为王师。雍正帝见到查抄的结果，大惊失色。心想清朝统治已经六十多年了，怎么在民间还会有这等谋逆思潮呢？他立即下了一道圣旨为自己的朝代辩护说：“明末之时，朝廷失政。贪虐公行，横征暴敛，民不聊生。乃斯民极穷之时。我朝扫清寇氛，与民休养，六十余年，民安物阜。即考羲皇以来，史册所记，屈指而数。”这个案件的处理也很富有戏剧性。雍正认为曾静等为“迂妄之辈”，决定予以赦免，但却将死去几十年的吕留良开棺，鞭尸示众，吕留良的亲族、学生及刻书藏书者也受到牵连。同时，雍正帝将曾静等人指责他的谋父、弑兄、屠弟、贪财等十大罪状，一一进行了辩解和驳斥，编为《大义觉迷录》，并派大员带领曾静到各地进行宣讲。雍正死后，乾隆继位，立即下令诛杀曾静和张熙，并宣布禁毁《大义觉迷录》。

雍正朝的文字狱中还有一件影响很大的“名教罪人”案。年羹尧案发后，学者钱名世因写过几首赠年羹尧的诗，被雍正帝认为是“行止不端，立身卑污”。雍正亲书“名教罪人”四个字，制成匾额张挂于钱氏厅堂之上，还发动由举人进士出身的在京现任官员385人各为诗文，批判钱名世的所谓“悖逆劣迹”。这些奉旨制作的批判诗编订成册后，雍正又亲题“御制钱名世”的书名，向全国各学堂颁发，作为准备进入仕途读书人的必读之物。雍正对钱名世采取的羞辱手段，也是文字狱的一种表现。

乾隆继位后，文字狱丝毫没有减轻。他多次发布禁书令，凡是被认为触犯皇权和涉及民族意识的著作均遭禁售、毁版，甚至焚毁，仅1774年(乾隆三十九年)至1775年间，就烧书24次，计13800余部。乾隆制造的文字狱，无论从数量还是从惩罚的严酷程度，都胜过康熙和雍正。在乾隆朝的文字狱中，“孙嘉淦伪奏稿案”和“胡中藻《坚磨生诗抄》案”最为典型。

1750年(乾隆十五年)，社会上流传所谓孙嘉淦伪奏稿。孙嘉淦曾官至工部尚书，生性耿直，敢于犯颜直奏，因此社会上有人冒其名写奏稿，指斥乾隆“五不解”“十大过”。乾隆大怒，说这“全属虚捏”，他下令各省督抚、各级官员严查伪稿的炮制者和传播者。至同年11月，仅四川一省就逮捕了嫌疑犯280多人。山东曾发现伪奏稿，山东巡抚以为“无庸深究”，被乾隆革职查办。御史书成上疏委婉提出劝阻，说此案旷日持久，“株连终所难免，恳将人犯即行免释”，乾隆阅后大怒，连降二道谕旨申斥书成为“丧心病狂之言”，书成被革职服苦役，此后无人敢谏。在继续追查中，有挟仇诬告，有畏刑妄承，有株连扰累，弄得人心惶惶。1752年(乾隆十七年)12月，江西巡抚鄂容泰奏报长淮千总卢鲁生父子传抄伪稿。逾月，军机大臣在刑讯诱供中又得知南昌守备刘时达父子同谋。1753年(乾隆十八年)3月，卢鲁生被凌迟，刘时达等俱定秋后斩决，家属照例连坐。办案不力的大员如江西巡抚、按察使、知府等俱被革职拿问，连两江总督、漕运总督也被牵连问罪。其实此案疑点很多，卢鲁生的供词前后矛盾，他说伪稿是刘时达所供，但二人并未对质，又无其他证据，只是负责此案的官员怕担当“查处不力”的罪名，就仓促判决定案了。乾隆虽未加罪孙嘉淦，但孙嘉淦吓得心惊肉跳，面对身边哭泣的妻儿，自悔以前不该耿直敢奏，致使别人冒己名写伪奏稿。1753年(乾隆十八年)，孙嘉淦因惊惧而死。

胡中藻，进士出身，曾任翰林院学士及广西学政等职，1753年(乾隆十八年)，有人将胡中藻所著《坚磨生诗抄》送乾隆处告密，说《诗抄》中有“一世无日月”“一把心肠论浊清”等句。乾隆大怒，认为这是“悖逆诋讪怨望之词”，日月合写为明字，是胡有意恢复明朝，指斥胡诗：“加浊字放在国号之前，是何心肝?”胡诗中有“穆王车驾走不停”之句，乾隆又认为是胡讽刺他多次南巡，等等。据此推理，胡的整部诗抄就成为有系统的反清之书。

胡中藻案又引发鄂昌案。鄂昌，满族人，是已故大臣鄂尔泰的侄子，历任广西、甘肃巡抚。因胡曾任广西学政，二人诗文唱和，这在当时是常有的事，乾隆因鄂昌没有及时举报胡中藻而大怒，搜查鄂家，发现鄂的诗《塞上吟》中，称蒙古人为“胡儿”。乾隆批示：满蒙本属一体，称蒙古人为胡儿，“此与自加诋毁何异?非忘本而何?”最后，乾隆下令，将胡中藻斩首，鄂昌赐自尽，鄂尔泰的神位也被抬出贤良祠。乾隆又传谕八旗，应保持满族人骑射尚武传统，不得沾染汉人的诗词习俗。

“文字狱”是因文字触祸，而那些依以治罪的文字，一部分是对当朝确有违忤，而相当部分则是被当权者寻文摘句、罗织罪名而成。罗织罪名的方法也很多，或望文生义，或猜谜射字，或无限上纲，甚至地域语音的不同，也可以成为定罪的依据，于是就大张文网，大开杀戒。如1730年(雍正八年)，徐骏因所作诗中有“清风不识字，何事乱翻书”，“明月有情还顾我，清风无意不留人”句，被认为是“讥讪悖乱之言”，硬说“清”暗指清朝满人，前一句是讥诮满人无文，何必装什么风雅；后一句则是怀念前朝，不满今朝。徐骏因此被“斩立决”。

文字狱极大地败坏了社会风气。一方面，因朝廷鼓励告密，出现了借文字狱而升迁的奸人，被世人称为“文伥”。他们时时揣摩朝廷的心意和动向，一有时机，就编织罪名，直奏皇上，然后邀功请赏。比如庄廷鑨明史案的告发者吴之荣就是这样的文伥。吴之荣本是一名贪赃枉法而被革职回乡的县官。他不甘寂寞，四处窥探，寻找重登仕途之路。当他读庄氏明史时，发现其中有触犯清朝的内容，先讹诈庄氏父子，不成便向江西巡抚控告，直至朝廷。庄氏案发后，吴之荣以此被起用，不仅得到所籍朱佑明产业的奖励，还被任命为右佥都御史。清代类似告讦之事屡见不鲜。广大士人敢怒而不敢言，闹得上下人心惶惶，视文字工作为畏途，这严重阻碍了明清年代文化的进一步发展。另一方面，文字狱对读书人从肉体到精神的惨无人道的摧残，严重扭曲了知识分子的人格尊严。文人学士从此不敢自由思想，陷入极端僵化呆滞状态。学术界一时似乎患了“贫血症”，不敢随意读书，更不敢发表个人的观点。正如龚自珍在《咏史》中所说的那样，“避席畏闻文字狱，著书都为稻粱谋”。梁启超针对清文字狱指出：“凡主权者喜欢干涉人民思想的时代，学者的聪明才力只有全部用去注释古典。”从这个意义上说，文字狱又是“乾嘉学派”出现的重要原因之一。

（雷平）

# 59. 桐城派的兴起

桐城派，又称桐城文派、桐城古文派，因其主要代表人物方苞、刘大櫆、姚鼐均系桐城人，故名。桐城派是清代文坛上最大的散文流派，其参与作家之众、播布地域之广、绵延时间之久，皆为中国学术史上所罕见。

桐城文派源远流长。明代中叶以后，桐城学术兴起，士人多结社讲学，“能振笔为古文者，代有传人”。明末清初，方以智、钱澄之等人致力于古文振兴，开桐城派先河。方以智的《文章薪火》，推崇左(传)、国(语)、庄(子)、司(马迁)为文章嫡传，反映了当时桐城学者的主要倾向。钱澄之“屏弃俗学八股文，专治经书古文”，文章“精洁”“典雅”，“使读者为之目明而心开”，为桐城派作了示范。戴名世是桐城派孕育过程的继往开来者，他以时文和古文创作名重于世，并针对明末故作艰深、虚矫的文风，提出了“言有物”“修辞立其诚”的见解，主张为文道法辞兼备，精气神合一，实为桐城派义法理论的先驱。

桐城派文论体系和古文运动的形成，始于方苞，经刘大櫆、姚鼐而发展成为一个声势显赫的文学流派。方、刘、姚被尊为“桐城派三祖”。

方苞(1668—1749年)，字灵皋，号望溪，出生于桐城一士大夫家庭。早在青年时代，方苞就有“以八家之文，载程、朱之道”的志向。32岁举江南乡试第一，39岁中进士，适逢母病未能参加殿试。44岁因受乡先辈戴名世《南山集》文字狱案牵连而入狱，经大学士李光地等人营救，得以赦免出狱，以平民身份入南书房做皇帝的文学侍从，后来又移到养蒙斋编修《乐律》。1722年(康熙六十一年)，充武英殿修书总裁。1731年(雍正九年)解除旗籍，授詹事府左春坊左中允，次年迁翰林院侍讲学士。1733年(雍正十一年)，提升为内阁学士，任礼部侍郎，充《一统志》总裁。1735年(雍正十三年)，充《皇清文颖》副总裁。1736年(乾隆元年)，再次入南书房，充《三礼书》副总裁。1739年(乾隆四年)，被谴革职，仍留三礼馆修书。1742年(乾隆七年)，因病告老还乡，乾隆帝赐翰林院侍讲衔。从此，他在家闭门谢客著书，1749年(乾隆十四年)病逝，享年82岁。

方苞继承明代散文家归有光的“唐宋派”古文传统，提出“义法”主张。“义”是指文章中心思想即封建正统的基本观点；“法”是指表达中心思想或基本观点的形式技巧，包括结构、条理、修辞等。他认为“义”与“法”之间为一经一纬，相辅相成，即内容与形式必须统一。方苞还提倡文章语言必须“雅洁”，淘汰杂质，创造清真雅正、谨严朴质的文体。他认为学习古文应以《左传》《史记》为范本，而要学到《左传》《史记》的精髓，又必须从唐宋散文八大家入手。方苞虽推崇古文，但也反对一味“求古求职典”，反对形式上拟古的古文倾向。这些主张均比较切实，便于人们掌握古文的正确写作方法，是对唐宋以来古文运动创作经验的总结，在文学批评史上具有积极意义。

方苞“义法”论的创立为桐城文派的发展奠定了基础。他的门下有刘大櫆、沈彤、沈庭芳等一大批弟子，其中尤以刘大櫆最有建树，为桐城文派承前启后的中坚人物。

刘大櫆(1698—1780年)，字才甫，一字耕南，号海峰。他读书勤奋，擅长文辞。青年时代游学京城，拜在方苞门下。方苞读其文章，赞叹不已，认为自己不如他：“如苞何足算也！邑子刘生，乃国士耳。”可见方苞对刘大櫆是何等看重。刘大櫆晚年致力于教学，曾任皖南黟县教谕，后又主持歙县问政学院，归老于枞阳故里，一生著作颇丰。刘大櫆补充发展了方苞的“义法”论，偏重于古文的艺术探讨。他在肯定文章思想居于首要地位的同时，认为文章的艺术性有相对的独立意义，指出文字“无一定之律，而有一定之妙”，因此必须重视艺术的体现。刘大櫆提出了“神气”“音节”“字句”为文章要素的理论。“气”是指语言的气势，而“神”则是“气之精处”，是一种最本质的独特的风格，是作者性格特征在艺术上的体现。他认为文章的“神气”虽然难以看见，但能“于音节见之”，而“音节无可准，以字句准之”。从文章的字句、章节入手，就可以体察文章的神气，看出作者思想感情的起伏、顿挫，这无疑是总结我国诗歌韵律学说中的理论并运用到散文领域。刘大櫆认为，进窥古文“义法”的奥妙应当从熟读古文入门：“积字成句，积句成章，积章成篇。合而读之，音节见矣；歌而咏之，神气出矣。”这就是后来桐城古文家学文与作文的秘诀，后代传桐城文法者无不以此为不二法门。

刘大櫆门下弟子众多，以姚鼐最为杰出。

姚鼐(1731—1815年)，字姬传，世人以其书室名称惜抱先生。1763年(乾隆二十八年)进士，官至刑部郎中，任四库馆修纂。后辞官，历主江宁、扬州等地书院凡四十年。著有《惜抱轩诗文集》，又编有《古文辞类纂》，流布极广。

姚鼐提出学问之事有义理、考证、文章三方面，“必兼收之，乃足为善”。在古文理论中加入考证，这是对当时气势正盛的汉学的让步。姚氏本人也做考证研究，有《郡县考》等，但根底不深。他所说的“考证”含义较广，主要是指做文章所需要的一种学养和辨明事实的功夫，而不专指作为学术研究的考证。

在文学上，姚鼐提出“所以为文者八，曰神、理、气、味、格、律、声、色”。前四者是“文之精”，后四者是“文之粗”，抽象的前四者要通过具体的后四者来体现和把握，并要在领悟前四者之后，摆脱后四者的束缚，而进入“御其精者而遗其粗者”的境界。这是姚鼐吸收归有光、方苞、刘大櫆的学术思想，进一步系统化和细密化后提出的见解。

姚鼐上承《典论·论文》《文心雕龙·体性》《诗品》《沧浪诗话》等对于艺术风格问题的探求，以简驭繁，将多种文风归结为“阳刚”和“阴柔”两端。在《复鲁絜非书》中，他以一系列的譬喻来描绘二者的不同。较之西洋美学概念，大致“阳刚”近于“崇高”，“阴柔”则近于“优美”。同时，他还指出阳刚、阴柔因不同程度的配合会产生各种变化，虽各有偏胜但不可极其一端，不能是绝对的阳刚或绝对的阴柔。这方面的论述涉及具有普遍意义的艺术美学问题，归纳简明而切实，对于后来的文学艺术风格的分析有很大影响。姚鼐本人的文章，说理、议论偏多，但写人物和景物，也间有生动之笔。如《袁随园君墓志铭》，文字端谨，既写出袁枚性格的某些特点，又寓褒贬之意，《方染露传》近似于此。他的游记颇重文采，不像方苞为了追求庄肃雅洁而显得板重。《登泰山记》《游媚笔泉记》，虽乏独创之力，尚有文字凝练简洁和刻画生动之长。前者“苍山负雪，明烛天南”，写黄昏登山远眺所见；后者“若马浴起，振鬣宛首而顾其侣”，写潭中大石，都是漂亮的文笔。

姚鼐之后，“姚门四杰”梅曾亮、管同、方东树、姚莹，曾国藩及“曾门四弟子”张裕钊、吴汝纶、薛福成、黎庶昌，以及林纾、姚永朴、姚永概等卓立文坛，均以桐城派自居。桐城派文章大多具有不可低估的艺术魅力，成为一代文学正宗。具体地说，论文观点鲜明，逻辑性强，辞句精练，间有卓识；游文写景状多有传神之笔，能抓住特征加以渲染，使一山一水一木一石生机盎然，俱能寄寓对世情的感叹；传状之文，刻画生动，情见于辞；纪事之文，叙述扼要，流畅明晰。平易近人，清新可读，是其整体的流派特点。其中脍炙人口的散文名篇有方苞的《狱中杂记》《左忠毅公逸事》，姚鼐的《登泰山记》等。

桐城派学者在学术思想上都信仰程朱理学，并或多或少有卫道士的倾向。方苞曾写信给李塨，规劝李塨不要信仰颜元的学说，更不要批评和攻击程朱。在李塨的儿子去世后，方苞甚至写信说，这是由于李塨攻击程朱造成的恶果。姚鼐也曾经说凡是攻击程朱者当“身死祀灭”。锋芒所指，甚至兼及他曾经想执弟子礼的戴震。姚鼐的弟子方东树更著成《汉学商兑》，直接与汉学营垒唱对台戏。

桐城义法在晚清以来的文学界一直占据着主导地位。五四新文化运动兴起，白话文学随之而生，给了桐城派致命的打击。而林纾依然鼓吹“尊孔读经”，逆时代潮流而动，反对新道德，反对新文学，因而被斥为“桐城谬种”，理所当然地成了新文化运动的批判对象，桐城派古文运动自此终结。然而，我们不能据此对崛起于两百余年前的桐城文派一概予以否定。正如梁启超在《清代学术概论》中所说，“不能以其末流之堕落，归咎于作始”。对于这个在中国文学史上发挥过较大影响的散文流派，应该全面、客观、公正地予以评价。

（雷平）

# 60. 京剧的诞生

中华民族在漫长的发展历程中，创造了光辉灿烂的民族文化，为人类文明的进步作出了巨大的贡献。京剧是民族文化的瑰宝，是戏曲中分布最广、在国内最有影响的代表性剧种。京剧被视为国粹，是一门高雅的古典艺术。许多外国朋友把京剧同故宫、长城、颐和园相提并论，称为中国的“四大文化代表”。在国外，哪里有华人，哪里就有京剧，哪里就有西皮、二簧的旋律在回荡，京剧艺术成为凝聚华夏子孙的纽带。

虽然京剧从诞生到现在只有两百年的历史，但是如果追根溯源，京剧同我国几千年的传统文化是一脉相承的。我们祖先创造了光辉灿烂的华夏文明，京剧艺术是中华传统文化的重要组成部分，它植根于民族文化的沃土之中，在形成、发展的过程中，广泛吸收并积极借鉴中华民族的优秀传统，经过几代艺术家的呕心沥血，辛勤创造，才成为世界文化宝库中的艺术珍品。追寻京剧的根源，不得不从戏曲开始，戏曲的最初渊源，实际上就是寻觅古代生活中开始隐隐显现的戏剧美的因素。戏曲是包含文学、音乐、舞蹈、美术、武术、杂技以及人物扮演等各种因素的综合艺术。中国戏曲的主要特点之一是歌舞结合，歌舞是构成戏曲表演艺术的两大要素：歌包括唱（唱歌）和念（念白），舞包括做（做工）和打（武打），唱、念、做、打的有机结合，构成了歌舞化的戏曲表演艺术，在舞台上展现了一个个载歌载舞的动人场景。中国戏曲起源很早，周代出现了以乐舞戏谑为业的“优人”。“优人”来源于远古的巫（女的叫巫，男的叫觋），他们是戏剧演员的前身。由于他们能歌善舞，能说会道，后来逐渐变成了娱人的优人。优人是王公贵族的弄臣，专以讽刺调笑为职务。楚庄王时期，乐人优孟装扮成已故的宰相孙叔敖，楚庄王以为是孙叔敖复活了，“优孟衣冠”从此而来。

到了唐代，戏曲形成。唐代不仅歌舞繁盛，宫廷内外设有专门训练俗乐工的机构，而且还出现歌舞戏和参军戏。上至皇朝贵族下至黎民百姓都非常喜欢这一表演形式。唐玄宗“知音律”，“酷爱法曲”，曾选宫廷歌舞伎和宫女数百人，把他们集中在梨园，学习歌舞，有时还亲自加以教正，当时这些人被称为“皇帝梨园弟子”。后来就把戏班称为“梨园”，将戏曲界称为“梨园界”或“梨园行”，把戏曲演员称为“梨园子弟”，如果有几代人都从事戏曲行业，便称其为“梨园世家”。在民间广为流传的歌舞戏主要有“代面”“拨头”“踏摇娘”等，都是从汉代的百戏发展而来的。“代面”是用歌舞演出兰陵王高长恭戴假面具杀敌的故事。“拔头”演胡人被虎吃掉，其子寻虎报仇的故事。“踏摇娘”演的是一个酒鬼苏中郎酒后殴打妻子，其妻摇动着身体，唱“怨苦之词”，“且步且歌”向邻里哭诉苦情的故事。参军戏是一种滑稽、诙谐的表演形式。五胡十六国时期，后赵石勒因一个担任参军的官员贪污官绢，就令一个优人假扮参军，让别的优伶来戏弄他，参军戏由此产生。晚唐时期，参军戏发展为多人演出，戏剧情节也逐渐复杂起来。

到宋、金时期，戏曲形式发展得比较完整。宋代有杂剧和南戏，金有金院本，是宋杂剧的发展。到元代产生的元杂剧，是中国古代戏曲艺术发展成熟的标志。在元杂剧的众多作品中，王实甫的《西厢记》、关汉卿的《窦娥冤》等都是不朽名作。

明代有明杂剧、明传奇。明代杂剧作品至少有500余种，其中汤显祖的《牡丹亭》是明传奇的杰出代表。

明朝嘉靖年间，随着戏曲的不断发展。昆山腔在我国江苏昆山一带形成。昆山腔简称昆腔、昆曲或昆剧。昆曲的主要特点是载歌载舞。在演出的时候用笛子伴奏，曲词形式典雅、华丽，唱腔字少腔多，曲调缠绵，不仅悠扬婉转，而且优美动听。昆曲不仅有六百多年的历史，更是中国戏曲的“活化石”，它哺育、滋养了许多兄弟剧种，其中包括京剧等，被称为“母剧”或“百戏之师”。

京剧诞生在清朝并不是偶然，在清初的戏曲舞台上活跃着众多不同类别的戏曲曲目。传奇在清初的戏曲舞台上继续走红，《长生殿》和《桃花扇》两部杰出的剧作是传奇创作的一个新高峰。与此同时，地方戏蓬勃兴起，据有关文献记载，清康熙至乾隆年间新兴起的地方戏就有花鼓、唢呐腔、二簧腔楚调吹腔等。乾隆时把这些统称为“花部”，又称为“乱弹”，昆曲被称为“雅部”。在嘉庆年间，有所谓的“南昆、北弋、东柳、西梆”之说，指的是当时的四种大的声腔体系，“南昆”即昆山腔；“北弋”指的是由江西的弋阳腔流传到北京由此演变而成的京腔，也被称为“高腔”；“东柳”指的是山东的弦索腔；“西梆”指起自山西、陕西的梆子腔。而昆曲发展到这个时候，已经被宫廷化、贵族化，曲高和寡，到了清朝中叶就已经衰落下来，甚至到了“闻歌昆曲，辙轰然散去”的局面。京剧诞生在清朝也取决于当时北京的政治、经济、文化条件。乾隆年间，清王朝的统治已经巩固，农业生产增长，商品经济日益发展，这些都为戏曲演出提供了物质保证。同时，由于各阶层人士娱乐的需求，清朝统治者对戏曲的钟爱也促进了戏曲演出的发展。京剧就是在这样的社会背景下产生的。

1790年(乾隆五十五年)，扬州盐商江鹤亭为了庆贺乾隆皇帝80寿辰，组织由安徽著名徽剧艺人高郎亭为台柱的徽班三庆班进京献艺。徽班进京意味着京剧的发端，是京剧产生的重要标志。(徽剧旧名“徽调”，明末清初形成于安徽徽州、池州、太平一带。至清代大盛，在南方流传很广，对许多剧种都有深远的影响。)三庆班到达北京后陆续又有十几个徽班相继进京，其中实力最强的是三庆、四喜、和春、春台，合称“四大徽班”。四大徽班各具特点，当时人们形容为“三庆的轴子(即擅演整本的大戏)、四喜的曲子(即擅演昆曲的剧目)、和春的把子(即擅演武戏)、春台的孩子(以童伶为主)”。这些徽班在祝寿活动结束之时并没有马上离去，而是留在北京继续演出。由于徽班演出的阵容强大，剧目丰富多彩，表演动人，因此很受欢迎。徽班进京后不仅不断完善自身，而且广泛吸收流行在北京的京腔、秦腔及其他各剧种的优点，达到了南北融汇，诸腔并奏，逐渐形成了自己的艺术风格，很快就取代了当时昆曲和弋阳腔在京师的地位。

道光初年，汉戏艺人王洪贵、李六、余三胜等进京献艺，又为京城剧坛带来了汉戏。汉戏，又称汉调、楚调，是流行于湖北汉水一带的地方戏曲剧种。汉戏声腔以西皮、二簧为主。“西皮”是甘肃陕西的秦腔流传至湖北襄阳一带，经湖北艺人改制而成的，因湖北人称唱为“皮”，所以称它为“西皮”。汉戏艺人进京后并没有单独挑班演唱，而是加入了徽班，使徽班的演出阵容更为强大，同时在北京舞台上再次出现徽汉合流的局面。事实上，徽戏与汉戏的声腔，早在进京前就已因同班演唱而交流了。以后到京的汉戏艺人搭徽班演唱，就使西皮、二簧两种腔调进一步融合，剧目进一步合流。自徽、秦合流，徽、汉合流的局面形成后，一方面各不同剧种的艺人相互搭班，长期合作、交流；另一方面，不同声腔在同一班社中演出，逐渐从混合到组合，从交流到交融，为形成交融程度更高的一种新的剧种奠定了基础。京剧就是这样在徽班内部逐渐孕育、演化而成的，是徽调、汉调、昆曲、秦腔相互交流、结合、融化而产生的新剧种。因此，京剧的前身是徽戏、汉戏、昆曲、秦腔、京腔等众多戏曲剧种，它的孕育和形成，得益于我国丰富的戏曲遗产和悠久的艺术传统。京剧从孕育到形成，经过了五六十年，也就是1790年(乾隆五十五年)徽班进京的五六十年后，北京的舞台上出现了声腔、剧目、舞台语言、表演都不同于以往的徽戏与汉戏的新剧种——京剧。

中国戏曲剧种的区分，最明显的标志是在音乐和舞台语言方言方面。京剧形成的第一个标志就是改变了徽班诸腔杂奏的状态，建立了以皮簧为主的板腔体的声腔结构，同时胡琴代替了笛子成为主要的伴奏乐器，为京剧演唱艺术的发展准备了条件。在舞台语言上，京剧统一以中原音韵(即中州韵)为语言规范，同时沿用部分湖广音，消除了原徽戏、汉戏与北京观众的隔阂。京剧形成的标志有五个：一是形成以西皮、二簧为主的、完美统一的声腔体系；二是北京语言的特色逐渐融合于徽、汉二剧之中；三是形成一批具有京剧特点的剧目；四是形成了一个新的行当体系；五是形成了一支专演皮黄戏的演员队伍，以程三庚、余三胜、张二奎为代表的第一代京剧演员成熟和被承认。京剧形成后，在北京有很长时间仍被称为徽班，也被称为乱弹或二簧戏。传到上海后，为了区别于上海原有的徽班，一般以京班或京调称之。京剧一词也始见于上海，后又传到北京，逐渐成为统一的称谓。

京剧是以表演为中心的艺术。一个时期的表演艺术特点也总是从演员身上体现出来。在京剧形成初期，各个行当都有一批技艺精湛、造诣很高的演员，尤其是以老生演员最为出色。早期京剧老生演员中的杰出代表是程长庚、余三胜、张二奎。他们在嘉庆至咸丰年间被并称为“老生三杰”或“老生三鼎甲”。他们都是第一代京剧演员，是京剧艺术的奠基者，在京剧的形成过程中起了重要的作用。他们三人的演唱风格各具特色。由于籍贯各异、生长的环境不同，在唱念上各带乡音，有一定的地方色彩，所以在长期的艺术实践中形成了京剧最早的艺术流派——徽、汉、京三大流派，谓之“老三派”。在“老三派”中，以程长庚的徽派影响最大。

程长庚生于1811年(嘉庆十六年)，安徽潜山人，从小就在徽班学习，日习不辍，艺乃大进。从道光、咸丰至同治年间，程长庚长期主持三庆班，并任主要演员。他把徽调、汉调和昆腔等多种声腔融为一体，形成了“徽派”，为京剧的形成作出了重要的贡献，对以后京剧艺术的发展影响深远。

余三胜为汉派代表人物，1802年(嘉庆七年)生，湖北罗田人，出身汉班，道光时为北京春台班的台柱，唱、念、做俱佳。余三胜对京剧形成的突出贡献主要有两个方面：一是创制京剧声腔；二是创造京剧舞台语言，从而为京剧的唱念形成奠定了基础。余三胜对京剧的老生唱腔有不少创新，他以汉调为基础，融合徽调，又吸收昆曲、梆子唱腔，创造出抑扬婉转、流畅动听的京剧唱腔，丰富了京剧演唱的声音色彩，对京剧西皮调的形成影响很大。他将汉戏的语言特点与北京的语言特点相结合，创造出一种既能让北京观众听懂，又不失京剧风格的字音、声腔。

张二奎生于1814年(嘉庆十九年)，是北京人，原为票友，曾任都水司经承。因酷爱京剧，常业余玩唱，触犯朝廷规定而被上司撤职。24岁成为职业演员，搭和春班，曾在春台班唱大轴(即最后一出戏)。他的特点是演唱直腔直调，不尚花腔，唱念以京音为准，故称“京派”，又称奎派，但是后来逐渐失传。当时“老三派”雄踞京坛，影响很大，“老三派”对后来老生行的发展影响很大，以后的老生流派都是在这三派的基础上发展起来的。除了“老生三杰”外，还有王九龄、卢胜奎、杨月楼等著名京剧老生演员，他们对京剧的发展也有很大的影响。比如王九龄和余三胜是同乡，成名比“老三杰”略晚，他的艺术特色有些被后来的“新三派”吸收。卢胜奎是文士出身，以仕而伶，后加入三庆班与程长庚合作上演诸葛亮。他演出的许多剧目成为京剧的优秀传统剧目，流传至今。谭鑫培受其影响颇多。杨月楼是张二奎的弟子，兼具“老三派”之长。

同治、光绪年间是京剧的成熟时期。这一时期在老生行当中又出现了三位杰出人才——谭鑫培、孙菊仙、汪桂芬。他们被称为老生“新三杰”或“新三鼎甲”，是第二代京剧演员，第二代老生，都是师承程长庚的徽派。他们继承了“老三派”的表演艺术，分别创立了谭派、孙派、汪派，被称为“新三派”。在“新三杰”中，谭鑫培的成就最大。谭鑫培对京剧发展的一个重大贡献是统一了当时京剧舞台上所使用的字音。在京剧形成初期，京剧舞台上所用的字音庞杂，有吴音、京音、徽音、湖广音等。谭鑫培确立了以湖广音、中州韵为京剧唱念的语音标准，对确立京剧唱念的基本风格起了重大作用。

对于京剧的形成，还有一位艺术大师有着杰出贡献，他就是功绩卓越的京剧旦角表演艺术家王瑶卿。他是京剧史上承前启后的关键人物，上承梅巧玲、余紫云，下启梅兰芳、程砚秋、尚小云等，时人把他同谭鑫培并称为“梨园汤武”。他对京剧的主要贡献是对京剧青衣的剧目、唱腔和表演，乃至服装、化妆等方面进行了大胆改革，大大丰富了旦角的艺术手段，当时梨园行称他为“创腔能手”。在京剧形成时期，“老三杰”“新三杰”、王瑶卿等一大批杰出人才的出现有力地推动着京剧艺术的发展与繁荣，特别是王瑶卿和谭鑫培，他们在继承前人艺术成果的基础上，对皮黄戏进行全面大胆的改革，使皮黄戏的舞台风貌焕然一新。

京剧虽然诞生在近代，但是它代表了古典戏曲的最高成就。它不仅综合了多种艺术元素，而且与中国的传统文化密不可分。京剧的故事情节大部分取材自古典小说，诸如取材自《三国演义》的“三国戏”，取材自《水浒传》的“水浒戏”，取材自《西游记》的“西游戏”，数量都很多。另外，一些长期流传在民间的说部、演义故事，例如杨家将的故事，包公的故事，岳飞、文天祥、彭公、施公的故事，以及家喻户晓的梁山伯与祝英台、白蛇传、牛郎织女等民间传说，也都编成了京剧。这些有着悠久历史和广泛影响的作品，通过演员的表演，以直观的形象出现在人们面前，通过欣赏京剧，观众可以对小说名著的情节和人物有更多的了解。京剧中蕴含着民族精神，京剧的剧目以历史题材居多，中华民族悠久的历史在京剧中得到系统而生动的反映。从上古的神话传说、尧舜故事、春秋战国、秦汉纷争，一直到唐宋元明清，无一中断。京剧剧目历来有“唐三千，宋八百”之说，可见历史题材数目之多。京剧是中国历史的壮丽画卷，里面有惊心动魄的历史事件，有金戈铁马的战争场面，有叱咤风云的历史人物。中国老百姓的历史知识有许多就是从欣赏京剧得来的。了解京剧，可以形象地了解中国历史；反之，有了丰富的历史知识，更便于欣赏京剧。

（李佳佳）

## 61. 蒲松龄作《聊斋志异》

蒲松龄(1640—1715年)，字留仙，又字剑臣，别号柳泉居士，世称聊斋先生，自称异史氏，清代杰出文学家、小说家，山东省淄川县(现淄博市淄川区)蒲家庄人。出身于一个日渐败落的地主家庭。蒲松龄的远祖在元明时曾为官，其家族"科甲相继"，是当地的世代书香之家。到了蒲松龄的父辈，其家势已逐渐衰微，其父就开始弃文经商。蒲松龄自幼随其父读书，记忆力非常好，经史子集过目不忘，由于勤奋和颖慧而深得父亲喜爱。19岁应童子试，因在县试、府试、道试三个阶段的考试均是第一而闻名乡里，补博士弟子员。颇受当时主持山东学政、著名诗人施闰章的赏识，称他"观书如月，运笔成风"，一时名气很大。但后来的科举考试并不顺利，他一生才华满腹却命运不济，屡次参加省试不第，直至71岁时去青州参加了山东学政黄叔琳主持的贡生考试才成为岁贡生。因生活所迫，他除了应同乡人宝应县知县孙蕙的邀请，为其做幕宾数年之外，主要是在淄川县西铺村毕际友家做私塾教师，长达40余年，直至71岁时才结束私塾教师回到自己家。在他设馆期间，主人家藏书很丰富，使他得以广泛阅读各类书籍。他不但研究经史、哲理和文学，而且对于天文、农桑、医药等也有很大的兴趣。1715年(清康熙五十四年)正月病逝，享年76岁。他曾用数十年的时间写成短篇小说集《聊斋志异》，并不断修改增补。《聊斋志异》简称《聊斋》，俗名《鬼狐传》，其书采用唐代传奇小说文体，通过谈狐说鬼的方式，对当时的社会、政治方面加以批判。所著又有《聊斋文集》《聊斋诗集》《聊斋俚曲》及关于农业、医药等通俗读物多种。

蒲松龄5岁的时候，正值清军入关，清兵在扬州屠城，对山东的农民起义进行镇压，发生了很多稀奇的事情，这些都影响了《聊斋志异》的创作。1664年(康熙三年)，他25岁开始私塾教学岁月，直到1710年(康熙四十九年)，他71岁时才结束私塾生涯。在其长期参加科举考试的过程中，他认识到科举的弊端，对科举制度产生憎恨和反感。蒲松龄选择以小说的形式抒发内心的积怨，由于多次参加科举应试，对考场的弊端有了非常深刻的体验，因而把腐败透顶的考试现象描写得淋漓尽致。通过科举考试是他一生的愿望，希望以此实现世俗的功名利禄，但事不如人愿。

蒲松龄从20多岁起就开始搜集素材，在"夜茔茧，灯昏欲蕊，萧斋瑟瑟，案冷疑冰"的私塾环境下完成《聊斋志异》的创作。在他40岁时《聊斋志异》已经大部分完成，后来还不断增补和修改。《聊斋志异》一开始只是在民间传抄并没有成书出版，直到蒲松龄去世50年后才成书问世。蒲松龄的文言短篇小说集《聊斋志异》是一部花费蒲松龄一辈子心血的"孤愤"之书。这本书之所以定名为《聊斋志异》，是因为"聊斋"是蒲松龄书屋的名称，"志"是记录的意思，"异"指所记录的事情都是奇闻逸事。蒲松龄书屋之所以称为"聊斋"，所谓"聊"就是在交谈，据说蒲松龄在他居住的地方附近设一个茶棚，凡是进来的人是不收银子的，捧上一壶茶，坐下来和客人进行闲谈，他就专门问一些奇闻逸事，然后蒲松龄就把听来的这些事情，记录下来并经过自己的加工润色，其中不少就成为他小说的素材。蒲松龄的"聊斋"便由此而生。

《聊斋志异》共8卷，491篇，40余万字，是一部“用传奇法，而以志怪”的小说。全书体裁复杂，以短篇小说为主，兼有杂记、寓言等多种写作手法，故事来源也不一，有的来源于传闻，也有出自前代文献的，但较为有名的重要作品往往是蒲松龄创作的。其内容丰富多彩，故事多采自民间传说和野史轶闻，将妖狐鬼怪和阴间世界的事物人格化、社会化，充分表达了作者的爱憎分明和对美好生活的渴望。作品成功地塑造了众多的人物典型，人物形象鲜明生动，继承与发展了我国志怪传奇文学的优秀传统和表现手法，故事情节曲折离奇，结构布局严谨巧妙，跌宕多变，文笔简练，人物描写非常细腻，被誉为我国古代文言短篇小说中成就最高的作品。

《聊斋志异》完成后，蒲松龄因为家庭贫困没有能力去刻印出版这部小说，但这部短篇小说集在他创作之初便有人传抄，成书之后流传更加广泛。1766年(清乾隆三十一年)刊刻出版面世，后有多家出版者竞相翻印出版该书。《聊斋》的故事在民间广为传播，经久不衰，19世纪中叶传播到国外，已有英、法、德、日等二十多个语种的译本。

蒲松龄创作的作品还有通俗俚曲14种，计有《墙头记》《姑妇曲》《慈悲曲》《翻魇殃》《寒森曲》《蓬莱宴》《俊夜叉》《穷汉词》《快曲》《丑俊巴》《禳妒咒》《增补幸云曲》等。这些俚曲用了山东淄川地区的方言，具有浓厚的地方色彩，它们从不同角度揭露了社会的黑暗和人间的不平，在人生态度和创作思想上与《聊斋志异》是相通的。蒲松龄的著作，除小说和俚曲之外，还有《聊斋文集》《聊斋诗集》和关于农业、医药的通俗读物《农桑经》《药祟书》等。

《聊斋志异》是我国文言小说的巅峰之作。鲁迅先生在《中国小说史略》中说此书是“专集之最有名者”；郭沫若先生为蒲氏故居题联，赞蒲氏著作“写鬼写妖高人一等，刺贪刺虐入骨三分”；老舍也评价过蒲氏“鬼狐有性格，笑骂成文章”。他是17世纪蜚声中外的短篇小说家，2015年4月我国发行《中国古代文学家(四)》邮票，其中第一枚就是蒲松龄。

《聊斋志异》反映了广阔的现实生活，对于许多重要的社会问题表达了作者鲜明的态度。书中的故事揭露封建统治的黑暗，或者抨击科举制度的腐朽，或者对封建礼教的束缚批判，具有非常丰富的思想内涵。蒲松龄一生热衷科举，多次参加科举考试但却一直不能如愿，因此他对科举制度的不合理深有感触。他满腹才华在现实中得不到施展，科考路上的屡屡不如人愿，使他在内心深处对科举制度产生不满之情在其所创作的小说中得以呈现。蒲松龄的思想既受封建科举制度的羁绊，同时也有对世俗价值观念的超越和洒脱。

《聊斋志异》所写的故事内容大致可以分为以下几类：一是才子佳人式的爱情故事；二是人与人或非人之间的友情故事；三是不满黑暗社会现实的反抗故事；四是讽刺不良品行的道德训诫故事。蒲松龄的《聊斋志异》继承了魏晋志怪小说，对唐宋传奇小说加以进一步创造，形成了该书独特的艺术风格；同时寄托了作者的“孤愤”，揭露了封建统治阶级的罪恶，展示了封建科举制度带给人们精神上的毒害，歌颂了争取真挚的爱情生活和反对封建礼教的斗争精神，具有丰富、深刻的思想内容。

(一)对封建社会和邪恶势力进行揭露与批判

《聊斋志异》的重要主题，是揭露现实政治的腐败和统治阶级对人民的残酷压迫。这类作品反映了封建社会的根本矛盾，具有更高的思想价值。比如《促织》通过成名一家为捉一只蟋蟀“以塞官责”而经历的种种悲欢离合，从一个侧面暴露了封建统治者的荒淫昏庸；《席方平》则通过席方平魂入地府，历尽曲折，为父申冤的故事，写出了官吏的贪赃枉法和人民面对痛苦的无奈，虽然写的是阴间，其实是反映当时的现实社会；《公孙夏》写王子的门客、与督抚有故交的公孙夏，劝说一位太学生行贿阴间官吏的荒诞故事，将现实社会中官场的权钱交易作了讽刺性的揭露。

《聊斋志异》不仅揭露了统治阶级的残暴，而且热情地歌颂了被压迫人民的反抗斗争，塑造了一系列富有反抗性的人物形象。《聊斋志异》借谈狐说鬼的手法，以各种曲折离奇的故事为主线，描画出一个稀奇古怪的世界，反映的是真实的现实生活，鞭挞了封建社会的腐朽和黑暗，深刻揭示了各种尖锐的社会矛盾，表明了作者反压迫反封建的坚定立场和态度，具有很高的思想价值。这部小说首先揭露、嘲讽了贪官污吏、恶霸豪绅贪婪狠毒的嘴脸，抨击了封建政治的制度。多数小说虽然是通过幻想的形式谈狐说鬼，但却深深地扎根于现实生活的土壤之中，间接地反映了蒲松龄所生活的时代的社会矛盾和人民的思想愿望，融入作者对社会的独特的感受和认识。老舍评价说："鬼狐有性格，笑骂成文章。"

（二）对科举制度各种弊端予以揭露与抨击

《聊斋志异》的另一个主题是批判科举制度。作者饱含感情地揭露了科举制度埋没人才的罪恶。蒲松龄 19 岁进学，却屡次参加乡试不中，对功名的梦想一次次落空。因此，他对科举考试的弊病有着切身的体会，能从考生和考官两方面进行嘲弄，又以针对主考官的最为辛辣。他饱受考试的折磨，一次次名落孙山，沮丧、悲哀、愤懑不仅倾注于诗词里，也借谈鬼说狐发泄出来。在小说中，考官有眼不识慧珠，使有才的读书人怀才不遇。作者借以指出科举制度的不合理性，反映出考官埋没人才的罪恶及贪污腐败的丑恶本质。

《聊斋志异》全书，思想价值比较突出的篇目都反映着对世道人心、科场官场的强烈批判和辛辣讽刺，表现出蒲松龄对当时的吏治极端失望。小说故事中的官吏的官德标准不可能很高，其内涵不外乎"公正廉明"四字。"公正"在《聊斋志异》中主要体现在蒲松龄对科举制度的批判，"廉明"则体现在《聊斋志异》中层出不穷的贪暴不仁、索贿行贿、贪赃枉法、卖官鬻爵等种种丑恶现象中。在《聊斋志异》有关复仇描写的作品中，变形复仇作为其中的典型类型，具有独特的意义。蒲松龄先生将现实生活中的种种不满抒发于作品中，通过充斥着神鬼狐妖、光怪陆离的虚幻世界来发泄内心的愤恨之情。无情地揭开了封建科举制度的黑幕，反映了科举制度对知识分子灵魂的禁锢与毒害。如《司文郎》《考弊司》《书痴》等作品。

（三）对于传统婚姻家庭制度的揭露与抨击

《聊斋志异》对夫妇人伦、婚姻爱情、孝道、家庭和睦等家庭伦理有比较深入的反映和思考。蒲松龄笔下的狐女鬼妇，绝大多数均美艳风流、行侠好义，绝少争风吃醋、横暴嫉妒的行为，集中反映出蒲松龄理想中的妇德观念。那些狐仙、女鬼、花妖，虽然性情各异，但大多聪慧漂亮，善良忠贞，情深义重，不慕荣华，很少受封建礼教的束缚。

在全书中描写爱情主题的作品数量最多，它们表现了强烈的反封建礼教思想。其中一些作品，通过花妖狐魅和人的恋爱，表现了作者理想的爱情。如《婴宁》《莲香》《香玉》都在恋爱不自由情况下，写出了青年男女自由相爱的故事。还有一些故事，狐鬼花妖的出现，不只是让苦读的书生解除了寂寞，还让书生得到了敬重、鼓励，事业上取得了进步，编织出各种实现其理想的梦想。多数小说是通过幻想的形式来谈狐说鬼，但内容却深深地扎根于现实生活的土壤之中，融入了作者对社会生活的独特感受和认识。

(四)对于女性解放的愿望

书中以爱情为主题的小说，其中不乏痴情男女之间的浪漫缠绵，但更多的是体现作者反对封建礼教束缚、大胆追求真爱的想法。在一些作品中，花妖狐魅与人类自由相恋，摒弃世俗偏见，突破种种阻挠去寻求美满的爱情。

（汪良平）

# 62. 吴敬梓作《儒林外史》

《儒林外史》是我国文学史上一部杰出的现实主义的长篇讽刺小说，它是清代小说家吴敬梓的代表作。全书共56回。该书展示了一幅18世纪中国社会的风俗画。它以封建士大夫的生活为中心，从揭露科举制度下士人丑恶的灵魂入手，讽刺了官吏、地主豪绅的昏聩贪吝。该书对人物性格的刻画深入而细腻，讽刺手法高超卓绝，它是中国古代讽刺小说的高峰，开创了以小说直接评价现实生活的范例。

《儒林外史》的作者吴敬梓(1701—1754年)，字敏轩，号粒民，又号秦淮寓客、文木老人，安徽全椒人，清代小说家。吴敬梓一生创作了大量的诗歌、散文和史学研究著作，而确立他在中国文学史上杰出地位的是他创作的长篇讽刺小说《儒林外史》。

吴敬梓出生于一个“科第家声从来美”的科举世家。其曾祖父吴国对是八股文大家，1658年(顺治十五年)的探花。曾祖辈多达官显宦，有做官做到翰林院诗读的，煊赫一时。吴敬梓的伯叔祖辈有中进士的，有的竟然是榜眼。到他父亲时日渐衰落，其父吴霖起拔贡出身，只做过赣榆县学教谕这样清贫的小官。

吴敬梓自幼聪颖好学，能够过目不忘。1722年(康熙六十一年)，他考取秀才。1729年(雍正七年)，因参加科举时遭人侮辱，吴敬梓愤懑离乡弃考。吴敬梓家境富有，父亲在他23岁时去世了，留下了巨额的遗产。吴敬梓无意科举，因为他觉得科举制度限制了他才能的发挥。他早年挥金如土，到了中年贫病交加，常处于饥寒交迫的困境。“囊无一钱守，腹作干雷鸣。”“近闻典衣尽，灶突无烟青。”吴敬梓的生活已相当贫困，“窘则以书易米”，经常不得不卖书典衣，甚至是忍饥挨饿。为了抵御冬寒，他邀请朋友五六人一起绕城走数十里，在月色下吟咏歌啸，谓之“暖足”。

吴敬梓从小就受到传统儒家思想的熏陶。他浏览“四书五经”，渔猎“诸子百家”，尤其爱读各种野史笔记、禁书秘本，从中汲取了我国古代小说的传统优长。年轻时，吴敬梓跟随父亲到江苏东北海边的赣渝。他33岁定居南京后，又先后去过当涂、宣城、芜湖、池州、安庆、滁州、扬州、仪征、苏州、杭州等地，而这些地方又都是新思想的萌发地。来往于大江南北，开拓了他的眼界，扩展了他的胸襟，为他以后的小说创作打下了良好的基础。

吴敬梓的一生经历了康熙、雍正、乾隆三代。雍乾年间，农民起义层出不穷。清政府在镇压起义的同时，大兴文字狱，同时考八股、开科举，以笼络国内的能人智士。封建社会已摇摇欲坠，表面的繁荣掩盖不了大厦将倾的境况。

明清时期，科举制度已经丧失了活力。朱元璋建立明朝之后，力求改革科举制度以禁锢人民的思想，创造了臭名昭著的八股制度。八股制度要求读书人熟读“四书五经”，但不能有自己的见解。清朝建立之后，将这一制度全部沿袭下来。八股制度对读书人产生了极坏的影响，严重束缚了他们的思想。吴敬梓便是其中的受害者。

出身于书香门第的吴敬梓，看透了官僚的徇私舞弊、膏粱子弟的平庸昏聩以及举人的利欲熏心。加之家道中落，这让他对黑暗的政治和腐朽的社会风气了然于心。从怀疑八股制艺、背叛家世功名，吴敬梓更进一步地洞见了社会的黑暗。对于那些贪官劣绅、儒林群丑，吴敬梓接触了很多。因此，他反对八股文和科举制，憎恶士子们醉心制艺、热衷功名利禄的丑态。《儒林外史》这部中国古代最著名的长篇讽刺小说能够出自吴敬梓之手，无不与之人生这些丰富的经历与深刻的感触密切相关。

人世的沧桑，生活的折磨，内省自己，静观外物，激起了处在困厄中的吴敬梓的创作欲望。吴敬梓为了写自己，也为了写人生，为了批判假、恶、丑，也为了歌颂真、善、美，在“囊无一钱守，腹作干雷鸣”，“近闻典衣尽，灶突无烟青”的困厄境况中，靠着顽强的意志、孤高的个性、深厚的修养，终于完成了这部近40万字的作品。

《儒林外史》的创作时间是1739—1749年，他共花了10年时间，这与《红楼梦》的创作时间相同。吴敬梓创作《儒林外史》，是从南京一直写到扬州，最后在扬州修改完稿的。他对扬州有着深厚的感情，常诵“人生只合扬州死”之句。1754年(乾隆十九年)，吴敬梓带着妻儿寄寓扬州，过着淡泊名利的生活。长期的贫困交加极大地损害了吴敬梓的身体。一天晚上，他与好友饮酒消寒，笑声朗朗，纵谈古今。不料睡下后，由于突然痰涌，救治不及，不幸去世。结束了他笑傲公卿、横对流俗的一生。吴敬梓留给后世的，除了12卷的《文木山房集》之外，就是这部足可与中国古典四大名著并称的《儒林外史》了。

胡适曾在《吴敬梓年谱》中说：“吴敬梓是一个八股大家的曾孙，自己也是这里面用过一番工夫来，经过许多考试，一旦大觉悟之后，方才把八股社会的真相——丑态——穷形尽致的描写出来。”可见，只有深刻、独特的人生体验，方能创作出深刻、独特的作品。

“著书寿千秋，岂在骨与肌?”在吴敬梓逝世后不久，《儒林外史》就有抄本流传，引起人们广泛注意和好评。作者的好友程晋芳在乾隆三十五六年间编的《文木先生集》中说：“《儒林外史》五十卷，穷极文士情态，人争传写之。”此后，各种印本不断出现，流传更广。

《儒林外史》写成后，开始仅以抄本流传。直到作者去世约半个世纪后，才被版刻成书。现在流传下来的本子共56回，其中最末一回与全书的主题思想和写作风格大不相同，显然不是吴敬梓本人写的。

关于《儒林外史》的版本，历来有50回、55回、56回等歧说。现存最早刻本是1803年(嘉庆八年)卧闲草堂的巾箱本，刻书已在作者逝世后50年，为56回本；其次是1816年(嘉庆二十一年)的清江浦注礼阁本和艺古堂本，实际上是卧本的复刊本。此后比较有名的，有1874年(同治十三年)的齐省堂本和同年的《申报》馆活字本，两本都出于卧闲草堂本的56回本，却作了一些不必要或不妥当的减省改订。

《儒林外史》全书56回，近40万字，描写了将近两百个人物。小说写的是明代的故事，但实际上真实地反映了康乾时期在科举制度的禁锢下，读书人对功名的变态追求和荒诞的生活。这部小说出色地塑造了很多像范进和周进等卑微的文人形象，还塑造了一些有钱的吝啬鬼，如严监生。此外，作者还对吃人的科举、礼教和腐败事态进行了辛辣的讽刺。

作者之所以取《儒林外史》这个书名，其用意就是要为当时社会中的儒生文人这个阶层作传，反映一代文人的面貌。所以在《儒林外史》中涌现出一大批形形色色的真假名士。如匡超人、权勿用、牛浦郎之流，他们头戴着贤士、高人、侠客的桂冠，实际上不过是些附庸风雅、装腔作势、游手好闲的寄生虫。作者不动声色地娓娓叙来，通过他们所做的一些可笑可憎的事情，活灵活现地展示了他们那用高雅外表所包裹的真实嘴脸。

这部小说的基调是讽刺。正是因为有了讽刺，才使这部长达近40万字的著作获得了极强的生命力，成为我国古典文学史上的一朵奇葩。作为我国古代文学史上一部著名的长篇讽刺小说，《儒林外史》的杰出之处在于作者以一支如椽巨笔，惟妙惟肖、淋漓尽致地描画出了一帮由秀才、贡生、举人、翰林、斗方名士、八股选家等各色儒家文人构成的儒林群丑图。作者同时还入木三分地对他们进行了辛辣的讽刺和深刻的剖析。以1487年(明成化二十三年)到1566年(嘉靖四十五年)80年间的四代儒林士人对待功名富贵的态度为衡准，揭示了在八股考试的影响下，文人在文(文章、学业)、行(行为、品德)、出(出仕、做官)、处(在野、退隐)诸方面的丑态，以十多个既独立又有联系的故事，细腻地刻画了一群追求功名富贵的封建儒生和贪官污吏的丑恶面目。

作者的讽刺技巧极端高超，他从不直接在作品中做大段评述，而是把主人公相互矛盾的言行放在一起，突出其不合理的一面，让他们当众出丑，达到逗人发笑又引人深思的效果。由于作者有意使用了一些漫画式的夸张手法，使得这部小说显得风趣灵动，可读性很强。如作者描写吝啬的严监生临死时伸着两根手指不肯咽气，原来是心疼点了两根灯芯太费油。诸如此类的描写引起了读者的兴趣。另外，小说的语言也显得机智、风趣、洗练，富有讽刺意味。

中国有一句传统俗语叫“万般皆下品，唯有读书高”，这句话表现了过去的读书人在社会上的崇高地位。读书人也就是高居士农工商之首的儒士，而这也正是《儒林外史》一书中的主角。在中国传统观念里，一个读书人最高的理想应该是救国救民，为天下苍生尽一己之力，所以政治舞台才是他们发挥才能的地方。然而在明清两代，想要登上仕途只有一个途径，那就是要通过科举考试。但是当科举制度过于僵化，不仅命题范围狭小，而且讲究所谓八股格律，使得科举成为文字的游戏，就已难以选拔社会所需要的人才，而考生专就应试的科目用功，也难培养真正的能力。虽然八股取士的弊病如此大，但是当时的读书人几乎统统陷入科举的泥淖里。作者主要是通过对以下几类人物的塑造来实现对明清科举选士制度的批判的：

第一类是陷在科举和功名泥潭中不能自拔的迂儒形象。最典型的就是范进。范进因考中举人而大喜过望、痰迷心窍、发疯发狂。他从20岁开始童生应试，一直考了20多场也没中个秀才。在落拓中，他遭受着乡人的鄙视、亲人的白眼。实际上，醉心功名的他浅陋无知、虚伪贪鄙，他连苏轼的名字都茫然无知。而一旦50多岁意外中举之后，他周围的人全都对他恭敬起来。他也开始广受钱财，这样一个人竟然还被委以主管一省教育选士的学政。范进母丧期间做客时装模作样地不用银镶筷或象牙筷，却用竹筷“在燕窝碗里拣了一个大虾元子送在嘴里”，这是对举人老爷封建孝道的虚伪性的讽刺。八股取士造就迂滥无用之才的现实于此得以昭示。

第二类是以严贡生为代表的见利忘义、装腔作势的无耻文人，他们身上体现着整个儒林风气的败坏。严贡生一贯鱼肉乡里，他欠厨子的钱、屠户的钱，克扣吹鼓手的工钱，还强占邻居家的肥猪，讹诈船家的船钱，是一个十足的恶霸兼无赖。他家的猪误跑到邻居家，邻居马上送回，但他却以失而复得的猪不吉利为借口，逼小二出银子买走。后来猪长到100多斤重，错走严家，他又把猪关起来，硬逼小二拿银子来赎回，甚至把小二兄长的腿也打断了。就算是对自己的亲人，他也不放过。他一直觊觎弟弟严监生的十万家产，弟弟一死，他就想把弟弟从本族中剔除出去。就是这样一个面目可憎的衣冠禽兽，却成天混迹于士人中间，装腔作势，满口道德文章。

第三类是贪生怕死、以权谋私的国家蠹虫，以王惠为代表。南昌太守王惠集残暴、狡诈、贪婪于一身，念念不忘“三年清知府，十万雪花银”。上任伊始，就问地方出产，词讼通融。他的衙门内只听见“戥子声、算盘声、板子声”。然而，就是这么一个大贪官，“各上司访问，都道是江西第一能员”，“朝廷就把他推升了南赣道”。他在任期间拼命地盘剥百姓，搜刮钱财。而到宁王叛乱的紧急关头，又带领数郡投降，接受“江西按察司”的伪职。叛乱平定后，他乔装潜逃，沦落为钦犯。通过对这类贪官污吏的描写，作者辛辣地讽刺了八股取士所选拔出来的，要么是一些贪赃枉法、扰民害国的庸臣俗吏，要么是贪生怕死、出卖灵魂的叛臣降将。

与以上三种反面人物相对的，作者还塑造出一些德才兼备的真儒名士——虞育德、庄绍光和潇洒不羁的反叛者杜少卿等。他们为人慷慨正直，对科举功名丝毫不热心，而是立足于自身的道德修养和学问才华。其中，杜少卿是作者自身的写照。他出身科举世家，却对功名富贵弃之如敝屣；平生乐善好施，视金钱如粪土，以致把家私施舍精光，最后变卖家产，带着还债所余寄身南京。到南京后依然我行我素，以致贫穷到以卖文为生。

总之，《儒林外史》成功地运用了讽刺艺术来表达主题，语言准确精练，常能用三言两语使人物“穷形尽相”“真伪毕露”。全书以“秉持公心，指摘时弊”的批判精神，“烛幽索隐，物无遁形”的描写功力和“戚而能谐，婉而多讽”的美学风格，奠定了讽刺小说在中国小说史上的地位。

《儒林外史》的结构非常特殊。在它的故事里，没有一个自始至终连贯全部故事情节的中心人物或主要线索。往往是用几个章回写一段故事，叙述几个人物的可笑事迹。故事结束后，又自然地转到另一个人物身上，由这个人物又引出另一段故事。“虽云长篇，颇同短制”，也就是说，这部长篇小说实际上是由一系列相互间有着松散联系的短篇故事组成的。

《儒林外史》主要是一部描写士人的小说，但是其中关于商人的描写也别有特色，主要是它第一次集中塑造了盐商的形象，并且表现了士商关系的历史性逆转。

在各种商人之中，盐商以其赢利之大而成为商人中之佼佼者。他们大抵能过上奢华的生活，因此颇受社会与文学的瞩目。在《儒林外史》里，作者集中塑造了若干盐商的形象，如扬州盐商万雪斋、宋为富，五河县盐商方老六等，并较多地描写了盐商的生活。这形成了《儒林外史》在表现商人方面的一个特色。同时，更为引人注目的是，《儒林外史》也表现了士商关系的历史性逆转，表现了盐商的气势与士人的没落。这样一种表现角度是前代文学中所未曾有过的，透露出浓重的时代气息。这是《儒林外史》在表现商人方面的又一个特色，而且是其最为重要的特色。《儒林外史》之所以会敏感地表现士商关系的历史性逆转，乃是因为作者吴敬梓本人出身于没落世家，祖上有过一段辉煌的历史，可是现在却眼看着盐商不可一世，这激起了他的抵触之心。

《儒林外史》关于士商关系的历史性逆转的表现，不仅具有作者的自传性的意义，而且也预示着一个大变动的时代即将来临，士商关系将不会再维持原来的格局。在这一意义上，吴敬梓又颇像表现了贵族的没落与资产阶级兴起的巴尔扎克，具有一种近代式的敏感性。

（万国崔）

# 63. 曹雪芹著《红楼梦》

世情小说，主要是指以恋爱婚姻、家庭生活为题材，反映世俗人情的小说，又叫人情小说。中国古代就有世情小说的创作传统，从魏晋志怪小说到唐宋传奇，从宋元话本到明清拟话本、章回小说，都有大量世情小说出现，如《霍小玉传》《卖油郎独占花魁》等。然而从严格意义上讲，这些小说并不是纯粹的世情小说。到明代《金瓶梅》的出现，才真正拉开了世情小说的帷幕，而曹雪芹所著《红楼梦》则是中国世情小说的顶峰，也是中国古代小说史上成就最高、最伟大的作品之一。

曹雪芹(约1715—约1763年)，名霑，字梦阮，号雪芹，又号芹圃、芹溪。其远祖为辽阳人。五世祖曹锡远原是汉人，大约在明天启年间被后金(即后来的清王朝)军队所俘，以家奴的身份编入满洲白旗籍。高祖曹振彦跟随清摄政王多尔衮入关，立有军功，开始荣耀，顺治年间任山西平阳府吉州知州，后升浙江盐法道。曾祖曹玺，其妻孙氏是康熙的奶妈，其子曹雪芹的祖父曹寅是康熙的伴读。康熙继位后，派曹玺为江宁织造，负责为皇室采办丝织品等物资，实际上他有更重要的使命，即作为康熙的耳目，密切关注江南的动态，从吏治民情到年景、漕运、晴雨、物价、工程等，都要及时密奏。继曹玺之后，曹寅及曹颙、曹𫖯，祖孙三代四人担任过这一要职，其间又曾兼两淮巡盐御史，约六十年。康熙六次南巡就有四次驻跸于曹寅的江宁织造署。曹家不仅是“百年望族”，也是“诗礼之家”。曹玺“少好学，深沉有大志”。曹寅则是著名的诗人、学者兼藏书家。他曾奉旨在扬州主持刊刻《全唐诗》和编纂《佩文韵府》。1722年(康熙六十一年)，康熙驾崩，曹家失去了依靠。雍正皇帝继位后，曹家开始失势。1728年(雍正六年)，曹𫖯以“行为不端”“骚扰驿站”和“织造款项亏空”的罪名被革职抄家。于是曾经赫赫的曹府败落了，举家迁回北京老居，家境日益衰败。曹雪芹系曹𫖯(一说曹颙)之子，少年时生长在南京，曾经历过一段富贵繁华的贵族生活。在他十三四岁时，随着全家迁回北京。家族的迅速衰败，让他感受到了王朝政治的风云骤变，备尝人间冷暖、世态炎凉。因此，对于社会人生，他有着独特的深切理解。回京后，他曾在一所皇族学堂“右翼宗学”里当过掌管文墨的杂差。晚年迁居于北京西郊的一个小山村，生活穷苦，经常卖画换酒，举家食粥。但他仍以坚韧的毅力，专心致志地从事《红楼梦》的写作与修订。1762年(乾隆二十七年)，其独子夭亡，使他感伤成疾，终于在1764年2月1日(乾隆二十八年癸未除夕，一说乾隆二十七年壬午除夕)去世，死时不到五十岁，遗留下来的只有一部未完成的《红楼梦》。

《红楼梦》最初以80回抄本的形式在社会上流传，本名《石头记》。这些传抄本，大多有署名脂砚斋、畸笏叟等人的评语，因此习惯上称之为“脂评本”或“脂本”。但是，到1791年(乾隆五十六年)，最早的印本出现以后，抄本就湮没失传了。直到1927年，胡适第一个发现了残抄本《脂砚斋重评石头记》，人们才知道抄本的情况，并引起极大的关注。这以后，在海内外又陆续发现了十余种抄本，主要有甲戌本(1754年)，残存16回；己卯本(1759年)，残存41回又两个半回；庚辰本(1760年)，残存78回；甲辰本(1784年)，存

80回，书名第一次正式题为《红楼梦》。此外还有列藏本、戚蓼生序本等。

《红楼梦》全书120回，后40回文字，一般认为是高鹗所补。高鹗(1738—1815年)，字兰墅，祖籍辽东铁岭，属汉军镶黄旗。1795年(乾隆六十年)进士，官至翰林院侍读，著有《高兰墅集》《兰墅诗抄》《小月山房遗稿》《吏治辑要》等。1791年(乾隆五十六年)，程伟元、高鹗印行了120回的《红楼梦》，这是《红楼梦》的第一个印本，也称"程甲本"。次年，经过修改以后，他们又一次印行，世称"程乙本"。在清代，较著名的印本有王希廉的《新评绣像红楼梦全传》、张新之的《妙复轩评石头记》、姚燮的《增评补图石头记》等。近年出版的120回《红楼梦》，绝大多数是以程本为底本的。很多学者指出，后40回的思想境界、艺术水平，都远逊于前80回。它安排了贾府"兰桂齐芳，家道复初"的"大团圆"结局，无疑与前80回中反映出来的思想完全相背，因而削弱了作品的批判力度。后40回某些描写，对贾宝玉和林黛玉的性格有所修正。就艺术性而论，后40回也远不如前80回那样富有神采韵味。但是总体上来说，高鹗对后40回的增补还是功大于过：首先，他补充完整了曹雪芹没有写完的残缺部分，使《红楼梦》成为一部结构完整、首尾齐全、浑然一体的文学作品。其次，他根据原作线索完成了宝玉和黛玉的爱情悲剧，对后40回人物和情节的描写，大致和前80回保持一致。最后，有的情节描写生动精彩，如潇湘惊梦，黛玉迷性、焚诗稿，魂归离恨天等，也有着较强的艺术感染力。

《红楼梦》以贾宝玉、林黛玉、薛宝钗之间爱情、婚姻悲剧为中心，描绘出当时具有代表性的一个贵族大家庭的兴衰变化，揭露了封建社会末期种种黑暗和罪恶及其不可克服的内在矛盾，从而展示出封建社会必然走向崩溃的历史命运。贾宝玉是无才补天的顽石幻化而成的，他是《红楼梦》的中心人物，是作者着力最多、寄托最深，而且也写得十分成功的人物。贾宝玉是封建统治阶段的叛逆者。他是贾府的继承人，是贾家兴旺的希望所在，他应该走一条科举荣身之路，以便立身扬名，光宗耀祖。他也应该找一个"德言工貌"俱全的女子做妻子，主持家政，继续家业。但是他却断然拒绝了封建统治阶级所规定的生活道路，坚决摒弃劝他讲求"仕途经济"的说教。他一向懒读圣贤之书，认为那是后人的杜撰，而喜欢"杂学旁搜"，如把《西厢记》等视为"好文章"，读起来"连饭也不想吃"。宝玉不仅自己无意仕途，而且对那些追名逐利如贾雨村之辈，也深恶痛绝，称他们为"禄蠹"，最不愿与之交往。在婚姻问题上，他完全不考虑家族的利益、贾府的前途，爱上了"自幼不曾劝他去立身扬名"的林黛玉，他追求的是心灵契合的感情。可是，贾宝玉是用了人的力量去反抗家族，反抗社会，他的反抗是软弱的，他的思想是矛盾的。他所反抗的东西正是他所依赖的东西，他热爱生活而又悲观厌世，努力反抗而又找不到出路。林黛玉也是封建社会的叛逆者。她出身书香门第，小时候极受父母钟爱。母亲的早逝使她自小就失去了母爱，父亲请了私塾先生贾雨村来给她授课，因为她身体怯弱，课读也不甚严格，这种家庭环境使林黛玉养成了孤傲清高、我行我素的性格。父亲下世后，林黛玉小小年纪就寓居在外祖母家里，在贾府过着寄人篱下的生活。黛玉性格中最突出的特征是多愁善感、凄苦忧郁。她常常对月伤怀，临风掉泪，周围生活的一切庸俗、龌龊及势利，使她不得不处处小心，用傲慢甚至轻蔑的态度来保障自己的纯洁和维护人格的独立。这样，她那种"孤高自许，目无下尘"的性格得到了畸形发展，被人视为"尖酸刻薄"。林黛玉和贾宝玉一样，厌恶读书做官的"仕途经济"，鄙视那些庸俗的名利之徒。所以，她被贾宝玉引为同调和知音。林黛玉把爱情作为自己在贾府生活下去的精神支柱，但是这种爱情从一开始就注定是一个悲剧。无论是她的身世，还是她我行我素的性格，都使其不能为这个正在滑坡的贵族大家庭所接受。林黛玉嫁给贾宝玉，只会使贾宝玉变得更加难以驾驭，而这是封建家长决不能允许的。唯一的选择只有牺牲林黛玉，聘娶家境富裕、处世精明、思想正统的薛宝钗，以此来纠正贾宝玉的非正统倾向，挽救家庭的没落。薛宝钗是正统思想的代表，是封建时代贤妻良母的典型。她出身皇商家庭，母亲是金陵王家的小姐，舅舅王子腾是九省都检点，有钱又有势。和林黛玉一样，薛宝钗具有美丽的容貌和出众的才华。与林黛玉不同的是，薛宝钗善于处世，深谙世故，在周围那种人事复杂、矛盾重重的环境中，独她一人能博得上下左右的欢心。这位有冷美人之称的贵族小姐努力适应贾府的生活环境，装愚守拙，表现出一种冷静的理智。薛宝钗是个封建正统派，她和史湘云一样，规劝宝玉在仕途经济上下点工夫，说他成天在女孩子堆里混，终非了局，而贾宝玉与她在内心深处始终是有隔膜的。

《红楼梦》展示了一个多重层次又互相融合的悲剧世界。作品以贾宝玉为轴心，写出了他所经历的三重悲剧：

首先，为了家族的利益，封建家长们扼杀了宝玉、黛玉的爱情，让宝玉和宝钗结为“金玉良缘”，以贵护富和以富补贵，象征着知己知心的“木石前盟”被象征着富与贵结合的“金玉良缘”取代了。虽然宝玉被迫与宝钗结婚，但到底心有不甘，最终悟道离家，造成了宝玉与宝钗没有爱情的婚姻悲剧。围绕着“悲金悼玉”的爱情婚姻悲剧，《红楼梦》还写出了一大批在时代悲剧笼罩下青年女性的悲剧。如金钏被逼跳井身亡；晴雯含冤惨死；司棋为追求婚姻自主而碰墙丧生；鸳鸯为逃脱贾赦的魔爪而悬梁自尽；尤二姐在盲目中失足，无论如何挣扎，终于走向毁灭；清醒泼辣的尤三姐也找不到出路，连她乐于托命的人也不能理解她，只好用满腔热血来殉自己的清白。不仅如此，就是贾府的那些小姐也都逃脱不了悲剧的命运。作为王妃的元春，无声无息地枯萎在“那见不得人”的皇宫之内；懦弱的迎春“误嫁中山狼”，被摧残至死；精明的探春，虽有“补天”之志，终于被迫远嫁海疆；孤僻的惜春，为免蹈覆辙，只好遁入空门。贾府“四春”，免不了“原应叹息”的命运。其他如巧姐、湘云、李纨，以及香菱、芳官、紫鹃，无一不是悲剧结局。甚至那个“脂粉队里的英雄”“男人万不及一”的王熙凤，也冲不出封建社会礼法道德的罗网，最后落得个“哭向金陵事更哀”的悲剧结局。这些悲剧是爱情、青春和生命之美被毁灭的悲剧。作者不仅哀悼美的被毁灭，而且深刻揭示了造成这种悲剧的根源，这是对封建社会和文化进行的深刻反思，也是一种精神的觉醒。

其次，漫长的中国专制社会，发展到清代乾隆年间，从总体上来说，已经无可挽救地全面衰落下去了。所谓“乾隆盛世”，实际上不过是中国历史上最后一个专制王朝的一段相对稳定时期。无论统治者在政治、文化各方面采取什么样的统治策略(如尊崇理学，大兴文字狱等)，都无法阻挡封建社会的衰落和历史的变革。伟大作家曹雪芹，在时代思潮特别是明末清初以来对古老封建制度批判思潮的影响下，虽然生逢“盛世”，却在《红楼梦》中写下了封建大家族没落的悲剧，反映了他对时代脉搏的深切感受。《红楼梦》里的贾府正是康乾时期贵族世家的典型代表。小说以贾府的衰落过程为主线，贯穿起史、王、薛等大家族的没落，描绘了上至皇宫、下及乡村的广阔历史画面，广泛而深刻地反映了封建末世尖锐复杂的矛盾冲突，客观显示了封建社会走向没落的历史趋势。贾府号称“钟鸣鼎食”之家，“诗礼簪缨”之族，但实际上正如柳湘莲所说：“除了两个石头狮子干净罢了!”道德，在贾府里不过是块虚伪的面纱，遮盖着种种丑恶：敲诈勒索、仗势欺人、图财害命、高利盘剥、荒淫乱伦，无所不有。贾府上下，也是矛盾重重，从主子到奴婢，几乎都生活在利害冲突之中。主子之间，钩心斗角，尔虞我诈，演出了无数的闹剧丑剧，一场嫡庶之争，几乎断送了宝玉的性命。邢、王二夫人的斗争，则更为隐蔽和尖锐：贾府中的淫乱之事，比比皆是，一个小小的绣春囊引发了抄检大观园的轩然大波。其实质就是邢、王二夫人的一次“斗法”。对邢夫人来说，绣春囊的发现，正是攻击主持家政的王夫人的最好机会；而王夫人与凤姐，则又在沉着应战中伺机反击。然而他们斗争的结果却导致了司棋、晴雯等奴婢牺牲。此外，主子与奴婢奴才的冲突也十分尖锐，焦大的“白刀子进去，红刀子出来”的威胁就是明证。而奴婢下人之间，也同样存在着明争暗斗。贾府上下的重重矛盾，加速了它的分崩离析。正如探春所说：“‘百足之虫，死而不僵’，必须先从家里自杀自灭起来，才能一败涂地呢!”从《红楼梦》

描写贾府衰败的过程中，可以看出一代王朝走向衰败的社会面貌，它确已成为展示清代社会生活的长幅画卷。

最后，作者还通过贾宝玉这个寄托作者理想人格的人物，写出了人生的悲剧。贾宝玉的性格特征就是警幻仙姑所说的："天分中生成一段痴情。"他的"痴情"，不仅表现在对黛玉的钟情，还表现在他对一切少女美丽与聪慧的欣赏，对她们不幸命运的深切同情。他发现那些违反自然的种种丑恶、专横、掠夺、欺诈和虚伪，都是以男子为中心的可憎世界的标记，因此他极力抬高女子，贬斥男子，认为"女儿是水做的骨肉，男子是泥做的骨肉"。他在女儿身上发现了美，得出"凡山水日月之精秀，只钟于女儿"的结论。他把自己身上的全部感情、希望和幻想，都寄托在女儿身上。然而，他所珍视的女儿像花朵一样，无可挽回地枯萎下去，甚至被摧残而凋零。他所厌恶甚至憎恨的恶势力，仍疯狂地维持着统治地位。他满怀着希望但找不到出路，因为他所反对的，正是他所依赖的。于是，他感到了人生的痛苦。从整部作品看，《红楼梦》笼罩着一层由好到了、由色到空的感伤色彩，有着对人生悲剧的反映。

《红楼梦》在艺术表现方面达到了我国古典小说的最高峰，它对传统小说的写法有了全面突破与创新。

第一，曹雪芹在《红楼梦》的情节结构方面比较彻底地突破了中国古典小说从话本、讲史所继承来的单线结构的方式，采取了多条线索齐头并进、交相联结又互相制约的网状结构。青埂峰下的顽石由一僧一道携入红尘，经历了人间的悲欢离合，又由一僧一道携归青埂峰下，这在全书形成了一个严密的、契合天地循环的圆形结构。在这个圆形结构的统摄之下，又有两条主线：一是宝黛爱情的产生、发展及其悲剧结局，这是主线，也是中心情节；二是贾府由盛而衰的没落过程，它既是宝黛爱情产生、破灭的客观环境，又有其独立存在的意义。这样全书就构成了一个立体的交叉重叠的宏大结构。在这个宏大结构中，作者抓住后面的两条主线，把其他一些次要线索和大大小小的事件穿插起来，就像是用千条万条彩线织起来的一张巨网。在宝黛爱情主线上，作者抓住了贾、林、薛三人关系的变化，在贾府兴衰这一主线上则突出描写了王熙凤的活动。除了这两条主线外，还通过一些次要线索纵横交错穿插其中，提纲挈领，以简驭繁。如刘姥姥三进荣国府就是书中的一条支线，这条支线也像往返回环的织布梭一样，带领读者走遍了大观园的各个庭院，会见了上上下下的各种人物；在贾府由兴到衰的不同时期，一次又一次地周览了它的全貌。书中的一些重大事件，则被安排为情节发展的枢纽，一些主线和支线至此汇聚在一起，又分别延伸出去。如宝玉挨打之前，先写了茗烟闹书房、叔嫂逢五鬼、蒋玉菡赠茜罗香、金钏投井、贾环告密等，使宝玉挨打成为集结了许多矛盾的大事情。挨打之后又引出了袭人进谗言、晴雯送手帕、黛玉题诗、宝钗送药和兄妹争吵等一系列事件。然后再由这些事件自然而然地引出另外一些事件，由这一线索不露痕迹地过渡到另一些线索。总之，书中的每个事件无不互相贯通，都有它的来龙去脉，各事件互为因果，连环勾牵，毫不间断。整部《红楼梦》，几乎没有什么可以单独抽出来而不损伤周围经络的章节。

第二，《红楼梦》成功地塑造了一群有血有肉的个性化人物形象。这不仅表现在塑造典型人物的效果上，而且还表现在使一大批典型人物无不具有高度的复杂性、鲜明的个性和充分的真实性。中国古典小说塑造人物时经常将其类型化、绝对化，好人一切都好，坏人一切皆坏。《红楼梦》打破了这种写法，写出了人物性格的复杂性和丰富性。贾宝玉是他心爱的人物，但他并不掩饰其作为贵公子的陋习和劣根性，"安富尊荣"的剥削生活养成他在生活上的懒散、无聊和空虚，他身上充满着春花秋月、吃喝玩乐的贵公子情调，更不用说调戏金钏、与袭人的暧昧关系和吃女人胭脂的卑劣行径。薛宝钗是作者不赞成的人物，但却没有当作坏人来处理。作者不赞成她的人生观和思想作风，但对她的聪明才智、博学多识、豁达大度、有操守、肯助人和某些不见机心的大方朴素以及少女的感情风韵，都持肯定赞扬的态度。在她与黛玉的关系中，也有着远比嫉妒更为宽广的生活内容，包括生活上的关心、感情上的体贴、思想上的督导。这些大多出自封建意识，但却很难说成是私心藏奸。就是她性格中那些可憎可恨的东西，也并非出于天生阴谋家的禀赋，主要是封建意识、观念的自然流露。作者塑造的是一个自觉地皈依、奉行、维护封建主义而又不自觉地受了封建主义毒害与腐蚀的贵族少女。薛宝钗所作所为的根本出发点，不在于个人品质上的善或恶、无邪或者藏奸，而在于她背后竖立着一整套旧的思想体系。因此，读者总觉得她千好万好却不是贾宝玉的理想配偶，也赞成宝玉宁可“悬崖撒手”去过冰冷的寺院生活，也不要做她的终身伴侣。曹雪芹还善于调动一切艺术手段使人物达到高度个性化。《红楼梦》中常将相近的人物进行复杂性格之间的全面对照，使他们个性的独特性在对比中突显出来。如元春、迎春、探春、惜春四姐妹，她们出身、门第、环境、教养大体相同，而她们的个性、才能、遭遇、归宿却大不相同。又如尤氏姐妹，是四大家族以外的小家碧玉，同样出身微贱，同样年轻美貌，但在对贾府公子少爷的认识态度上却各有不同：一个心存幻想，甘愿依附；一个不甘被辱，奋力自拔；一个软弱柔顺，委曲求全；一个嬉笑怒骂，挥洒由己。曹雪芹不仅能够异常分明地写出人物各自不同的性格，而且也能在相似中显出独特性。同是具有温柔和气这一性格侧面的少女，紫鹃的温柔和气在淡淡中给人以亲切，而袭人的温柔和气则带有一种令人腻烦的驯顺习性。黛玉和妙玉都孤高自许，但黛玉执著现实，孤高中包含着天真和热情；妙玉企图超脱尘世，在冷漠中又有点矫揉。为了突出主要人物的独特性格，作者还采用了类似衬托的所谓“影子描写术”。金陵十二钗正册、副册、又副册的幻设，实际上就是写各种人物类型在另一个品位层次的影子。晴雯和袭人是黛、钗的影子，她们与黛、钗在精神气质上有近似的一面，但在表现方式和遭际命运上又有不同和互补的一面。为了使日常生活描写能够更深刻、更全面地塑造人物典型，曹雪芹调动了一切艺术手段。为了适应中国古典小说不作孤立静止的抽象心理分析的民族风格，小说主要采用了内心独白方式以代替心理分析，使心理描写内容大为增加。作品还从各个不同方面，如环境、住所、诗词、绰号、语言，甚至点戏抽签等来渲染、烘托人物性格。如黛玉所住的潇湘馆是“凤尾森森，龙吟细细”，“湘帘垂地，悄无人声”，周围的一草一石，都仿佛蕴含着这个孤女的幽怨与哀愁。探春房中摆设着大案、大鼎、大盘、宝砚，墙上挂着米芾的《烟雨图》，处处显得开阔爽朗，表现了主人公不同凡俗的生活情趣。《红楼梦》中的诗词也一反过去小说中游离于故事情节和人物性格之外的做法，成为作品有机结构中一个重要的组成部分。小说中人物诗词大多符合人物性格，成为塑造典型性格、揭示人物内心世界或象征人物命运的一个重要手段。同为“柳絮词”，薛宝钗写的是“好风凭借力，送我上青云”的跃跃欲试的雄心，而林黛玉则表现了“叹今生谁舍谁收，嫁与东风春不管，凭尔去，忍淹留”的悲哀。贾宝玉的“题对额”和《芙蓉诔》，前者表现了他初露锋芒，不同流俗，后者则表现出他的极度悲哀和满腔愤怒。这些诗词与整个情节融为一体，与人物性格紧密关联，也是一个了不起的推陈出新。

第三，《红楼梦》的语言，继承了我国文学语言的优良传统并加以丰富和发展，达到了炉火纯青的地步。它以北方口语为基础，融汇了古典书面语言的精粹，经过作家高度提炼加工，形成生动形象、准确精练、自然流畅、有生活气息和感染力的文学语言。这种语言富于表现力，作者常用丰富的语汇来表达复杂的生活内容，有时又能用含蓄的语言来表达细致微妙的内心活动。正如第四十二回宝钗评论黛玉的话那样，作者在群众口语的基础上，“撮其要，删其繁，再加润色”，因此写出来“一句是一句”。书中的人物语言达到个性化的高度，最为人们所称道。书中人物语言能准确地显示人物的身份和地位，能形神兼备地表现出人物的个性特征。如林黛玉的语言尖锐犀利，深刻有力；薛宝钗的语言委婉含蓄，浑朴深沉；贾政的语言装腔作势，枯燥乏味；晴雯的语言锋芒毕露，一针见血；王熙凤的语言机智诙谐，妙语连珠。作者尤善于借家常絮语透入人物感情深处，使人物语言中的潜台词特别多，因此显得韵味无穷，耐人咀嚼。对主要人物的语言，既注意其主体特征，又适应多样化、复杂化的性格因素，如实地写出在不同情境下的不同表现，不同的语言色彩。如凤姐平时语言风趣诙谐，但在大闹宁国府时，却因感情失控而变得杀气腾腾；宝钗平日语言稳重平和，但偶然也会因受伤害而出言激愤；黛玉平时语言尖利，但向宝玉敞开心扉时，却情语绵绵，真挚动人。

《红楼梦》在中国文学史上具有崇高的地位和深远的影响，主要表现在以下几个方面：

首先，《红楼梦》续书的大量涌现。根据学者统计，仅18世纪末至19世纪80年代，《红楼梦》的续书就多达三十多种，嘉庆年间最盛，续书有《补红楼梦》《续红楼梦》《后红楼梦》《红楼圆梦》《增红楼梦》《红楼复梦》等。而1840年至1918年间刊行的《红楼梦》续书共有七种。另外还有一种并未印行，但可能成书于此一时期的《续红楼梦》稿本，合计8种，如《红楼幻梦》《续红楼梦》《红楼梦影》《新石头记》《红楼余梦》等。这些续作有两种类型，一是接在第九十七回“林黛玉焚稿断痴情，薛宝钗出闺成大礼”之后，一是接在《红楼梦》第一百二十回之后。其内容，则多将原书的爱情悲剧改为庸俗的大团圆，让悲剧主人公或死后还魂得遂夙愿，或冥中团聚终成眷属。他们金榜题名，夫贵妻荣，一夫多妾，和睦相处，家道复初，天下太平。续书的出现，不仅严重破坏了《红楼梦》悲剧结局的深刻意蕴，而且大多文笔粗劣，叙事荒诞，将《红楼梦》的艺术美感破坏殆尽，从反面印证了《红楼梦》无可比拟的艺术成就。

其次，对《红楼梦》的反复改编。《红楼梦》备受社会欢迎，所以便陆续有人将其搬上舞台。据朱一玄《红楼梦资料汇编》统计，几乎各种戏曲样式对小说《红楼梦》都有改编，具体剧目则至少有上百种之多。其中梅兰芳的《黛玉葬花》、荀慧生的《红楼二尤》等，经过杰出艺术家的再创作，成为戏曲节目中的精品，经久不衰。

再次，《红楼梦》对小说的创作有着深远的影响。《红楼梦》的出现，是在批判地继承唐传奇以及《金瓶梅》和才子佳人小说创作经验之后的重大突破，成为人情小说中最伟大的作品。自有《红楼梦》出来以后，传统的思想和写法都打破了。如魏秀仁的《花月痕》在写作上明显受到《红楼梦》的影响。作者曾经自制美人图，以形象地刻画小说中的人物。至于书中描写愉园、寄园、柳溪之亭台楼阁等景观以及诗词歌赋，明显是仿效《红楼梦》的运笔布局。当然，其中多数诗词与情节脱节，在思想与艺术上与《红楼梦》相去甚远。晚清时，妓女成为社会人情小说的叙述热点。韩邦庆的《海上花列传》、张春帆的《九尾龟》、俞达的《青楼梦》等作品，在布局和人物塑造等方面也都受到《红楼梦》的影响，它们虽然都以青楼为描摹对象，但笔触却直接指向当时的社会风貌。这种影响一直波及现当代，现代著名小说家张爱玲的小说与《红楼梦》的关系就可谓渊源深厚。

最后，《红楼梦》问世后，引起了人们对它评论和研究的兴趣，并形成一种专门的学问——红学。据李放《八旗画录注》记载：“光绪初，京朝士大夫尤喜读之，自相矜为红学云。”如果说这只是一句戏语，在这之后的百年里，《红楼梦》的评论、研究日益发展，尤其是经过了王国维、蔡元培和胡适等人的研究及论战，对当时及其后来的学术界以及众多学者产生了极大震动，吸引了学术界大批的有生力量投身其中，用各种方法、从各种角度进行研究，使《红楼梦》研究最终成为一种专门的学问。从早期的评点派、索隐派，到20世纪前期的“新红学”，再到王国维首创而在20世纪50年代后兴盛起来的文学批评，关于《红楼梦》作品及其相关问题的研究论著可谓层出不穷、新作迭出。《红楼梦》的作者问题、文本的思想内涵、人物形象、艺术特征等各个方面都得到了日益深细的研讨解析。

《红楼梦》是中国古典小说最伟大的一部杰作，被誉为“传统社会的百科全书”。无论在思想上还是在艺术上，《红楼梦》都对传统进行了突破，其艺术成就达到了古典小说的最高峰。在世界文学史上，《红楼梦》也当之无愧地占据重要的地位，有多种文字的译本、节译本和全译本。《红楼梦》已成为世界人民共同的精神财富。

（江莉莉）

# 64. 东正教在中国

东正教是基督教的三大派系(天主教、东正教和新教)之一。它对俄罗斯、东欧近东及其他一些地区的政治、经济、文化等方面一直产生着影响。988 年，俄罗斯(当时是基辅罗斯)经由拜占庭帝国接受基督教东派教会的洗礼并将基督教定为国教(1054 年后基督教东派教会更名为东正教或希腊正教)。1461 年拜占庭国灭亡，当时的俄罗斯帝国已拥有最大的东正教会即俄罗斯正教会。由此，俄罗斯东正教会倡言莫斯科是“新罗马”即“第三罗马”，已代替拜占庭而成为东正教之核心。自此，“东正教”的概念不再与“希腊正教”同义，而几乎与“俄罗斯正教”同义，俄罗斯帝国历代沙皇也以莫斯科“第三罗马”自居，将扩张行为与复兴东正教的复杂心理交织一起。

中国人对东正教的最初了解应该始于元朝，而东正教正式进入中国则在 17 世纪下半叶。1330 年(至顺元年)，北京已经有信仰东正教或希腊正教的俄罗斯籍士兵，他们归“宣忠扈卫亲军都万户府”管辖(《元史》卷三《文宗本纪》)。1671 年(康熙十年)，东正教在中国直接进行宗教活动(俄罗斯原伊利姆斯克堡的修道院院长叶尔莫根在中国雅克萨地区修建“主复活”教堂)。1715 年 4 月 30 日(康熙五十四年三月二十七日)，随着第一届俄罗斯东正教驻北京传道团到达北京，俄罗斯东正教正式入驻中国。

1665 年(康熙四年)，一伙俄罗斯匪徒窜入雅克萨，他们特意纠集俄罗斯东正教神职人员随行，其中包括俄国原伊利姆斯克堡修道院院长叶尔莫根。他们在这里修建城堡，后逐渐成为一些俄籍亡命之徒的聚集地。1670 年(康熙九年)，他们向当地中国籍居民强收实物税并送往莫斯科以向沙皇赎罪。1671 年(康熙十年)，他们在当地修建了一座“主复活”教堂。1685 年(康熙二十四年)，清朝政府出兵包围“雅克萨城”，夺回领土，烧毁教堂。1689 年(康熙二十八年)，清政府与俄国签订了《尼布楚条约》。

雅克萨自卫反击战中被俘获的一部分俄国入侵者被送到北京，其中有一名叫马克西姆·列昂节夫的司祭。清皇帝尊重战俘的宗教信仰，除了封马克西姆·列昂节夫司祭以七品官衔外，还将胡家园胡同内的一座关帝庙拨给他们作为临时祈祷所，这就是俄罗斯“北馆”，马克西姆·列昂节夫司祭将其命名为“圣索非亚”教堂。康熙皇帝的慷慨开明之举引起了俄罗斯东正教会的特别关注。1695 年(康熙三十四年)俄罗斯正教会托俄来华商队给马克西姆·列昂节夫送来承认“圣索非亚”教堂的证书，并带信说，俄罗斯正教马克西姆·列昂节夫司祭的被俘对传播基督正教这一神圣事业是有利的，并希望他不单为沙皇祈祷，也要为中国皇帝祈祷，以便在中国找到一个传播正教的立足点。

俄罗斯东正教在北京受到的厚遇使彼得一世在远东战略计划上有了新的灵感：他想以北京的“圣索非亚”教堂为窗口窥视清朝政府的政治动态。因此，彼得一世特别热心于俄罗斯东正教在中国的传播。他曾下特谕，要求俄罗斯东正教会认真物色西伯利亚传教人选，并要求把研习、通晓汉语及调查中国情况提到国家利益的高度。1711 年(康熙五十年)，彼得一世以允许康熙皇帝派遣使节经西伯利亚前往伏尔加流域访问流落在那里的土尔扈特蒙古部落及首领阿玉奇为条件，提出俄国派遣修士大司祭到北京接替马克西姆·列昂节夫司祭神职工作的要求。康熙皇帝接受了这一交换条件。1715 年 4 月 30 日(康熙五十四年三月二十七日)，彼得一世钦定的第一届"俄罗斯正教驻北京传教团"到达北京。1717 年(康熙五十六年)，第一届传道团的大司祭因酗酒过度而去世，彼得一世非常关注，立即下谕俄罗斯正教最高宗务会议(彼得一世实行宗教改革后的俄罗斯东正教会权力机构，向沙皇直接负责)物色新的人选并晋升为主教后派往北京。在沙皇政府处心积虑下，1727 年(雍正五年)，中俄签订《恰克图条约》。该条约规定：俄罗斯正教会可以定期派遣传教士到北京，固定驻地为北京东江米巷即东交民巷；每届可派遣传教士四名，并由清朝政府提供食宿；还可派遣六名俄国学生随传教士来华。1729 年(雍正七年)，第二届驻北京传道团到达北京。自此，由俄罗斯正教最高宗务会议派往北京的传道团实质上成了沙皇派驻北京的一个官方代理机构，执行着沙俄政府的对华政策。而俄罗斯正教会驻北京传道团的驻地则逐渐与商馆、学馆构成了"三位一体"的"俄罗斯馆"，也称俄罗斯"南馆"。

东正教在中国的历史在很大程度上就是俄罗斯正教会驻北京传道团的历史。

俄罗斯正教会自 1715 年至 1917 年，共向中国派出十八届驻北京传道团。东正教在华活动情况可分为五个时期：

第一时期(1715—1860 年)：这一时期，驻北京传道团的主要活动是利用各种途径获取沙俄政府需要的重要情报并进行分析研究，甚至直接参与策划侵华活动。如第九届俄罗斯正教驻北京传道团雅金甫修士大司祭(原名俾丘林)在北京的 13 年中对沙俄贡献卓著。自 1810 年至 1819 年间，雅金甫修士大司祭向沙俄政府先后提供大批情报资料。其中包括清朝政府的外交方针、欧洲天主教会传教士(包括耶稣会士)在中国的处境、中国的商业与物价情况及一幅巨大的《北京城郭平面图》。除此之外，雅金甫修士大司祭的"汉学研究"也是成果硕硕。他翻译了中国古代典籍《资治通鉴纲目》《大清一统志》及《四书》等，回国后出版了《西藏记事》《蒙古札记》《成吉思汗前四汗本纪》《三字经》和《北京记事》。其中《西藏记事》为当时俄国插手西藏地区提供了重要参考。自 1840 年至 1860 年，俄罗斯正教驻北京传道团则是直接参与沙俄侵华活动。1852 年 3 月，第十三届驻北京传道团修士大司祭巴拉第·卡法罗夫不仅提供了有关太平天国起义后中国的政治、经济和军事等方面的情报资料，而且向尼古拉一世提出一系列侵华方案(如利用咸丰皇帝的困难处境诱使其在逃亡时向俄国请求庇护以增加谈判砝码的建议)。1858 年 4 月，巴拉第·卡法罗夫等驻北京传道团成员直接帮助沙俄政府全权大使普提雅廷迫使清朝政府黑龙江将军奕山私自在《瑷珲条约》上签字，且条约的主要起草者就是第十三届驻北京传道团的医生米哈伊尔·达尼洛维奇·赫拉波维茨基。1860 年 10 月 16 日，第十四届驻北京传道团修士大司祭固里·卡尔波夫和第十二届驻北京传道团成员塔塔林诺夫直接参与了沙俄政府的"外交"活动，以帮助清朝政府与英、法调停为条件迫使奕䜣承认《瑷珲条约》的所有条款。同年 11 月 14 日，又签下不平等的《中俄北京条约》(又名《中俄续增条约》)。

1860 年签订的不平等《中俄北京条约》取消了 1727 年中俄《恰克图条约》中有关驻北京传道团是俄中之间外交和贸易中介桥梁的规定，沙俄政府直接由外交部派公使进驻北京。原来驻北京传道团长期活动的场所俄罗斯"南馆"成了俄罗斯政府在北京的使馆，驻北京传道团由"俄罗斯正教最高宗务会议"直接管辖，活动场所退回到最初的俄罗斯"北馆"。

第二时期(1861—1898 年)：这一时期，由"俄罗斯正教最高宗务会议"派遣的驻北京传道团与沙皇政府的政策仍有密切联系，但逐渐改变了传道团参与俄国外交活动的方针，开始将活动重心转向传教。这一政策的转变使俄罗斯东正教开始在北京、内蒙古、汉口等地有所传播。如第十六届传道团修士大司祭高连茨基在传教方面做了不少工作，传教情况有所发展。但是俄罗斯正教的传教相对同一时期的基督教(新教)和天主教而言是很不理想的。主要原因：一是传教团编制太少。传道团一般由一位修士大司祭、三位修士司祭及一两位修士辅祭组成。几名俄籍神职人员还不够为俄国使馆的外交人员或其他俄籍人员主持宗教活动，要想在中国人中传教就更是力不从心。二是传教经费不足。自《中俄北京条约》签订以后，清朝政府理藩院不再定期向俄罗斯正教驻北京传道团提供生活费用，每年由“俄罗斯正教最高宗务会议”给予的经费不足以传教。三是神职人员传教积极性不高。神职人员常因思念家人而中途回国，外加经济拮据，把来北京传道看做一件苦差事。四是俄罗斯正教传道团与中国知识分子相互疏离。中国知识分子对东正教的态度应该是东正教难以在居民中有较大发展的主要原因(张绥：《东正教与东正教在中国》)。

第三时期(1899—1917年)：这一时期，东正教在中国得到较大发展。中日《马关条约》的签订使沙俄政府也加大了向远东扩张的力度。沙俄政府以军事讹诈和调停怀柔相结合向内忧外患的清政府谋取了许多权益。如在中国设立华俄道胜银行，在我国东北地区修筑中东铁路，租借我国“旅大”并改称为“关东边省”。1900年，义和团运动风起云涌。当义和团进入北京后，作为东正教传道据点的俄罗斯“北馆”遭到愤怒冲击，“圣索非亚”教堂被焚，多名东正教信徒被杀(其中包括司祭一名、诵经士一名和几个教会执事人员)，北京东安定门外的俄国墓地也被胸怀民族仇恨的义和团挖掘。第十八届俄罗斯正教驻北京传道团修士大司祭英诺肯提乙·费古洛夫斯基率领一部分神职人员逃入俄罗斯“南馆”避难。1901年不平等的《辛丑条约》签订以后，修士大司祭英诺肯提乙·费古洛夫斯基暂时借住雍和宫。1902年修士大司祭英诺肯提乙·费古洛夫斯基归国向“俄罗斯正教最高宗务会议”述职并被晋升为主教，后又率领比以前更庞大的传道团返回中国。从1902年起，第十八届驻北京传道团规模扩大，经费增加(除了沙俄拨给的经费有所增加外，传道团还从“庚子赔款”中取得了一笔可观的赔偿费)，这为东正教的发展创造了条件。

这一时期，东正教在中国的较大发展表现为：首先，在俄罗斯正教信仰者中，中国籍居民数量明显增加(不过俄罗斯正教驻北京传道会的“侨民教会”性质仍没有改变)；其次，中国籍神职人员和教职人员人数有所增加；再次，俄罗斯正教逐渐由北京周边地区向天津、上海、东北三省及内蒙古地区传播。

这一时期传道获得较大发展的原因是多方面的，其中第十八届驻北京传道团修士大司祭英诺肯提乙·费古洛夫斯基主教“功不可没”。英诺肯提乙·费古洛夫斯基主教不仅神品高而且理财能力强。他复建教堂，置办产业，并在其地产上新建教堂、钟楼、图书馆、修道院、学堂、神学院以及坟地教堂等，还开办了各种教会工厂，如面粉厂、牛奶厂等。由于英诺肯提乙·费古洛夫斯基主教善于经营又巧于剥削，第十八届驻北京传道团在传道和理财方面都颇有起色。不过后期英诺肯提乙·费古洛夫斯基主教因投资失败，导致后来成立的“中国东正教会”北京总会财政困难。

第四时期(1917—1924年)：这一时期中国的东正教“侨民教会”特色十足，俄罗斯正教驻北京传道团更名为“中国东正教会”。1917年11月7日，俄国十月社会主义革命取得胜利。1918年，苏维埃人民委员会颁布法令，实行教会与国家分离。1922年，苏联政府取消俄罗斯正教的牧首制度。随之，俄罗斯正教“国外临时主教公会议”在塞尔维亚-卡尔洛瓦洛齐成立。中国的东正教会对苏维埃采取敌视立场。1922年，中国的东正教会断绝了同俄罗斯正教莫斯科牧首区的隶属关系，接受在塞尔维亚-卡尔洛瓦洛齐成立的俄罗斯正教“国外临时主教公会议”管辖。1924年5月，中国政府和苏联政府签订的《中苏协定》要求将俄罗斯正教教堂的财产移交苏联政府。但作为中国东正教会北京总会主教的英诺肯提乙·费古洛夫斯基立即向中国政府提出，中国东正教会是中国的，与苏联政府无关。随后俄罗斯正教驻北京传道团正式更名为“中国东正教会”，总部设在北京，下辖北京、上海、天津、哈尔滨、新疆等教区，由英诺肯提乙·费古洛夫斯基担任中国东正教会主教。

这一时期，由于大批沙俄军官、官吏、商人、地主、贵族、皇族和俄罗斯正教的各级神职人员逃到北京、上海、天津、哈尔滨、新疆等地，俄罗斯正教在中国的教会变成了十足的“侨民教会”，特别是哈尔滨教区简直成了俄国“难民”的收容所、救济院。

第五时期(1924—1956 年)：这一时期中国东正教会各个教区相对独立，北京总会中心地位下降。自俄罗斯正教驻北京传道团与苏联政府断绝关系后，北京总会的财政日益困难。而其他教区的教会财源充足，却与北京总会保持相当大的独立。1924 年，北京总会实行编制裁减，中国籍神职人员除了杜瀚臣、罗明志、杜秀峰外全部被遣散。1931 年英诺肯提乙·费古洛夫斯基主教去世以后，设在塞尔维亚-卡尔洛瓦洛齐的俄罗斯正教“国外临时主教公会议”任命上海教区的西蒙主教担任“中国东正教会”的大主教。西蒙于 1933 年去世，后由维克托尔担任中国东正教会大主教。这一时期的北京总会因财政问题日见萧条，因维克托尔在抗日战争爆发后与日本帝国主义操纵的“俄侨防共委员会”交往甚密而使中国籍神职人员受到歧视。不过，1946 年维克托尔改变立场，在其控制下的“中国东正教会”北京总会和哈尔滨教区采取一致行动断绝了与俄罗斯正教“国外临时主教公会议”的关系，重新归属莫斯科牧首区管辖。1950 年中国籍神职人员杜润臣在苏联莫斯科晋升为主教。1956 年，根据中苏两国政府所达成的协议，莫斯科牧首区同意中国东正教会取得自主地位。随着自主的“中华东正教会”成立，俄国侨民纷纷离开中国。到 1966 年，中华东正教会所辖的五个教区逐渐不再进行宗教活动。

（常晓琮）

# 65. 马礼逊来华传教与中西文化交流

马礼逊(Robert Morrison，1782—1834年)，生于英国北部的一个贫寒家庭，受其父亲宗教思想的熏陶，从小致力于《圣经》和其他宗教书籍的学习，16岁加入英国长老会，20岁入神学院学习。1807年9月受伦敦传道会的委派来到中国广州，开始了他一生在华的传教生涯。

早在来华之前，马礼逊便开始学习中文，他说："不具备传教所去的那些国家的语言和文学知识，怎么能够让这些国家的人们了解和说明道德和精神的真谛，以及神迹的显现呢?"他首先跟当时在伦敦的青年华人容三德(Yong Sam-tak)学习中文，同时参阅伦敦大英博物馆仅存的罗马天主教徒巴设(J. Basset)所译的中文《新约圣经》一册。仅在数月间，他就把博物馆的圣经译稿及皇家学会拉丁文的中文字典全部抄写了一遍，并把《新约圣经》的抄录本一直带到中国。这个抄本对他以后翻译中文圣经起了很大的借鉴作用。

近代基督教传教士东来，是随着西方各国经济的发展，向全球寻找市场和原料产地这样一个大前提下出现的。马礼逊来华前伦敦会给他的任务主要有：一是能找一个机会担任数学家的职务，进行讲学，也可以讲授英语；二是能在广州住下来，学会汉语；三是编一本汉英字典；四是翻译《圣经》。从这些任务看，英国当局急需了解中国，并把传教作为进入中国的先导，把学习汉语和编写汉英字典作为重要手段，因为这些都是沟通中英关系的工具。马礼逊来华后，马上开始进行汉语的学习。通过一个阶段的中文学习，马礼逊也发现了学习中文的困难，认为中文是"这世界上最难的文字"。尽管如此，马礼逊并没有畏惧。到广州后，他不顾清廷的禁令，聘请两位中文教师，教他广东话和官话。来自北京的天主教士殷坤明，则用拉丁文教他满语，罗谦及高先生还教他中国经史之学。由于当时清廷严禁中国人教西方人学中文，因而给马礼逊教授中文的这些人非常害怕清廷查究，其中有个人身上经常带着毒药，以防遇着清吏即服毒自尽，免受牢狱之苦。据当时与马礼逊过从甚密的美国人威廉·C. 亨特说，马礼逊"不得不在晚上学习中文，并将房间里的灯光遮蔽，以保护他自己的中文教师"。就是在这样困难的情况下，马礼逊仍是孜孜不倦地研习中文，他的中文进步神速，1809年被聘为东印度公司中文翻译，1810年完成《使徒行传》的中文翻译，1811年又翻译完《路迦福音》，以后又陆续完成了《圣经》其他部分的翻译。基督教的经典得以完整地介绍到中国，马礼逊是第一人。

将西方基督教文化经典《圣经》翻译成中文，是马礼逊在思想文化领域向中国介绍西方文化的最大贡献。基督教从唐代(时称景教)传入中国，迄今已1300多年。虽然从其传入之始，便有景教徒将《圣经》经卷汉译以便广布，然而直到19世纪，尚没有出版完整的《圣经》中译本。1808年，肩负着伦敦会的使命，马礼逊来华后，即开始了被视为他"事业的顶峰之一"的《圣经》汉译工作。他独自完成了《新约》第一部分的翻译工作。后在米怜的帮助下，以坚强的毅力于1819年将包括《旧约》和《新约》在内的《圣经》全部翻译完毕，共21卷，由39本译著组成，1823年在马六甲出版，中文名为《神天圣书》。除《圣经》外，马礼逊还翻译出版了《神道论赎救世总说真本》等其他宗教书籍。

马礼逊抨击了中国士大夫著述所用的文体，他说："中国有学问的人，像黑暗时代（指中世纪时期）欧洲有学问的人一样，认为每种受尊崇的书籍，应当以拉丁文书写，不能用土著方言。朱夫子（朱熹）在他的哲理论文中开始别开生面。因为新观念的传达，诚不如用浅白文字为好，中文经典式的古文辞，简略至甚，只可使旧观念复兴而已。采用这种深奥艰涩的文体翻译《圣经》，要么是取悦于有学问的人，要么是炫耀自己的才华。这无异于古埃及的祭司们，据说他们用象形文字来书写他们的经文，除了他们自己或少数人能理解外，真是难以找到其他能懂的人。在《圣经》的翻译中，应该承认，用浅白、简易的原则是可行的。"这可以说是我国白话文史上的一段珍贵文献。一个外国人对中国古代文体认识得如此深刻，确为难能可贵。

正是为了使译本更符合中国人的语言习惯，马礼逊聘用中国学者为他校正译文，他的中文老师高先生，甚至梁发都是马礼逊译本的润饰加工者。在马礼逊看来，《三国演义》在中国是非常受推崇的著作，采用这种文体，一方面具有经典著作的某些庄重和尊严，又避免经典的极其简洁，而使人难以理解，同时又没有了口语化的粗俗。所以马礼逊说："就文体而言《三国演义》被认为是中国最具可读性的作品。"马礼逊认为，翻译《圣经》最好的文体是根据经典注疏和《三国演义》结合而产生的文体，这种文体最适合于《圣经》翻译和其他宗教著作。经典注疏解决的主题通常是非常庄重的，因此，经常仔细地阅读它们，受之影响形成的文体很适合神圣之物的尊严，而根据《三国演义》的模式形成的文体，则具有表达平实流畅的特点。

马礼逊《圣经》中译本作为中国第一部全译本，其影响是深远的。《圣经》作为基督教经典，它的中文全译本的出版，无疑对基督教在中国的传播产生了重要影响。在当时中国严禁传教士布道的情况下，散发《圣经》译本和其他宗教小册子就成为在华传教士进行传教的一个重要方式。马礼逊在谈到翻译《圣经》对传教的作用时说："一个外国人的不精致的书面翻译，能够使一个当地学生很清晰地理解圣经的思想和含义，比口头表达效果要好得多。"伦敦会的创始人勃格博士也说："《圣经》中译本是实现传教目标的最重要的著作，被剥夺讲道的机会是很令人痛心的。但你的翻译如果不是为你自己，起码也是为其他人在传教上奠定了一个基础。除此之外，很明显，当你完成第一部著作时，上帝会为你在中国布道敞开一扇宽广和便利的大门。尽管那个国家（中国）目前仍然对基督教真理紧闭国门，但我相信，上帝将为他的箴言和传教士提供一个突破口。中国直到现在还没有显示其重要性，是因为还没有一个人去占领它。你的翻译就是一个重要的前奏。"马礼逊《圣经》中译本在欧洲也引起轰动，坚定了各差会对中国传教的信心。英国圣经公会在给马礼逊的信中说："一个用他们本地的语言翻译的《圣经》全译本，除了给中国人带来难以估量的利益外，你的译本的印刷已经在那些从前如果不是对传教本身怀有敌意，也是对《圣经》的传布漠不关心的人中赢得了许多朋友。《圣经》全译本将以这种方式产生最有力的影响。"

评价新教早期成就的真正标准，不在于它收到了多少信徒，而在于它为后来的工作奠定的基础。最重要的基础是准备了初步的，但却是大批的中文基督教书籍。在马礼逊的影响下，到 1842 年，新教传教士在广州、澳门和南洋地区共翻译出版了介绍西方文化、宗教、政治、地理、历史、经济等方面知识的中文书刊达到 138 种。马礼逊翻译《圣经》和其他宗教书籍，将西方文化介绍到中国，有助于中国知识分子对根深蒂固的"天朝上国"思想观念进行反思，开始睁开眼睛看待世界，进而发出"师夷长技以制夷"的呼声。马礼逊翻译《圣经》和其他宗教书籍的努力是开创性的，将西方文化介绍到中国，为西方文化的全面东渐奠定了基础，开始了中国文化多元化的进程。这一进程虽然表现为中国传统儒家文化和西方基督教文化的冲突和整合，但儒家文化一统天下的局面被打破，中国文化开始出现多元化的趋势，向着现代文化的方向发展。

马礼逊从早期亲身传教经历中认识到，“正如中国人需要欧洲人的帮助一样，欧洲人也需要了解中国”。传教士必须对中国历史、文化、语言、政治、制度、风俗、习惯等有所了解，这样就有可能在禁教的中国顺利居住和传教。因为会说汉语，对中国文化有所了解，就能更多地与中国普通百姓接触，更有效地向他们传播基督教真理；会说汉语就可以减少被中国官府发现和驱逐的可能性；会说汉语，对中国包括中国的对外贸易有所了解，将有助于贸易掠夺，摄取更丰厚的利润。马礼逊不遗余力地编写汉语书籍、翻译中国文化经典、编纂《华英字典》以及东印度公司慷慨资助出版《华英字典》，其真正目的就在于此。

从1808年起，马礼逊开始编撰《华英字典》，第一卷于1817年出版，书名为《字典》。这是依照1807年(嘉庆十二年)刊刻的《艺文备览》进行英译，采取汉英对译的方法，按汉字笔画分成214个字排列；第二卷名《五车韵府》；第三卷为《英汉字典》。整部《华英字典》到1823年全部出版。马礼逊在谈到这部字典的编撰时说：“我希望这部字典会给以后来华的传教士提供极为重要的帮助。”该字典旨在为西方人和传教士学习中国语言文化，了解中国社会政治，熟悉中国风俗习惯服务，所以按中文到英文的格式排列。字典内容丰富。马礼逊在编纂字典的过程中，大量地研究中国的社会政治、文化宗教、生活习俗、教育体制等，参照的中文书目达万卷之多，仅从《康熙字典》就引录40000多个中文单词。为了使字典更清晰易懂，马礼逊还根据自己的经验和理解，在排列过程中加入许多注解和例句。此外他还编撰了英文的《汉语语法》《广东土话字汇》等。这些字典的编撰，既便利了西方人学习中文，客观上为沟通中外文化交流作出了贡献，又对当时日本、朝鲜等国中文字典的编注也提供过有益的借鉴。

除此之外，马礼逊在华传教期间，还从事了编写书籍、创办报刊等向西方介绍中国文化的活动。马礼逊认为，中国是一个文明古国，其创造的文化遗产远非欧洲哪一个国家能比拟。翻译中国文化经典将有助于西方更好地了解中国。1812年，马礼逊翻译的《中国文学经典汇集》，包括《三字经》《大学》《三教源流》《搜神记》以及《太上老君》等，在伦敦首次出版，其内容广泛涉及中国古代的思想、宗教、文学等各方面内容，这是当时英国人介绍中国文化书籍最重要的著述。他认为中国的偶像崇拜(佛教)缺乏对上帝的孝悌，主张在上帝面前人人平等，人们之间都是兄弟姊妹关系，这就冲击了中国传统的上下尊卑的等级观念。

马礼逊还用中文著述了一部地理著作，名为《西游地球闻见略传》，1819年出版，这本29页的著作介绍了一个四川省的旅行者西游的经过。他从西藏出发，途经印度，在加尔各答乘船去了法国，最后取道美国返回中国，在广州上岸。书中详述了沿途国家和欧洲各国的教育状况，研究了外国文学，介绍了西方关于宇宙起源的观点和欧洲的地球观，还附有一张带说明的世界地图，同时还记述了欧洲国家的政府、习俗、宗教。这是新教士最早出版的向中国介绍世界地理的著作，可谓开新教传教士地理学著述之先河。

1815年，他编写出版《中文语法》，并配有详细注释，1816年、1817年和1828年分别编写出版《中文会话及凡例》《中国一瞥》，1824年出版《中国历史与现状》。1832年，马礼逊又和美国传教士裨治文合作编辑中国近代著名的英文报纸《中国丛报》。《中国丛报》前后存在20年，出版20卷，发表涉及有关中国政治、地理、语言、文化、教育、宗教、社会、商贸、外交等各方面的文章1378篇，其中马礼逊两年之内便发表91篇。《中国丛报》作为世界了解中国的一个窗口，对加深中西方的相互了解产生了较大的影响。

除了办刊物之外，马礼逊还创办教育。早在1818年，马礼逊先在马六甲，后在香港创办了英华书院。1835年广州的外国人发起组织“马礼逊教育会”，并在此基础上创办“马礼逊学堂”，课程除汉语外，还有英语、算术、代数、几何、生理学、地理、历史等课程。学生经过三四年的授业之后，一般都能掌握英语的讲述和翻译。中国早期的改良派容闳就曾是马礼逊学堂的学生。马礼逊学校虽然创办在马礼逊去世以后，但它为纪念马礼逊而创办。因此可以说，如果没有马礼逊，就不可能有马礼逊学校，就不可能有马礼逊学校西学东渐的成就。

马礼逊在华传教25年，总共出版了21部英文书，其中14部与中国语言、文化和历史有关。由于马礼逊在传教和中西文化交流方面的贡献，1817年被格拉斯哥大学授予神学博士学位，1823年回国期间被英国皇家协会选为会员，并受到英国国王的接见，1834年被英国国王授予中文秘书兼翻译，同年在广州去世。

马礼逊首次将《圣经》系统地翻译介绍到中国，这是天主教传教士在华两百多年所未能完成的事情，在中西文化交流史上有着重要意义。马礼逊是将西方文化经典系统翻译成中文的第一人，也是比较系统地将中国文化经典翻译成英文的第一位西方人。当然，马礼逊介绍西方文化的努力旨在顺利促进基督教在中国的传播，把基督教思想传播到远东地区，打破中国人的“迷信”和“愚昧”。但无论如何，作为早期踏上中华土地的新教传教士，马礼逊在中西文化交流方面的努力是开创性的，为中西文化的交流作出了重大贡献。

（周凯）

# 66. 英国马戛尔尼使团来访

1792年，英国国王乔治三世派遣了以马戛尔尼勋爵为正使、斯当东男爵为副使的庞大使团，分乘大小船只五艘，于9月26日从英国普茨茅斯港出发，沿大西洋南行，经佛得角，穿越赤道，再绕过好望角，进入印度洋，经过9个月惊险而又有趣的航程，终于在1793年6月21日到达中国澳门外万山群岛。这就是历史上著名的“马戛尔尼使团”。

此时的中国，正值清代乾隆后期，“康乾盛世”还没有落幕。清统治者仍然奉行着儒家“君权神授”的学说，自认为“授命于天”“君临天下”“统驭万方”“中土居大地之中”，是“天朝上国”“天朝物产丰盈，无所不有，原不藉外夷货物，以通有无”。

但派遣使团的英国，在这一时期却是另外一种景象。早在17世纪，资产阶级革命就在英国取得了胜利，18世纪后半叶的产业革命又极大地推动了社会生产力的发展，因而国力日益强盛。到了19世纪中叶，英国已成为世界上第一个工业强国。它到处开拓市场，掠夺海外殖民地，称霸世界，正处在资本主义的青春之际。

马戛尔尼使团访华，由东印度公司建议，经英国政府决定派遣的英国政府正式使团是带着商务和政治的双重目的访华的，目的是想通过与清王朝最高当局谈判，改变现行的贸易体制，扩大通商，建立经常的外交关系。在强大的政治和经济利益的驱动下，此次访华经过了精心的策划和准备。为出使有名，不致招来清廷的疑忌，英人以补祝乾隆帝80寿辰之名来华，把大使作为向皇帝祝贺的使节团介绍给清廷官员。

在马戛尔尼使团启程之前，英国东印度公司董事长弗兰西斯·培林爵士给署两广总督、广东巡抚郭世勋写了一封信，用英文和拉丁文各写一份，通知马戛尔尼勋爵奉命访华。在这封信里，培林爵士说：“最仁慈的英王陛下听说贵国皇帝庆祝八十万寿的时候”，“为了对贵国皇帝树立友谊，为了改进北京和伦敦两个王朝的友好来往，为了增进贵我双方臣民之间的商业关系，英王陛下特派遣自己的表亲和参议官、贤明干练的马戛尔尼勋爵作为全权特使，代表英王本人谒见中国皇帝，深望通过他来奠定两者之间的永久和好”。从这封信的行文方式、用词和口气看，都是按双方是一样的地位、平等的关系来叙述的，英王和清帝都是大国之主，地位相当，不是君臣之间的隶属关系，只想平等地经商牟利，并非乞沐皇恩。郭世勋当然不敢如实地翻译和转奏，便把英文、拉丁文的信函原件呈上，又将信译成汉文，作了修改，把平行口气译成下对上、外夷对天朝的禀帖口气。其译文为：“咭唎总头目官、管理贸易事百灵谨禀请天朝大人钧安。敬禀者，我国王兼管三处地方，向有夷商来粤贸易，素沐皇仁。今闻天朝大皇帝八旬万寿，未能遣使赴京叩祝，我国王心中惶恐不安。今我国王命亲信大臣，公选妥干贡使马戛尔尼前来，带有贵重礼物进呈天朝大皇帝，以表其慕顺之心，惟愿大皇帝恩施远夷，准其永远通好，俾中国百姓与外国远夷同沾乐利，物产丰盈，我国王感激不尽。”

乾隆看到郭世勋的奏折及培林爵士之信的译稿，以为强大的远夷国王遣使前来，为自己祝寿，非常高兴。虽然他曾接受过各藩属国家使臣的无数次朝拜，但这次是从遥远的欧洲来到中国的第一个英国官方使团。尽管当时乾隆皇帝还不知道英国在世界的地理位置，对他们国家的情况也不甚了解，但对英国国王派使臣不远万里来朝的一腔“向化之忱”非常满意，即命内务府大臣徵瑞为钦差大臣，专司接待英使事宜。同时命沿途地方官员以“不卑不亢”的方针，优礼接待英国使团。

使团船只从澳门出发，经东海、黄海进入渤海，沿途经浙江、江苏、山东沿海直达天津，由天津乘坐内陆船到通州，再到北京。马戛尔尼一行在北京西北的圆明园休息数日后，便直奔承德避暑山庄，参加在那里举办的庆祝乾隆皇帝 83 岁寿辰的庆典。

9 月 8 日，马戛尔尼、斯当东及其随员共 92 名到达避暑山庄。在这里等候的乾隆皇帝早在行宫御花园的高台上，观看使团队列整齐地进入热河。英使到达热河之后被安排在豪华的佟王府居住。清政府对使团来访非常重视，皇帝早就令军机处拟订了一套接待英使的计划，包括觐见、赏赐、宴请、看戏、游览等活动。但就在这一节骨眼上却发生了“礼仪之争”。

按照清朝规定，外国使臣来华觐见中国皇帝，必须行三跪九叩首礼。而马戛尔尼认为，向中国皇帝行三跪九叩首礼有损大英帝国的尊严，他主张觐见时向皇帝行单膝下跪的英式礼节。为此双方多次协商，费尽了口舌，但始终未达成一致。

乾隆皇帝对英使的表现非常生气，随之取消了原定于八月初六的觐见活动，同时下令减少对使团成员的赏赐与供给，英使面临着被驱逐的危险。在这严峻的时刻，双方都不愿因礼节分歧而破裂，马戛尔尼不得不收敛高傲的态度。同时，清廷也作了一定的让步，因而双方达成了这样的共识：清政府允许英使在礼节性的欢宴上行英国式礼节，但在澹泊敬诚殿正式举行乾隆万寿盛典时，必须行中国的三跪九叩首礼。乾隆皇帝得知后，态度有所缓和，说：“伊等航海远来，因初到天朝未谙体制，不得不稍加裁抑，今既诚心效顺，一尊天朝法度，自应仍加恩视，以遂其远道瞻觐之诚。”乾隆皇帝还令军机处大臣带领使臣一行参观游览，尽情观赏皇家园林的湖光山色。

万寿节当天，马戛尔尼率使团代表觐见了乾隆。关于觐见时的礼节，中英双方的文献记载有出入。中方文献记载马戛尔尼向乾隆皇帝行了三跪九叩首礼，同时将英国国王乔治三世的表文及精美的礼品，当面贡献给了乾隆皇帝。英国的礼品共 19 宗，内约 590 余件。这些礼品均是当时英国所藏之精品，也是英国先进科学技术的代表作，其中有天文地理仪器、枪炮、车船模型、玻璃火镜等。清室本着“薄来厚往”的原则，分别赏赐英王及使臣随员丝绸缎绒、瓷器玉器及各类工艺品 3000 多件。

英使马戛尔尼一行参加乾隆皇帝的万寿庆典活动后，很快便起程回到北京。清政府曾规定，凡外国使者在京逗留的时间不能超过 40 天，因此马戛尔尼原准备在北京过中国元旦的计划被拒绝了。此时英国国王的表文也由在京的西方传教士译出，送给了乾隆皇帝。表文中，英国要求派人常驻北京。对此乾隆皇帝大为恼火，严厉指出：“与天朝体制不合，断不可行。”随即颁致英王敕书一道，交予马戛尔尼带回。

此时，马戛尔尼也感到事态严峻，于是他本人起草了一封题为“大不列颠国王请求中国皇帝陛下积极考虑他的特使提出的要求”信件。在信中，马戛尔尼提出五项要求：

(1)英政府派人常驻北京，设商馆管理在华贸易商务。

(2)在广州、宁波、舟山、天津等地开辟通商口岸，进行自由贸易。

(3)英政府占舟山群岛中的一个岛作为英商民居留、陈货之地。

(4)要求减免英商在广州交纳的税额。

(5)在广州附近划出一处给英商居住，允许英人自由出入广州。

乾隆皇帝大为恼火，在批复中严词拒绝了马戛尔尼的要求，并限令使团在规定的日期之内必须离开中国。这样，历时204天的马戛尔尼使团访华之行就结束了，中英之间的第一次官方正式接触也没有取得实质性进展。但通使团访华，双方还是有了初步的了解，这对以后中英关系的发展产生了重要的影响。

（雷平）

# 67.《古今图书集成》的编修

《古今图书集成》一万卷，是我国古代规模最大的类书，编者为清代的陈梦雷。陈梦雷(1650—1741年)，字则震，又字省斋，福建闽县人。1670年(康熙九年)进士，为庶吉士。1672年(康熙十一年)授翰林院编修。1673年(康熙十二年)回乡省亲，适逢耿精忠叛乱，约陈梦雷参加，陈梦雷佯装生病，暗地里与当时也在家乡居住的同年李光地密谋，派人秘密向朝廷呈送情报。三藩之乱平定后，李光地因向朝廷密送情报有功而受奖升官，但却隐瞒了陈梦雷参与密谋之事，陈梦雷因此以从逆的嫌疑治罪，于1680年(康熙十九年)入狱，次年论斩，后经康熙旨意免除死罪，流放到沈阳尚阳堡。1698年(康熙三十七年)陈梦雷被召还京师，虽然无官无职，但是很得康熙皇帝和三皇子胤祉的敬重。为此，陈梦雷深为感激，在入胤祉府前后便产生了编书以报答恩遇的想法。经过一番酝酿，于1701年(康熙四十年)正式开始雇人抄写。在此之前，可能已经拟出全书的大概结构或者起草了凡例。五年之后，初稿完成，名为《古今图书汇编》，陈梦雷的《进汇编启》比较详细地记叙了他编纂《汇编》的起因、过程及其规模。《汇编》经由胤祉进呈给康熙帝看，康熙将其改名为《古今图书集成》，原拟交武英殿刊行。由于时日迁延，到1722年(康熙六十一年)康熙帝驾崩，雍正即位，胤祉获罪遭禁锢，陈梦雷也因此遭到牵连，再次被流放关外。雍正命户部尚书蒋廷锡为总纂，对《古今图书集成》重新进行核对整理，增删润色，全书于1726年(雍正四年)告成。在这部书上没有留下陈梦雷的名字，陈梦雷为之耗费了二十来年心血的著作就这样被雍正及其僚臣给窃取了。但是当政治的阴霾随着时间流逝以后，陈梦雷的名字及其功绩也终于和《古今图书集成》一起彪炳史册了。

《古今图书集成》全书共分为6汇编，32典，6117部。它规模宏大，征引材料丰富，仅次于明代的《永乐大典》。但就其内容范围而言，天文地理，社会生活，林林总总，无所不包，完全称得上是我国封建时代的百科全书。以往的类书在征引文献材料时，大多偏重于零章断句，不利于读者的检索，《古今图书集成》则注重征引文献的系统性和完整性。例如《艺文类聚》天部的“天”字条所引的《楚辞·天问》只有几句话，但是《古今图书集成》的《天部·艺文》则将《天问》全文收录。此外，在征引资料时，也一定程度上克服了重古轻近的倾向，对反映清代政治、天文和医学方面新成果的书籍也比较重视。比如许多清人的历算著作都全文辑录，《医部》中也收录了很多清人著作。对于清朝编纂的省、府、州、县的志书，尤其是皇帝谕旨，一直收录到1718年(康熙五十七年)底为止。这使全书具有浓厚的时代气息。《古今图书集成》对保存在古代类书中的佚文十分重视，比如其中大量引录了新、旧《唐书》中缺略的而《册府元龟》中存有的史料，以及遗存在《北堂书钞》《艺文类聚》《太平御览》等类书中的资料。《古今图书集成》既重视从经、史、子、集中直接引录，也不废弃类书中的遗存，这是它资料征引丰富的重要原因。但是由于《古今图书集成》编纂时清政府并没有系统地收集图书供其使用，也没能充分利用当时还存世的《永乐大典》，所以在资料的征引方面有一定的局限性。《古今图书集成》收录文献范围广，图文并茂。图画和文字一样，都是用来记述事物、表达思想的重要工具。就历史来说，图画的出现比文字更为久远。在古代，由于图画的制作和复制都比文字的抄写与印刷困难，因此明代以前的类书都不收录图画，一直到明代才有类书开始收录图画。《古今图书集成》则大量收录了图画，分编在相关的典部中。据统计，收录图画的共有28个典、1472部，计6244幅，这在中国古代类书中是绝无仅有的。在图画的内容方面，包括了天文星象图、省府地图、山岳形势图、花草树木图、禽虫鸟兽图、工具器物图等。图形绘制精密审慎，后曾单独印行。在大量引用图形之外，《古今图书集成》还引录和制作表格，引录一些人物传记资料，补充了古代类书在这方面的缺陷。

《古今图书集成》结构严谨，体例完备。类书作为工具书，对结构、体例的要求比一般著作更加严格。《艺文类聚》《初学记》等类书之所以被人称道，就是因为在体例上有所革新创造。《古今图书集成》体例上最大的成功之处就在于将古代各种编排方法综合归纳，融会贯通。它以类序为主干，纵向分为汇编、典、部三级目录，递相统属，以部为基础类目，每个基础类目以下横向设十个纬目，分别包纳相应的文献资料；纬目以下的条目也都按照一定的顺序排列，在不同的典、部中分别采用不同的编排方法，如《氏族典》用韵序方法，《职方典》《山川典》用地序法，《经籍典》在经、史、子、集的大结构下再细加排列。《古今图书集成》之前出现的许多排列方法，《古今图书集成》都将其包纳在自己的体系之中。宏观上以三级目录为主干，十个横向纬目为枝干，纵横交错；微观上因典而宜，适当地采用各种编排方法，即贯彻了“以类相从”的原则，又在一定程度上运用其他编排方法予以补充，使《古今图书集成》在可查阅性上达到了古代类书的最高水平。

《古今图书集成》各部的卷帙都由实际情况决定，并非一味要求平衡。一般情况下，每部下面都分别设有“汇考”“总论”“艺文”“纪事”“杂录”“外编”六个部分，分别根据各自的要求辑录相关资料，如果某一部没有某方面的资料就不设该类目。“汇考”所收的都是一部中的大事，大事又分两种情况：一是有年月可考的，一是无年月可考的。对于有年月可考的，就用编年体的模式，以事为经，以年为纬，记载一件事情的始末沿革。对于没有年月可考的大事，就将经史列在前，子集列在后，以互相参证。这样虽然年月不详，但是对于时代的先后、事物因革损益的源流、古今称谓变化、种类性情及其制造方法也就可以大概了解了。如《古今图书集成》开篇为《天地总部汇考一》，就顺次征引了《易经·系辞上传》《礼记·曲礼·月令》《春秋纬·感精符》《河洛纬·括地象》《大戴礼·曾子天圆》《晋书·天文志》《宋书·天文志》《隋书·天文志》以及朱程《三柳轩杂识·天地形体》，就是按照先经史后子集的顺序依次辑录材料，展示了历代关于天地的各种说法，同样很有价值。每部“汇考”之后是“总论”，就是总汇古今对该部的评论。如《史记部总论》汇集了古今对《史记》的重要评论。首先辑录了唐代刘知幾《史通》的《六家》中有关《史记》的部分，其次辑录了明代凌稚隆《史记评林》中所收的《诸家总评》，其中包括郑樵、晁无咎、苏辙、叶盛、李清臣、吕祖谦、秦观等26位学者的评论。可以说，对《史记》的重要评论差不多集中在这里了，为使用者提供了极大的方便。每一部的“艺文”，以词为主，议论虽偏但词藻可取的都在辑录范围内；篇多的就选择其中的精华部分，篇少的就全部征引；大抵隋唐之前的比较详细，宋以后则从略。总的来说，这一部分除了诗词之外，大多是史书的论赞或者读史的感慨之作，和《昭明文选》“事出于沉思，义归于翰藻”的选录标准有异曲同工之处。“纪事”和“杂录”则分别是对“汇考”“总论”以及“艺文”的补充。《凡例》中说：“大者入于汇考，其琐碎亦有可传者，皆按时代列正史于前，而一代之稗史、子集附之”，“亦有后人杂记而及数代以前之事者……仍采附于前”。以《史记部纪事》为例，《汉书·杨敞传》中说到杨敞之子杨恽，并说“恽母，司马迁女也。恽始读外祖《太史公记》，颇为《春秋》”。这段记载虽然琐碎，但是对我们了解司马迁的社会关系以及《史记》的流传情况等是很有参考价值的。再如《三国志·王肃传》中，王肃在回答皇帝“司马迁以受刑之故，内怀隐切著《史记》”时说：“司马迁记事不虚美，不隐恶……汉武帝闻其述《史记》，取孝景及己本纪览之，于是大怒，削而投之，于今此两纪有录无书。后遭李陵事，下迁蚕室。此为隐切在孝武而不在于史迁也。”这一记载同样细碎，但是对研究《史记》的成书及其对司马迁的评价等同样很有价值。“纪事”偏重于事，“杂录”则偏重于论和艺文。从实际情况来看，“杂录”多收录史传和笔记琐言，起到了巨细不遗的作用。还有一些部设立了“外编”，专门辑录释、道之书有关该部的言论，因其为“方外”，所以称为“外编”。总体来说，每部的“汇考”“纪事”偏重于事，“总论”“杂录”则偏重于论。这种把历史文献资料分为事和论的做法，明显是受到马端临《文献通考》的影响，只是在处理方法上稍微有些不同。例如释、道之言中难免有些荒唐之辞、臆造之说，马端临将其归入“不纳”之列，而《古今图书集成》则为防其“挂漏”将其归入“外编”，材料收录更为全面。对于同属一个子目的材料，《古今图书集成》还根据其自身的特点对它们进行具体区分：大事和正论入“汇考”和“总论”，琐事和非正论则入“纪事”和“杂录”，兼收释、道之言，以防挂漏，真正做到了条分缕析、巨细无遗，这是《古今图书集成》区别于以前类书的一个显著特点。

《古今图书集成》中的按语、注释已经初成系统，具有很高的学术价值。类书的正文都是征引来的文献资料，编者的意见一般都寄寓在材料的取舍及其编排之中。《册府元龟》中把编者的意见直接在大序、小序中表现出来，这种方法是很少见的。除此之外，古代类书中也有用加按语、注释来表达编者意见的。《北堂书钞》中就出现过此类现象，《古今事文类聚》《永乐大典》也多有运用。《古今图书集成》的按语、注释，不仅数量大，功能也更加多样化，有说明分类理由的，有说明资料参见的，有说明条目体例变通的，有说明引录文字段落调整与删节及收录原因的，有校勘、考证引录文字的，有说明引文版本的，有补充、注释引文的，等等。这些按语不仅提高了《古今图书集成》的检索性能，也大大提升了它的文献价值和信息容量。《古今图书集成》作为一部大型综合类书，它的某一个部分往往都可以独立成为某一方面的专科类书。如《艺术典》中的《医部》有500卷，收录资料的丰富、分类的详细，连一般的专门医科类书也难以匹敌。再如《氏族典》中收录姓氏近3000种，每种姓氏都上考来源，下列该姓氏著名人物传记资料，其数量之大、资料之丰富也为专门姓氏类书所难以企及。

《古今图书集成》广采博收，所辑录的内容多将其原书整部、整篇、整段地抄录，比较完整地保存了许多古代文献资料，在当时来说主要起到了传播知识、方便检索的功用。对后世来说，由于它有类别地集中保存了大量古代的文献资料，为各类学术研究提供了较为可靠的研究资料，一直受到众学者的重视。对于校勘、辑佚古代文献来说，《古今图书集成》也是不可或缺的重要工具。比如清代学者张金吾就曾从中辑出了金代佚文，其中有《释迦成道赋》《北岳诗序》《瑞芝记》《重修平山县城记》《嘉禾记》等篇。再如明末宋应星《天工开物》在清朝中期以后成为佚书，晚清民国时期著名学者、藏书家陶湘根据《古今图书集成》将其临摹重印，大致恢复了该书的旧有面目。此外，《古今图书集成》中提供的各方面资料，无论在数量、质量上，还是资料本身的时间和空间的跨度上都是空前的。书中天文地理、气象历法、动物植物、土石矿藏、医药卫生、历史方志、哲学宗教、语言文字、政治经济、文学艺术、军事国防、文化教育、科学技术、民族风俗等应有尽有，还附有大量图表，是我国古代一部宝贵的巨型文献资料汇编。而且征引的资料都注明了出处，标明了书名、篇目以及作者，既便于核校原书，也大大方便了检索。比如查李广射虎石的典故就有五种检索途径：按照李广的身份职务、姓氏，可以在《官常典》“将帅部”和《氏族典》“李姓部”的“李广传”中找到，也可以从《禽虫典》“虎部”、《戎政典》“射部”和《学行典》“勇力部”找到。《古今图书集成》将同一内容按照不同主题分别归入不同部类，实际上相当于编制了各种类型的主题索引，极大地方便了读者的查阅和研究。

当然，《古今图书集成》作为一部大型类书，也不可避免地存在着大量错漏讹误的现象。而且由于它属于皇帝“钦定”之书，难免也带有历史的、阶级的烙印，存在着严重的封建正统观念和阶级偏见。另外在材料的编排上也存在一些失误。晚清学者龙继栋著有《古今图书集成考证》一书，其中订正了《古今图书集成》中的错误约有两万条，很大程度上弥补了它的缺陷。

《古今图书集成》于1728年(雍正六年)首次用铜活字刊印问世，共印成65册。每部正文10000卷，目录40卷，分装5020册，其中20册为目录。这个版本印制精美，校勘精良，堪称善本。

总的来说，《古今图书集成》吸收了我国历代类书的长处，改进了旧有类书的不足，其内容之广泛、材料之丰富、体例之完备，不愧是我国古代类书集大成者。

（祁俊）

# 68.《四库全书》的编纂

《四库全书》是清朝乾隆年间编纂的一部中国古代最大规模的丛书。其编纂，对于弘扬民族文化，对于传播古代文化作出了十分重要的贡献。

《四库全书》的编纂有其独特的历史文化背景。清朝建立以后，统治者注意吸收汉族先进的封建制度文化和地主阶级的统治经验，实行了一系列有利于社会安定、经济发展的政策和措施。先后消灭了南明小朝廷，镇压了农民起义和汉族民众的激烈反抗，平定了三藩之乱，收复了台湾，从此清朝统治政权逐渐走上了稳定发展的道路。经过顺治、康熙、雍正三朝的苦心经营，到乾隆年间，中国的封建社会进入了鼎盛时期，政治安定，经济繁荣，这为封建文化的发展建设创造了良好的社会环境和坚实的物质基础。在文化学术方面，考据之学逐渐取代义理之学而成为学术界的主导方向。乾隆年间，清朝封建统治进入全盛时期，封建学术也有了很大发展。北京和江南一些地区书院林立，人才济济。吴派、皖派学者先后崛起，将清代的汉学发展推向了高潮。汉学讲求翔实有据的考证，征引材料出处，因此必须大量阅读各种古籍，而且最好是内容完整的原著。过去那种分门别类、摘录编纂的大型类书，已经不能适应这种需要。比如康熙年间编纂的《古今图书集成》，从内容上来说，上自经史、天文、地理，下至山川、草木、百工、医卜，非常广博，但是由于门类限制，相互割裂，很难看到原书的全貌，使用起来很不方便。还有大量图书因为年代久远，保存失当，正在逐渐消失亡佚。早在唐代，马总就曾经从前人的杂钞、杂记中抄录先秦诸子著作的一些散见材料，汇成《意林》一书，开启了辑佚工作的先河。宋代郑樵也提出了“求书八法”，这些都为清人在辑佚方面积累了丰富的经验。清初汉学家普遍崇尚汉人的经解经注，吴派代表人物惠栋首先从唐代李鼎祚《周易集解》中摘录了汉人的旧注，汇成《易汉学》八卷，其后又用同样的方法将其扩充为《九经古义》十六卷。在他的影响下，辑佚逐渐成为汉学家最重要的学术活动。著名学者周永年作《儒藏说》一文，大声疾呼征集收藏儒家经典的必要性及其迫切性，在当时很有影响。他倡议应当效仿佛道两家贮藏经典的办法，建立“儒藏”，将天下图书征集到一起，藏入各地学宫、书院以及名山古刹，妥善保管，随时修补，这样既可以供学者进行研读，又可以免于遭受意外损毁，可以长久流传。他本人更是身体力行，同好友桂馥一起在家乡建“贷书院”，相当于今天的图书馆。周永年的倡议集中代表了当时学者的普遍要求，而他的《儒藏说》实际上成为《四库全书》修纂的舆论先声。另一方面，历代封建统治王朝都很讲求文治之功，因此有编纂大型图书的传统，较为著名的有三国魏的《皇览》，唐代的《艺文类聚》《北唐书钞》，宋代的《太平御览》《册府元龟》，明代的《永乐大典》等。尤其是明代的《永乐大典》，共22900多卷，11095册，是其中最大的一部。清朝统治者也不例外，早在1647年(顺治四年)，江南尚未平定的时候，便开始效仿历代王朝为前代修史的传统，修撰《明史》。在1657年(顺治十四年)和1686年(康熙二十五年)，都曾在全国范围内广求遗书。在政权逐步稳定之后，也曾招罗大批学者大规模地进行古籍的搜集、整理和注释工作，借以笼络人心。特别是经历康熙、雍正两朝修纂而成的《古今图书集成》一万卷，不仅总结了前代类书编纂的成就，还为乾隆时期规模更大的编书活动提供了借鉴。

不过，《四库全书》的正式开馆编纂是因《永乐大典》的辑佚引起的。《永乐大典》作为一部保存了丰富典籍的大型图书，早就引起了学者浓厚的兴趣，但一般人都难以见其面目。从康熙年间开始，就有学者先后提出应对《永乐大典》进行辑校刊录，但是一直到乾隆中前期，这些建议都没有得到统治者的重视，也没有发展成为大规模的图书辑佚活动。1772年(乾隆三十七年)底，乾隆下诏在全国范围内广求书籍，安徽学政朱筠趁机提出搜访校录书籍的四条建议，其中就有校辑《永乐大典》的提议。这一提议得到了乾隆的首肯，军机大臣经过商议也制定了较为详细可行的计划。朱筠的提议不仅适应了在全国大规模搜求书籍的原计划，更迎合了乾隆标榜稽古右文的需要和好大喜功的虚荣心。乾隆深谙中国传统儒学，明白访书校书都是炫耀文治的有效手段。同时，作为盛世之君，他也希望自己在文治武功上超越祖辈父辈。历康熙、雍正两朝修纂的《古今图书集成》以及前朝修纂的《永乐大典》，在他看来都存在一定的问题。因此，乾隆对于搜校书籍的工作非常重视，对《永乐大典》的辑校尤为关心。在他的示意下，军机大臣很快拟定了具体的操作计划，于是清代规模最大的辑校《永乐大典》的工作开始了。乾隆鉴于《永乐大典》的一些弊端，提出要将其进行详细的选择校勘，挑出其中比较醇备的进行刊录颁布，其余的也都存录汇辑，和其他各省采进书目及武英殿官刻书目一起，按照经、史、子、集编定目录，命名为《四库全书》。这样，《永乐大典》辑佚直接导致了《四库全书》的开馆，而辑佚工作本身也成为《四库全书》编纂的一项重要内容。

清廷专设四库馆编纂《四库全书》。四库馆的规模很大，正总裁总揽各项事务，过问修书过程中的重大问题，还有副总裁一旁协助。出任总裁的基本都是皇室亲贵或朝廷高官，副总裁由六部尚书或侍郎兼任。不过在先后被任命的二十多名正、副总裁中，多数都只是挂名，如乾隆的第六子永瑢、第八子永璇和第十一子永瑆都担任过总裁，安排他们任职的目的主要是表示朝廷对修书工作的重视并加强对修书官员的监督。总裁以下设总阅馆，总理阅定书籍事务，总纂官总理编书事宜，翰林院提调官和武英殿提调官分别管理两处所藏图书事务。总纂官以下设有纂修官分别担任校理《永乐大典》，校办各省采进书籍，黄签考证和天文、算学等事务。总校官总理全部缮写书籍的校勘事宜，分校官具体负责校勘一般书籍，除纂隶分校官和绘画分校官之外，大多由纂修官兼任。纂隶分校官和绘画分校官分别负责校勘某些专门书籍。缮书处专门掌管抄书事宜，督催官则负责监督缮写校勘工作，还有翰林院收掌、武英殿收掌和缮书处收掌分别管理三处书籍的收发出入事宜。设监造处总管武英殿刊刻、印刷、装订、整理书籍事宜，有监造官专司其职。据1782年(乾隆四十七年)开列的四库全书馆的任事官员名单统计，参与领导和纂修的共有360人，但实际上还有不少曾经在四库馆供职的人员没有被列入名单中。因此实际上的四库全书馆的组织规模要远远大于其所开列的题名录人数。四库馆中最重要的职务是总纂官、纂修官、总校官和分校官。其中出力最多的人员有纪昀、陆锡熊、陆费墀和戴震、朱筠、周永年、翁方约、姚鼐、彭元瑞等。他们一方面学有所长，一方面办事认真负责，对《四库全书》的编纂作出了卓越的贡献。特别是纪昀，在四库馆任职十余年，将全部的精力都投入《四库提要》的编纂之中。但凡六经传注的得失、诸史记载的异同、子集分支的派别，无不“抉奥提纲，溯源彻委”。在纂修官撰写的各书提要的基础上，纂成《四库全书总目》二百卷，成为中国目录学史上的总结性著作。同时编成《四库全书简明目录》二十卷，提纲挈领，简明扼要，为读者查找图书资料提供了捷径。《四库全书》成书之后，他又多次参加复校工作。在嘉庆初年还主持参与了《四库全书》最后一部分书籍的补遗工作，为《四库全书》的修成及其完善作出了突出贡献。

《四库全书》所选择材料的主要来源有：《永乐大典》的辑佚本、内府藏书、各地进呈本等。1773年(乾隆三十八年)，乾隆正式批准大学士刘统勋等人提出的辑佚《永乐大典》的章程，并下令将来编成以后要署名为《四库全书》。这样，对《永乐大典》的辑佚就作为修纂《四库全书》工作的一部分首先开展起来。由于《永乐大典》卷帙浩繁，乾隆深恐各纂修官漫无头绪，延误时日，特意规定了辑佚的标准：对于其中广益多闻但世间又流传很少的书籍要辑出，以便日后刊刻颁布；对于一些无可采辑但其名仍在的书籍要注出简明略节，以方便后人流传考订之用；对于现在通行的及古书中无关典要的书籍则可以不必另行采录。根据乾隆的旨意，总裁很快拟定了相应的章程，将贮藏在翰林院典籍库中已阙佚了一千余册的《永乐大典》分派到各纂修官名下，规定每天的阅读数量，按日论功，以资督促考核。纂修官各司其职，逐一检阅，并与《古今图书集成》相互参照，凡符合辑佚标准的书籍条目就粘签标识，然后交给缮书处迅速缮写底本。底本缮写完成之后，再对照原书进行校正，然后将各书的大旨要义和著作源流详加考证，写成提要呈给总裁。总裁再加以勘定，将其分为应刊、应抄、应删三项，然后进呈御览，由乾隆最后定夺各项名目。其中应刊、应抄的本子在勘定后马上赶写正本进呈，应删的本子也都存其书目，附在各部总目之后。由于乾隆非常重视《永乐大典》的辑佚工作，因此对于参与这项工作的人员都给予了优厚的待遇。除由内府司官供应每天的膳食之外，盛夏颁冰，隆冬给炭，平时也经常赏给缎匹、荷包、笔墨、纸砚等物品。表现特别突出的还特别加以提拔晋升，赐予官职禄位，这些都在一定程度上提高了纂修人员的积极性。但是由于乾隆催之过急，再加上辑佚工作本身极其艰巨细致，《永乐大典》又卷帙繁重，编排紊乱，总裁的不顾实际、一味求速逐渐引起了纂修官普遍的反感甚至抵触情绪，他们大多选择内容相对集中、容易获得成效的书籍进行搜集，而将那些数量繁多、散见各处的零散篇章视为“鸡肋”，未花精力处置。这无疑给辑佚工作带来了消极影响，许多应该辑录的书籍没有辑出或者没有收入《四库全书》之中。至于馆臣所辑佚的各书本身，也存在着一些字句讹误、条目缺漏现象。然而总体说来，《永乐大典》的辑佚仍然是我国文化史上的重大事件，四库馆臣的功绩不可磨灭。

内府所藏的书籍大多是前代流传的旧书，还有清朝历代皇帝敕令纂修的书籍。《四库全书》开馆之后，这些内府藏书也都集中到翰林院，由总裁指定纂修官专职办理。这些书籍大多属于官刻敕撰，因此纂修官的工作也有所不同。对于官刻旧本，大多直接交给武英殿缮写，只有其中有明显错误的才加以更正校阅。对于敕撰的各书，大部分也直接缮写，其中某些纂成较早的书籍，或有不够完善之处，或情况有所变化需要修改之处，纂修官便奉令进行增补。因此相对于《永乐大典》的爬疏辑佚工作而言，内府书籍的办理主要偏重于修改、增补方面。

在《四库全书》收集的各类书籍中，进呈书籍所占比重是最大的，因此纂修官的工作也最为复杂繁重。进呈书籍包括各省采进本、私人进献本以及通行本。1773 年(乾隆三十八年)《四库全书》开馆时，各省征集书籍的工作刚刚开始，因此这一部分书籍辑佚工作起步稍晚一些。到 1774 年(乾隆三十九年)前后，各省进呈本及私人进献本集中到四库馆中的书籍已经达到万余种。尽管这些书籍在进呈之前都已经经过各地书局或专办人员的初步甄别，但是仍然珉玉杂陈，真伪混淆。因此，纂修官的第一步工作就是要对这些书籍进行全面清理甄别，然后列入校阅单内以供进一步清理考核。在 1774 年秋禁书令颁布之后，纂修官对书籍的甄别日益严格，许多书籍被列入禁毁之列。在经过了初步清理之后，总裁根据校阅单分别下发，由纂修官作详细的版本鉴别、真伪辨析和考证方面的工作。纂修官最后的任务就是给每一本书撰写一篇提要，提要内容包括叙述作者的籍贯、记述版本的源流，总结全书的要旨，考订文字的得失，并根据乾隆制定的标准，提出应刊、应钞、应存的建议。如有纂修官不能取舍之处，则由纂修官提出自己的建议，提交总裁参考审核，斟酌去取。其后，再由总纂官在纂修官撰写的各篇提要的基础上，考核修改，按照经史子集四部类的顺序逐一编次，纂成《四库全书总目提要》二百卷。但是由于官修大型图书自身的局限性和各种因素的制约，《四库全书》的校阅编纂仍然存在许多不足：在书籍取舍方面，馆臣竭力维护儒学的正统地位，排斥异端思想以及释道别教，摒弃科技著作和词曲作品，带有强烈的封建卫道观念。在版本的选择上，也有部分书籍没有采用最好的版本。在书籍的校勘考证方面，也很少广采众本，博勘异文，大多只有一些简单的校书笔记而已。这些都在一定程度上影响了《四库全书》的收书质量。而对《四库全书》的编纂工作带来最大影响的莫过于统治者实行的禁书政策。许多书籍因为“违碍”被摈弃甚至被禁毁，一些收入《四库全书》的书籍，也在一定程度上被抽毁、改易、重编，有的甚至再次被撤除销毁。

《四库全书》修成之后一共抄录了七份，分别存放在北京宫中的文渊阁、东北盛京(今沈阳)文溯阁、北京西郊圆明园文源阁、承德避暑山庄文津阁、江苏扬州大观堂文汇阁、镇江金山寺文宗阁和浙江西湖圣因寺内文澜阁。从1773年(乾隆三十八年)开馆，到1787年(乾隆五十二年)续缮三份全书的完工，在长达十四年的时间里，清政府动用大量人力、物力，终于基本完成了七份《四库全书》的纂修和缮校工作。此后又分别对这七份《四库全书》先后进行了两次复校，在一定程度上提高了《四库全书》的质量。

《四库全书》是中国历史上最大的一部丛书，它著录书籍3461种，79309卷；存目书籍6793种，93551卷；总计10254种，172860卷，几乎囊括了清朝乾隆以前中国历史上的主要典籍，可以说是我国古代图书的大集结。全书分为经、史、子、集四部，部下分44类，类下分66子目。经部收录儒家经典及其注释，还有小学之书，分为易、书、诗、礼、春秋、孝经、五经总义、四书、乐、小学十类。史部收录历代史书史评、地理以及目录等方面的书籍，分为正史、编年、纪事本末、别史、杂史、诏令奏议、传记、史钞、载记、时令、地理、职官、政书、目录、史评十五类。子部收录的是先秦以来诸子百家及其释道方面的书籍，分为儒家、兵家、法家、农家、医家、天文算法、术数、艺术、谱录、杂家、类书、小说家、释家、道家十四类。集部收录的是历代诗文集以及文学评论、词曲方面的书籍，分为楚辞、别集、总集、诗文评、词曲五类。总而言之，《四库全书》包容了社会、历史、政治、哲学、宗教、民族、艺术、医学、天文、地理、物产等各个方面的重要著述，比较全面地反映了到清朝乾隆时期为止我国古代社会文化界的面貌。从所收书的著者身份来看，有封建帝王、皇后，如梁元帝《金楼子》、宋高宗《翰墨志》、清高宗《日知荟说》《乐善堂文集定本》、明成祖朱棣之妻明仁孝徐皇后《内训》等；有僧侣，如唐僧玄奘《大唐西域记》、宋僧普济《五灯会元》、辽僧《龙龛受镜》等；也有宦官，如汉代史游《急就章》。不过书中收录最多的还是历代官吏以及地主阶级知识分子的著述。全书也收录有女性作品，最著名的就是宋代女词人李清照的《漱玉词》。还有不少少数民族学者的著述，如元代蒙古族纳新《河朔访古记》和萨都剌《雁门集》等。此外，《四库全书》还收录了朝鲜、越南、日本、印度、意大利、比利时、德意志等九个国家学者的十几种著作。其中比较著名的德国人汤若望《历法西传》《新法表异》两种、意大利人利玛窦《乾坤体义》以及利玛窦和中国学者徐光启合译的《几何原本》等。

《四库全书》修成以后其影响是巨大的，特别是它在古籍整理方面留下了宝贵的经验，突出表现在丛书刊刻、辑佚、校勘、目录学以及出版印刷上。《四库全书》问世以后，当时社会上即掀起了刊刻丛书的热潮，其间丛书数量大增。在辑佚方面，继《四库全书》从《永乐大典》中辑佚五百多种著作之后，又有一些学者继续从中辑佚出著作一两百种，如徐松辑录《宋会要》五百卷、《宋中兴礼书》一百五十卷等，都是很有价值的著作。还有一部分学者如严可均、孙星衍、黄奭、马国翰等人则广泛辑佚各类书籍，他们编纂的辑佚书大多包罗广泛，数量众多。如严可均的《全上古秦汉三国六朝文》共七百四十六卷，收录作者人数3490人，使读者仅凭此一书就可看到上古至隋代所有现存的单篇文章。马国翰的《玉函山房辑佚书》收书也达六百多种，保存了大量的研究资料。校勘方面，经过四库馆校勘过的典籍文献大多成为善本书。《四库全书考证》不仅记录了四库馆臣的校勘成果，更是我国校勘学史上的一部典型之作。

然而，《四库全书》毕竟是由统治阶级编纂的，主要为统治者利益服务，这决定了它在收书内容上必定是有所选择的，不可能真正做到无所不收。《四库全书》以宣扬统治阶级思想的儒家学说地位最突出，而具有明显进步性思想的著述往往被视为“异端”不加收录，即使或有收录，也会用提要的方式对其进行挞伐。例如东汉唯物主义思想家王充的《论衡》，是我国著名的古代哲学名著，但因书中《问孔》《刺孟》有质疑儒家学说的言论，提要中就攻击它“与圣贤相轧，可谓悖矣”。对明末清初来华的传教士所译著有关天主教义的著作，也都摒弃不取。《四库全书》在内容上的另一个重大缺陷，就是忽视有关科技方面的书籍，轻视戏曲和小说。明末宋应星的《天工开物》总结了我国劳动人民在农业及手工业方面的很多成就，还配有大量插图进行解说，具有很高的科学价值，《四库全书》竟然没有收录，致使这部重要著作失传三百多年，直到20世纪初才从国外传回。对词曲一类著述，《四库总目》大加贬斥之词，认为其“弊精神于无用”，将此类作品放在篇末，而且对曲文也一概不录。凡此种种，都反映出《四库全书》阶级及时代的局限性。

综观《四库全书》的整个编纂过程，尽管有一些不尽如人意之处，但是总的来说，数百名优秀学者，耗费近十年时间，对清朝乾隆之前的中国古代文化典籍所进行的全面清理和总结工作，仍然值得给予充分肯定。其中对《永乐大典》的辑佚发掘了大批文化宝藏，使得数百种珍贵的古书重新开始流传；对大量书籍的校勘、辨伪、考证，使许多错乱讹误之处得以改正，一定程度上恢复了古籍的原貌；特别是对各种书籍的编次提要，把数以万计的书籍总括成一个有机的整体，起到了整理、保存、弘扬中国传统文化的作用。然而，《四库全书》的修纂工作毕竟是学者“奉敕”进行的，自然而然地印上了时代的烙印。由于统治者推行的禁书政策，四库馆在辑佚、校勘、考辨图书工作的同时，也对某些书籍销毁和篡改，在保存古代典籍文化的同时，也摧残了文化。从这一角度说，《四库全书》的编纂又是中国文化史上一场前所未有的劫难。

（祁俊）

# 69. 武英殿本《二十四史》的编纂

武英殿是清代宫中刻书机构，负责内府图书的雕刻、印刷、装潢等。武英殿本图书，主要供皇帝使用，所以编校刻印，不惜工本，讲求质量。武英殿本《二十四史》是清代乾隆年间官修的一部正史丛书。

武英殿本《二十四史》的编纂，首先是和乾隆皇帝“右文稽古”的雅兴以及追求“文治”的动机有关。清康熙年间，已有《康熙字典》《古今图书集成》《通志堂经解》等皇皇巨制。这些光环，激发了乾隆“右文稽古”的雅兴，以致乾隆朝成为中国古代历史上古籍整理的顶峰。乾隆皇帝在《御制重刻二十一史序》中说：“朕既命校刊《十三经注疏》定本，复念史为经翼，监本亦日渐残阙、并敕校雠，以广刊布。其辨讹别异，是正为多。卷末考证，一视诸经之例。《明史》先经告竣，合之为《二十二史》，焕乎册府之大观矣。”当然，乾隆皇帝不遗余力支持经书整理，转又支持卷帙浩繁的史籍整理，绝非仅仅源于“右文稽古”的雅兴，必然有着特定的功利目的。乾隆皇帝非常清楚史籍的特殊实用价值，所以他说：“夫史以示劝惩，昭法戒，上下数千年治乱安危之故，忠贤奸佞之实，是非得失，具可考见。居今而知古，鉴往以察来。”显然，“示劝惩，昭法戒”，以适应“文治”的需要，这才是朝廷再度编校正史的最根本动机。

武英殿本《二十四史》的编校，也和此前正史流传过程中的种种缺陷有关。问题早在乾隆初年就已经提出。明代国子监流传下来的《二十一史》的板片，有南京国子监的“南监本”和北京国子监的“北监本”两套，“南监本”为嘉靖至万历间所刻，“北监本”则是万历间据南监本所重刻的。至清，两套印版都有残缺，顺治、康熙两朝重印时都曾做过修补。乾隆初年，两版损毁已经非常严重。于是1738年(乾隆三年)九月，国子监奏请重刻。《乾隆帝起居注》载：“大学士等议：国子监奏：太学所贮《十三经注疏》《二十一史》，板片年久模糊，请详加校正，重新刊刻，以垂久远。查《十三经注疏》共板一万一千八百三片，《二十一史》共板五万七百三十片，板质难以修补。应令国子监购觅原本各一部，分派编捡等官校阅，交武英殿缮写刊刻，进呈御览，即将板片交国子监存贮，以备刷印。至国子监奏有写本《旧唐书》一部，共三千八百二十一页，亦应刊刻，以广流传。”

旧版朽不可用，旧本也问题重重。1746年(乾隆十一年)校勘诸臣所上《进二十一史表》说：“自《史》《汉》以及宋元，效修明而若画一。凡专门名家之私著，不入故府之藏集。《通鉴纲目》而求详，必以正史为断。若《十七史》，若《二十一史》各有成书，为南监本、为北监本、旧称佳刻。然而校雠疏略，不独鲁鱼亥豕之讹；加以岁月侵夺，更多虫蚀虫蠹之损，以是郢书燕说，贻误丹青。野乘稗官，翻新梨枣，不有精良秘本，谁罗放失旧闻？”

于是，1738年(乾隆三年)十二月，大学士兼管翰林院事张廷玉上奏，正式提出校刊《十三经注疏》《二十一史》计划：

> 重刊经史，必须参稽善本，博考群书，庶免舛讹。查武英殿为内府藏书之所，就近校阅，实为便易。今拟于编检内选派六员咨送到殿，稽查善本，悉心校对，并与该处总裁公同商订，陆续发到，覆阅进呈。俾校勘、刊刻会于一处，则错误可免而书易成。

高宗当即准奏，并在六名编检名额之外，加派六名庶吉士。按张廷玉所奏计划，是在武英殿内就近校阅刊刻，但由于武英殿书库没有监本《十三经注疏》和《二十一史》，最后将经史馆改设在怡亲王允祥旧府。乾隆四年初，方苞出任经史馆总裁，主持文献校勘。经史馆隶属于武英殿修书处，受武英殿总裁节制。经史馆校勘完毕，交付武英殿修书处制版印刷，最后由武英殿总裁进呈。

方苞主持经史馆，撰写《奏重刻十三经廿一史事宜札子》，积极为文献校勘发凡起例，涉及版本搜集、校勘要求、题署规则、制版工艺、句读标识等众多层面。如向皇帝建言，拓展版本搜集的途径，遍查内府及内阁藏书处旧板经史，征取在京大臣家藏旧本，诏令五省督抚购求明初及泰昌以前监板经史。同时，强调吸收已有的校勘成果，如何焯曾“博访宋板，校正《前汉书》《后汉书》《三国志》遗讹”，建议下令江苏巡抚“向其家索取原书，照式改注别本送馆，原本仍还其家”。方苞还特别重视校勘的质量，不主张片面催促限期，强调“一字无讹始可写样，必样本对清，始可登板”。方苞还特别提出添加句读：“旧刻经史，俱无句读，盖以诸经注疏及《史记》、前后《汉书》辞义古奥，疑似难定故也。因此纂辑引用者，多有破句。(臣)等伏念必熟思详考，务期句读分明，使学者开卷了然，乃有裨益。”可惜，今传殿本，并无句读，添加句读建议未能贯彻执行，可能和1739年(乾隆四年)方苞因事革职转入三礼馆有关。

参与武英殿本《二十四史》修纂的人员众多，卷首《校刻二十一史诸臣职名》表罗列71人，首列监理和亲王弘昼，次列总阅鄂尔泰、张廷玉，其后为总裁张照、方苞等6人，提调陈浩等4人，编校沈德潜、齐召南、杭世骏、沈廷芳等28人，校录廖名扬等12人，监造雅尔岱等18人。实际上，由于人员累有变动，参与其事的不少人没有列入表中如庄亲王允禄、陈大受、刘统勋、许希孔、周学健、吕织、朱良裘等。

大略而言，武英殿本《二十四史》，是以明监本《二十一史》为基础，加上《旧唐书》《旧五代史》，以及明史馆编的《明史》汇刻而成的。其《旧唐书》以明代闻人诠本为底本，《旧五代史》是以《永乐大典》新辑本为底本。由于方苞等人的强调，校勘方面用力甚勤，纠正不少讹误。此外，据方苞的所定体例，各史逐卷附《考证》，各史末附跋语，详述文献源流及校勘情况。全书3249卷，约4000万字。武英殿本《二十四史》刊行后，光绪年间又有多种影印本，石印本、排印本等，民国时期涵芬楼、开明书店也曾据以影印。

不过，武英殿本《二十四史》仍然存在不少问题。如版本搜集不全，除《汉书》《后汉书》《三国志》《晋书》《隋书》外，其他各史都未找到宋元旧本之类的善本，加之成于众手，所以校勘质量参差不齐，漏校误校之处不少。李慈铭曾对全书作过简要评价：“乾隆初武英殿刻诸史，惟《史记》《汉书》出齐氏召南手，故校勘较精，考证亦最可观；旧新《唐书》全以沈东甫之《唐书合订》为据，亦颇有校正；《后汉》《三国志》已为可笑，然有何义门校本尚能是正数条；至《晋书》以下，则自郐无讥矣；《宋书》全出学士南昌万承苍手，《南齐书》全出知州华亭王祖庚手，彼二人者无论其学与识，视沈、萧霄壤，即文章亦不中作奴仆，而所作后跋，皆痛诋二书，无耻甚矣。”

张元济在《百衲本二十四史》序中指出，殿本存在“检稽之略”“修订之歧”“纂辑之疏”“删窜之误”，至于窜合、脱叶、复叶、脱简、错简等，指不胜屈。更有甚者，随意篡改史籍中所谓禁忌语，如“薛《史》指斥契丹，如“戎王”“戎首”“俨狁”“贼寇”“伪命”“犯阙”“编发”“犬羊”等语，何嫌何疑，概为改避?”此外，改译辽、金、元三史人名，徒生歧异，也深受后人诟病。从这些方面看，有人认为它反而不及明监本和汲古阁本。尽管如此，武英殿本《二十四史》的编纂成就仍然是客观存在的，它毕竟解决了正史流传过程中的不少问题，它所形成正史“二十四十史”框架从清乾隆一直延续到民国，对近两个世纪的史学格局有着深刻影响。

（周德美）

# 70.《皇清经解》《续皇清经解》的编集

《皇清经解》是清代著名学者阮元在两广总督任内组织编纂的一部经学著作。阮元(1764—1849年)，字伯元，一字梁伯，号云台(一作芸台)，又号揅经老人、雷塘庵主等，江苏扬州人。早年登科，宦途显赫，从翰林而出任浙、赣、豫巡抚和两广、云贵总督，是清朝政府特别倚重的南方大僚。他在任期内大力提倡学术自由，对乾嘉后期的考据学潮流进行了正面的理论指导。他不仅有丰富的考据学成果，还在哲学义理方面有着重要建树。他积极提倡经学研究，组织编纂了《经籍籑诂》，创建了诂经精舍、学海堂，培养了大批从事经典训诂研究的学者。他撰写了《十三经注疏校勘记》，组织汇刻了《十三经注疏》《皇清经解》，一定程度上总结了乾嘉学派在训诂、校勘、解经等方面的成果。

1817年(嘉庆二十二年)，阮元奉旨出任两广总督兼署广东巡抚。乾嘉之际的两广地区，史称“岭南”，处于清朝版图的东南边陲，由于交通闭塞，政治、经济和文化学术都相对落后。乾嘉之际经典考据学盛行，但是这股风气却并没有进入岭南。阮元到任后开始不遗余力地开展文化学术活动，贯彻自己的学术理念。1820年(嘉庆二十五年)，阮元仿照之前在杭州建立的诂经精舍的模式，在广州创立学海堂。学海堂最初没有校舍，借用了广州文澜阁书院旧屋，到1824年(道光四年)才在粤秀山麓正式建立了自己的校舍。学海堂虽然也设有理学，但讲学内容以经学为重。学堂中除了有专门的教师授课外，也允许学生自由辩论，师生之间还可以进行合作研究。为了提高教学效果，阮元还设立了奖学金措施，鼓励教师和学生撰写学术论文。这样不但提高了学生的学习热情，也推动了学术研究的发展。学海堂的建立，极大地促进了岭南文化的发展，也为清代书院开创了一种新模式，即以经史为主，不教授八股文。在他的带动下，许多著名人士都纷纷效仿，如张之洞在四川督学时创尊经书院，王先谦督学江苏时创南菁书院等。学海堂虽然仿效了诂经精舍的模式，但是也有一些明显的变化，就是不再只注重古文经学研究，而是开始上溯至西汉今文经学研究，特别是对公羊学的研究。这些变化在阮元组织编纂的《皇清经解》中有充分的体现。

1825年(道光五年)，阮元约请门人严杰、夏修恕主持编辑刊刻《皇清经解》(一名《学海堂经解》)。这是阮元继《十三经注疏校记》《十三经注疏附校勘记》之后又一项弘扬传统经学的学术活动。其实早在1818年(嘉庆二十三年)，阮元在编纂《畴人传》《经郛》《十三经注疏校勘记》之后就在酝酿编纂一部旨在总汇有清以来学人解经的著作，作为《十三经注疏》延续的大书，但是一方面由于当时众人对此书的编纂意见未能达成一致，加上阮元事务繁忙，无暇顾及；另一方面阮元认为最有资历主持此事的江藩、顾广圻等人又相继离开了广州，因此这件事情就被暂时搁置起来。1825年(道光五年)，阮元想起了曾在浙江协助他编纂《经籍籑诂》和《十三经注疏》的严杰，于是聘他到广州，主编《皇清经解》。当时负责复校的是吴兰修、何其杰、孙成彦，阮元之子阮福总理收发书籍出入、催促刻工等事，学海堂诸生则充当校对，刻资由江西临川人李秉绶、李秉文资助。1826年(道光六年)，阮元转调云贵总督，此时《皇清经解》经过一年的刊刻，成书已经达到千卷。阮元在离开之前，将刊刻任务委托给夏修恕、严杰继续担任主编，此后该书的刊刻情况大多通过书信商量决定。1829年(道光九年)，《皇清经解》刻成，共一千四百卷，收书一百八十三种，作者七十四位。

《皇清经解》可以说是清代学术精华的总汇，囊括了清初至乾嘉时期著名学者的重要著作，内容主要是经学，涉及哲学、小学、校勘、史地、天算、金石等许多方面。从《皇清经解》中可以看出，清代学者在治学方面比宋元学者更为专精。他们以字通词，以词通句，对每个字词都进行了极其细密的分析研究，充分体现了清代学者精勤考据古代经典的治学精神。这部书集清代经学考据校勘之大成，集中体现了清代学者在经学方面的成果，对于保存和传播民族文化、推动学术研究都具有积极的意义，因此得到当时及后世许多学者的称赞。著名国学大师罗振玉初得《皇清经解》时如获至宝，一年之内诵读了三遍，自觉从中得到了读书门径。

然而，《皇清经解》也有许多欠缺之处，清末学者徐时栋曾指出《皇清经解》缺陷十一处：第一，排列次序不当。解经的作品和丛书不同，应该依经然后按照时代先后为序。第二，搜罗不够完备。如阎若璩的《尚书古文疏证》、姜炳璋的《读左补义》等书都很精博，但都没有被收录。第三，甄别欠审慎。毛奇龄的《仲氏易》号称仇兄之作，一直为人非议；刘逢禄的《论语述何》为以意揣测之作，这样的作品《皇清经解》本不该收录却收录了。第四，作品去取有欠公平。书中多有阮元重复之作。第五，抉择不够精当。《经籍籑诂》虽有舛误但仍是学者津梁之作，《皇清经解》中舍弃了籑诂，只取校勘。第六，名号不统一。刘台拱的《论语骈枝》在《刘氏遗书》内，却不以骈枝为名而称遗书。第七，位置不当。第八，抄录不善。第九，校雠不力。《春秋毛氏传》首卷就缺脱了一页。第十，名称分歧。第十一，没有附小传。其中，徐时栋认为《皇清经解》最大的缺陷在于次序失当，建议重新编排。这些说法虽有偏颇之处但却指出了《皇清经解》的症结所在。这主要是由于《皇清经解》刊刻时间比较匆忙，又成于众手的缘故。但是《皇清经解》作为清代全盛时期的经学研究成果的大集合，一直被称誉为“汉学之巨观，经生之鸿宝”，为当代学者研究清代学术提供了翔实可靠的文本资料。

此外，小学是为经学服务的，二者之间的关系密不可分。在《皇清经解》收录的一百八十三种著作中，大多数和小学关系密切，或者本身就是小学专著。如顾炎武的《音论》《易音》，段玉裁的《诗经小学》《说文解字注》，王念孙的《广雅疏证》《读书杂志》等更是研治小学的必读书目。不过，阮元虽然重视音韵训诂，《皇清经解》中还是遗漏了一些重要的小学著作。仅就韵书来说，就缺少了江永的《古韵标准》、王念孙的《古音谱》等，致使读者无法通过所选录的著作来了解当时声韵学研究的发展轨迹。而且，《皇清经解》中的《音学五书》等书，经过了删削而不完整，学者也无法看到全貌以便进行更好的研究。

《皇清经解》刊刻以后，书版藏在广州文澜阁，阮元制定了“藏版章程”九条，对书版的存放、印刷和保养修补等都作了严格的规定。1857年(咸丰七年)秋，英军攻入广州，文澜阁毁于炮火，其中所藏书版多为兵燹所毁，后虽经多方搜求，但损失依然过半。受阮元的影响，1885年(光绪十一年)，王先谦出任江苏学政，开设南菁书院，沿《皇清经解》体例，刻《皇清经解续编》，一名《南菁书院经解》或《续皇清经解》，旨在“汇刻先哲笺注经史遗书”。此书共计一千四百三十卷，收书二百零九种，作者一百一十一家。和《皇清经解》一样，《皇清经解续编》所收的书也大多数与小学有关。清代学术著作，除经学之外，其余精华基本上都被《皇清经解》及其续编所囊括。晚清著名学者皮锡瑞曾言：“《皇清经解》《续皇清经解》二书，于国朝诸家搜辑大备。”近人撰有《皇清经解正续编目》，比较利于检索。

从学术史的角度考察，阮元身处的时代是乾嘉经学兴盛的晚期，《皇清经解》刊刻的道光年间，汉学研究已经逐渐走向衰弱，因此，《皇清经解》及《皇清经解续编》的编集刊刻可以说是阮元等人对清代两百年学术研究的一次总结，具有十分重要的学术意义。

（祁俊）

# 71. 鸦片战争与《南京条约》的签订

鸦片战争是1840—1842年英国发动的侵略中国的战争。中国战败后签订了丧权辱国的《南京条约》。

18世纪末19世纪初，英国产业革命初步完成，工业化大生产开始粗具规模，其资本主义进入到资本积累时期。机器大生产使劳动生产率快速增长，资产阶级开始寻找新的商品销售市场和原料产地，并且要求世界市场的出现、要求和一切国家进行自由贸易。由此，资本主义的经济结构逐渐改变，进而推动着资本主义进入一个新时代，即通过建立统一的世界市场来为生产开辟道路。伯恩斯在《世界文明史》中阐述："商业革命和产业革命比法老以来任何'决定性战争'更为深刻地影响了历史的进程……这些力量是如此势不可挡，它们的影响不仅局限在欧洲和美洲，而且最终扩展到远东。"于是，古老的非资本主义国家中国开始面临着一场空前的危机和挑战。

但是，此时的中国显然还没有意识到这场危机。清王朝从18世纪上半叶开始实行闭关政策，逐渐对对外交往实行严格限制甚至禁绝，如严禁华人出海贸易或定居，实行一口通商和行商制度，对中外商人在广州的合法贸易加以严格限制，严禁本国所生产的许多商品输出国外等。闭关锁国政策的实行，严重阻碍了西方工业品在中国的销售，而中国的茶叶和生丝等土特产品的出口却占有很重要的地位。这使英国在对华贸易中一直是入超，这显然与英国资本主义经济扩张的迫切要求相冲突，必然会引起他们的一系列反应。

一方面，英国试图通过外交途径和武装挑衅来冲破中国的闭关锁国政策；另一方面，英国利用扩大鸦片贸易来扭转其贸易逆差的地位，并将其作为打开中国大门的重要手段。从18世纪初开始，英国商人向中国输入鸦片，至19世纪初，输入中国的鸦片数量不断增加。鸦片具有强烈的麻醉功能，可入药，但长期食用即会上瘾，难以戒除。早在1729年(雍正七年)，清政府已经禁止吸食鸦片，1796年(嘉庆元年)更是严禁鸦片输入中国，鸦片贸易遂成为非法的走私贸易。但是，西方殖民者为了牟取暴利，仍向中国大量输入鸦片。1800年(嘉庆五年)，输入中国的鸦片为四千五百七十箱，到1838年(道光十八年)激增到四万零二百箱。由于鸦片输入量的激增，中英贸易逐渐发生变化，英国由一直以来的入超变为出超，并且差额越来越大。

鸦片的泛滥，流毒极为严重，严重损害了吸食者的身心健康。鸦片贸易还使白银大量外流，造成银贵钱贱，加重了劳动人民的负担，破坏了社会生产，影响了广大劳动人民的生活。鸦片的大量输入，还加深了清朝封建统治的危机。鸦片贸易使清朝的吏治日益腐败，军队失去战斗力，而白银大量外流，使清朝财政陷入困境。

统治危机的加重使道光帝(爱新觉罗·旻宁)延续了自雍正朝以来的禁烟政策，但收效甚微，且朝野对禁烟的看法不一，有的主张消极的弛禁，有的主张积极的严禁。1838年(道光十八年)秋，湖广总督林则徐上奏主张严禁鸦片，他一针见血地指出鸦片的危害："若犹泄泄视之，是使数十年后，中原几无可以御敌之兵，且无可以充饷之银。”这种局面显然是道光帝不想看到的，并且他也看到了鸦片输入将造成军队瓦解、财源枯竭的严重威胁。于是，在1838年(道光十八年)底，他任命林则徐为钦差大臣，赴广东查禁鸦片。

林则徐抵达广州，随即开展禁烟运动。他协同两广总督邓廷桢、水师提督关天培等大力整顿海防，加强战斗力，并且相信“民心可用”，组织团练水勇，多次打退英军的武装挑衅；严查烟贩，惩办与烟贩相勾结的官吏；严禁国人贩卖、吸食鸦片；晓谕外商呈交鸦片，出具甘结，保证“嗣后来船永不敢夹带鸦片，如有带来，一经查出，货尽没官，人即正法，情甘服罪”；并迫使英国驻华商务监督义律及外国烟贩缴出鸦片二百三十七万多斤，并在虎门海滩当众销毁。虎门销烟是中国禁烟运动的伟大胜利，严重打击了英国资本主义侵略者和鸦片贩子的气焰，鼓舞了中国人民的斗志，表明了中国人民抵御列强侵略、捍卫民族尊严的坚强决心，在中国近代史上写下了光辉的一页。

中国的禁烟措施，在英国国内引起强烈反应。英国侵略者更是把它视为挑起侵略战争、用武力打开中国贸易闸门的良机。英国驻华商务监督义律在当年给英国外交大臣巴麦尊写的密信中就说，中国严禁鸦片“乃是陛下政府对过去所受一切损害取得补偿的最好理由，这是把我们将来和这个帝国的商务安放在稳固而广阔的基础之上的最有希望的机会”。这实际上是要用战争打开中国的大门，把中国变成英国的原料产地和商品销售市场。而且，这个时候的英国，正处于第二次经济危机之中，经济萧条，国内工人运动不断。英国资产阶级为了摆脱困境，转嫁危机，除了加紧压榨本国工人阶级外，就是发动侵略战争，以转移国内人民的视线和夺取新的市场。于是，鸦片战争的爆发就成为必然。

1839年10月1日(道光十九年八月二十四日)，英国内阁终于根据鸦片巨商和对华贸易集团的意志，作出向中国出兵的决定。1840年2月，英国政府任命懿律和义律为正副全权代表，并派懿律为侵华英军总司令。4月，英国议会通过支付军费案。6月，懿律率领的由四十八艘舰船和四千余名官兵组成的英国“东方远征军”到达中国海面并封锁了广州珠江口，鸦片战争正式爆发。

在林则徐的部署下，广州军民严阵以待。英军无机可乘，未能入侵广州，遂封锁珠江，北犯厦门，在邓廷桢的反击下也未能得逞。7月，英军沿海北犯，趁浙江防务空虚攻陷了定海，并进行了疯狂的屠杀抢掠。定海失陷使道光帝大为震动，动摇了当初的禁烟和抵抗政策。他指示直隶总督琦善：“如该夷船驶至海口，果无桀骜情形，不必遽行开枪开炮，”从道光帝的部署中，已经可见他抗战决心已无。8月，英国侵略者在占据定海后继续分兵北上，闯入天津白河口，将英国外交大臣的照会送交直隶总督琦善，直接向清政府施加压力。英国在照会中提出了贸易合法化、割地、赔款等一系列侵略性要求。

道光帝派琦善前往天津海口，与英军统帅谈判。琦善不仅宣扬失败情绪，还在给道光帝的奏折中夸大英国侵略军的力量，使道光帝被侵略者的坚船利炮彻底吓倒。在谈判中，琦善向英国侵略者表示，林则徐等人在广东查禁鸦片，实属“办理不善”，保证会“重治其罪”。懿律得到这样的保证，认为以武力要挟清政府谈判的目标已经达到，而且他们也考虑到季节已经太晚，天气渐冷，海港即将封冻，于是离开大沽，率军南下。这便给了已被吓到的道光帝一个错觉，认为只要惩办林则徐等人，就能取得侵略者的欢心。而且，定海失陷也使他迁怒于林则徐。于是，他颁布上谕，斥责林则徐“措置失当”，并以“办理不善”的罪名将林则徐、邓廷桢革职查办。9月，又任琦善为钦差大臣，赴广州议和。11月6日，两江总督伊里布与懿律签订浙江停战协定。11月底，琦善到达广州，一反林则徐的做法，不仅自动撤防，裁减水师，解散水勇，还镇压抗英民众，极力讨好英国侵略者。12月，谈判开始。在谈判过程中，道光帝一直没有正式表示答应割地。义律决定进一步施加压力。1841年1月7日，英军在谈判过程中突然攻陷珠江沙角、大角炮台，琦善派人到穿鼻向义律求降，1 月 25 日，琦善擅自与义律议定草约，称为《穿鼻草约》。规定中国割让香港，开放广州，赔偿烟价六百万元，英国归还定海，两国国交平行等。事实上，琦善并未签字，没有得到道光帝的同意，他不敢谈签约事，谈判也至此停止。

道光帝得知沙角、大角炮台被占后，大为震怒，于 1 月 27 日对英宣战，并派御前大臣、皇侄奕山为靖逆将军，户部尚书隆文、湖南提督杨芳为参赞大臣，率兵赴广东主持战事。中英双方再次交战。

2 月下旬，英军先进攻虎门炮台，琦善拒派援军，六旬老将广东水师提督关天培率军死战，壮烈牺牲，炮台失陷，由此造成英军长驱直入广州城下的局面。3 月，杨芳率军先到达广州。为了倾销鸦片存货以及从中国收购茶叶，义律向杨芳提出休战，双方达成停战协定，广州恢复贸易。4 月，奕山率军到达广州。5 月 21 日，在没有准备的情况下，奕山下令夜袭英船，结果大败。5 月 22 日黎明，英军趁势发动反扑，占领泥城、四方炮台等重要据点，包围并炮轰广州城。26 日，英军计划攻城，奕山派人求和，在城墙的最显著地方高挂白旗投降。27 日，奕山与英军签订了屈辱的《广州和约》，规定清军退出广州城外六十英里，一周内向英军缴纳“赎城费”600 万元，赔偿商馆及帆船的损失。

同年 5 月，广州城郊三元里发生民众自发抗击英国侵略者的斗争，显示了中国人民极其顽强的反抗精神和保家卫国的热情，不仅使英国侵略者受到沉重的打击，也使他们认识到中国人民是不可轻侮的！

1841 年(道光二十一年)秋，英军在代替义律的全权公使璞鼎查的率领下，进一步扩大侵华战争。

1841 年 8 月 27 日，英军进攻厦门，总兵江继芸率兵从三面抵御，力战牺牲。9 月，英军继续北犯定海，总兵葛云飞、郑国鸿、王锡朋等率军英勇奋战，全军将士壮烈殉国，定海于 10 月 1 日再陷。10 月 10 日，英军进攻镇海，两江总督裕谦坚决抵御，亲自登城指挥抗战，城陷时投水自尽。13 日，英军攻宁波，浙江提督余步云已于 12 日弃城逃走，宁波不战而陷。同时，英舰多次窜扰台湾，被台湾军民击退。

浙江在短短的半个月连失三城，充分暴露了清政府的极端腐朽，使英军能孤军深入，对以后战争的发展产生了极其严重的影响。而清政府此时也开始恐慌起来，道光帝决定第二次出师，以挽回败局。同时在人事上又作了一番调整，派协办大学士、皇侄奕经为扬威将军，侍郎文蔚和副都统特依顺为参赞大臣，率军前往浙江主持军务。

奕经于 1842 年 2 月到达绍兴后，与奕山一样，没有确切的抗敌措施，企图侥幸取胜，以邀功请赏。3 月 10 日，在准备不充分和不了解敌情以及在气候条件恶劣的情况下，奕经下令兵分三路，反攻宁波、镇海、定海三城，想一举收复三城，结果惨败。英军乘机反攻，慈溪失陷。奕经等逃至杭州，不敢再战，并力主对英求和。

清政府在广东和浙江的两次出师都惨遭失败。此时，朝中妥协派势力又开始抬头，极力主张对英求和。军事上的连续失败使道光帝彻底丢掉了抗战的打算，转向一味求和和妥协。特别是奕经在浙江的失败，对道光帝的转变起了很大影响。浙江的反攻，规模很大，在人力、物力上都下了很大的本钱，道光帝对这次反攻寄予了很大的希望。但事与愿违，致使他确立了投降的政策。于是，清政府派盛京将军耆英和已被革职的伊里布前往浙江主持对英交涉，试图与英军和谈。但英军拒绝和谈，决定乘虚而入，按既定计划侵入长江下游地区。

1842 年 5 月，英军进攻江浙海防重镇乍浦，遭到隆福率领的守军的顽强抵抗，5 月 17 日，乍浦陷落。6 月，英军再攻吴淞炮台，江南提督陈化成身负重伤仍据台死守，孤军苦战，最后英勇牺牲。随后，侵略者几乎没有遇到任何抵抗就占据了宝山、上海。7月下旬，英军投入大量军事力量大举进攻镇江。清副都统海龄率部进行了顽强抵抗，但终因寡不敌众和装备悬殊而失守，守军全部战死。8月初，英舰直抵南京下关江面，耆英等赶到南京议和，1842年8月29日(道光二十二年七月二十四日)，耆英、伊里布与璞鼎查在南京下关江面的英舰“皋华丽”号上签订了中英《江宁条约》，即《南京条约》。至此，鸦片战争以中国的失败而告终。

《南京条约》是清政府与外国列强签订的第一个不平等条约，严重损害了中国的主权。条约内容主要有：

(1)五口通商。中国开放广州、福州、厦门、宁波、上海五处为通商口岸。这些口岸的开放，成为西方侵略者在中国进行殖民掠夺和进行不等价交换的中心。

(2)割让香港。中国割让香港给英国，是对中国领土主权的侵犯，也使香港从此沦为英国的殖民地，也成为英国侵略中国的基地。

(3)赔款。中国赔偿英国款项总计2100万元，分四年付清，包括赔偿鸦片费600万元，商欠费300万元，水陆军费1200万元。广州赎城的600万元还不包括在内。这笔巨款必然被清政府转嫁到广大劳动人民身上，从而进一步加重了人民的负担。

(4)协定关税。英国商人进出口货物所纳关税税率，中国须同英国商定。海关税是主权国家自行制定的，这一规定剥夺了中国的海关自主权。同时也使得英国侵略者控制了中国的对外贸易，也给他们对中国进行经济侵略提供了便利条件，使中国经济发展遭到了极大的破坏。

《南京条约》签订后，由于需要商谈通商章程和税率等问题，清政府又被迫在1843年7月和10月与英国补订了《五口通商章程》和《五口通商附粘善后条款》即《虎门条约》，作为《南京条约》的补充条约。通过这些条约，英国又从中国攫取了大量特权，如领事裁判权、片面最惠国待遇、居住及租地权，还规定进出口货物税率一律“值百抽五”。这些条约的规定，严重破坏了中国的主权和领土完整，使英国在中国大肆倾销商品和掠夺原料，将中国纳入世界资本主义体系。

英国在《南京条约》及其补充条约中取得的利益使西方各国分外眼红，纷纷接踵而至，相率效尤，强迫清政府签订类似的不平等条约。

1844年7月，清政府被迫与美国签订《望厦条约》。美国享有除割地、赔款外的英国在《南京条约》等条约中取得的一切特权，并且对这些特权作了更详细的规定，并加以扩大化，同时还新增了许多特权和利益。如扩大了领事裁判权的范围；进一步加强协定关税；美国人有权在五个通商口岸租地建楼、开设医院和教堂；美国兵船可以在中国沿海各港口“巡查贸易”；对在华的美国人，清政府须“时加保护，令其身家安全”。

1844年10月，中法签订《黄埔条约》。除同样取得美国在《望厦条约》中的特权外，同时还增加了一条，允许法国天主教在通商口岸自由传教和修建坟地，清政府负责保护教堂和坟地。

随后，葡萄牙、西班牙、比利时、普鲁士、奥匈帝国、意大利、荷兰、丹麦、瑞典等国也接踵而至，清政府和他们一一签订了条约，而且均享有和《南京条约》中英国人一样的特权。葡萄牙还乘机攫取了中国对澳门的管辖权。

鸦片战争的失败，导致了一系列不平等条约的签订，对中国社会产生了巨大的影响，使中国社会发生了一系列变化。

首先，社会性质发生了根本变化。鸦片战争前，中国在政治上是一个独立自主的统一国家，清政府行使全部主权；鸦片战争以后，通过一系列不平等条约，中国的领土开始被割裂，司法、贸易、关税等主权的完整也遭到破坏，中国开始丧失独立自主的地位。鸦片战争前，中国在经济上是自给自足的自然经济占统治地位的国家；鸦片战争后，西方资本主义国家利用他们在中国取得的特权，疯狂地向中国倾销商品、掠夺原料，破坏了自给自足的自然经济基础，中国市场被卷入到世界资本主义市场。鸦片战争后，英国输华棉纺织品猛增，外国棉布、棉纱畅销中国东南沿海市场，使中国东南沿海一些专以纺织为业的家庭逐渐破产。小农业与家庭手工棉纺织业的结合是自然经济的主要形式；家庭手工棉纺织业破产，造成耕与织开始分离，这是几千年来自然经济开始解体的主要标志。鸦片战争后，中国茶、丝出口大量增加，刺激了国内茶、丝生产的发展和商品化。但是中国茶、丝出口贸易，几乎全部为外商所操纵，使中国茶、丝生产服从于世界市场的需要，开始走上依附外国资本主义的道路。

其次，社会矛盾发生了变化，同时也使革命任务发生了变化。鸦片战争前，中国社会的主要矛盾，是地主阶级和农民阶级的矛盾，所以农民战争的主要任务就是反对本国地主阶级的统治。鸦片战争后，中国社会的主要矛盾，开始逐渐转变为外国资本主义和中华民族的矛盾，君主专制主义和人民大众的矛盾，而外国资本主义和中华民族的矛盾，成为各种社会矛盾中的主要矛盾，所以中国人民肩负起反对外国资本主义侵略和反对本国君主专制统治的双重革命任务。中国也由此进入到旧民主主义革命时期。

最后，思想文化领域也发生了相应变化。鸦片战争之前，清政府极力加强文化思想上的控制，大力提倡程朱理学，大兴文字狱，压制反清和进步思想。这使读书人都绝口不谈政治，大多都埋首于故纸堆，思想界死气沉沉一片。鸦长战争后，随着民族危机的出现和专制统治危机的日益加深，士大夫中的一些有识之士觉察到脱离社会现实的学风无法解决现实社会问题。于是他们开始面对社会现实，反对脱离实际，提倡“经世致用”，主张革除社会弊端，抛弃自大的观念，注目世界，向西方学习，以达到强国御侮的目的。一股向西方学习的新思想萌发。

总之，鸦片战争是中国历史的转折点，是中国近代史的开端。

对鸦片战争的评价，马克思有一段经典的论述：“半野蛮人维护道德原则，而文明人却以发财的原则来对抗。一个人口几乎占人类三分之一的幅员广大的帝国，不顾时势，仍然安于现状，由于被强力排斥于世界联系的体系之外而孤立无依，因此竭力以天朝尽善尽美的幻想来欺骗自己，这样一个帝国终于要在这样一场殊死的决斗中死去，在这场决斗中，陈腐世界的代表是激于道义原则，而最现代的社会的代表却是为了获得贱买贵卖的特权。”鸦片战争是英国为了打开中国的市场、获得廉价的原料产地和商品倾销市场而发动的一场侵略战争。另一方面，鸦片战争也在客观上打破了近代中国闭关锁国的状态，这是历史进步的开端。

（郑维维）

# 72. 道光咸丰年间经世实学的兴盛

经世实学作为中国传统思想走向近现代的重要思想形态，在中国思想史上具有无可替代的作用。它在清代道光(1821—1850年)至咸丰(1851—1861年)年间，发展到鼎盛并逐渐被近代新学所替代，也为中国近现代文化奠定了坚实的基础。这是经世思想作为中国文化的传统精神在晚清之大变局中的一次勃兴与发展。清代道光咸丰年间经世实学的兴盛，产生了许多著名的思想家、社会实践家。经世实学作为一段时期内中国思想界的主流思想，对中国社会产生了重要的影响。

“经世”一词最早来自于庄子。此时“经世”一词的意义是“世纪编年”，并非“经世致用”。自先秦以来，道家学说与儒家学说不断融合，“经世”一词也开始具有“经世致用”的内涵，并成为中国文化史上一种重要的精神。这一精神包括入世的观点和态度、治国平天下的追求和理想，以及对“经世”学说的总结和运用。随着巫史文化的终结和政治重心由注重祭祀与巫术转为注重治民，儒家文化这一注重现世伦理和治国之学的学说勃兴，以及先秦混乱的政局导致各派思想对政治的依附性，“经世”观念成为国家提倡的重要价值取向。诸子百家无不热衷于经世的学说和实践，探讨对社会管理的学科得到极大发展。以儒家文化为主的中国传统文化因此具有极为强烈的现世精神，它关注现世和人间，以经世治国为人生目标与主体。

由于经世学说追求务实，反对虚浮，具有实践性和实体性，因此又被称为“实学”。“实学”则是一个含义广泛的思想学说。在“实学”一词没有被正式提出之前，“经世”一词作为中国文化的重要精神存留于中国思想界，并得到不断发展，“外王”学说一直占据着主流思想的位置。北宋思想家程颐(1033—1107年)正式提出了“实学”这一概念。程颐发现了当时中国思想学术中较为缺乏崇实思想的特点，因此首次提出“实学”这一词。这一概念也被宋明理学与心学的思想家们提及，并从实践、经世致用、格物等角度阐释实学思想。但自北宋开始，君主高度集权，士人通过从政来实现理想抱负、治国平天下的途径变得十分困难，改革、变法遭到的阻力极大，积极入世的思想变得较为不合时宜。虽然产生了将经国治世作为目标的功利派的思想家，如北宋王安石(1021—1086年)将零散朴素的注重实体与实践的经世思想运用于政治，对国家各方面制度进行改革，对社会发展造成了深远的影响，但仍然无法改变其变法失败的命运。中国思想界的主流思想此时变更为“内圣”学说，宋明理学家注重自身修养，并发展了这一学说，不但使之独立于“外王”学说之外，并且将其提到了人之为人的根本途径这一高度。

明清之际，中国产生了严重的社会危机与政治危机，而此时西学东渐，这为经世思想的重新发展和兴盛提供了土壤。儒家思想需要进一步发展，更加紧密地同社会思想结合起来。理学与心学过于注重义理性命之论，注重内省，倾向虚无，缺乏经世的精神，因此无力挽救国家的危机。思想家开始主张去除主流思想中的虚无成分与无用成分，力求崇实致用。在一些心学思想家也意识到自身学说问题的同时，其他学派的一些思想家也开始抨击、批判心学。徐光启(1562—1633年)以及东林党、复社成员开始致力于务求实用，反对空谈，积极参与政治斗争。他们以社会现状为出发点，批判空虚之学，崇尚务实。明末清初的大儒黄宗羲(1610—1695年)、顾炎武(1613—1682年)则以儒学传统的复兴为出发点，批判北宋以来空谈义理之学，认为儒学的本质是经世致用，而“内圣”之学则应该放在重要的辅助地位上。这使“内圣”之学与“外王”之学重新开始趋向统一，这种统一是建立在发展的基础上的。同时，他们批判极端的君主专制，提倡民本思想与土地为民所有、工商皆本的思想，主张吸纳西学，从而创造出一个完整的“实学”学说体系。

在经历了清朝初年君主集权到达顶峰、社会较为安定的承平时期之后，道光帝时期，清朝前期积累的矛盾开始逐渐显露，官场黑暗腐败，行政效率低下，人口压力增大，流民渐多，社会矛盾加剧，动荡不安。西方工业文明用以鸦片为代表的商品和枪炮打开中国大门，一系列不平等条约签订，中国东方大国的地位摇摇欲坠。西方文化的强势入侵使在清朝早期盛世中缓慢发展的经世学说变得十分重要。政权的动荡导致政府对社会思想的控制力减弱，这为经世实学的鼎盛创造了良好条件。

清初至清中叶盛行的考据学，其弊端已被当时许多思想家所批判。考据学注重训诂、搜罗遗章，埋首故纸堆，虽然其学问中包含“崇实”思想，然而对解决中国大变局中产生的社会问题和政治问题没有任何作用。一部分汉学家对汉学的问题进行了批判与反思。自嘉庆道光以来，一部分汉学家开始复兴今文经学，主张汉学由考据典籍转向写史，特别是写今史、写世界各国之历史。这一思想的代表人物为王鸣盛(1722—1797年)、钱大昕(1728—1804年)和赵翼(1727—1814年)。他们还主张学问不仅仅是考据古代之事，更应该博通今日之世。这一思想的代表人物为洪亮吉(1745—1809年)。

以程朱理学为主的宋学在此时也逐渐复兴，产生了一些宋学家。这些宋学家对汉学进行批判，并认为社会矛盾和问题是由于取代宋学的汉学造成的。但他们并非一味复兴宋学而不加发展。宋学家中，早期的姚鼐(1731—1815年)、中期的方东树(1772—1851年)、唐鉴(1778—1861年)，以及后期的倭仁(1804—1871年)、曾国藩(1811—1872年)，均是从宋学义理的立场上批判沉闷无用的汉学，并认为社会矛盾的出现是由于社会风尚与道德的败坏，因此必须重新提倡宋学的义理，并由义理经世来挽救内忧外患的危机。桐城派的姚鼐则采取了兼容并包的态度，他提出了义理、考据和辞章三种学问应该并立的思想，这一思想包容了汉学、宋学与经世之学，因此一时成为在社会中取得广泛认同的思想。而方东树、唐鉴则致力于批判汉学的落后与复兴宋学，使宋学重新兴起并得到发展。然而，此时宋学家所言的宋学，已经不再是空谈义理式的宋明理学，他们强调将义理作为纲领和工具，在社会中阐释和贯彻，以此解决社会的严重危机。但在当时的中国社会，出现社会危机绝非道德崩坏这一种原因，因此通过实践，一些士大夫也发现，宋学的不足必须依靠经世致用的学说来加以补充。林则徐(1785—1850年)与曾国藩就采取了这样的主张，其中曾国藩作为清代的中兴名臣，在实践的基础上对姚鼐的思想进行补充，提出了义理、辞章、经济、考据四学并举的“礼学”思想。这一思想是宋学走向经世实学的途径，同时也是对宋学、汉学和经世实学的一大总结。

经过此前漫长的思想沉淀和积累发展，在道光咸丰时期，经世实学成为时代的思潮。其代表人物有以天下为己任的陶澍(1779—1839年)，有以经世自励、开眼看世界的林则徐，有提倡广开风气、经世治民的龚自珍(1792—1841年)，有希望以经世思想达到富强的魏源(1794—1857年)，有经济思想的人才包世臣(1775—1855年)以及姚莹(1785—1853年)、徐继畬(1795—1873年)、贺长龄(1785—1848年)、黄爵滋(1793—1853年)等。

经世的思想在道光、咸丰年间达到高潮，其主要的表现有以下几个方面。

(1)提倡议政、主张变法。在士人敏感地察觉到社会矛盾重重、危机加深、大变局与衰世到来之际，他们产生了深重的危机感与忧虑感。面对国家的衰落与社会的不安以及外邦的侵略，他们开始揭露时局的弊病与危机，并深入剖析了社会的弊病所在，进行了犀利的批判。他们对官场的黑暗、制度的腐坏、君主集权的弊病与百姓生活的困苦进行评述，并寻找其背后的缘由和解决的方案。他们批判时局的方法包括上书言事以及进行讽喻时局的文学创作，对国家的危机准确描述并大胆指摘。他们希望由此达到警醒世人、改变社会现实的目的。

在深入批判和剖析时局之后，他们寻找到的解决方案就是对国家和社会种种不合理的、落后的制度和风尚进行改革。龚自珍率先进行了改革变法的呼吁，其后魏源、林则徐等人也相继提出了具体的改革方案。他们针对君主集权，提出了复兴古礼、分君权的说法；呼吁广开言路，更新朝政；由于人才举纳存在的问题，他们主张重用有用之才；更主张整顿吏治，对国家的行政体系进行整理。

(2)提倡实政，重视民生。经世学者不仅仅呼吁对国家体制进行改革变法，而且提出了许多可行且有效的实政措施。他们研究与民生息息相关的实政问题，并针对实政的问题系统地提出了一系列整治措施。他们不仅将实政之学运用于实践，还发展和系统规范了实政之学，使之成为经世实学思想中的一个重要组成部分。

针对政府为保证漕运畅通而大量付出由此产生的费用成为政府财政的严重负担这一问题，经世学者提出了改革漕弊的有效方法。他们提出雇民船、建官屯、以商代官等方案，可以从根本上解决漕弊的问题。漕务的改革在他们的主持下得以实现，也促进了国民经济结构的发展。针对盐政出现的资金周转困难、盐务萧条、私盐猖獗等问题，经世学者也提出了自己的盐政改革方案。他们提倡打破原有的政府垄断盐业制度，改官变商，从根本上杜绝盐业中产生的一系列弊病，由此产生的自由贸易对促进盐业发展也有巨大的作用。他们的改革措施在实践中也取得了一定的作用。而针对治水、修治河岸堤防的河工困难这一历代中央政府无不重视的问题，经世学者也提出了有效的解决办法，即改变河道、进行疏导、保护环境等。对人口数量日益庞大、饥民流民增多的问题，他们提出了提倡技术、人口转移、国家计划等具有建设性的意见。而提高农业生产、禁烟以及提倡纸币等，均是经世学者针对实政提出的一系列措施，为解决中国的内忧开创了新的道路。

(3)提倡史学经世，开眼看世界。经世学者有感于国外势力的入侵带来的巨大压力，将注重训诂、考古的汉学发展成为注重研究当代史、研究世界各国历史文化的新的经世史学。他们主张要了解中国当时的时局、了解世界各国的历史文化，了解中国的边患，从而知己知彼，使中国免于遭受侵略。他们提倡开眼看世界，引进西方的先进器物文化，运用于中国，达到富国强兵的目的。道光咸丰年间，西北史的研究成为史学研究的重要部分，对于筹划边防、开发边疆以及了解边疆危机和外国势力的野心均有重要的意义。开眼看世界的新风尚在此时形成，经世学者早已经发现中国对于外国的无知与不屑，而在四邻窥视、蠢蠢欲动的国际环境之下，这是十分危险的。因此他们提倡开眼看世界，希望通过了解世界来了解中国存在的外患，并通过学习西方先进的技术来使国家强盛，免遭外国的欺凌。这一举动也促使中国文化向前发展，并使新思想产生。经世学者还注重当代史的研究，他们希望从审视当代时局的弊病，找到经世法门。这对于中国种种制度的进步具有重要意义。

道光咸丰年间的经世实学，作为一种承上启下的思想，启发了晚清学术的变革和发展。经世学者们在前所未有的内忧外患中反思中国文明，继承了中国学术的“经世”方向，并为中国学术思想的蜕变奠定了坚实的基础。他们为中国思想学术注入了时代的、积极的内容，使中国学术思想充盈适应时代发展和社会发展的生命活力。经世实学思想的兴盛，代表了中国思想界对几千年来未曾有的文化危机与社会危机的一种积极反应。

（罗成）

# 73. 晚明以后的西学东渐

“西学东渐”是表述近代西方文化传入中国过程的一个非常形象的节略语。西学是相对中学而言的。在西学传入中国前，中国是一个农业社会，中国传统主流学术主要是儒学及其变种，虽然中国古代也有数学、化学、天文学等，但它们在传统学术的视野中是没有地位的，因而难以获得独立、充分的发展。西学是一个历史范畴，具有特定的文化史意义。它不是泛指一切的西方文化，而是特指自晚明开始进入中国、具有明确的现代化指向、并对中国产生一定影响的西方文化，包括近代西方的科学技术、社会制度、思想理论、价值观念、思维方式等一系列与资本主义相联系的文化范畴。西学进入中国，经历了一个曲折而艰难的过程。这一过程大致分为四个阶段。

第一阶段，晚明时期，西学进入中国，对中国社会发生作用和影响，始于明朝万历年间。以利玛窦为代表的西方传教士和以徐光启为代表的中国知识分子，对西学在中国的传播进行了积极的尝试，并取得了一定的效果。16 世纪以后，随着新航路的开辟，西方殖民者和商人加快了向东方进军的步伐，传教士也紧随其后，开始了向东方的布道活动。十六、十七世纪前来中国的天主教传教士很多，主要人物大多是耶稣会士。这一时期来华的耶稣会士有数十个，其中著名的有沙勿略、范礼安、罗明坚、巴范济、利玛窦、汤若望、南怀仁等。这些传教士，大多有坚韧的毅力，有热忱的宗教献身精神，他们具备良好的文化素质，以学者的身份把西学传入中国，他们把中国的知识分子作为接受西学的主要对象，希望西学被中国社会的上层接受，借助上层精英人物的宣传，带来自上而下的推广效应进而渗透到全社会的各个领域。在这一时期，传播西学最富成果的传教士是利玛窦。利玛窦传播西学的主要贡献有：

第一、走上层路线，为传教活动赢得存在、发展的空间。1582 年，他来到澳门，开始在中国的传教事业。1583 年，他设法来到广东肇庆，他以自鸣钟赠给地方官员，获准在当地建教堂和传教。在南京、北京等地他结交了很多士绅，包括徐光启、李之藻、肇庆知府王泮、顺天府尹王应麟、礼部尚书王忠铭等人。这些人帮他在官场牵线搭桥，使他的传教活动取得了想象不到的效果。由于中国官绅的帮助，他在 1601 年 1 月受到万历皇帝的接见。皇帝对他进献的自鸣钟、西洋琴之类很感兴趣。此后，利玛窦取得在北京传教、建教堂的合法权利。

第二、努力使西学中国化。利玛窦带来的西方文化有别于中国固有文化，为了减小西学在传播中遇到的阻力，使它更容易为中国社会所接受，利玛窦对它的形象进行中国化的改造。利玛窦首先学说中国话，写中国字，给自己取中国名字，改穿中国的长袍，习行中国的礼仪。他在肇庆建的教堂，也竭力使它更像中国的庙宇，门首挂着“仙花寺”的匾额，中堂题“西来净土”四个字。这样做的目的是，使他的传教事业不至于被民众冷漠，获得认同感。他还使传播的内容附会中国文化，或将它与中国本土文化相结合。他写《天主实义》等书，引用儒家思想来论证基督教义，说儒家经典《尚书》中的“上帝”就是西方人说的“天主”。他为了迎合中国士大夫的盲目自大的心理，改绘世界地图。西方人绘的地图里，中国仅是五大洲的一部分，而且处在很不起眼的角落。中国的士大夫历来相信，中国居世界之中，为天下最大，这样的地图无疑会伤害他们“高贵”的自尊。于是，利玛窦作了修改，把地图上本初子午线的位置移动，使中国位居全图的正中。

第三，拓展在中国内地的活动范围。先于利玛窦三十年来华的沙勿略并无多大成绩，他的传教范围仅限于澳门一地，没有深入内陆。而利玛窦在不到三十年里，教徒由1人，发展到2500人；活动范围，由南而北，从澳门而肇庆，而韶州，而南昌，而北京。每到一地，他宣讲教义，发展教徒，建立教堂，开展了卓有成效的传教工作。在他去世后，天主教在华有了新的发展，到1670年(康熙九年)，教徒多达27万余人，教所40多处，遍布华北、华中、华南广大地区。到1700年，教徒多达30万人。天主教的蓬勃发展，正是得力于利玛窦打下的坚实基础。

第四，展示西方科学技术和物质文明。利玛窦采取一种更为高明的传教方式，即学术传教。他不是直接灌输天主教义，而是以学术为载体，同时借助西洋科学、哲学、艺术，以及自鸣钟、西洋镜、地球仪等各种西洋器物引起中国士人的关注和敬重，在宣传、展示西艺、西器的过程中，讲授西方宗教和科学技术。通过这种方式，利玛窦取得了中国官绅、民众的好感和信任，在无形中把西方的科学知识，尤其是自然科学大量地传入中国。

这一时期，中国社会对于西学的反应并不一致，大致有三种态度：热情吸纳、顽固拒斥、理性审视。

(1)以徐光启、李之藻为代表的士大夫对西方的自然科学和技术高度赞赏，并对传教士传入的西方宗教表现出巨大的热忱。他们以博大的胸怀、平和的态度来对待西学，勇于吸收外来文化的长处。并且，他们把西学作为挽救晚明危局、富国强兵的重要手段，而加以大力宣传。他们不仅推崇西方的科学技术，而且也倾心于西方宗教。徐光启、李之藻、王徵等人接受教会洗礼，成为虔诚的信徒，还译介了大量的西方神学著作。

(2)以沈漼、黄贞等为代表的顽固士大夫站在正统学术的立场上，对天主教神学进行猛烈抨击。他们认为，天主教的神权至上，破坏了儒家君权至尊的传统；天主教义劝人不祭祀祖先，有违中国的孝亲忠君的宗法伦理。他们对西教极端仇视，发动了对他们的围攻和迫害。黄贞组织一批儒生、佛教徒对基督教神学在思想领域里进行围剿，并结集了大量的辟邪著作，形成攻讦天主教的强大声势。沈漼对天主教进行政治迫害，发动“南京教案”。他纠集一些朝臣上书皇帝，要求禁教，还逮捕了一些耶稣会士和信教华人，形成一股反教大潮。

(3)还有一部分人理性地分析、对待西学，这其中以方以智为代表。他在充分肯定西洋科学技术确实比中国高明的同时，对宗教神学进行了批判，并凭借知觉、感性窥测宗教神学给自然科学造成的缺陷。总之，他既高于黄贞、沈漼等保守主义者顽固排拒，又有别于徐光启他们的无批判地接受西学。

这一时期的西来之学主要包括以下方面的内容：

(1)天文历法。在传教士传入的众多西学图籍中，天文历法方面的著作有43种之多，被收录在《崇祯历书》中。它们与中国传统历法相比，有很多优胜之处，对于天文历法这一中国最悠久的学术门类具有巨大推动作用。

(2)数学。西洋数学对中国影响最大的是《几何原本》，它介绍了古希腊数学家欧几里得的平面几何学。西方几何学不仅比中国传统几何学要丰富得多；而且，更为重要的是，它所代表的严密的逻辑推理方法是西方近代科学产生的重要前提之一，它对这一时期中国学者的影响已超出了数学的领域，具有科学方法论的指导意义。他们带来的《同文算指》，介绍了西方算术笔算法。此外，他们还介绍了近代西方代数学的一些重要成果。

(3)地理学。传教士们带来的地理学，给中国士人耳目一新的观感。《坤舆万国全图》引进了明确的地圆概念，并以经纬度划分球面。《职方外纪》介绍了各国的风土人情、河流山川；《西方问答》介绍了西洋海陆交通、物产风俗。这两本书在中国士人当中很流行，有助于开阔国人的视野，更新原来闭塞、狭隘的世界观念。

(4)物理学、机械工程学。在这一方面，传教士熊三拔、邓玉函成就较大。熊三拔著有《泰西水法》一书，这是第一部介绍西欧农田水利工程技术的专著，受到中国各界的重视，徐光启《农政全书》的水利部分大多采自《泰西水法》。邓玉函著《奇器图说》，介绍了物理学和机械学方面的知识。该书若干章节讲解了关于物理学方面的一些基本原理，如重、重心、比例等，还有关于机械学方面的知识，如天平、杠杆、滑轮等。

(5)医药学方面。1569 年，传教士在澳门设立医院，用西医为人治病，这是西洋医学传入中国之始。传教士带来的宗教书籍如艾儒略的《性学粗述》、汤若望的《主治群征》、卫匡国的《真主灵性理证》等，对人体解剖学、呼吸系统、循环系统等多有介绍。

(6)火炮制造技术。中国发明的火药及火器制造技术通过阿拉伯人传入西方，到 14 世纪中叶，欧洲的火器制造技术已经超过中国。万历时，传教士把火炮制造技术传入中国。南怀仁著有《火攻挈要》，汤若望著《神威图说》，专门探讨炮战技术和火炮制造。传教士还投身造炮实践，汤若望曾帮助明军制造大炮抵御清军；葡萄牙人公沙的西劳与徐光启合作，仿造西洋大炮。

第二阶段，清初晚明传入中国的西学，没有因为王朝的更替在清初销声匿迹，而是把中西文化的交流更为深入地向前推进。这一时期，在中国传播西学的传教士主要有汤若望、南怀仁。中国方面的支持力量与前一阶段显然有所不同。晚明时期，西学传播的支持力量主要是一批士大夫，而清初却是顺治、康熙两代帝王。西学在这一时期，有了进一步的发展，后来由于“礼仪之争”，康熙帝下令禁止天主教在中国传播，使西学传播渠道被卡断，中国丧失了一个接触西方先进文化的大好时机，天主教长达一百五十年的传教成果毁于一旦。清军进入北京后，允许汤若望居住在天主堂。1644 年(顺治元年)，多尔衮召见了他，并委任他修历，他向朝廷进献了一套天文观测器，并建议朝廷采用西洋历法。由于西洋历法成功地预报了日食，他被任命为钦天监监正，即天文台台长。朝廷决定采用西方历法，更名为《时宪历》。顺治帝对汤若望非常看重，称汤为“玛法”(满语尊师之称)，多次到汤的住处请教天文、物理、数学等问题。在顺治帝的偏爱下，汤若望获得很高的声誉。他先后被授予通议大夫、通玄教师、通政使、光禄大夫等头衔。由于有多尔衮、顺治帝的优礼相待，使天主教的传教事业获得较大发展。据统计，顺治一朝天主教在直隶、山东等 11 省都广设教堂，天主教教徒达到十一万四千二百人。顺治帝死后不久，发生了钦天监教案。康熙帝继位，但政权把持在辅政大臣鳌拜手中。鳌拜观念保守，要求满人恢复入关前的文化习俗，禁止非满人干政。在这种复旧潮流下，以杨光先为首的守旧大臣发起对汤若望和天主教的围攻。他们从指责《时宪历》入手，把科学争论和政治斗争搅和在一起，制造了钦天监教案。清廷拘捕、审问了汤若望、南怀仁等一批传教士，各省其他传教士也遭拘禁。后来，虽然释放了汤若望，各省被拘禁的传教士遣送广东安插，但是在钦天监任职的 30 多人或被斩，或被革职，或遭流放，甚至一些与传教士有联系的官员也受到牵连。钦天监教案后，杨光先取代了汤若望的钦天监监正，后因所制历法误差太大，被免职。南怀仁接任钦天监监正，钦天监教案涉及的人员被平反。应该说，这是西学传播过程中的一股寒流。

钦天监教案之后，西学传播迎来了一个历史性的转机。由于年轻皇帝对西学的浓厚兴趣，进而影响到清朝对天主教的政策和西学东渐的面貌。康熙帝对西方文化表现出浓厚的兴趣，他特别注意从西方各国招揽人才。亲政之后，任命南怀仁为钦天监监正。此后，他又根据南怀仁的推荐，任用了一批教士如闵明我、徐日升、安多诚、白晋到宫廷或钦天监任职。康熙通过南怀仁致信罗马教廷，希望能派遣擅长天文、光学、静力学、动力学的耶稣会士到中国。应南怀仁之请，1687年(康熙二十六年)法国路易十四和法国皇家科学院派遣了白晋、张成、刘应、洪约翰等五名精通天算地舆的传教士来华。1697年(康熙三十六年)，又派白晋重返欧洲去招募更多的科学家和携带更多的科学书籍来华。白晋不辱使命，特选10名教士于1699年(康熙三十八年)到达广州，3月抵京。1715年(康熙五十四年)，康熙又授意传教士德里格、马国贤致书教皇，要他选择精通天文、历法、医学等方面的人才来中国。1720年(康熙五十九年)，九名技艺人才随教皇使节到中国，他们都受到康熙的任用和优厚待遇。康熙帝根据传教士的各自专长，加以任用。他让南怀仁主持天文历法并制造兵器，让白晋组织、训练中国测绘人员，让徐日升参与编修大型天文、历法、乐理丛书，其他来华工作的传教士，有的任职钦天监，有的担任翻译，有的充任内府医生、画师，有的为皇帝、皇子讲授天文、地理、数学、音乐、人体解剖等方面的知识。康熙帝对西方科学技术兴趣广泛，所涉猎的科学知识领域涵盖天文、数学、地理、医学、音乐、机械工程等。南怀仁是他的第一任宫廷教师，康熙帝经常召南怀仁进宫讲学，他向康熙帝讲解了主要的天文仪器、数学仪器的使用方法，以及关于几何学、静力学、天文学中最扼要的内容。1690年(康熙三十九年)初，康熙帝传谕白晋、张诚等教士用满语进讲欧几里得几何学原理，同时还要用各种数学仪器进行运算。他在掌握了几何原理后，还请白晋、张诚用满文编写实用几何纲要，又命安多编写一本算术和几何学运算纲要。不久，张诚等决定改为高深的法国数学家巴蒂所编的《实用及理论几何学》作为进讲教材。这些进讲的数学著作，又均从满文译成了汉文，并由康熙作序，再用两种文字发表。这一时期，由于康熙帝对西学近乎虔诚的态度，使这一时期耶稣会士传播西学之盛，远远超出了晚明。南怀仁与康熙的交谊，比起汤若望与顺治帝有过之而无不及。在康熙帝的大力保护下，天主教及其传教活动获得了一个发展的黄金时期。1687年(康熙二十六年)，康熙在召见南怀仁和徐日升时宣布，天主教传教士得到盖有南怀仁印章的证件后，可以在全国随意传教。南怀仁去世后，天主教在中国的传播并未受到太大的影响。后来，发生了“礼仪之争”，康熙帝才下令禁止天主教在中国传播。所谓礼仪之争，开始只是天主教内部两派关于天主教与中国传统关系所展开的争论。当时在中国的一部分传教士沿袭利玛窦的路线，力求使宣教方式、内容与中国的习俗、传统相调和；另一派则坚决主张严守天主教神学的正宗性。两派的激烈争论，引起了教皇的干预。1704年底，教皇发布禁约七条，要点有四：①不准用“天”或“上帝”称天主；②不许在礼拜堂悬挂“敬天”字样的匾额；③禁止基督徒祭祖祀孔，否则以异端对待；④禁止留牌位在家。当教皇使者来华宣布教皇禁令时，康熙帝针锋相对，诏令教士必须持有朝廷的准许传教的印票，遵守中国礼仪，才可以在中国传教，并将教皇特使驱逐到澳门看管。随后，康熙帝派传教士艾若瑟到罗马，请教皇收回成命，但遭到拒绝。在罗马教廷重申禁令、禁止对礼仪问题进行任何申诉的情况下，康熙帝下令禁止天主教在中国传教。至此，清朝与罗马教廷的关系宣告彻底破灭。康熙之后，继续实行禁传天主教政策。从此，天主教在华势力一落千丈。传教士有的被杀，有的被驱逐，有的放弃传教而被中国留用。

第三阶段，鸦片战争之前到甲午中日战争。鸦片战争对于中国是一个刻骨铭心的历史记忆，中国的大门被西方资本主义国家用炮舰轰开，中国开始了步履艰难的现代化历程。这样一种耻辱的又不得不接受的现实，是与明清之际，尤其是礼仪之争后闭关锁国、拒斥西方先进文化有着必然的因果联系的。这一阶段，又可以进一步细分为三个时期：鸦片战争前西学传播的途径很少，主要是通过为数不多的传教士的隐蔽的传教活动和屈指可数的几个到过西方的中国人的著作札记，传播的力度也有限；以鸦片战争为中轴向前推进向后延展的十年里，中国为挽救危局的士大夫以经世为目的，研究国际知识、世界历史、地理，学习、传播西学；鸦片战争以后，西方资本主义势力通过一系列不平等条约，进入中国，在进行经济侵略的同时，也进行文化渗透。中国在求强求富的目标下，开始学习西方的坚船利炮、声光电化。总的来说，这一阶段，尤其是鸦片战争之后，西学传播无论是在广度上，还是在深度上，都远远超过了明清之际的水平。

自从康熙末年禁教以来，中国基本处于一种对外封闭隔绝的状态，对外部世界的了解少得可怜。西方资本主义世界发生着翻天覆地的变化，而中国却浑然不觉，不仅没有迎头赶上，反而退却到了明清之际西学传播之前的状态，由利玛窦、汤若望等传教士介绍的西方文化已经被淡忘了。这一时期存在着零星的传教活动，并且是在地下状态中进行的。这一时期的传播西学的教士主要有马礼逊、麦都斯、伯驾等。马礼逊是禁教后第一个来中国内地传教的新教传教士。他和以后到中国的英美传教士一样，以外国在华商馆为掩护开展活动。马礼逊借着东印度公司职员的身份进行传教活动，发展的教徒不多。其中，有一个有名的中国教徒梁法。梁法帮助马礼逊的传教活动，从事印刷工作，他还撰写了大量通俗性的布道小册子并大量散发，其中一本叫《劝世良言》。通过这本小册子，洪秀全粗略地获得一些关于基督和上帝的知识，并接受"独一真神唯上帝"的一神教思想，创立了拜上帝教，并发动了太平天国运动。马礼逊还进行译书著书，翻译《圣经》是马礼逊在布道方面所从事的最重要的工作。他还翻译编写了大量宣传基督教义的中文通俗读物，其中比较著名的有：《神道论赎救时总说真本》《回答浅住耶稣教法》《养心神寺》等。此外，在马礼逊的提议下，在马六甲成立了英华书院，开设有英文、中文、数学、天文、地理等课程，为中国培养了一大批了解西方的实用人才。马礼逊之后，一些英国新传教士如麦都斯、理雅阁等相继来中国传教。麦都斯先在马六甲管理伦敦布道会设立的印刷所，后到雅加达在华人中传教。他于1835年到达上海，创办了中国境内第一个印刷所——墨海书馆。中国近代改革思想家王韬曾受雇于墨海书馆，并进而认识世界。英国新教传教士来华传教的同时，美国教会也不甘落后，他们先后派出的传教士有裨治文、卫三畏、伯驾等。其中，伯驾的传教成效较大。1835年，伯驾来到广州，他采用利玛窦、汤若望的技艺传教的模式，开办了一所眼科医院——博济医院，借慈善事业来扩大宗教的影响。他还和其他在广州的西方医生成立了一个医学协会——中华医药传教会。通过上述活动，将科学传入了中国，传播了宗教思想。鸦片战争前，中国人当中，游历西方，并把见闻写成文字广为传播的有樊守义、谢清高等人。礼仪之争时，耶稣会士爱若瑟受康熙帝派遣到罗马向教皇申述，樊守义随同前往。回国后，他把在欧美的见闻写成《身见录》一书，书中对欧美国家的政治、经济宗教、城邦事务、风俗景物等都有描述。谢清高是广东嘉应人，曾遍游南洋、印度、欧洲、美洲。《海录》一书，记录了他游历欧美的见闻。其中包括方位航路、城市建筑、文官制度、男女服饰、宗教礼仪等。虽然书中讹误较多，但却是中国到19世纪40年代为止的主要信息来源。林则徐在《查明外国船只骗华民出国情形折》中就引用了谢清高的材料。

鸦片战争爆发前后，中国一批具有强烈经世意识的儒生士大夫，关心时事，了解世界，积极应对面临的社会危机。他们以林则徐、魏源、梁廷枏、徐继畬为代表。林则徐在1839年作为钦差大臣被派广东，后兼任两广总督，处在鸦片战争的风口浪尖上。他作为中国方面的统帅，对他的对手几乎一无所知。为此，他极力了解英国，了解世界。林则徐网罗了一批熟悉世界情势的人才，翻译西文报纸以及有关外交文件，了解外国情况。利用一切可能接触西人的机会，了解世界情况。1839年，他与美国传教医生伯驾联系，请伯驾帮助翻译有关国际法知识，伯驾还赠送他《各国地图册》以及地球仪。一到广州，林则徐就组织人翻译《广州周报》《广州纪事报》《新加坡自由报》《孟买新闻纸》等英文报纸中有关中国的时事报道和评论。他还组织翻译《四洲志》，这是近代中国人第一次翻译的世界地理著作。此外，还翻译了《各国律例》《华事夷言》等书。正是林则徐的开眼看世界，激发了国人研究世界历史、地理、研究国际知识的热情。梁廷枏也是鸦片战争期间广东了解国际形势较为深切的人物之一。梁廷枏先后被地方政府聘请编修《广东海防汇览》《粤海关志》。粤海关是中国和西洋往来、交涉最多的关口，通过编修《粤海关志》，使他对西洋的认识更加深刻。鸦片战争后，他发愤著书，让国人了解世界。他先后出版了《合省国说》《耶稣教难入中国说》《粤道贡国说》《兰仑偶说》。在《合省国说》里，他介绍了美国的政治制度；在《兰仑偶说》里介绍了英国的历史沿革、风俗人情、政治制度等，并详细介绍了轮船、火车、蒸汽机的工作原理。徐继畬在鸦片战争爆发及之后的几年里，一直在中西冲突的前沿地带——福建、广东任职，他深感国人对世界了解得太少。他于 1848 年出版了《瀛寰志略》，介绍了近 80 个国家和地区的地理位置、历史变迁、经济、文化、风土人情等，是这一时期中国了解世界的重要工具书，在国内、国外产生了重要影响。魏源以强烈的经世意识，编成总结性的巨著《海国图志》。《海国图志》除了介绍、考订世界各国的历史沿革、政治、经济、文化、风习之外，还以大量的篇幅介绍了西洋火轮船、洋炮、洋弹、炮台、水雷等的原理、制法、用法。作为完整、系统的世界地理著作，在鸦片战争以后的四五十年里，《海国图志》与《瀛寰志略》是最有影响的两部。

鸦片战争之后，西学传播的势头更加迅猛。这一时期的西学传播是以洋务运动为主线开展的，与上一阶段相比，西学的内容更为广泛，层次更丰富，传播渠道更加多样化，影响更深刻。西学传播的渠道大致包括以下几个方面：

(1)中国人创办外文学校。要学习西方，引进西方的先进科学技术，懂得外国文字，创办外文学校是西学传播的前提和重要内容。第二次鸦片战争结束后，清政府着手开办同文馆，同文馆后来发展为以外文为主、兼习多门新学的综合性学校。在同文馆存在的 40 年里，先后聘请 54 名外国人担任英文、法文、德文、日文、天文、化学、医学等科的教习，并组织师生翻译了许多西方自然科学和社会科学书籍，为中国培养了大量的外交、教育、翻译、出版等方面的人才。另外还有李鸿章设立的上海方言馆。上海方言馆分英文、法文、算学、天文四馆教学，先后聘请傅兰雅、林乐知、金楷理等西方人士担任西文教习，也培养了不少外交人才。此外，还有 1864 年 7 月开馆的广州同文馆。

(2)中国举办的翻译馆译书。清政府这一时期的众多译馆翻译了大量的西方书籍，是西学东渐史上的一个亮点。其中，以江南制造局翻译馆为最。江南制造局翻译馆的译员由中外学者组成。其中外国学者有傅兰雅、林乐知、金楷理、卫理、秀耀纯、罗亨利、玛高温、伟烈亚力等，其中译书最多、历时最长的当属傅兰雅。中国方面的学者主要有徐寿、华蘅芳、赵元益、徐建寅等，其中，徐寿是馆中最重要的中国译员。江南制造局翻译馆翻译的书籍种类多、数量大。据统计，到 1899 年，江南制造局翻译馆共出书 126 种，涉及兵学、工艺、兵制、医学、矿学、农学、化学、算学等种类。翻译馆的译书事业对西学传播的贡献是巨大的。据傅兰雅记载，到 1879 年底，翻译馆售书 32111 部，83454 册。

(3)派遣出国留学生。1872 年至 1875 年，容闳倡导、经手了第一波留学运动，组织一批幼童赴美，学习军政、船政、制造等科学技术，为中国培养了一批外交、军事、实业、教育方面的人才。在派遣留美生的同时，清政府也向欧洲派遣留学生。从 1875 年到 1886 年，清政府陆续向欧洲派遣了几批留学生，学习制造、测绘、驾驶、工程、公法等方面的知识。这些留欧生回国后，成为中国军事、实业、外交、教育方面的骨干。留学教育开创了中国培养人才的新途径，实现了直接与西方文化的接轨。

(4)派遣官员出使、出国考察。在英法等列强的要求下，清政府于1861年成立了专门负责外交事务的总理各国事务衙门。总理衙门成立后，就向皇帝建议向各国派遣公使，清政府在1876年正式对外派驻使节。鉴于中国官员不知世界大势，总理衙门还建议清政府派遣官员到西方各国考察。从1866年起，清政府就派出赴外考察师团。这些官员在各国出使、考察期间，访问政府机关、议会团体，参观各类工矿企业、学校，考察铁路、邮电，在获得了第一手材料的基础上撰写了大量有价值的调查报告。他们身处异邦，耳濡目染，开阔了视野，对西学的认识更为深刻。

(5)聘用外国人才。洋务运动期间，中国新办的学堂、海关、制造、轮船、铁路、电报、纺织、练兵等事业急需大量专门人才。为此，清政府聘请了大批西方人才投身洋务运动。新式学堂和翻译机构率先聘请了大量的西方专门人才，如同文馆、上海方言馆、江南制造局翻译馆都聘请了数学、物理、化学、医学、国际法等方面的专家，他们大多是英美传教士。洋务派举办的军工企业、民用企业里，也大量聘请外国技术人才，从事技术指导和日常管理。

(6)开办教会学校。办教育、传福音是西方教士传教普遍采取的一种方式。在1860年以前，教士在东南沿海举办了一些教会学校，但数量少，规模小，效果也并不好。1860年以后，随着通商口岸的增加和传教士进入内地自由特权的取得，中国风气逐渐开化，教会学校的数量不断增加，规模不断扩大。据统计，1867年的基督教第一次传教大会召开之前，基督教新教在中国各地共设有350所学校，有学生5975人。到1890年，全国基督教教会学校在校学生已达到16836人。教会学校开设了西方自然科学、社会科学及职业技术课程，培养了外语、法律、音乐、医学、工程技术等领域的专门人才，较大范围地普及了近代自然科学、社会人文科学知识。

(7)西方在华人士举办的文化组织。19世纪中叶以来，西方一些传教士在中国成立了许多文化组织，突破了直接宣讲福音的简单方式，主要着力于研究中国、介绍西学。其中，影响较大的文化组织有亚洲文会、广学会、尚贤堂等。

(8)外国人在华办报。传教士认识到了办报的重要性，认为办报是办教育之外的一个更为迅速的传道工作。从19世纪四十年代到九十年代，他们先后创办了近170种中、外文报刊，约占同期中国报刊总数的95%。这些报刊在传播西学、推动中国社会改革与进步方面，发挥着重要作用。

(9)传教士在华开办西医院。鸦片战争前，由于教禁，传教士的医疗活动受到限制。鸦片战争后，传教士在华开办的西医院逐渐增加。据统计，到1889年，来华的40个基督差会中，有21个从事某种形式的医疗活动，有61所医院，44处诊所。传教士还编译西医书籍，编辑出版西学刊物，这些都有利于西医在中国的推进。

第四阶段，甲午中日战争到“中华民国”成立前甲午中日战争中的惨败，给国人的震撼是相当大的，中国求强求富三十年，竟然不敌东洋小邦。从历史来看，一直到明治维新之前，中国文化相对于日本文化是一种高势能的文明，但明治维新之后，日本大踏步地前进。黄海一战，昔日的学生打败了老师。为什么同样是向西方学习，日本取得了成功，而中国却失败了？反思的结果是，要自强就必须学习西方，学习西方就要先学日本。这成了这一时期国人的共识。这一时期西学传播，有两个方向，一是西来，一是东来。其中，东来转口输入西学成为这一时期的主流。

(1)东来之西学。甲午中日战争之后，一改过去欧洲—中国的西学传播模式，国人把目光转向了东邻日本。这一时期，日本成为西学传播的中转站，形成了欧洲—日本—中国的西学传播模式。①向日本学习是时代的共识。明治维新，日本引进西方先进科学技术，获得了飞速发展。先进的中国人清楚地认识到了这一点，并呼吁全方位地学习日本，成为社会的一致看法。黄遵宪和他的《日本国志》，标志着国人对日本的看法发生根本改变。黄遵宪在出使日本期间，开始对日本进行调查研究。在研究过程中，他发现国人对日本的认识或陈旧，或模糊不清，甚至错误。为了使国人获得关于日本的正确认识，唤起国人学习西方的热情，坚定通过学习日本学习西方的信心，他于1887年写了50万字的巨著《日本国志》，于1890年发行。该书把日本当做平等的民族国家，改变过去对日本的"岛夷"一类称呼。《日本国志》的内容十分丰富，系统地介绍了日本的历史和现状；并且，阐述了效法日本学习西方，在中国实行变法维新、发展资本主义的思想。在政治方面，要求仿效日本变法自强；在经济方面，主张学习日本、学习西方，发展资本主义生产方式，保护和促进民族工商业；在文化方面，盛赞日本全面学习西方文化的勇气。《日本国志》加深了国人对日本的认识，说明了日本富强的原因和发展趋势。不仅黄遵宪这样主张，戊戌变法的维新派更是如此。维新派代表人物把日本在甲午中日战争的胜利完全归因于维新变法。他们认为，挽救民族危机的唯一出路在于，走明治维新的道路。在维新变法运动中，他们的一些改革方案都是以明治维新为蓝本的。②出现留日热潮。在取得学习日本的共识后，留学日本是率先跨出的一大步。向日本派遣留学生，不仅是舆论的推动，而且也是政府的自觉行为。这一时期，清末新政的代表人物张之洞起了重要作用。张之洞在湖广总督期间，著《劝学篇》，大力倡导留学日本。20世纪初，清政府推行新政，包括仿效日本训练新军、改官制、兴学堂等。为了培养新政人才，留学日本被提上议事日程。1903年，清政府正式颁布张之洞拟定的《奖励游学毕业生章程》10条，规定留学生在日本普通中学堂、高等学堂、实业学堂、大学堂、国家大学堂与大学院毕业，并获优秀文凭的，分别授予拔贡、举人、进士、翰林出身，加以任用。这一举措，无疑激发了知识分子的留学积极性。此外，清政府还鼓励自费留学。另外，日本在地理和文化上天然地和中国有某种亲缘关系。基于上述理由，中国留日生逐年增多。据统计，1901年，留日生为274人，1903年为1300人，1904年为2406人，1906年有8000到12000人。留日生学习的专业包括政法、文史、日语、师范、理工、农学、医学、商业、陆军、音乐、美术、体育等。其中，以政法、师范、陆军为最。20世纪的留日潮，促进了西学从日本转口输入中国，对近代中国的政治、经济、文化、科学、军事的发展产生了重大影响。③众多的译书机构和蔚为壮观的译书事业。19世纪末20世纪初，在中国东南沿海和留日人员中，出现了集翻译、出版为一体的译书机构。据统计，从1896年到1911年，在中国和海外留日人员中翻译、出版日文书籍的机构至少有95个。其中较为重要的有商务印书馆，1897年2月创办于上海，它以后成为中国最为著名的出版机构；译书汇编社，1900年成立于东京，是第一个中国留日生译书机构；广智书局，1901年在上海成立，名义上由广东华侨冯镜如主持，实际上是梁启超负责；作新社，1902年由归国留日生戢翚等在上海创办，在东京有发行所，译者多为江苏留日生，译著偏重于介绍进化论、民约论、世界近代史；文明书局，1902年由俞复、丁宝书等在上海创办，以出版教科书和世界史地知识读物为主；中国医学会，1909年成立于上海，所译的书籍集中于医学方面，是晚清引入西医知识最多的机构。国内机构、留学人员翻译、出版了大量的日文书籍。据不完全统计，从1896年到1911年，中国出版的日文书籍至少有1014种。这个数字远远超过了此前半个世纪的中国翻译西文书籍数字的总和，也大大超过同时期中国翻译西文书籍的数字。比起此前翻译西文书籍，这一时期所译日文书籍中社会科学、史地书籍所占的比重加大，应用科学、自然科学所占比重减少。

(2)向欧美学习西学。传播渠道主要包括严复、林纾传播西学，以及派遣留美学生。严复是中国近代的思想启蒙大师，被毛泽东誉为向西方寻找救国救民真理的先进中国人。严复介绍、宣传西学，在西学东渐史上功不可没。他宣传介绍西学包括两个方面：其一，翻译《天演论》，向国人介绍西方流行的进化论；其二，翻译了一系列西方社会科学著作，从学术上奠定了中国近代社会科学的基础。严复一生最重大的文化贡献在于翻译、介绍并大力宣传生物进化论，并把它运用到社会历史领域。严复译述《天演论》，在忠实原文的基础上，有所阐发。他在阐述进化论时，联系中国的实际，告诫人们，如果不发愤自强，就会亡国灭种。面对民族生存危机，中国应该做的是奋发图强，变弱者为强者，才能保国保种。《天演论》的译成是在1896年，正式出版是在1898年。这正是中华民族出于空前民族危机，救亡图存的维新运动日益高涨的时期。严复的《天演论》的发表，在中国思想界产生了强烈的震动。成千上万不甘沉沦的中国人，自觉地接受了他宣传的进化论，走上了救国救民的道路。翻译《天演论》之后，严复又陆续翻译了《原富》《群学肄言》《群己权界论》《社会通诠》《法意》《穆勒名学》《名学浅说》等西方社会学著作。总之，严复对西学东渐的贡献是无人能替代的。他开始了中国学者独立系统翻译西方原著的历史。在此之前，西方书籍翻译，多由外国学者翻译，再由中国学者翻译，但效果不好，不能尽如原意，影响到西学传播的范围。而严复提出翻译中遵循信、雅、达三原则，无疑具有开创性的指导意义，提高了西书的翻译水平，掀开了西学东渐史上新的一页。严复系统地翻译了西方社会科学著作，涉及经济学、政治学、社会学、哲学、美学等各个方面，从而为五四以后建立中国的近代科学的学科体系，尤其是人文社会科学奠定了基础。

林纾与严复同为19世纪末20世纪初的西学传播者，但严复翻译西学著作主要集中在社会学方面，而林纾主要是翻译小说。林纾翻译西洋小说，始于1898年。他与人合作翻译《巴黎茶花女遗事》(简称《茶花女》)，获得了极大的成功。从1898年到1924年，他共译作品184种，出版单行本137种，未刊23种。他翻译的名著有六七十种，如《黑奴吁天录》《鲁滨孙漂流记》《伊索寓言》《海外轩渠录》《吟边燕语》《拊掌录》《块肉余生录》《撒克逊劫后英雄录》《十字军英雄记》等，这些作品涉及的作者有：英国的莎士比亚、地孚、斐鲁丁、狄更斯、史各德、哈格德，美国的华盛顿·欧文、史拖活夫人，法国的大仲马、小仲马、预勾、巴鲁萨，挪威的易卜生，西班牙的塞万提司，俄国的托尔斯泰，日本的德富健次郎等。林纾的作品风靡于世，对当时中国社会产生重大影响。通过林纾的作品，比较系统、全面地介绍了西洋文学史，也增进了中国人对西方社会的来了解。林纾的作品，可以说是生动地反映西方社会的众生相。此外，还改变了国人对西洋的偏见，西方不只有声光电化、坚船利炮、议会制度，还有与并不亚于中国的文学艺术，也是文明之邦。

这一时期，除了留欧、留日之外，还兴起了一股留美热。1900年，八国联军攻入北京，强迫清政府签订了《辛丑条约》。条约规定，中国向八国赔款4.5亿两白银，分39年偿清，年息4厘，本息合计9.82亿两，史称庚子赔款。其中，美国应得赔款合2500万美元。后来，美国愿意退还应得赔款的余款，用于资送留学生赴美并在北京开设一所预备学校，由美国监督该款项的使用。美国这一退赔策略既减缓中国民众的敌意，又可以抵制日本势力借大批留日学生对中国进行渗透。当然，客观上也增加了西学传播渠道。按中美商订的计划，从1909年到1911年，清政府先后考选了192名学生赴美。他们大部分进入了美国的著名大学，如哈佛大学、哥伦比亚大学、耶鲁大学、麻省理工大学等，所学专业大多是中国亟需的理、工、农、矿。这批留美生全部获得美国正规大学的学位，并回国效力，成为各个领域的优秀人才。由于他们留美学习后，在政府、社会担任要职，这一示范作用，激发了新一轮的留美潮。这一时期，学习西方的主力转到大批留学生身上。他们回国后，又以西方社会为蓝本批判、改造中国社会。因此，他们对中国社会产生的影响是显而易见的。例如，五四新文化运动的发动，与一批留美学生的活动有密切联系。

西学东渐是中国近代化进程中波澜壮阔的文化输入运动。它始于晚明，清初由于礼仪之争，西学的传播中断了一个多世纪。鸦片战争以后，伴随着列强的炮舰，西学传播更大规模、更深层次地展开，呈现出从器物到制度到心态的不断演进过程。在西学传播过程中，传播的主体由以传教士为主到以留学生为主，传播途径从欧洲—中国模式转变欧洲—日本—中国模式，传播的内容从以自然科学、实用技术到以社会科学为主，中国知识分子由被动接受逐渐变为主动接受。西学东渐，对中国近代社会、文化的演进产生了深远的影响。它促进了中国近代新文化体系的形成，在输入西学的基础上，逐步建立了系统、稳定的学科体系；中国传统学术渐渐淡出，中西合璧的近代新学占据主导地位；它极大地冲击了传统的重义理轻艺事、重农轻商的价值观念，重科学技艺、追求民主自由的新思想植根于新一代知识分子的心灵深处；它为中国近代的工业化开辟了道路，各项近代化事业的推动，离不开西艺西技提供的智力支持。西学东渐对近代中国的最大影响在于，它推动了近代中国的社会变革和社会革命，太平天国运动、戊戌变法、辛亥革命无一不与西学密切相关。总之，西学东渐促进了中国近代文化的发展，推动了近代中国的社会变革，是中国近代社会发展的动力之一。

（陈友乔）

# 74. 近代新学的兴起

新学，是指具有反叛旧学精神的一种系统的思想、观念和体系，它源于对旧学的深刻批判、反省和超越。从学术文化的源流来说，近代新学是从晚清中学的“经世致用”学风和今文公羊学直接演变发展而来，从西学获取新的思想资源，发生了方向上的变革，将旧学逐步逐出现实生活的时代性学术文化体系。

道咸之际，在“汉学”(明末清初依汉世儒林家法之说研治经学名物制度、小学训诂的考证学)与“宋学”(以儒家礼法、伦理为核心，融合佛道思想精粹而区别于原始儒学，故被称为新儒学)两大旧学流派迭经冲突、交互攻击的历史条件下，一种充溢着新时代气息和引领着新学风的“经世致用”的学术文化的出现，牵动着中国旧学逐步脱离了原有的轨道，发生了历史性的转变。“戊戌后维新思潮的思想形态有个突出特点，那就是‘新学’的形成。‘新学’与‘西学’不同，它是中国化了的东方版西学。按梁启超的说法，‘新学’实乃西学与中国传统‘经世之学’相结合的产物。”从龚自珍、魏源到康有为、梁启超等众多学术文化的先驱，在“经世致用”的观念影响下，运用西学的渗透，推动“旧学”走向“新学”的嬗变。

旧学是指远离现实社会生活需求和背离社会发展趋向的学术文化。梁启超将之归纳为整个清代的“学问”，它的范围不仅包括清代的经学、小学、音韵学、校注古籍、辨伪书、辑佚书、史学、方志学、地理学、谱牒学，还包括了清代的自然科学成就，如历算学及其他科学和乐曲学等。曾国藩将清代的学术文化划分为义理、考据、词章、经济四类学问。有人将张之洞《劝学篇》所述“中学”也概括为四个部分，即经学、史学、理学、诸子学。虽然在对于旧学具体内容的构成上，不同人的认识有所出入，但在总体上对于判定旧学的标准却是基本一致的，即为“务实学”还是“务虚文”。

晚清时期的所谓旧学，特指以科举八股为制度内容，以汉学、宋学、词章学为知识内容的，与时代发展相脱节的陈旧的学术文化体系。旧学不能适应时代需求的原因有二：一是所学与所用不相符。“中国所学不与行事相符，而野蛮不通之教法，又不论学者性质之所近而强人以就己；惟教者为理学则强人理学，为考据词章则强人考据词章”，二是旧学从文字书本获得知识，而非通过实践。远离社会生活和时代步伐的旧学非但无益，而且有三大害：“一曰锢智慧，二曰坏心术，三曰滋游手。”因而，依靠近代中国文化大门的打开，西学的得以进入国门并流传，再随着世纪之交新学的形成和新文化体制的建立，旧学终于走向衰亡，退出了学术文化的舞台。中学从此由旧学蜕变为新学，从而在基本内容和框架上完成了学术文化形态由传统到近代的历史更替。

清代初期，经历社会动乱、民族战争震撼的士人精英们，如黄宗羲、顾炎武、王夫之等人，自觉以匡济天下为己任，力图矫正明末心学空谈误国，倡导崇尚实学，专心经世致用之术。他们从诸多学术领域入手，总结历史经验，探究朝章国故，讲求天下利病，“事关民生国命者，必穷源溯本，讨论其所以然”。虽然清初经世学者们治学各有侧重，涉及领域也不尽相同，但其“抛弃明心见性的空谈，专讲经世致用的实务”的学风却是一致的。清初的“实学”的崛起，以其不泥古守旧、实事求是、重视实证的特点，曾经标领一代风骚。

然而这种学风却没能一直贯彻下去。乾嘉时期，“汉学”对古籍繁琐的考证与注解经义，流入繁琐主义，日益失去了经世致用的宗旨。汉学的极端发展，虽然继承了清初开创的重视考证的方法，却背离了清初实学“经世致用”的初衷，逆转了其本具有的正确的历史趋向。“数十年来，承学之士，华者竞词章，质者研考据，风气既成，转相祖袭，天下之士，遂以食色为己任，廉耻为虚名，搜利禄为贤才，穷义理为迷惑，而官箴玷，风俗薄，生计绌，狱讼繁，百官籍籍，乘此而起。”清代学术文化复又死水沉潭，毫无生机可言。

由于政治、社会形势的变迁，清王朝统治至嘉道年间已是风雨飘摇，西方殖民者一次次通过枪炮打开中国的大门。面对内忧外患的双重压力，一批有识之士以入世为出发点，主动参与社会生活，推动学风的再次转变，回归经世致用学术思想。鸦片战争之后，国内社会的民不聊生与西方列强的奇耻大辱，经世致用的观念的复活已经不可抑制。伴随着通商口岸的大量开放，西学的涌入，激活了学者们对中国之外世界的求知欲，开始对西方的文化进行探索。十九世纪以来，中国人赖以生存的社会环境和文化条件都发生了前所未有的变动：新的社会生产力与生产方式，以及由此形成的社会生活方式、交往形式和社会结构的变化，从根本上改变了人们的生存环境。传统的闭锁文化体系被冲破，大一统的封闭格局被世界文明的趋势打破，“中学”自然不能在传统学术文化的一方天地中独自生存，遂将外来“西学”与“经世之学”相结合，向正统“旧学”宣战。

1840 年的鸦片战争，使清王朝逐步沦落为半殖民地半封建社会，传统文化也开始正面受到西方文化的挑战。清王朝闭关自守的、与文明世界隔绝的状态被英国以暴力所打破，旧中国开始解体，开始与世界建立联系。西学输入中国，早在明末清初就已经开始，起初是以利玛窦为代表的传教士将西方新的宗教文化传入中国，传教士借传教之便，顺利将西方其他文化引进这片新的世界。起初的西学传播的内容与范围十分有限，主要局限于士大夫且是有一定专业基础的士大夫中间，但对中学依然产生了不容忽视的影响。新的世界观开始动摇传统中学的“天下中心”的观念，世界地图和地理知识的传播，开启了中国人昧于传统旧识的眼界，第一次有把中国置于世界方位中加以认识。由于西学同时促进了清初“实学”的发展，加之对传统社会文化产生了可见的影响，十八世纪清政府开始实行“禁教”“防夷”等闭关锁国的措施，明清之际开始的西学输入被迫中断，直到鸦片战争之后，才再次迎来西学输入的又一次高潮。

鸦片战争之后，清政府签订的一系列不平等条约，被迫开放广州、福州、厦门、宁波、上海为通商口岸，并允许外国人在这些口岸进行传教、开设学堂和建设医院等活动。从而通商口岸也就变成了西学传播的基地，闭锁状态被打破。这一阶段的西学传播主体依旧是西方传教士，内容也以宗教为主，但也将西方自然科学与社会科学的知识传播至国内。伴随着鸦片战争的强烈刺激，经世派学者逆转了闭目塞听不为外事的封闭学风，精通格物致知的学者的研究与创造受到西学的启示，开始对西学充满兴趣。十九世纪六十年代的洋务运动，开始了官方倡导的引入西学活动，将崭新的世界展现给视野长期封闭的国人，虽然未能引起士大夫的普遍重视，甚至受到守旧派的阻碍，但这种西方的冲击与部分有识之士的觉醒，促使后来更多的人投身于探索域外新知的热潮。传统中学，或者说传统经世之学，走向新学的第一步由此迈开。

洋务派的“师夷长技”——在世界地理、器械技艺方面接受西学，斥责守旧派的“空言误国”，要求从西方列强的诸多先进之处进行研习，提出“求强”口号，在军事、社会经济、教育等方面进行变革，动摇了传统中学的权威地位，引发“中西之争”。试图将中学的经世之学与西方的“技艺”相结合，形成“实用”之学。两种不同的学术文化体系，交流上以冲突为主，缺乏一个沟通的历史环节，面对西学这一客观存在，历史就向近代中国人提出了一个时代性任务，即沟通中西之学并在此基础上创建兼有二者之长的“新学”体系。洋务派选择接受西学，并从社会实践的意义上拉开“中西结合”的序幕。

以林则徐、魏源为代表的经世派，以求实的精神面对新时代的挑战。洋务运动时期，一部分士大夫开始意识到的“师夷长技”已经不足以从根本上拯救中国。此时以曾国藩、李鸿章为代表的洋务派就已经意识到，“西学”的意义要远大于“夷技”，洋务的意义在于“制器”之学，而不仅在于“制器”本身。西学的“致用”性是前提，也是中学接纳西学的最基本的学理依据。“致用”是中学西学实现对接的切入点，这是咸道之际中学“经世致用”的学术文化发展的必然选择。经世派客观理性对待西学，发挥其“实用”的价值，思考中学与西学之间的关系，改造中学中虚而无用的手段，目的是“中学为体，西学为用”“化西为中”，将西学作为工具，使传统中学的知识结构体系和发展趋向发生了历史性变革，并在实践中建立起洋务学堂，打破旧学一统天下的格局。“经世致用”这一面对现实的学术精神，使得那一代的中国知识分子能够客观对待涌入中国社会的西学，知晓只有输入新的文化因子才能使传统中学变化、发展，建立由旧学走向新学的延伸或转折的桥梁，从而成为中国学术文化走向近代文化的起点。

1895年以前，除了洋务派建立的新式教育事业之外，清政府所控制的传统教育体制里，西学的渗入依然十分有限，西方文化的冲击限于沿江沿海的通商口岸，也只有少数工商阶级和政府洋务官吏受到影响，绝大多数士大夫依然生活在传统的思想世界中。这一切在甲午战争之后，开始有了极大转变。再一次落败于域外之国，清政府一蹶不振，人们这才深切痛彻地认识到列强的军事与科学的强大，国人依靠研究传统旧学是无法弥补这些落后的。

甲午战争是中国学术文化和思想发展的一个转折点。梁启超认为：“吾国四千余年大梦之唤醒，实自甲午战败割台湾偿二百兆以后始也。”在变动的近代社会，民族存亡危机日趋严重，一成不变的“旧学”似乎无法实现维系社会、教化人民的功能，更不能肩负凝聚民族精神而挽救民族危机的重任。人们对旧学价值及其命运的根本怀疑，是从中国彻底战败给日本的甲午战争之后开始的。在败北于日本的事实面前，坚定不移的保守派儒士们也开始动摇了被创痛的信念，不得不松动了对西学的强烈抵制，承认旧学对中国的富强的危害，对西学作出了让步。这种文化心理转变的痛苦，于未来中国文化之新生，是何等不可或缺。甲午战争对于近代中国学术文化的历史意义，一个方面就是它直接推动并加深了进步思想家们对于中国近代文化道路的选择的重新思考，促使了保守派与维新派的合作。有识之士重新检讨洋务运动的功与过，从根本上否定了洋务运动过分偏重引入西方物质与技艺，开始从政治体制和社会政治学说方面重新确定自己的近代化道路的选择。

梁启超总结洋务运动说：“中国之言改革，三十年于兹矣，然而不见改革之效，而徒增其弊何也？凡改革之事，必除旧与布新，两者之用力相等，然后可有效也。苟不除旧而言布新，其势必将旧政之积弊，悉移而纳于新政之中，而新政反增其害矣。”仅依靠在现实琐事上洋务化，无论是练兵、开矿、建路还是建立学院，如果不从根本上进行变革，不在政教、学术文化方面除旧布新，是无法让积弱已久的国家政府真正富强起来的，救亡图存的目的就无法达到。历史的发展进程和认识的逻辑规律表明，甲午战争之后，社会进步人士已经开始超越洋务运动的变革限制，在“本原”问题上作出努力。

由洋务派倡导的“采西学”“制洋器”的强国之策，随着中日甲午战争中北洋舰队的全军覆没、割地赔款的媾和而受到士人与平民的责难。在民族危机空前严重的情势下，救亡之策的探讨开始从学术文化的本原上去从事对旧学的改造和更新，从“制洋器”转向“变政体”，从“采西学”转向“新学术”，首要任务就是对传统旧学的变革。

国情与时势提出了学术文化的破旧创新任务，也同时为“新学”的成长营造了时代环境。以康梁为首的维新派开始将中学中的经世之学和春秋公羊学与西学中的进化论、议院学说等针织学术及各种自然科学理论相会通，创建一种“不中不西，即中即西”的新的学术文化体系。作为近代“新学”主要代表的康有为，在这一时代思想潮流的转折之中，首先做出了自己的学术文化的转向。康有为借助于自身深厚的传统文化学术功底，作出与时俱新的制度创新，并且运用其所能接触到的西学知识，去改造传统学术文化本身，“正是在这个‘新学’与‘新政’的基本支点上，维新派与洋务派之间划出了文化观念的分界线。一个对西方文化具有了新认识，从而建立起新的文化观念的新学派，应运而生了。”

康有为具有极深的旧学功底，中国传统学术文化曾是他安身立命之所在。然而当其对旧学的探求到达一个阶段时，对旧学的更深的了解导致了他对传统旧学的怀疑。康有为发现整个旧学腐朽不堪，经世致用无法在旧学中实现，时代的需求与旧学之间有着巨大的矛盾，旧学内部的自我改造无法挽救旧学的颓势，更不能实现救国兴邦。这时西学进入了康有为的学术视野，他以深厚的中学积累去解读西书、探索西学知识时，获得诸多妙悟，在对旧学的信念危机中找到了新的出路。在两年之内，康有为就完成了《教学通义》《实理公法全书》《诸天讲》等著作，从而完成了学术文化的历史性转变，形成了比较系统的新的学术文化观念。于是，以康有为为代表的，会通中西的“新学”，以一种新的思想体系出现在中国学术文化界，为近代学术文化的弃旧图新和制度革新，奠定了学理的基础。

梁启超说，康有为是近代中国思想家中致力于建设“不中不西，即中即西”之新学派的第一人。“新学派”之新，首先则源于对西学的引入化为融会。康有为对于当时社会上流传的西书，进行购置与翻译，但当时所译西学，多为科学技术、宗教和工艺类，对政治、哲学等社会科学鲜有涉及。这些西学知识无法直接构成康有为“新学”体系的有机组成部分，因而对于西学的改造和会通，便是新学体系构建的关键所在。

中学自然也不是完全失去意义，而是在与西学的会通过程中，获得具有现实意义的文化价值。立足于西学，又必须超越具体的西学；破旧中学，又不能全盘否定中学，这样才能创建“不中不西，即中即西”的新学体系。

康有为的新学，是在广泛摄取中西学中各种知识的基础上，形成的新的学术文化体系。梁启超说，康有为的思想是一个在政治、教育、宗教、哲学、社会等诸多方面均有独特建树的庞大体系，是在传统体用文化模式的发展过程中，在文化体用上别有创建的新的文化观。这一体系包含了建立在西学知识上的自然观、宇宙观(以气、力、质、形、光、声、体、神八种物质统物理，以天、地、星、身、魂、血六轮统世界)和融会中西学的历史观、人生观(以仁、义、礼、智、勇五运论世宙，以三统论诸圣，以三世推将来)。

梁启超是康有为新学体系中一位极为重要的成员。在戊戌变法前后，旧时代与新时代转变的关键时期，促使青年思想自觉接受“新学”的学术文化运动中，康有为和梁启超做出了极为重大的贡献。梁启超在对于新学的宣传方面，作出更多的贡献，尤其在戊戌变法失败之后，他发表了一系列以“新”命名的著作如《新民说》《新民议》《新史学》《新中国未来记》等，并创办《新民丛报》《新小说》等新杂志，这些行动在追求新学的一代青年中引起强烈反响。以“新民”为志向的梁启超，以新的语言、新的观念、新的学术、新的风格，致力于“新学”的宣传和创造，成为中国近代“新学”的代表人物之一，也是唯一能与康有为并称的新学巨子。

梁启超对于西学的引入较之康有为，更重视西学的社会政治学术方面，强调政治革新为经世思想的核心，并在具体的政治改革方案中纳入了西学的社会政治学说。梁启超认为在智力教育方面，西学是关键，但他始终认为引入西学不过是拯救中学的必要而有效的手段，西方的价值观对修身有一定作用，但中国传统文化中的道德价值观念依然不可失去对其的信仰。在学术知识架构上区别于康有为，学科分类采取全新的方法，以溥通之学和专门之学来统摄学科，但宗旨与内在结构体系上一以贯之，仍是结合中西的“新学”。

对于康梁而言，西学在其新的学术文化体系中固然存在程度和侧重不同，但“参采中西”“会通古今”的基本立场和发展路向是完全一致的。这也必然是近代新学家们所共同遵守的一个学术文化原则。以康有为及其学生梁启超为代表的“新学”，与旧学相比，主要“新”在三方面：一，突破“中体西用”的框架，援西学改造中学；二，兴起今文经学，反对古文经学；三，复活明清之际经世致用精神，改革治学宗旨，整顿学风流弊。康有为对于西学的认识是超越洋务派的“体用本末”水平，以一种文化平等的态度来权衡中西之学。在他看来，中西之间的差别，并不在于什么文化之不同，而在于“变法与否”，西方国家因为“尽变旧法”，才会超越“守千年之旧法”之中国在伦常、礼仪、道德方面，中国对于西方国家，并无优越之处，皆为人类共有的文化特征，因此文化无上下高低之分，只有并存相济之功。在摒弃中西文化价值上的偏见之后，康有为认为西学在本质上先进于中国旧学，因此西学必然成为康有为力求全面汲取的对象，并赋予了康有为的学术文化体系新的意义与价值。康有为“并不是要把西方价值注入中国传统，而是要抛弃一些中国价值于普及价值之外。”他所追求的既不是完全的西方价值，也不是传统的中国价值，而是超越中西的“放诸四海而皆准”的“世界化”的价值。

其实，对于康有为的新学体系而言，西学本身并不构成独立存在的完整体系，只是在与中学的互相印证和互相解释中体现着自身存在的意义。化西为中，中西互释，是康有为对于宇宙、社会、人生的新的解释体系中的基本方式，西学与中国传统之学，同样构成其新的中学体系的历史依据和思想资料。

具体来看，康有为在古今中西思想资源中不断挖掘相通之处和相似之处。他将西学中的进化论与春秋三世说相结合，形成他新学体系中的历史进化论，从而也成为他社会政治变革中的主要理论依据。以“民权平等”的西学内容来注解孟子的“民本”；认为西方自由平等观念，亦是孔子“大道”的根本所在。这些虽然看来有时难免有些牵强附会，却凸显了他试图超越西学和中国旧学而另创一种“不中不西”的新学的努力。这种“继传统引西学”的手段，是康有为“新学”建构的主要途径，同时也就表明了西学在新学体系中的地位。

康有为之“新学”是对于两千年来中国“旧学”的根本否定，其否定的核心力量并不直接源于西学，而是源于传统中学。康有为对其新学体系的民族性定位，表明其反对过分崇视西学的文化偏见。他认为应该“以西人之学艺政制，衡以孔子之学”，来建构“有宋学义理之体，而讲西学政艺之用，然后可以收其用也”的新学模式。康有为称“义理之学”“史学”集“外国政俗教治”的西学是他新学体系的三大组成部分。“求义理于宋、明之儒，以得其流别；求治乱、兴衰、制度沿革于史学，以得其贯通；兼涉外国政俗教治，讲求时务，以待措施；而一皆本之孔子大义以为断。”因此，近代中国的新学，既是对中国旧学的否定，同时也是旧学的蜕变和重生。“建构新学必须从故有的文化中寻求生长点。……必须以西学为参照，竭力发掘古学，以期在古学复兴的基础上建构新文化。”

对传承两千多年的旧学体系产生根本否定性意义的学术文化力量，源于中学之内。“考证学内部分化，后期学者对末流的繁琐学风作尖锐批判，并开始注重探究与现实密切相关的问题；学术界开始关注边疆史地研究，开辟新的学术研究领域；公羊变革学说提供了新的哲学武器，成为进步学者用来观察国家民族命运和学术风尚的指导思想。"康有为深知自己要创立"新学"、提倡维新，必然需要借助朝野奉为正统的儒家经典来立论，否则将寸步难行。对此他采取了今文经学作为他为"新学"建构、布道的学理依据。两千年来封建社会政治发展相对平缓，学术文化界在哲学思想上信奉古文经学，为古是从，重传承轻创造。鸦片战争前后，时代巨变，民族命运的抉择要求打破现状，革除积弊，认识到前所未有的变局来临。此时就需要一种阐释变易、变革的思想体系来引导社会的走向。晚清时期，从龚自珍、魏源继承下来的今文公羊学——阐发变易改制的学说，反映了时代的需要。今文公羊学既是对正统旧学地位的别树一帜，又是具有儒家经典的合法地位的思想学说，它的出现立即引起厌倦旧学而向往新说的青年学子们的回应。康有为的《新学伪经考》和《孔子改制考》，就是代表其今文公羊学、代表其"新学"思想的重要著作，引起了晚清学术文化的巨大震动，与旧学对抗，重估价值，求文章之义理而非末流，独树一帜而蔚然成风。

从深受旧学即古文经学影响，到接受西学影响，开拓视野，最后接受今文经学转变思想，并将之作为否定"旧学"的思想武器，康有为在接纳西学的条件下，利用今文公羊学的反叛和挑战的本质，引起思想界的革命，发挥其变易性、政治性和可比附性，会通中西，自成一家。康有为的"新学"赋予传统今文公羊学新的解释和内涵，在三统、三世和内外三个基本原则方面进行了探索和修改，并将西学融会其中，独成一个新的学术文化体系，从而跳出了传统今文学家的狭窄天地，超越同时代其他人的学说而具有时代意义。

通过对传统今文公羊学三统说、三世说和内外观的重新阐释，康有为完成了从传统到近代的历史性转变。这既是一个西学中化的过程，也是一个传统中学近代化的过程。戊戌"新学"的形成过程和特点表明，近代"新学"是一种在汲取西学并改造传统旧学的意义上形成的新的学术文化形态，是传统中学的近代模式。

康有为将新学应用于学术教育制度上的尝试即其建立的"万木草堂"学舍。建立新的教育模式和形成新的学风，是从人才培养方面，从源头，利用"新学"来重塑中国学术文化。"万木草堂"的开设，以其独特的学风和知识体系，与旧学书院形成对立之势，教授的"新学"，并不表现为西学特征，而是以会通中西学为基础的新的学术文化，并且更多地展现中学的特征。讲学内容包括儒学、佛学、宋明理学、陆王心学等，重视今文经学，主讲学术源流以及派别。对于西方译本的书籍，大多纳入讲学范围，对于时事的探讨点评也成为常态。新与旧的对立，主要体现为是否"切于时务"和是否"适于科举"，而非体现在西学的引入。从其讲学和课程的内容来看，与旧式书院形成了明显的区别，内容是新的，但非西学，仍然具有典型的中学特征。在整个学术系统里，呈现的是以中学统摄西学，而非以西学重构中学。

康有为学术文化的基本精神和特征，就是采用了西方的学制，兼而采取了西学中新鲜的知识，然后将中西之学合二为一。用中西之学的内容教育并考核学员，并将西学融会在他创建的新的中学体系之中，是康有为新学最明显的特点。他在学术文化上体现"化西为中"的时代特性，但又因其立足于中学，并以此为基础来创立和传授新学，所以更多地体现为"以中解西"的民族性。

除康梁外，在晚清学术文化新旧形态更替的历史过程中，张之洞也是一个关键性人物。张之洞具有极深的旧学造诣，主张兼通汉宋之学，提倡引入西学、创建新学，反对科举八股是他在学术形态历史演变过程中的基本立场。张之洞对于晚清新学的构建作出的贡献主要侧重于学制方面，并且对改变二十世纪初新学体制中出现的过于追求西化的倾向做出了努力。张之洞力主废除以科举为核心的旧学体制，推动新学堂体制取代科举和书院的旧学体制，并在新学取得制度性的胜利的同时，保持中国传统文化脉系的传承。

"新学"预示了一个新的时代的到来，并体现了时代的内容。近代新学是中国旧学回应西学的冲击，在自身结构发生根本改变的情况下不断引入西学、在弘发中学之本的前提下会通西学的结果。二十世纪初，新学作为近代中国一个新的学术文化形态尚在形成过程中，它是一个正在成长的、处于强锋之势的学术文化。新学无法脱离传统学术文化的根系，本质上立足于中国现实，在汲取西学的同时，改造中国旧学，从根本上改变了中学自身运行的方向和轨迹，由创痛走向近代，并使之通过接纳新知和扬弃旧学而获得新生。

概而言之，新学是在中西会通的基础上形成的、与传统旧学体系的结构和价值标准上全然不同的新的学术系统。新学在结构体系上兼有中学和西学的因子，在制度层面则以区别于书院和科举等旧学体制的近代学校体制和专业人才培养模式为标志，成为晚清一系列社会政治变革的学理基础，与旧政体和旧学相对立。新学的兴起，标志学术文化新时代的到来和旧时代的终结。

（周之琛）

# 75. 边疆史地研究的热潮

鸦片战争前后，中国近代边疆史地研究勃然兴起，它既是清代考据学日趋衰微、经世之学开始复兴的一个具体表现，又是对当时海警飚起、强邻四逼、边疆危机的敏锐反映。他们的研究是近代中国人为谋求富国强兵、制敌取胜方略的大胆探索，是中国人认识世界、走向世界的起点。这是一次十分有益的学术研究活动。

鸦片战争中国的惨败以及西方列强的侵扰和蚕食使中国出现了严重的边疆危机，但当时绝大多数的中国人对国家和民族的劫难缺乏清醒的认识，仍然沉睡在天朝大国的迷梦中。一部分知识分子为唤醒国人的忧患意识和社会危机感，纷纷将精力倾注于边疆史地学的研究。鸦片战争后的边疆史地研究，以张穆、何秋涛和姚莹的成就最大。

姚莹(1785—1853年)，字石甫，安徽桐城人，晚清史学家、文学家。从祖姚鼐，是桐城派古文主要创始人。姚莹于1807年(嘉庆十二年)中举，次年为进士。此后曾游幕广东，在福建、江苏任过地方官。1836年(道光十六年)，权两淮盐运使。鸦片战争爆发时，他担任台湾兵备道，与镇将达洪阿协力同心保卫国土。清王朝向英国屈辱议和后，戴罪以知州分发四川，两使西藏。1850年(道光三十年)，协助陆建瀛主持盐务。咸丰初，奉旨赴广西赞理军务，镇压太平军，先后任广西、湖南按察使，卒于官。

《东槎纪略》是姚莹担任台湾兵备道时，深入民间基层，进行社会民情、风俗、历史、地理方面考察后写作的一部书。书中记载了台北地区，噶玛兰(今台湾东北宜兰平原)以及浦社(今台湾彰化东南)等地的历史、地理情况，特别是详细记载了噶玛兰浊水大溪以北大量的山川地形、人文历史和人民生活状况。书中对人们“暗于边情”的现状深表忧虑，指出：“谓固我屏藩，不劳师于异域可也，若坐井观天，视四夷如烟魅，暗昧无知，怀柔乏术，坐致其侵凌，曾不知所忧虑，可乎！甚矣，拘迂之见，误天下国家也！”

1845年(道光二十五年)，姚莹在西南各地进行实地考察的基础上，又著《康輶纪行》一书，旨在“知彼虚实”“徐图制夷”，以“冀雪中国之耻，重边海之防”。他说：“莹为此书，盖惜前人之误，欲吾中国稍习夷事，以求抚驭之方耳。”该书对英法历史，英俄、英印关系，印度、尼泊尔、锡金入藏交通要道，以及喇嘛教、天主教、回教源流等问题，都有所阐述，尤其注重考察西藏地区情况，揭露英国侵藏野心，建议清政府加强沿海与边疆防务，以反抗外国侵略。

张穆(1805—1849年)，山西平定人，1839年参加顺天乡试，因冒犯监考被斥，从此不求仕途，潜心著述，在边疆史地研究方面，成绩斐然，其代表作是《蒙古游牧记》。《蒙古游牧记》全书16卷，1849年张穆去世时，只成初稿，后经何秋涛增补，于1859年刊行于世。全书以蒙古历史上各盟的“旗”为单位，对内外蒙、青海、新疆等地蒙古各部落的游牧所在、山川形势、道里四至、历史演变、风土人情、王公谱系事迹及其与清廷的关系等，都作了详细记述，是一部系统的蒙古史地志。张穆之所以著此书，是认为蒙古乃北方大族，其活动和统一王朝密切相关，但自清建立以来，并无专志考察其行政区划和地理沿革，官修的《大清一统志》《清会典》虽有涉及，但藏于内府，流传不到民间。在书中，张穆尤为强调蒙古与历代统一王朝的关系，特别是与清廷的关系。在卷14中，他详细记载了蒙古土尔扈特部出走及回归的历史过程，充分肯定了其爱国行为，土尔扈特部走而复归，这一事件本身在鸦片战争后意义犹为重大，作者对这一事件的详细描述，寄寓了他对鸦片战争中丢失土地回归的期望，体现了作者要求维护国家领土主权完整、民族统一的深切爱国情怀。

张穆还认为，蒙古地理位置与中原相依，“其部落强弱，关系中国盛衰”，故书中不仅历叙蒙古各部与朝廷的关系，如作为清皇朝的主要军事支柱，在历次重大征战中的作用，以及清政府扶助蒙古地区经济的某些措施等，还博征史籍，考古论今，对蒙古各处地形、驻军重镇，乃至边地卡伦屯兵情况均作了评论。这些议论，很大程度上都是针对当时沙俄的侵略威胁所发的。

何秋涛，福建光泽人，道光进士。他在边疆史地研究方面的成就，除辑补、校订张穆的《蒙古游牧记》外，还写出了自己的边疆史地巨著《朔方备乘》。《朔方备乘》原名《北徼汇编》，1858年奉旨将书进呈咸丰帝，咸丰帝阅后大加赞赏，赐名《朔方备乘》。该书原为六卷，后增衍图说至80卷。所记述，也不局限于我国蒙古诸部及边疆的史地，而是以北徼与俄罗斯有关者为范围，并涉及东北地区，对俄罗斯、西伯利亚、中亚、东欧的史地也有考证。叙述时间，从清代直溯汉唐。无论从时间、空间来看，都大大超过前人。何秋涛撰写此书之时，正是国势日衰、沙俄加紧侵华之时，他“益究经世之务，尝谓俄罗斯地居北徼，与我朝边卡相近，而诸家论述，未有专书，乃采官私载籍，为《北徼汇编》六卷”，其民族忧患意识跃然可见。正因为此，书中的着眼之处，是考察北方强国俄罗斯及中俄关系，这也是书中最有价值的部分。书中《北徼界碑考》《雅克萨城考》《尼布楚城考》《俄罗斯互市始末》等篇章，以翔实丰富的资料，辨明了中俄边界的模糊问题，澄清了是非，并记叙了两国在经济、文化方面的交流与往来，使时人对俄罗斯以及中俄关系问题有了较全面的认识。何秋涛明确认识到，“边防之事，有备无虑”，“哈萨克之外，惟俄罗斯为强国，然则边防所重，盖为以知矣夫”，“西北塞防，乃国家根本”，他撰著此书，就是要为国家筹安边之策，希望清政府以史为鉴，巩固边防，抵御外侮，维护国家领土完整、民族统一。

值得注意的是，许多史地学者在研究边疆史地的过程中，其所处环境和条件都极其艰难，但国家、民族所面临的危机使他们产生了强烈的社会责任感，并义无反顾地从事这方面的研究。林则徐在谪戍新疆期间，仍不忘国事，充满忧世情怀。他所到之处，积极开展新疆的建设活动并将之同边防结合在一起，“周历天山南北二万里，东西十八城”，最终辑成《荷戈纪程》这部史地学著作。徐松的《西域水道记》《新疆志略》等著作，也是在被贬入新疆期间克服重重困难而写成的。

鸦片战争前后，边疆史地学者们改变了乾嘉汉学纯学术性研究的特点，从当时社会现实出发，以抵御外侮、富民强国为目的对边疆史地进行研究。他们一方面继承了乾嘉汉学求真求实的态度和方法，另一方面又不满于乾嘉汉学不问政治、专事考据、脱离社会现实的学风。为了把求真求实与经世致用结合起来，他们既注重研究方法上采用大量的考证，更强调研究目的和宗旨就是要经世致用，解决实际问题。西北边疆史地学的开创者祁韵士说：“夫记载地理之书，体裁近史，贵乎简要。倘不足以信今而证古，是无益之书，可以不作。”其强调地理著作应能有补于世。为此，他编著了《西陲要略》《西陲总统事略》《西域释地》等著作。

传统舆地学专注地理沿革考证，基本范围为内地，基本目的为证经读史，基本方法为文献考据。传统史学涉及的内容大都是以王朝盛衰为中心的政治、经济、军事、外交等方面的历史。传统史地学研究的宗旨就是为王朝的盛衰治乱提供借鉴。但在鸦片战争前后，由于英、俄等国的侵略活动日益加剧，御侮图强、筹边谋防已成为边疆史地学研究的目的。边疆史地学研究在研究内容和研究范围上都有了新的突破。在内容上，已广泛涉及中外政治、经济、军事、交通、中外关系、民族关系、科学技术等问题，还扩大到了文物古迹、礼俗政制等文化方面的内容。而且边疆史地研究与外国史地、蒙元史、明史、当代史相互交融、共同发展。在范围上，突破了内地范围，由内地而边疆，由边疆而域外。通过对边疆以及世界的关注与研究，来为中华民族的生存与发展谋方略、寻出路。边疆史地研究的领域被大大扩展了。

20世纪初，列强继续蚕食中国边疆地区，尤其是1931年日本侵占东三省，1937年更发动全面侵华战争，民族危机严重程度前所未有，面对外敌入侵或觊觎边疆，国内出现关注边疆和边政的热潮。各学科学者倾注精力研究边疆问题，政府机关及社会团体也组织了不少边疆考察和研究活动，各类关注边疆问题的刊物如《禹贡》《边铎》《新亚细亚》《边政公论》等综合性刊物及《新青海》《康藏前锋》《新蒙古》等区域性刊物相继出版。顾颉刚、谭其骧在《禹贡》发刊词中指出："这数十年中，我们受帝国主义压迫真受够了，因此，民族意识激发得非常高。在这种意识之下，大家希望有一部中国通史出来，好看看我们民族的成分究竟怎样，到底有哪些地方是应当归我们的。"在他们看来，"民族与地理是不可分割的两件事，我们的地理学既不发达，民族史的研究又怎样可以取得根据呢？不必说别的，试看我们的东邻蓄意侵略我们，造了'本部'一名来称呼我们的十八省，暗示我们的边陲之地不是原有的"。其意在阐明中国疆域的由来与现状。

禹贡学会成立于1936年5月24日，发起与倡导者是顾颉刚和谭其骧，吸纳了钱穆、徐炳旭、刘节、黄文弼、于省吾、容庚、洪业、顾廷龙、韩儒林、翁独健、吴丰培、苏秉琦、商鸿逵、侯仁之等著名学者。1940年8月，顾颉刚与韩儒林等筹备"中国边疆学会"，次年3月由齐鲁、华西、金陵、金陵女子4所大学共同发起成立，顾颉刚当选理事长。次年4月，国民政府社会部以重庆已有赵守钰等人办的同名学会，令其改名。后顾颉刚等人所办中国边疆学会与其他地方的几个同名学会联合在重庆成立了中国边疆学会总会，并在陕西、四川设立分会，由顾颉刚出任总会副理事长。

1941年2月，顾颉刚在他代撰的《中国边疆学会宣言》中指出："成立本会，欲以认识边疆之实际情况及其所蕴含之问题，共筹适宜之对策，唤起国人之注意。会中工作，纯为学术性质及社会事业，凡借之以作政治活动者悬为厉禁，庶不至堕入政潮，丧其所守。故工作之类别有三：曰调查、曰研究、曰设计，皆所以搜集材料，树立舆论，向社会作鼓吹，为中枢供拾补，对边胞施提携。期于若干年后，全国心理之中更无边疆内地之判分，亦无某种某族之区别，政府布统一之法令，国民享合作之安和；然后中国边疆仅为国境之界线，非复半壁之山河。是岂仅同人之大愿，吾国家民族之前途实利赖之。"

作为近代学术体制重要内容的学术团体，往往离不开大学和相关研究机构的支持或发起。当时不少高校成立了边疆研究的系、所、研究室等研究机构。如南开大学迁到昆明后，成立了边疆人文研究室；华西协和大学建立了华西边疆文化研究所；云南大学成立了西南文化研究会；等。1944年，中央大学和西北大学创设了边政系。大学的边疆研究机构，通常有一支由知名专家、教授组成的固定的学术队伍，有较为完整的教学和科研计划，相关系科的师生以及边疆专业工作者往往又组织学术团体，会聚同道，加强边疆研究和交流，唤起了全国人民认识边疆、建设边疆的热情。

（张敏）

# 76. 太平天国运动对传统文化的冲击

1851年，太平天国运动爆发，中国历史上规模最大的农民革命运动开始了。它历时14年，席卷18省，先后攻克城镇600余座，建立起与清王朝对峙的政权，把中国农民战争推向了最高峰。在长达14年之久的革命斗争过程中，太平天国在政治上、经济上和军事上对统治阶级进行了猛烈的冲击；而在文化方面，它一方面吸收了传统文化，一方面又对作为统治精神支柱的纲常名教展开了猛烈的抨击，对旧文化进行了一次大扫荡，制定并推行了一系列新的文化政策和措施。

太平天国运动是一个历史过程，也是一种文化现象。作为文化现象，它用拜上帝教号召和组织群众，后期又颁发《资政新篇》，说明它受到西方文化的影响，但本质上它更是中国文化的产物。

首先，“奉天承运”。太平天国运动规模大、历时长、制度全，这种“替天行道”“奉天承运”的传统思想在它身上体现得更具体、更完整。太平天国在起义前的文件中就宣称“道之大原出于天，谨将天道觉群贤”，进行传统“天道”观的宣传。起义后在进军途中以东王、西王名义发布的几个文告，均是以“真天命”三字开头，打着“奉天讨胡”“奉天诛妖”这种“奉天承运”的旗号。另外，在太平天国《天命诏旨书》等文献中，屡屡充斥“天命”字样，其用意均在说明洪秀全作太平天国天王，实是“天命所归”。

其次，“改朝换代”。太平天国金田起义，特别是东乡建制后，“改朝换代”的思想更为突出，它强调“天王开辟君王”，“嗣后当有万万年不易之纪纲”。一再宣称“洪家天子杨家将”，“壮天威而成王业”。宣扬待到“小天堂威风”，“后来自有高封”。这些说教，浸透了创立“新朝”“万世一系”的思想。

最后，“太平救世”。中国古代社会是地主阶级占统治地位的传统农业社会，其一切矛盾的主要根源是地主占有土地，农民无地和少地。农民千百年的梦想是有自己的土地。在中国古代社会里，所谓“一治一乱”或谓“治少而乱多”，本质上是农民与地主阶级争夺土地所有权的问题。而太平天国运动把历史上农民起义所表达的某种平等、平均的愿望提高到追求人间“天国”的水平上。它在自己的文件和文献中，一再以“诛妖”“救世”相号召，标榜自己建立的是“太平天国”，主张“天下一家，共享太平”，“天下大家处处平均”，“通天下皆一式”。中国历史上的农民起义只是意欲把“平等”“平均”作为一种政策措施，而太平天国则试图把“平等”“平均”化作为一种社会制度。太平天国的“太平救世”思想显然是对中国农民战争传统思维模式的继承和发展。

然而，另一方面，太平天国运动也受到外来文化的深刻影响，对他们所认为的腐朽文化展开抵制和抗争。

其一，它吸收了早期基督教教义，冲击了中国传统思想。太平天国的领袖洪秀全为了推翻清王朝的统治，抵御列强的侵略，吸收了早期的基督教教义，把基督教当作斗争的思想武器。他的革命理论随之创立：

关于“斩邪存正”的朴素阶级斗争论，关于“革故鼎新”的革命发展论和在意识形态领域反儒、释、道三教，特别是反孔批孔的破除迷信论。中国传统文化的核心儒家文化及其精英分子由此受到了前所未有的震撼和打击。“推勘妖魔作怪之由，总追究孔丘教人之书多错”，太平军所到之处，一切孔孟诸子百家的书全被焚毁，并且不准买卖藏读，否则会被抓起来问罪。太平军于1853年进入湖北，占领省会武昌后，“书卷抛掷满地，沟渠秽坑无处不有”。同时太平军也仇视和厌恶传统文化的传承者——绅士。被抓到的人都要检查他的手，如果掌心红润，十指无重茧的话，就被看作妖人，或者立马处以死刑，或者刑讯，有的竟然被捶打致死。对儒家文化之外的佛、道等民间信仰俗文化，太平军亦一并扫除。在太平天国颁布的《太平圣书》中“言民间所祀，俱是邪神，书内有关帝妖、阎罗妖、文昌妖等语，大意总要人事天父，不可妄拜邪神”，“不信诸神及浮屠氏，遇寺观辄火之，目为妖庙”。

此外，太平军又借革命政权之力宣传其“折中耶、儒”的新“国教”，印行《天书》《三字经》《天条书》《太平圣书》等，并仿效清王朝召用地方绅士、官吏在民间讲读《圣谕广训》、导引意识形态的办法，“每于旷野处设高座，手持白扇讲经，集男女共听，谓之讲道理，女官亦偶为之”。太平天国运动使文化之“理”借政权之“势”强力推行，破旧立新，用武力摧毁旧文化，同时亦用武力推行新文化，简单武断，形式上具有极强的冲击力。中国思想界长期以来存在的儒学一统天下的局面被打破了，正统文化的至尊地位也随之动摇。虽然洪秀全的思想和太平天国的一些政策由于当时历史条件的限制，不可避免地存在着局限性，但是，对于“打破人民群众的思想枷锁，解放人民群众思想”起了积极的作用。

其二，它打击了君主专制政治，促进了“新国家”观念的产生。太平军起义一方面对传统社会的陈规陋习进行了很大的冲击，另一方面则增加了中外商贸往来以及各个方面接触的机会，从而使人们对西方世界的许多事物也渐次从毫无所知到有所了解，从新奇感到钦羡，从学习进而师法。所以历时14年的太平天国运动荡涤了中国漫长封建社会的污泥浊水、守旧壁垒，使朝野上下不少有识之士从与世隔绝、夜郎自大的迷梦中惊醒，由是形成了认识世界探索世界的新潮。这种变化虽是渐进的，但却是深刻的，积而久之，遂使人们传统的思想观念产生了变化，“新国家”的思想由萌发而逐渐成熟。

其三，它打击了传统文化，促成了早期“科教兴邦”思想的萌发。自从鸦片战争之后，由于外侮日亟，国势日衰，许多爱国志士为了救亡图存振兴中华，相继提出了诸如“科学救国”“教育救国”“实业救国”之类的口号，迄今为止还有其借鉴意义。其中影响深远、闪耀着时代光辉的“科教兴邦”的思想，在太平天国运动时期即已露其端倪。在《资政新篇》即已提到诸多振兴科技的措施，如洪仁玕主张“日新其技”，准许“技艺精巧”的外国人士来华授艺，这实际上就是引进外国先进技术以为我用。从总的情况来看，洪仁玕所倡导的大兴科技之论，虽然还不够全面和深入，但在当时因其识见远大，可以说是已经“开天下之先河”了。而其中有关兴办新式教育的问题，则说得较为简略，只能说明他已经注意到这一问题而已。而1860年秋，容闳到达天京后向洪仁玕提出“七项改革建议”，其基本内容即为以兴办近代化教育作为振兴太平天国的重要措施，当即为总理朝政的军师洪仁玕所接受，并且以天国军师的身份将建议逐条以法令的形式颁布实施了。这给天朝统治下的广大地区的私塾文化以巨大的冲击。私塾的房屋被推倒了，树起的是新式学堂的旗帜。那些在私塾里晃着脑袋读着三字经的学生们开始接触西方的船坚炮利，开始了他们与以往任何一个时代都不同的学习生涯。天国的传统文化受到汹涌而来的西方文化的猛烈冲击。在西方文化的影响下，妇女和儿童亦开始在天国接受教育。

其四，它废止传统婚葬习俗，推行符合“拜上帝教”教义的礼俗。中国传统文化中特别看重婚姻的礼仪，并一一作了理论上的阐述。传统文化中自然界的万物乃是天阳、地阴所化生，男女则是人类社会的阴阳两极。人类社会的君臣、父子等一切都是由夫妇结合而派生出来。婚礼涉及两性联姻的质量和稳定性，涉及宗教是否昌盛。从这个意义上说，传统文化认为夫妇是人伦之基，“万物之始”，婚礼是“礼之本”。因此在民间，人们非常重视婚礼是否合乎礼仪，同时每一项礼仪程式后面也蕴涵了丰厚的文化信息和文化意义，已经深入人心，成为有别于其他文化的一个重要标志。太平天国依据其教义对传统的婚俗习惯进行了彻底的变革。婚姻起初仅是首义诸王才享有的权利，且实行的是多妻制。军中和民间则普遍推行男女分馆制度，取消了家庭，即便是夫妻也不得同宿。1856年秋，在一片怨声载道中被迫恢复了京城的家庭生活。后又专门设立婚娶官，负责审批结婚事宜。中国民间把丧葬习俗看得与结婚礼仪同样重要，婚丧嫁娶号称“红白喜事”。民间看重的是能够死后“入土为安”，讲究“厚葬”，惟其如此，才符合传统的“孝道”。传统文化中是最看重“孝”的，“棺葬死者，入土为安”是生者视为血亲人伦意义上义不容辞的责任。太平天国把官兵阵亡或病故称为“升天”，是随天到大天堂享万年之福，宣布人死“是好事，不准哭泣”。这与传统的人伦道德是大相径庭的，有悖于传统的“孝”的观念，老百姓的心理上是不可能认同的。天国对传统的嫁娶文化是一个巨大的冲击。

其五，它废除传统历法，改革民俗，推行“拜上帝教”的天历。我国古代历法起源于商代以前，民间称为“夏历”，后来逐步改进，经过天文学家祖冲之、曾一行、郭守敬等的研究，到清代中国历法已经到了完善的地步。历法是中国灿烂的传统文化的重要组成部分，是中国人民对世界文化的贡献。夏历合乎农时便于民生，有悠久的历史和丰富的文化内涵。也正是基于此，辛亥革命后推行世界上通用的公历时，继续保留了夏历。太平军为表示应天承运而重定正朔，颁行了“拜上帝教”的天历。与当时的历法相比，天历不置闰，不计朔望，所以彼此的节令在时间上很不一致。太平军大力推行天历，严禁民间按照“妖朝历”过节，并取缔了一些旧的岁时风俗。农历正月初一更是民间最隆重的一个节日，是传统春节情结的最高体现。太平军却严禁人们按旧历过年，违者必究。咸丰四年甲寅元旦天京城内女馆的民女共贺新年，结果受到杖责或枷锁的处罚。民间过年原有的喜庆欢乐色彩和促进社会交往的功能大为淡化。“不拜贺、不宴客、民间不换衣冠、不贴春联，无一新年景象”。按照太平军的天历过年则带有浓厚的宗教意味。除夕前三天，各馆太平军开始屠宰牲畜，洒扫门庭，糊窗贴画。除夕之夜，士兵每人领一百文压岁钱，茶食不一。全馆吃团年饭，每桌八道菜，头领和管笔墨的书手均上座，金鼓喧天，通宵爆竹。大年初一，众人鸡鸣时分起身，盥洗完毕齐集天父堂，先敲三通鼓，点百子高升，然后齐诵赞美经。礼毕，下属向头领拜年，齐呼“老大人高升”，头领答曰“大家高升”。新年放假三天，除清晨举行拜上帝仪式外，众人均以打锣、赌博自娱。在太平天国新历中，随处可见“天父上主皇上帝”“太平主”“太平天日”“天父”等宗教术语，通篇散布着“独一真神为上帝”的思想。据清人胡长龄《俭德斋随笔》记载，太平军凡攻克一地，便立刻推行新历法，甚至规定民间契券必须采用太平天国日历，以天历记年月。太平天国新历的推行，是从历法的角度对民众进行宗教宣传，换言之，是利用群众日常生活须臾离不开的历法，灌输上帝教的思想。

其六，它推进妇女解放，男尊女卑的礼教受到挑战。天国中，妇女可以参军参政，与男子一样分得土地。主张“凡天下婚姻不论财”、废除买卖婚姻，禁止缠足、娼妓、买卖奴婢等。这些政策和措施，在一定程度上冲击了男尊女卑的传统观念。在教育理念上，改变了“女子无才便是德”的传统思想，女子也开始接受教育。此外，军事和政治上，也开始吸收女子参加。洪秀全创立拜上帝教时，广西桂平县的许多妇女加入了拜上帝教。洪秀全在他撰写的一系列著名的带有宗教色彩的著作中，极力倡导男女平等。他疾声力呼“天下多男子，尽是兄弟之辈，天下多女子，尽是姊妹之群”，这对几千年来封建社会男尊女卑的传统伦理观念进行了强有力的冲击。在反清斗争中，洪秀全认为男女有着同样的责任，他号召“天下凡间我们兄弟姊妹”共同对付一切“妖魔鬼神”，再一次把男女提到平等位置。在这种宣传下，紫荆山地区的广大妇女积极参加了拜上帝教组织。金田起义后，许多客家妇女参加军队，跟随太平军出征，在作战中同男子一样勇猛无比，即“贼所部粤西大脚悍妇数百，旗帜黑，自金田以来，抗拒官军，勇猛如男子”。可见，太平天国初期，妇女成为运动中不可缺少的组成部分，而且在“抗拒官军”中发挥着重要的作用。洪秀全与冯云山在创建太平军过程中建立女军，实行男女分营，将妇女接收到“造反”打天下的队伍中，让她们充分发挥才能，奋勇拼搏。太平军出广西后，在沿途的战斗中吸收了大量妇女，至天京时女军增至50军10万人之众，许许多多的妇女领袖脱颖而出。她们威风凛凛，冲锋陷阵，产生了许多女中豪杰，有的妇女还担任军官职务。比如颇有传奇色彩的女军领袖苏三娘便是在战斗中成长起来的典型女中豪杰。攻克武昌城后，苏三娘率部随杨秀清沿江东去，占领天京，挺进镇江，挥师扬州，所到之处无不披靡，真可谓：“雄雌谁得辨肖娘。”在吴家桢的《金陵记事杂咏》诗中专门描绘这支女军说：“八百女兵都赤脚，蛮衿扎裤走如风。”在太平天国初期的斗争中，这部分广西村姑有了施展自己才能的舞台，有了表现妇女豪爽气概和实现自我价值的机会，也使妇女和男子之间的平等关系得到进一步体现和深化。

其七，它主张平等的外交思想和发展资本主义的经济思想。洪秀全自视为负有统治整个世界使命的“天王”，天朝大国的外交思想表露无遗。其外交思想包含了平等对待外国人的因素，他一再发出诏书申明，“中西永遵和约章”，“万国一体，天下一家”。太平天国在处理对外关系中，既没有卑躬屈膝，也不盲目排外。无论是对于外来宗教，还是对于外国资本主义的经济思想，只要有用就可以吸收和借鉴。受外国资本主义经济的影响，太平天国后期领袖洪仁玕的《资政新篇》，系统阐述了先进的资本主义思想，描绘了发展中国资本主义的蓝图，其中提出的兴建以火车为骨干的全国交通网络，有民办的书信馆、新闻馆与官设的各省新闻官、意见箱及邮亭相结合的全国信息网络，以及“兴办邮政、银行”等举措，远远早于清朝政府的洋务派人物，成为中国最早传播资本主义思想的启蒙者之一。虽然由于战争因素《资政新篇》未能实施，但却极大地丰富了太平天国思想文化内涵，这是凝聚着报国热情和时代精神的救国良方。太平天国农民运动不自觉地为资本主义开辟了道路，同时对“新的社会生产方式”的欲望又驱使着农民领袖去追求资本主义的文明，某些太平军将领喜欢同外国人“谈欧洲的政治和发明”，“章王、干王、忠王之子茂林以及其他几位首长正在学习英文”，“还收藏许多关于西方文化与科学的附有插图的参考书……经常研究这些学问”。可见，正是由于太平天国与西方文化不可分离的关系，使得太平天国领袖愿意积极吸收西方学说为己所用，因而在一定范围形成了学习西方文化的风气。

正是这样的风气，使其在军事上能够大胆创新，令太平军“武装甚为精良”，以致在宁波战役中，由于太平军“有欧洲的卡宾枪和手枪”而使侵略军受到了重大损失。在同卜罗德、华尔、勒伯勒东等侵略头子的交战中，才使得“洋鬼并不敢与我见仗，战则即败”。正是在这样的情况下，清政府才认识到“剿发捻，勤远略”，掌握先进的战斗武器是十分重要的，并萌发了兴办洋务从而御辱图强的意识。由此观之，太平天国所倡导的向西方学习、倾向于西方文明的政策引领了中国的初步近代化，而且毋庸置疑地为中国近代化的全面开启准备了条件。而中国传统的自然经济在外来制度和商品的冲击下渐趋走向坟墓，太平天国的对外开放无疑在这一运动中扮演了掘墓人的重要角色。随着经济一同开放的自然是中国的文化，在人们的交流中，新文化从泥土中萌芽，等待一个可以令它们茁壮成长的时机的到来。

但是由于受当时政治、经济条件的局限，加上农民阶级所固有的狭隘性，太平天国的文化改革也表现出了诸多弊端，这是由农民阶级的小农经济意识和不开阔的视野所决定的。对于太平天国把西方基督教的“上帝”套在中国传统的文化上，有学者指出：利用宗教发动和组织农民起义，虽然在宣传和动员农民方面具有积极的作用，但太平天国崇拜西方的“上帝”，表现出了极大的盲目性，特别是把“上帝”等字眼生硬地套用到中国传统的儒家经典上，更反映出了太平天国领导人的无知、落后和盲从。这具体表现在：其一，盲目套用“皇上帝”文字，把“四书”“五经”中所有“上帝”字眼，皆改为“皇上帝”。例如，把《孟子》中“则可祀上帝”改为“则可祀皇上帝”，把《诗经》中的“荡荡上帝”“上帝扳扳”改为“荡荡皇上帝”“皇上帝扳扳”。其二，在蒙学教材《三字经》《御制千字诏》中，向儿童灌输“皇上帝”和“上帝创造了物”的思想。例如，其改编《三字经》开篇便是“皇上帝，造天地，造山海”的文字。在全文300多字中，仅“皇上帝”三个字就重复了20余遍。其三，在太平天国印行的日历、史书、兵书等书籍中，一律套用“上帝”或“皇上帝”的文字，灌输上帝教的思想。太平天国这种胡乱套用西方“上帝”字眼、盲目崇拜基督教的做法，造成了太平天国思想上的混乱，并为太平天国在思想上、军事上的失败埋下了祸根。另外，在对待中国传统的儒家文化上，太平天国不加分析地盲目排斥。一方面，太平天国对孔子塑像和儒家经书采取了一概捣毁、烧毁的做法。1851年初，太平军在金田起义后，即实行激进的反儒反孔政策，把儒家经典斥为“妖书”“邪说”。凡太平军所到之处，都捣毁孔庙，焚烧经书。太平天国明文规定：凡一切孔孟诸子百家属妖书邪说者尽行焚除，皆不准买卖藏读，否则问罪。洪秀全甚至下令：凡一切妖书如有敢念诵教习者，一概皆斩。史载当时的焚书情况是：“搜得藏书论担挑，行过侧溷随手抛，抛之不及以火烧，烧之不及用水浇。”这种盲目排斥中国传统儒家文化的做法，虽然在定都天京后得到了形式上的纠正，但太平天国在思想上尊重、信奉基督教而轻视儒家文化的政策并未在实践中得以改正。另一方面，太平天国在文字上盲目地使用代用字、新造字和隐语，表现了起义农民在文化知识上的愚昧和落后。太平天国常用的代用字有“皇上帝”“耶稣”“天王”“圣”“神”等字。为了避天王的讳，太平天国沿袭了历代皇帝的避讳方法，采用了避火、洪、秀、全、福、清、贵、山等的代用字。太平天国后期滥行封爵，字书上的字用完了，就造了许多新字供封爵使用，这些新造字除封爵时使用外，没有多少实际应用价值。在隐语上，太平天国创造了如“高老”“禾王”“小天堂”“山山”“润泉”等用语。此外，太平天国还根据两广方言创造了一些字词，例如，将广东粤语的“不可能”改作“不好”，将“少有的”改为“少何”等。太平天国这种滥用代用字、新造字和隐语的做法，破坏了中国语言文字的知识性和系统性，这除了表现出起义农民在文化知识方面的欠缺外，对文字改革毫无积极意义。

（郑俊艺）

# 77. 洋务事业与早期现代化建设的启动

所谓洋务，泛指包括通商、传教、外交等在内的一切与西方资本主义有关的事务。第二次鸦片战争后，清朝统治集团内部形成了洋务派。他们主张向西方学习，标榜“自强”“求富”。其代表人物，在中央有军机大臣兼总理衙门大臣恭亲王奕䜣、户部侍郎文祥等人，在地方上则有曾国藩、左宗棠、李鸿章及后来崛起的张之洞等封疆大吏。为了拯救垂危的封建统治，从19世纪六十年代到九十年代，洋务派引进和学习西方先进的科学技术，创办和发展军用工业、民用工业企业，编练建设新式海军海防、陆军，培养新型人才，并采取相应改革军事、外交、文化教育和某些政府机构等多方面的行动，以达到富强目的。洋务派采取的多方面的行动，历史上称为洋务运动。

洋务派认为，第二次鸦片战争之所以失败，是由于武器装备落后所致，因此，要谋求“自强”之道，首先需从“练兵”“制器”开始。故着力创办军事工业，制造武器弹药以武装清军。1861年曾国藩在安徽创办安庆军械所，制造子弹、火药、枪炮军火。该所是清末最早官办的近代军事工厂。到1890年张之洞创办湖北枪炮厂为止，洋务派先后创办24个近代军事企业，共中规模较大的有：

(1)江南制造总局。1865年李鸿章等将容闳从美国买回的机器设备，加上在上海购买的旗记铁厂，与原设于上海的两个洋炮局合并建成。江南制造总局，实开近代中国机器制造之先河，而且是洋务派所办规模最大的兵工厂。它拥有十几个分厂，不仅有枪炮厂、火药厂、造船厂、炼铁厂，还有独立的机器厂。该局系湘系、淮系洋务派共同举办，产品绝大部分以调拨的方式供应北洋军队，有时也拨给其他各省的军队。局中还附设一所机械学校和翻译局，聘请英美人翻译科技著作。该局锻炼和培养了一批科技和管理人才，对近代工业技术的进步起了一定的推动作用。

(2)金陵机器制造局。1865年李鸿章将苏州枪炮局部分设备西迁南京，并加以扩充建成。局务名义上由清政府委派总办经管，实际大权掌握在英国人马格里手中。该局从外国购置机器，聘用外国工匠作为技术指导，主要生产枪支、火炮、子弹及其他军用物资。产品主要供应淮军及本省各防营使用。

(3)福州船政局。1866年，由左宗棠在福州马尾设立，又名马尾造船厂，是洋务派所办最大规模的船舶修造厂。由法国人日意格、德克碑主持筹办，总揽一切船政事务，并雇佣几十名法国技师和工头。该局主要由铁厂、船厂和学堂三部分组成。创办不久，左宗棠调任陕甘总督，前江西巡抚沈葆桢接管，但重大事务仍由左宗棠亲自裁定。该局从1868年开始投产，到1895年，共造船36艘，用来装备福建海军。虽然左宗棠将设局造船视为富国强兵、兴商生财的重要举措，但由于当时中国科学技术落后，所造船只“可载运，而不足备战阵”。用以武装福建水师的船只，在中法战争中全被法舰击毁，船厂也被炮击，损失惨重。该局重视本国人才的培养和使用，自1874年起，以船政学堂培养的学生接替了原本由外人担任的技术工作。此后，虽仍雇佣洋人，但不起主要作用。

(4)天津机器局。1867 年，三口通商大臣、满洲贵族崇厚设立天津机器局。鉴于军工生产大权均为汉族督抚把持且多分布于南方，为避免内轻外重，清政府特命满族亲贵管理，该局分为东、西两局。东局以制造火药、枪炮、子弹和水雷为主；西局以制造军用器具、开花子弹及布置水雷用的轮船和挖河船为主。因官僚腐败，管理混乱，靡费巨大，成效甚微。1870 年，李鸿章调任直隶总督，清政府只好交李接办。李鸿章特从香港招聘外国工匠，几经扩建，品种和产量不断增多，使之成为仅次于江南制造总局的大型兵工厂。

(5)湖北枪炮厂。张之洞任湖广总督时期在汉阳创办。1893 年厂房建成，1895 年开工生产。不久即遭火灾，直到中日战争结束后，方又修复投产。该厂机器设备从德国订购，设备新，规模大，能够生产当时世界上最新式的小口径步枪和新式快炮，以及各种大炮、炮架、弹药等，后来还筹建了无烟火药厂。该厂是洋务运动后期主要的、较有成效的军事工业。

洋务派在兴办军用工业的同时，还训练新式陆军和建立新式海军。训练新式陆军的起步，是整顿八旗、绿营，成立了神机营，并从京营八旗挑选精壮兵丁，演练洋枪洋炮和“洋人阵式”。1864 年，神机营在这支队伍的基础上加以扩充，建立了“威远队”，成为一支拥有 5000 余人，融马队、步兵、炮兵于一体的洋枪队。1866 年，总理衙门大臣奕䜣等从绿营中挑选精壮兵丁，按湘军、淮军营制、营规编练军队，共选练六军 15000 人，称为“练军”。到 1894 年，全国绝大多数省份都相继建立了练军。此外，李鸿章的淮军和左宗棠部湘军也都较普遍使用外国新式武器。这些军队大多聘用英、法、德等国军人，按西方操典演练队列阵式。为了适应当时的内外形势，清政府在军事上大力建设海军、增强海防，经过筹划，1875 年 5 月，清廷任命直隶总督李鸿章和两江总督沈葆桢分别督办北洋、南洋海防事宜，开始了近代海军的筹建。后建立了北洋、南洋、福建三支新式海军。南洋水师起步较早，但发展缓慢，到 1884 年中法战争爆发前夕，共拥有舰艇 14 艘，除福州船政局、江南制造总局所造外，余均购自英、德两国。福建水师是在福州船政局所造的部分舰船的基础上形成的，共有舰艇 11 艘，其中 9 艘为船政局自造，2 艘购自英国。中法战争时，福建水师在马尾港内遭法国军舰的突然袭击，几乎全军覆没。北洋水师于 1875 年筹建，起步较晚，但发展迅速，到 1884 年已拥有舰艇 14 艘，初具舰队规模。1885 年中法战争后，清廷成立海军衙门，委派醇亲王奕譞总理海军事务大臣，庆郡王奕劻、直隶总督李鸿章为会办大臣。海军衙门成立后，贯彻先发展北洋水师的方针，陆续向外国订购定远、镇远、济远等铁甲舰和其他比较先进的舰只，均投入北洋海军舰队。到 1888 年，北洋水师正式成军，各类舰船基本具备，共有 25 艘。李鸿章还先后在旅顺口、威海卫等地布置防务，修筑炮台、船坞，成为北洋海军的两大基地。1888 年以后，北洋水师未再增添新式舰艇。这支苦心经营的海军，在 1894 年中日甲午战争中全军覆没。甲午战争中国的惨败，宣告了 30 多年来洋务运动“自强”目的的破产。

从 19 世纪七十年代至九十年代，洋务派在继续经营军事工业的同时，又兴办了一批以“求富”为目的的民营企业。洋务派创办民用企业，一为解决军用工业所需金属原料和煤炭燃料，减少对外国的依赖；同时也是为了“稍分洋商之利”以渐收利权，并获得饷源。主要有轮船航运、煤矿开采、金属冶炼、电报和纺织业等 4 类。其中主要的企业有：

(1)轮船招商局。1872 年李鸿章在上海创办。这是洋务派创办的第一个民用企业，也是规模最大的官督商办的民用企业。开办目的在于“运粮揽货，以济公家之用”，“略分洋商之利”，以解决清政府的漕运危机。资金采取招集商股和清政府拨付部分官款的办法。官款由招商局采取承包漕运的方式抵还。该局开办时仅有轮船 3 艘，1877 年扩充到 12 艘，后来又购买了美国旗昌洋行轮船 18 艘，织成了一支实力较强的商船队。这支船队除“叠次装运江浙漕粮”外，又远航“至日本、吕宋、新加坡等处贸易”，还试航到檀香山。轮船招商局的成立，抑制了列强对中国航运业进行垄断的野心，于是英国太古、怡和等公司采取降低运费的办法排挤招商局，招商局曾三次与其订立齐价合同。招商局开辟的海外航线，也因受到外商倾轧等原因被迫中止。在诸多困难面前，因李鸿章的全力支持，招商局才得到较好发展，成为民用企业中最有成绩者之一。

(2)开平矿务局。1878年由李鸿章创办。从英国购入机器设备，延聘英国人监督生产，1881年开始出煤，产量逐年增加，至1889年已达24.7万吨。由于经李鸿章奏准，清政府对其采取了优惠的税收政策，每吨只征银一钱，大大提高了产品的竞争能力。该局所产的煤除供应轮船招商局、天津机器局及北洋海军外，尚有大量销往市场，使天津的洋煤输入量大为减少。为妥善解决原煤运输问题，该局还挖掘了自芦台至胥各庄一条长约70华里的运河，专供运煤之用，取名“煤河”。又自胥各庄修筑一条长15华里的铁路，直通矿区，解决了产品外运问题。1892年后，由于经营不善，日趋衰落，开平煤矿结束了它的鼎盛时期。1900年，为英国侵略者所兼并。

(3)电报总局。19世纪七十年代初，洋务派已意识到电报在传递军事情报上的重要作用，开始提出敷设电线的要求。1879年，李鸿章架设了大沽至天津的电线，效果良好。1880年，遂在天津设立电报总局，并设立电报学堂。1884年，电报总局由天津迁到上海，业务迅速发展，电报线路逐渐扩充，几乎遍布于全国。这不仅方便了官方的军事、外交和政治信息的传递，也对促进商业的发展起了积极作用。

(4)上海机器织布局。1882年创设于上海杨树浦，为近代中国第一个官督商办的机器棉纺织工厂。经李鸿章奏准，获得“十年内只准华商附股搭办，不准另行设局”的专利权；又所产布匹在上海本地免完税厘，转销内地的只在上海新关完一正税，免除内地沿路税厘。织布局几经波折，于1890年才部分投产，有轧花、纺纱、织布等全套设备。到1892年，“每日夜能出布六百匹”。1893年不幸失火，厂房设备几被全部焚毁。李鸿章委派盛宣怀负责重建，仍为官督商办，更名为“华盛纺织总厂”，至1894年部分投产。另在上海、宁波、镇江等处设立10个分厂。

(5)汉阳铁厂。这是洋务运动时期建立的规模最大的近代化民用重工业企业，兼营采煤、开矿和炼钢炼铁，为一综合性大型钢铁联合企业。1890年张之洞在汉阳兴建，1893年底全部竣工，1894年正式投产。该厂雇佣外国技师40人，中国工人3000多人。因厂址远离原料和燃料产地，大大提高了生产成本，耗资巨大，效益不佳。1896年，汉阳铁厂因经费困难，由官办改为官督商办。

洋务派又在实践中认识到，要真正办好洋务，达到求强、求富的目的，中国必须有通晓洋务的人才。因此，与工业企业和新式海军等事业的需要相适应，在洋务运动期间还培养了一批新式人才。其主要途径一是开办学堂，二是派遣人员出国留学。

在洋务派创办的学堂中，以外国语学堂办得最早。为培养翻译人员，清政府于1862年在北京设立了同文馆，它是洋务派创办的第一所洋务学堂。随后又分别在上海和广州设立了上海广方言馆和广州同文馆等。军事学堂是洋务学堂的第二种形式。包括福建船政学堂、天津水师学堂、上海江南制造局操炮学堂、广东实学馆及广东水陆师学堂、天津武备学堂等13所。洋务学堂还包括电报学堂、医学堂、铁路学堂、工程学堂和西学堂等数种技术实业学堂。主要有：福州电报学堂、天津电报学堂、天津西医学堂、南京储才学堂等。

这些学校，有的一开设就迥异于传统的府学书院，设置了西方近代自然科学或实用科学的课程；有的虽属外语学校，却也增设了外国史地、代数、物理、几何、微积分、化学、天文测算、航海测算、国际法和地质矿务等课程，其所学自然科学知识虽尚肤浅，但涉及范围却已相当广泛。因此，洋务运动期间设立的这些新式学校，传播了较多的西方自然科学及史地、国情等方面的知识。

派遣学生出国始于1872年的幼童留美。此事由容闳倡议，丁日昌支持，曾国藩、李鸿章会奏促成。1872年，曾国藩、李鸿章奏请“挑选聪颖幼童赴美国书院，学习军政、船政、步算、制造诸学”，“以培人才，而图自强”。于是清政府从1872年开始陆续选派幼童4批共120人赴美学习。以陈兰彬、容闳为正副监督，负责安排管理留学生。后来由于留学生“荒废中学”，总理衙门遂于1881年奏准全部撤回。1876年，李鸿章奏请派福州船政局附设学堂学生18人赴法国学习制造轮船，12人赴英国学习驾驭。这批学生期满归国后，分配到南洋、北洋海军中任职。

持续30多年的洋务运动虽然失败了，但洋务事业使中国迈出了由“传统社会”向“现代社会”转变的第一步，中国早期现代化建设的进程从此真正开始。

第一，洋务运动兴起后所形成的社会思潮，对中国几千年以来以经学为主体的传统封闭观念进行了有力的冲击，从而实现了中国由封闭观念开始向开放观念的转变。在内忧外患的形势下，清政府内部一些官吏和地方实力派人物，认识到中西之间在科学技术、军事、经济等方面的巨大差距，思想观念上突破了“夷夏之防”的传统观念防线，主张向西方学习，并加以实践。他们冲破了儒家长期奉行的“重义轻利”“强本抑末”“重农轻商”等传统价值观念，开始重视物质生产因素，重视商品价值规律和经济效益，致力于发展商品经济。他们对近代儒家的“经世致用”学说进行了改造，既重农，又重工商，主张吸收和借鉴西方资本主义国家先进的生产技术和科学知识，把中国的近代化运动由军事领域扩展到社会经济领域，这不能不说是历史的重大进步。

第二，洋务运动为中国军事近代化创造了条件。洋务运动之初，为实现“自强”目标，洋务派大量购买进而制造新式枪炮，组建新式军队，实行洋式练操，同时洋务派还筹划海防，建立新式海军，促进了军队和国防的近代化发展。

第三，洋务运动使中国外交开始向近代化转变。1861年，清政府正式建立了中国近代史上的第一个外交机构——总理各国事务衙门。它的成立，意味着清政府开始放弃闭关锁国政策，这是顺应世界形势的变化、适应国际交往的需要的明智之举，后来又在总理衙门之外另设南洋、北洋通商大臣。这项改革是我国近代外交领域划时代的变革，对于开展近代化事业产生了积极作用。在建立外交机构的同时，清政府派遣了第一批驻外使节，打开了中国通向世界的大门，使中国近代外交出现了新局面。

第四，洋务运动开创了中国教育改革的先声，它造就了一代中国新型知识分子。洋务派创办了我国第一批新型学校，据统计，在洋务运动期间，创办培养各级各类人才的学校达100所以上。这些学校第一次将西方自然科学和工业技术带进课堂，从而培养出我国第一批造船、航海、机器制造以及近代医学等方面的人才，对中国的教育的近代化起了极大的推动作用。从1872年起，洋务派奏请清政府先后大规模向美、英、法派遣7批留学生，总人数达201人，其中包括日后成为著名工程师的詹天佑和著名学者的严复。他们一方面系统地学习了西方先进的科学技术知识，同时也在一定程度上接受了西方资本主义的经济、政治和文化思想。回国后，都以自己的实际行动奉献于中国的近代化进程。洋务派创办近代企业和引进西方科技的实践也培养出大批新型知识分子。此外，洋务派设立的翻译馆，翻译印发了大量外国书籍，引进了生、光、化、电等自然科学知识，这不仅有利于西方近代科技知识在中国的传播，而且有力地影响了一代进步思想家，为戊戌变法准备了条件。

第五，开创了兴办机器工业的风气，使民族工业开始兴起，从而步入了中国民族资本主义发展的进程。洋务运动引进了西方蒸汽机、纺纱织布机、各种机床、先进的造船技术、新式的平炉、转炉冶炼技术，以及火车、电报、电话等近代交通运输和通信工具，在一定程度上推动了中国经济的发展和科学技术的进步。从19世纪七十年代开始，洋务派创办的官督商办和官商合办的企业中吸收了大量的商股，以获取利润为目的，这种企业本身就是资本主义性质的企业。由于中国资本主义的产生导致了中国近代阶级关系的重大变化，最突出的特点就是中国产生了两个新的阶级，即工人阶级和民族资产阶级，当然也产生了它的副产品——官僚买办资产阶级，这是中国近代化的一个最显著的标志。特别要指出的是，由于洋务运动中兴办近代民用工业的规模不断扩大和中国民族工业的产生和发展，中国工人阶级队伍也随着日益发展壮大，它为工人阶级登上历史舞台，为今后中国近代社会的重大变革，客观上起了催生剂的作用。从这一点讲，洋务运动客观上对中国近代化的开拓作用是不容忽视的。

当然，由于社会历史条件的限制和自身的阶级局限，洋务派学习和引进西方的军事、经济、科学技术，其主观目的是为了维护君主专制统治，他们发起的近代化运动也只能是在维护传统纲常名教的原则下进行，所以，他们大规模引进的只是西方的物质文明与科学技术，而对西方的社会经济制度则讳莫如深，对西方资本主义的政治制度更是坚决抵制和反对。这就不可能从根本上解决中国近代社会历史的进步问题。

（刘彦波）

# 78. 近代经济因素与生产关系的诞生

1842年(道光二十二年)秋，钦差大臣耆英、伊里布等人与英国全权代表璞鼎查在南京开始议和谈判。英方开列议和条款，迫使耆英等人全部接受。清政府于七月二十四日(1842年8月29日)在英舰“汉华丽”号上签订了丧权辱国的不平等条约——中英《南京条约》(又称《江宁条约》)。

《南京条约》签订后，中英双方代表于次年在广东继续谈判有关细则，作为《南京条约》的附约。1843年7月22日(道光二十三年六月二十五日)签订《五口通商章程：海关税则》(通称《五口通商章程》)，英国强迫中国压低关税。此约规定，进口货物税率定为5%，中国成为世界上最低税率的国家之一，海关也从此失去了保护本国工农业生产的作用，便利了外国资本主义在中国倾销商品和掠夺原料。同时，英国还获得了领事裁判权。

同年10月8日(八月十五日)，中英双方又在虎门签订《五口通商附粘善后条款》(简称《虎门条约》)，英国从中获取了片面最惠国待遇，以及在通商口岸租地、建屋、建立租界的权利。

自此以后，美、法、比利时、西班牙等国纷至沓来，要求同清政府正式订立通商条约。清政府采取“一视同仁”的妥协退让方针，一一应允。

外国资本主义势力首先侵入东南沿海地区开始的一些城市，资本主义国家以这些城市为据点，实行殖民掠夺。自1840年鸦片战争爆发时起到1894年中日甲午战争时止，中国被迫对外开放的商埠共达34个。这些商埠主要分布在沿海地区与长江流域，它们控制中国经济命脉的作用。在这些通商口岸中，上海发展最为迅速，它很快取代广州，成为全国对外贸易的中心。1845年11月，英国驻上海领事巴富尔强迫上海地方官议定土地章程，在上海划定英人居留地，成为外国侵略者在中国设立租界的开端。1848年和1849年，美、法侵略者也步英国的后尘，分别在上海划定租界。他们在租界内建立了一套殖民地管理制度。其他通商口岸也都依此建立了这种号称“国中之国”的租界区，在租界区内，资本主义国家实行的是完全独立于中国的行政系统和法律制度以外的另外一套统治制度。

19世纪中叶的西方资本主义还没有发展到帝国主义阶段，它们对外掠夺的方式主要还是商品输出。因而这时外国对中国的经济侵略也是以商品输出为主。他们推销的商品，品种繁多，最重要是鸦片和棉纱、棉布。除此之外，还有许多杂货，如：洋药、各种香烟、水果、装饰物、钟表、金属制品等。他们强迫清政府把关税压到最低限度，把工业品大量输入中国。鸦片战争以前中国的入口税率最高为32.5%，最低为13.4%，平均为19.9%。第一次鸦片战争后，平均税率降到6%左右；第二次鸦片战争后，又降到4.98%，而实际缴纳的又只及法定数额的1/2~1/3。入口税率大幅度下降，加上国外因技术进步而引起的劳动生产率提高，产品成本降低，使产品的市场价格也因而大大下降了。六十年代中期以后，外国资本主义的对华贸易，工业品输出逐渐取得优势，鸦片贸易开始退居次要地位，如1885年入口的棉制品就占全年总入口额的35.7%，而鸦片下降到28.8%。廉价工业产品的大量输入，加速了中国手工业的解体。

首先遭到资本主义冲击的中国手工工业是棉纺手工业。从19世纪七十年代开始的二十年间，入口的棉花减少了2/3，而出口的棉花则增长了35倍。棉花出口的逐年增加，正好说明其时棉纺工业的凋敝。造成这种现象的原因是由于买进棉花再来纺纱，反而比直接使用洋纱更贵。于是，随着洋纱的大量进口，土沙的纺制业几乎完全停止了。由于洋布价格大减，棉布业受到沉重打击。人们贪恋洋布价廉物美，逐渐放弃了购买土布。手工棉纺织业的破产，也使得大量手工棉纺织业者失业。其他手工业也相应遭到洋货的破坏。郑观应在《盛世危言》中感叹道：洋布、洋纱、洋花边、洋袜、洋巾进入中国，中国的女红失业。洋铁、洋针、洋灯进入中国，中国的手工冶炼业者失业。煤油、洋烛、洋电灯进入中国，中国东南数省的树木也弃之不用了。

中国的出口，这时已经以农产品为主，其中以丝、茶为大宗，占出口总额的50%到90%。此外，还有棉花、豆类、牛皮等。由于丝、茶在国际市场上受到印度、日本等的竞争，出口呈现下降趋势。其他的出口货物虽然有显著增加，但售价低廉，只是为外国资本主义提供原料而已。

这一时期中国的出口贸易，已完全为外国商人所控制。外商们组织收购，任意压价，疯狂地掠夺小生产者。我国自给自足的自然经济被破坏后，人民的生活日益依赖于市场，农产品的商品化程度日益加深，中国旧式的商业资本已失去了控制市场的能力。1883年，带有很大买办性的封建商人胡光墉因与外商争夺控制丝价而破产。在不平等条约的压迫与控制下，中国成为西方资本主义倾销商品的市场、掠夺原料的基地。

外国资本主义在向中国输出商品与掠夺资源的同时，还开始了对中国进行资本输出。甲午战争以前，外国资本主义在中国的投资约有两、三亿美元，主要用于航运业与银行业。英、美等国于19世纪六七十年代在中国设立了一些轮船公司，如英国的太古、怡和，美国的旗昌等，垄断了中国沿海与长江的航运事业。这些轮船公司势力扩张很快，垄断了中国沿海和内地的航运，不仅严重打击了中国旧式帆船运输业，而且阻碍了中国新式航运业的发展。这一时期，外资工厂也逐渐增多起来，其中大多数是为了发展他们在中国的航运业而办的船舶修造业，以及为了掠夺中国原料而经营的各种加工工业，如砖茶、缫丝、轧花、制糖、打包等工厂。此外，为了在中国利用廉价的原料和劳动力，就近销售于中国市场，还建造了火柴、造纸、肥皂、制药、纸烟等工厂。到了1894年，外国资本主义国家在中国设立的工厂至少已有一百多家，成为压迫和阻碍中国民族工业发展的一种强大的势力。

外国银行也开始操纵中国的金融市场。早在1848年英国即在上海设立了东方银行的分行(即丽如银行)，19世纪五十年代又增设麦加利和有利银行的分行，六十年代设立汇丰银行。法、德、俄、日等国也相继在中国设立。这些银行在中国吸收存款，使之转化为掠夺中国的资本；又发行纸币，经营国内外汇兑，并向清政府发放短期高利贷款，从金融与财政上扼住了中国的咽喉。

这一时期的资本输出主要还是为推销商品与掠夺原料服务的。银行通过和中国钱庄的关系，沟通内地商人，把经济活动顺利地深入到中国内地，更多地推销商品，掠夺资源。

鸦片战争以后不久，英、法、美等资本主义国家为了利用中国的劳动力和原料，为了商品输出和文化、宗教侵略的需要，在通商口岸设立了近代企业。1843年，英国传教士在上海创办墨海书馆。1845年，英国人在广州黄埔开办柯拜船坞，修理船舶。同年，美国传教士在宁波开办美华书馆。1850年，英国人在上海开办字林西报馆，出版《北华捷报》《字林西报》等。此后，英、美等国商人又陆续在上海等地开办船舶修造、印刷、食品、制药、打包等企业。

外国资本主义的侵入和中国近代工矿企业、加工业、交通运输业的出现，促使中国社会阶级结构发生变化，主要是产生了无产阶级和资产阶级两个新生的阶级，此外，还出现了依附于外国在华企业和洋行的买办阶层。

早在中国近代工业出现以前，由于外国资本的侵入，已在通商口岸出现了一批码头工人和在外国轮船上做工的海员，这是中国最早的一批产业工人。当时，由于资本主义国家对中国进行经济侵略，导致大量农民和手工业工人破产，为了求得生存，他们不得不受雇于外国资本家。他们比中国资产阶级的出现早三四十年左右。随着外国资本主义在中国开设工厂数量的增多，产业工人的队伍也随之扩大。所以说，中国近代的产业工人，不仅是伴随着中国的资本主义近代工业而产生，而且是伴随着外国资本在中国直接经营企业而产生的。他们的历史比中国的资产阶级还要早。同治以后，在洋务派举办的军用工业、民用工业和在民族资本的企业中，产生了更多的产业工人。由于中国近代企业发展受到限制，产业工人的人数增长也很慢。19世纪七十年代，全国大约不到一万人，80年代增加到4.5万人。到1894年(光绪二十年)甲午战争前，发展到近十万人，其中在外国资本经营的工业、航运业中的工人有三万四千余人(约占35%)，在洋务派举办的军事、民用工业中的工人共有三万六千多人(约占37%)，在民族资本主义近代工矿和航运业中的工人约二万七千余人(约占28%)。此外，还有数千名海员、数万名码头运输工人，以及相当数目的市政建设工人，因无精确的统计数字，均未计算在内。

中国无产阶级的人数虽然不多，但它是中国新的社会生产力的代表，是近代中国最进步的阶级。中国无产阶级与最先进的经济形式相联系，富于组织性纪律性，没有私人占有的生产资料，此外还有其许多特殊的优点：第一，中国无产阶级深受帝国主义、封建主义、官僚资本主义的三重压迫，这些压迫的残酷性是世界罕见的。他们工资很低，一般只有外国工人的十分之一二；工作时间很长，一般在10小时以上，多的达18个小时。他们的劳动条件恶劣，缺乏必要的安全设备，工伤事故经常发生。厂矿中还保持着极落后的封建压迫制度，工头、把头可以任意打骂处罚工人。工人的工资常被资方、工头、把头等任意拖欠克扣。官办、官督商办的企业还设有刑庭，驻有军警，随时可对工人施行镇压，工人连最低限度的自由都没有。因此他们富有彻底的革命精神。第二，中国无产阶级在形成过程中比较集中。当时在中国出现的近代企业，大多集中在上海、汉口、广州等一些通商口岸，因此，在这些地区产业工人相对集中。据估计，上海、汉口、广州三地的工人约占全国工人总数的76.7%，其中上海一地即占46.4%。工人的集中有利于革命思想的传播和革命力量的增长。此外，从产业类别上看，工人相对集中在机器缫丝业、船舶修造与机器铁工业、军用工业、轧花业与棉纺织业、采矿业等，约占全国工人总数的68%。据统计，在中日甲午战争以前，500名工人以上的厂矿有39家，其中外国资本经营的企业11家，洋务派经营的企业13家，民族资本经营的企业15家，最大的企业雇佣工人达三四千人。在这39家企业中，工人人数总计有5.713万至6.22万人，约占全国工人总数的一半以上。第三，与农民阶级的联系密切。他们大部分出身于破产的农民，和广大农民具有天然的联系，便于他们和农民结成亲密的联盟。

中国无产阶级所处的社会地位及其所受的残酷剥削和压迫，使他们从诞生之日起，就不断进行反抗斗争。中国工人最早反对外国资本家剥削压迫的，是1868年(同治七年)上海美商耶松船厂工人的罢工。1879年(光绪五年)这个工厂的工人又因为反对工头克扣工资而罢工；同年，上海祥生船厂发生了反对外国监工殴打工人的罢工。1883年(光绪九年)和1890年(光绪十六年)上海江南制造总局工人两次举行反对增加工作量的罢工。1891年(光绪十七年)，开平煤矿反对外国工程师欺压工人，展开了大规模的反压迫斗争，迫使外籍技师一度离矿……这个时期，工人的罢工斗争主要还只是经济斗争，说明中国无产阶级还处在早期阶段。中国工人阶级一开始就具有反抗压迫和剥削的斗争精神，同时也表明了它是一个在中国近代社会中新生的革命阶级。

鸦片战争以前，中国社会内部已经孕育着资本主义的萌芽，东南沿海一带已散布有不少具有资本主义性质的手工工场。由于受到个体小生产者和家庭手工业的阻挠，工场手工业在技术上和数量上均还不能战胜小生产者。西方资本主义的侵入与势力的扩展，改变了中国社会的正常发展轨道。

19世纪七十年代以后，由于外国商品的大量输入，自给自足的自然经济遭到摧毁。然而，西方资本主义的侵入，不仅对中国自然经济的基础起了解体的作用，同时又给中国资本主义生产的发展造成了某些客观的条件和可能。因为自然经济的破坏，个体手工业与家庭手工业的破产迫使劳动者与生产资料脱离，成为自由劳动力的出卖者，而他们的生活用品又必须更多地依靠市场，这就给资本主义的发展在商品市场与劳动力市场上创造了前提。特别是洋务派利用国家权力和资金创办的近代民用工矿企业的成功及其获得的丰厚利润、近代企业的优越竞争实力与诱人的前景，激发了一部分商人、官绅和买办对资本主义生财之道的羡慕和追求。19世纪四十年代外国人开始在中国创办的近代企业，给中国带来了资本主义经营方式。六十年代洋务派创办的军事工业，培养了中国最早的一批近代机器工业的技术人员与技工，为近代资本主义工业在中国的出现准备了技术条件。于是他们开始自筹资金，自办以蒸汽机或机械动力为主的工矿和交通运输等近代企业，于是逐渐产生了近代民族资本主义工业，成为中国社会向近代转型的经济基础。

但是，在近代中国，小生产者破产的过程，并不是资本主义工场手工业积累资本、改进技术、发展扩大再生产的过程。同时，在外国廉价商品的冲击下，工场手工业遭受到与个体手工业相同的命运，大部分破产和没落了。只有一小部分为外国商人掠夺原料服务的加工手工业稍微有了一点发展，他们步履维艰地过渡为近代工业。由于外国资本主义商品的大量输入，抑制了中国民族工业的发展，外国资本主义又竭力阻碍中国发展资本主义，封建守旧势力则反对任何变革，因此，中国的资本主义近代工业，主要不是从原来的资本主义萌芽直接发展起来的。

民族资本主义工业的产生，应该以纯粹的商办企业为标志。洋务派在举办民用工业时，因缺乏资本而招商股，一些缺乏政治势力的官僚、地主和商人，为了投资工业，不得不依靠他们，于是，产生了官督商办、官商合办的工业形式。在官商合办的企业中，投资者有的能掌握一些实际经营管理的权力。随着民用工业的发展，一些官僚、地主、商人在洋务派的支持下，创办了一些纯商办性质的近代工矿业。

中国民族资本主义的近代企业，出现于19世纪七十年代；到八十年代时数量逐渐增多，但规模不大；直到中日甲午战争前夕，才有较大规模的企业出现。据统计，从1872年到1894年，创办起来的民族资本主义的近代企业一共有一百多个。

民族资本主义的近代企业主要有缫丝、轧花、棉纺织、面粉、火柴、造纸、印刷及采矿业等。

船舶机器修造业。创办最早、规模较大的是上海发昌机器厂。1866年(同治五年)，方举赞初创时为打铁作坊，仅有打铁炉一座。1869年(同治八年)，采用车床。原来是为外商船坞锻造修配轮船的零件，到1876年(光绪二年)，已能自造轮船和生产轮船机器、车床、汽锤等机器产品。由于业务发展迅速，光绪十年左右，拥有车床、钻床近 20 台，工人 300 人。中日甲午战争后衰落，1900 年(光绪二十六年)卖给外商耶松船厂。另外一家规模较大的企业是上海均昌船厂，其初期业务只限于修理船只。由于经营管理较好，生产效率较高，业务发展迅速，从 1882 年至 1884 年(光绪八年到光绪十年)先后制造了 6 艘轮船，技术水平比较先进。但这家企业后来也被耶松船厂兼并。

缫丝业。机器缫丝业最早出现在手工缫丝比较发达的广东地区。1873 年(同治十二年)华侨商人陈启沅在广东南海县设立第一家机器缫丝厂——继昌隆缫丝厂，以蒸汽机为动力，雇佣女工六七百人，产丝精美，获利优厚。两年后，南海又建立了 4 家机器缫丝厂。到 1881 年(光绪七年)，广州、顺德、南海等地陆续增加到 10 家。其后，广东机器缫丝业发展迅速，中法战争后，仅广州一地就有缫丝厂五六十家。1881 年，浙江丝商黄宗宪在上海建立共和永缫丝厂，开办时有丝车 100 部，后来发展到 858 部。到 1894 年(光绪二十年)，上海又相继建立了 5 家缫丝厂，其中规模较大的坤记丝厂资本为 24 万两。这些丝厂受到外商的挤压，生产情况不如广东。

棉纺业。在 1894 年(光绪二十年)中日战争以前，中国创办的。1891—1893 年(光绪十七年)近代机器棉纺织厂和机器轧花厂很少。1886 年(光绪十二年)，买办商人严信厚在宁波建立通久源轧花厂，有 40 台新式轧花机，雇佣工人三四百人。1891—1893 年(光绪十七年到光绪十九年)，上海又相继成立了棉利、源记、广德泰和礼和永 4 家轧花厂，武汉也成立了昌记轧花厂。轧花兼纺纱的工厂，是唐松岩于 1887 年(光绪十三年)在上海创办的华新纱厂(初名轧花纺纱新局)，有纱锭约 7000 枚，布机 50 台。1893 年(光绪十九年)，安徽商人朱鸿度创办上海裕源纱厂，于次年开车，纱锭 2.5 万枚。紧接着又有人创办了裕晋纱厂、大纯纱厂，严信厚也在宁波设立了通久源纱厂。此外，重庆、镇江、广州等地也在酝酿建立棉纺厂。

面粉业。1878 年(光绪四年)，轮船招商局会办朱其昂在天津成立了贻来牟机器磨坊，雇佣工人约 30 人，每年可获利银六七千两。此后，陆续创办了上海裕泰火轮面局、福州机器面粉厂、北京机器磨坊等，规模与贻来牟机器磨坊差不多。

火柴业。中日甲午战争以前，天津、上海、重庆、广州等地创办火柴厂约有十余家。其中如天津自来火公司，由官绅杨宗濂、买办吴懋鼎等人成立于 1886 年(光绪十二年)，资本 1.8 万两。1891 年(光绪十七年)因失火厂房被焚。随即公开集股重建，资本增至 4.5 万两，聘请英、俄商人管理账目、购买机器。1890 年(光绪十六年)前后，上海成立了燮昌火柴公司，资本 5 万两，职工约 800 人，所使用化学原料从欧洲输入，木梗、箱材及纸使用日货，日生产火柴 20 余箱，但质量较差。

印刷业。商办机器印刷业主要集中在上海，广州、杭州、北京等地也陆续办了一些工厂。其中较有影响的，是 1882 年(光绪八年)徐鸿复、徐润在上海设立的同文书局。同文书局有石印机 12 架，雇佣职工 500 人，主要影印古籍，如《二十四史》《古今图书集成》等。1898 年(光绪二十四年)，同文书局停办，徐润复设立广百宋斋，为铅字印刷。

此外，玻璃制造、制糖、制茶、造纸等商办企业，也在上海、福州、台湾等地设立。

甲午中日战争前，在中国社会出现的这些近代商办企业主要是日用轻工业，一般规模较小，资本大都在十万元以下，有的只有几千元，设备简陋，技术落后，比起外资企业和官办企业，力量非常微弱。但是，由于有了这些商办企业，中国民族资本主义工业才出现了。

在近代中国，民族资本主义发展很困难。外国资本主义国家及其在中国开设的企业，在中国大量推销商品，掠夺原料，跟中国的民族资本企业竞争。中国民族企业不仅在原料来源和产品销售市场方面受到巨大压力，而且经常受到外国资本吞并的威胁同时，中国民族企业在机器、技术方面都依赖外国，有的还依靠外国势力的"保护"。清廷对民族企业不但不给予扶植，而且从各方面束缚了它的发展。在中日甲午战争以前，商办企业始终没有取得清廷的正式承认，在设厂、经营和产品销售方面，没有法律保障，完全听任官吏随意处置。例如，1881年(光绪七年)，广东南海知县徐赓陛即以各省置办机器，都应该由官府设局，奏明朝廷后才可以办理，平民百姓不可以擅自购买机器，开始工厂，以及缫丝厂男女混杂，侵夺小手工业者的生意为由，查封了各处的缫丝厂。许多地方官吏还对商办企业加重征收税捐，敲诈勒索，大大加重了这些小企业的负担。在外国资本主义和国内封建主义的双重压迫下，中国民族资本主义企业的发展困难重重。许多企业为了生存，不是依靠外国势力的"保护"，就是寻求封建势力的支持。这就决定了中国民族资本主义同外国资本主义、本国封建势力既存在矛盾的关系，又存在依赖的关系；既有其社会历史进步性，又具有先天的软弱性。

在中国无产阶级出现之后，随着中国资本主义的发生和发展，也产生了中国资产阶级。自19世纪七十年代开始，洋务派兴办一批官办、官督商办之类的民用企业，这类企业的总办、会办、提调之类的经营管理者和投资入股者，绝大多数都是官僚、买办和买办化的商人，成为最早向资产阶级转化的领路人。如创办上海裕源纱厂的朱鸿度，是安徽巨商、浙江牙厘局总办；在天津创办贻来牟机器磨坊的朱其昂，官至道员，曾代理津海道，死后诏赠光禄寺卿；创办天津自来火公司的杨宗濂是曾任直隶通永道的淮系官员，吴懋鼎是汇丰银行的买办；在上海创办源昌机器五金厂、源昌碾米厂、源昌缫丝厂的祝大椿，是怡和洋行的买办。与此同时，民间出现的一些商办资本主义企业的商人、买办和官绅，亦开始向资产阶级转化。例如，创办南海继昌隆缫丝厂的陈启沅，是在南洋经商多年的华侨商人；在上海创办公和永缫丝厂的黄佐卿，是经营丝业多年的商人；创办上海发昌机器厂的方举赞，则是打铁作坊主。洋务派的民用企业在全部近代企业占绝对优势，这类企业的经营者和投资入股者的资本比较雄厚，与封建官府的关系密切，而且多数人具有官衔或官职。他们往往依赖官府，利用权势的庇护以促进企业的发展。

这些特殊的条件促使他们当中的多数人转化成官僚资产阶级的雏形。所以，中国资产阶级从一开始就分为官僚资产阶级和民族资产阶级两个部分。甲午中日战争前后，中国资产阶级还处在雏形阶段，即向资产阶级转化时期，而且人数、资本和企业都很有限。他们仅仅拿出一部分财富投资于新式企业，而更多的财富聚敛仍依靠握有大量的土地，或经营钱庄、典当、商号以及依靠官衔权势进行剥削的封建势力，具有亦商亦官或亦商亦绅的多重身份。这说明，他们还没有获得独立形态的经济地位，没有形成一个独立的阶级。到20世纪前十多年间，由于中国资本主义初步发展，资产阶级才形成独立的阶级。

早期官僚资产阶级，主要包括控制官办企业和官督商办企业的官僚，以及实际负责经营这些企业的买办。他们既是封建地主、官僚或买办，又具有近代企业资本家的某些特点。他们与外国资本主义和本国封建主义的关系都十分密切，既具有在客观上刺激中国民族资本主义发展的积极因素，并为它的发展创造了某些便利条件，但是也存在不利于中国民族资本主义成长的惰性势力。

民族资产阶级，主要包括投资于官督商办、官商合办企业及经营商办企业的一部分商人、地主和官僚。民族资产阶级又分为两个不同的阶层，即上层和中下层。上层由地主、官僚和一部分商人转化而来，下层则是从民间普通的工商业者上升而成。上层一般拥有规模较大的企业，经济力量较雄厚，同外国资本主义和本国封建主义的关系密切。中下层企业的规模小，同外国资本主义和本国封建主义联系少而矛盾较大，经常遭到破产的威胁，革命性较强。

不管是资产阶级的上层还是下层，都带有两面性。一方面，它们经常受到外国资本主义的排挤和本国统治阶级的压迫，与外国侵略势力和本国统治阶级均有矛盾。外国资本主义控制了中国的海关和对外贸易，他们在中国大量推销商品和收购原料，这使中国民族工业在原料供应与产品市场方面受到巨大的压力。清政府的厘捐与杂税的日益加重，增加了民族工业的负担。外资与洋务派的企业都凭借它们在政治上的特权，成为民族工业无法与之竞争的势力。因此中国资产阶级有反侵略、反封建的要求，这是他们革命性的一面。另一方面，他们在企业的经营活动中，又同外国资本主义和本国统治阶级有着千丝万缕的联系。他们为了求得自身的发展，在许多方面又不得不依赖外国资本主义与国内统治阶级。如有的企业就部分引进外资，聘用外国人做经理，挂外商的招牌。有些企业采用官督商办、官商合办的名义，乞求官府的庇护。因而他们缺乏彻底的反侵略、反封建的精神，有妥协性的一面。这就是中国资产阶级“一身而二任焉”的两面性。这是由近代中国的政治和经济等客观条件造成的。

晚清时期的买办，是中国资产阶级的一个组成部分，但是买办的出现远早于中国的民族资产阶级和官僚资产阶级，早在鸦片战争之前就有买办，但那时他们还属于中国公行的雇员，主要任务是代理外国商人推销商品、买进货物，或为外国商馆管理内部事务，或居间买卖，基本受封建政府控制和委托，管理和监督外国商人。鸦片战争后公行制度废止，外商自由贸易，可以自行雇佣中国人充当买办。这时的买办不受清廷任何约束，完全受外商支配，为外商在中国推销商品和收购原料，或者是充当外国公司、洋行、银行、工厂的华人经理。由于鸦片战争后通商口岸逐渐增多，洋行大量涌现，以及外国商行直接培训和提升仆役人员，买办的数量亦随之增多。据统计，19 世纪五十年代初期，在华洋行约 209 家；19 世纪末已增至 933 家，买办多达 1 万多人。买办与外商之间的雇佣关系发展成为一种买办制度，双方订有契约，中国政府无权过问。买办的职能亦随之发生变化：六十年代前，主要职能是替洋商经理账务、出纳和保管等；六十年代后，因商务活动激增，便逐渐专业化。如职能专业化，分账务、保管、采购、销售；行业专业化，分轮船、码头、银行、保险等；商品专业化，分鸦片、丝、茶、布匹等。但买办是一个很不稳定的集团，进与出的转化都是频繁的。如广东商人、浙江丝商等通商口岸的一些官绅士子转化为买办；有的买办则向官僚转化，如吴健彰、杨坊、唐廷枢、徐润、郑观应等人纳资捐官。但其中有的买办转化为官僚，有的则转化为官督商办企业的主持人，既是“官”，也是代表商股利益的“商”，而不再是买办。许多从官商巨贾转化来的大买办，指望从外国资本主义分子那里分到一杯羹，同时利用买办的有利条件，继续经营自己的商业和其他企业，加速资本积累，因此，格外卖力地为外商服务，危害着民族工商业。

买办和买办商人在为外商服务的活动中增值起来的资本，就是买办资本。主要有三方面的来源：首先是靠买办的佣金收入。除薪金外，外商又根据推销商品、收买原料的营业额大小，付给买办报酬，一般 1%～2%，高者达 5%；并用“销价差额佣金”鼓励买办为他们攫取高额利润。所以佣金已不仅是对买办劳务支付的一种代价，而且是刺激买办追求高价，从而达到扩大利润的一种重要手段。甲午中日战争前，一般买办薪金低的只数十元，高者也不过数百元，但是一年的佣金收入却常在数千元甚至几万元。为了致富巨万，买办要竭力为外商服务。其次是买办兼营企业的收入。买办中不少人原来就经营商业或钱庄，投靠外商后，依靠他们在中国攫取的特权，打着外商的招牌，闯关偷税获取非法利润；或从国外银行通融资金，增加工商企业的资金和竞争力，大发其财。如怡和洋行买办唐廷枢，自己买有许多商号货栈，帮助侵略者推销鸦片、棉毛织品及收购丝茶产品。可以说，买办假洋人之手发财致富。外商企业吸收中国人投资来壮大自己的实力，是其实行经济侵略、压榨民族资本的重要手段之一。买办为博得外商的赏识、分享外商的暴利以及逃避本国捐税，纷纷“附股搭办”外商企业，成为买办资本的重要来源。估计中法战争前后，在上海的许多外国公司中至少有4%的股票是由中国人投资的，这其中多数都是外国洋行的买办。他们积累的资金，由附股于洋商企业，转到官督商办企业上来，成为商股的主要来源。官督商办企业失败后，他们自办企业，成为商办企业的骨干，进而转化为民族资本家。这是中国民族资产阶级产生的一条重要渠道。

（余红）

# 79. 民族企业的“官督商办”

晚清洋务派创办近代企业始于19世纪60年代，主要开办了近代军事工业和民用工业。军事工业基本是继承封建官办工业传统建立的，由政府的海关税为主要经费来源，湘、淮系洋务派大官僚和各省督抚，如曾国藩、李鸿章、左宗棠等为主要创办人。

鸦片战争以后，为了抵抗外来的侵略，清政府逐步走上了实现国家工业化的道路。但同时清政府又处于矛盾的选择中，一方面，需要引进西方的近代机器设备、工艺技术，增强国家实力，提高防御能力；另一方面，又不愿触动君主专制制度，“中学为体，西学为用”的主导思想，在创办企业中表现为“官督商办”的企业模式，它是西方先进的企业制度与中国传统落后的政治制度嫁接的结果。因此，他们关心的是生产技术，能否生产出坚船利炮的机器设备，而不是它的组织制度。洋务派企业的组织形式正是适应这种需要而产生的。此外，持续十几年的太平天国运动，使清政府的军事力量受到极大削弱，专制统治受到威胁，为了镇压太平天国运动，迫切需要大量的武器和军用物资。尤其是19世纪中期以来，国内政治动荡，政府必须支付庞大的军费开支，财政收入用于创办工业的款项十分有限，再加上与军事工业配套的其他行业的发展也需要大量经费支持。另外，一部分缙绅官僚和买办商人却在外国资本和晚清政府的扶持下迅速积累起大量的财富，这些人在与外国资本的接触中认识到近代工业的强大活力，他们向往近代工业，民间商业资本艰难成长壮大，也向往近代工业。

中国的农民和手工业者日益贫困化，农业商品化的进程加快，为近代工业在中国的产生创造了社会条件。在这样的社会背景之下，19世纪70年代民用工业的创办基本采取“官督商办”的形式。

所谓“官督商办”，就是以招商的方式，在政府监督下，利用商人资本，创办民用工业。在洋务运动中，由于清政府没有关于创办“官督商办”企业的通盘规划和政策纲领，李鸿章在1872年创办轮船招商局时提出的“由官总其大纲，察其利病，而听该商等自立条议，悦服众商”，“所有盈亏，全归商人，与官无涉”，通常被视为“官督商办”的基本原则。它包括两层含义：首先，界定了分配原则，即“官督商办”企业没有政府的股份，因此，不承担企业风险，但由于企业创建时缺乏资金，政府以借贷资本的形式垫付了大量的款项，不论企业盈亏，都以官利的形式按期付息；其次，界定了经营管理原则，即“由官总其大纲”，而盈亏由商人负责，经营管理大权掌握在官府委派的洋务派大官僚手中。用张之洞的话说，就是“盖国家所宜与商民公之者利，所不能听商民专之者权”。

“官督商办”作为一种企业组织形式，是东、西方文化交汇融合的产物。西方企业为筹集经济建设需要的巨大资本，发明了集股经营制度，这是西方社会为迎接工业化时代的挑战而进行的一项具有很大历史价值的企业经营方法创新。这一制度是随着西方殖民者的炮舰来到中国的，它刚一出现，就受到了“睁眼看世界”的先进中国人的注意。魏源在《海国图志》中用赞赏的语气介绍了这种中国古来未有的经营方式。他说：“西洋互市广东者数十国，皆散商无公司，惟英吉利有之。公司者，数十商辏资营运，出则通力合作，归则计本均分，其局大而联。”此后不少中国人希望采用这种集股经营方式投资新式产业。1872年，李鸿章向清廷要求以集股经营方式建立轮船公司，得到批准，遂组建了中国第一家股份制公司——轮船招商局。

“官督商办”其特点是：(1)在投资关系上，商股未凑齐以前，先有官本垫入，以后再逐步归还。(2)在官商权力的划分上，“由官总其大纲，察其利病，而听商董自立条议，悦服众商”；“赖商为承办，尤赖官为主持”所谓“官督”“商办”即由此而来。官督由政府委派的官员充任，是代表官方的，实行集权专制；商办是在股份较大的股东中“公举”产生的，因此，总办是完全不从商人中产生的，只是在决定会办人选时才部分地考虑商情。其目的是官商两头兼顾，各扬其长，不过在双方的关系上，商办重要，官督更重要。入股商民处于只有义务并无权利的地位。企业中充满衙门恶习和官场积弊，特别是对政府的报效，成为企业的巨大负担。企业内部官、商矛盾十分尖锐。

“官督商办”作为一种企业组织形式，体现了国家资本、私人资本并举的精神，在一定程度上解决了封建农业国家兴办新式工业企业之初资金启动难的问题，有利于中国早期现代化的开展。然而这种以官商合作方式举办的股份制公司，却并没有如创办人所设想的那样，实际情况与所定原则又有出入，如1873年盛宣怀被委为招商局会办，当时盛宣怀与该局商股并无关系；又如开平矿务局的会办丁寿昌、黎兆棠也都无关商情，而是以天津道、天津海关道的地位入选的。可见，在“官督商办”企业中，无论是“官督”还是“商办”都是出自政府委派。1883年李鸿章在批准轮船招商局的“用人章程”时就明定：“专派大员一人，认真督办，用人、理财悉听调度”，“会办三四人，应由督办察度商情，秉公保荐”。既然商人入股组建企业，经营管理权当由股东行使权力，或由股东委托经理管理，股东是经济活动的主要参与者，他们有生产的决策权和经营的自主权。但在“官督商办”企业，“商办”属于各级经理人性质，这就是说，决策权、监察权、高级经理人的任免权，即现代企业属于董事、监事一级的权力，都不在企业，而在官府，由它总揽其大纲，“商办”只有业务经理权。按照这种模式，在洋务运动中，创办“官督商办”的企业20多家，包括银行、煤矿、电报、铁路、纺织厂等。“官督商办”作为一种制度安排，赋予近代企业独特的形式。就其产权结构来讲，属于官商混合式，政治权力和财产权利界定十分模糊。商人投入了大量的资本，然而企业大权却始终为官僚控制，这就出现了“官无资而有权，商出资而无权”的不合理现象。

在“官督商办”企业里，官方控制和掌握了企业的经营项目审批权、高层管理人员的任免权、对企业账目的审计、稽查权等一些关系企业命运的重要权力。这样就足以保证“官有督率之权，而无著赔之累”，还可让官方最大限度地从管理企业的特权中获取利益。仍以轮船招商局为例，它虽然名义上是一个仿照西法的股份制公司，但企业实际的决策权并不掌握在股东和董事会手中，像招商局局务主要由北洋通商大臣主政，每年账目亦须呈报到通商大臣那里。李鸿章要求江海关和津海关两关在该局每年结账时，“就近分赴津沪各局认真清查，如有隐冒，据实禀请参赔”。至于招商局的高层，像督办，会办，乃至代表股东的商董，皆需由李鸿章授职，因而实际的取舍人还是李鸿章。而大多数股东是这些总办、会办的朋友和亲属，企业与官的密切联系由此可见一斑。轮船招商局如此，对于其他官督商办企业也莫不如此。这些都只说明了一个问题，就是“官督商办之局，权操在上”。

官方加强对企业的控制和干预，并非关心企业的发展和壮大，相反却更加忽视企业作为经济实体的主体地位，变本加厉地对企业横征暴敛。像1885年，李鸿章就曾擅自以招商局款10万两附入上海机器织布局的股份；1896年，清政府提招商局余利20万两，公积60万两充作通商银行股本，而招商局督办盛宣怀每年至少还可从中获得20万两的额外收入，到1897年，他已拥有招商局27.5%的股份，成为招商局最大的股东。不仅如此，在“官督”的体制下，企业内部尤显“官权重、官气盛”，像官督商办期间的汉冶萍公司，其职员中“大半为盛宣怀之私养及其妾之兄弟，全以营私舞弊为能”。过度的和变了味的官方干预，使官僚作风完全代替了科学管理，甚至成为一种扭曲了的企业精神，这种体制下生存的企业也只能是“变异”的企业。

围绕“官督商办”企业的改革，洋务派内部有两种意见，以郑观应为代表的民商希望按市场化原则进行经营，以李鸿章为代表的洋务大吏则基于官督商办企业是优先发展军事工业战略的重要组成部分的考虑，一定要掌握企业的大权。在这场围绕权力的争夺战中，民商失败。原因不仅仅是官权大于民权的作用，还在于这时的官督商办企业已普遍停止了招商股活动，遇到资金不足，则由官方作保向洋行借债，这样官府就在企业取得了比以前更大的权力，商股的权利则受到严重影响。然而一个掌握了权力的集团，如果长期不能提高组织的小效率，也是必定要垮台的。为了避免这种结局，出路只有一条，就是实行旨在提高效率的改革。事实上，自19世纪八十年代中期开始，官督商办企业就被迫进行改革，这场改革，先从中小型官督商办企业开始，到九十年代转向大型官督商办企业。

进入19世纪九十年代以后，某些大型官督商办企业也不能再按老样子继续下去了，因此不得不走上按市场化原则经营的道路。1893年，上海机器织布局一把大火被烧后，为重振中国的棉纺织行业，新任督办盛宣怀要求将新设的纺织公司作为私人产业来办。他向李鸿章提出，“股商远虑他日办好恐为官夺，拟改为总厂，亦照公共章程，请署厂名，一律商办”。李鸿章对这个方案表示赞成，他答复盛宣怀说，“织局拟改为总厂，一律商办……似甚周妥”。新设的公司更名为“华盛纺织总厂”。其实在这个公司里面，官、商关系的模式与上面讲的中小型官督商办企业改革后的模式是一样的。因为，新公司规定，每出纱一包，要捐银一两，以弥补投资在机器织布局里面的官本损失，为此新公司特设一个督销公所，以保证官方利益。

不过官督商办企业转为商办的过程，往往是以众多股东付出巨大代价为前提的。上海机器织布局商股所受的损害及这家企业的归宿，可说是一个最有力的例证。这家企业经历了多次改组，每经一次改组，向私人资本转化的洋务官僚对企业的控制程度就加深一步，而投资入局的私人资本便蒙受一次损害。1887年，龚寿图、龚易图兄弟对机器织布局进行“清理”时，对初创时投资的商股一律课以七折，为此上海《申报》揭出织布局“在股含冤同人”公启，要求“旧账揭清”。到了1893年，织布局毁于一炬，织布局领导集团决定对旧时商股一律以烬余物料折价偿还，使那些原初每股投资一百两，后又增资三十两的旧股东，仅仅领回十余两的股金，而企业则在改头换面下变为洋务官僚的私产。在当时，像上海机器织布局这样的演变情况不是个别的现象，而是具有代表性的。也就是说，它的演变过程确切地反映了官督商办企业的发展途径。所以，19世纪90年代，目睹一些主要的官督商办企业先后沦为洋务官僚的私产之后，郑观应不禁发出感叹：“轮船招商开平矿，创自商人尽商股……办有成效倏变更，官夺商权难自主。名为保商实剥商，官督商办势如虎。”

官督商办制度经历了从兴盛到衰亡的历史过程。这一制度具有某些积极因素，它引入了近代生产技术的管理方法和近代公司制度，在客观上促进了民族资本主义的发展和生产力的发展。官督商办企业在近代中国的发展过程中至少起过以下两个作用：首先，诞生了一批近代意义上的大、中型企业。如果没有政府的支持，像轮船招商局、开平矿务局等大型民用企业是不会产生的。其次，鼓励了更多民用工业的诞生，起到了开风气之先的作用。当时民营工业发展的地区常是官督商办企业所在的一些大城市，如上海，而其他没有官督商办企业存在的地区民营工业也并不发达。所以会出现这种情况，主要是官督商办企业出现后，对民营工业的兴起至少起到了四种作用：一是以其高收益刺激了人们投资新式工业的兴趣，转变了人们的观念，为民营新式工商业的创办奠定了基础；二是要求出现为其进行配套加工的零部件企业，直接刺激了民营工业的兴起；三是有利于传播现代技术和管理知识，为民营工业的成长创造了条件；四是有利于创造“制度变迁”的规模效应，从而使该地区成为全国改革速度最快的地区之一，有利于刺激外地新式工商业的兴办。

但是这一制度存在很多的矛盾。洋务派和商方在经营管理权以及对这一制度的理解上存在很大分歧和矛盾。这些矛盾和分歧导致了官督商办制度最终走向了失败，官督商办制度是一场失败的尝试。一是严重阻碍了民间资本企业的发展。由于担心国内同行企业的竞争，有碍于优先发展军事工业目标的实现，洋务大吏遂通过专利权的手段，通过行业垄断人为扶持官督商办企业的成长。这在经济发展初期，应该说是很有必要的，但到后来，这一制度越来越成为阻碍民间资本产业发展的绊脚石。时人将这种行业垄断非常恰当地形容为“是何异临敌而反缚其众将士手足，仅以一身挡关拒守，不亦乎？”英国专栏作家干德利在他所写的《中国进步的标记》一文中，对轮船招商局有这样一段评论“招商局的经理们对能够参加贸易以及和外国的敌手们和平共处外，已感到满足了”。“当局习惯于干涉私人企业，因而严重地阻碍整个民族的进步。我们也许可以再指出另外的一件奇异的事情，就是台湾的巡抚为着帮助该岛发展贸易，曾购买了两只火轮船，而招商局的保护者们反对这两只船到北方贸易，认为是对招商局商场的侵犯”！正因为此，当时希望中国企业制度发展的人们无不批评这种影响经济进步的政策，指责这种垄断是“损华益洋”的“短视”。二是束缚了企业自身的发展。资本主义经济是在竞争中逐渐发展起来的。企业之间的自由竞争是促使企业不断改善经营管理、不断改进技术设备和营销方式，从而提高生产效率的推动力量。李鸿章等人为地扼杀竞争，搞只此一家别无分店的垄断，使自己所办企业处于无国内同行竞争的优越地位。这样，企业便缺乏改善经营管理，改进生产技术设备，改善营销机制的推动力，因而日益陷入停滞、不振甚至萎缩的境地。从这个意义上说，李鸿章的行业垄断思想，并不具有保护先进生产关系、促进社会经济发展的先进性，而是保护了落后，从根本上制约了洋务官办企业的发展。

官督商办企业是中国现代化过程中与国际惯例接轨的一项重要举措，它不但带动了风气的开化，而且带动了一系列相关产业的崛起，对中国现代化建设有推进之功。然而股份公司制度毕竟是与先进的社会化大生产方式联系在一起的，需要社会在典章制度、精神和习俗等方面及时地加以配合。中国传统社会的文物典章、风俗习惯与股份公司制度所需要的社会条件有较大差距，因而股份公司制度在中国表现出了相当的不适应，出现了很多的问题。不过，世界经济一体化的发展大势是谁也违背不了的，因而官督商办企业自 19 世纪 90 年代中期后就不得不按照市场化的原则进行变革，到辛亥革命前夕，官督商办企业基本被改造为商办企业。

（周凯）

# 80.“中学为体，西学为用”成为时代流行语

“中学为体，西学为用”是近代中国的一种先进文化观念，“中体西用”是它的节略语。所谓体，是指形体、本体、根本；用，是指作用、功能、属性。也就是，中学是第一位的，西学是第二位的；以中学为根本，以西学补充。“中学为体，西学为用”是近代中国人对西方文化和中国传统文化的一种整合模式，在19世纪九十年代成为流行语，它反映了国人在中西文化冲突与交融时作出的一种价值判断和文化选择。

一、“中学为体，西学为用”论的产生背景

“中学为体，西学为用”文化观的产生可以追溯到19世纪六十年代的洋务运动。洋务运动实际上是“中体西用”的政治实践，伴随着洋务运动的展开，“中体西用”作为一种文化思潮在知识分子中广泛地盛行。在镇压太平天国运动和同西方列强打交道的过程中，曾国藩、左宗棠、李鸿章等人深切地领教了洋枪大炮的威力。于是，在中央以奕䜣为代表，在地方以曾、左、李等地方实力派为代表，开展了声势浩大的洋务运动。既然要办洋务，就必须看洋务是否能被中国社会接受，这就涉及一个方法论的问题。洋务归根到底是一种外来的文化，如何把它移植到中国的社会土壤上，而不被排斥，就不能不考虑社会、民众的可接受程度。中国具有悠久的历史传统，对自己的文化有强烈的自信心和优越感，要引进一种外来的文化，必然会与本土文化发生冲突。因此，必须处理好两者的关系，否则，洋务运动是推行不下去的。在举办洋务运动的过程中，洋务派的买轮船、办学堂、兴商务、筑铁路、开矿藏的主张和措施遇到了阻力，遭到顽固派的反对和攻击。顽固派认为，引进西方的“奇技淫巧”是舍本逐末、用夏变夷，背弃了纲常名教的祖宗成法。洋务派既不敢冒天下之大不韪，公然提出学习西学，又不愿意放弃洋务事业。那么，他们能做的事情就是，为洋务运动的引进西学找到一块挡箭牌，证明西学和中学之间不仅不是水火不容，而且两者之间相辅相成，引进西学对于中学有益无损。出于这个目的，洋务派提出“西学中源”说：西学不是什么夷狄之学，而是中国老祖宗创造的东西，后来传到了西方，现在我们又把它找回来了，这叫“礼失求诸野”。按照这一逻辑，学习西学无可指责，因为学习西学就是学习中学；顽固派加在洋务派头上的“失体丧国”“离经叛道”一类的罪名就不攻自破了。在同顽固派论战时，洋务派拿出“西学中源”作为回击顽固派的有力武器。例如，1865年，李鸿章为论证中国学习西方制造机器的合理性，就拿出“西学中源”这把杀手锏。后来奕䜣也如法炮制，抵挡来自顽固派官僚倭仁的攻击。“西学中源”论不无牵强附会的地方，但对洋务派来说，的确可以堵住顽固派之口，为洋务运动的顺利开展开辟道路。洋务派为绕过顽固派设置的障碍，引进西方先进的科学技术，策略性地提出“西学中源”说，正是在这种背景下，“中学为体，西学为用”呼之欲出。

二、“中体西用”论的提出

“西学中源”说对于打破中西文化的对立，认同西学，融会西学具有积极作用。但是，它只是说明了中

学、西学可以交流和相容，但它们之间的相互关系如何，则没有交代。它们二者在中西文化交流中间各自发挥什么作用，究竟是以夷变夏，还是以夏变夷？这都是无法回避的重大问题，这直接决定着中西文化交流的性质。因此，必须对两种文化的性质进行分析，并在此基础上进行价值判断。对于这个时代问题，一批先进的中国人表达了他们处理、调整中西文化关系的态度。在19世纪六十年代，冯桂芬在《校邠庐抗议》一书中提出，“以中国之伦常名教为原本，辅以诸国富强之术。”虽然他没有明确使用“体”“用”等字眼，但已经包含了“中体西用”的基本含义。可以说，这应该是中体西用的先声。在他看来，中学为本，西洋富强之术是辅助。中学是第一位的，西学是第二位的。在此后，许多论者继续了这思路，他们多沿用中国传统学术的道器、本末等范畴来表述，如“中道西器”“中本西末”等等。早期维新派的代表人物王韬在七八十年代的论述中，较多地使用“道器”来阐述中西文化的关系。他对中学、西学是这样定位的，“器则取诸西国，道则备自当躬。”“中学为体”就是坚持形而上的孔孟之道，“西学为用”，就是吸收形而下的西方科技之器。薛福成也坚持“中道西器”论，把传统文化视为道，把西方文化视为器，两者的关系是以道统器，以器卫道。早期洋务运动的三巨头之一的左宗棠，提出“中本西末”，中国强调以义理为本，艺事为末；西方则刚好相反。郑观应在《盛世危言》中作了进一步的阐述，不仅谈到了道与器、本与末、虚与实等问题，还提出主与辅的关系问题。“合而言之，则中学其本也，西学其末也。主以中学，辅以西学。”总之，用这些形上与形下、道与器、本与末、实与虚、主与辅等中国传统学术的范畴来对中西文化的关系进行安排，中学是第一位的，西学是第二位的。

准确完整地表述“中体西用”一词的是沈寿康。1895年4月，他在《万国公报》上发表《匡时策》一文时指出，“夫中西学问，本自互有得失，为华人计，宜以中学为体，西学为用。”虽然此后人们对于“中体西用”有不同的理解，进行了多种的阐释，但是并不妨碍人们为我所用地用它来整合中西文化。1896年，孙家鼐在《遵议开办京师大学堂折》中较为明确地阐发“中体西用”论，“今中国创立京师大学堂，自应以中学为主，西学为辅；中学为体，西学为用。中学有未备者，以西学补之；中学有失传者，以西学还之；以中学包罗西学，不能以西学凌驾中学。”在他的奏折里，阐明了中学西学的体用、主辅关系，中学高于西学；而且，西学可以对中学起补足作用。1898年，梁启超代总理衙门起草的《筹议京师大学堂章程》中也指出，“夫中学体也，西学用也，二者相需，缺一不可。”1898年，张之洞在《两湖书院、经心书院改照学堂办法片》中提出，“两书院分习之旨，皆以中学为体，西学为用。”后来，他在《劝学篇》的《设学》一章中提出“旧学位体，新学为用”，并主张“新旧兼学”和“政艺兼学”。同年光绪帝发布上谕，表彰张之洞“持论平正通达，于学术人心大有裨益”。在维新思潮的鼓荡和朝廷的大力推扬下，“中体西用”成为社会流行的口号。

三、“中体西用”论的发展

“中体西用”的体用观下的文化交流在三个层面进行：艺、政、教，可以大致与物质层面、制度层面、心态层面相对应。“中体西用”是近代中西文化交流的产物，它的内涵不是一成不变的。随着洋务运动的逐步展开、人们对西学认识的不断深化，赋予它以不同的含义。林则徐、魏源等地主阶级经世派，他们的目标直接，西学范围也相应比较单一，仅限于西艺，即西方先进的火炮技术；洋务派的中学主要包括君主专制制度、纲常名教，西学主要局限于西艺、西政，也就是西方的自然科学技术以及商政、船政、律法等具体制度，大体不出西方文化的物质层面；维新派的西学不仅包括西艺、西政、而且直接指向西教，不仅包括西方的自然科学技术，还包括西方社会的政治制度和以民权思想为核心的意识形态。“中体西用”的嬗变过程中，大体以甲午中日战争为分界点，在甲午中日战争以前，重点讨论西艺和西政的关系，即“富强之术”和“立国之本”的关系问题。“富强之术”的内容从坚船利炮到各种通商制度；“立国之本”从主张改善传统的“政”到引进西方的“政”。最初认为中国传统的“政”仍然是中国之本，只是需要加以改善就可以了，具体不外修内政，厚民生、求人才、正人心等传统的做法。后来意识到，在传统的圈子里修修补补，是无济于事的，要引进西方的议院制度。由于关注的焦点是西艺与西政的关系问题，所以议论最多的是与筹海防、修内政之类的“立国之本末”。随着引进西政，改革中政的呼声逐渐高涨起来。甲午中日战争之后，人们普遍关心政与教的关系，并且从教的层面来检讨中体的地位。中体的地位受到进一步的挑战，西用进一步向前推进，中体退缩至仅保留传统的学理原则和伦理信念，而中体原有的政教法度已经被抽空。

在鸦片战争之后、洋务运动之前，以林则徐、魏源为代表的地主阶级经世派提出“师夷长技以制夷”的向西方学习的主张，这应该属于“中体西用”论产生的渊源。学习西方先进的军事、工业技术，以维护清王朝的统治，这是这一时期“中体西用”的内涵。早期洋务派在镇压太平天国运动和同西方列强打交道的过程中，亲身领教了西方的军事技术、工业技术的优越之处，感到必须学习西方技术，才能改变中国被动挨打的局面。曾国藩、李鸿章等洋务运动的代表人物，主张学习西学。他们引进的西学，已经从西技进到西艺。他们是在认识到了西方军工火器的长处后，才懂得西方数算天文等西艺的有用。但是，他们无一例外地捍卫中体，一步也不退让。他们认为，中国传统的声名文物、伦理纲常不需要改变，也决不能改变。他们要借助“中体西用”的论式来从形式上抬高中学的地位，压低西学的地位，就是为了减缓来自守旧势力的攻击。曾国藩在镇压太平天国运动中得益于洋枪洋炮最多，他是主张学习西方军事技术的强有力者，因此，他认为，要自强，就要制造火炮器械；要制造火炮器械，就要学习西方科学技术。李鸿章也有类似的看法，认为学西学，可以维护孔孟之道，它是唯一的富强之路。总之，洋务派划分了西学可学与不可学的范围，可学的是西方的军事、科学技术和近代工业，至于政治制度、文物教化是属于不可学的。早期改革派则更进一步，他们突破了洋务派对西学的理解，使西学的范围更加广泛，西学不仅包括了西方的军事、工业、技术、科学、教育等，还包括西方的政治制度。冯桂芬提出，不仅要“制洋器”，还要“采西学”。在他看来，由于“坚船利炮不如人”，所以学习西技是志在必行，要学习西技，又必须学习西艺，如“算学、重学、视学、光学、化学”等格致之学，都是所学的范围。他坦然承认，中国在许多方面不如西方，但是，中国在政治、文化方面都比西方先进。因此，中国在坚持中体的前提下，对中体进行局部的修补完善，再引进西方的应用科学技术，就可以实现富国强兵的目的。冯桂芬之后，薛福成的“中体西用”观也大体相似。一方面，他将中国的政刑、风俗、育才、法制等视为中体，而将西方的火器、轮船视为用；另一方面，他认为中体也需要改革。郭嵩焘则更进一步，主张学习西方政教，引进西方的议会制度，由西技、西艺进而到西政。他认为，西洋立国有本有末，西方政教是本，通商是末，而造船、制器更是末中的一个枝节。要学习西方收到成效，必须循序渐进，由末而本。他还鉴于中国“君民不隔不如人”“人无弃才不如人”的现实，对西方的议院制度无限向往。郑观应代表早期维新派思想家对“中体西用”进行总结。他认为，兴学堂、设议院是西方之体，轮船、火炮、洋枪、水雷、铁路、电线是西方之用；仅仅学习西方的皮毛之用，即便有了坚船利炮，铁路四通八达，也还是不能致富强的。因此，必须在政治、经济、军事、文化、教育等方面学习西方，这些都被早期改革派纳入西用的范围。而孔孟之道，就是早期洋务派所固守的中体。郑观应、王韬、陈炽等人都是从传统学术的道与器、本与末、形而上与形而下的范畴来把握中学与西学的关系。总之，在甲午中日战争之前，无论是林则徐、魏源等地主阶级经世派，还是洋务派，或者早期改革派，他们对“中体西用”的看法尽管不尽一致，但是，他们有共同之处：虽然他们都认为，纲常名教是根本的大经大法，决不可以改变；但是，他们毕竟承认西方文化有值得学习的地方，可以作为“富强之术”加以吸收。

甲午中日战争的失败，使国人感到了深重的民族危机，先进的中国人开始对“中体西用”进行反思。求强求富三十年，各项洋务事业开办，也粗具规模，但为什么还是失败了？关键在于，“中体西用”论者固守中体，限制了西用。如果不对西用的社会土壤——中体进行改造，西学是难以在中国社会存活的，富国强兵理想的实现，将会遥遥无期。这个时期，作为中体的内核部分——纲常礼教受到了批判和质疑。张之洞在《劝学篇》里指出各种新思想流行，以致“邪说暴行，横流天下”，使传统礼教面临严峻挑战。为此，他提出保国家、保圣教、保华种三大目标，足见西学已经突破西艺、西政的范围，进到西教层面，对中体产生巨大的冲击。康有为、梁启超等为代表的维新派，虽然也打着“中体西用”的旗号，但也是名存实亡、名是实非。他们的意图很明显，就是利用“中体西用”这块招牌，引进作为“西体”的根本政教法度，从而改变中体。他们极力倡导以俄国彼得改制、日本明治维新为蓝本的变法方案，改变祖制。维新派的健将谭嗣同以从决网罗的精神，在《仁学》里猛烈抨击中国传统礼教的核心——三纲，“三纲之慑人，足破其胆，而杀其灵魂”。康有为在《大同书》里同样深刻地批判了三纲，“君臣也，夫妇也，乱世人道所号为大经也，此非天之所立，人之所为也。”严复在1895年3月发表在天津《直报》、1897年4月《时务报》有转载的《辟韩》一文，公开批判了韩愈《原道》所维护的神圣君权。梁启超也从采纳西学的角度，对政与教极为关注。他在一篇《学校总论》的文章中谈到，自同文馆及各地洋务学堂开办以来，所讲求的西学中，讲西艺多，讲西政、西教的事少，所以没有培养出优秀人才。为此，他指出，中西文化的交流，要在艺、政、教三个层面进行，尤其政、教更为重要。

四、张之洞对“中体西用”论的阐发

张之洞作为晚清新政的中坚人物，他并不是“中体西用”的始作俑者，但他对“中体西用”进行了系统地概括和总结，加上他对“中体西用”的阐发受到了光绪皇帝的褒奖，还有他在办洋务、兴学堂等方面的建树所获得的巨大威望，以致人们误以为他是“中体西用”的首倡者。1898年，在维新变法的声浪中，张之洞在《两湖书院、经心书院改照学堂办法片》中提出，“两书院分习之旨，皆以中学为体，西学为用。”后来，他在《劝学篇》的《设学》一章中提出“旧学位体，新学为用”，并主张“新旧兼学”和“政艺兼学”。张之洞以其丰富的学识阅历，针对时事国情，对当前的政治、军事、经济、外交、教育，以及个人的治学、修身等提出了很多的方略措施，尤其是对中学与西学关系的阐述，综合前人，抒发己见，使“中体西用”论更加成熟完备。在维新变法运动时，变法与反变法的政治斗争引起的空前规模的文化论辩，新旧言论互相攻讦，民众无所适从。为此，张之洞调和中西，团结新旧，共同救亡。一方面，他对菲薄名教、倡导民权说的新派进行批判。他严守纲常伦理，指责那些打着革新旗号的所谓新派人物不知本；眩人耳目地推出各种新说，让人迷茫失措；而且对西学的理解肤浅，得其粗而遗其精，胡拼乱凑一些非驴非马的东西。他坚决反对民权说，认为民权说一行，各种动乱就会不断发生，有百害而无一益。另一方面，他又批评守旧者因噎废食，虚骄顽劣，不知变通。在国家民族面临千古未有的大变局时，那些因循苟且的士大夫不仅不相信西学，不学习西学，反而对西学百般刁难，祸乱就在眼前，还全无察觉。张之洞在《劝学篇》里对于中学、西学的关系是这样定位的，“中学为内学，西学为外学；中学治身心，西学应世事。”中学本来是有体有用的，兼有内在修身、外在治国的功能。但是，现在中学只剩下修身的一面，只有引进西学来弥补中学功能的缺失，才能实现国家的富强，才能保存传统文化。在此基础上，他还指出变与不变的具体内容：法制、器械、工艺都可以变，而人伦纲常是万万不可变的。他结合时事国情，没有把西学仅仅局限在器械、工艺层面，提出各种体制也在可变之列，远远超出了前期洋务派。他的西学内容非常广泛，包括西艺西政，其中以西政为先。他的西艺包括算、绘、矿、医、声、光、电、化等领域，它的西政包括学校、地理度支、赋税、武备、律历、劝工、通商等有关工商经济、军事行政、文化教育等方面的具体措施、制度。他主张的“中体西用”，只是原则性地坚持中体，偏重西用，强调要保存中学，必须讲求西学；要讲求西学，首先必须学好中学。在此之前的“中体西用”论者为避免守旧派的攻击，往往借“西学中源”充当保护伞。张之洞一方面沿袭这一路数，增强民族自豪感和自信心；另一方面，又指出，作为西学之源的中学并不能代替西学，必须学习近代西学。借口西法在中国六经古史中找不到明文依据而一概摒弃，那是自我闭塞；借口西法均为中学所有而不肯学习，那是自欺欺人。他进而提出，同源与否，并不重要，关键看是否有利于中国。为了协调中学与西学、新学与旧学的关系，张之洞还提出“新旧兼学”“中西会通”等论见。他认为，四书、五经、中国史事、政书、地图为旧学，西艺、西政、西史为新学，它们之间不可偏废，要坚持“旧学为体，新学为用”的原则。西学自有它的先进性，因此有学习的必要性。要学习西学，就要沟通中西之学。会通中西，并不是随意的杂糅两者。从形式上看，他主张会同中西，是力图调和中西，事实上他认为它们各自有不同的作用，不能融和为一。他的这种会通中西之论，是调而不和，并不是提倡两者的水乳融合。总之，张之洞的“中体西用”的论式，一方面牢牢地坚守中体的主体地位，决不退缩半步，这与他的洋务前辈和早期改革派并没有什么区别；另一方面，他又把西学提升到是国家富强必经之途的高度。他认为，西学与中学并不冲突，两者有相通之处，西学可以吸纳，而且必须吸纳。这样，他力图化解新旧、会通中西，企图一身二任，既卫道又开新，既保教又保国。经过张之洞的理论阐扬和实际运作，“中体西用”论服务于现实政治功用，成了一种完备的文化模式。张之洞的“中体西用”论包含着积极和消极的作用，这双重因素在近代中西文化交流的实际过程中都有表现。当中西文化交流的主题，已经发展为近代资本主义的文化和传统固有文化发生尖锐冲突时，这种论调越来越成为时代前行的绊脚石。

五、围绕“中体西用”论的争鸣

张之洞的“中体西用”论尽管采纳西学的态度积极而务实，把西学提高到突出的地位，但是，它挖掉了民权的内容，拒绝接受西方近代文化中的民主、自由等精华价值，在时代需要进行政治变革的历史课题被提出以后，它的内容和形式越来越不适应，中体成为发展西用的障碍。在这种背景下，无论是顽固派、早期改革派，还是维新派，都对这种论调进行猛烈的开火。

对于西用对中体的危害，顽固派表现出本能的恐惧和忧虑。他们认为，体用一致，用变则体必变，西用的引入，势必动摇中体。形而下的西方器用的推广、普及，必然会对政治体制、经济制度、文化心理、价值观念产生深刻影响，最终会瓦解形而上的道、体。早期改革派的代表人物何启、胡礼垣尖锐地评批了“中体西用”论。他们认为，本末相关，体用不分；本大末大，本小末小；体弱用弱，体强用强。因此，要使中国富强，必须把西学的本末、体用一起引进过来。在总结过去办洋务的经验教训后，他们得出，中国之所以没有取得显著的效果，主要原因在于没有把体用、本末当成一个整体。他们还对张之洞的《劝学篇》提出批评，指责它学理上的错误，混淆视听，用它来指导实践更是贻害无穷。维新运动的激进派谭嗣同，也公开向体用论、本末论宣战。他也是从学理上进行剖析了“中体西用”的谬误，体用、本末本来是不可分的，那些所谓的学者把道、体看成是虚悬的，可以脱离器、用。实际上，离用之体，离道之器，不仅是不可能的，而且对人也是毫无益处的。

中国近代思想启蒙的大师严复对“中体西用”的批判，逻辑更加严密、力度更大。严复指出，中国传统文化和西方近代文化的最本质区别在于自由与不自由。他列举了中西文化的差异，其中第一条是中国重三纲，西方重平等。他还提出了“自由为体，民主为用”的命题。他认为，强调个人为本位的权利和个人对社会的责任，这是符合西方人理解的“自由”观的，这种自由本质是对人的权利的一种法律规范。既然西方民主政治以自由为基础，那么，以纲常伦理为体，以西政为用，就不可能契合。严复还批判“中体西用”论割裂体用的荒谬，认为中西学术各有体用，体用一源，不能认为地进行人为地判划，其结果只能是“分之则并立，合之则两亡”。严复立论是有现实依据。近代中国所引进的西政，往往徒具形式而缺乏内容。民主政治制度应该以自由、平等为基础；近代经济制度应该体现普遍的商品契约关系；近代法律体系应含有权利、公平、正义的意蕴，这些内容并没有随着西政的引进而在中国扎根下来。结果使得，进入中国的西政被扭曲，这种生硬的嫁接效果并不好，好比是“淮南为橘，淮北为枳”。理论是如此，实践也是如此。洋务派将体用分为两桩，在洋务运动中只学习西方的生产技能和军事技术，拒绝政治改革，结果导致西学失效、中体蒙难的可悲结局。因此，严复的本意是希望通过打破“中体西用”的框框，大胆吸收西学，没有中西文化的体用、本末、主辅之分，也就是，以更加积极开放的宏大气魄来接纳西方先进文化。

“中体西用”成为流行语，各派人物纷纷打出这一旗帜，但他们的目的却并不一致。早期改革派鼓吹“中体西用”，是为了不给顽固派以攻击的口实，使西学在中学的世袭领地占有一席之地。洋务派抬出“中体西用”，就是想用西用来捍卫中体。面对西方列强的咄咄逼人的攻势，他们企图通过学习西方先进的科学技术，来挽救清王朝即将覆亡的命运。至于维新派，他们在“中体西用”的掩护下，打着采纳西用之名，行引进西体之实，他们就是要以西方资本主义的政治、社会制度为模式来改造中国，救亡图强。尽管由于他们各自的立场不同，进而对“中体西用”的理解也不尽相同，但是，他们都认识到，西方文化确实有可取之处。“中体西用”在政治文化的层面日益显出它的保守性，而不能适应时代的需要，最终必将为新的理论所替代而退出历史舞台，但是，它的客观历史作用是无法否认的，它在特定的历史阶段为中国文化吸收西学，创造了一种在当时的历史条件下可能的模式。

（陈友乔）

# 81. 曾国藩与理学传统的终结

在晚清社会政治和学术思想领域，曾国藩均为重镇。

曾国藩，初名子城，字涤生，湖南湘乡人，1811年(嘉庆十六年)生，家世农，祖玉屏，始慕向学。父麟书，为县学生，以孝闻。国藩六岁入塾，八岁学五经，十四岁应童子试，二十二岁取秀才，二十八岁为进士。1843年(道光二十三年)，以检讨典试四川，再转侍读，迁内阁学士，礼部侍郎，署兵部侍郎。时太常寺卿唐鉴讲学京师，曾国藩向他请益问学。

1851年(咸丰元年)，太平天国运动爆发。此后两年，太平军攻势迅猛，清军节节败退。清廷为解燃眉之急，命令大臣兴办团练。在家丁母忧的曾国藩开始在长沙办团练抵御太平军，后历尽艰辛为清王朝平定了天下，被封为一等勇毅侯，成为清代以文人而封武侯的第一人，后历任两江总督、直隶总督，官居一品，死后被谥“文正”。

曾国藩早年师事姚鼐、唐鉴，为学宗主程朱，对汉学颇不以为然，其《致诸弟书》云：“读书以研寻义理为本，考据为末……盖自西汉至于今，识字之儒，约有三途：曰义理之学，曰考据之学，曰辞章之学，各执一途，互相诋毁。兄之私意，以为义理之学最大，义理明则躬行有要，而经济有本。辞章之学，亦所以发挥义理也。考据之学，吾无取焉。”他继承了朱子“理一元论”的宇宙观，认为天地万物就只有一个“理”，有此理，才有天地万物，故提出了“我与民物，其大体乃同出一源”的观点。在理与气的关系上，曾国藩主张“含生负气，必有以得乎乾道之变化，理与气相丽，而命实宰乎赋畀之始”。

但至晚年，曾国藩对考据学的态度发生改变，教导其子曾纪泽说：“学问之途径，自汉至唐，风气略同；自宋至明，风气略同；国朝又自成一种风气。其尤著者，不过顾、阎百诗、戴东原、江慎修、钱辛楣、秦味经、段懋堂、王怀祖数人，而风会所扇，群彦云兴。尔有志读书，不必别标汉学之名目。”曾国藩宣称：“一宗宋儒，不废汉学。”于此，曾氏兼采汉宋的思想可窥一斑。

曾国藩作为服膺理学的名臣，在国家危难的时刻挺身而出，这是与他兼容“义理”与“经济”的思想观念分不开的。

道光朝以后，因为世局的变动，汉学和宋学逐渐由对立走向合流，经世学风再次兴盛起来。唐鉴、倭仁、吴廷栋、曾国藩、何桂珍等理学家均不同程度地注意把理学与经世致用相结合，从而形成了一股不大不小的理学经世的思潮。其中，曾国藩的理学经世倾向最为明显。

曾国藩出生的湖湘之地，理学思想流行，程朱理学自宋以来一直在此地独领风骚，即使在考据之风盛行全国之时，“湖湘尤依先正传述，以义理、经济为精宏”。魏源所辑《皇朝经世文编》一书在当地卓有影响，

“三湘学人，诵习成风，士皆有用世之志”。曾国藩到京师以后，又与唐鉴、倭仁、吴廷栋、何桂珍、邵懿辰、陈源兖等师友往复研习理学，并以“实学相砥砺”。唐鉴、倭仁、吴廷栋等人都是当时声望卓著的理学家，讲究义理而不忘实行。与唐鉴等的交游，进一步加快了曾国藩理学与经世之学的结合，并最终促成了理学经世思想的形成。

曾国藩明确把经济之学从传统学术门类中单列出来，指出：“圣人为学之术有四，有义理之学，有辞章之学，有经济之学，有考据之学。义理之学即宋史所谓道学也，在孔门为德行之科；辞章之学在孔门为言语之科；经济之学在孔门为政事之科；考据之学即今世所谓汉学也，在孔门为文学之科。此四者阙一不可。”关于躬行实践对于理学思想的价值，他在致诸弟的家书中作了较为详尽的阐释：君子之立志为学，“有民胞物与之量，有内圣外王之业，而后不忝于父母之生，不愧为天地之完人”。也就是说，没有经世致用、建功立业，也就不能实现内圣外王的理想，也就不是真正的贤才、圣者、完人。显然，这是有感于当时理学末流的空谈而发。同时，他又指出，这义理、辞章、经济、考据四者不是并列关系，而是以理学为宗：“私意以为义理之学最大，义理明则躬行有要而经济有本。”他认为“苟通义理之学，而经济该乎其中矣。程朱诸子遗书具在，曷尝舍末而言本、遗新民而专事明德?”曾国藩通过整合理学与经世之学，提出理学经世思想，实即意味着把孔子的“德行”“政事”两科合而为一，既强调了理学的“事功”内涵及其合理性，又使政事(经世)不脱离义理的控制。道德为本，经济为用，经世为义理所统辖，这是曾国藩对义理作出的新解释。

曾国藩理学思想的一大特色，是以“礼”合“理”，秉乎礼学，重视礼治。

曾国藩礼学思想的形成与清代学风密切相关。“礼”在清代受到相当高的关注。从清初顾炎武、张尔岐、万斯同，到晚清的孙诒让等人，均不同程度地重视研治礼经，并涌现出江永《礼书纲目》、秦蕙田《五礼通考》、凌廷堪《礼经释例》、胡培翚《仪礼正义》、邵懿辰《礼经通论》、黄以周《礼书通故》等一批专著。清儒治“礼”涉及国家制度、社会秩序、社会风气等各个方面，尤以凌廷堪的“以礼代理”为最富有创见。凌廷堪指出：“考《论语》及《大学》皆未尝有理字，徒因释氏以理事为法界，遂援之而成此新义，是以宋儒论学往往理事并称。……无端于经文所未有者，尽援释氏以立帜。……故鄙儒遂以理学为圣学矣。”据此，凌廷堪指出，“圣人之道，本乎礼而言者也，实有所见也，异端之道，外乎礼而言者也，空无所依也。“以礼代理”有助于以“礼”之“实”弥缝理学蹈空之弊，但舍理言礼却对理学的合法性形成了挑战，故遭到了方东树等理学家的极力反对。方东树在《汉学商兑》中说：礼不过是“四端五常之一，理则万事万物咸在”，“礼者理也”，理乃礼之本据，“是礼之所以然，在内居先”，而“礼者为迹，在外居后”，礼只是“理之节文”，是天理的外在呈现。

曾国藩一贯重视研治“礼”学。他年轻时，曾往浏阳孔庙，研究礼乐数十日不倦。他不仅与邵懿辰交往密切，而且视江永的《礼书纲目》、秦蕙田的《五礼通考》为实体达用的典范。曾国藩为翰林之时，“穷极程朱性道之蕴，博考名物，熟精礼典，以为圣人经世宰物、纲维万事，无他，礼而已矣”。因此，他一生以实践先王之礼为已任：“仆之所志，其大者盖欲行仁义于天下，使凡物各得其分，其小者则欲寡过于身，行道于妻子，立不悖之言以垂教于宗族乡党。”他以礼为国家大政礼俗教化之大本，实施礼治，推行礼教，事功建树乃他人所莫及。仅就理学思想而言，他以“礼”合“理”，协调汉、宋，把理学与经世之学结合在一起，“礼”成为他整个理学思想中不可或缺的组成部分。

曾国藩指出，汉学家的“明礼”与宋学家的“穷理”并没有本质不同。同时，他又指出，“为义理之学者，盖将使耳、目、口、体、心思，各敬其职，而五伦各尽其分，又将推以及物，使凡民皆有以善其身，而无憾于伦纪。”理学的目的在于推行礼治，与汉学家的“明礼”也没有实质区别。因此，要做到由博返约、格物正心，“必从事于《礼经》，考核于三千三百之详，博稽乎一名一物之细，然后本末兼该，源流毕贯。虽极军旅战争，食货凌杂，皆礼家所应讨论之事，故尝谓江氏《礼书纲目》、秦氏《五礼通考》，可以通汉、宋二家之结，而息顿、渐诸说之争”。曾国藩还进一步指出，“先王之道，所谓修己治人，经纬万汇者何归乎？亦曰礼而已矣”。他把修己治人的先王之道统归于“礼”，实际上进一步强化了“礼”与“理”的关系，意味着“理”即“礼”也、“理”“礼”相通。

在对“礼”内涵的认识上，曾国藩强调“礼”的内涵即“经济之学”“治世之术”。他明确表示：“古人无所云经济之学、治世之术，一衷于礼而已”，“古之学者，无所谓经世之术也，学礼焉而已。”他认为礼几乎无所不包，“《周礼》一经，自体国经野，以至酒浆廛市，巫卜缮稿，夭鸟蛊虫，各有专官，察及纤悉”，《五礼通考》“于古者经世之礼，无所不该。”他认为“礼”几乎无所不能，“浇风可使之醇，敝俗可使之兴”。因此，学“礼”也就是学“治世之术”。这样，以礼为纽带和桥梁，在孔门为德行之科的理学与政事之科的经世之学达到了相顾兼容的统一：“古之君子之所以尽其心、养其性者，不可得而见。其修身、齐家、治国、平天下，则一秉乎礼。自其内焉者言之，舍礼无所谓道德；自其外焉者言之，舍礼无所谓政事。”

曾国藩学与行高度合一，在治军实践中，他非常注重贯彻自己的“理学经世”思想。

在选将方面，曾国藩惟“将德”首论，以“德”“气”“性”为标准，重视将领的“忠义血性”：“带勇之人概求吾党血性男子，有忠义之气而兼娴韬钤之秘者。”在军队的统属关系上，曾国藩有一套非常规的统属系统，不以官阶分军职，而是以理学传授系统中的位置来衡量。湘军以理学治军，将帅也多是儒生出身，师生关系成为判别军职高下的一个重要标准。罗泽南在军中的地位、曾国藩在军中的威望与他们的理学修养有较大关系。在军队训练上，曾国藩重视理学思想教育。他以理学训导士兵，“每次与诸弁兵讲说至一时数刻之久，虽不敢云说法点顽石之头，亦诚欲以苦口滴杜鹃之血”。他劝告部下：“带勇之法，用恩莫如仁，用威莫如礼。仁者，即所谓欲立立人，欲达达人也。待兵弁如待子弟，常有望其成立，望其发达之心，则人知恩矣。礼者，即所谓无众寡、无大小、无欺慢，泰而不骄也。正其衣冠，尊其瞻视，俨然人望而畏之，威而不猛也。持之以敬，临之以庄，无形无声之际，常有懔然难犯之象，则人知威矣。”“用恩莫于仁”是号召以“仁爱”之心来鼓舞士兵的战斗意志；“用威莫于礼”是强调上下尊卑的名分不可逾越颠倒。在战略战术上，他利用名教同对方争夺民心。如他抓住太平天国反对孔孟正统的言行，发出卫教宣言《讨粤匪檄》，号召用血战来保卫传统名教。《讨粤匪檄》打出为当时大多数知识分子和黎民百姓所接受的孔孟名教旗帜，煽动起对太平天国“异端”的敌对情绪，这在一定程度上使湘军赢得了民众的同情和支持，动摇了太平天国的军心。

（雷平）

# 82. 甲午中日战争与《马关条约》的签订

19 世纪七十年代以后，世界各主要资本主义强国相继向帝国主义阶段过渡，至 90 年代这一过渡基本完成。西方资本主义国家由于资本急剧扩张，国内市场已经难以满足资本投资的需求，出现大量的“过剩资本”，必须向国外寻找新的投资场所。而殖民主义的出现，为新的资本输出提供了有力的保障和实现的可能。在当时，非洲、澳洲和亚洲一半以上的土地都已经被西方列强分割殆尽。因此，帝国主义国家将侵略的目光聚集在世界上为数不多的还没有被完全分割的少数地区，中国和朝鲜成为它们在远东争夺的焦点。

日本侵略中国和朝鲜，蓄谋已久。日本原本是个发展十分落后的农业国家，1867 年，明治天皇下诏维新，采取一系列的措施发展政治与经济。废藩置县、统一货币、结束割据，鼓励发展资本主义生产，日本的国力日渐强盛起来。但是，明治维新之后日本地主和资产阶级联合专政的特殊国情使得日本带有明显的封建军事特性。为缓和国内矛盾，日本力图利用殖民扩张来满足日本发展资本主义的需求。因此，在明治维新的第二年，即 1869 年，明治天皇就公开主张要以武力“开拓万里波涛”，“布国威于四方”，走上军国主义的道路。此时内忧外患的中国和朝鲜两个邻邦便成为日本首先侵略的重点对象，并以此制定了所谓的企图征服中国和世界的“大陆政策”，即第一期征服中国台湾，第二期征服朝鲜，第三期征服中国东北，第四期征服全中国，第五期征服全世界。中国成为日本计划中称霸全球的垫脚石。随后，在 1874 年，日军进攻台湾，1879 年，日本侵占琉球。1887 年，日本制定了详细的《征讨清国策》，提出“以五年为期作为准备，抓住时机准备进攻”，叫嚣着要对中国进行一场“国运相赌”的冒险战争。自 1890 年始，日本每年以 60% 的国家财政收入建立和发展近代化的海陆军。到甲午中日战争前夕，日本已经建立了一支拥有 6.3 万名常备兵和 23 万名预备兵的陆军，并拥有了排水量 7.2 万多吨的海军舰只，总吨位大大超过了北洋海军。同时，日本参谋部还不断派遣特务和间谍潜入中国，窃取机密情报，秘密绘制中国东北和渤海湾的详细地图，为发动大规模的侵略战争做好准备。

资源丰富的朝鲜也是日本急欲吞并的对象，并想借助朝鲜为跳板，进一步侵略中国。1876 年，日本借口所谓的“云扬号事件”，出兵攻占了朝鲜的江华炮台，强迫朝鲜签订了不平等条约——《江华条约》，获得了通商租地、领事裁判权和在朝鲜沿海自由航行的特权。日本在朝鲜的政治、经济势力不断扩大，激起了朝鲜国内民众的反日情绪，激化了朝鲜国内统治者的矛盾和斗争。1882 年朝鲜发生了军事政变——“壬午兵变”。日本政府借口保护本国使馆人员，大举进兵朝鲜。清政府担心日本利用兵变控制朝鲜政府，随即迅速派兵进入朝鲜平定了内乱。日本政府又以赔偿损失为由，胁迫朝鲜订立了《仁川条约》，取得了在汉城的驻兵权。1884 年，中法战争爆发。日本趁机煽动朝鲜国内亲日派官员发动“甲申政变”，朝鲜国王请求清朝军队帮助镇压了政变。日本政府就此对清政府进行要挟，于 1885 年 4 月派遣宫内大臣伊藤博文与李鸿章签订了《中日天津会议专条》，规定朝鲜今后如若发生重大事件，中日两国或一国需要出兵朝鲜，必须事先相互知照，使朝鲜被置于中日两国的共同保护之下。如此，日本进一步加强了对朝鲜的控制，为后来日本挑起战争埋下了祸根。

1894年，朝鲜爆发了东学党领导的农民起义。起义军英勇地展开了反对封建统治和外国侵略者，特别是日本侵略者的斗争，革命的势头一浪高过一浪。朝鲜政府屡次镇压遭到失败之后请求清朝政府出兵进驻朝鲜。日本决定利用这一机会侵略朝鲜、进攻中国。日本首先劝诱清政府出兵，并保证“必无他意”，然而却在国内秘密动员军队准备出兵朝鲜。清政府按照《中日天津会议专条》知会日本政府，于6月5日派直隶提督叶志超率领1500名陆军进驻朝鲜牙山。随即日本以保护本国使馆、侨民为由，派兵进入朝鲜汉城，之后又陆续增兵1万余人，占据了从仁川到汉城一带的战略要地，并逐渐包围了驻守牙山的清军。不久，东学党起义被完全镇压，朝鲜国内局势趋于稳定。清政府建议日本双双撤兵，但遭到了“决计寻衅”的日本政府断然拒绝。然而提出了由中日两国共同监督朝鲜内政“改革”的无理要求，继续增兵朝鲜，战争一触即发。

面对日本在朝鲜对中国的恣意挑衅，清政府内部固有的矛盾和统治阶级的软弱无能，使得这场反抗侵略的战争在还没有打响之时便已落得下风，清朝统治者并没有采取有力的措施来加以应对各种矛盾和应付随时可能发生的战争。

当时的清朝政府内部矛盾重重，主要有以慈禧太后为核心的“后党”和以光绪皇帝以及他的老师翁同龢为首的“帝党”两派政治势力。1875年，同治皇帝去世后，4岁的载湉继位，即为光绪皇帝。随着光绪帝的逐渐成人，慈禧太后也由“垂帘听政”改为了“训政”，并在1889年“归政”于光绪皇帝。但是实际上，朝廷的实权仍旧由慈禧把持，同时她也笼络了朝中重要的大臣和一些地方上的实权人物，牢牢控制着清朝政治统治的动脉。因此，“帝党”集团的势力不免显得单薄，光绪帝艰难地维持着朝中的政治势力，与“后党”周旋。他们既希望改革内政来增强国力，阻止日本的侵华野心，又希望趁机增强光绪皇帝的实力，扩大影响力。

帝后两党的不和，既有争夺清朝最高统治权的矛盾，也存在着在内政外交方面革新与守旧、抗争与妥协的差异。这种差异直接导致了清政府在对日作战的态度上迟疑不决，间接导致了战争的最后失败。在对待日本侵略的问题上，帝党主张积极备战，态度强硬。他们利用“清议”来敦促政府整顿弊政，备战自卫，加强防御。后党则始终认为日本的挑衅只是虚张声势，不敢对华发动侵略战争。1888年北洋海军建成之后，他们更加有恃无恐，对日本侵华不以为然。而当战争一触即发之时，慈禧太后正忙着准备自己的60寿辰的庆典，一心力保和局。奕劻等人为了讨好慈禧太后，便加紧笼络掌握军事和外交实权的李鸿章，在国家财政如此紧缺、军费如此紧张的时候，希望李鸿章能够挪用海军经费去修颐和园，目的仅仅就是为了博得慈禧的欢心。李鸿章自然不愿意将海军经费拿出来修颐和园，也赞许帝党改革内政的部分主张。但他一直把北洋海陆军作为淮系集团的支柱和资本，害怕战争会给自己的地位造成不利影响，因而也不满帝党动辄“主战”、狂议伤身，同时又惧怕慈禧太后，与翁同龢在政治上也不和。为保全实力，李鸿章认为中日双方，敌强我弱，应该“避战自保”。尽管光绪皇帝拨下300万两白银专款用于加强军事，但李鸿章为保住北洋海军的实力，仍旧希望依靠第三国出面调停。慈禧太后正忙于筹备她的60寿辰，无心顾及政事，只希望苟安目前，她支持李鸿章的求和主张，命他奔走于俄、英公使之间。然而，帝国主义国家只会担心自身在殖民地的利益而不顾其他，在得到日本的“允诺”之后，日本在侵华过程中不会触及俄、英两国在朝鲜和中国的利益，俄、英两国的出面调停变成了他们进一步分割中国利益的筹码，调停的失败也意味着中日战争的到来。

日本政府利用清朝政府的求和与调停方针，早已对侵略战争做好了充分的准备和部署。1894年7月23日，驻扎在汉城的日军侵入到朝鲜的王宫，劫持了朝鲜国王，组建了傀儡政权。7月24日，日本强迫这个傀儡政权向中国宣战，并授权日军驱逐在朝鲜的中国军队。日军的步步紧逼使得战争已经不可避免，国内主战官员和驻朝官兵纷纷表示全力备战，阻止日军的侵略。7月中旬，清政府严令李鸿章积极备战，不可贻误战机。李鸿章随即派遣卫汝贵、马玉琨、左宝贵、丰升阿等率军从辽东渡鸭绿江进军平壤，并雇用英国商船“高升”号等运兵2000余名，增援驻守牙山的清军。

7月25日凌晨，护送入朝清军的“济远”“广乙”“操江”三艘舰只从牙山起锚返航，在牙山口外丰岛海面遭到日本海军的突然袭击。“操江”被劫走，“广乙”中炮受伤，“济远”发炮还击。当时，“高升”号由天津运载清军驶近作战海域，日舰发炮强行拦截。船上千余名官兵英勇抗击，由于得不到救援，“高升”号被日舰击沉，船上中国官兵大部分壮烈牺牲。同一天，日本陆军4000余人袭击驻守牙山的中国军队。随军主将叶志超弃守牙山，逃奔平壤。聂士成在成欢驿率部迎战，后因敌众我寡，撤回平壤。8月1日，中日双方正式宣战。至此，日本正式挑起了酝酿已久的侵华战争，因战争爆发于旧历甲午年，史称中日甲午战争。

清朝内部统治者妥协被动的作战思想直接导致了前线官兵战斗力的衰弱。丰岛海战失败之后，清政府并没有制定具体的抗战方针和策略。李鸿章既不能违背光绪皇帝全力抗战的谕旨，又深恐对日作战实力不够，随即采取消极抵抗、避战静守的策略，命令陆军“可守则守，不可则退”，命令海军“保船制敌”，“不得出大洋浪战”。结果这一投降主义政策助长了日军侵略的嚣张气焰，也使得前线军队一路溃败。相反日本侵略军则在丰岛海战之后制订了详细的作战计划：第一期命第五师团侵入朝鲜，牵制清军，并派遣日本联合舰队寻机与北洋海军交战，夺取黄海和渤海的制海权；第二期以主力在渤海湾登陆，与清军大部主力决战，力图攻占北京。战略上的失败导致了军事上的失败。

9月15日，日军兵分几路进逼驻守在平壤的清军。清军将士和朝鲜人民共同奋勇迎敌，左宝贵亲自登城指挥杀敌，在战斗中英勇牺牲，而身为全军统帅的叶志超却弃城逃走，率溃军狂奔500余里，于9月21日退到鸭绿江以内，撤守九连城、凤凰城一带地区。平壤战败为日军侵略中国东北创造了有利条件。

9月17日，也就是平壤战役之后的第二天，北洋水师提督丁汝昌率领10艘舰艇护送援军至大东沟。正当北洋水师准备返航时，在黄海海面上突然发现有一队悬挂美国国旗的舰队驶来。等来舰距离稍近的时候，忽然之间，舰艇全部改悬日本国旗，并猛烈发炮袭击北洋水师。丁汝昌立即命令“定远”“镇远”两艘铁甲居中，呈人字雁行列队迎战。日舰凭借着它们速度快的优势，横越“定远”“镇远”两舰，绕攻北洋舰队右翼，并隔离“致远”“经远”“济远”三搜巡洋舰。“超勇”中弹沉没，“扬威”也中弹起火，日军也有舰只中炮受损。顿时黄海海面硝烟弥漫，北洋水师逐渐居于劣势。战争越来越激烈，丁汝昌尽管在指挥“定远”作战时受伤，仍然坐在甲板上鼓励士气，由管带刘步蟾顶替督战。“致远”管带邓世昌发现日舰“吉野”等四艘舰只进逼“定远”，毅然驰援迎战来敌。在战斗中，“致远”中弹累累，船身倾斜，全舰官兵仍然拼死抗敌。邓世昌预想开足马力冲撞“吉野”，与其同归于尽，不幸途中被鱼雷击中沉没，全舰250余名官兵除7人获救以外，其余全部壮烈牺牲。“经远”也在追击受伤敌舰时中了鱼雷袭击，船身下沉，管带林永升和全体官兵仍然发炮还击，最终全舰270人除16人获救生还外，其余都为国捐躯。在海战中，日军舰只也受伤严重。“松岛”几乎沉没，“吉野”“比叡”“赤城”“西京丸”等都受到重创，损失严重。此时的北洋舰队只剩下了“定远”“镇远”“靖远”“来远”四艘，但官兵们继续战斗，英勇抵抗日军的侵略。终于在日落黄昏之时迫使日舰首先退出了战场，粉碎了敌军“聚歼清舰于黄海中”的狂妄计划。

黄海海战中，中国军舰损失5艘，日军“松岛”“吉野”“比叡”“赤城”“西京丸”等舰受损严重，“赤城”舰长坂本丧命。相比之下，中国舰队损失大于日军，但北洋水师仍然拥有具备一定实力的铁舰，保持着相当的战斗力。然后，李鸿章在黄海海战之后，故意向朝廷夸大损失，压制广大爱国官兵巡海迎敌的热情与要求，坚持“保船制敌”，命令北洋舰队全部退回威海卫军港，造成坐以待毙的严峻局面。

10月24日，日军开始入侵中国领土。按预定计划，日军分两路进攻中国。一路以山县有朋为司令官，由朝鲜义州附近渡过鸭绿江，入侵辽宁，牵制正面清军。结果沿江的4万多驻守清军不战自溃，主将逃窜，全军溃败。日军于26日轻而易举占领了东部重镇盛京、中朝要道九连城，并迅速占领了安东(今丹东)、凤凰城。接着又分东、西两路进逼辽中腹地，占领长甸、宽甸、海城等战略要地。结果在满、汉各族人民和部分八旗官兵的抵抗下，粉碎了日军占领辽阳和到“奉天度岁”的如意算盘。另一路日军由大山岩率领3万余人，于10月24日从辽东半岛花园口登陆。令人出乎意料的是，清军在这里并没有采取任何防守措施，日军登陆14天来竟然未遇到清军的一丝抵抗。花园口失守，金州告急。身在旅顺的守将徐邦道建议旅顺各军分兵增援，并没有得到其他将领的响应。徐邦道随即亲自率部下驰援金州。因孤军深入，得不到支援，遭到失败，伤亡惨重。最终金州也失守，徐邦道退守旅顺。

金州陷落的第二天，11月7日，日军大举进攻大连湾炮台。大连湾炮台地处要地，具有重要的战略地位，于旅顺互为犄角，该地有炮台6座，配有各种大炮120余门，炮弹240万余发。当城内守将赵怀益部下的官兵要求紧急备战时，李鸿章竟作出放弃大连的打算，“宁失湾(大连)，断不失旅”。赵怀益随即于前一天逃往旅顺，将苦心经营多年，投入巨资修建的大连湾拱手让给了敌军。

旅顺也是北洋海军苦心经营多年的军港，与威海卫隔海相望，是渤海湾的门户。日军在大连修整了10天之后便向旅顺发动猛攻。旅顺港内建有大型的船坞，海岸设有炮台13座，陆地炮台9座，安装有大炮七八十尊，驻守城内的守军有包括徐邦道在内的六军共计一万三千余人，但是城内只有徐邦道一军奋力抗战，其余各军多数军心涣散，纷纷溃逃。最终徐邦道孤军抵抗了4天之后，被日军占领了旅顺。日军侵入旅顺之后进行了连续4天的屠城，杀害城内百姓2万多人。

旅顺失守后，日军集中兵力进攻威海卫，企图消灭北洋海军基地内的全部水师。威海卫地势险要，防守坚固，设有新式炮台100多门。当时的威海卫基地内仍有战舰九艘、炮艇六艘、鱼雷艇十余艘。倘若北洋海军能全力迎敌，尚还能与日军决一胜负。但是李鸿章却严令主动请战的丁汝昌“保船避战”，并说，如违令出战，虽胜亦罪。如此，日军十分轻松地在荣城登陆，进攻南、北两岸的炮台，封锁了东、西港口，集中火力向港内北洋舰队进行轰击。北洋舰队广大爱国官兵奋力抵抗，虽腹背受敌，但仍旧与日军交战十多天，多次击退敌舰，共击沉舰艇7艘。随着日军的炮火越来越猛烈，北洋海军深处绝境，形势危急。

日本联合舰队司令伊东佑亨曾写信给丁汝昌，劝他投降。舰队中的一些外国顾问也与部分贪生怕死的将领相勾结，逼迫丁汝昌投降。丁宁死不降，命令各舰冒死突围，在弹药将尽之时，又命令各舰炸舰沉船，以免敌资，但遭到一些将领的反对。丁汝昌在绝望中自杀殉国。2月12日，英国顾问浩威假托他的名义伪造了投降书，缴出残余舰艇十一艘和刘公岛炮台及军资器械，向日军投降。北洋海军自此全军覆没，在中国历史上写下了耻辱的一笔。

北洋海军是淮军的主力，淮军失败，使得光绪皇帝于1895年1月命令湘军6万人出战迎敌，驻扎在山海关内外。任命两江总督刘坤一为钦差大臣，督办东征军务。这是清朝政府的最后一次努力和自开战以来最大一次出兵。但是，妥协的投降政策使得战争局势根本无力扭转，6万湘军接连失去了山海关外牛庄、营口等军事重地，溃不成军。辽东半岛陷落了，清政府自知大势已去，败局已定。清政府最终授权李鸿章出使日本，与日本代表商讨停战协议，向日本侵略者乞和。

1895年3月14日，李鸿章带着儿子李经方、美国顾问科士达，由天津乘船去日本。3月20日，李鸿章等人与日本内阁总理大臣伊藤博文、外交大臣陆奥宗光、美国顾问端迪臣，在马关进行谈判。在谈判过程中，日本代表提出极其苛刻的停战条件。李鸿章除对日方提出的清政府承认日本控制朝鲜这一条款外，其余包括割地、赔款、修改商约等各条款均试图进行申辩。清政府也指示李鸿章与伊藤博文“竭力申说”。4月10日，日本提出最后修正案，通知李鸿章“所宜复者，惟有允否二字耳”。并以战争再起相威胁，不允许中方再提出任何异议。1895年4月17日，李鸿章被迫与日本签订了丧权辱国的《马关条约》。

《马关条约》的主要内容是：(1)中国承认日本对朝鲜的控制；(2)割让辽东半岛、台湾全岛及所有附属各岛屿和澎湖列岛给日本；(3)赔偿日本军费二万万两；(4)增开沙市、重庆、苏州、杭州四个通商口岸，日船可沿内河驶入以上各口；(5)允许日本在中国通商口岸设立工厂，产品运销中国内地时，只按进口货纳税，并准在内地设栈寄存。条约中还规定，为了保证中国履行条款，日军暂时占领威海卫。

《马关条约》是继《南京条约》以来最严重的丧权辱国条约。《马关条约》签订的消息传到中国各地，全国一片哗然，拒和废约、迁都再战的呼声震动京城。清朝中央部分官员甚至请杀李鸿章以谢天下，主张废约再战。光绪皇帝鉴于割地一款过于苛刻，面对全国官民的强烈抗议，曾一度拒绝在和约上用玺。但在慈禧太后和李鸿章等人反对再战，外国公使拒绝帮助商改条约之后，光绪帝顶不住国内外的压力，最终还是批准了《马关条约》。

《马关条约》给中国人民带来了深重的灾难，加剧了帝国主义瓜分中国的民族危机。条约中的赔款数额相当于清朝政府全年总收入的三倍，清政府只得大量向列强借款，使外国侵略者通过政治贷款进一步控制中国。条约中规定的允许日本在中国设厂，适应了帝国主义资本输出的需要。除日本之外的许多列强利用“片面最惠国待遇”条款实现了“利益均沾”，都取得了这项特权，共同控制着中国的经济，直接阻碍中国生产力的发展。同时，《马关条约》中对台湾和澎湖列岛的割让，加剧了帝国主义瓜分中国领土的野心。

甲午中日战争的失败和《马关条约》的签订给中国社会造成了严重伤害。日本通过对中国领土的占领和经济勒索，迅速挤进了帝国主义的行列，更加嚣张地走上了侵略中国和亚洲的道路。另一方面，战争的创伤带给中国人民的并不仅仅是阵痛，“泱泱大国”惨败给了“蕞尔小国”，留给中国人民是强烈而深刻的震撼和警醒。正如梁启超在《戊戌政变记》中所言：“唤起吾国四千年之大梦，实自甲午一役始也”。

（瞿兆晗）

# 83. 严复译作《天演论》

严复(1854—1921 年)，原名宗光，字又陵，后改名复，字几道，福建侯官人，清末资产阶级启蒙思想家、翻译家、教育家，是中国近代史上向西方国家寻找真理的“先进的中国人”之一。严复出生在一个医生家庭，1866 年考入福州船政学堂，学习英文及近代自然科学知识，五年后以优等成绩毕业。1877 年到 1879 年，严复等被公派到英国留学，期间对英国的社会政治发生兴趣，涉猎了大量资产阶级政治学术理论，对达尔文的进化论观点尤为赞赏。1879 年毕业回国，到福州船厂船政学任教习，次年调任天津北洋水师学堂总教习，后升为校长。回国后，严复从海军界转入思想界，积极倡导西学的启蒙教育，完成了著名的《天演论》的翻译工作。其译著还有亚当・斯密的《原富》、斯宾塞的《群学肄言》、孟德斯鸠的《法意》等，他第一次把西方的古典经济学、政治学理论以及自然科学和哲学理论较为系统地引入中国，启蒙与教育了一代国人。辛亥革命后，严复任北大校长之职。1921 年 10 月 27 日去世，终年 68 岁。著作有《严几道诗文钞》等，译作编为《侯官严氏丛刑》《严译名著丛刊》。

《天演论》的译介是中国近代史上的一件大事。大概在 1895 年底或 1896 年初，严复得见赫胥黎的《进化与伦理》一书，书中的进化论思想深深打动了严复，他决心把该书译为中文。据《天演论》自序，译述工作在 1896 年夏季开始，至重阳节(10 月 15 日)写完序言，完成初稿，书名定为《天演论》。随后，严复将《天演论》手稿寄往在上海主办《时务报》的梁启超审阅。1897 年二三月间，严复将誊抄的副本邮示吴汝纶，请他提出修改意见并作序。吴对《天演论》做了一番圈点，为各小节拟出小标题，提出意见，供严复参考。1897 年 11 月，《天演论》删改工作基本就绪，1898 年上半年正式出版，就是现在所见通行本。

之所以将书名定为“天演论”，严复有自己的理由，他认为，宇宙处于一个不断变化的“天演”过程中，并非简单的“变动”，而是指由单纯到复杂，由流变到凝聚，由笼统混乱而到定形分类的一个复杂过程。他在《天演论》第二篇“广义”的按语中写道：“斯宾塞之天演界说曰：‘天演者，翕以聚质，辟以散力。方其用事也，物由纯而之杂，由流而之凝，由浑而之画。质力杂糅，相剂为变者也’。”严复认为，宇宙万物包括生物界和人类社会都在不断进步，都在由低级向高级发展。这种演化的来源是物体自身的运动，由于事物内部引力与斥力相互矛盾，促成事物不断发展。他强调物质与力的紧密关系与相互作用是“天演最要之义”。

《天演论》的翻译有着特殊的政治背景。鸦片战争、第二次鸦片战争、中法战争，特别是甲午战争的失败，已使人感觉到国家的前途危机重重。《天演论》出版的那一年——1898 年，又正是列强瓜分中国危机最严重的时候，德国、俄国、英国、法国、日本等帝国主义国家，都在中国的土地上掠夺“势力范围”，要求租借地与筑路权，中国的锦绣河山快要被它们瓜分殆尽。每一个爱国的中国人，都会发出这样一个疑问：中国真的会亡国呢？还是依旧可以奋发图强呢？《天演论》恰恰回答了这个问题。《天演论》告诉人们，中国危机重重，侵略中国的国家，无论在德、智、力哪一方面，都要比中国强，根据《天演论》中“优胜劣汰”的规律，中国将要灭亡了！但是，《天演论》又告诉人们，人的努力，可以“与天争胜”而终“胜天”，只要人治日新，国家就可永存，种族就可以不坠。严复借着《天演论》的翻译而向国人呼吁：只要发愤，变法自强，中国仍旧可以得救，存之生死，其权仍旧操之于我！

全书主要内容可以归纳为五个方面：

第一，物竞天择，适者生存。严复比较完整地译介了原著中介绍的达尔文的自然选择学说，将关键性的术语译为“物竞”“天择”“趋异”“存其最宜”（即适者生存）、“种姓”。在所有这些概念中，严复反复强调“物竞”“天择”“趋异”，彰显生存竞争的残酷性。

第二，天行人治，同归天演。《天演论》不仅自然保留了原著所谓人类社会的生存竞争等文字，而且刻意将“进化”涵盖的范围扩大到人类社会以至万事万物。如原书导言第一节指出，自然界与整个宇宙都处于进化进程之中，没有涉及人类社会。严复在翻译过程中将此段拆开，两次强调“神思智识”“政俗文章”“一切民物之事”均在天演范畴之内，并在案语中介绍斯宾塞“本天演著《天人会通论》，举天、地、人、形气、心性、动植之事而一贯之”。又如原著导言第三节，主要论述自然状态与人为状态的矛盾，严复在译文后加以发挥：“不独前一二事为然，小之则树艺牧畜之微，大之则修齐治平之重，无所往而非天人互争之境。”严复意在说明：“天演”无处不在，人类社会的生存竞争不可避免。

第三，合群保种，与天争胜。这是严复倡导的应对国际社会中生存竞争的对策与方法，也是《天演论》的核心内容与现实目标。严复首先以急切的心情描绘了国群之间生存竞争的残酷性、普遍性、紧迫性，接着以具体事实凸显殖民地和半殖民地人民的生存危机：在荷兰、西班牙、葡萄牙、丹麦、英国、俄国等西方国家的殖民活动中，美洲、澳洲及白令海堪察加半岛的“土人”日益萧瑟。我国远走南洋、美洲的闽粤民众数以亿计，终不免为人奴役的命运。在中国本土，英国租界遍及中国二十余口通商口岸，“隐若敌国”。另一方面，也列举大量事例证明，无论是动植物还是人类，在同外来新种的竞争中，本地固有之种未必能够胜出。而中国人缺乏欧洲、日本民众的敢死尚武精神，在生存竞争中已明显处于下风，人数固然众多但不足为恃。严复最后强调“合群”是保种进化的关键，他介绍了斯宾塞应对生存竞争的方法——“体合”，即主动适应生存竞争的环境。又征引荀子的论断：“人之所以为人者，以其能群也。”对于人类来说，“合群”就是“体合”，它是保种的必要条件与决定性力量。“天演之事，将使能群者存，不群者灭，善群者存，不善群者灭”，具体而言，中华民族如要自存保种，必须在群体内部尚“克己”，行“恕道”，不侵犯他人的同等自由；在国群之间的生存竞争中，则要敢于抗争弱肉强食的“天行”法则，中国才有生存的希望，如畏难苟安，实行“恕道”，则必然亡国灭种。在严重的外患面前，当群己之间产生冲突时，应坚持“己轻群重”，甚至“舍己为群”的原则，增强群体的凝聚力与生存能力。

第四，世道必进，后胜于今。赫胥黎认为，善与恶同时贯穿于整个进化过程，他本人对抑恶扬善的斗争能否取得胜利信心不足。严复摒弃了赫胥黎的悲观主义情绪，代之以斯宾塞乐观主义的社会史观：任天演之自然，则人道必至“郅治极休”境界，同时对这种绝对的乐观主义有所保留。严复认为，“郅治极休”的境界“不可思议”，不可以名理论证，但可以确信的是：“吾党生于今日，所可知者，世道必进，后胜于今而已。”这种世道必进、后胜于今的进化史观，既批判了中国传统的循环复古史观，也向人们展示了中国救亡运动的光明前景。

第五，旁征博引，黜旧扬新。生活在当时的中国士大夫，对西方学术的了解少得可怜。有鉴于此，严复尽自己所知，最大限度地介绍了许多西学背景知识，“粗备学者知人论世之资”。进化论方面，介绍达尔文的《物种起源》与《人类的由来》、赫胥黎的《人在自然中的位置》及其“人猿同祖论”，斯宾塞的综合哲学，尤其是其《伦理学原理》中的《群谊篇》、希克罗的《人演论》、柏捷特的《格致治平相关论》。哲学方面，介绍了希腊哲学史中的著名学派与代表人物，近代洛克、休谟、康德的不可知论、笛卡儿的怀疑论及专著《道术新论》、培根与穆勒的经验论。天文学方面，介绍了伊太、星云等概念、天体演化论、日新说，以及哥白尼、伽利略、牛顿等人的成就与贡献。经济学方面，介绍了马尔萨斯的人口论，斯密的古典政治经济学等，此外还介绍了化学家道尔顿的学术成就。显而易见，严复几乎试图把《天演论》做成一本小型百科全书。

严复“煞费苦心”的翻译对进化论的传播影响巨大，他的翻译使千百万中国人知道了“物竞天择”的道理，促进了中华民族的觉醒。但是，进化论作为一种思潮传入中国，却是在严复之前就已经开始了的。据考察，进化论首先传入中国是1873年由华蘅芳翻译的英国著名地质学家莱伊尔的《地学浅释》《地质学原理》。这部书比较详细地阐述了古生物的缓慢进化学说，指出从地层中间所保存的动物甲壳和骨骼以及绝种的植物的茎、叶和果实，证明了植物和动物进化的历史。这本译著的出版便把自然进化观念最早引进中国。此后如1877年傅兰雅主编的《格致汇编》所载《混沌说》，1881年益智书会出版的《地学指略》，1891年格致书院出版的《格致汇编》刊载的《地学稽古论》等，均有关于介绍进化论的内容，只是没有明确提及达尔文或赫胥黎的名字而已。在严复之前，由于当时特殊的历史条件及文化背景，达尔文学说被介绍的主要目的不是为了向中国传播西方的近代科学观念，因而进化论的积极内容不可避免地被曲解。只是到了严复向国人介绍达尔文及其进化论的时候，中国人对这一具有划时代意义的新学说才有比较正确的理解。

《天演论》译成出版后，立刻轰动一时，在社会上产生巨大的影响，特别是在知识分子中，像吴汝纶这样的封建士大夫，看见了《天演论》就欣赏它的议论之精、文辞之美，简直如“刘先生之得荆州”。至于当日维新派的许多重要人物，更是对它称叹不已。梁启超一直钦佩严复，他是最早读《天演论》译稿的一个人，《天演论》还没有出版，他就加以宣传并根据《天演论》做文章了。康有为一向清高，但从梁启超处看到《天演论》译稿后，亦谓“眼中未见此等人”，承认严复所译“《天演论》为中国西学第一者也”。可见，《天演论》在正式出版之前，就已誉满于主张维新的士大夫间。到了1898年出版后，其影响于社会更为深广，“物竞天择”“淘汰”“争存”“优胜劣汰”等术语成为人们的口头禅和喧腾于报章的熟语。1902年初，当时在南京求学的周树人也曾买来一部《天演论》熟读。《天演论》不仅影响了严复的同辈人如康有为、梁启超、谭嗣同等，也影响到严复的后一辈人物如吴玉章、胡适、鲁迅、陈独秀、李大钊、郭沫若等。20世纪70年代，曹聚仁曾指出，他近二十年阅读过五百种以上的回忆录，而回忆录的作者基本上都看过《天演论》，由此可见《天演论》在中国近代史上产生的持续而深远的影响。

（江莉莉）

# 84. 林纾的翻译活动

晚清时期，随着西学东渐之风日盛，中国思想启蒙运动也应运而生。在这一过程之中建有实绩的早期启蒙者应该首推侯官严复，他是中国历史上第一个系统介绍西方学术思想的人。而其手段就是翻译西学经典《天演论》等。“赫胥黎独处一室之中，在英伦之南，背山而面野。槛外诸境，历历如在几下。乃悬想二千年前……”这段著名的开场白是“五四”前后一代中国知识分子非常熟悉的。除了严译的西学外，林纾的翻译运动也造成了很大的影响，在中国近代译书史上，“林译小说”曾经风靡一时，常常被当时知识分子作为座中议题。林纾用古文翻译的西方小说给当时读者留下了这样的印象：简介、传神而生动。“林译小说”共包括欧美小说，计 270 余册，介绍了美国、法国、英国、俄国、希腊、德国、比利时、瑞士、挪威、西班牙等国的作品 180 余种，从数量上说也是在中国历史上空前的。林纾的翻译活动对中国文学思想和文学创作的冲击，足可以与严译相颉颃。康有为有诗赞叹这两位中国翻译界的先驱：“译才并世属严林。”

林纾（1852—1924 年）是中国近代文学家、翻译家。原名群玉、秉辉，字琴南，自号畏庐、畏庐居士，别署冷红生。晚称蠡叟、践卓翁、六桥补柳翁等等。福建闽县（今福州）人。他幼年爱好读书、博闻强记，能诗、擅画。16 岁时为生活所迫，赴台湾随父亲经商。后返回大陆继续求学，1882 年（光绪八年），考中了举人，时年三十岁，但并未走上仕途。部试落第之后，他设馆教书同时也广交文友，潜心读书作文。他善作古文，为桐城派大师吴汝纶所倚重。曾经参与公车上书要求清廷变法。1897 年，诗集《闽中新乐府》问世以后，使林纾在文坛上的名声大振。林纾的著作也很丰富，文有《畏庐文集》《续集》《三集》，诗有《畏庐诗存》，自著小说有《京华碧血录》《巾帼春秋》《冤海灵光》《金陵秋》等等，还有传奇《蜀鹃啼》《合浦珠》《天妃庙》等，笔记《畏庐漫录》《畏庐笔记》《畏庐锁记》《技击余闻》等。

林纾虽然翻译了数量众多的国外文学作品，但是他本人却是一个不懂外文，好习古文的传统中国文人。他的翻译生涯是从一个不幸的家庭悲剧触发的。1897 年（光绪二十三年），林纾第一个妻子去世后不久，为了排遣他胸中的郁结，林纾的朋友魏瀚约请他前来马江散心。朋友相聚座中闲谈之时，曾经留学法国的魏瀚谈到了法国的小说，赞不绝口。其时在船政学堂任法文教习，也曾留学法国的王寿昌，也很是推崇仲马父子的文学作品。王寿昌谈到《茶花女马克格巴尔遗事》更是小仲马的极笔。林纾也很感兴趣，于是王寿昌就提议林纾将这本书翻译成中国文字。“王晓斋这个主意，无非想借此稍然林纾丧偶的悲思。”（郑逸梅：《书报话旧》，第 31 页）但是没有想到林纾被故事情节深深感染，不免佳作流露于笔尖。林纾的译书方法是这样：王寿昌手持法文原本的《茶花女》，照着书本的文字，叙述整个故事。林纾就端坐于前，边听边用自己擅长的古文笔法将故事情节写下。林纾文思敏捷，立马而就。“口述者未毕其词，而纾已书在纸，能一时许译就千言，不窜一字。”人谓其神速矣。而林纾在翻译《茶花女》时不仅仅速度惊人，文笔辞章之美也令众人叹服。在座皆为其文才而惊叹不已。林纾在翻译之时，完全把自己的情感融入小说之中，翻译过程中出现了三次欲写不能的情况。这并不是由于他辞穷而不得不终止，而是他本人被故事中人物的悲惨遭遇和感人的场面所感动，干脆弃笔而泣。直到过了一会心情平静方才与王寿昌继续合作翻译。全书翻译完之后，林纾给译稿定名为《巴黎茶花女遗事》。因所居多枫树，取"枫落虽红冷"的诗意署名为冷红生。林纾在后来的文章中评价这部译作时这么说道："生好著书，所译《巴黎茶花女遗事》，尤凄婉有情致，当自渎而笑曰：吾能状物至此，宁谓木强之人果与情为仇耶！"

1899年林纾翻译的《巴黎茶花女遗事》一书，由魏瀚出资印行。承印这本书的是严复所译《天演论》最初版本的出版商。第一次付梓发行仅仅印了100本，仅供林纾、王寿昌、魏瀚等人分赠自己的友人。但是没有想到，这本书刚一问世就形成了洛阳纸贵的盛况。求者如云，区区百本无济于事。后来有人以"索隐书屋"的名义在一家报馆排印铅字本。出版社也与林纾联系，预付稿酬，但是被林婉言谢绝。但是出版社还是将钱寄给了林，林把这些钱悉数捐给了福州蚕桑公学。《巴黎茶花女遗事》是我国第一部翻译过来的西洋小说，书中描写的异邦生活和法国上层社交界的情景，特别是女主人公对爱情的真挚热烈以及她不幸的身世和爱情经历的曲折坎坷，深深吸引和打动了中国的读者，很快便风行全国。随着刊印版本和数量的增加，读到林纾所译的《巴黎茶花女遗事》一书的文人骚客也越来越多，渐渐的《巴黎茶花女遗事》便成了当时文人们时常挂在嘴边的谈资。有人写文如此评论："中国近有译者，署名冷红生笔，以华文之典料，写欧人之性情，曲曲以赴，煞费匠心，好语穿珠，哀感顽艳，读者但见马克之花魂，亚猛之泪渍，小仲马之文心，冷红生之笔意，一时都活，为之欲叹观止。"严复也有诗赠林纾，其词曰："可怜一卷《茶花女》，断尽支那荡子魂。"

翻译《茶花女》所获得的成功是林纾所没有料想到的，也是对他的一个很大的鼓舞。也开启了林纾用中国文言文翻译西洋文学作品的翻译生涯。1899年《巴黎茶花女遗事》问世之后，林纾便一发不可收，把一生中的大量时间和精力都用到了翻译事业上，并且能够长久跻身于翻译界，获得了一席之地。1901年，林纾在京都担任金台书院讲席兼新设的五城中学堂国文总教习。这时候在他的寓所附近住着一个叫做魏易的年轻人。魏易很仰慕林纾的才华，常常登门请教，两人相谈也很投机，便成了挚友。魏易将一本英文小说介绍给林纾，他说这本美国小说讲述的是美国黑奴的悲惨遭遇，我们的华工在美国，遭遇也悲惨得很。如果翻译这本书的话可以促成国人的清醒。而时值西方列强入侵，民族危机日深。林纾也期望能够通过翻译反映其他民族的苦难史的文学作品，以此来警醒国人，使人们意识到亡国灭种的危险正在逼近，要谋求爱国保种就必须要发愤图强。于是林纾让魏易概述小说的主要内容和故事情节，林纾用文言文将其译出。不料这次的翻译如同译《巴黎茶花女遗事》一样，再次在林纾的内心引起了很大的反应。他很同情故事的主人公汤姆，在译书的过程中林纾多次被主人公的悲惨遭遇引得泪流不止。林纾且译且泣，并感叹道："黄人在美受虐，或甚于黑人。而吾国国力既弱，为使者复馁摄，不敢不争，又无通人记事，余等无从知之。此书实可据为前瞮。"两个月后，全书译完，林纾认为原书名《汤姆家事》不典，于是改为《黑奴吁天录》。他还在序言中写道："其中累述黑奴惨状，非巧于叙悲，亦就其原书所著录者，触黄种之将亡，而愈生其悲耳。"在跋中又重申："今当变政之始，而吾书适成，人人既蠲弃故纸，勤求新学，则吾书虽俚浅，亦足以为振作志气爱国保种之一助。"《黑奴吁天录》就是现在的小说《汤姆叔叔的小屋》在中国流传的第一版。

《黑奴吁天录》的出版引起了社会上很大的波澜。读者反响热烈，社会各界也给予了广泛的好评。读者在读罢之后在同情汤姆的遭遇时又联想到中国在外的华工的悲惨境遇。同时也点燃了中国人的民族情绪，促使广大国民产生爱国保种，求新图强的意识。当时读者在一篇文章中如此说道："我读《黑奴吁天录》，证之以檀香山烧埠记，证之以美洲、澳洲禁止华人之新例，证之以东三省，证之以联军入京，证之以旅顺、大连、威海、胶州、广湾、九龙之旧状……我不觉为同胞心碎。我读《黑奴吁天录》，以哭黑人之泪哭黄人，以黑人以往之境哭我黄人之现在。”

《巴黎茶花女遗事》与《黑奴吁天录》受到读者热烈地欢迎。林纾翻译的成功给他带来了巨大的动力，同时也对翻译外国小说的兴趣大大增加。从 1903 年开始，他就与魏易一起接受了京师大学堂译书局的聘请，开始了专职翻译的生涯。此时与林纾合作的除了魏易外还有严复之子严培南、严璩等人。从专职翻译之后，林纾就更加带有目的性的去从事翻译工作了。他想通过翻译国外小说来使国民更多地了解外国的文化，借鉴外国的历史经验教训，帮助国人去革除积弊，为国家和民族的中兴效力。于是他在很多译作的序言里都表明了自己的观点。如《不如归·序》中：“纾已年老，报国无日，故日为叫旦之鸡，冀吾同胞惊醒。恒于小说序中摅其胸臆，非敢妄肆嗅吠，尚祈鉴我血诚。”又如《爱国二童子传·达旨》中如此写道：“畏庐者，狂人也，平生倔强，不屈人下，尤不甘屈诸虎视眈眈诸强邻之下。……死固有时，吾但留一日之命，即一日泣血以告天下学生，请治实业自振。更能不死者，即强支此不死期内，多译有益之书，以代弹词，为劝喻之助……嗟乎，变法何年？立宪何年？上天果相吾华，河清尚有可待……但愿人人各有国家二字载之脑中，则中兴尚或有冀。”

林纾在近 30 年的翻译生涯中，一共译有欧美文学作品 180 余种。其所译作品题材丰富，有爱情小说《巴黎茶花女遗事》《迦茵小传》；家庭小说《不如归》；社会小说《块肉余生述》；历史小说《撒克逊劫后英雄略》；冒险小说《鲁宾孙漂流记》；侦探小说《歇洛克奇案开场》；神怪小说《三千年艳尸记》；伦理小说《鹰梯小豪杰》《美国童子万里寻亲记》；军事小说《利俾瑟战血余腥记》；实业小说《爱国二童子传》；政治小说《黑奴吁天录》；讽刺小说《魔侠传》等。林纾所译作品中以英国作家哈葛德的最多共计有《迦茵小传》《鬼山狼侠传》等 20 多种，其次是英国著名侦探小说家柯南道尔的《歇洛克奇案开场》等 7 种。林纾的译作虽非都是国外一流文学著作，但其中不乏我们现在仍称之为经典的世界名著如小仲马的《巴黎茶花女遗事》《茶花女》、希腊伊索的《伊索寓言》、西班牙塞万提斯的《魔侠传》《堂吉诃德》、英国作家笛福的《鲁宾孙漂流记》等。

林纾的翻译并不讲究字字落实而是讲究再现和叙述，他的译作不但保持了原文的风格情调，甚至有些在文字上更是高于原作。从这一意义上讲，林译小说不仅仅是一种简单的翻译，更是一种文学艺术的再加工和再创造。当然，林译小说也存在一些毛病，比如删繁就简和任意割裂。总而言之，林译小说在中国文学发展史上，在近代西学引进和新学启蒙的历史上都占有重要的地位，产生了广泛而深刻的社会影响。

（马建强）

## 85. 维新思潮与戊戌变法

1894年甲午战争爆发，以天朝大国自居的中国败给了“蕞尔岛夷”日本。随着《马关条约》的签订，各帝国主义国家掀起了瓜分中国的狂潮，列强先后迫使清政府签订了一系列不平等条约。根据这些不平等条约，强占租界地，划分势力范围。空前严重的民族危机促使一批有识之士在震惊之余，痛感中国传统政治制度落后，认识到必须寻求新的出路。变法图强、救亡图存成了民族矛盾急剧上升形势下中华民族最紧迫的要求。这为维新思潮的兴起创造了良好的社会氛围。

“公车上书”成为戊戌思潮发轫的起点。《马关条约》的签订，在全社会引起了强烈的反响。1895年5月2日(光绪二十一年四月初八日)康有为、梁启超联合18省1300余名正在北京应试举子联名上书请愿，反对卖国条约，史称“公车上书”。康有为明确表示反对割地赔款，提出了“拒和、迁都、变法”的主张，他还提出富国自强之策，包括富国、养民、教民之法。“公车上书”系统展示了近代知识分子变法维新的主张。这次上书虽未能进呈到皇帝手中，但这一壮举产生了强烈的社会反响，举国思变，人咸维新成为一种气氛，汇成一股潮流。“公车上书”标志着维新思潮的兴起。从此，变法维新思潮以不可遏制之势发展起来。作为“公车上书”的组织者康有为因此而声名大振，在整个维新思潮中取得了领袖的地位。

康有为在连续给清帝上书的同时，还著书立说，阐述自己的变法思想和理论，其中影响最大的是《新学伪经考》和《孔子改制考》两部书，这是他主张变法维新的理论依据。《新学伪经考》刊行于1891年。在书中，康有为怀着对“祖宗之法，莫敢言变”的强烈不满，详细论证了东汉以来为历代统治者奉为神圣的古文经《左氏春秋》《周礼》等书都是“伪经”，是西汉末年刘歆为了替王莽篡汉建立“新”朝制造舆论的新朝之学，它完全淹没了孔子的“微言大义”，只能称为“新学伪经”，只有西汉立于学官的今文经，才是孔子的真经。尽管康有为的这种论断是不符合历史实际的，但这部书却引导人们去怀疑传统的经典，既然历代统治者尊奉的经典都是假货，那么，从这些假货中引申出来的信条，就更不足为训了。这就动摇了正统思想赖以立论的基础，沉重打击了泥古守旧、恪守祖训的顽固势力和保守思想，为变法维新开拓了思路。如果说《新学伪经考》是“一大飓风”，那么随后的《孔子改制考》则如同“火山大喷火”般震动着当时的思想界。该书刊行于1898年，着重宣传了孔子“托古改制”的思想。在书中，康有为把孔子尊为“托古改制”的教主，把“六经”说成是孔子托古改制的范本。他认为，“六经”中尧、舜、禹、汤等古圣先贤的盛德大业，都是孔子按照自己的理想假托出来的。假托古人的言论来实行改制，历史上不见得确有其人其事。这样，康有为以此证明自己的变法主张，不但没有违背孔子的遗教，而且是孔子改革思想的真正继承者。在书中，康有为还附会公羊学派的“三世”说，宣称人类社会是沿着“据乱世”“升平世”“太平世”的顺序演变的，愈变愈进步。中国现在正处于“据乱世”时代，必须通过变法维新，由“据乱世”发展到“升平世”，而“太平世”则是遥远的将来的事。经过康有为的装扮，孔子变成了资产阶级维新思想的先师，以此来抵制封建顽固派对变法维新的阻挠和压力。

为了推动变法，康有为又以讲学形式发现和培养维新人才，为变法作进一步的理论和组织准备。1891年，康有为广州长兴里创办万木草堂，招收学生讲学，传播维新思想，培养了陈千秋、梁启超、徐勤、麦孟华、韩文举等一批著名的维新志士。他们开办强学会，创办《中外纪闻》，广泛宣传维新思想，使一批爱国人士在思想上与维新派产生共鸣，促进了维新运动的兴起和发展，维新思潮也相应地被推上历史日程。

维新思潮的发展表现在：

首先，创办近代报刊，大规模地制造社会舆论。维新派创办的报刊，种类繁杂、内容丰富。以政治论说为主的，有《时务报》《知新报》《湘学新报》《经世报》《蜀学报》《渝报》等；以提倡实业为主的有《农学报》《工商学报》，偏重于自然科学知识介绍的有《新学报》《格致新闻》；有的侧重译介东西切要书籍，输入西方文明，如《国闻报》《译书公会报》等；专讲通俗教育的有《无锡白话报》，提倡儿童教育的有《求我报》；还有研究外语的《通学报》……这些报刊或重启蒙，或崇变法，都是为革新政治、改良人心风俗、启迪民智服务，它们的"共通观念"就是富国强民、救亡图存，它们为变法维新思潮的发展高涨起了不同程度的推动作用。其中作用最大的当推《时务报》和《国闻报》。

其次，开展组织发动工作，扩大运动的社会基础。以强学会与强学分会为发端，维新派通过学会、报刊、通讯、讨论，以及个人交往等渠道和形式，组织自己的队伍。康有为以其万木草堂学生梁启超、徐勤、麦孟华、韩文举等为基干，同谭嗣同、黄遵宪、林旭、陈炽等人建立了较为密切的联系，致力于政治改革。还有严复、夏曾佑、汪康年、唐才常、熊希龄、章太炎等，也在不同程度上，以不同形式参与这一运动。在他们的共同努力下，运动的基础和影响迅速扩大。据统计，戊戌时期的学会组织有76个，散布全国13行省。其中北京12个、上海12个、湖南18个、广东7个、广西2个、福建3个、江苏6个、浙江1个、江西1个、湖北2个、贵州1个、陕西1个、天津1个。这些学会，进一步推动了维新思潮的深入发展。

再次，大力介绍西方资本主义的学术文化，特别是社会进化论，致力于指导运动的理论探索。1898年，严复翻译的《天演论》出版。严译《天演论》及其按语，大力宣传达尔文"物竞天择，适者生存"的学说，尤其推崇斯宾塞的庸俗社会进化论。在严重的民族危机面前，他借用社会进化论，尖锐地抨击闭关保守、麻木不仁的落后的社会心理，大声疾呼：中国若再不变法维新，就会被"天演"的规律所淘汰，导致亡国灭种。《天演论》出版后，很快就风靡海内，为维新派提供了重要的理论武器。梁启超1896年写成《西学书目表》，强调西方"一切政皆出于学"，西学是"致治之本，富强之由"，高度推崇资产阶级的学术理论。维新派也经常翻译介绍西方论著，《时务报》专门聘请了英法日俄文的翻译。选译的内容从一般自然科学著作扩大到哲学社会科学，并且渐次以后者为重点。梁启超的《变法通议》《续变法通议》，结合中国当时的现实，用进化论观点阐述了变法的必然性与必要性，它们在促进戊戌思潮的理论普及方面，起到的作用极大。谭嗣同的《仁学》，宣传资产阶级民权、平等学说，批判君主专制制度和封建的纲常伦理，提出了"冲决君主之网罗""冲决伦常之网罗"的口号。

戊戌维新思潮至甲午战争后逐步走向高潮，不仅声势浩大，而且内容广泛。主要包括以下几个方面：

政治上，维新思潮先后主张设议院和开制度局；经济上，维新思潮提出了以"富国养民"为宗旨的发展资本主义的经济纲领和"定位工国"的战略目标。要求废除阻碍商品经济发展的厘金制度，切实开垦荒地，保护专利，奖励科学发明等；军事上，维新思潮主要从"强国"入手，要求建立一支"内可弭乱，外可御侮"

的近代化军队；文化教育上，维新思潮主张大力输进西方文明，检讨中国传统文化，抨击封建主义的学术思想、政治意识和伦理标准，尝试构筑一种适宜中国国情且服务于“救亡图存”的新文化；教育措施上，维新派普遍认为以八股取士的科举制度是封建教育制度的核心，是统治者最为有效的愚民之术，因此，强烈要求改科举，废八股。在社会习俗方面，维新思潮主张废缠足，禁止吸食鸦片，设立女学以提倡男女平等，立孔教为国教，希图破除封建旧习陋俗，以树立新风尚，营造一个适宜社会变革和进步的环境。

变法运动的深入发展，引起了封建统治阶级对内部顽固派和洋务派的极大恐惧。他们大肆诬蔑和攻击维新派，维新派同他们展开了激烈的论战。论战主要是围绕以下三个方面的问题进行的。

(1)要不要变法。顽固派和洋务派从“天不变，道亦不变”的观点出发，坚持“祖宗之法不可变”，声称变法改革就是祸乱国家，声称“宁可亡国，不可变法”。维新派根据进化论的观点，指出“法既积久，弊必丛生，故无百年不变之法”，“变者，天下之公理也”。自然界和人类社会都是不断发展变化的，而且愈变愈进步。“祖宗之法”必须随时因革，清朝已经改变前代法制，而且清朝本身又屡次改变自己的法制。他们指出“能变则强，不变则亡，全变则强，小变仍亡”。

(2)要不要实行君主立宪和兴民权。顽固派认为“民有权则君无权”，民权是“违反纲常”，实行君主立宪是“离经叛道”，“用夷变夏”。提倡民权是“率天下而乱”，导致外国干涉而亡国。维新派指出君主专制制度不是“天经地义”，人类社会最初并没有君主，君主是人民推举出来的，人民也可以把它废除。维新派认为“能兴民权者，国无可亡之理”。只有兴民权，设议院，实行君主立宪，“合举国内四万万人之身为一体，合四万万人之心为一心”中国才能强盛。

(3)要不要提倡西学，改革教育制度。顽固派坚持八股取士的科举制度。维新派认为，八股取士的科举制度是一种愚民政策，它的害处是“锢智慧，坏心术，滋游手”，即闭塞人的聪明才智，不可能选拔到真才实学的人。主张变法之本“在育人才，人才之兴，在开学校，学校之立，在变科举”，只能创办新式学校。学习西方科学技术，才能培养具有真才实学的人才。

这场论战使一部分知识分子开始摆脱封建思想的束缚，从而推动了变法运动的高涨。

1898年6月11日(光绪二十四年四月二十三日)，光绪皇帝颁布“明定国是”诏书，宣布变法，到9月21日(八月初六日)慈禧太后发动政变，共103天，史称“百日维新”。6月16日(四月二十八日)，光绪召见康有为，商谈变法，命康有为任总理衙门章京上行走，特许他专折奏事。7月3日(五月十五日)，光绪召见梁启超，赏六品卿衔，专办京师大学堂和译书局的事务。9月5日(七月二十日)，授谭嗣同、刘光第、杨锐、林旭为四品卿衔，任军机处章京、负责起草上谕、批阅奏折。光绪根据康有为和其他人士的建议，在百日维新期间，一共发布了110多道维新变法的诏书、谕令，主要分政治、经济、文化、军事四个方面。

(1)政治方面。

鼓励创办报纸，给人民一定的言论出版自由。

允许大家议论中外时事，不必忌讳或禁止；批准在北京设立报馆；广开言路，提倡官民上书议论政事，不许任何人进行阻挠。

改定律例，精简机构，裁撤闲散无用的官吏。

各部院对本衙门的规章制度的条文进行检查，重新订一些简明的规章制度，切实施行；把没有用的衙门和官员裁撤掉；裁撤总督、巡抚同在一个城市的湖北、云南、广东三省巡抚，所管各事，由当地总督兼管。

允许旗人自谋生活。

取消旗人原来由国家供养的特权，让他们参加士、农、工、商等职业。

(2)经济方面。

保护和奖励农工商业。

在上海、汉口等大城市，兴办商会、农会等民间组织；大量的主要出口商品茶丝，采用西法制造，以有利于销售；鼓励商办各种工厂企业；开垦荒地。

修筑铁路，开采矿产。

卢汉铁路(北京卢沟桥至汉口)非常重要，应该赶紧兴办开工，粤汉(广州到汉口)、沪宁(上海到宁波)铁路也应该迅速开办。北京设立矿务铁路局、农工商总局，各省设立矿务局。

奖励和发展科学著作。

规定凡是能制造新机器，采用新生产方法，或能兴办学堂、藏书楼、博物院，建造枪炮厂的，合乎实用的，都给予奖赏，或根据才能授予官职；新制品，在规定年限内，准许本人专利售卖。

创办国家银行，改革财政，编制预算、决算。

对征税、厘金、军饷及收支款项等，分别进行整顿，订立章程；编制预算、决算，户部将每年出款、入款，编制表格，按月刊报，使人了解国家的财政。

(3)文化教育方面。

废除八股取士，改革考试制度。

凡国家的会试，省级的乡试及府县的生童岁科(考秀才)，以前考试用八股文，以后一律改用策论考试；各级考试定为策论、时务、四书五经三场；考试以务实为主，不以写字好坏为录取标准，在规定的考试外，新开设考试项目，即经世致用学问的“经济特科”，以选拔新政人才。

广泛设立学堂，大力提倡西学。

在各地设立各种专门学堂和中、小学堂，在北京设立大学堂(北京大学前身)，将原来的译书局并入大学堂；旧有的大小书院，一律改为兼学中学和西学的学堂；省会的书院改为高等学堂，府城的书院改为中等学堂，州县的书院改为小学堂；民间祠庙，不在规定范围之内的，一律改为学堂；还下令筹备设立铁、矿务、农务、茶务和医科等专门学堂。

派人出国游学、游历。

凡王公贵族，能留心事务，有志上进的，分别派往外国游历，增长见识；各省挑选一些学生，分别送往日本大学堂、中学堂及矿务学堂学习。

广办邮政，裁撤驿站。

在京城及通商口岸设立邮政局，各省府州县也一律举办，邮政局设立后，原来设立的驿站由总理衙门和兵部会同商议裁撤。

(4)军事方面。

精练陆军，设厂制造军火。

采用新式的方法训练陆军，开设工厂制造军火，加强国防力量。严查保甲，实行团练；裁减清朝军队中的绿营兵，淘汰军队中无用的士兵。

筹建海军，培养海军人才。

命令各省筹集款项给福州船厂，以便筹备建造兵船，添设海军；增加水师学堂学生名额，以培养海军人才。

尽管光绪皇帝没有完全按照维新派的建议实行变法，但他的新政诏令毕竟在政治上允许民间有一定的言论、出版、结社的自由，在经济上制定了一些有利于民族资本主义工商业发展的政策，在文教上提出了一些有利于改造旧学、传播西学的措施。所有这些，对开通社会风气、促进资产阶级文化思想的传播和民族资本主义工商业的发展都具有积极的作用。

光绪皇帝的新政诏令和改革措施受到维新派和开明人士的欢迎，但却遭到顽固守旧势力的强烈抵制和反对。对光绪皇帝颁布的新政诏令，除了手无实权的某些开明帝党官员表示支持，湖南巡抚陈宝箴能认真执行外，其他各省督抚则观望敷衍，甚至抵制。如湖广总督张之洞、两江总督刘坤一等采取拖延方法，直隶总督荣禄、两广总督谭钟麟竟置若罔闻。变法运动因此没有取得多少实效。

与此同时，以慈禧太后为首的封建顽固势力则加紧布置，准备反扑。变法一开始，慈禧太后就采取了针锋相对的措施。在光绪皇帝颁布变法诏令的第四天，即6月15日，慈禧太后就逼迫光绪皇帝一日之内连发三道谕旨。第一道谕旨，免去光绪皇帝师傅翁同龢的军机大臣、总理衙门大臣职务，勒令回籍，使光绪皇帝失去重要助手。第二道谕旨，规定凡授任新职的二品以上官员，必须到皇太后面前谢恩。这样早已归政的慈禧太后重新抓住了用人大权，以阻挠光绪皇帝任用维新派。第三道谕旨，任命慈禧太后的亲信荣禄署直隶总督(不久即实授)，统率董福祥的甘军、聂士成的武毅军和袁世凯的新建陆军，使后党控制了京津的兵权。与此同时慈禧太后还加强了颐和园和北京城内外的警戒，并在皇宫内布置爪牙，密切监视光绪皇帝。9月18日，御史杨崇伊向慈禧太后上密折，请她“即日训政”。19日，慈禧太后即从颐和园返回皇宫，准备政变。21日晨，慈禧太后先将光绪皇帝囚于中南海的瀛台，正式宣布重新“训政”，并下令逮捕维新派。康有为在英国人保护下逃往香港，梁启超在日本人的掩护下逃往日本。谭嗣同拒绝了人们要他出走日本的劝告，表示“各国变法，无不从流血而成，今中国未闻有因变法而流血者，此国之所以不昌也。有之，请自嗣同始”。决心一死以殉维新事业，警醒国人。9月28日(八月十三日)，谭嗣同、康广仁、杨深秀、刘光第、杨锐、林旭被害于北京菜市口。这就是著名的“戊戌六君子”。其他维新派和大批与新政有牵连的官员，有的被罢官，有的被流放。“百日维新”期间的新政措施，除京师大学堂继续存在外，其余均被取消，一切恢复旧制。至此，戊戌变法运动失败。

戊戌变法的失败，使中国丧失了一次起衰振弱的机会。究其失败的原因主要有两个方面：

第一，这场变法运动的经济基础和阶级基础较为薄弱。以康有为、梁启超为首的维新派是刚刚兴起的民族资产阶级的政治代表。中国民族资产阶级产生于19世纪六七十年代，一到戊戌变法时，虽已经过近30年发展，但却始终未能发展起来。据统计，此时万元以上的企业仅有 114 家，资本总额 1714 万余元，其中 10 万元以上的企业 43 家，10 万元以下的 11 家，5 万元以下的 60 家，分布在全国 15 个省份 44 个地区。在中国这样一个庞大的封建大帝国内，这股经济力量显然是相当微弱的。这么微弱的力量不但无力形成新的阶级，也无力形成新的阶层，更无力承担戊戌变法这样巨大的社会变革。民族资产阶级未能发展起来，维新派变法缺乏应有的阶级基础。民族资产阶级还是个弱小的阶级，不能给维新派知识分子以强大的支持，他们依靠没有实权的皇帝，形成不了一股足以使改革成功的力量。

第二，维新派在变法理论和实践上犯了错误。维新派的变法理论主要是康有为的《新学伪经考》和《孔子改制考》，前一部书把封建主义者历来认为神圣不可侵犯的某些经典宣布为伪造文献，后一部书，把本来偏于保守的孔子打扮满怀进取精神提倡尽可能平等思想观念。这种杂糅西学和今文经学构建起来的变法理论，存在着两个缺陷：一方面因其学术上的过分武断和随意附会而削弱了其说服力；另一方面从维护封建制度的传统思想中寻找理论依据来反对封建制度，无法摆脱封建思想的束缚，又影响了资产阶级社会政治学说对变法的指导作用。维新派的变法理论不用说守旧派反对，当时的一些开明人士也不赞成。

维新派在变法过程中急躁冒进，树敌过多，犯了许多策略上的错误。“百日维新”期间，光绪帝先后颁布上谕 110 余道，变法内容多达 20 余项，平均每天一道上谕，每四五天就要举办一项新政，涉及各个方面，彼此既不配合，又无后续准备。这么快的变法速度是无法实现的，各级官员“手足无措”难以应付，不久便对维新派产生强烈不满。不仅使变法措施形同具文，而且使众多的在改革产生的利益重新分配过程中受到影响的官僚士大夫，越来越聚集于反对者一边。如在废科举问题上，由于只考虑废科举的好处，未曾考虑与此有关数十万封建知识分子的生活出路问题，使其“骤失所业”，“恨康有为特甚”；在裁撤闲散衙门和冗员方面，也由于只考虑裁撤的重要，未曾考虑被裁人员的生计问题，致使“数千余人，均成失业无事”，由此造成了许多混乱。结果，变法除得到少数开明人士的支持外，一直未获得广泛的社会响应，反而反对的人越来越多，给顽固派反对变法的机会和借口，导致变法失败。

戊戌变法虽然失败了，但它在中国近代史上却具有重要的历史意义和深远的影响。

首先，戊戌变法是一次爱国救亡运动。近代中国面临反对外国侵略和本国封建势力的双重任务。维新变法活动紧紧地与挽救祖国的命运相联系。康有为的七次上皇帝书，是在三次民族危机的狂潮中出现的，第一次是中法战争后，第二次是《马关条约》签订过程中，第三次是瓜分的形势出现的时候，说明维新派的活动是和越来越严重的民族危机紧密呼应的。甲午中日战争后，梁启超、谭嗣同、严复等人，经过长期探索，付出重大代价，获得一个共同认识：要救国，只有维新，要维新，只有学外国。所以他们注意时局，关心民族命运，发表变法言论，参加变法运动。他们痛恨清政府的卖国媚外政策，开始向西方寻求救国的真理，挽救国家的危亡。他们希望中国独立富强，希望改变中国半殖民地半封建社会的地位。他们反复宣传亡国危机，号召救亡图存。这次变法，在一定程度上起了保卫民族独立、反对帝国主义侵略的积极作用，有利于激发群众的爱国热情。因此，戊戌变法运动具有强烈的爱国主义性质。

其次，戊戌变法是资产阶级维新派学习西方以改变中国积弱积贫面貌的改革运动。近代中国面临着发展资本主义的历史使命。资产阶级维新派提出了一套比较系统的完整的资产阶级政治纲领。百日维新期间，维新派通过光绪皇帝以发布诏书的方式推行他们的主张。在政治方面，清政府决意给予资产阶级知识分子一定的言论出版自由，一时出现了不少报纸和书刊，通过它们，打击了封建的官僚制度。所以，变法法令的颁布，有利于中国资产阶级分子享有参与政权的民主权利。在经济方面，维新派努力为中国民族资本主义经济进一步发展开辟道路，力求改变旧的财政制度及取消满人的寄生生活特权。变法法令颁布后，清政府开始在法律上承认民族资本主义工业，减少了一些对于中国民族资本主义发展的限制，私人工商业取得了合法的地位，并且暂时受到奖励和提倡，这一切有利于中国资本主义的发展。在文化方面，废八股，兴西学。维新派宣传的要救国，只有维新，要维新，只有学外国的思想已经深入人心，使资产阶级文化的传播取得合法的地位。随着变法法令的颁布．许多人介绍了资本主义国家的文化，促进了知识分子的思想解放，有利于西方科学技术的传播。各地还开办了一些新式的中小学堂，学习一些新的科目。出国留学成了当时的社会风气，不少青年学生前往日本学习。在军事方面，他们提倡用西法训练军队，着手统一军规、口号及军火生产。变法法令的颁布，有利于建立起全国性的新式的海军和陆军。

戊戌变法又是一次思想解放运动。维新运动期间，资产阶级维新派组织学会，创办报刊，创设学堂，大力宣传资产阶级的社会政治经济学说和思想文化，极大地冲击了封建的旧思想、旧文化。维新派提出废除八股，改革科举制度，对几千年以来的科举制度和八股文进行异常猛烈的抨击，使科举制度发生动摇，使人们从“圣经传贤”的禁锢下开始解放出来。进化论的传入动摇了“天不变，道亦不变”的顽固教条，民权思想的传播动摇了“君权神授”的专制思想。戊戌变法还影响到社会风气和习俗的变化。延续千余年的缠足陋习受到社会广泛的抨击，以不缠足、兴女学为起点的中国妇女解放运动由此起步。禁鸦片、讲卫生、剪发辫、反跪拜等新的社会风尚开始逐步为社会所认同和接受。戊戌变法在社会上起了思想启蒙作用，为资产阶级思想的传播奠定了基础。

（刘彦波）

# 86. 八国联军侵华与《辛丑条约》的签订

1898年义和团运动从山东兴起后，到1900年达到高潮，席卷直隶和京津地区，在全国范围内引起了强烈的反响。东北三省、山西、内蒙等地，义和团的斗争激烈展开，南方各省不少地方广泛展开反对外国教会侵略势力的斗争，迅速汇成了以义和团运动为中心的全国反帝风暴。

义和团运动的迅猛发展，严重威胁着帝国主义在华的侵略权益。外国侵略者看到清政府已经难以控制局势，便决定联合出兵直接镇压中国人民的反帝斗争。

1900年4月，英、德、美、法四国联合发出照会，警告清政府2个月内必须将义和团"一律剿除"，否则，列强将直接派军队"代为剿平"，同时，各国舰队也开始向大沽口外集结。1900年5月间，随着义和团运动在京律地区的迅猛发展，列强愈来愈对依靠清政府镇压义和团丧失了信心。5月28日，在英、美、德、法、俄、日、意、奥八国驻华公使会议上，列强正式议定联合出兵镇压义和团。到6月2日，八国侵略军450余人，以保护使馆为名，陆续由天津乘火车抵达北京。集结在大沽口外的各国军舰达24艘，在天津租界集结的侵略军也有2000人。6月10日，英国海军中将西摩尔率领八国联军2000多人从天津租界出发，向北京进犯。从天津到北京只需要火车几个小时的路程，联军统帅西摩尔十分自信地预计，进军将十分顺利，当晚即可到达北京。然而，事与愿违，侵略联军遭到了沿途义和团和部分清军的顽强阻击，当晚才开进到落垡。第二天，联军勉强到达廊坊附近，再也无法前进。14日，义和团包围了廊坊车站，同联军展开激战。18日，在董福祥的甘军配合下，义和团再次向联军发动猛攻，西摩尔被迫率军退往杨村。当晚，退到杨村的联军又遭到当地义和团和聂士成的武卫前军的联合围攻。西摩尔看到"进京之路，水陆俱穷"，于19日率军沿北运河向天津溃逃，沿途又遭到义和团的沉重打击，直到25日，才在英、俄援军的帮助下狼狈逃回天津租界。至此，八国联军首次进犯北京的行动以彻底失败而告终。这场以廊坊战役为核心的阻击战历时半个多月，毙伤侵略军近300人。

在西摩尔联军进犯北京的同时，列强为夺取大举入侵京津地区的滩头阵地，向大沽炮台发起了进攻，八国联军侵华战争由此正式爆发。中国守军奋起还击，激战6个小时，击伤敌舰6艘，毙伤敌军130多人。最终因弹药匮乏，又无援兵，炮台失陷，由海上通向天津的门户被打开了。

在如何处理义和团与联军入侵问题上，清政府内部出现了两种不同的主张，发生了尖锐的意见分歧。庆亲王奕劻等人主张剿杀义和团，使洋人不再派兵入京，一些地方督抚与其意见一致，坚决反对向列强宣战。而以端郡王载漪等为首的一批顽固派官僚从自身小集团的私利出发，主张利用义和团与列强对抗，以泄曾经被列强阻挠废帝立储之恨。在6月16日开始的连续几天的御前会议上，两派展开激烈的论争。会议期间，慈禧太后得到一份伪造的"外交团照会"，其内容之一是"勒令皇太后归政"，于是，她即在御前会议上提出对外宣战的主张。6 月 21 日清政府颁布“宣战”上谕，宣称“与其苟且图存，贻羞万古，孰若大张挞伐，一决雌雄”。但是这个宣战上谕，并未说明向何国宣战，也未送达任何国家，只是统一了内部思想。与此同时，清政府还颁布了正式招抚义和团的上谕。谕旨称赞义和团为“义民”，并奖予粳米和赏银。接着，清廷又任命载勋、刚毅等统领义和团，并制定“团规”予以控制。

清政府发布“宣战”上谕，并不等于说它决心抗战到底。在宣战上谕颁布的第四天，慈禧太后就给李鸿章、刘坤一、张之洞等地方督抚发去电旨，透露心迹：“朝廷慎重邦交，从不肯轻于外衅”；此次招抚义和团实一时无奈之举，因为“剿之，则即刻祸起肘腋”，“只可因而用之，徐图挽救”。接着，她又通过驻外使节向列强表白不得已宣战的“苦衷”，并卑怯地声称：“中国即不自量，亦何至与各国同时开衅，并何至恃乱民以与各国开衅。此意当为各国所深谅”；对于义和团那些“乱民”，定将“相机自行惩办”。这些言论清楚地揭穿了慈禧太后对外宣战和招抚义和团的真实用心。

虽然清政府对外宣战，长江流域与东南沿海各省的总督、巡抚却拒绝执行。两江总督刘坤一、湖广总督张之洞、两广总督李鸿章等人通过盛宣怀秘密与英、美等国谈判，于 6 月 26 日订立《东南互保章程》，宣布在他们的辖区保护外国商民和教堂，制止动乱，严拿匪徒。山东巡抚袁世凯也表赞成。“互保”范围从东南扩大到内地，共有十多个省参加，这实际上等于脱离了清政府，变相独立。它严重破坏了东南地区人民的反帝斗争，从而使帝国主义列强解除了在东南地区的后顾之忧，得以集中兵力镇压北方人民的反帝斗争。

大沽炮台失守后，义和团和驻守清军就开始了天津保卫战。在这场悲壮的保卫战中，争夺老龙头车站和紫竹林租界的战斗打得尤为激烈。7 月 13 日，联军 1 万多人分两路进攻天津，天津城内只有部分义和团和清军坚持抵抗。尽管他们力量比较单薄，但仍然十分英勇顽强。仅保卫南门一战，就打死打伤联军 750 多人，成为抗击八国联军侵华战争中歼敌最多的一仗。保卫天津的战斗一直坚持到 14 日下午，最终被侵略军攻陷。30 日，联军在天津设立了所谓“都统衙门”，对天律及附近的静海、宁河等地区实行殖民统治，直到 1902 年 8 月才撤销。

攻占天津后，8 月 4 日，八国联军以德国元帅瓦德西为联军总司令，拼凑了一支近 2 万人的侵略军，从天津出发，沿运河两岸向北京进攻。守卫北京的清军有 10 万人左右。5 日，联军攻北仓，经激战，北仓失守，联军伤亡达 400 多人。6 日，联军进攻杨村，清军顽强抵抗，终因力所不支，败退通州。在杨村附近的直隶总督荣禄“见事不可为”而自杀。眼看八国联军兵临北京，慈禧太后慌了手脚，她一面急催两广总督李鸿章北上与列强议和，一面派人与联军商议停战。侵略军不理睬清政府的停战议和要求，继续进攻。清军军心涣散，不战自溃，临时任命为帮办武卫军事务大臣的李秉衡无力约束队伍，退到通州张家湾后自杀。联军长驱直入，沿途几乎没有遇到抵抗。12 日，联军占领通州。13 日直抵北京城下。当天午夜，俄军抢先进攻东便门，接着日军进攻朝阳门、东直门。义和团和清军奋勇抵抗，打死打伤敌军三百余人。由于大队清军赶往增援朝阳门、东便门，广渠门守备空虚，英军乘机攻入城内。14 日，北京失陷。八国联军攻入北京后，义和团和部分清军仍继续拼死抵抗，与敌人巷战达一两天。15 日凌晨，慈禧太后带着光绪皇帝和少数亲信臣仆仓惶逃离北京。

从大沽口到北京，八国联军所到之处，烧杀淫掠，无恶不作，犯下了罄竹难书的滔天罪行。屠杀百姓是联军最直接、最野蛮的一种侵略暴行。在大沽，联军竟把逃难的百姓排成队，用炮弹轰击。在联军的屠杀下，塘沽这个原有 5 万多人的繁华城镇，变得“已无华人足迹”。天津城内更是尸骸遍地，海河上的漂尸“阻塞着河流”。侵占北京后，联军便开始疯狂地屠杀义和团民，仅庄王府一处就有 1700 多人被屠杀和烧死。一般的平民百姓也不能幸免，法军将一群逃难的百姓逼到一条死胡同里，用机枪全部射死。一时间，“京内尸积遍地，腐肉白骨纵横”。

伴随联军野蛮屠杀的是疯狂纵火焚烧。天津被烧得面目全非，整个城市一片火海，河东一带化作平地，西郊附近烧成废墟。除督署和海关道署外，所有的官署都被焚毁。许多商业区和民宅也在熊熊的火光中“尽付一炬”。在北京，所有设过拳坛的地方，包括王府、寺庙和民宅，都被焚烧，竟至瓦砾不存。由此蔓延开来的大火在京城内形成空前的火灾，被毁的民宅和其他建筑不计其数，到处都是残垣断壁，满目荒凉。

掠劫财物也是联军每到一处必干的暴行。在天津，仅长芦盐务署一处，就被日军抢走纹银200多万两，随后又遭到美、俄、英、法等军队的先后洗劫。俄军还从造币厂抢走几百吨存银。其他官署及钱庄、商店、工厂、仓库、民宅等，也都被劫掠一空。在北京，瓦德西特许八国联军公开抢劫三天，实际上，直到侵略军撤离之日，抢劫始终没有停止过。日军从户部抢走300万两库存白银，并将户部衙署烧掉。俄军则将凡是能够搬动的东西都抢走，搬不动的都打碎破坏。皇室宫殿和颐和园里的珍宝文物和珍本古籍，更是被洗劫一空，其中，包括翰林院藏的孤本《永乐大典》。对于八国联军的滔天罪行，连瓦德西也无法掩饰，他供认：“所有中国此次所受毁损及抢劫之损失，其详数将永远不能查出，但为数必极重大无疑。”

沙俄对中国东北地区垂涎已久，义和团运动爆发后，沙皇政府终于获得了“占据满洲的借口”，1900年7月，俄国在加入八国联军进攻津京的同时，动员了国内15万兵力，以保护铁路为名，分六路大举入侵中国东北，于10月底全部占领了东三省。沙俄侵犯我国东北期间，制造了血洗海兰泡、强占江东六十四屯、火烧瑷珲城等一连串震惊中外的惨案。

海兰泡是黑龙江畔的一个村庄，原是中国的一个居民村。1858年沙俄强迫清政府签订《瑷珲条约》后，将这里改名为布拉戈维申斯克(意为“报喜城”)。1900年，这里大约有3.8万人，半数以上是中国人，他们长期以来就在这里耕种、做工、经商。当时大小商号有500家。1900年7月16日，沙俄军队不问男女老幼强行将数千名中国居民，像关进兽栏子一样赶到了警察署。中国居民的住宅和商店随即被洗劫一空。第二天，将3000多中国居民押往海兰泡北六英里的黑龙江边，俄军“各执刀斧，东砍西劈，断尸粉骨，音震鼻酸，重伤者毙岸，轻伤者死江，未受伤者皆投水溺亡，骸骨漂溢，蔽满江岸”，泅水得免者仅80余名，从7月16日至21日，俄军在海兰泡共进行了4次大屠杀，夺去六七千中国人的生命。

江东六十四屯位于黑龙江以东、精奇里江以南，面积6600余平方公里，聚居着中国的汉、满、达斡尔等族人民。据《瑷珲条约》规定，江东六十四屯属中国政府管辖，俄国人“不得侵犯”。从7月17日开始，俄军在这里烧毁房屋，杀害居民，2000多名中国百姓，或惨死在俄军屠刀下，或被赶入黑龙江淹死。8月中旬，俄国侵略者悍然宣布江东六十四屯归俄国管辖，不准中国人居住。

八国联军侵占北京后，实行分区占领，并设立所谓的“北京管理委员会”，对北京地区实行军事殖民统治。他们成立了巡捕处和夜巡队，把捕杀、镇压义和团当作自己首要的任务。在联军的疯狂搜剿下，北京地区的义和团遭受了重大损失。与此同时，联军还以北京、天津为基地，四处扩大侵略。向东占领山海关和秦皇岛；向南侵犯保定、正定；再由正定向西侵犯获鹿、井陉、娘子关等地；向北占领宣化、张家口。

仓皇逃离北京的慈禧太后，于8月24日任命李鸿章和庆亲王奕劻为议和代表，要他们尽快与帝国主义各国进行和谈。9月7日，又发布“剿匪”上谕，正式宣布“痛剿”义和团。至此，义和团被清朝统治者彻底出卖了，中外反动势力相互勾结，联合绞杀了轰轰烈烈的义和团运动。

1900年12月24日，美、俄、日、英、德、法、意、奥8国，加上比利时、西班牙、荷兰共11国，联合向清政府提出“无可更改”的《议和大纲》12条。慈禧太后见大纲中仍保持她的统治地位，“喜过望，诏报奕劻、鸿章尽如约”，表示“所有十二条大纲，应即照允”。从1900年12月27日清政府批准议和大纲起，到《辛丑条约》签订为止，在9个多月的时间内，帝国主义列强为拟订《辛丑条约》的具体内容又进行了激烈的斗争，其焦点集中在“惩凶”和“赔款”两大问题上。关于‘惩凶”，英、德主张扩大罪犯名单，严加惩办，借机削弱沙俄对清政府的影响；俄、美、日则主张缩减罪犯名单，并从轻处理。关于“赔款”，俄、德等国主张最大限度地向中国勒索赔款；英、美、日等同则主张将赔款保持在一定的限度内，避免过度损害中国市场的购买力，以保持其在华的经济利益。帝国主义列强之间的矛盾和斗争，牵制了它们在中国的侵略行动，在一定程度上妨碍了它们实现瓜分中国的阴谋，使它们不得不采取维持清政府统治的政策，以避免相互之间的火拼。因此，在长期的斗争之后，它们又达成协议，相互勾结，共同对清政府进行新的勒索。

1901年(农历辛丑年)9月7日，11国强迫清政府签订了《辛丑条约》，另有19个附件。其主要内容有：

(一)中国向各国赔偿白银4.5亿两，分39年付清，加上年息4厘，以及地方赔款2000多万两，总数共达10亿多两。以海关税、常关税和盐税作为担保。从此，清政府的重要税收，几乎全被帝国主义控制。

(二)准许各国在北京以及北京到山海关的铁路沿线的十二个战略要地派兵驻扎；大沽炮台以及从大沽到北京沿线的炮台，一律削平；天津周围二十里之内不准中国军队驻扎。从此，帝国主义完全控制了京、津地区。

(三)划北京东交民巷为“使馆区”，中国人不得在此居住，各国派兵驻守。

(四)惩办在义和团运动中和帝国主义作对的“首祸诸臣”，永远禁止中国人成立或加入反帝性质的组织，“违者皆斩”。清朝地方官吏所辖区内如再有“违约行为”，“必须立时弹压惩办”，否则，“即行革职，永不叙用”。

(五)改总理衙门为外务部，“班列六部之前”，指定由皇族亲贵担任大臣。

《辛丑条约》是帝国主义用暴力强加给中国的又一个极端严重的不平等条约。帝国主义列强通过这个条约从政治、经济、军事等方面对中国进行了严酷的勒索与掠夺，给中国人民带来了空前的社会灾难。

政治上，辛丑以前，列强已经割去了中国的香港、台湾等部分土地，强租了一些港湾，但尚未在中国领土上合法驻军。《辛丑条约》规定，大沽等炮台被拆，军事要地被占，使清政府完全被置于帝国主义的军事控制之下。从此，列强军队可以直接镇压中国人民的反帝斗争。辛丑以前，中国已经有了列强享受种种特权的租界；《辛丑条约》规定在京设立的使馆区，实际上成了“国中之国”，成为帝国主义策划侵略中国的大本营，各国公使成为清政府的“太上皇”。惩办与帝国主义作对的官吏，禁止中国人民的反帝斗争，就是要清政府更加唯命是从，成为帝国主义镇压中国人民的鹰犬。提高外务部地位，有利于帝国主义直接进行侵略交涉。

经济上，相当于清政府12年财政总收入的巨额赔款，是中国历史上最大的一笔赔款。从此，帝国主义控制了中国全部的关税和盐税，人民的负担大大加重，社会经济处于崩溃的边缘。

精神上，以慈禧为代表的中国统治阶级，其由传统意识维系的心理防线终于被彻底摧垮。谢罪，惩凶，立碑，停试，天朝上国的妄自尊大、盲目排外，一下子变成了乞命讨饶，奴颜婢膝。统治阶级的思想即是社会的主流思想。一股崇洋媚洋的殖民地意识就这样在中国逐渐蔓延开来。就在清王朝于屈辱中没落之际，20世纪中国新的民族觉醒的标志——革命，便加速度来临了。

（刘彦波）

# 87. 康有为撰《大同书》

《大同书》是康有为的主要代表作，也是中国人研究探索未来世界的第一部空想社会主义的杰作。从19世纪五十年代到20世纪初，在科学社会主义传入中国以前，中国产生过三次空想社会主义思潮，即洪秀全的农业社会主义空想、康有为的大同社会主义空想和孙中山的民生社会主义空想。作为反抗封建剥削阶级的意识形态，反对剥削，反对私有制，实行财产公有，不仅是一切社会历史形态空想社会主义的共同特征，而且是空想社会主义与科学社会主义的联结点。而康有为的大同社会主义空想，较之洪秀全的农业社会主义空想是思想史上的一次进步。他在近代先进社会生产力的基础上构想未来，摆脱了自然经济的狭隘限制；他对旧制度的批判和对新社会的追求，是建立在资产阶级人性论与人道主义之上，而不是建立在神的祭坛上；他不再用禁欲主义和平均主义去蛊惑人心，而是用高度的物质与精神生活去引人入胜。从小生产到大生产，从神性到人性，从禁欲主义到追求人的自由和幸福，是近代中国思想的解放。康有为的《大同书》就是这种空想社会主义思潮的集大成者。

康有为原名祖诒，字广厦，号长素。1858年3月19日出生于广东省南海县银塘乡敦仁里。这是一个学者、官僚、地主三位一体的家庭，康有为自幼便接受了正规的中学教育，浸淫于传统文化的儒家经典中。由于博闻强记，过目成诵，被乡人视为神童。18岁后，到九江礼山草堂从学于著名学者朱次琦，为进一步研读经学打下扎实的基础，并养成好学深思的习惯。离开朱次琦后，康有为又在西樵山遇到了来游山的翰林院编修张鼎华，并经常去广州向张鼎华请教时事政治。张鼎华向他生动介绍了京朝风气，当时名流，各种新书以及道光、咸丰、同治三朝的掌故，使他开始接触到近代维新政治思潮，眼界为之开阔。接着又读了《西国近事汇编》《环游地球新录》等介绍西学的书和游记，西方的文物制度和政俗习惯，开始吸引他的视线。1879年(光绪五年)底，他初游香港，目睹瑰丽的宫室、整洁的道路及良好的治安，发现西人治国有法度。他开始突破“华夷之分”的传统观念，把求道的希望转向西学。两年以后路过上海，遂大购西书，探究西方国家进步原因。1888年(光绪十四年)底，康有为鉴于中法战争后出现的民族危机，以布衣身份第一次向光绪皇帝上书要求变法图强，但因被顽固派大臣阻挠，未能送达光绪帝御览。以后的几年中，康有为在广州长兴里万木草堂聚徒讲学，培养维新力量，并致力于变法理论的研究。甲午战败后，清政府被迫在1895年(光绪二十一年)与日本签订丧权辱国的《马关条约》。正在北京参加会试的康有为获悉后，悲愤交集，他以两天一夜时间赶写一份上皇帝书，在洋洋一万八千言中提出一个以加强中国国力、提高中国国际地位为目的的包括政治、经济、军事、文化等广泛内容的改革纲领。十八省赴京应试举人一千三百余人在此书上签名以示响应，这就是著名的“公车上书”。康有为的这次上书虽然也没有送达光绪皇帝手中，却冲破了清朝二百余年禁止士人干政的成规，而以后上海出版的《公车上书记》，介绍宣传这次请愿运动，使康有为的知名度大大提高，他的政治思想也得到了广泛的传播。不久，他又上清帝第三书，受到光绪帝赞许。是年八月间，康有为在北京创办《万国公报》双周刊(后改名《中外纪闻》)，并与文廷式、陈炽等人筹设带有资产阶级政党性质的政治团体——强学会。次年强学会被封后，康有为回到万木草堂继续讲学，并撰成《孔子改制考》《春秋董氏学》等书。以后他又数次上书，其中有几份上书终于被光绪皇帝看到。光绪皇帝召其见面，经数次交谈，终于为其诚意所动，下决心于1898年6月11日"诏定国是"，开始了中国近代史上著名的"百日维新"。戊戌政变失败后，康有为由北京逃沪转港，旋又离港赴日。他坚持改良主张，幻想日本和英国政府干预中国内政，扶助光绪帝重掌政权；拒绝了孙中山为首的资产阶级革命派共同合作的要求，于1899年7月组织了保皇会。此后数年间，他奔波于日本、加拿大、香港、英国之间，在政要及华侨中展开保皇与救上的宣传活动，同时写下了《春秋笔削大义微言考》《中庸注》《孟子微》《礼运注》《大学注》《论语注》《大同书》等一系列重要著作。

从戊戌变法失败后逃亡海外，到1913年12月返回广东故乡，在将近十六年的时间内，康有为曾三次环游世界，在四十多个国家和地区留下了足迹。他周游世界并非单纯的游山玩水，而是以考求政治、比较中西为"专职"，自觉担负着寻求救国药方的重任。辛亥革命后不久，袁世凯窃取了革命的果实。康有为对袁世凯政权的腐朽本质和卖国倾向，感到无法忍受，遂于1913年2月创办了《不忍》杂志。但另一方面，他又对袁世凯政府寄予了一定的希望，撰写了多篇文章，呼吁其保存和张扬国魂。所谓国魂，则集中体现在孔教之中。他授意门人陈焕章等人，于1913年底在上海发起成立了孔教会，在全国掀起了一股尊孔逆流。1917年，张勋北上拥戴清废帝复辟，康有为积极为其出谋划策。在康有为的最后十年中，他除了漫游全国各地，随处发表政论演说外，还于1918年在江苏金坛县创办了"述农公司"，在经营资本主义农场方面进行了可贵的尝试。1926年，他还在上海开办了一所天游学院，并亲自为学生讲授《诸天讲》等书。1927年3月31日，康有为病逝于青岛福山路寓所，享年七十岁。

康有为对《大同书》怀有特殊的感情，是他倾注心血最多、耗费时间最长的一部著作。康氏在《大同书成题词》自叙中说，1884年在他27岁时，因避法国军队入侵广州，居住西樵山北银塘乡之七桧园澹如楼，开始写作此书。又据《康南海自编年谱》所记，初稿完成于第二年，名曰《人类公理》。但除给梁启超、陈千秋等少数几位弟子看过外，并没有公开。至戊戌变法后流亡日本时，此书已有稿本二十余篇，并在东京向日本友人犬养毅出示过。此后稿本随康有为周游列国，至1901—1902年，在印度北部山城大吉岭，结合游历日本、加拿大、英国等国家中所感受到的资本主义制度的不足与社会危机，对原先的草稿进行了修改与增补，全书至此告成。康氏作文向以快捷闻名，吟诗作联出口成诵，洋洋论文往往一洒而就，一般论著写就即付刊印，不复踌躇摩挲。唯于《大同书》的创作与出版均有例外，不但写作时间长达数十年，几经易稿，而且虽向他人提过此书、谈论过有关"大同"的思想，却迟迟不肯出示手稿，在生前虽几经弟子如梁启超等劝说，仍不愿正式面世刊行。这里面除了体现康有为对这本书籍的珍惜态度外，或许也带有怕此书内容过于激进，不能见容于当时社会的忧虑。这正是以他为代表的资产阶级改良派既向往未来又害怕出现激烈的社会变更的思想反映。

《大同书》综合继承了中国传统的春秋"公羊三世"说和《礼运》篇的小康、大同思想，融合儒家的仁学和佛教的慈悲观念，结合当时西方的自然科学知识以及初步了解的欧洲空想社会主义包括一点儿马克思主义内容，赋予新的时代内容，构成了一个充满东方文化色彩和世界意识的大同思想体系。《大同书》全书共30卷，约20万字，分为10部，甲部《入世界观众苦》，乙部《去国界合大地》，丙部《去级界平民族》，丁部《去种界同人类》，戊部《去形界保独立》，己部《去家界为天民》，庚部《去产界公生业》，辛部《去乱界治太平》，壬部《去类界爱众生》，癸部《去苦界至极乐》。梁启超在《清代学术概论》一书中曾将《大同书》的内容概括为如下几个方面：无国家，全世界置一总政府，分若干区域；总政府及区政府皆由民选；无家族，男女同栖不得逾一年，届期须易人；妇女有身孕者入胎教院，儿童出胎者入育婴院；儿童按年龄入蒙养院及各级学校；成年后由政府指派分任农工等生产事业；病则入养病院，老则入养老院；胎教、育婴、蒙养、养病、养老诸院，为各区最高之设备，入者得最高之享乐；成年男女，例须以若干年服役于此诸院，若今世之兵役然；设公共宿舍、公共食堂，有等差，各以其劳作自由享用；警惰为最严之刑罚；学术上有新发明者及在胎教等五院有特别劳绩者，得殊奖；死则火葬，火葬场比邻为肥料工厂。

康有为认为，人类社会是不断发展变化的，其发展将经历三个阶段："据乱世""升平世""太平世"。"据乱世"是人类社会发展的初级阶段，这一时期充满无穷无尽的灾难，中国正处于据乱世的末期。"据乱世"必定会为"升平世"所取代，即为资本主义社会取代，君主专制制度必将为君主立宪制度和民主共和制度所取代。但资本主义社会也不是人类社会的最后发展阶段，它也存在许多缺点和弊端，因而"升平世"也终将为"太平世"所取代，人类最终会走向大同社会，即一种尽善尽美的社会。康氏以民主主义的平等精神和某些社会主义的空想，用他的彩笔，勾画出一幅人类未来社会的美景——大同世界的蓝图，具有进步的意义和深远的影响。

《大同书》全文在康有为生前没有刊印，其中甲、乙两部最早刊载于1913年的《不忍》杂志。后于1919年由长兴书局将此两部印成单行本，书名《大同书》。但对于其余八部，一直没有续刊。直至康氏逝世后八年，即1935年，才由其弟子钱定安将全书交中华书局出版。中华人民共和国成立之后，古籍出版社对原稿进行整理修改，重印《大同书》。但由于十年"内乱"，这一版本在20世纪70年代后即已难以寻找。1994年辽宁人民出版社于《中国启蒙思想文库》中收入《大同书》，由邝柏林先生承担此书的整理。2005年，上海古籍出版社将《大同书》收入《蓬莱阁丛书》中出版，由汤志钧先生导读。

《大同书》是康有为毕生最伟大的力作，是他政治思想发展的最高峰，被梁启超誉为思想学术界的"大地震"。他以丰富的想像描绘未来人类社会的美妙图景，在当时不愧为天才的杰作，具有重大的进步意义和历史意义。首先，它是康有为维新思想理论的重要组成部分，为维新运动创立了光辉的前景，在那极端黑暗的年代引导人们去追求光明前途，给维新派以新的思想武装，鼓舞其为资产阶级改革事业而奋斗，对维新运动起到了很大的推进作用。陈千秋、梁启超等弟子读此书稿"喜欲狂"，激动地向同窗宣传，以致"此后万木草堂学徒多言大同矣"。湖南维新派谭嗣同等人也受到大同思想的极大鼓舞，他说："南海先生传孔门不传之心学，阐五洲大同之公理，三代以还一人，孔子之外无偶"，从此"亦盛言大同"，可见它对维新派的巨大鼓舞作用。其次，《大同书》是中国历史上第一部从各方面尖锐批判私有制度的著作，对劳动人民寄予同情，这是很大的进步，对提高人们对剥削制度的认识有积极作用。再次，竭力宣扬资产阶级天赋人权，平等独立，充满着资产阶级民主主义和自由主义思想，洋溢着反传统的战斗精神。大同社会是一个自由民主、平等博爱、文明高尚的理想社会，《大同书》是对人类公理、正义、平等、自由的赞美诗，对剥削制度罪恶的控诉书，激励着人们为民主自由而斗争。

总之，《大同书》是一本有着丰富的内涵，能较全面而系统地反映康有为思想境界与理论深度的著作，具有重大的思想价值和历史意义。直至今天，仍值得我们重新研读，细细品味。

（江莉莉）

# 88. 晚清四大谴责小说的问世

清代末期，中国动乱不止，此起彼伏的民众反抗运动等虽被镇压，但也大大伤了清帝国的元气。同时，清政府在对外国列强交涉和作战中屡屡受挫。面对内忧外患，积重难返的中国社会可谓处于一个最混浊黑暗的时期，而政治则尤其腐朽不堪。在这样的历史背景下，从 1903 年以后，陆续出现了一些批判谴责现实的文艺作品。由于小说这种直白的体裁很适合揭露弊恶，且又能为时人所接受，因此这些文学作品中以小说的成就为高。其中，被鲁迅评为"清末四大谴责小说"的《官场现形记》《二十年目睹之怪现状》《老残游记》《孽海花》最为著名。

这四部小说的共同之处是，它们都反映出当时的知识分子对改造社会的急切盼望。此外，这四本书的风格直白，内容也有言过其实之处，因此鲁迅认为有必要区别于"讽刺小说"，而称其为"谴责小说"。值得注意的是，这四部书的作者全都生活在中国东南部。其中《官场现形记》的作者李伯元是江苏武进（今常州市）人；《二十年目睹之怪现状》的作者吴趼人原籍广东南海；《老残游记》的作者刘鹗生在江苏丹徒（今镇江市）；《孽海花》的作者曾朴则是江苏常熟人。这主要是由于东南部是资产阶级改良派和民主革命派的活动中心，思想比较活跃，文化比较繁荣，当时的知识分子将他们的所见所闻以小说的形式记录了下来。因此，了解这四部小说的问世背景，有助于更深刻地理解中国近代的历史变迁。

《官场现形记》的作者李伯元，名宝嘉，别号南亭亭长，曾用过笔名游戏主人、讴歌变俗人等；江苏武进县人；生于 1867 年（同治六年），1906 年（光绪三十二年）逝于痨病，去世时年仅 40 岁。李伯元年少即擅长制艺诗赋，曾以第一名考上秀才，但是后来考举多次失败。他写小说成名的时候，曾被人荐举，认为他符合当时报考"经济特科"的资格，但被李伯元拒绝。对科举仕途失望的李伯元而于 1896 年开始转投报业，先后办有《指南报》、《游戏报》、《世界繁华报》，曾受商务印书馆的委托任《绣像小说》的主编。

1903 年 4 月起，李伯元在自己创办的《世界繁华报》上开始连载《官场现形记》，每连载 12 回汇为一编，到 1906 年全书出版了五编，共 60 回。原书按预定本应共写十编，但因李伯元的健康原因而停笔，小说并没有最后结局。写这部小说的动机，用李伯元自己的话来说是："中国官场魑魅魍魉靡所不有，实为世界一大污点。然数千年以来，从未有人为之发其奸而摘其覆者，有之，则自南亭此书始。"换言之，李伯元想要为揭露官场弊病开一个先河。庚子之变发生之后，人们开始认为清政府"不足与图治"。随后，慈禧颁布新政，曾一度挽回知识分子对清政府的信心，但是不久后人们便发现所谓"新政"不过是一场伪改革的骗局，于是对清政府更加失望。李伯元一方面对清政府的腐败强烈不满，另一方面也不赞同一些维新派的"假文明"。他的《官场现形记》正是在这个时期写下的。

《官场现形记》的内容由多个故事组成，书中人物多数影射的是一些现实人物，只是经过了改名换姓。

李伯元本人在上海办报纸业，与各界交往必不可少，因此小说的取材多来自于身边的真人真事。比如“华中堂”影射荣禄，“黑大叔”暗指李莲英。对此李伯元的族弟李锡奇证实说：“《官场现形记》所写种种，大多实有其人，实有其事。”李伯元笔下的官员，自上到下，从皇帝、太后、中枢重臣到典史小官，无一不贪，而且多是手段卑鄙龌龊之致，令人发指。他们为了做官，低声下气，卑躬屈节；金钱名誉，妻亲色相，全都可以牺牲；或侵吞公款，贪赃枉法；或卖官鬻爵，大发横财；或名“剿匪”，实则害民；或冒名得官，寡廉鲜耻；或媚外惧洋，奴性十足。李伯元将清末官场的腐败以一种夸张的手法描绘出来，但也并非单纯只是罗列这些现象以迎合读者，而是想要更深一步地探讨官场腐败现象的根源。小说在第60回最后写道：“中国一向是专制政体，普天下的百姓都是怕官的。”一语点出小说的中心，对官场制度和专制制度加以严厉地批判，同时也是批判了中国人根深蒂固的“官本位”思想。

《官场现形记》是被称为“谴责小说”的第一部作品，也是一部代表性的作品。这部小说结构上模仿并承接了作为“讽刺小说”代表的《儒林外史》，引领了之后“谴责小说”潮流的产生和繁盛。“四大谴责小说”中的另外三部，《二十年目睹之怪现状》、《老残游记》和《孽海花》起初也都是于1903年以后相继分别连载于《新小说》《绣像小说》《江苏》等杂志上。因此1903年可以说是谴责小说诞生的一年。此后的“谴责小说”都是多少受到了《官场现形记》的影响或启发而作。

《二十年目睹之怪现状》作者吴沃尧，字茧人，后改为趼人，后世习惯以吴趼人称之。吴趼人生于广东南海，居住在佛山镇，故笔名称“我佛山人”。他生于1866年(同治五年)，1910年在上海逝世。吴趼人生于没落的官宦家庭，18岁时到上海谋生，期间常常为《上海日报》投稿，曾在茶馆做伙计，后又至江南制造局做抄写工作。一次他从书坊上见到半部《归有光文集》，对之爱不释手，由此萌发了创作小说的冲动。后到日本，此时正逢1902年梁启超在日本横滨创办《新小说》，吴趼人于是开始作小说，其中《二十年目睹之怪现状》就是在1903年开始连载的。此后他曾赴汉口任美国人所办的报纸《楚报》的主编，时值美国通过“排华法案”，对华工实行限制和歧视政策，中国上下兴起一阵反对美国“排华法案”的运动。吴趼人因此辞职回到上海，担任汪维甫创办的《月月小说》主编职务。

吴趼人在书中第一回以第三者的口吻写到“九死一生”将《二十年目睹之怪现状》“寄日本横滨市山下町百六十番新小说社”，已经暗示了这是一部具有自传色彩的作品。书中曾以自我介绍的口吻说：“叫个甚么九死一生呢？只因我出来应世的二十年中，回头想来，所遇见的只有三种东西：第一种是虫蛇鼠蚁，第二种是豺狼虎豹，第三种是魑魅魍魉。”而小说的内容正是验证作者所言，该小说写一个自称“九死一生”的人，也就是“我”二十年间的经历，通过讲述种种令人难以置信的荒唐“现状”，描绘了一个没落帝国黑暗、腐败的画卷。

小说的故事主线是从1884年开始，到1904年结束。1884年时值爆发中法战争，刺激了资产阶级改良派对国家安危的忧虑，也正是在这一年，康有为第一次上书光绪帝，标志着资产阶级改良派开始登上历史政治舞台。甲午中日战争后，清政府与日本签订了《马关条约》，随后1898年由资产阶级改良派发动的戊戌变法失败，标志着资产阶级改良运动的落幕，这个阶段一直持续到1905年中国革命同盟会成立。而《二十年目睹之怪现状》所描述的二十年，正是处于这一段历史。改良派在这段时间里，曾经起到了广泛的影响；而当同盟会成立以后，历史的主流就已经倾向于革命派。该书开始连载的时间1903年正好是在这二十多年的末尾，那时，改良的希望已经破灭，国家处于危急存亡之际。作者在那样的时候，回顾自己二十多年的所见所闻，心里充满了悲凉。小说开头作者称：“不知此茫茫大地，何处方可容身，一阵的心如死灰，便生了个谢绝人世的念头。”小说最后一回的标题用“风流云散怪现状收场”暗示了那个早已腐坏的社会即将彻底的崩溃。而在小说的最后，作者写道：“悲欢离合廿年事，隆替兴亡一梦中。”对过去的二十年恍若隔世，表现出对现实的无可奈何，只好用“一梦”来聊以自嘲和安慰。

《二十年目睹之怪现状》不仅写官场上的事件，也涉及社会上三教九流各色各样的现象，只要是“怪”的，都成为吴趼人的写作素材，但重点还是揭露官场的黑暗腐朽。作品通过对这些“怪现状”的描写，反映了当时的社会制度已经到了无可救药的地步。书中也塑造了一些正面人物。他们对现实不满，有正义感。但他们共同的特点是都不敢站起来直接反对政治制度，只想通过保守的方法去实现目标，但都郁郁不得志。在当时的时代背景下，这样的描写其实是暗示了温和的改良派已经无力改变濒临彻底崩溃的社会制度。

吴趼人对于近代文学，最推崇吴敬梓的《儒林外史》，和李伯元的《官场现形记》一样，《二十年目睹之怪现状》受到了《儒林外史》的深刻影响。

《老残游记》作者刘鹗，原名孟鹏，字铁云，写该书时署笔名为“洪都百炼生”。刘鹗祖籍江苏丹徒，生于1857年（咸丰七年），1909年（宣统元年）于流放中去世在新疆迪化（今乌鲁木齐）。刘鹗少精数学、医学、水利和甲骨学，曾在上海行医，不久又弃医从商。光绪年间，黄河决口，刘鹗投效湖南巡抚吴大澂，因治河有功而逐步被提为知府。他深受洋务派和太谷学派的影响，热衷于振兴工商业，在北京两年，曾上书朝廷借外资在山西修筑铁路和开矿，但是事成之后却被世人斥为汉奸。庚子国变中八国联军侵入北京时，刘鹗以低价向俄军购买太仓储谷赈济灾民。因此在1905年（光绪三十四年）遭到弹劾，以“通洋”和“私售仓粟”罪遭捕，从此被流放新疆直到去世。

从刘鹗生平的作为和著述来看，他的身份主要是一位实业家，同时也是位多才多艺的学者，而非职业作家，但他主要是以文学家之名传于世。《老残游记》是他最主要的作品，全书共20回，1903年（光绪二十九年）发表于《绣像小说》半月刊上，到13回因故中止，后重载于《天津日日新闻》，才全部刊完。《老残游记》写作的动机原本只是赠阅于友人，可以说是一部无心插柳之作，所以文学家只是他在后人眼里的定位，但人们却往往忽略了他的实业家的身份及其意义。

关于《老残游记》一题的来历，刘鹗曾说：“棋局已残，吾人将老，欲不哭泣也得乎?”表现出对王朝末世、人民疾苦以及对自身壮志未酬的悲叹。小说主角是被称作老残的江湖医生铁英，刘鹗本人也确实曾经悬壶行医，从这层联系可以看出这部小说与《二十年目睹之怪现状》类似，有自传作品的痕迹。《老残游记》创作于1903年至1906年之间，这是改良派走下历史舞台，革命派逐渐占据主导的时代，社会处在风云际变的时期，因此这部作品的创作是夹杂着复杂的感情的。作者在《自叙》中说：“吾人生今之时，有身世之感情，有家国之感情，有社会之感情，有种教之感情。其感情愈深者，其哭泣愈痛：此洪都百炼生所以有《老残游记》之作也。”其时正值时代潮流是革命不可避免，然而刘鹗仍然抱着实业救国的洋务运动派的想法，从而思想上落后于时代的步伐。刘鹗一方面已经对旧社会感到失望，另一方面又对未知的前途没有信心，这种矛盾心理自始至终体现在整部小说中。

《老残游记》的一个鲜明特点是“揭清官之恶”。当时社会上多数人只是将种种流弊现象归于“贪官”之过，如四大谴责小说中其他三部作品所描写的官员几乎全都是贪赃枉法之辈。但刘鹗在小说中写道：“赃官可恨，人人知之；清官尤可恨，人多不知。盖赃官自知有病，不敢公然为非；清官则自以为我不要钱，何所不可，刚愎自用，小则杀人，大则误国。”《老残游记》中刻画了一些“清官”的形象，他们虽然不贪图钱财，但却同样有意或无意为害着人民。换言之，刘鹗认为社会的现状不仅仅是因为存在着贪官，更深的原因在于清政府吏治本身的弊端。但是，刘鹗虽然看见了这一点，却并没有提出有改革意义的解决方法，而是将希望寄托于“真正的清官”身上，后来的历史经验证实了这是一个不可靠的幻想。

《老残游记》是在一个社会处于变革时期的特殊时代背景下创作的，当时知识分子对社会的心态充满进退两难的矛盾，因此该小说既有进步的思想，又有保守的一面。在这个特殊的时期，文学也正经历着历史的嬗变，刘鹗的《老残游记》于此时脱颖而出，不同于其他的谴责小说刻意模仿《儒林外史》，而是使用一种独特的结构和叙事方法，因而被人誉为“新文学的前驱，旧文学的收场。”

《孽海花》原著是由“爱自由者起发，东亚病夫编述”，即由前者拟好小说的开头，又由后者接续下去。爱自由者即金天翮(1874—1947年)原名懋基，字松岑，号壮游，又名金一，后名天翮、天羽，号鹤望，笔名麒麟、天放楼主人、爱自由者，江苏吴江人。金天翮于1903年起，应《江苏》杂志邀稿，写了《孽海花》前6回，后来转交给好友曾朴修改和续写。由于本小说大部分的内容是由曾朴完成的，因而后世一般将《孽海花》标为曾朴所作。

曾朴(1872—1935年)，初名太朴，字孟朴，号铭珊，江苏常熟人，东亚病夫即曾朴的笔名。和《官场现形记》作者李伯元不同的是，曾朴于1892年中举，但却在进京应试中因“试卷墨污”而落榜。曾朴随后捐了一个内阁中书的小官职，留在了北京，因此有直接参与政治活动的经验，对朝野政事比较了解。在这段历程中，曾朴渐渐地接受了资产阶级改良派的主张，还向陈季同学习法国文学。后来曾朴1904年开设小说林书社，并于1907年开始创办《小说林》杂志，同时也亲自创作小说和翻译法国小说作品，《孽海花》的前25回就是在这段时期写下的。从1908年起，曾朴开始走上政坛，因此小说的撰写暂时中断。直到1927年卸下职务返回文坛，创办了《真美善》杂志，才重新开始续写《孽海花》，到1930年共写了35回，可惜的是全书还并没有最终收尾，作者就因年老体衰而无力继续将其全部完成。

金天翮最初将《孽海花》定位为一部“政治小说”，他在《爱自由者撰译书广告中》中写道：“此书述赛金花一生历史，而内容包含中俄交涉，帕米尔界约事件，俄国虚无党事件，东三省事件，最近上海革命事件，东京义勇队事件，广西事件，日俄交涉事件，以至今俄国复据东三省止，又含无数掌故，学理，轶事，遗闻。”可见此书最初计划是一部揭露中俄政治事件的小说，但金天翮所设想的《孽海花》并未完成。曾朴接手了续写工作后，认为该小说题材很好，但是格局狭隘，希望将之修改使其“尽量容纳近三十年来的历史”。金天翮认为自己原本不擅长写小说，于是就将《孽海花》全权委托给曾朴。曾朴随后伏案三月，将金天翮写的前6回进行了修改，又一口气完成了《孽海花》前20回，并分两集，每10回为一集，于1905年由日本东京翔鸾社分别于1月和8月出版发行。到1930年，曾朴已经续写到了35回，又将21回到30回合为一集出版，但是31回到35回却是直到1962年才由中华书局作为增订本的附录收入。

曾朴所续写的《孽海花》，实际上由金天翮最初定位的“政治小说”转变成了一部视野更为广阔的“历史小说”，这样的格局设置，可能与曾朴对法国文学特别是如《巴黎圣母院》这样的典型历史小说的研究有密切的关系。《孽海花》中的人物很多都以真实存在之人为原型，如“金雯青”暗指洪钧，“唐犹辉”影射的是康有为，“威毅伯”便是李鸿章。因而林纾说：“《孽海花》非小说也，乃二十年之历史也。”

因为《孽海花》并未全部完成，于是其先后出现了三部续作。其一是《碧血幕》，包天笑撰，1907年在《小说林》刊发，但没有完成。其二是《新孽海花》，作者陵士谔。该书从原本《孽海花》第20回开始续写，回目完全沿袭曾朴和金松岑起初所拟订的标题。其三是张鸿的《续孽海花》。张鸿是受曾朴之托而作此续书，衔接真美善社版本的《孽海花》，从31回续写至60回，主要描绘了戊戌变法和庚子事变两大历史事件，其续写水平较高。此书于 1943 年由真美善书店出版。

《孽海花》一书富有文采，在对现实讽刺谴责的同时也不失真实，由于曾朴的翻译家背景，小说还借鉴了西方文学的优点，在叙事写人和语言方面表现出新的特点。曾朴的《孽海花》是四大谴责小说中文学成就较高的作品。

（金霖）

# 89. 京师同文馆的建立

京师同文馆，又称“同文馆”，是洋务运动中兴办的第一所专门为清政府培养外交翻译人才的外国语学校，它是近代中国被动开放的产物，也是中国近代高等教育的开端。

鸦片战争之后，随着中外交涉活动的日益频繁，清政府的对外商务和政务都急需大量能与外国人打交道的“译员”和“通事”。尤其是1858年签订的《中英天津条约续约》第五十款中明确规定：“1. 嗣后英国文书据用英文书写；2. 暂时仍以汉文配送；3. 自今以后，遇有文辞辩论之处，总以英文为正义”。1860年10月，英、法联军攻陷北京后签订的《北京条约》进一步确定了《天津条约》的各项条款。面对这一歧视性的规定，清政府中的洋务派深感培养翻译人才的紧迫性和重要性。1861年1月13日(咸丰十年十二月三日)，清政府主持外交事务的恭亲王奕䜣等人奏请设立同文馆以培养翻译和外交人才。在奏折中，奕䜣力陈设立同文馆的迫切性：“查与外国交涉事件，必先识其性情。今语言不通，文难辨，一切隔膜，安望其能妥协！从前俄罗斯馆文字，曾例定设立文馆学习，有深意；今日久视为具文，未能通晓，似宜量为鼓舞，以资观感。闻广东、上海商人，有专习英、法、美三国文字语言之人，请饬各省督抚挑选诚实可靠者，每省各派二人，共派四人，携带各国书籍来京，并于八旗中挑选天资聪慧，年在十三四以下者各四五人，俾资学习”(《筹办夷务始末》咸丰朝卷七十一，中华书局1979年版)。同年1月20日上谕核定批准成立同文馆。但因一时找不到合适的外语教习，同文馆迟迟没有开课。后经英国公使威妥玛推荐，聘请英国传教士包尔腾(Rev. J. S. Burdon)为英文教习，顺天人徐树林担任汉文教习。1862年6月11日(同治元年五月十五日)京师同文馆在北京东堂子胡同的总理衙门内正式开课。为了防止包尔腾趁机传教，事先规定“只学语言文字，不准传教”，并嘱咐汉文教习负责稽查。

京师同文馆开设之处，只设有英文馆，第二年添设俄文馆和法文馆，各馆学生均为10名，都是从八旗子弟中挑选出的年龄在15岁以下的少年儿童。1867年，随着各地洋务事业的不断开展，洋务官员日益感到培养科技人才的重要性，于是有人倡议在学习外国语言文字的同时，兼学西洋格致之学。1866年12月，奕䜣上奏清廷，提出在京师同文馆内设置天文、算学馆的请求。1867年，京师同文馆又增设天文算学馆，招取30岁以下，科举出身的五品京外官员入馆学习。自此以后，京师同文馆就成了一所综合性的专科学校。直至1902年，京师同文馆被归入京师大学堂后，改称译学馆。

京师同文馆作为中国近代教育的发轫或开端，无论从教育培养目标、教育内容和方式上，还是从师资、生源、教育管理与评价体制等方面都显示出与中国固有的传统教育有着明显不同。

就教育培养目标而言，京师同文馆以培养外语人才和近代科技人才为其教育的主要目标。奕䜣等人在最初设立同文馆的奏折中明确指出：“臣等伏思：欲悉各国情形，必先谙其语言文字，方不受人欺蒙。各国均以重赀聘请中国人讲解文义，而中国迄无熟悉外国语言文字之人，恐无以悉其底蕴”(《筹办夷务始末·同治朝》卷八)。为此，奕䜣在给咸丰的一篇奏折中，清楚地表明了设立同文馆的目的和意义。即在“夷祸之烈极矣”而又“剿亦害，抚亦害”的情势下，为了“与外国交涉事件”和“识其性情”，改变在中外交往中“语言不通，文字难辨”的被动局面，有必要仿照前此设立的俄罗斯馆模式，开办一个以英文、法文等为主的“文馆”，以培养新的翻译人才和外交人才。

京师同文馆开设的第二年，以奕䜣为代表的洋务派认为要“自强”，就不能仅仅学习外国的语言文字，还要学习西方的“制造机器各法”，即科学技术等。因为“洋人制造机器、火器等件，以及行船、行军，无一不自天文、算学中来。现在上海、浙江等处，讲求轮船各项，若不从根本上用着实功夫，即学习皮毛，仍无俾于实用”。为此，奕䜣等人建议添设天文算学馆，以培养科技人才。至此，京师同文馆也不再是单纯地培养翻译和外交人才的学校，而是能够培养科技人才的综合性学校，并已成为洋务派实现其自强求富的目标的人才储备库。

京师同文馆的教育培养目标决定着其教育内容。京师同文馆开馆之初，为了适应培养外语人才的需要，课程主要以外语和汉文为主。1866年之后，随着洋务派人士的对科技人才需求的增加，课程设置开始发生变化；1866年，时任京师同文馆的总教习丁韪良开始了万国公法；1867年，随着天文馆和算学馆的开设，京师同文馆陆续开设了一些“西艺”课程，如数学、医学、生理学、化学等；1876年，按八年制和五年制京师同文馆拟定了分年课程计划，具体规定如下：“年次八年制课程规划五年制课程规划第一年认字写字。浅解辞句。讲解浅书。数理启蒙。九章算法。代数学。第二年讲解浅书。练习文法。翻译条子。学四元解。几何原本。平三角、弧三角。第三年讲各国地图。读各国史略。翻译选编。格物入门。兼讲化学。重学测算。第四年数理启蒙。代数学。翻译公文。微分积分。航海测算。天文测算。讲求机器。第五年讲求格物。几何原本。平三角。弧三角。练习译书。万国公法。富国策。天文测地理金石。第六年讲求机器。微分积分。航海测算。练习译书。第七年讲求化学。天文测算。万国公法。练习译书。第八年天文测算。地理金石。富国策。练习译书。”

这一课程规划表明，“西学”已经在实际上成为京师同文馆的主要学习内容，而改变了长期以来中国传统教育以儒家经典为主要内容的格局，从而为中国教育的近代化奠定了基础。

京师同文馆在教习的遴选与学生的入学资格上，都显示出与传统教育的不同。京师同文馆设立之初，其教习就由总理衙门亲自挑选和任命，故担任同文馆教授的中西教习均有较高的学识修养。自1862年到1898年底，京师同文馆先后聘请中外教习86人(不包括副教习)。其中外国人54人，大多是从传教士中聘请的，主要担任外语、天文、化学、格致、医学、万国公法等方面的教学任务。这些外国传教士大多接受过高等教育。据有关学者统计，在京师同文馆先后聘用过的54名外国教习中，至少有8人曾获得博士学位。其余的外国教习也分别获得过硕士或学士学位。尤其是总教习丁韪良堪称学贯西中的学术大师，在当时的中西学术界和政界都拥有良好的声誉。

而30名中国教习，主要承担汉文、算学方面的课程。这些中国教习最初通过采访、咨传，后来通过考试等方式从八旗官学候补教习中挑选出来，他们在来馆之前均已具有被国家最高文教机关认可的“资格”，且经礼部备案。如最初的英、法、俄三馆汉语教习徐澍琳、张旭升、杨亦铭，都被奕䜣评价为“人品较优”“品学均尚端粹，堪膺斯选”。首任算学教习李善兰更是当时国内科学界首屈一指的著名学者。

同文馆生源主要有三种类型：一是从八旗子弟中选择的年在15岁左右的“资质聪慧”者；二是通过招考

来的学生，1867 年从科甲正途(包括举人、五贡、翰林及五品以下进士)招得 30 名，最终留下 10 名。1885 年招考范围扩大到不分满汉，凡年在 15 岁至 25 岁之文理通顺者，不论年龄，只要平时讲求天文算学及西国语言文字之举贡生监；三是由上海广方言馆和广东同文馆保送的优秀学生。事实上，在京师同文馆初创时，由于生源不足，由有关官僚、馆内教习甚至资深学生引荐而直接入馆的学生也不少。

京师同文馆在学生待遇和出路方面体现了奕䜣当初"厚给薪水以期专致"，"优加奖叙以资鼓励"的思想。对于额内学生，清政府根据入学的年限，成绩的优劣，是否担任副教习而将学生分成不同的等级，给予津贴补助。补助的额度为：月津贴 3 两、6 两和 15 两银子不等，对于住馆的学生，同文馆还免费供应饮食和其他生活用品；额外学生不享受津贴。

京师同文馆培养的学生开始主要以外语人才为主，所以毕业生大多从事涉外工作，如海关、翻译和外交使节等。但随着洋务事业的发展和同文馆培养目标的调整，学生的出路也随之发生变化，学生到政府机构、军事部门、新式教育和实业部门任职者占大多数，也有一些参加科举而获取功名，或被送往国外进一步深造的。

此外，京师同文馆在教育管理与评价体系上也改变了中国传统的单一教育、教学模式建立了多样化和系统化的教育体系。

京师同文馆改变了中国传统的个别授课制度，采取了班级授课制。在教学过程中重视直观演示、实验和实习等新型教学方式的使用，加强了学生之间的交流，有利于培养学生的集体意识，培养社会交往能力。京师同文馆还注重培养学生利用所学的知识去发现和解决实际问题的能力，教习将西文功底比较扎实的学生组成翻译班子，专门为总理衙门翻译各种照会、电报和公文。为了让学生能尽快适应对外交涉活动，同文馆还规定，每个外语馆均需有学生共同组成口译班子，轮流当班，随时听候总理衙门的使唤。如遇中外交涉事件，有关语种的学生必须跟随总理衙门的大臣赶赴交涉现场，或直接担任交涉翻译，或作翻译见习。这种注重学生实用能力的教育方式，对提高学生的外语能力有很大帮助。

京师同文馆对学生以月考、季考和岁考来督促和检查学生的学业。每月初一日举行月课；二、五、八、十一月初一日举行季考；每年十月初十日前举行岁试。每届三年举行一次大考，由总理各国事务衙门主持。考试内容以外语和"西学"即算术、格物、化学、天文和万国公法为主。考试成绩作为学生授官或降革的主要依据。考试成绩优秀的学生能够直接被授予官职。

京师同文馆制订了严谨、明确的规章制度，明确了学生和教师之间的权利和义务。早在京师同文馆初建之时，奕䜣即以章程的形式明确提出了"学生以资练习也，分设教习以专训课也"的基本规则，由此强调学生的任务是学习，不再对老师负有其他世俗上的义务。教师也只是负责教好他自己所负责的那门课程，不再对学生除学习以外的事务负责。从而打破了"一日为师，终生为父"的封建式的师生关系，建立起了纯粹以传授知识为目的的新型师生关系。1898 年(光绪二十四年)，在原有条例的基础之上，同文馆又新增了八条馆规，规定："汉、洋各教习及副教习，有成就人才之责，或其督课不力，任听学生因循怠玩者，即著提调随时稽查，会同总教习商酌核办，其汉教习即著回堂查办。如学生中有不遵教习和副教习指教者，立即斥退，以肃馆规。"

此外，京师同文馆还采取了分馆教学的模式，按照专业的不同把学生编入不同的馆中进行学习。这在中国教育史上是一次重大的革新。初步实现了因材施教，能够使学生学到对其有用的知识。

以京师同文馆为代表的洋务教育思潮是中国近代第一个“开眼看世界”的教育思潮，开启了中国教育近代化的进程，将早期维新派“师夷长技”的思想付诸实践。京师同文馆传播了西方近代的资本主义文化和教育理念，培养了维新人才，直接为中国教育的近代化作了铺垫，间接为中国经济、政治和军事的近代化作了贡献，从这个意义上而言，京师同文馆可以称作是中国近代教育的开端。

（郭娅）

# 90. 京师图书馆的建立

京师图书馆是我国国家图书馆的前身。它的创建标志着中国近代图书馆事业的起步。

京师图书馆的建立是维新人士积极倡导和推动的结果。戊戌变法前夕，一些受西方文化影响的有识之士，开始倡言仿效西方，建立公共图书机构。当时的两江总督端方、湖南巡抚庞鸿书等人，就曾经为各自所在省区建立图书馆向清政府上过奏折。端方在其奏折中明确提出，“窃维强国利民，莫先于教育，而图书馆实为教育之母。近百年来，欧美大邦，兴学称盛，凡名都举埠，皆有官建图书馆。闳博辉丽，观书者日千百人，所以开益神智，增进文明，意至善也。奴才奏使所至，览其藏书之盛，叹为巨观。回毕后敬陈各国导民善法四端，奏恳次第举办，而以建筑图书馆为善法之首”(《政治官报》册十)。1903年时任湖广总督的张之洞进京修学制时，也提出了建立图书馆的主张。正是在这些维新人士的奔走呼号之下，1905年(光绪三十一年)，清政府在湖南建立了全国第一个图书馆。次年，清政府命各省兴办图书馆。1907年(光绪三十三年)，张之洞调任军机大臣，以体仁阁大学士兼掌学部。在这期间，张之洞积极推动了京师图书馆的筹建。1908年春，张之洞在其筹备立宪所上的奏折中，明确提出了在1909年(宣统元年)开办京师图书馆的建议。同年4月24日，学部向宣统皇帝递交了《筹建京师图书馆折》，提出了京师图书馆的创建原则：“惟是图书馆为学之渊薮，京师尤系天下视听，规模必求宏远，搜罗必极精详，庶足以供多士之研求，昭同文之盛治。”同时确定了“京师创建图书馆，实为全国儒林冠冕，尤当旁搜博采，以存国粹而惠士林”的采书方针。这一奏折于同年9月9日获宣统皇帝奏准。在京师图书馆创建原则和采书方针的指导下，张之洞开始积极搜集、抄录民间私人藏书，他不仅将湖州姚觐元“咫进斋”和扬州徐乃昌“积学斋”私人藏书搜集入京，而且将常熟瞿氏铁琴铜剑楼的藏书雇人将其中的若干种书抄成副本，原本供于京师。不仅如此，他还奏请将皇家内阁大库、翰林院、热河避暑山庄及学府所珍藏的有关书籍一并交京师图书馆，并建议在德胜门内(今积水潭汇通祠附近)修建馆舍，临时租用什刹海北岸广化寺筹备开馆事宜。另奏调四品卿衔儒林院编修缪荃孙为筹建中的京师图书馆的正监督，徐坊为副监督，杨熊祥为提调。其后，京师图书馆筹备处在北京什刹海的广化寺(鼓楼西鸦儿胡同内)正式挂牌办公。

京师图书馆从1909年开始启动筹备到1912年正式开馆前，清政府对京师图书馆给予了大力的支持，先后将翰林院的《永乐大典》，国子监及南京的全部旧藏以及内阁大库的旧藏(包括原明代文渊阁珍藏)和南宋皇家缉熙殿，元、明皇家珍藏全部调拨给京师图书馆筹备处，并将政府的多处藏书调集到京师图书馆。京师图书馆收藏了常熟瞿氏铁琴铜剑楼的珍藏、南陵徐氏积学斋和归安姚氏咫进斋的藏书共计1652种，共120900卷；加上当时采进的敦煌石室所藏唐人写经本8000卷，总藏书量近10万册；其中善本书880部，28412卷，10822册。

1912年3月10日，中华民国临时政府在南京成立，4月5日迁到北京后，由当时的教育部接管了京师图书馆，时任中华民国教育总长的蔡元培正式任命江瀚(1853—1931年)为京师图书馆的馆长。1912年7月，江翰向北洋政府教育部呈报的京师图书馆阅览章程十八条获得批准，同年8月27日京师图书馆正式开馆接待读者。至此，中国近代第一所国家图书馆正式成立。

1913年2月江瀚调任他职，教育部派社会教育司司长夏曾佑负责管理该馆，但馆内的具体事务实际由周树人(鲁迅)负责管理。在此期间，周树人为充实馆藏做了大量的工作：第一，周树人以教育部名义咨调各省官书局所刻书籍入藏京师图书馆。第二，将一部铜活字版大型类书《古今图书集成》拨予京师图书馆。第三，他通过政事堂取得内政部同意起草了一个文件，明确规定：凡经内务部立案的出版物均须分送京师图书馆一份庋藏，这标志着京师图书馆开始履行国家图书馆的重要职能。第四，周树人又为京师图书馆征取、征求到了各省区最新修刊的志书和各种著名碑碣石刻拓本。第五，在周树人据理力争下，著名的《永乐大典》(残本)和文津阁的《四库全书》被移藏到了京师图书馆。

1913年6月，因广化寺地理位置偏僻，地势低洼潮湿，不利于保存藏书，经教育部批准，选择新馆址的同时，在宣武门外前青厂设立分馆。1914年分馆迁至前青厂西口永光寺街。10月，京师图书馆停止阅览，暂时由广化寺移至国子监。直到1915年，才将安定门内方家胡同国子监南学旧址确定为京师图书馆。1917年1月26日，京师图书馆在方家胡同重新开放，接待读者，周树人与教育部部分同仁出席了开馆活动并留影纪念。此时的京师图书馆已初具近代图书馆的规模。

1928年，国民党政府定都南京，并在南京另设国立图书馆。这时的京师图书馆改名为国立北平图书馆，馆址由方家胡同迁往中南海居仁堂，马叙伦一度任馆长。1929年1月正式对外开放。与国立北平图书馆同时存在的还有一所1926年由中华文化教育基金会创办的北京图书馆，馆址在北海，租借庆霄楼、悦心殿、静憩轩、善安殿等处，馆长由时任京师图书馆馆长的梁启超兼任，李四光为副馆长。1929年8月，国立北平图书馆与北海的北京图书馆合并，成立国立北平图书馆，馆长由蔡元培担任。这时的国立北平图书馆开始编纂全国书刊联合目录，进一步履行国家图书馆的职能。1931年7月1日，在北海西侧文津街上的新馆正式开馆。新馆内的阅览室有座位200多个，环境幽静，花木扶疏，是当时国内乃至远东规模最大、最先进的图书馆。中华人民共和国成立以后第二年的3月6日，“国立北平图书馆”更名为国立北京图书馆。1951年6月12日再次更名为北京图书馆。

随着社会公众对文化需求的不断增长，文津街的北京图书馆几经扩建仍未能满足社会公众的需求，1975年3月经周恩来总理提议并批准，建立北京图书馆新馆。新馆于1983年11月18日在北京海淀区白石桥路开工，1987年10月6日建成开馆。新馆占地7.24公顷，建筑面积14万平方米，连同文津馆分馆，共17万平方米。馆内设有阅览室30余个，拥有阅览座位3000多个，日平均可接待读者七八千人次。北京图书馆藏书极为丰富，古今中外，册府恢弘，品类齐全，高达2000万册(件)，是世界上五大藏书过千万的图书馆之一。其中保存的《四库全书》是中国大陆惟一完整的一套。1998年1月12日，经国务院批准，北京图书馆更名为国家图书馆。

(郭娅)

# 91. 商务印书馆与中华书局的创立

商务印书馆成立于1897年2月，是中国历史最悠久的现代出版机构之一。夏瑞芳是商务印书馆的创始人之一和第一任经理。他原籍江苏青浦，幼年家贫失学，后来在一位美国牧师的帮助下，进入清心堂书院读书。他曾先后在文汇报馆和字林西报馆做过印刷技工，1895年又转到西文捷报馆担任西文排字工长。1897年，夏瑞芳与鲍咸恩、鲍咸昌兄弟及高凤池等人筹集了3750元资本，购买了部分印刷机器，在上海江西路德昌里创办了一家印刷厂，命名为商务印书馆。夏瑞芳不满足于承接印件。他看到社会上很多人都在学习英文，于是便翻印英国人在印度教当地人学英语的初级读本，销路很好。接着他又请谢洪赉牧师加上中文注释，命名为《华英初阶》《华英进阶》，出版后深受读者欢迎。继而夏瑞芳决定创办出版社。这时他采取了两项果断的措施。一是邀请原翰林、当时任南洋公学译书院院长的张元济来馆主持编辑工作；二是下决心吸收日本股东投资，并引进先进印刷技术和设备。自此商务印书馆走上了以出版教科书为主的发展道路。

编撰教科书，是商务印书馆最初的主营业务。20世纪初期，国内废科举，办新式学堂，社会上急需中小学教科书，于是许多出版社都热衷编印教科书。1902年张元济应邀进入商务印书馆工作。他与南洋公学特班的总教习、一向重视编撰教科书的蔡元培商量，请他帮助制定编写计划，并约请蔡元培、蒋维乔等编写教科书。后因发生《苏报》案，蔡元培去青岛，教科书未能完成。1903年高梦旦继续主持国文教科书的编写工作，先制定了全面计划，采取合议制。参加编写的有张元济、高梦旦、蒋维乔、庄俞等。他们或办过学校，或教过书，都重视教科书的编写工作。在编写过程中，编译所邀请了有编撰教科书经验的东京师范学院的教授长尾太郎作为顾问，参加审订工作。从1904年到1912年，商务编译所相继编印了“最新”“女子”“简明”“共和国”等四种小学教科书，出版后十分畅销。

商务印书馆编写教科书，对编写者的选择十分严格，既要求编写者有丰富的知识，又要求有教学经验，同时还要有相当的文字水平。参加编写教科书的杜亚泉、伍光建、黎锦熙、任鸿隽、傅东华、周予同、吴研因、丁文江、周建人等都是学有专长的专家学者。

与此同时，商务印书馆对大学教科书的编写也很重视。20世纪30年代以前，国内大学授课大多采用英文课本。1930年前后，商务印书馆提议有系统地出版大学教材，受到蔡元培先生的重视和支持。1931年4月，蔡元培在《申报》上发表文章，主张编印本国的大学教科书，强调这是文化发达的表现，认为选用外国课本，原“是迫不得已的过渡的办法”。他指出，外国课本中所举证实学理的实例，都取材于它们本国情况，对于中国学生不免“有隔膜恍惚的弊病”。

1932年，商务印书馆邀请部分大学校长及专家学者组成“大学丛书编委会”，应邀的学者有：蔡元培、马君武、蒋梦麟、何柄松、李四光、马寅初、傅斯年、梅贻琦、任鸿隽、朱家骅、胡适、翁文灏、翁之龙、刘湛恩、罗家伦等47人。从1932—1949年，这套《大学丛书》共出版过300多种，其中如冯友兰《中国哲学史》、王力《中国音韵学》、钱穆《中国近三百年学术史》、刘仙洲《机械原理》都是有定评的名著。

在翻译介绍外国学术、文学名著方面，商务印书馆的贡献是有目共睹的。19世纪末期，变法维新运动开始在中国兴起。商务印书馆是维新变法运动的直接产物，维新运动不仅为商务准备了思想条件，也为其培养了领导人才。作为维新派人物，张元济早就和严复有交往。两人在思想上有相同的认识：必须输入先进思想文化，推进中国的变革活动。张元济进入商务编译所以后，严复成了商务的主要著译者。20世纪初期，严复译的亚当·斯密《原富》、孟德斯鸠《法意》和赫胥黎《天演论》、斯宾塞《群学肄言》等学术名著先后由商务印书馆出版。到1931年商务印书馆又把它们汇编为《严译名著丛刊》大量重印发行。这些著作在我国的传播，把西方的新世界观和方法论介绍到中国来，用以武装中国人的头脑，在近现代中国产生了广泛和深远的影响。

与此同时，商务印书馆从1902年开始编印《说部丛书》，大规模地出版林纾翻译的外国文学名著。林纾一生和他人合作翻译了184种文学作品，除去未发表的23种外，绝大部分都是由商务印书馆在1902—1920年间出版的。1914年商务印书馆又集中出版了一套《林译小说丛刊》(100种)。林纾翻译的世界文学名著，有代表性的是：法国小仲马的《茶花女》、英国狄更斯的《块肉余生述》、司各德的《撒克逊劫后英雄略》、哈葛德的《迦茵小传》、美国笛福的《鲁滨孙漂流记》、俄国托尔斯泰的《现身说法》和日本德富芦花的《不如归》等等。林纾把这许多外国文学名著介绍到中国来，开创了“翻译世界文学作品的风气”，提高了对小说的评价，使中国人通过文学作品接触到欧美的社会和人生。

20世纪三十年代商务印书馆在王云五和何柄松主持编译所(后称编审部)时期，出版了两套外国名著丛书，一套是《世界文学名著丛书》，一套是《汉译世界名著丛书》。这两套丛书汇编了当时学术界和文学界的主要翻译家翻译介绍的外国名著，反映了国内文化教育界对国外学术文化的重视。其中，文学名著有：傅东华译密尔顿的《失乐园》、曹未风译莎士比亚的《凯撒》、周学普译歌德的《浮士德》、王了一译左拉的《娜娜》、黎烈文译巴尔扎克的《乡下医生》、傅雷译罗曼罗兰的《约翰·克利斯朵夫》、李霁野译陀斯妥耶夫斯基的《被侮辱与被损害的》、耿济之译奥斯特洛夫斯基的《雷雨》、梁实秋译《西塞罗文录》等。社会科学名著有：胡仁源译康德的《纯粹理性批判》、许崇清译杜威的《哲学之改造》、高觉敷译弗洛伊德的《精神分析引论》、蔡元培译泡尔生的《伦理学原理》、唐钺译康德的《道德形而上学探本》、费孝通等译奥格布恩的《社会变迁》、杨东莼、张栗原译摩尔根的《古代社会》、谭云山译甘地的《印度自治》、郑太朴译马克斯·韦伯的《社会经济史》、黄维荣译哈维的《心血运动论》、王维克译但丁的《神曲：地狱》、傅东华译荷马的《奥德赛》等。这些译作的及时翻译出版，使我国对外国的学术、文学研究水平得到了很大的提高。

此外，王云五在商务印书馆编印过的丛书中，在社会上影响最大的就是庞大的《万有文库》。该文库是一套册数以千计的大型百科丛书，被称为“丛书的丛书”。王云五很有远见，他从就任编译所长之后，便着手系统地编印各类丛书，如《百科小丛书》《新时代史地丛书》《工业小丛书》《商业小丛书》《师范小丛书》《算学小丛书》《医学小丛书》《体育小丛书》等。通过一定时间的积累，到1928年筹备《万有文库》时，就是把已出版的《汉译世界名著丛书》第一集和《国学基本丛书》第一集，连同上述各种百科小丛书汇编在一起。1934年编印第二集《万有文库》时，又是把《国学基本丛书》第二集和《汉译世界名著丛书》第二集，《自然科学小丛书》初集和《现代问题丛书》初集汇编在一起，集中出版。这两集《万有文库》，品种多(800~1000种)，内容丰富，很适合小城市和中小学装备自己的图书馆。出版后，经过宣传，深受教育界的欢迎。《万有文库》

虽然是具有商业性出版战略的图书，但正如王云五自己所说，《万有文库》的编印，确实使学校、机关以及家庭，能通过它“以极低的代价”得到“人人当读之书”。

在商务印书馆的历史上，创办杂志，传播新思想、新文化也是它的主要工作之一。张元济一向重视办杂志，早在他担任南洋公学译书院院长的时候，他就和蔡元培一起创办了一种《外交报》。张元济进入商务印书馆以后，在夏瑞芳的支持下，又创办了多种杂志。按创办的年代排列，这些杂志是：《绣像小说》《东方杂志》《教育杂志》《小说月报》《少年杂志》《政法杂志》《学生杂志》《妇女杂志》《英文杂志》《英文周刊》《儿童世界》《儿童画报》《小说世界》《自然界》等。

《东方杂志》是20世纪初期最早由夏瑞芳提议创办的大型月刊之一。刊物上设有社说、谕旨、内务、军事、外交、教育、财政、实业、交通、商务、宗教、杂俎、小说、丛谈、新书介绍等栏目，并附有许多图片。这本杂志最初具有国内外时事资料汇编的性质。1912—1921年期间，科学家杜亚泉担任主编时，对刊物进行了改革。他把杂志改为大开本(16开)，增加图片，大量增加科学思想和自然科学成就的介绍。

“五四运动”以后，胡愈之成为《东方杂志》的主要编辑。在新文化运动的影响下，胡愈之对刊物又进行了改革。杂志采用白话文，吸引了许多年轻的读者。国际时事的介绍变为国际问题的评论和研究，科学技术史料的介绍改为科学思潮的分析和探讨。杂志上还增加栏目，对社会科学新思想、新趋向进行评述，使该刊逐渐成为权威性的社会科学大型综合刊物。1932年“一·二八”事变后，胡愈之担任刊物主编。他革新版面，宣称：“以文字作民族斗争社会斗争的武器。”许多年轻的有思想的专家、学者和作家出现在杂志上，刊物成为传播进步思想的学术阵地。该刊受到读者的欢迎，销路大增，成为《东方杂志》最兴盛的时期。

《小说月报》是商务印书馆在文学方面的一个重要的刊物。1910年创办，第一任主编王莼农，善骈文词曲，与鸳鸯蝴蝶派作家联系较多，也欣赏他们的作品。因此初期的《小说月报》便成了鸳鸯蝴蝶派的阵地。到了1919年，五四运动在国内兴起，沈雁冰主持编辑部工作，对刊物进行改革。继他之后，郑振铎、叶圣陶也接着主编《小说月报》，在刊物上推出了许多青年作家，如冰心，老舍，巴金，丁玲等都是通过《小说月报》登上文坛的。

另外，周建人主编的《自然界》杂志于1926年1月创刊，到1932年“一·二八”事变后停刊。《自然界》的“发刊词”提出了一个响亮的口号：“科学的中国化。”强调《自然界》追求的是让从西方传来的科学能在中国生根、普及、开花，并有创造。杂志的编辑方针规定：以“登载关于中国的自然物，自然现象及农业工业上的各项研究、调查为主，并酌登新学说及书籍介绍、学术评论、杂录等项”。同时强调要扫除“怪雾迷云”，揭示出“真理的光辉”，以达到科学的认识。这本杂志的出版对普及宣传自然科学知识，破除迷信，建立科学的世界观和人生观发挥了积极的作用。

编印辞书和工具书也是商务印书馆的优良出版传统。1899年商务印书馆出版了邝其照主编的《商务印书馆华英字典》，开启了商务印书馆编印辞书的先河。此后，商务印书馆又推出了《华英音韵字典集成》《英华大辞典》《华英工程字汇》《综合英汉大词典》等英汉双语工具书。

商务印书馆出版过不少以学生为读者对象，发行量较大的辞书。该馆1919年初版的《国音学生词汇》，30年间重印达500万册。1930年出版的《四角号码词典》发行数达200万册。

在专科辞书方面，商务印书馆也出版过许多重要的品种。1909年出版的《汉译日本法律经济词典》是我国最早译印的百科词典。科学家杜亚泉主编的《植物学大辞典》(1917)、《动物学大辞典》(1923年)，长期是生物学师生的案头伴侣。词典专家臧励和主编的《中国人名大辞典》(1921 年)、《中国古今地名大辞典》(1931 年)至今尚无能取代者。唐钺、朱经农、高觉敷合编的《教育大辞书》(1928 年)在国内流传了三十多年。

高梦旦主持辞典部时，为适应社会上的需要，曾投入巨大人力，组织编纂规模较大的中文词书《辞源》。此词典由陆尔奎主编，从 1908 年着手编撰，编者从几个人逐渐增加到五十多人，花了 8 年时间，到 1915 年正编完成。1931 年又编印了方毅主编的续编本。接着又出版了合订本。全书共收词目 98994 条，其中单字 11204 条，复词 87790 条，共约 680 万字。《辞源》以我国旧字书、类书、韵书为基础，兼取国外词书的长处，突破旧词书按内容分类的藩篱，脱离经传注疏的范围，以单字为词头，下列词语，这在体例上是个首创。为适应“五四”以前“钻研旧学，博采新知”的要求，词典既收古语，也录新词，在一定范围内反映世界思潮、学术动态，这在内容上又是革新。所以出版后深受当时知识界的欢迎，几十年里重印达 400 万册。

整理古籍，传播和发扬传统文化一直以来都是商务印书馆的重要工作。起初，商务印书馆编译所根据编辑工作需要，购置大量的古籍以便查询。至 1905—1906 年间由蔡元培介绍，购入了绍兴徐氏熔经铸史斋全部藏书，逐步形成了一定的规模。后来商务印书馆聘请目录版本家孙毓修主持涵芳楼的善本古籍的收藏整理工作。1910 年底涵芳楼改称涵芬楼。在其后的几年内，先后收有熔经铸史斋、秦汉十印斋、小闻斋、持静斋、意园、艺风堂、密韵楼以及天一阁等著名藏书楼、版本家散出的藏书精品多种。到 1931 年底，经鉴定并整理编目的善本共有 3745 种，35083 册。加上当时新购得而尚未整理的扬州何园何家藏书中的善本，善本总数接近 5 万册。其中收藏的《永乐大典》25 册和绍兴刻本《春秋左传正义》、宋建安黄善夫家塾刻本《史记集解索隐正义》、宋刻元递修本《资治通鉴》、宋绍兴刻元明递修本《六臣注文选》等都是海内稀有的善本精品。同时涵芬楼广泛搜藏各地方志。到 1931 年，所收地方志共 2641 种，2.56 万余册，国内无第二家。

20 世纪 20 年代前后，商务印书馆以涵芬楼和国内外公私收藏的善本为母本，影印出版《涵芬楼秘笈》《续古逸丛书》《四部丛刊》《百衲本二十四史》等丛书，在古籍整理、出版、传播等方面作出了贡献。

涵芬楼除古籍善本外，另有大量中外文图书与报刊。到 1924 年商务印书馆专门修建了 4 层的钢结构楼舍储藏图书，命名为东方图书馆。其第 3 层储藏中文善本书，仍名涵芬楼。其余楼层储藏中外文报刊。到 1926 年，东方图书馆向社会开放；1929 年增设儿童图书馆，并筹建流通部，1930 年开放外借。东方图书馆收藏，除上述线装善本外，到 1930 年底统计有中文书 26.8 万册，西文书 4.6 万册，东文书 2.8 万册，报刊装订者 3 万册。其规模为亚洲之冠。

1932 年“一·二八”事变，商务印书馆总厂毁于日军燃烧弹，东方图书馆则被日本浪人纵火焚毁。除移藏在银行保险库中 574 种 5000 余册善本精品得以幸免外，其余包括大量善本书均化为灰烬，总计约 46.3 万册。

1933 年 3 月商务印书馆着手东方图书馆的恢复工作，购置图书年约 4 万元，至 1937 年“八·一三”前又有图书近 40 万册。因无专门馆舍，在上海静安别墅租三层“洋房”4 栋安置。1944 年夏，规模极小的“东方图书馆重庆馆”对社会开放。中华人民共和国成立后，商务印书馆迁址北京。商务印书馆董事会决议将《永乐大典》25 册捐献给国家，将珍本图书 500 余种 5000 余册转让给政府，将一般图书 40 余万册除一小部分留作编辑部自用外，移交给政府。东方图书馆的历史就此结束。

与商务印书馆齐名的中华书局成立于 1912 年元月，也是中国历史最悠久的现代出版社之一，由陆费逵在上海创办。

1911年辛亥革命爆发，时任商务印书馆图书出版部部长的陆费逵敏锐地觉察到革命成功后，教科书应有大改革，以共和政体为内容的新教科书将成为当前之急需，而商务印书馆却是漠然视之，这正是另创书局的有利时机。于是他就与戴克敦、陈协恭、沈颐等人暗中筹集资金，加紧编写新教科书，并筹设中华书局。

1912年1月1日，中华书局正式成立，资本25000元，办事及编辑人员十余人，陆费逵任局长，沈颐任副局长。陆费逵在开办时提出“教科书革命”和“完全华商自办”两个口号，迅速发行中华小学及中学教科书。1913年，又出版了《新学制教科书》和《新编国民教育教科书》，刊出新国旗作书籍封面。这些教科书体例新颖，风行一时，遍及全国，争得了广大的教科书市场。各省纷纷向中华书局函购教科书，顾客登门求购的络绎不绝，“架上恒无隔宿之书”，一时供不应求，当年营业额就达20多万元。这些情况让陆费逵始料未及。他迅速扩充资本，添设印刷所。中华书局由一家新成立的后起出版企业，异军突起，在一二年间享誉海内。

1916年，中华书局修建印刷厂、发行所大楼及添置器材设备，耗资达80多万元。书局在前3年内，在全国重要城市设立分局40余处，职工达几千人。国内军阀混战，导致西南各省分局有的停业达半年之久，而厂所迁移、停工停产导致收入减少，加上内部人员挪用公款，同业竞争又十分激烈，内忧外患，致使书局的财政状况十分紧张。当时中华书局原有资本仅100万元，吸收存款达120万元，平时运行资金全凭吸收的存款和行庄押款来维持。1917年春，外界谣传纷起，说中华书局即将破产，存户纷纷前来提款，几天就提走现金八九万元，资金周转失灵，书局到了倒闭的边缘。

面对危机，董事会决定出租书局以保住中华书局。当年12月，改选俞复、于右任、范源廉、康心如、孔祥熙、戴克敦、宋曜如等11人组成新的董事会，陆费逵改任司理，处理日常事务。宋曜如是宋子文的父亲，作为书局的股东和大存户，他极力劝说债权人共谋维持之方，终于商定了分年摊还的办法，使得书局渡过难关。

1918年3月，中华书局刊登启事，向债权人征询债务分期偿还办法，启事一出，债务纠纷渐渐平息。到了4月，吴镜渊、俞复、陆费逵等组成维华银团，筹资10多万元，作为印制教科书的周转资金。1918年12月，召开股东大会，陆费逵以最多票数重新当选董事。至1919年12月，陆费逵改任总经理，取消了局长制。该年书局盈利2万元，虽然利润很少，却扭转了困难局面。

危机化解之后，中华书局调整经营策略，将编修辞书、整理古籍作为自己的主要业务，书局迅速成长为当时中国仅有的几家大型综合出版企业之一。

书局出版的第一部字典是《中华大字典》，初版于1915年。这部字典在1911年就由陈寅发起，陆费逵参与其事，书局成立后，又以几十人之力，费5年之功，才告完成。这本字典收字48000多字，所收字比《康熙字典》还要多，而且解释简明，编排合理，查阅方便，还校正了《康熙字典》中的错误4000多处，因此出版后很受读书界和学术界的称道，被评为“现在唯一之字书”。

而中华书局编纂出版的辞书《辞海》影响更为广大，这部辞书的修订版至今还是人们常用的工具书。当年的《辞海》收单字一万多条，复词十万多条，共约700万言。这是一部兼有语文辞典和百科辞典性质的综合性大辞典。它于1936年12月出版上册，次年6月出版下册。它是中华书局对中国文化出版事业的重大贡献。

从1915年秋天开始编纂，范源廉、陆费逵、徐元诰、舒新城、吴廉铭、沈颐等人贡献心血，至1935年定稿，编纂工作历时20年。这20年间，中国内乱不息，外患也在加剧。 1936年，鉴于日寇不断挑衅，战事一触即发，陆费逵决定将《辞海》提前出版，特在印刷厂专门开辟一个排版车间，日夜赶排。当年《辞海》上册出版，1937年8月下册面世。

而在古籍整理方面，陆费逵作为书局的掌门人，也做出了重大的贡献。陆费逵认为，作者和出版家都应对国家、社会要有高度的责任感，他说："社会之盛衰，国家之存亡，国民人格之高下，端于我著作者是赖。"出于这样的理念，书局整理出版了大量的古籍图书。如《竹简斋版二十四史》、清史馆稿本《清史列传》等史籍和众多的古典名著；并出版许多传统绘画艺术作品的书籍，如《历代碑帖大观》《晋唐宋元明清名画大观》及近人画集，因此大画家徐悲鸿、齐白石、刘海粟等人还和书局结下了深厚的友谊。

（李晓溪）

# 92.《申报》的发行

《申报》的创办人为英国商人美查(Ernest Major)，他于同治初年到上海经商，精通中国文字，后因经营不善，改营他业。在其友人的建议下，他仿照当时已有的《上海新报》的经营模式，开设报馆。1872 年 4 月 30 日，《申报》正式创刊。

《申报》实为《申江新报》的简称，因为当时已有《上海新报》，无法再用“上海”冠名，于是便选用上海的简称“申”来命名报纸，以突出它的地域性。而“新报”二字是为与官方发行的《邸报》《京报》相区别。最初为双日刊，自第五号起改为日刊。每期一张，单面印刷，分为 8 版。其编排体例为：首载论说；次载新闻，包括本埠新闻，外埠新闻，摘录香港报纸的内容，翻译西方报纸的文章等；再次为转载京报和宫门抄；最后是一些广告以及商品的价目表，轮船的时刻表等。

与《上海新报》主要依靠西方人办报不同，为了使《申报》适销对路，美查启用华人主持报纸的编务。第一位主笔蒋芷湘，及其襄理笔政何桂笙、钱昕伯都是清代的举人秀才，其他工作人员也多是中国人。美查放手让他们办报，对编辑事务不做过多的干涉。这样的一种办报方式，使《申报》要比其他外来报纸更为中国化，很容易被华人接受。《申报》初创时，每期只销 600 余份，4 个月后，仅在上海就已达到 3000 份的日销售量，其影响远及杭州、南京等地。到 1877 年，《申报》的日销售量更达到八九千份，发售网络由城市延至乡村，在江南乡间，从清末到民初的几十年里，人们习惯将《申报》当作新闻报纸的代名词，将所有的报纸都称作“申报纸”，可以说在中国的新闻史上，申报是最先进入民间社会的近代化媒体。

美查办报旨在谋利，办报是他商业活动的延续。《申报》老报人张默在《六十年来之〈申报〉》一文中说：“英人美查在沪创办报纸……不过视为营业之一种。”《申报》自己也相当坦率地宣称，该报是为谋利而开办的行业。像《申报》这样以营利为目的的报纸的出现，是我国近代商业报纸发展的一个重要的动向，一个新的发展进程开始了。

既然以营利为宗旨，销售量就成了报纸的生命线，当时报馆的盈利主要是通过销售报纸来实现的。因此，如何适应读者的需求，就成为报纸首要考虑的问题。对此，《申报》对报纸工作进行了一系列的改革。

《申报》对言论方面尤为重视。原来的中文商业报纸，如《香港穿透货价纸》之刊登行情物价、航运消息和广告等内容，后来的《上海新报》等，内容要完备得多，但是也不重视言论。而《申报》则每期刊登论说一篇，置于首页，其内容涉猎广泛，主要有以下这些：其一，鼓吹向外国借鉴经验，推进中国现代化建设的。《申报》创刊的时候，洋务运动方兴未艾。1875 年 10 月 11 日，《申报》发表题为《论本报作报本意》，文章指出：“……本馆始论中国之兵不如西国，欲使更改而学西法，便指为骂国，又何也？……孟子所谓：‘谗谄面谀之人’，至国欲治可得乎？本馆不欲为之，尝举他国之善法力劝中国，以望中国振兴。”从这篇文字中可以看出，当时《申报》在宣传向国外学习先进事物时常常遭遇阻碍，不得不反复论说，甚至与人笔战，以此申明中国必须学习外国长处的道理，希望中国官民了解学习外国的先进技术，来改变中国落后的状况，达到富国强兵的目的。

其二，揭露当时社会不合理的现象。如《拟易大桥为公桥议》，大桥即上海外白渡桥（当时为一木桥），主张华人与洋人一样，过桥时不必交纳两文的过桥费。此议一出，应者云集，公共租界当局迫于民声将此桥改为公桥，不再收取过桥费。此桥从此被称为“白渡桥”。再如《反对缠足》，论述缠足的害处。此论要比康有为等在戊戌变法时提出的禁止缠足早了20余年。

其三，刊载的文中也包括一些维护专制制度的论说。如《考试用人论》，称赞中国的科举制度优越，希望西方效法中国的科举，以共同归于“圣贤之教”。

其四，还有一些论说文讲解民俗事物的由来，叙述奇闻轶事，评判东西方文化的差异，以资茶余饭后之论。总的来说，《申报》的论说文偏重对西方文化的推介，这对于刚刚兴起的洋务运动，起到了推波助澜的作用。同时，这些论说文评论时务，为富国强兵出谋划策，揭发基层苛政的论说文，引起了社会的广泛关注。尤为重要的是，《申报》强调言论“有系乎国计民生”，“上关皇朝经济之需，下知小民稼樯之苦”。就是说它主张言论要联系当前国家与社会的实际生活，反映民生疾苦。这种观念比之过去无疑是一个巨大的进步。但是，《申报》这样做的直接目的还是要吸引我国政界、知识界，以及为数众多的下层人士，以扩大报纸的销量。

自创刊之日起《申报》就将“新闻”当作立身之根本，所以在新闻方面，《申报》从新闻内容的涉猎，新闻网络的建设，刊发新闻的原则等层面都作了重要的改革。首先，《申报》提倡“凡国家之政治，风俗之变迁，中外交涉之要务，商贾贸易之利弊，与夫一切可惊可愕可喜之事，足以新人听闻者，靡不毕载”。其对社会新闻的报道，注重反映现实生活，揭露普通百姓所受的压制与痛苦。它对“杨乃武与小白菜”和杨月楼等案件的报道曾轰动一时。军事新闻方面也有较大的进步，《申报》在1874年日本侵略台湾的战争中，派人去做战地采访，发表了大量的细致而生动的战地新闻，这是我国新闻史上出现战地新闻的发端。

其次，《申报》建立自己的新闻网络。起初《申报》的内容主要是摘抄港报、选录京报、翻译西报。随后《申报》建立了自己的新闻采集网络，创刊时就在上海招聘访员，采访本埠的新闻。创刊半年后，又开始增聘外埠访员。至1874年7月，《申报》已在北京、南京、苏州、汉口等地聘请访员报道当地的新闻。《申报》的新闻网不断扩大，新闻内容也得到日益充实。

再次，《申报》倡导有闻必录的原则，例如当时刘永福率领黑旗军在越南与法军作战，因为道路遥远，不通电讯，同时法军又封锁战地消息，以致传到报馆的消息常常互相矛盾，无法辨别事实。所以《申报》采用“有闻必录”的方法，将消息全部刊登，让读者自行判断。在《申报》的提倡下，“有闻必录”不但从事新闻工作的人常说，就连一般人士也将其挂在嘴边，也可以看出《申报》的影响之巨。

《申报》提倡在报纸上刊登文艺作品，使文艺成为报纸必备的一栏。《申报》起初联系为数众多的旧式文人，在报纸上专辟文艺一栏，刊登旧体诗词。后来逐渐改变，内容上趋向综合，首开副刊之先声。正因为《申报》对言论与文艺的重视，使它们成为报纸的必备的内容。由此，由新闻、言论、文艺、广告四要素组成的我国近代报纸模式就此形成。这是《申报》在我国报业史上的一大贡献。

《申报》在内容上所作的改进，是为了迎合大众的阅读口味，吸引读者，扩充销量。可以看出《申报》推动报业改革的最大动力还是为了盈利，所以《申报》还把商业经营的原则引入了对报馆的经营中。《申报》在上海当时最大的竞争对手是《上海新报》。为了和《上海新报》争夺销量，《申报》除了对报纸内容进行改进外，还应用商业技巧，用经营策略打击对手。《上海新报》当时售价每张30文，而《申报》不惜亏本，以每张8文的低价与《上海新报》竞争。《上海新报》被迫降价，但是由于《上海新报》采用进口的上等印刷纸，双面印刷成本过高，最终难以为继，于1872年停刊。像《申报》这样以商业规则来竞争，最终挤垮对手的案例，在我国报业史上应属首例。

以营利为目的的报纸的出现，必须有一个前提条件，也就是办报有利可图。自19世纪70年代起，上海的商业工业交通文化各方面都有了重要的发展，城市影响不断扩大，人口稳定增长，办报能够盈利的客观条件得以具备。《申报》就是在这样的有利环境下创办发展起来的，它标志着中文商业报纸发展到了一个新的阶段。

申报馆除了经营《申报》外，还兼营其他出版业务。1872年11月，申报馆刊发了我国最早的文艺期刊《瀛寰琐记》。申报馆登出征求文艺稿件的启事后，社会反响异常踊跃，但是《申报》版面有限，不能全部刊登，于是创办了《瀛寰琐记》。这份文学月刊除刊登旧体诗文外，还刊发小说、散文、市政评论，乃至人文地理等知识性文字。1875年2月改名为《四溟琐记》，第二年2月又改为《环宇琐记》，出版至1877年底停刊。1876年3月，申报馆又创办了另一张市民报纸《民报》，每周逢星期二、四、六出版。其文字力求通俗，使稍通文字者就能读懂。申报馆曾在《申报》上刊发题为《劝看民报》一文，强调《民报》"务使措辞字质而无文，论事宜显而弗晦，婢女流、童稚、贩夫工匠辈，记得随时循览，以扩知识，而增见闻"。《民报》力求将影响深入到底层民众中间。

1884年5月，申报馆创刊了中国第一个时事画报——《点石斋画报》。画报由属于申报馆的点石斋书局出版，为旬刊，由当时著名画家吴友如担任主编。其最显著的特点就是新闻性强，且图文并茂。《点石斋画报》所刊内容涉及广泛，有关于中法战争、甲午战争的战况新闻；有关于中国当时兴办铁路，建造舰船的经济新闻；也有关于政治动态、官场生活的政治新闻；最多的还是关乎贫民生活的市井新闻。从其思想倾向来看，这张画报谴责法、日两国发动侵略战争，赞扬人民的反侵略斗争，揭露下层官吏的胡作非为，同情下层百姓的疾苦。其办报的方针与《申报》是一致的。《点石斋画报》一出版就深受读者的欢迎，第一期很快售罄，反复加印，该画报畅销10余年，直到1896年底才停刊。同时申报馆还创设了申昌书局，这家书局与点石斋书局出版了很多珍贵的孤版古籍。

这些文化事业都是在《申报》不断盈利的条件下兴办的，同时这些事业也在经济上支持了《申报》的发展，使得申报馆的事业日益壮大。但是，《申报》也主张办报要义利兼顾。《申报》在1875年10月的一篇题为《论本馆作报本意》一文中指出：《申报》是为谋利而开办的，但谋利必须依靠华人购买《申报》，使《申报》的销路扩大才能达到，如果报纸的内容专事奉承外国，则会被华人所厌恶，销路也会减少，就达不到谋利的目的了。所以一定要忠于中国，这就是要对中国讲"义"。但讲"义"也不是事事谄媚中国官方，这样虽然能够扩大销路，但这种行为《申报》本身也是不齿的。所以遇到一些社会问题应当立即予以报道，使官方能够通晓民情，这样才能够做到"义利兼顾"。

1889年，美查将申报馆改组为美查兄弟有限公司，成立董事会，兄弟二人收回股本返回英国，《申报》的业务交由董事会主持。1909年《申报》的产权为中方经理席裕福购进。1912年，张謇、应德宏、史量才、赵竹君、陈冷等五人合股接手《申报》。后张謇等人退出，由史量才独资经营。史量才接手后，《申报》的业务大有改进，更新设备，扩大馆舍。报纸上增辟新的专栏。1930 年在上海成立了总管理处，并请陶行知任顾问，黄炎培、戈公振任总管理处设计部的正副主任，1931 年“九·一八事变”后，《申报》的论调日渐进步，大力宣传抗日、民主、进步、宪政等言论，刊发了宋庆龄的《国民党不再是一个革命集团》的重要宣言，同时连续报道宋庆龄、蔡元培组织发起的“中国民权保障同盟”的活动。其副刊《自由谈》也进行了改革，聘请黎烈文为主编，大量刊发了鲁迅、巴金等进步作家的小说杂文。此外还出版了《申报月刊》《申报年鉴》等刊物，兴办学校图书馆，热心公益事业，此时的申报达到了事业的顶峰，1932 年其发行量增至 15 万份。1941 年日军侵占上海，《申报》在日伪政权的控制下，1945 年光复后由国民党政府接收。上海解放后，《申报》停刊，走完了它 78 年的历程。《申报》因其刊行时间长，所涉猎的业务广泛，在我国报业史上占有重要的地位。它刊登的稿件涉及中国社会的方方面面，被称为研究中国近代史的百科全书。

（李晓溪）

# 93.《东方杂志》的创办

1903 年，商务印书馆与日本人合资后，建立了以张元济为所长的编译所。在一次编务会上，商务印书馆首任总经理夏瑞芳提议创办一本综合类杂志，得到张元济等与会者的支持。经过前期筹备，《东方杂志》于 1904 年 3 月 11 日正式出刊。原名《东亚杂志》，后得知与当时德国驻沪领事馆的德文《东亚杂志》重名，遂改称《东方杂志》。自此至 1948 年底终刊，中间除几次短暂停刊外，《东方杂志》先后出版长达 45 年之久，成为我国近代期刊史上寿命最长的综合性杂志。

在发刊词中，《东方杂志》声明“本杂志以启导国民、联络东亚为宗旨”，体裁“略仿日本《太阳报》、英美两国《而利费》Review of Review；除本社撰译论说广辑新闻外，并选录各种官民月报、旬报、七日报、双日报、每日报、名论要件，以便检阅”，设有社说、谕旨、内务、军事、外交、教育、财政、实业、交通、商务、宗教、杂俎、小说、丛谈、新书月旦 15 种栏目，依照“先本类之论说，次史事，次章奏，次公牍，次规程，次新闻”，先国内、后国外的顺序分类编次，每类各自为页，不相掺杂。每月 25 日发行 1 册，全年 12 册。为避免读者遍阅各报之累，《东方杂志》一方面“分门别类，搜罗宏富，选择精审”，因而字数也较多，每册有 250 页，约 15 万字，另加精美图画 10 幅左右；另一方面又“售价极廉”，每册售价大洋银 2 角 5 分，全年预定则银 2 元 5 角。杂志采用洁白洋纸洋式装订，委托商务印书馆为总发行所。

1901 年清政府宣布实行“新政”后，“报禁”“言禁”被有限度地开放，民间办报也获得准许，民间报业一时发展迅猛。而自维新变法首倡以发展报业来开启民智以来，中国知识分子纷纷以“开民智”作为办报的主要功用。1904 年日俄战争在中国东北爆发，在日益深重的国内外危机中，中国知识分子深刻地体悟到中外政治制度、文化、科学技术之间的巨大差距，因此更加迫切地要求全方位“开民智”。因而他们把报纸当做一种普及性读物，将中外政治制度、军事、教育、财政等载于其上，启导国民思考强国之道。《东方杂志》在发刊词中特别提到“搜罗宏富”是为了方便读者“检查时事”，字数多、售价廉，也是为了方便“无力遍阅各报者”“周知中外近事”，正是基于此目的。

“联络东亚”则受甲午战争以来“师日”思想和日俄战争中“联日拒俄”思想的影响，更重要的是，商务印书馆当时是与日本人合资的。商务印书馆 1897 年刚成立时资本仅三千余元，后来规模逐步扩大，但印刷技术仍比较落后。1903 年，适逢日本印刷企业金港堂要来中国开办印刷厂，商务印书馆便决定与日资合作，双方各出资 10 万，行政权归中方，印刷技术和设备则可借助日方，商务印书馆从中获益匪浅。到 1914 年清退日股时，商务印书馆的资本积累已达两百多万元，并在全国大部分地区建立了分馆，和国内著名的学者建立了稳固的联系，印刷技术、出版声誉均居于中国出版的翘首地位。因此，《东方杂志》创刊号中第一篇文章便是《论中日分合之关系》，第一卷第 1 号、第 2 号、第 3 号、第 5 号均载有日本作者长尾雨山的《对客问》。1914 年清退日股后，联络东亚的亲日立场逐渐淡化，而启导国民的宗旨继续保留。

后来，《东方杂志》因办刊需要、时势变迁、主编更换等因素不断改革，杂志宗旨、门类设置等多有变化，并非一味遵循发刊词所述。

因战事关系，《东方杂志》自创刊之日起，共停刊4次。

第一次停刊：自1911年11月15日第8卷第9号出版之后，因辛亥革命爆发，交通受阻，至1912年4月1日继续刊行，仍作第8卷第10号，与停刊前相衔接。为期四个半月。停刊之前，《东方杂志》由主张君主立宪的孟森主编，故在政治立场上偏向君主立宪。而复刊号上则刊登了孙中山和袁世凯的照片、伧父的《中华民国之前途》、高劳的《辛亥革命成功记》，第11号上又刊登了临时政府重要成员的照片、平佚的《临时政府成立记》，表明《东方杂志》的政治立场由君主立宪转变为民主共和。

第二次停刊：自1932年2月1日第29卷第3号出版之后，因一·二八事变爆发，商务印书馆被毁，停业整顿至1932年8月1日复业，故《东方杂志》于1932年10月16日复刊，仍作第29卷第4号。为期八个半月。复刊号上发表了新任主编胡愈之的《东方论坛——本刊的新生》，指出“从兵燹后的灰烬瓦砾中，竭力挣扎，重新振作，创造本刊的新生，创造民族的新生，这是本志复刊的一点小小的——也许是过分夸大的——愿望”，号召中国的知识分子用“拿枪杆的精神，舍身到现实中间去”，并表明杂志的宗旨是“以文字作分析现实指导现实的工具，以文字作民族斗争社会斗争的利器，我们将以此求本刊的新生，更以此求中国智识者的新生。”而在栏目设置上，“因为商务印书馆发行的几种大杂志，除了《东方杂志》以外，一时都不能复刊，所以《东方杂志》除维持现状以外，暂时也作为商务别种刊物的代替品。因此添设了《教育》《妇女与家庭》《文艺》三专栏。教育栏是继续以前的《教育杂志》，妇女与家庭栏代替了以前的《妇女杂志》，而文艺栏，则又为《小说月报》的后身。同时由于篇幅有限，教育、妇女与家庭栏，从四号以后，每隔一期轮流刊登，即单号登妇女与家庭，双号刊教育栏。”后来随着其他刊物的陆续复刊，《东方杂志》才又恢复了自己的本色。

第三次停刊：自1937年8月1日第34卷第15号出版之后，因八一三全面抗战，机构有待调整，暂停半个月。然而复刊之后，16号与17号于9月1号合刊，18号与19号于10月1号合刊，20号与21号于11月1日合刊，22号、23号、24号于12月1日合刊。一直到1938年1月1日才恢复正常出版。实际停刊四个半月。

第四次停刊：自1941年11月15日第38卷第22号出版之后，因太平洋战争爆发，商务印书馆出版中心转移至重庆，需停业整顿，至1943年3月15日复刊，作第39卷第1号。为期两年四个月。复刊后，商务印书馆总经理王云五在《复刊辞》中强调了刊物的宗旨，“本志以阐明学术为主旨，所刊各文，见解力求客观，议论务期平允。注重新知之介绍，然力避武断，期无悖研究之精神，内容则人文自然，中外新旧兼收并录”，同时认为“刊物之品质，乃随一国之学术与其国民知识之进展而进展者”，表明该刊把自己的目标和着力点放在阐明学术、发扬知识文化方面，《东方杂志》开始转变为一个学术性刊物。

在四十多年的沧桑历程中，《东方杂志》的主编多次发生变化，目前确切可知的有孟森、杜亚泉、钱智修、胡愈之、李圣五、郑允恭、苏继庼等。

孟森（1868—1937年），字莼孙，笔名心史，号阳湖孑遗。江苏武进人。曾留学日本东京法政大学。1906年参与预备立宪公会并任驻会干事。1908—1909年任《东方杂志》主编，他增加了杂志上自撰稿件比例，在每期首刊设“记载”栏，发表由他自撰的紧贴晚清“预备立宪”时局进展的“宪政篇”和“大事记”，大大加强了《东方杂志》的记事性。1909年5月当选江苏咨议局议员。1912年被推为共和党干事。1913年1月当选国会众议员，7月又被选为宪法起草委员。后潜心明清史研究。1929年，受聘国立中央大学历史系副教授。1931年，受聘国立北京大学历史系教授。著述有《民法要义》(译述)《法学通论》《清初三大疑案考实》《明清史讲义》等。

杜亚泉(1873—1933年)，原名炜孙，字秋帆，又署伧父。浙江绍兴人。16岁中秀才。1894年浙江崇文书院肄业。甲午战争后，改习数学，通日语，长于理化、矿物及动植诸科，曾任绍兴中西学堂教员。1900年秋到上海，创办中国近代首家私立科技大学亚泉学馆(后改为普通学书室)，出版中国最早的科学刊物《亚泉杂志》(后改为《普通学报》)。1904年入商务印书馆任编译所理化部主任，编著自然科学教科书。1911—1919年兼任《东方杂志》主编。他曾发表大量政论和思想评论，提倡温和渐进改革的"接续主义"，认为中西文化非"程度之差"而为"性质之异"，两者各有其价值，也各有其偏弊，因而两者适可互为调剂补正；提出精神救国论，认为人类社会的发展，是人类精神的发展，唯有唤起国民之精神以自救。主编《东方杂志》时，刷新内容，扩大篇幅，使其成为民国初期影响最大的学术政论综合刊物。

钱智修(1883—1948年)，字经宇，笔名坚瓠，浙江嵊州人，1911年毕业于上海复旦公学，后入商务印书馆工作。1920至1931年任《东方杂志》主编。1932年就职于南京国民政府监察院，1948年去世。他主张杂志应作为"舆论的顾问"，而不是"舆论的指导者"，因而他主编的《东方杂志》，更注重研究现实问题，忠实介绍各类学术思想、社会思潮。

胡愈之(1896—1986年)，原名学愚，笔名伏生、景观等，浙江上虞人。1914年考入上海商务印书馆编译所，1915年8月起，任《东方杂志》助理编辑、编辑，1932年任主编。他主张刊物应为当前的政治斗争服务，故特增辟"东方论坛"一栏，及时反映当时的抗日救亡形势，加强抗日的宣传；同时重视对当时国际形势的介绍和分析，提醒人们注意国际风云的变幻和法西斯主义的抬头；并增设"教育""妇女与家庭""文艺"3个专栏，约请茅盾、老舍、巴金等著名学者和作家撰稿；增设"编者、作者与读者"专栏，加强与读者的联系。《东方杂志》成为宣传进步思想，要求民主抗战爱国的重要舆论阵地。1933年3月离开商务印书馆，参与"中国民权保障同盟"等活动，9月加入中国共产党。1949年后任中华人民共和国出版总署署长等职。

李圣五(1899—1984年)，山东泰安人。毕业于北京大学，旋赴日本留学，为帝国大学大学院法学部研究员。后又赴英国留学，入牛津大学，获法学学士学位。历任暨南大学、复旦大学教授，南京《中央日报》主编。1933年12月，任外交部总务司司长兼中央政治会议特务秘书及《东方杂志》主编。1940年3月，任汪伪司法行政部部长。1945年4月，兼任汪伪外交部部长，5月兼任汪伪文物保管委员会委员长及撤废各国在华治外法权委员会委员长，同年9月26日被逮捕。1949年逃亡香港避居，后在香港中文大学讲授法学。1985年病逝于黑龙江。著有《国际公法论》《国际公法与内乱》(英文)等。

郑允恭，生平不详。1939—1941年任《东方杂志》主编。

苏继庼(1894—1973年)，原名锡昌，安徽太平人。北京大学商学院毕业。曾任中国公学教师。后考入商务印书馆，历任编辑、编审、编审部部长，1943—1948年任《东方杂志》主编。曾主编《地理学丛书》，参加《中国文化史丛书》的编辑。1941年加入新加坡中国南洋学会，为《南洋学报》撰写南洋史地论文多篇。1962年至1963年，参加《辞海》修订工作。著有《岛夷志略校释》《南洋钩沉录》。

(汪梅梅)

# 94. “癸卯学制”的颁行

“癸卯学制”是中国近代第一部由国家颁布、并在全国实施的学制系统。“癸卯学制”的诞生，标志着中国近代学制系统的正式建立。

最早提出在中国建立新学制的是留美学者容闳。1860 年容闳就曾到南京向当时的太平天国的领导人洪仁玕提出过建立新学制的建议，但由于当时中国尚未建立起新式学堂，关于建立新学制的想法就只能是空中楼阁。1862 年，京师同文馆的建立，开创了中国近代新教育的先河，同时也为新学制的建立奠定了基础。在京师同文馆的带动下，洋务运动和维新运动时期，中国相继开办了一批新式学堂，但因数量少，培养目标和主办者的观念各异，在学业程度、课程设置、学习年限等方面各学堂基本处于各自为政状态中。19 世纪 70 年代以后，部分改良派人士、维新代表人物，甚至一些知名的欧美传教士，纷纷以著文、上书等形式建议清政府仿效西方建立学校制度，并提出了不尽相同的学制方案。这中间以 1898 年维新变法期间，维新人士梁启超拟定的《京师大学堂章程》最具有代表性。梁启超参考日本和西方学制，参酌本国情况，拟定出的《京师大学堂章程》，不仅明确了京师大学堂的教育方针，而且对学生功课、学生入学、学成出身、聘用教习、设官、经费、教育内容等方面都作出了明确的规定；同时构建了一个包括大学、中学、小学在内，分级分科，逐级递升的完整系统，该章程得到光绪皇帝的批准，为我国近代学制的最终建立奠定了基础。

1901 年 9 月 14 日(光绪二十七年八月初二日)，清政府颁布“兴学诏书”，鼓励各地兴办学堂，“除京师已设大学堂应切实整顿外，着各省所有书院，于省城均改设大学堂，各府及直隶州均改设中学堂，各州、县均改设小学堂，并多设蒙养学堂”。于是，各类大中小学堂应运而生。但是由于这些学堂或自立章程，或转抄酌改他校章程，而程度、课程、年限参差不齐。在这种情况下，通过制定全国统一的学制系统来确立标准，加强规范，消除分歧，已成为清政府和办学者的共同愿望。由此，也拉开了晚清 10 年间教育立法活动的序幕。

1902 年 5 月，张百熙派京师大学堂总教习吴汝纶赴日考察教育，主要考察了日本不同地区的各级各类学校；同时，在日本文部省听取了 19 次教育讲座和介绍，涉及教育行政、各类学校、学校管理、教育方法、学校卫生、学校设施等内容；广泛搜集了日本学校的建筑模型、图纸及与学制制订关系最密切的日本学校章程、课表、经费表等；与日本教育官员和教育家进行了广泛的接触，并与日本教育家伊泽修二、嘉纳治五郎、山川健次郎等对相关教育问题，特别是针对中国教育问题进行了深入的探讨。考察期间，吴汝纶除了撰写详细的日记外，还写了大量信函回国，及时向张百熙汇报在日考察情况，多渠道为制订学制提供资料。吴汝纶的日本之行为清末学制章程起草起了重要作用。

1902 年 8 月 15 日，由管学大臣张百熙的主持拟定学制系统——《钦定学堂章程》颁布，史称“壬寅学制”。具体包括：《京师大学堂章程》《考选入学章程》《高等学堂章程》《中等学堂章程》《小学堂章程》《蒙学堂章程》等。这一学制为三段七级，即初等教育，包括蒙学堂4年，寻常小学堂3年，高等小学堂3年；中等教育，包括中等学堂4年；高等教育包括高等学堂或大学预科3年，大学堂3年和大学院。此外还规定了各级各类学堂的性质、培养目标、入学条件、学习年限以及课程设置等。尽管这一学制是中国近代第一个以中央政府名义制定和颁布的全国性学制，但由于主持制定“壬寅学制”的张百熙素以偏护新学遭谤议，同时也由于该学制制订仓促，存在诸多不足，公布后即有人提出了反对意见，在这种情况下，此学制未能付诸实施。

1903年6月，管学大臣张百熙、荣庆以“学堂为当今第一要务，张之洞为当今第一通晓学务之人”，奏请清政府委派张之洞会同商办学务。张百熙、荣庆之所以推荐张之洞会同商办学制事宜是因为在《癸卯学制》出台之前，张之洞曾在湖北设计了一个省区学制系统——湖北学制。张之洞自1889年出任湖广总督以来，创办了许多各种类型的新式学堂，为了使这些学堂在学制上得以系统化，l898年张之洞派姚锡光等人到日本考察，“将政治学、法律学、武学、航海学、农学、工学、山林学、医学、矿学、电学、铁道学、理化学、测量学、商学各种学校，选材授课之法，以及武备学分枪、炮、图绘、乘马各种课程，或随时笔记，或购取章程赍归，务详勿略，藉资考镜”。姚锡光回国后将其在日本全面考察的情况向张之洞作了详细汇报。1898年4月，张之洞在《劝学篇》中介绍了西方学制建设的情况，并提出了一个包括小学堂、中学堂、大学堂在内的系统的学制设想，并对各种学堂的课程设置提出了较为详细的设想。1901年12月至1902年1月，为了进一步完善其学制系统，张之洞又派罗振玉、刘洪烈一行专门考察日本学校。罗振玉负责“考求中小学普通学校学应用新出教科书本，总理编译事宜”。刘洪烈负责“考究教法、管学两事暨访购书籍”。罗振玉还将考察日记汇编成《扶桑二月记》一书，详细记载了赴日考察的活动与所见所闻。与此同时，罗振玉还详细收集了有关日本教育制度的各种章程110份，并将其《学制私议》《日本教育大旨》等介绍日本的系列文章发表在1901年5月创刊的《教育世界》上，对日本重要的教育法规、条例和学制进行了翻译和介绍，这对张之洞制定湖北学制提供了重要借鉴。

1902年底，张之洞与湖北巡抚端方会衔上奏《筹定学堂规模次第兴办折》，出台了湖北学制体系。在这个学制体系中，张之洞把湖北学堂分为基础教育和专门职业教育两类：其中基础教育包括初等教育、中等教育和高等教育三段五级；专门职业教育包括师范教育、实业教育和特别教育三种，这个学制体系的基本框架仿照了日本学制。在张之洞看来，“考日本教育总义，以德育、智育、体育为三大端，洵为体用兼赅，先后有序，礼失求野，诚足为我前事之师”。不久张之洞将这个关于湖北学制体系的奏折上陈后，清廷交给管学大臣张百熙议奏。张百熙对张之洞的奏折给予了充分的肯定，他认为，“该督疏陈湖北学堂章程，其中足补臣百熙奏进章程所不及者，当即一律照改，奏明在案。学堂为当今第一要务，张之洞为当今第一通晓学务之人，湖北所办学堂，颇有成效，此中利弊，阅历最深”。与此同时，张百熙对张之洞就《壬寅学制》提出了4条补充意见也给予了充分的肯定，并明确指出：“查张之洞留心学务最早，办理学堂亦最认真，久为中外所推重，是该督二十余年之阅历，二十余年之讲求，于学堂一切利弊知之较悉，自与寻常不同。臣等遵将原奏悉心核对，则与钦定章程相合之处甚多，不谋而同，有征益信。”这成为张之洞进京参与厘定《癸卯学制》的直接契机。

1903年6月27日，荣庆与张百熙联名奏请“为了兴学务而防流弊”，“必须有精审画一之课本，完全无缺之章程”，请派张之洞“会同商办京师大学堂事宜，将一切章程详加厘定”。清政府很快批准了这一奏请。于是张之洞会同张百熙、荣庆，以日本学制为蓝本，在《壬寅学制》的基础上，又加上制订湖北学制的经验，修成《奏定学堂章程》，即“癸卯学制”。1904 年 1 月 13 日(光绪二十九年十一月二十六日)光绪皇帝批准：“著即次第推行。”至此，由张百熙、荣庆、张之洞等经七易其稿拟定的癸卯学制正式颁布实施。因这一年是阴历癸卯年，故史称“癸卯学制”。

“癸卯学制”是由一系列学制系统文件组成的，具体包括：《学务纲要》《各学堂管理通则》《蒙养院章程及家庭教育法章程》《初等小学堂章程》《高等小学堂章程》《中等学堂章程》《高等学堂章程》《大学堂章程》(附通儒院章程)《初级师范学堂章程》《优级师范学堂章程》《任用教员章程》《初级农工商实业学堂章程》(附实业补习普通学堂及徒艺学堂章程)《中等农工商实业学堂章程》《高等农工商实业学堂章程》《实业教员讲习所章程》《实业学堂通则》《译学馆章程》(又称方言学堂)《进士馆章程》等 22 个文件，统称《奏定学堂章程》。它以《学务纲要》为总纲，对各级各类学堂的招生对象、入学条件、开设课程，以及考试、毕业待遇等都作了详尽规定，是清末教育立法中内容最丰富的综合性法律文件。该学制纵向分作三段七级，除去蒙养院为三段六级：第一段为初等教育阶段，由初等小学堂(5 年)、高等小学堂(4 年)二级构成；第二段为中等教育阶段，由中学堂(5 年)一级构成；第三段为高等教育阶段，由高等学堂(3 年)、分科大学(3—4 年)、通儒院(5 年)三级构成。横向分作三部分：在普通学堂之外还有师范教育和实业教育两个独立的系统。此外，属于高等教育性质的还有译学馆、方言学堂、进士馆和仕学馆。由此构成纵向初等、中等、高等三级相衔接，横向普通、师范、实业三足鼎立的整体格局和框架。

各级学堂的培养目标分别为：初等小学堂，以启其人生应有之知识，立其明伦理、爱国家之根基，并调护儿童身体，令其发育为宗旨；以识字之民日多为成效。高等小学堂，以培养国民之善性，扩充国民之知识，强壮国民之气体为宗旨；以童年皆知作人之正理，皆有谋生之计虑为成效。普通中学堂，以施较深之普通教育，俾毕业后不仕者从事于各项实业，进取者升入各高等专门学堂均有根柢为宗旨；以实业日多，国力增长，即不习专门者亦不至暗漏偏谬为成效。高等学堂，以教大学预备科为宗旨；以各学皆有专长为成效。大学堂、通儒院：以谨遵谕旨，端正趋向，造就通才为宗旨；大学堂以各项学术艺能之人才足供任用为成效；通儒院以中国学术日有进步、能发明新理以著成书、能制造新器以利民用为成效。实业学堂，所以振兴农工商各项实业，为富国裕民之本计；其学专求实际，不尚空谈。初级师范学堂，令拟派充高等小学堂及初等小学堂二项教员者人焉；以习普通学外，并讲明教授管理之法为宗旨；以全国人民识字日多为成效。优级师范学堂，以造就初级师范学堂及中学堂之教员、管理员为宗旨；以上项两种学堂师不外求为成效。

“癸卯学制”作为近代中国教育改革的承上启下之作，它在制订过程中直接参考日本学制，间接吸纳欧美学制，反映了近代资本主义教育的诸多特点。尽管这一学制还存在着盲目模仿等不足，但它的制订，毕竟是中国教育近代化历程中的重要一环。它不仅开拓了国人的视野，而且将近代以来许多志士仁人在中国建立近代学制的愿望第一次变成了现实；它促进了新教育的发展，加速了科举制度的废除和封建教育制度的最终解体。“癸卯学制”的颁行，使中国教育开始摆脱自我封闭的格局，融入世界教育发展的潮流之中。

(郭娅)

# 95. 敦煌藏经洞的发现

藏经洞是指敦煌莫高窟的第 17 窟，位于莫高窟第 16 窟甬道北侧壁内，是附属于第 16 窟的一个小洞。因在鸣沙山，又称鸣沙石室。窟身为正方形，边长 3 米，四面墙高 2.5 米，窟顶为覆斗形，最高处离地约 3 米。洞的北壁有精美的壁画：中部是两棵菩提树，东侧树枝上悬挂一个净水瓶，西侧树枝上挂着一个挎袋。树东侧画一比丘捧持团扇一柄；树西侧面画执杖的侍女。在西壁壁龛内，嵌有一石碑，高 1.5 米、宽 0.7 米，是唐大中五年(851 年)的《洪䛒告身敕碟碑》，俗称"洪䛒碑"。洪䛒是佛教史上的一位高僧。唐代中叶，在吐蕃(今西藏)统治敦煌时期，他担任沙州(今敦煌)释门都法律兼摄行教授。公元 851 年，由于在张议潮收复敦煌战争中有功，他被唐王朝封为释门河西都僧统摄沙州僧政法律三学教主，并赐紫(高僧的特殊荣誉)，授京城内外临坛大德称号。所以藏经洞原本是距今一千多年前的晚唐时期，颂扬和纪念高僧洪䛒的"影窟"，只是后来被用来"藏经"了。据考证，洞中原有彩色僧人塑像一尊，就是洪䛒的弟子们依照其生前的样子塑造的，后来为了藏经，被移到了上面另一个洞窟。

在这个"藏经洞"里，原本藏有从公元 4 世纪到公元 14 世纪的历代文物 5 万余件，除汉文写本外，还有六分之一是藏文、梵文、怯卢文、粟特文、古和阗文、回鹘文等民族文字写本，并有绢本绘画、刺绣等美术品数百件。写本中除大量佛经、道经、儒家经典之外，还有史籍、账册、历本、契据、信札、状牒等。人们认为，这么多经卷和遗书被藏于石室中被封闭，是莫高窟的僧人在战乱时代，为使佛教典籍能逃过战火而存放的。长期以来学术界最流行的看法是藏经洞封闭于 1036 年敦煌将陷于西夏之时。伯希和第一个提出这个说法，他在《敦煌石室访书记》中说："首当研究之问题，厥为卷本入洞之约略年代，此实有准确之凭证在焉。卷本所题年号，其最后者为宋初太平兴国(976—984 年)及至道(995—997 年)，且全洞卷本，无一作西夏字者，是洞之封闭，必在十一世纪之前半期，盖无可疑，以意度之，殆即 1035 年西夏侵占西陲是也。洞中藏弃，至为凌乱，藏文卷本、汉文卷本、绢本画幅、缯画壁衣、铜制佛像，及唐大中刻本之丰碑，均杂沓堆置，由是可见藏置时必畏外寇侵掠而仓皇出此。"在伯希和之后，英国人斯坦因和我国学者罗振玉、姜亮夫等也都持此说。陈垣先生在《敦煌劫余录・序》一文中则见解有所不同，他说："《通考》载大中祥符末，沙州归义军节度使曹贤顺优表乞金字藏经。景祐至皇祐中朝贡不绝，知此等经洞之封闭大约在皇祐以后。"即认为藏经洞藏经并封闭应在 1049—1053 年以后。

但也有人提出废弃说，因为洞中收藏并无敦煌存有的完整大藏经及多种金银字大藏经，而全部是单卷残部、碎篇断简，残卷废纸，所以认为这些经卷遗书都是当时敦煌僧众抛弃无用的废品。因与佛教相关，为尊重佛法佛典，这些用过的物品既不能丢弃，也不能烧毁，只能以石室封存起来。

藏经洞是道士王圆箓 1900 年偶然发现的，当时藏经洞洞口被泥封堵，封泥上还绘有壁画，十分隐蔽。道士王圆箓(约 1850—1931 年)，湖北麻城人，曾经在肃州(酒泉)巡防军当过兵，退伍以后当了道士。在清朝末年，莫高窟寺院分上寺、中寺、下寺。上寺与中寺住的都是藏传佛教的喇嘛，下寺是道士居住的三清宫。王道士云游来到莫高窟，就在这里住下来了。当时他参与了一些敦煌莫高窟的修缮工程，清理洞窟中的积沙，在当地有一定的声誉。这期间，他雇了一位姓杨的人，在南区洞窟北端“三层楼”下层第16窟里替自己抄写经卷。杨某偶然以烟锅敲壁听声，发现后壁里面似是空的，疑有密室，便告知王道士。王道士与杨某在这道泥壁后，发现了一个里面整齐地堆放着5万多件古代典籍、文书、绢幡、佛画、佛家法器等文物的洞窟。另也还有一种说法，是说他在清理积沙的时候发现了藏经洞的。这一天是1900年6月22日(光绪二十六年五月二十六日)。

发现了藏经洞之后，王道士选择了几个卷子送进县衙门，也分赠了城中其他的一些官僚与绅士们。知县汪宗瀚又将其中的公元968年(北宋乾德六年)《水月观音画像》、写本经卷等部分文物转赠给当时正在甘肃学政任上的著名金石学家叶昌炽。叶昌炽因而成为第一个对敦煌遗书进行了研究与考订的学者，并给予了高度评价。他将这部分内容增补入他之前已经脱稿的《语石》一书中，书中说：“敦煌县千佛洞，即古之莫高窟也。……中藏碑版经像甚伙，楚北汪栗庵大令宗翰，以名进士作宰此邦，助余搜讨，先后寄贻宋乾德六年水月观音画像，写经卷子本、梵叶本各二，笔画古拙，确为唐经生体，与东瀛海舶本无异。”叶昌炽还认识到这批文物的重要价值，因而建议把藏经洞的全部文物运送到兰州保管，但因为估计运费要五六千两银子，清政府便没有采纳这项建议。1904年3月，敦煌县令汪宗瀚等奉命清点遗书，责成王道士就地封存，从此就无人再过问。

虽然外国学者通常把1907年斯坦因在敦煌的“发现”作为敦煌学的开端，但其实应该是我国学者首先对之进行了发现和研究的。只是当时士绅阶层对文物只是赏玩的态度，大多不能认识到文物保护的意义。而清朝末年，政府亦相当无能落后，所以即使从敦煌县令到甘肃省学台都见到了这些珍藏，藏经洞却没有完全得到重视和保护。汪宗瀚的清点目录其实只是其中的一小部分，而且这不完全的目录也被王道士毁了。王道士亦不断用洞抄卷、文书、蟠画换取捐助和粮食，得到文物的官员也把所得向外界馈赠或出售。随着文物的日益流散，一些外国探险者发现了这个文化宝藏，先后有俄国人库库什金、奥勃鲁切夫、英国人斯坦因、法国汉学家伯希和、日本人大谷光瑞、美国人华尔纳等人，来到敦煌，从敦煌特别是从藏经洞掠走了大量珍贵的文物。

第一个接触到敦煌藏经洞文物的外国人是谁，尚存争议。2001年第1期《敦煌研究》发表的一篇文章《第一个得到藏经洞文书的外国人》认为，是曾给德国地理学家李希霍芬当过翻译和助手并在中国做官的保尔·施普灵盖尔特。1903—1906年，施普灵盖尔特辞去嘉峪关税务司长回国时，拜谒安肃道台廷栋。廷栋以数卷藏经洞发现的经卷相赠。施普灵盖尔特到新疆拜见新疆上层官员时又把经卷赠送给了长庚将军和道台潘某。因此，施普灵盖尔特是第一个得到藏经洞文献的外国人。但他所得是源于馈赠，后来又赠回给了中国官员。此说尚待更多考证。

另一种说法，认为第一个得到藏经洞文物的外国人是俄国人库库什金。1905年之前库库什金在新疆塔城自己的商店中听来自敦煌的商人讲千佛洞有喇嘛僧发现藏经事，翌年10月赴敦煌居住了三周，其中一周在千佛洞临摹塑像壁画。其间库库什金用织物、线香、灯油、铜碗与喇嘛交换写本，写本包括汉、蒙、藏、梵、回鹘等中亚诸语言写本，绢画和小佛像，并通过领事索克夫送往彼得堡科学院。以上记事见于1955年前苏联出版的《沙漠之谜——中央亚细亚探险》一书。但也有人说该书夹杂虚构，库库什金从未到过敦煌。还有人说应是俄国地质学家奥勃鲁切夫，1905年10月，仅以6包劣质石蜡为饵，就从王道士手中换得藏经洞珍贵写本两大包。但他所换走的这批手稿写本，在他在世期间一直都没有整理发表，辗转收藏的情况也不详，所以有人也认为此说也是可疑的。支持这个观点的人则认为，很可能他的收获和鄂登堡在敦煌寻得的文物及科兹洛夫在黑城等地寻得的手稿，混在一起了，因而以前无人知道，但幸而在奥勃鲁切夫的自述式的著作《小亚细亚的荒漠》中却有详尽的描述。

继奥勃鲁切夫之后来到敦煌的是英籍匈牙利人斯坦因(1862—1943年)。斯坦因1902年在汉堡的国际东方学者会议上，听到匈牙利地质调查所所长拉乔斯·洛克齐“热烈的叙述”1879年参加探险队到敦煌莫高窟的情况后，就向往着敦煌。1907年2月他到了莫高窟，当时王道士外出化缘未归，但他从一个小和尚手里看到一份手稿，“那是一种美丽的、保存得十分完好的经卷，高约一尺，长可能是十五码”，斯坦因欣喜若狂。1907年5月21日，斯坦因再次来到莫高窟，这时王道士已回来了。但是当时藩台衙门已有封存遗书的命令。斯坦因一方面以金钱进行诱惑，另一方面假装成玄奘的崇拜者来哄骗王道士。正巧，王道士最初拿给斯坦因看的几个经卷，正是玄奘从印度带回的典籍的译本。王道士被打动了，终于带斯坦因进入了石室。斯坦因被众多珍宝惊呆了。他后来记述说：“这所小屋里所展现的情景，真使我大开眼界。在道士小灯的幽暗光线下，依稀可以看见大量地、但却又是杂乱无章地堆积在一起的整捆的手稿，其高度大约有十呎左右”，“就分量以及保存完好而言，我以前所有的发现无一能同此相提并论”(《斯坦因西域考古记》)。斯坦因在洞里挑选了7天7夜，从中挑选了写本类24箱(计万余卷)，绘画美术作品5箱，包括868年(咸通九年)印刷的现存最早的印刷品《金刚经》，为之仅付给了王道士40块马蹄银。四个月后，斯坦因再次回到敦煌，又从王道士那里得到了200捆手稿。斯坦因将这批无价珍宝运到了伦敦的英国博物馆。

接着到来的是伯希和。他也由王道士引入石室，被惊得呆若木鸡。伯希和在昏暗的烛光下整整工作了三周，“接触了每一份手稿，而且还翻阅了每一张纸片”，“没有放过任何一件主要的东西”。他曾师从沙畹学汉文，能看懂卷子，有丰富的中国文史知识，因而可以对这些藏品进行认真选择，包括绝大多数的史地卷子和有纪年的卷子等，还搜罗了许多各种民族文字的写本，如波罗蜜文、回鹘文、西夏文、藏文等，及佛典以外的汉文文书之全部，以及很多绢画、木雕、彩塑等。因此，伯希和劫去的这部分文史资料价值最高。他以500两银子换取的所挑选的6000余卷精品，现在藏于巴黎法国国立图书馆和吉美博物馆。伯希和还给洞窟编了号，拍摄了数百幅照片，至今仍是敦煌研究的重要资料。

1909年，伯希和在回国前曾将已经运至河内的敦煌遗书的一部分送到北京修裱，被罗振玉见到了，十分震惊。后来伯希和又将数十件敦煌古写经携往北京，在六国饭店展览了这些文物。又送了些照相复制品给蒋伯斧、罗振玉等人。学界为之震动，上书请求封存洞内剩余古物，严禁再转卖外国人。因此清廷学部在1909年8月20日，发出“饬查验齐千佛洞书籍造像并造像古碑勿令外人购买”电。1910年清政府又下令甘肃学台将剩余文物全部运往京师图书馆。

然而，在起运之前，王道士已私自转移了许多卷。运送途中，沿途大小官吏也大肆窃夺。当剩余的卷子运抵北京时，押运官新疆巡抚何彦升竟让儿子何震彝公然将大车接至其家，然后伙同其岳父李盛铎以及刘延深、方宗谦等，偷窃了其中的大量精品，为了掩饰罪行，又将较长的卷子一拆为二以充其数。他们所窃的那批文物后来卖给了日本人。最后到达京师图书馆的古物只有9871件。

此后，藏经洞的劫难并没有停止。1911年10月至1912年2月，日本大谷光瑞探险队的吉川小一郎和桔瑞超，先后从村民处购买佛经3次计7卷，从王道士处分2次购得佛经169卷和200卷，并盗走精美的塑像两尊。1914年，俄国人奥登堡发掘收购写本12000余卷，绢画百余幅，后藏于俄国东方研究所圣彼得堡分所和艾尔米塔什博物馆。奥登堡被认为是最后一个从敦煌藏经洞劫走大宗宝藏的外国人。在这以后，藏经洞的宝藏已所余无几，以致 1924 年华尔纳到达敦煌时，只能把重心放在剥离壁画上。

自藏经洞发现以来，中国学者对之进行了深入研究，取得了许多成果，如 1909 年罗振玉发表《鸣沙山石室秘录》《西州图经跋》《敦煌石室书目及发见之原始》等论著，编《敦煌石室遗书》11 种，王仁俊著《敦煌石室真迹录》；1910 年蒋伯斧撰《鸣沙石室古籍丛残影印本题记》；1911 年孙毓修撰《唐写本公牍契约考》，刘师培撰《敦煌新出唐写本提要》；1913 年罗振玉又编《鸣沙石室佚书》，著《星占书跋》和《阴阳书跋》，王国维著《唐写本春秋后语背记跋》和《兔园策府跋》等。1943 年 3 月 16 日，在向达、王子云、张大千等学者的呼吁下，中华民国政府教育部接受了于右任的建议，决定成立国立敦煌艺术研究所，由常书鸿等人开始对敦煌石窟进行科学的保护研究工作。敦煌终于结束了被劫掠的历史，但这时的藏经洞，已经徒有四壁了。正如陈寅恪先生所说：“敦煌者，吾国学术之伤心史也。”

（卢文芸）

# 96. 留学生的派遣

留学生一词最早是日本人创造的。唐朝时，中日文化交流频繁，日本政府曾多次派“遣唐使”来华学习和研究中国先进的文化。由于这些“遣唐使”是以外交使节的身份来到中国的，一般时间不会太久，因此他们无法深入地探讨中国文化。为了更深入地学习中国文化，日本政府从第二次派“遣唐使”起，同时还派了“还学生”和“留学生”。“还学生”是随“遣唐使”一起来中国，不以外交为务，而以学习为主的青少年，他们必须随同“遣唐使”一起回国。“留学生”则是指专门以学习为主，并可以在中国居留较长时间的青少年。他们不受“遣唐使”返国的时间限制。自日本政府开“留学生”留学之先河后，凡是居留外国学习的学生，被统称为留学生。

近代以前，中国人走出国门到国外去留学，主要有两个时期。第一个时期是从汉代到隋唐时期。这一时期外出留学的中国人以学习佛教为主要内容。这些人从陆路、海路，翻越崇山峻岭，穿过茫茫的荒漠，或漂洋过海，搏风击浪，历尽艰辛到印度取经求法，最著名的有法护、法显、玄奘、义净等。他们在印度少则几年、十几年，多则几十年，潜心学习佛教学理，不仅如此，他们还带回了大批的佛教典籍，使中国知识界对佛教学理有了比较完整的理解。这一留学活动，不仅使隋唐时期佛教的传播达到鼎盛时代，而且对中国的哲学、道德、文学、艺术、教育、语言以至于民族意识、民族心理都产生了深远的影响。

第二个时期是明清之际。伴随着明清之际耶稣会士的东来，从 16 世纪中叶至 18 世纪中叶的 200 年间，耶稣会士所带来的西方科学知识吸引了明清之际的中国上层统治者，统治者在一个时期内对耶稣会士采取的宽容态度，不仅使天主教在中国的广泛传播成为可能，同时也为中国人留学欧洲创造了客观条件。1724 年 11 月 25 日，意大利耶稣会士马国贤(Manthaeus Ripa)在远离故国 17 年之后踏上了家乡那不勒斯的土地。同行的有四名中国青少年，他们是来自中国河北省的谷文耀、殷若望、黄巴桐和来自江苏省的吴露爵。跟随马国贤到意大利的目的，是研习天主教义，学习神学知识和拉丁语。回国不久，马国贤经多方奔走筹措，于 1732 年在意大利那不勒斯开办了一所专门培养各国神职人员的学校——圣家修院(亦名中国学院或文华书院)。从这所学院成立到 1888 年 12 月意大利政府封闭这所学院为止，共有 106 名中国留学生在这里学习。除此之外，在法国巴黎大路易学院、葡萄牙哥因勃拉大学等亦有中国留学生。据方豪《同治前欧洲留学史略》考证和统计，清同治朝以前，中国赴欧洲留学的学生有 114 人。

尽管如此，这两个时期的留学活动均不能算作是近代意义上留学生派遣活动。因为，近代以前的留学人员，绝大多数出于宗教的目的出国学习，因而这些留学活动“更多地具有玄奘赴印度取经求法的色彩”。

近代意义上的留学生派遣始于鸦片战争以后。1840 年，英帝国主义的大炮轰开了乾隆皇帝以来关闭的国门，这时展现在中国人面前的是一个在政治、经济、文化等方面远远超出自己的崭新的“泰西”世界。中国长期以来所形成的“天朝大国”的地位开始发生根本上的动摇。中西方之间在政治、经济、文化上的差距被无情的历史拉大了。面对着外国殖民者的坚船利炮和积贫积弱的中国社会，一批中国先进的知识分子开始思索：泱泱大国何以在一夜之间变得不堪一击，天朝大国落后的原因何在？以林则徐、魏源为代表的先进知识分子面对着帝国主义血雨腥风的威胁，开始认真总结鸦片战争失败的经验教训，并明确提出了“师夷长技以制夷”的命题。这为中国社会打开了一个看世界的窗口，是中国人走出国门、走向世界的前奏。

1847年1月4日，容闳、黄宽、黄胜三位青年跟随他们的老师布朗夫妇，乘坐美国阿立芬特兄弟公司的“亨特利思号”帆船赴美留学。“作为一个历史事件，容闳的赴美留学在近代中美文化交流史和中国近代留学史上具有重要意义和影响，容闳因此而成为近代沟通中美文化的先驱和中国留学生之父。”但是，作为一个现实事件，容闳他们的行动并没有在19世纪四十年代的中国社会激起半点涟漪。直到19世纪60年代以前，能走出国门、走向世界的中国人仍是寥寥可数。

第二次鸦片战争，清政府又被迫签订了《天津条约》《北京条约》等一系列不平等条约，随着外国殖民主义列强对中国侵略的不断加深和国内太平天国运动的不断高涨，清政府的“万年和约”迷梦被彻底打碎。至此，清朝统治阶级内部的一些人士开始对当时的局势表示担忧。如1851年1月13日，恭亲王奕䜣等在《统计全局酌拟章程六条折》中对形势作如下估计：“窃为夷情之强悍，萌于嘉庆年间，迨江宁换约，鸱张弥甚，至本年直入京城，要挟狂悖，夷祸之烈极矣……臣等就今日之势论之：发捻交乘，心腹之害也；俄国壤地相接，有蚕食上国之志，肘腋之患也；英国志在通商，暴虐无人理，不为限制，则无以自立，肢体之患也。”李鸿章在其《筹议海防折》中指出，“今则东南洋疆万余里，各国通商传教，来往自如，麇集京师及各省腹地，阳托和好之名，阴怀吞噬之计，一国生事，诸国构煽，实为数千年来未有之变局。轮船电报之速，瞬息千里；军器机事之精，工力百倍；炮弹所到，无坚不摧，水陆关隘，不足限制。又为数千年来未有之强敌。”基于对时局和西方列强的这种认识，清政府内一批务实开明的封疆大吏开始了以自强求富为目的的洋务运动。从1861年到1872年的12年间，清政府在政治、军事、经济、文化方面进行了一系列重大改革，如成立总理各国事务衙门，向国外购求舰船利炮，训练新式军队，创办近代工业和军事企业，创办新式学堂等。这些措施均以学习、吸收西方先进的科学技术知识为基本线索。

为了更直接地学习西方先进的科学技术，早在1863年，清政府内部开始有人提出向国外派遣留学生的建议。当时的拣选知县桂文灿在向总理衙门奕䜣呈递的条陈中力陈日本派遣留学生的好处，并建议清政府效仿。奕䜣接到此条陈后，也认为“伏思购买外国船炮，由外国派员前来教习，若各省督抚处置不当，流并原多，诚不若派员分往外国学习之便”。只是在当时“惟此项人员，急切实难其选”，这一建议并未被清政府采纳。1864年，四川道监察御史陈廷经在其上奏的奏折中，力陈俄国派学生到外国学习并由此变成海外强国的事实，表明了其试图推动清政府派遣留学生的意图。上述这些建议均成为清政府派遣留学生的重要推动因素。1871年6月18日，曾国藩、李鸿章联名上奏清政府，请求派遣幼童赴美肄业，时隔不到一年，中国第一批由政府派遣的留学生便开始了他们具有历史性意义的航程。而推动这次历史性航程的重要人物就是容闳。

容闳（1828—1912年），原名光照，字达萌，号纯甫，祖籍安徽安庆人，后迁居广东香山。1828年容闳出生在一个贫苦的农民家庭。七岁那年经一个同乡邻居的介绍，他进入传教士创办的不收学费还提供食宿的澳门小学。1841年进入澳门马里逊学堂。次年随马里逊学堂迁至香港。在香港他结识了对其一生有重要影响的美国传教士布朗。1847年，容闳与黄宽、黄胜一起在教会的资助下，前往美国耶鲁大学留学。在美国7

年的学习生活中，容闳如饥似渴地学习，无时无刻不关心着祖国。

1854年夏，容闳从耶鲁大学毕业，获得文学学士学位。他怀着“既自命为已受教育之人，则当日夕图维，以冀生平所学，得以见诸实用”“予意以为予之一身，既受此文明之教育，则当使后予之人，亦享此同等之利益。以西方之学术，灌输于中国，使中国日趋于文明富强之境”的志向，毅然踏上了归程。回国后的容闳，为了维持生计，曾经在广州、香港、上海等地谋职，虽然历经挫折，但他“以西方学术灌输于中国”的理想始终未变。1868年，他向热心洋务的老友丁日昌提出了派遣留学生的教育计划，但因种种原因未能实现。1870年，“天津教案”发生后，曾国藩、丁日昌等奉命前往处理，并电招容闳担任译员。容闳利用这次机会，通过丁日昌正式向曾国藩提出了派遣赴美留学生的计划并表示自己愿意带队出国。这一计划使长期以来一直为洋务事业缺乏人才而苦恼的曾国藩大受启发，曾国藩立即表示同意。1871年9月3日(同治十年七月十九日)曾国藩、李鸿章、丁日昌等联名向清政府递交了《奏选派幼童赴美肄业酌议章程折(附章程)》，按照曾国藩等人制定的章程，决定“每年以三十名为率，四年计一百二十名，驻洋肄业。十五年后，每年回华三十名，又驻洋委员胪列各人所长，听候派用……此系官生，不准在外洋入籍逗留，及私自先回，遽谋别业”(《筹办夷务始末》，同治朝，卷82)。这一奏折不久就得到了清政府“着照所请”的批示。随即容闳等人便投入到紧张的筹备工作之中。

1872年初，清政府设立了“出洋肄业局”，由陈兰彬和容闳分任正副委员。有关留学事宜均由容闳促成。在容闳积极推进赴美学生留学的过程中，首先遇到的问题是招生工作的困难。因为在当时社会风气相对闭塞的情况下，大家子弟均不肯远适异国，应募者多被社会视为“漂泊无赖，荒陋不学之人”，他们来应募的目的也主要出于衣食生计的目的，并不是单纯为了学习知识，效力国家。不仅如此，幼童家长还被要求出具亲笔画押的“甘结书”。要求留学生家长表示自己自愿将儿子送往国外学习，学成后听从差遣，不得在国外逗留。“倘有疾病生死，各安天命。”这反映出当时朝野对留学活动的一种担心和害怕。也正因如此，当时应选的留学幼童大多数出身微贱。

1872年8月11日，包括詹天佑、梁敦彦、容尚谦、罗国瑞等30人在内的第一批官派留学生在监督陈兰彬、容闳，汉文教习叶绪东，翻译曾兰生的率领下，从上海启程赴美。留学生的派遣得以顺利实现，实出于容闳的热心提倡和积极筹办，丁日昌之推荐，曾国藩之支持，李鸿章之经办而成。1874年，清政府在康纳特克省哈特福特市克林街建造了一座坚固壮丽的可容纳75名学生的三层楼房，作为中国留学事务所永久办公之地。1873年、1874年、1875年，第二、三、四批各30人的留学生相继成行。近代官派留学活动的大幕由此拉开。

幼童们到美国后，最初被安排在哈佛康涅狄格州的美国人家里。据第三批赴美幼童带队人祁兆熙在《游美洲日记》中记载，30名幼童寄宿于15个美国家庭，二人一组，分散居住。使幼童生活能在较短的时间里通过耳濡目染进行语言学习。待其过了语言关之后，这些幼童分别进入当地的小学、中学，然后分别报考高等学校，接受专门教育。这些在美留学的学生除了学习英语和初步的西学知识的同时，还必须按照出国前拟定的有关章程学习汉语和儒家经典。由于这些幼童学习努力，不少人毕业后依次考入中学、大学和各类专科学校。正如上海《万国公报》评论的那样，“中国发往美国学生……所学之语言文字日有进境且能循规蹈矩，皆堪造就之才”。美国《纽约时报》也赞扬说，“中国幼童均来自良好高尚家庭，经历考试始获甄选。他们机警、好学、聪明、智慧。像由古老亚洲来的幼童那样能克服外国语言困难，且能学业有成，吾人美国子弟是无法达成的”。

留美幼童在美国亲眼看到了科学技术的巨大威力，他们在美国学习刻苦，决心学得本领为祖国效劳。他们在美国良好的品德和刻苦的学习精神赢得了当时耶鲁大学校长朴德的好评。据容闳在《西学东渐记》中的记载："自抵美以来，人人能善用其光阴，以研究学术，以故于各种科学之进步，成绩极佳。即文学、品行、技术，以及平日与美人来往一切交际，亦咸能令人满意无闲言。论其道德，尤无一人不优美高尚。其礼貌之周至，持躬之谦抑，尤为外国人所乐道。……无论在校内肄业，或赴乡村游历，所至之处，咸受美人之欢迎，而引为良友。"

然而，就在这批留美幼童渐渐受到美国各界认可的同时，直接领导留学生的首任正监督陈兰彬和以后的一些继任者与这些留学生之间的矛盾也日益激化。随着留学生年龄和知识的不断增长，尤其是受美国平等自由思想的熏陶，留学生逐渐对清政府的监督和封建管束方式表示出不满。尽管这期间容闳周旋于其中，但是矛盾终究未能得到解决。1880 年陈兰彬上奏清政府称留学生"适异忘本"，"离经叛道"，"外洋风俗流弊多端，各学生腹少儒书，德性未坚，尚未究彼技能，先已沾其恶习。即使竭力整饬，亦觉防范难周，极应将局裁撤"。陈兰彬的这一奏请使清廷深感不安。因为，清政府内部的顽固势力对留学生的派遣本来就持反对意见。即使支持留学生派遣的洋务派人士曾国藩、李鸿章等人的主观意图也只是，希望留学生既要学好泰西各国的技艺，又不能忘"尊君亲上之义"，囿于"异学"。这种思想反映出清末统治者坚持将封建性与资本主义化对立的态度，也反映出清末统治阶层的矛盾心理。事实上，正如《纽约时报》所言，"中国幼童们，除却书本老师传授的知识，并受到美国政治及基督教的影响，这是可以意料中之事。如果认为这些聪慧幼童，仅由工程、数学、科学的领域中已得到满足，而他们对美国政治及社会的影响而无动于衷，则将是不可思议之事！"正在此时，美国国内出现了一股排华逆流，加之容闳准备将一部分中学毕业成绩良好的留学生送入美国陆海军军校学习的请求被美国国务院拒绝后，1881 年 6 月 8 日，总理各国事务衙门最后作出了"将出洋学生一律调回"的决定。1881 年 9 月 6 日，留美学生除因病和其他原因先期回国以及少数"告长假"者外，共 94 人分批回国。其中只有詹天佑等二人完成了高等学校教育。时任外交官的爱国诗人黄遵宪满怀悲愤，写下了《罢美国留学生感赋》，表达了对留学生未能完成学业的惋惜。

这批官派留学生虽然没能按计划完成在美国的学业，但是它在中国近代教育史上却有着深刻的意义。留学生的派遣不仅打破了中国自乾隆以来的闭关局面，而且开官派留学之先河，为中国近代较大规模的留学教育兴起奠定了基础。

清政府中途撤回留美学生的做法引起了美国舆论和美国一些当权者的反对。1884 年美国驻华公使曾就派遣留美学生问题向清政府提出过建议，称"尚望贵国于幼童出洋一事，嗣后仍按时举办，将人才辈出，贵国兴盛之机，自必茁茁日上矣"。清政府面对美国方面的邀请只是漠然处之，未置可否。在这种情况下，1895 年，自费留美学生颜慧庆在美国传教士的帮助下前往美国留学。尽管存在"手续不合"的问题，但颜慧庆还是侥幸通过了美国海关的检查。不久孔祥熙、费起鹤也在美籍教师的帮助下，经由李鸿章的幕僚吴汝伦之助，获得了赴美留学的"官札"。尽管孔、费二人没有颜慧庆那么幸运，遭到若干次拒绝，但终究踏上了美国的土地，开始了其留学生活。19 世纪末叶除自费留学生由传教士携往外，一些地方大臣也开始委托外国传教士携带或照料官费留美学生。据不完全统计，从 1900—1907 年，清朝官费留美学生总数有 100 余人。

1894 年中日甲午战争以中国的失败告终。亡国灭种的灾难促进了中华民族的觉醒。中国人向西方学习的热情迅速高涨。这时在清政府的鼓励和提倡下，在日本政府的政策吸引下，大批留学生前往日本留学。这一事实极大地刺激了美国。一些美国来华的传教士、外交官员以及美国政府中的少数"中国通"开始意识到，在此后相当长的历史时期内，“哪一个国家能够做到教育这一代的青年中国人，哪一个国家就将由于这方面所付出的努力，而在精神的和商业的影响上，取回最大可能的收获”，进而控制未来中国的发展。

进入20世纪以后，清政府因时势所迫，感到不能照老样统治下去了，于是开始标榜“新政”。在这场“新改运动”中，先期撤回的留美学生在“新政”中发挥了主要的作用，于是清政府认识到“美国学堂，结果甚善，而裨益中国者良非鲜浅”。而清政府面对《辛丑条约》欠下的巨额赔款而绌于财力时，美国少数“有识之士”考虑到，如要将中国的留学潮引向美国，退还庚款“是一个伟大的办法”。1906年美国传教士明恩溥在白宫向罗斯福总统建议，用清政府的“庚子赔款”在中国兴学和资助中国学生来美国留学。在明恩溥等人的推动之下，罗斯福总统向国会提出赞助中国教育的咨文，1908年5月25日咨文在美国国会得以通过。1908年，美国正式宣布退还“庚子赔款”的半数，共1160余万美元给中国，作为资助中国留美学生之用。

美国退款兴学之事正式确定后，清政府外务部咨请学部拟定兴学的具体章程。最后清政府批准了学部与外务部会奏的《遣派学生赴美办法大纲》。按照这个大纲的规定：“考送学生分两部分，一部分年龄在15—20岁，每年拟取100名，要求中文通达，英文和专业程度可以直接插入美国大专院校，考选办法由学部和外务部联合在北京招考，同时由各省选取优秀学生送北京复试；另一部分学生年龄在15岁以下，每年拟取200名，名额按照各省大小及其所负担的赔款多寡分配到各省，然后由各省按定额选送学生。以上两部分学生录取后，送入清华留美预备学校(清华大学的前身，1909年1月正式成立)集中培训数月或一年，然后从两部分学生中各选拔50名赴美。未入选的学生，继续进行预备培训”。

自退款第一年起至辛亥革命止，共派遣了三批留学生，所需的经费均出自庚款。第一次考试于1909年7月进行，有603人报考。考试分初试和复试，最后共录取了程议法、金涛、梅贻琦等47人。1910年举行的招录考试，录取了赵元任、竺可桢、胡适等70人；1911年的考试，录取了姜立夫等63人。自1908年以后，中国留美学生人数迅速增加。到1910年，留美学生人数已达500多人。1911年，留美人数又增至650人，其中，官费207人，自费443人。

受幼童留美活动的影响，福州船政局开始考虑派遣毕业生赴欧洲留学。于是一场为洋务运动培养掌握西方先进技术和军事技术的留学欧洲的活动紧锣密鼓地开始了。

1873年，福建船政局的初期建设大致完成，根据合同要求，当时聘请的外国工程技术人员和船政学堂教习即将遣散。为了使船政局继续办下去，如何进一步提高船政学堂毕业生的业务水平，使他们能够代替外国技术人员，就成为船政局面临的主要问题。1873年12月7日(同治十二年十一月初)，船政大臣沈葆桢在其《船工将竣谨筹善后事宜折》中提出了派遣留欧学生的建议。他认为，“当选其学生之天资颖异学有根柢者，仍赴法国深究其造船之方，及其推陈出新之理。后学堂习英国语言文字者也，当选其学生天资颖异学有根柢者，仍赴英国深究其驶船之方，及其练兵制胜之理，速则三年，迟则五年，必事半而功倍。盖以升堂者求其入室，异于不得其门者矣”。不久，他的这一建议便得到了清政府的批准。与此同时，沈葆桢组织船政局正监督法国工程师日意格(Giquel，Prosper Marie，1835—1886)及有关人员拟订了一份赴欧学生的学习计划，强调船政局学生懂外语、受过专业训练、有实际操作和设计经验，留学目的是“求其精善”。留法学习制造的学生“半日肄业工厂，每年复以两个月游历各国各船厂铁厂，以增长其见识，庶四五年间可以炼出全才”。留英学习驾驶的学生，“每年均在学堂，亦以二个月赴大兵船上阅看练习……其成功年限，想不逾两年，定堪胜任矣”。这一计划由于日本侵略台湾，沈葆桢受命赴台筹划防务而被搁置。直到1875年，福州船政局的法籍技术顾问日意格回国时，沈葆桢委托他带5名船政学堂高才生前往英法游历。1876年，李鸿章派遣7名淮军青年军官留学德国。这是中国最早赴欧的陆军留学生。

1877年1月13日，由李鸿章领衔，沈葆桢与丁日昌、吴赞诚反复商讨的《选派船政生徒出洋肄业章程》被上报清廷，不久获准。章程明确规定了赴欧留学的目的：赴法国学习制造者"务令通船新式轮机、器具无一不能自制，方为成效"。赴英国学习驾驶者"务令精通该国水师兵法，能自驾铁甲船于大洋操战，方为成效"。此外"章程"还规定："至学生中有天资杰出能习矿学、化学及交涉、公法等事，均可随宜肄业。"这是第一次在留学章程中提出学习西方社会科学的问题。

除留学目的外，《章程》还规定：奏派华、洋监督各一员，随同出洋，会同管理留学事务；选派驾驶学生12名，制造学生14名，制造艺徒4名，分别赴英、法留学，计满3年为限，以制造者能放手造作新式船机及全船应需之物，驾驶者能管驾铁甲舰回华，调度布阵丝毫不藉洋人，并有专门洋师考取给予确据者，方为学有成效；上述两项学生内如有愿学矿务、化学及交涉公法等专业者，由两监督会商挑选，分别安插学习；留学生于闲暇时须兼习史鉴等有用之书，并由华监督定期调考华文论说，以期明体达用；两监督及各项生徒自出洋以迄回华，均须详注日记，每半年汇送船政大臣查核，再有船政抄咨北洋大臣复核。此外，《章程》规定了监督的责任、留学生的待遇及遵守的纪律等。1877年3月31日，由留欧中方监督李凤苞、洋监督日意格率领的包括28名学生和艺徒的留学团队从福州出发，经香港，开始了留学欧洲之行。

1878年至1880年福建船政局的首届留欧学生陆续回国并很快成为该局和北洋水师的重要骨干力量。受此鼓舞，福建船政局于1881年底派遣黄庭等10名学生分赴英、法、德三国，学习营造枪炮、火药、轮机、驾驶、鱼雷等，学制3年。这是第二届留欧学生。1886年，福州船政学堂又派出第三批34名学生赴欧洲的英国、法国各国学习驾驶和制造，学习驾驶的年限不变，而学习制造的学生的学习年限改为6年。这些学生中包括由北洋系统派出的10名(其中1名因故未能成行)，实际赴欧学生为33名。1897年，福建船政局派出第四批6名学生赴法学习制造，但由于受中日甲午战争的影响，留学经费出现了问题，因此第四批留欧学生未能全部完成学习计划。

从1875年到1897年，中国共分四批向欧洲派遣留学生，这些留学生多数学习海军事务，少数学习法律、外交和语言文学。中国近代史上著名的人士严复、马建忠、萨镇冰、刘冠维等都出自于这些留欧的学生。

甲午战争之前，以中国文化为母文化的日本并没有引起中国人的重视，也很难想象昔日不断向中国派遣留学生的日本国，在明治维新以后竟能一跃成为超越中国的强国。中国长期以来的"天朝大国"之梦，终于在甲午战争的炮火声中，在《马关条约》的签订中被惊醒。丧权辱国的《马关条约》签订以后，引起了中国朝野和社会的震惊。正如梁启超在《戊戌政变记》中所说的那样："唤起吾国四千年之大梦，实自甲午一役始也。吾国之大患，由国家视其民为奴隶，积之既久，民之自视亦如奴隶焉……故非受巨创负深痛，固不足以震动之。昔日本当安政间，受浦贺米舰一言之挫辱，而国民蜂起，遂成维新。吾国则一经庚申圆明园之变，再经甲申马江之变，而十八行省之民，犹不知痛痒，未尝稍改其顽固嚣张之习，直待台湾既割，二百兆之偿款既输，而鼾睡之声，乃渐惊起。"因为，相对于中国而言，惨败于日本比惨败于西方，在精神上所受的刺激更大。在这种状况下，国人开始纷纷探讨日本迅速强大起来的原因。通过考察，中国人逐渐认识到，日本致强之因，在于善于吸取西洋文化所致。张之洞则更明确地提出，日本之所以强盛的一个重要原因是向国外派遣留学生。于是朝野上下同感通过日本学习西洋文化，是中国的最佳出路。

戊戌变法前后，中国出现了研究日本的热潮。从康有为、梁启超等资产阶级改良派到具有维新倾向的清廷官吏几乎一致认为中国应效法日本维新救国之经验，培养了解世界、学有专长、勇于革新的变法的人才，而培养这类人才最好的办法就是向国外派遣留学生。关于派遣的方向问题，在当时的国人看来日本是最佳的选择。1896 年，御史杨深秀上奏清政府，指出日本之所以能通过“明治维新”走向富强，关键在于留学生的派遣。西方各种学科在日本已经“灿然完备。中华欲游学易成，必自日本始”。随后，总理衙门也上奏，提出从北京同文馆及各地选派聪颖青年赴日本留学。此后，一些大臣也纷纷上奏陈述留日的好处：一来省钱；二来路途近；三来文字困难少；更重要的是日本实行君主立宪，最适合于中国。在清政府内外留日主张的推动下，1896 年清政府向日本派出了第一批包括 13 人的留学生。由此揭开了近代中国人留学日本的序幕。

1898 年，随着变法维新运动的不断深入，派遣学生赴日留学，逐渐成为人们关注的热点。这年的元月底，康有为向光绪皇帝进呈了《日本变政考》，在该书的序言中，康有为写道：日本“以蕞尔三岛之地，治定功成，豹变龙腾，化为霸国……若以中国之广土众民，近采日本，三年而宏规成，五年而条理备，八年而成效举，十年而霸固定矣。”表达了其以日本为师变法图强的理想。同年 6 月，先后有：《请派游学日本折》《请开局译日本书折》《请广译日本书派游学折》等相继上奏清廷。这些奏折反复申述了“日本变法立学，确有成效，中华欲游学易成，必自日本始”的思想。在这些奏折的推动下，经总理衙门议定，清政府准备挑选 64 名学生赴日留学。这年 7 月，张之洞撰写了《劝学篇・游学》专门以游学日本为议题，阐述了留学日本的五点理由。8 月 2 日，光绪帝谕军机大臣：“现在讲求新学，风气大开，惟百闻不如一见，自以派人出洋游学为要。至游学之因，西洋不如东洋。诚以路近费省，文字相近，易于通晓。且一切西书均经日本择要翻译，刊有定本，何患不事半功倍？”至此，向日本派遣留学生成为清政府的一项政策被确定下来。这年 9 月，南洋公学学生章宗祥、雷奋、杨廷栋等一行整装东渡日本。

1898 年以后，随着清政府各项新政的实施，清政府不断下令各省督抚，遴选在职官员和学生咨送日本留学。并同时制订和颁布了有关鼓励留学的章程。在清政府的大力提倡下，留学日本人员激增，1899 年官费、自费留学日本的学生有 200 人左右；1903 年猛增至 1300 余人；1906 年高潮时，人数更在 8000 名上下，远远超出同一时期派赴其他各国留学人员的总数。

1901 年，刘坤一、张之洞向清政府提出的鼓励留学日本的建议被采纳。清政府规定无论是官费生还是自费生，学成回国只要考试合格都赏进士或举人出身。1903 年，清政府公布《自行酌办立案章程》，简化了自费留学手续，不限资格，只要有意愿留学者，由其父兄或者亲族报名，经省学务处考试，领取护照就可以出国。同样学成归国后通过考试，成绩合格同样给予科第出身。并且规定，如果能够考入国家急需的专业和学科，可以转为官费生。在这些政策鼓励下，从 20 世纪初始，自费留学日本的人数超过了官费生。1905 年，科举废除之后，清政府不仅引导留学，还派官员赴日本考察教育。这些人回国后写成了许多考察报告，还出版了不少留日的指南，如《东瀛学校举概》《日本学校述略》《日本游学指南》《日本留学指掌》等。这些措施的实施，极大鼓舞了中国人留学日本的热情。尤其是科举制废除以后，留学日本成为中国人晋升的捷径，因此，前往日本留学的人更多。辛亥革命以后民国政府制定了更为详细的管理留日学生事务的规程，加强了对官费留学生的管理，还制定了留日官、自费学生的奖励章程，对学习优异的官、自费学生给予一定的嘉奖。

近代中国留日学生的学习科目十分的广泛，包括工科、理科、外语、师范、史地、法政、军事、手工、音乐、美术、商业、体育、农牧、医药、染织等，几乎涉及了日本当时学校所开设的所有课程。在这些科目中，学习军事科的官费留学生数最多，这主要与当时清政府集中大量财力编练新军有关。除此以外，法政科、教育科及自然科学的科目也是留学生热衷的科目。据统计从1901年到1939年，陆续从日本130多所院学校毕业的中国留日学生人数达到11966人，而这人数只占到留日总人数的1/5左右。

除了上述留美、留欧、留日活动以外，民国时期，中国还出现了留法勤工俭学的社会风潮。1911年(民国元年)，吴稚晖、汪精卫、李石曾、张溥泉、张静江、褚民谊、齐竺山等人发起了“留法俭学会”，并在北京设预备学校。留法俭学会认为，改良社会，首重教育。欲输世界文明于国内，必以留学泰西为要图。惟西国学费，宿称耗大，其事至难普及。以兴勤俭乐学之风，以助其事之实行也。在这样的思想指导下，一大批对中国产生过重大影响人士前往法国勤工俭学。其中著名的有：周恩来、聂荣臻、蔡畅、李富春、李维汉等中共的早期领导人。但是，此次留法俭学风潮并非由政府组织的，而是一些社会活动家所组织。

中国留学生中的大多数人以富国强兵、报效祖国为己任，试图通过学习西方先进的科技知识来改变中国长期以来受人欺侮的命运。他们的不少人学有所成，并且凭借着自己的专长在日后的国家建设、军事活动或政治改革中发挥了重要的作用。在欧、美、日等地留学的学生，通过其在所在国的生活，深受现代文明的熏染，接受或萌生了许多具有进步意义的价值观念和思想意识，并以这样的思想影响着整个国家和民族，从这个意义上而言，自晚清开始的留学生派遣活动，在中国教育史上和中国社会发展史上都起着不可抹煞的重要作用。

（郭娅）

# 97. 中西文化冲突与反洋教斗争

16 世纪欧洲的文艺复兴运动达到了极盛时期，与此同时，一个反对罗马教廷的宗教改革运动也蓬勃兴起。由马丁·路德创立的新教很快就在北欧各国广泛传播开来，这引起了罗马教廷和整个天主教世界的恐慌。为了与新教相抗衡，1540 年西班牙贵族伊纳爵·罗耀拉创立了耶稣会。这是属于天主教会的一个组织，归罗马教皇掌领。为了扩大天主教会的势力范围，在东方国家开拓罗马教皇统治下的教区，同时也为了适应资本主义殖民扩张的需要，罗马教皇派遣耶稣会士来华传教。

最初到中国传教的葡萄牙传教士，不知中国风俗民情，不通中国语言，却要求入教者都要学习葡萄牙语，取葡萄牙姓名，按葡萄牙方式生活，因此没有取得明显的效果。此后，耶稣会士意大利人罗明坚，特别是利玛窦来到中国后，大大改变了传教方式，才使天主教在中国逐渐传播起来。利玛窦在中国传教，根据中国的情况开创新的传教方式，取得了很大的成功。其传教方式主要有三条：一是走上层路线，与官僚士大夫接触，结识名公巨卿及大儒学者等，并且争取皇帝的支持，因而得以在中国立足；二是随从中国风尚，以减少传教的阻力，如学习中国语言，读儒家书籍，改穿儒服，又以儒家经典来解释基督教教义，允许教徒祭天、祀祖、拜孔等；三是学术传教。熟悉中国内情的利玛窦深知，要使被中国人视为夷人的传教士及他们传播的天主教在中国社会取得地位、赢得尊重，必须和学术阶层相联系，让中国士大夫认识到这些科学技术知识有利实用，可以弥补中国之不足。为此，欧洲的古典哲学、逻辑学、艺术(美术、音乐、建筑)，尤其是自然科学被大量介绍到中国。耶稣会士介绍的西方先进的科学技术知识，对中国士大夫确实起到了极大的吸引作用。当时的士大夫以与利玛窦结交为荣，特别是徐光启更是为利玛窦的博学多才所折服。由于利玛窦采取了合乎中国国情的传教手段，耶稣会很快在中国传播开来，到明亡前夕，中国天主教信徒已达 38000 人。

明末西学的输入，必然会与中国的传统文化发生冲突。面对这场冲突，中国士人采取了不同的态度。传教士来华带来的精巧的八音盒、自鸣钟、圣母像、玻璃珠、三棱镜等神奇异物，《几何原本》《坤舆万国全图》等西方典籍，以及天文学、数学、物理学等方面的丰富知识，都使得士大夫们耳目一新。在此基础上，一批主张全面接受西学的士人脱颖而出。他们认为，学问不应问它是精细还是粗犷，只要有利于世人即可；传播的人也不要管是中国人还是西方人，只要不违背天理即可。这在晚明显然是一种非常开放的文化心态，它不同于华夏文化自我封闭的系统。晚明热烈欢迎西学的士人颇多，其中就有礼部尚书徐光启、光禄少卿李之藻、山东佥事王徵。徐光启、李之藻等人热烈欢迎西学，与他们的政治、学术主张有很大的关系。明代后期，阳明学派的末流已经走向了空疏，徐、李等人对空谈心性非常反感，他们提倡的是实学，而西方近代科学技术在他们看来很显然也是一种“实学”，因此徐等人对此大加推崇。除此之外，他们还将西学看成是富国强兵的重要工具，如利用西方数学方面的知识治水，利用西洋火器制造术抵御关外清兵的进攻等。他们甚至认为在理学已经势衰的情况下，西方的宗教神学具有在思想意识上的刺激作用。在他们看来，西方社会发展程度高于中国，就是由于天主教的推行。虽然他们对西方的认识还只是肤浅的，甚至是被传教士扭曲了的认识，但是，他们能够承认中国的制度并非是完美无瑕的，是需要改进的，这就可以形成一股清新的学术空气，刺激当时的中国人。

与之相反，以福建儒士黄贞为代表的一大批坚守"夷夏之防"的保守主义者，却与徐光启等人尖锐对立。他们认为传教士就是殖民侵略者，西方人就是凭借自己先进的科技称雄海外的。虽然他们对传教士的指责有失偏颇，但却反映出一定的合理性。明朝中期以后，葡萄牙、西班牙、荷兰等国的殖民者相继向东方扩张，虽然当时对中国还没有造成实质性的威胁，但是黄贞等人的看法却反映出了中国士人的一种忧患意识。只是，面对西方殖民者的侵略和西方发展高于中国现状的事实，他们不是取其精华，去其糟粕，而是坚持认为中国的一切都是好的，反对进行任何的改变，连利用西洋历法都不允许，这很显然是不利于中国社会发展的。同时，他们还对天主教神学展开了多方面的批判。

为了在中华大地上全面驱除基督教，他们还对耶稣会士发动了思想围攻战和政治迫害案。如黄贞联合大批儒生、佛教徒，组成儒、佛统一战线，共同围剿基督教神学。为了壮大声势，他还将诸篇讨伐天主教神学的作品编纂成册，名为《破邪集》。然而，学理上的辩驳实在是太少，更多的是他们对外来文化的粗野攻击。

以上两种反应，都有明显的极端性。徐光启等人热情欢迎西学，甚至包括西方宗教神学，有的人更是认为应当全盘否定中国现有的制度，全面采用西方的制度；而黄贞等人却不仅反对西方宗教神学，而且排斥一切来自西方的学问。这样两种绝对化的倾向引起了一些士人的不满，他们提倡一种更加理性的认识。在晚明，这样一些士人的杰出代表就是方以智。他认为，西洋科技确实比中国的高明，所以是应当学习的。但同时，他还从自然科学哲学的角度出发去批判宗教神学，而不是像黄贞等人从宗法伦理的角度去批判，因此，他的批判更加具有理性的色彩。然而，由于方以智对西学的批判更多的是出于一种直觉的、感性的判断，而不是依靠科学的逻辑推理，再加上明朝的灭亡给他造成的心灵上的震撼，使他隐身佛门，基本上放弃了对自然科学的研究。

晚明进入中国社会的西学，并没有随着明朝的灭亡而销声匿迹，在清初，西学得到了更大的发展。

与明末西学主要在士大夫阶层中传播不同，清初的传播场所主要是在宫廷。1644 年(顺治元年)，汤若望就向多尔衮进呈了一套天文观测仪器，后来发生的一件事情更是促使清廷下定决心应用西洋历法。当时，各派天文学家都预测到 1644 年 9 月 1 日(顺治元年八月初一日)将发生日食，于是多尔衮命令这些天文学家都到观象台观测，结果只有西洋历法的观测结果与实际情况一一吻合。于是，清廷决定采用西方历法，命名为《时宪历》，并任命汤若望为钦天监监正。多尔衮和顺治帝都对汤若望非常的优待，使得传教士和教徒也得到了不少好处，教堂和教徒的数量都大幅度增加。康熙帝对西方文化的兴趣更为浓烈。他十分注意招聘西方各种专门人才来中国工作。亲政之初，康熙帝就任命传教士南怀仁主持钦天监的工作。康熙帝是希望任用西方传教士，能够吸收西学的长处，发展中国的科技文化。

帝王对西学热忱欢迎，并不表示全国人民都对西学有一种开放的接受心态。清初的杨光先就发动了排教运动。在顺治和康熙年间杨光先多次上书弹劾汤若望和其他传教士，说他们企图谋反、妖言惑众、历法荒谬。在康熙帝年幼时期，杨趁主持朝政的鳌拜等人与传教士不和，兴起了"钦天监狱"，除汤若望无罪释放外，其他受到牵连的传教士有的被处斩，有的被流徙，有的被革职，未被处罚的也被监禁在广州城内，不准外出和传教。直到康熙帝亲政，这个冤案才得以昭雪。杨光先发动的反教风潮，十分典型地反映出中国文化中保守的一面。杨光先在抨击西学时，以"祖训"为准则，认为一切关于天文历法的知识在尧舜时代就已经完备了，如果采用西方历法，则国家福祉将会受到威胁，尧舜以来的传统学脉也将断裂。他曾经说过这样一句话：宁可使中国没有好的历法，也不能使中国有西洋人。杨光先对西学的排斥，在康熙亲政后遭到否定，杨光先也被革职。

不过，杨光先等人对西学的排斥在清代并不是主流思潮，当时为一般士大夫接受的观念是“节取其技能，禁传其学术”，意即承认西方学术比中国的高明，应当加以认同和采用，但是排斥西洋神学。

为什么当基督教的传播在中国有了很大进展之后，清廷却要禁止基督教的传播呢？这与康熙朝后期的“礼仪之争”有很大的关系。所谓的“礼仪之争”最初发生在传教士内部。当时在中国的一部分传教士沿袭利玛窦的传教方式，力求使传教方式、内容与中国的习俗和传统相调和，而另一部分则反对这种调和。如在天、上帝的名称上，一部分人认为为了使中国人易于接受，应当天、上帝、天主并用；另一部分则认为，只能用天主，而不能用天和上帝。再如一部分传教士认为应当允许中国信徒祭祖、祀孔，另一部分则认为这就触犯了十戒中的“不准崇拜偶像”这一条，有悖于天主教教义。两派争论愈演愈烈，最终引起了罗马教廷的介入。教皇于1704年发布禁约7条，几乎全面否定了利玛窦等人开创的传教方法。罗马教廷的干预引起了康熙帝的极大不满，康熙于1717年4月16日(康熙五十六年三月初五日)下令礼部禁止天主教在华传教。康熙以后，雍正、乾隆、嘉庆、道光各朝都相继颁布过一些禁止和限制天主教在华传教的命令。天主教势力一落千丈。在华传教士在这些被禁的岁月里有的被杀，有的被逐，有的放弃传教权而被中国留用。

礼仪之争造成了严重影响。对西方来说，各个教会都被中国皇帝驱出境外，罗马教廷几乎丧失了历经150年开辟得到的传教成果；对中国来说，刚刚进入的新鲜西学被突然卡断，从皇帝到官绅到平民百姓，差不多失去了200年接触西方先进文明的时间。

鸦片战争以后，中国门户洞开，西方资本主义文化随着殖民侵略者一起涌入中国。这次西学对中国社会的冲击，可以说是前所未有的剧烈，与明末清初的传教士来华相比，具有更多的特点。

首先是西学的传播渠道大大增加。明末清初，传教士是中西文化间的唯一传播媒介。鸦片战争以后，传播渠道变得非常多样。

一是翻译机构的设立与数量众多的西学书籍的出版。1862年附设于总理各国事务衙门的京师同文馆，30年间的译著近200种，内容侧重于外交、世界史、时事政治等方面，如《万国公法》《格物入门》《俄国史略》《公法汇通》等。1887年创设于上海的广学会，也译著了大量宗教、历史、医学书籍。还有1865年李鸿章建立的江南机器制造总局的翻译馆在20年间译书160多种。

二是新式学堂中外籍教师的聘用。如同文馆存在的40年中，先后聘请过54名外国人担任英文、法文、德文、日文、化学、天文、医学等科教习，其中对同文馆教学与管理影响最大的是丁韪良。丁韪良是美国传教士，1846年毕业于印第安纳州立大学，对自然科学有良好的素养，并获得新阿尔巴尔神学院神学学位。两年后，为了能胜任国际公法教习的工作，他又回耶鲁大学进修国际法。在任同文馆总教习其间，丁韪良对同文馆的教学进行了一系列的改革，还向中国系统介绍了西方国家的教育体制。为了锻炼同文馆学生的翻译能力并对中国整体教育施加一定的影响，丁韪良还组织师生翻译了许多西方自然与社会科学书籍。还有其他许多地方的新式学堂也都聘请了大量外国教员。

三是洋务企业中引进了新设备、新技术与外籍技师。19世纪60—90年代，各地兴办的军事、民用工业，大规模引进了西方新设备和技术，为了弥补人才的缺乏，各企业同时引进了外籍工匠和技师。如江南制造总局的技术监督以英国人为主，福州船政局从选址、购料、雇匠、制造舰船到培养人才都由法国人日意格、德克碑主持，还有中国电报各局规模都效法丹麦，所聘的人才也以丹麦人为最多。

四是政府官员的出使、考察。1858年的中英、中法《天津条约》都有双方可以互派使节驻京的条文。到1875年8月，清政府终于同意派遣郭嵩焘为驻英公使，后又兼中国驻法公使。同年12月，又派遣陈兰彬为驻美兼驻西班牙、秘鲁公使，容闳为副使。其后逐年增加派驻国家。至清末公使派驻国达14国，即英国、法国、德国、美国、意大利、俄国、日本等，分别由10个公使担任。在早期派驻的外国使节中，郭嵩焘是比较杰出的一位，他在欧洲的文化交往活动可以分以下几个方面来叙述：首先，他考察了以议会民主和自由选举为特征的西方民主政治的现状和历史，接触了资本主义经济理论和英国资本主义发展的实际情形，对中国的封建专制主义提出了批评。其次，他在欧洲参观了许多学校、博物馆、图书馆、实验室等文教设施，看到了教化在建设现代文明中的关键作用，认为欧洲各国的富强都是由于具有良好的教育条件。他还考察了西方的历史文化，对中西政治哲学和伦理观念及风俗民情做了一定的比较研究。他得出的结论是西方国家的文明程度不仅不比中国低，还超过了中国。这在自认为是“天朝上国”的清朝不亚于反动言论。作为副使与郭嵩焘一同赴英的刘锡鸿是保守派安排在郭嵩焘身边监视郭嵩焘的行动的，但是最后这样的顽固派也不得不承认今日英国与往日的匈奴不可同日而语。

五是留学生的派遣。中国公派留学生始于洋务运动期间的1872年，出大力者为曾国藩和李鸿章，但最初提议者是从美国归来的容闳。容闳等率领首批幼童赴美留学，学习军政、船政、制造、算学等学科。他们中就有著名工程师詹天佑。之后的留学生中还有中国杰出的启蒙思想家严复，甲午海战中英勇殉国的邓世昌等人，在传播西学方面，他们是具有最大贡献的。

其次是西学传播的内容更广泛。明末清初传教士传播的西学，主要是神学、古典数学、天文学方面，至于八音盒、自鸣钟之类的珍奇异物只是为了引起中国人的兴趣，并不具有介绍其工艺、技术的文化意义。鸦片战争以后传入的西学，内容之丰富则并非前期能比。近代西方资本主义文明的所有组成部分，都展示在中国人民面前，从物质文化、制度文化、心态文化的不同层次全面冲击着中国的传统文化。与西学的传播程度相对应，中国社会先后兴起了洋务运动、戊戌变法、辛亥革命、新文化运动等一系列的变革。

最后，西学传播的影响更深刻。明末清初的西方文化，只是在皇帝、士大夫阶层中传播，在民间的传教活动实际上成就并不显著，普通人民对西方文化的接触也较少。鸦片战争后，随着清王朝的逐渐衰落和解体，封建文化也遭到了日益彻底的批判，中国社会的普通老百姓在现实的教训下，逐步地、有选择地、批判性地接受了西方文化，近代的新文化终于深入到了中国传统文化的核心部分，五四运动和新文化运动已经开始公开彻底地批判孔教了。

但是，这一时期的西学传播，也并不是一帆风顺的，仍然受到了来自顽固派的阻挠。顽固派坚持认为中国的一切都是好的，不需要接受任何改变，他们凭借自己掌握的实际政治权力，反对西学进入中国，也极力阻止中国人出国接受外国文化，比如公使郭嵩焘就是在刘锡鸿的阻挠下不得不卸任回国的。但是，西学的传入和中国人对新学的渴求不是少数人能阻挡得了的，向西方学习已经成为历史的进步潮流。

值得注意的是，西方文化的传入是跟随着西方侵略者的坚船利炮一同进入中国的。随着西方列强对中国侵略的加深，中华民族掀起了广泛的爱国救亡运动。这一运动在中国近代历史的不同时期、不同地区以及不同的人群中以不同的方式体现出来，而在19世纪60—90年代就是以反洋教斗争为主要的方式。

近代来华的传教士是一个非常特殊的群体，他们虽然总体上也是紧随着西方列强的炮舰而来，以胜利者和文明使者的身份出现在中国城乡各地，但其中很多人还是基于其内心的信仰进行传教活动的。无论是天主教、东正教，还是新教的传教士，其目的都是要使中国人民了解、认识基督教，并最终皈依上帝，成为基督教徒。这些传教士为了传播基督教，进行了一系列的努力，其中很多对中国社会的进步也是有所裨益的，如兴办教育，出版书籍、创办报刊，兴办慈善事业，参与维新变法等。

但是，也有相当数量的传教士积极参与了列强的对华侵略扩张活动。特别是鸦片战争后，一大批传教士倚仗不平等条约的庇护，带着政治、经济、军事的目的，纷至沓来，形成一场大规模的传教运动，教堂遍布穷乡僻壤，扬言要用基督征服中国，更引起了中国各阶层人士的不安与困惑，造成了中华民族严重的信仰危机。在这种背景下，近代知识分子们以救国为目的，以“保种”“保教”为主旨，以传统思想文化为武器，对传教士及其“异教”进行了猛烈抨击。他们认为，卫道即能救国，即使因此而死，也心甘情愿。可以说，这正是中国封建士大夫仇教的思想背景；而民族危机的加深，又使他们都满怀忧愤，于是借此倾吐出自己的满腔热血。因此，传教活动的侵略性质便导致了近代因中西接触而产生的以反洋教为焦点的一系列思想、文化、观念、行为方式上的冲突。

一是一神信仰与多神崇拜的冲突。基督教的突出特点是一神论，只信仰上帝，不敬拜他神。而中国是一个泛神论的国家，传统的敬天、祀孔、祭祖等多神传播普遍存在。由于宗教信仰具有强烈的排他性，因此，当两者相遇后，矛盾冲突便立即凸显出来。伴随着鸦片、商品和大炮，基督教进入中国后，传教士们以战胜的优越感，排斥一切偶像崇拜，尤其对中国人的祖先祭祀，对中国人对自天地日月、星雷风雨以至山川城社门行井溜等神像的跪拜，更是不能容忍，他们千方百计地在中国的每一个山头和每一个山谷中都设立起光辉的十字架，用基督来代替中国人心目中的一切神祇。除此之外，传教士们还想用征服中国军队的暴力手段来征服中国人的精神。结果只能是适得其反，引起了中国民众的普遍不满。这正如叔本华所言：信仰犹如爱慕，它不能被强制。任何强制的爱，都必会变成恨。为了捍卫古圣、先贤、祖宗和神灵的威严地位，中国民众只有奋起反对。

二是平等观念与等级观念的冲突。基督教认为：一切人都是上帝的子民，在上帝面前，人人平等，无高低贵贱之分。而长期生活在封建社会的中国民众，则形成了一套等级观念，认为天、地、君、亲、师、君臣、父子、夫妇、兄弟，长幼有序，尊卑有别，天经地义。基督教的平等思想引起了封建统治阶级的恐惧。皇帝高高在上，百官忠于皇帝，是中国传统的官僚统治模式，人人平等显然违背了这种统治原则。平等思想还引起了广大民众的反感与不满，因为它破坏了传统的伦理规范，使人们成了无法、无天、无君、无父、不忠、不孝、不义之人。他们需要安定的社会生活，这种生活虽然充满着不平等，但却是他们习惯的生活秩序，而不是一切都被扰乱后的所谓平等。此外，基督教宣传的男女平等思想与中国的封建习俗和等级观念也格格不入。在他们看来，宣传男女平等，就是否定纲常伦理，破坏家庭，煽动罪恶，图谋不轨。因此，基督教遭到了上至皇帝，下至平民百姓的反对。

三是追求来世与关怀现实的冲突。基督教认为人生来就是有罪的，只有在现世信仰上帝，才能求得死后灵魂升入天堂。而中国人历来认为每个人都应当以修身为本，修身的目的在于“齐家治国平天下”，自天子到平民，都应以修身为根本。

四是宗教仪式与伦理风俗的冲突。传教士的语言、服饰、举止、操行与中国的伦理风俗相去甚远。更让人们不可接受的是，传教士们极力抨击、诬蔑和破坏中国人的风俗习惯，与利玛窦开创的传教方式有天壤之别。焚香、祈祷、迎神、祭祀是中国人的重要文化传统之一，几乎已经成了中国人生命的一部分。传教士破坏这些活动，几乎就是否定了中国人的生存价值和意义。

五是宗教慈善与传统秩序的冲突。基督教徒为了扩大上帝的影响，在教会下广设育婴堂、医院等慈善事业，如果经营得法，对中国人当然是好事。民众对传教士的行为不理解，再加上育婴堂设备落后，护理不善，经常发生医疗事故，常常有婴儿死亡，于是便产生了种种猜忌和不信任。有的人还说育婴堂会将小孩的心、眼挖出来。许多群众都闯入育婴堂抱出婴儿，许多教案也都与此有关。

六是外来宗教与土著宗教的冲突。中国虽然是一个宗教意识极其淡薄的国家，但亦有佛教、道教等宗教的存在。佛教和道教有很多信徒，佛教和道教文化也已经植根于中国文化的土壤之中了。基督徒希望中国人放弃所有的宗教信仰，只信仰基督教，很显然不是一朝一夕可以办到的，加上传教士的武力威胁，更加激起了反抗，最后必然会导致一系列反对教会的斗争。

近代教案也称“反洋教斗争”或“反对外国教会侵略的斗争”，指近代中国人民反对资本主义和帝国主义国家利用基督教侵略中国的斗争。

近代教案始于1844年的浙江定海教案，止于1911年的山西长武教案，共发生教案1700起，历时68年。一般将整个教案的发生过程分为四个部分：

第一个时期(1844—1860年)为始发和兴起时期。这时期教案规模小，涉及的范围也小，数量不过十起，发动者多为官绅；斗争目标是传教士、教民和教堂；目的是反对教会压迫，维护礼教。引起的对外交涉也易于处理。典型的教案有定海教案、青浦教案和西林教案等。

第二个时期(1861—1894年)为发展和扩大时期。这个时期教案规模较大，涉及范围广且遍布全国，社会各阶层参加者众多，成了近代中国人民反对外来侵略的重要组成部分。典型的教案有贵阳教案、南昌教案、衡州教案、扬州教案、台湾凤山教案、安庆教案、天津教案、济南教案、呼兰教案、重庆教案、两次大足教案、镇江教案、芜湖教案、丹阳教案、无锡教案、宜昌教案、热河东部教案等。在这30多年的反洋教斗争中，斗争目标由洋教扩展到列强驻华领事馆、海关署、外国在华企业以及清军、团练；形式由一哄而上到有组织地对抗；手段从低级到高级，直至诉诸武力，发展成武装起义。随着斗争的深入，一些官僚、地主及知识分子退出了反洋教斗争，并有一些成了反洋教斗争的反对者和镇压者，会党成了反洋教斗争的组织者和领导者。

第三时期(1895—1900年)为高潮时期。中日甲午战争后，中华民族面临生死存亡，反洋教斗争蜂拥而起，终于汇成了声势浩大的义和团运动。这一时期，人民和教会的冲突几乎成了普遍形象，斗争日益激烈，许多地方官绅也加入了斗争。从地域范围看，北方教案较多，南方较少。典型教案有：巨野教案、沂州教案、第三次大足教案、冠县梨园屯教案、永安教案、南充教案、利川教案、即墨教案、海门教案、奉天教案、辽南辽东教案、内蒙古萨拉旗教案、衢州教案、诸暨教案、温州教案等。

第四时期(1901—1911年)为反洋教的余波时期。经过义和团运动，外国教会势力受到沉重打击。清政府在教案问题上采取的是严厉镇压“仇教”活动的政策。百姓深受其害，只有重新组织力量与洋教对抗。典型教案有广宗教案、辰州教案、宁海教案、施南教案、雪山教案、巴塘教案等。义和团运动以后的反洋教斗争，与以前的教案略有不同，这些斗争与资产阶级民主革命在同一时期交叉进行，相互影响，最终成为辛亥革命的动力之一。

（余红）

# 98. 革命派与改良派大论战

1905—1907年，以孙中山为代表的资产阶级革命派同以康有为、梁启超为代表的资产阶级改良派在思想理论战线上展开了一场革命与改良的大论战。

以孙中山为代表的革命派与以康有为为代表的改良派是中国民族资产阶级的两个政治派别，前者是民族资产阶级中下层的代表，后者是民族资产阶级上层的代表。早在甲午战争期间，这两个派别就同时出现了。不过当时改良派因为发动了戊戌变法运动，在社会上的影响远远超过革命派。戊戌变法失败后，康有为、梁启超等人逃亡国外，从变法维新转向保皇。1899年7月，康有为在加拿大成立保皇会，随后在南洋、美洲、欧洲、澳洲等地设立了170多个分支机构，会众以数十万计。仅美洲就建立了78个分支机构，旧金山一地就有近万名会员，占当地华侨总人数的1/3强。各地保皇会都把创办报刊作为重要任务，进行保皇立宪的宣传。保皇派的主要骨干，几乎都投入了办报活动，仅美洲和南洋地区，保皇派就兴办和控制了30多家华文报刊。这些报刊都以歌颂清帝变政为宗旨，鼓吹要救出“舍位忘身而变法”的光绪皇帝，实行君主立宪，大张旗鼓地进行保皇和政治改良的宣传，维护清朝皇帝和封建君主制度。梁启超也在日本重建改良派的宣传阵地，1898年12月创办《清议报》，前后历时三年，共出100册；1902年又创办《新民丛报》，历时近六年，共刊行96号。可是20世纪初，在内忧外患刺激下，知识分子日益倾向革命。改良派从切身利益考虑，在加紧要求清政府实行真正的君主立宪、抵制革命的同时，又将矛头指向革命派，正面阻止革命运动的发展。在这种形势下，为了打破保皇派一统天下的局面，也为了进行资产阶级民主革命思想的宣传，革命派向保皇派发起了反击，从而引发了革命派与保皇派之间的大论战。双方在1903年、1904年初步进行了交锋。

1905年同盟会成立后，孙中山在同盟会机关报《民报》发刊词中，首次把“驱除鞑虏，恢复中华，创立民国，平均地权”16字宗旨阐发为“民族、民权、民生”三民主义。1906年孙中山在《民报》创刊一周年庆祝大会上，又对三民主义的思想体系和基本内容作了集中诠释，使其成为资产阶级、小资产阶级革命派进行革命的理论基础和指导思想。革命派有了统一的组织和明确的纲领，为革命思想的传播提供了有利的条件。继《民报》之后，革命派在国内外各地遍设宣传机关，出版书报杂志。据统计，1905—1907年革命派主办的报纸、杂志达60余种，其他革命出版物“无虑百数十种”。这些刊物都在不同程度上都阐述了同盟会的主张，《民报》则更为系统地阐述了三民主义思想，其文章理论透辟，脍炙人口，激动人心，深受广大读者欢迎，迅速占有了进步舆论的中心领导地位，大受海内外进步知识分子的欢迎。对此，以康有为、梁启超为代表的资产阶级改良派，惊惧于思想界权威地位的动摇和丧失，企图驳倒同盟会提出的革命纲领，阻遏民主革命思想的传播，公然宣称“今者我党与政府死战，犹是第二义，与革党死战，乃是第一义。”梁启超以《新民丛报》为阵地，连续发表文章，诋毁同盟会政纲。改良派的活动，成了民主革命的巨大障碍，革命派清楚地认识到，对于改良派的进攻，必须予以有力的回击，才能进一步推动革命的发展。1905年至1907年，革命派与改良派在政治思想领域内的论战达到了高潮，双方各以《民报》和《新民丛报》为主要阵地，展开了一场关于中国走什么道路的大论战，两派在美洲、南洋以及国内的20多种报刊先后都投入了论战。这次论战的规模之大，时间之长，斗争之激烈，影响之深远，在中国近代史上是仅见的。

论战涉及的范围很广，包括民主革命的对象、任务、方法、前途等一系列重大问题，归纳起来，主要围绕着三民主义展开，即：第一，要不要采取革命手段，推翻满清政府；第二，要不要兴民权，建立共和政体；第三，要不要改变土地所有制，实行土地国有。对于这三个问题，革命派的回答是肯定的：实行民族革命，推翻满清政府；实行政治革命，建立民主共和国；实行社会革命，平均地权。但是，改良派的回答却是相反的。

在要不要以暴力推翻清王朝的问题上，改良派认为，清朝取代明朝，只是政权的更迭，不是亡国，满族入关后已与汉族同化，不存在民族歧视和民族压迫；他们宣扬清圣祖康熙皇帝的薄税政策不仅为"中国数千年所无，亦为地球万国古今所未有"；声称在清朝统治下，"举国人民其在法律上本已平等，无别享特权者"，清政府是四万万人的政府，因此民族革命是完全不必要的。他们认为，只要实行立宪，就可以改变中国状况，逐步使国家富强。只要实行立宪，就不会有"种族之嫌贰"，满汉就平等了。改良派把"革命排满"和爱国救亡对立起来，认为保皇就是爱国，革命必致亡国。他们指责革命派实行民族革命的主张是无的放矢，攻击革命是杀人放火的"复仇主义"行为，必然导致满汉民族的更大裂痕，他们认为，中国民智未开，鼓动民气，进行革命，其结果只能引起"暴民骚动"，"杀人盈野"，从而造成内乱，而且还会招致帝国主义的干涉和瓜分，那就要亡国亡种。

革命派则列举大量事实，揭露清朝统治者施行的种族压迫、奴役及歧视政策，认为清王朝是一个残民以逞的反动政府，是一个认贼作父的"洋人朝廷"。他们控诉清政府卖国媚外的罪行，指出它"割我同胞之土地，抢我同胞之财产，以买其一家一姓五百万家奴一日之安逸"；它使得祖国的大好河山，被"东割一肠肺，西断一咽喉，四分五裂，鲜血淋漓"。强调救国必先反清排满，铲除异族政府，"满洲去，则中国强"。论证了民族革命的必要性和正义性。因而，革命派坚决主张采用革命手段，推翻这样的"恶政府"。

在关于排满问题上，当时革命派中确有人在宣传中存在着狭隘的种族主义思想和复仇情绪，鼓吹满汉之间"有相屠之史，而无相友之迹"，仇满是汉人天职，否认满族是中华民族的一员，但这并不代表革命派的主流。孙中山就明确指出：有人说民族革命是要尽灭满洲民族，这话大错，"我们并不是恨满洲人，是恨害汉人的满洲人"。针对改良派曲解革命派"排满"口号是"种族复仇"的谬论，革命派申明"排满"只是"仇一姓"，"不仇一族"，指出"反满"并非要杀尽满人，而只是反对清王朝，"颠覆现今之恶劣政府"。革命派还正确地宣布，推翻清王朝后将以民主的原则对待满人，"侪之于平民"，决不歧视。明确地把满族平民与满洲贵族区分开来，将打击矛头指向封建统治者。

针对改良派所谓"革命必生内乱"、革命会造成流血成河的谬论，革命派给予了有力的回击。革命派质问改良派，"革命不免于杀人流血固矣，然不革命则杀人流血之祸可以免乎？"在清政府的统治下，反动势力每天都在采用各种手段杀人，不革命，每年被满族统治者残杀的同胞也在数百万之上，其他死于租税捐输、脂膏告竭的人更不可胜计。与其被清政府蹂躏而死，不如为救国而死。革命派明确指出，清政府已经腐败透顶，乞望它进行改革是不可能的。而人民要求变革，它又必然以极其残暴的手段，予以镇压，因此，流血革命是不可避免的。历史证明，无论求共和，还是求君主立宪，都只有通过流血斗争才能达到。改良派一贯以英、日两国的君主立宪作为榜样，认为是无血之革命。革命派劝改良派试翻两国之立宪史，其杀人流血之数，“殆不减于中国列朝一姓之鼎革”。可见，不采取铁血之革命，决“无以争权利，捍生命”。在论战中，革命派热情地歌颂了革命的历史火车头作用，指出革命虽不免流血，但可“救人救世”，“无革命，则亦无平和，腐败而已，苦痛而已”。革命派强调指出：“革命者，救人救世之圣药也。”改良派反对暴力革命，实际就是妄图阻止“吾民方张锐进之气”，使中国人民永远陷于痛苦的深渊。对改良派提出的革命将引发内乱、招致外国干涉和瓜分的问题，革命派强调民主革命不同于以往的农民战争，是有纲领、有组织的运动，且速战速决，“无恐怖时代之惨状”。他们自信能够控制住局势，使革命有秩序地进行，而不像义和团那样“野蛮排外”，而是“善守国际法”，排满而不排外，不会发生内乱。内乱既不发生，外国也就无由干涉。革命派为了避免列强干涉，甚至表示凡清政府和列强订立的条约、债务、义务，都可以根据国际法承担下来。至于瓜分，根本的危险在于清政府的腐败和卖国，所以推翻清朝的革命正是避免中国被列强瓜分的唯一途径。

在要不要实行民主政治、建立资产阶级民主共和国的问题上，改良派认为革命派要建立资产阶级共和国，实在大谬不然，有悖于时势国情。康有为继续坚持“三世说”的庸俗进化论，断言政治改革只能循序渐进，认为由“据乱世”必须经过“升平世”，才能到达“太平世”，就是说封建专制必须经过君主立宪阶段才能实行民主共和；梁启超则借口“民智未开”，诬蔑中国人民“既乏自治之习惯，又不识团体之公益”，根本没有享受民主权利、当“共和国民之资格”，宣扬这种资格只有在开明专制时代和君主立宪时代才能养成。因此，他指出：“与其共和，不如君主立宪；与其君主立宪，又不如开明专制。”而在当时的形势下，唯一可行的办法是“劝告”清政府实行“开明专制”，或“要求”清政府实行“君主立宪”。

革命派从“天赋人权”的理论出发，以菲律宾人民和美国黑人为争取独立自由而斗争的事实为例，阐明事物的发展总是后来居上，当世界上已经有了先进的民主制度，在革除专制建立共和国又已成为大势所趋、人心所向的历史条件下，一个落后的国家在民族革命之后，必然要选取先进的民主制，无须再经过君主立宪的阶段。他们认为：说“中国之民族，贱民族也，只能受压制，不能与以自由”，“吾民族万古不能有能力，惟宜永世为牛马为奴为隶者”云云，是帝国主义和民贼的语言，是对中国人民的极大诬蔑。因为“疾专制，乐自由，为人类之天性”，是人人具有的。而“以一人擅神圣不犯之号，以一姓专国家统治之权，以势以情，殆皆不顺”，正是这种制度把中国引向世界劣败之林。他们认为，通过革命实践，人民的政治程度可望迅速提高，在推翻清朝统治之后，一定能够建立世界上最完善的“共和政体”。改良派强调中国“民智未开”，不能行共和，只能行专制，实际是继续贩卖“君权神授”的传统观念，究其目的不过是为了“巩固万世不替之皇基”罢了。

在要不要改变封建土地制度，实行“平均地权”的问题上，改良派为维护封建土地所有制，反对“平均地权”，说中国的封建经济制度与欧洲不同，既无贵族压制，土地又极为平均，而且“赋税极轻”，即使将来工业发展了，也不会造成欧美那样的“贫富相悬”的社会现象，因此进行“社会革命”是完全不必要的。同时又说地主占有大量土地，都是由“劳动”或“节约”而来；社会经济的发展，“实起于人类之利己心”，私有财产制度的存在，在历史上有其必然性，不能“蔑弃”，是“现社会一切文明之源泉”。实行“平均地权”“土地国有”，就是“掠夺人民勤劳之结果”，打击人们从事生产的积极性，“推翻现社会之根柢”。他们攻击革命派宣传的土地国有和“社会革命”是煽动“赌徒、光棍、大盗、小偷、乞丐、流氓”起来“荼毒一方”。斥责土地国有违背了私有制的“自然法制”，必将妨碍生产力的发展，阻碍社会文明的进步。宣称：“敢有以社会革命与他种革命并行者，其人即黄帝之逆子，中国之罪人也，虽与四万万人共诛之可也。”

革命派虽然也认为中国尚未出现欧美那样的“贫富悬隔”的现象，但明确指出：“社会革命”的原因，是社会经济组织的“不完全”，是“放任竞争绝对承认私有财产制”造成贫富悬隔所引起的。革命派认为，土地掌握在少数地主手里，是当时中国社会经济组织的最大弊端，土地属于自然资源，理应由全民所共享，地主阶级垄断土地，徒手坐食，不仅陷亿万贫民于苦难深渊，而且也阻碍了工商业的发展。革命派强调指出；如果不改变地主土地所有制，势必会导致贫富不均，引起新的社会革命；为预防这种弊病的产生，就必须在进行民族革命、政治革命的同时，实行社会革命，废除地主土地制度，实行“平均地权”或“土地国有”，从而推动社会生产力的发展，促进整个社会的进步。

这场论战持续了两年的时间，在论战中，革命派揭露了改良派抵制民主革命的面目，进一步划清了革命与改良的界限，使人们清楚地认识到实行民主革命的必要性，在舆论上为即将到来的资产阶级革命高潮做了准备。通过论战，使同盟会的政治纲领更加深入人心，建立资产阶级共和国的主张受到了当时进步人士更加普遍的拥护，促使更多的知识分子冲破君主立宪的思想束缚，投身到革命事业中来，壮大了革命阵营。改良派也不得不承认，经过论战，“革命党之势力”，“如决江河，沛然而莫之能御也”。论战的结果，使以康、梁为首的改良派陷入了极端孤立的境地，而资产阶级革命派则在思想理论战线上取得了前所未有的巨大胜利。

但是，由于阶级的和历史的局限性，资产阶级革命派在这场论战中，也暴露出了自身难以克服的严重缺陷。革命派对中国民主革命一系列根本问题未能作出完全正确的回答。革命派在驳斥改良派关于革命会导致帝国主义干涉、招致被瓜分的谬论时，不敢理直气壮地提出反对帝国主义的口号，只是含混地说明中国革命合乎“世界各国潮流”，帝国主义不会干涉，甚至还天真地认为帝国主义会赞助中国革命，表现了革命派对帝国主义的不切实际的幻想和软弱的妥协立场。在驳斥革命会引起下层群众暴动因而产生“内乱”的问题上，革命派一方面说要对“自然的暴动而加以改良使之进化”，“为秩序的革命”；另一方面为了避免社会的长期动乱，又提出了速战速决的意见，即所谓“革命之范围，必力求其小；革命之期日必力促其短”。没有提出发动群众参加革命斗争的主张，也不敢承认革命就是被压迫阶级反抗统治阶级的暴力行动，而是希望“有秩序”地进行革命，这说明资产阶级革命派并不真正相信人民群众，不可能依靠人民群众将革命进行到底。革命派对改良派关于平均地权和土地国有是“夺富予贫”的指责，没有进行有力回击，甚至还极力否认土地国有是“夺富人之有”，不敢断然宣布剥夺封建地主阶级的土地为资产阶级的国家所有，反映了中国资产阶级的软弱性和对地主阶级的妥协态度，表明他们无力把民主革命引向彻底胜利。

（刘彦波）

# 99.《二十四史》的集成

所谓《二十四史》，是指中国古代各朝撰写的二十四部史书的总称，起于《史记》，止于《明史》。《二十四史》纪事，上起传说中的黄帝(前 2550 年)，下讫明朝崇祯十七年(1644 年)，共 3249 卷，约 4000 万字。《二十四史》都用纪传体的体例写成，并得到了最高统治者的钦定，称为“正史”，因此在古代是最具权威性的历史读本。下面首先对这二十四部正史作一简要介绍。

《史记》130 卷，西汉司马迁撰。《史记》是中国历史上第一部纪传体通史，全书分十二本纪、十表、八书、三十世家、七十列传，纪事始于传说中的皇帝，迄于司马迁所生活的汉武帝时代。司马迁创作《史记》，抱着“究天人之际，通古今之变，成一家之言”的宗旨，本着“不虚美，不隐恶”的“实录”精神，对武帝以前的中国历史秉笔直书，客观反映。他所创造的撰著史书的精神和体例，一直为后代史家所遵循。《史记》不仅具有重要的史学价值，也具有极高的文学成就，鲁迅先生称誉《史记》为“史家之绝唱，无韵之《离骚》”。

《汉书》120 卷，东汉班固撰。《汉书》又称《前汉书》，是我国第一部纪传体断代史，记述了自汉高祖刘邦元年(前 206 年)至王莽地皇四年(23 年)共 230 年间的史事，是继《史记》之后我国古代又一部重要史书。在《史记》纪传体体例的基础上，《汉书》又有所创新，除保留《表》外，将《史记》的“本纪”省称为“纪”，“列传”省称为“传”，取消“世家”，将其并入“传”中，同时将“书”改为“志”。这种以“纪”“传”“表”“志”为基本形式的比纪传体终于形成，对后世产生了极大的影响。

《后汉书》120 卷，南朝宋范晔撰。《后汉书》专记东汉一代史事，包括本纪十卷、列传八十卷、志三十卷。其中“志”三十卷，系梁代刘昭取晋司马彪《续汉书》中八志所增。《后汉书》的特点在于叙事简明，取舍精当，尤以文章富于文采为特色。古有“三史”之称，指《史记》《汉书》《东观汉纪》，唐开元后，范晔《后汉书》取代《东观汉纪》，与《史记》《汉书》并称“三史”。

《三国志》65 卷，西晋陈寿撰。《三国志》主要记述魏、蜀、吴三国鼎立时期的历史，包括《魏书》三十卷、《蜀书》十五卷、《吴书》二十卷。《三国志》善于叙事，文笔简洁，剪裁得当，当时就受到赞许。后人通常将《三国志》与《史记》《汉书》《后汉书》并列，称为“前四史”。

《晋书》130 卷，唐房玄龄等撰。《晋书》包括本纪十卷，志二十卷，列传七十卷，载记三十卷，记述了从司马懿开始到晋恭帝元熙二年(420 年)为止，包括西晋和东晋二朝的历史，并用“载记”的形式兼述了十六国割据政权的兴亡。《晋书》是二十四史中唯一一部曾题为“皇帝御撰”的正史。

《宋书》100 卷，南朝梁沈约撰。《宋书》记述了自东晋安帝义熙刘裕专权之初(405 年)至宋顺帝升明三年(479 年)前后 70 余年的历史，包括本纪十卷、志三十卷、传六十卷。

《南齐书》59卷，南朝梁萧子显撰。《南齐书》原名《齐书》，至宋代为区别于李百药所著的《北齐书》，改称《南齐书》。这部史书记述了南朝萧齐王朝自齐高帝建元元年(479年)至齐和帝中兴二年(502年)，共23年史事，是现存关于南齐最早的纪传体断代史。

《梁书》56卷，唐姚思廉撰。《梁书》包含本纪六卷、列传五十卷，无表，无志，主要记述自梁武帝天监二年(502年)至敬帝太平二年(557年)共56年间的史事。该书虽题为姚思廉撰，实际却是由姚思廉及其父姚察两代人辛苦结撰而成的。

《陈书》36卷，唐姚思廉撰。《陈书》包括本纪六卷，列传三十卷，同样无表、无志。全书记述了自武帝陈霸先即位(557年)至后主陈叔宝被隋文帝灭国(589年)首尾33年间的史事，也是由姚察及其子姚思廉两代人共同撰写的。

《魏书》130卷，北齐魏收撰。《魏书》包括本纪十二卷、列传九十八卷、志二十卷，记述了北魏道武帝登国元年(386年)至东魏孝静帝武定八年(550年)共165年间的历史。《魏书》的一个重要特点在于，它专记鲜卑贵族政权的历史，是我国封建社会历代"正史"中第一部专记少数民族政权史事的著作。它对于认识我国历史由多民族共同缔造这一客观事实，对于认识各民族大融合的历史轨迹，具有重要的历史价值。

《北齐书》50卷，唐李百药撰。《北齐书》本名《齐书》，到宋代才加上"北"字，以区别于萧子显所撰《南齐书》。《北齐书》共五十卷，包括本纪八卷、列传四十二卷，无志无表。全书虽以记载北齐历史为主，但实际上记述了从高欢起兵到北齐灭亡前后约80年的历史，集中反映了东魏、北齐王朝的盛衰兴亡。书中保存了北魏以来农民起义的许多宝贵材料，对以高洋为代表的北齐统治者的淫逸残暴也有所揭露。

《周书》50卷，唐令狐德棻等撰。《周书》包括本纪八卷、列传四十二卷，无志无表。《周书》虽以"周"题名，实际却记述了从公元534年东、西魏分裂到杨坚代周为止48年的西魏、北周的历史。《周书》是唐初史馆奉诏编纂的第一部官修史书，也是今天研究和了解西魏、北周历史最基本、最原始的历史典籍。

《隋书》85卷，唐魏徵等撰。《隋书》包括本纪五卷、列传五十卷、志三十卷，主要记述了隋文帝开皇元年(581年)至恭帝义宁二年(618年)共38年的历史。全书由多人共同编撰，从草创到全部修完历时35年。《隋书》是现存最早的隋史专著，也是《二十四史》中修史水平较高的史籍之一。

《南史》80卷，唐李延寿撰。《南史》包括本纪十卷、列传七十卷，无表无志。记事起自南朝宋武帝刘裕永初元年(420年)，迄于陈后主祯明三年(589年)，记述了南朝宋、齐、梁、陈四代共170年的历史。

《北史》100卷，唐李延寿撰。《北史》是《南史》的姊妹篇，包括本纪十二卷、列传八十八卷，亦无表无志。记事起自北魏道帝登国元年(386年)，迄于隋恭帝义宁二年(618年)，记述了魏、齐、周、隋四代共45年史事。《南北史》是贯串南北八朝的纪传体通史，同出李延寿之手，体例完整，叙事简明，被北宋司马光誉为"近世之佳史"。

《旧唐书》200卷，五代·后晋刘昫等撰。《旧唐书》包括本纪二十卷、志三十卷、列传一百五十卷，记述了自唐高祖武德元年(618年)至哀帝天祐四年(907年)共290年的唐代历史。《旧唐书》原名《唐书》，自宋代欧阳修等重撰《新唐书》后，长期废弃不用。至明代中叶，才由文人搜辑刊刻，冠以"旧"字，以示区别。清乾隆时，与《新唐书》并列于《二十四史》中，成为正史之一。

《新唐书》225卷，北宋欧阳修、宋祁等撰。由于《旧唐书》成书较为仓促，存在问题较多，于是北宋仁宗时下诏命欧阳修等人重修唐史。《新唐书》包括本纪十卷、志五十卷、表十五卷、列传一百五十卷。与《旧唐书》相比，《新唐书》在编纂体例上更加严谨，材料取舍更为精审。但就历史研究而言，二书互有得失，应以相互参证为佳。

《旧五代史》150卷，北宋薛居正等撰。全书记述了上自公元907年朱温灭唐、下讫960年后周大将赵匡胤灭周建宋的五代十国的历史，包括本纪六十一卷、志十二卷、传七十七卷。其中《梁书》二十四卷、《唐书》五十卷、《晋书》二十四卷、《汉书》十一卷、《周书》二十二卷，另有《杂传》七卷。《旧五代史》原名《五代史》，又称《梁唐晋汉周书》，后人为区别于欧阳修的《新五代史》而习称《旧五代史》。

《新五代史》74卷，北宋欧阳修撰。《新五代史》原名《五代史记》，由欧阳修一人撰成，是唐代设馆修史以后唯一的私修正史。全书包括本纪十二卷、列传四十五卷、考三卷、世家十卷、十国世家年谱一卷、四夷附录三卷，记述了自后梁开平元年(907年)至后周显德七年(960年)共54年间的史事。《新五代史》书法严谨，褒贬分明，论赞精当，文笔简净，都有胜于《旧五代史》之处，但《旧五代史》在保存史料方面仍然具有重要的价值。

《宋史》496卷，元脱脱等撰。《宋史》撰修于元朝末年，包括本纪四十七卷，志一百六十二卷，表三十二卷，列传二百五十五卷，共计四百九十六卷，约500万字，在《二十四史》中篇幅最为庞大。《宋史》尊奉道学，在《儒林传》之前首创《道学传》，为两宋著名道学家如周敦颐、二程、张载、朱熹等立传，突出了道学的地位。《宋史》成书仓促，卷帙浩繁，为人所诟病，但它保存了有关宋代的许多宝贵资料，自有其历史价值。

《辽史》116卷，元脱脱等撰。《辽史》主要记述了以契丹贵族为主体而建立的辽朝和西辽的历史，包括本纪三十卷、志三十二卷、表八卷、列传四十五卷，另附《国语解》一卷。《辽史》较为潦草疏略，有学者称其"在历代正史中最为下乘"。

《金史》135卷，元脱脱等撰。《金史》包括本纪十九卷、志三十九卷、表四卷、列传七十三卷，是反映女真族所建的金朝兴衰始末的重要史籍。记事起自金太祖收国元年(1115年)，迄于金哀宗天兴三年(1234年)。《金史》与《宋史》《辽史》均成书于元至正年间，史称"三史"。"三史"之中，《金史》最为人称道，《四库全书总目》称："元人之于此书，经营已久，与宋、辽二《史》取办仓猝者不同。故其首尾完密，条例整齐，约而不疏，赡而不芜，在'三史'之中，独为最善。"

《元史》210卷，明宋濂等撰。《元史》包括本纪四十七卷、志五十八卷、表八卷、列传九十七卷，记述了从蒙古族兴起到元朝建立和灭亡的历史。记事起自元太祖元年(1206年)，止于元顺帝至正二十八年(1368年)，共计165年。《元史》的编纂，"二月开局，八月成书"，十分草率，因此有取材未广，繁简失宜，时序颠倒等弊病。

《明史》332卷，清张廷玉等撰。《明史》包括本纪二十四卷、志七十五卷、表十三卷、列传二百二十卷。它记述了自明太祖洪武元年(1368年)至明毅宗崇祯十七年(1644年)200多年的历史。其卷数在《二十四史》中仅次于《宋史》，但其修纂时间之久、用力之勤却大大超过了以前诸史。修成之后，得到后代史家的好评，如清人赵翼在《廿二史札记》中说："近代诸史自欧阳公《五代史》外，《辽史》简略，《宋史》繁芜，《元史》草率，惟《金史》行文雅洁，叙事简括，稍为可观，然未有如《明史》之完善者。"

综上所述，《二十四史》是西汉武帝以来，由历代史家精心结撰编缉而成的二十四部纪传体正史的总称。

《二十四史》的形成过程中，有“前四史”“十史”“十三代史”“十七史”“二十一史”“二十二史”“二十三史”“二十四史”等称谓。《史记》《汉书》《后汉书》《三国志》称为“前四史”，被视为纪传体史书的典范。“十史”是指记载三国、晋、宋、齐、梁、陈、北魏、北齐、北周、隋朝十个王朝史书的合称。后来又出现了“十三代史”，包括《史记》《汉书》《后汉书》和“十史”。到了宋代，在“十三史”的基础上，加入《南史》《北史》《新唐书》《新五代史》，形成了“十七史”。明代又增以《宋史》《辽史》《金史》《元史》，合称“二十一史”。清朝乾隆初年，刊行《明史》，加上先前各史，总名“二十二史”。后来又增加了《旧唐书》，成为“二十三史”。从《永乐大典》中辑录出来的《旧五代史》也被列入，公元 1739 年（乾隆四年）经皇帝钦定，合称“二十四史”。流行的《二十四史》的版本主要有两种：一种是武英殿本，即清代官刻本；一种是商务印书馆的百衲本，乃是集合各史较早刻本影印而成。此外，成书于民国时期的《清史稿》五百三十六卷，因未经政府颁订，故不得列为“正史”。另，1920 年，柯劭忞撰成《新元史》，1921 年大总统徐世昌以《新元史》为“正史”，遂与“二十四史”合称为“二十五史”。

中华民族有着忠实记载历史的优良传统，这种传统使得我国在几千年来能够保存下大量的历史资料，史料之丰富为世界上任何一个国家所不能媲美。《二十四史》记录了上起传说中的黄帝下至明朝崇祯年间四千余年的历史，保存了历代政治、经济、文化艺术和科学技术等各方面的丰富史料，是研究每一朝代历史最重要、最基本的资料，具有极高的学术价值。不过，《二十四史》也存在诸多缺限，比如史书中大都歌颂帝王的文治武功，抹煞人民的作用和成就，歪曲阶级斗争事实真相，丑化农民起义领袖形象等。历代专制王朝下诏编纂正史，也都是企图用修史来巩固自己统治。因此，我们今天在利用这些材料的时候，必须要加以审慎的分析和批判。

（周春健）

# 100. 梁启超提出“新民说”

戊戌变法失败后，梁启超流亡日本，开始了他由政治救国转为文化救国的历程。1902 年 2 月，他创办《新民丛报》，并从创刊号始连载《新民说》。从这时起，他又使用了一个新的笔名——“中国之新民”，并把“新民”当作这一个时期的宣传重点，高呼“新民为今日中国第一急务”。以此为开端，以培育现代国民人格为目的的“新民”思潮即在中国社会传播开来。“新民”思潮的要义在于批判国民人格结构中的劣根性，改变在民族心理中反复起作用的“落后”精神，使作为社会主体的“人”由传统的“臣民”转化为“国民”，这是基于对 19 世纪末以来中国社会变迁深刻反思的一种理念。

“新民说”有着广泛的社会基础。20 世纪初先进的中国人首先对国民素质中的劣根性展开了激烈的批判。当时影响较大的刊物，如《清议报》《新民丛报》等都曾登载过批判和主张改造国民素质的相关文章，“新民”成为 20 世纪初最具影响力的思潮之一。概括地说来，当时知识界对“国民性”的批判主要集中在以下几点，即国民缺乏国家意识；缺乏群体意识；没有锐气、缺乏进取心；国民性格柔顺，以至于以忍辱为惯常之事；国民性格有巧滑、投机取巧之性；国民缺乏时间效率观念，往往丧失主动性。总之，20 世纪初先进的中国人对国民素质中的劣根性展开了激烈的批判反思，其内容是丰富的。这是一种社会思潮的涌动，绝不是个别人的突发奇想，系统考察这一思潮具有重要意义。

梁启超写作《新民说》，所依据的是严复所介绍的英国近代哲学家、社会学家斯宾塞的社会有机体论。所谓社会有机体论，简言之即是以生物学来解释社会，将社会简单视同生物机体。依据斯宾塞的理论，严复认为：“一群一国之成之立也，其间体用功能，实无异于生物之一体。”他强调，凡“天下之物”，其“聚之形法性情”，“未有不本单之形法性情”者。就是说，整体、群体的性质、特征，是由分子、个体的性质、特征所决定的。就一国而言，其“贫富强弱治乱”，完全取决于该国民众德、智、体三方面的基本素质。“三者诚盛，则富强之效不为而成；三者诚衰，则虽以命世之才刻意治标，终亦隳废。”西方所以富强，是因为其民德智体三者皆优，中国所以贫弱，则是因为民众德智体三者皆劣。中国欲求在激烈的生存竞争中图存振兴，就应立即着手“鼓民力，开民智，新民德”，这才是治本之策，舍此而图它，只是治标而已，终将无成。梁启超的“新民说”将目光投射于国民整体文化素质的改善，显然受到了严复所介绍的“社会进化论”的影响。

梁启超从纵横方向比较古今中西，并参照当时流行的进化论，认为一个民族的优劣，一个国家的强弱，起决定作用的是其国民素质的高低。“国之治乱，常与其文野之度相比例，文野之分，恒与国中全部之人为定断，非一二人之力所能强夺而假借也。……故民智民力民德不进者，虽有英仁之君相，行一时之善政，移时而扫地尽矣。”梁氏把世界各国的国民分为三等：一是受人尊敬之国。“其教化政治卓然冠绝于环球，其声明文物，灿然震眩于耳目，一切举动，悉循公理，不必夸耀威力，而邻国莫不爱之重之。”二是受人畏惧之国。“教化政治非必其单绝也，声明文物非必其震眩也，然挟莫强之兵力，虽行以无道，尤足以鞭挞群雄，而横绝地球。若是者，邻国虽疾视不平，亦且侧目重足，动色而群相震慑。”三是不能自主之国。“坐听他人之墩踏操纵，有他动而无自动，其在世界，若存若亡矣。”他进而指出，作为文明古国的中国，在古代尤其汉唐盛世及清朝康乾期间称雄世界，是受人尊敬之国，其根本原因是文化发达，民族素质领先于世界。但近代以来，西方各国突飞猛进，而我国却闭关自守，不求进取，因而在强大西方文化面前不堪一击，成为不能自立之国而备受欺凌。从根本上讲是国民素质低劣所造成的。他在美洲访问期间，一方面欣羡西方人的自由、平等，另一方面又为中国百姓们呻吟于专制王权和封建礼教的压迫下而难受。认识到人不仅是一种“道德的存在”，更是一种“政治的存在”，指出西方有国民而无奴隶，中国有奴隶而无国民。认为中国人习惯于“明君贤相”来拯救自己，今日盼“好皇帝”，明日求“清官”做主，本身缺乏一种民主意识和国家思想，是素质不高的反映。梁要求向欧美学习，把由靠君相进到不靠君相当作国民素质改造提高的一个标志。梁还痛心地指出：“中国所以不能维新之大原，我责人，人亦责我，我望人，人亦望我。是四万万人，遂互消于相责相望之中，而国将谁与立也?”

梁启超认为，新民德的首要任务是蒴除中国人“劣下之根性”。为此，他对中国人德性方面的劣点一一作了揭示。他认为，这些劣点的突出表现是爱国心薄弱，而其根源则是长期、普遍存在于中国人中的奴隶性。他指出，奴隶性使人无政治热情，无责任、义务感，对国家民族、社会群体的公共事务一概冷漠，造成一种可怕的消极性。它又使人自轻自贱，丧失独立自主的精神，造成严重的依附性。同时，它还使人养成谄媚、巧伪、骄下诸恶德。有见于奴隶性乃是当时道德建设严重的障碍，梁对它作了全面而严厉的清算。把旧道德的本质和恶果归结为奴性，这是深刻的。所以，梁虽在文字上很少触及三纲，但实际上准确抓住了三纲的本质、要害。他认为，新的道德应当有助于人们正确处理好群己、公私、人我关系，有利于中华民族群体的巩固、振兴。因此，他将“利群”视为新道德的根本精神。在《新民说》等著作中，他对这些关系作了深入阐述。他认为，利己乃是人的天性。但是他又指出，人乃是社会动物，任何人都不能离开社会群体而孤立生存，个人利益总是同群体利益紧密联系在一起的。“盖无群无国，则吾性命财产无所论，智慧能力无所附，而此身将不可以一日立于天地。”因此，人们又应爱群、为公、利他，提倡“合群之德”。当个人利益与群体利益发生冲突时，应“不惜牺牲其私益之一部分，以拥护公益”。这种“利群”观念的核心是爱国主义，而其着手处则是培养、提倡当时中国人所缺乏的公德。

如何培养新的道德呢？在《新民说》开篇，梁启超即指出“新民为今日中国第一急务”。他说：“新民云者，非欲吾民尽弃其旧以从人也。新之义有二：一曰，淬厉其所本有而新之，二曰，采补其所本无而新之。二者缺一，时乃无功。先哲之立教也，不外因材而笃与变化气质之两途”。为了达到“新民”的目标，梁启超从公德、国家思想、进取冒险、权利思想、自由、自治、进步、自尊、合群、生利分利、毅力、义务、尚武、民气、政治能力等方面进行了分析和论证，对如何培育新一代国民进行了全面而深刻的阐述。

梁启超在《新民说》中专章阐述“权利思想”，把伸民权与批判礼教束缚下的奴性人格相结合，指出旧礼教是“率全国人而为无骨无血无气之怪物”，“使勇者日即于销磨，怯者反有所藉口，遇势力之强于己者，始而让之，继而畏之，终而媚之”。“对人如是，对团体亦然，对本国如是，对外国亦然，以是而立于生存竞争最剧烈之场，吾不知如何而可也。”他进而提出政治家应“以勿摧压权利思想为第一义”，教育家应“以养成权利思想为第一义”，国民应“各以自坚持权利思想为第一义”。但是，有没有权利是一回事，知不知道权利以及如何保护自己的权利是另一回事。因此，梁认为在近代中国开民智与伸民权是同等重要的，不可偏废。梁认为，人的智慧的高低决定人的社会地位的高低，民智的高低决定国家的兴衰。因此，他系统地提出了开民智、开绅智、开官智、开女智的主张，并且主张通过教育来开启民智，通过建立制度来保障民权。他反复申明，变科举、兴学校、开民智、伸民权、变官制是变法富强的唯一途径。

梁启超所谓“新民”，是指民族文化心理结构的自我解剖、自我重构，其核心是变传统的依附人格为近代独立自主的人格，使国人成为“有国家思想，能自布政治”的国民。

（雷平）

# 101. 清末新政的推行

清末新政是清政府在其统治的最后十年间（1901—1911 年）推行的一系列政治、经济、文化、军事改革措施，当时习惯称为“新政”。

清末新政主要有以下三个方面的历史背景：一是义和团运动后，帝国主义列强采用扶植清政府“以华治华”的策略，向晚清政府发出了力行革新的强烈呼声，认为“革新内政，实为要求之第一义”，要求清政府改变它的无能状态；清政府也企图以此取得列强对它的支持。二是清政府此时宣布变革更新，也是为了缓和对内统治的危机。慈禧太后屠杀了戊戌维新志士，镇压义和团反帝爱国运动，签订卖国的《辛丑条约》，使清王朝的统治陷入了岌岌可危的境地。康有为、梁启超亡命海外仍不改初衷，积极从事立宪的各种活动。下层劳动人民本就对清政府的统治不满，义和团余众通过血的教训，放弃了“扶清灭洋”的口号，毅然打出了“扫清灭洋”的旗帜。资产阶级革命派逐渐壮大，民主革命潮流暗中涌动。面对全国人民对清政府的不满和反抗日益高涨，清政府需要采取对策。三是慈禧太后居于晚清统治集团核心地位的权势受到严重挑战和威胁，她不得不接受变法。当时，地方督抚权力自重倾向更加明显，他们凭借拥有的实力，依据自己的政治见解和需要，对朝廷的诏令或积极支持，或敷衍应付，对时事政局起着举足轻重的影响，为维护自己的权威，慈禧太后不得不实行新政；同时，清政府也企图通过推行新政，在政策上放宽对民族资产阶级发展民族工业的限制，以此来争取这个阶级，缓解财政拮据的状况。

1901 年 1 月，清政府发布上谕，声称实行变法，整顿政务，参照西法，推行新政，在军事、经济、文化、政治等方面，实行一系列改革措施，主要集中在扩编新军、奖励振兴农工商实业、改革教育制度、调整官制和整饬吏治、变革刑律等方面。主要内容有：

第一，筹饷练兵，创办巡警。

编练新军是清政府“新政”的主要内容之一。清政府对此投入了巨大财力，花费了很大力气。1901 年下令停止武科举，并要求各省于年内裁汰绿营、防勇十之二三，在原有各军队中精选若干营，一律操习新式枪炮；同时下令各省设立武备学堂，培养将才。1902 年，推广北洋、湖北训练新军的经验。1903 年，在京师设立练兵处，作为全国组建、训练新军的中央办事机构，以庆亲王奕劻为总理练兵事务大臣，袁世凯为会办练兵大臣，铁良襄同办理。清政府还令各省设立督练公所，由将军、督抚兼任督办，作为各省领导编练“新军”的机构。1904 年 5 月，谕令统一全国军制，包括营制饷章、操法军械及绿营官缺兵额。9 月，练兵处、兵部奏准在全国编练“新军”36 镇，将新军分为常备军、续备军、后备军三等，以镇为新军最高编制单位，分镇、协、标、营、队、排、棚七级。兵种则分步、马、炮、工程与辎重五种。对官缺、兵额、征募条件、训练、给养、军器、退休等都有详细规定。颁布了《陆军学堂办法》，令各省建立武备学堂，各主要城市建立军事学堂，派遣留学生到国外学习军事。1906年11月，清政府改兵部为陆军部，将练兵处并入其中，铁良为尚书，统一指挥全国"新军"。1907年8月，陆军部制定了全国编练"新军"36镇的庞大计划，拟于2~5年内，除近畿4镇、四川3镇外，其他各省各编练1~2镇。由于清政府财政拮据，新军的编练没能按期完成，到1911年全国只编练成军14镇，18个混成协，4个标和一支禁卫军，约16万人。新军由于受过西式军事教育，同时又深受中国传统思想的影响，他们异军突起，在晚清政局动荡中起着举足轻重的作用。

在编练"新军"的同时，清政府还建立了维持城市治安的巡警部队。1901年，清廷令袁世凯从新建陆军中抽调年龄较大例应退伍的兵士维护京律治安；1902年中，袁世凯又正式招募数千人，进驻天津等地，在津正式设立警务学堂；与此同时，张之洞也在武昌创办警察，训练警军并派警官数十人赴日学习。清廷还要求各省推广警务制度。这是中国设立近代管家制度之始。1905年，清廷下令设立巡警部，以徐世昌为尚书，总理全国的巡警事宜。

清政府推行新政，编练新军，需要巨额款项。《辛丑条约》后，清政府财政收支入不敷出的状况日益严重，因而筹饷就成为清末统治者的又一"要政"。为了筹饷，清政府不惜巧立名目，多方搜刮。主要包括：其一，增加税种，如增开印花税、房捐、铺捐等。各地更任意增设，名目繁多。如从1902年起，在通商口岸征收印花税，在湖广征收房捐、铺捐；1903年在吉林征收烧窑捐、车辆捐；在其他地方征收牛捐、马捐、盐商捐、绅富捐，还有户口税、丁税等。其二，提高税率，如盐斤加价，茶、糖、烟、酒、厘金再加三成等。有由户部决定在全国公开加收的，也有由各地任意增加税率的，各级官吏也任意增收。其三，将各地库存以及各项"陋规"收归清朝中央政府。其四，允许地方官自筹税收。

第二，振兴农工商务，奖励实业。

1903年9月，清政府设立商部，统一管理全国的农工商实业，并且提出了"商之本在工，工之本在农，非先振兴农务，则始基不立，工商亦无以为资"的全面经济发展战略。农业方面，下令清查土地，鼓励开荒屯田，并设立垦殖公司、试验场等；工艺制造方面，提出广置机器，推广各种工艺，奖励发明等；在工商业方面，先后颁布了一批具有近代资本主义色彩的工商条例或实业章程。如《奖励公司章程》《商会简明章程》《接见商会董事章程》《重定铁路简明章程》《重定矿务暂行章程》《公司律》《公司注册试办章程》《商标注册暂拟章程》《商律》以及《矿务章程》《试办银行章程》等。1903年，商部在北京设立劝工陈列所、高等实业学堂，开办户部银行。《奖励公司章程》后经修订，还公布了《奖给商勋章程》《华商办理农工商实业爵赏章程及奖牌章程》等。这些章程规定，允许自由发展实业，奖励兴办工商企业，鼓励组织商会团体。在农工商实业政策推动下，民族工商业得到一定的发展，设厂数目增多，投资总额增大，1901年至1911年间，全国新设立的厂矿有340家，资本达1亿多元，厂矿数和资本额都超过前此二十多年间的两倍以上，中国民族资本主义工业第一次出现了兴旺的势头。

第三，废科举，育才兴学。

主要包括"停科举""设学堂"和"奖游学"三项内容。八股取士，禁锢了人的头脑，阻碍了中国科学文化的进步。新政时期，清政府从"为政之要，首在人才"出发，在改革教育制度上采取了一系列措施，创办了大批新式学堂，颁布了各类学堂章程，统一了全国学制。1901年9月，清政府命令各省城书院改成大学堂，各府及直隶州改设中学堂，各县改设小学堂，并多设蒙养学堂。1902年，派张百熙为管学大臣，颁布《钦定学堂章程》。1904年，重订学堂章程，制定了一套以日本教育为模式的学堂行政管理规章，规定学堂分为初等和高等小学堂、中学堂、高等学堂二级，高等学堂毕业后还可以升入分科大学或通儒院深造，通儒院或分科大学毕业生授予进士功名，高等学堂毕业生授予举人功名，中学堂和高等小学堂毕业生授予生员(秀才)功名，并宣布科举录取名额将自1906年起递减。与普通学堂并行的还有专业教育，包括师范学堂及各类实业学堂，在学制上自成系统，一套完整的学校制度随之建立。1905年9月，清政府发布上谕，“自丙午科为始，所有乡、会试一律停止，各省岁科考试，亦即停止”。这使在中国历史上延续了1300多年的科举制度被最终废除，科举取士与学校教育实现了彻底的脱钩。12月，清廷下谕设立学部，为专管全国学堂事务的机构。清政府在推行“新政”过程中，把“奖游学”与“改学堂，停科举”并提。1901年9月，清政府正式要求各省选派学生出洋，对学有成效者，给予奖励。1902年外务部制定了“出洋游学办法章程”，除由政府派遣大批官费生外，并鼓励自费留学。1903年，清政府又拟定了“约束鼓励游学生章程。”其中，鼓励章程十款，对学成归国者，经考查，可赐予进士、举人、贡生等出身，予以重用。要求各省筹集经费选派学生出洋学习，讲求专门学业。对毕业留学生，分别赏给进士、举人等出身。对自备旅费出洋留学的，与派出学生同等对待。为统一管理留学生工作，清政府分别在1902年10月和1906年10月派出总监督赴东洋和欧洲。据学部统计，1904年全国学堂总数为4222所，学生9.2万人；1909年学堂总数猛增为5.2万所，学生达156万人。留学生人数也大幅度增长。

第四，改革官制，整顿吏治。

改革官制是清政府“新政”的一项重要内容，其中包括“裁冗衙”“裁吏役”“停捐纳”，增添和改设了一批新衙门，对统治机构作了一些改变。1901年7月，清政府撤销总理各国事务衙门，改设外务部，“班列六部之首”。1902年2月裁河东河道总督，其事务改归河南巡抚兼办。3月裁詹事府及通政使司。1903年9月设商部。1904年12月裁云南、湖北两省巡抚，由云贵总督、湖广总督兼管。1905年9月裁奉天府尹，由巡抚兼管；裁奉天府丞，改为东三省学政。10月设巡警部，12月设学部，裁国子监。除裁并增设行政机构外，清政府还下令“停捐纳”“裁陋规”“定公费”。1906年，清政府重新制订官制，决定除内阁、军机处仍旧外，共设十一个部。在整饬吏治方面，新政时期处罚了一批贪赃枉法的腐败官僚，并于1901年9月19日宣布停止报捐实官，1905年7月宣布停止捐纳武职。

第五，修改刑律。

《大清律例》是中国历代刑律中最为繁苛的一部法典，不仅遭到全国人民的强烈反对，而且一直为资本主义各国所非议。1901年7月，刘坤一和张之洞首先提出要修订刑律，以缓和全国人民的不满情绪。1902年初，英、日、美、葡等国也一再表示，愿在中国修订刑律后放弃领事裁判权；于是，清政府便于这一年5月派刑部右侍郎沈家本和驻美公使伍廷芳，“将一切现行律例，按照交涉情形，参酌各国法律，悉心考订，妥为拟议”。沈家本和伍廷芳受命之后，参照西方和日本等国的刑律，对《大清刑律》的重大修订，一是把充军、流刑、徒刑改为服劳役，二是废除凌迟、枭首、戮尸、刺字等酷刑，三是把笞、杖改为处罚金，轻罪禁用刑讯，四是虚拟死罪改为流、徒。在法制改革的过程中，吸收了一些国外留学生参加，也曾聘请外国法律专家，同时大量翻译、借鉴外国法律，着手起草了《大清新刑律草案》《大清法律草案》《大清商律草案》《民事诉讼律草案》《刑事诉讼律草案》。这些法律草案在一定程度上借鉴了西方资产阶级的法律体系，打破了中国自古以来民刑不分、诸法合一的旧法律体系，初步贯穿了三权分立与立法、司法和检察分离的精神，在某些法律条文中体现了自由、平等的思想。法律制订和征求意见的过程中，存在着强烈的思想冲突，张之洞、劳乃宣等人坚持制订新律要符合封建礼教，条文中要体现君臣、父子、男女、夫妻等尊卑贵贱的区别，因此，新的法律草案中，仍然充满了封建礼教的约束。以上法律草案，除了商律草案中的《商人通例》《公司律》《破产律》以及《大清新刑律》和《法院编制法》曾经公布外，其余还在制订或者征求意见过程中就遭到卫道士们的猛烈攻击，被束之高阁，即使已经公布的法令，由于清政权的迅速垮台，也没有起到任何作用。但是，《大清新刑律》、商律中的一些法例基本上为民国初年所沿用。

综观清末新政中的法律制度改革，不难看出，从法律观念的更新到法律原则的改变，从法律体例、结构、形式的变化到法律内容和司法操作程序的变革，无一不是中国历史上前所未有的。尽管这次改革的目的是为了适应对列强交涉的需要和维护清朝的专制统治，在多方面深深地打上了半殖民地半封建的烙印，但是改革的意义正在于其法律形式和内容的更新，在于其与几千年陈陈相因的传统开始决裂，迈出了“万事开头难”的第一步，揭开了20世纪中国法律现代化进程的序幕。

自1906年起，新政又进入了改革政治体制的“宪政”改革时期，清政府撤军机处，设责任内阁、资政院，实行君主立宪制度，它使清王朝的政体和国体都发生了不同程度的变化。

1905年清廷派载泽、端方等五大臣出洋考察。次年，五大臣先后回国，上书指出立宪有三大利：“一曰皇位永固，二曰外患渐轻，三曰内乱可弭”，建议进行“立宪”。经过清政府内部激烈的争论，终于在9月1日，清政府颁发上谕，宣布“仿行宪政”的要旨。上谕确立的立宪原则是：“大权统于朝廷，庶政公诸舆论”；鉴于目前“规制未备，民智未开”，作为预备立宪的必要步骤，应先从改革官制入手，逐步厘定法律，广兴教育，清理财政，整顿武备，普设巡警，为预备立宪打下基础。

在清政府发布“预备仿行宪政”的上谕之后，立宪派认为多年来倡导的宪政终于有了实现的可能。为了准备参与政权，立宪派在各地相继建立起了自己的团体。在国外，康有为于1907年3月改保皇会为国民宪政会；10月梁启超在日本东京成立政闻社，并宣布了四条政纲：一是实行国会制度，建设责任内阁；二是厘定法律，巩固司法权的独立；三是确立地方自治，分清中央与地方；四是慎重外交，保持对等权利。在国内，有江浙地区的预备立宪公会、湖北的宪政筹备会、湖南的宪政公会、广东的自治会等。这些团体的共同目标，就是要求清政府召开具有制定法律、监督政府职权的国会，建立有实权的责任内阁。可是，通过清政府的官制改革，他们很快发现，清廷并无立宪的诚意，只不过是“假立宪之名，以行专制之实”。他们感到，如果不给清政府施加压力，立宪的希望很可能成为泡影。因此，从1907年秋开始，各省立宪派代表陆续到达北京，向都察院呈递速开国会请愿书，要求代奏。请愿书有近四万人签名，一些地方督抚大臣也电请早日开设国会，请求清政府定出具体立宪限制，以维护清廷的威信。在这种情况下，清政府为了表示预备立宪并非空头许愿，于1908年8月颁布了《钦定宪法大纲》《议院法选举法要领》《逐年筹备宪政事宜清单》，明定预备立宪以9年为限，9年后正式召开国会，推行宪政。《钦定宪法大纲》由“君上大权”14条和“臣民权利义务”9条组成。该法以日本《明治宪法》为蓝本，其要义有三：一是君主神圣不可侵犯；二是君主独揽统治权；三是臣民按照法律有应得的权利义务。立宪派对清政府颁布的这个典型的君权宪法和9年漫长的期限深表不满，但又因9年筹备清单中规定明年各省咨议局将要召开会议，所以就将国会请愿一事暂时搁置下来，而把注意力集中到咨议局的筹备和竞选议员的活动上去了。此后各省立宪派都投入筹开咨议局的活动。

1909年10月，各省(除新疆外)咨议局先后成立。立宪派取得了合法活动的讲坛，决定以咨议局为阵地，再度发起国会请愿。1909年11月，江苏咨议局议长张謇通电各省咨议局，建议组织国会请愿同志会。次年1月，国会请愿同志会发动第一次请愿活动，向北京都察院递交请愿书，要求缩短预备立宪期限，遭到拒绝。6月，发起第二次请愿，号称有20多万人在请愿书上签名，结果又遭失败。10月，立宪派利用资政院开院机会，联合各界，发动第三次请愿。与此同时，由东三省总督锡良领衔，共18个总督、巡抚、将军、都统联名奏请立即设立内阁，明年召开国会。清廷迫于当时革命形势的高涨和各方请愿的压力，于11月宣布缩短“预备立宪”期限，将9年改为5年(1913年召开国会)，在国会召开前两年先成立新内阁。江浙立宪派对此感到满意，而另一部分立宪派继续请愿，坚持要求次年召开国会。清廷下令遣散请愿代表，将东三省代表押解回籍，将天津学界请愿同志会会长温世霖发配新疆充军。至此各省立宪派代表纷纷失望而去，各地请愿活动被迫停止。一部分立宪派对清廷失望，转而同情革命。

1911年5月，清政府宣布以庆亲王奕劻为总理大臣的责任内阁成立。包括总理奕劻在内的13个成员中，满族大臣9人，汉族大臣4人，而9个满族大臣中皇族占了7人。在当时，它就被人称为“皇族内阁”。载沣集权于皇室的用心于是彻底暴露。名单公布后，全国哗然。立宪派大为失望，他们上书要求“另简大员，组织内阁”。清政府断然拒绝了他们的请求。立宪运动彻底破产了。

导致清末政治制度改革失败的原因是多方面的。从清朝主观方面来说，新政是清朝统治者在无路可走的情况下做出的选择，主要目的是强化国家机器，完善统治机构，增加政府财政收入，使清王朝的统治化险为夷，千秋万代。改革的目的与改革本身的矛盾，给改革带来了很大的局限性。一方面，为了自救，它必须进行一些真正的改革；另一方面，若真的实行宪政，势必要放弃很大部分统治权，结果只能导致自己统治的削弱，这又非清政府所愿。清政府就是在这种非常矛盾的情况下开展改革的。追求这种目标的新政到了1907年就陷入了进退两难的境地。一方面，改革越多，政府的权威就越小，这与政府极力想把改革纳入维护其统治轨道的初衷相悖。另一方面，堤防一旦被冲破，就无法限制洪水的流量，曾在改革中支持政府的各阶层，对改革的期望在改革过程中惊人地发展起来，他们断言朝廷在改革方面走得不够远，不够快，他们向政府提出了加深改革的要求。而清政府从未想把改革认真地进行下去，尤其是对新政的关键部分如责任内阁、议会的建立和召开，一再敷衍、拖延，或迫于舆论的压力、万不得已而举办，并加以改头换面，结果引起各方面的反感并遭到谴责。而镇压国会请愿运动和成立“皇族内阁”使自己陷入更加空前孤立、四面楚歌的境地，不但使经营十年之久的“保全王朝的改革工作成为泡影”，“赴之东流”，最后还被革命一举推翻。

清末新政是近代中国社会新旧变迁的重要环节，是中国从君主专制制度向资产阶级君主立宪制度迈出的重要一步。它的一部分改革成果如立宪政治、地方自治、教育改革等，日后得到了保留和完善，并成为资产阶级革命派推行民主共和政治的基础。

（刘彦波）

# 102. 孙中山三民主义的产生与发展

孙中山(1866—1925 年)，广东香山县翠亨村人。幼名帝象，后改名为文，字德明，号日新。1886 年(光绪十二年)，孙中山于香港医学院读书时，改号为逸仙，此后“逸仙”就成为孙中山在游历欧美时的常用名。1897 年(光绪二十三年)，孙中山在日本进行革命活动时，化名“中山樵”，孙中山之名由此得来。

孙中山的民族主义思想旨在推翻满族人的统治。鸦片战争后西方列强对中国的肆意侵略以及清政府的腐败无能，促使了他的民族主义思想的产生。

孙中山出身于贫苦农民家庭，贫困的境遇使孙中山深切地体验到中国农村的悲惨生活。幼年的孙中山在听村里老人讲述太平天国的故事时，便以“洪秀全第二”自居。孙中山的胞兄孙眉青年时创业于檀香山，致富后成为华侨资本家。1879 年(光绪五年)，孙眉接孙中山到檀香山，并将他送到英国人创办的意奥兰尼学校学习。在檀香山求学期间，孙中山在西方人创办的学校中学习了西方先进的社会政治学说与自然科学的基础知识，阅读了华盛顿、林肯等西方伟大的资产阶级革命家、政治家的传记，接受了西方先进的社会政治制度与思想文化的启蒙。此时，夏威夷群岛上正好掀起了反抗美国侵略的斗争。岛上人民的爱国斗争对孙中山的激励颇深，使他心中萌发了民族主义的思想。孙中山经常在外宣传改变中国陈旧的政治制度，其兄认为有悖于中国传统的礼教，遂于 1883 年(光绪九年)将孙中山送回国内，想让他重新接受中国传统文化的洗礼。

孙中山回到家乡后，不断地向村民宣传社会改革的思想，抨击清王朝腐败政治，并且破坏村庙中的神像，因此遭到父亲的严厉训斥。不久后他避至香港，先后就读于香港拔萃书室与中央书院。时值中法战争，广东与香港的许多群众先后自发地组织了反法斗争，使孙中山觉察到中国民众的意识觉醒。中法战争中，中国不战而败。面对清廷的腐败无能，孙中山痛心疾首，立志倾覆清廷，创建民国。1886 年(光绪十二年)，孙中山到广州博济医院就读，后又转至香港雅丽氏医院附设的西医学院就读。这段时期是孙中山救国的探索时期。在此期间，孙中山深受改良思想家何启与郑观应的影响，希望通过改良来拯救民族危亡。1890 年(光绪十六年)，孙中山致信洋务派官僚郑藻如，主张学习西方，进行改良，但是没有得到支持。改良主张的受挫促使他更加坚定不移地走向革命。郑士良是孙中山在广州读书时结识的朋友，了解孙中山的志向后，劝其组建会党。1888 年(光绪十四年)，孙中山与挚友陈少白、尤少纨、杨鹤龄等人在香港开会，商议组建会党，发动革命。1893 年(光绪十九年)冬，孙中山召集同志，在广州城南广雅书局南园的“抗风轩”开会。在会上，孙中山提出了“驱除鞑虏，恢复华夏”的口号，充分表明他的民族革命思想已经趋于成熟。

民权主义思想则是孙中山在从事资产阶级革命的实践中不断探索而总结出来的。

1894 年(光绪二十年)，孙中山上书李鸿章，阐述他的救国思想。但因李鸿章忙于对日战争而未予理睬，使他的改良救国之梦被彻底打破。于是他经日本转赴檀香山，筹集资金准备从事反清活动。11 月 24 日，孙中山在檀香山火奴鲁鲁美商卑涉银行华人经理何宽家中召开会议，决定成立兴中会，会上通过了孙中山起草的《兴中会章程》。《章程》明确兴中会宗旨为振兴中华，“申民志而扶国宗”。但是并没有明显地表露出反清的意图。1895年(光绪二十一年)，甲午战争中国惨败于日本，国内的革命势力趁局势动乱而迅速发展。2月，孙中山召集陈少白、陆皓东、郑士良、杨鹤龄等人联合香港“辅仁文社”的杨衢云、谢缵泰及其他华商，在香港中环路士丹顿街13号召开会议，成立了兴中会总会，并且发表了“驱除鞑虏，恢复中华，创立合众政府”的誓词。孙中山主张的“合众政府”欲推翻清朝的君主专制，模仿“美利坚合众国”的模式。兴中会的成立标志着孙中山民权思想的初步形成。

香港兴中会总会成立以后，孙中山积极筹划武力推翻清朝。1895年10月，孙中山领导了广州起义。由于事先部署的武器和决死队员未能准时到位，而起义计划又遭泄露，致使广州起义被扼杀在襁褓中。孙中山也因此成为朝廷的通缉要犯，他先后逃匿至日本、美国。1896年9月避难于英国伦敦，他在香港学医时的英籍教师康德黎接待了他，并为他安排了寓所。但孙中山抵达伦敦后不久就被清廷的暗探跟踪，10月11日，孙中山被秘密抓捕，幽禁在中国驻英公使馆。因困了五天后，孙中山请求英籍清洁工人给康德黎捎信。康德黎得到消息后立即将孙中山被捕之事告诉报馆，当天的《地球报》便在第一版中刊登了孙中山蒙难之事。清廷秘密抓捕孙中山一事立即遭到了舆论的谴责，英国政府代表向清驻英公使馆提出交涉，要求按照国际公法与国际惯例释放孙中山。清使馆在多重压力之下，释放了孙中山。

孙中山脱险后，在伦敦居住了一年。这段时间他博览西方群书，考察异国风情与政治制度，涉猎了西方众多经济学说，阅读了卢梭的《民约论》、马克思的《资本论》和《共产党宣言》、美国亨利·乔治的《进步与贫困》以及林肯的《民有民治民享》等经典著作。1897年(光绪二十三年)7月，孙中山离开伦敦，经加拿大转赴日本。孙中山在日本与日人宫崎寅藏、平周山等人探讨政治制度时谈道：“余以人群自治为政治之极则，故于政治之精神，执共和主义。”此时的孙中山已经明确创建合众政府就是奉行“共和主义”，这表明他的民权主义思想已有了进一步的成熟。19世纪末20世纪初，资产阶级革命派与保皇派进行了大规模的论战。在论战中孙中山彻底地驳斥了保皇派所谓的“保皇即爱国”的理论。在批判保皇派的同时，他又不断地完善了民权思想。

孙中山的民生主义思想是古今中外有关民生主义思想学说的综合。

孙中山在1879年(光绪五年)去檀香山求学之前，接触的只是儒家学说，中国古代传统文化中的“大同”“均田”“均贫富”思想对孙中山影响很深。

欧美的科学社会主义思想是孙中山民生主义思想的一个重要的源流。

伦敦蒙难以后，孙中山在英国留居期间，在大英博物馆的图书馆学习了欧美的各种社会主义学说，其中美国人亨利·乔治的单税社会主义学说对孙中山影响很大。孙中山自己说：“伦敦脱险后，则暂留欧洲，以实行考察其政治风俗，并结交其朝野贤豪。两年之中，所见所闻，殊多必得。始知徒致国家富强，民权发达，如欧洲列强者，犹未能登斯民于极乐之乡也；是以欧洲志士，犹有社会革命之运动也。予欲为一劳永逸之计，乃取民生主义，以与民族、民权问题，同时解决，此三民主义之主张所由完成也。”

1903年(光绪二十九年)秋，孙中山在《东京军事训练班誓词》中首次提出“驱除鞑虏，恢复中华，创立民国，平均地权”的纲领。1905年10月20日，《民报》发刊词第一次将其主张归纳为“三民主义”。

1924年1月20日，中国国民党第一次全国代表大会在广州举行，大会通过了《中国国民党第一次全国代表大会宣言》。孙中山在《宣言》中重新对三民主义作了解释，提出了新三民主义。

从辛亥革命失败到第二次护法战争失败的惨痛经历，是孙中山的三民主义发展到新三民主义的直接原因。中华民国成立后，孙中山仅当了三个月的临时大总统，就迫于多方压力不得不让位于袁世凯。袁世凯继任中华民国临时大总统后，中国进入北洋军阀统治时期。1913 年，同盟会成员宋教仁改组的国民党在国会选举上获得了绝对性的胜利。3 月 20 日，宋教仁遭暗杀而死，使孙中山看清了袁世凯的真面目。7 月，孙中山发动了“二次革命”，旋即失败，再次逃亡日本，同盟会的势力遭受重创。1915 年，袁世凯复辟帝制，但不久洪宪帝制即在多种势力的反对声中宣告失败。袁世凯死后，掌握实权的段祺瑞与总统黎元洪展开了“府院之争”。段祺瑞借张勋之力赶走黎元洪后，独揽大权，拒绝恢复《临时约法》。1917 年，孙中山依靠西南军阀发动了护法战争。但西南各军阀只是借“护法”之名扩张自己的势力，因此极力排挤孙中山，孙中山遂辞去军政府元帅一职，离开广州，第一次护法战争失败。1922 年，因陈炯明叛变，导致第二次护法战争流产。十年左右的民主革命失败，使孙中山深切感悟到依靠军阀打军阀的道路是行不通的。惨痛的经验教训，使他不得不对中国的革命任务、革命道路、革命对象以及革命动力进行再次思索。

俄国十月革命的胜利，对孙中山思想转变起到了促进作用。1917 年俄国十月革命的爆发使孙中山看到了新的希望。1920 年 7 月，共产国际召开了第二次代表大会。10 月，苏俄政府外交人民委员契切林给孙中山写信，建议恢复中俄商业关系。孙中山复信苏俄，表示对苏俄革命有浓厚的兴趣。在列宁的指示下，契切林复函孙中山要求双方建立紧密的关系。1921 年底，共产国际派代表马林来华，联络孙中山。12 月 23 日，马林到达桂林与孙中山长谈，谈话内容涉及改组国民党，建立军官学校等。1922 年，共产国际召开了远东各国共产党和民族革命代表大会。马林代表共产国际邀请孙中山派代表参加，孙中山接受了这一建议，派遣张秋白赴苏俄。张秋白在大会上发言说，孙中山领导的国民党的政策与共产国际有诸多共同点，希望共产国际给以帮助。会后契切林写信给孙中山，表达了苏俄愿意同孙中山建立合作关系的思想。而正在此时，孙中山精心培养的陈炯明叛变，更使他加速倾向了苏俄。

1923 年 1 月 17 日，苏俄代表越飞赴华。孙中山与越飞进行了多次会谈，双方就孙中山与苏俄、共产国际的关系等各方面进行了广泛的讨论与协商，会谈后还发表了《孙中山与越飞会谈纪要》。越飞建议孙中山改组国民党，重新解释三民主义，改变三民主义的方向，使之具有反帝的内容和群众路线，并建议孙中山同前苏联与中国共产党合作。此次的谈话使孙中山产生了“以俄为师”的想法。1923 年 8 月，孙中山派蒋介石率团赴俄考察。蒋介石率领的“孙逸仙博士代表团”在前苏联访问了三个月后，将访问的收获详细地汇报给孙中山，从而更加坚定了孙中山的“以俄为师”决定。

中国共产党的诞生与中国共产党对孙中山的帮助是孙中山转向新三民主义的另一因素。中国共产党成立后领导的工人运动给国民党提供了宝贵的借鉴经验，使孙中山认识到国民党思想不一致，组织涣散，要想挽救国民党必须为其注入新的血液。1922 年，马林安排了中国共产党与国民党领导见面的会议。会后，国民党允许中国共产党在国民党内进行共产主义的宣传，要求共产党加入国民党，在国民党内部开展政治活动，但遭到了张国焘的强烈反对。1922 年 8 月，中国共产党在杭州西湖举行特别会议，遵照共产国际的指示，同意中国共产党党员以个人身份加入国民党，但应保持完全的独立性。从 1922 年 9 月起，孙中山召开了一系列有共产党人参加的重要会议，准备改组国民党，吸收新的血液。1923 年，孙中山发表了《中国国民党宣言》，在《宣言》中明确指出革命的主导力量是民众。

《中国国民党第一次全国代表大会宣言》包括三个部分：“一中国之现状，二国民党之主义，三国民党之政纲。”国民党之主义是孙中山对民族、民权、民生主义的内容进行的重新阐释，即“新三民主义”。民族主义是“国民党之民族主义，有两个方面之意义：一则中国民族自救解放；二则中国境内各民族一律平等”。民权主义则是“国民党之民权主义，于间接民权之外，复行直接民权，即为国民者不但有选举权，则兼有创制、复决、罢官诸权也”。民生主义则是“国民党之民生主义，其最要之原则不外二者；一曰平均地权；二曰节制资本”。国民党“一大”期间，孙中山在广州国立高等师范学校开始演讲三民主义，每周演讲一次，每次 3 小时，共演讲 16 次，对外宣传三民主义。

孙中山的民族主义思想主要包含“反满”、争取民族独立两个方面。辛亥革命后，统治中国二百多年的清王朝覆灭，标志着民族主义思想取得了阶段性的成就。虽然辛亥革命没有完成反帝的任务，中华民族仍然受压于西方列强，但是民族主义思想顺应了世界民族解放的潮流，呼吁更多的中国人为中华民族的解放继续斗争。

孙中山的民权主义思想意图改变中国几千年的封建君主专制的政治体制，建立起民主自由的新政治制度。中华民国的成立，标志着他的民权主义思想的可行性。尽管袁世凯当权后，民权主义没有能彻底贯彻，但是它反映了中国社会政治体制的发展趋势，并且鼓舞了广大民众为获得民主、自由而继续斗争。

孙中山的民生主义思想是他改造中国社会经济制度的基本纲领。民生主义思想是在中国古代朴素社会主义的发展基础上，吸收了西方社会主义的理论综合而成的。民生主义思想清晰地反映了中国人民反对压迫、反对剥削、追求幸福生活和希望国家富强的愿望。他激励和推动着先进的中国人寻找真理，解决民生问题。

三民主义是资产阶级民主革命的政治纲领，它主张用民主共和制取代君主专制来实现中国近代政治民主化；通过全面建设近代化国民经济以变农业国为资本主义工业化强国。三民主义对中国政治、经济的近代化发展起到了重要作用。

三民主义更是一种文化理念，它孕育于中国民族存亡与传统文化观念危机的双重逆境中，是汉文化与西方优秀文化成果相糅合的思想，是时代的需要。三民主义作为一种新的文化观，继承并超越了鸦片战争后的“师夷长技以制夷”、洋务运动时的“中体西用”、戊戌维新时的“君主立宪”等思想，成为中国文化变迁过程中一个划时代的阶段，推动了中国思想文化全面走向近代化的历史进程。

毛泽东在《纪念孙中山先生》一文中说：“纪念伟大的革命先行者孙中山先生！纪念他在中国民主革命准备时期，以鲜明的中国民主革命派立场，同中国改良派作了尖锐的斗争。他在这一场斗争中是中国革命民主派的旗帜。纪念他在辛亥革命时期，领导人民推翻帝制，建立共和国的丰功伟绩。纪念他在第一次国共合作时期，把旧三民主义发展为新三民主义的丰功伟绩。”辛亥革命前，三民主义是革命派同改良派进行尖锐斗争的有力武器，是中国民主革命派的一面旗帜；在辛亥革命时期，三民主义作为革命的纲领唤起和鼓舞了广大革命志士，指引中国人民推翻了封建帝制，建立了资产阶级民主共和国，是辛亥革命的一面旗帜。辛亥革命失败后，它又成为保护资产阶级共和国，继续同北洋军阀斗争的一面旗帜。不可否认，由于历史、阶级等因素的影响，三民主义思想中亦存有不足的方面，但是它在争取民族独立、实行民主革命、解决民生问题等方面为中国社会发展作出的理论探索无疑具有宝贵的思想史价值。

（郑维维）

## 103. 辛亥武昌起义与君主专制制度的灭亡

1911年春夏，中国的政治气氛非常紧张，完全可以用“山雨欲来风满楼”来形容。首先，清政府的君主立宪骗局终于大白于天下，连立宪党人都纷纷抛弃了对朝廷的幻想，准备另谋出路；其次，保路运动也在四川、湖北、湖南、广东等地迅速发展，参加者包括当时社会的很多阶层，为武昌起义赢得了良好的时机；再次，革命党人组织的武装暴动此起彼伏，特别是4月27日爆发的广州黄花岗起义，更是震惊全国，使清朝统治者惶恐万分，同时也使人们逐渐接受了武装起义的斗争形式；最后，革命党人也加紧了反清起义的各种准备和规划，为武昌起义积蓄了特别雄厚的力量，革命行动一触即发。当时社会的主要矛盾和各种次要矛盾都达到了前所未有的尖锐程度。

虽然清政府的统治已经穷途末路，但它们也不可能束手就擒。在武昌首义成功之前，革命党人也进行了严密的组织和规划，并受到了血腥的镇压，碰到了无数的困难和挫折。

辛亥武昌起义前夕，中国社会各种矛盾空前激化。人民群众自发的反抗斗争此起彼伏，和资产阶级革命党人连续不断的武装起义相呼应，这表明，被统治阶级已不能照旧生活下去了。清朝统治阶级内部也发生了分化。1906年，清政府抛出“预备立宪”骗局，实际上却不断加强皇族权力，引起立宪派和部分汉族官僚的不满。1908年，光绪帝和慈禧太后相继死去，年仅3岁的溥仪即位，改年号为宣统，由其父载沣摄政。载沣掌权后，首先将北洋军阀头子袁世凯开缺回籍，以削减汉族大官僚的权力。1911年5月，清政府公布新内阁成员名单，奕劻为总理大臣，在13名内阁成员中满族9名，其中7名是皇族，汉族只有4名，因此被称为“皇族内阁”。

立宪派对此大失所望。这时，革命风暴即将来临，立宪派多数对清政府产生了离心倾向，少数开始同情或参加革命。

面临重重危机的清政府，为了换取帝国主义的支持，在“皇族内阁”成立不久即宣布实行“铁路干线国有”政策，强行接收广东、四川、湖北、湖南四省商办铁路公司，将人民多年争得的路权重新拍卖给帝国主义。这一倒行逆施，激起了各阶层人民的强烈反对，引发了声势浩大的保路运动，其中尤以四川最为激烈。四川同盟会和哥老会组成保路同志军，进围成都，众达20万。全省各地也纷纷揭竿而起，形成大规模的群众起义。同盟会员吴玉章、王天杰还在荣县宣布独立，建立革命政权。为了扑灭四川的革命火焰，清政府派督办粤汉、川汉铁路大臣端方率领部分湖北新军入川镇压。1911年9月上旬，湖广总督瑞澂奉清政府之命调部分新军入川镇压保路运动，武汉地区的反革命力量减弱。这样，为革命党在武昌发动起义创造了千载难逢的机会。

武昌起义能够成功，也与当时当地的各种政治经济条件和社会环境有关。武汉位于长江中游，是当时仅次于上海的全国第二大城市，也是革命和反革命斗争最激烈的地区之一。革命团体文学社、共进会在湖北新军中开展了卓有成效的宣传和组织工作，积聚了较雄厚的革命力量，积极准备起义。1911 年 9 月 14 日，在同盟会中部总会推动下，文学社和共进会决定消除门户之见，联合反清，建立了统一的起义领导机关。军事方面，由蒋翊武任总指挥，孙武为参谋长。政治方面，由刘公任总理。9 月 24 日，两个革命团体召开第二次联席会议，决议在 10 月 6 日(农历八月十五日)发动起义，蒋翊武为临时总司令；对各标营的任务也作了安排，并派人约湖南革命党人焦达峰响应。

革命党人的活动引起了湖北统治当局的注意。瑞澂在 10 月 3 日召开文武官员参加的防务会议，决定严防督署，密巡长江，密巡汉江，实行全城戒严。随后派兵搜查革命机关，收缴士兵子弹，使枪弹分离。鉴于清军已有准备，加上同盟会重要领导人黄兴、宋教仁、谭人凤等人迟迟未到武汉，革命党人决定将起义延期。

10 月 9 日，孙武等在汉口俄租界宝善里 14 号机关配制炸弹，由于抽烟不慎引起爆炸。孙武受伤进了医院，其余人员仓促转移。俄国巡捕闻声赶至现场，搜去革命党人名册、起义文告、旗帜、印信等物，并转交总督署，瑞澂立即下令关闭四城，搜捕革命党人。在此风云突变之际，蒋翊武、刘复基、彭楚藩、杨宏胜等人在午后召开紧急会议，决定立即发动起义。蒋翊武以临时总司令的名义起草命令，派人送往各标、营革命党人手中，约定当晚 12 时，以南湖炮队的炮声为号，城内城外同时起义。

但是，瑞澂已于事先听到风声，派军警查抄了武昌的各个革命机关，逮捕了刘复基、彭楚藩、杨宏胜等人，蒋翊武逃离武汉。瑞澂下令杀害刘、彭、杨 3 人，按查获的名册搜捕革命党人。由于武昌戒严，内外交通断绝，起义的命令未及时送到南湖炮队，10 月 9 日晚起义的计划落空。在群龙无首的紧急关头，新军中的革命党人自行联络，约定 10 月 10 日晚以枪声为号，按原计划发难。

10 月 10 日，武昌全城戒严，城门紧闭，交通阻断，清政府在城内查抄、捉人，全城的人们个个战战兢兢，处于极度的恐惧之中。当天上午，很多住宅、研究会所等都被查抄，也有很多人被抓或者被严密地监视，像革命党人张廷辅就在三十标的操场上被瑞澂派来的宪兵抓走了。根据《辛亥首义回忆录》第二辑(第 153 页)记录，数学研究会被查抄时，费保华由于回答问题时含糊，就被严密地监视，从此他就被吓成了终身不治的精神病。可见当时气氛的紧张程度了。

革命机关基本上被破坏，大批革命党人和有牵连的人被抓，刘、彭、杨 3 位烈士被害，革命党人的名册也落在了清政府的手里，再加上当时流传的各种流言，武昌城一时间满城风雨、风声鹤唳，每个人都有大祸临头的感觉。

瑞澂在军营里也同样实行他的高压政策，他下令各标营要封锁营门，不准士兵出入，不准交头接耳，各部长官轮流巡查，并宣布如有附和革命者，杀无赦。这些命令，使军营里的士兵更是人心惶惶，不得安宁。被困在军营里的革命党人也没有了出路，与其坐在那里等死，还不如下定决心背水一战，说不定还有生还的可能。瑞澂的这些措施，实际上更加坚定了革命党人发动起义的决心。

到了这一天的中午，工程第八营的革命代表熊秉坤当班守卫营门，他趁机取了一块当时的出入证，来到了驻扎在工程营附近的第 29 标营中，联络了蔡济民、方维等人，并决定在当天晚上点头道名时动手。熊秉坤以枪声为号带领工程营首先发难，由蔡济民随后率领第二十九标、三十标响应。然后首先占领楚望台军械库，以解决子弹问题。楚望台军械库是当时全国最著名的武器仓库，里面存有大量的枪支弹药，而当时守卫这个军械库的正是工程营，所以由工程营首先发难从而解决弹药问题，是最合适的。其实工程营就是工程第八营的简称，它是湖北新军中最先成立的部队，装备精良、训练有素，可以说是当时最有战斗力的部队。并且，工程营里的多数士兵都是受过一定教育的知识青年，所以革命思想相当成熟，很多著名的革命党人都在这个营里当过兵，是一个革命的摇篮。湖北的第一个革命团体科学补习所也是在张难先、胡瑛等人在工程营中酝酿以后产生的。而熊秉坤在1910年接手工程营共进会代表以后，使其中的革命力量发展得更加迅速，根据《辛亥首义回忆录》第二辑记录，当时工程营发展同志参加革命最多，全营除了长官外，几乎都是赞成革命的，就算有极少数人不赞成革命，也为绝大多数所压倒，不敢正面反对。熊秉坤对辛亥武昌首义的成功，功不可没。

熊秉坤从29标回来后，将晚上起义的决议通知了营内的同志，让大家各自先准备。大家也都非常赞成，可就是没有子弹非常让人着急，当时由于戒严，大家的子弹都被长官没收了。好在营里还有75颗子弹，后来吕功超从家里拿来了事先收藏的一盒(25颗)子弹，而章胜凯和于郁文又从长官那里偷出来了两盒子弹。这样，一共收集了六盒子弹，有了子弹，大家的信心就更足了。

晚上七点左右将要点头道名的时候，工程营第二排排长陶启胜等来到金兆龙的房间查铺，发现了金兆龙等几位士兵荷枪实弹，大吃一惊。金兆龙发现事情败露，大声呼喊同志们动手。程定国随即掏枪朝陶启胜射了一枪，陶启胜受伤逃跑，于是人声沸腾，枪弹如雨，一排和三排的人也相继发动了。这时候，熊秉坤正在棚内取枪械，他听见枪声四起，就感觉事情已经暴露了，于是立即下楼吹哨集合队伍。金兆龙等分头召集众士兵，约四五十人，由熊秉坤率领出营门，跑步奔向楚望台去了。另外还有一些革命党人，留在营内继续召集起义士兵。而楚望台军械库当晚守卫的人员是工程营左队革命党人罗炳顺、马荣等人。当他们听到工程营的枪声响起以后，就知道本营已经发难了。于是他们运用计谋迅速占领了楚望台军械库，并向空中放枪表示响应。不久，熊秉坤率领工程营起义士兵赶到，罗炳顺、马荣等守库士兵出来迎接，与之汇合。随后，又有几批革命人事赶来汇合，工程营参加发难的四百余人，占领了楚望台。当时楚望台军械库库内储有步枪数万支，炮数十门，子弹数十万发。起义军首先占领该库，对武昌起义的胜利起了重要作用。

熊秉坤率领工程营的人占领楚望台以后，立即布置楚望台的防务。他分兵四处侦查，并派遣金兆龙带兵一排出中和门迎接南湖炮队进城。接着，他又以本营革命总代表的身份，集合队伍讲话，并下达作战命令。但是，熊秉坤的命令并不能顺利执行，这一方面是由于他平日里缺少军事指挥的经验，更主要的是由于起义的士兵大多是临时依附的，他们平时只是习惯绝对服从长官的意志，还没有认识到要服从革命代表的命令。熊秉坤感到自己已经很难控制局面了，那些士兵有的自由行动，有的开小会，有的甚至散布失败情绪。正在这紧要关头，有人找来了队官吴兆麟，稳定了军心，解了燃眉之急。

吴兆麟，字畏三，湖北武昌人，早年投入工程营当兵，先后在本营将校讲习所、湖北参谋学校学习。他为人沉稳，有谋略，声誉很好，士兵都比较信服他。他同进步人士也素有来往，参加过日知会的活动。后任工程八营左队队官。他参加起义军，不仅使军事指挥有了一个重心，把军内的秩序稳定下来，而且以他的军事学识，使起义军军事指挥水平有了显著提高。

吴兆麟到来以后，被士兵们一致推举为临时总指挥。吴兆麟要求士兵们保证绝对无条件地服从他的命令，然后对起义的部队重新作了部署。一方面，他要求士兵固守楚望台周围的阵地，并派人分途破坏附近的交通要道，剪断电话线；另一方面命令向右旗营房射击，促使其响应起义并积极准备攻打总督府。

其实，在熊秉坤等发动起义的同时，驻在城外的第二十一混成协辎重队的革命党人也举火为号，发动起义，炮兵营与工程队立即响应，并齐集楚望台。二十九标、三十标的蔡济民、吴醒汉也率领部分士兵冲出营门，赶往楚望台；方维、马明熙等带领第十三标百余名兵来会；测绘学堂的近百名学兵也迅速向楚望台集中，其他各标营的革命党人也先后率众起义。这时，武昌城内除防守督署等机关的旧军仍企图顽抗外，已有近3000人参加起义，吴兆麟、熊秉坤、蔡济民等认为不能单纯防守楚望台，而应立即趁夜向总督署及紧靠督署的第八镇司令部发起进攻。

领命前去迎接南湖炮队八标入城的金兆龙，带领一排士兵行至中和门(今起义门)时，守门军警早已经逃得无影无踪，城门紧锁，没有钥匙开门。金兆龙在急切之中，运足气力，双手扭开了锁城门的三斤重的大铁锁，率队出城。在长虹桥与驻扎在南湖的第三十二标两队清军激战数分钟，清军这时根本没有斗志，旗人队官楚英大败而逃。行至南湖阅兵亭，又与马队八标喻化龙部哨兵交火，几分钟之后，马队士兵自动撤退。金兆龙在突破两道防线以后，抵达炮队八标后营门。而此时，炮队同志也已经在邓玉麟、徐万年、蔡汉卿等人的领导下起义了。金兆龙遂与邓玉麟等人拖着炮向城内进发，途中又遇方维、马明熙接应，顺利进城。炮队入城后，分别在中和门城楼、楚望台和蛇山等制高点架设炮位，这时已经将近十二点，围攻湖广总督衙门的战斗进入最紧张、最激烈的决定性阶段了。因为早在晚上10点30分左右，起义军就开始分三路进攻。第一路经紫阳桥、王府口街进攻督署后院；第二路从水陆街进攻第八镇司令部及督署翼侧；第三路从津水闸经保安门正街进攻督署前门。

这时，入城之炮队八标在中和门及蛇山占领发射阵地，向督署轰炸。进攻继续进行，因事先未将敌人的部署侦察清楚，加上兵力有限，南湖炮队尚未完全进入阵地，不能给步兵以有力支援，以致初次进攻受挫。第一路进至紫阳桥附近时，遭敌军猛烈射击，伤亡较大；第三路一部进至津水闸，遭敌顽抗，前进受阻，另一部虽进抵保安门附近，也被敌击退。正在此时，又有一部分起义士兵前来参战，炮队也已进入蛇山阵地，开始射击，于是士气更加高涨。

晚12点后，起义军发动第二次进攻，战斗异常激烈。起义军突破敌人防线，进至督署附近，在督署和镇司令部后门以及前门钟楼等处放火，蛇山和中和门的炮队朝起火处猛烈发炮轰击。三路起义军在炮兵火力支援下，一举冲入督署，将大堂点燃。企图依靠围墙进行顽抗的守军，见大势已去，少部分投降，大部溃散。督署及镇司令部遂被起义军占领。瑞澂和第八镇统制张彪逃走。清军失去指挥，一片混乱。

经过整整一夜激战，起义军终于攻破了湖广总督府，占领了武昌城，取得了辛亥革命的第一个胜利。

10月11日黎明，武昌城内各官署、城门均为起义军所控制。当天上午，一些处于观望状态的清军士兵也陆续向楚望台集中，听从革命党人指挥。鲜艳的十八星旗插上武昌城头，宣告了武昌起义的成功。

10月11日，在与武昌起义仅一江之隔的汉阳，革命士兵得知武昌起义胜利的消息以后，马上兴奋地决定发难响应，于是在当天夜里，汉阳的革命党人闻风而动，占领了汉阳铁厂和汉阳兵工厂，将数门大炮拖上了龟山，并设立了临时指挥部，12日清晨，汉阳宣告光复。与此同时，汉口也响起了起义的枪声。汉阳革命军在起义胜利后，派兵到了汉口，两部汇合迅速占领了全城。10月12日，汉口也光复了。至此，武汉三镇均处在起义军控制之下。革命党人发表宣言，改国号为中华民国，号召各省起义响应，成立中华民国军政府湖北都督府，推举旧军官黎元洪为都督。

革命党人没有意识到应把军政府的权力掌握在自己的手中，错误地认为需要由社会上有名望的人出面以资号召，致使清朝高级官员黎元洪做了湖北军政府的都督，同时，许多立宪派绅商和军官等也趁机混入了革命阵营，这为以后袁世凯篡夺革命成果和辛亥革命的失败埋下了伏笔。但武昌起义的历史功绩是不可磨灭的。

由武昌起义爆发到11月9日的短短一个月时间内，全国已经有湖北、湖南、陕西、江西、山西、云南、浙江、江苏、贵州、安徽、广西、福建、广东等13个省和当时中国最大的城市——上海宣布脱离清廷而独立。清朝的部分海军也投奔到革命的方面来。

到了11月下旬，四川重庆的革命党人也成功地发动了起义，川东南50多州县响应起义。甚至在清王朝统治的中心地区直隶，也发生了由革命党人策动的新军起义。农村中更是掀起了反封建斗争的狂潮。

各省纷纷响应和席卷全国的群众自发斗争，汇合成了资产阶级民主革命的巨大洪流。在这股革命洪流的冲击下，清王朝土崩瓦解了。1912年1月1日，中华民国临时政府成立，1912年2月12日，清帝退位，清王朝终于被推翻，中国开始进入一个新的历史阶段。

湖北革命党人不失时机地抓住了亡清的历史时机，发动了武昌起义，将清王朝的腐朽政权打开了一个大大的缺口，使积蓄在全国的各种力量，犹如暴发的洪水一般，通过这个缺口，一举冲垮了清王朝的政权。以武昌起义为开头的辛亥革命是中国历史发展进程中的一次重大飞跃，它推翻了统治中国二百六十多年的清王朝，结束了中国两千多年的君主专制政治制度，建立起资产阶级共和国——中华民国，使中国进入共和政治时代。

这次革命从政治上推动了中国政治体制的民主化进程，它不仅推翻了统治中国二百六十多年的清王朝，也结束了延续两千多年的君主专制制度，建立了资产阶级共和国——中华民国。辛亥革命的伟大成果是直接缔造了中国的民主共和政体，为中国政治近代化谱写了开篇。从中国政治制度发展史来说，建立共和政体无疑是一种巨大的进步。1912年1月1日，以孙中山为首的中华民国南京临时政府成立了。它宣告了封建君主专制统治时代的结束，同时也使中国的政治迈出了从专制向民主转化的重要一步，使中国政治近代化进入了一个新的阶段。

为了确保资产阶级民主制度的实施，革命派又用立法的方式对资产阶级共和制加以维护和保障。1912年春，孙中山在南京颁布了参议院制定的《中华民国临时约法》，它是中华民国的最高法律，具有宪法的意义。《中华民国临时约法》体现了“主权在民”的政治理想，它规定，国家之主权属于国民全体，国民有言论、集会、结社自由和选举权。《中华民国临时约法》建立了资产阶级立法、司法、行政三权分立的政治体制；为了防止总统专制，约法还特别规定实行责任内阁制，并同时规定了对“约法”的严格修订程序。《临时约法》是中国历史上第一部资产阶级民主宪法，它的指导思想是孙中山的民权学说，它确立了资产阶级民主共和的制度和三权分立的政治体制，是中国政治民主化历程中的重要成果。《中华民国临时约法》的颁布，对打击专制制度也起到了至关重要的作用，它标志着在中国延续两千多年的君主专制制度的终结和资产阶级共和制度的诞生，是中国从传统社会向近代社会转变过程中的一个重要里程碑。

在思想上，民主共和的观念也更加深入人心。辛亥革命在摧毁君主专制制度，推动社会经济发展的同时，也极大地冲击了传统的意识形态，使得当时的人们在思想观念上产生了一系列深刻的变化，由此推动了中国近代化进程向一个更高的层次发展，使民主共和的观念深入人心。凡是妄图开历史倒车、复辟帝制者，如袁世凯、张勋之流，无不在短时期内被击溃。民主共和的理念不仅深入人心，而且已经成为时代的标识，使整个社会出现了“敢有帝制自为者，天下共击之”的政治局面。

（赵红杰）

# 104. 辛亥时期的移风易俗

辛亥革命时期，资产阶级革命派提出了移风易俗的口号，并做了不少实际工作。

清末民初，书刊报纸是影响社会文化发展的重要途径之一。为了宣传移风易俗，各种出版物争相刊载有关文章，宣传资产阶级自由、平等、博爱的观念，介绍西方的社会风俗，批判中国风俗的弊端，号召国人冲破传统礼教的压制，不做习俗的奴隶，如《剪辫易服说》《家庭革命说》《婚姻改良论》《奴婢废止议》《无鬼说》。有些刊物就直接把移风易俗作为宗旨之一。如《二十世纪大舞台》就明确提出以"改革恶俗，开通民智，提倡民族主义，唤起国家思想"为目的；《中国新女界杂志》则以"改良习俗，造就国民"相号召。革命的宣传家们纷纷揭露和批判恶风陋俗，从家庭到社会，从装束形体到精神世界，都在他们的声讨之列。他们利用社会调查、文艺创作和演出、街头宣传等方式对群众进行社会教育，希望收到潜移默化的效果。

革命派认为移风易俗还需要"合群""立会"以为倡导，就组织了一系列以改良风俗为宗旨的团体。他们将腐败的社会风气与风俗习惯作为众矢之的，不仅在团体内用进步文明的风俗观约束自己，而且通过团体的力量改造社会风俗。1911 年 2 月，唐绍仪、蔡元培、汪兆铭、宋教仁等 26 人发起组织社会改良会，力倡思想观念的变革和改良社会风俗，并极力主张：婚姻自由；废跪拜之礼；婚、丧、祭等事不作奢华迷信举动；年节不送礼等，是现代文明对传统陋俗的全面宣战。再如褚辅成在嘉兴组织"不吸烟会"，自任会长，宣传戒食鸦片，引导大家都改吸旱烟。

移风易俗受到顽固守旧势力的极力反对。因此，就需要有勇敢无畏的带头人。革命派是革命的先锋，也是移风易俗的先锋。秋瑾曾以穿男装来抗议男女的不平等，以走出闺房留学日本来摆脱封建家庭的羁绊。吴玉章则在亲友的嘲笑声中使自己的女儿成为家乡第一个不缠足的女人。

移风易俗固然主要靠群众的觉悟，但舆论宣传和法令制约也是非常重要的。孙中山早在 1906 年写的《军政府宣言》中，就规定把扫除"政治之害"和"风俗之害"作为未来实行军法之治的两项主要内容。所以南京临时政府成立伊始，尽管内政外交百废待举，但在不到两个月的时间里，仍然颁布了一系列社会改革的文告、法令，如《临时大总统改历改元通电》《严禁鸦片通令》《令内务部通知革除前清官厅称呼文》《命内务部晓示人民一律剪辫令》《令内务部通饬各省劝禁缠足文》等，其内容包括革除前清官厅称呼、剪辫和劝禁缠足、禁烟、禁止蓄娼和买卖奴婢、禁止赌博和迎神赛会等内容。这些文告和法令，充分表明了孙中山和革命政府革除恶风陋俗的决心。

为了唤起民众移风易俗的觉悟，进步人士还利用各种集会和公开场合发表演说，用资产阶级天赋人权等观念批判戕害人权、践踏女权等种种恶俗，提出恢复人权，解放个性，男女平权，用无神论和近代自然科学知识揭露天命、鬼神等迷信。胡彬夏在无锡"天足社"的演说中沉痛地指出，今日中国衰退的原因，就是在于女子成为废人。

经过革命派的长期宣传教育和辛亥革命的洗礼，在革命爆发后的一段时间，中国大地上确实曾出现了一场扫除恶习的运动，它的波澜蔓延于二十二行省的大都市，也一度波及部分村镇，致使在传统势力控制极严密的风俗习惯领域也终于出现了松动的迹象。

首先革掉的是男人们头上的一条辫子。辫子曾是清王朝权威的象征，是满族统治者初入中原时强迫汉人接受的，这种发辫曾被外国人蔑称为“豚尾”。不过，从清初民间的“男降女不降”，“生降死不降”的消极抵制，到太平天国“人皆蓄发”的积极反抗，再到清末“剪辫易服”的风潮乍起，汉族人民的斗争从未停止。但是直到20世纪初，留发辫仍被守旧者视为“国制”，并且说：土地可以丢失但发辫不可失，利权可以丢失而发辫不可失，政权财权可以丢失而独独这发辫不可丢！武昌起义后，各地进步人士深切地感到发辫掣肘行动，妨碍操作，到其他国家游历又多遭到嘲笑，于是立即动员群众起来剪辫，南京临时政府成立后更是发布了要求群众剪辫的法令。当时也有无数的汉人都兴高采烈地剪去了辫子。也有迷信的，事先选择吉日，拜祭祖先，然后庄重地剪掉，把辫子烧了。辫子的去留在当时竟成了衡量一个人政治态度的标准，不剪发不算革命，也不时髦，走不进大衙门去说话，走不进学堂去读书。不过，革掉辫子不是重新在头顶上束发，而是短发的普及。

其次是革掉了妇女们脚上的一块裹脚布。缠足之习，最早开始于南唐，至民国已有千余年。一种畸形的审美观使许多中国男人都癖好三寸金莲。男权主义者又希望女子足不出户，以女子常年待在深闺中为美德。裹脚给女性带来了心理和生理上的双重摧残，民间“小脚一双，眼泪一缸”的说法，就是女性千百年来遭受这一苦难的集中反映。而一旦把天然的脚缠成了“三寸金莲”，女性在劳动和交往方面必定是十分不便、大受制约，惟有困守家中，站立、行走必扶墙靠壁，不仅“男主外、女主内”顺理成章，“男强女弱”也成了事实，女性若有什么不满、反抗、私奔之类更是难上加难了，惟有忍气吞声，听任摆布。辛亥革命以后，经过了十多年的斗争，妇女们终于扔掉了脚上的裹脚布。妇女们在放足后，虽然仍然是步履维艰，但总算是迈出了走向解放的第一步。从此以后，广大妇女接受教育、从事各方面的社会活动，才比较方便。

继剪除发辫、放足之后，服饰的变化，是民初社会风尚变化的一个显著方面。在中国古代社会，统治阶级通过礼制，严密控制了社会生活，要求君臣、官民、士庶衣服都有差别，以此区别社会等级。清朝政府被推翻之后，用服饰来区别等级的功能消失了，许多象征特权及民族压迫的衣冠饰物，多被弃如敝屣，以往服饰上的那种古板、单调、等级森严的局面，开始被生动活泼、千变万化的景象所取代。从色彩来看，五彩缤纷，令人目不暇接；从式样来看，有西装、汉装、满装。特别是西装，引起了都市年轻人的极大兴趣。由于对西装的需求量过大，导致原料供不应求，于是不得不大量进口。各地的西装及衣料买卖非常兴隆，南京绸缎店铺大都改为出售外国的细呢和西式新衣、新帽。除了西式衣帽鞋袜手套领带外，各种附属品，如香水、胰皂、牙粉、生发油、擦鞋油、衣刷等，应有尽有。洋货的畅销，甚至引起了国货的受排挤，导致金钱和利权外流。据1912年的《申报》报道，武昌各处，因时兴西装输出的金钱已经超过二千余万。为此，中华国货维持会曾致书临时大总统孙中山，请加以注意并予以解决。孙中山在复件中要求制定服装的样式，指出衣服要适于卫生，便于动作，宜于经济，壮于观瞻。为了根除传统服制的束缚，充分体现中国人民奋发向上的精神风貌，体现服装的民族特色，孙中山还创制了一套中西合璧，被誉为“中山装”的新式服装。与西服的式样繁琐、穿着不便相比，它的最大优点是实用方便、庄重大方、结构合理、穿着舒适，很快流行开来。

女装也出现了许多变化。受日本女装的影响，上海妇女多穿窄而修长的高领衫袄，下穿黑色长裙，简洁朴素，时称"文明新装"。在天津，人们惊叹女子打扮的时髦情况时说：有剪了头发穿件长衫戴顶洋帽的，也有穿洋装的。不剪发的也不梳辫子了，有的把髻梳在前面像一朵花或一个蝴蝶，也有梳在头顶上的，梳在两旁的，后头的，有千百个式样。衣服发式的选择不再以等级身份为标准，而以美观新奇为风尚。在南京，好时髦的妇女都追踪上海的式样。男子的衣服，有的效仿北京官僚自称阔老爷的，也有模仿伶人的，都以时髦、潮流为择衣标准。甚至有的地方，男子打扮得像女子，女子打扮得像男子。在这个时候，人们所向往的只是个性的解放和对美的追求。

人们所乘的交通工具，民初也更加多种多样。清代的达官贵人、士绅商贾多以肩舆代步。到了清末，马车开始得到推崇。此外，人力车、脚踏车、汽车也开始出现。代表官府声威的仪仗，在有些城市只是作为中国医生出行和出殡迎娶之用，而轿子成了人们打趣、取笑的对象。新式交通工具也不再只是上层社会显摆的手段，而是可以为越来越多的普通人享用。男女同车而行，作为一种向传统观念挑战的勇敢行为，也变得十分普及。

除此之外，西餐在当时也颇具吸引力。各城市纷纷开始西式餐饮店，天津一地就有番菜馆 11 家。除了西装、西餐外，人们还喜欢西式楼房，用西式家具。上海、天津、北京等大城市的报纸上，经常登载洋房招租的广告。人们对洋楼的配套设施，也参照洋式标准。一般的楼房，多配有花园、亭池、点灯、自来水；室内的陈设，是一定要有铁床、皮塌、电灯、风扇的。有的旅馆做广告，以一切器具都仿欧美式样相炫耀。有人讥讽这股崇洋风气说："中国之缎甚好，偏爱外国缎；中国戏甚好，偏爱外国戏；中国话甚好，偏爱说外国话；中国菜甚好，偏爱吃外国大餐；中国之学堂甚好，偏爱进外国学堂；中国之女人甚好，偏爱取外国老婆。"

礼节、称谓的改变，是民初社会风尚演变的又一个显著的方面。跪拜之礼是中国基本的礼仪，数千年来起着维护等级制度的作用，体现着上下尊卑。南京临时政府成立之后，明令废除了叩拜、作揖、请安、拱手等旧式礼节，改为脱帽、鞠躬、握手、鼓掌、洋式名片等。书信的落款，也将顿首、百拜改为立正、脱帽、免冠、举手等。下对上、贱对贵称大人、老爷改为先生、君。社会交际活动也活跃起来，青年男女穿着时髦，好结交朋友，酷爱自由，逛马路，吃大餐，上戏院。新的时代、新的生活充实了人们的语言，新的词汇、语汇大量涌现。还有人别出心裁，用新名词编了一篇《新国民小传》："有一个新国民，戴一顶自由帽，穿一套文明装，着一双进步靴，走过了交通路，来到了模范街，踏进了工艺会，说几句义务话……"

破除神权，反对迷信，改革旧的婚丧礼俗，也是民初社会风尚演变的重要内容。自民国成立，就有人主张不再祭祀孔子、拜老祖宗，到处都有毁坏佛像、打击城隍庙、占据寺院庵观、驱逐僧道女尼的现象。家庭中供奉的天地君亲师牌位，也有被取缔的。

包办、买卖和门当户对的婚制，完全不能体现个人的意愿，使多少有情人天各一方！坑害了不知多少青年男女，且礼节繁琐，废钱废时，弊端太多。清末的资产阶级维新派和革命派都曾起来批判这种婚制，热情地介绍西方社会的婚姻、家庭、道德观念。许多青年男女都开始争取婚姻自主，并采取新式婚制。蔡元培在续弦时提出了五个条件：女子必须是天足；女子须识字；男方不取妾；男死后女可再嫁；男女双方意见不和可以离婚。可说是惊世骇俗，也体现出了尊重女性、婚姻自主、蔑视陋俗的可贵精神。在各方的共同努力之下，终于取得了一些成效：首先，婚姻必须征得当事人的同意；其次，礼节删繁就简，财物去奢从朴；再次，婚姻仪式也进步了，坐花轿、拜天地、闹洞房等习俗减少或完全废除。民初文明结婚的通行仪式是：奏乐、入席、证婚人宣读证书，各方用印，新郎新娘交换饰物（戒指），相对行鞠躬礼，谢证婚人、介绍人，行见族亲礼，行受贺礼，来宾演说等。民初的进步人士对丧礼也进行了改良：不请僧道超度、不再焚烧车马楼库等，亲友吊唁多赠花圈、挽联，孝带改用白色纸花，出殡时仅设鼓乐，不用仪仗，葬期缩短，跪拜改为鞠躬等。

社会的风俗是长期形成的，虽然在民初社会风尚有很大的改变，但是仍然有极大的历史惰性力量在阻碍新风俗的传播。比如辫子，武昌起义后革命党人大力宣传动员剪辫，但仍有不少前清遗老和城乡下层劳动群众抗拒剪辫。这些人不愿意剪辫，有迫于强大的舆论压力不敢拖着辫子招摇过市，于是有的把辫子盘在头顶，有的垂在前面，有的藏在衣服里面。有些比较闭塞的地区，把剪辫后的人当作仇敌；有的地方竟成立了“保辫会”“复古会”。剪辫，由于牵涉改变人们的习俗和传统观念，就变得如此难以实行，可见移风易俗遇到的阻力之大。取消封建称谓，改跪拜为鞠躬是消灭等级观念实现人人平等的进步措施，可是要贯彻却并不容易。虽然在官场逐渐消失，民间却依然如故。前清官场的仪仗被废止了，但是有的缙绅仕宦之家，丧葬出殡，还是惯用旗伞大锣，肃静回避牌。妇女缠足，是十足的恶习，但是不少人还是以脚小为最贵。男女交际、自由恋爱也备受老式家长和保守者的批评。有些报纸也惶恐不安，公然发表社论或杂谈，说女子入学是放浪形骸，不守妇道。

移风易俗是一项长期的工作，需要宣传、引导，但是民初的革命党人在改良习俗的时候，出现了一些失误，不注意方式、方法，不因势利导，而是简单粗暴，急于求成。比如剪辫，政府颁布法令禁止是可以的，但是军警四出，逢人便剪，以至于有的地方商人罢市、行人断绝，则是错误的做法了。再如禁烟、禁赌，本是为人民大众服务的好事，但是却立法过严，陕西、湖北等省捕获烟犯，均判死罪，结果引起了部分群众对革命政权的不满，甚至出现了暴动。这样是不利于革除旧习俗和树立新风尚的。

（余红）

# 105. 近代佛教复兴

自晚清以来，衰落了数百年的中国佛教，大致在19世纪50年代至20世纪30年代，开始重新复苏、革新和发展，形成中国佛教的现代形态，是为近现代的佛教复兴现象。

中国佛教明清以来衰落的原因，有佛教内部僧众的腐化，也有佛教外部生存环境的恶劣。就佛教本身来说，僧尼以经忏应赴为生计，戒律废弛，不通义理，社会地位低下。苏曼殊曾描述说，"不事奢摩静虑，而惟终日安居；不闻说法讲经，而务为人礼忏。嘱累正法，则专计资财。争取缕衣，则横生矛戟。驰情于供养，役形于利衰。为人轻贱，亦已宜矣"。宗法制度和思想亦侵蚀佛教教团，寺院的组织与管理上积弊重重。清末佛教，又历经太平天国之乱，至清末民初，继有庙产兴学风潮，更使佛教的生存状况雪上加霜。清末张之洞《劝学篇》一文就已公开提出庙产兴学的主张，至百日维新中，庙产兴学开始付诸实施。至民国时期，也有多次庙产兴学的风波。这些都给佛教很大的打击。

面对佛教僧众的腐化问题，自清中期就开始兴起居士佛学。正如章太炎所说："自清之季，佛法不在缁衣，而流入居士长者间。"近现代佛教复兴的渊源，可上溯到乾隆年间，彭绍升、汪大绅、罗有高、薛起凤等居士笃志学佛。嘉道以降，大清帝国渐入衰世，国势凌替，以龚自珍、魏源、王闿运等人为代表，一批士人学子也转向佛学，探索心灵的慰藉，寻求经世治乱之方。至清末，又有杨文会创办金陵刻经处，刻经弘法，创办祇洹精舍，培养人才。康有为、梁启超、谭嗣同、章太炎等维新家、革命家以己意进退佛说，以佛学思想来倡导救亡图存和回应西学的挑战，使佛学思想成为近代思想变革和政治革命的一大渊源，形成世俗佛学热潮。佛学终于如梁启超在《清代学术概论》中所指出，蔚为大观，成晚清思想界的一股伏流：

"晚清思想有一伏流曰佛学。龚自珍受佛学于绍升，晚受菩萨戒。魏源亦然……龚魏为今文学家所推奖，故今文学家多兼治佛学。石埭杨文会……夙楼心内典，学问博而道行高，晚年息影金陵，专以刻经弘法为事……深通法相、华严两宗，而以净土教学者，学者是渐信之，谭嗣同从之游一年，本其所得以著《仁学》……梁启超亦好焉，其所论著，往往推挹佛教。康有为本好言宗教，往往以己意进退佛说。章炳麟亦好法相……故晚清所谓新学家者，殆无一不与佛学有关。而凡人真信仰者，率皈依文会。"

这一思想界的佛学伏流，亦促成了佛教界本身的反省和改革，自民国以来，逐渐形成了中国佛教的现代形态，成立了现代佛教组织、佛教刊物、佛学教育机构。佛教改革家太虚提出的诸项改革计划，影响了此后半个多世纪中国佛教的发展。中国佛教因而呈现出顺应时代，积极变革，服务社会，与中华民族同命运的新姿态。

杨文会(1837—1911年)，字仁山。安徽石埭人，近代中国佛教复兴之父。他曾于太平天国起义爆发之时，"襄办团练"，助"理军事"，表现出过人的才能，并因此曾经被曾国藩、李鸿章等人"咸以国士目之"。

杨文会还曾先后随同曾纪泽、刘芝田出使英法，考察西欧政治、文化情况，开阔了眼界。1864 年，他因病中读《大乘起信论》心有所悟，开始学佛，寄望于以佛学救世救人，不仅自己日日学佛，不曾懈怠，更积极进行佛教复兴活动，刻印经书，兴办佛学研究会，创设佛教教育机构，发生了相当广泛深入的影响。

其时，佛教衰微，各宗派典籍散失，佛经奇缺。因而杨文会聚集了一些同道，捐献了自己的财产创立金陵刻经处，起草了《刻经章程》，搜罗与刊刻佛经，刻印出版了三千余卷。更重要的是，他刊刻的佛经中，不少是在中国已失传的，在日本、朝鲜及英国重新找到的佛教典籍。如华严宗方面的贤首的十疏之六和一些杂著，法相唯识宗方面的慈恩的《唯识述记》《因明述记》，善导的《观经疏》等要典，都是从日本获得的底本。在他的影响下，郑学川(后出家，法名妙空)在扬州创立扬州藏经院(江北刻经处)；又有曹镜初在长沙创立长沙刻经处等。寺院与民间刻经的也多了。这几处刻经处以金陵刻经处为中心，根据统一的刻经版式和校点体例刻印典籍，精加校勘和句读，因此，他们刻印的各种方册本佛藏具有很高的版本学价值。经典的大量印行，为近代佛教复兴提供了基础。

杨文会又创立了中国近代史上第一所新式佛教教育机构祇洹精舍。

现代佛教教育的兴起，与清末的庙产兴学，与 1895 年《马关条约》签订以来，日本有些佛教界人士利用不平等条约的保护在华“布教”有关。20 世纪初年，清政府认可庙产兴学，一些地方官和乡绅大肆侵占寺产。某些僧侣只得寄望于托庇于日僧，日僧亦诱引中国僧寺受其保护，杭州等地即有三十余座寺庙归投日本净土真宗之本愿寺。为此，佛教界领袖高僧敬安上书申辩并提出抗议，迫使清政府下令保护佛教，并由学部(相当于教育部)颁行章程，准许各省、府、县设僧教育会，凡僧众自行办学者，庙产可保全。浙东三十余寺因此与日僧解约。针对这种局面章太炎与苏曼殊也发表了《告佛子书》《告白衣书》，指出“法门败坏，不在外缘，而在内因”，“今之僧徒，半起白徒，名字未知，何论经教”，提出了“建设学林，智慧自长”，“自护寺产，自办学校”的主张。因而 1904 年起，各地寺僧亦积极自己办学，创办僧众、民众教育。但这些办学其出发点，多为保存庙产而已，有名无实者多，有现代化内容和办学思想的不多。在杨仁山创祇洹精舍之前，稍有现代色彩的佛教教育，先是日人水野梅晓于长沙设立僧学堂。1906 年，又有扬州僧文希于扬州二十四家寺院首刹天宁寺设普通僧学堂，讲习佛学、英文、日文。但后遭反对派僧人告密，清政府将文希逮捕下狱，其所办的普通僧学堂也因此夭折，未能有什么成效。

1908 年，杨文会创办在南京金陵刻经处创办新式教育的佛教学堂祇洹精舍，则借鉴日本佛教教育和欧洲基督教(含天主教)教育的成功经验，课程包括佛学和汉文、英文等，培养现代佛教人才，延请了闲谛法师讲天台宗经典，苏曼殊教英文，李晓暾讲国文，杨文会自己讲《大乘起信论》。祇洹精舍虽只办了一年，但它为现代佛教教育开拓了新方向，产生了深远的影响。祇洹精舍培养的学生，有许多后来成为民国年间佛教的领袖和中坚，包括太虚法师、欧阳竟无等。祇洹精舍太虚大师称它“虽居士所设，而就学者比丘为多”。也是当时国内高等僧教育之嚆矢。到 1914 年，欧阳竟无又在金陵刻经处成立佛学研究部，1918 年在佛学研究部基础上筹备支那内学院，并出版了刊物《内学》和《杂刊》。

现代佛教教育的建立，为中国近代佛教复兴提供了人才准备。此后祇洹精舍门下弟子，多积极从事新式佛教教育。除了欧阳竟无的支那内学院，成就最大的当属太虚创办的出家众在家众兼收的武昌佛学院。太虚最初试图在净慈寺依托寺院兴办佛教大学，进行寺院丛林的学院化，但未成功。他后来在武汉得到一批政商各界居士如李隐尘、陈元白、王森甫、汤芗铭、皮剑农等人的支持，于是太虚于 1922 年在汉筹办武昌佛学院，不再依托寺院，“觉借用寺庙障难易生，决定自购地基，新创学院”。佛学院学制三年，课程采用日本佛教大学教材，管理制度参用丛林办法。在课程内容上，八宗平等，不专一宗，涵盖性、相、台、贤、禅、律、密、净各宗，同时加入了文、史、哲、外语、心理学及生物学等现代科学知识。学院宗旨是“召集有志学佛之人，不分缁素，授以佛学，俾使行解相应，能弘法利生为宗旨”，出家在家兼收。培养目标是，僧人学员毕业后，能胜任寺院的住持，组织现代化僧团；居士学员毕业后，能推广佛法，成立佛教正信会。佛学院开办之后，太虚还不断为适应现实环境进行各种改变。1924 年，太虚又改专修科为大学部，另成立研究部。在毕业生中选出 20 名成绩优良者升入研究部。同时，又在武昌鼓架坡办了武昌佛学院的女众院，是为全国第一个女子研习佛学的道场。1928 年又发起筹设世界佛学苑。1929 年 4 月 14 日，佛学院召开第一次世界佛学苑筹备会议，7 月 15 日，世苑研究部开课。在战乱频仍的动荡岁月，武昌佛学院艰难地坚持了二十多年。直到 1947 年，太虚大师圆寂于上海，不久武昌佛学院也因种种原因而停办。

武昌佛学院对中国近现代佛教的振兴具有重要的意义和影响，开创了佛教教育与佛教改革的新局面。在武昌佛学院之前类似的中国僧教育机构，如上海的华严大学、宁波的宗观学舍等，均缺乏现代教育体制，而且时间短。在此之后，在武昌佛学院的带动之下，全国蓬勃兴起的各新型佛学院，如 1925 年创办的闽南佛学院，1928 年创办的竹林佛学院，1929 年创办的九华佛学院，以及后来陆续创办的柏林教理院、鼓山佛学院、重庆汉藏教理院、焦山佛学院、栖霞佛学院、玉佛寺佛学院等，水平与规模也都远不及武昌佛学院。武昌佛学院实行现代教育体制，兼学佛教与近代人文学说，规模较大，时间较长，培养的人才众多，被人称为佛教的“黄埔军校”。武院毕业生遍布国内与海外，或办学，或求法，或主持丛林及各僧伽组织，成为中国佛教界的重要力量。其中杰出者，就周大飞在《武昌佛学院记》中的统计，就有“净严筹办了开封佛学社，以后又到河南佛学院任教，芝峰主讲于宁波白湖佛舍，量源办拈花寺佛学院，克全办狮子吼佛学院，大醒代闽南佛学院院长之职 5 年，法尊主持汉藏教理院，寄尘主持九华寺佛学院和岭东佛学院教务，现月主持常熟法界佛学院，会觉、满智、芝峰先后主持闽南佛学院，大勇筹办北平藏文学院，体参任教于印度国际大学，法舫任教于锡兰大学，印顺在台湾创建慧日讲堂，隆根在新加坡筹办南洋佛学书局等等；在求学方面，有大勇、超一、法尊、观空、法藏等赴藏求法，墨禅留日，光宗、了参赴锡兰；还有很多成为著名的高僧大德，相继主持丛林及各僧伽组织，如尘空任杭州灵隐寺方丈，印顺为当代台湾佛教界与佛学界导师，隆根任新加坡佛教总会主席及已故净严曾任河南省佛教协会会长，法尊曾任中国佛学院副院长”等等。

除了现代教育，中国近现代佛教复兴的另一个标志就是现代佛教组织的成立，包括僧团组织和居士组织。

中国近现代佛教组织的出现，也与清末庙产兴学与日本佛教势力的侵入有关。清末庙产兴学风波平息后，各地僧众都开始组建或筹建僧教育会，如 1907—1910 年间，释觉先在北京及湖南、释敬安在宁波与杭州、释谛闲等在江苏、释佛源在四川、释月霞在安徽与湖北先后建立了僧教育会。各地僧教育会就是中国近代佛教组织的雏形之一，实际上成为参与办学的寺院间联系以及寺院与社会联系的主要组织形式。正如学者邓子美所指出，“这一超越了单一宗派与子孙法系的佛教地方性组织也为全国性近代佛教组织的建立打下了基础”。至 1912 年，随着南京临时政府成立，各种政团组织纷纷涌现。佛教界也纷纷建立了全国性近代组织，如欧阳渐、李政纲、邱日希等佛教居士在南京发起的“中国佛教会”，如太虚、仁山南京毗卢寺筹建、后于镇江金山寺成立的“中华佛教协进会”，谢无量发起设立佛教大同会，北京僧人发起设立中央佛教公会等等。此时，改变这种散乱的面貌，建立领导全国佛教的统一组织，已成为迫切的要求。于是又有敬安法师于 4 月在上海留云寺成立了“中华佛教总会”，提出“保护寺产，振兴佛教”的口号，并将各省原有僧教育会改为支部，县僧教育会改为分部，不久全国陆续成立了 22 个支部，400 多个分部。一些原有的佛教组织，如佛教协进会等也大多并入。同时，中华佛教总会也得到了南京临时政府的认可，成为中国佛教徒联合起来，自治自律，保护自身应有权益，谋求共同发展的第一个统一的全国性组织，亦成为民初佛教复兴运动的开端。

然而袁世凯篡得大总统之位后，竟未批准承认该会。敬安北上交涉，圆寂于北京，袁世凯才不得不承认佛教总会为全国性合法团体。中国佛教界乃于 1913 年 2 月在上海留云寺召开中华佛教总会正式成立大会，举冶开和尚、熊希龄为会长，并出版了刊物《佛教月报》。然而 1915 年 10 月，袁世凯又发布了事实上为地方官吏侵夺寺产提供支持的《管理寺庙条令》，并宣布取消中华佛教总会。佛教界一面力争，一面鉴于总会已遭禁止，便将中华佛教总会改名中华佛教会，希望能继续活动。但是至 1918 年，段祺瑞把持的北洋政府内务部以《中华佛教总会登记案》与《管理寺庙条令》相抵触为由，取缔中华佛教会。这一全国性的佛教组织终于不复存在。

中华佛教总会被取消后，其下属的部分组织较健全的省、县分会挂靠名寺继续活动。在五四运动社团纷起之时，各地又自发组织了大量佛教团体，包括省或地区性的寺院间联络协调组织、讲经会与佛学研究团体、居士修行与弘法团体、救济与慈善团体等。1919 年，觉先、道阶、太虚与陈定远等发起筹建“中国五族佛教联合会”，主旨在联合汉传佛教与藏传佛教，反对日本僧人对蒙古王公的挑唆，但未能成行。随着佛教界对世界格局认识的加深与中外佛教界交流的增多，建立佛教的国际性组织也有尝试，并以此来推动国内成立全国性组织。1923 年 5 月，太虚恢复庐山大林寺，挂起一块“世界佛教联合会”的招牌，引起日本佛教徒注意，要求加入，因而于 1924 年 7 月 13 日召开了世界佛教联合会会议。会议又议定于 1925 年在日本召开“东亚佛教大会”。1924 年 7 月，太虚即以翌年出席东亚佛教大会，中国应合法推选出代表为名，与李隐尘等联合发起筹组中华佛教联合会。但响应者不多，主要参与者仍局限于太虚的追随者。

1925 年国民革命军出师北伐，在汹涌的革命大潮中，反宗教反迷信呼声也大为高涨。至 1928 年，南京政府内政部长薛笃弼又一次提出庙产兴学。南京中央大学教授邰爽秋进而提出实施的具体方案。1929 年 1 月，南京政府内务部正式颁布《管理寺庙条例》21 条，为庙产兴学风潮直接提供政府法令依据。佛教界大受震动，不得不起而抗争，再次建立全国性统一佛教组织，联合起来争取自身权益，成为佛教界的共识。1928 年 5 月，太虚、圆瑛等又在上海发起“全国佛教徒代表会议”，主张消弭佛教界的新旧之争，成立佛教统一机构执行。1929 年 4 月 12 日，由十七省代表参加的全国佛教徒代表会议在上海召开，决议成立中国佛教会，以保护佛教界权益，选举了执委、监委等领导机构成员，圆瑛当选为主席；拟定了会章，呈请国民党中央和南京政府内务部审批备案，其宗旨为“联合全国佛教徒，实现大乘救世精神，宏宣佛教，利益群众”；同时要求政府修正《管理寺庙条例》。太虚和王一亭还联名致书蒋介石，在蒋氏授意下，南京政府内务部终于准予中国佛教会备案。接着，太虚又为修改《管理寺庙条例》写了条陈，呈南京政府立法院，供有关部门参考。加以各地佛教界的抗议，南京政府被迫废止《管理寺庙条例》，另行颁布措辞立意均较和缓的《监督寺庙条例》13 条。全国庙产兴学风潮暂时得到缓解。

然而，中华佛教总会自开始就存在的新旧派之间的争端。随着庙产兴学危机稍息，中国佛教界的内部矛盾就开始激化。中佛会掌握实权的旧派人士利用革新人士的活动能量，来达到护产的目的，却依然反对各项佛教改革。太虚认为，只有实行佛教改革，才能在历次庙产兴学风波中，根本改变佛教面貌，获得社会的同情和支持，否则，最多消弭类似风潮于一时。因而，1931 年 4 月，太虚在中佛会第三次全国代表大会会议中，他发表《告全国佛教徒代表》书，要求改革中佛会的机构和运作，改选中佛会领导成员，以在全国推进会章所确定的各项事业。大会改选的结果是太虚一系取得了胜利，但导致了新派旧派关系彻底破裂，保守派对改组后的中佛会采取了不合作的方针，并抗缴以前认可的经费，攻击第三次佛教徒代表大会的选举不合法。太虚不得已登报声明辞去常委职。此后中佛会继续陷于两派对峙之中，以致成绩不大。因而，太虚弟子法舫说："七年以来，未曾见中国佛教会在佛教中做过一件于佛教有利益的事情。对于国家民众，除了通告全国寺院与佛教团体，做了几次祈祷和平法会，劝募了些许急赈捐献之外，并无其他事业表现。"

除了全国性佛教组织，佛教界还成立了许多地方性、特色性组织。如1918年，太虚与章太炎、蒋作宾、陈裕时、王一亭、刘仁航等学术界、工商界人士在上海创立的觉社；1928年太虚等人成立的由太虚的追随者构成的中国佛学会。抗战期间还有滇边特区佛教会、中国宗教徒联谊会等。

现代佛教组织，除了僧伽组织及僧伽领导下与居士的共同组织，也包括众多的现代居士组织。居士组织渊源已久，南北朝至唐宋间，中国就有义邑、法社、香火社、十地采等居士团体。明清以降，随僧伽佛教之衰落，居士在佛教中的地位逐渐上升，至中国近代，相对于僧伽的顽固守旧，有较高文化素质与强大社会活动能力的他们更成为佛教复兴运动的主要力量。他们所建立的很多以会、社、居士林、精舍等命名的现代居士团体，星罗棋布，遍及全国各地城镇。霍姆斯·维慈（Holmes Welch）在其《中国佛教的复兴》第四章描述："民国时期居士组织层出不穷。没有人知道到底有多少，它们就像酵母中的气泡，产生又消失"，"像上海、武汉、北京、杭州、宁波、福州等地，佛教组织稳定而兴旺"。居士与僧伽组织团体的目标不同，"以居士为主体的地方佛教会，与僧人把持的全国性佛教组织及其分支有着明显差别：居士们入会是为了参加功德活动，而僧人则是为了保护庙产"。因而，居士团体非常热衷于组织诸如刻印经典，发行佛教报刊，组织讲经弘法会，举办慈善福利事业等多种团体活动，而且因为思想的相对开明进步，他们也非常支持佛教改革。佛教通过居士团体，与中国民族工商业阶层结合，使佛教的近现代复兴获得了强有力的经济支持和社会资源。

1910年，杨文会在南京创立的以知识分子为主体的佛学研究会，该会"每月开会一次，每七天讲经一次"，是中国第一个近代居士团体兼佛学学术团体。有学者指出，该会创立的组织制度模式既继承了古代庐山莲社以知识分子为主、注重修行的传统；也继承了自清乾隆中（1769年后）汪缙主持建阳书院，以居士身份上堂说法的新传统；还有借鉴日本佛教界注重佛学研究，借鉴基督教"做礼拜"——即每周集会的做法等近代化的一面。所以佛学研究会把传统与近代化两方面很自然地结合在了一起，成为各地随后出现的许多的地方性佛学与居士团体中的典型。

也有人试图成立全国性的居士组织。杨文会逝世后，其弟子李政刚、桂伯华、欧阳渐等七人曾试图发起成立全国性的"佛教会"，但因为当时北洋政府的政策限制和僧俗两众的矛盾，此事未成。

近现代居士团体，大体包括讲经会与佛学研究团体，居士修行与弘法团体，救济与慈善团体等形式。像杨文会的佛学研究会这样以研究为主旨的团体数量不少，但有些团体往往主要研修佛教的某一宗派，如韩清净等1921年在北京创立的"法相研究会"，1927年创立"三时学会"，范古农1947年在上海创立的"法相学社"，王弘愿在广州主持的"解行精舍"，顾净缘在上海建立的"瑜伽学会""畏因同学会"，王骧陆在天津、上海等地所建"印心精舍"，王家其在昆明所建"莲花精舍"，吴节持、伍海池等在长沙所建"粤开佛教居士林"，段祺瑞、汤住心、屈映光等在上海发起成立的"菩提学会"，袁焕仙、贾题韬等在成都建立的"维摩精舍"，等等。其中成绩较著的有三时学会，韩清净与居士朱芾煌等人创办，集讲学和刻经于一体，是北方法相唯识学的重镇。

非学术性的普通居士修行弘法团体也多有建立。1914年，张克诚居士于北京创建"佛化社"，为近代居士念佛团体的最早形式。1918 年，沈惺叔、周舜卿、王一亭等在上海发起创立第一个居士林“上海佛教居士林”，其骨干与成员多为信仰佛教的工商界人士与市民。上海佛教居士林是第一个较规范的中国近代居士独立组织，其成立伊始便订立了《上海佛教居士林规约》，规定了组织宗旨、入林者必须符合的条件，设立了讲经、皈戒、出版、文化、图书、利生、祈祷、荼毗、禅定、研究部等机构。上海佛教居士林于 1922 年又改组成上海佛教净业社与世界佛教居士林两个组织，后者体现了对居士林国际化的期许，虽然实际上仍是只限于上海。上海居士林确立的组织模式，后来被各地居士组织广泛仿效。另一个成绩较著的居士团体，是 1920 年成立的汉口佛教会，后改组为“佛教正信会”。该会后改组为汉口佛教正信会，入会者达数千人。在上海、武汉的带动下，全国各省市也相继建立居士林，其中著名的有长沙佛教正信会、华北佛教居士林等。从天津、长沙、宁波、重庆、成都等各大都市到甘肃、青海、新疆、云南等地，都建立了居士团体。

总的来说，新旧派之间的争端，外部生存环境的恶劣，僧团的保守与落后，极大地影响了中国佛教组织发展。但尽管中国佛教的组织存在着各种问题，它们对近代佛教复兴和现代化仍有极其重大的意义。中国自古以来，除了某些朝代的官方的管理机构之外，并未形成过佛教界的全国统一组织。中华佛教总会作为近代中国第一个统一的全国性佛教组织，开创了整合全国佛教力量的佛教组织新模式，它与后来的中国佛教会，把全国的佛教连成了一个整体，建立了一些地方性分部，其机关组织形式与运作上也都融入了现代社团色彩（虽然在实际操作上很多设想并未实现），是中国两千年来佛教组织的一大飞跃。大量的居士团体则一方面为僧伽弘扬佛法，改革佛教作坚实后盾，另一方面它们自身亦不仅仅限于共学共修，更积极致力于佛教文化事业和慈善福利事业，以佛教的形式服务社会，报效国家。它们对改变佛教面貌，提升佛教形象，使之现代化和入世化，促进佛教变革和复兴，亦功不可没。

近代居士团体的大量出现及其活跃，以及众多居士在佛教方面所做的杰出贡献，致使居士佛教成为近现代佛教复兴的显著标志之一。以致有学者认为，近代佛教或可称之为“居士佛教”，无论是在佛学研究还是弘法护教和慈善的各种活动，居士所取得的成就都超过寺庙丛林。据有人统计，其中比较突出的著名人物，在佛学研究方面，有欧阳渐、韩清净、吕澄、梅光羲、桂伯华、谢无量、蒋维乔、黄忏华、李证刚、唐大圆、史一如、顾净缘、朱芾煌、朱镜宙、王恩洋王季同、周叔迦等；在佛教书刊出版方面，有欧阳渐、狄葆贤、叶恭、江味农、徐蔚如、丁福保、范古农、王一亭等；在护教方面，有程德全、林森、戴传贤、居正、屈映光、勒云鹏、陈元白陈铭枢、王柏龄、朱子桥、康寄遥、袁西航等；举办慈善事业方面，有熊希龄、王一亭、高鹤年、施省之、关之、黄涵之等。群英荟萃，人才济济，堪称一时之盛。

然而近现代佛教复兴最重要的体现，是近代以来的佛教改革思想。佛教改革思想是近现代佛教复兴的理论基础和直接推动力。面对明清以来的佛教衰败之景，苏曼殊和章太炎在他们联合发表的《儆告十方佛弟子启》及《告宰官白衣启》中，已提出了改革佛教的要求，认为“佛门戒范虽有多途，今者对治之方，宜断三事：一者礼忏；二者付法；三者趋炎。第一断者，无贩法名；第二断者，无诤讼名；第三断者，无猥鄙名。能行斯义，庶我薄伽梵教，无泯将来”。主张宣扬佛学义理，反对以诵经念佛而谋利。“应赴之说，古未之闻。”反对把应赴作道场“取为衣食之资，将作贩卖之具”。反对佛教徒趋炎附势，攀援显贵，跪拜皇帝、俗官。主张设立佛教学堂，宣扬佛理，培育人才。杨文会的改革观念则是，应会通儒、佛，沟通“世间法”与“出世间法”，宣扬的入世佛教，为同现实社会完全脱离的佛教重新找到人世间的立足点。这一思想后来由其太虚进一步发展成“人间佛教”学说。

太虚建立的一套完整的僧伽制度改革理论和人间佛教说，是中国近现代佛教复兴的重大收获，是中国佛教现代形态的突出代表。他对僧制的改革尝试，是从1912年镇江金山寺开始的，虽然由于传统势力的阻挠，改革夭折，但促进了他对改革问题的认识。1913年2月，太虚在寄禅和尚追悼大会上，就提出了“教理”“教制”“教产”的三大革命主张，1914年，太虚到普陀山闭关3年，期间将三大主张加以整理，撰写了《整顿僧伽制度论》。所谓教理革命，即在革除历代帝王利用神道设教的迷信；主张以大乘佛教自利利他的精神，以五戒、十善为人生基本道德的善行，以此改善社会和国家。教制革命的中心是要改革僧众的生活、组织制度，建立起适应时代需要的现代化住持僧团。反对剃度和传法，主张选拔佛学院毕业的优秀僧人住持寺院。他以全国10万僧伽为准，构想了一个理想僧制：全国设立一个“佛法僧团”总部机关，总摄僧俗；各省再设立一“持教院”，是为一省佛教团体机关；省下设“道区一级”，按八宗派建各宗寺，作为八宗的专修场所；每县则设1个“行政院”（县佛教团体机关），1个“德苑”（专修经忏法事），1个“尼寺”（专住比丘尼），1个“莲社”（通摄一县善士信女共修念佛三昧），4个“宣教苑”（宣讲于乡镇）。此外，还将建立各种教团组织，如“佛教正信会”“佛学研究社”“佛教救世慈济团”“佛教通俗宣讲团”，以及“医病院”“仁婴院”等。教产革命是要变按法派继承寺庙遗产的旧规，为十方僧众公有制，并作为供养有德长老，培养青年僧伽，兴办佛教事业之用。

在这三大革命之中，大师又认为以“教制革命”为根本。因为，只有培养出合格的僧伽，建立起严格的组织制度，“教理”和“教产”的革命才有可靠的保证。这是一套完整并富有启发性的理想僧伽制度，借鉴、参考了西方教会与日本寺院的组织形式，对佛教教制的设计是革命性的，虽然没能真正的实施，但影响了此后半个多世纪的佛教组织和僧团形式的发展。

除此之外，太虚还提出了人生佛教的观念。1928年他曾于上海讲述过人生佛学，6年后发表《怎样来建设人间佛教》一文说：“人间佛教，是表明并非教人离开人类去做神做鬼，或皆出家到寺院山林里去做和尚的佛教，乃是以佛教的道理来改良社会，使人类进步、把世界改善的佛教。”太虚明确提出佛教应当从旧佛教消极出世、厌弃人生的处世态度向重视人生，进而注重社会的方向转变，使佛教适应近代社会的发展，并将解决现代社会中的各种问题当作自己的使命。

中国近现代佛教复兴，改变了中国佛教的面貌，使古代佛教转型为现代佛教，呈现出新的形态。晚清资产阶级革命与抗日战争，佛教界都有大量爱国人士积极参与，为国为民贡献了自己力量。中国近代佛教复兴给我们留下的许多思想遗产，值得我们认真总结。

（卢文芸）

# 七·民国时期

## 1. 袁世凯复辟与文化逆流的泛起

袁世凯当上了民国临时大总统后，虽然口口声声赞成共和，但他实际上始终认为，中国不具备实行民主政治的条件，共和不适合中国国情，根本行不通。他曾说："共和主义不过起于一二党魁之议论，非真为人民所主持。余深信国民中有十分之七系守旧分子，愿拥戴旧皇室，进步一派不过占十分之三耳。若今次革命推倒清室，将来守旧党必又起而革命，谋恢复帝制。似此国中扰乱不已，人人将受其害。数十年间，中国将无太平之日矣。"他甚至认为，中国数百年来号称专制，其实专制并不完善。于是，就职伊始，便极力加强专制独裁统治。

首先是破坏责任内阁。袁世凯就任民国临时大总统后，经其提名、参议院通过，任命僚属唐绍仪为内阁总理，唐绍仪提名各部总长。但袁世凯发现，责任内阁成了他施政的阻力与障碍，事事都要通过内阁，原以为能言听计从的唐绍仪也发生了变化，主张与同盟会合作，强调遵守约法、对国家负责，发挥责任内阁的作用。于是，袁世凯故意架空唐绍仪，指使内务总长赵秉钧等不服从唐绍仪的领导，处处刁难排挤唐绍仪，直至使唐绍仪及同盟会国务员全体愤然辞职。袁世凯便任命亲信赵秉钧代理国务总理，采用威逼恐吓之法迫使参议院通过补充阁员名单。赵秉钧上任后，对公文概不批示，一切事务均直接请示袁世凯办理，责任内阁完全成为临时大总统袁世凯的附属机关。

其次是镇压国民党。1912 年，孙中山将所领导的同盟会改组为国民党，并试图组织政党内阁，对袁世凯的权力加以限制。因此，袁世凯把国民党视为实行集权的最大障碍，策动北洋军警干涉政治，逼迫国民党人退出内阁，裁减南方各省的革命军队。国民党在争取参众两院多数席位、组织政党内阁的活动中，宋教仁首当其冲。宋教仁当时是国民党的代理理事长，他认为共和国家必须实行政党内阁，国民党必须争取议会多数。在他和国民党人的共同努力下，参众两院的初选和复选，国民党获得占压倒多数的席位，成为国会中的第一大党。1913 年 3 月，宋教仁在上海车站突遭凶徒枪击，惨遭暗杀，震惊全国。而暗杀宋教仁的主谋正是袁世凯和赵秉钧。随后袁世凯与英、法、德、俄、日五国银行团签订了 2500 万英镑的"善后大借款"，作为发动战争的军费。7 月上旬，孙中山在上海召开国民党会议，决定发动"二次革命"，兴师讨袁。袁世凯当即派北洋军南下，迅速镇压了孙中山发动的"二次革命"，把北洋政府的势力伸向长江流域各省。

再次是强迫国会选举他为正式大总统。按法律程序应当是先制订宪法，然后据此选举总统。袁世凯却唆使其亲信，强迫国会改变先订宪法、后选总统的程序，于 1913 年 10 月 6 日进行正式大总统选举。当天，袁世凯收买的便衣军警、地痞流氓数千人，打着"公民团"的旗帜包围了国会，在会场外面捣乱。扬言不选举袁世凯为总统就不让选举人出会场一步。议员们从早上 8 时到晚上 10 时，忍饥挨饿，连选三次，最后屈服于袁世凯的武力，将袁世凯捧上正式大总统的宝座。

最后是解散国会，废除《临时约法》。袁世凯当上正式大总统以后，国会对他来说非但没有利用的价值，而且还是他推行独裁统治的障碍。他要把国会一脚踢开，便借口国民党议员与讨袁军有过牵连，于1913年11月下令解散国民党，撤销国民党籍议员资格，国会因不足法定人数而无法开会。1914年1月，袁世凯下令解散国会，以新建的御用机构“政治会议”取而代之。《临时约法》被一些人认为具有“紧箍咒”作用，能够以议会制和责任内阁制限制袁世凯的权力。袁世凯解散国会以后，立即向《临时约法》开刀。在他的授意下，政治会议很快成立了一个造法机关——约法会议。1914年5月，约法会议草草炮制出一个“字字皆袁氏手定”的所谓《中华民国约法》，从而废除了《临时约法》。新《约法》规定，“大总统总揽统治权”，凡一切内政、外交、军事、制定宪法和官制、任免大权，统一由袁世凯独揽；撤销国务院，成立政事堂和陆海军大元帅统率办事处，由袁世凯独揽军政实权；成立一个类似议会、无权监督大总统而只能听命于大总统的“立法院”和一个名为“参政院”的咨询机关。8月，参政院秉承袁世凯意旨，炮制了一部《大总统选举法》，规定大总统任期十年，可连选连任。选举大总统由参政院和立法院各推五十人进行，且参政院“认为政治上有必要时”，可以“议决现任大总统留任”而不用进行选举。更有一项奇特规定：继任大总统的确定，犹如清室的秘密立储，由现任大总统预先确定，写在“嘉禾金简”上，密藏于“金匮石室”中，到选举时，人们只能打开石室，取出金简，照单“选举”。所以当时舆论认为，袁世凯不但有终身任总统、终身独揽统治权的保证，而且由于有权指定继承人，还能够传位给自己的儿子。这样，除了一块“中华民国”的空招牌，袁世凯已和专制皇帝没有区别。至此辛亥革命以来具有的民主性法制，被袁世凯破坏殆尽，专制独裁统治以法律的形式被肯定下来。然而即使是这样一部宪法，袁世凯也只把它看作是一块向帝制复辟过渡的跳板。

帝国主义势力也想通过支持袁世凯称帝来扩大它们的侵略势力。1915年1月，日本驻华公使日置益奉命向袁世凯提出了灭亡中国的“二十一条”要求。日本的交换条件是支持袁世凯称帝。袁世凯为了做皇帝，除了对个别条款要求日后协商外，接受了“二十一条”。

与政治倒退相伴随的，则是在思想文化领域出现了尊孔复古的逆流。孔孟之道是封建时代的正统思想和维护君主专制制度的理论基础。因之袁世凯上台后不久，就竭力提倡孔孟之道。1912年9月他发布《通令国民尊崇伦常文》，说什么：“中华立国以孝悌忠信礼义廉耻为人道之大经，政体虽更，民彝无改”，要“全国人民恪守礼法”。1913年6月和次年9月，又先后颁发了发布《尊崇孔圣令》和《祭孔告令》，说“天生孔子，为万世师表”，“孔子之道，亘古常新，与天无极”，“可以位天地、育万物”，“如布帛菽粟之不可离”。他诬蔑辛亥革命以来“纲常沦弃，人欲横流，几成为土匪禽兽之国”，把封建伦理道德称为“中国数千年来立国根本”；并在镇压“二次革命”的同时，查封了大批进步报刊，许多报人遭逮捕、枪杀，使当时国内报刊锐减300多种，酿成“癸丑报灾”。在袁世凯操纵下制定的《天坛宪法草案》第十九条第二项中规定：“国民教育，以孔子之道为修身大本”。1914年通过的“祀孔议案”，规定祀孔与祭天一样，“仍从大祀”，以夏历春秋两丁为祀孔之日，京师文庙由大总统主祭，各地文庙由地方长官主祭。同年9月，袁世凯头戴平天冠，身穿绣有四簇团花的古怪离奇的祭服，亲率文武百官到北京孔庙，行三跪九叩之礼，演出了民国以来第一次声势显赫的祀孔丑剧。当时资产阶级革命派办的《中华新报》特为此发表社论说：“所谓祀孔子者，不外历代君主为巩固君权之手段”，并揭穿袁世凯的“借祀孔之名，为收拾人心之具，帝制复活之实”。

在这种情况下，各地也相继出现了各种名目的尊孔复古组织，如孔教会、孔道会、孔社、经学会等。这些组织与北洋军阀相唱和，攻击辛亥革命，谩骂民主共和，鼓吹非孔教、非复辟不能救中国。

康有为于1913年3月在上海创《不忍》杂志，他在创刊序言中说：“……痛人心之隳落，吾不能忍也，嗟纲纪之亡绝，吾不能忍也；视政治之窳败，吾不能忍也；伤教化之陵夷，吾不能忍也……慨国粹之丧失，吾不能忍也。”总之，封建伦理道德的破坏，使得他痛心疾首，实不可忍。他把以“孔教”为代表的封建伦理道德，看成是“中国之国魂”。

1913 年 8 月，孔教会代表陈焕章、严复、夏曾佑、梁启超等联合请求北京政府将孔教定为国教，他们在《孔教会请愿书》中说：“信教自由者，消极政策也；特立国教者，积极政策也……定孔教为国教，然后世道人心方有所维系，政治法律方有可施行。”

为了给帝制活动做好舆论准备，1915 年 8 月，袁世凯宪法顾问、美国人古德诺发表题为《共和与君主论》的文章，指称中国“大多数之人民智识不甚高尚”，“无研究政治之能力”；辛亥革命“由专制一变而为共和，此诚太骤之举动，难望有良好的结果”；“中国如用君主制，较共和制为宜”。袁世凯法律顾问、日本人有贺长雄也发表《共和宪法持久策》，与古德诺一唱一和，鼓吹中国须由袁世凯做皇帝，总揽大权。为袁世凯帝制摇旗呐喊。8 月，杨度、孙毓筠、严复、刘师培、李燮和、胡瑛等六人，组织了“筹安会”，人称筹安会“六君子”。筹安会名为“学理讨论”，实为袁世凯复辟帝制张目。他们援引古德诺之说“君主实较民主为优，而中国尤不能不用君主国体”，杨度等人还接连抛出《君宪救国论》《君政复古论》等鼓吹帝制的文章，为复辟帝制制造舆论。他们还通电全国各地文武官吏、商会团体速派代表进京，讨论国体问题。袁世凯在各地的爪牙纷纷响应，各省代表陆续到京。在湖南、湖北、安徽、南京等地，还相继出现了筹安会分会。代表到京后，组成了所谓“公民请愿团”。袁世凯亲信梁士诒也组织了一个“全国请愿联合会”，收买各方，组织了各种请愿团。这些请愿团一起到参政院请愿，要求废除共和制，改行君主立宪制。仅数天，筹安会即宣布各省机关及各团体代表投票表决“一致主张君主立宪”，并向全国通告：立国之道不外两端，首曰拨乱，次曰求治。中国拨乱之法，莫如废民主而立君主；求治之法，莫如废民主专制而立君主专制。

1915 年 9 月，参政院将各省代表的请愿书送呈袁世凯，建议在年内召开“国民会议”，以便对国体问题进行表决。袁世凯嫌国民会议开会迟缓，又指使人发动请愿，迫使参政院推翻原案，改由“国民代表大会”决定国体。10 月，袁世凯公布了《国民代表大会选举法》，在各省军政长官的监督下，选举出所谓国民代表，并在当地进行国体投票和推戴袁世凯为皇帝。12 月，结果公布，各省“国民代表”1993 人所投之票，竟然全部是拥护恢复帝制，并一致“恭戴今大总统袁世凯为中华帝国皇帝”，参政院亦上书“劝进”。袁世凯在假意推辞一番之后，于 12 月 12 日公然恢复君主制，自称“中华帝国皇帝”，下令 1916 年改为“中华帝国洪宪元年”，准备于元旦正式登基。经过 3 年的精心策划，袁世凯终于抛掉“民国”的招牌，把封建皇帝的皇冠戴到了自己的头上。

袁世凯的倒行逆施，激起了举国义愤。以孙中山为首的革命派，坚决反袁复辟帝制，并且组织了武装斗争。以梁启超为首的进步党，先追随袁世凯，后遭到袁世凯的遗弃。他们不满袁世凯复辟帝制，而走上反袁道路。1915 年 9 月，梁启超作《异哉所谓国体问题者》一文，驳斥古德诺、杨度等人的谬论，反对帝制。梁启超的态度，对他的弟子蔡锷有直接影响。1915 年 12 月 25 日，蔡锷在云南通电各省，宣告云南脱离袁世凯的统治实行独立，并组织护国军出兵讨袁。蔡锷的举动得到各方的声援和支持，贵州、广西、广东、浙江等省先后响应。各地群众反袁运动风起云涌。

袁世凯手下大将段祺瑞、冯国璋等也深为不满。他们都盼望继袁之后出任大总统，因此对建立袁家世袭王朝一开始就态度消极。冯国璋甚至暗中和护国军联络。

帝国主义对待袁世凯的态度，也随形势的变化产生了变化。日、英、俄、法等国一再警告袁世凯，指出变更国体或将“惹起意外之扰乱”，影响各国在华商务利益。云南起义后，日本见风使舵，转而倒袁，指责袁世凯“断行帝制，无视友邦劝告”，“日政府当然不能承认”。

“洪宪皇帝”的皇冠给袁世凯带来的不是荣耀，而是全国人民的愤怒声讨和帝国主义列强的“联合警告”。袁世凯在众叛亲离、内外交困的情况下，不得不于1916年3月22日宣布取消帝制。6月6日，在举国一片唾骂声中，袁世凯忧惧而死。

（刘彦波）

## 2.《清史稿》的修撰

民国年间由北洋政府设史馆撰修的“清史”未定稿，总五百三十六卷，八百万字，其中本纪二十五卷，志一百四十二卷，表五十三卷，列传三百一十六卷，以纪传为中心，所记之事，上起1616年清太祖努尔哈赤在赫图阿拉建国称汗，下至1912年清朝灭亡，共二百九十六年的历史。该书始修于1914年，至1927年全稿初成。1928年，史馆人员以《清史稿》之名将各卷刊印出版，以示其为未定本。

1914年1月，国务院向袁世凯呈请设清史馆：“惟是先朝纪载，尚付阙如，后世追思，无从观感。及兹典籍具在，文献未湮，尤宜广召耆儒，宏开史馆，萃一代人文之美，为千秋信史之征”，“将奚以窥前代之盛，备后世考镜之资”。3月9日，袁世凯以大总统令的形式，批准了国务院的呈请，“查往代述作，咸著史篇，盖将以识兴革之所由，资发鉴于来叶，意至善也。维大清开国以来，文物典章，粲然具备，远则开疆拓土，有关历史之光荣；近则革故鼎新，尤系贞元之绝续。追共和宣布，让德昭垂，我中华民国特颁优待条文，允彰崇德报功之典。特是纪载尚阙，观感无资，及兹文献未湮，征求宜亟，应即准如所请，设置清史馆，延聘通儒，分任编纂，踵二十四史沿袭之旧例，成二百余年传信之专书，用以昭示来兹，导扬盛美，本大总统有厚望焉”。清史馆的设立正式被提上日程。

1914年8月，袁世凯派贴身秘书吴缪携亲笔信前往青岛请前清盛京将军赵尔巽出面主持清史馆。赵尔巽祖籍奉天铁岭，字公镶，号次珊，汉军正蓝旗人，同治年间进士，授翰林院编修。历任按察使、布政使、巡抚、总督等职。赵尔巽抱着“修故国之史，即以恩故国”的初衷，走马上任清史馆馆长，到京后，他向袁氏提出：“往代修史即以养士，欲援旧例以萦遗贤。”

1914年9月1日，清史馆正式开馆，馆址位于故宫东华门内的原清朝国史馆和会典馆。赵尔巽立刻按籍求索：“近取翰苑名流，远征文章名宿”，向一百三十六名著名学者发出了邀请，先后聘请：总纂：柯劭忞、王树楠、夏孙桐、缪荃孙、马其昶、秦树声、吴士鉴、吴廷燮。纂修：金兆蕃、章钰、金兆丰、张尔田、姚永朴、邓邦述、袁励准、何葆麟、陈曾则、万本端、刘师培、夏曾佑、王大钧、唐恩溥、王式通。协修：俞陛云、吴怀清、张书云、李哲明、戴锡章、奭良、朱师辙、孟昭墉、李岳瑞、朱孔彰、姚永概、吴昌绶、吴广霈、罗惇曧、骆成昌、胡嗣芬、陈田、檀玑、叶尔恺、瑞洵、王崇烈、刘树屏、商衍瀛、赵世骏、史恩培、张仲炘、陈曾矩、朱希祖、袁嘉谷、陈敬第、张启后、方履中、邵瑞彭、韩朴存、黄翼曾、李景濂、田应璜、徐鸿宝、蓝钰、杨晋、陈能怡、秦望澜、吴璆、唐邦治、傅增淯。张尔田、朱师辙的记录可知，前后受聘于史馆的学者共131人，而实际入馆工作的大约有90余人，其中撰稿者68人，收掌、提调人员有30余人，并聘有工作人员两百多人，名誉职位三百多人。

《清史稿》自1915年(民国四年)开始编修，至1928年(民国十七年)付印出刊，历时十四年，大体上可分三个阶段：

第一阶段(1914年至1916年)

馆员到馆后，赵尔巽高悬“总纂诸员分撰表”和“功课簿”于馆长室，并根据每个学者的特长分配撰稿任务，学者可携资料自寻处所撰写稿件，两月来馆交稿一次，同时领取薪水。清史馆作为袁世凯的政绩工程，他不惜利用“善后大借款”之资金，每月给清史馆拨款十多万银元，资金相当充沛。因经费较为充裕，且有清朝国史馆各种传包、志稿等可资采用，这一时期成稿最多，主要有：柯劭忞撰天文志、时宪志；吴廷燮撰诸大臣年表、部分本纪及地理志内外蒙古七卷；缪荃孙撰儒林传、文苑传、康熙朝大臣传、土司传；金兆蕃撰太祖、太宗、顺治朝列传及列女传；吴士鑑撰地理志贵州、新疆各一卷、宗室世系表、公主表、皇子世表及艺文志初稿；袁励准撰部分列传；万本端撰礼志、舆服志；邓邦述撰太祖、太宗本纪及光绪、宣统朝大臣传；秦树声撰地理志直隶卷；王大钧撰嘉庆朝列传；俞陛云撰兵志与部分列传等。

但是稿件虽多，“形同废材”，“积稿盈百十箱，充满数屋，而成书尚无期矣”。造成这种情况主要是源于管理混乱，组织涣散。赵尔巽，“宏纳士流，士有一技之长，一言之契，无不录之庑下，其有悉心考索，矜慎下笔，刻期成文者，尤深敬异”。即便对那些“久之乃至，或竟不一至，或数年得一文，或竟不著一字”者，赵尔巽“皆礼貌有加，乞廪勿绝”。故“一时领执笔名义者、坐领厚薪者、饱食而嬉者不乏”。除此之外，虽分为总纂、协修、提调、校勘若干等，但仍以前清官阶资历分等级支薪而已。一些撰稿人，“多懒于翻书考证，仅据国史之传而删节之，翻实录及东华录尚嫌其烦”。还有一些撰稿者，视史馆为消遣之所，“每天聚着谈谈，随便撰写一些，全无条例，有如一盘散沙”。更有甚者，“有请人代撰者，其代撰之人，更不知学术”。

夏孙桐、朱孔彰曾先后向赵尔巽上书请设总阅，以统筹兼顾，完善稿件，但赵馆长因未能找到合适之人，不了了之。1916年，赵尔巽决心着手整顿史馆，预备停薪解退撰文不佳及不专心撰稿者；另一方面则整顿组织，划一凡例，明确分工。但未及实施，张勋复辟爆发，史馆暂闭。

第二阶段(1917年至1926年)

1917年7月，张勋复辟，史馆因位于故宫院内，兵丁把守，禁严出入，不得已，只好关门。直到9月，史馆重新开馆，但资金来源锐减，“先是项城故后，馆中经费骤减十万，其后递减，月至三四千。此三四千者，犹不时至，或参以国库券公票之类”，很多馆员因薪酬过少而离职。而如何处理第一阶段稿件体例不一，质量高下不齐的问题成为这一阶段重要任务。

1918年，缪荃孙抵京，他提出：“先拟定传目，以时代为段落择人分任”建议，但未被采纳。1922年初，清史馆召开有关统一列传的会议，与会者有王树楠、柯劭忞、夏孙桐、马其昶、姚永朴、爽良、金兆蕃、张尔田、金兆丰、王大钧、邵章等10余人，会议要求：(1)臣工传脱稿期限截止到本年十二月底；(2)臣工传稿以40页为限；(3)附传以不提行为原则；(4)一卷一论；(5)清稿办法：第一次传稿，由各人自觅书手缮写，按千字小洋文；第二次传稿，等阅校后由馆缮写。此时在馆人员仅二十余人，会上进行了分工：柯邵忞、金兆蕃、奭良任国初；缪荃孙、吴士鉴任顺康；金兆蕃独任雍乾；夏孙桐、朱师辙任嘉道；王树楠任咸同；马其昶、金兆丰任光宣。实施之中，吴士鉴(总统府秘书)因忙于公务，缪荃孙不久又作古，恰值张尔田回京，权以代替缪氏任顺康。

这是一次重要的会议，但是仍未能统一撰稿者的工作标准，议定的凡例，有遵有不遵者，工作进度也不一致，迁延至两年勉强完成。其他如纪、志、表等原本多有专撰之人，此时在馆者继续编纂修订。而离馆诸人的稿件，无力顾及，基本上未加整理。此时，时局大乱，直皖、直奉相继开战，战火一连数月，东华门时闭时启，“馆员不能调书考证，停顿亦多。加以薪金减之又减，已不足养人，复盖以欠薪，其极少时仅得十之二三，故在馆人员，等于半尽义务”。馆员大半散失，全馆停顿。

第三阶段(1926年至1928年)

至该阶段，史馆经费奇缺。赵尔巽有云：“开馆之初，经费尚充。自民国六年，政府以财政艰维，锐减额算。近年盖复枯竭，支绌情状，不堪缕述，将伯呼助，垫借具穷。日暮途远，几无成书之日。”此时的清史馆，实际上已无法维持下去。赵尔巽无奈乞援于吴佩孚、张宗昌等军阀，“诸军帅慕义乐善，而重公之名德——皆慨输巨款”。

1926年，赵尔巽向军阀张作霖、张宗昌等筹措到一批款项，准备再用几年时间对清史进行审核、完善。1927年初，赵尔巽召集柯劭忞等十余人，分工进行修订定稿，柯劭忞、奭良、金兆蕃、李哲明总阅本纪；王树楠、吴怀清、俞陛云、金兆丰、戴锡章、朱师辙等总阅各志；吴廷燮总阅表；夏孙桐与金兆蕃总阅列传。全部史稿，预定三年终审定稿。

1927年，北伐军胜利北挺，北京势危。赵尔巽“以时势之艰虞”，更因“年齿之迟暮，再多慎重，恐不及待”，召集馆员商议付刊事宜。夏孙桐则不赞成付印，“为今之计，惟有仍依前议，实事求是，逐加修正——期以三年集事，纵使不幸时局有变，竟致中辍，而得尺则尺，得寸则寸——世人终能见谅”。

时赵尔巽已病入膏肓，卧床不起，决心付印出版清史。赵尔巽以“今兹史稿之刊，未臻完整”，故效仿王鸿绪修明史，将所修“清史”命名为《清史稿》，“所有疏略纰缪处，敬乞海内诸君子切实纠正，以匡不逮，用为后来修正之根据，盖此稿乃大辂椎轮之先导，并非视为成书也”。时袁金铠表示愿意承担印书一事。赵尔巽就派让袁金铠总理发刊事宜。但袁政务繁忙，又假手金梁负责，预定一年毕事。同年八月，赵尔巽病故。赵尔巽病故后，柯邵忞代理馆长。柯氏耆年暮岁，两眼昏花，两手常颤不已，所书文字，“别人不识，自己亦不能辨”。柯氏对馆务不愿多问，有交稿者，不阅即付金梁。而金梁：“排日付印，如编新闻，主笔督催，手笔立待，无复有片刻之暇——随印随发，前后不惶兼顾。”

1928年，北伐战争方亟，金梁赶印史稿，“史稿五百卷乃十之七八校订未竣——不得已，携归私寓，日夕赶办，撰校兼行，一月之内，补至百卷”。《清史稿》最后刊印成书五百三十六卷，八百余万字，总共印了一千一百部。由于成书之时，正是奉军遭受灭顶之灾之日，金梁奉命把其中四百部运往东北，这一版本后来被称为“关外本”。留存北京的史馆中人批阅《清史稿》后发现，金梁有擅改了文稿，在馆长柯劭忞主持下，将剩下的七百部加以抽换改正，这一版本后来被称为“关内本”。

1928年6月，南京国民政府接收清史馆。新上任的故宫博物院院长易培基奉命对《清史稿》进行审查。1929年12月，易培基向行政院长谭延闿上书：“《清史稿》系用亡清遗老主持其事……彼辈自诩忠于前朝，乃以诽谤民国为能事，并不顾其既食周粟之嫌，遂至乖谬百出，开千百年未有之奇……故其体例文字之错谬百出，尤属指不胜屈。此书若任其发行，实为民国之奇耻大辱”，详细列举了《清史稿》十九大罪名：“反革命”，“藐视先烈”，“不奉民国正朔”，“例书伪谥”，“称扬诸遗老”“鼓励复辟”，“反对汉族”，“为满清讳”，“体例不合”，“体例不一致”，“人名先后不一致”，“一人两传”，“目录与书不合”，“纪表传志互相不合”，“有日无月”，“人名错误”，“事迹之年月不详载”，“泥古不化”，“浅陋”，“忽略”。1929 年 12 月，国民政府下令永久禁止发行《清史稿》。

有关《清史稿》文本，社会舆论态度不一，至三十年代学术界出现解禁《清史稿》的呼声。至抗战期间，《清史稿》实际上已经开禁。但学者们关于《清史稿》品质的争论仍然在延续。从学术上看，《清史稿》的史料丰赡，旁征博引；在史例、史目等方面，勉力赓续传统，尽管在技术层面不尽人意，但是它毕竟给后人研究清史留下一份充实的、可资借鉴的资料文本，给中国历代无一例外的修前朝史这一悠久的文化传统一个最终的交待。

（程太红）

## 3. 五四新文化运动

五四新文化运动是1919年五四运动前后，中国思想文化领域发生的启蒙运动。1915年9月陈独秀创办的《青年》(自第二卷起改名为《新青年》)杂志，发起了冲击传统精神罗网的斗争，在《新青年》的影响下，逐步形成了波澜壮阔的思想解放运动，即五四新文化运动。

辛亥革命后，袁世凯窃取政权，登上了民国总统的宝座。他破坏民主共和，实行专制独裁，大搞帝制复辟。而与政治倒退相伴随的则是在思想文化领域出现了尊孔复古的逆流。袁世凯诬蔑辛亥革命以来"纲常沦弃，人欲横流，几成为土匪禽兽之国"，命令全国"尊崇孔圣"。在这种情况下，各地相继出现了诸如孔教会、孔道会、宗圣会等尊孔复古组织。这些组织与北洋军阀相唱和，攻击辛亥革命，谩骂民主共和，鼓吹非孔教、非复辟不能救中国。到1915年底，袁世凯宣布复辟帝制前夕，"民国"以来人们对于"共和""民主"的希望已完全破灭。这种情况在当时一部分进步的资产阶级和小资产阶级知识分子中引起了怀疑和思考。他们切身感到的一个问题就是：辛亥革命并没有在中国真正建立起民主政治。正如当时激进的民主主义者陈独秀在袁世凯复辟帝制后总结说："三年以来，吾人于共和国体之下，备受专制政治之痛苦。"既然反动的政治总有腐朽的文化为之张目，那么捍卫共和、反对倒退，就势必要痛击这股尊孔复古的逆流。正是在这样一个背景下，新文化运动的倡导者高扬科学和民主的大旗，对封建文化发起了猛烈的冲击。

五四新文化运动也是近代中国历史发展的必然。1894年中日甲午战争后，随着维新思潮的发展，康有为、梁启超等人开始抨击君主专制、纲常名教，提倡民权、自由、平等，谭嗣同甚至发出了"冲决伦常之网罗"的号召，这可以说是新文化运动的先声。辛亥革命时期，革命党人进一步批判封建的纲常名教，他们还把批判的矛头指向孔、孟，提出"圣人革命"，否定了"圣人"和"圣学"的绝对地位。辛亥革命不幸流产的事实，从一个方面说明，封建伦理道德思想没有得到应有的彻底清算，确实是实现资产阶级民主政治的一大障碍。因此，从戊戌变法的"托古改制"，发展到五四时期的"打倒孔家店"，反映了中国资产阶级民主势力的发展，反映了全国人民对实现真正的民主政治的强烈要求。五四新文化运动是对维新思想和革命思想的继承和发展，是近代历史发展的必然。

由于民族资本主义经济的发展，民族资产阶级的力量增强，知识分子和工人阶级的队伍也有所壮大，面对尊孔复古的谬论，激进的资产阶级、小资产阶级、知识分子发动了新文化运动。他们的代表人物是李大钊、陈独秀、胡适、鲁迅、吴虞等人。

1915年9月，陈独秀于上海创办并主编《青年》杂志，标志着新文化运动的开始。

五四新文化运动的基本口号是"德先生"(Democracy)和"赛先生"(Science)，也就是提倡"民主"与"科学"。陈独秀在《青年》杂志创刊号上发表《敬告青年》一文，痛斥当时中国社会的黑暗，公开向传统的封建思想文化挑战，举起了新文化运动“民主”与“科学”的大旗。运动提倡的“民主”，就是资产阶级民主政治，反对君主专制和军阀独裁，反对为专制独裁政治服务的封建旧伦理道德，抛弃官僚的、专制的个人政治，实行自由的、自治的国民政治；运动提倡的“科学”，就是指反对迷信、盲从和武断，树立积极、进取探索的精神。随着运动的开展，“科学”有了更广泛的意义，它和“民主”一样，都以反封建的思想解放为出发点，提倡民主的同时，必须提倡科学。陈独秀认为：“近代欧洲之所以优越他族者，科学之兴，其功不在人权说下，若舟车之有两轮。今且日新月异，举凡一事之兴，一物之细，罔不诉之科学法则，以定其得失从违；其效将使人间之思想云为，一遵理性，而迷信斩焉，而无知妄作之风息焉。国人而欲脱蒙昧时代，羞为浅化之民也，则急起直追，当以科学与人权并重。”五四新文化运动的倡导者们指出，自由、平等是民主的思想基础；言论自由、法律面前人人平等、个人具有独立自主的人格，这是民主国家实现的基本前提，也是民主国家的基本特征。他们认为，宪法应保障思想言论自由，这是没有商榷余地的“绝对的主张”。思想自由的主要内容是出版自由、信仰自由、教授自由。只有思想自由，才能大声疾呼以传播自我解放之说，以挽救我国思想界积重难返之势；只有思想言论自由，才能谋求个性的解放和发展。同时他们认为，要保障自由权利，必须在法律面前人人平等。我国要实现民主共和政治，首先必须把发扬人权平等的精神作为国民教育的基本内容。他们还十分注重个人独立自主之人格，认为这是民主政治实现的一个重要前提，如果人没有独立自主之人格，依旧沉溺于驯服工具的奴性主义泥潭中，是不可能产生民主的要求的。他们进而把个人之独立自主的人格跟国家的独立自主的国格联系在一起，认为“集人成国，个人之人格高，斯国家之人格高；个人之权巩固，斯国家之权亦巩固”。这就从国家盛衰的高度说明个人具有独立自主人格的重要意义。五四新文化运动的倡导者们大力宣传科学思想，提倡科学精神和方法。在他们看来，科学和理性是衡量一切、判断一切是否有存在价值的一种尺度，不论什么事物和观念，如果经过理性和科学判断“无裨于现实生活”，即使它是“祖宗之所遗留，圣贤之所垂教，政府之所提倡，社会之所崇尚，皆一文不值也”。科学的态度是撇开成见，“搁走感情”，认识事实，只跟证据走。“拿证据来”，这是当时胡适对于科学态度的精确描述。他们进一步指出，坚持科学态度，尊重事实，尊重理性，其目的是为了追求真理。科学的精神就是追求真理。李大钊把“求达于真理”，看作“人生最高之理想”。他们还提出了科学的方法，提倡“以科学说明真理，事事求诸证实”，主张用自然科学的实验作为检验一切理论和规律的标准，用自然科学的实验方法和形式逻辑归纳法来代替“圣教”“圣言”，来检验真理，来分析“人事物质”。这在当时影响很大，对于解放思想，破除迷信，起了积极作用。

陈独秀在《新青年》上指出：“要拥护那德先生，便不得不反对孔教、礼法、贞节、旧伦理、旧政治。要拥护那赛先生，便不得不反对旧艺术、旧宗教。要拥护德先生又要拥护赛先生，便不得不反对国粹和旧文学。”因此，提倡西方科学精神和民主思想不能不和旧的封建思想观念和风俗习惯发生正面冲突，而旧的伦理道德和生活方式又是和两千年来以孔子的名义所推行的纲常名教密不可分的。针对当时反动派掀起的尊孔复古的逆流，新文化运动首先把进攻矛头对准封建主义旧思想、旧文化的代表孔子，高喊出“打倒孔家店”的口号，掀起声势浩大的批孔浪潮，其实质是对传统思想大本营的一次有力的冲击。

新文化运动的倡导者认为，三纲五常、忠孝节义这些教条是与“独立、自由、平等为原则”的民主国家是不相容的，必须彻底铲除。

陈独秀揭露和批判了三纲五常的罪恶，他指出：“孔教之精华曰礼教”，“三纲五常”是“孔教之根本教义”，而“三纲之根本义，阶级制度是也。所谓名教，所谓礼教，皆以拥护此别尊卑、明贵贱制度者也”。所以，以孔教为代表的封建旧道德，是维护封建宗法等级制度的，是中国人的“帝制根本思想”。他认为，封建“三纲”（君为臣纲、父为子纲、夫为妻纲）是控制人们思想的枷锁，君、父、夫有绝对权威，而臣、子、妻处于完全服从地位，这就造成政治上的不平等和家庭生活上的不平等。人的个性受到压抑和摧残，社会氛围由此而僵死沉闷，不利于社会的发展和文化的进步。

李大钊断言：道德“随着社会的需要，因时因地而有变动，一代圣贤的经训格言，断断不是万世不变的法则”。任何“圣道”“王法”“纲常”“名教”，都要随着社会的变动“而有所变革，且是必然的变革”。“以圣人之虚声，劫持吾人之思想自由，吾人当知其祸，视以皇帝之权威侵害吾人身体为尤烈。”他还运用唯物史观，深刻分析封建道德赖以产生和存在的社会经济根源，揭示了伦理道德与社会经济之间密切的内在联系。他认定宇宙、社会“只有前进，没有反顾；只有开新，没有复旧”，“物质上，道德上，均没有复旧的道理”，为人们抨击封建道德提供了新的思路。

鲁迅的著作无异于刺向传统社会的犀利的匕首和投枪。1918 年 4 月，鲁迅发表了第一篇小说《狂人日记》，这是一篇向旧道德进行无情挞伐的战斗檄文。他在文中写道：“我翻开历史一查，这历史没有年代，歪歪斜斜的每页上都写着‘仁义道德’几个字。我横竖睡不着，仔细看了半夜，才从字缝里看出字来，满本都写着两个字是‘吃人’。”他还说：“现在晓得他讲道理的时候，不但唇边还抹着人油，而且心里满装着吃人的意思。”为了使人们从旧道德的羁绊下解放出来，鲁迅发出了“救救孩子”的革命呼声。鲁迅彻底撕下了专制制度和观念道貌岸然的假面具，充分暴露了它的凶残和丑恶，并将其本质归结为两个血淋淋的大字——“吃人”。鲁迅还写了许多杂文，以锐利的笔锋，揭示和批判纲常名教的罪恶和腐败。吴虞锐利的抨击，更侧重于旧礼教方面。在鲁迅的《狂人日记》启发下，吴虞在《吃人与礼教》一文中一针见血地指出：“吃人的就是讲礼教的，讲礼教的就是吃人的。”这就剥去了礼教的“仁义道德”的画皮，拆穿了冠冕堂皇的说教，暴露出它“吃人”的本质。他在希冀人们赶快觉醒过来，不要再充当吃人者的牺牲品。他反复指出旧礼教的严重危害性，认为正是这副沉重的精神枷锁戕害了人民的思想，扭曲了他们的心态。

对传统纲常名教的抨击，直接引发了文学革命。陈独秀认为，所谓“旧文学、旧政治、旧伦理，本是一家眷属，固不得去此而取彼”。新文化运动的倡导者们力图通过文学革命，把宣传封建思想的旧文学，改造为适合传播民主和科学的新文学。最先向旧文学发难的是胡适。1917 年 1 月，胡适在《新青年》上发表《文学改良刍议》，把他文学改良的主张系统地概括为“一曰，须言之有物。二曰，不摹仿古人。三曰，须讲求文法。四曰，不作无病之呻吟。五曰，务去烂调套话。六曰，不用典。七曰，不讲对仗。八曰，不避俗字俗语”等八个方面。此后胡适又相继发表了《历史的文学观念论》和《建设的文学革命论》等文章，对什么是白话文学作了大量的探讨、研究和实践。胡适所说文学革命，实际上只限于文体上的改革。随后陈独秀发表《文学革命论》，更明确地举起了文学革命的旗帜。他主张文学不仅在形式上，而且在内容上要进行一次革命，并提出了文学革命的“三大主义”：一曰“推倒雕琢的阿谀的贵族文学，建设平易的抒情的国民文学”；二曰“推倒陈腐的铺张的古典文学，建设新鲜的立诚的写实文学”；三曰“推倒迂晦的艰涩的山林文学，建设明了的通俗的社会文学”。李大钊在《新青年》杂志发表《什么是新文学》一文，深入论述现实文学的基本特点。1918 年以后，鲁迅先后在《新青年》杂志发表《狂人日记》《孔乙己》《药》等白话小说、杂文，以文学手法，揭露封建主义道德的本性，刻画了社会下层民众愚昧麻木、逆来顺受的普遍心理，给人们造成极大的心灵震撼，出色地把反封建的革命内容和白话文的形式结合起来，为新文学树立了真正的典范，对文学革命做出了重要贡献。

五四运动以后，新文化运动有了新的发展，除原来的资产阶级新文化外，又增加了马克思主义革命的新文化，并逐渐在思想领域占据主导地位。这方面，李大钊作出了开创性、卓有成效的贡献，并且率先完成了从进化论者向阶级论者、从革命民主主义者向共产主义者的伟大转变。

1918年7月，李大钊公开发表了宣传十月革命的第一篇文章《法俄革命之比较观》，阐述了俄国十月革命与法国资产阶级革命的区别，初步指出了十月革命的社会主义性质和世界意义。同年11月，他又在《新青年》上刊发了两篇著名的论文——《庶民的胜利》和《布尔什维主义的胜利》，再次讴歌十月革命，热烈欢呼社会主义的新时代。1919年，李大钊主编出刊了《新青年》的“马克思研究”专号，并发表了著名的《我的马克思主义观》，第一次比较系统、准确地介绍了马克思主义的三个组成部分——唯物史观、政治经济学、科学社会主义，并指出三者不可分割的关系——“而阶级竞争说恰如一条金线，把这三大原理从根本上联络起来”。马克思主义学说在中国大地上一传播，就如同播下了星星之火，五四运动以后，在全国立即出现了一个宣传社会主义，研究学习马克思主义的潮流。一批进步的革命青年纷纷著书立说，许多报刊相继发表了大量介绍马克思主义的文章。

陈独秀1920年9月发表了《谈政治》一文，阐明了无产阶级革命和无产阶级专政的思想。他指出劳动者“不能不用革命的手段去占领权力阶级的地位”，建设劳动阶级专政的国家。另外，由他主编的《新青年》杂志，从五四运动到中国共产党成立以前，先后发表了关于马克思主义和社会主义革命的论文等约有137篇，成为当时传播马克思主义有很大影响的一个刊物。蔡和森运用马克思主义学说写成《社会进化史》一文，成为我国第一部用马克思主义唯物史观写成的社会发展史，在当时的思想界引起强烈反响。此后，毛泽东、周恩来等在宣传马克思主义方面也作了贡献。同时，全国各地的进步报刊和进步社团，如雨后春笋，脱颖而出。在“五四”后的一年里，全国新出版的期刊猛增至400余种，出现的进步社团，约有三四百个，还有各地建立的马克思学说研究会。这些报刊和社团的活动，传播了马克思主义，促进了马克思主义同中国工人运动的结合。一批又一批先进的知识分子认识并接受了马克思主义，把马克思主义和中国的反帝反封建的群众运动结合起来，于1921年成立了中国共产党。从此，中国人民在中国共产党的领导下，开始了一个新的革命时期。

五四新文化运动对以后中国政治、经济、文化的发展产生了重大的影响，具有深远的历史意义。

其一，动摇了专制思想的统治地位，是一次伟大的思想解放运动。

新文化运动以前，资产阶级改良派和革命派，在宣传各自的政治观点时，都没有彻底地批判专制思想。辛亥革命虽然推翻了几千年以来在中国占统治地位的专制帝制，建立了中华民国，但由于袁世凯的窃取政权，中华民国因此成了毫无内容的、徒具形式的招牌。顽固势力声称只有恢复纲常礼教，加强礼教的权威，恢复帝制，中国才有希望。中国的政治一度出现了混乱的局面。启蒙思想家们看到了思想解放在社会变革中的巨大作用，认为只有思想文化产生了根本的变化，社会才有可能发生真正的变革。他们宣传新思想、新文化，猛烈抨击着旧的传统文化思想，揭露封建制度的腐败和残酷，要求对旧文化思想进行全面的改造修正，打破在中国占统治地位长达几千年的文化思想体系，建立一种全新的充满朝气的新文化思想。经过新文化运动，传统思想遭到前所未有的冲击批判，人们的思想得到空前的解放。

五四时期思想启蒙家们发起的新文化运动，是从对社会进行全面的改革的要求出发，他们对封建专制、封建礼教的揭露与批判异常尖锐与犀利，可以说是前无古人的。新文化运动号召人们不要对封建统治者存有太多幻想，告诫人们不要被旧的文化思想所禁锢，要彻底冲破旧思想的牢笼，彻底打破旧的不合理的现象，批判旧的文化，创立新的文化，全面改造旧的封建社会，建立新的使“全社会都幸福的社会”。五四新文化运动，动摇了封建文化几千年来的统治地位，使封建主义的精神堡垒受到了严重创伤，震撼了封建统治者的统治根基。五四新文化运动，打碎了封建主义的精神枷锁，鞭挞了专制与愚昧，转变了人们的观念，解放了人们的思想，掀起了一个反封建运动的高潮。传统的封建礼教被无情地揭露，人们不再迷信封建统治者。他们对新文化的宣传深入人心，影响深远，从根本上改变了国民的思想观念，增强了国民的救亡意识。自由、民主、平等、科学、法制的观念和精神开始深入人心。新文化运动是一场轰轰烈烈的思想解放运动。

其二，民主和科学思想得到弘扬，并把科学、理性的精神灌输到社会科学的各个领域，使社会科学在中国真正开始成为科学。

五四新文化运动时期，启蒙思想家们对科学、民主的思想作了深入全面的介绍，并表达了自己准备高举科学、民主的大旗，维护科学、民主的决心。启蒙思想家们对西方民主科学的思想充满了向往，认为德先生和赛先生是拯救中国的一剂良方。他们指出，西方先进国家就靠了科学与民主，才取得如今灿烂的文明；中国要强大起来，就应尊重科学，尊重人权。启蒙思想家们坚持科学、民主的观念，并把科学的法则灌输到了伦理、道德等社会问题研究的各个领域。启蒙思想家们指出，科学的方法不应只局限于自然科学，科学的方法也应一以贯之于社会问题研究的各个领域。中国知识分子在新文化运动中，受到一次西方民主和科学思想的洗礼。这就为新思潮的传播开辟了道路，也推动了中国自然科学事业的发展。

五四新文化运动，高举了民主、科学的大旗，宣传了民主、科学的思想。社会的政治、文化教育等领域都受到极大的影响。在思想政治领域，封建的专制统治受到极大的挑战；在文化教育领域，也发生了翻天覆地的变化，现时的不合理的教育制度受到猛烈抨击，许多新的先进的教育制度不断被介绍进来，出现了区别于旧时教育制度的有史以来第一个科学的新式学校。五四新文化运动使社会科学成为真正的科学，人们开始用科学的方法探求社会领域的一切问题，人们不再迷信、不再崇拜，人们开始学会用科学的方法来分析问题、解决问题，反对封建主义、帝国主义的呼声在全国高涨。

其三，五四新文化运动为五四爱国运动作了充分的思想准备，直接促使五四爱国运动的发生。

巴黎和约的签订，使五四运动从以反对封建传统文化、宣扬科学、民主观念为特点的新文化运动，转向了以反对帝国主义、反对强权、严惩卖国贼为主要内容的五四爱国运动。李大钊、陈独秀等新文化运动的先驱也亲身参加到这场运动中来。新文化运动与五四爱国运动联系在一起，促进着五四爱国运动的发展。启蒙思想家们奔走呼号，号召国民团结起来，反对封建军阀，反对帝国主义，反对强权。启蒙思想家们与学生一起，组织了许多救亡学会团体，这些学会团体都以宣传民主、科学的思想，反对封建主义、帝国主义为宗旨，开展了广泛的思想宣传运动。受新文化运动的影响，五四爱国运动刚开始，主要是以广大的爱国知识分子特别是青年学生为主要力量的。随着运动的不断深入发展，全国各阶层范围内逐渐呈现出反帝反封建的汹涌浪潮。新文化运动的启蒙，为五四爱国运动提供了深厚的思想基础和群众基础，使五四爱国运动得以不断深入开展下去，并在全国范围内蔓延开来；在五四爱国运动的推动下，新文化运动又呈现出新的面貌。启蒙思想家们积极探索救国救民的道路，大量新的、先进的学说被介绍进来。五四新文化运动介绍和宣传马克思主义学说，对以后中国革命的发展产生了深远的影响。

其四，马克思主义广泛传播，成为知识分子拯救国家、改造社会的思想武器。

俄国十月革命取得胜利后，启蒙思想家们把握时代脉搏，紧跟时代潮流，积极寻求救国救民的真理，对十月革命和马克思主义作了全面深入的、热情洋溢的介绍。后期传播的社会主义思想，启发了中国先进的知识分子，使他们选择和接受了马克思主义作为拯救国家、改造社会和推进革命的思想武器。这是新文化运动最重要的成果。

其五，有利于文化的普及和繁荣。

新文化运动提倡白话文，能够使语言和文字更紧密地统一起来，为广大民众所接受，从而有利于文化的普及与繁荣。白话文运动深入人心，至1919年，全国新问世的白话刊物已多达400多种。人们开始抛弃几千年以来的文言文行文传统，转而以白话文的形式著书立说，并在报纸、杂志上用白话文的形式公开发表自己的政治主张和见解，使几千年来神秘莫测的文化真正变成了普通的大众的文化。这就为马克思主义在中国的传播打下了深厚的群众文化基础。1920年，北京政府的教育部终于规定，中小学开始全面使用白话的语文教材。

当然，新文化运动又是一个未完成的运动。它呼唤科学与民主，但是当时的中国政治、经济领域无法为确立民主和发展科学提供支撑条件。新文化运动只是局限于知识分子范围内，没能赢得民众的广泛参与和认同。新文化运动的参与者未能正确处理中西文化的关系，对民族文化全盘否定，对西方文化全面认同。这些都是值得深刻反思的重要课题。

（刘彦波）

# 4. 马克思主义在中国的传播与中国共产党的诞生

马克思主义是无产阶级的科学理论体系，是革命人民争取民族解放，实现社会主义、共产主义理想的行动指南。马克思主义在中国的传播和中国共产党的诞生是20世纪发生在中国历史上的最重要的大事件，它改变了中国的命运，使中国走上了真正独立自主、自强不息、不断进步的社会主义道路。

自19世纪末20世纪初马克思主义传入中国，迄今已有近百年历史。在这漫长的年月中，马克思主义在从思潮到运动，从理想到现实的实践中接受洗礼。在中国共产党的不断推动下，马克思主义现已成为中国思想文化宝库的重要组成部分，成为引导中国人民从胜利走向胜利的精神武器。重温马克思主义在中国传播和中国共产党诞生的历史画卷，我们将感慨中国选择前进道路的艰难曲折与历史必然。

鸦片战争的坚船利炮使先进的中国人警醒——昔日“天朝之国”大厦将倾，寻求“补天”之“石”势在必行。从“睁眼看世界”的林则徐、魏源到资产阶级改良派的康有为、梁启超，从资产阶级革命派的章炳麟、孙中山再到马克思主义者李大钊、陈独秀，先进的中国人可谓前赴后继、筚路蓝缕。虽然进步中有反复，承继中有对立，但基本路向是一致的，即引“他山之石”作为救国强民的精神动力和理论武器。马克思主义是先进的中国人历经千转百回、千辛万苦，千挑万选才得到的“一块补天之石”。戊戌维新运动，首次提出君主立宪，实行资本主义制度的治国方略；辛亥革命，率先推翻封建帝制，建立起资产阶级共和国临时政府。但是皇帝下台和资产阶级共和国的成立并未挽救灾难深重的中国。中国政局风雨飘荡，民族危机依然如故，救亡图存任重而道远。十月革命的胜利和五四运动的爆发使开启民智的新文化运动朝更深远、更激进的方向发展。马克思主义在各种世界新思潮、新理论中脱颖而出，成为时代的一面旗帜。先进的中国人最终放弃学习西方，走资本主义道路的梦想，作出了“以俄为师”，走社会主义道路的历史选择。选择是艰难的，伴随着种种思潮、主义的夹攻与责难，展开过一轮又一轮口舌官司和笔墨论战。不过众多责难并未扼杀掉马克思主义，反而使马克思主义在与各种非马克思主义或反马克思主义的斗争中得到分辨与廓清，为马克思主义在中国的广泛传播作好了铺垫。在马克思主义的广泛传播和实践中，中国共产党诞生了。“他山之石可以攻玉”，中国共产党人将马克思主义与中国革命实践相结合，中国革命面貌从此焕然一新。

马克思主义在中国的初步介绍和接触始于19世纪末20世纪初。当时活跃在历史舞台上的资产阶级和小资产阶级的各种政治派别为了在实现西方资本主义制度的同时能避免资本主义制度暴露出的许多弊端，纷纷将视线投向正风靡欧洲的新思潮——社会主义，马克思主义作为欧洲社会主义学说的一个派别在中国得到初步接触和零星介绍。

1899年2月，中国上海广学会刊物《万国公报》登载李提摩太节译、蔡尔康笔述的《大同学》，文章指出：“近代学派，有讲安民新学之一家，如德国之马克思，主于资本者也。”这是中国报刊中首次提到马克思、恩格斯的名字与马克思主义理论。1901 年 1 月，中国留日学生杂志《译书汇编》将有贺长雄的《近世政治史》译出刊登，文中介绍了社会主义和马克思领导的第一国际的历史，这是中国书刊第一次把马克思主义和社会主义联系起来。

从 1901 年以后，资产阶级改良派主办的各种报刊，如《新民丛报》《政艺通报》《新世界学报》等也开始陆续刊登一些涉及马克思和社会主义的文章。1903 年 2 月，上海《新世界学报》刊登了《近世社会主义评论》的译文，译文中使用"共产主义"一词，并指出，近代社会主义，始创于圣西门，而彰显于马克思，马克思的主要特色是注重实际，免发空论。资产阶级改良派不仅在其主办的众多刊物上介绍、评述欧洲社会主义学说，而且翻译出版了不少国外论述社会主义的专著。如 1902 年，上海《翻译世界》杂志编译了日本村井知至著述的《社会主义》一书；1903 年，《新世界学报》翻译出版日本久松义典撰写的《社会主义评论》；同年，广智书局翻译出版《近世社会主义》(日本福井准造著、赵必振译)、《社会主义》(日本村井知至著、唐蟒译)。

资产阶级改良派对社会主义学说的介绍是以引进"新知"，佐证其改良措施为目的的，并不认为社会主义是可以实现的。不过，他们对社会主义的零星、片断的介绍从客观上为马克思主义传入中国洞开了大门。

从 1903 年起，资产阶级革命派也开始重视对马克思主义的介绍和评说。1903 年 2 月，马君武的《社会主义与进化论比较》一文发表在东京留学生主办的杂志《译书汇编》上，率先介绍社会主义学说，并对马克思及其学说进行评说。文章称赞马克思和社会主义，指出"马克思者，以唯物论解历史学之人也，马氏尝谓阶级竞争为历史之钥"。更可贵的是，作者在文章最后附上马克思主要著作的书单，包括《英国工人阶级状况》《哲学的贫困》《共产党宣言》《政治经济学批判》和《资本论》五本书。1903 年 8 月中国留学生在东京的刊物《浙江潮》刊登《新社会之理论》提到马克思主义的一些原理，并简要介绍了共产主义理论发展的历史。1905 年，中国同盟会成立后，资产阶级革命派思想家以其机关报《民报》为平台对马克思主义学说有了更进一步的介绍。朱执信的文章《德意志社会革命家小传》(1905 年底、1906 年初《民报》第 2、3 号连载)、《论社会主义当与政治革命并行》(1906 年 6 月，《民报》第 5 号)，宋教仁译自日本《社会主义研究》杂志的《万国社会党略史》，梦蝶生(即叶夏生)的《无政府党与革命党之说明》，分别对马克思、恩格斯的生平事迹，马克思的剩余价值和资本积累学说，《共产党宣言》的基本内容以及国际共产社会主义运动等内容进行了比较全面的介绍和评说。特别值得一提的是，廖仲凯在其翻译的《社会主义史大纲》(《民报》第 7 号)中介绍了马克思主义者反对无政府主义者的斗争。

资产阶级革命派同情、赞扬马克思主义的社会主义，是为了抽取马克思主义个别理论实现其心目中所谓的社会主义，即在资产阶级领导下实行征收地价税和铁路、电气、矿山等大企业由国家经营的社会政策。他们认为资产阶级的自由、平等、博爱学说与社会主义理论在原则上是一致的，因而对社会主义怀有好感和同情。而他们对社会主义的介绍也使中国人对马克思主义又多了一层认识和了解。

此外，从 1907 年起，中国的无政府主义团体和刊物也开始介绍马克思主义。1907 年 8 月，张继、刘师培等发起成立留日学生"社会主义讲习会"，创立机关报《天义》。自 1907 年 12 月至 1908 年 3 月《天义》报先后刊登《共产党宣言》《论妇女问题》《共产党宣言·序言》(即恩格斯 1888 年为《共产党宣言》英文版所作的序言)、《家庭、私有制和国家的起源》等部分译文，并介绍了第一国际的历史及《共产党宣言》发表的经过。

"社会主义讲习会"是以宣传无政府主义为目的的，他们介绍马克思的学说是为了证明无政府主义的正确，他们宣传和传播的社会主义实质上是无政府主义的社会主义。无政府主义喧嚣一时，造成对马克思主义认识上的混乱。但是，随着十月革命和五四运动后马克思主义在中国不断广泛深入传播，无政府主义的社会主义与其他形形色色的社会主义一样最终销声匿迹。

1911 年 10 月辛亥革命爆发，中国历史上第一个资产阶级共和国建立。民国初期，旧的封建君主制度瓦解崩溃，而中国政局仍风雨飘摇。一时间，各种政党、团体纷纷成立，一些宣传和介绍社会主义的团体更加活跃起来，中国对社会主义的介绍和宣传有了新的发展。

首先，以孙中山为代表的资产阶级民主主义革命派对社会主义的宣传和倡导。资产阶级共和国临时政府成立后孙中山决定将以民族、民权为中心的政治革命转移为以民生主义为中心内容的社会革命。从 1912 年春到 1912 年底孙中山四处奔走，发表演说和文章，积极宣传社会主义学说。不过孙中山在民国以后提倡的社会主义仍然不是马克思主义的科学社会主义。比如，他在题为《社会主义之派别及其批评》的演说中认为：社会主义的纲领就是交纳地税及铁路、矿业、森林、航路等收归国有的政策；资产阶级政权的建立是社会主义革命的开端，无须革命，只要资产阶级政府领导下的“和平”改革，就可以建立社会主义经济制度。不过，尽管孙中山的演讲宣传的不是科学社会主义，却流露出对工人阶级和广大劳动人民的真挚同情。他认为工人是“世界人类之功臣”，“世界之一切产物，莫不为工人血汗所构思”，并非常赞赏马克思、恩格斯的科学社会主义，认为“马氏之资本公有，其学说得社会主义之真髓”。

其次，以江亢虎为代表的中国社会党及成员对社会主义的宣传和介绍。中国社会党在中国率先宣称自己为社会主义政党，其前身为 1911 年在上海成立的“社会主义研究会”。辛亥革命爆发以后，“社会主义研究会”改组为中国社会党，并推举江亢虎为部长。中国社会党成立以后，创立各种刊物，如《社会党月刊》《社会党日刊》及《新世界》，刊登一些介绍马克思主义的文章和译著。如《新世界》(1912 年 6 月第 2 期)曾刊登的《社会主义大家马儿克之学说》。该文对马克思的学说极尽赞赏之能事。此外，《新世界》还在同年连载了恩格斯的重要著作《社会主义从空想到科学的发展》。但是，中国社会党所标榜的社会主义也不是马克思的社会主义，而是“江亢虎社会主义”。“江亢虎社会主义”的核心是“地税归公”或“专征地税”，其实质是 19 世纪末 20 世纪初年在欧美流行的单税社会主义理论。他认为单税社会主义与一些马克思的社会主义学说是互相发明、互相补充的关系，因此也介绍马克思的社会主义学说。关于单税社会主义马克思曾作过深刻批判。马克思指出单税社会主义的理论只是要借用“社会主义”名号保持资本主义统治，使资本主义统治能在更广泛的基础上重新建立。江亢虎领导的中国社会党正是打着社会主义旗号，代表着资产阶级、小资产阶级利益的政党。1913 年，袁世凯复辟后宣布解散中国社会党，喧闹一时的“江亢虎社会主义”随之曲终人散。

另外，刘师复及其晦鸣学舍的成员也对社会主义进行过一些介绍和评说。1912 年 5 月，刘师复成立晦鸣学舍，创办机关刊物《晦鸣录》(后改名为《民声》)。1914 年 9 月 18 日刘师复在《民声》(第 6 号)上发表《孙逸仙江亢虎之社会主义》一文，介绍了马克思“资本”的含义，还指出马克思主义主张的是土地器械均归公有，绝不容私产制度存在，并以此批评孙中山、江亢虎等人的土地政策和国有化政策，一针见血地指出二者将社会政策误认为是社会主义。但是，刘师复及其晦鸣学舍的成员都是无政府主义者，他们介绍马克思主义的目的，是利用马克思主义的个别原理宣传无政府主义。他们认为只有无政府主义才是真正的社会主义，而马克思主义的社会主义则只能是半面的社会主义。他反对科学社会主义关于武装夺取政权的理论；反对马克思主义把共产主义分为初级、高级两个阶段的理论，提出在实行社会主义之初就应将所有社会之物，包括衣食房屋也须统统公有的所谓的“彻底”的社会主义。刘师复的社会主义实际上是被马克思主义批判过的克鲁泡特金无政府共产主义，虽然喧嚣一时，但是到了五四运动以后，就被历史淘汰。

显然，民国建立以后，中国人对马克思主义的认识有了进一步加深，但是马克思主义并没有在中国真正传播开来。马克思主义学说此时在中国的境遇受制于当时的国际国内环境。首先，中国近代工业刚刚起步，近代工厂不够多，近代工业产业工人队伍不够庞大，无产阶级还没有作为一个觉悟的、独立的阶级力量登上政治舞台，还不可能提出自己独立的政治口号和斗争纲领。一言以蔽之，当时我国还不具备马克思主义得以广泛传播的社会基础。其次，在国际上，由于第二国际的错误路线，各种冒牌的社会主义掩盖了马克思主义的科学社会主义。它们把殖民地，半殖民地的革命运动排斥在国际共产主义运动以外，把民族问题限制在所谓文明民族的狭隘圈子内，这就使得中国人民更难有机会和可能去接受和理解真正的马克思主义。不过，这种情况在十月革命和五四运动后发生扭转。

马克思主义在中国的广泛传播是在十月革命和五四运动以后开始的。正如毛泽东在《论人民民主专政》一文中指出："十月革命一声炮响，给我们送来了马克思列宁主义。"

十月革命后马克思主义在中国得以广泛传播，是与当时的国内外形势分不开的。首先，十月革命使世界形势和国际共产主义运动发生了一个根本变化，它以实践证明第二国际的破产和马克思列宁主义的胜利。十月革命的胜利实现了列宁的思想，扩大了民族问题的范围。正如斯大林在《十月革命和中间阶层》一文中所言，十月革命的胜利"给社会主义思想开辟了一条通向被压迫国家最遥远的角落的道路"。其次，第一次世界大战之后，由于帝国主义列强忙于欧洲战事，中国民族资本主义获得较大发展。随着中国近代工业的发展，中国产业工人队伍不断壮大，从 1913 年的 100 万人陡增到 200 万人左右，形成了一支强大的无产阶级队伍。五四运动后，无产阶级登上了政治舞台，显示出自己的力量，这就为马克思主义的传播奠定了阶级基础。另外，在十月革命胜利的感召和影响下，1915 年开始的新文化运动获得重大发展，比过去更激进，出现了一批赞同十月社会主义革命、具有初步共产主义思想的激进知识分子。他们成为宣传马克思主义的中坚与骨干，为马克思主义真正在中国广泛传播立下了汗马功劳。李大钊是接受和传播马克思主义的第一人。从 1918 年下半年起，李大钊陆续发表《法俄革命之比较观》《庶民的胜利》《布尔什维主义的胜利》等多篇文章，热情宣传十月革命和马克思主义，李大钊认为列宁的布尔什维主义就是革命的社会主义，坚持马克思主义的科学社会主义的俄国社会民主工党就是社会党，从而把马克思主义的科学社会主义与各种资产阶级、小资产阶级的社会主义理论区别开来。1919 年 5 月，李大钊编辑出版《新青年》"马克思研究"专号，并在这一号发表著名论文《我的马克思主义观》，系统阐述马克思主义的三个组成部分，即唯物史观、政治经济学和科学社会主义。李大钊上述论文的发表标志着中国社会主义介绍进入了一个崭新阶段，即马克思主义的科学社会主义在中国广泛传播的阶段。李达是传播马克思主义理论的重要先驱者。早在留日期间(1913—1918 年)李达就积极参加留日爱国学生运动。1918 年 5 月留日学生反对《中日共同防敌协定》的爱国运动使他受到深刻教育，他决心加紧马克思列宁主义理论的学习和宣传。从 1918 年到 1919 年他先后翻译《唯物史观》《社会问题总览》《马克思经济学》等书，并在国内陆续出版，比较系统地介绍了科学社会主义理论和马克思主义的各个组成部分。1919 年 6 月，李达发表《什么叫社会主义?》《社会主义的目的》等文章，论述了社会主义与无政府主义的不同。他指出社会主义与无政府主义在主张上的重要不同：(1)社会主义主张即使在社会主义时期也要组织一种社会主义政府，反对无政府主义主张的从根本上打破一切政府组织。(2)在经济上，社会主义主张全面废除私有资本，反对无政府主义主张的废除一切私有财产。从而有力地批判了当时较有影响力的无政府社会主义，为真正马克思科学社会主义的广泛传播扫清了道路。再者，五四运动后，陈独秀也开始了宣传马克思主义的活动。1920 年初，陈独秀发表题为《社会改造的方法与信仰》的演说，提出"打破阶级的制度，实行平民社会主义"，"归为社会的共产"。这表明他正在从民主主义者转为初步的共产主义者。1920 年 9 月，他在《谈政治》中明确表示赞成马克思主义无产阶级专政思想，在革命知识分子中引起强烈反响。

十月革命和五四运动后，在李大钊、陈独秀、李达等初步具有共产主义思想的知识分子的影响和推动下，全国各地介绍马克思主义学说的刊物如雨后春笋般涌现，马克思主义在中国的传播蓬蓬勃勃。首先，众多报纸纷纷介绍马克思主义学说。从1919年5月5日到1919年11月11日，《晨报》副刊《马克思主义研究》专栏连续刊载马克思的《雇佣劳动与资本》(原译名《劳动与资本》，是该书在中国最早的译文)、考茨基的《马氏资本论释义》、河上肇的《马克思唯物史观》，促进了中国对马克思主义的深入了解。另外，广东的《中华新报》刊登大量译著，报道有关十月革命的消息，认为俄国出现列宁使历史顿时增添了异彩，俄国布尔什维克主张的共产主义最得平民劳动者的欢心。全国上下，许多报纸都以一定的篇幅登载马克思、恩格斯、列宁、李卜克内西、卢森堡等的传记材料和国际共产主义运动的消息。另外，各类杂志刊登大量介绍马克思主义科学社会主义的文章。北京的《新青年》《每周评论》《国民》，上海的《建设》杂志等最为活跃。1919年4月6日出版的《每周评论》在其名著专栏中刊登《共产党宣言》中关于纲领的一段，介绍了科学社会主义的理论核心——无产阶级专政的思想。译者还加有按语，特别指出，该宣言是马克思和恩格斯最先、最重大的意见，发表于1847年11月到1848年正月，其要旨是主张阶级战争，要求各地劳工联合。另如，北京的《国民》杂志第2卷第1号至第4号(1919年11月至1920年6月)先后刊登译文《马克思和恩格斯共产党宣言》(第一章)、《鲍尔锡维克之主义底研究》《马克思的历史的唯物主义》，以及评述性文章《苏维埃俄国底经济组织》《苏维埃俄国底新农制度》等。上海的《建设》杂志第2卷第1、2号相继发表《社会主义国家之概略》《近代社会主义之思潮》等文章。

十月革命和五四运动后，马克思主义在中国的传播与之前发生了根本性变化。

(一)从宣传和介绍的队伍方面看，在十月革命以前，中国介绍社会主义的成员都是资产阶级、小资产阶级的思想家。他们或主张资产阶级的改良主义，或赞同资产阶级民主主义，或信奉无政府主义。但从根本而言，他们不信仰科学社会主义理论。十月革命和五四运动以后，宣传和介绍社会主义的队伍发生了根本变化，其中起主导作用的是具有初步共产主义思想的知识分子。他们在宣传马克思主义学说时，有时也不够确切，但是他们倾向"俄式"社会主义革命，抛弃"法式"资产阶级旧民主主义革命，主张从根本上改造中国，反对中国走资本主义道路。最重要的是他们愿意与工农民众相结合，积极参加实际的革命斗争。五四以前，李大钊就明确号召将知识阶级与劳工阶级团结一起，强调知识分子到民众中去宣传社会主义。十月革命和五四运动后，在李大钊的倡导下，一批共产主义知识分子走到工厂、农村，调查、研究、了解工人疾苦，宣传革命道理，组织工人团体。这是与十月革命以前介绍社会主义的资产阶级思想家、活动家的根本不同之处。(二)从宣传和介绍的内容看，十月革命以后出现了一批正确阐述马克思主义原理的文章。如李大钊的《我的马克思主义观》、陈独秀的《社会主义批评》、李达的《马克思主义派社会主义》《马克思还原》等，这些文章都明确指出，马克思主义的社会主义是以唯物史观作指导的，是主张阶级斗争和无产阶级专政的，这也正是马克思社会主义与其他社会主义流派相区别的关键。李达在《马克思还原》中对马克思的社会主义原理做了归纳。他指出，马克思社会主义原理包括七个方面：一是关于经济基础与上层建筑的关系，即一切生产关系、财产关系是社会制度的基础，一切社会宗教、哲学、法律、政治等组织，均依这经济的基础而定。二是生产力与生产关系的矛盾，即社会物质的生产力，发展到一定程度时，就与现社会中活动而来的生产关系发生冲突，资本家利用收集生产物的剩余价值，坐致巨富，劳动者仅赖工钱以谋生，则富者愈富，贫者愈贫，遂划分社会为有产者和无产者两大阶级。三是无产阶级与有产阶级的斗争性，即人类历史是阶级斗争的历史，资本制度发展到了一定阶段，大多数的无产阶级就与少数的有产阶级互相对峙起来，相互联合组成一个大阶级，与有产阶级展开猛烈的争斗。四是资本跋扈，渐带国际倾向，无产阶级的作战，亦趋于国际团结。

五是无产阶级革命的目的，在于颠覆有产阶级的权势，建立劳动者的国家，实行无产阶级专政。六是无产阶级借政治的优越权，施强迫手段夺取资产阶级一切资本，将一切生产工具，集中到劳动者的国家手里。用最大的速度发展全生产力。七是国家是一个阶级压迫他一阶级的机器，若无产阶级专政，完全管理社会经济事业，把生产工具变为国家公产以后，则劳动阶级的利益成为社会全体的利益。李达对科学社会主义的论述虽然还有一些不妥之处，但是有力地说明了十月革命以后中国对社会主义学说的认识已经有了重大发展，开始了真正掌握科学社会主义理论的阶段。(三)从马克思主义著作的出版和马克思主义的传播方式来看，十月革命以后也有根本的变化。十月革命前，马克思主义著作偶尔见于个别刊物的节选性刊登，中国人了解科学社会主义主要是通过阅读马克思的传记及一些对马克思主义学说进行评述的文章。十月革命以后，众多报刊纷纷摘登科学社会主义著作，马克思主义著作的单行本也陆续问世。1920 年，上海社会主义研究社出版了陈望道翻译的《共产党宣言》全译本，上海群益书社出版了恩格斯的《社会主义从空想到科学的发展》后半部分(原译名为《科学的社会主义》)。1921 年，人民出版社出版了马克思的《工资、价格与利润》(原译名为《工钱劳动与利益》)，列宁的《苏维埃的政权与建设》(原译名为《劳农会的建设》)、《论策略书》(原译名为《讨论进行计划书》)。其中《共产党宣言》的第一个译本出版后，曾一再翻印、传播甚广。除了马克思主义著作纷纷问世且日益系统化、规模化外，更可喜的是出现了更新颖，更有效的传播方式，即将科学社会主义搬上高等学校的讲坛。从 1920 年起，李大钊在北京大学经济系、法律系和政治系先后讲授《工人的国际运动与社会主义的将来》《社会主义与社会运动》等课程，并开办系列讲座，宣传马克思科学社会主义。(四)具有初步共产主义思想者能运用马克思主义学说为武器有力回击了各种夹攻马克思主义的思潮和主义，在各种论战中获得了根本性的胜利。马克思主义在中国的广泛传播和共产主义运动的蓬勃兴起，不仅使帝国主义、封建主义极为恐慌，也使资产阶级深感不安。他们散布各种思潮以抵制马克思主义。首先，马克思主义者与封建复古主义者展开的新旧思潮大激战。1918 年底到 1919 年初，即五四运动前夕，眼见俄国十月革命后所谓“过激主义”在政治活动中的影响日益增大，以辜鸿铭、林琴南等为代表的复辟派文人公开撰文提倡“尊王”，“尊孔”，反对新思想，以陈独秀为代表的激进的革命民主主义者和具有初步共产主义思想的知识分子李大钊以《新青年》和《每周评论》为阵地，撰文反对封建主义，提倡民主和科学，倡导思想自由、言论自由和学术自由，并公开为“过激主义”辩护。李大钊指出，“过激主义”不是什么坏东西，它是因为社会上不满意的事太多才产生的，过激主义是革命的主义，是反抗剥削、压迫的主义。其次，马克思主义者与以胡适为代表的资产阶级改良派展开“问题与主义”的大论战。胡适倡导改良，提倡白话文，促进文学革命，是新文化运动的积极推动者。但是，随着马克思主义的传播，新文化运动战线内部发生了意见分歧。以胡适为代表的资产阶级改良主义者为了反对改变现存社会制度的主张，挑起“问题与主义”的论战。1919 年 7 月，他在《每周评论》第 31 号中提出“多研究些问题，少谈些主义”的政论导言，反对马克思主义。为了抵制马克思主义在中国的传播，配合自己的论战，1919 年 5 月胡适力邀其“良师益友”杜威到中国讲学，宣传实用主义哲学，反对阶级斗争，提倡一点一滴的改良。由于杜威哲学具有极大的蒙蔽性，在当时的思想界有不可低估的影响。1919 年 8 月 17 日，李大钊在《每周评论》第 35 号上发表《再论问题与主义》，以马克思主义的社会革命论有力回击胡适的言论，赢得了论战的胜利。再者，马克思主义者与伪“社会主义”者展开了论战。“问题与主义”论战在人们思想中产生了深刻的影响，马克思主义也得到了更加广泛的传播。1920 年春，共产国际的代表到中国，1920 年 5 月，中国第一个共产主义小组在上海成立。共产主义运动在中国即将形成一支独立的不可抗拒的政治力量。这时，马克思主义在中国的传播遇到了另一股重大阻力。以梁启超、张东荪及张君劢为代表的帮闲文人利用英国资产阶级唯心主义哲学家罗素到中国讲演的机会宣扬基尔特社会主义，反对“俄国式”社会主义。基尔特社会主义坚决反对革命斗争的方法，反对无产阶级革命和无产阶级专政，提倡

"调和精神"。梁启超和张东荪等人在1920年11月25日发表《和罗素先生的谈话》(《东方杂志》第17卷第22号),在1920年12月1日发表《东荪先生〈大家切记罗素先生给我们的忠告〉》(《新青年》第8卷第4号《关于社会主义的讨论》)以及《内地旅行而得之又一教训》(《时事新报》),以罗素的理论为思想武器发布反对社会主义、共产主义的言论。当时的共产主义者对社会主义的政敌发起猛烈的反攻,这就引起了五四运动时期著名的关于社会主义的思想论战。当时的共产主义者以《新青年》和《共产党》等刊物为阵地,发表系列文章予以批驳,其中较为重要的文章有李大钊的《中国的社会主义与世界的资本主义》、李达的《讨论社会主义并质梁任公》、蔡和森的《马克思学说与中国无产阶级》、何孟雄的《发展中国的实业究竟应采用什么方法》,以及陈独秀的《社会主义批评》。这次论战的时间持续较长,直到中国共产党成立以前。

革命的真理是不可抗拒的。在十月革命和五四运动的推动下,马克思主义冲破重重阻力在中国不可遏制地传播开来了。社会主义思潮在中国风起云涌,就在这种背景下,伟大的中国共产党应运而生。

从1920年起,在李大钊、李达、陈独秀的影响和推动下,毛泽东、周恩来、邓中夏、瞿秋白、蔡和森、恽代英、陈潭秋等一批青年革命知识分子也都先后坚定了对马克思主义的信仰,从激进民主主义革命者转变为共产主义者。他们运用马克思主义的立场、观点和方法去研究、分析中国问题,促使马克思主义与中国工人运动相结合。自此,马克思主义在中国的传播进入一个新的阶段,即将马克思主义的宣传和实践向纵深发展,创立无产阶级政党的阶段。

要建党,首先必须从思想上建党,即学习、研究马克思主义理论,领会和宣传马克思主义思想。1921年5月《新青年》(第9卷第1号)发表李达的重要文章《讨论社会主义并质梁任公》,号召共产主义信仰者组织巩固的团体,反对国际或国内恶势力的压迫,为支持共产主义而战。1920年11月,上海共产主义小组草拟《中国共产党宣言》,强调一定要向工人、农民、士兵、水手和学生宣传共产主义者的理想、共产主义的目的、共产主义的任务,只有这样革命才能成功。在各地共产主义小组领导下,从1920年11月后,又创办了《共产党》月刊、《先驱》《少年》等革命刊物,进一步在中国宣传共产主义,阐明马克思共产主义理论的基本观点及其与资产阶级、小资产阶级社会主义的区别,为建设革命的无产阶级政党指出正确方向。1921年8月,中国共产党成立前后,施存统发表《马克思底共产主义》,指出共产主义可分为半熟期和完成期两个阶段。在第一个阶段无产阶级夺取政权,"把一切生产机关都收归国有",消除有产阶级和无产阶级的阶级区别,一切人都成为社会的劳动者,个人都应按其提供劳动的多寡从社会中领受一定的报酬。在这一时期由于社会遗风尚存,仍不能免除强制力的存在。第二个时期是我们要的自由社会,也是马克思所谓共产主义的更高级状态。这个时期生产力已经达到了很高程度,是完全可以做到各尽所能,各取所需的自由共产主义时期,每个人都能够自由发展,全体人类构成自由发展的协同社会。

思想上的建党必定有赖于更多、更广地建立传播和研究马克思主义的组织机构。1921年春,上海、北京、广州、湖南、武汉、山东等地相继建立了共产主义小组。随着日益高涨的建党需要以及批驳、反击各种资产阶级、小资产阶级思潮的节节胜利,1921年夏天中国建立统一的无产阶级革命政党的条件已完全成熟。

1921年7月下旬,各地共产主义小组派代表来到上海,出席党的第一次全国代表大会。1921年7月23日,党的"一大"在上海法租界贝勒路树德里3号开幕。参加会议的代表有毛泽东、何叔衡、董必武、陈潭秋、王尽美、邓恩铭、李达、李汉俊、包惠僧、张国焘、刘仁静、陈公博、周佛海,共13人。共产国际代表马林、尼可尔斯基二人也参加了会议。会议于1921年7月31日结束。这次会议的召开,标志着中国共产党的正式成立。1941年,中共中央决定将7月1日定为党的生日。

中国共产党的成立是中国历史上一件具有划时代意义的大事。党的“一大”起草和通过了中国共产党的第一个纲领和中国共产党的第一个决议，选举了党的中央领导机构——中央局，陈独秀被选为中央局书记。党纲规定党的名称为“中国共产党”，并阐明中国共产党的政治主张、奋斗目标为：(1)以无产阶级革命军队推翻资产阶级，由劳动阶级重建国家，直至消灭阶级差别；(2)以无产阶级专政达到阶级斗争的目的，即消灭阶级；(3)废除资本私有制，没收一切生产资料，如机器、土地、厂房、半成品等；(4)联合第三国际。除此之外，党纲还规定了党的组织原则、领导制度、组织机构、组织纪律以及组织发展工作等内容。这样，中国共产党从成立之日起就是一个组织纪律严格、实行民主集中制的、战斗力很强的无产阶级政党。

（常晓琼）

# 5. 白话文运动

1917 年 1 月 1 日，胡适在《新青年》上发表《文学改良刍议》，打响白话文运动的第一枪。

他指出应从八个方面改良文学："一曰，须言之有物。二曰，不摹仿古人。三曰，须讲求文法。四曰，不作无病之呻吟。五曰，务去烂调套语。六曰，不用典。七曰，不讲对仗。八曰，不避俗字俗语。"他认为文学同样遵循进化之理，"一时代有一时代之文学：周、秦有周、秦之文学，汉、魏有汉、魏之文学，唐、宋、元、明有唐、宋、元、明之文学"，而"今日之文学，其足与世界'第一流'文学比较而无愧色者，独有白话小说(我佛山人、南亭亭长、洪都百炼生三人而已)一项"。

他认为言文不一致的情况在我国长期存在："吾国言文之背驰久矣。自佛书之输入，译者以文言不足以达意，故以浅近之文译之，其体已近白话。其后佛氏讲义语录尤多用白话为之者，是为语录体之原始。及宋人讲学以白话为语录，此体遂成讲学正体(明人因之)。当是时，白话已久入韵文，观唐、宋人白话之诗词可见也。及至元时，中国北部已在异族之下，三百余年矣(辽、金、元)。此三百年中，中国乃发生一种通俗行远之文学。文则有《水浒》《西游》《三国》……之类，戏曲则尤不可胜计(关汉卿诸人，人各著剧数十种之多。吾国文人著作之富，未有过于此时者也)。以今世眼光观之，则中国文学当以元代为最盛；可传世不朽之作，当以元代为最多，此可无疑也。当是时，中国之文学最近言文合一，白话几成文学的语言矣。使此趋势不受阻遏，则中国几有一'活文学出现'，而但丁、路得之伟业(欧洲中古时，各国皆有俚语，而以拉丁文为文言，凡著作书籍皆用之，如吾国之以文言著书也。其后意大利有但丁(Dante)诸文豪，始以其国俚语著作。诸国踵兴，国语亦代起。路得(Lutber)创新教始以德文译《旧约》、《新约》，遂开德文学之先。英、法诸国亦复如是。今世通用之英文《新旧约》乃 1611 年译本，距今才三百年耳。故今日欧洲诸国之文学，在当日皆为俚语。迨诸文豪兴，始以'活文学'代拉丁之死文学；有活文学而后有言文合一之国语也)，几发生于神州。不意此趋势骤为明代所阻，政府既以八股取士，而当时文人如何、李七子之徒，又争以复古为高，于是此千年难遇言文合一之机会，遂中道夭折矣。"

同欧洲情况类似，在我国，文言乃"三千年前之死字"，而白话则为"二十世纪之活字"。因此，胡适大胆预言："以今世历史进化的眼光观之，则白话文学之为中国文学之正宗，又为将来文学必用之利器。"

接着，陈独秀在 1917 年 2 月出版的《新青年》上发表《文学革命论》，大力支持胡适的主张，并举起"文学革命"的大旗。他说："文学革命之气运，酝酿已非一日，其首举义旗之急先锋，则为吾友胡适。余甘冒全国学究之敌，高张'文化革命军'大旗，以为吾友之声援。旗上大书特书吾革命军三大主义：曰推倒雕琢的、阿谀的贵族文学，建设平易的、抒情的国民文学；曰推倒陈腐的、铺张的古典文学，建设新鲜的、立诚的写实文学；曰推倒迂晦的、艰涩的山林文学，建设明了的、通俗的社会文学。"进一步推动了白话文运动的发展。

之后，一大批知识分子纷纷发表文章，大力提倡新文学，反对旧文学，如钱玄同、刘半农、傅斯年等人。

1917 年 3 月，钱玄同在《新青年》上公开发表致陈独秀的信，声明赞同胡适的《文学改良刍议》。他说："白话中罕有用典者，胡君主张采用白话，不特以今人操今语，于理为顺，即为驱除用典计，亦以用白话为宜。""语录以白话说理，词曲以白话为美文，此为文章之进化，实今后言文一致之起点。此等白话文章，其价值远在所谓'桐城派之文'、'江西派之诗'之上。此蒙所深信而不疑者也。至于小说为近代文学之正宗，此亦至确不易之论。""弟对于应用之文，以为非做到言文一致地步不可。"1917 年 7 月，钱玄同又在《新青年》上发表《论应用文亟宜改革》，列举应用文"改革之大纲十三事"："1. 以国语为之。2. 所选之字，皆取最普通常用者，约以五千字为度。3. 凡一义数字者，止用其一，亦取最普通常用者。4. 关于文法之排列，制成一定不易之《语典》，不许倒装移置。5. 书札之款或称谓，务求简明确当，删去无谓之浮文。6. 绝对不用典。7. 凡两等小学教科书，及通俗书报、杂志、新闻纸，均旁注'注意字母'，仿日本文旁注'假名'之例。8. 无论何种文章，必施句读及符号。惟浓圈密点，则全行废除。9. 印刷用楷体，书写用草体。10. 数字可改用'亚拉伯'码号，用算式书写，省'万'、'千'、'百'、'十'诸字。11. 凡纪年，尽改用世界通行之耶稣纪元。12. 改右行直下为左行横迤。13. 印刷之体，宜分数种，以便印刷须特别注意之名词等等。""此十三事之中，第一事自然是根本上之改革。"

刘半农于 1917 年 5 月在《新青年》上发表《我之文学改良观》，指出："今既认定白话为文学之正宗与文章之进化，则将来之期望，非做到'言文合一'或'废文言而用白话'之地位不止。此种地位，既非一蹴可，几则吾辈目下应为之事，惟有列文言与白话于对待之地，而同时于两方面力求进行之策。进行之策如何？曰，于文言一方面，则力求其浅显使与白话相近；于白话一方面，除竭力发达其固有之优点外，更当使其吸收文言所具之优点，至文言之优点，尽为白话所具，则文言必归于淘汰。而文学之名词，遂为白话所独据，固不仅正宗而已也。"

傅斯年则发表《文学革新申义》，称："中国文学之革新，酝酿已十余年。去冬胡适之先生草具其旨，揭于《新青年》，而陈独秀先生和之。时会所演，从风者多矣。蒙以为此个问题，含有两面。其一，对于过去文学之信仰心，加以破坏。其二，对于未来文学之建设加以精密之研究。"然后又发表《文言合一草议》《白话文学与心理的改革》等文，积极声援白话文运动。

为了制造公共话题，1918 年 3 月，钱玄同和刘半农还合演了一出双簧戏。首先，钱玄同化名王敬轩给《新青年》的编者写了一封长信，他模仿旧文人的口吻，申说反对白话文、维护文言文的种种理由，攻击主张新文学的人是不要祖宗。然后刘半农以《新青年》记者的身份写了批驳王敬轩的复信，信中用词夸张，极尽讥讽之能事，甚至还有全盘否定古文的历史价值的偏激观点。两封信同时刊登在《新青年》第 4 卷第 3 号上。双簧信的发表，成功引起了社会公众对白话文运动的关注，特别是激起一批现实中的"旧文人"如林纾等公开露面反驳废除文言文的主张，吸引了越来越多的有识之士加入白话文运动的大军，扩大了白话文运动的影响力。

在白话文运动轰轰烈烈发展的同时，胡适、鲁迅等大力提倡白话文的知识分子开始用白话文进行文学创作。早在 1916 年，胡适已率先尝试写作白话文诗文，至 1920 年 3 月，他将自己创作的 64 首新诗收集编成《尝试集》。《尝试集》在两年之中销售了 1 万册。下面是胡适写的白话诗《蝴蝶》(发表在《新青年》第 2 卷第 6

号，1917 年 2 月出版。发表时题名为《朋友》）：

两个黄蝴蝶，双双飞上天。
不知为什么，一个忽飞还。
剩下那一个，孤单怪可怜；
也无心上天，天上太孤单。

鲁迅也是白话文运动的积极倡导者和实践者。1918 年 5 月，他在《新青年》上发表了中国第一部现代白话文小说《狂人日记》，首次采用第一人称叙事的日记体形式，借“狂人”之口，深刻揭露和控告封建礼教吃人的本质，在当时产生了很大的影响。之后，他相继创作了很多白话小说，如《孔乙己》《药》等，均反映当时的社会状况，批判和揭露封建旧文化。

《新青年》作为白话文运动的首要阵地，自 1918 年 1 月起完全改用白话。此后，一批白话报刊相继诞生。如 1918 年 12 月陈独秀、李大钊创办的《每周评论》，1919 年 1 月傅斯年、罗家伦等创办的《新潮》，北京的《国民公报》，上海的《时事新报》等，都采用白话文编辑出版。

1919 年 4 月中国在巴黎和会上的外交失败，导致五四运动的爆发。5 月 4 日，北京学生 3000 多人，在天安门前集会，高呼“外争国权，内惩国贼”“取消二十一条”“拒绝和约签字”等口号，并举行游行示威。各地纷纷响应，学生罢课，商人罢市，形成全国范围内的革命狂潮。随着运动的发展，白话文的声势迅猛提升。“《每周评论》式的白话小报，突然发生至四百余种之多。日报的附张，大都取消了旧式滥调的诗文或优伶娼妓的消息，改登新文艺和国语的译著；有名的几种副刊，如上海《时事新报》的《学灯》，《民国日报》的《觉悟》，以及北京的《晨报副刊》等，都是从那时候逐渐改良，逐渐增刊的。”1920 年以后，《东方杂志》《小说月报》等一些著名刊物也改用白话。

同时，白话文在社会各界中的影响力也越来越明显，文言文渐渐退出历史的舞台。如同样是关于五四运动中北京学界的宣言，许德珩用文言文写的几乎无人问津，而罗家伦用白话文写的《北京学界全体之宣言》则名噪一时。再如，采用文言文的《国民杂志》因“只注意于反军阀、抗日的政治运动，没有尽力白话文的宣传，所以在当时新文化运动的狂潮中不为人所注意”，而白话文报刊却越来越受读者欢迎。1920 年，在白话取代僵化了的文言已成事实的情况下，北洋政府教育部终于承认以白话为“国语”，通令国民学校逐步采用白话文代替以往文言的国文课。新文学团体如文学研究会、创造社等也相继成立。至此，白话文成为日常社会生活和文化活动的“正宗”语体。白话文运动取得了最终的胜利。

1. 文言与白话的论争

在白话文运动得到迅猛发展的同时，维护文言文、反对白话文的抗争也在激烈进行，代表人物是古文家林纾。

林纾（1852—1924 年），字琴南，福建闽县（今福州市）人，近代著名古文家、翻译家。他曾用古文翻译欧美小说 200 余种，其中不少是外国名著。他主张文言有其存在的价值，在提倡白话的同时不应废除文言。

1917年胡适的《文学改良刍议》和陈独秀的《文学革命论》发表后，林纾在同年2月8日的上海《民国日报》发表《论古文之不当废》，认为白话文可以提倡，但古文并不必因此而废除：

方今新学始昌，即文如方、姚，亦复何济于用？然而天下讲艺术者仍留古文一门，凡所谓载道者皆属空言，亦特如欧人之不废腊丁耳。知腊丁之不可废，则马、班、韩、柳亦自有其不宜废者。吾识其理，乃不能道其所以然，此则嗜古者之痼也。民国新立，士皆剽窃新学，行文亦泽之以新名词。夫学不新而唯词之新，匪特不得新，且举其故者而尽亡之，吾甚虞古系之绝也。

1918年《新青年》上的双簧信发表后，林纾于1919年初在《文艺丛报》上发表《论古文白话之相消长》，再次表明提倡白话不应废除文言：

其曰废古文用白话者，亦正不知所谓古文也。但闻人言韩愈为古文大家，则骂之，此亦韩愈之报应。何以言之？《楞严》《华严》之奇妙，而文公并未寓目，大呼跳叫，以铙钹钟鼓为佛，而《楞严》《华严》之妙处，一不之管，一味痛骂为快，于是遂有此泯泯纷纷者，尾逐昌黎，骂之于千载之后。盖白话家之不知韩，犹韩之不知佛也。然今日斥白话家为不通，而白话家决不之服，明知口众我寡，不必再辩；且古文一道，曲高而和少，宜宗白话者之不能知也。……所谓古文者，白话之根柢，无古文安有白话？

1919年2月和3月，他又在《新申报》发表上文言小说《荆生》和《妖梦》。《荆生》写伟丈夫荆生怒斥、痛打田其美、狄莫、金心异，以这三人分别影射陈独秀、胡适、钱玄同。《妖梦》采用相同手法，以白话学堂的校长元绪、教务长田恒、副教务长秦二世分别影射蔡元培、陈独秀、胡适，并称他们为“鬼中之杰出者”，是“士大夫甘为禽兽”。他还在北京《公言报》上发表致蔡元培的公开信《答大学堂校长蔡鹤卿太史书》，称：

若尽废古书，行用土语为文字，则都下引车卖浆之徒所操之语，按之皆有文法，不类闽、广人为无文法之啁啾，据此，则凡京、津之稗贩，均可用为教授矣。若云《水浒》《红楼》皆白话之圣，并足为教科之书，不知《水浒》中辞吻，多采岳珂之《金陀萃编》，《红楼》亦不止为一人手笔，作者均博极群书之人。总之，非读破万卷，不能为古文，亦并不能为白话。

针对林纾的保守言论，胡适、李大钊等发表文章逐一批驳。胡适在《新青年》上发表的《寄陈独秀》批评林纾说的“吾识其理，乃不能道其所以然”：

此正是古文家之大病。古文家作文，全由熟读他人之文，得其声调口吻，读之烂熟，久之亦能仿效，却实不明其“所以然”。此如留声机器，何尝不能全像留声之人之口吻声调？然终是一副机器，终不能“道其所以然”也。

《荆生》和《妖梦》发表后，李大钊在《每周评论》上发表《新旧思潮之激战》道：“须知中国今日如果有真正觉醒的青年，断不怕你们那伟丈夫的摧残；你们的伟丈夫，也断不能摧残这些青年的精神。”鲁迅在《新青年》上发表《随感录五十七·现在的屠杀者》说：“做了人类想成仙；生在地上要上天；明明是现代人，吸着现代的空气，却偏要勒派朽腐的名教，僵死的语言，侮蔑尽现在，这都是‘现在的屠杀者’。”刘半农亦在写给钱玄同的信中说：“他(指林纾)若止于发卫道之牢骚而已，也就罢了；他要借重《荆生》，却是无论如何不能饶恕的。”

继林纾之后，南方的学衡派和北方的甲寅派成为反对白话文、维护文言文的主力。

《学衡》是综合性刊物，1922 年 1 月由梅光迪、吴宓、胡先骕等人在国立东南大学(即今南京大学)创办，1933 年 7 月停刊。他们反对胡适等人的“文学进化论”，认为“古文白话之递兴。乃文学体裁之增加。实非完全变迁。尤非革命也”，文言和白话只是“文学体裁不同。而各有所长。不可更代混淆。而有独立并存之价值”，不能“尽弃他种体裁。而独尊白话”。

《甲寅》是政治性期刊，1914 年 5 月在日本东京创刊，1915 年 5 月改在上海出版，出至第 10 期停刊。1925 年 7 月在北京复刊，改为周刊。1927 年 3 月 5 日停刊。主编为章士钊。章士钊反对胡适的旧文学乃死文学之说，他认为“凡死文学，必其迹象与今群渺不相习，仅少数人资为考古而探索之，废兴存亡，不系于世用者也”，而文言沿袭“数千百年，意无二致，人无不晓”，即使是“二千年外之经典”，仍“可得琅然诵于数岁儿童之口”，并非“死”文学。他还批判白话文运动“以鄙俗妄为之笔，窃高文美艺之名，以就下走圹之狂，隳载道行远之业”，是“欲进而反退，求文而得野，陷青年于大阱，颓国本于无行”。

针对学衡派和甲寅派的言论，鲁迅不失时机地写下了《估〈学衡〉》《答 KS 君》《再来一次》《十四年的“读经”》等杂文，指出：“诸公掊击新文化而张皇旧学问，倘不自相矛盾，倒也不失其为一种主张。可惜的是于旧学并无门径，并主张也还不配。倘使字句未通的人也算是国粹的知己，则国粹更要惭惶煞人！‘衡’了一顿，仅仅‘衡’出了自己的铢两来，于新文化无伤，于国粹也差得远。”茅盾在《文学界的反动运动》中说：“和其他反动运动一样，文学上的反动运动的主要口号是‘复古’。不论是他们反对白话，主张文言的，或是主张到故纸堆里寻求文学的意义的，他们的根本观念同是复古。”成仿吾在《读章氏〈评新文学运动〉》中说：“文言亦不过一种容器，假使我们把这些所谓国性群德，移植别种容器之中，那么，文言便不是绝对必要之物了。不仅不是绝对必要之物，而且假使我们理想的国语告成，文言直是不必要的累赘。我们在这过渡时期的人，处处受尽了这种二重人格的苦。使将来的青年可不再空费精力与光阴去苦记一些无用的文字与无用的句法，实是我们应当努力做到的一大事业。”胡适认为：“《学衡》的议论，大概是反对文学革命的尾声了。我可以大胆说，文学革命已过了议论的时期，反对党已破产了。从此以后，完全是新文学的创造时期。”在反驳章士钊的文字中，胡适又指出：“白话文学的运动是一个很严重的运动，有历史的根据，有时代的要求。有他本身的文学的美，可以使天下睁开眼睛的共见共赏。这个运动不是用意气打得倒的。今日一部分人的谩骂也许赶得跑章士钊君；而章士钊君的谩骂决不能使陈源胡适不做白话文，更不能打倒白话文学的大运动。”

（汪梅梅）

# 6. 汉字记音的尝试：注音字母与国语罗马字

鸦片战争后，中国殖民化程度不断加深，中华民族不甘于亡国灭种，洋务运动、戊戌变法、五四运动等社会浪潮此起彼伏。在此过程中，人们逐渐认识到，要强国，必须发展教育，以提高大众文化水平；而要发展教育，必须改良传统脱离口语的繁难语文体系。如近人卢戆章说："窃谓国之富强，基于格致；格致之兴，基于男妇老幼皆好学识理，其所以能好学识理者，基于切音为字，则字母与切法习完，凡字无师能自读；基于字话一律，则读于口遂即达于心；又基于字画简易，则易于习认，亦即易于捉笔，省费十余载之光阴，将此光阴专攻于算学、格致、化学，以及种种之实学，何患国不富强也哉。"改良语文，总体目标，就是"大众听得懂，说得出，看得明白，写得来"。为此，近代以来先后出现切音字、注音字母、国语罗马字、拉丁化新文字、汉语拼音方案等尝试。其中，以注音字母、国语罗马字、汉语拼音方案影响最大。

注音字母的颁行，要追溯到民国初年。1912 年 12 月，蔡元培担任总长的北洋政府教育部成立读音统一会筹备处，以吴稚晖为主任，制定读音统一会章程。1913 年 2 月 15 日，读音统一会在北京正式成立。读音统一会会员，必须具备下列四项条件之一：(1)精通音韵；(2)深通"小学"；(3)通一种或两种以上外语；(4)熟谙多种方言。

最后确定的会员共 80 名。其中由教育部任命 50 名，各省推举 30 名。各省最多推举 2 名，但教育部任命的会员多为江浙籍，结果来自江苏的 17 名，浙江 9 名，直隶 7 名。此外福建、广东、湖南也较多，各有 4 名。直隶也多达 8 名，但直隶籍的王照对会员结构极度不满，指出江浙会员多达 25 名，且来自无锡的就有 5 名。经过激烈争论，最后决定，议事表决实行一省一票制，而不是每个会员一票。会议选举吴稚晖为议长，王照为副议长。会议确定，读音统一会的任务有三：(1)审定一切字音为法定国音；(2)将所有国音均析为至单至纯的音素，核定所有音素总数；(3)采定字母，每一音素均以一个字母表示。

会议第一步是审定国音。会议将清李光第《音韵阐微》中的常用字作为审音字汇，各省按字目逐字提交以会议指定临时使用的"记音字母"所标注的音单，由记音员逐一比较，每省为一票，以票数最多的为审定读音。经过一个多月时间，共审定 6500 多字的标准读音。

第二步是核定音素。会议以《康熙字典》卷首的《字母切韵要法》为依据，去掉三十六字母的十个浊音字母，合并知、照两组，得到二十四个声母；又根据十二摄得出十二个韵母；从正、副韵和合口正、副韵里得出齐齿、合口、撮口三个介音(开口无介音)。这样，就核定汉语音素为 38 个。

第三步是选定字母。当时字母提案颇多，主要有三派：以王照、汪荣宝、汪怡、蔡璋等为代表的偏旁派以卢戆章、马体乾、李良材、吴敬恒、邢岛等为代表的符号派，以刘继善、杨曾浩等为代表的罗马字母派。

各派争论持续两个多月，意见始终不能统一。这次会议第一阶段审定国音时指定临时使用的“记音字母”，其实出自章太炎之手。1906 年 6 月，章太炎避难日本，旋即担任同盟会机关报《民报》的主编。他仿照日语假名，以“简化偏旁”的办法，利用汉字小篆的结构，创造出一套记音字母，包括 36 个纽文(声母)，22 个韵文(韵母)，发表于 1908 年 6 月 10 日《民报》第 21 号的《驳中国用万国新语说》一文中。当时与会会员都用过这套记音符号，马裕藻、朱希祖、许寿裳、钱稻孙、周树人等人都不在上述三派中，他们都是章门弟子(黎锦熙在所著的《国语运动史》中称之为“简单汉字派”)，熟悉师说，于是朱希祖就从章太炎的纽文韵文中选取 38 个作为标音符号记录这次核定的 38 个音素，写出议案。朱希祖《癸丑日记》3 月 11 日载：“十一日上午至许季绂处，即托其将议案并《纽文韵文篆母》(系章太炎师所定者)与钱稻孙一阅即送至议长处。此议案六人具名：朱希祖、马裕藻、陈濬、许寿裳、周树人、孙(引者按：疑作‘钱’)稻孙。议案大意：反切音标须用简单之汉字，不用新造之简字，一也；读音须依最近韵书之有反切者，从其是，不从多数，少数所读合乎旧反切，虽少数亦从也，不合则虽多数不从也，二也；合则为正音统一全国，不合为闰音，亦须记于音表，以为各省比拟声音之用，并供古韵学家、博言学家参考之，三也；总之，一国不许有二种文字，如日本、朝鲜，此其最要关键也。”这一议案赞成者颇多，表决时到会 45 人，赞成者 29 人，终以多数票通过，并将原来的篆体隶定为楷体，将“记音字母”改名为“注音字母”。1913 年 3 月 13 日，会议通过 38 个注音字母方案：

母二十四(暂以循读之便利次之于左，仍用旧母及西文对照者，因其暂适于检寻也)：

ㄅ、ㄆ、ㄇ、ㄈ、ㄪ、刂(ㄉ)、ㄊ、ㄋ、ㄌ、ㄖ、丨、ㄎ、ㄫ、ㄏ、ㄐ、ㄑ、ㄬ、ㄒ、ㄓ、ㄔ、ㄕ、ㄗ、ㄘ、ㄙ

韵十有四：

ㄧ、ㄨ、ㄩ、ㄚ、ㄛ、ㄝ、ㄟ、ㄞ、ㄠ、ㄡ、ㄢ、ㄤ、ㄥ、ㄙ

浊声不另立音标，以清音字母加两点为之

ㄅ”、ㄆ”、ㄈ”、刂”ㄊ”、丨”ㄎ”、ㄏ”、ㄐ”ㄑ”、ㄒ”、ㄓ”ㄔ”、ㄕ”、ㄗ”、ㄘ”、ㄙ”、ㄧ”ㄨ”ㄩ”

方案原件在字母左侧标注西文字母和广韵 40 声类，为便醒目，此不录。(详见《1913 年读音统一会资料汇编》，文字改革出版社，1958 年)

1913 年 5 月 22 日，会议闭幕。由于种种阻力，这个方案直到 1918 年 11 月 23 日才正式公布。其后，又经过多次修正：改变浊音标法，以右上角加单撇点表示(如ㄅ’)；增入声调标识，在字母的左下、左上、右上、右下加小圆点分别表示阳、上、去、入四声，不加小圆点表示阴平；增加“ㄦ”母，“ㄜ”母，变为 40 字母。

1920 年，注音字母的推广逐渐开展起来。北京成立注音字母书报社，向全国发行《注音字母报》，印刷注音字母普及读物。各地也陆续开办“国语传习所”和“暑期国语讲习所”，全国小学教科书中的生字采用注音字母注音。1930 年，民国政府认为注音字母是注音工具，下令将“注音字母”改名为“注音符号”。

注音字母方案问世后，社会上褒贬不一。比如用投票的方法、以少数服从多数的规则决定字音和字音的标注方式，似乎很民主，其实是以行政手段解决学术问题，以学术问题迁就东南西北各方，以致学术问题演成地利之争。而随着新文化运动开展，人们不再满足于给汉字设计注音工具，激进人士提出必须改革文字，甚至废除汉字，从而掀起一场“汉字革命”。如钱玄同以《中国今后之文字问题》为题致陈独秀公开信说：“欲废孔学，不可不先废汉文；欲驱除一般人之幼稚的野蛮的顽固的思想，尤不可不先废汉文。”因为“此种文字，断断不能适用于二十世纪之新时代”。

那么，废除汉字，用什么来替代呢？钱玄同提出限制汉字字数，夹用“万国新语”(世界语)，逐渐废除汉字。陈独秀回复钱玄同，提出以罗马字母拼写汉语的主张：“惟有先废汉文，且存汉语，而改用罗马字母书之。”胡适表示也极力赞成，认为“所以必须先用白话文字来代文言的文字；然后把白话的文字变成拼音的文字”。吴稚晖 1918 在《新青年》第 5 卷第 5 号上发表《补救中国文字之方法若何?》，坚持用世界语代替汉语，反对罗马字拼音。1919 年，傅斯年在《新潮》第 1 卷第 3 期上发表《汉语改用拼音文字的初步谈》一文，主张用罗马字母的拼音文字拼写汉语。国语罗马字运动，就是在这种背景下展开的。

1922 年，《国语月刊》先后出版“汉字改革号”(第 1 卷第 7 期)和“字母讨论号”(第 2 卷第 1 期)，掀起汉字改革理论研究和罗马字母拼音方案设计的大讨论。钱玄同发表《汉字革命》，继续主张废除汉字，改用罗马字母拼音，不再支持世界语。他说：“什么是‘汉字之根本改革的根本改革？就是拼音字母应该采用世界的字母——罗马字母式的字母。”黎锦熙发表《汉字革命军前进的一条大路》，强调“词类连书”(分词连写)对汉语拼音文字的重要性，他认为过去拼音文字失败是因为不知道词类连书。赵元任在“汉字改革号”发表《国语罗马字的研究》，提出详细的“国语罗马字的草稿”，主张限用拉丁字母，用字母拼法的变化来表示声调，不造新字母，不用附加符号。这个草稿成为后来国语罗马字方案的基础。其后，在“字母讨论号”上，赵元任发表《新文字运动的讨论》，采纳周辨明等人的修正意见，形成了“1923. 9. 1 拟的国语罗马字”方案。

1923 年，教育部国语统一筹备会召开第五次大会，钱玄同提出“请组织国语罗马字委员会案”，认为“二十六个罗马字母，现在已成为世界通用的字母”，主张在用注音字母的同时兼用罗马字母，“将罗马字母作为国音字母的第二式”。钱氏提案，还由黎锦熙、黎锦晖、汪怡连署。黎锦熙、叶谷虚等又另出提案，请求公议一种罗马字拼音方案，与注音字母同时推行。大会成立“国语罗马字拼音研究委员会”，指定钱玄同、黎锦熙、黎锦晖、赵元任、周辨明、林玉堂(林语堂)、汪怡、叶谷虚、易作霖、朱文熊、张远荫 11 人为委员。由于时局动荡，委员会无法举行会议，遂改由刘复发起在京音韵学家赵元任、林语堂、汪怡、钱玄同和黎锦熙成立“数人会”进行讨论。刘复以外的五人，都是国语罗马字研究委员会成员。“数人会”一年内开会 22 次，九易其稿，终于议定《国语罗马字拼音法式》。1926 年 9 月，“国语统一筹备会”召开“国语罗马字拼音研究委员会”，通过并提请教育部公布。1928 年 9 月 26 日，国民党政府大学院公布此方案，作为“国音字母第二式”，而仍以“注音符号”作为“国音字母第一式”。

这一方案包括声母、韵母、声调和附记四大部分。方案不用新字母，不用附加符号，主要用条件变读和字母组合、改写等方法来适应汉语拼写在声调、零声母、词语记录、方言等方面的特殊需要。方案公布后就已开始推广，但拼写规则过于琐碎，普通民众难以掌握，使用者多限于知识分子。1940 年，民国政府将“国语罗马字”改名为“译音符号”。

注音字母和国语罗马字是汉字音素记音和拼写的重要尝试，它们基本上避免了传统的譬况法、读若法、直音法、反切法等以音节注音素的弊端。它们和后来推行的汉语拼音方案，成为至今仍在使用的汉字三大记

**1.声 母**

| | | | | | | | | | |
|---|---|---|---|---|---|---|---|---|---|
| ㄅ | ㄆ | ㄇ | ㄈ | ㄪ* | b | p | m | f | v* |
| ㄉ | ㄊ | ㄋ | | ㄌ | d | t | n | | l |
| ㄍ | ㄎ | ㄫ* | ㄏ | | g | k | ng* | h | |
| ㄐ | ㄑ | ㄬ* | ㄒ | | j | ch | gn* | sh | |
| ㄓ | ㄔ | | ㄕ | ㄖ | j | ch | | sh | r |
| ㄗ | ㄘ | | ㄙ | ㄙ'* | tz | ts | | s | z* |
| ㄧ | ㄨ | ㄩ | | | y | w | y(u) | | |

**2.韵 母**（基本形式）

| | | | | | | | | | | | | | | | |
|---|---|---|---|---|---|---|---|---|---|---|---|---|---|---|---|
| 开 | ㄖㄭ' | ㄚ | ㄛ | ㄜ | ㄝ* | ㄞ | ㄟ | ㄠ | ㄡ | ㄢ | ㄣ | ㄤ | ㄥ | ㄨㄥ | ㄦ |
| 齐 | ㄧ | ㄧㄚ | ㄧㄛ | | ㄧㄝ | ㄧㄞ* | | ㄧㄠ | ㄧㄡ | ㄧㄢ | ㄧㄣ | ㄧㄤ | ㄧㄥ | ㄩㄥ | |
| 合 | ㄨ | ㄨㄚ | ㄨㄛ | | | ㄨㄞ | ㄨㄟ | | | ㄨㄢ | ㄨㄣ | ㄨㄤ | ㄨㄥ | | |
| 撮 | ㄩ | | | | ㄩㄝ | | | | | ㄩㄢ | ㄩㄣ | | | | |
| 开 | y | a | o | e | è* | ai | ei | au | ou | an | en | ang | eng | ong | el |
| 齐 | i | ia | io* | | ie | iai | | iau | iou | ian | in | iang | ing | iong | |
| 合 | u | ua | uo | | | uai | uei | | | uan | uen | uang | ueng | | |
| 撮 | iu | | | | iue | | | | | iuan | iun | | | | |

音拼写工具。但是我们不要忘记，这些工具，最初的目标是试图取代汉字而成为一种表音的拼音文字。现当代，一个普通的中国人也会觉得消灭汉字是一种笑话，而历史上那些识字最多、最有文化的人却要消灭汉字。这个问题，仍然值得我们思考。

（周德美）

# 7. 新诗的诞生

所谓新诗，是指五四运动前后产生的用白话写作、不受格律限制的新体诗的特定名称，又称白话诗或自由诗。1918 年 1 月，《新青年》4 卷 1 期首次发表白话诗 9 首，标志着中国新诗的诞生。

一、新诗理论的探讨

早在 19 世纪末，黄遵宪、梁启超等人就提出过改革诗歌的主张，他们要求在一定程度上突破中国传统旧体诗的形式束缚，以利于表现新的社会生活、新的思想情感和新的理想(意境)。1868 年，黄遵宪在《杂感》诗中强调“我手写吾口，古岂能拘牵？即今流俗语，我若登简编；五千年后人，惊为古烂斑”，明确提出“我手写吾口”的主张，并坚持用诗记述当时的新生事物。如《今别离》四首组诗，以轮船、火车、电报、照相和东西半球昼夜相反现象来抒写男女别情，用语通俗，内容新颖，既拓宽了诗歌的题材范围和反映生活的领域，又为诗歌带来了新的气息、新的变化。1899 年 11 月，梁启超正式提出“诗界革命”的口号，他指出：“支那非有诗界革命，则诗运殆将绝。”他认为作诗应做到“三要”：一要有新意境，二要有新语句，三要有古人风格。1902 年后，梁启超又强调指出：“过渡时代，必有革命。然革命者，当革其精神，非革其形式。吾党近好言诗界革命。虽然，若以堆积满纸新名词为革命，是又满洲政府变法维新之类也。能以旧风格含新意境，斯可以举革命之实矣。”“诗界革命”为新诗的诞生和发展做了铺垫。

1. 胡适

胡适是尝试新诗创作的第一人，也是探索新诗理论的先行者。

1914 年 7 月 7 日，他在《自杀篇》的跋语中写道：“吾近来作诗，颇能不依人蹊径，亦不专学一家，命意固无从摹效，即字句形式亦不为古人成法所拘，盖胸襟魄力，较前阔大，颇能独立矣。”1915 年，他在《如何可使吾国文言易于教授》一文中又称：“文言是半死之文字，不当以教活文字之法教之。”“活文字者，日用语言之文字，如英法文是也；如吾国之白话是也。”这表明他那时就已开始思考白话诗、白话文的问题。

1915 年，在寄给任叔永的诗中，他提出了“作诗如作文”的主张：“诗国革命何自始？要须作诗如作文。琢镂粉饰丧元气，貌似未必诗之纯。”因为这个主张，引发了一场诗文是否一致的论战。任叔永、梅光迪认为“诗文截然两途。诗之文字与文之文字，自有诗文以来，无论中西，已分道而驰”。为了反驳任、梅的观点，胡适在 1916 年写给任叔永的信中指出诗界革命的方法：“今日欲救旧文学之弊，先从涤除‘文胜’之弊入手。今人之诗徒有铿锵之韵，貌似之辞耳。其中实无物可言。其病根在于重形式而去精神，在于以文胜质。诗界革命当从三事入手：第一，须言之有物；第二，须讲求文法；第三，当用‘文之文字’时，不可故意避之。三者皆以质救文之弊也。”之后，他又填了一首《沁园春》词，题为《誓诗》，其实是一篇文学革命宣言书：“文学革命何疑！且准备搴旗作健儿。要前空千古，下开百世，收他臭腐，还我神奇。为大中华，造新文学，此业吾曹欲让谁？诗材料，有簇新世界，供我驱驰。"从此下定决心不再作文言诗词，要用实践来证明他的主张。由于同道者甚少，他有时"感触到一种寂寞的难受"，因而触景生情写了一首小诗，名为《蝴蝶》：

两个黄蝴蝶，双双飞上天。
不知为什么，一个忽飞还。
剩下那一个，孤单怪可怜；
也无心上天，天上太孤单。

这首诗写于1916年8月23日，是胡适的第一首新诗，后收入他的诗集《尝试集》中。它采用五字句诗，语言通俗易懂，虽仍押韵，但诗行的排列不同于旧体诗。

1919年8月，胡适在《尝试集·自序》里更具体地阐述了如何做白话诗："若要做真正的白话诗，若要充分采用白话的字，白话的文法，和白话的自然音节，非做长短不一的白话诗不可。这种主张，可叫做'诗体的大解放'。诗体的大解放就是把从前一切束缚自由的枷锁镣铐，一切打破：有什么话，说什么话；话怎么说，就怎么说。这样方才可有真正白话诗，方才可以表现白话的文学可能性。"《谈新诗》进一步阐明道："形式上的束缚，使得精神不能自由发展，使良好的内容不能自由表现。若想有一种新内容和新精神，不能不先打破那些束缚精神的枷锁镣铐。因此，中国近年的新诗运动可算得是一种'诗体的大解放'，因为有了这一层诗体的解放，所以丰富的材料，精密的观察，高深的理想，复杂的感情，方才能跑到诗里去。"这便是他对白话诗的基本要求，即采用白话的字、白话的文法、白话的自然音节和长短不一的白话诗句，"有什么话，说什么话；话怎么说，就怎么说"。

在音节方面，胡适又提出两个重要条件："一是语气的自然节奏；二是每句内部所用字的自然和谐"，"至于句末的韵脚，句中的平仄，都是不重要的事。语气自然，用字和谐，就是句末无韵也不要紧"。他说："新诗多数的趋势，依我们看来，是朝着一个公共方向走的。那个方向便是'自然的音节'。"具体地说：

先说"节"——就是诗句里面的顿挫段落。……新诗体句子的长短，是无定的；就是句里的节奏，也是依着意义的自然区分与文法的自然区分来分析的。白话里的多音字比文言多得多，并且不止两个字的联合，故往往有三个字一节，或四五个字为一节的。

再说"音"——就是诗的声调。新诗的声调有两个要件：一是平仄要自然，二是用韵要自然。白话里的平仄，与诗韵里的平仄有许多大不相同的地方。

至于用韵一层，新诗有三种自由：第一，用现代的韵，不拘古韵，更不拘平仄。第二，平仄可以相互押韵，这是词曲通用的例，不单是新诗如此。第三，有韵固然好，没有韵也不妨。新诗的声调既在骨子里——在自然的轻重高下，在语气的自然区分——故有无韵脚都不成问题。

2. 刘半农

胡适的新诗理论获得了刘半农的大力支持。刘半农在《我之文学改良观》中指出，改革诗歌须从"破坏旧韵重造新韵”和“增多诗体”着手。他认为“夫韵之为义叶也，不叶，即不能押韵”，“而吾辈意想中之新文学，既标明其宗旨曰‘作自己的诗文，不作古人的诗文’，则古人所认为叶音之韵，尚未必可用。何况此古人之所不认，按诸今音又不能相合之四声谱，乃可视为文学中一种规律。举无数文人之心思脑血，而受制于沈约一人之武断耶?”因此，应从三个方面重造新韵：一是“作者各就土音押韵，而注明何处土音于作物之下”，这是“最不妥当之法”；二是“以京音为标准，由长于京语者为造一新谱”，这“较前法稍妥”；三是“希望于‘国语研究会’诸君，以调查所得，撰一定谱”，这是最妥当的办法。至于诗体，他认为我国现有的诗体，已不能满足新诗体的需要，“诗律愈严，诗体愈少，则诗的精神所受之束缚愈甚，诗学决无发达之望”，要破除戒律，增加诗体，则需“自造，或输入他种诗体，并于有韵之诗外，别增无韵之诗”。

3. 俞平伯

俞平伯也赞成写白话诗。他在《白话诗的三大条件》中指出写作白话诗的三个条件：

(一)用字要精当、做句要雅洁、安章要完密。这是凡白话文，都该注意的，而用白话入诗尤甚。因为如没有这种限制，随着各人说话的口气，做起诗来，一天尽可以有几十首，还有什么价值呢？自己先没有美感，怎样能动人呢？用白话做诗，发挥人生的美，虽用不着雕琢，终与开口直说不同。这个是用通俗的话做美术的诗之第一条件。

(二)音节务求谐适、却不限定句末用韵。这条亦是做白话诗应该注意的。因为诗歌明是一种韵文，无论中外，都是一样。中国语既系单音，音韵一道，分析更严。现在句末虽不定用韵，而句中音节，自必力求和谐。否则做出诗来，岂不成了一首短篇的散文吗？何以见得它是诗呢？做白话诗的人，固然不必细剖宫商，但对于声气音调顿挫之类，还当考求，万不可轻轻看过，随便动笔。

(三)说理要深透、表情要切至、叙事要灵活。前边两条，都是表面，这个说到本质。凡是好的文章，决不仅在文法上之构造。其所代表的内容，最为重要。而诗尤与文不同，在文可以直说者，诗必当曲绘，文可以繁说者，诗只可简括。所以诗的说理表情叙事，均比较散文深一层。话说正了，意思依然反的。话说一部分，意思却笼罩全体。这无论文言白话都是一样，而用白话入诗，比较更难。因为说得太多太真便失了诗的面目；太包括了，又怕笼统含糊，意义欠清晰。所以真正有价值的白话诗，比某先生某翁大作难做得多。如没好的意思，只好不做。在文学界上尽嫌它少，不嫌它多。但有一首诗便有一首诗的价值，做诗的人，才算不白费脑筋。

4. 郭沫若

胡适、刘半农、俞平伯等人的新诗理论强调的是诗的外在节奏，主要是平仄、用韵等，至于诗的内在旋律，还没有引起足够的重视。最早提出并成功运用了诗歌的内在律的是郭沫若，这是他对新诗艺术的重大贡献。

1921年秋在致李石岑的信中，郭沫若明确提出“内在律”的说法：“诗之精神在其内在的韵律，内在的韵律(或曰无形律)并不是什么平上去入，高下抑扬，强弱长短，宫商徵羽；也并不是什么双声叠韵，什么押在句中的韵文！这些都是外在的韵律或有形律。内在的韵律便是‘情绪的自然消长’……内在韵律诉诸心而不诉诸耳。”“诗应该是纯粹的内在律，表示它的工具用外在律也可，便不用外在律，也正是裸体的美人。”他认为“诗不是‘做’出来的，只是‘写’出来的”，是直觉、灵感、情调、想象等“诗的本体”自然流露的结果，因此他提出了一个公式：“诗=(直觉+情调+想象)+(适当的文字)”。他还认为“诗的本职专在抒情。抒情的文字便不采诗形，也不失其诗。例如近代的自由诗，散文诗，都是些抒情的散文。自由诗散文诗的建设也正是近代诗人不愿受一切的束缚，破除一切已成的形式，而专挹诗的神髓以便于其自然流露的一种表示。然于自然流露之中，也自有他自然的谐乐，自然的画意存在，因为情绪自身本是具有音乐与绘画之二作用故。情绪的律吕，情绪的色彩便是诗。诗的文字便是情绪自身的表现(不是用人力去表示情绪的)。我看要到这体相一如的境地时，才有真诗好诗出现。”

继提出内在律之后，他又在1925年7月连续发表了《文学的本质》和《论节奏》，论述节奏对于诗歌的重要性。在《文学的本质》一文中，郭沫若得出这样的结论：“文学的本质是有节奏的情绪的世界。”具体的含义为：“这种文学的原始细胞所包含的是纯粹的情绪的世界，而它的特征是在有一定的节奏。节奏之于诗是与生俱来的，是先天的，决不是第二次的，使情绪如何可以美化的工具。情绪在我们的心的现象里是加了时间的成分的情感的延长，它本身具有一种节奏。”《论节奏》再次深入讨论这一问题：“抒情诗是情绪直写。情绪的进行自有它的一种波状的形式，或者先抑而后扬，或者先扬而后抑，或者抑扬相间，这发现出来成了诗的节奏。所以节奏之于诗是它的外形，也是它的生命，我们可以说没有诗是没有节奏的，没有节奏的便不是诗。”

诗人们对新诗理论的探索一方面完善了新诗的创作规范，另一方面也刺激着更多的诗人积极投入新诗的创作之中。而五四运动的爆发，将新诗运动与政治运动联系起来，新诗运动成为启蒙运动的重要部分，无论是规模还是重要性和紧迫性都进一步扩大了。

二、新诗的创作实绩

1918年1月，《新青年》4卷1期首次发表白话诗9首，分别是胡适的《鸽子》《人力车夫》《一念》《景不徙》，沈尹默的《鸽子》《人力车夫》《月夜》，刘半农的《相隔一层纸》《题女儿小惠周岁日造像》，标志着新诗的诞生。

此后，知识分子们纷纷以创作白话自由诗为时尚，不但研究文学的人，争先恐后地在诗坛上摇旗呐喊，即便是研究哲学的、小学的、考据学的及政治活动家，也都争相效颦，写几首新诗；全国三四百种白话报刊也以发表白话诗为荣，新诗创作形成高潮。

如1919年11月号的《新青年》发表了李大钊的《欢迎陈独秀出狱》、刘半农的《D——!》、胡适的《威权》、周作人的《东京炮兵工厂同盟罢工》等诗，都是富有反抗精神的诗篇。此后，刘半农继续发表了《桂》《中秋》《敲冰》《牧羊儿的悲哀》《奶娘》《稻棚》《一个小农家的暮》等；沈尹默继续发表了《白杨树》《秋》等；胡适继续发表了《乐观》《礼》《四烈士塚上的没字碑歌》《死者》《平民学校校歌》《希望》等；周作人继续发表了《慈姑的盆》《秋风》《病中的诗》(包括《梦想者的悲哀》《过去的生命》《中国人的悲哀》等8首)《山居杂诗》等，同时他还发表了波兰、捷克、英国、希腊、日本的译诗和民歌50余首。此外，在《新青年》上发表新诗的还有夬庵(孙少侯)、沈玄庐、刘大白、陈子诚、陈建雷、陈绵、俞平伯、康白情、汪静之、沈雁冰等。

《少年中国》内容虽以社会改造、新文化、新文学评论为主，但对于白话自由诗的提倡也颇为用力，在该刊上发表新诗的有李大钊、宗白华、应修人、康白情、田汉、邓仲澥、黄仲苏、黄日葵、周无、孟寿椿、郑伯奇等，而当时专心致力于新诗的要数应修人、康白情、宗白华、田汉等。

《星期评论》及《民国日报·觉悟》也刊登新诗，它们的主要诗人有刘大白、沈玄庐等。刘大白1919年发表了《红色的新年》，1921年发表了《劳动节歌》《“五一”运动歌》《卖布谣》等；沈玄庐发表了《种田人》《入狱》《兵官》《打更》《夜游上海所见》《农家》《除夕》《十五娘》等，都是富有社会意义的作品。

北京《晨报副刊》的主要诗人首推谢冰心，她受泰戈尔《飞鸟集》的影响，以短短两三句的小诗为主，表达“零碎的思想”，写大自然(大海)，歌颂母爱与童心，格式新颖，风格清新。

上海《时事新报·学灯》则主要刊登康白情和郭沫若的新诗，从1919年到1920年，郭沫若的《天狗》《晨安》《太阳礼赞》《立在地球边上放号》《匪徒颂》《凤凰涅槃》等著名诗篇在《学灯》上一篇接着一篇地发表了出来。

1920年3月，胡适的《尝试集》在上海由亚东图书馆出版。这是中国新诗史上第一部个人创作的诗集。据当事者回忆：“亚东图书馆从1913年到1922年恰足十年了，《尝试集》印四版，共一万五千部。到1953年亚东结束为止，《尝试集》总印数为四万七千册，当时是很受读者欢迎的。”这部奠基之作影响广泛，反响强烈，为我国现代诗歌做出了具有历史意义的开拓性贡献。

（汪梅梅）

# 8. “问题与主义”的论争

20世纪初以“民主”与“科学”为旗帜的新文化运动，给西方思想传入中国带来了新的契机，回顾当时中国社会思想界，各种各样的学说竞相争艳，各种各样的学术派别林立纷争。到了五四时期更有一种学术启蒙的态势。但是在纷繁复杂的思想理论的争鸣过程中也出现了一些问题，尤其是在五四前后由于国际、国内复杂的局势一方面导致了各种舆论的充斥，鱼龙混杂；另一方面更影响着人们对理论本身的理解和对其实效性的甄别。

就是在这样复杂的社会思想环境之下，胡适感受到了舆论界空谈抽象理论而不注重实际问题的解决的现象，尤其对于安福系(按：安福系为北洋皖系军阀操纵的政客集团)也打着民生主义的幌子欺骗人民大众感到愤慨。他在李大钊、陈独秀创办的《每周评论》第28号中说：“现在舆论界大危险，就是偏向纸上的学说，不去实地考察中国今日的社会需要究竟是什么东西。那些提倡尊孔祀天的人，固然是不懂得现时社会的需要。那些迷信军国主义或无政府主义的人，就可算是懂得现时社会的需要么?”他认为舆论家的第一天职是细心考察社会的实在情形。一切学理和“主义”都只是考察过程中的工具。于是胡适1919年7月20日在《每周评论》第31号上发表了《多研究些问题，少谈些“主义”》一文，揭开了“问题与主义”论争的序幕，之后蓝志先和李大钊等纷纷投入论争，就胡适对于“问题与主义”的观点展开了讨论和批评。而胡适和李大钊则成为这场关于“问题与主义”的论争的双方代表。

胡适(1891—1962年)，原名嗣穈，学名洪骍，参加“庚款”留学考试时改名胡适，字适之，安徽绩溪人，生于上海。幼年接受传统的私塾教育，1904年到上海新式学校，接受《天演论》等新思潮的洗礼，并开始在《竞业旬报》上发表白话文章。1910年夏赴美国留学，先入康乃尔大学学习农科，后于1915年转入哥伦比亚大学，从师于著名实验主义哲学家杜威，并深受其哲学思想的影响。1917年完成博士学位论文《古代中国逻辑方法之进化》。在此期间与《新青年》主编陈独秀通信并发表《文学改良刍议》，倡导使用白话文，引发了影响深远的文学革命。学成归国，被聘为北京大学教授，并参与《新青年》杂志的编辑，发表论文《历史的文学观念论》《建设的文学革命论》。他还尝试新文学创作，出版新诗集《尝试集》，成为新文化运动的一大干将。胡适后来还参与了许多杂志的创办和编辑工作，包括《努力周报》《现代评论》周刊，等等。1938年出任国民政府驻美国大使，1946年任北京大学校长。1948年离开北平，后转赴美国，曾于1958年任台湾“中央研究院”院长，1962年病逝于台北。胡适一生在文学、史学、哲学等方面都有成就。在“中国的文艺复兴”(胡适语)五四运动时期，胡适认为有四重之目的：研究问题；输入学理；整理国故；再造文明。而胡适在这一时期的活动也是体现这四重之目的的，从其思想历程中也可以看出实验主义的深深烙印。

由于当时社会思想舆论界尚谈“主义”、而多有空虚抽象之词，又加之以安福系这样的北洋军阀操纵的政客集团也借“主义”的名号浑水摸鱼，于是胡适发表了《多研究些问题，少谈些“主义”》一文。在文章中胡适提出了高谈空谈“主义”，不研究实际问题的三层教训。第一，空谈好听的“主义”，是极容易的事，是阿猫阿狗都能做的事，是鹦鹉和留声机都能做的事。第二，空谈外来进口的“主义”，是没有什么用处的。一切主义都是某时某地的有心人对于那时那地的社会需要的救济方法。第三，偏向纸上的“主义”，是很危险的。这种口头禅很容易被无耻的政客利用来做种种害人的事。从对这三个层面的批判胡适得出的是“主义”的性质。凡“主义”都是应势而起的。某种社会到了某时代，受了某种影响，呈现某种不满意的现状。而“主义”的源起就是一些有心人观察这种现象，想出的救济法子。胡适在文章中又考察了“主义”的发展过程：主义初起时，大都是一种救时的具体主张。后来这种主张传播出去，传播的人要图简便，使用一两个字来代表这种具体的主张，这就是“某某主义”。一旦主张成为主义，便就由具体的计划变成了一个抽象的名词。胡适指出这正是“主义”的危险，没有一个抽象的名词能够包含某人某派的具体主张。胡适在文章中就以“社会主义”为一例子，马克思的社会主义和王揖唐的社会主义不同；你的社会主义和我的社会主义也不同。不是一个抽象的“社会主义”这个名词就能包括所有的，而提出这样抽象化的主义往往又会被人利用来骗人。由于这些原因，胡适认为高谈主义是危险的，他奉劝新舆论界的同志道：“请你们多提出一些问题，少谈一些主义。”更进一步是要多研究具体问题如何解决而不是高谈这种主义如何新奇，那种主义如何奥妙。胡适指出了当时思想舆论界的这种现实状况：我们不去研究人力车夫的生计，却去高谈社会主义；不去研究女子如何解放，家庭制度如何救正，却去高谈公妻主义和自由恋爱；不去研究安福部如何解散，不去研究南北问题如何解决，却去高谈无政府主义……胡适认为这种不解决实际问题而大谈主义是“中国思想界破产的铁证，这是中国社会改良的死刑宣告!”在胡适看来，之所以谈主义的人那么多，研究问题的人那么少，原因在于一个懒字。研究问题要费工夫、花心血，收集材料，征求意见，考察情形，还要冒险吃苦，才可以得一种解决的意见。相对于研究、解决问题的艰难而言，高谈主义却只要翻两本书就可以高谈无忌了。那些高谈主义不研究问题的人就是畏难求易就是懒。最后胡适总结道凡是有价值的思想都是对具体问题下手的，都是从研究解决问题的过程中得到的。胡适在文章最后还强调他不是要求人们都放弃对一切学术和主义的追求，而是要将这些学理和“主义”放到脑背后，作为参考资料，而不是挂在嘴上做招牌，并使得对这些学理和“主义”一知半解的人捡去做口头禅。

就在胡适这篇文章发表不久，他的朋友蓝公武就在《国民公报》上发表了7000字长、标题为《问题与主义》的文章以作为回应。蓝公武(1887—1957年)，字志先，笔名知非，江苏吴江人，早年留学于日本，毕业于日本东京帝国大学哲学系，后赴德国留学，是民国初年有名的“中国三少年”之一(另两位是张君劢、黄远庸)，曾任《国民公报》社长、《晨报》董事、北洋政府国会议员等职。后来胡适在蓝公武原文前加了个序，略加删节之后，转录在1919年8月3日的《每周评论》第33号上。蓝公武用语平和，态度诚恳，旨在共同切磋，完善胡适的观点。胡适也在序中由衷地称赞蓝公武为“我的朋友”“知非先生的议论，很有许多地方可以补正我的原作”。

蓝公武认为舆论界能够从胡适的那篇文章中得益不少。但是他认为胡适的文章太注重实际的问题，把主义、学理那一面的效果抹杀了一大半，也有些因噎废食的毛病，可能会导致“扶得东来西又倒”的结果，所以他把自己的意见分几层写出，就正于胡适，并质之一般舆论界。在《问题与主义》一文中他首先分析了问题的性质，即问题发生的由来，从而再来研究解决问题的方法。蓝公武在文章中谈到了“革命的问题”，即一定要从许多要求中抽出几点共通性，加上理想的色彩，成一种抽象性的问题，才能发生效力。他认为抽象的问题常在具体问题之先，到了第二步才变成具体的性质。问题不限于具体，抽象性的更为重要。而问题初起之时，一定先为抽象性，后才变成具体性的。按照这种逻辑，主义学说必然很重要。蓝公武承认胡适的

“从一种救时的具体主张，因为传播的缘故才变成了一种抽象的主义”的说法。但是同时他提出“有许多主义，他的重要部分，并不在从具体主张变成抽象名词，却在那未来的理想。世间有许多极有力量的主义，在他发生的时候，即为一种理想，并不是什么具体方法，即如从具体方法变成主义的，也决不是单依着抽象方法便能构成，尚须经过理想的洗练泡制，改造成的。故理想乃主义的最要部分”。他认为主义是多数人共同行动的标准，或是对于某种问题的进行趋向或是态度。一种主张能成为标准趋向态度，与具体的方法却成反比例，全看其所包含的理想的强弱。从抽象和理想对于主义的重要作用，蓝反驳了胡认为主义的弱点和危险都在抽象这一点上的观点。认为相反由于抽象性，主义的涵盖力可以越大，归依的人数自然也就越多。并且进一步反驳胡适认为的主义存在危险，他认为主义本身并没有什么危险，危险都在于贯彻主义的实行方法。主义包含有未来的理想，尚未实现就不能判断其是否危险。而且主义只是一种标准的趋向态度，并非实行方法，如何能存在危险？蓝公武对于问题与主义的关系具有十分明确的态度，即这两者并不是相反而不能并立的东西。他进一步引申出问题、主义、方法三者之间的关系。蓝公武对胡适所提出的主义带来的三个层面的教训提出了自己的见解。胡适认为，空谈主义是很容易的事情，解决问题是很难的事。蓝则认为难易本来就是比较而言的，没有绝对的标准可言。主义的易，不易在主义本身而易在乱谈主义；问题的难，也不难在解决方法，而在于解决的结果。而判断解决问题的结果之好坏和好结果为何难的标准就是一种主义。胡适认为，空谈外来进口的主义是没有什么用处的。蓝公武认为只能问主义之有效与否，不必问它是外来的或是自身的。胡适认为，偏向纸上的主义，是很危险的，容易被无耻的政客利用。蓝志先却认为这种忧虑是大可不必的。在文章最后蓝公武表示了自己与胡适根本不同的态度就是：主义的研究和鼓吹，是解决问题的最重要的第一步。

后来李大钊读了胡适的《多研究些问题，少谈些主义》的文章，给胡适写了一封信以表明自己的立场和态度，同时也带来了这场论争的高潮。

李大钊(1889—1927年)，字守常，河北乐亭人。1913年毕业于天津北洋法政学堂。后赴日本留学，入早稻田大学学政治科，并开始接触社会主义思想。先后参与反袁、反对“二十一条”等运动。回国后，在北京创办《晨钟报》，后任《甲寅日刊》编辑，推动了新文化运动的发展。1918年任北京大学图书馆主任，并发表《布尔什维主义的胜利》等文章，号召中国学习俄国十月革命的道路，成为中国宣传马克思主义的先驱。李大钊积极参加五四运动，对运动起了推动作用。1919年发表《我的马克思主义观》，是中国最早系统地介绍马克思主义学说三个组成部分的文章。后来积极投身共产主义运动，直至1927年4月6日被奉系军阀张作霖逮捕，28日在北京被害。

就在这场论战逐渐跨出胡适和蓝公武，逐渐被思想舆论界重视的同时，李大钊在老家河北昌黎也看到了《多研究些问题，少谈些主义》这篇文章。他很快写信给胡适，把自己看到文章后的感想告知胡适。李大钊认为文章中有的能够与胡适的主张“互相发明”，有的则是自己对社会的告白。后来胡适把李的文章拟题《再论问题与主义》发表在1919年8月17日的《每周评论》第35号上。

李大钊在文章一开始就说，“我觉得‘问题’与‘主义’有不能十分分离的关系”。李大钊认为：一个社会问题的解决，必须靠着社会上多数人共同的运动。所以要解决一个问题，应该设法使之成为社会上多数人共同的问题。要想使一个问题成了社会上多数的共同的问题，应该使这社会上可以共同解决这个那个社会问题的多数人有一个共同趋向的理想主义，作他们实验自己生活上满意不满意的尺度(即是一种工具)。李大钊表示，社会运动一方面固然要研究实际的问题，一方面也要宣传理想的主义。研究问题与宣传主义是交相为用的，是并行不悖的。他进一步表示："这种高谈的理想，只要能寻一个地方去实验，不把他做了纸上的空谈，也能发生些工具的效果，也会在人类社会中有相当的价值。不论高揭什么主义，只要你肯竭力向实际运动的方面努力去做，都是对的，都是有效果的。"李大钊还在文章中承认最近所发表的言论，偏于纸上空谈的多，涉及实际问题的少。以后誓向实际的方面去作。李大钊表示这些是读了胡适那篇文章之后发生的觉悟。李大钊还认为，胡适所说"主义的危险，只怕不是主义本身带来的，是空谈他的人给的"。这在一定程度上纠正了胡适责怪主义的片面性。同时李大钊强调假冒牌号的危险，他认为诚然会有许多假冒的牌号冒充真正的主义，但是正如孙中山先生所云：新开荒的时候，有些杂草，夹杂在善良的谷物花草里长出，也是当然应有的现象。正是有许多假冒牌号的主义，才越发应该一面宣传我们的正义，一面就种种问题研究使用的方法，好去本着主义作实际的运动。同时李大钊在文章中也表现出他对俄国布尔什维主义的热情和崇仰。他说："我可以自白：我是喜欢谈谈布尔什维主义的。"他认为"布尔什维主义的流行，实在是世界文化的一大变动。"李大钊最后谈到"根本解决"的问题似乎是针对着胡适的这么一句话："我们还要得意洋洋的夸口道：'我们所谈的是根本解决'。"李大钊认为遇着时机，因着情形，或须取一个根本解决的方法；而在根本解决以前还须有相当的准备活动才是。

紧接着李大钊的文章，胡适又在1919年8月24日《每周评论》第36号上发表了《三论问题与主义》一文。他首先很有风度地对蓝公武、李大钊两人对其文章的许多匡正之处表示感谢。胡适在文中表示蓝、李两君都认为主义是一个"共同趋向的理想"，是"多数人共同行动的标准，或是对于某种问题的进行趋向或态度"。对于这种界说他是赞同的，分歧在于他们说的是主义的现在作用，而胡适说的是主义的历史。胡适认为蓝、李两君的误会，是由于他们错解了他所用的"具体"两个字。胡适抨击世界各国有一班"把耳朵当眼睛"的佞人，耳朵里听见了一个"布尔什维主义"的名词，或是只记得一个"过激主义"的名词，全不懂得这一个抽象名词所代表的是什么具体的主张，便大起恐慌，便出告示捉拿"过激党"，便硬把"过激党"三个字套在某人某人的头上。而这就是胡适所攻击的"抽象名词"的主义，其危险也正在此。

胡适认为蓝公武的第二大误会是他对"抽象"两个字解释错了。胡适攻击的"抽象主义"乃是指那些空空荡荡、没有具体内容的全称名词。而蓝君却把"抽象"解作了理想，他强调凡是能成问题的问题，都是具体的，都只是这个问题或那个问题；绝没有空空荡荡、不能指定这个那个的问题，而可以成为问题的。胡适反对蓝公武"问题的范围愈大，那抽象性亦愈增加"的观点，他认为"问题的范围愈大，我们研究这种问题时所需要的思想作用格外繁难，格外复杂，思想的方法，应该格外小心，格外精密"。他进一步认为："问题的范围愈大，里面的具体小问题愈多。我们研究时，决不可单靠几个好听的抽象名词，就可敷衍过去；我们应该把那太大的范围缩小下来，把那复杂的分子分析出来，使他们都成一个一个的具体的简单问题，如此然后可以做研究的工夫。"胡适还反驳了蓝、李两人关于主义的理想性的观点。他认为主义本来都是具体问题的具体解决法。但是一种问题的解决法，在大同小异的别国别时代，往往可以借来作参考材料。所以我们可以说主义的源起，虽是个体的、主义的应用，有时带着几分普遍性，但不可因为这或有或无的几分普遍性，就说主义本来只是一种抽象的理想。胡适认为他与蓝公武有一个根本不同的地方：他认为主义起初都是一些具体的主张，而蓝则认为一种主张能成为标准趋向态度，与具体的方法恰成反比例。他同时对于李大钊的一些观点也提出批判。李大钊认为："大凡一个主义，都有理想与实用两方面……我们只要把这个那个主义拿来做工具，用以为实际的运动，他会因时因地因事的性质情形，生一种适用环境的变化。"胡适认为这是一种不负责任的主义论。蓝公武认为："抽象性大，涵盖力可以增大。涵盖力大，归依的人数愈增多。"胡适认为这也导致人们会迷信抽象名词。胡适指出解决的方法在于："多研究些具体的问题，少谈些抽象的主义。一切主义，一切学理，都该研究，但是只可以认做一些假设的见解，不可认作天经地义的信条；只可以认作参考印证的材料，不可奉为金科玉律的宗教；只可用作启发心思的工具，切不可用作蒙蔽聪明，停止思想的绝对真理。如此方才可以渐渐养成人类的创造的思想力，方才可以渐渐使人类有解决具体问题的能力，方才可以渐渐解放人类对于抽象名词的迷信。"

随后胡适又在1919年8月31日的《每周评论》第37号上发表了《四论问题与主义》一文，并加上副标题"论输入学理的方法"。在这篇文章中胡适主要强调了他虽不赞成人们空谈抽象的主义，但是对于输入学说和思潮的事业，是极为赞成的。他认为解决中国的问题，要研究中国社会上、政治上的病症，要参考西洋先进国家的历史和学说，这就必然要做一些输入的事业。但是同时他认为学术的输入做得不好，不但无益，反有大害。所以他提出了三点意见：第一，输入学说时应该注意那发生这种学说的时势情形；第二，输入学说时应该注意"论主"的生平事实和他所受的学术影响；第三，输入学说时应该注意每种学说已经发生的效果。胡适把这三种方法总括起来称之为"历史的态度"。他呼吁输入学说的人，能有此存心，这样可以免去现在许多一知半解、半生不熟、生吞活剥的主义的弊害。胡适的观点依然如前，从实质上说，胡适主张从实际出发，从现实出发，注重运用，注重研究实际问题，一个一个问题去加以解决。至于主义，那只是一个次要的、并不重要的问题。从中也可以看出胡适受杜威实用主义哲学的影响之深。实用主义认为，概念、理论的意义和价值在于它们的"实用效果"，有用的、满意的观念就是真理。

这场以胡适和李大钊为论辩双方主要代表的"问题与主义"的论争至此就基本结束了。但是仿佛要给"问题与主义"之争作一个最后的总结，一年之后，陈独秀在《新青年》第8卷第4号(1920年12月1日)上发表了《主义与努力》，文章很短，不足400字，但是观点却非常鲜明。陈独秀在文章中表示："我看见有许多青年只是把主义挂在口上不去做实际的努力，因此我曾说：'我们改造社会是要在实际上把他的弊病一点一滴一椿一件一层一层渐渐的消灭去，不是用一个根本改造的方法，能够叫他立时消灭的。'又曾说：'无论在何制度之下，人类的幸福，社会的文明，都是一点一滴地努力创造出来的，不是像魔术师画符一般把制度改了那文明和幸福就会从天上落下来'。"陈独秀说这些话是专为空谈主义不去努力实行的人而发的，但是他又有另一层意思：现在有一些人误会了我的意思，主张办实事，不要谈什么主义什么制度。主义制度好比行船的方向，行船不定方向，若一味盲目地努力，向前碰在礁石上，向后退回原路都是不可知的。最后陈独秀的结论是：改造社会和行船一样，定方向和努力二者缺一不可。陈独秀算是做了一个折中的表态，只是将"问题与主义"改成了"主义与努力"。

"问题与主义"的论争，在中国现代思想史上占有一定的历史地位，并产生过重大的影响。它不仅引起了当时舆论界的巨大反响和社会广泛的讨论，同时也使当时的知识精英对当时中国社会之实际有所思考。有学者认为这场论争是以胡适为首的资产阶级改良派向马克思主义发出的挑战，也有学者认为这场论战仅是学术层面的交锋。但是无论如何评价这场论争，其作为启迪民智、活跃思想的作用是不可忽视和否认的。

(马建强)

# 9.《共产党宣言》中译本的问世

1917 年俄国十月革命胜利后，中国出现了一批具有初步共产主义思想的知识分子，他们怀着极大的政治热情学习和宣传马克思主义，并把它传播到中国来。《共产党宣言》第一个中文全译本译者陈望道，就是其中之一。在此之前，《民报》《天义报》《译书汇编》《近世社会主义》《德意志革命家小传》《新世界》等书报上介绍了《共产党宣言》及其思想，但都是一些零星片断的介绍性的摘译，尚未有系统的成篇翻译文字。陈望道译本出版后，使中国人第一次看到国际共产主义运动纲领性文件的全貌，受到中国先进知识分子的热烈欢迎。

陈望道，1891 年 1 月 18 日出生在浙江省义乌县河里乡(今夏演乡)分水塘村，原名参一，笔名佛突、雪帆。陈望道出生于一个农民家庭，祖父陈孟坡，平时以务农为生，同时又兼营染坊的作业，由于善于经营，积攒了一定家产。父亲陈君元，号菊笙，早年曾考过武秀才，当过乡绅士，在村上有较高的威望。君元继承祖业，克勤克俭，家道不断殷实，于是购田置屋，成了村上的一户小康人家。自六岁起，望道就在村上的私塾里攻读《四书》《五经》等传统功课，勤奋好学，聪颖异常。16 岁那年离开分水塘农村，来到义乌县城进绣湖书院学习。一年后，怀着“教育救国”的理想，回到家乡与一些志同道合的青年兴办村学，以此来达到拯救国家的目的。长期以来，由于帝国主义列强对我国的入侵，造成了国弱民穷的悲惨现状，于是他又开始幻想走“实业救国”的道路。为了实现这一理想，他在金华中学(原浙江省立第七中学)学习数理化等现代科学知识。1915 年初，陈望道告别家乡父老，只身东渡，留学日本，先后在早稻田大学法科、东洋大学文科以及中央大学法科等校学习。与此同时，他还到日本东京物理夜校学习。在留日四年半的时间里，他刻苦攻读，以惊人的毅力先后完成了法律、经济、物理、数学以及哲学、文学等许多学科的修习，最后毕业于中央大学法科，获得法学学士学位。

在日留学期间，陈望道结识了日本著名进步学者、早期的社会主义者河上肇、山川均等人，开始接触马克思主义新思潮。他认识到救国不能仅仅依靠兴办实业，还必须进行社会革命，即走列宁领导的苏联共产党那样的十月革命道路。1919 年“五四运动”在祖国大地迅猛发展，他在日本再也待不下去了，遂于这年六月初返回祖国。到秋季开学，他正式受聘于浙江第一师范学校任国文教员。浙江一师由于积极提倡新文化、改革国文教学而受到当地封建势力的迫害，从而酿成了闻名全国的“浙江一师流血事件”(以下简称“一师风潮”)。“一师风潮”结束后，陈望道受《星期评论》之约开始翻译《共产党宣言》，1920 年春天完成了这本书的中译本，并于同年 8 月付印。这年春，陈望道到达上海，与陈独秀、李汉俊、李达等人组织马克思主义研究会，随后成立了共产主义小组。他在组织中曾担任工会部长，经常深入工厂宣传革命。1921 年筹备中共“一大”时，为审批组织经费出现纠纷，陈独秀误认为是李汉俊和陈望道合谋想夺他的权，便广发信函予以指责。陈望道怒不可遏，要求陈独秀澄清事实并向他道歉，遭拒绝后一气之下提出要脱离组织，并因此未出席党的“一大”。经过劝说，他暂时留在党内，并出任了中共上海地方委员会第一书记。在领导岗位上时间不长，陈望道便正式提出辞呈。虽然退党，但他对党交办的任务还是尽力而为。此后，陈望道长期任教于上海大学和复旦大学，于1929年至1930年间还应共产党员冯雪峰和夏衍之邀出任中华艺术大学校长。中华人民共和国成立后，他作为民主人士于1952年被任命为复旦大学校长，直到1977年逝世。1957年6月，在他的要求下，中共中央直接吸收陈望道为中国共产党党员。

陈望道翻译《共产党宣言》，是在“一师风潮”结束后开始的。当时中国共产党正处于“胚胎期”，在北京、上海这样的文化中心城市里，越来越多的走在时代前列的知识分子选择了马克思主义作为改造社会的理论武器，将《共产党宣言》全部译成中文，成了他们迫切的愿望。戴季陶当年在日本时买了一本日文本《共产党宣言》，并试图将它译为中文，但因此书翻译难度相当大，译者需具备较高的马克思主义理论素养和语文素养，戴季陶望而却步。回国后，任上海《星期评论》主编的戴季陶再次萌生此念，打算请人译出在《星期评论》上连载，《中国日报》主编邵力子向他推荐了陈望道。陈望道接受了这个重任后，马上回到家乡分水塘的一间柴屋进行秘密翻译。陈独秀得知他正在进行《共产党宣言》的翻译后，还托人送给他一本英文版的《共产党宣言》供他参考。当时的工作条件十分艰苦，柴屋因经年失修破陋不堪，山区农村的早春天气还相当寒冷，尤其是到了夜晚，刺骨的寒风会不时透过四壁漏墙向他阵阵袭来，冻得他手足发麻。柴屋里只安置了几件简单的用具，一块铺板和两条长凳，既当书桌又当床。为了专心致志地译书，就连一日三餐和茶水等也常常由老母亲亲自给他送来。经过两个月的艰苦工作，马克思主义的第一部中文译稿终于在分水塘的这间柴屋里诞生了。

陈望道按照原计划将译稿带到上海，准备在《星期评论》上发表。但是情况突然发生变化，《星期评论》于1920年6月6日因当局禁止而停刊。在这种情况下，原打算在该刊上发表的《共产党宣言》也只得另择出版机构。5月间，陈望道在上海参加了陈独秀发起的“马克思学说研究会”，又应邀到《新青年》编辑部做编辑工作。陈望道把译稿交给“马克思学说研究会”，请陈独秀等人帮忙出版，陈独秀想方设法将这份译稿交由《新青年》编辑出版。1920年8月，这个译本被列为《社会主义研究小丛书》的第一种，由上海“社会主义研究社”正式出版。初版只有千余本，很快就销售一空。许多未买到书的读者还纷纷投信到出版发行机构，询问《共产党宣言》的发行情况。同年9月，《共产党宣言》又重版一次。在以后的20年里，该译本曾一再翻印，广为流传，单是平民书社从1926年1月至5月就翻印了十次。北伐战争期间，该译本曾在军内散发，人手一册。为了避开北洋军阀和国民党反动政府的耳目，该译本的书名、译者名字和出版社名字更换多次。

作为《共产党宣言》的第一个中文译本，它对于宣传马克思主义，推动社会主义运动在中国的蓬勃发展，起了非常重要的作用，同时也为中国共产党的创立奠定了思想基础。许许多多具有民主主义思想的革命青年，在它的影响下，逐步树立起对马克思主义的坚定信念，转变为共产主义的信仰者。鲁迅接到陈望道寄来的《共产党宣言》后称赞说：“这个工作做得很好，现在大家都在议论什么‘过激主义’来了，但就没有人切切实实地把这个‘主义’真正介绍到国内来，其实这倒是当前最要紧的工作。望道在杭州大闹了一阵之后，这次埋头苦干，把这本书翻译出来，对中国做了一件好事。”毛泽东在1936年曾对美国记者斯诺说过，有三本书使他建立起对马克思主义的信仰，其中一本就是陈望道译的《共产党宣言》。刘少奇也曾回忆：“那时我还没有参加共产党，我在考虑入不入党的问题。当时我把《共产党宣言》看了又看，看了好几遍……从这本书中，我了解共产党是干什么的，是怎样的一个党，我准不准备献身于这个党所从事的事业，经过一段时间的深思熟虑，最后决定参加共产党，同时也准备献身于党的事业。”《共产党宣言》中译本还曾伴随着中国的留学生漂洋过海。1922年，朱德经周恩来介绍在欧洲入了党，周恩来送给他一本陈望道翻译的《共产党宣言》，这是朱德第一次看到《共产党宣言》。山东广饶县图书馆珍藏的《共产党宣言》首本中译本也曾跟随书的主人从中国到莫斯科中山大学。后来，周恩来曾对陈望道说："我们都是你教育出来的。"

随着陈望道的第一个《共产党宣言》完整中文译本出版，至1949年，又有六个完整的中文版本陆续问世。1930年，《共产党宣言》第二个中文完整译本问世，这便是由上海花兴书局出版的华岗译本，它首次采用了英汉对照形式。1938年8月，延安解放社出版了成仿吾与徐冰合译本，这是由中国共产党公开组织翻译的第一个《共产党宣言》全译本。1944年9月商务印书馆出版了陈瘦石译本。1943年8月，为了配合延安整风运动，延安解放社出版了博古校译本。1949年，为纪念《共产党宣言》发表100周年，设在莫斯科的苏联外国文书籍出版局用中文出版了百周年纪念版。

陈望道所翻译的第一本完整中文版《共产党宣言》，为中国共产党的创立和建设，对党的领袖人物、革命先驱者的成长，尤其是对于共产主义思想在中国的传播，起了十分重要的作用。

（江莉莉）

# 10. 北京大学的创立

北京大学的前身京师大学堂，它是近代中国第一所由中央政府举办的综合性大学，标志着中国现代高等教育的开端。

京师大学堂创设于1898年，是戊戌维新运动的产物，也是19世纪中叶开始的中学与西学、旧式学堂与新式学校长期斗争的产物。京师大学堂的成立，不仅打破了旧有的教育组织形式，更在教育精神、教育理念上为封闭已久的国人带来一股清风。也正是在此种意义上，人们一般把1898年作为北大校史的起点。

京师大学堂体制的建立及完善，经历了以下几个阶段：

一、清代定都燕京后，保留了明代的所谓京师"国学"，建立了八旗、宗室等"官学"以及各省府、州、县学。

二、1862年，总理各国事务衙门请设"京师同文馆"。起初主要教授各国语言文字，毕业人员充当皇帝外语教师、外交人员和翻译等职。后来增加算学、格致等科目，学生逐渐从事科学学习。由于同文馆规模体制所限，创立新式大学的呼声渐高。

三、同光年间，部分督抚、封疆大吏等有识之士发起洋务运动。为了培养新式人才，于同治二年(1863年)创设"上海广方言馆"。此后左宗棠、张之洞等又相继设立了福建船政学堂、天津水师学堂、天津武备学堂、广东水陆师学堂、湖北武备学堂、湖北自强学堂等。这些学堂的建立，增强了国人对新式教育的了解，推动了甲午后学堂建立的风潮。

1896年6月，刑部侍郎李端棻(1833—1907年)提呈了著名的《请推广学校折》，第一次正式提议设立"京师大学"。据传此文的真正作者是李端棻的妹夫梁启超，而此文成为当时最早和最彻底地呼吁全面改革中国教育制度的檄文之一。

李端棻宣称，只有朝廷培养和大胆使用"人才"——即具备中西文化知识的有才之士，中国才有希望复兴强国。尽管当时中国已有一些旨在学习西方科技的学校，如北京的"同文馆"和上海的"广方言馆"。但这些学校还远远不够，更谈不上使中国富强。李端棻认为，朝廷要采取各种各样的措施，例如设立译书局和报馆，派遣学生到国外留学等，而最重要的是，应该以京城的最高学府为中心，建立全国性的学校机制。京师大学堂作为中心，应该招收年龄在30岁以下的青年学生。对象应该是各省的举人，地方政府推荐的文人学者或是国子监的学生。同时还应配备一所译书局，继续同文馆的工作。

光绪帝十分支持李端棻振兴"最高学府"的建议。孙家鼐受命将"官书局"转变成一所完整的全国性学府。在孙家鼐改造"官书局"的计划中，首次详细讨论了京师大学堂。和李端棻一样，孙家鼐提出，现有的学习西洋知识的学府没有取得很好的效果，中国应当像西方国家一样，在京城建立一所全面的大学。在那里，中国和西方各学科的知识都可以学到。

尽管孙家鼐极力维护中国文化，但是他提出的课程中却包括了许多西洋课程，例如天文、地理、政治、军事、农业、工程、商业、医学等，都占了较大的比重。虽然他提出设立一个专门研究道学课的机构，而且将之作为其他所有学科的基础，但是他也承认，最高学府所设置的课程中，与中国文化有关的只占了1/10。

孙家鼐的计划得到了光绪帝的支持。可是与光绪帝作对的保守派却将这项计划延误了一年多。直到1898年初，要求维新的呼声再一次高涨时，在京城建立最高学府的方案才重新被康有为和王鹏运(1849—1904年)提出来。1898年6月，光绪帝正式发起“维新”，第一项措施就是开办京师大学堂。数星期后，总理衙门命梁启超负责为孙家鼐建立京师大学堂的方案设计细节。

梁启超在建校方案中提出要“中西并重”，但是实际上对中国文化的涉及比孙家鼐提得要少。梁启超提出，所有学生都必须首先学习一项二年制的普通学科，除了学习一门外语和数学、物理、地理等知识外，还要学习古典文学、新儒家思想以及古代百家思想等课程。然后，他们将开始专门学科的学习，这些专门课程也被称为西方课程，例如物理、政治、地理、地矿、农业、工程、商务、军事、卫生等，而且还要求学习至少一门外语。和孙家鼐较早时的方案一样，梁启超一方面强调中国文化的主导性，一方面却将极大的比重放在了西方课程上。

和“国子监”一样，梁启超设想中的京师大学堂既是国家的最高学府，又是一个教育部的雏形，它负责管理全国的官办学校，包括“宗室”和“八旗学馆”。光绪帝同意梁启超的方案并委派孙家鼐负责实施，同时任命孙家鼐为“管学大臣”。

同年夏，孙家鼐重新拿回梁启超的方案后，提出增加一所“仕学院”，让已取得举人和进士资格的人可以学习外国课程。这一提议表明孙家鼐已经意识到，尽快为朝廷培养出起码表面上受过西式教育的官员，目前已是当务之急。此外，这项措施还可以保证京师大学堂有合格的生源。因为以往的经验表明，只要科举制度存在，就很难让追求仕途的人学习科举考试课程以外的知识。梁启超也想到了同样的问题，并且提出让专门学科的毕业生获得“进士”资格，通过把西式教育与现行的选拔官员制度相结合，巧妙地拉拢了知识分子阶层。

根据梁启超和孙家鼐的方案，县级学校的毕业生将获得“生员”资格；省级学校的学生将获得“举人”资格；而京师大学堂的学生则将获得“进士”资格，成为朝廷命官。

为了进一步吸引有才之士，京师大学堂为学生提供免费食宿，还仿效同文馆，根据学习成绩发放赏金。起初，获得赏金的名额共500名，头30名被列为第一等，每月可得白银20两；后面50名被列为第二等，每月可得白银16两；以此类推，到最低的第六等，共160名，每月只能得白银4两。

同样，为了吸引有才能的官员和老师，京师大学堂给予他们极高的官衔和俸银。例如，京师大学堂总教习的地位和“国子监”的“祭酒”一样，每月有300两白银的俸禄；老师们的地位则和翰林院的“五经博士”一样，每月俸银有30—50两。目的在于减少这些人和朝官的差别，或者至少不让他们觉得自己的职位比京城中其他衙门的官员低微或是不受重视。

1898年夏，京师大学堂进入实质性起步阶段。为了显示朝廷的重视，一座属于康熙皇帝四公主家族的废弃宅院被选为新学校的校址。这所宅院地处皇城的中心，位于景山公园的东侧，离紫禁城的北门只有几步之遥。因而，新学堂所处的地方是京城内极其封闭的地方，高耸的围墙把外界隔开。里面有无数的亭台楼阁和寺院(包括“马神庙”)，还有许多皇子与皇族的宫殿。实际上，根据原来的布置，新学堂的一间礼堂被戏称为“寝宫”，而房间宽敞、装饰华丽的图书馆，则被称为“公主闺房”。

校址选定以后，户部划拨了2万两白银用于学校的开办，同时还提出，将户部存放于华俄道胜银行的500万两白银所得利息作为学校的预算来源。人事选拔也随即开始：孙家鼐聘请曾到欧洲数国任外交官的著名人物许景澄(1845—1900年)出任中学总教习，聘请曾在同文馆执教及管理的著名美国传教士和汉学家丁韪良(W. A. P. Martin，1827—1916)出任西学总教习。孙家鼐还聘用了许多跟随丁韪良的同文馆外籍教授。

这些任命表明了学校融合中西教育的决心，而且无疑提高了京师大学堂在维新运动最高峰时的号召力。当年夏季的入学考试，一共有700多人报名。然而，随着1898年9月的宫廷政变，“百日维新”所采取的新政策被一一扼杀，著名的维新志士被处决，早期新学堂计划中的乐观情绪被一扫而光。

尽管京师大学堂成为维新运动中从慈禧太后刀下幸存下来的唯一成果，但是到1898年冬开办的时候，这所学校已与维新派想象中的样子大不相同了。1898年11月的入学考试中，只有100多人参加。后来有人甚至讽刺说，那些来参加考试的人，主要也是为了免费的食宿而来的。迟迟不开学的学校终于在12月迎来了开学的日子，可是时在日本流亡的梁启超曾经所设想的课程，早已为五经课程所取代。

1899年秋季，京师大学堂终于开设了一些零星的西学课程。然而，朝廷废止了向毕业生授予进士资格的规定，这无疑让学生更加不重视学习了。此外，朝中的保守派不断攻击学校，批评学校的费用太大，管理不善。孙家鼐因为无法容忍不断的攻击，而且不满慈禧太后废黜光绪帝的阴谋，于1900年春辞去了管学大臣的职务。许景澄获委任接替孙家鼐，使京师大学堂能勉强维持，直到几个月后义和团席卷北京城。

由于外籍教习的存在和从事西式教育，京师大学堂在反帝情绪高涨的义和团运动中难逃厄运，而许景澄对于朝廷支持义和团的政策公开表示反对，更无疑加深了人们对于京师大学堂作为洋人走狗的印象。在这种情况下，许景澄被迫提出暂时裁撤大学堂。

在清廷惨败于八国联军之后，慈禧太后改变了政策方向，转而支持维新派。1901年1月29日，在西安避难的朝廷颁布命令，宣布“所有的朝廷事务都必须重新检讨”，“外国的长处”应该“摄过来”以弥补中国之不足。在接下来的几个月中，教育问题受到了极大的重视。1901年夏，科举考试中的“八股文”被测试实用知识的问题所取代。1902年1月，朝廷重返北京后仅三天，京师大学堂获令重开，学部及刑部尚书张百熙(1847—1907年)被任命为管学大臣。

半年后，张百熙提出了一份全国学校制度的详细计划，将中国学习西方的程度降到了最小限度，从而将京师大学堂和下级学校变成了中国古代学校制度的新翻版。

张百熙的计划于1902年8月获朝廷批准，比梁启超和孙家鼐原先提出的方案更加全面，而且首次对于大学堂监管初级和中级学校的全国学校制度作出了详细的规定。不过，由于合格的学生仍然较少，张百熙提议大学堂最初分为预备科和速成科，其中包括一所仕学馆，和孙家鼐早先提出的一样，还有一所师范馆。学生从预备科或速成科毕业后，便会获得举人资格，然后进入三年后成立的本科学习。全面运作的大学本科将包括政治科、文学科、格致科、农学科、工艺科、商务科和医术科。任何科毕业的学生都将会获得进士资格，从而可以在京城为官。是年12月17日，京师大学堂正式开学。新中国成立以前，12月17日这一天便成了北京大学的校庆日。

与后来的北京大学相比，京师大学堂带有浓厚的封建色彩。它所聘请的教习，几乎全是有功名的京官，平时上课，乘一顶轿子而来，轿夫四、仆役一，到时间则由仆役引至课堂落座，由仆役摆好文房用具。比起教习，学生们的谱儿也不小，这些官宦子弟也是乘轿而来，仆役侍候。上体育课时，教员必须毕恭毕敬地喊："老爷，向右转！老爷，向左转！"当然，京师大学堂虽然距离现代大学的要求还很远，但在当时的中国，它毕竟汇集了一批人才和图书典籍，开展过一些近代科学文化的教育，可以说功不可没。

京师大学堂的生活是严格地按部就班的。铁铃响，学生起床。铜铃响，去上课。就寝时间也以类似方式通知。学生生活的每一方面都有严格而准确的规定。根据1903年出版的一本规则手册，学生们须在宿舍就寝，未得允许，不准在别处过夜；学生必须穿校服；在寝室里不能喧哗，举止要端庄；不许看违禁读物；不准参与政治活动。如果违反规定，学校详尽的过失登记系统会记录在案。尽管无法确定这一制度是否确实实施了，但就学校的意图，以及对学校里存在的各种纪律问题而言，这一规定的指导方式是富有教育意义的。对于学生未经允许旷课，未经批准离校，教授下课前早退，都给予记大过处分。对那些在老师进教室时不鞠躬，与其他同学吵架，无正当理由侵扰仆役和厨师的学生则会予以记过处分。而另一方面，在考试中或平时表现好的学生会受到奖励。这些奖惩措施都用于评定学生的综合能力，并对学生以后的职务、薪水都有直接的影响。

京师大学堂开办之初，以"中学为体，西学为用"为立学宗旨。初拟设大学、地学、道学、政学、文学、武学、农学、工学、商学、医学10科，以达"总古今，包中外，该体用，贯粗精"之目的。招收官僚子弟及各省中学堂毕业生入学。戊戌变法失败后，实际只办了诗、书、易、礼四堂及春、秋二堂，每堂也仅有10余人，性质仍与旧式书院相近。1910年发展为经、法、文、格致、农、工、商七科，是一所文理科综合大学。

辛亥革命后，随着1912年2月12日宣统皇帝的退位，京师大学堂的命运岌岌可危。很快，严复被袁世凯任命为京师大学堂的总监督，接管大学堂事务。5月，在时任中华民国教育总长的蔡元培提议下，京师大学堂改称北京大学校，严复为改名后的北京大学首任校长。大学堂总监督改称大学校校长，各科的监督改称学长。当时，文科学长由严复兼任，法科学长为张祥龄，商科学长为吴乃琛，农科学长为叶可梁，工科学长为胡仁源。

与此同时，北京大学重新开课。严复和蔡元培都发表讲话说明大学的重要性，蔡元培尤其强调北大首先要将自己投身于学者的学术研究中去。三个外国学者也在严复和蔡元培之后发表了演说。其中一个德国教授对他的学生们说，中国现在已是她自己的国家了，而不再是清王朝的。新中国的教育事业要重新开始，而不应被旧的思维习惯所束缚。尽管那天只有大约100个学生在场，但这些演讲者们所表达的思想却标志着一个崭新的开始。

1917年1月，蔡元培出任北大校长，为暮气甚深的北大带来了新的气息。从此，北大走上了一条以"进步、爱国、民主和科学"为宗旨的建校之路，进而成为中国新文化运动的摇篮和五四运动的发祥地。

（王艳勤）

# 11. 清华学堂的创立

清华学堂是清华大学的前身，是用美国退还的部分“庚子赔款”创办的一所留美预备学校。

1900年，八国联军镇压义和团运动，翌年清政府被迫签订丧权辱国的《辛丑条约》，当中有一笔庚子赔款，计4.5亿两白银(本息合计9.8亿两白银)，其中美国分得32000000两(合24000000多美元)。其后，美国当局承认他们索取的“实属过多”，同意将多余部分用于退款办学。经驻美公使梁诚等人反复交涉，美国应诺“退还”部分庚款，但规定这些钱(相当于现在的2亿美元)要用于选派学生赴美留学，人们称此举为“退款办学”。

1909年，清政府在北京设立游美学务处，由外务部和学部共同管辖，负责选派直接留美学生。当时各省建立新制学堂不久，从中考选合格的直接留美生难以满足按计划每年招考100名的需要。游美学务处拟专设正规的留美预备学校即肄业馆，对选取的学生先在国内有计划地训练培养，然后择其优者送美留学。

同年，清政府将“卉木萧疏，泉流映带，清爽高旷”的清华园赏拨作为肄业馆馆址。1910年11月，游美学务处提出改革游美肄业馆的三项办法：一、将游美肄业馆的学生名额增至500名；二、学制定为八年，分中等、高等两科，各四年制；三、“高等科分科教授，参照美国大学办理”，毕业“生不仅限于留美一途”(后来事实上所有毕业生一律留美)。同时呈请将游美肄业馆改名为清华学堂。1911年2月，游美学务处和肄业馆迁入清华园，正式将肄业馆改名为“清华学堂”。

清华学堂带着浓郁的德国古典风格，在工字厅西边落成，清朝军机大臣那桐为之手书匾额。1911年4月29日，学堂里传来第一阵读书声，清华的历史从此发端。按照美国方式，清华校庆安排在每年4月的最后一个星期日。清华学堂设正副监督(相当于正副校长)三人，由游美学务处的总办周自齐和会办范源濂、唐国安分别兼任。

1910年12月21日，“游美肄业馆”更名为“清华学堂”，定学额为500名，分为中等及高等二科，各为四年毕业。中等科毕业后，须经过甄别考试才能晋升高等科。高等科毕业后亦须通过严格的考试才能派遣留美。至于取名“清华”，系游美肄业馆用的是“清华园”旧址，咸丰皇帝所书之“清华赐国”匾额现仍悬挂园内，所以沿用旧称，定名为清华学堂。

1911年3月，清华学堂的学生在北京宣武门内学部举行了入学复试，共有468名学生参加复试，其中有由各省经初试录取后保送的184名、在京招考的学生141名和上一年备取的留美生14名。这批学生全部合格入学，其中3/5被编入中等科，其余入高等科学习，成为清华最早的一批学生。各省保送的名额数量因其分摊赔款的多少而定。清华经过公开考选，录取的学生质量绝大多数是非常好的，但也有一些鱼目混珠者。因为实际上有一部分名额把持在地方官绅势力之手，他们的子弟常被优先录取，以至在后来的清华学生中，兄弟、叔侄舅甥联袂入学者颇不乏其人。如曹汝霖的儿子是顶替新疆的名额，未经考试送入清华的。

当然，学堂这次招收的学生当中，也有许多后来成为我国科技、文化、教育等各界开先河式的著名学者，如我国重化学工业的开拓者侯德榜、哲学家金岳霖、中国真菌学的创始人戴芳澜、中国近现代考古学之父李济、我国比较文学的先驱吴宓、中国第一代建筑设计师吕彦直、诗文自成一家的近代诗人吴芳吉等。这些前辈无一不是学术上让人钦佩，人品上让人景仰。

由清政府管辖的清华学堂，虽然在教学上"所有办法均照美国学堂"，但在行政管理上还是封建王朝的一套。清华校名全称是"帝国清华学堂"，英文校印用 Tsing Hua Imperial College。入学考试时，学堂正监督周自齐穿着清朝官服高坐堂上，旁边考试官按省籍唱名"浙江听点""江苏听点"……周自齐就用朱笔点名，十足的科举考场习气。那时的学生，嘴里讲的是洋文，脑后却托着长长的辫子。应考的学生当中，金岳霖先生在清华园只待了三年便留美了，后来他回忆当时的考试情景："重要的东西是头一场考试：国文、算学、英文。英文我觉得不怕，算学靠运气，怕的是国文。我在湖南考过留美预备的中等科。湖南的国文题目是《"士先器识而后文艺"论》，我不知道这是唐朝裴行俭的话，落选了。北京考场国文题目是《人有不为而后可以有为义》，这就好办了。我考取了(指高等科)。"金岳霖先生是经过两次初试才参加复试入选的，中等科没考上，反而考取了高等科，这在清华招考历史上算是一件趣闻了。

清华学堂章程分为总则、学程、入学、修业、毕业、游学管理通则、职员 7 章及附则，共 48 节。在总则中标明"以培植全材，增进国力为宗旨"，"以进德修仆，自强不息为教育为外"。在学程上，采四四制，高等科注重专门教育，以美国大学及专门学堂为标准；中等科为高等科之预备，课程分为哲学教育、本国文学、世界文学、美术音乐、史学政治、教学天文、物理化学、动植物生理、地文地质、体育手工十类。各学科分通修(识)及专修(业)两种，均采学分制。中等科学生必须依照规定修满 72 学分才能毕业，升入高等科一年级。高等科必须修满 140 学分，且必须在堂一年者，才能毕业。高等毕业学生在堂最后二年功课之平均成绩须达 80 分(其在堂不满二年者，则论其入学后之功课)，才可派往美国留学。

清华学堂是独立于中国教育制度系统之外的一所留美预备学校，由外务部与学部共管。外务部与学部在许多问题上发生争议，争议的焦点在于：应选派年幼学生还是成年人？是希望学生全盘接受美式教育，还是坚持中体西用原则。两部相互妥协的结果是，清华的学制，虽然参照"奏定学堂章程"与美国学制，却与民初的中、美两国学制均不相同，而采用相当于美国六年小学和二年初级学院的八年一贯制，其目的在于使毕业学生能直接插入美国大学二、三年级。这是外务部与学部争议的折中方案。

留学科目的选择，也经过二部磋商，为了使学生具备进入美国各学院与大学的条件，清华学堂除了重视人文教育，还强调经济和实用科学。重视人文教育的目的在于帮助学生熟悉美国文化、风俗习惯、生活态度和美式教学方法，以免到达美国后不能适应；而强调经济和实用科学，是为了中国的实际需要。

清华学堂从一开始就树立了严谨的学风。学生入学堂不久即面临甄选和筛汰，既有未通过甄别考试被退学者，也有假期满未到学堂上学被开除者。学堂学科含十类：哲学教育类、本国文学类、世界文学类、美术音乐类、史学政治类、数学天文类、物理化学类、动植生理类、地文地质类及体育手工类。每类学科功课分通修、专修两种。通修种期博赅，专修种期精深。日常管理上学生则须"砥砺自治，履行堂章"。无论是教学还是生活上都对学生严格要求。学生在清华是幸运的，在学习及设备上、在住宿和生活上都享受着较为优越的条件。学生入学后所花费用不多，学宿膳费免交，一个学期只交体育费一元，以及期终可退还的赔偿费五元，七块钱一月的伙食(相当于当时一个工人的月薪)。清华学生衣着方面较朴素，大都竹布长衫、布袜、布冠。由于清华远处城郊，加上学校斋务处的严管，所以清华学生在生活上比较循规蹈矩，养成了简朴的风气。

清华学堂开学后不久，辛亥革命爆发，学堂即宣布停课。清华学堂在清朝仅办了一个学期，半年后重新开学，按照当时北京政府教育部通令，将“学堂”改称“学校”，“监督”改称“校长”，学校发展也随之进入一个新阶段。

（王艳勤）

## 12. 中国科学社的成立

中国科学社筹创于1914年夏，正式成立于1915年10月25日，是由几位留美的中国学生发起创立的。前身为1914年创办的《科学》杂志社，社址定在康乃尔大学。1918年，随社员大批回国迁回国内。1928年定址上海。在全国设有分社或支会。社员多为科学、教育、工程、医务界人士。除学术活动外，办有生物研究所、明复图书馆、中国科学图书仪器公司，出版《科学》《科学画报》《科学季刊》等杂志及《论文专刊》《科学丛书》《科学史丛书》等。中国科学社从创立时的几十人，发展至1949年社员已达3776人，遍布中国现代各学科、各领域。中国科学界老一辈科学家，如竺可桢、李四光、茅以升、严济慈等都曾是中国科学社的社员。1959年秋，中国科学社完成其历史使命，宣告结束。

1914年，在美国康乃尔大学的几位中国留学生，认识到要适应时代的发展，没有科学，是难以立国的。而中国所缺乏的莫过于科学了，因此，他们要把“科学”介绍到中国来，让它富国强民。胡明复、赵元任、周仁、秉志、章元善、过探先、金邦正、杨杏佛、任鸿隽9人商议决定发行《科学》月刊杂志，向国人宣传科学和科学救国的道理；并由各自节衣缩食，筹措办刊资金；分头编写有关文章，不付稿酬。

为争取更多的志同道合者和征募举办刊物的经费，即由胡明复、杨铨、任鸿隽等草拟了一个“科学月刊缘起”和“科学社招股章程”，于1914年6月29日寄出发送给在美国的中国留学生以及一些已经回国的留学生。

据任鸿隽的回忆文章，在“科学月刊缘起”中有下面一段话：“今试执途人而问以欧、美各邦声名文物之盛何由致？答者不待再思，必曰此食科学之赐也。……同人等负笈此邦，于今世所谓科学者庶几日知所亡，不敢自谓有获。愿尝退而自思，吾人所朝夕肓习以为庸常而无奇者，有为吾国学子所未尝习见者乎？其科学发明之效用于寻常事物而影响于国计民生者，有为吾父老昆季所欲闻之者乎？……试不知其力之不副，则相约为科学杂志之作，月刊一册以饷国人。专以阐发科学精义及其效用为主，而一切政治玄谈之作勿得阑入内焉……”当时在“科学月刊缘起”上签名的有胡达(胡明复)、赵元任、周仁、秉志、章元善、过探先、金邦正、杨铨、任鸿隽等九人。他们作为《科学》月刊的发起人，一般也被认为“实际上正就是科学社的发起人”。而“科学社招股章程”，据胡适回忆，“最初的章程是杨铨手写付印的”，其全文如下：

(1)定名本社定名为科学社(Science Society)。

(2)宗旨本社发起“科学”(Science)月刊，以提倡科学、鼓吹实业、审定名词、传播知识为宗旨。

(3)资本本社暂时以美金四百元作资本。

(4)股份本社发行股份票四十，每份美金十元，其二十份由发行人担任，余二十份发售。

(5)交股法购一股者，限三期交清，以一月为一期；第一期五元，第二期三元，第三期二元，购二股者，限五期交清：第一期六元，第二三期各四元，第四五期各三元。每股东以三股为限，购三股者其二股依上述二股例交付，余一股照单购法，凡股东入股转股，均须经本社认可。

(6)权利股东有享受盈余及选举被选权。

(7)总务事所本社总务事所暂设美国以萨克(即依萨卡)城。

(8)期限营业期限无定。

(9)通讯处美国过探先(地址略)。

在草拟和发送“科学月刊缘起”和“科学社招股章程”的同时，任鸿隽等人也抓紧利用暑假时间，分工撰写《科学》稿件。在“科学月刊缘起”和“科学社招股章程”发出后，“不久也居然集了二三十股，于是一面草之章程，组织社务，一面组织编辑部，发行期刊”。9月2日，他们召开了《科学》月刊编辑部第一次会议，讨论审定创刊号稿件。闻讯而至的其他留学生也纷纷加入，编辑部发展到70多人，稿源充足。1915年1月，由他们在美国编辑的，我国最早的综合性科学杂志——《科学》月刊1卷1期，由上海商务印书馆印行出版，在国内发行。

《科学》月刊发行不久，任鸿隽等人又筹划成立了一个组织，并起草了社章，宗旨是：“联络同志，研究学术，以图中国科学之发达”。1915年10月25日，科学社正式成立。有社员35人，由任鸿隽、赵元任、胡明复、周仁和秉志5人组成董事会，任鸿隽任社长，杨杏佛任编辑部部长，负责杂志编辑。

科学社刚刚成立时采取的是一种公司形式，但社员扩充、力量增加以后，任鸿隽等人不再满足于仅仅出版科学期刊。后来，也在康乃尔大学留学的邹应萱正式提议将科学社改组为学会性质，并改名为中国科学社。1915年4月，“即由董事会发信问全体股友的意见”，其中所述改组的主要理由是：“一、振兴科学，应举之事甚多，如译书设图书馆等，皆当务之急，不仅发行杂志，故发行杂志当为科学社之一事业，科学社不当为发行杂志之一手段也。二、本社为学会性质，则可逐渐扩充，以达振兴科学之目的；为公司性质，则社员事业皆有限量。三、本社为学会性质，则与社员不仅有金钱上之关系，且有学问上之关系；为公司性质，则但有金钱上之关系，而无学问上之关系，与创立本社宗旨不符。”改组科学社的建议得到全体股友的一致赞成，又于6月由任鸿隽、胡明复、邹秉文三人草拟了《中国科学社总章》，10月9日将社章提交给全体社员讨论，这一章程于是年10月25日由社员全体通过，从此中国科学社宣告正式成立。

《中国科学社总章》包括“定名”“宗旨”“社员”“社员权利及义务”“分股”“办事机关”“职员及其任期责任”“会费及特别捐”“常年会”“选举”“附则”等11章共60条，其“宗旨”一章明确提出，“本社以联络同志，共图中国科学之发达为宗旨”。

中国科学社一方面是当时科学救国思潮的产物，中国科学社的主要创始者任鸿隽、杨铨，也正是在科学救国思潮的影响下弃政求学而入康乃尔大学读书的。另一方面又根植于现代科学土壤中，科学社成员在对现代科学有了较多认识基础上，确立了高度的科学信念，这也正是它所以成为20世初上半叶在中国最有影响的民间科学团体的重要原因之一。

科学社的创始者在留学期间，都曾是学术活动的积极参与者。胡明复、赵元任曾与胡适一起于1913年被同时推举为美国大学生联谊会(Phi Beta Kapba)会员；1914年，他们两人又被推举为美国科学学术联谊会(Sigma Xi)会员，这是当时自然科学方面的一个荣誉团体，在接纳会员时有很严格的要求。而任鸿隽曾担任

《留美学生季报》主编；杨杏佛则曾于1914年9月在康乃尔大学举行的留美中国学生年会上作《科学与中国》的演说，获得全校华人演说第一名。他们平时还经常组织一些学术活动，如1914年夏天，任鸿隽、胡适和梅光迪等曾发起读书会，规定参加者每周最少须读英文文学书一部，周末相聚讨论一次。这些活动，不仅拓宽了他们的学术视野，增进了他们对学术活动的兴趣，也使他们在组织学术团体方面受到了一定的实际锻炼。

由于与留学生们较广泛的联系，也使中国科学社在当时很快得到了许多留学生的支持和参与。中国科学社初期的成员构成也充分表明了这一点，如1915年10月底中国科学社正式成立时，已有社友115人，其中85人都为在美的中国留学生。当然，在当时的留学生中，认识并不尽一致，有的人起初对他们成立科学社之举也有一定误解和不以为然，但经过他们努力沟通，大部分人都能给予理解和支持。任鸿隽在《科学》4卷6期上的《故社友陈藩传略》一文中就曾说到，科学社初创时，在科罗拉多矿业学校的中国留学生陈藩因情况不明而责怪他们异想天开，经他们解释后误会消除而后成为科学社的骨干成员。

一方面，创始者本身深受现代科学的熏陶和对现代科学有着较充分的认识，另一方面，又有人数众多并受过现代科学训练的留学生群体的参与和支撑，这就为中国科学社的发展提供了比它以前乃至同时代的中国学术团体更深厚的科学基础。正由于这一基础，才使中国科学社得以成为20世纪上半叶中国最有影响的科学团体。

特定的环境，也为中国科学社的成立和以后的发展，提供了较为宽厚的组织基础。辛亥革命前后，在中国也曾出现了一些自然科学学术团体，除了中华工程学会外，还有如1907年留法学生组织的"中国化学会欧洲支部"，张相文等人于1909年创立"地学会"。但有的没有能坚持下去，如过眼烟云；有的也并没有能像中国科学社那样形成很大的影响。而唯有中国科学社在当时能一枝独秀，很快形成一定气候。这与中国科学社拥有人数众多，又对于现代科学有较多了解的留学生群体作支撑有着密切的关系。

1918年前后，科学社的主要成员大多学成陆续回国，董事会决定将科学社从海外迁回国内，先借寓上海大同学院，旋即迁入南高师，设立办事处，更名为"中国科学社"。社址新设在校园东侧成贤街的文德里一处官房内。

1922年，中国科学社创办生物研究所，它是科学社成立的第一个科研所，也是国内唯一的科学研究机构。社员利用课余时间从事研究工作，发表了很多有价值的论文，出版了动植物专刊和《森林植物志》及《药用植物志》等，采集了大量动植物标本，颇引起国内外科学教育界人士的关注，并获得了中华教育文化基金会的长期赞助。

后期的中国科学社，发展到3000多人，遍布全国各地。为了便于社员之间的联络和学术活动的开展，上海、北京、杭州、广州、重庆等地设立社友会。抗战期间，中国科学社虽一度迁入四川重庆，却始终未脱离与南高师及东大、中大的紧密关系，而南高师、东大、中大也始终以注重科学为办学宗旨。

作为中国近现代史上影响最大的一个综合性、群众性科学团体，中国科学社以"联络同志，研究学术，共图中国科学之发达"为宗旨，致力于西方科学在中国的传播与普及、科学本土化的探索，在40余年的发展历程中，直接推进了中国科技的体制化进程，带动了中国各科学学会组织的创立与发展，培养造就了中国现代的科学家群体，对中国现代科学的创立和发展做出了重大贡献，在中国科学发展史上占有突出地位。

（王艳勤）

# 13.《续修四库全书》的编纂

1772 年至 1787 年(清乾隆三十七年至五十二年)间编纂的《四库全书》，收书 3461 种(此为文渊阁本数据。《四库全书》共七部，统计数据各不相同。陈垣曾统计文津阁本为 3462 种)，基本上囊括乾隆以前历史上流传下来的基本典籍，是我国古代规模最大的丛书。然而，《四库全书》也有种种局限。其编纂方案“贵雅贱俗”，戏曲及白话小说不收；“贵远贱近”，明清时期的书籍大部分未收。同时，受到政治因素的强烈干预，那些所谓“违碍”“悖逆”“非圣无法”的书籍或被全部销毁，或被“删改抽撤”。近人孙殿起根据《禁书总目》《掌故丛编》《文献丛编》《办理四库全书档案》等史料对禁毁书籍进行统计，认为数量“将近三千余种，六七万部以上”。至于未收书，仅以《四库全书总目》的著录为例，未收而列为存目的高达 6793 种，几乎是《四库全书》的两倍。而且随着时间的推移，乾隆以后一百四五十年间又有大量新的著述问世。所以，续修《四库全书》，无疑是非常必要的。

清朝后期，有识之士相继提出续修《四库》。1889 年(光绪十五年)，翰林院编修王懿荣曾以“恳恩特饬续修库书”疏上奏：“时经百载，开通日广，文物日新。厥有市舶泛来，前代流传海外之书；又有乾隆以后通材硕学，网罗散失，采集逸佚，复古再成之书，说经补史，重注重疏，精校精勘之书，以及天文、算学、舆地、方志、政书、奏议、私家撰著，卓然经世之书。层见叠出，或先得者残而重收者足，或沿称者伪而改题者真。考据一门，后来居上，艺数之流，晚出愈精。若此之类，上溯旧例，应行著录者，其为粹美，庶几前编”，1908 年(光绪三十四年)翰林院检讨章梫以“拟请增辑《四库全书》”疏上奏。翰林喻长霖也主张续修《四库全书》，认为“今海宇大通，群言庞乱，后生小子，震于泰西富强之说，卮言日出，大道将歧。非续编书目，明定宗旨，排斥邪说，不足以靖群议之嚣，而齐一天下之耳目。”。其后，孙雄(1967—1935 年)撰写《拟重修四库全书条例》二十条。但清廷内外交困，无从实施。

民国时期，续修之事又被重新提出。1919 年，金梁奉命为文华殿、武英殿陈列文物编目，建议校印《四库全书》，并编纂四库后出书目。1924 年，商务印书馆提出影印《四库全书》，然后以赢利作为续修《四库全书》的经费，延请海内通人，选择四库存目及未收书，刊为续编。但商务印书馆的《四库全书》影印几经波折未果，续修也随之流产。1925 年，国会议员邵瑞彭发表《征求续编四库全书意见启》，引起广泛反响。黄文弼、李盛铎、吕思勉等，都撰文出谋划策。1927 年，奉天地方政府准备影印文溯阁《四库全书》，伦明撰写《续修〈四库全书〉刍议》，并就编纂流程发表看法：“大旨有三：一曰搜集，二曰审定，三曰纂修。”第二年，当地政府成立文溯阁《四库全书》校印馆，张学良等通电全国，“决以私财印行《四库全书》”，并称“不有赓续，曷集大成”，决定续修《四库》。为此，伦明还曾续修《四库全书》书目一万余种。但后来因日本入侵，时局动荡，其事未成。

1927 年 12 月 36 日，中日联合成立的东方文化事业总委员会下属的北平人文科学研究所由委员长柯劭忞召集举行第一次会议，采纳日方代表狩野直喜的提议，拟用日本退还的庚子赔款作为经费来源，补遗、续修《四库全书》。1928年1月至1931年6月，选定著录目录27000余种，撰成《四库未收书分类目录》，该目录每类分为“著录”“存目”两部分，计划在提要完成后将“著录”部分编为《续修四库全书》。1931年7月开始撰写提要，至1938年底，即已撰20319篇。其截稿时间为1942年1月，实际上部分稿件晚至1945年7月。但1941年太平洋战争爆发后，研究所经费紧张，提要工作基本停止，更不必提续修《四库全书》了。抗战胜利后，书稿、档案及所购置的全部图书，由中方代表沈兼士接受，存于中国科学院图书馆。1996年，中国科学院图书馆整理全部稿件(34096篇)交由齐鲁书社分37册影印出版。

1986年，中国台湾商务印书馆影印出版文渊阁本《四库全书》。1993年，王绍曾撰写《编印〈四库善本丛书〉和续修〈四库全书〉刍议》((《文史哲》1993(1))一文，旧事重提。1993底，新华出版社原社长许邦去深圳，同时任南山区委书记的虞德海达成共识，由南山区政府投资，支持中国版协同在京一个单位合作出版《四库全书存目丛书》，但几经商谈，终未成功。1994年春，新闻出版总署署长宋木文召开会议，经过专家论证后决定启动《续修四库全书》方案。同年6月，宋木文等率中国出版工作者协会与深圳南山区政府签订协议，南山区政府同意投资8000万解决经费问题。其后，国家古籍整理出版规划小组、上海古籍出版社相继加入项目。1994年7月4日，《续修四库全书》编纂出版工作会议在北京龙泉宾馆召开，会议讨论续修的必要性、学术价值及整体框架、收书范围、编选原则，确定编纂出版方案。会议还成立《续修四库全书》工作委员会和编纂委员会，由宋木文任工作委员会主任，顾廷龙担任主编。随后，续修工程逐步展开。1995年“经部·易类”40册开始发行。2002年4月，全书1800册全部出齐。

《续修四库全书》总共收书5213种，沿袭《四库全书》体例，按经、史、子、集四部分类，分别用绿、红、蓝、赭四色装潢，经部260册，史部670册，子部370册，集部500册。其收录标准比较明确，主收《四库全书》以后至于清末学术价值较高的著述，收书下限，按成书年代大体止于1912年。此外，也补选《四库》成书前被《四库》遗漏、摒弃、禁毁，或列入“存目”而确有学术价值的图书，补选《四库》不收的戏曲、小说中有重要文学价值的作品，补选出土文献中卷帙完整著述和从海外访回而合于本书选录条件的古籍，并以善本替换《四库》已收的残劣版本。

《续修四库全书》注重学术价值，不收一般性资料，如历书、家谱、登科录、缙绅录之类，兵书、志书、医书、佛书，从严甄选。乾隆中期以后至辛亥革命以前的图书，尽可能选收各学术门类和流派的代表性著作，主要是清代中期以纪晓岚、戴震、翁方纲、彭元瑞、任大椿、孙希旦、王念孙、阮元等为代表的“乾嘉学派”著作，清后期以魏源、龚自珍直至康有为、梁启超、章太炎等为代表的“新学”著作。

入选图书，在各部类中总体上以时代先后为序。讲求版本，选取最佳版本影印。编纂、出版过程期间，曾向国家图书馆、上海图书馆等82家藏书单位商借底本，其中大量宋元刻本、名家稿本，为四库馆臣所未见。

《续修四库全书》的编纂，完成了国人一百多年来的文化夙愿，并掀起当代续补《四库》、影印整理古籍的热潮。《四库全书存目丛书》《四库禁毁书丛刊》《四库未收书辑刊》《清代诗文集汇编》《丛书集成续编》《丛书集成三编》《中华再造善本》《故宫珍本丛刊》《中华大藏经》《中华道藏》《儒藏》等一大批大规模古籍丛书问世，为中国当代学术文化的繁荣奠定良好的基础。

(周德美)

## 14.《四部丛刊》与《四部备要》的编纂

《四部丛刊》和《四部备要》是二十年代到三十年代刊行的两部古典文献丛书。前者属于影印本，着眼于版本价值，主收善本；后者属于排印本，着眼于使用频率，主收常本。这两部书，是民国时期古籍出版的精品，向来为学人所推重。

《四部丛刊》是张元济主持编纂的，参与者有樊炳清、姜殿扬、林志烜、张元炘、胡文楷、庄吕尘、孙义、丁英桂等，商务印书馆出版，全书分为初编、续编、三编。张元济(1867—1959年)，字筱斋，号菊生，浙江海盐人，我国近现代著名出版家。近代以来，中国古籍散亡日盛，还大量流入外邦，引起不少学者担忧。早在1909年，张元济就收到近代著名版本目录学家缪荃孙建议商务印书馆影印古籍的函件。1915年，张元济正式提出想法，并着手准备。他在给傅增湘的信中说："本馆拟印旧书，以应世用。拟定名'四部举要'。"1918年，丛书名改为《四部丛刊》。初编选目由缪荃孙弟子孙毓修草拟，交张元济敲定，后曾向傅增湘、刘承干等藏书家征求意见。1919年，开始拟定影印办法，进入印刷出版流程。所撰《印行〈四部丛刊〉启》说："自咸同以来，神州几经多故，旧籍日就沦亡，盖求书之难，国学之微末，未有甚于此时者也。上海涵芬楼留意收藏，多蓄善本，同人怂恿景印，以资津逮后学；有未备，复各出公私所储，恣其搜鉴，得于风流阒寂之会，成此《四部丛刊》之刻。"诚如所言，《四部丛刊》的编辑，不仅充分利用涵芬楼"多蓄善本"得天独厚的条件，还恣搜公私所储。所用底本，除涵芬楼藏本外，还不遗余力四出寻访江南图书馆、常熟铁琴铜剑楼、乌程嘉业堂、乌程适园、海盐涉园、江安双鉴楼、江阴艺风堂、长沙观古堂、乌程密韵楼、南陵积学轩、上元群碧楼、平湖传朴堂、无锡小绿天、闽县观槿斋、秀水二十八宿研斋、常熟铁网珊瑚人家、嘉兴沈氏、德化李氏、杭州叶氏以及日本静嘉堂文库等海内外公私所藏宋元明旧椠。

1920年，《四部丛刊》(初编)陆续开始印售，1923年出齐，收书323种，8548卷。1926至1929年重印，将"初编"原名《四部丛刊》改为《四部丛刊・初编》，抽换21种，并加入校勘记，实收书350种。1931年，《四部丛刊・续编》开始筹备，1934年出齐，收书81种，1438卷。1935年，《四部丛刊・三编》开始筹备，1936年出齐，收书73种，1910卷。这样，全书总计达477种("初编"按1926年重印本统计，则有504种)。张元济原有续出"四编"的打算，但因八一三事变，商务总部内迁，计划没有实施。2016年，李致忠主编《四部丛刊・四编》由中国书店出版，遵循前三编编辑风格，原样影印古籍，总计收书123种。

《四部丛刊》是中国历史上首次大规模采用照相石印技术影印古籍的丛书。张元济在《印行〈四部丛刊〉启》称誉此书有"七善"："四部之中家弦户诵之书""仍存原本""广事购借，类多秘帙""所求之本，具于一编""此则石印，但略小其匡而不并其叶，故册小而字大""版型纸色，斠若画一""议价不特视今时旧籍廉至倍蓰，即较市上新版亦减之再三，复行预约之法，分期交付"。其实，编纂上最突出还是着眼于版本价值，主收善本。以重印的初编而言，凡宋本45种，金本1种、元本20种、影写宋本13种，影写元本4种、元写本1种、明写本6种、明活字本8种、校本25种、高丽本7种、释道藏本4种。王绍曾指出:“《丛刊》是一部前所未有的集善本之大成的大丛书,如果我们把丛刊的版本按时代和版刻地区加以排比,实际上就是一部变相的中国版刻图录和中国雕版史。”同时,《四部丛刊》虽然是善本影印丛书,但仍然非常重视校勘,不少还详附校记,这在续编、三编中尤为突出(初编1926重印也加入校记)。如郑谷《郑守愚文集》以萧山朱氏宋刊本为底本,以《全唐诗》本、《席刻唐诗百名家全集》本、《云台编两浙书》本相校,以卷次、叶次、行次、本文、校各本为目,所附校记多达300余条。

《四部丛刊》收书虽然兼顾实用,不过仍以广收善本为其突出特色,它给商务印书馆带来良好的经济效益。但另一方面,重视版本固然有其独特的价值,可在实用性方面又必然存在局限。这些方面,引起当时商务印书馆最大的行业对手——中华书局的关注。中华书局有一套从杭州丁氏那里购买的聚珍仿宋版铅字,于是陆费逵亲自担任总纂,由高野侯、丁竹荪、吴志抱等协助,开始编辑出版一部以实用为导向的大型丛书——《四部备要》。陆费逵(1886—1941年),字伯鸿,祖籍浙江桐乡,早年曾在商务印书馆供职,1912年在上海创办中华书局,任局长、总经理等职。

中华书局《校印〈四部备要〉缘起》说:“吾国学术,统于四部,然《四库》著录之书,浩如烟海,坊肆流传之籍,棼若乱丝,承学之士,别择维艰”,“同人有鉴于此,爰于前年,择吾人应读之书,求通行善本,汇而集之,颜曰《四部备要》”,“经、史、子、集最要之书,大略备矣。”这里,将150多年前《四库全书》的“浩如烟海”、将“坊肆流传之籍”的“棼若乱丝”作为《四部备要》的出版背景。陆费逵《增辑〈四部备要〉缘起》还提及另一个因素,他说:“先太高祖宗伯公讳墀,通籍入词林。《四库全书》开局,以编修任总校官,后任副总裁,前后二十年,任职之专且久,鲜与匹焉。晚岁构宅于嘉兴府城外角里街,颜其阁曰‘枝荫’,多藏四库副本。洪杨之乱毁于火,今者角里街鞠为茂草矣。小子不敏,未能多读古书,然每阅《四库总目》及吾家家乘,辄心向往之。”“每阅《四库总目》及吾家家乘,辄心向往之”,所以有了《四部备要》编纂的动机。这些解释,对当时销售上风生水起的《四部丛刊》讳莫如深,显然带有商业遁词色彩。其基本策略,是收录“应读之书”“最要之书”的“通行善本”,这显然是针对《四部丛刊》的天然局限,而将实用作为主导方向。

1924年,《四部备要》开始分集出版发行,至1931年,共出五集,收书336种,11305卷,线装分订2500册。1935年,又印行洋装十六开点句本。1936年再版,另出缩印本,内容与初版相同。《四部备要》收书,以常见常用注本为主,多为清代精校精注本。同时,也兼顾系统性。如经部,以“十三经古注”收汉魏六朝经注(唯有《四书章句集注》为宋朱熹撰)、以“十三经注疏”收唐宋经注、以“清十三经注疏”收清代集成性经注,三个系列,基本上囊括历代经书注疏的代表作。史部完整收入“二十四史”,并兼收表谱考证,如齐召南《历代帝王年表》、陆费墀《帝王庙谥年讳谱》、李兆洛《纪元编》、永瑢等《历代职官表》、万斯同《历代史表》等。集部则较为全面地收录词曲类作品,如朱彝尊《词综》、王昶《明词综》《国朝词综》《国朝词综二集》、黄变清《国朝词综续编》、毛晋《宋六十名家词》、孙默《十五家词》、臧懋循《元曲选》,不仅在时代上、也在门类上弥补“四库”以来忽略词、不收曲的不足。

《四部备要》虽然选择精善之本为底本,但毕竟属于排印本,校勘的难度自然比《四部丛刊》大得多。不过,编者对这方面非常重视,花费很大力气,所收书籍都要经过反复校对,甚至还订正底本的不少错误。陆费逵还曾为《四部备要》撰写广告:“如果指出《四部备要》排印本错误者,每字酬以一元。”为此,中华书局付出几千元的酬金。《四部备要》重印时,那些错误也得以勘正。

(周德美)

# 15.《万有文库》的编纂

《万有文库》是商务印书馆1929年开始出版的一部古今中外兼收的大型综合性丛书。辛亥革命和五四新文化运动，给现代文化及教育带来巨大冲击，传统的文化结构解体，社会文化兴趣与需求发生翻天覆地的变化。当时，商务印书馆已是国内最大出版印刷机构。1921年王云五担任印书馆编译所所长后，在张元济等人支持下，对编译所进行了改组，淘汰冗员，延聘专家，调整人事结构，有效地整合了编辑力量。王云五是一位自学成才的典范，素有“教育普及”“学术独立”的出版思想，这些促使他从《四部丛刊》辉煌出版成就笼罩的背景中寻求突破。他说：“踵张菊生、高梦旦二公之后，见曩印《四部丛刊》阐扬国粹、影响至深且巨，思自别一方面植普通图书馆之基。”所谓“植普通图书馆之基”，就是要“为国内小图书馆植其初基”，“从编印各种有系统的小丛书入手，再进而与各大学及学术团体订约编印专科丛书；凡此皆所以谋充实图书馆之供应”。于是从1928年元月开始筹备，最初拟定书名为《千种丛书》，“即并合各科丛书一千种，为一部综合性的大丛书”，最后，“定名《万有文库》，隐喻一万册为最终目标之意”。《印行〈万有文库〉缘起》还指出：“本文库之目的，一方在以整个的普通图书馆用书贡献于社会，一方则采用最经济与适用之排印方法，俾前此一二千元所不能致之图书，今可三、四百元致之。”

经过一年的筹备，到1929年三月，《万有文库》第一集前四期出版完成。《万有文库》共五期，第五期计划出书400册，但书稿大多毁于“一二八”战火，直到1933年方始出齐。第一集包括《国学基本丛书初集》等13部子丛书，收入图书1010种，约一亿一千五百万字，装订为2000册，并附《三民主义建国大纲》《国际条约大全》《辞源》《中国古今地名大辞典》等参考书十种。其书价仅360元，拟定印数5000部，后得到浙江省财政厅厅长钱新之的支持，实际订数达到8000部左右。

1934年，王云五又开始主持编纂《万有文库》第二集，收书700种，2000册，约一亿九千万字。第二集同为2000册，相较于第一集，“相同者原以竟未竟之功，相异者自以弥已往之阙”。第二集包括4种子丛书，《国学基本丛书二集》300种、《汉译世界名著二集》150种，延续“初集”未完成的收书计划，是所谓“竟未竟之功”者。王云五自己曾谈及这部分选目问题，他说：“第二集书目在草拟时最感困难者，莫如国学基本之丛书。盖国学书籍既多当读者亦不少；万有文库目的在依适当进程，先其所急。第二集所收虽多至三百种，实属有限，选择标准既不敢凭少数人之主观亦不宜据片面之判断。故于易稿三次后，更取近人关于国学入门书目十三种作客观之衡量，斟酌损益，至再至三．结果三百种中未见于各家入门书目者只十四种，此即为求各科各类之具备，不得不补充诸家入门书目者也。至于汉译世界名著，因各国关于书评及选书之作多而备选择之难虽稍逊于国学；然我国读书界之需要，未必尽同他国。彼之所需者，或非我所必需。故除以各国书评或选书之作为一部分根据外，不能不参酌本国之特殊需要，取舍之间，亦尝经长期间之探讨也。”此外，以《自然科学小丛书》《现代问题丛书》取代第一集农、工、商、医等11种小丛书，此即“弥已往之阙”者。王云五解释说：“自然科学之亟待提倡，尽人而知；顾非有广泛而通俗之作，将无以通其门径。第二集内容自然科学小丛书二百种，即所以导读者于此秘密之府。又现代问题千变万化备极复杂；吾人日处于现社会中苟昧于当前问题之进展与各专家对于解决各问题之意见，将不免有后时代之嫌。第二集内容现代问题丛书五十种，即所以导读者随时代之转轮而俱进。”王云五是一位有思想的出版家，他极度关注社会文化的现实与建设，而不仅仅是从编辑出版、市场营销的角度考虑问题，由此可见一斑。第二集还附有参考工具两种28巨册：一为十通系列，包括正三通、续三通、清三通及刘锦藻的《清朝续文献通考》，二为《佩文韵府》，两种工具都以四角号码编有详尽词目主题索引。《万有文库》第二集的实际订数也非常可观，高达6000部左右。

《万有文库》立足于知识结构和馆藏体系，收书综合性色彩鲜明。如下表：

| 书名 | 分集 | 序号 | 子丛书名 | 种数 | 知识类型 |
|---|---|---|---|---|---|
| 《万有文库》 | 第一集2000册 | 1 | 国学基本丛书初集 | 100 | 传统文化 |
| | | 2 | 汉译世界名著初集 | 100 | 外来文化 |
| | | 3 | 学生国学丛书 | 60 | 传统教育 |
| | | 4 | 国学小丛书 | 60 | 传统文化 |
| | | 5 | 新时代史地丛书 | 80 | 当代史地 |
| | | 6 | 百科小丛书 | 300 | 当代百科 |
| | | 7 | 农学小丛书 | 50 | 当代农学 |
| | | 8 | 工学小丛书 | 65 | 当代工学 |
| | | 9 | 商学小丛书 | 50 | 当代商学 |
| | | 10 | 师范小丛书 | 60 | 当代教育 |
| | | 11 | 算学小丛书 | 30 | 当代算学 |
| | | 12 | 医学小丛书 | 30 | 当代医学 |
| | | 13 | 体育小丛书 | 15 | 当代体育 |
| | 第二集2000册 | 1 | 国学基本丛书二集 | 300 | 传统文化 |
| | | 2 | 汉译世界名著二集 | 150 | 外来文化 |
| | | 3 | 自然科学小丛书初集 | 200 | 当代科学 |
| | | 4 | 现代问题丛书初集 | 50 | 当代社会 |

《万有文库》将各类知识都纳入到这个框架里。这个体系，既有中国的，也有外来的；既有中国古代的传统文化，也有中国当代文化百科，古今中外文献熔于一炉。同时，还特别注意兼顾不同层次的知识需求。如《国学基本丛书》《学生国学丛书》《国学小丛书》都属于国学类，但收录层次有别。“国学基本丛书”是“中等以上学生必须参考或阅读”的，“学生国学丛书”是“中等学生必读之书”，“国学小丛书”是“中等以上学生

及中小学教员研究国学之辅助”。

为便于馆藏，附赠的《万有文库第一集一千种目录》中《〈万有文库〉对于各种图书馆之适用计划》，分别对“地方图书馆”“学校图书馆”“家庭图书馆”的馆屋、装置、藏书、编目、经费等作详细说明。而且，王云五还根据杜威分类法，结合中国文献的实际，撰著《中外图书统一分类法》，随书发行，并将类号标注在书册上。王云五交代说：“更按拙作中外图书统一分类法，刊类号于书脊；每种复附书名片，依拙作四角号码检字法注明号码，故由本文库而成立之小图书馆，只须以认识号码之一人管理之，已觉措置裕如，其节省管理之费不下十之七八。”王氏后来编纂《丛书集成初编》，也采用了这种方法。

按王云五原计划，《万有文库》将出三集，每集千种，2000册，共计6000册，约3亿4千万字。但因时局动荡，计划未能实施。

（周德美）

## 16. “北京人”化石的发现

周口店“北京人”遗址位于北京市西南房山区周口店镇龙骨山北部，是距今约70万年至20万年之间的北京猿人生活的地方。它也是到目前为止，世界上材料最丰富、最系统、最有价值的旧石器时代早期的人类遗址。

“北京人”化石的发现，证明了“直立人”的存在，为人类进化理论提供了有利实证，是中国科学家为世界考古史做出的伟大贡献。它也为中国古人类及其文化的研究奠定了基础，是当之无愧的人类远古文化宝库。

1918年2月，著名的瑞典地质学家、考古学家，时任中国北洋政府矿政顾问的安特生(Johan Gunar Andersson)从朋友处得知北京西郊周口店镇的鸡骨山中出土化石。他收到消息后于当年3月便赶赴现场进行调查。经过为期两天的考察后，安特生证实了该地确实出土化石，并从山中采集回一些细小的啮齿类和鸟类化石。也许是因为这些化石看起来像鸡骨的缘故，当地人都把这座山形象地称为“鸡骨山”。安特生的此次周口店之行虽然并没有发现人类化石，但这却使他知道了周口店附近是一个出土化石的地方。自此以后，周口店便从一个穷乡僻壤变成了一个备受瞩目的考古重地，并产生了一系列的科学发现。

1921年，刚从瑞典乌普萨拉大学获得博士学位的奥地利青年学者师丹斯基(Otto Zdansky)被古生物学教授维曼(Carl Wiman)派遣来华协助安特生工作。当他们在鸡骨山工作时，从乡民口中得知，在离鸡骨山不远处的龙骨山上也出土化石，而且那里的化石比鸡骨山更大、更多。在乡民的带领下，安特生和师丹斯基来到了周口店镇西侧老牛沟的龙骨山。这里实际上是一个被废弃的石灰岩采石场，乡民们之所以称之为龙骨山，是根据中国古代医书对“龙骨”的记载而得来的。这座山上存在着大量动物骨骼变的化石，而中国古代医书把这些能治疗刀伤、具有止血、止泻功能的化石称之为“龙骨”，所以龙骨山由此而得名。这里是当地人天然的药材仓库，也成为后来发现“北京人”化石的地方。

安特生等一行人来到龙骨山后，很快就在一个山洞中挖掘出大量的动物化石，其中包括鹿、水牛和鬣狗等。他们凭借着古生物学知识从化石中辨认出了一种形象很特别、年代很古老的鹿，它的下颌骨比一般的鹿类要肿厚。后来这种鹿化石被我国古生物学家杨钟健命名为肿骨大角鹿，简称肿骨鹿，是“北京人”时代的标志性化石之一。

更重要的是，安特生在挖掘过程中还敏锐地注意到了堆积物里几块白色的石英碎片。他凭借着丰富的矿物学知识和考古经验，断定这些石英碎片是被一种超自然的力量从别的地方搬运到这里的。因为这个洞穴是石灰岩地区，附近也并没有脉石英岩石，而被发现的这些石英碎片却是脉石英岩石破碎后的产物，自然力量的作用不可能产生如此大的效果。他顿时产生了一个大胆而合乎逻辑的猜想：这些石英碎片会不会是原始人搬运过来的呢？经过一番考量之后，安特生兴奋而郑重地对身边的师丹斯基说：“我有一种预感，原始人就在我们脚下。我们现在要做的事，就是设法找到他们。”

为了寻求充分的证据来证明这里确实存在过原始人，安特生分别于1921年和1923年安排师丹斯基在周口店进行了两次小规模的挖掘。因为挖掘出来的大部分化石都与砂、石胶结在一起，所以他们便将化石送到瑞典乌普萨拉大学维曼实验室进行仔细的修理。

1926年夏天，从瑞典的实验室传来消息称，实验室的工作人员从1921年挖掘出来的化石中清理出了两颗人类的牙齿。据初步估计，这两颗牙齿为距今约50万年以前的人类祖先的化石，是当时亚洲大陆发现的年代最古老的人类化石。这一消息令北京所有的工作人员都异常兴奋。

这年10月中旬，瑞典国王太子、考古学家古斯塔夫六世·阿尔道夫(Gustavus VI Adolphus)来到中国进行访问。安特生认为这是将周口店的发掘成果告诉世人的绝好机会。10月22日，在为王太子举行的欢迎会上，安特生向世界宣布了北京周口店发现人牙化石的消息。这一消息一经公布，便立刻引起了科学界的重视。

因为当时中国还没有研究人类化石的古人类学家，所以周口店的挖掘工作必须依靠外国人的指导进行。为了更好地开展周口店挖掘工作，中国地质调查所所长翁文灏和时任北京协和医院解剖系主任的加拿大人步达生(Davidson Black)草拟了一份协议书，决定合作进行这项工作。协议规定，一切采集到的标本都归中国地质调查所所有，而野外工作和人类化石研究则由步达生负责。

1927年，“北京人”遗址大规模的、系统的发掘正式开始。在这一年中，周口店的野外工作小组共进行了为期24周的发掘活动，发掘深度将近20米，清除堆积物大约3000立方米，收获化石约500箱。在此次发掘中，收获最大的可谓是发现了一颗保存完好的人类的下臼齿化石。步达生经过详细观察研究后，将化石命名为“中国猿人北京种”(Sinanthropus pekinensis)，简称“中国猿人”或“北京猿人”。美国古生物学家葛利普(Amadeus William Grabau)则给了它一个俗名：“北京人”(Peking man)。

1929年，刚参加工作不到一年的中国青年学者裴文中便开始独立主持周口店的发掘工作。他和他的同伴们于这一年的12月2日下午4时，在龙骨山主洞北边的一个小洞中发现了第一颗保存完整的人类头盖骨。后来经过鉴定得知，这是一名8岁少年男性的头盖骨。

1930年，继发现第一颗完整的头盖骨之后，裴文中又发现了“北京人”打制的石器和用火的痕迹，并得到了鉴定确认。

这一消息公布后，立刻震动了世界学术界。在此之前，虽然已经有德国的尼安德特人、爪哇的“直立人”和德国的海德堡人的遗骨相继问世，但这些发现并没有得到学术界的公认。自从“北京人”头盖骨发现以后，特别是随之的打制石器和用火痕迹发现以后，直立人的存在才得到肯定，从而基本上明确了人类进化的序列，为“从猿到人”的伟大学说提供了有力的证据。

1935年，裴文中赴法国留学，周口店的工作由贾兰坡接替。1936年11月，在贾兰坡的带领下，挖掘小组在短短的11天内又先后挖出三个完整的“北京人”头盖骨。这三个头盖骨的发现把周口店发掘工作推向了新高峰，也创造了旧石器考古发掘短期内出土人类化石数量最多的世界纪录。其中前两个是在1936年11月15日一天当中挖到的。这两个头盖化石，一个属于成年男性，一个属于成年女性。我们今天所看到的“北京猿人”胸像模型，主要是根据这一女性头骨复原的。第三个“北京人”头盖骨化石是在前两个头盖骨化石发现之后的第十天发掘出来的，它是一个十分完整的头盖骨化石，属于一个成年男性。

1937年卢沟桥事变以后，由于日本帝国主义对周口店地区的占领，致使周口店发掘工作被迫中断。1949年北京解放不久，人民政府便拨出专门的经费来挖掘北京猿人遗址，使中断了11年之久的发掘工作得到恢复。此后，在1951年、1958年至1960年、1966年以及1978年至1980年又先后进行了几次发掘，并获得了一些新的猿人化石和其他标本。

周口店出土的人类化石包括6件头盖骨、15件下颌骨、157枚牙齿及大量骨骼碎块，它们分别代表了约40个北京猿人个体，是研究人类早期的生物学演化及早期文化发展的珍贵实物依据。

（万英才）

## 17. 甲骨文的发现

甲骨文是3000多年前，人们在占卜和祷告时，刻在龟甲和兽骨上的符号和标记，用以记录当时发生的事，是我国截至目前为止所发现的最早的文字，也就是殷代文字。

“甲”，是指龟甲。甲文多刻在龟的腹甲上，少数刻在背甲上；“骨”，就是兽骨。主要有牛胛骨和鹿头骨，二者合称“龟甲兽骨文”，简称“甲骨文”。因为甲骨文是契刻在龟甲、兽骨上的文字，因此又称为“甲骨刻辞”“甲骨卜辞”。

甲骨文反映的时代，是商代国王盘庚将国都由奄(yǎn)(今山东曲阜)迁到殷起，到商代最后一个国王为止，共273年的历史。它记录了有关国家制度、阶级关系、军事、农业、畜牧业、手工业、商业、交通，以及医学、天文、艺术、思想等方面的原始资料。从中可以看出，商代的社会经济建立在相当规模的农业、畜牧业基础上，手工业分工颇细，有高度发展的青铜铸造业，天文气象记录丰富，其中日食记录为世界天文史之最早记录。

甲骨文的发现过程有一些传奇色彩。1899年夏末，一个叫范潍卿的古董商人发现药铺出售的龙骨上有着奇怪的图案，于是他把这些龙骨送到享誉当世的古文字学家、金文鉴定的第一号人物王懿荣府上。面对这些奇怪的龟骨，王懿荣陷入了深思，这些看上去整齐优美的图案实在太像一种自成体系的文字，这种文字必然还与今日流传的中国字有某种联系。但是，即使是王懿荣这样数一数二的古文字专家，也只能认出其中的寥寥几个。难道说，这些龟甲上是已经失传的古老文字？如果它们是古文字，那么为什么没有流传下来呢？王懿荣无法回答这些问题，但是怀着对古老文明无比景仰的心情，他决定对这些神秘的骨片进行深入的研究。

1899年下半年，北京城的古玩界传出消息，国子监的王大人高价收购带字的甲骨，他按字付费，一个字一两银子，绝无食言。在高价的诱惑下，古董商纷纷以自己的渠道大量收购甲骨，再以一字一两银子的高价转卖给王懿荣。就这样，不到一年的时间里，王懿荣共收购有字甲骨1500多片。可是，在收购甲骨的过程中，有一个越来越突出的疑问，这些甲骨来自哪里呢？学者们能不能绕过古董商，直接从它的出土地进行收购呢？然而，除了古董商人以外，没有一个人知道甲骨的产地，在古董商介入后，所有的渠道都成为一级机密。为了谋利，他们切断了甲骨来源的一切消息。在王懿荣百般讯问下，古董商才闪烁其词地说出发现甲骨之处。有人说在河南省的汤阴，也有人说在河南省的朝歌。朝歌，就是河南省的淇县，在今天，淇县只是河南省一个并不起眼的县城。但是，它是传说中商代后期的都城。那么，甲骨会与商王朝有某种奇特的联系么？这些酷似文字的图案能够用来解读一个失落王朝的存在吗？

19世纪就要过去，正当甲骨的秘密逐步解开之际，中国发生了一场历史巨变。1900年，西方列强组成八国联军攻入北京，光绪皇帝与慈禧太后仓皇出逃。身为京城团练大臣的王懿荣见联军破城，大势已去，在家含恨自尽。

几年后，八国联军撤离北京，中国的政局暂时平稳了下来。王懿荣的大部分收藏，被一位叫做刘鹗的江苏人买了下来。刘鹗，字铁云，是19世纪晚期一位传奇性人物，他是一位水利专家，曾经主持过黄河的治理工作，也是著名小说《老残游记》的作者，这部书被后人列为晚清四大谴责小说之一。刘鹗把手中所藏甲骨珍品1000多片拓印成书，这是关于甲骨的第一本著述，叫做《铁云藏龟》。此后，甲骨之上有奇异文字的事不胫而走，吸引了无数历史爱好者的目光。

就在此时，关于甲骨的出土地，再次爆出了惊人消息。1906—1908年这三年间，有许多甲骨收藏者赶往汤阴与朝歌收购甲骨。但是，无论怎样费尽心机地打探，都是失望而归。这两个地方从未出土过甲骨，而且当地人连甲骨这个名字都从来没有听说过。如此一来，所谓汤阴与朝歌出土甲骨的事，完全是子虚乌有。也就是说，这些甲骨并非来自传说中商代晚期的都城。

这件事无疑又给甲骨的收藏家以极大打击。是古董商人为了牟利不愿说出甲骨的真相，还是甲骨的发现只是一场设计巧妙的骗局呢？一时间，真相又变得错综复杂起来。

20世纪初的上海，有两位学者比邻而居，一位叫刘鹗，一位叫罗振玉。这一天，刘鹗把收藏多年的甲骨拿给罗振玉看。罗振玉是造诣深厚的文字学家，直觉告诉他，这些小图案的背后一定隐藏着某些深刻的含义。与当时大多数甲骨收藏家相比，罗振玉更加执著，他没有满足于对甲骨的收藏，他要寻找甲骨的出土地，他认为，只有找寻到甲骨的真正出土地，才能揭开它们身上巨大的秘密。

没有人知道罗振玉是怎样找到和说服范潍卿的，罗振玉完成了一件几乎不可能的工作——从古董商口中套出了甲骨的出土地。罗振玉了解到，甲骨根本不是出于河南的汤阴与朝歌，那些地点只是古董商人为牟取暴利而设置的障眼法，真正的出土地在距汤阴不远处的安阳小屯村。

消息传出后，举世大哗，国粹学巨擘章太炎首先对罗振玉发难。章太炎说："人死后骸骨入土，从来没有听说过历经千年而不化为灰尘的，龟甲与人骨一样都是速朽之物，莫非它们是灵物，可以传千年而不腐烂？"

章太炎的疑问丝丝入扣，就是罗振玉也不能回答。但罗振玉相信，甲骨之上刻印着了不起的历史秘密，那是一把可以打开古王朝的钥匙。

1911年，罗振玉派自己的弟弟罗振常动身前往河南安阳寻找甲骨。此时，安阳成为破解甲骨之谜最重要的一个环节。

1911年的小屯村，是一个罗振常意想不到的世界，这里，早已成为一个充斥着金钱与买卖的地方。

甲骨，是上天赐给小屯村的礼物。这里没有人不知道甲骨的事，几乎每家每户都以贩卖甲骨为生。当地的村民虽然不认识甲骨上的文字，但是已经对这些奇形怪状的图案耳熟能详，凡是挖到奇异的图案，必然以超过行情数倍的价格出售。

根据罗振玉的吩咐，罗振常在小屯村展开了大规模的收购行动。这一次共计收购大小片甲骨一万件之多，罗振玉一下子成为中国收藏甲骨最多的人。

20世纪的第一个10年里，罗振玉开始着手研究甲骨文。与他同行的还有一个人，这个人后来成为中国学术界的一代宗师，他叫王国维。

他们要做的第一项工作是认字。此时，一个看上去极为简单的甲骨文字映入了他们的眼帘，这个字在今天的中国字中念做“十”。这是一个出现频率相当高的文字，在很多甲骨片上都有这个字的存在。

罗振玉与王国维注意到，在这个字的后面还有另一些频繁出现的文字，从外形看，这些字并不复杂，它们很像是中国古老的纪年方式，天干中的文字——乙、丙、丁。因此罗振玉认为，这个看似“十”的文字也许就是天干中的“甲”。如果真是这样，把这些字连起来读就是天干的“甲、乙、丙、丁”。原来，在这甲骨之上的不是别的，正是刻印得十分清楚的古老纪年历——天干表。

天干表的发现，成为破解甲骨文的肇端。不久后，罗振玉与王国维陆续解读出几百个甲骨文字，他们开始通读整句。当他们读到1303句时，两个人突然间恍然大悟，意识到这些甲骨实为历史上最了不起的史料。他们从这些甲骨中，发现了许多奇怪的名字。这些人名有一共同点。就是每一个名字的最后一个字都是天干。

这些名字是：大乙、大丁、外丙、祖乙、庚丁、武丁、帝辛。这些人绝不是平常之人，他们正是《史记》中司马迁笔下的商王。

原来，《史记》中描述的王朝并非是虚无的，商王们全部以天干为名，真实地生活在3000年前的岁月中。甲骨文，正是3000年前失落的古文字，这些文字反过来也证明了商的存在。甲骨不是作为图书来传递知识用的，甲骨只为商朝的王室服务。甲骨文记载的是占卜师为商王进行占卜的结果，它们是商王与鬼神来往的信件。商人信奉鬼神，于大小事前都要占卜，听从鬼神的意见，占卜者有一个特殊的称谓，他们叫做贞人。

甲骨文一般是先写后刻，也有直接刻上去的。因为是用尖利的工具刻写，所以文字多是由一些瘦硬峻峭的线条组成。线条大多是等粗的直线，锋芒毕露。字形以长方为主，注意均衡对称。布局上，有严密的，有疏落的，但大都是纵成行，横无列，字间行款，错落不齐。甲骨文在流传的过程中，因时期不同而有不同的特点。它为后来的篆书提供了一个基本的但又不甚成熟的范型。

20世纪初，中国学者揭开了举世震惊的考古秘密，寻找到湮没已久的王朝。通过对甲骨文的研究，传说中上三朝的第二个王朝——商终于成了信史，它使中国文字的历史又向前提早了1000年。100年间，甲骨文出土15万片，共计150多万字。学者们统计，甲骨文共有单字4500余个，可解读1500多字，至今仍有3000字未能释读。甲骨文，以及它所记述的王朝，还有太多的秘密不为人所知。

由于弄清了甲骨出土的地点，从1928年秋到1937年夏抗日战争爆发时，中央研究院历史语言研究所考古组，在著名考古学家董作宾、李济、梁思永等人先后主持下，在小屯村一带进行了长达10年、15次考古发掘，不仅先后发现了总计24900多片甲骨，而且发现了商代后期的宫殿、宗庙遗址和王陵区，出土了大量珍贵的铜器、玉器、陶器，从物质文化上提供了殷墟为商代王都的证据。殷墟成为世界闻名的古文化遗址，又一次震动了中外学术界。

中华人民共和国成立后，考古工作者又进行了多次调查、发掘，大体弄清了殷墟的范围和布局。位于安阳市区西北郊的殷墟，它以小屯村为中心，东西约6公里，南北约5公里，总面积30平方公里左右。洹河南岸的小屯村一带是殷王居住的宫殿区，发掘出宫殿基址数十座，最大的一座面积5000平方米。洹河北部是殷王陵区，先后发掘出十几座大墓、一千多座小墓，以及大批祭祀坑。在宫殿附近发现了两座甲骨文档案库和铸铜、制玉、制骨、烧陶等手工业作坊遗址。殷墟发掘延续时间之长、规模之大、收获之丰，是中国考古史上罕见的。

甲骨文的发现，是19世纪末、20世纪初中国考古的三大发现(另外两大发现为敦煌石窟、周口店猿人遗迹)之一。甲骨文发现一百年来，学者们通过文字释读、内容考证、分期断代等综合研究，已出版了数百种学术专著。经过几代专家学者的不懈努力，在材料的著录整理、文字的释读考证、甲骨文与商代社会历史研究等诸方面，综合形成了一门世界性的独立学科——甲骨学。

（王艳勤）

# 18. 围绕“古史辨”展开的争鸣

新文化运动兴起，先进知识分子积极传播“科学”“民主”观念，由此带来了中国社会和文化的全面转型。在这个转型期当中，历史学这一古老的学科同样有了革故鼎新的气象。民国初年的新史学既有像梁启超、陈寅恪、王国维这样位列清华四导师的大家作为领军先锋，他们以学术的、平和的、缓进的方式为新史学的建立作出贡献；而在同样的时代也有着另一批学者，以较为猛烈激进的方式推动着中国新史学的建立。他们以辨伪疑古为旗号，进行着批判中国古史、古书的学术研究。他们就是以顾颉刚为代表的“古史辨”学派，而这场轰轰烈烈的、给中国史学界带来深重影响的运动则被称指为中国史学界当时“神沏猛烈”的“革命”。这场运动影响很大，由七册《古史辨》可以看出当时共有近 130 名学者参与了针对古史、古书的讨论，其中不乏像王国维、梁启超这样的前辈学者。五四运动期间，无论社会政治斗争还是学术思想方面的斗争都是很激烈的。就当“古史辨”风靡整个学界，“古史辨”运动以革命的形式推动史学革新的同时，也引来了许多不同的声音。其中以《学衡》杂志为平台的“《学衡》学派”就是一个典型。他们主张信古，站在自己的学术立场上对“古史辨”学派和“古史辨”运动进行批判。围绕“古史辨”展开的争鸣持续了将近 20 年，其余波到今天都没有休止。由于这场争鸣涉及范围之广、时间持续之久，几乎影响到了整个学术界，对中国历史界、思想史界都有着十分深刻的意义和深远的影响。

“古史辨”学派，又称之为疑古派，是五四时期一个以疑古辨伪为特征的经学和史学研究学术派别。它的创始人和主要代表是顾颉刚。顾颉刚是中国近代学术史上一位卓有影响力的人物，他以主持“古史辨”研究而闻名于学术界。在中国近代新史学的建立过程中，他无疑是一位领军人物。顾颉刚先生出生于苏州的一个书香家庭，用他自己的话说就是：“我家是一个很老的读书人家。”顾颉刚双亲早逝，而对他影响最为深远的就是其祖父母。顾的祖父是一位秀才，爱好金石书法，以研究《说文》为长。一生以幕僚为业，游历于湖北、江西、贵州、山东等地，是一个有着深厚的学识功底又有着开阔眼识的人。从很小时开始，祖父就开始充当顾颉刚的老师，是对顾颉刚以后人生有重要影响的一个人。除此以外，在幼年起就给顾颉刚带来影响的便是家中的藏书。由于祖父的爱好，家中藏有许多古文字的书籍，父亲爱好文学又多有文学书籍，叔父爱好近代史又多有历史书籍。而顾本人也十分好学，每天放学回来就偷偷地翻看这些书，并从中得到了很多的启发。顾颉刚回忆童年说道：“祖父带我上街，或和我扫墓，看见了一块匾额，一个牌楼，一座桥梁，必把它的历史讲给我听……我得到了最低的历史知识：知道凡是眼前所见的东西都是慢慢儿地积起来的，不是在古代已尽有，也不是到了现在刚有的，这是使我毕生受用的。”1916 年顾颉刚以第五名的成绩考入了北京大学中国哲学门。当时北大的学术氛围较为自由，能够容纳不同的学术思潮。后来蔡元培到北大任校长一职，在教学上锐意革新，聘请了陈独秀为文科学长、胡适为文科教授，学校的风气为之一新。而在北大的老师中胡适和钱玄同对顾颉刚的影响最大、最深远。他们俩对顾的影响决定了顾以后的学术研究方向和一些学术研究方法。胡适作为留美学生归国为顾讲中西哲学史。他讲中国哲学史，略去三皇、五帝直接从周开始讲起，这在当时无疑是一种大胆的举动。而钱玄同则是留日学生，在日本时期受学于古文大师章太炎和今文大师崔述。钱玄同不止一次地与顾颉刚说："今文家攻击古文经伪造，这话说得对，古文家攻击今文家不得孔子的真意，这话也说得对。我们今天，该用古文家的话来批评今文家，又该用今文家的话来批评古文家，把他们的假面目一齐撕破，方好显露出他们的真相。"就是在这些有着自由思想和大胆学术思维火花的大师的指引下，造就了顾颉刚以后的事业。

顾颉刚研究古史的最初起源应该是"整理国故"运动，这是胡适大力支持的一项整理中国传统学术的活动。1919 年下半年，胡适连续发表了一系列的文章，倡导要用科学的方法和评判的态度，对中国传统的学术进行整理。由于胡适的大力倡导，"整理国故运动"在 1919 年提出后很快发展成为一个颇具影响力的全国性学术运动。顾颉刚在老师胡适的嘱咐之下标点《古今伪书考》，在标点工作中顾颉刚逐渐了解到以往历史上的许多次攻击伪书的运动，也知道了这些辨伪运动由于古人的信古观念太强，常常对此置之不理或是强力压制。于是在标点的过程中，他对古代的辨伪产生了浓厚的兴趣，编辑并出版了《辨伪丛刊》，从此开始了他坚持一生的疑古辨伪的学术生涯。

顾颉刚"古史辨"的主要思想成型于其在 1923 年 4 月《读书杂志》第 9 期上发表的名为《与钱玄同先生论古史书》的文章。在这篇文章中他第一次将"累层地造成的中国古史"这一辨伪疑古思想公布于众，也拉开了围绕"古史辨"争鸣的序幕。关于"累层地造成的中国古史"，顾颉刚先生自己解释为三点：第一，"时代越后传说的古史期越长"，比如周代人心目中最古的人是禹，到孔子时就有尧、舜，到战国时期就有黄帝、神农，到秦就有三皇，到汉就有盘古。第二，时代愈后传说中的中心人物愈放愈大，如舜在孔子则是一个无为而治的圣君，到尧典则成为一个"家齐而后国治"的圣人，到孟子就成了一个孝子的模范了。第三，我们不能知道某一件事的真确状况但可以知道某一件事在传说中的最早状况。按照顾颉刚先生的逻辑则可以轻松地推出不应该信任古史、古书，古书中掺杂了太多后人杜撰的带有很强烈主观性的东西。这就是顾颉刚的疑古思想，也是贯穿整个疑古学派的核心。顾的这一思想导源于崔述的"世益晚则其采择益杂"（崔述，《考信录提要》卷上）、"其世愈后则其传闻愈繁"（崔述，《补上古考信录》卷上）。在 1923 年 5 月，钱玄同在《读书杂志》第 10 期上发表名为《答顾颉刚先生书》的文章。钱玄同表示顾颉刚"累层地造成的中国古史"的论断"真是精当绝伦"。"举尧、舜、禹、稷，及三皇、五帝、三代相承的传说为正，我看了之后，惟有欢喜赞叹，希望先生用这方法，常常考查，多多发明，廓清云雾，斩尽葛藤，使后来的学子不致再被一切伪史所蒙。"他说："我以前以为尧、舜二人一定是'无是公'、'乌有先生'，现在看了顾先生的文章方知连禹这个人也是很可疑的了。"钱还提出了自己对经的一些看法。他认为"五经"中，《易》"是生殖器崇拜时代的东西，'乾'、'坤'二卦即是两性的生殖器的记号"。《春秋》则是"断烂朝板"、像"流水账簿"一样，最不成东西的。《仪礼》是战国时代胡乱抄成的伪书。只有《尚书》可以认为它是历史，《诗经》是一部最古的总集。钱玄同的这封信给了顾颉刚很大的鼓舞，使顾在"古史辨"的道路上愈走愈勇。顾颉刚提出疑古核心思想，而钱玄同又大批儒家经典之书将"古史辨"运动鼓吹起来。这样一来"古史辨"派，将中国灿烂的古史判为假史，将古史中的圣贤君王之事迹判为编造，将圣贤经典判为伪书，一下子将这个疑古眼光放到了整个中国古史的事、人、书上。这自然受到了许多当时主张信古的学者的反对，很多学者认为顾这是"离经叛道、非圣无法"的作为，是会伤天害理，会影响人心的。也有些学者引经据典对顾的观点大肆加以批判。

顾颉刚的《与钱玄同先生论古史书》发表之后，立刻在学术界引起了很大的反响。许多学者对顾颉刚的史学观念和史学研究方法产生了怀疑。顾颉刚在文中提出了"禹"并无其人，而是从九鼎上来的。禹，《说文》解释为虫。“我以为禹或是九鼎上铸的一种动物，当时铸鼎象物，奇怪的形状一定很多，禹是鼎上动物的最有力者；或者有敷土的样子，所以就算他是开天辟地的人。”（顾颉刚，《与钱玄同先生论古史书》）这一观点就遭到了很多批判，信古派的第一干将刘掞藜就针对这一观点对顾颉刚进行了批判反驳，他在《读书杂志》上发表了《读顾颉刚〈与钱玄同先生论古史书〉的疑问》一文。同时胡堇人也在《读书杂志》上发表《读顾颉刚先生论古史书以后》，与顾颉刚进行讨论和商榷。刘胡两人根据经典的常识，信六经为信史，征引六经来反驳顾颉刚对古史系统认识中的一些具体的观念。他们主要驳斥了顾颉刚的这样一些观点：一、把禹视为上帝派下来的神，具有神性而不是人；二、西周时期禹为最早，还没有出现黄帝、尧、舜；三、禹和夏没有关系；四、根据《说文》而判禹来源于九鼎上的一种动物；五、《尧典》出于论语之后。而这两篇对顾颉刚观点持反对意见的文章发表并没有改变顾颉刚的观念，他认为他的文章疏漏是有的，但是不能轻易被认为是错误。他在读罢这两篇文章之后又在《读书杂志》上发表了《答刘胡两先生》《讨论古史答刘胡二先生》。在《答刘胡两先生》中他提出了自己对古史的态度。顾颉刚认为古史要分为信史和非信史两个部分，而对于信史则采取建设的态度，对于非信史则采取推翻的态度。在推翻非信史的方面，他提出了推翻伪信史的四项标准，也是研究古史的四个基本观念，即：第一，要打破民族出于一元的观念；第二，要打破地域向来一统的观念；第三，打破古史人化的观念；第四，打破古代为黄金世界的观念。《讨论古史答刘胡二先生》一文中，顾颉刚认为禹是具有天神性的，禹和夏没有任何关系，他还为“禹为动物，出于九鼎”提出了七条依据。他针对刘掞藜在后稷问题上对他的质疑，进一步阐述了自己的意见，还对刘掞藜认为文王是纣臣的观点提出了反对意见。之后，刘掞藜又发表了《讨论古史再质顾先生》，对于一些古史及地理问题与顾颉刚进行商榷和争鸣。直到1924年2月，胡适撰文《古史讨论的读后感》，胡适从宏观的角度对这一次关于古史的讨论给予了全面的评价。他说：“《读书杂志》上顾颉刚、钱玄同、刘掞藜、胡堇人四位先生讨论古史的文章，已做了八万字，经过了九个月，至今还不曾结束。这一件事可算是中国学术界的一件极可喜的事，它在中国史学史上的重要一定不亚于丁在君先生们发起的科学与人生观的讨论在中国思想史上的重要。”同时胡适也对顾颉刚的古史观和史学研究方法给予了很高的评价。他说：“顾先生的‘层累地造成的古史’的见解真是今日史学界的一大贡献，我们应该虚心地仔细研究它，虚心地试验它，不应该叫我们的成见阻碍这个重要观念的承受。”胡适也看到了顾颉刚古史观念的价值所在，即不把传说当历史看待，而“重在每一种传说的‘经历’与演进，这是用历史演进的见解来观察历史上的传说”。“这是顾先生这一次讨论古史的根本见解，也就是他的根本的方法。他初次用这方法，在百忙中批评古史的全部，也许不免有些微细的错误。但他这个根本观念是颠扑不破的。他的这个根本方法是愈用愈见功效的。”（胡适，《古史讨论的读后感》）同样在国外学习的傅斯年也在给顾颉刚的信中对他的古史研究做了很高的评价。他说：“三百年中，史学、文籍考订学，得了你这篇文字，而有‘大小总汇’。”“史学的中央题目，就是你这‘层累地造成的中国古史’”（傅斯年，《谈两件努力周报上的物事》）。

在顾颉刚发表《与钱玄同先生论古史书》之后，当时在南京东南大学任教的柳诒徵撰文《论以说文证史必先知说文之谊例》，对顾研究历史的方法提出了异议。他说“顾研究古代文字虽亦考史之一涂术，要当以史为本，不可专信文字，转举古今共信之史籍一概抹杀。即以文字研，亦宜求造字之通例，说文之通例；虽第举一字，必证之他文而皆合。此清代经师治诸经织小学之法也。不明乎此，第就单文只谊矜为创获，鲜不为通人所笑矣”。柳诒徵指出当前的学者只有先读熟许慎的《说文》以及清儒小学的著述才能议疑古。顾颉刚也作文《答柳翼谋先生》阐明了自己对古史系统怀疑的经过。他说，他怀疑古史主要是从《尧典》与《诗经》之间的矛盾冲突而产生的，其焦点在于禹。他也为自己引用《说文》材料做了理由上的辩解，他说明禹的部分有众多理由，而所引《说文》并非其主要的理由。并且顾也提出对于柳诒徵最后所提出只有在熟读许书和清人著述的前提之下再议疑古的观点表示“不敢领受”。从文字上研究古史依然要以甲骨文、金文为正料而许书仅仅只能作为副料。顾颉刚指出：“我们要用了时代的眼光去看古书，才可以不受古书的欺骗。若把古书作我们治学的标准，不去研究而去服从，希望在服从之下再去疑古，这正和‘缘木求鱼’一样的无望；我们如此，我们只有一生一世在伪史中打混了。”顾颉刚坚定地表示他用史实的眼光去看史实，而用传说的眼光看传说。在方法上向顾提出异议的还有李玄伯，他认为仅仅从文献记载的材料入手研究古史是不够的，古史问题的解决唯一方法是利用考古挖掘等实物材料。比如顾颉刚和刘掞藜所争辩的禹的问题，双方所引的书籍几乎雷同，这是不足以解决问题的。他说：“要想解决古史，唯一的方法就是考古学。”

顾颉刚的古史观点发表之后同样受到了王国维的关注。他虽然没有正式参与到这场争鸣中去，但是他却对顾颉刚的学术和古史研究给予了评价。王国维认为：“研究中国古史为最为纠纷之问题。上古之事，传说与史实混而不分：史实之中固不免有所缘饰，与传说无异，而传说之中亦往往有史实之素地，二者不易区别。此世界各国之所通也。”他指出在古史上也存在有大量因“信古”而出现的错误。而“疑古之过，乃并尧、舜、禹之人物而亦疑之。其于怀疑之态度及批语之精神不无可取，然惜于古史材料未尝为充分之处理也。”从中可以看出王国维对古史辨派的某些做法是不赞同的。他认为古史研究应该“幸于纸上之材料外更得地下之新材料。有此种材料，我辈固得据以补证纸上之材料，亦得证明古书之某部分为实录，即百家不雅驯之言亦不无表示一面之事实。此二重证据法，惟在今日始得为之”。

1926年顾颉刚发表了《秦汉统一的由来和战国人对于世界的想像》一文，提出“三代的国境只在黄河流域”这样的观点。顾颉刚引用了当时的考古学研究来作为自己论断的证据，但是从方法上说，顾颉刚的推论还是存在着问题的，并由此导致了张荫麟、傅斯年等人的批评。傅斯年在《评〈秦汉统一的由来和战国人对于世界的想像〉》一文中指出了顾存在之“小节错误”12条。张荫麟《评顾颉刚〈秦汉统一的由来和战国人对于世界的想像〉》指出了顾“数大谬误”3条，说顾颉刚的文章于《古书》“未能通其义”，“实乖历史常识”，“不广求证据而擅下断案，立一臆说，凡不与吾说合者则皆伪之”(《古史辨》第二册)。张荫麟发表文章《评近人对于中国古史之讨论》对顾颉刚的研究古史的方法提出了批评。他认为顾颉刚在讨论古史在根本方法上是犯了无限度地使用“默证”的错误。他认为顾颉刚根据《诗经》《尚书》中没有记载尧、舜的事迹，就断定“尧、舜、禹的传说，禹先起，尧、舜后起是无疑义的”。他认为《诗经》《书》(除《尧典》《皋陶谟》)并不为当时历史观念的总记录，所以顾的结论错在过度使用“默证”。虽然顾颉刚会用考古学的研究来论证其学说，但是他还是刻意的在自己的研究过程中把辨伪学、文献学和考古学分开，并把自己的治学目标定位于辨伪学与文献学。在《古史辨》第二册的《自序》中他说道：“我以为学术界中应当分工……中国的考古学已经有了深长的历史，近年从事此项工作的人着实不少……至于辨伪方面，还没有许多人参加，头脑陈腐的人又正在施展他们的压力，如果我不以此自任，则二千数百年来造作的伪史将永远阻碍了建设的成就。”

周予同发表了《顾著〈古史辨〉的读后感》一文，对顾颉刚古史研究的态度和方法进行了评论。他认为：“这部书所给予的学术界的影响，与其说在辩论的结论，不如说在他治学的态度和方法。”孙福熙的《〈古史辨〉第一册》，总结了顾颉刚编纂的《古史辨》的特点：一是，“《古史辨》的著者不但不在中西的界限上矜夸或掩饰，他十分谨慎，十分宽允的研究一切派别、一切科别的学术与一切大小的事物，凡看得到的东西都有看上几眼，凡看到的东西，自己感受了趣味，要得到深切的了解而往前研究”；二是，“他容纳一切人的意见是十分谨慎而又十分宽允的，他不为成见所蔽，又不为派别所限，只凭了搜集到的证据而说话，这是科学方法的最显著的”；三是，“为学不求实用，取材又不限高下”(孙福熙，《古史辨》第一册)。王伯祥在评论顾颉刚的《古史辨》时，特别强调了顾颉刚“万物齐观”的治学态度。1928 年 12 月 3 日绍来发表《整理古史应注意之条件》，对顾颉刚的史学方法提出了批评。他认为顾颉刚的怀疑精神固然可贵，他对于辨伪工作尽心尽力。但是在态度上、方法上却有太多令人可议的地方。陆懋德也对顾颉刚的观点提出了异议。他说：“《古史辨》实为近年来吾国史学界极有关系之著作。因其影响于青年心理者甚大，且足以使吾国史学发生革命之举动也。”“顾君愿为‘科学的失学者’，余惜其书中亦有未能尽合科学之理而易滋青年后学之惑者。”作为中国的马克思主义史学开创者之一的郭沫若也评价古史研究是中国历史学研究的一项重要工作，有其价值。

从 1923 年顾颉刚发表《与周予同先生论古史书》到 1941 年《古史辨》七册出齐，围绕古史的争鸣持续了 18 年之久。中华人民共和国成立以后直至今天，依然有学者围绕“古史辨”进行着争论，近年李学勤的《走出疑古时代》又将对“古史辨”的争论推向了一个新高潮。由于历史考古学的发展、大量考古事实的出现，已经证实当年顾颉刚为首的古史辨派某些观点存在谬误之处。但是这场争鸣的最重大的意义在于，众多学者针对同一问题进行长期、热烈的争辩，形成了生动活泼的研究氛围，对整个中国近代学术思想史产生了积极的、深刻的影响。当年的古史辨派和反古史辨派无疑都是中国史学近代化的推动力量。

（马建强）

# 19. 王国维学术事业的推演

王国维(1877—1927 年)，初名国桢，字静安(庵)、又字伯隅，初号礼堂，晚号观堂，又号永观，浙江海宁人。王国维是我国近、现代相交时期享有国际声誉的著名学者。他早年追求新学，接受资产阶级改良主义思想的影响，把西方哲学、美学思想与中国古典哲学、美学相融合，研究哲学与美学，形成了独特的美学思想体系，继而攻词曲戏剧，后又治史学、古文字学、考古学等。在教育、哲学、文学、戏曲、美学、史学、古文学等方面均有很深的造诣和创新，为中华民族的文化宝库留下了广博精深的学术遗产。

王国维 1877 年 12 月 3 日(清光绪三年十月二十九日)生于浙江海宁市盐官镇双仁巷。海宁王氏世代书香，王国维自幼受其家学影响。其父王乃誉，字与言，号莼斋，太平军起，弃儒从商，于贸易之暇犹致力于书画篆刻及诗古文辞，著有《游目录》十卷，《古钱考》一卷及其他文稿等数卷。1883 年，王国维七岁起，先后入邻近私塾，从师潘紫贵(绶昌)及陈寿田先生，并在父亲王乃誉的指导下博览群书，涉猎了传统文化的许多领域，初步接触到近代先进的科学文化知识和维新思想，逐步形成了读书的志向和兴趣。1892 年，王国维入州学，中秀才，被视为“海宁四才子”之一。后屡应乡试不中，遂弃绝科举。在博览群书中产生了对史学、校勘、考据之学及新学的兴趣。1894 年甲午战争以后，大量的西方文化科学传入中国，王国维接触到新的文化和思想，产生了追求新学的强烈愿望。虽因家贫不能外出游学，但他仍关心时事，研读外洋政书和《盛世危言》《时务报》《格致汇编》等等，向往出国留学。

1898 年正月，王国维赴上海求学。初任《时务报》书记、校对。二月，入罗振玉所办东文学社。在东文学社师从日本教师藤田八丰、四岗佐代治，学习日文之余，兼学英文及数理等。1901 年底，王国维在罗振玉的资助及藤田、田岗的帮助下，赴日本东京物理学校学习。1902 年夏因病回国，开始了其“独学时代”(《三十自序一》)。其后任教于通州(今南通市)师范学堂、江苏师范学堂等。同时协助罗振玉办《教育世界》杂志，继而成为该刊的主笔和代主编。王国维通过编译，并加以自己的论述，介绍了大量近代西方学人及国外科学、哲学、教育学、美学、文学等领域的先进思想。

自 1898 年到 1906 年间，王国维的学术兴趣主要以哲学为主，重点研究了康德、叔本华、尼采哲学，同时兼及英法诸家，并结合先秦诸子及宋代理学，又攻西方伦理学、心理学、美学、逻辑学、教育学等。在西方哲学上，王国维介绍西方古今众多的哲学家、哲学派别，其主要译著有《哲学概论》《伦理学》《西洋伦理学史要》《辨学》等，所译心理学、逻辑学名著均具开拓之功。在介绍西方学术思想的同时，王国维也结合传统哲学思想和本人的人生态度，对西方哲学思想进行了研究。王国维人生苦痛的悲观思想与康德、叔本华的悲观厌世哲学合拍，使得王国维于康德、叔本华哲学用功最著。王国维研究康德哲学前后四次，因晦涩难懂，转而读叔本华《意志及表象之世界》，再返读康德之书，故他研究康德哲学也是建立在研究叔本华哲学基础之上。王国维虽未写过康德哲学的专论，然其所有的哲学、伦理学、美学论著中都会提到康德，引用康德语录。在哲学美学思想上，可见康德思想对其影响之深。这方面的主要论著有《康德像赞》《叔本华像赞》《叔本华之哲学及教育学说》《叔本华与尼采》等。在对中国哲学的研究上，王国维用西方哲学理论及思想方法研究中国传统哲学，取得了新的突破，从传统的"性""理""命"等命题着手，著有《论性》《释理》《原命》《周秦诸子之名学》等专论。

王国维治美学、文学，与其治哲学并重。于1904年完成的《红楼梦评论》是运用西方文论整理我国文学遗产的一次最早的尝试。《红楼梦评论》以叔本华哲学、美学思想及悲剧论为指导，以人生的欲望与欲望的解脱为立论根据，以新的观点系统论述了《红楼梦》的根本精神，《红楼梦》的美学价值与伦理学价值，并对前人有关《红楼梦》的种种研究提出了颇为有力的批评。《红楼梦评论》虽然也不乏唯心、消极的一面，有机械套用叔本华哲学之嫌，但总体来看，在红学研究方面具有开拓性、突破性的重大意义，开创了近代中国文学批评之先河，在我国文学批评史上具有重要地位。

另外，王国维还相继撰写和编译了一系列关于文学、文艺鉴赏和美学问题的论著，提出了文学创作上的"写人生"，诗文鉴赏上的"古雅说"，以及美学理论上的"游戏说"等三大论说。在《屈子之文学精神》中，王国维以南北方地域性为依据，认为屈子文学是南北二派文学的结合，是感性与想象合一的典范，并推重文学创作上"写人生"的大文学理想。《古雅之在美学上之位置》一文是王国维在攻读康德哲学美学思想的基础上精心写作而成，提出"古雅"这一审美概念，强调文学艺术的形式美问题，意欲"会通"自康德以来的西方美学理论。在《文学小言》《孔子之美育主义》《论哲学家及美术家之天职》等一系列译著中，王国维追溯文学艺术的起源，探讨文学艺术的审美功能，提出文艺起源的"游戏"说，在审美功能上，主张以美术代宗教，发挥文学艺术特有的功能。王国维融会中西方的文艺美学思想，提倡文学艺术的自律，并提出一系列重要的美学思想，成为中国近代美学的重要奠基人之一。

除此之外，王国维在教育学研究方面，也做了大量有益的工作。他提出了关于教育宗旨、知识论、高等教育、学校管理等方面的一系列论述，尤其是在中国教育史上第一个明确提出了培养完全人格的体、智、德、美四育的教育主张，还提出了"完全之知识"的论述及师范教育、高等教育方面的论述，对中国近、现代教育制度的建立及教育思想的发展，均产生了一定的影响。他的教育学论文及关于教育学及教科书的译著，多发表在《教育世界》，主要有《去毒篇》《教育小言》十则、《论普及教育之根本办法》《论教育之宗旨》等。

1907年，经罗振玉推荐，王国维于4月赴京，任清政府学部总务司行走、担任学部图书馆编辑，主编译及审定教科书等事。并于此年作《三十自序》两篇，总结其数年来"为学之大略"和"为学之结果"。在《三十自序二》中认为"哲学上之说，大都可爱者不可信，可信者不可爱。……知其可信而不能爱，觉其可爱而不能信。此近二三年中最大之烦闷，而近日之嗜好所以渐由哲学而移于文学"。

约自1907—1911年，是王国维学术发展的第二阶段。此阶段其学术兴趣由哲学转向文学，尤以中国戏曲史和词曲的研究为重点，著有《人间词话》，并撰有《曲录》等多部著作，为后来《宋元戏曲史》的完成奠定了基础。

在我国近代文学史上，王国维首次全面地向国人介绍了俄罗斯文学家托尔斯泰的《战争与和平》《安娜·卡列尼娜》《复活》等名著及英国19世纪浪漫主义诗人拜伦等人，并对莎士比亚、但丁、歌德等进行介绍和比较，同时还介绍了荷马、斯蒂文森、席勒等外国大文学家。王国维的诗词创作，也颇有独特风格，其《人间词》甲稿、乙稿汇集了1904年至1907年所填词一百多首。其词可谓中西合璧，情理兼胜，风格独特，是他处于诗歌和哲学二者之间的艺术产物，也是其美学、文学理论付诸实践的结晶。

《人间词话》是王国维文艺美学思想的代表作，是王国维在古典诗学和西方诗学双重影响下的产物，是我国境界论的集大成者。此书虽然在形式上采取了传统的诗话、词话的体例，但在思想上自成体系。《人间词话》以"境界"为诗词艺术的探本之论，又从不同层面论及了与之相关的七组范畴，即有境界和无境界、造境和写境、有我之境和无我之境、隔与不隔、大和小、高和低、诗人之境和常人之境。"境界说"的提出，既有深厚的古典文论的思想渊源，同时又深受叔本华、康德美学思想的影响，并以此融贯变通，自成新论。特别是其"三境界说"和"有我之境与无我之境"的观点，具有相当普遍的影响。王国维的"境界"理论在我国整个诗学发展史上居有十分重要的地位，至今在我国文艺界产生着广泛而深远的影响。

王国维因填词的成功而有志于戏曲的研究，在戏曲史料的搜集与整理上取得重大成果。《曲录》六卷，大规模、全面地搜集了宋、金、元、明、清历代的戏曲著录，成为一部集大成的戏曲总目。《曲录》奠定了中国古代戏曲分类的基础，对戏曲理论研究、戏曲目录学研究有重要的贡献，是近代中国学术界一项填补空白的成果。王国维还搜集大量戏曲资料，有《戏曲考源》《唐宋大曲考》《优语录》《录曲余谈》《曲调源流表》《古剧角色考》等，并对资料进行了校勘、整理和鉴别，如《新编录鬼簿校注》，为研究戏曲史建立了扎实的基础。

完成于1913年初的《宋元戏曲史》可谓前无古人的划时代之作。此书虽完成于日本，实则是王国维在此阶段戏曲研究的集大成和结晶。在序论中，王国维对研究戏曲史的原因、经过进行了总结，明确其目的是要对中国戏曲"究其渊源，明其变化"。此书亦是填补中国戏曲史研究的空白之作，为中国戏曲史的研究做出了开创性的贡献。在戏曲理论的研究上，王国维首次解决了戏剧的定义问题，认为"必合言语、动作、歌唱，以演一故事，而后戏剧之意义始全。故真戏剧必与戏曲相表里"。此外，提出真戏剧必须是"代言体"，而不是"叙事体"(《宋元戏剧史》)。戏剧本体论问题的解决为中国戏剧史的研究奠定了牢固的理论基础。在戏曲发展论上，首次勾画了古代戏曲发展的线索，论述了上古至元代的发展状况，重点论述了元代戏曲发展及其成就，并探讨了中西文化交流对中国戏曲发展的线索和影响，具有开阔的视野。在对戏曲的评论上，王国维从文学价值、美学价值上评价戏曲，将文格卑俗的元代文学提升到一代文学的高度来认识，恢复了元剧在文学史中的地位，也恢复了戏曲在文学史中的地位。此外，王国维用"自然"与"意境"来概括元杂剧的艺术特色，是其"意境论"美学思想的发展，同时也提升了元剧的文学和美学价值。王还把西方的悲喜剧理论引入元剧批评之中，用悲剧理论来肯定元剧，使元剧不仅在中国文学史上，也在世界文学史上，获得最高的评价。这使得王国维成为中国近代戏剧批评及理论的开创者。王国维研究中国古典戏曲史，达到了前人未有的高度，郭沫若曾指出："王国维的《宋元戏曲史》和鲁迅的《中国小说史略》，毫无疑问，是中国文艺史研究上的双璧。不仅是拓荒的工作，前无古人，而且是权威性的成就，一直领导着后学。"

王国维在图书馆学、版本学、目录学方面也取得了卓越的成就。他早期在学部图书馆任职时，编译英百科全书条目中所收《世界图书馆小史》，此译作被收入学部档案珍藏；他在介绍图书馆史的同时，还系统介绍了图书馆学概论及上古、中古、近世期图书馆的发展演变，尤其介绍了文艺复兴时期美国、英国的图书馆及世界其他国家和地区的图书馆、图书管理法。其译作虽然20世纪三十年代才公开发表，但译成后于内部流传，有一定影响。在三十年代，作为图书馆学的一部重要学术译著，对当时的图书馆事业起到了推动作用。王国维的《库书楼记》《查他山文集》《敬业堂文集序》《传书楼记》，记述清内阁藏书概况及北宋、明代至明末私家藏书之演变，是研究中国图书馆史宝贵的文献资料。王国维对目录学有深入的研究，曾遍校历史上重要的目录学著作，还编撰了目录学著作，亲自纂目录、编索引，撰《五代两宋监本考》《两浙古刊本考》《传书堂藏善本书志》等，发前人所未发，填补了版本沿革研究的一大空白。

1911年，辛亥革命爆发，王国维随罗振玉定居日本。清王朝灭亡，王国维以大清遗民自居。这一年也是他学术生涯的转折点，其学术研究从文学、美学转向史学，对史学的研究贯穿其后半生，并取得了更为辉煌的学术成果。自1911年到1923年，此期间重要的学术成果收入《观堂集林》和《观堂别集》，是王国维史学研究的结晶。

1912年至1915年，在日本期间，王国维协助罗氏整理“大云书库藏书”，得以尽阅其所藏彝器及其他古器物拓本。这一时期，他的生活颇安定，学术上也更有成就，他自述此时期“生活最为简单，而学问则变化滋甚。成书之多，为一生冠”。王国维在日本专攻经、史、小学，此期主要成果除有《宋元戏曲史》外，还有《流沙坠简》及《殷墟书契考释》(与罗氏合作)、《宋代金文著录》及《国朝金文著录表》，另有关于书册制度的《简牍检署考》，服装制度的《胡服考》，上古宫殿建筑之《明堂寝庙考》，关于古代历朔的《先霸死霸考》，关于匈奴族源的《鬼方昆夷猃狁考》。

王国维非常重视“流沙坠简”的研究，将流沙坠简与殷墟甲骨文并称为19世纪末叶以后“中国新发见之学问”(王国维《最近二三十年中中国新发见之学问》)。《流沙坠简》初名《屯戍丛残考释》。“屯戍”即古代边防。罗氏因王国维精熟秦汉三国史地，故请他承担两汉、晋屯戍诸简的校订、考释工作。他在秦汉史研究中着重于考订史事及对汉郡的考释和西陲古地理的考证，经过王国维周密的研究和考释，汉晋简牍“纪史籍不纪之事”，诸如汉敦煌郡中部、玉门二都尉、四侯官之治所，及宜禾都尉所辖之烽燧等，皆得以勘定；并详细考释了汉长城及玉门关之位置，海头之地望及其得名之由来。他的前后二《序》，因而被誉为古代西北边疆地理的“大论文”。

这一时期，除了古礼器、古地理方面的诸作外，给王国维带来具大声誉的名篇，是《鬼方昆夷猃狁考》和《生霸死霸考》。《鬼方昆夷猃狁考》初名《古代外族考》。王国维根据考释大、小盂鼎等古器铭文，考明古书中鬼方、昆夷、猃狁，就是匈奴的族源。其考订论证详细、精审，为匈奴史研究做出了重大贡献，成为近代国内史学界第一个研究匈奴族源的学者，在学术界至今仍有深远影响。另外，他对古代北方游牧部族史的研究，对研究匈奴族源、职官、文化制度及其与汉族的关系，都具有重要的学术价值。《生霸死霸考》则是运用近代天文学实验验证古籍中的年代的学术实践成果。

在唐史研究方面，王国维第一个据唐写本考证唐史，在职官制度、均田制及其他史事考订方面，取得了新的突破。著名的韦庄《秦妇吟》，是我国诗歌史上最长的一首韵文叙事诗，长期不传于世，经王国维据《北梦琐言》及用残本互勘，才得以复传。他还补证唐史，填补了两《唐书》的空白。

1916年，王国维自日本回国，在英国人哈同“广仓学窘”的《学术丛编》任编辑主任，兼仓圣明智大学教授。曾参与编写《浙江通志》，为江南著名藏书家蒋汝藻编《乌程蒋氏密韵楼藏书志》等。这是王国维后半生学术再创辉煌的新起点。此时期内最重要的学术成果，集中在甲骨文字的考释与商周史的研究，其主要著述有《殷卜辞中所见先公先王考》及《续考》《殷周制度论》，轰动学术界。另外，在排比汉魏石经、考释彝器铭文、研究唐韵等方面，也取得了前人不及的成就。

王国维运用甲骨文研究商周史，这在学术界是前无古人的创举。他在甲骨学研究方面的成就是多方面的，他注意用新材料、新方法解决新问题，综合比勘。他将甲骨资料与其他史料相互参证，在历史地理、古代祀典、制度、古文字辨析、甲骨断代、甲骨缀合研究诸方面均有创获，对学术界有巨大的影响。他在对殷王世系的考订中取得了卓著成果，所作《殷墟卜辞中所见先公先王考》和《续考》是研究商代历史最有贡献的著作，这不仅是王国维学术研究中的一个最大成就，亦为近代学术史上一大盛事。他根据卜辞中的地名与古文献相印证，撰成《殷墟卜辞中所见地名考》，运用文献和金文资料写成《三代地理小记》《鬼方昆夷猃狁考》《说自契至于成汤八迁》《说商》《说亳》《说耿》《说殷》等论文，进行了包括都邑在内的古代方国地理研究，在历史地理研究方面作出了贡献。王国维对殷代的祀典进行了详细的探讨，著有《殷礼征文》，提出的一些重要论点至今仍为定论，他对殷代礼制的研究成果，对启发后人研究殷代文化制度有很大的帮助；所作《殷周制度论》，则运用甲骨文与古文献资料互相印证，探讨了中国古代社会历史和政治文化制度的演变，并“于考据之中，寓经世之意”（王国维《致罗振玉》），一定程度上表达了王国维的政治主张。其所用的研究方法为他首创之“二重证据法”，已成为后人疏通证明古代历史的科学方法，至今仍不失其重要意义。

1923年春，王国维北上充任逊帝溥仪的南书房行走。次年冬天，冯玉祥“逼宫”事件发生，王国维结束了“南书房行走”的工作，后任清华大学国学研究院教授，讲授《古史新证》及《说文》《尚书》等课程，与同时在院任教的梁启超、陈寅恪、赵元任、李济并称“清华五大师”。1927年6月2日，因各种复杂的原因，王国维留下了“经此世变，义无再辱，五十之年，只欠一死”的书信，在颐和园鱼藻轩昆明湖自沉，终年五十岁。

王国维晚期的学术活动则主要集中在三个方面：即考察历代尺度，校勘《水经注》，“蒙元”史和西北地理的研究，并以其精深的学识、笃实的学风、科学的治学方法影响了清华学人，培养和造就了一批文字学、历史学、考古学方面的专家学者。

王国维考察历代尺度，着重于探讨尺度“由短而长”的规律，著有《记现存历代尺度》和一系列的跋论，在吸取前人研究成果的基础上，注重发现新材料，揭示了魏晋至唐宋尺度变化的规律。在对古代历史地理名著《水经注》的研究校勘上，他掌握了《水经注》宋刊残本及明清以来的主要版本和抄本，著有《水经注》诸跋文，不仅对《水经注》本身进行了精审的校勘，取得了巨大的成就，而且通过对版本、抄本的因袭、源流、翔实程度的研究，使他在考释古器物、古地理，研究殷周秦汉历史，尤其是在西北史地和“蒙元”史研究中对古地理问题，更得心应手，驾轻就熟。

王国维晚年从事的一项最重要的研究工作，是关于“蒙元”史文献资料的辑录、校注、考证。他考证蒙古族在历史上存在和发展的情况，并未局限于元史。他认为蒙古族的崛起，与契丹、女真兴衰有不可分割的关系，因此将蒙古史与元史、辽史、金史结合起来进行研究。他研究元史，校录了唐宋以来古行记七种，每种都搜集了两种以上版本进行校注，在校注史籍的同时研究蒙古统治者与汉族经济文化的关系，研究蒙古族的早期发展及流变。他考察史料，撰写专著，撰《耶律文正公年谱》《蒙鞑备录笺证》《黑鞑事略笺证》《元秘史之主因亦儿坚考》《蒙古史札记》《鞑靼考》（附鞑靼年表）、《萌古考》《黑木子室韦考》《南宋人所传蒙古史料考》《金界壕考》《西辽都城虎思斡耳朵考》等，还编辑了“蒙元”重要史料多种，在学术上作出了突出贡献。

学术上的新创获，离不开研究上的新方法。不论是早期的哲学、美学研究，还是中期的诗词戏曲研究和后期的文字音韵、考释金甲文字和“蒙元”史考证研究，都得益于“二重证据法”的使用。“二重证据法”由王国维于1925年在清华国学研究院讲授《古史新证》时正式提出，强调“纸上之材料”与“地下之材料”两重证据的互证。陈寅恪则对其学术内容及治学方法，进一步加以概括为：“一曰取地下之实物与纸上之遗文互相释证。凡属于考古学及上古史之作，如《殷卜辞中所见先公先王考》及《鬼方昆夷玁狁考》等皆是也。二曰取异族之故书与吾国之旧籍互相补正。凡属于辽金元史事及边疆地理之作，如《蒙古考》及《元朝秘史之主因亦儿坚考》等皆是也。三曰取外来之观念与固有之材料互相参证。凡属于文艺批评及小说戏曲之作，如《红楼梦评论》及《宋元戏曲考》《唐宋大曲考》等皆是也。”(《王静安先生遗书序》)正是得益于新的思想观念和科学方法的运用，王国维才能在文、史、哲诸领域别开生面，新创不断。

“二重证据法”在史学研究上具有重要的意义：在方法上，它把考古学方法引入史学研究，使考古学与历史学相结合，推动了史学研究的进步；在内容上，它使史学研究的内容从“考信于六艺”扩大到历史实物研究、历史实物与历史文献的比较研究，使史学研究进一步向广度和深度发展，从而推动史学研究的科学化，增加了史学研究的科学性。“二重证据法”成为中国近代史学研究领域中的一种先进的科学研究方法，推动了史学研究的深入发展。当然“二重证据法”的使用也有一定的局限性，需要我们辩证地对待。

王国维毕生追求学问，一生硕果累累，为近代中国学术史做出多方面的贡献，为我们留下了宝贵的学术遗产。

（丁利荣）

# 20. 章太炎的政治与文化活动

章太炎于1869年出生在浙江余杭县东乡的一户书香门第。他9岁起跟随外祖父读书，22岁进了杭州诂经精舍。这是所古老的书院，创办人阮元是最重学术文化的地方官员。诂经精舍由一代名儒俞樾主持学政，是当时最著名的书院。章太炎在这里受业7年，其早期的学术研究深受俞樾的影响，继承了乾嘉汉学的风格，主要精力用于语言文字和历史方面，从校订经书扩大到史籍和诸子，从解释经文扩大到考究历史、地理、天文历法、章律、典章制度的传统。这一时期他相继写出《膏兰室札记》《春秋左传读》等考证著作。

1895年，清政府在甲午战争中失败，与日本签订了丧权辱国的《马关条约》，由此引发了维新变法运动。这时，章太炎毅然从书香门第的家庭中出走，以高度的爱国热忱，投身于爱国救亡运动，开始了他的政治生涯。他参加强学会，先后任《时务报》《经世报》《实学报》和《译书公会报》的撰稿人，在此期间写了大量宣传"反满民族主义"思想的文章；他曾上书李鸿章，企求这位洋务派的领袖能"转运逆流"；也曾赶赴武昌，帮张之洞办《正学报》，幻想借助这位封疆大吏的实力推动变法。他支持康有为、梁启超的改良主义运动，但是反对康有为神化孔子，反对把康有为捧为"南海圣人"的封建做法，初步显示了他的民主精神。当维新运动破产，资产阶级民主革命兴起，康有为以保皇党首领身份反对革命的时候，章太炎断然剪掉自己的辫子，正气凛然地宣告与改良派彻底决裂，走上了资产阶级民主革命道路。

1901年后，章太炎在报刊上发表了一系列政论，不仅深刻地揭露了帝国主义对我国的侵略，而且有力地阐述了推翻以清廷贵族为首的清王朝的必要性，驳斥了保皇派反对革命、维护清王朝的谬论。在大力宣传反满民族主义的同时，也在一定程度上宣传了资产阶级民主主义。1902年再次逃亡日本，为了宣传排满思想，和秦力山等人在东京发起支那亡国242年纪念会。1903年，他为邹容《革命军》所撰序中，充分肯定了这部书所宣传的民主思想，明确指出，革命"不仅驱除异族而已，虽政教学术、礼俗材性，犹有当革者焉"。他在同年发表的《驳康有为论革命》中，运用严谨的逻辑，旁征博引，笔锋犀利，驳斥康有为的改良主义论点，痛斥保皇党逆历史潮流而动，直截了当地把康梁之流奉为神圣不可侵犯的光绪皇帝称为"载湉小丑"；指出清政府"尊事孔子奉行儒术"，纯粹是为了"便其南面之术，愚民之计"。他强调以革命明公理，以革命去旧俗，论证了革命是最好的出路。章太炎不仅认为民主是不可抗拒的时代潮流，而且把民主共和看成中国的唯一出路。章太炎对于革命与立宪孰难孰易的辨证分析，对于革命靠人力不靠天力的论断，具有唯物主义的色彩，反映了资产阶级革命派对未来充满胜利的信心。1903年，清统治者和上海租界的工部局相勾结，查封《苏报》，逮捕章太炎，判其监禁3年。在狱中章太炎和邹容进行了顽强的绝食斗争，并不断给同志写信，鼓动革命。他曾经致书蔡元培等人策动成立光复会，成为光复会的创始人之一。1907年在重组光复会时，章太炎被推为会长。

1906年6月，章太炎在上海经历了3年的铁槛之苦后，刑满出狱，到日本东京，受到中国同盟会和留学生的热情欢迎。不久，加入同盟会，并到同盟会总部工作，任同盟会机关报《民报》主编。《民报》是中国同盟会总部的喉舌，有明确的革命宗旨和办报方针。章太炎在《民报》上发表了 79 篇文章。其中 49 篇政论文章，34 篇学术文章。章太炎的文章具有重要地位。他对同盟会的革命思想建设、理论建设和文化建设做出巨大的贡献。

章太炎在主编《民报》时期，是左右《民报》言论动向的人，充当了革命派的喉舌，他以犀利的笔锋与改良派展开斗争。在充满着革命激情的《讨满洲檄》《中华民国解》《排满平议》《革命道德说》等文章和一些时评当中，他无情地解剖了改良主义的本质，大力宣传革命思想，是一个“所向披靡”的革命家。他贯彻了同盟会的纲领，较全面地宣传了孙中山的三民主义思想。在章太炎与孙中山、黄兴一道制定的同盟会《革命方略》中，明确宣布“自由、平等、博爱”是国民革命的“一贯之精神”。后来他的学生鲁迅称赞他的一生时说：“战斗的文章，乃是先生一生中最大，最久的业绩。”

章太炎在主持《民报》时期，广泛接触西方文化的各个领域、积极吸收外来的哲学、社会学、人类学、考古学、民俗学、经济学和自然科学多方面知识，寻找救国救民的真理。他也写过不少探讨政治、经济、哲学、史学等学术方面的文章，主要有《代议然否论》《国家论》《俱分进化论》《无神论》《建立宗教论》《五无论》《四惑论》等。这些文章往往都是在对某一个问题作了长期研究、经过深思熟虑以后写成的，因此它们能够比较深刻地反映出当时章太炎的思想面貌。章太炎提倡政治平等，在国家学说上坚持卢梭的民主主义立场，赞成孟德斯鸠的“三权分立”资产阶级共和国方案。并在吸收了西方资产阶级三权分立的政体理论基础上，提出行政、司法、教育三权分立的方案，主张由教育长官主持的学者会议行使立法议会的权力。

章太炎是晚清著名的资产阶级革命家、思想家，又是著名的学者，人称国学大师。章太炎在主编《民报》的同时，由于一些留日学生的要求，也附带从事讲学的工作。1906 年 9 月，他发起成立了“国学讲习会”，定期讲学，听讲的人很多。后来，他在自己的寓所也开了一个班授课。1908 年，章太炎结束了他的编辑生活，专门从事讲学和著书的工作。这时候，投到他门下来学习的人更多了，例如当时正在日本留学的鲁迅、许寿裳、钱玄同、吴承仕、黄侃等，先后多达百数十人，都成了章太炎的弟子。章太炎在 1906 年演说中曾说：团结起来进行反清斗争的方法，最重要的是“感情”，从思想教育入手。为此要做两件事情：“第一，是用宗教发起信心，增进国民的道德；第二，是用国粹激动种性，增进爱国的热肠。”“国学讲习会”的成立目的在于宣传中国传统文化，增进人们的爱国思想，反对全盘西化的“欧化主义”。但是，却也并不排斥西学，主张吸收西学之长处，中西并收，兼采众长。为了讲学的需要，章太炎还潜心著书。他写了《小学答问》《新方言》《文始》《诸子学略说》《国故论衡》《儒术新论》《订孔》等著作，系统地发表了他对文字音韵学、学术思想史、文学史等方面的研究心得。他运用近代西方史学方法重新考察中国学术思想发展的历程，梳理出从先秦诸子到晚清各学派学术思想演进的脉络，总结出中国学术思想发展的规律性，评定儒学演变发展过程中的得失利弊，他将孔子和先秦诸子放在平等地位加以分析，对老子、庄子、墨子、荀子和韩非子都作了深入的研究，有许多深刻的认识、卓越的见解。章太炎将“经”理解为古代书籍，没有褒意。后代将经作为儒家的典籍，并且加以神圣化，是百世不变的“道”，形成了尊经崇圣的思维方式和价值观念。章太炎的诸子学研究，打破了被儒家独尊的、封闭的神秘壁垒的束缚，揭示了千百年来对孔子偶像崇拜的危害，建立了一个近代人眼光下所见的古代思维世界，对当时康有为等主张的尊奉孔教的观点，以及宋明理学对人们思想的长期束缚，起到了思想解放的作用，成为近世杰出的思想启蒙大师。这种启蒙，不仅孕育了一大批摧毁清政府统治的仁人志士，也孕育了一大批五四新文化运动的旗手。

辛亥武昌起义的胜利，将章太炎推向了建立和维护民国的复杂斗争中。1911 年 11 月，章太炎自日本归国，从这时起一直到他去世，他的政治思想多有变化；由于本身的局限，他未能与时俱进，其思想发展的总趋势是日益倒退的。

武昌起义后，革命派面临的是一个极其复杂的局势。在内外反动势力的联合进攻面前，革命党人总的趋势是在妥协中力图建立资产阶级的民主共和国。在这方面，章太炎表现尤为突出。当时，他错误地认为，在推翻清政府的过程中，各种人物都已投入到“革命”的营垒，因此，要建立真正的民主共和国，革命党人就应团结各方，放弃以一党为中心建立政权的主张。为此，他先是提出了“革命军起，革命党消，天下为公，乃克有济”的错误口号。1912 年 1 月，他在上海联合立宪派、旧官僚成立“中华民国联合会”，自任会长。他反对《中华民国临时约法》，又反对建都南京，甚至通电拥护袁世凯。在拥护袁世凯的问题上，章太炎由于没能及时认清袁世凯的反动本质而一度受骗，直到 1913 年袁世凯刺杀宋教仁，野心彻底暴露，他才觉悟过来，毫不犹豫地加入反袁的行列。他在上海发布《宣言书》，谴责袁世凯政府倒行逆施的罪行，反对袁世凯的独裁专制，主张讨伐袁世凯，号召反袁力量取而代之。当时袁世凯为了复辟帝制造舆论，大肆宣扬“尊孔读经”，社会尊孔复古盛极一时，康有为甚至上书要求把孔教写进宪法，将孔教定为国教。章太炎反对将孔教定为国教，1913 年 12 月，发表《驳建立孔教议》一文，针锋相对地批判了尊孔复辟的逆流。冒着生命危险到北京去指责袁世凯，结果遭到软禁。

袁世凯死后，章太炎才得以获释。他谢绝了黎元洪的挽留，回到了上海。经过“二次革命”“护国运动”，尤其是被袁世凯 3 年软禁的切身经历，章太炎对民主共和的认识有了进一步的提高。在这期间，他认真地总结了辛亥革命以来民主共和制度屡遭厄运的惨痛教训。他认为，武昌起义以后，之所以未能建立起真正的民主共和制度，首先是因为革命派未能坚决以武力彻底推翻北方的反动势力而采取了向袁世凯妥协的态度，以致把复辟势力保存下来。1917 年皖系军阀头子段祺瑞先是利用张勋赶走总统黎元洪，然后又以北洋武力击败张勋复辟。这时，段祺瑞以“再造共和”自居，拒绝恢复《临时约法》和国会。章太炎又积极参加了反对段祺瑞政府、维护《临时约法》的护法运动，被孙中山任命为护法军政府秘书长。他在复杂的环境里艰难地为护法事业不辞劳苦，舍生忘死，奔走于粤、滇、川。而所得到的是护法运动的失败，“西南与北方者，一丘之貉而已”，这是他对南北军阀共同本质的深刻认识。

护法运动失败后，南北政权的对立，使章太炎感到中央集权在中国行不通，于是提出“联省自治，虚置政府”的建议。章太炎指出，一方面，实行地方自治，大权在于各省，即各省宪法由各省自行制定，军政长官均由本省人充任；自县知事以至省长，悉由人民直接选举，督军则由各级军官会推选；外交权归于各省，订立条约必须各省督军省长副署，方为有效。由此，“各省自治为第一步，联省自治为第二步，联省政府为第三步”。另一方面，则“虚置政府”，中央政府只是一个形式。在章太炎看来，联省自治既可以抵御外侮，又可以避免内乱，还可以维护统一。然而这一思想在当时是解决不了中国的根本问题的，实际却走向了反面。以各省为权力单位实行地方自治，不但不能消灭北洋军阀的武力统一主义，而且促使各省地方军阀为争夺一省或数省的最高权力而长期割据混战，这又恰恰适应了帝国主义分裂剥削政策的需要，便于帝国主义各个击破，进一步加强对中国的统治。章太炎对于军阀混战，官场角斗深感厌弃。他在 1922 年 4 月至 6 月间，“专事研究学术”，应江苏省教育会之约，在上海讲授国学概论。曾于 1926 年 6 月任上海戈登路的国民大学校长。

1931 年“九一八”事变后，章太炎主张抵抗日本帝国主义侵略，强烈反对蒋介石攘外必先安内的政策。

1934年秋天，章太炎一家从上海迁居苏州，离别了居住多年的上海。在苏州他度过了最后的3年讲学生活。

章太炎的一生，从参与变法维新到为抗日救亡奔走，凡40年，走过了一条漫长、曲折、探索的道路，而贯穿其始终的，则是强烈的爱国主义。他一生不畏艰难险阻，不惧强权铁窗，七被追捕，三入牢狱，而革命之志，始终不屈。不谋个人名利，矢志救国救民，光明磊落，肝胆照人。他的政治主张，不乏真知灼见，同时也存在着模糊、错误之处。因而他对革命起过巨大的宣传推动作用，但也有其消极甚至反动的一面。观其一生，他是中国近代革命史上一颗璀璨的巨星，也是一个曾在历史舞台上叱咤风云的悲壮的历史人物。

章太炎是20世纪中国思想史、学术史上屈指可数的巨人之一。他勇于直面当时中国所面临的各种时代课题，使自己的学术、思想深深植根于中国土壤之中。他努力用自己的思想、学术来解决一些时代课题。他从激烈动荡的社会、狂怒的革命风暴、跌宕起伏的生活实践中汲取营养，获得动力。他广泛接触了政治、经济、教育、科学、文化等生活实践，并提出了各类问题，经由他深入的钻研、思考和探索，取得了精神生产的巨大成果。

（刘彦波）

# 21. 清华研究院的设立

清华研究院，即清华学校研究院，简称“研究院”，英文名称为“The Research Institute of Tsing Hua College”。

1925年，清华学校成立研究院。由于没有能力设立数理及社会等学科的研究所，仅能办国学一门，所以1929年以前校方文书上出现的清华研究院即国学研究院。所谓“国学”，指的是中国学术文化全体，包括人事和自然两个方面。人事方面，涵盖政治、经济和哲学，如历代生活状况、言语变迁、风俗沿革，道德、宗教和学艺之盛衰情形。自然方面，包括河川迁徙、动植物专门分类研究，等等。

清华国学研究院，又称清华研究院国学门，是清华大学为大学毕业和有国学根底者专设的学术研究机构。1925年9月1日，清华研究院国学门(通称“清华国学研究院”)正式成立。1925年9月14日正式开学，同时创办《国学论丛》季刊，以供学界师生切磋交流。1929年秋结束。清华研究院建立的时间虽然不长，但名师荟萃，聘请王国维、梁启超、赵元任、陈寅恪为导师，学生当中也人才辈出，时值五四以后新文化运动深入发展之际，因而在20世纪中国学术发展史上产生了相当影响。

清华研究院的设立有当时复杂的学术和时代背景。就直接原因而言有三：一为五四新文化运动期间，胡适提倡以科学方法“整理国故”，1922年北大设立“国学研究所”作为试验先驱，并希望清华设立同样的研究机构。胡适时与清华校长曹云祥接触，有所建言，且代为推荐教员。二为曹云祥为提升清华程度，实现学术独立，拟筹设大学，其中包括研究院，招收各学门大学毕业生，从事专门之研究。三为清华成立以后，屡被指责忽视中国文化和国情知识，曹云祥在蔡元培和胡适的影响下，以会通中西为宗旨，筹设国学研究院，具体筹备工作由吴宓负责。就更为深刻的时代背景而言，与近代中国知识分子的两难困境有关。一方面，学人面对近代社会的屈辱和落后，对自身的历史产生了极大的怀疑和否定，发出了鲁迅“狂人”的语言和行动，往往表现为声势浩大的对传统的颠覆和全盘否定。此为“疑古”；另一方面，当西方文化以无可阻挡之势冲击着中国几千年的传统时，那种强烈的失去精神家园无所归依的恐惧感，又使他们做千年回望，表现为强烈的“复古”“信古”。在这两种矛盾的思索下，富有卓见的学人在寻找着一种更好的平衡方法。五四运动后，用现代科学方法整理国故之呼声甚是响亮。它与传统的疑古学派有着本质的区别，即不是把东西方文化完全地对立。具有代表性的就是胡适提出的“大胆假设、小心求证，研究问题、输入学理，整理国故、再造文明，用新的科学方法来研究古代的东西”。他们用近现代的科学思想、观点和方法，重新解释传统文本，省察历史，以回应当世。于是清华国学院应景而生，并身体力行，开始了创世纪的实践。

清华国学研究院的性质，除了不教授欧美语文外，相当于今天人文学院的原型，主要包括中国经学、哲学、文学、历史、中国语言文字学、东方语言、考古学、人类学等学科，但分科不分系。大体上以每个教授的专长为中心，一位教授可能教授并指导两种以上的科目。

国学研究院与清华大学部同时设立，但它与大学部及旧制留美预备部是三个相对独立的教学单位。三者虽然同在一个校园，由同一校长领导，但在基本教育目标、学制、学生背景、学习年限、教学和研究方法等方面都大不相同。国学研究院招收大学毕业及同等学力之学生，研究中国经史古学，培养各级学校国学教师及终身从事学术研究之人才。

关于创建清华国学研究院的义旨、方针，时任研究院办公厅主任的吴宓在开学报告中有所阐述，这在《清华大学校史稿》中记录得较为详备："(一)值兹新旧递嬗之际，国人对于西方文化宜有精深之研究，然后可以采择适当之方法，融化无碍；(二)中国固有文化之各方面，(如政治、经济、文学、哲学)须有通彻之了解，然后今日国计民生，种种重要问题，方可迎刃而解，措置咸宜；(三)为达上言之二目的，必须有高深之学术机关，为大学毕业及学问已有根柢者，进修之地，且不必远赴欧美，多耗资财，所学且与国情隔阂。此即本校设立研究院之初意。"其目的专在造就下列两项人才：(一)以著述为毕生事业者；(二)各种学校之国学教师。

清华国学研究院的课程设置也别具特色，分为"课堂演讲"和"专题研究"两种。学生以在教授指导下从事专题研究，撰写论文为主要任务，课堂演讲仅居次要地位。演讲又依其教学性质和内容分为普通演讲和专门演讲两类：所谓普通演讲即课堂讲授，由各教授就自己的专长和治学心得开课，供诸生必修或选修。每周二至三次，所讲范围较广，性质较为普通，或为经史小学，或为治学方法，或为本人专门研究之心得。凡本院之学员每人至少须选定4门，且必须到堂听讲，为提高旧制生和大学部学生的国学兴趣，也对他们开放；所谓专门演讲，系由讲师就一定之学科范围作一至多次之演讲，学员研究题目相近者，均须到场听讲。所谓专题研究就是由教授个别指导，学生进行的课题研究，有点近似今天的学位论文。各教授就自己的专长提出指导范围，然后让各学生根据自己的志向、兴趣和学力之所近，从想要从业教授的指导范围内自由选定自己的研究题目，选定后不得中途变更。学生选定研究题目后，可随便向导师请业问难。

研究院的教学采取导师制。导师的含义有下列几条：第一，他们的职责主要不是"教"，而是"导"；第二，他们的对象主要是学生(包括研究生)，但不限于学生，助教、教员、专任讲师以至教授，都可以从他们的教学和研究中获得教益(如朱自清、吴宓就经常去听陈寅恪的课)；第三，他们的物质待遇一般都高于一般教授，被称为教授中的教授，如陈寅恪工薪最高时达大洋五百元，王国维、赵元任可得两套教授住宅，等等。清华国学研究院自筹建之日起，便委托有关人士自国内外网罗寻求国学界德高望重的泰山北斗来研究院担任教职，专门聘为导师。清华国学研究院聘请导师的标准有四：一为受聘者必须具有中国文化之全部知识，二为必须具备正确和精密的科学研究方法，三为熟悉欧美学者研究东方语言及中国文化之成果，四为愿意和学员亲近、接触、热心指导。王国维、梁启超、陈寅恪、赵元任和李继五位是依据此标准聘请而来的。

虽然是振兴国学，但研究院的风格则是兼取中西之长，全院的中枢是导师，这显然是仿效牛津和剑桥的成规。但开课时校长介绍导师，学生必须行拜师礼，又似古时书院的遗风。导师指导学生读书、写论文。学生选定某一位导师后，即以"专业请业"，但也可以请多位导师同时指导。论文完成后，导师核定，一年就可毕业，但也可能延长到二年至三年，甚至四年。毕业证书由清华校长及全体导师签名盖章，这是民国教育史上的创举。

由于清华校方的开明、诚恳、远见卓识及对知识、学人的尊重和学者们之间的共同追求与彼此理解、合作，同时依靠其丰厚的物质基础，在短时间内众望所归的王国维、梁启超、赵元任、陈寅恪等四大导师(后黄节、傅增湘、溥桐及外籍音乐教师古普克也曾称导师)，专任教师考古学家李济(后增加林宰平、马衡)及助教赵万里、浦江清(后又增加了研究院第一届毕业生余永梁)等一时之选的众多才俊齐聚美轮美奂的水木清华，形成声名远播、蔚为壮观之景，昭示着清华前所未有的学术收获季节的来临，为其今后的发展，为造就一代薪火相传的硕学通儒奠定了基础。聘请四大导师来清华任教，其间发生的诸多颇可玩味深吟的掌故、趣闻，思来仍令今辈学人唏嘘慨叹。

国学研究院的招生对象不限于大学毕业生，凡有经、史、小学根底者都可应考。但这些繁多且深入的学科，使得报名的学生中大多是已有专著的较为成熟的青年学者。尽管如此，研究院的入学考试还是相当难的，共分为普通国学、作文和正式选考的六门课，内容非常复杂。学生专门研究的学科，共有 23 科，这也是教授的指导范围，即经学、小学、中国史、中国文化史、中国上古史、东西交通史、史学研究法、中国人种考、金石学、中国哲学史、儒家哲学、诸子、宋元明学术史、清代学术史、中国佛教史、佛经译本比较研究、中国文学史、中国音韵学、中国方言学、普通语音学、东方语言学、西人之东方学、中国音乐考。学生报考时，即须认定上列任何一类，为来校后之专门研究，考入后不得更改。本院开学日，各教授将所担任指导范围公布，学生与导师自由交谈，就志向兴趣学力所近，于该范围择定研究题目为本学年专门研究。考虑到教授与学生的专精和兴趣不免重复，该院章程第六项“研究方法”特规定：“教授所担任指导之学科范围，由各教授自定。俾可出其平生治学之心得，就所最专精之科目，自由划分，不嫌重复；同一科目，尽可有教授数位并任指导，各为主张。学员须自由择定教授一位，专从请业，其因题目性质，须同时兼受数位教授指导者亦可为之；但既择定之后，不得更换，以免纷乱。”由此可见，该院学生在考试前必须确定自己将入哪位先生门下执弟子礼。清华研究院共有教授 4 人，讲师 1 人，助教 3 人，教授和讲师可以招生。每位考生所选专修学科，均须包括 6 门考试科目。这些规则，从该院创立直到解散，虽然其间人事变动，却始终没有更改。

研究院先后共招收了四届学生，总计 70 余人。1925 年、1926 年各录取学生 30 余人，合计 61 人(含备取 6 人)；1926 年毕业 29 人，其中 15 人申请留校研究一年(实际有 7 人注册)；1927 年 8 月录取新生 11 人，加上 1925 年、1926 年录取而未入学的学生，以及留校生，共有学生 24 人；1928 年又招新生 3 人，同时在本年度毕业的 22 名学生中，有 10 人留校续读。这些成为“南海圣人再传弟子，大清皇帝同学少年”的清华国学院学生均为天资聪颖、慧心纨质的当世俊彦，成才率极高。“守先哲之遗范，托末契于后生”，从学生名册中可看到这些名字：刘盼遂、吴其昌、王庸、周传儒、高亨、徐中舒、杜钢百、姚名达、王力、姜亮夫、陆侃如、戴家祥、卫聚贤、杨鸿烈、陈守时、刘节、蒋天枢、谢国桢等。他们后来大都成为国学某一门如语言学、古文字学、考古学、哲学、文学、佛学等方面的一流学者，使研究院的风范传统和学术薪火得以绵延承传，继之而起的清华文学院将此发扬光大，熔铸而成经典的“清华学风”“清华学派”。

研究院的特点，是治学与做人并重。各位先生传业态度的庄严恳挚，诸同学问道心志的诚敬殷切，穆然有鹅湖、鹿洞遗风。每当春秋佳日，学生随侍诸师，徜徉湖山，俯仰吟啸，无限春风舞雩之乐。国学研究院师生的集体活动有茶话会、参观访问、聚宴和北海之游。这些活动主要是师生由密集的接触，产生学术的和人际的亲密关系，由此而培养出导师对学生为学做人的影响。

虽然清华国学研究院只存在了四年，却绽放了无比耀眼的光芒。在这四年中，它培养了 70 多位学有专长的国学人才，其中不少人后来成为我国著名的语言学、古文字学、中国文学、史学、哲学和考古学等方面的专家学者，为国学的继承发展做出了重大贡献。面对如此辉煌的成就，使人不得不思考其何以人才辈出。

其一，清华国学院的办学宗旨决定了其特别之处。“国学”一词，原本是对“西学”而言，是对“西学”的抗争和对“中学”的显耀，而这在清华国学研究院已超出原意。前面已谈到清华创办国学研究院，是面对方兴未艾的新文化运动和中西文化的碰撞，为适应全国上下的文化热，正确对待中西文化的交流与融合；是想通过这一学术机构来培养“国学”人才，通过对“中国固有文化”的精深研究，来继承、发展、弘扬我国传统文化。在他们看来，越是在向西方学习的热潮中，越不能丢弃本国优秀传统文化；学习国学应在国内，不必远赴欧美，多耗资财，所学且与国情隔阂。通过中西兼容，精深研究，使之在交流融合中创造出中华新文化。

其二，清华国学研究院，坚持学术与政治相分离，兼容并包，学术自由，充分发挥各位教师的特长和主动精神。《研究院章程》明文规定：“本院略仿旧日书院及英国大学制度。研究之方法，注重个人自修，教授专任指导。其分组不以学科，而以教授个人为主，期使学员与教授关系异常密切。”就是说，清华国学研究院的教学，吸收了中西古今教育上的好办法，使之融为一体。

其三，研究院各导师的研究方法也为学生的学术研究打下了深厚的基础。清华国学研究院，避开当时盲目学习西方的狂热，积极延聘国学名师。在教学上，课堂讲授与个别指导相结合；教师根据学生的“志向、兴趣，及学力所近”因材施教，重视治学方法和研究方向的指导。他们的教学实践，在我国20世纪20年代的教育界大放异彩，培育了一批富有开创精神的国学人才，为继承弘扬优秀做出了贡献，在今天仍具有不可忽视的借鉴作用。关于教导学生立大志、“自强不息，厚德载物”，和创造“好学、力行、知耻”新学风的教学做法和指导方向，在今天仍不失为一种良举和卓识。

其四，各教授的人格魅力感染着每个学子之心。清华国学研究院的各位导师，“学而不厌，诲人不倦”，既向学生传授知识，又教学生如何做人，“治学和做人并重”。他们利用各种机会和方式向学生进行“治学和做人”的言传身教。每到暑假，各位导师多约其弟子同游北海、万寿山等处。届时，师生亲密无间，畅所欲言。有时邀请名人同游并作学术讲演，有时由导师自己讲演其新近的研究心得或对学生的希望。

（王艳勤）

# 22. 黄埔军校的建立

黄埔陆军军官学校是中国现代第一所革命的军政学校，因校址设于广州黄埔，故通称黄埔军校。

黄埔军校的创建有其深厚的历史背景。军校的创始人孙中山，一向主张以革命的手段来推翻君主专制反动势力的统治。从1895年密谋发动广州重阳起义开始，迄1923年为止，孙中山从事革命活动已经走过28年的艰苦历程。在此期间，他领导了反清、反袁、护法，以及一次又一次的北伐，不断从事武装斗争。但在孙中山经历的武装斗争中，忽视了对创建军队重要性的充分认识。从他领导的起义来看，或是通过联络会党，由各会党首领先后举兵，然后得以群众响应；或是在新军注入革命知识分子，使新军倾向于革命党，为革命党所用。但无论是会党还是新军，他们都不是真正意义上的革命军队，并不真正属于革命党人。辛亥革命失败后，孙中山继续高举民主革命的旗帜，企图利用军阀力量侥幸取胜，但他发动的二次革命、护国战争和护法运动，由于各派军阀的阻挠、破坏都一一失败了。甚至连孙中山扶植起来的"粤军总司令"陈炯明，最后也背叛了他。对此，孙中山曾痛切地指出："顾吾国之大患，莫大于武人之争雄，南与北如一丘之貉。"在失败中，孙中山逐步认识到组织革命军队的特殊意义和极端重要性。

黄埔军校的筹建工作，是在共产国际和共产党的帮助下进行的。

1918年俄国十月革命胜利后，孙中山致电列宁和苏维埃政府，提出愿中俄两党团结、共同斗争，1921年又再次向苏联表达了要以俄为师的愿望。在共产党人李大钊的帮助下，1921年12月孙中山在桂林秘密会晤了共产国际派来的代表马林。会谈中，马林不但向孙中山介绍了俄国十月革命的经验，而且对中国革命提出了改组国民党、国共合作和建立军官学校的三点建议，孙中山欣然接受。

1923年1月，越飞到上海拜会孙中山，双方进一步商讨以俄为师、改组国民党、建立军队、建立军事学校，以及如何援助中国革命和反对帝国主义等问题。会后发表了著名的《孙文越飞联合申明》，宣告孙中山联俄联共政策的确立，也标志筹备军事学校的谈判取得了进展。

1923年8月，孙中山派出以蒋介石、张太雷等4人组成的"孙逸仙博士代表团，赴苏联考察党务和军事，学习创办军校的经验；10月又委派廖仲恺和李大钊等5人为国民党改组委员，加快了改组国民党和创办军校的步伐。不久，又在国民党中央通过了组织军官学校的决议。

1924年1月，国民党一大期间孙中山下令成立陆军军官学校筹备委员会，任命蒋介石为筹委会委员长，同时指定以广州黄埔岛上的旧水师学堂和陆军小学的旧址为校址。2月6日，又在广州南堤2号设立了军校筹备处，开始了紧张的筹备工作。

中国共产党先后派遣周恩来、叶剑英、聂荣臻等一大批德才兼备的干部去军校任职，并指示各地的党组织积极开展招生工作，选送优秀党团员和进步青年投考军校。

苏联派鲍罗廷来华担任孙中山的政治顾问，参与领导军校的筹建，而且还派来加伦将军等10多位军事顾问担任学校的军事和政治教育工作。此外，苏联还向军校提供了约200万卢布的办学经费以及若干枪支弹药和教学设备。

1924年3月27日，来自全国各地的1300余名考生参加了在广东高等师范学校举行为期3天的入学考试，经过严格挑选，录取学生350名，备取学生120名。5月5日，黄埔军校开学，正取生和备取生编成4个队入校学习，成为第一期学员。孙中山亲任校总理、蒋介石为校长、廖仲恺为党代表，周恩来为政治部主任、叶剑英为教授部副主任。6月16日，来自全国的教官和学生，包括共产党和国民党人共500余人在黄埔军校举行了隆重的开学典礼，孙中山亲临主持，并发表重要演说，指出：过去我们的革命，“只有革命党的奋斗，没有革命军的奋斗”；所以革命“不能完全成功”。办校的目的，是“要用这个学校内的学生做根本，成立革命军”，“来挽救中国的危亡”！他要求每个学生，“要在政治上革命”，“能为三民主义奋斗，能为三民主义去牺牲”。孙中山还从建军思想、军校制度、革命军的素质、学习方法、吸取苏俄军队建设经验等各个方面阐述了军校的宗旨和规范，鼓励学员树立革命的志气，做革命人，救国救民。鲍罗廷和一些苏联顾问参加了军校的这一盛会。首任校长蒋介石先生亲自拟选“亲爱精诚”为校训，呈交国父孙中山先生核定后使用，“亲爱”是要所有的革命同志能“相亲相爱”，本校的宗旨“精”是“精益求精”，“诚”是“诚心诚意”。其目的乃在造就“顶天立地”和“继往开来”的堂堂正正革命军人，发扬黄埔精神。还批准了军校校歌和校徽。军校大门彩楼原挂有一副对联：“升官发财，行往他处；贪生怕死，勿入厮门。”横额为“革命都来”。孙中山逝世后，为不忘孙中山的教诲，改用总理遗嘱中的两句“革命尚未成功，同志仍需努力”为对联，已成为军校师生的座右铭。

黄埔军校成立后，校部设政治、教授、训练、管理、军需、军医6部，后增设教育长、参谋处。政治部先后由戴季陶、周恩来、汪精卫、邵力子、熊雄等人为主任，聂荣臻为秘书；恽代英为教授部主任教官，胡汉民、肖楚又、张秋人、安体诚等人为政治教官；王柏龄为教授部主任，叶剑英为副主任；李济深为训练部主任，邓演达为副主任。聘请鲍罗廷为总顾问，还聘请加仑将军等几十名苏联红军干部担任顾问或教员。

军校坚持军事与政治并重、理论与实践结合的教学方针。黄埔军校制定了科学的军事教育训练科目，分为学科和术科两类，并在实践中不断地发展和完善。黄埔军校制定的第一期军事教育科目中，学科方面，最初教学生以步兵操典、射击教范、野外勤务令等基本军事学识，继则教以战术兵器交通筑城等四大教程。术科方面，对学员施以制式教练。第二期的学生，开始有专业之别，即分为步、炮、工、辎、宪兵五科。各科学生都有特定的必修科目。如工科学生，所授学科为：射击教范、筑垒教范、架桥教范、筑营教范、通信教范、交通教范、爆破教范、坑道教范、野外勤务摘要、夜间教育等。术科方面，除制式教练与步兵略同外，其他有筑垒实施、架桥实施、爆破实施、筑营实施、坑道实施等。第三期学生所授的学科，仍以四大教程为主，另外还需学习军制学、马学、经理学、卫生学等。术科分为教练、野外演习射击、夜间演习、技术、马术、工作实施、典范令等几大块，内容较前两期有了较大的进步。第四期军事学教育，又增加了兵器学、地形学、测图演习等，所学内容更符合战争需要。军事教育非常强调演习课，在校期间，学生们都戎装待命，随时准备出动。演习时，常日以继夜地进行，实战形态逼真，战斗空气甚浓，当时称之为“知行合一”。术科差不多除了操场基本教练之外，大半都在野外演习，其效果是极其显著的。

军校除了对学生进行学、术科的教授外，还定期举行军事演讲。军事演讲有普通和特别之分，普通演讲旨在灌输军官必要知识，特别演讲专为介绍军事上的新学识，或报告各种战役经过，或其他军事上种种问题，对军事学术科的教育起了很好的补充作用。

军校在上述办学思想和原则的指导下，培养了一大批政治素质高、军事理论基础扎实、军事技能过硬的创新性人才。黄埔军校学生是从斗争中学习，又是从实践中锻炼的。第一至第四期的学员，每期都参加了较大规模的激战锻炼：一期学员参加平定商团之战；二期学员参加第一次东征；三期学员参加镇压杨希闵、刘震寰叛乱；四期学员参加第二次东征，后来又参加了南征和北伐。黄埔学生通过实际战斗的锻炼，使得一些主要科目，如射击、侦察、距离测量、地形的识别以及行军警戒和宿营等，能在野外演习或战斗中完成。正是因为有了这种实际战斗的锻炼，才使他们迅速地掌握了所学各门知识，加快了成长的步伐。他们既有理论水平，又有实践经验，所以一旦走出校门就能带兵打仗，成为革命武装的军政骨干。

本着实现三民主义的办学宗旨，黄埔军校把政治教育放在首要地位。重视政治教育工作是黄埔军校的一个显著特点。军校开办之初，参照苏联红军制度，实行党代表制，在校本部设置党代表，在学校设立政治部，负责军校的政治教育工作。学校专门制定了《政治教育纲要》，明确实施和加强政治教育所要达到的目标，即学生通过学习，彻底了解产生中国国民革命的国际背景以及国内的政治、经济等各方面的背景；理解军队政治工作的重要性，明确自己在军队中的责任，使武力真正成为国民之武力。根据这个纲要，黄埔军校制定了全面、系统的政治教育科目，最初规定了三民主义等政治课程，后来增加到18门，即：中国国民党史、三民主义、帝国主义侵略中国史、中国近代史、帝国主义、社会进化史、社会学科概论、社会问题、社会主义、政治学、经济学、经济思想史、各国宪法比较、军队政治工作、党的组织工作、中国政治经济状况、世界政治经济状况、政治经济地理。1926年1月军校改组后，又增加了苏联研究、工人运动、农民运动、学生运动等课程，总数达26门；内容十分丰富，涉及范围也很广，不仅包括作为指导思想的三民主义，而且兼容了其他先进的思想，尤其是对于马克思主义、社会主义、共产主义的学习。军校进行政治教育工作的形式是多样的，有课堂政治理论教学、政治演讲、政治讨论会、政治问答和出版刊物等方式。为配合政治教学，学校专门设立了政治问题箱，凡学生有疑问时，可投函于质问箱，由主任、教授分别以书面或口头答复疑问者。出版的刊物有《黄埔日刊》《黄埔潮》《军事政治月刊》等，人人均可阅读，并鼓励学生投稿，活跃思想舆论。军校还特别注意聘请当时的社会名人，如谭延闿、张静江、毛泽东、刘少奇、何香凝、鲁迅、邓中夏、吴玉章以及苏联顾问等人到校作特别演讲或专题报告，并利用晚自习时间组织学生座谈讨论。政治教学对于帮助广大学员养成爱国家、爱百姓、不怕死、不要钱、严守军纪的“黄埔精神”，起着潜移默化的巨大作用。

黄埔军校是第一次国共合作的产物。在北伐之前，它培养了四期学生，约4200人。黄埔军校不同于一切旧军校，它把政治教育提高到了和军事教育同等重要的位置上，培养了学生的爱革命精神。在军阀长期混战，生灵涂炭、民不聊生、民族危亡的关键时刻，一批批有志于革命的热血青年，怀抱着救国救民的崇高愿望，从五湖四海汇集到广东黄埔，本着“亲爱精诚”的校训，同场操练，同窗切磋，跃马挥刀，奋勇杀敌。黄埔军校师生在统一广东革命根据地和北伐战争中起了模范作用。1924年10月在镇压商团叛乱中，军校师生英勇出击，配合友军采用“火攻”，仅一天就彻底打垮叛军。次年初，盘踞于东江的陈炯明乘孙中山病重北上，广州国民政府群龙无首之际，悍然发兵进犯广州。广州国民政府组织以黄埔学生军教导团两个团为主力的“东征联军”讨伐陈炯明。同年6月，驻广州的桂军首领杨希闵、刘震寰乘革命军远征东江，在广州举兵叛乱，广州国民政府危急万分。黄埔学生军奉命回师广州参加平乱，很快击溃叛军，保住了广州国民政府。这时，被打败的陈炯明卷土重来，国民政府于同年10月举行了第二次东征。这时，黄埔学生军已扩编为国民革命第一军。他们攻克号称天险的惠州城，并于11月初收复东江，平定了广东最凶顽的军阀陈炯明。此外，黄埔学生还参与了南征，肃清了盘踞在南路和琼岸地区的军阀邓本殷。国共两党共同缔造了真诚合作，精诚团结，共同奋斗的黄埔精神。黄埔军校以其特殊的贡献，为中国革命谱写了光辉的篇章。

（刘彦波）

# 23. 马克思主义中国化与毛泽东思想的诞生

19 世纪中叶，马克思主义在近代资本主义的故乡欧洲诞生。在 19 世纪的最后一年，马克思的名字传入中国。这一年的《万国公报》几次提到他，称他为“百工领袖著名者”。1903 年，梁启超在《二十世纪之巨灵托拉斯》中也提到马克思，称其为“社会主义之鼻祖”。1905 年，资产阶级革命派思想家朱执信在《民报》第二号发表《德意志革命家小传》，在其中集中介绍了马克思、恩格斯的生平及学说。但上述评介者没有一个是真心拥护马克思主义学说的，因而，他们对马克思主义的介绍，往往失之肤浅、零散，并多有误解和歪曲。加之当时尚缺乏接受马克思主义的国内阶级基础和思想环境，工人阶级也没有形成独立的政治力量，封建主义的禁锢依然十分森严，这些介绍基本上没有产生什么实际的社会效果。

但到了五四运动前后，情况发生了根本的变化。1915 年 9 月，陈独秀创办了《青年杂志》(不久改为《新青年》)，以此为标志，新文化运动崛起。毋庸讳言，这一运动有诸多局限，但它在政治上和思想上给封建主义以沉重打击，破除了封建教条对人们思想的束缚，成为一场民主主义的思想启蒙运动。它在中国社会掀起了一股思想解放的潮流，这就为新思想的传播打开了大门。另外，其时适值帝国主义时代，资本主义文明的种种缺陷已在实践中日益暴露，特别是触目惊心的第一次世界大战，在给全世界人民带来深重灾难的同时，更把资本主义制度固有的矛盾暴露得淋漓尽致。这使得先进的知识分子如陈独秀、李大钊、毛泽东等人开始对资产阶级的民主主义产生了某种程度的怀疑。如早在 1915 年，陈独秀就在其《法兰西人与近世文明》中表示，资本主义代替封建主义后，“政治之不平等，一变而为社会之不平等；君主贵族之专制，一变而为资本家之专制，此近世文明之缺点，无庸讳言者也”。1918 年，针对第一次世界大战，李大钊指出，“此次战争，使欧洲文明之权威大生疑念。欧人自己亦对于其文明之真价不得不加以反省”。正是这种怀疑推动他们去探索挽救中国危亡的新途径，并为他们以后接受马克思主义准备了合适的土壤。1917 年 11 月 7 日，俄国爆发了伟大的十月社会主义革命，建立了世界上第一个无产阶级专政的社会主义国家。这使得正在黑暗中探索的中国先进分子看到了人类历史的新曙光，即社会主义。从此，他们摒弃了资本主义道路，放弃了民主主义立场，转变为具有初步共产主义思想的知识分子，并开始了对马克思主义的传播。李大钊就是其中的先驱者。1918 年 7 月，他发表《法俄革命之比较观》，同年 10 月，他又在《新青年》上同时发表《庶民的胜利》和《Bolshevism 的胜利》两文。这些文章表达和传播了马克思主义的若干基本观点。1919 年，“巴黎和会”上中国外交的失败，直接导致中国爆发了声势浩大的五四爱国运动。经过这次运动，中国人民又有了新的觉醒。这就是，“巴黎和会”上帝国主义列强联合压迫中国的事实，进一步打破了国人对于帝国主义的幻想，使愈来愈多的人真诚地倾向于反对帝国主义的社会主义运动。马克思主义因此在中国得到了迅速而广泛的传播，蔚然成为五四以后新文化运动的主流。如在马克思主义基本理论的研究和传播方面：1919 年 5 月，《新青年》出版了“马克思研究专号”，发表了李大钊《我的马克思主义观》，全面、系统地介绍了马克思主义的唯物史观、阶级竞争说和经济论。又如在马克思主义经典著作的翻译和传播方面，1920年陈望道翻译的第一个中文全译本《共产党宣言》在上海出版。列宁的一些著作的译文也纷纷在《新青年》《共产党》《曙光》等刊物上出现。又如在创办有关马克思主义的刊物方面，毛泽东在湖南创办《湘江评论》，周恩来在天津主办《觉悟》，董必武、恽代英在武汉主办《武汉星期评论》。又如在组织马克思主义社团方面，周恩来等人在天津组织了觉悟社，董必武、恽代英、陈潭秋等人在武汉组织了利群书社，袁玉冰、方志敏等人在南昌组织了改造社，邓中夏等人组织了北京大学马克思学说研究会。又如在与非马克思主义思潮的斗争方面，从1919年7月到1921年间，马克思主义者分别与以胡适为代表的实用主义者、张东荪和梁启超为代表的基尔特社会主义者以及以黄凌霜和区声白为代表的无政府主义者等进行了三次论战。通过这些论战，马克思主义非但没有被驳倒，相反还为更多的人所接受。另外，在这次运动中，中国工人阶级作为一支独立的政治力量登上了历史舞台，并在运动中起了决定性的作用。这使先进的知识分子看到了工人阶级的伟大力量，认识到中国社会的改造必须依靠包括工人阶级在内的广大民众。于是，他们开始深入工人群众，传播马克思主义，从而促进了马克思主义同工人运动的结合，也在思想上和干部上为马克思主义的政党中国共产党的成立准备了条件。由此，马克思主义得以更深、更广、更有组织地在中国大地上传播，并产生着越来越大的社会影响。

马克思主义的传入使中国革命的面貌焕然一新，但要以之解决中国革命所面临的迫切问题和各种实际问题，还有一段很长的路要走。首先，对这些问题，马克思、恩格斯不可能给出现成的答案。其次，俄国十月革命作为以列宁为代表的俄国革命者以马克思主义为指导并结合俄国实际而进行的革命实践，取得了巨大的成功，有许多经验教训可资借鉴，但中国革命者不能简单照搬，毕竟中国国情和俄国不同。也就是说，对这些问题，列宁主义也不可能提供现成的答案。要解决这些事关中国革命成败的重大问题，只能靠中国人自己，这就要求中国革命者在实践中把马克思主义普遍原理和中国革命实际相结合，去探索一条符合中国国情的革命路线和革命道路，即实现马克思主义中国化。

因此，可以说，中国革命不断取得胜利的历史，也就是马克思主义中国化的历史。作为以毛泽东为首要代表，集中了中国共产党、中国无产阶级和中华民族集体智慧的毛泽东思想的诞生，则是这个历史进程中的一次伟大的飞跃。也因此，我们可以进一步说，毛泽东思想从其萌芽，到形成、发展，以至成熟乃至最终诞生的历史，同时就是马克思主义中国化的曲折发展史。

20世纪20年代早、中期是毛泽东思想的萌芽时期。这一时期，李大钊、陈独秀、毛泽东、瞿秋白、蔡和森、周恩来等积极宣传马克思主义，并运用它来分析中国社会，指导中国革命。1921年7月，中国共产党成立。党的"一大"通过了中国共产党的党纲，确立了以无产阶级的军队推翻资产阶级，建立无产阶级专政，废除私有制，直至消灭阶级差别的奋斗目标。大会还通过关于当前实际工作的决议。决议确定了党成立后的中心任务是组织工人阶级，建立工会，开办工人学校，提高工人的觉悟，开展工人运动。在对待其他党派的态度上，要求党在政治斗争中，永远站在独立的立场上，采取独立的政策以维护无产阶级的利益。

由于对当时中国革命的性质和任务尚缺乏认识，"一大"没能制定出切合中国实际的民主革命纲领。"一大"后，经过实际斗争，以及受当时国内外形势发展的推动，中国共产党人开始意识到必须依据中国实际情况应用马克思主义，以解决中国革命的问题，因而不再主张在中国立即进行社会主义革命。正如1922年1月15日出版的团刊《先驱》发刊词所指出的，"本刊的第一任务是努力研究中国的客观的实际情形，而求得一最合宜的实际的解决中国问题的方案"。另外，1922年1月，共产国际召开了远东各国共产党及民主革命团体第一次代表大会。经过这次会议，中国共产党开始接受列宁关于民族和殖民地问题的基本思想，认识到中国革命必须经过一个资产阶级民主革命的阶段，其相应的革命任务是反对帝国主义和反对封建军阀。在此情况之下，中共“二大”于1922年7月16日至23日在上海召开。这次大会通过并发表了著名的《中国共产党第二次全国代表大会宣言》。宣言规定了党的最高纲领和最低纲领。最高纲领是“组织无产阶级，用阶级斗争的手段，建立劳农专政的政治，铲除私有财产制度，渐次达到一个共产主义的社会”。最低纲领是“消除内乱，打倒军阀，建设国内和平”，“推翻国际帝国主义的压迫，达到中华民族完全独立”，统一中国为“真正的民主共和国”。最低纲领即党的反帝反封建的民主革命纲领。中国共产党民主革命纲领的提出，是马克思主义和中国革命实际进一步结合的重大标志，表明了中国共产党对中国国情了解的加深。

1923年6月，中国共产党在广州召开了第三次全国代表大会。会议的主要议题是共产党员加入国民党的问题。经过激烈争论，大会接受了共产国际关于国共合作的决议，决定在保持中国共产党在政治上、组织上独立性的前提下，全体共产党员以个人身份加入国民党。这次大会正式确定了国共合作的方针，从而促进了中国反帝反封建的革命统一战线的形成，为迎接革命的大发展准备了重要条件。

1925年1月，中国共产党在上海召开了第四次全国代表大会。针对共产党和工人阶级对民主革命的领导权问题，大会决议案明确指出，“中国的民族革命运动，必须有最革命的无产阶级有力的参加，并且取得领导的地位，才能够得到胜利”。关于农民问题，大会决议案指出，农民问题在民族革命时代的中国“是特别的重要”，中国共产党和工人阶级必须尽可能地教育和组织各地农民从事经济的和政治的斗争，“没有这种努力，我们希望中国革命成功以及在民族运动中取得领导地位，都是不可能的”。这次大会所规定的各项政策和决定采取的措施，比“三大”又前进了一大步。“四大”推动了党的工作深入到各阶层群众中去，为即将到来的革命高潮作了准备。

经过几年的革命实践和理论上的探索，中国共产党对中国社会状况特别是对社会各阶级状况的认识，逐步深化。“四大”以后，恽代英、蔡和森、邓中夏、周恩来、瞿秋白、毛泽东、李大钊、陈独秀等先后都有论述各阶级的文章发表，其中以毛泽东的《中国社会各阶级的分析》最为重要。在文章中，毛泽东指出，正确区分敌友是革命的首要问题。为此，毛泽东运用马克思主义的阶级分析方法对中国社会各阶级的经济地位及其对于革命的态度作了细致的分析，并在此基础上清楚地区分了中国革命中的敌人和朋友：一切勾结帝国主义的军阀、官僚、买办阶级、大地主阶级以及附属于他们的一部分反动知识界，是革命的敌人。一切小资产阶级、半无产阶级、无产阶级是革命的真正的朋友。那动摇不定的中产阶级，其右翼可能是革命的敌人，其左翼可能是革命的朋友，但即便这样，对于左翼还是要时常加以提防，以免他们扰乱革命的阵线。这就在实际上初步提出了新民主主义革命的基本思想，即无产阶级团结一切半无产阶级（主要是贫农）、小资产阶级（主要是中农），争取中产阶级（主要是民族资产阶级）的左翼，以打倒帝国主义、军阀、官僚、地主、买办阶级以及中产阶级的右翼，建立各革命阶级的联合统治。

这样，从“二大”提出反帝反封建的革命任务，到“三大”决定和孙中山领导的国民党合作，建立革命统一战线，到“四大”及其后党的一些领导人提出和阐述了无产阶级领导权思想和农民是无产阶级主要同盟军思想，以至毛泽东发表《中国社会各阶级的分析》，初步提出新民主主义革命的基本思想，中国共产党在把马克思主义普遍原理和中国革命的具体实际相结合即马克思主义中国化的道路上，可以说是步步深入。作为其初步成果，新民主主义革命理论，是毛泽东思想的主要内容之一。因此，可以说，在这一时期毛泽东思想已有了萌芽，其标志就是毛泽东的《中国社会各阶级的分析》的发表。

1927年，蒋介石集团叛变革命，建立起大地主大资产阶级专政。同年，中国共产党领导了“八一”南昌起义，打响了武装反抗国民党反动派的第一枪。这年8月7日，中共中央在汉口举行紧急会议。会议主要解决了两个方面的问题：(一)结束了陈独秀右倾机会主义在中共中央的统治地位，成立了新的领导机构；(二)确定了土地革命和武装反抗国民党反动派的总方针。八七会议明确了党在新时期的斗争方针，给全党和全国人民指明了前进的方向。从此，中国革命进入了以土地革命为中心内容的工农武装革命的新阶段。以毛泽东为代表的中国共产党人继续在新的实践中探索中国革命的道路，不断获得关于马克思主义中国化的新的认识。由是，作为马克思主义普遍原理和中国革命实际相结合的毛泽东思想进入它的形成时期。

在八七会议精神的指引下，中国共产党在此后的一年多的时间里，先后在十几个省份发动和领导了一百多次武装起义，初步创建了游击队、红军和农村革命根据地。其中，毛泽东于1927年9月9日领导了湘赣边界秋收起义。起义失利后，毛泽东率部队向罗霄山脉中段进军，在井冈山建立了第一块农村革命根据地。在全党探索中国革命新道路的斗争中，毛泽东把马克思主义关于“工人要取得胜利，除了暴力革命外，几乎没有别的办法”的基本原理创造性地应用于中国革命实际，并把井冈山和其他各农村革命根据地斗争的正反两方面经验，加以理论上的概括，写出了《中国的红色政权为什么能够存在》和《井冈山的斗争》等著作，提出并深刻论证了“工农武装割据”的光辉思想。毛泽东指出，红色政权产生、存在和发展的条件，主要有五个：第一，中国是一个半殖民地半封建的国家。这样，一方面，由于地方的农业经济占主要地位，农村有较大的独立性，对城市的依赖性较少，无产阶级就有了到农村去，发动农民，实行武装斗争的物质条件；另一方面，由于被多个帝国主义统治以及地方农业经济的相对独立，中国长期处于军阀割据的局面，无产阶级就可以利用军阀之间的分裂和战争，在敌人统治薄弱的地方建立根据地，利用军阀之间的矛盾和战争发展自己，并能够在白色政权的包围中发展和坚持下来。第二，1926年至1927年的大革命的影响，在中国广大地区内，尤其是湖南、湖北、广东、江西等省还广泛遗留，比如，这些地区有过党的组织，党在群众中有相当大的影响，组织过工会和农会，工农群众对买办地主阶级进行过斗争。因此，红色政权易于首先在这里发生并能够长期存在。第三，引起中国革命的社会矛盾一个也没有解决，跟着国内买办豪绅阶级和国际资产阶级的继续分裂和战争，全国的革命形势必然继续向前发展，红色政权也必将长期存在并不断发展，以至取得全国政权。第四，相当力量的正式红军的存在，是红色政权存在的必要条件。第五，共产党组织的有力量和它的政策不错误，是红色政权长期存在和发展的紧要条件。

随着革命根据地的迅速发展，毛泽东对“工农武装割据”在中国革命中的地位和作用有了进一步的认识。另外，1929年9月，在周恩来同志的授意下，陈毅代表党中央起草了一封信给红四军前委。信中指出，过去的艰苦经验证明，“先有农村红军，后有城市政权，这是中国革命的特征，这是中国经济基础的产物”，对毛泽东关于红军的行动策略和建设一支坚强的无产阶级军队的正确主张给予充分的肯定和支持。

在此背景之下，1930年1月，针对党内一些人提出的“红旗到底打得多久”的悲观论调，毛泽东在写给林彪的信《星星之火，可以燎原》中指出，“红军游击队和红色区域的建立和发展是半殖民地中国在无产阶级领导之下的农民斗争的最高形式，和半殖民地农民斗争的必然结果”，有了农村革命根据地的存在和发展，“才能树立全国革命群众的信仰，如苏联之于全世界然”，“才能给反动统治阶级以甚大的困难，动摇其基础而促进其内部的分解。也必须这样，才能真正地创造红军，成为将来大革命的主要工具。总而言之，必须这样，才能促进革命的高潮”。在这里，毛泽东批评了“城市中心论”，强调革命应以乡村为中心，并且把小块红色政权的发展同夺取全国政权联系起来，从而形成了农村包围城市，最后夺取全国政权的理论。这是立足于中国革命实际，对马克思主义关于武装夺取政权理论的重大发展，它标志着毛泽东思想的形成。

也就在这一时期，先后居党中央领导地位的瞿秋白、李立三、王明等接受共产国际的错误指导，推行“左”倾冒险主义路线，使革命一再受挫，尤其是1930年开始的王明“左”倾教条主义、机会主义路线在全党的统治，更使红军和革命根据地损失惨重。在第五次反“围剿”失败后，红军被迫长征。长征途中，1935年1月，中国共产党在贵州遵义召开政治局扩大会议，结束了王明“左”倾路线在中共中央的统治，确立了以毛泽东为代表的新的中央的正确领导。这表明毛泽东思想已经在艰苦卓绝的斗争中取得了决定性的胜利，马克思主义和中国实际相统一的思想已经为党和红军所接受。这就为毛泽东思想的继续发展创造了条件。遵义会议后，中国工农红军在毛泽东同志的领导下，粉碎了蒋介石几十万军队的围追堵截，胜利完成了二万五千里长征，到达了陕北根据地，从而成功地实现了战略大转移。此后直至40年代中期，在新的历史条件下，毛泽东思想得以在多方面展开并走向成熟。

1936年12月，毛泽东系统总结了中国革命战争正反两方面的经验，对中国革命战争中的独特经验作了概括，发表了《中国革命战争的战略问题》一文。在文章中，毛泽东正确地分析了中国革命战争的特点，阐明了中国革命战争的基本规律；并根据敌强我弱的实际形势，制定了一系列的战略战术，包括实行战略的持久战、战役和战斗的速决战、把战略上的劣势转变为战役战斗上的优势、集中优胜兵力各个歼灭敌人等。

进入20世纪三十年代，随着日本帝国主义对华侵略不断加剧，全国抗日救亡运动也不断高涨。为适应斗争形势的需要，中共中央先后发表了一系列有关建立抗日民族统一战线的决议。毛泽东同志运用马克思主义关于革命统一战线的基本原理，把中国共产党人领导革命统一战线的独创性经验，加以科学地总结，逐步形成了中国共产党关于中国革命统一战线的理论。其中比较有代表性的著作有：1935年12月根据中共中央政治局瓦窑堡会议精神发表的讲演《论反对日本帝国主义的策略》、1936年5月先后发表的《中国共产党在抗日时期的任务》和《为争取千百万群众进入抗日民族统一战线而斗争》。这些著作加上中共中央的有关决议，主要论述了以下问题：第一，建立统一战线是可能的，也是必要的。第二，必须坚持无产阶级在革命统一战线中的领导权。第三，对民族资产阶级实行既斗争又团结的政策。第四，调整同国民党的关系，并为建立包括蒋介石集团在内的抗日民族统一战线规定了正确的政策。国共第二次合作的实现，说明了以毛泽东为代表的中国共产党关于革命统一战线理论的正确。

1937年7月和8月，毛泽东先后发表了《实践论》和《矛盾论》，从哲学上对两次革命战争的经验进行了总结，批评了主观主义的错误，进一步阐述了中国共产党的思想路线。在《实践论》中，毛泽东阐述了“实践的观点是辩证唯物论的认识论之第一的和基本的观点”；阐述了人的认识是从感性认识而能动地发展到理性认识，又从理性认识而能动地指导实践，改造客观世界和主观世界的辩证关系。在文章中，毛泽东还从认识论的角度批判了党内的“左”或右倾机会主义。他指出，“左”或右倾机会主义错误的根源都在于，认识和实践相脱离，马克思主义者应该做到主观和客观、理论和实践、知和行的具体的历史的统一，反对一切离开具体历史的或“左”或右的错误思想。在《矛盾论》中，毛泽东分别从矛盾的普遍性、矛盾的特殊性、主要的矛盾和矛盾的主要方面、矛盾诸方面的同一性和斗争性、对抗在矛盾中的地位等方面，深刻地阐述了马克思主义唯物辩证法的根本法则对立统一规律。通过对这些问题的论述，毛泽东从哲学上深刻地批判了教条主义的错误，划清了马克思主义和教条主义的界线，再次说明了共产党人领导革命，一定要坚持把马克思主义普遍原理和中国革命实践相结合的原则。

1938年5月，中日战争已经打了十个月了，由于敌强我弱，中国人民对于战争的前景一时还不明了，特别是国民党制造的“速胜论”和“亡国论”在群众中有很大的影响。为了澄清思想上的混乱，系统地阐明中国共产党关于抗日战争的持久战战略方针，毛泽东发表了《论持久战》。在文中，毛泽东全面分析了中日战争所处的时代以及中日双方的基本特点，然后指出，中日战争的持久战必将经历三个阶段：第一阶段"是敌之战略进攻、我之战略防御的时期"，第二阶段"是敌之战略保守、我之准备反攻的时期"，第三阶段"是我之战略反攻、敌之战略退却的时期"。毛泽东还指出，"兵民是胜利之本"，要取得战争的最后胜利，就必须进行战争的政治动员，发动广大人民群众参加战争。毛泽东还提出了实行人民战争的战略战术，并把游击战争提高到战略地位。《论持久战》是毛泽东对马克思主义的又一次成功的应用，有力地驳斥了"速胜论"和"亡国论"，鼓舞了全国人民战胜敌人的信心。

随着抗日战争进入相持阶段，国民党反共浪潮又起。从 1939 年起，国民党开始了"一个主义，一个政党，一个领袖"的反共宣传。于是，如毛泽东所说，"中国向何方去，又成为问题了"。为了总结中国共产党在民主革命中的历史经验，系统阐述中国共产党关于新民主主义革命的理论，剥夺反动派的精神武器，教育人民，推动中国革命运动的胜利发展，毛泽东于 1939 年 10 月发表了《〈共产党人〉发刊词》，1939 年 12 月发表了《中国革命和中国共产党》，1940 年 1 月发表了《新民主主义论》。

这些著作所阐述的内容，主要有以下几个方面：

第一，近代中国是一个半殖民地半封建社会，由此，帝国主义和中华民族的矛盾，封建主义和人民大众的矛盾成为近代中国社会的主要矛盾，这些矛盾的斗争及尖锐化导致近代和现代中国伟大的民主主义革命运动。

第二，中国的民主主义革命，在十月革命以前，属于旧的世界资产阶级民主革命的范畴，在这以后，则属于世界无产阶级社会主义革命的一部分。

第三，中国新民主主义革命的主要对象，是帝国主义、封建主义，以及勾结帝国主义和封建主义的大资产阶级，领导阶级是无产阶级，主力军是农民阶级，主要同盟军是小资产阶级，民族资产阶级兼有革命性和妥协性，经过引导，也可以成为革命的动力之一，至于为数甚多的游民，因势利导亦能成为革命的力量。

上述三方面决定了中国的新民主主义革命，是无产阶级领导之下的人民大众的反帝反封建的革命。

第四，新民主主义的政治纲领，就是建立在无产阶级领导下的一切反帝反封建的人们联合专政的民主共和国；经济纲领是，没收大银行、大企业、大商业归国家所有，建立国营企业，允许民族资本发展，没收地主阶级的土地，分配给农民；文化纲领是，建立民族的科学的大众的文化。

第五，中国革命要分两步走，第一步是新民主主义革命，第二步是社会主义革命，前者是后者的必要准备，后者是前者的必然趋势。

第六，由于敌人异常强大，中国革命必然是长期的和残酷的，因而，中国革命走农村包围城市最后夺取全国政权的道路，是势所必然。

第七，统一战线、武装斗争和党的建设是中国革命的三大法宝。

以上论述表明，中国共产党关于新民主主义革命的理论、路线和相应的一套具体政策已经形成了完整的体系，标志着马克思主义同中国革命实践相结合的毛泽东思想的成熟。

从 1942 年起，中国共产党开始整风运动，其主要内容是，反对主观主义以整顿学风，反对宗派主义以整顿党风，反对党八股以整顿文风。为此，毛泽东先后发表了《改造我们的学习》《整顿党的作风》《反对党八股》《学习与时局》等著名演讲。经过整风运动，广大的党员干部得以从教条主义的禁锢中解放出来，全党在马克思主义、毛泽东思想的基础上，达到了前所未有的大团结。以此为基础，1943 年 7 月，王稼祥首先明确提出“毛泽东思想”这一科学概念：“毛泽东思想是马列主义与中国革命相结合的中国共产主义。”1945 年，在中共“七大”上，刘少奇在关于修改党章的报告中正式提出并进一步阐述了毛泽东思想。他指出：“毛泽东思想，就是马克思列宁主义的理论与中国革命的实践之统一的思想，就是中国的共产主义，中国的马克思主义”，“毛泽东思想，就是马克思主义在目前时代的殖民地、半殖民地、半封建国家民族民主革命中的继续发展，就是马克思主义民族化的优秀典型”。经过讨论，“七大”一致通过把毛泽东思想作为全党一切工作的指导思想，并将其写入党章。“七大”这一决定，标志着具有科学思想体系的中国化的马克思主义即毛泽东思想正式诞生。

（黄造煌）

# 24. 东西方文化之争

从 1915 年《新青年》(《青年杂志》) 创刊到 1927 年北伐战争前夜，中国思想文化界爆发了一场东西方文化之争。以陈独秀、胡适、李大钊为代表的西方文化派和以杜亚泉、章士钊、梁启超、梁漱溟为代表的东方文化派，围绕东西方文化孰优孰劣、差异何在、能否调和，中国文化出路何在以及中国社会出路问题，展开了一场论战。参加论战者达数百人，发表文章近千篇，专著数十种，规模大，触及问题深广，延续时间长。这是近代以来中西文化论争的继续，是知识分子将国家出路与文化问题综合起来加以思考，进而寻求中国文化发展道路而掀起的论争，在中国革命由旧民主主义到新民主主义的重大历史转折时期占有重要的位置。

五四时期东西方文化论战是中华民族所面临的日渐严重的民族危机在思想文化领域演变的结果。社会变革历史条件下文化间的冲突，往往并不限于纯文化的性质，而带有深刻的社会政治背景，近代东西方文化矛盾，正是一个落后于时代潮流的文明古国与生机勃勃的西方文明世界的矛盾在观念形态中的再现。东西方文化论战和中国人寻求民族振兴途径的关系紧密，那些爱国的志士仁人都将解决民族文化中骤然出现的失衡作为自己义不容辞的历史责任。五四时期东西方文化论战便是其中的一个缩影。

长达 10 余年的东西方文化论战，就其论争内容和重点的变化，大致可分为三个阶段：

1915—1919 年为第一阶段。这一阶段论战的双方是以陈独秀、李大钊为代表的西方文化派和以杜亚泉为代表的东方文化派。论战的焦点是东西方文化的差异性及其优劣。陈独秀等继承了戊戌、辛亥以来的批判精神，对文化的新旧之分作了如下界定：“所谓新者无他，即外来之西洋文化也；所谓旧者无他，即中国固有之文化也。”陈独秀在《法兰西人与近世文明》中指出：“近世文明，东西洋绝别为二。代表东洋文明者，曰印度，曰中国。此二种文明虽不无相异之点，而大体相同，其质量举未能脱古代文明之窠臼，名为‘近世’，其实犹古之遗也。可称曰‘近世文明’者，乃欧罗巴人之所独有，即西洋文明也。”并谓“近代文明之特征，最足以变古之道，而使人心社会划然一新者，厥有三事：一曰人权说，一曰生物进化论，一曰社会主义”，“此近世三大文明，皆法兰西人之赐。世界而无法兰西，今日之黑暗不识仍居何等”。陈独秀随后又发表《东西民族根本思想之差异》一文，进一步阐明东西方文化的特点和差异。在他看来，“西洋民族以战争为本位，东洋民族以安息为本位”；“西洋民族以个人为本位，东洋民族以家族为本位”；“西洋民族以法治为本位，以实利为本位；东洋民族以感情为本位，以虚文为本位”。比较差异是为了说明优劣，陈独秀通过上述三个方面的比较，一方面对东方文化的保守落后性，特别是中国几千年来的封建宗法制度大加抨击；另一方面则对西方文化的先进性，特别是人权、自由和法治极力推崇。他已经看到了两种文化的优劣对于国家民族的强弱和社会人民贫富的重要性。他大声疾呼，国人只有在文化和思想观念上彻底摆脱封建伦理思想束缚，才能在政治上消除专制流毒，实现真正的民主政体。

《新青年》和陈独秀等人的东西文化优劣之论，不仅是对当时的尊孔复古思潮的当头一棒，而且在思想文化领域掀起了更广阔的惊天巨浪。其中，最有影响和最具代表性的就是杜亚泉及《东方杂志》。

1916年10月，杜亚泉在《东方杂志》上发表《静的文明与动的文明》一文，集中阐述了他的东西文化观。他认为，东西方文化的区别，“乃性质之异，而非程度之差”，具体可举数端：(1)“西洋社会，一切皆注重人为，我国则反之，而一切皆注重于自然”。(2)“西洋人之生活为向外的”，“我国人之生活为向内的”。(3)“西洋社会内，有种种之团体”，“我国社会内无所谓团体”。(4)“西洋社会既以竞争胜利为生存必要条件，故视胜利为最重，而道德次之”，“我国社会则往往视胜利为道德之障害，故道德上不但不崇拜胜利，而且有蔑视胜利之倾向”。(5)“西洋社会无时不在战争中”，“我国社会时时以避去战争为务”。据此，他认为，“吾国固有之文明，正是以救西洋文明之弊，济西洋文明之穷者”。

杜亚泉从第一次世界大战中体味出了西方文明的不和谐和不完满性，这种认识应当说是反映了相当一部分知识分子对于西方文明由完全服膺到开始质疑的心态变化。随后，他又在《东方杂志》上接连发表《战后东西文明之调和》和《迷乱之现代人心》两文，进一步申明和发挥了他在东西文化问题上的观点。

当时的李大钊虽然也以“静的文明”和“动的文明”来概括“东西文明根本之异点”，但是，他的文化取向却同杜亚泉恰好相反，而与陈独秀等的态度基本一致。他既看到了西方文化的弱点，更看出了西方文化比东方文化先进，所以，他认为中国应继续学习和吸收西方文化。他说：“中国文明之疾病已达炎热最高之度，中国民族之运命已臻奄奄死之期”。“吾人之静的文明，精神的生活已处于屈败之势。彼西洋之动的文明……实居优越之域”。为“中国民族今后之复活”必须“竭力以受西洋文明之特长，以济吾静止文明之穷”。诚然，当时的李大钊虽在文化取向上属西方文化派，但他显然与完全否定东方文化和全盘照搬西方文化的陈独秀等人有所不同，更具理性和客观性。尤为难能可贵的是，他在强调了东西文化“为世界进步之二大机轴”，“缺一不可”“须时时调和，时时融会”的同时，更认为，在两大文明都出现问题的条件下，“为救世界之危机非有第三种新文明之崛起不足以渡此危崖。俄罗斯之文明诚足以当媒介东西之任”。这种认识，为早期新文化运动在五四之后的崭新的文化转向做了必要的思想铺垫。

两派在各自阐明自己的观点后，论争进入更直接的交锋。主要表现为双方的“质问”与“答辩”。1918年9月，陈独秀在《新青年》上发表《质问〈东方杂志〉记者——〈东方杂志〉与复辟问题》一文，对杜亚泉等人的排拒“西洋文明”恪守“固有文明”的文化观予以激烈的抨击，并揭穿了拒绝西方文化、维系封建文化同政治上反对共和、复辟帝制的内在联系。他问道：“今后果不采用西洋文明，而必固有之文明与国基治理中国，他事之进化与否且不论，即次现行无君之共和国体，如何处置？由斯以谈，孰为魔鬼？孰为陷吾人于迷乱者？孰为谋叛国宪之罪犯？”对此，杜亚泉的答辩显得苍白，依然认为“我国固有文明之基础”，是“君道臣节及名教纲常绪大端”并“已为共和政体，绝非于固有文明不相容者，民视民听，民贵君轻，伊古以来之政治原理，本以民主主义为基础，政体虽改，而政治原理不变”。为此，陈独秀发表《质问〈东方杂志〉记者》一文，在思想意识形态上澄清了“民本”与“民主”这两个具有本质区别的概念之后指出：“政体虽改而政治原理不变，则仍以古时之民本主义为现代之民主主义，是所谓蒙马以虎皮耳，换汤不换药耳。无怪乎今日之中国，名为共和而实不至也。即以今日之为共和而实不至之国体而论，亦与君道臣节名教纲常，绝无融合会通之余地。”此时，陈独秀还发表了著名的《本志罪案之答辩书》，把他和《新青年》倡扬的西方文化及新文化的精神实质明确概括为民主和科学两个方面，明确表示：“认定只有这两位先生，可以救治中国政治上道德上学术上思想上一切的黑暗。”

1919—1921 年为第二阶段。东西方文化能否调和是这一时期争论的焦点。主要代表人物有陈独秀、李大钊、蔡元培、张东荪、陈嘉异、章士钊、蒋梦麟、常乃悳等。五四运动以后，东西文化论争重又掀起一场“新旧思潮的大激战”。从 1919 年秋起，章士钊先后在东南等地发表讲话，鼓吹“新旧杂糅说”。章士钊的主要理论代表作为发表在《东方杂志》第 16 卷第 11 号和第 17 卷第 2 号上的两篇文章《新时代之青年》《新思潮与调和》。此前主张“文化调和”者，至多说到新旧界限的相对性，论证一定条件下新旧可以互变。章士钊则前进一步，在时代连续性上做文章，证明新旧不可分，“新旧杂糅”乃世间万物的普遍状态，将文化调和论提到了一个新颖的颇具哲理色彩的高度。他反对把新时代看成与旧时代“绝不相谋”的“崭新时期”，认为不存在“摈斥一切旧者”的“新文学”，不存在“与前一时代人截然不同”的“新青年”。他认为“新旧杂糅”是时代的普遍状态，就是“调和”，是“社会进化至精之义也”，“新机不可滞，旧德不可忘，挹彼注此，逐渐改善，新旧相衔，斯成调和”。据此他反对“绝旧图新”的新思潮，号召青年们在政治和思想文化方面“尽心于调和之道”。还说他是从“极端革命论”渐变过来的，“发为新旧调和之论”，是经验所得，并不是守旧。由于他论述了“新旧关系”这样一个有相当理论深度又为新文化主流派尚未梳理清楚的难题，加之他的名词和文章的煽动性，“新旧杂糅说”这一新形态的文化调和论，成为 1920 年前后中国文坛的大热点。应该看到的是，它对文化延续问题的阐释，从文化史观和文化方法论方面，弥补了新文化主流派的理论缺陷。新文化主流派在批判“新旧杂糅说”中，则进一步成熟起来。

1921—1927 年为第三阶段。梁启超《欧游心影录》与梁漱溟《东西文化及其哲学》的相继发表，使这场争论进入一个新高潮。虽然从表面看，争论重点重又回到东西文化优劣比较的老问题上，但论战的深度和涉及面大大超过了从前，并且开始关注东西文化如何结合的实践问题。这一时期的代表人物有梁启超、梁漱溟、冯友兰、张东荪、胡适、瞿秋白、郭沫若、章士钊等人。

1920 年春天开始，梁启超发表了《欧游心影录》。梁启超在“一战”后的“欧游”过程中，目睹战后欧洲的残酷现实和悲观气氛，陡然倍增对中国传统文化价值的信心，归国后发表《欧游心影录》。《欧游心影录》的中心论题是欧洲文明的危机和中国文明的生机，即解决现代文明危机和中国社会问题的根本出路何在。他对“科学万能”倾向的尖锐批判，着眼点不在“科学”本身，而是现代人运用“科学”的方式背离和淹没了道德目的，造成了现代文明的道德危机。梁启超看到，中国既需要科学的发展，又需要重建道德秩序。这就造成了他思想中科学与自由意志（道德文化的源泉）并行的二元论观点。他区分了“内部生活”“物质与价值”“科学与道德”“中学与西学”等命题，为以后的文化论战奠定了基本思路：以科学为象征的现代化必须施行，同时道德文化价值的精神又是最高的原则。梁启超这种“新文化系统”的思路，对新文化主流派无疑是釜底抽薪，让人们看到，中国传统文化在建设新文化过程中依然有效。

梁漱溟《东西文化及其哲学》是东西文化论战中最有分量的理论著作之一。它从文化渊源、人生哲学及文化发展走向等理论层面，提出了化解本土文化价值和现代化追求之间紧张关系的一系列命题，成为对新文化主流派“反传统”策略和“西化”倾向的第一次整体清算和反思，在思想文化领域引起重大反响，远远超过了《欧游心影录》的理论震撼力。在这部著作中，他以唯意志论的宇宙观和直觉主义认识论来建构其文化三路向说，以“意欲”的不同旨归为标准，划分了人类文化的不同类型：西方人的“意欲”是向前要求，其关注对象是“外界物质”，因而走上征服自然、天人相抗的道路，出现了以崇尚理智、发展科学为特征的西方文化，追求现世物质享受为人生哲学目的；在东方中国，“意欲”是调和持中的，所关注的对象是“内界生命”，因而走上了人与自然浑融、天人合一的道路，出现了崇尚直觉、讲究伦理道德的中国文化，求得内心的精神满足是其人生哲学宗旨；印度人的“意欲”是向后要求，关注“无生本体”，形成了崇尚现量、走宗教道路的印度文化，厌弃人世求得解脱，为其人生哲学归宿。在他眼中，这三条文化发展路向无好坏优劣之分，对人类都有很大贡献，却有个态度合宜不合宜的问题，“西洋文化的胜利，只在其适应人类目前的问题，而中国文化印度文化在今日的失败，也非其本身有什么好坏可言。不过就在不合时宜罢了”。面对传统文化价值中心体系的行将崩溃，传统的道德文化准则被斥为阻碍社会发展的精神枷锁，梁漱溟的主旨不是探讨如何将中西文化置于平等对话的位置进行文化交流和融合，而是如何揭示西方文化的负面效应，为传统的文化道德等精神价值进行辩护。他以基于生命哲学的文化发展模式论证了中国文化的普遍意义，展示了传统文化尤其是儒家文化的乐观前景。他巧妙地消除了其他文化保守主义理论中共相与殊相的矛盾，论证了中国文化虽不合时宜却仍须发扬光大这一看似自相矛盾的命题。这样他就在力主引进科学与民主这两大西方文化精神的同时，为中国文化的生存价值和合理性找到了充足的文化哲学理由，为传统文化的复兴开辟了生存空间。他的文化史观和文化哲学模式注重整体性、系统性和有机性，通过将世界区分为事实世界和价值世界的致思方式，来凸现中国文化的独特价值和地位。但由于他在理念上把人类文化进程预设在三大文化模式的前后相继方面，而这一理念的进程与现实进程之间在时序和维度上存在着交错杂糅的乖戾复杂情形，造成了现实关怀与终极关怀的两难困境。工具理性和价值理性的分殊，使他走了一条转接的折中之路：“第一，要排斥印度的态度，丝毫不能容留；第二，对于西方文化是全盘承受，而根本改造，就是对其态度要改一改；第三，批评的把中国原来态度拿出来。”《东西文化及其哲学》一书以理论的系统独到性和观点的鲜明针对性，以流行的进化观念论证了中国传统文化在现代化进程中的价值和意义，使梁漱溟成为五四时期最有理论建树的文化保守主义思想家。

纵观这场文化论战，各派基本上围绕三个命题展开：一是如何对待传统文化，二是如何借鉴和吸收西方文化，三是如何建构新文化。正是在“传统文化在中国实现现代化方面有何价值功能”这一立场上，论战各派展开了激烈争论。

五四时期东西方文化论战有以下几个特点：其一，以杜亚泉、章士钊、梁启超、梁漱溟等为代表的东方文化派，对东西方文化的价值不是笼统肯定或者笼统否定，在一定程度上认同西方文化的可取性，在肯定前提下认识到了东方文化的可改性；其二，新青年派的观点与东方文化派不同，他们虽然最终不能摆脱东方文化的缠绕，但对西方文化具有宽容和接纳的文化倾向；其三，新青年派主张废传统取西学，在我国近代史上比他们之前的革新者们态度更坚定，思考问题更深邃。

（王艳勤）

# 25. 科学与玄学之争

1923年2月14日，哲学家张君劢应吴文藻之邀，在清华大学为即将出国学留学的学生作了一场关于人生观问题的演讲。张君劢鉴于第一次世界大战后欧美的萧条与精神失落，宣扬自由意志，提出重建“精神文明”的问题，认为科学只能指导物质文明而不能指导人生观。

张君劢的讲稿经由《北京晨报》副刊发表后，他的好友丁文江立即起而反驳。丁文江，字在君，地质学家。他认为科学是解决一切问题的最终答案，是知识分子的终极关切，他甚至期望：“用科学方法求出是非真伪，将来也许可以把人生观统一。”抱持科学主义理想的丁文江随即在《努力周报》上发表了《玄学与科学——评张君劢的“人生观”》一文，喊出“打倒玄学鬼”的口号，由此拉开了“科学与玄学之争”即“科玄论战”的序幕。

科玄论战波及了当时中国大半个知识界，参战者有胡适、陈独秀、梁启超、吴稚晖、张东荪、林宰平、瞿世英等学界名流数十人，其中既有成名已久的思想巨擘、学术大家，也有属于后起之辈的晚生新秀。这场论战历时一年半之久，才偃旗息鼓、鸣金收兵。随后，泰东书局选辑了论战中“玄学派”的几十篇文章，印成一书，定名为《人生观之论战》，由张君劢作序；上海亚东图书馆则选辑了论战中“科学派”的几十篇，也印成一书，起名为《科学与人生观》。

究竟是什么问题激发和推动了如此多的文化名流参与科玄论战？陈独秀的回答是：“一个是‘科学的人生观是否错误’？一个是‘科学能否支配一切人生观’？后者的讨论多于前者。”

胡适在20世纪五十年代回顾这一论战时说，当日“君劢所要提倡的和在君引为隐忧的”问题，表面是科学是否能解决人生观的问题，“但这问题的背后，还有一个问题，即张君劢认为“科学及其结果——物质文明——不但是‘已成大疑问’的东西，并且是在欧洲已被‘厌恶’的东西”，青年人应该回归侧重内心生活之修养而“其结果为精神文明”的理学传统。因此，丁文江视此为“与科学为敌”，必须出来“提醒”青年学生。

在科玄论战中，科学派与玄学派纷纷使用了西方哲学中的一些“新式武器”。张君劢以柏格森的生命哲学为工具，认为人生观的特点是“主观的”“直觉的”“自由意志的”，所以不是科学所能解决的；丁文江则以科学主义为旗帜，认为“科学”可以解决人生观问题。

科玄论战的主要对手虽然是张君劢和丁文江，但实际上他俩不过是打先锋，真正的主角则是胡适和梁启超。在科学主义与玄学主义之争的背后，隐含的则是西学与国学之争、科学主义与人文主义之争。这从双方所发表的一系列观点中，即可得到证明。

玄学派是以传统文化精神作为自己立论根据的。罗素曾指出，西方“文明的显著长处在于科学的方法，中国文明的长处则在于对人生归宿的合理解释”。这与张君劢关于西方文化以物质文明为主，中国文化以精神文明为主的观点一致。他们主要着眼于民族性维度，立足于民族主义的文化立场。张君劢在《再论人生观与科学并答丁在君》中即说：“此二三十年来之欧洲思潮，名曰反机械主义可也，名曰反主智主义可也，名曰反定命主义可也，名曰反非宗教论亦可也。”他还认为，“此新玄学之特点，曰人生之自由自在，不受机械律之支配，曰自由意志之说阐发，曰人类引为可以参加宇宙实在”。

应当说，由于西方科学在19世纪以后取得了惊人成就，各种科学成果在人们尚未做好充分准备的情况下便降临人间，根本不管人类的道德规范和风俗习惯是否与之适应就横行天下，特别是第一次世界大战的爆发，逐渐动摇了人们对科学所持的乐观看法。当时，西方社会对科技的发展开始出现了忧虑，逐渐意识到没有文化的控制，科学的发展就会成为人类自杀的工具，甚至给人类带来毁灭性灾难。正是出于对科学负面作用和消极后果的忧患意识，出于对人的生命的同情和关切，出于对知识分子意志自由的尊重和信仰，张君劢等“玄学派”才敢冒天下之大不韪而提出对科学的挑战。

作为科学派的理论资源和文化支点的，是西方的实证主义精神。这是西方近代化的产物，体现着鲜明的近代文化精神。它利用进化论来为自己的合法性辩护，即使在西方科学及其实证主义已经显示出它的历史局限性和深刻危机时，科学派也极力想用时代性为其张目。

丁文江认为，不存在比科学更高的哲学方法，科学方法是人们能够掌握的最高方法；科学方法不仅是社会科学所要遵循的方法，而且是一切学术，乃至一切思维应遵循的惟一方法。他说，哲学是实证科学的总和，更应以实证科学为榜样。在《玄学与科学——评张君劢的“人生观”》一文中，丁文江坚定地说：“玄学于是从根本哲学退避到本体论，他还不知悔过，依然向自然科学摆他的架子，说自觉你不能研究，感官触觉以外的本体你不能研究，你是形而下，我是形而上；你是死的，我是活的。科学不屑与他争口舌：知道在知识界内科学方法是万能，不怕玄学鬼不投降。”

胡适后来在《科学与人生观・序》一文中，列举了中国遍地是“坛道院，仙方鬼照相”等迷信陋习后，也指出：“我们当这个时候，正苦于科学的提倡不够，正苦于科学的教育不发达，正苦于科学的势力还不能扫除那迷漫全国的乌烟瘴气——不料还有名流学者出来高唱‘欧洲科学破产’的喊声……信仰科学的人看了这种现状，能不发愁吗?”

在丁文江那里，站在方法论的角度上看，科学是真理的化身，具有无上尊严。在胡适那里，则站在进化论的角度上看，中国当时根本没有资格来批评科学；科学精神对中国来说，代表的是一种先进文化；对当时的中国来说，是苦于科学的发展不足而不是发展过度。

科学与玄学在人生观方面的论战，实际上涉及的是能不能用科学方法来说明人生观、科学与人生观有没有关系的问题，也就是社会科学是否能采用科学方法的问题。在这一问题上，双方的回答都有错误。

张君劢以玄学唯心主义人生观来反对科学的人生观，认为人生观就是“自由意志”，而“自由意志”是不受任何客观条件限制的，它自身也没有什么规则，“皆其自身良心之所命起而主张之”。所以，不管科学如何发达，都解决不了人生观的问题。他实际上是从纯主观的意义上来谈人生观，强调人的自由意志不过是神的自由意志的体现。因而，这不过只是给“人生”开了一张没有实际意义的“空头支票”。

丁文江反驳说：“人生观同科学的界限分不开。”在他看来，科学研究的内容是人的心理现象，人生观也是一种心理现象，刚好在科学的研究范围内，所以科学能够解释人生观。丁文江、胡适等甚至认为，科学不仅能够解决人生观问题，而且世间一切现象都受科学方法的支配，科学是放之四海而皆准的行为准绳。这就陷入了“科学万能，科学方法万能”论的泥淖，带有明显的“科学崇拜”倾向。科学被信仰化了，不仅提供了对宇宙和人生的普遍有效解释，而且成了评判、裁定一切学说和理念的准则。

陈独秀当时坚持的也是这种观点。在论战中，任永叔认为科学的人生观是不可能的；范寿康认为科学不能真正解决人生观问题。在《评所谓科学与玄学之争》一文中，范寿康说：“人生观一部分是先天的，一部分是后天的。先天的形式是由主观的直觉而得，决不是科学所能干涉。”对此，陈独秀在《科学与人生观·序》一文中批驳道：“什么先天的形式，什么良心，什么直觉，什么自由意志，一概都是生活状况不同的各时代各民族之社会的暗示所铸而成。”

张君劢针对胡适为《科学与人生观》论文集的序，不无讽刺地说，从这篇文章看，胡适“不是一个杜威学生了，乃是十六十七世纪时之自然主义者”，因为在该文中，胡适将人完全等同于一个一般的自然物，无自由意志可言。不可否认，张君劢的批评是切中要害的，科学派对科学的片面机械化理解大大影响了他们对传统知识缺陷的有效批判，更不可能完成传统文化现代化的历史使命。

当科玄论战的硝烟似散未散之时，躲在幕后的双方主将胡适和梁启超，就异口同声地高度评价了这场论战。

胡适说，张君劢的清华园演讲，“丁在君先生的发难，六个月的时间，二十五万字的煌煌大文，大吹大擂地把这个问题捧了出来，叫乌烟瘴气的中国知道这个大问题的重要”。

梁启超则在《关于玄学科学论战之“战时国际公法”》中说：“这个问题是宇宙间最大的问题；这种论战是我国未曾有过的论战，学术界中忽生此壮阔波澜，是极可喜的现象。”

当年的其他学者在回顾这场论战时，也都高度肯定了它的意义。

在1935年出版的《近三十年中国思想史》一书中，作者郭湛波说，20世纪以来，中国思想界的论战大体有四次：第一次是以“新青年派”为代表的反孔，第二次是东西方文化论战。这两次论战均为“大战的准备”，而1923年“科学与人生观论战”才是“大战突发”，“真是战云弥漫，短兵相接；血战数次，以决胜负”。而且这次论战，由于陈独秀在《科学与人生观·序》一文中向胡适发出挑战，“又种下下次思想论战的种子”，即后来的“中国社会史论战”。

贺麟在其名著《当代中国哲学》中认为，从20世纪20年代起，“我们中国才开始有够得上近代大学标准的哲学系”，“才开始有专门性质的哲学刊物”。

蔡元培在1923年时即说，严格地讲起来，“‘五十年来中国之哲学’一语，实在不成立”。新文化运动及五四运动只是中国现代哲学的准备，“科学与人生观论战”才是中国现代哲学的一个重要开端。

（王艳勤）

# 26. 社会性质问题大论战

20世纪20年代末、30年代初，以上海为中心在思想理论界展开了一场关于中国社会性质问题的论战。与此密切联系着的，又进行了中国社会史的论战。论战的中心问题是：如何认识中国的社会性质，即中国的国情。而这一问题，又与中国革命的性质、对象、动力、任务、前途等一系列问题联系在一起，是解决这些问题的基本依据或出发点。这场论战，虽然保持了一定程度的学术性，但又具有尖锐的政治斗争的色彩。通过论争，再次肯定了马克思主义对我国历史研究的指导作用，肯定了中国半殖民地半封建的社会性质，进一步明确了反帝反封建的革命任务。

中国社会性质问题论战是由联共(布)和共产国际内部因中国革命问题的争论而引起的。早在大革命时期，围绕如何指导中国民主革命问题，在联共中央和共产国际内部便存在两种意见，而如何估价中国资本主义和资产阶级力量是双方分歧的焦点。代表国际路线的斯大林派过高估计资产阶级力量，过低估计无产阶级力量，主张党内合作形式的国共合作，并以此来取得民主革命的胜利。而作为国际路线对立面的托洛茨基则站在另一个极端的立场上，否认中国民族资本主义的进步性，否定中国民族资产阶级的革命性，反对共产党人加入国民党与资产阶级建立革命统一战线。他主张在中国武装工农并组织苏维埃来完成资产阶级民主革命。

1924—1927年，中国大革命的失败使这一分歧，特别是把关于资本主义和资产阶级问题上的分歧，推到了极端突出的地位。托派将大革命失败的原因归结于共产国际联合资产阶级的路线，并认为蒋介石是民族资产阶级的代表，汪精卫是小资产阶级的代表，因此，大革命的失败实际上是资产阶级的胜利和无产阶级的失败。斯大林起而捍卫国际路线，但他在批判托洛茨基主义的时候，也未能完全与托派划清界限。他也认为蒋介石和汪精卫是民族资产阶级和小资产阶级的政治代表。正是由于他们的相继背叛，才造成了大革命的失败。因而，“民族资产阶级是阻碍革命胜利的最危险的敌人之一”。他提出中国革命“三阶段”论，认为广州时期是四个阶级联盟，武汉时期是三个阶级联盟，而从广州起义以后中国革命便进入了“工农苏维埃时期”，革命阵营中只剩下工农两个阶级，革命也转变到为争取工农民主专政而斗争的阶段。这场关于大革命失败原因和如何看待大革命失败的争论，直接涉及中国社会性质问题。这样，以这场争论为导火线，终于引发了关于中国社会性质问题的一场论战。

1928年6月—7月，中国共产党召开了第六次全国代表大会，确认中国革命性质是半殖民地半封建社会的反帝反封建的民主主义革命，并批判了认为当时中国革命已转变到社会主义性质革命的错误论断，指出把现时中国革命说成“不断革命”是不对的。“六大”这一科学论断，遭到了敌对的阶级或党派来自“左”的或右的方面的攻击和反对，也得到了进步的革命的理论家、历史学家的拥护和捍卫。论战实质上是围绕着“六大”决议而展开的。

论战从对于古代社会性质的讨论开始。当时流亡在日本的郭沫若（1892—1978年）于1930年发表了《中国古代社会研究》一书，批驳了“中国国情特殊”论者对共产主义学说的非难。他运用历史唯物主义观点揭示了中国社会历史发展的进程，论证了中国社会的发展是符合马克思主义关于社会发展普遍规律的学说的。同时，李达也积极地宣传了中国共产党的路线和主张，于1929年出版了《中国产业革命概观》一书，对鸦片战争后中国社会经济结构作了具体分析。他们的著作，遭到了论敌的猛烈攻击。

参加论战的主要有三派：一是以陶希圣为代表、以《新生命》杂志为阵地的“新生命派”，此派在政治上明显依附于蒋介石政权。二是以严灵峰、任曙、刘仁静等为代表，以《动力》杂志为阵地的“动力派”，此派从属于大革命失败后与共产党分裂的陈独秀托派集团。三是以王学文、潘东周、吴黎平等为代表、以《新思潮》杂志为阵地的“新思潮派”，此派直接受中共中央文化工作委员会领导。此外，还有一些不属于上述几派的学者，如胡适、胡秋原等，也就中国社会的性质问题发表自己的看法。不过，论战主要在上述三派，尤其是在“动力派”与“新思潮派”之间展开。

论战围绕着三个主要问题进行：

一、关于中国资本主义发展程度问题。“新生命派”的基本观点是认为，中国商业资本主义自古发达，“中国社会是金融商业资本之下的地主阶级支配的社会，而不是封建制度的社会”，商人资本构成中国经济的重心，“中国农民问题是资本问题的一面”。“动力派”认为，中国资本主义已经发展到压倒封建经济的程度，中国“已经过渡到金融资本主义统治时代”，“中国毫无疑义的是资本主义关系占领导的地位”，属于资本主义社会。“新思潮派”则指出，中国民族资本自出生之日起，便受到帝国主义和封建势力的两面夹攻，从根本上看，中国民族资本主义在原料、市场、技术、资金等方面都竞争不过帝国主义侵略资本，加之国内农业、手工业等行业内封建经济关系的顽强存在，中国民族资本主义的发展是不充分的和畸形的。“资本主义经济、资本家的生产方式，除去沿海大都市或少数地方外，我们在广大的中国土地中，很难看见”，强调中国社会的封建性质。

二、关于帝国主义和近代中国社会经济发展的关系问题。“新生命派”认为，帝国主义的经济势力，“发展中国的城市经济并破坏中国的农村经济”，改变了中国的社会构造。“动力派”认为，帝国主义侵入中国，“绝对的破坏了中国封建势力”，“促进和发展了中国城乡的资本主义”，他们颂扬帝国主义“把落后的中国拖进了一步”，是中国资产阶级的“好兄弟”。“新思潮派”则运用马克思主义政治经济学原理分析了帝国主义入侵对中国经济的双重影响，指出：帝国主义的商品——资本输入，一方面在一定程度上破坏了中国传统的封建自然经济，刺激了中国资本主义的发展，但更重要的另一方面是，这种输入的目的是变中国为帝国主义经济的附庸，“中国经济实在是帝国主义侵略下的一个半殖民地的封建的经济”。

三、关于封建势力在中国农村经济中的地位问题。“新生命派”承认封建势力仍然存在，但社会经济却在金融商业资本的控制之下。“动力派”认为，封建势力在农村的地位已被资本主义所排挤，封建剥削已退居次要地位，中国农村经济的性质已转变为资本主义。他们说，封建地主已不复存在，现在土地集中在由民族资本家、商人、高利贷者转化成的资产阶级化的“新式地主”手中。“新思潮派”则认为，农村普遍存在的地主对农民的超经济剥削正表明了剥削关系的封建性质。在中国经济生活中，大量存在的事实不是地主的资产阶级化，而是资本家的封建地主化。因此，他们指出，“现在农村租佃制度下的剥削关系，是封建式的剥削关系”，“土地革命，是数万万农民群众的切身的急迫的要求，是中国革命目前阶段上的中心问题，是中国资产阶级民主革命的关键”。

中国社会性质问题论战在中国历史问题和中国农村问题上的深入，开辟了这场论战的两个副战场。

郭沫若从1928年夏开始进行中国古代社会史的研究。1930年3月，《中国古代社会研究》问世。郭沫若在书中开创性地运用唯物史观原理，分析文献与实物史料，揭示中国历史先后经历了原始社会、奴隶社会、封建社会几个阶段，论证马克思主义的社会发展规律学说完全适合于中国国情。《中国古代社会研究》是中国马克思主义历史学的奠基之作，引起学术界的强烈反响。马克思主义学者吕振羽等赞同郭沫若的方向，指出，郭“对中国社会史研究的功绩，不在于其见解是否完全正确，而在于他首先应用历史唯物论来系统的研究中国史，其开创的功绩，是不能否认的”。郭自己承认，他“犯了公式主义的毛病”，“差不多死死的把唯物史观的公式，往古代的资料上套”。而“新生命派”的陶希圣、从属于陈独秀托派集团的杜畏之、李季，“自由人”胡秋原等则群起而攻之。1931—1933年，中国社会史论战形成了文化界的一个热点。

这次社会史论战大体围绕三个问题进行：一是关于亚细亚生产方式问题，二是中国历史上有没有奴隶制社会问题，三是秦汉以后中国社会性质问题。而最根本的问题在于，人类社会历史的发展有没有共同的客观规律，马克思主义关于社会发展阶段的学说，是否适用于中国社会？

早在20世纪20年代初期，唯物史观就在史学界产生了积极的影响。到30年代，经过社会史研究的开展和社会史论战，唯物史观的一些概念，在历史研究中得到普遍运用，涌现出一批马克思主义史学家，郭沫若、吕振羽、翦伯赞为其中的突出代表，其他还有侯外庐、何干之、邓拓、华岗等人。这些史学家和他们的工作，为中国马克思主义史学的起步和发展作出了贡献。

20世纪30年代，是中国马克思主义史学的创立阶段。中国社会史论战，其政治意义明显高于学术意义。综观整个社会史的论战，以郭沫若为代表的一方，基本上是运用马克思社会形态理论，来解释中国古代社会发展史。郭沫若说，他的《中国古代社会研究》，“可以说就是恩格斯《家庭、私有制和国家的起源》的续篇”。而陶希圣、李季、胡秋原等人，也使用马克思理论的一些概念、词句，但他们极力强调中国社会的特殊性、具体性，这是造成论战双方意见分歧的一个不可忽视的原因。单从学术上看，陶希圣等人的种种观点，当然有其可取之处，而郭沫若等运用唯物史观社会发展学说阐释这古史的若干结论，也有值得商榷甚至明显失误之处。关于《中国古代社会研究》一书，国民党政府的检查者认为，“该书系根据王国维的观堂集林及罗振玉的史料，而以马克思的辩证唯物论的方法，分析中国古代社会的情形，引周书、礼、易等书之断章零句，论断当时社会情形，殊多勉强附会之处”，但并没有查禁。1934年才被列入禁书之首。直到今天，类似的学术观点仍然在相互辩难。

中国社会性质问题论战的一个重要内容，是如何认识封建势力在中国农村经济中的地位。“新思潮派”和“动力派”围绕此问题开展的争论向纵深发展，引发了中国农村社会性质的论战。其对垒集中在两个问题上，一是中国农村经济研究的主要对象问题，二是中国农村社会性质问题。“动力派”（“中国经济派”）大谈生产力的发展，借以否认当时农业生产中严重存在的封建关系对生产力的重重束缚，以论证中国农村社会的资本主义性质。而“新思潮派”（“中国农村派”）强调分析生产关系的重要性，目的在于从土地占有、租佃关系、超经济剥削等方面论证农业生产的封建特征，从而推论中国农村社会的半殖民地半封建性质。

30年代的中国社会性质论战以及社会史论战、农村问题论战发生在阶级矛盾、民族矛盾空前激烈的政治环境之中，动荡的时局和急迫的现实斗争，决定了这场论战不可能是平心静气的学院、书斋式的研讨，论战各方都十分自觉地将学术与政治挂起钩来，各种观点无不直接服务于现实的党派功利目的，这就在相当程度上影响到论战严格的科学性。论战各方都因为政治立场、态度、信仰方面的对立而抹杀论敌观点中的合理因素。

在当时白色恐怖严重的时代，国民党政府允许开展这次论战，其目的是配合军事“围剿”，对共产党进行文化“围剿”。但是，事物的发展出乎他们的意料，这次论战对促进广大读者研究中国革命的问题，宣传马克思主义和中国共产党的革命战略都起到了一定的积极作用。

（王艳勤）

## 27. 民国新学制的颁行

学制是学校教育制度的简称，也叫学校系统。它规定着一个国家各级各类学校的性质、办学宗旨、入学条件、修业年限、课程设置以及它们之间的相互关系，是各级各类学校教育进行宏观管理的依据，也是各级各类学校教育有条不紊地进行与有机衔接的保证。对整个国家学校教育的发展具有十分重要的意义。中国近代学制主要包括“癸卯学制”“壬子·癸丑学制”和“壬戌学制”。所谓民国新学制一般指 1912 年的“壬子·癸丑学制”和 1922 年的“壬戌学制”。

“癸卯学制”作为近代第一个以政府名义颁布的学制系统，虽然标志着中国近代新教育的开始，但是它本身毕竟仍带有较明显的封建性。虽经多次补充修订但仍不断有批评意见。1912 年中华民国成立，政体变更，彻底改订清末学制已势在必然。南京临时政府教育部成立之初，在蔡元培的组织领导下，开始将制订民国新学制作为工作的重点，召集了一批留学日本和欧美的归国人员，分别草拟各级学校规程。最初意向是以欧美学制为蓝本，“拟遍采欧美各国之长，衡以本国情形，成一最完全之学制”。但后因感觉欧美学制不适合中国国情，且欧美归国人员中缺少专习教育之人，对欧美学制缺乏深入了解，最终在参考日本学制的基础上，结合中国的实际经验，形成了民国新学制草案。草案初稿经两次修改，形成第一、二、三共三个方案，教育部将各方案及专家的意见一同公布，广泛征求意见，最后形成了第四个方案，于 1912 年 7 月交全国临时教育会讨论通过。1912 年 9 月初，教育部正式公布了民国学制系统的结构框架，因当年为阴历壬子年，故称该系统框架为壬子学制。

壬子学制公布后至 1913 年 8 月，教育部又陆续公布了《小学校令》《中学校令》《师范教育令》《专门学校令》《大学令》《实业学校令》《小学校教则及课程表》《中学校令施行规则》《师范学校规程》《高等师范学校规程》《公私立专门学校规程》《大学规程》《私立大学规程》《实业学校规程》等系列法令规程，其中法令部分多在全国临时教育会议上讨论通过。这些法令法规使壬子学制得以充实和具体化，尽管有些内容与壬子学制略有出入，但无碍壬子学制的结构框架，综合起来形成了一个较为全面完整的学制系统，史称壬子·癸丑学制，又称 1912—1913 年学制。

壬子·癸丑学制主系列划分为三段四级。初等教育段分初等小学校和高等小学校两级共 7 年，不分设男校女校。其中初等小学校 4 年，为义务教育，法定入学年龄为 6 周岁；高等小学校 3 年。“小学校教育以留意儿童身心之发育，培养国民道德之基础，并授以生活所必需之知识技能为宗旨。”

根据 1912 年 11 月颁布的《小学校教则及课程表》，初等小学校开设修身、国文、算术、手工、图画、唱歌、体操共七门课程，女子加缝纫课。如因故不能开设手工、图画、唱歌、缝纫之一科或数科，应增加其他课目的教学时数。高等小学校开设修身、国文、算术、本国历史、地理、理科、手工、图画、唱歌、体操共

10 门课程，女子加缝纫课，男子加农业课(根据地方情形，或缺或改为商业)，有条件的可加英语课(或其他外国语)。如因故不能开设手工、唱歌、农业之一科或数科，也应增加其他课目的教学时数。

中等教育段设中学校 4 年，不分级，但专为女子设立女子中学校。“中学校以完足普通教育、造成健全国民为宗旨。”根据 1912 年 9 月至 1913 年 3 月先后颁布的《中学校令》及《施行规则》《课程标准》等文件，中学校开设修身、国文、外国语、历史、地理、数学、博物、物理、化学、法制经济、图画、手工、乐歌、体操等课程，女子中学加家事、园艺(可缺)、缝纫等课。强调外国语应以英语为主，特殊情况下才可从法、德、俄语中选择一种。

高等教育段不分级，设立大学。大学实际分为预科、本科、大学院三个层次。其中预科 3 年，根据准备升入的本科科别分为三部类；本科 3—4 年，分为文、理、法、商、医、农、工科；本科之后设大学院，不定年限，招收各本科毕业生为大学院生，以“研究学术之蕴奥”，“大学以教授高深学术、养成硕学闳材、应国家需要为宗旨”。

从进入初等小学校到大学本科毕业，学制总年限为 17—18 年。小学前的蒙养园和大学本科后的大学院均不计入学制年限。

在普通教育主系列之外，还有师范教育类和实业教育类。其中师范教育类，分师范学校和高等师范学校两级，分别相当于中等教育与高等教育阶段。师范学校又分为第一部师范学校和第二部师范学校，第一部师范学校招收高等小学毕业生及同等学力者，施以 1 年预科和 4 年本科的教育；第二师范学校招收中学毕业生及同等学力者，施以 1 年本科的教育。师范学校以造就小学教员为目的，并专为女子设立女子师范学校，女子师范学校兼培养蒙养园教师。

按照《师范学校课程标准》规定，预、本科的课程为修身、教育、国文、习字、英语、历史、地理、数学、博物、物理化学、法制经济、图画、手工、农业(或商业)、乐歌、体操，女子师范学校免农业(或商业)，加家事、园艺、缝纫课，五年中英语开课总时数也较男子师范约减三分之一。教育类课程是反映师范教育特色的课程，比重较大，包括普通心理学、论理学大要、教育理论、哲学发凡、教授法、保育法、教育史、教育制度、学校管理、学校卫生、教授实习等。按每周 1 小时，开设 1 学年为 1 单位计算，教育类课程共计 19 个单位，约占预、本科课程总量(170 单位)的 1/9。另外凡与小学教学有关的课程内都开设有该课程的教授法。

高等师范学校招收中学校、师范学校毕业生及同等学力者，施以 1 年预科和 3 年本科的教育，本科分国文、英语、历史地理、数学物理、物理化学、博物等。研究科 1—2 年，生源从本科毕业生或其他人员中选取。高等师范学校以造就中学校、师范学校教员为目的，并专为女子设立女子高等师范学校，以造就女子中学、女子师范学校教员。

根据《高等师范学校课程标准》的有关规定，预科课程有伦理学、国文、英语、数学、论理学、图画、乐歌、体操等。本科分为 6 部，各部课程不同。但其中心理与教育类课程统一为心理学、教育学、教育史、教授法、学校卫生、教育法令等，共计 10 个单位。第三学年第三学期全部安排实习。

实业教育类：主要有乙种实业学校和甲种实业学校，分别与高等小学校和中学校平行。与大学平行的专门学校，分别培养法政、医学、药学、农业、工业、商业、美术、音乐、商船、外国语等高级应用型专门人才，实际上可归之为实业教育类。专门学校分预科、本科、研究科三个层次。

壬子·癸丑学制以小学—大学教育为主干，兼重师范教育和实业教育的学制体系。与1904年颁布的癸卯学制相比，其明显的特点是：缩短了原来的学制年限，初等小学、高等小学和中学校各缩短学制1年，学制总年限缩短了3年，有利于普通教育的普及和平民化发展；强调女子享有与男子平等的法定教育权，并规定不分男女儿童，都应接受义务教育，初等教育阶段可以男女同校，同时设立专门的女子中学、女子师范学校、女子高等师范学校，这都从根本上突破了对女子接受教育的限制，体现了资本主义男女平等观念；取消对毕业生奖励科举出身，废止清末高等教育中的所谓保人制度，大学不设经科，有利于消除教育中的封建等级性、科举名位思想和复古气息；对学校的学期长短、假期进行了明确的规定。

壬子·癸丑学制颁布之后，在实施过程中局部进行了一些调整，主要表现在两个方面：

一是对学制结构进行了局部调整。1915年7月和11月，教育部先后公布《国民学校令》《高等小学校令》和《预备学校令》，初等教育由单轨制改为双轨制。其中国民学校4年，施行国家根本教育，授以国民道德之基础及国民生活所必需之普通知识技能，为义务教育。地方经济在兴办国民学校有余力的情况下可适当发展高等小学校，学制为3年，目的在增进国民学校之学业。国民学校和高等小学校面向满足于受初等国民教育、不准备升入中学的平民子弟，课程、设备可以从简。预备学校面向升入中学的士族子弟，附设于中学校，分前后两期，前期为4年，后期为3年，课程、设备力求完备。这一带有明显等级性的教育制年度在1916年10月宣布撤销。调整了大学预、本科的年限和设置办法。1917年，在北京大学校长蔡元培提议下，教育部召集有关人士经过讨论，于9月公布了《修正大学令》，规定将大学预科由原来的3—4年，统一改为4年。1912年《大学令》规定必须具备下列条件之一者，方可名为大学：一是文、理两科并设；二是文科兼法、商两科；三是理科兼医、农、工三科中至少一科。《修正大学令》改为：设任意两科以上者都可称大学，单设一科者也可称某科大学。《修正大学令》直接影响到北京大学和全国高等教育的改革。另外，1915年《特定教育纲要》中曾指示中学校实行文、实分科，但未见有配套法规颁行。

二是对教育内容进行了增添与复废。从1915年《颁定教育要旨》公布到1916年初，教育部修正或重新颁布了各级各类学校的课程标准，普遍增添了读经课程，但在袁世凯死后又都予以废除。

壬子·癸丑学制作为中华民国的第一个新学制，比较全面地反映了资产阶级对教育的要求。它作为民国初期的中心学制，比较充分地体现了资产阶级的要求。到1922年新的学制出台前，这一学制体系虽然有局部的调整，但其整体结构框架基本保持不变。

由于壬子·癸丑学制主要是仿造日本学制，颁布实施后日益暴露出不能适应社会发展要求的弊端：如小学过长，中学过短(七四制)，中等教育又太偏于普通教育，以升学为主要目标；过于强调整齐划一而灵活性不够，“学校之种类太单简，不足谋教育多方之发展”；同时，其模仿日本和德国的痕迹较深，没有从本国实际出发，课程、教法等方面也存在诸多问题，已不适应日益发展的社会政治经济生活和生产的需要，因而一场新学制的改革正在孕育。

早在“五四”运动以前，就有一些教育家和教育团体提出了改革学制的问题。1915年，在直隶省教育会发起成立的全国教育联合会第一届年会上，湖南省的代表就在会上提出改革学制系统案，“当时会议因此案事体重大，未曾开议，特分函各省征集意见，后虽未见实行，但新学制之改革，实以此案为嚆矢”。

随着第一次世界大战期间中国民族工业的较快发展和“五四”新文化运动对教育改革的促进，加之杜威、孟禄等美国教育家来华讲学的直接影响，中国教育界从20世纪20年代初开始酝酿学制改革的问题。

1919 年，第五届全国教育会联合会向教育部首次提出了“改革女学制案”，不久，浙江省又提出改革师范教育案，并议决第六届大会应以“革新学制作为提案之一”。至 1920 年第六届大会上，遂有安徽、奉天、云南、福建、直隶诸省提出改革议案。与此同时关于教材教法的改革也在进行，如改国文为国语，1920 年湖南第一师范出现选科制与能力分组教学，同年南京高等师范学校实行选科制与学分制，1921 年江苏省立第一中学采用了选科制等。在各省推动下，全国教育会联合会决定在第七届年会上主要讨论学制改革问题。

1921 年 10 月，全国教育会联合会第七届年会在广州召开，会上主要有广东、黑龙江、甘肃、浙江、湖南、江西、山西、奉天、云南、福建、直隶等 11 省提出了各自的学制改革案，其中有不少提倡美国学制和中学分科制，因“广东案较为完备”，所以大会“议决审查方法即以广东案为根据，与其他各案比较审查”。最终，大会决定以广东方案为主吸收其他省方案，制定了新“学制草案”，并要求各地组织讨论，请各报馆杂志发表此草案，向全国征求意见，拟于 1922 年第八届年会上进一步修改。由此也掀起了一个全国范围内的关于学制改革讨论的高潮。教育界人士、教育团体纷纷发表关于学制改革的意见。1922 年 1 月，舒新城在《教育杂志》上发表《中学学制问题》；陶行知在《新教育》上发表《我们对于新学制草案应持之态度》；《教育与职业》杂志于 1922 年 2 月也发表了不少教育界人士对于新学制草案中关于职业教育的意见。1922 年 6 月《教育杂志》还出版了“学制课程研究专号”，发表了关于课程学制改革的文章 30 余篇，载有李石岑、黄炎培、庄启、俞子夷、舒新城、余家菊、吴研因、廖世承、周予同等人的文章。中华教育改进社也在 1922 年 7 月召开的第一届年会上讨论了学制改革等问题。这些讨论除对全国教育会联合会制定的学制草案提出优缺点外，还积极地阐述了他们的改进意见和学制改革的主张。如陶行知著文指出制定学制“应当用科学的方法态度，考察社会个人之需要能力，和各种生活事业必不可少之基础准备，修正出一个适用的学制。至于外国的经验，如有适用的，采取他；如有不适用的，就回避他。本国以前的经验如有适用的，就保存他。如不适用，就除掉他。去与留只问适不适，不问新和旧。就如此，才能制成独创的学制——适合国情适合个性适合事业学问需要的学制”。这个意见，反映了当时一些教育家力图探索出一个适合国情、适合个性发展的学制的愿望。在这种形势下，教育部感到学制改革已是大势所趋。1922 年 9 月教育部在北京专门召开了学制会议，有各省区教育会代表、省教育厅代表、国立高专以上学校校长及教育专家共 78 人出席，对全国教育会联合会所提出的学制系统草案进行讨论，并稍加修改。1922 年 10 月全国教育会联合会于济南召开第八届年会，教育部将学制修改稿交与年会讨论。最后于 1922 年 11 月 1 日，以大总统令公布了《学校系统改革案》。此学制称“新学制”或“壬戌学制”。由于它主要采用的是美国的六三三分段法，又称“六三三学制”。

“壬戌学制”决定废止民初的教育宗旨，代之以“教育要义”，并以此为基础，强调“注意生活教育”。明确提出“以适应社会进化之需要；发扬平民教育精神；谋个性之发展；注意国民经济力；注意生活教育；使教育易于普及；多留各地伸缩余地”的新标准，体现出新文化运动以来所倡导的“民主”与“科学”的精神，尤其是实用主义的教育思想，对其后民国一系列的教育改革产生了深远的影响。

1922 年的新学制体系，分为三段六级。其中初等教育包括幼稚园 6 年；初级小学 4 年为义务教育阶段，高级小学 2 年，有利于初等教育的普及，使幼儿教育与小学教育得以衔接，确立了幼儿教育在中国教育史上的地位。

在 1923 年颁布的《中小学年课程标准纲要》中，小学取消修身课本，增加公民、卫生课，将手工改为公用艺术，图画改为形象艺术；又将初小的卫生、历史、公民、地理合为社会科；设自然园艺科；将国文改为国语(包括语言、读文、作文、写字)，体操改为体育。小学上课以分钟记：初小前两年每周至少 1080 分钟，后两年每周至少1260分钟，高小每周至少1440分钟。

中等教育延长了年限，改4年为6年，中学分成初、高中两级，其中初中3年，高中3年，克服了旧学制中中学只有4年而造成基础知识浅的缺点，改善了中学与大学的衔接关系。在中学开始实行选科制和分科制，力求使学生有较大发展余地，适应不同发展水平学生的需要。与此同时，不仅增加了地方办学的伸缩余地，而且也增加了学生选择的余地。

初级中学课程设社会、言文、算学、自然、艺术、体育6科。其中社会科含公民、历史、地理；言文科含国语、外语；艺术科含图画、手工、音乐；体育科含生理卫生、体育。初中始上课以学分记，每学期每周上课一小时为一学分，初中修完180学分才能毕业。除必修科164学分外，余为选修他种科目或补习必修科目。

高级中学分普通科和职业科。普通科分文学、社科和数理三类，又分为两组，第一组注重文学和社会科学，第二组注重数学和自然科学；职业科分农、工、商、商船四类。课程分为公共必修科、分科专修科目、纯选修科目三种，每一种又有若干门课程，以各种课科学分计算，修满150学分为毕业。三部分课程中，公共必修科目约占学分总额43%，纯选修科目部分不得超过学分总额的20%。

高等教育缩短了教育年限，大学及专科学校取消了预科，使大学不再担任普通教育的任务，有利于大学进行专业教育和科学研究。将原来的各学科下的门正式改为系，正式形成了中国大学的三级行政管理制，即大学——科——系。“壬戌学制”规定大学修业期限，除医科、法科大学至少5年外，其余各科均为四年。学生入学后，需必修第二外国语；规定专门学校医科与商科为四年，其他各科均为三年。大学可以并设数科，也可以只设立一科，“设一科者，称为某科大学”。大学院为大学毕业及具有同等程度者研究之所，年限无定。

壬戌学制，增强了职业教育，其最明显的特点，就是兼顾了升学与就业。如在小学高级阶段，就要求斟酌各地方情形，增置职业教育准备；在中学开设各种职业科，使学生既能准备升学，又能尽快就业。

在师范教育方面，种类得以增多，程度相应提高，而且设置灵活。在中学教育阶段，师范学校修业年限6年，师范学校后三年实行分组选修制；师范学校得单设后两年或后三年，招收初级中学毕业生；在高等教育阶段，依旧制设立的高等师范学校改为师范大学，并在大学设教育科，招收高级师范学校或中学毕业生。

1922年的“壬戌学制”与“壬子·癸丑学制”比较而言，最明显的特点是取消了双轨制的痕迹，体现出单轨制的民主性。虽然这一学制在很大程度上借鉴了美国的六三三制，但它“并不是盲从美制”。“从它产生的整个过程来看，是经过教育界长期酝酿讨论，并经许多省市认真试行，最终集思广益的结果。”正如陶行知先生所说，它是“应时而生的制度”，是“颇有独到之处”的。尽管此学制，由于诞生在实用主义教育思想流行的年代，不免带有实用主义教育学说对它的影响，也存在着诸如由于缺乏师资、教材、设备等，不得不在其后对所开的综合中学增开大量的选科等做法进行调整的问题。但这一学制毕竟在一定程度上适应了当时中国资本主义工商业发展的要求，“壬戌学制”的产生过程表明中国近代学制已经从较多地模仿到更多地依据教育规律，结合本国国情的创造阶段。它是中国教育现代化发展到一个重要阶段的标志，是中国近代教育史上的一座里程碑。

（郭娅）

# 28. 鲁迅与国民性改造

“国民性”一词，源于日语，是英语 national character 或 national characteristic 的日译。就其本义来说是一个中性的概念，它强调的是各国国民性格中的不同。鲁迅也曾经在此种意义上谈及国民性问题，如他在《上海的儿童》一文中称“英国沉着，德国粗豪，俄国雄厚，法国漂亮，日本聪明”，并无高下之别。但在大多数情况下，鲁迅论及中国的国民性，几乎无一不带有贬义，并有一种“恨铁不成钢”的强烈感情色彩。除“国民性”外，鲁迅也曾用过“民族根性”，或者干脆称为“坏根性”（即劣根性）。换言之，在鲁迅那里，中国国民性即等于民族劣根性。

清末民初，先后掀起的两次传播国民性思想的高潮，逐渐使中国国民性等同于民族劣根性成为一种普遍的意识。19 世纪后期，由于民族危机日益加深，资产阶级民主运动空前高涨，推动了中国人的民族觉醒。有识之士提出了“民族建国”的问题，他们把强国强种的希望寄托在“国魂”和“民魂”的觉醒上，并表示要以“唤醒国民”作为自己的天职。到 20 世纪初叶，改造国民性的呼声汇成一股时代强音，回荡在中华大地。人们从不同的认识层面上反思中国的民族特性、中国人的现实命运、传统文化精神的弊病以及中西方人不同的特性，等等。

第一次传播国民性思想的高潮形成于戊戌前后。启蒙思想家严复和梁启超很早就注意到国民性问题。严复倡导的“开民智”“新民德”“鼓民力”，以及改变“人心风俗”的主张，成为鲁迅后来思考国民性问题的资源。梁启超十分赞同严复的“三民”主张，他在长篇论文《新民说》中大声疾呼：“新民为今日中国之第一急务。”梁启超曾就“国民性”改造问题发表过许多精辟的意见，他谴责“我中国奴隶根性之人何其多也”（《国民十大元气论》），批判中国人“无血性”的旁观（《呵旁观者文》），主张利用民众的力量来变法维新。梁启超的《新民说》是近代中国甚为完备的改造国民性主张，对改造国民性的理论依据、目标模式和实施途径等问题作了较为周详的阐述。就其对国民性问题的思考而言，梁氏对鲁迅的影响无疑是最为重大的。鲁迅著作对国民劣根性的谴责、对国民公德的关注，许多用语都跟梁氏极其相像。除了严复、梁启超等改良派人士的影响，辛亥革命党人章太炎在《答梦庵》等书信文章中提出用革命消除民族性格中的怯懦诈伪、浮华的品质，用革命祛除国民的“畏死心”“拜金心”“退却心”的主张，以及邹容《革命军》中“拔去奴隶之根性”的呼号，对鲁迅也有深刻的启迪。

第二次传播国民性思想的高潮形成于袁世凯称帝失败之后，鲁迅是其中的弄潮儿。正是在列强瓜分中国的危机迫在眉睫的历史条件下，鲁迅于 20 世纪初提出了改造国民性和“立人”两个相关的命题。他在大量的杂文中尖锐抨击了他所谓的“民族根性”或“坏根性”。在写给《新青年》的《随感录 38》中，他说：“民族根性造成之后，无论好坏，改变都不容易的……‘我们一举一动，虽似自主，其实多受死鬼的牵制。将我们一代的人，和先前几百代的鬼比较起来，数目上就万不能敌了。’”在《论睁了眼看》中，他断言：“中国人的不敢正视各方面，用瞒和骗，造出奇妙的逃路来，而自以为正路。在这路上，就证明著国民性的怯弱，懒惰而又巧滑。一天一天的满足着，即一天一天的堕落着，但却又觉得日见其光荣。"1925 年 4 月 8 日鲁迅在致许广平的信中说："中国国民性的堕落，我觉得并不是因为顾家，他们也未尝为'家'设想。最大的病根，是眼光不远，加以'卑怯'与'贪婪'，但这是历久养成的，一时不容易去掉。我对于攻打这些病根的工作，倘有可为，现在还不想放手，但即使有效，也恐很迟，我自己看不见了。"尽管自己看不到国民性改造的效果，但鲁迅以其坚韧的战斗精神，坚持要去攻打这些病根。

鲁迅改造国民性思想的形成有多方面的原因。鲁迅早年有一个从相信物质文明到相信精神建设，从提倡兴业振兵到提倡文艺救国的思想变化过程，这一转变是鲁迅国民性思想形成的一个原因。对于中国传统文化的痛切反省和刻骨铭心的生命体验，也是鲁迅坚持实行国民性批判的一个重要内因。鲁迅"少喜披览古说"，旧文化、旧道德对其文化性格的形成影响颇大。他说过："孔孟的书我读得最早，最熟，然而倒似乎和我不相干。"(《坟·写在〈坟〉后面》)他在五四新文化运动中猛烈抨击"古人写在书上的可恶思想"，把中国固有精神文明指斥为"人肉的筵宴""吃人"和"被吃"的文明，他对中国封建文明摧残人性的批判可谓透入骨髓。然而他又深知，自己"苦于背了这些古老的鬼魂，摆脱不开"。他在许多文章中诅咒自己中了庄周韩非的毒，自剖灵魂深处的黑暗与虚无，承认自己受到旧文化旧道德的深重影响，希望这种消极影响不再见于"后来的青年"。为了"后来的青年"的解放，他要砸碎一切精神锁链，唤起世人反抗旧传统，改革国民性。

外国人研究中国国民性的著作是鲁迅国民性思想的重要渊源。外国人讲中国的著作，较早的有法国大革命时代孟德斯鸠的《论法的精神》，该书曾以专章《西班牙人和中国人的性格》讨论中国人的特性；俄国无政府主义者巴枯宁在其晚年著作《国家制度和无政府状态》中，也述及中国人的性格和习惯。19 世纪末，一些来华的美国传教士都曾谈论过中国的国民性问题，其中斯密斯的《支那人气质》(1894 年版，今译《中国人气质》)，受到鲁迅重视。斯氏在华传教 22 年，熟悉中国文化、中国人的习性和中国的风土人情，他对中国人气质的分析确有真知灼见。例如他指出中国人太重体面，重形式而轻事实，爱说漂亮话，讲排场，颇有点"做戏"意味，他认为"面子"问题"正是打开中国人许多重要特性这把暗锁的钥匙"。

《支那人气质》这本书对鲁迅的文学创作和国民性批判发生了深刻而持久的影响，直到他逝世前 14 天还念念不忘，希望有人看了这本书而"自省，分析"，"变革，挣扎"，来证明究竟怎样做一个中国人(《且介亭杂文末编·"立此存照"(三)》)。

当时日本也出过不少谈论中国国民性的小册子，鲁迅 1926 年在东单书肆购得安冈秀夫的《从小说看来的支那民族性》一书。安氏是一位熟悉中国元明清小说和戏曲的汉学家，从文学创作的视角研究中国民族性，他选了一个"好题目"。鲁迅读这些外国人研究中国国民性的著作，虽有所得，却不满意。他感慨地说："至今为止，西洋人讲中国的著作，大约比中国人民讲自己的还要多。不过这些总不免只是西洋人的看法，中国有一句古谚，说：'肺腑而能语，医师面如土。'我想，假使肺腑真能说话，怕也未必一定完全可靠的罢，然而，也一定能有医师所诊察不到，出乎意外，而其实是十分真实的地方。"(《且介亭杂文·〈草鞋脚〉小引》)鲁迅希望中国人自己站出来说话，实行民族自省和自奋。鲁迅深表遗憾的是"中国人总不肯研究自己"(《华盖集续编·马上支日记》)，所以他身体力行，要以毕生的精力从事"研究自己"的工作。可见，鲁迅的国民性批判归根到底还是出于强烈的民族自尊心和社会责任感。

鲁迅的国民性改造思想大致经历了三个发展阶段。1902 年至五四新文化运动前夕，是鲁迅国民性改造思想的早期。反映这个时期改造国民性思想的，主要有《文化偏至论》《摩罗诗力说》《破恶声论》等。留日时期是鲁迅改造国民性思想形成的重要时期。在这一时期，鲁迅受进化论思想影响，主张“立人”，宣扬个性主义，重视“摩罗诗人式”的“精神界之战士”的作用，提倡尚武、复仇的精神，具有浓厚的资产阶级民主主义启蒙思想。“立人”是鲁迅早期国民性改造思想的核心。鲁迅正式使用国民性一词，是在《摩罗诗力说》一文中。

鲁迅对于国民性问题的思考，早在1902年就已经开始了。徐寿裳在《亡友鲁迅印象记》中回忆说：“鲁迅在弘文学院的时候，常常和我讨论下列三个相关的的问题：一，怎样才是最理想的人性？二，中国国民性中最缺乏的是什么？三，它的病根何在？”正如许寿裳所说，鲁迅对于这三大问题的研究，毕生孜孜以求，鲁迅弃医从文的原因之一就是想要解决这些问题。

1908年在《文化偏至论》中正式提出“立人”的概念。鲁迅认为，强国的“根柢在人……其首在立人，人立而后凡事举”。只要“人”立起来，“国人之自觉至，个性张，沙聚之邦，由是转为人国。人国既建，乃始雄厉无前，屹然独见于天下。”而“立人”的途径，他提出了“乃必尊个性而张精神”，也就是发扬人的自觉性、主体性，使国人形成“理想的人格”。这个时期，进化论、法国资产阶级的启蒙思想，尼采、叔本华等宣扬“强力意志”的“超人哲学”，尤其是日俄战争后日本浓厚的民族主义精神对鲁迅产生了重大影响，使鲁迅认识到要振奋国民的民族精神才是改造中国的现实出路。也正是在这样的背景下，英国诗人拜伦关于希腊“国民性之陋劣”的感叹，匈牙利诗人裴多菲“誓将不复为奴”的呼声，引发了青年鲁迅强烈的共鸣(《坟·摩罗诗力说》)。因而，这时期鲁迅改造国民性思想充满了英雄崇拜和尚武精神，大力宣扬“培物质而张灵明，任个人而排众数”的个性主义主张。他从尼采“超人”学说出发，认为要唤醒昏睡的国人，改造国民劣根性，必须依靠先觉醒的“摩罗诗人”式的“精神界之战士”。然而“今索诸中国，为精神界之战士者安在?”因为“安弱守雌，笃于旧习”的落后民族和“宁蜷伏堕落而恶进取”的麻木国民，是容不得“健者”出现的，“性解之出，亦必竭全力死之。”因此，他认为改变人的精神是第一位的，“最要紧的是改造国民性，否则，无论是专制，是共和，是什么什么，招牌虽换，货色照旧，全不行的”。为此，他期望中国出现“振臂一呼，人必将靡然向之”的精神界之战士。鲁迅正是以这样的战士自比来“提倡文艺运动”的，他希望以此“唤醒沉睡在黑屋子里的人们”。

1918—1927年是鲁迅国民性改造思想的转折期。鲁迅这个时期的思想转变，又可细分为两个小的阶段。1918—1924年是第一阶段，1924—1927年则是第二阶段。

辛亥革命的失败，北洋军阀的复古逆流，使鲁迅一度陷入深深的失望和无端的悲哀之中，但他没有消沉下去，他从浪漫主义的英雄情怀中清醒过来，对现实持一种深刻的批判精神，对国民性作了入木三分的分析。

鲁迅认识到国民性改造是比推翻清廷更艰巨的任务，鲁迅在1918年的《随感录38》中说：“民族根性造成之后，无论好坏，改变都不容易的。”“最初的革命是排满，容易做到的，其次的改革是要国民改革自己的坏根性，于是就不肯了。”因此，鲁迅这一时期重点在揭露和批判国民劣性形成的病根，重视清除传统思想的影响。

鲁迅用“遗传的定理”来分析传统思想对国民性的影响，苦于背了这些古老的鬼魂，摆脱了平时常感到一种使人闷的沉重。所以鲁迅强烈批判几千年来封建传统思想对中国人民性格的扭曲和残害，以致形成“非人”的病态民族性；对于这传统文化的消极面，鲁迅进行了多方面的批判。他把老子称之为“无为无不为的一事不做的空谈家”，批评孔子的“中庸之道”，批判庄子的“彼亦—是非，此亦—是非”的无是非观的虚伪。

此外，他还批评了道教、佛教的消极影响。他认为，所有这一切文化传统的消极面，把中国变成了一个“黑色的染缸”，此弊不去，中国是无药可救的。

鲁迅在《阿Q正传》中创造了一个具有高度典型性的艺术形象。阿Q精神胜利法的种种表现，自欺欺人、欺软怕硬、讳疾忌医和麻木健忘均根源于奴性心理，实质上是一种丧失民族自尊心、自信力，安于被奴役命运的精神状态，这正是中国国民性的真实写照。鲁迅将此作为“示众”的材料，“意思是在揭示病苦，引起疗救的注意”。

1924年到1927年，是鲁迅思想发展的一个最重要的阶段，也是他思想发生飞跃的阶段。在这一时期，鲁迅的改造国民性主要是把“文明批评”和“社会批评”紧密结合起来，并向纵深发展，不仅对几千年来中国社会的“奴隶规则”与意识形态进行了尖锐的批判，而且对形成这种精神文化的封建专制制度、对当时的反动政权和当权者也给予了深刻的揭露，无情地“撕去旧社会的假面”。鲁迅此时在挖掘国民性病根上，集中攻打了“国民性的怯弱，懒惰，而又巧滑”的弱点，尤其是对国民性劣习的批判，时常一针见血，不留情面。他常用文学形象的描写，漫画式概括，给人辛辣的讽刺性的效果。他所画下的许多脸谱，如“媚态的猫”“二丑”“叭儿狗”“奴隶总管”“商定文豪”“洋场恶少”，等等，将批判深入到文化心理和社会行为模式，是一种“社会相”的概括。

随着革命的发展，鲁迅改造国民性思想陷入了矛盾状况。作为思想理论基础的进化论，已解释不了现实问题，已不适应鲁迅的继续前进。转变思想、寻求新的斗争武器的历史课题摆在了鲁迅面前。于是，鲁迅开始寻求新的理论武器。通过对辛亥革命和“五卅”惨案、“三·一八”惨案的教训总结，特别是亲身经历了1927年蒋介石叛变革命的白色恐怖后，他的进化论思想“轰毁”了，共产主义的宇宙观和社会革命论开始形成。他开始认识到“改革最快的还是火与剑”，“血债必须用同物偿还”，中国社会的改变需要“实地的革命战争”，“惟其有了他，社会才会改革，人类才会进步”，而不再把改造国民性看作是单一的思想革命，认为革命性的改造根本上依赖于社会的改造，从而摆正了思想革命与社会革命的关系。

1927年春以后的上海十年，是鲁迅国民性改造思想的后期。这个时期，鲁迅把针砭国民性弱点与揭露国民党反动统治相结合，把抨击愚弱的国民性与颂扬民族的光明面相结合，把国民性的改造和民族魂的铸造相结合，从而形成了鲁迅国民性改造思想的高峰。20世纪30年代初，是鲁迅批判国民性最为集中的一个时期。他在《伪自由书》《准风月谈》《花边文学》等文集中用了大量的篇目来揭露国民的劣根性。直到晚年，鲁迅抱着沉重的病体还在批判中国的国民劣根性。

鲁迅在揭露批判国民性的同时，还分析了它产生的根源。他指出：“封建社会的农业经济与外民族的侵略是形成‘国民劣根性’的历史的社会的根源。”对于这根源，鲁迅特别强调了两点：其一，是长达数千年的封建专制制度的影响，“愚民的发生是愚民政策的结果”。人民“象沙，是被统治者‘治’成功的，用文言来说，就是‘治绩’”。“民众一切反对革命、保存旧制度的腐朽意识与不觉悟的精神状态，主要是统治者想尽办法毒化人民的结果。”其二，他认为中国国民性“最大最深的病根”是“两次奴于异族”。这个时期，鲁迅国民性改造思想的一个突出特点，就是注意把民族心理与阶级心理结合起来研究。鲁迅这时期的杂文和小说除了继续针砭国民性的弱点外，还肯定了中华民族在漫长的历史演变中形成的民族精神，把对民族精神的弘扬和歌颂与现实斗争中的战士结合起来，具有鲜明的时代精神。比起前期来，这是一个重大发展。除了在《学界三魂》中肯定“惟有民魂是值得宝贵的”，鲁迅在《中国人失掉自信力了吗》一文中，一方面批判了“求神拜佛”的自欺力，另一方面则满腔热情地肯定了中国人的自信力，“历史上满是血痕，却竟支撑以至今日，其实是伟大的”。他指出：“我们自古以来，就有埋头苦干的人，有拼命硬干的人，有为民请命的人，有舍身求法的人……这就是中国的脊梁”。他坚信这种真正的“民魂”和蕴藏在人民群众中的创造才能和爱国主义精神将永远流传下去——“石在，火种是不会绝的”。

鲁迅承认，现在的国民性，很大程度上是来自祖先的遗传，“所以我们现在虽想好好做‘人’，难保血管里的昏乱分子不来作怪”。但每一代人自身，也有难以逃脱的历史责任。“目下的压制和黑暗还要增加”，“中国的情形还可以更腐败，更破烂，更凶酷，更残虐”，这些自然是时人自作孽，赖不到祖宗的头上。国民党在“国民革命等言辞的掩护下，肆无忌惮地实行超过军阀的残酷行为”，说明他们并非只是简单地继承了军阀的传统，鲁迅指出，国民党“在这一点上学习了工农俄罗斯”。

鲁迅认为国民性与人的本性不完全是一回事。“好根性”萎缩了下去，是因为“历朝的压抑”，也就是说，压抑和摧残人性的坏制度是导致“坏根性”滋长的关键因素。国民性既然可以因为制度的腐败而堕落，也就可以因为制度的改革而新生。所以鲁迅在《忽然想到》中说：“难道所谓国民性者，真是这样地难于改变的么？倘如此，将来的命运便大略可想了……幸而谁也不敢十分决定说：国民性是决不会改变的。在这‘不可知’中，虽可有破例——即其情形为从来所未有——的灭亡的恐怖，也可以有破例的复生的希望，这或者可作改革者的一点慰藉罢。”

鲁迅批判中国国民性的目的在于改造国民性与改造中国社会。1936 年 3 月 4 日，鲁迅在致尤炳圻的信中说道：“我们生于大陆，早营农业，遂历受游牧民族之害，历史上满是血痕，却竟支撑以至今日，其实是伟大的，但我们还要揭发自己的缺点，这是意在复兴，在改善。”

一方面，鲁迅的写作生涯始终与国民性思想相伴随；另一方面，中国的国民性思想在鲁迅身上达到了它的巅峰。鲁迅逝世后，国民性话语渐趋式微，到五六十年代就几乎销声匿迹了。原因有二：其一，第一次世界大战后西方主流学术界对于国民性这种带有种族主义色彩的理论持批判态度，受过国内外正规院校教育的学者不再青睐此类话语；其二，以阶级性、党性为标志性话语的“新道统”在左翼思想界日益占据统治地位。起初，还可以通过用“农民的落后性”替代“中国的国民性”的方式，继续批判阿 Q 精神。毛泽东《在延安文艺座谈会上的讲话》发表后，启蒙知识分子成了需要接受工人农民的教育改造的对象，国民性话语就犯了两方面的忌讳，第一是认识问题，缺乏阶级分析的观念，没有在“国民”中划分阶级阵营；第二是立场或者态度问题，缺乏党性的观念，没有把屁股坐在人民或者说工农大众一边，长敌人的威风，灭自己的志气。毛泽东说：“除非是反革命文艺家，才有所谓人民是‘天生愚蠢的’……之类的描写。”而“反革命”是要坐牢或者杀头的。在这个时候再去谈论阿 Q 精神，就难免祥林嫂的悲惨命运。

鲁迅所抨击的国人中的种种“坏根性”，是确确实实地存在的，不仅当时存在，现在也还存在，例如他在《随感录 38》所说的“合群的自大”，“‘合群的自大’，‘爱国的自大’，是党同伐异，是对少数的天才宣战——至于对别国文明宣战，却尚在其次。他们自己毫无特别才能，可以夸示于人，所以把这国拿来做个影子；他们把国里的习惯制度抬得很高，赞美的了不得；他们的国粹，既然这样有荣光，他们自然也有荣光了！倘若遇见攻击，他们也不必自去应战，因为这种蹲在影子里张目摇舌的人，数目极多，只须用 mob 的长技，一阵乱噪，便可制胜。胜了，我是一群中的人，自然也胜了；若败了时，一群中有许多人，未必是我受亏；大凡聚众滋事时，多具这种心理，也就是他们的心理。他们举动，看似猛烈，其实却很卑怯”。

鲁迅对中国国民性批判的内容是系统、全面而深刻的。鲁迅一生都强调改革国民性的重要性，甚至把国民性改革的重要性强调到比政治革命还高的地步，这虽然有其偏颇之处，但却显示出鲁迅对国民性问题的极端重视。对国民性进行探讨和批判的并不止鲁迅一个人，但是像这样以毕生精力进行探讨和批判的，只有鲁迅一人，这充分显示出一位伟大思想家的坚毅、勇敢、执著的人格精神。

（王艳勤）

# 29. 李四光发现第四纪冰川

1921 年春夏之交，李四光领着学生到河北邢台南的沙河县作地质实习。沙河县位于京汉线上，它的西面是太行山麓。一天，他带领学生，朝着东北方向横穿沙河盆地时，望见远处有一座外貌圆滑的孤独小山。当他走到近处时，发现地面上有一些奇怪的大石块。这些大石块不像是洪水冲下来的，因为洪水冲不到离山那么远的地方来，于是他怀疑这是古冰川的遗迹。如果是冰川作用的堆积物，那就很有可能在堆积物中找到冰川条痕石。他立即进行系统而细致的观察，果然在不少砾石的磨光面上，找到一处又一处隐隐约约的擦痕，并且在一块半掩半露的大石块的平面上，发现有三组不同方向的非常清晰的擦痕。他和学生们朝着东北方向继续前进，后来在一个凸出于黄土平原上的圆丘周围又发现了巨大石块的堆积。通过对这些现象的观察，李四光觉得是冰川作用遗迹的可能性更大。

这年的六七月份，李四光到山西大同盆地进行煤田地质调查。在大同西南约二十公里的口泉附近，他发现一条东西方向延伸的山谷，长约数公里，宽度比较均匀，谷身横切面呈 U 形。谷中散布着片麻岩、片岩、玄武岩以及其他火成岩的巨大石块，但谷地及两侧均为砂岩所组成。谷中散布的这些巨大的石块，显然是从别处搬来的。他一看就认定这是冰川 U 形谷，并在谷中找到了不少带擦痕的大石块和卵石。

李四光根据这两次观察到的现象，用英文写了一篇题为《华北晚近冰川作用的遗迹》的报导，寄给了英国《地质杂志》。在这篇报导中，他先设问在第三纪末或更新世初期，华北是否曾处于极地严寒情况之下？如果那时曾经一度降到极地的气温，又是否有足够的阵雨量以形成大冰流？地质学家们根据以往的资料，一般认为，整个华北在晚近地质时期是处于沙漠广布的条件下，因此自然地倾向于否定大冰川存在的可能。但是，对于这个问题，仅从理论上来争辩，是难以得出结果的，需要摆出确切的事实。为此，李四光提出："任何为了搞清这个问题的尝试，都必须在野外进行。在第四纪冰川问题上，李四光的这篇报导是向一些外国的地质权威，提出的第一次挑战。因为在这之前，有很多外国的地质地理名流来中国考察，特别是有一位叫李希霍芬的，在我国先后作了七次地质调查，足迹遍及南北，著有《中国》三卷，但对于冰川遗迹却渺无所闻。因此，许多中外地质地理学者也都默认中国无第四纪冰川可言。李四光的这篇报导，打破了中国近代冰川研究方面的沉寂局面，引起了国内外地质地理界的重视和争论，也为我国第四纪地质的研究揭开了新的一页，它的意义远远超过了报导所及的范围。

1922 年 5 月 26 日，在中国地质学会第三次大会上，李四光作了《中国第四纪冰川作用的证据》的学术演讲，提出了整个华北地区在晚近地质时代并不像过去所认为的那样，完全是一片沙漠干旱的世界，而是和欧美一样，曾经发育过第四纪冰川。证据就是太行山麓及大同盆地发现的冰川作用的遗迹。当时参加这次大会的农商顾问安特生，听了李四光的演讲之后态度非常冷淡。华北地区自从第三纪直到今天，一直被认为属于干旱性气候，是有大量事实依据的。但是，在广大地区中的若干地带，在漫长时期中的某些阶段，干旱气候是否可能有间歇性的变化呢？过去还没有哪位地质学家正面提出过这个问题。李四光想，他提出的冰川解释不容易被人接受，可能是由于冰川遗迹发现得还太少，零星片段不够构成系统的证据，打不破人们已经习惯的成见。

1931 年夏天，李四光带领学生到江西庐山进行地质实习。他们在这东西约十公里，南北约二十五公里的山区，从西南向东北顺序观察各个时期地层的分布和各种构造穿插的情况；然后又和学生们下到山麓，察看了东西两侧断层造成的削壁和局部地层转动的现象；并结合实地观察，向学生们讲解了中间迭起、周围陷落的块垒式构造是造成庐山巍然屹立的地质原因。这次考察给李四光留下了一连串深思未解的问题。问题是从庐山含鄱岭上引起的。他登上含鄱岭向东眺望，发现从远处的鄱阳湖畔移到近前的月轮山时，东西两侧谷地的地貌很不寻常。在这海拔 900 米以上的崇山峻岭中，溪水日夜穿流，为什么谷地如此的平缓呢？他在谷底又看到淡红色的黏土中，夹杂着许多大大小小的石块和砾石。有的砾石虽然经过长期风化，表面上还能隐约看到一些模糊的刻痕。后来他在这一带经常遇到类似的平底谷，最长的是王家坡那一条。因为它正好沿着一个向斜轴，往东北伸展，使人很容易简单地把它看成一个向斜谷。但是，这里的谷底整个是那样的平缓，两侧的岩坡却很陡峭，这些都给李四光留下了疑问。再看泥砾堆积物，砾石大小混杂且层次不分，同泥土粘结紧密；有的大块砾石，零星散布在地表。特别引起李四光注意的是牯岭西谷的一块巨石，它凌空平躺在另一块巨石上。从周围环境看来，它既不可能是山上崩落下来的，也不可能是人力搬放上去的。这些很难用流水的作用来解释的现象，在李四光的头脑中逐渐聚成了一个焦点：这里是不是可能发生过冰川呢？

不久以后，李四光带着他思考的问题，同地质研究所的喻德渊等人，第三次来到庐山。根据上一次看到的线索，李四光对山区进行了勘察，发现这个山区南部和北部的地貌显然有所不同。汉阳峰以北，山谷大都是铺满了泥砾的平底谷，以南却很少见到平底谷。北部的平底谷实际上已经发展成为冰川地形中常见的 U 形谷。王家坡那条平底谷，在平展的谷底边缘，还有一些孤立的三角形泥砾小冈，冈顶之上的连接线，不是水平的，而是随谷底的坡度下降，看得出来那些冈顶就是更早时期的谷底。在山区高一些的地方，李四光还看到好几处漏斗形的洼地。铁船峰下的一个洼地，顶部直径超过 500 米，深约 60 米，只有西北方向有一个出口，出口下面就是悬崖。芦林是另一个更大的洼地，从东北方面的几条平底谷都以陡急的坡度下到这里，东南是陡峭的九奇峰，西北是一条山脊。山脊被冲开了一个缺口，就是现今这个洼地唯一的出水口。

李四光进一步沿着几条主要谷地向山下跟踪追索。如果高山里真有这么大量的冰蚀地貌，山下就应该有相应规模的冰川沉积。在他看来，山区地形在冰期过后又经过漫长的岁月，毁坏程度是很大的。他在《关于研究长江下游冰川问题的材料》中说，“若非更多依靠和信赖沉积的现象，地貌的论证将不会有决定意义”。

首先是王家坡的那条长谷。当李四光从这里下到山麓时，看到一处被现今河流切割露出的泥砾陡崖。崖高达 35 米，崖上平展，上面有一条低山和主岭相接，低山上覆盖着泥砾。巨厚但不显层次的泥砾堆积，表明从山谷输送下来的物质的规模不小。崖顶和小山顶上的泥砾分成了两级，说明这里如果发生过冰川，最少也有两次。从这里起再一直往东，不论冈顶和谷底都覆盖有红色黏土。由这样的泥砾形成的地貌，表面平缓，有时延展为宽浅的谷地，有时升起为平缓的高冈。冈谷间往往留下一些形状比较长的缓丘，按照当地的习惯被称为“垄”。这些冈和垄，以及低地的泥砾，整个呈扇形分布在王家坡 U 形谷山口到鄱阳湖边的平缓地带。

在调查了东北部之后，李四光转向西北面。这个谷地的泥砾层，被现代流水切割，有的地段已形成峡谷，越向下游越深。到接近山脚，不仅是从峡壁上、谷地上可看到泥砾，山坡上也到处是大小砾石夹杂着红色黏土的堆积；离山脚越远，砾石也逐渐减少。东林就是被这样的山丘环绕着。从东林再向西南，泥砾的分布一直到达通远村，有的形成鼓丘，有的形成长垄，它们大都和山脚成垂直的走向，向西北呈放射状伸出。在这里，李四光发现有些垄断上层是泥砾多于黏土的堆积；底层反而是黏土多于泥砾的堆积，结构比较紧密，黏土的红色也比较深。他根据这个情况，认为这些上层的堆积是另一次世代较新的冰川地碛。山西北面泥砾的分布，南边以通远村为界，西面以铁路为界。据李四光估计，整片的红土砾石堆积在这里形成一个半径不少于 12 公里的巨大扇形。在这个扇形范围内，鼓丘和垄所显示的放射状分布，表现了山岳冰川运动的特性。

在了解了西北面堆积物的分布情况后，李四光由莲花洞上山回到牯岭。他的目标现在又回到了问题开始的地方——东面的含鄱岭。前一年来到这里，只是着重看了上部的平底谷和泥砾。这里的平底谷没有王家坡、七里冲平底谷那么长，但庐山东部绵亘南北的陡峻山坡，到此突然向内凹入，形成一个袋形山口，令人感到这里比庐山其他部分独特。从含鄱口下到白鹤桥，李四光看到一个圆形的穴地。白鹤桥以下，平底谷已被现代流水切割成 V 形谷，谷的东坡还覆盖有整片较老的泥砾堆积。再往下，沿河谷分布的新泥砾，有的地方已高出河谷 15—20 米。从山口过渡到平原地带，有一段泥砾倒不见了，却出现有花岗岩、片麻岩等基岩露头。顺河来到观音桥。这座桥建于 1014 年，桥下为一深潭，深潭以下的河谷，上段广阔，下段切为峡谷，深达 5. 2 米。李四光认为，这个深度可以代表建桥以来 920 年山区河流的侵蚀量。再往东过了白鹿洞，泥砾又到处出现，鼓丘和垄组成的长形丘陵，有的延绵五六公里直抵鄱阳湖滨；丘顶高出湖面 100 余米，上面堆置的砾石，直径大的可超过两米。李四光认为，山脚一段出现了基岩是由于山崖陡峭，冰流下注时所产生的巨大的挖掘力量所造成的；而巨大的砾石竟能被运送到距山脚如此之远，除了冰川的动力以外，是无法用其他自然力量来说明的。

李四光一行从鄱阳湖口顺江而下离开庐山。在安徽东流附近，他们看到长江南岸露出的由不规则的砾石和黏土组成的阶地，和庐山脚下鄱阳湖畔的泥砾颇多相似之处，使他感到这些和冰川作用有密切联系的沉积物，很可能并非庐山地区独有的现象。

回到研究所，他将这次野外取得的资料分析整理，得出一条结论：庐山在第四纪地质时期，至少经过两次冰期，还可能有过第三次冰期；最老的一次冰期历时最长，随后有一个气候温暖而比较干燥的较长的间冰期；第二次冰期和间冰期都比第一次短；最后一次冰期虽然高山气候酷寒，但仅有少数冰川下到平地，历时也很短暂，可能只有数千年；此后，气温和雨量虽仍有波动，但没有再发生过冰川。他还根据野外测得的几个侵蚀数据，估算最后一次冰期结束距今已达 13600 年。综合庐山地区和江南若干地点的观察结果，李四光得出了一条非常重要而有启发性的意见，认为中国第四纪冰川主要是山谷冰川，只有山谷冰川特别发育的山区，才有山麓冰川的发生。这个意见，为以后第四纪冰川的研究工作指出了方向。

1933 年 11 月 12 日晚，在中国地质学会第十次年会结束之前，李四光作了题为《扬子江流域之第四纪冰期》的学术演讲，详细地论述了庐山地区的第四纪冰川遗迹。当时参加讨论的中外地质界著名人士有翁文灏、谢家荣、杨钟健、葛利普、德日进、尼斯特拉姆、诺林等。他们大都对中国有第四纪冰川持怀疑态度。会后，丁文江、翁文灏邀请巴尔博、德日进、诺林几位外国学者到庐山考察，同时去的中国地质学者还有李四光、喻德渊、杨钟健等。李四光以主讲人的身份引着中外学者观看了冰川遗迹。在实地观察中，许多人对这里的奇特地形表示惊讶。而巴尔博、德日进仍持反对观点，他们以未发现冰期生物群化石为理由，否定第四纪冰川的存在。他们认为庐山地区的泥砾堆积，是岩石碎块在潮湿情况下缓慢流动的产物，纯属融冻泥流之类。这场讨论，由于对方已有的成见和缺乏探讨问题的态度，没有什么结果。李四光为了打破这些“科学怀疑派”所据守的旧观点，把问题引向了广泛深入的研究。

1934年，李四光在《中国地质学会志》上发表了《关于研究长江中下游冰川问题的材料》一文。文中列举在江浙一带新发现的更多的有关第四纪冰川遗迹的材料，并侧重讨论了融冻泥砾与冰川泥砾两者在地形条件、堆积物形态以及砾块形状和成分等方面各自的特征。他认为虽然在某些沉积之后，在地形条件许可的情况下，能够产生一些局部滑动的现象，但是如果我们承认融冻泥流在低地上的一个广阔地域得以发生，则将不可回避地要考虑到冰川作用而引证的融冻泥流过程，反而成为较有利于冰川作用的论据。文章最后列举国内外有关温度变化的资料，得出的结论是：“在更新世时全球普遍的温度下降，似乎是可以肯定的。这些事实与围绕中国低温带的存在，使得那个时候中国只可能处于寒冷的控制之下。”李四光在这里着重指出：“如果在长江下游更新世冰川作用最后被否定了”，那就必须进一步拿出当时在这一带“一直干燥的证据来”。

1936年5月间，李四光赴安徽黄山考察。黄山位于安徽南部，歙县西北。山区由粗粒花岗岩组成。由于直立或近乎直立的节理发育，形成了巍峨的奇异山峰。主峰莲花峰海拔高度1800米，通往山顶的路都被峭壁切断。有些人对这样的地区是否会有冰川遗迹表示怀疑。李四光带着助手到黄山脚下的汤口开始考察。当他们来到海拔高度720米处的慈光寺时，发现了极其明显的U形谷。谷的西侧为硃砂峰，东侧为福长岩，谷底有小溪流过。通过对山谷两侧岩壁的详细观察，发现谷底岩壁下部保存了几条平行排列的不同长度的深而宽的冰磨条痕，方向一般都朝着山谷的下方微微倾斜，反映了冰层移动的方向。

对于这次在黄山的发现，李四光十分高兴，因为在这样的地区，由于侵蚀崩裂作用而大大改变了原有地貌的情况下，居然有确凿的冰川特征仍被保留下来，正是长江下游某些地段确有第四纪冰川活动的证据。李四光怀着兴奋的心情，细致地研究了考察的材料，用英文写成《安徽黄山之第四纪冰川现象》一文，附了八张照片，发表在1938年9月出版的《中国地质学会志》上。这篇不到3000字的论文引起了中外学者们的极大注意。

黄山第四纪冰川遗迹发现之后，李四光仍不满足于已经获得的资料，1936年8月，他又带着助手第四次赴庐山考察，并且在芦林买了一座小房子，干脆把全家都搬去住了下来。住在庐山的这些日子里，李四光带着马振图和李叔唐，考察了前几次没有考察到的地方。他们从芦林出发，顺着王家坡U形谷，追索冰川沉积物，一直追到鄱阳湖畔白石嘴。白石嘴附近有一形似蛙的石灰岩柱，孤立湖中，人称“蛤蟆石”。此石高约16米，直径约十一二米，上部突出悬空，下部略为仄小，与湖中的大孤山遥遥相望。大孤山好似浮在雪浪表面上的一只巨鞋，又称鞋山。李四光在白石嘴一带挖掘泥砾与石灰岩接触面的时候，发现石灰岩表面有明显的冰溜条痕。这里的石灰岩是中石炭纪的，叫黄龙灰岩，质均而且脆弱，易于刻画，因为上有泥砾覆盖，所以才能将冰溜条痕保存下来。他们在旁边还找到另一块凹凸相合的条痕石。李四光认为，这个石块原来位于石灰岩之上，由于冰川的推动，上下相对磋磨，才形成条痕的。李四光在鞋山还发现了许多带有条痕的砂岩砾石，但是鞋山本身并不产砂岩。鞋山距庐山山麓五帝庙约15公里，中间被湖水隔开。李四光认为，如果不是冰川输送，这些砾石是不可能在这里出现的。

这次庐山考察所获得的第四纪冰川证据比黄山多。李四光认为：“至是，中国冰期冰川现象，始得谓之确定”，“客之怀疑冰川现象者，至此可以涣然冰释矣。”李四光接着又进行了两项工作：首先，白石嘴冰溜条痕石是第四纪冰川的确凿证据之一，十分宝贵，但易受摧残，他在这里亲自设计了一座约有三间普通房子规模的“白石陈列馆”，专门陈列冰碛标本。其次，撰写《冰期之庐山》。他将在庐山考察所得，写成专著。

此书原稿完成于1937年，后来由于抗日战争的影响，搁置十年未能付印。直到抗日战争胜利，1947年才正式用中、英文同时刊印发行。这一部科学专著，全面系统地论述了庐山地区的第四纪冰川遗迹，划分了冰期和间冰期，为我国第四纪冰川地质的研究打开了大门，作出了范例。

（童药）

# 30. 中央研究院的成立

1928年6月，南京国民政府设立中央研究院，作为中国最高的科学研究机构，指导中国的科学研究事业。中央研究院自1928年在南京设立，中经抗战西迁川滇，抗战胜利后又迁回南京、上海，直至1949年10月，其所属大部分研究机构回到人民怀抱，共历时21年多。中央研究院的成立，结束了近代中国缺乏全国最高学术研究机构的历史，堪称中国科学史上的一件大事。

早在1924年冬，孙中山北上主持召集国民会议时，曾提议设立中央学术院作为全国最高学术研究机构。孙中山委派汪精卫起草计划，但由于孙中山病逝，此提议遂被搁置。

1927年南京政府成立后，国民党内相当一部分有识之士意识到，中国社会百废待兴，其中科学技术和教育的发展是关键。4月17日，南京政府中央政治会议第七十四次会议在南京举行，李石曾提出设立中央研究院案，决议推李石曾(煜瀛)、蔡元培(孑民)、张人杰(静江)共同起草中研院组织法。5月9日，中央政治会议第九十次会议议决设立中研院筹备处，并推定蔡元培、李煜瀛、张人杰、褚民谊、许崇清、金湘帆为筹备委员，全面负责中央研究院成立的筹备工作。

经过一段时间的筹备，7月4日，南京政府公布《中华民国大学院组织条例》，规定大学院为全国最高的教育机关，管理全国学术及教育行政事宜，大学院下设中央研究院。9月，南京政府改组，中央研究院筹备处遂停止工作。10月，大学院成立。根据条例，大学院聘请了中央研究院筹备员30余人，继续中央研究院的筹备事宜。11月9日，《中央研究院组织法》公布，明定“中央研究院直隶于国民政府，为中华民国最高学术研究机关”，设立物理、化学、工程、地质、天文、气象、历史语言、国文学、考古学、心理学、教育、社会科学、动物、植物等14个研究所。11月20日，大学院院长蔡元培聘请学术界人士30人在大学院召开中央研究院筹备会议及各专门委员会联合成立大会，讨论中央研究院组织大纲及筹备会进行方法。会议经过讨论，通过了《中华民国大学院中央研究院组织条例》。《条例》规定：中央研究院为中华民国最高科学研究机关。其职责为直接从事研究工作和指导、辅助、联络、奖励全国科学研究事业的进行；以大学院院长蔡元培兼任研究院院长，大学教育行政处主任杨铨兼任研究院秘书。议决先设立理化实业研究所、社会科学研究所、地质研究所和观象台四研究机关。研究范围包括天文学与气象学、物理学、化学、地质学与地理学、生物科学、人类学与考古学、社会科学、工程学、农林学、医学等11个学科；设立由院长聘任的30名国内专家组成的评议会，此为全国最高科学评议机关；设立名誉会员及通讯员等。

1928年4月10日，南京国民政府颁布《修正国立中央研究院组织条例》，明令改中央研究院为独立机构，不再属于大学院。4月23日，特任蔡元培为院长。在前一阶段各研究所筹备工作告一段落的基础上，先后正式成立物理、化学、工程、天文、气象、地质、社会科学与历史语言8个研究所。其中，物理、化学、工程三研究所是从理化实业研究所中分出来的，仍在上海原址；其他5个研究所，也维持宁、沪、穗址不变，历史语言研究所后于7月迁至北平北海静心斋。

6月9日，由蔡元培院长主持召开的第一次院务会议在上海东亚酒楼举行，宣告中央研究院正式成立，该院设总办事处于南京成贤街57号法制局旧址和58号民房内。

11月9日，南京国民政府颁布《国立中央研究院组织法》，明确规定“国立中央研究院直隶于国民政府，为中华民国学术研究最高机关”。除院长应由国民政府特任外，其余行政及研究人员，均由院长聘任。院长以下，设立三大部门：

一、行政部门。由总办事处主持。设总干事1人，受院长指导，执行全院行政事宜；总干事之下设文书主任、会计主任、庶务主任各1人，分掌全院文书、会计、庶务事宜；另设出版品国际交换处，管理国内外出版品交换事宜。

二、研究部门。由各研究所及图书馆、博物馆主持，各设所长1人，综理所内一切行政事务，兼指导所内研究事宜；所长之下设组主任及研究员若干人，担任调查及研究工作；又设秘书1人，由专任研究员兼任，协助所长执行所内行政事务。研究所分专任、兼任及特约三种。专任研究员经常性地在所工作；兼任研究员于特定时间到所工作；特约研究员在有特殊调查或研究事项时，临时委托到所或在外工作。

三、评议会。院评议会为全国最高学术评议机关，院长为评议会议长，总干事与各所所长为当然评议员，同时设有若干名聘任委员。

在中央研究院的三个部门中，评议会是开展工作较迟的一个部门。虽然在1928年11月公布的《国立中央研究院组织法》中就规定应设立评议会，但在此后的若干年内，连评议会的条例都没有拟定，正式机构更无从建立。直到1935年5月27日，南京国民政府公布了《评议会条例》15条，使该机构的筹备工作有所遵循。6月20日，由院长和各国立大学校长选举聘任评议员，共选出首届评议会评议员李书华、姜立夫、叶企孙、侯德榜、吴宪、赵承嘏、凌鸿勋、李协、唐炳源、秉志、林可胜、胡经甫、谢家声、胡先骕、陈焕镛、叶良辅、翁文灏、朱家骅、张云、张其昀、郭任远、王世杰、何廉、周鲠生、胡适、陈垣、陈寅恪、赵元任、李济、吴定良共30名，由南京国民政府正式聘任。9月7日至9日，在南京召开了第一届评议会，出席会议者，除当选的聘任评议员外，还有作为当然评议员的总干事及各研究所所长。第二次年会1936年4月16日在南京举行，因丁文江逝世，选举翁文灏为秘书，补选叶良辅为地质组聘任评议员。会议主要审议13个议案，其中有相关全局性的科研向应用倾斜、科学合作等，如翁文灏提“科研应对于国家及社会实际急需之问题特为注重”，胡先骕提“积极从事与国防及生产有关之科学研究”和“公开各研究室及图书室以奖励科学研究”等；也有非常具体的经费筹措、编制英文论文摘要与目录等；当然学术评议奖励仍然是评议员们关注重点，有翁文灏“评议会对于国人科学研究成绩特著者应酌为表扬”，陶孟和、李四光提“国立中央研究院杨铨丁文江奖金章程”。

从1935年6月中央研究院评议会组成到1946年10月召开第二次评议会、第三次年会，将事务重心转入首届院士选举，评议会已经运转了11个年头，也召开了7次年会，议决了不少提案，为国家学术发展提供了不少的方略。自从评议会将其职能由最初的选举“名誉会员”扩展到议决中研院发展方向、促进学术研究合作互助等6个方面以来，其在相关全局性的国家学术发展方面的影响似乎成效不大。除在相关中研院自身建设方面如研究所的扩展，杨铨、丁文江奖金的设立，院长的选举促成科学研究与实际相结合等方面有所作为外，无论是学术评议奖励(如设立国家科学补助金、国家科学奖励金)、学术合作与互助(中研院与其他机构合作、促使与其他机构合作)，还是在国家留学政策等其他方面的建议都影响甚微。也许正是看到在这些方面的无所作为，评议会还是决定回归本位，以选举“名誉会员”为“本业”。当然，由于中国科学的发展，首届院士的选举此时也有成功的基础。

1947年3月13日，国民政府公布修正《国立中央研究院组织法》，根据该组织法，中研院设置院士，院士满足下列两个条件之一：对所专习的专业有特殊著作发明或贡献，专业学术机关领导或主持在五年以上成绩卓著。首届院士由评议会选举，嗣后由院士选举；首届院士先经各大学、独立学院、著有成绩之专门学会、研究机关提名，由评议会审定为候选人，并公告；院士为终身名誉职务，有选举院士及名誉院士、评议员，议定国家学术之方针、受政府委托办理学术设计调查审查及研究事项等职权；院士分数理、生物和人文三组；评议会由院士选举经国民政府聘任评议员30~50人及当然评议员组成。此后，首届院士选举进入程序状态。1947年3月15日，召开评议会谈话会，商讨院士选举法草案，萨本栋与傅斯年各拟一草案。17日，开谈话会第二次会议，傅斯年所拟第二草案被用作讨论基础。5月22日，胡适发出首届院士“人文”部分拟提名单：哲学吴稚晖、汤用彤、金岳霖，中国文学沈兼士、杨树达、傅增湘，史学张元济、陈垣、陈寅恪、傅斯年，语言学赵元任、李方桂、罗常培，考古学及艺术董作宾、郭沫若、李济、梁思成。1947年10月13日，开院士选举筹备会，原提名510人，初步审查剩下402名。15日，召开第二届评议会第四次年会，通过《国立中央研究院院士选举规程》，议决院士分组名额，数理27~33人，生物27~33人，人文27~34人。此后连续开会讨论候选人，拟定候选人的候选理由，到17日最后确定了150人的候选人名单。在最后确定150人名单时，还有所增删。数理组将天文学余青松、张钰哲删去，物理学增加桂质庭，化学增加朱汝华、孙学悟、纪育沣、黄子卿，工程删去钱学森；生物组医学去掉吴宪，药学增加陈克恢，生理学去掉侯宗濂，农学去掉陈嵘、邓植仪，增加冯泽芳；人文组法律增加吴经熊，政治学去掉徐淑希、刘诚。会议还拟定了各学科院士人数：数理组数学6人、天文气象学2人、物理学7人、化学5人、地质学7人、工程学6人，共33人；生物组动物学6人、植物学6人、医学8人、药物学1人、人类学1人、心理学2人、生理学4人、农学5人，共33人；人文组哲学(包括教育)3—4人、古文字学4人、史学6人、语言学3人、法律学4人、政治学3~4人、经济学4人、社会学2人、考古及艺术史4人，共34人。候选人名单及其候选理由在《大公报》等大报公布4个月，以收集对候选人的意见。1948年3月25日，第二届评议会第五次年会召开，依照程序以无记名投票方式选举首届院士。到28日，经5次投票后才最终产生81名院士。

院士原拟遴选80~100人，结果在选举时，第一次投票仅选出60来名，一连5次投票，才选出81人来，达到《选举规程》总人数的最低限制，生物组比最低限额还少2人，“可以说相当的郑重审慎”。与1947年确定的学科名单分配相比，数理组数学、天文气象、化学、地质学、工程学各少1人，共少5人；生物组医学少5人、心理学少1人、农学少2人，共少8人；人文组史学少1人、语言学少1人、法学少2人、经济学少3人，新增建筑学梁思成1人，共少6人。经济学、法学等学科当选比例很低，特别是经济学8位候选人仅1人当选，反映了近代中国经济学的发展现状。对这次选举有各种各样的批评，最重要的原因是提名办法不佳，有些可能当选的学者根本没有被提名。

81位首届中研院院士群体，集中了中国近代学术发展的三代人，仅以科学技术方面(数理组与生物组)53名院士来看，既有中国近代学术的开创人，也有他们的学生，还有他们的学生的学生；年纪最大的是1883年出生的钱崇澍(65岁)，年龄最小的是1911年出生的陈省身(37岁)。5位数学院士中许宝、华罗庚都仅比陈省身大1岁，他们不满40岁就当选为院士，可见当日学术界之风气。

中央研究院实行研究激励制度。根据《中央研究院组织法》的规定，中央研究院的任务是“指导、联络、奖励学术之研究”，其评议会为“全国最高学术评议机关”。但在它1928年成立以后，主要专注于自身的研究，并未能有效发挥这一职能，只是做了非常有限的一点工作。为了奖励科学研究，为了纪念两位已故的总干事杨铨、丁文江，分别于1936年和1937年设立杨铨奖金、丁文江奖金。两项奖金分别授予对人文社会科学研究(分人文类和社会科学两类，按届轮换)和自然科学研究(分数理化、地质、生物三类，按届转换)有新贡献者。第一届杨铨奖金为语言学家李方桂所得，第一届丁文江奖金为物理学家吴大猷所得，此后董同龢、劳干曾获杨铨奖金；许德佑、卢衍豪、尹莘芸、丁振麟等亦曾获得丁文江奖金。

中央研究院自1928年4月成立，至抗战爆发前的9年中，一面筹建，一面开展各个科学领域的研究工作，并进行了多次的学术交流活动。此后，中央研究院所属的学术研究机构又曾有所增加，所址也有所变动。1929年5月，在北平成立心理研究所，1933年3月迁上海，1935年6月迁南京。1930年1月，在南京成立自然历史博物馆，1934年该馆改组为动植物研究所，这一规模，一直维持到抗日战争爆发前，再没有发生什么变化。社会科学研究所于1932年与北平中华教育文化基金董事会的社会调查所合并，自上海迁北平；1935年，社会科学研究所与历史语言研究所复自北平迁南京。

抗战前的中央研究院院长一直由蔡元培担任。总干事经历了五任：第一任杨铨，1928年11月就任，直至1933年7月；第二任丁燮林代理，自1933年7月至1934年5月；第三任丁文江，1934年6月就任，至1936年1月去世止；第四任由丁燮林代理，为1936年2月至5月；第五任朱家桦，于1936年6月就任。

中央研究院的经费，自1927年5月附设于中华民国大学院起，为每月银元10万元，全年120万元(包括筹备费在内)。直到1936年，全年经费才增加10万元，总数达130万元，另拨临时建设费10万元。

中央研究院的研究人员是分级分档的。1930年，中央研究院第一届院务年会成立了职员加薪晋级标准委员会，由徐伟曼、竺可桢、傅斯年、王敬礼、陈翰笙组成，委员会讨论通过《职员薪俸标准及加薪办法草案》，规定薪俸标准为：一、事务员及助理员，自60元至180元，分26级，每级5元；二、专任编辑员及技师，自120元至300元，分20级，每级10元；三、专任研究员，自200元至500元，分30级，每级10元。

中央研究院为了奖励科学研究，为了纪念已故院长蔡元培，于1948年设立蔡元培奖学金。蔡元培奖学金设50名，分别授予北京大学、清华大学、中央大学、武汉大学、浙江大学、中山大学、交通大学的成绩特优学生。

抗日战争爆发后，中央研究院及其所属各研究所先后内迁至四川、广西、云南三省。初集中在重庆、桂林、昆明三地；后在昆明的部分研究所迁移至四川南溪、桂林，各所再迁重庆，大多集中到四川。当时物质条件虽简陋，但研究工作并未中断。1940年蔡元培病逝后，朱家骅初任代理院长，姜立夫等三十人当选为第二届评议会评议员；研究所也由抗战前的10个增至14个，人员增至418人，其中绝大多数为研究人员。抗战胜利后，中央研究院一面接收日本人设在上海和北平的研究机构，一面迁回南京、上海。1947年10月，中央研究院为指导、联络、奖励学术研究，正式建立院士制度，完成了以院士为主体，由院长主持，评议会负责学术评议，各研究所从事学术研究的体制建设。院士为终身荣誉职。1948年3月，第二届评议会选举姜立夫等28人、王家楫等25人、吴敬恒等28人分别为数理、生物、人文组院士。中央研究院在当时历史条件下，克服诸多困难，对中国近代科学和文化教育事业的发展作出过一定贡献。

中央研究院成立后，大大推进了中国科学研究事业的向前发展。在抗战前，中央研究院筚路蓝缕，做了大量的工作：设立总理物质建筑计划委员会，目的在于联合各所，分工合作，协调全国主要实业发展的次序；设立中国科学研究概况编辑委员会，拟就统一表格，分发给各学术机关，收集整理进行国际宣传；设立特殊奖励审查委员会，会同教育部，实业部、建设委员会，对于全国新的发明予以奖励。

为了加强与世界学术界的交流，中央研究院积极创造机会，使国内学者参加国际学术会议。如 1929 年，中央研究院组织学者参加在爪哇举办的第 4 届太平洋科学会议，在美国举办的第 9 届国际心理学会会议和第 13 届国际生理学会会议，在日本召开的国际工业及动力会议；1930 年，又参加了在香港召开的远东气象学者会议，在英国进行的第 5 届国际植物学大会；1931 年，参加了在瑞士召开的国际联盟合作委员会年会。

中央研究院成立后，组织了考古组田野工作展览；历史语言研究所考古组在河南安阳殷墟遗址及山东历城城子崖进行了发掘，安阳殷墟出土了大量的甲骨文字、石器、铜器、蚌器、陶片、骨器等；城子崖出土了石器时代的单色陶器、石器、蚌器、卜骨等。殷墟的发掘及其出土甲骨片，成为当时轰动世界考古界的重大事件。1931 年，历史语言研究所举行明清史料展览，观者达两万人之众。1932 年，国立中央研究院与河南省政府共同组建河南古迹研究会，决定将此后发掘出的古物均存放此会，以利研究。

此外，中央研究院还举办了全国气象会议、全国经度测量会议及院务会议，推动了全国的科学研究工作。

20 世纪 30 年代初，物理研究所进行了重力测量、低压下摩擦生电试验、晶体颇动及高频率电波、X 光线及高压设备、测量高频电波、发生高频电波、轻元素 X 射线的波长、近红外线及超紫外谱区多原子分子光带、三相振动器、超短电波、标准频率设备的装置与补充等项目的研究，取得了颇为引人注目的成果。在化学研究方面，主要着手进行中药研究、气体平衡及有机化学综合法等问题的研究；对于国产原料如植物油的分析、陶料的分析进行了充分的论述，进行了多原子分子的吸收光谱的研究和有机微量元素的分析；出版了新本草图志第一集；对绍兴酒的酿造法进行了调查。

在工程研究方面，设立了陶瓷试验场和钢铁试验场。对陶瓷的生产工艺全过程进行了全面的研究；对用生铁制造净炼铁、坚性铸铁，用废钢制造碳素工具钢进行了试验和研究；对玻璃的构成进行了研究。

在地质研究方面，主要对全国锡矿与铅矿、湖北省矿产、南京与镇江间地质构造、云南地质矿产进行了调查，研究了秦岭山脉东部及南岭山脉的地层及地质构造，分析了安徽、江西、江苏、浙江等省地层地质构造与矿产，探索了中国东海岸的岩石现象与海岸的变迁；对华南地区蜓科化石、长江下游笔石化石、第三纪与第四纪腹足类化石等进行了详细的研究。

在天文研究方面，建成了紫金山天文台，各种仪器业已配齐并开始运行；与此同时利用现有设备观测天象，研究太阳分光观测术要及影像偏角的算法，分析太阳黑子周期，寻找气温气压对于时计变差的关系，测定本京经纬度暂用数、编译天文学名词，编著恒星光带强度分配的研究。

在气象研究方面，分测候与研究两组进行。主要进行中国气候区域、极面学说与中国长江下游风暴、气候变更、航空气象、1928 年南京风向与天气关系、长江下游在冬季雨期中气压的分布、中国的季风、亚东温带低压途径、1930 年南京的高空测候等课题的研究，取得了不少阶段性成果。

在生物研究方面，主要进行了动植物标本的采集工作，在广西采集到脊椎动物标本 3110 余号、5000 余份，无脊椎动物标本 5000 枚，活动动物 20 余头，植物标本 3400 余号、约 30000 余份，对于广西采集动物标本的分类研究已完成。在四川采集到鸟类 117 种、254 只，鱼类 70 余类、约 400 余尾，哺乳类动物 6 种，10 头。在贵州采集到腊叶标本约 7000 余号，共 10 万余份，哺乳类动物 300 余头、26 种，鸟类 3000 余只、280 种，两栖动物 400 余只、35 种，鱼类 3000 余尾、160 余种，无脊椎动物等 6000 余只、约 700 只。

在历史与语言研究方面，历史组主要进行了以商周遗物甲骨、金石、陶瓦为对象的分析，以敦煌材料及其他中亚近年出现材料研究中古史，以清代内阁大库档案进行清史的研究。对清代大库重达 12 万斤的档案进行整理，出版了其中的一部分史料。而研究员个人的研究课题也极有价值；语言组主要进行了全国各省方言调查，音档的设立，古代音韵的研究，西夏的研究及语言实验室的工作；考古组主要进行了河南安阳殷墟的 4 次发掘，山东历城龙山城子崖发掘 1 次，黑龙江齐齐哈尔石器时代墓葬发掘 1 次，获得了大量的地下文物，对于研究史前文化及中国文化起源具有极高的价值。

在心理研究方面，主要进行了修订皮纳氏智力测验、用生理电学方法研究视觉的生理基础，位足反应的研究，中国人大脑皮层研究，研究食品对于学习能力影响的关系，分析大声惊吓对于习得能力的影响，研究输精管隔断的各种影响，采集脑髓标本、编辑心理学名词等。

在社会科学研究方面，法制学组完成了陪审制度的研究，对河北、山西、江苏、浙江 4 个省的监狱进行了犯罪问题的调查与研究，从法理角度入手研究上海租界问题及必须收回的理由，此外还进行了中国近代外交史、中国厘金史、清代海关税收用途，中国参与国际联盟和国际法典编纂会议议题等方面的研究；经济学组主要进行了 65 年来中国国际贸易统计的研究工作；社会学组的研究主要围绕着中国农村问题进行，在保定、无锡两地进行了实地调查，研究中国农村的封建社会性，研究资本主义在中国农村中的发展，出版了相关的书籍，对难民的东北逃亡进行调查；民族学组主要进行了广西凌云人的调查与研究，台湾番族的调查与研究，出版了研究报告；对松花江下游赫哲族人的调查，收集到标本 600 余件，采集了故事、民歌 30 余种。

到抗战爆发，中央研究院的研究工作基本上已步入正轨，不少成果开始在国际上引起注意。然而，日军侵略的炮火彻底击碎了科学家以科学救国的梦想，中央研究院的工作被迫中断。虽然在大后方艰苦的环境中，中央研究院的研究员们仍然弦歌不辍，但毕竟难现辉煌。

1948 年 12 月，中央研究院数学、历史语言两研究所大部迁往台湾。在 81 位院士中，迁去台湾者仅有傅斯年、林可胜等 7 人。

（王艳勤）

# 31. 九一八事变后中华民族复兴思潮的兴起

1931 年，日本帝国主义发动了侵略中国的“九一八”事变，中华民族危在旦夕，“民族复兴”的讨论成为一股强大的社会思潮。一些以“民族复兴”为宗旨的刊物开始出现，如《再生》杂志、《复兴月刊》等，皆以“九·一八”事变为起因，以“民族复兴”为宗旨。1932 年 5 月 20 日创刊的《再生》杂志英译名“the national renaissance”，即为“民族复兴”，其创刊号指出“中国这个民族到了今天，其前途只有两条路：其一是真正的复兴；其一是真正的衰亡”，并从政治、经济等方面提出中华民族复兴的具体方案。1932 年 9 月 1 日创刊的《复兴月刊》发刊词指出中国正处于“不沦亡即复兴”的分水岭上，并在第 2 卷第 1 期载文疾呼：“中国今日，内则政治窳败，财尽民穷；外则国防空虚，丧师失地；国势岌岌，危如垒卵。忧时之士，深虑神明华胄，将陷于万劫不复；于是大声疾呼，曰‘复兴’！‘复兴’！绞脑沥血，各本其所学，发抒复兴国族之伟论。”许多杂志都刊载民族复兴的相关文章，有的还开辟专栏、发表社评进行讨论，一些以探讨民族复兴为主要内容的书籍也相继出版，如 1934 年蒋介石的《复兴民族之要道》、1934 年蒋坚忍的《民族复兴与中国革命》、1935 年张君劢的《民族复兴之学术基础》、1935 年周佛海的《精神建设与民族复兴》、1936 年李宗仁的《民族复兴与焦土抗战》等等。特别是 1934 年蒋介石的《复兴民族之要道》出版后，当时的国民党政府甚至在武装军人和教育青年、培训党员以及革新生活等方面，都曾开展以“民族复兴”为主题的系列活动。“民族复兴”四字，俨然成为当时人们的口头语。

综合当时的文献资料可以发现，对“民族复兴”的讨论主要集中在五个方面：抗战与民族复兴、文化与民族复兴、政治与民族复兴、经济与民族复兴和教育与民族复兴。

一、抗战与民族复兴

九一八事变发生后不久，陈启天即在《我们主张对日作战的理由》中指出，中华民族救亡图存的“惟一可靠的办法，只有自救；惟一自救的办法，只有实行抵抗主义，积极对日作战”。只有对日作战，“可使中国起死回生”，“可以改造民族精神”。他认为，“一个国家要求生存在近代国际竞争极其剧烈的时候，不但要有科学的物质文明，而且要有斗争的民族精神”，而对外作战，“是创造斗争的民族精神之最好方法”。这在世界近代历史上有许多例证：“德国的民族精神是从普奥与普法两次战争创造出来。法国的民族精神是从普法战争创造出来。日本的民族精神是从中日与日俄两次战争创造出来。美国的民族精神是从对英独立战争创造出来。土耳其的民族精神是从希土战争创造出来。这许多例子虽然多属于胜利的对外战争，然失败的对外战争也同样可以创造斗争的民族精神，普法战争以后大战以前的法国就是一个例子。德国经大战惨败以后，最近又渐次复兴起来，重新取得国际的地位，又是一个例子”。

冯玉祥也在发表于《东方杂志》的《复兴民族的基本方策》一文中指出，民族复兴问题“势必集中到一个救亡图存的中心问题，及其实践问题的解答，简单言之，即我们必须用抗战的手段，以清算九一八以来的外来侵略，而达到民族自由平等的目的”。“一个民族的生存或复兴，自然须有多方面的努力。比如，经济政治文化各方面，都得有许多必具的基础条件。但是，我们今日所处的境状是怎样的呢？敌人已把我们的土地侵吞去八分之一，我们的同胞沦为亡国奴者，已将占全人口的九分之一；而更大更剧的侵略，是正在继续不断的发展着。我们整个的民族在经济方面政治方面以及文化方面，都已遭遇到空古的最严酷的危害。在这样的时候，要谈经济政治和文化各方面的改进，要谈民族的生存与发展，必须不能放弃一个前提，那就是：对于五年来威胁我们民族的生存，破坏我们国家的完整的民族敌人之抗战”。中国民族复兴的基本方策，“第一个是抗战，第二个是抗战，第三个还是抗战”。

曾琦等人认为，“我们曾主张以内求统一，外求独立的精神来建国；我们曾主张用全民武装，自强自救的手段来卫国；我们曾主张在政治上从速实现全民政治，使全体国民共同担负卫国建国的责任；我们曾主张在经济上对外实行保护关税，对内实行社会政策，以消弭社会的不平，建立自主的国防经济体系；我们曾主张在教育上建立以国家思想为信仰的教育方针，实行学校军事化；我们曾主张在国防上采陆主海从主义，树立飞潜政策，以补海防空防之不足；我们曾主张在文化思想上，消极地纠正个人主义、家族主义、部落主义、阶级主义的谬误思想，积极地建设组织化、纪律化、科学化、民主化的现代国家精神；我们曾主张依国际平等的原则，促进世界的和平，建设平等化的合理国际组织”，然而今日，我们只相信“一个独立自由的全民福利国家，必然在血的洗礼后产生出来，而且也只有在血的洗礼中才能产生出来”。

二、文化与民族复兴

熊十力在九一八事变后指出：“今外侮日迫，吾族类益危，吾人必须激发民族思想。”他希望以振兴国史达到民族文化复兴进而激发民族思想之目的，坚信“日本人决不能亡我国家，决不能亡我民族”，强调“吾国人今日所急需要者，思想独立，学术独立，精神独立。一切依自不依他。高视阔步，而游乎广天博地之间。空诸倚傍，自诚、自明。以此自树，将为世界文化开发新生命。岂惟自救而已哉。”

贺麟认为“中国近百年来的危机，根本上是一个文化的危机：文化上的失调，不能应付新的文化局势”，“儒家思想在中国文化生活上失掉了自主权，丧失了新生命，才是中华民族最大的危机”，“中国当前的时代是一个民族复兴的时代。民族复兴，不仅是争抗战胜利，不仅是争中华民族在国际政治上的自由独立平等，民族复兴本质上应该是民族文化的复兴，儒家文化的复兴。假如儒家思想没有新的前途，新的开展，则中华民族，与夫民族文化也就会没有新的前途，新的开展。换言之，儒家思想的命运，与民族前途的命运，盛衰消长，是同一而不可分的”而要让儒家思想有的新开展，则需儒家思想“能够把握，吸收，融会，转化西洋文化，以充实自身，发展自身”。他说，“我们不必采时髦的办法，去科学化儒家思想。欲充实并发挥儒家思想，似须另辟途径，盖儒家思想本来包含有三方面：有理学，以格物穷理，寻求智慧。有礼教，以磨练意志，规范行为。有诗教，以陶养性灵，美化生活。故求儒家思想之新开展，第一必须以西洋之哲学发挥儒家之理学。”“第二，须吸收基督教之精华以充实儒家之礼教。”“第三，须领略西洋之艺术以发扬儒家之诗教。”因此，他一面继续介绍费希特哲学等西学中有利于宣传民族复兴的思想，一面致力于民族文化的传承尤其是儒学的复兴，发表《费希特哲学简述》和《儒家思想的新开展》等文。

冯友兰在抗战期间怀抱着抗战必胜的信念，认定中华民族必然会重新崛起，相信抗日战争时期会成为中华民族走向复兴的重要契机。他乐观地预言：“我们须回看清末民初时候底中国，因为自这个时候以后，中国的地位是一天一天在改善之中。现在中国与日本打仗，是中国在近代处境最危底时候，但不是中国在近代地位最劣底时候。中国在近代地位最劣底时候，已经在二十年前过去了。我们的时代是中国中兴的时代，而不是中国衰亡的时代。”他还意味深长地将抗战期间所写的《新理学》《新事论》《新世训》《新原人》《新原道》《新知言》等六部论著统称为“贞元之际所著书”。他称抗战时期为“贞元之际”，也就是说，“抗战时期是中华民族复兴的时期。当时我想，日本帝国主义侵略了中国大部分领土，把当时的中国政府和文化机关都赶到西南角上。历史上有过晋、宋、明三朝的南渡。南渡的人都没有能活着回来的。可是这次抗日战争，中国一定要胜利，中华民族一定要复兴，这次‘南渡’的人一定要活着回来。这就叫‘贞下起元’。这个时期就叫‘贞元之际’。”

吕思勉认为，“国家、民族之盛衰兴替，文化其本也，政事、兵力、抑末矣，“天下最可怕的，是文化的侵略。别种侵略，无论如何利害，你自己总还记得是自己；一旦时势转移，就可以回复过来了。独有文化的侵略，则使你自己忘掉自己。自己忘掉自己，这不就是灭亡么？民族是以文化为特征的。文化的侵略，岂不就是民族的危机么？”因此，中国民族复兴所应取的途径，就是取西方文化之长补中国文化之短。在他看来，“中国所最缺乏的是科学”，“所以中国今日，对于西洋人的科学方法，是应该无条件接受，迎头赶上去的”，而中国文化的优点是在于处理人与人的关系，“则仍宜保存中国之旧”。

三、政治与民族复兴

实行民主政治才能充分发挥民族活力，才可实现民族复兴之大业。周谷城在《复兴民族之民主政治论》中写道：“专制政治之成功，实为民族活力之失败。驱人民于政治生活范围之外，为逸民，为流寇，或纳人民于政治生活范围之内，为奴隶，为愚夫；皆非所以发挥民族活力者。民族活力之发挥，固有赖于生产方法之改进，固有赖于教育效用之完成；然政治作用，实亦直截而深宏者。况生计与教育，又皆直接或间接依政治为转移乎？政治而能发挥民族活力者，厥为民主政治。故就民族活力而言，吾人于此，可以得一分野：一方面为窒息民族活力之专制政治，另一方面为发挥民族活力之民主政治；两者之间，并无可以徘徊回旋之余地。故当今日复兴民族之会，有识之士，以及当局诸公，皆力言民主政治之重要者。盖为此也。民族活力。乃聚全民族中各个人之活力以为言者；各个人之活力而得活跃，斯民族活力乃得发挥。专制政治无他长：人民之有活力者，则驱逐于政治生活范围之外；留在政治生活范围之内者，则强其活力萎缩，至等于零；活力萎缩等于零者，奴隶是也。民主政治则不然，首要之图，在尊重国民之人格。”“人格既立，责任随之。”“有责任之国民，智识与道德又为不可或缺，无智识，则不能认取其责任之尊严；无道德，则不能贯彻其责任之实践。”

在抗战时期，只有实行民主政治，才能争取抗战的胜利。1938 年 7 月 7 日《中国青年党为抗战周年纪念宣言》称：“在这个抗战建国的艰巨工作上，我们认为非发动民众共同一致努力，不能收到圆满的成功。而发动民众，则非实现民主政治，不能使民众自动自发的继续牺牲，毫不反顾。因此我们主张，为使作战的政府建筑在更广大、更热诚、更自动的同情基础之上，中国政治是有更进一步的扩大民主化运动之必要，国民参政有更进一步设立各省、各县民意机关之必要。我们确信抗战建国的军事、经济基础是不能离开民众的，故本党自‘九一八’以还，即主张政党休战，造成举国一致的政府，以通力合作的精神，为中华民国之自由与独立奋斗到底。在今日只有人事调整的必要，决无政见争执的可言。但是抗战到了今天，不只是各党各派精诚团结、共同参政，便算圆满，而是要全国民众都能过问国家和地方的政治，然后有钱出钱、有力出力，方才能够永无怨心”。

谢觉哉在《民主政治的实际》中解释了民主的含义和民主政治的实现途径。他认为，民主的本质是“大家的事，大家来议，大家来做。在大家公认的条件之下(少数服从多数，个人服从全体……等)谁都能发表意见，好的意见一定能被采纳；谁都有出来做事管事的义务与权力”。“民主政治的支柱，在于广泛的乡村下层”，“直接民主的单位是乡市代表会议和村民大会(市群众大会)”，“各级政府工作人员是由各级参议会议选出，而各级参议会议之议员，则由选民根据生产与区域单位——农村中以村为单位，工厂中以厂为单位，学校、机关则以学校为单位，部队以部队为单位等——直接选举出来”，各群众团体本身必须有充分的民主作风。“尊重民众的自由”，“不违反群众利益，倾听群众呼声”。政府法令与政治动员积极配合，“法令规定人民的义务、也规定人民的权利”，“政治动员则依靠宣传鼓动，依靠人民的积极”。民主制的具体实施是开会，“除定期的参议会议各团体代表会议外，还须有很多会”。实行民主的保证是“官民一体廉洁政治”。

丁平在《论民主政治》中说：“我们应当用最大的力量来促成民主政治的实现，因为只有实行民主政治，才能达到国家统一，民族解放。”“所谓真正普选的选举法，必须是中国所有的公民，不分种族，民族，性别，党派，宗教和地域之分，都有选举和被选举的权利，人民有身体，财产，居住，言论，出版，集会，结社，思想，学习，示威，信教等自由，这样才能发挥最大的能力，使全国人民团结，动员和组织起来，成为抵御外侮的最强的力量。”

四、经济与民族复兴

要实现中国的民族复兴，须有牢固的经济基础，学者们从统制经济、农村经济、国民经济建设和经济政策等方面提出了种种方案。

汤鸿庠在《统制经济与民族复兴》中指出，中国经济的病态是由帝国主义和国内封建残余势力双重压迫造成的，“如果想打破这二重束缚，步入复兴的康庄大道”，“非以整个国家力量，实行统制经济不可”，否则，“不但社会经济永无复兴之望即整个中华民族也有灭亡之忧”。“统制经济”的含义是“政府对于某一大单位之经济活动予以有计划有系统的管理”，它要具备三个要点：“1、是有系统整个计划的，不是片段处的。2、不仅是临时应付的，且要平时准备的。3、不是消极的，而要积极的。”统制经济实施时，有六个先决条件：“1、应有一个强有力的中央政府。2、应系一个自立自主的独立国家。3、于资源人口以及各种产业的生产数字都有精确的调查与统计。4、适合国情的精密计划。5、有可供运用的资本与技术人才。6、政治洁廉，至少要上法治的正规。”但也有人认为统制经济的主体不应该是政府，如程尚林认为统制经济“应该由产销双方自动组合，政府只能居于监视的地位。原因为一：一切重工业，交通工业，本来国营，无须统制。而日常需用物品，若由政府计划统制，在政府则由不胜其烦之感，人民更有动辄得咎之苦。除非索性分配社会化，然而这点，在物质贫乏的中国，又难办到。二：政府负责领导，则政治性重于商业性，中国的官吏，除法律上责任外，不负其他道德义务的，实不足当此任务。而况物质贫乏的工业发展，非有若干自由竞争的奖励性质，人民也不会愿意投资的。三：对外贸易本来政府可以负责统制，然而今日情势入销和输出成反比例的指数下，政府的责任仅在关税条约的设法变更，和不良物资输入和输出的取缔，一为提高国货的信誉，一为整顿国内的市场；就等于对人民农工业发展，尽了保护的责任了，——只要政府有能力办到的话”。因此，他主张“由人民自动的合作计划，自动的作复兴农业和发展工业的相互联络统制，政府除了站在国家经济建设的原则上及以扶助外，不必以统制经济的名义横加干涉的，否则人民未受其利，反受其害”。

汪缉熙在《复兴中国农村的根本方案》中说“中国现在内有国本颠覆农村崩溃的危机，外有帝国主义的侵略战”，必须设法充实我们的力量，而要充实我们的力量，“非在全国人口百分之七十九以上的农民身上先着手不可，然而要使全国农民有力量，则非提倡农民的组织合作，以复兴农村不行。因农民有了组织合作，国家才有健全的精神。于是中国方能振兴起来”。他指出中国农村经济崩溃的原因有四点：“一，帝国主义的侵略。二，国内内战的蹂躏。三，土豪劣绅的剥削。四，天灾的患乱。”要复兴农村，从原则上说是“要从农民自身方面去作想，即是我们要使农民有组织合作力”，因为“现在的一切事业，都是以互助生活为基础的，以组织合作力为轮圜的演进。所以复兴农民从根本上作想，我们非但是要救济目前的崩溃状况，并且还要树立国家一个经济的百年计划”。从具体实施上说，复兴农村应从两方面进行：一是农民自动组织的农村合作自治，二是政府联合热心复兴农村的志愿者如金融界、商界、教育界合力组织的农村协济会。农村合作自治会由合作自治委员会和监察及指导部组成。合作自治委员会下辖总务股、教育股、经济合作股、公安股、建设股、息讼股和娱乐股。监察及指导部即农村协济会。农村协济会下辖农村合作自治组织指导部、交通建设部、移民垦殖部、地价租额标准部、生产技术改进部、农村平民教育推广部。只有这样在农村组织合作，才可以复兴农村，并且在将来收到四个效果：“（一）树立将来国家经济永久的基础。（二）从无组织的紊乱社会；一变而为有组织合作的自治社会。从军治党治的国家；而趋于民主法治的国家。（三）建立平均地权，耕者有其田的农业社会国家。（四）增高农民的知识，人格，和信用。”

余汉谋在《国民经济建设与民族复兴》中说：“所谓国民经济建设，就是物质建设，换一句话说，也就是生产建设……普通所谓生产，多属是个人或一群人的意识活动，对于国家社会，当然也有相当的影响，但此种生产力的精神所寄托，完全囿于个人主义的范围，与民族是不会发生十分密切的关系的。国民经济建设运动所谓生产，决不抹煞个人的利益，而且完全以人民为本位。所不同的，就是这个运动，并不是限于少数个人，或一群人，有优越的机会，乃是要全体国民自动起来，改善自已的经济环境。国民尽自己的能力，努力生产，同时政府也尽可能的帮助其发展，并消除困难，此种目的，是充裕民力，增厚国力，使民族的生产力逐渐取得国际的地位”，从而实现民族复兴。他还指出“国民经济建设运动的使命，是集合全国社会与生产机关各部分的努力，以建设健全的国民经济。政府以所有的力量为之排除障碍，并且与以种种助力及便利”，“国民经济建设运动的目的，是尽人力，辟地利，均供求，畅流通四个大目标”，“国民经济建设运动的工作，分为积极与消极两方面。在积极方面：（一）增加生产总量，解决生活需要，（二）增加工作机会，解决失业问题，（三）增加输出产品，藉谋贸易平衡，（四）保障投资安全，鼓励生产活动。在消极方面，是排除一切人为的天然的及习惯的种种障碍。目前最注重的是人尽其才，使专门人才有尽量贡献能力的机会。中级人才养成实务的经验与指导的能力。有劳动力的国民，尽量发挥劳动力于经济建设。按照程序先要人尽其才，然后才能地尽其利。由此渐进而实现上所说的四个大目标。它所要举办的事业，是振兴实业，鼓励垦牧，开发矿产，促进工业等项，这些事业完全是以人民为全体。而解决人民的生活问题，在人民的本身来说，这是自己的急切需要，万不能取旁观的态度。应当具相当的理解，接受政府的热诚，而共同努力”。

刘振东在《民族复兴与经济政策》中指出，中国将来的出路有四条：一是“中国常此丧乱，不能自强，其结果必终于亡国亡种而后已”；二是“中国的资本主义”；三是“外国资本主义”；四是“制定一种适宜的经济政策，以求新国家之建设与国难之超越”。这四种出路中，第一条和第三条是我们要“出死力以相抵抗”的，第二条“因为有隳于欧美资本主义之流毒，也不希望其实现”的，只有第四条是“充实民族竞存力量的根本要着”，有讨论的意义。这种“适宜的经济政策”须满足三点：“第一须能充实国防力量以增加民族之战斗力。第二须能增加社会生产，以安定人民之生活。第三须不悖民生主义之原则，可以逐渐达到民生主义之大同世界，以国难经济政策，为实行民生主义之初步。”国难经济政策应包含六大纲领：“第一是繁荣农村及组织农民”，“第二是发展交通，以求商运与军运的便利”，“第三是集中公私资本，建设基本工业”，“第四是整理财政与金融”，“第五是结联与国及利用外国物资”，“第六是农工军队化及军队农工化的政策”。他解释原因说："现今之大患，在于整个民族如一片散沙，漫无组织，所以我主张组织农村，及农工军队化。现今之大患，在于农村经济破产，及工商业不发达，所以我主张复兴农村经济及军队农工化。今日农村经济之所以破产，一因乡村之不安宁，二因农村资本之缺乏。大城市的银行家虽集中许多资本，然因乡村秩序不安定，农村已经衰落，农民无力偿款之故，皆不肯往农村投资。我们把农村组织起来以后，不但农人生产力加强，即乡村秩序也自然安宁，城市资本，顺自然的趋势，可以流通于乡村。我更以政府为贯彻这个经济政策，对于银行界应该用更充分的劝导与相当的压力，使他们将一部分资本，投于农村。至于交通之发展，基本工业之振兴，及财政金融之整理，更为国防经济两方面根本之要图，必须出全力以求其实现。"

五、教育与民族复兴

教育可启发民众知识，唤起民族精神，发展国民生计，促进民众健康及自卫能力，改造国民的劣根性，如张季信在《民族复兴与教育》中说，中国人的特性有三点：一是自私自利，"只顾自身，个体的粘力大，团体的粘力小"；二是文弱，"体制瘦削，精神萎靡，意志薄弱"，所以怯懦萎缩，"厌恶一切正义的战争，而迷恋和平，懒惰成性而缺乏毅力"；三是虚伪，"做事不切实际，好事夸张"，"说假话，要面子，舞弊作伪"，这些劣根性必须要用教育的力量来铲除。民族复兴教育的内容有：(一)实施以民族为本位的教育：1、发展全民的教育，2、注重天才教育，3、男子教育机会均等，4、汰除民族的劣根性；(二)培养民族精神，统一民族思想：1、创造统一的意志，2、培养革命的精神，3、养成人民有整个的思想，4、恢复因有知识道德和能力；(三)实施军队训练以代替学校教育，培养人民的组织观念、纪律观念和服从观念；(四)提倡生产教：1、养成个人技能，2、注重社会生产。

在具体的教育方针上，有的学者提倡国难教育、军事教育、民众教育、生产教育，有的注重家庭教育，还有的认为应实施历史教育、艺术教育、意志教育等等。

马青泉在《中华民族复兴的教育路向和方式的研究》中探讨了民族复兴最经济的四种教育方式：国难教育、军事教育、民众教育与生产教育。前两种"是由复兴民族生命和保持民族生命而出发的"，后两种"是由改造民族生活和增进民族生活而出发的"。首先，国难教育的最主要目标是"培养全民坚韧不拔的民族意识，使民族加速度的自觉与自救起来。现在的国民只知有自己，不知有国家；只知爱家族，不知爱民族；唯有国难教育可以医治这民族意识衰弱的病症；不但可以医治，而且可以培养民族意识"，培养对外的民族意识、团结的民族意识、牺牲的民族意识和自强的民族意识。其次，军事教育是"保持民族生命的一种教育，没有军事教育，民族意识所唤醒的民族生命不能得着发挥和表扬的机会；故而军事训练必须以民族生命做基础来训练民众，才可以树立民族生存的武力"，军事训练有助于全民集团的训练、民族意志的培养、刚毅气节的培养和爱国思想的养成。再次，民众教育可使大多数人民有知识，使爱国和民族复兴不至空谈，"民众教育的推进要注意大多数民众知识的普及和民众生活最切近的知识连系，方可得到相当的效果"。最后，生产教育是"挽救民族经济生活难关的唯一方法"，实施时应注意生产经验和知能的获得、生产兴趣的培养、科学头脑的养成和心力同劳。这四种教育是医治中华民族私、弱、愚、贫四种病症的良药，使中华民族变公、变强、变智、变富，从而实现中华民族的复兴。

杨卫玉在《民族复兴与家庭教育之改造》中说，过去我国家庭教育中有两种错误：一是目的错误，"过去中国父母教育子女的目的，就是扬名显亲，光大门楣。换句话说，是以个人主义和家族主义做出发点的"，而非教育他们成为"社会有用的分子，国家良好的公民"，因此"形成现在自私自利，一盘散沙，既无公德又无团结组织的社会国家"。二是方法错误，"他们视儿童为一架机器，所谓教育，仿佛似开机器，以为只要把轮盘一推一转，那架机器，就会转动了”，所以他们的教育方法一是主观化，就是“父母把儿童看作和自己一样的一个人”，“要他和成人一样，自己一样，没有儿童自动发展的余地”；二是采用强制命令的方式，如骂、打，抑制儿童天资的发展；三是抽象的教读，“以前父母教育子女的教材，并不是取之于儿童生活周围，也不是取具体事实，而是深奥抽象的成人观念”，如《三字经》《千字文》《大学》《中庸》等。因此，民族复兴教育必须从改造家庭教育做起，从家庭教育观念的纠正和方法的改善做起。观念的纠正即教育目的由个人主义和家族主义转变为民族主义，唤起民族意识并培养民族自信，“要使各个人对于本民族的关系深自觉悟，知民族的存亡，就是家庭个人的存亡，所谓‘皮之不存，毛将焉附?’所以世界各民族必须努力团结，牺牲小我以保持种族的生命和扩充种族的力量。同时要使各个人相信本民族的文化和力量，愿意爱护这民族，维持这民族，为这民族而奋斗而牺牲”。至于方法的改善，第一要“注重儿童本位教育，以发展各个儿童的天性与本能”，具体地说应遵循八个原则：“(一)适应儿童身心发展，尤其要注意儿童身体的健康。(二)利用儿童自己本能上一切要求，启发他的知识，增加他的经验，并使明了自己与社会和自然的关系，开阔他的胸襟。(三)供给适当的环境，防止不良影响对于儿童本性的侵害。(四)利用儿童好奇求知的本性，灌输民族意识。(五)顺应儿童好胜乐善的心理，激发他勇敢进取的精神。(六)根据儿童一切的自发活动，以养成其生活自立的能力。(七)适应儿童生活的需要，勿使其性情流于不良的偏激。(八)利用儿童爱好自然的天性，养成其广大的同情。至于具体的方法，还要看家庭的境遇、环境及其他机会而定。”第二要扩大民族主义，替国家养成良好公民，应遵循四个原则：(一)利用儿童的好群心，在他的生活活动上，养成他互助合作的精神。(二)利用种种机会，以养成儿童的博爱心与同情心。(三)时时指示儿童与社会国家的关系，使他逐渐明了自己对于社会国家的责任。(四)利用儿童游戏和爱好自然的本性，引起他对于自然物改造的兴趣，以期将来可以增加生产能力。”

刘守曾在《历史教育与民族复兴》中说，“历史教育是民族复兴的原动力”，他认为历史是“整个民族遗产和灵魂之所寄托，我们要发扬民族的意识，培养民族的精神，非切实推行历史教育不为功”，并提出历史教育的6个原则：1.“注重固有文化的发扬，以树立民族的自信”；2.“注重民族光荣史实的叙述，以提高民族的精神”；3.“叙述忠臣义士的史迹，以培养民族的正气”；4.“阐明中华民族的统一性，以启发国民对国族爱护的热忱”；5.“说明帝国主义者侵略我国的经过与原因，以激发国民同仇敌忾的情绪”；6.“阐述三民主义革命的历史背景，以坚定国民的信仰”。只有良好的历史教育，才能“健全国民的心理，树立民族的自信，使人人都具有我们民族所固有的品格德性和精神，成为真正的中国人，不仅以中国为自己的生命，而且以中国为自己的灵魂”，最终“达到革命建国复兴民族的目的”。

何明斋的《民族复兴运动与艺术教育》演讲中说，自私自利、懒惰、不负责任、不创造是中华民族最大的病点，而救济的方法最根本最有效的是注重艺术教育，“要复兴民族，非注重艺术教育不可”。实施艺术教育，应从家庭、学校、社会各方面同时注意，更须注意胎教。在胎教方面，应使“孕妇在高尚快乐活泼的空气中过生活，使胎儿得到艺术的感受”，如常游山玩水、常听高雅美丽和谐的音乐、不看歪斜危殆的物品和建筑、不看偏激与描写社会黑暗的文字和图画等。在家庭方面，应注意整洁、用美术的知识技能装饰室内室外、定期叙谈高尚的故事及家史、栽植花木及果树等、演习乐器、料理有趣味的食物、饲养有趣味的动物、郊游及旅行、利用天然物及废物创制物品、制作玩具及美术工艺品。在学校方面，除在美音工艺等科教学法详述外，还要注意环境的整洁，校具的配布及各部的装饰须符合美的原则，常举行各类旅行、展览、音乐会及歌舞表演等，饲养鸣禽，插置瓶花，奖进美术天才等。在社会方面，应注意道路及建筑物的整洁及美化，树木和休息所的配布及观赏物的设置，举行定期美术展览会、竞赛会、音乐会、歌舞会及演剧等，奖励及保障美术家及美术品，设置美术馆、公园、公共剧场、影戏馆，公共场所遍设无线电收音机定期传布高尚优美的音乐及宣讲，修理及保存古迹，兴筑公墓取缔私坟等。

韩仁在《意志教育与民族复兴》中提出“在实施民族复兴教育的过程中，必须注意‘心理建设’的教育，即为意志教育”。所谓意志，就是“以慎思果断，力行的精神，胜过内心和环境的阻碍”，而意志教育是“使一般青年如何从颓唐不振的精神，一变而为奋发的精神；无毅无恒的心理一变而为百折不回的心理”。“有了坚忍刚毅，死而后已的意志，然后从事任何事业，才会成功，民族复兴，才有希望。”意志教育的实施应从四个方面着手：一是“讲述民族英雄的操守和事迹，以激发其志气，使有‘虽千万人吾往矣’之勇气”。二是“借学术及运动以训练青年意志，使聚精会神，实地工作，立定志愿，来担负培养自己，服务国家的责任”。三是“锻炼积极的适应力，使青年富有改造冒险与创造的自动适应力”。四是“施行严格的训练，如军事训练，童字军、劳动服役等，使生活平民化、规律化、军队化”。

总之，“九一八”事变后的民族复兴思潮，鼓舞了中华民族反抗日本侵略的信心与斗志，为中华民族的复兴提供了多种方案，具有积极的建设意义。

（汪梅梅）

# 32. 西南联大的惨淡经营

西南联合大学是抗战期间设于昆明的一所综合性大学，在前后不到九年的办学中，这所大学培养出两千余名优秀学子，他们中有许多日后成为蜚声中外的一流学者。西南联合大学以其曲折的办学经历在中国近代教育史上留下了不朽的传奇。

1937 年 7 月 7 日，卢沟桥事变爆发。从 7 月 9 日起，蒋介石邀请各界人士在庐山举行关于国事问题的谈话，北大、清华、南开的校长蒋梦麟、梅贻琦、张伯苓以及教授代表陈岱孙等人应邀出席。平津战事吃紧后，各校纷纷致电告急，要求几位校长返校应急。7 月 28 日、29 日，日军炮轰天津，南开校舍全毁。天津陷落，南北交通随即中断，梅贻琦等无法返校。8 月 5 日，日军占领清华园。清华师生纷纷迁入城内躲避战祸。而北大方面，虽然校长蒋梦麟在庐山，无法主持校务，但北大并没有遭受战事侵扰，教学秩序井然。8 月 28 日，国民政府教育部高等教育司给梅贻琦等几位校长下发一份公函："奉部长密谕：指定张委员伯苓、梅委员贻琦、蒋委员梦麟为长沙临时大学筹备委员会常务委员，杨委员振声为长沙临时大学筹备委员会秘书主任。"梅贻琦校长接信后，立即远赴长沙进行筹备工作。

9 月 10 日，教育部以第 16696 号令，正式宣布在长沙、西安两地设立临时大学。9 月 13 日，长沙举行第一次筹委会，确定校舍、经费、组织分工等事项。为了分别办理各项事务，长沙临大陆续设置了各种专门的委员会，如课程委员会、图书设计委员会等等。10 月 24 日，根据第四次常委会决定，将原北大、清华、南开的科系进行调整，以节省开支，提高效率；归并后共设置 17 个学系；师资之遴聘根据学生的多少和课程的需要而定。随后，筹委会在京沪汉粤各地登报公告，要求三校学生于 11 月 1 日到长沙报到开课。

11 月 1 日，长沙临大于长沙韭菜园圣经学校开学，以后这个日子被确定为西南联大的校庆日。当时抗战刚刚爆发，物价还没有大涨，在长沙的流离生活虽不及平津，但是粮食菜肴还算丰富。教授的薪金虽然只能以七折支付，但是还是能够按时发放。战区学生的经济来源断绝，但是因为可以得到救助，也未感觉特别艰苦。只是校舍的居住条件实在简陋。男生所住的四十九标营房，是两层的木结构建筑，十分陈旧破败，急需修理。底层比较潮湿，光线昏暗，楼上光线虽好，但是没有床铺，学生只能睡地板。下起雨来，多处漏水，只好在被子上加盖一层油布，枕边撑一把雨伞才能睡觉。但是由于战事紧张，日机空袭长沙的次数不断增多，长沙临大不得不再次考虑迁校。

1938 年 1 月，战局不利，武汉被围，如失守则长沙不保，长沙临大决定迁往云南。一则昆明地处西南，距前线较远，再则滇越铁路可通海外，采购图书设备比较方便。对于这一方案教育部不敢定夺。蒋梦麟校长到武汉直接向蒋介石提出，经过磋商，最高当局于 1938 年 1 月上旬同意了再次迁校的方案。1 月 20 日，长沙临大常委会决定，即日起开始放寒假，下学期在昆明开学，并规定 3 月 15 日前在昆明报到。同时还讨论了迁校的具体办法，规定了迁校路线，沿途设立办事处、招待处，指定专人负责接待。蒋梦麟任昆明办事处主任。各地办事处于2月先后成立，由专人负责接待过境的学生，安排食宿，购买车票等。3月开学后，这些招待处逐一撤销。

2月19日，长沙临大的240位师生组成的湘黔旅行团出发，步行从长沙经湘西穿越贵州，全程3600里，耗时两月零八日，于4月26日到达昆明，这是中国教育史上的一次壮举。途中学生们访问少数民族的村寨，了解各地民风，体验人民疾苦。他们沿途采集了大量的标本，收集了上千首民歌。刘兆吉将收集的民歌编成《西南采风录》，交商务印书馆出版。钱能欣将自己的行军的六十八天日记整理出版了《西南三千五百里》，真实地反映了旅行团的生活。闻一多在路上创作风景速写数百幅，一路未曾剃胡子，到昆明时已经蓄起一部美髯，直到抗战胜利才剃掉，一时传为美谈。

另一支从海路入滇的队伍也自2月中旬出发，经粤汉铁路到广州，再由香港出发到海防，转乘滇越铁路到昆明。

1938年4月，教育部令改长沙临大为国立西南联合大学，北京大学蒋梦麟校长、清华大学梅贻琦校长、南开大学张伯苓校长组成常务委员，梅贻琦则实际主持校务。5月，西南联大于昆明开学，同时联大分校于蒙自开学。

西南联大建校初期的院系设置和整个系统基本上维持了长沙临大的原状。1938年8月增设师范学院，将文学院哲学心理教育学系的“教育”部分与云南大学教育系合并，成立教育学系，归师范学院。1940年师范学院附属学校开学，先办小学和初中，以后开办高中，改称附属中学和附属小学。至1944年，西南联大共有5个学院、26个学系、4个专修科、1个先修班，成为当时国内规模最大的高等学府之一。

在行政组织方面，仍以常委会为最高行政领导机构，下设总务处、教务处和建设处。常委会由三位校长和秘书主任组成，原定主席由三校长轮流担任，一年轮换一次，首先由梅贻琦担任。后来张伯苓长期在重庆担任国民参政会副议长，蒋梦麟也长期不在昆明，实际上常委会的工作一直由梅贻琦主持。常委会每周举行一次，研讨学校各项重大工作，诸如人事安排、经费支配、各种专门委员会的设立和撤销，处分学生等。常委会做出决议后，由各部门贯彻执行。

按照当时的《大学组织法》规定，西南联大设有校务会议和教授会。校务会议的成员由常务委员、常委会秘书主任、教务长、总务长、各学院院长、教授、副教授等11位代表组成。每年由教授会民主选举产生代表和候补代表。校务会议由常委会主席主持，每学年举行一次。其职权为学校的预算和决算的审议，学系的设立和废止，学校各种规章制度的颁行，建筑和重要设备的添置，讨论改进校务，讨论常委会交议的事务，等等。

教授会由全体教授、副教授组成，常务委员会委员和常委会秘书主任为当然成员。教授会是咨询机构，听取常委会主席报告工作，讨论学校的重大问题，向常委会和校务会议提出建议，选举参加校务会议的代表。教授会不定期举行，但至少每学年一次，开会时常委会主席主持。教授会对学校的行政管理、教学实施等各个方面都有很大的影响，一定程度上体现了教授治校的精神。

各学院设有院务委员会，由该学院各系教授会主席及教授代表组成。各系系务由各系教授会主席主持。1939年6月，常委会决议，各系教授会主席一律改称系主任，各系的设备，课程设置均由系主任负责。系主任由常委会聘任。

在西南联大，除三位常委为专职外，总务长、教务长、训导长、各院系院长、主任均由教授兼任，兼职但不加薪，课程的负担与一般教授相同。

另外北大、清华、南开三校在昆明各自设立办事处，保留各校原有的行政和教学组织系统，负责处理各校自身的事务。

研究生的课程，开设三校教授统一配合，不分学校。研究生由三校分别招收，学籍不属于联大，招收学生不多，但是质量较高。招收研究生的研究所具备图书设备等较好的研究条件。由于教授的精心指导，学生的刻苦钻研，其中许多人成为知名学者。

1938 年 9 月 13 日，联大师生初次听到空袭警报的凄厉声；9 月 20 日，敌机 9 架对准春城疯狂地投下炸弹，此后敌机滋扰不断，28 日联大教职员宿舍被炸。从此，汉语中第一次出现“跑警报”这个新名词。昆明不再是安全的地方，还须另作计议。10 月 6 日常委会决议，将文法两学院以及师范学院的文科部分迁到晋宁盘龙寺，并在盘龙寺一带筹划建立校舍，以备其他各院陆续迁往。不久情况发生变化，昆明有些中等学校和专业院校先后疏散到外县，校舍空出不少，可以暂时解决联大缺少校舍的问题。

同年 11 月 30 日，联大常委会讨论决定，以“刚毅坚卓”为校训。一年多来西南联大的师生在学习、工作、生活的各个方面无不体现了刚强果敢、坚韧不拔、卓尔不群的精神。这一校训确是从全体师生的实践中提炼出来的，在以后的八年中又进一步发扬光大，形成了联大人的风骨，“刚毅坚卓”可以说是对联大精神最早的一种概括。1939 年 7 月 11 日，联大常委会决议，通过校歌校训委员会所拟校歌《满江红》，由罗庸作词，张清常作曲。

1940 年日军攻入越南，云南震动。英国迫于日本的压力，正式宣布封锁滇缅公路，切断了我国从海上输入战时物资的西南国际交通线，形势日益紧张。教育部于 7 月中旬电令西南联大将员工人数、图书器材吨数，以及迁往后方所需的房屋间数于三日内上交报告，因为“昆明毗连越境，威胁堪虞，学校宜作万一之准备”。教育部次长顾毓琇也来信提示时局变化不定，必要时应做好迁校的准备。联大安定了两年，再一次面临着迁校。

1940 年 8 月，联大派人赴四川考察新校址，11 月 13 日，常委会决议，校本部暂不外迁，成立西南联大叙永分校，设置分校主任、分校校务委员会主席，均由杨振声担任。同时决定本年度一年级学生限于 12 月 10 日前在叙永分校报到上课。但是由于战时交通不便，新生大多不能如期报到，不得已，报到期限推迟到 1941 年 1 月 2 日，6 日开学、10 日上课，学生 600 余人。叙永是云贵川三省交界的一个偏僻的小县城，经济条件极其艰苦，甚至没有电灯。分校的物质条件自然比昆明更加艰苦：校舍借住在城内的庙宇，教室勉强凑合使用，课桌椅不全，教科书与必要的参考书极少，只能放在图书馆供学生借阅，学生上课时只能记笔记。但是理工科方面的实验课还是每周一次，由助教指导进行，要求依然严格。

3 月 26 日在昆明举行的校务会讨论了下学期分校的选址问题，未得出结论。分校教授则向本部提出：从速执行各学院次第迁川的决定，最低限度请准许二年级学生继续留在叙永上课。5 月 7 日举行的校务会上，以 8 票对 7 票的微弱优势通过下学期取消分校，集中昆明上课的决议。梅贻琦于 5 月下旬亲赴重庆，向教育部长陈立夫汇报学校今后的打算：二年级决定回昆明上课，一年级新生，如果云南局势没有变化则也准备在昆明上课。叙永分校的校舍设法保留，必要时先修班留在叙永。陈立夫同意了这个计划。7 月 4 日，校务会议作出决议，自 1941 年起本校不再设立分校。从 3 月 26 日校务会议提出这个问题起，历时 100 天，反复讨论，广泛征求意见，也向上级部门做了汇报，最后才作出撤销分校的决定，西南联大办事民主的精神和梅贻琦校长“吾从众”的民主作风由此可见。

常委会随即决定设置叙永分校迁校委员会，以霍秉权为召集人。7 月 21 日分校开始放暑假。8 月 1 日叙永分校校务委员会改组为结束委员会，负责办理分校结束事宜。2 日，学生开始迁昆登记，由学校解决交通工具。

西南联大从长沙临时大学起，先后三次校分两地。1941 年叙永校区的撤销，全校才作为一个整体安顿下来。以后虽然经历了日军进攻滇西南等紧急军事战况，但是联大均以岿然不动的态度应之，校内教学如常，有条不紊。

1941 年到抗战胜利，这是西南联大教学科研成就最为突出的时期。联大集中了北大、清华、南开三所著名大学的著名教授。文科教授大多数是学贯中西的大家。专长外国语言文学、哲学、政治学、经济学的著名教授们，也都具有极深的国学基础，以及对本国国情的深刻认识。擅长中国文史哲方面研究的学者，也能将国外的科研手段和方法引入到中国传统学科中来。如陈寅恪对魏晋南北朝史和隋史的研究，冯友兰对中国哲学史的研究。新文学运动的重要人物朱自清，对中国现代文学的研究也受到人们的重视。在理工科方面，联大几位年长的教授，称得上是中国近代理工学科的开创者和奠基人。如姜立夫、吴有训、叶企孙、曾昭抡、黄子卿、顾毓琇。抗战后期回国的一批年轻学者，如：华罗庚、陈省身等学术造诣较高，了解国外学术发展的情况，因此，联大的科研水平能够接近国际水平。

但是，战事的紧迫也使联大的师生们的生活陷入了窘迫的境地。1944 年昆明的物价在西南后方的主要城市中仅次于贵阳。由于昆明没有两湖、川西一带富裕，且外来人口增多，米价始终居高不下。据报载，到 1943 年下半年，昆明物价是抗战初期的 404 倍，而联大教授的工资只涨了 10 倍多。陈寅恪在形容昆明通货膨胀时，有两首诗是非常形象的：“淮南米价惊心问，中统钱钞入手空”；“日食万钱难下箸，月支双俸尚忧贫。”他眼疾难愈，营养不良也是重要的原因。陈寅恪是少数的部聘教授之一，又有中央研究院的兼职，尚且如此，一般的教授生活之窘困可见一斑。

为了补贴家用，很多教授只好将从北平带出来的书籍、衣物廉价出售。吴晗被迫把很多有关明史的图书转让给云大图书馆。闻一多也只能靠刻印补贴家用。不久大家也只有“空箱子可以卖了”。

物价恶性上涨，学生的伙食质量不断下降，至于购买学习用书，对于一般的学生就更加困难了，特别是理工科的学生，原版书买不起，即便是上海龙门书店的翻印本也很难买得起，只能依靠学长出让旧书。旧书辗转转让，就成为同学们期末必办的大事。

抗日战争是一次全民的战争，联大学生出于爱国热忱，曾有数次规模较大的从军活动，其中较有影响的有两次。1940 年，西南联大入学的大批新生入伍，到前线服务。1943 年 10 月，教育部下令征调应届四年级男生入伍，为美军“飞虎队”做翻译，联大学子的满腔爱国热情，全部落实到行动之中。与此同时，西南联大学识渊博的教授们，也努力发挥着自己的聪明才智为抗战服务。西南联大在抗战八年中，共开辟了 1600 门课程，有的课程就为抗战而开设，如“堡垒工程”“军事桥梁”“给水工程”“卫生工程”等。

在西南联大纪念碑上，由校志委员会纂列的“国立西南联合大学抗战以来从军学生题名”，上列名者就有 832 人，实际数字不止如此。长沙临时大学时，校方记录学生参军离校者就有 295 人，这些人绝大多数没有列入“题名”。两者相加共 1100 多人，约占联大学生总数的 14%。

1945 年 8 月 5 日，日本天皇宣布无条件投降，八年抗战最终赢来了胜利。消息传出，举国欢庆，联大师生更是奔走相告，欣喜异常，纷纷讨论返回平津的打算。8 月 23 日，北大、清华、南开三校联合迁移委员会宣布成立，郑天挺为主任委员。29 日举行第一次会议，确定了待铁路、轮船畅通后迁移的原则。9 月 11 日，梅贻琦校长赴重庆出席全国教育善后复员会议。会议决定：三校复员北归，师范学院留昆明继续办学。梅贻琦赴重庆不久，黄钰生被张伯苓委员找去商谈南开复校事宜，张伯苓派他回天津筹备南开复校工作。10 月 17 日，郑天挺奉北京大学之命回北平接收北平临时大学。31 日陈岱孙被派回北平接收清华大学校舍。

抗战虽然结束，但是内战的阴云很快又笼罩在昆明人民的头上。11 月 25 日，西南联大和云南大学等四所高校的学生自治会在联大新校舍草坪举行时事晚会时，遭到国民党军队的包围，激起了与会群众的愤怒。第二天学生以罢课相抗议。学生上街游行，并进行反内战宣传，遭到特务的殴打。12 月 1 日，暴徒攻击联大新校舍等地，终于发生了“一二・一”惨案，震惊全国。为此，西南联大教授会议决定停课七天，支持学生们的斗争。经过一个多月的曲折斗争，在分析了斗争形势，研究了斗争策略后，在复课条件基本解决后，决定于 12 月 27 日复课。1946 年 3 月 17 日隆重举行了“一二・一”惨案死难者的殡葬仪式后，“一二・一”运动至此胜利结束。这一场运动继承和发扬了中国青年学生运动的革命传统，启发和教育了无数青年学生，在中国青年学生运动史上谱写了光辉的篇章。

由于罢课持续了一个多月，西南联大第一学期推迟到 1946 年 1 月 11 日才结束。三天的寒假后，第二学期开学，学校工作恢复正常。5 月起，学校向在校肄业生发放志愿书，根据学生的志愿将学生分流到三所大学，最后总计：入清华大学者 986 名，入北京大学者 647 名，入南开大学者 70 名。5 月 10 日，联大学生分批乘卡车离开昆明，北上平津。以后根据卡车的调拨情况陆续出发，先后七批，最后一批于 7 月 11 日离开昆明。复学队伍按计划经贵阳、长沙、汉口、南京、上海、秦皇岛，最后到达北平和天津。

在最后一批复学学生离开昆明的当天晚上，国民党特务暗杀了民主人士李公朴，7 月 15 日，闻一多参加李公朴殉难经过报告会，发表了著名的“最后一次演讲”。当天下午，他在出席民盟举行的记者招待会后回家的途中，也遭特务枪杀。噩耗传出，震惊全国。“李闻惨案”进一步暴露了独裁者的丑恶面目，激起了全国人民反独裁，争取民主的斗争。

西南联大常委会 7 月 31 日举行最后一次会议，正式宣布西南联大结束。8 月 1 日，昆明师范学院成立，由查良钊任院长，迁入原联大校舍，北大、清华、南开各留下部分教师协助师院办学。

（李晓溪）

# 33. 胡适的文化活动

胡适(1891—1962 年)，现代著名学者，历史学家、文学家、哲学家。原名嗣穈，学名洪骍，字希疆，后改名适，字适之，笔名天风、藏晖等，安徽绩溪上村人。1910 年考取庚子赔款第二期官费生赴美留学，在康奈尔大学先读农科，后改读文科，1914 年往哥伦比亚大学攻读哲学，学于哲学家杜威，深受其实验主义哲学的影响。1917 年获哥伦比亚大学哲学博士学位，同年夏天回国。他曾历任北京大学教授、北京大学文学院院长、中华民国驻美利坚合众国特命全权大使、美国国会图书馆东方部名誉顾问、北京大学校长、中央研究院院士、普林斯顿大学教授、中华民国中央研究院院长等职。

胡适兴趣广泛，著述丰富，作为学者的他在文学、哲学、史学、考学、教育学、伦理学、红学等诸多领域都有深入的研究。胡适一生的学术活动主要在史学、文学和哲学几个方面，主要著作有《中国哲学史大纲》(上)、《尝试集》《白话文学史》(上)和《胡适文存》(四集)等。

胡适因提倡文学革命而成为新文化运动的领袖之一。在五四新文化运动的洪流中，胡适在思想理论与行动实践两方面都立下了丰功伟绩，产生了重要的历史作用，影响深远。1915 年夏天，胡适到绮色佳度假，在与梅光迪、任叔永等朋友的辩论中，他提出了"文学革命"的口号。五四前后，胡适就文学革命和文艺理论方面，写了许多文章、通信和札记，同时做了多次讲演。胡适为了贯彻自己的文学主张，促使新文学运动开花结果，还从事创作实践，用白话写出了我国第一部新诗集《尝试集》和第一个独幕话剧《终身大事》。

作为首倡者，胡适为文学革命提出了明确的目标。胡适在 1935 年写的《中国新文学大系 · 建设理论集 · 导言》中，回顾了新文学运动产生的历史。他认为，以文言文为工具的封建文学，"是一种僵死了的残骸"，不值得"迷恋"。新文化运动初期，用文言文做工具，来宣传新思想，批判旧道德，翻译外国文学作品，虽然取得了很大的成绩，但是它不能普及，有很大的局限性。因此，只有发动文学革命，白话文才能取代文言文，白话文学才能取得正宗地位。因此，他认为文学革命的目标就是要用白话文学代替古文文学的正宗地位。他在《建设的文学革命论》一文中把文学革命的目标概括为"国语的文学，文学的国语"。

1916 年 11 月，还是美国哥伦比亚大学研究生的胡适把一年来关于文学改良讨论、思考的结果总结成一篇文章，名为《文学改良刍议》，于 1917 年初发表于《新青年》上。主张：1. 须言之有物；2. 不摹仿古人；3. 须讲求文法；4. 不作无病呻吟；5. 务去滥调套语；6. 不用典；7. 不讲对仗；8. 不避俗字俗语。此文猛烈抨击了封建文学，是反对文言文、提倡白话文的首篇正式宣言，在中国文化界产生了巨大的影响。胡适因此被誉为文学革命"急先锋"和"催生者"，成为当时新文化运动的重要人物。

白话文的倡行，为思想解放提供了最方便、最锐利的工具。而思想解放真正的核心内容，是人自身的解放，也就是个性解放。胡适于 1918 年 6 月发表在《新青年》上的《易卜生主义》一文，被视为是个性解放"最有力的宣言”。

五四时代是中西文化激烈冲撞的时代，胡适以他中国传统文化的深厚功底，加上他对西方文化的深入了解和感受，第一个明确地回应了时代的挑战。他在《新思潮的意义》一文里，为新文化运动提出了一个 16 字的纲领：“输入学理，研究问题，整理国故，再造文明。”在输入学理方面，胡适用力最多的自然是宣传实验主义。实验主义提倡从具体的事实境地出发，不信任一切没有根据、不曾证实的结论。这种思想态度，对于破除中国人的武断迷信的心理是很有意义的。在五四运动后，胡适与李大钊之间发生了著名的“问题与主义”之争。胡适从实验主义哲学背景出发，主张“多研究些问题，少谈些主义”。他还提出一种怀疑的方法，即“大胆的假设，小心的求证”。这十个字几乎成了一种信条，传播甚广，对一整代青年起了非常重要的作用。他后来提出的“勤、谨、和、缓”四字诀更是治学经验的不二法门。至于“整理国故”，就是“重新估定一切价值”。他除了著有《中国哲学史大纲》《白话文学史》(只出版了上卷)外，还写了《水浒传考证》《红楼梦考证》，以及对《儒林外史》《西游记》《三侠五义》《海上花列传》《儿女英雄传》《官场现形记》《老残游记》《三国演义》等十几种中国古典小说几十万字的考证文章，结集为《中国章回小说考》出版。1925 年 2 月，他参加段祺瑞召开的“善后会议”。同月，应《京报副刊》编者之约，开“青年必读书”十部，其中有《老子》《墨子》《论语》《论衡》《崔东壁遗书》等五部国学书。胡适是新红学派考派的创始人，也是将小说纳入了学术研究正轨的第一人，取代了蔡元培为代表的“索隐派”旧红学。胡适是红楼梦海内孤本脂砚斋重评石头记的发现者和拥有者。而且后来发现了一系列珍贵的版本比如《庚辰本》，为近代红学研究奠定了重要的基础。

新文化运动除了“破旧”，还需要“立新”，为此，胡适在五四运动前后，写了大量文章来阐述白话文学，并对什么是白话文学作了探讨、研究和实践，提出了不少新的见解。他非常重视内容，在《文学改良刍议》中，把“须言之有物”列为第一条。他说：“吾所谓‘物’非古人所谓‘文以载道’之说也。”胡适所反对的“文以载道”的“道”，正是封建文化所宣扬的孔孟之道。1914 年，胡适就反对袁世凯颁布的《尊孔令》。他在 1914 年《藏晖室札记》中，斥尊孔令为“口头谰言，可笑可叹!”1918 年，胡适在《易卜生主义》一文中，反对把“男盗女娼的社会”，说成是“圣贤礼仪之邦”；斥责对“赃官污吏的政治”进行“歌功颂德”。胡适在 1916 年《藏晖室札记》中《论译书寄陈独秀》里，提出：“今日欲为祖国造新文学，宜从输入欧西名著入手。”他在 1916 年的《藏晖室札记・觐庄对余新文学主张之非难》里，明确提出：《儒林外史》、易卜生、萧伯纳等的作品是“有功世道人心”之文学。胡适还在 1918 年《建设的文学革命论》中，主张应使“今日的贫民社会，如工厂之男女工人，人力车夫，内地农家，各处大负贩及小店铺，一切痛苦的情形”，“在文学上占有一位置”。

胡适认为，中国传统文化的要害在于“惰性”，这在他的许多讲话和文章中都可以看到。胡适所谓的“惰”，即因循、保守、懒散、不求进取、固步自封之意。胡适提倡白话文、倡导新文学，发起组织“中国科学社”(1913 年成立，是我国第一个科学团体，出版《科学》月刊)，宣传民主与法治，民意与法治等等，以及胡适在新文化运动中所从事的一切活动，几乎都与反对中国传统的“惰”性文化有关。1918 年 1 月，《新青年》杂志改组并完全用白话文刊出，胡适在改组后的第一期里发表了《归国杂感》，谈论他留学回国后的见闻与感想。他认为中国最普遍的怪现象是“时间不值钱”。1925 年 6 月 28 日，胡适应北京青年会夏令营的邀请，在西山卧佛寺万松亭讲演，题目是《基督教与中国文化》。在这次讲演中，胡适第一次对中国文化的内涵作了比较全面的阐述。1926 年，胡适在《现代评论》4 卷 83 期上发表了《我们对西洋近代文明的态度》一文，他批驳了当时一些复古主义者宣扬的中国物质文明虽然落后，但精神文明却是先进的论点。1926 年胡适在赴前苏联访问途中，曾经给徐志摩写过一封信，信中提到要救国，应该从思想学问下手的主张。1926 年胡适在赴欧美各国旅游、考察期间曾作过一个有趣的社会调查。据说，中国的“国粹”麻将牌在欧美十分时髦流行，甚至有研究怎样打麻将的书出版。胡适从好奇心出发进行了调查，但遗憾的是他所到之处根本见不到打麻将的，使得他大为感慨中国人浪费光阴的惰性。1912 年 2 月胡适在《新生活》第 2 期上发表了一篇短篇小说《差不多先生传》，专门对"惰性文化"的影响难于铲除的现象，作了深刻的批判，在当时曾广为流传。

新文化运动还引起了一系列的社会革新运动，例如女子解放运动、教育改革运动、科学兴国运动等，在这些方面，胡适都发挥了领袖的作用。他不但发表文章提出一系列有关改变女子"贞操"的观念，改善女子经济地位的思想，以及发展女子教育的主张，而且身体力行，实际参与了许多推动女子解放的事业与活动。在教育方面，他是全国新学制的制定者，是在北京大学倡办研究所、倡导教授治校的主要人物。对改革高等教育起了示范的作用。他还是推动中小学课程改革最有热心的一个人。至于他对科学的提倡更是不遗余力，尤其是他把科学引入世界观，终生提倡"科学的人生观"，这对当时科学落后、迷信妄想盛行的中国社会，具有极为深远的意义。

胡适在哲学研究方面也成绩斐然。1917 年 6 月，胡适离美回国。9 月，胡适应蔡元培之邀进入学术重镇北大，讲授中国哲学史、西洋哲学史、英国文学、英文修辞字、欧洲文学名著选读等课程。1919 年 2 月，上海商务印书馆公开出版胡适《中国哲学史大纲》(卷上)，被誉为近代意义史上的中国哲学史研究的开山之作。在此书中，胡适以真正近代的方法和近代的眼光来研究中国哲学史，打破了传统的经学方法。

胡适的哲学思想核心是杜威的实验主义哲学的方法论，其次还有进化论思想和怀疑论主张。杜威访华期间，胡适一直在杜威左右，陪同他去北京、天津、太原、济南等地讲演并担任翻译。在杜威离开中国前夕，胡适作了《杜威与中国》一文，为其送行。胡适一贯提倡学以致用，因而对那些与社会改良密切有关的学问向来抱着极大的兴趣，而对那些对于实践一点都没用的学问，他从来都不屑一顾。在这种思想的指导下，胡适经过对西方各种流派哲学的比较研究后，认为杜威的实验主义哲学，特别是杜威的实验主义哲学的方法论最符合中国当时的社会需要。他想要用杜威的哲学方法来解决当时中国人在改造社会的活动中遇到的各种问题。胡适把方法论当作手段而不是目的。他从事哲学的目的是要解决人和对象世界的关系问题，正如他所说的："真正的哲学必须抛弃从前种种玩意儿的'哲学家的问题'，必须变成解决'人的问题'的方法。"在胡适看来，哲学的根本问题不是争论了 2000 多年的哲学基本问题即物质与精神、思维和存在的关系问题，而应该只能是方法论的问题，也就是寻找"解决人的问题"的方法。他强调哲学思想要为现实服务，要有用于社会，要有用于人生，要能为改造世界提供指导。

胡适采用了西方近代哲学的体系和方法研究中国先秦哲学，把孔子和儒学放在一定的历史条件下，用"平等的眼光"与诸子进行比较研究，破除了儒学"独尊"的地位和神秘色彩，具有开创性的影响。以后又发表长篇论文《说儒》，提出孔子不是"儒"的创造者，而是儒学的中兴者。他在《写在孔子诞辰之后》中认为"孔教不能适应时势需要"，辛亥革命后的中国社会进步，"不是孔夫子之赐，是大家努力革命的结果，是大家接受一个新世界的新文明的结果。只有向前走是有希望的，开倒车是不会成功的"。对儒家强调的"三纲五常"持批判态度。

胡适很注重对西方文化的学习。1930 年 7 月，胡适到南京参加"中华教育文化基金董事会"年会，董事会决议组织"编译委员会"，聘胡适为编译委员会委员长，主持编译欧美文化名著。

新闻传播活动也是胡适学术活动中不可忽视的部分。胡适为了宣传他的政治主张经常参与新闻传播活动。1906 年胡适考入上海的中国公学，他接触了一些新学书刊，尤其是梁启超的《新民说》和严复的《天演论》对他启发很大。当时《竞业旬报》的文章多是古文，胡适被“竞业学会”会长钟方恢介绍进学会，并为《竞业旬报》写稿。一段时间后，胡适成为该报的第三任主编，在思想意识与观念形态上与《竞业旬报》日趋契合，从 24 期到 28 期该报各栏目的各类文体的作品大都出自他的笔下。他开始利用报纸宣传自己“启民智”“改革社会”的主张。他希望同胞革除从前种种恶习惯；革除从前种种野蛮思想；要爱我们的祖国；要讲道德；要有独立的精神。他在“社说”“时闻”“时评”“小说”中写的立意都追寻着这个宗旨。

自从胡适在中国公学主编《竞业旬报》以后，他的一生就与报纸结下了不解之缘。1914 年 6 月，胡适参与赞助赵元任、周仁、胡达等人发起的科学社筹办的《科学》月报。同年 9 月，又被举为英文《月报》主笔之一。1916 年，胡适担任过《留美学生季报》的编辑。此后，在国内主编过《每周评论》(陈独秀创刊)，创刊《努力周报》(1922 年)、《现代评论》(1924 年)、《新月》(1928 年)、《独立评论》(1932 年)，另有《努力月刊》《平论》两刊因种种原因最终未获出版。不仅如此，胡适还间接地影响了《自由中国》《观察》《客观》等刊物的运作，给他们提出了许多宝贵的建议。胡适非常注意对办报宗旨的明确化，他曾不止一次在所办刊物的创刊号中强调自己所办同人刊物的宗旨与目的，在《独立评论》《我们要我们的自由》等文章中都有清晰的论述。

1918 年 6 月，《新青年》改为同人刊物，成立编委会。由陈独秀、李大钊、胡适等人轮流主持、编辑，这时的刊物团体在意识精神上以胡适为核心，着眼于科学与民主。胡适在《新青年》上的文章，讲科学的很少，但强调思想解放，主要是个性解放和女子解放。《新青年》创刊初期是不谈政治的，随着马列主义的传入，《新青年》开创“马克思主义”专号，越来越政治化了。1920 年，《新青年》移至上海，实际成为上海共产主义小组的机关刊物。胡适力劝陈独秀应以哲学、文学、思想文化为主，并坚持移回北京，陈未同意。

1922 年 5 月胡适在北京创办《努力》周报，成为胡适回国后“谈政治”的开端。胡适开始利用报纸监督政府，引导舆论。《努力》周报第二期刊发了《我们的政治主张》，紧紧扣住当时的社会热点问题，对于中国南北的统一，重建合法的国会，草拟永久的宪法，裁军等进行论述，引起巨大反响。

1928 年 3 月，胡适回到上海，这时的中国已发生了剧变：国共两党分裂，国民党通过军事手段建立了一党专政的南京政府。胡适密切关注中国政局的变动，注视着国民党政权的政策及行政方针，时刻准备利用政治舆论为执政的国民党指点一条通向民主法制的治国之路。《新月》第 2 卷第 2 号的《人权与约法》是胡适向国民党在人权与法制问题上打响的第一炮。以后胡适又在《新月》第 2 卷第 4 号发表《我们什么时候才有宪法》与《知难行亦不易》，反对国民党一党专政，认为人民树立起的宪法高于一切。第 6、7 号合刊登载的胡适的《新文化运动与国民党》和罗隆基的《告压迫言论自由者》，把《新月》的人权舆论运动推向高潮。

胡适无论从新闻实践还是到新闻思想在《独立评论》创办期间都走向成熟，这是一家政治评论性周报，从 1932 年 5 月创刊至 1937 年 7 月 25 日因北平战事吃紧而停刊。胡适共发表 1309 篇文章，他把这段时期称为“小册子的黄金时代”。他提出“运用独立的思想，宣扬真理；‘敬慎无所苟’的舆论态度和办报方针；把舆论引导同时政紧密结合；重视评论的时效性；坚持高尚的报刊品格；争取言论自由”等办刊宗旨，胡适这一时期的许多文章已透露出一些可贵的新闻思想，这是其多年报刊经验的结晶。

《独立评论》之后，胡适的报刊活动已不再辉煌。1949 年 11 月 20 日，《自由中国》创刊，胡适在美国非常关注，被邀请担任发行人，但实际上并没有直接参与到其中。

胡适还涉猎了禅宗研究。胡适对于禅宗史的研究，是他整个中国哲学史研究的一个组成部分。大约自

20世纪20年代初至1935年，是胡适研究禅宗史的第一时期。他的第一篇有关佛教禅宗的论文，是1925年1月发表的题为《从译本里研究佛教的禅法》。然而在这之前，他在1921年9月至10月，曾在中哲史课中讲过佛教，1922年6月间，又曾讲过《佛教略史》和禅宗。他在这一时期曾认真地阅读并研究过一批佛经和禅宗典籍。同时，他也注意用西洋哲学作“比较参证的材料”(《中国哲学史大纲绪言》语)，用历史考证的方法，对禅宗史的研究作出了某些新的探索。

胡适在写《中国禅宗史》的过程中接触到神会与北宗辩论的记载，感到如果不写神会，就难以写好禅宗史。1926年，胡适因在巴黎、伦敦相继发现三卷及一份残卷，约20000字有关神会和尚的资料，也就是《神会和尚语录》和《菩提达摩南宗定是非论》，又在伦敦发现了神会的《显宗记》，他不仅“要把禅宗史全部从头改写”，而且强调“这位大和尚神会实在是禅宗的真正开山之祖，是《坛经》的原作者”。

胡适在1928年发表了《白居易时代的禅宗世系》，1930年发表了《跋曹溪大师别传(坛经考之一)》和《荷泽大师神会传》，1931年发表了《楞伽师资记序》，1934年发表了《跋日本京都堀川兴圣寺藏北宋惠昕本坛经影印本(坛经考之二)》，1935年发表了《楞伽宗考》，等等。这些也都是他在获得敦煌写本和日本发现的新史料后，为改写他的禅宗史所作的整理、研究工作。

在这之后，胡适的禅宗史研究中断了17年之久。1952年，他先后撰写了《朱子论禅家的方法》和《六祖坛经原作檀经考》，又重新开始了他的禅宗史研究课题。此后，他运用新发现的敦煌写本资料，对《神会和尚遗集》作了校订和补遗，又根据各种历史文献、碑铭等资料，写成了四十余篇关于初期禅宗史的论文。

此外胡适很注意佛教所以能在中国传播的原因，以及佛教在社会风俗、礼仪、伦理等方面的影响和作用等问题。

胡适对自然科学也充满兴趣。早在1914年，胡适就与赵元任、杨杏佛等人在美国发起成立“中国科学社”，以提倡科学、传播知识为宗旨，1915年正式出版《科学》月刊。这是我国第一个科学团体和科学期刊。中国科学社社歌的词作者就是胡适。1918年科学社迁回国内，在南京、上海等地设事务所，后来不断扩大，对中国科学事业的发展作出了重大贡献。

1942年9月8日，胡适辞去驻美大使职务，移居纽约，从事学术研究。此后的20年间，在《水经注》版本研究上花费了巨大的精力。在十几年内，胡适集了40多种《水经注》的版本，抄写了100多篇长篇文章和一些考文字，用了千百个据，推翻了“几成定献”的所谓戴震抄袭赵一清《水经注》校本的冤案。《戴东原的哲学》一书，是胡适研究清代思想史的一部最重要的着作。胡适认为，清代思想史中存在一个反理学的大运动，这个运动有破坏和建设两个方面。前者是揭破理学的谬误，打破它的垄断地位；后者是要建设一种不同于理学的新哲学。

1962年2月24日，胡适在台北主持“中央研究院”第五次院士会议，会后在欢迎新院士酒会上心脏病猝发去世。胡适一生著作丰富，桃李遍天下，对我国的新文化运动和教育事业做出过巨大贡献。他在思想、文化和学术等诸多领域，都有开创性的贡献，他被认为是20世纪中国最有影响的思想家和学者之一。

(谭本相)

# 34. 现代新儒家的出现

现代新儒家是民国以来的一个文化和哲学学派，他们开创了现代新儒学。现代新儒家的出现，是当代中国的学术和学派现象，经港、台地区和美国诸海外学者的概括，为大陆所肯认。

现代新儒学是相对于先秦原始儒学和宋明新儒学而言的。一般认为，先秦以孔子、孟子和荀子为代表的儒学，是儒学发展的第一阶段，称为原始儒学。经过宋明时期援佛入儒，对儒学进行改造、重建，使其哲理化，是儒学发展的第二阶段。这一时期的儒学被称为新儒学，其代表人物被称为新儒家。20世纪20年代以来，中国传统伦理和价值系统日益崩解，一批怀着忧国忧民怀抱和中国文化“花果飘零”心态的知识分子，欲图弘扬儒学，以恢复传统文化的地位和价值系统，融合西方文化，以因应西方文化的挑战。这在当时，是一种具有相当社会基础的群体意识，既是学术文化思潮，也是一种社会思潮。如果从理论形态上加以划分，可将其概括为“现代新儒学思潮”，代表这股思潮的有独立思想体系的学者，就是现代新儒家。

现代新儒家作为一个学派群体，有其共同特征。他们既对中华传统大生命和儒家传统价值有着深切的体认，又有着开放的文化心态。他们挺身而起，维护孔子的真价值，阐扬传统的真精神，对全盘性反传统的思想与文化运动作直接回应。为了解决传统与现代的问题，他们发挥着各自的学养，动心忍性，孤寂奋斗，融通中西印，统摄百家，归宗儒学，发扬中华文化的生命力和生命原，创造性地重建传统。

现代新儒家是在由中西文化冲突而带来的中国文化变革中产生的。儒学自汉以来一直是中国的统治思想，但近代中国三千年未有之变局使儒学面临最严峻的挑战。从鸦片战争到庚子赔款，中华民族一而再、再而三地蒙耻受辱，泱泱大国，天朝上邦竟沦落到任人宰割的地步，民族危机终于激起一浪高过一浪的民族救亡。先是魏源“师夷长技以制夷”，继以曾左李胡坚船利炮的自强新政，但这种儒学思想框架内的运作换来的是证明儒家经世之学的无用；而康梁政经制度的维新运动则用几位义士的鲜血昭示“孔子改制”的传统应付世变之方的失败；张之洞的“中体西用”和废科举兴学校的改革，既不保清祚永存，又不能嗣接儒脉，儒学在政治上的统治地位伴随满清覆亡一齐化作明日黄花。

儒学面对民族危机的无能和败绩，导致一大批志士仁人转而在儒学之外寻找摆脱民族危机、复兴中国之方。19世纪中期特别是八九十年代潮涌而入的西学自然吸引了他们的目光，从技术到科学，从社会准则到政治制度，西学都被中国人所接受并采用了。进入20世纪，中国依然内乱不已，外患频仍，危机四伏的局面使中国知识分子采取更激烈的态度，他们大力提倡民主科学，同时对儒学进行猛烈的声讨抨击，从而掀起新文化运动。新文化运动加上此前的废科举，兴学校，不但直接动摇了儒学赖以生存和传承的基础，而且使儒学在学术、思想文化以及社会伦理上的统治地位完全丧失了。

儒学因为不能生存于中国，不但导致其统治地位的丧失，而且连自身生存也产生了危机。现代新儒家的兴起与儒学传统在近现代中国的失落、新文化运动对儒学的批判和儒学人生观的式微直接相关。

列文森在《儒家中国及其现代命运》中认为："正统儒者，已经被淡忘了。始时，他们的思想是一股势力，是活生生的社会产物和思想支柱。结果，在产生它并需要它的社会开始瓦解之后，它成为一片阴影，只栖息在一些人的心底，无所为地只在心底像古玩般地被珍爱着。"这个描述对大多数正统儒者是正确的，但儒学的近代命运，西学的冲击和新文化运动的激烈态度也激起一些动心忍性的儒者反动，他们不是"无所为地"珍爱着儒学，而是为了儒学的生存，同时也是为了他们自身的生存，挺身而出，重新维护孔子和儒学传统的价值。梁漱溟儒服登台，在新文化运动的大本营北京大学宣讲孔子，1921年出版《东西文化及其哲学》，从而"开启宋明儒学复兴之门，使吾人能接上宋明儒者之生命智慧"。现代新儒学由此揭幕并奠基。

现代新儒家的出现，还得力于近代科学主义与人本主义之间的冲突。1923年张君劢在清华大学作《人生观》的演讲，认为科学不能解决人生观问题。由此而引发的科玄论战，实际上是新文化运动论争的延续。而当张君劢提出："自理论实际两方观之，宋明儒学有昌明之必要。""心性之发展为形上的真理之启示，故当提倡新宋学。"不但与梁漱溟接上了线，而且开始了有意识复兴儒学的运动。

从现代新儒家的由来，可以看到现代新儒家是与近现代中国历史紧密相关的，新儒家是针对中国当时的现实社会和历史文化的当下反应。他们实际关注的是儒学在中国的前途，以及他们自身的前途，他们并没有为世界人类泛泛而论人类生存问题，也没有站在超文化的立场来论人生和生命之学。在他们眼中，只有中国文化才有未来和永恒的价值，所以他们只认同中国文化，准确地说，是只认同中国文化的儒学和儒学的宋明理学。

现代新儒家的代表人物，有梁漱溟、张君劢、熊十力、钱穆、唐君毅、牟宗三、徐复观等，海外新儒家有杜维明、刘述先等。

现代新儒家大致经历了三个发展阶段。中华人民共和国成立以前，是现代新儒家思潮发展的前期阶段，主要代表人物有梁漱溟、张君劢、冯友兰、贺麟、熊十力等人。第二阶段是20世纪50—60年代活跃在港台的一批学者，如唐君毅、牟宗三、方东美、徐复观等人。他们是现代新儒家的第二代。1958年元旦，张君劢、唐君毅、牟宗三、徐复观四人联名在香港《民主评论》和台湾《再生》杂志上发表了他们的"宣言"——《中国文化与世界——我们对中国学术研究及中国文化与世界文化前途之共同认识》，提出了现代新儒家"返本开新"的思想纲领。以后20多年，经过他们的努力，现代新儒家已逐步成为港台地区影响最大的一个学术思想流派。第三阶段是20世纪80年代活跃于港台和海外的一批中青年学者，他们大多是牟宗三、唐君毅的学生，以美国哈佛大学教授杜维明、香港中文大学教授刘述先等人为代表，可说是现代新儒家的第三代。

为现代新儒家首创山林的是梁漱溟。1917年，蔡元培邀梁漱溟到北京大学讲授印度哲学。梁漱溟却抱着阐扬孔子思想的使命感和责任感跨进北大，见了蔡元培这位新文化运动的护法神，劈头就问他对孔子持什么态度？蔡元培感到突然，沉吟后回答说，我们也不反对孔子。梁漱溟说，我不仅不反对而已，我此来除去替释迦、孔子发挥外更不做旁的事了！紧接着这个发扬孔子的宣言，他在北大哲学研究所开了一个孔子哲学纪念会，然后开始研究东西文化及其哲学。当时，正值五四前夕西化思潮风起云涌之际，正如梁漱溟所说："今天的中国，西学有人提倡，佛学有人提倡，只有谈到孔子羞涩不能出口……孔子之真若非我出头倡导，可有哪个出头？"梁漱溟力排众议，提倡孔子的学说，归宗儒家，无疑是现代新儒家的第一声狮子吼。梁漱溟在其《东西文化及其哲学》一书中，明白指出新文化运动所说的问题还要研究。他以自己的生命体验，对中西印三大思想文化系统作了概括性的比较和阐述，提出"意欲"与"直觉"两大观念，解释孔子学说，抉发了东方文化和儒家思想的意义与价值，特别是孔子的生命哲学和道德境界，呼吁再创宋明讲学之风，重返儒家的道路，语言西方哲学会走上中国的路，孔子的路，“世界未来文化就是中国文化的复兴”。牟宗三《生命的学问》称之为：“独能深入孔教最内在的生命与智慧”，“使孔子的生命与智慧亦重新活转而披露于人间”。可以说，梁漱溟是开启现代新儒学的先驱。

1923年的科学与人生观论战，是现代新儒家形成过程中的一件大事。有学者视其为现代新儒家的方向起源，后来的现代新儒家们也常常反省这场论战。这场论战由张君劢在清华大学讲演《人生观》引起。在论战中，张君劢坚持，科学无论怎样发达，都不能解决人生观问题。这实际上是对全盘西化论的回应，更是对全盘性反传统主义的思想工具科学万能论或科学主义的回应，这一点曾受到梁启超《欧游心影录》的影响。同时，也是对清末以来扬汉学抑宋学的回应。对照梁漱溟《东西文化及其哲学》中所说，人的动作不是知识要他动作的，是欲望与情感要他往前动作的，就可以发现他们的思想是同一理路的。张君劢与梁漱溟接上了统系，现代新儒家阐扬宋明儒学的思想与精神的意向更明确了。

当这场被称为具有唯物与唯心之争性质的科学与人生观论战还在进行时，现代新儒家的关键性的中心开启性人物熊十力在北大讲《新唯识论》。这部《新唯识论》，梁漱溟在北大宣言发扬孔子时，熊十力就在欧阳竟无支那内学院开始著述了。《新唯识论》是现代新儒家的哲学经典著作，原名《境论》，即关于本体论、宇宙论、人生论等。熊十力对五四时期的西化风潮抱有深刻的批判意识，反对现代中国盲从西学。《新唯识论》即以重建中国儒学的本体论为使命，他自言此书的根本问题在于体用。他以有系统的论理形式，对儒家思想作了创造性的发扬。同时，他还从本体论上批判了科学万能论。《新唯识论》的体系的完成，标志着现代新儒学作为一个独立的哲学学派性格的挺立与完成，为现代新儒学的开展奠定了宏阔的基础。

20世纪30年代，钱穆先生在史学领域异军突起，回应并清理近代全盘性反传统主义和西化思潮。20年代末，他在《国学概论》中对民初以来的思想略作清理，尖锐指出要尽废故常。30年代，他先著《中国近三百年学术史》，评汉宋是非，揭示晚明清初实学导源于宋学，系统地批评了清末民初以揭橥汉学之名否定宋学义理的学术思潮。抗战中又著《国史大纲》，于1940年夏出版。《国史大纲》探求并强调中华历史文化自身发展的途辙与永久生命的源泉及原动力，明白宣言对本国历史文化的了解应有温情与敬意，提出古史层累遗失说，详细论述了自虞夏至民初的中华全史动态。卷首《引论》是一篇历史哲学与文化哲学论文。它指陈，晚近中国之病，主要在于士大夫的无识，转而疑及我全民族数千年文化本源，唯求全变故常以为快；但对本国历史文化抱这种革命的蔑视，却是一切真正进步的劲敌。《引论》可以说是现代新儒家的史学宣言。如果说《新唯识论》继承发扬了《大易》哲学，那么，《国史大纲》则是对孔子《春秋》传统的继承发扬，它使现代新儒家拓展了新领域，为现代新儒学的开展提供了一个坚实的史学基础。钱穆可以说是现代新儒学在史学领域的创建者。

抗战中，现代新儒家以私人身份在大后方主持三大书院，这是现代新儒家形成过程中的大事。1939年，马一浮在四川乐山乌尤寺办复性书院。次年，梁漱溟在重庆北碚金刚碑主持勉仁书院，张君劢在云南大理办民族文化书院。三大书院都以弘扬中华传统文化为宗旨，培养了一些现代新儒家的追随者，开展了复兴儒学的运动。这是他们对宋明儒自由讲学精神的一次实践。

此外，还有三件事值得注意。一是1935年1月，王新命、何炳松等十教授发表《中国本位文化建设宣言》及其引起的东西文化再次大讨论，熊十力、梁漱溟等都参加了这次讨论。二是1937年1月，逻辑学家沈有鼎在中国哲学会南京第三届年会上宣读的《中国哲学今后的发展》论文，明确提出了“第三期文化”的概念，说第三期文化是要以儒家哲学的自觉为动因的，其哲学体系是穷理尽性的唯心论大系统。三是 1941 年 8 月，在张其昀创办的《思想与时代》杂志创刊号上，贺麟发表《儒家思想的新开展》，说儒家思想的新开始，也就是民族文化复兴的新机运，概述儒家思想新开展当取的途径，明确提出“新儒家思想”的概念。1944 年 4 月，钱穆发表《中国近代儒学之趋势》，概述民国后儒学所取得的和会融通与剖析辩驳齐头并进的路线，提出“中国近代儒学”的概念。这两文都可视作现代新儒家往途的总结，来途的启示。

自抗战胜利，现代新儒家进入第二个历程，直至 20 世纪 70 年代终。

在第二历程中，现代新儒家的第一代代表人物梁漱溟几乎息影学坛，熊十力闭户著书大胆推演孔子外王之道，其余都奔波海外。张君劢环球讲学，宣扬儒家思想的复兴是中国现代化的先驱；钱穆办学著述，阐扬中国历史与文化精神，提倡复兴中国文化；方东美返宗儒学，融合中西哲学，以建立新儒学；唐君毅、牟宗三、徐复观也先后成熟，建立体系，成为新一代新儒家。

1947 年 1 月，牟宗三与钱穆的弟子姚汉源在南京办《历史与文化》杂志，认为近代中国同室操戈，根源于自毁历史、自戕文化，不信己而信人，申明以己之文化，解析历史，阐明儒家的最大旨趣。创刊号还发表了牟宗三的《大难后的反省》，明确提出以儒学促进全民族精神觉醒的问题。

同年 5 月，已经服膺熊十力新儒学的徐复观在南京创办《学原》杂志，宣扬中国文化，被称为“新儒学”。现代新儒学的两代主要人物如熊十力、钱穆、唐君毅、牟宗三等，在《学原》上发表了二十余篇文章。

次年，熊十力弟子，现代新儒家阵营的程兆熊接纳牟宗三的建议，在江西铅山鹅湖办鹅湖书院与《理想历史文化》杂志，唐君毅也曾由无锡南下赴鹅湖讲学。在牟宗三等起草的《鹅湖书院缘起》中，明确认定孔孟荀董为儒家的第一期，程朱陆王为第二期，现已达到了第三期。这第三期的儒学运动，会有更大和全新的使命感及任务。

40 年代后半期这三件事，足以表明第二代现代新儒家的自觉的民族文化意识与开展新儒学的使命感。三家刊物为期甚短，《历史与文化》办了四期，《理想历史文化》仅两期，《学原》最长也不过一年半。但它们的实际意义，却是 50 年代开始的更自觉更集中、影响也更大的现代新儒学发展的酝酿与前奏。

香港新亚书院与《民主评论》杂志的创办，是现代新儒家第二历程中的两件首要大事。新亚书院及其所属新亚研究所，由钱穆偕唐君毅以及《民主评论》的主编、经济学家张丕介等人创办。“新亚”一词，即“新亚洲”之意，钱穆希望把英国殖民统治下的香港，建成一个传播中国文化、亚洲文化的中心。钱穆在《新亚书院沿革旨趣与概况》一文中宣称他的办学宗旨是“上溯宋明书院讲学精神，旁采西欧大学导师制度，以人文主义之教育宗旨沟通世界东西文化，为人类和平、社会幸福谋前途”。弘扬儒学，沟通中西文化，促进中华传统文化的现代化，并以学术与人格并进，开悟青年一代回归孔孟之道，要在香港这块殖民地，将中国文化“灵魂再植”。这就是所谓“新亚精神”。1963 年 10 月，香港政府选定新亚、崇基、联合三书院组建中文大学。新亚加入中大，这是新亚书院发展史上的一个重要里程碑。然而，也正是在这个时候，筚路蓝缕、创办新亚的钱穆却毅然决定引退了。1973 年，中文大学改联合制为单一集权制，新亚书院名存实亡。于是在 1975 年，唐君毅率新亚研究所独立，把“新亚精神带出中大”。

自 20 世纪 60 年代后半期，牟宗三、徐复观先后加入新亚研究所，坚守文化营垒，推进新儒学的开展。在新亚研究所独立时期，唐君毅出版了《生命存在与心灵境界》，以黑格尔型的方法和华严宗型的系统，展开其哲学论说。牟宗三出版了《智的直觉与中国哲学》与《现象与物自身》，以康德型的纯理批判改造中国哲学，并以中国哲学弥补康德“智的直觉”的理论的不足，成就了“唯心论的本体——现象论的形而上学”，完成了熊十力的“量论”未竟的缺憾。

《民主评论》创办于1949年夏，至1966年8月停刊，为期17年。在此期间，其主要作者多是新亚学人。徐复观和唐君毅、牟宗三等人以其所持的民族文化立场，更产生了要把这一想法向社会提出共作探索的迫切感，于是有《民主评论》的创办。他们相信“中国不亡，中国文化不灭”。他们自言要站在中国人、中国文化的立场上，发掘中国人文精神，并以敢于向任何权威挑战的批判精神，反省近代“文化的虚脱混乱”，特别是批判知识分子的本性迷失，来奠定文化发展的大方向。50年代以后，《民主评论》以思想文化性文章挂帅，走向复兴中国文化尤其是弘扬儒家精神的方向，发展成一个复兴中国文化的基地，被称为“新儒家的发言台”。

稍后，在香港还有《人生》杂志，由王道奔走筹款于1951年1月16日创办。《人生》一开始即以弘扬儒学为职志。钱穆、唐君毅、牟宗三、梁寒操等数十人曾联名申明宗旨。他们以及张君劢、徐复观也都是《人生》的基本作者。《人生》师友共同研求“返本开新”与“摄智归仁”之道，他们提炼中国文化之精华，疏导中西文化之异同，从本源上谋中西文化中会合，发扬基于人性、人道等一切仁爱思想、情志，企图以此端正人心，启导人生轨途，消除社会祸患，共尽自救救人的职责。《人生》也和新亚院所相配合，钱穆与唐君毅等新亚教授都是《人生》的社务委员，并为《人生》捐款与筹措费用。在现代新儒家的第二历程中，《人生》的创办，实也是一件不可忽视的大事。《人生》被称为“中国文化复兴运动和中国儒家学术第三期兴起的一股主流”，也是现代新儒家的重要发言台。

以新亚院所为大营，《民主评论》《人生》为阵地配合着发展起来的现代新儒学运动，到1958年出现高潮，这就是牟宗三、徐复观、张君劢、唐君毅四人联名发表了《为中国文化敬告世界人士宣言——我们对中国学术研究及中国文化与世界文化前途之共同认识》，又名《中国文化与世界》。1957年，旅居美国的张君劢与在美国访问的唐君毅长谈，共感西方人士对中国学术文化及政治的观点有问题，或者是传教士的观点，或者是外交界的观点，或者是某一西方学术的观点，有些太不成话，他们尤其反对西方对中国文化所采取的凭吊古迹、欣赏文物式的研究。张君劢提议约几个人共写一篇文章来讨论中国学术文化的性质与应如何研究的问题，并旋即写信征得当时在台湾的牟宗三、徐复观的赞同。然后经唐、张两人商议，由唐君毅起草，再经张、牟、徐修正，往复函商定稿。至1958年1月在《民主评论》及台北《再生》杂志同时刊出，英译本刊于台北私立中国文化学院出版的《中国文化季刊》。这篇宣言是现代新儒家的一篇重要文献。它的发表，可与新亚院所、《民主评论》及《人生》的创办并列为现代新儒家第二历程中的四件大事。现代新儒家自此日渐走向世界。

到目前为止，现代新儒家历经三代。在此过程中，他们既把西方文化引进了中国，又把中国文化推向了世界。现代新儒家的思想虽具有明显的保守特征，但现代新儒家对中国哲学与文化的思考，对传统文化与现代化关系的探讨，以及对西方文化与中国本土文化关系的讨论，对现代思想文化的发展，都起了积极的推动作用。

（王艳勤）

# 35. 马克思主义历史学家的学术成就

马克思主义史学是指运用马克思的唯物主义史观研究历史的一种范式。20世纪20年代，信仰马克思主义的学者开始运用马克思唯物史观研究历史，一些非马克思主义信仰者也曾运用过此理论来解释历史。新中国成立以前，它只是中国众多史学流派中的一种，新中国成立以后由于政治形势与意识形态的影响，它成为中国史学研究的唯一模式。马克思主义史学是以唯物主义史观为理论框架，以阶级斗争为历史发展主线，五种生产方式的依次递进为历史发展的主要模式，又以生产力与生产关系，经济基础与上层建筑的对立统一为解释历史发展变化的根本原因。

中国马克思主义史学的奠基人是李大钊。李大钊(1889—1927年)，河北乐亭人，中国共产党的创始人之一。"十月革命"以后，他积极宣传马克思主义思想，1902年成立"马克思主义学说研究会"，对马克思主义唯物史观进行了深入的研究。

1919年李大钊在新文化运动的阵地《新青年》上发表了《我的马克思主义观》，详细地介绍了马克思唯物主义史观的基本原理，分析了社会的基本结构，讲述了生产力与生产关系、经济基础与上层建筑的关系。次年李大钊撰述了《由经济上解释中国近代思想变动的原因》《唯物史观在现代史学上的价值》《马克思的历史哲学》《史观》与《物质变动与道德变动》等文章介绍马克思主义的唯物史观，并先后在北京大学、北京女子高等师范大学、北京师范大学讲授"唯物史观研究""史学要论"等课程。1924年，他的系统历史学著作《史学要论》由商务印书馆出版发行。

李大钊对马克思主义史学的贡献主要表现在三个方面：

第一，他从社会发展规律、经济基础与上层建筑的关系、生产力与生产关系、阶级斗争学说、人民群众的历史地位五个方面系统地阐述了马克思的唯物主义学说。

第二，他在《史学论要》中初步阐述了马克思主义历史学的理论。对于什么是历史，李大钊解释说中国古代的"二十四史"等史籍典要只是史料性的历史著作，而真正的历史是社会变革，是过去、现在以及未来的全人类的生活。在明确历史的含义后，李大钊又给历史学下了定义，认为历史学是研究社会变革的学问。他还阐述了研究历史的主要任务是整理事实，寻找它正确的证据，在此基础上理解事实，寻找出它的进步真理。

第三，李大钊还将马克思主义唯物史观运用于中国历史的研究，对中国的社会问题进行了深刻的分析。1920年，他撰写了《原人社会于文字书契上之唯物的反映》的论文，推论出我国原始社会经过从畜牧业经济到农业经济的发展阶段，而且经过了母系氏族社会的历史阶段。在马克思的五种社会形态理论学说的指导下，根据中国历史上的资料分析，他认为中国只经历了前三个社会形态，并断定中国当时是沦为半殖民地的境遇。

李大钊对马克思唯物主义的宣传和对建立马克思史学尝试性的探索，开辟了马克思主义史学研究的先河，为马克思主义史学的创立和正式形成提供了准备，同时也为马克思主义在中国的正确发展指引了方向。

马克思史学的实际开创者是郭沫若。郭沫若(1892—1978年)，原名开贞，四川乐山人，我国现代著名的历史学家、文学家。郭沫若从事马克思主义史学研究是在国民革命失败以后。1928年，他撰写了《周易的时代背景和精神生活》一文，随后发表了《中国社会之历史的发展阶段》《卜辞中的古代社会》《周代彝铭中的社会史观》《诗书时代的社会变革与其思想上之反映》共五篇文章，编辑成《中国古代社会研究》一书，1930年由上海联合书店出版发行。该书根据古代甲骨文、金文等史料把鸦片战争以前的历史划分为原始社会、奴隶社会、封建社会等几种社会形态，从而印证了马克思主义关于人类社会发展的理论完全适合于中国。除了对历史理论的研究，郭沫若还有另一大的成就，即为古文字学和古器物学的研究开创了新的研究方法。他创立的内容分类法为甲骨著录建立了合理的体系，开创的青铜断代法为青铜器和金文研究开辟了新的道路。

《中国古代社会研究》的出版掀起了20世纪30年代中国关于社会史论战的高潮。1928年至1937年抗日战争爆发，郭沫若的史学研究主要集中于对论战中的反对意见进行驳斥，发表了《社会发展阶段的新认识——关于论究所谓“亚细亚的生产方式”》《读〈实庵字说〉》等。同时撰写了《甲骨文字研究》《卜辞通纂》《金文丛考》《殷契粹编》《两周金文辞大系》《古代铭刻汇考》等巨著。

抗日战争爆发以后，郭沫若于1938年底到达重庆，在重庆期间他写出了诸如《屈原》《虎符》《孔雀胆》《南冠草》等历史剧。这一时期出于抗战的需要，郭沫若重点研究了我国古代伟大爱国主义诗人屈原，先后发表了《关于屈原》《革命诗人屈原》《屈原考》《屈原的艺术思想》《屈原思想》《屈原研究》等文章。同时还出版了《青铜时代》《十批判书》。通过《青铜时代》与《十批判书》，郭沫若对先秦诸子学说与思想进行了全面的考证与评判，他在马克思辩证唯物主义理论的指导下，创立了研究先秦诸子的新方法，即从社会背景中考察先秦诸子学说，从生产力与生产关系的冲突中把握诸子思想。1944年3月19日，《新华日报》开始连续登载他的著作《甲申三百年祭》。该书总结了明朝灭亡是由于封建统治阶级的腐朽与反动，同时将李自成领导的农民起义的失败归结于农民领袖的骄傲自满与享乐腐化。

新中国成立以后，郭沫若先后发表了《蜥蜴的残梦》《读了〈记殷周殉人之史实〉》《申述一下关于殷代殉人的问题》《关于奴隶与农奴的纠葛》《关于周代社会的探讨》等论文，1952年整理出版为《奴隶制时代》。郭沫若通过与不同的历史分期观点的讨论，将中国的奴隶社会时期定为上起夏朝，下至春秋战国，从而形成了中国古史分期上的“战国封建说”。

在郭沫若开创的马克思主义史学的基础上，吕振羽、范文澜、翦伯赞、侯外庐等人对马克思主义史学作出了新的贡献。

吕振羽(1900—1980年)，湖南邵阳人，我国现代著名的马克思主义史学家。北伐战争时，他投笔从戎，后在李达的指引下，走上了治史之路。吕振羽在马克思主义史学上的成就主要表现在以下几个方面：

第一，他开拓了马克思主义史学对史前社会史的研究。1934年6月，北平人文书店出版了他的马克思主义史学代表作《史前时期的中国社会研究》。而他也以此书参加了20世纪30年代的社会史论战。吕振羽创作此书的原因是由于20世纪20年代以后，“疑古”思潮的兴起使史学界对史前社会研究望而却步，对马克思主义史学的发展起了抵制作用。同时郭沫若出版的《中国古代社会研究》在史学界遭到非马克思主义学派的非议，并且郭沫若的著作中确实存有纰漏。该书依据马克思主义提出的社会形态学说分析了中国社会的发展历程，吕振羽认为中国社会与世界其他国家一样，也经历了原始社会、奴隶社会、封建社会等阶段。但是他将原始社会划分为原始群居阶段和氏族社会阶段，而且他认为两周时期中国进入了初期封建社会，秦至鸦片战争前为变种的专制主义的封建社会时代，即“封建社会两段论”。《史前时期的中国社会》一书的另一巨大贡献就是初步揭示了我国原始社会的生活画面，开拓了对原始社会史的研究。

第二，他是殷商奴隶社会说与西周封建论的首创者。郭沫若在《中国古代社会研究》中将殷商划为原始社会，而吕振羽却根据考古出土的殷商时代的生产、生活工具重新对殷商社会性质进行了判断。1936 年，上海不二书店出版了他的《殷周时代的中国社会》一书，该书系统地阐述了殷周的社会性质。《殷周时代的中国社会》上半部分依据经济基础与上层建筑的理论，从经济结构的角度分析商朝的社会，得出了殷商是奴隶社会的结论；下半部分从社会生产的要素及生产关系的视角解析了西周的社会，认为西周是初期封建社会，从而形成了中国古史分期上的“西周封建说”。

第三，他最早运用马克思主义理论对中国政治思想史进行研究。1935 年以后，吕振羽从中国社会史转向了思想史的研究。20 世纪 30 年代前，中国的思想史研究领域还没有出现系统的马克思主义中国政治思想史的研究。1937 年，上海黎明书店出版了吕振羽的《中国政治思想史》，出版后多次再版，并且被日本和前苏联学者翻译出版。吕振羽严格按照马克思唯物主义史观系统地研究了中国古代思想家的政治思想和中国政治思想的发展。

第四，他还是民族史研究的先驱。1947 年，大连大众书店出版了吕振羽撰写的《中国民族简史》一书。该书驳斥了西方的“中国人种西来说”和“大民族主义思想”，探析了民族的来源、民族之间的战争性质以及民族融合等问题。《中国民族简史》是以马克思主义科学理论为指导的开创性史著。

1939 年，吕振羽在重庆撰写了《中国社会史的奴隶制问题》《关于中国社会史的诸问题》《本国史研究提纲》《亚细亚生产方式和所谓中国社会的“停滞性”问题》《创造民族文化与民族遗产的继承问题》等多篇文章。1942 年汇编成《中国社会史诸问题》一书，由上海耕耘出版社出版。同时期吕振羽撰写出了《简明中国通史》，1941 年第一分册由香港生活书店出版，第二分册于 1948 年在大连光华书店出版。《简明中国通史》成为马克思主义史学发展上最早的中国通史之一。

范文澜（1893—1969 年），浙江绍兴人，延安根据地时期著名的马克思主义历史学家。早年从事经学研究，抗战以后到延安研读了大量马列著作，提高了理论素养，开始了运用马克思唯物主义理论研究历史的生涯。

1940 年，范文澜发表了《关于上古历史阶段的商榷》的论文，这是他在马克思主义理论的指导下研究历史的首个成果。范文澜在马克思主义史学上的学术成就主要体现在对马克思主义通史性著作的开拓上。20 世纪 40 年代初，在中共中央与毛泽东的委托下，范文澜开始编写《中国通史简编》。上、中两册分别完成于 1941 年与 1942 年，这两册系统地叙述了中国古代到鸦片战争时期的历史。下册叙述的是鸦片战争时期至义和团运动时期的历史，题名为《中国近代史》（上册），1946 年在延安出版，后来习惯地被视作单独著作。《中国通史简编》的写作是以阶级斗争理论为基本线索，突出了劳动人民是历史的主人。在《中国近代史》（上册）中，范文澜梳理了西方列强的侵略事实和中国沦为半殖民地半封建社会的过程，确立了研究中国近代史的基本线索，为马克思主义中国近代史的研究奠定了基础。

范文澜在马克思主义史学上的另一巨大成就，是运用马克思主义的观点研究中国经学史。1941年，他在延安中共中央党校讲授《中国经学史的演变》，被毛泽东赞誉为“用马克思主义清算经学的头一次”。该论著是运用马克思主义对中国两千余年纷繁芜杂的经学历史作了首创的总结。

翦伯赞(1898—1968年)，湖南桃园人，也是从社会史论战中涌现出的著名马克思主义历史学家。

翦伯赞在1928年结识吕振羽后，开始学习马克思主义，并将其运用到史学研究中。从1930年到1931年春，他发表了《中国农村社会之本质及其历史的发展阶段之划分》《前封建时期之中国农村社会》(上、中、下)等文章，论述了中国农村社会的本质。

1936年，翦伯赞开始着手撰写《历史哲学教程》一书，该书在1938年由长沙新知书店出版。《历史哲学教程》是第一部马克思主义史学的理论著作。他创作此书的目的是为了纠正社会史论战中混乱的史学理论，同时也是为了适应抗战的需要。这部著作对唯物主义历史观作出了系统的解说，阐明了历史科学的阶级性和历史发展的规律性，批判了马克思主义史学研究中的教条主义。他还分析了人民群众与领袖人物之间的关系，强调了人民群众的历史地位。抗战末期，翦伯赞发表了《论司马迁的历史学》《论刘知幾的历史学》《略论中国文献学上的史料》等文章，用马克思主义的史学观点评价了唯心史观，提出了对传统史学的批判和继承的观点。

1942年，翦伯赞开始撰写《中国史纲》，第一卷(原始社会到战国时期)和第二卷(秦汉部分)共70余万字，第三卷(魏晋南北朝部分)因各种原因未能完成。《中国史纲》运用马克思主义的理论观点，叙述了中国古代家庭的起源、私有制的兴起与国家的起源；并将中国社会划分为原始社会、奴隶社会、初期封建社会、中期封建社会和后期封建社会等阶段，又将原始社会划分为旧石器时代与新石器时代。

侯外庐(1903—1987年)，山西平遥人，我国著名的史学家与教育家。早年致力于翻译《资本论》，1936年左右开始转向马克思主义史学研究。侯外庐对马克思主义史学的贡献概括为：

第一，对中国古代社会史研究理论的完善。1941年，他撰写了《中国古典社会史论》一书，次年由重庆五十年代出版社出版，约10万字。1946年，侯外庐对该书作了补充修改并易名为《中国古代社会史》，由上海新知书店出版，约25万字。1955年又改名为《中国古代社会史论》，由人民出版社出版。侯外庐的《中国古典社会史论》以讨论“亚细亚生产方式”为中心，以氏族、私有制、国家三个标志说明古代文明形成的不同路径，论述了中国社会的特殊性及中国文明的“早熟”。并由此断定中国社会开始于殷周，结束于秦汉。他通过对中国独特、具体的社会情况的研究，发展了马克思主义史学，纠正了马克思主义史学公式化与模式化的倾向。

第二，对中国思想史领域的开拓。1934年，侯外庐发表了《中国古代社会与老子》一文，用马克思主义政治经济学的原理研究了老子的思想。1942年，他撰写出《中国古代思想学说史》，该书在1944年由重庆文风书局出版，共25万字，这标志着他将研究的重点转向了思想史方面。在《中国古代思想学说史》中，侯外庐用马克思主义的观点探讨了先秦的思想学说，着重从社会背景的角度分析思想的来源与变迁。同时，《中国古代思想学说史》明显地体现了侯外庐将社会史与思想史相结合的研究法则。1946年，侯外庐的《中国近世思想学说》由重庆三友书店出版，这在中国近代思想史的研究领域具有拓荒意义。在《中国古代思想学说史》与《中国近世思想学说史》的基础上，侯外庐从1946年开始编写《中国思想通史》，第一卷(先秦部分)在《中国古代思想学说史》的基础上予以增加修改，于1947—1962年陆续出版。

除了郭沫若、吕振羽、范文澜、翦伯赞、侯外庐五位被誉为马克思主义史学的“五老”之外，何干之、尹达等在马克思主义史学研究上也取得了一定的成就。

何干之(1906—1969 年)，广东台山人，延安时期具有影响的马克思主义史学家，留学日本时期开始研究马克思主义。何干之与其他马克思主义史学家的区别是通过评析马克思主义经典作家和历史学家关于社会性质的论述来提出自己的见解，而非从史料中研究历史。1937 年，上海生活书店出版了他的《中国社会性质问题论战》和《中国社会史问题论战》两书，总结了 20 世纪两大论战的基本情况。1937 年又出版了《中国的过去现在和未来》与《中国启蒙运动史》两书，前者分析了中国民主革命与西方民主革命的区别，后者认为五四运动是中国新旧启蒙的标志。他在 1940 年出版的《三民主义研究》中分析了孙中山的新旧三民主义。1946 年，他又撰写了《鲁迅思想研究》，用马克思主义的观点分析了鲁迅的思想。

尹达(1906—1983 年)，河南滑县人，我国著名的马克思主义古史学家。1943 年，延安作者出版社出版了他的《中国原始社会》一书。全书分别从考古资料和传说两个方面研究了中国原始社会，并以马克思主义的观点分析了中国原始社会各阶段的社会结构，成为以马克思主义研究中国古史的代表作之一。

马克思主义在中国的传播直接推动了马克思主义史学的产生，20 世纪 20 年代，马克思主义史学发轫于中国，到 1949 年前的 30 年中马克思主义史学队伍不断壮大，研究成果不断丰富，为中国的史学开辟了新的道路。

首先，重新建立了历史科学体系，使马克思主义唯物史观成为史学研究的指导思想。20 世纪初，梁启超掀起了中国“新史学”的风潮；五四前后，胡适宣传用适用主义的观点“整理国故”；20 世纪 20 年代，出现了“古史辩”的思潮，中国近代史学理论与研究方法出现了“百家争鸣”的局面。马克思主义史学遵循马克思历史唯物主义的原则，使中国的史学研究有了新的理论和范式，并且成为建国后中国内地历史研究的唯一模式。

其次，出现了一大批社会史、思想史、革命史的丰硕成果。马克思主义史学家运用马克思主义的原理重新对中国历史进行考察探讨，驳斥了之前的一些史学理论对中国社会的分析，特别在社会史、思想史和革命史上取得了巨大成绩，为新中国成立后的史学研究奠定了基础。

第三，宣传了马克思主义，为中国革命的胜利作出了贡献。马克思主义史学家在研究过程中对非马克思和反马克思主义史学思想进行了深刻批判，为中国革命的胜利作出贡献。

（王小华）

# 36. 茅盾的文学创作成就

茅盾(1896—1981年)，原名沈德鸿，字雁冰，生于浙江桐乡县乌镇的一个商人家庭，茅盾是他的笔名。茅盾五岁开始接受启蒙教育。七岁时，茅盾进家塾学习。1904年，茅盾进入立志小学学习。1907年，考入乌镇高等小学插班三年级。1910年，茅盾考入湖州中学。1911年9月转入嘉兴中学。1912年春，茅盾赴杭州投考安定中学，这时茅盾培育了初步的民主主义思想。

1913年夏，茅盾考进了北京大学预科。1916年，他以优异成绩预科毕业，但由于生活窘迫而辍学。同年8月进入上海商务印书馆工作，任文学编辑，并开始了文学活动，改革老牌的《小说月报》，引起了文学界的重视，不久他便成了文学研究会的首席评论家。1917年茅盾在商务印书馆的《学生杂志》上发表了第一篇翻译小说——英国威尔斯的科学幻想小说《三百年后孵化之卵》。1917—1919年间，他在商务印书馆主办的《学生杂志》上不仅编写出版了《中国寓言初编》《大槐树》等十几种童话寓言故事，还发表了鼓动青年学生积极参加新文化运动的论文。1917年底，茅盾为《学生杂志》撰写了社论《学生与社会》和《一九一八年之学生》，这是茅盾最早的两篇论文。茅盾一踏进新文化思想论坛，就显示出青年思想启蒙者的特质。1919年4月，茅盾写出了最早的一篇外国文学评论《托尔斯泰与今日之俄罗斯》，表示了对俄国布尔什维克主义的胜利的欢欣。

1920年10月，茅盾由李达、李汉俊介绍参加了共产主义小组。1921年7月1日中国共产党诞生，茅盾成为中国共产党最早的党员之一，也是中国最早成为共产党员的文学家。1920年前后，茅盾正式致力于新文学运动，年初他在《东方杂志》发表了第一篇文学论文《现在文学家的责任是什么?》，不久又发表了《新旧文学平议之评议》《文学与人生》《社会背景与创作》《新文学研究者的责任与努力》等文，这些文章鲜明地表露出他后来努力提倡的为人生的文学主张。1921年他同郑振铎、叶圣陶等一起发起成立了“文学研究会”，并由他接编和全部革新《小说月报》，使之成为“文学研究会”的机关刊物和倡导现实主义文学的重要阵地，促进了新文学的发展。

1925年“五卅”运动前夕，茅盾写了长篇论文《论无产阶级艺术》。1926年，茅盾离开上海到广州参加革命政党的会议并做宣传工作。“中山舰事件”后回到上海。后赴大革命的中心武汉，任《民国日报》主编。革命实践为茅盾即将开始的文学创作积累了丰富的生活经验和创作素材。1927年9月，茅盾发表了处女作《毁灭》并第一次使用茅盾这个笔名。国共合作破裂之后，茅盾自武汉流亡上海、日本，遂拿起小说家的笔开始写作《幻灭》《动摇》《追求》(后合称《蚀》)和《虹》。茅盾是以长篇小说《蚀》开始小说创作的。时代的风云和革命的实践，赋予他的创作以血肉；而文学的功力则使他出手不凡，显示出大家风范。小说发表以后，引起广泛的反响。茅盾作为小说家的地位，从此被肯定下来。左联期间是茅盾创作的黄金时期，他写出了《子夜》《林家铺子》《春蚕》等重要作品。抗战时期，辗转于香港、新疆、延安、重庆、桂林等地，发表了《腐蚀》和《霜叶红似二月花》《锻炼》等，他的文学创作声名日隆。

茅盾的文学事业是从五四前夕开始的。茅盾是五四以来中国现代文学历史上的伟大革命作家和社会活动家。他和鲁迅等作家在一起，以辛勤的劳动，开拓了现代文学历史的新时代，奠定了中国新文学的基础。茅盾以他的风格特色，反映了他所处的时代，或者更确切地说，反映了整个新民主主义革命时代。茅盾的创作以小说、特别是长篇小说著称，他是中国现代文学当之无愧的小说巨匠。他以小说创作丰富，发展了鲁迅所开拓的革命现实主义传统，奠定了长篇小说的革命现实主义基石，把现代文学的发展推进到一个新的里程。与此同时，他还以多方面的艺术才能，为人民大众贡献自己的力量。他是现代文学史上最早的影响卓著的批评家，并创作了大量脍炙人口的散文。茅盾在整个文学活动中，都注意介绍外国文学的工作，孜孜不倦地为现代文学寻找借鉴，为造反的奴隶"私运军火"。

茅盾的文学成就主要体现在长篇小说的创作上。他的长篇小说创作在中国现代小说史上的地位是举足轻重的。茅盾的《蚀》三部曲、《虹》的出现，以不同凡响的大家手笔，标志着新文学长篇小说创作时代的到来。茅盾的长篇小说，开启了中国长篇小说一种既不同于传统长篇小说结构方式，也区别于同时代老舍、巴金等作家作品的叙事和结构形式。茅盾的长篇小说以"散点透视"为聚焦方式，以宏伟的叙事结构再现时代风云，展示社会生活，体现出气魄宏大的史诗特征，也体现出茅盾过人的长篇叙事才能。

茅盾以三部曲《蚀》(包括《幻灭》《动摇》《追求》三部中篇)开始小说创作。《蚀》三部曲陆续发表后，曾在社会上引起广泛的反响，奠定了茅盾小说家的地位。《蚀》三部曲完成于 1927 年 9 月至 1928 年 6 月，这正是五四以来的新文学深入发展的历史时期。这时，"革命文学"的口号作为中心议题被提出来。在革命文学的倡导下，出现了一批注意描写工农民众革命斗争题材的作品，但由于作者缺乏深厚的生活基础，作品中的人物血肉尚不够丰满，或者思想意念的渲染大于形象的描绘，或者脱离不开"革命加恋爱"的公式，因而缺乏感人的力量。《蚀》的创作，是真实地经历了纷纭复杂的斗争生活后，有感而发的。这使作者在构思故事情节时，赋予可能落入俗套的爱情纠葛以充实的内容；同时，通过作品中的人物在时代洪流中的沉浮，展现了纷纭复杂的时代风云。北伐战争的情势，武汉蜕变前后的尖锐斗争，南昌起义的枪声，等等，虽然并非作品全部的直接艺术画面，但作品却以宏大的历史风涛的描绘，留下了时代的眉目。可以说，自觉地贴近生活，迅速地反映时代变化，使得《蚀》富于历史感和时代感。《蚀》的创作是一个起点，这种艺术特征愈加清晰地贯穿在茅盾以后的创作中。

写于 1929 年的《虹》，是一部成功的长篇小说。小说叙述了主人公梅行素由一个旧式家庭逃出，为追求自由和人生意义而漂泊辗转的一段人生历程。《虹》的叙事紧紧围绕主人公梅行素的人生轨迹和心路历程，在一个十分具体的视角中再现了"五四"至"五卅"这一历史过程中知识界及整个社会的思想状况。人物的心理描写细腻、生动，人物活动背景的描绘也极其开阔、真实。《虹》展示了茅盾善于刻画女性和驾驭长篇小说的才能。

杰出的现实主义长篇小说《子夜》的诞生确立了茅盾在 20 世纪中国文坛的地位。《子夜》原名《夕阳》，描写了 20 世纪初上海各种经济、政治、军事光怪陆离的现象，讲述了民族资本家在半殖民地半封建的中国兴业无望的悲哀，塑造了民族资本家、官僚买办、洋场知识分子、交际花、工人等形形色色的人物，具有史诗性的结构和气魄。小说创作耗时两年，1932 年 12 月 5 日完稿，1933 年 1 月由开明书店出版，不到三个月再版四次。瞿秋白当时就曾预言："一九二三年在将来的文学史上，没有疑问的要记录《子夜》的出版。"

《子夜》的气魄很大，茅盾选择了一个有着深厚封建背景的民族资本家吴荪甫做主人公，通过吴荪甫不可逆转的失败命运，目的是揭示在被外国政治和经济严重牵制着的半殖民地中国，要想发展独立的民族工业是根本不可能的。为了表现这个观念，茅盾将吴荪甫塑造成一个在知识、见解、意志、手腕上都具有过人优势的现代实业家。吴荪甫一心一意搞实业，然而由于军阀混战、农村经济凋敝，效益很差。吴荪甫叹息："只要国家像个国家，政府像个政府，中国工业一定有希望！"正因为国家像个奴才，政府像个流氓，社会竞争没有公平和公正可言，吴荪甫的悲剧就不是偶然，这是一个国家和时代的悲剧。

《子夜》为我们勾勒出一幅20世纪30年代中国经济状态的真实图景，而吴荪甫的家庭，则不啻是中国繁华都市"现代社会"外表下畸形社会关系、社会意识的缩影。《子夜》在结构上宏大缜密，可以说臻于完美。小说以吴荪甫在事业上的奋斗为主线，场面所及，从名流云集的富豪客厅，到嘈杂紧张的股票交易所；从生产车间，到交际场所；从少奶奶豪华的卧室到平民低矮的窝棚；从庭院到大街；从都市到乡镇，为人们提供了一幅广阔而又真切的30年代初上海地区的社会经济生活图画，塑造了从金融巨头到一般工头、从小商人到逃难的土财主、从学者到交际花的整个都市上流社会的各色人物。《子夜》以其对社会经济结构和重大社会事件的准确把握和清晰再现，体现了茅盾善于对社会的政治经济状况与各种社会关系作理性分析和全局把捏的思维特点，更体现了茅盾善于表现重大社会题材、善于创建复调式叙事结构、驾驭长篇小说的卓越才能。这种特长使茅盾小说具有气势恢弘的史诗特征。《子夜》所具有的史诗性的结构方式和叙事特征在中国小说史上是罕见的，瞿秋白称《子夜》是"中国第一部写实主义的成功的长篇小说"。朱自清评价当时的中篇小说创作，认为"真能代表时代的只有茅盾的《蚀》和《子夜》"。《子夜》以宏大的结构和丰富的内容全面展示了20世纪30年代大上海的社会生活，在全面而深刻地塑造中国资产阶级、展现都市生活方面，不愧为一种气魄宏大的开端，它开启了中国现代文学都市小说的先河，在中国现代小说史上，意义非常重大。《子夜》的出现和产生的影响，使左翼作家中一种专注于表现社会政治经济结构与矛盾，旨在揭示社会矛盾根源的"社会剖析派"小说成为引人注目的现象，茅盾也被称为这一小说创作流派的"坛主"。

茅盾在《蚀》三部曲创作的同时，也致力于短篇小说创作，20世纪20年代末到30年代结集出版的短篇小说集有《野蔷薇》(1929)、《宿莽》(1931)、《春蚕》(1933)和《泡沫》(1936)等。虽然茅盾认为自己的短篇小说"绝大部分都不是严格意义上的短篇小说，而是压缩了的中篇"，但是事实上，他的短篇小说"在丰富的生活内容上构成严谨的布局，寓精炼于从容裕如之中"，具有自己的风格。从茅盾创作的整体来看，其短篇小说同长篇小说之间具有一种互补的趋势，他在《子夜》中未能实现的"都市—农村交响曲"的宏大计划，在这些作品中得到了弥补。从某种意义上说，他的某些短篇就是其长篇的延伸和补充，如果把茅盾的长篇小说喻为宏伟的建筑的话，那么，其短篇则近于雕梁画栋，在细腻中同样具有历史感和时代气息。

茅盾的小说创作，大多选取都市题材；但在短篇小说创作中，农村的母题则占据着重要的地位。1932年，茅盾在一次陪同母亲回乡后写出了著名短篇小说《林家铺子》。茅盾用同情和理解的笔触成功地塑造了林老板的形象，他精明而不强悍，能干而又懦弱，目光短浅自私，在民族危亡的时候只关心自己的事，但作者生动真实地写出了他的痛苦和无奈，使得这一形象真实可信，血肉丰满，显示出茅盾深厚的艺术功力。30年代，茅盾推出了"农村三部曲"(《春蚕》《秋收》和《残冬》)，这不论在茅盾的创作中，还是在中国现代文学发展史上，都标志着一个新的里程。茅盾的"农村三部曲"的创作，意味着五四时期所开拓的"乡土小说"的深化和发展。作品将现实与理想融合在一起，以深刻的社会剖析目光透视了灾难的现实，同时也充满了理想和希望，展示了大时代的变动，揭示出民众心态的变化。

茅盾的散文创作数量惊人：在《茅盾全集》中占有7卷之多，达228万余字，包括报告文学、抒情散文、速写杂文等多样品种，质量上乘，具有丰富的文化内涵。著名的散文有《从牯岭到东京》《白杨礼赞》《风景谈》等。茅盾的散文，在艺术上有其独特的地方：他采取“大题小做”的方法，用短小精悍的篇幅写出日常生活的一角，借以显示重大的社会意义，使读者能玩味思索，即小见大。他的笔触细腻委婉，写人写物，都能神态逼肖，具有很强的形象性；同时又能把“尖锐”与“含浑”“严肃”与“幽默”两种不同艺术特点很巧妙地结合在一起，既切合当时客观环境与斗争形势的需要，又较为灵活有致。作品对旧社会的不合理现象，有时虽未正面加以讥评，但或旁敲侧击，可正言若反，也很能发人深省，使人愤怒。

茅盾在新文学理论和文学批评方面也成就斐然。在1927年茅盾开始从事文学创作以前，其主要的精力集中在新文学理论的建树和批评上。从五四时期提出“为人生”的现实主义，到1925年之后向前推进，演变为革命现实主义，他都是核心人物之一。可以说，茅盾为我国现代文学中革命现实主义占主导地位的形成，起了重要的推动作用。他所提出的“为人生”的文学观，对于文学研究会宗旨的形成也产生过重要影响。在具体的创作方法上，茅盾首先提倡的是自然主义(左拉)，但是他却并不赞成其生物决定观念，而是推崇它的真实和细致。

茅盾的文学批评几乎伴随着整个新文学的成长，是中国现代批评的开创者之一。1921年新文学走入了自觉成长阶段后，茅盾先后发表了评价新文学创作现状的名篇《春季创作漫评》和《评四、五、六月的创作》，用令人信服的统计数字，揭示出了新文学由于题材狭小、表现肤浅而存在的危机，呼吁应忠实地表现人生。这是最早对一个时期的创作潮流、倾向进行综合批评的文章，不仅对当时的创作起了直接指导作用，而且在现代文艺批评的建立上具有开拓的意义。他在20世纪30年代写的一系列作家论，如《鲁迅论》《冰心论》《庐隐论》《徐志摩论》等，是以对作家作品的准确把握和评价著称的，他的《读〈呐喊〉》《读〈倪焕之〉》等作家论，对在小说史上具有重要意义的作品也作出了及时反应。茅盾是最早认识到鲁迅的意义并且给予了正确评价的批评家之一，在鲁迅作品刚刚问世，并且褒贬不一时，对现代文学中鲁迅的方向的确立，起过积极的作用；而他对另一些作家的评价，如对叶绍钧的“冷静地谛视人生、客观地、写实地，描写着灰色的卑琐的人生”的概括，对庐隐的“五四的产儿”的概括，对徐志摩的“中国的末代诗人”的概括等，也都成为被大家所广泛接受的经典性评价。有人统计过，茅盾一生评介过的作家达到了300多人，再加上其通过编辑《小说月报》等期刊、副刊所起到的作为文艺运动组织者的巨大作用，都使得茅盾成为中国现代文学史上继鲁迅之后具有最广泛影响的文艺理论家和批评家。

像历史上许多文化巨人一样，茅盾的一生是把文学与革命活动紧密地结合起来，为民族和人民大众的革命事业而献身的。作家在前进的途程中，有过苦闷，经历过艰辛，他说：“路不平坦，我们这一辈人本来谁也不会走过平坦的路，不过，摸索而碰壁，跌倒又爬起，迂回再进。”正是这种坚毅的追求精神，使他在创作上取得了卓越的成就，成为中国现代文学史上伟大的文学家。

（钱文彬）

# 37. 巴金的文学创作成就

巴金(1904—2005年)，原名李尧棠，字芾甘，祖籍浙江嘉兴，生于四川成都一个官宦家庭，自幼在家庭私塾读书。五四运动中接受民主主义和无政府主义思想。1920年至1923年在成都外语专门学校攻读英语。1921年4月在《半月》17号上，发表了署名芾甘的短论《怎样建设真正自由平等的社会》，这是巴金最早公开发表的文章，表达了他试图以无政府主义改造社会的思想。1922年在《时事新报·文学旬刊》发表《被虐者的哭声》等新诗。

1923年巴金与三哥赴上海，不久到南京东南大学附中读书，1925年夏毕业后，经常发表论文和译文，宣传无政府主义。1927年赴法国，翌年在巴黎完成第一部中篇小说《灭亡》，1929年在《小说月报》发表后引起强烈反响，并先后重印20多版，标志着文学家巴金的诞生。1928年冬回国，居上海，数年之间，著作颇多。主要作品有《死去的太阳》《新生》《砂丁》《萌芽》和著名的“爱情三部曲”《雾》《雨》《电》。1931年在《时报》上连载著名的长篇小说“激流三部曲”之一《家》，是作者的代表作，也是我国现代文学史上最卓越的作品之一。

1934年在北京任《文学季刊》编委。同年秋天东渡日本。次年回国，在上海任文化生活出版社总编辑，出版“文学丛刊”“文化生活丛刊”“文学小丛刊”。1936年与靳以创办《文季月刊》，同年与鲁迅等人先后联名发表《中国文艺工作者宣言》和《文艺界同人为团结御侮与言论自由宣言》。

抗日战争期间辗转于上海、广州、桂林、重庆，曾任《呐喊》周刊(后改名《烽火》)发行人、主编。1938年和1940年分别出版了长篇小说《春》和《秋》，完成了“激流三部曲”。1940年至1945年写作了“抗战三部曲”《火》。抗战后期创作了中篇小说《憩园》和《第四病室》。1946年完成长篇小说《寒夜》。短篇小说以《神》《鬼》为著名。抗战胜利后主要从事翻译、编辑和出版工作。

在巴金长期的文学创作中，以小说的成就最为突出。巴金的小说题材，大致可以分为四类：一是异国生活题材，如短篇小说集《复仇集》《电椅集》《神·鬼·人》和中篇小说《利娜》等，这些作品题材广阔、内容丰富，充满主观热情和浪漫主义色彩；二是青年生活题材，主要有《灭亡》《死去的太阳》《新生》《春天里的秋天》、“爱情三部曲”(《雾》《雨》《电》)、《火》的第一部、第二部；三是工农生活题材，有《砂丁》《雪》(原名《萌芽》)和短篇小说《短刀》《还乡》《月夜》等，显示了他在题材开掘方面的可贵努力，但由于作家生活的经历的局限，它们在艺术上不是很成功；四是家庭生活题材，包括“激流三部曲”(《家》《春》《秋》)、《憩园》《寒夜》等。在这四大题材系列中，又以青年生活题材和家庭生活题材的作品，成就最为显著。

巴金的青年生活题材作品，包括多方面的内容。在这些作品中，巴金把无政府主义思想融入所塑造的艺术形象中。《灭亡》《新生》《爱情三部曲》等都描写了一群知识青年在军阀统治的环境中所从事的种种活动。

作者为了揭露军阀统治的残暴与不义，怀着巨大的热情塑造了杜大心、陈真、吴仁民、李佩珠等人物形象，赞美他们憎恨黑暗现实、追求光明未来和勇于自我牺牲的精神，作品在当时不少资产阶级青年读者中曾经引起较大的反响，有助于激发读者变革旧现实的热情；而通过上述人物的失败和牺牲的命运，客观上也显示出了个人反抗的悲剧。但这些正面形象的思想性格中都有以“救世主”自居、脱离群众和狂热、偏激等毛病，他们自由散漫，肯定行刺暗杀等个人恐怖手段，视牺牲为自己唯一的神圣责任，这正突出地表现了他们的弱点和错误。作者在描写中对他们采取了无批判的态度，事实上就是赞扬了无政府主义者的狂热性和无政府主义的思想。在《爱情三部曲》的第三部《电》中，这种倾向表现得极为明显。这是一些瑕瑜互见的作品，在主要是鼓舞读者向黑暗现实展开斗争的同时，也不免会发生一些消极的影响。《死去的太阳》以青年学生吴养清在“五卅”运动中的经历为线索，正面描绘工人和学生轰轰烈烈的反帝爱国运动，洋溢着强烈的爱国主义精神。《火》则写抗日时期部分青年在救亡运动中的斗争生活。

真正奠定巴金在20世纪中国文学史上地位的，是他的家庭题材系列创作。在巴金众多的小说中，由《家》《春》《秋》三部长篇组成的《激流三部曲》，是成就最高、影响最大的一部巨制。其中，第一部《家》不仅是巴金文学道路上树起的第一块丰碑，也堪称中国现代文学史上最优秀的现实主义杰作之一。《激流三部曲》的创作过程长达十年。第一部写于1931年，以《激流》为题，从当年4月18日起，到第二年5月22日止，断断续续地在上海《时报》上连载了一年多，1933年5月出版单行本时，作为《激流》之一改题《家》。《春》的写作从1936年开始，在《文季月刊》上连载了十章，后因刊物停刊而中止，直到1938年2月才写完，单行本同年4月出版。《秋》是1939年7月至1940年5月一气写成的。

《激流三部曲》是通过一个大家庭的没落和分化来写封建宗法制度的崩溃和革命潮流在青年一代中的激荡。作者以很大的激情对封建势力进行揭露，歌颂了青年知识分子的觉醒、抗争并与这种家庭决裂。由于作者对题材的熟悉和感受的深切，使这部作品获得强烈的感染力量。在对青年进行反封建的启蒙教育方面，《激流三部曲》，尤其是其中的《家》，曾起了很大的作用。《家》不仅是一部深沉真挚的悲愤之作，也是一曲热情洋溢的青春赞歌。作品以五四的浪潮波及到了闭塞的内地——四川成都为背景，真实地写出了高家这个很有代表性的封建大家庭腐烂、溃败的历史；用作家自己的话说：他“所要展示给读者的乃是描写过去十多年间的一幅图画”(《〈激流〉总序》)。

觉新和觉民是始终贯串在《激流三部曲》里的人物，特别是觉新，作者对他所花的笔墨最多，而且可以说是整个作品布局的主干。这是一个为旧制度所熏陶而失掉了反抗性格的青年人，心底里虽然有着是非和爱憎的界限，也理解夺去了他的幸福和前途、夺去了他所最爱的梅和瑞珏的是“全个礼教，全个传统，全个迷信”，但他无力挣扎，只能伤心地痛哭，忍受着精神上的痛苦。他是旧礼教制度下的牺牲者，但同时又不自觉地扮演了一个维护者的角色。作者对他是有一些批判的，但更多的是同情和原谅。觉民的性格是沉着的，也是比较定型的。作者给他安排了一个比较顺利的遭遇，使他胜利地得到爱情，跨过了逃婚的斗争。他也有改变和发展，但都是顺着一条路向前的，他自信可以掌握自己的命运。在《春》和《秋》中，他已站在斗争的前缘，不妥协地和那些长辈们当面争辩，并卫护着淑英、淑华的成长。

对于那些虚伪、荒淫和愚昧的老一代的人们，作者并没有把他们漫画化，却仍然投予了深刻的憎恨和无情的诅咒。从高老太爷和《秋》里面死去的克明身上，揭露了旧制度的卫护者们那种表面十分严峻而其实极端虚伪和顽固的本质。《春》里面作者更多地勾画了克安、克定等人的荒淫堕落的活动，他们的盗卖财物、私蓄娼优、玩弄丫头奶妈等行径是不堪入目的；而在他们的放纵和影响下，觉群、觉世等小一辈品质的恶劣也已逐渐成形，这正说明了这种制度和教育的腐朽、野蛮和残酷。《秋》里面所写的面更扩大了，已不限于高家的范围，周家和郑家也占了很大的比重；通过对周伯涛、郑国光、冯乐山、陈克家等不同人物性格的描写，所谓书香缙绅之家的虚伪、堕落和无耻的面貌是更多方面地揭露出来了。这就不只补充了对高家那些“克”字辈人物精神堕落状况的揭露，而且说明了这是一个制度的产物，充分地显示了这些形象的社会意义。另外一些庸俗、泼辣和愚蠢的女眷们的活动，例如陈姨太、王氏、沈氏等，更以她们的丑恶形象引起了人们的深深的厌恶。而通过一些性格善良的人们的牺牲，例如蕙的死和葬，枚的死，以及一些不幸的丫鬟的命运，封建统治阶级的“吃人的”面貌和作者的极端憎恶的感情就表现得更为鲜明。

在现代文学史上，揭露封建制度的弊害，是许多作家所关注的一个重要主题。但是，像巴金这样旷日持久地坚持表现这一主题的作家并不多，像《激流三部曲》这样从内部对封建家庭作集中而又深刻的成功描写的大型作品，更是罕见。撕开封建家族制度虚伪的面纱，显露它吃人的本质，并明确揭示它“木叶黄落”的穷途末路，是巴金对中国现代文学的一个特出贡献，也是《激流三部曲》最杰出的思想意义所在。《激流三部曲》不仅展现了封建家庭内部的罪恶和腐配、倾轧和迫害，还着力表现了青年一代在五四新思潮影响下的觉醒和对封建势力的不妥协斗争，满怀激情地歌颂了他们叛逆封建家庭、封建制度的革命行动。《激流三部曲》是20世纪20年代初中国社会变动的一份珍贵的艺术记录。作为向封建势力讨还血债的檄文和鼓舞青年掌握自己命运的号角，它对于三四十年代许多知识青年冲出旧家庭的藩篱，走向革命，起到启蒙的作用。直到今天，它仍激动着许多中国和外国青年的心。凝聚着巴金的经历和感情的《激流三部曲》，是巴金在坚实的生活基础上进行艺术创造的结果。题材的熟悉，感受的深切，爱憎的鲜明，为巴金得心应手地发挥自己卓越的艺术才能，提供了广阔的天地。在三部曲中，真挚浓烈的爱憎感情，随着流畅而充满抒情气质的文字跳荡，以生活中熟悉的人物作根据塑造的那些艺术典型，鲜明生动，对客观现实的细致描绘，构成一幅幅真实感人的生活画面。这部巨著的成就，标志着巴金现实主义创作的新高度。

《寒夜》是巴金创作的最后一部长篇小说，也是继“激流三部曲”之后，巴金的又一部现实主义创作的力作。它不仅是巴金创作道路上的一座丰碑，也是20世纪中国文学史上不可多得的长篇小说经典。小说以抗战后期的国民党“陪都”重庆为背景，描写了善良软弱的小职员汪文宣和他的家人，在社会的大动荡中穷困潦倒生离死别的悲剧，展示了他与妻子曾树生及老母亲之间的情感纠葛，揭示了他们在黑暗社会和惨淡生活的重压下的扭曲人性，表现了小人物们无可奈何的人生悲剧。这部悲剧也表现出巴金对抗战胜利后的黑暗现实的绝望。

巴金小说创作在艺术上独树一帜。他的作品“只想反映我熟悉的生活，倾吐我真挚的感情”，追求“是真实，是自然，是无技巧”的一种浑然天成的艺术境界。他的小说浸透了他的爱与恨，血与泪，悲哀和欢乐，洋溢着发自肺腑的激情，特别能打动读者。巴金的艺术风格，在20世纪40年代发生了重要变化。在创作题材上，他前期的小说激愤地控诉旧家庭、旧社会制度的罪恶，颂扬激烈地反抗。在后期转为着重写普通老百姓在抗战期间怎样受苦，怎样死亡和“好人得不到好报”，不再在创作中宣泄自己的激情。巴金前期作品在塑造人物形象时，为了体现爱与憎的冲突，往往把所爱的人物理想化；把所憎的人物当作旧制度的化身，猛烈地批判他们。这些想象往往性格单一，人物类型化，减损其艺术价值。在后期作品人物形象的塑造上，巴金着意刻画人性的复杂性、灵魂的深邃性、性格的多样性。因此，巴金后期作品的人物形象就更具有生活的真实感和艺术的立体感。

1949年新中国成立后，巴金开始了新的生活。从新中国成立到1966年初的16年间，巴金怀着对新社会的热爱，经常深入实际生活，并参加了国内外许多社会活动。这一时期，他满怀由衷的喜悦之情，写出了近80万字的短篇小说和散文，并翻译了屠格涅夫、高尔基和迦尔洵等的一些作品。从1957年5月到1961年11月，他为人民文学出版社编辑了收入自己1927年到1949年前几乎全部文学创作的十四卷《巴金文集》。这四百多万字的文集，是他30年来的思想探索和艺术探索的结晶，显示着他文学工作的实绩。这一时期，巴金的作品呈现出新中国成立前作品从来没有新特点。首先在题材和主题方面，热情描绘新人新事，朗声歌颂新的生活。其次，热烈，高昂，乐观，坚定，成为巴金新作的基调。这些作品一扫新中国成立前那种“淡淡的哀愁”和“忧郁、痛苦的调子”。这是新时代、新生活在巴金作品中的投影，也是他思想感情深刻变化的写真。昂扬的调子，充实的感情，洪亮的声音，为巴金那真挚热情的一贯风格增添了新的光彩。反映朝鲜战场的生活和斗争，描绘中国人民志愿军的美好心灵和崇高精神，是巴金新中国成立后创作中最重要的收获。

从1978年底起，巴金开始写作记录自己“随时随地的感想”的《随想录》，到1984年已出版了四集。这些就文学和生活的种种问题发表看法的文章，不论是现实的感兴，还是往事的追思，既把笔触伸向社会和历史的深处，又坦率地挖掘自己的灵魂，表现出巴金对祖国和人民的命运的严峻思考。他所写的不仅是个人的经历和感受，也照出了同时代中国知识分子的心灵。在这些寓深沉于平淡的文章中，巴金把心交给读者，毫无掩饰地讲出自己心里的真话。《随想录》显示的强烈的历史责任感和真实自然的人格光辉，深受国内外广大读者的尊敬，无疑是中国当代散文创作的一座高峰。

1981年，巴金编选了收录1927年到1981年主要作品的十卷本《巴金选集》。这是继《巴金文集》之后规模最大的一部巴金作品集。他把编辑工作当作“后事”之一来做，使这部选集能“保留我的真面目”。此外，他还先后编辑了新中国成立30年散文选集《爝火集》，以及收入新中国成立前后有关文章的《序跋集》和《怀念集》。

纵观巴金的创作历程，他一生中一直保持着旺盛的创作生命力。70多年来，他创作勤奋，著作等身，共创作和翻译了1300万字的作品，并且从事了20年的出版工作，担任众多期刊杂志的主编。巴金主要作品发表于20世纪前半叶。版本多，不断重印，是巴金作品的一大特点。激流三部曲《家》《春》《秋》，爱情三部曲《雾》《雨》《电》，《寒夜》《火》《憩园》《第四病室》等长篇作品，《英雄的故事》等多部短篇小说集以及五卷本《随想录》等，奠定了他在中国现当代文学史上的崇高地位。他的作品被翻译成20多种文字，是一位有着广泛国际影响的中国作家。他以充满进步思想和富于艺术感染力的作品，影响了一代又一代中国青年和读者，巴金杰出的文学成就，是中国现代文学史上的宝贵财富，是中国文学界的骄傲，“他不仅是属于中国的，也是属于世界的。”正如法国前总统密特朗所说，“他来了，坐在那里，哪怕不发言，也是一种威严。”

（钱文彬）

## 38. 老舍的文学创作成就

老舍(1899—1966年)，原名舒庆春，字舍予，现代著名作家，杰出的语言大师，被誉为“人民艺术家”。老舍于1899年出生于北京，满洲正红旗人。老舍的父亲曾是一名满族的护军，在八国联军攻打北京城的时候阵亡。老舍这一笔名最初使用是在他最初的小说《老张的哲学》中使用，除此以为，他还使用过舍予、絜青、絜予、非我、鸿来等笔名。老舍自小失怙，家境窘困，幸得一位世代给皇帝当差的善人刘德绪的资助进入当时北京新街口正觉寺胡同内的私立慈幼学校。也正是这样才改变了老舍一生的道路。他14岁时考上了中学，却因交不起学费，只读了半年就辍学转入免费供应食宿的师范学校。1918年老舍19岁时由北京师范学校毕业，毕业之后到了京师公立第十七小学担任校长。1922年任南开中学国文教员，并发表了第一篇短篇小说《小铃儿》。1924年赴英国，任伦敦大学东方学院中文讲师，在教学之余他阅读了大量的外国文学作品，并正式开始了自己的文学创作生涯。1930年回国，任济南齐鲁大学文学院副教授，并编辑《齐鲁月刊》。1934年夏到青岛山东大学任中国文学系的教授，1936年老舍辞去了教职，开始专事文学创作。抗日战争爆发后，先后到武汉、重庆等地主持中华全国文艺界抗敌协会的工作，任常务理事、总务组长等职务，并组织出版会刊《抗战文艺》。1946年3月应邀前往美国讲学一年，期满后留美写作，直到1949年底再次返回了北京。老舍对中国的文艺工作做出过很大的贡献，曾任政务院文教委员会委员、政协全国委员会常务委员、中国文联副主席、中国作家协会副主席及书记处书记、中国民间文艺研究会副主席、中国剧协和中国曲协理事、北京市文联主席等职务。1966年被“四人帮”迫害，投湖自尽。

老舍是现代文学史上著名的高产作家，在他40余年的写作生涯中，笔耕不辍，留下了近千万字的作品。现在已经整理出版的作品有长篇小说14部，中、短篇小说72部，话剧和戏剧剧本23部，理论性文章220多篇，散文70多篇，幽默小品文65篇，诗歌(不包括旧体诗)49卷，曲艺67篇。他的作品以对中国现代市民社会生活形象深刻的艺术刻画和幽默质朴的文风，以及贴近生活的文学语言的描绘，赢得了亿万中外读者。

老舍的第一部长篇小说《老张的哲学》是在1926年《小说月报》17卷第7号上开始连载的。此时老舍署名为舒庆春，但从第8号开始连载的署名便改为了“老舍”，直到小说全部载完，这标志着老舍文学创作道路的开端。中国战国时期有一位哲学家名叫杨朱，主张人生的目的是“为我”，因此受到了孟子的批判，孟子曾严厉的批评他道：“拔一毛以利天下不为也。”老舍成长于困难家庭，生活在一个动荡不安的时代，所以从青少年时代起他就追求社会的公平、真诚、和谐与光明。他最痛恨的就是自私与虚伪。面对中国黑暗的社会环境，又与此时在英国所接触新环境相互对比。于是老舍把自己强烈的认识、感受以及爱恨情仇诉诸笔端产生了一个典型，这就是他这第一部长篇小说中的主人公——老张。在这篇小说中，老舍以公正的、看似冷淡的口吻描述生活本身的面貌。《老张的哲学》这个故事发生在北平市郊的一个叫做“二郎”的大商业镇上。老张的角色是一个军官、商人、青年的精神指导。小说中的事件都是揭示老张的生活哲学和道德准则的。老张的哲学很简单就是：信教、衙门的公务，以及对青年的“精神指导”，只要能够发财什么门道都可以走。对于小说主人公老张来说根本就不存在法律，他为了钱可以随意践踏他人和自己的道德准则。老张的形象从一个侧面反映出当时时代许多人生活的准则是以“钱”为本位的哲学，作者用具体生动的市民形象和市民生活场景把这样一个老张写得活灵活现。老舍在谈论《老张的哲学》的创作时如此说道：“‘老张’中的人多半是我亲眼看见的，其中的事多半是我亲身参加过的；因此，书中的人与事才那么拥挤纷乱；专凭想象是不会来得那么方便的。”老舍用自己的文学创造力，再现了中国社会20世纪20年代的生活，描绘了一种早已陈腐了的封建主义的与新兴资本主义的思想体系代表人物之间不可调和的斗争，揭示了人类尊严与金钱之间的矛盾。

自《老张的哲学》在《小说月刊》上发表以后，老舍又发表了《赵子曰》《二马》，从而也奠定了老舍在现代文学史上的地位。《赵子曰》最初连载与1927年的《小说月报》，《二马》最初连载于1929年的《小说月报》。老舍自己说道：“《赵子曰》是‘老张’的尾巴。自然，这两本东西在结构上，人物上，事实上，都有显然的不同；可是在精神上实在是一贯的。没有‘老张’，绝不会有‘老赵’。‘老张’给‘老赵’开出路子来。”老舍小说中的赵子曰26岁，居住在“天台”公寓，那里住的主要是“名正大学”的大学生们。赵子曰就在这个大学里学习，他学过哲学、文学、化学、社会学、植物学。他“不要文凭、不要学位、只是为学问而求学”。也没有确定的目标，只是靠父亲“三十年前埋好的薄边大肚大元宝”来尽情地挥霍，开心地玩乐、赌博，请朋友上馆子。小说还有另一个主人公武端，武端在许多方面和赵子曰非常相似，他和赵子曰一样是富家子弟，很有钱，独特的性格是喜欢搬弄是非。武端由于爱打探每个人的某些私事而被人称为“武秘密”。老舍通过赵子曰和武端两个青年形象企图揭露五四运动时中国学生的形象。老舍依然是循《老张的哲学》揭示了金钱贪欲对人的腐蚀这样一个深刻的问题。老舍认为自己写《赵子曰》一半是因为立意幽默，一半是因为我是个看戏的。“老张”中事实多，想象少；“赵子曰”中想象多，事实少。《二马》则是一个以英国背景中国人物为舞台元素的故事。二马描写了两代中国人之间的差异，老马是老一派的中国人，小马代表晚一辈。老舍认为老马虽不能够普遍代表老一辈的中国人，但可以代表他最熟识的老人。“他不好，也不怎么坏；对过去的文化负责，所以自尊自傲，对将来他茫然，所以无从努力，也不想努力。他的希望是老年的舒服与有所依靠；若没有自己的子孙，世界是非常孤寂冷酷的。他背后有几千年的文化，面前只有个儿子。他不大爱思想，因为事事已有了准则。这使他很可爱，也很可恨；很安详，也很无聊。”小马则作为一个有理想的青年要将自己在国外获得的知识贡献给自己的人民，两代的人思想之不同，中国人与英国人的差异与观念冲突体现在整部小说。

1929年，老舍取道从新加坡回国，在新加坡写了中篇小说《小坡的生日》，这部小说是一部儿童文学作品，描写了生活在新加坡的华侨少年与各压迫民族的小伙伴在一起反对强权奴役的故事，而要体现的则是团结奋斗，强国救民的思想主旨。1930年，老舍回国后第一次看到国内革命战争失败后日本帝国主义的肆意侵略和国民党反动派的卖国行径，创作了长篇小说《大明湖》，为济南人民以及所有蒙受侵略之苦的祖国人民发出了愤慨。此后四年的时间里，老舍又先后创作了长篇小说《猫城记》《离婚》《牛天赐传》。还出版了包括《黑白李》《微神》等15篇小说在内的短篇小说集《赶集》以及幽默诗文集《老舍幽默诗文集》。1936年老舍辞职，从事专业写作。在青岛工作和生活的时期是老舍创作的旺盛期。老舍先后编了两个短篇集《樱海集》《蛤藻集》，共收入了中短篇小说17篇。还创作了《选民》(后改题为《文博士》)、《我这一辈子》《老牛破车》《骆驼祥子》。

在这一段时间老舍的所有创作作品中，以《猫城记》《骆驼祥子》最具有影响力。《猫城记》曾在抗战之前轰动了读者，《骆驼祥子》则更是博得了世界声誉。老舍希望通过教育人民的道路来改变中国的现实状况，而这个希望破灭了，这在《猫城记》中得到了反映。老舍用伊索寓言式的语言无情地揭露社会的弊病。《猫城记》的主要题材是继续刻画中国社会的畸形现象，刻画外国人在中国国家生活中引起的亡国危险的影响，以及中国过去的残余在多大程度上阻碍了国家的发展。《猫城记》中，老舍用荒诞的讽刺手法对中国生活的阴暗面进行了无情的批判。故事主要讲一架飞往火星的飞机在碰撞到火星的一刹那机毁人亡，只剩下“我”幸存下来，却被一群长着猫脸的外星人带到了他们的猫城，开始了艰难的外星生活。小说中的猫人也有历史，拥有两万多年的文明，在古代他们也与外国打过仗，而且打胜过，可是在最近五百年中，自相残杀的结果叫他们完全把打外国人的观念忘掉，而一致对内，导致文明的退化。而“我”亲眼目睹了一场猫人与矮子兵的战争，以猫城全城覆没而结束了这座私欲日益膨胀的外星文明古城。作者借对猫人混乱生活和丑恶行径的描写影射中国国民党政权的腐败无能。

《骆驼祥子》创作于 1936 年夏天，当年 9 月开始在《宇宙风》杂志上连载，刚载一半，“七七事变”发生，直到 1937 年 10 月才刊登完。这是一部反映中国普通老百姓痛苦生活的小说，它以北平(今北京)一个人力车夫祥子为线索，向人们展示的是在军阀混战、黑暗统治下的中国底层老百姓的痛苦生活。小说主人公为了自己的目标“拥有一辆自己的人力车”而不断地奋斗。祥子不怕艰苦，“在他赁人家的车的时候，他从早到晚，由东到西，由南到北，像被人家抽着转的陀螺”。但是祥子的艰苦并不能给他换来幸福的生活，从宪兵、车行老板，到后来嫁给他的虎妞，他们都用自己不同的方式从精神上和现实中压榨着祥子。祥子的梦三次实现又三次破灭，直到最后自己放弃自己的梦。作者在刻画人物的时候非常形象，小说成功地塑造了祥子、虎妞、刘四爷等典型的人物形象。同时也很真实地反映了当时北京城种种黑暗的社会背景。作者用毫无感情的笔触在编织这样一个悲剧故事，但是却又可以看出作者对这些底层市民出于内心的关怀和怜悯。《骆驼祥子》作为五四以后的新文学，也激起了许多进步青年与黑暗社会抗争的斗志。

1937 年“七七事变”以后，中日民族矛盾全面上升。老舍也别妻抛子只身来到武汉，投身于文艺抗日的洪流之中。老舍在担任“中华全国文艺界抗敌协会”总负责人的过程中，以满腔的热情和耐心细致的工作，团结各个方面的文艺家，共同致力于推动抗战的文艺活动。自己也用笔作为武器，进行多种文艺创作，宣传抗日。这一期间他用大鼓体写成了长诗《剑北篇》，用京剧形式写成《王家镇》《忠烈图》，用话剧形式写出了《残雾》《归去来兮》《面子问题》，此外先后出版了短篇集《火车集》《贫血集》，长篇小说《火葬》，以及大量杂文、散文、诗歌。这一时期老舍还完成了其巨作《四世同堂》前两部《偷生》《惶惑》的写作，抗战胜利以后老舍完成了《四世同堂》第三部《饥荒》和另一部长篇小说《鼓书艺人》。《四世同堂》是老舍完成的规模最大的一部小说，全书约有一百万字。小说以北平一个叫“小羊圈”胡同里居住的人物为对象，特别突出了祁家祖孙四代，展开错综复杂的画面和情节描写，表现了沦陷区人民的苦难经历，以及他们在幻想破灭之后，觉醒坚决抗战的过程。同时也揭露了日本帝国主义侵略者的残暴和汉奸卖国偷生的无耻，道尽了知识分子的善良和面对时局的无奈与懦弱，以及下层市民坚强不屈的意志和决心。这部小说是中国抗战文艺的扛鼎之作，是中国文艺界抗战的一座纪念碑，同时也表现了老舍的爱国热情。

老舍于抗战胜利后 1946 年前往美国，直到 1949 年 10 月新中国成立以后回到祖国，创作了话剧《方珍珠》。1951 年有感于中国共产党带领全国人民在百废待兴中艰苦地进行社会主义建设而创作话剧《龙须沟》，歌颂了人民政府为人民办实事的公仆精神。该剧上演后老舍获得了“人民艺术家”的荣誉称号，随后他还陆续创作了歌剧《消灭细菌》《大家评理》、话剧《生日》《春华秋实》等。自 1950 年至 1955 年，老舍创作了大量的话剧、京剧、儿童剧，其中话剧《茶馆》把老舍的话剧艺术推向了高峰，成为我国戏剧艺术殿堂的一颗璀璨明珠。1961 年至 1962 年，老舍创作自传体小说《正红旗下》，遗憾的是未完成，就被迫停笔。文革中，老舍受恶毒攻击和迫害，于 1966 年含冤自沉于北京太平湖。

老舍的文学作品是中国现代文学中不可多得的珍宝。老舍用自己细腻的笔触为我们塑造了一个个生动形象的文学人物，用自己满腹的爱国情怀在作品中唤醒人民的斗争意识，用自己幽默的语言艺术为我们构造一个个引人入胜的故事情节。以此老舍也为自己奠定了在中国现代文学史上不可动摇的地位。

（马建强）

# 39. 曹禺的戏剧创作成就

曹禺(1910—1996年)中国20世纪最优秀的剧作家之一，原名万家宝，字小石，祖籍湖北潜江，生于天津一个封建官僚家庭。从小爱好文学和戏剧，读了不少古今中外的文学作品。1922年曹禺进入南开中学。1925年他参加南开新剧团，先后演出过《压迫》(丁西林)、《玩偶之家》《国民公敌》(易卜生)、《织工》(霍普特曼)等剧，改编并参加演出了《财狂》(莫里哀《吝啬鬼》)、《争强》(高尔斯华绥作，与张彭春合作改编)，这使他认识了舞台。1930年，曹禺升入南开大学政治系学习，后又转入清华大学西洋文学系。在清华学习期间，他接触了更多的西欧古典戏剧与现代戏剧，研读了大量的戏剧文学作品，从古希腊三大悲剧家，以及莎士比亚、奥尼尔、霍普特曼、契诃夫等戏剧大师的创作中汲取了丰富的艺术滋养，这些都为其后来的创作奠定了基础。1933年，年仅23岁的曹禺完成了他的话剧处女作《雷雨》，翌年由巴金推荐，在《文学季刊》上发表，立即引起世人瞩目，曹禺从此蜚声文坛。1936年，《日出》的问世再次引起强烈反响。这两部剧作的诞生，不仅标志着曹禺个人戏剧创作生涯的正式开始，也标志着中国现代话剧真正意义上的开端，从而一举奠定了曹禺在中国现代文学史上的重要地位。

1936年，曹禺受聘于南京国立戏剧专科学校，同年创作了他的第三部重要剧作《原野》。从《雷雨》(1934年)到《日出》(1936年)、《原野》(1937年)，是曹禺创作道路的第一阶段，反封建与个性解放的主题在这三部剧作中不断发展与深化。《雷雨》描写一个现代社会中的封建家庭的悲剧，《日出》进一步抨击金钱化社会的罪恶，中国封建宗法社会统治下农民的遭遇和反抗在《原野》中得到反映。这三部剧作显示出曹禺独特的戏剧风格与悲剧艺术才华，显示出他深入刻画人物内心世界、善于组织戏剧冲突的卓越艺术才能。《雷雨》《日出》对中国现代话剧的成熟做出了决定性贡献。

抗战爆发后，他随剧专辗转到重庆，后又到四川江安。他创作道路的第二个阶段由此开始。1938年他与宋之的合作改编成抗战剧《黑字二十八》(又名《全民总动员》)，1939年他创作表现抗战题材的剧本《蜕变》，1941年标志着他第二个创作高峰的代表作《北京人》发表。1942年，他离开国立剧专到重庆，任中央青年剧社、中国电影制片厂编导，据巴金小说改编成话剧《家》。他还翻译了莎士比亚的名剧《罗密欧与朱丽叶》。1946年，曹禺与老舍应美国国务院邀请，赴美讲学。次年归国后，在上海任文华影业公司编导。1948年发表电影剧本《艳阳天》。

新中国成立后，曹禺广泛参加国内外的多种社会和文化交流活动，曾赴各地工厂、农村参观访问。历任中央戏剧学院副院长、北京人民艺术剧院院长、中国戏剧家协会主席、中国文联主席等职。“文化大革命”中，曹禺遭到迫害，被迫搁笔。在创作道路的第三个阶段，他先后创作有《明朗的天》(1954年)、《胆剑篇》(1961年与梅阡、于是之合作，曹禺执笔)和《王昭君》(1979年)等剧本，展露出剧作家的艺术才华。他的一些剧作已被译成日、俄、英等国文字出版。

曹禺是中国现代文学史上最杰出的戏剧家。其剧作有着沉郁幽深的主题意蕴，精巧紧张的戏剧冲突，丰满独特的人物形象，蕴藉深厚的戏剧情境，抒情诗歌般的戏剧美感。他继承了先驱者们反帝反封建的民主精神，同时广泛借鉴和吸收了中国古典戏曲和欧洲近代戏剧的表现方法，加快了中国话剧艺术民族化、现代化的进程，把中国话剧艺术提到了一个新的高度。可以说，曹禺既是中国现代话剧真正意义上的奠基人，又是中国现代话剧艺术的一座高峰。

四幕话剧《雷雨》是曹禺的处女作，也是他一鸣惊人的代表作。1936 年 4 月，由留学日本的中国学生戏剧团——中华话剧同好会，在东京首演。同年秋，国内第一个职业话剧团——中国旅行剧团，先后在天津、北平、上海、南京等地公演，随即轰动全国，曹禺也一举成名。此后，《雷雨》成为许多职业和业余演剧团体的保留剧目，被当作检验演剧艺术的试金石。1936 年，《雷雨》由上海文化生活出版社正式出版单行本。《雷雨》是一部纠缠着复杂的血缘关系和聚集着许多巧合但却透露着必然性的悲剧。表面看来，《雷雨》写的是一出血缘扭结下的家庭悲剧，然而实际上它所揭示的是处于半封建半殖民地状态下中国人的社会悲剧和人性悲剧。戏剧在一天时间(上午到午夜两点钟)、两个舞台背景(周家客厅、鲁家住房)内集中展现了周、鲁两家前后 30 年错综复杂的纠葛，既揭示了封建家长专制制度造成的人生悲剧，从封建家庭的毁灭预示了不合理的社会制度必然崩溃的历史趋势，又从关注人类自身命运和复杂人性的角度出发，深入到人物心灵深处，以细腻的笔触描摹人物的灵魂，从而使这出经典剧作的意义超越了社会政治，超越了时代历史，上升到对人性与命运的双重思考的高度。《雷雨》的戏剧结构复杂而严谨，情节发展曲折多变，激荡人心，特别是它的戏剧语言，既是清新、流畅的现代口语，又富含深刻的寓意和丰富的潜台词。剧中人物繁漪、周朴园、周萍、周冲、鲁侍萍等人物形象个性鲜明而富有典型性，尤其是繁漪最具艺术光彩和精神震撼力，不愧为中国现代文学史上个性最鲜明、最丰满生动的女性形象之一。《雷雨》为中国现代悲剧艺术提供了典范，是中国现代悲剧观念形成的标志。

继《雷雨》之后，曹禺又创作了多幕剧《日出》。该剧最初连载于 1936 年 6 月至 9 月出版的《文学月刊》第 1 卷 1—4 期，同年 11 月由文化生活出版社出版单行本。1937 年 2 月，由上海戏剧工作社在卡尔登大戏院首演，5 月获《大公报》文艺奖。《日出》与《雷雨》在题材和形式上都有很大不同，体现着剧作家努力超越已有成就的探索精神和卓越才华。“日出”象征着那个“损有余而补不足”的“天之道”——作者理想中的光明社会，同时还象征着对一种美满爱情、一个理想的家的企求。该剧将一个豪华大饭店和一个三等妓院作为对比强烈的场景。前者，围绕一个交际花陈白露以及围绕在她周围的银行经理、富婆、面首、洋教授等，展开了上层社会纸醉金迷的生活；而后者，则环绕着妓女翠喜以及一个被卖到宝和下处的女孩小东西的命运，揭示了人间地狱般的社会黑暗。剧中的主要人物陈白露是个聪明、美丽的年轻女人，由于家道中衰，她一个人单枪匹马地闯出来，凭着美丽而成为明星。她追求爱情，但与诗人的结合却以失败告终。陈白露是继繁漪后作者塑造的 20 世纪中国又一个经典的女性悲剧人物形象。

写于抗日战争前夕的《原野》是曹禺的第三部戏剧杰作。1936 年开始创作，1937 年连载于《文丛》第 1 卷 2—5 期，上海文化生活出版社于同年出版单行本。曹禺的事业首次从都市转向农村，对社会的悲剧性认识又跃入一个更高的层面，但《原野》的意义并不仅仅在于展示旧中国农民遭受恶霸压迫、觉醒并起来反抗的过程，而在于对人的心灵世界进一步地揭示。剧作所表现出来的人性挣扎扭曲，无法遏抑的痛苦，恰恰是贯穿在曹禺创作中的精神主脉。

1941 年 10 月，曹禺的三幕话剧《北京人》，由中央青年剧社在重庆首演，12 月由重庆文化生活出版社出版单行本。曹禺以平实内敛的手法关注一个“极盛一时”的封建士大夫家庭，细腻地刻画了几代人命运的磨难与消耗，在彻底否定封建宗法主义和资本主义的同时，从封建精神破产的角度对封建文化思想做了整体的剖析和批判，使《北京人》呈现出比《雷雨》《日出》更深刻的文化内蕴和更强烈的历史纵深感。另外，曹禺以深邃冷静的思考代替了艺术创作中的情感参与，更加注重剧作的民族性和文化底蕴，表现出更为成熟和完美的艺术手法，使得《北京人》成为曹禺戏剧创作的又一座高峰。该剧通过一个曾经显赫而渐趋衰亡的官宦家庭，对中国社会做了更深入的文化反思。《北京人》一面写曾皓、文清的孱弱、颓废，一面通过一个人类学家之口颂扬北京猿人敢说敢做、真实自然、热情奔放的生存状态。剧尾，一个具有象征意义、外形上接近猿人的“北京人”，真的出现在舞台上。

四幕话剧《蜕变》意在反映“我们民族在抗战中一种‘蜕’旧‘变’新的气象”。剧本描写抗战初期某省立医院迁移到后方一小城后，当领导的胡作非为，下面的人苟且储安、整个医院变成一潭发臭的死水。它暴露了战时后方机构中贪污腐化、弄虚作假、发国难财的种种腐败现状，塑造了一位富有献身精神的爱国知识分子丁大夫的形象。

曹禺的戏剧深刻集中地表现了反封建与个性解放的“人”主题，这是五四主题的发展，他出色地描写了封建没落家庭及其众多人生，有力地冲击了封建主义与黑暗社会，并以《雷雨》《日出》《北京人》为代表，在中国现代戏剧史上树起了一座丰碑。在这些剧作中，曹禺抨击黑暗现实，诅咒不合理的社会制度，关注人的灵魂与命运，追求充满活力的完美人生，讴歌向往中的光明。在社会历史的转折关头，曹禺以他特有的敏感和睿智，以其戏剧的形象体系和蕴含其中的丰富内涵，把握住了时代跃动的脉搏，深刻地反映了现实人生。《雷雨》《北京人》等，堪与巴金的《激流三部曲》双峰对峙，在现代文学史上占有重要地位。他的戏剧，在总体上呈现着诗化现实主义的风格，结构缜密，冲突激烈，形象鲜明，在中国舞台上盛演不衰，保持着长久的艺术魅力，并被翻译成多种语言在国外上演。

曹禺的戏剧发展了我国的悲剧艺术，进一步开拓了悲剧文学的表现领域与精神刻画的深度，为悲剧艺术提供了典范。在现代戏剧史上，主要致力于悲剧创作，并取得独特成就因而推动了我国悲剧艺术发展的，除郭沫若外，当推曹禺。曹禺塑造了繁漪、陈白露、愫方这样卓越的悲剧女性，刻画了鲁侍萍和周萍、曾文清等优秀的艺术典型，为现代戏剧的人物画廊贡献出一系列鲜活生动的悲剧形象。这些曹禺式悲剧人物在我国悲剧艺术发展上的意义，还在于他们显示了悲剧人物和悲剧样式的发展。古代悲剧历来以表现英雄、伟人为主。曹禺从现实生活提炼出悲剧冲突，描写平凡生活中受压迫与摧残、遭压抑与扭曲的悲剧人物，反映出悲剧丰富深刻的社会意义。作家描写灰色人物、小人物的悲剧，总是致力于反映人物精神追求方面的深刻痛苦，深入探索悲剧人物的内心世界，运用艺术手段把这种精神痛苦的深度传达得淋漓尽致。他的悲剧主要不是呈现为悲壮崇高，而是写出一种忧愤深沉、缠绵抑郁的美。

曹禺戏剧的高度艺术成就对我国现代话剧文学样式的成熟起了决定性作用，奠定了五四以来这一新生艺术样式在我国现代文学中的地位。一种外来的新兴艺术样式要在一个民族的艺术领域发展成熟并扎下根来，需要经历一个过程与许多人的努力。早期话剧“文明戏”演出不用剧本。五四新文化运动高潮中，随着易卜生等外国戏剧文学的介绍，出现了我国最早的话剧文学创作。此后，田汉、洪深、欧阳予倩、丁西林、熊佛西、汪仲贤、陈大悲等人，都以自己的创作对话剧文学的发展做出了各自的努力，但作为一种新的样式仍处于徘徊状态，尚未发展为完整成熟的民族范式。1934 年、1936 年曹禺接连发表《雷雨》《日出》，标志着我国话剧文学样式的成熟。《雷雨》《日出》《北京人》以卓越独特的艺术成就，高度满足了话剧作为舞台艺术所提出的关于人物、冲突、结构、语言等方面的艺术要求，成为我国话剧创作的典范。曹禺戏剧在吸收外来艺术，形成个人风格的同时，能从剧本的精神风貌与艺术表现方面体现出深厚的民族特色，奠定了现代话剧这一新生文学样式在我国现代文学史、现代戏剧史中的地位。

（钱文彬）

# 40. 新民主主义诗歌创作的成就

新民主主义诗歌诞生于五四时期，它继承与发扬了中国古代诗歌的优秀传统，吸收了外国诗歌的有益成分，伴随着中国社会变革的发展，反映中国人民在新民主主义革命时期的理想、要求与斗争，并服务于本国人民彻底地反帝反封建的伟大斗争，成为时代的民族解放的号角，在新民主主义革命的各个历史阶段都起到了重要的作用。以反帝反封建与爱国主义为主的思想内容，以自由体诗为主的艺术形式，以现实主义与浪漫主义为主的创作方法，构成了中国新民主主义诗歌的基本特征。

新民主主义诗歌发轫于五四时期的新诗。1917 年 2 月，《新青年》首次发表胡适新诗八首。1918 年 1 月，又发表了胡适、沈尹默、刘半农的新诗九首。从此以后新诗人蜂起，新诗创作大量涌现，基本取代了文言旧诗的地位。1920 年，胡适的《尝试集》由上海亚东图书馆出版，这是新诗的第一本诗集。该诗集不论是思想内容还是表现形式、创作方法，在中国新诗的发展史上，都是“开风气的尝试”。它是将旧体诗真正改造为现代新诗的一座桥梁，为中国白话自由体诗的建立和发展跨出了幼稚的然而是可喜的第一步，它的历史功绩和独特地位是其他诗集所不能代替的。

几乎五四时期所有新文学的倡导者、开拓者都在新诗的处女地上耕耘过。李大钊、陈独秀、鲁迅等在《新青年》上发表新诗数量虽然不多，但在新诗发展上却具有特殊意义。李大钊除了五首写景抒情诗，还有一首《欢迎独秀出狱》的政治抒情诗，这是现代诗歌史上出现较早的表现革命主题的诗篇。鲁迅的《梦》等六首白话诗别具风采，不仅在思想艺术取得了独特成就，而且在打破旧诗格律探索新诗道路上也跨出了大胆的创新的步伐。《尝试集》所开创的现实主义之风，在 1919 年至 1923 年发展到了最兴盛的时期，在《新青年》《新潮》《星期评论》等刊物上发表的许多白话诗作，显示了新诗革命的实绩。五四时期，现代文学史上第一个新文学社团“文学研究会”团结了一大批诗人，形成了一支以朱自清为代表的强有力的新诗队伍，为现代新诗的发展作出了贡献。朱自清的代表作《毁灭》，是五四以来诗坛罕有的近 300 行的抒情长诗，标志着写实派长诗的成熟。

1921 年 8 月，上海泰东书局出版了郭沫若的第一部新诗集《女神》。它以彻底的反帝反封建的革命精神，崭新的浪漫主义的审美意识，恢弘的诗歌创造才能，创造了一个全新的艺术世界。《女神》的问世，标志着新诗草创阶段的结束和奠基阶段的到来，在新诗史上具有划时代的意义。《女神》大体上采用倒编年体例，分为三辑，共收诗剧、诗歌 57 篇。第一辑由诗剧《女神之再生》《湘累》和《棠棣之花》组成，以现代的想象重构了古代传说故事。第二辑是诗集的主体部分，《天狗》《炉中煤》《地球，我的母亲》《立在地球边上放号》《凤凰涅槃》等都是郭沫若的名篇，标志了五四诗歌所能企及的历史高度。

1923 年，恽代英、邓中夏、萧楚女等早期共产党人发表文章，要求新文学和新诗充当无产阶级领导下的民主革命的“工具”，使诗更好地服务于社会解放和革命斗争，无产阶级诗歌崭露头角。中国最早的无产阶级诗人蒋光慈的诗集《新梦》和《哀中国》，热情地讴歌十月革命和共产主义理想，具有鲜明的社会主义色彩。他的诗歌增加了议论成分，感情表达外露，想象也很平实，被称为“怒吼的诗”，如《太平洋中的恶象》《中国劳动歌》《哭列宁》等诗一扫当时许多新诗中的缠绵悱恻之调，充满了阳刚之音。

1930 年 3 月，中国左翼作家联盟在上海成立，新民主主义诗歌创作进入了一个新的时期。在众多的左翼诗人中，殷夫的诗歌创作成就尤为突出。殷夫早期诗作，大多歌咏爱情和故土，对于黑暗现实的谴责与对于光明未来的呼喊交织在一起，在忧郁和孤寂中留下了思想波涛的痕迹。从 1929 年到牺牲前夕，出于斗争的需要和思想感情的变化，他主要创作政治鼓动诗，代表作有《孩儿塔》《别了哥哥》《血字》《1929 年的 5 月 1 日》《我们》《我们是年轻的布尔什维克》等。这些诗作以粗犷的音色和高昂的节奏，从正面讴歌了工人阶级的斗争事业，倾诉着自己对理想的执著追求和与旧世界彻底决裂的信念；境界开阔，气概雄浑，具有鲜明的政治倾向和强烈的时代感。鲁迅称赞殷夫的诗是“属于另一世界”的，“是对于前驱者的爱的大纛，也是对于摧残者的憎的丰碑”(《白莽作〈孩儿塔〉序》)。作为中国无产阶级的年轻诗人，殷夫的诗继承了郭沫若、蒋光慈开创的早期革命诗歌的传统，拓展了刚健、雄浑、清新的诗风，影响了后来的不少诗人。殷夫是继郭沫若、蒋光慈之后，现代文学史上又一位重要的革命诗人。

1932 年，在“左联”的领导下，由穆木天、杨骚、森堡(任钧)、蒲风(黄浦芳)在上海成立了中国诗歌会，其任务是“研究诗歌理论，制作诗歌作品，介绍和努力于诗歌的大众化”(《中国诗歌会的成立》)。中国诗歌会除上海总会外，北平、广州、青岛以及日本的东京等地也都建立了分会。1933 年 3 月，创办出版了机关刊物《新诗歌》，后来还创办了《诗歌季刊》《中国诗刊》等多种刊物，涌现出王亚平、温流等一批青年诗人。中国诗歌会诗人创作的共同特色是：坚持革命现实主义的创作方法，紧紧“捉住现实”，以诗歌为武器，向帝国主义、封建主义进行坚决斗争；在艺术形式上，大力提倡和实践诗歌大众化，要使诗歌成为“大众歌调”。他们借着普遍的歌、谣、时调诸类的形态，吸收它们普及、通俗朗读、讽诵的长处，试图创造出新的诗歌形式。《新诗歌》还出版过“歌谣专号”，刊登大量采用民歌、民谣、小调、鼓词、儿歌等形式写作的新诗。中国诗歌会建设新诗的主张和行动，得到鲁迅、郭沫若、茅盾等的关心和支持。1935 年，当“国防诗歌”被作为“国防文学”的一部分提出来的时候，中国诗歌会的同仁们热情投身到抗日救亡运动的洪流，并在 1937 年出版了“国防诗歌丛书”。抗日战争前夕，该团体停止了活动。总体看来，中国诗歌会的诸诗人继承和发展了后期创造社及太阳社的革命诗歌传统。他们的创作始终紧密地与现实斗争相结合，在推动诗歌的大众化、民族化，增进诗歌的现实主义力度等方面做出了重要贡献。在中国诗歌会诸诗人中创作最活跃、最有影响和代表性的诗人是浦风。他紧密结合当时中国社会的实际斗争，特别是关注并表现广大农民的悲苦遭遇及其觉醒和反抗，反映民族的抗日意志和情绪，是浦风的基本主题；通俗质朴的语言，清新康健的格调，激越饱满的情感，是他诗作的基本风格。他先后创作出版了诗集《茫茫夜》《生活》《摇篮歌》《黑陋的角落里》《抗战三部曲》《钢铁的歌》以及长篇叙事诗《六月流火》等。此外，杨骚的诗集《记忆之都》《受难者的短曲》以及长诗《乡曲》，任钧的诗集《战歌》《冷热集》，穆木天的诗集《流亡者之歌》以及王亚平的《灯塔守者》《黄浦江》《大沽口》等诗篇和温流的《我们的堡》《最后的吼声》等诗集，都是中国诗歌会产生过较大影响的作品。

在抗日战争时期和解放战争的岁月里，中国新民主主义诗歌取得了空前的发展。1937 年抗日战争爆发后，由于民族精神的振奋，新民主主义诗歌形成新的高潮。诗人与作家大多摆脱了书房、亭子间和课堂的生活，纷纷投身于抗战的洪流，走向农村与城镇，走向部队与前线。他们以自己的诗篇讴歌广大军民奋勇抗日的可歌可泣的英雄事迹，及时地反映了那急剧变化的抗战形势。如郭沫若的诗集《战声》、高兰的《高兰朗诵诗集》、冯玉祥的《抗战诗歌集》、郑振铎的诗集《战号》、王统照的诗集《横吹集》、臧克家的诗集《从军行》、田间的诗集《呈在大风沙里奔走的岗卫们》，以及《烽火》《七月》《抗战文艺》《文艺阵地》《解放》《哨岗》《诗报》和《新华日报》等报刊所发表的许多诗篇，诸如胡风的长诗《同志》《血誓》和《给怯懦者们》，柯仲平的《边区自卫军》，罗烽的《总动员》，楼适夷的《胜利的春天》，还有浦风、穆木天、杨骚、王亚平、何其芳、冯至、戴望舒、卞之琳、徐迟等人的诗篇，这是构成抗战初期诗歌空前繁荣的一个重要方面。这一时期还出现了“七月派”等重要的诗歌流派。这时最著名的诗人当数艾青、田间和臧克家，艾青和田间的许多诗都发表在由胡风任主编的《七月》上，通常又将他两人归入七月派诗人行列。他们以自由体诗的形式，奔放有力的诗句，描写战争中的方方面面，诗歌中洋溢着爱国爱土，抗敌御侮和向往光明的政治热情。

1933年，艾青在《春光》杂志上发表了《大堰河——我的保姆》一诗，抒发了对哺育他的保姆的深情追怀。该诗感情真挚，诗风清新，轰动了诗坛，是反映他早期民主主义思想的代表作。在此后的几十年间，这首诗一直在世界范围内广泛流传，至今已传遍英、法、德、俄等几十个国家。1939年艾青出版诗集《大堰河》，收录了在狱中及早期的诗作。抗战爆发后，艾青达到诗歌创作的顶峰，风格也更趋成熟，以铺陈的手法，口语化的语言，鲜明的形象，浩瀚的气势，巨幅地呈现诗的意境和深刻的思想，具有巨大的艺术魅力。长诗《向太阳》和《火把》就是这一时期的代表作，倾诉了对祖国、对人民的爱，唱出了抗战必胜的信心和对将士的由衷的礼赞，显示了革命的现实主义的特点，对当时知识青年投奔革命起了积极的作用。同时，也使他成为具有广泛影响的诗人。艾青著有诗集《向太阳》《火把》《旷野》《北方》《献给乡村的诗》《大堰河——我的保姆》《黎明的通知》《归来的诗》《彩色的诗》等。艾青的诗歌深深植根于人民的土壤里，与人民同悲哀、同忧郁、同欢乐，用富有色调的形象说话，诗体自由，追求语言的散文美。如果说五四时期的郭沫若使中国新民主主义诗歌形成了一个高峰，那么，抗战前期的艾青则使中国新民主主义诗歌创作涌起了第二个高峰。因此，艾青被人们誉为“中国诗坛泰斗”。

田间，抗战前后先后出版有诗集《未明集》(1935)、《中国牧歌》(1936)和长诗《中国农村的故事》。1937年12月，创作长篇抒情诗《给战斗者》，标志着田间诗歌独特风格的形成。该诗表达了人民反抗侵略的决心，鼓舞了人民的战斗意志，是当时公认的优秀政治抒情诗。1938年春夏，到延安与文艺界同仁共同发起街头诗运动。其诗作《假使我们不去打仗》传遍全国，被闻一多称为“擂鼓诗人”“时代的鼓手”。抗战前期，田间创作的诗集有《呈在大风沙里奔走的岗卫们》《给战斗者》和长诗《她也要杀人》，大多描写诗人参加西北战地服务团时的生活和见闻，抒发其对工作的热爱和对战友的深厚情义。这一时期的诗作，表现了中国人民激昂的抗战情绪，坚定的抗战意志。与此相适应，他的诗句大多短促、急骤、坚实、有力，犹如催征的鼓点，极富鼓动性。抗战后期和解放战争时期，田间继续有短诗发表，这些作品收在1950年出版的诗集《短歌》和《抗战诗抄》中。

臧克家也是抗战爆发前后出现的的著名诗人。他的诗作有很强的现实感，关心人民的疾苦，抨击黑暗社会，同时又讲求意象的营造，韵律的使用和诗句的锤炼，既受左翼文坛的影响，又学习了格律诗和象征诗的艺术手法，形成了自己独特的创作风格。著有诗集《烙印》(1932)、《罪恶的黑手》(1934)、《运河》(1936)、《从军行》(1938)、《泥淖集》(1939)、《泥土的歌》(1942)、《生命的零度》(1947)和《冬天》(1948)等。

抗战时期，为了实现诗歌的宣传功能，诗歌的通俗化也形成潮流。朗读诗、街头诗的兴盛，就是诗歌政治化和通俗化的集中体现，构成了新民主主义诗歌的重要组成部分。朗读诗运动首先从武汉兴起，高兰、锡金、冯乃超等人是倡导和写作朗读诗的先锋。武汉沦陷后，这一运动又在重庆和其他抗战前线开展起来，后来蔓延到抗日民主根据地，延安曾常常举办诗歌朗读会。《时调》《五月》和《诗时代》等诗刊在推动诗朗读运动和抗战诗歌创作方面都起了较为重要的作用。街头诗则主要盛行于延安和抗日民主根据地。田间、邵子南、史轮等，是街头诗的积极倡导者和作者。街头诗是参加在大时代斗争的行动里的人，奏出的大时代群众的行动的旋律，以其新颖的形式，通俗、明快的语言，深受人民大众的欢迎。

抗战后期诗坛上最重要的诗派是七月派，这个诗派因胡风主编的文艺期刊《七月》而得名。七月派的重要诗人有胡风、艾青、田间、鲁藜、邹荻帆、牛汉、阿垅、曾卓、孙佃、方然等。在他们的创作中，政治抒情诗占有很大比重，内容多充满爱国主义激情，呼唤人们的抗敌斗志。七月派在艺术上注重以炽烈的激情去撞击人们的心灵，而不讲究文学的雕琢、修辞。质朴、粗犷、奔放是七月诗人共有的艺术特色。七月派诗歌的代表作除了艾青和田间的作品外，还有胡风的诗集《野花与剑》《为祖国而歌》和长诗《时间开始了》等。

1942 年“延安文艺座谈会”召开后，解放区文艺运动蓬勃发展，群众性诗歌创作空前活跃。同年 10 月，陕甘宁文艺界召开诗歌大众化座谈会，大会不仅号召诗人深入工农兵群众，创作“大众化的诗”，也强调引导人民群众创作“自己的诗”，于是解放区很快掀起群众性诗歌创作的高潮，产生了大量翻身歌谣、民歌、快板诗。从工农兵中涌现出一批诗人，如李有源、朱桂芳、毕革飞等。他们运用民歌形式创作大众化诗歌，虽然艺术上缺少锤炼，失之粗糙，但总的说来，感情朴实真挚，形式活泼多样，具有鲜明的时代内容。这是解放区民歌体新诗的雏形。在部队则有“枪杆诗运动”，“兵的诗人”毕革飞的快板诗，对鼓舞士气起了很大作用。这些新民歌在崭新的生活土壤中，继承土地革命时期苏区红色歌后的传统，朝更加纵深的方向发展。

经过延安文艺整风运动，文艺工作者自觉地向民间文学学习。随着“采风”运动的兴起，学习民歌蔚然成风。李季编的《顺天游》，就收入民歌达二千首之多。严辰编的《信天游选》，收录民歌一千多首。何其芳、公木编选的《陕北民歌选》，搜集的民歌也有四百多首。李季、阮章竟、柯仲平、贺敬之、严辰等都深入到工农兵中去，创作出大量著名诗篇。如李季的《王贵与李香香》、阮章竟的《漳河水》和《圈套》、柯仲平的诗集《从延安到北京》、贺敬之《行军散歌》、严辰的《新婚》等，他们表现了民族解放斗争和阶级斗争的重大主题，诗歌的语言，多在群众的口语基础上加工锤炼，艺术表现上，较多运用民歌手法，对于克服新诗的欧化倾向，促进新诗的民族化大众化，具有重大发展意义。至此，五四以后开始的民歌体的涓涓细流，已变成滔滔的浪潮。

（钱文彬）

# 41. 郭沫若的新编历史剧创作

郭沫若(1892—1978年)，原名郭开贞，字尚武，祖籍福建，出生在四川省乐山沙湾的一个地主家庭，因家乡位于峨眉山麓沫、若二水的交汇处，故以“沫若”为笔名。他幼年就深受中国古典诗词的熏陶，打下了坚实的国学基础。郭沫若小学和中学时期，广泛阅读中外文学作品，受到资产阶级思潮的影响，多次参加反抗军阀统治和教育当局的学潮。1914年初，郭沫若怀着“报国济民”的抱负东渡日本学医，开始了10年的留学生活。其间他在泰戈尔、惠特曼、歌德等人的诗歌影响下，开始写一些新诗。1918年春写的《牧羊哀话》是他的第一篇小说。1919年的下半年和1920年的上半年，出现了“诗的创作爆发期”，在这期间郭沫若写出了《凤凰涅槃》《晨安》《地球，我的母亲》《站在地球边上放号》《天狗》《心灯》《炉中煤》《巨炮之教训》等诗篇。郭沫若从此成为中国浪漫主义新诗的奠基人。1920年出版了与田汉、宗白华的通信合集《三叶集》。他的第一本诗集《女神》于1921年出版，开辟一代诗风。1921年夏，郭沫若与成仿吾、郁达夫、张资平、田汉、郑伯奇等人在日本发起成立创造社。1924年，通过翻译河上肇的《社会组织与社会革命》一书，较系统地了解了马克思主义。

1919年秋开始，郭沫若尝试以中国古代神话传说和历史故事为题材写诗剧，先后创作了《女神三部曲》(《女神的再生》《湘累》《棠棣之花》)和《三个叛逆的女性》(《卓文君》《王昭君》《聂嫈》)等一批诗剧片断和诗剧。其中《三个叛逆的女性》1926年在上海出版。

1926年3月郭沫若离沪赴粤，任广东大学文科学长，与毛泽东，周恩来、林伯渠等共产党人时常接触，深受影响，同年7月投笔从戎参加北伐战争。1927年蒋介石叛变革命后，写了讨伐文章《请看今日之蒋介石》，接着参加了中国共产党领导的南昌起义。1928年，为躲避国民党政府的通缉，郭沫若再次东渡日本，开始了长达10年流亡日本的生活。此间运用历史唯物主义观点研究中国古代历史和古文字学，著有《中国古代社会研究》《甲骨文字研究》等著作，成绩卓著，创造性地开辟了史学研究的新天地，同时，积极支持留日青年和国内文艺界的革命文化活动。1929年初参与倡导无产阶级革命文学运动，其间写有《漂流三部曲》等小说和《小品六章》等散文，作品中充满主观抒情的个性色彩。还出版有诗集《星空》《瓶》《前茅》《恢复》，并写有历史剧、历史小说、文学论文等作品。

1937年，抗日战争爆发后，郭沫若毅然回国，投身抗日救亡活动，筹办《救亡日报》，出任国民政府军委政治部第三厅厅长和文化工作委员会主任，负责有关抗战文化宣传工作。其间写了《棠棣之花》《屈原》《虎符》《孔雀胆》《南冠草》《高渐离》等6部充分显示浪漫主义特色的历史剧，这是他创作的又一重大成就。这些剧作借古喻今，紧密配合了现实的斗争。1944年，郭沫若发表了总结农民起义历史教训的《甲申三百年祭》，毛泽东在延安读到此文后，指定为中共党员必读的“整风文件”。抗战胜利后，郭沫若在生命不断受到威胁的情况下，坚持反对独裁和内战，争取民主和自由的斗争。

新中国成立后，他肩负着繁重的国家事务、科学文化教育和国际交往等方面的领导工作，扶持和帮助了许许多多的科学、文化、教育等工作者的成长，对我国的科学文化教育事业作出了巨大的贡献。在政务、外事活动浩繁的情况下，郭沫若继续从事文艺创作，其中写有历史剧《蔡文姬》《武则天》和电影剧本《郑成功》。郭沫若是继鲁迅之后，中国文化战线上又一面光辉的旗帜。著作结集为《沫若文集》17卷本(1957—1963年)，新编《郭沫若全集》分文学(20卷)、历史、考古三编，1982年起陆续出版发行。许多作品已被译成日、俄、英、德、意、法等多种文字。郭沫若于1978年病逝于北京，享年86岁。

郭沫若一生以其独有的创造精神，在多种不同领域都取得了累累硕果。其中，历史剧和诗歌是他取得重大文学成就的两个领域。郭沫若的戏剧创作有诗剧、话剧，除一个剧目是现代题材外，均为历史剧。郭沫若从20世纪20年代初即开始历史剧创作，在整个现代文学阶段共创作了9部历史剧，新中国成立后又创作了《蔡文姬》和《武则天》两部历史剧。他的历史剧，取材上自战国时期，下至明末清初，主要人物包括古代著名的政治家、诗人、侠客，女性形象自后妃公主至宫娥美女，描写的社会生活由宫廷相府到民间酒肆，从中原地区到西南边陲，向人们展示了一幅幅绚丽多姿的历史生活图画，贯穿于其中的形态各异的斗争，充满了磅礴正气和历史的悲剧精神，这种浓郁的悲剧精神，呈现出肃穆崇高美，标志着中国现代悲剧艺术的新进展。

郭沫若的戏剧创作呈现出明显的节律性和时段性，有三个互不连贯的喷发期。第一期是俄国十月革命到中国五四运动时期，那时的郭沫若充满了创作的青春激情，在《凤凰涅槃》等一批著名新诗之后，又快速创作了十余部篇幅比较短小的诗剧，如《湘累》《棠棣之花》等，20世纪40年代创作的多幕剧《屈原》《棠棣之花》即在此基础上发展而成。这个时期的代表作是《卓文君》(1922)、《王昭君》(1923)和《聂嫈》(1925)等3部新编历史剧，1926年作者把这三个剧本合在一起以《三个叛逆的女性》为书名出版。《卓文君》描写汉代孀居才女卓文君不从父命，私奔司马相如的故事，歌颂卓文君反抗封建礼教、追求自由和爱情的精神。作者站在卫护自由和正义的立场上，对卓文君的性格作了新的发掘，通过女主人公违背父亲的意愿，公开同司马相如出走的情节处理，竭力表彰她在婚姻问题上“不从父”的反抗精神。《卓文君》发表后，受到广大知识青年的欢迎，曾为封建统治者所禁演。剧本渲染的叛逆反抗和敢于主宰自己命运的精神，完全符合于五四时代知识青年个性解放的要求。《王昭君》根据历史上汉代女子王昭君被选入宫，后又遣嫁匈奴的身世写成。在这个剧本中，作者发挥了更大的想象和创造精神。他不仅虚构更多的人物，而且把向来对王昭君遭遇的“命运悲剧的解释”改成“性格的悲剧”，从而一反过去那种琵琶绝塞、青冢黄昏的感伤情调，突出了她的反抗强暴的倔强性格。王昭君为了维护人格的尊严，敢于冒犯帝王淫威，自愿出嫁匈奴。在已经废除帝制多年的五四时期，以反对王权为重要内容的《王昭君》，虽然不如在婚姻问题上反对封建束缚的《卓文君》能够直接引起当时知识青年的共鸣，但是贯串在剧作里的维护人格尊严的思想，“宁为玉碎、不为瓦全”的精神，却又从另一方面反映了五四思潮的特点。写于“五卅”以后的《聂嫈》着重表现聂嫈、聂政姐弟舍身除暴的侠义精神。剧作贯串着均贫富、茹强权的思想和各国人民不分国界，“大家提着枪矛回头去杀各人的王和宰相”的题旨，在“五卅”前后中国人民反对国内军阀统治、反对帝国主义的斗争中，这些描写引起了处在现实斗争中的人们深刻而广泛的联想。此剧是郭沫若于“五卅”运动中在《棠棣之花》基础上写成，1925年7月1日由上海美术专科学校公演。这3部历史剧，不仅体现了时代精神，而且也初步显示了郭沫若历史剧豪放、热情、诗情迸发的特点，表达了他反抗封建礼教、追求自由和爱情、关注妇女解放的精神倾向。《卓文君》《王昭君》和《聂嫈》三部剧本在艺术风格上已经初步显示了郭沫若历史剧创作的基本特色：古为今用，借古喻今，大胆地改写历史人物的命运，为现实斗争服务，使历史事件和人物的基本内涵与时代现实的精神息息相通，密切相关。这在其后的历史剧之中得到了更加纯熟的展现。

抗日战争时期是郭沫若戏剧创作的高峰。他在1941年冬到1943年春的一年多时间里，连续写了《棠棣之花》《屈原》《虎符》《高渐离》《孔雀胆》和《南冠草》等6部历史剧，不仅产量惊人，而且，以《屈原》为标志，思想艺术也达到了他戏剧创作的顶峰，成为其创作生涯的第二期。这6部历史剧的创作有着特殊的时代背景。1941年"皖南事变"爆发后，国民党当局公开制造分裂，祖国的前途和民族的命运再次受到严重威胁，而国民党又在国统区实行政治和文化的高压政策，压制爱国进步的言论。与这种特定的政治、文化形势相适应，国统区出现了一大批借古讽今的历史剧，进步作家纷纷通过历史事件和历史人物之口，表达人民的现实要求。郭沫若的历史剧是其中卓越的代表。虽然6部剧本取材历史的角度不同，反映现实的侧重点也各异，但这些剧本共有一个鲜明的基本主题，即反对侵略、反对卖国投降，反对专制暴政，反对屈从变节，颂扬爱国爱民，主张团结御侮，高张坚守气节。在艺术风格上，以《屈原》为代表更加气势浩瀚，构思新奇，充满了诗情画意，在历史与现实的融合方面达到了炉火纯青的地步。

"皖南事变"发生后，郭沫若认为："现实，最迫切地，要求文艺须作为反纳粹、反法西斯、反对一切暴力侵略者的武力而发挥它的作用。"于是重新加工、几经改动的《棠棣之花》，突出了"主张集合反对分裂的主题"。此剧于1941年11月20日为"纪念郭沫若诞辰50周年和创作25周年"在重庆首演，由石凌鹤导演，舒绣文、张瑞芳、周峰、江村、孙坚白主演，影响很大。一时，以历史剧形式参与现实斗争的剧目活跃于大后方的舞台，形成了历史剧创作的高潮。

1942年1月，郭沫若继《棠棣之花》之后，以10天时间完成了他的杰作《屈原》。这个剧本取材于战国时代楚国爱国诗人屈原一生的故事。但剧本并未拘泥于事实，而是把屈原与楚怀王为首的统治集团的矛盾集中在一天之内，以南后对屈原的引诱不成，阴谋陷害为主线，以屈原的弟子宋玉变节攀附权贵，而侍女婵娟却代屈原误饮毒酒而死为陪衬，生动地表现出伟大诗人忧国忧民、不畏强暴、磊落坚贞、大义凛然的崇高品质。屈原在暴风雨中悲愤呼喊的长篇台词"雷电颂"，表现出强烈的爱国激情和不屈不挠的斗争精神，大气磅礴、震撼人心；作为"道义美的化身"和"诗的魂"的婵娟之死，控诉了旧中国的黑暗，道出了广大人民的心声，引起当时观众的强烈共鸣。剧中的屈原，是一个伟大的政治家兼诗人的典型。屈原把祖国的安危和人民的祸福，看得远远重于自身的利害得失。他冲破一切思想束缚去进行英勇的斗争，面对正在沉入黑暗的祖国，失去自由的诗人的满腔忧愤，以《雷电颂》的形式无比猛烈地迸发出来。《雷电颂》，是屈原斗争精神最突出的体现，而爱国爱民的深切感情，是诗人斗争精神的源泉。人物塑造的成功，使剧本的深刻主题得到充分表现。《屈原》一剧中，穿插了相当数量的抒情诗和民歌。它们是剧本的有机组成部分，对剧情发展，人物刻画，主题表达，都起着重要作用。这是剧本艺术上的一个特点。历史剧《屈原》是中国话剧史上的光辉一页，其思想性、艺术性都达到郭沫若剧作的顶峰，是整个中国现代文学史上历史剧创作的最高成就。1942年4月，中华剧艺社在重庆国泰大剧院演出此剧，由陈鲤庭导演，金山饰屈原，白杨饰南后，张瑞芳饰婵娟，顾而已、孙坚白、施超等人都参加了演出，在大后方重庆引起轰动，产生了鼓舞抗战的巨大影响。其后，《屈原》曾多次上演。1953年9月，中国青年艺术剧院重新上演《屈原》，仍由陈鲤庭导演，赵丹饰屈原，白杨饰南后，王蓓饰婵娟。《屈原》曾在日本、前苏联上演。1979年第四次在日本公演时，演出500余场。1980年11月，河原崎长十郎率演出团来华演出，自扮屈原，受到中国观众的欢迎。

1942年2月，郭沫若创作了历史剧《虎符》，通过信陵君和如姬窃符救赵的故事，歌颂了维护正义和团结、反对侵略和投降的信陵君以及为了求得"人"的权利、"不惜杀身以成仁"的如姬。1943年，中国万岁剧团在重庆抗建堂演出了《虎符》，导演王瑞麟，由舒绣文、江村、孙坚白等主演。1942 年 6 月 17 日，郭沫若完成了历史剧《高渐离》。此剧以《史记·刺客列传》中高渐离以筑击秦始皇的故事为题材，抨击了专制主义者的凶狠残暴，表现了反抗者舍生取义的英勇无畏精神。1942 年 9 月和 1943 年 3 月，郭沫若又相继完成了描写元代大理总管段功与梁王女儿阿盖相爱的悲剧《孔雀胆》和以明末青年爱国诗人夏完淳慷慨殉国事迹为题材的《南冠草》。

在这一时期的剧作中，郭沫若塑造了各种各样的历史人物：《棠棣之花》中的聂政、聂嫈与侠累、韩哀侯，《屈原》中的屈原、婵娟与南后、宋玉，《虎符》中的信陵君、如姬与魏王，《南冠草》中的夏完淳与洪承畴，《高渐离》中的高渐离与秦始皇，《孔雀胆》中的段功与车力特穆尔等。在这些人物的剧烈冲突当中，作者一方面深刻地揭露了外来侵略者、本国反动统治者和叛徒汉奸等形形色色丑类的本质，无情地鞭挞了他们专横凶残、卑鄙无耻的灵魂；一方面深刻发掘了自古以来中华民族英雄义士的高风亮节，热情地赞扬了他们爱国爱民、忠贞刚直的高尚品德。与黑暗反动势力坚持进行顽强、不妥协的斗争，是贯穿这些剧本的一个共同的基本精神。作者展示的这一幕幕历史悲剧，引起了人们强烈的共鸣，大大鼓舞了人们坚持全民族团结抗日的斗争意志，有力地抨击了蒋介石集团的暴政，推动了伟大的民族解放战争。

郭沫若这时期的历史剧，在艺术上也取得了巨大的成就，比他早期的历史剧增多了现实主义成分，却又充分显示了革命浪漫主义的特色。譬如，作者对剧本所涉及的史料，一方面尽可能地搜集占有，精密研究，一方面又不拘泥于史料。他在把握历史本质的基础上，根据艺术规律、剧情发展和创作意图，结合自己的理想和愿望，"失事求似"地大胆进行构思，使全剧的结构，人物的刻画，情节的演变，浑然自成一个完整的天地，形象逼真，具体生动，有显著的戏剧效果。再譬如，在这些剧作中，作者结合情节的需要和气氛的创造，插入相当数量的抒情诗和歌词，或由主人公朗诵，或由群众演唱，感情激越，色彩斑斓，使全剧充满着浓郁的诗意。这也是过去一般历史剧以及话剧所不曾有的风格。

第三期为新中国建立后的 20 世纪五六十年代之交，时已六七十岁的郭沫若又提笔写下了《蔡文姬》和《武则天》两剧，仍然像以往那样以历史女性人物为对象，而更多地融入了作者对人生和历史的理解，印证了他"失事求似"的史剧观。对于如何表现蔡文姬和武则天这两个历史人物，他早在 1920 年代就曾经酝酿，几十年的丰富经历使作者有了更多的思考和理解，因此当她们再现于舞台上时，已不同于原先的设想而被赋予了新的生命，剧作也有了新的主题。作者在《蔡文姬》序中声明："我写蔡文姬的主要目的就是要替曹操翻案……着重歌颂曹操的爱惜人才。"同时，作者在蔡文姬这个人物身上倾注了自己对祖国的深厚感情，把自己的体验融化在剧作中，曾说：蔡文姬"抛儿别女，一心以国事为重"，与他 1937 年回国时的"别妇抛雏断藕丝"的感情是相通的。1959 年 5 月 21 日，北京人民艺术剧院首演《蔡文姬》，导演焦菊隐，朱琳饰蔡文姬，刁光覃饰曹操，蓝天野饰董祀，朱旭饰左贤王。1960 年初，郭沫若创作了剧本《武则天》。写武则天"最成熟的时代——即 60 岁前后的 6 年"，以平息徐敬业策动叛变作为剧情的中心，塑造了一个胸怀大度、才识过人的女政治家形象。《武则天》是郭沫若最后的一部剧作，1962 年 7 月，北京人民艺术剧院在北京公演，导演焦菊隐、梅阡，朱琳饰武则天，郑榕饰裴炎，童超饰太子贤，郭莘华饰上官婉儿。

郭沫若是中国现代文学史和话剧史上的重镇，他一生创作了 10 多部历史剧，表现出一个共同的思想倾向，就是为革命服务。《棠棣之花》3 次随形势需要进行修改，是其典型。郭沫若是浪漫主义诗人，又是历史学家，他的经历和特点使其剧作个性鲜明，大多是诗剧和历史剧，充满了喷发式的浪漫激情。他在历史剧的创作上，使史与戏、戏与诗达到了和谐的统一。他的历史剧在内容上以古鉴今，具有强烈的战斗精神；在艺术上则发挥激越的诗情和丰富的想象，从而产生出巨大的感染力量。郭沫若的历史剧创作中，还有一个显著特点，就是剧作者与被描写对象的融合。从20世纪20年代始，他的剧作都是他的感情迸发的产物，都有他自己的声音。而《屈原》更是主客一体、高度融合的代表。他的剧作是作者作为政治家、史学家、诗人三位一体的产物，有他独特的个性与特点，是自成一派的历史剧作家。郭沫若不仅是历史剧作家，而且是史剧创作的理论家，他有许多精辟见解，如主张"史学家是发掘历史的精神，史剧家是发展历史精神，历史研究要'实事求是'，史剧创作则要'失事求似'"。根据这一原则，他放弃了为屈原作传的计划，而用《屈原》的一天，概括了他的一生。《屈原》的成功，正是在"失事求似"这一原则下使创作获得"自由"的成功收获。

（钱文彬）

# 42. 周作人、林语堂的文学成就

周作人(1885—1967年)，现代散文家、诗人、文学翻译家，浙江绍兴人，原名櫆寿，字星杓，后改名奎绶，自号起孟、启明(又作岂明)、知堂等，笔名仲密、药堂、周遐寿等。

早年(1901年)进入南京江南水师学堂学习，1906年东渡日本留学，与鲁迅一起编译《域外小说集》，后入东京政法大学、立教大学文科学习。1911年回国，先后任浙江省教育司视学、绍兴教育会会长、浙江省第五中学英文教员。1917年春任北京大学文科教授兼国史编纂处纂辑员。

五四时期的周作人，是新文化运动的干将。他参加发起文学研究会，曾任新潮社主任编辑，主持北京大学歌谣研究会，也是《新青年》主要撰稿人之一。他起草了《文学研究会宣言》，并撰写了《人的文学》《平民文学》《思想革命》等多篇重要理论文章。这一时期，周作人的文艺理论思想主要包括如下方面：首先，他在《谈虎集·思想革命》中明确提出"文学革命上，文字改革是第一步，思想改革是第二步，却比第一步更为重要"的观点。其次，他积极提倡以人道主义为本，对于人生诸问题加以纪录研究的"人的文学"，和记载世间普通男女的悲欢成败的"平民文学"，而反对违反人性的古代礼法、传统习惯制度，以及歌颂才子佳人，宣扬"迷信""黑幕""色情狂""奴隶哲学"的"非人的文学"(详载于《艺术与生活》一书《人的文学》和《平民文学》章)。再次，他以极大的热情把俄国、日本、希腊文学以及波兰、匈牙利等被压迫民族的文学介绍到国内，并用自己的散文和新诗创作，如代表作《小河》等，显示了文学革命的实绩。

五四以后，他成为《语丝》杂志的主要撰稿人之一，书写了大量着重社会批评和文明批评的散文，继续批判封建旧道德旧文化、反对北洋军阀反动统治、支持进步学生运动，并参加了反对甲寅派与现代评论派的斗争。但是整个20世纪20年代，从前作为投身新文化运动斗争利器的资产阶级个人主义和人道主义思想，反而成为趋向他背离主流左翼作家群体的思想动因。在这个时期，他提出"以表现个人情思为主"的文学的主张，并提出"复兴千年前的旧文明"的口号。大革命失败后，上述思想开始逐渐显露，他对人民革命斗争满怀忧惧，思想逐渐远离时代的主流，开始公开鼓吹"闭门读书论"。而整个30年代，周作人都在积极提倡小品文的书写，并从思想上开始倒退，否定五四新文学的彻底革命性质，并把它看作是明末公安派文学运动的再现。

1937年全面抗战爆发后，北京大学校址南迁。但周作人不顾各界人士多次敦促、劝导，仍然留在已被日本侵占的北平，并出任南京国民政府委员、华北政务委员会常务委员兼教育总督督办、东亚文化协会会长、华北综合调查研究所副理事长等伪职。日本投降后，被以叛国罪于1945年12月入狱，1949年1月保释。新中国成立后，在人民文学出版社从事日本、希腊文学作品的翻译，和写作有关回忆鲁迅的著述。

周作人著作颇丰，有散文集《自己的园地》《雨天的书》《泽泻集》《谈龙集》《谈虎集》《永日集》《看云集》

《夜读抄》《苦茶随笔》《苦竹杂记》《风雨谈》《瓜豆集》《秉烛谈》《药堂语录》《书房一角》《秉烛后谈》《苦口甘口》《立春以前》《过去的工作》《知堂乙酉文编》《知堂文集》；诗集《过去的生命》《儿童杂事诗》；小说集《孤儿记》；论文集《艺术与生活》《中国新文学的源流》《儿童文学小论》；文学史著作《欧洲文学史》；书信集及序跋集《周作人书信》《苦雨斋序跋文》《周曹通信集》《周作人晚年手札一百封》；文学史料集《鲁迅的故家》《鲁迅小说里的人物》《鲁迅的青年时代》；回忆录《知堂回想录》。译作主要有：《红星佚史》《域外小说集》(与鲁迅合译)、《炭画》《点滴》《现代小说译丛》(与鲁迅、周建人合译)、《现代日本小说集》(与鲁迅合译)、《陀螺》《狂言十番》《玛加尔的梦》《黄蔷薇》《两条血痕》《希腊拟曲》《希腊的神与英雄》《希腊女诗人萨波》《乌克兰民间故事》《俄罗斯民间故事》《阿里斯托芬喜剧集》(与罗念生合译)、《日本狂言选》《伊索寓言》《欧里庇得斯悲剧集》(与罗念生合译)、《浮世澡堂》《古事记》《石川啄木诗歌集》(与卞立强合译)等。

周作人是中国现代文学史上第一位全心全意经营散文并取得卓越成就的一流作家，是以记述为主的现代白话艺术散文的最早提倡者和开创者。同时，他还是重要的散文理论家。其文艺理论最主要的支点是“个性主义”。从尊重个性，以张扬个性为散文之魂的人道主义出发，周作人坚持反对模仿，他断言“假的，模仿的，不自然的著作，无论他是旧是新，都是一样无价值；这便因为他没有真实的个性”。他的结论是：创作不宜完全抹煞自己去模仿别人；个性的表现是自然的；个性是个人的唯一所有，而又与人类有根本上的共通点；个性就是在可以保存范围内的国粹，有个性的新文学便是这国民所共有的国粹的文学。第二，他从个性主义的散文观念出发，坚决反对旧文学所一贯主张的“文以载道”的说法，而坚持“文以言志”的理想。第三，周作人认为现代散文的渊源来自三方面：明末公安派、竟陵派，清代桐城派和来自外国的影响。这是他文艺理论的第三个突出特征。

诚然，周作人的一生曾有无法抹去的政治污点，但就现代学术观点而言，读者不可因人废言。至少其文艺理论上的成就和小品文即鲁迅研究、翻译等方面的成就为大家有目共睹。

林语堂(1895—1976年)，福建龙溪(现福建漳州)人，五四以来著名文学家、翻译家、评论家。原名和乐，后改名玉堂，又改语堂。其父林志诚是乡村牧师，积极鼓励语堂读书，并送他进入上海圣约翰大学就读。毕业后，林语堂在清华学校(现清华大学前身)任教，1919年获得哈佛大学深造机会，与妻子廖翠凤共赴美国，1922年获文学硕士学位。同年转赴德国莱比锡大学，专攻语言学，1923年获博士学位。回国后出任北京大学教授、北京女子师范大学教务长和英文系主任。1924年成为《语丝》杂志主要撰稿人之一，1926年出任厦门大学文学院院长，1932年主编《论语》半月刊。1934年创办《人间世》，1935年创办《宇宙风》，提倡“以自我为中心，以闲适为格调”的小品文，成为当代文学“论语派”主要人物。

林语堂的文学生涯大致可划分为三个阶段：前期，自20世纪20年代初出文坛至1936年林全家定居美国，作品以小品文为主，以中文写作，主要致力于将西方文化介绍到国内；中期，1936年到1966年30年间，林旅居美国，以英文写作，文学作品主要为小说和文艺评论文章，主要致力于将中国传统文明介绍、传播到海外，代表作有《京华烟云》《风声鹤唳》《朱门》小说三部曲和《吾国吾民》《生活的艺术》等文化、文艺著作，在海外享有很高声誉；晚期，1966年回台定居到1976年逝世，古稀之年仍笔耕不辍，作品主要为政论、杂文，但影响不大。

其创作前期又以1927年为界，划分为对比性强烈的“《语丝》时代”和“《论语》时代”。“《语丝》时代”指林语堂为《语丝》杂志撰稿时期，笔触锋芒毕露，文字富于战斗性，直斥军阀、讨伐走狗，与鲁迅文风颇为相似，胡风将之评论为“浮躁凌厉”。这一时期出版的《剪拂集》真诚勇猛，尽显书生本色，得到当时文坛的充分认可。但 1927 年大革命失败后，上海文坛被笼罩在白色恐怖之中，林的文风开始转向以幽默、闲适、性灵为主要特征的小品文。1932 年创办《论语》杂志后，一大批作家为其长期撰稿，最为著名的“论语八仙”指林语堂、周作人、老舍、郁达夫、刘半农、俞平伯、孙伏园、废名。但到《人间世》和《宇宙风》时期，以鲁迅为首的左翼作家开始转而猛烈抨击林语堂的“幽默小品文”，认为“天下无不幽默和小品”的状态是对现实的逃避——左翼作家认为文学作品的最大功用“是匕首，是投枪”，他们对林从语丝派的“急先锋”到论语派核心作家的转变大为不满，文学评论界形成对他长达数十年的否定性定位，直到 20 世纪 90 年代才开始缓和，对林语堂的研究才渐步深入。

林语堂一生作品丰富，中文著作有《剪拂集》《语言学论丛》《讽颂集》《大荒集》《我的话》《无所不谈》《平心论高鹗》《语堂随笔》《我见我闻》《男女》《远景》及《无所不谈合集》等；英文著作有《吾国吾民》《中国新闻舆论史》《孔子的智慧》《京华烟云》《风声鹤唳》《中国印度之智慧》《啼笑皆非》《枕戈待旦》《苏东坡传》《寡妇、妾与歌妓》《中国著名短篇小说》《红牡丹》《辉煌北京》《赖伯英》《逃向自由城》《武则天》等；英—中译著《易卜生论传及其情书》《新的文评》《女子与知识》《卖花女》《励志文钞》，中—英译著有《浮生六记》《庄子》《冥廖子游》《古文小品》《从军日记》。

林语堂是唯一长期以英语进行写作的当代作家，在相当长一段时间内是海外人士了解中国当代文学的窗口性人物，在海外拥有很高声誉，1958 年继罗家伦出任中国笔会会长，1964 年成为国际笔会副会长，其作品《生活的艺术》曾连续 52 周占据美国畅销书排行榜首位，并被翻译为八国语言，至今仍不断再版。

林语堂是把英文“humorous”一词引入中国的第一人，并积极倡导国人增加幽默情怀。在林式风格的文学作品中，幽默永远是第一要素。他在《八十自叙・论幽默》中不无得意地说到“我发明‘幽默’这个词儿，因此之故，别人都对我以‘幽默大师’相称”。他提倡幽默，对促进文章活泼性、使文章富于生活情趣、增加文章可读性等方面具有积极意义。他认为“幽默文章既没有道学气味，也没有小丑气味，是庄谐并出，自自然然畅谈社会和人生”，“喜怒哀乐皆出自真情”。但林将幽默的作用过分夸大了，以致得出“没有幽默滋润的国民，其文化必日趋虚伪，生活必日趋欺诈，思想必日趋迂腐，文学必日趋干枯，而人的心灵必日趋顽固”的结论，近乎危言耸听。至于林语堂在 20 世纪 30 年代文风大转变的原因，若干年来学术界一直奉 1934 年胡风在《文学》杂志上发表《林语堂论》中的说法为圭臬，即认为 1927 年大革命失败后的白色恐怖吓退了曾经的“语丝急先锋”，使他转向了逃避现实的幽默小品文。但是另一种更为全面的解释正在兴起，一部分学者认为除客观环境影响外，与他本身的佛老思想、西方化的人生观和文艺观密切相关。还有的学者认为在语丝时代的激进下，林语堂绅士的一面已经在胎动，而无论前期后期，激进性和绅士性是糅合一体的，不过是前期激进性多一点，后期绅士性多一点。无论如何，较之于同时代文人，林是完全没有媚骨的一个，他从没有写一篇文章粉饰太平，即使旅居海外也仍孜孜不倦地向海外宣传中华文明。

而“闲适”，既是一种心态，又是一种文风，是林的文艺理论的第二大支柱。1934 年 6 月，林语堂在《人间世》第 6 期发表《论小品文笔调》，将小品文与学理文进行理论比较：“大体上，小品文闲适，学理文庄严，小品文下笔随意，学理文起伏分明，小品文不妨夹入遐想及常谈琐碎，学理文则为题材所限，不敢越雷池一步。”五四时期，文人受到政治因素的严重干扰，文章酸辣苦涩，已失去了文学所应有的清淡隽永的文气；同时高阔的议论甚嚣尘上，举国文章莫不以政治性口号为中心，自以为尖锐，十二三岁的学生就做“救国策”，破题极为“今乎天下”。而林语堂所提倡的小品文运用自然亲切的闲谈式语气，平和舒徐的叙述节奏，清顺自然的口语化句法，卸下了传统学理文“文以载道”的沉重使命而退居边缘，使之成为随性而书的个性化文艺作品。他的小品文中，作者与读者并非塾师与生徒的关系，无训诫之态，无教诲之意，而更像是“老友夜话、私房絮语”，其内容“无涉宇宙而只关乎苍蝇”，大多清浅有趣而不刻意追求思想的深刻性。这种“闲适”，为当代散文的走向提供了很好的借鉴依据，对当代文学的建构具有一定的指导性意义。

林语堂说：“性灵就是自我”，或者是“个人之观感”，或者是“以自我为中心”。他认为“性灵”即是要说自己所要说的话，表示自己所要表示的意，不受物质环境制约，达到思想的自由。然而如何充分表现“性灵”？他提出了四点看法：必须表现真情实感；必须理解事理；表象写“会心”题材；必须“排古”和反对“格套”。林的性灵观深受中国传统文学公安派（尤其是袁中郎）的影响，但同时引入、借鉴了西方“Familer Essay”的写作思想，将两者有机结合而成，也充分体现了其终生致力的中心文化传播思想。

综合而言，林语堂是我国当代唯一长期以英文写作的作家，是海外人士了解中国当代文学的一个窗口。他在文学、翻译和文艺评论领域独具建树，尤其是他所倡导的论语派幽默小品文在散文发展历程史上产生了深远的影响，其以幽默、闲适、性灵为三大支撑的文艺思想更是现代文坛的一朵奇葩。

（韩璐）

# 43. 20世纪30年代电影创作的成就

19世纪末年，电影传入中国。

20世纪30年代中国电影进入了新的发展阶段。“九·一八”事变爆发，日本帝国主义的武装侵略步步逼近。国民党政府实行不抵抗政策，东北的沦陷、川黔的内战、长江的水灾、人民的疾苦，这一切残酷的现实和方兴未艾的左翼文化运动都有力地将我国的电影创作推向了一个前所未有的新阶段。这一时期电影创作的特点主要体现在三个方面：一、作为左翼文化运动的一股力量，左翼电影借着日本帝国主义和国民党反动派两个反面教材，在电影领域将阶级的斗争意识和民族自主的精神提高到了以往任何时期都无法比拟的水平。二、这一时期的电影界出现了空前的动荡、分化和改组，它巨大地调动了一切潜在的进步因素，还使一部分电影创作者在思想倾向和艺术追求上作出了有利于左翼电影发展的抉择。三、中国共产党适时地深入电影界，揭开了中国电影新阶段的序幕。其中夏衍等三人亲自动手创作的剧本并在后些时间拍成的《狂流》《三个摩登女性》《民族生存》《中国海的怒潮》等，这些作品面目清新，有力地廓清了20世纪30年代初电影界的妖气毒雾，它们大都抓取现实的题材，触及广泛的底层生活，从农民到地主，从小市民到都市社会各阶层，形形色色的人物都被引进电影文学人物画廊，从而极大地拓展了电影反映现实，服务现实的道路。

20世纪30年代电影创作所取得的成就可以分为三个阶段。

第一阶段：1933年史称中国电影年。在创作方面，据不完全统计，这一年仅上海就生产故事片81部。其中有相当一部分的影片在效果和深度上已不是以往所能比拟的了。以明星公司为例，这家公司在1933年一年内共拍摄了27部影片，比1931年增加9部，比1932年多了15部。这些作品在思想上和艺术质量上也有许多显著的改观，以农民生活和斗争为题材的影片创作获得成功，其中作品《狂流》以“九·一八”事变后长江流域十六省遭遇空前大水灾的真实事件为背景，贯穿了离汉口百余里的傅庄首富傅柏仁女儿秀娟与青年教师刘铁生的爱情故事。影片揭露了傅柏仁鱼肉百姓，为富不仁的罪恶，同时还有意识地描写了被压迫农民在与洪流搏斗的场景和反抗傅柏仁借大灾中饱私囊，陷害无辜的英勇斗争。影片结束时堤决，傅柏仁终于在洪水的狂流里覆灭。影片突出的新意在于尖锐地揭开了农村的阶级斗争和阶级矛盾，鲜明地反映了反封建的斗争主题。继《狂流》后茅盾的短篇小说《春蚕》被改编为电影剧本。《春蚕》的改编和摄制，是我国新文艺作品搬上银幕的第一次尝试，把中国电影和新文学运动结合起来，受到文艺界和广大观众的普遍重视。阳翰笙的《铁板红泪录》是一部强烈的反封建，反土豪的优秀影片，这部影片通过孙团总这个人物暴露了恶霸地主残忍狰狞的嘴脸和压迫农民剥削农民的罪恶行为，而且透过对周老七这个觉悟的农民形象的刻画和农民群众斗争的描述，体现了农民的勇敢坚强和反抗的精神，更表明了一个落后农民在生动的事实教育下的觉悟过程。

在这一时期的作品中，描写工人生活和斗争的影片也占有很大的比重，由沈西苓编导的《女性的呐喊》就是一部以女工生活为题材的创作。这部影片第一次在中国银幕上展示了中国工人的生活，它的反帝反封建的主题，革命的主题是相当明显的。紧接着《上海二十四小时》诞生。这部影片以20世纪30年代上海的现实社会生活为基础，一个童工受伤身亡的事件揭示了30年代都市生活尖锐的阶级矛盾和阶级对立，暴露了买办资产阶级依附帝国主义压迫剥削工人的罪恶和他们的荒淫无耻的生活。这部影片不仅思想内容深刻，而且艺术处理极好，有不少独到之处，与《上海二十四小时》差不多同时拍摄的还有《香草美人》，也是一部以工人生活和斗争为题材的影片。如果说前者是侧重于暴露，那么后者则是侧重于工人觉醒过程的描写。《香草美人》受到了左翼电影评论的热烈赞扬，认为它和《狂流》《春蚕》一起都是彻底的写实主义萌芽作品的代表。表现盐民在残酷压迫下进行抗争的《盐潮》也受到了好评。表现职业妇女觉醒的《脂粉市场》和表现妇女走向独立生活道路的《前程》以及反映了不同知识青年不同道路的影片《时代的儿女》，与上述工农题材的影片一起构成了这一时期“明星”左翼电影出品丰富多彩的面貌。

编剧郑正秋、孙瑜和蔡楚生在这一年有异常突出的进步。在左翼电影运动的鼓荡下，郑正秋导演的三部影片不仅表现了他的艺术才华，也反映了无产阶级文化思想对他的影响。1932年的《野玫瑰》和《火山情血》已被进步影评视为孙瑜紧跟时代的标志，而在1933年拍摄的《小玩意》，无论在思想内容或艺术构思方面，都超过孙瑜本人以往的任何影片。蔡楚生的成绩更是斐然，其成名作《都会的早晨》诞生在这一年。此外费穆的《城市之夜》和沈浮的《光明之路》也都取得了令人瞩目的成绩。在表演方面，金焰、阮玲玉日臻圆熟，后起的王人美、郑君里、谈瑛等人都为这一年的创作作出了自己可贵的贡献。

第二阶段：1934—1937年是中国电影在斗争中前进的阶段。1933年的电影高潮因国民党反革命文化“围剿”的加紧而一度低落，一些大的电影公司在高压下举棋不定甚至右倾倒退。小公司更是难以进步，但是即使在恶劣的政治环境下，由进步分子创办的“电通”影片公司在电影界树起了一面革命进步的旗帜，不仅击溃了“软性电影”论者的猖狂进攻而且创作了一系列优秀的作品。第一部电影《桃李劫》主题深刻，是对当时社会的血泪控诉和愤怒抗议，在艺术上也取得了较高的成就，内容洗练、真实，情节不枝不蔓集中紧凑。第二部作品是《风云儿女》，由田汉、夏衍编剧。其主题歌《义勇军进行曲》激越奔放，唱出了时代的声音，唱出了中华民族大无畏的英雄气概。

随着在进步电影的兴起和发展，在创作方面出现了一批国防电影作品。《狼山喋血记》是较早出现的国防电影，影片讲述了一个打狼的寓言故事，以隐晦曲折的手法表达了抗日救国的主题，颇具鼓动人心的力量。《凌云壮志》也是一部优秀的国防影片，在表演艺术上也很有特色。在1936年出现的国防影片由于恶劣的政治环境，大多采用象征、影射、暗示的艺术手法来表现抗日主题，到了1937年由于政治形式有所好转故而直接描写现实，其中具有代表性的是《夜奔》和《青年进行曲》。在暴露社会黑暗方面的《渔光曲》是一部相当成功的作品，在影片中作者怀着满腔真挚的同情，向人们倾诉了渔民的苦难，还在一定程度上涉及了渔民苦难的原因，并批判了资产阶级社会改良主义思想。1935年苏联邀请31个国家参加莫斯科“第一届国际电影展览会”。《渔光曲》被选送并获得第九名。这是中国电影第一次在国际上获得荣誉。同样暴露旧社会黑暗但把视线从农村转移到都市的是《马路天使》。这部作品是一部出类拔萃之作，影片的艺术风格别具一格，内容是悲剧性的，但表现形式是喜剧的，悲喜交融别有韵味。《马路天使》上演后立刻得到了好评，被称为“中国影坛上开放的一枝奇葩”，在国际上也享有一定的声誉。此外《生之哀歌》也不失为一部较好的暴露性影片。在这一时期的进步电影创作中，妇女题材继续得到重视。把妇女的苦难生活作洗练而集中描写的是吴永刚编导的《神女》和《女儿经》。《新女性》同《神女》相比，《新女性》的特点在于矛头更加锐利地直指黑暗现实。这一时期中也有不少宣传反帝抗日思想的优秀之作涌现，其中具有代表性的是《大路》《逃亡》和《十字街头》。

第三阶段：1937—1939 年是抗战热潮中的电影阶段。这一时期在新闻纪录片的摄制方面取得了相当可观的成绩，不仅数量多而且质量较高、出品及时，比较好地发挥了新闻记录特殊的战斗作用。《抗战特辑》和《华北是我们的》两部纪录片不仅满足了群众抗日这一迫切要求，也配合了全民抗日的政治宣言，其成绩是值得肯定和称道的。同时抗战故事片的创作和拍摄也取得了较好的成绩，作品《保卫我们的土地》开了这类影片制作的先河。其后的《好丈夫》《中华儿女》《八百壮士》等一系列的抗战故事片的创作都是抗战电影史上的重要篇章。

（李佳佳）

# 44.《黄河大合唱》的创作与演出

《黄河大合唱》是我国20世纪伟大的作曲家、人民音乐家冼星海最重要和影响最大的一部代表作。这部作品由诗人光未然(原名张光年)作词，冼星海于1939年3月26日至3月31日于陕北抗日根据地的延安鲁迅艺术学院作曲。1941年，冼星海在前苏联重新整理加工，将以前的简谱变成五线谱，用交响乐队伴奏合唱。

1935年，抗日的烽火已在中华大地燃烧，党中央号召建立抗日民族统一战线，左翼文艺工作者随之提出了“国防戏剧”“国防音乐”的口号，大批爱国音乐家积极参加到为民族存亡而斗争的行列中来，并和左翼音乐组织共同举办了声势浩大的“千人音乐会”等规模巨大的音乐活动，抗日救亡歌咏会活动也在全国大、中城市普遍开展。“西安事变”后，抗日救亡的形势更为高涨，中国共产党领导的革命根据地和国统区内的群众性音乐运动更加蓬蓬勃勃地开展起来。就是在这样的背景下，冼星海由巴黎回到祖国并于1938年奔赴延安，从此走上抗日的前线，深入到人民大众的生活之中，为《黄河大合唱》的谱写做了必要的生活和思想准备。

1937年10月，在“七七事变”后3个月，光未然带着1935年在武汉创建的拓荒剧团，在湖北一带演出抗战歌曲和话剧。不久，拓荒剧团被编入抗敌演剧第三队。当时，正是第一次国共合作时期，周恩来任国防部政治部主任，郭沫若任政治部副主任。1938年，光未然受周恩来、郭沫若的派遣，任国防部政治部文化督察专员，赴第一战区视察文化工作。

光未然从武汉出发，经过一路跋涉，过洛阳、西安，到达宜川县，从壶口下游的渡口小船窝，乘小木船过了黄河。在风急浪险的小船窝乘船，他亲自体验了黄河船夫在浪尖上摆渡的经过，感受了黄河的磅礴气势，脑海里已孕育了《黄河大合唱》词作的大半。

1939年1月光未然抵达延安，随后写出了《黄河大合唱》的词作。1939年3月11日晚上，光未然在一个窑洞里为冼星海朗诵了这部诗篇。冼星海听后非常兴奋，表示要为演剧队创作《黄河大合唱》。

在延安山坡上鲁迅艺术学院的一座简陋的土窑洞里，冼星海抱病连续写作六天，完成了这部具有历史意义的大型声乐作品《黄河大合唱》。写作过程中，他多次邀请演剧第三队的邬希零为他介绍抗敌演剧队在壶口渡河时的所见所闻。为了加快写作进度，他还让自己的妻子陈韵玲帮他画谱曲用的格子。1939年3月31日，邬希零从冼星海手中拿到《黄河大合唱》的全部曲谱。

排练《黄河大合唱》时，抗敌演剧三队的绝大多数成员都曾是一些大城市抗日救亡歌咏团的骨干成员，他们很愿意把歌唱作为抗日宣传的武器。但在一个综合性文艺团体里，有的人识谱的水平不高。为了迎接《黄河大合唱》的排练，他们开展了一周的“识谱运动”，并特意请来了冼星海进行指导。从4月1日起，他们投入到了紧张的排练之中。虽然合唱队只有40多人，但却认真地分成了4个声部，排练地点就设在延安西北旅社的一间宽敞的窑洞里。

1939年4月13日晚上，《黄河大合唱》在陕北延安公学大礼堂首次公演，光未然亲自登台朗诵了《黄河之水天上来》，现场指挥由演剧第三队邬希零担任，公演轰动了全城。当时，延安边区的物质条件极为缺乏，无法组成一个完备的乐队，所以有什么乐器都尽可能地用上，除了三四把小提琴外，就是二胡、三弦、笛子、六弦琴等二十来件民族乐器。没有谱架，就用木板搭起当谱架。没有低音乐器，就自己动手制作，用汽油铁桶改造低音胡琴，用一个大号的搪瓷缸子里面摆了十几把吃饭用的勺子摇晃造成打击乐器的效果。那天，毛主席和在延安的其他中央首长也亲临现场表示祝贺。

随后，鲁迅艺术学院周年纪念晚会在5月11日和12日连续举行了两次表演，由冼星海亲自指挥，均得到了延安各界的好评。以后延安遇到有大的晚会，如欢迎周恩来副主席、朱德总司令、邓宝珊将军、茅盾、沈志远和蒙古代表及国民政府的调查团、慰劳队、西北摄影团等，都是以《黄河大合唱》为中心。

1939年6月，周恩来从前方回到延安，于是演剧三队又一次在陕北公学礼堂演出了《黄河大合唱》，欢迎周恩来。周恩来看了演出后，立即为冼星海挥笔题词："为抗战发出怒吼，为民众谱出呼声。"从此，这首《黄河大合唱》就流传开来，传遍了延安，飞向各大城市、各大战区，至今仍经久不衰。

《黄河大合唱》的歌声不只在中国传唱。1941年上半年，太平洋战争的战火燃烧到了缅甸，光未然按照党的安排带领缅甸华侨战工队(文工团)在缅甸各地进行反法西斯的巡回演出，压轴的节目总是《黄河大合唱》。1942年春节期间，由光未然担任总领队的缅甸华侨战工队连续3天演出了《黄河大合唱》。

1949年宋庆龄亲笔题词并赠送《黄河大合唱》乐谱给加拿大多伦多玛希音乐厅。1949年10月24日联合国成立，在庆祝会上，美国黑人歌唱家保罗·罗伯逊用英语演唱了《黄河大合唱》中的《黄河颂》。从此，《黄河大合唱》在全世界唱响，同时还出现了不同版本的《黄河大合唱》。

《黄河大合唱》属于合唱曲，"合唱曲"即多乐章的音乐套曲，包括领唱、对唱、独唱、重唱、齐唱、合唱等，有时穿插朗诵。常用来表现重大的历史或现实题材，内容富于史诗性和戏剧性。

全曲由《序曲》(乐队)、《黄河船夫曲》(合唱)、《黄河颂》(男声独唱)、《黄河之水天上来》(配乐诗朗诵)、《黄水谣》(女声合唱)、《河边对口曲》(对唱、合唱)、《黄河怨》(女声独唱)、《保卫黄河》(齐唱、轮唱)和《怒吼吧！黄河》(合唱)等9个乐章组成。除了《序曲》，其余各个乐章都有相对的独立性，相互之间在表现内容、演唱形式和音乐形象等方面构成鲜明的对比。

第一首"黄河船夫曲"(齐唱)，采用船夫号子表现几十个船夫强渡斗的情景，充满着战斗的力量。

第二首"黄河颂"(男声独唱)，用歌颂曲形式写的，热情赞颂黄河的伟大坚强，歌声悲壮，稍慢而缠绵的情调，在伴奏中显示黄河奔流的力量。

第三首"黄河之水天上来"(朗诵)，这是一首朗诵歌曲新的形式。这首歌曲采用三弦伴奏，富有民族特色。

第四首"黄水谣"(女声齐唱)是民谣式的歌曲，音调比较简单，带着痛苦呻吟的表情，又潜伏着希望和奋斗。全曲"A，B，A"三段体，一、三两段用2/4节拍，乐句基本上是四小节，个别乐句也有三、五、六小节的，句中各乐音的进行，前短后长；曲调各音先上后下，用级进和小跳进行，旋律线形成一种悠悠流泻起伏不大的波浪，表达了妇女们倾诉内心的痛苦情绪。

第五首“河边对口唱”（对唱）基本上采取叙事体裁，最后四段的二部合唱，是用甲乙主调配合起来的。

第六首“黄河怨”（女声独唱）是一首悲歌，是妇女被污辱后所发出来的心声，反映了沦陷区妇女受日本帝国主义铁蹄蹂躏摧残的悲惨命运。

第七首“保卫黄河”（轮唱）自一部至二、三、四部每句都非常有力，气势雄伟；从三部到四部轮唱时，其中有“龙格龙格龙格龙”是轮唱的伴奏，起伏变化，表现出抗日游击队神出鬼没，机智勇敢。

第八首“怒吼吧，黄河！”（合唱）是一首四部大合唱。其中也有二、三部单独的合唱。曲调雄伟庄严，充满热情和鼓励，是歌曲中一个最重要的主调。

八首歌曲之间，基本采取顺序结构。前三首是对我们民族辉煌的五千年历史文化的赞颂，充满对祖国母亲河的热爱，可以看作是《黄河大合唱》的序幕和开端；第四、五、六首则是对日本帝国主义侵略的沉痛控诉，交织着哀怨和悲愤的复杂感情，不妨称为《黄河大合唱》的发展和呈示部，与前三首形成明显的对比；最后两首把《黄河大合唱》的情绪推向高潮，壮怀激烈，昂扬奋起，与中间三首又形成强烈的对比。反复的对比手法的运用，使《黄河大合唱》的旋律波澜起伏，层次鲜明，扣人心弦。

同时，全曲又与表现中华民族解放斗争的基本主题紧密地联系在一起，几个基本音调始终贯串于整个大合唱，在音乐布局上以《序曲》呈示基本主题，首尾合唱呼应，中间各乐章交替发展和末乐章的总结概括，以及每乐章之前的朗诵为先导等，使整个作品又具有高度的统一性。音乐语言明快简练、通俗易解和具有鲜明的民族风格，合唱手法丰富多样和乐队的交响性发挥，全曲的宏伟规模和所表现出的英雄气概，构成了这部作品具有独创性的艺术特色。

《黄河大合唱》是我国民族音乐史上的丰碑。从创作技术来说，冼星海运用了西方的“康塔塔”形式和合唱和声写作技巧来创作《黄河》乐曲，以群众歌曲的精华部分（即音调）作为基础并吸取了陕北、山西一带的民间音乐的因素作为素材进行创作，创造性地运用民族音乐风格、民间音乐素材和民间表演形式来反映当时中华儿女为抗日救国的斗争生活，成功地创造了富有战斗性的新的民族形式、民族气派与时代特征相结合的大型声乐套曲形式，为我国音乐创作的民族化道路奠定了基础和方向；从题材上来说，《黄河大合唱》将现实和人民的生活作了艺术性的加工塑造，反映了黄河两岸勤劳勇敢的人民的生活和思想感情，传达了广大劳动者的心声，表现了中华民族的伟大坚强和不屈不挠的斗争精神，具有浓郁的民族特色，使之成为一首具有中国风格、中国气派和时代感的艺术精品。

（谭本相）

# 45. 延安文艺座谈会的召开

1940年以后，抗日战争进入十分艰难的阶段。国际方面，希特勒法西斯围攻斯大林格勒，形势危急；国内方面，国民党反动派趁机对解放区加强封锁和进攻。那时，延安的生活非常艰苦，人们只能穿破烂的军衣，吃小米土豆。在这种情况下，尽管绝大部分人依然保持高昂的革命斗志，但部分人的小资产阶级动摇性也逐渐暴露出来，并且呈现形成一股潮流的趋势。在文艺界，也暴露出了一些明显的思想混乱和偏差；思想上的个人主义、平均主义、极端民主化、轻视工农；创作上的小资产阶级自我表现、片面强调“暴露”，文艺思想上的抽象人性论；艺术教育上的教条主义等，同时不同派别的思想斗争也逐步激化，尽管有的作家以“革命者”自居，但其脱离革命，脱离人民的言论和行为却并不鲜见。因此，中央政治局通过集体讨论决定，要在文艺界召开一次深入的座谈会，这也是延安整风运动的一个组成部分。

当时延安文艺界的总体情况可以用两个阵营、三大系统、四个山头来概括。所谓两个阵营，就是鲁迅艺术学院(简称“鲁艺”)和中华全国文艺界抗敌协会延安分会(简称“文抗”)。所谓三大系统，是指中共中央文委系统、陕甘宁边区文委系统和部队(包括中共中央军委和八路军总部)文艺系统。中共中央文委系统下辖“文抗”“鲁艺”、青年艺术剧院、中央研究院文艺研究室等；陕甘宁边区文委系统下辖陕甘宁边区民众剧团、西北文工团、陕甘宁边区艺术学校、陕甘宁边区大众读物社等；部队文艺系统下辖部队艺术干部学校、军委直属队政治部宣传部文艺室等。需要说明的是，陕甘宁边区大众读物社主要负责人是从“文抗”分出去的，部队艺术干部学校的主要成员则是从“鲁艺”分出去的，军委直属队政治部宣传部文艺室的骨干也是从“鲁艺”分出去的。四个山头指“鲁艺”“文抗”、青年艺术剧院和陕甘宁边区文协。当时延安有影响、有成就的文艺家大都集中在“文抗”和“鲁艺”两大阵营。

座谈会召开前，毛泽东邀请了“鲁艺”院长周扬和曾在“文抗”工作过的舒群草拟了参加座谈会的人员名单。名单拟好后，征求了中共中央军委文艺系统负责人萧向荣和从前方回延安的李伯钊的意见，并增添了毛泽东所提名的几个人。总体上看，参加座谈会的人员可分为三类情况：一类是中共中央政治局成员及各系统文艺界负责人；一类是受到专门邀请参加讨论的文艺家；还有一类是有关方面指定去或自觉去听报告的人。但是，参加座谈会人员的具体数字却一直无法确定，原因有以下几种情况：第一，发请柬时，被请的人有的在前线，有的在乡下，不能及时赶回来参加座谈会；第二，在延安就近下乡的人，得知召开座谈会的消息后，赶着回到延安，虽未能聆听5月2日毛泽东的“引言”演讲并参加当天的讨论会，却赶上了后面的两次讨论和照相；第三，发请柬时人还在延安，并收到了请柬，但由于紧急任务或其他原因，开会时却离开了延安；第四，一些人虽未被列入草拟名单，但听说要召开座谈会，考虑到参加座谈会的重要性，便自愿去参加；第五，还有一种情况是听说毛泽东要作结论，许多人都去旁听。

1942年4月10日，“中共中央书记处”召开“工作会议”，会议同意毛泽东的提议，准备以毛泽东、秦邦宪、何凯丰的名义召集延安文艺界座谈会，拟就作家立场、文艺政策、文体与作风、文艺对象、文艺题材等问题交换意见。从4月10日最初拟定到5月2日提交大会，延安文艺座谈会讨论议题是随着毛泽东与众多文艺家的广泛交流的不断延伸进展而逐渐改变的。

早在1942年4月2日的中共中央政治局会议上，康生、王稼祥、博古等人就相继提到了延安文艺界的不良现象，博古还提请会议“现在要解决文艺工作到哪里去的问题”。从这个时候起，延安文艺界问题被正式列上了中共中央的议事日程；也是从这个时候起，毛泽东开始主动地、广泛地约请文艺界人士谈话交流；在不到一个月的时间内，被毛泽东亲自约请的文艺家就多达20多人次。

毛泽东约请文艺家们进行交流谈话的全过程可以分为下列几个阶段：4月2日后到4月10日前，主要谈“文艺方针诸问题”，谈话对象主要是“文抗”作家；4月10日，中共中央书记处工作会议决定召开文艺座谈会并初步拟定了会议讨论议题；从4月13日开始广泛“搜集反面意见”；4月17日在搜集反面意见的同时开始征集正面意见；4月18日开始与党员骨干文艺家交流“讲话结论”所要讲的主要内容，包括与萧三的交谈、与刘白羽最后一次交谈、与“鲁艺”党员作家交谈等；5月2日文艺座谈会如期召开，毛泽东在正式座谈会上提交的讨论议题与1942年4月10日中共中央书记处工作会议所拟定的延安文艺座谈会讨论议题是有明显区别的。座谈会议题的置换，是一个重要的历史转折，这就是文艺问题被自觉纳入到无产阶级革命工作的语境中，纳入到延安政治文化语境中，文艺从而归属于政治的、党的和无产阶级的革命事业。

1942年5月2日下午1点半，100余位被邀请来的作家、艺术家及文艺工作者代表在延安杨家岭中共中央办公厅会议室里召开了第一次座谈会，会议由何凯丰主持。在这次座谈会上，毛泽东讲了立场、态度、对象、工作、学习等5个问题。他强调开会的目的是要和大家交换意见，研究文艺工作和一般革命工作之间的正确关系，求得革命文艺的正确发展，求得革命文艺对于其他革命工作的更好协助，借以打倒我们的民族敌人，完成民族解放任务。这是以平等的态度，从民族解放、军事战争的角度，来探讨文艺工作与其他革命工作如何取得协调发展。在第一次会议上，主要有萧军、胡乔木、何其芳、丁玲、李伯钊、艾青等人，主要围绕文艺是否需要党的领导展开了辩论。

1942年5月16日召开第二次会议，全天讨论，也是争论最激烈的一天。长期带领“民众剧团”在边区各地巡回演出的负责人柯仲平、八路军一二零师“战斗剧社”社长欧阳山尊、萧军、胡乔木、周扬、吴奚如、朱德等相继发言。朱德着重谈了文艺工作的立场、态度、对象问题，并联系自己谈了世界观的转变问题。这次讨论会开得非常活跃，有人提出文艺的基本出发点是人类之爱；有人说这是杂文时代，需要鲁迅笔法；有人提出文艺和政治都是为人民大众谋福利……彼此殊途同归。

1942年5月23日下午召开第三次会议，这天来参加座谈会的人最多。在这次会议上，毛泽东做了结论讲话，即是著名的《在延安文艺座谈会上的讲话》。座谈会结束后，毛泽东、朱德、任弼时、王稼祥、博古、何凯丰、徐特立等中央领导同志与参加座谈会的全体代表合影留念。

《在延安文艺座谈会上的讲话》(以下简称《讲话》)正式文本，是由胡乔木根据自己的会议笔记，并参照中央办公厅安排的两位会场速记员记录稿，整理而成，经过毛泽东本人修改审阅。

《讲话》分为“引言”“结论”两部分。《讲话》根据马克思主义基本原理，总结了“五四”以来革命文艺运动的历史经验，是对“五四”以来中国新文化运动的经验和教训的总结，它联系延安和各抗日根据地文艺界存在的问题，提出了中国共产党解决这一系列问题的理论和政策。

《讲话》指出："为什么人的问题，是一个根本的问题，原则的问题。""我们知识分子出身的文艺工作者，要使自己的作品为群众所欢迎，就得把自己的思想感情来一个变化，来一番改造。没有这个变化，没有这个改造，什么事情都是做不好的，都是格格不入的。""这个根本问题不解决，其他许多问题也就不易解决。"《讲话》明确指出了文艺为人民大众、首先为工农兵服务的方向；同时，根据文学艺术的规律和特点，提出了"作为观念形态的文艺作品，都是一定的社会生活在人类头脑中的反映的产物"的著名论断。

《讲话》还提出了典型的创作原则，即"文学作品中反映出来的生活都可以而且应该比普通的实际生活更高，更强烈，更有集中性，更典型，更理想，因此就更带普遍性。革命的文艺，应该根据实际生活创造出各式各样的人物来，帮助群众推动历史的发展"。《讲话》进一步指出文艺"如何为群众"的问题，指出必须通过典型形象体现出党性原则，更有效地发挥文艺的特定的战斗功能。只有把生活中的矛盾和斗争典型化了的文艺作品，才能通过艺术的感受，"使人民群众惊醒起来，感奋起来，推动人民群众走向团结和斗争，实行改造自己的环境"。

距离座谈会结束一年多以后，1943 年 10 月 19 日，鲁迅逝世 7 周年纪念日，《讲话》在延安《解放日报》上公开发表。同时，以解放日报社的名义出版 32 开本的铅印单行本。次日，延安整风运动最高权力机构中央总学习委员会就发出通知，指出《讲话》"是中国共产党在思想建设、理论建设的事业上最重要的文献之一，是毛泽东同志用通俗语言所写成的马列主义中国化的教科书。此文件绝不是单纯的文艺理论问题，而是马列主义普遍真理的具体化，是每个共产党员对待任何事物应具有的阶级立场与解决任何问题应具有的辩证唯物主义、历史唯物主义思想的典型示范"。

同年 11 月 7 日，中宣部做出《关于执行党的文艺政策的决定》，指示"全党都应该研究这个文件，以便对于文艺的理论与实际问题获得一致的正确认识，纠正过去各种错误的认识"。并强调，《讲话》"规定了党对于现阶段中国文艺运动的基本方针"，其全部精神，"同样适用于一切文化部门，也同样适用于党的一切工作部门"。随之各解放区、国统区和香港等地共翻印出版有 85 种版本。1953 年 4 月，收入《毛泽东选集》第 3 卷时，作了 266 处修改，其中删掉原文 92 处，增补文字 91 处，文字修饰 83 处。

在《讲话》精神指引下，解放区群众性文艺运动蓬勃发展，广大文艺工作者创作出了《小二黑结婚》《李有才板话》《白毛女》《王贵与李香香》《太阳照在桑干河上》《暴风骤雨》等一批优秀作品，初步形成了无产阶级文艺队伍。

实践证明，延安文艺座谈会的召开和《讲话》的发表是中国现代文艺运动史上的一次伟大革命。《讲话》是我党思想和理论建设的光辉文献，是自有无产阶级文艺运动以来最重要的中国化的马克思主义文艺理论著作。《讲话》的发表，在中国文艺运动和文艺创作史上引发了继五四之后又一次更深刻的文学革命。《讲话》中提出并切实解决的问题，对中国无产阶级文艺运动，具有伟大的指导意义。它为我国革命文艺运动的发展提出了明确的方向，开辟了广阔的道路。

（谭本相）

## 46. 陶行知、晏阳初的平民教育活动

20 世纪二三十年代，具有社会责任感的中国知识分子，开始批判传统“贵族主义”的等级教育，希望通过平民教育，破除千百年来封建统治者独占教育的局面，使普通百姓享有教育权利，获得文化知识，改变生存状况。他们主张知识分子应走与工农相结合的道路，到工厂和农村去，从教育入手，提高国民尤其是广大劳动人民的文化素质，进而达到改造社会的目的。在这一思想指导下，一场声势浩大、影响深远的平民教育运动在全国迅速展开。在这场运动中，以陈独秀、李大钊、邓中夏为代表的具有共产主义思想的知识分子，站在“庶民”的立场上，为广大“劳工阶级”争取教育权利。在他们看来，平民教育必须以劳动人民谋求自身解放的根本利益和破除阶级统治的革命斗争同时进行，才有可能使劳工阶级真正拥有受教育的权利。为此，他们主张“首先要致力于民主的社会制度的实现，使这些劳苦工作的人也能得到均等机会去分配物质生产的成果”，广大工农劳苦大众才能获得教育的权利和机会。为实现这一目标，早期共产主义知识分子开始创办工人夜校，组织发起“平民教育讲演团”，并将平民教育与政治斗争结合起来，逐渐将平民教育发展成为共产党领导下的工农革命教育。

而以陶行知、晏阳初等为代表的进步知识分子，则把平民教育视为救国和改良社会的主要手段，希望通过平民教育来实现平民政治。他们主张知识分子应主动帮助劳苦大众去获得教育。在这种观念的指导下，20 世纪 20—40 年代以陶行知、晏阳初为代表的知识分子在中国掀起了一场规模宏大、影响深远的平民教育运动，对中国社会产生了深刻的影响。

陶行知(1891—1946 年)，安徽歙县人，中国历史上伟大的人民教育家。原名文濬，后改为知行、行知。少年好学，就读于旧式私塾，接受了中国传统“民重君轻”的朴素平等思想。由于其父是耶稣教内地会会员，其母也在教堂中帮佣，使他从小就耳濡目染了基督教的博爱、平等思想，这为陶行知的平民教育思想奠定了基础。1906 年，陶行知进入教会办的崇一学堂读书，开始接受西方教育。在此期间，他曾将“我是一个中国人，要为中国作出一些贡献来”(《陶行知年谱》)作为座右铭，由此萌发了他“医药救人”的思想。为此，陶行知进入杭州广济学堂学医学。但时隔不久，他就发现医学并不能改变人们的愚昧思想，也不能救国，于是，他放弃了其医药救国的想法，于 1910 年，考入南京汇文书院预科，不久转入金陵大学文科。在金陵大学学习期间，适逢辛亥革命爆发，陶行知接受了孙中山的三民主义和自由、平等的思想。1914 年陶行知以优异的成绩毕业，并赴美伊利诺大学留学。后又转入哥伦比亚大学师范学院攻读教育。在此期间，陶行知得到了著名思想家、教育家杜威、孟禄的赏识，并与著名学者克伯屈交往甚密。在哥伦比亚大学学习期间，陶行知受到实用主义教育家杜威的影响。他接受了杜威关于教育对社会意识的形成起着一种重要的作用，是“社会进步和社会改革的基本方法”的思想，在杜威的“教育即生活”，“学校即社会”的思想基础上，陶行知提出了自己的“生活即教育”，“社会即学校”的理论。这里所谓的“生活即教育”，是指是什么样的生活就是

什么样的教育。是健康的生活就是健康的教育，是不健康的生活就是不健康的教育。是劳动的生活就是劳动的教育，是不劳动的生活就是不劳动的教育。是科学的生活就是科学的教育，是不科学的生活就是不科学的教育。是艺术的生活就是艺术的教育。是改造社会的生活就是改造社会的教育。“生活教育是供给人生需要的教育，不是做作的与人无关的教育。”人们接受教育有两种途径，一种是通过书本知识的传授是间接的。而另一种直接的，也就是从实践中获得的。生活教育既包括书本知识传授这种间接的模式，也包括直接的社会实践所得。“生活即教育”是对传统的教育理论和当时教育体制的革新和批判。

所谓“社会即学校”，强调的是以社会做学校，教育的材料、教育的方法、教育的工具、教育的环境，都可以大大增加；学生，先生也可以更多起来，任何人都可以做师生。陶行知之所以将陶知行改为陶行知，正是其知行合一思想的体现。陶行知认为传统的中国学校里，教师只管教、学生只管受教，这种教育不能培养出适应社会生活的人。因此，他认为要用“教学法”代替以往的“教授法”。在五四运动期间，陶行知发表了《教学合一》这一具有深远影响力的文章。南京高校受此影响，一律将“教授法”改为“教学法”，提倡“教学做合一”。

1917 年，陶行知获哥伦比亚大学都市学务总监资格文凭，不久应南京高等师范学校之邀回国任教。在南京高等师范学校期间，他历任教授、教务主任等职务。1922 年 12 月，南高师并入东南大学，陶行知应聘为教授、教育科主任和教育系主任。不久北洋政府认命他为武昌高等师范（武汉大学的前身）校长，金陵大学也再次聘请他出任校长，均被陶行知一一婉拒。但陶行知却愉快地接受了中华教育改进社主任干事的职务。从此他将中华教育改进社作为其开阔眼界，审视教育领域问题，进行教育改革的一个崭新的舞台。在积极从事中华教育改进社工作的同时，陶行知发动了一场全国性的平民教育运动。

陶行知认为，“一个共和国的基础稳步稳固，全看国民有知识没有。国民如果受过相当的教育，能够和衷共济，努力为国家负责，国基一定稳固。如果国民全未受过教育，空空挂了一块民国的招牌，是不中用的。请大家仔细想想：现在中华民国的国民到底有多少人是受过相当的教育的？倘使大多数的人还一字不识，民国的基础能够稳固吗？现在国内乱机四伏，工商业不能发达、推其原因，旨缘多数国民未受相当的教育，无职业、知识以维持生活。不幸者，即流为盗匪。同属人类，苟非全无知识，谁肯轻易牺牲？倘使人人识字读书，有了做国民的常识，自然不至做那危及生命的事业。大家勤勤恳恳谋生做事，各种乱源也就消弭于无形了。所以，我们如想挽救全国不安的景象，除了设法把平民教育推行全国之外，决无第二个好方法”。

为了使人人识字读书，有做国民的常识，平民教育总会基于陶行知的这些认识拟定了一个宏大的规划，规定了三项方针：一为聘请专家对平民教育各种问题分工研究，包括对推行方法、平民学校之组织及教学管理、教材教具诸问题、乡村和蒙、藏边疆及华侨之平民教育问题等的研究。二为办理平民教育的各种试验，包括在各省区、蒙、藏及华侨所在地设立试验学校，在北京南京等地试办，培养推行人员分赴各地襄助试验等事项。三为与各地各界全力合作推行平民教育，包括开展平民教育运动，倡设平民教育促进会，进行各种宣传活动（《陶行知全集》第三卷，第 668—669 页）。依据三项方针，陶行知与平教总会的同仁一起拟定了一个普及教育的计划：即拟以每人 6 角钱的经费，对当时中国 12～25 岁之间的一亿文盲进行为期 4 个月的教育。计划在 5—10 年的时间内由城市到乡村，由识字教育到职业教育逐渐完成。为此，陶行知和朱经农着手编撰《平民千字课》。1923 年 8 月到 11 月，教材由商务印书馆出版。其目的在于培养人生与共和国民必不可少之精神及态度；训练处理家常信札、账目和别的应用文件的能力；培养继续读书看报和领略优良教育之基本能力。据不完全统计，到 1924 年 6 月，全国有 20 个省成立了平民教育会，50 万人接受了《平民千字课》的教育。仅 1923 年 8 月到 1925 年底，两年时间里，陶行知就跑遍了上海、南京、天津、北京、浙江、江苏、江西、安徽、湖北、河南、河北、山西等省市，甚至还远到内蒙。他深入到工厂、农村、学校、商店、街道、寺庙、兵营等地进行平民教育活动的推广。

陶行知在积极推进平民教育的同时，还积极投身乡村教育，他认为，“中国以农立国，一百个人当中有八十五个住在乡村里，平民教育是到民间去的运动，也就是到乡间去的运动”。他主张在农村设立平民学校和平民读书处是普及平民教育的有效方法，同时要建立系统完整的教育，这就必须使师范教育下乡，即所谓“我们的新使命，是要征集一百万个同志，创设一百万所学校，改造一百万个乡村”。“为中国一百万个乡村创造一个新生命，叫中国一个个的乡村都有充分的新生命，合起来造成中华民国的伟大的新生命。”为了实现他的这一目标，陶行知反对师范学校设在城里的做法。他认为“城居的师范生平日娇养惯了，自然是不愿到乡间去。就是乡下招来的师范生，经过几年的城市化，也不愿回乡服务了。所以师范学校虽多，乡村学校的教员依然缺乏”。因此，他认为设立乡村师范学校十分重要。因为“乡村师范学校负有训练乡村教师，改造乡村生活的使命。师范学校在乡村里设分校，在乡村的环境里训练乡村师资已经是朝着正当的方向进行了。我们的第二步办法就是要充分运用乡村环境来做这种训练的工夫。我们要想每一个乡村师范毕业生将来能负改造一个乡村之责任，就须当他未毕业以前教他运用各种学识去改造乡村之实习。这个实习的场所，就是眼前的乡村，师范所在地的乡村。舍去眼面前的事业不干而高谈将来的事业，舍去实际生活不改而单在书本课程上做工夫，怕是没有多大成效的。我们不要以为把师范学校搬下乡去就算变成了乡村师范学校。不能训练学生改造眼前的乡村生活决不是真正的乡村师范学校(《陶行知文集》)”。

1926 年冬，陶行知与赵叔愚等以中华教育改进社的名义设立乡村师范学院，“根据中心学校办法，招收中等以上各级学校三年级生加以特殊训练，俾能实施乡村教育并改造乡村生活”。以培养具备农夫的身手、科学的头脑、改造社会的精神三种素质的人才为目标，本着“寓教育于生活”的原则，围绕着“教学做合一”的方法设置课程，进行教学。

所谓“教学做合一”，按照陶行知等人的解释，即“教的法子根据学的法子；学的法子根据做的法子。事怎样做就怎样学，怎样学就怎样教。比如种田这件事要在田里做，就要在田里学，也就要在田里教，教学做有一个共同的中心，这个中心就是‘事’，就是实际生活，教学做都要在‘必有事焉’上用功”。

1927 年 1 月，为更加广泛地推广平民教育和示范乡村建设，陶行知在南京神策门外的农村晓庄设立晓庄师范学校。在晓庄师范的开学典礼致辞中，陶行知说：“我们没有教室，没有礼堂，但是我们的学校是世界上最伟大的，我们要以宇宙为学校，奉万物为宗师，蓝色的天空是我们的屋顶，灿烂的大地是我们的屋基。”“寓教育于生活”之中。晓庄师范设有共同生活分任委员会，成员分别承担农村的卫生、生产、伙食及其他日常事务，在实践中培养成员的互助精神和做事能力，并有由全校师生参加的教育先锋团，自己管理自己，以此培养学生的自治能力。陶行知的做法深为梁漱溟认同。

1928 年，梁漱溟到晓庄学校参观，认为陶行知晓庄师范“一合于教育道理，二合于人生道理，三注重农村问题”，并提出“我们盼望本校的学生，一面能够教导儿童，办一所良好的乡村学校；一面又能够辅导民众，将他自己所办的学校成为改造乡村社会的中心”。陶行知不负所望，到 1929 年上半年，将晓庄学校进一步扩大为五个学院和一个幼稚教育研究会的大型乡村师范，其教学成效也令世人瞩目。

陶行知以乡村教育作为其平民教育的着力点，希望通过晓庄师范这样的乡村师范学校来实现其远大的志向："第一步要谋中国三万万四千万农民之解放，第二步要助东亚各国农民之解放，第三步要助全世界农民之解放。这个学校不但要做中国教育革命之出发点，并且要做世界教育革命之中心。"经过陶行知的努力，从 1925 年到 1935 年，全国各地农村建立的民众教育实验区多达 193 处。陶行知也将其后半生，全部贡献给了中国的乡村教育事业。

1930 年 4 月，国民党反动政府以"勾结叛逆，阴谋不轨"为借口，武力封闭晓庄学校，陶行知也受到通缉，被迫临时避难日本。1931 年，他回到上海，任《申报》总管理处顾问，对当时《申报》的革新起了相当大的作用。从 1932 年起，陶行知先后创办了"山海工学团"，"晨更公学团"，"劳工幼儿团"，首创"小先生制"，成立了"中国普及教育助成会"，开展"即知即传"的普及教育运动。1934 年他主编了《生活教育》半月刊。"九・一八"事变后，陶行知积极从事抗日救亡运动。1936 年，当选为全国各界救国联合会执行委员和常务委员。1938 年 8 月，陶行知在香港，倡导举办了"中华业余学校"，推动香港同胞共赴国难。1939 年 7 月，在四川重庆附近的古圣寺为儿童创办育才学校，培养有特殊才能的儿童。1945 年，陶行知当选为中国民主同盟中央常委兼教育委员会主任委员。1946 年 1 月，陶行知在重庆创办社会大学，推行民主教育。1946 年 7 月 25 日患脑溢血逝世，享年五十五岁。毛泽东称其为伟大的人民教育家，郭沫若称赞他"两千年前的孔仲尼，两千年后的陶行知"。

晏阳初(1890—1990 年)，又名东升、兴复、遇春，著名平民教育家和乡村改造奠基人。1890 年生于四川省巴中县一个世代书香家庭，乳名兴复，字阳初，取旭日东升之意。父亲美堂先生是塾师，兼行中医以济乡邻。母亲吴姓，持家勤俭，教子严明。晏阳初 5 岁入塾学，在其父亲美堂先生的启蒙下，他自幼熟读儒家经典，深受"民为邦本、本固邦宁""民为贵、君为轻"等朴素平等思想的影响，并立志"首先做一个正正当当的人，然后饱读诗书，以待将来修身、齐家、治国平天下"。义和团运失败之后，清廷为缓和民意，宣布推行新政，其中一项教育上的举措，即命令各省州县将书院改设学堂，并选派留学生出洋。晏阳初的父母意识到国家有改弦易辙的必要，遂鼓励晏阳初去上西学堂。1903 晏阳初在长兄春霖的陪伴下，到保定府教会所办的西学堂就读。在这里，晏阳初肄习英文、算学、历史、地理、化学等科目，知识日进，同时深受基督教精神熏陶，心中早已播下的修齐治平的种子日益成长、坚挺起来。

1912 年，晏阳初在传教士史文轩的建议和资助下，到香港继续深造。在香港学习期间，晏阳初学业进步显著，不久就在友人的介绍下，前往美国耶鲁大学深造。1916 年 9 月，晏阳初开始了他在耶鲁大学的学习生活。在耶鲁学习的日日夜夜，成了晏阳初从事平民教育的一个契机。初到美国，晏阳初亲身感受了美国人的排华情绪，为此，他在功课很忙的情况下，经常抽阅移民法和美侨资料，探寻公理。他常自问："为什么华人低人一等？连美国这样号称民主政治的国家都排华，那其他国家不是可想而知了吗？"最后他痛苦地告诉自己："抗议只是治标，自强才是谋求真正平等的正确道路。国内战乱频仍，列强染指，军阀贪官蠹国害民，泱泱华夏大邦早已沦为二三等国家，欲与世界强国比肩而立，实难有望。20 世纪科学技术迅速发展，体力取胜的时代早由智能取胜的时代替代了，而智能得之于教育。在美华人吃亏在缺乏教育，智能无由发展。以体力与智力相争，正如瞎子斗不过明眼人，岂不甘拜下风！要谋国家强盛，当从提高人民的智能做起。"可以说，在美国的这个感受激励着晏阳初为平民服务，为平民献身，成了晏阳初一生从事平民教育的契机。

第一次世界大战后期，美国宣布参加欧战，中国的北洋军阀政府也在这年 8 月 14 日对德、奥宣战，并派了 30 万左右的华工到欧洲各国服务——主要从事建筑和运输。这些华工因语言不通，又不熟悉欧洲国家风俗习惯，在与当地人相处中，常常发生误会和纠葛。为了解决这一问题，美国陆军青年会决定在美国各大学中招募中国留学生到法国去作翻译。当时正在美国耶鲁大学攻读政治经济的晏阳初，看到美国青年踊跃从军的情形，认为作为一名中国人，更应报效祖国，为华工服务。于是，他立即休学，自告奋勇地加入了为华工服务的行列。1918 年 6 月，晏阳初搭乘一艘美国军舰经海道抵达法境北部的布朗。

在法国经过两个月的战时知识技能训练，晏阳初被分配到白朗华工营内的战时临时商店当售货员兼作翻译。在这期间，晏阳初为了帮助华工解决写家信和读书读报的需求，开始举办汉文识字班，第一期虽然只招收到了 40 名学员，但是三个月后，竟然有 35 名学员学会了读写。这一消息很快传开，第二期汉文识字班招生时就有 100 多人报名。到第三期招生时，报名的竟多达 1000 余人。从此以后，在白朗华工营驻扎的营房，晚上很少看见华工打打闹闹、四处闲逛。一天晚上，主持陆军青年会的美军柯尔少校到营房视察，远远听到帐篷里发出一阵阵低沉的声音，感到很奇怪，陪同他视察的晏阳初告诉他说："这没有什么，不过是我的学生读书的声音。"柯尔少校听后惊奇不已，他轻步走到帐前窥视，只见营房内的劳工们，有的在读报，有的在写信，有的在议论战争消息，与其他营房之情形大不相同，见此情景，柯尔少校感动得流下了眼泪。回到营房，他立即与晏阳初商量制订大规模的华工教育与训练计划。不久，晏阳初即奉命到巴黎，召集那些曾在华工营服过务的中国留学生，告诉他们自己教育劳工的经验和计划，同时传授他那奇妙的教授法，然后再由这些中国留学生带回各自服务的营房对华工加以训练。这样，华工教育很快便在法国各地普通开展起来。

在开办汉文识字班的同时，还专门为华工办了一张《驻法华工周报》。因为当时在巴黎找不到汉字印刷设备，晏阳初只有自己编、自己写，然后用照相制版来印刷，费用投入很大。尽管这样，晏阳初为了满足劳工们读报看报的需求，还是把报价定得相当低，每份报纸只卖一个生丁(100 个生丁为 1 法郎)。为了让晏阳初的《周刊》能继续办下去，一位华工将自己三年攒的 365 个法郎捐给了晏阳初，这件事促使晏阳初立志终生从事平民教育。他说："欧战这一阶段中，与其说我教育华工，毋宁说华工教育了我，在 20 万华工的实验室中，我认识了苦力的苦，苦力的力；我成了一个崇拜苦力平民的人。因此，我认定要将一生的精力献给苦力。"

1919 年秋，晏阳初重返美国，在普林斯顿大学继续深造，一年后完成学业，获历史学硕士学位。1920 年 7 月他搭乘"俄罗斯皇后号"海轮回到故国。在母亲的鼓励下，晏阳初到了上海，在中华基督教育年会总干事余日章支持下，设立并主持了该会平民教育科的工作。从 1922 年春开始，晏阳初用一年多时间，游历了全国 19 个省，进行了一次有关平民现状、平民学校、平民生活的全面考察。通过考察，他认为，中国人害了 3 种病："瞎""聋""哑"，即指国民绝大多数不识字，不能读书看报，不知社会形势，只是日复一日默默地生活着。为了"治愈"这三种"病"，晏阳初着手以长沙、烟台、嘉兴为中心，进行华中、华北和华东地区的平民教育实验。

1923 年，晏阳初在山东烟台开展平民识字运动。当第一期平民学校结业时，晏阳初请当时的红十字会妇女会会长朱其慧女士(熊希龄夫人)发文凭和奖品。朱女士在台上讲演时，看到台下密密麻麻地站着的 1740 个学生，有的打着赤脚，有的身上沾着面粉，感动得热泪盈眶。她按捺不住自己激动的心情，说："我从来没有看到这样的大事业。在大学，也没有看到年龄如此差别的，男女数目有如此差别的(在 1740 个学生中，男 1000 余，女 600 余)。"从此以后，朱其慧女士也开始关心并积极支持晏阳初的平民教育事业。1923 年 8 月，在朱其慧女士的倡导与督促下，在社会各界人士的赞助下，全国平民教育大会在北京清华大学召开。参加会议的有各省市代表 300 余人，会议决定成立以"除文盲，做新民"为宗旨的"中华平民教育促进会”，公推朱其慧女士为董事长，晏阳初为总干事，主持总会的日常工作。至此，平民教育运动迎来了一个新的时代。

1925年7月，太平洋国民讨论会第一次会议在夏威夷举行，晏阳初在大会上作了题为“中国的建设力量——平民教育”的演讲，得到与会代表的一致赞誉。檀香山华侨以此为荣，纷纷捐助，其后又得到美国各界人士的捐款达50万美元。这次大会对于平民教育在国际上的影响及其发展意义十分重大。

在平教会工作的过程中，晏阳初等人逐渐认识到，“中国大部分的文盲，不在都市而在农村，中国是以农立国，中国大多数的人民是农民，农村是中国85%以上人民的着落地，要想普及中国平民教育，应当到农村里去”。1926年，晏阳初的平教会应20世纪初在河北定县举办乡村自治事业的米迪刚、米阶平兄弟之要求，在河北定县的翟城村设立了办事处，开始着手进行社会调查，兴办平民学校，进行农业改良。1929年秋，晏阳初和平教会的大部分干部来到定向，开始了历时11年之久的平民教育和农村改革实验。

晏阳初在定县的活动，不仅聘请了留美社会学硕士李景汉来主持平教会的社会调查部工作，还组织了一支20余人的调查队伍，运用现代社会学科学方法，结合中国的实际情况，对定县全县的历史、地理、赋税、风俗习惯等进行了调查，并运用普查法，开展对全县各村情况的全面调查和分类调查。这次历时7年的调查是中国历史上第一次以县为单位的实地社会调查。在这次调查的基础上，晏阳初和他的同事陆续发表了《定县社会概况调查》《定县土地调查》《定县农村经济现状》等多篇反映定县实际的研究报告，并逐渐形成了乡村建设的整体思路。晏阳初说，中国的“农村问题，是千头万绪。从这些问题中，我们又认定了四种问题，是比较基本的。这四大基本问题，可以用四个字来代表它，即所谓“愚、贫、弱、私”。所谓“愚”是指中国人中的绝大多数缺乏科学文化知识，尤其是农民很多都是目不识丁的文盲。所谓“穷”是指中国农民的生活状况往往很窘迫。而“弱”指中国人的身体素质差，人民多为病夫，医疗卫生条件十分落后。所谓“私”是指人民不团结，不合作，缺乏公共道德的意识。为了解决这四个方面的问题，晏阳初认为要从根本上解决中国农村的四大问题，必须实行四大教育。第一是文艺教育。文艺教育是“作为人民智力和精神的滋养品”，它包括了推广平民文学、平民艺术和农村戏剧三项。第二是指生计教育，旨在解决农民的生计。具体工作在于推广优良猪种、鸡种、小麦、棉花等动植物，来增加生产力。第三是卫生教育，对农村村民采取宣传和治疗相结合的做法，用来解决农村居民的健康卫生问题，并建立村、乡、县三级医疗网络。第四公民教育，是指要人们养成团结合作的能力提高道德生活。

晏阳初在定县的教育实验，主要采取了以下具体步骤：先将定县划分为若干乡村生活的实验区，选定一区为全面实验的基地，以此作为全县实验研究的根据。晏阳初等人因地制宜，首先从发展农村经济着手，注重向农民传授选种、园艺、养殖等农民急需要的科学生产技能，同时还鼓励农民开展其他副业的生产，提高家庭手工业的生产力以增加农民的收入，改善农民的生活。其次，在农民的温饱问题得以解决之后，再对农村青壮年进行科学文化知识的教育和训练。晏阳初等人在定县建立了多种形式的学校，如初级平民学校、高级平民学校、生计巡回学校等，使用通俗易懂的《公民千字歌》为教材，采用多种鼓励机制和灵活的教学形式，对定县农村的青壮年进行教育。晏阳初认为，15岁至45岁的青壮年是农村教育和训练的重点。要使中国人民尤其是农民的面貌得到改变成为新民，则必须使农村青壮年具备“四力”，即通过教育，培养其知识力、生产力、强健力和团结力，通过教育培养和造就一代有知识、有能力、有个性、有道德和有参政监政能力的“新民”。

晏阳初和平教会成员设计出的这一以学校、社会、家庭为主要途径，通过对农民群众进行文艺教育、生计教育、卫生教育和公民教育为主体，进而实现建设农村和民族再造目的的平民教育综合改造系统对全国产生了很大的影响，先后有 30 多万人投入了平民教育运动。

晏阳初自称“三 C”影响了他的一生，即孔夫子(Confucius)、基督(Christ)和苦力(Coolies)。他说：“我是中华文化与西方民主科学思想相结合的一个产儿。我确实有使命感和救世观；我是一个传教士，传的是平民教育，出发点是仁和爱。我是革命者，想以教育革除恶习败俗，去旧创新，却不主张以暴易暴，杀人放火。……我相信‘人皆可以为尧舜’。圣奥古斯丁说：‘在每一个灵魂的深处，都有神圣之物’。人类良知的普遍存在，也是我深信不疑的。”为此，晏阳初将其一生奉献给了平民教育。他的平民教育实践和思想不仅对中国产生了深刻的影响，对世界也产生了广泛的影响。20 世纪 50 年代以后，晏阳初将他的事业推广到国际上，泰国、印度、哥伦比亚、危地马拉、加纳等国都纷纷效法晏阳初的定县实验区，继续开展平民教育和乡村建设。

由于晏阳初在平民教育和乡村建设上的突出贡献，1943 年，由美国 180 位杰出教育家、科学家组成的纪念哥白尼逝世 400 周年委员会，推选晏阳初“现代世界具有革命性贡献伟人”之一。侯德榜 1987 年，在晏阳初 97 岁寿辰的庆祝会上，美国总统里根将“终止饥饿终身成就奖”颁发给了晏阳初，表彰他终身致力于平民教育和乡村建设的努力。晏阳初被誉为“国际平民教育之父”和“世界公民”。

20 世纪二三十年代以陶行知、晏阳初为代表的平民教育家的活动，给中国教育和中国社会带来了广泛而深刻的影响。首先，他们的活动开中国普及教育之先河，改变了原有教育专属贵族的现状，使广大经济状况窘迫、社会地位低下的平民获得了平等接受教育的权利。其次，平民教育运动在全国范围内的广泛开展，起到了提高国民素质的作用，尤其在提高农村平民生活质量和生产技能方面有明显的效果。

(郭娅)

# 47. 卢作孚与民生公司的运营

卢作孚(1893—1952 年)是中国近代最具特色与实绩的民族企业家之一，他所创“民生实业股份有限公司”，是旧中国最大的民营航运公司。卢作孚素有“中国船王”“中国科学管理专家”之称。毛泽东曾称赞：“搞交通运输业，不能忘记卢作孚”，他为中国民族工业发展中不能忘记的四个实业界人士之一。

1893 年 4 月 14 日，卢作孚出生于四川省合川县。时值中国处于内忧外患的境地，民不聊生，幼年时代的卢作孚家境贫寒，尽管他聪慧好学，成绩优异，最终因付不起学费，小学毕业即辍学。15 岁时他只身离开家乡，到成都寻找出路。在成都，他自学数学、古文、英语、地理、物理、化学历史等课程，深入研究许多国内外进步的社会科学和自然科学的著作，诸如卢梭的《民约论》、达尔文的《进化论》、赫胥黎的《天演论》以及孙中山的民主革命学说等等。除此之外，他十分关心时事，研究世界强国的政治、经济、军事、社会、文化等方面的历史发展，研究我国历代的政权演变及社会结构状况，特别是帝国主义侵略我国的情况，以开阔视野，丰富知识，对其后来的事业起着重要的作用。

1910 年，卢作孚加入中国同盟会，投身民族民主革命运动中。辛亥革命失败后，他离开四川，赴上海求学。卢作孚在乘船致上海的途中，看到长江中来往的大大小小的船只桅杆上挂着的都是英、美、法、日、意大利、挪威、荷兰等帝国主义的旗帜，几乎看不到中国国旗，外国船只在中国内河流域霸道横行，心中涌起强烈的自尊心和爱国心，“一定要把内河航行权从帝国主义手中夺回来!”第一次出川的印象，奠定了卢作孚一生的活动。

1914 年，卢作孚在上海结识了职业教育家黄炎培，两人成了莫逆之交，黄炎培夸赞他是“自学成功的人”。在上海，卢作孚参观了不少学校和民众教育设施，为他以后开展民众教育运动打下基础。1915 年，卢作孚回到四川，曾先后任教于川南师范学校、重庆第二女子师范。1921 年，他与恽代英创办通俗教育会，以川南师范学校为中心，进行教育试验，以彻底改变川南地区的教育制度。但是，卢作孚力求教育救国的理念并没有达到其预期的效果。最后，他认识到，四川经济落后的重要原因是交通闭塞，因此，“创业的顺序应该是这样：第一，交通；第二，实业；第三，文化教育。从而最终达到实业救国之目的”。于是，他回到家乡合川，筹办轮船公司，开始了二十多年的航运事业。

1925 年，卢作孚回到合川，他打算首先开辟重庆至合川的航线，他力邀旧时好友黄云龙、彭瑞成、赵瑞清等人积极筹备，动员绅商入股，最后虽然认股二万元，但实际只拿到 8000 元现款。几经周折之后，卢作孚终于从上海订造了一艘价值 3.5 万元，排水量 70 吨的小火轮，命名为“民生”号。除 3000 元订金外，他和船商商定，交船后再陆续付清订款。

1926 年 6 月，民生实业股份有限公司在重庆成立，卢作孚任总经理。公司宗旨是：“服务社会，便利人群，开发产业，富强国家”。卢作孚始终信仰与贯彻孙中山的三民主义思想，“民生”取自民生主义；“实业”二字表明公司是以发展国家实业为目的综合性事业。自1926年6月民生公司的创办到1949年，民生公司运营与发展大致经历了以下三个阶段：

第一阶段为创立与发展时期(1925—1937年)。

民生公司始建时，四川军阀混战，经济萧条，川江上船多货少，乘客稀疏。外商轮船公司以其雄厚的资本，用大幅降低运价同华商轮船公司竞争，压得华商轮船公司几乎无力开航。为了求得生存，各华商轮船公司之间又相互挤兑、打压，进一步抵消了实力，根本无力与外商轮船公司进行的竞争。

面对这种严峻的形势，卢作孚提出新颖的经营策略以力挽狂澜，“航业应作新的试探和新的试验，不应在原有的航线中去与正日益凋敝的同业去竞争。”以往国内外内河航运发展史上都是先干流后支流，以货运为主(货运比客运赚钱)的发展道路，而卢作孚提出新的经营方针：“先经营支流小河，后经营干流大河；运输以客运为主，兼营货运，实行定期运输”。他认为：“人弃我取，避实击虚，因为当时川江航运竞争正烈，外商横行霸道，如此经营可以暂避锋芒，来日民生公司建立起了信誉，站稳了脚跟，就可以走向干流和大洋了。因此，可以先去开辟那没有轮船的支流，经营别家轮船不愿经营的客运业务，以先进的管理和优质的服务赢得旅客好评，慢慢的积蓄力量，这条经营道路日久必会成功。”

卢作孚将其经营策略总结为“人弃我取，避实击虚”。其目的是集中财力人力以维持民生公司之生存。而这条新的经营方针确实在当时创造了奇迹。轮船在渝合线的定期航行，客运业务十分兴旺，至枯水季节，民生公司于渝合线上被迫停航，于是公司又开辟了渝涪线(重庆至涪陵)，客货兼营，生意十分兴隆。

1927年夏，公司召开第二次股东大会时，开航五个月的结算股息红利竟达25%，股东积极性大为提高。卢作孚又适时提出增加股金5万元，获得股东的一致通过。大家纷纷踊跃认股，并有不少新股加入，不到两个月，就实收股款73000元，超过原定增股额的46%，公司运用这笔股款，订造了“民用”轮。后至1929年10月，又买下了“民望”轮。这样，三艘轮船循环航行在渝涪、渝合这两条航线上，使重庆、合川、涪陵三城，每天都有轮船开出和到达，提高了公司轮船的利用率和经济效益。经过卢作孚先生和公司全体员工的不断努力，到1930为止，民生公司资产总值已达35万元之巨，较公司刚刚成立之时增加了六倍，职工人数达到164人之多。民生公司已经初具规模，企业基础始告奠定。

民生公司在川江上获得一席之地后，进一步发展与扩大是卢作孚的第二步计划，他确立了“统一川江航运”和“拓展长江中下游”业务的目标。

卢作孚预想将川江航运界进行统一或者联合，力争将外商轮船赶出川江，提出“集中财力、人力维持华商轮业之生存”的口号，确立把“以民生公司为中心”这条原则作为立足点，集中人力、物力和财力，开展合并运动。卢作孚提出“化零为整”的方针。其一，通过在川江航务管理处的工作影响开展舆论动员，大力宣传川江航运走联合的意义和作用。其二，卢作孚为了解除川江航运界对联合的疑虑，在具体的措施上若易于为人接受、可以自由选择联合的方式和办法。其三，卢作孚在民生公司所属的所有轮船上、实行“四统制”，实行集权管理。所谓“四统制”，即船上的人员统一由公司任用；船上的财务统一由公司掌管；船上的燃料油料统一由公司定额核发；全船由船长统一指挥。“四统制”的实行，极大地提高了公司的效率，增强了公司的财力、物力、竞争力，从而保证了民生公司的迅速发展。

在“化零为整”的方针指导下，卢作孚实行“三步走”的合并方式：第一步，合并商轮。对那些经营不景气、亏损严重、债台高筑的华商轮船公司先予以收买。第二步，合并军轮。四川军界投资川江轮船航运业的也不少。他们利用军政权势，在辖区内垄断运输，刁难、排挤其他的华轮公司，虽然经营管理混乱，但也有利可图。卢作孚逐一登门陈述利弊，劝其合并。多数军头老板也被卢作孚说通，统一合并，入股分红。第三步，合并外轮。川江上的外轮公司有几种情况存在：一种是外商独资，有外籍人员经营的公司；一种是外商独资由中国人代为经营的公司；还有一种是华商独资而挂外籍旗号的公司。民生公司对这三类公司加以区别，分别开展攻势。一般来说，外轮公司资本雄厚、实力强，经营状况也尚好，而挂外国国旗的华商轮船公司的实力弱，经营状况往往不善，还要受外商的盘剥。于是，民生公司从薄弱环节入手，争取先收买后者。民生公司就这样逐步地完成了对川江轮船公司的联合与统一，其最大的贡献就是结束了华商轮船公司之间无谓的竞争与倾轧，消除了民族航运业的内耗之苦，大大增强了华轮公司的运输能力，在与外商在川江上的角逐取得绝对的胜利。

在统一川江航运业的同时，卢作孚早把眼光注视到了长江中下游。1932 年 5 月，民生公司在汉口设立办事处为通航长江中下游做好了准备。同年 6 月 2 日，民生公司的“民主”轮首航长江中下游。“民主”轮沿途停靠汉口、南京等地，安全驶抵上海。“民主”轮首航宜申线，标志着民生公司的业务进入长江中下游航运。紧接着，“民族”等轮船也投入了宜申线，在长江的中下游又多了一支航运劲旅。从此，民生公司的轮船开出川江，驶抵上海，又迎来了新的机遇与挑战。1933—1936 年，民生公司先后接收与建造大小船只 21 艘，有“民法”“民意”“民信”“民裕”“民众”“民约”“民泰”“民本”“民元”“民康”“民宪”“民勤”“民俭”“民来”“民苏”“民熙”“民运”“民德”“民律”“民视”“民听”。同时又新造了 4 艘油驳，改造了 4 艘旧船。其造船数在上海各造船厂所造的船数中，名列第一，所造的新船之性能都有大幅的提高。与此同时，民生公司在这段时间在长江上开辟了 4 条短航线和 5 条长航线。

1926—1936 年的时间里，公司的年收益从 2 万多元增加到 360 万元之巨，增长了 90 倍。而同时期中国最大的官办航运企业轮船招商局最高的一年亏损就达 240 万元。民生公司从 1925 年创建不久的 4.6 万元股本到 1937 年增值为 350 万元，平均每年以 52%的速度递增；资产从 1925 年的 7.7 万元增至 1937 年的 1215 万元，平均以 63%的速度增长。在整个长江航业中，民生公司已同原有的招商、太古、怡和、口清四大轮船公司并驾齐驱，奠定了一个大型民族资本集团的基础。

第二阶段为壮大时期(1937—1945 年)。

正当民生公司准备继续在长江上大展宏图时，1937 年 7 月 7 日，日本帝国主义向我国发动了全面的侵略战争，随着上海、南京、杭州、镇江、安庆、武汉等城市的相继沦陷，大多数人都为民生公司的前途担忧，都认为“国家对外的战争开始了，民生公司的生命就结束了”。以卢作孚为代表的民生公司领导人审时度势，及时调整了营运方针，变不利因素为有利因素，不仅渡过了又一个难关，还创造了中国近代航运史上又一奇迹。

公司先是开辟了大量的短途航线。民生公司在抗战时期经营短途航线达 19 条之多计有：1、重庆至白沙线；2、重庆至江津线；3、江津至合江线；4、泸县至合江线；5、泸县至江安县；6、泸县至叙府线；7、叙府至屏山县；8、叙府至嘉定线；9、重庆至涪陵线；10、重庆至长寿线；11、重庆至洛蹟线；12、重庆至唐家沱线；13、重庆至寸滩线；14、重庆至合川线；15、重庆至北碚线；16、重庆至童家溪线；17、重庆至瓷器口线；18、涪陵至丰都线；19、万县至云阳线。以上各线沿途乡镇均停靠，并客货两运。

抗战时期，民生公司还开展了分段联运、水陆联运、水空联运等多种形式的联营联运业务，壮大了公司的力量。首先是发展分段联运。1938年5月20日，民生公司与招商局联合举办货物分段联运。两公司约定：凡有货物从九江、汉口、沙市、长沙、常德各口岸运往万县、重庆、泸州、叙府、嘉定这五个港口，在起运地，由招商局运至宜昌后，随即转至民生公司轮船运往川江各地；反之，如果万县和重庆的货物运往沙市、汉口、九江、长沙的货物，民生公司负责运到宜昌后，再由轮船招商局运至汉口、九江、长沙等地。也就是说，民生公司负责川江的运输，招商局负责长江中下游以及湘江的运输，双方以宜昌为转运点。其次是发展水陆联运。在这一时期，民生公司大力发展水陆联运：北至陕甘，东达湘江，南下滇黔。嘉陵江上通陕甘，下通长江，是沟通长江流域与西北的重要通道，自滇缅公路被切断以后，西北诸省便成为中国联通国际交通的要道，但陕甘地区公路不便，唯有发展水运。再次是发展水空联运。太平洋战争全面爆发后，日本侵略者完全封锁了我国的沿海，于是空运就成为中国获得外界援助的重要通道。

民生公司在战时阶段，可以说是进步神速。正如交通部长王洸所说："民生公司为我国航运业后起之秀，历史虽然不到二十年，但突飞猛进。尤其在抗战军兴以后，进步更速，其原因约有数端：1、民生公司主要业务在川江，国府西迁，民生公司正好适应急切环境之需要，自为其他公司所望尘莫及。2、民生公司轮船在抗战初期未被征用，故而有较强的运力。3、各公司轮船自南京武汉撤退后，均感流亡之苦，民生公司得以廉价收买，增加公司的运输力量。4、陪都人才荟萃，民生公司得以大势罗致，内外管理亦多改善。以上各项，时势人谋，兼而有之"。根据当时陪都建设计划委员会公布的抗战时期川江轮船航运业统计：1939年共170艘，总吨位70401吨，其中民生公司有轮船116艘，总吨位30400吨，占总数的43%，虽然招商局、三北公司、强华公司也有不少轮船，但大都不适合大后方的航运，所以说，实际参加后方航运的轮船中，民生公司占85%以上，效益飞速增长，其经营范围遍及川江、岷江、涪江、嘉陵江、金沙江和乌江，营业范围广泛，开辟了中国内河航运之新纪元，其他公司莫之可及，只能望民生公司而兴叹。

民生公司在战时的发展极大地支援了抗战的运输和大后方的建设，同时，民生公司在抗日战争期间付出了巨大的牺牲，为中华民族的危亡做出了不可磨灭的贡献。其具体表现如下：第一，运送大批粮食和食盐出川，供给战区居民食用，保证了抗日战争的胜利进行。第二，抢运大批工厂、器材入川，为促进四川战时的工业生产发挥了重要的作用。第三，抢运大批学校，文化团体和医院入川，促进了后方文教卫生事业的发展。在八年抗战中，民生公司为挽救国家和民族危亡做出了巨大牺牲和贡献。16艘船舶被炸沉炸毁，69艘船舶被炸伤，117名员工牺牲，76名员工伤残。全体员工在战时运输中，为了挽救国家和民族危亡，不怕牺牲，前赴后继，表现了高度的爱国精神。在运输的过程中，船员们为了抢救船舶和伤兵、旅客，冒着敌人的枪林弹雨，坚守工作岗位，与船舶共存亡。

第三阶段为困难时期(1945—1949年)。

1945年抗战胜利后，卢作孚更是心雄万夫，精进不息，积极筹划扩大民生公司业务，他将视角由长江流域转向海洋。民生公司海运船只的来源主要有以下几个途径：

其一是国外贷款建造。早在1944年，卢作孚就与加拿大驻华大使频频接触，商谈在加拿大贷款造船的问题。同年冬，卢作孚借出席纽约国际通商会议之机，取道加拿大，考察该国之造船业。由于民生公司在抗战中的影响和声誉，加拿大政府同意贷款1275万加元在加国造船，但须中国政府担保，民生公司也须自筹225万加元的准备金。由于受到行政院院长宋子文的阻挠，拖延了近两年，才勉强同意担保。1946年，卢作孚第二次赴加拿大，于10月30日正式签署了借款合同和造船合同。由于战后通货膨胀，原计划造12只船的款只能造9只，都以"门"字号命名(荆门、夔门、祁门、石门、龙门、剑门、玉门、虎门、雁门)。1948

年秋，首批完工的两只船——“荆门”和“夔门”横渡太平洋回到中国。

其二是购员美国战后处理的军用船只。二次大战后，美国的一大批军用物资，包括船只需要处理。民生公司花了200多万美元，购买大型登陆艇5只，大型油轮1只，中型登陆艇4只，一并统统改造成商船。

其三是与金城银行合资组建太平洋轮船公司。二战后民生公司和金城银行合作，组建“太平洋轮船公司”，在美国购买了3只海轮，航行于东南亚及日本各国。1948年，民生公司的各类船只总数达到了最高峰148只，总吨位达5万多吨。

抗战期间，国民党政府虽然想控制民生公司，但由于羽毛未丰，力不从心，只好采用扶持和利用的政策。早在1936年，宋子文就曾垂涎于民生公司。当时，民生公司准备发行股票，增加资本70万元，宋子文派其亲信刘竹君到重庆同卢作孚洽谈，提出向民入股1万元，并担任了公司的常务董事。由于投资不大，常务董事也只是一个虚名，宋子文控制民生公司的企图落空了。随着招商局的船只所剩无几，国民党政府不得不依靠民生公司船只进行运输。

抗战胜利后，一国民党政府接受了大量的敌伪船只，几乎全部给了招商局，给民生公司的运输造成很大的压力，对民生公司的态度也由扶持转向了限制和打击。最能说明问题的是1949年初，国民党政府溃逃之时，扶持民生船只19艘作兵运，后来分别扣留在台湾和定海两地，使民生公司的海运航线完全中断。

在营救被扣船只，同国民党反动派的斗争中，卢作孚先生同样表现了非凡的勇气和才干。卢先生于1949年5月飞到广州，后来又到香港，利用各种关系，在香港地下党的帮助和关怀下，使被扣船只陆续驶到香港集结，最后在1950年初分批驶回解放区。这是卢作孚和民生公司的广大职工为社会主义祖国作出的一大贡献。解放前夕，由于受到国民党军队和特务的骚挠，兵差频繁，内河船只的货运中断，只有少数客运。然而物价飞涨，入不敷出。重庆“九·二”火灾，民生公司损失惨重，一些仓库、囤船被烧，20多位职工殉难。民生公司的债权人也纷纷登门造访，索要债务。同时，还要支付加拿大政府的贷款利息，民生公司陷入重重困境之中。解放后，党和人民政府非常关心和重视民生公司的发展，人民政府偿还了加拿大政府给民生公司的贷款和利息。1952年8月，民生公司正式公私合营，在社会主义制度下获得了新生。

民生公司作为近代中国著名的民族资本航运企业，它的成立和壮大，经历了一个艰难的创业和斗争过程，它的盛衰是旧中国民族资本企业发展和衰落过程的一个缩影。卢作孚是中国航运界的民族英雄正如卢作孚幼子卢国纶所言：“父亲永远是我们学习的榜样，爱国、奉献、为民的精神在子孙后代中延续和传承，这也是纪念卢作孚的意义所在”。

（程太红）

# 48. 侯德榜发明联合制碱法

侯德榜(1890—1974年)，字致本，中国著名化工专家，中国化学工业的先驱者之一。侯德榜1890年8月9日出生于福建闽侯的一个农民家里，从小受到艰苦朴实的家庭环境的熏陶，青少年时期奋发学习，有强烈的献身科学事业的愿望。他先后在福州英华书院、上海闽皖铁路学堂就读，成绩优异。1910年考取清华大学出国留学预备生。1913年被保送到美国麻省理工学院留学，攻读化学工程。毕业后又到哥伦比亚大学研究院深造，先后获得硕士、博士学位。1949年以后，侯德榜历任中央财政经济委员会委员，重工业部化工技术最高顾问，化学工业部副部长等职。由于学术上的突出成就，他还当选为中国科学院学部委员，曾任中国化学学会及中国化工学会理事长、中国科学技术协会副主席。1943年被聘为英国化学工业学会名誉会员，是当时世界12位名誉会员之一，曾获美国哥伦比亚大学荣誉科学博士学位及英国皇家学会、美国化学工程学会、美国机械学会荣誉会员、美国机械工程师协会终身荣誉会员。

1921年10月，侯德榜学成回国，应范旭东之邀出任塘沽永利化学公司塘沽碱厂总工程师。经长期潜心钻研，永利碱厂终于冲破封锁，1926年6月生产出洁白的纯碱，产品在美国费城万国博览会上获金质奖章，被誉为中国近代工业进步的象征。侯德榜有愤于帝国主义者的技术垄断，1932年将多年研究心得写成《纯碱制造》一书，将保密达70年之久的索尔维法制碱技术公布于世，为中外学者所共钦。该书于1933年在美国出版，1941年修订，1942年再版，1948年曾译成俄文。1935年，中国工程师学会广西年会为表彰侯德榜对祖国工业的卓越贡献，公推他为第一届金质奖获得者。1959年，他又结合中国资源情况进行修订补充，并增入他创造的联合制碱法内容，用中文写成《制碱工学》，由化学工业出版社出版。由于侯德榜在制碱工业上的成就，在世界享有盛誉，曾先后受南非邀请考察制碱条件，受巴西邀请勘察碱厂厂址，印度达达公司曾聘他为顾问，指导其碱厂的技术改造。

1934年，永利化学工业公司在江苏省六合县卸甲甸(今南京市大厂镇)兴建硫酸铵厂，即永利化学工业公司宁厂，由侯德榜负责技术工作。他引进美国氮气工程公司的先进技术，亲自选购设备，监督施工，培训人才，于1937年2月投产，陆续生产合成氨、硫酸、硫酸铵、硝酸等产品，成为当时远东最大的氮肥厂。由于日本帝国主义发动了侵华战争，范旭东和侯德榜为保护民族工业，毅然将工厂搬迁至四川乐山五通桥，开始筹建永利川厂。

当时，四川的仪器、药品、资料等都很缺乏，甚至连氨都要从人尿中提取。川厂用地下盐卤为原料，采用苏尔维法制碱成本高，为购买德国察氨法制碱专利，侯德榜曾去德国考察，但因技术封锁，未果。面对西方对先进的苏尔维制碱法(氨碱法)和刚刚崛起的合成氨关键技术的封锁，侯德榜以科学的态度和广大技术人员一起决心向改进苏尔维法、创制新碱的道路前进。

要创制制碱的新途径，就必须从实验室的工作入手。在华西，交通不便利，而建实验所需要的原料：碳酸氢钠、氨等，在四川极不易找到，战时又不易运进。要在华西进行实验，显然不行。后来经商议决定将试验移到交通便利的香港范旭东的寓所中进行。

试验工作由永利川厂几个技术骨干人员负责进行。而这时候侯德榜则在国外进行遥控：每周香港的工作人员把试验情况向在纽约的侯德榜汇报，根据汇报结果，侯德榜进行分析，指导在香港的技术人员的工作。

试验初期，侯德榜按照从德国得到的察氨法的两个专刊说明，叫工作人员进行配料试验。可是这种实验的结果令人大失所望，没有得到专刊说明书上所说的效果。后来经过反复的实验，及时地进行了改正，才使改造察氨法的试验取得了突破性进展。

忙碌中的时间过得总是很快。一转眼从事实验工作的人员已经度过了从春天到冬天的大半年时间。在这段时间里，他们不知经过了多少次循环试验，也数不清曾经分析过多少个样品。这样到这一年的年底，香港试验组的同事们已经全部摸清了察氨法的工艺条件。

但是工作还远没结束。实验室中小规模试验所得数据对于要建造一个大规模的化工厂来说是远远不够的，还需要做的工作就是扩大试验，而要扩大试验在香港进行是不行的；因为英国的化学公司卜内门公司的基地在香港。他们密切地关注着中国人的试验。为不走漏消息，范旭东和侯德榜决心把扩大实验移到上海进行。

在艰难的筹备工作完成之后，经过几个月的扩大实验，所得的结果基本与实验中的结果相符。

但是在20世纪40年代的中国，战争随时都威胁到每一个人和每一种事业。正当在上海进行扩大试验时，日本占领了上海法租界，试验人员被迫西撤转到四川，试验因而被迫停止。

国内试验虽然暂停，但在美国，侯德榜并没有停止工作。在纽约侯德榜的办公室里，案头堆满各种资料、试验数据、计算尺、各种颜色的绘图笔，墙上挂着巨幅的苏尔维法流程图和察氨法流程图。侯德榜时而伏案凝思，时而翻阅寻找需要的数据，时而起身站在巨幅的流程图前用红笔在上面圈圈点点。

这些天来对着苏尔维法和察氨法流程图，他一直在想，能不能设计一种新方法克服两种方法的缺点，吸取它们的优点？站在挂图前，他忽然像是悟到什么似的，急忙拿起红蓝两色笔，从一个图上画到另一个图上，脑子里顿时闪现出一个新的办法："对！把两种办法联合起来，使两种方法变成连续化的一种方法，对！对！就是这样。"他欣喜若狂，迅速地又找来一张绘图纸，在上面迅速地画出了一张新的流程草图。在经过精密思考后，终于，一种新的制碱制氨联合方法应运而生了。这种方法经过在四川的试验，行得通，取得了满意的效果。

侯德榜通过长期实践发现，苏尔维法的主要缺点在于：食盐和石灰石两种原料都只用了它们组成中的一半，即氯化钠中的钠与碳酸钙中的碳酸结合成产品碳酸钠；而氯化钠中的另一组分氯离子却与碳酸钙中的另一组分钙结合成没有多大用途的氯化钙，成为大量的废弃物。新法的要点是：在氨碱法的滤液中加入固体食盐，并在30℃~40℃下往滤液中通入氨气和二氧化碳，使它达到饱和，然后冷却到10℃以下，即有氯化铵结晶析出，母液又可重新作为氨碱法的制碱原料。不但使原料食盐得到充分利用，还生产出了化肥。

1943年11月，永利川厂试车成功，食盐的利用率达到98%。为了表彰侯德榜在制碱工艺上的新突破，在1943年3月16日召开的永利川厂厂务会议上，这种新的联合制碱法被命名为"侯氏联合制碱法"。侯氏制碱法的发明，无疑是侯德榜事业上的又一块丰碑，也是中国乃至世界制碱业的又一块丰碑。

同年，在川西五通桥召开的第十一届中国化学年会上，“侯氏制碱法”首次与学术界见面，年会同意这一命名。会议具体介绍了这种方法的原理与操作过程，引起国际化学界的极大重视和高度评价。1943 年 6 月，美国哥伦比亚大学授予侯德榜荣誉博士学位。12 月，他被选为英国皇家化学工业学会荣誉会员。

新中国成立后，侯德榜已届花甲之年了。但是，“老骥伏枥，志在千里”，侯德榜不顾年老体衰，以更大的积极性，投入到新中国的经济建设中，为我国制碱工业又立新功。

开国大典后，侯德榜应邀与十几位专家前往东北参观，并指导东北化学工业的复建工作。参观过程中，他发现大连的建新公司所属的大连化学厂和中苏合营的远东电业公司，一个生产纯碱，一个生产氨，相距咫尺，有发展“侯氏制碱法”的理想条件。于是，侯德榜向大连化学厂总经理介绍了“侯氏制碱法”，并建议在大连化学厂的恢复过程中，建立“侯氏制碱法”的生产试验车间。这一建议得到厂总经理的支持。于是，“侯氏制碱法”进入了最初的工业性中间试验阶段。

试验进行得很顺利。通过 3 年的试生产，“侯氏制碱法”大生产车间已达到了要求，所产出的两种产品均达到了日产 240 吨的水平，其中部分技术达到和超过了国际先进水平，全面实现了国家规定的各项经济技术指标。侯德榜激动地说：“联碱工程 30% 是在解放前打的基础，绝大部分是在解放后完成的。花这么大的物资和人力，多亏党和国家的支持和帮助。”

1953 年，在侯德榜的领导下，对原先的“侯氏制碱法”又重新作了重大改进。通过小试、中试，于 1964 年在全国各地推广，并命名为“联合制碱法”。这一方法的推广，使我国碱的产量从解放初的年产 8 万吨左右一下子提高到 200 万吨左右，提高了 20 多倍，使我国碱产量仅次于美国、苏联，成为世界第三制碱国。

1974 年，这位为伟大祖国争光一辈子的化学工程学家在北京逝世。他为我国创建制碱工业的伟大业绩将永远为人们所怀念。

（王艳勤）

# 49. 中华民族赢得抗日战争全面胜利

中国近代灾难深重，历尽艰辛。中国的东邻日本自明治维新后，脱亚入欧，建立了对外扩张的军国主义体制，企图侵略中国，进而称霸亚洲。

1931 年 9 月 18 日，经过长期精心策划，日本关东军以参谋板垣征四郎为首的一批中下级军官在高级将领的纵容下，蓄意制造了柳条湖事件，炮轰北大营，发动了对中国东北的大规模侵略。19 日凌晨，日军发起进攻，迅速占领沈阳、安东、营口、长春。此后，日军以不到一周的时间占领辽宁和吉林两省 30 余座城市、10 余条铁路线。11 月 2 日，日军攻打齐齐哈尔，马占山部奋起抵抗，给日伪军以重创，日军死伤 700 余人。这是九一八事变以来，中国军队的首次反抗。11 月 8 日，马占山部因伤亡过重被迫撤往海伦，齐齐哈尔沦陷。12 月 17 日，日本关东军发起了进攻锦州的外围战，鉴于锦州交通位置的重要性，蒋介石令张学良督师抵抗。1932 年 1 月 1 日，日本关东军动用了 3 个师团的兵力对锦州发起总攻，十余万东北军稍事抵抗后撤出战斗，3 日下午日军占领锦州，并迅速占领整个辽西地区，至此辽宁省全部被日军占领。东三省最后沦陷的是哈尔滨，因哈尔滨是中东铁路的总汇，又是华洋杂处的国际市场，故日军没有采取武力占领，在日军经双城堡向哈尔滨推进时，双城堡守军在吉林省自卫军总司令李杜的带领下顽强坚守，后因伤亡惨重退往哈尔滨。4 日，哈尔滨守军坚守一天后，不得不全线撤退，东北三省全部沦陷。

东北沦陷后，日本政府加紧扶植伪满洲国的建立。1932 年 3 月 1 日，张景惠根据关东军提供的文字，以伪满洲国政府的名义发表宣言，宣告“满洲国”正式成立。1932 年 3 月 9 日，早在 1931 年 11 月 13 日就已经被日本人秘密接运到东北的宣统皇帝溥仪在长春执政府举行了就职典礼。9 月 15 日，日本与伪满洲国签订了《日满议定书》，议定书规定满洲国确认日本国或日本臣民在“满洲国”领域内享有根据以往日中两国间的条约、协议及其他条款，以及公私契约所享有的一切权力和利益，日本事实上成为满洲国的太上皇。

日本占领东北期间，抗日联军在极其艰苦的条件下坚持武装斗争，涌现了杨靖宇、赵尚志、赵一曼等英烈，给日寇以沉重打击。

九一八事变后，上海地区成为日本进攻的第二个目标。1932 年 1 月 18 日，日方制造“日僧事件”，进行武装挑衅，于 1 月 27 日攻占天通庵车站，进而以此为据点，分三路开始全线进攻闸北的中国守军，淞沪会战爆发。1 月 28 日晚，日军对闸北发起全面进攻，中国第 19 路军奋起应战，击退日军。29 日晚，日军被迫全部退出闸北地区。在兵力不足的情况下，日本接受英美两国调停，同时从国内增调 5000 名陆战队员 30 余架飞机及 2 艘航空母舰，4 艘巡洋舰，4 艘驱逐舰前来增援。2 月 20 日凌晨，日军下达总攻击令，作战人员增至 14000 名，中国军队顽强抵抗，连挫日军进攻。29 日以后，日本第 11 师团大部和第 14 师团援军赶至上海，日本总兵力达近 6 万人，而此时中国守军仅剩不足 4 万人，防线岌岌可危。在此情况下，蒋光鼐总指挥下达了退却令。中日双方于5月5日签订了《淞沪停战协议》。作为主权国家，中国政府不仅失去了在上海的驻兵权，且无权宣布上海常态的恢复，无权过问一切有关停战的疑问。

淞沪抗战虽未能在军事上取得成功，但中国军队以弱抗强，成功抵抗日本大规模进犯30余天，激励了全国民众的爱国热情，推动了抗日救亡运动的形成。

1933年1月1日，日本驻榆关铁路守备队队长落合甚太郎在其司令部门前和附近分投数枚炸弹，然后指称系东北军守军何柱国旅所为，要求该旅交出山海关南门，并撤出榆关。中方守军断然拒绝。2日晨，日军发起攻击，在海空军配合下，夺取山海关。山海关失守，平津门户洞开。蒋介石派陆军大学校长杨杰代其前往北平，协助张学良处理相关军务。日本关东军于2月23日下达总攻击令，不到10天占领北票、开鲁、朝阳、下洼子、凌南、凌源及赤峰，3月4日，日军占领热河首府承德，10天后，热河全省沦陷。3月7日，张学良被迫辞职，东北军重组为4个军，以余学忠、万福麟、何国柱、王以哲分任各军军长，日军占领承德后，乘胜向长城一线进攻，长城抗战由此拉开帷幕。第29军与日军展开激战，宋哲元利用大刀队夜袭日军，成功守住喜峰口，取得长城抗战的第一个胜利。

日本对中国的侵略受到了国联的谴责，但日本并未停下进攻步伐。4月17日，日军进攻滦东地区，进而占领了丰润、沙河、密云、三和、遵化、香河、唐山等地，至此北平门户大开，危在旦夕。5月31日，中日签订《塘沽协定》，《塘沽协定》为日军进一步向华北扩张打开了方便之门。

1933年3月27日，日本退出国联。1934年9月，又公开宣布废止《华盛顿条约》。这表明了日本方面不仅把进攻的矛头瞄准中国，也做好了向其他国家挑战的准备。1935年，日本军部为了进一步巩固对中国东北的统治，同时大范围地攫取中国的各种资源，开始紧锣密鼓谋求在华北扶植能够“忠实贯彻日本要求政权”者。1935年1月，日军制造“察东事件”，迈出分离华北计划的第一步。日军制造的察东事件，使中国守军退出长城以东地区，又扶植李守信在多伦多设立“察东特别自治区行政长官公署”，成功分离了察东地区。三个月后，日军先后制造河北事件和张北事件。土肥原与秦德纯于6月23日进行谈判，拟定信函协定，称“秦土协定”。“秦土协定”签订后，梅津美治郎与何应钦拟涵协定，史称“何梅协定”。“何梅协定”与“秦土协定”极大地削弱了中国在华北的军事力量，使平津、察哈尔及河北部分地区几乎成了非武装地带。日本达到了下一步分离华北的战略目的。

1935年10月，日本外相广田弘毅提出《关于对华政策的谅解》，得到内阁会议的认可。日本外务省、陆军省和海军省共同制定对华政策方案，要求中国政府取缔排日的言论和行动，改变依靠欧美的政策，对日亲善、正式承认满洲国、共同防共。这就是著名的“广田三原则”。此后，日军开始实施分离华北的计划，倡导联省自治，积极推行华北自治运动。11月2日，殷汝耕宣布自治，成立冀东防共自治委员会。1936年5月12日，德王成立蒙古军政府。日本关东军所策动的内蒙古分离运动成功。面对华北危机，北京爆发了旨在救亡图存的“一二·九”学生运动，很快在全国范围内掀起了救亡图存的高潮，各地的救亡团体纷纷宣告成立，并于1936年5月31日至6月1日举行了全国各界救国联合会成立大会。中国共产党提出抗日民族统一战线政策，受到社会各界的热烈欢迎。

1936年12月12日，张学良和杨虎城将军发动震惊中外的“西安事变”，逼蒋抗日。事变促成了国共之间停止内战，合作抗日局面的形成。

1937年7月7日，日本驻屯军借演习时士兵失踪为由，向卢沟桥、宛平发起进攻。中日战争全面爆发，卢沟桥事变发生后，国民政府在军事上作各种应战部署，蒋介石下令调26路军、第40军、第85师北上石家庄集中，令豫皖、重庆、沿江沿海及重要城市部署应战准备，各地重要工事限期完成。日军大批增援部队与华北驻屯军完成对平、津的包围和进攻的准备后，开始发起进攻平、津的作战，7月25日，日军占领廊坊、进攻广安门，国民党军队向全国发出守土抗日的通电。27日凌晨，日军再次发起攻击，两三日间，平、津失守。国民党第29军英勇抵抗，牺牲5000余人。

卢沟桥事变后，中国共产党中央向全国发出通电，再次呼吁全中国同胞、政府与军队团结起来，筑成民族统一战线，抵抗日寇侵略。

1937年8月11日，国民党中央设立国防最高会议，国防最高会议为全国国防最高决策机关，确定全国抗日准备之部署，军事准备主要包括军队调动、军械分配和武器弹药之补充、修筑防御工事和筹建工兵团、军事后勤之准备、较强军事交通通信、严格军纪军律六个方面。此后，国家开始进入战争状态，不仅军队全部动员，而且全国上下皆进行总动员。政府干部和民众进行各项准备，人口疏散、政府办公地点的迁移等，各种抗敌后援会、救亡团体纷纷成立，踊跃捐输。与此同时，集中于沿海和东部地区的文化教育机构和知识精英先后向西部迁移，以上种种措施，均推动全国转入战时轨道。

日军占领平津后，继续向华北增兵，沿平绥、平津、津浦三条铁路线向察哈尔、绥远、山西、河北等地进攻，同时准备攻取上海、南京。8月13日，日军集中军舰32艘，海军陆战队6000人，进攻上海，中国守军顽强抵抗，淞沪抗战爆发。日本将侵华战争从平津、冀察扩展到长江三角洲，中日战争已经成为两国全面性的战争，中国形成全国性抗战的局面。国共两党达成协议，中共将陕北红军主力改编为国民革命军第八路军，朱德为总指挥，叶剑英为参谋长，左权为副参谋长，实行独立自主的山地战争。10月2日，南方湘、赣、闽、粤、浙、鄂、豫、皖8省13个地区的红军和游击队组编为国民革命军路军新编第四军(简称新四军)叶挺为军长，对日实施游击战争。此后，各地军队均表示服从中央政府调遣，川军、贵军、粤军等纷纷开赴前线抗日。

在华北战场上，中国军队对日军在华北的进攻分头予以英勇抗击。8月上旬，开始平绥铁路沿线抗日作战。在南口战役中，我守军与日军展开肉搏，阵地反复易手。为策应南口作战，我军在察哈尔省南部向伪蒙军发动攻势。15日，日军反扑。27日，张家口失陷。日军攻占张家口后，继续沿平绥铁路西进，于13日攻占大同。在绥远抗战中，我军与日军猛烈对抗，终因伤亡过重，被迫撤离，日军于10月17日占领包头。

在平汉铁路北段抗日作战中，日军以进攻平汉路沿线为华北作战“主决战”地区，中国军队集中兵力防卫山西，在平汉路分段防守，节节抵抗。9月14日，日本华北方面军发起涿州-保定战役，18日涿州失守，22日满城失陷，日军从三面包围猛攻保定，守军腹背受敌，伤亡过重，保定于24日失陷。日本希望借涿州—保定会战能挫伤中国军队的战斗意志，获得结束战局的机会，然而，中国军队虽然损伤较大，但仍然继续英勇抵抗，日军的作战企图未能实现。10月10日，日军攻占石家庄，又分两路沿平汉路南进。日军在元氏以北遭到激烈抵抗，18日占磁县。为抗击日军继续南犯，第一战区利用漳河地障阻击日军，第20军团团长汤恩伯指挥抗击日军进攻，战况激烈。11月24日，日军进攻安阳，安阳失守，为牵制日军在石太路方向的进攻，各军以营为单位编组游击队，分区袭扰日军，到12月下旬，第一战区大致与日军形成对峙。

8月21日，津浦路北段地区作战开始，山东烟台、青岛相继失守。9月13日，开始太原会战，八路军115师取得平型关大捷，歼敌数百人，缴获汽车75辆和大量军用物资，大大鼓舞了抗日军心。与此同时，正太路战线娘子关战役打响，中国军队顽强抵抗，26日娘子关被日军占领，11月3日太原战役打响，9日，太原榆次失陷。11月，第二战区收复汾阳、介休等地，并向祁县、文水、太古推进。

在淞沪战场，中国空军海军积极出动参战。8月14日，空军轰炸黄浦江上的日舰和杨树浦日本海军陆战队司令部。当日中国空军与日本航空队激烈空战，日机被击落、击毁3架，此为“八一四”空战大捷。淞沪会战是中国全面抗战初始阶段中日两国进行的一场大战，从1937年8月中旬起至11月中国军队退出上海，日本投入兵力达到30余万人，中国军队调集70多个师，约70万人，浴血奋战3个月之久，歼灭了大量日军，表现了中国军民决心抵抗侵略、保卫民族生存的不屈不挠的英雄主义精神，赢得了国际的同情和尊敬。

日军占领上海，侵华战争进一步升级。1937年11月17日，日本在天皇之下设立大本营，并制定华北、华中、华南全面作战的计划。11月30日，日军开始向南京进攻。12月13日，南京沦陷。日军实施惨无人道的野蛮屠杀，我30万同胞遇难。

南京失守后，国民政府指挥抗战的中枢暂驻武汉，武汉成为全国抗战的中心。到1938年10月25日武汉失守，这一阶段被称为“武汉抗战时期”。武汉抗战时期包括徐州会战、华北、华东地区的抗日作战、武汉会战和华南作战。在徐州会战期间，我军取得了临沂大捷和台儿庄大捷，挫败了日军企图一举歼灭中国军队主力的计划。在华北、华东战场，我军开展的游击战牵制了日军兵力，迟滞其南进。更加激烈的武汉会战持续近5个月，大小战斗数百次，消耗了日军大量兵力，基本上完成了掩护人员、物资向西南转移撤退的战略任务。在华南战场，日军先后占领虎门、广州等地，12月9日日军以广州为中心，转取守势，中日两军遂成对峙。

在正面战场激烈搏战的同时，东北、华北、华中敌后抗日根据地和游击区广泛建立。在东北，抗日联军自1936年2月至1940年先后开辟了多个游击区，配合全国抗战，积极牵制和打击日伪军，开展抗日游击战争。在华北地区，八路军收编溃军散兵，收集枪支，扩大部队，创建根据地，先后建立了晋察冀根据地、晋西北根据地、晋冀豫根据地、太岳山南根据地、晋西南根据地、冀中根据地、冀热辽根据地等十三个根据地。在华中地区，新四军创建了苏南、皖南、皖中和豫东抗日根据地。

在抗日战争中，我国海军和空军虽然力量薄弱，但英勇作战，予敌沉重打击。我海军军舰吨位不足5万吨，仅为日本海军的三十分之一。他们在沿海和内河协助陆军对敌进攻进行阻击，封锁作战，或依江岸、海岸炮台对日军舰艇进行炮击。海军参加了淞沪会战、江阴作战、湖口作战等。在空军方面，日军战机数量八倍于我军，战力相差悬殊。但我空军将士英勇搏战，不畏牺牲，在初期空战中取得辉煌成绩，在淞沪作战时击落日轰炸机2架，损毁1架，首开空军胜利记录。在太原作战、及首都南京保卫战中，中国空军都与日军展开激战，炸毁敌机多架。

武汉会战结束后，日军占领了华北、华中、华南的许多重要城市，以及平绥、同蒲、津浦、石太、胶济、京沪、沪杭、江南等铁路、公路。日本虽攻占中国许多城镇和交通线，但并未达到摧毁中国战力、迫使中国屈服的目的。日军占领若干点线，又不得不用大量兵力保守占领地，应付正面与中国军队的对峙及后方中国游击队的袭扰，至1944年“一号作战”前，日军已无力抽调大批师团发起战略性进攻的战役。武汉会战后，中日战争进入战略相持阶段。中国方面作了一系列的调整，军事委员会部署了新阶段的战略方针，强调在敌后开展游击战牵制消耗敌人，阻止日军全面统制与物资掠夺，粉碎其“以华制华、以战养战”的企图。此后中国方面重新划分了战区、整训全国军队、设立国防最高委员会、加强抗战国防动员。

1939 年至 1940 年初，正面战场作战包括南昌会战、随枣会战、第一次长沙会战。我军在战略方面反守为攻，积极采取攻势。在华南，日军发动了几次重要的进攻，包括海南岛、潮汕之战和粤北作战、桂南会战。在华北地区，也有一些重要的作战，中条山之战、五原之战。从 1940 年至 1941 年的正面战场主要围绕鄂赣湘地区进行多次搏战，在华北、华南和沿海地区也进行了若干交锋。其中围绕鄂赣湘地区进行的较大战役有枣宜会战、鄂中战役、豫南会战、鄂西鄂北战斗、上高会战、中条山会战等。此外在两广、闽浙、河南苏皖江南地区、绥远地区等都展开了正面战场的作战。

进入战略相持阶段，八路军在华北敌后广大地域继续大力发展武装力量，扩大根据地，开展游击战，从 1938 年 10 月至 1945 年底，八路军发展到 16.6 万人，建成晋察冀、晋绥、晋冀豫、山东 5 大块根据地。各根据地开展了反扫荡作战，打击日军，收复据点，给日军以重大杀伤，1940 年，八路军在华北发起了一场大规模的交通破袭战役——百团大战，取得胜利。新四军在华中猛烈建立扩大根据地，并与日军展开局部作战。

中日战争进入相持阶段后，军事委员会更加重视敌后游击战的作用，相继设立鲁苏、冀察第五战区游击根据地、第一、第二战区游击根据地、第三战区、第四、第七游击战区等，相机收复失地，给日军以打击。

1941 年 12 月 8 日，日本偷袭珍珠港，太平洋战争爆发。此后，中日战争与第二次世界大战完全融为一体。但由于美英实行“先欧后亚”的方针，未能大力援华作战，中国的对日作战依然艰难。加之日本进攻缅甸和滇西，中国不得不抽调精锐部队赴滇缅战场作战，战争所需的人力、物力负担更加繁重。抗日战争后期，中国军队在劣势装备和战力下，英勇拼斗，在浙赣、鄂西、常德等战役中基本上击退了日军攻势。1944 年，日军投入远比武汉会战更多的兵力，发动打通大陆交通线的“一号作战”，对平汉路南段、粤汉路中段、湘桂路、贵黔路进行大规模进攻，中国军队英勇抵抗，但仍丧失了豫湘桂地区的重要城市和交通线，中国战场出现了黎明前的黑暗。同年，中国远征军在缅甸滇西反攻作战中取得了完全的胜利。

这一时期，中国共产党领导的敌后根据地度过最困难的阶段，得到了恢复和发展，武装力量更为壮大。

1945 年初，日本在太平洋战场连遭败绩，但日本中国派遣军在中国大陆仍作最后挣扎，先后发起进攻老河口、湘西芷江两空军基地的作战。日军在其攻势阶段即遭到中国军队的堵击围攻，未能攻抵目的地芷江，中国军队获得巨大胜利，消灭了大量日军。据日方战史记载，在湘西芷江作战中，日军伤亡 26516 人。至此，日军已成强弩之末。中日战争的战略相持阶段结束，中国开始战略反攻。

1945 年 4 月 1 日，美军开始在冲绳岛登陆作战，日军战况日益不利，战争更加逼近日本本土。日本为巩固其在中国沿海重要据点，并加强其本土防卫，不得不逐步放弃华南占领地，收缩兵力，调向华中、华北方面。积极反攻的中国军队乘机收复了广西、福建、江西、浙江等省的大片国土。

在西南地区，中国军队在美国的帮助下进行编组训练，更新装备，积极准备反攻。1945 年春，日本在败局已定的情况下，寻求结束战争之途，并在中国战场逐步收缩兵力，集中应付美军对其本土及其周围的袭击进攻。中国军队在正面战场乘机反攻，除取得桂柳反攻作战的胜利外，还在闽浙赣等地逐步收复失地。抗日战争末期，中国共产党领导的敌后抗日根据地实行基本战略方针是“扩大解放区，缩小敌占区，扩大人民武装”。1945 年春夏，八路军、新四军等敌后武装不断发起攻势，八路军在 1945 年夏季攻势中共收复县城 33 座，日伪军收缩至大中城市、交通要到和沿海一带。新四军在 1945 年夏季攻势中，扩大根据地 8 万多平方公里，解放人口 240 余万。

正当中国军队开展大规模反攻之时，1945 年 8 月 6 日，美国军机在日本广岛上空投下第一颗原子弹。8 月 8 日，苏联向日军宣战，苏联远东军突入中国东北。8 月 15 日，日本天皇宣布接受《波茨坦公告》，无条件投降。9 月 2 日，日本正式向盟国投降，标志着中国和盟国取得了对日战争的完全彻底胜利。9 月 9 日上午 9 时，中国战区日军无条件投降签字仪式在南京陆军总部大礼堂举行。何应钦接受了日本代表呈递的投降书。至此，中华民族赢得了抗日战争的全面胜利。

中国军民艰苦卓绝的抗日战争，是中国历史上特殊光辉的一页。全国军民饱受了战争的苦难，伤亡达 3500 万人以上，直接财产损失 600 余亿美元，战争消耗 400 多亿美元，间接经济损失达 5000 亿美元。抗日战争的胜利，是近 100 年来中华民族在抗击外国侵略的战争中取得的第一次全面胜利。中国不仅收回了卢沟桥事变后日本侵占的领土，也收回了“九一八”事变以来日本侵占的中国东北三省和热河等国土，并且收复了甲午战争失败后割让给日本的台湾、澎湖列岛，洗雪了国耻。中国抗日战争是世界反法西斯战争的重要组成部分，中国军民在十四年艰苦的抗战中，牵制和消灭了日本的大量兵力，以巨大的民族牺牲为盟国抗击德意日法西斯侵略阵线作出了重要贡献，赢得了世界各国的尊重，极大地提升了中国的国际地位与声望。

（李佳佳）

# 50. 中国发起建立联合国

为了反击德日意轴心国的侵略，加强世界反法西斯力量的团结，促进了世界反西斯联盟的形成，由中国、美国、苏联、英国领衔，26 个国家于 1942 年 1 月 1 日在美国首都华盛顿签署《联合国家宣言》，“联合国”一词应运而生。中国作为反法西斯联盟的四强之一，首次出现在国际文件上，表明中国的重要地位得到了盟国的承认。

1942 年下半年，二战战局发生有利于盟国的变化。美国开始考虑战后世界秩序的安排问题。罗斯福总统设想，在战后建立一个维护和平的世界性组织，由美、英、苏、中四大国在其中起支配作用。

1943 年 10 月 30 日，中、美、英、苏四国在莫斯科签署了《普遍安全宣言》，该《宣言》第一次正式宣告四大国一致赞成战后成立一个维护和平与安全的国际组织，并概要地描绘出未来这个国际组织的轮廓，为联合国的创建迈出了基础性的关键一步。随着四国宣言的发表，中国便正式进入世界大国的行列，为建立联合国承担了义务。莫斯科四国宣言签署后，大国间关于国际组织的筹建提上议事日程。

1945 年 4 月 25 日，联合国制宪大会在美国旧金山开幕。参加此次会议的除了中、美、苏、英四个发起国外，还有《联合国家宣言》的签字国以及在会议期间被接纳的国家，共 50 个（为波兰保留了创始会员国资格）。

中国是联合国的发起国家之一，按规定将派出一个由 10 人组成的正式代表团出席联合国大会。当时国共两党携手合作，共御外侮。但是，把持政府权力的国民党方面却企图囊括中国出席联合国大会的全部代表名额，这理所当然地遭到中国共产党和各民主党派的强烈反对。

1945 年 2 月 18 日，周恩来代表中共中央致函肩负“调停”国共关系的美国驻华大使赫尔利，提出：在旧金山召开的联合国会议，决不能单独由国民党政府派遣其代表出席。出席旧金山会议的中国代表团，应包括国民党、共产党、民主同盟三方面代表。国民党代表只应占代表团全体人数 1/3，其余 2/3 的代表，应由共产党及民主同盟派遣。

3 月 5 日，由东道国——美国出面，代表美、英、苏、中四大发起国向其他国家发出了参加会议的邀请。当旧金山会议的消息传到延安时，中共正在召开六届七中全会，毛泽东当即在会议上提出要求，即中共一定要派员参加。蒋介石认为旧金山会议为“各国政府会议”，非“各国之党派会议”，否认中共参加会议的资格。

蒋介石排斥中共方面派员参加旧金山会议的无理做法，遭到中共的坚决反对，也为各民主党派和全国人民所不能接受。周恩来致函国民政府外交部长王世杰，严正指出，国民党一手垄断旧金山会议代表团，不但不公平、不合理，而且有可能导致中共与国民党的分裂。周恩来提出，代表团中应有中共和民主同盟人员，中共方面派周恩来、董必武、秦邦宪参加。如不采纳，将对国民党代表团在国际会议上的一切言行保留发言权。中共提出的三个人选，是经过慎重考虑的。因为周恩来等三人均有与国民党合作或谈判的经历，且又都长期居住和生活在重庆。

中共除直接与国民党交涉斗争外，还积极争取各方面的同情与支持，向蒋介石施压。苏联积极支持中共派代表出席旧金山会议，孙中山夫人宋庆龄也认为中国代表团应包含中共方面的代表。对这些意见，蒋介石依然拒绝接受。

1945 年 3 月 1 日，中国驻英国大使、职业外交家顾维钧回到重庆。顾维钧 1919 年曾作为中国代表拒绝在有损中国主权的《凡尔赛和约》上签字而名震中外。顾维钧从国家和民族的利益出发，力主扩大代表团的政治基础，在国民党高层展开了广泛的游说。3 月 6 日，蒋介石的立场有所松动，但仅同意增加选派一名妇女代表和一名无党派代表作为顾问参加会议。3 月 14 日，国民政府外交部长王世杰邀请无党派人士、曾经担任过中国驻美大使的胡适出任代表，胡适表示同意。之后，国民党为了进一步孤立中共、分化民盟，同意与国民党比较亲近的几个党派代表参加，但此时这几个党派坚持与共产党共进退而拒绝加入。

1945 年 3 月 9 日，周恩来分别致函身兼罗斯福总统私人代表的美国驻华大使赫尔利和国民党代表王世杰，严正声明国民党独占旧金山会议代表名额的做法既不公正，也不合理。周恩来还请赫尔利将此意见转告罗斯福总统。

3 月 19 日，国民党内定了参加制宪大会的中国代表团名单，包括宋子文、顾维钧、王宠惠、施肇基、胡适、魏道明、胡霖、吴贻芳 8 人，完全排除了中共和民盟的代表。

美国罗斯福总统出于对国共合作共同抗日的考虑，致电蒋介石，用委婉的外交辞令对其施压，表达了中国代表团中应该包括中共代表之意。顾维钧也向蒋进一步进言，同时王世杰等也转变态度，蒋介石在最后一刻被迫让步，同意顾维钧推荐的"通晓国际事务"的董必武作为中共代表参加代表团。

3 月 27 日，国民政府行政院公布出席联合国制宪会议代表团名单：国民政府外交部长兼代理行政院院长(首席代表)宋子文、驻英大使顾维钧、国民参政会主席团成员王宠惠、驻美大使魏道明、前驻美大使胡适、国民参政会主席团成员吴贻芳、民社党代表张君劢、青年党代表李璜、中共代表董必武、《大公报》总编辑胡霖。此外，还有顾问、专门委员会成员、秘书、随员等。中共党员陈家康、章汉夫以秘书身份参加代表团。这是近代以来中国作为大国参加的一次极为重要的国际会议，中国代表团成员的组成引起了广泛关注。

宋子文(1894—1971 年)，民国时期的政治家、外交家、金融家。宋子文早年毕业上海圣约翰大学。后去美国哈佛大学攻读经济学，获硕士学位，继入哥伦比亚大学，获博士学位。1925 年任国民政府财政部长。1928—1930 年间通过谈判收回关税自主权，使中国有权确定关税税率和监督税收。1942 年担任国民政府外交部长后曾与美国国务卿科德尔·赫尔签订中美抵抗侵略互助协定，次年与外国谈判收回各国在华的治外法权。1945 年出席联合国大会任中国首席代表，同年 6 月去莫斯科与斯大林会谈，1945 年 8 月 14 日签订不平等的中苏友好同盟条约。

顾维钧(1888—1985 年)，毕业于美国哥伦比亚大学，是中国近现代史上最卓越的外交家之一。1919 年巴黎和会上拒绝签字，就山东的主权问题据理力争，以出色的辩论才能阐述中国对山东有不容争辩的主权，为维护中华民族的权益作出了贡献。1945年6月，出席旧金山会议，参加《联合国宪章》起草工作并代表中国在《联合国宪章》上签字。

王宠惠(1881—1958年)，是近代中国第一张新式大学文凭的获得者，曾任中华民国外交部长、代总理、国务总理，并为海牙国际法庭任职中国第一人。他是民国时期著名法学家、政治家、外交家，曾参与起草《联合国宪章》，被聘为国立复旦大学法学院教授。王宠惠探讨了中国宪政设计的原则和方针，其思想不仅奠定了中华民国的立宪基础，而且引领了近代中国的宪政风潮，被誉为近现代中国法学的奠基者之一。

魏道明(1901—1978年)，中华民国时期政治家、外交家。早年留学法国，获巴黎大学法学博士学位。1926年回国，在上海从事律师事务。1927年任国民政府司法部主席秘书。同年冬任司法部次长、代理部长兼建议委员会常务委员。1928年任司法行政部部长。1930年任南京特别市市长。1935年任《时事新报》《大陆报》《大晚报》总经理。抗日战争爆发后，任行政院秘书长。1941年任驻法国大使。1942年任驻美国大使。抗日战争胜利后，任国民政府立法院副院长。

胡适(1891—1962年)，著名思想家、文学家、哲学家。以倡导“白话文”、领导新文化运动闻名于世。19岁考取庚子赔款官费生，留学美国，1917年夏回国受聘为北京大学教授。1918年加入《新青年》编辑部，大力提倡白话文，宣扬个性解放、思想自由，与陈独秀同为新文化运动的领袖。胡适信奉实用主义哲学。他于1920年代办《努力周报》，1930年代办《独立评论》，1940年代办“独立时论社”。1938—1942年出任国民政府驻美大使。1945年，出任中华民国国民政府代表团代表在旧金山出席联合国制宪会议，以中华民国政府代表团首席代表的身份，在伦敦出席联合国教育、科学及文化组织会议，制订该组织的宪章。

张君劢(1887—1969年)，中国政治家、哲学家，中国民主社会党领袖。曾留学日本、德国，学习政治经济与哲学。曾参与组织中国民主同盟，参加国大。张君劢为中国制定宪法的经历从他1922年回国之初就开始了。张君劢作为小有名气的宪法学家和社会活动家应邀出席，并受国是会议的“国宪草议委员会”的委托，草拟成《国是会议宪法草案》两份，其中甲案代表张君劢本人的意见。在这个宪法草案中，张君劢实际上主张在中国实行结合单一制和联邦制的政治体制。为了防止专制，张君劢在《中华民国宪法》中故意建立了行政院长分权总统的制度来分化蒋介石的权力。

李璜(1895—1991年)，学者，政治活动家，国家主义派人士，中国青年党创始人之一。曾留学法国巴黎大学，1923年12月与曾琦，何鲁之，李不韪，胡国伟，张子柱等发起组织中国青年党，标榜国家主义。全面抗日战争时期，任国民政府国防最高委员会参议会参议，国民参政会参政员，第三届参政会主席团主席。1941年参与发起组织中国民主政团同盟，被誉为青年党中“左派”。1945年4月代表青年党参加中国代表团，出席旧金山联合国“制宪”大会。

吴贻芳(1893—1985年)，中国第一届女大学生，第二位大学女校长。1928年受聘于母校金陵女子大学，先后主校23年。她是在《联合国宪章》上签字的第一位女性。

董必武(1886—1975年)，中国共产党的创始人之一，伟大的马克思主义者，杰出的无产阶级革命家。董必武于1921年7月出席中国共产党第一次全国代表大会，是武汉小组代表。他做过教师，国共两党内都有他的学生。董必武，参加过红军两万五千里长征，长期担任中共重要领导职务，与林伯渠、吴玉章、徐特立、谢觉哉并称“中共五老”，在党内外享有很高的威望。抗日战争时期和抗战胜利后，是中国共产党同国民党谈判的代表之一。他在陪都重庆协助周恩来领导中共南方局和八路军驻渝办事处工作，与国统区各界人士和驻重庆的各国外交人员都有广泛而友好的交往，人缘颇佳，口碑载道。中国共产党派董必武担任中国共产党参加旧金山会议的代表，受到国内各界欢迎。4 月 12 日，董必武一行离渝经印度转赴美国。4 月 24 日到达旧金山。就在董必武抵达旧金山的当天，毛泽东在中国共产党第七次全国代表大会上作了题为《论联合政府》的政治报告。报告指出，中国共产党欢迎旧金山联合国代表大会。中国共产党已经派遣自己的代表加入中国代表团出席旧金山会议，借以表达中国人民的意志。

胡霖(1889—1949 年)字政之，近代著名新闻记者、报业家。曾在日本东京帝国大学学习法律。回国后，1913 年任《大共和日报》总编辑。王郅隆接办天津《大公报》后，胡政之任《大公报》经理兼总编辑。他多次采访世界性的重大新闻，在 1919 年 1 月到 6 月召开的巴黎和会中，胡政之以《大公报》记者身份，前往欧洲采访这次会议。他不仅是到会的唯一中国记者，也是中国记者第一次采访这样重大的国际事件。1921 年于上海创办国闻通讯社。1924 年创办了报纸《国闻周报》。1926 年，新记《大公报》续刊，任经理兼副总编辑。1937 年抗日战争爆发前后，主持《大公报》上海版、香港版、桂林版的出版编辑工作。1941 年到重庆管理《大公报》事宜。1942 年补缺为国民参政员。1943 年为参政会访英代表团团员。1945 年 4 月，胡政之以无党派人士的身份，作为中国代表团的成员，赴美国旧金山参加联合国成立大会。

4 月中下旬，中国代表团代表及其随从共 90 余人相继启程赴美。这是国共两党自 1927 年分裂以来，唯一一次共同组团参加重大国际会议。

6 月 25 日晚，与会 50 个国家代表团在全体大会一致通过了《联合国宪章》。6 月 26 日早上，与会的 153 名代表在旧金山退伍军人礼堂举行了签署宪章的仪式。大会有正式代表 282 名，而顾问、翻译、秘书、工作人员、记者多达 5400 多人。各国正式代表逐一在中、英、俄、法、西 5 种文本的宪章上签字。按照四个发起国的英文字母顺序，中国是第一个在宪章上签字的国家，中国代表团对签字非常重视，先按照签字顺序在桌后站立成一个半圆形队列。签字时使用的是专门从唐人街订购的具有鲜明中国特色的笔、墨、砚等中国文具。每位代表签字完毕后即返回原处肃立。代表团首席代表宋子文在会议期间专心与美国洽谈财政及其他事务，代表团由顾维钧全权处理相关事宜。顾维钧等中国代表团成员共 8 人(宋子文和胡适因故未参加签字仪式)分别在宪章上庄重地签上了自己的名字。中国代表团的签字仪式共历时 15 分钟。接下来依次是苏联、英国等，美国作为东道主最后签字。中文从此成为国际会议五大正式语言之一。英国《路透社》1995 年 5 月 10 日在介绍联合国诞生的文章中提到签署《联合国宪章》时写道："二战中参战时间最长的中国获得了第一个签字的殊荣"。

6 月 26 日晚，历时两个月的联合国制宪会议圆满结束，这一天也被命名为"联合国宪章日"。1945 年 10 月 24 日，《联合国宪章》生效，联合国正式宣告成立。

中国是联合国 51 个创始国之一，对联合国的创建和《联合国宪章》的制定作出了有目共睹的重要贡献。中华人民共和国成立后，由于美国的阻扰，中国在联合国的合法席位曾一度被台湾蒋介石集团窃据，直至 1971 年才得以恢复。

(汪良平)

# 51. 国、共及“第三方”关于“中国向何处去”的思想交锋

抗战胜利前后，“中国向何处去”成为牵动人们心弦的一个热点问题。国共以武力对决的方式来解决这一问题，作为“第三方”的自由主义知识分子在夹缝中艰难地高扬“第三条道路”的旗帜，希望能引领中国摆脱武力拼杀的局面，和平渐进地走向政治经济都很民主的社会。

1939 年 1 月，国民党召开了五届五中全会。国民党对中国共产党采取了既合作又限制的双重政策。在这期间，在国民党反共声浪甚嚣尘上的情况下，许多人尖锐地提出“中国向何处去”的问题。这时，第三方企图在国共两党的政治主张之外走另一条道路，幻想抗战胜利后在中国走欧美式的资本主义道路。中国共产党提出新民主主义革命理论，成为引导中国人民自觉地在复杂环境中不断前进的旗帜。

1945 年 5 月，蒋介石主持国民党第六次全国代表大会制定战后建国的路线方针政策时，拒绝中共关于建立联合政府的建议，宣称共产党武装割据、破坏抗战，企图颠覆政府、危害国家，只有国民党是为国家负责的政党。

1945 年 4 月 23 日至 6 月 10 日，中国共产党在延安举行第七次全国代表大会，为战后中国向何处去的斗争作准备。大会通过了毛泽东向大会提交的《论联合政府》的书面政治报告。报告指出：我们主张在彻底打败日本侵略者之后，建立一个以全国绝大多数人民为基础而在工人阶级领导之下的统一战线的民主联盟的国家制度，即新民主主义的国家制度。这是中国共产党关于战后中国向何处去的基本主张，并作为基本纲领。最高纲领是将中国推进到社会主义和共产主义。这为战后建国问题的探讨，指明了方向。

中国共产党虽然希望和平建国，但对蒋介石不抱和平幻想。1945 年 8 月 25 日，中共中央发表《对目前时局的宣言》，进一步提出和平建国的主张。《宣言》说，中国共产党认为，在战后这个新的历史时期中，我全民族面前的重大任务是：“巩固国内团结，保证国内和平，实现民主，改善民生，以便在和平民主团结的基础上，实现全国的统一，建立独立自由与富强的新中国，并协同英美苏及一切盟邦巩固国际间的持久和平。”宣言要求国民党政府立即采取 6 项措施：1. 承认解放区的民选政府和抗日军队。2. 划定八路军、新四军及华南抗日纵队接受日军投降的地区。3. 严惩汉奸、解散伪军。4. 公平合理地整编军队。5. 承认各党派的合法地位。6. 立即召开各党派和无党派代表人物会议，成立举国一致的民主的联合政府。总之，中国共产党针对国民党政府坚持专制独裁的内战政策，提出了和平建国的主张，坚决反对内战并准备阻止内战，要在和平、民主、团结的基础上，实现全国的统一，建立独立自由富强的新中国。

1945 年抗战胜利后，昙花一现的民主政治趋势和国共两党的和平谈判，给了中国自由主义者一个较大的发展契机和活动空间。但好景不长，国共两党很快从合作、和谈走向分裂、对抗。国共两党的激烈内战和国际上以英美为代表的自由资本主义体制与以苏联为代表的社会主义体制的冷战连接在一起，使中国的自由

主义者对“中国往何处去”这个问题格外关心，由此激发了他们强烈的使命感。自由主义知识分子以《观察》《世纪评论》《时与文》《新路》等刊物为平台，进行了一场关于“中国出路”问题的讨论，直接和间接卷入这场论战的文化界知名人士很多，其中主要是一些大学教授。

1945 年，政协会议以后不久，张东荪公开演讲《一个中间性的政治路线》，将自己调和资本主义与共产主义，走中间路线的思想公之于众，提出中间性的政治路线的主张。中间路线事关知识分子的定位和价值取向问题，在第三方当中引起较大反响，引发了关于中间路线的论争。通过论战，使得在当时对形势还有错误观念、思想混乱的部分民主人士认识到“中间路线”的实质是在中国建立一个西方式的资产阶级共和国，实现的方式——和平、渐进与改良，在现实的历史条件下是根本行不通的。在民主与反民主的阵营中只能选择其一，而断不存在中间的、独立的政治立场。其次，使各民主党派充分认识到中国共产党领导的新民主主义革命的合理性及在未来胜利的必然性。如果说在抗战结束后，大多数民主党派对国民党政府还抱有一丝希望，并幻想在国共两党之间走所谓的“第三条道路”，那么经过这场论战，以及时事的紧迫，大批民主人士开始逐渐抛弃原先的认识与幻想，在人民解放军节节胜利、新中国即将成立的历史转折关头，彻底倒向了中国共产党一边，并选择了与中共合作、建设新中国的道路。

自由主义知识分子都知道“宪政之目的，在提倡民主政治，增进民众福利”，因此他们都强烈要求中国实行宪政，到了 40 年代，他们对宪政的渴望更是强烈了。

1947 年 9 月，梁漱溟在《观察》第 3 卷第 4、5 期连续发表了《预告选灾，追论宪政》的长篇文章。梁漱溟的文章首先触及了辛亥革命以来中国政治生活中一个最敏感的问题，即宪政。这可以说是近代以来久存于中国知识分子心中的一块心病，从当时历史情况看，知识分子没有人不认为宪政是好东西，但好东西是一回事，好东西能不能在中国生根则又是一回事。从理论上讲梁漱溟也认为宪政是好，但不适合中国国情，这个问题已经困扰了中国知识分子很长时间。

一般说来，凡留学欧美，详细研究过欧美宪政理论的人倾向于宪政可行，而沉浸在中国传统文化，又对中国乡村政治结构有较深了解的知识分子，对宪政的实行多持怀疑态度。概括地说，倾向于宪政可行的知识分子多从长远的文化发展着眼，而不计较宪政实行过程中出现的各种令人不安的行为；反对实施宪政的知识分子，一般比较注重当时的现实，过分看重中国特有的历史条件。主张实行宪政的知识分子是理想主义者，而反对者，多为现实主义者。从长远的文明发展进程看，理想主义者是值得敬重的，从当时的具体国情看，反对实行宪政的知识分子又应得到理解。

梁漱溟的文章一发表，很快引起争论，这说明当时知识分子对于宪政问题比较关心，而各人有各人的理解。梁漱溟力陈他曾在《东西文化及其哲学》《中国民族自救运动之最后觉悟》及《乡村理论建设》中多次阐述过的观点。他认为：“中国需要民主，亦需要宪政，不过民主宪政在中国都要从其固有文化中发挥，而剀切于当前事实，不能袭取外国制度。”

接着梁漱溟详细回顾了近五六十年来中国政治改造运动的历史，认为宪政在中国的失败根源在于太被动而缺乏自觉。梁漱溟不仅认为欧美宪政在中国行不通，就是苏联的党治在中国也不行，他始终认为新的政治制度建立，还是要依靠他的乡村建设理论来完成。

梁漱溟的文章虽然在一定程度上体现了对国民党选举闹剧的愤慨，但整篇文章则在于从学理上讲述宪政在中国为什么不能实行之原因，他的理解是既然不能实行，则不必强行。

梁漱溟对自己的理论抱有绝对的自信，他说："廿年来，我对于中国问题解决，是有一整套主张的，并不止政治制度一项。"梁漱溟是一个有个性的知识分子，他对西方文化有了解，但对中国文化更自信，特别是他搞过乡村运动，对基层的社会生活更有深刻的体察。另外，他是一个试图把自己的理论用来解决具体问题的知识分子，读他的论著，总给人一种感觉，他在寻求知音，寻求能够实施自己理论的政治操作者，这也是为什么梁漱溟曾经一度处在政治漩涡中心的缘故。在他不能兼济天下的时候，他便退出政治中心，著书立说，独善其身了。梁漱溟是一个传统的知识分子，具备传统知识分子几乎所有的美德，大概正是在这个意义上，他被人称为是中国最后一个儒生，曾有人指出，梁在政治上很幼稚，这也体现了梁漱溟作为知识分子的本色。

梁漱溟一生曾有异常活跃的时候，但在这篇文章中却透出了自己内心的孤独，他说："我怀此见解主张，既二十年，虽曾埋头工作于乡村，顾未得高明之士，唱和于学术界。自愧不学，尤苦无友，怅前途之艰难，不知何以负荷。"梁漱溟的这篇长文是以引用张东荪《理性与民主》一书中的一段话为结束的，他认为张东荪有些意见与他颇为相近，很快张东荪即在《观察》第 7 期上发表了《我亦追论宪政兼及文化的诊断》·文，阐述自己的观点。

张东荪的文章不是与梁文商榷，而是由梁文引发出自己的观点，在宪政问题上他基本同意梁的观点，但这种同意是态度上的相同，而在解释上却有不同的地方。

张东荪认为，宪政在中国难以实行固然与中国文化的特性有关，但更重要的是由于中国存在一种"特殊的势力"，这种"特殊势力"常常利用选举来谋私利，而这"特殊势力"的产生又与中国文化的特性有关。

张东荪在文章中提出了他"甲橛"和"乙橛"的观点。他说："最近《大公报》专栏上有费孝通者一篇《行政基层的僵化》的文章，其中有一点颇得我心。他认为中国政治轨道有两个，一是自上而下的；另一是自下而上的。虽然自上而下与自下而上等用语容易导人于误解，但事实上，确有这样两橛的分别。所以我特别避用这些容易误会的名词，而只把上一橛名为甲橛，把下一橛名为乙橛。甲橛是皇帝的政权与官僚的政治。乙橛是乡民为了地方公益而自己实行的互助。这种互助并不是完全政治性的，乃同时包含宗教、家族、慈善等方面，其中尤以社会方面为多。"

张东荪观察到中国历史上一个特殊的现象，就是"人民对土皇帝的受不了实基于全国性的皇帝"。他认为，后世儒家无不采道家其主要之点就在于想用种种方法和希望在甲橛下仍保留乙橛，不使甲橛完全把乙橛吞没了。由此他认为中国传统的政治思想都是旨在保护乙橛。从这样的观点看，他始终认为儒家在历史上可以说尽了他的使命，他们总是想在甲橛吞并乙橛的压迫过程中设法抵抗。他说："中国古人(先儒)没有人主张把皇帝废除，这决不证明他们是为皇帝张目。因此，我对于儒家的看法和现在时流论客很不相同。我以为儒家在历史上说得好些是功多于罪，说得坏些亦只是功罪参半，而断不可认为完全是罪人。"接着，张东荪以甲橛和乙橛的观点，比较了中西文化的差异，他认为西方多是"民族国家"而中国则是"天下式国家"。民族国家把甲乙橛打成一片，成为一个一元的。而凡民族国家所有的制度和办法搬到天下式国家来，除了助长政府的权力，使其对人民更加高压和榨取以外，没有别的，而毛病就出在中国文化上。

在梁张的文章之后，经济学家樊弘在《观察》第 3 卷 14 期上发表了《与梁漱溟张东荪两先生论中国的文化与政治》一文。

樊弘认为，梁张两人提倡的是通儒政治，而这是行不通的。他从经济学的观点分析了中国经济特征之后指出："为什么民主政治在中国屡试而败呢？就是因为中国永远停滞在农业的阶段，无论任何的阶级都不敢在维持土地生产力一点上，有舍君主而取民主的必要，中国的工业发展到今天，始终没有造成一个可与地主阶级对抗的资本家阶级。因此，中国的民主政治不为旧社会所竭诚拥护。"他认为，中国的民主问题要看将来中国的工业是否走资本主义的老道，如果是，中国自然需要民主，如果不是，也不就是完全不需要民主，而是不需要具资本家阶级领导的民主了。他预言，"中国今后还有一个劳动万能的时代。今后中国的建设需要由中国有计划的集体劳动来领导，同时中国的民主政治亦需要这个伟大的有计划的集体劳动来领导。"

与樊弘文章同时，梁漱溟又写了《略论中国政治问题——答张、费二先生》，对于张东荪的文章和费孝通发表在《大公报》上的《再论双轨政治》一文进行了答辩，梁漱溟认为张、费二先生在许多方面误解了他的意思，然后又逐条阐释了自己对政治的看法。

樊弘文章发表之后，张东荪又写了《敬答樊弘先生》一文。首先声明自己从来没有主张过通儒主政之说。然后指出他与樊弘看问题的态度不同。他认为，一种政治理想由于人们或一部分人有此需要而使其得以实现，是一件事，而这个政治理想本身是否合乎人类幸福，又是一件事；这样在思想就形成了两种情况，一种重现实，一种重理想。注重现实的以为一切都是由现实推演而成，高谈理想的以为必如此如此为算为好，其弊在于绝尘而奔。但注重现实也难于说清为什么会有进化。张东荪认为两者都趋于极端，都有毛病。

张东荪认为，我们不能说停留在农业中的中国人对民主有不迫切的需要，未即全体努力推动它，却不能说中国人不认识民主是一个好东西。就是乡下不识字的百姓，如果告诉他民主的道理，他也会明白民主比专制好。对此，张东荪说："所以我们还不能说农民不要民主，而民主只是资本主义制度而有的。我个人对于民主看法是分两种：一是把民主只认为是一个理想，一个原则。一是把它当作一种制度。制度当然是由理想而模制的，但实际上因为情形不同，不但总和理想相差，并且各地因环境而有不同的实现。至于理想亦不是完全凭空而来，当然有种种因素与影响，现在不必细加讨论"。在文章的最后，张东荪指出樊弘所说的集体劳动在中国也行不通。

张东荪的文章刊出后，樊弘立即又发表了《我对于中国政治问题的根本看法——最后答复梁漱溟先生和张东荪先生的指教》一文。

樊弘认为，任何有益于大众的物质幸福的政治主张，其所以不能实行，多半不是由于这种理想缺乏哲学的根据，而是由于他与特权阶级取得的收益方式相违背。他认为梁漱溟系统的政治理论是由少数高明深睿的哲学家来制出一个救国大计，而用这个救国大计，只可由少数人讨论，不能付之多数表决。在樊弘看来，近代的民主政治和社会主义的思想家，都必须首先对于特殊阶级表示态度，他说："假如说一个人的关于民主政治和社会主义的言论，是极力主张或拥护被压迫的各阶级联合起来，以流血或不流血的手段，推翻压迫阶级的，那么我便觉得这种主义大有实现的余地，我所谓的被压迫的阶级是指那些在取得收益的方式上与特权的或压迫的阶级立于对立地位的一切的阶级。假如说，一个主张民主和社会主义的人不去主张或拥护被压迫的阶层，或不是主张这些在取得收益的方式上与民主主义和社会主义站在同一战线上的各阶层，必须一起联合起来，推翻被压迫的阶级的，那么，我便敢说，他的政治主张，无论说的如何好听，但因他不能推翻特权的阶级统治地位，其结果一定是不能实现的。"

作为经济学家的樊弘，在思考中国的政治问题时，很显然受了马克思主义的影响，是主张以阶级的观点来分析问题的，这或许也正是他与梁漱溟、张东荪分歧的根本所在。

对于樊弘的答辩，张东荪很快又发表《关于中国出路的看法——再答樊弘先生》，在这篇文章中，张东荪主张，在苏联和英国两种类型之外，还有一种类型即战后东欧几个国家实行的所谓新民主主义。他认为中国可以吸纳在这个广泛的类型中，并说捷克是最合乎理想的标准。接着张东荪比较了东欧民主和苏联的不同，他说：“第一在政治上是不仅有一个党(如苏联)，而是多党并存，只是因联合而执行一个统一的政纲。第二在经济上是容纳混合的方式。有些是私人资本，有些是国家资本，有些是合作经营。至于土地则实行合理的再分配。我以为如果把这几类当作原则，这都是中国今后所当取法的，尤其我所赞成的是学术自由纯采西洋文化的传统的自由空气。”

张东荪在文章的最后声明他不愿争论下去，他认为一个书生来谈政治，最好还是态度要斩钉截铁的光明，固然不要顾忌，却亦不要投机。他希望大家能求同存异。

张东荪的文章之后，《观察》关于中国出路问题的正面交锋似乎已经平息，但并没有结束。后又发表了当时远在美国的郭叔壬的《宪政和中国文化》一文。这篇文章虽然不是以论战的方式参与论争，但所发的议论是由论战本身引起的。这篇文章在论战中似乎有点总结的味道，可能在某种程度上代表了《观察》编者的某一倾向。

郭叔壬认为，宪政政治是一种生活情态，生活情态的形成不是一朝一夕的事体，所以宪政初行之际，不宜陈义过高，只要我们能有这个制度，则总胜过我们没有这个制度。如果大家能够脚踏实地，就问题的本身想解决问题的方法，则假以时日，这个制度终有一天会为大多数国民所接受的。而且宪政的推行，我们不能期望成功于旦夕，更不能因为有人把持，便根本怀疑这个制度的本身，而放弃推行这个制度的努力。认真讲，我们必须把这个制度的理想，贯注于我们人民的实际生活，濡染浸淫，使这个制度能够变成我们文化的一部分，纵有错误，我们可以不断地修改，时间一长，自然有水乳交融的一天。不难看出，这是一个从长远文化建设着眼的理想主义者的回答，作为一种文化预设，这种思路是富有远见和实事求是的，时间越长，越能见出这种思想的可贵之处。

《观察》关于中国出路的争论最后以 1948 年 4 月 10 日樊弘在第 4 卷第 7 期上的一篇名为《只有两条路》的文章而结束。

樊弘认为中国在经济上、政治上、人道上、哲学上只有两条路，一条是反动的路，一条是革命的路。“反动的路，是把政权放在剥削者阶级手内，但以剥削者阶级自动的放弃他们的政权，或自动的限制他们自己的剥削，可以增进人民的福利。耶稣、孔子和今日的教授者们倡导的第三条路便是这一条路。”

樊弘说：“革命的路，是把社会上被剥削的阶层联合起来，向剥削者阶层以和平的或战争的手段，夺取政权，根绝或限制剥削者剥削的权利，以保障被剥削者的生命、健康与自由。”由此樊弘认为中国只有两条路，没有第三条路。樊弘在这场争论中给人的印象是他以一个经济学家的身份出现，而缺少纯粹知识分子从长远考虑文化建设的目光，所以他的多数观点都是着眼于眼前的现实，他甚至主张不惜以“战争的手段”夺取政权，这就与知识分子的功能相去甚远了。

自樊弘文章之后，《观察》没有再继续争论这个问题，但关于这场争论的余波还在持续。1948 年 7 月张东荪的《民主主义与社会主义》一书作为“观察丛书”之一出版。在本书中他明确而系统地表达了自己的观点。他的观点在往日《观察》文章中多有表述，给人印象深的还是他一贯主张的“以增产而求平均”反对“以再分配而求平均”的主张，另外，他反对暴力革命，认为“历史上的革命几乎无一不是牺牲太大而代价不足偿其十分之一”。

张东荪在中国社会将要发生巨大变化的历史时刻所贡献出的理性思考，在近半个多世纪以后，仍然具有启发意义。

自由主义知识分子开展的这场关于“中国出路”问题的争论，可以理解为知识分子在国家面临分裂、内战连绵不断的情况下，以知识分子的良知和热情，以自己对东西方文化的了解，坦诚地讲述自己对国家前途的看法，虽然后来很快发生的历史剧变没有能按照他们所预想的那样进行，但这不能看作他们的历史错误。知识分子以自己的学识，独立思考，坦陈己见，时时处处体现着对国家对社会的责任。在评价这场争论时，不能把它作为政治活动看待。在很大程度上，我们应该把这场争论看作是一场自由的学术论争。

（王艳勤）

# 52. 民主革命胜利，中华人民共和国成立

鸦片战争后，随着西方列强的入侵，中国国家主权受到严重损害，内忧外患日益深重。深受外国列强和本国反动势力压迫和剥削的中国人民，为争取民族独立和建立民主政治进行了不懈的努力和斗争。中国由此进入旧民主主义革命时期。农民阶级发起的太平天国运动由于阶级和时代的局限而失败；地主阶级洋务派"师夷长技以制夷"的努力以清政府在甲午中日战争中的惨败宣告破产；资产阶级改良派推行的维新变法运动被扼杀；资产阶级革命派为之奋斗的资产阶级共和国昙花一现。旧民主主义革命向新民主主义革命转变成为必需和必然。

第一次世界大战、俄国十月革命的爆发以及辛亥革命后中国社会发生的一系列新变化为中国社会进入到新民主主义革命时期提供了充分的可能。1919 年 5 月 4 日五四运动的爆发标志着中国新民主主义革命的开端。1921 年 7 月中国共产党成立，中国历史进入到中国工人阶级领导的新民主主义革命的阶段。1922 年 7 月党的"二大"召开，第一次明确提出了反帝反封建的民主革命纲领。从此，中国共产党为实现民主革命纲领进行了不懈斗争。

在中国共产党的领导下，全国工人运动出现第一次高潮后转入低谷。血的教训使中国共产党认识到要战胜强大的敌人，必须争取一切可能的同盟者，建立革命统一战线，于是中共加强了同国民党的合作。国民党第一次全国代表大会标志着国共两党合作的实现和革命统一战线的正式建立。国民党"一大"以后，全国反帝反封建的国民革命运动迅速开展并蓬勃发展起来。但是，孙中山逝世以后，国民党右派公开反对孙中山的三大政策，破坏国共合作。1927 年的"四一二""七一五"反革命政变后，第一次国共合作全面破裂，国民革命运动失败。

经过国民党的派系斗争和一系列军阀混战后，蒋介石集团取得了在国民党内和全国的统治地位并成立了南京政府，对全国实行反动的法西斯独裁统治。因此，推翻国民党的反动统治则成为中国革命的直接目标。在严酷的白色恐怖下，中国共产党选择高举革命的大旗，进行武装抵抗。1927 年 8 月 1 日，南昌起义打响了武装反抗国民党反动派的第一枪。8 月 7 日召开的八七会议坚决纠正了陈独秀的右倾投降主义错误，确定实行土地革命和武装反抗国民党反动派的总方针。从此，中国共产党人开始了独立领导土地革命和探索革命新道路的艰难历程。之后，共产党领导和发动了秋收起义、广州起义等多次起义，在不同程度上打击了敌人。同时，井冈山革命根据地也基本形成。在中共"六大"路线的指引下，各地党组织在武装起义的基础上，积极建立和扩大红军，创建革命根据地。"工农武装割据"的星星之火发展成燎原之势。红军和革命根据地的发展，农村土地革命的深入，使南京政府极为恐慌，1930 年 12 月，蒋介石连续对农村革命根据地进行了大规模的军事"围剿"。在毛泽东、朱德的指挥下，红军取得了四次反"围剿"的胜利。在反"围剿"战争胜利的形势下，1931 年 11 月，中华苏维埃共和国临时中央政府成立。1934 年 10 月，红军第五次反"围剿"失败，

开始长征。1935 年 1 月，遵义会议召开，会上重新肯定了毛泽东等人正确的战略战术思想，在危机关头挽救了革命。1936 年 10 月，长征胜利结束。

在中国共产党领导工农群众开展土地革命，探索中国革命新道路的同时，一部分国民党左派和一些脱离共产党组织的小资产阶级革命分子，也在为中国寻找出路。他们主张在国共两党之外结成中间派别，建立“平民政权”，但实践证明这第三条路是行不通的。之后，他们积极投入到人民民主统一战线中。

此时，日本帝国主义也正在实施其灭亡中国的计划。1931 年 9 月 18 日，日本发动震惊中外的“九一八”事变，中日民族矛盾进一步激化，全国人民掀起了抗日救亡的怒潮。中国共产党坚决主张对日抗战，并发表了反对日本帝国主义侵略中国的宣言。在中国共产党的号召和领导下，声势浩大的抗日救亡运动在全国蓬勃兴起。1935 年 8 月 1 日，中共发表《八一宣言》，号召全国人民团结起来，停止内战，一致抗日。12 月 25 日，瓦窑堡会议正式确定了抗日民族统一战线的策略方针。在中国共产党的努力下，1936 年 12 月西安事变和平解决，抗日民族统一战线初步形成。1937 年卢沟桥事变后，日本大举进攻，蒋介石在庐山发表讲话，第二次国共合作正式形成，全民族抗战高潮兴起。抗战开始，中国共产党积极配合正面战场、开辟敌后战场、建立抗日根据地，在抗战中发挥着日益重大的作用。1939 年 1 月，国民党召开五届五中全会后，抗战政策发生变化，并发动了第一次反共高潮。对此，中国共产党坚持了有理、有利、有节的原则，巩固和扩大抗日民族统一战线。

在中国共产党的影响下，代表中间阶级的各党派和民主人士，组建了中国民主政团同盟，以加强团结合作和谋求自身的发展。

太平洋战争爆发后，中国共产党先后提出十大政策以战胜困难，坚持抗战。从 1944 年开始，中国共产党领导的各支部队普遍发动局部反攻。1945 年 8 月 11 日，朱德先后发布七道命令，命令人民解放军发起大反攻。1945 年 9 月，中国的抗日战争胜利结束。

抗战胜利后，国民党统治集团拒绝任何民主改革，集中力量抢夺抗战胜利果实，积极准备发动新的内战。中国共产党全面分析了国际国内形势的发展变化，及时提出“和平、民主、团结”的方针，主张建立和平、民主、独立、富强的新中国。代表民族资产阶级的各民主党派也积极提出自己的政见和主张，都反对国民党独裁内战政策，主张和平民主。

为尽力争取和平，1945 年 12 月，共产党派毛泽东去重庆谈判并签订“双十协定”。1946 年 1 月，政治协商会议在重庆开幕。但是，国民党并没有准备履行停战协议和政协协议，在做好内战准备后，于 1946 年 6 月发动了全面内战。在严峻的形式下，中国共产党正确分析了国内外形势，指出了必须打败和能够打败蒋介石的战略思想。从 1946 年 6 月到 1947 年 6 月，人民解放军处于战略防御阶段。在这一年里，人民解放军采取积极的防御作战，先后粉碎了国民党军队的全面进攻和重点进攻，歼灭了国民党的大量有生力量，使敌我力量的对比发生了显著变化。1947 年 7 月，刘邓大军挺进大别山后，解放战争由战略防御转入战略进攻。国内形势迅速发生变化，国民党在军事上节节溃败，经济上面临全面崩溃；解放军战略反攻不断取得胜利，解放区土地改革也顺利完成，这标志着全国范围的大革命高潮已经到来。1948 年，中共中央科学分析战争形势后，决定抓住战略决战的有利时机，相继组织了辽沈、淮海、平津三大战役。三大战役后，国民党主要军事力量被摧毁，为人民解放战争在全国的胜利奠定了基础。1949 年 4 月 20 日，人民解放军发起渡江战役；21 日，中国人民革命军事委员会主席毛泽东和中国人民解放军总司令朱德发布向全国进军的命令；23 日，南京解放，宣告了国民党反动统治的覆灭。经过 28 年的艰苦奋战，民主革命取得了胜利。

在中国革命取得全国性胜利的形势下，召开新的政治协商会议和成立中华人民共和国的条件已经成熟。早在 1947 年 10 月 10 日，中国共产党就已经发表了《中国人民解放军宣言》，提出："联合工农兵学商各被压迫阶级、各人民团体、各民主党派、各少数民族、各地华侨和其他爱国分子，组成民族统一战线，打倒蒋介石独裁政府，成立民主联合政府。"1948 年 4 月 30 日，中共中央在纪念五一劳动节口号中，发出了"各民主党派、各人民团体、各社会贤达迅速召开政治协商会议，讨论并实现召集人民代表大会，成立民主联合政府"的口号，5 月 1 日，毛泽东又致函李济深、沈钧儒，提出关于召开政治协商会议的具体意见。这一号召得到了各民主党派、各人民团体、无党派民主人士及国外华侨的热烈响应。

各民主党派和无党派民主人士为了避免国民党反动派的迫害，多数匿于香港从事民主活动。1948 年 5 月 5 日，在香港的沈钧儒、章伯钧(代表民盟)、李济深、何香凝(代表民革)、马叙伦、王绍鏊(代表民进)、陈其尤(代表致公党)、彭泽民(代表农工民主党)、李章达(代表救国会)、蔡廷锴(代表民促)、谭平山(代表民联)、郭沫若(代表无党派人士)联合致电毛泽东，赞誉中共的五一号召为"密合人民时势之要求，尤符同人等之本旨"。6 月 4 日，在香港的各界民主人士冯裕芳、柳亚子、茅盾、章乃器、朱蕴山、胡愈之等 125 人，联名发表声明赞同召开新的政协会议。在港妇女界何香凝、孔德社、郑坤廉等 232 人也联名发表宣言，热烈称赞五一号召"深深地反映了全国人民和全体妇女的要求"，并代表妇女界表示："坚决地加紧团结，配合一切民主力量，争取人民的全面胜利，粉碎反动集团的残余力量，来实现'迅速召开新政协'的口号!"爱国华侨获悉五一号召后，也纷纷表示拥护。5 月 4 日，陈嘉庚代表新加坡华侨致电毛主席，响应中共召开新政协和成立民主联合政府的号召。

对各方面的热烈响应，党中央十分重视。1948 年 8 月 1 日，毛泽东给李济深、何香凝、沈钧儒、章伯钧、马叙伦、王绍鏊、陈其尤、彭泽民、李章达、蔡廷锴、谭平山、郭沫若等民主党派领袖复电，电文说："诸先生赞同敝党 5 月 1 日关于召集新的政治协商会议，讨论并实现召集人民代表大会，建立民主联合政府一项主张，并热心促其实现，极为钦佩。现在革命形势日益开展，一切民主力量亟宜加强团结，共同奋斗，以期早日消灭中国反动势力，制止美帝国主义的侵略，建立独立、自由、富强和统一的中华人民共和国。为此目的，实有召集各民主党派，各人民团体及无党派民主人士的代表们共同协商的必要。关于召集此项会议的时机、地点、何人召集，参加会议者的范围以及会议应讨论的问题等项，希望诸先生及全国各界民主人士共同研讨，并以卓见见示，曷胜感荷。"事实充分表明，中国共产党关于召开新政协的战斗号召，切合时宜，深得人心。

根据党中央的指示，云集在香港的这些民主党派的领袖人物和著名的文化人士，必须有计划有步骤地秘密转送至解放区；而分散在内地国统区的民主人士，则须先抵港岛再设法秘密护送北上，以参加这次新的政治协商会议。周恩来代表中共中央致电香港分局及其负责人潘汉年，要求尽快联系在港的民主人士，为接送他们北上参加政协会议做好准备。1949 年 8 月 2 日，中共派钱之光以解放区救济总署特派员名义赴港，以会同在港的方方、章汉夫、潘汉年、连贯、夏衍等从事秘密接送香港的民主人士和文化学者进入解放区，以参加筹备新政协的工作。随同钱之光赴港的还有祝华、徐德明、陈兴华等人。他们从大连出发，经丹东、跨过鸭绿江大桥抵达朝鲜边界新义州，转火车到平壤，会见了中共驻朝鲜办事处负责人朱理治。然后向前苏联的驻朝办事处租用了"波尔塔瓦号"轮船，经过朝鲜海峡、东海和台湾海峡，抵达香港。8 月 9 日，中共致电香港分局："为邀请与欢迎港、沪及南洋民主人士及文化界朋友来解放区，并为他们筹划安全的道路，望指定汉年、夏衍、连贯负责计划，并协商一个名单电告。"钱之光等抵达香港后同香港分局同志组成了一个接送民主人士北上的专门小组，主要负责筹措经费、商议路线、联络民主人士等事项。在此期间，爱国将领冯玉祥为了回国参加新政协会议，在从美返华的途中遇难，使中共中央对迎接香港民主人士行动的安全更加慎重。

第一批来东北解放区的民主人士包括沈钧儒、谭平山、章伯钧、蔡廷锴、王绍鏊等，中共中央派李富春、朱理治前去迎接。除了迎接香港民主人士外，中共还邀请了平津等华北地区的知名人士如张东荪、符定一、许德珩、张奚若等24人。1948年12月26日，李济深在潘汉年、钱之光、夏衍、乔冠华等人的周密安排下，登上了苏联的“阿尔丹”号，同船的还有章乃器、茅盾、彭泽民、邓初民、施复亮、洪深、马叙伦等，他们于1949年1月7日安全抵达大连，李富春前去迎接。毛泽东、朱德、周恩来致电李济深，对他们安全抵达表示欢迎。

1949年1月，中共中央派华克之专程自香港至上海，联系宋庆龄参加政协会议。6月，毛泽东、周恩来又分别亲笔致函宋庆龄，并委派邓颖超为特使，邓颖超在许广平和罗叔章二人的陪同下携信前往上海以专程迎请宋庆龄北上北平。8月28日，宋庆龄抵达北平，毛泽东、朱德、周恩来、林伯渠、董必武、李济深、何香凝、沈钧孺、郭沫若等前往车站迎接。

自1948年8月起，各民主党派、无党派和华侨的代表性人士应中共邀请，从全国各地及海外陆续到达解放区。民主人士进入解放区的路线主要有：从北平经石家庄到河北省平山县李家庄(时中共中央城工部所在地)；从上海或香港经山东到李家庄；从香港经大连到哈尔滨；天津解放后，从香港经天津到北平。也有一些民主人士是经过其他路线进入解放区的。至9月底，已经到达哈尔滨的民主人士有：沈钧儒、谭平山、章伯钧、蔡廷锴、王绍鏊、高崇民、朱学范等。已经到达李家庄的民主人士有：符定一、吴晗、刘清扬、周建人、韩兆鹗等。到1949年1月，李济深、马叙伦、郭沫若、彭泽民、李德全、章乃器、沙千里、茅盾、陈其尤、黄振声、朱蕴山、邓初民、许广平、邱哲、冯裕芳、许宝驹、洪深、侯外庐、曹孟君、施复亮、孙起孟、李民欣、梅龚彬、沈志远、吴茂荪、林一元、赖亚力、李泽霖、孔德祉等先后到达东北解放区。翦伯赞、楚图南、田汉、胡愈之、费孝通、张东荪、雷洁琼、严景耀、沈兹九、王蕴如、严信民、杨刚、宦乡、袁震、张曼筠、安娥、周颖等陆续到达李家庄。这些民主人士到达解放区后，受到了我党和解放区人民的热烈欢迎和盛情接待。

1948年10月，党中央将中央城工部改组，成立中央统战部，任命李维汉为部长，高文华为副部长，在中央领导下，主管统一战线工作和筹备召开新政协的具体工作。周恩来根据自己以及中央统战部同在李家庄的民主人士的会商情况，拟定了一份《关于召开新的政治协商会议诸问题(草案)》的文件。10月8日，周恩来代表中共中央致电高岗、李富春，发出《关于召开新的政治协商会议诸问题(草案)》和《提议邀请参加新政协的单位表》两个文件，指示东北局的高岗和李富春就文件中提到的新政协诸问题，同已经到达哈尔滨的沈钧儒、谭平山、章伯钧、蔡廷锴、王绍鏊、高崇民、朱学范等民主人士会谈协商。

10月21日，高岗、李富春同沈钧儒、谭平山、章伯钧、蔡廷锴、王绍鏊、朱学范、高崇民等人进行了会谈。随后高岗、李富春将会谈情况向中共中央作了汇报，汇报中说民主人士关于召集的原则问题，关于新政协由各党派、各方面共同组织筹备会负责召集均无异议，但是关于筹备会的组成问题，有不同的意见。高岗、李富春又于10月23日对存有异议的问题同他们进行了具体商谈。民主党派人士提议增加“上海人民团体联合会”，将“平津教授”“南洋华侨民主人士”二个单位改为“全国教授”“海外华侨民主人士”，将无党派民主人士单列为一个单位。沈钧儒等人还提议将草案转发香港的民主人士，更为广泛地征求意见。10月30日，周恩来致电香港分局：“根据在哈尔滨的沈、谭、章、蔡、王、朱的意见，请将《关于召开新的政治协商会议诸问题(草案)》送在港有关党派团体负责人李济深、何香凝、郭沫若等11人阅看并征求意见。"11月20日中共香港分局负责人潘汉年致电中央，报告了在港各民主党派人士对《关于召开新的政治协商会议诸问题(草案)》提出的意见："一、国民党集团内，如有赞同三反(反帝、反封、反官僚资本)并见诸于行动者，似应准其参加新政协。二、华侨民主人士中各层都有代表参加筹备会则更好。三、东北政治建设协会，可否作为一个单位参加。四、梁漱溟的"乡村建设派"，似应列为一个单位，梁先生个人参加是不成问题的，但其组织不应列入邀请单位。五、华南各省游击区人民武装有数万人，有斗争历史(如琼崖、东江等)，似应列为一个单位"等。

中共中央在吸纳各方面意见后，对《关于召开新的政治协商会议诸问题(草案)》做了修改，内容包括：一、新政协召集问题；二、新政协参加者；三、新政协召开的时间、地点；四、新政协应讨论事项。中共与民主党派、民主人士对召开新的政治协商会议诸问题达成了如下的协议：

关于新政协筹备会，决定：一、由中共及赞成中共中央"五一口号"的各主要民主党派、人民团体及无党派民主人士等共计23个单位的代表组成，分别为中国共产党、中国国民党革命委员会、中国民主同盟会，中国民主促进会、中国致公党、中国农工民主党、中国人民救国会、中国国民党民主促进会、三民主义同志联合会、民主建国会、无党派民主人士、全国教授、国内少数民族、海外华侨民主人士、中华全国总工会、解放区农民团体、全国妇女联合会筹备委员会、全国学生联合会、全国青年联合会筹备委员会、上海人民团体联合会、产业界民主人士、文化界民主人士、中国人民解放军。二、新政协筹备会的任务为：负责邀请参加新政协的各方代表人物，负责起草新政协文件，负责召集新政协正式会议。三、筹备会组织条例由中共起草，经各方同意后，俟筹备会集会时正式通过。四、筹备会地址，预定为哈尔滨。

关于新政协参加范围及任务，决定：一、新政协的参加范围，由反对帝国主义侵略、反对国民党反动统治、反对封建主义和官僚资本主义压迫的各民主党派、各人民团体及无党派民主人士的代表人物组成，南京反动政府系统下的一切反动党派及反动分子必须排除，不许参加。二、新政协举行时间在1949年，具体时间及地点由筹备会决定。三、新政协应讨论和实现的问题有二：一是共同纲领的制定，一是中华人民共和国中央人民政府的建立。

1949年1月31日，北平宣布和平解放，中共中央决定新政协筹备会在北平举行。2月1日，中央统战部秘书长齐燕铭和金城、申伯纯、周子健等前往北平安排接待工作。已到李家庄的民主人士及其家属20余人随同他们一起赴北平。2月25日，在东北的全部民主人士37人，由林伯渠代表中共中央陪同，自哈尔滨抵达北平。同日，在天津的民主人士14人也抵达北平。翌日，北平市党政军以及工青妇等团体在中南海怀仁堂召开了隆重的欢迎大会，董必武、叶剑英、彭真等先后在会上致词欢迎。民主人士在会上踊跃发言，畅谈感想，推崇中国共产党对中国革命的正确领导，赞扬人民解放军的伟大胜利。

1949年3月5日至13日，党中央在河北省平山县西柏坡村举行了具有重大历史意义的七届二中全会。会议批准了关于召开没有反动分子参加的新的政治协商会议及成立民主联合政府的建议。3月25日，中共中央从西柏坡迁往北平，中央统战部也在此前后分批迁到了北平。随着国共和谈的破裂，新政协筹备会也逐渐启动。6月11日，新政协筹备会第一次预备会在香山举行，大体议定了新政协筹备会参加单位、人数和人选，新政协大会参加单位和人数等。6月15日，新政协筹备会在北平中南海勤政殿召开，会议通过了《新政协筹备会组织条例》《关于参加新政协的单位及其代表名额的规定》。

新政协筹备会决定选出常务委员会，处理日常事务，常务委员会下设立各小组。1949年6月16日，新政协筹备会协商通过了由21人组成的常务委员会名单。当晚，新政协筹备会常务委员会举行第一次会议，推选毛泽东为常务委员会主任，周恩来、李济深、沈钧儒、郭沫若、陈叔通为副主任。批准李维汉为秘书长(后李维汉因腿跌伤住院，其秘书长职务由林伯渠代理)，余心清、周新民、孙起孟、宦乡、沈体兰、罗叔章、连贯、齐燕铭、闫宝航为副秘书长。会上，决定设立秘书处、庶务处、招待处、新闻处、警卫处、人事室等工作机构，并以梁蔼然为秘书处处长、周子健为庶务处处长、申伯纯为招待处处长、宦乡为新闻处处长、杨奇清为警卫处处长、罗叔章为人事室主任。

会议还通过了《各单位代表参加小组办法》，决定常务委员会下设六个小组，分别进行以下各项工作：第一小组，拟定参加新政协之单位及其代表名额；第二小组，起草新政协会议组织法；第三小组，起草共同纲领；第四小组，拟定中华人民共和国中央人民政府组织法；第五小组，起草大会宣言；第六小组，拟定国旗、国徽、国歌方案。会议指定李维汉为第一小组组长，章伯钧为副组长；谭平山为第二小组组长，周新民任副组长；周恩来为第三小组组长，许德琦为副组长；董必武为第四小组组长，黄炎培为副组长(平时由张奚若代)；郭沫若为第五小组组长，陈助先为副组长；马叙伦为第六小组组长，叶剑英、沈雁冰为副组长。会议工作机构人员主要来自中央统战部、各民主党派、各人民团体、东北准备南下的干部和华大、革大学生。办公地点设在中南海勤政殿政事堂。

6月19日，李维汉代表第一小组所作了《关于参加新政治协商会议的单位及其代表名额的规定(草案)》的说明，根据《规定》，参加新政协单位共45个，代表总额510名，具体如下：一、党派单位14个，代表142人：中共16人，民革16人，民盟16人，民建12人，无党派民主人士10人，民进8人，农工党10人，救国会10人，民联10人，民促8人，致公党6人，九三学社5人，台盟5人，新民主主义青年团10人；二、区域单位9个，代表102人：西北、华北、华东、东北、华中解放区各15人，华南解放区8人，内蒙古自治区、北平天津两直属市各6人，待解放区民主人士7人；三、军队单位6个，代表60人：人民解放军总部12人，第一、第二、第三、第四野战军各10人，华南人民解放军8人；四、团体单位16个，代表206人：全国总工会16人，各解放区农民团体16人，全国妇联15人，全国青联12人，全国学联9人，全国工商界15人，上海各人民团体9人，全国文联15人，全国科学会议筹备会15人，全国教育界15人，全国社会科学工作者15人，全国新闻工作者协会筹备会12人，自由职业界10人，国内少数民族10人，海外华侨15人，宗教界7人。除所列之45个单位外，另设一特别邀请单位，其代表资格、名额与人选，均由新政治协商会议筹备会常务委员会协定。

新政协代表的提名有两种情况，一种是由组织或个人推荐，一种是本人申请。按照新政协筹备会组织条例的规定，对所有提名都进行逐个审查，反复研究。参加新政协的单位、名额和名单，共分五类：党派代表、区域代表、军队代表、团体代表、特邀代表。前四类共45个单位，正式代表510人，候补代表77人。第五类特邀代表75人。正式代表和候补代表总数共662人。在662名代表中，共产党员约占44%，工、农和各界的无党派代表约占26%，各民主党派的成员则约占30%。民主党派名额的比重是很大的，他们也是满意的。在党外人士中，进步人士约占1/3，共产党员加党外进步人士约达总数的2/3。

1949年7月，中共中央成立了开国大典筹备委员会，周恩来为主任委员，彭真、聂荣臻、林伯渠、李维汉为副主任委员。筹委会根据中央的意见，拟定了开国大典的方案：一是中华人民共和国中央人民政府成立典礼，二是中国人民解放军阅兵仪式，三是人民群众游行活动。接着，又成立了阅兵指挥机构，由朱德兼任阅兵司令员，聂荣臻代总参谋长任阅兵总指挥，二十兵团司令杨成武、华北军区司令部参谋长唐延杰、作战处处长唐永健、中共北京市委书记刘仁等人为副总指挥。下设阅兵指挥所，由杨成武兼任指挥所主任，唐延杰任副主任。杨成武、唐延杰起草了《阅兵典礼方案》，内容包括受阅部队的选调、编组、阅兵程序、阅兵式礼乐和受阅前的准备等。阅兵的内容分为检阅式和分列式两个部分。指挥所的工作人员从华北军区、平津卫戍区和有关军兵种抽调。受检阅的陆军，大部分来自二十兵团的平津卫戍部队，由步兵、炮兵、战车、骑兵各一个师组成，其中战车师又包括摩托化步兵、装甲、坦克各一个团。海军和空军的代表队来自这两个新兴的军种，海军由海军学校与华东舰队各一个排组成，空军由 17 架飞机组成。

在中国共产党、各民主党派、无党派人士以及人民团体代表共同努力下，经过三个月的充分协商，新政协的筹备工作至 9 月上旬已大体完成。9 月 17 日下午，新政协筹备会第二次全体会议在中南海勤政殿举行。会议由周恩来主持。周恩来代表筹备会常务委员会作了关于会议筹备工作的报告，宣布筹备工作已经胜利完成，正式大会即将召开。会议通过了 3 个文件：《中国人民政治协商会议组织法草案》，《中国人民政治协商会议共同纲领草案》，《中华人民共和国中央人民政府组织法草案》。并正式决定：将新政治协商会议定为中国人民政治协商会议。

1949 年 9 月 21 日至 30 日，中国人民政治协商会议第一届全体会议在北京召开。9 月 21 日下午 7 时，在 54 响礼炮声中，由毛泽东主持的中国人民政治协商会议第一届全体会议在北京中南海怀仁堂隆重开幕，出席会议代表共 662 人。中共中央主席毛泽东主持开幕式并致开幕词。他庄严宣布：“占人数总数四分之一的中国人民从此站起来了！”9 月 27 日，这次新的政治协商第一届全体会议正式制订出《中国人民政治协商会议共同纲领》。《共同纲领》规定了中华人民共和国是人民民主专政的国家，国家政权属于人民，实行工人阶级领导的、以工农联盟为基础的、团结各民主阶级和国内各民族的人民民主专政。《共同纲领》还规定了国内各种经济成分的性质及它们之间的关系，规定了我国的外交政策、民族政策、文化教育政策和人民的民主权利等基本政策。中国人民政治协商会议第一届全体会议开幕时，毛泽东在所致的开幕词中郑重地指出：“中国人民政治协商会议宣布自己执行全国人民代表大会的职权。”在全国人民代表大会召开并通过宪法之前，《共同纲领》起着临时宪法的作用。

根据这一原则，中国共产党领导各民主党派、各人民团体和其他民主人士通过这次会议，胜利完成了筹建新中国的各项任务，宣告了中华人民共和国的成立，并一致通过了关于新中国的国旗、国歌、首都、纪年等四个决议案，即：“一、全体一致通过，中华人民共和国的国都定于北京自即日起，改名北平为北京。二、全体一致通过，中华人民共和国的纪年采用公元。当年为 1949 年。三、在中华人民共和国国歌未正式制定前，以《义勇军进行曲》为国歌。四、全体一致通过，中华人民共和国国旗为红地五星旗，象征中国革命人民大团结。”

1949 年 6 月 21 日，新政治协商会议筹备会第一次会议上，涉及新中国名称时，有人主张用“中华人民民主共和国”，民主人士张奚若先生提出不如用“中华人民共和国”。在中国人民政治协商会议正式召开期间，董必武就采用“中华人民共和国”这一名称，并作了如下说明：“因为共和国说明了我们的国体，‘人民’两字在今天新民主主义的中国指工、农、小资产阶级和民族资产阶级四个阶级的人，它有确定的解释，这已经把人民民主专政的意思表达出来，不必再把‘民主’两字再重复一次了。”张奚若先生为新中国取的名称被中国人民政治协商会议第一次全体会议接受，并写入起临时宪法作用的《中国人民政治协商会议共同纲领》。

参加负责拟定国旗、国徽、国歌方案的第六小组，除组长马叙伦，副组长沈雁冰外，还包括：叶剑英、张澜、郭沫若、陈嘉庚、马寅初、蔡畅、李立三、张奚若、廖承志、田汉、郑振铎、欧阳予倩、翦伯赞、钱三强。1949 年 7 月 4 日，第六小组召开了第一次会议。这次会议决定，登报公开征求国旗、国徽图案和国歌词谱，设立国旗、国徽图案评选委员会和国歌词谱评选委员会，评选工作除由小组成员分别参加外，并需另聘专家参加。8 月 5 日，第六小组委员会召开第二次会议，决定聘请徐悲鸿、梁思成、艾青参加国旗、国徽图案评选委员会。征求国旗、国徽图案和国歌词谱的消息一公开见报，立即引起社会各方面人士极为热烈的反应。全国各地的工人、农民、解放军指战员、大学教授、中小学教师、机关干部、作家和其他职业者都纷纷应征。一个月之内政协筹委会就收到国旗设计图案 2992 幅。8 月中旬，政协筹委会审阅了自国内、国外寄来的国旗设计图案，经过多次讨论，认为评选应注意三点：一、中国特征(如地理、民族、历史、文化等)；二、政权特征(工人阶级领导的以工农联盟为基础的人民民主专政)；三、庄严简洁为主。经过评选，应征稿件的构思设计符合上述三点要求的，大致可分为四类：锤斧交叉并加五角星；以两色或三色横条或竖条组成旗面，于左上角或中央置锤斧或五角星或嘉禾齿轮；旗面为红色或 2/3 为红色，1/3 为白、蓝、黄各色，加以红色或黄色的五角星；也有旗面为红色，在左上角加上黄色一大四小五角星的，意即大星代表共产党，四个小星为工、农、小资产阶级和民族资产阶级四个阶级，象征着在中国共产党领导下的全国人民大团结。评选委员会从来稿中精选出 38 种国旗草图，编成《国旗图案参考资料》，供政协全国委员会第一次全体会议讨论。全国政协大会、小会反复讨论、认真评选。1949 年 9 月 25 日晚，毛泽东在中南海召集了关于国旗、国徽、国歌、纪年、国都问题协商座谈会。出席座谈会的有周恩来、郭沫若、茅盾、黄炎培、陈嘉庚、张奚若、马叙伦、田汉、徐悲鸿、李立三、洪深、艾青、马寅初、梁思成、马思聪、马骥、贺绿汀等。在座谈会上，毛泽东拿出了两幅国旗设计图案：一幅是五星加一条横杠；一幅是现在的五星旗。经过座谈会的讨论，毛泽东听取了评委们的意见后，说："过去我们脑子老想在国旗上画上中国特点，因此画上一条，以代表黄河，其实许多国家国旗也不一定有什么该国的特点。苏联之斧头镰刀，也不一定代表苏联特征。英、美国旗也没有什么该国特征。代表国家的特征可在国徽上表现出来。"毛泽东随即拿五星红旗图案说："大家都说这个图案好，中国革命的胜利就是在中国共产党的领导下，以工农联盟为基础，团结了小资产阶级、民族资产阶级，共同斗争取得的，这是中国革命的历史事实。今后还要进行社会主义建设。我看这个图案反映了中国革命的实际，表现了我们革命人民大团结。现在要大团结，将来也要大团结，因此现在也好将来也好，又是团结又是革命。"毛泽东的意见得到了与会者的认同。经过政协第一次全体会议一致通过的决议案，作为新中国国旗的五星红旗就诞生了。

9 月 25 日晚，在毛泽东召集的座谈会上，徐悲鸿建议用《义勇军进行曲》代国歌。徐悲鸿的建议立即得到了周恩来的赞同。周恩来附议说："这支歌曲豪迈雄壮，有革命气概，节奏也很鲜明，适于演奏，作为代国歌是很合适的。"他们的意见获得大家的纷纷赞同，于是关于代国歌的议案很快即获得与会者的一致通过，并作出了相应的决议案。

新中国成立前，我国是沿用中华民国纪元，是以 1912 年作为中华民国成立元年起算年代。1949 年，随着南京国民政府的覆灭和中华人民共和国的成立，我国已发生了具有划时代意义的伟大历史转折，因而不宜再沿用中华民国纪年，也"不宜用一种与世界其他国家不同的纪年方法"，为此，决定新中国的纪年方法，取与世界上多数国家一致，采用公元纪年。

在 9 月 30 日最后一次会议上，进行了重要选举：一、选举毛泽东等 180 人为政协第一届全国委员会委员；二、选举毛泽东为中央人民政府主席，朱德、刘少奇、宋庆龄、李济深、张澜、高岗为副主席，陈毅等 56 人为委员。大会还通过建立"为国牺牲的人民英雄纪念碑"的决定和碑文。同日下午 6 时，大会利用统计选票时间，全体代表到天安门广场举行由周恩来主持的人民英雄纪念碑奠基典礼。周恩来致词后，毛泽东宣读了由他起草的纪念碑文。毛泽东和各参加单位的首席代表一一为纪念碑的基石填土，表达人们对革命先烈的崇敬。

奠基典礼结束后，代表们回到怀仁堂会场继续开会。通过《中国人民政治协商会议第一届全体会议宣言》和《慰问中国人民解放军电》之后，朱德致闭幕词，毛泽东宣布大会闭幕。

1949 年 10 月 1 日下午 2 时，中央人民政府主席毛泽东在中南海勤政殿主持中央人民政府委员会第一次会议，一致决议：宣告中华人民共和国中央人民政府成立，接受《中国人民政治协商会议共同纲领》为本政府的施政方针。会议选举林伯渠为中央人民政府秘书长；任命周恩来为中央人民政府政务院总理兼外交部部长。毛泽东为中央军事委员会主席、朱德为解放军总司令、沈钧儒为最高人民法院院长、罗荣桓为最高人民检察署检察长，并责成他们迅速组成政府。下午 2 时 55 分，毛泽东、朱德、刘少奇、周恩来等中央委员登上了天安门城楼。下午 3 时，首都 30 万人在天安门广场举行庆祝中华人民共和国中央人民政府成立典礼。林伯渠宣布典礼开始，在定为代国歌的《义勇军进行曲》乐曲声中，中央人民政府主席、副主席和委员就位。毛泽东庄严宣告："中华人民共和国中央人民政府已于本日正式成立了！"毛泽东亲自按动了升起五星红旗的电钮，新中国的第一面五星红旗冉冉升起。接着，毛泽东宣读了《中华人民共和国中央人民政府公告》。宣读完毕，林伯渠宣布阅兵式开始。朱德身着军装，走下天安门城楼，乘敞篷车通过金水桥。迎候在桥南的聂荣臻致军礼并报告："受阅的陆海空代表部队均已准备完毕，请总司令检阅！"朱德由聂荣臻同车陪同，检阅了三军部队。回到天安门城楼后，朱德宣读了《中国人民解放军总部命令》。检阅式完毕，分列式开始。首都 200 万人民同全国人民一起沉浸在狂欢之中。

中华人民共和国的成立，标志着新民主主义革命的胜利，人民当家作主的新时代开始。一个以工人阶级为领导的，以工农联盟为基础的人民民主专政的中华人民共和国，屹立在世界的东方。这是中国各民族人民百多年来英勇斗争的伟大成果，是中国共产党正确领导武装斗争和统一战线的伟大胜利。它为实现中国的现代化创造了前提条件，开辟了通向社会主义的道路。同时，中国新民主主义革命的胜利，震动了东亚和世界，冲破了帝国主义在东方的阵线，沉重打击了世界殖民体系，大大地削弱了帝国主义的力量。中国人民独立于世界民族之林，激励了世界人民，特别是第三世界人民反对帝国主义殖民统治的斗争勇气和胜利的信心，促进了世界民族解放运动的发展，对国际局势和世界人民的斗争具有深刻而久远的影响。

（郑维维）